RICHTIG SCHREIBEN

Inhalt

Vorwort	3
Die Reform der deutschen Rechtschreibung - Die neuen Regeln	4
Die Interpunktion	21
Liste der geänderten Wörter zum schnellen Nachschlagen	30
Wörterverzeichnis	95

Impressum

Mathias Lempertz GmbH
Hauptstr. 354
53639 Königswinter
Tel.: 02223/900036
Fax: 02223/900038

© 2007 Mathias Lempertz GmbH
Satz und Layout: Hilga Pauli
Umschlagentwurf: Grafikbüro Schumacher, Königswinter
Printed and bound in Germany
ISBN: 978-3-933070-95-1

Vorwort

Der Vorspann dieses Wörterbuches versucht einen Ein- und Überblick über die wichtigsten Änderungen zu geben, die dem amtlichen Regelwerk entsprechen. Sie finden ebenso eine praktische Liste aller Wörter, deren Schreibung sich geändert hat, sowie ein ausführliches Kapitel zur Interpunktion.
Im Wörterteil finden Sie folgende Abkürzungen und Symbole vor:

Das nach dem **Alt** stehende Wort gilt mit Inkrafttreten der modifizierten Reform als nicht mehr zulässig. Das hinter dem **NEU** stehende Wort ist die neue Schreibweise.

Hf. / Nf. (Hauptform / Nebenform): Bei einigen Wörtern wird es zwar in Zukunft beide Schreibweisen geben, aber eine davon sollte bevorzugt verwendet werden.

Tabelle der verwendeten Abkürzungen:

Abkürzung	Bedeutung
m.	maskulinum; männliches Substantiv
f.	femininum; weibliches Substantiv
n.	neutrum; sächliches Substantiv
Sg.	Singular; Einzahl
Pl.	Plural; Mehrzahl
tr.	transitives Verb
intr.	intransitives Verb
refl.	reflexives Verb
Adv.	Adverb
Adj.	Adjektiv
Abk.	Abkürzung
übertr.	übertragene (bildliche) Bedeutung
ugs.	umgangssprachlich
abw.	abwertend, derogativ
Bez.	Bezeichnung
Warenz.	eingetragenes Warenzeichen

Einleitung

Die Reform der deutschen Rechtschreibung - Die neuen Regeln

Jede Sprache kennt in der Regel zwei Arten der Ausformung, nämlich die gesprochene und geschriebene Sprache. Der Unterschied zwischen diesen beiden Ausprägungen liegt in den Anforderungen, die an sie gestellt werden. Dient die gesprochene Sprache der direkten Kommunikation und muss somit gewisse Anforderungen wie Reaktionsgeschwindigkeit und stete Gebrauchsbereitschaft erfüllen, so lauten die Funktionen der geschriebenen Sprache unter anderem Erfassung und Aufbewahrung von sprachlichen Äußerungen. Gerade die Möglichkeit, sprachliche Äußerungen niederzuschreiben, zu fixieren, aufzubewahren und anderen Menschen zugänglich zu machen, erfordert eine einheitliche Normierung der Schreibung. Dies leistet die Orthografie. Voraussetzungen hierfür sind nicht nur ein hohes Maß an Unveränderlichkeit, sondern auch an Verbindlichkeit für alle Mitglieder einer Sprachgemeinschaft.

Das bisherige orthografische Standardwerk war der Duden, der die Beschlüsse der II. Orthografischen Konferenz in seinen Regelteil aufgenommen hat und in seinem Wörterverzeichnis zur Anwendung brachte. Die II. Orthografische Konferenz fand 1901 statt und ihre Beschlüsse hatten bis zu der jetzigen, mehrfach modifizierten Rechtschreibreform Gültigkeit. Damals lag jedoch das Hauptinteresse auf der Schaffung einer für das gesamte deutschsprachige Gebiet gültigen Rechtschreibung. Eine der Folgen dieser Gewichtung war, dass die Ausgestaltung der Orthografie selbst ins Hintertreffen geriet und schon bald erste Bemühungen begannen, sich des „vergessenen" Themas anzunehmen. Die ersten Reformvorschläge hatten die Vereinfachung der Beziehungen zwischen Lauten und Buchstaben zum Thema. Später wandte man sich aber jedoch den Schwierigkeiten zu, die sich aus Groß- und Kleinschreibung, Zusammen- und Getrenntschreibung usw. ergaben. Bis jetzt wurden aber sämtliche Entwürfe zu einer weitergehenden Rechtschreibreform zurückgewiesen, wie etwa der Vorschlag, sämtliche Substantive in Anlehnung an andere europäische Sprachen kleinzuschreiben.

Die nun vorliegende Rechtschreibreform wurde erstmals 1992 veröffentlicht und bildete 1994 in überarbeiteter Fassung die Basis für die dritten Wiener Gespräche zur Neuregelung der deutschen Rechtschreibung, an denen Vertreter des gesamten deutschsprachigen Gebietes teilnahmen. Die während der Wiener Gespräche gefassten Beschlüsse wurden in den Reformvorschlag integriert. 1995 wurde die Vorlage für das Regelwerk vom Internationalen Arbeitskreis für Orthografie veröffentlicht. Ende 1995 wurde in Deutschland die Neuregelung der Rechtschreibung sowohl von den Kultusministern als

auch von der Konferenz der Ministerpräsidenten gebilligt. Nach etlichen Querelen, sowohl im politischen wie im Bereich der Medien und der öffentlichen Meinung, wurde dieses Regelwerk im Frühjahr 2006 in Teilen wieder revidiert und in mancher Hinsicht praxisnäher gestaltet. Diese Aktualisierung ist im vorliegenden Nachschlagewerk bereits berücksichtigt worden.
Wie eben angesprochen, umfasst der Geltungsbereich der Neuregelung der Rechtschreibung die Schulen wie auch die sonstigen Institutionen, für die der Staat Regelungskompetenz hat. Durch weiter oben bereits erwähnte Charakteristika der Orthografie (Unveränderlichkeit, Verbindlichkeit) erstreckt sich der Geltungsbereich auf das gesamte Sprachgebiet und umfasst somit neben Verlagen, Druckereien, Firmen usw. auch Privatpersonen.

Laut - Buchstaben - Zuordnungen

Die deutsche Schrift ist eine auf Buchstaben basierende Schrift. Jede lautliche Äußerung kann mittels der Buchstaben wiedergegeben werden, wobei normalerweise einem Laut ein Buchstabe entspricht. Das Deutsche kennt lange und kurze Vokale. Lange Vokale liegen in der Regel dann vor, wenn einem betonten Vokal ein einzelner Konsonant folgt („Ofen"), der Vokal verdoppelt („Aal"), oder mittels eines anderen Vokals gedehnt wird („ahnen, lieben"). Folgen hingegen einem betonten Vokal zwei Konsonanten, dann handelt es sich um einen kurzen Vokal („offen").
Wurde früher nach einem kurzen Vokal der Buchstabe ß geschrieben, so schreibt man heute ss.

Alt:	daß	NEU:	dass
Alt:	Fluß	NEU:	Fluss
Alt:	Genuß	NEU:	Genuss
Alt:	genüßlich	NEU:	genüsslich
Alt:	Haß	NEU:	Hass
Alt:	häßlich	NEU:	hässlich
Alt:	Nuß	NEU:	Nuss
Alt:	Schloß	NEU:	Schloss

Anmerkung: Folgt nach Diphthong oder langem Vokal im Wortstamm kein Konsonant, so bleibt in der Regel die Schreibung mit ß erhalten: Maß, Fuß, außen, außer, heißen, größte.

Einleitung

Angleichung an einen neuen Wortstamm
Eine wichtige Änderung in der Rechtschreibung stellt auch die Angleichung an einen neuen Wortstamm dar. Die Zuordnung zu einem neuen Stamm umfasst allerdings nur eine kleine Gruppe von Wörtern und kann nicht frei nach Belieben angewendet werden. Wie in der folgenden Auflistung zu beobachten ist, handelt es sich hierbei vor allem um Neuerungen in der Rechtschreibung mittels Umlautschreibung und Konsonantenverdoppelung.

Alt:	behende	NEU:	behände (zu Hand)
Alt:	belemmert	NEU:	belämmert (zu Lamm)
Alt:	Bendel	NEU:	Bändel (zu Band)
Alt:	Gemse	NEU:	Gämse (zu Gams)
Alt:	Quentchen	NEU:	Quäntchen (zu Quantum)
Alt:	schneuzen	NEU:	schnäuzen (zu Schnauze)
Alt:	Stengel	NEU:	Stängel (zu Stange)
Alt:	überschwenglich	NEU:	überschwänglich (zu Überschwang)
Alt:	verbleuen	NEU:	verbläuen (zu blau)
Alt:	aufwendig	NEU:	aufwändig (zu Aufwand) und aufwendig (zu aufwenden)
Alt:	Schenke	NEU:	Schänke (zu Ausschank) und Schenke (zu ausschenken)
Alt:	Karamel	NEU:	Karamell (zu Karamelle)
Alt:	numerieren	NEU:	nummerieren (zu Nummer)
Alt:	plazieren	NEU:	platzieren (zu Platz)
Alt:	Stukkateur	NEU:	Stuckateur (zu Stuck)
Alt:	Tolpatsch	NEU:	Tollpatsch (zu toll)

Bewahrung der Stammschreibung
Das Aufeinandertreffen von mehreren gleich lautenden Vokalen oder Konsonanten innerhalb einer Wortverbindung war bisher nach folgendem Prinzip geregelt: Handelte es sich um drei gleiche Konsonanten, denen ein Vokal folgte, so wurde der letzte Konsonant „unterschlagen" (Stoffetzen). Folgte ein weiterer Konsonant, so wurden alle geschrieben (Sauerstoffflasche). Bestand die Wortzusammensetzung aus drei gleich lautenden Vokalen, so musste mit Bindestrich geschrieben werden (See-Elefant). Jetzt müssen alle Vokale und Konsonanten geschrieben werden, wobei es dem Belieben der Schreibenden überlassen wird, ob sie die Zusammenschreibung oder die Schreibung mit Bindestrich bevorzugen.

Einleitung

Alt:	Balletttänzerin
NEU:	Balletttänzerin und Ballett-Tänzerin
Alt:	Kaffee-Ersatz
NEU:	Kaffeeersatz und Kaffee-Ersatz
Alt:	Schiffahrt
NEU:	Schifffahrt und Schiff-Fahrt
Alt:	Stoffetzen
NEU:	Stofffetzen und Stoff-Fetzen
Alt:	Tee-Ei
NEU:	Teeei und Tee-Ei

Eine weitere Konsequenz der Bewahrung der Stammschreibung besteht darin, dass sich das Schriftbild einiger weniger Substantive nun ändert:

Alt:	Roheit
NEU:	Rohheit
Alt:	Zäheit
NEU:	Zähheit
Alt:	Zierat
NEU:	Zierrat

Dafür verlieren die Wörter rauh und Känguruh im Zuge der Angleichung an andere Wörter wie grau und Gnu das h am Wortende.

Alt:	rauh
NEU:	rau
Alt:	Känguruh
NEU:	Känguru

Die Wörter, die auf -tiell oder -tial enden, können an andere Substantive auf -enz oder -anz angepasst werden.

Alt:	essentiell, Substantiv: Essenz	NEU: essenziell und essentiell
Alt:	Potential, Substantiv: Potenz	NEU: Potenzial und Potential
Alt:	substantiell, Substantiv: Substanz	NEU: substanziell und substantiell

Einleitung

Fazit:
- Nach kurzem Vokal steht ss anstelle von ß (Hass).
- Einigen Wörtern wird heutzutage ein anderer Wortstamm zugeordnet (belämmert).
- Es müssen sämtliche Buchstaben einer Wortverbindung geschrieben werden (Schifffahrt).
- Es wird nun Rohheit, Zähheit, Zierrat, rau und Känguru geschrieben.
- Wörter auf -tiell oder -tial können -ziell oder -zial geschrieben werden (Potenzial).

Groß- und Kleinschreibung

Eine der Besonderheiten der deutschen Sprache ist die Großschreibung der Substantive. Wie in anderen Sprachen auch können fast alle erdenklichen Wortarten substantiviert werden, müssen dann jedoch im Deutschen durch Großschreibung gekennzeichnet werden. Mit den zahlreichen Möglichkeiten der Substantivierung treten aber ebenso zahlreiche Abgrenzungs- und Zuordnungsprobleme auf. Diese versuchte man mittels Regeln in den Griff zu bekommen, was jedoch gerade bei Grenz- und Problemfällen nicht immer gelang. Ein Beispiel soll genügen, um das eben Erwähnte zu illustrieren. Eine Regel besagt, dass ein Substantiv, das den ersten Bestandteil eines trennbaren Verbs bildet, klein geschrieben werden muss, wenn das Verb getrennt wird. Verben wie *teilhaben, preisgeben* oder *wettmachen* wurden durchaus von dieser Regelung erfasst, Verben wie *radfahren* oder *kegelschieben* aber nicht. Trennt man zum Beispiel *teilhaben,* so wird das Substantiv kleingeschrieben: „ich habe teil an...". Bei *radfahren* hingegen muss das Substantiv großgeschrieben werden: „Klaus fährt Rad". Anhand dieser Beispiele lässt sich das Spannungsfeld erahnen, in dem sich die Problematik der Substantivabgrenzung bewegte und welche Folgen dies in der Orthografie zeigte.

Hier setzte die Rechtschreibreform an. Nun werden feste Wortverbindungen, die aus Substantiv und Präposition oder Substantiv und Verb bestehen und nicht mit anderen Bestandteilen der Verbindung zusammengeschrieben werden, in der Regel großgeschrieben.

Alt:	außer acht lassen	NEU:	außer Acht lassen
Alt:	in acht nehmen	NEU:	in Acht nehmen
Alt:	in bezug auf	NEU:	in Bezug auf
Alt:	angst und bange machen	NEU:	Angst und Bange machen
Alt:	diät leben	NEU:	Diät leben

Einleitung

Alt: maschineschreiben NEU: Maschine schreiben
Alt: schuld haben NEU: Schuld haben

Anmerkung: angst, bange, gram, leid, pleite und schuld werden in Verbindung mit sein, bleiben und werden grundsätzlich kleingeschrieben.

Ebenfalls werden nun innerhalb einer Verbindung die Bestandteile großgeschrieben, die substantivischen Charakter haben.

Alt: Alma mater NEU: Alma Mater
Alt: Desktop-publishing NEU: Desktop-Publishing
Alt: Ultima ratio NEU: Ultima Ratio

Pseudosubstantivierungen, klassifizierte Adjektive, Partizipien und Adverbien, das heißt Wortarten, die ausschließlich rein formale Merkmale eines Substantivs aufwiesen und demzufolge kleingeschrieben wurden, haben nun quasi den Status eines Substantivs erhalten und werden großgeschrieben. Ebenso wird die Großschreibung nun bei substantivierten Adjektiven und Partizipien in festen Redewendungen angewendet. Dabei spielt es keine Rolle mehr, ob die Redewendung wörtliche oder übertragene Bedeutung hat.

Alt: nicht im entferntesten NEU: nicht im Entferntesten
Alt: nicht das geringste NEU: nicht das Geringste
Alt: im großen und ganzen NEU: im Großen und Ganzen
Alt: des langen und breiten NEU: des Langen und Breiten
Alt: im wesentlichen NEU: im Wesentlichen
Alt: im argen liegen NEU: im Argen liegen
Alt: auf dem laufenden sein NEU: auf dem Laufenden sein
Alt: auf dem trockenen sitzen NEU: auf dem Trockenen sitzen
Alt: sein Schäfchen ins trockene bringen NEU: sein Schäfchen ins Trockene bringen
Alt: im trüben fischen NEU: im Trüben fischen

Bei Verbindungen mit Superlativen bleibt es den Schreibenden überlassen, ob sie groß- oder kleinschreiben wollen. Dabei gilt die Regel, dass die Fügungen, die sich mit „wie" erfragen lassen, kleingeschrieben werden können. Fügungen, die auf „woran" oder „worauf" Antwort geben, sind großzuschreiben.

Alt: aufs / auf das beste NEU: aufs / auf das Beste / beste
Alt: aufs / auf das herzlichste NEU: aufs / auf das Herzlichste / herzlichste

Einleitung

Stehen *(vor)gestern, heute* oder *(über)morgen* in Verbindung mit Angaben zu Tageszeiten, so werden diese Fügungen großgeschrieben.

Alt:	morgen mittag	NEU:	morgen Mittag
Alt:	gestern abend	NEU:	gestern Abend
Alt:	übermorgen mitternacht	NEU:	übermorgen Mitternacht

Wortverbindungen, die die Bedeutung von „jedermann", „alle" haben, werden großgeschrieben.

Alt:	bei arm und reich	NEU:	bei Arm und Reich
Alt:	groß und klein	NEU:	Groß und Klein
Alt:	jung und alt	NEU:	Jung und Alt

Die Groß- bzw. Kleinschreibung bei Ordnungszahladjektiven wie auch sinnverwandten Adjektiven war früher von ihrer Bedeutung abhängig. Bezeichneten sie eine Reihenfolge, dann wurden sie kleingeschrieben, bezeichneten sie jedoch eine Rangfolge, dann wurden sie großgeschrieben. Mit der Rechtschreibreform wurde diese Unterscheidung aufgehoben und es gilt generelle Großschreibung.

Alt: der, die, das erste (= Reihenfolge)   NEU: der, die, das Erste
Alt: der, die, das dritte   NEU: der, die, das Dritte
Alt: der, die, das letzte   NEU: der, die, das Letzte

Sprachbezeichnungen wurden früher als Artangabe kleingeschrieben. Bezeichneten sie entweder eine konkrete Sprache oder die Sprache einer einzelnen Person oder Gruppe, dann musste großgeschrieben werden. Jetzt gilt bei Verbindungen mit Präpositionen generelle Großschreibung, und zwar sowohl bei Sprach- als auch bei Farbbezeichnungen.

Alt:	auf / in deutsch	NEU:	auf / in Deutsch
Alt:	auf / in französisch	NEU:	auf / in Französisch

Während das Anredepronomen Sie, das Possessivpronomen Ihr und die dazugehörigen flektierten Formen großgeschrieben werden, schreibt man die Anredepronomen du und ihr sowie die Possessivpronomen dein und euer und das Reflexivpronomen sich klein. In Briefen können jedoch auch die Anredepronomen du und ihr sowie die dazugehörigen Possessivpronomen großgeschrieben werden.

Bisherige Reform: du **Modifizierte Reform:** Du, auch: du
Bisherige Reform: ihr **Modifizierte Reform:** Ihr, auch: ihr
Bisherige Reform: dein **Modifizierte Reform:** Dein, auch: dein
Bisherige Reform: euer **Modifizierte Reform:** Euer, auch: Euer

Eigennamen wurden und werden auch weiterhin großgeschrieben. Gehört ein Adjektiv zu einem Eigennamen, so wird es ebenfalls großgeschrieben. Allerdings hat sich die Klassifizierung in Adjektive, die Teil eines Eigennamens sind bzw. keiner sind, etwas verändert. Daher scheint es sinnvoll, die Änderungen ohne weitschweifende Begründungen aufzulisten.

Alt:	der blaue Planet	NEU:	der Blaue Planet
Alt:	der große Teich	NEU:	der Große Teich
Alt:	der deutsche Schäferhund	NEU:	der Deutsche Schäferhund
Alt:	das Hohelied	NEU:	das Hohe Lied
Alt:	der Hohepriester	NEU:	der Hohe Priester
Alt:	kalter Krieg	NEU:	Kalter Krieg
Alt:	die Erste Hilfe	NEU:	die Erste Hilfe
Alt:	das Goldene Zeitalter	NEU:	das goldene Zeitalter
Alt:	der Letzte Wille	NEU:	der letzte Wille
			auch: der Letzte Wille
Alt:	das Schwarze Brett	NEU:	das schwarze Brett
			auch: das Schwarze Brett
Alt:	die Schwarze Kunst	NEU:	die schwarze Kunst
			auch: die Schwarz Kunst
Alt:	der Schwarze Peter	NEU:	der schwarze Peter
			auch: der Schwarze Peter
Alt:	der Schwarze Tod	NEU:	der schwarze Tod
			auch: der Schwarze Tod
Alt:	der Weiße Tod	NEU:	der weiße Tod
			auch: der Weiße Tod

Zusammenfassung:
Der Geltungsbereich der Großschreibung ist ausgeweitet worden auf:
- Feste Verbindungen aus Substantiv und Präposition oder Substantiv und Verb, wenn die Bestandteile der Verbindung nicht zusammengeschrieben werden (im Argen lassen)

Einleitung

- Gewisse Pseudosubstantivierungen und feste Wortfügungen (auf dem Trockenen sitzen).
- Superlativ-Verbindungen können groß- oder kleingeschrieben werden.
- Angaben zu Tageszeiten in Verbindung mit *(vor)gestern, heute* und *(über)morgen* (heute Mittag).
- Verbindungen mit der Bedeutung „alle" (Jung und Alt).
- Ordnungszahladjektive und sinnverwandte Adjektive (der Letzte, der Erste).
- Sprach- und Farbbezeichnungen in Verbindung mit Präpositionen (auf Englisch).
- Blauer Planet, Großer Teich, Deutscher Schäferhund
- Kleinschreibung:
- Gewisse feste Wendungen aus Adjektiv und Substantiv (das schwarze Brett, aber auch: das Schwarze Brett).

Zusammen- und Getrenntschreibung

Die Getrennt- wie auch die Zusammenschreibung war im Deutschen ein komplexer Bereich, der aufgrund unzureichender Regelung eine üppige Fehlerquelle darstellte. Bisher musste man unterscheiden, ob eine Wortverbindung eine konkrete oder eine übertragene Bedeutung hatte. Bezeichnete sie etwas Konkretes, so wurde die Verbindung getrennt geschrieben: *sitzen bleiben* (auf dem Stuhl, Sessel, Sofa, o. Ä.). Die übertragene Bedeutung wurde durch Zusammenschreibung kenntlich gemacht: *sitzenbleiben,* im Sinne von eine Klasse, einen Kurs wiederholen.

Allerdings war die Unterscheidung in Konkreta und Abstrakta nicht grundsätzlich funktionsfähig, sondern eher eine Richtschnur, an der man sich orientieren konnte, ohne eine Garantie für die Richtigkeit in jedem einzelnen Fall zu haben. Trotz konkreter Bedeutung wurde *im Bett liegenbleiben* zusammengeschrieben, *auf der Strecke liegen bleiben* trotz der übertragenen Bedeutung jedoch auseinander. Unterschieden werden muss nun vor allem danach, ob es sich bei dem Wort vor dem Verb um einen Verbzusatz handelt oder ob es sich bei dem fraglichen Satzteil um eine Wortgruppe handelt. Ersterer wird meist zusammengeschrieben, Letztere getrennt. Verbindungen mit „sein" schreibt man getrennt. Idiomatisierte Verbindungen werden zusammengeschrieben. Bestehen Verbindungen aus zwei Verben, so schreibt man sie getrennt. Handelt es sich jedoch um Verbindungen mit bleiben und lassen, die übertragene Bedeutung besitzen, so kann man zusammenschreiben. Ebenso verhält es sich mit kennen lernen, auch: kennenlernen.

Einleitung

Alt:	abwärtsgehen (= sich verschlechtern) und abwärts gehen (= einen Weg, eine Treppe)
NEU:	abwärtsgehen
Alt:	beieinandersein (= bei guter Gesundheit sein) und beieinander sein (= zusammen sein)
NEU:	beieinander sein
Alt:	dasein (= anwesend sein) und da sein (= an einem bestimmten Ort)
NEU:	da sein
Alt:	fallenlassen (= aufgeben) und fallen lassen (= z. B. aus der Hand)
NEU:	fallen lassen
Alt:	gehenlassen (= sich vernachlässigen) und gehen lassen (= z. B. Freunde)
NEU:	Es gelten ebenfalls beide Varianten.
Alt:	hängenlassen (= jemanden) und hängen lassen (= z. B. einen Mantel)
NEU:	Es gelten ebenfalls beide Varianten.
Alt:	kaltstellen (= jemanden) und kalt stellen (= z. B. Sekt)
NEU:	Es gelten ebenfalls beide Varianten.

Folglich ändert sich die Bedeutung, die mittels der Getrennt- oder Zusammenschreibung transportiert wird, je nach Schreibweise:

gut schreiben	(= in leserlicher Schrift schreiben)
gutschreiben	(= anrechnen)
frei sprechen	(= z. B. einen Vortrag halten, ohne abzulesen)
freisprechen	(= z. B. von einer Schuld freisprechen)
fest nehmen	(= z. B. etwas fest in die Hand nehmen, also mit Kraft)
festnehmen	(= verhaften)
sicher gehen	(= mit Sicherheit, ohne zu schwanken oder zu stolpern)
sichergehen	(= Gewissheit haben)

Verbverbindungen mit den Präfixen *aneinander, auseinander* usw. wurden früher teils zusammen, teils getrennt geschrieben. Im Zuge der ursprünglichen Reform wurden die von Fall zu Fall unterschiedlichen Schreibweisen vereinheitlicht und generell getrennt geschrieben. Nach neuester Regelung vom Frühjahr 2006 kehrt man wegen immer wieder auftauchender Sinnentstellungen überwiegend zur Zusammenschreibung zurück:

Einleitung

Bisherige Reform:	aneinander fügen
Modifizierte Reform:	aneinanderfügen
Bisherige Reform:	aneinander geraten (= sich streiten)
Modifizierte Reform:	aneinandergeraten
Bisherige Reform:	auseinander sein
Modifizierte Reform:	auseinander sein

Anmerkung: Verbindungen mit sein werden getrennt geschrieben.)

Bisherige Reform:	auseinander brechen
Modifizierte Reform:	auseinanderbrechen
Bisherige Reform:	auseinander reißen
Modifizierte Reform:	auseinanderreißen
Bisherige Reform:	beeinander sitzen
Modifizierte Reform:	beeinandersitzen
Bisherige Reform:	zueinander sprechen
Modifizierte Reform:	zueinandersprechen
	aber auch: zueinander sprechen
Bisherige Reform:	zueinander finden
Modifizierte Reform:	zueinanderfinden aber auch: zueinander finden

Anmerkung: Auch hier muss natürlich zwischen Zusammensetzung und Wortgruppe unterschieden werden.

Eine weitere Modifizierung der ursprünglichen Reform besteht darin, dass Verbindungen mit substantivischem ersten Bestandteil, bei denen dieser Bestandteil die Eigenschaften eines selbständigen Substantivs verloren hat, wie *eislaufen, standhalten, nottun, teilhaben,* wieder zusammen geschrieben werden.

Bisherige Reform:	Eis laufen
Modifizierte Reform:	eislaufen
Bisherige Reform:	Halt machen
Modifizierte Reform:	haltmachen
Bisherige Reform:	Kopf stehen
Modifizierte Reform:	kopfstehen
Bisherige Reform:	Pleite gehen
Modifizierte Reform:	pleitegehen

Anmerkung: Obige Ausführungen sollen nicht vergessen machen, dass die festen Wortverbindungen auch weiterhin ihren Platz in der deutschen Sprache haben. Unter festen Wortverbindungen sind diejenigen Zusammensetzungen zu verstehen, die nicht getrennt werden und immer dieselbe Reihenfolge in

Einleitung

ihrem Erscheinungsbild aufweisen (lobpreisen, ich lobpreise; langweilen, er langweilt mich; liebäugeln, sie liebäugelt; hintergehen, er ist hintergangen worden; nachtwandeln, sie nachtwandelt; usw.).

Auch die Schreibung der Partizipformen hat sich wieder im Sinne der alten Regeln geändert. Wurden sie gemäß der ursprünglichen Reform in ihre jeweiligen Bestandteile aufgegliedert und getrennt geschrieben, kommt nach den aktuellen Modifizierungen wieder verstärkt die Zusammenschreibung zur Geltung, wobei jedoch beide Formen im Regelwerk erlaubt sind.

Bisherige Reform:	aneinander grenzende Gebiete
Modifizierte Reform:	aneinandergrenzende Gebiete
Bisherige Reform:	breit gefächertes Angebot
Modifizierte Reform:	breitgefächertes Angebot
Bisherige Reform:	ernst gemeinter Ratschlag
Modifizierte Reform:	ernstgemeinter Ratschlag
Bisherige Reform:	gut gehende Branche
Modifizierte Reform:	gutgehende Branche
Bisherige Reform:	Laub tragender Baum
Modifizierte Reform:	laubtragender Baum
Bisherige Reform:	Metall verarbeitende Industrie
Modifizierte Reform:	metallverarbeitende Industrie

Anmerkung: Allerdings gibt es nach wie vor Partizipformen, die zusammengeschrieben werden müssen. Bestehen Zweifel oder Unsicherheiten darüber, ob die entsprechenden Partizipformen zusammen- oder getrennt geschrieben werden, dann ist diese Frage leicht zu beantworten. Kann der erste Bestandteil des Partizips gesteigert und/oder erweitert werden, dann muss es getrennt geschrieben werden.

Alt:	ernstgemeinter Ratschlag
Steigerung:	sehr ernst oder äußerst ernst gemeinter Ratschlag
Konsequenz:	Getrenntschreibung - ernst gemeinter Ratschlag
Alt:	gutgehende Branche
Steigerung:	besser gehende Branche oder sehr gut gehende Branche
Erweiterung:	gut und erfolgreich gehende Branche
Konsequenz:	Getrenntschreibung - gut gehende Branche

Vereinheitlicht wurde die Schreibung von *soviel - so viele* und *wieviel - wie viele*. Nun wird grundsätzlich getrennt geschrieben. Zusammengeschrieben wird *soviel* nur, wenn es als Konjunktion benutzt wird, etwa bei *soviel ich weiß*

Einleitung

Alt:	soviel	NEU:	so viel
Alt:	soviele	NEU:	so viele
Alt:	wieviele	NEU:	wie viele

Dahingegen werden sämtliche Verbindungen mit irgend zusammengeschrieben.

Alt:	irgend etwas	NEU:	irgendetwas
Alt:	irgend jemand	NEU:	irgendjemand
Alt:	irgendwann	NEU:	irgendwann
Alt:	irgendwer	NEU:	irgendwer

Fazit:
- Auch wenn es sich nicht um idiomatisierte Bedeutungen handelt, wird bei Zusammensetzungen im Normalfall zusammengeschrieben. Wortgruppen schreibt man getrennt.
- Die Partizipformen richten sich nach den Infinitivformen *(laubtragender Baum* wird zu *Laub tragender Baum).*
- Zusammensetzungen wie *eislaufen* und *radfahren* werden nur dann getrennt geschrieben, wenn der erste, substantivische Wortbestandteil die Eigenschaften eines Substantivs beibehält (Rad fahren; aber: eislaufen, pleitegehen).
- *Wie viel* wird immer getrennt geschrieben (wie viel), *soviel* nur dann nicht, wenn es als Konjunktion benutzt wird.
- Die Verbindungen mit *irgend* werden zusammengeschrieben (irgendjemand, irgendetwas).

Schreibung mit Bindestrich

Die Schreibung mit Bindestrich erlaubt es den Schreibenden, mehrgliedrige Wortverbindungen oder Wortzusammensetzungen in ihre Bestandteile zu gliedern und somit mehr Übersichtlichkeit wie auch leichtere Lesbarkeit herzustellen.

Im Regelfall werden kürzere Wortverbindungen wie zum Beispiel *Damwild, Busfahrer* oder *Hochzeit* nicht getrennt, das heißt, nicht mit Bindestrich geschrieben. Soll jedoch ein Wortteil besonders betont werden, so kann die Schreibung mit Bindestrich angewendet werden: *Hoch-Zeit* anstelle von *Hochzeit* oder das *Nach-Denken* anstelle von das *Nachdenken.*

Bisher mussten gewisse zweigliedrige Wortzusammensetzungen mit Bindestrich geschrieben werden, wobei es bei Wörtern wie Ich-Laut und Ichform Diskrepanzen gab. Heute können diese Zusammensetzungen sowohl mit Bindestrich als auch ohne geschrieben werden.

Einleitung

Alt:	Ich-Laut	NEU:	Ich-Laut oder Ichlaut
Alt:	Ich-Roman	NEU:	Ich-Roman oder Ichroman
Alt:	Ichform	NEU:	Ich-Form oder Ichform
Alt:	Ichbezogenheit	NEU:	Ich-Bezogenheit oder Ichbezogenheit
Alt:	Soll-Bestand	NEU:	Soll-Bestand oder Sollbestand

Das Setzen des Bindestrichs war ein Muss, wenn drei gleiche Vokale aufeinandertrafen, wie zum Beispiel *Kaffee-Ersatz*. Das Einhalten dieser Regel ist heute nicht mehr zwingend vorgeschrieben, sollte jedoch nach Möglichkeit auch weiterhin zur Gewährleistung der Lesefreundlichkeit beachtet werden.

Alt:	Kaffee-Ersatz
NEU:	Kaffee-Ersatz und Kaffeeersatz
Alt:	Tee-Ei
NEU:	Tee-Ei und Teeei
Alt:	Klee-Ernte
NEU:	Klee-Ernte und Kleeernte
Alt:	Tee-Einsaat
NEU:	Tee-Einsaat und Teeeinsaat
Alt:	Hawaii-Inseln
NEU:	Hawaii-Inseln und Hawaiiinseln

Treffen zwei oder mehrere verschiedenartige Vokale in einer Wortzusammensetzung aufeinander, dann muss nicht zwingend ein Bindestrich gesetzt werden.

Alt:	Seeufer
NEU:	Seeufer oder See-Ufer
Alt:	Radioamateur
NEU:	Radioamateur oder Radio-Amateur
Alt:	Koedukation
NEU:	Koedukation oder Ko-Edukation
Alt:	Seeigel
NEU:	Seeigel oder See-Igel
Alt:	Seeanrainer
NEU:	Seeanrainer oder See-Anrainer

Enthält eine Wortverbindung mehrere Konsonanten, so kann sie mittels des Bindestriches in die jeweiligen Bestandteile getrennt werden.

Einleitung

Alt:	Betttruhe
NEU:	Betttruhe und Bett-Truhe
Alt:	Balletttruppe
NEU:	Balletttruppe und Ballett-Truppe
Alt:	Balletttrikot
NEU:	Balletttrikot und Ballett-Trikot
Alt:	Sauerstoffflasche
NEU:	Sauerstoffflasche und Sauerstoff-Flasche
Alt:	Bettuch
NEU:	Betttuch und Bett-Tuch
Alt:	Schiffahrt
NEU:	Schifffahrt und Schiff-Fahrt
Alt:	Schrottransport
NEU:	Schrotttransport und Schrott-Transport

Der Bindestrich muss nicht, sollte jedoch vor allem dann Anwendung finden, wenn ein Wort doppeldeutig sein und zu Missverständnissen führen könnte, wie zum Beispiel das Wort *Musikerleben*. Eine Lesart wäre *Musiker-Leben*, eine andere *Musik-Erleben*.

Doppelte Lesart: *Musikerleben - Musik-Erleben* oder *Musiker-Leben*.
Doppelte Lesart: *Druckerzeugnis - Druck-Erzeugnis* oder *Drucker-Zeugnis*.
Bisher wurden nur die Wortverbindungen, die einen einzelnen Buchstaben oder ein Formelzeichen enthielten, mit Bindestrich geschrieben. Heute ist auch bei Zusammensetzungen mit Zahlen die Schreibung mit Bindestrich zwingend.

Alt:	a-Moll	NEU:	a-Moll
Alt:	i-Punkt	NEU:	i-Punkt
Alt:	x-mal	NEU:	x-mal
Alt:	n-tel	NEU:	n-tel
Alt:	4jährig	NEU:	4-jährig
Alt:	7tonner	NEU:	7-Tonner
Alt:	10pfünder	NEU:	10-Pfünder
Alt:	80prozentig	NEU:	80-prozentig

Bitte beachten: Handelt es sich um eine Zusammensetzung, die aus Zahlen, Suffix und einem Substantiv besteht, so bildet die entsprechende Zahl mit dem Suffix eine Einheit und wird zusammengeschrieben. Der Bindestrich steht nach dem Suffix.

Beispiel: eine 15er-Gruppe
Beispiel: in den 70er Jahren (auch: 70er-Jahren)
Beispiel: ein 50stel-Millimeter
Was die Schreibung mit Bindestrich bei Fremdwörtern anbelangt, so folgt sie grundsätzlich den Regeln für deutsche Wörter. Je nachdem, ob es sich dabei um unübersichtliche Zusammensetzungen handelt oder nicht, werden sie mit oder ohne Bindestrich geschrieben.

Alt:	Desktop-Publishing
NEU:	Desktop-Publishing oder Desktoppublishing
Alt:	Hair-Stylist
NEU:	Hairstylist oder Hair-Stylist
Alt:	Midlife-crisis
NEU:	Midlife-Crisis oder Midlifecrisis
Alt:	Sex-Appeal
NEU:	Sex-Appeal oder Sexappeal

Fazit:
- Die Schreibung mit Bindestrich ist flexibler geworden. Die Wörter können grundsätzlich nach Belieben mittels eines Bindestriches in ihre Bestandteile getrennt werden. Von übertriebenem Gebrauch des Bindestrichs ist jedoch abzusehen.
- Treffen drei gleich lautende Vokale aufeinander, so muss der Bindestrich nicht mehr stehen (Kaffeeersatz).
- Der Bindestrich muss bei Verbindungen mit Zahlen gesetzt werden (8-Tonner).
- Bei doppeldeutigen Wörtern ist die Schreibung mit Bindestrich vorzuziehen (Musikerleben: Musik-erleben oder Musiker-Leben).
- Bei einigen Zusammensetzungen muss der Bindestrich nicht mehr stehen (Ichlaut).

Worttrennung

Die meisten Wörter lassen sich in Silben zerlegen: *daheim - da-heim, Kleider - Klei-der, Blume - Blu-me,* usw. Möchte man ein Wort trennen, dann geschah und geschieht dies normalerweise nach den jeweiligen Silben, in die sich ein Wort zerlegen lässt. Musste man jedoch früher einige Dinge, auf die im Folgenden näher eingegangen wird, beachten, so erfolgt die heutige Worttrennung ausschließlich nach dem Prinzip der Silbentrennung.
Wie oben bereits erwähnt, musste früher gewissen Regeln bei der Worttren-

Einleitung

nung Rechnung getragen werden. So durften zum Beispiel niemals die Buchstaben *st* voneinander getrennt werden („trenne nie *st*, denn es tut ihm weh") – ein Relikt aus den Anfängen der Buchdruckerei, das im Zuge der Rechtschreibreform eliminiert worden ist. Nun werden *st* getrennt, was eine geringfügige Silben-Verschiebung zur Folge hat: Die Silben der Wörter *Kasten* oder *Kiste* zum Beispiel lauten nun nicht mehr *Ka-sten* oder *Ki-ste,* sondern *Kas-ten* und *Kis-te*. Dementsprechend wird das jeweilige Wort getrennt, in diesem Fall *Kas-ten* und *Kis-te*.

Weitere Beispiele sind:

Alt:	lä-stig	NEU:	läs-tig
Alt:	aus-mi-sten	NEU:	aus-mis-ten
Alt:	Ra-ster	NEU:	Ras-ter
Alt:	Mu-ster	NEU:	Mus-ter
Alt:	La-ster	NEU:	Las-ter
Alt:	ha-sten	NEU:	has-ten
Alt:	be-la-stet	NEU:	be-las-tet

Eine weitere bei der Worttrennung zu beachtende Regel war der Wechsel von *ck* zu *kk*. Wurde zum Beispiel das Wort *Wecker* getrennt, so musste dies folgendermaßen geschehen: *Wek-ker*. Heute wird das *ck* bei der Trennung als ein Buchstabe (genauer: als ein Laut) betrachtet und ebenso behandelt: *We-cker*. (Vgl. auch die Konsonantenkombinationen *ch, sch, ph, rh,* usw., die ebenfalls als ein Laut gelten und daher untrennbar sind)

Alt:	sich rek-ken	NEU:	sich re-cken
Alt:	schmek-ken	NEU:	schme-cken
Alt:	lek-ker	NEU:	le-cker
Alt:	Sok-ke	NEU:	So-cke
Alt:	Rök-ke	NEU:	Rö-cke

Und ein weiterer Punkt entfällt dank der Rechtschreibreform, nämlich das Wissen um die Wortbestandteile. Stattdessen wird nach dem Sprechrhythmus getrennt, was vor allem bei den Fremdwörtern eine große Erleichterung darstellen dürfte. Das Wort *Chirurg* zum Beispiel durfte nur nach seinen Bestandteilen getrennt werden, nämlich in Chir und urg, das heißt Chir-urg. Heute gelten beide Formen der Trennung, also sowohl Chir-urg als auch Chi-rurg. Generell gesehen besitzen bei diesen Fällen beide Möglichkeiten der Trennung Gültigkeit, das heißt, die Wörter können nach dem Sprechrhythmus

Einleitung

wie auch nach den Wortbestandteilen getrennt werden.

Alt:	hin-auf	NEU:	hin-auf und hi-nauf
Alt:	her-ein	NEU:	her-ein und he-rein
Alt:	Chir-urg	NEU:	Chir-urg und Chi-rurg
Alt:	Hekt-ar	NEU:	Hekt-ar und Hek-tar
Alt:	qua-dra-tisch	NEU:	qua-dra-tisch und quad-ra-tisch

In ihrer ursprünglichen Form erlaubten die neuen Rechtschreiberegeln, dass einzelne Buchstaben, wenn sie vom Sprechrhythmus her als Silben angesehen werden können, vom Wort getrennt werden können. Diese Regel wurde in der Modifizierung von Frühjahr 2006 wieder zurückgenommen. Ein Wort wie *Elite* kann nun nicht mehr in drei Silben aufgeteilt werden: statt E-li-te ist nun – wie früher – nur noch Eli-te zulässig.

Nach wie vor ist darauf zu achten, dass einzelne Buchstaben am Wortende nicht abgetrennt werden. Der Grund hierfür ist, dass ein Bindestrich ebenso viel Platz einnimmt wie ein Buchstabe, und es daher unökonomisch und zu leseunfreundlich wäre, an dieser Stelle eine Trennung vorzunehmen.

Das Gebot der Lesefreundlichkeit gilt generell.
Bisherige Reform: E-li-te
Modifizierte Reform: Eli-te

Fazit:
- Es gilt das Prinzip der Silbentrennung.
- Bei Fremdwörtern und Wortbestandteilen gelten beide Formen der Trennung, die neue und die alte (qua-dra-tisch und quad-ra-tisch; hin-auf und hi-nauf).
- st wird getrennt (Hus-ten).
- ck wird nicht mehr als k-k getrennt, sondern nach Silben (Sä-cke).
- Allein stehende Vokale am Wortanfang werden nicht mehr als Silben betrachtet und können nicht mehr vom Rest des Wortes getrennt werden.

Die Interpunktion
Durch die Rechtschreibreform hat sich für die Zeichensetzung nicht allzu viel geändert. Der große Unterschied ist, dass viele Zeichen jetzt nicht mehr verpflichtend sind, aber trotzdem noch gesetzt werden können. Ein sorgfältiger Blick auf die neuen Interpunktions-Regeln lohnt sich aber in jedem Fall.

Einleitung

Die einzelnen Satzzeichen und ihre Funktionen:
Anzeigen des Satzendes: Punkt, Fragezeichen, Ausrufezeichen
Satzgliederung: Semikolon, Doppelpunkt, Gedankenstrich, Klammern
Anzeigen von Äußerungen und Hervorhebungen: Anführungszeichen
Anzeigen von Auslassungen: Apostroph, Auslassungspunkte, Ergänzungsstrich
Kennzeichnen bestimmter Wortgruppen: Ordinalzahlen
Abkürzungen: Punkt
Zusammengehörigkeit: Schrägstrich

1. Der Punkt
Der Punkt steht immer am Ende eines Aussagesatzes. (Keine Änderung)
Beispiele: Ich bin gerade aus Paris zurückgekommen. Die Sonne scheint. Der Frühling zieht ins Land.
Ausnahmen:
- nach frei stehenden Zeilen wie Überschriften oder Titeln
- nach Auslassungspunkten
- nach Abkürzungs- und Ordinalzahlenpunkten

Der Punkt dient auch zur Kennzeichnung abgekürzter Wörter oder, nach in Ziffern geschriebenen Zahlen, von Ordinalzahlen. (Keine Änderung)
Beispiele: Nr. (= Nummer), Jh. (= Jahrhundert), Mio. (= Millionen), Dr. med., 1. April, Friedrich II., der I. Weltkrieg, in der 5. Reihe sitzen.

2. Das Ausrufezeichen
Durch das Ausrufezeichen erhält der Inhalt des Satzes eine besondere Betonung, die die Intensität von z.B. Grüßen, Wünschen, Ausrufen, Behauptungen und Aufforderungen verstärken soll. (Keine Änderung)
Beispiele: Seid endlich still! Welch ein Unglück! Rauchen verboten!

3. Das Fragezeichen
Durch die Verwendung des Fragezeichens wird der Satz zu einer Frage. (Keine Änderung)
Beispiele: Wen hast du getroffen? Hat es geschmeckt? Warum? Welche ist deine Lieblingsfarbe?

4. Das Komma
Das Komma ist von seinen Einsatzmöglichkeiten her eines der am schwierigsten zu handhabenden Satzzeichen. Es dient der Gliederung des Satzes und wird bei Aufzählungen, Hervorhebungen, Einschüben und Zusätzen verwendet. Nach der Rechtschreibreform ist in vielen Fällen das Setzen eines Kom-

mas nicht mehr obligatorisch, kann aber zur besseren Übersichtlichkeit und zum besseren Verständnis des Satzes nach wie vor erfolgen. Die Regeln und Änderungen im Einzelnen:

4.1 Das Komma zwischen Sätzen
Das Komma kann verschiedene Sätze voneinander trennen:
- Haupt- und Nebensätze
- mehrere Nebensätze
- selbstständige Sätze, die gedanklich eng miteinander verbunden und deshalb nicht durch Punkt oder Semikolon voneinander getrennt sind.
- Das Komma trennt nebengeordnete gleichwertige Sätze. (Keine Änderung)

Beispiel: Die Sonne geht unter, der Mond geht auf, die Sterne funkeln.
Bei der Verbindung der Sätze durch Konjunktionen wird kein Komma gesetzt. (Änderung: aus stilistischen Gründen oder zur Verdeutlichung der Satzstruktur kann in Ausnahmefällen ein Komma gesetzt werden.
Beispiel: Wir haben oft zusammen gefeiert, und ich hatte danach meistens solche Kopfschmerzen, dass ich tagelang krank war.)
Konjunktionen: und, oder, insbesondere, weder - noch, entweder - oder usw.
Beispiel: Es gibt immer mehr Autos und die Umweltbelastung steigt und keiner will auf Luxus verzichten.
Wird ein Satz eingeschoben, muss davor und dahinter ein Komma gesetzt werden. (Keine Änderung)
Beispiel: Das Buch, es kommt frisch aus der Druckerei, ist voll mit Druckfehlern.
Zwischen Haupt- und Nebensatz steht immer ein Komma, dabei ist es egal, ob der Nebensatz vor oder hinter dem Hauptsatz steht. Ist er allerdings eingeschoben, wird er von Kommas eingeschlossen. (Keine Änderung)
Beispiele: Ich kann nicht verstehen, warum er das gesagt hat. Schwangere Frauen, die rauchen, gefährden die Gesundheit ihrer Kinder.
Nebensätze gleichen Grades werden durch ein Komma getrennt.
(Keine Änderung)
Beispiel: Dass du mich im Stich gelassen hast, dass du einfach gegangen bist, kann ich dir niemals verzeihen.
Wenn Nebensätze gleichen Grades durch eine Konjunktion verbunden sind, erfolgt keine Komma-Setzung. (Änderung: zur Verdeutlichung der Satzstruktur kann man ein Komma setzen.)

Beispiel: Er fragte mich, ob ich mitkommen wolle, und ob ich das Fahrrad mitbringen könne, das ich mir ausgeliehen hatte.
Konjunktionen: und, oder, beziehungsweise usw.
Beispiele: Mein Chef erwartet, dass ich immer pünktlich bin und dass ich gute Arbeit abliefere.
Unvollständige Sätze werden genauso behandelt wie vollständige. (Keine Änderung)
Beispiel: Ich weiß nicht, was tun.
Bei durch *wie, wenn* usw. eingeleiteten unvollständigen Sätzen wird oftmals kein Komma gesetzt. (Keine Änderung)
Beispiel: Er aß wie immer nach dem Essen ein Stück Schokolade.
Das Höflichkeits-Wort *bitte* steht meistens ohne Komma. (Keine Änderung)
Beispiele: Bitte unterschreiben Sie hier. Gib mir mal bitte das Salz.
Wird *bitte* jedoch durch Komma abgetrennt, so kommt ihm eine besondere Betonung zu. (Keine Änderung)
Beispiele: Bitte, hör jetzt auf zu weinen. Mach jetzt, bitte, endlich den Fernseher aus.
Für das Zusammentreffen von Konjunktion und Adverb oder Partizip gilt es, besondere Regeln zu beachten: bilden die beiden Teile keine Einheit, kann dazwischen ein (zusätzliches) Komma gesetzt werden. (Änderung: vorher wurde in beiden Fällen kein Komma gesetzt.)

Verbindungen wie: abgesehen davon(,) dass; im Fall(,) dass; je nachdem(,) ob; um so eher(,) als; vorausgesetzt(,) dass; vor allem(,) wenn usw.
Beispiele: Im Fall(,) dass ich bald mit der Arbeit fertig bin, komme ich dich nachher noch besuchen. Je nachdem(,) ob die Sonne morgen scheint, werde ich einen Fahrrad-Ausflug machen.
Gelten beide Teile jedoch als Einheit, steht vor der Konjunktion kein Komma. Besonders gilt das für *als dass, als ob, anstatt dass, aber wenn* usw. (Keine Änderung)
Beispiele: Die Komma-Regeln sind zu kompliziert, als dass man sie alle auswendig lernen könnte. Es scheint mir, als ob das Wetter etwas besser würde.

4.2 Das Komma bei Partizipial- und Infinitivgruppen
Nicht näher bestimmte Partizipien und Infinitive ohne *zu* stehen ohne Komma. (Keine Änderung)
Beispiele: Spielend lernt man am besten. Singend verrichtete er seine Arbeit. Wir können uns eine Pizza backen.

Einleitung

Eine Partizipialgruppe kann zur Verdeutlichung der Satzgliederung oder zur Vermeidung von Missverständnissen durch ein Komma abgetrennt werden. (Änderung: vorher war eine Kommasetzung nicht möglich)
Beispiele: Sich vor Lachen den Bauch haltend, erzählte er mir den neuesten Witz. Ihre Anfrage betreffend, muss ich Ihnen leider mitteilen, dass wir Ihrem Wunsch nicht nachkommen können.
Wenn eine Wortgruppe durch *habend, seiend, werdend* oder *geworden* ergänzt werden kann, kann man sie Parztizipialgruppen gleichstellen. (Änderung s.o.)
Beispiel: Für alle Besucher sichtbar, hatte die neue Plastik des großen Künstlers beim Transport gelitten.
Der erweiterte Infinitiv mit *zu* kann durch ein Komma abgetrennt werden, um Missverständnisse zu vermeiden und die Satzgliederung zu verdeutlichen.
Beispiele: Der Prinz versuchte(,) die Prinzessin wachzuküssen. Die Versuchung(,) das offen daliegende Geld einfach mitzunehmen(,) war für ihn fast unwiderstehlich groß.
Aber: kein sinnvoller Einsatz des Kommas, wenn
• Verschränkung des Infinitivs mit dem Hauptsatz
(**Beispiel:** Ich hatte den Aufsatz zu kürzen beschlossen.)
• der Hauptsatz durch den Infinitiv umschlossen wird
(**Beispiel:** Diese Geschichte bat ich meine Freundin mir zu erzählen.)
Hilfsverben oder *brauchen, pflegen, scheinen* auf den Infinitiv folgen
(**Beispiele:** Die Geschichte schien zu brisant zu sein. Der Junge pflegte regelmäßig zu spät zu kommen.) (Keine Änderung)
Ein Komma ist unbedingt notwendig, wenn:
• ein hinweisendes Wort oder eine hinweisende Wortgruppe auf den Infinitiv abzielt
(**Beispiele:** Ich arbeite daran, meinen Bildungsstand etwas aufzubessern. Seine Absicht war es, den größten Kürbis zu ziehen.)
• erläuternde Infinitivgruppen eingeschoben werden
(**Beispiel:** Das Kind rannte, ohne sich einmal umzusehen, einfach über die Straße.) (Keine Änderung)

4.3 Das Komma zwischen Satzteilen
Nach durch Pronomen oder Adverbien neu aufgenommenen Satzteilen muss ein Komma gesetzt werden. (Keine Änderung)
Beispiel: In dieser Stadt, da bin ich glücklich gewesen. Diesen See, den habe ich schon mehrmals durchschwommen.

Einleitung

Die Anrede wird immer durch ein Komma vom übrigen Satz getrennt (auch in Briefen). (Keine Änderung)
Beispiele: Wie geht es den Kindern, Herr Becker? Lieber Onkel, danke für Dein Geschenk...
Interjektionen werden durch Komma vom Satz getrennt. Ausnahme: wenn die Interjektion nicht hervorgehoben werden soll. (Keine Änderung)
Beispiel: Oweh, jetzt ist die Vase kaputt! Ausnahme: Ja wenn ich so richtig darüber nachdenke...
Nachgestellte Appositionen, Erläuterungen, Adjektive und Partizipien werden durch ein Komma abgetrennt. Ausnahme: wenn der Beisatz ein fester Bestandteil des Namens ist, wird kein Komma gesetzt. (Änderung: folgt dem Beisatz der Eigenname, so kann das Komma wegfallen.)
Beispiele: Der Computer, Arbeitsgerät und Freizeitvergnügen, ist aus vielen Haushalten nicht mehr fortzudenken. Friedrich der Große war ein deutscher Kaiser. Der deutsche Schriftsteller Johann Wolfgang von Goethe hat durch seine Werke ganze Generationen geprägt.
Nachgestellte Partizipial- und andere Wortgruppen werden wie Adjektive und Partizipien behandelt. (Keine Änderung)
Beispiele: Die Arbeit, kompliziert und ermüdend, musste in kürzester Zeit erledigt werden. Das Hotel war eine Katastrophe, laut und dreckig.
Bei mehrteiligen Datums- oder Zeitangaben muss ein Komma gesetzt werden. (Keine Änderung)
Beispiel: Berlin, den 12. März
Das Komma nach der letzten Angabe ist freigestellt, da man die Angabe auch als Aufzählung oder Apposition ansehen kann. (Änderung: früher war das Komma obligatorisch.)
Beispiel: Samstag, den 8. März, um 15 Uhr findet die Hochzeitsfeier statt.
Wenn Satzteile durch aneinanderreihende Konjunktionen wie *ob-ob, je-desto, teils-teils, halb-halb* usw. als Aufzählung miteinander verbunden sind, steht dazwischen ein Komma. (Keine Änderung)
Beispiele: In dem Kuchen sind nicht nur Mandeln, sondern auch Haselnüsse. Einerseits bin ich erleichtert, andererseits aber auch enttäuscht.
Bei eng zusammengehörenden Satzteilen, die durch anreihende Konjunktionen wie *und, wie, sowie, weder-noch* usw. verbunden sind, steht kein Komma. (Keine Änderung)
Beispiele: Ich esse weder Fleisch noch Fisch. Er beleidigte sowohl seine Mitarbeiter als auch seinen Vorgesetzten.
Nach dem Nebensatz folgt nur dann ein Komma, wenn der übergeordnete

Einleitung

Satz anschließend fortgeführt wird. (Änderung: früher keine Kommasetzung)
Beispiel: Das Kind hatte seine Autos, Plüschtiere und was sich sonst noch in seinem Zimmer befand, aus dem Fenster geworfen.
Wenn ausschließende Konjunktionen wie *oder, entweder-oder, beziehungsweise* usw. nur Satzteile verbinden, steht davor kein Komma.
(Keine Änderung)
Beispiele: Du solltest dich entweder für die grünen oder die schwarzen Schuhe entscheiden. Wenden Sie sich mit diesem Problem an meine Firma beziehungsweise an mich direkt.
Vor entgegengesetzten Konjunktionen wie *aber, sondern, jedoch* usw. steht ein Komma. (Keine Änderung)
Beispiele: nicht schön, aber selten; klein, aber oho; sie ist keine Putzfrau, sondern eine Raumpflegerin.
Vor den vergleichenden Konjunktionen *als, wie* und *denn* steht kein Komma, wenn sie nur Satzteile verbinden. (Keine Änderung)
Beispiel: Das Wetter war besser als erwartet.
Bei Vergleichssätzen hingegen steht ein Komma. (Keine Änderung)
Beispiel: Arbeite so lange, wie du kannst. Ich habe viel mehr Blumen gepflückt, als ich gebraucht habe.
Bei Erläuterungen, die einem Substantiv mit *wie* nachgestellt sind, kann man ein Komma setzen. (Keine Änderung)
Beispiel: Die Ballspiele, wie Handball und Fußball, haben in Deutschland eine lange Tradition.

Das Komma in Aufzählungen:
Zwischen gleichrangigen Wörtern und Wortgruppen muss ein Komma gesetzt werden, wenn sie nicht durch Bindewörter wie *und, oder* verbunden sind.
(Keine Änderung)
Beispiel: Mehl, Eier, Milch, Hefe und Salz müssen gründlich verknetet werden.
Das Komma steht nicht in einer Aufzählung nicht gleichrangiger Adjektive.
(Keine Änderung)
Beispiel: Die Hersteller von Computermonitoren müssen eine verbindliche europäische Norm beachten.
Das Komma steht zwischen Wohnsitzangaben.
(Änderung: man kann Wohnsitzangaben jetzt als Aufzählungen oder Fügung mit Beisatz ansehen. Dadurch ist die Verwendung des Kommas nach der letzten Angabe freigestellt, wenn der Text danach fortgeführt wird.)
Beispiel: Lieschen Müller, Kaiserstr. 11, Berlin

Einleitung

Bibliografische Angaben werden durch ein Komma getrennt.
(Änderung: das Komma nach der letzten Angabe ist nicht mehr obligatorisch.)
Beispiel: Neues Testament, Lukas, Kapitel 5, Vers 14
Ausnahmen hiervon sind Gesetze, Verordnungen usw., die nicht durch ein Komma getrennt werden.
Beispiel: § 3 Absatz 4 Satz 2 der Satzung

5. Das Semikolon (Strichpunkt)

Durch das Semikolon werden Teilsätze oder Wortgruppen stärker voneinander getrennt als durch ein Komma, jedoch schwächer als durch einen Punkt.
(Änderung: nur insofern, als dass der Einsatz des Semikolons noch freier geworden ist, d.h. noch mehr im Ermessen des Schreibers liegt.)
Beispiele: Die Arbeit hört nie auf; ständig kommen neue Unterlagen an; alles muss gründlich bearbeitet werden; irgendjemand hat immer eine Frage dazu.

6. Der Doppelpunkt

Der Doppelpunkt signalisiert, dass danach etwas Weiterführendes kommt. Dies kann sein:
- eine wörtliche Rede
- eine Aufzählung, Erklärung usw.
- eine Zusammenfassung von einem Sachverhalt, der vorher erwähnt wurde oder die daraus schließende Folgerung. (Keine Änderung)

Beispiele: Werner dachte: „Wenn nur schon Juni wäre!" Das müssen wir noch einkaufen: Brot, Eier und Milch. Meine Note in dem Examen: sehr gut. Geburtsort: Berlin.

7. Der Gedankenstrich

Der Gedankenstrich kündigt an, dass entweder ein Gedanke weitergeführt wird oder etwas Unerwartetes kommt, z.B. ein Thema- oder Sprecherwechsel. (Keine Änderung)
Beispiele: Alle wunderten sich – so las ich in der Zeitung –, dass das Erscheinen des neuen Buches so lange auf sich warten ließ. Der Wetterbericht hatte Sonne vorausgesagt – doch die Wolken verzogen sich nicht.

8. Die Klammern

Klammern schließen Zusätze oder Nachträge ein. (Keine Änderung)
Beispiele: Frankfurt (Main). Er konnte (oder wollte) diese Aufgabe nicht erledigen.

9. Die Anführungszeichen
Die Anführungszeichen dienen dem Einschließen wörtlicher Wiederholungen wie der direkten Rede oder Zitaten. (Änderung: wenn der in Anführungszeichen geführte Satz mit einem Ausrufe- oder Fragezeichen abschließt und der Begleitsatz darauf folgt, dann wird hinter den Anführungszeichen ein Komma gesetzt.)
Beispiel: „Seid endlich still!", sagte die Lehrerin.
Beispiele: „Das hässliche Entlein" ist ein Märchen von Andersen. Ich wurde von den Worten geweckt: „Guten Morgen, das Frühstück ist fertig!"

10. Der Apostroph
Mit dem Apostroph signalisiert man die Auslassung eines oder mehrerer Buchstaben in einem Wort. (Änderung: Zur Deutlich-Machung der Grundform eines Eigennamens kann jetzt auch das Genitiv-s mit Apostroph geschrieben werden.)
Beispiele: Jens' Abitur ist besser ausgefallen, als er gedacht hatte. Die Schüssel steht auf'm Tisch. Besser kann's gar nicht sein.

11. Der Ergänzungsstrich
Bei Zusammensetzungen oder Ableitungen einer Aufzählung signalisiert der Ergänzungsstrich einen weggelassenen Wortteil, den man sinngemäß ergänzen muss. (Keine Änderung)
Beispiele: VIP-Bereich, ABC-Waffen, U-Boot, Hin- und Rückfahrt.

12. Die Auslassungspunkte
Durch die aus drei Punkten bestehenden Auslassungspunkte wird angezeigt, dass in einem Text, Satz oder Wort Teile weggelassen worden sind. (Keine Änderung)
Beispiele: So eine Sch...! Der Junge fing an, bis hundert zu zählen: „Eins, zwei, drei,..."

13. Der Schrägstrich
Mit dem Schrägstrich signalisiert man die Zusammengehörigkeit von Wörtern oder Zahlen. (Keine Änderung)
Beispiele: Sehr geehrte/r Frau/Herr..., Kolleg/inn/en, Höchstgeschwindigkeit 50 km/h, nach 2 1/2 Runden wurde er müde, der Winter 96/97 war sehr kalt.

Einleitung

Liste der geänderten Wörter zum schnellen Nachschlagen
Das folgende Wörterverzeichnis ist nicht als Ersatz für ein Lexikon gedacht. Vielmehr soll es bei einigen Unsicherheiten Hilfestellung leisten, ohne jedoch sämtliche, durch die Reform bedingten Änderungen wiederzugeben. Des Weiteren werden nicht alle erdenklichen Schreibweisen verzeichnet sein. So zum Beispiel wurde größtenteils darauf verzichtet, auch die durch die Bindestrich-Schreibung gegebenen Varianten in die Wörterliste aufzunehmen.

A

Abend
Alt:	heute abend
NEU:	heute Abend
Alt:	morgen abend
NEU:	morgen Abend

abends
Alt:	Mittwoch abends oder mittwochs abends
NEU:	mittwochabends oder mittwochs abends

Abszeß
Alt:	Abszeß
NEU:	Abszess

Ach-Laut
Alt:	Ach-Laut
NEU:	Achlaut oder Ach-Laut

Acht (= Aufmerksamkeit oder Fürsorge)
Alt:	außer acht lassen
NEU:	außer Acht lassen
Alt:	sich in acht nehmen
NEU:	sich in Acht nehmen
Alt:	achtgeben
NEU:	auch: Acht geben
Alt:	achthaben
NEU:	auch: Acht haben

Acht (Zahl)
Alt:	die Achtjährige
NEU:	die Acht-Jährige oder die Achtjährige

Alt:	8jährig
NEU:	8-jährig
Alt:	Achttonner
NEU:	Acht-Tonner oder Achttonner
Alt:	8tonner
NEU:	8-Tonner
Alt:	Achtachser
NEU:	Acht-Achser oder Achtachser
Alt:	8achser
NEU:	8-Achser

achte

Alt:	der achte (der Reihe nach)
NEU:	der Achte

achtzig

Alt:	der Mann über Achtzig
NEU:	der Mann über achtzig
Alt:	in die Achtzig kommen
NEU:	in die achtzig kommen
Alt:	Mitte (der) Achtzig
NEU:	Mitte (der) achtzig

Achtzigerjahre

Alt:	80er Jahre
NEU:	80er-Jahre oder 80er Jahre

Ade

Alt:	ade sagen
NEU:	Ade sagen oder ade sagen

adieu

Alt:	adieu sagen
NEU:	Adieu sagen oder adieu sagen

afro...

Alt:	afro-amerikanisch
NEU:	afroamerikanisch
Alt:	afro-asiatisch
NEU:	afroasiatisch
Alt:	Afro-Look
NEU:	Afrolook

After-shave

Alt:	After-shave

Einleitung

NEU:	Aftershave
Alt:	After-shave-Lotion
NEU:	Aftershavelotion oder Afterhave-Lotion

ähnlich

Alt:	und ähnliches (Abkürzung: u.ä.)
NEU:	und Ähnliches (Abkürzung: u.Ä.)
Alt:	ähnliches (solches)
NEU:	Ähnliches (solches)

Air...

Alt:	Air-Conditioner
NEU:	Airconditioner

Albtraum

Alt:	Alptraum
NEU:	Albtraum und Alptraum

allein...

Alt:	alleinstehen
NEU:	auch: allein stehen
Alt:	alleinstehend
NEU:	auch: allein stehend
Alt:	die Alleinstehenden
NEU:	die allein Stehenden und die Alleinstehenden

allerbeste

Alt:	es ist das allerbeste (= sehr gut), dass
NEU:	es ist das Allerbeste, dass

allgemein...

Alt:	im allgemeinen (= gewöhnlich)
NEU:	im Allgemeinen
Bisherige Reform:	allgemeinbildend
Modifizierte Reform:	allgemein bildend und allgemeinbildend
Bisherige Reform:	allgemeinverständlich
Modifizierte Reform:	allgemein verständlich und allgemeinverständlich

Alma mater

Alt:	Alma mater
NEU:	Alma Mater

alt

Alt:	immer der alte (= derselbe) sein
NEU:	immer der Alte sein
Alt:	ihr bleibt die alten (= dieselben)

Einleitung

NEU:	ihr bleibt die Alten
Alt:	alt und jung (= jedermann)
NEU:	Alt und Jung
Alt:	beim alten bleiben
NEU:	beim Alten bleiben
Alt:	es beim alten lassen
NEU:	es beim Alten lassen
Alt:	am alten hängen
NEU:	am Alten hängen
Amboß	
Alt:	Amboß
NEU:	Amboss
amen	
Alt:	zu allem ja und amen sagen
NEU:	zu allem Ja und Amen sagen und ja und amen sagen
andere	
Alt:	etwas anderes (immer klein geschrieben)
NEU:	etwas anderes (= unbestimmtes Zahlwort) oder etwas Anderes (= völlig Neues)
anders...	
Alt:	andersdenken
NEU:	anders denken
Bisherige Reform:	andersdenkend
Modifizierte Reform:	anders denkend und andersdenkend
aneinander...	
Bisherige Reform:	aneinander grenzen
Modifizierte Reform:	aneinandergrenzen
Bisherige Reform:	aneinander legen
Modifizierte Reform:	aneinanderlegen
Angst	
Alt:	angst und bange machen
NEU:	Angst und Bange machen
anheim...	
Bisherige Reform:	anheim fallen
Modifizierte Reform:	anheimfallen
Bisherige Reform:	anheim geben
Modifizierte Reform:	anheimgeben
Bisherige Reform:	anheim stellen

Einleitung

Modifizierte Reform:	anheimstellen
arg	
Alt:	im argen liegen
NEU:	im Argen liegen
arm	
Alt:	bei arm und reich (= bei jedermann)
NEU:	bei Arm und Reich
As	
Alt:	As
NEU:	Ass
aufeinander...	
Bisherige Reform:	aufeinander treffen
Modifizierte Reform:	aufeinandertreffen
Aufsehen	
Alt:	aufsehenerregend
NEU:	auch: Aufsehen erregend
auf seiten	
Alt:	auf seiten
NEU:	aufseiten und auf Seiten
aufwendig	
Alt:	aufwendig
NEU:	aufwändig und aufwendig
aufwärtsgehen (= **besser werden**)	
Bisherige Reform:	aufwärts gehen
Modifizierte Reform:	aufwärtsgehen
au pair	
Alt:	Au-pair-Mädchen
NEU:	Aupairmädchen und Au-pair-Mädchen
auseinander...	
Bisherige Reform:	auseinander setzen (= erklären)
Modifizierte Reform:	auseinandersetzen
Bisherige Reform:	auseinander gehen
Modifizierte Reform:	auseinandergehen
Bisherige Reform:	auseinander laufen (= sich trennen)
Modifizierte Reform:	auseinanderlaufen
Bisherige Reform:	auseinander legen (= erklären)
Modifizierte Reform:	auseinanderlegen

Ausschuß
Alt: Ausschuß
NEU: Ausschuss
außer (...)
Alt: außer acht lassen
NEU: außer Acht lassen
Alt: außerstand
NEU: außer Stand und außerstand
Alt: außerstande
NEU: außer Stande und außerstande
auswärts...
Bisherige Reform: auswärts gehen (=mit nach außen gerichteten Füßen)
Modifizierte Reform: auch: auswärtsgehen
Bisherige Reform: auswärts laufen (= s. o.)
Modifizierte Reform: auch: auswärtslaufen

B

Ballett...
Alt: Ballettänzer
NEU: Ballett-Tänzer und Balletttänzer
Bändel
Alt: Bendel
NEU: Bändel
bange
Alt: angst und bange machen
NEU: Angst und Bange machen
bankrott
Alt: bankrott gehen
NEU: bankrottgehen
baß
Alt: baß
NEU: bass
Baß
Alt: Baß
NEU: Bass

Einleitung

Alt:	Baßstimme
NEU:	Bassstimme

bedeutend

Alt:	um ein bedeutendes zunehmen
NEU:	um ein Bedeutendes zunehmen

behende

Alt:	behende
NEU:	behände

beieinander...

Bisherige Reform:	beieinander sein (= bei Verstand sein, gesund sein)
Modifizierte Reform:	beieinander sein
Bisherige Reform:	beieinander stehen
Modifizierte Reform:	auch: beieinanderstehen

beisammen...

Alt:	beisammensein (= gesund sein)
NEU:	beisammen sein

beißen

Alt:	er, sie, es biß
NEU:	er, sie, es biss

bekannt...

Bisherige Reform:	bekannt geben (= öffentlich machen)
Modifizierte Reform:	bekannt geben und bekanntgeben
Bisherige Reform:	bekannt machen (= öffentlich machen)
Modifizierte Reform:	bekannt machen und bekanntmachen

belemmert

Alt:	belemmert
NEU:	belämmert

beliebig

Alt:	jeder beliebige
NEU:	jeder Beliebige

Bendel

Alt:	Bendel
NEU:	Bändel

besondere

Alt:	im besond(e)ren
NEU:	im Besond(e)ren

Besorgnis erregend

Bisherige Reform:	Besorgnis-erregend

Modifizierte Reform:	Besorgnis erregend und besorgniserregend
besser	
Bisherige Reform:	besser gehen (= genesen)
Modifizierte Reform:	besser gehen und bessergehen
Alt:	das Beßre
NEU:	das Bessre
beste	
Alt:	es ist das beste, dass ...
NEU:	es ist das Beste, dass ...
Alt:	zum besten geben
NEU:	zum Besten geben
Alt:	zum besten haben
NEU:	zum Besten haben
Alt:	zum besten halten
NEU:	zum Besten halten
Alt:	zum besten kehren
NEU:	zum Besten kehren
Alt:	zum besten stehen
NEU:	zum Besten stehen
Alt:	zum besten wenden
NEU:	zum Besten wenden
Alt:	auf das beste, aufs beste
NEU:	auf das Beste / beste, aufs Beste / beste
bestehen...	
Alt:	bestehenbleiben
NEU:	bestehen bleiben
beträchtlich	
Alt:	um ein beträchtliches (größer, besser, weiter...)
NEU:	um ein Beträchtliches (größer, besser, weiter...)
Bettuch	
Alt:	Bettuch
NEU:	Betttuch und Bett-Tuch
bewußt (...)	
Alt:	bewußt
NEU:	bewusst
Bisherige Reform:	bewusst machen (= klarmachen)
Modifizierte Reform:	bewusst machen und bewusstmachen
Bisherige Reform:	sich bewusst werden

Einleitung

Modifizierte Reform:	sich bewusst werden und bewusstwerden
Bezug	
Alt:	in bezug auf
NEU:	in Bezug auf
Bibliographie	
Alt:	Bibliographie
NEU:	Bibliografie und Bibliographie
Big...	
Alt:	Big Band
NEU:	Bigband und Big Band
Alt:	Big Business
NEU:	Big Business
Biographie	
Alt:	Biographie
NEU:	Biografie und Biographie
bisherig	
Alt:	im bisherigen (= im obigen)
NEU:	im Bisherigen
Biß	
Alt:	Biß
NEU:	Biss
bißchen	
Alt:	bißchen
NEU:	bisschen
Black...	
Alt:	Blackout
NEU:	Black-out und Blackout
Alt:	Black Power
NEU:	Black Power
blankpoliert	
Bisherige Reform:	blankpoliert
Modifizierte Reform:	blankpoliert und blank poliert
blaß	
Alt:	blaß
NEU:	blass
Bläßhuhn	
Alt:	Bläßhuhn

Einleitung

NEU:	Blässhuhn
blau	
Alt:	ein blaugestreiftes Kleid
NEU:	auch: ein blau gestreiftes Kleid
Alt:	der blaue Planet (= Erde)
NEU:	der Blaue Planet
bleiben...	
Bisherige Reform:	bleiben lassen (= unterlassen)
Modifizierte Reform:	bleiben lassen und bleibenlassen
Bleßhuhn	
Alt:	Bleßhuhn
NEU:	Blesshuhn
blondgelockt	
Bisherige Reform:	blond gelockt
Modifizierte Reform:	blond gelockt und blondgelockt
Blue jeans	
Alt:	Blue jeans
NEU:	Bluejeans
Bonbonniere	
Alt:	Bonbonniere
NEU:	Bonboniere und Bonbonniere
Boß	
Alt:	Boß
NEU:	Boss
Bouclé	
Alt:	Bouclé
NEU:	Buklee und Bouclé
bravo	
Alt:	bravo rufen
NEU:	Bravo rufen und bravo rufen
Bravour	
Alt:	Bravour
NEU:	Bravur und Bravour
breit...	
Bisherige Reform:	breit gefächert
Modifizierte Reform:	breit gefächert und breitgefächert
Alt:	des langen und breiten (= umständlich)
NEU:	des Langen und Breiten

Einleitung

Brennessel
Alt: Brennessel
NEU: Brennnessel
Brokkoli
Alt: Brokkoli
NEU: Brokkoli und Broccoli
brütendheiß
Alt: brütendheiß
NEU: brütend heiß
Buklee
Alt: Bouclé
NEU: Buklee und Bouclé
bunt gestreift
Bisherige Reform: ein bunt gestreiftes Kleid
Modifizierte Reform: ein bunt gestreiftes Kleid und buntgestreiftes Kleid
Busineß
Alt: Busineß
NEU: Business

C

Chansonnier
Alt: Chansonnier
NEU: Chansonier und Chansonnier
Château
Alt: Château
NEU: Chateau und Château
Chicorée
Alt: Chicorée
NEU: Schikoree und Chicorée
Choreographie
Alt: Choreographie
NEU: Choreografie und Choreographie
Cleverneß
Alt: Cleverneß
NEU: Cleverness

Einleitung

Comeback
Alt: Comeback
NEU: Come-back und Comeback
Corned beef
Alt: Corned beef
NEU: Comedbeef und Corned Beef
Countdown
Alt: Countdown
NEU: Count-down und Countdown
Country-Music
Alt: Country-Music
NEU: Countrymusic
Creme, Krem
Alt: Creme und Krem
NEU: Kreme, Creme und Krem
Crêpe
Alt: Crêpe
NEU: Krepp und Crêpe

D

dasein
Alt: dasein (= anwesend sein)
NEU: da sein
dabeisein
Alt: dabeisein
NEU: dabei sein
dass
Alt: daß
NEU: dass
Alt: der daß-Satz
NEU: der Dasssatz und der dass-Satz
dein
Alt: Dein (= Personalpronomen)
NEU: dein, Dein
Alt: mein und dein nicht verwechseln
NEU: Mein und Dein nicht verwechseln

Einleitung

Alt:	eine Diskussion über mein und dein
NEU:	eine Diskussion über Mein und Dein
Alt:	die Dein(ig)en (= Angehörigen)
NEU:	die Dein(ig)en und die dein(ig)en
Alt:	du musst das Dein(ig)e tun
NEU:	du muss das Dein(ig)e oder das dein(ig)e tun

Dekolleté

Alt:	Dekolleté
NEU:	Dekolletee oder Dekolleté

Delphin

Alt:	Delphin
NEU:	Delfin und Delphin

derartiges

Alt:	derartiges (= solches)
NEU:	Derartiges

dessenungeachtet

Alt:	dessenungeachtet
NEU:	dessen ungeachtet

deutsch

Alt:	auf deutsch
NEU:	auf Deutsch
Alt:	in deutsch (= in deutschem Text)
NEU:	in Deutsch
Alt:	der deutsche Schäferhund
NEU:	der Deutsche Schäferhund

Diät

Alt:	diät leben
NEU:	Diät leben

dichtbehaart

Bisherige Reform:	dicht behaart
Modifizierte Reform:	dicht behaart und dichtbehaart

Dienstag...

Alt:	Dienstag abend
NEU:	Dienstagabend
Alt:	Dienstag abends
NEU:	dienstagabends und dienstags abends

differential

Alt:	differential

NEU:	differenzial und differential
differentiell	
Alt:	differentiell
NEU:	differenziell und differentiell
Diktaphon	
Alt:	Diktaphon
NEU:	Diktafon und Diktaphon
Donnerstag	Vgl. Dienstag...
doppelt...	
Alt:	doppelt soviel
NEU:	doppelt so viel
Bisherige Reform:	doppelt wirkend
Modifizierte Reform:	doppelt wirkend und doppeltwirkend
dortzulande	
Alt:	dortzulande
NEU:	dort zu Lande und dortzulande
Drapé	
Alt:	Drapé
NEU:	Drapee und Drapé
dreißig	Vgl. achtzig
Dreß	
Alt:	Dreß
NEU:	Dress
dritte	
Alt:	der, die, das dritte
NEU:	der, die, das Dritte
Alt:	die dritte Welt
NEU:	die Dritte Welt
du	
Alt:	Du (als Anrede)
NEU:	auch: du
Alt:	Dein, Dir, Dich (als Anrede)
NEU:	auch: dein, dir, dich
Alt:	auf du und du stehen
NEU:	auf Du und Du stehen
dunkel	
Alt:	im dunkeln tappen (=nicht wissen)
NEU:	im Dunkeln tappen

dünnbesiedelt
Bisherige Reform: dünn besiedelt
Modifizierte Reform: dünn besiedelt und dünnbesiedelt
durcheinander...
Bisherige Reform: durcheinander bringen (= in Unordnung bringen)
Modifizierte Reform: durcheinanderbringen
Bisherige Reform: durcheinander reden (= gleichzeitig reden)
Modifizierte Reform: durcheinanderreden
Duty-free-Shop
Alt: Duty-free-Shop
NEU: Duty-free-Shop
Dutzende
Alt: Dutzende
NEU: dutzende und Dutzende

E

ebensogut
Alt: ebensogut
NEU: ebenso gut
eigen
Alt: etwas sein eigen nennen
NEU: etwas sein Eigen nennen
Alt: sich etwas zu eigen machen
NEU: sich etwas zu eigen machen
Alt: zu eigen geben
NEU: zu eigen geben
einbleuen
Alt: einbleuen
NEU: einbläuen
einfach
Alt: es ist das einfachste, dass
NEU: es ist das Einfachste, dass
Alt: auf das einfachste, aufs einfachste
NEU: auf das Einfachste, aufs Einfachste
einwärts...
Bisherige Reform: einwärts gehen (= mit nach innen gerichteten Füßen)

Modifizierte Reform:	einwärts gehen und einwärtsgehen
Bisherige Reform:	einwärts gebogen
Modifizierte Reform:	einwärts gebogen und einwärtsgebogen
einzeilig	
Alt:	einzeilig und 1zeilig
NEU:	einzeilig und 1-zeilig
einzeln...	
Alt:	eine einzelnstehende Tanne
NEU:	eine einzeln stehende Tanne
Alt:	der, die, das einzelne
NEU:	der, die, das Einzelne
Alt:	sie als einzelne
NEU:	sie als Einzelne
Alt:	jeder einzelne
NEU:	jeder Einzelne
Alt:	bis ins einzelne
NEU:	bis ins Einzelne
Alt:	im einzelnen
NEU:	im Einzelnen
einzig	
Alt:	der, die, das einzige
NEU:	der, die, das Einzige
Alt:	als einziges
NEU:	als Einziges
Eis laufen	
Bisherige Reform:	Eis laufen
Modifizierte Reform:	eislaufen
Eisen verarbeitend	
Bisherige Reform:	der Eisen verarbeitende Industriezweig
Modifizierte Reform:	der Eisen verarbeitende Industriezweig und eisenverarbeitende Industriezweig
eisigkalt	
Alt:	ein eisigkalter Monat
NEU:	auch: ein eisig kalter Monat
engbefreundet	
Alt:	die engbefreundeten Kinder
NEU:	auch: die eng befreundeten Kinder

englisch   Vgl. deutsch
entfernt
Alt: nicht im entferntesten
NEU: nicht im Entferntesten
entschließen
Alt: sie entschloß sich
NEU: sie entschloss sich
Entschluß
Alt: Entschluß
NEU: Entschluss
entweder...
Alt: das Entweder-Oder
NEU: das Entweder-oder
ernst...
Alt: die ernstgemeinte Bitte
NEU: auch: die ernst gemeinte Bitte
Alt: ernstzunehmende Anfragen
NEU: auch: ernst zu nehmende Anfragen
erste
Alt: der, die, das erste (= der Reihe nach)
NEU: der, die, das Erste
Alt: der erstbeste und der erste beste
NEU: der erste Beste
Alt: fürs erste
NEU: fürs Erste
Alt: als erstes
NEU: als Erstes
Alt: die Erste Hilfe
NEU: die Erste Hilfe
erstere
Alt: der, die, das erstere
NEU: der, die, das Erstere
Alt: ersteres
NEU: Ersteres
essen
Alt: er, sie, es ißt
NEU: er, sei, es isst

essentiell
Alt:	essentiell
NEU:	essenziell und essentiell

Ethnographie
Alt:	Ethnographie
NEU:	Ethnografie und Ethnographie

euch
Alt:	Euch (als Anrede)
NEU:	euch, Euch

euer
Alt:	Euer (als Anrede)
NEU:	auch: euer
Alt:	die Euern, Euren oder Eurigen (= Angehörige)
NEU:	die Euern / euern, die Euren / euren oder Eurigen / eurigen
Alt:	das Eurige oder das Eure (= euer Besitz)
NEU:	das Eurige / eurige oder das Eure / eure

Eurhythmie
Alt:	Eurhythmie
NEU:	Eurythmie und Eurhythmie

Existentialismus
Alt:	Existentialismus
NEU:	Existenzialismus und Existentialismus

existentiell
Alt:	existentiell
NEU:	existenziell und existentiell

Exposé
Alt:	Exposé
NEU:	Exposee und Exposé

expreß
Alt:	expreß
NEU:	express

Exzeß
Alt:	Exzeß
NEU:	Exzess

Einleitung

F

Facette
Alt: Facette
NEU: Fassette und Facette
fahren
Bisherige Reform: radfahren
Modifizierte Reform: Rad fahren
Fairneß
Alt: Fairneß
NEU: Fairness
Fair play
Alt: Fair play
NEU: Fairplay und Fair Play
fallenlassen
Alt: einen Plan fallenlassen (= aufgeben)
NEU: einen Plan fallen lassen
Fallout
Alt: Fallout
NEU: Fall-out und Fallout
falschspielen
Bisherige Reform: falsch spielen (= betrügen)
Modifizierte Reform: falschspielen
Faß
Alt: Faß
NEU: Fass
Fast food
Alt: Fast food
NEU: Fastfood und Fast Food
Feedback
Alt: Feedback
NEU: Feed-back und Feedback
feind
Alt: jemandem feind bleiben
NEU: jemandem Feind bleiben
Alt: jemandem feind sein
NEU: jemandem Feind sein
Alt: jemandem feind werden

Einleitung

NEU:	jemandem Feind werden
fernliegen	
Bisherige Reform:	fern liegen
Modifizierte Reform:	fernliegen
Bisherige Reform:	fern liegend
Modifizierte Reform:	fernliegend
fertig...	
Bisherige Reform:	fertig stellen (= vollenden)
Modifizierte Reform:	fertig stellen und fertigstellen
fett gedruckt	
Bisherige Reform:	ein fett gedruckter Buchstabe
Modifizierte Reform:	ein fett gedruckter Buchstabe und ein fettgedruckter Buchstabe
feuerspeiend	
Alt:	feuerspeiende Vulkane
NEU:	auch: Feuer speiende Vulkane
finster	
Alt:	im finstern tappen (= im Ungewissen sein)
NEU:	im Finstern tappen
Fitneß	
Alt:	Fitneß
NEU:	Fitness
fleischfressend	
Alt:	fleischfressende Pflanzen
NEU:	auch: Fleisch fressende Pflanzen
fließen	
Alt:	der Strom floß träg dahin
NEU:	der Strom floss träg dahin
flötengehen	
Alt:	flötengehen (= verlorengehen)
NEU:	flöten gehen
Fluß...	
Alt:	Fluß
NEU:	Fluss
Alt:	Flußsand
NEU:	Flusssand und Fluss-Sand
Alt:	Flußufer
NEU:	Flussufer und Fluss-Ufer

Einleitung

fluß...
Alt: flußab
NEU: flussab
Alt: flußauf
NEU: flussauf

Flüssig machen
Bisherige Reform: Kapital flüssig machen
Modifizierte Reform: Kapital flüssig machen und flüssigmachen

folgend
Alt: das folgende (der Reihe nach)
NEU: das Folgende
Alt: im folgenden (= weiter unten)
NEU: im Folgenden
Alt: in folgendem (= weiter unten)
NEU: in Folgendem

Fön
Alt: Fön
NEU: Föhn (als Markenzeichen aber weiterhin Fön)

Frage
Alt: in Frage stellen
NEU: infrage stellen und in Frage stellen

Frappé
Alt: Frappé
NEU: Frappee und Frappé

Freitag Vgl. Dienstag

fressen
Alt: das Tier frißt
NEU: das Tier frisst

freund
Alt: jemandem freund sein
NEU: jemandem Freund sein
Alt: jemandem freund bleiben
NEU: jemandem Freund bleiben
Alt: jemandem freund werden
NEU: jemandem Freund werden

fritieren
Alt: fritieren
NEU: frittieren

Fritüre
Alt: Fritüre
NEU: Frittüre
frühverstorben
Alt: der frühverstorbene Junge
NEU: auch: der früh verstorbene Junge
fürbaß
Alt: fürbaß
NEU: fürbass

G

ganz
Alt: im ganzen
NEU: im Ganzen
Alt: im großen (und) ganzen
NEU: im Großen (und) Ganzen
gargekocht
Alt: gargekochter Fisch
NEU: auch: gar gekochter Fisch
Gäßchen
Alt: Gäßchen
NEU: Gässchen
gefahr...
Alt: ein gefahrbringendes Unternehmen
NEU: auch: ein Gefahr bringendes Unternehmen
Bisherige Reform: gefahrdrohend
Modifizierte Reform: Gefahr drohend und gefahrdrohend
gefangennehmen
Alt: gefangennehmen
NEU: gefangen nehmen
gegeneinanderstellen
Alt: gegeneinanderstellen
NEU: auch: gegeneinander stellen
geheim...
Alt: geheimhalten
NEU: geheim halten
Alt: im geheimen

Einleitung

NEU:	im Geheimen
gehen lassen	
Bisherige Reform:	sich gehen lassen (= sich vernachlässigen)
Modifizierte Reform:	sich gehen lassen und sich gehenlassen
Gelaß	
Alt:	Gelaß
NEU:	Gelass
Gemse	
Alt:	Gemse
NEU:	Gämse
genau...	
Alt:	genaugenommene Anleitung
NEU:	auch: genau genommene Anleitung
Alt:	auf das genaueste, aufs genaueste
NEU:	auf das genaueste / Genaueste, aufs genaueste / Genaueste
Alt:	des genaueren
NEU:	des Genaueren
Alt:	genausogut
NEU:	genauso gut
genießen	
Alt:	er, sie, es genoß
NEU:	er, sei, es genoss
Genuß	
Alt:	Genuß
NEU:	Genuss
Geographie	
Alt:	Geographie
NEU:	Geografie und Geographie
gerade...(= aufrecht)	
Bisherige Reform:	gerade legen
Modifizierte Reform:	auch: geradelegen
Alt:	geradesitzen
NEU:	gerade sitzen
Bisherige Reform:	gerade stellen
Modifizierte Reform:	gerade stellen und geradestellen
geradesogut	
Alt:	geradesogut

NEU:	geradeso gut
gering...	
Alt:	geringachten (= verachten)
NEU:	auch: gering achten
Alt:	geringschätzen (= verachten)
NEU:	auch: gering schätzen
Alt:	es geht ihn nicht das geringste (= gar nichts) an
NEU:	es geht ihn nicht das Geringste an
Alt:	nicht im geringsten
NEU:	nicht im Geringsten
gerngesehen	
Alt:	sie sind gerngesehene Gäste
NEU:	auch: sie sind gern gesehene Gäste
gesamt	
Alt:	im gesamten
NEU:	im Gesamten
Geschirreiniger	
Alt:	Geschirreiniger
NEU:	Geschirrreiniger und Geschirr-Reiniger
Geschoß	
Alt:	Geschoß
NEU:	Geschoss
gestern	
Alt:	gestern abend
NEU:	gestern Abend
Gewinn bringend	
Bisherige Reform:	eine Gewinn bringende Möglichkeit
Modifizierte Reform:	eine Gewinn bringende Möglichkeit und eine gewinnbringende Möglichkeit
gewiß	
Alt:	gewiß
NEU:	gewiss
gießen	
Alt:	er, sie, es goß
NEU:	er, sie, es goss
Gingko	
Alt:	Gingko
NEU:	Ginko und Gingko

Einleitung

Glacé
Alt:	Glacé
NEU:	Glacee und Glacé

glatt hobeln
Bisherige Reform:	glatt hobeln
Modifizierte Reform:	glatt hobeln und glatthobeln

gleich
Alt:	das gleiche
NEU:	das Gleiche
Alt:	es kommt auf das gleiche hinaus
NEU:	es kommt auf das Gleiche hinaus
Alt:	ins gleiche bringen (= in Ordnung bringen)
NEU:	ins Gleiche bringen
Alt:	gleich und gleich
NEU:	Gleich und Gleich

glühendheiß
Alt:	ein glühendheißer Ofen
NEU:	ein glühend heißer Ofen

golden
Vgl. blau
Alt:	das Goldene Zeitalter
NEU:	das goldene Zeitalter

Grammophon
Alt:	Grammophon
NEU:	Grammofon und Grammophon

Grand Slam
Alt:	Grand Slam
NEU:	Grand Slam

Graphie
Alt:	Graphie
NEU:	Grafie und Graphie

Graphit
Alt:	Graphit
NEU:	Grafit und Graphit

Graphologe
Alt:	Graphologe
NEU:	Grafologe und Graphologe

gräßlich
Alt: gräßlich
NEU: grässlich
grau Vgl. blau
Grauen erregend
Bisherige Reform: ein Grauen erregendes Ereignis
Modifizierte Reform: ein Grauen erregendes und grauenerregendes Ereignis
grellbeleuchtet
Alt: das grellbeleuchtete Gebäude
NEU: auch: das grell beleuchtete Gebäude
Greuel
Alt: Greuel
NEU: Gräuel
greulich
Alt: greulich
NEU: gräulich
Grizzly(bär)
Alt: Grizzly(bär)
NEU: Grisli(bär) und Grizzly(bär)
grob
Alt: aus dem groben arbeiten
NEU: aus dem Groben arbeiten
Alt: auf das gröbste, aufs gröbste
NEU: auf das Gröbste, aufs Gröbste
groß...
Alt: ein großangelegtes Vorhaben
NEU: auch: ein groß angelegtes Vorhaben
Alt: großschreiben (= schätzen)
NEU: groß schreiben
Alt: groß schreiben (= mit großen Anfangsbuchstaben schreiben)
NEU: großschreiben
Alt: im großen
NEU: im Großen
Alt: im großen (und) ganzen
NEU: im großen Ganzen und im Großen und Ganzen

Alt:	groß und klein (= jedermann)
NEU:	Groß und Klein
Alt:	der große Teich
NEU:	der Große Teich
grün	Vgl. blau
Guß	
Alt:	Guß
NEU:	Guss
gut...	
Alt:	gutgemeinte Ratschläge
NEU:	gut gemeinte Ratschläge
Alt:	gutgehen (= ein gutes Ende nehmen)
NEU:	gut gehen
Alt:	gutgehende Verhandlungen
NEU:	gut gehende Verhandlungen
Alt:	im guten wie im bösen
NE.U:	im Guten wie im Bösen
Alt:	jenseits von Gut und Böse
NEU:	jenseits von gut und böse
Alt:	guten Tag sagen
NEU:	Guten Tag sagen und guten Tag sagen

H

haften bleiben	
Bisherige Reform:	haften bleiben
Modifizierte Reform:	haften bleiben und haftenbleiben
Hair-Stylist	
Alt:	Hair-Stylist
NEU:	Hairstylist und Hair-Stylist
Halt	
Alt:	laut Halt rufen
NEU:	laut halt rufen und laut Halt rufen
Halt machen	
Bisherige Reform:	Halt machen
Modifizierte Reform:	Halt machen und haltmachen

Einleitung

Hämorrhoiden
Alt: Hämorrhoiden
NEU: Hämorriden und Hämorrhoiden
Hand
Alt: eine Handvoll (= Maßangabe) Beeren essen
NEU: auch: eine Hand voll Beeren essen
handeltreibend
Alt: ein handeltreibendes Gewerbe
NEU: auch: ein Handel treibendes Gewerbe
Handout
Alt: Handout
NEU: Hand-out und Handout
hängen...
Alt: er ist an einem Nagel hängengeblieben
NEU: er ist an einem Nagel hängen geblieben
Alt: sie hat ihren Mantel hängenlassen (= vergessen)
NEU: sie hat ihren Mantel hängen lassen
Happy-end
Alt: Happy-end
NEU: Happyend und Happy End
Hard Rock
Alt: Hard Rock
NEU: Hardrock und Hard Rock
hart...
Alt: ein hartgekochtes Ei
NEU: auch: ein hart gekochtes Ei
Bisherige Reform: hart gesotten
Modifizierte Reform: hart gesotten und hartgesotten
Haß
Alt: Haß
NEU: Hass
häßlich
Alt: häßlich
NEU: hässlich
haushalten
Bisherige Reform: Haus halten
Modifizierte Reform: Haus halten und haushalten

Einleitung

heilig sprechen
Bisherige Reform: heilig sprechen
Modifizierte Reform: heiligsprechen
heimlich tun
Bisherige Reform: heimlich tun (= geheimnisvoll tun)
Modifizierte Reform: heimlichtun
heißersehnt
Alt: die heißersehnte Abfahrt
NEU: auch: die heiß ersehnte Abfahrt
hell...
Alt: hellstrahlendes Gesicht
NEU: auch: hell strahlendes Gesicht
Alt: hellicht
NEU: helllicht
herzlich
Alt: auf das herzlichste, aufs herzlichste
NEU: auf das herzlichste / Herzlichste,
aufs herzlichste / Herzlichste

hier bleiben
Bisherige Reform: hier bleiben (= nicht weggehen)
Modifizierte Reform: hierbleiben
Hilfe
Alt: hilfesuchende Touristen
NEU: auch: Hilfe suchende Touristen
Alt: mit Hilfe
NEU: mithilfe und mit Hilfe

hintereinander...
Bisherige Reform: Wörter hintereinander schreiben (in einer Liste)
Modifizierte Reform: Wörter hintereinanderschreiben
hoch...
Alt: hoch und nieder (= jedermann)
NEU: Hoch und Nieder
Alt: hoch und niedrig (= jedermann)
NEU: Hoch und Niedrig
Alt: das Hohelied
NEU: das Hohe Lied
Alt: der Hohepriester
NEU: der Hohe Priester

hofhalten
Alt: hofhalten
NEU: Hof halten
homophon
Alt: homophon
NEU: homofon und homophon
Hosteß
Alt: Hosteß
NEU: Hostess
Hot ...
Alt: Hot dog
NEU: Hotdog und Hot Dog
Alt: Hot Jazz
NEU: Hotjazz und Hot Jazz
hundert
Alt: hundert
NEU: hundert und Hundert
Alt: 100prozentig
NEU: 100-prozentig
Hunger
Alt: Hungers sterben
NEU: hungers sterben
hurra
Alt: hurra schreien
NEU: Hurra schreien und hurra schreien

I

Ichform
Alt: Ichform
NEU: Ich-Form und Ichform
Ich-Laut
Alt: Ich-Laut
NEU: Ichlaut und Ich-Laut
Ichsucht
Alt: Ichsucht
NEU: Ich-Sucht und Ichsucht

Einleitung

ihr (Personalpronomen)
Bisherige Reform: ihr (= Anrede)
Modifizierte Reform: auch: Ihr (2. Pers. Pl.!)
ihr (Possessivpronomen)
Alt: die Ihren und die Ihrigen (= Angehörige)
NEU: die Ihren / ihren und die Ihrigen / ihrigen
Imbiß
Alt: Imbiß
NEU: Imbiss
in
Alt: in bezug
NEU: in Bezug
Index
Alt: Index, Indizes
NEU: Index, Indices und Indizes
ineinander fließen
Bisherige Reform: ineinander fließen
Modifizierte Reform: ineinanderfließen
innesein
Alt: innesein
NEU: inne sein
I-Punkt
Alt: I-Punkt
NEU: i-Punkt
irgend...
Alt: irgend etwas
NEU: irgendetwas
Alt: irgend jemand
NEU: irgendjemand
I-Tüpfelchen
Alt: I-Tüpfelchen
NEU: i-Tüpfelchen

J

ja
Alt: ja sagen
Neu: Ja sagen und ja sagen

Jäheit
Alt: Jäheit
NEU: Jähheit
Job sharing
Alt: Job sharing
NEU: Jobsharing und Job-Sharing
Joghurt
Alt: Joghurt
NEU: Jogurt und Joghurt
Joint venture
Alt: Joint venture
NEU: Joint Venture
jung
Alt: jung und alt (= jedermann)
NEU: Jung und Alt
justitiabel
Alt: justitiabel
NEU: justiziabel und justitiabel
Justitiar
Alt: Justitiar
NEU: Justiziar und Justitiar

K

Kaffee
Alt: Kaffee-Ersatz
NEU: Kaffeeersatz und Kaffee-Ersatz
kahl scheren
Bisherige Reform: kahl scheren
Modifizierte Reform: kahl scheren und kahlscheren
kalt
Alt: der kalte Krieg
NEU: der Kalte Krieg (nach dem Zweiten Weltkrieg)
Känguruh
Alt: Känguruh
NEU: Känguru
Karamel
Alt: Karamel

Einleitung

NEU:	Karamell
Katarrh	
Alt:	Katarrh
NEU:	Katarr und Katarrh
Kennummer	
Alt:	Kennummer
NEU:	Kennnummer und Kenn-Nummer
kennen lernen	
Bisherige Reform:	kennen lernen
Modifizierte Reform:	kennen lernen und kennenlernen
Bisherige Reform:	kennen gelernt
Modifizierte Reform:	kennen gelernt und kennengelernt
keß	
Alt:	keß
NEU:	kess
Ketchup	
Alt:	Ketchup
NEU:	Ketschup und Ketchup
Kickdown	
Alt:	Kickdown
NEU:	Kick-down und Kickdown
Kick-off	
Alt:	Kick-off
NEU:	Kickoff und Kick-off
Kind	
Alt:	an Kindes Statt
NEU:	an Kindes statt
klar	
Alt:	im klaren sein
NEU:	im Klaren sein
Alt:	ins klare kommen
NEU:	ins Klare kommen
kleben bleiben	
Bisherige Reform:	kleben bleiben (= sitzenbleiben)
Modifizierte Reform:	kleben bleiben und klebenbleiben
klein...	
Alt:	kleinschreiben (= geringschätzen)
NEU:	auch: klein schreiben

Alt:	klein schreiben (= mit kleinen Anfangsbuchstaben schreiben)
NEU:	kleinschreiben
Alt:	das Kleingedruckte
NEU:	das klein Gedruckte und das Kleingedruckte
Alt:	im kleinen
NEU:	im Kleinen
Alt:	bis ins kleinste (= sehr eingehend)
NEU:	bis ins Kleinste
Alt:	groß und klein
NEU:	Groß und Klein

klug reden

Bisherige Reform:	klug reden (= besser wissen wollen)
Modifizierte Reform:	klugreden

Knockout

Alt:	Knockout
NEU:	Knock-out und Knockout

kochendheiß

Alt:	kochendheißes Wasser
NEU:	kochend heißes Wasser

Kolophonium

Alt:	Kolophonium
NEU:	Kolofonium und Kolophonium

Koloß

Alt:	Koloß
NEU:	Koloss

Kommiß

Alt:	Kommiß
NEU:	Kommiss

Kommunique

Alt:	Kommuniqué
NEU:	Kommunikee und Kommuniqué

Kompaß

Alt:	Kompaß
NEU:	Kompass

Kompromiß

Alt:	Kompromiß
NEU:	Kompromiss

Einleitung

Komteß, Komtesse
Alt: Komteß und Komtesse
NEU: Komtess und Komtesse
Kongreß
Alt: Kongreß
NEU: Kongress
kopfstehen
Alt: kopfstehen
NEU: kopfstehen
krank
Bisherige Reform: krank schreiben
Modifizierte Reform: krankschreiben
kraß
Alt: kraß
NEU: krass
Krem, Creme
Alt: Krem und Creme
NEU: Kreme, Krem und Creme
kroß
Alt: kroß
NEU: kross
krumm nehmen
Bisherige Reform: krumm nehmen
Modifizierte Reform: krummnehmen
kurz
Alt: den kürzeren ziehen
NEU: den Kürzeren ziehen
Kuß
Alt: Kuß
NEU: Kuss

L

lahm legen
Bisherige Reform: lahm legen
Modifizierte Reform: lahmlegen
Lame
Alt: Lamé

Einleitung

NEU:	Lamee und Lamé
lang	
Alt:	des langen und breiten
NEU:	des Langen und Breiten
Alt:	des längeren
NEU:	des Längeren
lassen	
Alt:	er, sie, es läßt
NEU:	er, sie, es lässt
Last	
Alt:	zu Lasten
NEU:	zulasten und zu Lasten
laubtragend	
Alt:	laubtragende Bäume
NEU:	auch: Laub tragende Bäume
laufend	
Alt:	auf dem laufenden sein
NEU:	auf dem Laufenden sein
Layout	
Alt:	Layout
NEU:	Lay-out und Layout
leerstehend	
Alt:	ein leerstehendes Gebäude
NEU:	auch: ein leer stehendes Gebäude
leicht...	
Bisherige Reform:	leicht fallen (= ohne Anstrengung)
Modifizierte Reform:	leichtfallen
Alt:	es ist (k)ein leichtes
NEU:	es ist (k)ein Leichtes
leid	
Alt:	leid tun
NEU:	leidtun
Leid	
Alt:	zuleide tun
NEU:	zu Leide tun und zuleide tun
letzter	
Alt:	der, die, das letzte (= der Reihe nach)
NEU:	der, die, das Letzte

Einleitung

Alt:	bis ins letzte (= genau)
NEU:	bis ins Letzte
Alt:	bis zum letzten (= genau)
NEU:	bis zum Letzten
Alt:	Letzter Wille
NEU:	letzter Wille
Alt:	der, die, das letztere
NEU:	der, die, das Letztere
Alt:	letzterer
NEU:	Letzterer

lieb haben

Bisherige Reform:	lieb haben
Modifizierte Reform:	lieb haben und liebhaben

liebenlernen

Alt:	liebenlernen
NEU:	lieben lernen

liegen...

Bisherige Reform:	liegen bleiben
Modifizierte Reform:	liegen bleiben und liegenbleiben
Bisherige Reform:	liegen lassen (= vergessen)
Modifizierte Reform:	liegen lassen und liegenlassen

Lithographie

Alt:	Lithographie
NEU:	Lithografie und Lithographie

Lizentiat

Alt:	Lizentiat
NEU:	Lizenziat und Lizentiat

Löß

Alt:	Löß
NEU:	Löss und Löß

M

mal, Mal

Alt:	einige Male (= Hauptwort) und einigemal (= Umstandswort)
NEU:	einige Mal(e)
Alt:	das erste Mal und das erstemal

NEU:	das erste Mal
Alt:	etliche Male und etlichemal
NEU:	etliche Mal(e)
Alt:	manches Mal und manchesmal
NEU:	maches Mal
Alt:	mehrere Male und mehreremal
NEU:	mehrere Mal(e)
Alt:	Dutzend Male und dutzendmal
NEU:	Dutzend Mal(e)

Malaise

Alt:	Malaise
NEU:	Malaise und Maläse

Maß halten

Bisherige Reform:	Maß halten
Modifizierte Reform:	Maß halten und maßhalten

Matrix

Alt:	Matrix, Pl. Matrizen, Matrices
NEU:	Matrix, Pl. Matrizen, Matrizes und Matrices

mein (Possessivpronomen)

Alt:	mein und dein nicht unterscheiden
NEU:	Mein und Dein nicht unterscheiden
Alt:	ein Streit über mein und dein
NEU:	ein Streit über Mein und Dein
Alt:	die Meinen und die Meinigen (= Angehörige)
NEU:	die Meinen / meinen und die Meinigen / meinigen
Alt:	das Meine und das Meinige
NEU:	das Meine / meine und das Meinige / meinige

menschenmöglich

Alt:	sie hat alles menschenmögliche getan
NEU:	sie hat alles Menschenmögliche getan

Mesner, Mesmer

Alt:	Mesner und Mesmer
NEU:	Mesner, Mesmer und Messner

messen

Alt:	er, sie, es mißt
NEU:	er, sie, es misst

Metall verarbeitend

Bisherige Reform:	Metall verarbeitende Industrie

Einleitung

Modifizierte Reform: Metall verarbeitende Industrie und metallverarbeitende Industrie

Midlife-crisis
Alt: Midlife-crisis
NEU: Midlifecrisis und Midlife-Crisis

mindest
Alt: das mindeste
NEU: das Mindeste und das mindeste
Alt: (nicht) im mindesten
NEU: (nicht) im Mindesten und im mindesten

miß...
Alt: mißachten
NEU: missachten
Alt: mißfallen
NEU: missfallen

mißhellig
Alt: mißhellig
NEU: misshellig

mißlich
Alt: mißlich
NEU: misslich

Mißmut
Alt: Mißmut
NEU: Missmut

mit...
Alt: mit Hilfe
NEU: mithilfe und mit Hilfe

Mittwoch Vgl. Dienstag

Modern Jazz
Alt: Modern Jazz
NEU: Modernjazz und Modern Jazz

möglich
Alt: das mögliche
NEU: das Mögliche
Alt: alles mögliche (= alles, was möglich ist)
NEU: alles Mögliche
Alt: sein möglichstes tun
NEU: sein Möglichstes tun

Einleitung

Montag Vgl. Dienstag
Mop
Alt: Mop (= Staubbesen)
NEU: Mopp
Moto-Cross
Alt: Moto-Cross
NEU: Motocross und Moto-Cross
mündig sprechen
Bisherige Reform: mündig sprechen
Modifizierte Reform: mündigsprechen
müssen
Alt: er, sie, es muß
NEU: er, sie, es muss
Mut
Alt: ihm ist schlecht zumute
NEU: ihm ist schlecht zu Mute und zumute
Myrrhe
Alt: Myrrhe
NEU: Myrre und Myrrhe

N

nachfolgend
Alt: das nachfolgende (= der Reihe nach)
NEU: das Nachfolgende
Alt: im nachfolgenden (= weiter unten)
NEU: im Nachfolgenden
nach...
Alt: nach Hause
NEU: nachhause und nach Hause
nachhinein
Alt: im nachhinein
NEU: im Nachhinein
nächst
Alt: der, die, das nächste
NEU: der, die, das Nächste
Alt: als nächstes
NEU: als Nächstes

Einleitung

Alt:	der nächste, bitte!
NEU:	der Nächste, bitte!

nahe...

Bisherige Reform:	nahe bringen (= Verständnis erwecken)
Modifizierte Reform:	nahebringen
Bisherige Reform:	nahe legen (= empfehlen)
Modifizierte Reform:	nahelegen

näher

Alt:	des näheren erläutern
NEU:	des Näheren erläutern

nämlich

Alt:	der, die, das nämliche
NEU:	der, die, das Nämliche

Narziß

Alt:	Narziß
NEU:	Narziss

Narzißt

Alt:	Narzißt
NEU:	Narzisst

naß...

Alt:	naß
NEU:	nass
Alt:	naßkalt
NEU:	nasskalt

nebeneinander...

Alt:	nebeneinanderlegen
NEU:	auch: nebeneinander legen vgl. aneinander

nebenstehend

Alt:	im nebenstehenden (= hierneben)
NEU:	im Nebenstehenden

Necessaire

Alt:	Necessaire
NEU:	Nessessär und Necessaire

Negligé

Alt:	Negligé
NEU:	Negligee und Negligé

nein

Alt:	nein sagen

Einleitung

NEU:	Nein sagen und nein sagen
neu...	
Alt:	die neueröffnete Filiale
NEU:	die neu eröffnete Filiale
Alt:	aufs neue
NEU:	aufs Neue
New...	
Alt:	New Age
NEU:	New Age
Alt:	New Look
NEU:	New Look
nichtssagend	
Bisherige Reform:	nichts sagend (= inhaltsleer)
Modifizierte Reform:	auch: nichtssagend
nieder	
Alt:	hoch und nieder (= jedermann)
NEU:	Hoch und Nieder
niedrig	
Alt:	hoch und niedrig (= jedermann)
NEU:	Hoch und Niedrig
Not...	
Alt:	notleidend
NEU:	auch: Not leidend
Alt:	es tut not
NEU:	es tut Not
Alt:	not sein
NEU:	Not sein
Alt:	not werden
NEU:	Not werden
Null	
Alt:	in Null Komma nichts
NEU:	in null Komma nichts
Alt:	auf Null stehen
NEU:	auf null stehen
Alt:	unter Null sinken
NEU:	unter null sinken
numerieren	
Alt:	numerieren

Einleitung

NEU: nummerieren
Nuß
Alt: Nuß
NEU: Nuss

O

O-beinig
Alt: O-beinig
NEU: o-beinig und O-beinig
obenstehend
Bisherige Reform: die oben stehende Textstelle
Modifizierte Reform: auch: die obenstehende Textstelle
Bisherige Reform: das oben stehende
Modifizierte Reform: das Obenstehende
Bisherige Reform: im oben Stehenden (= weiter oben)
Modifizierte Reform: im Obenstehenden
offen...
Bisherige Reform: die Tür ist offen geblieben
Modifizierte Reform: auch: die Tür ist offengeblieben
Bisherige Reform: offen halten (= sichtbar halten)
Modifizierte Reform: auch: offenhalten
O-förmig
Alt: O-förmig
NEU: o-förmig und O-förmig
oft
Alt: des öft(e)ren
NEU: des Öft(e)ren
Ordonnanz
Alt: Ordonnanz
NEU: Ordonanz und Ordonnanz

P

Panther
Alt: Panther
NEU: Panter und Panther

Pappmaché
Alt: Pappmaché
NEU: Pappmaschee und Pappmaché
Paragraph
Alt: Paragraph
NEU: Paragraf und Paragraph
parallellaufend
Alt: parallellaufend
NEU: parallel laufend und parallellaufend
Paß
Alt: Paß
NEU: Pass
passé
Alt: passé
NEU: passee und passé
Platitüde
Alt: Platitüde
NEU: Platitude und Plattitüde
plazieren
Alt: plazieren
NEU: platzieren
Playback
Alt: Playback
NEU: Play-back und Playback
pleite
Bisherige Reform: Pleite gehen
Modifizierte Reform: pleitegehen
polyphon
Alt: polyphon
NEU: polyfon und polyphon
Pontifex
Alt: Pontifex, Pl. Pontifizes
NEU: Pontifex, Pl. Pontifices und Pontifizes
Pornographie
Alt: Pornographie
NEU: Pornografie und Pornographie
Portemonnaie
Alt: Portemonnaie

Einleitung

NEU:	Portmonee und Portemonnaie
Potential	
Alt:	Potential
NEU:	Potenzial und Potential
potentiell	
Alt:	potentiell
NEU:	potenziell und potentiell
präferentiell	
Alt:	präferentiell
NEU:	präferenziell und präferentiell
preziös	
Alt:	preziös
NEU:	pretiös und preziös
Prozeß	
Alt:	Prozeß
NEU:	Prozess
Public Relations	
Alt:	Public Relations
NEU:	Publicrelations und Public Relations
pushen	
Alt:	pushen
NEU:	puschen und pushen

Qu

quadrophon	
Alt:	quadrophon
NEU:	quadrofon und quadrophon
Quentchen	
Alt:	Quentchen
NEU:	Quäntchen
Quickstep	
Alt:	Quickstep
NEU:	Quickstepp

R

rad..
Bisherige Reform:	Rad fahren
Modifizierte Reform:	auch: radfahren
Bisherige Reform:	Rad schlagen
Modifizierte Reform:	auch: radschlagen

Rand
Alt:	zu Rande kommen
NEU:	zurande kommen und zu Rande kommen

Rat...
Alt:	die Ratsuchenden
NEU:	die Rat Suchenden und die Ratsuchenden
Alt:	ratsuchende Erwachsene
NEU:	Rat suchende Erwachsene
Alt:	zu Rate ziehen
NEU:	zurate ziehen und zu Rate ziehen

rauh...
Alt:	rauh
NEU:	rau
Alt:	rauhhaarig
NEU:	rauhaarig

recht
Alt:	recht behalten
NEU:	Recht behalten
Alt:	recht bekommen
NEU:	Recht bekommen
Alt:	recht haben
NEU:	Recht haben

Rechtens
Alt:	es ist Rechtens
NEU:	es ist rechtens

Regreß
Alt:	Regreß
NEU:	Regress

reich...
Bisherige Reform:	der reich geschmückte Tannenbaum
Modifizierte Reform:	der reich geschmückte Tannenbaum und der reichgeschmückte Tannenbaum

Einleitung

Bisherige Reform:	arm und reich (= jedermann)
Modifizierte Reform:	Arm und Reich

rein...
Alt:	die reingoldene Kette
NEU:	die rein goldene Kette und die reingoldene Kette
Alt:	die reinseidene Bluse
NEU:	die rein seidene Bluse und die reinseidene Bluse
Alt:	ins reine kommen
NEU:	ins Reine kommen
Alt:	ins reine schreiben
NEU:	ins Reine schreiben
Alt:	mit jemandem im reinen sein
NEU:	mit jemandem im Reinen sein

reißen
Alt:	sie riß
NEU:	sie riss

richtig...
Bisherige Reform:	richtig liegen (= recht haben)
Modifizierte Reform:	richtigliegen
Bisherige Reform:	richtig stellen (= berichtigen)
Modifizierte Reform:	auch: richtigstellen
Alt:	es ist das richtige
NEU:	es ist das Richtige
Alt:	er hält es für das richtigste, dass...
NEU:	er hält es für das Richtigste, dass....

Riß
Alt:	Riß
NEU:	Riss

roh
Alt:	aus dem rohen arbeiten
NEU:	aus dem Rohen arbeiten
Alt:	im rohen fertig
NEU:	im Rohen fertig

Roheit
Alt:	Roheit
NEU:	Rohheit

Rommé
Alt:	Rommé

Einleitung

NEU:	auch: Rommee, Rommé und Rummy
rosigweiß	
Alt:	rosigweiß
NEU:	auch: rosig weiß
Roß	
Alt:	Roß
NEU:	Ross
rotglühend	
Alt:	rot glühendes Eisen
NEU:	rot glühendes Eisen und rotglühendes Eisen
rückwärts...	
Bisherige Reform:	rückwärts gehen (= sich verschlechtern)
Modifizierte Reform:	auch: rückwärtsgehen
ruhenlassen	
Bisherige Reform:	ruhen lassen (= nicht bearbeiten)
Modifizierte Reform:	ruhen lassen und ruhenlassen
ruhigstellen	
Bisherige Reform:	ruhig stellen
Modifizierte Reform:	auch: ruhigstellen

S

Safer Sex	
Alt:	Safer Sex
NEU:	Safer Sex
Saisonnier	
Alt:	Saisonnier
NEU:	Saisonier und Saisonnier
Samstag	Vgl. Dienstag
sauberhalten	
Alt:	sauberhalten
NEU:	sauber halten
Saxophon	
Alt:	Saxophon
NEU:	Saxofon und Saxophon
Schande	
Alt:	zuschanden machen
NEU:	zu Schanden machen und zuschanden machen

Einleitung

Alt:	zuschanden werden
NEU:	zu Schanden werden und zuschanden werden |//
schätzenlernen
Alt:	schätzenlernen
NEU:	schätzen lernen

Schenke
Alt:	Schenke
NEU:	Schänke und Schenke

scheckigbraun
Alt:	scheckigbraun
NEU:	scheckig braun

scheelblickend
Alt:	scheelblickend
NEU:	scheel blickend

schiefgehen
Bisherige Reform:	schief gehen (= misslingen)
Modifizierte Reform:	schiefgehen

schießen
Alt:	er schoß
NEU:	er schoss

Schlammasse
Alt:	Schlammasse
NEU:	Schlammmasse und Schlamm-Masse

schlechtgelaunt
Bisherige Reform:	der schlecht gelaunte Gast
Modifizierte Reform:	auch: der schlechtgelaunte Gast

schließen
Alt:	sie schloß
NEU:	sie schloss

schlimm
Alt:	es ist das schlimmste (= sehr schlimm), dass
NEU:	es ist das Schlimmste, dass

Schloß
Alt:	Schloß
NEU:	Schloss

Schluß
Alt:	Schluß
NEU:	Schluss

schlußfolgern
Alt: schlußfolgern
NEU: schlussfolgern
schmeißen
Alt: er schmiß
NEU: er schmiss
Schmiß
Alt: Schmiß
NEU: Schmiss
schmutziggrau
Alt: schmutziggrau
NEU: auch: schmutzig grau
schneuzen
Alt: sich schneuzen
NEU: sich schnäuzen
Schnelläufer
Alt: Schnelläufer
NEU: Schnellläufer und Schnell-Läufer
Schoß
Alt: Schoß (= junger Trieb)
NEU: Schoss
schräglaufend
Alt: schräglaufende Rohre
NEU: auch: schräg laufende Rohre
schrecklich
Alt: auf das schrecklichste zugerichtet werden
NEU: auf das Schrecklichste / schrecklichst zugerichtet werden
Schuld
Alt: sich etwas zuschulden kommen lassen
NEU: sich etwas zu Schulden / zuschulden kommen lassen
Schuß
Alt: Schuß
NEU: Schuss
schwachbevölkert
Alt: schwachbevölkerter Landstrich
NEU: auch: schwach bevölkerter Landstrich

Einleitung

schwarz
Alt:	aus schwarz weiß machen
NEU:	aus Schwarz Weiß machen
Alt:	das Schwarze Brett
NEU:	auch: das schwarze Brett
Alt:	die Schwarze Kunst
NEU:	auch: die schwarze Kunst
Alt:	Schwarzer Peter
NEU:	auch: schwarzer Peter
Alt:	der Schwarze Tod
NEU:	auch: der schwarze Tod

Schwimmeister
Alt:	Schwimmeister
NEU:	Schwimmmeister und Schwimm-Meister

See-Elefant
Alt:	See-Elefant
NEU:	Seeelefant und See-Elefant

sein (Possessivpronomen)
Alt:	die Seinen (= Angehörige)
NEU:	die seinen und die Seinen
Alt:	die Seinigen (= Angehörige)
NEU:	die seinigen und die Seinigen
Alt:	jedem das Seine
NEU:	jedem das seine und jedem das Seine

seinlassen
Bisherige Reform:	sein lassen (= nicht tun)
Modifizierte Reform:	sein lassen und seinlassen

Seismograph
Alt:	Seismograph
NEU:	Seismograf und Seismograph

Seite
Alt:	auf Seiten
NEU:	auf Seiten und aufseiten
Alt:	von Seiten
NEU:	von Seiten und vonseiten

selbstgebacken
Bisherige Reform:	selbst gebackenes Brot
Modifizierte Reform:	selbst gebackenes Brot und selbstgebackenes Brot

selbstbewußt
Alt: selbstbewußt
NEU: selbstbewusst
selbständig
Alt: selbständig
NEU: selbstständig und selbständig
Séparée
Alt: Séparée
NEU: Separee und Separée
sequentiell
Alt: sequentiell
NEU: sequenziell und sequentiell
seßhaft
Alt: seßhaft
NEU: sesshaft
Sex-Appeal
Alt: Sex-Appeal
NEU: Sexappeal und Sex-Appeal
S-förmig
Alt: S-förmig
NEU: s-förmig und S-förmig
Showdown
Alt: Showdown
NEU: Show-down und Showdown
Shrimp
Alt: Shrimp
NEU: Schrimp und Shrimp
sicher
Alt: auf Nummer Sicher gehen
NEU: auf Nummer sicher / Sicher gehen
Alt: im sichern (= geborgen) sein
NEU: im Sichern sein
sieben
Alt: die Sieben Schwaben
NEU: die Sieben Schwaben
Alt: die Sieben Weltwunder
NEU: die sieben Weltwunder

Einleitung

sitzen
Bisherige Reform: sitzen bleiben (= Klasse wiederholen)
Modifizierte Reform: auch: sitzenbleiben
Bisherige Reform: sitzen geblieben (= Klasse wiederholt)
Modifizierte Reform: auch: sitzengeblieben
S-Laut
Alt: S-Laut
NEU: s-Laut
sogenannt
Alt: die sogenannten Sieben Weltwunder
NEU: auch: die so genannten sieben Weltwunder
so daß
Alt: so daß
NEU: sodass und so dass
Soft...
Alt: Soft Drink
NEU: Softdrink und Soft Drink
Alt: Soft-Eis
NEU: Softeis
Alt: Soft Rock
NEU: Softrock und Soft Rock
Sonderheit
Alt: insonderheit
NEU: in Sonderheit
Sonnabend Vgl. Dienstag
Sonntag Vgl. Dienstag
sonst
Alt: sonstiges (= anderes)
NEU: Sonstiges
Soufflé
Alt: Soufflé
NEU: Soufflee und Soufflé
Spaghetti
Bisherige Reform: Spagetti
Modifizierte Reform: Spagetti und Spaghetti
spazierengehen
Alt: spazierengehen
NEU: spazieren gehen

speziell
Alt: im speziellen (= im einzelnen)
NEU: im Speziellen

sprießen
Alt: er sproß
NEU: er spross

Sproß
Alt: Sproß
NEU: Spross

Stand
Alt: instand setzen (= ausbessern)
NEU: in Stand setzen und instand setzen
Alt: außerstande sein
NEU: außer Stande sein und außerstande sein
Alt: zustande bringen
NEU: zu Stande bringen und zustande bringen
Alt: zustande kommen
NEU: zu Stande kommen und zustande kommen

statt
Alt: an Eides Statt
NEU: an Eides statt

Stecken bleiben
Bisherige Reform: stecken bleiben
Modifizierte Reform: stecken bleiben und steckenbleiben

Stehen bleiben
Bisherige Reform: stehen bleiben
Modifizierte Reform: stehen bleiben und stehenbleiben

Steif halten
Bisherige Reform: die Ohren steif halten
Modifizierte Reform: die Ohren steifhalten

Stenographie
Alt: Stenographie
NEU: Stenografie und Stenographie

Step
Alt: Step
NEU: Stepp

Stewardeß
Alt: Stewardeß

Einleitung

NEU:	Stewardess
stiftengehen	
Alt:	stiftengehen (= schnell weglaufen)
NEU:	stiften gehen
still	
Alt:	im stillen (= heimlich)
NEU:	im Stillen
Stillleben	
Alt:	Stilleben
NEU:	Stillleben und Still-Leben
Stoffetzen	
Alt:	Stoffetzen
NEU:	Stofffetzen und Stoff-Fetzen
Streng genommen	
Bisherige Reform:	streng genommen
Modifizierte Reform:	streng genommen und strenggenommen
Streß	
Alt:	Streß
NEU:	Stress
Stukkateur	
Alt:	Stukkateur
NEU:	Stuckateur
substantiell	
Alt:	substantiell
NEU:	substanziell und substantiell

T

tabula rasa machen	
Alt:	tabula rasa machen
NEU:	Tabula rasa machen
Tag	
Alt:	guten Tag sagen
NEU:	Guten / guten Tag sagen
Alt:	zutage fördern
NEU:	zu Tage / zutage fördern
Alt:	zutage treten
NEU:	zu Tage / zutage treten

Talk-Show
Alt: Talk-Show
NEU: Talkshow
Tête-à-tête
Alt: Tête-à-tête
NEU: Tete-a-tete und Tête-à-tête
Thunfisch
Alt: Thunfisch
NEU: Tunfisch und Thunfisch
Tie-Break
Alt: Tie-Break
NEU: Tiebreak und Tie-Break
Tip
Alt: Tip
NEU: Tipp
Tolpatsch
Alt: Tolpatsch
NEU: Tollpatsch
Topographie
Alt: Topographie
NEU: Topografie und Topographie
totenblaß
Alt: totenblaß
NEU: totenblass
Trekking
Alt: Trekking
NEU: Trecking und Trekking
treuergeben
Alt: treuergebene Freundin
NEU: auch: treu ergebene Freundin
trocken
Alt: auf dem trockenen sitzen (= in Verlegenheit sein)
NEU: auf dem Trockenen sitzen
Alt: sein Schäfchen im trockenen haben
NEU: sein Schäfchen im Trockenen haben
tropfnaß
Alt: tropfnaß
NEU: tropfnass

Einleitung

Troß
Alt: Troß
NEU: Tross

trüb
Alt: im trüben fischen (= ungewiss sein)
NEU: im Trüben fischen

tschüs
Alt: tschüs
NEU: tschüss und tschüs

Typographie
Alt: Typographie
NEU: Typografie und Typographie

U

übel...
Alt: übelnehmen
NEU: auch: übel nehmen
Alt: übelwollen
NEU: übelwollen
Alt: der übelgelaunte Junge
NEU: auch: der übel gelaunte Junge

Überdruß
Alt: Überdruß
NEU: Überdruss

übereinanderstellen
Alt: übereinanderstellen
NEU: auch: übereinander stellen

überhandnehmen
Alt: überhandnehmen
NEU: überhandnehmen

Überschuß
Alt: Überschuß
NEU: Überschuss

überschwenglich
Alt: überschwenglich
NEU: überschwänglich

übrig...
Alt:	übrigbleiben
NEU:	auch: übrig bleiben
Alt:	übriglassen
NEU:	auch: übrig lassen
Alt:	die übrigen (= anderen)
NEU:	die Übrigen
Alt:	das übrige (= andere)
NEU:	das Übrige
Alt:	alles übrige (= andere)
NEU:	alles Übrige
Alt:	ein übriges tun (= mehr tun als nötig)
NEU:	ein Übriges tun
Alt:	im übrigen (= sonst)
NEU:	im Übrigen

U-förmig
Alt:	U-förmig
NEU:	u-förmig und U-förmig

Ultima ratio
Alt:	Ultima ratio
NEU:	Ultima Ratio

umstehend
Alt:	im umstehenden (= umstehend)
NEU:	im Umstehenden

unbekannt
Alt:	eine Anzeige gegen Unbekannt
NEU:	eine Anzeige gegen unbekannt

unermeßlich
Alt:	unermeßlich
NEU:	unermesslich

ungewiß
Alt:	ungewiß
NEU:	ungewiss
Alt:	im ungewissen bleiben
NEU:	im Ungewissen bleiben
Alt:	im ungewissen lassen
NEU:	im Ungewissen lassen

Einleitung

Ungunst
Alt: zuungunsten der Arbeitnehmer
NEU: zu Ungunsten / zuungunsten der Arbeitnehmer

unheilverkündend
Alt: unheilverkündende Zeichen
NEU: auch: Unheil verkündende Zeichen

unklar
Alt: im unklaren bleiben
NEU: im Unklaren bleiben
Alt: im unklaren lassen
NEU: im Unklaren lassen
Alt: im unklaren sein
NEU: im Unklaren sein

unpäßlich
Alt: unpäßlich
NEU: unpässlich

unrecht
Alt: unrecht bekommen
NEU: Unrecht bekommen
Alt: unrecht haben
NEU: Unrecht haben
Alt: unrecht sein
NEU: Unrecht sein

unser (Possessivpronomen)
Alt: die Unseren und die Unsrigen
NEU: die unseren / Unseren und die unsrigen / Unsrigen
Alt: das Unsere und das Unsrige
NEU: das unsere / Unsere und das unsrige / Unsrige

unten...
Alt: der untenstehende Paragraph
NEU: auch: der unten stehende Paragraph
Alt: im untenstehenden (= weiter unten)
NEU: im Untenstehenden und im unten Stehenden
Alt: das Untenstehende
NEU: das unten Stehende und das Untenstehende

untereinanderschreiben
Alt: untereinanderschreiben
NEU: auch: untereinander schreiben

V

va banque spielen
Alt: va banque spielen
NEU: Vabanque spielen und va banque spielen

Varieté
Alt: Varieté
NEU: Varietee und Varieté

verbleuen
Alt: verbleuen
NEU: verbläuen

verdrießen
Alt: verdroß
NEU: verdross

Verdruß
Alt: Verdruß
NEU: Verdruss

vereinzelt
Alt: es kamen vereinzelte (= einige)
NEU: es kamen Vereinzelte

vergessen
Alt: er vergißt
NEU: er vergisst

Vergißmeinnicht
Alt: Vergißmeinnicht
NEU: Vergissmeinnicht

Verlaß
Alt: Verlaß
NEU: Verlass

verschieden
Alt: verschiedene (= einige) sagten,...
NEU: Verschiedene sagten,...

verschleißen
Alt: verschliß
NEU: verschliss

vertrauenerweckend
Alt: eine vertrauenerweckende Art
NEU: auch: eine Vertrauen erweckende Art

Einleitung

V-förmig
Alt: V-förmig
NEU: v-förmig und V-förmig

Vibraphon
Alt: Vibraphon
NEU: Vibrafon und Vibraphon

vis-à-vis
Alt: vis-à-vis
NEU: vis-à-vis

voll
Alt: ins volle greifen
NEU: ins Volle greifen
Alt: aus dem vollen schöpfen
NEU: aus dem Vollen schöpfen

voneinandergehen
Alt: voneinandergehen (= sich trennen)
NEU: voneinandergehen

von...
Alt: von Seiten
NEU: vonseiten und von Seiten

vorangehend
Alt: im vorangehenden (= weiter oben)
NEU: im Vorangehenden

vorhergehend
Alt: im vorhergehenden (= weiter oben)
NEU: im Vorhergehenden

vorhinein
Alt: im vorhinein
NEU: im Vorhinein

vorliebnehmen
Alt: vorliebnehmen
NEU: vorlieb nehmen

vorschießen
Alt: er schoß vor
NEU: er schoss vor

Vorschuß
Alt: Vorschuß
NEU: Vorschuss

W

Wächte
Alt: Wächte
NEU: Wechte

Waggon
Alt: Waggon
NEU: Wagon und Waggon

Walnuß
Alt: Walnuß
NEU: Walnuss

Walroß
Alt: Walroß
NEU: Walross

wasserabweisend
Alt: wasserabweisendes Gewebe
NEU: auch: Wasser abweisendes Gewebe

Weg
Alt: zuwege bringen
NEU: zu Wege bringen und zuwege bringen

weiß...
Alt: weißblühendes Dorngestrüpp
NEU: auch: weiß blühendes Dorngestrüpp
Alt: aus schwarz weiß machen
NEU: aus Schwarz Weiß machen

weit
Alt: des weiteren
NEU: des Weiteren

wesentlich
Alt: im wesentlichen
NEU: im Wesentlichen

Wettauchen
Alt: Wettauchen
NEU: Wetttauchen

Wiedersehen
Alt: auf Wiedersehen sagen
NEU: Auf Wiedersehen /auf Wiedersehen sagen

Einleitung

wissen
Alt: sie wußte
NEU: sie wusste
wohltun
Alt: wohltun (= angenehm sein)
NEU: wohl tun
wundliegen
Alt: wundliegen
NEU: auch: wund liegen
wunder
Alt: sie denkt, sie hat wunder was getan
NEU: sie denkt, sie hat Wunder was getan

X

x-beinig
Alt: x-beinig
NEU: X-beinig und x-beinig
x-förmig
Alt: X-förmig
NEU: x--förmig und X-förmig

Z

Zäheit
Alt: Zäheit
NEU: Zähheit
Zäpfchen-R
Alt: Zäpfchen-R
NEU: Zäpfchen-r und Zäpfchen-R
Zeit
Alt: eine Zeitlang
NEU: auch: eine Zeit lang
Zierrat
Alt: Zierat
NEU: Zierrat
Zoo-Orchester
Alt: Zoo-Orchester

Einleitung

NEU:	Zooorchester und Zoo-Orchester
zueinanderfinden	
Alt:	zueinanderfinden (= zusammenfinden)
NEU:	auch: zueinander finden
zufrieden....	
Alt:	sich zufriedengeben (= sich begnügen)
NEU:	sich zufrieden geben
Alt:	zufriedenlassen (= in Ruhe lassen)
NEU:	zufrieden lassen
zugrunde	
Alt:	zugrunde
NEU:	zu Grunde und zugrunde
zugunsten	
Alt:	zugunsten
NEU:	zu Gunsten und zugunsten
zu...	
Alt:	zu Lasten
NEU:	zulasten und zu Lasten
Alt:	zuleide
NEU:	zu Leide und zuleide
Zungen-R	
Alt:	Zungen-R
NEU:	Zungen-r und Zungen-R
zupaß	
Alt:	zupaß
NEU:	zupass
Zuschuß	
Alt:	Zuschuß
NEU:	Zuschuss
zustande	
Alt:	zustande bringen
NEU:	zu Stande / zustande bringen
zutage	
Alt:	zutage treten
NEU:	zu Tage / zutage treten
zuungunsten	
Alt:	zuungunsten
NEU:	zu Ungunsten / zuungunsten

Deutsche Rechtschreibung

a 1. Abk. für Ar, 2. in der Musik: Abk. für a-Moll

à zu, je, Briefmarken à 1 Euro

a. Abk. für am, Frankfurt a. Main

A *n., -, -[s]*, 1. Anfangsbuchstabe des Abc, 2. in der Physik: Abk. für Ampere, 3. in der Chemie: Abk. für Atomgewicht, 4. in der Musik: Abk. für: A-Dur

AA Abk. für Auswärtiges Amt

Aa/chen der Aachener Dom

Aal *m., -es, -e*, wurmförmiger Fisch

aa/len *refl.*, übertr.: wohlfühlend nichts tun

aal/glatt

a. a. Abk. für ad acta, abgelegt

a. a. O. Abk. für am angeführten Ort

Aar *m., -es, -e*, dicht. für Adler

Aar/au Hauptstadt eines Schweizer Kantons

Aas *n., -es, -e oder Äser*, 1. totes Tier, 2. Schimpfwort

aa/sen mit seinem Gut aasen, übertr.: es verschwenden

aa/sig ekelhaft, widerlich

ab 1. Adv.: ab und zu, ab und an, zuweilen, diese Tabletten musst du ab und zu nehmen, 2. Präp.: ab Frankfurt, ab 18 Jahre(n)

Aba/ka [indon.] *m., -s, im Sg., -,* Manilahanf

Aba/kus [griech.] *m., -, -,* 1. im Altertum gebräuchliches Rechenbrett, 2. Säulendeckplatte eines Kapitells

Aban/don [französ.] *m., -s, -s*, Rechtsabtretung

Aban/don/ne/ment *n., -s, -s*, s. Abandon

aban/don/nie/ren *tr.*, abtreten, abgeben

Ab/art *f., -, -en*

ab/ar/ten *intr.*

ab/ar/tig unnormal

Aba/sie [griech.] *f., -, -n,* in der Medizin: nicht gehen können

ab/äs/ten *tr.*, Äste abtrennen

Aba/te (s. **Ab/ba/te**) *m., -[n], -ten oder -ti,* in Italien: Bez. für Weltgeistlichen

aba/tisch

Aba/ton [griech.] *n., -s, -ta,* im griech.-kathol. Glauben Bez. für das Allerheiligste

Abb. Abk. für Abbildung

Ab/ba 1. im NT Bez. für Gott, 2. schwedische Popgruppe

Ab/ba/si/de *m., -en, -en,* Angehöriger eines Herrschergeschlechtes in Bagdad

Ab/bau *m., -s, nur Sg.*

ab/bauen *tr.*, einen Schrank abbauen

Ab/bé [französ.] *m., -s, -s,* Bez. der niedergestellten franz. Weltgeistlichkeit

Ab/be/vil/lien *n., -[s], nur Sg.* Kulturstufe der Altsteinzeit

Ab/bild *n., -[e]s, -er*

ab/bil/den *tr.*, jmdn. zeichnerisch oder fotografisch abbilden

Ab/bil/dung *f., -, -en,* 1. gedrucktes Bild, 2. in der Mathematik: Zuordnung zwischen best. Mengen von Dingen (Punkten, Geraden, Zahlen, Funktionen) durch eine Vorschrift

Ab/bit/te *f., -, -n,* Abbitte tun oder leisten für ein Vergehen

ab/bit/ten *tr.*, er bat ihm sein Vergehen ab

ab/blen/den *tr.*

ab/blit/zen *intr.*, man ließ ihn abblitzen, man wies ihn ab

Ab/brand *m., -[e]s, -brände,* beim Verbrennen entstehender Materialverlust

Ab/bre/vi/a/ti/on [lat.] *f., -, -en,*

Ab/bre/vi/a/tur *f., -, -en,* Abkürzung in der Notenschrift, wenn sich mehrere Töne wiederholen

ab/brö/ckeln *tr. und intr.*, der Kalk bröckelt ab

Ab/bruch *m., -[e]s, -brüche,* plötzliche Beendigung

ab/brum/men *tr.*, übertr. für: seine Strafe absitzen

Abc *n., -, -,* 1. Buchstabenfolge, 2. Abc-Schütze *m., -n, -n,* 3. ABC-Staaten *nur Pl.*, Argentinien, Brasilien, Chile, 4. ABC-Waffen *nur Pl.,* atomar, biologisch oder chemisch

Ab/dampf *m., -[e]s, -dämpfe*

ab/damp/fen *intr.*, übertr. für: sich auf den Weg machen

ab/dan/ken *intr.*, zurücktreten

Ab/de/cker *m., -s, -*

Ab/de/cke/rei *f., -, -en,* Anstalt zur Verwertung toter Tiere

Ab/de/ckung *f., -, -en*

Ab/de/rit *m., -en, -en,* beschränkte Bevölkerung der altgriech. Stadt Abdera

Ab/di/ka/ti/on [lat.] *f., -, -en,* Abdankung

ab/ding/bar im Rechtswesen: die Möglichkeit, von gesetzlichen Vorschriften nach Absprache abzuweichen

ab/di/zie/ren [lat.] *intr.*,

abfangen

siehe Abdikation
Ab/do/men [lat.] *n.*, -s, - oder **Ab/do/mi/na**, 1. Bauch, Unterleib, 2. in der Biologie: Hinterleib der Gliederfüßer
ab/do/mi/nal Teil des Körpers, der dem Abdomen zugerechnet wird
ab/dre/hen 1. den Kurs ändern, 2. übertr. für: seltsames Verhalten, evtl. nervlich bedingt
Ab/drift *f.*, -, -en, siehe Abtrift, in der See- und Luftfahrt: den Kurs verlieren
Ab/druck 1. *m.*, -[e]s, -e, ein gedrucktes Bild, 2. *m.*, -[e]s, Abdrücke, vom Fuß im Sand hinterlassen
ab/dru/cken *tr.*, ein Buch abdrucken
ab/drü/cken *tr.*, einen Schlüssel in Wachs abformen
Ab/duk/ti/on [lat.] *f.*, -, -en, die Gliedmaßen von der Körpermittellinie wegbewegen
Ab/duk/tor *m.*, -s, -en, Muskel, der die Gliedmaßen von der Körpermittellinie wegzieht, *gr.*: Adduktor
ab/du/zie/ren *tr.*, wegziehen
Abe/ce (siehe Abc) *n.*, -, -
abc/lich
ab/ei/sen *tr.*, österr.: abtauen, den Kühlschrank abtauen
Abel/mo/schus [arab.] *m.*, -se, strauchiges Gewächs in den Tropen
Abend *m.*, -s, -e, gestern Abend, eines Abends, zu Abend essen, aber: an einem Montagabend
aben/de/lang aber: viele Abende lang

Abend/es/sen *n.*, -s, -
Abend/land *n.*, -[e]s, *nur Sg.*
Abend/mahl *n.*, -[e]s -
abends montags abends oder auch: montagabends
Abend/stu/di/um *n.*, -s, -
Aben/teu/er *n.*, -s, -, Spannung, Gefahr
Aben/teu/e/rin (s. **A/ben/teu/re/rin**) *f.*, -, -nen
aben/teu/er/lich
aben/teu/ern *intr.*, er abenteuert durch die Welt
Aben/teu/rer *m.*, -s, -, die Gefahr suchend
Aben/teu/re/rin (s. **A/ben/teu/e/rin**) *f.*, -, -nen
aber 1. Konj.: er versprach, hielt aber nicht Wort, so etwas tut man aber nicht!, aber Manfred! (betonend), 2. Adv.: immer wieder, aber und abermals, tausend- und abertausendmal, tausend und abertausend Mann, Abertausend Besucher
Aber *n.*, -s, ohne Wenn und Aber
Aber/glau/be *m.*, -ns, -n, auf falschen Grundlagen und Ansichten beruhender Glaube
aber/gläu/bisch
aber/hun/dert siehe aber
ab/er/ken/nen *tr.*, jdm. etwas gesetzlich nehmen, wir erkennen es dir ab, oder wir aberkennen es dir
Ab/er/ken/nung *f.*, -, -en
aber/ma/lig sich erneut ereignen
aber/mals erneut, nochmals
ab/er/rant [lat.], abweichend
Ab/er/ra/ti/on *f.*, -, -en, 1. Abweichung, Abirrung, 2. in der Astronomie: durch die Erdrotation bewirkte scheinbare Ortsveränderung der Gestirne, 3. in der Optik: sphärische und chromatische Aberration als Fehler in Bild- und Farbdarstellung
Aber/rau/te *f.*, -, -n, als Heilmittel gebrauchtes Gewächs
ab/er/rie/ren *intr.*, siehe Aberration, abweichen
aber/tau/send siehe aber
Aber/witz *m.*, -es, *nur Sg.*
aber/wit/zig wahnwitzig
Abes/si/ni/en veralt.: Äthiopien
Abes/si/ni/er *m.*, -s, -
abes/si/nisch
ABF Abk. der ehemal. DDR für Arbeiter- und Bauern-Fakultät
ab/fa/ckeln *tr.*, 1. in der Technik: Verbrennen nutzloser Gasgemische, 2. übertr. für: niederbrennen
ab/fah/ren 1. *tr.*, einen bestimmten Weg abfahren, 2. *intr.*, übertr. für: bösartig weggeschickt werden
Ab/fahrt *f.*, -, -en
Ab/fahrts/be/fehl *m.*, [e]s, -e
Ab/fahrts/lauf *m.*, -[e]s, -läufe, Wettbewerb im Skisport
Ab/fahrt[s]si/gnal oder auch: **-sig/nal** *n.*, -[e]s, -e
Ab/fahrts/tag *m.*, -[e]s, -e
Ab/fahrts/zeit *f.*, -, -en
Ab/fall 1. *m.*, -[e]s, *nur Sg.* Abfall von der Kirche, 2. *m.*, -[e]s, Abfälle, Müll
ab/fal/len *intr.*, der Putz fällt von der Wand ab, er ist von uns abgefallen, uns untreu geworden
ab/fäl/lig sich negativ äußern, ein ungünstiges Urteil
ab/fan/gen *tr.*, jmdn. rechtzeitig abfangen

ab/fär/ben *intr.*, frisch gestrichene Farbe färbt ab
ab/fas/sen *tr.*, einen Brief abfassen
Ab/fas/sung *f.*, -, -en
ab/fei/ern *tr.*, zu viel geleistete Arbeit in Form von Freizeit abfeiern
ab/fer/ti/gen *tr.*, jmdn. schnell oder unhöflich bedienen
Ab/fer/ti/gung *f.*, -, -en
ab/feu/ern *tr.*, einen Warnschuss abgeben
ab/fin/den *tr.*
Ab/fin/dung *f.*, -, -en, finanzielles Entgelt
ab/flau/en *intr.*, schwächer werden, der Wind flaut ab
ab/fluch/ten *tr.*, einer Fluchtlinie anpassen
Ab/fluß > Ab/fluss *m.*, -es, -flüsse, Ablauf des Waschbeckens
Ab/fol/ge *f.*, -, -n, bestimmte Reihenfolge
ab/for/dern *tr.*, seinem Körper zu viel abfordern
ab/fra/gen *tr.*, jmdn. Vokabeln abfragen
Ab/fuhr *f.*, -, -en, 1. Wegfahrt, 2. Abweisung, Niederlage
ab/füh/ren 1. *tr.*; jmdn. zwangsweise wegführen, 2. *intr.*, Darmentleerung hervorrufen
Ab/führ/mit/tel *n.*, -s, -
ab/füt/tern *tr.*
Abg. Abk. für Abgeordnete(r)
Ab/ga/be *f.*, -, -n Zahlung, die von einer Behörde oder öffentlich-rechtlichen Körperschaft erhoben wird, Steuern, Gebühren, Beiträge
ab/ga/be(n)/frei
Ab/ga/be/pflicht *f.*, -, -en
ab/ga/be(n)/pflich/tig
Ab/gang *m.*, -[e]s, Abgänge, 1. Fehlgeburt, 2. übertr. für: sich entfernen
Ab/gän/ger *m.*, -s, -, ein die Schule verlassender Schüler, Wehrdienstleistender nach Ablauf seiner Wehrdienstzeit
ab/gän/gig
Ab/gas *n.*, -[e]s, -e, bei der Verbrennung entstehender Schadstoff
ab/ge/ben *tr.* und *refl.*
ab/ge/brannt 1. niedergebrannt, 2. übertr. für: kein Geld haben
ab/ge/brüht skrupellos
ab/ge/dro/schen eine abgedroschene Redensart, abgebraucht, veraltet
ab/ge/feimt verschlagener und durchtriebener Spitzbube
ab/ge/grif/fen 1. übertr. für: ohne Erlaubnis genommen, 2. verbraucht
ab/ge/härmt
ab/ge/hen *intr.*, 1. übertr. für: gut gefallen, 2. die Schule verlassen, 3. dafür geht mir das Verständnis ab (es fehlt mir)
ab/ge/kämpft körperlich überanstrengt
ab/ge/kar/tet ohne das Mitwissen anderer abgesprochen
ab/ge/klärt 1. nachgefragt, 2. gereift, ruhig
Ab/geld *n.*, -[e]s, -er, Disagio
ab/ge/lebt 1. im Alter körperlich verbraucht, 2. dicht. für: vergangene Zeiten
ab/ge/le/gen entfernt
ab/gel/ten *tr.*, eine Rechnung begleichen
Ab/gel/tung *f.*, -, -en
ab/ge/neigt etwas nicht tun wollen
Ab/ge/ord/ne/te(r) *f.* oder *m.*, -n, -n, Beauftragter
Ab/ge/ord/ne/ten/haus *n.*, -es, -häuser
Ab/ge/ord/ne/ten/kammer *f.*, -, -n
ab/ge/ris/sen 1. etwas ist zerstört, 2. z. B. eine Geschichte kurz erzählt, 3. übertr. für: übereifrig, sich wie abgerissen für etwas einsetzen
Ab/ge/sand/te(r) *m.* oder *f.*, -n, -n
Ab/ge/sang *m.*, -[e]s, -gesänge
ab/ge/schie/den einsam
ab/ge/schmackt fade, taktlos
ab/ge/spannt
ab/ge/standen abgestandenes Bier, fades Bier
ab/ge/ta/kelt verbraucht
ab/ge/trie/ben abgebrochene Schwangerschaft
ab/ge/win/nen *tr.*, jmdm. ein Lächeln abgewinnen
ab/ge/wöhnen *tr.*, mit dem Rauchen aufhören
ab/ge/zo/gen
ab/gie/ßen *tr.*
Ab/glanz *m.*, -es, *nur Sg.*
Ab/gott *m.*, -[e]s, -götter, falscher Gott, jmd., der über die Maßen verehrt wird
Ab/göt/te/rei *f.*, -, *nur Sg.*
ab/göt/tisch jmd. über die Maßen verehren
Ab/gott/schlan/ge *f.*, -, -n, Boaschlange
ab/gra/ben *tr.*, einen Hügel ebnen
ab/gren/zen *tr.*
Ab/gren/zung *f.*, -, *nur Sg.*, Abtrennung
Ab/grund *m.*, -[e]s, -gründe, Schlucht

ab/grün/dig
ab/grund/tief
ab/gu/cken *tr.* und *intr.*, abschreiben
Ab/guß > Ab/guss *m.*, -es, -güsse
Abh. Abk. für Abhandlung
ab/ha/ben *tr.*, 1. etw. ausgezogen haben, 2. einer Sache nichts abhaben können, eine Sache schlecht finden
ab/ha/ken *tr.*, 1. abzeichnen, 2. übertr. für: etw. vergessen können
ab/half/tern *tr.*, 1. ein Pferd abhalftern, 2. jmdn. seines Amtes entheben
ab/hal/ten *tr.*, jmdn. hindern
Ab/hal/tung *f.*, -, -en
ab/han/deln *tr.*, ein Thema besprechen
ab/han/den unauffindbar
Ab/hand/lung *f.*, -, -en, Abk.: Abh., schriftliches Referat
Ab/hang *m.*, -[e]s, -hänge
ab/hän/gen 1. *tr.*, etw. Aufgehangenes abnehmen, 2. *tr.*, jmdn. hinter sich lassen
ab/hän/gig abhängiger Nebensatz, unselbständig
Ab/hän/gig/keit *f.*, -, -en
ab/här/men *refl.*
ab/här/ten *tr.*
Ab/här/tung *f.*, -, *nur Sg.*
ab/has/peln 1. *tr.*, 2. *refl.* sich beeilen, abhetzen
ab/hau/en 1. *tr.*, z. B. einen Baum fällen, 2. *intr.*, übertr. für: die Flucht ergreifen
ab/he/ben *tr.*, *intr.*, *refl.*
ab/hef/ten *tr.*, Unterlagen einordnen
ab/hei/len *intr.*
ab/hel/fen *intr.*, ein Übel beseitigen
ab/het/zen *refl.* sich beeilen

Ab/hil/fe *f.*, -, *nur Sg.*, z. B. für Abhilfe sorgen
Ab/hit/ze *f.*, -, *nur Sg.*, Abwärme
ab/hold jmdm. abhold sein, ihn nicht mögen
ab/hol/zen *tr.*, mehrere Bäume fällen
Ab/hol/zung *f.*, -, -en
ab/hor/chen *tr.*, in der Medizin: die Lunge durch Abhorchen untersuchen
ab/hö/ren *tr.*, jmdn. unbemerkt akustisch überwachen
Ab/hör/ge/rät *n.*, -[e]s, -e
ab/hor/res/zie/ren (s.
ab/hor/rie/ren) [lat.] *tr.*, veralt.: 1. hassen, 2. in der Rechtswiss.: nicht anerkennen
Ab/hub *m.*, -[e]s, *nur Sg.*
Abi/o/ge/ne/se [griech.] *f.*, -, *nur Sg.*, **Abi/o/gene/sis** *f.*, -, *nur Sg.*, Entstehung von Leben aus unbelebter Materie
Abi/o/se *f.*, -, *nur Sg.*
abi/o/tisch
Abi/o/tro/phie *f.*, -, -n
Ab/i/tur [lat.] *n.*, -[e]s, -e, Reifeprüfung, die ein Hochschulstudium ermöglicht (Kurzw.: Abi)
Ab/i/tu/ri/ent *m.*, -en, -en, Reifeprüfling
Ab/i/tu/ri/um *n.*, -s, -rien (veralt.)
ab/ja/gen *tr.*
Ab/ju/di/ka/ti/on [lat.] *f.*, -, -en, im Rechtswesen: Aberkennung
ab/ju/di/zie/ren *tr.*, aberkennen
ab/kan/zeln *tr.*, jmdn. energisch schelten
ab/ka/pi/teln *tr.*, jmdn. energisch beschimpfen
ab/kap/seln *tr.*
Ab/kap/se/lung, Ab/kaps-

lung *f.*, -, -en, Entfremdung, Vereinsamung
ab/kaufen *tr.*, 1. von jmdm. etwas erwerben, 2. übertr. für: jmdm. etwas glauben
ab/ket/te(l)n *tr.*
ab/kip/pen *tr.*
ab/klap/pern *tr.*, übertr. für: überall nachfragen
ab/klä/ren *tr.*, nachfragen
Ab/klatsch *m.*, -[e]s, -e, schlechte Nachbildung
ab/klem/men *tr.*, den Strom abklemmen
ab/klin/gen *intr.*
ab/klop/fen 1. *tr.*, in der Medizin: Art, den Brustkorb zu untersuchen, perkutieren, 2. *intr.*, in der Musik: Unterbrechen des Musizierens mit dem Taktstock
ab/knal/len *tr.*, übertr. für: erschießen
ab/knap/pen *tr.*,
ab/knapsen *tr.*, übertr. für: etw. zurücklegen, sparen
ab/knöp/fen *tr.*, jmdm. Geld abknöpfen, übertr. für: jmdn. begaunern
ab/ko/chen *tr.*, durch Erhitzen in Wasser keimfrei machen
Ab/kom/man/die/ren *tr.*
Ab/kom/man/die/rung *f.*, -, -en, Versetzung
Ab/kom/me *m.*, -n, -n, Sprössling, Abstammender
ab/kom/men *intr.*
Ab/kom/men *n.*, -s, -, Absprache, schriftl. oder mündl. Vertrag
Ab/kom/men/schaft *f.*, -, -en
ab/kömm/lich verfügbar
Ab/kömm/ling *m.*, -[e]s, -e, 1. Abkomme, 2. Derivat
ab/kon/ter/fei/en *tr.*, veralt.: abbilden
ab/kra/gen
ab/krat/zen 1. *tr.*, 2. *intr.*,

abkühlen

übertr. für: sterben
ab/küh/len *tr.* und *intr.*, eine Speise abkühlen
Ab/küh/lung *f.*, -, -en, Abnahme von Temperatur
ab/kün/di/gen *tr.*, bekannt machen
Ab/kün/di/gung *f.*, -, -en
Ab/kunft *f.*, -, -künfte, veralt.: Ursprung, Geschlecht
ab/kup/fern *tr.*, übertr. für: ohne Veränderung schriftlich übernehmen
ab/kür/zen *tr.*
Ab/kür/zung *f.*, -, -en
Ab/la/ge *f.*, -, -n, Fläche, auf der man etw. ablegen kann
ab/la/gern *tr.* und *intr.*
Ab/la/ge/rung *f.*, -, -en, Aufschüttung, dauernde Anhäufung von z. B. Schlamm, Sand, Kies
Ab/lak/ta/ti/on [lat.] *f.*, -, *nur Sg.*, Abstillen, Entwöhnen
ab/lak/tie/ren *tr.*
ab/lan/dig von Land seewärts, der Wind steht ablandig
Ab/laß > **Ab/lass** *m.*, -ses, -lässe, von der kirchl. Autorität gewährter Nachlass zeitlicher Sündenstrafen
ab/las/sen 1. *tr.*, das Wasser ablassen, 2. *intr.*, lass ab von mir, schone mich
Ab/la/ti/on [lat.] *f.*, -, -en, 1. Wegnahme, Abnahme, 2. Abtragung, 3. Abschmelzen der Gletscher
Ab/la/tiv *m.*, -[e]s, -e, Beugungsfall indogerman. Sprachen, auch in anderen Sprachstämmen, steht für: von... weg, woher
Ab/lauf *m.*, -[e]s, -läufe
ab/lau/fen *intr.* und *tr.*
Ab/laut *m.*, -[e]s, -e, regelmäßiger Wechsel des Selbstlautes der Wurzelsilbe in Wortbildung und Beugung, 1. bei Hauptwörtern: Binde, Bande, Bund, Trank, Trunk, 2. bei Zeitwörtern: helfen, half, geholfen
ab/lau/ten *intr.*
ab/le/ben *intr.*, sterben
ab/le/gen *tr.*, die Kleider ablegen, sich entkleiden, eine Prüfung ablegen
Ab/le/ger *m.*, -s, -, 1. junge Pflanze aus abgetrenntem gepflanztem Trieb, 2. neues, abgezweigtes Bienenvolk
ab/leh/nen *tr.*, abweisen
Ab/leh/nung *f.*, -, -en
ab/lei/ten *tr.*, ablenken
Ab/lei/tung *f.*, -, -en, 1. leitende Verbindung einer elektr. Anlage mit der Erde, 2. in der Mathematik: Differentialquotient
Ab/lei/tungs/sil/be *f.*, -, -n
Ab/len/ken *tr.*
Ab/len/kung *f.*, -, -en
Ab/len/kungs/ma/nö/ver *n.*, -s, -
ab/lich/ten *tr.* fototechnisch vervielfältigen
Ab/lich/tung, *f.*, -, -en
ab/lie/fern *tr.*, abgeben
ab/lie/gen *intr.*
ab/lis/ten *tr.*
ab/lö/schen *tr.*, 1. Feuer ablöschen, 2. beim Kochen: kühle Flüssigkeit dazugeben
Ab/lö/se *f.*, -, -n, Ablösungssumme
ab/lö/sen *tr.*, 1. eine Briefmarke ablösen, abnehmen, 2. als Nachmieter Möbel übernehmen
Ab/lö/sung *f.*, -, -en, 1. Abgeltung, Aufhebung rechtl. Lasten und Verpflichtungen, 2. im Heerwesen: Wachwechsel

ab/luch/sen übertr. für: durch Geschick etw. von jmdm. erhalten
Ab/luft *f.*, -, -lüfte
ABM *f.*, -, Abk. für Arbeitsbeschaffungsmaßnahme
ab/ma/chen *tr.*, vereinbaren
Ab/ma/chung *f.*, -, -en
ab/ma/gern *intr.*
Ab/ma/ge/rung *f.*, -, *nur Sg.*, Abnahme besonders des Unterhautfettes aus verschiedenen Gründen
ab/mark/ten *tr.*, etwas von jmdm. durch Handeln erlangen
ab/mei/ern *tr.*, das Eigentum entziehen
ab/mel/den *tr.*
Ab/mel/dung *f.*, -, -en
ab/mes/sen *tr.*, eine Strecke abmessen
Ab/mes/sung *f.*, -, -en
ab/mühen *refl.*, sich übermäßig anstrengen
ab/murk/sen *tr.*, übertr. für: 1. umbringen, 2. den Motor ausgehen lassen
ab/mus/tern *tr.* und *intr.*
Ab/mus/te/rung *f.*, -, -en, Beendigung des Dienstverhältnisses der Seeleute vor dem Seemannsamt
ab/na/beln *tr.*, die Nabelschnur vom Mutterleib lösen
Ab/na/be/lung *f.*, -, -en
Ab/nab/lung *f.*, -, -en
ab/nä/hen *tr.*
Ab/nä/her *m.*, -s, -, Naht, die dem Kleidungsstück die gewünschte Weite und Form gibt
ab/neh/men 1. *tr.*, übertr. für: glauben, 2. *intr.*, Gewicht verlieren, 3. eine Prüfung abnehmen
Ab/neh/mer *m.*, -s, -
Ab/nei/gung *f.*, -, -en

ab/norm [lat.] unnormal, krankhaft, vom Üblichen abweichend, anders als gewohnt
ab/nor/mal
Ab/nor/mi/tät *f.*, -, -en, Missbildung, Entartung, Abweichung von der Regel
ab/nö/tigen *tr.*
ab/nut/zen, ab/nüt/zen *tr.*
Ab/nut/zung, Ab/nüt/zung *f.*, -, *nur Sg.*
ab/o/lie/ren [lat.],
Ab/o/li/ti/on *f.*, -, -en, 1. Abschaffung der Sklaverei in den USA, 2. Kampf gegen staatl. Duldung der Prostitution, 3. Niederschlagung eines schwebenden Strafverfahrens
Ab/o/li/ti/o/nist *m.*, -en, -en
Abon/ne/ment [französ.] *n.*, -s, -s, regelmäßiger Bezug einer Zeitung oder Zeitschrift, Vereinbarung zum Besuch einer bestimmten Zahl von Theateroder Opernaufführungen
Abon/nent *m.*, -en, -en
abon/nie/ren *tr.*
ab/oral [lat.] der Mundöffnung gegenüberliegend
Ab/ort 1. *m.*, -[e]s, -e, Einrichtung zur Abführung menschlicher Ausscheidungen, Toilette, 2. [lat.] *m.*, -, -e, Fehlgeburt
ab/or/tie/ren *intr.*
ab/or/tiv unfertig entwickelt
Ab/or/ti/vum *n.*, -s, -va, Mittel, eine Krankheit in ihren ersten Anfängen zu heilen oder ihre Weiterentwicklung abzuschneiden
Ab/or/tus *m.*, -, -, s. Abort
ab o/vo [lat.] von Anfang an, auf den Ursprung zurückgehen

ab/pfei/fen *tr.*
ab/pla/cken, ab/pla/gen *refl.*
ab/quä/len *refl.*
ab/qua/li/fi/zie/ren *tr.*, negativ bewerten
ab/ra/ckern *refl.*
ab/rah/men *tr.*, bei Milch: den Rahm entfernen
Ab/ra/ka/da/bra *n.*, -s, -s, ein bereits im 3. Jh. in Rom bekanntes Zauberwort
Ab/ra/sio [lat.] *f.*, -, nen
Ab/ra/si/on *f.*, -, -en, 1. abtragende Tätigkeit der Brandungswellen an Küsten, 2. in der Medizin: Ausschabung
Ab/raum *m.*, -[e]s, -räume, 1. wertloser Abfall, 2. das die Lagerstätte eines nutzbaren Minerals überdeckende taube Gebirge
Ab/ra/xas 1. gnostisches Zauberwort, besonders auf den Abraxassteinen, 2. Name für Gott
ab/re/a/gie/ren *tr.*, freimachen von angestauter Anspannung und Unzufriedenheit
Ab/re/ak/ti/on *f.*, -, -en
Ab/rech/te *f.*, -, -n, die linke Seite des Tuches
Ab/re/de *f.*, -, -n,
ab/re/gen *refl.*, übertr. für: seine Wut ablassen
Ab/rei/bung *f.*, -, -en, 1. übertr. für: gewaltsames Zurechtweisen, 2. in der Medizin: Reiben der Haut mit einem kalten ausgewrungenen Tuch, um dem Körper Wärme zu entziehen
Ab/ri [französ.] *m.*, -s, -s, Wohnort in der Steinzeit unter einem Felsüberhang
ab/rich/ten *tr.* Gehorsam lehren

Ab/rich/ter *m.*, -s, -, Lehrender
Ab/rieb *m.*, -[e]s, *nur Sg.*
ab/rieb/fest
Ab/rieb/fes/tig/keit *f.*, -, *nur Sg.*
ab/rie/geln *tr.*, absperren
Ab/rie/ge/lung, Ab/rieg/lung *f.*, -, -en
ab/rin/gen *tr.*, jmdm. etwas abnehmen
Ab/riß > **Ab/riss** *m.*, -es, -e, Übersicht, kurze Darstellung eines Themas
Ab/ro/ga/ti/on *f.*, -, -en, Aufheben eines Gesetzes durch ein neues
ab/ro/gie/ren *tr.*
Ab/ruf *m.*, -[e]s, -e, Veranlassung der Absendung einer Bestellung
ab/ru/fen *tr.*
ab/run/den *tr.*, rundmachen, eine Rechnung abrunden
Ab/run/dung *f.*, -, -en
ab/rupt [lat.] abgebrochen, jäh, unvorhergesehen
Ab/ruz/zen *nur Pl.*, Gebirgslandschaft in Italien, im mittleren Apennin, 1000 m hoch
Abs. Abk. für 1. Absender, 2. Absatz
ABS *n.*, -, *nur Sg.*, Abk. für Antiblockiersystem
ab/sa/cken *intr.*, übertr. für: absinken
Ab/sa/ge *f.*, -, -en
ab/sa/gen *tr.*
ab/sä/gen *tr.* 1. mit der Säge entfernen, 2. übertr. für: entlassen
ab/sah/nen übertr. für: zum eigenen Vorteil das Meiste erlangen
ab/sat/teln *tr.*
Ab/satz *m.*, -es, -sätze, 1. Unterbrechung eines

absaufen

Schriftsatzes, 2. hinterer Teil des Schuhes, 3. Unterbrechung der Treppenstufen, 4. Verkauf
ab/sau/fen *intr.*, übertr. für: unter die Wasseroberfläche absinken
ab/säu/gen *tr.*
ab/schal/ten *tr.* und *intr.*
Ab/schal/tung *f., -, -en*
ab/schät/zen *tr.*
ab/schät/zig wenig wert
Ab/schät/zung *f., -, -en*
Ab/schaum *m., -[e]s, nur Sg.*
ab/schei/den *tr.* und *intr.*
Ab/schei/dung *f., -, -en*
Ab/scheu *m., -s, nur Sg.*
ab/scheu/lich widerwärtig
Ab/scheu/lich/keit *f., -, -en*
ab/schie/ben *tr.* und *intr.*
Ab/schie/bung *f., -, -en*, Ausweisung unerwünschter Personen
Ab/schied *m., -[e]s, -e*
ab/schie/ßen *tr.*
ab/schil/fern, ab/schelfern *intr.*
Ab/schil/fe/rung, Ab/schel/fe/rung *f., -, -en*, Abstoßen der obersten verhornten Zellschicht der Haut, verstärkt z.B. bei Schuppenflechte
ab/schin/den *refl.*, schwer arbeiten, sich sehr anstrengen
ab/schir/men *tr.*
Ab/schir/mung *f., -, -en*, örtlicher Schutz gegen Fremdeinwirkung
ab/schir/ren *tr.* einem Pferd das Geschirr abnehmen
Ab/schlag *m., -[e]s, -schlage*, 1. Verminderung, Preissenkung, 2. im Sport: Anfang der Spielbahn (Golf) oder Spielbeginn (Golf, Hockey), Bully, 3. Kursabzug, Disagio, 4. Teilzahlung, Abschlagszahlung, 5. Probeprägung einer Münze
ab/schlä/gig, ab/schläglich
ab/schläm/men *tr.*
ab/schlep/pen *tr.*
ab/schlie/ßen *tr.* und *intr.*
Ab/schluß > Ab/schluss *m., -es, -schlüsse*
ab/schme/cken *tr.*, das Essen abschmecken, probieren
ab/schmei/cheln *tr.*
ab/schmet/tern *tr.*
ab/schmin/ken *tr.* 1. Schminke entfernen, 2. übertr. für: sich nicht mehr dafür einsetzen
ab/schnei/den *tr.* und *intr.*
Ab/schnitt *m., -[e]s, -e*
ab/schnitt(s)/wei/se
ab/schnü/ren *tr.*
Ab/schnü/rung *f., -, en*
ab/schöpfen *tr.*
ab/schre/cken *tr.* 1. durch Aufzeigen der Gefahren von etwas abzuhalten versuchen, 2. beim Kochen: kaltes Wasser darübergießen
Ab/schre/ckung *f., -, -en*
ab/schrei/ben *tr.* und *intr.*
Ab/schrei/bung *f., -, -en*, 1. Herabsetzung des Buchwertes eines Vermögensgegenstandes in der Bilanz, 2. Übertragung eines Grundstücksteils als selbständiges Grundstück auf ein neues Grundbuchblatt
Ab/schrot *m., -[e]s, -e*, Aufsatz für den Amboss in Form eines Meißels
ab/schro/ten *tr.* abteilen
Ab/schrö/ter *m., -s, -*
ab/schuf/ten *refl.* sich stark anstrengen
ab/schup/pen *tr.* und *refl.*
Ab/schup/pung *f., -, -en*, Abstoßen der obersten verhornten Zellschichten der Haut
ab/schür/fen *tr.* z.B. die Haut abschürfen, unbeabsichtigt abreißen
Ab/schür/fung *f., -, -en*
Ab/schuß > Ab/schuss *m., -es, -schüsse*
Ab/schuß/ba/sis > Ab/schuss/ba/sis *f., -, -sen*
ab/schüs/sig sehr schräg
Ab/schüs/sig/keit *f., -, -en*
Ab/schuß/ram/pe > Ab/schuss/ram/pe *f., -, -n*
ab/schüt/teln *tr.*
ab/schwä/chen *tr.* lindern
Ab/schwä/cher *m., -s, -*, beim Fotografieren: chemisches Mittel zum Aufhellen der Negative
Ab/schwä/chung *f., -, -en*
ab/schwat/zen *tr.* ausreden
ab/schwei/fen *intr.* vom eigentlichen Gesprächsstoff auf einen anderen wechseln
Ab/schwei/fung *f., -, -en*
ab/schwel/len *intr.*
Ab/schwel/lung *f., -, -en, nur Sg.*, zurückgehende Schwellung
ab/schwen/ken *tr.* und *intr.*
ab/schwin/deln *tr.* übertr. für: jmdm. etwas mit List abnehmen
ab/schwir/ren *intr.* übertr. für: den Aufenthaltsort verlassen
ab/schwö/ren *intr.*
ab/se/hen *tr.* und *intr.* einen anderen Gesichtspunkt betrachten
ab/sei/len 1. *tr.* an einem Seil herunterlassen, 2. *refl.* übertr. für: sich entfernen, um einer Aufgabe zu entgehen
ab sein *intr.*, abgelöst sein, kaputt
ab/seits 1. Adv.: etwas ab-

seits stehen, etwas weiter weg, 2. im Sport: sich an einem nicht erlaubten Ort aufhalten
Ab/seits *n.,* -, *nur Sg.,* nicht erlaubter Ort
Ab/sence [französ.] *f.,* -, -n, kurze Anfälle von Bewusstseinstrübung
ab/sen/den *tr.* abschicken
Ab/sen/der *m.,* -s, (abgek.: Abs.)
ab/sent [lat.] nicht anwesend
ab/sen/tie/ren *refl.,* sich wegbegeben
Ab/senz *f.,* -, -en
ab/ser/vie/ren *tr.* 1. abräumen, 2. übertr. für: sich nur kurz darum kümmern
ab/set/zen *tr.* 1. hinstellen, 2. des Amtes entheben
Ab/sicht *f.,* -, -en, , Vorsatz, Vorhaben
ab/sicht/lich
ab/sichts/los
Ab/sichts/satz *m.,* -es, -sätze, Finalsatz
Ab/sinth [griech.] *m.,* -[e]s, -e, 1. die Pflanze Wermut, 2. daraus hergestellter Trinkbranntwein
ab/sit/zen 1. *tr.* eine bestimmte Zeit als Strafe im Gefängnis verbringen, 2. *intr.* vom Pferd absitzen
ab/so/lut [lat.] für sich betrachtet, unabhängig, vollkommen, unumschränkt, absolute Mehrheit, mehr als die Hälfte aller abgegebenen Stimmen, absolute Temperatur, auf den absoluten Nullpunkt bezogene Temperatur der Kelvinskala (-273,16°C)
Ab/so/lu/ti/on *f.,* -, -en, Lossprechung von Sünden im Sakrament der Buße

Ab/so/lu/tis/mus *m.,* -, *nur Sg.,* Form der Regierung, bei der der Träger der Staatsgewalt (Monarch) den Untertanen gegenüber unbeschränkte Macht besitzt
Ab/so/lu/tist *m.,* -en, -en, Vertreter des Absolutismus
Ab/sol/vent [lat.] *m.,* -en, -en, Schulentlassener
ab/sol/vie/ren *tr.,* 1. lossprechen, 2. bestehen
ab/son/der/lich
Ab/son/der/lich/keit *f.,* -, -en
ab/son/dern *tr.*
Ab/sor/bens *n.,* -, -ben/zi/en oder -ben/tia, aufsaugender Stoff
Ab/sor/ber *m.,* -s, -
ab/sor/bie/ren *tr.,* aufsaugen, aufnehmen
Ab/sorp/ti/on *f.,* -, -en, 1. Auflösung eines Gases oder Dampfes in Flüssigkeit, 2. Schwächung von Strahlung, z.B. Licht, beim Durchgang durch Materie
ab/sorp/tiv, Absorption möglich
Ab/sorp/tiv *n.* -[e]s, -e, aufgesaugt werdende Materie
ab/span/nen *tr.*
Ab/span/nung *f.,* -, *nur Sg.,* Ermüdung
ab/spa/ren *tr.*
ab/spei/sen *tr.*
ab/spens/tig jmdm. etwas abspenstig machen, es ihm nicht mehr gefallen lassen
ab/spie/len *tr.* und *refl.*
Ab/spra/che *f.,* -, -n, Beredung, Abklärung
ab/spre/chen *tr.*
ab/spre/chend negativ
ab/spu/len *tr.,* übertr. für: auswendig und ohne Ge-

danken aufsagen
ab/spü/len *tr.*
ab/stam/men *intr.*
Ab/stam/mung *f.,* -, *nur Sg.,* Herkunft
Ab/stand *m.,* -[e]s, -stände, 1. Entfernung, 2. Abstand nehmen, nicht daran denken
ab/stän/dig überaltert
ab/stat/ten *tr.* einen Besuch abstatten, einen Besuch durchführen
Ab/stat/tung *f.,* -, *nur Sg.*
ab/stau/ben *tr.* und *intr.,* 1. von Staub befreien, 2. übertr. für: (ohne Bezahlung oder sehr billig) etwas mitnehmen
ab/stäu/ben *tr.* und *intr.*
ab/ste/chen *tr.* und *intr.*
Ab/ste/cher *m.,* -s, -, Seitenausflug von einer Reise, Spritzfahrt
ab/ste/hen *intr.,* das Bier steht ab, wird fade, sie stehen von ihrer Forderung ab, verzichten darauf
Ab/stei/ge *f.,* -, -n, Gasthaus zweifelhaften Rufes
ab/stei/gen *intr.*
Ab/stei/ge/quar/tier *n.,* -[e]s, -e
ab/stel/len *tr.,* hinstellen
Ab/stell/gleis *n.,* -[e]s, -e
ab/stem/peln *tr.,* mit einem Stempelabdruck versehen
Ab/stem/pe/lung, Ab-stemp/lung *f.,* -, *nur Sg.*
ab/ster/ben *intr.*
Ab/stich *m.,* -[e]s, -e
Ab/stieg *m.,* -[e]s, -e
ab/stil/len *tr.,* Übergang von natürlicher Ernährung des Säuglings an der Brust zur künstlichen oder gemischten Ernährung
ab/stim/men *tr.* und *intr.*
Ab/stim/mung *f.,* -, -en
ab/sti/nent [lat.] nicht ver-

Abstinenz

zehren oder gebrauchen, Rauschgifte vermeidend
Ab/sti/nenz *f., -, nur Sg.*
Ab/sti/nenz/ler oder auch: **Abs/ti/nenz/ler**, jmd., der keine Rauschmittel gebraucht
ab/sto/ßen *tr.*
ab/sto/ßend, ablehnend
Ab/sto/ßung *f., -, nur Sg.*, Auseinanderstreben gleichnamiger elektrischer Ladungen
ab/stot/tern *tr.*, übertr. für: eine Rechnung nach und nach begleichen
ab/stra/hie/ren oder auch: **abs/tra/hie/ren** [lat.] *tr.*, das Wesentliche vom Zufälligen sondern
ab/strakt oder auch: **abs/trakt** rein begrifflich, abgezogen, nur gedacht, abstrakte Kunst, nicht konkrete Kunst
Ab/strak/ti/on oder auch: **Abs/trak/ti/on** *f., -, -en*, Bildung allgemeiner Begriffe
Ab/strak/ti/ons/ver/mögen oder auch: **Abs/trakti/ons/ver/mö/gen** *n., -s, nur Sg.*
Ab/strak/tum oder auch: **Abs/trak/tum** *n., -s, -ta*, Begriffswort, wie Freiheit und Liebe
ab/stram/peln *refl.* übeitr. für: sich stark einsetzen
ab/strei/ten *tr.*, nicht gestehen
Ab/strich *m., -[e]s, -e*, 1. in der Medizin: Abstreifen von Schleimhautabsonderungen zum Nachweis von Krankheitserregern, 2. in der Musik: bei Streichinstrumenten Bogenführung, die den Frosch von den Saiten wegbewegt
ab/strus oder auch: **abs/trus** [lat.] dunkel, unverständlich, undurchschaubar
ab/stum/pfen 1. *tr.*, entschärfen, z.B. ein Messer, 2. *intr.* ermüden, unfähig machen, Lust und Interesse verlieren
Ab/stump/fung *f., -, nur Sg.*
Ab/sturz *m., -[e]s, -stürze*
ab/stür/zen *intr.*
Ab/sud *m., -[e]s, -e*, Abkochung, ausgekochter Saft
ab/surd abgeschmackt, widersinnig, verrückt, absurdes Theater
Ab/sur/di/tät *f., -, -en*
ab/sze/die/ren oder auch: **abs/ze/die/ren** [lat.] *intr.*
Ab/szeß > **Ab/szess** oder auch: **Abs/zess** *m., -es, -e*, Eiterbeule, Eitergeschwulst im Gewebe des Körpers
Ab/szis/se oder auch: **Abs/zis/se** [lat.] *f., -, -n*, in der Mathematik: im rechtwinkligen Koordinatensystem der Abstand von der y-Achse
Ab/szis/sen/ach/se oder auch: **Abs/zis/sen/ach/se** *f., -, -n*, Waagerechte im Achsenkreuz
Abt [aramä.] *m., -[e]s*, Äbte, Klostervorsteher
Abt. Abk. für Abteilung
ab/ta/keln *tr.*, nicht mehr in Gebrauch nehmen
Ab/ta/ke/lung, Ab/taklung *f., -, -en*
ab/tas/ten *tr.*, **Ab/tas/tung** *f., -, nur Sg.*
ab/tau/en *intr.* und *tr.*, den Gefrierschrank abtauen, ausstellen und nicht mehr gefrieren lassen
Ab/tei *f., -, -en* unter einem Abt oder einer Äbtissin stehendes Kloster
Ab/teil *n., -[e]s, -e*
ab/tei/len *tr.*
Ab/tei/lung *f., -, -en*
Ab/tei/lungs/lei/ter *m., -s, -*
Ab/tei/lungs/zei/chen *n., -s, -*
ab/teu/fen *tr.*, im Bergbau: einen Schacht graben
ab/tip/pen *tr.*
Äb/tis/sin *f., -, -nen*, Klostervorsteherin
ab/tö/ten *tr.*, **Ab/tö/tung** *f., -, nur Sg.*
ab/tra/gen *tr.*, 1. ein Gelände wegschaufeln, 2. Speisen wegräumen, 3. eine Schuld bezahlen
ab/träg/lich dem Wohl des Ganzen abträglich sein, schädlich sein
ab/trei/ben *tr.* und *intr.* die Schwangerschaft frühzeitig unterbrechen
Ab/trei/bung *f., -, -en*
ab/tre/ten *tr.* und *intr.*
Ab/tre/ter *m., -s, -*
Ab/tre/tung *f., -, -en* Überlassung von Aufgaben oder Rechten
Ab/trieb *m., -[e]s, -e*, 1. die am Endglied eines Getriebes wirksame Bewegung der Kraft, 2: Fällen der Bäume, 3. Almabtrieb des Viehs
Ab/trift, Ab/drift *f., -, -en*, durch Wind oder Seegang verursachtes Abweichen eines Schiffes oder Flugzeugs vom Sollkurs
Ab/tritt *m., -[e]s, -e* Abort
ab/trot/zen *tr.* durch Trotz erzwingen
ab/trün/nig trennen, untreu
ab/tun *tr.*, erledigen
Abu [arab.] Teil arab. Eigennamen

Abu/lie [griech.] *f.*, -, -n, Willenlosigkeit
ab/un/dant [lat.] im Überfluss vorliegen
Ab/un/danz *f.*, -, *nur Sg.*, Überfluss, Überangebot
ab/ur/tei/len *tr.*
Ab/ur/tei/lung *f.*, -, -en
ab/u/siv [lat.] missbräuchlich
Ab/u/sus *m.*, -, -, Missbrauch
ab/ver/lan/gen *tr.*
ab/ver/mie/ten *tr.*
ab/wä/gen *tr.*, verschiedene Möglichkeiten miteinander vergleichen, überdenken
ab/wan/deln *tr.*, abändern
Ab/wand/lung *f.*, -, -en
Ab/wär/me *f.*, -, *nur Sg.*, bei einem wärmetechnischen Geschehen im Arbeitsvorgang nicht genutzte Wärme, Abhitze
ab/war/ten *tr.*
ab/wärts
Ab/wasch *m.*, -[e]s, *nur Sg.*, Reinigen von nicht gespültem Geschirr
Ab/was/ser *n.*, -s, -wässer, aus Fabriken und Haushalten abfließende verunreinigte Wässer
ab/wech/seln *intr.*
Ab/wech/se/lung, **Ab/wechs/lung** *f.*, -, -en
ab/wechs/lungs/reich
Ab/weg *m.*, -[e], -e
ab/we/gig seltsam, unnormal
Ab/wehr *f.*, -, *nur Sg.*
ab/weh/ren *tr.*, zurückweisen
ab/wei/chen *tr.* und *intr.*, irregehen
Ab/wei/chung *f.*, -, -en, Deklination
ab/wei/den *tr.*
ab/wei/sen *tr.*
Ab/wei/sung *f.*, -, -en

ab/wen/den *tr.*
ab/wen/dig entfremdet
ab/wer/ben *tr.*
Ab/wer/bung *f.*, -, *nur Sg.*, Abgewinnen von Kräften der Konkurrenz
ab/wer/fen *tr.*
ab/wer/ten *tr.*
Ab/wer/tung *f.*, -, -en, Herabsetzung des Wertes
ab/we/send nicht anzutreffen
Ab/we/sen/heit *f.*, -, *nur Sg.*
ab/wet/zen *tr.*
ab/wi/ckeln *tr.*
Ab/wi/cke/lung, **Ab/wick/lung** *f.*, -, -en, Erledigung von Arbeiten
ab/wie/geln *tr.*
ab/wie/gen *tr.*
ab/wim/meln *tr.* übertr. für: loswerden
Ab/wind *m.*, -[e]s, -e
ab/win/ken *intr.*
ab/wirt/schaf/ten *tr.* verschlechtern
ab/wra/cken *tr.*, abbrechen
Ab/wurf *m.*, -[e]s, -würfe
ab/wür/gen *tr.* ugs. für: unterbrechen
abys/sal, **abys/sisch** [griech.] abgrundtief
Abys/sus *m.*, -, *nur Sg.*
ab/zah/len *tr.*, in Raten bezahlen
ab/zählen *tr.*
Ab/zähl/reim *m.*, -[e]s, -e
Ab/zah/lung *f.*, -, -en, Teil-, Ratenzahlung
ab/zap/fen *tr.*
ab/zap/peln *refl.*
ab/zäu/men *tr.*, einem Pferd das Zaumzeug abnehmen
ab/zeh/ren *intr.*
Ab/zei/chen *n.*, -s, -
ab/zeich/nen *tr.* und *refl.*
Ab/zieh/bild *n.*, -[e]s, -er
ab/zie/hen *tr.* und *intr.*

ab/zie/len *intr.*, ein bestimmtes Ziel erreichen wollen
ab/zir/keln *tr.*, genau berechnen
Ab/zug *m.*, -[e]s, -züge
ab/züg/lich nach Abrechnung
ab/zugs/fä/hig
ab/zwa/cken *tr.* ugs. für: wegnehmen
Ab/zwei/ge *f.*, -, -n
ab/zwei/gen *tr.* und *intr.*
Ab/zwei/gung *f.*, -, -en
Ac in der Chemie: Zeichen für Actinium
a c. Abk. für a conto
a. c. Abk. für anni currentis
à c. Abk. für à condition
Aca/de/my A/ward *m.*, -s, -s, Auszeichnung für Kinofilme
a cap/pel/la [italien.] mehrstimmiger Gesang ohne musikalische Begleitung durch Instrumente
A-cap/pel/la-Chor *m.*, -[e]s, -chöre
acc. Abk. für accrescendo
ac/ce/le/ran/do [italien.] in der Musik: schneller werdend
Ac/cent ai/gu [französ.] *m.*, - -, -s -s im Französischen: Zeichen für geschlossenes e, z.B. cherché
Ac/cent cir/con/flexe *m.*, - -, -s -s, im Französischen: z.B. être
Ac/cent grave *m.*, - -, -s -s, im Französischen: Zeichen für offenes e, z.B. père
Ac/cen/tus [lat.] *m.*, -, -, unbegleiteter Sprechgesang in der Kirche
Ac/ces/so/ires [französ.] *nur Sg.*, von der Mode bestimmter Zusatz, z.B. Hut, Tasche

Ac/com/pa/gna/to oder auch: **Ac/com/pag/na/to** [italien.] *n.*, -s, -ti, Sprechgesang mit ausgeführter Orchesterbegleitung

Ac/count [engl.] *m.*, -s, -s, 1. finanzielles Mittel für Werbung, 2. eine Werbeagentur Beauftragender

ac/cre/scen/do [italien.] Abk. acc. oder accresc., in der Musik: an Lautstärke zunehmen

ac/cu/sa/ti/vus cum in/fi/ni/ti/vo [lat.] siehe Akkusativ

Acet/al/de/hyd [lat.] *m.*, -[e]s, *nur Sg.*, in der Chemie: unangenehm duftende organische Verbindung

Ace/tat *n.*, -[e]s, -e,

Ace/ton *n.*, -[e]s, *nur Sg.* angenehm duftendes Lösungsmittel

Ace/ty/len *n.*, -[e]s, *nur Sg.* ungesättigter, in Form eines Gases vorliegender Kohlenwasserstoff

Ach *n.*, -s, -s, mit Ach und Krach, übertr. für: mit äußerster Anstrengung, fast nicht mehr

Achä/ne [griech.] *f.*, -, -n, Nussfrucht der Korbblütler

Achat *m.*, -[e]s, -e, zu Schmuckgegenständen verwendeter Chalzedon

Ache *f.*, -, *nur Sg.*, Fluss

Ache/ron *m.*, -s, *nur Sg.*, 1. mehrere Flüsse im alten Griechenland, 2. in der griech. Sage ein Fluss der Unterwelt

ache/ron/tisch

Acheu/lé/en *n.*, -[s], *nur Sg.*, Kulturstufe der Altsteinzeit, durch bearbeitete Faustkeile gekennzeichnet

Achill, Achil/les in der Sage der tapferste griechische Held vor Troja, Sohn des Königs Peleus

Achil/les/ferse *f.*, -, -n, schwache, verwundbare Stelle

Achil/les/seh/ne *f.*, -, -n, die am Fersenbein ansetzende Sehne des dreiköpfigen Wadenmuskels

ach/la/my/de/isch Blütenhülle fehlt

Ach-Laut *(Nf.)* auch:

Ach/laut *(Hf.) m.*, -[e]s, -e

a. Chr. n. Abk. für ante Christum natum [lat.] vor Christi Geburt

Ach/ro/it [griech.] *m.*, -[e]s, -e farbloser Turmalin

Ach/ro/ma/sie [griech.] *f.*, -, -n

Achro/ma/tis/mus *m.*, -, -men, Farbfehlerfreiheit von abbildenden Linsen oder Prismen

Ach/ro/mat *m.*, -[e]s, -e,

Ach/ro/ma/tin *n.*, -[e]s, *nur Sg.*, Zone der Zellkernsubstanz, die nicht durch Farbe hervorzuheben ist

ach/ro/ma/tisch

Achro/ma/top/sie *f.*, -, -n, Unfähigkeit, bestimmte Farben zu unterscheiden

Ach/se *f.*, -, -n

Ach/sel *f.*, -, -n

Ach/sel/höh/le *f.*, -, -n

Ach/sel/klap/pe *f.*, -, -n, Schulterklappe

ach/sel/stän/dig in der Botanik: im Blattwinkel wachsend

Ach/sel/stück *n.*, -[e]s, -e, s. Achselklappe

Ach/sel/zu/cken *n.*, -s, *nur Sg.*

Ach/sen/kreuz *n.*, -es, -e, in der Mathematik: Koordinatensystem

acht Zahl 8, 1. ich habe 21:8 gewonnen, 2. es ist halb acht

Acht 1. *f.*, -, -en, Zahl 8, 2. *f.*, -, *nur Sg.*, Sorgfalt, außer Acht lassen

ach/te 8., der achte Versuch

Ach/te *m., f., n.*, -n, -n, du warst der achte Teilnehmer

ach/tel Mengenangabe, drei, zwei achtel Liter, aber: ein Achtelliter

Achtel *n.*, -s, -, in der Schweiz: m, -s, -, Mengenangabe, drei Achtel des ganzen Kuchens

ach/teln *tr.*, in acht Teile aufteilen

Ach/tel/no/te *f.*, -, -n

Ach/tel/pau/se *f.*, -, -n

ach/ten *tr.* und *intr.*, jmdn. oder etwas achten, schätzen

äch/ten *tr.*, verbannen

Ach/en/der *m.*, -s, -, Hirsch mit 8 Geweihspitzen

ach/tens 8., der achte Versuch

ach/tens/wert

ach/ter hinten

Ach/ter *m.*, -s, -, 1. Boot für acht Ruderer und einen Steuermann, 2. übertr. für: verbogenen Fahrradreifen

Ach/ter/bahn *f.*, -, -en

Ach/ter/deck *n.*, -s, -s, rückwärtiges Schiffsdeck

ach/ter/lei

acht/fach

Acht/fache *n.*, -n, -n

Acht/flach *n.*, -[e]s, -e

Acht/fläch/ner *m.*, -s, -, Oktaeder

Acht/fü/ßer, Acht/füß/ler *m.*, -s, -, Oktopode

acht/ge/ben *intr.*, aufpassen

acht/ha/ben *intr.*, vorsichtig sein

acht/hun/dert Zahl 800

Acht/hun/dert/jahr/fei/er *f.*, -, -n

acht/jäh/rig im Alter von acht Jahren
Acht/jäh/ri/ge(r) *m., f.,* -n, -n
acht/jähr/lich jeweils nach acht Jahren
acht/los
Acht/lo/sig/keit *f.,* -, *nur Sg.*
acht/mal drei mal acht
acht/ma/lig
acht/mo/na/tig im Verlauf von acht Monaten
acht/mo/nat/lich jeweils nach acht Monaten
Acht/mo/nats/kind *n.,* -[e]s, -er, Kind, das einen Monat zu früh geboren wird
acht/sam
Acht/sam/keit *f.,* -, *nur Sg.,* Aufmerksamkeit
acht/spän/nig von acht Pferden gezogen
Acht/stun/den/tag *m.,* -[e]s, -e, acht Arbeitsstunden dauernder Arbeitstag
acht/stün/dig über acht Stunden andauernd
acht/stünd/lich jeweils nach acht Stunden
acht/tä/gig über acht Tage andauernd
acht/täg/lich jeweils nach acht Tagen
acht/tausend Zahl 8000
acht/und/ein/halb
acht/und/vier/zig
Acht/und/vier/zi/ger *m.,* -s, -, Vertreter des Revolutionsgedankens
Acht/und/vier/zig/stunden/wo/che *f.,* -, -n
Ach/tung *f.,* -, *nur Sg.*
Äch/tung *f.,* -, *nur Sg.*
ach/tungs/voll
acht/zehn mit 18 Jahren, volljährig
acht/zehn/hun/dert 1800
acht/zig 80, ich bin fast 80 Jahre alt
Acht/zig *f.,* -, -en, Zahl 80

acht/zi/ger in den Achtzigerjahren oder auch: in den achtziger Jahren
Acht/ziger *m.,* -s, -, Mann im Alter von 80 Jahren, Wein aus dem Jahre 1880, die Achtzigerjahre oder auch: die achtziger Jahre, 1880-1889
Acht/zi/ger/jah/re oder auch: **acht/zi/ger Jah/re, 80er-Jah/re, 80er Jah/re** *n., nur Pl.*
acht/zig/fach
acht/zig/mal
acht/zig/jäh/rig
acht/zigs/te
Acht/zy/lin/der oder auch: **8-Zy/lin/der** *m.,* -s, -, Kraftwagen mit Achtzylinder-Motor
Achy/lie [griech.] *f.,* -, -n, Fehlen eines Verdauungssaftes, z.B. Magensaft, Bauchspeichel, wegen Untätigkeit der betreffenden Organe
äch/zen *intr.*
a.c.i. Abk. für: accusativus cum infinitivo
Acid [engl.] ugs. für die Droge LSD
Aci/di/me/trie [lat. und griech.] *f.,* -, *nur Sg.,* Vorgang zum Feststellen der Säurekonzentrationen
Aci/di/tät *f.,* -, *nur Sg.*
Aci/do/se *f.,* -, -n, durch Krankheit bedingte Zunahme des Blutsäuregrades
Aci/dum [lat.] *n.,* -s, -da, Säure
Aci/dur *n.;* -[e]s, *nur Sg.,* Gusseisen mit Gehalt an Silicium
Acker 1. *m.,* -s, -, früheres Feldmaß, 2. *m.,* -s, Äcker, landwirtschaftlich genutztes Gebiet

Acker/bau/er *m.,* -n, -n,
Acker/bür/ger *m.,* -s, -, in der Stadt wohnend, mit Landbesitz, den er selber nutzt
Acker/kru/me *f.,* -, -n, Mutterboden, Muttererde
ackern 1. den Acker bestellen, 2. übertr. für: sich sehr anstrengen
Acker/nah/rung *f.,* -, *nur Sg.* Ackerfläche, die eine Familie alleine bewirtschaften kann, die ihr weiterhin ausreichend Lebensunterhalt gibt
à con/di/tion [französ.] bedingte Lieferung, z.B. Ansichtssendung
Aco/ni/tin [lat.] *n.,* -[e]s, -e, Akonitin
a con/to [italien.] Abk. a.c., auf Rechnung von, a-conto-Zahlung
Ac/quit [französ.] *n.,* -s, -s, Empfangsschein, Quittung
Ac/re [engl.] *m.,* -s, -s, 1. Flächenmaß in den angloamerikan. Ländern, 2. Rio Acre, rechter Nebenfluss des Purús, 3. Bundesstaat in Brasilien
Ac/ryl [griech.] *n.,* -[e]s, *nur Sg.*
Ac/ryl/säu/re *f.,* -, -n, Äthylencarbonsäure, Grundsubstanz zahlreicher künstlicher Harze
Ac/ti/ni/um [griech.] *n.,* -s, *nur Sg.,* in der Chemie: Element, das radioaktive Strahlung freisetzt
Ac/tion-Pain/ting *(Nf.),*
Ac/tion/pain/ting *(Hf)* [engl.] *f.,* - -, *nur Sg.,* abstrakte Malweise
a d Abk. für a dato
a. d. Abk. für an der
a. D. Abk. für außer Dienst

a. D., A. D. Abk. für anno Domini, Anno Domini
ad ab/sur/dum [lat.] die Widersinnigkeit einer Äußerung aufdecken, lächerlich machen
ADAC Abk. für Allgemeiner Deutscher Automobil-Club
ad acta [lat.] Abk. a.a., zu den Akten, abgeschlossen
ada/gio [italien.] in der Musik: langsam, bedächtlich
Ada/gio *n.*, -s, -s, langsamer Satz einer Sonate, Sinfonie
Adak/tylie [griech.] *f.*, -, -n, Fingerlosigkeit, das Fehlen der Finger als angeborene Missbildung
Adam und Eva nach der Bibel (1. Mos. 1-4) das erste Menschenpaar
Ada/mit *m.*, -en, -en, Vertreter einer Sekte, der zum Zeichen paradiesischer Unschuld die gottesdienstlichen Versammlungen in der Sekte nackt abhält
Adams/ap/fel *m.*, -s, -äpfel, hervortretender Teil des Schildknorpels am Kehlkopf
Adams/kos/tüm *n.*, -[e]s, -e, unbekleidet
Ad/ap/ta/bi/li/tät [lat.] *f.*, -, *nur Sg.*, Anpassungsfähigkeit
Ad/ap/ta/ti/on, Ad/ap/tion [lat.] *f.*, -, *nur Sg.*, Anpassung, besonders der Lichtempfindlichkeit des Auges an die jeweiligen Lichtverhältnisse
Ad/ap/ter *m.*, -s, -
ad/ap/tie/ren *tr.*, aufeinander abstimmen
ad/ap/tiv
Ad/ä/quanz [lat.] *f.*, -, *nur Sg.*

ad/ä/quat passend
a da/to [lat.] Abk. a. d.
ADB Abk. für Allgemeine Deutsche Biographie
Ad/dent [lat.] *m.*, -en, -en
Ad/den/dum *n.*, -s, -da, Nachtrag, Beilage
ad/die/ren dazurechnen
Ad/dier/ma/schi/ne *f.*, -, -n, Rechenmaschine zum Addieren und Subtrahieren
ad/dio [italien.] auf Wiedersehen
Ad/dis A/be/ba Hauptstadt von Äthiopien
Ad/di/son/sche Krankheit *f.*, -, *nur Sg.* mit Bronzefärbung der Haut einhergehende Erkrankung der Nebennieren, benannt nach dem engl. Arzt Thomas Addison (1793-1860)
Ad/di/ti/on [lat.] *f.*, -, -en, im elementaren Rechnen das Zusammenzählen von Summanden, Ergebnis ist die Summe
ad/di/ti/o/nal noch dazu
ad/di/tiv dazu rechnend
Ad/di/tiv *n.*, -[e]s, -e
ad/di/zie/ren *tr.*, zuordnen
Ad/duk/ti/on [lat.] *f.*, -, -en, Hinziehen zur Körperachse
Ad/duk/tor *m.*, -s, -en, Muskel, der ein Glied zur Körperachse hinzieht
ade [lat.] Gott befohlen, Lebewohl, Gruß, besonders verbreitet bei Schwaben
Ade *n.*, -s, -s
Ade/bar *m.*, -[e]s, -e, in Mittel- und Niederdeutschland der Storch, auch in Fabeln
Adel *m.*, -s, *nur Sg.*, Stand in einer ständischen Gesellschaftsordnung
ade/lig, ad/lig, Ad/li/ge(r) *f., m.*, -n, -n

adeln *tr.*
Adels/brief *m.*, -[e]s, -e
Adels/stolz *m.*, -es, *nur Sg.*
Adels/ti/tel *m.*, -s, -
Aden Hafenstadt der demokratischen Volksrepublik Jemen
Ade/nau/er, Konrad deutscher Staatsmann (1876-1967)
Ade/ni/tis [griech.] *f.*, -, -ti/den, krankhafte Entzündung der Drüsen
ade/no/id drüsenförmig
Ade/nom *n.*, -[e]s, -e
Ade/no/ma *n.*, -s, -mata, Drüsengeschwulst
ade/no/ma/tös
Ade/no/to/mie *f.*, -, -n, Entfernung der Wucherung
Ad/ept [lat.] *m.*, -en, -en Mitwissender
Ader *f.*, -, -n, Blutgefäß
Äder/chen *n.*, -s, -
ader/ig, adrig
äde/rig, ädrig
Ader/laß > **Ader/lass** *m.*, -es, -lässe, Ausfließenlassen von Blut aus der gestauchten Blutader der Ellenbogenbeuge zur Kreislaufentlastung
ädern *tr.*
Äde/rung *f.*, -, -en
Ades/po/ta [griech.] *nur Pl.*, Arbeiten heute nicht mehr bekannter Autoren
à deux mains [französ.] beidhändig
Ad/go *f.*, -, *nur Sg.*, Abk. für Allgemeine Deutsche Gebührenordnung der Ärzte
ad/hä/rent [lat.] aneinanderhaften
Ad/hä/renz *f.*, -, -en
ad/hä/rie/ren *intr.*
Ad/hä/si/on *f.*, -, -en, das Haften von festen und flüssigen Stoffen aneinander,

auf Molekularkräften beruhend
ad/hä/siv haftend
ad hoc [lat.] eigens aus diesem Anlass
ad ho/mi/nem [lat] Beweisgründe dem Menschen anpassen
Ad/hor/ta/tiv [lat.] *m.*, -[e]s, -e, Aufforderung, Befehlsform
adi/a/ba/tisch [griech.] Wärme wird weder zu noch abgeleitet
Adi/a/pho/ra [griech.] *nur Pl.*, Handlungen, die weder geboten noch verboten sind
adieu [französ.] ade, verabschieden
Adieu *n.*, -s, -s, Verabschiedungsbegriff
Ädi/ku/la [lat.] *f.*, -, -lae, 1. kleiner Tempel, 2. Nische für Standbilder
Ädil [lat.] *m.*, -[e]s, -en, Beamte einer römischen Behörde
ad in/fi/ni/tum, in in/fi/ni/tum [lat.] unaufhörlich
adi/pös [lat.] zu viel Fett
Adi/po/si/tas *f.*, -, *nur Sg.*, Fettsucht
Ad/jek/tiv [lat.] *n.*, -[e]s, -e, Eigenschaftswort
ad/jek/ti/visch
Ad/junkt [lat.] *m.*, -en, -en, Amtsgehilfe, stellvertretender Beamter
ad/jus/tie/ren [lat.] *tr.* einstellen, eichen
Ad/ju/tant [lat.] *m.*, -en, -en, die Kommandeure militärischer Verbände unterstützender Offizier
Ad/ju/tan/tur *f.*, -, -en, Arbeitsstelle des Adjutanten
Ad/ju/tor [öst.] *m.*, -s, -en, Unterstützung leistender
ad l. Abk. für ad librum
Ad/la/tus [lat.] *m.*, -, - oder auch: -ten, Amtsgehilfe
Ad/ler *m.*, -s, -, Unterfamilie der Tagraubvögel
ad lib. Abk. für ad libitum
ad li/bi/tum [lat.] je nach Laune
ad/lig, a/de/lig
Ad/li/ge(r), Ade/li/ge(r), *f.*, oder auch: *m.*, -n, -n
ad mai/o/rem dei glo/ri/am [lat.] zur größeren Ehre Gottes
Ad/mi/nis/tra/ti/on [lat.] *f.*, -, -en, Verwaltung, in England und den USA auch Regierung
ad/mi/nis/tra/tiv dazu gehörend
Ad/mi/nis/tra/tor *m.*, -s, -en
ad/mi/nis/trie/ren *tr.* die Verwaltung übernehmen
Ad/mi/ral [arab.] *m.*, -s, -e, 1. höchste Rangklasse der Seeoffiziere, 2. Tagfalter der Sippe Eckflügler
Ad/mi/ra/li/tät *f.*, -, -en, höchste Verwaltungs- und Befehlsstelle einer Kriegsmarine
Ad/mi/rals/schiff *n.*, -[e]s, -e
Ad/mi/ral/stab *m.*, -[e]s, -stäbe, Führungsstab der Kriegsmarine
Ad/mis/si/on [lat.] *f.*, -en, -en, Erlaubnis
Ad/mo/ni/ti/on [lat.] *f.*, -, -en, Aufforderung zur Buße
ADN Abk. für Allgemeiner Deutscher Nachrichtendienst
Ad/nex [lat.] *m.*, -es, -e, Ovar und Oviduct der Frau
Ad/ne/xi/tis *f.*, -, -ti/den, Entzündung des Adnexes
ad/no/mi/nal [lat.] zum Nomen
ad no/tam [lat.] zur Bemerkung
ad o/cu/los [lat.] vor Augen halten, herzeigen
ado/les/zent [lat.] älter werden (im Sinne von kein Kind mehr sein), zur Jugend gehören
Ado/les/zenz *f.*, -, *nur Sg.*, späterer Abschnitt des Jugendalters, etwa vom 17. bis 20. Lebensjahr
Ado/nai Gebetsanrede an Gott, Gottesname bei den Juden für Jahve
Ado/nis 1. orientalischer Naturgott, 2. in der griech. Sage: von einem Eber getöteter Geliebter der Aphrodite, 3. Adonisfalter, Bläuling
Ado/nis/rös/chen *n.*, -s, -, krautige Gattung der Hahnenfußgewächse
Ado/ni/us *m.*, -, -, Versart der antiken Lyrik
ad/op/tier/ren *tr.*
Ad/op/ti/on [lat.] *f.*, -, -en, Annahme an Kindes statt
Ad/op/tiv/el/tern *nur Pl.*, Eltern, die ein zur Adoption freies Kind annehmen
Ad/op/tiv/kind *n.*, -[e]s, -kinder
ad/o/ral [lat.] mundwärts
Ad/o/rant [lat.] *m.*, -en, -en, Verehrer, Anbeter
Ad/o/ra/ti/on *f.*, -, -en, im kathol. Kult die Anbetung und Verehrung Gottes
ad/o/rie/ren *tr.*
ad pu/bli/can/dum oder auch: **ad pub/li/can/dum** [lat.] zur Bekanntmachung
Adr. Abk. für Adresse
ad re/fe/ren/dum [lat.] zum Vortrag
ad rem [lat.] zur Sache

Ad/re/ma *f.*, -, -s, (Warenz.), Abk. für Adressiermaschine

Ad/re/na/lin [lat.] *n.*, -[e]s, *nur Sg.*, im Mark der Nebennieren entstehendes, an das Blut abgegebenes Hormon

Ad/re/nos/te/ron *n.*, -[e]s, *nur Sg.*, Hormon, das in der Nebennierenrinde entsteht

Ad/res/sant [lat.] *m.*, -en, -en, jmd., der Post verschickt

A/dres/sat oder auch:

Ad/res/sat *m.*, -en, -en, jmd., der Post erhält

Adreß/buch >

Adress/buch *n.*, -[e]s, -bücher, oder auch:

Ad/ress/buch, Anschriftenverzeichnis

Ad/res/se *f.*, -, -n

ad/res/sieren *tr.*

adrett [lat.-französ.] schön, gepflegt

Adria *f.*, -, *nur Sg.* 1. Adriatisches Meer, 2. Stadt in Oberitalien

ad/rig, ade/rig

äd/rig, äde/rig von Adern durchzogen

Ad/sor/bat [lat.] *n.*, -[e]s, -e, Adsorptiv

Ad/sor/bens *n.*, -, ben/zi/en oder auch: -ben/tia

Ad/sor/ber *m.*, -s, -, aufsaugendes Mittel

ad/sor/bie/ren *tr.*

Ad/sorp/ti/on *f.*, -, -en, Aufnahme von Gasen, Dämpfen oder gelösten Stoffen an der Oberfläche fester Körper durch Molekularkräfte

Ad/sorp/tiv *n.*, -[e]s, -e,

Ad/sor/bat *n.*, -[e]s, -e, aufsaugendes Mittel

Ad/strin/gens [lat.] *n.*, -, -gen/zi/en oder auch: -gen/-tia, zusammenziehendes Mittel

Ad/strin/genz *f.*, -, -en

ad/strin/gie/ren *tr.*

Adu/lar *m.*, -[e]s, -e, , Mineral mit bläulichem Lichtschein

adult [lat.] erwachsen

A-Dur *n.*, -, *nur Sg.*, Tonart

A-Dur-Ton/lei/ter *f.*, -, -n

ad us. prop. Abk. für ad usum proprium

ad usum [lat.] zum Gebrauch

ad usum Del/phi/ni [lat.] übertr. für: zum Gebrauch für den Schüler zensiert, anstößige Stellen entnommen

ad usum pro/pri/um oder auch: **ad usum prop/ri/um** zur Eigeneinnahme nach ärztlicher Verordnung

ad va/lo/rem [lat.] dem Werte nach

Ad/van/ta/ge [engl.] *m.*, -s, -s, 1. Vorteil, 2. im Tennis: erster Punktgewinn nach Einstand

Ad/vent [lat.] *m.*, -[e]s, -e, Vorbereitungszeit auf die Geburt Christi, vier Wochen vor Weihnachten

Ad/ven/tist *m.*, -en, -en, Vertreter einer christlichen Religionsgemeinschaft, die an die nahende Wiederkunft Christi glauben

ad/ven/tiv in fremdes Gebiet eingeschleppt

Ad/ven/tiv/knos/pe *f.*, -, -n, Knospe an anderer Stelle

Ad/ven/tiv/kra/ter *m.*, -s, -, neben dem Hauptkrater

Ad/vents/sonn/tag *m.*, -[e]s, -e, die vier letzten Sonntage vor Weihnachten

Ad/vents/zeit *f.*, -, -en, Zeit der vier letzten Sonntage vor Weihnachten

Ad/verb [lat.] *n.*, -s, -bi/en, Umstandswort, z.B. bald

ad/ver/bi/al einem Adverb vergleichbar

Ad/ver/bi/al/be/stimmung *f.*, -, -en

Ad/ver/bi/a/le *n.*, -s, -biali/en, genauere Beschreibung des Verbs

Ad/ver/bi/al/satz *m.*, -es, -sätze, Nebensatz mit Adverbiale

ad/ver/bi/ell, adverbial

Ad/ver/sa/ri/a, Ad/versari/en [lat.] *nur Pl.*, Konzeptbuch, Sammlung von Notizen

ad/ver/sa/tiv dagegen, entgegensetzend

Ad/ver/ti/sing [engl.] *n.*, -s, -s, Annonce, Anzeige

Ad/vo/ca/tus Dei [lat.] *m.*, -, -ti Dei, bei Selig- oder Heiligsprechung der Vertreter des Antrags

Ad/vo/ca/tus Di/a/bo/li [lat.] *m.*, - -, -ti -, Gegner der Selig- oder Heiligsprechung

Ad/vo/kat *m.*, -en, -en, in Deutschland bis 1879 der Rechtsanwalt

Ady/na/mie [griech.] *f.*, -, -n

ady/na/misch schwung- und einsatzlos, ausgelaugt

Ady/ton [griech.] *n.*, -s, -ta, Abaton

AE Abk. für Antitoxin-Einheit

AEG (Warenz.) Abk. für Allgemeine Elektricitäts-Gesellschaft

Ae/ri/al [griech.] *n.*, -[e]s, *nur Sg.*, Lebensraum der Landtiere in der Luft

ae/ril, ae/risch

äo/lisch in der Geologie:

durch die Kraft des Windes gebildet
ae/rob in der Biologie: Sauerstoff lebensnotwendig, Gegens.: anaerob
Ae/ro/bi/er *m., -s,*
Ae/ro/bi/ont *m., -en, -en,* Lebewesen, das freien Sauerstoff atmet und nur damit lebensfähig ist
Ae/ro/bus [lat.] *m., -es, -se,* Zubringer in der Luftfahrt
Ae/ro/dy/na/mik *f., -, nur Sg.,* Lehre von den Bewegungsgesetzen der Körper in gasförmigem Zustand
Ae/ro/dy/na/mi/ker *m., -s, -*
ae/ro/dy/na/misch
Ae/ro/fo/to/gra/fie *f., -, -n,* Aufnahme aus der Luft
Ae/ro/gramm *n., -[e]s, -e,* Luftpostbrief, bei dem der beschriebene Bogen zum Umschlag gefaltet wird
Ae/ro/kar/to/graph *m., -en, -en,* Apparat, der Aufnahmen aus der Luft qualitativ verbessert
Ae/ro/lo/gie *f., -, nur Sg.,* Erforschung der Atmosphäre nach Temperatur, Feuchtigkeit, Luftdruck und Wind
ae/ro/lo/gisch
Ae/ro/me/cha/nik *f., -, nur Sg.,* Teilgebiet der Mechanik, bestehend aus Aerostatik und Aerodynamik
Ae/ro/no/mie *f., -, nur Sg.,* Wissenschaft von der gesamten freien Atmosphäre
Ae/ro/pho/bie *f., -, -n,* Angst vor der Luft
Ae/ro/phon *n., -[e]s, -e,* Musikinstrumente, bei denen die Luft unmittelbar in Schwingung versetzt wird und zur Tonerzeugung führt, meist Blasinstrumente

Ae/ro/sol *n., -[e]s, -e,* 1. Arzneimittel zum Einatmen, 2. Luft, in der kleinste feste oder flüssige Stoffe schweben, Kolloide, z.B. Rauch oder Nebel
Ae/ro/sta/tik *f., -, nur Sg.,* Lehre von den Gleichgewichtsverhältnissen ruhender gasförmiger Körper
ae/ro/sta/tisch
Ae/ro/ta/xe *f., -, -n,* Flugzeug zum Mieten
Ae/ro/tro/pis/mus *m., -, nur Sg.,* in der Botanik: Wachstum der Pflanzen in Richtung höherer Sauerstoff- oder Kohlendioxidkonzentration
a. f. Abk. für anni futuri
afe/bril oder auch: **afeb/ril** [lat.] fieberfrei
Af/fä/re [französ.] *f., -, -n,* 1. Ereignis, Sache, flüchtiges Abenteuer, 2. Liebesaffäre
Äf/fchen *n., -s, -*
Af/fe *m., -n, -n*
Af/fekt [lat.] *m., -[e]s, -e,* heftige Gefühlsbewegung, Erregung
Af/fek/ta/ti/on *f., -en, -en,* Gekünstelei
af/fek/tiert gekünstelt, eingebildet
Af/fek/tiert/heit *f., -, nur Sg.*
Af/fek/ti/on *f., -, -en,* krankheitsbedingtes Ereignis
af/fek/tiv emotionsbetont
Af/fek/ti/vi/tät *f., -, nur Sg.,* Emotionalität
äf/fen *tr.,* albern nachmchen
Af/fen/brot/baum *m., -[e]s, -bäume,* Adansonie, in Afrika beheimatet
Af/fen/lie/be *f., -, nur Sg.,* übermäßige Liebe
Af/fen/pin/scher *m., -s, -,*

kleiner Schnauzerhund mit affenähnlichem Gesicht
Af/fen/schan/de *f., -, nur Sg.,* ugs. für große Schande
Äf/fe/rei *f., -, -en*
af/fe/tu/o/so [italien.] in der Musik: innerlich bewegt, ausdrucksstark
Af/fi/che [französ.] *f., -, -n,* Anschlag, Aushang
af/fi/chie/ren *tr.,* durch Plakatieren veröffentlichen
Af/fi/da/vit [lat.] *n., -s, -s,* 1. eidesstattliche Versicherung z.B. über den Besitz inländischer Wertpapiere durch Ausländer, 2. Bürgschaftserklärung eines Staatsbürgers für einen Einwanderer
af/fig
Af/fig/keit *f., -, nur Sg.,*
Af/fi/li/a/ti/on [lat.] *f., -, -en,* Eingliederung in eine Gruppe
af/fi/li/ie/ren *tr.,* eingliedern
af/fin [lat.]
Af/fi/ni/tät *f., -, nur Sg.* 1. Verwandtschaft durch Heirat, 2. Kraft, die zwischen chem. Stoffen wirkt, 3. Zuordnung geometrischer Figuren zueinander
Af/fir/ma/tion [lat.] *f.,* Bestätigung
af/fir/ma/tiv bestätigend
Af/fir/ma/ti/ve *f., -, -n,* bestätigende Äußerung
af/fir/mie/ren *tr.,* bestätigen
äf/fisch albern
Af/fix [lat.] *n.,* Anfügesilbe
af/fi/zie/ren *tr.,* beeindrucken, einen Zustand auslösen
Af/fo/dill [griech.] *m., -[e]s, -e,* Pflanzengattung Asphodelos
Af/fri/ka/ta [lat.] *f., -, -tä,*
Af/fri/ka/te *f.,* Laut einer

Af/front [französ.] *m.*, -, -s, Schmähung

Af/gha/ne *m.*, -en, -en, Angehöriger des afghanischen Volkes

Af/gha/ni *m.*, Währungseinheit in Afghanistan

af/gha/nisch

Af/gha/nis/tan Staat in Vorderasien

AFL Abk. für American Federation of Labor

AFN Abk. für American Forces Network

à fonds per/du [französ.] mit Verzicht auf Gegenleistung, verlorenes Geld

AFP Abk. für Agence France Presse

Afri/ka oder auch:

Af/ri/ka drittgrößter Erdteil

Afri/kaa/ner *m.*, in Südafrika geborener Weißer

Afri/kaans *n.*, -, *nur Sg.*, Kapholländisch

Afri/ka/ner *m.*, -, -

afri/ka/nisch

Afri/ka/nist *m.*, -en, -en

Afrik/an/thro/pus [griech.] *m.*, -, *nur Sg.*, in der Eiszeit lebender Urmensch, Fundort Afrika

afro/ame/ri/ka/nisch

afro/asia/tisch

Af/ter *m.*, -s, -, Ausmündung des Mastdarms

Af/ter/le/hen *n.*, durch einen Lehensträger weiterverliehenes Lehen

Af/tershave-Lo/tion *(Nf.)*,
Af/ter/shave/lotion *(Hf.)* [engl.] *f.*, Deodorant

Ag in der Chemie: Zeichen für Silber

a.G. Abk. für 1. als Gast (einer Bühne), 2. auf Gegenseitigkeit (Versicherung)

AG, A.G., A.-G. Abk. für Aktiengesellschaft

Ägä/is *f.*, -, **Ägä/i/sches Meer** *n.*, -[e]s, *nur Sg.*, nördliches Seitenbecken des Mittelmeeres

Aga Khan *m.*, -s, -e, erbliches Oberhaupt der mohammedanischen Sekte der Islamiten

agam [griech.] ohne Befruchtung vermehren, fortpflanzen

Aga/mem/non in griech. Sage Sohn des Atreus

Aga/mie *f.*, -, *nur Sg.*, Ehelosigkeit

aga/misch nicht verheiratet, ungeschlechtlich

Aga/mo/go/nie *f.*, -, *nur Sg.*, Fortpflanzung ohne Befruchtung

Aga/pe von Wohlhabenden veranstaltete gemeinsame Mahlzeit mit Armen aus Nächstenliebe

Agar-Agar *m.*, -s, oder auch: *n.*, -s, *nur Sg.*, aus Rot- oder Braunalgen gewonnener Stoff

Aga/ve [lat.] *f.*, -, -en, Gattung der Amaryllisgewächse im warmen Amerika

Agens [lat.] *n.*, -,

Agen/zi/en Triebkraft, Ursache

Agent *m.*, -en, -en 1. Vertreter, der für einen anderen tätig ist, diplomatisch, politisch, 2. Handlungsagent, Handelsvertreter, 3. Spion

Agen/tin *f.*, -, nen

Agen/tur *f.*, -, en, Geschäftsbetrieb eines Agenten

Ag/glo/me/rat [lat.] *n.*, Anhäufung loser Gesteinstrümmer

Ag/glo/me/ra/ti/on *f.*, Zusammendrängung der Bevölkerung in Großstädten und Industriebezirken

ag/glo/me/rie/ren *tr.* und *intr.*

Ag/glu/ti/na/ti/on [lat.] *f.*, 1. Anhäufung von a) roten Blutkörperchen, b) Krankheitserregern, 2. Zusammenfügen, Anhängen z.B. eines Suffixes

ag/glu/ti/nie/ren *intr.*

Ag/glu/ti/no/gen *n.*, Mittel, das die Bildung von Agglutininen hervorruft

Ag/gra/va/ti/o [lat.] *f.*, -, *nur Sg.*, Verkomplizieren

ag/gra/vie/ren

Ag/gre/gat [lat.] *n.*, -[e]s, -e, 1. Verwachsung vieler Kristalle, 2. Maschinensatz aus mehreren Maschinen, 3. mehrgliedrige Größe

Ag/gre/gat/zu/stand *m.*, -es, -zustände, Vorliegen eines Stoffes in fester, flüssiger oder gasförmiger Form

Ag/gres/si/on [lat.] *f.*, -, -en, Bedürfnis anzugreifen

ag/gres/siv aufgeregt, aus Frustration kampflustig

Ag/gres/si/vi/t/ät *f.*, -, -en

Ag/gres/sor *m.*, -s, en, Angreifer

Agha *m.*, s. Aga

Ägi/de [griech.] *f.*, -, *nur Sg.*, Leitung, Obhut, schützende Beobachtung

agie/ren [lat.] *intr.* wirken, eine Rolle spielen

agil [lat.] beweglich, gewandt

Agi/li/tät *f.*, -, *nur Sg.*

Ägi/na griechische Insel am Saronischen Meerbusen

Ägi/ne/ten *nur Pl.*,

Agio [italien.] *n., -s, nur Sg.,* 1. über den Nennwert hinausgehender Kurswert einer Geldsorte oder eines Wertpapiers, 2. Betrag, um den die Aktien über den Nennwert ausgegeben werden

Agio/ta/ge *f.,* Ausnutzung von Kurs- und Preisschwankungen bei Börsengeschäften

Agio/teur *m., -s, -e*

agio/tie/ren *intr.*

Ägir in der nord. Mythologie der Gott des Meeres

Ägis *f., -, nur Sg.,* Name mehrerer Könige von Sparta

Agi/ta/ti/on [lat.] *f., -, -en,* Werbung, Aufreizung, zielbewusste Beeinflussung

agi/ta/to in der Musik: erregt

Agi/ta/tor *m., -s, -en,* Redner, der Propaganda verbreitet

agi/ta/to/risch

agi/tie/ren *intr.*

Aglo/bu/lie [lat.] *f., -, nur Sg.,* Verminderung der Häufigkeit der roten Blutzellen

Ag/nat [lat.] *m.,* der väterlichen Gewalt durch Geburt oder Adoption Unterworfene

Ag/na/ti/on *f., -, en* Blutsverwandtschaft aus väterlicher Linie

ag/na/tisch

Ag/no/men [lat.] *n., -s, -mi/na* zusätzlicher Name

Agno/sie oder auch:

Ag/no/sie [griech.] *f., -, -n,* Unfähigkeit, Gesehenes, Gehörtes, Getastetes zu erkennen

Agnos/tiker oder auch:

Ag/nos/ti/ker *m., -s, -,* Anhänger des Agnostizismus

Ag/nos/ti/zis/mus *m., -, nur Sg.,* Lehre vom absoluten Sein oder Gott nichts wissen zu können, Existenz eines Gottes wird nicht anerkannt

ag/nos/zie/ren als richtig anerkennen

Ag/nus Dei [lat.] 1. Bezeichnung Jesu nach Joh. 1,29, 2. bei Katholiken Gesang vor der Kommunion, 3. symbolische Darstellung Christi als Lamm, Sinnbild Christi

Ago/gik [griech.] *f., -, nur Sg.,* Feinabstufung des musikalischen Zeitmaßes

ago/gisch

Agon [griech.] *m., -[e]s, -e,* 1. altgriechischer Wettkampf, 2. Ballet von Strawinsky (1957),

Ago/nie *f., -, -n,* Kampf mit und gegen den Tod

Ago/nist *m., -s, en,* Wettkämpfer im alten Griechenland

Ago/ra [griech.] *f., -, nur Sg.,* altgriech. Volksversammlung

Ago/ra/pho/bie *f., -, nur Sg.,* Platzangst, Angst vor Weite, Angst vor Kontakt mit der Öffentlichkeit

Ag/raf/fe [französ.] *f.,* verzierte Spange, mit der ein Kleidungsstück zusammengehalten wird, Schmucknadel zum Anstecken, Schmuckstein im Scheitel eines Bogens

Ag/ram kroatische Hauptstadt Zagreb

Agra/nu/lo/zy/to/se [lat. und griech.] *f.,* mangelnde Bildung der körnchenhaltigen weißen Blutkörperchen (Granulocyten)

Agra/pha [griech.] *nur Pl.,* im N.T. nicht vorhandene, da nicht überlieferte Sprüche Jesu

Agra/phie [griech.] *f.,* krankheitsbedingte Schreibunfähigkeit

Agra/ri/er [lat.] *m., -s, -, -* 1. Grundbesitzer, Landwirt, Bauer, 2. in der Politik: Anhänger der landwirtschaftlichen Berufsvertretung

agra/risch die Landwirtschaft betreffend

Agrar/re/form *f., -, en*

Agree/ment [lat.-engl.] *n.,* Übereinkunft, Vereinbarung

agre/ie/ren [lat.-französ.] *tr.*

Agré/ment *n.,* 1. Einverständnis eines Staates zur Person eines diplomatischen Vertreters, 2. musikalische Verzierung

Agri/gent Hauptstadt einer italien. Provinz

Agri/kul/tur [lat.] *f., -, en,* Ackerbau, Landwirtschaft

Agro/nom [griech.] *m., -s, -en,* Landwirt mit wissenschaftlicher Ausbildung

Agro/no/mie *f., -, nur Sg.,* Wissenschaft von der Landwirtschaft

agro/no/misch

Agro/technik *f., -, nur Sg.,* technische Ausbildung in der Landwirtschaft

Agru/men, Agru/mi [lat.], *m.,* Früchte der Rautengewächsgattung Citrus

Agryp/nie [griech.] *f., -, nur Sg.* Schlafschwierigkeiten

Agu/ti [indian.] *m.,* Guti, südamerikanisches Nagetier, hasenähnlich, kurzohrig, Goldhase

Ägyp/ten Republik in NO-Afrika

Ägyp/ter *m.*, -s, -
ägyp/tisch
Ägyp/to/lo/gie *f.*, -, *nur Sg.*, wissenschaftliche Erforschung des ägyptischen Altertums
ägyp/to/lo/gisch
Ah Abk. für Amperestunde
ah!, äh!
aha!, Aha-Erlebnis *n.*, 1. plötzliches einfallsartiges Erleben neuer Zusammenhänge
Ahas/ver, Ahas/ve/rus 1. im A.T. Name des Perserkönigs Xerxes, 2. in der Volkssage der Ewige Jude
ahas/ve/risch
Ah/le *f.*, -, -en, Pfriem, nadelartiges Werkzeug zum Vorstechen von Löchern
Ahn *m.*, **Ah/ne**, 1. Vorfahre, Stammutter, 2. Großvater, -mutter, -eltern
ahn/den *tr.*, bestrafen, rächen
Ahn/dung *f.*, -, -en
Ah/ne *m.*, -en, en, oder auch: *f.*, Ahn
äh/neln *intr.*, gleichen
ah/nen *tr.*
Ah/nen/for/schung *f.*, -, en
Ahn/frau *f.*, -, -en
Ahn/herr *m.*, -n oder auch: -en, -en
Ah/nin *f.*, -, -en, Ahne
ähn/lich
Ähn/li/ches entsprechend, übereinstimmend, vergleichbar
Ah/nung *f.*, -, en, Vorherwissen, Erwarten, Intuition
ah/nungs/los
ah/nungs/voll
ahoi! Ausruf in der Seefahrt
Ahorn *m.*, -[e]s, -e, baum- und strauchförmige Pflanzengattung, Ahorngewächse (Azerazeen)

Ähr/chen *n.*, **Äh/re** *f.*, Blütenstand, dessen Blüten der dünnen Achse eng ansitzen
Ai *n.*, -[s], -s, südamerikan. Faultierart
Aide [französ.] *m.*, Mitspieler
Aide-mé/moire [französ.] *n.*, -, -[s], Niederschrift im diplomatischen Verkehr
Aids, AIDS [engl.] Abk. für Acquired Immune Deficiency Syndrome, Erkrankung des Immunsystems, gegen die bisher keine Heilung bekannt ist
Ai/gret/te oder auch:
Aig/ret/te [französ.] *f.*, 1. Reiherfeder, 2. büschelförmiger Schmuck
Ai/gui/è/re [französ.] *f.*, kleine Kanne aus Metall
Ai/ki/do [japan.] *n.*, -[s], *nur Sg.*, aus Japan bekannte Art der Selbstverteidigung
Ai/ma/ra *m.*, -, -, indianisches Kulturvolk in Bolivien und Peru
Ai/nu *m.*, -, -, ostasiatisches Urvolk
Air [französ.] *n.*, 1. Melodie, Weise, Lied, 2. Äußeres, Auftreten
Air/bag [engl.] *n.*, -s, -s, im Innern des KFZ befindliche Behälter, die mit Luft gefüllt sind und sich bei einem Aufprall öffnen, um den Insassen zu schützen
Air/bus *m.*, -[e]s, -e, Großraumflugzeug
Air/con/di/tion *n.*, automatische Luftzirkulation
Aire/dale/ter/ri/er [engl.] *m.*, beliebte Hunderasse
Air France [französ.] *f.*, -, *nur Sg.*, Französische Luftverkehrsgesellschaft
Air/fresh [engl.] *n.*, Sprühmittel zur Luftverbesserung in Räumen
Air mail *f.*, -, *nur Sg.*, Beförderung der Post auf dem Luftweg
ais, Ais *n.*, -, -, in der Musik: Halbton über A
Aja/tol/lah *m.*, -s, -s Ayatollah
à jour 1. auf dem Laufenden, 2. durchsichtig
Ajour/ar/beit *f.*, -, en, Stickerei, Durchbrucharbeit orientalischer Herkunft
ajou/rie/ren *tr.*
AK Abk. für Alaska
Aka/de/mie [griech.] *f.*, -, -n, Anstalten, die ein bestimmtes fachliches Wissen vermitteln,
Aka/de/mi/ker *m.*, -s, -, jmd, der eine Akademie besucht (hat)
aka/de/misch 1. hochschulmäßig, 2. unpersönlich, 3. rein wissenschaftlich, ohne Anwendungsmöglichkeit
Aka/de/mis/mus *m.*, -, *nur Sg.*
Akan/thit [griech.] *m.*, -[e]s, -e, Mineral, Silberglanz
Akan/thus [griech.] *m.*, -, -, 1. Bärenklau, 2. Zierform von 1., besonders an korinthischen Kapitellen
Aka/ro/id/harz [griech.] *n.*, Harz eines Baumes in gelber und roter Farbe, das als Lack Verwendung findet
aka/ta/lek/tisch
Aka/tho/lik [griech.] *m.*, -en, -en, alle außerhalb der katholischen Kirche Stehenden, Getaufte und Ungetaufte
aka/tho/lisch

Aka/zie [griech.] *f.*, baum- und pflanzenförmige Gattung der Mimosengewächse

Ake/lei [lat.] *f.*, -, -en, Pflanze aus der Gattung der Hahnenfußgewächse

ake/phal azephal

Aki/ne/sie [griech.] *f.*, -, *nur Sg.*, Bewegungsarmut oder Bewegungslosigkeit von Gliedmaßen

Ak/kad alte Stadt am Euphrat

ak/ka/disch

Ak/kla/ma/ti/on [lat.] *f.*, -, -en, 1. Zustimmung, 2. Wahl durch Zuruf, ohne Zählen von Einzelstimmen

ak/kla/mie/ren *tr.*

Ak/kli/ma/ti/sa/ti/on [lat.] *f.*, -, -en, Gewöhnung eines Lebewesens an ein fremdes Klima, **ak/kli/ma/ti/sieren** *tr.*, meist *refl.*, (sich) gewöhnen, anpassen

Ak/kli/ma/ti/sie/rung *f.*, -, -en, Akklimatisation

Ak/ko/la/de [französ.] *f.*, 1. in Buchdruck und Notenschrift eine größere verbindende Klammer, 2. feierliche Umarmung bei der Aufnahme in den Ritterorden

ak/ko/mo/da/bel [französ.] anpassungsfähig

Ak/kom/mo/da/ti/on *f.*, -, -en, 1. Fähigkeit des Auges, sich auf nahe und ferne Gegenstände einzustellen, 2. Anpassung

ak/kom/mo/die/ren

Ak/kom/pa/gna/to *n.*, [s], -ti, Accompagnato

Ak/kom/pa/gne/ment *n.*, Accompagnement, Musik, Begleitung

ak/kom/pa/gnie/ren *tr.*, accompagnieren

Ak/kord [lat. und französ.] *m.*, -[e]s, -e, 1. in der Musik: sinnvolle Verbindung mehrerer Töne zu einem Zusammenklang, 2. vom Schuldner mit seinen Gläubigern abgeschlossener Vergleich, 3. Akkordlohn, nach Stückzahl oder Stückzeit

Ak/kor/de/on *n.*, -s, -e, verbesserte Form der Ziehharmonika

Ak/kor/de/o/nist *m.*, -en, -en, Musiker mit Akkordeon

ak/kor/die/ren vereinbaren, übereinstimmen mit jmdm.

ak/kre/di/tie/ren [lat.] *tr.*, 1. beglaubigen, 2. eine Bank beauftragen, Geld zu überweisen, 3. einen Diplomaten in seinem Amt bestätigen

Ak/kre/di/tiv *n.*, -s, -a, 1, Beglaubigungsschreiben, Dokument, das der Diplomat bei seinem Auftritt überreicht

Ak/kres/zenz [lat.] *f.*, Vermehrung (des Erbes)

ak/kres/zie/ren *intr.*

Ak/ku *m.*, -s, -s, Abk. für Akkumulator

Ak/kul/tu/ra/ti/on [neulat.] *f.*, -, -en, Wandel einer Kultur durch Kontakt mit einer anderen, meist fortschrittlicheren

Ak/ku/mu/la/ti/on [lat.] *f.*, -, -en

Ak/ku/mu/la/tor *m.*, -s, -en, 1. Speicher elektrischer Energie, z.B. wiederaufladbare Batterie, 2. Speicher von Druckwasser zum Antrieb von Arbeitsmaschinen

ak/ku/mu/lie/ren *tr.*, sammeln, anhäufen

ak/ku/rat [lat.] exakt

Ak/ku/ra/tes/se *f.*, -, *nur Sg.*, exaktes Vorgehen

Ak/ku/sa/tiv [lat.] *m.*, -[e]s, -e, Wenfall

Ak/me [griech.] *f.*, -, *nur Sg.*, höchster Punkt des Fiebers

Ak/ne [griech.] *f.*, -, -en, eine von den Talgdrüsen ausgehende Hautkrankheit, verursacht durch Bakterien

Ako/luth [griech.] *m.*, Inhaber der höchsten unter den niederen Weihen in der katholischen Kirche

Ako/nit [griech.] *m.*, -[e]s, -e, 1. Pflanzengattung Sturmhut, 2. Arzneimittel

Ako/ni/tin

Akon/to/zah/lung *f.*, -, -en, Ratenzahlung

Ako/rie [griech.] *f.*, Unersättlichkeit, Fehlen des Gefühls satt zu sein

ako/ty/le/don [griech.] ohne Keimblatt

Ako/ty/le/do/ne *f.*, Wuchsform ohne Keimblatt

ak/qui/rie/ren [lat.] *tr.*, erlangen

Ak/qui/si/teur *m.*, -[e]s, -e, Sammler von Aufträgen und Anzeigen vor allem für Zeitungen

Ak/qui/si/ti/on *f.*, -, -en

ak/qui/si/to/risch

Ak/ra/ni/er (griech.) *m.*, -s, *nur Pl*, marine Lebewesen mit chorda dorsalis

Ak/ri/bie [griech.] *f.*, -, *nur Sg.*, große Genauigkeit

akri/tisch ohne Kritik

Ak/ro/bat [griech.] *m.*, -s, -en, Artist, der in Zirkus oder Variete Turn- und Tanzdarbietungen zeigt

Akro/ba/tik *f.*, -, *nur Sg.*

akro/ba/tisch

Akrokephalie

Akro/ke/pha/lie *f.*, -, -n, Akrozephalie

Akro/le/in [lat.] *n.*, -[e]s, *nur Sg.*, farblose, stechend riechende Flüssigkeit

Ak/ro/lith [griech.] *m.*, Statuen, deren bekleidete Teile aus Holz und unbekleidete aus Stein (Marmor) sind

Ak/ro/me/ga/lie [griech.] *f.*, gesteigertes Wachstum verschiedener Teile des Körpers

Ak/ro/nym [griech.] *n.*, Begriff, der aus dem jeweils ersten Buchstaben mehrerer Wörter gebildet wird

Ak/ro/po/lis [griech.] *f.*, -, -po/len, hochgelegene Burg der altgriechischen Städte

Ak/ros/ti/chon [griech.] *n.*, -s, -chen oder auch: -cha, Gedicht, bei dem die Anfangsbuchstaben der Verse ein Wort ergeben

akro/ze/phal [griech.]

Akro/ze/pha/lie *f.*, -, *nur Sg.*, Gestalt des Kopfes, die nach oben hin spitz zuläuft

Akryl/säu/re *f.*, -, *nur Sg.*, Acrylsäure

Akt [lat.] *m.*, -[e]s, -e, 1. auf der Bühne: Aufzug, 2. einzelner, gerichteter Erlebnisvollzug, 3. Potenz, 4. Darstellung des nackten menschl. Körpers

Ak/te *f.*, -, -n, über eine Angelegenheit gesammelte Schriftstücke

Ak/tei *f.*, Anhäufung von Akten

ak/ten/kun/dig in den Akten niedergeschrieben

Ak/teur [lat. und französ.] Handelnder, Schauspieler, Darsteller

Akt/fo/to *n.*, -s, -s, fotografische Abbildung eines unbekleideten Menschen

Ak/tie [lat.] *f.*, -, en, Teilbetrag eines Grundkapitals einer Aktiengesellschaft und die Urkunde darüber

Ak/ti/en/ge/sell/schaft *f.*, -, en, Abk.: AG, A.G., A.-G., Handelsgesellschaft, deren Gesellschafter mit Einlagen an dem in Aktien zerlegten Grundkapital beteiligt sind, ohne persönlich zu haften

Ak/ti/nie [griech.] *f.*, Seerose, Seeanemone zu den sechsstrahligen Korallentieren gehörend

ak/ti/nisch, Ak/ti/ni/um *n.*, -s, *nur Sg.*, Element der Chemie mit dem chemischen Zeichen Ac

Ak/ti/no/graph *m.*, -s, -en

Ak/ti/no/me/ter *n.*, -s, -, Apparatur zur Feststellung und Aufzeichnung der chemischen Wirksamkeit

Ak/ti/no/me/trie oder auch: **Ak/ti/no/met/rie** *f.*, -, *nur Sg.*, Messung der Sonnenstrahlen bei versch. Stand der Sonne

Ak/ti/no/my/ko/se *f.*, [griech.] Strahlenpilzkrankheit

Ak/ti/no/my/zet *f.*, Strahlenpilz

Ak/ti/on [lat.] *f.*, -, -en, Unternehmung, Vorgehen

Ak/ti/o/när *m.*, -[e]s, -e, jmd. der Aktien besitzt

Ak/ti/ons/ra/di/us *m.*, -, -di/en, Strecke, die ein Fahrzeug ohne Ergänzung des Betriebsstoffes zurücklegen kann

ak/tiv [lat.] 1. tätig, lebendig, zielstrebig, 2. chemisch stark ansprechend, reaktionsfähig

Ak/tiv [lat.] die Tatform bei Tätigkeitswörtern

Ak/ti/va *nur Pl.*, Vermögensteile eines Unternehmens

Ak/ti/va/tor *m.*, -s, -en, Zusatzstoff zur Unterstützung des Vulkanisationsbeschleunigers bei Gummiherstellung

Ak/tiv/bür/ger *m.*, -s, -

ak/ti/vie/ren 1. ermuntern, 2. der Buchhaltung zuführen

Ak/ti/vie/rung *f.*, -, -en

ak/ti/visch, aktiv

Ak/ti/vist *m.*, -s, -en, jmd., der sich einer politischen Richtung vorbehaltlos zur Verfügung stellt

ak/ti/vis/tisch

Ak/ti/vi/tät *f.*, Tätigkeit, Tatendrang, Betriebsamkeit

Ak/tiv/koh/le *f.*, -, -en, mit vielen Poren durchsetzte lockere Kohle

Ak/tiv/pos/ten *m.*, -s, Aktiva

Ak/tu/al/ge/ne/se [griech. und lat.] *f.*, durch ein aktuelles Ereignis entstehend

ak/tu/a/li/sie/ren [lat.], *tr.*, auf den neuesten Stand bringen

Ak/tu/a/lis/mus *m.*, -, *nur Sg.*

ak/tu/a/lis/tisch

Ak/tu/a/li/tät *f.*, -, -en, neuester Stand und Erkenntnisse

ak/tu/ell [lat.] momentan wichtig, jetzt beachtenswert, augenblicksbetont

Akt/zeich/nung *f.*, -, -en, gezeichnete Abbildung eines unbekleideten Menschen

Aku/punk/tur [lat.] *f.*, -, -en Einstechen von langen Nadeln in den Körper, um Krankheiten zu erkennen und zu behandeln, alte chinesische Lehre

Akus/tik [griech.] *f.,* -, -en, 1. Lehre vom Schall, 2. Schallverhältnisse

akus/tisch

akut Dat.] 1. dringlich, 2. in der Medizin: plötzlich auftretende Erkrankung, die schnell voranschreitet

Akut *m.,* -[e]s, -e, Betonungszeichen

Ak/ze/le/ra/ti/on [lat.] *f.,* im Vgl. zu vorherigen Generationen früherer Eintritt der körperlichen Reife, allg. Beschleunigung

Ak/ze/le/ra/tor *m.*

ak/ze/le/rie/ren *tr.*

Ak/zent [lat.] *m.,* -[e]s, -e, 1. Hervorhebung einer Silbe im Wort, eines Wortes im Satz, 2. Tonzeichen, von griechischen Sprachgelehrten erfunden für Hebung und Senkung,

ak/zen/tuie/ren *tr.* mit Tonzeichen versehen, betont aussprechen

Ak/zen/tu/ie/rung *f.,* -, -en, rhythmische Gliederung

Ak/zept *n.,* 1. auf dem Wechsel gegebene Zusage, die Wechselsumme zu zahlen, 2. der angenommene Wechsel selbst

ak/zep/ta/bel annehmbar

Ak/zep/tant *m.,*

Ak/zeptanz *f.,* -en, *nur Sg.,* Bereitschaft etwas anzunehmen

Ak/zep/ta/ti/on *f.,* Einverständnis

ak/zep/tie/ren *tr.* einverstanden sein

Ak/zep/tor *m.,* in der Chemie: Materie, die andere Materien aufnimmt

Ak/zeß > Ak/zess [lat.] *m.,* -[e]s, -e, 1. Zugang, 2. Zulassung

Ak/zes/si/on *f.,* -, -en

ak/zes/so/risch nur in Verbindung geltend

Ak/zes/so/ri/um *n.,* -s, -ri/en, Nebenanspruch

Ak/zi/dens [lat.] *n.,* -, -den/zi/en oder auch: -den/tia Unwichtiges

Ak/zi/den/ta/li/en *nur Pl.,* unwesentlicher Bestandteil eines Rechtsgeschäftes

ak/zi/den/tell, ak/zi/den/ti/ell unwichtig

Ak/zi/denz *f.,* -, -en, kurzes Schriftstück

ak/zi/pie/ren [lat.] *tr.* entgegennehmen

Ak/zi/se [lat.] *f.,* Verbrauchs- und Verkehrssteuer

Al in der Chemie: Zeichen für Aluminium

Al. Abk. für Alinea

AL Abk. für Alabama

à la [französ.] ähnlich wie, nach Art von

alaaf! Ausruf zur Faschingszeit (rheinisch)

à la baisse [französ.] Börsenausdruck

Ala/ba/ma Staat in den USA

Ala/bas/ter [griech.] *m.,* -[e]s, -e, feinkörnige, durchscheinende Art des Gipses

ala/bas/tern

à la bonne heure! [französ.] genau auf diese Art!

à la carte [französ.] ein Gericht der Speisekarte wählen

à la hausse [französ.] Börsenausdruck

Ala/lie [griech.] *f.,* Sprachfehler

à la mode [französ.] sich modern, nach der Mode kleiden

Ala/mode/li/te/ra/tur *f.,* -, *nur Sg.,* Literatur des 17. und 18. Jh., die ausländische Vorbilder imitiert, z.B. das Französische

Aland *m.,* -[e]s, -e, Weißfisch, Nerfling

Ala/nin *n.,* -[e]s, *nur Sg.,* eine der Aminosäuren

Alant [vulgärlat.] *m.,* -[e]s, -e, staudige bis strauchige Korbblütlergattung

Alarm [französ.] *m.,* -[e]s, -e, Aufruf zur Aufmerksamkeit und Beobachtung, Warnung

alar/mie/ren *tr.,* um Hilfe rufen, aufmerksam machen

Alas/ka Staat in den USA

alas/kisch

à la suite [französ.] gefolgt von

Alaun [lat.] *m.,* -[e]s, *nur Sg.,* Doppelsalz aus Kaliumsulfat und Aluminiumsulfat

Alb *f.,* -, -en, Alm, Hochweide

Al/ba [lat.] *f.,* -, -ben, in der kathol. Kirche: Gewand, das zur liturgischen Feier getragen wird

Al/ba/ner *m.,* -s, -, Bewohner Albaniens

al/ba/ne/sisch

Al/ba/ni/en

al/ba/nisch

Al/ba/tros [arabisch] *m.,* -[e]s, -se, gänsegroße Sturmvögel

Alb/druck *m.,*

Alb/drü/cken *n.,* -s, *nur Sg.,* Alpdruck

Al/be *f.,* Alba

Al/be/do [lat.] *f.,* -, *nur Sg.,* von einem nicht leuchtenden Körper zurückgeworfenes Licht im Verhältnis zum einfallenden Licht

Al/be/do/me/ter [lat. und griech.] *n.,* -s, -, Apparatur zur Feststellung der Albedo
al/bern lustig, kindisch sein
Al/bern/heit *f.,* -, -en
Al/bi/nis/mus [lat.] *m.,* -, *nur Sg.,* erbbedingtes Fehlen der Pigmente in Haut, Haaren, Augen,
Al/bi/no *m.,* -s, -s, unter Albinismus leidender Mensch oder Tier
al/bi/no/tisch
Al/bit [lat.] *m.,* -[e]s, -e, weißes Mineral
Alb/traum *m.,* -s, -träume, Alptraum
Al/bum [lat.] *n.,* -, -ben, Buch, in dem jmd. Erinnerungsstücke aufbewahrt
Al/bu/men [lat.] *n.,* -, *nur Sg.*
Al/bu/min *n.,* -[e]s, *meist Pl.,* wasserlösliche Eiweißstoffe
al/bu/mi/no/id
al/bu/mi/nös
Al/bu/min/u/rie oder auch: **Al/bu/mi/nu/rie** [lat. und griech.] *f.,* Vorhandensein von Eiweiß im Urin
Al/bu/mose *f.,* Vorkommen: bei der Eiweißverdauung
Al/bus [lat.] *m.,* -, -busse, silberne Scheidemünze
Al/can/ta/ra *n.,* -[s], *nur Sg.,* 1. zu säubernder Kunststoff, 2. alte Stadt in Spanien
Al/che/mie *f.,* -, *nur Sg.,* Alchimie
Äl/chen *n.,* Gruppe der Fadenwürmer
Al/chi/mie *f.,* -, *nur Sg.,* Vorform der Chemie als Wissenschaft
Al/chi/mist *m.,* -en, -en
al/chi/mis/tisch
Al/de/ba/ran [arab.] *m.,* -[e]s, *nur Sg.,* Größe im Sternbild des Stieres
Al/de/hyd [neulat.] *m.,* -[e]s, -e, bei 20,8 °C siedende Flüssigkeit
Al/der/man [engl.] *m.,* -, -men, oberster Beamter der Grafschaft in Angelsachsen
Al/di/ne *f.,* Druckwerk des 15. und 16. Jh. einer in Venedig gegründeten Presse
Ale [engl.] *n.,* -s, *nur Sg.,* ursprünglich englisches, helles, starkes Bier
Alea iac/ta est [lat.] übertr. für: sich entschieden und entschlossen haben, wörtl.: Die Würfel sind gefallen.
Ale/a/to/rik [lat.] *f.,* -, *nur Sg.,* neue Art zu komponieren mit mehr Freiraum für den Sänger, **ale/a/to/risch** nach dem Zufallsprinzip
Ale/man/ne *m.,* -en, -en Stammesangehöriger der Alemannen (germ. Stamm)
ale/man/nisch
alert [ital.-französ.] flink, wach
Aleu/ron [griech.] *n.* -s, *nur Sg.* Eiweißstoff, Klebmittel
Aleu/ten *Pl.* Inselgruppe südwestlich von Alaska
Ale/xan/dria oder auch: **Alex/an/dria** ägyptische Stadt
Ale/xan/dri/ner oder auch: **Alex/an/dri/ner** *m.* 1. Bewohner von Alexandrien, 2. sechsfüßiger jambischer Vers
ale/xan/dri/nisch oder auch: **alex/an/dri/nisch**
Ale/xi/aner oder auch: **Alex/ia/ner** *m.* Mitglied einer kath. Brudermeinschaft, die sich der Betreuung Kranker, bes. Pestkranker verschrieben hatte (ab 14. Jhd.)
Ale/xie [griech.] *f., nur Sg.* plötzlicher Verlust der Fähigkeit, Buchstaben zu Wörtern zu formen
Al/fan/ze/rei *f.,* -en veralt. für albernes Benehmen, Schwindeln
al fi/ne [italien.] in der Musik: bis zum Schluss
al fres/co = a fresco
Al/ge [lat.] *f.* -, -en Wasserpflanze, zunehmend auch als Lebensmittel verwendet, da sehr vitaminreich
Al/ge/bra [arab.] *f.* -, *nur Sg.* in der Mathematik
al/ge/bra/isch
Al/gen/säu/re *f.* -, -en. siehe auch Alginsäure
Al/ge/ri/en Staat in Nordafrika, (islamisch-extremistisch)
Al/ge/ri/er *m.,* -s, -Staatsbürger von Algerien
al/ge/risch
Al/gier Hauptstadt von Algerien
Al/gin/säu/re *f.,* -, -n. aus Algen gewonnene Säure
Al/gol *m., nur Sg.* Stern des Sternbilds Perseus
AL/GOL [engl.], Computer: Programmiersprache
Al/go/lo/gie [griech.] *f.* Lehre der Algen
al/go/lo/gisch
Al/gon/ki/um *n.* -s, *nur Sg.* = Archäozoikum (Weltzeitalter)
Al/go/rith/mus [per.] *m.* -, -men in der Mathematik: Rechenanwendung
Al/gra/phie *(Nf.)* auch: **Al/gra/fie** *(Hf.)* [lat.u.griech.] *f.,* -, -en Flachdruckverfahren bei der Druckvorlagenherstellung

ali/as [lat.] auch... genannt, James Bond alias 007 (Decknamen)

Ali/bi [lat.] *n.,* -s, -s Beweis, dass ein Verdächtiger sich zur Tatzeit nicht am Ort des Verbrechens befunden hat

ali/cyc/lisch [lat.] in der Chemie: ringförmig angeordnete Kohlenstoffatome

Ali/e/na/ti/on [lat.] *f.,* -, -en 1. veralt. für Entfremdung 2. Verkauf 3. in der Psychatrie: Psychosenart

ali/e/nie/ren *tr.* 1. veralt. für entfremden. 2. verkaufen

ali/men/tär [lat.] in Bezug auf Lebensmittel, Lebensmittel betreffend

Ali/men/ta/ti/on *f.,* -, -en Gewähren von Zahlungen

ali/men/ta/tions/pflichtig

Ali/men/te *n., nur Pl.* nach einer Scheidung gerichtlich vereinbarte Unterhaltszahlungen

ali/men/tie/ren *tr.,* regelmäßige Zahlungen an eine Person leisten

a li/mi/ne [lat.] ohne Prüfung der Tatsachen

Ali/nea [lat.] *n.,* Absatz, neue Zeile

ali/ne/ie/ren *tr.* eine neue Zeile beginnen, einen Absatz einschieben

ali/pha/tisch [griech.] in der Chemie: in offenen Ketten angeordnete Kohlenstoffatome

ali/quant [lat.] in der Mathematik: Zahl, die nur mit einem Rest teilbar ist

ali/quot [lat.] in der Mathematik: Zahl, die ohne Rest teilbar ist

Ali/quo/te *f.,* -, -en, in der Mathematik: Zahl, durch die eine andere ohne Rest geteilt wird

Ali/quot/ton *m.* -s, -en in der Musik / Physik: mitschwingender Oberton

Ali/za/rin [arab.] *n.,* -s, -e urspr. Pflanzenfarbstoff, kann heute synthetisch hergestellt werden

Alk [skand.] *m.* -s, -e arktischer Meeresvogel

Al/ka/hest [arab.] *n.* -[e]s, -e, in der Alchimie: Universalmittel zur Auflösung aller Stoffe

Al/ka/li [arab.] *n.* -s, -en in der Chemie: Verbindung, die in wässriger Lösung basisch reagiert

Al/ka/li/me/trie oder auch: -met/rie [arab.] *f.,* -, -n, in der Chemie: Feststellung des Gehaltes von Alkali

al/ka/lin in der Chemie: alkalihaltig

Al/ka/li/ni/tät *f.,* -, *nur Sg.* in der Chemie: Grad der alkalischen Reaktion eines Stoffes

al/ka/lisch in der Chemie: mit der Eigenschaft einer Lauge

al/ka/li/sie/ren *tr.* in der Chemie: alkalisch machen

Al/ka/li/tät *f.,* -, *nur Sg.,* in der Chemie: Basizität

Al/ka/lo/id *n.,* -s, -e in der Chemie: Verbindung von organischen Stoffen

Al/kan/na *f.,* -, *nur Sg.,* in der Biologie: Pflanze, aus deren Wurzeln Henna gewonnen wird

Al/ka/zar [span.] *m.,* -, spanische(s) Burg, Schloss

Al/ko/hol [arab.] *m.,* -s, -e, 1. in der Chemie: organische Verbindung, siehe auch.: Äthylalkohol, 2. Grundstoff von Spirituosen

Al/ko/ho/li/ka *nur Pl.* Gesamtheit der alkoholischen Getränke

Al/ko/ho/li/ker *m.,* -s, -in der Medizin: Person, die von Alkohol physisch und psychisch abhängig ist

al/ko/ho/lisch

al/ko/ho/li/sie/ren *tr.* Alkohol hinzufügen

al/ko/ho/li/siert geh. für betrunken

Al/ko/ho/lis/mus *m.* -, *nur Sg.* 1. Alkoholkrankheit, -abhängigkeit 2. Alkoholvergiftung

Al/ko/hol/spie/gel *m.,* -s, -, Gehalt des Alkohols im Blut

Al/ko/lat, Al/ko/ho/lat *n.,* -s, -e, Flüssigkeit mit einer geringen Menge Alkohol

Al/ko/ven [span.] *m.,* -s, - Nische, die als Bett gebraucht werden kann

Al/kyl [arab.] *n.* in der Chemie: einwertiger Kohlenwasserstoff

al/ky/lie/ren *tr.* in der Chemie: mit Alkylgruppen versetzen

al/ky/o/nisch [griech.], friedvoll, ruhig

all all deine Liebe, all die vielen Hunde, siehe auch: alle, alledem, alles

All *n.,* -s, *nur Sg.* Weltall

all/a/bend/lich, all/a/bends jeden Abend

al/la bre/ve [italien.] in der Musik: in schnellem Tempo

Al/la-bre/ve-Takt *m.,* -s, -e in der Musik: Es werden statt vier Vierteln zwei Halbe gezählt

Al/lah [arab.] *m.,* -s, *nur Sg.* islamische Bezeichnung Gottes

al/la mar/ci/a [italien.] in der Musik: in der Art eines Marsches
al/la pol/lac/ca [italien.] in der Musik: in der Art einer Polonäse
al/la pri/ma [italien.] mit einer Farbschicht malen
al/la te/des/ca [italien.] in der Musik: in der Art eines deutschen Tanzes
al/la tur/ca [italien.] in der Musik: in der Art der türkischen Musik
al/la zin/ga/re/se [italien.] in der Musik: in der Art von Zigeunerweisen
all/da veralt. für: da
all/dem siehe alledem
all/die/weil veralt. für: weil, heute noch scherzhaft gebraucht
al/le 1. pron.: wir, ihr, sie alle, alle sahen auf, alle jungen Hunde, die Liebe aller Menschen, allen Ernstes, alles Schöne, das Ergebnis aller Mühen, alle halbe Jahre, neu: alle naslang, ein für alle Male, aber: ein für allemal, für alle Zeiten, aber: allzeit, allezeit 2. adv., (ugs.): aufgebraucht, zu Ende, die Kekse sind alle.
al/le/dem bei, mit, nach, trotz alledem
Al/lee [französ.] *f.*, -, -n, Straße, an der an beiden Seiten Bäume stehen
Al/le/gat [lat.] *n.* -s, -e in Fußnoten angeführte Berufung auf Fremdtexte
Al/le/ga/ti/on *f.*, -, -en Berufung auf einen Fremdtext
al/le/gie/ren [lat.] *tr.* anführen, berufen auf (Fremdtext)
Al/le/go/re/se [griech.] *f.*, -, -n, Interpretation eines religiösen Textes auf tiefere Bedeutungen
Al/le/go/rie *f.,* -, -n, Interpretation eines Textes in übertragener Bedeutung
al/le/go/risch, Bedeutung übertragend
al/le/go/ri/sie/ren *tr.* übertragen darstellen
al/le/gret/to [italien.] in der Musik: mäßig schnell
Al/le/gret/to *n.* -s, -ti in der Musik: mäßig schnelles Musikstück
al/le/gro in der Musik: lebhaft, aber nicht zu schnell
Al/le/gro *n.* -s, -gri, in der Musik: lebhaftes, aber nicht zu schnelles Musikstück
al/lein 1. adv., allein bleiben, sein, eine Person / ein Tier allein lassen, allein stehen, allein stehende Personen 2. konj., poetisch.: doch, aber, der Geist ist willig, allein das Fleisch ist schwach.
Al/lein/gang *m.*, -s, -gänge, Unternehmungen allein
Al/lein/herr/schaft *f.*, -, en
al/lei/nig
al/lein/se/lig/ma/chend >
allein se/lig/machend
al/lein/ste/hend oder auch: **allein ste/hend**
Al/lein/ver/kauf *m.*, -s, -käufe
al/le/lu/ja, anderer Ausdruck für halleluja
al/le/mal 1. *n.* auch alle 2. (ugs.): ganz bestimmt, in jedem Fall, damit werde ich allemal fertig.
Al/le/mande [französ.] *f.* 1. Gesellschaftstanz, aus einem deutschen Volkstanz entstanden 2. in der Musik: Satz einer Suite

al/len/falls
al/lent/hal/ben
al/ler/art siehe auch. **alle**
All/er/bar/mer *m.* -s, *nur Sg.*, der sich erbarmende Gott.
al/ler/best, *adj.,* es ist das Allerbeste für Dich, ich wünsche ihm nur das Allerbeste
al/ler/dings
al/ler/en/den veralt., poetisch: überall, allerenden fiel der Schnee.
al/ler/erst siehe auch: zuallererst
Al/ler/gen oder auch:
All/er/gen [griech.] *n.*, -s, -e, Stoff, der allergische Reaktionen auslöst
Al/ler/gie oder auch:
All/er/gie *f.*, -, -en, überempfindliche Reaktionen bei Kontakt mit bestimmten Stoffen
Al/ler/gi/ker oder auch:
All/er/gi/ker *m.,* -s, -, einer Allergie leidende Person
al/ler/gisch oder auch:
all/er/gisch überempfindlich
al/ler/hand (Ausruf der Empörung oder Freude), das ist ja allerhand!
Al/ler/hei/li/gen, nationaler Feiertag am 1. November
Al/ler/hei/li/gen/fest *n.*, -s, -e
Al/ler/hei/ligst, allerheiligste Mutter Maria, jedoch: das Allerheiligste Sakrament
al/ler/höchst
Al/ler/höchs/te(r) *m.,* in der Religion: Gott
al/ler/höchs/tens
al/ler/lei eine große Auswahl von Dingen, es gibt allerlei zu essen.

Al/ler/lei *n.,* -s, *nur Sg.,* Leipziger Allerlei: Spezialität aus verschiedenen Gemüsen
al/ler/letzt siehe auch: zuallerletzt, (ugs.) das ist doch das Allerletzte!
al/ler/liebst Entzücken darstellen, ein allerliebster Hund
al/ler/meist, am allermeisten
al/ler/min/dest Minimum angeben, das Allermindeste, was ich für Dich tun kann
al/ler/nächst am allernächsten
al/ler/or/ten, al/ler/orts
Al/ler/see/len ehemaliger nationaler Feiertag, heute nur noch in einigen Bundesländern
Al/ler/see/len/tag *m.,* es, -e
al/ler/seits
al/ler/wärts
al/ler/we/ge(n) veralt. und poetisch: überall
Al/ler/welts... ugs.: häufig vorkommend, durchschnittlich (abwertend): Er hat ein Allerweltsgesicht
Al/ler/welts/ge/sicht *n.,* -s, -er
Al/ler/welts/wort *n.,* sehr oft vorkommendes Wort
al/ler/we/nigst das Allerwenigste, am allerwenigsten
Al/ler/wer/tes/te(r) *m.* (ugs.) scherzhaft: Gesäß, Hinterteil
al/les alles und jedes, du bist mein Ein und Alles, alles Andere ist nicht wichtig, das alles wusstest du nicht?, nicht um alles in der Welt werde ich das tun, alles Gute zum Geburtstag
al/le/samt
Al/les/fres/ser *m.,* -s, -,Tiergattung
Al/les/kle/ber *m.,* -s, -
al/le/we/ge auch **al/ler/we/gen**
al/le/wei/le veralt. und poetisch: immer
al/lez! [französ] Ausruf: vorwärts!, na los!
al/le/zeit, all/zeit
all/fäl/lig [österr., Schweiz.]: veralt. für vielleicht, möglicherweise
All/gäu *n.* -s, *nur Sg.,* Region in den deutschen Alpen
all/gäu/isch
All/ge/gen/wart *f.,* -, *nur Sg.*
all/ge/gen/wär/tig
all/ge/mach veralt. und poetisch: allmählich
all/ge/mein, im Allgemeinen (Abk.: i. Allg., im Allg., i. A.), die Scheckkarte ist allgemein gültig, allgemein gültige Gesetze, etwas in allgemein verständlichen Sätzen erklären, im Allgemeinen und im Besonderen, Eigennamen groß: Allgemeiner Deutscher Automobil-Club (ADAC), Allgemeine Versicherung
All/ge/mein/bil/dend oder auch: **allge/mein bil/dend**
All/ge/mein/bil/dung *f.,* -, *nur Sg.*
all/ge/mein/gül/tig oder auch: **all/ge/mein gül/tig**
All/ge/mein/gut *n.* -[e]s, *nur Sg.*
All/ge/mein/heit *f.* -, *nur Sg.*
all/ge/mein/ver/ständlich oder auch: **all/ge/mein ver/ständ/lich**
All/ge/mein/wohl *n.* -s, *nur Sg.*
All/ge/walt *f.,* -, *nur Sg.*
all/ge/wal/tig
All/heil/mit/tel *n.,* -s, -
All/i/anz *f.,* -, -en 1. Bündnis zwischen Staaten oder Parteien 2. Vereinigung (Allianz der Ärzte)
allie/bend > all/lie/bend
Al/li/ga/ti/on [lat.] *f.,* -, -en, in der Chemie: Mischung von Stoffen
Al/li/ga/tor [lat.] *m.,* -s, -en Krokodilart
al/li/ie/ren [französ.] *refl.* sich verbünden, sich zusammenschließen gegen einen gemeinsamen Gegner
Al/li/ier/te(r) *m.,* verbündete Partei
Al/li/te/ra/tion [lat.] *f.,* -, -en, Stabreim, bei mehreren aufeinander folgenden Wörtern ist der Anfangsbuchstabe gleich
al/li/te/rie/ren *intr.*
all/lie/bend
All/macht *f.,* -, *nur Sg.*
all/mäch/tig
All/mäch/ti/ge(r) *m.,* in der Religion: Gott, auch Ausruf
all/mäh/lich
all/mo/nat/lich
All/mut/ter *f.,* -, *nur Sg.,* Natur
all/nächt/lich
Al/lo/cho/rie [griech.] *f.,* -, -n, Fortpflanzungsvariante der Pflanzen durch Verbreitung von Samen durch Wind oder Tiere
al/lo/chro/ma/tisch [griech.] unerwartet anders gefärbt
al/loch/thon [griech.] in der Geologie: an einem anderen Ort als dem jetzigen Platz entstanden
Allod *n.,* **Al/lo/di/um** -s, -dien, 1. Freigut 2. MA: Grund und Boden, der einer Person gehörte
al/lo/di/al
al/lo/gam, al/lo/ga/misch [griech.] durch Allogamie fortpflanzend

Al/lo/ga/mie *f.,* -, -en, Fremdbestäubung

al/lo/ga/misch, siehe auch: allogam

Al/lo/ku/ti/on [lat.] *f.,* -en, in der Religion: Ansprache des Papstes an Kardinle

Al/lo/la/lie [griech.] *f.,* -, -n, in der Psychatrie: Art der Sprachstörung

Al/lo/met/rie oder auch: **me/trie** [griech.] *f.,* -, -n, unterschiedliche Wachstumsgeschwindigkeit (auch innerhalb eines Körpers)

Al/lo/mor/phie [griech.] *f.* siehe auch: Allotropie

al/lons! [französ.] Ausruf: vorwärts!, los! Lasst uns .....!

al/lo/nym oder auch: **all/o/nym** [griech.] einen Decknamen benutzend

Al/lo/nym oder auch: **All/o/nym** *n.* -s, -e, den Namen einer anderen Person benutzen

Al/lo/pa/thie *f.* -, *nur Sg.,* herkömmliches Heilverfahren, Schulmedizin

al/lo/pa/thisch, *adj.*

Al/lo/phon [griech.] *n.,* -s, -e, Form eines Phonems

Al/lo/plas/tik [griech.] *f.,* -s, -en, 1. in der Chemie: Organische durch anorganische Stoffe ersetzen. 2. Ersatzteil

al/lo/plas/tisch

Al/lo/tria [griech.] *n.,* -s, *nur Sg.* (ugs.) Gaudi, Unfug

al/lo/trop [griech.]

Al/lo/tro/pie, Al/lo/mor/phie *f.,* -, -en, in der Chemie: Vorkommen eines Stoffes in verschiedenen Zuständen und Kristallzusammensetzungen, z.B. Kohlenstoff als Graphit und Diamant

all'ot/ta/va [italien.] in der Musik: Anweisung, eine Oktave höher oder tiefer zu spielen

All/rad/an/trieb *m.,* -s, -e

all right! oder auch **alright!** [engl.] Ausruf: gut!, einverstanden! OK!

All/round-, [engl.] (Vorsilbe)

All/roun/der [engl.] *m.,* -s -, (ugs). Person, die alles kann

All/round/sport/ler *m.,* -, -, Person, die mehrere Sportarten gleich gut beherrscht

all/sei/tig

All/sei/tig/keit *f.,* -, *nur Sg.*

all/seits

All/strom/ge/rät *n.,* -s, -e

all/stünd/lich

All/tag *m.,* -s, *nur Sg.*

all/täg/lich

All/täg/lich/keit *f.* -, *nur Sg.* Gewohnheit

all/tags

all/über/all poetisch für überall

all'/un/ghe/re/se [italien.] In der Musik: nach ungarischer Art

all'/u/ni/so/no [italien.] (Abk.: all'u.) In der Musik: im gleichen Ton und /oder in der Oktave spielen oder singen

Al/lü/re [französ.] /*f.*-, -n, Gangart

Al/lü/ren Pl, arrogantes, zickiges Gehabe

Al/lu/si/on [lat.] *f.*-, -en, Anspielung auf etw. / jmd.

al/lu/vi/al [lat.] aus dem Alluvium

Al/lu/vi/on *f.,* -, -en, aus dem Meer angeschwemmtes Erdreich

Al/lu/vi/um *n.* -s, *nur Sg.,* Holozän

All/va/ter *m.* -s, *nur Sg.,* in der Religion: Gott

All/wis/send

All/wis/sen/heit *f.* -, *nur Sg.*

all/wö/chent/lich jede Woche

Al/lyl/al/ko/hol [lat., griech.] *m.* -s, -e, in der Chemie: ungesättigter Alkohol

all/zeit, al/le/zeit

all/zu, allzu sehr, allzu häufig

all/zu/mal

Alm *f.,* -, -en, Bergwiese

Al/ma Ma/ter [lat.] *f.,* -, *nur Sg.,* veraltete Bezeichnung für Universität

Al/ma/nach [arab.] *m.,* -s, -e, Kalender, Jahrbuch (z.B. einer Abschlussklasse an einer Schule)

Al/man/din *m.,* -s, -e, Mineral

Al/men/rausch, Almrausch *m.,* -es, *nur Sg.,* in der Biologie: Alpenrose

Alm/hüt/te *f.,* -, -n

Al/mo/sen [griech.-lat.] *n.,* -s, -, 1. Spende an Arme (Naturalien oder Geld) 2. bildlich: Geschenk, das keinen Wert hat (auch geistig)

Al/mo/se/ni/er *m.,* -s, -e, veralt: Geistlicher, der Almosen vergab

Alm/rausch *m.,* -es, *nur Sg.,* siehe Almenrausch

Aloe [hebr.-griech.] *f.,* -, -n, Heilpflanze

alo/gisch unlogisch

Alo/pe/zie [griech.] *f.,* -, -n, Haarausfall, bedingt durch krankhafte Störung (z.B. Hormonproblem)

Alp *f.* -, -en, **Al/pe** *f.* -, -n, 1. Gebirgswiese, Alm 2. oder

Altan

auch: Alb: Nachtmahr, Ursache eines Alptraums
Al/pac/ca *n.* -, *nur Sg.*, siehe auch Alpaka
Al/pa/ka *n.*, -, -s, 1. Lama (Südamerika) 2. *nur Sg.*, Wolle des Lamas 3. *nur Sg.*, siehe auch Neusilber
al pa/ri [italien.] zum Nennwert (Aktien)
Alp/druck, Alb/druck *m.* -s, -e, **Alp/drü/cken, Alb/drü/cken** *n.*, -s, *nur Sg.*, schwerer, sehr unangenehmer Traum
Al/pe *f.*, -, -n, siehe Alp 1.
Al/pen-, *nur Pl.*, Gebirgszug zwischen Deutschland, Österreich und der Schweiz.
Al/pen/glü/hen *f.*, -s, -
Al/pen/veil/chen *n.*, -s, -
Al/pen/ver/ein *m.*, -s, *nur Sg.*
Al/pha [griech.] *n.* -(s), -s (Zeichens) 1. Buchstabe des griechischen Alphabets, bibl. Sprichwort: ich bin das Alpha und das Omega: ich bin Anfang und Ende.
Al/pha/bet *n.* -s, -e, System der in einer Sprache vorkommenden Buchstaben. Abk.: Abc
al/pha/be/tisch in der Reihenfolge des jeweils gültigen Alphabets
al/pha/be/ti/sie/ren *tr.*, 1. in alphabetische Ordnung bringen 2. einer Person schreiben und lesen vermitteln.
Al/pha/strah/len, a-Strah/len *m.*, -, *nur Pl.*, radioaktive Strahlung aus Alphateilchen
Al/pha/teil/chen *n.*, -s, -, in der Physik: Heliumkern
Alp/horn *n.*, -s, -hörner, volkstümliches Musikinstrument
al/pid, al/pi/disch, den Alpiden zugeordnet
Al/pi/den *Pl.* in der Geologie: Faltengebirge, die in der Kreide und im Tertiär gebildet wurden
al/pin die Alpen betreffend, alpine Flora: in den Alpen vorkommende Pflanzen
Al/pi/nis/mus *m.*, -, *nur Sg.*, siehe Alpinistik
Al/pi/nist *m.*, -en, -en
Al/pi/nis/tik *f.*, -, *nur Sg.*
Al/pi/nis/mus *m.* -, *nur Sg.*, Bergsteigen und - wandern als Sport
Al/pi/num *n.*, -s, -s, Steingarten mit Alpenblumen
Älp/ler *m.-s*, -, Bewohner der Alpen
Alp/traum, Alb/traum *m.*, -s, -träume, schwerer, bedrohlicher Traum
Al/raun *m.* -s, -en, **Al/rau/ne** *f.*, -, en, Springwurz, Wurzel, die früher als Heilmittel verwendet wurde, musste nachts ausgegraben werden
als höher, tiefer als, jedoch: so hoch, so tief wie, mehr als, weniger als, es gibt nichts Tolleres als diese Party, er wurde wütend, als er von dem Gerücht hörte, als Nächstes, als Erstes, als Letztes, als dass, als ob, als ob du mehr wüsstest als ich.
als/bald
als/bal/dig
als/dann
al *n.* Abk. für al segno
al sec/co [italien.] Art der Malerei
al seg/no [italien.] (Abk.: al s.) In der Musik: Wiederholen eines Teils eines Stükkes bis zum Zeichen
al/so Ausruf: also gut!, also doch!, also los!, also wirklich! (Empörung)
Als-ob *n.*, -, *nur Sg.*
al/so/bald veralt.: alsbald
Als-ob-Phi/lo/so/phie *f.* -, -en
al/so/gleich veralt., heute: sogleich
alt 1. sie ist die älteste der Töchter, jedoch: sie ist ihre Älteste, sich alt fühlen, (ugs.) mein alter Herr: mein Vater, jedoch: Alter Herr, eine alte Frau, jedoch: Alte Frau, dieser Käse ist alt, 2. der, die Alte: alte Person, die Alten: die alten Menschen, (ugs.) mein Alter: mein Vater, mein Mann, beim Alten bleiben, sie ist wieder ganz die Alte, Alt und Jung, Alte und Junge, Altes und Neues, der Älteste: der Gemeindevorsteher, ihr Ältester: der älteste Sohn in der Familie, (ugs.-hist.) der Alte Fritz: Friedrich der Große, Alte Geschichte: Geschichte des Altertums, das Alte Testament (AT), die Alte Welt: Europa aus der Sicht der USA
Alt [italien.] *m.* -s, *nur Sg.*, 1. Altstimme, Stimmlage bei Frauen und Knaben, tiefer als Sopran, sie sang in schönem Alt, 2. in der Musik: Stimmlage bei Musikinstrumenten, z.B. Altflöte. 3. Bz. für Sängerin mit Altstimme
Al/tai *m.* -(s), Gebirgszug in Zentralasien
Al/tai/er *m.* -s, *nur Sg.*, Angehöriger eines Turkvolkes
al/ta/isch
Al/tan [italien.] *m.*, -s, -e, Balkon, meist aus Holz, der

vom Boden durch Pfosten gestützt wird
Al/tar [lat.] *in.*, -s, -e, in der Religion
Al/tar/bild *n.*, -[e]s, -er, Abbild des jeweiligen Gottes oder dessen Symbols (z.B. Kreuz) auf oder über dem Altar
Alt/a/zi/mut [lat. u. arab.] *m.* -s, -e, Instrument zur Feststellung von Höhe und Azimut eines Himmelskörpers
alt/ba/cken, hausmütterlich, langweilig
Alt/bau *m.*, -s, -bauten
Alt/bau/woh/nung *f.* -, -en
Alt-Ber/lin
alt/ber/li/nisch
Alt/bun/des/kanz/ler *m.*, -s, -, ehemaliger Bundeskanzler
Alt/bun/des/prä/si/dent *m.*, -en, -en, ehemaliger Bundespräsident
alt/deutsch
alt/ein/ge/ses/sen, etabliert
äl/teln *intr.*, langsam alt werden
Al/ten/heim *n.*, -s, -e, Unterbringung für alte Personen, deren Pflege nicht von der Familie übernommen wird
Al/ten/teil *n.*, -s, -e
Al/te/ra/ti/um [lat.] *n.*, -s, -tia, in der Medizin: umstimmendes Mittel
Al/te/ra/ti/on [lat.] *f.* -, -en, 1. Erregungszustand, 2. in der Medizin: krankhafte Veränderung 3. in der Musik: Chromat. Veränderung eines Akkordtons
al/ter e/go [lat.] *n.*, -, *nur Sg.*, das andere Ich, intimer Freund oder Freundin, die man kennt wie sich selbst

al/te/rie/ren 1. *tr.* in der Musik: einen Akkordton chromatisch verändern 2. *refl.*, sich aufregen, sich erregen
al/tern *intr.*, meine Eltern altern schnell.
Al/ter/nanz [lat.] *f.* -, -en, 1. siehe Alternation 2. im Obstanbau: Abwechslung von Jahren mit guter und schlechter Ernte
Al/ter/nat *n.* -s, *nur Sg.*, jur.: Die Reihenfolge der Vertragsparteien und die der Unterschriften ist nicht übereinstimmend.
Al/ter/na/tion, Al/ternanz *f.*, -, -en, Entscheidung zwischen mehreren Sachen
al/ter/na/tiv 1. den Wechsel zwischen mehreren Sachen anbietend, die Wahl habend, 2. anders als die Normalität, z.B. alternativ leben, essen
Al/ter/na/ti/ve *f.* -, -en, Wahl zwischen mehreren Möglichkeiten
al/ter/nie/ren *intr.*, abwechseln, mehrere Möglichkeiten alternieren
al/ters seit alters, von altere her
Al/ters/für/sor/ge *f.*, -, *nur Sg.*
Al/ters/heil/kun/de *f.*, -, *nur Sg.*, siehe auch Geriatrie
Al/ters/heim *n.*, -s, -e, siehe auch Altenheim
al/ters/schwach
Al/ters/schwä/che *f.*, -, *nur Sg.*, natürlich bedingte, nachlassende Kraft im Alter
Al/ters/ver/si/che/rung *f.*, -, -en
Al/ter/tum *n.*, -s, *nur Sg.*, siehe Altertümer
Al/ter/tü/me/lei *f.*, -, -en

Nachahmen des Althergebrachten
al/ter/tü/meln *intr.*
Al/ter/tü/mer *nur Pl.* Bauten, Dinge, Kunstwerke des Altertums
al/ter/tüm/lich Eigenschaften des Althergebrachten besitzend
Al/ter/tüm/lich/keit *f.*, -, *nur Sg.*
Al/ter/tums/wis/senschaft *f.*, -, *nur Sg.*, siehe auch Archäologie
Al/te/rung *f.*, -, *nur Sg.*, Vorgang des natürlichen Verfalls (biolog., chem.)
Al/tes Land, *n.*, -es, *nur Sg.*, Region südlich der unteren Elbe
alt/frän/kisch (bildlich) altmodisch, hausbacken, konventionell
alt/ge/dient
Alt/gei/ge *f.*, -, -n, in der Musik: Bratsche
alt/ge/wohnt
Al/thee [französ.] *f.*, -, -n, 1. Heilpflanze 2. Hustenmittel, aus der Althee hergestellt
Alt-Hei/del/berg
alt/her/ge/bracht
Alt/her/ren/mann/schaft *f.*, -, -en, im Sport: Teams aus etwas älteren Mitgliedern
alt/hoch/deutsch
Alt/hoch/deutsch *n.*, -s, *nur Sg.*
Al/ti/graph *(Nf.)* auch:
Al/ti/graf *(Hf.)* [lat.] *m.*, -s, -en, in der Wetterkunde: automatischer Höhenschreiber
Al/ti/me/ter *n.*, -s, -, in der Wetterkunde: Höhenmesser
Al/tist *m.*, -en, -en, Sänger mit Altstimme
Al/tis/tin *f.*, -, -nen, Sängerin mit Altstimme

Alt/jahrs/a/bend *m.* -s, -e, veraltet für Silvester

Alt/jahrs/tag *m.,* -s, -e, veraltet für Silvester

alt/jüng/fer/lich

Alt/ka/tho/lik *m.,* -s, -en, Anhänger einer christlichen Religionsgemeinschaft

alt/ka/tho/lisch

Alt/ka/tho/li/zis/mus *m.,* -, *nur Sg.,* christliche Religionsgemeinschaft, die sich von der römisch-katholischen Kirche abgespalten hat

alt/klug

Alt/klug/heit *f.,* -, *nur Sg.*

Alt/last *f.,* -, -en, 1. industrieller Abfall aus einer früheren Periode, 2. (bildlich) über einen längeren Zeitraum mitgeschleppte Schuld, erlittene Schäden

ält/lich

Alt/meis/ter *m.,* -s, -, im Sport: ehemaliger Champion, der immer noch erfolgreich ist, allgemein: über einen langen Zeitraum erfolgreiche Person

alt/nor/disch

Alt/nor/disch *n.,* -(s), *nur Sg.*

Al/to Adige [italien.] italienischer Begriff für Südtirol

Al/to/ku/mu/lus [lat.] *m.,* -, -li, in der Wetterkunde: Haufenwolke in mittlerer Höhe

Al/to/stra/tus *m.,* -, -ti, in der Wetterkunde: Schichtwolke in mittlerer Höhe

Alt/phi/lo/lo/ge *m.,* -en, -en

Alt/phi/lo/lo/gie *f.,* -, *nur Sg,* Sprach- und Literaturwissenschaft des klassischen Altertums (Griechisch, Latein)

alt/phi/lo/lo/gisch

Alt-Rom

alt/rö/misch

Al/tru/is/mus [lat.] *m.,* -, *nur Sg.,* Uneigennützigkeit, mehr auf das Wohl anderer bedacht sein als auf das eigene

Al/tru/ist *m.,* -en, -en, uneigennützige Person, jemand, der mehr auf das Wohl anderer sieht als auf das eigene

al/tru/is/tisch

Alt/sitz *m.,* -es, -e, Altenteil

Alt/sprach/ler *m.,* -s, -, Altphilologe

alt/sprach/lich altphilologisch

Alt/stadt/sa/nie/rung *f.,* -, -en, Restaurierung alter Stadtbezirke

Alt/stein/zeit *f.,* -, *nur Sg.,* in der Geologie: Paläolithikum

Alt/stim/me *f.,* -, -en, siehe auch Alt

Alt/tes/ta/men/tler *m.,* -s, -, Experte des AT, Forscher, der sich mit dem AT beschäftigt

alt/tes/ta/ment/lich durch das AT belegbar

Alt/tier *n.,* -s, -e, in der Biologie: (bei Wild) Muttertier

alt/vä/te/risch (abwertend) altmodisch

alt/vä/ter/lich ehrwürdig, erhaben

Alt/vor/dern *nur Pl.,* veralt.: Vorfahren

Alt/was/ser *n.,* -s, -, nicht mehr fließendes Wasser in einem alten Flussarm

Alt/wei/ber/fast/nacht *f.* -, *nur Sg.,* bes. Süd- und Westdtld.: Donnerstag vor Fasching

Alt/wei/ber/som/mer *m.,* -s, *nur Sg.,* Spätsommer, meist die Zeit im September

alt/welt/lich aus der Alten Welt stammend

Alt-Wien

alt/wie/ner/isch

Alu Kurzbezeichnung für Aluminium

Alu/chip *m.,* -s, -s, (iron.) Münze der DDR, die als wertlos galt

Alu/fo/lie *f.,* -, -n, Kurzbezeichnung für Aluminiumfolie

Alu/mi/nat [lat.] *n.,* -s, -e, aluminiumsaures Salz

alu/mi/nie/ren *tr.,* mit Aluminium überziehen

Alu/mi/nit *m.,* -[e]s, *nur Sg.,* Mineral

Alu/mi/ni/um *n.* -s, *nur Sg.,* (chemisches Zeichen: Al) chemisches Element, leichtes Metall

Alu/mi/ni/um/fo/lie *f.,* -, -n, (Kurzbezeichnung: Alufolie) sehr dünnes Aluminium, meist auf einer Rolle für den Gebrauch im Haushalt

Alum/nat [lat.] *n.* -s, -e, 1. von einer Schule betriebenes Wohnheim, 2. in Österreich: Schule für Geistliche

Alum/ne *m.,* -n, -n

Alum/nus *m.,* -, -i, Schüler eines Alumnats

Alu/nit [lat.] *m.* -s, *nur Sg.,* Mineral, auch Alaunstein genannt

al/ve/o/lar [lat.] siehe auch dental

Al/ve/o/lar *m.* -s, -e, siehe auch Dental

al/ve/o/lär mit Hohlräumen durchsetzt

Al/ve/o/le *f.* -, -n, 1. in der Medizin: Zahntasche im Kiefer 2. in der Biologie / Medizin: Lungenbläschen
am an dem, Rüdesheim am Rhein (Abk.: a. R.), am Abend, am Mittwoch, den 19. Februar, (ugs.), er ist gerade am Arbeiten: er arbeitet gerade, am besten, am meisten
Am chemisches Zeichen für Americium
AM Abk. für Amplitudenmodulation
a. m. Abk. für ante meridiem (Uhrzeiten in Englisch), ante mortem
ama/bi/le [italien.] in der Musik: lieblich
amag/ne/tisch unmagnetisch, nicht magnetisch
Ama/ler *in., nur Pl.,* siehe auch Amelungen
Amal/gam [arab.-griech.] *n.,* -s, -e, Quecksilberlegierung, meist zur Zahnfüllung verwendet, jedoch gesundheitlich riskant (Quecksilbervergiftung)
Amal/ga/ma/ti/on *f.,* -, -en, Methode, um Edelmetalle aus Erz zu gewinnen, indem man sie in Quecksilber löst
amal/ga/mie/ren *tr.,* 1. mit Quecksilber legieren 2. Methode der Amalgamation
ama/rant, ama/ran/ten [griech.] dunkelrot
Ama/rant *m.* -s, -en, 1. Zierpflanze 2. in der Biologie: afrikanische Vogelart 3. Farbholzart
ama/ran/ten siehe auch **ama/rant**
Ama/rel/le [lat.-ital.] *f.,* -, -n, Sauerkirschen
Ama/ret/to [italien.] *m.,* -s, -i, italienischer Likör, aus Bittermandeln hergestellt, daher intensiv nach Marzipan schmeckend
Ama/ryl [griech.] *m.* -s, -e, künstlicher Edelstein
Ama/ryl/lis *f.,* -, -len, Zierpflanze
Ama/teur [französ.] *m.,* -s, -e, Person, die eine Aktivität nur aus Begeisterung ausübt, nicht professionell
Ama/teur/fo/to/graf *m.,* -s, -en
Ama/teur/sport/ler *m.,* -s, -
Amau/ro/se [griech.] *f.,* -, -n, in der Medizin: Erblindung, Schwarzer Star
Amau/se [französ.] *f.* -, -n, Bezeichnung für Schmuck aus Glas
Ama/zo/na *f.,* -, -nen, Papageienart in Mittel- und Südamerika
Ama/zo/nas *m.,* -, riesiger Fluss in Südamerika
Ama/zo/ne [griech.] *f.,* -, -n, aus der griechischen Mythologie: aggressiver Frauenstamm
Ama/zo/nen/strom *m.,* -es, *nur Sg.,* siehe auch Amazonas
Ama/zo/ni/en Region, durch die der Amazonas fließt
Am/bas/sade [französ.] *f.,* -, -n, veralt.: Botschaft, Gesandtschaft
Am/bas/sa/deur [französ.] *m.* -s, -e, veralt.: Botschafter, Gesandter
Am/ber *m.,* -s, -, siehe auch Ambra
am/bi/dex/ter [lat.] mit beiden Händen gleich fähig
Am/bi/dex/trie *f.,* -, *nur Sg.,* Beidhändigkeit
Am/bi/en/te [lat.-ital.] *n.,* -, *nur Sg.,* soziale, optische und physische Umgebung
Am/bi/gu/i/tät [lat.] *f.,* -, *nur Sg.,* Zweideutigkeit, Doppeldeutigkeit
Am/bi/ti/on [lat.] *f.,* -, -en, Ehrgeiz, Streben nach etwas
am/bi/ti/o/nie/ren *tr.* etwas erstreben, ehrgeizig sein
am/bi/ti/ös ehrgeizig
Am/bi/tus [lat.] *m.* -, -, Tonumfang (Instrument, Stimme)
am/bi/va/lent [lat.] doppelwertig
Am/bi/va/lenz *f.,* -, -en, 1. Doppelwertigkeit, auch entgegengesetzte Dinge in einem Gefühl vereinen (z.B. Freude und Trauer zur gleichen Zeit empfinden) 2. Gefühle für einen Menschen, die sich zwischen Liebe und Hass bewegen
Am/bo *m.,* -s, -s oder -nen, in frühchristlichen Gotteshäusern: erhöhtes Lesepult, von dem aus gepredigt wurde
Am/bon *m.,* -s, -bonen, siehe auch: Ambo
Am/boß > Am/boss *m.,* -es, -e, 1. großer Block aus Stahl, als Unterlage zum Schmieden von Metall 2. in der Biologie: eines der drei Gehörknöchelchen
Am/bro/sia [griech.] *f.,* -, *nur Sg.,* 1. in der griechischen Mythologie: Speise der Götter, die unsterblich macht 2. oder auch: **Am/bro/sie** *f.,* Pflanzengattung
am/bro/si/a/nisch sich auf die Lehre des Ambrosius beziehend
am/bro/sisch [griech.] himmlisch, göttlich
am/bu/lant [lat.] 1. wan-

dernd, nicht ortsgebunden, ambulantes Gewerbe: nicht sesshaftes Gewerbe, abwertend für Prostitution 2. in der Medizin: Behandlung während der Sprechstunden, nicht stationär im Krankenhaus, ambulante Behandlung

Am/bu/lanz *f.*, -, -en 1. beim Militär: mobiles Feldlazarett 2. ärztliche Untersuchungs- und Behandlungsstätte

Am/bu/la/to/ri/um *n.*, -s, -rien, Station für ambulante Behandlung im Krankenhaus, 3. Krankenwagen

Am/bu/lanz/wa/gen *m.*, -s, -, siehe auch Ambulanz

am/bu/la/to/risch siehe auch ambulant

Am/bu/la/to/ri/um *n.*, -s, -rien, siehe auch Ambulanz

A. M. D. G. Abk. für ad maiorem Dei gloriam

Amei/se *f.*, -, -n, kleines nützliches Insekt

Amei/sen/bär *m.*, -s, -en, Tier, das u. a. Ameisen frisst

Amei/sen/i/gel *m.*, -s,

Amei/sen/säu/re *f.*, -, -n

Ame/lie [griech.] *f.*, -, -n, angeborenes Fehlen von Körpergliedern

ame/li/o/rie/ren *tr.*

Ame/li/o/ri/sa/ti/on [lat.] *f.*, -, -en, Aufbesserung

amen [hebr.] in der Religion: Segensformel am Ende eines Gebets, (ugs) zu allem ja und amen sagen

Amen *n.*, (ugs.) Einverständnis

Amen/de/ment [französ.], **Amend/ment** [engl.] *n.*, Ergänzung zu bereits bestehendem Gesetz, in den USA auch zur Verfassung

amen/die/ren *tr.*

Amend/ment *n.* siehe auch Amendement

Ame/nor/rhö [griech.] *f.*, oder auch: **Ame/norrhoe** *f.*, Ausbleiben der Menstruation

ame/nor/rho/isch auf Amenorrhö beruhend

Ame/ri/ci/um (chemisches Zeichen: Am) *n.*, -s, *nur Sg.*, künstliches chemisches Element, Transuran

Ame/ri/ka Kontinent

Ame/ri/ka/ner *m.*, -s, -, Einwohner Amerikas, ugs. auch für Bürger der Vereinigten Staaten

ame/ri/ka/nisch

ame/ri/ka/ni/sie/ren *tr.*, US-amerikanische Art übernehmen (Sprache, Lebensmittel)

Ame/ri/ka/nis/mus *m.*, -, -men, 1. aus dem US-Amerikanischen stammende Elemente in einer anderen Sprache 2. typisch US-amerikanische Einstellungen zu Lebensart, Weltanschauung, Politik, Kultur

Ame/ri/ka/nist *m.*, -en, -en, Wissenschaftler, der sich mit Sprache und / oder Literatur der USA beschäftigt

Ame/ri/ka/nis/tik *f.*, -, *nur Sg.*, Wissenschaft von der Kultur, der Literatur und der Sprache der USA

ame/ri/ka/nis/tisch

Ame/ri/zi/um *n.*, -s, *nur Sg.*, siehe auch Americium

a me/tà [italien.] Handelssprache: unter Teilung von Gewinn und Verlust errechnen

ame/tho/disch nicht methodisch, ungeplant

Ame/thyst [griech.] *m.*-[e]s, -e Schmuckstein

Ame/trie oder auch

Amet/rie [griech.] *f.*, -, en, Ungleichmäßigkeit

ame/trisch oder auch: **amet/risch**, ungleichmäßig

Ame/tro/pie oder auch: **Amet/ro/pie** [griech.] *f.*, -, n, in der Medizin: Sehfehler

Ameub/le/ment [französ.] *n.*, -s, -s, veralt. für: Mobiliar

Ami *m.*, -s, -s ugs., Kurzbezeichnung für US-Amerikaner

Ami [französ.] *m.* -, -s, Freund, Geliebter

Ami/ant [griech.] *m.*, -s, -en Mineral

Amid *n.* -s, -e, in der Chemie: Verbindung von Ammoniak basenähnlichen Zustands

Ami/da/se *f.*, -, -n, in der Chemie: Ferment zur Spaltung von Kohlenstoff-Stickstoff-Verbindungen

Amin *n.*, -s, -e in der Chemie: Verbindung von Ammoniak mit organischen Molekülen

Ami/no/plast [griech.] *n.*, -s, *nur Sg.*, Kunstharz

Ami/no/säu/re *f.*, -, n, in der Chemie: eine der organischen Säuren

Ami/to/se [griech.] *f.*, -, -n, in der Chemie: direkte Kernteilung

Am/man Hauptstadt von Jordanien

Am/mann *m.*, -[e]s, -männer, in der Schweiz: Gemeindevorsteher

Am/me *f.*, -, -n

Am/men/mär/chen *n.*, -s, -, unglaubwürdige Erzählung, z.B. Münchhausens Geschichten

Am/mer 1. *f.*, -, -n, Singvogel 2. Nebenfluss der Isar, im Unterlauf Amper genannt 3. Nebenfluss des Neckar

Am/mo/ni/ak [griech.] *n.,* -s, *nur Sg.,* in der Chemie: Gas mit üblem Geruch

am/mo/ni/a/ka/lisch

Am/mo/nit *m.,* -en, -en, längst ausgestorbener, aber als Versteinerung erhaltener Kopffüßler

Am/mo/ni/ter *m.,* -s, -, Zugehöriger zu einem semitischen Volk (AT)

Am/mo/ni/um [griech.] *n.,* -s, *nur Sg.,* in der Chemie: Atomgruppe

Am/mo/ni/um/sul/fat *n.,* -s, -e Düngemittel, das auf Dauer das Grundwasser verseucht

Am/mons/horn *n.,* -es, -hörner, siehe auch Ammonit

Am/ne/sie [griech.] *f.,* -, -n, Gedächtnisverlust, entweder reversibel oder bleibend

Am/nes/tie [griech.] *f.,* -, -n, Straferlass, Begnadigung

am/nes/tie/ren *tr.,* jmdn. begnadigen

Am/nes/ty

In/ter/na/ti/o/nal *ohne Artikel,* internationale Hilfsorganisation zur Betreuung politischer Gefangener, Organisation zur Wahrung der Menschenrechte

Am/ni/on [griech.] *n.,* -s, *nur Sg,* innerste Embryonalhülle höherer Wirbeltiere, auch: Schafhaut, Eihaut

Am/ni/o/te *m.,* -, -n, Lebewesen, dessen Embryonen sich in einem Amnion entwickeln, z.B Säugetiere

am/ni/o/tisch

Amö/be [griech.] *f.,* -, -n, Einzeller, auch Wechseltierchen genannt

amö/bo/id amöbenartig

Amok/lau/fen *n.,* -s, *nur Sg.,* kriminelle Handlung, bei der eine geistesgestörte Person andere Menschen angreift, meist mit einer Waffe. Oftmals endet ein Amoklauf mit der Selbsttötung des Verbrechers.

Amok/läu/fer *m.,* -s, -, geistesgestörter Krimineller

a-Moll *n.,* -, *nur Sg.,* in der Musik: Tonart

a-Moll-Ton/lei/ter *f.,* -, *nur Sg.*

Amom [griech.] *n.,* -s, -

Amo/mum *n.,* -s, -ma, in der Kräuterkunde: Gewürzpflanze

Amor römischer Gott der Liebe

Amo/ral [griech.] *f.* -, *nur Sg.,* Gegenteil von Moral

amo/ra/lisch sich nicht an moralische Grundsätze haltend

Amo/ra/lis/mus *m.,* -, *nur Sg.,* Nichtbeachtung von moralischen Grundsätzen

amo/ra/lis/tisch

Amo/ra/li/tät *f.,* -, *nur Sg.,* Geisteshaltung des Amoralismus

Amo/ret/te [französ.] *f.,* -, -n, in der Kunst: Figur eines geflügelten, meist dicklichen Jungen mit Pfeil und Bogen

Amor fa/ti [lat.] in der Philosophie: Schicksalsliebe nach Nietzsche

amo/ro/so [italien.] in der Musik: zärtlich, liebevoll

amorph [griech.] formlos, ohne feste Gestalt

Amor/phie *f.,* -, *nur Sg.,* 1. Formlosigkeit, Existenz ohne feste Gestalt, 2. in der Physik: Existenz eines Stoffes zwischen festem und flüssigem Aggregatzustand

amor/ti/sa/bel in der Handelssprache: amortisierbar, tilgbar

Amor/ti/sa/ti/on [lat.], **Amor/ti/sie/rung** *f.,* -, -en, in der Handelssprache: Tilgung, Abschreibung

amor/ti/sie/ren *tr.,* in der Handelssprache: sich amortisieren: Tilgung der Anschaffungskosten durch den Ertrag

Amor/ti/sie/rung *f.,* -, -en, siehe auch Amortisation

Amou/ren [französ.] *f.,* -, *nur Pl.,* Liebeleien, Liebschaften

amou/rös [französ.]

Am/pel [lat.] *f.,* -, -n, 1. Hängelampe, an der Decke aufgehängter Blumentopf, 2. Verkehrssignalanlage

Am/pel/ko/a/li/ti/on *f.,* -, -en, Koalition von SPD, FDP und Grünen (Parteifarben ergeben Ampel)

Am/per *f.,* -, *nur Sg.,* die untere Ammer (Fluss)

Am/pere *n.,* -s, -, Maßeinheit für elektrische Stromstärke, benannt nach dem französischen Physiker André Marie Ampère

Am/pere/me/ter *n.,* -s, -, Stromstärkemesser

Am/pere/se/kun/de *f.,* -, -n, Elektrizitätsmenge, die durch Strom von einem Ampere in einer Sekunde transportiert wird

Am/pere/stun/de *f.,* -, -n, Elektrizitätsmenge, die

durch Strom von einem Ampere in einer Stunde transportiert wird

Am/pfer *m., -s, -* Pflanzenart

am/phi..., **Am/phi...** [griech.] in Zusammenhängen für: um... herum, doppel..., Doppel...

Am/phi/bi/e [griech.] *f., -, -n*, **Am/phi/bi/um** *n., s, -* bien, in der Biologie: Tier, das sowohl im Wasser als auch auf dem Land leben kann (z.B. Frosch, Lurch)

Am/phi/bi/en/fahr/zeug *n., -s, -e*, Land-Wasser-Fahrzeug

am/phi/bisch

Am/phi/go/ni/e [griech.] *f., -, -n*, in der Biologie: zweigeschlechtliche Fortpflanzung (durch Ei und Samen gleichzeitig)

Am/phik/ty/o/ne oder auch: **Am/phik/tyo/ne** [griech.] *m., -, -n*, Mitglied einer Amphiktyonie

Am/phik/ty/o/nie oder auch: **Am/phik/tyo/nie** *f., -, -n*, in der Klassischen Antike: Zusammenschluss griechischer Städte oder Staaten zum Schutz eines Heiligtums

am/phi/mik/tisch [griech] entstanden durch Amphimixis

Am/phi/mi/xis *f., -, nur Sg.*, Mischung der Erbanlagen bei Zweigeschlechtlichkeit

Am/phi/o/le [griech.] *f., -, -n*, Warenz., Ampulle mit spritzbereiter Medizin

Am/phi/ox/us [griech.] *m., -, nur Sg.*, Lanzettfischchen

am/phi/pneus/tisch [griech.] atmend durch Lungen und Kiemen abwechselnd oder gleichzeitig

Am/phi/po/de [griech.] *m., -n, -n*, Flohkrebs

Am/phi/the/a/ter [griech.] *n., -s, -*, in der Klassischen Antike: Freilufttheater mit kreis- oder ellipsenförmigem Grundriss und nach oben steigenden Sitzreihen, damit man von jeder Reihe aus die Bühne sehen konnte

am/phi/the/a/tra/lisch

Am/phi/try/on aus der griechischen Mythologie: König von Tiryns (Bekanntes Drama von Kleist)

Am/pho/ra, **Am/pho/re** [griech.] *f., -, -phoren*, 1. in der Klassischen Antike: griechisches vasenähnliches Gefäß mit engem Hals und zwei Henkeln, zum Aufbewahren von Flüssigkeiten 2. antikes Flüssigkeitsmaß

am/pho/ter [griech.] teils sauer, teils basisch reagierend

Am/pli/fi/ka/ti/on oder auch: **Amp/li/fi/ka/ti/on** [lat.] *f., -, en*, Erweiterung, detailliertere Darstellung

am/pli/fi/zie/ren oder auch: **amp/li/fi/zie/ren** *tr.*

Am/pli/tu/de oder auch: **Amp/li/tu/de** [lat.] *f., -, -n*, in der Physik: größter Ausschlag eines schwingenden Körpers, Schwingungsweite, Schwankungsbreite

Am/pli/tu/den/mo/du/la/ti/on oder auch: **Amp/li/tu/den/mo/du/la/ti/on** *f., -, -en*, in der Physik: Veränderung der Schwingungsweite einer hochfrequentigen Trägerwelle durch die zu übertragende niederfrequentige Welle

Am/pul/le [lat.] *f., -, -n*, 1. vasenähnliches, kleines Gefäß 2. in der Medizin: zugeschmolzenes Glasröhrchen mit Arzneimittel zum Auffüllen von Spritzen

Am/pu/ta/ti/on [lat.] *f., -, -en*, in der Medizin: Abtrennung eines Körperteils (Arm, Bein), auch bildlich

am/pu/tie/ren *tr.*

Am/sel *f., -, -n*, auch Schwarzdrossel, bei uns weit verbreiteter Singvogel

Ams/ter/dam Hauptstadt der Niederlande

Ams/ter/da/mer *m., -s, -*, Einwohner Amsterdams

Amt *n., -s*, Ämter, Behördenstelle

Ämt/chen *n., -s, -*

am/ten *intr.*, veralt., heute: amtieren

am/tie/ren *intr.*, ein Amt innehaben, besetzen

amt/lich

Amt/mann *m., -[e]s, -männer*, auch: -leute

Amts/an/ma/ßung *f., -, -en*

Amts/arzt *m., -es, -ärzte*

Amts/ge/richt *n., -es, -e*

amts/hal/ber

Amts/hand/lung *f., -, -en*

amts/mü/de

Amts/per/son *f., -, -en*

Amts/schim/mel *m., -s, -*, ugs.: übertrieben bürokratisches Vorgehen, das Vorgänge unnötig verzögert

Amts/sie/gel *n., -s, -*

Amts/tracht *f., -, -en*

Amts/weg *m., -es, -e*, offizielle Wege nutzen, um etwas zu erreichen

Amts/zim/mer *n., -s, -*

Amu/lett [lat.] *n., -s, -e*, früher: Schmuckstück zum Schutz gegen bösen Zauber, heute: Schmuckstück, manchmal als Glücksbringer

Amun altägyptische Gottheit
Amur *m., -(s), nur Sg.,* Fluss in Ostasien
amü/sant [französ.] vergnüglich, erheiternd
Amüse/ment [französ.] *n., -, -s,* Vergnügen, Erheiterung
amü/sie/ren *tr.*
amu/sisch nicht empfänglich für Musik und andere Künste
Amyg/da/lin [griech.] *n., -s, nur Sg.,* blausäurehaltiger Stoff in Bittermandeln
amyg/da/lo/id bittermandelähnlich
Amyl/al/ko/hol [griech.] *m., -s, -e,* giftiger Alkohol
Amy/la/se *f., -, nur Sg.,* in der Chemie: Stärke
amy/lo/id stärkeähnlich
Amy/lo/se *f., -, nur Sg.,* Teil der Stärke
Amy/lum *n., -s, nur Sg.,* pflanzliche Stärke
amy/thisch mythenlos
an 1. Präp., Mülheim an der Ruhr (Abk.: a.d.), an Saarbrücken (auf Fahr- oder Flugplänen): Ankunft in Saarbrücken, von hier an, von heute an, es ist an der Zeit, an die Arbeit gehen, an etwas arbeiten, 2. Adv., ab und an: ab und zu, an und für sich, 3. allgemeine Kurzform für eingeschaltet: das Licht ist an, die Waschmaschine ist an
Ana/ba/sis [griech.] *f., -, nur Sg.,* Titel eines Werkes von Xenophon
ana/ba/tisch in der Wetterkunde: aufsteigend
Ana/bi/o/se [griech.] *f., -, nur Sg.,* Überdauern mancher Lebensformen nach längerem Scheintod
Ana/bo/lie [griech.] *f., -, n,* Veränderung durch neue Eigenschaften im Lauf der Entwicklung
Ana/bo/li/ka *nur Pl.,* Hormone, die zwar den Muskelaufbau beschleunigen, aber organschädigend sind
Ana/chro/nis/mus [griech.] *m., -, -men,* 1. irrtümliche falsche Einordnung von Ereignissen in den Zeitfluss 2. nicht mehr zeitgemäße Dinge
ana/chro/nis/tisch
Ana/dy/o/me/ne [griech.] Beiname der griechischen Göttin Aphrodite
an/ae/rob [griech.] ohne Sauerstoff existierend
An/ae/ro/bi/er *m., -s, -,*
An/ae/ro/bi/ont *m., -en, -en,* Lebewesen, das ohne Sauerstoff existiert
Ana/ge/ne/se [griech.] *f., -, nur Sg.,* Höherentwicklung im Lauf der Stammesgeschichte
Ana/gramm [griech.] *n., -s, -e,* durch Umstellen von Buchstaben eines Wortes ein neues Wort schaffen
ana/gram/ma/tisch
an/äh/neln *tr.,* ähnlich machen
Ana/kon/da *f., -, -s,* südamerikanische, ungiftige Riesenschlange
Ana/kre/on altgriechischer Poet (um 550 v.Chr.)
Ana/kre/on/tik *f., -, nur Sg.,* Richtung der deutschen Literatur des 18. Jh., die Anakreon als Vorbild hatte
Ana/kre/on/ti/ker *m., -s, -*
ana/kre/on/tisch
anal [lat.] Körper: in der Nähe des Afters gelegen
Ana/lek/ten [griech.], *-, nur Pl.,* Zusammenstellung von Essays oder Abhandlungen aus Dichtungen
ana/lek/tisch auswählend
Ana/lep/ti/kum [griech.] *n., -s, -ka,* Kreislauf anregendes Mittel (bei niedrigem Blutdruck)
ana/lep/tisch
Anal/e/ro/tik *f., -, nur Sg.,* 1. im frühkindlichen Stadium erwachendes Interesse am Anus 2. Form der Erotik: Stimulierung des Anus
An/al/gen *n., -s, -e,* siehe auch Analgetikum
An/al/ge/sie [griech.] *f., -, -n,* Schmerzlosigkeit
An/al/ge/ti/kum *n., -s, -ka,* in der Medizin: schmerzstillendes Mittel
an/al/ge/tisch
An/al/gie *f., -, -n,* siehe auch Analgesie
ana/log [griech.] ähnlich, aus etwas Ähnlichem logisch folgernd
Ana/lo/gie *f., -, -n,* sinngemäße Übertragung von einem zum anderen, logisch weiterführende Entsprechung
Ana/lo/gie/schluß, >
Ana/lo/gie/schluss *m., -es, -Schlüsse,* **Ana/lo/gismus** *m., -, -men,* auf Ähnlichkeit beruhender Schluss von einem zum anderen
ana/lo/gisch siehe auch analog
Ana/lo/gis/mus *m., -, -men,* siehe auch Analogieschluss
Ana/lo/gon *n., -s, -ga,* ähnlich gelegener Fall
Ana/log/rech/ner *m., -s, -,* nicht digital arbeitender Großrechner
An/al/pha/bet [griech.] *m., -en, -en,* Person, die nicht lesen und schreiben kann

An/al/pha/be/ten/tum *n.*, -s, *nur Sg.*
an/al/pha/be/tisch
An/al/pha/be/tis/mus *m.*, -, *nur Sg.*, Lese- und Schreibunfähigkeit
Ana/ly/se [griech.] *f.*, -, -n, logischen Gesichtspunkten folgende Untersuchung
ana/ly/sie/ren *tr.*, etwas auf seine Bestandteile hin systematisch untersuchen
Ana/ly/sis *f.*, -, *nur Sg.*, Verfahren zur Lösung mathematischer Aufgaben
Ana/ly/tik *f.*, -, *nur Sg.*, Lehre der Analyse
Ana/ly/ti/ker *m.*, -s, -
ana/ly/tisch
Anä/mie [griech.] *f.*, -, -n, in der Medizin: Blutarmut
anäm/isch
An/am/ne/se [griech.] *f.*, -, -n, 1. in der Philosophie: Erinnerung der Seele an Ideen, die sie vor ihrer Geburt hatte 2. in der Medizin: Vorgeschichte der Krankheit beruhend auf Angaben der Patienten
an/am/nes/tisch, an/am/ne/tisch, auf Anamnese beruhend
Anam/ni/er [griech.] *m.*, -, Wirbeltier, dessen Embryo sich ohne Amnion entwickelt
Ana/mor/phot [griech.] *m.*, -en, -en, Speziallinse für Breitwand-Filmaufnahmen
ana/mor/pho/tisch verzerrt
Ana/nas [indian.] *f.*, -, -e 1. tropische Frucht mit gelbem Fruchtfleisch, sehr vitaminhaltig 2. Erdbeersorte
Ana/nym [griech.] *n.*, -s, -e, aus den rückwärts gelesenen Buchstaben des eigenen Namens neu entstehender Name
Ana/päst [griech.] *m.*, -es, -e, Versfuß aus zwei unbetonten und einer betonten Silbe
ana/päs/tisch
Ana/pher [griech.] *f.*, -, -n,
Ana/pho/ra *f.*, -, -rä, Stilfigur der Wiederholung des ersten Wortes in aufeinander folgenden Sätzen
ana/pho/risch
Ana/phro/di/si/a/kum [griech.] *n.*, -s, -ka, Geschlechtstrieb hemmendes medizinisches Mittel
Ana/phy/la/xie [griech.] *f.*, -, -n, Allergie gegen artfremdes Eiweiß
An/ar/chie [griech.] *f.*, -, -n, gewollte Gesetzlosigkeit, undemokratischer Zustand einer Gruppe
an/ar/chisch auf Anarchie beruhend
An/ar/chis/mus *m.*, -, *nur Sg.*, undemokratische Lehre, die jede Ordnung und Autorität ablehnt
An/ar/chist *m.*, -en, -en
an/ar/chis/tisch
ana/sta/tisch [griech.] wiederauffrischend
An/äs/the/sie [griech.] *f.*, -, -n, 1. Unterdrückung von Schmerzen durch Medikamente 2. allgemeine Schmerzunempfindlichkeit
an/äs/the/sie/ren, a/näs/the/ti/sie/ren *tr.*, schmerzunempfindlich machen, Schmerzen betäuben
An/äs/the/si/o/lo/ge *m.*, -en, -en
An/äs/thesi/o/lo/gie *f.*, -, *nur Sg.*, Lehre von der Anästhesie
An/äs/the/sist *m.*, -en, -en, Facharzt für Narkose
An/äs/the/ti/kum *n.*, -s, -ka, schmerzbetäubendes Mittel
an/äs/the/ti/sie/ren *tr.*, siehe auch anästhesieren
An/astig/mat [griech.] *n.*, -en, -en, in der Fotografie: Objektiv, das unverzerrte Bilder aufnimmt
Anas/to/mo/se oder auch:
Ana/sto/mo/se [griech.] *f.*, -, -n, 1. in der Biologie: Verbindung zwischen Adern, Lymphgefäßen und Nerven 2. Botanik: Verbindungen zwischen Blattnerven
Ana/stro/phe [griech.] *f.*, -, -n, in der Literatur: (Stilfigur) Umkehrung der Wortstellung
Ana/them [griech.] *n.*, .-s, -e **Ana/the/ma** *n.*, -s, -ta, in der Religion: Kirchenbann
ana/the/ma/ti/sie/ren *tr.*
Ana/the/ma/ti/sie/rung *f.*, -, -en, Bannsprechung
ana/ti/o/nal nicht national, nicht patriotisch
Ana/to/li/en Region in Kleinasien (Türkei)
Ana/to/li/er *m.*, -s, -
ana/to/lisch
Ana/tom [griech.] *m.*, -s, -e, Experte für Anatomie
Ana/to/mie 1. *f.*, -, *nur Sg.*, Lehre vom Aufbau des Körpers 2. Literatur darüber 3. Fakultät einer Universität, die Anatome ausbildet
ana/to/mie/ren *tr.*, zerlegen, zergliedern (Körper)
ana/to/misch
Ana/to/zis/mus [griech.] *m.*, -, -zismen, in der Handelssprache: Verzinsung rückständiger Zinsen
an/a/xi/al [griech.], nicht gemäß der Drehrichtung der Achse

ana/zy/klisch sowohl vorwärts als auch rückwärts gelesen gleichlautend, z.B. Retter
an/bah/nen *tr.*
An/bah/nung *f., -, -en*
an/ban/deln, an/bän/deln *intr.*
An/bau 1. *m., -s, nur Sg.*, Anpflanzung 2. *m., -s, -bauten*, Gebäude, das zusätzlich angebaut wurde, um die Fläche zu vergrößern
an/bau/en *tr.*
an/bau/fäh/ig
An/bau/mö/bel *n., -s, meist Pl.*
An/be/ginn *m., -s, nur Sg.*, Anfang, seit Anbeginn der Zeit
an/be/hal/ten *intr.*
an/bei beigefügt, anbei finden Sie einen Stadtplan
an/bei/ßen *intr.* und *tr.*
an/be/lan/gen *tr.*, betreffen, was ihn anbelangt
an/be/que/men *refl.*, sich anpassen
an/be/rau/men *tr.*, Uhrzeit festsetzen
an/be/ten *tr.*
An/be/ter *m.*
An/be/tracht *m.*, in Anbetracht der Tatsachen = was die Tatsachen betrifft
an/be/tref/fen *tr.*, betreffen
An/be/tung *f., -, nur Sg.*, Religion: Verehrung
an/bie/dern *refl.*
An/bie/de/rung *f., -, en*
an/bie/ten *tr.*
an/bin/den *tr.*, festbinden
An/blick *m., -s, -e*
an/bli/cken *tr.*
an/blin/zeln *tr.*
an/boh/ren *tr.*
An/boh/rung *f., -, -en*
an/bra/ten *tr.*
an/bre/chen *tr.* und *intr.*, eine angebrochene Packung
an/bren/nen *tr.* und *intr.*
an/brin/gen *tr.*, ugs. auch: verkaufen
An/bruch *m., -[e]s, -brüche*, 1. Beginn, Anfang 2. im Bergbau: Anfang eines Stollens
an/brü/chig
An/cho/vis (Nf) **An/scho/vis** (Hf), *f., -, -*
An/cien/ni/tät [französ.] *f.,-, nur Sg.*, veralt.: Hierarchie nach Dienstalter
Andacht *f., -, -en*, in der Religion: kurzer Gottesdienst. Morgenandacht.
an/däch/tig
an/dachts/voll
An/da/lu/si/en Region in Südspanien
An/da/lu/si/er *m., -s, -*, Bewohner Andalusiens
An/da/lu/sisch
An/da/lu/sit *m., -s, -e*, Mineral
an/dan/te [italien.] In der Musik: ruhig, bedächtig
An/dan/te *n., -s, -*, in der Musik: Teil eines Stückes in ruhigem Tempo
an/dan/te con mo/to In der Musik: ruhig, aber dennoch nicht unbeweglich
an/dan/ti/no In der Musik: schneller als andante, aber nicht flott
An/dan/ti/no *n., -s, -s* oder *-ni*, in der Musik: Teil eines Stückes, etwas schneller als Andante gespielt
an/dau/en *tr.*, beginnen zu verdauen
an/dau/ern *intr.*
an/dau/ernd
An/den/ken *n., -s, -* 1. *nur Sg.* Erinnerung an etwas / jemanden 2. Gegenstand, der einen an etwas erinnert
an/de/re, an/de/rer, an/de/res, der, die, das andere, die anderen, ein anderer, mit jemand, niemand anderem sprechen jemand, niemand anderen suchen, siehe auch anders, alles andere, etwas, nichts anderes, oder auch: etwas, nichts Anderes, und anderes mehr (Abk. in Korrespondenz: u.a.m.), und vieles andere mehr (Abk. in Korrespondenz: u.v.a.m.), unter anderem (Abk. in Korrespondenz: u.a.), ein anderes Mal, aber: ein andermal, eine, einer nach dem/der anderen, die andere Person
an/de/ren/falls, an/dern/falls, an/de/ren/orts, an/dern/orts, an/de/ren/tags, an/dern/tags, an/de/ren/teils, an/dern/teils, an/de/rer/seits, an/drer/seits
an/der/mal siehe auch andere
än/dern *tr.*
an/dern/falls, an/de/ren/falls, an/dern/orts, an/de/ren/orts, an/dern/tags, an/de/ren/tags, an/dern/teils, an/de/ren/teils
an/ders, jemand, niemand anders, mit jemand, niemand anders sprechen, jemand, niemand anders suchen, irgendwie anders, Soll ich es anders schreiben?, irgendwo anders
an/ders/ar/tig
An/ders/ar/tig/keit *f., -, nur Sg.*

an/ders/den/kend oder auch: **anders denkend,** der anders Denkende, die Andersdenkenden
an/der/seits, an/de/rer/seits
an/ders/far/big, in einer anderen Farbe
An/ders/far/bi/ge *f.,* -n, -n,
An/ders/far/bi/ger *m.,* -farbigen, -farbige, Personen mit einer anderen Hautfarbe als der eigenen
an/ders/ge/ar/tet unterschiedlich von der gängigen Norm
an/ders/ge/sinnt eine andere Einstellung habend als die gängige Norm
an/ders/gläu/big einen anderen Glauben habend als den eigenen
An/ders/gläu/big/keit *f.,* -, *nur Sg.*
an/ders/he/rum oder auch: **an/ders/her/um**
an/ders/spra/chig eine andere Sprache sprechend als die eigene
An/ders/spra/chig/keit *f.,* -, *nur Sg.*
an/ders/wie
an/ders/wo
an/ders/wo/her
an/ders/wo/hin
an/dert/halb ugs. für eineinhalb
an/dert/halb/fach ugs. für eineinhalbfach
An/dert/halb/fa/che *n.,* -, *nur Sg.*
an/dert/halb/jährig, ugs. für eineinhalbjährig
an/dert/halb/mal ugs. für eineinhalbmal
Än/de/rung *f.,* -, -en
Än/de/rungs/vor/schlag *m.,* -s, -schläge
an/der/wär/tig
an/der/wärts
an/der/weit
an/der/wei/tig
An/de/sit *m,* -[e]s, *nur Sg.,* Ergussgestein
an/deu/ten *tr.*
An/deu/tung *f.,* -, -en, keine klare Aussage, nur Hinweise
an/deu/tungs/wei/se
an/die/nen *tr.,* Handelssprache, veralt.: Güter anbieten
An/dorn *m.,* -s, -e, Heilpflanze
An/dor/ra Zwergstaat in den Pyrenäen zwischen Spanien und Frankreich gelegen
An/dor/ra/ner *m.,* -s, -,
An/dor/ra/ne/rin *f.,* -, -nen, Bewohner Andorras
an/dor/ra/nisch in Andorra gesprochener Dialekt
An/dra/go/gik oder auch: **And/ra/go/gik** [griech.] *f.,* -, *nur Sg.,* Erwachsenenbildung
An/drang *m.,* -s, *nur Sg.*
an/drän/gen *intr.*
an/dre/hen *tr.,* ugs.: jemanden betrügen, indem man einer Person minderwertige oder wertlose Ware anbietet
An/dro/ga/met oder auch: **And/ro/ga/met** [griech.] *m.,* -s, -en, in der Biologie: männliche Keimzelle
an/dro/gyn oder auch: **and/ro/gyn** [griech.] zweigeschlechtlich, in der Mode: weder weiblich noch männlich
An/dro/gy/nie oder auch: **And/ro/gy/nie** *f.,* -, -n
an/dro/hen *tr.*
An/dro/hung *f.,* -, -en
An/dro/lo/gie oder auch: **And/ro/lo/gie** [griech.] *f.,* -, *nur Sg.,* Wissenschaft der Krankheiten, die nur bei Männern auftreten
an/dro/lo/gisch oder auch: **and/ro/lo/gisch**
An/dro/ma/che oder auch: **And/ro/ma/che** aus der griechischen Mythologie: Ehefrau Hektors
An/dro/me/da oder auch: **And/ro/me/da** 1. aus der griechischen Mythologie: Ehefrau Perseus´, 2. benachbarte Galaxie
An/druck *m.,* -s, -e, Probedruck
an/dru/cken *tr.*
an/drü/cken *tr.*
Äne/as [griech.], griechischer Sagenheld
an/e/cken *intr.*
an/eig/nen *tr.*
An/eig/nung *f.,* -, -en
an/ei/nan/der
Äne/is *f.,* -, *nur Sg.,* Epos von Vergil
An/ek/do/te [griech.] *f.,* -, -n, amüsante, jedoch nicht notwendigerweise belegbare Geschichten über berühmte Personen
an/ek/do/tisch
an/e/keln *tr.*
ane/mo/gam [griech.] in der Biologie: durch Wind bestäubt
Ane/mo/ga/mie *f.,* -, -n, Windbestäubung
Ane/mo/graph [griech.] *m.,* -en, -en, Windschreiber
Ane/mo/me/ter *n.,* -s, -, Windmessgerät
Ane/mo/ne [griech.] *f.,* -, -n, Windrose, Buschwindrose
an/em/pfeh/len *tr.,* einer Person etwas empfehlen
an/em/pfin/den *tr.*
An/e/ner/gie *f.,* -, -n siehe auch Anergie

an/e/ner/gisch oder auch:
an/en/er/gisch siehe auch anergisch
An/e/pi/gra/phum [griech.] *n.,* -s, -pha, titelloser Text
an/e/pi/gra/phisch ohne Titel, titellos
an/er/bie/ten *refl.*
An/er/bie/ten *n.,* -s, -
An/er/gie [griech.] *f.,* -, -n, 1. Energielosigkeit 2. Reizunempfindlichkeit 3. nicht nutzbare Energie
an/er/gisch
an/er/kann/ter/ma/ßen
an/er/ken/nen *tr.,* akzeptieren
an/er/ken/nens/wert
An/er/kennt/nis *f.* -, -se, Akzeptanz
An/er/ken/nung *f.,* -, -en
An/e/ro/id [griech.] *n.,* -s, -e, Luftdruckmesser
An/e/ro/sie [griech.] *f.,* -, -n, in der Biologie: Fehlen des Geschlechtstriebes
an/er/zie/hen *tr.*
An/er/zieh/ung *f.,* -, nur Sg.
A/neu/rie [griech.] *f.,* -, -n, in der Medizin: Nervenschwäche
A/neu/rin [griech.] *n.,* -s, *nur Sg.,* Vitamin B1
An/eu/rys/ma [griech.] *n.,* -s, -men oder auch -mata, in der Medizin: gefährliche Erweiterung einer Schlagader
an/fa/chen *tr.*
an/fah/ren *tr.* und *intr.*
An/fahrt *f.,* -, -en
An/fall *m.,* -s, -fälle 1. in der Medizin: Symptom einer Krankheit, z.B. Epilepsie-Anfall 2. *nur Sg.* Vorkommen, Menge
an/fal/len 1. *tr.* überfallen, eine Person anfallen 2. *intr.* entstehen, anfallende Bearbeitungsgebühren
an/fäl/lig leicht krank werdend
An/fäl/lig/keit *f.,* -, -en nur *Sg.,* Empfindlichkeit gegenüber Krankheiten, meist psychosomatisch
An/fang *m.,* -s, -fänge, Beginn, Start, Anfang des Jahres
an/fan/gen *intr.* und *tr.,* beginnen
An/fän/ger *m.* -s, -, Beginner
an/fäng/lich
an/fangs zu Beginn
An/fangs/buch/sta/be *m.,* -n, -n
An/fangs/ge/halt *n.,* -[e]s, -gehälter
An/fangs/sta/di/um *n.* -s, -dien
an/fecht/bar
An/fecht/bar/keit *f.,* -, *nur Sg.*
an/fech/ten *tr.*
An/fech/tung *f.,* -, -en
An/fein/den *tr.*
An/fein/dung *f.,* -, -en
an/fer/ti/gen *tr.*
An/fer/ti/gung *f.,* -, -en
an/feuch/ten *tr.*
an/feu/ern *tr.*
An/feu/e/rung *f.,* -, -en, lautstarke Unterstützung für eine Person
an/flie/gen *tr.*
An/flug *m.,* -s, -flüge
an/for/dern *tr.*
An/for/de/rung *f.,* -, -en
An/fra/ge *f.,* -, -en
an/fra/gen *intr.*
an/freun/den *refl.*
An/fuhr *f.,* -, -en
an/füh/ren *tr.*
An/füh/rer *m.,* -s, -
An/füh/rung *f.,* -, -en
An/füh/rungs/stri/che *m.,* -, *nur Pl.*
An/füh/rungs/zei/chen *n.,* -s, -n
an/fun/ken *tr.*
An/ga/be *f.,* -, -en, ugs.: Prahlerei
an/gän/gig erlaubt, zulässig
an/ge/ben *tr.,* ugs.: prahlen
An/ge/ber *m.,* -s, -
An/ge/be/risch
An/ge/bin/de *n.,* -s, -, veralt. für: Geschenk
an/geb/lich
an/ge/bo/ren
An/ge/bot *n.,* -s, -e
an/ge/bracht angemessen
an/ge/dei/hen *tr.*
An/ge/den/ken *n.,* *nur Sg.,* poetisch für Andenken
an/ge/graut leicht ergraut (Haare)
an/ge/grif/fen erschöpft, müde
an/ge/hei/ra/tet durch Heirat verwandt
an/ge/hei/tert beschwipst
an/ge/hen 1. *intr.,* nicht zulässig sein, nicht passend sein, gegen etwas / jemanden vorgehen 2. *tr.,* das geht mich nichts an: ich habe kein Recht, mich einzumischen, das ist nicht mein Problem
an/ge/hö/ren *intr.,* zugehören, Mitglied sein
an/ge/hö/rig
An/ge/hö/ri/ge *f.,* -n, -,
An/ge/hö/ri/ger *m.,* -n, -, verwandte Person
an/ge/jahrt
An/ge/klagte *f.,* -n, -n,
An/ge/klag/ter *m.,* -ten, -ten
an/ge/knackst ugs. für: beschädigt
an/ge/krän/kelt nicht ganz gesund
An/gel *f.,* -, -n
an/ge/le/gen
An/ge/le/gen/heit *f.,* -, -en

an/ge/le/gent/lich nachdrücklich

An/ge/li/ka *f.,* -, Engelwurz

an/geln *tr.,* fischen

An/geln, -, *nur Pl.,* germanischer Volksstamm in Angelsachsen

An/gel/punkt *m.,* -[e]s, -e, bildlich: wichtigster Punkt

An/gel/sach/se *m.,* -n, -n, im Plural Bezeichnung für germanische Stämme, die England bevölkerten

an/gel/säch/sisch

An/gel/säch/sisch *n.,* -, *nur Sg.* germanische Sprache des alten Englands vor der normannischen Invasion

an/ge/mes/sen adäquat

An/ge/mes/sen/heit *f.,* -, *nur Sg.*

an/ge/nehm

an/ge/nom/men unter der Voraussetzung, dass

an/ge/säu/selt ugs. für: leicht betrunken

an/ge/schrie/ben

an/ge/se/hen geachtet

An/ge/sicht *n.,* -[e]s, -er, poetischer Ausdruck für Gesicht: von Angesicht zu Angesicht

an/ge/sichts mit Genitiv, angesichts dieser Umstände

an/ge/stammt

An/ge/stell/te, *f.,* -n, -n,
An/ge/stell/ter *m.,* -n, -n, fester Mitarbeiter

An/ge/stell/ten/ver/siche/rung *f.,* -, -en

an/ge/trun/ken leicht betrunken

an/ge/wie/sen, abhängig von etw. oder jmd. sein

an/ge/wöh/nen *tr.*

An/ge/wohn/heit *f.,* -en

an/gie/ßen *tr.*

An/gi/na [griech.] *f.,* -, -nen, in der Medizin: Mandel-Rachen-Entzündung, meist begleitet von Fieber

An/gi/na pec/to/ris *f.,* -, *nur Sg.,* in der Medizin: Erkrankung der Herzkranzgefäße

an/gi/nös von Angina ausgelöst

An/gi/o/gramm [griech.] *n.,* Röntgenbild der Blutgefäße

An/gi/o/lo/ge *m.,* -n, -n
An/gi/o/lo/gie *f.,* -, *nur Sg.,* Wissenschaft von den Blutgefäßen

an/gi/o/lo/gisch

An/gi/om [griech.] *n.,* -s, -e, Gefäßgeschwulst

An/gi/o/pa/thie *f.,* -, *nur Sg.,* Erkrankung eines Blutgefäßes

Ang/ler *m.,* -s, -,
Ang/le/rin, *f.,* -, -nen

an/glie/dern *tr.,* zufügen

An/glie/de/rung *f.,* -, -en

an/gli/ka/nisch oder auch: **ang/li/ka/nisch** englische Staatskirche, losgesagt vom Katholizismus durch Heinrich VIII.

An/gli/ka/nis/mus oder auch: **Ang/li/ka/nis/mus** *m.,* -, *nur Sg.,* Lehre der anglikanischen Kirche

an/gli/sie/ren oder auch: **ang/li/sie/ren** *tr.*

An/gli/sie/rung oder auch: **Ang/li/sie/rung,** *f.,* -, *nur Sg.*

An/glist oder auch: **Ang/list** *m.,* -en, -en

An/glis/tik oder auch: **Ang/lis/tik** *f.,* -, *nur Sg.,* neuere englische Sprach- und Literaturwissenschaft

an/glis/tisch oder auch: **ang/lis/tisch**

An/gli/zis/mus oder auch: **Ang/li/zis/mus** *m.,* -, -men, englische Sprachelemente in einer anderen Sprache

An/glo/ame/ri/ka/ner oder auch: **Ang/lo/ameri/ka/ner** *m.,* -s, -, 1. US-Amerikaner britischer Abstammung 2. im Pl., allgemeiner Begriff für Engländer und Amerikaner

an/glo/ame/ri/ka/nisch oder auch: **ang/lo/ameri/-ka/nisch**

An/glo/ma/ne oder auch: **Ang/lo/ma/ne** *m.,* -en, -en,
An/glo/ma/nin, *f.,* -, -nen, Person, die von allem Englischen begeistert ist

An/glo/ma/nie oder auch: **Ang/lo/ma/nie** *f.,* -, *nur Sg.*

An/glo/nor/man/nisch oder auch: **Ang/lo/norman/nisch** *n.,* -[s], *nur Sg.,* nach der Eroberung durch die französisch sprechenden Normannen in England eingebürgerte Sprache, die das Keltische endgültig verdrängte

an/glo/phil oder auch: **ang/lo/phil** [lat.] englandfreundlich

An/glo/phi/lie oder auch: **Ang/lo/phi/lie** *f.,* -, *nur Sg.,* Vorliebe für alles Englische

an/glo/phob oder auch: **ang/lo/phob** alles Englische ablehnend, siehe auch frankophob

An/glo/pho/bie oder auch: **Ang/lo/pho/bie** *f.,* -, *nur Sg.,* Ablehnung alles Englischen, siehe auch Frankophobie

An/go/la Staat in Südwestafrika

An/go/la/ner *m.,* -s, -,
An/go/la/ne/rin *f.,* -, -nen, Bewohner/in Angolas

an/go/la/nisch
An/go/ra/ka/nin/chen *n.*, -s, -, Kaninchenrasse mit besonders flauschigem Fell
An/go/ra/wol/le *f.*, -,
An/gos/tu/ra *m.*, -s, *nur Sg.*, Likör, der v. a. zum Mixen von Cocktails verwendet wird
an/greif/bar
an/grei/fen *tr.*
An/grei/fer *m.*, -s, -
An/griff *m.*, -s, -e
An/griffs/krieg *m.*, -es, -e
an/griffs/lus/tig aggressiv
Angst *f.*, -, Ängste, Angst haben, in Angst sein, einer Person Angst machen, jedoch: mir ist angst und bange
ängs/ten *refl.*, poetisch veralt. für: Angst haben
angst/er/füllt
Angst/ha/se *m.*, -n, -n
ängs/ti/gen *tr.*
ängst/lich
Angst/psy/cho/se *f.*, -, -n
Angst/schweiß *m.*, -es, *nur Sg.*
angst/voll
an/gu/lar [lat.] zu einem Winkel gehörend, eckig
An/guß > **An/guss** *m.*, -es, -güsse
Anh. Abk. für Anhang
an/ha/ben *tr.*
An/halt 1. Region in Sachsen-Anhalt 2. *m.*, -es, -e, Anhaltspunkt
an/hal/ten *tr. u. intr.*, stoppen
An/hal/ter *m.*, -s, -, ugs.: eine Person, die vorbeifahrende Autos anzuhalten versucht, um mitgenommen zu werden
An/hal/ti/ner *m.*, -s, -,
An/hal/ti/ne/rin *f.*, -, -nen, Bewohner/in von Anhalt

an/hal/ti/nisch
An/halts/punkt *m.*, -es, e
an/hand oder auch: **an Hand,** an Hand oder auch anhand des Textes, an Hand, anhand von Berichten
An/hang *m.*, -es, -hänge, (Abk. in Korrespondenz: Anh.)
an/hän/gen 1. *tr.*, 2. *intr.*, einer Person anhängen: meist neg.: eine Person belasten, an einer Person hängen: meist pos. zu einer Person gefühlsmäßig gehören
An/hän/ger *m.*, -s, -
an/hän/gig ein Verfahren ist anhängig: ein Verfahren steht bevor
an/häng/lich einer Person zugetan sein, einer Person treu sein
An/häng/lich/keit *f.*, -, *nur Sg.*
An/häng/sel *n.*, -, -
an/hangs/wei/se
An/hauch *m.*, -es, -e
an/hau/chen *tr.*
an/hau/en *tr.*, ugs. 1. unter Bekannten: eine Person informell anreden 2. eine Person anbetteln, aggressiv um etwas bitten
an/häu/fen *tr.*
An/häu/fung *f.*, -, -en
an/he/ben 1. *tr.* 2. *intr.*, poetisch veralt.: anfangen, ich hob an zu reden
an/heim
an/hei/meln *tr.*, eine anheimelnde Atmosphäre: etw. gemütlich machen
an/heim/fal/len
an/heim/ge/ben
an/heim/stel/len einer Person etwas selbst überlassen
an/herr/schen *tr.*, anschnauzen

an/heu/ern *tr.*, in Dienst stellen, besonders auf Schiffen; ich heuere auf dem Schiff an
An/hi/drose oder auch:
An/hid/rose [griech.] *f.*, -en, fehlende oder reduzierte Schweißproduktion
An/hieb *m.*, -es, -e, auf Anhieb: direkt beim ersten Versuch
an/him/meln *tr.*, ugs. für bewundern
An/hö/he *f.*, -, -n
An/hy/drid oder auch:
An/hyd/rid [griech.] *n.*, -s, -e, in der Chemie: Sauerstoffverbindung, die mit Wasser eine Säure oder Base bildet
An/hy/drit oder auch:
An/hyd/rit *m.*, -[e]s, -e, wasserfreier Gips
ani/ma/lisch [lat.] tierisch, mit tierischen Eigenschaften
Ani/ma/lis/mus *m.*, -, *nur Sg.*, religiöse Anbetung von Tieren
ani/ma/lis/tisch
Ani/ma/li/tät *f.*, -, *nur Sg.* tierische Eigenschaft
Ani/ma/teur [französ.] *m.*, -s, -e, Unterhalter
ani/ma/to [italien.] in der Musik: belebt, mit Gefühl
Ani/ma/tor [engl.] *m.*, -s, -e 1. Trickfilmzeichner 2. Unterhalter für Touristen in Feriendörfern u. Ä.
ani/mie/ren [französ.] *tr.*, Stimmung fördern, Personen gut gelaunt machen
Ani/mier/mäd/chen *n.*, -s, -, veralt. für weibliche Angestellte in Lokalen, die den Umsatz fördern soll, indem sie die Gäste zu mehr Konsum animiert

Ani/mis/mus [lat.] *m., -, nur Sg.,* Glaube daran, dass die Natur eine Seele hat
ani/mis/tisch
Ani/mo/si/tät *f., -, nur Sg.,* Ablehnung, Widerwille, Hass
Ani/mus [lat.] *m., -, -mi,* Geist, Seele, Gefühl
An/ion [griech.] *n., -s, -en,* in der Chemie: negativ geladenes Ion
Anis [griech.] *m., -, nur Sg.,* Gewürzpflanze, z.B. in Lakritze oder Anissschnaps
Ani/sett *m., -s, nur Sg.,* Anislikör
An/i/so/ga/mie oder auch:
A/ni/so/ga/mie [griech.] *f., -, -n,* in der Biologie: Fortpflanzung niederer Pflanzen
ani/so/trop [griech.] unter gleichen Wachstumsbedingungen verschiedene Richtungen entwickelnd
An/i/so/tro/pie *f., -, nur Sg.,* anisotrope Eigenschaft
An/jou [franzöś.] 1. Region in Nordwestfrankreich 2. französisches Herrscherhaus
An/ka/ra Hauptstadt der Türkei
An/kauf *m., -es, käufe*
an/kau/fen *tr.*
An/käu/fer *m., -s, -*
An/ker *m., -s, -,* 1. altes Flüssigkeitsmaß 2. Vorrichtung zum Anhalten und Festmachen von Schiffen
an/kern *intr.*
An/ker/spill *n., -es, -e,* Ankerwinde
An/kla/ge *f., -, -n*
An/kla/ge/bank *f., -, -bänke,* Ort, an dem der Angeklagte vor Gericht Platz nimmt, auch bildlich
an/kla/gen *tr.*

An/klä/ger *m., -s, -, meist:* Staatsanwalt
an/klä/ge/risch
An/klang *m., -s, -klänge,* Zustimmung
an/klin/geln *tr., ugs. für:* antelefonieren
an/knüp/fen *tr.*
An/knüp/fung *f., -, nur Sg.*
An/knüp/fungs/punkt *m., -es, -e*
an/koh/len *tr., ugs. bildlich für:* anschwindeln
an/kom/men 1. *intr.* nicht darauf ankommen, ob..: es ist nicht entscheidend oder wichtig, ob.. 2. eintreffen
An/kömm/ling *m., -s, -e,* Eintreffende/r
an/kop/peln *tr.,* verbinden
an/kö/ren *tr.* zur Zucht auswählen
An/kö/rung *f., -, en,* Auswahl zur Zucht
an/krei/den *tr.,* übel nehmen, zum Vorwurf machen
an/kün/den *tr.*
an/kün/di/gen *tr.*
An/kün/di/gung *f., -, -en*
An/kunft *f., -, nur Sg.* Eintreffen
an/kup/peln *tr.*
an/kur/beln *tr.*
An/kur/be/lung *f., -, nur Sg.*
An/ky/lo/se [griech.] *f., -, -n,* in der Medizin: Gelenkversteifung
an/la/chen *tr., ugs. für:* eine Liebesbeziehung beginnen
An/la/ge *f., -, -n*
An/la/ge/ka/pi/tal *n., -s, -ien*
An/la/ge/pa/pier *n., -s, -e*
an/la/gern *tr.*
An/la/ge/rung *f., -, -en*
an/lan/den 1. *tr.* etwas an Land bringen 2. *intr.* neues Land bilden, z.B. durch Anschwemmungen
An/lan/dung *f., -, -en*
an/lan/gen 1. *tr.* veralt. für: anbelangen 2. *intr.* eintreffen
An/laß > **An/lass** *m., -es, -lässe*
an/las/sen *tr.* 1. einschalten (Maschinen) 2. *ugs.:* eingeschaltet lassen, angezogen lassen (Kleidung) 3. *refl.,* die Sache lässt sich gut an: die Sache beginnt erfolgversprechend
An/las/ser *m., -s, -*
an/läß/lich > **an/lässlich** mit Gen., aus Anlass
an/las/ten *tr.,* einer Person etwas zum Vorwurf machen, eine Person verantwortlich machen
An/lauf *m., -[e]s, -läufe*
an/lau/fen 1. *ugs.:* rot anlaufen: rot werden vor Verlegenheit 2. einen Hafen ansteuern
An/lauf/zeit *f., -, -en*
An/laut *m., -es, -e,* erster Laut eines Wortes oder einer Silbe
an/lau/ten *intr.*
an/läu/ten *tr.,* antelefonieren
an/le/gen 1. *tr.,* Kapital investieren 2. *refl., ugs.:* sich mit einer Person anlegen: Streit anfangen
An/le/ge/platz *m., -es, -plätze*
An/le/ger *m., -s, -,* 1. Person, die Kapital investiert 2. *spez.* Papiereinführschacht bei Druckpressen
An/le/ge/steg *m., -es, -e*
An/le/ge/stel/le *f., -, -n*
an/leh/nen *tr.*
An/leh/nung *f., -, nur Sg.*
An/leh/nungs/be/dürf/nis *n., -es, nur Sg.*
an/leh/nungs/be/dürftig
An/lei/he *f., -, -n*

Anleihe

an/lei/nen *tr.*, an die Leine legen, festbinden
an/lei/ten *tr.*
An/lei/tung *f.*, -, -en
an/ler/nen *tr.*, eine Person in die Arbeitsabläufe einführen
An/lern/ling *m.*, -es, -e, eine Person, die gerade angelernt wird
An/lern/zeit *f.*, -, -en
an/le/sen *tr.*, 1. kurzes Lesen des Anfangs eines Textes 2. sich durch Lesen Wissen aneignen
an/lie/fern *tr.*
An/lie/fe/rung *f.*, -, -en
an/lie/gen *intr.*
An/lie/gen *n.*, -s, -, Wunsch, Bitte
An/lie/ger *m.*, -s, -, Person, die an einer öffentlichen Straße wohnt
an/lu/ven *intr.*, den Bug des Schiffes in Windrichtung drehen
Anm. Abk. für Anmerkung
an/ma/chen *tr.*, ugs. für belästigen (auch sexuell), ugs. für: mögen
an/ma/ßen *refl.*
an/ma/ßend arrogant, hochnäsig sein
An/ma/ßung *f.*, -, *nur Sg.*, Hochnäsigkeit, Überheblichkeit
an/mel/den *tr.*
An/mel/de/pflicht *f.*, -, *nur Sg.*
An/mel/dung *f.*, -, -en
an/mer/ken *tr.*, bemerken, kommentieren
An/mer/kung *f.*, -, -en (Abk.: Anm.), Bemerkung, Kommentar
an/mus/tern *tr.*
An/mus/te/rung *f.*, -, -en
An/mut *f.*, -, *nur Sg.*, natürliche Eleganz von Bewegungen
an/mu/ten *tr.*, vorkommen, erscheinen, empfinden
an/mu/tig, elegant
An/mu/tung *f.*, -, -en, in der Psychologie: gefühlsbeladener Eindruck
an/na/geln *tr.*, mit Nägeln festmachen
an/nä/hen
an/nä/hern *tr.*
an/nä/hernd
An/nä/her/ung *f.*, -, -en
An/nä/her/ungs/ver/such *m.*, -s, -e
An/nah/me *f.*, -, -en
An/na/len [lat.] *f.*, -, *nur im Pl.*, Jahrbücher
An/na/list *m.*, -en, -en, Autor von Annalen
an/nehm/bar
an/neh/men *tr.*, als gegeben voraussetzen
an/nehm/lich
An/nehm/lich/keit *f.*, -, -en
an/nek/tie/ren [lat.] *tr.*, durch Aggression in Besitz nehmen, z.B. im Krieg
An/nek/tie/rung *f.*, -, -en, siehe auch Annexion
An/ne/li/den [lat.] *f.*, -, *nur im Pl.*, in der Biologie: Ringelwürmer
An/nex [lat.] *m.*, -es, -e, Anhang (zu einem Text), Anbau (an ein Gebäude)
An/nex/bau *m.*, -[e]s, -bauten
An/ne/xi/on *f.*, -, -en, Besitznahme staatsfremden Gebiets, meist durch aggressive Handlungen
An/ne/xi/o/nis/mus *m.*, -, *nur Sg.*, Ausrichtung der Politik auf Besitznahme fremden Territoriums
An/ne/xi/o/nist *m.*, -en, -en
an/ni cur/ren/tis [lat.] (Abk.: a.c.) des laufenden Jahres
an/ni fu/tu/ri [lat.] (Abk.: a.f.) des folgenden Jahres
An/ni/hi/la/ti/on [lat.] *f.*, -, -en, in der Physik: Umwandlung eines Elementarteilchenpaares in Strahlungsenergie
an/ni/hi/lie/ren *tr.*
an/ni prae/te/ri/ti [lat.] (Abk.: a.p.) des vorigen Jahres
An/ni/ver/sar [lat.] *n.*, -s, -e
An/ni/ver/sa/ri/um *m.*, -s, -rien, geh. für: Geburtstage, Jubiläen
an/no, An/no [lat.] (Abk.: a., A.) im Jahr, anno oder auch: Anno 1945, anno dazumal (ugs) veralt. für: vor langer Zeit
an/no Do/mi/ni, An/no Do/mi/ni (Abk.: a.D., A.D.) im Jahr des Herrn: d.h. nach Christi Geburt, unsere Zeitrechnung beruht darauf
An/non/ce [französ.] *f.*, -, -en, Zeitungsinserat, Anzeige
an/non/cie/ren [französ.] *tr.*, durch eine Anzeige etwas suchen oder anbieten
An/no/ta/ti/on [lat.] *f.*, -, -en, Bemerkung, Vermerk
An/nu/i/tät *f.*, -, -en, Handelssprache: jährliche Zahlung zur Verzinsung und Tilgung eines Kredits
an/nul/lie/ren [lat.] *tr.*, ungültig machen, für null und nichtig erklären
An/nul/lie/rung *f.*, -, -en, Stornierung, Nichtigkeitserklärung
Ano/de [griech.] *f.*, -, -en, positiv geladene Elektrode
an/ö/den *tr.*, ugs.: sich langweilen

Ano/den/bat/terie, *f.,* -, -n
an/o/disch
an/o/mal [griech.] nicht normal, von der Norm abweichend, außerhalb der Regeln (aber nicht notwendigerweise illegal)
An/o/ma/lie *f.,* -, -n, Ereignis außerhalb der Norm
Ano/mie [griech.] *f.,* -, -n, 1. Normenlosigkeit 2. in der Soziologie: Unfähigkeit oder Unwillen, sich den gängigen Normen anzupassen
ano/misch
an/o/nym [griech.] ohne Namen, namenlos (auch absichtlich)
An/o/ny/mi/tät *f.,* -, *nur Sg.,* (gewollte) Namenlosigkeit
An/o/ny/mus *m.,* -, -mi, Autor mit unbekanntem Namen
An/o/phe/les [griech.] *f.,* -, -,
An/o/phe/les/mü/cke *f.,* -, -n, Stechmücke, die in den Tropen vorkommt und Malaria überträgt
Ano/pie oder auch:
An/o/pie [griech.],
An/op/sie *f.,* -, -n, Sehstörung durch mechanische Beschädigung des Auges
Ano/rak [eskim.] *m.,* -s, -s, dicke wasser- und windundurchlässige Jacke
an/ord/nen *tr.,* in eine bestimmte Reihenfolge bringen
An/ord/nung *f.,* -, -en
ano/rek/tal [lat.] in der Umgebung von After und Mastdarm
an/or/ga/nisch nicht organisch, nicht lebend
An/or/gas/mie [griech.] *f.,* -,

-n, Abwesenheit des Orgasmus
anor/mal nicht normal
An/or/thit [griech.] *m.,* -s, -e, Mineral
An/os/to/se [griech.] *f.,* -, -en, in der Medizin: Knochenschwund
An/ox/ä/mie, [griech.], *f.,* -, -n, Sauerstoffmangel im Blut
an/pas/sen *tr.,* sich einordnen
An/pas/sung *f.,* -, -en, Einordnung
An/pas/sungs/fäh/ig, flexibel
An/pas/sungs/fäh/ig/keit *f.,* -, *nur Sg.*
An/pas/sungs/schwie/rig/keit/en *f.,* -, *nur im Pl.*
an/pei/len *tr.,* per Radar ansteuern
an/pfei/fen 1. *intr.,* im Sport: durch Pfiff ein Spiel beginnen lassen 2. *tr.,* ugs. für: eine Person massiv für ihr Verhalten kritisieren und zur Ordnung rufen
An/pfiff *m.,* -es, -e
an/pflan/zen *tr.*
An/pflan/zung *f.,* -, -en
an/pflau/men *tr.,* ugs. für: eine Person verbal angreifen
an/pir/schen *refl.,* in der Jägersprache: sich lautlos aschleichen
An/pö/be/lei *f.,* -, -en, Belästigung meist ohne ersichtlichen Grund
an/pö/beln *tr.,* belästigen, eine Person grundlos anschreien
An/prall *m.,* -es, -e
an/pral/len *intr.*
an/pran/gern *tr.,* öffentlich anklagen
An/pran/ge/rung *f.,* -, -en
an/prei/sen *tr.,* zum Verkauf anbieten
An/prei/sung *f.,* -, -en
An/pro/be *f.,* -, -n
an/pro/bie/ren *tr.,* testen, ob Kleidung passt
an/pum/pen *tr.,* ugs. für: Geld leihen
An/putz *m.,* -es, *nur Sg.*
an/pu/tzen *tr.,* schmücken
An/rai/ner *m.,* -s, Anlieger, Bewohner einer Straße
an/ran/zen *tr.,* ugs., bes. süddt.: jemanden unfreundlich anblaffen
An/ran/zer *m.,* -s, -, ugs., bes. süddt.: das beim Anranzen gesagte
an/ra/ten *tr.,* empfehlen, ans Herz legen
an/raun/zen *tr.,* siehe anranzen
an/rech/nen *tr.*
An/rech/nung *f.,* -, -en
An/recht *n.,* -es, -e 1. Recht (allg.) 2. veralt. für: Abonnement, Platzmiete 3. Anspruch
An/recht/ler *m.,* -s, -, veralt. für Abonnent
An/rechts/kar/te *f.,* -, -n
An/re/de *f.,* -, -n
An/re/de/fall *m.,* -es, -fälle, Vokativ
an/re/den *tr.,* ansprechen
an/re/gen *tr.,* animieren, ermutigen
An/re/ger *m.,* -s, -
An/re/gung *f.,* -, -en, Denk- oder Handlungsanstoß
an/rei/chern *tr.*
An/rei/che/rung *f.,* -, -en
an/rei/hen *tr.*
An/reih/ung *f.,* -, -en
An/rei/se *f.,* Anfahrt, Ankunft
an/rei/sen *intr.,* auf dem Weg sein
an/rei/ße/risch
An/reiz *m.,* -es, -e

an/rei/zen *tr.*
an/rem/peln *tr.,* jmd. schubsen
An/rich/te *f.,* -, -n
an/rich/ten *tr.*
An/riß > An/riss *m.,* -es, -e, Planzeichnung für ein Werkstück auf Holz oder Metall
an/rü/chig
An/rü/chig/keit *f.,* -, -en
An/ruf *m.,* -es, -e
an/ru/fen *tr.,* jmdn. antelefonieren
An/ru/fer *m.,* -s, -
An/ru/fung *f.,* -, -en
ans kurz für: an das, ans Auto gehen
An/sa/ge *f.,* -, -en
an/sa/gen *tr.,* ausrufen, ankündigen, beim Skat: zu reizen beginnen
An/sa/ger *m.,* -, -
an/sam/meln *tr.*
An/samm/lung *f.,* -, -en
an/säs/sig wohnhaft, seinen Wohnsitz habend
An/satz *m.,* -es, -sätze
An/satz/punkt *m.,* -es, -e
an/sau/fen *tr.,* ugs. für: sich absichtlich betrinken
an/säu/seln *tr.,* ugs. für: sich ein bisschen betrinken
an/schaf/fen *tr.,* sich etwas zulegen, ugs. für: als Prostituierte/r arbeiten
An/schaf/fung *f.,* -, -en
An/schaf/fungs/kos/ten, -, *nur Pl*
an/schau/en *tr.*
an/schau/lich deutlich, verständlich
An/schau/lich/keit *f.,* -, *nur Sg.*
An/schau/ung *f.,* -, -en
An/schau/ungs/un/terricht *m.,* -es, -e
An/schein *m.,* -s, *nur Sg.*
an/schei/nend offensichtlich, scheinbar
an/schei/ßen *tr.,* ugs. für: hart kritisieren
an/schi/cken *refl.,* anfangen, etwas zu tun
an/schir/ren *tr.,* einem Zugtier sein Geschirr umlegen
An/schiß > An/schiss *m.,* -es, -e, ugs. für: harte Kritik
An/schlag *m.,* -es, -schläge
an/schla/gen *tr.* und *intr.,* (Hund) bellen, wirken: der Wein schlägt langsam an
An/schlä/ger *m.,* -s, -
an/schläm/men *tr.,* anschwemmen (Land)
an/schlie/ßen *tr.,* verbinden
An/schluß > An/schluss *m.,* -es, -schlüsse, Verbindung
An/schluß/ka/bel > An/schluss/ka/bel *n.,* -s, -s
An/schluß/zug > An/schluss/zug *m.,* -es, -züge
an/schmie/gen *tr.,* ankuscheln
an/schmieg/sam kuschelig, weich
An/schmieg/sam/keit *f.,* -, *nur Sg.,* Kuschelbedürfnis
an/schmie/ren *tr.* 1. ugs. für: betrügen, über's Ohr hauen 2. bes. süddt.: verschmutzen
an/schnau/zen *tr.,* ugs. für: hart kritisieren
An/schnau/zer *m.,* -, - ugs. für: grobe Kritik
an/schnei/den *tr.*
An/schnitt *m.,* -es, -e
An/scho/vis, An/cho/vis [span.] *f.,* -, - stark gesalzene Sardelle, meist auf Pizzas
An/scho/vis/pas/te *f.,* -, -en, Creme aus Anschovis
an/schrei/ben *tr.,* jmdn. schreiben, anschreiben lassen: auf Kredit kaufen
An/schrei/ben *n.,* -s, -, Brief, Fax
an/schrei/en *tr.*
An/schrift *f.,* -, -en, Adresse
an/schul/di/gen *tr.,* jmdn. beschuldigen
An/schul/di/gung *f.,* -, -en
an/schwär/zen *tr.,* schwarz färben, ugs. für: jmdn. verraten
an/schwei/gen *tr.,* sich nichts zu sagen haben
an/schwel/len *intr.*
An/schwel/lung *f.,* -, -en
an/schwem/men *tr.*
An/schwem/mung *f.,* -, -en
an/seh/en *tr.,* betrachten
An/seh/en *n.,* -s, *nur Sg.,* Betrachtung, auch: gesellschaftlicher Ruf
an/sehn/lich nicht hässlich
An/sehn/lich/keit *f.,* -, *nur Sg.*
an sein *intr.,* ugs. für: eingeschaltet sein, die Waschmaschine ist an
an/set/zen 1. *tr.* Schnaps ansetzen, 2. *intr.,* zu einer Rede ansetzen 3. *refl.,* sich festsetzen
An/sicht *f.,* -, -en
an/sich/tig er wurde ihrer ansichtig: (veralt. für) er sah sie
An/sichts/kar/te *f.,* -, -n, Postkarten aus dem Urlaubsort
An/sichts/sa/che *f.,* Standpunkte
an/sie/deln *tr.,* sich niederlassen
An/sied/ler *m.,* -s, -
An/sied/lung *f.,* -, en
An/sin/nen *n.,* -s, -, Wunsch, Bitte
An/sitz *m.,* -es, -e
an/span/nen *tr.*
An/span/nung *f.,* -, *nur Sg.*
an/spei/en *tr.,* anspucken

an/spie/len 1. *tr.*, nur zur Hörprobe spielen (Musik) 2. *intr.*, andeuten
An/spie/lung *f.*, -, -en, Andeutung
An/sporn *m.*, -es, -e, Ermutigung
an/spor/nen *tr.*, ermutigen
An/spra/che *f.*, -, -en, Rede
an/spre/chen 1. *tr.*, jmdn. anreden 2. *intr.*, in der Musik: Klang, Ton geben
An/spruch *m.*, -es, - sprüche, Erwartungen
an/spruchs/los ohne Erwartungen, mit wenig zufrieden sein
An/spruchs/lo/sig/keit *f.*, -, *nur Sg.*
an/spruchs/voll mit hohen Erwartungen
An/stalt *f.*, -, -en
An/stalts/lei/ter *m.*, -s, -
An/stand *m.*, -es, *nur Sg.*, 1. gutes Benehmen, Ehrenhaftigkeit 2. Einwand, Kritik
an/stän/dig, ehrenhaft
An/stän/dig/keit *f.*, -, *nur Sg.*
an/stands/hal/ber
an/stands/los ohne Einwände
an/statt an Stelle von jmdn. / etwas
an/ste/cken *tr.* und *intr.*, infizieren, ugs. auch: einschalten
An/ste/ckung *f.*, -, *nur Sg.*, Infizierung
An/ste/ckungs/ge/fahr *f.*, -, -en
an/steh/en *intr.*, Schlange stehen, bevorstehen
an/stel/le oder auch **an Stelle** anstelle / an Stelle des Autos nehmen wir den Bus
an/stel/len *tr.* und *refl.*
An/stel/le/rei *f.*, -, *nur Sg.*

an/stel/lig geschickt und willig
An/stel/lung *f.*, -, -en, Arbeitsstelle
An/stich *m.*, -es, -e, ein Fass öffnen
An/stieg *m.*, -es, -e
an/stif/ten *tr.* zu einer Straftat anstiften
An/stif/ter *m.*, -s, -
An/stif/tung *f.*, -, -en
an/stim/men *tr.* ein Lied anstimmen
an/stin/ken *intr.*, ugs.: gegen etwas vorgehen
An/stoß *m.*, -es, -stöße
an/sto/ßen *tr.* und *intr.*
an/stö/ßig
An/stö/ßig/keit *f.*, -, -en
an/strei/chen *tr.*
An/strei/cher *m.*, -s, -, Maler
an/stren/gen *tr.*, sich bemühen
An/stren/gung *f.*, -, -en
An/strich *m.*, -es, -e
an/stü/ckeln *tr.*, etwas an ein Ganzes anfügen
An/sturm *m.*, -es, -stürme
an/stür/men *intr.*
an/su/chen *tr.*, bürokratisch für: jmdn. um etwas bitten, einen Antrag stellen
An/su/chen *n.*, -s, -e, bürokratisch für: Bitte, Antrag
An/ta/go/nis/mus oder auch: **Ant/ago/nis/mus** [griech.] *m.*, -, -men, krasser Gegensatz
An/ta/go/nist oder auch: **Ant/ago/nist** *m.*, -en, -en, Gegner, Widerpart
an/ta/go/nis/tisch oder auch: **ant/ago/nis/tisch** gegensätzlich, im Widerstreit befindlich
Ant/ark/ti/ka [griech.] *f.*, -, *nur Sg.*, Kontinent um den Südpol herum

Ant/ark/tis *f.*, -, *nur Sg.*, Region um den Südpol herum
ant/ark/tisch
an/tas/ten *tr.* und *intr.*, berühren, anrühren
an/te Chris/tum (na/tum) [lat.], Abk.: a. Chr. (n.): (Zeitrechnung) vor Christi Geburt, heute meist v. Chr. abgekürzt
an/te/da/tie/ren [lat.] *tr.*, veralt. für: vordatieren
An/teil *m.*, -es, -e
an/tei/lig
An/teil/nah/me *f.*, -, *nur Sg.*
an/te/le/fo/nie/ren *tr.*, anrufen
an/te me/ri/di/em [lat.] (Abk.: a.m.) (Uhrzeit, US und brit.): vormittags
an/te mor/tem (Abk.: a.m.) in der Medizin: vor dem Tod
An/ten/ne [lat.] *f.*, -, -en 1. Konstruktion für Empfang und Aussendung von Radio und Fernsehen oder anderen elektromagnetischen Wellen 2. in der Biologie: Fühler der Gliedertiere
an/te por/tas [lat.] im Anmarsch, Hannibal ante portas
An/te/ze/dens [lat.] *n.*, -, -denzien, **An/te/ze/denz** *f.*, -, -en, wissenschaftliche Voraussetzung, Ursache
an/te/ze/dent durch Antezedenz begründet
an/te/ze/die/ren *intr.*, veralt. für: vorausgehen
An/te/zes/sor *m.*, -s, -ren, veraltet. für: Vorgänger
Ant/he/li/um [griech.] *n.*, -s -lien, Gegensonne
An/them [engl.] *n.*, -s, -s, englische hymnenartige Lieder

An/the/mi/on [griech.] *n.*, -s, -mien, Blumenschmuckfries im altgriechischen Baustil

An/the/mis [griech.] *f.*, -, -, in der Biologie: Hundskamille

An/the/re [griech.] *f.*, -, -en, in der Biologie: Staubbeutel

An/tho/lo/gie [griech.] *f.*, -, -n, Sammlung von Gedichten, Dramen oder anderen Texten

An/tho/lo/gi/on, An/tho/lo/gi/um *n.*, -s, -gia oder -gien, in der Religion: griechisch-orthodoxes Gebetbuch

an/tho/lo/gisch

An/tho/lo/gi/um *n.*, -s, -gia od. -gien, siehe auch Anthologion

An/tho/zo/on [griech.] *n.*, -s, -zoen, in der Biologie: Korallentierchen

An/thra/ko/se *f.*, -, -en, in der Medizin: Bergmannskrankheit, Kohlenstaubablagerung in der Lunge

An/thrax *m.*, -, nur Sg., in der Medizin: Milzbrand

An/thra/zit *m.*, -s, -e, hochwertige Steinkohle

an/thra/zit/far/ben, an/thra/zit/far/big sehr dunkles Grau, schwarzgrau

an/thro/po/gen [griech.] von Menschenhand geschaffen oder von dessen Existenz beeinflusst

An/thro/po/ge/ne/se, An/thro/po/ge/nie *f.*, -, -n, Wissenschaft der stammesgeschichtlichen Entwicklung des Menschen

An/thro/po/go/nie *f.*, -, -n, religiöse, wissenschaftlich nicht zu beweisende Lehre vom Ursprung des Menschen

An/thro/po/gra/phie *(Nf.)*

An/thro/po/gra/fie *(Hf.) f.*, -, -, -n, Erklärung der menschlichen Rassenmerkmale

an/thro/po/id menschenähnlich

An/thro/po/id *m.*, -en, -en, Menschenaffe

An/thro/po/lo/ge *m.*, -, -n

An/thro/po/lo/gie *f.*, -, nur Sg., Wissenschaft, die sich mit der menschlichen Rasse befasst

an/thro/po/lo/gisch

An/thro/po/me/trie oder auch: **An/thro/po/met/rie** *f.*, nur Sg., Lehre von den körperlichen Proportionen des Menschen

an/thro/po/me/trisch oder auch: **an/thro/pomet/risch**

an/thro/po/morph menschenähnlich, vermenschlicht (neg.)

an/thro/po/mor/phi/sieren *tr.*, menschenähnlich machen, vermenschlichen (neg.)

An/thro/po/mor/phismus *m.*, -, nur Sg., Vermenschlichung (neg.)

An/thro/po/pha/ge *m.*, -n, -n

An/thro/po/pha/gie *f.*, -, nur Sg., siehe auch Kannibalismus

an/thro/po/phob menschenscheu

An/thro/po/pho/bie *f.*, nur Sg., Menschenscheu

An/thro/po/soph *m.*, -en, -en

An/thro/po/so/phie *f.*, -, nur Sg., Lehre vom Menschen und seiner Einbettung in das Übersinnliche (nach Rudolf Steiner)

an/thro/po/so/phisch

an/thro/po/zen/trisch oder auch: **an/thro/pozent/risch** Einstellung, dass der Mensch der Mittelpunkt allen Daseins ist

An/thro/pus *m.*, -, nur Sg., Vormensch, Urmensch

an/ti, An/ti- [griech.] gegen, Gegen-

An/ti/al/ko/ho/li/ker *m.*, -, - Gegner und Abstinenzler von Alkohol

An/ti/asth/ma/ti/kum *n.*, -s, -ka, Medizin gegen Bronchialasthma

an/ti/au/to/ri/tär moderner Erziehungsstil, der ohne Autorität seitens der Eltern versucht, Kinder zu sozialem Verhalten zu motivieren.

An/ti/ba/by/pil/le [engl.] *f.*, -, -n, Mittel zur Empfängnisverhütung, Kurzform: Pille

an/ti/bak/te/ri/ell Bakterien vernichtend

An/ti/bi/ont [griech.] *m.*, -en, -en, in der Biologie: Kleinstlebewesen

An/ti/bi/o/se *f.*, -, -n, Tötung von Kleinstlebewesen durch Stoffwechselprodukte anderer Kleinstlebewesen

An/ti/bi/o/ti/kum *n.*, -s, -ka Medizin, die Antibiose verursacht und dadurch Bakterien und Pilze abtötet

an/ti/bi/o/tisch Antibiose bewirkend

An/ti/blo/ckier/sys/tem *n.*, -s, -e (Abk.: ABS), moderne Bremsanlage im Auto, die das Blockieren der Räder bei Vollbremsung verhindert und so das Fahrzeug in der Spur hält

Antiquariat

An/ti/christ 1. *m.,* -en, -en, Ablehner des Christentums 2. *m.,* -en, *nur Sg.,* Teufel, oder auch: Sohn des Teufels als Widerpart zu Jesus
an/ti/christ/lich
An/ti/di/ar/rho/i/kum [griech.] *n.,* -s, -ka Medizin gegen Durchfallerkrankungen
An/ti/dot [griech.] *n.,* -s, -en Gegengift
An/ti/fa/schis/mus *m.,* -, *nur Sg.,* urspr. Bewegung gegen Faschismus aller Arten, heute oft: gegen Nationalsozialismus
An/ti/fa/schist *m.,* -en, -en
An/ti/gen [griech.] *n.,* -s, -e, artfremder Eiweißstoff, der im Blut die Bildung von Antikörpern bewirkt, die ihn selbst vernichten
An/ti/go/ne in der griechischen Mythologie: Tochter des Ödipus
an/tik [lat.] aus der Antike stammend, auch bildlich: alt
An/ti/ka/tho/de *f.,* -, -en Anode einer Röntgenröhre
An/ti/ke [lat.] *f.,* -, *nur Sg.,* griechisches und römisches Altertum
An/ti/ken Pl. antike Kunstwerke
an/ti/kle/ri/kal kirchengegnerisch, nicht notwendigerweise unreligiös
An/ti/kle/ri/ka/lis/mus *m.,* -, *nur Sg.,* kirchengegnerische Einstellung, nicht notwendigerweise Unreligiösität
An/ti/kli/max *f.,* -, -e, in einer Rede der Übergang vom stärkeren zum schwächeren Ausdruck
an/ti/kli/nal [griech.] in der Geologie: sattelförmig

An/ti/kli/na/le, *f.,* -n, -n, in der Geologie: Sattel
an/ti/kon/zep/ti/o/nell empfängnisverhütend
An/ti/kör/per *m.,* -s, -, Abwehrstoff gegen Krankheitserreger
An/ti/kri/tik *f.,* -, -en Entgegnung einer Kritik
An/til/len Pl. Inselgruppe vor Mittelamerika
An/ti/lo/pe [griech.] *f.,* -, -en, Huftier, v. a. in Asien und Afrika vorkommend
An/ti/mi/li/ta/ris/mus *m.,* -, *nur Sg.,* Gegenbewegung zum Militarismus
An/ti/mi/li/ta/rist *m.,* -en, -en, Gegner des Militarismus
an/ti/mi/li/ta/ris/tisch
An/ti/mon [griech.] *n., nur Sg.* (chem. Zeichen: Sb) chemisches Element, Metall, Stibium
An/ti/mo/nat *n.,* -s, -en, in der Chemie: Salz der Antimonsäure
An/ti/mon/blü/te *f.,* -, -en, Mineral
An/ti/mo/nit [lat.] *m.,* -s, -e 1. in der Chemie: Salz der antimonigen Säure 2. Antimonerz, Grauspießglanz
An/ti/mo/ra/lis/mus *m.,* -, *nur Sg.,* Ablehnung der allgemein gültigen Moral
An/ti/mo/ra/list *m.,* -en, -en
An/ti/neu/ral/gi/kum oder auch: **An/ti/neural/gi/kum** [griech.] *n.,* -s, -ka, in der Medizin generell: schmerzstillendes Mittel
An/ti/no/mie [griech.] *f.,* -, -n Widerspruch zweier Sätze, die jeder für sich richtig sind
an/ti/no/misch
An/ti/o/chi/a Stadt im antiken Syrien

An/ti/pa/pist [griech.] *m.,* -en, -en Ablehner des Papsttums, besonders dessen sog. Unfehlbarkeit
An/ti/pas/sat *m.,* -es, -e, Gegenpassat, dem Passat entgegenwirkender tropischer Wind
An/ti/pas/to [italien.] *n.,* - (s), -sti, allg. für italienische Vorspeise
An/ti/pa/thie [griech.] *f.,* -, -n, Abneigung auf den ersten Blick, Ablehnung einer Person
an/ti/pa/thisch
An/ti/phon [griech.] *f.,* -s, -e, in der Religion: liturgischer Wechselgesang
An/ti/phra/se [griech.] *f.,* -, -n, rhetorisches Stilmittel, das das Gegenteil des eigentlich Gemeinten ausdrückt, z.B. bei Regen: „Das ist ja ein tolles Wetter heute."
An/ti/po/de [griech.] *m.,* -n, -n, 1. jemand, der auf dem engegengesetzten Punkt des Planeten lebt, „Gegenfüßler" 2. auch bildlich: Person, die eine genau entgegengesetzte Meinung hat
An/ti/pol *m.,* -s, -e, Gegenpol
An/ti/py/re/ti/kum [griech.] *n.,* -s, -ka, Medizin gegen Fieber
an/ti/py/re/tisch, fiebersenkend
An/ti/qua [lat.] *f.,* -, *nur Sg.,* Zusammenfassung lateinischer Texte
An/ti/quar *m.,* -s, -e, Buchhändler/in mit gebrauchten Büchern im Sortiment
An/ti/qua/ri/at *n.,* -s, -e, Buchhandlung, in der auch gebrauchte Bücher verkauft werden

an/ti/qua/risch gebraucht
an/ti/quiert veraltet, altertümlich
An/ti/qui/tät *f., -, -en*, altes Kunstwerk, z.B. Jugendstilmöbel, etc.
An/ti/rheu/ma/ti/kum [griech.] *n., -s, -ka*, Medizin gegen Rheumatismus
An/ti/se/mit *m., -en, -en*, Gegner von Juden
an/ti/se/mi/tisch
An/ti/se/mi/tis/mus *m., -, nur Sg.*, ablehnende Haltung gegenüber dem Judentum
An/ti/sep/sis [griech.] *f., -, nur Sg.*,
An/ti/sep/tik *f., -, nur Sg.*, Wundreinigung zur Desinfizierung, Tötung von Erregern
An/ti/sep/ti/kum *n., -s, -ka*
an/ti/sep/tisch keimtötend
An/ti/se/rum [griech.] *n., -s, -ren*, Gegenmittel
An/ti/spas/mo/di/kum,
An/ti/spas/ti/kum [griech.] *n., -s, -ka*, Medizin zur Lösung von Krämpfen
an/ti/spas/tisch krampflösend
An/ti/stro/phe *f., -, -en*, Gegenstrophe
An/ti/the/se *f., -, -n*, Gegenthese, Behauptung, die der vorgegebenen genau entgegensteht
An/ti/the/tik *f., -, nur Sg.*, Lehre der Widersprüche
an/ti/the/tisch entgegensetzend
An/ti/to/xin *n., -s, -e*, Gegengift
An/ti/zi/pa/ti/on [lat.] *f., -, -en*, Vorwegnahme
an/ti/zi/pa/to/risch vorwegnehmend
an/ti/zi/pie/ren *tr.*, vorwegnehmen
an/ti/zyk/lisch oder auch:
an/ti/zy/klisch gegen einen Zyklus funktionierend, unregelmäßig
An/ti/zyk/lone oder auch:
An/ti/zy/klone *f., -, -n*, in der Wetterkunde: Hochdruckgebiet
An/ti/zy/mo/ti/kum [griech.] *n., -s, -ka*, gärungshemmendes Mittel
Ant/litz *n., -es, -e*, poetisch veralt. für: Gesicht
an/tör/nen [engl. to turn on] *intr.*, ugs. für: in Erregung versetzen (auch sexuell)
An/to/no/ma/sie [griech.] *f., -, -n* 1. Ersetzung des eigentlichen Namens durch eine Umschreibung, z.B. „König der Tiere" für Löwe 2. Ersetzung der Artbezeichnung durch einen Eigennamen, z.B. „Goliath" für „großer Mann"
An/to/nym *n., -s, -e*, Begriff mit oppositioneller Bedeutung, z.B. Groß und Klein, Alt und Jung
An/trag *m., -s, -träge*, Vorschlag
An/trag/stel/ler *m., -s, -*
an/trau/en *tr.*, veralt. für: verheiraten
an/trei/ben *tr.*
An/trei/ber *m., -s, -*
An/trei/bung *f., -, -en*
An/trieb *m., -es, -e*
An/triebs/kraft *f., -, -kräfte*
An/triebs/schwä/che *f., -, nur Sg.*
an/trin/ken *tr.*, sich betrinken
An/tritt *m., -s, -e*
An/tritts/vor/le/sung *f., -, -en*, die erste Vorlesung eines neuen Dozenten

an/tun *tr.*, einer Person schaden, sich selbst schaden (meist Selbstmord)
Ant/wort *f., -, -en*, Erwiderung auf eine Frage
ant/wor/ten *tr.*
Ant/wort/schein *m., -s, -e*
an und für sich im Grunde genommen
Anus [lat.] *m., -, Ani*, After
an/ver/trau/en *tr.*
an/ver/wandt veralt. für: verwandt
An/ver/wand/te,
An/ver/wand/ter veralt. für: Verwandte/r
an/vi/sie/ren *tr.*
An/wachs *m., -es, nur Sg.*
an/wach/sen *intr.*
An/wach/sung *f., -, nur Sg.*
An/walt *m., -es, -wälte*, Rechtsbeistand
An/wäl/tin *f., -, -nen*
An/walts/bü/ro *n., -s, -s*, Kanzlei
An/walt/schaft *f., -, nur Sg.*, Gemeinschaft von Anwälten
An/walts/kam/mer *f., -, -n*
an/wan/deln *tr.*
An/wand/lung *f., -, -en*
An/wär/ter *m., -s, -*, Kandidat
An/wart/schaft *f., -, -en*, Kandidatur
an/wei/sen *tr.*
An/wei/sung *f., -, -en*
an/wend/bar praktikabel
An/wend/bar/keit *f., -, nur Sg.*
an/wen/den *tr.*
An/wen/dung *f., -, -en*
An/wen/dungs/be/reich *m., -[e]s, -e*
an/wer/ben *tr.*
An/wer/bung *f., -, -en*
An/we/sen *n., -s*, Grundstück, auf dem ein Haus steht
an/we/send präsent

An/we/sen/de *f.,* -n, -n
An/we/sen/der, *m.,* -en, -en, präsente Person
An/we/sen/heit *f.,* -, *nur Sg.,* Präsenz
An/we/sen/heits/lis/te *f.,* -, -n
an/wi/dern *tr.,* anekeln
An/woh/ner *m.,* -s, -, Anlieger, Nachbar
An/woh/ner/schaft *f.,* -, *nur Sg.,* Gemeinschaft der Anlieger, Nachbarschaft
An/wuchs *m.,* -es, -e, junger Baumbestand
An/wurf *m.,* -es, -würfe, im Sport: erster Wurf in einem Spiel
an/wur/zeln *intr.*
An/zahl *f.,* -, *nur Sg.*
an/zah/len *tr.,* Teilbetrag zahlen
An/zah/lung *f.,* -, -en
an/zap/fen *tr.* 1. anstechen (Bierfass) 2. sich Geld leihen
An/zei/chen *n.,* -s, -
An/zei/ge *f.,* -, -n, 1. Zeitungsinserat, 2. Meldung eines Verbrechens bei der Polizei
an/zei/gen *tr.*
An/zei/ge/pflicht *f.,* -, -en, Verpflichtung des Bürgers zur Meldung von Verbrechen
an/zei/ge/pflich/tig
An/zei/ger *m.,* -s, -, meist Name von Lokalzeitungen
an/zet/teln *tr.*
An/zet/te/lung *f.,* -, *nur Sg.,* Anstiftung
an/zieh/en *tr.*
An/zieh/ung *f.,* -, *nur Sg.*
An/zieh/ungs/kraft *f.,* -, -kräfte, Gravitation
An/zug *m.,* -s, -züge 1. Jackett und Hose in der gleichen Machart, 2. im Kommen

an/züg/lich zweideutig (Bemerkung)
An/züg/lich/keit *f.,* -, -en, Zweideutigkeiten
An/zugs/kraft *f.,* -, kräfte
An/zug/stoff *m.,* -es, -e
an/zwei/feln *tr.,* nicht glauben wollen
a.o. Abk. für außerordentlicher Professor
AOK Abk. für Allgemeine Ortskrankenkasse
Äo/lus [griech.] griechischer Gott der Winde
Äon [griech.] *m.,* -s, -en, sehr großer Zeitraum, Weltalter
Aor/ta [griech.] *m.,* -, -ten Hauptschlagader
Aor/ten/bo/gen *m.,* -s, -bögen
AP Abk. für Associated Press (US-amerikanische Nachrichtenagentur)
a.p. Abk. für anni praeteriti
Apa/go/ge [griech.] *m.,* -, *nur Sg.,* Schlussfolgerung aus einer sicheren und beweisbaren und aus einer unsicheren, noch nicht bewiesenen Behauptung
apart [französ.] reizvoll, weil nicht gewöhnlich
Apart/heid *f.,* -, *nur Sg.,* Trennung der Rassen
Apart/heit *f.,* -, *nur Sg.,* Reiz
Apart/ment [engl.] *n.,* -s, -s, kleinere Wohnung in einem Mehrfamilienhaus
Apart/ment/haus *n.,* -es, -häuser, Haus mit mehreren Apartments
Apa/thie [griech.] *f.,* -, -n, Teilnahmslosigkeit
apa/thisch, teilnahmslos
Apa/tit [lat.] *m.,* -s, -e, Mineral
Apen/nin *m.,* -s, Apenninen *Pl.* Gebirgszug in Italien

Apen/ni/nen/halb/insel *f.,* -, *nur Sg., Bzg.* für: Italien
apen/ni/nisch
ape/ri/o/disch unregelmäßig, ohne erkennbaren Rhythmus
Ape/ri/tif [französ.] *m.,* -s, -s, Getränk, das vor dem Essen gereicht wird
Ape/ri/ti/vum [lat.] *n.,* -s, -va 1. Abführmittel 2. Appetit anregendes Mittel bei Essstörungen
Aper/tur [lat.] *f.,* -, -en, in der Fotografie: Öffnung der Blende eines Objektivs zur Ermittlung der Lichtstärke
Apex [lat.] *m.,* -, Apizes 1. in der Astronomie: ermittelter Endpunkt der Bewegung eines Himmelskörpers 2. Linguistik: Sonderzeichen für die Länge eines Vokals, z.B. o 3. Sonderzeichen für die Betonung einer Silbe [']
Ap/fel *m.,* -s, Äpfel
Ap/fel/baum *m.,* -es, -bäume
Äp/fel/chen *n.,* -s, -
ap/fel/grün
Ap/fel/schim/mel *m.,* -s, -, an sich weißes Pferd, dessen Fell jedoch graue Stellen hat
Ap/fel/si/ne *f.,* -, -n, deutsches Wort für Orange
Ap/fel/stru/del *m.,* -s, -, österr. Mehlspeise
Ap/fel/wick/ler *m.,* -s, -, Schmetterling
Aph/äre/se [griech.] *f.,* -, -n, **Aph/äre/sis** *f.,* -, -resen, in der Umgangssprache: Wegfall des Anlauts, z.B., s'ist Winter
Apha/sie [griech.] *f.,* -, *nur Sg.,* 1 in der Philosophie: Urteilsenthaltung, Bewer-

Aphel

tungslosigkeit 2. in der Medizin: Unvermögen zu sprechen, verursacht durch Störung des Sprachzentrums im Gehirn
Aphel [griech.] *n.*, -s, -,
Aphe/li/um *n.*, -s, -lien, Punkt der größtmöglichen Entfernung eines Planeten von der Sonne in dessen Umlaufbahn
Aphon/ge/trie/be [griech.] *n.*, -s, -, Schaltgetriebe
Apho/nie *f.*, -, -n, in der Medizin: Sprechen ohne einen Ton zu erzeugen
Apho/ris/mus [griech.] *m.*, -, -men, Sinnspruch, kurzer, aber gut charakterisierender Satz
Apho/ris/ti/ker *m.*, -s, -, Autor von Aphorismen
apho/ris/tisch
Aph/ra/sie [griech.] *f.*, -, -n, in der Medizin: Unfähigkeit, ganze Sätze zu formulieren, Sprachstörung
Aphro/di/si/a/kum [griech.] *n.*, -s, -ka, luststeigerndes Hilfsmittel, nach der griechischen Göttin Aphrodite benannt
aphro/di/sisch luststeigernd
Aphro/di/te griechische Göttin der Liebe
Aph/the [griech.] *f.*, -, -n (meist im *Pl.* = Mundfäule
Aph/then/seu/che *f.*, -, -n, Bzg. für: Maul- und Klauenseuche
Aphyl/len [griech.] *f.*, nur im *Pl.* Pflanzen ohne Blätter
Aphyl/lie *f.*, -, -n, Blattlosigkeit von Pflanzen
aphyl/lisch
Api/a/ri/um [lat] *n.*, -s, -rien Bienenstock
api/kal [lat.] an der Spitze gelegen

Apis *m.*, -, *nur Sg.*,
Apis/stier *m.*, -s, -e heiliger Stier im alten Ägypten
apl. Abk. für außerplanmäßig(er)
Ap/la/nat [griech.] *m.*, -s, -e, Linsensystem
ap/la/na/tisch
Ap/la/sie [griech.] *f.*, -, -n, Fehlen eines Organs oder mehrerer als Geburtsfehler
aplas/tisch
Ap/lomb [französ.] *m.*, -s, *nur Sg.* 1. sicheres, nachdrückliches Auftreten 2. im Ballett: Abfangen einer Bewegung und Umsetzen in eine neue
APO *f.*, -, *nur Sg.*, Abk. für: außerparlamentarische Opposition, inoffizielle Organisation
apo..., Apo... [griech.], nur in Zusammenhängen: von... weg, entfernt von, ab...
Apo/dik/tik [griech.] *f.*, -, *nur Sg.*, in der Philosophie: Lehre der Beweisführung
apo/dik/tisch nicht zu widerlegen
Apo/ga/mie [griech.] *f.*, -, *nur Sg.*, ungeschlechtliche Fortpflanzung
Apo/ka/lyp/se [griech.] *f.*, -, -n, biblische Prophezeiung über das Ende der Welt, siehe Offenbarung des Johannes
Apo/ka/lyp/tik 1. Lehre vom Ende der Welt 2. zusammenfassende Bezeichnung für alle Schriften, die sich mit dem Weltende befassen
Apo/ka/lyp/ti/ker *m.*, -s, -, Autor einer apokalyptischen Schrift
apo/ka/lyp/tisch jedoch: die Apokalyptischen Reiter
Apo/ko/pe [griech.] *f.*, -, -n,

Wegfall des auslautenden Vokals, z.B. „zur Tür herein" statt „zur Türe herein"
apo/ko/pie/ren *tr.*
apo/kryph, a/po/kryphisch [griech.] später hinzugefügt und nicht autorisiert
Apo/kryph *n.*, -s, -en,
Apo/kry/phe *f.*, -, -n, inoffizieller, nachträglich hinzugefügter Text (Bibel)
apo/kry/phisch siehe auch apokryph
apo/li/tisch unpolitisch
Apol/lo 1. griechischer, römischer Gott der Dichtkunst 2. Schmetterling (Apollofalter)
Apo/log [griech.] *m.*, -s, -e, Fabel mit einer Lehre
Apo/lo/get *m.*, -s, -en, Verteidiger einer Sache, bes. religiös
Apo/lo/ge/tik *f.*, -, *nur Sg.*, Verteidigung einer Sache, bes. religiös, Fundamentaltheologie
Apo/lo/ge/tisch, rechtfertigend
Apo/lo/gie *f.*, -, -n, Verteidigung
apo/lo/gisch lehrhaft
Apo/mi/xis [griech.] *f.*, -, *nur Sg.*, siehe auch Apogamie
Apo/phy/se [griech.] *f.*, -, -n, Knochenfortsatz
Apo/ple/xie *f.*, -, -n, Schlaganfall
Apo/rem [griech.] *n.*, -s, -mata, Streitpunkt, logischer Knackpunkt
apo/re/ma/tisch umstritten
Apo/re/tik *f.*, -, *nur Sg.*, Befassung mit philosophischen Problemen
Apo/rie *f.*, -, -n, Ausweglosigkeit
Apos/ta/sie oder auch:

Apo/sta/sie [griech.] *f.,* -, -n, Abkehrung vom religiösen Glauben
Apos/tat oder auch:
Apo/stat *m.,* -s, -en, religiöser Abtrünniger
Apos/tel oder auch:
Apo/stel [lat.] *m.,* -s, - 1. Jünger Jesu 2. Vorkämpfer einer Sache
Apos/tel/ge/schich/te oder auch: **Apo/stel/geschich/te** *f.,* -, -n, Teil des NT
a pos/te/ri/o/ri [lat.] nachträglich, auf gemachter Erfahrung beruhend
Apos/te/ri/o/ri *n.,* -, -, Erkenntnis, die auf gemachter Erfahrung beruht
apos/te/ri/o/risch, auf gemachter Erfahrung beruhend
Apos/to/lat oder auch:
Apo/sto/lat [griech.] *n.,* -s, -e 1. Amt des Apostels 2. religiöse Mission
Apos/to/li/kum oder auch:
Apo/sto/li/kum *n.,* -s, *nur Sg.,* Apostolisches Glaubensbekenntnis
apos/to/lisch oder auch: **apo/sto/lisch**, dem Apostolischen Glaubensbekenntnis zugehörig
Apos/troph oder auch:
Apo/stroph [griech.] *m.,* -s, -e 1. Auslassungszeichen für einen Vokal, z.B. „ich bin's" statt „ich bin es", 2. heute vielfach falsch als Genitivzeichen eingesetzt
Apos/tro/phe oder auch:
Apo/stro/phe *f.,* -, -strophen 1. Änderung der in einer Rede angesprochenen Person 2. feierliche Anrede
apos/tro/phie/ren oder auch: **apo/stro/phie/ren** *tr.,* feierlich anreden
Apo/the/ke [griech.] *f.,* -, -n

Apo/the/ker *m.,* -s, -
Apo/the/o/se [griech.] *f.,* -, -n 1. Verherrlichung 2. im Drama: glanzvolles Schlussbild
a po/ti/o/ri [lat.] veralt. für: der Hauptsache nach
Ap/pa/la/chen *nur Pl.* nordamerikanischer Gebirgszug
Ap/pa/rat [lat.] *m.,* -[e]s, -, 1. Gerät, Instrument, Maschine 2. Hilfsmittel, die für eine Aufgabe benötigt werden 3. Kurz für: Telefonapparat
ap/pa/ra/tiv mit Hilfe eines Apparats
Ap/pa/ra/tur *f.,* -, -en, zusammenfassende Bzg. für mehrere Apparate
Ap/pa/ri/ti/on [französ.] *f.,* -, -en 1. Erscheinung, Vision 2. Sichtbarwerden, Auftauchen
Ap/par/te/ment [französ.] *n.,* -s, -s, Zimmerflucht im Hotel (große Suiten)
ap/pas/si/o/na/to in der Musik: leidenschaftlich
Ap/peal [engl.] *m.,* -s, *nur Sg.,* Anreiz, Attraktivität
Ap/pell [französ.] *m.,* -s, -e 1. Aufruf zum Handeln, Mahnung 2. Militär: Befehl zum Antreten 3. Gehorsam bei Jagdhunden
ap/pel/la/bel veralt. für: durch Berufung bei Gericht anfechtbar
Ap/pel/lant [lat.] *m.,* veralt. für: Berufungskläger
Ap/pel/lat *m.,* -en, -en, Berufungsbeklagter
Ap/pel/la/ti/on *f.,* -, -en, veralt. für: Berufung
Ap/pel/la/tiv *n.,* -s, -e,
Ap/pel/la/ti/vum *n.,* -s, -va Gattungsbegriff, z.B. Pflanze

ap/pel/lie/ren *intr.,* sich an jmdn. wenden, ich appelliere an dein Gewissen
Ap/pend/ekt/o/mie oder auch: **Ap/pen/dek/to/mie** [lat.] *f.,* -, -n, in der Medizin: Entfernung des Appendix
Ap/pen/dix [lat.] *m.,* -(es), -e oder -dices 1. Anhang, Zusatz (zu einem Text) 2. in der Medizin: Wurmfortsatz des Blinddarms, oft fälschlich Blinddarm
Ap/pen/di/zi/tis [lat.] *f.,* -, -tiden, in der Medizin: Entzündung des Appendix
Ap/pen/zell schweizer Kanton
Ap/per/zep/ti/on [lat.] *f.,* bewusster Sinneseindruck
ap/per/zi/pie/ren *tr.*
Ap/pe/tit [französ.] *m.,* -[e]s, e
ap/pe/tit/an/re/gend
ap/pe/tit/lich
ap/pe/tit/los
Ap/pe/tit/lo/sig/keit *f.,* -, *nur Sg.*
Ap/pe/ti/zer [engl.] *m.,* -s, -, Appetitanreger
ap/pla/nie/ren [lat.] *tr.,* einebnen, plan machen
ap/plau/die/ren [lat.] *intr.,* Beifall klatschen
Ap/plaus *m.,* -es, *nur Sg.,* Beifall, tobender Applaus
Ap/pli/ka/bel [lat.] anwendbar, verwendbar
Ap/pli/ka/ti/on *f.,* -, -en 1. Verschreibung und Anwendung von Heilmitteln 2. Verzierung eines Kleidungsstücks, entweder aufgenäht oder aufgebügel
Ap/pli/ka/tur *f.,* -, -en, in der Musik: Fingersatz
ap/pli/zie/ren *tr.* 1. verabreichen, verordnen, an-

wenden 2. aufnähen, aufbügeln
ap/port [französ.] Befehl an einen Hund zu apportieren: bring es mir
Ap/port *m., -s, -e* 1. in der Wirtschaft: Sacheinlage 2. bei der Jagd: Bringen der Beute
ap/por/tie/ren *tr.,* herbeibringen (Hund)
Ap/po/si/ti/on [lat.] *f., -, -en* 1. in der Grammatik: Beisatz, Beibezeichnung, z.B. Hägar der Schreckliche 2. in der Biologie:Wachstum der Zellwände
ap/po/si/ti/o/nell
Ap/pre/hen/si/on [lat.] *f., -, -en*, Erfassen, Begreifen, Wahrnehmen
ap/pre/hen/siv reizbar
Ap/pro/ba/tie *f., -, -n*, siehe auch Approbation
Ap/pro/ba/ti/on [lat.] *f., -, -en* 1. Genehmigung 2. staatliche Zulassung für Ärzte und Apotheker 3. Bestätigung eines Priesters durch die Kurie
ap/pro/bie/ren *tr.*
Ap/pro/pri/a/ti/on oder auch: **Ap/prop/ri/a/ti/on** [lat.] *f., -, -en*, Aneignung, Zueignung
Ap/pro/xi/ma/ti/on [lat.] *f., -, -en* 1. Annäherung 2. in der Mathematik: Näherungswert
ap/pro/xi/ma/tiv annähernd
Ap/rès nous le dé/luge [französ.] Sprichwort: Nach uns die Sintflut
Ap/rès-Ski [französ] *n., -, nur Sg.* 1. bequeme, warme Kleidung im Schiurlaub 2. gesellschaftliche Veranstaltungen nach dem Skilaufen

Ap/ri/ko/se [lat.] *f., -, -n*
Apri/ko/sen/baum *m., -es, -bäume*
apri/ko/sen/far/ben, apri/ko/sen/far/big
Ap/ril [lat.] *m., -[s] nur Sg.*, vierter Monat im Jahr
Ap/ril/wet/ter *n., -s, nur Sg.*, launisches Wetter im Frühling
a pri/ma vis/ta [lat.] auf den ersten Blick
a pri/o/ri [lat.] von vornherein, nur mit gesundem Menschenverstand
Apri/o/ri *n., -, -*, Vernunftsatz
apri/o/risch nur durch gesunden Menschenverstand
Apri/o/ris/mus 1. *m., -, -men*, Erkenntnis, die durch Vernunftdenken erlangt wurde 2. *nur Sg.*, Lehre, die auf einer von der Erfahrung unabhängigen Schlussfolgerung beruht
apri/o/ris/tisch
apro/pos [französ.] übrigens, dabei fällt mir ein
Ap/si/de [griech.] *f., -, -n* 1. Punkt der jeweils extremsten Entfernung eines Planeten in seiner Umlaufbahn von dem Zentralgestirn 2. siehe auch: Apsis
ap/si/di/al
Ap/sis *f., -, -siden,*
Ap/side *f.,* Altarnische im Chor einer Kirche
ap/te/ry/got [griech.], flügellos
Ap/te/ry/go/ten *im Pl.* flügellose Insekten
Apu/li/en italienische Landschaft
apu/lisch
Aqua des/til/la/ta [lat.] oder auch: **Aqua de/stillata**
n., -, -nur Sg., destilliertes Wasser
Aquä/dukt [lat.] *n.*, römische, meist hoch gelegene Wasserleitung
Aqua/ma/rin [lat.] *m., -s, -e*, meerblauer Edelstein, Farbton
Aqua/naut [lat.] *m., -en, -en*, Tiefseeforscher
Aqua/pla/ning [engl.] *n., -s, nur Sg.*, Verlust der Haftung der Autoreifen auf nasser Straße, Wasserglätte
Aqua/rell [lat.] *n., -s, -e*, mit Wasserfarben gemaltes Bild
aqua/rel/lieren *tr.,* mit Wasserfarben malen
Aqua/rel/list *m.,* Maler von Aquarellen
Aqua/ri/a/ner [lat.] *m., -s, -*, Person mit Aquarien als Hobby
Aqua/rist *m., -s, -*, Aquarienkundler
Aqua/ris/tik *f., -, nur Sg.*, Aquarienkunde
Aqua/ri/um *n., -s, -rien*, Behälter aus Glas zur Zucht von Fischen und anderen Tieren, die im Wasser leben, Süß- und Salzwasseraquarium
Äqua/ti/ons/tei/lung [lat.] *f., -, -en*, siehe auch Mitose
aqua/tisch [lat.] zum Wasser gehörend
Äqua/tor [lat.] *m., -s, -en*, größter Breitenkreis eines Himmelskörpers
äqua/to/ri/al zum Äquator gehörend
Aqua/tor/tau/fe *f., -, -n*
Aqua/vit [lat.] *m., -s, -e*, Kümmelschnaps aus Dänemark
Äqui/li/bris/mus oder auch: **Ä/qui/lib/ris/mus**

[lat.] *m.,* -, *nur Sg.,* philosophische Lehre
Äqui/lib/rist, Equi/lib/rist oder auch: **Äqui/li/brist** *m.,* -en, -en, Künstler, meist beim Zirkus, der körperlich schwierige Vorstellungen gibt, z.B. Seiltänzer
Äqui/lib/ris/tik, Equilib/ris/tik oder auch: **Äqui/li/bris/tik** *f.,* -, *nur Sg,.* Gleichgewichtskunst, Kunst der Körperbeherrschung
äqui/lib/ris/tisch, equilib/ris/tisch oder auch: **äqui/li/bris/tisch**
Äqui/lib/ri/um oder auch: **Äqui/li/bri/um** *n.,* -s, *nur Sg.,* Gleichgewicht
äqui/nok/ti/al [lat.] zum Äquinoktium gehörend
Äqui/nok/ti/al/sturm *m.,* -es, -stürme
Äqui/nok/ti/um *n.,* -s, -tien, Tagundnachtgleiche
äqui/pol/lent [lat.] das Gleiche aussagend, aber verschieden dargestellt
Äqui/pol/lenz *f.,* -, *nur Sg.,* gleiche Bedeutung bei verschiedener Darstellung
Aqui/ta/ni/en französische Landschaft
aqui/ta/nisch
äqui/va/lent [lat.] gleichwertig, gleichrangig
Äqui/va/lent *n.,* -s, -e, das Gleichwertige, das Gleichrangige
Äqui/va/lenz *m.,* -, *nur Sg.,* Gleichwertigkeit, Gleichrangigkeit
äqui/vok [lat.] mehrdeutig, doppeldeutig
Äqui/vo/ka/ti/on *m.,* -, -en, Mehrdeutigkeit, Doppeldeutigkeit
Ar *n.,* -s, -e, oder auch *m.,* -s, -e,(Abk.: a), Flächenmaß = 100 Quadratmeter
Ar chemisches Zeichen für Argon
AR Abk. für: Arkansas, US-Bundesstaat
Ara [indian.] *m.,* -s, -s, südamerikanischer grüner Großpapagei (Artenschutz)
Ära [lat.] *f.,* -, Ären, Zeitalter, längerer Zeitabschnitt
Ara/ber, *m.,* -s, -, Bewohner Arabiens
Ara/bes/ke [französ.] *f.,* -, -n 1. Schmuckstück aus Pflanzen 2. heiteres, lockeres Musikstück 3. im Ballett: Position mit nach hinten gestrecktem Bein
ara/bisch arabische Ziffern, Vereinigte Arabische Emirate, Arabisches Meer
Ara/bisch n, -[s], *nur Sg.,* die arabische Sprache mit allen Dialekten
Ara/bist *m.,* -en, -en
Ara/bis/tik *f.,* -, *nur Sg.,* Wissenschaft der arabischen Sprache und Literatur
Arach/ni/den, Arach/no/i/den [griech.] *Pl.,* Sammelbezeichnung für: Spinnentiere
Arach/no/lo/ge *m.,* -, -, Forscher, der sich mit Spinnentieren befasst
Arach/no/lo/gie *f.,* -, *nur Sg.,* Spinnenkunde
Ara/go/ni/en, spanische Provinz
Ara/go/ni/er *m.,* -s, - Bewohner von Aragonien
ara/go/nisch
Ara/go/nit, *m.,* -s, *nur Sg.,* Mineral
Ara/li/e *f.,* -, -n, efeuartige Zimmerpflanze
Ara/mä/er *m.,* -s, -
ara/mä/isch
Ara/mä/isch *n.,* -[s], *nur Sg.,* die aramäische Sprache
Arä/o/me/ter [griech.] *n.,* -s, -, Instrument zur Messung des spezifischen Gewichts von Flüssigkeiten
Ärar [lat.] *n.,* -s, -e, Staatsvermögen
ära/risch zum Ärar gehörend
Arau/ka/ner *m.,* -s, -, Angehöriger eines Indianerstammes in Südamerika
arau/ka/nisch
Arau/ka/rie *f.,* -, -n, Nadelbaum
Ar/beit *f.,* -, -en
ar/bei/ten *intr.* und *tr.*
Ar/bei/ter *m.,* -s, -
Ar/bei/ter/fest/spie/le, *nur Pl.,* ehem. Fest in der DDR
Ar/bei/ter/schaft *f.,* -, *nur Sg.*
Ar/bei/ter-und-Bau/ern-Macht *f.,* -, -mächte
Ar/bei/ter-und-Bau/ern-Re/gie/rung *f.,* -, -en
Ar/bei/ter-und-Bau/ern-Staat *m.,* -es, -en, ehem. Bzg. für die DDR
Ar/bei/ter-und-Sol/da/ten-Rat *m.,* -es, -räte
Ar/beit/ge/ber *m.,* -s,
Ar/beit/neh/mer *m.,* -s, -
ar/beit/sam fleißig, strebsam
Ar/beit/sam/keit *f.,* -, *nur Sg.*
Ar/beits/amt *n.,* -es, -ämter
Ar/beits/be/schaf/fungsmaß/nah/me (Abk.: ABM) *f.,* -, -n
Ar/beits/bie/ne *f.,* -, -n
Ar/beits/ein/heit *f.,* -, -en, ehem. Begriff in der DDR
ar/beits/fäh/ig
Ar/beits/fäh/ig/keit *f.,* -, *nur Sg.*
Ar/beits/gang *m.,* -es, -gänge

Ar/beits/ge/richt *n.,* -es, -e
ar/beits/los
Ar/beits/lo/sig/keit *f.,* -, *nur Sg.*
Ar/beits/norm *f.,* -, -en, ehem. Begriff der DDR
Ar/beits/pa/pier *n.,* -s, -e, Materialsammlung für die Bearbeitung eines Textes, etc.
Ar/beits/psy/cho/lo/gie *f.,* -, *nur Sg.*
Ar/beits/tei/lung *f.,* -, *nur Sg.*
ar/beit/su/chend
ar/beits/un/fä/hig
Ar/beits/un/fä/hig/keit *f.,* -, *nur Sg.*
Ar/beits/ver/hält/nis *n.,* -ses, -se
Ar/beits/zeit *f.,* -, -en
Ar/beits/zeit/fonds *m.,* -, -, ehem. Begriff in der DDR
Ar/bi/tra/ge oder auch: **Ar/bit/ra/ge** [französ.] *f.,* -en 1. im Handelsrecht: Schiedsspruch 2. an der Börse: Ausnutzen von Kursschwankungen zum eigenen Vorteil
ar/bi/trär oder auch: **ar/bit/rär** nach Ermessen
ar/bi/trie/ren oder auch: **ar/bit/rie/ren** *tr.,* schätzen, ermessen
Ar/bi/tri/um oder auch: **Ar/bit/ri/um** *n.,* -s, -tria, Schiedsspruch
Ar/bo/re/tum [lat.] *n.,* -s, -ten, Garten mit verschiedenen Baumarten
arc Abk. für Arcus
Ar/cha/i/kum [griech.] *n.,* -s, *nur Sg.,* siehe auch Azoikum
ar/cha/isch sehr alt
ar/chä/isch zum Archaikum gehörig
ar/cha/i/sie/ren *tr.*

Ar/cha/is/mus *m.,* -, -men, altertümliches Wort in moderner Sprache
ar/cha/is/tisch
Ar/chä/o/lo/ge [griech.] *m.,* -n, -n
Ar/chä/o/lo/gie *f.,* -, *nur Sg.,* Wissenschaft von den alten Kulturen, Altertumswissenschaft
ar/chä/o/lo/gisch
Ar/chä/op/te/ryx oder auch: **Ar/chä/opt/er/yx** [griech.] *m.,* -, -e od. -pteryges ausgestorbener Urvogel
Ar/chä/o/zo/i/kum [griech.] *n.,* -s, *nur Sg.,* Erdzeitalter, in dem das erste organische Leben entstand
Ar/che [lat.] *f.,* -, -n, großes, altertümliches Schiff, die Arche Noah
Ar/che/go/ni/um [griech.] *n.,* -s, -nien, weibliche Fortpflanzungsorgane bei Moosen und Farnen
Ar/che/typ [griech.] *m.,* -s, -en, **Ar/che/ty/pus** *m.,* -, -pen, Urbild, Urform, Muster
ar/che/ty/pisch vorbildlich, musterhaft, wie die Urform
Ar/chi/pel [griech.] *m.,* -s, -e, Inselgruppe
Ar/chi/tekt [griech.] *m.,* -en, -en, Baumeister, Person, die Gebäude entwirft
Ar/chi/tek/to/nik *f.,* -, *nur Sg.,* 1. Lehre von der Baukunst 2. Bauart, Stil eines Gebäudes
ar/chi/tek/to/nisch
Ar/chi/tek/tur *f.,* -, -en, Baukunst, Stil
Ar/chiv [griech.-lat.] *n.,* -s, -e, 1. Sammlung von Dokumenten aller Arten 2. Raum, in dem sich die Sammlung befindet

Ar/chi/va/li/en *nur Pl.,* Urkunden
ar/chi/va/lisch urkundlich
Ar/chi/var *m.,* -s, -e, Mitarbeiter in einem Archiv
ar/chi/vie/ren *tr.,* in ein Archiv aufnehmen
Ar/cus [lat.] *m.,* -, - 1. bogenförmiges Gebilde 2. in der Mathematik: Arkus
ARD Abk. für Arbeitsgemeinschaft der öffentlichrechtlichen Rundfunkanstalten der Bundesrepublik Deutschland
Are *f.,* -, -n, schweizerisch für Ar
Are/al [lat.] *n.,* -s, -e, Bodenfläche, abgegrenztes Gebiet
Are/ka/nuß > **Are/ka/nuss** [portugies.] *f.,* -, -nüsse, Frucht der Arekapalme
are/li/gi/ös nicht religiös
Are/na [lat.] *f.,* -, -nen 1. ursprünglich im alten Rom mit Sand bestreuter Kampfplatz, auf dem Gladiatoren kämpften, 2. heute meist: Sportplatz mit Tribünen 3. Bzg. für Zirkusmanege
Are/o/pag [griech.] *m.,* -es, -en, im alten Griechenland: der höchste Gerichtshof
arg im Argen sein, sie denkt sich nie etwas Arges dabei, ich würde dich gerne vor dem Ärgsten bewahren
Arg *n.,* -s, *nur Sg.,* sie ist ohne Arg: sie ist unschuldig und naiv
Ar/gen/tan [lat.] *n.,* -s, *nur Sg.* Neusilber
Ar/gen/ti/ni/en Staat in Südamerika
Ar/gen/ti/ni/er *m.,* -s, -
ar/gen/ti/nisch

Ar/gen/tit [lat.] *m., -s, nur Sg.,* Mineral

Ar/gen/tum [lat.] *n., -s, nur Sg.* (chemisches Zeichen: Ag) Silber

Är/ger *m., -s, nur Sg.*

är/ger/lich

är/gern *tr.,* ich ärgere mich über...

Är/ger/nis *n., -ses, -se*

Ar/gi/nin [lat.] *n., -s, -e,* Aminosäure

Arg/list *f., -, nur Sg.,* Hinterlist

arg/lis/tig hinterlistig

arg/los unschuldig, naiv

Arg/lo/sig/keit *f., -, nur Sg*

Ar/gon [griech.] *n., -s, nur Sg.* (chemisches Zeichen: Ar) chemisches Element, Edelgas

Ar/go/naut [griech.] *m., -en, -en* 1. in der griechischen Mythologie: Anhänger Jasons, Schiffname war Argon 2. Tintenfischart

Ar/got [französ.] *n., -s, nur Sg.* 1. urspr. französische Gaunersprache 2. heute: Jargon

Ar/gu/ment [lat.] *n., -es, -e,* logischer Beweisgrund

Ar/gu/men/ta/ti/on *f., -, -en,* Beweisführung

ar/gu/men/tie/ren *intr.*

Ar/gus in der griechischen Mythologie: ein Riese mit hundert Augen

Ar/gus/au/gen *f., nur Pl.,* bildlich für: etwas aufmerksamst beobachten

Arg/wohn *m., -s, nur Sg.*

arg/wöh/nen *tr.*

arg/wöh/nisch

arid [lat.] trocken, dürr

Ari/di/tät *f., -, nur Sg.,* Trockenheit des Bodens

Arie [italien.] *f., -, -n,* in der Musik: Stück für eine Stimme mit Instrumentalbegleitung

Ari/el [griech.] Luftgeist in Shakespeares „The Tempest"

Ari/er [griech.] *m., -s, -,* 1. Angehöriger einer Völkergruppe indogermanischen Ursprungs in Asien 2. in der nationalsozialistischen Ideologie fälschlicherweise verfremdet zu: Angehöriger der nordischen Rasse

Ari/et/ta [italien.] *f., -, -ten,* kurze Arie

ari/os, ari/o/so [italien.] arienartig

Ari/o/so *n., -s, -si* arienartiges Stück in der Musik

arisch zu den Ariern gehörig

Aris/to/krat oder auch:
Ari/sto/krat [griech.] *m., -en, -en* 1. Adeliger 2. bildlich: vornehmer Mensch

Aris/to/kra/tie oder auch:
Ari/sto/kra/tie *f., -, -n,* 1. zusammenfassend für: Adel 2. geschichtlich / politisch: Adelsherrschaft 3. bildlich: gesellschaftliche Oberschicht

aris/to/kra/tisch oder auch:
ari/sto/kra/tisch

Aris/to/nym oder auch:
Ari/sto/nym [griech.] *n., -s, -e* Tarnname, der einen Adelstitel verwendet

Aris/to/te/li/ker oder auch:
Ari/sto/te/li/ker *m., -s, -* Anhänger der Lehre von Aristoteles

aris/to/te/lisch

Arith/me/tik [griech.] *f., -, nur Sg.,* Lehre von den Zahlen

Arith/me/ti/ker *m., -s, -*

arith/me/tisch, arithmetisches Mittel: Durchschnittswert

Ari/zo/na (Abk.: AZ) Bundesstaat der USA

Ar/ka/de [lat.] *f., -, -n,* Bogen auf zwei Säulen

Ar/ka/di/en griechische Region, bildlich auch: Paradies

ar/ka/disch

Ar/kan/sas (Abk.: AR) Bundesstaat der USA

Ar/kan/sit *m., -es, nur Sg.,* Mineral

Ar/ka/num [lat.] *n., -s, -na,* Geheimmedizin

Ar/ke/bu/se [niederl.] *f., -, -n,* altes Gewehr

Ar/ke/bu/si/er *m., -s, -,* Soldat mit Arkebuse

Ar/ko/se [französ.] *f., -, nur Sg.,* Sandstein

Ar/ko/so/li/um [lat.] *n., -s, -lien,* Wandgrab in Katakomben

Ark/ti/ker *m., -s, -,* Bewohner der Arktis

Ark/tis *f., -, nur Sg,.* Region um den Nordpol

ark/tisch

Ark/tur *m., -s,* Arkturus *m., -, nur Sg.,* Stern im Sternbild Bootes

Ar/ku/bal/lis/te [lat.] *f., -, -n,* Bogenschleuder im MA

Ar/kus [lat.] *m., -, -,* (Abk.: arc) Mathematik: Kreisbogen eines Winkels

Arl/berg *m., -s, nur Sg.,* Alpenpass in Österreich

arm ein armer Mann, jedoch: die Armen, du Ärmster

Arm *m., -[e]s, e*

Ar/ma/da *f., -, -s* od. *-den,* spanische Flotte, generell: Macht

Ar/mag/nac oder auch:
Ar/ma/gnac [französ.] *m.,*

-s, -e, französischer Weinbrand
arm/am/pu/tiert
Ar/ma/ri/um [lat.] *n.*, -s, -rien, antike Bzg. für Schrank
Ar/ma/tur [lat.] *f.*, -, -en, Zubehör zu Maschinen, Bedienelemente
Ar/ma/tu/ren/brett *n.*, -s, -er
Arm/brust *f.*, -, -bruste, Schusswaffe des MA
Arm/brus/ter *m.*, -s, -, Schütze oder Hersteller einer Armbrust
arm/dick
Ar/mee [französ.] *f.*, -, -n, Kriegsmacht
Ar/mee-Ein/heit *f.*, -, -en
Ar/mee/korps *n.*, -, -
Är/mel *m.*, -s, -
Är/mel/ka/nal *m.*, -s, *nur Sg.*, Meerweg zwischen England und Frankreich
Ar/men/haus *n.*, -es, -häuser
Ar/men/häus/ler *m.*, -s, -
Ar/me/ni/en vorderasiatisches Hochland
Ar/me/ni/er *m.*, -s, -
ar/me/nisch
Ar/mes/län/ge *f.*, -, -n
Arm/fü/ßer, **Arm/füß/ler** *m.*, Meerestier
ar/mie/ren [lat.] *tr.*, bewaffnen
Ar/mie/rung *f.*, -, -en
Ar/mie/rungs/trup/pe *f.*
...ar/mig mit einer gewissen Anzahl von Armen
arm/lang ein armlanger Ast, jedoch: der Ast ist einen Arm lang
Arm/län/ge *f.*, -, -en
Arm/leuch/ter *m.*, -s, -, ugs. für Idiot
ärm/lich
Ärm/lich/keit *f.*, -, *nur Sg.*

Ärm/ling *m.*, -s, -e
Ar/mo/ri/al [französ.] *n.*, -s, -e, Wappenbuch
Ar/mo/ri/ka keltische Bezeichnung für die Bretagne
ar/mo/ri/ka/nisch
Arm/reif *m.*, -[e]s, -en
Arm/rei/fen *m.*, -s, -
arm/se/lig
Arm/se/lig/keit *f.*, -, *nur Sg.*
Ar/mü/re [französ.] *f.*, -, -n, 1. Seidenstoff mit kleinem Muster 2. Teil des Webstuhls
Ar/mut *f.*, -, *nur Sg.*
Ar/muts/zeug/nis *n.*, -ses, -se
Arm/voll oder auch: **Arm voll** *m.*, -, -
Ar/ni/ka *f.*, -, *nur Sg.*, Heilpflanze
Arom [griech.] *n.*, -s, -en, dichterisch für Aroma
Aro/ma *n.*, -s, -men od. -mata 1. Duftstoff, Duft 2. beigefügter Geschmacksstoff
Aro/mat *m.*, -es, -en, in der Chemie: aromatische Verbindung
Aro/ma/the/ra/pie *f.*, -, -n, Behandlung mit ätherischen Ölen (Heilpraktiker)
aro/ma/tisch, duftend, geschmackvoll
aro/ma/ti/sie/ren *tr.*, durch ein Aroma intensiver machen
Aron/stab *m.*, -es, *nur Sg.*, in der Botanik: Giftpflanze
ar/peg/gi/o [italien.] in der Musik: nacheinander zu spielen
Ar/peg/gi/o [italien.] *n.*, -s, -peggien, Akkord, der mit seinen einzelnen Tönen nacheinander gespielt wird
Ar/rak [arab.] *m.*, -s, -e, Schnaps aus Reis gebrannt

Ar/ran/ge/ment [französ.] *n.*, -s, -s 1. Gestaltung (z.B. eines Blumenstraußes), Anordnung 2. getroffene Übereinkunft, die beiden Parteien Genüge tut 3. Gestaltung eines Musikstücks
Ar/ran/geur [französ.] *m.*, -s, -e, Person, die eine Sache arrangiert (Blumen, Möbel)
ar/ran/gie/ren [französ.] *tr.*, anordnen, gestalten, auch: sich mit etwas abfinden
Ar/rest [lat.] *m.*, -es, -e, Freiheitsentzug
Ar/res/tant *m.*, -en, -en, Häftling
ar/re/tie/ren *tr.*, festnehmen, festsetzen, feststellen
Ar/re/tie/rung *f.*, -, -en, Festnahme, Festsetzung, das Feststellen eines ehem. beweglichen Teils
Ar/rhyth/mie [griech.] *f.*, -, -n, 1. Störung des Rhythmus 2. in der Medizin.: Unregelmäßigkeit beim Herzschlag
ar/ri/vie/ren [französ.] *intr.*, Erfolg haben, arriviert sein: erfahren sein, bekannt als Experte sein
ar/ro/gant [lat.-französ.] überheblich
Ar/ro/ganz *f.*, -, *nur Sg.*, Überheblichkeit
ar/ron/die/ren [französ.] *tr.*, abrunden
Ar/ron/disse/ment [französ.] *n.*, -s, -s, Teil eines französischen Departements (Region)
Ars an/ti/qua [lat.] *f.*, -, *nur Sg.*, eine mehrstimmige Musik des 13. Jahrhunderts
Arsch *m.*, -es, Ärsche, ugs., derb für Idiot
Arsch/krie/cher *m.*, -s, -,

ugs., derb für: schleimige Person
Arsch/le/der *m.,* s, -, Gesäßschutz der Bergmänner
Arsch/loch *n.,* -es, -löcher, ugs. derb für: Idiot
Ar/sen [griech.] *n.,* -s, *nur Sg.* (Zeichen: As) chemisches Element
Ar/se/nal [lat.] *n.,* -s, -e, Raum, in dem Waffen gelagert werden
Ar/se/nat *n.,* -s, -e, chem.: Salz der Arsensäure
Ar/se/nid *n.,* -s, -e, in der Chemie: Verbindung aus Arsen und Metall
ar/se/nig arsenige Säure
Ar/se/nik *n.,* -s, *nur Sg.,* in der Chemie: Verbindung von Arsen und Sauerstoff
Ar/se/nit *n.,* -es, e, in der Chemie: Salz der arsenigen Säure
Ar/sen/kies *m.,* -es, *nur Sg.,* Mineral
Ars no/va [lat.] *f.,* -, *nur Sg.,* eine mehrstimmige Musik des 14./15. Jahrhunderts
Art *f.,* -, -en, ein Hund gehört zu der Art der Fleischfresser, sie hat eine nette Art an sich, jedoch: derart
Art/direc/tor [engl.] *m.,* -s, -s Berufsbezeichnung in der Werbebranche
ar/te/fakt [lat.] künstlich verursacht
Ar/te/fakt *n.,* -es, -e 1. Erzeugnis menschlicher Fertigkeiten 2. in der Medizin: künstlich verursachte Verletzung
art/ei/gen typisch für eine bestimmte Art
Ar/te/mis in der griechischen Mythologie: die Jagdgöttin

ar/ten *intr.*
Ar/te/ri/e [griech.] *f.,* -, -n, vom Herzen wegführendes Blutgefäß
ar/te/ri/ell zur Arterie gehörend, arterielles Blut: Blut, das vom Herzen weggepumpt wird
Ar/te/ri/en/ver/kal/kung *f.,* -, -en
Ar/te/ri/o/skle/ro/se oder auch: **Ar/te/ri/os/kle/ro/se** *f.,* -, -n, Arterienverkalkung
ar/te/ri/o/skle/ro/tisch oder auch: **ar/te/ri/os/klero/tisch**
ar/te/sisch [französ.], artesischer Brunnen: durch Druck aus der Erde sprudelnde Quelle
art/fremd
art/gleich
Ar/thral/gie oder auch: **Arth/ral/gie** [griech.] *f.,* -, -n, Gelenkschmerzen
Ar/thri/ti/ker oder auch: **Arth/ri/ti/ker** *m.,* -s, -, Person, die an Arthritis erkrankt ist
Ar/thri/tis oder auch: **Arth/ri/tis** *f.,* -, -tiden, sehr schmerzhafte Gelenkentzündung
ar/thri/tisch oder auch: **arth/ri/tisch**
Ar/thro/po/de oder auch: **Arth/ro/po/de** [griech.] *m.,* -, -n, Gliederfüßler
Ar/thro/se oder auch: **Arth/ro/se** [griech.] *f.,* -, -n,
Ar/thro/sis oder auch: **Arth/ro/sis** *f.,* -, -en, Gelenkleiden, bes. im Alter
ar/ti/fi/zi/ell [lat.] künstlich, nicht natürlichen Ursprungs
ar/tig brav
Ar/tig/keit *f.,* -, -en, Bravheit
Ar/ti/kel [lat.] *m.,* -s, - 1. Geschlechtswort, der, die,

das, ein, eine, ein sind deutsche Artikel 2. Absatz, Stichpunkt eines Textes 3. Zeitungstext 4. Warenstück
ar/ti/ku/lar [lat.] zum Gelenk gehörend
Ar/ti/ku/la/ten *Pl.* Gliedertiere
Ar/ti/ku/la/ti/on *f.,* -, -en 1. Gelenkverbindung im Körper 2. Linguistik: Aussprache, die Bildung eines Lautes
ar/ti/ku/lie/ren *tr.* aussprechen, ausdrücken, formulieren
Ar/til/le/rie [französ.] *f.,* -, -n, Militärspr.
Ar/til/le/rist *m.,* -en, -en, Soldat der Artillerie
ar/til/le/ris/tisch
Ar/ti/scho/cke [arab.] *f.,* -, -en, Gemüse
Ar/tist [französ.] *m.,* -en, -en, Künstler
Ar/tis/tik *f.,* -, *nur Sg.,* Kunst des Artisten
ar/tis/tisch
Ar/to/thek [lat.] *f.,* -, -en, Bibliothek für Bilder
Ar/tung *f.,* -, -en, Beschaffenheit, Art
art/ver/wandt
Art-Work > **Art/work** [engl.] *n.,* -, -s, Bezeichnung für die künstlerische Gestaltung in der Werbung
Art/wort *n.,* -es, -Wörter, Adjektiv, Adverb
Arz/nei *f.,* -, -en, Heilmittel
arz/nei/lich
Arz/nei/mit/tel *n.,* -s, -
Arzt *m.,* -es, Ärzte, Heiler, Mediziner
Ärz/tin *f.,* -, -nen
ärzt/lich
ärzt/li/cher/seits
as *n.,* -, -, in der Musik: um

einen halben Ton erniedrigtes a
As 1. *n.*, -, -, in der Musik: um einen halben Ton erniedrigtes A 2. *n.*, -, Asse, Spielkarte, siehe auch: Ass
As 1. chemisches Zeichen für Arsen 2. Abk. für: Amperesekunde
a. S. Abk. für: auf Sicht
As/best [griech.] *m.*, -es, -e, Mineral
As/bes/to/se *f.*, -, -n, durch Asbeststaub verursachte Lungenkrankheit
asch/bleich
asch/blond
Asche *f.*, -, -n
Äsche *f.*, -, -n, Fisch
Aschen/bahn *f.*, -, -en
Aschen/be/cher,
Asch/be/cher *m.*, -s, -
Aschen/blu/me *f.*, Zimmerpflanze
Aschen/brö/del,
Aschen/put/tel *n.*, -s, -, Märchenfigur
Aschen/re/gen *n.*, -s, -
Ascher *m.*, -s, -, kurz für: Aschenbecher -,
Äscher *m.*, -s, - , Aschen- oder Kalklauge
Ascher/mitt/woch *m.*, -s, -e, der erste Tag der Fastenzeit
äschern *tr.*
asch/fahl
asch/far/ben
asch/grau
aschig aschenartig
Asch/ku/chen *m.*, -s, -, Napfkuchen
äs/chy/le/isch
Äs/chy/lus [griech.] altgriechischer Dichter (525-456 v.Chr.)
ASCII Abk. für American Standard Code for Information Interchange: universale Verschlüsselung von 128 Zeichen in Binärzahlen
As/cor/bin/säu/re [griech.] *f.*, -, *nur Sg.*, siehe auch Askorbinsäure
As-Dur *n.*, -, *nurb Sg.*, (Abk.: As) Tonart in der Musik
As-Dur-Ton/lei/ter *f.*, -, -n
Ase/bi/e [griech.] *f.*, -, *nur Sg.*, Gottlosigkeit
a sec/co siehe al secco
äsen *intr.*, fressen, grasen (Wild)
Asep/sis [griech.] *f.*, -, *nur Sg.*, Sterilität, Keimfreiheit
asep/tisch keimfrei
Asep/tik *f.*, -, *nur Sg.* sterile Wundbehandlung
Äser *m.*, -s, - Maul beim Wild
As/gard in der germanischen Mythologie: Wohnsitz der Götter
Asi/at *m.*, -en, -en, Bewohner Asiens
Asi/a/ti/ka *nur Pl.*, Wissensquellen über Asien
asi/a/tisch
Asi/en ein Erdteil, zu dem z.B. Japan und China gehören
As/ka/ris *m.*, -, -riden, Spulwurm
As/ke/se [griech.] *f.*, -, *nur Sg.*, Enthaltsamkeit
As/ket *m.*, -en, -en, Person, die in Askese lebt
As/ke/tik *f.*, -, *nur Sg.*, Lehre von der Askese
as/ke/tisch
As/kor/bin/säu/re oder auch: **As/cor/bin/säu/re** [griech.] *f.*, -, *nur Sg.*, chemischer Ausdruck für Vitamin C
Äs/ku/lap in der griechischen / römischen Mythologie der Gott der Heilkunde
Äs/ku/lap/nat/ter *f.*, Schlange
Äs/ku/lap/stab *m.*, -es, -stäbe, Symbol des Arztes
as-Moll *n.*, -, *nur Sg.* (Abk.: as) Tonart in der Musik
as-Moll-Ton/lei/ter *f.*, -, -n
aso/ma/tisch [griech.] unsomatisch, ohne Körper
aso/zi/al [griech.] unsozial
Aso/zi/a/li/tät *f.*, -, *nur Sg.*
As/pa/ra/gin [griech.] *n.*, -s, *nur Sg.*, Aminosäure
As/pa/ra/gus [griech.] *m.*, -, *nur Sg.*, Spargel
As/pekt [lat.] *m.*, -es, e, verschiedene Ansichten einer Sache, Betrachtungsweisen
As/per/gill [lat.] *n.*, -s, -e, Weihwasserwedel
As/per/ma/tis/mus [griech.] *m.*, -, *nur Sg.*
As/per/mie *f.*, -, *nur Sg.*, im männlichen Samenerguss kein Vorhandensein von Spermien
As/per/si/on [lat.] *f.*, -, -en, Besprengung mit Weihwasser
As/phalt [griech.] *m.*, -es, -e
as/phal/tie/ren *tr.*
As/pho/de/le [griech.] *f.*, -, -n,
As/pho/dill *m.*, -s, -e, siehe auch: Affodill
as/phyk/tisch [griech.] erstickend
As/phy/xie *f.*, -, -n, Erstickung durch Lähmung des Atemzentrums
As/pik [lat.] *m.*, -s, -e, durchsichtiges Gelee zum Konservieren von Nahrungsmitteln
As/pi/rant [lat.] *m.*, -en, -en, Bewerber auf einen Posten
As/pi/ran/tur *f.*, -, -en
As/pi/ra/ta [lat.] *f.*, -, -tae

od. -ten, Linguistik: Hauchlaut, z.B. „h"
As/pi/ra/teur [französ.] *m.,* -s, -e, Gerät zum Reinigen von Getreide
As/pi/ra/ti/on [lat.] *f.,* -, -en 1. Linguistik: Aussprache eines Hauchlautes, 2. Ansaugen
As/pi/ra/tor *m.,* -s, -en, Gerät für die Ansaugung von Gasen oder Luft
as/pi/ra/to/risch Linguistik: behaucht
as/pi/rie/ren *tr.* behaucht aussprechen
Aß > Ass *n.,* - , Asse, Spielkarte, bildlich auch: Person, die in etwas sehr fähig ist, Spitzenkönner
Ass. Abk. für: Assessor, Assistent
as/sai [italien.] in der Musik: ziemlich
as/sa/nie/ren [lat.] *tr.,* etwas Gutes für etwas schaffen
As/sa/nie/rung *f.,* -, -en
As/sas/si/ne [arab.] *m.,* -n, -n 1. im MA: Mitglied eines islamischen Geheimbundes 2. veralt. für: gedungener Mörder
As/se/ku/rant [lat.] *m.,* -en, -en, veralt. für: Versicherer
As/se/ku/ranz *f.,* -, -en, veralt. für: Versicherung
As/se/ku/rat *m.,* -en, -en, veralt. für: Versicherter
as/se/ku/rie/ren *tr.,* veralt. für: versichern
As/sel *f.,* -, -n, Krebstier
As/semb/lee [französ.] *f.,* -, -n, Versammlung, Zusammenkunft
As/semb/lée na/ti/o/nale [französ.] *f.,* -, *nur Sg.,* französische Nationalversammlung
As/semb/ler [engl.] 1. Programmiersprache 2. Computerprogramm, das editiert
As/semb/ling [engl.] *n.,* -s, -s, Verbindung von Industriebetrieben zu Rationalisierungszwecken
as/sen/tie/ren [lat.] *tr.,* beistimmen, Zustimmung bekunden
as/se/rie/ren [lat.] *tr.,* behaupten, feststellen
As/ser/ti/on *f.,* -, -en, Behauptung, Feststellung
as/ser/to/risch
As/ser/vat [lat.] *n.,* auf amtliche Anweisung aufbewahrter Gegenstand
as/ser/vie/ren *tr.*
As/ses/sor [lat.] *m.,* -s, -en, (Abk.: Ass.), nach erfolgreichem Staatsexamen: Anwärter auf die höhere Beamtenlaufbahn
As/ses/so/rin *f.,* -, -nen
As/si/bi/la/ti/on [lat.] *f.,* -, -en, Linguistik: Umwandlung eines Verschlusslautes in einen Reibelaut im Zuge einer Lautverschiebung
as/si/bi/lie/ren *tr.*
As/si/bi/lie/rung *f.,* -, *nur Sg.*
As/si/mi/lat [lat.] *n.,* -[e]s, -e, Resultat von Assimilation
As/si/mi/la/ti/on *f.,* -, -en, Verschmelzung, Übergang, Angleichung
as/si/mi/la/to/risch entstehend durch Assimilation
as/si/mi/lie/ren *tr.,* angleichen, sich zu eigen machen, übergehen in
As/si/mi/lie/rung *f.,* -, -en, siehe auch Assimilation
As/sis/tent [lat.] *m.,* -en, -en, (Abk.: Ass.), Mitarbeiter
As/sis/tenz *f.,* -, -en, Unterstützung, Hilfe, Mitwirkung
As/sis/tenz/arzt *m.,* -es, -

ärzte, Hilfsarzt
as/sis/tie/ren *intr.,* unterstützen, helfen
As/so/cié [französ.] *m.,* -s, -s, veralt. für: Teilhaber
As/so/nanz [lat.] *f.,* -, -en, Linguistik: Gleichlaut der Vokale, z.B. „raten" und „fahren", nicht aber Konsonanten
as/sor/tie/ren [französ.] *tr.,* mit Waren bestücken
As/so/zi/a/ti/on [lat.] *f.,* -, -en, Vereinigung, Verknüpfung
as/so/zi/a/tiv, verbindend, verknüpfend
as/so/zi/ie/ren *tr.,* verbinden, verknüpfen
As/so/zi/ie/rung *f.,* -, -en
ASSR veralt., ehem. Abk. für: Autonome Sozialistische Sowjetrepublik
As/su/an Stadt in Ägypten
As/su/an/stau/damm *m.,* -es, *nur Sg.*
As/sump/ti/on *f.,* -, *nur Sg.,* siehe auch Assumtion
As/sump/ti/o/nist [lat.] *m.,* -en, -en, Augustiner von der Himmelfahrt Mariä
As/sum/ti/on,
As/sumpti/on *f.,* -, *nur Sg.,* Religion: Himmelfahrt Mariä
As/sy/ri/en, antikes Reich
As/sy/ri/er, As/sy/rer *m.,* -s, -
As/sy/ri/o/lo/ge *m.,* -n, -n
As/sy/ri/o/lo/gie *f.,* -, *nur Sg.,* Wissenschaft, die sich mit Assyrien befasst
as/sy/ri/o/lo/gisch
as/sy/risch
Ast *m.,* -es, Äste
AStA *m.,* -, *nur Sg.,* kurz für: Allgemeiner Studentenausschuss
As/ta/sie oder auch: **Ast/a/sie** [griech.] *f.,* -, -n, in der

Astatin

Psychologie: innere Unruhe
As/ta/tin oder auch:
Ast/a/tin [griech.] *n.*, -s, *nur Sg.*, (Zeichen: At) künstlich produziertes chemisches Element
as/ta/tisch oder auch:
ast/a/tisch 1. in der Medizin: körperlich unruhig 2. in der Physik und der Chemie: abgeschirmt von elektrischen / magnetischen Feldern
Äst/chen *n.*, -s, -
as/ten *intr.*, ugs. für: rennen, hasten
As/ter [griech.] *f.*, -, -n, Sternblume
as/te/risch in der Form eines Sterns
As/te/ris/kus *m.*, -, -ken, Schriftzeichen
As/te/ro/id *m.*, -en, -en, siehe auch Planetoid
As/the/nie oder auch:
Asthe/nie [griech.] *f.*, -, -n, schwacher Allgemeinzustand
As/the/ni/ker *m.*, -s, -, schmächtige, körperlich schwache Person
as/the/nisch
Äs/the/sie [griech.] *f.*, -, *nur Sg.*, Wahrnehmungs- und Empfindungsvermögen
Äs/thet *m.*, -en, -en, Liebhaber des optisch Schönen
Äs/the/tik *f.*, -, *nur Sg.*, Wissenschaft vom optisch Schönen
Äs/the/ti/ker *m.*, -s, -
äs/the/tisch geschmackvoll, schön anzusehen
äs/the/ti/sie/ren *tr.*, im Sinne der Ästhetik wahrnehmen
Asth/ma [griech.] *n.*, -s, *nur Sg.*, Atemnot, die sich in Anfällen mit Erstickungsgefahr äußert, chronische Krankheit
Asth/ma/ti/ker *m.*, -s, -, Person, die an Asthma erkrankt ist
asth/ma/tisch
As/ti *m.*, -, - , italienischer Wein, als Schaumwein: Asti Spumante
äs/tig stark verästelt, mit vielen Ästen
as/tig/ma/tisch [griech.], Bilder verzerrend
As/tig/ma/tis/mus *m.*, -, *nur Sg.*, Augenfehler durch verzerrte Bilder, sog. Stabsichtigkeit
Äs/ti/ma/ti/on [lat.] *f.*, -, *nur Sg.*, Hochschätzung, Würdigung
äs/ti/mie/ren *tr.*, hochachten, in Ehren halten
Äst/lein *n.*, -s, -
Ast/loch *n.*, -es, -löcher
As/tra/chan oder auch:
Ast/ra/chan [russ.] Stadt in Südrussland
as/tral oder auch: **ast/ral** [griech.], Himmelskörper betreffend oder auch:
Ast/ral/leib *m.*, -es, -er, in der Esoterik: nicht körperlicher Leib des Menschen, sog. Seelenleib
As/tral/re/li/gi/on oder auch: **Ast/ral/re/li/gi/on** *f.*, -en, Anbetung von Himmelskörpern
ast/rein ugs. für: in Ordnung, gut, prima
As/tro/bo/ta/nik oder auch: **Ast/ro/bo/ta/nik** *f.*, -, *nur Sg.*, Kunde vom Wachsen von Pflanzen auf anderen Planeten
As/tro/fo/to/gra/fie oder auch: **Ast/ro/fo/to/gra/fie** *f.*, -, *nur Sg.*, das Fotografieren von Himmelskörpern
As/tro/fo/to/met/rie oder auch: **Ast/ro/fo/to/metrie** *f.*, -, *nur Sg.*, Erforschung der Helligkeit der Himmelskörper
As/tro/lo/ge oder auch:
Ast/ro/lo/ge *m.*, -en, -en, Sternzeichendeuter
As/tro/lo/gie oder auch:
Ast/ro/lo/gie *f.*, -, *nur Sg.*, Wissenschaft vom Einfluss des Sternzeichens auf den Menschen
as/tro/lo/gisch oder auch:
ast/ro/lo/gisch
As/tro/naut oder auch:
Ast/ro/naut *m.*, -en, -en, Raumfahrer
As/tro/nau/tik oder auch:
Ast/ro/nau/tik *f.*, -, *nur Sg.*, Raumfahrt
As/tro/nau/tisch oder auch:
ast/ro/nau/tisch
As/tro/nom oder auch:
Ast/ro/nom *m.*, -en, -en
As/tro/no/mie oder auch:
Ast/ro/no/mie *f.*, -, *nur Sg.*, Sternkunde
As/tro/no/misch oder auch:
ast/ro/no/misch
As/tro/phy/sik oder auch:
Ast/ro/phy/sik *f.*, -, *nur Sg.*, Wissenschaft von den physikalischen Gegebenheiten im Weltraum
As/tu/ri/en spanische Region
As/tu/ri/er *m.*, -s, -
as/tu/risch
ASU *f.*, -, -s, Abk. für: Abgassonderuntersuchung
Äsung *f.*, -, *nur Sg.*, Vorgang des Äsens
Asyl [griech.] *n.*, -s, -e 1. Zufluchtsort 2. vorübergehende Unterkunft
Asy/lant *m.*, -en, -en, Person, die Asyl erbittet
Asyl/recht *n.*, -es, e,

gesetzl. Bestimmungen zur Gewährung von Asyl
Asym/met/rie oder auch:
Asym/me/trie *f., -, nur Sg.,* Unsymmetrie, Ungleichgewicht
asym/met/risch oder auch:
asym/me/trisch
Asymp/to/te oder auch:
Asym/pto/te [griech.] *f., -, -*en, in der Mathematik: Gerade, die von einer Kurve angenähert, aber nicht erreicht wird
asymp/to/tisch auch:
asym/pto/tisch
asyn/chron [griech.] nicht gleichzeitig, nicht gleichlaufend
Asyn/chron/mo/tor *m., -s, -*en, Elektromotor
asyn/de/tisch [griech.], Grammatik: nicht durch Konjunktionen verbunden
Asyn/de/ton *n., -s, -*ta, Grammatik: Verbindung von Sätzen ohne Konjunktionen
As/zen/dent [lat.] *m., -*en, -en 1. Vorfahre 2. aufgehendes Gestirn, z.B. Sonne 3. Aufgangspunkt eines Gestirns 4. Begriff aus der Astrologie
As/zen/denz *f., -, -*en 1. Verwandtschaft 2. Aufgang
as/zen/die/ren *intr.,* aufsteigen, aufgehen
As/ze/se *f., -, nur Sg.,* siehe auch Askese
At chemisches Zeichen für Astatin
AT, A. T. Abk. für: Altes Testament
atak/tisch [griech.] nicht im Takt, gegen den Takt
Ata/man *m., -*en, -en, Anführer der Kosaken
Ata/ra/xie [griech.] *f., -,*
nur Sg., unerschütterliche Ausgeglichenheit
Ata/vis/mus [lat.] *m., -, -*men, Wiederauftauchen von Ideen / Verhaltensweisen der Vorfahren
ata/vis/tisch
Ata/xie [griech.] *f., -, -*n, Bewegungsstörung
Ate/lier [französ.] *n.,* 1. Künstlerwerkstatt 2. Studio eines Fotografen
Atel/la/ne [lat.] *f., -, -*n, Stegreifkomödie aus dem Alten Rom
Atem *m., -s, nur Sg.*
atem/be/rau/bend sehr
atem/los
Atem/not *f., -, nur Sg.*
a tem/po [italien.] 1. in der Musik: in gleichem Tempo zu wiederholen 2. ugs.: sofort, zackig!
Äthan oder auch: **Ethan** [griech.] *n., -s, nur Sg.,* gasförmiger gesättigter Kohlenwasserstoff
Atha/na/sie [griech.] *f., -, nur Sg.* Unsterblichkeit
Atha/na/tis/mus *m., -, nur sg.,* Lehre von der Unsterblichkeit
Ätha/nol oder auch:
Etha/nol *n., -s, nur Sg.,* siehe auch Äthylalkohol
Athe/is/mus [griech.] *m., -, nur sg.,* Religion: Negation der göttlichen Existenz
Athe/ist *m., -*en, -en
athe/is/tisch
Athen griechische Hauptstadt
Athe/nä/um *n., -s, -*näen 1. Tempel der griechischen Göttin Athene 2. Literaturzeitschrift aus dem 19. Jhdt. 3. Wissenschaftliche Institute, die Altertumsforschung betreiben

Ätiologie **A**

Athe/ne griechische Göttin der Weisheit
Athe/ner *m., -s,* Bewohner von Athen
athe/nisch
Äther [griech.] *m., -s, nur Sg.,* 1. Himmel, himmlische Sphäre 2. in der Chemie: Oxid des Kohlenwasserstoffs
äthe/risch 1. in der Chemie: etherisch 2. himmlisch 3. hauchzart, sensibel, abgehoben 4. gut riechend: ätherische Öle
äthe/ri/sie/ren *tr.,* mit Äther behandeln
Äthi/o/pi/en Republik in Ostafrika
Äthi/o/pi/er *m., -s, -*
äthi/o/pisch
Ath/let [griech.] *m., -*en, -en, im Sport: Teilnehmer an Wettkämpfen
Ath/le/tik *f., -, nur Sg.,* im Sport: Wettbewerb
Ath/le/ti/ker *m., -s, -,* muskulöser, gut gebauter Mensch
ath/le/tisch
Athos [griech.] Mönchsrepublik auf einem heiligen Berg auf der östlichen Halbinsel der Chalkidike
Äthyl oder auch: **Ethyl** [griech.] *n., -s, nur Sg.,* organische, einwertige Molekülgruppe
Äthyl/al/ko/hol oder auch:
Ethyl/al/ko/hol *m., -s, nur Sg.,* Alkohol
Äthy/len oder auch:
Ethy/len, *n. -s, nur Sg.,* ungesättigter Kohlenwasserstoff
Athy/mie [griech.] *f., -, nur sg.,* Mutlosigkeit, depressive Stimmung
Äti/o/lo/gie [griech.] *f., -,*

157

ätiologisch

nur Sg., Lehre von den Ursachen
ä/ti/o/lo/gisch
At/lan/tik *m., -s, nur Sg.*, Atlantischer Ozean (zwischen Europa / Afrika und Amerika)
At/lan/tis, in der Mythologie: sagenumwobene, im Meer versunkene und nie entdeckte Insel
at/lan/tisch jedoch: Atlantischer Ozean
At/las 1. in der griechischen Mythologie: der Riese, der die Himmelskugel tragen muss 2. *m., -, -*lanten, Landkartenbuch 3. *m., -, nur Sg.* Gebirgszug in Nordwestafrika 4. *m., -, nur Sg.*, in der Biologie: der oberste Halswirbel
atm, Atm veraltet für Atmosphäre, siehe auch: Bar
At/man [sanskrit] *m., -[e]s, -e*, Hindu: Atem, Seele, Sein
at/men *intr.*, Luft holen
At/mo/me/ter [griech.] *n., -s, -*, Instrument zur Messung der Wasserverdunstung
At/mos/phä/re oder auch: **At/mo/sphä/re** [griech.] *f., -, -n*, 1. Gasschicht, die einen Planeten umhüllt 2. bildlich: Stimmung in einer Gruppe von Menschen
at/mos/phä/risch oder auch: **at/mo/sphä/risch**, der Atmosphäre zuzuordnend
At/mung *f., -, -en*
At/mungs/or/gan *n.*, Lunge, Kiemen, Haut, etc.
Ät/na *m., -s, nur Sg.*, sizilianischer Vulkan
At/oll [ungeklärt] *n., -s, -e*, Koralleninsel, die wie ein Ring gebildet ist, z.B. Bikini-Atoll
Atom [griech.] *n., -s, -e*, kleinster Bestandteil eines chemischen Elements
ato/mar 1. dem Atom zuzuordnend 2. Atomwaffen betreffend
Atom/bom/be *f., -, -n*, Kurz: A-Bombe
Atom/bun/ker *m., -s, -*, Raum, in dem man vor atomarer Strahlung geschützt ist
Atom/en/er/gie *f., -, -n*, Kernenergie
Atom/ge/wicht *n., -es, -e*
ato/mi/sie/ren *tr.*, in die einzelnen Atome zerkleinern, bildlich auch: zerstören, dem Erdboden gleichmachen
Ato/mis/mus *m., -, nur Sg.*
Ato/mis/tik *f., -, nur Sg.*, Lehre von den Atomen
ato/mis/tisch
Atom/kern *m., -s, -e*
Atom/kraft/werk *n., -es, -e*, Kraftwerk, das Strom aus Kernenergie liefert
Atom/mei/ler *m., -s, -*, siehe auch: Reaktor
Atom/müll *m., -es, nur Sg.*
Atom/phy/sik *f., -, nur Sg.*
Atom/re/ak/tor *m., -s, -en*, siehe auch: Reaktor
Atom-U-Boot *n., -es, -e*
ato/nal nicht tonal, siehe auch Zwölftonmusik
Ato/na/list *m., -en, -en*, Vertreter der atonalen Musik
Ato/na/li/tät *f., -, nur Sg.*, atonales Komponieren
Ato/nie *f., -, -n*, Muskelerschlaffung
ato/nisch
a tout prix [französ.] um jeden Preis
ato/xisch ungiftig

At/re/sie [griech.] *f., -, -n*, Geburtsfehler: Fehlen einer der Körperöffnungen
Atre/us, in der griechischen Mythologie: Vater des Agamemnon
At/ri/den *m., -, nur Pl.*, in der griechischen Mythologie: die Söhne des Atreus
At/ri/um [lat.] *n., -s, -rien* 1. Mittelpunkt eines altrömischen Hauses 2. Architektur: Innenhof 3. in der Medizin: Vorhof des Herzens
At/ro/phie [griech.] *f., -, -n*, Muskelschwund aufgrund von Mangelerscheinungen
at/ro/phisch
At/ro/pin [griech.] *n., -s, nur Sg.* Gift der Tollkirsche
Atro/zi/tät [lat.] *f., -, -en*, Grausamkeit
ätsch! ugs.: Ausdruck für Schadenfreude
At/ta/ché [französ.] *m., -s, -s* 1. Anwärter auf den diplomatischen Dienst 2. Botschaftsangehöriger, der Experte für einen Teilbereich ist, z.B. Kulturattaché
at/ta/chie/ren [französ.] *tr.*, zuteilen
At/ta/cke [französ.] *f., -, -n* 1. militärischer Angriff 2. plötzlicher Anfall von Schmerzen
at/ta/ckie/ren *tr.*, angreifen
At/ten/tat [französ.] *n., -s, -e*, politisch motivierter Mordanschlag
At/ten/tä/ter *m., -s, -*
At/test [lat.] *n., -es, -e*, ärztliche Bescheinigung über Krankheiten
at/tes/tie/ren *tr.*, bescheinigen, nachweisen
At/ti/ka griechische Halbinsel

At/ti/la 1. berühmter Hunnenkönig (5. Jhdt.) 2. *f.,* -, -s, Husarenjacke
at/tisch, aus Attika stammend
At/ti/tü/de [französ.] *f.,* -, -n 1. Körperpose 2. Einstellung, Haltung, Meinung 3. im Ballett: Körperstellung mit nach hinten ausgestrecktem Bein
At/ti/zis/mus *m., nur Sg.,* Sprache der attischen Dichter
At/ti/zist *m.,* -en, -en, Vertreter des Attizismus
at/ti/zis/tisch
At/trak/ti/on [lat.] *f.,* -, -en 1. Anziehung, Anziehungskraft 2. zugkräftige Nummer in einer Show
at/trak/tiv anziehend, reizvoll
At/trak/ti/vi/tät *f.,* -, *nur Sg.,* Anziehungskraft
At/trap/pe [französ.] *f.,* -, -n, Nachbildung, Imitation
at/tri/bu/ie/ren [lat.] *tr.,* in der Grammatik: als Attribut verwenden, mit einem Attribut versehen
At/tri/but *n.,* -es, -e, grammatikalisches Merkmal, Eigenschaft, nähere Bestimmung eines anderen Wortes
at/tri/bu/tiv in der Grammatik: als Attribut verwendet
At/tri/but/satz *m.,* -es, -sätze, Beifügung eines Gliedsatzes
atü veralt. für Atmosphärenüberdruck, siehe auch: Bar
aty/pisch [griech.], nicht der Norm entsprechend
ät/zen *tr.,* mit Säure oder Lauge übergießen
ät/zend ugs. für: unangenehm, nervtötend
Ätz/ka/li *n.,* -s, -s, in der Chemie: Kaliumhydroxid
Ät/zung *f.,* -, -en, Behandlung mit Chemikalien
au! Ausdruck von Schmerz
Au chemisches Zeichen für Gold
Au *f.,* -, -en, siehe auch Aue
Au/ber/gi/ne [französ.] *f.,* -, -n, Gemüsesorte
auch, ebenfalls, ebenso
Au/di/a/tur et al/te/ra pars [lat.] „auch der andere Teil muss angehört werden" (römischer Rechtsgrundsatz)
Au/di/enz *f.,* -, -en, feierlicher Empfang bei wichtiger Person
Au/di/o-Art [engl.] *f.,* -, *nur Sg.,* Kunst, die sich durch akustische Medien ausdrückt
Au/di/o/gramm [lat.] *n.,* -s, -e, grafische Umsetzung von mit dem Audiometer ermittelten Werten
Au/di/o/me/ter *n.,* -s, -, Instrument zur Messung des Hörvermögens
Au/di/o/me/trie oder auch: **Au/di/o/met/rie,** *f.* -, *nur Sg.*
au/di/o/me/trisch oder auch: **au/di/o/met/risch**
Au/di/o-Vi/de/o-Tech/nik *f.,* -, -en, Übertragungen und Empfangen von Klang und Bild
au/di/o/vi/su/ell [lat.], das Hören und Sehen betreffend
Au/di/ti/on *f.,* -, -en, Vorsingen, Vorspielen, um ein Engagement zu bekommen (Künstler)
au/di/tiv [lat.] was das Hören betrifft
Au/di/to/ri/um *n.,* -s, -rien 1. großer Hörsaal einer Universität 2. Gesamtheit der Zuhörer, Auditorium Maximum: größter Hörsaal einer Universität
Aue *f.,* - -n
Au/en/wald, Au/wald *m.,* -es, -wälder
Au/er/hahn *m.,* -es, -hähne
Au/er/hen/ne *f.,* -, -en
Au/er/huhn *n.,* -es, -hühner
Au/er/och/se *m.,* -n, -n, bereits ausgestorbenes Urrind
auf 1. Präposition mit Dativ und Akkusativ, auf dem Stuhl sitzen, auf den Tisch legen, aufgrund, oder auch: auf Grund 2. Adverb, auf und ab laufen, jedoch: das Auf und Ab 3. auf!: Aufforderung zu handeln, auf geht's!
auf/ar/bei/ten *tr.*
Auf/ar/bei/tung *f.,* -, *nur Sg.*
auf/at/men *intr.*
auf/ba/cken *tr.*
auf/bah/ren *tr.*
Auf/bah/rung *f.*
Auf/bau, *m.,* -s, -ten
auf/bau/en *tr.*
auf/bäu/men *refl.,* sich wehren, Widerstand leisten
auf/bau/schen *tr.,* ugs. für: etwas übertrieben darstellen
auf/be/geh/ren *intr.,* gegen etwas angehen, Widerstand leisten
auf/be/rei/ten *tr.,* bearbeiten (Text), erneuern
Auf/be/rei/tung *f.,* -, *nur Sg.*
auf/bes/sern *tr.,* ich bessere mein Gehalt auf
Auf/bes/se/rung *f.,* -, -en
auf/be/wah/ren *tr.*
Auf/be/wah/rung *f.,* Lagerung
Auf/be/wah/rungs/ort *m.,* -es, -e

auf/bie/ten *tr.*
Auf/bie/tung *f.*, -s, *nur Sg.*
auf/blä/hen *tr.*, aufblasen
Auf/blä/hung *f.*, -, -en
auf/blei/ben *intr.*, nicht ins Bett gehen, wach bleiben
auf/bre/chen *tr.* u. *intr.*
auf/brin/gen *tr.*, ein Schiff kapern, jmdn. gegen sich aufbringen: sich zum Feind machen
Auf/bruch *m.*, -es, -brüche
auf/brum/men *tr.*, jmdm. eine Haftstrafe aufbrummen, jmdn. bestrafen
auf/bü/geln *tr.*
auf/bür/den *tr.*
auf dass veralt. für: damit
auf/don/nern *refl.*, ugs. für: sich zu überladen kleiden
auf/drän/gen *tr.*
auf/dring/lich zudringlich
Auf/dring/lich/keit *f.*, -, *nur Sg.*
auf/drö/seln *tr.*, aufdrehen, auftrennen
Auf/druck *m.*, -es, -e
auf/dru/cken *tr.*
auf/ein/an/der in Verbindung mit Verben: aufeinander legen, aufeinander treffen
Auf/ent/halt *m.*, -es, -e
Auf/ent/halts/er/laub/nis *f.*, -, -se
Auf/ent/halts/ge/neh/mi/gung *f.*, -, -en
Auf/ent/halts/ort *m.*, -es, -e
auf/er/le/gen *tr.*
Auf/er/le/gung *f.*, -, *nur Sg.*, Bürde, Last
auf/er/ste/hen *intr.*
Auf/er/ste/hung *f.*, -, *nur Sg.*
auf/er/we/cken *tr.*
auf/fah/ren *intr.*, dicht an jmdn. heranfahren
Auf/fahr/scha/den *m.*, -s, -schäden
Auf/fahr/un/fall *m.*, -s, -Unfälle
Auf/fahrt *f.*, -, -en, Zufahrt
auf/fal/len *intr.*, außerhalb der Norm sein
auf/fäl/lig
Auf/fäl/lig/keit *f.*, -, *nur Sg.*
auf/fan/gen *tr.*
Auf/fang/la/ger *n.*, -s,
auf/fas/sen *tr.*, begreifen
Auf/fas/sung *f.*, -, -en, Meinung, Überzeugung
Auf/fas/sungs/ga/be *f.*, -, *nur Sg.*
auf/fin/den *tr.*
Auf/fin/dung *f.*, -, *nur Sg.*
auf/for/dern *tr.*
Auf/for/de/rung *f.*, -, -en
auf/fors/ten *tr.*, neu pflanzen
Auf/fors/tung *f.*, -, -en
auf/fri/schen Wissen aufbessern, Wind: stärker werden
Auf/fri/schung *f.*, -, -en
auf/füh/ren *tr.*
Auf/füh/rung *f.*, -, -en
Auf/ga/be *f.*, -, -n
auf/ga/beln *tr.*, ugs. für: jmdn. aufsammeln
Auf/ga/ben/be/reich *m.*, -es, -e
Auf/gang *m.*, -es, -gänge
Auf/gangs/punkt *m.*, -es, -e
auf/ge/ben *tr.*
auf/ge/bla/sen bildlich für: arrogant
Auf/ge/bot *n.*, -es, -e
auf/ge/dun/sen gequollen
auf/ge/hen *intr.*, Hefeteig geht auf
auf/ge/kratzt ugs. für: heiter, albern
auf/ge/legt bildlich für: einer bestimmten Laune sein, gut aufgelegt sein
auf/ge/räumt, bildlich für: heiter, lustig
auf/ge/schlos/sen bildlich für: offen, tolerant
Auf/ge/schlos/sen/heit *f.*, -, *nur Sg.*
auf/ge/schmis/sen ugs. für: hilflos
auf/ge/schos/sen hochgewachsen
auf/ge/ta/kelt ugs. für: überladen gekleidet
auf/ge/weckt intelligent, mit schneller Auffassungsgabe
Auf/ge/weckt/heit *f.*, -, *nur Sg.*
auf/ge/wor/fen
auf/glie/dern *tr.*, in Stichpunkte unterteilen
Auf/glie/de/rung *f.*, -, -en
auf/grei/fen *tr.*
auf/grund oder auch: **auf Grund** mit Genitiv: aufgrund / auf Grund des Wetters
Auf/guß > **Auf/guss** *m.*, -es, -güsse
auf/ha/ben *tr.*, ugs. für: Hausaufgaben zu machen haben, auch: geöffnet sein
auf/hal/sen *tr.*, ugs. für: aufbürden
auf/hal/ten *tr.* und *refl.*
auf/hän/gen *tr.*
Auf/hän/ger *m.*, -s, -
Auf/hän/gung *f.*, -, e-n
auf/he/ben *tr.*
auf/hei/tern *tr.*, jmds. Laune verbessern
Auf/hei/te/rung *f.*, -, -en
auf/hel/len *tr.*, heller machen
Auf/hel/lung *f.*, -, -en
auf/het/zen *tr.*
Auf/kauf *m.*, -es, -käufe
auf/kau/fen
Auf/käu/fer *m.*, -s, -
auf/kla/ren *intr.*
Auf/kla/rung *f.*, -, *nur Sg.*
auf/klä/ren *tr.*
Auf/klä/rer *m.*, -s, -
auf/klä/re/risch
Auf/klä/rung *f.*, -, -en

Auf/klä/rungs/film *m.*, -es, -e
Auf/klä/rungs/flug/zeug *n.*, -es, -e
auf/kle/ben *tr.*
Auf/kle/ber *m.*, -s, -, Sticker, Etikett
auf/knüp/fen *tr.*, ugs. für: henken
auf/ko/chen *tr.* und *intr.*, zum Kochen bringen
auf/kom/men *intr.*
Auf/kom/men *n.*, -s,
auf/kün/di/gen *tr.*, siehe auch: kündigen
Auf/la/ge *f.*, -, -n, erschwerte Bedingung
Auf/la/gen/hö/he *f.*, -, -n
auf/la/gen/schwach
auf/la/gen/stark
Auf/la/gen/zif/fer *f.*, -, -n, siehe Auflagenhöhe
auf/lan/dig in Richtung Land wehend
auf/las/sen *tr.*, 1. eine Grube oder Mine stilllegen 2. juristisch: übertragen, aufgeben, überlassen
auf/läs/sig stillgelegt
Auf/las/sung *f.*, -, -en, siehe auflassen
auf/las/ten *tr.*, aufbürden, belasten
auf/lau/ern *intr.*
Auf/lauf *m.*, -es, -läufe, 1. Ansammlung vieler Menschen 2. überbackene Gerichte (z.B. Nudelauflauf)
auf/lau/fen *intr.* und *tr.*, auf Grund laufen (Schiff), sich mit der Zeit ansammeln (z.B. Schulden), (veralt.) sich die Füße wundlaufen
Auf/lauf/form *f.*, -, -en
auf/le/ben *intr.*
auf/le/gen *tr.*
auf/leh/nen *tr.* und *refl.*
Auf/leh/nung *f.*, -, *nur Sg.*
auf/lie/gen *intr.* und *refl.*

auf/lo/ckern *tr.*
Auf/lo/cke/rung *f.*, -, en
auf/lö/sen *tr.*
Auf/lö/sung *f.*, -, en
auf/ma/chen *tr.* und *refl.*, öffnen, aufbrechen
Auf/ma/cher *m.*, -s, -, reißerischer Leittitel einer Zeitung
Auf/ma/chung *f.*, -, -en 1. Kleidung, elegante Aufmachung 2. Äußeres, optischer Eindruck
Auf/marsch *m.*, -es, -märsche
auf/mar/schie/ren *intr.*
auf/mei/ßeln *tr.*
auf/mer/ken *intr.*
auf/merk/sam
Auf/merk/sam/keit *f.*, -, -en
auf/mö/beln *tr.*, ugs. für: aufheitern
auf/mot/zen *tr.*, ugs. für: den optischen Eindruck verbessern
auf/mu/cken *intr.*, sich wehren
auf/mun/tern *tr.*, aufheitern
Auf/mun/te/rung *f.*, -, *nur Sg.*
auf/müp/fen *intr.*, ugs. für: sich wehren, Widerstand leisten
auf/müp/fig ugs. für: widersprechend
Auf/nah/me *f.*, -, -n
auf/nah/me/fä/hig
Auf/nah/me/fä/hig/keit *f.*, -, *nur Sg.*, Vermögen, Zusammenhänge geistig zu verarbeiten
Auf/nah/me/prü/fung *f.*, -en
auf/neh/men *tr.*
auf/nö/ti/gen *tr.*, aufzwingen
Auf/nö/ti/gung *f.*, -, *nur Sg.*
auf/op/fern *tr.*
Auf/op/fe/rung *f.*, -, *nur Sg.*

auf/päp/peln *tr.*, großziehen, gesundpflegen
auf/pas/sen *intr.*
Auf/pas/ser *m.*, -s, -
auf/plus/tern *tr.*, bei Vögeln und ugs. bildlich: größer erscheinen als man ist
auf/po/lie/ren *tr.*
auf/pols/tern *tr.*
Auf/prall *m.*, -s, -e
auf/pral/len *intr.*
Auf/preis *m.*, -es, -e, Preiserhöhung
auf/put/schen *tr.*
Auf/putz *m.*, -es, *nur Sg.*
auf/put/zen *tr.*
auf/raf/fen *tr.* und *refl.*, sich überwinden
auf/rap/peln *refl.*, ugs. für: wieder zu Kräften kommen, sich überwinden
auf/räu/men *tr.*
Auf/räu/mung *f.*, -, *nur Sg.*
Auf/räu/mungs/ar/bei/ten *f.*, -, *nur Pl.*
auf/rech/nen *tr.*, gegeneinander verrechnen
Auf/rech/nung *f.*, -, *nur Sg.*
auf/recht gerade, auch übertr.: er ist ein aufrechter Mann.
auf/recht/er/hal/ten *tr.*, erhalten, einen Status konservieren
Auf/recht/er/hal/tung *f.*, -, *nur Sg.*
auf/re/den *tr.*
auf/re/gen *tr.*, sich erregen
Auf/re/gung *f.*, -, -en
auf/rei/ben *tr.*
auf/rei/ßen *tr.*, ugs.: sich einer Person für meist sexuellen Kontakt nähern
auf/rei/zen *tr.*
Auf/rei/zung *f.*, -, -en
auf/rich/ten *tr.*
auf/rich/tig siehe auch aufrecht
Auf/rich/tig/keit *f.*, -, *nur Sg.*

Auf/rich/tung *f.*, -, *nur Sg.*
Auf/riß > **Auf/riss** *m.*, -es, -e, Handwerk: Vorzeichnung, ugs. auch: Vorgang der Kontaktaufnahme zu sexuellen Zwecken
auf/rü/cken *intr.*
Auf/ruf *m.*, -es, -e
auf/ru/fen *tr.*
Auf/ruhr *m.*, -es, -e, Revolte, Störung der Ruhe
auf/rüh/ren *tr.*
Auf/rüh/rer *m.*, -s, -, Revolutionär
auf/rüh/re/risch
auf/run/den *tr.*
Auf/run/dung *f.*, -, -en
auf/rüs/ten *tr.*
Auf/rüs/tung *f.*, -, -en
auf/rüt/teln *tr.*
aufs Kurzw. für: auf das, aufs Revier mitkommen
auf/säs/sig
Auf/säs/sig/keit *f.*, -, *nur Sg.*
Auf/satz *m.*, -es, -sätze, Essay, Abhandlung
auf/sau/gen *tr.*
auf/scheu/chen *tr.*
auf/schie/ben *tr.*
Auf/schlag *m.*, -es, -schläge
auf/schla/gen *tr.*
auf/schlie/ßen *tr.*, öffnen
auf/schlit/zen *tr.*
Auf/schluß > **Aufschluss** *m.*, -es, -schlüsse
auf/schlüs/seln *tr.*, entschlüsseln
Auf/schlüs/se/lung, *f.*, -, -en
auf/schluß/reich > **aufschluss/reich**
auf/schnei/den, etw. per Schere oder Messer öffnen, ugs. übertr. für: angeben
Auf/schnei/der *m.*, -s, -, ugs. für: Angeber
Auf/schnei/de/rei *f.*, -, -en
auf/schnei/de/risch
Auf/schnitt *m.*, -es, *nur Sg.*, Wurst oder Käse in Scheiben
auf/schre/cken
Auf/schrei *m.*, -s, -e
auf/schrei/en *intr.*
Auf/schrift *f.*, -, -en, Beschriftung
Auf/schub *m.*, -es, -schübe
auf/schüt/teln *tr.*
auf/schüt/ten *tr.*
Auf/schüt/tung *f.*, -, -en
auf/schwat/zen *tr.*, ugs. für: jmdm. etw. einreden
auf/schwem/men *tr.*
Auf/schwem/mung *f.*, -, -en
auf/schwin/gen *refl.*
Auf/schwung *m.*, -es, -schwünge
auf/se/hen *intr.*
Auf/se/hen *n.*, -s, *nur Sg.*, Aufmerksamkeit
auf/se/hen/er/re/gend oder auch: **Auf/se/hen er/regend**
Auf/se/her *m.*, -s, -
auf/sein > **auf sein,** *intr.*, ugs. für: offen sein, wach sein
auf sei/ten > **auf/sei/ten** oder auch: **auf Sei/ten**
Auf/sicht *f.*, -, *nur Sg.*
Auf/sichts/pflicht *f.*, -, -en
Auf/sichts/rat *m.*, -es, -räte
Auf/sichts/rats/vor/sit/zen/de(r) *m.* oder *f.*, -en, -n
auf/sit/zen *intr.*, aufsteigen, ugs. auch: einem Betrüger in die Falle gehen
auf/spal/ten *tr.*
Auf/spal/tung *f.*, -, -en
auf/spei/chern *tr.*
Auf/spei/che/rung *f.*, -, *nur Sg.*
auf/spie/len *tr.* und *intr.*, Musik machen, ugs. auch: sich übertrieben wichtig machen
auf/sta/cheln *tr.*
Auf/stand *m.*, -es, -stände, Revolte

auf/stän/disch
auf/sta/peln *tr.*
auf/stau/en *tr.*, sich anstauen
auf/ste/cken *tr.*
auf/stei/gen *intr.*
auf/stel/len *tr.*
Auf/stel/lung *f.*, -, -en
auf/stem/men *tr.*
Auf/stieg *m.*, -es, -e
Auf/stiegs/mög/lich/keit *f.*, -, -en, Karrierechance
auf/stö/bern *tr.*, finden
auf/sto/cken *tr.*, ergänzen
Auf/sto/ckung *f.*, -, -en, Ergänzung
auf/sto/ßen *tr.* und *intr.*
Auf/strich *m.*, -es, -e
auf/stül/pen *tr.*
auf/stüt/zen *tr.* und *refl.*
auf/ta/keln *tr.*, ugs. auch: sich übertrieben und schrill kleiden
Auf/ta/ke/lung *f.*, -, *nur Sg.*
Auf/takt *m.*, -es, -e
auf/tan/ken *tr.* und *intr.*
auf/ti/schen *tr.*, auf den Tisch bringen
Auf/trag *m.*, -es, -träge, im Auftrag (Abk.: i.A.)
auf/tra/gen *tr.*
Auf/trag/ge/ber *m.*, -s, -
Auf/trag/neh/mer *m.*, -s, -
Auf/trags/be/stä/tj/gung *f.*, -, -en
auf/trags/ge/mäß
auf/trei/ben *tr.*, organisieren
auf/tre/ten *intr.*
Auf/trieb *m.*, -es, -e, Motivation, auch: Kühe auf die Alm bringen
Auf/triebs/kraft *f.*, -, -kräfte
Auf/tritt *m.*, -es, -e
Auf/tritts/ver/bot *n.*, -es, -e
auf/trump/fen *intr.*
auf/tun *tr.*
auf/tür/men *tr.*, stapeln
auf und ab auf und ab gehen (ohne Ziel), aber: auf- und abklettern, das Auf

und Ab des Lebens
auf und da/von auf und davon laufen
auf/wal/len *intr.*
Auf/wal/lung *f.*, -, -en
Auf/wand *m.*, -[e]s, *nur Sg.*
auf/wän/dig (neu) oder auch: **auf/wen/dig**
Auf/wands/ent/schä/digung *f.*, -, -en
Auf/wand/steu/er *f.*, -, -n
Auf/war/te/frau *f.*, -, -en, veralt. für Putzfrau
auf/war/ten *intr.*
auf/wärts auf- und abwärts (Richtung), übertr: es geht aufwärts mit mir: mir geht es jetzt besser
Auf/war/tung *f.*, -, -en, veralt. für: Besuch
auf/wa/schen *tr.*, spülen, putzen
auf/wei/sen *tr.*
auf/wen/den *tr.*, investieren
auf/wen/dig *(Nf.)* auch: **auf/wän/dig** *(Hf.)*
Auf/wen/dung *f.*, -, -en
auf/wer/fen *tr.*
auf/wer/ten *tr.*
Auf/wer/tung *f.*, -, -en
Auf/wie/ge/lei *f.*, -, -en
auf/wie/geln *tr.*
Auf/wie/ge/lung *f.*, -, -en
Auf/wieg/ler *m.*, -s, -
Auf/wind *m.*, -es, -e
auf/wir/beln *tr.*
Auf/wuchs *m.*, -es, -e
Auf/wurf *m.*, -es, -würfe, Aufschüttung
auf/zäh/len *tr.*
Auf/zäh/lung *f.*, -, -en
auf/zeich/nen *tr.*
Auf/zeich/nung *f.*, -, -en
auf/zei/gen *tr.*, erkären, zeigen
auf Zeit (Abk.: a. Z.)
auf/zie/hen *tr.* und *intr.*
Auf/zucht *f.*, -, -en
Auf/zug *m.*, -es, -züge

Auf/zugs/schacht *m.*, -es, -schächte
auf/zwin/gen *tr.*
Aug/ap/fel *m.*, -s, -äpfel, übertr: ich hüte es wie meinen Augapfel
Au/ge *n.*, -s, -n, Körperteil
Äu/gel/chen *n.*, -s, -
äu/geln *tr.* und *intr.*
äu/gen *intr.*, gucken
Au/gen/arzt *m.*, es-, -ärzte
Au/gen/blick *m.*, -s, -e, kurzer Moment
au/gen/blick/lich sofort, jetzt gleich
Au/gen/brau/e *f.*, -, -n
au/gen/fäl/lig
Au/gen/licht *n.*, -es, *nur Sg.*, Sehvermögen
Au/gen/lid *n.*, -es, -er
Au/gen/merk *n.*, -es, *nur Sg.*, übertr: ich richte mein Augenmerk auf etw.
Au/gen/schein *m.*, -es, *nur Sg.*, Ansicht
au/gen/schein/lich
Au/gen/trost *m.*, -[e]s, *nur Sg.*, Krautpflanze
Au/gen/wei/de *f.*, -, -n, angenehmer Anblick
Au/gen/wim/per *f.*, -, -n
Au/gen/zeu/ge *m.*, -n, -n
Au/gen/zwin/kern *n.*, -s, *nur Sg.*
Au/git [griech.] *n.*, -s, -e, Mineral
Aug/men/ta/ti/on [griech.] *f.*, -, -en, Vergrößerung, Vermehrung
aug/men/tie/ren *tr.*, vergrößern, vermehren
Aug/sproß > **Augspross** *m.*, -es, -e, unterste Sprosse des Hirschgeweihs
Au/gust *m.*, -(s), *nur Sg.*, achter Monat im Jahr
Au/gus/ti/ner *m.*, -s, -, Mitglied des Augustinerordens
Au/gus/ti/ner/or/den *m.*,

-s, -, katholischer Mönchsorden
Auk/ti/on [lat.] *f.*, -, -en, Versteigerung
Auk/ti/o/na/tor *m.*, -s, -en, Versteigerer
auk/ti/o/nie/ren *tr.*, versteigern
Au/la [griech.] *f.*, -, -len, große Halle einer Schule
au na/tu/rel [französ.] ohne künstliche Zusätze, naturbelassen
au pair [französ.] ohne Bezahlung durch Geld, sondern gegen Sachleistung
Aupairmäd/chen *(Nf.)*, oder auch **Au-pair-Mäd/chen** *(Hf.) n.*, -s, -
Au/ra [lat.] *f.*, -, -ren, 1. in der griechischen Mythologie: Partnerin der Artemis 2. Ausstrahlung einer Person
au/ral [lat.] zum Ohr gehörend
Au/re/o/le [lat.] *f.*, -, -n, 1. in der Malerei: die gemalte Person ist von einem Heiligenschein umgeben, 2. in der Astronomie: Ring um ein Gestirn, verursacht durch Wolken
Au/ri/kel [lat.] *f.*, -s, -, Blumenart
au/ri/ku/lar [lat.] zum Ohr gehörend
Au/ro/ra 1. in der römischen Mythologie: Göttin der Morgenröte 2. *f.*, -, *nur Sg.*, allg.: Morgenröte
Au/ro/ra/fal/ter *m.*, -s, -, Schmetterlingsart
Au/rum *n.*, -s, *nur Sg.*, Gold (lat.)
aus 1. Präp. mit Dat., ich weiß weder aus noch ein 2. prädikativ, er ist *nur* auf dein Geld aus

Aus

Aus *n.*, -, *nur Sg.*, Bereich außerhalb des eigentlichen Spielfeldes
aus/ar/bei/ten *tr.*
Aus/ar/bei/tung *f.*, -, -en
aus/ar/ten *intr.*
aus/at/men *intr.*
Aus/at/mung *f.*, -, -en
aus/ba/den *tr.*, ugs. für: die Konsequenzen einer Sache ertragen müssen
aus/bag/gern *tr.*
Aus/bag/ge/rung *f.*, -, *nur Sg.*
aus/ba/lan/cie/ren *tr.*, Gleichgewicht herstellen
Aus/bau *m.*, -[e]s, -bauten
aus/bau/chen *tr.*, wölben
Aus/bau/chung *f.*, -, -en
aus/bau/en *tr.*, erweitern
aus/bau/fä/hig erweiterbar
aus/be/din/gen *tr.*
aus/bes/sern *tr.*, verbessern, reparieren
Aus/bes/se/rung *f.*, -, -en
aus/bes/se/rungs/bedürf/tig
aus/beu/len *tr.*
Aus/beu/lung *f.*, -, -en
Aus/beu/te *f.*, -, -n
aus/beu/ten *tr.*, ausnutzen
Aus/beu/ter *m.*, -s, -
Aus/beu/te/rei *f.*, -, -en
Aus/beu/tung *f.*, -, *nur Sg.*
aus/be/zah/len *tr.*, auszahlen
aus/bil/den *tr.*
Aus/bil/der *m.*, -s, -
Aus/bil/dung *f.*, -, -en
Aus/bil/dungs/gang *m.*, -es, -gänge
aus/bit/ten *tr.*
aus/blei/ben *intr.*
aus/blei/chen *tr.* und *intr.*, die Farbe entziehen, die Farbe verlieren
Aus/blick *m.*, -es, -e
aus/bli/cken *intr.*, nach etw. Ausschau halten
aus/boo/ten *tr.*, jmdn. hereinlegen

aus/bor/gen *tr.*, sich etwas leihen
aus/bre/chen *intr.*, flüchten
Aus/bre/cher *m.*, -s, -r
Aus/bruch *m.*, -es, -brüche, Flucht
aus/bu/chen *tr.*, *nur als*: das Hotel ist ausgebucht: es ist kein Zimmer mehr frei
aus/buch/ten *tr.*
Aus/buch/tung *f.*, -, -en
aus/bür/gern *tr.*, des Landes verweisen
Aus/bür/ge/rung *f.*, -, en
aus/bü/xen *intr.*, ugs. für: weglaufen
Aus/dau/er *f.*, -, *nur Sg.*
aus/dau/ernd
aus/deh/nen *tr.*, weiter machen
Aus/deh/nung *f.*, -, -en
Aus/druck 1. *m.*, -es, -drücke, Expression 2. *m.*, -es, -e, auf Papier befindliches Druckwerk
aus/dru/cken *tr.*
aus/drü/cken *tr.*
aus/drück/lich explizit
Aus/drucks/kraft *f.*, -, *nur Sg.*
Aus/drucks/kunst *f.*, -, *nur Sg.*, siehe auch: Expressionismus
aus/drucks/los
Aus/drucks/lo/sig/keit *f.*, -, *nur Sg.*
aus/drucks/voll
aus/düns/ten *intr.*
Aus/düns/tung *f.*, -, -en
aus/ein/an/der
aus/ein/an/der/fal/len *intr.*
aus/ein/an/der/ge/hen *intr.*
aus/ein/an/der/hal/ten *tr.*, unterscheiden
aus/ein/an/der/neh/men *tr.*
aus/ein/an/der/set/zen *tr.*, streiten, diskutieren
Aus/ein/an/der/set/zung *f.*, -, -en

aus/er/ko/ren ausgewählt
aus/er/le/sen hervorragend, exquisit
aus/er/se/hen *tr.*
aus/er/wäh/len *tr.*
Aus/er/wäh/lung *f.*, -, *nur Sg.*
aus/fah/ren *tr.* und *intr.*
Aus/fahrt *f.*, -, -en
Aus/fahrt/sig/nal oder auch: **Aus/fahrt/si/gnal** *n.*, -s, -e
Aus/fahrts/stra/ße *f.*, -, -n
Aus/fall *m.*, -s, fälle
aus/fal/len *intr.*
aus/fal/lend unverschämt, pöbelnd
Aus/fall/er/schei/nung *f.*, -, -en, Gedächtnislücken
Aus/fall/stra/ße *f.*, -, -n, breite, stark befahrene Straße
Aus/fall/win/kel *m.*, -s, -
aus/fe/gen *tr.*
Aus/fe/ger *m.*, -s, -, Besen
aus/fer/ti/gen *tr.*, anfertigen
Aus/fer/ti/gung *f.*, -, -en
aus/fin/dig etwas oder eine Person finden
aus/flip/pen, die Kontrolle über sich verlieren
Aus/flucht *f.*, -, -flüchte
Aus/flug *m.*, -es, -flüge
Aus/flüg/ler *m.*, -s,
Aus/flugs/lo/kal *n.*, -es, -e, Garten- oder Bierlokal in schöner Umgebung
Aus/fluß > **Aus/fluss** *m.*, -es, -flüsse
aus/for/schen *tr.*
Aus/for/schung *f.*, -, *nur Sg.*, vollständige Erforschung
aus/frie/ren *tr.* und *intr.*
Aus/fuhr *f.*, -, -en, Export
aus/führ/bar exportierbar
Aus/führ/bar/keit *f.*, -, *nur Sg.*, Exportierbarkeit
aus/füh/ren *tr.*
aus/führ/lich, umfassend

Aus/führ/lich/keit *f.*, -, *nur Sg.*
Aus/füh/rung *f.*, -, -en
aus/fül/len *tr.*
Ausg. Abk. für: Ausgabe
Aus/ga/be *f.*, -, -n
Aus/ga/be/stel/le *f.*, -, -n
Aus/gang *m.*, -es, -gänge
Aus/gangs/punkt *m.*, -es, -e
aus/ge/bufft gerissen, mit allen Wassern gewaschen
Aus/ge/burt *f.*, -, -en, Produkt, er ist eine Ausgeburt der Hölle
aus/ge/fal/len ungewöhnlich, extravagant
aus/ge/gli/chen, ruhig, gelassen
Aus/ge/gli/chen/heit *f.*, -, *nur Sg.*
aus/ge/hen *intr.*, weggehen, ugs. auch für: leer werden
Aus/geh/ver/bot *n.*, -es, -e
aus/ge/kocht, ugs. für: clever
aus/ge/macht 1. vereinbart, so haben wir es ausgemacht 2. übertr.: eindeutig, er ist ein ausgemachter Idiot
aus/ge/las/sen überschäumend, albern
Aus/ge/las/sen/heit *f.*, -, *nur Sg.*
aus/ge/mer/gelt abgehärmt
aus/ge/nom/men, unter Ausnahme von
aus/ge/pumpt, ausgelaugt, erschöpft
aus/ge/rech/net
aus/ge/schlos/sen, vollkommen unmöglich
aus/ge/spro/chen, besonders, außergewöhnlich
aus/ge/stal/ten *tr.*
Aus/ge/stal/tung *f.*, -, -en
aus/ge/zeich/net, sehr gut
aus/gie/big, ausführlich
Aus/gie/big/keit *f.*, -, *nur Sg.*
aus/gie/ßen *tr.*

Aus/gie/ßung *f.*, -, *nur Sg.*
Aus/gleich *m.*, -es, -e, Balance
aus/glei/chen *tr.*
Aus/gleichs/ge/trie/be *n.*, -s, -
Aus/glei/chung *f.*, -, *nur Sg.*
aus/glü/hen *tr.*, verglühen
Aus/glü/hung *f.*, -, *nur Sg.*
aus/gra/ben *tr.*
Aus/grä/ber *m.*, -s, -
Aus/gra/bung *f.*, -, -en
Aus/guck *m.*, -es, -e
aus/gu/cken *intr.*, spähen
Aus/guß > **Aus/guss** *m.*, -es, -güsse
aus/han/deln *tr.*, verhandeln
aus/hän/di/gen *tr.*, übergeben, überreichen
Aus/hän/di/gung *f.*, -, *nur Sg.*
Aus/hang *m.*, -es, -hänge
aus/hän/gen *tr.* und *intr.*, eine Anzeige am Schwarzen Brett aushängen
Aus/hän/ge/schild *n.*, -es, -er, übertr. Paradepferd
aus/hau/chen *tr.*
aus/häu/sig ugs. für: nicht daheim
aus/he/ben *tr.*
Aus/he/bung *f.*, -, -en
aus/he/cken *tr.*, ugs.: sich einen Streich ausdenken
aus/hei/len *tr.* und *intr.*, verheilen
Aus/hei/lung *f.*, -, *nur Sg.*
aus/hel/fen *intr.*
Aus/hil/fe *f.*, -, -n
Aus/hilfs/kraft *f.*, -, -kräfte
aus/hilfs/wei/se
aus/höh/len *tr.*
Aus/höh/lung *f.*, -, -en
aus/ho/len *tr.* und *intr.*
aus/hol/zen *tr.*
Aus/hol/zung *f.*, -, -en
aus/hor/chen *tr.*
Aus/hor/cher *m.*, -s,
Aus/hub *m.*, -es, *nur Sg.*, Gesamtheit der für z.B. einen Hausbau ausgehobenen Erde
aus/hun/gern *tr.*, verhungern lassen
Aus/hun/ge/rung *f.*, -, *nur Sg.*
aus/ke/geln *tr.*
aus/keh/len *tr.*
aus/kei/len *intr.*, ausschlagen
aus/ken/nen *refl.*, Bescheid wissen
aus/ker/ben *tr.*
Aus/ker/bung *f.*, -, -en
aus/ker/nen *tr.*
aus/klam/mern *tr.*, ausgrenzen
Aus/klam/me/rung *f.*, -, *nur Sg.*
Aus/klang *m.*, -es, -klänge
aus/klei/den *tr.*, sich ausziehen, auch: mit Stoff beziehen
Aus/klei/dung *f.*, -, -en, Bezug mit Stoff
aus/klin/gen *intr.*
aus/klop/fen *tr.*
Aus/klop/fer *m.*, -s, -, Teppichklopfer
aus/klü/geln *tr.*, durchdenken, planen
aus/knip/sen *tr.*, ugs. für: ausschalten
aus/kno/beln *tr.*, ausdenken, planen
aus/kom/men *intr.*
Aus/kom/men *n.*, -s, *nur Sg.*, Einkommen, Unterhalt
aus/kos/ten *tr.*
aus/krat/zen *tr.*, auch in der Medizin: ausschaben
Aus/kris/tal/li/sa/ti/on *f.*, -, -en
aus/kris/tal/li/sie/ren *intr.*
aus/ku/geln *tr.*, ausrenken, verrenken
aus/kund/schaf/ten *tr.*
Aus/kund/schaf/ter *m.*, -s, -

Aus/kund/schaf/tung *f., -, nur Sg.*
Aus/kunft *f., -, -künfte*
Aus/kunfts/bü/ro *n., -s, -s*
aus/ku/rie/ren *tr.*
aus/la/dend, breit, großzügig angelegt
Aus/la/der *m., -s, -*
Aus/la/ge *f., -, -n,* angelegtes Geld, auch: Schaufensterauslagen
Aus/land *n., -es, nur Sg.*
Aus/län/der *m., -s, -*
aus/län/disch
Aus/lands/rei/se *f., -, -n*
Aus/lands/ver/tre/tung *f., -, -en*
Aus/laß > **Aus/lass** *m., -es, -lässe,* Öffnung
aus/las/sen *tr.*
Aus/las/sung *f., -, -en*
Aus/las/sungs/satz *m., -es, -sätze,* siehe auch Ellipse
Aus/las/sungs/zei/chen *n., -s, -,* Apostroph, Zeichen:
Aus/laß/ven/til > **Aus/lass/ven/til** *n., es-, e,* Teil eines Motors
aus/las/ten *tr.*
Aus/las/tung *f., -, -en*
aus/lat/schen *tr.,* ugs.: austreten, breittreten
Aus/lauf *m., -es, -läufe*
aus/lau/fen *intr.*
Aus/läu/fer *m., -s, -*
aus/lau/gen *tr.*
Aus/laut *m., -es, -e,* letzter Laut eines Wortes
aus/lau/ten *intr.*
aus/lee/ren *tr.*
Aus/lee/rung *f., -, -en*
aus/le/gen *tr.*
Aus/le/ger *m., -s, -*
Aus/le/gung *f., -, -en,* Interpretation
Aus/leih/bi/bli/o/thek oder auch: **Aus/leih/bib/li o/thek** *f., -, -en,* Bücher können mit nach Hause genommen werden
Aus/lei/he *f., -, -n,* Ausgabe der Bücher in Bibliotheken
aus/lei/hen *tr.,* borgen
Aus/lei/her *m., -s, -,* Verleiher
aus/ler/nen *tr.*
Aus/le/se *f., -, -n*
aus/le/sen *tr.*
aus/lie/fern *tr.,* beliefern, liefern
Aus/lie/fe/rung *f., -, -en*
aus/lo/ben *tr.*
Aus/lo/bung *f., -, -en*
aus/lo/sen *tr.,* verlosen
aus/lö/sen *tr.,* herauslösen
Aus/lö/ser *m., -s, -*
Aus/lo/sung *f., -, -en,* Verlosung
Aus/lö/sung *f., -, -en*
aus/lo/ten *tr.*
aus/mah/len *tr.*
Aus/mah/lung *f., -, nur Sg.*
aus/ma/len *tr.,* übertr. auch: farbig schildern
Aus/ma/lung *f., -, nur Sg.*
Aus/maß *n., -es, -e*
aus/mau/ern *tr.*
aus/mei/ßeln *tr.*
aus/mer/zen *tr.*
aus/mes/sen *tr.,* vermessen
Aus/mes/sung *f., -, -en*
aus/mün/den *intr.,* münden
Aus/mün/dung *f., -, -en*
aus/mün/zen *tr.,* prägen
Aus/mün/zung *f., -, -en*
aus/mus/tern *tr.,* aussondern, absondern
Aus/mus/te/rung *f., -, -en*
Aus/nah/me *f., -, -n*
Aus/nah/me/fall *m., -es, -fälle*
Aus/nah/me/zu/stand *m., -es, -stände*
aus/nahms/los ohne Ausnahme alle
aus/nahms/wei/se mit dieser einen Ausnahme
aus/neh/men *tr.,* einen Fisch ausnehmen, übertr. auch: jmdn. um Geld betrügen
aus/neh/mend sehr
aus/nüch/tern *tr.,* wieder nüchtern werden
Aus/nüch/te/rung *f., -, nur Sg.*
Aus/nüch/te/rungs/zel/le *f., -, -n*
aus/nut/zen, aus/nüt/zen *tr.*
Aus/nut/zung,
Aus/nüt/zung *f., -, nur Sg.*
aus/peit/schen *tr.*
aus/pfei/fen *tr.,* Missbilligung durch Pfeifen äußern
aus/pflan/zen *tr.*
Aus/pflan/zung *f., -, -en*
aus/plau/dern *tr.,* Geheimnisse verraten
aus/plün/dern *tr.,* berauben
Aus/plün/de/rung *f., -, nur Sg.*
aus/pols/tern *tr.,* mit Polstern versehen
Aus/pols/te/rung *f., -, nur Sg.*
aus/po/sau/nen *tr.,* ugs. für: überall herumerzählen
aus/prä/gen *tr.*
Aus/prä/gung *f., -, -en*
aus/pro/bie/ren *tr.,* testen
Aus/puff *m., -es, -e*
Aus/puff/flam/me (neu) *f., -, -n*
Aus/puff/topf *m., -es, -töpfe*
aus/punk/ten *tr.,* nach Punkten über jmdn. siegen
Aus/putz *m., -es, nur Sg.,* Zierde
aus/put/zen *tr.*
aus/quar/tie/ren *tr.*
Aus/quar/tie/rung *f., -, nur Sg.*
aus/quet/schen *tr.,* ugs. für: eine Person so lange fragen, bis man eine Antwort erhält
aus/ra/die/ren *tr.*
aus/ran/gie/ren [französ.]

Außenseite

tr., aussondern, weil zu alt oder zu verbraucht
aus/räu/chern tr.
Aus/räu/che/rung f., -, nur Sg.
aus/räu/men tr., aus dem Weg bringen
Aus/räu/mung f., -, nur Sg.
Aus/re/de f., -, -n
aus/re/den tr. und intr., eine Person zu Ende reden lassen, einer Person eine Idee ausreden
Aus/rei/se f., -, -n
Aus/rei/se/er/laub/nis f., -, -e
aus/rei/sen intr., das Land verlassen
aus/rei/ßen tr. und intr., ugs. abhauen
Aus/rei/ßer m., -s,
aus/ren/ken tr., auskugeln
Aus/ren/kung f., -, -en
aus/rich/ten tr.
Aus/rich/tung f., -, nur Sg.
aus/rot/ten tr.
Aus/rot/tung f., -, nur Sg.
aus/rü/cken tr. und intr.
Aus/ruf m., -es, -e
aus/ru/fen tr.
Aus/ru/fer m., -s, -
Aus/ru/fe/zei/chen, Ausru/fungs/zei/chen n., -s, -, Zeichen: !
aus/ru/hen intr.
aus/rüs/ten tr.
Aus/rüs/ter m., -s, -
Aus/rüs/tung f., -, en
Aus/rüs/tungs/ge/genstand m., -es, -stände
aus/rut/schen intr.
Aus/rut/scher m., -s, -, ugs. für: Fettnäpfchen
Aus/saat f., -, -en
aus/sä/en tr.
Aus/sa/ge f., -, -n
aus/sa/gen tr.
aus/sä/gen tr.
Aus/sa/ge/satz m., -es, -sätze

aus/scha/ben tr.
Aus/scha/bung f., -, -en, in der Medizin: Abrasio
aus/schach/ten tr.
Aus/schach/tung f., -, -en
aus/scha/len tr.
aus/schal/ten tr.
Aus/schal/tung f., -, -en
Aus/schank m., -s, -schänke
Aus/schau f., -, -nur Sg., Ausschau halten
aus/schau/en intr.
aus/schei/den tr. und intr.
Aus/schei/dung f., -, -en
Aus/schei/dungs/kampf m., -es, -kämpfe
Aus/schei/dungs/spiel n., -es, -e
aus/schen/ken tr., ausgießen, einschenken
aus/sche/ren intr., aus der Reihe fahren
aus/schie/ßen tr. und intr.
aus/schlach/ten tr.
Aus/schlach/tung f., -, nur Sg.
Aus/schlag m., -es, -schläge, allergische Hautreaktion
aus/schla/gen tr. und intr.
aus/schlag/ge/bend entscheidend
aus/schlie/ßen tr.
aus/schließ/lich
Aus/schließ/lich/keit f., -, nur Sg.
Aus/schlie/ßung f., -, nur Sg.
aus/schlüp/fen intr.
Aus/schluß > **Ausschluss** m., -es, -schlüsse
aus/schmie/ren tr.
Aus/schmü/cken tr.
Aus/schmü/ckung f., -, -en
aus/schnei/den tr.
Aus/schnitt m., -es, -e
aus/schrei/ben tr. öffentlich ausloben, z.B. Auftragsvergabe an Handwerker
Aus/schrei/bung f., -, -en

aus/schrei/ten intr.
Aus/schrei/tung f., -, -en, Randale
aus/schro/ten tr., zermahlen
aus/schu/len tr., aus der Schule nehmen
Aus/schu/lung f., -, -en
Aus/schuß > **Aus/schuss** m., -es, -schüsse
Aus/schuß/wa/re >
Aus/schuss/wa/re f., -, -n
aus/schüt/teln tr.
aus/schüt/ten tr., vergießen
Aus/schüt/tung f., -, -en
aus/schwei/fen tr.
aus/schwei/fend exzessiv
Aus/schwei/fung f., -, -en
aus/schwem/men tr.
Aus/schwem/mung f., -, -en
aus/se/hen intr.
Aus/se/hen n., -s, nur Sg., optischer Eindruck
aus sein intr., zu Ende sein
au/ßen außen am Haus, nach außen hin
Au/ßen m., -, -, im Sport: Spieler am äußeren Flügel der Mannschaft
Au/ßen/an/ten/ne f., -, -n
Au/ßen/auf/nah/me f., -, n
Au/ßen/bord/mo/tor m., -s, -en
aus/sen/den tr.
Au/ßen/dienst m., -es, nur Sg., Handelsagenturen oder angestellte Reisende einer Firma
au/ßen/dienst/lich
Aus/sen/dung f., -, nur Sg.
Au/ßen/han/del m., -s, nur Sg.
Au/ßen/mi/nis/ter m., -s, -
Au/ßen/mi/nis/te/ri/um n., -s , -rien
Au/ßen/po/li/tik f., -, nur Sg.
au/ßen/po/li/tisch
Au/ßen/sei/te f., -, -n

Au/ßen/sei/ter *m.,* -s, -
Au/ßen/stän/de *m.,* -, *nur Pl.,* noch nicht beglichene Forderungen
Au/ßen/welt *f.,* -, *nur Sg.*
Au/ßen/win/kel *m.,* -s
au/ßer 1. Präp. mit Dativ: außer ihm kann das keiner, sie ist völlig außer sich: sie ist sehr aufgeregt, der Aufzug ist außer Betrieb, etwas außer Acht lassen: etwas nicht beachten 2. mit Genitiv: außer Landes gehen 3. Konjunktion: außer dass, außer wenn
Au/ßer/acht/las/sen *n.,* -s, *nur Sg.,* das Nichtbeachten einer Sache
au/ßer/dem, zusätzlich
au/ßer/dienst/lich
äu/ße/re(r, s)
au/ßer/e/he/lich
au/ßer/eu/ro/pä/isch
au/ßer/ge/wöhn/lich
au/ßer/halb außerhalb der Schule
au/ßer/ir/disch
äu/ßer/lich
Äu/ßer/lich/keit *f.,* -, -en
äu/ßern *tr.,* etw. verbal von sich geben
au/ßer/or/dent/lich außerordentlicher Professor (Abk.: a.o. Prof.)
au/ßer/plan/mä/ßig außerplanmäßiger Zug
au/ßer/schu/lisch
äu/ßerst ich bin aufs äußerste, oder auch: aufs Äußerste gereizt, geh nicht bis zum Äußersten
au/ßer/stan/de oder auch **au/ßer Stan/de,** ich bin völlig außer Stande, dafür zu bezahlen
äu/ßers/ten/falls
Äu/ße/rung *f.,* -, -en
aus/set/zen *tr.* und *intr.*

Aus/set/zung *f.,* -, -en
Aus/sicht *f.,* -, -en
aus/sichts/los
Aus/sichts/lo/sig/keit *f.,* -, *nur Sg.*
Aus/sichts/punkt *m.,* -es, -e
aus/sichts/reich
Aus/sichts/turm *m.,* -es, -türme
aus/sichts/voll
aus/sie/deln *tr.*
Aus/söh/nen *tr.* versöhnen
Aus/söh/nung *f.,* -, -en
aus/son/dern *tr.*
Aus/son/de/rung *f.,* -, -en
aus/sor/tie/ren *tr.*
Aus/sor/tie/rung *f.,* -, -en
aus/span/nen *tr.* und *intr.*
Aus/span/nung *f.,* -, *nur Sg.*
aus/spa/ren *tr.*
Aus/spa/rung *f.,* -, -en
aus/sper/ren *tr.*
Aus/sper/rung *f.,* -, -en
Aus/spra/che *f.,* -, -en
aus/spre/chen *tr.*
Aus/spruch *m.,* -e, sprüche
Aus/stand *m.*
aus/stat/ten *tr.*
Aus/stat/tung *f.,* -, -en
Aus/stel/len *tr.*
Aus/stel/lung *f.,* -, -en
Aus/stel/lungs/stück *n.,* -es, -e
aus/ster/ben *intr.*
Aus/steu/er *f.,* -, -n
aus/steu/ern *tr.*
Aus/stieg *m.,* -es, -e
aus/stop/fen *tr.*
Aus/stop/fung *f.,* -, -en
Aus/stoß *m.,* -es, -stöße
aus/strah/len *tr.*
Aus/strah/lung *f.,* -, -en
Aus/tausch *m.,* -es, -e
aus/tau/schen *tr.*
Aus/tausch/schü/ler *m.,* -s, -
Aus/ter [lat.] *f.,* -, -n, Muschelart
Aus/tern/bank *f.,* -, -bänke
aus/til/gen *tr.,* auslöschen

aus/to/ben *tr.*
Aus/trag *m.,* -es, -träge
aus/tra/gen *tr.*
Aus/trä/ger *m.,* -s, -
Aus/tra/gung *f.,* -, -en
Au/stra/lien einer der fünf Kontinente
Au/stra/li/er *m.,* -s, -
au/stra/lisch aber: der Australische Bund
aus/trei/ben *tr.*
Aus/trei/bung *f.,* -, -en
aus/tre/ten *intr.* und *tr.*
Aus/tri/a oder auch: **Au/stri/a** lat. Name für Österreich
Aus/tritt *m.,* -es, -e
aus/trock/nen *tr.* und *intr.*
Aus/trock/nung *f.,* -, *nur Sg.*
aus/tüf/teln *tr.*
aus/üben *tr.*
Aus/übung *f.,* -, -en
aus/ufern *intr.* 1. Fluss: über die Ufer treten 2. übertr.: exzessiv werden
Aus/ver/kauf *m.,* -s, -käufe
aus/ver/kau/fen *tr.*
aus/wach/sen *intr.*
Aus/wahl *f.,* -, *nur Sg.*
aus/wäh/len *tr.*
Aus/wan/de/rer *m.,* -s, -
aus/wan/dern *intr.,* emigrieren
aus/wär/tig aber: das Auswärtige Amt
aus/wärts auswärts essen
aus/wa/schen *tr.*
Aus/wa/schung *f.,* -, -en
aus/wech/seln *tr.*
Aus/weg *m.,* -es, -e
aus/weg/los
Aus/weg/lo/sig/keit *f.,* -, *nur Sg.*
aus/wei/chen *intr.*
Aus/weis *m.,* -es, -e
aus/wei/sen nachweisen, fortschicken
Aus/weis/pa/pie/re *n.,* -, *nur Pl.*

Aus/wei/sung *f.*, -, -en
aus/wen/dig etw. aus dem Kopf wissen
aus/wer/ten *tr.*
aus/wie/gen *tr.*
aus/wir/ken *refl.*
Aus/wir/kung *f.*, -, -en, Effekt haben
aus/wi/schen *tr.*, einer Person mutwillig schaden
Aus/wuchs *m.*, -es, -wüchse
aus/zah/len *tr.*, bezahlen, auch: sich lohnen
aus/zäh/len *tr.*
Aus/zah/lung *f.*, -, -en
Aus/zäh/lung *f.*, -, -en
aus/zeh/ren *tr.*
Aus/zeh/rung *f.*, -, *nur Sg.*, Abmagerung
aus/zeich/nen *tr.*
Aus/zeich/nung *f.*, -, -en
aus/zie/hen *tr. und intr.*
aus/zugs/wei/se, in Stücken
au/tark oder auch: **aut/ark** [griech.] unabhängig (wirtschaftlich und politisch)
Au/tar/kie oder auch:
Aut/ar/kie *f.*, -, -n, Unabhängigkeit
au/then/tisch [griech.] echt
Au/then/ti/zi/tät *f.*, -, *nur Sg.*, Echtheit
Au/tis/mus [griech.] *m.*, -, *nur Sg.*, psychische Störung
Au/tist *m.*, -en, -en
au/tis/tisch
au/to..., Au/to... [griech.] in Zusammenhängen: selbst..., Selbst
Au/to [griech.] n, -s, -s, Kurzw. für Automobil
Au/to/bahn *f.*, -, -en
Au/to/bi/o/gra/fie *(Hf.)* auch: **Au/to/bi/o/gra/phie** *(Nf.)* [griech.] *f.*, -, -n, Erzählung des eigenen Lebensweges, Memoiren
au/to/bi/o/gra/fisch *(Hf.)*

auch: **au/tobi/o/graphisch** *(Nf.)*
Au/to/bus *m.*, -es, -e, Omnibus
Au/to/di/dakt [griech.] *m.*, -en, -en, Person, die sich Wissen durch Selbstunterricht zueignet
au/to/di/dak/tisch
au/to/dy/na/misch [griech.] selbstwirkend
Au/to/e/ro/tik [griech.] *f.*, -, *nur Sg.*, sexuelle Befriedigung durch den eigenen Körper erlangen
au/to/gen [griech.] autogenes Training: Übungen, die man ohne Anleitungen allein durchführen kann
Au/to/gramm [griech.] *n.*, -es, -e, Unterschrift
Au/to/hyp/no/se [griech.] *f.*, -, -n, Selbsthypnose
Au/to/ki/no *n.*, -s, -s, Kino, in dem man unter freiem Himmel im Auto sitzend Filme sehen kann
Au/to/kna/cker *m.*, -s, -, ugs.: kriminelle Person, die Autos aufbricht
Au/to/krat [griech.] *m.*, -en, -en, Alleinherrscher
Au/to/kra/tie *f.*, -, -n, Alleinherrschaft
au/to/kra/tisch
Au/to/mat [griech.] *m.*, -en, -en, Maschine
Au/to/ma/tik *f.*, -, -en, Selbsttätigkeit
au/to/ma/tisch selbsttätig
au/to/ma/ti/sie/ren *tr.*, von Hand- auf Maschinenarbeit umstellen
Au/to/ma/ti/sie/rung *f.*, -, *nur Sg.*
Au/to/ma/tis/mus *m.*, -, -men, automatische Bewegungen oder Routinen
Au/to/mo/bil [griech.] *n.*, -es, -e, Kraftfahrzeug, Kurzw.: Auto
Au/to/mo/bil/klub *m.*, -s, -s, aber: Allgemeiner Deutscher Automobil-Club (Abk.: ADAC),
au/to/nom [griech.] unabhängig, selbstständig
Au/to/no/mie *f.*, -, -n, Unabhängigkeit, Selbständigkeit
Au/to/pi/lot *m.*, -en, -en, Automat, der ein Flugzeug steuert
Au/top/sie oder auch:
Aut/op/sie [griech.] *f.*, -, -n, Untersuchung von Leichen
Au/tor [lat.] *m.*, -en, -en, Verfasser, Schriftsteller
Au/to/ren/kor/rek/tur *f.*, -, -en, Korrekturen an Texten
Au/to/ri/sa/ti/on *f.*, -, -en, Vollmacht
au/to/ri/sie/ren *tr.*, bevollmächtigen
au/to/ri/tär [lat.]
Au/to/ri/tät *f.*, -, -en 1. Ansehen, Ruf 2. Experte
Au/tor/schaft *f.*, -, -en, Urheberschaft
Au/wald, Au/en/wald *m.*, -es, -wälder
au/weh! Ausruf des Schmerzes
Au/xi/li/ar/verb *n.*, -es, -en, Hilfsverb
avan/cie/ren [französ.] *intr.*, (Beruf) aufsteigen
Avant/garde [französ.] *f.*, -, -n, Vorreiter einer neuen Bewegung
Avant/gar/dis/mus *m.*, -, *nur Sg.*, Kunstauffassung
avant/gar/dis/tisch
Ave [italien.] urspr. Gruß: Sei gegrüßt!, in der Religion Kurzw. für Avemaria
Ave-Ma/ri/a in der Religion: kath. Gebet

169

Aver/si/on [lat.] *f.,* -, -en, Abneigung, Ablehnung
AVG, Abk. für Angestelltenversicherungsgesetz
Avig/non [französ.] Stadt in Frankreich
Avis [französ.] *n.,* -, -, Benachrichtigung, Voranmeldung
avi/sie/ren *tr.,* voranmelden, vorab benachrichtigen
Avi/ta/mi/no/se oder auch:
Avit/a/mi/no/se *f.,* -, -n, von chronischem Vitaminmangel verursachte Krankheit
Avo/ca/do [aztekisch] *f.,* -, -s, südamerikanische Frucht aus Südamerika
Avus *f.,* -, *nur Sg.,* Abk. für: Automobil-Verkehrs- und Übungsstraße, Teil einer Autobahn in Berlin

axi/al [lat.] in Achsenrichtung, symmetrisch
Axi/a/li/tät *f.,* -, *nur Sg.,* Ausrichtung in Achsenrichtung
axil/lar [lat.], zur Achselhöhle gehörend
Axi/om [griech.] *n.,* -s, -e, ohne Beweis gültiger Lehrsatz
Axon [griech.] *n.,* -s, -en, Bestandteil der Nervenfaser
Axt *f.,* -, Äxte, Werkzeug
Axt/heim *m.,* -es, -e, Axtstiel
Aya/tol/lah *m.,* -s, -s, islamischer Ehrentitel
a.Z. Abk. für auf Zeit
AZ Abk. für Arizona
Aza/lee [griech.] *f.,* -, -n, Zierpflanze
Aze/tat *n.,* -es, -e, Salz der Essigsäure
Aze/ton *n.,* -s, *nur Sg.* = Aceton
Azo/o/sper/mie [griech.] *f.,* -, -n, Samenflüssigkeit ohne Spermien
Azo/ren *nur Pl.,* Inselgruppe im Atlantik Ozean (portugiesisch)
Az/te/ke *m.,* -n, -n, Indianerstamm in Mexiko
az/te/kisch
Azu/bi *m.,* -s, -s od. *f.,* -, -s, Kurzw. für: Auszubildende(r)
Azur [französ.] *m.,* -s, *nur Sg.,* Farbe: Himmelblau
azur/blau
azyk/lisch oder auch:
azy/klisch 1. allgemein: nicht zyklisch 2. in der Medizin: unregelmäßig

B

b in der Musik: um einen halben Ton erniedrigtes h, b-Moll
B 1. Int. KFZ-Kennzeichen = Belgien 2. in der Musik. = B-Dur
Ba chemisches Zeichen für: Barium
BA Abk. für British Airways (Corporation), britische Luftlinie
Baal semitische Gottheit
bab/beln *intr.*, ugs. für: Unsinn reden
Ba/bel s. Babylon
Ba/by [engl.] *n.*, -s, -s, Säugling, sehr kleines Kind, auch Kosename für Partner
Ba/by/jahr *n.*, -es, -e, gesetzl. genehmigter Urlaub für ein Elternteil, das einen Säugling versorgt mit anschließender Arbeitsplatzgarantie
Ba/by/lon auch Babel, antike Stadt am Euphrat
ba/by/sit/ten *intr.*, nur Infinitiv: gegen Bezahlung auf ein Kleinkind aufpassen
Ba/by/sit/ter *m.*, -s, -
Bac/chus [lat.] römischer Gott des Weines
Bach *m.*, -es, Bäche
Bach-Blü/ten *f.*, -, nur Pl., nach Dr. Edward Bach benannte Blütenessenzen, die als Heilmittel eingesetzt werden
Ba/che *f.*, -, -n, weibliches Wildschwein
Bach/ste/lze *f.*, -, -n, Vogelart
back/bord(s) in der Seemannssprache: links
Back/bord *n.*, -[s], nur Sg., die linke Seite
Bäck/chen *n.*, -s, -
Ba/cke *f.*, -, -n, Wange
ba/cken *tr.* und *intr.*
Ba/cken/bart *m.*, -es, -bärte
Ba/cken/brem/se *f.*, -, -n
Ba/cken/streich *m.*, -es, -e
Ba/cken/zahn *m.*, -es, -zähne
Bä/cker *m.*, -s, -
Bä/cke/rei *f.*, -, -en, Geschäft, das Backwaren verkauft
Bä/cker/la/den *m.*, -s, -
Back/fisch *m.*, -es, -e, veralt für: weibliches Teenager
Back/ground [engl.] *m.*, -s, -s, Hintergrund
Back/hendl *n.*, -s, -, österreichisch für Backhuhn
Back/obst *n.*, -es, nur Sg., Dörrobst
Back/pfei/fe *f.*, -, -n, Ohrfeige
Back/pflau/me *f.*, -, -n, Trockenpflaume
Back/pul/ver *n.*, -s, -, Triebmittel für Backteige
Back/stein *m.*, -es, -e, Ziegelstein
Back/wa/re *f.*, -, *meist Pl.*
Back/werk *n.*, -es, nur Sg.
Bad *n.* -es, Bäder, Bad Kreuznach
Ba/de/an/stalt *f.*, -, -en
Ba/de/an/zug *m.*, -es, -züge
Ba/de/meis/ter *m.*, -s, -
ba/den *tr.* und *intr.*
Ba/den Region in Südwestdeutschland
Ba/den-Ba/den Stadt im Schwarzwald
Ba/den-Würt/tem/berg Bundesland in Südwestdeutschland
Ba/de/ort *m.*, -es, -e
ba/disch zu Baden gehörend
Bad/min/ton [engl.] *n.*, -s, nur Sg., Sportart: Fedeballspiel
baff ugs. für: verblüfft, erstaunt

BAföG *n.*, -s, nur Sg., Abk. für: Bundesausbildungsförderungsgesetz
Ba/ga/ge [französ.] *f.*, -, -n, ugs.: Gesindel, Pack
Ba/ga/tel/le [französ.] *f.*, -, -n, Kleinigkeit
ba/ga/tel/li/sie/ren *tr.*, als geringfügig darstellen
Bag/dad Hauptstadt des Irak
Bag/ger [niederl.] *m.*, -s, -, Baumaschine
bag/gern *tr.* und *intr.*, scherzh. auch: flirten
Ba/guette oder auch: **Ba/guet/te** [französ.] *f.*, -s, -s, französisches Stangenweißbrot
Ba/ha/mas -, nur Pl., mittelamerikanischer Inselstaat
Bahn *f.*, -, en
bahn/bre/chend aber: Bahn brechen
Bahn/bre/cher *m.*, -s, -
Bahn/Card [engl.] *f.*, -, -s, Ausweis der Deutschen Bahn AG für reduzierte Tarife
Bähn/chen *n.*, -s, -
bah/nen *tr.*
Bahn/hof *m.*, -es, -höfe, (Abk.: Bhf.)
Bahn/hofs/hal/le *f.*, -n, -n
Bahn/ü/ber/gang *m.*, -es, -gänge
Bahn/wär/ter *m.*, -s, -
Bah/re *f.*, -, -n
Bahr/tuch *n.*, -es, -tücher
Bai/ser [französ.] *n.*, -s, -s, sehr süßes Gebäck
Ba/jo/nett [französ.] *n.*, -s, -e, antiquierte Stoß- und Stichwaffe
Bak/ka/rat [französ.] *n.*, -s, nur Sg., Kartenspiel
Bak/te/ri/e *f.*, -, -n, ugs. für: Bakterium
bak/te/ri/ell durch Bakterien verursacht

Bak/te/ri/en/trä/ger *m.*, -s, -
Bak/te/ri/o/lo/ge *m.*, -n, -n, Bakterienforscher
Bak/te/ri/o/lo/gie *f.*, -, *nur Sg.*, Wissenschaft von den Bakterien
bak/te/ri/o/lo/gisch
Bak/te/ri/um *n.*, -s, -rien, einzelliges Lebewesen
Bak/te/ri/zid *n.*, -es, -e, bakterientötendes Mittel
Ba/lance [französ.] *f.*, -, -n, Gleichgewicht
Ba/lance/akt [französ.] *m.*, -es, -e
ba/lan/cie/ren *intr.* und *tr.*, das Gleichgewicht halten
bald in nicht zu ferner Zukunft
Bal/da/chin [italien.] *m.*, -s, -e, Stoffdach über einem Himmelbett
bal/dig
bald/mög/lichst
Bal/dri/an oder auch:
Bald/ri/an *m.*, -s, *nur Sg.*, Heilpflanze zur Beruhigung
Bal/dur germanischer Gott des Lichts
Ba/le/a/ren *nur Pl.*, Inselgruppe im Mittelmeer, beliebtes Ferienziel
Balg *n.* oder *m.*, -es, -Bälger, abwertend für unerzogenes Kind, auch kurz für: Blasebalg
bal/gen *refl.*, sich, spielerisch herumraufen
Bal/ge/rei *f.*, -, en, nicht ernsthafte Raufereien
Bal/kan *m.*, -s, *nur Sg.*, Gebirge der Balkanhalbinsel
Bal/ka/no/lo/gie *f.*, -, *nur Sg.*, Wissenschaft von der Sprache und Literatur der Balkanhalbinsel
Bälk/chen *n.*, -s, -
Bal/ken *m.*, -s, -
Bal/kon [französ.] *m.*, -s, -e
Ball *m.*, -es, Bälle
Bal/la/de [französ.] *f.*, -, -n, Form der Lyrik, auch: langsames Lied
bal/la/desk balladenartig
Bal/last [niederl.] *m.*, -es, -e, gewichtige Fracht, übertr. auch: unnötige Beschwernisse
Bäll/chen *n.*, -s, -
bal/len *tr.* Faust zusammendrücken, zusammenpressen
Bal/len *m.*, -s, -, ein Ballen Stroh
Bal/le/ri/na [italien.] *f.*, -, -rinen, Balletttänzerin
bal/lern *intr.*, ugs.: jmdn. hauen (ich baller dir eine)
Bal/lett [italien.] *n.*, -es, -e, Bühnentanz, Ensemble, das tanzt
Bal/lettän/zer > **Ballett/-tän/zer** *m.*, -s, -
Bal/lettrup/pe >
Ballett/trup/pe *f.*, -, -n
Bal/lis/tik *f.*, -, *nur Sg.*, Wissenschaft der Flugbahn geworfener oder geschossener Körper
bal/lis/tisch
Bal/jun/ge *m.*, -n, -n, heute auch Ballkind
Ballo/kal > **Ball/lo/kal** *n.*, -es, -e
Bal/lon [französ.] *m.*, -s, -e od. -s, gasgefüllter Ball, Luftballon
Bal/lung *f.*, -, -en, Konzentration
Bal/lungs/ge/biet *n.*, -es, -e, das Ruhrgebiet ist ein deutsches Ballungsgebiet
Bal/mung Siegfrieds Schwert in der Nibelungensage
Bal/sa/holz *n.*, -es, -hölzer, tropische Holzart
Bal/sam [lat.] *m.*, -s, -, Harze und ätherische Öle, die ein zumeist wohl riechendes Gemisch ergeben, übertr. auch: Linderung (Balsam für meine Seele)
bal/sa/mie/ren *tr.*, mit Balsam einreiben
Bal/te *m.*, -n, -n, Einwohner eines baltischen Staates
Bal/ti/kum *n.*, -s, *nur Sg.*, die Republiken Estland, Lettland und Litauen
bal/tisch aber: Baltisches Meer
Ba/lus/tra/de *f.*, -s, -n, Geländer, Brüstung
Balz *f.*, -, *nur Sg.*, Vorspiel zur Paarung, Umwerben des Partners, bes. bei Vögeln
bal/zen *intr.*, werben, Paarungsbereitschaft signalisieren, bes. bei Vögeln
Balz/zeit *f.*, -, -en
Bam/bus [mal.] *m.*, -s, -s, tropisches Gras
Bam/mel *m.*, -s, *nur Sg.*, ugs.: Angst, Schiss
ba/nal [französ.] langweilig, unintelligent
ba/na/li/sie/ren *tr.*, etw. herabwürdigen
Ba/na/li/tät *f.*,-en
Ba/na/ne [Kongo] *f.*, -, -n, Obstsorte
Ba/nau/se [griech.] *m.*, -n, -n, Person, die Kunst nicht zu würdigen weiß
Band 1. *n.*, -es, Bänder, Stoffstreifen, Tonband 2. *n.*, -es, -e Verbindung 3. *m.*, -es, -bände Buchband 4.[engl.] *f.*, -, -s, Musikergruppe
Ban/da/ge [französ.] *f.*, -, -n, Verband
ban/da/gie/ren *tr.*, verbinden

Bänd/chen *n.,* -s, -
Ban/de *f.,* -, -n, Gruppe von Personen, die nichts Gutes im Schilde führen
Ban/de/ro/le [französ.] *f.,* -, -n, Steueraufkleber
...bän/dig zehnbändiges Lexikon
bän/di/gen *tr.,* zähmen
Bän/di/ger *m.,* -s, -
Bän/di/gung *f.,* -, *nur Sg.*
Ban/dit [italien.] *m.,* -en, -en, Räuber
Band/schei/be *f.,* -, -n, Teil der Wirbelsäule
Band/wurm *m.,* -es, -würmer, Parasit
bang s. bange
ban/ge bang, ängstlich
Ban/ge *f.,* -, *nur Sg.,* Angst
ban/gen *intr.,* Angst um eine Person haben
Bang/kok Hauptstadt von Thailand
Ban/gla/desch oder auch: **Bang/la/desch** Staat in Vorderindien
Ban/jo [engl.] *n.,* -s, -s, Musikinstrument
Bank 1. *f.,* -, Bänke, Möbelstück zum Sitzen 2. *f.,* -, -en, Kreditinstitut, Sparkassen, etc.
Bänk/chen *n.,* -s, -
Ban/kett [französ.] *n.,* -s, -e, festliches Abendessen
Bank/ge/heim/nis *n.,* -ses, -se
Ban/kier [französ.] *m.,* -s, -s, Vorsteher einer Bank
Bank/kon/to *n.,* -s, -ten, s. auch Girokonto
Bank/leit/zahl *f.,* -, -en, (Abk.: BLZ) Kennzeichnung einer Bank
Bank/no/te *f.,* -, -n
bank/rott (italien.], nicht zahlungsfähig
Bank/rott *m.,* -s, -e, Zahlungsunfähigkeitserklärung
Bann *m.,* -es, -e, Ausschluss aus etwas, übertr. auch: Verzauberung, Verzückung
ban/nen *tr.*
Ban/ner *n.,* -s, -, Fahne
Bann/mei/le *f.,* -, -n
Ban/tam/ge/wicht *n.,* -es, -e, Gewichtsklasse beim Boxen
Bap/tis/mus [griech.] *m.,* -, *nur Sg.,* christl. Glaubensgemeinschaft
Bap/tist *m.,* -en, -en
bar 1. nackt, ohne, die Matrosen waren bar jeder Hoffnung auf Rettung 2. mit Geldscheinen bezahlen
Bar 1. [griech.] *n.,* -, -, veraltete Maßeinheit für Luftdruck 2. [engl.] *f.,* -, -s, Kneipe, Lokal, auch: die Theke darin
Bär *m.,* -en, -en, Raubtier, der Kleine Bär (Sternbild)
Ba/ra/cke [französ.] *f.,* -, -n, Fertighaus zur kurzfristigen Unterbringung von Menschen
Bar/ba/dos mittelamerikanischer Inselstaat
Bar/bar [griech.] *m.,* -en, -en, rohe, ungebildete Person
Bar/ba/rei *f.,* -, *nur Sg.,* Unmenschlichkeit
bar/ba/risch grausam
Bar/be [lat.] *f.,* -, -n, Speisefisch
Bar/be/cue [engl.] *n.,* -s, -s 1. Grillfest 2. Grill 3. das Gegrillte
bär/bei/ßig mürrisch, aber nicht notwendigerweise unkooperativ
Bär/bei/ßig/keit *f.,* -, *nur Sg.*
Bar/bier [französ.] *m.,* -s, -e, veralt. für: Friseur
Bar/ce/lo/na [span.] Stadt in Katalunien
Barcode [engl.] *m.,* -s, *nur Sg.,* EAN-Code, Strichcode
Bar/de [kelt.] *m.,* -n, -n, keltischer Dichter und Minnesänger
Bä/ren/dienst *m.,* -es, -e, im Nachhinein nachteiliger Dienst
Bä/ren/hun/ger *m.,* -s, *nur Sg.,* enorm großer Hunger
Bä/ren/käl/te *f.,* -, *nur Sg.,* enorm große Kälte
bä/ren/stark enorm stark
Bä/ren/trau/be *f.,* -, -n, Heilpflanze
Ba/rett [französ.] *n.,* -es, -e, Mütze
bar/fuß ohne Fußbekleidung
Bar/geld *n.,* -es, *nur Sg.*
bar/geld/los nicht mit Geldscheinen, sondern z.B. über Kreditkarten abrechnen
bar/häup/tig ohne Kopfbedeckung
Ba/ri/ton [italien.] *m.,* -s, -e , in der Musik: Stimmlage für Männer, Mann, der so singt
Ba/ri/to/nist *m.,* -en, -en, s. Bariton
Ba/ri/um [griech.] *n.,* -s, *nur Sg,.* (Zeichen: Ba) chemisches Element
Bar/kas/se [niederl.] *f.,* -, -n, ein Boot
Bar/kee/per [engl.] *m.,* -s, -, Person, die in einer Bar hinter dem Tresen steht
Bär/lapp *m.,* -s, -e, Pflanzenart
barm/her/zig mitleidsvoll, aber: Barmherzige Brüder
Barm/her/zig/keit *f.,* -, *nur Sg.*

Bar/mi/xer [engl.] *m., -s, -*, Person, die Drinks mixt
ba/rock [portugies.], zum Barock gehörig
Ba/rock *m., -s* od. *n., -s*, beide *nur Sg.* 1. Kunst- und Literaturrichtung des 17./18. Jhdts. 2. diese Epoche
Ba/rock/kir/che *f., -, -n*
Ba/ro/graph *(Nf.)* >
Ba/ro/graf *(Hf.) m., -es, -en*, Luftdruckmesser
Ba/ro/me/ter *n., -s, -*, Luftdruckmesser
Ba/ron [lat.] *m., -s, -e*, Adelstitel
Ba/ro/nat *n., -es, e*,
Ba/ro/nie [französ.] *f., -, -n*, Stammsitz eines Barons
Ba/ro/nes/se *f., -, -n*, Adelstitel
Ba/ro/nin *f., -, -nen*, Adelstitel
Bar/re *f., -, -n*, Schranke
Bar/rel [engl.] *n., -s, -*, Hohlmaß
Bar/ren *m., -s, -* 1. Turngerät 2. Metallstückeinheit, Goldbarren
Bar/rie/re [französ.] *f., -, -n*, Schranke, Hindernis
Bar/ri/ka/de *f., -, -n*, Hindernis, Sperre
barsch unwirsch, unfreundlich
Barsch *m., -es, -e*, Fischart
Bar/schaft *f., -, -en*, Gesamtheit des zur Verfügung stehenden Bargeldes
Barsch/heit *f., -, nur Sg.*
Bar/sor/ti/ment *n., -es, -e*, Zwischenbuchhandel
Bart *m., -es*, Bärte
Bärt/chen *n., -s, -*
Bar/te *f., -, -n*, Teil des Oberkiefers von Walen
Bar/teln *nur Pl.*, Bartfäden bei Fischen

Bart/flech/te *f., -, -n*, Hautausschlag
Bart/haar *n., -es, -e*
bär/tig
Bär/tig/keit *f., -, nur Sg.*
bart/los
Bart/lo/sig/keit *f., -, nur Sg.*
Bart/tracht *f., -, -en*
Ba/ry/zent/risch
Ba/ry/zent/rum *n., -s, -tren* od. *-tra*, Schwerpunkt
Bar/zah/lung *f., -, -en*
Ba/salt [lat.] *m., -es, -e*, Vulkangestein
Ba/sal/tem/pe/ra/tur *f., -, -en*, die direkt morgens gemessene Körpertemperatur
Ba/sar [persisch], **Ba/zar** *m., -s, -e* 1. im Orient: Marktplatz 2. Verkauf für wohltätige Zwecke
Ba/se *f., -, -n* 1. veraltet für: Kusine 2. in der Chemie: alkalisch reagierende Verbindung
Base/ball [engl.] *m., -s, nur Sg.*, Sportart
Ba/sel Stadt in der Schweiz
BASIC [engl.] Abk. für Beginner's All Purpose Symbolic Instruction Code (Computersprache)
Ba/sic Eng/lish *n., -, nur Sg.*, vereinfachtes, standardisiertes Englisch
ba/sie/ren *intr.*, beruhen
Ba/si/li/kum *n., -s, nur Sg.*, Gewürz
Ba/sis [griech.] *f., -, -sen* 1. Grundlage 2. im Zahlenbruch: Grundzahl
ba/sisch in der Chemie: basenartig
Bas/ke *m., -n, -n*, Angehöriger eines Volksstammes in Spanien
Bas/ken/müt/ze *f., -, -n*
Bas/ket/ball [engl.] *m., -s, nur Sg.*, Sportart, Ballspiel

bas/kisch zu den Basken gehörig
Bas/kisch *n., -[s], nur Sg.*, Sprache der Basken
baß > **bass** veraltet für: sehr, bass erstaunt
Baß > **Bass** *m., -es*, Bässe 1. Musikinstrument, Kontrabass 2. Stimmlage bei Männern und Instrumenten
Baß/ba/ri/ton > **Bassba/ri/ton** *m., -s, -e*, Männerstimmlage zwischen Bass und Bariton
Baß/buf/fo > **Bass/buffo** *m., -s, -s*, Bassstimme für komische Opern
Bas/set [engl.] *m., -s, -s*, gefleckter Jagdhund
Baß/flö/te > **Bass/flö/te** *f., -, -n*
Baß/gei/ge > **Bassgei/ge** *f., -, -n*
Bas/sin [französ.] *n., -s, -s*, Becken, Schwimmbassin
Bas/sist *m., -en, -en*, Bassgeiger, Basssänger
Baß/po/sau/ne > **Basspo/sau/ne** *f., -, -n*
Baß/schlüs/sel > **Bassschlüs/sel** *m., -s, -*
Baß/stim/me > **Bassstim/me** *f., -, -n*, tiefste Stimmlage
Bast *m., -es, -e*, Gewebeart
Bas/tard [französ.] *m., -es, -e*, abwertend für: Mischling, uneheliches Kind
Bas/tei *f., -s, -en*, Teil einer Burgfestung
bas/teln *tr.*
Bas/ti/on [italien.] *f., -, -en*, Bollwerk, starke Festung
Bast/ler *m., -s, -*
Bat. Abk. für: Bataillon
BAT Abk. für Bundesangestelltentarif
Ba/tail/lon [französ.] *n., -es, -e*, milit.: Teil eines

Regiments
Ba/thy/sphä/re oder auch:
Ba/thys/phäre *f.*, -, -n, Tiefsee
Ba/tik [javan.] *f.*, -, -en, Art der Stofffärbung, Stoff selbst
ba/ti/ken *tr.*
Ba/tist [französ.] *m.*, -es, -e, Gewebeart
ba/tis/ten aus Batist
Batt., Abk. für Batterie
Bat/te/rie [französ.] *f.*, -, -n 1. Militäreinheit 2. Elektr.: Stromquelle
Bat/zen *m.*, -s, -, großer Klumpen, Haufen, übertr. auch: große Menge
Bau 1. *m.*, -[e]s, *nur Sg.*, Bauen, kurz für: Baustelle, auf dem Bau 2. *m.*, -s, -ten, Höhle für Tiere 3. *m.*, -[e]s, -ten, Gebäude, Häuser
Bau/auf/sichts/be/hör/de *f.* -, -n
Bauch *m.*, -es, Bäuche
Bauch/fell *n.*, -es, -e
Bauch/fü/ßer *m.*, -s, -, Schneckentiere
Bauch/grim/men *n.*, -s, -, veralt. für: Bauchschmerzen
Bauch/höh/le *f.*, -, -n
Bauch/höh/len/schwan/ger/schaft *f.*, -, -en
bau/chig gewölbt
Bäuch/lein *n.*, -s, -
bäuch/lings auf dem Bauch
bauch/re/den *intr.*, nur Infinitiv
Bauch/red/ner *m.*, -s, -
Bauch/schmer/zen *m.*, -, *nur Pl.*
Bauch/spei/chel/drü/se *f.*, -, -n
Bauch/tanz *m.*, -es, -tänze
Bauch/tän/ze/rin *f.*, -, -nen
Bauch/weh *n.*, -s, *nur Sg.*
Baud [französ.] *n.*, -[s], -, Übertragungsrate für Daten (bpm: baud per minute)
Bau/ele/ment *n.*, -es, -e
bau/en *tr.*
Bau/er, *m.*, -s, -n, Landwirt
Bäu/er/chen *n.*, -s, -
Bäu/e/rin *f.*, -, -nen
bäu/er/lich
Bau/ern/auf/stand *m.*, -es, -stände
Bau/ern/fän/ger *m.*, -s, -, Person, die naive Menschen betrügt
Bau/ern/haus *n.*, -es, -häuser
Bau/ern/hof *m.*, -es, -höfe
Bau/ern/krieg *m.*, -es, -e
bau/ern/schlau, durchtrieben
Bau/ers/frau *f.*, -, -en
Bau/ers/leu/te *nur Pl.*
Bau/ers/mann *m.*, -[e]s, Pl: -leute
bau/fäl/lig
Bau/fäl/lig/keit *f.*, -, *nur Sg.*
Bau/füh/rer *m.*, -s, -
Bau/ge/nos/sen/schaft *f.*, -s, -en
Bau/haus *n.*, -es, *nur Sg.*, Schule für Baukunst, Stilrichtung
Bau/herr *m.*, -[e]n, -en
Bau/kas/ten *m.*, -s, -kästen
Bau/kunst *f.*, -, *nur Sg.*
bau/lich
Baum *m.*, -es, Bäume
Bäum/chen *n.*, -s, -
Bau/meis/ter *m.*, -s, -
bau/meln *intr.*, lose hängen
Baum/fre/vel *m.*, -s, -, Beschädigung der Bäume
Baum/gren/ze *f.*, -, -n
Baum/grup/pe *f.*, -, -n
Baum/kro/ne *f.*, -, -n, Wipfel
Baum/ku/chen *m.*, -s, -, Backwerk
Baum/sä/ge *f.*, -, -n
Baum/sche/re *f.*, -, -n
Baum/schu/le *f.*, -, -n, Gärtnereien für Bäume
Baum/stamm *m.*, -es, -Stämme
Baum/wol/le *f.*, -, -n
baum/wol/len aus Baumwolle
Baum/woll/spin/ne/rei *f.*, -, -en
Bau/po/li/zei *f.*, -, *nur Sg.*
Bau/recht *n.*, -es, -e
bäu/risch in der Art der Bauern
bau/schen *tr.*
bau/schig
Bau/spa/ren *intr.*, nur Infinitiv, Geldanlage für ein Eigenheim
Bau/spa/rer *m.*, -s, -
Bau/spar/kas/se *f.*, -, -n
Bau/spar/ver/trag *m.*, -es, -träge
Bau/stel/le *f.*, -, -n
Bau/stil *m.*, -es, -e
Bau/un/ter/neh/mer *m.*, -s, -
Bau/werk *n.*, -es, -e, Gebäude
Bau/xit *m.*, -es, -e, Mineral
Ba/va/ria lat. für: Bayern
Bay/er *m.*, -s, -n
bay/e/risch oder auch:
bay/risch Bayerischer Rundfunk (Abk.: BR)
Bay/ern Bundesland im Süden Deutschlands
Bay/reuth Stadt in Oberfranken
Ba/zil/len/trä/ger *m.*, -s, -
Ba/zil/lus *m.*, -, -len, Pilz, Krankheitserreger
BBC [engl.] Abk. für: British Broadcasting Corporation
B.C. [engl.] Abk. für: Before Christ (v. Chr.)
B-Dur *n.*, -, *nur Sg.*, Tonart
B-Dur-Ton/lei/ter *f.*, -, -n
Be chemisches Zeichen für: Beryllium

BE Abk. für: Broteinheit
be/ab/sich/ti/gen *tr.*
be/ach/ten *tr.*
be/acht/lich
Be/ach/tung *f.*, -, *nur Sg.*
Beagle [engl.] *m.*, -s, -s, Hunderasse
Be/am/ten/be/lei/di/gung *f.*, -, -en
Be/am/ten/tum *n.*, -s, *nur Sg.*
Be/am/ter *m.*, -n, -n, Staatsdiener
be/am/tet
Be/am/tin *f.*, -, -nen
be/ängs/ti/gend
be/an/spru/chen *tr.*
Be/an/spru/chung *f.*, -, -en
be/an/stan/den *tr.*
Be/an/stan/dung *f.*, -, -en
be/an/tra/gen *tr.*
Be/an/tra/gung *f.*, -, -en
be/ant/wor/ten *tr.*
be/ar/bei/ten *tr.*
Be/ar/bei/tung *f.*, -, -en
Beat [engl.] *m.*, -s, *nur Sg.*, moderne Musik mit gleichmäßigem Rhythmus
be/at/men *tr.*
Be/at/mung *f.*, -, -en
Beau [französ.] *m.*, -s, -s, Dandy
be/auf/sich/ti/gen *tr.*
be/auf/tra/gen *tr.*
be/äu/gen *tr.* 1
Beau/jo/lais [französ.] *m.*, -, -, Rotwein aus dem Beaujolais
Beau/ty/farm [engl.] *f.*, -, -en, Schönheitsfarm
be/bau/en *tr.*
Be/bau/ung *f.*, -, *nur Sg.*
be/ben *intr.*
Be/ben *n.*, -s, -, kurz für: Erdbeben
be/bil/dern *tr.*, mit Bildern ausschmücken
Be/bil/de/rung *f.*, -, -en
Be/bop [engl.] *m.*, -s, *nur Sg.*, Jazzstil
Be/cha/mel/so/ße [französ.] *f.*, -, -n, reichhaltige Soße aus Mehl, Milch und Butter
Be/cher *m.*, -s, -
be/chern *intr.*, exzessiv trinken
Be/cken *n.*, -s, -
Bec/que/rel *n.*, -s, -, Maßeinheit für radioaktive Strahlung
be/da/chen *tr.*
Be/dacht *m.*, -[e]s, *nur Sg.*, Vorsicht
be/däch/tig
Be/däch/tig/keit *f.*, -, *nur Sg.*
be/dacht/sam
be/dan/ken *refl.*
Be/darf *m.*, -es, *nur Sg.*
be/dau/er/lich
be/dau/ern *tr.*
be/dau/erns/wert
be/de/cken *tr.*
be/den/ken *tr.*
Be/den/ken *n.*, -s, -, Zweifel, Dünkel
be/den/ken/los
be/denk/lich
Be/denk/lich/keit *f.*, -, *nur Sg.*
Be/denk/zeit *f.*, -, -en, Frist zur Entscheidungsfindung
be/deu/ten *tr.*
be/deu/tend wichtig
be/deut/sam
Be/deut/sam/keit *f.*, -, *nur Sg.*
Be/deu/tung *f.*, -, -en
be/deu/tungs/los unwichtig
Be/deu/tungs/lo/sig/keit *f.*, -, *nur Sg.*
be/die/nen *tr.* und *refl.* (mit Gen.)
Be/diens/te/te *m.*, -n, -n, Beamter
Be/die/nung *f.*, -, -en, auch für: Kellner
Be/die/nungs/an/lei/tung *f.*, -, -en
be/din/gen *tr.*, voraussetzen, eingrenzen, ich kann dem nur bedingt zustimmen
Be/din/gung *f.*, -, -en
Be/din/gungs/form *f.*, -, -en, in der Grammatik: Konditional
be/din/gungs/los
Be/din/gungs/satz *m.*, -es, -sätze, in der Grammatik: Konditionalsatz
be/drän/gen *tr.*
Be/dräng/nis *f.*, -, -e
be/dripst ugs.: bedrückt
be/dro/hen *tr.*
be/droh/lich
Be/dro/hung *f.*, -en
be/dru/cken *tr.*
be/drü/cken *tr.*
Be/drü/ckung *f.*, -, -en
Be/du/i/ne [arab.] *m.*, -n, -n, Nomade
be/dür/fen *intr.* (mit Gen.) brauchen, nötig haben
Be/dürf/nis *n.*, -ses, -se
be/dürf/tig
Be/dürf/tig/keit *f.*, -, *nur Sg.*
be/du/seln *refl.*, ugs.: sich betrinken
Beef/steak [engl.] *n.*, -s, -s
be/eh/ren *tr.*
be/ei/den *tr.*
Be/ei/di/gung *f.*, -, -en
be/ei/len *refl.*
Be/ei/lung *f.*, -, *nur Sg.*
be/ein/dru/cken *tr.*
Be/ein/dru/ckung *f.*, -, *nur Sg.*
be/ein/fluß/bar >
be/ein/fluss/bar
Be/ein/fluß/bar/keit >
Be/ein/fluss/bar/keit *f.*, -, *nur Sg.*
be/ein/flus/sen *tr.*
Be/ein/flus/sung *f.*, -, -en
be/ein/träch/ti/gen *tr.*
Be/ein/träch/ti/gung *f.*, -, -en

Begründungssatz

be/en/den oder auch:
be/en/di/gen *tr.*
Be/en/di/gung oder auch:
Be/en/dung *f.*, -, *nur Sg.*
be/en/gen *tr.*
Be/en/gung *f.*, -, *nur Sg.*
be/er/ben *tr.*
Be/er/bung *f.*, -, *nur Sg.*
be/er/di/gen *tr.*
Be/er/di/gung *f.*, -, -en
Bee/re *f.*, -, -n, Obstart
Beet *n.*, -es, -e, Blumenbeet
be/fä/hi/gen *tr.*
Be/fä/hi/gung *f.*, -, -en
be/fah/ren *tr.*
Be/fall *m.*, -es, -fälle, Ungezieferbefall
be/fal/len *tr.*
be/fan/gen mit Vorurteilen behaftet, schüchtern
Be/fan/gen/heit *f.*, -, *nur Sg.*
be/fas/sen *refl. und tr.*, sich mit einer Sache beschäftigen
be/feh/den *tr.*
Be/fehl *m.*, -es, -e
be/feh/len *tr.*
be/feh/le/risch
be/feh/li/gen *tr.*
Be/fehls/form *f.*, -, -en, in der Grammatik: Imperativ
Be/fehls/ha/ber *m.*, -s, -
Be/fehls/ver/wei/ge/rung *f.*, -, -en
be/fes/ti/gen *tr.*
Be/fes/ti/gung *f.*, -, -en
be/feuch/ten *tr.*
be/fin/den *intr., tr.* und *refl.*, entscheiden, den Ort angeben
Be/fin/den *n.*, -s, *nur Sg.*, Zustand
be/fle/cken *tr.*
Be/fle/ckung *f.*, -, -en
be/flis/sen bemüht
Be/flis/sen/heit *f.*, -, *nur Sg.*, Eifer
be/flü/geln *tr.*, inspirieren
be/fol/gen *tr.*, gehorchen

Be/fol/gung *f.*, -, *nur Sg.*
be/för/dern *tr.*
Be/för/de/rung *f.*, -, -en
be/frach/ten *tr.*
Be/frach/tung *f.*, -, *nur Sg.*
be/frackt mit Frack bekleidet
be/fra/gen *tr.*
Be/fra/gung *f.*, -, -en
be/fran/sen *tr.*
be/frei/en *tr.*
Be/frei/ung *f.*, -, -en
be/frem/den *tr.*
Be/frem/den *n.*, -s, *nur Sg.*
be/fremd/lich
be/freun/den *refl.*
be/frie/di/gen *tr.*, zufriedenstellen
Be/frie/di/gung *f.*, -, -en
be/fris/ten *tr.*
Be/fris/tung *f.*, -, *nur Sg.*
be/fruch/ten *tr.*
Be/fruch/tung *f.*, -, -en
be/fu/gen *tr.*, ermächtigen, bevollmächtigen
Be/fug/nis *f.*, -ses, -se
be/fum/meln *tr.*, ugs.: anfassen
Be/fund *m.*, -es, -e, in der Medizin: o. B., ohne Befund
be/fürch/ten *tr.*
Be/fürch/tung *f.*, -, -en
be/für/wor/ten *tr.*
be/gabt
Be/ga/bung *f.*, -, -en, Talent
be/gaf/fen *tr.*, ugs. für: anstarren
be/gat/ten *tr.*
Be/gat/tung *f.*, -, -en
be/ge/ben *refl.*, es begab sich vor langer Zeit...
be/geg/nen *intr.*, treffen
Be/geg/nung *f.*, -, -en
be/ge/hen *tr.*, auch: in Augenschein nehmen
be/geh/ren *tr.*
be/geh/rens/wert
be/gehr/lich

Be/ge/hung *f.*, -, -en
be/geis/tern *tr.*
Be/geis/te/rung *f.*, -, *nur Sg.*, Enthusiasmus
be/geis/te/rungs/fä/hig
Be/geis/te/rungs/fä/higkeit *f.*, -, *nur Sg.*
Be/gier/de *f.*, -, -n
be/gie/rig
Be/ginn *m.*, -es, *nur Sg.*, Anfang, Start
be/gin/nen *tr.*
be/glau/bi/gen *tr.*
Be/glau/bi/gung *f.*, -, -en
be/glei/chen *tr.*
Be/glei/chung *f.*, -, *nur Sg.*
be/glei/ten *tr.*
Be/gleit/er/schei/nung *f.*, -, -en
Be/gleit/schrei/ben *n.*, -s, -
Be/glei/tung *f.*, -, -en
be/glü/cken *tr.*
Be/glü/ckung *f.*, -, *nur Sg.*
be/glück/wün/schen *tr.*
be/gna/di/gen *tr.*
Be/gna/di/gung *f.*, -, -en
be/gnü/gen *refl.*, sich damit begnügen: damit auskommen
be/gra/ben *tr.*
Be/gräb/nis *n.*, -ses, -se
be/gra/di/gen *tr.*, gerade machen
Be/gra/di/gung *f.*, -, -en
be/grei/fen *tr.*
be/greif/lich
be/gren/zen *tr.*
Be/gren/zung *f.*, -, -en
Be/griff *m.*, -es, -e
be/griff/lich
be/griffs/stut/zig nur langsam verstehend
Be/griffs/stut/zig/keit *f.*, -, *nur Sg.*
be/grün/den *tr.*
Be/grün/dung *f.*, -, -en
Be/grün/dungs/satz *m.*, -es, -sätze, in der Grammatik: Kausalsatz

be/grü/nen *tr.* u. *refl.*, grün machen od. werden
be/grü/ßen *tr.*
Be/grü/ßung *f.*, -, -en
be/güns/ti/gen *tr.*
Be/güns/ti/gung *f.*, -, -en
be/gut/ach/ten *tr.*
Be/gut/ach/tung *f.*, -, -en
be/gü/tert wohlhabend
be/haa/ren *refl.*
Be/haa/rung *f.*, -, *nur Sg.*
be/hä/big langsam, faul
Be/hä/big/keit *f.*, -, *nur Sg.*
be/ha/cken *tr.*
be/haf/tet mit einem Makel behaftet sein (neg.)
be/ha/gen *intr.*, gefallen
be/hag/lich gemütlich
Be/hag/lich/keit *f.*, -, *nur Sg.*
be/hal/ten *tr.*
Be/häl/ter *m.*, -s, -
Be/hält/nis *n.*, -ses, -se
be/händ (neu), siehe behend
be/hän/de (neu)
Be/hän/dig/keit *f.*, -, *nur Sg.* (neu)
be/han/deln *tr.*
Be/hand/lung *f.*, -, -en
be/hän/gen *tr.*
be/har/ren *intr.*, insistieren
be/harr/lich hartnäckig
Be/harr/lich/keit *f.*, -, *nur Sg.*
be/haup/ten *tr.*
Be/haup/tung *f.*, -, -en
Be/hau/sung *f.*, -, -en
be/he/ben *tr.*, reparieren
be/hei/ma/tet
be/hei/zen *tr.*
Be/hei/zung *f.*, -, *nur Sg.*
Be/helf *m.*, -es, -e
be/hel/fen *refl.*
be/helfs/mä/ßig
be/hel/li/gen *tr.*, belästigen
Be/hel/li/gung *f.*, -, -en
be/hend > be/händ (von Hand)

be/her/ber/gen *tr.*
Be/her/ber/gung *f.*, -, *nur Sg.*
be/herr/schen *tr.*
Be/herr/scher *m.*, -s, -
Be/herr/schung *f.*, -, *nur Sg.*
be/her/zi/gen *tr.*
be/herzt mutig
Be/herzt/heit *f.*, -, *nur Sg.*
be/hilf/lich
be/hin/dern *tr.*, obstruieren
Be/hin/de/rung *f.*, -, -en
Be/hör/de *f.*, -, -en
be/hörd/lich
be/hü/ten *tr.*
be/hut/sam vorsichtig
Be/hut/sam/keit *f.*, -, *nur Sg.*
bei Präp. mit Dat., bei weitem, ich bin beim Arbeiten, ich bin ja bei dir
bei/be/hal/ten *tr.*
Bei/be/hal/tung *f.*, -, *nur Sg.*
bei/bie/gen *tr.*, ugs. für: jmdm. etwas beibringen
Bei/blatt *n.*, -es, -blätter
Bei/boot *n.*, -es, -e
bei/brin/gen *tr.*
Beich/te *f.*, -, -n
beich/ten *intr.*
Beicht/stuhl *m.*, -es, -stühle
Beicht/va/ter *m.*, -s, -väter, Priester, der die Beichte abnimmt
bei/de
bei/de/mal aber: beide Male
bei/der/lei
bei/der/sei/tig oder auch: beid/sei/tig mit beiderseitiger Sympathie
beid/fü/ßig
Beid/hän/der *m.*, Person, die mit beiden Händen gleich begabt ist
beid/hän/dig
bei/dre/hen *intr.*
beid/sei/tig siehe beiderseitig
bei/ei/nan/der oder auch:

bei/ein/an/der
bei/ein/an/der/liegen oder auch: bei/ein/an/der liegen
bei/ein/an/der/ste/hen oder auch: bei/ein/an/der ste/hen
Bei/fah/rer *m.*, -s, -
Bei/fall *m.*, -es, *nur Sg.*, Applaus
bei/fäl/lig wohlwollend
bei/fü/gen *tr.*
Bei/fuß *m.*, -es, *nur Sg.*, Gewürz
Bei/ga/be *f.*, -, -n
beige [französ.], sandfarben
bei/ge/ben *tr.* u. *intr.*
Bei/ge/ord/ne/te *m.*, -n, -, Gemeindebeamter
Bei/ge/schmack *m.*, -es, *nur Sg.*
Bei/hil/fe *f.*, -, -n
bei/kom/men *intr.*
Bei/kost *f.*, -, *nur Sg.*, Zusatznahrung
Beil *n.*, -es, -e, Werkzeug
beil. Abk. für: beiliegend
bei/la/den *tr.*
Bei/la/dung *f.*, -, -en
Bei/la/ge *f.*, -, -n
bei/läu/fig nebenher
bei/le/gen *tr.*, einen Streit beilegen
Bei/le/gung *f.*, -, -en
bei/lei/be selten für: bestimmt
Bei/leid *n.*, -es, *nur Sg.*
Bei/leids/brief *m.*, -es, -e, Kondolenzbrief
bei/lie/gen *intr.*
beim kurz für: bei dem, beim Arbeiten, beim Einkaufen
bei/men/gen *tr.*, zugeben
bei/mes/sen *tr.*
bei/mi/schen *tr.*
Bei/mi/schung *f.*, -, -en
Bein *n.*, -es, -e, Körperteil
bei/nah oder auch:
bei/na/he fast

Bei/na/me *m.*, -n, -n
Bein/bruch *m.*, -es, -brüche, das ist doch kein Beinbruch: es ist nicht so schlimm
bei/nern aus Knochen gemacht
be/in/hal/ten *tr.*, zum Inhalt haben
Bein/kleid *n.*, -es, -er, Hosen
bei/ord/nen *tr.*
bei/pa/cken *tr.*
bei/pflich/ten *intr.*, zustimmen
Bei/pro/gramm *n.*, -es, -e
Bei/rat *m.*, -es, -räte
be/ir/ren *tr.*
Bei/rut Hauptstadt des Libanon
bei/sam/men zusammen
Bei/sam/men/sein *n.*, -s, *nur Sg.*
Bei/schlaf *m.*, -[e]s, *nur Sg.*, Geschlechtsverkehr
Bei/sein *n.*, -s, *nur Sg.*, Anwesenheit, im Beisein des Arztes
bei/sei/te zur Seite
bei/set/zen *tr.*
Bei/set/zung *f.*, -, -en
Bei/sit/zer *m.*, -s, -, Nebenrichter
Bei/spiel *n.*, -es, -e, Exempel
bei/spiel/haft
bei/spiel/los
bei/ßen *tr.*
Beiß/zan/ge *f.*, -, -n, Werkzeug
Bei/stand *m.*, -es, -stände
bei/ste/hen *intr.*
bei/steu/ern *tr.*
Bei/strich *m.*, -es, -e, veralt. für Komma
Bei/trag *m.*, -es, -träge
bei/tra/gen *tr.*
bei/trags/pflich/tig
Bei/trags/zah/lung *f.*, -, -en
bei/tre/ten *intr.*
Bei/tritt *m.*, -es, -e

bei wei/tem
bei/woh/nen *intr.*, dabei sein, anwesend sein
Bei/wort *n.*, -es, -wörter, veralt. für Adjektiv
Bei/ze *f.*, -, -n, Mittel, um von Oberflächen z.B. alte Lacke zu entfernen
bei/zei/ten rechtzeitig
bei/zen *tr.*
be/ja/hen *tr.*
be/jahrt sehr alt
Be/ja/hung *f.*, -, -en, Zustimmung
be/jam/mern *tr.*
be/ju/beln *tr.*
be/kämp/fen *tr.*
Be/kämp/fung *f.*, -, *nur Sg.*
be/kannt
Be/kann/te(r) *m.*, -n, -n, od. *f.*, -n, -n
Be/kann/ten/kreis *m.*, -es, -e, Freundeskreis
be/kann/ter/ma/ßen
Be/kannt/ga/be *f.*, -, *nur Sg.*
be/kannt/ge/ben auch:
be/kannt ge/ben *tr.*, verkünden
be/kannt/lich
be/kannt/ma/chen auch:
be/kannt ma/chen *tr.*
Be/kannt/ma/chung *f.*, -, -en
Be/kannt/schaft *f.*, -, -en
be/kannt/wer/den auch:
be/kannt wer/den *intr.*
be/keh/ren *tr.*
Be/keh/rung *f.*, -, -en
be/ken/nen *tr.*
Be/kennt/nis *n.*, -es, -se
be/kla/gen *tr.*
be/kla/gens/wert
Be/klag/te(r) *m.*, -n, -n, od. *f.*, -n, -n, jemand, der eines Vergehens angeklagt ist
be/klei/den *tr.*, übertr. auch: innehaben
Be/klei/dung *f.*, *nur Sg.*
Be/klem/mung *f.*, -, -en

be/klom/men
Be/klom/men/heit *f.*, -, *nur Sg.*
be/kloppt ugs. für: verrückt, idiotisch
be/ko/chen *tr.*, ugs. für: jmndn. Verpflegen
be/kom/men *intr.*, erhalten, vertragen
be/kömm/lich
Be/kömm/lich/keit *f.*, -, *nur Sg.*
be/kräf/ti/gen *tr.*
Be/kräf/ti/gung *f.*, -, -en
be/kreu/zi/gen *refl.*, religiöse Geste
be/krie/gen *tr.*, Krieg führen
be/küm/mern *tr.* und. *refl.*
be/kun/den *tr.*
Be/kun/dung *f.*, -, -en
be/lä/cheln *tr.*
be/la/den *tr.*, aufladen
Be/la/dung *f.*, -, *nur Sg.*
Be/lag *m.*, -es, -läge
Be/la/ge/rer *m.*, -s, -
be/la/gern *tr.*
Be/la/ge/rung *f.*, -, -en
Bel/a/mi [französ.] *m.*, -s, -s, schöner Mann
Be/lang *m.*, -es, -e, Relevanz
be/lan/gen *tr.*
be/lang/los unwichtig
Be/lang/lo/sig/keit *f.*, -, -en
be/las/sen *tr.*
be/las/ten *tr.*
be/läs/ti/gen *tr.*
Be/läs/ti/gung *f.*, -, -en, Nötigung
Be/las/tung *f.*, -, -en
be/lau/ern *tr.*, auflauern
be/lau/fen *refl.*, betragen: die Rechnung beläuft sich auf 100,- Euro
be/lau/schen *tr.*
Bel/can/to *(Nf.)*,
Bel/kan/to *(Hf.)*
be/le/ben *tr.*

Belebung

Be/le/bung *f.*, -, -en
Be/leg *m.*, -es, -e
be/le/gen *tr.*
Be/leg/schaft *f.*, -, -en
Be/le/gung *f.*, -, -en
be/leh/ren *tr.*
Be/leh/rung *f.*, -, -en
be/leibt dick
Be/leibt/heit *f.*, -, *nur Sg.*
be/lei/di/gen *tr.*
Be/lei/di/gung *f.*, -, -en
be/lem/mern >
be/läm/mern *tr.*, ugs. für: erschüttert, betrübt
be/lem/mert >
be/läm/mert ugs.
be/le/sen gebildet durch Lesen
be/leuch/ten *tr.*
Be/leuch/tung *f.*, -, -en
Bel/gien europäischer Staat
Bel/gier *m.*, -s, -, Einwohner Belgiens
bel/gisch
be/lich/ten *tr.*
Be/lich/tung *f.*, -, -en
be/lie/ben *intr.*
Be/lie/ben *n.*, -s, *nur Sg.*, Wunsch
be/lie/big aber: jeder Beliebige
be/liebt
Be/liebt/heit *f.*, -, *nur Sg.*
be/lie/fern *tr.*
Be/lie/fe/rung *f.*, -, nur Sg.
Bel/kan/to [italien.] *m.*, -s, *nur Sg.*, Kunstgesang
Bel/la/don/na [italien.], Bez. für besonders schöne, elegante Frau
bel/len *intr.*
Bel/le/trist [französ.] *m.*, -, -en, Schriftsteller
Bel/le/tris/tik *f.*, -, *nur Sg.*, Literaturform, Unterhaltungsliteratur
bel/le/tris/tisch
be/lo/bi/gen *tr.*
Be/lo/bi/gung *f.*, -, -en

be/loh/nen *tr.*
Be/lo/rus/se [russ.] *m.*, -, -n, Weißrusse
be/lo/rus/sisch
be/lüf/ten *tr.*
Be/lüf/tung *f.*, -, -en
Be/lu/ga [russ.] *m.*, -s, -s
1. Gründelzahnwal 2. Stör 3. Kaviarsorte
be/lü/gen *tr.*
be/lus/ti/gen *tr.*
Be/lus/ti/gung *f.*, -, -en
be/mäch/ti/gen *refl.*, mit Gen.
be/ma/len *tr.*
Be/ma/lung *f.*, -, -en
be/män/geln *tr.*, kritisieren
be/mer/ken *tr.*, wahrnehmen
be/mer/kens/wert erstaunlich
Be/mer/kung *f.*, -, -en
be/mes/sen *tr.*
Be/mes/sung *f.*, -, -en
be/mit/lei/den *tr.*
be/mit/lei/dens/wert
be/mo/geln *tr.*, ugs. für: belügen in minder schweren Fällen
be/mü/hen *tr.*, anstrengen
Be/mü/hung *f.*, -, -en
be/mut/tern *tr.*, seine Mutterinstinkte an einer Person abreagieren
be/nach/bart
be/nach/rich/ti/gen *tr.*
Be/nach/rich/ti/gung *f.*, -, -en
be/nach/tei/li/gen *tr.*
Be/nach/tei/li/gung *f.*, -, -en
Ben/del > Bän/del *n.*, -s, -, von Band
be/ne/belt ugs. für: ziemlich betrunken
Be/ne/dik/ti/ner *m.*
1. Mönch des Benediktinerordens 2. Kräuterlikör
Be/ne/fiz *n.l*, -es, -e 1. Wohltätigkeits- 2. Kurzw. für: Benefizium

Be/ne/fi/zi/um *n.*, -s, -zien, 1. Bezeichnung für Landbesitz im MA 2. Kirchenamt
Be/ne/fiz/vor/stel/lung *f.*, -en, Kunstereignisse, deren Erlöse einem wohltätigen Zweck zugute kommen
be/neh/men *refl.*
Be/neh/men *n.*, -s, *nur Sg.*, Verhalten, Manieren
be/nei/den *tr.*
be/nei/dens/wert
Be/ne/lux/län/der *n.*, -, *nur Pl.*, Oberbegriff für: Belgien, Niederlande und Luxemburg
be/nen/nen *tr.*
Be/nen/nung *f.*, -, -en
be/net/zen *tr.*
Ben/ga/len vorderindische Region
Ben/gel *m.*, -s, -, ugs. für: frecher Junge
Be/nimm *m.*, -es, *nur Sg.*, ugs.: Benehmen, Manieren
Bennuß > Ben/nuss *f.*, -, -nüsse, arabische Nussart
be/nom/men nicht in der Welt, noch nicht wach
Be/nom/men/heit *f.*, -, *nur Sg.*
be/no/ten *tr.*, bewerten
be/nö/ti/gen *tr.*
be/num/mern *tr.*
Be/num/me/rung *f.*, -, *nur Sg.*
be/nut/zen, be/nüt/zen *tr.*, gebrauchen, verwenden
Be/nut/zer *m.*, Anwender
Be/nut/zung
Be/nüt/zung *f.*, -, *nur Sg.*
Ben/zin *n.*, -es, -e, Treibstoff aus Erdöl gewonnen
Ben/zol *n.*, -s, *nur Sg.*, in der Chemie: Kohlenwasserstoff
Ben/zyl *n.*, -s, *nur Sg.*, in der Chemie: Restgruppe der

Benzoesäure
Ben/zyl/al/ko/hol *m.*, -s, -e, Alkoholform
be/ob/ach/ten oder auch:
be/o/bach/ten *tr.*
be/pa/cken *tr.*
Be/pa/ckung *f.*, -, *nur Sg.*
be/pflan/zen *tr.*
Be/pflan/zung *f.*, -, *nur Sg.*
be/pu/dern *tr.*
be/quas/seln *tr.*, ugs. für: darüber reden
be/quem
be/que/men *refl.*, sich aufraffen, etwas zu tun
be/quem/lich
Be/quem/lich/keit *f.*, -, -en, Faulheit
be/rap/pen *tr.*, ugs. für: bezahlen
be/ra/ten *tr.*
Be/ra/tung *f.*, -, -en
be/rau/ben *tr.*, stehlen
be/rau/schen *tr.*
Be/rau/schung *f.*, -, *nur Sg.*
Ber/ber *m.*, -s, -, Hamit
ber/be/risch
be/rech/nen *tr.*
Be/rech/nung *f.*, -, -en
be/rech/ti/gen *tr.*
Be/rech/ti/gung *f.*, -, -en, Vollmacht, Autorität
be/re/den *tr.*
be/redt sprachgewandt
Be/reich *m.*, -es, -e
be/rei/chern *tr.*
Be/rei/che/rung *f.*, -, -en
be/rei/fen *tr.*, ein Fahrzeug mit Reifen bestücken
be/rei/ni/gen *tr.*
Be/rei/ni/gung *f.*, -, *nur Sg.*
be/rei/sen *tr.*, fremde Länder sehen
be/reit bereit sein
be/rei/ten *tr.*, vorbereiten
be/reit/hal/ten *tr.*
be/reit/le/gen *tr.*
be/reit/ma/chen *tr.*
be/reits schon

Be/reit/schaft *f.*, -, *nur Sg.*
Be/reit/schafts/dienst *m.*, -es, -e
be/reit/ste/hen *intr.*
be/reit/stel/len *tr.*
be/reit/wil/lig
Be/reit/wil/lig/keit *f.*, -, *nur Sg.*
be/reu/en *tr.*
Berg *m.*, -es, -e
berg/ab einen Berg herunter
Ber/ga/mo norditalienische Stadt
Ber/ga/mot/te [türk.] *f.*, -, -n, Zitrusfrucht (z.B. als Aroma in Earl-Grey-Tee)
Berg/amt *n.*, -es, -ämter
berg/an einen Berg hinauf
Berg/ar/bei/ter *m.*, -s, -
berg/auf einen Berg hinauf
berg/auf/wärts
Berg/bahn *f.*, -, -en
Berg/bau *m.*, -[e]s, *nur Sg.*, Abbau von Gestein
Berg/be/stei/gung *f.*, -, -en
ber/gen *tr.*, retten
Berg/fahrt *f.*, -, -en, Fahrt bergauf
Berg/füh/rer *m.*, -s, -
Berg/geist *m.*, -es, -er, Rübezahl war ein Berggeist
ber/gig Gelände mit Bergen
Berg/in/ge/ni/eur *m.*, -s, -e
Berg/kamm *m.*, -es, -kämme
Berg/kris/tall *m.*, -es, -e
Berg/mann *m.*, -[e]s, -leute, Bergarbeiter
berg/män/nisch
Berg/pre/digt *f.*, -, *nur Sg.*
Berg/rutsch *m.*, -es, -e, Geröllawine
berg/stei/gen *intr.*, Berge erklettern
Berg/stei/ger *m.*, -s, -
Berg/stra/ße *f.*, -, *nur Sg.*
Ber/gung *f.*, -, -en, Rettung
Berg/wacht *f.*, -, -en

Berg/werk *n.*, -es, -e
Be/ri/be/ri [sing.] *f.*, -s, *nur Sg.*, Krankheit durch Vit. B-Mangel verursacht
Be/richt *m.*, -es, -e, Report
be/rich/ten *tr.*
Be/richt/er/stat/tung *f.*, -, -en
be/rich/ti/gen *tr.*, korrigieren
Be/rich/ti/gung *f.*, -, -en
be/rie/chen *tr.*, (Hunde) beschnüffeln
be/rie/seln *tr.*
Be/rie/se/lung *f.*, -, -en
be/rin/gen *tr.*, durch einen Ring registrieren (Vögel)
Be/ring/stra/ße *f.*, -, *nur Sg.*, Meerenge zwischen Sibirien und Alaska
be/rit/ten auf einem Pferd, berittene Polizei
Ber/lin, Hauptstadt Deutschlands
ber/li/ne/risch,
ber/li/nisch
ber/li/nern *intr.*, in Berliner Dialekt reden
Ber/mu/das, -, *nur Pl.*, Inselgruppe im westlichen Atlantik
Bern Hauptstadt der Schweiz
Bern/har/di/ner *m.*, -s, -, Hunderasse
Bern/stein *m.*, -es, *nur Sg.*, fossiles, gelbes Harz, ein Schmuckstein
Ber/ser/ker [altnordisch] *m.*, -s, -, urspr. starker Kämpfer, heute meist: Chaot
bers/ten *intr.*, zerbrechen
be/rüch/tigt einen schlechten Ruf habend
Be/rück/sich/ti/gen *tr.*
Be/rück/sich/ti/gung *f.*, -, *nur Sg.*
Be/ruf *m.*, -es, -e

berufen

be/ru/fen *tr.*
be/ruf/lich
Be/rufs/be/zeich/nung *f.*, -, -en
Be/rufs/ge/heim/nis *n.*, -ses, -se
Be/rufs/klei/dung *f.*, -, *nur Sg.*, z.B. Blaumann, weißer Kittel
Be/rufs/krank/heit *f.*, -, -en
Be/rufs/schu/le *f.*, -, -n
Be/rufs/sport/ler *m.*, -s, -
be/rufs/tä/tig
be/rufs/un/fä/hig
Be/rufs/ver/bot *n.*, -es, -e
Be/ru/fung *f.*, -, -en
Be/ru/fungs/ge/richt *n.*, -es, -e
be/ru/hen *intr.*, sich gründen auf, auch: eine Sache nicht weiterverfolgen
be/ru/hi/gen *tr.*
Be/ru/hi/gung *f.*, -, *nur Sg.*
Be/ru/hi/gungs/mit/tel *n.*, -s, -
be/rühmt populär
Be/rühmt/heit *f.*, - 1. *nur Sg.*, Berühmtsein an sich 2. -en, berühmte Personen
be/rüh/ren *tr.*, anfassen, übertr. auch: anrühren
Be/rüh/rung *f.*, -, -en
bes. Abk. für: besonders
be/sa/gen *tr.*, bedeuten
be/sai/ten *tr.*, ein Musikinstrument mit Saiten versehen
be/sa/men *tr.*
Be/sa/mung *f.*, -, -en, Befruchtung
be/sänf/ti/gen *tr.*
Be/sänf/ti/gung *f.*, -, *nur Sg.*
Be/sat/zung *f.*, -, -en
Be/sat/zungs/macht *f.*, -, -mächte
Be/sat/zungs/trup/pe *f.*, -, -n
be/sau/fen *refl.*, sich sehr betrinken

Be/säuf/nis *f.*, -ses, -se
be/säu/seln *refl.*, ugs. für: sich einen Schwips antrinken
be/schä/di/gen *tr.*
Be/schä/di/gung *f.*, -, -en
be/schaf/fen 1. *tr.* organisieren, besorgen 2. als Adj.: Zustand angebend
Be/schaf/fen/heit *f.*, -, *nur Sg.*
be/schäf/ti/gen *tr.*
Be/schäf/ti/gung *f.*, -, -en
be/schäf/ti/gungs/los
be/schal/len *tr.*, Schall aussetzen
Be/schal/lung *f.*, -, *nur Sg.*
be/schä/men *tr.*
Be/schä/mung *f.*, -, -en
be/schat/ten *tr.*, eine Person beobachten
Be/schat/tung *f.*, -, *nur Sg.*
be/schau/lich ruhig, gemütlich
Be/schau/lich/keit *f.*, -, *nur Sg.*
Be/scheid *m.*, -es, -e, Benachrichtigung
be/schei/den 1.*tr.* bürokrat. für: benachrichtigen 2. *als Adj.:* genügsam
Be/schei/den/heit *f.*, -, *nur Sg.*, Genügsamkeit
be/schei/nen *tr.*
be/schei/ni/gen *tr.*
Be/schei/ni/gung *f.*, -, -en
be/schei/ßen *tr.*, ugs. für: betrügen
be/schen/ken *tr.*
be/sche/ren *tr.*
Be/sche/rung *f.*, -, -en
be/schich/ten *tr.*
Be/schich/tung *f.*, -, *nur Sg.*
be/schie/ßen *tr.*
be/schil/dern *tr.*
Be/schil/de/rung *f.*, -, -en
be/schimp/fen *tr.*
Be/schimp/fung *f.*, -, -en
Be/schiß > Be/schiss *m.*,

-es, *nur Sg.*, ugs. für: Betrug, Verrat
be/schis/sen ugs. für: miserabel, schlecht
Be/schlag *m.*, -es, -schläge
Be/schlag/nah/me *f.*, -, -n
be/schlag/nah/men *tr.*
be/schleu/ni/gen *tr.*
Be/schleu/ni/gung *f.*, -, *nur Sg.*
be/schlie/ßen *tr.*
Be/schluß > Be/schluss *m.*, -es, -schlüsse, Entscheidung
be/schluß/fä/hig > be/schluss/fä/hig
Be/schluß/fas/sung > Be/schluss/fas/sung *f.*, -, *nur Sg.*
be/schmie/ren *tr.*
be/schmut/zen *tr.*
Be/schmut/zung *f.*, -, -en
be/schnei/den *tr.*
Be/schnei/dung *f.*, -, -en
be/schnüf/feln *tr.*, ugs. für: spionieren
be/schnup/pern *tr.*
be/schö/ni/gen *tr.*
be/schrän/ken *tr.*
be/schränkt dumm, unintelligent
Be/schränkt/heit *f.*, -, *nur Sg.*
Be/schrän/kung *f.*, -, -en, Eingrenzung
be/schrei/ben *tr.*, erklären, darstellen
Be/schrei/bung *f.*, -, -en
be/schrif/ten *tr.*
Be/schrif/tung *f.*, -, -en
be/schul/di/gen *tr.*, mit Gen., eine Person eines Verbrechens beschuldigen
Be/schul/di/gung *f.*, -, -en
be/schum/meln *tr.*, ugs. für: betrügen
Be/schuß > Be/schuss *m.*, -es, -schüsse
be/schüt/zen *tr.*
be/schwat/zen *tr.*, ugs. für: überreden

Be/schwer/de *f.*, -, -n, Reklamation
be/schwe/ren *tr.* und *refl.*, reklamieren, sich beklagen
be/schwer/lich mühsam
Be/schwer/lich/keit *f.*, -, -en
be/schwich/ti/gen *tr.*, beruhigen
Be/schwich/ti/gung *f.*, -, -en
be/schwin/deln *tr.*, betrügen
be/schwingt heiter
Be/schwingt/heit *f.*, -, *nur Sg.*
be/schwö/ren *tr.*
Be/schwö/rung *f.*, -, -en
be/sei/ti/gen *tr.*, aus dem Weg schaffen
Be/sei/ti/gung *f.*, -, -en
Be/sen *m.*, -s, -
be/sen/rein
be/ses/sen
Be/ses/sen/heit *f.*, -, *nur Sg.*
be/set/zen *tr.*
Be/set/zung *f.*, -, -en
be/sich/ti/gen *tr.*, sich ansehen
Be/sich/ti/gung *f.*, -, -en
be/sie/deln *tr.*
be/sie/geln *tr.*
be/sie/gen *tr.*, gegen jmdn. gewinnen
Be/sie/gung *f.*, -, *nur Sg.*
be/sin/gen *tr.*, über etwas singen
be/sin/nen *refl.*
be/sinn/lich in sich gekehrt
Be/sinn/lich/keit *f.*, -, *nur Sg.*
Be/sin/nung *f.*, -, *nur Sg.*
be/sin/nungs/los, ohne Bewusstsein, ohnmächtig
Be/sitz *m.*, -es, *nur Sg.*
be/sit/zen *tr.*
Be/sit/zer *m.*, -s, -
Be/sit/zung *f.*, -, -en
be/soh/len *tr.*
Be/soh/lung *f.*, -, *nur Sg.*
be/sol/den *tr.*
Be/sol/dung *f.*, -, *nur Sg.*

be/son/de/re(r, s)
Be/son/der/heit *f.*, -, -en
be/son/ders, Abk.: bes.
be/son/nen vorsichtig, planvoll
Be/son/nen/heit *f.*, -, *nur Sg.*
be/sor/gen *tr.*
Be/sorg/nis *f.*, -, -se
be/sorg/nis/er/re/gend auch: **Be/sorg/nis er/re/gend**
Be/sor/gung *f.*, -, -en
be/span/nen *tr.*
Be/span/nung *f.*, -, *nur Sg.*
be/spie/len *tr.*
be/spit/zeln *tr.*, einer Person nachspionieren
Be/spit/ze/lung *f.*, -, *nur Sg.*
be/spre/chen *tr.*
Be/spre/chung *f.*, -, -en, Meeting, Konferenz
bes/ser
bes/ser/ge/stellt in der besseren Position sein
bes/sern *tr.*
Bes/se/rung, Bess/rung *f.*, -, -en, Genesung
Bes/ser/wes/si *m.*, -s, -s, in den neuen Bundesländern ugs. abwertend für Westdeutsche (aus „Besserwisser" und „Westdeutscher")
Bes/ser/wis/ser *m.*, -s, -
bes/ser/wis/se/risch
best..., am meisten, Superlativ, z.B. der bestaussehendste Mann auf der Party
Be/stand *m.*, -es, -stände, Andauern, Vorrat
be/stand/fest
be/stän/dig konstant
Be/stän/dig/keit *f.*, -, *nur Sg.*, Konstanz
Be/stand/teil *m.*, -es, -e
be/stär/ken *tr.*
Be/stär/kung *f.*, -, *nur Sg.*
be/stä/ti/gen *tr.*
Be/stä/ti/gung *f.*, -, -en
be/stat/ten *tr.*, beerdigen

Be/stat/tung *f.*, -, -en
be/stau/ben *tr.*
be/stäu/ben *tr.*
Be/stäu/bung *f.*, -, *nur Sg.*
bes/te(r, s)
be/ste/chen *tr.*
be/stech/lich
Be/stech/lich/keit *f.*, -, *nur Sg.*
Be/ste/chung *f.*, -, -en
Be/steck *n.*, -s, -e
be/ste/hen *tr.* und *intr.*, ein Examen erfolgreich absolvieren, insistieren
be/ste/hen/blei/ben > **be/ste/hen blei/ben** *intr.*
be/ste/hen/las/sen > **be/ste/hen las/sen** *tr.*
be/stei/gen *tr.*
Be/stei/gung *f.*, -, -en
be/stel/len *tr.*, ordern
Be/stelli/ste > **Bestell/lis/te** *f.*, -, -n
Be/stel/lung *f.*, -, -en
bes/ten/falls
bes/tens
be/steu/ern *tr.*
Be/steu/e/rung *f.*, -, *nur Sg.*
best/ge/haßt > **best/gehasst**
bes/ti/a/lisch
Bes/tie *f.*, -, -n
be/stim/men *tr.*
be/stimmt sicher, auch: nachdrücklich
Be/stimmt/heit *f.*, -, *nur Sg.*
Best/leis/tung *f.*, -, -en
best/mög/lich
be/sto/ßen *tr.*
be/stra/fen *tr.*
Be/stra/fung *f.*, -, -en
be/strah/len *tr.*
Be/strah/lung *f.*, -, -en
be/stre/ben *refl.*
Be/stre/bung *f.*, -, -en
be/strei/ken *tr.*, eine Fabrik wird bestreikt
be/strei/ten *tr.*, abstreiten, auch: einen Wettkampf bestreiten

be/strumpft mit Strümpfen
Best/sel/ler [engl.] *m.*, -s, -, gut verkauftes Buch
Best/sel/ler/lis/te *f.*, -, -n
be/stü/cken *tr.*, ausrüsten
Be/stü/ckung *f.*, *nur Sg.*
be/stuh/len *tr.*
Be/stuh/lung *f.*, *nur Sg.*, Gesamtheit der Sitzgelegenheiten z.B. in einem Theater
be/stür/zen *tr.*
Be/stür/zung *f.*, *nur Sg.*, Betroffenheit
Be/such *m.*, -es, -e
be/su/chen *tr.*
Be/su/cher/zahl *f.*, -, -en
Be/suchs/zeit *f.*, -, -en
be/su/deln *tr.*, beflecken
Be/ta *n.*, -[s], -s, zweiter Buchstabe des griech. Alphabets
be/tagt alt
Be/ta/re/zep/to/ren/blo/cker, Be/ta/blo/cker Medizin, die bei Herzkrankheiten angewendet wird
be/tä/ti/gen *tr.* und *refl.*
Be/tä/ti/gung *f.*, -, -en
be/tat/schen *tr.*, ugs.: berühren, anfassen
be/täu/ben *tr.*
Be/täu/bung *f.*, -, *nur Sg.*
Be/täu/bungs/mit/tel *n.*, -s, -
Be/te, Bee/te *f.*, -, -n, Gemüseart
be/tei/li/gen *tr.*
Be/tei/li/gung *f.*, -, -en
be/ten *intr.*, den jeweiligen Gott anrufen
Be/ter *m.*, -s, -
be/teu/ern *tr.*, versichern
Be/teu/e/rung *f.*, -, -en
Beth/le/hem Stadt im Westjordanland, Geburtsort Jesu
be/ti/teln *tr.*, einen Titel vergeben
Be/ton [französ.] *m.*, -s, *nur Sg.*, Baumaterial

be/to/nen *tr.*
be/to/nie/ren *tr.*, mit Beton ausfüllen
Be/to/nung *f.*, -, -en
be/tö/ren *tr.*, verzaubern
Be/tö/rung *f.*, *nur Sg.*
betr. Abk. für: betreffend, betreffs
Betr. Abk. für: Betreff
be/trach/ten *tr.*
be/trächt/lich nicht unerheblich
Be/trach/tung *f.*, -, -en
Be/trach/tungs/wei/se *f.*, -, -n
Be/trag *m.*, -es, -träge
be/tra/gen *tr.* und *refl.*, sich benehmen
be/trau/ern *tr.*, um jmdn. / etwas trauern
be/träu/feln *tr.*
Be/treff *m.*, -s, e, Abk.: Betr.
be/tref/fen *tr.*, was ihn betrifft
be/trei/ben *tr.*
Be/trei/bung *f.*, -, -en
be/tre/ten 1. *tr.*, eintreten 2. als Adj.: beschämt, peinlich berührt sein
be/treu/en *tr.*, sich kümmern, sorgen
Be/treu/er *m.*, -s, -
Be/treu/ung *f.*, -, -en
Be/trieb *m.*, -e, Firma, Fabrik, auch: in Funktion sein
be/trieb/lich
be/trieb/sam geschäftig
Be/trieb/sam/keit *f.*, -, *nur Sg.*
be/triebs/fähig funktionstüchtig
Be/triebs/fe/rien *nur Pl.*
be/triebs/fremd nicht zum Betrieb gehörend
Be/triebs/ka/pi/tal *n.*, -es, *nur Sg.*
Be/triebs/kli/ma *n.*, -s, *nur Sg.*, Stimmung im Betrieb

Be/triebs/rat *m.*, -es, -räte, Vertreter der Belegschaft
Be/triebs/schluß >
Be/triebs/schluss *m.*, -ses, -schlüsse
Be/triebs/stoff *m.*, -es, -e
Be/triebs/un/fall *m.*, -es, -fälle
Be/triebs/ver/samm/lung *f.*, -, -en
Be/triebs/wirt/schaft *f.*, -, -en
be/trin/ken *refl.*
Be/trof/fen/heit *f.*, *nur Sg.*
be/trüb/lich
be/trüb/li/cher/wei/se
Be/trüb/nis *f.*, -, -se
be/trübt/heit *f.*, -, *nur Sg.*
Be/trug *m.*, -es, *nur Sg.*
be/trü/gen *tr.*
Be/trü/ger *m.*, -s, -
Be/trun/ken/heit *f.*, -, *nur Sg.*
Bett *n.*, -es, -en, Möbelstück
Bett/couch *f.*, -, -en, Mischung zwischen Bett und Couch
Bett/de/cke *f.*, -, -n
bet/tel/arm
Bet/te/lei *f.*, -,*nur Sg.*
bet/teln *intr.*
bet/ten *tr.*
bett/lä/ge/rig durch Krankheit ans Bett gebunden
Bett/lä/ge/rig/keit *f.*, -, *nur Sg.*
Bett/ler *m.*, -s, -
Bett/näs/ser *m.*, -s, -
bett/reif ugs. für: sehr müde
Bett/ru/he *f.*, -, *nur Sg.*
Bettuch > **Bett/tuch** *n.*, -es, -tücher
Bett/vor/le/ger *m.*, -s, -
Bett/wä/sche *f.*, -, *nur Sg.*
Bett/zeug *n.*, -s, *nur Sg.*, siehe Bettwäsche
be/tucht [hebräisch] ugs.:

wohlhabend, reich
Beu/ge *f.*, -, -n
beu/gen *tr.*
Beu/ger *m.*, -s, -, anat.: Beugemuskel
Beu/gung *f.*, -, -en
beu/gungs/fä/hig
Beu/gungs/fä/hig/keit *f.*, -, *nur Sg.*
Beu/le *f.*, -, -n, Delle
Beu/len/pest *f.*, -, *nur Sg.*
be/un/ru/hi/gen *tr.*
Be/un/ru/hi/gung *f.*, -, *nur Sg.*
be/ur/kun/den *tr.*
Be/ur/kun/dung *f.*, -, *nur Sg.*
be/ur/lau/ben *tr.*
Be/ur/lau/bung *f.*, -, -en
be/ur/tei/len *tr.*
Be/ur/tei/lung *f.*, -, -en
Beu/te *f.*, -, -n, Gewinn, das Eroberte
beu/te/gie/rig
Beu/tel *m.*, -s, -, Sack, kleiner Sack
beu/teln *tr.*, schütteln
Beu/tel/schnei/der *m.*, -s, -, Gangster
Beu/tel/tier *n.*, -s, -e
Beu/te/stück *n.*, -es, -e
Beu/te/zug *m.*, -es, -züge
be/völ/kern *tr.*
Be/völ/ke/rung *f.*, -, -en
Be/völ/ke/rungs/dich/te *f.*, -, *nur Sg.*
Be/völ/ke/rungs/sta/tistik *f.*, -, -en
be/voll/mäch/ti/gen *tr.*
be/vor
be/vor/mun/den *tr.*
Be/vor/mun/dung *f.*, -, -en
be/vor/ra/ten *tr.*, einen Vorrat anlegen
Be/vor/ra/tung *f.*, -, *nur Sg.*
be/vor/schus/sen *tr.*
be/vor/schußt > **be/vor/schusst**
Be/vor/schus/sung *f.*, -, *nur Sg.*
be/vor/ste/hen *intr.*

be/vor/zu/gen *tr.*
Be/vor/zu/gung *f.*, -, -en
be/wa/chen *tr.*
Be/wa/chung *f.*, -, *nur Sg.*
be/waff/nen *tr.*, mit Waffen versehen
Be/waff/nung *f.*, -, *nur Sg.*
be/wah/ren *tr.*, erhalten
be/wäh/ren *refl.*
be/wahr/hei/ten *refl.*
Be/wah/rung *f.*, -, *nur Sg.*
Be/wäh/rung *f.*, -, -en
Be/wäh/rungs/frist *f.*, -, -en
Be/wäh/rungs/hel/fer *m.*, -s, -
be/wäl/ti/gen *tr.*
Be/wäl/ti/gung *f.*, -, *nur Sg.*
be/wan/dert erfahren
Be/wandt/nis *f.*, -, -e
be/wäs/sern *tr.*, mit Wasser versorgen
Be/wäs/se/rung *f.*, -, *nur Sg.*
be/we/gen *tr.*
Be/weg/grund *m.*, -es, -gründe, Anlass
be/weg/lich mobil
Be/weg/lich/keit *f.*, -, *nur Sg.*
Be/we/gung *f.*, -, -en
Be/we/gungs/frei/heit *f.*, -, *nur Sg.*
be/we/gungs/los
Be/we/gungs/lo/sig/keit *f.*, -, *nur Sg.*
be/weih/räu/chern *tr.*
Be/weih/räu/che/rung *f.*, -, *nur Sg.*
Be/weis *m.*, -es, -e
Be/weis/auf/nah/me *f.*, -, -n
be/wei/sen *tr.*
Be/weis/füh/rung *f.*, -, -en
Be/weis/mit/tel *n.*, -s, -
Be/weis/stück *n.*, -es, -e
be/wen/den nur noch als: es dabei bewenden lassen
be/wer/ben *refl.*
Be/wer/ber *m.*, -s, -, Kandidat
Be/wer/bung *f.*, -, -en

bezaubern

Be/wer/bungs/schrei/ben *n.*, -s, -
be/werk/stel/li/gen *tr.*
be/wer/ten *tr.*
Be/wer/tung *f.*, -, -en
be/wil/li/gen *tr.*
Be/wil/li/gung *f.*, -, -en, Zustimmung, Genehmigung
be/wir/ken *tr.*
be/wir/ten *tr.*
be/wirt/schaf/ten *tr.*
Be/wirt/schaf/tung *f.*, -, *nur Sg.*
Be/wir/tung *f.*, -, -en
be/woh/nen *tr.*
be/wöl/ken *refl.*, es bewölkt sich
Be/wöl/kung *f.*, -, *nur Sg.*
Be/wun/de/rer *m.*, -s, -
be/wun/dern *tr.*, anhimmeln
be/wun/derns/wert
bewun/derns/wür/dig
Be/wun/de/rung *f.*, -, *nur Sg.*
Be/wurf *m.*, -es, -würfe
be/wußt > **be/wusst** mit Gen.
Be/wußt/heit > **Be/wusst/heit** *f.*, -, *nur Sg.*
be/wußt/los > **bewusst/los**
Be/wußt/lo/sig/keit > **Be/wusst/lo/sig/keit** *f.*, -, *nur Sg.*
be/wußt/ma/chen > **be/wusstma/chen** oder auch: **bewusst machen**
Be/wußt/sein > **Bewusst/sein** *n.*, -es, -e
bez., Abk. für: bezahlt
Bez., Abk. für: Bezeichnung, Bezirk
be/zah/len *tr.*
Be/zah/lung *f.*, -, -en
be/zähm/bar
Be/zähm/bar/keit *f.*, -, *nur Sg.*
be/zäh/men *tr.*
be/zau/bern *tr.*

Be/zau/be/rung *f.*, -, *nur Sg.*
be/zeich/nen *tr.*
be/zeich/nend markant
Be/zeich/nung *f.*, -, -en, Abk.: Bez.
be/zei/gen *tr.*, zeigen
Be/zei/gung *f.*, -, -en
be/zeu/gen *tr.*, Zeugnis ablegen
Be/zeu/gung *f.*, -, -en
be/zich/ti/gen *tr.*
Be/zich/ti/gung *f.*, -, -en
be/zie/hen *tr.*
Be/zie/hung *f.*, -, -en
be/zie/hungs/wei/se Abk.: bzw., respektive
be/zif/fern *tr.*
Be/zif/fe/rung *f.*, -, -en
Be/zirk *m.*, -es, -e, Abk.: Bez.
be/zir/zen oder auch: **be/cir/cen** *tr.*, ugs. für: eine Person verzaubern
Be/zug *m.*, -es, -züge, mit Bezug auf, in Bezug auf
Be/zü/ge -, *nur Pl.*, Gehalt, Einkommen
Be/zug/nah/me *f.*, -, *nur Sg.*, in Korrespondenz: unter Bezugnahme auf
be/zu/schus/sen *tr.*
be/zu/schußt > **be/zu/schusst**
Be/zu/schus/sung *f.*, -, -en
be/zwei/feln *tr.*, anzweifeln, nicht glauben
be/zwin/gen *tr.*
Be/zwin/ger *m.*, -s, -
Be/zwin/gung *f.*, -, -en
BfA, Abk. für: Bundesversicherungsanstalt für Angestellte
BGB, Abk. für: Bürgerliches Gesetzbuch
BGBl., Abk. für: Bundesgesetzblatt
BGH, Abk. für: Bundesgerichtshof

Bhf., Abk. für: Bahnhof
Bi chemisches Zeichen für Wismut
bi..., Bi... [lat.] in Zusammenhang: zwei..., doppelt...
Bi/ath/lon *n.*, -s, -s, Wintersportart: Skilanglauf und Schießen
bib/bern *intr.*, ugs. für: zittern
Bi/bel [griech.] *f.*, -, -n
bi/bel/fest
Bi/bel/spruch *m.*, -es, -Sprüche
Bi/ber *m.*, -s, -, Nagetier, das Dämme baut
Bi/ber/nel/le *f.*, -, -n, auch: Pimpernelle
Bib/li/o/graf *(Nf.)* auch: **Bib/li/o/graph** *(Hf.)* [griech.] *m.*, -, -en, Autor einer Bibliografie
Bib/li/o/gra/fie *(Nf.)* auch: **Bib/li/o/gra/phie** *(Hf.)* *f.*, -, -n, allg. Lehre von Büchern, auch: Auflistung erschienener Bücher mit genauen Angaben zu bestimmten Themen
bib/li/o/gra/fisch *(Nf.)* auch: **bib/li/o/gra/phisch** *(Hf.)*
Bib/li/o/ma/ne *m.*, -n, -n, Person, die unter Zwang Bücher sammelt
bib/li/o/ma/nisch
bib/li/o/phil Bücher liebend
Bib/li/o/phi/lie *f.*, -, Liebhaberei für Bücher
bib/li/o/phob bücherfeindlich
Bib/li/o/pho/be *m.*, -n, -n, Büchergegner
Bib/li/o/thek *f.*, -, -en, Sammlung von Büchern o. anderen Druckwerken, Gebäude oder Zimmer, in dem die Sammlung untergebracht ist

Bib/li/o/the/kar *m.*, -s, -e, Bibliotheksmitarbeiter
bib/li/o/the/ka/risch
bib/lisch oder auch: **biblisch** aber: Biblische Geschichte
Bi/chro/mat [lat.] *n.*, -es, -e, veralt. für: Dichromat
Bi/chro/mie *f.*, -, *nur Sg.*, Zweifarbigkeit
Bick/bee/re *f.*, -, -n, Heidelbeere, Blaubeere
Bi/det [französ.] *n.*, -s, -s, Sitzbadewanne zur Körperhygiene
bie/der konservativ, prüde
Bie/der/keit *f.*, -, *nur Sg.*
Bie/der/mann *m.*, -es, -männer, biedere Person
Bie/der/mei/er *n.*, -, *nur Sg.*, Epoche im 19. Jh..
bieg/bar flexibel (auch übertr.)
Bieg/bar/keit *f.*, -, *nur Sg.*
Bie/ge *f.*, -, -n, Kurve
bie/gen *tr.*, verbiegen, aber: auf Biegen oder Brechen
bieg/sam
Bieg/sam/keit *f.*, -, *nur Sg.*
Bie/gung *f.*, -, -en, s. auch Biege
Bien/chen *n.*, -s, -
Bie/ne *f.*, -, -n, nützliches Honig sammelndes Insekt
Bie/nen/ho/nig *m.*, -s, *nur Sg.*
Bie/nen/kö/ni/gin *f.*, -, -en
Bie/nen/schwarm *m.*, -s, -schwärme
Bie/nen/stich *m.*, -es, -e, Kuchenart
Bie/nen/stock *m.*, -es, -stöcke
Bier *n.*, -es, -e
Bier/baß > **Bier/bass** *m.*, -es, -bässe, ugs. für: tiefe, knarzige Stimme
Bier/ru/he *f.*, -, *nur Sg.*, ugs. für: Seelenruhe

Biest *n., -es, -er,* urspr. Vieh, Rind, ugs. für böse intrigante Person
bie/ten *tr.*
Bie/ter *m., -s, -*
Bi/ga/mie [lat., griech.] *f., -, nur Sg.,* Ehe mit zwei Partnern gleichzeitig
Bi/ga/mist *m., -n, -en,* Person, die mit zwei Partnern gleichzeitig verheiratet ist
Big Band *(Nf.),* auch:
Big/band *(Hf.)* [engl.] *f., -, -s,* großes Orchester für populäre Musik
Big Busi/ness *(Nf.),* [engl.] *n., -, nur Sg.,* die Welt des großen Geldes
bi/gott [französ.], nach außen hin fromm
Bi/got/te/rie *f., -, -n*
Bi/kar/bo/nat *n., -es, -e,* in der Chemie: Salz der Kohlensäure
Bi/ki/ni *m., -s, -s,* zweiteiliger Badeanzug, benannt nach dem Bikini-Atoll
bi/kon/kav [lat.] auf beiden Seiten hohl geschliffen
bi/kon/vex [lat.] auf beiden Seiten gewölbt geschliffen
bi/la/bi/al [lat.] Linguistik: mit beiden Lippen gebildet
Bi/la/bi/al *m., -s, -e,* Linguistik: mit beiden Lippen gebildeter Laut
Bi/lanz [italien.] *f., -, -en,* Aufrechnung von Vermögenswerten und Verpflichtungen zu einem festgelegten Zeitpunkt, meistens Quartal oder Kalenderjahr, auch übertr.
bi/lan/zie/ren *tr.,* eine Bilanz anfertigen
bi/la/te/ral [lat.] zweiseitig, gegenseitig
Bi/la/te/ra/lis/mus *m., -, nur Sg.,* Zweiseitigkeit von Verträgen (polit.)
Bilch *m., -es, -e,* kleines Nagetier
Bild *n., -es, -er*
Bild/band *m., -es, -bände,* Buch, dessen Inhalt zu einem großen Teil aus Bildern besteht
Bild/chen *n., -s, -*
bil/den *tr.,* sich bilden
Bil/der/rah/men *m., -s, -*
Bil/der/rät/sel *n., -s, -*
Bild/flä/che *f., -, -n,* von der Bildfläche verschwinden
bild/haft metaphorisch
Bild/haf/tig/keit *f., -, nur Sg.*
Bild/hau/er *m., -s, -*
Bild/hau/e/rei *f., -, nur Sg.*
bild/hübsch
bild/lich
Bild/nis *n., -ses, -se,* Abbild, das Bildnis des Dorian Gray
Bild/schirm/text *m., -es, -e,* Informationstext der Fernsehsender, Btx
bild/schön
Bild/te/le/gramm *n., -es, -e*
Bil/dung *f., -, -en*
bil/dungs/be/flis/sen
bil/dungs/fä/hig
Bil/dungs/fä/hig/keit *f., -, nur Sg.*
Bil/dungs/lü/cke *f., -, -n*
Bil/dungs/stät/te *f., -, -n*
Bild/wand/ler *m., -s, -,* Instrument, das nicht sichtbare Strahlung in sichtbare verwandelt
Bild/wer/bung *f., -, -en*
Bild/wir/kung *f., -, -en*
Bil/har/zie *f., -, -n,* Blut schmarotzender Wurm, der Menschen befällt
Bil/har/zi/o/se *f., -, -n,* durch Bilharzien verursachte Krankheit
bi/lin/gu/al [lat.] zweisprachig
Bil/lard [französ.] *n., -s, -,* Spiel mit Kugeln, die auf einem Tisch eingelocht werden müssen
Bill/ber/gia [schwed.] *f., -, -gien,* Zimmerpflanze
Bil/le *f., -, -n,* Werkzeug
Bil/lett [französ.] *n., -s, -, s,* Fahrkarte, Eintrittskarte
Bil/li/ar/de [französ.] *f., -, -n,* Zahl: tausend Billionen
bil/lig
bil/li/gen *tr.,* zustimmen
Bil/lig/keit *f., -, nur Sg.*
Bil/li/gung *f., -, nur Sg.,* Zustimmung
Bil/lion [französ.] *f., -, -en,* Zahl: in Europa: eine Million Millionen, in den USA: eine Milliarde
Bil/li/onstel *n., -s, -,* der billionste Teil eines Ganzen
Bil/sen/kraut *n., -es, -kräuter,* giftige Heilpflanze
Bim/bam in der Wendung: heiliger Bimbam!
Bi/me/tall *n., -es, -e,* zwei verbundene Metallstreifen mit verschiedener Ausdehnung
bi/me/tal/lisch
Bim/mel *f., -, -n,* ugs. für: Klingel, kleine Glocke
Bim/mel/bahn *f., -, -en,* Kleinbahn
Bim/me/lei *f., -, nur Sg.*
bim/meln *intr.,* ugs. für: klingeln, läuten
Bims/stein *m., -es, -e*
bi/när [lat.], aus zwei Einheiten bestehend, z.B. 0 / 1 ergeben ein Bit
Bi/när/code *m., -s, -s,* aus zwei Ziffern bestehendes Zahlensystem
bi/na/ry di/git [engl.], Computer: 0 und 1, kurz: Bit
Bin/de *f., -, -n*

Bindegewebe

Bin/de/ge/we/be *n., -s, -e*
Bin/de/glied *n., -es, -er*
Bin/de/haut *f., -, -häute*
Bin/de/mit/tel *n., -s, -*
bin/den *tr.*
Bin/de/strich *m., -es, -e*
Bin/de/wort *n., -es, -wör-*ter, Grammatik: Konjunktion
Bind/fa/den *m., -s, -fäden*
Bin/dung *f., -, -en,* Schibindung
bin/dungs/los
Bin/dungs/lo/sig/keit *f., -, nur Sg.*
Bin/dungs/un/fä/hig/keit *f., -, nur Sg.,* auch: Beziehungsangst
Bin/gel/kraut *n., -es, -kräu-*ter, Waldpflanze
Bin/gen Stadt in Rheinland-Pfalz
bin/nen Zeitraum begrenzend: binnen eines Jahres
Bin/nen/ha/fen *m., -s, -*häfen, Hafen ohne Zugang zum offenen Meer
Bin/nen/han/del *m., -s, nur Sg.*
Bin/nen/land *n., -es, -länder*
Bin/nen/meer *n., -es, -e*
Bin/nen/schiffahrt >
Bin/nen/schiff/fahrt *f., -, nur Sg.*
Bi/no/de oder auch:
Bin/o/de [lat.] *f., -, -n,* Elektronenröhre
bi/no/ku/lar oder auch:
bin/o/ku/lar für beide Augen gleichzeitig
Bi/nom [lat.] *n., -s, -e,* mathematischer Ausdruck
bi/no/misch
Bin/se *f., -, -n,* in der Wendung: in die Binsen gehen
Bin/sen/weis/heit *f., -, -en,* Volksweisheit
bi/o..., Bi/o... [griech.] leben..., Leben...

Bi/o/che/mie *f., -, nur Sg.,* Lehre von den chemischen Vorgängen organischer Lebewesen
bi/o/che/misch
Bi/o/ge/o/gra/phie *(Nf.)* auch: **Bi/o/ge/o/gra/fie** *(Hf.)* [griech.] *f., -, nur Sg.,* Wissenschaft von den Lebewesen und deren geografischer Verteilung
bi/o/ge/o/gra/phisch *(Nf.)* auch: **bi/o/ge/o/grafisch** *(Hf.)*
Bi/o/graf *(Hf.)* auch
Bi/o/graph *(Nf.)* [griech.] *m., -, -en,* Autor einer Biografie
Bi/o/gra/fie *(Hf.)* auch:
Bi/o/gra/phie *(Nf.)* *f., -, -n,* Lebensbeschreibung einer anderen Person
bi/o/gra/fisch *(Hf.)* auch:
bi/o/gra/phisch *(Nf.)*
Bi/o/la/den *m., -s, -läden,* Geschäft, das natürliche, unbehandelte Lebensmittel verkauft
Bi/o/lo/ge [griech.] *m., -n, -n*
Bi/o/lo/gie *f., -, nur Sg.,* Wissenschaft der Lebewesen
bi/o/lo/gisch
Bi/o/ly/se [griech.] *f., -, -n,* Abbau organischer Substanzen durch Lebewesen
Bi/o/me/cha/nik *f., -, nur Sg.,* Lehre der mechanischen Abläufe in Lebewesen
bi/o/me/cha/nisch
Bi/o/müll *m., -es, nur Sg.,* organischer Hausmüll
Bi/o/nik *f., -, nur Sg.,* Wissenschaft, die mit Hilfe der Funktionsweise von Organen rein technische Probleme zu lösen versucht
bi/o/nisch

Bi/o/phy/sik *f., -, nur Sg.,* Wissenschaft der physikalischen Vorgänge in Lebewesen
Bi/op/sie [griech.] *f., -, -n,* Untersuchung von Material aus einem lebenden Organismus
Bi/o/rhyth/mus *m., -, nur Sg.,* Lebensvorgänge, die sich in einem bestimmten Rhythmus vollziehen
Bi/o/sphä/re oder auch:
Bi/os/phä/re *f., -, -n,* der bewohnbare Teil der Erde
Bi/o/tin *n., -s, nur Sg.,* Vitamin H
bi/o/tisch zu den Lebewesen gehörig
Bi/o/top [griech.] *m., -es, -e,* Lebensraum mit bestimmten Pflanzen und Tieren
bi/o/zen/trisch oder auch:
bi/o/zent/risch das Leben in das Zentrum stellend
bi/po/lar, zweipolig
Bi/po/la/ri/tät *f., -, -en,*
Bir/ke *f., -, -n,* Baumart
Birk/hahn *m., -es, -hähne*
Birk/huhn *n., -es, -hühner*
Bir/ma heute: Myanmar, hinterindischer Staat
Bir/ma/ne *m., -, -n,*
bir/ma/nisch
Birn/baum *m., -es, - bäume*
Bir/ne *f., -, -n,* Obstart
bis bis dann, ich fahre bis Saarlouis, bis Dienstag dann, bis wann brauchst du es?
Bi/sam *m., -s, -e,* Fell der Bisamratte
Bi/sam/rat/te *f., -, -n,* Nagetier
Bi/schof *m., -es, -höfe*
Bi/schofs/müt/ze *f., -, -n*
Bi/schofs/stuhl *m., -es, -*stühle

Bi/se/xu/a/li/tät *f.*, -, *nur Sg.*, Sexualität mit beiden Geschlechtern
bi/se/xu/ell mit beiden Geschlechtern Sexualität empfindend
bis/her bisher war ich ganz zufrieden
bis/he/rig aber: im Bisherigen
Bis/ka/ya der Golf von Biskaya
Bis/kot/te [italien.] *f.*, -, -n, Löffelbiskuit
Bis/kuit [französ.] *n.*, -s, -e, Gebäck
bis/lang bisher
Bi/son *m.*, -s, -s, Wildrind (Amerika)
Biß > **Biss** *m.*, -es, -e
biß/chen > **biss/chen** ein wenig
Bis/sen *m.*, -s, -
bis/sen/wei/se
Bis/sig/keit *f.*, -, *nur Sg.*
Biß/wun/de >
Biss/wun/de *f.*, -, -n
Bis/tro [französ.], kleine Kneipe
Bis/tum *n.*, -s, -tümer, Amtsbezirk eines Bischofs
bis/wei/len
Bit Abk. für: binary digit, Computer
Bitt/brief *m.*, -es, -e
bit/te wie bitte? bitte, gern geschehen, kann ich bitte nach Hause gehen?
Bit/te *f.*, -, -n
bit/ten *tr.*
bit/ter
bit/ter/bö/se
bit/ter/ernst sehr ernst
bit/ter/kalt sehr kalt
Bit/ter/keit *f.*, -, *nur Sg.*
bit/ter/lich bitterlich weinen
Bit/ter/man/del/öl *n.*, -es, -e, Backaroma
Bit/ter/nis *f.*, -, -se

bit/ter/süß
Bit/ter/stoff *m.*, -es, -e
Bitt/gang *m.*, -es, -gänge
Bitt/schrift *f.*, -, -en
Bitt/stel/ler *m.*, -s, -
Bi/tu/men [lat.] *n.*, -s, -, Erdpech
bi/va/lent [lat.] in der Chemie: zweiwertig
Bi/va/lenz *f.*, -, -en, Zweiwertigkeit
Bi/wak [nordt.] *n.*, -s, -e, Feldlager
bi/zarr [italien.] exzentrisch, ungewöhnlich, aus der Norm fallend
Bi/zeps [lat.] *m.*, -, -e, Beugemuskel in Oberarm
Bk chemisches Zeichen für: Berkelium
Bl., Abk. für: Blatt
Black Box *(Nf.)* auch:
Black/box *(Hf.)* [engl.] *f.*, -, *nur Sg.*, Flugschreiber
Black/out *(Nf.)* auch:
Black-out *(Hf.)* [engl.] *n.*, -s, -s, vorübergehender Verlust der Wahrnehmungsfähigkeit oder des Bewusstseins, z.B. bei Prüfungen
Black Po/wer *(Nf.)* [engl.] *f.*, -, *nur Sg.*, Freiheitsbewegung der schwarzen Bevölkerung der USA
Blag *n.*, -es, -en, abwertend für: unerzogenes, freches Kind
blä/hen *tr.* und *intr.*
Blä/hung *f.*, -, -en
blä/ken *intr.*, schreien
bla/ma/bel peinlich
Bla/ma/ge [französ.] *f.*, -, -n, peinliche Sache
bla/mie/ren *tr.*, sich lächerlich machen
blan/chie/ren [französ.] *tr.*, sehr kurz überbrühen
blank das blanke Leben, ich bin blank = ugs. für: ich

habe kein Geld mehr
blan/ko unterschrieben, aber ohne Betrag
Blan/ko/scheck *m.*, -s, -e
Blan/ko/voll/macht *f.*, -, -en, uneingeschränkte Vollmacht
Bla/se *f.*, -, -n
Bla/se/balg *m.*, -es, -bälge
bla/sen *tr.*, pusten
Bla/sen/stein *m.*, -es, -e
Blä/ser *m.*, -s, -
Blä/ser/quin/tett *n.*, -es, -e
bla/siert eingebildet
Blas/ins/tru/ment oder auch: **Blas/in/stru/ment** *n.*, -s, -e
Blas/phe/mie [griech.] *f.*, -, -n, Gotteslästerung
blas/phe/misch
Blas/rohr *n.*, -es, -e
blaß > **blass**, blasses Aussehen
Bläs/se *f.*, -, *nur Sg.*, siehe Blesse
Bläß/huhn > **Blässhuhn** oder auch **Blesshuhn** *n.*, -es, -hühner, Wasservogel
bläß/lich > **bläss/lich**
Blas/tu/la *f.*, -, *nur Sg.*, Entwicklungsstufe des Embryos
Blatt *n.*, -es, -blätter
Blätt/chen *n.*, -s, -
Blat/ter *f.*, -, -n, Pockennarbe
blät/te/rig, blätt/rig
Blat/tern *f.*, -, -n, Pocken
blät/tern *intr.*
Blät/ter/teig *m.*, -es, -e
Blatt/gold *n.*, -[e]s, *nur Sg.*
Blatt/grün *n.*, -s, *nur Sg.*, Chlorophyll
Blatt/laus *f.*, -, -läuse
Blatt/pflan/ze *f.*, -, -n
Blatt/sil/ber *n.*, -s, *nur Sg.*
blau
Blau *n.*, -s, *nur Sg.*, die blaue Farbe

blau/äu/gig übertr. auch: naiv
Blau/bee/re *f.*, -, -n, Heidelbeere
Bläu/e *f.*, -, *nur Sg.*
bläu/en *tr.*, blau färben, siehe auch bleuen
Blau/helm *m.*, -es, -e, UN-Soldat
Blau/mei/se *f.*, -, -n, kleiner Vogel
Blau/pau/se *f.*, -, -n, Kopie
Blau/stich *m.*, -es, -e
Bla/zer [engl.] *m.*, -s, -, Jackett
Blech *n.*, -es, -e, übertr. ugs.: du redest Blech: du redest Unsinn
Blech/blas/ins/tru/ment oder auch:
Blech/blas/in/stru/ment *n.*, -es, -e
ble/chen *tr.*, ugs. für: bezahlen
Blech/mu/sik *f.*, -, -en, Musik mit Blechblasinstrumenten
Blech/scha/den *m.*, -s, -schäden
ble/cken *tr.*, in der Wendung: die Zähne blecken
Blei *n.*-s, *nur Sg.*, chemisches Element, Zeichen: Pb
Blei/be *f.*, -, -n, ugs. für: temporäre Unterkunft
blei/ben *intr.*
blei/ben/las/sen oder auch: **blei/ben las/sen**
bleich
Blei/che *f.*, -, -n
blei/chen *tr.* und *intr.*
Bleich/ge/sicht *n.*, -es, -er
blei/ern, aus Blei gemacht
Blei/stift *m.*, -es, -e, Schreibgerät
Blei/stift/zeich/nung *f.*, -, -en
Blen/de *f.*, -, -n
blen/den *tr.* und *intr.*
blen/dend es geht mir blendend

Blend/schutz *m.*, -es, *nur Sg.*
Blend/werk *n.*, -es, *nur Sg.*
Bles/se *f.*, -, -n, bei Tieren: weißer Fleck auf der Stirn
Bleß/huhn > **Blesshuhn** *n.*, -es, -hühner, siehe Blässhuhn
Bles/sur *f.*, -, -en, Verletzung
bleu/en *tr.*, schlagen, verletzen, siehe auch: bläuen
Blick *m.*, -es, -e
bli/cken *intr.*
Blick/fang *m.*, -es, -fänge
Blick/feld *n.*, -es, -er
Blick/kon/takt *m.*, -es, -e, wir hatten Blickkontakt
blick/los
Blick/punkt *m.*, -es, -e
Blick/win/kel *m.*, -s, -
blind
Blind/darm *m.*, -es, -därme
Blind/darm/ent/zün/dung *f.*, -, -en
Blin/den/hund *m.*, -es, -e
Blin/den/schrift *f.*, -, -en, aus ertastbaren Punkten zusammengesetzte Schrift, die Blinden das Lesen ermöglicht, auch: Brailleschrift
Blin/de(r) *m. od. f.*, -en, -en
Blind/gän/ger *m.*, -s, -
Blind/heit *f.*, -, *nur Sg.*, kein Sehvermögen
blind/lings
Blind/schlei/che *f.*, -, -n, Echsenart
blind/wü/tig
blin/ken *intr.*
Blin/ker *m.*, -s, -, Fahrtrichtungsanzeiger
Blink/zei/chen *n.*, -s, -
blin/zeln *intr.*
Blitz *m.*, -es, -e
Blitz/ab/lei/ter *m.*, -s, -
blitz/ar/tig sehr plötzlich
blit/zen *intr.*

blitz/ge/scheit
Blitz/licht *n.*, -es, -er
blitz/sau/ber
Blitz/schlag *m.*, -es, -schläge
blitz/schnell
Bliz/zard [engl.] *m.*, -s, -s, heftiger Schneesturm
Block *m.*, -es, -blöcke, Quader aus Holz oder Stein, auch: Häuserblock
Blo/cka/de *f.*, -, -n
Block/flö/te *f.*, -, -n, Musikinstrument
blo/ckie/ren *tr.*
Block/par/tei *f.*, -, -en, in der ehem. DDR: eine Regierungspartei
blöd, blö/de
Blö/de/lei *f.*, -, -en, Albernheit
blö/deln *intr.*, herumalbern
Blöd/heit *f.*, -, -en, Dummheit
Blö/di/an *m.*, -s, -e
Blöd/mann *m.*, -es, -männer
Blöd/sinn *m.*, -s, *nur Sg.*, Unsinn
blöd/sin/nig
blö/ken *intr.*
blond er hat blonde Haare
Blon/de(r) *m. od. f.*, -en, -en
blon/die/ren *tr.*, blond färben
Blon/di/ne *f.*, -, -n, blonde Frau
bloß 1. als Adj.: nackt, unbekleidet 2. als Adv.: nur, ich habe doch bloß gefragt
Blö/ße *f.*, -, -n
bloß/stel/len *tr.*, enthüllen
Bloß/stel/lung *f.*, -, -en
Blou/son [französ.] *m.*, -s, -s, Jackettart
blub/bern *intr.*, sprudeln, ugs. auch: Unsinn reden
Blue/jeans [engl.], -, *nur*

Pl., blaue Hose, Jeans
Blues [engl.] *m.*, -, -, Musikart
Bluff [engl.] *m.*, -s, -s, Täuschung, Betrug
bluf/fen [engl.] *tr.*, täuschen, betrügen
blü/hen *intr.*
Blüm/chen *n.*, -s, -
Blu/me *f.*, -, -n, blühende Pflanze, übertr. auch: Duft
Blu/men/schmuck *m.*, -es, *nur Sg.*
blü/me/rant [französ.] ugs.: schwindlig, der Ohnmacht nahe
blu/mig
Blüm/lein *n.*, -s, -
Blu/se *f.*, -, -n
Blut *n.*, -[e]s, *nur Sg.*
Blut/a/der *f.*, -, -n
blut/arm
Blut/ar/mut *f.*, -, *nur Sg.*
Blut/bad *n.*, -es, -bäder
Blut/bank *f.*, -, -en, Sammelstelle für Blutspenden
Blut/druck *m.* -es, *nur Sg.*
Blü/te *f.*, -, -n
Blut/e/gel *m.*, -s, -
blu/ten *intr.*
Blu/ter *m.*, -s, -, Person mit Blugerinnungsstörung
Blut/er/guß > **Blut/erguss** *m.*, -es, -güsse
Blu/ter/krank/heit *f.*, , *nur Sg.*, Störung der Blutgerinnung
Blut/ge/fäß *n.*, -es, -e
Blut/ge/rinn/sel *n.*, -s, -
Blut/ge/rin/nung *f.*, -, *nur Sg.*
Blut/grup/pe *f.*, -, -n
Blut/hund *m.*, -es, -e, Jagdhundart
blu/tig
blut/jung
Blut/kon/ser/ve *f.*, -, -n
Blut/kör/per/chen *n.*, -s, -

Blut/kreis/lauf *m.*, -es, -läufe
Blut/oran/ge *f.*, -, -n
Blut/plas/ma *n.*, -s, -men
blut/rot
blut/rüns/tig
Blut/sau/ger *m.*, -s, -
Blut/sen/kung *f.*, -, -en
Blut/spen/der *m.*, -s, -
Bluts/trop/fen *m.*, -s, -
Blut/sturz *m.*, -es, -stürze
Blut/trans/fu/si/on *f.*, -, -en
Blu/tung *f.*, -, -en
blut/un/ter/lau/fen
Blut/ver/gif/tung *f.*, -, -en
Blut/wurst *f.*, -, -würste
Blut/zu/cker *m.*, -s, *nur Sg.*
BLZ, Abk. für: Bankleitzahl
b-Moll *n.*, -, *nur Sg.*, Tonart
BND, Abk. für: Bundesnachrichtendienst
Bö *f.*, -, -en, **Böe** *f.*, -, -n, plötzlicher Windstoß
Boa *f.*, -, -s, Riesenschlange
Bob *m.*, -s, -s, kurz für Bobsleigh
Bob/bahn *f.*, -, -en, Rennstrecke für Bobs
Bob/sleigh [engl.] *m.*, -s, -s, lenkbarer Rennschlitten
Boc/cia [italien.] *n.*, -s, *nur Sg.*, Kugelspiel (Boule)
Bock *m.*, -es, Bö/cke, Bock springen, aber: das Bockspringen (Sportart), auch kurz für Bockbier
Bock/bier *n.*, -es, -e, Starkbier
bo/cken *intr.*
bo/ckig zickig
Bocks/beu/tel *m.*, -s, -, Weinflaschenform
Bocks/horn *n.*, -es, -hörner, in der Wendung: jmdn. ins Bockshorn jagen: jmdn. hereinlegen
Bock/wurst *f.*, -, -würste
Bo/den *m.*, -s, Böden
bo/den/los

Bo/den/satz *m.*, -es, -sätze
Bo/den/schät/ze *m.*, -s, *nur Pl.*
bo/den/stän/dig
Bo/dy/buil/ding [engl.] *n.*, -s, *nur Sg.*, Muskeltraining, Sportart
Bo/dy/guard [engl.] *m.*, -s, -s, Leibwächter
Bo/gen *m.*, -s, Bögen
Bo/gen/schie/ßen *n.*, -s, *nur Sg.*
Bo/heme [französ.] *f.*, -, *nur Sg.*, Künstlerdasein ohne bürgerlichen Zwang
Bo/he/mien [französ.] *m.*, -s, -s
Böh/me *m.*, -, -n
Böh/men Teil der Tschechischen Republik
böh/misch übertr. böhmische Dörfer: Unverständliches
Boh/ne *f.*, -, -n
Boh/nen/kaf/fee *m.*, -s, *nur Sg.*
Boh/nen/stan/ge *f.*, -, -n
boh/nern *tr.*
Boh/ner/wachs *n.*, -es, -e
boh/ren *tr.*
Boh/rer *m.*, -s, -
Bohr/in/sel *f.*, -, -n, Ölbohrplattform im Meer
Bohr/ma/schi/ne *f.*, -, -n
Bo/je *f.*, -, -n, Seezeichen
Bo/le/ro [span.] *m.*, -s, -s, spanischer Tanz
Bo/li/vi/a/ner oder auch: **Bo/li/vier** *m.*, Einwohner von Bolivien
bo/li/vi/a/nisch oder auch: **bo/li/visch**
Bo/li/vi/en Staat in Südamerika
Böl/ler *m.*, -s, -, Knallkörper
böl/lern *intr.*
Boll/werk *n.*, -es, -e, Festung

Bol/sche/wik [russ.] *m.*, -en, -en od. -ki, Mitglied der Kommunistischen Partei der ehem. UdSSR
Bol/sche/wis/mus *m.*, -, *nur Sg.*
Bol/sche/wist *m.*, -, -en
bol/sche/wis/tisch
bol/zen *intr.*, regelwidrig spielen, auch umherbolzen
Bol/zen *m.*, -s, -
Bom/bar/de/ment [französ.], Bombardierung
bom/bar/die/ren *tr.*, Bomben werfen
Bom/bar/die/rung *f.*, -, -en
bom/bas/tisch
Bom/be [französ.] *f.*, -, -n, Sprengkörper
bom/ben/si/cher ugs. für: sehr sicher
Bom/ber *m.*, -s, -, Flugzeug, das Bomben wirft
bom/big ugs. für: großartig
Bom/mel *f.*, -, -n, Quaste
Bon [französ.], *m.*, -s, -s, Kassenzettel, Schein
Bon/bon [französ.] *n.*, -s, -s, Süßigkeit zum Lutschen
Bond [engl.] *m.*, -s, -s, in Großbritannien und den USA: Anleihe
bon/gen *tr.*, ugs.: einen Bon herstellen
Bo/ni/fi/ka/ti/on [lat.] *f.*, -en, Vergütung, Entschädigung
Bo/ni/tät *f.*, -, -en, Wirtschaft: Zahlungsfähigkeit
Bon/mot [französ.] *n.*, -s, -s, geistreiche Bemerkung
Bon/sai [japan.] *m.*, -s, -s, kunstvoller Zwergbaum
Bo/nus [lat.] *m.*, -, i: Gutschrift, Sonderzahlung wg. guter Leistung
Boo/gie-Woo/gie [engl.] *m.*, -, *nur Sg.*, schneller Tanz
Boom [engl.] *m.*, -s, -s, Aufschwung, Hausse
Boot *n.*, -es, -Boo/te, aber: Bö/tchen
boo/ten [engl.] *intr.*, Computer starten
Boots/mann *m.*, -[e]s, -leute
Bor *n.*, -s, *nur Sg.*, chemisches Element, Zeichen: B
Bo/rax *n.*, -es, *nur Sg.*, Natriumsalz der Borsäure
Bord *n.*, -es, -e, Brett für z.B. Bücher, Möbelstück, Wendung: Mann über Bord!
Bor/deaux [französ.] *m.*, -, -, französischer Rotwein
bor/deaux/rot
Bor/dell [französ.] *n.*, -es, -e, Haus, in dem Prostitution ausgeübt wird, Puff
Bord/stein *m.*, -es, -e
Bor/dü/re [französ.] *f.*, -n, Umrandung, Einfassung
bo/re/al nördlich gemäßigt
Bo/rid *n.*, -es, -e, in der Chemie: Verbindung aus Bor und Metall
Bor/ke *f.*, -, -n, Baumrinde
Bor/ken/kä/fer *m.*, -s, -
Bor/neo größte Insel Malaysias
bor/niert [französ.], eingebildet
Bor/niert/heit *f.*, -, *nur Sg.*
Borschtsch *m.*, -, *nur Sg.*, russ. Rote-Bete-Suppe
Bör/se [griech.-lat.] *f.*, -, -n, 1. Geldbeutel 2. Wirtschaft: Markt zum Handel mit Aktien
Bör/sen/mak/ler *m.*, -s, -
Bör/sen/spe/ku/lant *m.*, -en, -en
Bors/te *f.*, -, -n
Bors/ten/vieh *n.*, -s, *nur Sg.*, z.B. Schwein
Bor/te *f.*, -, -n
bös/ar/tig
Bös/ar/tig/keit *f.*, -, -en
Bö/schung *f.*, -, -en, schräger Hang
bö/se bös, aber: jenseits von Gut und Böse sein
Bö/se/wicht *m.*, -es, -e
bos/haft gehässig
Bos/haf/tig/keit *f.*, -, *nur Sg.*
Bos/heit *f.*, -, -en
Bos/kop [niederl.] *m.*, -, -, Apfelsorte
Bos/ni/en
Bos/ni/er *m.*, -s, -, Einwohner Bosniens
bos/nisch
Bos/po/rus *m.*, -, *nur Sg.*, Meerenge zwischen dem Balkan und Kleinasien
Boß > Boss [engl.] *m.*, -es, -e, Chef, Führer
Bos/ton [engl.] Stadt in England und den USA, Boston Tea Party
bös/wil/lig
Bös/wil/lig/keit *f.*, -, *nur Sg.*
Bo/ta/nik [griech.] *f.*, -, *nur Sg.*, Pflanzenkunde
Bo/ta/ni/ker *m.*, -s, -
bo/ta/nisch aber: der Botanische Garten in München
Böt/chen *n.*, -s, -, kleines Boot
Bo/te *m.*, -, -n, Überbringer
Bo/ten/dienst *m.*, -es, -e
Bo/ten/gang *m.*, -es, -gänge
Bot/schaft *f.*, -, -en, Vertretung, auch: Mitteilung
Bot/schaf/ter *m.*, -s, -
Bot/te/ga *f.*, -s, -ghe, Winzerschenke in Italien
Bot/tich *m.*, -es, -e
Bouil/la/baisse [französ.] *f.*, -, -s, französische Fischsuppe
Bouil/lon [französ.] *f.*, -, -s, Fleischbrühe
Boule [französ.] *n.*, -, *nur Sg.*, französ. Spiel mit Kugeln auf Sandbahnen
Bou/le/vard [französ.] *m.*, -

-s, -s, Prachtstraße, breite Straße
Bour/bo/ne [französ.] *m.,* -, -n, Mitglied eines französ. Herrscherhauses
bour/geois [französ.] bürgerlich, konservativ
Bour/geoi/sie *f.,* -, -n, das Bürgertum
Bou/tique [französ.] auch:
Bu/ti/ke *f.,* -, -n, Modegeschäft
Bou/zou/ki [griech.] *f.,* -, -s, griech. Zupfinstrument
Bo/vist *m.,* -en, -en, Pilz
Bo/wie/mes/ser *n.,* -s, -, Jagdmesser
Bow/le [engl.] *f.,* -, -n, Getränk aus Spirituosen, Sekt und Früchten, bes. im Frühjahr gerne getrunken
Bow/ling [engl.] *n.,* -s, *nur Sg.,* amerikanische Version vom Kegeln
Box [engl.] *f.,* -, -en, Behälter mit Deckel, Stallabteil für Pferde
bo/xen *tr.*
Bo/xen *n.,* -s, *nur Sg.,* brutaler Sport
Bo/xer *m.,* -s, -, 1. Person, die boxt 2. Hunderasse mit breiter Schnauze
Box/kampf *m.,* -es, -kämpfe
Box/ring *m.,* -es, -e
Boy [engl.] *m.,* -s, -s, Laufjunge, Hotelpage
Boy/kott [irisch] *m.,* -s, -e, Sperrung, Streik, Widerstand
boy/kot/tie/ren *tr.,* mit Boykott belegen
BP Abk. für: British Petroleum (Mineralölgesellschaft)
Bq. chemisches Zeichen für Brom
brab/beln *tr.,* ugs.: murmeln, Unsinn erzählen
brach unbebaut

Bra/chi/al/ge/walt *f.,* -, *nur Sg.,* brutale Körperkraft als Mittel zum Ziel
Brach/land *n.,* -[e]s, *nur Sg.,* unbebautes Land
brach/lie/gen *intr.*
Bra/cke *f.,* -, -n, ein Spürhund
bra/ckig [norddt.], untrinkbar, verschlammt
Brack/was/ser *n.,* -s, *nur Sg.*
Brail/le/schrift [französ.] *f.,* -, *nur Sg.,* siehe auch Blindenschrift
Brain/stor/ming [engl.] *n.,* -s, *nur Sg.,* Konzeptentwicklung durch Äußern aller möglichen Ideen, auch der abwegigsten
Brä/me, Bra/me *f.,* -, -n, kostbarer Kleidungsbesatz
Bran/che [französ.] *f.,* -, -n, Geschäftszweig, Handelszweig
Bran/chen/ver/zeich/nis *n.,* -ses, -se, Telefonverzeichnis nach Branchen, Gelbe Seiten
Brand *m.,* -es, -Brän/de
Brand/bla/se *f.,* -, -n
Bran/den/burg neues Bundesland, Stadt bei Berlin
Bran/den/bur/ger *m.,* -s, -
Brand/herd *m.,* -es, -e
brand/neu ugs.: neu
Brand/sal/be *f.,* -, -n
brand/schat/zen *tr.*
Brand/stif/ter *m.,* -s, -
Brand/stif/tung *f.,* -, -en
Bran/dung *f.,* -, -en, an den Strand rollende Wellen
Brand/wun/de *f.,* -, -n
Bran/dy [engl.] *m.,* -s, -s, Branntwein
Brannt/wein *m.,* -es, -e, Spirituose
Bra/si/lia Hauptstadt von Brasilien
Bra/si/li/a/ner *m.,* -s, -

Bra/si/li/en Staat in Südamerika
Brät *n.,* -es, *nur Sg.,* Bratwurstmasse
Brat/ap/fel *m.,* -s, -äpfel
bra/ten *tr.*
Bra/ten *m.,* -s, -
Brat/kar/tof/feln *f.,* -, *Pl.*
Brat/ling *m.,* -s, -e
Brat/sche [italien.] *f.,* -, -n, Viola
Brat/wurst *f.,* -, -würste
Brauch *m.,* -es, Bräu/che, Sitte, Tradition
brauch/bar
Brauch/bar/keit *f.,* -, *nur Sg.*
brau/chen *tr.*
Braue *f.,* -, -n, Augenbraue
brau/en *tr.,* Bier herstellen
Brau/e/rei *f.,* -, -en
braun
Braun *n.,* -es, *nur Sg.*
braun/äu/gig
Bräu/ne *f.,* -, *nur Sg.,* braune Hautfarbe, veralt. für: Diphtherie, Angina
bräu/nen *tr.* und *intr.*
braun/haa/rig
Braun/koh/le *f.,* -, -n
Brau/se *f.,* -, -n, Dusche
brau/sen *intr.*
Brau/se/pul/ver *n.,* -s, -
Braut *f.,* -, Bräu/te
Braut/füh/rer *m.,* -s, -
Bräu/ti/gam *m.,* -es, -e
Braut/jung/fer *f.,* -, -n
Braut/paar *n.,* -es, -e
Braut/va/ter *m.,* -s, -väter
brav
Brav/heit *f.,* -, *nur Sg.*
bra/vo! Ausruf für: sehr gut!
Bra/vour [französ.] auch:
Bra/vur *f.,* -, *nur Sg.,* Meisterleistung
bra/vou/rös auch:
bra/vu/rös meisterlich
BRD Abk. für: Bundesrepublik Deutschland

brech/bar
Brech/bar/keit *f.*, -, *nur Sg.*
bre/chen *tr.* und *intr.*
Bre/cher *m.*, -s, -, große Flutwelle
Brech/stan/ge *f.*, -, -n, Werkzeug
Bre/chung *f.*, -, -en
Bre/douil/le [französ.] *f.*, -, *nur Sg.*, Bedrängnis, Verlegenheit, ich bin in einer Bredouille
Brei *m.*, -es, -e
brei/ig
breit
breit/bei/nig
Brei/te *f.*, -, -n, Maß: Länge, Breite, Höhe
Brei/ten/grad *m.*, -es, -e, geografische Einteilung
breit/ma/chen oder auch: **breit machen** *tr.*
breit/schla/gen *tr.*, ugs.: überreden, überzeugen, ich lasse mich mal wieder breitschlagen
Breit/sei/te *f.*, -, -n
breit/tre/ten *tr.*, unwesentliche Dinge über Gebühr diskutieren
Breit/wand *f.*, -, -wände, Filmformat
Bre/men Stadt an der Nordsee, deutsches Bundesland
bre/misch
Brem/se *f.*, -, -n, 1. Instrument, das Fahrzeuge langsamer macht 2. große Fliegen
brem/sen *intr.* und *tr.*, verlangsamen, stoppen
Brems/klotz *m.*, -es, -klötze
Brems/licht *n.*, -es, -ter
Brems/spur *f.*, -, -en
Brems/weg *m.*, -es, -e
brenn/bar, entflammbar
Brenn/bar/keit *f.*, -, *nur Sg.*
bren/nen *intr.* und *tr.*
Bren/ne/rei *f.*, -, -en,

Brennes/sel >
Brenn/nes/sel *f.*, -, -n, Pflanzenart
Brenn/punkt *m.*, -es, -e
Brenn/stoff *m.*, -es, -e
brenz/lig heikel
Bre/sche *f.*, -, -n, Lücke
Bre/tag/ne auch: **Bre/tagne** [französ.] *f.*, -, *nur Sg.*, Region im Nordwesten Frankreichs
Bre/to/ne *m.*, -, -n, Bewohner der Bretagne
Bre/to/nisch *n.*, -[s] *nur Sg.*, in der Bretagne gesprochener, keltischer Dialekt
Brett *n.*, -es, -er
Brett/spiel *n.*, -es, -e
Bre/vier *n.*, -s, -e, in der katholischen Kirche: Gebetbuch
Bre/zel *f.*, -, -n, Gebäck aus Laugenteig
Bridge [engl.] *n.*, -, *nur Sg.*, Kartenspiel für vier Personen
Brie *m.*, -[s], *nur Sg.*, Weichkäse
Brief *m.*, -es, -e, Postsendung
Brief/chen *n.*, -s, -
Brief/ge/heim/nis *n.*, -ses, -se
Brief/kar/te *f.*, -, -n
Brief/kas/ten *m.*, -s, -kästen, Postkasten
Brief/kopf *m.*, -es, -köpfe, Kopfzeile mit eigener Adresse
brief/lich
Brief/mar/ke *f.*, -, -n, Postgebühr
Brief/öff/ner *m.*, -s, -
Brief/ta/sche *f.*, -, -n
Brief/tau/be *f.*, -, -n
Brief/trä/ger *m.*, -s, -, Postangestellter, Briefzusteller
Brief/um/schlag *m.*, -es, -umschläge, Kuvert

Bri/ga/de [französ.] *f.*, -, -n, Militär: Truppeneinheit
Bri/ga/dier [französ.] *m.*, -s, -s, militärischer Rang
Bri/kett [französ.] *n.*, -s, -s, Kohle in Barrenform
bril/lant [französ.], hervorragend, ausgezeichnet
Bril/lant *m.*, -, -en, geschliffener Diamant
Bril/lan/ti/ne [französ.] *f.*, -, *nur Sg.*, Gel für die Haare
Bril/lanz *f.*, -, *nur Sg.*, optischer Glanz, auch: Genialität
Bril/le *f.*, -, -n, Sehhilfe
Bril/len/schlan/ge *f.*, -, -n
Bril/len/trä/ger *m.*, -s, -
Brim/bo/ri/um [lat.] *n.*, -s, *nur Sg.*, großes Getue um Kleinigkeiten
brin/gen *tr.*
Bri/oche [französ.] *f.*, -s, -s, Gebäck, Stuten
bri/sant [französ.], explosiv (auch bildlich)
Bri/se *f.*, -, -n, schwacher Wind
Bri/tan/ni/en [keltisch], Oberbegriff für England, Wales und Schottland
bri/tan/nisch
Bri/te *m.*, -, -n, Bewohner Großbritanniens
bri/tisch aber: die Britischen Inseln
Broc/co/li *m.*, -s, -, veralt. für Brokkoli
brö/ckeln *intr.*
Bro/cken *m.*, -s, -, Klotz
bro/deln *intr.*
Broi/ler *m.*, -s, -, in der ehem. DDR: Brathähnchen
Bro/kat [italien.] *m.*, -s, -e, schwerer kostbarer Seidenstoff
Brok/ko/li [italien.], *m.*, -s, -, eine Kohlart mit grünen

Röschen
Brom [griech.] *n., -s, nur Sg.*, (chemisches Zeichen: Br) ein Element
Brom/bee/re *f., -, -n*, Beerenart
Bro/mis/mus *m., -, nur Sg.*, Vergiftung durch Brom
Brom/ver/gif/tung *f., -, -en*
bron/chi/al [griech.], die Bronchien betreffend
Bron/chi/al/ast/hma *n.,-s, nur Sg.*
Bron/chie *f., -, -n, meist im Pl.*, der Lunge vorgelagerter Teil der Luftröhre
Bron/chi/tis *f., -, -tiden*, ugs. für Bronchialkatarrh
Bron/cho/sko/pie oder auch: **Bron/chos/ko/pie** *f., -, -n*, Untersuchung der Bronchien
Bron/ze [französ.] *f., -, -n*, Kupferlegierung für Schmuck u.Ä.
bron/zen aus Bronze, von bronzener Farbe
Bron/ze/zeit *f., -, nur Sg.*, Weltzeitepoche
Bro/sche *f., -, -n*, Anstecknadel
Bro/schü/re *f., -, -n*, Katalog, kleines Heft
Brö/sel *m., -s, -*, Krümel
brö/seln *tr.* und *intr.*
Brot *n., -es, -e*, Grundnahrungsmittel
Bröt/chen *n., -s, -*, Gebäck
Brot/laib *m., -es, -e*
brot/los finanziell nicht lohnend
Brot/teig *m., -es, -e*, Sauerteig
BRT Abk. für: Bruttoregistertonne
Bruch *m., -es, Brü/che*, Fraktur
Bruch/bu/de *f., -, -n*
Bruch/ge/fahr *f., -, -en*

brü/chig morsch
Brü/chig/keit *f., -, nur Sg.*
bruch/lan/den *intr.*, das Flugzeug ist bruchgelandet
Bruch/lan/dung *f., -, -en*, Notlandung
Bruch/rech/nung *f., -, -en*
Bruch/strich *m., -es, -e*
Bruch/stück *n., -es, -e*, Teil, Fragment
bruch/stück/haft
Bruch/teil *m., -es, -e*
Bruch/zahl *f., -, -en*
Brü/cke *f., -, -n*
Brü/cken/kopf *m., -es, -köpfe*
Bru/der *m., -s, Brüder*, männliches Geschwisterteil
Bru/der/herz *n., -es, nur Sg.*, scherzh. Anrede
brü/der/lich b. teilen
Brü/der/lich/keit *f., -, nur Sg.*
Bru/der/mord *m., -es, -e*
Bru/der/schaft *f., -, -en*, Vereinigung, Geheimbund
Brü/he *f., -, -n*
brü/hen *tr.*
brüh/warm
Brüh/wür/fel *m., -s, -*, Suppengewürz
Brüll/af/fe *m., -, -n*, Affenart
brül/len *intr.*, schreien, toben
Brumm/bär *m., -, -en*, scherzh. für: knurrigen Menschen
Brumm/baß > **Brummbass** *m., -es, -bässe*
brum/men *tr.* und *intr.*
brum/mig
Brumm/mig/keit *f., -, nur Sg.*, Knurrigkeit
Brumm/schä/del *m., -s, -*, Nebeneffekt übermäßigen Trinkens
Brunch [engl.] *m., -s, -[e]s*, Mittelding zwischen Frühstück und Mittagessen

brü/nett [französ.] braunhaarig
Brunft *f., -, Brünfte*, Paarungszeit bei Wild
Brunft/schrei *m., -es, -e*
Brunft/zeit *f., -, -en*
Brünn/chen *n., -s, -*, kleiner Brunnen
Brun/nen *m., -s, -*, Wasserquelle
Brun/nen/kres/se *f., -, -n*, Krautart
Brunst *f., -, Brünste*, Paarungszeit bei Tieren
brüns/tig
brüsk [französ.], kurz angebunden, unfreundlich
brüs/kie/ren *tr.*, eine Person unfreundlich behandeln
Brust *f., -, Brüste*
Brust/bein *n., -es, -e*, Knochen
Brust/drü/se *f., -, -n*, Milchdrüse
Brust/flos/se *f., -, -n*
Brust/hö/he *f., -, nur Sg.*
Brust/kas/ten *m., -s, -kästen*
Brust/korb *m., -es, -körbe*
Brust/schwim/men *n., -s, nur Sg.*
Brust/stim/me *f., -, -n*
Brust/ton *m., -es, -töne*, etwas im Brustton der Überzeugung sagen
Brust/war/ze *f., -, -n*
Brut *f., -, -en*
bru/tal [lat.], gewalttätig
Bru/ta/li/tät *f., -, nur Sg.*, Gewalttätigkeit
brü/ten *tr.* und *intr.*
brü/tend eine brütende Hitze
Brü/ter *m., -s, -*, Schneller Brüter, ein Kernreaktor
Brut/kas/ten *m., -s, - kästen*
Brut/pfle/ge *f., -, nur Sg.*
Brut/stät/te *f., -, -n*

brut/to [italien.], ohne Abzug, ich verdiene Euro 3.000,- brutto
Brut/to/ein/kom/men *n.,* -s, -
Brut/to/er/trag *m.,* -es, -träge
Brut/to/ge/wicht *n.,* -es, -e
Brut/to/ver/dienst *m.,* -es, -e
brut/zeln *tr.* und *intr.,* ugs. für braten
BRZ Abk. für: Bruttoraumzahl
BSE Abk. für: Bovine Spongiforme Enzephalopathie, ugs.: Rinderwahnsinn
Btx, *n.,* -, *nur Sg.,* Abk. für Bildschirmtext
Bub *m.,* -, -en, Junge, Knabe
Bu/be *m.,* -n, -n, Knabe, Bub, auch: Spielkarte
Bu/ben/streich *m.,* -es, -e
Bu/bi/kopf *m.,* -es, -köpfe, Zimmerpflanzenart
Buch *n.,* -es, Bücher, gebundenes Schriftstück größeren Umfangs
Buch/bin/der *m.,* -s, -, Handwerksberuf
Buch/bin/de/rei *f.,* -, -en
Buch/dru/cke/rei *f.,* -, -en
Bu/che *f.,* -, -n, ein Baum
Buch/ecker *f.,* -, -n, Frucht der Buche
bu/chen *tr.,* Buchhaltung: eintragen, verbuchen, reservieren
Bü/cher/bord *n.,* -es, -e
Bü/che/rei *f.,* -, -en
Bü/cher/kun/de *f.,* -, *nur Sg.,* Bibliografie
Bü/cher/ver/zeich/nis *n.,* -ses, -se
Bü/cher/wurm *m.,* -es, -würmer, scherzh. für Bücher liebende Person
Buch/fink *m.,* -en, Vogelart

Buch/füh/rung *f.,* -, -en, Buchhaltung
Buch/hal/ter *m.,* -s, -
buch/hal/te/risch
Buch/hal/tung *f.,* -, -en, das Führen der Geschäftsbücher
Buch/han/del *m.,* -s, *nur Sg.*
Buch/händ/ler *m.,* -s, -
Buch/hand/lung *f.,* -, -en
Buch/ma/cher *m.,* -s, -, Person, die mit dem Vermitteln von Wetten ihr Geld verdient
Buch/mes/se *f.,* -, -n, die Frankfurter Buchmesse
Büch/se *f.,* -, -n, Gefäß, Gewehrart
Büch/sen/ma/cher *m.,* -s, -, Handwerksberuf
Büch/sen/öff/ner *m.,* -s, -, Dosenöffner
Buch/sta/be *m.,* -n, -n
buch/sta/bie/ren *tr.*
buch/stäb/lich im wahrsten Sinn des Wortes
Bucht *f.,* -, -en,
Buch/ti/tel *m.,* -s, -
Buch/wei/zen *m.,* -s, *nur Sg.,* Heidekorn
Buch/zei/chen *n.,* -s, -
Bu/ckel *m.,* -s, -, Höcker
bu/cke/lig, buck/lig
bü/cken *refl.,* sich vorbeugen
Bück/ling *m.,* Verbeugung, geräucherter Hering
Bu/da/pest Hauptstadt von Ungarn
Bud/del *f.,* -, -n,, ugs. für: Flasche
bud/deln *intr.,* ugs. für: graben
Bud/dha [sanskrit], Begründer des Buddhismus
Bud/dhis/mus *m.,* -, *nur Sg.,* Religion
Bud/dhist *m.,* -, -en, Anhänger des Buddhismus

Bu/de *f.,* -, -n
Bud/get [französ.] *n.,* -s, -s, zur Verfügung stehendes Geld, Etat
bud/ge/tär das Budget betreffend
bud/ge/tie/ren *intr.,* ein Budget berechnen
Bue/nos Ai/res Hauptstadt von Argentinien
Bü/fett [französ.] *n.,* -s, -s, Anrichte, Präsentiertisch
Büf/fel *m.,* -s, -
Büf/fe/lei *f.,* -, *nur Sg.,* ugs. für: hartes Lernen
büf/feln *intr.,* ugs für: lernen
Buf/fo [italien.] *m.,* -s, -fi, Sänger komischer Opernrollen
Buf/fo/o/per *f.,* -, -n, komische Oper
Bug *m.,* -es, -e 1. vorderer Teil eines Schiffes 2. Schulterstück von Nutztieren
Bü/gel *m.,* -s, -
Bü/gel/brett *n.,* -es, -er
Bü/gel/ei/sen *n.,* -s, -
bü/geln *tr.,* Wäsche plätten
bug/sie/ren [lat.] *tr.,* etw. oder eine Person an ein Ziel befördern und dabei einige Hindernisse überwinden
bu/hen *intr.,* ausbuhen
Buh/mann *m.,* -es, -männer, ugs. für: Sündenbock
Büh/ne *f.,* -, -n
Büh/nen/bild *n.,* -es, -er
Büh/nen/stück *n.,* -es, -e, Theater, Oper, etc.
büh/nen/wirk/sam
Buh/ruf *m.,* -es, -e, Missfallensäußerung
Bu/ka/rest Hauptstadt von Rumänien
Bu/kett [französ.] *n.,* -s, -s, schöner Blumenstrauß, auch: angenehmer Duft
Bu/let/te [französ.] *f.,* -, -n,

Fleischklops
Bul/ga/re *m., -, -n,*
Bul/ga/ri/en europäischer Staat
bul/ga/risch
Bul/ga/risch *n., -[s], nur Sg.,* bulgarische Sprache
Bu/li/mie *f., -, nur Sg.,* Ess-Brech-Sucht, psychische Krankheit
Bull/au/ge *n., -s, -n,* rundes Fenster im Schiff
Bull/dog/ge *f., -, -n,* Hunderasse
Bull/do/zer [engl.] *m., -s, -,* Planierraupe, Baugerät
Bul/le *m., -, -n,* männliches Rind, ugs. für: Polizist
Bul/len/hit/ze *f., -, nur Sg.,* ugs. für: sehr große Hitze
Bul/le/tin [französ.] *n., -s,'-*e, amtliche Bekanntmachung
bul/lig ugs. für: sehr, außerordentlich
Bull/ter/ri/er [engl.] *m., -s, -,* Hunderasse
Bu/me/rang [austral.] *m., -s, -s,* Wurfinstrument aus Holz
Bum/mel *m., -s, -,* Spaziergang, Einkaufsbummel
Bum/me/lei *f., -, -en,* Trödelei
Bum/mel/le/ben *n., -s, -,* leichtes Leben
bum/meln *intr.*
Bum/mel/zug *m., -es, -* züge, sehr langsamer Zug
Bumm/ler *m., -s, -,* langsame Person
Bums *m., -es, -e,* ugs. für: Knall, Aufprallgeräusch
bum/sen *intr.,* ugs. für: dumpf knallen, ugs. auch: Geschlechtsverkehr ausüben
Bund *m., -es,* Bünde, Verbindung, Gemeinschaft, Zusammenschluss

BUND Abk. für: Bund Naturschutz in Deutschland e.V.
Bün/del *n., -s, -*
bün/deln *tr.,* zusammenführen, verdichten
Bun/des/amt *n., -es, -ämter*
Bun/des/an/ge/stell/ten-ta/rif *m., -es, -e,* Abk.: BAT
Bun/des/an/stalt *f., -, -en,* Bundesanstalt für Arbeit
Bun/des/e/be/ne *f., -, nur Sg.,* für alle Bundesländer geltend
Bun/des/ge/biet *n., -es, -e,* Hoheitsgebiet
Bun/des/ge/nos/se *m., -, -n*
Bun/des/ge/richts/hof *m., -es, -höfe,* höherer Gerichtshof, Abk.: BGH
Bun/des/grenz/schutz *m., -es, nur Sg.*
Bun/des/haupt/stadt *f., -, -städte*
Bun/des/kanz/ler *m., -s, -*
Bun/des/land *n., -es, -länder*
Bun/des/liga *f., -, -gen,* erste Fußballdivision
Bun/des/nach/rich/ten-dienst *m., -es, nur Sg.,* Abk.: BND
Bun/des/prä/si/dent *m., -, -en,* deutsches Staatsoberhaupt
Bun/des/rat *m., -es, -räte*
Bun/des/re/gie/rung *f., -, -en*
Bun/des/re/pu/blik Deutsch/land *f., -, nur Sg.*
Bun/des/staat *m., -s, -en*
Bun/des/stra/ße *f., -, -n*
Bun/des/tag *m., -es, -tage*
Bun/des/ver/fas/sung *f., -, nur Sg.*
Bun/des/ver/fas/sungs-ge/richt *n., -es, -e*
Bun/des/wehr *f., -, -en,* deutsches Militär

bün/dig kurz, prägnant
Bün/dig/keit *f., -, nur Sg.*
Bünd/nis *n., -ses, -se*
Bun/ga/low [engl.] *m., -s, -s,* eingeschossiges Wohnhaus mit Flachdach
Bun/gee [engl.] *n., -s, -s,* Gummiseil das beim Bungee-Jumping benutzt wird
Bun/ker [engl.] *m., -s, -,* Schutzraum
bun/kern *tr.,* ugs. für: Vorrat anlegen
Bun/sen/bren/ner *m., -s, -,* Gasbrenner
bunt farbig
Bunt/heit *f., -, nur Sg.*
Bunt/sand/stein *m., -es, -e,* unterer Teil der Trias
bunt/schil/lernd > **bunt schil/lernd**
Bunt/specht *m., -es, -e*
Bunt/stift *m., -es, -e*
Bür/de *f., -, -n,* Last
Bu/re [ndrl.] *m., -, -n,* Südafrikaner niederländischen Ursprungs
Burg *f., -, -en,* Festung
Bür/ge *m., -n, -n*
bür/gen *intr.*
Bür/ger *m., -s, -*
Bür/ger/krieg *m., -es, -e*
bür/ger/lich aber: das Bürgerliche Gesetzbuch
Bür/ger/meis/ter *m., -s, -,* Ortsvorsteher
Bür/ger/recht *n., -es, -e*
bür/ger/recht/lich
Bür/ger/steig *m., -es, -e,* Gehsteig, Trottoir
Bür/ger/tum *n., -s, nur Sg.*
Bür/gin *f., -, -en,* weiblicher Bürge
Bürg/schaft *f., -, -en*
Bur/gund Region in Ostfrankreich
Bur/gun/der *m., -s, -,* französischer Rotwein (Burgund)

bu/risch zu den Buren gehörig
Bur/ki/na Fa/so westafrikanischer Staat
bur/lesk [italien.] auf derbe Art komisch
Bur/les/ke *f.*, -, -n, Theater: Posse, Schwank
Bü/ro [französ.] *n.*, -s, -s
Bü/ro/krat [französ.] *m.*, -, -en, pedantische Person
Bü/ro/kra/tie *f.*, -, -n, Gesamtheit der Beamtenschaft
bü/ro/kra/tisch
Bü/ro/zeit *f.*, -, -en
Bur/sche *m.*, -, -n, Kerl
Bur/schen/schaft *f.*, -, -en, Verbindung
bur/schi/kos ungezwungen, ruppig aber freundlich
Bürs/te *f.*, -, -n
büs/ten *tr.*
Bürs/ten/haar/schnitt *m.*, -es, -e
Bür/zel *m.*, -s, -, Schwanz bei Vögeln
Bus *m.*, -ses, -se, kurz für: Autobus
Busch *m.*, -es, Bü/sche
Bü/schel *n.*, -s, -
bu/schig
Busch/mann *m.*, -es, -männer, afrikanisches Urvolk
Busch/mes/ser *n.*, -s, -
Busch/wind/rös/chen *n.*, -s, -, Blumenart
Bu/sen *m.*, -s, -
Busi/neß > **Busi/ness** [engl.] *n.*, -, *nur Sg.*, Geschäft, Handelswelt

Bus/sard *m.*, -es, -e, einheimischer Raubvogel
Bu/ße *f.*, -, *nur Sg.*, Sühne
bü/ßen *tr.*
buß/fer/tig
Buß/geld *n.*, -es, -er, Ordnungswidrigkeits-Strafe
Bus/si *n.*, -s, -s, kleines Küsschen
Buß- und Bet/tag *m.*, -es, -e, ehem. nationaler Feiertag
Büs/te *f.*, -, -n
Büs/ten/hal/ter *m.*, -s, -, meist: BH
Bu/su/ki *f.*, -, -s, griechisches Musikinstrument
Bu/tan [lat.] *n.*, -s, *nur Sg.*, in der Chemie: gasförmiger Kohlenwasserstoff
But/ler [engl.] *m.*, -s, -, Vorsteher des Hauspersonals
Butt *m.*, -s, -e, Fischart
Büt/te *f.*, -, -n, hölzernes Gefäß
Büt/tel *m.*, -s, -, Gerichtsbote, Gerichtsdiener
Büt/ten/pa/pier *n.*, -s, -e, aus einer Bütte handgeschöpftes teures Papier
Büt/ten/re/de *f.*, -, -n, Karnevalsrede
But/ter *f.*, -, *nur Sg.*, Streichfett aus Milch
But/ter/blu/me *f.*, -, -n, kleine gelbe Wiesenblume
But/ter/fly/stil [engl.] *m.*, -es, *nur Sg.*, Schwimmart
But/ter/milch *f.*, -, *nur Sg.*, angesäuerte Milch
but/tern *intr.*, Butter produzieren
But/ter/schmalz *n.*, -es, *nur Sg.*
but/ter/weich
But/ton [engl.] *m.*, -s, -s, Druckknopf, Anstecker
Butz *m.*, -, -en, Kobold, auch: kleines Kind
But/ze/mann *m.*, -es, -männer, Kobold
But/zen *m.*, -s, - Kerngehäuse von Obst
Bu/xe *f.*, -, -n, nordwestdeutsch für: Hose
b. w. Abk. für: bitte wenden!
By/pass [engl.] *m.*, -es, -pässe, in der Medizin: Operationstechnik zur Umgehung verstopfter Gefäße
Byte [engl.] *m.*, -, -, Computer: 1 Byte = 8 Bit
By/zan/ti/ner *m.*, -s, -, Bewohner von Byzanz
By/zan/ti/nis/mus *m.*, -, *nur Sg.*, byzantinische Staatsform
By/zan/ti/nis/tik *f.*, -, *nur Sg.*, Wissenschaft von der Kultur des Byzantinischen Reiches
By/zanz altgriechische Stadt am Bosporus, heute: Istanbul
bz. Abk. für: bezahlt
Bz. Abk. für: Bezirk
bzw. Abk. für: beziehungsweise

C

c in der Musik: = c-Moll
C, 1. in der Musik: C-Dur, 2. chem. Zeichen für Kohlenstoff, 3. Abk. für Celsius, 4. Programmiersprache
Ca chemisches Zeichen für: Calcium
ca. Abk. für: circa
CA Abk. für: California
Ca/brio oder auch: **Cab/rio** *n.*, -[s], -s, auch Kabrio
Ca/bri/o/let oder auch: **Cab/ri/o/let** [französ.] *n.*, -s, -s, siehe auch Kabriolett
Ca/chou [französ.] *n.*, -s, -s, Hustensaft
CAD [engl.] ohne Artikel, Abk. für: Computer Aided Design
Cad/die [engl.] *m.*, -s, -s, Kind, das Golfspielern die Wagen zieht und Bälle einsammelt, auch der Golfwagen an sich
Cad/mi/um *n.*, -s, *nur Sg.*, siehe auch Kadmium
Ca/fé [französ.] *n.*, -s, -s, Kaffeehaus, Bistro
Ca/fe/te/ri/a [italien.] *f.*, -, -rien, Kantinen, kleine Kneipen
Ca ira [französ.], „es wird gehen", erste Zeile des französischen Revolutionsliedes von 1789
Ca/jun-mu/sic >
Cajun/mu/sic [engl.] *f.*, -, *nur Sg.*, Musik aus Louisiana, vor allem aus New Orleans
Cal/ce/o/la/ria *f.*, -, -rien, siehe auch Kalzeolarie
Cal/ci/no/se *f.*, -, *nur Sg.*, siehe auch Kalzinose
Cal/cit *m.*, -es, -e, siehe auch Kalzit
Cal/ci/um *n.*, -s, *nur Sg.*, siehe auch Kalzium
Ca/li/for/nia Abk.: CA, Kalifornien, Bundesstaat an der Westküste der USA
Call/boy [engl.] *m.*, -s, -s, männlicher Prostituierter
Call/girl *n.*, -s, -s, telefonisch bestellbare Prostituierte
Call/girl/ring *m.*, -es, -e, Organisation von Callgirls
Cal/va/dos [französ.] *m.*, -, -, französischer Apfelbranntwein
Ca/lyp/so *m.*, -[s], *nur Sg.*, karibischer Musikstil
Cam/bridge [engl.] englische Universitätsstadt
Cam/cor/der [engl.] *m.*, -s, -, kleine Videokamera inklusive Rekorder
Ca/mem/bert [französ.] *m.*, -s, -s, französischer Weichkäse
Ca/mou/fla/ge oder auch: **Ca/mouf/la/ge** [französ.] *f.*, -, -n, Täuschung, Verwirrspiel
Camp [engl.] *n.*, s-, s, Lager, auch: Campingplatz
Cam/pag/ne oder auch: **Cam/pa/gne** [französ.] *f.*, -, -n, siehe auch Kampagne
cam/pen [engl.] *intr.*, zelten, im Wohnwagen übernachten
Cam/per [engl.] *m.*, -s, -
Cam/ping [engl.] *n.*, -s, *nur Sg.*, Urlaub auf Campingplätzen
Ca/nail/le [französ.] *f.*, -, -n, siehe auch Kanaille
Ca/nas/ta [span.] *n.*, -s, *nur Sg.*, Kartenspiel
can/celn [engl.] *tr.*, absagen, streichen
cand. med. Abk. für: candidatus medicinae
cand. phil. Abk. für: candidatus philosophiae
Can/na/bis Hat.] *m.*, -, *nur Sg.*, Droge
Cannes [französ.] Stadt in Südfrankreich
Can/ter/bu/ry [engl.], englische Bischofsstadt
Can/to [italien.] *m.*, -s, -ti, Gesang
Cape [engl.] *n.*, -s, -s, Umhang ohne Ärmel
Cap/puc/ci/no [italien.] *m.*, -[s], -ni, Espresso mit geschäumter Milch und Kakaopulver
Cap/ri oder auch: **Ca/pri** Insel im Golf von Neapel
Cap/ric/cio oder auch: **Ca/pric/cio** [italien.] *n.*, -s, -s, heiteres Musikstück
Cap/tain [engl.] *m.*, -s, -s, engl., milit. Rang
Ca/ra/bi/ni/e/re [italien.] *m.*, -[s], -ri, italienische Polizei
Ca/ra/van [engl.] *m.*, -s, -s, Personen- und Lastwagen in einem, Wohnwagen als Anhänger für PKWs
Car/bid [lat.] *n.*, -es, -e, in der Chemie: Verbindung von Kohlenstoff mit Metallen, siehe auch Karbid
care of [engl.] Abk.: c/o, Briefadressierung: wohnhaft bei
Ca/ri/tas [lat.] *f.*, -, *nur Sg.*, kurz für: Deutscher Caritasverband
Car/pe di/em [lat.] „Nutze den Tag", Motto einer positiven Lebenseinstellung, (Original von Horaz)
Car/port [engl.] *m.*, -s, -s, überdachter Autoabstellplatz
car/te/si/a/nisch siehe auch kartesianisch
Car/toon [engl.] *m.*, -s, -s, Karikatur, Comicstrip
Ca/sa/no/va [italien.] *m.*, -s, -s, Frauenheld, Verführer

Cä/sar *m.*, -s, -en, Bezeichnung für römische Kaiser allgemein, Gaius Julius Cäsar (0-44 v.Chr.)
cash [engl.], bar
Cash ohne Artikel, Barzahlung, Bargeld
Cash and Carry [engl.] *n.* -, *nur Sg.*, Kurzform: C + C, Großhandel nach dem Selbstbedienungs- und Barzahlungsprinzip
Ca/shew/nuß >
Cashew/nuss *f.*, -, -nüsse, Nussart
Cash-flow > **Cash/flow** [engl.] *m.*, -s, *nur Sg.*, Überschuss einer Firma nach Abzug aller Unkosten
Cä/si/um, Cae/si/um [lat.] *n.*, -s, *nur Sg.*, siehe auch Zäsium
Cast [engl.] *n.*, -s, *nur Sg.*, Filmwesen: alle Mitspieler bei einem Film
Catch-as-catch-can [engl.] *n.*, -, *nur Sg.*, Freistilringkampfform
Cat/cher [engl.] *m.*, -s, -, Freistilringkämpfer
Cau/sa [lat.] *f.*, -, -sae, Grund, Ursache, jur. auch: Rechtsfall
cdm veralt. Abk. für: Kubikdezimeter, heute dm³
CDU Abk. für: Christlich-Demokratische Union (Partei)
C-Dur *n.*, -, *nur Sg.*, in der Musik: Tonart
Ce/dil/le [span.] *f.*, -, -n, Häkchen unter dem c, d. h.: ç
Cel/list [italien.] *m.*, -, -en, Musiker, der ein Cello spielt
Cel/lo *n.*, -s, -li, Kurz. für: Violoncello, Musikinstrument
Cel/lo/phan (Warenz.) oder auch: **Zel/lo/phan** *n.*, -s, *nur Sg.*, durchsichtiger Kunststoff
Cel/si/us Abk.: C, Einheit beim Thermometer zum Messen der Temperatur
Cem/ba/list [lat.] *m.*, -, -en, Musiker, der ein Cembalo spielt
Cem/ba/lo *n.*, -s, -li, Tasteninstrument
Cent [engl.] *m.*, -[s], -[s], Abk.: c, kleinste Münzeinheit in den USA, Kanada
Cen/ter [amerik.] *n.*, -s, -, Zentrum mit vielen Geschäften
Cen/time [französ.] *m.*, -[s], -[s], Abk.: et, kleinste Münzeinheit in Frankreich, Belgien, Luxemburg
Cent/re-Court *(Nf.)* auch:
Cen/tre/court *(Hf.)* [engl.] *m.*, -, -s, größter Platz einer Tennisanlage
Ce/pha/lo s. auch Kephalo
Cer/be/rus *m.*, -, -russe, siehe auch Zerberus
Ce/re/a/li/en [lat.] *nur Pl.* siehe auch Zerealien
Ce/re/brum oder auch:
Ce/reb/rum *n.*, -s, -bra, Großhirn, Gehirn
Ce/res, in der römischen Mythologie: Göttin des Feldes
ces *n.*, -, -, in der Musik: das um einen halben Ton erniedrigte c
Ces *n.*, -, -, in der Musik: das um einen halben Ton erniedrigte C
ce/te/ris pa/ri/bus [lat.] unter sonst gleichen Bedingungen
Ce/te/rum cen/se/o [lat.] *n.*, -, *nur Sg.*, unumstößliche Überzeugung, die immer wieder bekundet wird
Ce/vap/ci/ci [kroat.] *nur Pl.*, Hackfleischbällchen, meist mit scharfer Soße
Cey/lon veralt. für: Sri Lanka, Inselstaat vor Indien
Cf chemisches Zeichen für: Californium
Cha-Cha-Cha *m.*, -, *nur Sg.*, Gesellschaftstanz
Cha/cun à son goût [französ.], jeder nach seiner Fasson
Chair/man [engl.] *m.*, -, -men, Vorsitzender eines Rates oder Ausschusses
Chai/se/lon/gue [französ.] *f.*, -, -gen, Sofa ohne Rückenlehne
Chak/ra [Sanskrit] *n.*, -s, Chakren, in der Esoterik: die vermuteten sieben Energiezentren im Körper
Cha/let [französ.] *n.*, -s, -s, Haus auf dem Land
Chal/ki/di/ke [griech.] Halbinsel in Griechenland
Cha/mä/le/on [griech.] *n.*, -s, -s, Eidechse, die bei Gefahr die Färbung ihrer Haut der Umgebung anpassen kann
Cham/pag/ner oder auch:
Cham/pa/gner [französ.] *m.*, -s, -, Schaumwein aus der Champagne, geschützte Bezeichnung
Cham/pig/non oder auch:
Cham/pi/gnon [französ.] *m.*, -s, -s, Speisepilz
Cham/pi/on [engl.] *m.*, -s, -s, Meister in einem bestimmten Fach (Sport, Schach)
Champs-É/ly/sées [französ.] *nur Pl.*, Prachtstraße in Paris
Chan/ce [französ.] *f.*, -, -n,

Möglichkeit, Gelegenheit
Change [engl.] *m.*, -, *nur Sg.*, Geldwechsel
chan/gie/ren *intr.*, sich verändern, den Farbton wechseln
Cha/os [griech.] *n.*, -, *nur Sg.*, Unordnung, Durcheinander
Cha/ot *m.*, -, -en, Person, die Durcheinander verursacht
cha/o/tisch durcheinander, unordentlich
Cha/rak/ter [griech.] *m.*, -s, -tere, Haltung, ethische Einstellung, fester Wille
Cha/rak/ter/feh/ler *m.*, -s, -
cha/rak/ter/fest
cha/rak/te/ri/sie/ren *tr.*, darstellen, beschreiben
Cha/rak/te/ri/sie/rung *f.*, -, -en
Cha/rak/te/ris/tik *f.*, -, -en, beschreibende Kennzeichnung
Cha/rak/te/ris/ti/kum *n.*, -s, -ka, Kennzeichen, prägnanteste Eigenschaft
cha/rak/te/ris/tisch typisch
Cha/rak/ter/los
Cha/rak/ter/schwä/che *f.*, -, *nur Sg.*
Cha/rak/ter/stär/ke *f.*, -, *nur Sg.*
Cha/rak/ter/zug *m.*, -es, -züge
Cha/ris/ma [griech.] *n.*, -s, -mata, Ausstrahlung, Aura (auch relig.)
cha/ris/ma/tisch
Cha/ri/te [französ.] *f.*, -, -s, Name für Krankenhäuser, z.B. Berliner Charité
Charles/ton [engl.] *m.*, -s, *nur Sg.*, Tanz
char/mant [französ.] vgl. schar/mant, gewinnend, liebenswert
Charme [französ.] vgl.
Scharm *m.*, -s, *nur Sg.*, Reiz, Liebenswürdigkeit
Char/meur [französ.] *m.*, -s, -e, sehr liebenswürdiger Mensch
Char/ta [griech.] *f.*, -, -s, Verfassungsurkunde
Char/ter [engl.] *f.*, -, -n, Urkunde, Vertrag
Char/ter/flug/zeug *n.*, -s, -n, gemietetes Flugzeug
char/tern *tr.*, mieten
Charts [engl.] *nur Pl.*, Hitparade, regelmäßig erscheinende Liste der bestverkauften Musikstücke
Chase [engl.] *n.*, -, *nur Sg.*, in der Jazzmusik: Wechsel zwischen Soloinstrumenten
Chas/sis [französ.] *n.*, -, -, Fahrgestell eines Autos, Unterbau
Châ/teau auch **Cha/teau** [französ.] *n.*, -s, -s, Landsitz, Schloss
Chauf/feur [französ.] *m.*, -s, -e, Fahrer
chauf/fie/ren *intr.*
Chaus/see [französ.] *f.*, -, -n, breite Landstraße
Chau/vi/nis/mus [französ.] *m.*, -, *nur Sg.*, übertriebener Männlichkeitswahn
Chau/vi/nist *m.*, -en, -en, Frauenverachter
chau/vi/nis/tisch
Check *m.*, -s, -s, beim Eishockey: Störung des Spielverlaufs
che/cken [engl.] *tr.*, prüfen
Check/lis/te [engl.] *f.*, -, -n, Liste zur Kontrolle aller wesentlichen Funktionen, z.B. bei Flugzeugen
Check/point *m.*, -s, -s, Kontrollstelle an Grenzübergängen
Cheese/bur/ger [engl.] *m.*, -s, -, Hamburger mit Käse

Chef [französ.] *m.*, -s, -s, Vorgesetzter, Inhaber
Chef/in/ge/ni/eur *m.*, -s, -e, leitender Ingenieur
Chef/pi/lot *m.*, -, -en, Flugkapitän
Chef/re/dak/teur *m.*, -s, -e, leitender Redakteur
Che/mie [griech.] *f.*, -, *nur Sg.*, Wissenschaft von den Eigenschaften der Stoffe
Che/mi/ka/li/e *f.*, -, -n, chemisch produzierter Stoff
Che/mi/ker *m.*, -s, -, Wissenschaftler der Chemie
che/misch die Chemie betreffend
Chem/nitz Stadt in Sachsen
Che/mo/tech/nik *f.*, -, -en
Che/mo/the/ra/peu/tikum *n.*, -s, -ka, chemisch produziertes Arzneimittel zur Vernichtung von Krankheitserregern
Che/mo/the/ra/pie *f.*, -, -n, Behandlung mit Chemotherapeutika
Cheque *m.*, -s, -s, veralt. für Scheck
Cher/chez la femme [französ.], dahinter steckt bestimmt eine Frau
Cher/ry Bran/dy auch: **Cherry/bran/dy** [engl.] *m.*, -s, -s, Kirschweinbrand
Che/rub *m.*, -s, -inen, Engel
Ches/ter/kä/se [engl.] *m.*, -s, *nur Sg.*, Hartkäse
Che/va/lier *m.*, -s, -s, Edelmann, Mann mit gutem Benehmen
Chew/ing/gum [engl.] *m.*, -[s], -s, Kaugummi
Chi/an/ti [italien.] *m.*, -, -, italienischer Rotwein aus dem Chiantigebiet
chic *(Nf.)* auch: **schick** *(Hf.)*, hübsch, elegant

Chi/ca/go [engl], Stadt in den USA
Chi/co/rée [französ.] auch: **Schi/ko/ree** *m., -s, nur Sg.,* Gemüsepflanze
Chiem/see *m., -s, nur Sg.,* See in Oberbayern
Chif/fon [französ.] *m., -s, -s,* seidenes Gewebe
Chiff/re [französ.] *f., -, -n,* Ziffer, geheimes Zeichen, Passwort, Kennwort
chiff/rie/ren *tr.,* verschlüsseln
Chi/le Staat in Südamerika
Chi/le/ne *m., -, -n,* Einwohner Chiles
chi/le/nisch
Chi/li [indian.] *m., -, -s,* scharfe kleine Paprika zum Produzieren von Cayennepfeffer
Chi/mä/ra [griech.] *f., -, -ren,* in der griechischen Mythologie: ein Ungeheuer
Chi/na Volksrepublik in Ostasien
Chi/na/rin/de *f., -, nur Sg.,* Rinde des Chinarindenbaumes zur Produktion von Heilmitteln
Chin/chil/la [span.], *n., -s, -s,* kleines südamerikanisches Nagetier
Chi/né [französ.] *m., -s, -s,* Kunstseidengewebe
Chi/ne/se *m., -, -n,* Einwohner Chinas
chi/ne/sisch
Chi/nin [indian.] *n., -s, nur Sg.,* Mittel zur Fiebersenkung
Chip [engl.] *m., -s, -s,*
1. Salzgebäck, dünne, geröstete Kartoffelscheiben
2. Elektronik: kleines Plättchen mit elektronischen Komponenten (Computerchip)

Chip/pen/dale [engl.] *n., -[s], nur Sg.,* Möbelstil des 18. Jhdts.
Chi/ro/graph *(Nf.),*
Chi/rograf *(Hf.)* [griech.] *n., -en, -en,* in der Antike: ein Handschreiben, im MA: eine handschriftliche Urkunde
chi/ro/gra/phisch auch: **chiro/gra/fisch**
Chi/ro/prak/tik [griech.] *f., -, nur Sg.,* Behandlung von Knochenschäden, meist durch Überbeanspruchung entstanden, z.B. Bandscheibenvorfall
Chi/ro/prak/ti/ker [griech.] *m., -s, -* **chi/ro/prak/tisch**
Chi/rurg oder auch: **Chir/urg** [griech.] *m., -, -en,* Facharzt der Chirurgie
Chi/rur/gie oder auch: **Chir/ur/gie** *f., -, nur Sg.,* Behandlung von Krankheiten durch Operation
chi/rur/gisch oder auch: **chir/ur/gisch**
Chi/tin [griech.] *n., -s, nur Sg.,* Panzer von Gliederfüßern bestehen aus Chitin
Chlor [griech.] *n., -s, nur Sg.,* chem. Zeichen: Cl, Element, das meistens zur Desinfektion benutzt wird, z.B. im Swimming-Pool
Chlo/ra/lis/mus *m., -, men,* Chlorvergiftung
Chlo/rat *n., -s, -e,* Chlorsäuresalz
Chlo/rel/la *f., -, -len,* Grünalgenart
chlo/ren *tr.,* zur Desinfektion mit Chlor anreichern
Chlo/rid *n., -s, -e,* Chlorverbindung
Chlo/rit *n., -s, -e,* Salz der chlorigen Säure
Chlo/ro/form *n., -s, nur Sg.,* Narkosemittel (veralt.)
Chlo/ro/phyll *n., -s, nur Sg.,* grüner Farbstoff in Pflanzen
Chlor/sil/ber *n., -s, nur Sg.,* Silbersalz
chm veraltete Abk. für: Kubikhektometer
Choke [engl.] *m., -s, -s,* Starthilfe im Auto bei kaltem Motor
Cho/le/lith *m., -, -en,* Gallenstein
Cho/le/li/thi/a/sis *f., -, nur Sg.,* Gallensteinbeschwerden
Cho/le/ra [griech.] *f., -, nur Sg.,* Infektionskrankheit, Epidemie
Cho/le/ri/ker [griech.] *m., -s, -,* aufbrausende, sehr leicht zu reizende Person
cho/le/risch
Cho/les/te/rin [griech.] *n., -s, nur Sg.,* Blutfett
Chon/dri/tis oder auch: **Chond/ri/tis** *f., -, -tiden,* Knorpelentzündung
Chor [griech.] *m., -s,* Chöre, 1. erhöhter Teil eines Kircheninnenraums, 2. Gruppe von Sängern, Gesang einer Gruppe von Sängern
Cho/ral *m., -s, -Choräle,* Kirchenlied, festliches Lied
Chor/da [griech.] *f., -, -den,* Sehne
Chor/di/tis *f., -, -tiden,* Entzündung der Stimmbänder
Cho/re/o/graph *(Nf.),*
Cho/re/o/graf *(Hf.),* Leiter eines Balletts
Cho/re/o/gra/phie *(Nf.),*
Cho/re/o/gra/fie *(Hf.)*
cho/re/o/gra/phisch *(Nf.)*
cho/re/o/grafisch *(Hf.)*
Chor/ge/stühl *n., -es, -e*
Cho/ri/on [griech.] *n., -s,*

nur Sg., Umhüllung von Insekteneiern

Cho/rist *m., -, -en,* Chorsänger

Chor/kna/be *m., -, -n,* Junge, der in einem Chor singt

Cho/ro/lo/gie *f., -, nur Sg.,* 1. Lehre von der Ordnung von Dingen im Raum, 2. Lehre von der geografischen Anordnung von Tieren und Pflanzen auf der Erde

cho/ro/lo/gisch

Cho/rus [griech.] *m., -, nur Sg.,* in der modernen Musik: wiederholtes Thema

Cho/se [französ.] **Scho/se** *f., -, -n,* ugs. für: Sache, Begebenheit

Chow-Chow [engl.] *m., -s, -s,* Hunderasse mit blauer Zunge

Christ [griech.] *m., -, -en,* 1. in der Religion: Mitglied der christlichen Kirche, 2. Name für Jesus Christus

Christ/baum *m., -es, -bäume,* süddt. für Weihnachtsbaum

Christ/de/mo/krat *m., -, -en,* Mitglied einer christlich-demokratischen Partei

Chris/ten/heit *f., -, nur Sg,.* zusammenfassender Begriff für alle Christen

Chris/ten/tum *n., -s, nur Sg.,* die christliche Religion

chris/ti/a/ni/sie/ren *tr.,* zum Christentum konvertieren

Chris/ti/a/ni/sie/rung *f., -, nur Sg.*

Christ/kind *n., -es, nur Sg.*

Christ/kindl/markt *m., -es, -märkte,* süddt. für: Weihnachtsmarkt

christ/lich

Christ/lich/keit *f., -, nur Sg.,* moralische und ethische Werte des Christentums

Chris/to/lo/gie *f., -, nur Sg.,* religiöse Lehre von Jesus Christus unter der Zugrundelegung der Bibel als historisch wahre Schrift

chris/to/lo/gisch

Chris/to/pho/rus katholischer Heiliger

Christ/stol/len *m., -s, -,* Weihnachtsgebäck

Chris/tus [griech.] *m., -ti, nur Sg.,* Jesus Christus, nach Christus: Abk. n. Chr., vor Christus: Abk.: v. Chr.

Christ/wurz *f., -, -en,* Heilpflanze

Chrom [griech.] *n., -s nur Sg.,* chem. Zeichen: Cr, ein Element

Chro/mat *n., -s, -e,* Chromsäuresalz

Chro/ma/to/gra/phie *(Nf.)*

Chro/ma/to/gra/fie *(Hf.)f., -, nur Sg.,* chemisches Trennungsverfahren

chro/ma/to/gra/phie/ren *(Nf.)* **chro/ma/to/gra/fieren** *(Hf.)tr.*

chro/ma/to/gra/phisch *(Nf.)* **chro/ma/to/gra/fisch** *(Hf.)*

Chrom/bei/ze *f., -, -n,* Chromverbindung

chro/mie/ren *tr.,* Behandlung mit Chrombeize

Chro/mo/lith *m., -es, -es,* Steinart mit Verzierungen

Chro/mo/som *n., -s, -en,* paarweise vorkommender Träger der Erbanlagen

Chrom/stahl *m., -es, -stähle,* mit Chrom legierter Stahl

Chro/nik [griech.] *f., -, -en,* Protokollierung von Vorgängen ihrer Reihenfolge nach

chro/nisch sich langsam abspielend

Chro/nist *m., -, -en,* Autor einer Chronik

Chro/no/graph *(Nf.)*

Chrono/graf *(Hf.) m., -, -en,* Instrument zum Protokollieren von Vorgängen

chro/no/gra/phisch *(Nf.)*

chro/no/gra/fisch *(Hf.)*

Chro/no/lo/gie *f., -, nur Sg.,* Lehre von der Zeitrechnung, auch: der zeitliche Ablauf von Vorgängen

chro/no/lo/gisch dem zeitl. Ablauf entsprechend

Chro/no/me/ter *n., -s, -,* genau gehende Uhr

Chry/san/the/me oder auch: **Chrys/an/the/me** [griech.] *f., -, -n,* Zierpflanze

Chur, Stadt in der Schweiz

Chut/ney [engl.] *n., -s, nur Sg.,* exotische Soße

Ci Abk. für: Curie

CIA Abk. für: Central Intelligence Agency, Geheimdienst der USA

ciao siehe tschau

CIC Abk. für: Counter Intelligence Corps, milit. Abwehrdienst der USA

Ci/ce/ro Marcus Tullius, römischer Schriftsteller

Cid El, spanischer Volksheld

Cid/re oder auch: **Ci/dre** *m., -, nur Sg.,* Apfelschaumwein

Cin/e/ast [griech.] *m., -, -en,* Filmliebhaber

Ci/ne/cit/tà [italien.] *f., -, nur Sg.,* Filmstadt in der Nähe von Rom

Ci/ne/ma/scope oder auch: **Ci/ne/mas/cope** [engl.] *n., -[s], nur Sg.,* (Warenz.) Filmverfahren

Ci/pol/lin [italien.] *m., -s, -e,* Streifen- oder Zwiebelmarmor

cir/ca Abk.: ca., siehe auch zirka, ungefähr, etwa
Cir/ce [griech.], in der griechischen Mythologie: Zauberin
Cir/cuit-Trai/ning *(Nf.)*
Cir/cuit/trai/ning *(Hf.)* [engl.] *n., -s, nur Sg.,* engl, für Zirkeltraining
Cir/cus *m., -, -se,* siehe Zirkus
Cis *n., -, -,* in der Musik: um einen halben Ton erhöhtes c
Cis-Dur *n., -, nur Sg.,* in der Musik: Tonart
cis-Moll *n., -, nur Sg.,* in der Musik: Tonart
ci/to eilig (veralt. Aktenvermerk)
Ci/ty [engl.] *f., -, -s,* Innenstadt, Zentrum
cl Abk. für: Zentiliter
Cl chemisches Zeichen für: Chlor
Claim [engl.] *n., -s, -s,* Anteil, beanspruchtes Gebiet
Clan [engl.] *m., -s, -s,* schott. und irische Großfamilien, Zugehörigkeit wird durch Vorsilbe in Namen (Mac, Mc, O´) gekennzeichnet
Cla/queur [französ.] *m., -s, -e,* Person, die gegen Bezahlung applaudiert
Cla/vi/cem/ba/lo [italien.] *n., -s, -li,* siehe Cembalo
Cla/vi/cu/la [lat.] *f., -, -lae,* lat. Begriff für Schlüsselbein
clean [engl.] von Drogensucht geheilt, keine Drogen mehr nehmend
Clea/ring [engl.] *n., -s, -s,* Abrechnungsmethode in der Wirtschaft
Clerk [engl.] *m., -s, -s,* Buchhalter, kaufmännischer Angestellter
cle/ver [engl.], intelligent, schlau, geschickt
Cle/ver/neß > Cle/verness *f., -, nur Sg.*
Clinch [engl.] *m., -es, nur Sg.,* im Boxen: Klammern
Clip *m., -s, -s,* Videoclip
Cli/que [französ.], *f., -, -n,* Gruppe von Personen mit gemeinsamen Interessen
Clo/chard [französ.] *m., -s, -s,* Bettler, Obdachloser
Closed Shop *(Nf.)*
Closed/shop *(Hf.)* [engl.] *n., - -, nur Sg.,* Unternehmensform
Clou [französ.] *m., -s, -s,* Höhepunkt, Pointe
Clown [engl.] *m., -s, -s,* professioneller Spaßmacher im Zirkus, übertr. auch: lustiger Mensch
Club *m., -s, -s,* siehe Klub
Clus/ter [engl.] *m., -s, -,* in Naturwissenschaften: System aus mehreren zusammengeketteten Teilen
cm Abk. für: Zentimeter
cm² Abk. für: Quadratzentimeter
cm³ Abk. für: Kubikzentimeter
Cm chemisches Zeichen für: Curium
c-Moll *n., -s, nur Sg.,* Abk.: c, in der Musik: Tonart
cm/s, Abk. für: Zentimeter pro Sekunde
c/o Abk. für: care of (Briefverkehr)
Co chemisches Zeichen für Kobalt
Co. in der Wirtschaft: Abk. für: Compagnie (GmbH & Co. KG)
Coach [engl.] *m., -es, -e,* Trainer, Betreuer
COBOL, Abk. für: Common Business Oriented Language, Programmiersprache
Co/ca-Co/la *f., -, -,* Warenz., koffeinhaltige Limonade
Co/cker/spa/ni/el [engl.] *m., -s, -s,* Hunderasse
Cock/pit [engl.] *n., -s, -s,* Kabine für die Piloten eines Flugzeugs oder Rennwagens
Cock/tail [engl.] *m., -s, -s,* Mixgetränk, meist alkoholisch
Co/da *f., -, -s,* siehe auch Koda
Code *m., -s, -s,* Verschlüsselung, Chiffrierung
Co/de/in *n., -s, nur Sg.,* siehe Kodein
Co/dex [lat.] *m., -, -dices,* siehe Kodex
co/die/ren *tr.,* siehe kodieren
Cof/fe/in *n., -s, nur Sg.,* siehe Koffein
Co/gi/to er/go sum [lat.], Sprichwort: Ich denke, also bin ich.
Cog/nac oder auch:
Co/gnac [französ.] *m., -s, -s,* französ. Weinbrand
Coif/feur *m., -s, -e,* Friseur
Co/i/tus [lat.] *m., -, -ten,* siehe Koitus
Co/la *f., -, -s,* ugs. für > Coca-Cola
Col/la/ge [französ.] *f., -, -n,* zusammengeklebtes Bild
Col/lege [engl.] *n., -s, -s,* Teil einer Universität
Col/lie [engl.] *m., -s, -s,* Hunderasse
Col/lier [französ.] *n., -s, -s,* Halskette
Co/lo/nel [engl.] *m., s, -s,* milit. Rang

Co/lo/ra/do Bundesstaat der USA

Colt [amerik.] *m., -s, s,* Revolver

Com/bo *f., -, -s,* veralt. für: Tanzmusikorchester

Come/back *(Nf.)* **Comeback** *(Hf.)* [engl.] *n., -s, -s,* Versuch eines Künstlers, an vergangene Erfolge wieder anzuknüpfen

COMECON Abk. für: Council for Mutual Economic Aid (Wirtschaftsorganisation der ehem. Ostblockstaaten)

Co/mic [engl.] *m., -s, meist Pl.,* Kurzbezeichnung für: Comicstrip

Co/mic/strip *m., -s, -s,* Bildergeschichte

Co/ming-out [engl.] *n., -[s], -s,* öffentliches Zugeben der homosexuellen Neigung

Com/me/di/a dell'Ar/te [italien.] *f.,-, nur Sg.,* italien. Komödie des 16.-18. Jhdts.

Com/mon sense > Com/mon/sense oder auch: **Com/mon Sense** [engl.] *m., -, nur Sg.,* gesunder Menschenverstand

Com/mon/wealth [engl.] *n., -, nur Sg.,* Staatengemeinschaft, entstand durch britische Kolonisation

Com/pact Disc *(Nf.)* [engl.] *f., -, -s,* siehe CD

Com/pi/ler [engl.] *m., -s, -,* Computerprogramm zur Übersetzung von Quelltext in Maschinensprache

Com/pu/ter [engl.] *m., -s, -,* elektronischer Rechner

Comte [französ.] *m., -s, -s,* französ. Adelstitel

Com/tesse *f., -, -n* **con...,** **Con...,** siehe **kon...,** **Kon...**

con brio [italien.], in der Musik: lebhaft, schwungvoll

Con/cer/to *n., -, -ti,* italien. für Konzert

Con/cha *f., -, -s,* siehe Koncha

Con/cierge [französ.] *m.* od. *f., -, -s,* Hauswart, Hausmeister

Con/fé/rence [französ.] *f., -, nur Sg.,* Ansagen im Kabarett

Con/fé/ren/cier *m.,-s, -s,* Ansager

Con/fi/se/rie *f., -, -n,* siehe Konfiserie

Con/nec/ti/cut Bundesstaat der USA

Con/nec/tion [engl.] *f., -, -s,* Beziehung, Verbindung zu wichtigen Personen

Con/som/mé [französ.] *f., -, -s,* Kraftbrühe

Con/tai/ner [engl.] *m., -s, -,* Behälter z.B. für Altpapier

Con/te/nance [französ.] *f., -, nur Sg.,* Haltung, Manieren

Con/ter/gan *n., -s, nur Sg.,* Warenz., Schlafmittel, das gesundheitsschädigend wirkte

Con/tes/sa [italien.] *f., -, -sen,* italien. Adelstitel

con/tra oder auch: **cont/ra** gegen, siehe auch kontra

con/tre..., Con/tre... oder auch: **cont/re..., Cont/re...** [französ.], siehe konter..., Konter...

Con/trol/ler oder auch: **Cont/rol/ler** [engl.] *m., -s, -,* Bezeichnung für Mitarbeiter, der die Statistik einer Firma bearbeitet

Con/trol/ling oder auch: **Cont/rol/ling** *n., -[s], nur Sg.,* Methode zur Unternehmensführung

Con/voy *m., -s, -s,* siehe Konvoi

cool [engl.] ugs. für: super, hip, in, angesagt

Cool Jazz *m. - -, nur Sg.,* Jazzrichtung

Co/py/right [engl.] *n., -s, -s,* Zeichen: ©, Urheberrecht

Cord *m., -s, -s,* siehe Kord

Cor/don/bleu [französ.] *n., -, -s,* Schnitzel, das mit Käse und Schinken gefüllt ist

Cor/ner [engl.] *f., -, -s,* im Boxen: Ringecke

Corn-flakes > Corn/flakes [engl.] *-, nur Pl.,* Frühstücksflocken

Cor/ni/chon [französ.] *f., -, -s,* Pfeffergurke

Cor/po/rate i/den/ti/ty oder auch **Cor/po/rate I/den/ti/ty** [engl.] *f., -, nur Sg.,* äußeres Erscheinungsbild eines Unternehmens

Corps [französ.] *n., -, -,* siehe Korps

Cor/pus *n., -, -pora,* siehe Korpus

Cor/pus de/lic/ti [lat.] *n., -, -pora -ti,* entscheidendes Beweisstück

Cor/tes [span.] *nur Pl.,* spanisches Parlament

Cor/ti/son *n., -s, nur Sg.,* siehe Kortison

cos Abk. für: Kosinus

Cos/ta Bra/va [span.] *f., - -, nur Sg.,* spanischer Küstenabschnitt

cot Abk. für: Kotangens

Côte d'A/zur [französ.] *f., -, nur Sg.,* französische Mittelmeerküste

Cot/tage [engl.] *n., -, -s,* englisches Landhaus, Ferienhaus

Cot/ton [engl.] *n., -s, nur Sg.,* engl. für Baumwolle

Couch [engl.] *f., -, -en,*

205

gepolstertes Sitzmöbel
Count [engl.] *m.,* -s, -s, engl. Adelstitel
Count/down *(Nf.)*
Count-down *(Hf.)* [engl.] *m.,* -s, -s, Rückwärtszählen bis Null z.B. beim Start eines Raumschiffes
Coun/tess [engl.] *f.,* -, -tesses, engl. Adelstitel
Coun/try-music >
Coun/try/mu/sic [engl.] *f.,* -, *nur Sg.,* moderne amerikanische Volksmusik
Coun/ty [engl.] *f.,* -s, -s, in England, Irland, Schottland: Grafschaft
Coup [französ.] *m.,* -s, -s, meist kriminelles Unternehmen
Cou/pe [französ.] *n.,* -s, -s, Auto mit flacherem Dach als die Serienversion
Cou/pon [französ.] *m.,* -s, -s, siehe Kupon
Cou/ra/ge [französ.] *f.,* -, *nur Sg.,* Mut, Beherztheit
cou/ra/giert mutig, furchtlos
Cour/ta/ge [französ.] *f.,* -, -n, an der Börse: Maklergebühr
Cou/sin [französ.] *m.,* -s, -s, Vetter, Kusin
Cou/si/ne *f.,* -, -n, Kusine
Co/ver [engl.] *n.,* -s, -s, Titelbild eines Buches, Hülle einer CD
Co/ver/girl [engl.] *n.,* -s, -s, auf dem Titel einer Zeitung fotografierte Frau
co/vern [engl.] *tr.,* kopieren
Cow/boy [engl.] *m.,* -s, -s, amerikanischer Kuhhirte
Co/yo/te *m.,* -, -n, siehe Kojote
CR Abk. für: Ceská Republika (Tschechische Republik)
Cr chemisches Zeichen für: Chrom
Crack [engl.] *m.,* -s, -s, Spitzenwissenschaftler, Freak, Supersportler, aber auch: Kokainvariante
Cra/cker *m.,* -s, -, Salzgebäck
Crash [engl.] *m.,* -s, -s, Zusammenprall, Zusammenbruch
Crash-Kurs > **Crashkurs** *m.,* -es, -e, Intensivkurs innerhalb kürzester Zeit
Cream [engl.] *f.,* -, -, Crème
Cre/dit Card > **Credit/card** [engl.] *f.,* -, -s, Kreditkarte
Creme [französ.], Süßspeise, z.B. Vanillecreme, auch: Mittel zur Feuchtigkeitspflege
creme/far/ben hellbeige
cre/men *tr.,* mit Creme bestreichen
Crêpe [französ.] *(Nf.)*
Krepp *(Hf.),* -s, -s, Stoffart, auch: Pfannkuchen
cresc. in der Musik: Abk. für crescendo
cres/cen/do [italien.], in der Musik: ansteigend, lauter werdend
Cre/vet/te *f.,* -, -n, siehe Krevette
Crew [engl.] *f.,* -, -s, Mannschaft, Besatzung, Team
Cro/mar/gan oder auch: **Crom/ar/gan** *n.,* -s, *nur Sg.,* Warenz.: rostfreier Chrom-Nickel-Stahl
Cro/quet/te *f.,* -, -n, siehe Krokette
Cross-Count/ry >
Cross/count/ry [engl.] *n.,* -s, Pferderennsport, auch: Motorsportvariante
Crou/pier [französ.] *m.,* -s, -s, im Casino: Bankhalter
Cruise-Mis/sile >
Cruise/mis/sile [engl.] *n.,* -, -s, Marschflugkörper
Crux [lat.] *f.,* -, *nur Sg.,* siehe Krux
Cs chem. Zeichen für: Cäsium
CSU Abk. für: Christlich-Soziale Union (Partei)
ct Abk. für: Centime, Cent
ct. Abk. für: cum tempore (Veranstaltung beginnt 15 Min. später als angegeben)
Cu chemisches Zeichen für Kupfer
Cu/ba siehe Kuba
cum lat. für: mit
cum lau/de [lat.], mit Lob (Prüfung, Abschluss)
Cun/ni/lin/gus [lat.] *m.,* -, *nur Sg.,* Erregung der weiblichen Geschlechtsorgane durch die Zunge
Cup [engl.] *m.,* -s, -s, Pokal, Preis, auch: Teil des Büstenhalters (Körbchen)
Cu/pi/do in der römischen Mythologie: der Liebesgott Amor
Cu/ra/ca/o Karibikinsel, auch: ursprünglich von dort stammender Likör
Cur/cu/ma *f.,* -, -men, siehe Kurkuma
Cu/rie [französ.] *n.,* -, -, Messeinheit für Radioaktivität
Cur/ling [engl.] *n.,* -s, *nur Sg.,* Eisschießen
Cur/ri/cu/lum [lat.] *n.,* -s, -la, Lehrplan
Cur/ri/cu/lum vi/tae *n.,*-, -la -tae, Abk.: e.V., Lebenslauf
Cur/ry [engl.] *m.,* -s, *nur Sg.,* indisches ockerfarbenes Gewürz
Cur/sor [engl.] *m.,* -s, -s, blinkender Strich auf dem

Monitor, der anzeigt, wo man sich gerade im Programm befindet

Cut *m.*, -s, -s, Filmsprache: Abk. für: Cutaway (Wegschneiden)

cut/ten *tr.*, wegschneiden, zurechtschneiden

Cut/ter *m.*, -s, -, Schnittmeister beim Film

Cut/te/rin *f.*, -, -en, Schnittmeisterin

Cu/vée [französ.] *n.*, -s, -s, Weinverschnitte

Cy/an *n.*, -s, *nur Sg.*, giftige Kohlenstoff-Stickstoff-Verbindung

Cy/ber/space [engl.] *m.*, -s, *nur Sg.*, simulierter, dreidimensionaler Raum in der virtuellen Welt des Computers

cyc/lisch ringförmig angeordnet

Cys/te/in *n.*, -s, *nur Sg.*, schwefelhaltige Aminosäure

cy/to..., **Cy/to...**, siehe zyto..., Zyto...

D

da
d. Ä. Abk. für: der Ältere, insbes. bei Schriftstellern gebraucht
da/be/hal/ten *tr.*
da/bei
da/bei/blei/ben *intr.*
da/bei/sein *intr.*
da/bei/ste/hen *intr.*
da/blei/ben *intr.*
da ca/po von Anfang an
Dacca = Dhaka
d'ac/cord [französ.], Einverstanden!
Dach *n.,* -es, Dächer, oberster Teil des Hauses
Dach/bal/ken *m.,* -s, -
Dach/bo/den *m.,* -s, -böden, Raum im Haus direkt unter dem Dach
Dach/de/cker *m.,* -s, -, Beruf
Dach/first *m.,* -es, -e
Dach/gau/pe *f.,* -, -en, Dachfenster
Dach/kam/mer *f.,* -, -n, kleiner Raum direkt unter dem Dach eines Hauses
Dach/or/ga/ni/sa/ti/on *f.,* -, -en, Organisation, in der sich mehrere andere Organisationen mit gleichen Interessen zusammenschließen
Dachs *m.,* -es, -e, Waldtier
Dachs/bau *m.,* -[e]s, -ten, Behausung des Dachses
Dach/scha/den *m.,* -s, -schäden, 1. Schaden am Dach, 2. ugs. für geistiger Defekt
Dachs/hund *m.,* -es Dackel
Dach/stu/be *f.,* -, -n Raum direkt unter dem Dach eines Hauses
Dach/stuhl *m.,* -es, -stühle, Teil des Dachs
Dach/trau/fe *f.,* -, -n, Kante einer Dachfläche, von der Wasser tropfen kann

Dach/zie/gel *m.,* -s, -, Teil der Dachbedeckung
Da/ckel *m.,* -s, -, Jagdhund
Da/da/is/mus *m.,* -, *nur Sg.,* Künstlerbewegung Anfang des 20. Jahrhunderts
Da/da/ist *m.,* -en, -en, Anhänger des Dadaismus
Dä/da/lus griech. Sagengestalt
Dad/dy Papa
da/durch
da/für
da/für/hal/ten *intr.*
da/für/kön/nen *intr.*
da/ge/gen
da/ge/gen/hal/ten *tr.*
da/heim zu Hause
Da/heim *n.,* -s, *nur Sg.* Zuhause
da/her
da/her/flie/gen *intr.*
da/her/kom/men *intr.*
da/her/re/den *tr.* reden ohne nachzudenken
da/hin
da/hi/nauf oder auch:
da/hin/auf
da/hi/naus oder auch:
da/hin/aus
da/hi/nein oder auch:
da/hin/ein
da/hin/ge/stellt das kann man dahingestellt lassen.
da/hin/le/ben *intr.,* Man kann nicht einfach nur so dahinleben.
da/hin/raf/fen *tr.,* Zahllose Menschen wurden von der Pest dahingerafft.
da/hin/sie/chen *intr.,* langsam sterben
da/hin/ten
da/hin/ter
da/hin/ter/kom/men auch:
da/hin/ter kom/men
Dah/lie *f.,* -, -en, eine Blumenart
Dai/qui/ri *m.,* -s, -s,

Mixgetränk
Da/ko/ta US – Bundesstaat
Da/lai-La/ma *m.,* -, -s, Oberhaupt des tibetanischen Staates
da/las/sen *tr.* Sie wollte ihr Gepäck dalassen.
da/lie/gen *intr.*
Dal/ma/ti/en Teil des ehem. Jugoslawien
Dal/ma/ti/ner *m.,* -s, -, 1. Hund, 2. Einwohner Dalmatiens
da/mals
Da/mas/kus syr. Hauptstadt
Da/mast *m.,* - [e]s, *nur Sg.,* Stoffart
Da/me *f.,* -, -n, 1. vornehme Frau, 2. Brettspiel
da/men/haft
Da/men/mann/schaft *f.,* -, -en, Sportmannschaft, die nur aus Frauen besteht
Dam/hirsch *m.,* -es, -e, Waldtier
da/misch bayr. für: dumm, blöd
da/mit
Damm *m.,* -[e]s, Dämme, 1. Bauwerk zum Schutz gegen Überschwemmungen, 2. Körperteil
Damm/bruch *m.,* -[e]s, -brüche
däm/me/rig däm/mern *intr.*
Däm/mer/licht *n.,* -s, *nur Sg.*
Däm/me/rung *f.,* -, *nur Sg.,* Zeit kurz vor Sonnenaufgang und kurz vor Sonnenuntergang
Däm/mer/zu/stand *m.,* -[e]s, -zustände, Zustand geistiger Umnachtung
Däm/mung *f.,* -, -en, Isolierung
Da/mo/kles/schwert oder

auch: **Da/mok/les/schwert** *n.*, -[e]s, -er, ständige Bedrohung
Dä/mon [griech.] *m.*, -en, -en, böser Geist
dä/mo/nisch teuflisch
Dampf *m.*, -es, Dämpfe, kondensiertes Wasser
Dampf/bad *m.*, -es, -bäder
dam/pfen *intr.*
Dam/pfer *m.*, -s, -, Schiff, das mit Dampfmotoren angetrieben wird
Dampf/schiffahrt > **Dampf/schiff/fahrt** *f.*, -, *nur Sg.*
Dampf/tur/bi/ne *f.*, -, -en, mit Dampf betriebene Turbine
Dampf/wal/ze *f.*, -, -n, Fahrzeug für den Straßenbau
Dam/wild *n.*, -es, -
Da/na/i/den *f.*, -, *nur Pl.*
Dan/dy *m.*, -, -dies
Dä/ne *m.*, -n, -n, Einwohner Dänemarks
da/ne/ben
da/ne/ben/ge/hen *intr.*
dä/nisch
dank Das Geld konnte dank der großen Spendenbereitschaft aufgebracht werden.
Dank *m.*, -es, *nur Sg.*
dank/bar
Dank/bar/keit *f.*, -, -en
dan/ke
dan/ken *tr.*
Dan/ke/schön *n.*, -s, *nur Sg.*
Dank/sa/gung/ *f.*, -, -en
Dan/zig poln. Stadt
da/ran oder auch: **dar/an**
da/ran/ge/hen oder auch: **dar/an/ge/hen** *intr.*
da/ran/set/zen oder auch: **dar/an/set/zen** *tr.*
da/rauf oder auch: **dar/auf**

da/rauf/hin oder auch: **dar/auf/hin**
dar/ben *intr.* Hunger leiden
Dar/bie/tung *f.*, -, -en, Vorstellung, Präsentation
Dar/da/nel/len *f.*, -, *nur Pl.*, Griech. Meerenge
da/rin oder auch: **dar/in**
dar/le/gen *tr.*, unterbreiten
Dar/le/gung *f.*, -, -en, erklärende Vorstellung einer Sache oder einer Idee
Dar/le/hen *n.*, -s, -, geliehene Geldsumme
Darm *m.*, -[e]s, Därme, Verdauungsorgan
Darm/bak/te/ri/en *f.*, -, *nur Pl.*, Bakterien, die im Darm leben
Darm/ka/tarrh *m.*, -s, -e, Darmkrankheit
Darm/ver/schluß > **Darm/ver/schluss** *m.*, -es, -schlüsse, Darm-krankheit
dar/ren *tr.*, trocknen
Dar/stel/len *tr.*
Dar/stel/ler *m.*, -, -s
Dar/stel/lung *f.*, -, -en, Vorstellung, Darbietung
dar/ü/ber oder auch: **da/rü/ber**
dar/um oder auch: **da/rum**
dar/um/le/gen oder auch: **da/rum/le/gen** *tr.*
dar/un/ter oder auch: **da/run/ter**
Dar/wi/nis/mus *m.*, -, *nur Sg.*, Lehre nach Charles Darwin
da/sein > **da sein**
Da/sein *n.*, -s, *nur Sg.*, Leben
Da/seins/be/rech/ti/gung *f.*, -, *nur Sg.*
Da/seins/freu/de *f.*, -, -n, Lebensfreude
das heißt
da/sit/zen *intr.*
das/je/ni/ge

daß > **dass**
das/sel/be
Das/sel/flie/ge *f.*, -, -en, Fliegenart
daß-Satz > **Dass/satz** oder auch: **dass-Satz** *m.*, -es, -sätze
da/ste/hen
Da/tei *f.*, -, -en
Da/ten/au/to/bahn *f.*, -, -en
Da/ten/bank *f.*, -, -en
Da/ten/schutz *m.*, -es, *nur Sg.*
Da/ten/trä/ger *m.*, -s, -, z. B. Diskette
Da/ten/ver/ar/bei/tend auch: **Da/ten ver/ar/bei/tend**
Da/ten/ver/ar/bei/tungs-an/la/ge *f.*, -, -n
da/tie/ren *tr.*
Da/tiv *m.*$_t$ -s, -, e, dritter gram. Fall
Dat/scha *f.*, -, -s, Ferienhaus, v. a. in ehem. Ostblockländern
Dat/tel *f.*, -, -n, Frucht
Dat/tel/pal/me *f.*, -, -n
Dau/er *f.*, -, *nur Sg.*, Zeitspanne
Dau/er/bren/ner *m.*, -s, -
dau/er/ge/wellt
dau/er/haft
Dau/er/lauf *m.*, -[e]s, -läufe
dau/ern
dau/ernd
Dau/er/obst *n.*, -[e]s, *nur Sg.*, konserviertes Obst
Dau/er/re/kord *m.*, -[e]s, -e, Rekord, der lange nicht gebrochen wird
Dau/er/wel/le *f.*, -, -n
Dau/er/wurst *f.*, -, *nur Sg.*, konservierte Wurst
Dau/er/zu/stand *m.*, -s, -zustände, langanhaltender Zustand
Dau/men *m.*, -s, -, ein Finger

dau/men/dick
Dau/men/lut/scher *m.*, -s, -, 1. Kind, das an seinem Daumen lutscht, 2. Figur aus einem Kinderbuch
Dau/ne *f.*, -, -n, weiche Feder
Dau/nen/de/cke *f.*, -, -n, mit Daunen gefüllte Bettdecke
Dau/phin *m.*, -s, -s, französ. Thronfolger
Daus *m.*, -, *nur Sg.*
Da/vid(s)/stern *m.*, -s, -e, Judenstern
da/von
da/von/blei/ben *intr.*
da/von/ge/hen *intr.*
da/von/kom/men *intr.*
da/von/lau/fen *intr.*
da/von/ma/chen *intr.*
da/von/tra/gen *tr.*, 1. etwas wegbringen, 2. Schaden nehmen, einen Schaden davontragen
da/vor
Da/vos Ort in der Schweiz
Dawes/plan *m.*, -s, *nur Sg.*
da/zu
da/zu/ge/hö/ren *intr.*
da/zu/kom/men *intr.*
da/zu/ler/nen *tr.*
da/zu/mal
da/zu/schrei/ben *tr.*
da/zu/set/zen *tr.*
da/zu/tun *tr.*
da/zwi/schen
da/zwi/schen/kom/men *intr.*
da/zwi/schen/re/den *tr.*
D-Dur *n.*, -, *nur Sg.*, Tonart
dea/len *intr.*, mit Drogen handeln
Dea/ler *m.*, -s, -, Drogenhändler
De/ba/kel *n.*, -s, -, katastrophale Niederlage
De/bat/te *f.*, -, -n, Streitgespräch
de/bat/tie/ren *intr.*

de/bil
De/bi/li/tät *f.*, -, -en
De/büt *n.*, -s, -s
De/bü/tant *m.*, -en, -en
De/bü/tan/tin/nen/ball *m.*, -s, -bälle
de/chif/frie/ren oder auch: **de/chiff/rie/ren** *tr.*, entziffern
De/chif/frie/rung oder auch: **De/chiff/rie/rung** *f.*, -, -en, Entzifferung
Deck *n.*, -[e]s, -s, Teil eines Schiffs
Deck/blatt *n.*, -[e]s, -blätter
de/cken *tr.*
De/cken/be/leuch/tung *f.*, -, -en
Deck/far/be *f.*, -, -n, Malfarbe
Deck/hengst *m.*, -es, -e, Zuchthengst
Deck/man/tel *m.*, -s, *nur Sg.*, falscher Vorwand
Deck/na/me *m.*, -ns, -n, falscher Name
De/ckung *f.*, -, *nur Sg.*
De/ckungs/bei/trag *m.*, -[e]s, -beiträge
de/ckungs/gleich deckungsgleiche Dreiecke
De/co/der *m.*, -s, -, Gerät zur Entschlüsselung elektronischer Nachrichten
de/cou/ra/gie/ren *tr.*, entmutigen
De/cre/scendo *n.*, -s, -di
De/duk/ti/on *f.*, -, -en, Ableitung
de fac/to [lat.] tatsächlich
de/fen/siv [lat.] zurückhaltend, nur verteidigend
De/fen/si/ve *f.*, -, -n, Verteidigungshaltung
De/fi/lee [französ.] paradeartiges Vorbeimarschieren
de/fi/lie/ren [französ.] *intr.*
de/fi/nie/ren [lat.] *tr.*
De/fi/ni/ti/on *f.*, -, -en

de/fi/ni/tiv
De/fi/zit [lat.] *n.*, -s, -e
De/fi/zi/tär [lat.]
De/fla/ti/on [lat.] *f.*, -, -en, Gegenteil von Inflation
De/for/ma/ti/on *f.*, -, -en, Verformung
De/for/mie/rung *f.*, -, -en
De/fros/ter *m.*, -s, -
def/tig
De/gen *m.*, -s, -, Stichwaffe
De/ge/ne/ra/ti/on *f.*, -, -en, Entartung
de/ge/ne/rie/ren *intr.*
de/gou/tant Ekel erregend
De/gra/die/rung *f.*, -, -en, Herabsetzung
De/gres/si/on *f.*, -, -en
dehn/bar
Dehn/bar/keit *f.*, -, -en
deh/nen *tr.*
Deh/nung *f.*, -, -en
de/hy/drie/ren oder auch: **De/hyd/rie/ren** *tr.*
De/hy/drie/rung oder auch **De/hyd/rie/rung** *f.*, -, -en, Entwässerung
Dei/bel *m.*, -, -, ugs.: Teufel
Deich *m.*, -[e]s, -e
Deich/ge/nos/sen/schaft *f.*, -, -en
Deich/sel *f.*, -, -n
De/i/fi/ka/ti/on [lat.] *f.*, -, -en
Dei Gra/tia [lat.], von Gottes Gnaden
dein Possessivpronomen
dei/ner/seits
dei/nes/glei/chen
Dei/wel [nddt.] Teufel
Dé/jà-vu-Er/leb/nis [französ.] *n.*, -es, -e, Ereignis, von dem man glaubt, es schon einmal erlebt zu haben
de ju/re [lat.] rechtlich
De/ka/brist oder auch:
De/kab/rist [russ.] *m.*, -en, -en, Teilnehmer am russi-

schen Dezemberaufstand
De/ka/de *f.,* -, -n
de/ka/dent
De/ka/denz *f.,* -, *nur Sg.,* Verfall
De/ka/log *m.,* -es, die Zehn Gebote
Dek/a/me/ron oder auch: **De/ka/me/ron** *n.,* -s, *nur Sg.*
De/kan *m.,* -s, -e
De/ka/nat *n.,* -[e]s, -e
De/kla/ma/ti/on *f.,* -, -en
De/kla/ma/tor *m.,* -s, -en
de/kla/mle/ren *tr.*
De/kla/ra/ti/on *f.,* -, -en
de/kla/rie/ren *tr.*
de/klas/sie/ren *tr.*
De/klas/sie/rung *f.,* -, -en
De/kli/na/ti/on *f.,* -, -en
de/kli/nie/ren *tr.*
De/kol/le/té *(Nf.)* auch: **De/koll/tee** *(Hf.) n.,* -s, -, tiefer Ausschnitt an Kleidungsstücken
de/kol/le/tiert
De/kom/pen/sa/ti/on [lat.] *f.,* -, -en
De/kon/ta/mi/na/ti/on [lat.] *f.,* -, -en, Entgiftung
de/kon/ta/mi/nie/ren *tr.*
De/kon/ta/mi/nie/rung *f.,* -, -en, Entgiftung, vor allem im atomaren Bereich
De/kon/zen/tra/ti/on *f.* -, -en
de/kon/zen/trie/ren oder auch: **de/kon/zent/rie/ren** *tr.*
De/kor [lat. u. französ.] *n.* -s, -e, Ausschmückung
De/ko/ra/teur *m.,* -s, -e
De/ko/ra/ti/on *f.,* -, -en
de/ko/ra/tiv
de/ko/rie/ren *tr.*
De/ko/rie/rung *f.,* -, -en
De/kret [lat.] *n.,* -[e]s, -e
de/kre/tie/ren *tr.*
De/la/ware US-Bundesstaat
De/le/gat [lat.] *m.,* -s, -en

De/le/ga/ti/on *f.,* -, -en
de/le/gie/ren *tr.*
De/le/gier/ter *m.,* -en, -en
Del/fin *(Hf.)* oder auch: **Del/phin** *(Nf.)* [griech.] *m.,* -s, -e, Meerestier
Del/hi ind. Stadt
De/li/be/ra/ti/on [lat.] *f.,* -, -en, Überlegung
De/li/be/ra/ti/ons/frist *f.,* -, -en
de/li/kat [französ.]
De/li/ka/tes/se *f.,* -, -en, besonders gutes Essen
De/li/ka/teß/ge/schäft > **De/li/ka/tess/geschäft** *n.,* -es, -e
De/likt [lat.] *n.,* -es, -e, Straftat
De/lin/quent [lat.] *m.,* -en, Straftäter
De/li/ri/um *n.,* -s, -ien, Dämmerzustand
de/li/zi/ös [französ.]
Del/le *f.,* -, -n, Beule
Del/phi Stadt in Griechenland, das Orakel von Delphi
Del/phin *(Nf.)* auch: **Delfin** *(Hf.)* [griech.] *m.,* -es -e
Del/phi/na/ri/um *(Nf.)* auch: **Del/fi/na/ri/um** *(Hf.) n.,* -s,-ien
Del/ta [griech] *n.,* -s, -s, 1. vierter Buchstabe des griech. Alphabets, 2. Flussdelta
De/lu/si/on [lat.] *f.,* -, -en
Dem/a/go/ge oder auch: **De/ma/go/ge** [griech.], *m.,* -en, -en, Aufwiegler, Volksverführer
Dem/a/go/gie oder auch: **De/ma/go/gie** *f.,* -, -n
dem/a/go/gisch oder auch: **de/ma/go/gisch**
De/mar/ka/ti/ons/li/ni/e [lat.] *f.,* -, -en, Grenz- oder Frontlinie
de/mas/kie/ren [französ.]

De/mas/kie/rung *f.,* -, -en
De/men/ti [französ.] *n.,* -s, tis
de/men/tie/ren [französ.]
dem/ent/spre/chend
De/me/ter griech. Göttin
dem/ge/gen/ü/ber
dem/ge/mäß
de/mi/li/ta/ri/sie/ren *tr.*
de/mi-sec halbtrocken (bei Sekt)
De/mis/si/on [lat.] *f.,* -, -en, Rücktritt
de/mis/si/o/nie/ren *intr.*
dem/nach
dem/nächst
de/mo/bi/li/sie/ren [lat.] *tr.*
De/mo/bi/li/sie/rung *f.,* -, -en
De/mo/bil/ma/chung *f.,* -, -en
De/mo/gra/phie *(Nf.)* auch: **De/mo/gra/fie** *(Hf.)* [griech] *f.,* -, -n
de/mo/gra/phisch *(Nf.)* auch: **de/mo/gra/fisch** *(Hf.)*
De/mo/krat [griech.] *m.,* -en, -en
De/mo/kra/tie *f.,* -, -n, Volksherrschaft
de/mo/kra/tisch der Demokratie entsprechend
De/mo/kra/ti/sie/ren *tr.*
De/mo/kra/ti/sie/rung *f.,* -, -en
de/mo/lie/ren [französ.] *tr.,* mutwillig zerstören
De/mo/lie/rung *f.,* -, -en, mutwillige Zerstörung
De/mon/strant oder auch: **De/mons/-** *m.,* -en, -en
De/mon/stra/ti/on oder auch: **De/mons/-** *f.,* -, -en, 1. Vorführung, 2. Protestaktion
de/mon/strie/ren oder auch: **de/mons/-** *tr*
De/mon/ta/ge *f.,* -, -en, Abbau

demontieren

de/mon/tie/ren *tr.*
De/mo/ra/li/sa/ti/on *f.*, -, -en, Entmutigung
de/mo/ra/li/sie/ren *tr.*, entmutigen
De/mo/ra/li/sie/rung *f.*, -, -en, Entmutigung
De/mo/sko/pie oder auch:
De/mos/ko/pie [griech.] *f.*, -, n, Meinungsforschung
de/mo/sko/pisch oder auch:
de/mos/ko/pisch
De/mut *f.*, -, *nur Sg.*
de/mü/tig
De/mü/ti/gen *tr.*
De/mü/ti/gung *f.*, -, -en
dem/zu/fol/ge
de/na/tu/rie/ren [lat.] *tr.*
De/na/tu/rie/rung *f.*, -, -en
Den/drit oder auch:
Dend/rit [griech.] *m.*, -en, -en, Teil einer Nervenzelle
Den Haag niederl. Stadt
Denk/an/stoß *m.*, -es, -stöße
Denk/art *f.*, -, -en
Denk/auf/ga/be *f.*, -, -en
denk/bar
den/ken *tr.*
Den/ker *m.*, -s, -
denk/fä/hig
Denk/fä/hig/keit *f.*, -, *nur Sg.*
denk/faul
Denk/faul/heit *f.*, -, *nur Sg.*
Denk/feh/ler *m.*, -s, -
Denk/mal *n.*, -s, -mäler
Denk/mal(s)/pfle/ge *f.*, -, *nur Sg.*
Denk/mal(s)/schutz *m.*,-es, *nur Sg.*
Denk/sport *m.*, -es, *nur Sg.*
Denk/sport/auf/ga/be *f.*, -, -n
Denk/ver/mö/gen *n.*, -s, *nur Sg.*, individuelle Fähigkeit zum Denken
Denk/wei/se *f.*, -, -n
denk/wür/dig
Denk/wür/dig/keit *f.*, -, -en

Denk/zet/tel *m.*, -s, -
denn
den/noch
De/no/mi/na/ti/on [lat] *f.*, -, -en, Aufstellung (von Kandidaten)
Den/si/tät [lat.] *f.*, -, -en, Dichte
den/tal [lat.] die Zähne betreffend
Den/tist *m.*, -en, -en, angehender Zahnarzt
De/nun/zi/ant [lat.] *m.*, -en, -en, (polit.) Verräter
De/nun/zi/a/ti/on *f.*, -, -en
de/nun/zie/ren *tr.*
Deo kurz für De/o/do/rant *n.*, -s, -e/-tien
De/o/rol/ler *m.*, -s, -
De/o/spray *n.*, -s, -s
De/par/te/ment [französ.] *n.*, -s, -s
De/pen/dan/ce *f.*, -, -n
De/pen/denz *f.*, -, -en, Abhängigkeit
De/plan/ta/ti/on *f.*, -, -en
de/pla/zie/ren > deplat/zie/ren *tr.*, an die falsche Stelle bringen
de/pla/ziert > de/platziert am falschen Ort, unpassend
De/po/nens [lat.] *n.*, -, -nentien
De/po/nent *m.*, -en -en
De/po/nie *f.*, -, -n
de/po/nie/ren *tr.*
De/po/pu/la/ti/on [lat.] *f.*, -, -en
De/por/ta/ti/on [lat.] *f.*, -, -en
de/por/tie/ren *tr.*
De/por/tie/rung *f.*, -, -en
De/po/si/ten *f.*, -, *nur Pl.*
De/pot *n.*, -s, -s
Depp *m.*, -en, -en, Dummkopf, Trottel
De/pres/si/on [lat,] *f.*, -, -en, schlechte Stimmung, psychische Krankheit

de/pres/siv
de/pri/mie/ren *tr.*
de/pri/miert
De/pu/ta/ti/on *f.*, -, -en
de/pu/tie/ren *tr.*
De/pu/tier/ter *m.*, -en, -en
De/pu/tier/ten/kam/mer *f.*, -, -n
der/art
der/ar/tig
derb
Derb/heit *f.*, -, -en
Der/by *n.*, -, -bies, wichtiges engl. Pferderennen
de/ren
de/rent/we/gen
de/rer
der/ge/stalt
der/glei/chen
De/ri/vat *n.*, -s, -e, etwas, das von etwas anderem abgeleitet ist
De/ri/va/ti/on *f.*, -, -en, Ableitung
der/je/ni/ge
der/lei
der/ma/ßen
Der/ma/ti/tis [griech.] *f.*, -, -titiden, Hautkrankheit
Der/ma/to/lo/gie *f.*, -, *nur Sg.*, Bereich der Medizin, der sich mit Hautkrankheiten befasst
der/ma/to/lo/gisch
der/sel/be
der/weil
der/zeit
des
des/ar/mie/ren [lat.], *tr.*, entwaffnen
De/sas/ter [französ.] *n.*, -s, -, schlimmes Unglück
des/a/vou/ie/ren oder auch:
de/sa/vou/ie/ren [französ.] *tr.*
De/sen/si/bi/li/sa/ti/on [lat.] *f.*, -, -en
De/sen/si/bi/li/sa/tor *m.*, -s, -en

De/sen/si/bi/li/sie/rung *f.*, -, -en
De/ser/teur *m.*, -s, -e, Fahnenflüchtiger
de/ser/tie/ren *intr.*, Fahnenflucht begehen
De/ser/ti/fi/ka/ti/on *f.*, -, -en, zunehmende Ausbreitung von Wüstengebieten
De/ser/ti/on *f.*, -, -en, Fahnenflucht
de/si/de/ra/bel wünschenswert
De/sign [engl.] *n.*, -s, -s
De/si/gna/ti/on oder auch: **De/sig/na/ti/on** *f.*, -, -en
De/si/gner oder auch: **De/sig/ner** *m.*, -s, -
De/si/gner/dro/ge oder auch: **De/sig/ner/dro/ge** *f.*, -, -en
de/si/gnie/ren oder auch: **de/sig/nie/ren**
Des/il/lu/si/on [französ.] *f.*, -, -en
des/il/lu/si/o/nie/ren *tr.*
Des/in/fek/ti/on [lat.]
Des/in/fek/ti/ons/mit/tel *n.*, -s, -
des/in/fi/zie/ren *tr.*
Des/in/fi/zie/rung *f.*, -, -en, von schädlichen Keimen u.Ä. befreien
Des/in/for/ma/ti/on [lat] *f.*, -, en, gefälschte oder falsche Information
Des/in/te/gra/ti/on [lat.] *f.*, -, -en
des/in/te/grie/ren *tr.*
Des/in/ter/es/se oder auch: **Des/in/ter/res/se** *n.*, -s, *nur Sg.*
des/in/ter/es/siert oder auch: **des/in/te/res/siert**
De/skrip/ti/on [lat.] *f.*, -, -en, Beschreibung
de/skrip/tiv
Desk/top pu/bli/shing > **Desk/top/pu/blishing** oder auch: **Desk/top Pu/bli/shing**

[engl.] *n.*, -, *nur Sg.*
des/o/do/rie/ren *tr.*
Des/o/do/rie/rung *f.*, -, -en
de/so/lat [lat.] Das alte Haus war in einem desolaten (= sehr schlechten) Zustand.
Des/or/ga/ni/sa/ti/on [lat.] *f.*, -, -en, nicht vorhandene oder sehr schlechte Organisation
des/or/ga/ni/siert
des/o/ri/en/tiert [lat.] ohne Orientierung
Des/o/ri/en/tiert/heit *f.* -, *nur Sg.*
des/pek/tier/lich [griech. u. lat.]
Des/pe/ra/do [span.]
de/spe/rat oder auch: **des/pe/rat** [lat.] verzweifelt
Des/pot *m.*, -en, -en [griech]
Des/po/tie *f.*, -, -n
des/po/tisch
Des/po/tis/mus *m.*, -, *nur Sg.*
des/sen
des/sen/un/ge/ach/tet > **des/sen un/ge/ach/tet**
Des/sert [französ.] *n.*, -s, -s Nachtisch
Des/sert/tel/ler *m.*, -s, -
Des/sin [französ.] *n.*, -s, -s
Des/sous [französ.] *n.*, -, *meist Pl.*
De/stil/lat oder auch: **Des/til/lat** [lat.] *n.*, -s, -e
De/stil/la/ti/on oder auch: **Des/ti/la/ti/on** *f.*, -, -en
de/stil/lie/ren oder auch: **des/til/lie/ren** *tr.*
De/stil/lier/kol/ben oder auch: **Des/til/lier/kol/ben** *m.*, -s, -
De/sti/na/ti/on oder auch: **Des/ti/na/ti/on** [lat.] *f.*, -, -en Ziel
des/to
des/tru/ie/ren [lat.] *tr.*, zerstören

Des/truk/ti/on *f.*, -, -en, Zerstörung
des/truk/tiv zerstörend, zerstörerisch
des/un/ge/ach/tet
des/we/gen
Des/zen/dent *m.*, -en, -en
De/tail [französ.] *n.*, -s, -s, Einzelheit, Kleinigkeit
de/tail/lie/ren *tr.*
De/tek/tei [lat.] *f.*, -, -en, Detektivbüro
De/tek/tiv *m.*, -s, -e
De/tek/tiv/ro/man *m.*, -s, -e
De/tek/tor *m.*, -s, -en
Dé/tente [französ.] *f.*, -, *nur Sg.*
De/ter/mi/nan/te [lat.] *f.*, -, -n, Bestimmungsgröße
de/ter/mi/na/tiv
de/ter/mi/nie/ren *tr.*
De/ter/mi/niert/heit *f.*, -, *nur Sg.*, Bestimmtheit
De/ter/mi/nis/mus *m.*, -, *nur Sg.*
de/ter/mi/nis/tisch
De/to/na/ti/on [lat.] *f.*, -, -en, Explosion
de/to/nie/ren *intr.*
Deu/bel *m.*, -s, -, ugs. für: Teufel
deucht
Deut *m.*, -s
Deu/te/lei *f.*, -, -en
deu/teln *intr.*
deu/ten *tr.*
Deu/ter *m.*, -s, -
deut/lich
Deut/lich/keit *f.*, -, -en
deut/lich/keits/hal/ber
deutsch
Deutsch *n.*, -en, *nur Sg.*, die deutsche Sprache
Deutsch/a/me/ri/ka/ner *m.*, -s, -, Amerikaner mit deutschen Vorfahren
deutsch/a/me/ri/ka/nisch Belange von Deutschamerikanern oder auch:

deutsch-a/me/ri/ka-ni/sch
deutsch-amerikanische Vereinbarungen
Deut/sche(r) *f. (m.)*, -n, -n
deutsch/feind/lich
Deutsch/feind/lich/keit *f.*, -, *nur Sg.*
Deutsch/land
Deutsch/leh/rer *m.*, -s, -
deutsch/na/ti/o/nal
deutsch/spra/chig
deutsch/sprach/lich
Deutsch/tü/me/lei *f.*, -, *nur Sg.*, übertriebener dt. Nationalismus
Deutsch/un/ter/richt *m.*, -es, *nur Sg.*
Deu/tung *f.*, -, -en
Deu/tungs/ver/such *m.*, -[e]s, -e
De/vas/ta/ti/on [lat.] *f.*, -, -en, Verwüstung
de/vas/tie/ren *tr.*
De/vi/se [französ.] *f.*, -, -n, 1. Motto, Wahlspruch, 2. Zahlungsmittel in ausländischer Währung
De/vi/sen/kurs *m.*, -es, -e
de/vot [lat.]
De/vo/ti/on *f.*, -, -en
De/vo/ti/o/na/li/en *f.*, *nur Pl.*
De/zem/ber *m.*, -[s], *nur Sg.*
de/zent [lat.]
de/zen/tral [lat.]
De/zen/tra/li/sa/ti/on *f.*, -, *nur Sg.* **de/zen/tra/li/sie/ren** *tr.*
De/zen/tra/li/sie/rung *f.*, -, *nur Sg.*
De/zer/nat [lat.] *f.*, -s, -e, z. B. Rauschgiftdezernat
De/zer/nent *m.*, -en -
De/zi/bel *n.*, -s, -
de/zi/diert [lat.]
De/zi/li/ter [lat.] *m.*, -s, -
de/zi/mal [at.]
De/zi/mal/bruch *m.*, [e]s, -brüche

De/zi/mal/sys/tem *n.*, -s, -e
de/zi/mie/ren [lat.] *tr.*
De/zi/mie/rung [lat.] *f.*, -, -en
De/zi/si/on [lat.] *f.*, -, -en, Entscheidung
de/zi/siv entscheidend
d. Gr. Abk. für: der Große, z. B. Alexander der Große
d. h. Abk. für: das heißt
Dha/ka = Dacca, Bengalische Hauptstadt
Dia *n.*, -s, -s, Abkürzung für Diapositiv = durchscheinende Fotografie
Di/a/be/tes [griech.] *m.*, -, *nur Pl.*, Stoffwechselkrankheit
Di/a/be/ti/ker *m.*, -s, -, an Diabetes erkrankter Mensch
di/a/bo/lisch [griech.] teuflisch
Di/a/dem [griech.] *n.*, -s, -e, Schmuckstück, das auf dem Kopf getragen wird
Di/a/gno/se oder auch: **Di/ag/no/se** [griech.] *f.*, -, -n
di/a/gnos/ti/zie/ren oder auch: **di/ag/nos/ti/zie/ren** *tr.*
di/a/go/nal [griech.]
Di/a/go/na/le *f.*, -, -n
Di/a/gramm [griech.] *n.*, -s, -e, Schaubild
Di/a/kon [griech.] *m.*, -s, -e
Di/a/ko/nie *f.*, -, -n
Di/a/ko/nis/sin *f.*, -, -en
Di/a/lek/tik *f.*, -, *nur Sg.*
di/a/lek/tisch
Di/a/log *m.*, -[e]s, -e, Zwiegespräch
Di/a/ly/se *f.*, -, -n
Di/a/mant *m.*, -en -en, Edelstein
di/a/man/ten aus Diamanten bestehend
Di/a/na röm. Göttin der Jagd
Di/a/po/si/tiv *n.*, -s, -e, Durchscheinbild
Di/ät [griech.] *f.*, -, -en, gesundheitsfördernde, meist kalorienarme Kost
Di/ä/ten [lat.] *f.*, -, *nur Pl.*
Di/ät/kur *f.*, -, -en
dich (von du)
Di/cho/to/mie *f.*, -, -n, Zweiteilung
di/cho/to/misch zweigeteilt
dicht
dicht/be/haart auch: **dicht be/haart**
Dicht/kunst *f.*, -, -künste
Dich/tungs/ring *m.*, -s, -e
dick das Gegenteil von dünn
Di/cke *f.*, -, -n
dick/flüs/sig
Dick/häu/ter *m.*, -s, -
Di/ckicht *n.*, -s, -e
Dick/kopf *m.*, -es, -köpfe
dick/köp/fig
Dick/köp/fig/keit *f.*, -, *nur Sg.*
dick/lei/big
Dick/lei/big/keit *f.*, -, *nur Sg.*
Dick/schä/del *m.*, -s, -, sturer Mensch
Di/dak/tik *f.*, ., -en
Di/dak/ti/ker *m.*, -s, -
di/dak/tisch
die weiblicher bestimmter Artikel
Dieb *m.*, -es, -e, jemand, der etwas stiehlt
Die/be/rei *f.*, -, -en, Diebstahl
Die/bes/gut *n.*, -es, *nur Sg.*
Dieb/stahl *m.*, -s, -stähle
die/je/ni/ge
Die/le *f.*, -, -n, Hausflur
die/nen *intr.*
Die/ner *m.*, -s, -
Die/ner/schaft *f.*, -, -en
Dienst *m.*, -es, -e
Diens/tag *m.*, -[e]s, -e
Diens/tag/a/bend *m.*, -s, -e

Disput

diens/tag/a/bends
diens/tags
Dienst/an/wei/sung *f.,* -, -en
Dienst/auf/sicht *f.,* -, -en
Dienst/bote *m.,* -n, -n
Dienst/mäd/chen *n.,* -s, -
Dienst/stel/le *f.,* -, -en
dies/be/züg/lich
die/se
die/sel/be
Die/sel/mo/tor *m.,* -s, -en
Die/sel/öl *n.,* -s, -e
die/ser
die/ses
die/sig dunstig
dies/jäh/rig
dies/mal
dies/ma/lig
dies/sei/tig
Dies/seits *n.,* -, *nur Sg.,* das Gegenteil von Jenseits
Diet/rich *m.,* -s, -e, Werkzeug zum Öffnen von Türschlössern
dif/fa/mie/ren [lat.] *tr.*
Dif/fa/mie/rung *f.,* -, -en, Verleumdung
Dif/fe/renz [lat.] *f.,* -, -en, 1. Unterschied, 2. kleinere Streitigkeit
dif/fe/ren/zie/ren *tr.,* unterscheiden
dif/fe/rie/ren *intr.,* unterschiedlich sein, voneinander abweichen
dif/fi/zil
dif/fus verschwommen, zerstreut
di/gi/tal
Di/gi/tal/uhr *f.,* -, -en
Dik/ta/phon auch:
Dik/ta/fon *n.,* -s, -e, Diktiergerät
Dik/tat *n.,* -[e]s, -e
Dik/ta/tor *m.,* -s, -en, Alleinherrscher
dik/ta/to/risch
Dik/ta/tur *f.,* -, -en, Alleinherrschaft

dik/tie/ren *tr.*
Dik/tier/ge/rät *n.,* -[e]s, -e
Dik/ti/o/när *m.,* -s, -e, Wörterbuch
Di/lem/ma *n.,* -s, -s
Di/let/tant *m.,* -en, -en, kein Profi
Di/le/tan/tis/mus *m.,* -, *nur Sg.*
Dill *m.,* -s, *nur Sg.,* Gewürzpflanze
Di/men/si/on *f.,* -, -en
di/men/si/o/nal
Dim/mer *m.,* -s, -, stufenloser Lichtschalter
Di/nar *m.,* -s, -, Währungseinheit
Ding *n.,* -s, -e
ding/fest einen Dieb dingfest machen
Din/go [austr.] *m.,* -s, -s, australischer Wildhund
Ding/wort *n.,* -es, -wörter, Substantiv
di/nie/ren [französ.] *intr.*
Din/kel *m.,* -s, *nur Sg.,* Getreideart
Di/o/ny/sos griech. Weingott
Di/o/xin [griech.]*n.,* -s, -e, bekannt als Seveso-Gift
Diph/te/rie [griech.] *f.,* -, -n, Krankheit
Di/plom oder auch:
Dip/lom [griech.] *n.,* -s, -e
Di/plo/mand oder auch:
Dip/lo/mand *m.,* -en, -en
Di/plo/mat oder auch:
Dip/lo/mat [griech.] *m.,* -en -en, Regierungsbeamter
Di/plo/ma/tie auch:
Dip/lo/ma/tie *f.,* -, *nur Sg.*
di/plo/ma/tisch oder auch:
dip/lo/ma/tisch
Di/rek/ti/on [lat.] *f.,* -, -en
Di/rek/tor *m.,* -en -en
Di/rek/to/ri/um *n.,* -s, -en, Vorstand
Di/rekt/wer/bung *f.,* -, -en

Di/ri/gent [lat.] *m.,* -en, -en, Chor - oder Orchesterleiter
di/ri/gie/ren *tr.*
Di/ri/gis/mus *m.,* -, *nur Sg.*
Dirndl/kleid *n.,* -es, -er, Trachtenkleid, das v. a. in Bayern getragen wird
Dis/count/ge/schäft [engl.] *n.,* -es, -e, Geschäft mit niedrigen Preisen
Dis/har/mo/nie [lat. u. griech.] *f.,* -, -n
Dis/ket/te *f.,* -, -en
dis/kon/ti/nu/ier/lich [lat.], nicht zusammenhängend
Dis/kon/ti/nu/i/tät *f.,* -, -en
Disko/thek [engl. u. griech.] *f.,* -, -en, Tanzlokal
dis/kre/di/tie/ren [lat.] *tr.* in Verruf bringen
Dis/kre/panz [lat.] *f.,* -, -en, Widerspruch
dis/kret [lat.] verschwiegen, vertraulich
Dis/kre/ti/on *f.,* -, *nur Sg.,* Verschwiegenheit, Vertraulichkeit
dis/kri/mi/nie/ren [lat.] *tr.*
Dis/kurs [lat.] *m.,* -es, -e, intensive Erörterung eines Themas
Dis/kus [griech] *m.,* -, -ken, Wurfscheibe
Dis/kus/si/on [lat.]*f.,* -, -en, Austausch von Meinungen zu einem bestimmten Thema
dis/ku/ta/bel
dis/ku/tie/ren *tr.,* ein Thema erörtern
Dis/play [engl.] *n.,* -s, -s
dis/po/nie/ren [lat.] *tr.,* einteilen
dis/po/niert eingeteilt
Dis/po/si/ti/on *f.,* -, -en, Ordnung, Einteilung, Gliederung
Dis/put [lat.] *m.,* -es, -e,

disputieren

Streitgespräch, Meinungsverschiedenheit
dis/pu/tie/ren *tr.*, streiten
dis/qua/li/fi/zie/ren [lat] *tr.*, von der Teilnahme an einer Veranstaltung ausschließen
Dis/qua/li/fi/zie/rung *f.*, -, -en, Ausschluss von der Teilnahme an einer Veranstaltung
Dis/sens [lat.] *m.*, -es, -e, Meinungsverschiedenheit
Dis/ser/ta/ti/on [lat.] *f.*, -, -en, Doktorarbeit
dis/ser/tie/ren *intr.*, eine Doktorarbeit schreiben
Dis/si/dent [lat.] *m.*, -en, -en, Abtrünniger (religiös oder politisch)
Dis/so/nanz [lat.] *f.*, -, -en, Missklang
Dis/tanz [lat.] *f.*, -, -en, Entfernung zwischen zwei Orten
dis/tan/zie/ren *refl.*
Dis/tel *f.*, -, -n, stachelige Pflanze
dis/tin/guiert [französ.] vornehm
dis/tri/bu/ie/ren [lat.] *tr.*, verteilen
Dis/tri/bu/ti/on *f.*, -, -en, Verteilung
Dis/trikt [lat.] *m.*, -es, -e, Verwaltungsbezirk
Dis/zi/plin [lat.] *f.*, -, 1. *nur Sg.* Zucht, Ordnung, 2. *Pl.* -en wissenschaftliche Disziplin
Dis/zi/pli/nar/stra/fe *f.*, -, -en, Dienststrafe
dis/zi/pli/niert
Dis/zi/pli/niert/heit *f.*, -, *nur Sg.*
dis/zi/plin/los
Dis/zi/plin/lo/sig/keit *f.*, -, *nur Sg*
di/to ebenso
Di/va *f.*, -, -ven, erfolgreiche Schauspielerin
Di/ver/genz *f.*, -, -en, Abweichung
di/ver/gie/ren *intr.*, abweichen
di/vers verschieden
Di/ver/si/fi/ka/ti/on *f.*, -, -en
Di/vi/den/de *f.*, -, -en, Gewinnanteil für Aktienbesitzer
di/vi/die/ren *tr.*, teilen
Di/vi/si/on *f.*, -, -en, 1. mathem. Teilung, 2. Teil eines Heeres
d. J. Abk. für: der Jüngere
Dja/kar/ta indonesische Hauptstadt
Djer/ba tunesische Insel
Do/ber/mann *m.*, -s, -männer, Hunderasse
doch
Docht *m.*, -es, -e, brennender Teil der Kerze
Dock *n.*, -s, -s, Anlage zum Reparieren von Schiffen
Do/ge [italien.] *m.*, -en, -en, ehem. Titel des Regenten von Venedig und Genua
Dog/ge *f.*, -, -en, große Hunderasse
Dog/ma [griech.] *n.*, -s, -en, kirchl. Lehrsatz, der als unumstößlich angesehen wird
Dog/ma/ti/ker *m.*, -s, -er, Vertreter oder Lehrer von Dogmen
dog/ma/tisch
Do it yourself [engl.] Aufforderung zum Heimwerken
Dok/tor [lat.] *m.*, -s, -en, Arzt, akademischer Titel
Dok/to/rand *m.*, -en -en, jmd, der an seiner Doktorarbeit arbeitet
Dok/trin oder auch:
Dokt/rin *f.*, -, -, festgefügte Lehrmeinung
dok/tri/när oder auch:
dokt/ri/när
Do/ku/ment [lat.] *n.*, -[e]s, -e, Urkunde, wichtiges Schriftstück
Do/ku/men/tar/film *m.*, -s, -e, auf der Grundlage von Dokumenten gedrehter Film
do/ku/men/ta/risch
Do/ku/men/ta/ti/on *f.*, -, -en
Dol/by [engl.] *n.*, -, *nur Sg.*
Dol-ce Vi/ta [italien.] *n.*, -, *nur Sg.*, das süße Leben
Dolch *m.*, -[e]s, -e, Waffe
Dol/de *f.*, -, -en, Fruchtstand
Dol/lar [engl.] *m.*, -s, -s, Währung in den USA und einigen anderen Ländern der Welt
dol/met/schen [türk.] *intr.*, mündlich übersetzen
Dol/met/scher *m.*, -s, -, Übersetzer von Gesprächen
Do/lo/ml/ten *nur Pl.*, Teil der Alpen
do/lo/rös [lat.] schmerzhaft, schmerzlich
Dom [lat.] *m.*, -s, -e, große, aufwendig ausgestattete Kirche
Do/mä/ne [lat. u. französ.] *f.*, -e, -en, Gebiet, auf das sich jemand spezialisiert hat
Do/mes/ti/ka/ti/on [lat.] *f.*, -, -en, Zähmung von Wildtieren oder Wildpflanzen
Do/mi/na [lat.] *f.*, -, -s, 1. Vorsteherin eines Stifts, 2. Prostituierte für Masochisten
Do/mi/nanz *f.*, -, -en, Vorherrschaft
do/mi/nie/ren *intr.*, vorherrschen, beherrschen
Do/mi/ni/ka/ner *m.*, -s, -, 1. Einwohner der Dominikanischen Republik, 2. Mit-

glied des Dominikanerordens
Do/mi/ni/ka/ner/or/den *m.,* -s, -, Bettel- und Predigerorden, der vom heiligen Dominikus gegründet wurde
Do/mi/no [lat.] Spiel
Do/mi/nus [lat.] *m.,* -, ni, Herr, Gebieter, v. a. im christlichen Sinn
Do/mi/zil [lat.] *n.,* -s, -e, Wohnsitz
Dom/pfaff *m.,* -en, -en, Singvogel, auch Gimpel genannt
Domp/teur [französ.] *m.,* -s, -e, jmd, der Tiere dressiert
Do/nau *f.,* -, nur Sg., Fluss durch Mittel- und Südosteuropa
Do/nau/mo/nar/chie oder auch: **Do/nau/monar/chie** *f.,* -, nur Sg., die ehemalige Doppelmonarchie Österreich - Ungarn
Don Ju/an [span.] *m.,* -s, -s, Frauenheld und Gestalt der span. Literatur
Don/ko/sak *m.,* -en, -en, Mitglied eines russischen Volksstamms
Don/ko/sa/ken/chor *m.,* -s, nur Sg.
Don/ner *m.,* -s, -, lautes Geräusch beim Gewitter
Don/ner/keil *m.,* -s -e
don/nern *intr*
Don/ners/tag *m.,* -s, -e
don/ners/tags
Don/ner/wet/ter *n.,* -s, -
Don Qui/chot/te [span.] Romanheld von Cervantes
doof
Doof/heit *f.,* -, nur Sg.
do/pen [engl.] *tr.,* durch Einnahme von Drogen aufputschen
Do/ping *n.,* -s, nur Sg.
Dop/pel *n.,* -s, -,
1. Durchschlag, 2. Tennisspiel mit vier Personen
dop/pel/deu/tig zwei oder mehrere Bedeutungen haben
Dop/pel/deu/tig/keit *f.,* -, -en
Dop/pel/gän/ger *m.,* -s, -
Dop/pel/le/ben *n.,* -s, -
Dop/pel/punkt *m.,* [e]s, -e, Satzzeichen
Dorf *n.,* -[e]s, Dörfer, kleiner Ort
dörf/lich
Dorn *m.,* -[e]s, -en
dor/nig
Dorn/rös/chen *n.,* -s, nur Sg.,* Märchengestalt
dörren *tr.,* trocknen
Dörr/fleisch *tr.,* -[e]s, nur Sg.
Dorsch *m.,* -[e]s, -e, Seefisch
dort
dort/her
dort/hin
Dort/mund Stadt in Nordrhein-Westfalen
Do/se *f.,* -, -en, kleiner Behälter, meist aus Metall
dö/sen *intr.,* leicht schlafen
Do/sen/milch *f.,* -, nur Sg.
Do/sen/öff/ner *m.,* -s, -
do/sie/ren [griech.] *tr.,* genau abmessen
Do/sie/rung *f.,* -, -en
Dos/sier [französ.] *m. (n.),* -s, -s
Dot/ter *m.,* -s, -; Eigelb
Dot/ter/blu/me *f.,* -, -en, Blumenart
Dou/ane [französ.] *f.,* -, -en, Zoll(amt)
Do/zent *m.,* -en, -en, Hochschullehrer
do/zie/ren *intr.,* an einer Hochschule lehren

Dra/che [griech.] *m.,* -n, -n,
1. Fabeltier, 2. Spielzeug für Kinder, 3. Sportgerät
Dra/chen/flie/ger *m.,* -s, er, Sportler, der Drachen fliegt
Drach/me [griech.] *f.,* -, -en, griech. Währung
Dra/gée *(Nf.)* auch:
Dra/gee *(Hf.) n.,* -s, -s, Tablettenart
Dra/go/ner *m.,* -s, -
Draht *m.,* -es, Drähte
draht/los
Draht/seil *n.,* -[e]s, -e
Draht/zie/her *m.,* -s, -
Drai/na/ge *(Nf.)* auch:
Drä/na/ge *(Hf.) f.,* -, -n, Entwässerung von Böden
dra/ko/nisch sehr strenge und harte Maßnahmen
drall rund
Drall *m.,* -[e]s, -e
Dra/ma [griech.] *n.,* -s, -men, Schauspiel
Dra/ma/tik *f.,* -, nur Sg.
Dra/ma/ti/ker *m.,* -s, -
dra/ma/tisch
dra/ma/ti/sie/ren *tr.*
Dra/ma/turg *m.,* -en, -en, Bearbeiter von Bühnenstücken
dran ugs. für daran
dranbleiben *intr.*
Drang *m.,* -[e]s, nur Sg.
Drän/ge/lei *f.,* -, -en
drängeln *intr.*
Drang/sal *f.,* -, -e, Leid, Not
drang/sa/lie/ren *tr.,* quälen
Drank *m.,* -[e]s, nur Sg.
dra/pie/ren *tr.,* kunstvolles Anordnen, insbesondere von Stoffen
Dra/pie/rung *f.,* -, -en
dras/tisch
drauf ugs. für darauf
Drauf/gäng/er *m.,* -s,
drauf/gän/ge/risch
drauf/los

drauf/los/lau/fen *intr.*
Drauf/sicht *f.*, -, -en
drau/ßen draußenbleiben, draußen sein
Drech/sel/bank *f.*, -, -en, Werkzeug zum Herstellen von Drechselarbeiten
drech/seln *tr.*
Drechs/ler *m.*, -s,-
Dreck *m.*, -[e]s, *nur Sg.*
dre/ckig
Dreck/spatz *m.*, -[e]s, -en, meist für Kinder gebraucht, die sich schmutzig gemacht haben
Dreh *m.*, -s, -e, Kniff
Dreh/ar/beit *f.*, -, -en, Arbeiten zur Herstellung eines Films
Dreh/buch *n.*, -[e]s, -bücher
Dreh/buch/au/tor *m.*, -s, -en
dre/hen *tr.*
Dre/her *m.*, -s, -, Handwerksberuf
Dreh/mo/ment *n.*, -[e]s, -e
Dreh/tür *f.*, -, -e
Dreh/zahl *f.*, -, -en, Zahl der Umdrehungen, die ein Motor innerhalb einer festgelegten Zeitspanne macht
Dreh/zahl/mes/ser *m.*, -s, -
drei Anzahl
Drei *f.*, -, -en, die Zahl 3
drei/ar/mig mit drei Armen
drei/blät/te/rig dreiblätteriges Kleeblatt
drei/di/men/si/o/nal
Drei/eck *n.*, -[e]s, -e, geometrische Figur
Drei/ei/nig/keit *f.*, -, *nur Sg.*, Begriff aus der christl. Religion
drei/fach
Drei/fal/tig/keit *f.*, -, *nur Sg.*, Begriff aus der christl. Religion
Drei/ge/spann *n.*, -[e]s, -e, Gespann mit drei Pferden
Drei/kä/se/hoch *m.*, -s, -e, kleiner Mensch, meist Kind
Drei/kö/ni/ge -, *Pl.*, biblische Figuren
drei/köp/fig mit drei Köpfen
drein ugs. für darein
drein/re/den *intr.*
Drei/spän/ner *m.*, -s, -, Wägen mit drei Pferden
Drei/sprung *m.*, [e]s, -sprünge, Sportart
drei/ßig Anzahl
Drei/ßig *f.*, -, *nur Sg.*, die Zahl 30
dreist unverschämt
Dreis/tig/keit *f.*, -, -en, Unverschämtheit
drei/stö/ckig
drei/tei/len *tr.*, in drei Teile teilen
drei/vier/tel > **drei vier/tel**
Drei/vier/tel/stun/de *f.*, -, -n
dreizehn Anzahl
Drei/zehn *f.*, -, *nur Sg.*, die Zahl 13
Drei/zim/mer/woh/nung *f.*, -, -en
dre/schen
Dresch/fle/gel *m.*, -s, -
Dreß > **Dress** *m.*, -es, -e
Dres/seur [französ.] *m.*, -s, -e, jemand, der Tiere dressiert
Dress/man [engl.] *m.*, -s, -men
Dres/sur [französ.] *f.*, -, -en
Dr. h. c. Abk. für doctor honoris causa: Doktor ehrenhalber
drib/beln [engl.] *intr.*, im Fußball den Gegner umspielen
Drib/bling *n.*, -s, -s
Drift *f.*, -, -en, Bewegung der Meeresoberfläche, vom Wind verursacht
drif/ten *intr.*, treiben
Drill *m.*, -[e]s, -e, harte Ausbildung
Drill/boh/rer *m.*, -s, -
dril/len *tr.*, 1. bohren mit dem Drillbohrer 2. in Reihen säen 3. scharf exerzieren
Dril/lich *m.*, -[e]s, -e, fester Stoff für Arbeitskleidung
Dril/ling *m.*, -[e]s, -e
Drill/ma/schi/ne *f.*, -, -n
drin ugs. für: darin
Dr.-Ing. Abk. für Doktor der Ingenieurwissenschaften
drin/gen *intr.*
drin/gend
drin/glich
Drink [engl.] *m.*, -s, -s, alkoholisches Getränk
drin/nen ugs. für: darin(nen)
drit/te (-r,-s), Kleinschreibung: der dritte Stand, Großschreibung: die Dritte Welt
Drit/teil > **Dritt/teil** *n.*, -[e]s, -e
Drit/tel *n.*, -s,
drit/teln *tr.*, in drei gleiche Teile teilen
drit/tens
dritt/letz/te (-r,-s)
Drive [engl.] *m.*, -s, *nur Sg.*, 1. treibender Rhythmus im Jazz, 2. Treibschlag im Tennis und Golf, 3. Schwung
Driver *m.*, -s, -, 1. Schläger zum Treibschlag 2. Fahrer
Dr. j. u. Abk. für Doctor Juris utriusque: Doktor beider Rechte
Dr. jur. Abk. für doctor juris: Doktor der Rechte
Dr. jur. utr. = Dr. j.u.
DRK Abk. für Deutsches Rotes Kreuz

Dr. med. Abk. für doctor medicinae: Doktor der Medizin
Dr. med. dent. Abk. für doctor medicinae dentariae: Doktor der Zahnmedizin
Dr. med. univ. Abk. für doctor medicinae universae: Doktor der gesamten Medizin
Dr. med. vet. Abk. für doctor medicinae veterinariae: Doktor der Tiermedizin
dro/ben dort oben, oben
Dr. oec. Abk. für doctor oeconomiae: Doktor der Wirtschaftswissenschaften
Dr. oec. publ. Abk. für doctor oeconomiae publicae: Doktor der Staatswissenschaften
Dr. oec. troph. Abk für Doktor der Ökotrophologie
drö/ge ugs. für: trocken, nüchternsteril
Dro/ge [französ.] *f.*, -, n, 1. Rauschgift, 2. zu Arzneien verwendeter tierischer oder pflanzlicher Stoff
Dro/gen/sucht *f.*, -, *nur Sg.*
Dro/ge/rie *f.*, -, -n
Dro/gist *m.*, -en, -en, Inhaber oder ausgebildeter Angestellter einer Drogerie
Droh/brief *m.*, -[e]s, -e
dro/hen *intr.*
Drohn *m.*, -[e]s, -en, Imkerfachsprache für Drohne
Drohne *f.*, -, -n, männliche Biene
dröh/nen *intr.*
Dro/hung *f.*, -, -en
Droh/wort *n.*, -[e]s, -e
Dro/le/rie [französ.] *f.*, -, -en, 1. Komik, komische Erzählung 2. in der gotischen Kunst kleine, drollige Darstellung von Menschen, Tieren oder Fabelwesen

drol/lig
Drol/lig/keit *f.*, -, *nur Sg.*
Dro/me/dar [griech.] *n.*, -[e]s, -e, Kamel mit einem Höcker
Dron/te *f.*, -, -n, ausgestorbener, flugunfähiger Vogel
Drop-out [engl.] *m.*, -s, -s, Aussteiger
Drops [engl.] *m.*, -, -, Fruchtbonbon
Drosch/ke [russ.] *f.*, -, -n, Mietfahrzeug
Drosch/ken/gaul *m.*, [e]s, -gäule
Drosch/ken/kut/scher *m.*, -s,-
drö/seln *tr.* (1) oder *intr.* (2), 1. Faden drehen 2. ugs.: schlendern, trödeln
Dro/so/graph *(Nf.)* auch: **Dro/so/graf** *(Hf.) m.*, -en, -en, Taumessgerät
Dro/so/me/ter *n.*, -s, -, Taumesser
Dro/so/phi/la *f.*, -, -e, Taufliege
Dros/sel *f.*, -, n, 1. Singvogel, 2. Luftröhre 3. Sperrvorrichtung in Rohrleitungen
Dros/sel/bart Märchengestalt
Dros/sel/klap/pe *f.*, -, -n
dros/seln *tr.*, verringern
Dros/sel/spu/le *f.*, -, -n, Drossel zum Verringern von Wechselstrom
Dros/sel/lung *f.*, -, -en
Droß/lung > **Drosslung** *f.*, -, -en
DRP bis 1945 Abk. für Deutsches Reichs-Patent
Dr. paed. Abk. für doctor paedagogiae: Doktor der Pädagogik
Dr. pharm. Abk. für doctor pharmaciae: Doktor der Pharmazie

Dr. phil. Abk für doctor philosophiae: Doktor der Philosophie
Dr. phil. nat. Abk. für doctor philosophiae naturalis: Doktor der Naturwissenschaften
Dr. rer. camer. Abk. für doctor rerum cameralium: Doktor der Staatswirtschaftskunde
Dr. rer. hort. Abk. für doctor rerum hortensium: Doktor der Gartenbauwissenschaft
Dr. rer. mont. Abk. für doctor rerum montanarum: Doktor der Bergbauwissenschaft
Dr. rer. nat. Abk. für doctor rerum naturalium: Doktor der Naturwissenschaften
Dr. rer. oec. Abk. für doctor rerum oeconomicarum: Doktor der Wirtschaftswissenschaften
Dr. rer. pol. Abk. für doctor rerum politicarum: Doktor der Staatswissenschaften
Dr. rer. publ. Abk. für doctor rerum publicarum: Doktor der Zeitungswissenschaft
Dr. rer. tech. Abk. für doctor rerum technicarum: Doktor der technischen Wissenschaften
Dr. sc. nat. Abk. für doctor scientiarum naturalium: Doktor der Naturwissenschaften
Dr. sc. pol. Abk. für doctor scientiarum politicarum: Doktor der Staatswissenschaften
Dr. tech. österr. Abk. für doctor rerum technicarum: Doktor der technischen Wissenschaften

Dr. theol. Abk. für doctor theologiae: Doktor der Theologie
drü/ben
drü/ber ugs. für: darüber
Druck *m.*, -[e]s, -e
Druck/buch/sta/be *m.*, -n, -n
Drü/cke/ber/ger *m.*, -s, -
druck/emp/find/lich
Druck/emp/find/lich/keit *f.*, -, *nur Sg.*
dru/cken *tr.*
drü/cken *tr.*
drü/ckend
Dru/cker *m.*, -s, -
Drü/cker *m.*, -s, -
Dru/cke/rei *f.*, -, -en
Druck/er/laub/nis *f.*, -, *nur Sg.*
Dru/cker/schwär/ze *f.*, -, *nur Sg.*
Dru/cker/zei/chen *n.*, -s, -
Druck/er/zeug/nis *n.*, -ses, -se
Druck/feh/ler *m.*, -s, -
druck/fer/tig
Druck/ge/neh/mi/gung *f.*, -, -en
Drück/jagd *f.*, -, -en
Druck/knopf *m.*, -[e]s, -e
Druck/le/gung *f.*, -, *nur Sg.*
Druck/luft *f.*, -, *nur Sg.*
Druck/luft/brem/se *f.*, -, -n
Druck/mit/tel *n.*, -s, -
Druck/ort *m.*, -[e]s, -e
Druck/plat/te *f.*, -, -n
druck/reif
Druck/rei/fe *f.*, -, *nur Sg.*
Druck/sa/che *f.*, -, -n
Druck/schrift *f.*, -, -en
Druck/sei/te *f.*, -, -en
druck/sen *intr.*, nicht mit der Sprache heraus wollen
Druck/stock *f.*, -, -e
Druck/tech/nik *f.*, -, -en
druck/tech/nisch
Dru/de *f.*, -, -n, weiblicher Nachtgeist in der germanischen Mythologie

Dru/den/fuß *in.*, -es, -e, Zeichen zum Schutz gegen Druden
Drug/store [engl.] *m.*, -s, -s, kleiner Laden mit Imbissraum
Dru/i/de [kelt.-lat.] *m.*, -n, -n, keltischer Priester
dru/i/disch
drum ugs. für: darum
Drum [engl.] *f.*, -, -s, Trommel
Drum/mer [engl.] *m.*, -s,-, Trommler
drun/ten dort unten, unten
drun/ter ugs. für: darunter
Drusch *m.*, -[e]s, -e, das Dreschen
Dru/se *f.*, -, -n, 1. Hohlraum im Gestein mit Kristallen an den Innenwänden, 2. *nur Sg.:* Pferdekrankheit, 3. Pilzkörnchen, 4. Angehöriger einer islamischen Sekte in Syrien
Drü/se *f.*, -, -n
dru/sig an der Druse leidend
drü/sig 1. drüsenähnlich 2. voller Drüsen
dry [engl.] trocken, herb
d. s. Abk für dal segno
DSA Abk für Deutscher Sprachatlas
Dsche/bel [arab.] *m.*, -s, -, Berg, Gebirge
Dschi/bu/ti amtl:
Dji/bouti: Staat in Afrika und Hauptstadt des Staates
Dschin/gis-Khan mongolischer Herrscher und Eroberer
Dschinn [arab.] Dämon
Dschon/ke *f.*, -, -n, Nebenform von Dschunke
Dschun/gel [Hindi] *m.*, -s, -, tropischer Urwald
Dschun/ke [mal.] *f.*, -, -n, chinesisches Segelschiff

DSG Abk für Deutsche Schlafwagen- und Speisewagengesellschaft mbH
Dsun/ga/rei *f.*, -, nur Sg, Landschaft in Asien
DTB Abk. für Deutscher Turnerbund
dto. Abk für dito
Dtzd. Abk. für Dutzend
du zu jemanden du sagen
d. U. Abk. für der, die Unterzeichnete
du/al [lat.] eine Zweiheit bilden
Du/al *m.*, -[e]s, -e
Du/a/la 1. Stadt in Kamerun 2. *m.*, Angehöriger eines Bantustammes 3. *n.*, eine Bantusprache
Du/a/les Sys/tem *n.*, -[e]s, *nur Sg.*, System zur Rücknahme von Verpackungsmüll
Du/a/lis/mus *m.*, -, *nur Sg.*, 1. Streit zweier Mächte, 2. jede Lehre, nach der es zwei Grundprinzipien des Seins gibt
Du/a/list *m.*, -en, -en, Anhänger des Dualismus
du/a/lis/tisch
Du/a/li/tät *f.*, -, en, Zweiheit
Du/al/sys/tem *n.*, -[e]s, *nur Sg.*, auf der Zahl 2 aufgebautes Zahlensystem
Dü/bel *m.*, -s, -
dü/beln *tr.*
du/bi/os [lat.] zweifelhaft
Du/bi/o/sum *n.* -s, -sa, etwas Zweifelhaftes
du/bi/ta/tiv Zweifel ausdrückend
Du/bi/um *n.*, -s, -bia oder -bien, Zweifelsfall
Dub/lee oder auch
Du/blee *n.*, -s, -s, 1. Edelmetallüberzug 2. Stoß beim Billard

Dub/let/te oder auch **Du/blet/te** *f.*, -, -n, 1. doppelt vorhandener Gegenstand, 2. Doppeltreffer, 3. mit imitiertem Stück zusammengesetzter Edelstein
dub/lie/ren oder auch **du/blie/ren** *tr.*, 1. mit Edelmetall überziehen, 2. verdoppeln
Dub/lin Hauptstadt der Republik Irland
Dub/lo/ne oder auch **Du/blo/ne** *f.*, -, n, alte spanische Goldmünze
Du/chesse [französ.] *f.*, -, -n, 1. Herzogin 2. Seidengewebe
Ducht *f.*, -, -en, Sitzbank und Querversteifung im Ruder- und offenen Segelboot
Duck/dal/be, Dück/dal/be [französ.] *f.*, -, -n, Pfahlgruppe zum Festmachen von Schiffen
du/cken *tr.* und *refl.*
Duck/mäu/ser *m.*, -s, -, Leisetreter
duck/mäu/se/risch
Duck/stein *m.*, -[e]s, -e, =Tuff
Duc/tus *m.*, -, -, in der Medizin: Kanal
du/deln *intr.*
Du/del/sack *m.*, -[e]s, -e, Blasinstrument mit Windsack
Du/del/sack/pfei/fer *m.*, -s, -
Du/ell *n.*, -[e]s, -e, Zweikampf
Du/el/lant *m.*, -en, -en, Duellteilnehmer
du/el/lie/ren *tr.*, im Duell gegeneinander kämpfen
Du/ett [italien.] *n.*, -[e]s, -e, Musikstück für zwei Stimmen oder zwei gleiche Instrumente
Du/et/ti/no *n.*, -s, -s oder -ni, kleines Duett
Duffle/coat [engl.] *m.*, -s, -s, Herrenmantel
Duft *m.*, -[e]s, Düfte
duf/te ugs. für: prima, toll
duf/ten *intr.*
duf/tig
Duft/stoff *m.*, -[e]s, -e
Duft/was/ser *n.*, -s, -
Duis/burg Stadt in Nordrhein-Westfalen
Du/ka/ten [italien.] *m.*, -s, -, alte deutsche, ursprünglich venezianische Goldmünze
Duke [engl.] *m.*, -s, -s, Herzog
Dü/ker *m.*, -s, -, Unterführung von Wasserläufen, Flussbetten
duk/til [lat.] dehnbar, formbar
Duk/ti/li/tät *f.*, -, -en
Duk/tus *m.*, -, *nur Sg.*, Art des Schreibens
dul/den *tr.* und *intr.*, ertragen, aushalten
Dul/der *m.*, -s, -
duld/sam
Duld/sam/keit *f.*, -, *nur Sg.*
Dul/dung *f.*, -, *nur Sg.*
Dul/zi/nea *f.*, -, -s oder neen, ugs. für: Geliebte
Du/ma [russ.] *f.*, -, -s, russisches Parlament
Dum/dum/ge/schoß > **Dum/dum/ge/schoss** *n.*, -[e]s, -e, heute verbotenes Stahlmantelgeschoss
dumm
dumm/dreist
Dumm/dreis/tig/keit *f.*, -, *nur Sg.*
Dum/me/jun/gen/streich *m.*, -s, -e
Dum/mer/chen *n.*, -s, -
Dumm/heit *f.*, -, -en
Dumm/kopf *m.*, [e]s, -e
dümm/lich
Dum/my [engl.] *m.*, -s, -s, 1. Attrappe, 2. Blindband, 3. lebensgroße Puppe zu Testzwecken 4. Bridge: Strohmann
Dum/per [engl.] *m.*, -s, -, Kippwagen
dumpf
Dumpf/heit *f.*, -, *nur Sg.*
dump/fig
Dump/fig/keit *f.*, -, *nur Sg.*
Dum/ping [engl.] *n.*, -s, -s, auf ausländischen Märkten zu Preisen verkaufen, die unter den Inlandpreisen liegen
Dun/ci/a/de *f.*, -, -n, Spottgedicht
Dü/ne *f.*, -, -n
Dü/nen/sand *m.*, -[e]s, *nur Sg.*
Dung *m.*, -[e]s, *nur Sg.*
Dün/ge/mit/tel *n.*, -s, -
dün/gen *tr.*
Dün/ger *m.*, -s, -
Dün/ger/hau/fen *m.*, -s, -
Dung/gru/be *f.*, -, -n
Dün/gung *f.*, -, -en
dun/kel
Dun/kel *n.*, -s, *nur Sg.*
Dün/kel *m.*, -s, *nur Sg.*
dun/kel/blau
dun/kel/haa/rig
Dun/kel/haft *f.*, -, *nur Sg.*
dün/kel/haft
Dün/kel/haf/tig/keit *f.*, -, *nur Sg.*
dun/kel/häu/tig
Dun/kel/heit *f.*, -, *nur Sg.*
Dun/kel/kam/mer *f.*, -, -n
Dun/kel/mann *m.*, -[e]s, -er, Mensch mit dunkler Vergangenheit
dun/keln *intr.*
Dun/kel/zif/fer *f.*, -, -n, alle Fakten, die statistisch nicht erfasst werden können

Dun/kel/zif/fer/de/likt *n.*, -[e]s, -e, Delikte mit hoher Dunkelziffer
dün/ken *tr.*
dünn
Dünn/bier *n.*, -[e]s, -e
Dünn/darm *m.*, -s, -e
Dünn/druck *m.*, -[e]s, -e
Dünn/druck/aus/ga/be *f.*, -, -n
Dün/ne *f.*, -, *nur Sg.*
dun/ne/mals scherzhaft: damals
dünn/flüs/sig
Dünn/flüs/sig/keit *f.*, -, *nur Sg.*
Dünn/heit *f.*, -, *nur Sg.*
dünn/ma/chen *refl.*, verschwinden
Dünn/pfiff *m.*, -[e]s, -e, ugs. für Durchfall
Dünn/schiß > Dünnschiss *m.*, -[e]s, -e, ugs. für: Durchfall
Dünn/schliff *m.*, -[e]s, -e
Dün/nung *f.*, -, -en
dünn/wan/dig
Dunst *m.*, -[e]s, -e
duns/ten *intr.*
düns/teln 1. *intr.*, =dunsten, 2. *tr.*, gar machen
Dunst/glo/cke *f.*, -, -n
duns/tig
Dunst/kreis *m.*, -es, -e
Dü/nung *f.*, -, -en, Meeresbewegung
Duo [italien.] *n.*, -s, -s
Du/o/den/tis *f.*, -, -tiden, Zwölffingerdarmentzündung
Du/o/de/num *n.*, -s, -na, Zwölffingerdarm
Du/o/dez/band *m.*, -es, -e, Buch im Duodezformat
Du/o/dez/for/mat *n.*, [e]s, -e, altes Buchformat
du/o/de/zi/mal auf dem Duodezimalsystem beruhend

Du/o/de/zi/mal/sys/tem *n.*, -[e]s, -e, auf der Zahl 12 beruhendes Zahlensystem
Du/o/de/zi/me *f.*, -, -n, zwölfter Ton der diatonischen Tonleiter
Du/o/de/staat *m.*, -[e]s, -en, Zwergstaat
Du/o/le *f.*, -, -en, zwei aufeinanderfolgende, gleichwertige Noten
Du/o/pol *n.*, -[e]s, -e, = Dypol
dü/pie/ren [französ.] *tr.*, täuschen
Du/pla Pl. von Duplum
Du/plet [französ.] *n.*, -s, -s, Lupe aus zwei Linsen
du/plie/ren *tr.*, verdoppeln
Du/plie/rung *f.*, -, -en
Du/plik *f.*, -, -en, Gegenantwort
Du/pli/kat *n.*, -[e]s, -e, Kopie
Du/pli/ka/tion *f.*, -, -en, Verdoppelung
Du/pli/ka/tor *m.*, -s, -en, Vorrichtung zum Verstärken der elektrischen Ladung
Du/pli/ka/tur *f.*, -, -en, Doppelbildung
du/pli/zie/ren fr, verdoppeln
Du/pli/zi/tät *f.*, -, -en, doppeltes Vorkommen oder Auftreten
Du/plum *n.*, -s, -pla, Duplikat
Dur *n.*, -, *nur Sg.*, Tongeschlecht
Du/ra [lat.] *f.*, -, *nur Sg.*, äußere Hirnhaut
du/ra/bel [lat.] dauerhaft
Du/ra/bi/li/tät *f.*, -, *nur Sg.*
Dur/ak/kord *m.*, -[e]s, -e, Dreiklang mit großer Terz
Dur/a/lu/min *n.*, -[e]s, -e, harte Aluminiumlegierung
Du/ra ma/ter [lat.] >

Du/ra Ma/ter *f.*, -, *nur Sg.* = Dura
du/ra/tiv [lat.], dauernd
Du/ra/tiv *n.*, -[e]s, -e, Aktionsart des Verbums
durch
durch/a/ckern *tr.*, ugs. für: durcharbeiten
durch/ar/bei/ten 1. *intr.*, ohne Pause arbeiten, 2. *tr.*, ein Buch sorgfältig bearbeiten
durch/at/men *intr.*
durch/aus
durch/ba/cken *tr.*
durch/bei/ßen *tr.* und *refl.*
durch/bet/teln *refl.*
durch/bil/den *tr.*
Durch/bil/dung *f.*, -, *nur Sg.*
durch/blät/tern *tr.*
durch/bleu/en > durchbläu/en *tr.*, verprügeln
Durch/blick *m.*, -[e]s, -e
durch/bli/cken *intr.*
durch/blu/ten *tr.*
Durch/blu/tung *f.*, -, *nur Sg.*
Durch/blu/tungs/stö/rung *f.*, -, -en
durch/boh/ren *tr.*, *refl.* und *intr.*
Durch/boh/rung *f.*, -, -en
durch/bo/xen *tr.* und *refl.*, ugs. für: durchsetzen
durch/bra/ten *tr.*
durch/brau/sen *intr.* und *tr.*
durch/bre/chen *intr.* und *tr.*
durch/bren/nen *intr.*
Durch/bren/ner *m.*, -s, -, ugs.: Ausreißer
durch/brin/gen *tr.*
Durch/bruch *m.*, -[e]s, -e
durch/den/ken *tr.*
durch/drän/gen *tr.*
durch/dre/hen *tr.* und *intr.*
durch/drin/gen *intr.* und *tr.*
Durch/drin/gung *f.*, -, -en
durch/drü/cken *tr.*

durch/duf/ten *tr.*
durch/ei/len *intr.* und *tr.*
durch/ein/an/der oder auch: durch/ei/nan/der
Durch/ein/an/der oder auch: Durch/ei/nan/der *n.*, -s, -
durch/es/sen *refl.*
durch/ex/er/zie/ren *tr.*
durch/fah/ren *intr.* und *tr.*
Durch/fahrt *f.*, -, *nur Sg.*
Durch/fahrts/stra/ße *f.*, -, -n
Durch/fall *m.*, [e]s, -e
durch/fal/len *intr.*
durch/fech/ten *tr.*, durchkämpfen
durch/feuch/ten *tr.*
durch/fin/den *refl.*
durch/flech/ten *tr.*
durch/flie/gen *intr.* und *tr.*
durch/flie/ßen *intr.* und *tr.*
Durch/flug *m.*, -[e]s, -e
Durch/fluß > Durchfluss *m.*, -es, -flüsse
durch/flu/ten *tr.*
durch/for/men *tr.*
Durch/for/mung *f.*, -, *nur Sg.*
durch/for/schen *tr.*
Durch/for/schung *f.*, -, *nur Sg.*
durch/fors/ten *tr.*
Durch/fors/tung *f.*, -, *nur Sg.*
durch/fra/gen *refl.*
durch/fres/sen *tr.* und *refl.*
durch/frie/ren *intr.*
Durch/fuhr *f.*, -, -en
durch/führ/bar
Durch/führ/bar/keit *f.*, -, *nur Sg.*
durch/füh/ren *tr.*
Durch/fahr/er/laub/nis *f.*, -, -se
Durch/fuhr/han/del *m.*, -s, *nur Sg.*
Durch/füh/rung *f.*, -, -en
Durch/füh/rungs/bestim/mung *f.*, -, -en
Durch/fuhr/zoll *m.*, -[e]s,-e
durch/fur/chen *tr.*
durch/füt/tern *tr.*
Durch/gang *m.*, -[e]s, -e
Durch/gän/ger *m.*, -s, -
durch/gän/gig
Durch/gangs/bahn/hof *m.*, -[e]s, -e
Durch/gangs/stra/ße *f.*, -, -en
Durch/gangs/ver/kehr *m.*, -[e]s, *nur Sg.*
durch/ge/ben *tr.*
durch/ge/hen *intr.*
durch/ge/hend
durch/geis/tigt erfüllt
durch/ge/näht
durch/glü/hen *tr.* und *intr.*
durch/grei/fen *intr.*
durch/ha/cken *tr.*
durch/hal/ten *intr.*
Durch/hal/te/pa/ro/le *f.*, -, -n
durch/hän/gen *intr.*
Durch/hau *m.*, -[e]s, -e
durch/hau/en *tr.*
durch/he/cheln *tr.*
durch/hei/zen *intr.* und *tr.*
Durch/hieb *m.*, [e]s, -e
durch/hun/gern *refl.*
durch/käl/ten *tr.* und *intr.*
durch/käm/men *tr.*
durch/kämp/fen *tr.* und *refl.*
durch/kau/en *tr.*
durch/klet/tern *intr.* und *tr.*
durch/kne/ten *tr.*
durch/kom/men *intr.*
durch/kom/po/nie/ren *tr.*
durch/kreu/zen *tr.*
Durch/kreu/zung *f.*, -, *nur Sg.*
durch/krie/chen *intr.* und *tr.*
durch/krie/gen *tr.*
durch/la/den *tr.*
Durch/laß > Durchlass *m.*, -es, -lässe, enger Durchgang
durch/las/sen *tr.*
durch/läs/sig
Durch/läs/sig/keit *f.*, -, -en
Durch/laucht *f.*, -, *nur Sg.*, Titel und Anrede für einen Fürsten
durch/lauch/tig
Durch/lauf *m.*, -[e]s, -läufe
durch/lau/fen *tr.* und *intr.*
Durch/lauf/er/hit/zer *m.*, -s, -, Heißwasserbereiter
durch/le/ben *tr.*
durch/le/sen *tr.*
durch/leuch/ten *intr.* und *tr.*
Durch/leuch/tung *f.*, -, -en
durch/lie/gen *tr.*
durch/lo/chen *tr.*
durch/lö/chern *tr.*
durch/lüf/ten *tr.*, ein Zimmer durchgelüftet haben
durch/lü/ftig *tr.*, luftiges Zimmer
Durch/lüf/tung *f.*, -, *nur Sg.*
durch/ma/chen *tr.*
Durch/marsch *m.*, -[e]s, -märsche
durch/mar/schie/ren *intr.*
durch/mes/sen *tr.*
Durch/mes/ser *m.*, -s, -
durch/mus/tern *tr.*
durch/näs/sen *tr.*
durch/neh/men *tr.*
durch/nu/me/rie/ren > durch/num/me/rie/ren *tr.*
Durch/nu/me/rie/rung > Durch/num/me/rierung *f.*, -, -en
durch/ör/tern *tr.*, Begriff im Bergbau
durch/pau/sen *tr.*
durch/peit/schen *tr.*
durch/pres/sen *tr.*
durch/pro/ben *tr.*
durch/prü/fen *tr.*
Durch/prü/fung *f.*, -, -en
durch/prü/geln *tr.*
durch/pul/sen *tr.*
durch/que/ren *tr.*

Durchquerung

Durch/que/rung *f.*, -, -en
durch/ra/sen *intr.*
durch/ras/seln *intr.*, ugs. für: durchfallen
durch/rech/nen *tr.*
durch/reg/nen *intr.*
Durch/rei/che *f.*, -, -n, kleines Fenster zwischen Küche und Speiseraum
durch/rei/chen *tr.*
Durch/rei/se *f.*, -, -n
Durch/rei/se/er/laub/nis *f.*, -, -se
durch/rei/sen *tr.*
Durch/rei/se/vi/sum *n.*, -s, -sa
durch/rei/ßen *tr.* und *intr.*
durch/rei/ten *intr.* und *tr.*
durch/rie/seln *intr.* und *tr.*
durch/rin/gen *refl.*
duch/ros/ten *intr.*
durch/ru/fen *intr.*
durch/rüh/ren *tr.*
durch/rüt/teln *tr.*
durchs kurz für: durch das
Durch/sa/ge *f.*, -, -n
durch/sa/gen *tr.*
durch/sä/gen *tr.*
durch/säu/ern *tr.*
durch/sau/fen *intr.*, ugs. für: eine längere Zeit alkoholische Getränke zu sich nehmen
durch/schal/ten *tr.*
durch/schau/en *intr.* und *tr.*
durch/schei/nen *intr.*
durch/scheu/ern *intr.*
durch/schie/ßen *intr.* und *tr.*
durch/schim/mern *intr.*
durch/schla/fen *intr.* oder *tr.*
Durch/schlag *m.*, -[e]s, -schläge
durch/schla/gen *tr.* und *intr.*
durch/schlä/gig
Durch/schlag/pa/pier *n.*, -[e]s, -e
Durch/schlags/kraft *f.*, -, *nur Sg.*

durch/schlän/geln *refl.*
durch/schlei/chen *refl.*
durch/schleu/sen *tr.*
Durch/schlupf *m.*, -[e]s, -schlüpfe
durch/schlüp/fen *intr.*
durch/schme/cken *tr.*
durch/schmel/zen *intr.*
durch/schmug/geln *tr.*
durch/schnei/den *tr.*
Durch/schnitt *m.*, -[e]s, e
durch/schnitt/lich
Durch/schnitt/lich/keit *f.*, -, *nur Sg.*
Durch/schnitts/al/ter *n.*, -s, *nur Sg.*
Durch/schnitts/ge/schwin/dig/keit *f.*, -, -en
Durch/schnitts/mensch *m.*, -en, -en
Durch/schnitts/tem/pe/ra/tur *f.*, -, -en
Durch/schrei/be/block *m.*, -s, -blöcke
durch/schrei/ben *tr.*, Zweitschrift erstellen
durch/schrei/ten *tr.*
Durch/schrift *f.*, -, -en
Durch/schuß > **Durchschuss** *m.*, -es, -schüsse, Schuss, der durch den Körper hindurchgeht
durch/schüt/teln *tr.*
durch/schwär/men *tr.*
durch/schwim/men *tr.* und *intr.*
durch/schwin/deln *refl.*
durch/schwit/zen *tr.*
durch/se/geln *intr.* und *tr.*
durch/se/hen *intr.* und *tr.*
durch/sei/hen *tr.*
durch/set/zen *tr.*
Durch/sicht *f.*, -, *nur Sg.*
durch/sich/tig
Durch/sich/tig/keit *f.*, -, *nur Sg.*
durch/si/ckern *intr.*
durch/sie/ben *tr.*
durch/sin/gen *tr.*

durch/sit/zen *tr.*
durch/spie/len *tr.*
durch/spre/chen *tr.*
durch/star/ten *intr.*
durch/ste/chen *intr.* und *tr.*
durch/ste/hen *tr.*
durch/stei/gen *intr.* und *tr.*
Durch/stich *m.*, -[e]s, -e
durch/stö/bern *tr.*
Durch/stoß *m.*, -es, -stöße
durch/sto/ßen *intr.* und *tr.*
durch/strei/chen *tr.*
durch/strei/fen *tr.*
durch/strö/men *intr.* und *tr.*
durch/su/chen *tr.*
Durch/su/chung *f.*, -, -en
durch/tan/zen *intr.* und *tr.*
durch/trän/ken *tr.*
durch/tren/nen *tr.*
Durch/tren/nung *f.*, -, -en
durch/trie/ben gerissen, raffiniert
Durch/trie/ben/heit *f.*, -, *nur Sg.*
durch/wa/chen *tr.*
durch/wach/sen *intr.* durchsetzt
Durch/wahl *f.*, -, -en, Wahl der Telefonnummer ohne Vermittlung
durch/wäh/len *intr.*
durch/wal/ken *tr.*
durch/wan/dern *tr.*
durch/wär/men *tr.*
durch/wa/schen *tr.*
durch/wa/ten *intr.* und *tr.*
durch/we/ben *tr.*
durch/weg immer
durch/wei/chen *intr.* und *tr.*
durch/wet/zen *tr.*
durch/win/den *tr.* und *refl.*
durch/win/tern *tr.*
Durch/win/te/rung *f.*, -, *nur Sg.*
durch/wir/ken *tr.*
durch/wüh/len *tr.*
durch/wurs/teln *refl.*, ugs. für: mit Mühe etwas bewältigen

durch/zäh/len *tr.* und *intr.*
Durch/zäh/lung *f.*, -, -en
durch/ze/chen *intr.*
durch/zeich/nen *tr.* 1.durchpausen 2. gut geschildert, dargestellt
durch/zie/hen *intr.* und *tr.*
Durch/zie/her *m.*, -s, -, Fechthieb
durch/zu/cken *tr.*
Durch/zug *m.*, -[e]s, -züge
Durch/züg/ler *m.*, -s, -
Durch/zugs/ar/beit *f.*, -, -en, eine Handarbeit
durch/zwän/gen *tr.*
dür/fen *intr.*
dürf/tig
Dürf/tig/keit *f.*, -, -en
dürr
Dür/re *f.*, -, -en
Dürr/erz *n.*, -es, -e, metallarmes Erz
Durst *m.*, -[e]s, *nur Sg.*
durs/ten *intr.*
dürs/ten *tr.* und *intr.*, nach etwas verlangen
durs/tig
durst/lö/schend
Durst/stre/cke *f.*, -, -n, entbehrungsreiche Zeit
Dusch/bad *n.*, -[e]s, -bäder
Du/sche *f.*, -, -n
Dü/se *f.*, -, -n
dü/sen *intr.*, ugs. schnell laufen oder fahren
Du/sel *m.*, -s, *nur Sg.*, ugs. 1. Glück, 2. Rausch
Du/se/lei *f.*, -, -en
du/se/lig
du/seln *intr.*, schlummern
Dü/sen/an/trieb *m.*, -[e]s, -e

Dü/sen/flug/zeug *n.*, -[e]s, -e
dus/lig
Dus/sel *m.*, -s, -, ugs. für: vertrottelte Person
Dus/se/lei *f.*, -, -en
dus/se/lig
Dus/se/lig/keit *f.*, -, *nur Sg.*
Dus/sel/tier *n.*, -[e]s, -e, ugs. für: Dummkopf
dus/ter siehe auch: düs/ter dunkel
düs/ter
Düs/ter/heit *f.*, -, *nur Sg.*
Düs/ter/keit *f.*, -, *nur Sg.*
düs/tern *intr.*, poetisch
Düs/ter/nis *f.*, -, *nur Sg.*
Dutch/man [engl.] *m.*, -s, -men, 1. englische Bezeichnung für Niederländer, 2. Schimpfwort für deutsche Matrosen
Dutt *m.*, -[e]s, -e, Haarknoten
Du/ty-free Shop [engl.] *m.*, -s, -s, Laden für zollfreie Ware
Dut/zend *n.*, -[e]s, -e, zwölf Stück
dut/zen/de/mal
Dut/zend/mensch *m.*, -en, -en
Dut/zend/wa/re *f.*, -, -n, Billigware
dut/zend/wei/se
Duz/bru/der *m.*, -s, -brüder
du/zen *tr.*, du zueinander sagen
Duz/freund *m.*, [e]s, -e
dwt. Abk für Pennyweight
Dy chemisches Zeichen für Dysprosium

Dy/a/de *f.*, -, -en, zwei zusammengefasste Einheiten in der Vektorrechnung
Dy/a/dik *f.*, -, *nur Sg.* = Dualsystem
dy/a/disch auf der Dyadik beruhend
Dyn [griech.] *n.*, -s, -, Maßeinheit der Kraft
Dy/na/mik *f.*, -, *nur Sg.*, Bewegung, Schwung
dy/na/misch
dy/na/mi/sie/ren *tr.*
Dy/na/mis/mus *m.*, -, *nur Sg.*, Lehre, dass alles Sein auf der Wirkung von Kräften beruht
dy/na/mis/tisch
Dy/na/mit *n.*, -[e]s, *nur Sg.*, ein Sprengstoff
Dy/na/mo *m.*, -s, -s, Kurzwort für Dynamomaschine
Dy/na/mo/ma/schi/ne *f.*, -, -n, Stromerzeuger
Dy/na/mo/me/ter *n.*, -s, -, Gerät zum Messen von mechanischen Leistungen
Dy/nast *m.*, -en, -en, Herrscher, Fürst
Dy/nas/tie *f.*, -, -n, Herrscherhaus, -familie
dy/nas/tisch
Dy/o/pol [griech.] *n.*, -[e]s, -e, Marktform
dys..., Dys... [griech.] in Zus.: schlecht, krankhaft
dz Abk. für Doppelzentner
dz. dzt. Abk. für derzeit
D-Zug *m.*, -[e]s, -züge, bis 1988 Kurzwort für Durchgangszug, heute Interregio

E

e 1. Zeichen für Elektron, 2. Zeichen für Elementarladung, 3. Zeichen für die Zahl 2,71828, 4. Abk. für e-Moll
E 1. KFZ-Länderkennzeichen für Spanien, 2. Abk. für E-Dur
E 605 giftiges Pflanzenschutzmittel
Eagle [engl.] *m.*, -s, -s, Goldmünze in den USA
Earl [engl.] *m.*, -s, -s, Graf
Ea/sy/ri/der [engl.] *m.*, -s, -, Motorrad
Eau de Co/lo/gne [französ.] *n.*, *nur Sg.*, Duftwasser
Eau de toi/let/te [französ.] *n.*, -, -x - -, Duftwasser
Eau de vie [französ.] *n.*, -, *nur Sg.*, Weinbrand
Eb/be *f.*, -, -n
ebd. Abk. für ebenda
eben 1. flach, 2. soeben, 3. Bestätigung
Eben/bild *n.*, -[e]s, -er
eben/bür/tig
Eben/bür/tig/keit *f.*, -, *nur Sg.*
eben/da
eben/da/her
eben/da/hin
eben/da/rum oder auch: **eben/dar/um**
eben/das
eben/das/sel/be
eben/der
eben/der/sel/be
eben/des/halb
eben/des/we/gen
eben/die
eben/dies
eben/die/sel/be
eben/die/ser
eben/dort
Ebe/ne *f.*, -, -n
eben/er/dig
Eben/heit *f.*, -, *nur Sg.*

Eben/holz [arab.-türk.] *n.*, -[e]s, -hölzer, Schwarzholz
ebe/nie/ren *tr.*, Ebenholz auslegen
eben/je/ne (-r,-s)
Eben/maß *n.*, -[e]s, *nur Sg.*
eben/mä/ßig
Eben/mä/ßig/keit *f.*, -, *nur Sg.*
eben/so
eben/so/gut > eben-so gut
eben/so/häu/fig > eben/so häu/fig
eben/so/lang > ebenso lang
eben/sol/che (-r,-s) > eben sol/che (-r,-s)
eben/so/oft > ebenso oft
eben/so/sehr > ebenso sehr
eben/so/viel > ebenso viel
eben/so/weit > ebenso weit
eben/so/we/nig > eben/so we/nig
eben/so/wohl > eben/so wohl
Eber *m.*, -s, -, männliches Schwein
Eber/esche *f.*, -, -n, Laubbaum
Eber/rau/te *f.*, -, -n, Heilpflanze
eb/nen *tr.*
e.c. Abk. für exempli causa
EC-Au/to/mat *m.*, -en, -en, Geldausgabegerät
Ec/cle/sia [lat.] *f.*, -, *nur Sg.*, Kirche
echap/pie/ren *intr.*, entwischen
echauf/fie/ren [französ.] *refl.*, sich erregen
echauf/fiert erregt und bestürzt
Echi/nit [griech.] *m.*, -en oder -[e]s, -en, versteinerter Seeigel
Echi/no/der/me *m.*, -en, -en, Stachelhäuter
Echi/no/kak/tus *m.*, -, -teen, Igelkaktus
Echi/no/kok/kus *m.*, -, -ken, Blasenwurm
Echi/nus *m.*, -, -, 1. Seeigel, 2. Teil der dorischen Säule
Echo [griech.] *n.*, -s, -s
echo/en *intr.* nachsagen, widerhallen
Echo/lot *n.*, -[e]s, -e, Gerät zum Messen von Entfernungen mit Hilfe von Schallwellen
Ech/se *f.*, -, -n, Kriechtier
echt
echt/gol/den
Echt/heit *f.*, -, *nur Sg.*
Echt/sil/ber *n.*, -s, *nur Sg.*, massives Silber
echt/sil/bern
Eck
Eck/ball *m.*, -[e]s, -bälle
Eck/bank *f.*, -, -bänke
Eck/brett *n.*, -[e]s, -er
Eck/chen *n.*, -s, -
Ecke *f.*, -, -n
Ecker *f.*, -, -n, Fracht der Rotbuche
Eck/fens/ter *n.*, -s, -
Eck/haus *n.*, -es, -häuser
eckig
Eck/lein *n.*, -s, -
Eck/platz *m.*, -es, -plätze
Eck/schrank *m.*, -[e]s, -schränke
Eck/stein *m.*, -[e]s, -e
Eck/stoß *m.*, -es, -stöße, Fußballbegriff
Eck/wurf *m.*, -[e]s, -würfe, Handballbegriff
Eck/zahn *m.*, -[e]s, -zähne
Eclair [französ.] *n.*, -s, -s, Gebäck
Eco/no/mie/class [engl.] *f.*, -, *nur Sg.*, billigste Tarifklasse im Flugzeug
Ecu, E/CU [engl.-frz.] Bezugsgröße des Europäischen Währungssystems
Ecua/dor Staat in Südamerika

Ecua/do/ri/a/ner *m.*, -s, - **ecua/do/ri/a/nisch**
ed. Abk. für edidit, herausgegeben
Ed. Abk. für Edition
Edam Stadt in den Niederlanden
Eda/mer *m.*, -s, -, holländische Käsesorte
eda/phisch [griech.] bodenbedingt
Eda/phon *n.*, *nur Sg.*, die Welt der Kleinlebewesen im Erdboden
edd. Abk. für ediderunt
Ede/ka Kurzwort für Einkaufsgenossenschaft deutscher Kolonialwarenhändler
edel
Edel/da/me *f.*, -, -n
edel/den/kend oder auch **edel den/kend**
Edel/fäu/le *f.*, -, *nur Sg.*, Edelreife
Edel/frau *f.*, -, -en
Edel/fräu/lein *n.*, -s,
Edel/gas *n.*, -es, -e
Edel/holz *n.*, -es, -hölzer
Edel/kas/ta/nie *f.*, -, -n
Edel/mann *m.*, -[e]s, -leute
Edel/me/tall *n.*, -[e]s, -e
Edel/mut *m.*, -[e]s, *nur Sg.*
edel/mü/tig
Edel/reis *m.*, -es, *nur Sg.*, Pfropfreis
Edel/rost *m.*, -[e]s, *nur Sg.*, = Patina
Edel/stahl *m.*, -[e]s, -e
Edel/stein *m.*, -[e]s, -e
Edel/tan/ne *f.*, -, -n
Edel/weiß *n.*, -es, -e, Alpenpflanze
Eden [hebr.] *n.*, -s, *nur Sg.*, Paradies
Eden/ta/te [lat.] *m.*, -n, -n, zahnarmes Säugetier
edie/ren *tr.*, herausgeben
Edikt *n.*, -[e]s, -e, Erlass, Verordnung

Edin/burgh [engl.] Hauptstadt von Schottland
Edi/ti/on *f.*, -, -en, Ausgabe
Edi/tor *m.*, -s, -n, 1. Herausgeber, 2. Teil eines Computerprogramms
edi/to/risch die Herausgabe betreffend
Edle *f.*, -n, -, Adlige
Edler *m.*, -n, -, Adliger
Edu/ka/ti/on [lat.] *f.*, -, -en, Erziehung
Edukt [lat.] *n.*, -[e]s, -e, Auszug aus Rohstoffen
EDV Abk. für elektronische Datenverarbeitung
EEG Abk. für Elektroenzephalogramm
Efen/di [griech.-türk.] *m.*, -s, -s, Herr
Efeu *m.*, -s, *nur Sg.*
Ef/fekt [lat.] *m.*, -[e]s, -e, Wirkung
Ef/fekt/be/leuch/tung *f.*, -, -en
Ef/fek/ten *nur Pl.*, Wertpapiere
Ef/fek/ten/bör/se *f.*, -, -n
Ef/fek/ten/han/del *m.*, -s, *nur Sg.*
Ef/fek/ten/ha/sche/rei *f.*, *nur Sg.*
ef/fek/tiv wirksam
Ef/fek/tiv/be/stand *m.*, -[e]s, -bestände, Ist-Bestand
Ef/fek/tiv/leis/tung *f.*, -, -en
Ef/fek/tiv/lohn *m.*, -[e]s, -löhne, Tariflohn inklusive aller Zulagen
Ef/fek/tiv/wert *m.*, -[e]s, -e
ef/fek/tu/ie/ren 1. *tr.* ausführen, 2. *reß.* sich lohnen
ef/fekt/voll
ef/fe/mi/nie/ren *intr.*, weichlich werden
Ef/fet [französ.] *f.*, -, -s oder *m.*, -s, -s, Drehung eines Balles, so dass er beim Aufschlagen die Richtung ändert
ef/fi/lie/ren [französ.] *tr.*, Haare beim Schneiden dünner machen
ef/fi/zi/ent [lat.] wirksam
Ef/fi/zi/enz *f.*, -, -en, Wirksamkeit
ef/fi/zie/ren *tr.*, bewirken
Ef/flo/res/zenz [lat.] *f.*, -, -en, 1. medizinisch für Hautblüte, 2. Salzüberzug auf Böden und Gesteinen
ef/flo/res/zie/ren *intr.*
ef/flu/ie/ren [lat.] *intr.*, ausfließen
Ef/flu/vi/um *n.*, -s, -vien, Ausfluss
Ef/fu/si/on [lat.] *f.*, -, -en, Erguss
ef/fu/siv
Ef/fu/siv/ge/stein *n.*, -[e]s, -e, Ergussgestein
EFTA Abk. für European Free Trade Association: Europäische Freihandelszone
EG Abk. für Europäische Gemeinschaft
egal
ega/li/sie/ren *tr.*, ausgleichen
ega/li/tär Gleichheit anstrebend
Ega/li/ta/ris/mus *m.*, -, *nur Sg.*, Lehre von und Streben nach der Gleichheit aller Menschen
Ega/li/tät *f.*, -, *nur Sg.*, Gleichheit
Egel *m.*, -s, -, allg. Wurm 1. Blutegel, 2. Leberegel
Eger/ling *m.*, -[e]s, -e, Pilz
Eg/ge *f.*, -, -n, 1. Webkante, 2. Ackergerät
eg/gen *tr.*
eGmbH, EGmbH Abk. für eingetragene bzw. Eingetragene Genossenschaft mit beschränkter Haftpflicht
eGmuH, EGmuH Abk. für eingetragene bzw. Einge-

tragene Genossenschaft mit unbeschränkter Haftpflicht
Ego [lat.] *n.*, -s, *nur Sg.*, das Ich
Ego/is/mus *m., nur Sg.*, Selbstsucht
Ego/ist *m.*, -en, -en, selbstsüchtiger Mensch
ego/is/tisch
Ego/tis/mus [lat.] *m., nur Sg.*, Eigenliebe
Ego/tist *m.*, -en, -en
ego/tis/tisch
Egout/teur [französ.] *m.*, -[e]s, -e, Walze zum Erzeugen des Wasserzeichens
Ego/zen/trik auch: **Egozentrik** [lat.] *f., -, nur Sg.*, alles auf das eigene Ich beziehend
Ego/zen/tri/ker auch **-zent/ri/ker** *m.*, -s, -
ego/zen/trisch auch: **-zent/risch**
Ego/zen/tri/zi/tät auch: **-zent/ri/zi/tät** *f., -, nur Sg.*, = Egozentrik
egre/nie/ren [französ.] *tr.*, von den Samen trennen
Egre/nier/ma/schi/ne *f.*, -, -n
eh 1. ehe, 2. früher, 3. ugs. für: ohnehin
E.h. Abk. für: ehrenhalber
ehe bevor
Ehe *f.*, -, -n
Ehe/an/bah/nungs/insti/tut *n.*, -[e]s, -e
Ehe/be/ra/tung *f.*, -, -en
Ehe/bett *n.*, -[e]s, en
ehe/bre/chen *intr.*
Ehe/bre/cher *m.*, -s, -
ehe/bre/che/risch
Ehe/bruch *m.*, -[e]s, -brüche
ehe/dem vormals
ehe/fä/hig
Ehe/fä/hig/keit *f., -, nur Sg.*
Ehe/frau *f.*, -, -en
Ehe/gat/te *m.*, -n, -n
Ehe/häl/fte *f.*, -, -n, scherzh. für: Ehepartner
Ehe/hin/der/nis *n.*, -ses, -se
Ehe/le/ben *n.*, -s, *nur Sg.*
Ehe/leu/te *nur Pl.*, Ehepaar
ehe/lich
ehe/li/chen *tr.*, veralt. für: heiraten
Ehe/lich/keit *f., -, nur Sg.*
Ehe/lich/keits/er/klärung *f.*, -, -en
ehe/los
Ehe/lo/sig/keit *f., -, nur Sg.*
ehe/ma/lig
ehe/mals
Ehe/mann *m.*, -[e]s, -männer
ehe/mün/dig
Ehe/mün/dig/keit *f., -, nur Sg.*
Ehe/paar *n.*, -[e]s, -e
Ehe/part/ner *m.*, -s, -
eher
Ehe/recht *n.*, -[e]s, -e
Ehe/ring *m.*, -[e]s, -e
ehern unerbittlich, eisern
Ehe/schei/dung *f.*, -, -en
ehe/scheu
Ehe/scheu *f., -, nur Sg.*
Ehe/schlie/ßung *f.*, -, -en
ehest frühest
Ehe/stand *m.*, -[e]s, *nur Sg.*
Ehe/stands/dar/le/hen *n.*, -s, -
Ehe/tra/gö/die *f.*, -, -n
Ehe/ver/mitt/lung *f.*, -, -en
Ehe/weib *n.*, -[e]s, -er
Ehr/ab/schnei/der *m.*, -s, -
Ehr/ab/schnei/de/rei *f., -, nur Sg.*
ehr/bar
Ehr/bar/keit *f., -, nur Sg.*
Ehr/be/griff *m.*, -[e]s, -e
Eh/re *f.*, -, -n
eh/ren *tr.*
Eh/ren/amt *n.*, -[e]s, -ämter
eh/ren/amt/lich
Eh/ren/be/zei/gung *f.*, -, -en, militärischer Gruß
Eh/ren/bür/ger *m.*, -s, -
Eh/ren/bür/ger/schaft *f.*, -, -en
Eh/ren/dok/tor *m.*, -s, -en
Eh/ren/er/klä/rung *f.*, -, -en
eh/ren/haft moralisch hoch stehend
Eh/ren/haf/tig/keit *f., -, nur Sg.*
eh/ren/hal/ber
Eh/ren/mann *m.*, -es, -männer
Eh/ren/mit/glied *n.*, -[e]s, -er
Eh/ren/mit/glied/schaft *f.*, -, *nur Sg.*
Eh/ren/name *m.*, -ns, -n
Eh/ren/preis *m.* oder *n.*, -ses, -se, eine Wiesenpflanze
Eh/ren/rech/te *n., nur Pl.*
Eh/ren/ret/ter *m.*, -s, -
Eh/ren/ret/tung *f., -, nur Sg.*
Eh/ren/rich/ter *m.*, -s, -
eh/ren/rüh/rig
Eh/ren/rüh/rig/keit *f.*, -, *nur Sg.*
Eh/ren/run/de *f.*, -, -n
Eh/ren/sa/che *f.*, -, -n
Eh/ren/tag *m.*, -[e]s, -e, Geburtstag, Jubiläum, etc.
Eh/ren/tanz *m.*, -es, -tänze
Eh/ren/ti/tel *m.*, -s, -
Eh/ren/tor *n.*, -[e]s, -e, einziges Tor einer verlierenden Mannschaft im Fußball
Eh/ren/ur/kunde *f.*, -, -n
eh/ren/voll
eh/ren/wert
Eh/ren/wa/che *f.*, -, -n, Mahnwache
Eh/ren/wort *n.*, -[e]s, -e, Versprechen
eh/ren/wört/lich
ehr/er/bie/tig
Ehr/er/bie/tig/keit *f., -, nur Sg.*
Ehr/er/bie/tung *f., -, nur Sg.*
Ehr/furcht *f., -, nur Sg.*
ehr/fürch/tig

Eigensinn

ehr/furchts/los
ehr/furchts/voll
Ehr/ge/fühl *n.*, -[e]s, -e
Ehr/geiz *m.*, -es, *nur Sg*, Ambition
ehr/gei/zig
Ehr/geiz/ling *m.*, -[e]s, -e, ugs. für karrierebesessenen Menschen
ehr/lich
Ehr/lich/keit *f.*, -, *nur Sg.*
ehr/los
Ehr/lo/sig/keit *f.*, -, *nur Sg.*
ehr/sam
Ehr/sam/keit *f.*, -, *nur Sg.*
Eh/rung *f.*, -, -en
Ehr/ver/lust *m.*, -[e]s, *nur Sg.*
Ehr/wür/den *ohne Artikel*, katholische Kirche: Anrede für hochgestellte Geistliche
ehr/wür/dig
Ei *n.*, -[e]s, -er
Ei/be *f.*, -, -n, Nadelbaum
ei/ben aus Eibenholz
Ei/bisch *m.*, -es, -e, Heilkraut
Eich/amt *n.*, -[e]s, -ämter
Eich/baum *m.*, [e]s, -bäume, siehe Eiche
Ei/che *f.*, -, -n, 1. Laubbaum, 2. Eichung: Maischemaß
Ei/chel *f.*, -, -n, vorderster Teil des Penis
Ei/chel/hä/her *m.*, -s, -, Vogelart
ei/chen 1. auf ein offizielles Maß einstellen und kennzeichen, 2. aus Eichenholz
Ei/chen/baum *m.*, -[e]s, -bäume
Eich/horn *n.*, -[e]s, -hörner
Eich/hörn/chen *n.*, -s, -
Eich/kätz/chen *n.*, -s, -
Eich/maß *n.*, -es, -e
Eich/meis/ter *m.*, -s, -
Ei/chung *f.*, -, -en, Feststellung des Eichmaßes
Eid *m.*, -[e]s, -e, Schwur, Versprechen
Eid/bruch *m.*, -[e]s, -brüche
eid/brü/chig
Ei/dech/se *f.*, -, -n
ei/des/fä/hig
Ei/des/fä/hig/keit *f.*, -, *nur Sg.*
Ei/des/for/mel *f.*, -, -n
Ei/des/hel/fer *m.*, -s, -
ei/des/statt/lich
Ei/des/ver/wei/ge/rung *f.*, -, -en
Eid/ge/nos/se *m.*, -n, -n, Bez. für schweizerischen Staatsangehörigen
Eid/ge/nos/sen/schaft *f.*, -, -en
eid/ge/nös/sisch
Eid/hel/fer *m.*, -s, -
eid/lich
Ei/do/phor [griech.] *n.*, -[e]s, -e, Fernsehgerät
Ei/dos [griech.] *n.*, -, *nur Sg.*, 1. Gestalt, 2. bei Plato: Idee, 3. in der Logik: Art
Ei/dot/ter *n.*, -s, -, Eigelb
Ei/er/ku/chen *m.*, -s, -, Pfannkuchen
Ei/er/li/kör *m.*, -s, -e, alkoholisches Getränk
ei/ern *intr.*, ugs. für: sich ungleichmäßig drehen
Ei/er/schwamm *m.*, -[e]s, -schwämme, Pfifferling
Ei/er/spei/se *f.*, -, -n
Ei/er/stock *m.*, -[e]s, -stöcke
Ei/er/tanz *m.*, -ES, -tänze, ugs. für: übertrieben vorsichtiges Verhalten
Ei/er/uhr *f.*, -, -en
Ei/fer *m.*, -s, *nur Sg.*, teilweise übertriebenes Bestreben
Ei/fe/rer *m.*, -s, -
ei/fern *intr.*
Ei/fer/sucht *f.*, -, *nur Sg.*, Verlustangst, Minderwertigkeitsgefühl, Neid
Ei/fer/süch/te/lei *f.*, -, -en
ei/fer/süch/tig
Ei/fer/suchts/tra/gö/die *f.*, -, -n
Eif/fel/turm *m.*, -[e]s, *nur Sg.*, berühmter Turm in Paris
eif/rig emsig, fleißig
Eif/rig/keit *f.*, -, *nur Sg.*
Ei/gelb *n.*, -s, -e, Eidotter
ei/gen
Ei/gen *n.*, -s, *nur Sg.* Besitz
Ei/gen/art *f.*, -, -en
ei/gen/ar/tig seltsam
Ei/gen/ar/tig/keit *f.*, -, *nur Sg.*
Ei/gen/be/darf *m.*, -s, *nur Sg.*
Ei/gen/be/sitz *m.*, -es, -e
Ei/gen/be/we/gung *f.*, -, -en
Ei/gen/bröt/ler *m.*, -s, -, Sonderling
ei/gen/bröt/le/risch
ei/gen/ge/setz/lich
Ei/gen/ge/setz/lich/keit *f.*, -, *nur Sg.*
Ei/gen/ge/wicht *n.*, -[e]s, -e
ei/gen/hän/dig
Ei/gen/hän/dig/keit *f.*, -, *nur Sg.*
Ei/gen/heim *n.*, -[e]s, -e
Ei/gen/heit *f.*, -, -en
Ei/gen/ka/pi/tal *n.*, -s, -talien
Ei/gen/le/ben *n.*, -s, *nur Sg.*
Ei/gen/lie/be *f.*, -, *nur Sg.*
Ei/gen/lob *n.*, -le]s, *nur Sg.*
ei/gen/mäch/tig ohne Autorisation
Ei/gen/mäch/tig/keit *f.*, -, -en
Ei/gen/na/me *m.*, -ns, -n
Ei/gen/nutz *m.*, -es, *nur Sg.*
ei/gen/nüt/zig
Ei/gen/nüt/zig/keit *f.*, -, *nur Sg.*
ei/gens extra
Ei/gen/schaft *f.*, -, -en
Ei/gen/schafts/wort *n.*, -[e]s, -Wörter, Adjektiv
Ei/gen/sinn *m.*, -[e]s, *nur Sg.*

ei/gen/sin/nig
ei/gen/staat/lich
Ei/gen/staat/lich/keit *f.*, -, *nur Sg.*
ei/gen/stän/dig selbständig, unabhängig
Ei/gen/stän/dig/keit *f.*, -, *nur Sg.*
Ei/gen/strah/lung *f.*, -, -en
Ei/gen/sucht *f.*, -, *nur Sg.*
ei/gen/süch/tig
ei/gent/lich
Ei/gen/tor *n.*, -[e]s, -e
Ei/gen/tum *n.*, -[e]s, -tümer
Ei/gen/tü/mer *m.*, -s, -, Besitzer
ei/gen/tüm/lich seltsam
Ei/gen/tüm/lich/keit *f.*, -, -en
Ei/gen/tums/de/likt *n.*, -[e]s, -e, Diebstahl
Ei/gen/tums/recht *n.*, -[e]s, -e
Ei/gen/tums/woh/nung *f.*, -, -en
ei/gen/ver/ant/wort/lich
Ei/gen/ver/ant/wort/lich/keit *f.*, -, *nur Sg.*
Ei/gen/ver/brauch *m.*, -[e]s, *nur Sg.*
Ei/gen/wär/me *f.*, -, *nur Sg.*
Ei/gen/wert *m.*, -[e]s, -e
Ei/gen/wil/le *m.*, -ns, -n
ei/gen/wil/lig
Ei/gen/wil/lig/keit *f.*, -, *nur Sg.*
eig/nen *intr. oder refl.*
Eig/nung *f.*, -, *nur Sg.*
Eig/nungs/prü/fung *f.*, -, -en
eigtl. Abk. für eigentlich
Ei/klar *n.*, -s, -e, Eiweiß
Ei/land *n.*, -[e]s, -e, poetisch: Insel
Eil/bo/te *m.*, -n, -n
Eil/brief *m.*, -[e]s, -e
Ei/le *f.*, -, *nur Sg.*
Ei/lei/ter *m.*, -s, -
ei/len *intr. oder refl.*
ei/lends schnell

Eil/gut *n.*, -[e]s, -güter
ei/lig
ei/ligst
Eil/marsch *m.*, -[e]s, -märsche
Eil/schrift *f.*, -, -en, Kurzschrift
Eil/schritt *m.*, -[e]s, -e
Eil/sen/dung *f.*, -, -en
Eil/zug *m.*, -[e]s, -züge
Ei/mer *m.*, -s, -, Behälter
ei/mer/wei/se ugs.: eimerweise Post
ein 1. unbestimmter Artikel, 2. Zahlwort, 3. Adverb
Ein/ak/ter *m.*, -s, -, Theaterstück mit einem Akt
ein/ak/tig
ein/an/der oder auch: **ei/nan/der**
ein/ar/bei/ten *tr.*
Ein/ar/bei/tung *f.*, -, *nur Sg.*
ein/ar/mig
ein/ä/schern *tr.*
Ein/ä/sche/rung *f.*, -, -en
ein/at/men *tr.*
Ein/at/mung *f.*, -, *nur Sg.*
ein/äu/gig
Ein/äu/gig/keit *f.*, -, *nur Sg.*
Ein/bahn/stra/ße *f.*, -, -n
ein/bal/sa/mie/ren *tr.*
Ein/bal/sa/mie/rung *f.*, -, -en
Ein/bau *m.*, 1. -s, *nur Sg.*, das Einbauen, 2. -s, -bauten, der eingebaute Teil
ein/bau/en *tr.*
Ein/bau/kü/che *f.*, -, -n
Ein/baum *m.*, -[e]s, -bäume, Boot aus einem Baum
Ein/beere *f.*, -, -n, Liliengewächs
ein/be/grei/fen *tr.*, im Preis einbegriffen
ein/be/hal/ten *tr.*, zurückbehalten
ein/bei/nig
ein/be/ru/fen *tr.*
Ein/be/ru/fung *f.*, -, -en

ein/bet/ten *tr.*, integrieren
Ein/bet/tung *f.*, -, -en
Ein/bett/zim/mer *n.*, -s, -
ein/be/zie/hen *tr.*
Ein/be/zie/hung *f.*, -, -en
ein/bie/gen *intr.* und *tr.*
ein/bil/den *tr.*
Ein/bil/dung *f.*, -, *nur Sg.*
Ein/bil/dungs/kraft *f.*, -, *nur Sg.*
ein/bin/den *tr.*
ein/bläu/en *tr.*, ugs. für: mit Nachdruck einprägen
ein/blen/den *tr.*
Ein/blen/dung *f.*, -, -en
ein/bleu/en > **ein/bläu/en** *tr.* (von blau)
Ein/blick *m.*, -[e]s, -e
ein/bre/chen *tr.* und *intr.*
Ein/bre/cher *m.*, -s, -
ein/bren/nen *tr.*
ein/brin/gen *tr.*
ein/bring/lich Gewinn bringend
Ein/brin/gung *f.*, -, *nur Sg.*
ein/bro/cken *tr.*, Probleme bereiten
Ein/bruch *m.*, -[e]s, -brüche
ein/bruchs/sicher
Ein/bruchs/ver/si/cherung *f.*, -, -en
ein/buch/ten *tr.*
Ein/buch/tung *f.*, -, -en
ein/bud/deln *tr.*
ein/bür/gern *tr.*
Ein/bür/ge/rung *f.*, -, -en
Ein/bu/ße *f.*, -, -n, Verlust
ein/bü/ßen *tr.*
ein/cre/men *tr.*
ein/däm/men *tr.*
Ein/däm/mung *f.*, -, -en
ein/deu/tig zweifelsfrei
Ein/deu/tig/keit *f.*, -, -en
ein/deut/schen *tr.*
Ein/deut/schung *f.*, -, *nur Sg.*
ein/di/cken *tr.*
ein/do/sen *tr.*
ein/drin/gen *intr.*

ein/dring/lich nachhaltig
Ein/dring/lich/keit *f.*, -., *nur Sg.*
Ein/dring/ling *m.*, -[e]s, -e
Ein/druck *m.*, -[e]s, -drücke
ein/drü/cken *tr.*
ein/drück/lich
ein/drucks/voll
ein/eb/nen *tr.*
Ein/eb/nung *f.*, -, *nur Sg.*
Ein/e/he *f.*, -, -n, Monogamie
ein/ei/ig aus einer Eizelle entstanden
ei/nen *tr.*, vereinen, zusammenbringen
ein/eng/en *tr.*
Ein/en/gung *f.*, -, *nur Sg.*
ei/ner, ei/ne, ei/nes, eins 1. unbestimmtes Pronomen, 2. Zahlwort
Ei/ner *m.*, -s,-, 1. Zahl, 2. Boot für eine Person
ei/ner/lei
Ei/ner/lei *n.*, -s, *nur Sg.*
ei/ner/seits
ein/ex/er/zie/ren *tr.* militärisch: einüben
ein/fach
Ein/fach/heit *f.*, -, *nur Sg.*
ein/fä/deln *tr.*
ein/fah/ren *intr.*, und *tr.*
Ein/fahrt *f.*, -, -en
Ein/fall *m.*, -[e]s, -fälle
ein/fal/len *intr.*
ein/falls/reich
Ein/falls/reich/tum *m.*, -s, *nur Sg.*
Ein/falls/win/kel *m.*, -s, -
Ein/falt *f.*, -, *nur Sg.*
ein/fäl/tig
Ein/fäl/tig/keit *f.*, -, *nur Sg.*
Ein/falts/pin/sel *m.*, -s, -, dummer Mensch, der glaubt besonders klug zu handeln
ein/fal/zen *tr.*
Ein/fal/zung *f.*, -, -en
Ein/fa/mi/li/en/haus *n.*, -es, -häuser

ein/fan/gen *tr.*
ein/fär/ben *tr.*
ein/far/big
Ein/far/big/keit *f.*, -, *nur Sg.*
Ein/fär/bung *f.*, -, -en
ein/fas/sen *tr.*
Ein/fas/sung *f.*, -, -en
ein/fet/ten *tr.*, mit Fett versehen
Ein/fet/tung *f.*, -, *nur Sg.*
ein/fin/den *refl.*
ein/flie/ßen *intr.*
ein/flö/ßen *tr.*
Ein/flö/ßung *f.*, -, *nur Sg.*
Ein/flug *m.*, -[e]s, -flüge
Ein/flug/schnei/se *f.*, -, -en
Ein/fluß > Ein/fluss *m.*, -es, -flüsse
Ein/fluß/be/reich > Ein/fluss/be/reich *m.*, -es, -e
Ein/fluß/nah/me > Ein/fluss/nah/me *f.*, -, -n
ein/fluß/reich > ein/fluss/reich
ein/flüs/tern *tr.*
Ein/flüs/te/rung *f.*, -, -en
ein/for/dern *tr.*
Ein/for/de/rung *f.*, -, -en
ein/för/mig
Ein/för/mig/keit *f.*, -, *nur Sg.*
ein/frie/den *tr.*
Ein/frie/dung *f.*, -, -en
ein/frie/ren *intr.* und *tr.*
ein/fü/gen *tr.*
Ein/fü/gung *f.*, -, -en
ein/füh/len *refl.*
ein/fühl/sam
Ein/fühl/sam/keit *f.*, -, *nur Sg.*
Ein/füh/lungs/ver/mögen *n.*, -s, *nur Sg.*
Ein/fuhr *f.*, -, -en, Import
ein/füh/ren *tr.*
Ein/füh/rung *f.*, -, -en
Ein/fuhr/ver/bot *n.*, [e]s, -e
Ein/fuhr/zoll *m.*, [e]s, -zölle
ein/fül/len *tr.*
Ein/fül/lung *f.*, -, *nur Sg.*
Ein/ga/be *f.*, -, -n

Ein/gang *m.*, -[e]s, -gänge
ein/ge/ben *tr.*
ein/ge/bil/det arrogant
Ein/ge/bil/det/heit *f.*, -, *nur Sg.*
Ein/ge/bo/re/ne *f.* oder *m.*, -n, -n
Ein/ge/bo/re/nen/sprache *f.*, -, -n
Ein/ge/bung *f.*, -, -en
ein/ge/fleischt überzeugt
ein/ge/hen *intr.* und *tr.*
ein/ge/hend intensiv, gründlich
Ein/ge/mach/te *n.*, -n, *nur Sg.*, Konserve
ein/ge/mein/den *tr.*
Ein/ge/mein/dung *f.*, -, *nur Sg.*
ein/ge/nom/men für oder gegen etwas oder jemanden sein
Ein/ge/nom/men/heit *f.*, -, *nur Sg.*
ein/ge/schlech/tig Botanik: nur ein Geschlecht aufweisend
ein/ge/ses/sen einheimisch
Ein/ge/ständ/nis *n.*, -es, -e
ein/ge/ste/hen *tr.*, zugeben
Ein/ge/wei/de *f.*, -s, -
Ein/ge/weih/te *f.* oder *m.*, -n, -n
ein/ge/wöh/nen *refl.*
Ein/ge/wöh/nung *f.*, -, *nur Sg.*
ein/ge/zo/gen zurückgezogen
ein/gip/sen *tr.*
ein/glei/sig Bahnstrecke mit nur einem Gleis
ein/glie/dern *tr.*
Ein/glie/de/rung *f.*, -, -en
ein/gra/ben *tr.*
ein/gra/vie/ren *tr.*
Ein/gra/vie/rung *f.*, -, -en
ein/grei/fen *intr.*
Ein/griff *m.*, -[e]s, -e
ein/gren/zen *tr.*

Ein/gren/zung *f.*, -, -en
ein/ha/ken *intr.* und *tr.*
Ein/halt *m.*, -[e]s, *nur Sg.*, jemanden in einer Sache stoppen
ein/hal/ten *tr.* und *intr.*
ein/han/deln *tr.*
ein/hän/dig
ein/hän/di/gen *tr.*
Ein/hän/di/gung *f.*, -, *nur Sg.*
ein/hän/gen *tr.* oder *intr.*
ein/häu/sig Botanik: monözisch
Ein/häu/sig/keit *f.*, -, *nur Sg.*, Monözie
ein/hei/misch
Ein/hei/misch/e *f.* oder *m.*, -n, -n
ein/heim/sen *tr.*
ein/hei/ra/ten *intr.*
Ein/heit *f.*, -, -en
ein/heit/lich
Ein/heit/lich/keit *f.*, -, *nur Sg.*
Ein/heits/preis *m.*, -es, -e
Ein/heits/staat *m.*, -[e]s, -en
ein/hei/zen *intr.* ugs. für: jemandem Vorwürfe machen
ein/hel/lig einstimmig, ohne Gegenstimme
Ein/hel/lig/keit *f.*, -, *nur Sg.*
ein/her
ein/her/fah/ren *intr.*
ein/her/ge/hen *intr.*
ein/hie/ven *tr.*, Seewesen: Anker hochziehen
ein/ho/len *tr.*
Ein/ho/lung *f.*, -, *nur Sg.*
Ein/horn *n.*, -[e]s, -hörner, 1. Fabeltier (kleines Pferd mit einem Horn auf der Stirn), 2. Sternbild
Ein/hu/fer *m.*, -s, -
ein/hu/fig
ei/nig
ei/ni/ge (-r,-s) 1. ziemlich viel, 2. mehrere

ei/ni/ge/mal aber: einige Male
ein/i/geln *refl.*
ei/ni/gen *tr.*
ei/ni/ger/ma/ßen
Ei/nig/keit *f.*, -, *nur Sg.*
Ei/ni/gung *f.*, -, -en
ein/imp/fen *tr.*, ugs. für: nachdrücklich erklären
Ein/imp/fung *f.*, -, *nur Sg.*
ein/ja/gen *tr.*, jemandem einen Schrecken einjagen
ein/jäh/rig
ein/kal/ku/lie/ren *tr.*, einrechnen
ein/kap/seln *tr.*
Ein/kap/se/lung *f.*, -, *nur Sg.*
ein/kas/sie/ren *tr.*
Ein/kas/sie/rung *f.*, -, *nur Sg.*
Ein/kauf *m.*, -[e]s, -käufe
ein/kau/fen *tr.*
Ein/käu/fer *m.*, -s, -
Ein/kaufs/preis *m.*, -es, -e
Ein/kaufs/zen/trum *n.*, -s, -tren
Ein/kehr *f.*, -, *nur Sg.*
ein/keh/ren *intr.*
ein/kei/len *tr.*
ein/kel/lern *tr.*, Vorrat im Keller einlagern
Ein/kel/le/rung *f.*, -, *nur Sg.*
ein/ker/ben *tr.*
Ein/ker/bung *f.*, -, -en
ein/ker/kern *tr.*
Ein/ker/ke/rung *f.*, -, *nur Sg.*
ein/kes/seln *tr.*, umzingeln
Ein/kes/se/lung, Ein/keß-lung > **Ein/kess/lung** *f.*, -, *nur Sg.*
ein/kla/gen *tr.* sein Recht vor Gericht einklagen
ein/klam/mern *tr.*, in Klammern setzen
Ein/klam/me/rung *f.*, -, -en
Ein/klang *m.*, -[e]s, *nur Sg.*
ein/klei/den *tr.*
Ein/klei/dung *f.*, -, *nur Sg.*
ein/klem/men *tr.*

Ein/klem/mung *f.*, -, -en
ein/ko/chen *tr.*
Ein/kom/men *n.*, -s, -, Gehalt
Ein/kom/men/steu/er *f.*, -, -n
ein/kom/men/steu/er-pflich/tig
ein/krei/sen *tr.*
Ein/krei/sung *f.*, -, *nur Sg.*
Ein/krei/sungs/po/li/tik *f.*, -, *nur Sg.*
ein/kre/men *tr.*
Ein/künf/te *nur Pl.*
ein/la/den *tr.*
Ein/la/dung *f.*, -, -en
Ein/la/ge *f.*, -, -en
Ein/laß > **Ein/lass** *m.*, -es, -lässe
Ein/las/sung *f.*, -, -en, Rechtsweg: Stellungnahme zur Klage
Ein/lauf *m.*, -[e]s, -läufe
ein/lau/fen *intr.*
Ein/lauf/wet/te *f.*, -, -n
ein/le/ben *refl.*
Ein/le/ge/ar/beit *f.*, -, -en
ein/le/gen *tr.*
Ein/le/gung *f.*, -, -en
ein/lei/ten *tr.*
Ein/lei/tung *f.*, -, -en
ein/len/ken *intr.*
ein/le/sen *refl.*
ein/leuch/ten *intr.*
ein/lie/fern *tr.*
Ein/lie/fe/rung *f.*, -, -en
Ein/lie/fe/rungs/schein *m.*, -[e]s, -e
ein/lie/gend anbei
Ein/lie/ger *m.*, -s, -, Gelegenheitsarbeiter auf dem Land
Ein/lie/ger/woh/nung *f.*, -, -en, Zweitwohnung im Einfamilienhaus
ein/lo/chen *tr.* 1. Golf: den Ball ins Loch spielen, 2. ugs. für: einsperren
ein/lö/sen *tr.*

Einschleppung

Ein/lö/sung *f.*, -, *nur Sg.*
ein/lul/len *tr.* 1. in Sicherheit wiegen, 2. in den Schlaf singen
ein/ma/chen *tr.*, einkochen
Ein/mach/glas *n.*, -es, -gläser
ein/mah/nen *tr.*
Ein/mah/nung *tr.*, -, -en
ein/mal aber: das eine Mal
Ein/mal/eins *n.*, -, -
ein/ma/lig
Ein/ma/lig/keit *f.*, -, *nur Sg.*
Ein/mark/stück *n.*, -[e]s, -e
Ein/marsch *m.*, -[e]s, -märsche
ein/mar/schie/ren *intr.*
Ein/mas/ter *m.*, -s, -, Segelschiff mit einem Mast
ein/mas/tig
ein/mau/ern *tr.*
Ein/mau/e/rung *f.*, -, *nur Sg.*
Ein/me/ter/brett *n.*, -[e]s, -er
ein/mie/ten 1. *tr.*, Rüben einmieten (einlagern), 2. *refl.*, sich bei jemandem einmieten
Ein/mie/tung *f.*, -, *nur Sg.*
ein/mi/schen *refl.*
Ein/mi/schung *f.*, -, -en
ein/mo/to/rig
ein/mot/ten *tr.*
ein/mum/men *tr.*
ein/mün/den *intr.*
Ein/mün/dung *f.*, -, -en
ein/mü/tig einer Meinung seiend
Ein/mü/tig/keit *f.*, -, *nur Sg.*
Ein/nah/me *f.*, -, -n
Ein/nah/me/quel/le *f.*, -, -n
ein/ne/beln *tr.*
Ein/ne/be/lung, Ein/neb/lung *f.*, -, *nur Sg.*
ein/neh/men *tr.*
Ein/neh/mer *m.*, -s, -
ein/ni/cken *intr.*, eindösen
Ein/öd *f.*, -, -en
Ein/ö/de *f.*, -, -n

ein/ord/nen *tr.*
Ein/ord/nung *f.*, -, -en
Ein/par/tei/en/re/gierung *f.*, -, -en
Ein/par/tei/en/sys/tem *n.*, -[e]s, -e
ein/pas/sen *tr.*
ein/pau/ken *tr.*
Ein/pau/ker *m.*, -s, -
ein/peit/schen *tr.*
Ein/peit/scher *m.*, -s, -
ein/pfer/chen *tr.*
Ein/pha/sen/strom *m.*, -[e]s, -ströme
ein/pla/nen *tr.*
Ein/pla/nung *f.*, -, -en
ein/po/lig
ein/prä/gen *tr.*
ein/präg/sam
Ein/prä/gung *f.*, -, -en
ein/pup/pen *refl.*
ein/quar/tie/ren *tr.*
Ein/quar/tie/rung *f.*, -, -en
ein/ran/gie/ren *tr.*
ein/ras/ten *intr.*
ein/räu/men *tr.*
Ein/räu/mung *f.*, -, -en
Ein/re/de *f.*, -, -n, Einwand
ein/reg/nen *refl.* oder *intr.*
ein/rei/ben *tr.*
Ein/rei/bung *f.*, -, -en
ein/rei/chen *tr.*
Ein/rei/chung *f.*, -, *nur Sg.*
ein/rei/hen *tr.*
Ein/rei/her *m.*, -s, -, Anzug mit nur einer Knopfleiste
ein/rei/hig
Ein/rei/hung *f.*, -, -en
Ein/rei/se *f.*, -, *nur Sg.*
Ein/rei/se/er/laub/nis *f.*, -, -se
ein/rei/sen *intr.*
Ein/rei/se/vi/sum *n.*, -s, -sa, Erlaubnis zur Einreise
ein/rei/ßen *tr.* und *intr.*
ein/ren/ken *tr.*
Ein/ren/kung *f.*, -, -en
ein/ren/nen *tr.*
ein/rich/ten *tr.*, ausstatten

Ein/rich/tung *f.*, -, -en
Ein/riß > **Ein/riss** *m.*, -es, -e
ein/ros/ten *intr.*
ein/rü/cken *tr.* oder *intr.*
Ein/rü/ckung *f.*, -, -en
eins 1. unbestimmtes Fürwort, 2. Zahlwort, 3. einig, 4. etwas, 5. gleichgültig
Eins 1. Zahl, 2. Schulnote
Ein/saat *f.*, -, -en
ein/sa/cken *tr.*, ugs. für (nicht rechtmäßig) einstecken, behalten
ein/sä/en *tr.*
ein/sam
Ein/sam/keit *f.*, -, *nur Sg.*
ein/sam/meln *tr.*
ein/sar/gen *tr.*
Ein/satz *m.*, -es, -sätze
ein/satz/be/reit
Ein/satz/be/reit/schaft *f.*, -, *nur Sg.*
ein/säu/ern *tr.*
Ein/säu/e/rung *f.*, -, *nur Sg.*
ein/schal/ten *tr.*
Ein/schal/tung *f.*, -, -en
ein/schär/fen *tr.*
ein/schät/zen *tr.*
Ein/schät/zung *f.*, -, -en
ein/schen/ken *tr.*, Getränke in ein Glas geben
ein/sche/ren *intr.*, sich einordnen
ein/schie/ben *tr.*
Ein/schie/bung *f.*, -, -en
ein/schif/fen *refl.*
Ein/schif/fung *f.*, -, *nur Sg.*
einschl. Abk. für: einschließlich
ein/schla/fen *intr.*
ein/schlä/fern *intr.*
Ein/schlag *m.*, -[e]s, -schläge
ein/schla/gen *tr.* und *intr.*
ein/schlä/gig etwas betreffend
ein/schlei/chen *refl.*
ein/schlep/pen *tr.*
Ein/schlep/pung *f.*, -, *nur Sg.*

einschleusen

ein/schleu/sen *tr.*
Ein/schleu/sung *f.*, -, -en
ein/schlie/ßen *tr.*
ein/schließ/lich inklusive
Ein/schlie/ßung *f.*, -, nur *Sg.*
Ein/schluß > Einschluss *m.*, -[e]s, -Schlüsse
ein/schmei/cheln *refl.*
ein/schnei/den *tr.* und *intr.*
ein/schnei/dend
ein/schnei/en *intr.*
Ein/schnitt *m.*, -[e]s, -e
ein/schnü/ren *tr.*
Ein/schnü/rung *f.*, -, -en
ein/schrän/ken *tr.*
Ein/schrän/kung *f.*, -, -en
Ein/schreib/brief,
Ein/schrei/be/brief *m.*, -[e]s, -e
ein/schrei/ben *tr.*, 1. eingeschriebene Postsendungen aufgeben, 2. immatrikulieren
Ein/schrei/be/sen/dung *f.*, -, -en
ein/schrei/ten *intr.*, gegen etwas vorgehen, sich einmischen
ein/schrump/fen *intr.*, kleiner werden
Ein/schrump/fung *f.*, -, -en
Ein/schub *m.*, -[e]s, -schübe
ein/schüch/tern *tr.*
Ein/schüch/te/rung *f.*, -, -en
Ein/schüch/te/rungs/versuch *m.*, -[e]s, -e
ein/schu/len *tr.*
Ein/schu/lung *f.*, -, -en
Ein/schuß > Ein/schuss *m.*, -es, -schlüsse
ein/schüt/ten *tr.*
ein/schwen/ken *intr.*
ein/seg/nen *tr.*
Ein/seg/nung *f.*, -, -en
ein/se/hen *tr.*
Ein/se/hen *n.*, -s, nur *Sg.*
ein/sei/fen *tr.*

ein/sei/tig
Ein/sei/tig/keit *f.*, -, nur *Sg.*
ein/sen/den *tr.*
Ein/sen/der *m.*, -s, -
Ein/sen/dung *f.*, -, -en
ein/sen/ken *tr.*
Ein/sen/kung *f.*, -, -en, Vertiefung
ein/set/zen *tr.* und *intr.*
Ein/set/zung *f.*, -, -en
Ein/sicht *f.*, -, -en
ein/sich/tig
Ein/sich/tig/keit *f.*, -, nur *Sg.*
Ein/sicht/nah/me *f.*, -, -n
ein/sichts/los
Ein/sichts/lo/sig/keit *f.*, -, -en
Ein/sied/ler *m.*, -s, -, zurückgezogen lebender Mensch
ein/sied/le/risch
Ein/sied/ler/krebs *m.*, -es, -e
Ein/sil/ber *m.*, -s, -, einsilbiges Wort
ein/sil/big
Ein/sil/big/keit *f.*, -, nur *Sg.*
Ein/sil/bler *m.*, -s, -, = Einsilber
Ein/sit/zer *m.*, -s, -, Fortbewegungsmittel mit nur einem Sitz
ein/sit/zig
ein/span/nen *tr.*
Ein/spän/ner *m.*, -s, -, Kutsche mit einem Pferd
ein/spän/nig
ein/spa/ren *tr.*
Ein/spa/rung *f.*, -, -en
Ein/spa/rungs/maß/nahme *f.*, -, -n
ein/spie/len *tr.* und *refl.*
Ein/spie/lung *f.*, -, -en
ein/spra/chig
ein/spren/gen *tr.*
ein/sprin/gen *intr.*
ein/sprit/zen *tr.*
Ein/sprit/zer *m.*, -s, -
Ein/spritz/mo/tor *m.*, -s, -en

Ein/sprit/zung *f.*, -, -en
Ein/spruch *m.*, -[e]s, -sprüche
ein/spu/rig
einst damals, in der Vergangenheit
Einst *n.*, -, nur *Sg.*, Vergangenheit
ein/stamp/fen *tr.*
Ein/stand *m.*, -[e]s, -stände
ein/stau/ben *tr.* und *intr.*
ein/stäu/ben *tr.*
ein/ste/chen *tr.*
ein/ste/cken *tr.*
ein/ste/hen *intr.*
ein/stei/gen *intr.*
Ein/stei/ni/um *n.*, -s, nur *Sg.*, künstlich hergestelltes radioaktives chemisches Element, benannt nach dem deutschen Physiker Albert Einstein
ein/stel/len *tr.*
ein/stel/lig
Ein/stel/lung *f.*, -, -en
Ein/stich *m.*, -[e]s, -e
Ein/stieg *m.*, -[e]s, -e
ein/stim/men *intr.* und *refl.*
ein/stim/mig ohne Gegenstimme
Ein/stim/mig/keit *f.*, -, nur *Sg.*
einst/mals damals, früher
ein/stö/ckig
ein/strah/len *intr.*
Ein/strah/lung *f.*, -, -en
ein/strei/chen *tr.* an sich nehmen
ein/strö/men *intr.*
Ein/strö/mung *f.*, -, -en
ein/stu/die/ren *tr.*
Ein/stu/die/rung *f.*, -, -en
ein/stu/fen *tr.*
Ein/stu/fung *f.*, -, -en, Klassifizierung
Ein/sturz *m.*, -es, -e, das Zusammenfallen, Zerstörung
ein/stür/zen *intr.*

Ein/sturz/ge/fahr *f.*, -, -en
einst/wei/len in der Zwischenzeit
einst/wei/lig
Ein/tags/flie/ge *f.*, -, -en, Insekt, ugs. auch: schnell vorübergehende Angelegenheit
ein/tan/zen *refl.*
Ein/tausch *m.*, -[e]s, *nur Sg.*
ein/tau/schen *tr.*
ein/tei/len *tr.*
Ein/tei/ler *m.*, -s, -, Badeanzug
ein/tei/lig nur ein Teil
Ein/tei/lung *f.*, -, -en
ein/tö/nig langweilig
Ein/tö/nig/keit *f.*, -, *nur Sg.*
Ein/topf *m.*, -[e]s, -töpfe
Ein/tracht *f.*, -, *nur Sg.*
ein/träch/tig
Ein/trag *m.*, -le]s, -träge
ein/tra/gen *tr.*
ein/träg/lich Gewinn bringend
Ein/träg/lich/keit *f.*, -, *nur Sg.*
Ein/tra/gung *f.*, -, -en
ein/träu/feln *tr.*
ein/tref/fen *intr.* ankommen
ein/trei/ben *intr.*
Ein/trei/bung *f.*, -, *nur Sg.*
ein/tre/ten *intr.*
ein/trich/tern *tr.*
Ein/tritt *m.*, -[e]s, -e
Ein/tritts/geld *n.*, -[e]s, -er
Ein/tritts/kar/te *f.*, -, -en
ein/trü/ben *intr.* und *refl.*
Ein/trü/bung *f.*, -, -en
ein/tru/deln *intr.*
ein/ü/ben *tr.*
Ein/ü/bung *f.*, -, -en
ein/ver/lei/ben *tr.*
Ein/ver/lei/bung *f.*, -, -en
Ein/ver/neh/men *n.*, -s, *nur Sg.*, Übereinstimmung
ein/ver/stan/den
Ein/ver/ständ/nis *n.*, -ses, -se

Ein/waa/ge *f.*, -, -n, 1. Gewichtsverlust beim Wiegen, 2. reines Gewicht ohne Zusätze, 3. Gewicht einer Textilprobe vor einer chem. Untersuchung
ein/wach/sen 1. *intr.*, eingewachsener Nagel, 2. *tr.*, mit Wachs einreiben
Ein/wand *m.*, -[e]s, -wände, Gegenargument
Ein/wan/de/rer *m.*, -s, -, Immigrant
ein/wan/dern *intr.*
Ein/wan/de/rung *f.*, -, *nur Sg.*
ein/wand/frei ohne Beanstandung
ein/wärts nach innen
ein/wärts/dre/hen oder auch
ein/wärts dre/hen *tr.*
ein/wärts/ge/hen oder auch
ein/wärts ge/hen *intr.*
ein/wech/seln *tr.*, im Sport: einen Spieler gegen einen anderen austauschen
Ein/wech/se/lung, Ein/wechs/lung *f.*, -, *nur Sg.*
ein/we/cken *tr.*, einkochen
ein/wei/hen *tr.*
Ein/wei/hung *f.*, -, -en
ein/wei/sen *tr.*
Ein/wei/sung *f.*, -, *nur Sg.*
ein/wen/den *tr.*
Ein/wen/dung *f.*, -, -en
ein/wer/fen *tr.*
ein/wer/tig
Ein/wer/tig/keit *f.*, -, -en
ein/wi/ckeln *tr.*
Ein/wi/ckel/pa/pier *n.*, -[e]s, -e
ein/wil/li/gen *intr.*, zustimmen
Ein/wil/li/gung *f.*, -, -en
ein/wir/ken *intr.*
Ein/wir/kung *f.*, -, -en
Ein/woh/ner *m.*, -s, -, Bewohner

Ein/woh/ner/mel/de/amt *m.*, -[e]s, -ämter
Ein/woh/ner/zahl *f.*, -, -en
Ein/wurf *m.*, -[e]s, -würfe
Ein/zahl *f.*, -, *nur Sg.*, Singular
ein/zah/len *tr.*
Ein/zah/lung *f.*, -, -en
ein/zäu/nen *tr.*
Ein/zäu/nung *f.*, -, -en
ein/zeich/nen *tr.*
Ein/zeich/nung *f.*, -, -en
ein/zei/lig nur eine Zeile habend
Ein/zel im Sport: Spiel zweier einzelner Spieler gegeneinander
Ein/zel/fall *m.*, -[e]s, -fälle
Ein/zel/gän/ger *m.*, -s, -
Ein/zel/haft *f.*, -, -en
Ein/zel/han/del *m.*, -s, *nur Sg.*
Ein/zel/händ/ler *m.*, -s, -
Ein/zel/heit *f.*, -, -en
Ein/zel/ler *m.*, -s, -, Lebewesen das nur mit einer Zelle
ein/zel/lig
ein/zeln für sich allein
ein/zeln/ste/hend >
ein/zeln ste/hend
Ein/zel/stim/me *f.*, -, -n
Ein/zel/teil *n.*, -[e]s, -e
Ein/zel/zim/mer *n.*, -s, -, Zimmer für eine Person
ein/ze/men/tie/ren *tr.*
ein/zie/hen *tr.* und *intr.*
Ein/zie/hung *f.*, -, *nur Sg.*
ein/zig
ein/zig/ar/tig einmalig
Ein/zig/ar/tig/keit *f.*, -, *nur Sg.*
Ein/zim/mer/woh/nung *f.*, -, -en
Ein/zug *m.*, -[e]s, -züge
Ein/zugs/ge/biet *n.*, -[e]s, -e
ein/zwän/gen *tr.*
Ein/zy/lin/der *m.*, -s, -
Ein/zy/lin/der/ma/schine *f.*, -, -n

Eire [kelt.] irischer Name Irlands
eis, Eis *n., -, nur Sg.*, in der Musik: das um einen halben Ton erhöhte e, E
Eis *n., -es, -*, gefrorenes Wasser, ugs. auch: Speiseeis
Eis/bahn *f. -, -en*
Eis/bär *m., -en, -en*, Polarbär
Eis/bein *n., -[e]s, -e*, Fleischgericht (bay.)
Eis/beu/tel *m., -s, -*
Eis/blu/me *f. -, -n*
Eis/bre/cher *m., -s, -*
Eis/creme *f., -, nur Sg.*, Speiseeis
Eis/die/le *f. -, -n*
Ei/sen *n., -s, -*, Metall
Ei/sen/bahn *f. -, -en*
Ei/sen/bah/ner *m., -s, -*, Mitarbeiter einer Bahngesellschaft
Ei/sen/bahn/schaff/ner *m., -s, -*
Ei/sen/bahn/wa/gen *m., -s, -*
Ei/sen/blü/te *f. -, nur Sg.*, Mineral
Ei/sen/erz *n., -es, -e*
Ei/sen/glim/mer *m., -s, nur Sg.*, Mineral
Ei/sen/hut *m., -[e]s, nur Sg.*, Heilpflanze
Ei/sen/hüt/te *f. -, -n*
Ei/sen/kraut *n., -[e]s, nur Sg.*, Heilpflanze
Ei/sen/rahm *m., -[e]s, nur Sg.*, Mineral
Ei/sen/schwamm *m., -[e]s, nur Sg.*, Abfallstoff bei der Eisenverhüttung
ei/sen/ver/ar/bei/tend oder auch **Ei/sen ver/ar/beitend** Eisen verarbeitende Industrie
Ei/sen/zeit *f. -, nur Sg.*
ei/sen/zeit/lich
ei/sern

eis/frei
eis/ge/kühlt
Eis/hei/li/gen *nur Pl.*
Eis/ho/ckey *n., -s, nur Sg.*
ei/sig
ei/sig/kalt > **ei/sig kalt**
Eis/kaf/fee *m., -s, -s*
eis/kalt
Eis/kunst/lauf *m., -[e]s, nur Sg.*
Eis/kunst/läu/fer *m., -s, -*
Eis/lauf *m., -[e]s, nur Sg.*
eis/lau/fen *intr.*, eislaufen gehen
Eis/meer *n., -[e]s, -e*
Eis/pi/ckel *m., -s, -*
Ei/sprung *m., -[e]s, -sprünge*, Ovulation
Eis/schnellauf > **Eis/schnell/lauf** *m., -[e]s, nur Sg.*
Eis/vo/gel *m., -s, -vögel*
Eis/zap/fen *m., -s, -*
Eis/zeit *f. -, nur Sg.*
eis/zeit/lich
ei/tel selbstverliebt
Ei/ter *m., -s, nur Sg.*
Ei/ter/herd *m., -[e]s, -e*
ei/te/rig siehe eitrig
ei/tern *intr.*
Ei/te/rung *f. -, -en*
ei/trig Eiter absondernd
Ei/weiß *n., -, -e*
Ei/zel/le *f. -, -n*
Eja/cu/la/tio prae/cox [lat.] *f., nur Sg.*, vorzeitiger Samenerguss
Eja/cu/la/tio re/tar/da [lat.] *f., nur Sg.*, zu spät eintretender Samenerguss
Eja/ku/lat *n., -[e]s, -e*, Samenflüssigkeit
Eja/ku/la/ti/on *f. -, -en*, Samenerguss
eja/ku/lie/ren *intr.*
Ejek/ti/on *f. -, -en*, in der Geologie: Auswurf von vulkanischem Material
eji/zie/ren *tr.*, vertreiben

EK Abk. für Eisernes Kreuz
Ek/chon/drom [griech.] *n., -[e]s, -e*, Knorpelgeschwulst
EKD Abk. für Evangelische Kirche in Deutschland
ek/de/misch [griech.] abwesend
Ekel 1. *m., -s, -*, Abscheu, 2. *n., -s, -*, ugs. für: unangenehme Person
Ekel/blu/me *f. -, -n*
ekel/er/re/gend oder auch **Ekel er/re/gend**
ekel/haft
eke/lig siehe eklig
ekeln *tr.* und *refl.*
EKG, Ekg Abk. für Elektrokardiogramm
Ek/lamp/sie [griech.] *f. -, -n*, Krampfanfall während der Schwangerschaft
ek/lamp/tisch
E/klat oder auch: **Ek/lat** [französ.] *m., -s, -s*, Skandal
ekla/tant gravierend
ek/lig widerlich
Ek/lig/keit *f. -, nur Sg.*
Ek/lip/se [griech.] *f. -, -n*, Sonnen- oder Mondfinsternis
Ek/lip/tik *f., -, nur Sg.*
ek/lip/tisch
Ekra/sit [französ.] *n., -[e]s, nur Sg.*, ein Sprengstoff
Ekrü/sei/de *f. -, -n*, Rohseide
Ek/sta/se, Eks/ta/se [griech.] *f., -, -n*, rauschhafter Glückszustand
Ek/sta/tik, Eks/ta/tik *f. -, nur Sg.*, Lehre von der Ekstase
ek/sta/tisch, eks/ta/tisch
Ek/to/derm [griech.] *n., -[e]s, -e*, Außenhaut
Ek/to/mie *f. -, -n*, operatives Entfernen eines Organs
Ek/to/pie *f. -, -n*, Verla-

gerung eines Organs
ek/to/pisch
Ek/to/plas/ma *n.*, -s, -s, äußere Plasmaschicht
Ekua/dor Staat in Südamerika
Ek/zem *n.*, -[e]s, -e, Hautentzündung
ek/ze/ma/tisch
ek/ze/ma/tös
Ela/bo/rat [lat.] *n.*, -[e]s, -e, schlechte schriftliche Arbeit
Ela/in *n.*, -[e]s, *nur Sg.* technische Ölsäure
Elan [französ.] *m.*, -s, *nur Sg.*, Schwung
Elas/tik *f.* -, -s, oder *n.*, -s, -s, dehnbares Gewebe
elas/tisch dehnbar
Elas/ti/zi/tät *f.* -, *nur Sg.*, Dehnbarkeit, Spannkraft
Elch *m.*, -[e]s, -e, nordische Hirschart
El/do/ra/do [span.] *n.*, -s, -s, Paradies
Ele/fant *m.*, -en, -en
Ele/fan/ten/hoch/zeit *f.* -, -en, Zusammenschluss von Großunternehmen
ele/gant [französ.]
Ele/ganz *f.* -, *nur Sg.*
Elei/son [griech.] *n.*, -s, -s, kirchlicher Gesang
Elek/ti/on [lat.] *f.* -, -en, Auswahl
elek/tiv
Elek/to/rat *n.*, -[e]s, -e, Kurfürstenwürde
Elek/tri/fi/ka/ti/on *f.* -, *nur Sg.*, Einrichtung von elektrischen Anlagen
elek/tri/fi/zie/ren *tr.*
Elek/tri/fi/zie/rung *f.* -, *nur Sg.*
Elek/trik *f.*, -, *nur Sg.*, Kurzwort für Elektrotechnik
Elek/tri/ker *m.*, -s, -
elek/trisch

Elek/tri/zi/tät *f.* -, *nur Sg.*
Elek/tri/zi/täts/werk *n.*, -es, -e
Elek/tro/a/kus/tik *f.*, -, *-nur Sg.*, Umwandlung von akustischen in elektrische Signale
elek/tro/a/kus/tisch
Elek/tro/che/mie *f.* -, *nur Sg.*, Lehre von der chemischen Wirkung des elektrischen Stroms
Elek/tro/che/misch
Elek/tro/de *f.* -, -n
Elek/tro/dy/na/mik *f.* -, *nur Sg.*, Lehre von den mechanischen Wirkungen des elektrischen Stroms
elek/tro/dy/na/misch
Elek/tro/herd *m.*, -[e]s -e
Elek/tro/in/ge/nieur *m.*, -[e]s, e
Elek/tro/kar/di/o/gramm *n.*, -[e]s, -e, Aufzeichnung der Aktionsströme des Herzmuskels
Elek/tro/ly/se *f.* -, -n, Zersetzung chemischer Verbindungen durch elektrischen Strom
Elek/tro/ly/seur *m.*, -[e]s, -e, Gerät zur Elektrolyse
Elek/tro/mag/net oder auch **Elek/tro/ma/gnet** *m.*, -[e]s, -en, Metall, welches mit Hilfe elektrischen Stroms magnetisch wird
elek/tro/mag/ne/tisch oder auch: **elek/troma/gne/tisch**
Elek/tro/mo/tor *m.*, -s, -en
Elek/tron *n.*, -s, -en, negativ geladenes Elementarteilchen
Elek/tro/nen/ge/hirn *n.*, -[e]s, -e, elektronische Rechenmaschine
Elek/tro/nen/mi/kroskop oder auch: **Elek/tronen/mik/ros/kop** *n.*, [e]s, -e

Elek/tro/nik *f.*, -, *nur Sg.*
Elek/tro/ni/ker *m.*, -s, -
elek/tro/nisch
Elek/tro/o/fen *m.*, -s, -
Elek/tro/schock *m.*, -s, -s, Schock durch elektrischen Strom, auch zu Heilzwecken verwendet
Elek/tro/smog *m.*, -s, *nur Sg.*, gesundheitsschädigende elektromagnetische Strahlung
Elek/tro/sta/tik *f.*, -, *nur Sg.*
elek/tro/sta/tisch
Elek/tro/tech/nik *f.*, -, *nur Sg.*
Elek/tro/tech/ni/ker *m.*, -s, -
elek/tro/tech/nisch
Ele/ment [lat.] *n.*, -[e]s, -e, 1. Urstoff, 2. Grundbegriff, 3. sächliche, minderwertige Bezeichnung für einen Menschen, 4. das jemandem Angemessene
ele/men/tar 1. grundlegend, 2. naturhaft, 3. elementare Gewalten
Ele/men/tar/ge/walt *f.*, -, -en
Ele/men/tar/la/dung *f.*, -, -en, kleinste in der Natur vorkommende elektrische Ladung
Ele/men/tar/teil/chen *n.*, -s, -, kleinstes Teilchen
Ele/men/tar/un/ter/richt *m.*, -[e]s, *nur Sg.*, Anfangs-, Grundschulunterricht
Ele/men/tar/werk *n.*, -s, -e, Lehrbuch der grundlegenden Zusammenhänge eines Wissensgebietes
Ele/mi [arab.-span.] *n.*, -s, *nur Sg.*, Harz tropischer Bäume
elend
Elend *n.*, -s, *nur Sg.*
elen/dig
Elends/vier/tel *n.*, -s, -, Slum

Ele/va/ti/on *f.*, -, -en, 1. Erhöhung, 2. kath. Kirche: das Emporheben von Hostie und Kelch, 3. Astronomie: Erhebung eines Gestirns über den Horizont
elf
Elf 1. *f.*, -, -en, Zahl, 2. *f.*, -, -en, im Sport: Mannschaft aus elf Spielern, 3. *m.*, -en, -en, Naturgeist
El/fe *f.*, -, -n, weiblicher Elf
El/fen/bein *n.*. -[e]s, *nur Sg.*
El/fen/bein/küs/te *f.*, -, *nur Sg.*, Staat in Westafrika
El/fen/bein/turm *m.*, -[e]s, -türme, Rückzug eines Wissenschaftlers von der Umwelt zur ungestörten Arbeit
el/fen/haft
El/fer *m.*, -s, -, im Sport: Kurzwort für Elfmeter
elf/hun/dert eintausendeinhundert
Elf/me/ter *m.*, -s, -, Strafstoß beim Fußball
Elf/me/ter/punkt *m.*, -[e]s, -e
elf/tel der elfte Teil
eli/die/ren [lat.] *tr.*, 1. auslassen, ausstoßen (Laut), 2. streichen
Eli/die/rung *f.*, -, -en
Eli/mi/na/ti/on [lat.] *f.*, -, -en, Beseitigung
eli/mi/nie/ren *tr.*, beseitigen
Eli/mi/nie/rung *f.*, -, -en
eli/tär
Eli/te *f.*, -, -n, die Besten
Eli/xier *n.*, -[e]s, -e, Zaubermittel
Ell/bo/gen *m.*, -s, -
El/le *f.*, -, -n, 1. ein Unterarmknochen, 2. Längenmaß
El/len/bo/gen *m.*, -s, -
el/len/lang ugs. für: sehr lang
Elip/se [griech.] *f.*, -, -n, Kegelschnitt

elip/tisch
E-Lok *f.*, -, -s, elektrisch angetriebene Lokomotive
elo/quent [lat.] beredt
Elo/quenz *f.*, *nur Sg.*, Beredsamkeit
El/rit/ze *f.*, -, -n, Karpfenfisch
El Sal/va/dor [span.] Staat in Mittelamerika
El/saß > **El/sass** *n.*, -sasses oder -, *nur Sg.*, französische Region
El/säs/ser *m.*, -s, -
Els/ter *f.*, -, -n, Vogel
el/ter/lich
El/tern *nur Pl.*
El/tern/a/bend *m.*, -[e]s, -e
El/tern/haus *n.*, -es, -häuser
El/tern/teil *m.*, -[e]s, -e
Ely/see *n.*, -s, *nur Sg.*, Residenz des französischen Präsidenten in Paris, Straße: Champs-Élysées
Em chemisches Zeichen für Emanation
em *Abk* für: emeritiert
Email [französ.] *n.*, s, -s, = Emaille
Email/le *f.*, -, -n, Überzug auf Metallgegenständen
Email/leur *m.*, -[e]s,-e
email/lie/ren *tr.*
Ema/na/ti/on *f.*, -, -en, 1. Ausstrahlung, 2. Philosophie: Entstehung aller Dinge aus dem Vollkommenen
ema/nie/ren *intr.*, ausströmen, ausstrahlen
Eman/zi/pa/ti/on [lat.] *f.*, -, -en, Gleichstellung, Gleichberechtigung
Eman/zi/pa/ti/ons/be/we/gung *f.*, -, -en
eman/zi/pa/to/risch
eman/zi/pie/ren *refl.* sich aus einer Abhängigkeit befreien

eman/zi/piert
Emas/ku/la/ti/on [lat.] *f.*, -, -en, Entmannung, Kastration
Emas/ku/la/tor *m.*, s, -en, Gerät zur Kastration von Haustieren
Em/bal/la/ge [französ.] *f.*, -, -n, Verpackung
em/bal/lie/ren *tr.*
Em/bar/go [span.] *n.*, -s, -s, 1. Ausfuhrverbot, 2. Beschlagnahme
Em/blem [griech.] *n.*, -[e]s, -e, Sinnbild
em/ble/ma/tisch sinnbildlich
Em/bo/lie [griech.] *f.*, -, -n, Verstopfung eines Blutgefäßes
Em/bo/lus *m.*, -s, -li, Blutgerinsel
Em/bryo [griech.] *m.*, -s, -s oder -bryo/nen, ungeborenes Lebewesen
Em/bry/o/nal/ent/wick/lung *f.*, -, -en
Emen/da/ti/on [lat.] *f.*, -, -en, Verbesserung
emen/die/ren *tr.*
Eme/rit [lat.] *m.*, -en, -en, eine emeritierte Person
eme/ri/tie/ren *tr.*, in den Ruhestand versetzen
eme/ri/tiert
Eme/ri/tie/rung *f.*, -, *nur Sg.*
Emer/si/on *f.*, -, -en, 1. Heraustreten eines Mondes aus dem Schatten eines Planeten, 2. Auftauchen von Festland durch Zurückweichen des Meeres
Eme/ti/kum [griech.] *n.*, -s, -ka, Brechmittel
eme/tisch
Emi/grant [lat.] *m.*, -en, -en, Auswanderer
Emi/gra/ti/on *f.*, -, -en,

Auswanderung
emi/grie/ren *intr.*
emi/nent außerordentlich
Emi/nenz *f.,* -, -en, Titel des Malteserordens
Emir [arab.] *m.,* -[e]s, -e, arabischer Fürstentitel
Emi/rat *n.,* -[e]s, -e, arabisches Fürstentum, Vereinigte Arabische Emirate
Emis/si/on *f.,* -, -en, Aussendung, Entlehrung
Emis/si/ons/kurs *m.,* -[e]s, -e, Ausgabe von Wertpapieren
Emit/tent *m.,* -en, -en, Wertpapiere Herausgebender
Em/tner *m.,* -s, -, Weizenart
Emo/ti/on *f.,* -, -en, Gefühl, Gemütsbewegung
emo/ti/o/nal
Emo/ti/o/na/li/tät *f.,* -, *nur Sg.,* Gefühlsbetontheit
Emp/fang *m.,* -[e]s, -fänge
emp/fan/gen *tr.*
Emp/fän/ger *m.,* -s, -
emp/fäng/lich
Emp/fäng/lich/keit *f.,* -, *nur Sg.*
Emp/fäng/nis *f.,* -, -se
Emp/fäng/nis/ver/hü/tung *f.,* -, *nur Sg.*
Emp/fangs/an/ten/ne *f.,* -, -n
Emp/fangs/be/rech/ti/gung *f.,* -. -en
Emp/fangs/da/me *f.,* -, -n
Emp/fangs/ge/rät *n.,* -[e]s, -e
emp/feh/len *tr.*
emp/feh/lens/wert
Emp/feh/lung *f.,* -, -en
Emp/feh/lungs/schrei-ben *n.,* -s, -
emp/fin/den *tr.*
emp/find/lich sensibel
Emp/find/lich/keit *f.,* -, -en
emp/find/sam
Emp/find/sam/keit *f.,* -, *nur Sg.*
Emp/fin/dung *f.,* -, -en, Gefühl
Emp/fin/dungs/kraft *f.,* -, -kräfte
emp/fin/dungs/los
Emp/fin/dungs/lo/sig/keit *f.,* -, *nur Sg.*
Emp/fin/dungs/ver/mögen *n.,* -s, *nur Sg.*
Em/pha/se [griech.] *f.,* -, *nur Sg.,* Betonung
em/pha/tisch
Em/phy/sem [griech.] *n.,* -[e]s, -e, Luftansammlung im Gewebe
Em/pi/re 1. [französ.] *n.,* -s, *nur Sg.,* französisches Kaiserreich zu Zeiten Napoleons, Kunststil zu dieser Zeit 2. [engl.] *n.,* -s, *nur Sg.,* das britische Weltreich
Em/pi/rie [griech.] *f.,* -, *nur Sg.,* auf Erfahrungen beruhende Kenntnis
Em/pi/ri/ker *m.,* -s, -
em/pi/risch
Em/pi/ris/mus *m.,* -, *nur Sg.,* Lehre nach der Erkenntnis nur auf Erfahrung beruht
Em/pi/rist *m.,* -en, -en
em/pi/ris/tisch
em/por hinauf
em/por/ar/bei/ten *refl.*
Em/po/re *f.,* -, -n, hoch gelegene Galerie innerhalb einer Kirche
em/pö/ren *tr.*
Em/pö/rer *m.,* -s, -
em/por/flie/gen *intr.*
em/por/he/ben *tr.*
em/por/kom/men *intr.*
Em/por/kömm/ling *m.,* -[e]s, -e
em/por/stre/ben *intr.*
Em/pö/rung *f.,* -, -en
em/por/wach/sen *intr.*
Em/py/em [griech.] *n.,* -[e]s, -e, Eiteransammlung
em/sig fleißig, geschäftig
Em/sig/keit *f.,* -, *nur Sg.*
Emu [portugies.] *m.,* -s, -s, Vogelart
Emul/ga/tor [lat.] *m.,* -s, -en, Stoff, der die Emulsionsbildung fördert
emul/gie/ren *tr.*
Emul/si/on *f.,* -, -en
En/an/them [griech.] *n.,* -[e]s, -e, Schleimhautausschlag
en bloc [französ.] im Ganzen
En/bloc-Ab/stim/mung *f.,* -, -en
En/co/ding [engl.] *n.,* -s, -s, Verschlüsselung
End/bahn/hof *m.,* -[e]s, -höfe
End/chen *n.,* -s, -, Stückchen
End/darm *m.,* -[e]s, -därme
En/de *n.,* -s, -n
End/ef/fekt *m.,* -[e]s, -e
En/de/mie [griech.] *f.,* -, -n, begrenzt auftretende Krankheit
En/de/mis/mus *m.,* -, *nur Sg.,* Vorkommen von Lebewesen nur in einem bestimmten Gebiet
En/de/mit *m.,* -en, -en
en/den *intr.*
End/er/geb/nis *n.,* -ses, -se
end/gül/tig unumstößlich, final
End/gül/tig/keit *f.,* -, *nur Sg.*
En/di/vie *f.,* -, -n, Salatpflanze
End/kampf *m.,* -[e]s, -kämpfe, im Sport: Finale
End/lauf *m.,* -[e]s, -laufe
end/lich 1. endgültig, 2. vergänglich
End/lich/keit *f.,* -, *nur Sg.*

end/los ohne Ende seiend
End/lo/sig/keit *f.,* -, *nur Sg.*.
En/do/der/mis [griech.] *f.,* -, -men, innerste Schicht der Pflanzenwurzelrinde
En/do/ga/mie [griech.] *f.,* -, -n, Heirat innerhalb der eigenen sozialen Gruppe
en/do/gen [griech.] von innen
En/do/kard [griech.] *n.,* -[e]s, -e, Herzinnenhaut
En/dos/kop oder auch:
En/do/skop [griech.] *n.,* -[e]s, -e, Instrument zur Untersuchung von Körperhöhlen
En/dos/ko/pie oder auch:
En/do/sko/pie *f.,* -, -n
en/dos/ko/pisch oder auch:
en/do/sko/pisch
en/do/ther/misch [griech.] Wärme bindend
End/punkt *m.,* -[e]s, -e
End/reim *m.,* -[e]s, -e
End/spiel *n.,* -[e]s, -e
End/sta/di/um *n.,* -s, -dien
End/sta/ti/on *f.,* -, -en
End/ziel *n.,* -[e]s, -e
En/er/ge/tik *f.,* -, *nur Sg.,* 1. Lehre der Energie, 2. Lehre, in der die Energie die Basis allen Seins ist
En/er/ge/ti/ker *m.,* -s, ·
en/er/ge/tisch
En/er/gie *f.,* -, -n, Fähigkeit, Arbeit zu leisten, in der Chemie: Ladungszustand
En/er/gie/lo/sig/keit *f.,* -, *nur Sg.*
en/er/gisch tatkräftig
Ener/va/ti/on oder auch:
En/er/va/ti/on [lat.] *f.,* -, = en, nervliche Erschöpfung
ener/vie/ren oder auch:
en/er/vie/ren *tr.,* 1. entnerven, 2. Medizin: von einem Nerv befreien

En/er/vie/rung *f.,* -, -en
en face [französ.] gegenüber
En/fant ter/ri/ble [französ.] *n.,* - -, -s -s, schrecklicher Mensch
En/fi/la/de [französ.] *f.,* -, -n, Zimmerflucht
eng
En/ga/ge/ment [französ.] *n.,* -s, -s, 1. Verpflichtung, 2. Anstellung von Künstlern
en/ga/gie/ren *tr.*
eng/an/lie/gend > **eng an/lie/gend**
eng/be/freun/det > **eng be/freun/det**
En/ge *f.,* -, *nur Sg.*
En/gel *m.,* -s, -
En/gels/ge/duld *f.,* -, *nur Sg.*
En/gels/haar *n.,* -es, *nur Sg.*
En/gels/zun/gen *f., nur Pl.,* mit Engelszungen reden: sehr eindringlich auf jemandem einreden
En/gel/wurz *f.,* -, -en, Heilpflanze
En/ger/ling *m.,* -[e]s, -e, Larve der Blatthornkäfer
eng/her/zig
Eng/her/zig/keit *f.,* -, *nur Sg.*
Eng/land Staat in Europa
Eng/län/der *m.,* -s, -
eng/lisch
Eng/lisch *n.,* -, *nur Sg.,* europäische Sprache
Eng/lisch/horn *n.,* [e]s, -hörner, Holzblasinstrument
eng/ma/schig
Eng/paß > **Eng/pass** *m.,* -es, -pässe
En/gramm [griech.] *n.,* -[e]s, -e, Erinnerungsbild
en gros [französ.] in größeren Mengen
En/gros/han/del *m.,* -s, *nur Sg.,* Großhandel
En/gros/preis *n.,* -es, -e,

Großhandelspreis
eng/stir/nig
Eng/stir/nig/keit *f.,* -, *nur Sg.*
En/jam/be/ment [französ.] *n.,* -s, -s, Zeilensprung
En/kel *m.,* -s, -, 1. Sohn des eigenen Kindes, 2. Fußknöchel
En/ke/lin *f.,* -, -nen, Tochter des eigenen Kindes
En/kel/kind *n.,* -[e]s, -er
En/kel/sohn *m.,* -[e]s, -söhne
En/kel/toch/ter *f.,* -, -töchter
En/kla/ve *f.,* -, -n, fremdes Staatsgebiet, das vom eigenen Staatsgebiet umschlossen ist
en masse [französ.] in großer Anzahl
en mi/ni/a/ture [französ.] in kleinem Maßstab
en/nu/yie/ren *tr.,* langweilen
en passant [französ.] nebenbei
En/que/te [französ.] *f.,* -, -n, Untersuchung
En/semble [französ.] *n.,* -s, -s, 1. Theatergruppe, 2. kleines Orchester, 3. Spiel des gesamten Orchesters
En/semble/mu/sik *f.,* -, *nur Sg.,* Unterhaltungsmusik
En/semble/spiel *n.,* -[e]s, *nur Sg.,* Schauspiel
ent/ar/ten *intr.*
Ent/ar/tung *f.,* -, -en
ent/äu/ßern *refl.*
Ent/äu/ße/rung *f.,* -, *nur Sg.*
ent/beh/ren *tr.*
ent/behr/lich
Ent/behr/lich/keit *f.,* -, -en
Ent/beh/rung *f.,* -, -en
ent/bie/ten *tr.*
ent/bin/den 1. *tr.* neugeborenes Kind von der Mut-

enthüllen

ter trennen, 2. *intr.* gebären
Ent/bin/dung *f.*, -, -en
Ent/bin/dungs/sta/ti/on *f.*, -, -en
ent/blät/tern *tr.* und *refl.*, ugs. für: sich ausziehen
ent/blö/ßen *tr.*
Ent/blö/ßung *f.*, -, -en
Ent/chen *n.*, -s, -, kleine Ente
ent/de/cken *tr.*
Ent/de/cker *m.*, -s, -
Ent/de/ckung *f.*, -, -en
Ent/de/ckungs/rei/se *f.*, -, -n
En/te *f.*, -, -n, 1. Vogel, 2. in den Medien: Falschmeldung
ent/eh/ren *tr.*, Ehre entziehen
Ent/eh/rung *f.*, -, -en
ent/eig/nen *tr.*
Ent/eig/nung *f.*, -, -en
ent/ei/len *intr.*
ent/ei/sen *tr.*
ent/ei/se/nen *tr.*, von Eisen befreien
Ent/ei/se/nung *f.*, -, *nur Sg.*
En/ten/flott *n.*, -s, *nur Sg.*
En/ten/grün *n.*, -s, *nur Sg.*
En/ten/grüt/ze *f.*, -, *nur Sg.*, Schwimmpflanze
En/ten/schna/bel *m.*, -s, -, Schuh mit nach oben gebogener Spitze
En/tente [französ.] *f.*, -, -n, Staatenbündnis
en/te/ral [griech.] zum Darm gehörig
En/te/ral/gie *f.*, -, -n, Leibschmerz
En/ter/beil *n.*, -[e]s, -e
ent/er/ben *tr.*
Ent/er/bung *f.*, -, -en
En/ter/ha/ken *m.*, -s, -
En/te/rich *m.*, -[e]s, -e, männliche Ente
en/tern 1. *tr.*, ein Schiff erobern, 2. *intr.*, klettern
en/te/ro/gen [griech.] vom Darm ausgehend

En/te/ro/klys/ma *n.*, -s, -men oder -mata, Darmspülung
En/te/ros/ko/pie oder auch:
En/te/ro/sko/pie *f.*, -, n, Untersuchung des Dickdarms
En/ter/tai/ner [engl.] *m.*, -s, -, Unterhalter
ent/fa/chen *tr.*
ent/fah/ren *intr.*
ent/fal/len *intr.*
ent/fal/ten *tr.*
Ent/fal/tung *f.*, -, -en
ent/fär/ben *tr.*
Ent/fär/ber *m.*, -s, -
Ent/fär/bung *f.*, -, *nur Sg.*
ent/fer/nen *tr.*
ent/fernt weit weg
Ent/fer/nung *f.*, -, -en, Distanz
ent/fes/seln *tr.*
Ent/fes/sel/lung *f.*, -, *nur Sg.*
ent/fes/ti/gen enthärten
Ent/fes/ti/gung *f.*, -, *nur Sg.*
ent/fet/ten *tr.*
Ent/fet/tung *f.*, -, *nur Sg.*
Ent/fet/tungs/kur *f.*, -, -en
ent/flam/men *tr.*
ent/flech/ten *tr.*
Ent/flech/tung *f.*, -, -en
ent/flie/gen *intr.*
ent/flie/hen *intr.*
ent/frem/den *tr.*
Ent/frem/dung *f.*, -, -en
ent/fros/ten *tr.*
Ent/fros/ter *m.*, -s, -
Ent/fros/tung *f.*, -, *nur Sg.*
ent/füh/ren *tr.*
Ent/füh/rung *f.*, -, -en
ent/ga/sen *tr.*
Ent/ga/sung *f.*, -, -en
ent/ge/gen
ent/ge/gen/ge/hen *intr.*
ent/ge/gen/ge/setzt
ent/ge/gen/kom/men *intr.*
Ent/ge/gen/kom/men *n.*, -s, *nur Sg.*
ent/ge/gen/kom/mend

ent/ge/gen/kom/men/der/wei/se
ent/ge/gen/neh/men *tr.*
ent/ge/gen/se/hen *intr.*
ent/ge/gen/set/zen *tr.*
ent/ge/gen/ste/hen *intr.*
ent/ge/gen/stel/len *intr.*
Ent/ge/gen/stel/lung *f.*, -, -en
ent/ge/gen/tre/ten *intr.*
ent/ge/gen/wir/ken *intr.*
ent/geg/nen *tr.*
Ent/geg/nung *f.*, -, -en
ent/ge/hen *intr.*
ent/geis/tert ugs. für: fassungslos
ent/gei/zen *tr.*
Ent/gelt *n.*, -[e]s, -e
ent/gel/ten *tr.* belohnen
ent/gif/ten *tr.*
Ent/gif/tung *f.*, -, -en
ent/glei/sen *intr.*
Ent/glei/sung *f.*, -, -en
ent/glei/ten *intr.*
ent/göt/tern *tr.*, von Göttern befreien
Ent/göt/te/rung *f.*, -, *nur Sg.*
ent/grä/ten *tr.*
ent/haa/ren *tr.*
Ent/haa/rung *f.*, -, *nur Sg.*
Ent/haa/rungs/mit/tel *n.*, -s, -
ent/hal/ten *intr.* oder *refl.*
ent/halt/sam asketisch
Ent/halt/sam/keit *f.*, -, *nur Sg.*
Ent/hal/tung *f.*, -, -en
ent/här/ten *tr.*
Ent/här/tung *f.*, -, *nur Sg.*
ent/haup/ten *tr.*
Ent/haup/tung *f.*, -, -en
ent/häu/ten *tr.*
Ent/häu/tung *f.*, -, *nur Sg.*
ent/he/ben *tr.* aus einem Amt entlassen
Ent/he/bung *f.*, -, *nur Sg.*
ent/hem/men *tr.*
Ent/hem/mung *f.*, -, *nur Sg.*
ent/hül/len *tr.*

Ent/hül/lung *f.*, -, -en
ent/hül/sen *tr.*
ent/hu/ma/ni/sie/ren *tr.*
1. entmenschlichen, 2. versachlichen
En/hu/ma/ni/sie/rung *f.*, -, *nur Sg.*
En/thu/si/as/mus *m.*, -, *nur Sg.*, Begeisterung
En/thu/si/ast *m.*, -en, -en, leicht zu begeisternder Mensch
En/ti/tät [lat.] das Dasein eines Wesens
ent/jung/fern *tr.*, der Jungfräulichkeit berauben
Ent/jung/fe/rung *f.*, -,-en, = Defloration
ent/kal/ken *tr.*
Ent/kal/kung *f.*, -, *nur Sg.*
ent/kei/men *tr.*
Ent/kei/mung *f.*, -, *nur Sg.*
ent/ker/nen *tr.*
Ent/ker/ner *m.*, -s., -
ent/klei/den *tr.*
Ent/klei/dung *f.*, -, *nur Sg.*
ent/kom/men *intr.*
ent/kor/ken *tr.*
ent/kräf/ten *tr.*
Ent/kräf/tung *f.*, -, *nur Sg.*
ent/kramp/fen *tr.*
Ent/kramp/fung *f.*, -, *nur Sg.*
ent/la/den *tr.*
Ent/la/der *m.*, -s, -
Ent/la/dung *f.*, -, -en
ent/lang
ent/lang/fah/ren *intr.*
ent/lang/ge/hen *intr.*
ent/lang/lau/fen *intr.*
ent/lar/ven *tr.*
Ent/lar/vung *f.*, -, *nur Sg.*
ent/las/sen *tr.*
Ent/las/sung *f.*, -, -en
Ent/las/sungs/fei/er *f.*, -, -n
Ent/las/sungs/pa/pie/re *n.*, *nur Pl.*
ent/las/ten *tr.*
Ent/las/tung *f.*, -, -en

Ent/las/tungs/zeu/ge *m.*, -n, -n
ent/lau/ben *tr.* und *refl.*
Ent/lau/bung *f.*, -, -en
ent/lau/fen *intr.*
ent/lau/sen *tr.*
Ent/lau/sung *f.*, -, -en
ent/le/di/gen *refl.*
Ent/le/di/gung *f.*, -, *nur Sg.*
Ent/lee/ren *tr.*
Ent/lee/rung *f.*, -, -en
ent/le/gen
ent/lei/ben *refl.*, sich selbst das Leben nehmen
Ent/lei/bung *f.*, -, -en
ent/lei/hen *tr.*
Ent/lei/her *m.*, -s, -
Ent/lei/hung *f.*, -, -en
Ent/lein *n.*, -s, -s, kleine Ente
ent/lo/cken *tr.*
ent/loh/nen *tr.*
Ent/loh/nung *f.*, -, -en
ent/lüf/ten *tr.*
Ent/lüf/ter *m.*, -s, -
Ent/lüf/tung *f.*, -, -en
Ent/lüf/tungs/an/la/ge *f.*, -, -n
ent/mach/ten *tr.*
Ent/mach/tung *f.*, -, en
ent/man/nen *tr.*, kastrieren
Ent/man/nung *f.*, -, -en, Kastration
ent/menscht
ent/mi/li/ta/ri/sie/ren *tr.*
Ent/mi/li/ta/ri/sie/rung *f.*, -, *nur Sg.*
ent/mi/nen *tr.*
ent/mün/di/gen *tr.*
Ent/mün/di/gung *f.*, -, -en
ent/mu/ti/gen *tr.*
Ent/mu/ti/gung *f.*, -, *nur Sg.*
ent/my/thi/sie/ren *tr.*
Ent/my/thi/sie/rung *f.*, -en, *nur Sg*
ent/my/tho/lo/gi/sie/ren *tr.*, von mythologischen Vorstellungen befreien
Ent/my/tho/lo/gi/sie/rung

f., -, *nur Sg.*
Ent/nah/me *f.*, -, -n
ent/neh/men *tr.*, herausnehmen
Ent/neh/mer *m.*, -s, -
ent/na/ti/o/na/li/sie/ren *tr.*, privatisieren
ent/na/zi/fi/zie/ren *tr.*, von nationalsozialistischem Gedankengut reinigen
Ent/na/zi/fi/zie/rung *f.*, -, *nur Sg.*
ent/neh/men *tr.*
ent/ner/ven *tr.*, aufregen, durch Stress negativ beeinflussen
ent/nervt enerviert
Ent/ner/vung *f.*, -, -en, Entnervtsein
En/to/blast,
En/to/derm *n.*, -s, -e, Biologie: inneres Keimblatt des Embryos
ent/ö/len *tr.*, von Öl frei machen
En/to/mo/lith [griech.] *m.*, -[e]s, -en, versteinertes Kerbtier
En/to/mo/lo/gie *f.*, -, -n, Insektenlehre
en/to/mo/lo/gisch die Insektenlehre betreffend
En/to/mon [griech.] *n.*, -s, -a, Insekt
en/to/pisch [griech.] sich im Inneren des Auges befindend
en/to/tisch [griech.] innen liegend
En/to/xis/mus [griech.] *m.*, -, -men, Vergiftung
En/to/zo/on *n.*, -s, -zoen oder -zoa, Eingeweidewurm
ent/per/sön/li/chen *tr.*
Ent/per/sön/li/chung *f.*, -, -en
ent/pflich/ten *tr.*, 1. (allg.) von der Pflicht befreien, 2. vom Dienst entbinden

ent/po/li/ti/sie/ren *tr.*, von politischer Intention befreien
ent/pup/pen *tr.* und *refl*, sich entpuppen als, etwas überraschend freilegen
ent/quel/len *intr.*
ent/raf/fen *tr.*, entreißen
ent/rah/men *tr.*, der Milch den Rahm entziehen
Ent/rah/mer *m.*, -s, -, Gerät zur Entrahmung von Milch
Ent/rah/mung *f.*, -, -en
ent/ra/ten *intr.*, entbehren, einer Sache nicht entraten können
ent/rät/seln *tr.*, enthüllen, aufklären, lösen
Ent/rät/se/lung *f.*, -, -en, Aufklärung, Lösung
ent/rau/ben *tr.*, gewaltsam wegnehmen
en/tre [französ.] zwischen
En/tre/akt [französ.] *m.*, -s, -e, Theater: Zwischenspiel
ent/rech/ten *tr.*, der Rechte berauben
Ent/rech/tung *f.*, -, -en
En/tree [französ.] *n.*, -s, -s, Eingang, Zutritt, Einleitung, Eintrittskosten
ent/rei/ßen *tr.*, gewaltsam wegnehmen
En/tre/mets [französ.] *n.*, -, -, Zwischenmahlzeit
en/tre nous [französ.] unter uns, im Vertrauen
En/tre/pot [französ.] *n.*, -, -s, Lagerhaus
En/tre/pre/neur [französ.] *m.*, -s, -s, Unternehmer
En/tre/prise [französ.] *f.*, -, -n, Unternehmung
En/tre/sol [französ.] *n.*, -s, -s, Zwischengeschoss
ent/rich/ten *tr.*, eine Schuld begleichen, zahlen
Ent/rich/tung *f.*, -, -en, Begleichung einer Schuld
ent/rie/geln *tr.*, Riegel entfernen
ent/rie/seln *intr.*, entströmen
ent/rin/den *tr.*, von Rinde frei machen
ent/rin/gen *tr.*
ent/rin/nen *intr.*, entfliehen
ent/rip/pen *tr.*
ent/rol/len *intr.* und *tr.*, ausrollen
En/tro/pie [griech.] *f.*, -, -n, in der Physik/Thermodynamik: Maßeinheit zur Beschreibung von atomarer/molekularer Unordnung (Chaos) eines Systems
En/tro/pium *n.*, -s, -pien, Medizin: Krankheit des Augenlides
ent/ros/ten *tr.*, von Rost frei machen
Ent/ros/tung *f.*, -, -en, Befreiung von Rost
ent/rü/cken *tr.*
ent/rückt fern, unnahbar, sphärisch
Ent/rückt/heit *f.*, -, -en
ent/rüm/peln *tr.*, ausmisten, nicht mehr gebrauchte Gegenstände loswerden
Ent/rüm/pelung *f.*, -, -en
ent/ru/ßen *tr.*, von Ruß befreien
ent/rüs/ten *tr.*, empören, sich aufregen
ent/rüs/tet empört, beleidigt
Ent/rüs/tung Empörung, Zorn
ent/saf/ten *tr.*, Saft herauspressen
Ent/saf/ter *m.*, -s, -, Gerät zum Herauspressen von Saft bei Obst/Gemüse
ent/sa/gen *intr.*, verzichten
Ent/sa/gung *f.*, -, -en, Verzicht
ent/sal/zen *tr.*, das Salz entziehen (z.B. Wasser)

Ent/satz *m.*, -es, *nur Sg.*, Befreiung eines belagerten Gebietes
ent/säu/ern *tr.*, die Säure entziehen
ent/sau/gen *tr.*
ent/schä/di/gen *tr.*, Ersatz leisten für einen Verlust
Ent/schä/di/gung *f.*, -, -en, Schadensersatz
ent/schär/fen *tr.*, bei Sprengkörpern: Zünder funktionsunfähig machen, Situationen: einen Ausgleich schaffen, die Spannung nehmen
Ent/scheid *m.*, -[e]s, -e
ent/schei/den *tr.* und *refl.*, ein Urteil fällen
ent/schei/dend maßgeblich, wesentlich
Ent/schei/dung *f.*, -, -en, Urteil
ent/schie/den entschlossen
Ent/schie/den/heit *f.*, -, *nur Sg.*, Bestimmtheit
ent/schla/cken *tr.*, von Schlacke frei machen
ent/schla/fen *intr.*, in Schlaf fallen, übertr.: sterben
Ent/schla/fe/ne *m., f.*, -n, -n, Verstorbene
ent/schla/gen *refl.*, losmachen
ent/schlei/ern *tr.* und *refl.*, enthüllen
ent/schlie/ßen 1. *tr.* öffnen, 2. *refl.* eine Entscheidung fällen
ent/schlos/sen entschieden
Ent/schlos/sen/heit *f.*, -, *nur Sg.*, Entschiedenheit
Ent/schluß > **Entschluss** *m.*, -es, -Schlüsse, Beschluss
ent/schlum/mern *intr.*, einschlafen, wegdösen
ent/schlüp/fen *intr.*, ausschlüpfen, ugs. auch: flüchten

entschlüsseln

ent/schlüs/seln *tr.*, lesbar machen
Ent/schlüs/se/lung *f.*, -, -en, Dekodierung
ent/schuld/bar verzeihlich
ent/schul/den *tr.*, von Schuld(en) befreien
ent/schul/di/gen *tr.*, von Schuld freisprechen, *refl.* um Verzeihung bitten
Ent/schul/di/gung *f.*, -, -en, Bitte um Verzeihung
Ent/schul/dung *f.*, -, -en, Befreiung von Schulden
ent/schwe/ben *intr.*, wegschweben
ent/schwe/feln *tr.*, den Schwefel entziehen
ent/schwei/ßen *tr.*
ent/schwin/den *intr.*, verschwinden
ent/see/len *tr.*, der Seele berauben
ent/seelt ohne Seele, tot
Ent/see/lung *f.*, -, -en
ent/sen/den *tr.*
Ent/sen/dung *f.*, -, -en
ent/set/zen *tr.*, 1. in Schreck versetzen, 2. von einer Belagerung befreien
Ent/set/zen *n.*, -s, *nur Sg.*, (Er-)Schrecken
ent/setz/lich schrecklich
Ent/set/zung *f.*, -, -en, Beendigung einer Belagerung
ent/seu/chen *tr.*, von Krankheitsherden befreien
Ent/seu/chung *f.*, -, -en
ent/si/chern *tr.*, Waffen: zum Schießen fertig machen
ent/sie/geln *tr.*, ein Siegel aufbrechen
ent/sin/nen *refl.*, sich erinnern
ent/sinn/li/chen *tr.*, der Sinnlichkeit berauben
ent/sitt/li/chen *tr.*
Ent/sitt/li/chung *f.*, -, -en
ent/sor/gen *tr.*, Abfall oder Müll beseitigen
ent/span/nen 1. *tr.* lockern, 2. *refl.* sich erholen
Ent/span/nung *f.*, -, -en, Lockerung, Politik: Abbau eines Konfliktes
ent/spie/geln *tr.*, unerwünschte Reflexionen verhindern
ent/spin/nen *tr.* und *refl.*, entwickeln
ent/spre/chen *intr.*
ent/sprie/ßen *intr.*
ent/sprin/gen *intr.*
ent/spru/deln *intr.*
ent/staat/li/chen *tr.*, privatisieren
ent/sta/li/ni/sie/ren *tr.*
Ent/sta/li/ni/sie/rung *f.*, -, *nur Sg.*, Abkehr vom politischen Kurs und Herrschaftsmethoden Stalins nach 1956 in den damaligen Ostblockstaaten
ent/stam/men *intr.*
ent/stau/ben auch: **entstäu/ben**, *tr.*
Ent/stau/ber auch: **Entstäu/ber** *m.*, -s, -
Ent/stau/bung auch: **Entstäu/bung** *f.*, -, -en
ent/ste/hen *intr.*
Ent/ste/hung *f.*, -, -en
ent/stei/gen *intr.*
ent/stei/nen *tr.*, Obst (insbesondere Kirschen) von Kernen entfernen
ent/stel/len *tr.*, verzerren, unkenntlich machen
Ent/stel/lung *f.*, -, -en
ent/stö/ren *tr.*, durch Kondensatoren elektromagnetische Wellen bei elektronischen Geräten verhindern
ent/strö/men *intr.*
ent/süh/nen *tr.*, von Schuld frei machen
ent/sump/fen *tr.*, trockenlegen
ent/sün/di/gen *tr.*, entsühnen
ent/ta/bu/i/sie/ren *tr.*, von Tabus befreien
Ent/ta/bu/i/sie/rung *f.*, -, -en
ent/tau/meln *intr.*
ent/täu/schen *tr.*, Erwartungen nicht erfüllen
ent/täuscht
Ent/täu/schung *f.*, -, -en
ent/tee/ren *tr.*, von Teer räumen
ent/thro/nen *tr.*, entmachten, der Herrschaftsposition berauben
Ent/thro/nung *f.*, -, -en, Entmachtung eines Monarchen
ent/trüm/mern *tr.*
ent/völ/kern *tr.*
Ent/völ/ke/rung *f.*, -, -en
ent/wach/sen *intr.*
ent/waf/fnen *tr.* und *refl.*, Waffen ablegen (lassen)
Ent/waf/fnung *f.*, -, -en
ent/wal/den *tr.*, Wald abholzen
Ent/wal/dung *f.*, -, -en
ent/war/nen *intr.*, Alarm beenden
Ent/war/nung *f.*, -, -en, Beendigung eines Alarmzustandes
ent/wäs/sern *tr.*, das Wasser herausziehen
Ent/wäs/se/rung *f.*, -, -en
ent/we/der meist in der Verbindung entweder...oder
Ent/we/der-o/der *n.*, -, *nur Sg.*, Bezeichnung für eine Zwangssituation, in der zwischen zwei Alternativen nur eine gewählt werden kann
ent/wei/ben *tr.*
ent/wei/chen *intr.*
Ent/wei/chung *f.*, -, -en
ent/wei/hen *tr.*, entheiligen
Ent/wei/her *m.*, -s, -

Ent/wei/hung *f.*, -, -en
ent/wen/den *tr.*, wegnehmen, stehlen
Ent/wen/dung *f.*, -, -en, das Entwenden, Stehlen
ent/wer/fen *tr.*, planen
ent/wer/ten *tr.*, den Wert mindern
Ent/wer/tung *f.*, -, -en, Wertminderung
ent/we/sen *tr.*
ent/wi/ckeln 1. *tr.*, (allg.) entwirren, (spez.) Fotografie: Filmnegative entwickeln, 2. *refl.*:. vorankommen, reifen
Ent/wick/ler *m.*, -s, -, 1. Person, die entwickelt, 2. Chemikalie in der Fotografie
Ent/wick/lung *f.*, -, -en
ent/win/den *tr.* und *refl.*, lösen
ent/wir/ren *tr.* und *refl.*, Ordnung schaffen
Ent/wir/rung *f.*, -, -en
ent/wi/schen *intr.*, entfliehen
ent/wöh/nen *tr.*, von Gewohnheiten lösen
Ent/wöh/nung *f.*, -, -en
ent/wöl/ken *refl.*
ent/wür/di/gen *tr.*, die Würde nehmen
Ent/wür/di/gung *f.*, -, -en
Ent/wurf *m.*, -s, -würfe, Plan, Vorschlag
ent/wur/zeln *tr.*
Ent/wur/ze/lung selten:
Ent/wurz/lung *f.*, -, -en
ent/zau/bern *tr.*
Ent/zau/be/rung *f.*, -, -en
ent/zer/ren *tr.*
Ent/zer/rer *m.*, -s, -, 1. bei einer Filmvorführung: Maschine, die verzerrte Aufnahmen bei der Projektion korrigiert, 2. Schaltung bei Verstärkern
Ent/zer/rung *f.*, -, -en

ent/zie/hen *tr.* und *refl.*, entfernen
Ent/zie/hung *f.*, -, -en
ent/zif/fer/bar lesbar
Ent/zif/fe/rer *m.*, -s, -
ent/zif/fern *tr.*, lesbar machen
Ent/zif/fe/rung *f.*, -, -en
ent/zü/cken *tr.*
Ent/zü/cken *n.*, -s, *nur Sg.*, Freude
ent/zü/ckend
Ent/zü/ckung *f.*, -, -en
Ent/zug *m.*, -es, -züge
Ent/zugs/er/schei/nung *f.*, -, -en, Symptom bei Drogenabhängigen bei Nichteinnahme von Drogen
ent/zünd/bar entflammbar
ent/zün/den 1. *tr.* in Brand setzen, 2. *refl.*, in Brand geraten
ent/zünd/lich
Ent/zün/dung *f.*, -, -en, Infektion im Körper
ent/zwei zerbrochen
ent/zwei/en 1. *tr.*, trennen, 2. *refl.*, streiten, auseinandergehen
Ent/zwei/ung *f.*, -, -en, Trennung
Enu/me/ra/ti/on [lat.] *f.*, -, -en, Aufzählung
enu/me/rie/ren *tr.*, aufzählen
Enu/re/se *f.*, -, *nur Sg.*, Bettnässen
En/ve/lop/pe [französ.] *m.*, -, -n, Briefumschlag
En/vers [französ.] *m.*, -, -, Kehrseite
En/vi/ron/ment [engl.] *n.*, -s, -s, künstlerische Gestaltung von Räumen
En/vi/ron/men/tal
En/vi/ron/to/lo/gie [französ.] *f.*, -, *nur Sg.*, Umweltforschung
en vogue [französ.] modern, beliebt

En/vo/yé [französ.] *m.*, -s, -s, 1. Gesandter, 2. Geschäftsträger
En/ze/pha/li/tis [griech.] *f.*, -, *nur Sg.*, Gehirnentzündung
En/ze/pha/lo/gramm [griech.] *n.*, -s, -e, Aufzeichnung einer Gehirnuntersuchung
En/zi/an [lat.] *m.*, -[e]s, -e, 1. Alpenpflanze, 2. Schnaps, hergestellt aus Gelbem Enzian
En/zyk/li/ka oder auch:
En/zy/kli/ka [griech.] *f.*, -, -ken, Rundschreiben (insbesondere des Papstes)
en/zyk/lisch oder auch:
en/zy/klisch
En/zyk/lo/pädie oder auch:
En/zy/klo/pä/die *f.*, -, -n, 1. Gesamtwissenschaft, 2. Sachwörterbuch, großes Lexikon
En/zyk/lo/pä/di/ker oder auch: **En/zy/klo/pä/di/ker** *m.*, -s, -, Verfasser einer Enzyklopädie
En/zyk/lo/pä/disch oder auch: **en/zy/klo/pä/disch**
En/zyk/lo/pä/dist oder auch: **En/zy/klo/pä/dist** *m.*, -en, -en
En/zyk/lo/pä/dis/mus oder auch: **En/zy/klo/pädis/mus** *m.*, -, *nur Sg.*
En/zym [griech.] *n.*, -s, -e, im Körper wirksamer Stoff
En/zy/mo/lo/gie [griech.] *f.*, -, *nur Sg.*
eo ip/so [lat.] eben dadurch
Eo/li/enne [französ.] *f.*, -, *nur Sg.*, Gewebeform
Eo/lith [griech.] *m.*, -en, -en, „Stein der Morgenröte"
Eos [griech.] Göttin der Morgenröte
Eo/sin *n.*, -s, *nur Sg.*, Teerfarbstoff

Eo/zo/ikum *n.,* -s, *nur Sg.,* Geologie: Erdzeitalter
Ep/ago/ge oder auch:
Epa/go/ge [griech.] *f.,* -, -n, Induktion
ep/ago/gisch oder auch:
epa/go/gisch induktiv
Eparch [griech.] *m.,* -en, -en, Bischof der griechisch-orthodoxen Kirche
Epau/let/te [französ.] *f.,* -, -n, Schulterstück auf Uniformen
Epen/the/se,
Epen/the/sis [griech.] *f.,* -, -thesen, Erleichterung der Aussprache von Wörtern durch Einfügung von Buchstaben oder Silben
Ephe/bie *f.,* -, -n, *nur Sg.,* Jünglingsalter
ephe/mer [griech.] eintägig
Ephe/me/re *f.,* -, -n, 1. eintägiges Fieber, 2. Eintagsfliege
Ephe/me/ri/den *nur Pl.,* 1. Tagebücher, 2. astronomische Tabellen
Ephe/ser [griech.] Einwohner von Ephesos
Epho/rat *n.,* -[e]s, -e, hohes spartanisches Beamtenamt
Epho/rus *m.,* -, -ren, Kirchen-, Schulaufseher
Epi/dei/xis *f.,* -, -xen, Prunkrede
epi/deik/tisch aufzeigend
Epi/de/mie *f.,* -, -n, massenhaft verbreitete Krankheit
Epi/de/mi/o/lo/gie *f.,* -, *nur Sg.,* Lehre von Epidemien
epi/de/mi/o/lo/gisch
epi/de/misch seuchenartig
Epi/den/dron [griech.] *n.,* -, -dren, tropische Parasitenpflanze
epi/der/mal zur Oberhaut gehörend
Epi/der/mis [griech.], *f.,* -, *nur Sg.,* Oberhaut
Epi/der/mo/phyt *m.,* -s, -en, menschlicher Hautpilz
Epi/di/as/kop oder auch:
Epi/di/a/skop *n.,* -[e]s, -e, besondere Form des Projektionsapparates
Epi/ge/ne/se [griech.] *f.,* -, -sen, Entwicklung durch Neubildung
epi/ge/ne/tisch
epi/go/nal
Epi/go/ne *m.,* -n, -n, 1. Nachkomme, 2. Kunst: Nachahmer
Epi/go/nen/tum *n.,* -s, *nur Sg.,* Eigenschaften von Epigonen
epi/go/nen/haft nachahmend
Epi/gramm *n.,* -s, -e, 1. (allg.) Schriftzug, 2. spöttischer Spruch
Epi/gram/ma/ti/ker *m.,* -s, -
epi/gram/ma/tisch auf den Punkt gebracht
Epi/graph *n.,* -[e]s, -e, Inschrift
Epi/gra/phik *f.,* -, *nur Sg.,* Lehre von den Inschriften
Epi/gra/phi/ker *m.,* -s, -
Epik *f.,* -, *nur Sg.,* erzählerische Dichtung
Epi/ker *m.,* -s, -, Verfasser von Epik
Epi/kle/se. [griech.] *f.,* -, -n, kirchlicher Fachbegriff
Epi/kon/dy/li/tis [griech.] *f.,* -, -itiden, Entzündung am Ellenbogen
Epi/kon/ti/nen/tal/meer *n.,* -es, -e, Flachmeer
Epi/kri/se [griech.] *f.,* -, -n, 1. Entscheidung, 2. endgültiges Krankenbild, 3. Obduktionsergebnis
Epi/ku/re/er *m.,* -s, -, 1. Vertreter der Philosophie-Richtung von Epikur, 2. lebensfreudiger Menschentyp
epi/ku/re/isch
Epi/la/ti/on *f.,* -, -en, Enthaaren
epi/lie/ren *tr.,* enthaaren
Epi/lep/sie *f.,* -, *nur Sg.,* Krankheit, deren Symptome Anfälle von Krämpfen sind
epi/lep/tisch krampfartig
Epi/log [griech.] *m.,* -[es], -e, Schlusswort
Epi/pha/nie [griech.] *f.,* -, -n, Gotteserscheinung
Epi/phy/lum [griech.] *n.,* -s, -len, Weihnachtskaktus
Epi/phy/se [griech.], *f.,* -, -n, Gelenk-, Knochenende
Epi/phyt [griech.] *m.,* -en, -en, Botanik: Scheinschmarotzer
Epi/ro/ge/ne/se *f.,* -, -n, Änderung der Erdoberfläche im Niveau
episch erzählend
Epis/kop oder auch: **Episkop** [griech.] *m.,* -s, -e, Projektionsgerät
epis/ko/pal oder auch:
epi/sko/pal bischöflich
Epis/ko/pa/lis/mus oder auch: **Epi/sko/pa/lis/mus** *m.,* -, *nur Sg.,* Kirchenordnung mit Bischof an oberster Spitze
Epis/ko/pat oder auch:
Epi/sko/pat *m.,* -[e]s, -e, 1. alle Bischöfe, 2. Bistum, 3. einzelnes Bischofsamt
Epi/so/de [griech.] *f.,* -, -n, Zwischenteil
epi/so/den/haft in einzelnen Phasen verlaufend
epi/so/disch
Epis/tel *f.,* -, -n, 1. Schreiben, 2. Apostelbrief, 3. Ermahnung
Epis/to/lo/gra/phie *f.,* -, *nur Sg.,* Briefschreibekunst
Epis/to/mo/lo/gie *f.,* -, *nur*

Sg., Philosophierichtung, Erkenntnistheorie
epis/to/mo/lo/gisch erkenntnistheoretisch
Epis/tro/pheus [griech.], *m.*, -, zweiter Halswirbel
Epi/taph [griech.] *n.*, -[e]s, -en
Epi/ta/phi/um *n.*, -s, -phien, Grabinschrift, Denkschrift
Epi/the/ton *n.*, -s, -ta, Attribut
Epi/to/me *f.*, -, -n, Auszug aus einem Schriftwerk
epi/to/mie/ren *tr.*, zusammenfassen
Epi/tritt [griech.] *m.*, -en, -en, antiker Versfuß
Epi/zen/trum *n.*, -s, -tren, Punkt an Erdoberfläche direkt über dem Erdbebenherd
epi/zo/isch [griech.] übertragen von Tieren
Epi/zo/on [griech.] *n.*, -s, -zoen/-zoa, nicht parasitäres Tier, das auf anderen Lebewesen nistet
Epi/zo/o/tie *f.*, -, -n, weit verbreitete Tierseuche
Epi/zy/kel [griech.] *m.*, -s, -
epo/chal von besonderem Wert, außergewöhnlich
Epo/che [griech.] *f.*, -, -n, größerer Zeitabschnitt
Epo/de [griech.] *f.*, -, -n, Nachgesang
Epo/pöe *f.*, -n, -n, Heldendichtung
Epos *n.*, -, Epen, Heldendichtung
Ep/pich *m.*, [e]s, -e, Sellerie, Efeu
Equa/li/zer [engl.] *m.*, -s, -, Instrument zur Klangsteuerung
Eques [lat.] *m.*, -, Reiter, Ritter
Equi/pa/ge [französ.] *f.*, -, -n, 1. ursprünglich: Kutsche, 2. Ausrüstung
Equi/pie/rung *f.*, -, -en, Ausrüstung
er männliches Personalpronomen, *Sg.*
Er veraltete Anredeform
Er Abk. für: Erbium
er/ach/ten *tr.*
Er/ach/ten *n.*, -s, *nur Sg.*, meines Erachtens
era/die/ren [lat.] *tr.*, auslöschen
er/ah/nen *tr.*, etwas im voraus wissen
er/ar/bei/ten *tr.*
Er/ar/bei/tung -, -en
eras/misch geduldig, abwartend
Era/to [griech.] Muse der Dichtung
er/bar/men *refl.*
Er/bar/men *n.*, -s, *nur Sg.*, Mitleid
Er/bar/mer *m.*, -s, -, relig. für Gott
er/bärm/lich ärmlich, arm (auch bildlich)
Er/bärm/lich/keit *f.*, -, en
Er/bar/mung *f.*, -, -en
er/bau/en *tr.*, sich an etw. freuen, etw. genießen
Er/bau/er *m.*, -s, -
er/bau/lich
Er/bau/ung *f.*, -, -en
Er/be 1. *m.*, -n, -n, Person, die erbt, 2. *n.*, -s, *nur Sg.*, zu erbender Besitz
er/be/ben *intr.*
er/ben *tr.*, das Vermögen einer verstorbenen Person in Besitz nehmen
er/be/ten *tr.*
er/bet/teln *tr.*
er/beu/ten *tr.*
er/bie/ten *refl.*, selten *tr.*
er/bie/tig dienstbar
Er/bin *f.*, -, nen, Frau, die erbt
er/bit/ten *tr.*
er/bit/tern *tr.*
Er/bit/te/rung *f.*, -, -en
er/bitt/lich
Er/bi/um *n.*, -s, chemisches Element, Metall
er/blas/sen *intr.*, alle Farbe verlieren
er/blei/chen *intr.*
erb/lich
Erb/lich/keit *f.*, -, -en
er/bli/cken *tr.*, mit den Augen wahrnehmen
er/blin/den *intr.*, das Augenlicht verlieren
Er/blin/dung *f.*, -, -en
er/blü/hen *intr.*, aufblühen
er/bo/sen *intr.*, böse oder wütend werden
er/bost wütend sein
er/bö/tig
er/brau/sen *intr.*
er/bre/chen *tr.*, sich übergeben
Er/bre/chen *n.*, -s, -
er/brin/gen *tr.*, leisten
er/brü/ten *tr.*
Erb/schaft *f.*, -, -en
Erb/se *f.*, -, -n, Gemüse, Hülsenfrucht
er/buh/len *tr.*, erschleichen
Erb/tum *n.*, -[e]s, -tümer
erb/tüm/lich
er/dacht ausgedacht
er/dar/ben *tr.*
Er/de *f.*, -, n, unser Planet, allg. Boden
er/den *tr.*, mit der Erde verbinden
er/den/ken *tr.*
er/denk/lich
Erd/ge/schoß > **Erdge/schoss** *n.*, -es, -e
erd/haft
er/dich/ten *tr.*, erfinden
Er/dich/tung *f.*, -, -en, Fiktion
er/dig
Erd/ling *m.*, -s, -e, Bewoh-

Erdmännchen

ner der Erde
Erd/männ/chen, *n., -s, -,* kleines Beuteltier
Erd/öl *n., -s, nur Sg.,* Rohstoff
er/dol/chen *tr.,* mit dem Dolch töten
Er/dol/chung *f., -, -en*
er/don/nern *intr.*
er/dreis/ten *refl.,* sich herausnehmen
er/dre/schen *tr.*
er/dröh/nen *intr.*
er/dros/seln *tr.,* erwürgen
Er/dros/se/lung *f., -, -en*
er/drü/cken *tr.*
er/drü/ckend
Erd/rutsch *m., -es, -e*
er/dul/den *tr.,* ertragen
Ere/bos, E/re/bus [griech.] *m., -, nur Sg.,* Unterwelt
Erech/the/um [griech.] *n., -s,* Tempel des Erechtheus auf der Akropolis
Erech/the/us König von Attika
er/ei/fern *refl.*
Er/ei/fe/rung *f., -, -en*
er/eig/nen *refl.*
Er/eig/nis *n., -ses, -se*
er/ei/len *tr.,* erreichen, einholen
erek/til aufrichtbar
Erek/ti/on *f., -, -en,* Anschwellung des Penis bei sexueller Erregung
Ere/mit [griech.] *m., -en, -en,* Einsiedler
Ere/mi/ta/ge [französ.] *f., -n,* Einsiedelei, Schlössername, berühmtes Kunstmuseum in St. Petersburg
Eren, Ern *m., -, -,* Hausflur im fränkischen Bauernhaus
er/er/ben *tr.*
Ere/thi/sie [griech.] *f., -, -n,* krankhafte Erregbarkeit
Ere/this/mus [griech.] *m., -, nur Sg.,* Reizbarkeit

ere/this/tisch reizbar, gereizt
er/fah/ren 1. *tr.* etwas erreichen, Nachricht erhalten von etwas, 2. *intr.* Gebiet erkunden, 3. Erfahrung besitzend
Er/fah/re/ne *f.* oder *m., -n, -n*
Er/fah/ren/heit *f., -, nur Sg.*
Er/fah/rung *f., -, -en*
er/fas/sen *tr.*
Er/fas/sung *f., -, -en*
er/fech/ten *tr.*
er/fin/den *tr.*
Er/fin/der *m., -s, -*
er/fin/de/risch
er/find/lich
Er/fin/dung *f., -, -en*
er/fle/hen *tr.,* erbitten
er/flie/gen *tr.*
Er/folg *m., -es, -e*
er/fol/gen *intr.*
er/for/der/lich nötig
er/for/der/li/chen/falls
er/for/dern *tr.*
Er/for/der/nis *f., -ses, -se*
er/for/schen *tr.,* auskundschaften
er/forsch/bar
Er/for/scher *m., -s, -*
er/forsch/lich
Er/for/schung *f., -, nur Sg.*
er/fra/gen *tr.,* eine Auskunft erbitten
er/fre/chen *refl.*
er/freu/en *tr.*
er/freu/lich
er/freu/li/cher/wei/se
er/frie/ren *intr.*
Er/frie/rung *f., -, -en*
er/fri/schen *tr.,* sich frisch machen
er/fri/schend
Er/fri/schung *f., -, -en*
er/füh/len *tr.*
er/fül/len *tr.*
er/füll/bar
Er/füllt/heit *f., -, nur Sg.*

Er/fül/lung *f., -, -en*
er/fun/keln *intr.*
Erg *n., -s, -,* Physik: Maß für Arbeit
er/gän/zen *tr.,* komplementieren
Er/gän/zung *f., -, -en*
er/gat/tern *tr.,* erhaschen
Er/gat/te/rung *f., -, -en*
er/gau/nern *refl.,* sich durch kriminelle Methoden aneignen
er/ge/ben *tr.* und *refl.*
er/ge/ben treu, folgsam
Er/ge/ben/heit *f., -, -en,* Treue
er/ge/benst
Er/geb/nis *n., -ses, -se,* Resultat
er/geb/nis/los ohne Resultat
er/geb/nis/reich
Er/ge/bung *f., -, -en*
er/ge/bungs/voll
er/ge/hen *refl.*
Er/ge/hen *n., -s, nur Sg.,* Zustand des Befindens
er/gie/big reich(lich)
Er/gie/big/keit *f., -, -en*
er/gie/ßen *tr.* und *refl.*
Er/gie/ßung *f., -, -en*
er/glän/zen *intr.*
er/glim/men *intr.*
er/glü/hen *intr.*
er/go [lat.] also, folglich
er/go/tie/ren *intr.,* penibel und kleinlich streiten
Er/go/tis/mus *m., -, nur Sg.,* Rechthaberei
Er/go/graph *(Nf.)* auch:
Er/go/graf *(Hf.), m., -en, -en,* Messgerät für Muskelarbeit
Er/go/lo/gie *f., -, n,* Erforschung historischer Werkzeuge
Er/go/me/ter *m., -s, -,* Ergograf
Er/go/no/mie *f., -, nur Sg.,* Wissenschaft vom optimalen Verhältnis Arbeit-

Mensch
er/go/no/misch
Er/go/si/tat *m.*, -[e]s, -e, Kraftmesser
er/göt/zen *tr.*
Er/göt/zen *n.*, -s, *nur Sg.*
er/götz/lich
Er/götz/lich/keit *f.*, -, -en
Er/göt/zung *f.*, -, -en
er/grau/en *intr.*, graue Haare bekommen
er/graut
er/grei/fen *tr.*, fangen
er/grei/fend fesselnd
Er/grei/fung *f.*, -, -en
er/grif/fen, vereinnahmt
Er/grif/fen/heit *f.*, -, *nur Sg.*
er/grim/men *intr.*
er/grün/den *tr.*, erforschen
er/gründ/lich
er/grü/nen *intr.*
Er/guß > Er/guss *m.*, -es, -güsse
er/ha/ben
Er/ha/ben/heit *f.*, -, *nur Sg.*
Er/halt *m.*, -s, *nur Sg.*
er/hal/ten *tr.*
Er/hal/ter *m.*, -s, -
er/hält/lich
Er/hal/tung *f.*, -, -en
er/han/deln *tr.*
er/hän/gen *tr.* und *refl.*
Er/häng/te *f.* oder *m.*, -n, -n
er/här/ten *tr.*
Er/här/tung *f.*, -, -en
er/ha/schen *tr.*, fangen
er/he/ben *tr.*
er/he/bend
er/heb/lich deutlich
Er/heb/lich/keit *f.*, -, -en
Er/he/bung *f.*, -, -en
er/hei/ra/ten *tr.*
er/hei/schen *tr.*
er/hei/tern *tr.*, amüsant finden
Er/hei/te/rung *f.*, -, -en
er/hel/len *tr.*, aufhellen, Licht in etwas bringen
er/hen/ken *tr.*

er/heu/cheln *tr.*
er/hit/zen *tr.*, Temperatur erhöhen
Er/hit/zung *f.*, -, -en
er/hof/fen *tr.* und *refl.*, auf etw. hoffen
er/hö/hen *tr.*
er/höht
Er/hö/hung *f.*, -, -en
er/ho/len *tr.* und *refl.*
er/hol/sam
Er/ho/lung *f.*, -, -en
er/hor/chen *tr.*
er/hö/ren *tr.*
Er/hö/rung *f.*, -, -en
Eri/da/nus [griech.] *m.*, -, *nur Sg.*, Sternbild
eri/gi/bel aufrichtbar
eri/gie/ren *tr.*, emporrichten
Eri/ka *n.*, -s, Farbstoff, Heidekraut
er/in/ner/lich
er/in/nern *tr.*
Er/in/ne/rung *f.*, -, -en
Erin/nye, Erin/nys [griech.] *f.*, -, -yen, Rachegöttinen
Eris/tik [griech.] *f.*, -, *nur Sg.*, Kunst des wissenschaftlichen Streitgesprächs
eris/tisch
er/ja/gen *tr.*
er/kal/ten *intr.*
er/käl/ten *tr.* und *refl.*
Er/kal/tung *f.*, -, -en
Er/käl/tung *f.*, -, -en, Infektionskrankheit mit Husten und Schnupfen
er/kämp/fen *tr.*
er/kau/fen *tr.*
er/käuf/lich
er/ke/cken *refl.*
er/kenn/bar deutlich, klar
er/ken/nen *tr.*, wahrnehmen
er/kennt/lich
Er/kennt/lich/keit *f.*, -, -en
Er/kennt/nis *f.*, -, -se
Er/ken/nung *f.*, -, -en
Er/ker *m.*, -s, -

er/kie/sen *tr.*, kritisch auswählen
er/klär/bar
er/klä/ren *tr.*
Er/klä/rer *m.*, -s, -
er/klär/lich
er/klär/li/cher/wei/se
er/klärt
Er/klä/rung *f.*, -, -en
er/kleck/lich
er/klet/tern *tr.*
er/klim/men *tr.*, besteigen
er/klin/gen *intr.*, ertönen
er/klü/geln *tr.*
er/ko/ren auserwählt
er/kran/ken *intr.*, krank werden
Er/kran/kung *f.*, -, -en
er/küh/nen *refl.*
er/kun/den *tr.*, erforschen
er/kun/di/gen *tr.* und *refl.*, nachfragen, Informationen einholen
Er/kun/di/gung *f.*, -, -en
er/kund/schaf/ten *tr.*
Er/kun/dung *f.*, -, -en
er/küns/teln *tr.*
er/kü/ren *tr.*
er/la/ben *tr.* und *refl.*
er/lah/men *intr.*
Er/lah/mung *f.*, -, -en
er/lan/gen *intr.*
Er/lan/gung *f.*, -, *nur Sg.*
Er/laß > Er/lass *m.*, -es, -e
er/las/sen *tr.*
er/läß/lich > er/lässlich
Er/las/sung *f.*, -, -en
Er/laub *m.*, -[e]s, *nur Sg.*, Erlaubnis (selten)
er/lau/ben *tr.*
Er/laub/nis *f.*, -, -se
er/laucht
Er/laucht Anrede fürstlicher Personen
er/lau/fen *tr.*
er/lau/schen *tr.*
er/läu/tern *tr.*, erklären
Er/läu/te/rung *f.*, -, -en, Erklärung

Er/le *f.*, -, -n, Birkenart
er/le/ben *tr.*
Er/le/ben *n.*, -s, *nur Sg.*
Er/leb/nis *n.*, -ses, -se
er/le/di/gen *tr.*
er/le/digt
Er/le/di/gung *f.*, -, -en
er/le/gen *tr.*, Wild töten
Er/le/gung *f.*, -, -en, Tötung von Wild
er/leich/tern *tr.*, leichter machen
Er/leich/te/rung *f.*, -, -en
er/lei/den *tr.*, leiden
er/len aus Erlenholz
er/lern/bar
er/ler/nen *tr.*
Er/ler/nung *f.*, -, -en
er/le/sen 1. *tr.*, auswählen, 2. ausgesucht
er/leuch/ten *tr.*
Er/leuch/tung *f.*, -, -en
er/lie/gen *intr.*
er/lis/ten *tr.*, durch List gewinnen
Erl/kö/nig *m.*, -s, *nur Sg.*
er/lo/gen das ist erstunken und erlogen
Er/lös *m.*, -es, -e
er/lö/schen *intr.*
er/lö/sen *tr.*
Er/lö/ser *m.*, -s, -, relig: Jesus Christus
Er/lö/sung *f.*, -, -en
er/lü/gen *tr.*
er/mäch/ti/gen *tr.*, jmdm. Vollmacht zu etwas geben
Er/mäch/ti/gung *f.*, -, -en
er/mah/nen *tr.*, jmdn. kritisieren
Er/mah/nung *f.*, -, -en
er/man/geln *intr.*
Er/man/ge/lung, Er/mang/lung *f.*, -, en
er/man/nen *tr.*
er/mä/ßi/gen *tr.*
Er/mä/ßi/gung *f.*, -, -en, Preisnachlass
er/mat/ten *tr.* und *intr.*, müde werden
Er/mat/tung *f.*, -, -en, Müdigkeit
er/mes/sen *tr.*, einschätzen, vermessen
Er/mes/sen *n.*, -s, *nur Sg.*, Urteil, Erwägung
er/mit/teln *tr.*, herausfinden
Er/mitt/lung *f.*, -, -en
er/mög/li/chen *tr.*, möglich machen
Er/mög/li/chung *f.*, -, -en
er/mor/den *tr.*, jmdn. umbringen
Er/mor/dung *f.*, -, -en
er/mü/den *tr.* und *intr.*, ermatten
Er/mü/dung *f.*, -, -en
er/mun/tern *tr.*
Er/mun/te/rung *f.*, -, -en
er/mu/ti/gen *tr.*, jmdm. Mut machen
Er/mu/ti/gung *f.*, -, -en
er/näh/ren *tr.*
Er/näh/rer *m.*, -s, -
Er/näh/rung *f.*, -, -en
er/nen/nen *tr.*
Er/nen/nung *f.*, -, -en
er/neu/en, er/neu/ern *tr.*
Er/neu/e/rer, Er/neu/rer *m.*, -s, -
er/nied/ri/gen *tr.*
Er/nied/ri/gung *f.*, -, -en
Ernst *m.*, -es, *nur Sg.*
ernst seriös, ernsthaft, ohne Humor
ernst/haft
Ernst/haf/tig/keit *f.*, -, -en
ernst/lich
Ern/te *f.*, -, -n
ern/ten *tr.*
Ern/tig *m.*, -s, -e, veralt. für: Monat August
er/nüch/tern *tr.*
Er/o/be/rer *m.*, -s, -
er/o/bern *tr.*
Er/o/be/rung *f.*, -, -en
e/ro/die/ren [lat.] *tr.*
er/öff/nen *tr.*
Er/öff/nung *f.*, -, -en
ero/gen sexuell erregend
Ero/i/ka [italien.] die „Heldenhafte", Name einer Beethoven-Symphonie
er/ör/tern *tr.*
Er/ör/te/rung *f.*, -, -en
Eros *m.*, -, *nur Sg.*, Liebe(sgott)
Ero/si/on [lat.] Abtragung durch Wind, Wasser
Ero/te/ma [griech.] *n.*, -s, -mata, Fragestellung
Ero/te/ma/tik *f.*, -, *nur Sg.*, Kunst des Fragens
ero/te/ma/tisch
Ero/tik *f.*, -, *nur Sg.*, alles, was sexuell anregend ist
Ero/ti/ka *nur Pl.*, sexuell anregende Mittel
Ero/ti/ker *m.*, -s, -,
ero/tisch sexuell anregend
ero/ti/sie/rend
Ero/to/ma/nie *f.*, -, *nur Sg.*, Liebeswahnsinn
Er/pel *m.*, -s, -, Enterich
er/picht versessen
er/preß/bar > **er/pressbar**
Er/preß/bar/keit > **Er/press/bar/keit** *f.*, -, -en
er/pres/sen *tr.*
Er/pres/ser *m.*, -s, -
er/pres/se/risch
Er/pres/sung *f.*, -, -en
er/pro/ben *tr.*, ausprobieren
Er/pro/bung *f.*, -, -en, auf die Probe stellen
er/qui/cken *tr.* und *refl.*, beleben
er/quick/lich belebend
Er/qui/ckung *f.*, -, -en
er/raf/fen *tr.*
er/rat/bar
er/ra/ten *tr.*
Er/ra/tum [lat.] *n.*, -s, -ta, Irrtum, Fehler
er/ra/tisch
er/rech/nen *tr.*
er/reg/bar

Er/reg/bar/keit *f.*, -, -en
er/re/gen *tr.*
Er/re/ger *m.*, -s, -
Er/regt/heit *f.*, -, *nur Sg.*
Er/re/gung *f.*, -, -en
er/rei/ch/bar
er/rei/chen *tr.*
Er/rei/chung *f.*, -, -en
er/ret/ten *tr.*
Er/ret/ter *m.*, -s, -, relig. Name für Jesus Christus
Er/ret/tung *f.*, -, -en
er/rich/ten *tr.*
Er/rich/tung *f.*, -, -en
er/rin/gen *tr.*
er/rö/ten *intr.*, rot werden
Er/run/gen/schaft *f.*, -, -en, das Erreichte
Er/satz *m.*, -es, *nur Sg.*, Substitut
er/set/zen *tr.*, substituieren
er/setz/lich
er/sau/fen *intr.* ugs. für: ertrinken
er/säu/fen *tr.*, jmdn. ertränken
er/schaf/fen kreieren
Er/schaf/fer *m.*, -s, -
Er/schaf/fung *f.*, -, -en
er/schal/len *intr.*, erklingen, ertönen
er/schau/dern *intr.*
er/schau/en *tr.*, erblicken
er/schau/ern *intr.*
er/schei/nen *intr.*, sichtbar, deutlich werden
Er/schei/nung *f.*, -, -en, Vision
er/schie/ßen *tr.*, jmdn. durch einen Schuss töten
Er/schie/ßung *f.*, -, -en
er/schlaf/fen *intr.*
er/schlafft
Er/schlaf/fung *f.*, -, -en
er/schla/gen *tr.*
er/schlei/chen *tr.*
Er/schlei/chung *f.*, -, -en
er/schlie/ßen *tr.*
Er/schlie/ßung *f.*, -, -en

er/schmei/cheln *tr.*
er/schöp/fen *tr.*
er/schöp/fend
er/schöpft müde, ausgelaugt sein
Er/schöpft/heit *f.*, -, -en
Er/schöp/fung *f.*, -, -en
er/schre/cken *tr.* und *intr.*
er/schre/ckend
er/schro/cken
Er/schro/cken/heit *f.*, -, -en
er/schüt/tern *tr.*, erbeben (auch bildlich)
Er/schüt/terung *f.*, -, -en
er/schüt/te/rungs/frei
er/schwe/ren *tr.*
er/schwe/rend
Er/schwer/nis *f.*, -, -se, Hindernis
Er/schwe/rung *f.*, -, -en
er/schwin/deln *tr.*
er/schwing/bar
er/schwin/gen *tr.*
er/schwing/lich günstig
er/se/hen *tr.*
er/seh/nen *tr.*
er/set/zen *tr.*
er/sicht/lich
er/sin/gen *tr.*
er/sin/ken *tr.* und *intr.*
er/sin/nen *tr.*, ausdenken
er/sinn/lich
er/sit/zen *tr.*
Er/sit/zung *f.*, -, -en
er/sor/gen *tr.*
er/spä/hen *tr.* ausfindig machen
er/spa/ren *tr.*
Er/spar/nis *f.*, -, -se
Er/spa/rung *f.*, -, -en
er/spie/len *tr.*
er/spie/ßen *tr.*
Er/sprieß *m.*, -es, -e
er/sprie/ßen *intr.*
er/sprieß/lich
er/spü/ren
erst
Ers/te *m.*, -n, -n, der Erste: erster Monatstag

ers/tens als erster Punkt
erst/lich
Erst/ling *m.*, -s, -e, erstes Kind
Erst/ling/schaft *f.*, -, -en
er/star/ken *intr.*
Er/star/kung *f.*, -, -en
er/star/ren *intr.*, starr werden
Er/star/rung *f.*, -, -en
er/stat/ten *tr.*
Er/stat/tung *f.*, -, -en, Zurückzahlung
er/stau/nen *tr.* und *intr.*
Er/stau/nen *n.*, -s, *nur Sg.*
er/stau/nend
er/staun/lich
er/ste/chen *tr.*
er/ste/hen *tr.*
er/stei/gen *tr.*, erklimmen
er/steig/bar
er/stel/len *tr.*
er/ster/ben *intr.*
er/sti/cken *tr.* und *intr.*, durch Luftmangel sterben
Er/sti/ckung *f.*, -, -en
er/stin/ken *intr.*
er/stor/ben
er/strah/len *intr.*
er/stre/ben *tr.*
er/stre/bens/wert
er/stre/cken *refl.*
er/strei/ten *tr.*
er/stun/ken
er/stür/men *tr.*
Er/stür/mung *f.*, -, -en
er/su/chen *tr.*
er/tap/pen *tr.*
er/tas/ten *tr.*
er/tau/ben *intr.*, taub werden
er/tei/len *tr.*
Er/tei/lung *f.*, -, -en
er/tö/nen *intr.*, erklingen
er/tö/sen *intr.*
er/tö/ten *tr.*
Er/tö/tung *f.*, -, -en
Er/trag *m.*, -[e]s, -träge
er/tra/gen *tr.*, erdulden
er/träg/lich
Er/träg/nis *n.*, -ses, -se

er/trän/ken *tr.*
er/träu/men *tr.*
er/trin/ken *intr.*
er/trot/zen *tr.*
er/trun/ken
er/tüch/ti/gen *tr.*
Er/tüch/ti/gung *f.*, -, -en
er/ü/bri/gen *intr.*
eru/die/ren [lat.] *tr.*, ausbilden
Eru/di/ti/on *f.*, -, -en, Gelehrsamkeit
erum/pie/ren [lat.] *tr.*, durchbrechen
Erup/ti/on *f.*, -, -en, Ausbruch
erup/tiv
Er/ve *f.*, -, -n, Bergerbse
er/wa/chen *intr.*
er/wach/sen *intr.*
Er/wach/se/ne *f.*, oder *m.*, -n, -n
Er/wach/sen/heit *f.*, -, *nur Sg.*
er/wä/gen *tr.*, in Betracht ziehen
er/wä/gens/wert
Er/wä/gung *f.*, -, -en
er/wäh/len *tr.*, auswählen
Er/wähl/te *m.* oder *f.*, -n, -n, auserwählte Person
Er/wäh/lung *f.*, -, -en
er/wäh/nen *tr.*, nennen
er/wäh/nens/wert bemerkenswert
er/wähn/ter/ma/ßen
Er/wäh/nung *f.*, -, -en
er/wah/ren *tr.*, die Richtigkeit bestätigen
er/wan/dern *tr.*
er/war/men, er/wär/men *intr.*
Er/wär/mung *f.*, -, -en
er/war/ten *tr.*
Er/war/tung *f.*, -, -en
er/we/cken *tr.*
Er/we/ckung *f.*, -, -en
er/weh/ren *refl.*
er/weich/bar
er/wei/chen *tr.*

er/wei/chend
Er/wei/chung *f.*, -, -en
Er/weis *m.*, -es, -e
er/wei/sen *tr.* und *refl.*
er/weis/lich
Er/wei/sung *f.*, -, -en
er/wei/tern *tr.*, ausdehnen, weiter machen
Er/wei/te/rung *f.*, -, -en
Er/werb *m.*, -s, -e, Anschaffung, Verdienst
er/wer/ben *tr.*, anschaffen, verdienen
Er/wer/bung *f.*, -, -en, Anschaffung
er/wi/dern *tr.*, antworten, entgegen halten
Er/wi/de/rung *f.*, -, -en, Antwort
er/wie/sen
er/wir/ken *tr.*
er/wirt/schaf/ten *tr.*, erarbeiten
er/wi/schen *tr.*, fangen
er/wünscht willkommen
Er/wünscht/heit *f.*, -, -en
er/wür/gen *tr.*
Ery/si/pel [griech.] *n.*, -, *nur Sg.*, Wundrose (Krankheit)
Ery/them *n.*, -s, -e, rötliche Hautfärbung
Ery/thrin oder auch:
Eryth/rin *n.*, -s, *nur Sg.*, roter Farbstoff
Ery/thro/zy/ten oder auch:
Eryth/ro/zy/ten *nur Pl.* rote Blutkörperchen
Erz *n.*, -es, -e, metallhaltige Bodenschätze, z.B. Eisenerz
erz..., Vorsilbe, etwas in seiner Bedeutung heraushebend, Beispiel: Erzherzog, Erzrivale
er/zen aus Erz
erz/haft dem Erz ähnlich
er/zäh/len *tr.*
Er/zäh/lung *f.*, -, -en
er/zei/gen *tr.*, deutlich machen

er/zeu/gen *tr.*, schaffen, kreieren
Er/zeu/ger *m.*, -s, -, Schöpfer
Er/zeug/nis *n.*, -ses, -se, Produkt
Er/zeu/gung *f.*, -, -en
Er/zie/hen *tr.*
Er/zie/her *m.*, -s, -
Er/zie/he/rin *f.*, -, -nen
er/zie/he/risch
er/zieh/lich
Er/zie/hung *f.*, -, -en
er/zie/len *tr.*, erreichen
er/zit/tern *intr.*
er/zür/nen *intr.*, zornig machen
er/zwin/gen *tr.*
es 1. Grammatik: dritte Person Sg., 2. das, 3. es-Moll, Tonart
Es Durtonstufe, Es-Dur
ESA Abkürzung für European Space Agency, Europäische Weltraumorganisation
Es/cha/to/lo/gie *f.*, -, *nur Sg.*, Lehre von den letzten Dingen
Esche ., -, -n, Baumart
eschen *tr.*, aus Eschenholz
E-Schicht *f.*, -, -en, Ionosphärenschicht
Es/co/ri/al *n.*, -s, *nur Sg.*, Schloss in der Nähe von Madrid
Esel *m.*, -s, -, Lasttier
Ese/lei *f.*, -, -en, Dummheit, Torheit
Ese/lin *f.*, -, -nen
eseln 1. *intr.*, schwer arbeiten, sich töricht aufführen, 2. jemanden als Esel beschimpfen
Es/ka/der [französ.] *f.*, -, -s, Formation von Schiffen
Es/ka/dron *f.*, -, -en, Schwadron
Es/ka/la/ti/on *f.*, -, -en,

Steigerung
es/ka/lie/ren *tr.*, sich steigern, anwachsen
Es/ka/mon/tage [französ.] *f.*, -, -en, Gaunerei
Es/ka/pa/de *f.*, -, -en, 1. Fehltritt, 2. Streich
Es/ka/pis/mus *m.*, -, *nur Sg.*, Flucht aus der Realität in eine Scheinwelt
Es/ka/ri/ol *m.*, -s, *nur Sg.*, Gemüseart
Es/kar/pe [französ.] *f.*, -, -n
Es/kar/pin [französ.] *m.*, -s, -s, Schnallenschuh
Es/ki/mo *m.*, -s, -s, Volksstamm in Nordamerika und Grönland
es/ki/mo/isch
Es/komp/te *m.*, -s, *nur Sg.*, Rabatt
Es/kont *m.*, -[e]s, *nur Sg.*, Zinsabzug
es/kon/tie/ren *tr.*
Es/kor/te [französ.] *f.*, -, -n, Geleit, Begleitung
es/kor/tie/ren *tr.*
Es/ku/do *m.*, -[s], -[s], portugiesische Geldeinheit
Es/me/ral/da *f.*, -, *nur Sg.*, spanische Polka
Eso/te/rik *f.*, -, *nur Sg.*, Wissenschaft des Geheimen, Unergründliches
Eso/te/ri/ker *m.*, -s, -, in das Geheime Eingeweihter
eso/te/risch
Es/pa/gno/le oder auch: **Es/pag/no/le** *f.*, -, -n, spanischer Tanz
Es/pa/gno/let/te oder auch: **Es/pag/no/let/te** *f.*, -, -n, Verschlussform
Es/pan *m.*, -s, Grundbesitz einer Gemeinde
Es/pe *f.*, -, -n, Baumart
es/pen aus Espe gefertigt
es/pe/ran/tisch
Es/pe/ran/tist *m.*, -en, -en,
Esperanto-Anhänger
Es/pe/ran/to *n.*, -s, *nur Sg.*, verbreitete Welthilfssprache, künstliche Konstruktion aus verschiedenen Sprachen
Es/pla/na/de [französ.] *f.*, -, -n, Freiplatz
es/pres/si/vo [italien.] ausdrucksstark
Es/pres/so [italien.] *m.*, -s, -si, Kaffee nach italienischer Art, besonders stark
Es/prit [französ.] *m.*, -s, -s, Geist, Intellekt, auch: Witz
Es/qui/re [engl.] *m.*, -s, -s, Adliger
Es/say [engl.-französ.] *m.*, -s, -s, Versuch, Aufsatz
Es/say/ist *m.*, -en, en, Verfasser von Essays
es/say/is/tisch in Aufsatzform, allgemein verständlich
eß/bar > **ess/bar**
Eß/bar/keit > **Ess/barkeit** *f.*, -, *nur Sg.*
Es/se *f.*, -, -n, Feuermauer einschließlich Herd, Schornstein
es/se [lat.] 1. sein, 2. das Sein
es/sen *tr.*, Nahrung zu sich nehmen
Es/sen *n.*, -s, -, Stadt in NRW
Es/se/ner auch: **Es/sä/er** *m.*, -s, -, Angehöriger einer altjüdischen Sekte
es/sen/tiell *(Nf.)* auch: **es/sen/ziell** *(Hf.)*, wesentlich
Es/senz *f.*, -, -en, das Wesentliche
Es/ser *m.*, -s, -, der Essende
Eß/gier > **Ess/gier** *f.*, -, *nur Sg.*
Es/sig *m.*, -s, -e, saures Konservierungsmittel
es/sig/ar/tig
Es/tab/lish/ment [engl.] *n.*,
-s, s, 1. Gesellschaftsordnung, 2. einflussreiche Personen der Gesellschaft
Es/tam/pe [französ.] *f.*, -, -n, Abdruck, Kupferstich
Es/tan/zia [span.] *f.*, -, -s, Gehöft (Südamerika)
Es/te *m.*, -n -n, Estländer
Es/ter *m.*, -s, Chemie: Äther
Est/land *n.*, -s, *nur Sg.*, einer der baltischen Staaten
Est/län/der *m.*, -s, -
est/län/disch
est/nisch
Es/tra/de [französ.], *f.*, -, -n, erhöhter Platz
Es/tra/gon [französ.] *m.*, -s, *nur Sg.*, Gewürz
Es/tre/ma/du/ra *f.*, -, *nur Sg.*, Landschaft Spaniens
Est/rich *m.*, -[e]s, -e, Fußboden
Es/zett *n.*, -[e]s, -s, Buchstabe ß, „scharfes S", neu: nur nach langen Vokalen
et [lat.], auch: **Et-Zeichen,** *n.*, -s, -, &, und
etab/lie/ren [französ.] *tr.*, festsetzen
Etab/lisse/ment *n.*, -, -s, Einrichtung
Eta/ge [französ.] *f.*, -, -n, Geschoss, Stockwerk
Eta/ge/re *f.*, -, -n, Stufengestell
Eta/la/ge [französ.] *f.*, -, -n, Auslage
Eta/lon [französ.] *m.*, -s, -, Mustergewicht
Eta/min [französ.] *n.*, -s, *nur Sg.*, Stoffart
Etap/pe [französ.] *f.*, -, n, Strecke, Teil einer Strecke
etap/pen/wei/se in Teilen verlaufend
Etat [französ.] *m.*, -s, *nur Sg.*, 1. Staat, 2. Haushaltsplan, Budget

Eta/tis/mus *m.,* -, *nur Sg.,* Verstaatlichung, staatliche Eingriffe in den Wirtschaftsablauf
et ce/te/ra [lat.] und so weiter, kurz: etc.
ete/pe/te/te empfindlich, zimperlich
Eter/nel/le [französ.] *f.,* -, -n, Dauerblume
eter/ni/sie/ren *tr.,* verewigen
Eter/nit *n.* oder *m.,* -s, *nur Sg.,* feuerfester Stoff
Ete/si/en [griech.] Nordwinde in Griechenland
Ethik [griech.] *f.,* -, *nur Sg.,* Lehre von den Sitten
Ethi/ker *m.,* -s, -
ethisch sittlich
eth/nisch völkisch
Eth/no/graph *(Nf.)* auch: **Eth/no/graf** *(Hf.)* *m.,* -en, -en, Völkerkundler
Eth/no/gra/phie *(Nf.)* auch: **Eth/no/gra/fie** *(Hf.)* *f.,* -, *nur Sg.,* Völkerkunde
eth/no/gra/phisch *(Nf.)* auch: **eth/no/gra/fisch** *(Hf.)* völkerkundlich
Eth/no/lo/ge *m.,* -n, -n, Völkerkundler
Eth/no/lo/gie *f.,* -, *nur Sg.,* Völkerkunde
eth/no/lo/gisch völkerkundlich
Etho/kra/tie *f.,* -, *nur Sg.,* Herrschaft über die Tugend
Etho/lo/gie *f.,* -*nur Sg.,* Lehre von den völkerspezifischen Sitten, auch: Erforschung der Lebensart bei Tieren
Ethos *m.,* -, *nur Sg.,* Sitte, bleibende Eigenschaft / Haltung
Etienne *f.,* -, *nur Sg.,*Schriftart
Eti/kett *n.,* -[e]s, -e, Aufschrift
Eti/ket/te [französ.] *f.,* -, -n, Sitte, vor allem am Hof
eti/ket/tie/ren *tr.,* kennzeichnen, mit einem Etikett versehen
eti/o/lie/ren *tr.,* Botanik: ohne Licht bleichen, wachsen
et/li/che einige, mehrere
et/li/ches
Et/mal *n.,* [e]s, -e, in der Seemannssprache: Essenszeit, Zeitspanne zwischen zwei Essen
Eton berühmtes College in England
Etru/rien Landschaft in Italien
Etrus/ker *m.,* -s, -, Bewohner von Etrurien
etrus/kisch
Etsch *f.,* -, Fluss in Norditalien
Et/ter *in.,* -s, -, Zaun, Grenzmarkierung
Etü/de [französ.] *f.,* -, -n, in der Musik: Übungsstück
Etui [französ.] *n.,* -s, -s, Gehäuse, Behälter
et/wa ungefähr, zirka
et/wa/ig eventuell
et/was ein wenig
et/welch
Ety/mo/lo/ge [griech.] *m.,* -n, -n, Wörterforscher
Ety/mo/lo/gie [griech.] *f.,* -, *nur Sg.,* Lehre von den Wörtern, Wortdeutung
ety/mo/lo/gisch
ety/mo/lo/gi/sie/ren *intr.,* Herkunft eines Wortes zurückverfolgen
Ety/mon *n.,* -s, -ma, Grundbedeutung, Ursprungswort
Et-Zeichen, *n.,* -s, -, &, und
eu... gut.., wohl...
EU Akürzung für Europäische Union, Rechtsnachfolger der EG (Europäische Gemeinschaft)
Eu/bi/o/tik [griech.] *f.,* -, *nur Sg.,* Lehre von der gesunden Lebensweise
Eu/böa griechische Insel
Eu/bu/lie [griech.], *f.,* -, *nur Sg.,* Einsicht, Klugheit
euch Dativ und Akkusativ von ihr (Pl.)
Eu/cha/ris/tie [griech.] *f.,* -, -n, Abendmahlgebet, Sakrament
eu/cha/ris/tisch
Eu/dä/mo/nie [griech.] *f.,* -, *nur Sg.,* Glückseligkeit
Eu/dä/mo/nis/mus *m.,* -, *nur Sg.,* Lehre von der Glückseligkeit
eu/dä/mo/nis/tisch
Eu/do/xie *f.,* -, -n, guter Ruf, treffendes Urteil
eu/er Genitiv von ihr (Pl.)
eu/er/seits oder auch: **eu/rer/seits**
eu/res/glei/chen
eu/ret/hal/ben
eu/ret/we/gen
eu/ret/wil/len
Eu/ge/ne/tik oder auch: **Eu/ge/nik** *f.,* -, *nur Sg.,*Lehre von der Erbgesundheit
eu/ge/ne/tisch oder auch: **eu/ge/nisch**
Eu/ka/lyp/tus [griech.] *m.,* -, -ten, Baumart
Eu/klid griechischer Mathematiker
eu/kli/disch
Eu/ko/lie [griech.], *f.,* -, *nur Sg.,* Heiterkeit, Zufriedenheit
Eu/kra/sie [griech.] *f.,* -, -n, glückliche Gemütsstimmung
Eu/kra/tie [griech.] *f.,* -, -n, gutes Regieren
Eu/le *f.,* -, -n, nachtaktiver Vogel
Eu/len/spie/gel Erzählfigur

Evaluierung

Eu/mel *m.,* -s, -, ugs. für: Dummkopf
Eu/me/ni/de [griech.] *m.,* -, *nur Sg.,* „Wohlwollende", euphemistische Bezeichnung für eine griechische Rachegöttin
eu/met/risch oder auch: **eu/me/trisch**
Eu/no/mia griechische Göttin der gerechten Ordnung
Eu/nuch, Eu/nu/che [griech.] *m.,* -en, -en, entmannter Haremswächter
Eu/nu/cho/i/dis/mus *m.,* -ses, *nur Sg.,* unvollständige Geschlechtsentwicklung, Infantilismus
Eu/phe/mie [griech.] *f.,* -, Beschönigung
Eu/phe/mis/mus *m.,* -, -men, beschönigende Beschreibung
eu/phe/mis/tisch beschönigend
Eu/pho/nie [griech.] *f.,* -, -n
eu/pho/nisch gut klingend
Eu/pho/ni/um *n.,* -s, -nien
Eu/phor/bia auch: **Euphor/bie** [griech.] *f.,* -, -bien, Wolfsmilch
Eu/pho/rie [griech.] *f.,* -, *nur Sg.,* Hochgefühl
Eu/pho/ri/kum *n.,* -s, -ka
eu/pho/risch
Eu/phrat oder auch: **Euph/rat** *m.,* -s, Fluss in Vorderasien
Eu/phu/is/mus [griech.] *m.,* -, *nur Sg.,* Schönrederei
eu/phu/is/tisch
Eu/pno/e oder auch: **Eup/no/e** [griech.] *f.,* -, *nur Sg.,* leichtes Atmen
Eu/ra/sien Sammelbegriff für Europa und Asien
Eu/ra/sier *m.,* -s, -
eu/ra/sisch
Eu/ra/tom *f.,* -, Kurzbezeichnung für die Europäische Atomgemeinschaft
eu/rer, eu/rer/seits, eures/glei/chen usw. vgl. euer
Eu/rhyth/mie auch: **Eu/ryth/mie** [griech.] *f.,* -, -mien, gutes Verhältnis
eu/rig
eu/ri/pi/de/isch
Eu/ri/pi/des griechischer Dichter
Eu/ro *m.,* -s, -s, westeuropäische Währungseinheit
Eu/ro/card *f.,* -, -s, Kreditkarte
Eu/ro/che/que oder auch: **Eu/ro/scheck** *m.,* -s, -s
Eu/ro/ci/ty *m.,* -s, -s, europaweit zwischen größeren Städten verkehrender Intercityzug, Abkürzung: EC
Eu/ro/ci/ty/zug *m.,* -es, -züge
Eu/ro/dol/lar *m.,* -s, -s
Eu/ro/kom/mu/nis/mus *m.,* -, *nur Sg.,* Kommunismus westeuropäischer Prägung
Eu/ro/pa *n.,* -s, *nur Sg.,* Erdteil
Eu/ro/pä/er *m.,* -s, -
eu/ro/pä/id Europäern ähnlich
eu/ro/pä/isch
eu/ro/pä/i/sie/ren *tr.,* dem europäischen Wertesystem anpassen
Eu/ro/pä/i/sie/rung *f.,* -, *nur Sg.*
Eu/ro/pi/um *n.,* s-, *nur Sg.,* chemischer Grundstoff, Abkürzung: Eu
eu/ro/po/id
Eu/ro/tun/nel *m.,* s-, -, Tunnelverbindung unter dem Ärmelkanal zwischen England und Frankreich, „Chunnel"
Eu/ro/vi/si/on *f.,* -, *nur Sg.,* Programmaustausch innerhalb von Europa
Eu/ry/di/ke [griech.] Gattin von Orpheus
eu/ry/ök [griech.] anpassungsfähig
eu/ry/phag anpassungsfähig hinsichtlich der Nahrung
eu/ry/therm anpassungsfähig hinsichtlich der Temperatur
eu/ry/top weit verbreitet
Eus/ta/chi/sche Röhre oder auch **Eus/ta/chi/sche Tu/be** *f.,* -, -n, Medizin: Ohrtrompete
Eu/ter *n.,* -s, -, Milch bildende Drüsen bei Säugetieren
Eu/ter/pe [griech.] Muse
Eu/tha/na/sie [griech.] *f.,* -, *nur Sg.,* leichter Tod, Beihilfe zum leichten Tod
Eu/thy/mie [griech,] *f.,* -, *nur Sg.,* Seelenruhe, Heiterkeit
eu/troph reich an Nährstoffen
Eu/tro/phie [griech.] *f.,* -, *nur Sg.,* Wohlgenährtheit
ev. Abkürzung für: evangelisch
e. V. Abkürzung für: eingetragener Verein
Eva
Eva/ku/a/ti/on [lat.] *f.,* -, -en, Räumung
eva/ku/ie/ren *tr.,* räumen
Eva/ku/ier/te *f.* und *m.,* -n, -n, Personen, die ihre Wohnung zwangsweise verlassen mussten
Eva/ku/ie/rung *f.,* -, -en, Räumung
Eva/lu/a/ti/on *f.,* -, -en, Bewertung, Einschätzung
eva/lu/ie/ren *tr.,* bewerten, schätzen
Eva/lu/ie/rung *f.,* -, -en, Bewertung, Einschätzung

Eval/va/ti/on [lat.] *f.*, -, -en, Schätzung
Evan/ge/li/ar [griech.-lat.], *n.*, -s, -e oder -ien
Evan/ge/li/a/ri/um *n.*, -s, -rien, Evangelienbuch
Evan/ge/li/ka/le *m.*, -n, -n
Evan/ge/li/sa/ti/on [griech.] *f.*, -, en, Bekehrung zum Evangelium/zur evangelischen Kirche
evan/ge/lisch protestantisch
evan/ge/li/sie/ren *tr.*
Evan/ge/list *m.*, -en, -en
Evan/ge/li/um *n.*, -s, -lien, wörtlich: „frohe Botschaft", Botschaft von Jesus
Eva/po/ra/ti/on *f.*, -, -en, Verdampfung
Eva/po/ra/tor *m.*, -s, -en, Verdampfer
eva/po/rie/ren *intr.*, verdampfen
Eva/po/ri/me/ter *m.*, -s, -, Verdampfungsmessgerät
Eva/si/on [lat.] *f.*, -, -en, Bevölkerungsflucht
even/tu/al [lat.] potentiell, möglich
Even/tu/a/li/tät [lat.] *f.*, -, -en, Möglichkeit
even/tu/a/li/ter
even/tu/ell möglicherweise
Ever/green [engl.] *m.* und *n.*, -s, -s, zeitloser Schlager
evi/dent [lat.] klar
Evi/denz *f.*, -, -en, Klarheit
Evik/ti/on [lat.] *f.*, -, -en, Sicherstellung
ev.-luth. Abkürzung für evangelisch-lutherisch
Evo/ka/ti/on [lat.] *f.*, -, -en, 1. gerichtliche Vorladung, 2. Hervorrufung von Assoziationen durch Kunstwerke
Evo/lu/ti/on [lat.] *f.*, -, -en, Entwicklung
evo/lu/ti/o/när

Evo/lu/ti/o/nis/mus *m.*, -, nur *Sg.*
Evo/lu/ti/o/nist *m.*, -en, -en
evol/vie/ren *tr.*, entwickeln
ev.-ref. Abk. für: evangelisch-reformiert
evtl. Abk. für: eventuell
Ewer *m.*, -s, -, Schiff mit einem oder zwei Masten
ewig immer während
Ewig/keit *f.*, -, -en, zeitliche Unendlichkeit
ewig/lich
EWS Abkürzung für Europäisches Währungssystem
ex [lat.] aus, vorbei
ex est es ist aus
ex... [lat.] Vorsilbe: aus-, weg-, ehemalig usw.
ex ab/rup/to [lat.] plötzlich
ex/ag/ge/rie/ren [lat.] *tr.*, übertreiben
ex/akt [lat.] genau
Ex/akt/heit *f.*, -, -en, Genauigkeit
Ex/al/ta/ti/on [lat.] *f.*, -, -en, Begeisterung
ex/al/tie/ren *refl.*, sich überhöht begeistern
ex/al/tiert
Ex/al/tiert/heit *f.*, -, -en
Ex/a/men [lat.] *n.*, -, -mina, abschließende Prüfung
Ex/a/mi/nand *m.*, -en, -en, Prüfling
Ex/a/mi/na/ti/on *f.*, -, -en, Prüfung
Ex/a/mi/na/tor *m.*, -s, -en, Prüfer
Ex/ami/na/to/ri/um *n.*, -s, -rien, Prüfungsausschuss
ex/a/mi/nie/ren *tr.*, prüfen
Ex/an/them [griech.] *n.*, -s, -e, Hautausschlag
Ex/an/tro/pie [griech.] *f.*, nur *Sg.*, Menschenscheu
ex/an/tro/pisch
Ex/a/ra/ti/on [lat.] *f.*, -, -en, Gletscher: Bodenabschürfung

Ex/arch [griech.], *m.*, -es, -en, Vorsteher
Ex/ar/chat [griech.] *n.*, -[e]s, -e
Ex/ar/ti/ku/la/ti/on *f.*, -, -en, Verrenkung
ex ca/the/dra oder auch: **ex ca/thed/ra** [lat.] unfehlbar
Ex/change [engl.] *f.*, -, -n, Austausch
ex con/sen/su [lat.] nach Übereinstimmung
Ex/ed/ra [griech.] *f.*, -, -dren, Fachbegriff im Kirchenbau
Ex/e/ge/se [griech.] *f.*, -, -n, Erklärung
Ex/e/get *m.*, -en, -en
Ex/e/ge/tik *f.*, -, nur *Sg.* Auslegungskunst, insbesondere der Bibel
ex/e/ge/tisch erklärend
ex/e/ku/tie/ren *tr.*, vollstrecken
Ex/e/ku/ti/on *f.*, -, -en, Vollstreckung
ex/e/ku/tiv vollstreckend, ausführend
Ex/e/ku/ti/ve *f.*, -, -n, vollziehende Gewalt im Staat
Ex/e/ku/tor *m.*, -s, -en, Vollstrecker
ex/e/ku/to/risch vollstreckend, gerichtlich
Ex/em/pel [lat.] *n.*, -s, -, Vorbild
Ex/em/plar [lat.] *n.*, -s, -e, einzelnes Stück
ex/em/pla/risch [lat.] beispielhaft
ex/em/pli cau/sa beispielshalber, Abkürzung: e. c.
Ex/em/pli/fi/ka/ti/on [lat.] *f.*, -, -en
ex/em/pli/fi/zie/ren am Beispiel deutlich machen
ex/emt [lat.] frei von
Ex/em/ti/on *f.*, -, -en, Befreiung von einer Last

ex/imie/ren *tr.* von einer Last befreien
Exe/qui/en *nur Pl.*, Totenmesse
ex/er/zie/ren [lat.] *tr.*, üben, ausüben
Ex/er/zi/ti/en [lat.] *nur Pl.*, Übungen in Zurückgezogenheit, eine Art Meditation
Ex/er/zi/ti/um [lat.] *n.*, -s, -tien, Übung
Ex/ha/la/ti/on [lat.] *f.*, -, -en, Ausatmung, Dunst
Ex/haus/tor *m.*, -s, -en, Saugmaschine
ex/hi/bie/ren [lat.] *tr.*, herausheben, ausstellen
Ex/hi/bit *n.*, -[e]s, -e
Ex/hi/bi/tum *n.*, -s, te[n]
Ex/hi/bi/ti/on *f.*, -, -en, Ausstellung
Ex/hi/bi/ti/o/nis/mus *m.*, -, *nur Sg.*, krankhafter Entblößungszwang
ex/hi/bi/ti/o/nis/tisch
ex/hu/mie/ren *tr.*, eine Leiche ausgraben
Ex/hu/mie/rung *f.*, -, -en, Ausgrabung einer Leiche
Exil *n.*, -s, -e, Verbannung, Zufluchtsort bei Verbannung
exi/lie/ren *tr.*, verbannen
exis/tent [lat.] vorhanden
exis/ten/tial
exis/ten/tiell *(Nf.)* auch:
exis/ten/ziell *(Hf.)* das Dasein betreffend
Exis/tenz *f.*, -, -en, Dasein, Leben
Exis/ten/ti/a/lis/mus *(Nf.)* auch: **Exis/tenzi/a/lis/mus** *(Hf.)* *m.*, -s, *nur Sg.*, philosophische Strömung
Exis/ten/ti/a/list *(Nf.)* auch: **Exis/ten/zi/a/list** *(Hf.)* *m.*, -en, -en
exis/tie/ren *intr.*, sein, bestehen
Exit auch: **Exi/tus** [lat.] *m.*, -, *nur Sg.*, Ausgang, Ende
Ex/ka/va/ti/on *f.*, -, -en, Aushöhlung
ex/ka/vie/ren *tr.*, aushöhlen
exkl. Abkürzung für exklusive
Ex/kla/ma/ti/on [lat.] *f.*, -, -en, Ausruf
Ex/kla/ve *f.*, -, -n, Ausschluss eines Gebietes
ex/klu/die/ren [lat.] *tr.*, ausschließen
Ex/klu/si/on *f.*, -, -en, Auschluss
ex/klu/siv ausschließlich
ex/klu/si/ve ausschließend
Ex/klu/si/vi/tät *f.*, -, -en, Ausschließlichkeit, Besonderheit
Ex/kom/mu/ni/ka/ti/on [lat.] *f.*, -, -en, Ausschließung (aus der Kirche)
ex/kom/mu/ni/zie/ren *tr.*, ausschließen (aus der Kirche)
Ex/ko/ri/a/ti/on [lat.] *f.*, -, -en, Hautabschürfung
Ex/kre/ment *n.*, -[e]s, e, Ausscheidung, Kot
Ex/kret *n.*, -[e]s, -e, ausgeschiedener Stoff
Ex/kre/ti/on *f.*, -, -en, Ausscheidung
ex/kre/to/risch ausscheidend
Ex/kul/pa/ti/on [lat.] *f.*, -, -en, Entschuldigung
ex/kul/pie/ren *tr.*, entschuldigen
Ex/kurs *m.*, -es, -e, verbale Abschweifung
Ex/kur/si/on *f.*, -, -en, Ausflug
ex/ku/sa/bel [lat.] entschuldbar
ex/lex [lat.] geächtet
Ex/ma/tri/kel *f.*, -, -n, Bescheinigung
Ex/ma/tri/ku/la/ti/on [lat.] *f.*, -, -en, Beendigung des Studentenlebens
ex/ma/tri/ku/lie/ren *tr.*, die Universität verlassen
Ex/mis/si/on *f.*, -, -en, Ausweisung
ex/mit/tie/ren *tr.*, ausweisen
Ex/mit/tie/rung *f.*, -, -en
ex nunc [lat.] von jetzt ab
Exo/bi/o/lo/gie [griech.] *f.*, -, *nur Sg.*, Erkundung von Leben im Weltall
Exo/dus [griech.] *f.*, -, *nur Sg.*, Name des 2. Buches Mose
ex of/fi/cio [lat.] dienstlich
Exo/ga/mie [griech.] *f.*, -, n, Heirat über gesellschaftliche Schichten hinweg
exo/gen [griech.] extern, außen stehend
exo/krin [griech.], abgesondert, absondernd
Exo/nym [griech.] *n.*, -s, -e, der amtlichen Version zuwider laufende Ortsnamen, z.B. K-Town für Kaiserslautern
ex/or/bi/tant [lat.] außerordentlich, besonders
Ex/or/bi/tanz [lat.] *f.*, -, -en, Besonderheit, besonderes Ausmaß
Ex/or/di/um [lat.] *n.*, -s, -dien, Einleitung
ex o/ri/en/te lux [lat.] wörtlich: das Licht kommt aus dem Osten, später auf das Christentum bezogen
ex/or/zie/ren *tr.*, beschwören
Ex/or/zis/mus *m.*, -, -men, Beschwörung (von Geistern)
Ex/or/zist *m.*, -en, -en, Geisterbeschwörer
Exo/sphä/re [griech.] *f.*, -, *nur Sg.*, oberste Atmosphärenschicht
Exot[e] [griech.] *m.*, -en-,

-en, Fremder
Exo/te/ri/ker *m.*, -s, -, nicht Eingeweihter
exo/te/risch
Exo/tik *f.*, -, *nur Sg.*, Fremdartigkeit
Exo/tin *f.*, -, -innen, Fremde
exo/tisch fremd, andersartig
exo/therm [griech.] Wärme nach außen tragend
Ex/pan/der *m.*, -s, -, Fitnessgerät
ex/pan/die/ren [lat.] *tr.*, ausdehnen, wachsen
ex/pan/si/bel ausdehnbar
Ex/pan/si/on *f.*, -, -en, Ausdehnung
ex/pan/siv
ex/pa/tri/ie/ren *tr.*, ausbürgern
Ex/pe/di/ent *m.*, -en, -en, abfertigende Person
ex/pe/die/ren *tr.*, abfertigen
Ex/pe/di/ti/on *f.*, -, -en, Abfertigung, Forschungsreise
Ex/pe/di/tor *m.*, -s, -en, Absender
Ex/pen/to/ran/ti/um *n.*, -s, -tia, Medizin: Mittel zur Schleimlösung
Ex/pek/to/ra/ti/on *f.*, -, -en, Auswurf
ex/pek/to/rie/ren *tr.* und *refl.*, aushusten
Ex/pel/len/ti/um [lat.] *n.*, -s, -tia/zien, Mittel zur Abtreibung
Ex/pen/sa/ri/um *n.*, -s, -rien, Kostenübersicht
Ex/pen/sen *nur Pl.*, Ausgaben
ex/pen/siv teuer
Ex/pe/ri/ment [lat.] *n.*, -[e]s, -e, Versuch
ex/pe/ri/men/tal erfahrungsgemäß
ex/pe/ri/men/tell versuchsweise

Ex/pe/ri/men/ta/tor *m.*, -s, -en, Person, die Versuche durchführt
ex/pe/ri/men/tie/ren *intr.*, Versuche durchführen
ex/pert erfahren
Ex/per/te *m.*, -n, -n, Fachkundiger
Ex/per/ti/se *f.*, -, -n, Gutachten
ex/per/ti/sie/ren begutachten
Expl. Abk. für: Exemplar
Ex/pla/na/ti/on [lat.] *f.*, -, -en, Erklärung
ex/pla/na/tiv erklärend
ex/pla/nie/ren *tr.* erklären
Ex/plan/ta/ti/on [lat.] *f.*, -, -en, Verpflanzung
ex/plan/tie/ren *tr.*, verpflanzen
Ex/pli/ka/ti/on [lat.] *f.*, -, -en, Erklärung
ex/pli/zie/ren *tr.*, erklären
ex/pli/zit deutlich
ex/plo/die/ren [lat.] *intr.*, in Teile zerfallen
Ex/ploi/ta/ti/on *f.*, -, -en, Ausnutzung, Ausbeutung
ex/ploi/tie/ren *tr.*, ausnutzen, ausbeuten
Ex/plo/ra/ti/on [lat.] *f.*, -, -en, Erkundung
ex/plo/rie/ren erkunden
ex/plo/si/bel entzündbar
Ex/plo/si/on *f.*, -, -en, Sprengung
ex/plo/siv
Ex/plo/si/vi/tät *f.*, -, *nur Sg.*
Ex/po/nat [lat.] *n.*, -[e]s, -e, Ausstellungsstück
Ex/po/nent [lat.] *m.*, -en, -en, 1. wörtlich: Zeiger, 2. Mathematik: Hochzahl, 3. Gesellschaft: Repräsentant im Blickpunkt der Öffentlichkeit
ex/po/nen/ti/al
ex/po/nie/ren *tr.*, nach außen tragen

ex/po/niert deutlich, hervorstehend
Ex/port [lat.] *m.*, -[e]s, -e, Ausfuhr
Ex/por/teur [lat.] *m.*, -s, -e
ex/por/tie/ren *tr.*, ausführen
Ex/po/sé *(Nf.)* auch:
Ex/po/see *(Hf.)* [französ.] *n.*, -s, -s, Bericht
Ex/po/si/tion [lat.] *f.*, -, -en, Darlegung
ex/preß > **ex/press** [lat.] eilig, schnell
Ex/preß/zug > **Ex/press/zug** *m.*, -es, -züge
Ex/pres/si/on *f.*, -, -en, Ausdruck
Ex/pres/si/o/nis/mus *m.*, *nur Sg.*, Kunstrichtung im 20. Jahrhundert
Ex/pres/si/o/nist *m.*, -en, -en
ex/pres/si/o/nis/tisch
ex/pres/sis ver/bis ausdrücklich, im Klartext
ex/pres/siv ausdrucksstark
Ex/pro/mis/si/on *f.*-, -en, Übernahme der Schuld anderer
Ex/pul/si/on [lat.] *f.*, -, -en, Ausstoßung
ex/pul/siv austreibend
ex/qui/sit [lat.] besonders
Ex/sik/ka/ti/on [lat.] *f.*, -, -en, Austrocknung
Ex/spek/tant [lat.] *m.*, -en, -en, Anwärter
Ex/spek/tanz *f.*, -, -en, Anwartschaft
ex/spek/tie/ren *tr.*, erwarten
Ex/spi/ra/ti/on [lat.] *f.*, -, -en, Ausatmung
ex/spi/rie/ren *tr.*, ausatmen
Ex/stir/pa/ti/on [lat.] *f.*, -, -en, Ausrottung
ex/stir/pie/ren *tr.*, ausrotten
Ex/su/dat [lat.] *n.*, -[e]s, e, Schweiß
Ex/su/da/ti/on *f.*, -, -en, Ausschwitzung

Ex/tem/po/ra/le [lat.] *n.*, -s, -lien, Probewerk
ex tem/po/re [lat.] aus dem Stegreif
ex/tem/po/rie/ren *tr.*, etwas aus dem Stegreif tun
Ex/ten/ded [engl.] *f.*, -, *nur Sg.*, Schrifttyp
ex/ten/si/bel ausdehnbar
Ex/ten/si/bi/li/tät *f.*, -, *nur Sg.*, Dehnbarkeit
Ex/ten/si/on *f.*, -, -en, Ausdehnung
Ex/ten/si/vi/tät *f.*, -, *nur Sg.*, Ausdehnung
ex/ten/siv umfassend
ex/ten/si/vie/ren *tr.*, ausdehnen
Ex/ten/sor *m.*, -s, -en, Muskel
Ex/te/ri/eur *n.*, -s, *nur Sg.*, Äußeres
Ex/te/ri/o/ri/tät *f.*, -, -en, Oberfläche
Ex/ter/mi/na/ti/on *f.*, -, -en, Vertreibung, Zerstörung
ex/ter/mi/nie/ren *tr.*, vertreiben, zerstören
ex/tern [lat.] äußerlich
Ex/ter/nat *n.*, -[e]s, -e, Gegensatz von Internat: Schule, bei der die Schüler außerhalb wohnen
Ex/ter/ne *f.* und *m.*, -n, -n, Auswärtige
ex/ter/ri/to/rial nicht der Gesetzlichkeit des jeweiligen Landes unterworfen, z. B. Botschaften
Ex/ter/ri/to/ri/a/li/tät *f.*, -, -en
Ex/tink/ti/on *f.*, -, -en, Auslöschung
ex/tor/quie/ren *tr.*, erpressen
Ex/tor/si/on *f.*, -, -en, Erpressung
ex/tra [lat.] außerdem, besonders

ex/tra/ga/lak/tisch außerhalb der Milchstraße
Ex/tra/hent [lat.] *m.*, -en, -en, Person, die einen Auszug erstellt
ex/tra/hie/ren *tr.*, einen Auszug erstellen
Ex/trakt *m.*, -[e]s, -e, Auszug
Ex/trak/ti/on *f.*, -, -en, Herausziehen
ex/trak/tiv herausziehend
ex/tra/mun/dan [lat.] außerhalb der Welt
ex/tran [lat.] auswärtig
ex/tra/or/di/när [lat.] besonders
Ex/tra/or/di/na/ri/um *n.*, -s, -rien, Besonderheit
Ex/tra/or/di/na/ri/us *m.*, -, -ien, außerordentlicher Professor
Ex/tra/po/la/ti/on [lat.] *f.*, -, -en, Fachbegriff aus der Mathematik und Statistik
ex/tra/po/lie/ren *tr.*
ex/tra/ter/res/trisch nicht der Erde zugehörend
ex/tra/u/te/rin [lat.] nicht in der Gebärmutter liegend
Ex/tra/va/gant ausgefallen
Ex/tra/va/ganz *f.*, -, -en, Ausgefallenheit
Ex/tra/ver/si/on auch: **Ex/tro/ver/si/on** [lat.] nach außen hin orientiertes Verhalten
ex/tra/ver/tiert auch: **ex/tro/ver/tiert** offen, aufgeschlossen
Ex/tra/ver/tiert/heit auch: **Ex/tro/ver/tiert/heit** *f.*, -, *nur Sg.*
ex/trem an die Grenzen gehend
Ex/trem *n.*, -s, -e
Ex/tre/mis/mus *n.*, -, *nur Sg.*, extreme, übersteigerte Haltung

Ex/tre/mist *m.*, -en, -en
ex/tre/mis/tisch
Ex/tre/mi/tät *f.*, -, -en, äußerster Teil, beim Körper: Hände, Füße
Ex/tru/si/on *f.*, -, -en, Ausstoßen
ex/u/be/rans [lat.] wuchernd
Ex/u/lant [lat.] *m.*, -en, -en, Verbannter
ex usu [lat.] durch Üben
ex vo/to [lat.] nach Wunsch
ex/zel/lent [lat.] ausgezeichnet
Ex/zel/lenz *f.*, -, -en, Vortrefflichkeit, Ehrentitel
ex/zel/lie/ren *intr.*, sich auszeichnen
Ex/zen/trik *f.*, -, *nur Sg.*, Gegensatz von Durchschnitt und Mittelmaß, ugs. Verschrobenheit
Ex/zen/tri/ker *m.*, -s, -
ex/zen/trisch wörtlich: außerhalb der Mitte, überspannt, ugs. verschroben
Ex/zen/tri/zi/tät *f.*, -, *nur Sg.*, Überspanntheit
Ex/zep/ti/on [lat.] *f.*, -, -en, Ausnahme
ex/zep/ti/o/nell
ex/zep/tiv ausschließend
Ex/zerpt *n.*, -[e]s, -e, Auszüge
Exzeß > **Exzess** [lat.] *m.*, -es, -e, Ausschweifung
ex/zi/pie/ren *tr.*
Ex/zi/si/on *f.*, -, -en, Ausschneiden
ex/zi/ta/bel erregbar
Ex/zi/ta/bi/li/tät *f.*, -, *nur Sg.*, Erregbarkeit
ex/zi/ta/tiv aufregend
Eye/li/ner [engl.] *m.*, -s, -, Make-up: Pinsel oder Stift zum Umranden des Auges
Eze/chi/el biblischer Prophet

F

F, f sechster Buchstabe des Alphabets
F-Dur *n., -s, nur Sg.,* Tonart
f-moll *n., -s, nur Sg.,* Tonart
fa [italien.] vierter Ton der Grundtonleiter
Fa. Abk. für Firma
Fa/bel *f., -, -n,* fiktive Erzählung mit Morallehre am Ende
Fa/be/lei *f., -, -en*
fa/beln *intr.*
Fa/brik oder auch: **Fab/rik** *f., -, -en,* Industriebetrieb, Produktionsstätte
Fa/bri/kant oder auch: **Fab/ri/kant** *m., -en, -en,* Fabrikeigner
Fa/bri/kat oder auch: **Fab/ri/kat** *n., -[e]s, -e,* Erzeugnis
Fa/bri/ka/ti/on oder auch: **Fab/ri/ka/ti/on** *f., -, -en,* Fertigung
fa/bri/zie/ren oder auch: **fab/ri/zie/ren** *tr.,* herstellen
Fa/bu/lant *m., -en, -en,* Schwätzer
fa/bu/lie/ren *tr.* und *intr.* erdichten, erfinden
Fa/bu/list *m., -en, -en*
fa/bu/lös märchenhaft
Face [französ.] *f., -, -n,* Vorderansicht
Fa/cet/te *(Hf.)* oder auch: **Fas/set/te** *(Nf.)* [französ.] *f., -, -n*
fa/cet/tie/ren *(Hf.)* oder auch: **fas/set/tie/ren** *(Nf.)* *tr.*
Fach *n., -es, Fä/cher,* Behälter, Bereich, Gebiet
fa/chig unterteilt
fach/lich
fä/cheln *tr.* und *intr.*
fa/chen *tr.* und *intr.,* stark fächeln
Fä/cher *m., -s, -*
fä/che/rig in Fächerform
fächern *tr.* und *intr.*
Fa/ckel *f., -, -n*
fa/ckeln *intr.*
Fa/con [lat.] *f., -, nur Sg.,* Art und Weise
Fact [engl.] *n., -s, -s,* Tatsache, siehe auch: Fakt
Fac/to/ring [engl.] *n., -s, nur Sg.,* Form der Absatzfinanzierung über Kreditregelung
fad, fa/de schal, langweilig
Fad/heit *f., -, -en*
Fäd/chen *n., -s, -*
fä/deln *tr.*
Fa/den *m., -s, Fäden*
Fa/ding [engl.] *n., -s, nur Sg.,* Fachbegriff beim Funkempfang
Fa/gott [französ.] *n., [e]s, -e,* Musikinstrument
Fa/got/tist *m., -en, -en*
Fä/he, Fe/he, Fo/he, Weibchen bei kleinen Raubtieren u.a. Fuchs
fä/hig imstande
Fä/hig/keit *f., -, -en*
fahl blass
Fahl/heit *f., -, nur Sg.,* Blässe
Fähn/chen *n., -s, -,* kleine Fahne
fahn/den *tr.* und *intr.,* nach jemandem suchen
Fahn/der *m., -s, -,* Polizeibeamter
Fahn/dung *f., -, -en,* Suchen einer Person durch die Polizei
Fah/ne *f., -, -n*
Fähn/lein *n., -s, -,* kleiner Soldatentrupp
Fähn/rich *m., -s, -e,* militärischer Dienstgrad
fahr/bar
Fäh/re *f., -, -n,* seetaugliches Fahrzeug
fah/ren *tr.* und *intr.,* sich mit Hilfsmitteln, die meist Räder haben, fortbewegen, Rad fahren, Auto fahren
fah/rend
Fah/ren/heit *n., -, -,* Maß für Temperatur
Fah/rer *m., -s, -*
Fah/re/rei *f., -, nur Sg.*
fah/rig zerstreut
Fah/rig/keit *f., -, nur Sg.,* Zerstreutheit
Fahr/nis *f., -, -se,* süddeutsch: Möbel
Fähr/nis *f., -, -se,* in der Dichtung: Gefahr
Fahrt *f., -, -en*
Fähr/te *f., -, -n,* Spur
Fai/ble [französ.] *n., -, nur Sg.,* Schwäche, Vorliebe
fair [engl.] anständig, gerecht
Fairneß > **Fair/ness** *f., -, nur Sg.,* Anständigkeit
Fai/seur [französ.] *m., -s, -e,* Anstifter
fait ac/com/pli [französ.] *n., -, -s, nur Sg.,* vollendete Tatsache
fä/kal
Fä/ka/li/en *nur Pl.,* Kot, Ausscheidungsstoffe
Fa/kir [hindi] *m., -s, -e,* indischer Asket
Fak/si/mi/le *n., -s, -s,* Nachbildung
fak/si/mi/lie/ren *tr.,* nachbilden
Fakt [lat.] *m.* und *n., -[e]s, -en,* Tatsache oder auch:
Fak/tum *n., -, -ta,* Tatsache
fak/ti/ös
fak/tisch
fak/ti/tiv bewirkend
Fak/ti/tiv *n., -s, -va,* Verb, das vom Adjektiv abgeleitet ist
Fak/ti/zi/tät *f., -, -en,* Tatsächlichkeit
Fak/tor *m., -s, -en,* Anstoß, Mathematik: Vervielfälti-

gungszahl (beim Multiplizieren)
Fak/to/rei *f.*, -, -en
Fak/to/tum *n.*, -s, -s, „Mädchen für alles"
Fak/tur, Fak/tu/ra, [lat.] *f.*, -, -ren, Warenliste
fak/tu/rie/ren *tr.*, berechnen
Fa/kul/tas [lat.] *f.*, -, -täten, Lehrbefähigung
Fa/kul/tät *f.*, -, -en, Fachbereich an einer Hochschule
fa/kul/ta/tiv frei wählbar, optional
Fa/lan/gist *m.*, -en, -en, Mitglied der faschistischen Partei Spaniens
falb fahl
Fal/be *m.*, -n, -n, falbes Pferd
Fal/bel [französ.] *f.*, -, -n, Faltensaum
Fal/ber, Fälber *m.*, -s, -, Weidenbaum
Fa/ler/ner *m.*, -s, -, Bewohner von Falerno, dortiger Wein
fä/lisch zu Westfalen gehörend
Fal/ke *m.*, -n, -n, Raubvogelart
Falk/ne/rei *f.*, -, -en, Falkenbeize
Fall *m.*, -es, Fäl/le
Fal/le *f.*, -, -n
fal/len *intr.*, stürzen
fäl/len *tr.*, zu Fall bringen, umhauen, Beispiel: Holz fällen
fäl/lig
Fäl/lig/keit *f.*, -, -en
Fall/out *(Nf.)* auch **Fallout** *(Hf.)* *m.*, -s, -s, radioaktiver Niederschlag
fal/li/bel trügerisch, fehlbar
Fal/li/bi/li/tät *f.*, -, -en, Fehlbarkeit
fal/lie/ren *intr.*, zahlungsunfähig werden

Fal/lis/se/ment [französ.] *n.*, -s, -s, Zahlungsunfähigkeit
fal/lit [italien.] zahlungsunfähig
Fal/lit *m.*, -en, -en, zahlungsunfähige Person
falls
Fäl/lung *f.*, -, -en
falsch nicht richtig, unwahr
Falsch *n.* und *m.*, -, *nur Sg.*, Falschheit
fäl/schen *tr.*, betrügen
Fäl/scher *m.*, -s, -, Betrüger
Falsch/heit *f.*, -, -en
fälsch/lich irrigerweise, irrtümlich
Fäl/schung *f.*, -, -en
Fal/sett *n.*, -[e]s, -e, sehr hohe Fistelstimme
fal/set/tie/ren *intr.*
Fal/set/tist *m.*, -en, -en
Fal/si/fi/kat *n.*, -[e]s, -e, Fälschungen
Fal/si/fi/ka/ti/on *f.*, -, -en, Fälschung, Widerlegung
fal/si/fi/zie/ren *tr.*, fälschen, widerlegen
Fal/staff oder auch: **Falstaff** Figur bei Shakespeare
Fal/te *f.*, -, -n
fäl/teln *tr.*
fal/tig
Fal/tung *f.*, -, -en
Fal/sum *n.*, -, -sa, Gefälschtes
Fal/ter *m.*, -s, -, Schmetterling
Falz *m.*, -es, -e, **Fal/ze** *f.*, -, -n, Verbindung von Blech durch Umbiegen der Ränder
fal/zen *tr.*
Fal/zer *m.*, -s, -
fal/zig
Fal/zung *f.*, -, -en
Fa/ma *f.*, -, *nur Sg.*, Gerücht
fa/mi/li/är vertraut

fa/mi/li/a/ri/sie/ren *tr.*, vertraut machen
Fa/mi/li/a/ri/tät *f.*, -, -en
Fa/mi/lie *f.*, -, -n, Verwandte
fa/mos 1. berühmt, 2. ausgezeichnet
Fa/mu/la/tur [lat.] *f.*, -, -en, Krankenhauspraktikum
fa/mu/lie/ren *intr.*
Fa/mu/lus *m.*, -, -li
Fan [engl.] *m.*, -s, -s, Anhänger
Fa/nal [französ.] *m.* und *n.*, -s, -e, Zeichen
Fa/na/ti/ker *m.*, -s, -, Eiferer
fa/na/tisch
fa/na/ti/sie/ren
Fa/na/tis/mus *m.*, *nur Sg.*, blinder Eifer
Fan/dan/go [span.] *m.*, -s, -s, Volkstanz
Fan/fa/re [französ.] *f.*, -, -n, Trompetenart, auch: Trompetenspiel
Fang *m.*, -[e]s, Fän/ge
fang/bar
fan/gen
Fän/ger *m.*, -s, -
Fan/go [italien.] *m.*, -s, *nur Sg.*, Vulkanschlamm
Fan/ta/sie *(Hf.)* auch
Phan/ta/sie *(Nf.), f.*, -, -n, Vorstellungskraft, Imagination
fan/ta/sie/ren *(Hf.)* auch:
phan/ta/sie/ren *(Nf.), intr.*, sich etwas vorstellen
Fan/tast *(Hf.)* auch:
Phan/tast *(Nf.), m.*, -en, -en, Träumer
Fan/tas/te/rei *(Hf.)* auch:
Phan/tas/te/rei *(Nf.), f.*, -, -en
fan/tas/tisch *(Hf.)* auch:
phan/tas/tisch *(Nf.)*
Fa/rad *n.*, -[s], -, elektrische Messeinheit
Fa/ra/day englischer Chemiker

fa/ra/di/sie/ren *tr.,* Induktionsstrom verwenden
Far/be *f.,* -, -n
fär/ben *tr.*
Fär/ber *m.,* -s, -
Fär/be/rei *f.,* -, -en
far/big bunt
Far/big/keit *f.,* -, *nur Sg.*
farb/lich
Fär/bung *f.,* -, -en
Far/ce [französ.] *f.,* -, -n, Posse, Vorspiegelung
far/cie/ren *tr.,* mit Fleisch füllen
Fa/rin [lat.] *m.,* -s, *nur Sg.,* Staubzucker
Fa/ri/na/de *f.,* -, -n, Puderzucker
Farm *f.,* -, -en, Bauernhof
Far/mer *m.,* -s, -, Landwirt
Farn *m.,* -[e]s, -e, Grünpflanze
Far/ne/se italienisches Fürstengeschlecht
far/ne/sisch
far nien/te *n.,* -, *nur Sg.,* das Nichtstun, dolce far niente: das süße Nichtstun
Far/re *m.,* -en, -en, junger Stier
Fär/se *f.,* -, -n, junges Rind vor dem Kalben
Fa/san *m.,* [e]s, -e, hühnerartiger Vogel
Fa/sa/ne/rie *f.,* -, -n
Fa/sche *f.,* -, -n, Lederstück
fa/schen *tr.,* umwickeln
fa/schie/ren *tr.,* österr. für: Fleisch fein hacken
Fa/schi/ne *f.,* -, -n, Reisigbündel
Fa/sching *m.,* -s, -e, Karneval, Fastnacht
Fa/schis/mus *m.,* -, *nur Sg.,* radikale nationalistische, antidemokratische Staatsauffassung
Fa/schist *m.,* -en, -en
fa/schis/tisch

fa/schis/to/id
Fa/se *f.,* -, -n, Ecke
Fa/sel *m.,* -s, -, Zucht
Fa/se/lei *f.,* -, -en, Albernheit, Unsinn
Fa/se/ler auch: **Fas/ler** *m.,* -s, -, Schwätzer
fa/se/lig
fa/seln *intr.,* 1. Junge werfen, 2. gedeihen
fa/sen *tr.* und *intr.*
Fa/ser *f.,* -, -n
fa/se/rig
fa/sern
Fa/shion [engl.] *f.,* -, -s, Mode
fa/shio/na/ble modern
Faß > **Fass** *n.,* -es, Fäs/ser
Fas/sade *f.,* -, -n, Schauseite, Front
faß/bar > **fass/bar** (be-)greifbar
Faß/bar/keit > **Fassbar/keit** *f.,* -, *nur Sg.,* Begreifbarkeit
fas/sen *tr.,* (be)greifen
Fas/set/te *(Nf.)* auch: **Fa/cet/te** *(Hf.) f.,* -, -n
faß/lich > **fass/lich**
Faß/lich/keit > **Fasslich/keit** *f.,* -, *nur Sg.*
Fas/son [französ.] *f.,* -, -s, Form, siehe Facon
fas/son/nie/ren *tr.,* formen
Fas/sung *f.,* -, -en, 1. Form, 2. Stimmung, 3. Einfassung, 4. Bemalung
fast beinahe
Fas/te *f.,* -, -n, das Fasten
fas/ten *intr.*
Fast Food *(Nf.)* auch: **Fast/food** *(Hf.)* [engl.] *n.,* -s, nur Sg, Essen im Schnellimbiss.
Fas/zes oder auch: **Fas/ces,** Strafbündel
Fas/zi/na/ti/on *f.,* -, -en, Verzauberung
fas/zi/nie/ren *tr.,* verzaubern, in den Bann ziehen
fa/tal [lat.] schicksalhaft
Fa/ta/lis/mus *m.,* -, *nur Sg.,* Glaube an Vorherbestimmung
Fa/ta/list *m.,* -en, -en
fa/ta/lis/tisch
Fa/ta/li/tät *f.,* -, -en, Verhängnis
Fa/ta Mor/ga/na *f.,* -, -nen -s, Sinnestäuschung
fa/tie/ren *tr.,* bekennen
fa/ti/gant [lat.-französ.] ermüdend
fa/ti/gie/ren *tr.,* müdemachen
Fa/tum *n.,* -s, -ta, Schicksal
fat/zen *intr.* Faxen machen
Fatz/ke *m.,* -n, -s/-n, eitler Mensch
fau/chen *intr.* zischende Geräusche von sich geben
faul 1. träge, 2. Nahrung: verdorben, schon gärend
Fäu/le *f.,* -, *nur Sg.*
fau/len *intr.*
fäu/len *tr.*
fau/len/zen *intr.*
Fau/len/zer *m.,* -s, -er
Fau/len/ze/rei *f.,* -, -en
fau/len/ze/risch
Faul/heit *f.,* -, -en
fau/lig
Fäul/nis *f.,* -, *nur Sg.*
Faun *m.,* -[e]s, -e, römischer Waldgott
Fau/na *f.,* -, -nen, Tierwelt
fau/nisch lüstern
Faus/se *f.,* -, -n
Faust *f.,* -, Fäus/te, geballte Hand, in der Literatur: Goethe-Tragödie
Fäus/tel *n.* und *m.,* -s, -, Eisenhammer
faus/tisch nach Art des Faust, anmaßend
Fäust/ling *m.,* -s, -e, Handschuh
fäust/lings

faute de mieux [französ.] in Ermangelung eines Besseren
Fau/teuil *m.,* -s, -s, Lehnsessel
Fauves [französ.] *nur Pl.,* die „Wilden", Künstlergruppe anfangs des 20. Jahrhunderts
Fau/vis/mus *m.,* -, *nur Sg.,* künstlerische Bewegung
Fa/ve/la [portugies.] *f.,* -, -s, Elendsviertel brasilianischer Städte
Fa/veur [französ.] *f.,* -, -s, Gunst
fa/vo/ra/bel [lat.] günstig
fa/vo/ri/sie/ren *tr.,* begünstigen
Fa/vo/rit *m.,* -en, -en, 1. Günstling, 2. bei Wettbewerben: wahrscheinlicher Sieger
Fa/vo/ri/tin *f.,* -, -nen
Fax *n.,* -, -e, Telefax
Fa/xe *f.,* -, -n, Spaß, Albernheit
fa/xen *tr.,* eine Telekopie schicken
fa/xig
Fa/zenda [portugies.] *f.,* -, -s, brasilianischer Großgrundbesitz
Fä/zes [lat.] *Pl.,* Ausscheidungen, Kot
Fa/ze/tie [lat.] *f.,* -, , -n, witziger Einfall
fa/zi/al das Gesicht betreffend
Fa/zi/es [lat.] *f.,* -, -, Angesicht
Fa/zi/li/tät *f.,* -, -en, Leichtigkeit
Fa/zit *n.,* -s, -e/-s, Schluss
FBI Abkürzung für Federal Bureau of Investigation, Bundeskriminalpolizei der USA
FCKW Abkürzung für Fluorchlorkohlenwasserstoff, Treibhausgas
FDGB Abkürzung für Freier Deutscher Gewerkschaftsbund (ehem. DDR)
FDJ Abkürzung für Freie Deutsche Jugend (ehem. DDR)
FDP Abkürzung für Freie Demokratische Partei
F-Dur *n.,* -s, *nur Sg.,* Tonart
Fe chemisches Zeichen für Eisen (Ferrum)
Feature [engl.] *n.,* -s, -s, Medien-Dokumentation
Fe/ber *m.,* -s, -, österreichisch: Februar
fe/bril oder auch: **feb/ril** fieberhaft
Fe/bru/ar oder auch: **Feb/ru/ar** *m.,* -[s], -e, zweiter Monat des Jahres
fech/sen *tr.,* ernten
Fech/ser *m.,* -s, -, Ableger, Setzling
fecht/en *intr.*
Fecht/er *m.,* -s, -
Fech/te/rei *f.,* -, -en
fech/te/risch
fe/cit [lat.] auf Kunstwerken: „er hat es geschaffen", abgekürzt mit fec.
Fe/da/jin [arab.] *m.,* -s, -, palästinensischer Kämpfer
Fe/der *f.,* -, -n
fe/de/rig auch: **fed/rig**
Fe/der/ling *m.,* -s, -e, Ungeziefer bei Hühnern
fe/dern *intr.*
fe/dernd
Fe/de/rung *f.,* -, -en
Fee *f.,* -, -n, Märchenfigur mit Zauberkraft
fe/en/haft zauberhaft
Fe/e/rie *f.,* -, -n, Feenwelt
Feed-back *(Nf.)* auch:
Feed/back *(Hf.), n.,* -s, -s
Fee/der *m.,* -s, -, bei Antennen: zur Energieversorgung
Fee/ling [engl.] *n.,* -s, -s, Gefühl
Fe/ge *f.,* -, -n, Werkzeugart
Fe/ge/feu/er *n.,* -s, *nur Sg.*
fe/gen *tr.,* säubern
Fe/ger *m.,* -s, -, Besen
Feg/nest *n.,* -[e]s, -e, unruhiger Menschentyp
Feg/sei *n.,* -s, -, Kehricht
Feh *n.,* -, -n, Pelzart
Feh/de *f.,* -, -n, Streit
Fehl *m.,* [e]s, -e, Mangel
fehl falsch, Beispiel: fehl am Platze
fehl/bar
Feh/le *f.,* -, -n
feh/len *tr.,* abwesend sein
Feh/ler *m.,* -s, -
feh/ler/haft
Feh/ler/haf/tig/keit *f.,* -, -en
Feh/marn Ostseeinsel
Fehn *n.,* -[e]s, -e, Moorgebiet
Fei *f.,* -, en, Fee
fei/en *tr.,* bezaubern
Fei/er *f.,* -, -n, Fest
fei/er/lich
fei/ern
feig, feige
Feig/heit *f.,* -, -en
Feig/ling *m.,* -s, -e
Fei/ge *f.,* -, -n, Feigenbaumfrucht
feil verkäuflich, etwas feil bieten
Fei/le *f.,* -, -n, Werkzeug
fei/len *tr.*
feil/sehen *tr.*
Feim *m.,* -[e]s, -e, Schweinemast
fei/men *intr.,* schäumen
fein
fein/ad/rig
Fein/ar/beit *f.,* -, -en
feind feindlich, böse
Feind *m.,* -[e]s, -e, Gegner, Rivale
feind/lich

Feind/schaft *f., -, -en,* Gegnerschaft
feind/schaft/lich
Fei/ne *f., -, nur Sg.,* Feinheit
Fein/heit *f., -, -en*
feist fett
Feist *n., -es, nur Sg.,* Fett
Feis/te, Feis/tig/keit *f., -, nur Sg.,* Fettheit
Fei/tel *n., -s, -,* Messer
fei/xen *intr.*
Fei/xel [italien.] *m., -s, -,* samtähnlicher Stoff
Fel/be *m., -s, -,* Baumart
Felch *m., [e]s, -e,* **Fel/che** *f., -, -n,* **Fel/chen** *n., -s, -,* Fischart
Feld *n., -[e]s, -er*
Fel/ge *f., -, -n,* äußerer Teil des Rades
fel/gen *tr.*
Fell *n., -[e]s, -e,* Tierhaut
Fel/la/chin [arab.] *f., -, -nen,* ägyptische Bäuerin
Fel/lah, Fel/lach *m., -s, s,* ägyptischer Bauer
Fel/la/tio *m., -, -ones,* Stimulierung des männlichen Geschlechtsteiles mit dem Mund
Fell/ei/sen *n., -s, -,* Reisesack
Fel/low [engl.] *m., -s, -s,* Bursche, Mitglied einer wissenschaftlichen Vereinigung
Fel/low/ship *f., -, -s,* Fellow-Mitgliedschaft, College-Stipendium
Fel/low-Tra/vel/ler *m., -s, -,* politischer Sympathisant
Fe/lo/nie [französ.], *f., -, nur Sg.,* Lehnsuntreue
Fels *m., -en, -en*
Fel/sen *m., -s, -*
fel/sig
Fe/lu/ke [arab.] *f., -, -n,* kleines Küstenfahrzeug
Fe/me *f., -, -n,* Geheimgericht

Fe/mel *m., -s, nur Sg.,* Hanfpflanze
Fe/mel/be/trieb *m., -[e]s, -e,* Begriff aus der Forstwirtschaft
Fe/mel/wald *m., -es, -wälder*
fe/mi/nie/ren [lat.] *tr.,* verweiblichen
fe/mi/nin weiblich
Fe/mi/ni/num [lat.] *n., -s, -na,* weibliche Form, vor allem in der sprachlichen Ausdrucksweise
Fe/mi/nis/mus *m., -, nur Sg.,* Frauenbewegung
Fe/mi/nis/tin *f., -, -nen*
fe/mi/nis/tisch
Fem/me fa/ta/le [französ.] *f., - -, -s -s,* attraktive Frau, die ihre Partner ausnutzt
Fench *m., -s, -,* Pflanzenart
Fen/chel *m., -s, -,* Gemüsepflanze oder auch: **Fen/nich** *m., -[e]s, -e,* Fench
Fen/dant [französ.] *m., -s, nur Sg.,* Rebsorte
Fen/der *m., -[s], -s,* Puffer
Fe/nek *m., -s, -s/-e,* Ohrenfuchs
Fenn *n., -[e]s, -e,* Moorgebiet
Fen/nek siehe **Fe/nek**
Fen/nich siehe **Fench**
Fen/rer, Fen/rir, *m., -s, -s,* Ungeheuer aus nordischen Sagen
Fens/ter [lat.] *n., -s, -*
fens/terln *intr.*
fenst/rig
Fenz [engl.] *f., -, -en,* Zaun
Fer/ge *m., -en, -en,* Fährmann
fer/gen [schweiz.] *tr.,* wegschaffen
fe/ri/al [lat.]
Fe/ri/en, *nur Pl.,* 1. Zeitraum frei von Schulunterricht, 2. allgemein: Urlaub

Fer/kel *n., -s, -,* junges Schwein
Fer/ke/lei *f., -, -en,* ugs. für Dreck, Schweinerei
fer/keln *intr.,* Ferkel zur Welt bringen
Fer/man [türk.] *m., -[e]s, -e,* Islam: Erlass des Landesfürsten
Fer/ma/te [italien.] *f., -, -n,* Pause
Fer/me [französ.] *f., -, -n,* Landgut, Meierei
Fer/ment [lat.] *n., -[e]s, -e,* Gärstoff
Fer/men/ta/ti/on *f., -, -en,* Gärprozess
fer/men/tie/ren *intr.,* gären
Fer/mi/um *n., -s, nur Sg.,* chemisches Element, Abkürzung: Fm
fern, ferne weit, entfernt
Fer/ne *f., -, -n,* Weite, Entfernung
fer/ner außerdem
fer/ner/hin
Fer/rit [lat.] *m., -[e]s, -e,* Eisen in Kristallform mit magnetischen Eigenschaften
Fer/ro/graph *(Nf.)*
Fer/ro/graf *(Hf.) m., -en, -en,* Messinstrument für Ferromagnetismus
fer/ro/ma/gne/tisch auch: **fer/ro/mag/ne/tisch**
Fer/ro/ma/gne/tis/mus auch: **Fer/ro/mag/netis/-mus,** *m., -, nur Sg.*
Fer/rum *n., -, nur Sg.,* Eisen, Abkürzung: Fe
Fer/se *f., -, -n*
fer/tig bereit
fer/ti/gen *tr.* produzieren, erzeugen
Fer/tig/keit *f., -, -en,* Können
Fer/ti/gung *f., -, -en,* Erzeugung
fer/til [lat.] fruchtbar

Fer/ti/li/tät *f.*, -, *nur Sg.*, Fruchtbarkeit
Fes *n.*, -, -, um einen halben Ton erniedrigtes f
Fes [türk.], *m.*, -/-es, -/-se, auch: *rn.*, -, -, rote Filzkappe
Fes, Fez marokkanische Stadt
fesch schick
Fe/schak [österr.] *m.*, -s, -s, schicker Mann
Fes/sel *f.*, -, -n
fes/seln *tr.*
Fes/se/lung, Feßlung > **Fesslung** *f.*, -, -en
Fest *n.*, -[e]s, -e, Feierlichkeit
fest/lich feierlich
Fest/lich/keit *f.*, -, -en, Feierlichkeit
fest eng, sicher
Fes/te *f.*, -, -n, Festigkeit, Halt
Fes/ti/val [engl.] *n.*, -s, -s, Musikveranstaltung
Fes/ti/vi/tät *f.*, -, -en, Feierlichkeit, Festlichkeit
fes/ti/vo [italien.] festlich
Fes/ton [französ.] *n.*, -s, -s, Blumenbindung
fes/to/nie/ren *tr.*
Fes/tung *.*, -, -en, Bollwerk
fe/tal, fö/tal
Fe/te [französ.] *f.*, -, -en, Fest
Fe/tisch *m.*, -es, -e, Zaubermittel, Götzenbild
Fe/ti/schis/mus *m.*, -, *nur Sg.*, Verehrung von Fetischen
Fe/ti/schist *m.*, -en, -en
Fett *n.*, -[e]s, -e
fett fetthaltig, auch: sehr dick
fet/ten *tr.*
fet/tig
Fett/tig/keit *f.*, -, -e
fett/lei/big
Fett/lei/big/keit *f.*, -, -en

Fe/tus siehe **Fötus**
Fet/zen *m.*, -s, -, Lappen
fet/zen *tr.* und *refl.*
Fet/zer *m.*, -s, -, 1. Werkzeug, 2. Prügel
feucht
Feuch/te *f.*, -, -n
Feuch/tig/keit *f.*, -, *nur Sg.*
Feu/da *Pl.*, Lehnsgüter
feu/dal
Feu/da/lis/mus *m.*, -s, *nur Sg.*, Lehnswesen
feu/da/lis/tisch
Feu/da/li/tät *f.*, -, *nur Sg.*
Feu/del *m.*, -s, -, Lappen
Feu/er *n.*, -s, -
feu/ern *tr.*, anzünden
Feu/e/rung *f.*, -, -en
Feuil/lage [französ.] *f.*, -, -n oder *n.*, -s, -n, Laub als Zierde in Kunstwerken
Feuil/le/ton *n.*, -s, -s, Kulturteil einer Zeitung
feu/rig
Fex *m.*, -es, -e[n], Narr
Fez siehe **Fes**
ff in der Musik Abk. für: fortissimo
ff. Abk. für: folgende Seiten
FF Abk. für: französische Francs
FH Abk. für: Fachhochschule
Fi/a/ker [französ.] *m.*, -s, -, Mietkutsche
Fi/a/le [griech.] *f.*, -, -n, gotisches Türmchen
Fi/an/chet/to *m.*, -s, -s, (Schach)Eröffnung
Fi/as/ko [italien.] *n.*, -s, -s, Debakel, Misserfolg
fiat Hat.] es werde
Fiat *n.*, -[s], -[s], Einwilligung
Fi/bel [griech.-lat.] *f.*, -, -n, Lesebuch
Fi/ber [lat.] *f.*, -, -n, Faser
Fi/bril/le oder auch:

fidel

Fib/ril/le *f.*, -, -n, feine Faser
Fi/brin oder auch: **Fib/rin** *n.*, -s, *nur Sg.*
fi/brös oder auch: **fib/rös** faserig
Fi/bu/la [lat.] *f.*, -, -len, Spange, Schloss an Büchern
Fiche [französ.] *f.*, -, -n, Karteikarte
Fich/te Johann Gottlieb, deutscher Philosoph
Fich/te *f.*, -, -n, Nadelbaum
fich/ten aus Fichtenholz
Ficht/el/ge/bir/ge *n.*, -s, *nur Sg.*, deutsches Gebirge
Fick *m.*, -s, -s, vulgär: Koitus, Beischlaf
Fi/cke *f.*, -, -n, Kleidertasche
fi/ckeln *tr.*, züchtigen
fi/cken *intr.* und *tr.*, 1. unruhige Bewegungen machen, 2. vulgär: mit einer Person schlafen
Fi/cker *m.*, -s, -
fi/cke/rig unruhig
Fick/fack *m.*, -s, *nur Sg.*, ugs. für: Hin und Her, Ausrede
fick/fa/cken *intr.*, nach einer Ausflucht suchen
Fick/fa/cker *m.*-, -s, -
Fi/cus [lat.] *m.*, -, -ci, Baumart
Fi/de/i/kom/miß >
Fi/de/i/kom/miss, [lat.] -es, -e, Gut, das nur als Einheit vererbbar ist
Fi/de/is/mus [lat.] *m.*, -, *nur Sg.*, Lehre, die auf der Annahme beruht, Religion sei allein über den Glauben, nicht über die Vernunft zugänglich
Fi/de/ist *m.*, -en, -en
fi/del [lat.] wörtlich: treu, lustig

Fi/de/li/tät *f.,* -, *nur Sg.,* Treuherzigkeit, Vergnügtheit
Fi/des *f.,* -, *nur Sg.,* Trèue
Fi/del *f.,* -, -n, geigenähnliches Musikinstrument
Fi/di/bus *m.,* -/-ses, -/-se, Pfeifenzubehör
Fi/dschi oder auch:
Fid/schi Inselgruppe
Fi/duz [lat.] *n.,* -es, *nur Sg.,* Vertrauen
Fi/du/zi/ant *m.,* -en, -en
fi/du/zit „Es herrsche Vertrauen", Trinkspruch
Fie/ber *n.,* -s, -. erhöhte Körpertemperatur, Krankheitssymptom
fie/be/rig, fieb/rig
fie/bern *intr.,* Fieber haben, übertr.: sich nach etwas sehnen
Fie/del, Fi/del *f.,* -, -n, geigenähnliches Instrument
fie/deln *intr., tr.,* geigen
Fie/der *f.,* -, -n
fie/de/rig mit Federn
fie/dern *tr.* und *refl.*
Fied/ler *m.,* -s, -, etwas herablassend für: Geiger
Field Re/search *(Hf.)* auch: **Field/re/search** *(Nf.)* [engl.] *f.,* -, *nur Sg.,* Feldforschung, vor allem in der Soziologie
Field/work *n.,* -, Interviews in der Meinungsforschung
Field/wor/ker *m.,* -s, -, Meinungsforscher, der Interviews führt
fie/pen *intr.,* schreien
Fi/e/ra [italien.] *f.,* -, ren, Jahrmarkt
Fi/e/rant *m.,* -en, -en, Jahrmarkthändler
fie/ren *tr.,* herablassen
fies unfair, ungerecht
Fies/ling *m.,* -s, -e, gemeiner Mensch

Fi/es/ta [span.] *f.,* -, s, Volksfest
FIFA, Fifa Abkürzung, Fédération Internationale de Football Association, Internationaler Fußballverband
fif/ty-fif/ty [engl.] halb und halb
Fi/ga/ro *m.,* -s, -s, „Friseur", Figur aus der Oper „Figaros Hochzeit" von Mozart
Fight [engl.] *m.,* -s, -s, Kampf
figh/ten *tr.* und *intr.,* kämpfen
Figh/ter *m.,* -s, -, Kämpfer
Fi/gur [lat.] *f.,* -, -en
fi/gu/ral
Fi/gu/rant *m.,* -en -en, Statist auf der Bühne
Fi/gu/ra/ti/on *f.,* -, -en, Ausgestaltung
fi/gu/ra/tiv anschaulich
fi/gu/rie/ren *tr.*
fi/gu/riert
Fi/gu/ri/ne *f.,* -, -n, Musterpuppe
fi/gür/lich
Fik/ti/on [lat.] *f.,* -, -en, Vorstellung, Einbildung, Erfindung
Fik/tio/na/lis/mus *m.,* -, *nur Sg.,* philosophische Strömung laut derer Erkenntnis immer auf Fiktionen aufbaut
fik/tiv erfunden
Fil *m.,* -[e]s, -s, Faden
Fi/la/ment *n.,* -[e]s, -e, Fasergewebe
File [engl.] *n.,* -s, -s, Datei
Fi/let [französ.] *n.,* -s, -s, Verzierung bei Büchern, Fleischstück
fi/le/tie/ren *tr.*
Fi/lia [lat.] *f.,* -, -ae, Tochter
Fi/li/a/le *f.,* -, -n, Zweigstelle

Fi/li/a/list *m.,* -en, -en, Vorsteher einer Filiale
Fi/li/a/ti/on *f.,* -, -en, Kindschaft, Verpflichtung
Fi/li/bus/ter [lat.], *m.,* -s, s, Seeräuber
fi/li/bus/tern *tr.,* durch langes Reden Entscheidungen herauszögern
fi/lie/ren *intr.*
fi/li/gran zart
Fi/li/gran *n.,* -s, -e, feine Gold- oder Silberausarbeitung
Fi/li/pi/no [span.] *m.,* -s, -s, Bewohner der Philippinen
Fi/li/us [lat.] *m.,* -, -se, Sohn
Film *m.,* -[e]s, -e
fil/men *tr.*
fil/misch
Fi/lou *m.,* -s, -s, liebenswerter Betrüger
Fil/ter *m., n.,* -s, -, Hilfsmittel, mit dem Stoffe gesiebt werden
fil/tern *tr.,* sieben
Fil/te/rung *f.,* -, -en
Fil/trat *n.,* -[e]s, -e, gefilterter Stoff
Fil/tra/ti/on *f.,* -, -en
fil/trie/ren *tr.*
Fil/trie/rung *f.,* -, -en
Fi/lü/re *f.,* -, -n, Gewebe
Filz *m.,* -es, -e, dicker Stoff
fil/zen aus Filz
fil/zen *tr.,* zu Filz formen, jemanden durchsuchen
Fil/zer *m.,* -s, -
Fil/ze/rei *f.,* -, -en
fil/zig
Fim/mel *m.,* -s, -, 1. Hanf, 2. Eisenkeil, 3. ugs.: Routinen, Vorlieben
fim/meln *tr.*
Fin [französ.] *n.,* -, *nur Sg.,* Ende
Fin de Sièc/le *n.,* -, *nur Sg.,* Ende des Jahrhunderts

fi/nal
Fi/na/le [italien.] Endspiel, Endkampf
Fi/na/lis/mus *m., -, nur Sg.,* philosophische Strömung, die alles Geschehen in einem Entwicklungsziel begründet sieht und nicht in kausalen Zusammenhängen
Fi/na/list *m., -en, -en,* Endkampfteilnehmer
Fi/na/li/tät[lat.] *f., -, -en*
fi/ne [italien.] Musik: Ende, al fine: bis zum Ende
Fi/nanz [italien.] *f., -, -en,* Finanzwelt
Fi/nan/zer *m., -s, -,* ugs. für: Steuerbeamter
fi/nan/zi/ell
Fi/nan/zi/er *(Hf.)* auch:
Fi/nan/cier *(Nf)*, *m., -s, -s,* Geldgeber
fi/nan/zie/ren *tr.*, für etwas Geldmittel bereitstellen
Fi/nan/zie/rung *f., -, -en,* finanzielle Deckung
Fin/del *m.* und *n., -s, -,* ausgesetztes und nicht von den eigenen Eltern aufgezogenes Kind
Fin/del/kind *n., -es, -er*
fin/den *tr.*, entdecken
Fin/der *m., -s, -*
fin/dig schlau, listig
Fin/dig/keit *f., -, -en,* Einfallsreichtum
Find/ling *m., -s, -e,* Findelkind
Fines herbes, Fines Herbes [französ.] *nur Pl.,* Kräutermischung
Fi/nes/se *f., -, -n,* Feinheit, Schlauheit
Fin/ger *m., -s, -*
Fin/ge/rei *f., -, -en*
Fin/ger/ling *m., -s, -e*
fin/gern *intr.* und *tr.*
Fi/noc/cio [italien.] *m., -, -s,* Gemüsefenchel

fins/ter dunkel
Fins/ter/keit *f., -, -en*
Fins/ter/nis *f., -, -se*
Fin/te [italien.] *f., -, -en,* List
fin/ten/reich
fip/sig ugs. für: klein
Fip/sig/keit *f., -, -en*
fip/sen *intr.*, schnalzen
Fir/le/fanz *m., -es, nur Sg.,* ugs. 1. Tand, 2. unnötiger Aufwand
firm [lat.] 1. fest, 2. kompetent
Fir/ma [italien.] *f., -, -men,* Wirtschaftsunternehmen
Fir/ma/ment [lat.] *n., -s., nur Sg.,* Himmel
fir/men *tr.*, die Firmung erteilen
Fir/men/schild *n., -[e]s, -er*
Fir/men/zei/chen *n., -s, -*
fir/mie/ren *intr.*
Firm/ling *m., -s, -e*
Firm/pa/te *m., -n, -n*
Fir/mung [lat.] *f., -, -en,* kath. Sakrament
Firn *m., -s, -e,* 1. vereister Schnee, 2. Gletscher
Fir/ne *f., -, -n,* Weinreife
fir/nig
Fir/nis [französ.] *m., -ses, -se,* Schutzschicht über Gemälden
fir/nis/sie/ren *tr.*, mit Firnis versehen
Firn/schnee *m., -s, nur Sg.*
First *m., -[e]s, -e,* Dachoberkante
First/bal/ken *m., -s, -*
first class [engl.] Erster Klasse, First-class-Hotel
First La/dy [engl.] *f., - -, - -s,* Ehefrau des Staatsoberhauptes
FIS Abk. für Internationaler Skiverband
Fisch *m., -es, -e,*
Fisch/ad/ler *m., -s, -*
fisch/arm

Fisch/au/ge *n., -es, -n*
Fisch/be/steck *n., -[e]s, -e*
fi/schen *tr.* und *intr.*
fi/scheln *intr.*, fischig riechen
Fi/scher *m., -s, -*
Fisch/fang *m., -s, nur Sg.*
Fisch/ge/richt *n., -[e]s, -e*
Fisch/grä/te *f., -, -n*
fi/schig
Fisch/laich *m., -[e]s, nur Sg.*
Fisch/stäb/chen *n., -s, -*
Fisch/zug *m., -[e]s, -züge*
Fis-Dur *n., -, nur Sg.,* Tonart
Fi/sett/holz *n., -es, nur Sg.,* Holzart
Fi/si/ma/ten/ten *f., -, nur Sg.,* ugs. für: Unfug, Blödsinn
fis/ka/lisch
Fis/kus [lat] *m., -, -se/ken,* Staatskasse
fis-Moll *n., - -, nur Sg.,* Tonart
Fi/so/le [italien.] *f., -, -n,* grüne Bohne
fis/sil [lat.] spaltbar
Fis/si/li/tät [lat.] *f., -, nur Sg.,* Spaltbarkeit
Fis/si/on [lat.] *f., -, -en,* Spaltung
Fis/sur [lat.] *f., -, -en,* Einriss
Fis/tel *f., -, -n,* Geschwür
fis/teln *intr.*, in hoher Tonlage sprechen
Fis/tel/stim/me *f., -, -n,* Stimme in hoher Stimmlage
Fis/tu/la [lat.] *f, -, -lae,* 1. Panflöte, 2. Orgelpfeiffe
fis/tu/lie/ren *intr.*, in hoher Stimmlage sprechen
fit [engl.], gesund, leistungsfähig
Fit/neß > Fit/ness [engl.] *f., -, nur Sg.*
Fit/neß/cen/ter > Fitness-/cen/ter [engl.] *n., -s, -*

Fit/neß/test > **Fitness/test** [engl.] *m.,* -[e]s, -s
Fit/tich *m.,* -e, -s, Flügel, unter seine Fittiche nehmen
Fitz/chen *n.* -s, -, Kleinigkeit
Fitz/el/chen *n.* -s, -, Kleinigkeit
fix 1. schnell, 2. fest
fi/xen [engl.] *intr.* und *tr.,* 1. intravenöse Einnahme von Rauschgift, 2. an der Börse auf den Fall der Aktion setzen
fi/xier/en *tr.,* 1. befestigen, 2. anstarren
Fi/xing *n.,* -s, *nur Sg.,* amtlicher Tageskurs von Aktien oder Devisen
Fix/stern [lat.] *m.,* -s, -e, Stern im Gegensatz zu einem Planeten
Fi/xum [lat.] *m.,* -s, *nur Sg.,* festgesetzte Summe
Fjord [skand.] *m.,* -s, -e, Meeresbucht
FKK Abk. für: Freikörperkultur
FKK-Strand *m.,* -s, -strände, Ort, an dem das Schwimmen ohne Badebekleidung erlaubt ist
flach 1. eben, 2. nicht sehr hoch oder tief
Flä/che *f.,* -, -n, Ebene
flä/chen/de/ckend
Flä/chen/nut/zungs/plan *m.,* -s, -pläne
flach/fal/len *intr.,* ugs. für: nicht stattfinden
Flachs *m.,* -es, *nur Sg.,* 1. Pflanze, aus der Leinen gewonnen wird, 2. liebevolle Neckerei
flachs/blond 1. die gleiche Farbe wie Flachs, 2. flachsblonde Haare
flach/sen *intr.,* 1. aus Flachs Leinen herstellen,
2. necken, 3. Sprüche klopfen
Flachs/garn *n,* -s, -e
Flachs/haar *n.,* -s, -e, Teil der Flachspflanze, aus der Leinen gemacht wird
fla/ckern *intr.,* die Flamme flackert im Wind
Fla/den *m.,* -s, -, flachgedrückter Gegenstand aus meist weichem Material
Fla/gel/lant [lat] *m.,* -s, -en, jemand, der eine Peitsche für asketische oder sexuelle Praktiken verwendet
Fla/gel/lan/tis/mus [lat.] *m.,* -ses, -tis/men, das Ausleben von sexuellen Bedürfnissen unter Verwendung von Peitschen
Fla/gel/lat [lat.] *m.,* -s, en, Geißeltierchen
Fla/gel/la/ti/on *f.,* -, -ti/on/en, Praktizieren des Flagellantismus
Fla/geo/lett [französ.] *n.,* -s, -e/-s, 1. kleine Flöte, 2. bestimmter Oberton von Streichinstrumenten, 3. Orgelregister
Flag/ge *n.,* -, -n, Fahne, Wimpel
Flag/gen/gruß *m.,* -es, -grüße
Flag/gen/stan/ge *f.,* -, -en
Flagg/schiff *n.,* -s, -e, Schiff unter Befehl des Flottenleiters
flag/rant [lat.] oder auch: **fla/grant** deutlich, zweifelsohne, offensichtlich
Flair *n.,* -s, *nur Sg.,* Atmosphäre
Flak Akk. für Flugabwehrkanone
Flak/hel/fer *m.,* -s, -, jemand, der beim Bedienen einer Flak hilft
Flak/of/fi/zier *m.,* -s, -e,
Offizier, der eine oder mehrere Flaks befehligt
Fla/kon [französ.] *m.,* -s, -s, kleine Flasche
Flam/bee [französ.] *n.,* -s, -s, flambiertes Gericht
flam/bie/ren *tr.,* ein Gericht mit brennendem Alkohol übergießen
Fla/men/co [span.] *m.,* -s, -s, spanischer Tanz
Fla/min/go [span.] *m.,* -s, -s, großer Wasservogel
Flam/me *f.,* -, -n, 1. Feuer, 2. ugs. für: Geliebte, Schwarm
flam/men *intr.,* brennen
Flam/men/meer *n.,* -[e]s, -e, poetisch für: großes Feuer
Flam/men/schwert *n.,* -[e]s, -er
Flam/men/wer/fer *m.,* -s, -, Waffenart
Flam/me/ri *m.,* -s, -s, Grießpudding
flam/mig
Flamm/punkt *m.,* -[e]s -e
Fla/nell [französ.] *m.,* -s, -e, flauschiger Stoff
Fla/nell/an/zug *m.,* [e]s, -Züge
Fla/nell/ho/se *f.,* -, -n
Fla/nellappen > **Flanell/lap/pen** *m.,* -s, -
Fla/neur [französ.] *m.,* -s, -e, Spaziergänger
fla/nie/ren [französ.] *intr.,* bummeln, spazierengehen
Flan/ke [französ.] *f.,* -, -n, 1. Seite, 2. seitliches Zuspiel im Fußball
Flan/ken/an/griff *m.,* -[e]s, -e, seitlicher Angriff
Flan/ken/hieb *m.,* -[e]s, -e, Schlag von der Seite oder auf die Seite
flan/kie/ren *tr.,* sich seitlich von jemandem oder etwas befinden, das Rathaus wird

von zwei Hotels flankiert
Flansch *m., -es, -e*, Verbindung von zwei Rohren
flan/schen *tr.*, zwei Rohre mit einem Flansch verbinden
flap/sig albern
Fla/sche *f., -, -n,*
1. Behälter mit engem Hals für Flüssigkeiten, 2. ugs. für: unfähiger Mensch
Fla/schen/bier *n., -[e]s, -e,* Bier in Flaschen
Fla/schen/gä/rung *f., -, -en,* Herstellungsverfahren von Schaumwein in Flaschen
fla/schen/grün der Farbton einer grünen Weinflasche
Fla/schen/kind *n., -[e]s, -er,* Baby, das mit Flaschennahrung gefüttert wird
Fla/schen/öff/ner *m., -s, -,* Gerät zum Öffnen von Flaschen
Fla/schen/post *f., -, nur Sg.,* Brief in einer verkorkten Flasche
Fla/schen/zug *m., -[e]s, -züge,* mechanische Hebehilfe
Flasch/ner [süddt.] *m., -s, -,* Klempner
Flash [engl.] *m., -s, -s,*
1. kurzes Einblenden,
2. Wirkung von Rauschgift
Flash/back [engl.] *m., -s, -s,* Nachrausch, Rückblende
flat/ter/haft unstet
Flat/ter/haf/tig/keit *f., -, -en,* Unstetigkeit
flat/terig oder auch
flatt/rig leicht zu bewegen
Flat/ter/mann *m., -[e]s, -männer,* ugs. für: gebratenes Hähnchen
flat/tern *intr.,* fliegen
Flat/ter/satz *in., -es, -sätze,* Schriftbild mit regelmäßigem Rand auf der linken

und unregelmäßigem Rand auf der rechten Seite
flau übel, seekrank
Flaum *m., -s, nur Sg.,* dünne Härchen, feine Federn
Flaum/bart *m., -[e]s, -bärte,* zarter Bart
Flaum/fe/der *f., -, -n,* Daune
Flaum/haar *n., -[e]s, -e,* dünnes Haar
flau/mig mit Flaum bedeckt
flaum/weich
Flausch *m., -[e]s, nur Sg.,* weicher Stoff
flau/schig weich
Flau/sen *nur Pl.,* ugs. für: Unsinn
Flau/te *f., -, -n,* Windstille
flä/zen *refl.,* ugs. für: sich lümmeln
flä/zig lümmelig
Flech/se *f., -, -n,* Sehne
Flech/te *f., -, -n,* 1. Symbiose aus Algen und Bakterien, 2. Hautkrankheit, 3. Haarzopf
flech/ten *tr.,* einen Zopf formen
Fleck oder auch: **Fle/cken** *m., -, -e/-en,* 1. Schmutz auf einer Oberfläche, 2. Ort, Platz
fle/cken *intr.* Flecken hervorrufen
fle/cken/los ohne Flecken
Fle/cken/was/ser *n., -s, -,* Flüssigkeit zum Entfernen von Flecken
Fle/ckerl/tep/pich *m., -s, -e,* Teppich aus Textilresten
Fleck/fie/ber *n., -s, nur Sg.,* Krankheit
fle/ckig mit Flecken
Fle/ckig/keit *f., -, -en,* viele Flecken, Verschmutzung
Fleck/vieh *n., -s, nur Sg.,* gescheckte Rinder
Fled/der/er *m., -s, -,* Plünderer

Fleiß

fled/dern *tr.,* plündern
Fle/der/maus *f., -, -mäuse,* fliegendes Säugetier
Fle/der/maus/är/mel *m., -s, -,* sehr weite Ärmel
Fle/gel *m., -s, -,* 1. Dreschwerkzeug, 2. Lümmel
Fle/gel/haf/tig/keit *f., -, -en*
fle/ge/lig wie ein Flegel
Fle/gel/jah/re *n., nur Pl.,* Pubertät
fle/hen *tr.* und *intr.,* inständig bitten
Fle/hen *n., -s, nur Sg.* dringende Bitte
fle/hent/lich
Fleisch *n., -es, nur Sg.,*
1. Muskeln, 2. menschliche Körperhaftigkeit
Fleisch/be/schau *f., -, -en,* gesundheitsamtliche Fleischprüfung
Fleisch/brü/he *f., -, -en,* aus Fleisch hergestellte Suppe
Flei/scher *m., -s, -,* Metzger
flei/schern aus Fleisch
Flei/sches/lust *f., -, nur Sg.,* körperliche Lust
fleisch/far/ben
fleisch/far/big
flei/schig aus viel Fleisch bestehend
Fleisch/klöß/chen *n., -s,*
fleisch/lich körperlich
Fleisch/lich/keit *f., -, nur Sg.,* Körperlichkeit
fleisch/los ohne Fleisch
Fleisch/ver/gif/tung *f., -, -en,* Vergiftung durch verdorbenes Fleisch
Fleisch/wer/dung *f., -, -en,* Inkarnation
Fleisch/wolf *m., -[e]s, -wölfe,* Gerät zum Zerkleinern von Fleisch
Fleisch/wun/de *f., -, -n*
Fleiß *m., -es, nur Sg.,* Eifer bei der Arbeit

Fleiß/ar/beit *f.*, -, -en, eintönige Arbeit
flei/ßig mit viel Fleiß
Flei/ßi/ges Lies/chen *n.*, -s, -, Blumenart
flek/tier/bar [lat.]
flek/tie/ren [lat.] *tr.*, Wörter beugen: 1. deklinieren, 2. konjugieren
flen/nen *intr.* ugs. für: weinen
Flen/ne/rei *f.*, -, -en, ugs. für: Heulerei
Fletz [süddt.] *n.* oder *m.*, -es, -e, Flur
fle/xi/bel [lat.] beweglich
Fle/xi/bi/li/tät [lat.] *f.*, -, *nur Sg.*, Beweglichkeit
Fle/xi/on [lat.] *f.*, -, -en, Beugung von Wörtern: 1. Deklination, 2. Konjugation
Fli/bus/ti/er [niederl.-französ.] *m.*, -s, -, Freibeuter im Westindien des 17. - 18. Jahrhunderts
Flic [französ.] *m.*, -s, -s, ugs. für: Polizist
Flick/ar/beit *f.*, -, -en
fli/cken *tr.*, ausbessern, reparieren
Fli/cken *m.*, -s, -, Stoffstück zum Ausbessern von Löchern
Fli/cken/tep/pich *m.*, -s, -e, 1. Teppich aus Textilresten, 2. uneinheitliche Fläche
Flick/flack [französ.] *m.*, -s, -s, Übung im Bodenturnen
Flick/korb *m.*, -[e]s, -körbe, Behälter für zu reparierende Textilien
Flick/schus/ter *m.*, -s, -, Schuhreparateur
Flick/werk *n.*, -[e]s, -e, unzusammenhängendes Machwerk
Flie/der *m.*, -s, -, Zierstrauch
Flie/der/bee/re *f.*, -, -n, Holunderbeere
Flie/der/blü/te *f.*, -, -n
Flie/der/busch *m.*, -[e]s, -büsche
flie/der/far/ben lila
flie/der/far/big lila
Flie/ge *f.*, -, -n, kleines Fluginsekt
flie/gen 1. *intr.*: durch die Luft schweben, 2. im Flugzeug reisen, 3. hinausgeworfen werden, 4. *tr.*: ein Flugzeug lenken
Flie/gen/fän/ger *m.*, -s, -, Vorrichtung zum Fangen von Fliegen
Flie/gen/ge/wicht *n.*, -[e]s, *nur Sg.*, Gewichtsklasse im Sport
Flie/gen/pilz *m.*, -es, -e, Giftpilz
Flie/ger *m.*, -s, -, 1. Flugzeug, 2. Pilot
Flie/ger/a/larm *m.*, *nur Sg.*, Warnung vor Luftangriffen
Flie/ge/rei *f.*, -, -en, das Fliegen
flie/ge/risch das Fliegen betreffend
flie/hen 1. *intr.*: weglaufen, 2. *tr.*: vermeiden
Flieh/kraft *f.*, -, -kräfte, physikalische Größe
Flie/se *f.*, -, -en, Keramikplatte für Wand oder Boden
flie/sen *tr.*, mit Fliesen versehen
Flie/sen/le/ger *m.*, -s, -
Fließ/band *n.*, -[e]s, -bänder, Laufband
flie/ßen *intr.*, strömen
Fließ/heck *n.*, -s, -s, stufenloses Autoheck
Fließ/pa/pier *n.*, -s, -e, saugfähige Papiersorte
Flim/mer *m.*, -s, *nur Sg.*, flirrendes Leuchten
Flim/mer/kis/te *f.*, -, -n, ugs. für: Fernseher
flim/mern *intr.*, flirren
flink flott
Flink/heit *f.*, -, *nur Sg.*, Schnelligkeit
Flint *m.*, -[e]s, -e, Feuerstein
Flin/te *f.*, -, -n, Gewehr
Flinz *m.*, -es, -e, Mineralsorte
Flip [engl.] *m.*, -s, -s, Cocktailsorte
Flip/flop [engl.] *m.*, -s, -s, Kippschaltung
Flip/per *m.*, -s, Automatenspiel
flip/pern *intr.*, Flipper spielen
Flip/pie *m.*, -s, -s, ugs. für: Ausgeflippter
flir/ren *intr.* flimmern
Flirt [engl.] *m.*, -s, -s, Liebelei
flir/ten [engl.] *intr.* tändeln
Flitt/chen *n.*, -s, -, ugs. für: Prostituierte, leichtes Mädchen
Flit/ter *m.*, -s, -, Tand, falscher Schmuck, schöner Schein
Flit/ter/wo/chen *f.*, *nur Pl.*, Urlaub nach der Hochzeit
flit/tern *intr.* die Flitterwochen verbringen
Flitz/bo/gen *m.*, -s, -, Schießbogen für Kinder
flit/zen *intr.* sausen
Flit/zer *m.*, -s, -, 1. schnelles Auto, 2. schneller Autofahrer
floa/ten [engl.] *intr.*, Wechselkurse an der Nachfrage ausrichten
Floa/ting [engl.] *n.*, -s, -s, Freigeben der Wechselkurse
Flo/cke *f.*, -, -n, leichtes Stückchen, z. B. Schnee-

flocke, Butterflocke
flo/cken *tr.* etw. zu Flocken verarbeiten
flo/cken/wei/se Flocke für Flocke
flo/ckig in Flocken
Flock/sei/de *f., -, -n,* Seidenart
Floh *m., -s,* Flöhe, kleines blutsaugendes Insekt
Floh/markt *m., -[e]s, -*märkte, Markt mit Waren aus zweiter Hand
Floh/zir/kus *m., -, -se,* Zirkus mit dressierten Flöhen
Flo/ka/ti [neugriech.] *m., -s, -s,* Langflor-Teppich
Flop [engl.] *m., -s, -s,* Fehlschlag
Floppy Disk oder auch:
Flop/py Disk [engl.] *f., -, -s,* Diskette
Flor *m., -s, -e,* 1. Schleier, 2. (Blumen-)Schmuck
Flo/ra [lat.] *f., -, -ren,* Pflanzenwelt
Flo/ren/ti/ner *m., -s, -,* 1. Einwohner von Florenz, 2. Mandelplätzchen, 3. Damenhut mit ausladender Krempe
Flo/res/zenz [lat.] *f., -, -en,* 1. Blütenstand, 2. Blütezeit
Flo/rett [französ.] *n., -s, -e,* Hieb- und Stichwaffe
Flo/rett/fech/ten *n., -s, nur Sg.*
flo/ret/tie/ren *intr.,* mit einem Florett fechten
Flo/rett/sei/de *f., -, nur Sg.,* Abfall bei Naturseide
flo/rie/ren [lat.] *intr.* blühen, prosperieren
Flo/rist [lat.] *m., -en, -en,* Blumenbinder
Flos/kel [lat.] *f., -, -n,* leere Redewendung
flos/kel/haft wie eine Floskel

Floß *n., -es,* Flöße, einfaches Wasserfahrzeug
flöß/bar mit dem Floß befahrbar
flö/ßen *intr.,* mit dem Floß fahren
Flö/ßer *m., -s, -,* Floßfahrer
Floß/fahrt *f., -, -en*
Flos/se *f., -, -n,* Fortbewegungsorgan von Fischen
Flö/te *f., -, -n,* 1. Blasinstrument, 2. Sektglas
flö/ten *intr.* Flöte spielen
Flö/tist *m., -en, -en,* Flötenspieler
flö/ten/ge/hen *intr.,* ugs. für: verloren gehen
flott 1. schnell, 2. chic, 3. leichtlebig
flott/ma/chen *tr.* ein Schiff fahrbereit machen
Flot/te *f., -, -n,* Schiffsverband
Flot/ten/ab/kom/men *n., -s, -,* Vereinbarung über Schiffskontingente
Flot/ten/kom/man/do *n., -s, -s,* Admiralität
Flow/er/pow/er [engl.] *f., -s, nur Sg.,* beschreibt Lebensgefühl der Hippies
Flöz, *n., -es, -e,* Erdschicht mit Bodenschätzen
Flu/at *n., -s, -e,* Abk. für Fluorosilokat
Fluch *m., -[e]s,* Flü/che, 1. Verwünschung, 2. Schaden
fluch/be/la/den unheilvoll
flu/chen *intr.,* schimpfen
Flucht *f., -,* 1. *nur Sg.:* das Fliehen, 2. *Pl:* -en, Folge von Zimmern auf einem Flur
flucht/ar/tig 1. wie bei einer Flucht, 2. überraschend schnelles oder plötzliches Weggehen
flüch/ten *intr.,* weglaufen

Flucht/ge/fahr *f., -, -en,* es besteht die Gefahr, dass jmd. flieht
Flucht/hel/fer *m., -s, -,* jmd., der jmdm. zu entkommen hilft
Flüch/tig/keit d, -, -en, 1. leicht verdampfbare Flüssigkeiten haben eine große Flüchtigkeit 2. Vergänglichkeit, rasches Vergehen, die Flüchtigkeit des Augenblicks
Flucht/li/nie *f., -, -e,* Hilfstechnik zum perspektivischen Zeichnen
Flucht/punkt *m., -s, -e,* Schnittpunkt der Fluchtlinien
Flug *m., -[e]s,* Flüge, das Fliegen
Flug/bahn *f. -, -en,* der von einem sich durch die Luft bewegenden Körper zurückgelegte Weg
flug/be/reit bereit abzufliegen
Flug/blatt *n., -s, -blätter,* Handzettel
Flü/gel *m., -s, -,* 1. Arme eines Vogels, 2. Tragwerk eines Flugzeugs, 3. seitlicher Teil eines Hauses, oft nachträglich angebaut, 4. Klavier
flü/gel/lahm 1. Vogel mit verletztem Flügel, 2. langsam, tranig, 3. ungelenkig
Flü/gel/mann *m., -s, -män*ner, bei Mannschaftsspielen derjenige, der auf selber Höhe seitlich mitläuft
Flü/gel/schlag *m., -s, -*schläge
Flü/gel/stür/mer *m., -s, -,* seitlich positionierter Angriffsspieler
Flü/gel/tür *f., -[e], -en,* Tür mit zwei Blättern

Flug/gast *m.,* -s, -gäste, Benutzer eines Flugzeugs, einer Luftfahrtgesellschaft
flüg/ge 1. flugfähig, 2. selbständig
Flug/ha/fen *m.,* -s, -häfen
Flug/lot/se *m.,* -s, -n, Einweiser von Flugzeugen in der Luft
flugs geschwind, schnell, behände
flug/taug/lich des Fliegens fähig, 1. Vögel, 2. Flugzeuge
Flug/ver/kehr *m.,* -s, *nur Sg.,* Luftverkehr
Flug/zeug *n.,* -s, -e
Flu/i/dum [lat.] *n.,* -s, -da, 1. Flüssigkeit, 2. Wirkung
Fluk/tu/a/ti/on [lat.] *f.,* -, -en, Schwankung
fluk/tu/ie/ren *intr.*
Flun/der *f.,* -, -n, Plattfisch
flun/kern *intr.,* lügen
Flu/or [lat.] *n.,* -s, *nur Sg.,* chemische Substanz
Flu/o/res/zenz [lat.] *f.,* -, -en, Leuchten
flu/o/res/zie/ren *intr.,* leuchten
Flu/o/rid [lat.] *n..* -s, -e, Flussspat
Flur 1. *m.,* -s, -e, langer Gang, Korridor, 2. *f.,* -, -en, Wiese, Feld und Flur
Flur/scha/den *m.,* -s, -schäden, 1. Zerstörung an Feld und Flur, 2. politischer Flurschaden
Flusch *m.,* -s, *nur Sg.,* 1. beim Poker: fünf Karten gleicher Farbe, 2. überraschende Hautrötung, 3. Blattaustrieb, 4. Qualitätsmerkmal bei Tee
Flu/se *f.,* -, -e, Fussel
Fluß > **Fluss** *m.,* -es, Flüs-/se, größere Wasserstraße
fluß/ab/wärts > **fluss-ab/wärts**

Fluß/arm > **Fluss/arm** *m.,* -s, -e, Flussgabelung
fluß/auf/wärts > **fluss-auf/wärts**
Fluß/bett > **Fluss/bett** *n.,* -s, -e
flüs/sig 1. weder feste noch gasförmige Beschaffenheit, 2. ugs.: flüssig sein, über Geld verfügen
Fluß/pferd > **Fluss/pferd** *n.,* -s, -e, Nilpferd
Fluß/u/fer > **Fluss/u/fer** *n.,* -s, -,
flüs/tern 1. *intr.* leise sprechen, 2. *tr.* leise etwas sagen
Flüs/ter/stim/me *f.,* -, -n,
Flut *f.,* -, -en, 1. Ansteigen des Wassers, 2. große Menge, eine Flut von etwas
fluten *intr.,* mit etwas anfüllen
Flut/ka/tas/tro/phe > **Flut/ka/tas/tro/fe** *f.,* -, -e, Hochwasserunglück
Fly/er [engl.] *m.,* -s, -, 1. Prospektblatt, 2. Flügelspinnmaschine
Fly/ing Dutch/man *m.,* - -, - -men, Segelboot
fm Abk. für Festmeter
f-Moll *n.,* -, *nur Sg.,* Tonart
Fock *f.,* -, -en, Vorsegel
fö/de/ral einen Zusammenschluss, einen Bund bildend
Fö/de/ra/lis/mus [lat.] *m.,* -ses, -men, politische Anschauung, die den Mitgliedern eines Bundes weitgehende Rechte einräumt
Fö/de/ra/list *in.,* -en, -en, Anhänger des Föderalismus
fö/de/ra/lis/tisch dem Föderalismus zugehörig
Fö/de/ra/ti/on *f.,* -, -en, Zusammenschluss, Bund
fö/de/ra/tiv föderal
Foh/len *n.,* -s, -, junges Pferd

foh/len *intr.,* ein Pferd gebären
Föhn *m.,* -s, -e, 1. Haartrockner (Fön: Warenz.), 2. Fallwind
föh/nen *tr.,* einen Haartrockner benutzen
föh/nig beschreibt die Wetterlage bei oder kurz vor Föhn
Föhn/krank/heit *f.,* -, -en, mit Gesundheitsproblemen auf Föhn reagieren
Föh/re *f.,* -, -en, Kiefer
föh/ren aus Kiefern bestehen
Fo/kus [lat.] *m.,* -, -se, 1. Entzündungsherd, 2. Brennpunkt
Fol/der *m.,* -s, -, Broschüre
Fol/ge *f.,* -, -n, 1. Wirkung: etw. hat etw. zur Folge, 2. Reihe, Serie: etw. folgt auf etwas anderes
fol/gen 1. nachkommen, 2. gehorchen
fol/gend nachkommend
Fol/ge/nde *n.,* -s, *nur Sg.,* was sich an etw. anderes anschließt
fol/gen/schwer bedeutsam, konsequenzenreich
Fol/ge/rung *f.,* -, -en, ein gezogener logischer Schluss
fol/ge/wid/rig gegen die Regel verstoßen
folg/lich also
folg/sam folgen
Folg/sam/keit *f.,* -, -en
Fo/li/ant [lat.] *m.,* -en, -en, großformatiges Buch
Fo/lie *f.,* -, -en, dünne Haut aus beliebigem Material
Fo/lio *n.,* -s, Folien, Buchformat
Folk [engl.] *m.,* -s, *nur Sg,* Volksmusik der angelsächsischen Länder
Folk/lo/re *f.,* -, *nur Sg.,* 1. Sitte und Brauchtum, 2.

Volksmusik
Fol/klo/rist *m.,* -en, -en
Fol/li/kel [lat.] *m.,* -s, -, Hülle der Eizelle
fol/li/ku/lar dem Eisprung zugehörig
Fol/li/kel/sprung *m.,* -s, - Sprünge, Eisprung
Fol/ter *f.,* -, -n, Marter, Misshandlung
Fol/ter/bank *f.,* -, -bänke, Mittel zum Foltern
Fol/ter/kam/mer *f.,* -, -n, Ort, an dem gefoltert wird
fol/tern *tr.,* jmdn. misshandeln
Fond [französ.] *m.,* -s, -s, 1. Hintergrund, 2. Autositz, 3. Fleisch- oder Gemüsebrühe
Fonds *f.,* -, -, 1. Geldmittel, 2. Anleihe
Fon/due [französ.] *n.,* -s, -s, Fleisch- oder Käsegericht, in das Brot getunkt wird
Fon/due/be/steck *n.,* -s, -e
Fon/due/tel/ler *m.,* -s, -
Fon/tä/ne [französ.] *f.,* -, -n, Springbrunnen
Fon/ta/nel/le [ital.] *f.,* -, -n, Stelle am Kopf, wo die einzelnen Schädelplatten sich treffen
Foot [engl.] *m.,* -, Feet, Längenmaß, ca. 30 cm
Foot/ball [engl.] *m.,* -s, *nur Sg.,* nordamerikanisches Ballspiel
fop/pen *tr.* necken, ärgern, hochnehmen
For/ce de frap/pe [französ.] *f.,* - - -, *nur Sg.,* Bezeichnung für die französische Atomstreitmacht
for/cie/ren [französ.] *tr.,* beschleunigen, vorantreiben
for/ciert verstärkt
For/cie/rung [französ.] *f.,* -en, Beschleunigung, Intensivierung

För/de *f.,* -, -n, Meeresbucht
För/der/band *n.,* [e]s, -bänder, Transportband
För/der/er *m.,* -s, -, Unterstützer
För/der/kurs *m.,* -es, -e, Nachhilfe
för/der/lich hilfreich
for/dern *intr.,* verlangen
för/dern *tr.* 1. unterstützen, 2. Bodenschätze abbauen
För/der/preis *m.,* -es, -e, Stipendium
För/de/rung *f.,* -, -en, Hilfe, Unterstützung
For/de/rung *f.,* -, -en, 1. Verlangen, 2. betriebswirtschaftlich: Ausstände
För/de/rungs/maß/nah/me *f.,* -, -n, Hilfsmaßnahme
För/der/turm *m.,* -s, -türme, Aufzug zum Abbau von Bodenschätzen
Fore/che/cking [engl.] *n.,* -s, -s, aggressive Verteidigung im Eishockey
Fore/hand [engl.] *f.,* -, -s, Vorhand beim Tennis
Fo/rel/le *f.,* -, -n, Fisch
Fo/rel/len/zucht *f.,* -, *nur Sg.*
Fo/rint [ungar.] *m.,* -[s], -s, ungarische Währung
For/ke [norddt.] *f.,* -, -en, Mistgabe, Heugabel
Form *f.,* -, -en, 1. Gestalt, Umriss, 2. Zustand: gut in Form sein
for/mal äußerlich
Form/al/de/hyd *n.,* -s, *nur Sg.,* giftiges desinfizierendes Gas
For/ma/lie *f.,* -, -n, Förmlichkeit
For/ma/lin *n.,* -s, *nur Sg.,* wässrige Lösung des Formaldehyds
for/ma/li/sie/ren [französ.]
tr., etw. in eine Form bringen
For/ma/lis/mus *m.,* -, -men, übertriebene Betonung von äußerlichen Formen
For/ma/list *m.,* -en, -en, Formfanatiker
for/ma/li/ter förmlich
for/mal/recht/lich nach dem Buchstaben des Gesetzes
For/mat [lat.] *n.,* -[e]s, -e, 1. Größe, Ausmaß, 2. Persönlichkeit, ein Mensch von Format
For/ma/ti/on [lat.] *f.,* -, -en, Aufstellung
For/ma/ti/ons/flug [lat.] *m.,* -[e]s, -flüge
For/ma/ti/ons/tanz [lat] *m.,* -es, -tänze
form/bar gestaltbar, beeinflussbar
Form/bar/keit *f.,* -, -en, Beeinflussbarkeit
form/be/stän/dig haltbar in der äußeren Gestalt
Form/blatt *n.,* -[e]s, -blätter, Formular
For/mel [lat.] *f.,* -, -n, mathematische Ausdrucksweise
for/mell offiziell
for/men *tr.* etwas in eine Gestalt bringen
For/men/leh/re *f.,* -, -n, Lehre von der Wortsyntax in der Grammatik
for/men/reich äußerlich vielfältig
For/men/reich/tum *m.,* -s, -tümer, Vielfalt in der äußeren Gestalt
Form/feh/ler *m.,* -s, -, Fehler in Äußerlichkeiten
for/mi/da/bel [französ.] ausgezeichnet
for/mie/ren *tr.* etw. gestalten

förm/lich steif, formell
Förm/lich/keit *f.*, -, -en, kühle Höflichkeit
form/los ohne (vorgeschriebene) Form
Form/sa/che *f.*, -, -n, Handlung ohne inhaltliche Bedeutung
form/schön ansprechend geformt
For/mu/lar [lat.] *n.*, -s, -e, Vordruck, Formblatt
For/mu/lar/block [lat.] *m.*, -s, -blöcke, Block von Vordrucken
for/mu/lie/ren [lat.] *tr.*, durch Sprache ausdrücken
For/mu/lie/rung [lat.] *f.*, -, -en, sprachlicher Ausdruck
For/mung *f.*, -, -en, 1. etw. in eine bestimmte Gestalt bringen, 2. eine bestimmte Gestalt haben
form/voll/en/det perfekt
forsch [lat.] stürmisch, energisch
for/schen *intr.*, untersuchen, studieren
For/scher *m.*, -s, -, Wissenschaftler
For/scher/geist *m.*, -[e]s, *nur Sg.*, neugierige Einstellung
for/sche/risch genau untersuchend
Forsch/heit [lat.] *f.*, -, -en, resolutes Auftreten
For/schung *f.*, -, -en, genaue Erkundung
For/schungs/auf/trag *m.*, -[e]s, -träge, staatlich unterstützte Forschung
For/schungs/me/tho/de *f.*, -, -n, Hilfsmittel bei der Forschung
For/schungs/zent/rum *n.*, -s, -ren, Ort für Forschung in großem Rahmen
Forst *m.*, -[e]s, -e, Wald

Forst/amt *n.*, -[e]s, -ämter, für den Wald zuständige Behörde
Förs/ter *m.*, -s, -, Waldaufseher
Förs/te/rei *f.*, -, -en, Amtssitz des Försters
forst/lich den Wald betreffend
Forst/re/vier *n.*, -[e]s, -e, Waldgebiet
Forst/wirt *m.*, -[e]s, -e, Waldverwalter
Forst/wis/sen/schaft *f.*, -, -en, Wissenschaft vom Wald
For/sy/thie *f.*, -, -n, Zierstrauch
fort weg
Fort [französ.] *n.*, -s, -s, Festung
fort/ab von jetzt ab
fort/an von jetzt an
Fort/be/stand *m.*, -[e]s, *nur Sg.* noch andauernde Existenz
fort/be/ste/hen *intr.*, andauern
fort/be/we/gen 1. *tr.*, wegbringen, 2. *intr.*, den Ort wechseln
Fort/be/we/gung *f.*, -, -en, Ortsbewegung
Fort/be/we/gungs/mittel *n.*, -, -, Fahrzeug
fort/bil/den 1. *tr.*, unterrichten, 2. *refl.*, weiterlernen
Fort/bil/dung *f.*, -, -en, Weiterbildung
Fort/bil/dungs/se/mi/nar *n.*, -[e]s, -e, Weiterbildungsveranstaltung
fort/blei/ben *intr.*, wegbleiben
fort/brin/gen *tr.*, wegbringen
Fort/dau/er *f.*, -, *nur Sg.* Andauern

fort/dau/ern *intr.*, andauern
fort/dau/ernd ununterbrochen
for/te [italien.] laut in der Musik
fort/ent/wi/ckeln *tr.*, weiterentwickeln
Fort/ent/wick/lung *f.*, -, -en, Weiterentwicklung
For/te/pi/a/no [französ.] 1. leise Musik nach lautem Anfang, 2. veraltet für Klavier
fort/fah/ren *intr.*, 1. weitermachen, 2. auch *tr.*, wegfahren
fort/flie/gen *intr.*, wegfliegen
fort/füh/ren *tr.*, 1. wegführen, 2. fortsetzen
Fort/füh/rung *f.*, -, -en, Weiterführung
Fort/gang *m.*, -[e]s, *nur Sg.*, Fortsetzung
fort/ge/hen *intr.*, 1. weggehen, 2. andauern
fort/ge/schrit/ten weiter entwickelt
fort/hin weiterhin
for/tis/si/mo [italien.] sehr laut in der Musik
fort/ja/gen 1. *tr.*, verjagen, wegjagen, 2. *intr.*, wegstürmen
Fort/kom/men *n.*, -s, *nur Sg.*, Wegkommen
fort/kom/men *intr.*, wegkommen
fort/kön/nen *intr.*, wegkönnen
fort/lau/fen *intr.*, weglaufen
fort/lau/fend in ununterbrochener Folge
fort/le/ben *intr.*, weiterleben
fort/ma/chen 1. *intr.*, weitermachen, 2. *refl.*, ugs. für: verschwinden
fort/müssen *intr.* wegmüssen

fort/pflan/zen *refl.*, sich vermehren
Fort/pflan/zung *f.*, -, -en, Vermehrung
Fort/pflan/zungs/or/gan *n.*, -[e]s, -e, Geschlechtsorgan
FORTRAN [engl.] *n.*, -s, *nur Sg.*, Abk. für Formula Translator, EDV-Programmiersprache
fort/rei/ßen *tr.*, wegreißen, mitreißen
fort/ren/nen *intr.*, wegrennen
Fort/satz *m.*, -es, -sätze, Verlängerung, Anhängsel
fort/schaf/fen *tr.*, wegschaffen
fort/sche/ren *refl.*, verschwinden
fort/schi/cken *tr.*, wegschicken
fort/schrei/ten *intr.*, weitergehen, voranschreiten
fort/schrei/tend 1. in steigendem Ausmaß, 2. sich weiterentwickelnd
Fort/schritt *m.*, -s, -e, Weiterentwicklung
fort/schritt/lich auf der Höhe der Zeit
Fort/schritt/lich/keit *f.*, -, -en, Zustand auf der Höhe der Zeit
Fort/schritts/glau/be *m.*, -ns, *nur Sg.*, Überzeugung, dass in Zukunft alles besser wird
fort/schritts/gläu/big überzeugt von einer besseren Zukunft
fort/set/zen *tr.*, weiterführen
fort/steh/len *refl.*, sich wegschleichen
fort/tra/gen *tr.*, wegtragen
For/tu/na [lat] *f.*, -, *nur Sg.*, 1. Schicksal, 2. Schicksalsgöttin

For/tü/ne oder auch:
For/tu/ne [französ.] *f.*, -, *nur Sg.*, Erfolg, Glück
fort/wäh/ren *intr.*, andauern
fort/wäh/rend ununterbrochen
fort/wer/fen *tr.*, wegwerfen
fort/zie/hen *intr.*, wegziehen, umziehen
Fo/rum [lat.] *n*, -s, -ren/-ra, Öffentlichkeit, öffentlicher Platz
Fo/rums/dis/kus/si/on [lat.] *f.*, -, -en, öffentliche Diskussion
Fos/sil [lat.] *n.*, -s, -ien, versteinertes organisches Material
fos/sil [lat.] versteinert
fö/tal oder auch: **fe/tal** den Fetus betreffend
Fo/to oder auch: **Pho/to** [griech.] *n.*, -s, -s, Abk. für Fotografie
Fo/to-CD oder auch:
Photo-CD *f.*, -, -s, CD als Speichermedium für Fotos
Fo/to/che/mie oder auch:
Pho/to/che/mie [griech] *f.*, -, -n, Wissenschaft von der chemischen Wirkung des Lichts
fo/to/che/misch oder auch: **pho/to/che/misch**
Fo/to/e/lekt/ri/zi/tät oder auch: **Fo/to/e/lek/tri/zi/tät** oder auch **Pho/to/e/lekt/ri/zi/tät** oder auch: **Pho/to/e/lek/tri/zi/tät** [griech.] *f.*, -, -en, Elektrizität durch Lichtwirkung
Fo/to/gramm oder auch:
Pho/to/gramm [griech.] *n.*, -s, -e, Messbild
Fo/to/ko/pie oder auch:
Pho/to/ko/pie [griech.] *g.*, -, -n, Vervielfältigung durch Ablichten

fo/to/ko/pie/ren oder auch:
pho/to/ko/pie/ren *tr.*, vervielfältigen durch Ablichten
Fo/to/me/ter oder auch:
Pho/to/me/ter [griech.] *n.*, -s, -, Lichtmessgerät
Fo/to/mon/ta/ge oder auch:
Pho/to/mon/ta/ge *f.*, -, -n, zusammengesetztes Bild aus verschiedenen Fotografien
Fo/ton oder auch:
Pho/ton [griech.] *n.* -s, -en, Lichtteilchen
Fo/to/satz oder auch:
Pho/to/satz *m.*, -es, *nur Sg.*, Lichtsatz
Fo/to/syn/the/se oder auch:
Pho/to/syn/the/se [griech.] *f.*, -, -n, Energieerzeugung aus Licht durch Pflanzen
Fo/to/vol/ta/ik oder auch:
Pho/to/vol/ta/ik *f.*, -, *nur Sg.*, Energieerzeugung aus Licht mit Hilfe von Solarzellen
Foul [engl.] *n.*, -s, -s, Regelwidrigkeit, unfaires Spielen
Fou/lard [französ.] *m.*, -s, -s, farbig gemusterter Stoff
Fou/lé [französ.] *m.*, -s, -s, weicher Stoff für Anzüge
Foul/elf/me/ter *m.*, -s, -, Elfmeter nach einem Foul
fou/len *tr.* einen Gegenspieler regelwidrig angreifen
Four/gon [französ.-schweizer.] *m.*, -s, -s, Militärlastwagen
Fox *m.*, -es, -e, Abk. für Foxterrier oder Foxtrott
Fox/ter/ri/er [engl.] *m.*, -e, -, Hunderasse
Fox/trott [engl.] *m.*, -s, -s, Gesellschaftstanz
Fo/yer [französ.] *n.*, -s, -s, Empfangshalle, Vorraum

fr. Abk. für: frei
Fr. Abk. für: Frau
Fra [italien.] Anrede für Mönche vor dem Vornamen
Fracht *f.*, -, -en, Ladung
Fracht/brief *m.*, -[e]s, -e, Begleitpapiere bei Gütertransporten
Frach/ter *m.*, -s, -, Schiff für Warentransport
Fracht/gut *n.*, -[e]s, -güter, Waren auf dem Transportweg
Fracht/raum *m.*, -[e]s, -räume, Laderaum
Fracht/zet/tel *m.*, -s, -, Begleitpapier bei Gütertransport
Frack *m.*, -s, Fräcke, feierlicher Gesellschaftsanzug
Frack/hemd *n.*, -s, -en, zum Frack passendes Hemd
Fra/ge *f.*, -, -n, 1. geäußerter Wunsch nach mehr Information, 2. Problem
Fra/ge/bo/gen *m.*, -s, -, Werkzeug der Meinungsforschung
Fra/ge/ka/ta/log *m.*, -[e]s, -e, Sammlung von Fragen
fra/gen *tr.*
Fra/ge/rei *f.*, -, -en, pausenloses Fragen
Fra/ge/satz *m.*, -es, -sätze, Satz in Frageform
Fra/ge/stun/de *f.*, -, -n, bei Versammlungen die Gelegenheit, Fragen an Plenum oder Vorsitz zu richten
Fra/ge/zei/chen *n.*, -s, -, Symbol am Ende eines Fragesatzes
fra/gil [lat.] zerbrechlich
frag/lich zweifelhaft
frag/los ohne hinterfragt werden zu müssen
fra/gwür/dig etw. als falsch ansehen
Frag/wür/dig/keit *f.*, -, -en, etwas als fragwürdig ansehen
Frag/ment [lat.] *n.*, -es, -e, Bruchstück
frag/men/ta/risch bruchstückhaft
Frak/ti/on [lat.] *f.*, -, -en, Zusammenschluss von Gruppen innerhalb eines übergeordneten Größeren
frak/ti/o/nell zu einer Fraktion gehörig
frak/ti/o/nieren *tr.* 1. in Fraktionen teilen, 2. aufteilen, spalten
Frak/ti/ons/füh/rer *m.*, -s, -, jmd., der eine Fraktion anführt
frak/ti/ons/ü/ber/grei/fend mehrere Fraktionen umfassend
Frak/tur [lat.] *f.*, -, -en, 1. Knochenbruch, 2. Schriftart
Franc [französ.] *m.*, -s, -s, 1. französisches Wort für das Geldstück: Franken, 2. Währungseinheiten in vielen französischsprachigen Ländern
Fran/caise [französ.] *f.*, -, -s, Gesellschaftstanz des 18. und 19. Jahrhunderts
Fran/chise [französ.] *f.*, *nur Sg.*, ohne die Versicherung zu beanspruchen zahlt der Versicherungsnehmer die Kosten für Bagatellschäden aus eigener Tasche
frank 1. offen, 2. frei
Frank/fur/ter 1. *m.*, -s, -, heißes Würstchen 2., *m, nur Pl.*, Einwohner Frankfurts
fran/kie/ren [italien.] *tr.* freimachen, Porto bezahlen, Briefmarke aufkleben
Fran/kier/ma/schi/ne *f.*, -, -n
Fran/kie/rung *f.*, -, -en
fran/ko [italien.] portofrei, gratis
Fran/ko/brief *m.*, -s, -e, Brief, bei dem der Sender keine Gebühren zu zahlen hat
fran/ko/phil französenfreundlich
fran/ko/phob französenfeindlich
fran/ko/phon französischsprachig
Fran/ko/pho/nie *f.*, -, -n, das Sprechen der französischen Sprache
Fran/se *f.*, -, -n, Faden, Fussel
fran/sen *intr.*, in einzelne Fäden zerfallen, ausfransen
fran/sig etw., das in einzelne Fäden zerfallen ist
Franz/brannt/wein *m.*, -s, *nur Sg.* stark alkoholisches medizinisches Einreibemittel
frap/pant [französ.] auffallend, überraschend
Frap/pee *(Hf.)* auch:
Frap/pé *(Nf.) n.*, -s, -s Getränk, Stoffart
frap/pie/ren *tr.* überraschen
frap/pie/rend auffallend, überraschend
Fras/ca/ti italienischer Weißwein
Frä/se *f.*, -, -n, Holzbearbeitungsmaschine
frä/sen *tr.*, eine Fräse benutzen
Fraß *m.*, -es, *nur Sg.*, ugs. für: Futter, schlechtes Essen
Fra/ter/ni/tät [lat.] *f.*, -, -en, Brüderlichkeit
fra/ter/ni/sie/ren *tr.*, sich verbünden
Fra/ter/ni/té [französ.] *f.*, -, *nur Sg.* 1. Brüderlichkeit, 2. Brüderlichkeit als Parole

frei sprechen

der französischen Revolution
Fratz *m.,* -es, -e, Kind
Frat/ze *f.,* -, -n, Grimasse, verzogenes Gesicht
frat/zen/haft
Frau *f.,* -, -en, erwachsener Mensch weiblichen Geschlechts
Frau/en/arzt *m.,* -[e]s, -ärzte
Frau/en/be/auf/trag/te *f.,* -n, -n, Ansprechpartnerin für Frauen, die die Gleichstellung der Frau sicherstellen soll
Frau/en/be/we/gung *f.* -, -en, Initiative zur Gleichstellung der Geschlechter
frau/en/feind/lich Frauen entwürdigend
Frau/en/fra/ge *f.,* -e, -n, Frage nach der Notwendigkeit der Frauenemanzipation
Frau/en/haus *n.,* -es, -häuser, Zufluchtsstätte für misshandelte Frauen
Frau/en/held *m.,* -s, -en, Charmeur
Frau/en/recht/ler/in *f.,* -, -nen, Frau, die für die Rechte der Frauen eintritt
Frau/en/quo/te *f.,* -, -n, Vorgabe, dass ein bestimmter Anteil an Frauen sichergestellt wird
Frau/en/schuh *m.,* -s, -e, Blume
frau/lich weiblich
frdl. Abk. für freundlich
Freak [engl.] *m.,* -s, -s, Aussteiger, Exot
Free Jazz Musikform
Free/sie *f.,* -, -n, Blume
Fre/gat/te [französ.] *f.,* -, -n, 1. Kriegsschiff, 2. ugs. für: aufgetakelte Frau
frei 1. offen, 2. unbelegt, 3. ungebunden 4. auswendig oder aus dem Stegreif sprechen
Frei/bad *n.,* -s, -bäder, Schwimmbad ohne Überdachung
frei/be/kommen auch **frei be/kom/men** Urlaub bekommen
Frei/be/trag *m.,* -s, -träge, nicht zu versteuernde Einkunft
frei/be/weg/lich auch: **frei be/weg/lich**
Frei/bier *n.,* -es, -e, Bier umsonst
frei/blei/bend 1. weiterhin frei, 2. ein bestehendes Angebot muss vor Vertragsabschluss noch vom Anbieter bestätigt werden
Frei/den/ker *m.,* -s, -, 1. geistige Bewegung, 2. jmd., der seine Meinung nicht auf Autorität gründet
Frei/er *m.,* -s, -, Kunde einer Prostituierten
frei/en *tr.* 1. werben, 2. heiraten
Frei/gabe *f.,* -, -n, Erlaubnis, etw. tun zu dürfen
Frei/ge/las/sene *nur Pl.,* ehemalige Sklaven
frei/gie/big spendenfreudig
Frei/gie/big/keit *f.,* -, -en, Spendenfreudigkeit
frei/ha/ben auch: **frei ha/ben** *intr.* nicht arbeiten müssen
Frei/ha/fen *m.,* -s, -häfen, Hafen, innerhalb dessen Ware nicht verzollt werden muss
frei/hal/ten 1. besetzen, 2. einladen
frei/hän/dig ohne Zuhilfenahme der Hände
Frei/heit *f.,* -, -en, Abwesenheit von Einschränkungen
frei/heit/lich der Freiheit zugehörig
Frei/herr *m.,* -en, -en, Adelsprädikat
Frei/kar/te *f.,* -, -n, Billet, das kostenlosen Eintritt bringt
frei/kom/men *intr.,* 1. entkommen, 2. frei gelassen werden
Frei/kör/per/kul/tur *f.,* -, *nur Sg.,* geselliges Beisammensein nackter Menschen als Ausdruck gesellschaftsreformierender Maßnahmen
frei/las/sen *tr.,* aus dem Gefängnis entlassen, aber auch: **frei las/sen,** im Sinne von leeren Platz lassen
Frei/las/sung *f.,* -, -en, jmdn. aus der Gefangenschaft oder Sklaverei entlassen
frei/le/bend oder auch: **frei le/bend**
frei/le/gen *tr.,* öffnen
Frei/licht/büh/ne *f.,* -, -n, Theaterbühne ohne Dach
frei/ma/chen 1. *intr.,* Urlaub nehmen, 2. *tr.,* Porto aufkleben, aber auch: **frei ma/chen** sich beim Arzt ausziehen
Frei/mau/rer *m.,* -s, -, Angehöriger einer Loge
Frei/raum *m.,* -s, -räume, Ort, an dem man sich ungestört entfalten kann
frei/schwim/men *tr.* oder *refl.,* übertr.: unabhängig werden
Frei/schwim/mer *m.,* -s, -, jmd., der eine Schwimmprüfung abgelegt hat
frei/spre/chen *tr.,* von einem Verdacht oder Vorwurf freisprechen, aber: **frei spre/chen,** ohne

Freispruch

schriftliche Vorlage sprechen
Frei/spruch *m.,* -s, -sprüche, Urteil, das den Beschuldigten von allen Vorwürfen freispricht
frei/stehen *intr.,* 1. erlaubt sein, 2. leer sein, freistehende Häuser
Frei/stem/pel *m.,* -s, -, Stempel, der Briefmarken oder Wertmarken entwertet
Frei/tag *m.,* -s, -e, Wochentag
Frei/tod *m.,* -s, *nur Sg.,* Selbstmord
frei/wil/lig aus eigener Entscheidung heraus
Frei/wil/li/ger *m.,* -en, -en, jmd., der sich aus eigenem Antrieb für eine Aufgabe entscheidet
Frei/zei/chen *n.,* -s, -, Signalton im Telefonhörer
Frei/zeit *f.,* -, -en, Gegenteil von Arbeitszeit
Frei/zeit/aus/gleich *m.,* -[e]s, -e, Vergütung von Mehrarbeit durch Freizeit
frei/zü/gig freigiebig, auch: offenherzig gekleidet
Frei/zü/gig/keit *f.,* -, -en, 1. Freigiebigkeit, 2. Großzügigkeit
fremd 1. unbekannt, 2. ausländisch
fremd/ar/tig in der Art von etwas Fremden
Frem/de *f.,* -, *nur Sg.,* unbekannte Gegend, in die Fremde hinausziehen
Fremd/ein/wir/kung *f.,* -, -en, Verursachung durch einen Dritten
Frem/den/füh/rer *m.,* -s, -, jmd., der Touristen durch eine Stadt führt
Frem/den/zim/mer *n.,* -s, -, Gästezimmer

Frem/der *m.,* -en, -en, Unbekannter
fremd/ge/hen *intr.,* untreu sein
Fremd/spra/che *f.,* -, -n, nicht die Muttersprache
Fremd/wort *n.,* -[e]s, -Wörter, Wort aus einer anderen Sprache
Fremd/wör/ter/buch *n.,* -s, -bücher, ein Fremdwörter erklärendes Buch
fre/ne/tisch [französ.] begeistert
Fre/quen/ta/ti/on [lat.] *f.,* -, -en, Anzahl der Besucher
fre/quen/tie/ren [lat.] *tr.,* besuchen
Fre/quenz [lat.] *f.,* -, -en, Wellenbereich
Fre/quenz/mes/ser *m.,* -s, -, Messgerät
Fres/ko [italien.] *m.,* -s, -ken, oder auch: **Fres/ke** *f.,* -, -en, Wandmaltechnik
Fres/ko/ge/mäl/de *n.,* -s, -, Gemälde in Freskotechnik
Fres/sa/li/en *nur Pl.,* ugs. für: Lebensmittel
Fres/se *f.,* -, -n, ugs. abwertend für: Mund
fres/sen *tr.* 1. essen, 2. vernichten
Fres/sen *n.,* -s, *nur Sg.,* 1. Essen, 2. Tierfutter
Fres/se/rei *f.,* -, -en, Völlerei
Freß/korb > **Fress/korb** *m.,* -[e]s, -körbe, Proviantkorb
Frett/chen [niederl.] *n.,* -s, -, Wiesel
Freu/de *f.,* -, -n, Spaß, Frohsinn
Freu/den/bot/schaft *f.,* -, -en, gute Nachricht
Freu/den/haus *n.,* -es, -häuser, Bordell
freu/den/reich lustig, fröhlich

Freu/den/sprung *m.,* -[e]s, -sprünge, Springen als Ausdruck von Freude
Freu/den/trä/ne *f.,* -, -n, Lachträne
freu/de/strah/lend begeistert
freu/dig fröhlich, gern
Freu/dig/keit *f.,* -, *nur Sg.* Fröhlichkeit
freud/los trist
Freud/lo/sig/keit *f.,* -, *nur Pl.,* tristes Leben
freu/en *refl.,* fröhlich sein
Freund *m.,* -es, -e, 1. Kumpel, 2. Lebensgefährte
Freun/des/kreis *m.,* -es, -e, Gruppe von Freunden
Freun/din *f.,* -, -nen, 1. Kameradin, 2. Lebensgefährtin
freund/lich wohl gesonnen
freund/li/cher/wei/se aus Freundlichkeit
Freund/lich/keit *f.,* -, -en, gewinnendes Verhalten
Freund/schaft *f.,* -, -en, Verhältnis zwischen Freunden
freund/schaft/lich wie ein Freund
Freund/schafts/spiel *n.,* -[e]s, -e, sportliche Begegnung außerhalb von offiziellen Wettkämpfen
Fre/vel *m.,* -s, -, Verstoß
Fre/vel/mut *m.,* -s, *nur Sg.,* Gesetzlosigkeit
fre/veln *intr.,* gegen Gesetze verstoßen
Frev/ler *m.,* -s, -, Gesetzesübertreter
Frie/de oder auch: **Frieden** *m.,* -ns, -n, Harmonie, Abwesenheit von Streit und Gewalt
Frie/dens/be/we/gung *f.,* -, -en, Anti-Kriegs-Bewegung
Frie/dens/no/bel/preis *m.,*

-es, -e, Auszeichnung für Vorreiter der Völkerverständigung

Frie/dens/pfei/fe *f.,* -, -n, Pfeife zur Besiegelung indianischer Friedensbündnisse

Frie/dens/ver/trag *m.,* -es, -träge, schriftliche Kriegsbeendigung

fried/fer/tig gewaltlos

Fried/fer/tig/keit *f.,* -, -en, Abneigung gegen Gewalt

Fried/hof *m.,* -s, -höfe, Begräbnisstätte

Fried/hofs/ruhe *f.,* -, *nur Sg.,* Totenstille

Fried/lich/keit *f.,* -, *nur Sg.,* harmonischer Zustand

fried/lie/bend gewaltlos

fried/los 1. krisengeschüttelt, 2. verbannt

Fried/lo/sig/keit *f.,* -, -en, Konflikt, Krieg

fried/voll harmonisch

frie/ren *intr.,* unter Kälte leiden

Fries [französ.] *m.,* -es, -e, 1. bildende Kunst als Architekturteil, 2. Wollstoff

Frie/se *m.,* -n, -n, Einwohner von Friesland

Frie/sen/nerz *m.,* -es, -e, Ölzeug

fries/län/disch aus Friesland

frie/sisch aus Friesland

fri/gi/de oder auch: **fri/gid** [lat.], gefühlskalt

Fri/gi/di/tät *f.,* -, *nur Sg.,* Gefühlskälte

Fri/ka/del/le *f.,* -, -n, Bulette

Fri/kas/see [französ.] Gericht aus Hühner- oder Kalbfleisch in Soße

fri/kas/sie/ren *tr.,* Frikassee herstellen

Fri/ka/tiv *m.,* -s, -e, Reibelaut

Frik/ti/on *f.,* -, -en, Reibung

Fris/bee [engl.] Scheibenwurfspiel

frisch 1. neu, 2. sauber, 3. kühl

Fri/sche *f.,* -, *nur Sg.,* 1. Qualität, 2. Sauberkeit

frisch/ge/ba/cken oder auch: **frisch ge/ba/cken**

Frisch/ge/mü/se *n.,* -s, -, frisches Gemüse im Gegensatz zu konserviertem

Frisch/hal/te/fo/lie *f.,* -, -n,

Frisch/ling *m.,* -s, -e, 1. junge Wildsau, 2. Neuling

Frisch/milch *f.,* -, *nur Sg.,* frische unbehandelte Milch

frisch/weg fröhlich

Frisch/zel/len/the/ra/pie *f.,* -, -en, medizinische Behandlungsmethode mit Zellen von Hühnerembryonen

Fri/seur aber auch: **Fri/sör** [französ.] *m.,* -s, -e, Haarkünstler mit Meisterbrief

Fri/seu/rin [französ.] *f.,* -, -nen, Haarkünstlerin mit Meisterbrief

Fri/seu/se [französ.] *f.,* -, -n, mittlerweile abwertend für: Friseurin

fri/sie/ren [französ.] *tr.* Haare schneiden, in Form bringen

Fri/sier/sa/lon *m.,* -s, -s, Arbeitsort eines Frisörs

Frist *f.,* -, -en, 1. Zeitspanne, 2. Aufschub

fris/ten *tr.,* 1. leben, da sein, 2. ein durchschnittliches Leben führen

frist/los unverzüglich

Fri/sur *f.,* -, -en, 1. Haartracht, 2. vom Friseur behandelte Haare

fri/tie/ren > **frit/tieren** *tr.,*

Zubereitung von Nahrungsmitteln in sehr heißem Fett

Frit/ta/te [italien.] *f.,* -, -n, in Streifen geschnittener Pfannkuchen als Suppeneinlage

Frit/teu/se [französ.] *f.,* -, -n, Frittiergerät

fri/vol (französ.) schamlos, unverschämt

Frl. Abk. für Fräulein (veralt.)

froh 1. fröhlich, 2. zufrieden

froh/ge/mut fröhlich

fröh/lich freudvoll

Fröh/lich/keit *f.,* -, en, Zustand der Freude

froh/lo/cken 1. *tr.,* freudig erregt sprechen, 2. *intr.,* mit fröhlicher Inbrunst ein Lied singen

Froh/na/tur *f.,* -, -en, unerschütterlicher Mensch

Froh/sinn *m.,* -s, *nur Sg.,* Freude

fromm 1. brav, sittsam, 2. religiös

Fröm/me/lei *f.,* -, -en, übertriebene Gläubigkeit

fromm/her/zig

Fron *f.,* -, -en, Zwangsarbeit

Fron/ar/beit *f.,* -, -en, Zwangsarbeit

Fron/dienst *m.,* -[e]s, -e

frö/nen *tr.,* mit etw. beschäftigt sein

Front [französ.] *f.,* -, -en 1. Vorderseite, 2. Kampfgebiet, 3. vordere Schlachtenlinie

fron/tal von vorne

Fron/tal/an/griff *m.,* -s, -e Angriff von vorne

Front/an/trieb *m.,* -s, -e, im vorderen Teil des Fahrzeugs befindlicher Antrieb

Fron/tis/piz [französ.] *n.,* -es, -e, 1. Titelblatt, 2. Giebel

Front/kämp/fer *m.,* -s, -, Soldat an der Front
Frosch *m.,* -es, Frösche, Amphibie
Frosch/kö/nig *m.,* -s, -könige, Märchen der Gebrüder Grimm
Frosch/laich *m.,* -s, -e, Gelege des Frosches
Frosch/mann *m.,* -[e]s, -männer, Taucher
Frosch/per/spek/ti/ve oder auch: **Frosch/pers pek/ti/ve** *f.,* -, -n, Sicht von unten
Frosch/schen/kel 1. *m.,* -s, -, Muskulatur des Froschbeins, 2. *nur Pl.* Mahlzeit
Frost *m.,* -s, Fröste, 1. tiefe Temperaturen, 2. Raureif
Frost/beu/le *f.,* -, -n, Erfrierungserscheinung
frös/teln *intr.,* 1. Kälte empfinden, 2. Gänsehaut bekommen
fros/ten *tr.,* einfrieren
Fros/ter *m.,* -s, -, Gefrierschrank
Frost/ge/fahr *f.,* -, -en
fros/tig 1. niedrige Temperatur, 2. unterkühlte Stimmung
Fros/tig/keit *f.,* -, -en
Frost/schutz/mit/tel *n.,* -s, -
Frot/tee *(Hf.)*
Frot/té *(Nf.)* [französ.] *f.,* -s, -s, Stoffart
Frot/tee/kleid *n.,* -s, -er
Frot/tee/hand/tuch *n.,* -s, -tücher
frot/tie/ren *tr.,* abtrocknen
Frot/tier/tuch *n.,* -s, -tücher
frot/zeln *tr.,* ugs. für: ärgern, necken
Frot/ze/lei *f.,* -, -en
Frucht *f.,* -, Früchte 1.Keim 2. Ertrag
frucht/bar keimfähig
Frucht/bar/keit *f.,* -, -en,
Frucht/bla/se *f.,* -, -n, Umhüllung des ungeborenen Kindes
Früch/te/brot *n.,* -s, -e, Brot, das neben Getreide einen hohen (Trocken-)Fruchtanteil enthält
fruch/ten *intr.,* gelingen
Frucht/fleisch *n.,* -s, -e, essbarer Anteil von Früchten
Frucht/los/ig/keit *f.,* -, -en, Nutzlosigkeit
Frucht/pres/se *f.,* -, -n, Entsafter
Frucht/zu/cker *m.,* -s, *nur Sg.* Zuckeranteil von Früchten, Einfachzucker
Fruc/to/se [lat.] *f.,* -, *nur Sg.,* Fruchtzucker
fru/gal [lat.] 1. kärglich, 2. schlicht
früh 1. zeitig, 2. von Anfang an, 3. rechtzeitig, 4. morgens
früh/auf von klein auf
Früh/auf/ste/her *m.,* -s, -
Frü/he *f.,* -e, *nur Sg.,* vor Beginn des Tages
Früh/er/ken/nung *f.,* -, -en
früh/es/tens erstmöglicher Zeitpunkt
Früh/ge/burt *f.,* -, -en, Geburt vor Ablauf der regulären Schwangerschaftsdauer
Früh/jahr *n.,* -s, -e, Frühling
früh/jahrs im Frühling
Früh/jahrs/mü/dig/keit *f.,* -, -en, durch Hormonumstellung bedingter Leistungsabfall zu Frühlingsbeginn
Früh/ling *m.,* -s, -e, Jahreszeit
früh/lings im Frühling
Früh/lings/fest *n.,* -s, -e, Fest im Frühling
früh/lings/haft
Früh/lings/rol/le *f.,* -, -n, chinesisches Gericht
früh/reif vorzeitig reif
Früh/rei/fe *f.,* -, -n, vorzeitiges Erreichen des Reifestadiums
Früh/rent/ner *m.,* -s, -, vor Erreichen des normalen gesetzlichen Rentenalters Pensionierter
Früh/schicht *f.,* -, -en, im Schichtbetrieb Arbeitszeit zwischen 6 Uhr und 14 Uhr
Früh/statt *m.,* -s, -s
Früh/stück *n.,* s-, -e, erste Hauptmahlzeit des Tages
Früh/warn/sys/tem *n.,* -s, -e
Frust *m.,* -s, *nur Sg.,* Ärger
Frus/tra/tion [lat.] *f.,* -, -en, Ärger, Enttäuschung
frus/trie/ren *tr.,* enttäuschen
frus/trie/rend enttäuschend
Frus/trie/rung *f.,* -, -en, enttäuscht werden
Frut/ti di Ma/re [italien.] *f.,* -, *nur Pl.,* Meeresfrüchte
Fuchs *m.,* -es, Füchse, Säugetier
Fuchs/bau *m.,* -s, -ten, Wohnhöhle von Füchsen
fuch/sen *refl.,* ugs. für: ärgern
Fuch/sie *f.,* -, -n, Pflanze
fuch/sig 1. ugs.: nervös, 2. rollig, 3. ugs.: lüstern
Fuch/sin *n.,* -s, *nur Sg.,* rötlicher Farbstoff
Füch/sin *f.,* -, -nen, weiblicher Fuchs
Fuchs/jagd *f.,* -, -en, Jagd auf einen Fuchs
Fuchs/pelz *m.,* -es, -e
fuchs/rot
Fuchs/schwanz *m.,* -es, -schwänze, 1. hinteres Ende eines Fuchses, 2. grob gezackte Säge mit biegsamem Blatt
fuchs/teu/fels/wild wütend, erbost

Fuch/tel *f.,* -, -n, Degen
fuch/teln unkontrollierte Bewegungen mit der Hand ausführen
fuch/tig voll Zorn
Fu/der *n.,* -s, -, 1. Maß für Heu, 2. Fuhre, Ladung
fu/der/wei/se in großen Mengen
Fuff/zi/ger *m.,* -s, -, ugs. für: Lügner, ein falscher Fuffziger
Fug *m., -s, nur Sg.* ein altes Wort für Berechtigung: mit Fug und Recht
Fu/ga/to [italien.] in der Musik in Form einer Fuge
Fu/ge *f.,* -, -n, 1. Spalt, 2. nach bestimmten Regeln komponiertes Musikstück
fü/gen *tr.* 1. verbinden, 2. gehorchen
fu/gen/los ohne sichtbaren Übergang
Fu/get/te *f.,* -, -n, kleine musikalische Fuge
füg/sam folgsam
Füg/sam/keit *f.,* -, -en, Gehorsamkeit
Fü/gung *f.,* -, -en, Schicksal, Los
fühl/bar greifbar, wahrnehmbar
Fühl/bar/keit *f.,* -, en, Wahrnehmbarkeit
füh/len *tr.* und *refl.,* empfinden, sentieren
Füh/ler *m.,* -s, -, zur Orientierung dienendes Körperteil der Insekten
fühl/los nicht fühlbar
Fuh/re *f.,* -, -n, Ladung
füh/ren *tr.,* leiten, anführen
Füh/rer *m.,* -s, -, Leiter
Füh/rer/schein *m.,* -[e]s, -e, Fahrerlaubmis
Fuhr/mann *m.,* -[e]s, -männer, jmd., der ein Fuhrwerk führt

Fuhr/park *m.,* -[e]s, -e, Gruppe von Fahrzeugen
Fuhr/un/ter/neh/mer *m.,* -s, -, Transportunternehmer
Fuhr/werk *n.,* -[e]s, -e, Pferdegespann
fuhr/wer/ken *intr.,* geschäftig hantieren
Füh/rung *f.,* -, -en, Leitung
Füh/rungs/po/si/ti/on *f.,* -, -en, leitende Stellung
Füh/rungs/tor *n.,* -[e]s, -e, Treffer, der der Mannschaft in Führung bringt
Füh/rungs/zeug/nis *n.* -ses, -se, Leumundsbescheinigung
Ful/gu/rit [neulat.] *m.,* -s, -e, durch Blitzeinschlag ins Gestein gebrannte Röhre
Full/dreß > Fulldress [engl.] *m.,* -, *nur Sg.* Abendgarderobe
Fül/le *f.,* -, *nur Sg.,* Überfluss
fül/len 1. *tr.,* voll machen, 2. *refl.,* voll werden
Fül/len *n.,* -s, -, Fohlen
Fül/ler *m.,* -s, -, Abk. für Füllfederhalter
Füll/horn *n.,* -s, -hörner, Allegorie des Überflusses und der Fruchtbarkeit
fül/lig voluminous
Füll/sel *n.,* -s, -, Füllmaterial
Full/time-Job oder auch:
Fulltimejob [engl.] *m.,* -s, -s, Ganztagsarbeit
Ful/mar [altnord.] *m.,* -s, -e, Eissturmvogel
ful/mi/nant [lat.] großartig
Fu/ma/ro/le [italien.] *f.,* -, -n, Dampfquelle im Vulkan
Fu/mé [französ.] *m.,* -s, -s, Rußabzug eines Holzschnitts, Probeabzug
Fum/mel *m.,* -s, -, ugs. für: Kleidungsstück

fum/meln *intr.,* 1. anfassen, 2. ungeschickt hantieren
Fumm/ler *m.,* -s, -, ugs.: Grabscher
Fund *m.,* -[e]s, -e, Entdeckung
Fun/da/ment [lat.] *n.,* -[e]s, -e, Grundlage
fun/da/men/tal grundlegend
Fun/da/men/ta/list *m.,* -en, -en, religiöser Fanatiker
Fun/da/men/tal/satz *m.,* -es, -sätze, grundlegender Satz
Fund/amt *n.,* -[e]s, -ämter, Aufbewahrungsstelle für verlorene Gegenstände
Fund/gru/be *f.,* -, -n, ergiebiger Ort
Fun/di *m.,* -s, -s, ugs. Abk. für Fundamentalist
fun/die/ren *tr.,* 1. begründen, 2. finanziell unterstützen
fun/diert begründet
fün/dig gefunden haben
Fund/ort *m.,* -[e]s, -e, Ort einer Entdeckung
Fund/sa/che *f.,* -, -n, verlorener und von jemandem wiedergefundener Gegenstand
Fun/dus *m.,* -, -, Grundbestand
fu/neb/re oder auch:
fu/ne/bre [französ.] düster, traurig
fun/ne/ra/le [italien.] ernst
Fu/ne/ra/li/en [lat.] *nur Pl.,* Trauerfeier
fünf Zahlwort
Fünf *f.,* -, -en, Zahl
Fünf/tel der fünfte Teil von etwas
Fünf/uhr/tee *m.,* -s, -s, Tee, der um fünf Uhr getamken wird
fünf/zig Zahlwort

fun/gie/ren [lat.] *intr.*, wirksam sein als
Funk 1. *m.*, -s, *nur Sg.*, drahtlose Übertragung, 2. [engl.] *m.*, -/-s, *nur Sg.*, Rockmusik mit Funkelementen
Funk/a/ma/teur *m.*, -s, -e
Funk/an/lage *f.*, -, -n, Funkgerät
fun/keln *intr.* 1. leuchten, 2. rhytmisch leuchten
fun/ken 1. *tr.* Funken schlagen, 2. *intr.* per Funk kommunizieren
Fun/ken *m.*, -s, -, 1. Geistesblitz, 2. kleines Teilchen, 3. kleines Stück der Glut
Fun/ken/ma/rie/chen *n.*, -s, -, Vortänzerin bei Karnevalssitzungen
Fun/ker *m.*, -s, -
Fun/kie *f.*, -, -n, Blume
Funk/spruch *m.*, -s, -sprüche, drahtlose Nachricht
Funk/stil/le *f.*, -, -n, Unterlassung sämtlicher Funksprüche
Funk/strei/fe *f.*, -, -n, Einsatzwagen der Polizei
Funk/turm *m.*, -s, -türme, Sendemast
Funk/ver/bin/dung *f.*, -, -en, Kommunikation per Funk
Funk/ti/on [lat.] *f.*, -, -en 1. Zweck, Aufgabe, 2. mathematische Zuordnung
funk/ti/o/nal die Funktion betreffend
Funk/ti/o/na/lis/mus [lat.] *m.*, -ses, Funktionalismus, Beschränkung eines Ablaufs auf seine äußere Gestalt, Absehen von Inhalten oder Werten
Funk/ti/o/när *m.*, -s, -e, jmd., der innerhalb einer politischen Gruppe eine bestimmte Funktion einnimmt
funk/ti/o/nie/ren *intr.*, erwartungsgemäß arbeiten
funk/ti/ons/fähig nicht kaputt
funk/ti/ons/los
Funk/ti/ons/stör/ung *f.*, -, -en
funk/ti/ons/tüch/tig nicht kaputt
Funk/ti/ons/wech/sel *m.*, -s, -
Fun/zel oder auch; **Fun/sel** *f.*, -, -n, 1. Öllampe, 2. trübes Licht
für
fürs Abk. für: für das
Fu/ra/ge [german.-französ.] *f.*, -, *nur Sg.*, 1. Proviant, 2. Futter für Militärpferde
fu/ra/gie/ren [german.-französ.] *intr.*, Verpflegung beschaffen
Für/bit/te *f.*, -, -n, Bittgebet für andere
Für/bit/ter *m.*, -s, -, jemand, der für andere bittet
Fur/che *f.*, -, -n, Rinne, Falte
fur/chen *tr.*, mit Furchen versehen
fur/chig gefurcht
Furcht *f.*, -, *nur Sg.*, Angst
furcht/bar schrecklich
Furcht/bar/keit *f.*, -, *nur Sg.*, Schrecklichkeit
fürch/ten 1. *tr.*, sehr großen Respekt haben, 2. *refl.* sich ängstigen
fürch/ter/lich schrecklich
furcht/los mutig
Furcht/lo/sig/keit *f.*, -, -en, Mut
furcht/sam ängstlich
Furcht/sam/keit *f.*, -, -en, Ängstlichkeit
für/ei/nan/der oder auch: **für/ein/an/der** einer für den anderen
Fu/rie [lat.] *f.*, -, -n, rasende Frau
fu/ri/o/so [italien.] leidenschaftliche Musik
Fur/nier [französ.] *n.*, -s, -e, dünne Holzschicht auf Trägermaterial
fur/nie/ren *tr.* Furnier herstellen
Fur/nier/holz *n.*, -es, -hölzer, 1. Holz zum Furnieren, 2. furniertes Holz
Fu/ro/re [italien.] *f.* oder *n.*, -, *nur Sg.*, Aufsehen
Für/sor/ge *f.*, -, *nur Sg.*, 1. Hilfe, 2. Sozialhilfe
Für/sor/ge/emp/fän/ger *m.*, -s, -, Sozialhilfeempfänger
Für/sor/ge/emp/fän/gerin *f.*, -, -nen, Sozialhilfeempfängerin
Für/sor/ge/rin *f.*, -, -nen, Helferin
für/sor/ge/risch pflegerisch, helfend
für/sorg/lich liebevoll helfend
Für/sorg/lich/keit *f.*, -, -en, liebevolle Unterstützung
Für/spra/che *f.*, -, -en, Bitte
Fürst *m.*, -en, -en, hoher Adelstitel
Fürst/bi/schof *m.*, -s, -schöfe, geistlicher und weltlicher Herrscher
Fürs/ten/haus *n.*, -es, -häuser, Familie aus dem Hochadel
Fürs/ten/tum *n.*, -s, -tümer, Land eines Fürsten
Fürs/tin *f.*, -, -nen, hoher Adelstitel
fürst/lich wie ein Fürst
Fürst-Pückler-Eis *n.*, -es, *nur Sg.* Speiseeissorte
Furt *f.*, -, -en, flache Stelle im Fluss zur leichteren Durchquerung
Fu/run/kel [lat] *m.* oder *n.*,

-s, -, eitrige Entzündung in der Haut
Für/wort *n., -[e]s, -wörter,* Pronomen
Furz *m., -es, Fürze,* Blähung
Fu/sel *m., -s, -, ugs. für:* minderwertiger Alkohol
Fü/si/lier [schweiz.-französ.] *m., -s, -e,* Infanterieschütze
fü/si/lie/ren *tr.,* standrechtlich erschießen
Fü/si/la/de [französ.] *f., -, -n,* Massenerschießung
Fu/si/on [lat.] *f., -, -en,* Verschmelzung
fu/si/o/nie/ren *intr.,* verschmelzen, zusammenschließen
Fu/si/o/nie/rung *f., -, -en,* Firmenzusammenschluss
Fu/si/o/nier/ungs/vertrag *m., -s, -träge,* Vertrag über den Zusammenschluss von Unternhmen
Fu/si/ons/re/ak/tor *m., -s, -en,* Atomreaktor
Fu/sit *m., -s, nur Sg.,* Bestandteil der Kohle
Fuß *m., -es, Füße,* 1.unterster Teil von etwas, 2. unteres Ende der Unterschenkel
Fuß/ab/strei/fer *m., -s, -,* Fußmatte
Fuß/ball *m., -s,* 1. *nur Sg.,* Ballsport, 2. -bälle, Spielball im Fußball
Fuß/ball/kra/wall *m.s, -, -e,* von Rowdys verursachter Radau bei einem Fußballspiel

Fuß/bo/den/hei/zung *f., -, -en,* Heizungssystem
fuß/breit breit wie ein Fuß
Fuß/ende *n., -s, -n,* Gegenteil von Kopfende
Fuß/fall *m., -s, -fälle,* Kniefall
Fuß/gän/ger *m., -s, -,* Mann, der zu Fuß geht
Fuß/gän/ge/rin *f., -, -nen,* Frau, die zu Fuß geht
Fuß/gän/ger/ü/ber/weg *m., -[e]s, -e,* Zebrastreifen
Fuß/gän/ger/zo/ne *f., -, -n,* Gebiet *nur* für Fußgänger
fuß/ge/recht für Füße passend
fuß/hoch
fuß/lang lang wie ein Fuß
Fuß/marsch *m., -[e]s, -märsche,* schneller Spaziergang
Fuß/volk *n., -s, nur Sg.,* gemeines Volk, Plebejer
Fus/sel *m., -s, -[n],* Fädchen, Stäubchen
fus/seln *intr.,* Fussel bilden
fuß/lig > **fuss/lig** voller Fussel
Fus/ta/nel/la [griech.-lat.] *f., -s, -len,* kurzer Rock für Männer in der griechischen Tracht
Fus/ti [italien.] *f., -, nur Sg.,* 1. unbrauchbare Warenbeimischung, 2. Preisnachlass dafür
Fu/thark *m., -s, -e,* Runenalphabet
Fu/ton [japan.] *m., -s, -s,* japanische Matratze

futsch weg, verloren
Fut/ter *., -s, nur Sg.,* 1. Tiernahrung, 2. Innenstoff
Fut/te/ral *n., -s, -e,* Hülle
Fut/te/ra/lie *f., -, -n, ugs.* für: Lebensmittel, Proviant
fut/tern *tr.* ugs. für: hastiges Essen
füt/tern *tr.,* zu essen geben
Fut/ter/neid *m., -s, -e,* Ernährungsegoismus
Fut/ter/rü/be *f., -, -n,* ausschließlich als Viehfutter dienendes Rübengewächs
Fut/ter/sei/de *f., -, -n,* Innenfutter von Bekleidungsstücken
Füt/ter/ung *f., -, -en,* das Füttern
Fu/tur [lat.] *n., -s, -e,* Zukunft
Fu/tu/ris/mus *m., -ses, nur Sg.,* Richtung innerhalb der modernen Kunst
fu/tu/ris/tisch 1. illusionär, 2. die Zukunft betreffend oder erinnernd
Fu/tu/ro/lo/ge *m., -n, -n,* Zukunftsforscher
Fu/tu/ro/lo/gin *f., -, -nen,* Zukunftsforscherin
Fuz/zy/lo/gik oder auch: **Fuz/zy Lo/gik** [engl.] *f., -, nur Sg.,* mathematische Theorie, die nicht nur zwischen wahren und falschen Aussagen unterscheidet, sondern auch Annäherungswerte zulässt

G

g Abk. für Gramm
Ga Abk. für Gallium
Ga/bar/di/ne [span.-französ.] *m., -s,* oder *f., -, nur Sg.* Rippenstoff
Gabb/ro [italien.] *m., -s, nur Sg.,* dunkles Tiefengestein
Ga/be *f., -, -n,* Geschenk
Ga/bel *f., -, -n,* 1. Essgerät, 2. Forke, 3. Verzweigung
Ga/bel/stap/ler *m., -s, -,* Fahrzeug zum Verladen von Paletten
Ga/ben/tisch *m., -[e]s, -e,* weihnachtlicher Geschenktisch
Ga/bun ohne Art., *-s, nur Sg.,* Staat in Afrika
ga/ckern *intr.,* Hühnergeräusche von sich geben
Ga/do/li/nit *m., -s, nur Sg.,* ein Mineral
Ga/do/li/ni/um *n., -s, nur Sg.* ein Erdmetall
gaf/fen *tr.* anstarren
Gag [engl.] *m., -s, -s,* lustige Überraschung, witziger Einfall
Ga/ga/ku [japan.] *n., nur Sg.,* kaiserliche Musik im japanischen Mittelalter
Ga/gat [griech.] *m., s-, -e,* glänzendes hartes Material aus Kohlenstoff
Ga/ge [französ.] *f., -, -n,* Honorar
Gag/man [engl.] *m., -s, -men,* Erfinder von Gags
gäh/nen *intr.,* 1. aus Müdigkeit tief einatmen, 2. weit offen stehen
Gail/lard [französ.] *m., -s,* Spaßvogel
Gai/ta [span.] *f., -, -s,* Name für mehrere spanische Blasinstrumente
Gal [italien.] *n., -s, -,* veraltete Kurzbezeichnung für das Maß der Erdbeschleunigung
Ga/la [span.] *f., -, nur Sg.,* 1. Festveranstaltung, 2. Festkleidung
Ga/la/bi/ya [arab.] *f., -, -s,* einfaches weites Wollgewand
Ga/lak/ta/go/gum [griech.] *n. -s, -ga,* milchförderndes Mittel für Wöchnerinnen
ga/lak/tisch eigentl.: zur Milchstraße gehörig, ugs. für: super
Ga/lak/to/me/ter [griech.] *n., -s, -,* Gerät zur Bestimmung des Milchfettgehaltes
Ga/lak/tor/rhö *f., -, -en,* Milchfluss nach der Stillzeit
Ga/lak/to/se [griech.] *m., -, -n,* Milchzucker
Ga/lan *m., -s, -e,* Liebhaber
ga/lant [französ.] liebenswürdig, kavalierhaft, charmant
Ga/lan/te/rie *f., -, -n,* Liebenswürdigkeit
Ga/la/vor/stel/lung *f., -, -en,* besonders festliche Vorstellung
Ga/la/xie [griech.] *f., -, -n,* Sternensystem
Ga/la/xis [griech.] *.f, -, -xen,* Milchstraße
Gä/le *m., -n, -n,* Einwohner Irlands oder Englands keltischen Ursprungs
Ga/le/as/se [italien.-franz.] *f., -, -n,* kleiner Ostsee-Frachtsegler
Ga/lee/re [lat.] *f., -, -n,* von Sklaven gerudertes Schiff
Ga/le/nik [griech.] *.f, -, nur Sg.,* Lehre von natürlichen pflanzlichen Heilmitteln
Ga/le/nit *m., -s, -en,* Mineral
Ga/le/o/ne [niederl.] *f., -, -n,* Segelschiff
Ga/le/ot [griech.-lat.-roman.] *m., -en, -en,* Galeerensklave
Ga/le/o/te [griech.-lat.-roman.] *f., -, -n,* kleines Segelschiff
Ga/le/rie [italien.] *f., -, -n,* 1. Ausstellungsort, 2. oberster Rang, 3. freier Gang
Ga/let/te [französ.] *f., -, -n,* Kuchen aus Blätterteig
Gal/gant [arab.-lat.] *.m, -s, -e,* Ingwergewächs
Gal/gen *m., -s, -,* 1. Hebemast, 2. Hinrichtungsgerät
Gal/gen/hu/mor *m., -s, nur Sg.,* Sarkasmus
Gal/gen/vo/gel *m, -s, -vögel,* Verbrecher
Ga/li/on [niederl.] *n., -s, -s* Bugvorbau
Ga/li/ons/fi/gur *f., -, -en*
Ga/li/po [französ.] *m., -s nur Sg.,* Kiefernharz
gä/lisch inselkeltisch
Ga/li/va/ten [engl.] *nur Pl.* indische Transportkähne
Gal/le *f., -, -n,* 1. Geschwulst, 2. Verdauungssekret
gal/len/bit/ter sehr bitter, sauer
Gal/len/bla/se *f., -, -n,* gallenbildendes Organ
Gal/len/stein *m., -s, -e,* Ablagerung in der Galle
Gal/lert *n., -[e]s, -e,* Gelatine
gal/lert/ar/tig Konsistenz einer Gallerte
Gal/li/en *n., -s, nur Sg.,* von Festlandkelten bewohnter Bereich, heutiges Frankreich
Gal/li/er *m., -s, -,* Festlandkelte
Gal/li/er/in *f., -, -nen,* Festlandkeltin
gal/lisch zu Gallien gehörig

gal/li/sie/ren [lat.] Wein mit Zucker versetzen
Gal/li/um [nlat.] *n.*, -s, *nur Sg.*, chemisches Element
Gal/li/zis/mus [nlat.] *m.*, -, men, Übernahme von Teilen der französischen in andere Sprachen
Gal/lo/ma/nie [griech.-lat.] *f.*, *-nur Sg.*, radikaler Anhänger französischer Kultur
Gal/lo/ne [engl.] *f.*, -, -n, Hohlmaß
Gal/mei *m.*, -s, e, Zinkerz
Ga/lon [französ.] *m.*, -s, -s, Zierband auf den Hosenseitennähten
ga/lo/nie/ren *tr.*
ga/lop/pie/ren *intr.* schnell reiten, Gangart von Pferden
Ga/lopp/ren/nen *n.*, -s, -, Rennen für Pferde
Ga/lo/sche [französ.] *f.*, -, -n, ugs. für: alter Pantoffel
Gal/va/ni/sa/ti/on [griech.] *f.*, -, -en, Vorgang des Galvanisierens
gal/va/nisch Galvanisierung bewirkend
gal/va/ni/sie/ren *tr.*, durch Elektrolyse mit Metall überziehen
Ga/man/der [griech.] *m.*, -s, -, Heilpflanze
Ga/ma/sche [arab.] *f.*, -, -n, Überschuh
Gam/ba/de [lat.-italien.-franz.] *f.*, -, -n, 1. Luftsprung, 2. Kapriole, 3. schneller Entschluss
Gam/be [italien.] *f.*, -, -n, Streichinstrument
Gam/bia *ohne Art.*, -s, *nur Sg.*, afrikanischer Staat
gam/bisch aus Gambia
Gam/bit [span.] *n.*, -s, -s, Eröffnungsvariante beim Schach
Ga/me/lan [mal.] *n.*, -s, -s, indonesisches Orchester
Ga/met [griech.] *m.*, -en, -en, Geschlechtszelle
Gam/ma [griech.] *n.*, -s, -s, griechischer Buchstabe
Gam/ma/glo/bu/lin [griech.-nlat.] *n.*, -s, -e, Eiweißkörper des Blutserums
Gam/ma/rus [griech.-lat.] *m.*, -, *nur Sg.*, Flohkrebs
Gam/ma/strah/len *nur Pl.*, Bezeichnung für Röntgenstrahlen
Gam/me [griech.-lat.-franz.] *f.*, -, -n, 1. Skala, 2. Tonleiter
gam/meln *intr.*, ugs. für: faulenzen, herumlungern
ga/mo/phob [griech.] ehescheu
ga/mo/trop [griech.] bei Pflanzen: die Geschlechtsorgane schützend
Gams oder auch: **Gäm/se** (neu für: Gemse) *f.*, -, -en, Bergwild
Ga/na/sche [französ.] *f.*, -, *nur Sg.*, sahniges Schokoladendessert
Gang 1. *m.*, -s, Gänge, Weg, 2. [engl.] *f.*, -, -s, Verbrecherbande
gän/geln *tr.* bevormunden
gän/gig gebräuchlich
Gang/li/en/blo/cker oder auch: **Gan/gli/en/blo/cker** [griech.-engl.] *m.*, -s, -, Arzneimittel zur Blutdrucksenkung
Gang/li/om oder auch: **Gan/gli/om** [griech.-lat.] *n.*, -s, -e, bösartige Geschwulst
Gang/li/on oder auch: **Gan/gli/on** [griech.] *n.*, -s, -lien, Nervenverbindung
Gang/rä/ne oder auch: **Gan/grä/ne** [griech.-lat.] *f.*, -, -n, Gewebebrand
gang/rä/nes/zie/ren oder auch: **gan/grä/neszie/ren** [griech.-lat.] *intr.*, brandig werden, absterben
Gang/schal/tung *f.*, -, -en, Wahl der Übersetzung bei Fahrzeugantrieben
Gangs/pill oder auch: **Gang/spül** [niederl.] *n.*, -es, -e, Ankerwinde
Gangs/ter [engl.] *m.*, -s, -, Verbrecher
Gangs/te/rin engl.] *f.*, -, -nen, Verbrecherin
Gang/way [engl.] *f.*, -, -s, Lauftreppe zu Flugzeug oder Schiff
Ga/no/ve [jidd.] *m.*, -n, -n, Gauner
Ga/no/vin [jidd.] *f.*, -, -nen, Gaunerin
Gans *f.*, -, Gänse, 1. Wasservogel, 2. Schimpfwort
Gän/se/füß/chen *n.*, -s, -, Anführungszeichen
Gän/se/marsch *m.*, -[e]s, *nur Sg.*, in einer Reihe hintereinander laufen
Gan/ser [südtt.] *m.*, -s, -, Gänserich
Gan/ter [norddt.] *m.*, -s, -, Gänserich
ganz 1. vollständig, 2. ziemlich
ganz/heit/lich alles umfassend
ganz/tags den ganzen Tag lang
gar 1. essfertig gekocht, 2. sehr, ziemlich
Ga/ra/ge [französ.] *f.*, -, -n, 1. überdachter Autoabstellplatz, 2. KFZ-Werkstatt
Ga/ra/mond [engl.] *f.*, -, *nur Sg.*, Druckschriftart
Ga/ran/tie *f.*, -, -en, Zusicherung
ga/ran/tie/ren [französ.] zusichern, versprechen

ga/ran/tiert [französ.] ganz sicher

Gar/be *f.*, -, -n, 1. Ährenbündel, 2. Lichtbündel, 3. schnelle Folge von Schüssen

Gar/çon [französ.] *m.*, -s, -s, Kellner

Gar/çon/ni/e/re [österr.] *f.*, -, -n, Einzimmerwohnung

Gar/de [französ.] *f.*, -, -n, Eliteregiment, Leibwache

Gar/de/nie [engl.-nlat.] *f.*, -, -n, Zierpflanze

Gar/de/ro/be [französ.] *f.*, -, -n, 1. Kleiderablage, 2. Umkleideraum, 3. Kleidung

Gar/di/ne [niederl.] *f.*, -, -n, Vorhang

Gar/di/nen/pre/digt *f.*, -, -en, Abfolge von Beschimpfungen und Vorwürfen

ga/ren *tr.*, kochen

gä/ren *intr.*, brodeln, schäumen

Gar/ga/ris/ma [griech.-lat.] *n.*, -s, -mata, Mittel zum Gurgeln

Ga/ri/gue [französ.] *f.*, -, *nur Sg.*, Felsheide im Mittelmeerraum

Garn *n.*, -s, -e, Faden

Gar/ne/le *f.*, -, -n, Krebstier

gar/nie/ren [französ.] *tr.*, verzieren

Gar/ni/son [französ.] *f.*, -, -en, 1. Truppe, 2. Truppenquartier

Gar/ni/tur [französ.] *f.*, -, -en, 1. Set, 2. Verzierung

Gar/rot/te *f.*, -, -n, Halswürgeeisen als Hinrichtungsgerät in Spanien

gar/rot/tie/ren *tr.*, mit einer Garrotte hinrichten

gars/tig 1. abstoßend, 2. widerspenstig

Gar/ten *m.*, -s, Gärten, Gelände mit Zier- oder Nutzpflanzen

Gar/ten/bau *m.*, -[e]s, *nur Sg.*, Anlegen eines Gartens

Gar/ten/zwerg *m.*, -[e]s, -e, kleine Zwergenfigur als Gartenschmuck

Gärt/ner *m.*, -s, -, Mann, der im Garten arbeitet

Gärt/ne/rei *.*, -, -en, großer Garten als Gewerbebetrieb

Gärt/ne/rin *f.*, -, -nen, Frau, die im Garten arbeitet

Gä/rungs/pro/zeß > **Gä/rungs/pro/zess** *m.*, -es, -e

Gas *n.*, -es, -e, luftförmiger Stoff

Gas/fla/sche *f.*, -, -n, Behälter mit flüssigem Gas

Gas/ko/cher *m.*, -s, -, mit Gas betriebene Kochstelle

Gas/mas/ke *f.*, -, -n, Schutz gegen Giftgas

Gas/ko/na/de [französ.] *f.*, -, -n, Prahlerei

Gas/ö/dem [griech.] *n.*, -s, -e, durch Gasbrandbazillen verursachte Infektion

Ga/so/lin *n.*, -s, *nur Sg.*, Leichtbenzin

Gas/se *f.*, -, -n, schmale Straße

Gas/sen/hau/er *m.*, -s, -, Schlager

Gast *m.*, -[e]s, Gäste, Besucher

Gäs/te/zim/mer *n.*, -s, -, Übernachtungsmöglichkeit für Besucher

Gast/ge/ber *m.*, -s, -, empfängt Besuch

Gast/hof *m.*, -[e]s, -höfe, 1. Wirtschaft, 2. Hotel

gas/tie/ren *intr.*, ein Gastspiel geben

gast/ral oder auch: **gas/tral** [griech.] den Magen betreffend

Gast/ral/gie oder auch: **Gas/tral/gie** [griech.] *f.*, -, -en, Magenkrampf

Gast/rek/to/mie oder auch: **Gas/trek/to/mie** [griech.] *f.*, -, -n, Magenentfernung

Gast/ri/tis oder auch: **Gas/tri/tis** [griech.] *f.*, -, -tiden, Magenschleimhautentzündung

Gast/ro/en/te/ri/tis oder auch: **Gas/tro/en/te/ri/tis** [griech.] *f.*, -, -tiden, Magen-Darm-Entzündung

gast/ro/gen oder auch: **gas/tro/gen** vom Magen ausgehend

Gast/ro/nom oder auch: **Gas/tro/nom** [griech.] *m.*, -en, -en, Gastwirt

Gast/ro/no/min oder auch: **Gas/tro/no/min** [griech.] *f.*, -, -nen, Gastwirtin

Gast/spiel *n.*, -[e]s, -e, Theateraufführung außerhalb des Stammhauses

Gast/stät/te *f.*, -, -n, Wirtschaft

GATT *n.*, -, *nur Sg.*, Abk. für General Agreement on Tariffs and Trade, Allgemeines Zoll- und Handelsabkommen

Gat/te *m.*, -n, -n, Ehemann

Gat/ter *n.*, -s, -, Gitterzaun

Gat/tin *f.*, -, -nen, Ehefrau

Gat/tung *f.*, -, -en, 1. Art, 2. Familie

Gat/tungs/na/me *m.*, -n, -n, Sammelbezeichnung

GAU *m.*, -s, -s, Abk. für größter anzunehmender Unfall in einem Atomkraftwerk

Gau *m.* oder auch **Gäu** *n.*, -[e]s, -e, Landstrich

Gau/be oder auch **Gau/pe** *f.*, -, -n, hervorstehendes Dachfenster

Gau/cho [span.] *m.*, -s, -s, Viehhirt

Gebirgsmassiv

Gau/di *f.* oder *n., -, nur Sg.,* Abk. für Gaudium
Gau/di/um *n., -s, nur Sg.,* Spaß
Gau/fra/ge [französ.] *f., -, -n,* Muster in Papier oder Stoff
Gau/fré [französ.] *n., -s, -s,* Stoff mit eingepresstem Muster
gau/keln *intr.* zaubern
Gauk/ler *m., -s, -,* Zauberer
Gauk/le/rin *f., -, -nen,* Zauberin
Gaul *m., -s,* Gäule, abwertend für Pferd
Gaul/lis/mus [französ.-lat.] *m., -, nur Sg.,* auf de Gaulle zurückgehendes französisches Großmachtstreben
Gaul/list *m., -en, -en,* Anhänger des Gaullismus
gaul/lis/tisch [französ.] auf dem Gaullismus beruhend
Gau/men *m., -s, -,* 1. oberer Teil des Mundes, 2. Geschmack
Gau/men/schmaus *m., -es, nur Sg.,* gutes Essen
Gau/men/se/gel *n., -s, -,* hinterer, weicher Teil des Gaumens
Gau/men/zäpf/chen *n., -s, -,* Ende des Gaumensegels
Gau/ner *m., -s, -,* Betrüger
gau/nern *intr.,* betrügen
Gau/pe oder auch: **Gau/be** *f., -, -n,* hervorstehendes Dachfenster
Gaur [Hindi] *m., -s, -e,* asiatisches Wildrind
Gaut/sche *f., -, -n,* 1. Papierpresse, 2. [süddt.] Schaukel
Ga/vi/al *m., -s, -e,* indisches Krokodil
Ga/vot/te [französ.] *f., -, -n,* 1. Tanz, 2. Satz der Suite
gay [engl.] 1. fröhlich, 2. homosexuell

Gay [engl.] *m., -s, -s,* Homosexueller
Ga/yal [Hindi] *m., -s, -e,* Haustierform des Gaurs
Ga/ze [pers.] *f., -, -n,* 1. durchsichtiger Stoff, 2. Verbandsstoff
Ga/zel/le *f., -, -n,* Antilopenart
Gaz/pa/cho [span.] *m., -s, -s,* kalte Gemüsesuppe
GBl. Abk. für Gesetzblatt
G-Dur *n., -, nur Sg.,* Tonart
Ge Abk. für Germanium
Ge/äch/ze *n., -s, nur Sg.,* Gestöhne
Ge/ä/der *n., -s, nur Sg.,* Maserung, Adernetz
ge/ä/dert gemasert, von Adern durchzogen
ge/ar/tet 1. beschaffen, 2. veranlagt
Ge/ä/se *n., -s, -,* Äsung
Ge/äst *n., -[e]s, nur Sg.,* Astwerk
geb. Abk. für 1. geboren[e], 2. gebunden
Ge/bab/bel *n., -s, nur Sg.,* ugs. für: Geplapper
Ge/bäck *n., -s, -bäcke,* 1. Backwerk, 2. Kekse
Ge/bal/ge *n., -s, nur Sg.* 1. Prügelei, 2. Streiterei
Ge/bäl/ke oder auch: **Gebälk** *n., -s, nur Sg.,* Balkenwerk
Ge/bär/de *f., -, -n,* Geste
ge/bär/den *refl.,* sich verhalten, sich aufführen
ge/ba/ren *refl.,* sich verhalten
Ge/ba/ren *n., -s, -,* Verhalten
ge/bä/ren *tr.,* zur Welt bringen
Ge/bä/re/rin *f., -, -nen,* gebärende Frau
ge/bauch/kit/zelt oder auch: **ge/bauch/pin/selt** geschmeichelt, verwöhnt
Ge/bäu/de *n., -s, -,* Haus
Ge/bäu/de/kom/plex *m., -es, -e,* mehrere zusammenhängende Gebäude
Ge/bäu/lich/keit [süddt.] *f., -, -en,* Gebäude
Ge/bein *n., -s, -e,* Knochen von Toten
ge/ben 1. *tr.* schenken, reichen, 2. *intr.* existieren, 3. *refl.* sich verhalten
Ge/ber *m., -s, -,* Schenker
Ge/ber/land *n., -s, -länder,* Staat, der einem anderen Kredit gibt
Ge/ber/lau/ne *f., -, -n,* spendierfreudige Stimmung
Ge/bet *n., -[e]s, -e,* Gespräch mit Gott
Ge/bet/buch *n., -[e]s, -bücher,* Sammlung von Gebetstexten
Ge/biet *n., -s, -e,* 1. Landstück, 2. Bereich
Ge/biet/an/spruch *m., -s, -sprüche*
ge/bie/ten *intr.,* befehlen
Ge/bie/ter *m., -s, -,* Herrscher
Ge/bie/te/rin *f., -, -nen,* Herrscherin
ge/bie/te/risch keinen Widerspruch duldend
Ge/bil/de *n., -s, -,* 1. Form, 2. Erzeugnis
Ge/bim/mel *n., -s, nur Sg.,* fortgesetztes Läuten
Ge/bin/de *n., -s, -,* 1. Strauß, 2. Paket
Ge/bir/ge *n., -s, -,* bergiges Gebiet
ge/bir/gig mit Gebirgen
Ge/birgs/bach *m., -[e]s, -bäche*
ge/birgs/kun/dig mit Gebirgserfahrung
Ge/birgs/mas/siv *n., -s, -e,* zusammenhängende Berge

G

Ge/biß > Ge/biss *n.,* -es, -e, Zähne
Ge/blä/se *n.,* -s, -, Wind erzeugendes Gerät
Ge/blö/del *n.,* -s, *nur Sg.,* Unsinn
Ge/blö/ke oder auch:
Ge/blök *n.,* -s, *nur Sg.,* Schafslaute
ge/blümt mit Blumenmuster
Ge/blüt *n.* -[e]s, *nur Sg.,* 1. Herkunft, 2. Geschlecht
ge/bo/ren Angabe der Geburtsnamens
ge/bor/gen behütet, sicher
Ge/bor/gen/heit *f.,* -, *nur Sg.,* Geschütztheit
Ge/bot *n.,* -[e]s, -e, Vorschrift, Gesetz
Ge/bots/schild *n.,* -[e]s, -er, Verkehrszeichen
Gebr. Abk. für Gebrüder
ge/brand/markt bloßgestellt, gezeichnet
Ge/bräu *n.,* -s, -e, Mischung
Ge/brauch *m.,* -s, -bräuche, 1. Sitte, 2. Verwendung
ge/brau/chen *tr.* verwenden, benutzen
Ge/brauchs/an/wei/sung *f.,* -, -en, Anleitung zur Verwendung
ge/brauchs/fer/tig
Ge/brauchs/ge/gen/stand *m.,* -[e]s, -stände, nützlicher Artikel
Ge/braucht/wa/gen *m.,* -, -, Auto aus zweiter Hand
Ge/bre/chen *n.,* -s, -, körperliche Schwäche durch Alter oder Krankheit
ge/brech/lich alt, krank, schwach
Ge/brü/der *m., nur Pl.,* Brüder
Ge/brüll *n.,* -s, *nur Sg.,* Geschrei

Ge/brum/me oder auch:
Ge/brumm oder auch:
Ge/brum/mel *n.,* -s, *nur Sg.,* 1. Brammen, 2. Murmeln
Ge/bühr *f.,* -, -en, 1. Abgabe, 2. Angemessenheit
ge/büh/rend 1. angemessen, 2. zustehend
Ge/büh/ren/er/hö/hung *f.,* -, -en
ge/büh/ren/frei umsonst
ge/büh/ren/pflich/tig Geld kostend
Ge/büh/ren/zäh/ler *m.,* -s, -
Ge/burt *f.,* -, -en, 1. Entbindung, 2. Abstammung
Ge/bur/ten/kon/trol/le *f.,* *nur Sg.,* Empfängnisverhütung
Ge/bur/ten/rück/gang *m.,* -[e]s, *nur Sg.,* Abnahme der Geburten
ge/bür/tig abstammend
Ge/burts/an/zei/ge *f.,* -, -n
Ge/burts/hel/fer *m.,* -s, -, männliche Hebamme
Ge/burts/hel/fe/rin *f.,* -, -nen, Hebamme
Ge/büsch *n.,* -[e]s, -e, Gestrüpp
Geck *m.,* -en, -en, 1. Modenarr, 2. eitler Angeber
ge/cken/haft wie ein Geck
Ge/cko *m.,* -s, -s, tropische Eidechse
Ge/dächt/nis *n.,* -ses, -se, 1. Erinnerungsvermögen, 2. Andenken
Ge/dächt/nis/fei/er *f.,* -, -n, Zeremonie zum Gedenken
Ge/dächt/nis/lü/cke *f.,* -, -n, Ausfall der Erinnerung
Ge/dächt/nis/stüt/ze *f.,* -, -n, Eselsbrücke
ge/dächt/nis/schwach vergesslich
Ge/dan/ke oder auch: **Ge-dan/ken** *m.,* -n, -n, 1. Vor-

stellung, 2. Überlegung
Ge/dan/ken/aus/tausch *m.,* -[e]s, *nur Sg.*
Ge/dan/ken/blitz *m.,* -es, -e, plötzlicher Einfall
Ge/dan/ken/gut *n.,* -es, *nur Sg.,* 1. geistiges Eigentum, 2. alles Gedachte
Ge/dan/ken/lo/sig/keit *f.,* -, -en, Unbedachtheit
Ge/dan/ken/sprung *m.,* -[e]s, -sprünge
Ge/dan/ken/strich *m.,* -es, -e
Ge/dan/ken/ü/ber/tra/gung *f.,* -, -en
ge/dan/ken/ver/lo/ren träumerisch
ge/dank/lich in Gedanken
Ge/där/me oder auch:
Ge/därm *n.,* -s, -, Eingeweide
Ge/deck *n.,* -s, -e, Teller und Besteck pro Person
ge/dei/hen *intr.,* wachsen, blühen, sich entwickeln
ge/deih/lich förderlich
ge/den/ken *intr.* 1. beabsichtigen, 2. sich erinnern
Ge/denk/mi/nu/te *f.,* -, -n
Ge/denk/stät/te *f.,* -, -n, großes Denkmal
Ge/denk/stun/de *f.,* -, -n, Erinnerungsveranstaltung
Ge/dicht *n.,* -[e]s, -e, 1. Text in Versen, 2. Reim
ge/die/gen 1. massiv, 2. solide, 3. teuer
Ge/don/ner *n.,* -s, *nur Sg.,* Donnern
Ge/drän/ge *n.,* -s, *nur Sg.,* enges Geschiebe
ge/drängt dicht
Ge/dröh/ne oder auch
Ge/dröhn *n.,* -s, *nur Sg.,* Dröhnen
ge/drückt niedergeschlagen
Ge/drückt/heit *f.,* -, *nur Sg.,* Niedergeschlagenheit
ge/drun/gen klein, untersetzt

Ge/drun/gen/heit *f., -, nur Sg.*, Kompaktheit
Ge/duld *f., -, nur Sg.*, 1. Ausdauer, 2. Gutmütigkeit
ge/dul/dig gelassen
Ge/dulds/pro/be *f., -, -n*, viel Mühe und Ärger
Ge/dulds/spiel *n., -[e]s, -e*, kniffliges, gleichförmiges Spiel
ge/dun/sen aufgeschwemmt
ge/eig/net passend
Geest *f., -, -en*, hochgelegenes Küstenland
gef. Abk. für gefallen
Ge/fahr *f., -, -en*, drohendes Unheil, Gefahr bringen, Gefahr laufen
ge/fähr/den *tr.* in Gefahr bringen
ge/fahr/dro/hend oder auch: **Ge/fahr dro/hend**
Ge/fähr/dung *f., -, -en*, Risiko
Ge/fah/ren/be/reich *m., -s, -e*
Ge/fah/ren/mo/ment *n.* oder *m., -s, -e*
Ge/fah/ren/quel/le *f., -, -en*, risikoreicher Gegenstand oder Sachverhalt
Ge/fah/ren/zo/ne *f., -, -n*
ge/fähr/lich risikoreich
Ge/fahr/lo/sig/keit *f., -, nur Sg.*, Sicherheit
Ge/fährt *n., -s, -e*, Fahrzeug
Ge/fähr/te *m., -n, -n*, Begleiter, Freund
Ge/fähr/tin *f., -, -nen*, Begleiterin, Freundin
ge/fahr/voll
Ge/fäl/le *n., -s, -*, 1. Abschüssigkeit, 2. Höhenunterschied
ge/fal/len *intr.*, 1. erfreuen, 2. zusagen
Ge/fal/len *m., -s, -*, Freude
ge/fäl/lig erbaulich, nett
ge/fäl/ligst 1. dringend, 2. freundlicherweise

Ge/fall/sucht *f., -, nur Sg.*, zwanghaftes Gefallenwollen
ge/fall/süch/tig
ge/fan/gen 1. eingefangen, 2. verhaftet, gefangen genommen, gefangen gesetzt, gefangen halten, gefangen nehmen
Ge/fan/ge/ne *Pl.* Häftlinge
Ge/fan/gen/nah/me *f., -, -n*, Verhaftung
Ge/fan/gen/schaft *f., -, -en*, Zustand des Gefangenseins
Ge/fäng/nis *n., -ses, -se*, Aufbewahrungsanstalt für Häftlinge
Ge/fa/sel *n., -s, nur Sg.*, ugs. dummes Gerede
Ge/fäß *n., -es, -e*, 1. Behälter, 2. Ader
ge/faßt > **ge/fasst** beherrscht, ruhig
Ge/faßt/heit >
Gefasst/heit, *f., -, nur Sg.*
Ge/fecht *n., -[e]s, -e*, Kampf
ge/fechts/be/reit kampfbereit
Ge/fechts/be/reit/schaft *f., -, nur Sg.*
ge/fechts/klar
Ge/fechts/pau/se *f., -, -n*
Ge/fechts/stand *m., -[e]s, -stände*
Ge/feil/sche *n., -s, nur Sg.*, Handeln
ge/feit geschützt
Ge/fie/der *n., -s, -*, Federkleid
ge/fie/dert 1. mit Federn bedeckt, 2. wie Federn geformt
Ge/fil/de *n., -s, -*, Gebiet
Ge/fla/cker *n., -s, nur Sg.*, Flackern
Ge/flat/ter *n., -s, nur Sg.*, Flattern
Ge/flecht *n., -[e]s, -e*, Flechtwerk
ge/fleckt gescheckt

Ge/flen/ne *n., -s, nur Sg.*, ugs. für: Weinen
Ge/flis/sen/heit *f., -, nur Sg.*, Fleiß
ge/flis/sent/lich fleißig
Ge/flü/gel *n., -s, nur Sg.*, Federvieh
Ge/flü/gel/farm *f., -, -en*, Geflügelzuchtbetrieb
ge/flü/gelt mit Flügeln
Ge/flun/ker *n., -s, nur Sg.*, Lügen
Ge/fol/ge *n., -s, nur Sg.*, Begleitung
Ge/folg/schaft *f., -, -en*, Begleitung
Ge/folgs/mann *m., -es, -leute*, Anhänger
ge/fragt begehrt
ge/frä/ßig nimmersatt
Ge/frä/ßig/keit *f., -, nur Sg.*, Essgier
Ge/frei/te *m., -n, -n*, Soldat
ge/frie/ren *intr.* zu Eis werden
Ge/frier/fach *n., -[e]s, -fächer*, Kältefach
Ge/frier/fleisch *n., -es, nur Sg.*, Tiefkühlfleisch
Ge/fro/re/nes *n., -n, nur Sg.* Speiseeis
Ge/fü/ge *n., -s, -*, Aufbau, Ordnung
ge/fü/gig gehorsam
Ge/fü/gig/keit *f., -, -en*, Gehorsamkeit
Ge/fühl *n., -s, -e*, Gespür, Empfindung, Emotion
ge/fühl/los
Ge/fühls/du/se/lei *f., -, -en*, Gefühlsseligkeit
Ge/fühls/mensch *m., -en, -en*, gefühlsbetonter Mensch
ge/fühls/kalt ohne Gefühl
ge/fühl/voll
Ge/füh/rig/keit *f., -, -en*, zum Skilaufen günstige Beschaffenheit des Schnees
Ge/fum/mel *n., -s, nur Sg.*, Fummeln, Begrapschen

ge/ge/ben 1. geschenkt, 2. vorhanden
ge/ge/be/nen/falls bei Bedarf
Ge/ge/ben/heit *f., -, -en*, Situation
ge/gen 1. dagegen, wider, 2. ungefähr
Ge/gend *f., -, -en*, Gebiet
Ge/gen/dar/stel/lung *f., -, -en*, schriftliche Richtigstellung
Ge/gen/druck *m., -[e]s, nur Sg.*
ge/gen/ei/nan/der oder auch: **ge/gen/ein/an/der** einer gegen den anderen, gegeneinanderhalten, gegeneinanderstellen
Ge/gen/fahr/bahn *f., -, -en*, andere Straßenseite
Ge/gen/fra/ge *f., -, -en*, eine Form von Antwort
Ge/gen/ge/ra/de *f., -, -en*, andere Seite des Sportstadions (vom Blickpunkt des Betrachters aus)
Ge/gen/ge/wicht *n., -[e]s, -e*, Ausgleich
Ge/gen/kon/di/ti/o/nie/rung [lat.] *f., -, -en*, gezieltes Verlernen
Ge/gen/kul/tur *f., -, -en*, Ansichten von Kleingruppen innerhalb einer Gesellschaft
ge/gen/läu/fig in die andere Richtung
Ge/gen/leis/tung *f., -, -en*, Ausgleich
ge/gen/len/ken *intr.*, gegensteuern
Ge/gen/licht/auf/nah/me *f., -, -en*, Foto in Richtung Lichtquelle
Ge/gen/mit/tel *n., -s, -*
Ge/gen/pol *m., -s, -e*
Ge/gen/pro/be *f., -, -en*, Testverfahren

Ge/gen/re/for/ma/ti/on [lat.] *f., -, -en*, katholische Gegenbewegung zur Reformation
Ge/gen/satz *m., -es, -sätze*, Widerspruch
ge/gen/sätz/lich im Widerspruch
Ge/gen/sätz/lich/keit *f., -, -en*, Widersprüchlichkeit
Ge/gen/schlag *m., -es, -schläge*, Vergeltung
ge/gen/sei/tig einander
Ge/gen/spie/ler *m., -s, -*, Gegner
Ge/gen/stand *m., -[e]s, -stände*, Sache, Ding
ge/gen/ständ/lich
Ge/gen/ständ/lich/keit *f., -, -en*
ge/gen/stands/los unbegründet
ge/gen/steu/ern *intr.*, gegenlenken
Ge/gen/teil *n., -s, -e*, Widerspruch
ge/gen/tei/lig
Ge/gen/tor *n., -s, -e*, Ausgleichstreffer
ge/gen/ü/ber 1. entgegengesetzt, 2. gegen, 3. verglichen mit, sich gegenübersitzen, gegenüberliegen
Ge/gen/ü/ber *n., -s, -*
Ge/gen/ü/ber/stel/lung *f., -, -en*, 1. Vergleich, 2. Konfrontation
Ge/gen/ver/kehr *m., -s, nur Sg.*
Ge/gen/wart *f., -, -en*, das Jetzt
ge/gen/wär/tig jetzt
ge/gen/warts/be/zo/gen
ge/gen/warts/fremd
ge/gen/warts/nah
Ge/gen/warts/spra/che *f., -, -en*, heutige Sprache
Ge/gen/wehr *f., -, nur Sg.*, Verteidigung

Ge/gen/wind *m., -s, -e*, Wind von vorn
ge/gen/zeich/nen *tr.*, bestätigen, unterschreiben
Ge/gen/zeich/nung *f., -, -en*
Geg/ner *m., -s, -*, Feind, Gegenspieler
geg/ne/risch zum Gegner gehörend
Geg/ner/schaft *f., -, -en*, Feindseligkeit
gegr. Abk. für gegründet
Ge/grö/le *n., -s, nur Sg.*, ugs. für: Gebrüll
Ge/ha/be oder auch: **Geha/ben** *n., -s, nur Sg.*, Benehmen
ge/ha/ben *refl.*, sich verhalten
Ge/hack/te *n., -n, nur Sg.*, Hackfleisch
Ge/halt 1. *m., -s, -e*, Inhalt, 2. *n., -s, -hälter*, Verdienst, Bezahlung
ge/halt/arm inhaltsarm
ge/halt/los nichtssagend
Ge/halt/lo/sig/keit *f., -, -en*
ge/halt/reich
ge/halt/voll
Ge/halts/er/hö/hung *f., -, -en*
Ge/halts/kon/to *n., -s, -konten*
Ge/halts/stu/fe *f., -, -n*
Ge/halts/zu/la/ge *f., -, -n*
ge/han/di/kapt [engl.] behindert
Ge/hän/ge *n., -s, -*, Schmuckbehang
ge/häs/sig bösartig
Ge/häs/sig/keit *f., -, -en*
Ge/häu/se *f., -s, -*, Hülle
geh/bar begehbar, gangbar
geh/be/hin/dert
Ge/he/ge *n., -s, -*, eingezäunter Lebensraum für Tiere in Wald und Zoo
ge/heim verborgen, heimlich, im Geheimen, geheim

halten, geheimtun, geheim bleiben
Ge/heim/ab/kom/men *n.,* -s, -
Ge/heim/a/gent *m.,* -en, -en
Ge/heim/a/gen/tin *f.,* -, -nen
Ge/heim/dienst *m.,* -es, -e
Ge/hei/me *n.,* -n, *nur Sg.*
Ge/heim/nis *n.,* -ses, -se
Ge/heim/nis/tu/er *m.,* -s, -, Geheimniskrämer
ge/heim/nis/tu/e/risch
ge/heim/nis/voll
Ge/heim/num/mer *f.,* -, -n
Ge/heim/rats/e/cken *nur Pl.* seitliche Stirnglatze
Ge/heims/te *n.,* -n, -n
Ge/heim/tür *f.,* -, -en
Ge/heiß *n.,* -es, *nur Sg.,* Befehl
ge/hen *intr.* 1. zu Fuß laufen, 2. weggehen, 3. sich erstrecken, 4. befreundet sein, sich gehen lassen, ihn gehen lassen, es sich gut gehen lassen, baden gehen, essen gehen, schlafen gehen
Ge/hen *n.,* -s, -, *nur Sg.,* ein Kommen und Gehen, zum Gehen bereit sein
Ge/her *m.,* -s, -, Sportgeher
Ge/he/rin *f.,* -, -nen, Sportgeherin
Ge/het/ze *n.,* -s, *nur Sg.* 1. Eile, 2. Aufwiegeln
ge/heu/er *nur* als: nicht geheuer: unheimlich
Ge/heul *n.,* -s, *nur Sg.,* Heulen
Geh/fal/te *f.,* -, -n, Mantel- oder Rockfalte
Geh/gips *m.,* -es, -e, Gipsverbandart
Ge/hil/fe *m.,* -n, -n, Helfer
Ge/hil/fen/brief *m.,* -[e]s, -e
Ge/hil/fin *f.,* -, -nen, Helferin
Ge/hirn *n.,* -s, -e, Hauptnervenzentrum (Körper)

Ge/hirn/chi/rur/gie *f.,* -, *nur Sg.*
Ge/hirn/er/schüt/te/rung *f.,* -, -en
Ge/hirn/haut/ent/zün/dung *f.,* -, -en
Ge/hirn/wä/sche *f.,* -, -en, Foltermethode
Ge/höft *n.,* -s, -e, Bauernanwesen
Ge/höh/ne *n.,* -s, *nur Sg.* Spott
Ge/hölz *n.,* -es, -e, 1. Wald, 2. Baum
Ge/hör *n.,* -s, *nur Sg.,* 1. Hörvermögen, 2. Beachtung: Gehör schenken
ge/hö/ren *intr.* 1. jemandes Besitz sein, 2. dabei sein, 3. passen zu, 4. nötig sein, 5. sich schicken: Das gehört sich nicht!
Ge/hör/feh/ler *m.,* -s, -
ge/hör/ge/schä/digt
ge/hö/rig genügend, gebührend
ge/hör/los taub
Ge/hör/lo/se *Pl.,* Taube
Ge/hör/lo/sen/schu/le *f.,* -, -n
Ge/hör/lo/sen/sp/ra/che *f.,* -, -n
Ge/hör/lo/sig/keit *f.,* -, *nur Sg.*
ge/hor/sam folgsam
Ge/hor/sam *m.,* -s, *nur Sg.,* Fügsamkeit
Ge/hor/sam/keit *f.,* -, *nur Sg.* Folgsamkeit
Ge/hor/sams/ver/weige/rung *f.,* -, *nur Sg.*
Ge/hör/sinn *m.,* -s, *nur Sg.*
Geh/rock *m.,* -[e]s, -röcke, Bratenrock, lange Anzugjacke
Ge/hrung *f.,* -, -en, schräger Zuschnitt von Holzbrettern
Ge/hrungs/win/kel *m.,* -s, -
Ge/ver/band *m.,* -[e]s, -bände

Geh/steig *m.,* -s, -e, Bürgersteig
Geh/weg *m.,* -s, -e
Gei/er *m.,* -s, -, Aas fressender Vogel
Gei/er/na/se *f.,* -, -n, Hakennase
Gei/er/schna/bel *m.,* -s, - Schnäbel
Gei/fer *m.,* -s, *nur Sg.,* 1. Speichel, 2. Wut, 3. Gehässigkeit
Gei/fer/er *m.,* -s, -
gei/fern *intr.* 1. sabbern, 2. schimpfen
Gei/ge *f.,* -, -n, Saiteninstrument
gei/gen *intr.,* Geige spielen
Gei/gen/bau/er *m.,* -s, -
Gei/gen/kas/ten *m.,* -s, -kästen, Koffer für Geigen
Gei/gen/sai/te *f.,* -, -n
Gei/ger *m.,* -s, -
Gei/ge/rin *f.,* -, -nen
Gei/ger/zäh/ler *m.,* -s, -, Messgerät für radioaktive Strahlen
geil 1. wollüstig, 2. toll
Geil/heit *f.,* *nur Sg.* Wollust
Gei/sel *f.,* -, -n, Mensch als Pfand bei Verbrechen
Gei/sel/dra/ma *n.,* -s, -dramen
Gei/sel/nah/me *f.,* -, -n
Gei/sel/neh/mer *m.,* -s, -
Gei/sha [Japan.] *f.,* -, -s, Unterhalterin im Teehaus
Gei/son [griech.] *n.,* -s, -s, Kranzgesims als Abschluss eines antiken Giebels
Geiß [süddt.] *f.,* -, -en, Ziege, die sieben Geißlein
Geiß/bart *m.,* -[e]s, -bärte
Geiß/bock *m.,* -s, -böcke
Gei/ßel *f.,* -, -n, Peitsche
Gei/ßel/bru/der *m.,* -s, -brüder, öffentlicher Büßer

gei/ßeln *tr.* 1. peitschen, 2. scharf verurteilen
Gei/ßel/tier/chen *n., -s, -,* Einzeller
Gei/ße/lung *f., -, -en*
Geist *m., -es, -er,* 1. Verstand, 2. Witz, 3. Gesinnung, 4. Genie, 5. Gespenst
Geis/ter/bahn *f., -, -en,* Schaustellerbetrieb
Geis/ter/fah/rer *m., -s, -,* Person, die auf der falschen Seite der Autobahn fährt
geis/ter/haft wie ein Gespenst
Geis/ter/hand *f., -, nur Sg.,* wie von Geisterhand: wie von selbst
geis/tern *intr.* spuken, als Gespenst umgehen
Geis/ter/stadt *f., -, -städte,* verlassene Stadt
Geis/ter/stun/de *f., -, nur Sg.,* Zeit von Mitternacht bis ein Uhr nachts
geis/tes/ab/we/send unaufmerksam
Geis/tes/ab/we/sen/heit *f., -, nur Sg.,* Unaufmerksamkeit
Geis/tes/blitz *m., -es, -e,* plötzlicher Einfall
Geis/tes/ge/gen/wart *f., -, nur Sg.,* schnelles Reaktionsvermögen
geis/tes/ge/gen/wär/tig aufmerksam, blitzschnell
Geis/tes/ge/schich/te *f., -, nur Sg.* Kulturgeschichte
geis/tes/ge/stört
Geis/tes/ge/stör/te *Pl.*
geis/tes/krank mental gestört
Geis/tes/kran/ke *Pl.*
Geis/tes/wis/sen/schaft *f., -, -en,* Kulturwissenschaft
geis/tig den Geist betreffend
Geis/tig/keit *f., -, nur Sg.*
geis/tig-see/lisch nicht körperlich

geist/lich kirchlich, nicht weltlich
Geist/li/che *m., -n, -n,* Pfarrer
Geist/lich/keit *f., -, nur Sg.,* Gesamtheit aller Pfarrer, Bischöfe, Mönche usw.
geist/reich niveauvoll, witzig
Geiz *m., -es, nur Sg.,* Knauserigkeit
gei/zen *intr.,* knausern
Geiz/hals *m., -es, -hälse,* geiziger Mensch
gei/zig
Geiz/kra/gen *m., -s, -,* geiziger Mensch
Ge/jauch/ze *n., -s, nur Sg.,* Jubel
Ge/jau/le *n., -s, nur Sg.,* Heulen (Hund)
Ge/kei/fe *n., -s, nur Sg.,* Schimpfen
Ge/kläff *n., -s, nur Sg.,* Bellen
Ge/klim/per *n., -s, nur Sg.,* misstönende Musik
Ge/klüft *n., -[e]s, -e,* Schlucht
Ge/kra/kel *n., -s, nur Sg.,* schlechte Handschrift
Ge/kreisch *n., -es, nur Sg.,* Geschrei
Ge/krit/zel *n., -s, nur Sg.,* schlecht lesbare Schrift
Ge/krö/se *n., -s, -,* Innereien
Gel *n., -s, -e,* Abk. für Gelatine, Haargel
Ge/la/ber *n., -s, nur Sg.,* dummes Gerede
Ge/läch/ter *n., -s, nur Sg.,* Lachen
ge/lack/mei/ert ugs. für: betrogen
Ge/lack/mei/er/te *m., -n, -n*
ge/la/den 1. eingeladen, 2. beladen, 3. ugs. für: wütend
Ge/la/ge *n., -s, -,* Fest, das

vor allem aus Essen und Trinken besteht
ge/lähmt bewegungsunfähig
Ge/lähm/te *m., -n, -n*
Ge/lähmt/heit *f., -, nur Sg.*
Ge/län/de *n., -s, -,* Gebiet, Landstück
Ge/län/de/fahr/zeug *n., -s, -e,* nicht auf befestigte Straßen angewiesenes Fahrzeug
ge/län/de/gän/gig für das Gelände geeignet
Ge/län/de/lauf *m., -[e]s, -läufe,* Querfeldein-Lauf
Ge/län/de/marsch *m., -[e]s, -märsche*
Ge/län/de/ü/bung *f., -, -en*
Ge/län/der *n., -s, -,* 1. Handlauf, 2. Brüstung
ge/lan/gen *intr.,* erreichen
Ge/las/ma [griech], *-s, -mata,* Lachkrampf
ge/las/sen ruhig, gefasst
Ge/las/sen/heit *f., -, nur Sg.*
Ge/la/ti/ne [französ.] *f., -, -n,* Gallert aus Knochen
ge/la/ti/ne/ar/tig wie Gelatine
Ge/la/ti/ne/blatt *n., -s, -blätter*
ge/la/ti/nie/ren *tr.* Gelatine zubereiten
ge/la/ti/nös wie Gelatine
ge/läu/fig gebräuchlich
Ge/läu/fig/keit *f., -, nur Sg.*
ge/launt gestimmt
gelb Farbe: gelbe Tulpen, gelb machen: färben
Gelb/fie/ber *n., -, nur Sg.* Tropenkrankheit
gelb/grün gelblich grün
gelb/lich leicht gelb, blassgelb
Gelb/sucht *f., -, nur Sg.,* Leberkrankheit
gelb/süch/tig mit Gelbsucht
Gelb/wurst *f., -, -würste,* Wurstsorte

Geld *n., -es, -er,* Währung, Zahlungsmittel
Geld/a/del *m., -s, nur Sg.,* durch Reichtum einflussreiche Bevölkerungsschicht
Geld/au/to/mat *m., -en, -en,* Bankautomat
Geld/beu/tel *m., -s, -,* Portemonnaie
Geld/ge/ber *m., -s, -,* Sponsor
geld/gie/rig
Geld/hahn *m., -s, -hähne,* Geldquelle
geld/lich
Geld/po/li/tik *f., -, nur Sg.,* Kontrolle der umlaufenden Geldmenge
Geld/quel/le *f., -, -n*
Geld/sack *m., -[e]s, -säcke,* ugs. für: reiche Person
Geld/schrank *m., -s, -schränke*
Geld/sor/gen *nur Pl.*
Geld/stra/fe *f., -, -n*
Geld/um/lauf *m., -s, -läufe,* Geldkreislauf
Geld/wech/sel *m., -s, -*
Geld/wirt/schaft *f., -, -en*
ge/leckt ugs. für: sehr sauber
Ge/lee [französ.] *m.* oder *n., -s, -s,* schnittfest eingedickter Fruchtsaft
Ge/lée ro/yale [französ.] Futtersaft für die Bienenkönigin, auch als Stärkungsmittel
Ge/lee/zu/cker *m., -s, nur Sg.,* Zucker zur Herstellung von Gelee
Ge/le/ge *n., -s, -,* gelegte Eier
ge/le/gen 1. liegend, 2. passend
Ge/le/gen/heit *f., -, -en,* Möglichkeit
Ge/le/gen/heits/ar/bei/ter *m., -s, -*
Ge/le/gen/heits/ar/beite/rin *f., -, -nen*
Ge/le/gen/heits/kauf *m., -s, -käufe*
ge/le/gent/lich manchmal
ge/leh/rig lernfähig
Ge/leh/rig/keit *f., -, nur Sg.,* Lernfähigkeit
ge/lehr/sam lernwillig
ge/lehrt gebildet
Ge/lehr/te *m.* oder *f., -n, -n*
Ge/lehrt/heit *f., -nur Sg.*
Ge/lei/er *n., -s, nur Sg.,* eintöniger Klang
Ge/lei/se oder auch: **Gleis** *n., -s, -,* Eisenbahnschienen
Ge/leit *n., -[e]s, -e,* 1. Einführung, 2. schützende Begleitung
ge/lei/ten *tr.* begleiten
Ge/leit/schutz *m., -es, nur Sg.*
Ge/leit/wort *n., -es, -e,* einführendes Grußwort
Ge/lenk *n., -s, -e,* bewegliche Knochenverbindung
Ge/lenk/ent/zün/dung *f., -, -en*
ge/len/kig beweglich
Ge/len/kig/keit *f., -, nur Sg.,* Beweglichkeit
Ge/lenk/kap/sel *f., -, -n*
Ge/lenk/rheu/ma/tis/mus *m., -, -men*
Ge/lenk/wel/le *f., -, -n,* Kardanwelle
Ge/lieb/te *m.* oder *f., -n, -n,* Freund[in]
ge/lie/fert auch ugs. für: verloren
ge/lie/ren 1. *tr.* Gelee herstellen, 2. *refl.* zu Gelee werden
Ge/lier/zu/cker *m., -s, nur Sg.,* Zucker zur Herstellung von Gelee
ge/lin/de oder auch: **gelind** 1. mild, 2. vorsichtig
ge/lin/gen *intr.* glücken
Ge/lin/gen *n., -, nur Sg.*
gell? oder auch: **gelle?** oder auch: **gelt?** [Interj.] ugs. für: nicht wahr?
gel/len *intr.* schallen
ge/lo/ben *intr.* versprechen, schwören
Ge/löb/nis *n., -ses, -se,* Vereidigung
ge/löst entspannt
Ge/löst/heit *f., -, nur Sg.*
Ge/lot/rip/sie oder auch: **Ge/lo/trip/sie** [griech.-lat.] *f., -, -n,* Punktmassage zur Entspannung verhärteter Muskeln
gel/ten *intr.* 1. wert sein, 2. für etwas gehalten werden, geltend machen, gelten lassen
Gel/tend/ma/chung *f., -, -en,* Anspruchstellung
Gel/tung *f., -, -en,* 1. Wirksamkeit, Einfluss, 2. Gültigkeit
Gel/tungs/be/dürf/nis *n., -ses, -se,* Profilneurose
Gel/tungs/be/reich *m., -[e]s, -e*
Ge/lüb/de *n., -s, -,* Versprechen, Eid
Ge/lüs/te oder auch: **Gelüst** *n., -s, -,* Verlangen, Wunsch
ge/lüs/ten *intr.,* Verlangen verspüren
gem. Abk. für gemäß
GEMA oder auch: **Ge/ma** *f., -, nur Sg.,* Abk. für Gesellschaft für musikalische Aufführungs- und mechanische Vervielfältigungsrechte
Ge/mach *n., -s, -mächer,* veralt. für: Zimmer
ge/mäch/lich ruhig, langsam
Ge/mäch/lich/keit *f., nur Sg.*
Ge/mahl *m., -s, -e,* Ehemann
Ge/mah/lin *f., -, -nen,* Ehefrau

Ge/mäl/de *n.*, -s, -, gemaltes Bild
Ge/mäl/de/aus/stel/lung *f.*, -, -en
Ge/mäl/de/samm/lung *f.*, -, -en
Ge/ma/ra [aramä.] *f.*, -, *nur Sg.* zweiter Teil des Talmuds
ge/ma/sert mit Holzmuster
ge/mäß entsprechend, gemäß der Verordnung, standesgemäß, zeitgemäß
ge/mä/ßigt in Maßen, zurückhaltend
Ge/mäu/er *n.*, -s, Mauerwerk
Ge/mau/schel *n.*, -s, *nur Sg.* ugs. für: 1. Tuschelei, 2. Schieberei
Ge/me/cker *n.*, -s, *nur Sg.*, Nörgeln
Ge/me/cke/re *n.*, -s, *nur Sg.*, Nörgeln
ge/mein 1. bösartig, 2. ordinär, das Gemeinste, aufs gemeinste
Ge/mein/de *f.*, -, -n, 1. Kommune, 2. Pfarrei
Ge/mein/de/amt *n.*, -es, -ämter
ge/mein/de/ei/gen
Ge/mein/de/ord/nung *f.*, -, -en
Ge/mein/de/rat *m.*, -s, -räte
Ge/mein/de/rä/tin *f.*, -, -nen
Ge/mein/de/steu/er *f.*, -, -n
Ge/mein/de/wahl *f.*, -, -en
Ge/mein/de/zent/rum *n.*, -s, -ren
ge/meind/lich
Ge/mei/ne *n.*, -n, *nur Sg.*, 1. Gemeinheit, 2. Gemeinsamkeit
Ge/mein/ei/gen/tum *n.*, -s, -tümer
Ge/mein/ge/fähr/lich bedrohend für alle
Ge/mein/ge/fähr/lich/keit *f.*, -, *nur Sg.*, Gefahr für die Allgemeinheit
Ge/mein/heit *f.*, -, -en, Bosheit
ge/mein/hin für gewöhnlich
ge/mein/nüt/zig von Nutzen für alle
Ge/mein/nüt/zig/keit *f.*, -, *nur Sg.*
ge/mein/sam zusammen
Ge/mein/sam/keit *f.*, -, -en, Übereinstimmung
Ge/mein/schaft *f.*, -, -en, Gruppe
Ge/mein/schaft/lich zusammen
Ge/mein/schafts/geist *m.*, -es, *nur Sg.*, Zusammengehörigkeitsgefühl
Ge/mein/schafts/raum *.*, -es, -räume
Ge/mein/sinn *m.*, -s, *nur Sg.*, Verständnis für die Allgemeinheit
ge/meint gedacht, beabsichtigt, ein gut gemeinter Versuch
ge/mein/ver/ständ/lich leicht zu verstehen
Ge/mein/we/sen *n.*, -s, -, Zusammenleben im Staat
Ge/mein/wohl *n.*, -s, *nur Sg.*, Wohlergehen der gesamten Bevölkerung
Ge/men/ge *n.*, -s, -, Mischung, Durcheinander
ge/mes/sen in würdiger Ruhe
Ge/mes/sen/heit *f.*, -, *nur Sg.*
Ge/met/zel *n.*, -s, -, Blutbad
Ge/mi/na/te [lat.] *f.*, -, -n, doppelt oder lang gesprochener Konsonant
Ge/mi/na/ti/on *f.*, -, -en, Bildung der Geminate
ge/mi/nie/ren *intr.* die Geminate bilden
Ge/misch *n.*, -[e]s, -e, Mischung
ge/mischt durcheinander
Ge/mischt/bau/wei/se *f.*, -, -n
ge/mischt/spra/chig
Ge/mischt/wa/ren/hand/lung *f.*, -, -en
Gem/me [italien.] *f.*, -, -n, Schmuckstein mit eingeschnittenem Bild
gem/mo/lo/gisch [griech.-lat.] die Edelsteinkunde betreffend
Gem/mos/kop oder auch: **Gem/mo/skop** *n.*, -s, -e, Mikroskop mit zwei Okularen zum Untersuchen von Edelsteinen
Gem/mu/la [lat.] *f.*, -, -lae, widerstandsfähiger Fortpflanzungskörper der Schwämme
Ge/mun/kel *n.*, -s, *nur Sg.* Klatsch
Ge/mur/mel *n.*, -s, *nur Sg.*, Flüstern
Ge/mü/se *n.*, -s, -, essbare Pflanzen
Ge/mü/se/an/bau *m.*, -s, *nur Sg.*
Ge/mü/se/beet *n.*, -s, -e, Gartenstück zum Gemüseanbau
Ge/mü/se/gar/ten *m.*, -s, -gärten
Ge/mü/se/händ/ler *m.*, -s, -
Ge/mü/se/händ/le/rin *f.*, -, -nen
Ge/mü/se/sup/pe *f.*, -, -n
ge/mus/tert mit Muster
Ge/müt *n.*, -[e]s, -er, 1. Seelenleben, 2. Charakter
ge/müt/lich behaglich
Ge/müt/lich/keit *f.*, -, -en, Behaglichkeit
ge/müts/arm gefühlsarm
Ge/müts/art *f.*, -, -en, Charaktertyp
Ge/müts/be/we/gung *n.*, -, -en, starkes Gefühl

Ge/müts/krank/heit *f.*, -, -en, Depression
Ge/müts/mensch *m.*, -en, -en, gefühlsbetonter Mensch
Ge/müts/ru/he *f.*, -, *nur Sg.*, Unerschütterlichkeit
ge/müt/voll gefühlvoll
gen. Abk. für genannt
Gen [griech.] *n.*, -s, -e, Träger der Erbinformation
Gen. Abk. für 1. Genitiv, 2. Genossenschaft
ge/nant [französ.] peinlich berührt
ge/nau 1. exakt, 2. gründlich, 3. stimmt! aufs Genaueste, etwas genau nehmen, Genaues erfahren
ge/nau/ge/nom/men oder auch: **ge/nau ge/nom/men** eigentlich
Ge/nau/ig/keit *f.*, -, -en, Exaktheit
ge/nau/so ebenso, genauso gut, genauso oft
Gen/bank *f.*, -, -en, Aufbewahrungsort für organisches Erbmaterial
Gen/darm [französ.] *m.*, -en, -en, Polizist
Gen/dar/me/rie *f.*, -, *nur Sg.*
Ge/ne/a/lo/ge *m.*, -n, -n
Ge/ne/a/lo/gie *f.*, -, -n, Stammbaumforschung, Familienkunde
Ge/ne/a/lo/gin *f.*, -, -nen
ge/ne/a/lo/gisch
ge/nehm angenehm, recht
ge/neh/mi/gen *tr.*, bewilligen
Ge/neh/mi/gung *f.*, -,-en
ge/neh/mi/gungs/pflich/tig
ge/neigt wohlgesinnt
Ge/neigt/heit *f.*, -, -en
Ge/ne/ral [lat.] *m.*, -s, -e oder -räle, Offizier
Ge/ne/ral... Allgemein..., Haupt...

Ge/ne/ral/ab/so/lu/tion *f.*, -, -en, völliger Sündenerlass
Ge/ne/ral/a/gent *m.*, -en, -en
Ge/ne/ral/an/griff *m.*, -s, -e
Ge/ne/ra/lat *n.*, -s, -e, Generalswürde
Ge/ne/ral/be/voll/mäch/tig/te *m.* oder *f.*, -n, -n
Ge/ne/ral/di/rek/tor *m.*, -s, -en
Ge/ne/ral/di/rek/to/rin *f.*, -, -nen
Ge/ne/ral/gou/ver/neur *m.*, -s, -e
Ge/ne/ral/gou/ver/neu/rin *f.*, -, -nen
Ge/ne/ral/in/ten/dant *m.*, -en, -en
Ge/ne/ral/in/ten/dan/tin *f.*, -, -nen
Ge/ne/ra/li/sa/ti/on *f.*, -, -en, Verallgemeinerung
ge/ne/ra/li/sie/ren *tr.* verallgemeinern
Ge/ne/ra/li/sie/rung *f.*, -, -en
Ge/ne/ra/list *m.*, -en, -en, Grossist
Ge/ne/ra/li/tät *f.*, -, -en, alle Generäle eines Staates
ge/ne/ra/li/ter im Allgemeinen
Ge/ne/ra/lis/si/mus [ital.-lat.] *m.*, -, -mi, Höchstkommandierender mit Regierungsgewalt
Ge/ne/ral/kon/su/lat *n.*, -s, -e
Ge/ne/ral/leut/nant *m.*,-s, -s
Ge/ne/ral/ma/jor *m.*, -s, -e
Ge/ne/ral/pro/be *f.*, -, -n, letzte Theaterprobe vor der Premiere
Ge/ne/ral/sek/re/tär oder auch: **Ge/ne/ralse/kre/tär** [französ.] *m.*, -s, -e, Geschäftsführer einer Partei oder eines Wirtschaftsver-

bandes
Ge/ne/ral/sek/re/tä/rin oder auch:
Ge/ne/ralse/kre/tä/rin [französ.] *f.*, -, -nen, Geschäftsführerin einer Partei oder eines Wirtschaftsverbandes
Ge/ne/rals/rang *m.*, -s, -ränge
Ge/ne/ral/staats/an/walt *m.*, -s, -wälte
Ge/ne/ral/staats/an/wäl/tin *f.*, -, -nen
Ge/ne/ral/streik *m.*, -s, -s, landesweiter Streik
ge/ne/ral/ü/ber/ho/len *tr.* gründlich ausbessern
Ge/ne/ral/ü/ber/ho/lung *f.*, -, -en
Ge/ne/ral/ver/tre/ter *m.*, -s, -
Ge/ne/ra/ti/a/nis/mus [lat.] *m.*, -, *nur Sg.*, altchristliche Vorstellung, dass die Seele bei der Empfängnis entsteht
Ge/ne/ra/ti/on [lat.] *f.*, -,-en, 1. Menschenalter, 2. Geschlechterfolge
Ge/ne/ra/ti/ons/kon/flikt *m.*, -s, -e, Verständnisprobleme zwischen Angehörigen verschiedener Lebensabschnitte
ge/ne/ra/tiv [lat.] 1. die Fortpflanzung betreffend, 2. korrekte Sätze erzeugend, generative Semantik
Ge/ne/ra/tor *m.*, -s, -en, Stromerzeuger
ge/ne/rell allgemein
ge/ne/rie/ren *tr.*, hervorbringen
Ge/ne/rie/rung *f.*, -, -en, Erzeugung
Ge/ne/ri/kum [lat.-französ.-engl.] *n.*, -s, -ka, mit chemischer Kurzbezeichnung benannte Billigkopie

eines Markenarzneimittels
ge/ne/risch das Genus betreffend
ge/ne/rös großzügig
Ge/ne/ro/si/tät *f., -, -en*
Ge/ne/se *f., -, -n*, Erzeugung, Entstehung
ge/ne/sen *intr.* gesund werden
Ge/ne/sung *f., -, -en*
Ge/ne/sungs/wun/sch *m., -[e]s, -wünsche*
Ge/ne/sis *f., -, nur Sg.* biblische Schöpfungsgeschichte
Ge/ne/tic En/gi/nee/ring [engl.] *n., - -, nur Sg.* Genmanipulation
Ge/ne/tik [griech.] *f., -, nur Sg.*, Vererbungslehre
Ge/ne/ti/ker *m., -s, -*
Ge/ne/ti/ke/rin *f., -, -nen*
ge/ne/tisch
Ge/net/te [arab.-französ.] *f., -, -n*, Ginsterkatze
Ge/ne/ver [niederl.] *m., -s, -*, Wacholderschnaps
ge/ni/al [lat.] hochbegabt
ge/ni/a/lisch
Ge/ni/a/li/tät *f., -, -en*
Ge/nie *n., -s, -s*, schöpferisch begabter Mensch
Ge/nie/streich *m., -s, -e*, großartige Leistung
Ge/nick *n., -s, -e*, Nacken
Ge/nick/schuß > **Ge/nick/schuss** *m., -es, -schüsse*
Ge/nick/star/re *f., -, nur Sg.*
Ge/nie/korps [schweiz.-französ.] *n., -, -*, Pioniertruppe
ge/nie/ren [französ.] *refl.*, sich schämen
ge/nieß/bar essbar
Ge/nieß/bar/keit *f., -, nur Sg.* Essbarkeit
ge/nie/ßen *intr.* schwelgen, schlemmen
Ge/nie/ßer *m., -s, -*

ge/nie/ße/risch
Ge/ni/sa [hebr.] Aufbewahrungsraum in der Synagoge
ge/ni/tal [lat.] die Geschlechtsorgane betreffend
Ge/ni/ta/li/en *nur Pl.* Geschlechtsorgane
Ge/ni/ta/li/tät [lat.] *f., -, nur Sg.*, Stufe der Sexualentwicklung nach Freud
Ge/ni/tiv oder auch: **Ge/ne/tiv** [lat.] *m., -s, -e*, in der Grammatik: Wesfall, zweiter Fall
ge/ni/ti/visch
Ge/ni/tiv/ob/jekt *n., -[e]s, -e*, Ergänzung eines Verbs im zweiten Fall
Ge/ni/us [lat.] *m., -, -nien*, 1. Schutzgeist, 2. Genie
Gen/ma/ni/pu/la/ti/on [griech.-lat.] *f., -, -en*, gezielte Veränderung des Erbmaterials in der Gentechnologie
Gen/mu/ta/ti/on *f., -, -en*, spontane Veränderung des Erbguts
Ge/nom [griech.] *n., -s, -e*, gesamtes Erbgut eines Lebewesens
Ge/nom/a/na/ly/se *f., -, -n*, Entschlüsselung der Erbinformation
Ge/nos/se *m., -n, -n*, Gesinnungsgefährte
Ge/nos/sen/schaft *f., -, -en*, Zusammenschlüsse zur Selbsthilfe, z. B. von Bauern
Ge/nos/sen/schaft/ler *m., -s, -*
Ge/nos/sen/schaft/le/rin *f., -, -nen*
ge/nos/sen/schaft/lich
Ge/nos/sen/schafts/bank *f., -, -en*, Geldinstitut, das vielen Kleininvestoren gemeinsam gehört
Ge/no/typ [griech.] *m., -s,*

-en, alle Erbanlagen in den Chromosomen
ge/no/ty/pisch
Ge/no/ty/pus *m., -, -typen*, Genotyp
Ge/no/zid *m., -s, -e*, Völkermord
Gen/pool *m., -s, -s*, alle Gene der Lebewesen eines Lebensraums
Gen/re [französ.] *n., -s, -s*, Art, Wesen, Stimmung
Gen/re/bild *n., -es, -er*
gen/re/haft
Gen/re/ma/le/rei *f., -, -en*
Gen/ro [japan.] *m., -, nur Sg.*, vom japanischen Kaiser gegründeter Staatsrat
Gens [lat.] *f., -, Gentes*, römische Sippe
Gent [engl.] *m-, -s, -s*, Modenarr
Gen/tech/no/lo/gie *f., -, -n*, Herstellung und Vermarktung genetisch manipulierter Bakterien, Pflanzen und Tiere
Gen/ti/a/na [lat.] *f., -, nur Sg.*, Enzian als Heilpflanze
Gen/ti/len [lat.] *nur Pl.* die Angehörigen der altrömischen Gentes
Gen/til/hom/me [französ.] *m., -s, -s*, Edelmann, Gentleman
Gent/le/man oder auch: **Gentle/man** [engl.] *m., -s, -men*, vornehmer Mann
gent/le/man/like wie ein Gentleman
Gent/le/man's A/gree/ment oder auch: **Gentle/man's Ag/reement** oder auch: **Gent/lemen's A/gree/ment** [engl.] *n., - -, - -s*, Vereinbarung auf Treu und Glauben
Gent/ry oder auch: **Gen/try** [französ.-engl.] *f.,*

Geozoologie

-, *nur Sg.*, niederer englischer Adel
Ge/nua *f., -, nur Sg.*, großes Vorsegel
ge/nug genügend, reich genug, sich genugtun, genug essen
ge/nü/gen *intr.* ausreichen
ge/nü/gend ausreichend
ge/nüg/sam anspruchslos
Ge/nüg/sam/keit *f., -, -en*, Anspruchslosigkeit
Ge/nug/tu/ung *f., -, -en*, 1. Befriedigung, 2. Vergeltung
ge/nu/in [lat.] angeboren, natürlich
Ge/nus [lat.] *n., -, -nera*, Gattung, Geschlecht
Ge/nuß > **Ge/nuss** *m., -es, -nüsse*, Schwelgen
ge/nuß/freu/dig > **genuss/freu/dig**
ge/nüß/lich > **genüss/lich**
Ge/nüß/ling > **Genüss/ling** *m., -s, -e*, Genießer
Ge/nuß/mit/tel > **Genussmit/tel** *n., -s, -*
Ge/nuß/sucht > **Genusssucht** *f., -, nur Sg.*
ge/nuß/süch/tig > **genuss/süch/tig**
ge/nuß/voll > **genuss/voll**
Ge/nus Ver/bi [lat.] *n., - -, -nera -*, Aktionsform des Verbs, Aktiv und Passiv
Ge/o/bi/o/lo/gie [griech.] *f., -, nur Sg.*, Wissenschaft vom Lebewesen in seiner Umgebung
Ge/o/bi/ont *m., -en, -en*, Lebewesen im Erdboden
Ge/o/bo/ta/nik *f., -, nur Sg.*, Wissenschaft von der Verbreitung der Pflanzen auf der Erde
Ge/o/dä/sie [griech.] *f., -, nur Sg.*, Vermessungskunde
Ge/o/dät *m., -en, -en*, Landvermesser
Ge/o/dä/tin *f., -, -nen*, Landvermesserin
Ge/o/de *f., -, -n*, Ausfüllung eines Hohlraums im Gestein
Ge/o/drei/eck *n., -s, -e*, Zeichengerät
Ge/o/ge/ne/se *f., -, nur Sg.*, Wissenschaft von der Erdentstehung
Ge/o/ge/nie *f., -, nur Sg.*, Geogenese
Ge/o/go/nie *f., -, nur Sg.*, Geogenese
Ge/o/graph *(Nf.)* auch:
Ge/o/graf *(Hf.) m., -en, -en*, Erdkundler
Ge/o/gra/phie *(Nf.)* auch:
Ge/o/gra/fie *(Hf.) f., -, nur Sg.*, Erdkunde
Ge/o/graphin *(Nf.)* auch:
Ge/o/gra/fin *(Hf.) f., -, -nen*, Erdkundlerin
ge/o/gra/phisch *(Nf.)* auch:
ge/o/gra/fisch *(Hf.)* erdkundlich
Ge/o/id *n., -s, -e*, leicht abgeplattete Kugel, Form der Erde
Ge/o/lo/ge *m., -en, -en*, Erdgeschichtler
Ge/o/lo/gie *f., -, nur Sg.*, Wissenschaft von der Erdgeschichte
Ge/o/lo/gin *f., -, -nen*, Erdgeschichtlerin
ge/o/lo/gisch erdgeschichtlich
Ge/o/man/tie *f., -, nur Sg.*, Vorhersagung durch Beobachtung und Vermessung der Erde
Ge/o/man/tik *f., -, nur Sg.*, Geomantie
Ge/o/met/rie oder auch:
Ge/o/me/trie *f.*, Raumlehre als Teil der Mathematik
ge/o/met/risch oder auch:
ge/o/me/trisch
Ge/o/mor/pho/lo/gie *f., -, nur Sg.*, Wissenschaft von den Formen der Erdkruste
Ge/o/nym *n., -s, -e*, Pseudonym in Anlehnung an eine geografische Bezeichnung
Ge/o/phy/sik *f., -, nur Sg.*, Wissenschaft von den physikalischen Eigenschaften der Erde
Ge/o/plas/tik *f., -, -en*, räumliche Darstellung der Erdoberfläche
Ge/o/po/li/tik *f., -, nur Sg.*, Wissenschaft von den Beziehungen zwischen Politik und geografischen Gegebenheiten
Ge/or/gi/en GUS-Staat
Ge/or/gi/er *m., -s, -s*, Einwohner Georgiens
ge/or/gisch
Ge/o/ta/xis *f., -, -taxen*, Orientierung der Bewegung von Tieren oder Pflanzen an der Richtung der Schwerkraft
Ge/o/the/ra/pie *f., -, -n*, Heilbehandlung durch Klimawechsel
ge/o/ther/misch die Erdwärme betreffend
ge/o/trop durch Geotropismus bewirkt
Ge/o/tro/pis/mus *m., -, nur Sg.*, von der Schwerkraft bestimmte Wachstumsrichtung bei Pflanzen
Ge/o/wis/sen/schaf/ten *nur Pl.*, alle Wissenschaften, die die Erde erforschen
ge/o/zent/risch oder auch:
ge/o/zen/trisch die Erde als Mittelpunkt betrachtend
Ge/o/zo/o/lo/gie *f., -, nur Sg.*, Wissenschaft von der Verteilung der Tiere auf der Erde

ge/o/zyk/lisch oder auch: **ge/o/zy/klisch** den Umlauf der Erde betreffend
Ge/päck *n.*, -s, *nur Sg.*, Reiseausrüstung
Ge/päck/ab/fer/ti/gung *f.*, -, -en
Ge/päck/auf/be/wah/rung *f.*, -, -en
Ge/päck/netz *n.*, -es, -e
Ge/päck/stück *n.*, -s, -e
Ge/päck/trä/ger *m.*, -s, -
Ge/pard [französ.] *m.*, -s, -en, Raubkatze
ge/pfef/fert ugs. auch: 1. derb, 2. sehr teuer
ge/pflegt in gutem Zustand
Ge/pflegt/heit *f.*, -, *nur Sg.*
Ge/pflo/gen/heit *f.*, -, -en, Brauchtum, Gewohnheit
Ge/phy/ro/pho/bie [griech.-lat.] *f.*, -, -n, Angst vor Brücken
Ge/plän/kel *n.*, -, Wortgefecht
Ge/plärr oder auch: **Ge/plär/re** *n.*, -s, -en, *nur Sg.*, Geschrei
Ge/pol/ter *n.*, -s, *nur Sg.*, 1. Krach, 2. Schimpfen
Ge/prä/ge *n.*, -, *nur Sg.*, Stil, Prägung
Ge/prän/ge *n.*, -s, *nur Sg.*, Prunk
ge/punk/tet mit Punktmuster
Ge/quas/sel *n.*, -s, *nur Sg.*, ugs. Geschwätz
Ge/quen/gel *n.*, -s, *nur Sg.*, ständiges Klagen
Ger *m.*, -s, -e, Wurfspieß
ge/ra/de 1. nicht gebogen, 2. waagerecht, gerade halten, gerade stehen, 3. soeben, genau, knapp, besonders
Ge/ra/de *f.*, -, -n, nicht krumme Linie
ge/ra/de/aus ohne Kurve

ge/ra/de/bie/gen *tr.*, wieder einrenken
ge/ra/de/he/raus freimütig
ge/rä/dert ugs.: erschöpft
ge/ra/de/so ebenso
ge/ra/de/ste/hen *intr.*, für etwas einstehen
ge/ra/de/wegs ohne Umweg
ge/ra/de/zu tatsächlich
Ge/rad/heit *f.*, -, *nur Sg.*, Geradesein
ge/rad/läu/fig
ge/rad/li/nig wie eine gerade Linie
Ge/rad/li/nig/keit *f.*, -, *nur Sg.*
ge/rad/sin/nig
ge/ram/melt überfüllt
Ge/ran/gel *n.*, -, *nur Sg.*, Streit
Ge/ra/nie [griech.] *f.*, -, -n, Zierpflanze
Ge/ran/ke *n.*, -s, *nur Sg.*, Rankenwerk
Ge/rant [schweiz.-französ.] *m.*, -en, -en, Geschäftsführer
Ge/ran/tin [schweiz.-französ.] *f.*, -, -nen, Geschäftsführerin
Ge/rät *n.*, -s, -e, Werkzeug, Maschine
ge/ra/ten 1. *intr.*, gelingen, gelangen, 2. ratsam
Ge/rä/te/schup/pen *m.*, -s, -
Ge/rä/te/tur/nen *n.*, -s, *nur Sg.*, Turnen mit Hilfsgeräten
Ge/ra/te/wohl *n.*, -, *nur Sg.*, aufs Geratewohl: auf gut Glück
Ge/räu/cher/te *n.*, -n, -n, 1. *nur Sg.*, geräucherter Speck oder Schinken, 2. *auch Pl.*, Würstchensorte
ge/raum geraume Zeit: längere Zeit
ge/räu/mig groß, viel Platz
Ge/räu/mig/keit *f.*, -, *nur Sg.*, Größe

Ge/räusch *n.*, -es, -e, Laut
ge/räusch/arm leise
ge/räusch/emp/find/lich
Ge/räusch/ku/lis/se *f.*, -, -n, Hintergrundgeräusche
ge/räusch/los still
Ge/räusch/lo/sig/keit *f.*, -, *nur Sg.*, Stille
Ge/räusch/pe/gel *m.*, -s, -n, Lautstärke
ge/räusch/voll laut
ger/ben *tr.*, zu Leder verarbeiten
Ger/ber *m.*, -s, -n, Lederhersteller
Ger/be/ra *f.*, -oder -s, Schnittblume
Ger/be/rei *f.*, -, -en, Betrieb zur Lederherstellung
Ger/be/rin *f.*, -, -nen, Lederherstellerin
Gerb/säu/re *f.*, -, -n
Ger/bung *f.*, -, -en, Lederherstellung
ge/rech/net gezählt, grob gerechnet waren 50 Leute da
ge/recht ausgeglichen, verdient, fair
Ge/rech/tig/keit *f.*, -, -en, ausgeglichene Verteilung von Nutzen und Schaden
Ge/rech/tig/keits/sinn *m.*, -s, *nur Sg.*, Streben nach Gerechtigkeit
Ge/re/de *n.*, -, *nur Sg.*, Geschwätz
ge/reizt 1. ärgerlich, 2. provoziert
Ge/reizt/heit *f.*, -, -en, aggressive Nervosität
Ge/re/nuk [Somali] *m.*, -s, -s, Gazellenart
Ge/ri/a/ter [griech.-lat.] *m.*, -s, -, Altersheilkundler
Ge/ri/a/te/rin [griech.-lat.] *f.*, -, -nen, Altersheilkundlerin
Ge/ri/a/trie *f.*, -, *nur Sg.*,

Altersheilkunde
Ge/ri/a/tri/kum *n.*, -s, -ka, Medikament gegen Altersbeschwerden
Ge/richt *n.*, -s, -e, 1. Mahlzeit, 2. Ort der Rechtsprechung
ge/richt/lich vor Gericht
Ge/richts/bar/keit *f.*, -, *nur Sg.*, Rechtsprechung
Ge/richts/be/schluß > **Ge/richts/be/schluss** *m.*, -es, -schlüsse, Urteil
Ge/richts/hof *m.*, -s, -höfe, höheres Gericht
Ge/richts/me/di/zi/ner *m.*, -s, -, medizinischer Gutachter bei der Verbrechensverfolgung
Ge/richts/me/di/zi/ne/rin *f.*, -, -nen, medizinische Gutachterin bei der Verbrechensverfolgung
Ge/richts/saal *m.*, -s, -säle
Ge/richts/stand *m.*, -es, -stände, Ort des zuständigen Gerichts
Ge/richts/ver/hand/lung *f.*, -, -en, Prozess
Ge/richts/voll/zie/her *m.*, -s, -, staatlicher Schuldeneintreiber
Ge/richts/voll/zie/he/rin *f.*, -, -nen, staatliche Schuldeneintreiberin
ge/rie/ren *refl.*, sich aufführen als
ge/ring klein, unbedeutend, nicht das Geringste: gar nichts, ein Geringes: wenig, nicht im Geringsten: gar nicht, kein Geringerer als de Gaulle, nichts Geringeres als, das Geringste, gering achten, gering schätzen
ge/ring/fü/gig unbedeutend
Ge/ring/fü/gig/keit *f.*, -, -en, Kleinigkeit, Unbedeutsamkeit

ge/ring/schät/zig abfällig, verächtlich
Ge/ring/schät/zung *f.*, -, -en, Missachtung, Verachtung
ge/rings/ten/falls wenigstens
ge/rin/nen *intr.*, 1. stocken, 2. ausflocken, Käse wird aus geronnener Milch hergestellt
Ge/rinn/sel *n.*, -s, -, Propfen aus geronnenem Material, Blutgerinnsel
Ge/rin/nung *f.*, -, -en, Vorgang des Gerinnens
ge/rin/nungs/fä/hig
Ge/rip/pe *n.*, -s, -, Skelett
ge/rippt mit Rippen, gerippter Stoff
ge/ris/sen verschlagen, schlau
Ge/ris/sen/heit *f.*, -, -en, Verschlagenheit
ge/ritzt ugs. für: in Ordnung
Germ [süddt., österr.] *m.*, -[s], *nur Sg.*, Hefe
Germ/knö/del *m.*, -s, -, Hefeknödel
Ger/ma/ne *m.*, -n, -n, Angehöriger einer ehemaligen indoeuropäischen Volksgruppe
Ger/ma/nia *f.*, -, *nur Sg.*, weibliche Allegoriefigur für Deutschland
ger/ma/nisch die Germanen betreffend
ger/ma/ni/sie/ren [nlat.] *tr.*, eindeutschen
Ger/ma/nis/mus [nlat.] *m.*, -, -men, deutsche Spracheigentümlichkeit in einer fremden Sprache
Ger/ma/nist *m.*, -en, -en, Wissenschaftler für deutsche Sprache und Literatur
Ger/ma/nis/tik *f.*, -, *nur*

Geröllhalde

Sg., deutsche Sprach- und Literaturwissenschaft
Ger/ma/nis/tin *f.*, -, -nen, Wissenschaftlerin für deutsche Sprache und Literatur
ger/ma/nis/tisch zur Germanistik gehörend
Ger/ma/ni/um *n.*, -s, *nur Sg.*, chemischer Stoff
ger/ma/no/phil [lat.-griech.] alles Deutsche liebend
ger/ma/no/phob [lat.-griech.] alles Deutsche hassend
ger/mi/nal [lat.] zum Pflanzenkeim gehörig
Ger/mi/nal [lat.-französ.] *m.*, -s, -s, der siebte Monat im Revolutionskalender der Französischen Revolution, 21. März bis 19. April
Ger/mi/na/ti/on [lat.] *f.*, -, -en, Keimbildung bei Pflanzen
Ger/misch [engl.] ugs.: *n.*, -, *nur Sg.*, übermäßig mit Anglizismen oder Amerikanismen durchsetztes Deutsch
gern oder auch: **ger/ne** mit Vorliebe, mit Freude, gern haben: lieb haben, gar zu gern, gern gesehen, allzu gern
Ger/ne/groß *m.*, -, -e, jemand, der gern bedeutender wäre
Ger/ne/klug *m.*, -s, -e, jemand, der sich für klug hält, ohne es zu sein
Ge/ro/der/ma [griech.] *n.*, -s, -mata, welke, schlaffe Haut
Ge/röll *n.*, -s, -e, grober Schotter
Ge/röll/hal/de *f.*, -, -n, Steinbruch für kleine Felsstücke

Ge/röll/schutt *m.*, -s, *nur Sg.*
Ge/ront *m.*, -en, -en, Ältester im griechischen Staat
Ge/ron/to/lo/gie [griech.] *f.*, -, *nur Sg.*, Altersforschung
Gers/te *f.*, -, -n, Getreidesorte
Gers/ten/korn *n.*, -s, -körner, 1. Getreidekorn, 2. Entzündung am Auge
Gers/ten/saft *m.*, -[e]s, -safte
Gers/ten/sup/pe *f.*, -, -n
Ge/ruch *m.*, -s, -rüche, 1. Geruchssinn, 2. Duft
ge/ruch/frei oder auch: **ge/ruchs/frei**
ge/ruch/los
Ge/ruch/lo/sig/keit *f.*, -, -en, Abwesenheit von wahrnehmbarem Geruch
Ge/ruchs/be/läs/ti/gung *f.*, -, -en, Aussenden unangenehmer Gerüche
Ge/ruchs/fil/ter *m.*, -s, -, Hilfsmittel gegen unangenehme Gerüche
Ge/ruchs/or/gan *n.*, -s, -e, Riechorgan, Nase
Ge/ruchs/ver/mö/gen *n.*, -s, -, Riechfähigkeit
Ge/rücht *n.*, -s, -e, Klatsch
Ge/rüch/te/kü/che *f.*, -, -n, Klatschen
Ge/rüch/te/ma/cher *m.*, -s, -, jemand, der schlecht über andere redet
ge/rüch/te/wei/se als Gerücht, unbestätigt
ge/rührt 1. bei Speisen und Getränken: umgerührt, 2. bei Menschen: bewegt, erschüttert
ge/ruh/sam ruhig, gemütlich
Ge/ruh/sam/keit *f.*, -, *nur Sg.*, Behäbigkeit
Ge/rüm/pel *n.*, -s, *nur Sg.*, alter Kram

Ge/rund *n.*, -s, -dien, Gerundium
Ge/run/di/um *n.*, -s, -dien, Beugungsform des Infinitivs
Ge/run/div [lat.] *n.*, -s, -e, die Notwendigkeit ausdrückende grammatische Form
ge/run/di/visch wie ein Gerundiv, das Gerundiv betreffend
Ge/run/di/vum *n.*, -s, -va, Partizip Passiv des Futur, ein zu Prüfendes, ein zu Gebärender
Ge/ru/sia [griech.] *f.*, -, *nur Sg.*, Ältestenrat
Ge/rüst *n.*, -s, -e, Stütz- oder Arbeitsgestell
Ger/vais [französ.] *m.*, -, -, (Warenz.) Weichkäse
ge/sagt 1. gesprochen, 2. genannt, das oben Gesagte, offen gesagt, wie gesagt
ge/sal/zen 1. gewürzt, 2. ugs. für: sehr teuer
ge/samt ganz, im Gesamten, insgesamt
Ge/samt/aus/ga/be *f.*, -, -n, Ausgabe sämtlicher Werke eines Schriftstellers
ge/samt/deutsch Ost- und Westdeutschland zusammen betreffend
Ge/samt/ein/druck *m.*, -s, -drücke, spontane Beurteilung
Ge/samt/heit *f.*, -, *nur Sg.*
Ge/samt/no/te *f.*, -, -n, umfassende Beurteilung
Ge/samt/sum/me *f.*, -, -n, alle Kosten zusammen
Ge/sand/te *m.* oder *f.*, -, -n, Vertreter[in]
Ge/sandt/schaft *f.*, -, -en, alle Gesandten
ge/sandt/schaft/lich
Ge/sang *m.*, -s, -sänge, 1. Singen, 2. Lied

Ge/sang/buch *n.*, -s, -bücher, Liederbuch, Gebetbuch
Ge/sang/leh/rer *m.*, -s, -
Ge/sang/leh/re/rin *f.*, -, -nen
Ge/sangs/kunst *f.*, -s, -künste
Ge/sang/stun/de *f.*, -, -n, Gesangunterricht
Ge/sang/ver/ein *m.*, -s, -e
Ge/sa/rol *n.*, -s, *nur Sg.*, Insektengift
Ge/säß *n.*, -es, -e, Hintern
Ge/säß/mus/kel *m.*, -s, -
Ge/säß/ta/sche *f.*, -, -n
gesch. Abk. für geschieden
Ge/schäft *n.*, -es, -e, 1. Gewerbe, 2. Laden, 3. Arbeitsstelle
Ge/schäf/te/ma/cher *m.*, -s, -, geschäftstüchtiger Mensch
ge/schäf/tig rührig
Ge/schäf/tig/keit *f.*, -, -en, Rührigkeit
ge/schäft/lich das Geschäft betreffend
Ge/schäfts/ab/schluß > **Ge/schäfts/abschluss** *m.*, -es, -Schlüsse, Vertragsabschluss
ge/schäfts/fä/hig berechtigt, gültige Verträge abzuschließen
Ge/schäfts/frau *f.*, -, -en, Unternehmerin
Ge/schäfts/ge/heim/nis *n.*, -ses, -se, Firmengeheimnis
ge/schäfts/kun/dig
Ge/schäfts/lei/tung *f.*, -, -en, Firmenleitung
Ge/schäfts/mann *m.*, -es, -männer, Unternehmer
ge/schäfts/mä/ßig wie ein Geschäft
Ge/schäfts/part/ner *m.*, -s, -, Kunde oder Lieferant
ge/schäfts/schä/di/gend

schlecht fürs Geschäft
Ge/schäfts/stel/le *f.*, -, -n, Sitz oder Filiale eines Unternehmens
ge/schäfts/tüch/tig erfolgreich im Geschäft
Ge/schäfts/zeit *f.*, -, -n, Öffnungszeiten für Kunden
ge/scheckt mit Flecken, ein schwarz-weiß geschecktes Rind
ge/sche/hen *intr.*, vor sich gehen, passieren
Ge/sche/hen *n.*, -s, *nur Sg.*, Ereignis
Ge/scheh/nis *n.*, -ses, -se, Ereignis
ge/scheit 1. klug, 2. [süddt.] tüchtig
Ge/schenk *n.*, -s, -e, Gabe
Ge/schenk/ar/ti/kel *m.*, -s, -, unbrauchbare Dekoration
Ge/schenk/pa/pier *n.*, -s, -e, Einwickelpapier für Geschenke
ge/schenk/wei/se als Geschenk
Ge/schich/te *f.*, -, -n, 1. Erzählung, 2. Historie, 3. Entwicklung
Ge/schich/ten/buch *n.*, -ie]s, -bücher, Märchenbuch
Ge/schich/ten/er/zäh/ler *m.*, -s, -, Märchenerzähler
Ge/schich/ten/er/zäh/lerin *f.*, -, -nen, Märchenerzählerin
ge/schicht/lich die Vergangenheit betreffend
Ge/schichts/be/wußtsein > **Ge/schichts/bewusst/sein** *n.*, -s, *nur Sg.*, historisches Bewusstsein
Ge/schichts/buch *n.*, -[e]s, -bücher, historisches Lehrbuch
Ge/schichts/for/schung *f.*, -, -en
Ge/schichts/phi/lo/so/phie *f.*, -, -en

Ge/schichts/schrei/bung *f.*, -, -en, Rekonstruktion vergangener Ereignisse
Ge/schichts/ver/stän/dnis *n.*, -ses, -se, Vorstellung von der Vergangenheit
Ge/schichts/wis/sen/schaft *f.*, -, -en, Wissenschaft von der Vergangenheit
Ge/schick *n.*, -s, -schicke, 1. Talent, 2. Schicksal
Ge/schick/lich/keits/spiel *n.*, -[e]s, -s kniffliges Spiel
ge/schickt fingerfertig, talentiert
Ge/schickt/heit *f.*, -, -en, Fingerfertigkeit, Beweglichkeit
ge/schie/den getrennt
Ge/schie/de/ne *m.* oder *f.*, -n, -n, nicht mehr Verheiratete[r]
Ge/schirr *n.*, -s, -e, 1. Porzellan, 2. Zugseil für Pferde
Ge/schirr/rei/ni/ger *m.*, -s, -, Spülmittel
Ge/schirr/spü/ler *m.*, -s, -, Maschine, die Geschirr wäscht
Ge/schirr/tuch *n.*, -s, -tücher, Küchentuch
Ge/schlecht *n.*, -s, -er, 1. weiblich oder männlich, 2. Familie, 3. Genus, 4. Geschlechtsteil
Ge/schlech/ter/fol/ge *f.*, -, -n, Familienstammbaum
Ge/schlech/ter/rol/le *f.*, -, -n, geschlechtstypische Zuweisung von Eigenschaften und Tätigkeiten
ge/schlecht/lich das Geschlecht betreffend
Ge/schlecht/lich/keit *f.*, *nur Sg.*, ein Geschlecht haben
Ge/schlechts/akt *m.*, -[e]s, -e, Geschlechtsverkehr
ge/schlechts/krank
Ge/schlechts/krank/heit *f.*,

-, -en, sexuell übertragbare Krankheit
Ge/schlechts/merk/mal *n.*, -s, -e, äußerlich sichtbares geschlechtstypisches Merkmal
ge/schlechts/reif fortpflanzungsfähig
Ge/schlechts/rei/fe *f.*, -, *nur Sg.*, Fortpflanzungsfähigkeit
ge/schlechts/spe/zi/fisch 1. typisch für das Geschlecht, 2. notwendig mit dem Geschlecht verbunden
Ge/schlechts/trieb *m.*, -s, -e, Anziehungskraft zwischen den Geschlechtern
Ge/schlechts/ver/kehr *m.*, -s, -e, Zeugungsakt
Ge/schmack *m.*, -[e], -schmäcke[r], 1. Geschmackssinn, 2. ästhetisches Gefühl
ge/schmack/lich den Geschmack betreffend
ge/schmack/los ohne Geschmack
Ge/schmack/lo/sig/keit *f.*, -, -en, 1. Abwesenheit von Geschmack, 2. Ausdruck von schlechtem Geschmack
ge/schmack/voll mit reichlichem und gutem Geschmack
ge/schmacks/bil/dend verantwortlich für den Geschmack
Ge/schmacks/emp/fin/dung *f.*, -, -en, Schmecken
Ge/schmacks/nerv *m.*, -s, -en
Ge/schmacks/rich/tung *f.*, -, -en, Art des Geschmacks
Ge/schmacks/sa/che *f.*, -, -n, Sachverhalt, über dessen ästhetische Beurteilung sich streiten lässt
Ge/schmacks/ver/ir/rung *f.*, -, -en, sehr schlechter

ästhetischer Geschmack
Ge/schmei/de *n., -s, -,* teurer Schmuck
ge/schmei/dig 1. weich, 2. beweglich
Ge/schmei/dig/keit *f., -, nur Sg.,* Weichheit
Ge/schmeiß *n., -es, nur Sg.,* ugs. 1. Ungeziefer, 2. Gesindel
Ge/schnet/zel/te *n., -n, nur Sg.,* Fleischspeise
ge/schnie/gelt fein angezogen
Ge/schöpf *n., -s, -e,* 1. Lebewesen, 2. Kreatur
Ge/schoß > **Ge/schoss** *n., -es, -e,* 1. Kugel, 2. Etage, im vierten Geschoss des Hauses
Ge/schoß/ha/gel > **Ge/schoss/ha/gel** *m., -s, -,* Kugelhagel
ge/schraubt ugs. für: übertrieben, gekünstelt, eine geschraubte Formulierung
Ge/schraubt/heit *f., -, -en,* Übertriebenheit
Ge/schütz *n., -es, -e,* Abschussvorrichtung
Ge/schütz/feu/er *n., -s, -,* Kugelhagel
Ge/schütz/rohr *n., -s, -e,* Kanonenrohr
Ge/schwa/der *n., -s, -,* Verband von Schiffen oder Flugzeugen
Ge/schwa/fel *n., -s, nur Sg.,* ugs. für: dummes Gerede
Ge/schwätz *n., -es, -e,* Gerede, Schwätzen
ge/schwät/zig redselig
Ge/schwät/zig/keit *f., -, nur Sg.,* Redseligkeit
ge/schwei/ge (nur nach Verneinung) nicht einmal dies, geschweige denn das
ge/schwind schnell
Ge/schwin/dig/keit *f., -, -en,* Schnelligkeit, Tempo
Ge/schwin/dig/keits/be/schrän/kung *f., -, -en,* Tempolimit
Ge/schwin/dig/keits/über/schrei/tung *f., -, -en,* zu schnelles Fahren
Ge/schwis/ter *n., -s, -,* Geschwisterteil
Ge/schwis/ter/kind *n., -es, -er*
ge/schwis/ter/lich wie Geschwister
Ge/schwis/ter/paar *n., -s, -e,* zwei Geschwister
ge/schwol/len 1. dick geworden, 2. ugs. für: eingebildet
Ge/schwol/len/heit *f., -, -en,* Eingebildetheit
Ge/schwo/re/ne *m.* oder *f., -n, -n,* 1. Schöffe, 2. Laienrichter
Ge/schwo/re/nen/gericht *n., -[e]s, -e*
Ge/schwulst *f., -, -e,* Tumor
Ge/schwür *n., -s, -e,* Entzündungsherd, Eitergeschwür
Ge/schwür/bil/dung *f., -, -en*
ge/schwü/rig wie ein Geschwür
Ge/sei/re [jidd] *n., -s, nur Sg.,* Gejammer
Ge/selch/te [süddt.] *n., -n, nur Sg.,* Kassler, Pökelfleisch
Ge/sel/le *m., -n, -n,* 1. Handwerker, 2. Kerl
Ge/sel/len/brief *m., -[e]s, -e,* Urkunde nach bestandener Gesellenprüfung
Ge/sel/len/prü/fung *f., -, -en,* Prüfung zum Gesellen
Ge/sel/len/stück *n., -[e]s, -e,* Bestandteil der Gesellenprüfung
ge/sel/lig leutselig
Ge/sel/lig/keit *f., -, nur Sg.,* Leutseligkeit
Ge/sel/lin *f., -, -nen,* Handwerkerin
Ge/sell/schaft *f., -, -en,* 1. Öffentlichkeit, 2. Vereinigung, Gesellschaft mit beschränkter Haftung
Ge/sell/schaf/ter *m., -s, -,* Mitinhaber einer Firma
Ge/sell/schaf/te/rin *f., -, -nen,* Mitinhaberin einer Firma
ge/sell/schaft/lich zur Gesellschaft gehörend
Ge/sell/schafts/da/me *f., -n,* Anstandsdame
Ge/sell/schafts/fähig öffentlich vorzeigbar
Ge/sell/schafts/form *f., -, -en,* Staatsform
Ge/sell/schafts/ord/nung *f., -, -en,* Staatsordnung
Ge/sell/schafts/po/litisch
Ge/sell/schafts/sys/tem *n., -s, -e,* Staatssystem
Ge/sell/schafts/wis/senschaft *f., -, -en,* Sozialwissenschaft
Ge/setz *n., -es, -e,* 1. Recht, 2. Grundsatz, 3. Regel
Ge/setz/blatt *n., -[e]s, -blätter,* Zeitschrift zur Veröffentlichung neuer Gesetze
Ge/setz/buch *n., -s, -bücher,* Gesetzsammlung
Ge/setz/ent/wurf *m., -s, -würfe,* Vorschlag für ein neues Gesetz
Ge/set/zes/hü/ter *m., -s, -,* Polizist
Ge/set/zes/samm/lung *f., -, -en*
ge/setz/ge/bend
Ge/setz/ge/bung *f., -, -en*
ge/setz/lich gesetzgemäß
Ge/setz/lich/keit *f., -, -en,* Gesetzgemäßheit
ge/setz/los ungeordnet

Ge/setz/lo/sig/keit *f.*, -, -en, Chaos
ge/setz/mä/ßig 1. nach dem Gesetz, 2. wie erwartet
Ge/setz/mä/ßig/keit *f.*, -, -en, regelgerechtes Funktionieren
ge/setz/wid/rig gegen das Gesetz
ge/setzt 1. angenommen, gesetzt den Fall... 2. würdevoll
ge/setz/ten/falls mal angenommen
ges. gesch. Abk. für gesetzlich geschützt
Ge/sicht *n.*, -s, -er, 1. Antlitz, 2. Miene, Ausdruck, 3. Sehvermögen, das zweite Gesicht
Ge/sichts/aus/druck *m.*, -s, -drücke, Mimik
Ge/sichts/creme *f.*, -, -s, Gesichtspflege
Ge/sichts/feld *n.*, -s, -er, Sehfeld
Ge/sichts/punkt *m.*, -s, -e, Hinsicht, Blickwinkel
Ge/sichts/zug *m.*, -s, -züge, individuelle Eigenschaft eines Gesichts
Ge/sims *n.*, -es, -e, Mauervorsprung
Ge/sin/de *n.*, -s, *nur Sg.*, alle Hausangestellten
Ge/sin/del *n.*, -s, *nur Sg.*, Pack
Ge/sin/de/stu/be *f.*, -, -n, Aufenthaltsraum für die Dienerschaft
ge/sinnt eingestellt, gut gesinnt, schlecht gesinnt, gleich gesinnt
Ge/sin/nung *f.*, -, -en, Einstellung
Ge/sin/nungs/ge/nos/se *m.*, -n ,-n, Bruder im Geiste
ge/sin/nungs/los verantwortungslos
Ge/sin/nungs/lo/sig/keit *f.*, -, -en, Verantwortungslosigkeit
Ge/sin/nungs/tä/ter *m.*, -, Täter aus Überzeugung
Ge/sin/nungs/wan/del *m.*, -s, -, Wechsel der Einstellung
ge/sit/tet 1. anständig, 2. kultiviert
Ge/sit/tung *f.*, -, -en, Benehmen
Ge/socks [norddt.] *n.*, -, *nur Sg.*, ugs. für: Gesindel
Ge/söff *n.*, -s, -e, ugs. für: schlechtes Getränk
Ges/pan oder auch:
Gespan [ungar.] *m.*, -es, -e, Verwaltungsbeamter
Ge/spann *n.*, -s, -e, 1. Zugtiere, 2. Fuhrwerk
ge/spannt neugierig, erwartungsvoll
Ge/spannt/heit *n.*, -, -en, Neugier, Erwartung
Ges/pan/schaft oder auch:
Ge/spann/schaft *f.*, -, -en, Amtsbereich eines Gespans
Ge/spenst *n.*, -[e]s, -er, Geist
Ge/spens/ter/ge/schich/te *f.*, -, -n
Ge/spens/ter/ro/man *m.*, -[e]s, -e
Ge/spens/ter/stun/de *f.*, -, -n, Geisterstunde
ge/spens/tig wie ein Gespenst
ge/spens/tisch unheimlich
Ge/spinst *n.*, -es, -e, 1. Gesponnenes, 2. Hirngespinst
Ge/spött *n.*, -es, *nur Sg.*, 1. Hohn, 2. Gegenstand des Hohnes
Ge/spräch *n.*, -[e]s, -e, Unterhaltung, Diskussion
ge/sprä/chig redselig
Ge/sprä/chig/keit *f.*, *nur Sg.*, Redseligkeit
ge/sprächs/be/reit
Ge/sprächs/part/ner *m.*, -s, -, am Gespräch Beteiligter
Ge/sprächs/run/de *f.*, -, -n, Gesprächskreis
Ge/sprächs/stoff *m.*, -s, -e, Gegenstand der Unterhaltung
Ge/sprächs/wei/se im Gespräch
ge/spreizt geziert
Ge/spritz/te *m.*, -n, -n, in Süddtl. und Österr.: Mischung aus Wein und Sprudel, in Südwestdtl: Mischung zwischen Bier und Coca-Cola
Ge/spür *n.*, -s, *nur Sg.*, Gefühl
gest. Abk. für gestorben
Gest [norddt.] *m.* oder *f.*, -s, -[s], Hefe
Ge/sta/de *n.*, -s, -, Ufer, Strand
Ges/ta/gen [lat.-griech.] weibl. Gelbkörperhormon
Ge/stalt *f.*, -, -en, Aussehen, Erscheinung
ge/stalt/bar zu gestalten
ge/stal/ten *tr.*, planen, herstellen
ge/stal/ten/reich vielfältig
Ge/stal/ter *m.*, -s, -, Designer
Ge/stal/te/rin *f.*, -, -nen, Designerin
ge/stal/te/risch
ge/stalt/los ungeformt
Ge/stal/tung *f.*, -, -en, Planung, Aussehen
Ge/stal/tungs/kraft *f.*, -, -kräfte
Ge/stam/mel *n.*, -s, *nur Sg.*, Stottern
ge/stän/dig die eigene Schuld anerkennend, zugebend
Ge/ständ/nis *n.*, -ses, -se, Zugeben der Schuld

Ge/stän/ge *n.,* -s, Stangen, Stangengefüge
Ge/stank *m.,* -s, *nur Sg.,* schlechter Geruch
Ge/sta/po *f.,* -, *nur Sg.,* Abk. für Geheime Staatspolizei im Nationalsozialismus
Ges/ta Ro/ma/no/rum [lat.] *nur Pl.,* lateinische Novellensammlung aus dem Mittelalter
ge/stat/ten *intr.,* erlauben
Ges/te *f.,* -, -n, Gebärde
ges/ten/reich mit vielen Gesten
Ge/steck *n.,* -s, -e, Gebinde
ge/ste/hen *intr.,* zugeben
Ge/stein *n.,* -s, -e, Fels
Ge/steins/block *m.,* -s, -blöcke, Felsblock
Ge/steins/kun/de *f.,* -, *nur Sg.*
Ge/steins/pro/be *f.,* -, -n
Ge/steins/schicht *f.,* -, -en
Ge/stell *n.,* -s, -e, Stütze, Träger
ges/tern der vorige Tag, bis gestern, von gestern, gestern Abend, vorgestern, das Gestern, das Gestrige
ge/stie/felt mit Stiefeln, der Gestiefelte Kater
Ges/tik *f.,* -, *nur Sg.,* Gebärden
ges/ti/ku/lie/ren *intr.,* mit Händen und Füßen reden
Ges/ti/ku/la/ti/on *f.,* -, -en, Reden unter Zuhilfenahme von Händen und Füßen
Ges/ti/on [lat.] *f.,* -, -en, Führung, Verwaltung
Ge/stirn *n.,* -s, -e, Stern
ge/stirnt mit Sternen
ges/tisch durch Gesten
Ge/stö/ber *n.,* -s, -, 1. Suchen, 2. Schneetreiben
Ges/to/se [lat.-griech.] *f.,* -, -n, schwangerschaftsbedingte Erkrankung
ge/streift mit Streifenmuster
gest/rig rückständig, von gestern
Ge/strüpp *n.,* -s, -e, Dickicht
Ges/tus *m.,* -, *nur Sg.,* Gebärde
Ge/stüt *n.,* -s,-e, Pferdezuchtbetrieb
Ge/stüt/hengst *m.,* -s, -e, Zuchthengst
Ge/stüts/brand *m.,* -s, -brände, Brandzeichen
Ge/such *n.,* -s, -e, Anliegen, Bitte
ge/sucht gekünstelt
Ge/sucht/heit *f.,* -, -en, Gekünsteltheit
ge/sund wohlauf, kräftig, das Gesündeste, gesund bleiben, gesund machen, gesund werden
ge/sund/be/ten
Ge/sund/brun/nen *m.,* -s, -
Ge/sun/de *m.* oder *f.,* -, -, gesunder Mensch
ge/sun/den *intr.,* gesund werden
Ge/sund/heit *f.,* -, -en, Gesundsein
ge/sund/heit/lich die Gesundheit betreffend
Ge/sund/heits/amt *n.,* -s, -ämter
Ge/sund/heits/a/pos/tel *m.,* -s, -, Prediger einer neuen Gesundheitslehre
Ge/sund/heits/re/form *f.,* -, *nur Sg.,* gesetzliche Neuregelung des Gesundheitswesens
ge/sund/heits/schä/di/gend krank machend
ge/sund/heits/schäd/lich krank machend
Ge/sund/heits/zeug/nis *n.,* -ses, -se, Gesundheitsbescheinigung
ge/sund/ma/chen *refl.,* sich bereichern
ge/sund/pfle/gen oder auch: **ge/sund pfle/gen** *tr.*
ge/sund/schrum/pfen *refl.,* sich auf eine angemessene Größe verkleinern
ge/sund/sto/ßen
Ge/sun/dung *f.,* -, -en, Gesundwerden
get. Abk. für getauft
Ge/tä/fel *n.,* -s, -, Täfelung
ge/tä/felt mit Täfelung versehen
ge/ti/gert gestreift
Ge/to/be *n.,* -s, *nur Sg.,* ausgelassenes Treiben
Ge/tö/se oder auch: **Ge/tös** *n.,* -, *nur Sg.,* Lärm
ge/tra/gen langsam, ernst
Ge/tränk *n.,* -s, -e, Trank
Ge/trän/ke/au/to/mat *m,,* -en, -en
Ge/trän/ke/steu/er *f.,* -, -n
Ge/tratsch oder auch: **Ge/trat/sche** *n.,* -es, *nur Sg.,* Klatsch
ge/trau/en *refl.,* wagen, sich zutrauen
Ge/trei/de *n.,* -s, -, Ährenpflanze, Ackerfrucht
Ge/trei/de/an/bau *m.,* -s, *nur Sg.*
Ge/trei/de/ern/te *f.,* -, -en
Ge/trei/de/müh/le *f.,* -, -en
Ge/trei/de/spei/cher *m.,* -s, -
ge/trennt einzeln, geteilt, auseinander, getrennt schreiben, getrennt lebend
ge/trennt/ge/schlech/tig zweihäusig
Ge/trennt/schrei/bung *f.,* -, -en
ge/treu genau, zuverlässig, getreu meinem Vorsatz ...
Ge/treue *f.,* -, *nur Sg.,*

Übereinstimmung
ge/treu/lich zuverlässig
Ge/trie/be *n.*, -s, -, 1. Vorrichtung zur Bewegungsübertragung, 2. Hektik
ge/trie/ben unruhig
Ge/trie/be/scha/den *m.*, -s, -schäden, Panne
Ge/tril/ler *n.*, -s, *nur Sg.*, Pfeifen, Singen
ge/trost ruhig, zuversichtlich
Get/ter [*engl.*] *m.*, -s, -, Fangstoff, um Gase in Röhren zu binden
get/tern *tr.*, 1. Gase durch Getter binden, 2. etwas mit einem Getter versehen
Get/te/rung *f.*, -, -en, Gase mit Gettern binden
Get/to *(Hf.)* auch: **Ghet/to** *(Nf.)* [*italien.*] *n.*, -s, -s, abgesperrter Bezirk
get/to/i/sie/ren *tr.*, ausgrenzen, isolieren
Ge/tue *n.*, -s, *nur Sg.*, Aufhebens
Ge/tüm/mel *n.*, -s, *nur Sg.*, Menge, Tumult
ge/tüp/felt oder auch:
ge/tupft mit Tupfen
Ge/viert *n.*, -s, -e, Viereck, Quadrat
ge/vier/teilt
Ge/wächs *n.*, -es, -e, Pflanze
Ge/wächs/haus *n.*, -es, -häuser, Treibhaus
ge/wagt 1. gefährlich, 2. anstößig
Ge/wagt/heit *f.*, -, -en
ge/wahr wer/den *tr.*, bemerken
Ge/währ *f.*, -, *nur Sg.*, Sicherheit, Garantie, Gewähr bieten, ohne Gewähr
ge/wah/ren *tr.*, bemerken
ge/wäh/ren *tr.*, bewilligen
Ge/währ/frist *f.*, -, -en, Garantiezeit

Ge/währs/mann *m.*, -es, -männer, Zeuge
ge/währ/leis/ten *tr.*, garantieren
Ge/währ/leis/tung *f.*, -, -en, Garantie
Ge/wäh/rung *f.*, -, -en
Ge/wahr/sam 1. *m.*, -s, -e, Aufbewahrung, Haft, 2. *n.*, -s, -e, Gefängnis
Ge/walt *f.*, -, -en, 1. Brutalität, 2. Staatsmacht
Ge/walt/akt *m.*, -es, -e, Gewalttat
Ge/wal/ten/tei/lung *f.* -, -en, Trennung von Regierung, Gesetzgebung und Rechtsprechung
Ge/walt/herr/schaft *f.*, -, -en, Terrorregime
ge/wal/tig riesig
Ge/wal/tig/keit *f.*, -, -en, überwältigende Größe
ge/walt/los
Ge/walt/lo/sig/keit *f.*, -, -en, Friedfertigkeit
Ge/walt/marsch *m.*, -s, -märsche, besonders anstrengende Aktion
Ge/walt/sam/keit *f.*, -, -en, Gewaltanwendung
ge/walt/tä/tig
Ge/walt/tä/tig/keit *f.*, -, -en, Gewaltanwendung
Ge/walt/ver/bre/cher *m.*, -s, -
Ge/walt/ver/zicht *m.*, -s, *nur Sg.*
Ge/wand *n.*, -s, -wänder, Kleidung
ge/wan/den *tr.*, kleiden
Ge/wand/haus *n.*, -es, -häuser
ge/wandt geschickt, wendig
Ge/wandt/heit *f.*, -, -en, Flinkheit
ge/wär/tig gefasst
ge/wär/ti/gen *tr.*, auf etwas gefasst sein

Ge/wäs/ser *n.*, -s, -, 1. Wasseransammlung, 2. Wasserlauf
Ge/wäs/ser/kun/de *f.*, -, *nur Sg.*
Ge/wäs/ser/rei/ni/gung *f.*, -, -en
Ge/we/be *n.*, -s, -, 1. Stoff, 2. Zellverbund
Ge/we/be/brei/te *f.*, -, -n
Ge/we/be/leh/re *f.*, -, *nur Sg.*
Ge/webs/flüs/sig/keit *f.*, -, -en, Lymphe
Ge/webs/the/ra/pie *f.*, -, -en
Ge/webs/ver/pflan/zung *f.*, -, -en, Transplantation
ge/weckt aufgeschlossen
Ge/weckt/heit *f.*, -, *nur Sg.*
Ge/wehr *n.*, -s, -e, Schusswaffe
Ge/wehr/kol/ben *m.*, -s, -, Griff des Gewehrs
Ge/wehr/feu/er *n.*, -s, -, Schüsse
Ge/weih *n.*, -s, -e, Horn vom Wild, Hirschgeweih
Ge/weih/tro/phäe *f.*, -, -n
Ge/wer/be *n.*, -s, -, 1. Berufstätigkeit, 2. Wirtschaftszweig, 3. Dienstleistung
Ge/wer/be/auf/sichts/amt *n.*, -[e]s, -ämter
Ge/wer/be/frei/heit *f.*, -, *nur Sg.*
Ge/wer/be/ge/biet *n.*, -s, -e, Industriegebiet
Ge/wer/be/kam/mer *f.*, -, -n
Ge/wer/be/ord/nung *f.*, -, -en
Ge/wer/be/schein *m.*, -s, -e, amtliche Erlaubnis
Ge/wer/be/steu/er *f.*, -, -n
ge/wer/be/trei/bend selbständig
Ge/wer/be/trei/ben/de *m.* oder *f.*, -n, -n, Selbständige
ge/werb/lich berufsmäßig, als Gewerbe

ge/werbs/mä/ßig berufsmäßig, als Gewerbe
Ge/werk/schaft *f.*, -, -en, Zusammenschluss von Arbeitnehmern
Ge/werk/schaf/ter oder auch **Ge/werk/schaft/ler** *m.*, -s, -
ge/werk/schaft/lich
Ge/werk/schafts/bund *m.*, -es, -bünde
Ge/werk/schafts/füh/rer *m.*, -s, -
Ge/werk/schafts/führe/rin *f.*, -, -nen
Ge/werk/schafts/mit/glied *n.*, -s, -er
Ge/wicht *n.*, -[e]s, -e, Masse, Schwere
ge/wich/ten *tr.*, abwägen, beurteilen
Ge/wicht/he/ben *n.*, -s, *nur Sg.*, Sportart
ge/wich/tig wichtig, bedeutsam
Ge/wich/tig/keit *f.*, -, -en, Bedeutsamkeit
Ge/wichts/klas/se *f.*, n, Einteilung von Sportlern nach Gewicht
Ge/wichts/ver/lust *m.*, -es, -e, Abnehmen
Ge/wich/tung *f.*, -, -en, Einschätzung der Wichtigkeit
ge/wieft ugs. für: verschlagen, schlau
Ge/wim/mel *n.*, -s, *nur Sg.*, Durcheinander
Ge/win/de *n.*, -s, -, 1. spiralförmige Rille, Schraubgewinde, 2. Geflecht
Ge/win/de/gang *m.*, -s, -gänge
Ge/win/de/schnei/der *m.*, -s, -
Ge/winn *m.*, -s, -e, 1. Ertrag, Gewinn bringend, 2. Sieg

Ge/winn/an/teil *m.*, -s, -e
ge/winn/brin/gend oder auch: **Ge/winn brin/gend** effektiv, ergiebig
ge/win/nen *tr.*, 1. erzielen, erringen, 2. siegen, 3. im Spiel einen Preis bekommen
ge/win/nend einnehmend, besänftigend
Ge/win/ner *m.*, -s, -, Sieger
Ge/winn/klas/se *f.*, -, -n, Höhe des Preisgeldes beim Lotto
Ge/winn/num/mer *f.*, -, -n, Gewinnzahl
ge/winn/reich
Ge/winn/satz *m.*, -es, -Sätze, Höhe des Gewinns
Ge/winn/span/ne *f.*, -, -n, Anteil des Gewinns
ge/winn/süch/tig
Ge/winn- und Ver/lust/rech/nung *f.*, -, -en
Ge/win/nung *f.*, -, -en, 1. Herstellung, 2. Abbau
Ge/winn/zahl *f.*, -, -en, Gewinnnummer
Ge/win/sel *n.*, -s, *nur Sg.*, Jaulen, Jammern
Ge/wirr *n.*, -s, *nur Sg.*, Durcheinander
Ge/wis/per *n.*, -s, *nur Sg.*, Flüstern
ge/wiß > **ge/wiss** 1. unbestimmt, ein wenig, eine gewisse Frau A., ein gewisser anderer, ein gewisses Etwas haben 2. sicherlich
Ge/wis/sen *n.*, -s, -, moralisches Bewusstsein
ge/wis/sen/haft sorgfältig
Ge/wis/sen/haf/tig/keit *f.*, -en, Sorgfältigkeit
ge/wis/sen/los skrupellos
Ge/wis/sen/lo/sig/keit *f.*, -, -en, Skrupellosigkeit
Ge/wis/sens/bis/se *nur Pl.*, Schuldgefühle

Ge/wis/sens/fra/ge *f.*, -, -n, schwierige Entscheidung, Abwägung zwischen zwei Übeln
Ge/wis/sens/kon/flikt *m.*, -es, -e, Zwickmühle
Ge/wis/sens/wurm *m.*, -s, -würmer, moralische Skrupel
ge/wis/ser/ma/ßen ungefähr
Ge/wiß/heit > **Ge/wissheit** *f.*, -, -en, Sichersein
ge/wiß/lich > **ge/wisslich** sicherlich
Ge/wit/ter *n.*, -s, -, Unwetter
Ge/wit/ter/front *f.*, -, -en, am Himmel aufziehendes Gewitter
ge/wit/te/rig oder auch: **ge/witt/rig**
ge/wit/tern *intr.*, stürmen und regnen
Ge/wit/ter/schwü/le *f.*, -, *nur Sg.*
Ge/wit/ter/stim/mung *f.*, -, -en, übertr. für: unruhige Stimmungslage
Ge/wit/ter/wand *f.*, -, -wände, Gewitterfront
ge/witzt schlau
Ge/witzt/heit *f.*, -, -en, Schlauheit
GewO Abk. für Gewerbeordnung
ge/wo/gen freundlich gesonnen
Ge/wo/gen/heit *f.*, -, -en, Freundschaftlichkeit
ge/wöh/nen 1. *tr.* vertraut machen, 2. *refl.* vertraut werden
Ge/wohn/heit *f.*, -, -en, Gepflogenheit
ge/wohn/heits/mä/ßig aus Gewohnheit
Ge/wohn/heits/recht *f.*, -s, -e, Recht durch Übung,

nicht durch Gesetz
Ge/wohn/heits/tier *n.*, -es, -e, Mensch, der sich nur schwer umstellen kann
ge/wohnt erfahren, geübt
ge/wöhnt vertraut
Ge/wöh/nung *f.*, -, -en
Ge/wöl/be *n.*, -s, -, Deckenrund
Ge/wöl/be/pfei/ler *m.*, -s, -, Stützpfeiler im Gewölbe
Ge/wölk *n.*, -s, *nur Sg.*, Wolken
Ge/wühl *n.*, -s, *-nur Sg.*, Durcheinander
Ge/würz *n.*, -es, -e, Aromazusatz für Speisen
Ge/würz/es/sig *m.*, -s, *nur Sg.*
Ge/würz/gur/ke *f.*, -, -n, Essiggurke
ge/wür/zig
Ge/würz/kräu/ter *nur Pl.*, Küchenkräuter
Ge/würz/ku/chen *m.*, -s, -
Gey/sir [isländ.] *m.*, -s, -e, *heiße* Quelle
gez. Abk. für gezeichnet
Ge/zänk *n.*, -s, *nur Sg.*, Streiterei
Ge/zei/ten *nur Pl.*, Ebbe und Flut
Ge/zei/ten/kraft/werk *n.*, -s, -e
Ge/zei/ten/wech/sel *m.*, -s, -
Ge/ze/ter *n.*, -s, *nur Sg.*, Schimpfen, Klagen
ge/zie/men *intr.*, sich gehören
ge/zie/mend gebührend
ge/ziert gekünstelt
Ge/ziert/heit *f.*, -, -en, Affektiertheit
Ge/zwit/scher *n.*, -s, *nur Sg.*, Vogelgesang
ge/zwun/gen gekünstelt, unecht
Ge/zwun/gen/heit *f.*, -, *nur Sg.* Gekünsteltheit, Verkrampftheit

ge/zwun/gen/er/ma/ßen wohl oder übel
GG Abk. für Grundgesetz
ggf. Abk. für gegebenenfalls
g.g.T. oder auch: **ggT** Abk. für: größter gemeinsamer Teiler in der Mathematik
Gha/na afrikanischer Staat
Gha/na/er *m.*, -s, -, Bewohner Ghanas
gha/ne/sisch
Ghet/to *(Nf.)* auch
Get/to *(Hf.)* *n.*, -s, -s, Getto
Ghost/wri/ter [engl.] *m.*, -s, -, Verfasser von Reden oder Büchern, die eine andere Person als ihre eigenen ausgibt
GI Abk. für Government Issue, ugs. Abk. für: amerikanischer Soldat
Gi/aur [arab.-türk.] *m.*, -s, -s, Nichtmuslim, wörtl.: Ungläubiger
Gib/bon [französ.] *m.*, -s, -s, Affenart
Gi/bel/li/ne [Italien.] italienischer Anhänger der Stauferkaiser und Gegner der Welfen
Gib/li oder auch: **Gi/bli** [arab.-ital.] *m.*, -, -, trockenheißer libyscher Wüstenwind, der Staub und Sand mit sich führt
Gicht *f.*, -, *nur Sg.*, Stoffwechselkrankheit
gich/tisch mit Gicht
Gicht/kno/ten *m.*, -s, -, angeschwollene Gelenke duch Ablagerung von Harnsäure
gicht/krank
Gie/bel *m.*, -s, -, obere Schmalseite eines Gebäudes
Gien *n.*, -s, -e, schweres Takel in der Seemannssprache

Gie/per [norddt.] *m.*, -s, *nur Sg.*, ugs. für: Begierde, Appetit
gie/pe/rig oder auch:
gie/prig
Gie/pe/rig/keit oder auch:
Gie/prig/keit *f.*, -, -en
gie/pern *intr.*, gieren
Gier *f.*, -, *nur Sg.*, Verlangen, Begierde, Drang
gie/ren *intr.*, verlangen
gie/rig unersättlich
Gie/rig/keit *f.*, -, *nur Sg.*, Unersättlichkeit
Gier/schlund *m.*, -s, -schlünder, Nimmersatt
Gieß/blech *n.*, -s, -e
gie/ßen *tr.*, 1. schütten, 2. bewässern, 3. aus geschmolzenem Material formen
Gie/ßer *m.*, -s, -, Glockengießer
Gie/ße/rei *f.*, -, -en, Betrieb, in dem gegossen wird
Gie/ße/rin ., -, -nen, Glockengießerin
Gieß/form *f.*, -, -en, Negativ-Hohlmodell des zu formenden Gegenstandes
Gieß/kan/ne *f.*, -, n, tragbarer Behälter zur Gartenbewässerung
Gift *n.*, -s, -e, 1. gesundheitsschädliche bis lebensgefährliche Substanz, 2. Ärger, Gift und Galle
Gift/gas *n.*, -es, -e, Kampfgas
gift/grün knallgrün
gif/tig mit Giftwirkung
Gif/tig/keit *f.*, -, *nur Sg.*, Grad der Giftwirkung
Gift/mi/scher *m.*, -s, -, Giftmörder
Gift/mord *m.*, -es, -e, Mord mit Gift
Gift/müll *m.*, -s, *nur Sg.*, Sondermüll

Gift/müll/ex/port *m.,* -s, -e, Auslagerung von Giftmüll in ausländische Deponien
Gift/nu/del *f.,* -, -n, ugs. für. gehässiger, bösartiger Mensch
Gift/schlan/ge *f.,* -, -n, giftige Schlange
Gift/sprit/ze *f.,* -, -n, Hinrichtungsmethode
Gift/zwerg *m.,* -s, -e, kleiner bösartiger Mensch
Gig [engl.] 1. *n.,* -s, -s, offener Einspänner, 2. *f.,* -, -s, Ruderboot, 3. *m.,* -s, -s, musikalischer Auftritt
Gi/ga... [griech.] das Milliardenfache
Gi/ga/byte *n.,* -s, -s, eine Milliarde Bytes
Gi/ga/me/ter *m.,* -s, -, eine Milliarde Meter
Gi/gant [griech.] *m.,* -en, -en, Riese
gi/gan/tesk [griech.] riesengroß übertrieben
Gi/gan/thro/pus [griech.-lat.] *m.,* -, -pi, Form der Urmenschen mit übergroßen Körpermaßen
gi/gan/tisch riesig
Gi/gan/tis/mus *m.,* -, -men, Größenwahn
Gi/gan/to/ma/nie *f.,* -, *nur Sg.,* Größenwahn in der Gestaltung von Bauwerken
Gi/ga/watt *n.,* -s, -, eine Milliarde Watt
Gi/go/lo [französ.] *m.,* -s, -s, Eintänzer
Gigue [französ.] *f.,* -s, -n, 1. schneller Tanz aus dem 17. Jh., 2. Satz der Suite
Gi/la *f.,* -, -s, mexikanische Krustenechse
Gil/de *f.,* -, -n, Zusammenschluss von Kaufleuten, Bund
Gil/de/meis/ter *m.,* -s, -, Vorsitzender einer Gilde
Gil/den/schaft *f.,* -, -en
Gil/den/so/zi/a/lis/mus *m.,* -, *nur Sg.,* im England der Jahrhundertwende entstandene Form des praktischen Sozialismus
Gi/let [französ.] *n.,* -s, -s, Weste
Gil/ka *m.,* -s, -s, Kümmellikör
Gim/mick [engl.] *m.* oder *n.,* -s, -s, Webegeschenk
Gim/pel *m.,* -s, -, Singvogel
Gin [engl.] -s, -, Wacholderschnaps
Gin-Fizz *m.,* -, -, Longdrink
Gin/ger [engl.] -s, -, Ingwer
Gin/ger/ale oder auch:
Gin/ger-Ale *n.,* -s, *nur Sg.,* Erfrischungsgetränk
Gin/ger/bread *n.,* -, -, Ingwerplätzchen, Lebkuchen
Gin/gi/vi/tis [griech.-lat.] *f.,* -, -tiden, Zahnfleischentzündung
Gin/ko auch: **Gink/go** [japan.] *m.,* -s, -s, Zierbaum
Gin/seng [chin.] *m.,* -s, -s, Heilwurzel
Gins/ter *m.,* -s, -, Strauch
Gins/ter/blü/te *f.,* -, -n
gi/o/co/so [italien.] scherzende Musik
Gip/fel *m.,* -s, -, Höhepunkt, Spitze
Gip/fel/buch *m.,* [e]s, -bücher, Gipfelgästebuch
gip/fe/lig mit Gipfeln
gipf/lig mit Gipfeln
Gip/fel/kon/fe/renz *f.,* -, -en, Treffen auf höchster Ebene
Gip/fel/kreuz *n.,* -es, -e, Kreuz auf einem Berggipfel
gip/feln *intr.,* hinauslaufen auf, seinen Höhepunkt erreichen in
Gip/fel/punkt *m.,* -es, -e, 1. höchster Punkt eines Berges, 2. Höhepunkt
Gip/fel/stür/mer *m.,* -s, -, 1. begeisterter Bergsteiger, 2. Senkrechtstarter
Gip/fel/tref/fen *n.,* -s, -, Gespräch auf höchster Ebene
Gips [griech.] *m.,* -es, -e, Kalk
Gips/ab/druck *m.,* -s, -drücke
Gips/bein *n.,* -s, -e, Gipsverband um ein gebrochenes Bein
gip/sen *tr.,* mit Gips arbeiten, Gipsverband anlegen, Raum verputzen
Gips/kopf *m.,* -s, -köpfe, 1. Büste, 2. ugs. Schimpfwort
Gips/mas/ke *f.,* -, -n, Gipslarve
Gips/ver/band *m.,* -s, -bände
Gi/raf/fe [arab.] *f.,* -, -n, Steppenhuftier mit langem Hals
Gi/raf/fen/hals *m.,* -es, -hälse, langer Hals
Gi/ra/geld [griech.-lat.-ital.-dt.] *n.,* -es, -er, Buchgeld im bargeldlosen Zahlungsverkehr
Gi/ran/do/la *f.,* -, -dolen, Girandole
Gi/ran/do/le [ital.-französ.] *f.,* -, -n, 1. Feuerwerkskörper, Feuerrad, 2. mehrarmiger Barockleuchter
Gi/rant [italien.] *m.,* -en, -en, jmd., der ein Orderpapier durch Giro überträgt
Gi/ra/tar [italien.] *m.,* -s, -e, jmd., der ein Orderpapier durch Giro empfängt
gi/rie/ren [italien.] *tr.,* Orderpapiere in Umlauf bringen

Girl [engl.] *n.*, -s, -s, Mädchen
Gir/lan/de [französ.] *f.*, -, -en, Dekorationskette
Gir/litz *m.*, -es, -e, Singvogel
Gi/ro [italien.] *n.*, -s, -s, Wechsel- und Scheckverkehr
Gi/ro/bank *f.*, -, -en, Kreditinstitut
Gi/ro d'I/ta/lia [italien.] *m.*, - -, *nur Sg.*, Profiradrennen durch Italien
Gi/ro/kas/se *f.*, -, -en
Gi/ro/kon/to *n.*, -s, -ten, Bankkonto
Gi/ron/dist *m.*, -en, -en, gemäßigter Republikaner in der Französischen Revolution
Gi/ro/ver/kehr *m.*, -s, -e
gir/ren *intr.*, gurren, lachen
Gischt *m.* -es, -e, oder *f.*, -, -en, aufschäumendes Wasser, Gischt sprühend
gisch/ten *intr.*, schäumen
Gi/ta/na [span.] *f.*, -, *nur Sg.*, Zigeunertanz mit Kastagnetten
Gi/tar/re *f.*, -, -n, Saiteninstrument
Gi/tar/ren/so/lo *n.*, -s, -soli
Gi/tar/ren/spie/ler *m.*, -s, -
Gi/tar/ren/spie/le/rin *f.*, -, -nen
Gi/tar/rist *m.*, -en, -en
Gi/tar/ris/tin *f.*, -, -nen
Git/ter *n.*, -s, -, 1. Geflecht, 2. Absperrung
Git/ter/brett *n.*, -[e]s, -er
Git/ter/fens/ter *n.*, -s, -, vergittertes Fenster
git/tern *tr.*, mit Gitter verschließen
Git/ter/netz *n.*, -es, -e
Git/ter/rost *m.*, -[e]s, -e
Git/ter/zaun *m.*, -[e]s, -zäune

gi/us/to [lat.-ital.] wörtl.: richtig, Vortragsanweisung in der Musik
Gla/cé auch: **Gla/cee** [französ.] *m.*, -[s], -s, glänzendes Gewebe
Gla/ce *n.*, -s, -s, Glasur
Gla/cé/hand/schuh *m.*, -s, -e
Gla/cé/le/der *n.*, -s, -, dünnes Leder
gla/cie/ren oder auch: **gla/sie/ren** [französ.] *tr.*, mit Guss überziehen, glasieren
Gla/cis [französ.] *n.*, -, -, Festungsvorfeld
Gla/di/a/tor [lat.] *m.*, -s, -en, altrömischer Schaukämpfer
Gla/di/a/to/ren/kampf *m.*, -[e]s, -kämpfe
Gla/di/o/le *f.*, -, -en, Liliengewächs
Gla/go/li/za [serbokrat.] *f.*, -, *nur Sg.*, altkirchenslawische Schrift
Gla/mour [engl.] *m.*, -s, *nur Sg.*, 1. Glanz, 2. Aufmachung
Gla/mour/girl [engl.] *n.*, -s, -s, 1. früher: Filmdiva, 2. heute: Starlet
glan/du/lär [lat.] zu einer Drüse gehörig
Glans [lat.] *f.*, -, Glandes, Eichel des Schwellkörpers
Glanz *m.*, -es, *nur Sg.*, 1. Schimmer, 2. Pracht
Glanz/bürs/te *f.*, -, -n
glän/zend strahlend, schimmernd, glänzend goldene Haare
glanz/los
Glanz/num/mer *f.*, -, -n, Hochleistung
Glanz/pa/pier *n.*, -s, -e
Glanz/punkt *m.*, -[e]s, -e, Höhepunkt

Glanz/stück *n.*, -s, -e, Glanznummer
glanz/voll
Glas *n.*, -es, Gläser, 1. hartes durchsichtiges Material, 2. Trinkgefäß, zwei Glas Bier, ein Glas voll
glas/ar/tig wie Glas
Glas/au/ge *n.*, -s, -n, kosmetische Augenprothese aus Glas
Glas/blä/ser *m.*, -s, -n, alter Handwerksberuf
Gla/se/rei *f.*, -, -en, Glasverarbeitungsbetrieb
glä/sern aus Glas
Glas/fa/ser *f.*, -, -n
Glas/fa/ser/ka/bel *n.*, -s, -, leistungsfähige Datenleitung
glas/hart hart wie Glas
Glas/hüt/te *f.*, -, -n, Glasherstellungsbetrieb
gla/sie/ren *tr.*, mit Guss überziehen
gla/sig wie Glas, ein glasiger Blick
glas/klar klar wie Glas
Glas/ma/ler *m.*, -s, -, malt auf Glas
Glas/ma/le/rin *f.*, -, -nen, malt auf Glas
Glas/nost [russ.] *f.*, -, *nur Sg.*, 1. Offenheit, 2. Gorbatschows Reformkurs
Glas/pa/last *m.*, -es, -paläste, großes Gebäude aus Stahl und Glas
Glas/schei/be *f.*, -, n
Glas/split/ter *m.*, -s, -
Gla/sur *f.*, -, -en, Gussüberzug
Glas/wand *f.*, -, -wände
glas/wei/se Glas für Glas
Glas/wol/le *f.*, -, *nur Sg.* Dämmstoff
glatt 1. eben, gerade 2. rutschig, 3. problemlos, glattgehen, 4. offensichtlich

Glät/te *f.*, -, *nur Sg.*
1. Ebenheit, 2. Rutschigkeit, 3. Problemlosigkeit
Glatt/eis *n.*, -es, *nur Sg.*, Eisschicht auf der Straße
glät/ten *tr.*, glatt machen, ebnen
glat/ter/dings einfach so
glatt/ma/chen *tr.*, ugs. für: bezahlen
Glät/tung *f.*, -, *nur Sg.*, Glattmachen
glatt/weg einfach
Glat/ze *f.*, -, -n, Kahlkopf
Glatz/kopf *m.*, -[e]s, -köpfe, Mann mit Glatze
glatz/köp/fig mit Glatze
glau/ben *tr.*, 1. meinen, 2. überzeugt sein, 3. gläubig sein
glau/ben ma/chen *tr.*, zu überreden versuchen
Glau/ben *m.*, -s, *nur Sg.*, 1. Meinung, 2. Überzeugung, 3. Gläubigkeit
Glau/bens/be/kennt/nis *f.*, -ses, -se
Glau/ben schen/ken *tr.*, vertrauen
Glaubens/sa/che *f.*, -, -n, nicht bewiesene Sachverhalte
glau/bens/stark sehr religiös
Glau/ber/salz *n.*, -es, -e, Abführmittel
glaub/haft glaubwürdig
Glaub/haf/tig/keit *f.*, -, -en, Glaubwürdigkeit
gläu/big religiös
Gläu/bi/ge *m.* oder *f.*, -en, -en, Angehörige einer Religion
Gläu/big/keit *f.*, -, *nur Sg.*, Religiosität
glaub/lich zu glauben
glaub/wür/dig integer
Glaub/wür/dig/keit *f.*, -, *nur Sg.*, Integrität
Glau/kom [griech.] *n.*, -s, -e, Augenkrankheit: grüner Star
gla/zi/al [lat.] eiszeitlich
Gla/zi/al *n.*, -s, -e, Eiszeit
Gla/zi/al/fau/na *f.*, -, -faunen, eiszeitliche Tierwelt
Gla/zi/al/land/schaft *f.*, -, -en, Landschaft während der Eiszeit
Gla/zi/al/zeit *f.*, -, -en, Eiszeit
Gla/zi/o/lo/gie [lat.-griech.] *f.*, -, *nur Sg.*, Gletscherkunde
Glee [engl.] *m.*, -s, -s, einfaches Lied in englischen Männerclubs des 17. bis 19. Jahrhunderts mit drei oder mehr Stimmen
Gle/fe [lat.-französ.] 1. mittelalterliches Stangenschwert mit einer Schneide, 2. kleinste Einheit eines mittelalterlichen Ritterheeres, 3. obere Hälfte einer Lilie in der Heraldik
Glei/bo/den *m.*, -s, -böden, Lehmboden
gleich 1. übereinstimmend, unverändert, gleich einem Blitz fegte er hinaus, gleich groß, gleich viel, gleich lauten, gleich bleiben, 2. sofort, eben, bloß, ich rufe gleich an,
Glei/che *n.*, -n , -n, Vergleichbares, das Gleiche, aufs Gleiche hinauslaufen, der Gleiche bleiben, Gleich und Gleich gesellt sich gern, ein Gleicher unter Gleichen, ein Gleiches, nichts Gleiches
gleich/al/trig gleich alt
gleich/ar/tig übereinstimmend
Gleich/ar/tig/keit *f.*, -, -en, Übereinstimmung
gleich/auf gleichweit, auf gleicher Höhe
gleich/be/deu/tend synonym
gleich/be/rech/tigt gleichwertig
Gleich/be/rech/ti/gung *f.*, -en, Gleichwertigkeit
glei/cher/ma/ßen genauso
glei/cher/wei/se ebenso
gleich/falls auch
gleich/för/mig einheitlich
Gleich/för/mig/keit *f.*, -, -en, Einheitlichkeit
Gleich/ge/wicht *n.*, [e]s, -e, Balance
Gleich/ge/wichts/stö/rung *f.*, -, -en, Schwindelgefühl
gleich/gül/tig egal
Gleich/gül/tig/keit *f.*, -, -en, Desinteresse
Gleich/heit *f.*, -, -en, Übereinstimmung
Gleich/heits/prin/zip *n.*, -s, -ien
Gleich/klang *m.*, -s, -klänge
gleich/kom/men *intr.*, entsprechen
gleich/lau/tend oder auch: **gleich lau/tend**
gleich/ma/chen *tr.*, angleichen,
Gleich/ma/che/rei *f.*, -, -en, übertriebene Angleichung
gleich/mä/ßig regelmäßig
Gleich/mä/ßig/keit *f.*, -, -en, Regelmäßigkeit
Gleich/mut *f.*, -, *nur Sg.*, Unerschütterlichkeit
gleich/mü/tig unerschütterlich
gleich/na/mig
Gleich/na/mig/keit *f.*, -, -en
Gleich/nis *n.*, -ses, -se, Parabel
gleich/ran/gig gleichberechtigt
gleich/sam als ob
gleich/schal/ten *tr.*, vereinheitlichen
gleich/schen/ke/lig oder

auch: **gleich/schenk/lig** Dreieck mit zwei gleich langen Seiten
Gleich/schritt *m.*, -s, -e, Schrittart
gleich/se/hen *refl.*, sich ähneln
gleich/sei/tig symmetrisch
Gleich/sei/tig/keit *f.*, -, -en, Symmetrie
gleich/set/zen *tr.*, vergleichen
Gleich/set/zung *f.*, -, -en, Vergleich
Gleich/stand *m.*, -es, -stände, Ausgleich
gleich/stel/len *tr.*, angleichen
Gleich/stel/lung *f.*, -, -en, Angleichung
Gleich/stel/lungs/be/auf/trag/te *f.*, -n, -n, Frauenbeauftragte
Gleich/strom *m.*, -s, -ströme
gleich/tun *intr.*, nachahmen
Glei/chung *f.*, -, -en, mathematische Ausdrucksweise
gleich/viel wenn auch
gleich/wer/tig gleichberechtigt
Gleich/wer/tig/keit *f.*, -, -en, Gleichberechtigung
gleich/wohl aber, doch
gleich/zei/tig
Gleich/zei/tig/keit *f.*, -, nur *Sg.*
gleich/zie/hen *intr.*, aufholen
Gleis oder auch: **Ge/lei/se** *n.*, -es, -e, Eisenbahnschienen
Gleis/ar/beit *f.*, -, -en
Gleis/bau *m.*, -s, nur *Sg.*
gleis/los
glei/ßen *intr.*, glänzen, strahlen
Gleit/bahn *f.*, -, -en
Gleit/bom/be *f.*, -, -n, computergesteuerte Bombe

glei/ten *intr.*, 1. rutschen, 2. segeln
Glei/ter *m.*, -s, -, leichtes Fluggerät
Gleit/flä/che *f.*, -, -n
Gleit/flug *m.*, -es, -flüge, Fliegen ohne Antrieb
Gleit/schutz *m.*, -es, nur *Sg.*
gleit/si/cher
Gleit/zeit *f.*, -, nur *Sg.*, flexible Arbeitszeit
Glen/check [engl.] *m.*, -s, -s, großkarierter Stoff
Glet/scher *m.*, -s, -, Eisfeld
glet/scher/ar/tig wie ein Gletscher
Glet/scher/brand *m.*, -es, -brände, Sonnenbrand im Wintersport
Glet/scher/was/ser *n.*, -s, -
Glet/scher/zun/ge *f.*, -, -n, ins Tal auslaufender Teil des Gletschers
Gle/ve Glefe
Gley [russ.] *m.*, -s, nur *Sg.*, nasser Mineralboden
Glia [griech.] *f.*, -, nur *Sg.*, Stütz- und Nährgewebe der Gehirnnervenzellen
Glib/ber [norddt.] *m.*, -s, nur *Sg.*, glitschiger Schlamm
glib/be/rig schleimig, schmierig
Gli/der [engl.] *m.*, -s, -, Lastensegler ohne Motorantrieb
Glied *n.*, -es, -er, 1. Teil, 2. Körperteil, 3. Penis
glie/der/lahm
Glie/der/läh/mung *f.*, -, -en
glie/dern *tr.*, unterteilen
Glie/der/pup/pe *f.*, -, -n
Glie/der/rei/ßen *n.*, -s, nur *Sg.*, Schmerzen
Glie/de/rung *f.*, -, -en, Unterteilung
Glied/ma/ßen nur *Pl.* Körperteile

Globulin

Glied/satz *m.*, -es, -sätze, abhängiger Satzteil
glied/wei/se
Gli/ma *f.*, -, nur *Sg.*, traditioneller Ringkampf in Island
glim/men *intr.*, glühen
Glim/mer *m.*, -s, -, Mineral
glim/mern *intr.*, funkeln
Glim/mer/schie/fer *m.*, -s, -
Glimm/lam/pe *f.*, -, -n
glimm/rig
Glimm/sten/gel >
Glimm/stän/gel *m.*, -s, -, ugs. für: Zigarette
glimpf/lich schadlos, mäßig
Glimpf/lich/keit *f.*, -, -en
Gli/om [griech.] *n.*, -s, -e, Geschwulst im Nervenstützgewebe
Glis/sa/de [französ.] *f.*, -, -n, gleitender Tanzschritt
glis/san/do [italien.] gleitende Musik
Glis/son/schlin/ge *f.*, -, -n, Vorrichtung zur therapeutischen Wirbelsäulenstreckung
glit/schen *intr.*, rutschen
glit/schig rutschig
Glit/zer *m.*, -s, nur *Sg.*, dekorativer Tand
glit/ze/rig oder auch: **glitz/rig** glitzernd
glit/zern *intr.*, funkeln
glo/bal [lat.] 1. weltweit, 2. allumfassend
Glo/be/trot/ter [engl.] *m.*, -s, -, Weltreisender
Glo/bi/ge/ri/ne [lat.] *f.*, -, -n, Meerschlamm bildende Foraminifere
Glo/bin [lat.] *n.*, -s, nur *Sg.*, Eiweißbestandteil
Glo/bu/le [lat.] *f.*, -, -n, kugelförmiger Dunkelnebel als angenommenes Anfangsstadium eines Sterns
Glo/bu/lin [nlat.] *n.*, -s, -e,

kugelförmiger Eiweißstoff im Blutplasma
Glo/bu/lus [lat.] *m.*, -, -li, Arzneimittel in Kugelform
Glo/bus [lat.] *m.*, -, -ben, Weltkugel
Glöck/chen *n.*, -s, -
Glo/cke *f.*, -, -n, Schallkörper, Klingel
Glo/cken/blu/me *f.*, -, -n, Zierpflanze
glo/cken/för/mig
Glo/cken/ge/läut *n.*, -es, *nur Sg.*
glo/cken/hell
Glo/cken/klang *m.*, -[e]s, -klänge
Glo/cken/schlag *m.*, [e]s, -schläge
Glo/cken/turm *m.*, -[e]s, -türme
Glöck/ner *m.*, -s, -
Glo/ria [lat.] *f.* oder *n.*, *nur Sg.*, Glanz, Herrlichkeit
Glo/ria in ex/cel/sis Deo [lat.] Ehre sei Gott in der Höhe
Glo/rie *f.*, -, -n, 1. Heiligenschein, 2. Ruhm
Glo/ri/en/schein *m.*, -[e]s, e
Glo/ri/fi/ka/tion *f.*, -, -en, Verherrlichung
glo/ri/fi/zie/ren [lat.] *tr.*, verherrlichen
Glo/ri/o/le *f.*, -, -n, Heiligenschein
glor/reich ruhmreich
Glos/sar [griech.] *m.*, -s, -e, Wörterverzeichnis, Wörterbuch
Glos/sa/tor [lat.] *m.*, -s, -en, Verfasser von Wörterbüchern
Glos/se [griech.] *f.*, -, -n, kurzer, oft ironischer Kommentar
glos/sie/ren *tr.*
Glos/so/gra/phie *(Nf.)* auch: **Glos/so/gra/fie** *(Hf.)*,

-, -n, Erläuterung durch Glossen
Glos/so/la/lie [griech.] *f.*, -, -n, 1. Zungenreden, 2. Stammeln in religiöser Verzückung
glot/tal [griech.] in der Stimmritze gebildet(e Laute)
Glot/tal [griech.] *m.*, -s, -s, Stimmritzenlaut, Knacklaut
Glot/tis *f.*, -, -tides, Stimmritze
Glotz/au/ge *n.*, -s, -n, 1. ugs.: Bezeichnung für jmdn., der angestrengt etw. oder jmdn. anstarrt, 2. ugs.: Sehfehler
Glot/ze *f.*,-, -n, ugs. für: Fernseher, TV-Gerät
glot/zen *intr.*, ugs. für: starren
Glo/xi/nie [nlat.] *f.*, -, -n, Zimmerpflanze
Glück *n.*, -[e]s, *nur Sg.*, 1. günstige Fügung, 2. Schicksal, 3. Zufall, 4. Zufriedenheit
Glu/cke *f.*, -, -n, Bruthenne
glu/cken *intr.*, brüten
glück/lich
glück/los
Glücks/brin/ger *m.*, -s-, Talisman
Glück/se/lig/keit *f.*, -, -en, Bezeichnung für den Zustand der Verstorbenen im christlichen himmlischen Paradies
Glücks/fee *f.*, -, -n, Lottofee
Glücks/kä/fer *m.*, -s, -, Skarabäus
Glücks/pfen/nig *m.*, -s, -e, als Talisman dienendes Geldstück
Glücks/pilz *m.*, -es, -e, jmd., der immerzu Glück hat

Glücks/sa/che *f.*, -, -n, etw. vom Glück Abhängiges
Glücks/schwein *n.*, -[e]s, -e, als Talisman dienendes Abbild eines Schweines
glück/strah/lend glücklichen Gesichtsausdrucks
Glücks/sträh/ne *f.*, -, -n, lange vorhaltendes Glück
Glück/wunsch *m.*, -es, -wünsche, Gratulation
Glu/ko/se [griech.] *f.*, -s, *nur Sg.*, Traubenzucker
Glüh/bir/ne *f.*, -, -n, Leuchtkörper
glü/hen *intr.*, 1. leuchten, 2. glimmen, 3. heiß sein, 4. begeistert sein
glü/hend
glühend heiß
Glüh/lam/pe *f.*, -, -n, Lampe mit Leuchtkörper
Glüh/wein *m.*, -s, -e, mit Gewürzen aufgekochter Wein
Glüh/würm/chen *n.*, -s, -, Tierart
Glupsch/au/ge *n.*, -s, -n, ugs. für: Sehfehler
glup/schen [nordd.] *intr.*, starren
Glut *f.*, -, -en, 1. glimmendes Feuer, 2. Hitze, 3. Leidenschaft
Glu/ta/mat oder auch:
Glut/a/mat *n.*, -s, e, 1. Natriumsalz, 2. Würzpulver
Glu/ta/min oder auch:
Glut/a/min *n.*, -s, -e, Aminosäure
glu/ten *intr.*
Glu/ten [lat.] *n.*, -s, *nur Sg.*, Eiweißstoff in Weizenkörnern, Getreidekleber
Glu/tin [nlat.] Eiweißstoff in Gelatine
glut/rot rot wie die Glut
Gly/ce/rin oder auch:
Gly/ze/rin [griech.] *n.*, -s,

Goldmine

nur Sg., Alkohol
Gly/kä/mie oder auch:
Glyk/ämie *f., -, nur Sg.*, normaler Zuckergehalt des Blutes
Gly/ko/gen *n., -s, nur Sg.*, Leberstärke
Gly/ko/koll *n., -s, nur Sg.*, Aminoessigsäure
Gly/kol *n., -s, nur Sg.*, 1. Alkohol, 2. Frostschutzmittel, 3. Lösungsmittel
Gly/ko/ne/us [griech.-lat.] *m., -, -neen*, antikes achtsilbiges Versmaß
Gly/ko/se *f., -, nur Sg.*, veraltet für Traubenzucker
Gly/ko/su/rie oder auch:
Gly/kos/u/rie [griech.] *f., -, -n*, übermäßige Zuckerausscheidung im Harn
Glyp/te [griech.] *f., -, -n*, geschnittener Stein
Glyp/tik *f., -, nur Sg.*, Steinschneidekunst, Bildhauerei
Glyp/to/don *n., -s, -ten*, ausgestorbenes Riesengürteltier
Glyp/to/thek [griech.] *f., -, -en*, antike Skulpturensammlung
Gly/ze/rin *n. -s, nur Sg.*, Glycerin
Gly/zi/nie *f., -, -n*, ostasiatischer Schmetterlingsblütler als Zierkletterpflanze
G-Man [engl.] *m., -[s]*, G-Men, Abk. für: government man, Geheimagent des FBI
GmbH Abk. für: Gesellschaft mit beschränkter Haftung
GMD Abk. für: Generalmusikdirektor
g-Moll Tonart
g-Moll-Ton/lei/ter, *f., -, -n*
Gna/de *f., -, nur Sg.*, 1. Barmherzigkeit, 2. Straferlass

Gna/den/akt *m., -s, -e*, gnädige Handlung
Gna/den/brot *n., -, nur Sg.*, Rente für Nutztiere
Gna/den/frist *f., -, -en*, Galgenfrist
gna/den/los
gna/den/reich
Gna/den/stoß *m., -es, -stöße*, Sterbehilfe in aussichtsloser Lage
gna/den/voll
Gneis *m., -es, -e*, Gestein
Gnoc/chi [italien.] *nur Pl.* Klößchen
Gnom *m., -[e]s, -e*, Zwerg
Gno/me [griech.-lat.] *f., -, -n*, belehrender Sinnspruch in Vers oder Prosa
gno/men/haft
Gno/mi/ker [griech.] *m., -, -*, Verfasser von Gnomen
Gno/mi/ke/rin [griech.] *f., -, -nen*, Verfasserin von Gnomen
gno/misch
Gno/mo/lo/gie [griech.] *f., -, -n*, Spruch- und Anekdotensammlung
gno/mo/lo/gisch
Gno/mon [griech.] *m., -, -e*, 1. antiker Sonnenhöhenmesser, 2. Sonnenuhrzeiger
Gnosis [griech.] *f., -, nur Sg.*, Gotteserkenntnis
Gnos/tik [griech.] *f., -, -en*
Gnos/ti/ker *m., -, -*, Mensch, der Gott mittels der Vernunft erkennen will
gnos/tisch
Gnos/ti/zis/mus *m., -es, -men*, übertr.: Spinnerei
Gno/to/phor [griech.] *n., -s, -e*, keimfrei geborenes und aufgezogenes Versuchstier, das mit Mikroorganismen infiziert wird
Gnu *n., -s, -s*, Tierart
Go *n., -s, nur Sg.*, japani-

sches Brettspiel
Goal [engl.] *n., -s, -s*, 1. Tor, Treffer, 2. Ausruf: Tor
Goal/get/ter [engl.] *m., -s, -*, im Ballsport: Torjäger
Goal/kee/per [engl.] *m., -s, -*, im Ballsport: Torhüter
Go/be/lin [französ.] *m., -s*, Wandteppich
Go/bo/let [französ.] *m., -s, -s*, Becher oder Pokal
Go/ckel [süddt.] *m., -s, -*, Hahn
Go/de *m., -n, -n*, Bezeichnung des Priesters in der archaischen nordeuropäischen Kultur
Go/det [französ.] *n., -s, -s*, in ein Kleidungsstück eingenähter Keil
god/ro/nie/ren oder auch:
go/dro/nie/ren [französ.] *tr.*, ausschweifeln, fälteln
Go-go-Girl [engl.] *n., -s, -s*, Tänzerin
Goi [hebr.] *m., -s, -s*, Nichtjude
Go-Kart oder auch: **Go-Cart** [engl.] *n., -s, -s*, kleiner Rennwagen
Go/lat/sche [österr.-tschech.] *f., -, -n*, Gebäck
Gold *n., -[e]s, nur Sg.*, chemisches Element
Gold/bar/ren *m., -s, -*, in Barrenform gegossenes Gold
Gold/du/blee *n., -s, -s*
gol/den
gold/far/ben goldig, vergoldet
Gold/fisch *m., -s, -e*, japanisch-arabischer Zierfisch
gold/gelb
Gold/gru/be *f., -, -n*
Gold/hams/ter *m., -s, -*, Tierart
Gold/mi/ne *f., -, -n*, Goldbergwerk

Gold/pa/pier *f., -s, -e,* goldfarbenes Papier

Gold/re/gen *m., -s, -,* Strauchgewächs

gold/rich/tig passend, exakt, genau

Gold/ring *m., -[e]s, -e*

Gold/stück *n., -[e]s, -e*

Gold/zahn *m., -s, -zähne,* Zahnprothese aus Edelmetall

Go/lem [hebr.] *m., -s, nur Sg.,* künstlicher Mensch aus Lehm

Golf 1. [griech.] *m., -[e]s, -e,* Meeresbucht, 2. *n., -s, nur Sg.,* englisches Rasenspiel

gol/fen *intr.,* Golf spielen

Golf/er *m., -s, -,* Golfspieler

Golf/platz *m., -es, -plätze,* Ort, an dem gegolft wird

Gol/ga/tha oder auch:

Gol/go/tha [aram.] *nur Sg.,* Kreuzigungsstätte Jesu

Go/li/ar/de *m., -n, -n,* umherziehender Kleriker und Scholar im Frankreich des 13. Jahrhunderts

Go/li/ath [hebr.] *m., -s, -s,* Riese

Go/li/la [span.] *f. -, -s,* Hemdkragen

Gon [griech.] *n., -s, -e,* hundertster Teil eines rechten Winkels

Go/na/de [griech.] *f., -, -n,* Keimdrüse

Gon/del [italien.] *f., -, -n,* Ruderboot

gon/deln *intr.*

Gon/do/li/e/ra *f., -, re,* italienisches Schifferlied

Gond/wa/na *n., -s, nur Sg.,* Urkontinent auf der Südhalbkugel

Gong *m., -s, -s,* Schlaginstrument

gon/gen *intr.,* einen Gong schlagen

Gon/go/ris/mus *m., -, nur Sg.,* Stilbezeichnung

Gon/go/rist *m., -en, -en,* Anhänger des Gongorismus

Gong/schlag *m., -s, -schläge*

Go/ni/o/me/ter [griech.] *n., -s, -,* Winkelmesser

Go/ni/o/me/trie oder auch:

Go/ni/o/met/rie [griech.] *f., -, -n,* Winkelmessung

gön/nen *intr.,* 1. zugestehen, 2. sich leisten

Gön/ner *m., -s, -,* jmd., der jmdm. finanzielle Unterstützung gewährt

Gön/ner/haf/tig/keit *f., -, -en,* Großzügigkeit

Gön/ner/mie/ne *f., -, -n*

Go/no/kok/kus [griech.] *m, -, -ken,* Gonorrhöbakterium

Go/nor/rhö [griech.] *f., -, -n,* Geschlechtskrankheit, Tripper

go/nor/rho/isch

good-bye [engl.] Auf Wiedersehen

Good/will *m., -s, nur Sg.,* Wohlwollen

Good/will/rei/se *f., -, -n,* Reise, auf der um Wohlwollen geworben wird

Go/pak *m., -s, -s,* russischer Tanz

Go/ral *m., -s, -s,* 1. Wildziege, 2. asiatisches Hochgebirge

Gö/re oder auch: **Gör** [nordd.] *f., -, -n,* freches Kind

gor/disch unlösbar, schwierig

Gor/go *f., -, -nen,* weibliches Ungeheuer der griechischen Mythologie

Gor/gon/zo/la [italien.] *m., -s, -s,* Käsesorte

Go/ril/la *m., -s, -s,* 1. Menschenaffe, 2. ugs.: Leibwächter

Go/rod/ki *f., nur Pl.,* russisches Kegelspiel

Gösch [franz.-niederl.] *f., -, -en,* 1. kleine Landesflagge, die an Feiertagen im Hafen gesetzt wird, 2. andersfarbige obere Ecke am Flaggenstock als Teil der Landesflagge

Go-slow [engl.] *m.* oder *s., -s, -s,* Bummelstreik

Gos/pel [engl.] *m., -s, -,* religiöses Lied

Gos/pel/sän/ger *m., -s, -*

Gos/pel/song *m., -s, -s*

Gos/po/din [russ.] *m., -s, -poda,* russische Anrede: Herr

Gos/se *f., -, -n,* 1. Abflussrinne, 2. Verkommenheit

Gos/wa/mi oder auch:

Go/swa/mi [sanskr.] *m., -s, -s,* Ehrentitel für einen Bettelasketen

Go/tik [französ.] *f., -, nur Sg.,* 1. Kunststil, 2. hochmittelalterliche Epoche

go/tisch der Gotik zugehörig

Got/lan/di/um *n., -s, nur Sg.,* chemisches Element

Gott *m., -es, Götter,* übernatürliches Wesen, Gott sei Dank, um Gottes willen, in Gottes Namen, gottlob, Grüß Gott, weiß Gott

gott/be/gna/det besonders gesegt

Göt/ter/bo/te *m., -n, -n,* Wesen, das zwischen Menschen und Göttern Nachrichten vermittelt

Göt/ter/däm/mer/ung *f., -, nur Sg.,* germanischer Weltuntergangsmythos

gott/er/ge/ben

Grafik

göt/ter/gleich
Göt/ter/spei/se *f.*, -, -n, Wackelpudding
Got/tes/a/cker *m.*, -s, -äcker, Friedhof
Got/tes/be/weis *m.*, -es, -e, Versuch, mit rationalen Mitteln die Existenz Gottes zu beweisen
Got/tes/dienst *m.*, -es, -e, religiöser Ritus
Got/tes/furcht *f.*, -, *nur Sg.*
got/tes/fürch/tig
Got/tes/haus *n.*, -es, -häuser, Bezeichnung für christliche Kirchen
Got/tes/ur/teil *n.*, -s, -e, übliche mittelalterliche Form der Rechtsfindung
gott/gläu/big religiös
Gött/lich/keit *f.*, -, -en
gott/los verrucht
Gott/va/ter *m.*, -s, *nur Sg.*, eine der trinitarischen Personenhypostasen
gott/ver/dammt verflucht
gott/ver/las/sen 1. menschenleer: ist das wieder eine gottverlassene Gegend hier, 2. subjektive Empfindung über die Abwesenheit Gottes
Gott/ver/trau/en *n.*, -s, *nur Sg.*, tiefe Religiosität
Göt/ze *m.*, -n, -n, Abgott
Göt/zen/bild *f.*, -[e]s, -er
Göt/zen/dienst *m.*, -[e]s, -e
Gou/ache [französ.] *f.*, -, -n, Wasserfarbmalerei
Gou/da *m.*, -s, -s, Käsesorte
Gou/dron oder auch:
Goud/ron [französ.] *m.*, *nur Sg.*, Asphaltmischung
Gour/de [französ.] *m.* -oder -s, -s, haitische Währungseinheit
Gour/mand [französ.] *m.*, -s, -s, Vielfraß
Gour/met [französ.] *m.*, -s, Feinschmecker
Gout [französ.] *m.*, -s, -s Geschmack, Wohlgefallen
gou/tie/ren [französ.] *tr.*, 1. probieren, 2. gutheißen: das goutiere ich überhaupt nicht
Gou/ver/nan/te [französ.] *f.*, -, -n, Erzieherin
Gou/ver/ne/ment [französ.] *n.*, -s, -s, 1. Regierung, 2. Verwaltungsbezirk
Gou/ver/neur *m.*, -s, -e, Bezirksverwalter
Gr. Abk. für Greenwich als Ort des Null-Längenmeridians
Grab *n.*, -[e]s, Gräber, Begräbnisstätte
Grab/bei/ga/be *f.*, -, -en
gra/ben *intr.*, ausheben, ausschürfen
Gra/ben *m.*, -s, Gräben
Grä/ber/feld *n.*, -s, -er, archäologische Bezeichnung für einen alten Friedhof
Gra/bes/stil/le *f.*, -, -n, übertr. für: völlige Ruhe
Grab/hü/gel *m.*, -s, -, Gräberform
Grab/kam/mer *f.*, -, -n, in Grabhügeln, Pyramiden u.Ä.: Grabbauten, an denen der Verstorbene aufgebahrt ist
Grab/mal *n.*, -, -mäler, Grabstein
Grab/schän/dung *f.*, -, -en, Störung der Totenruhe
Grab/stät/te *f.*, -, -n, Grab
Grab/stein *m.*, -[e]s, -e
Gra/bung *f.*, -, -en, methodisches Suchen nach unter der Erdoberfläche verborgenen Dingen, z.B. Bodenschätzen, archäologisch bedeutsamen Funden u.Ä.
Gracht [niederl.] *f.*, -, -en, Wasserstraße
Gra/ci/o/so [span.-lat.] *m.*, -s, -s, komische Person in der spanischen Komödie
grad. Abk. für graduiert
Grad *m.*, -s, -e, 1. Maßeinheit, 2. Maß, Stärke
gra/da/tim [lat.] stufenweise, schrittweise
Gra/da/ti/on [lat.] *f.*, -, -en, 1. Abstufung, 2. Steigerung
Grad/ein/tei/lung *f.*, -, -en, Unterteilung eines Maßes in Einheiten
Gra/di/ent [lat.] *m.*, -en, Gefälle, Abstieg
gra/die/ren *intr.*, 1. konzentrieren, verstärken, 2. abstufen, 3. in Grade einteilen
Grad/mes/ser *m.*, -s, -, Gradanzeige
gra/du/al auf eine Gradeinteilung bezogen
gra/du/ell nach und nach, Stück für Stück
gra/du/ie/ren [lat.] *tr.*, 1. in Grade einteilen, 2. akademische Würde verleihen
Gra/du/ie/rung *f.*, -, -en
Grad/un/ter/schied *m.*, -s, -e, Differenz
grad/wei/se eins nach dem anderen
Grae/cum [lat.] *n.*, -s, *nur Sg.*, abschließende Griechischprüfung
Graf *m.*, -en, -en, Adelstitel
Gra/fen/ti/tel *m.*, -s, -
Graf/fi/a/to [germ.-ital.] *m.*, -s, ti, Schmuckverzierung an Tongefäßen
Graf/fi/ti [engl.] *n.*, -s, -s, Wandmalerei
Graf/fi/to [italien.] *m.* oder *n.*, -s, -ti, in eine Mauer geritzte Inschrift
Gra/fik *(Hf.)* auch:
Gra/phik *(Nf.)* *f.*, -, -en, Schreib- und Zeichenkunst

Gra/fik-De/sign *(Hf.)* auch: **Gra/phik-De/sign** *(Nf.) n., -, nur Sg.*
gra/fisch *(Hf.)* auch: **gra/phisch** *(Nf.)*
gräf/lich
Graf/schaft *f., -, -en,* Landgebiet eines Grafen
Gra/ham/brot *n., -s, -e,* Brotsorte
Grain [engl.] *n., -s, -s,* angelsächsisches Feingewicht, rund 0,06 Gramm
grai/nie/ren *intr.,* einseitig aufrauhen, körnen
Grä/ko/ma/ne [griech.-lat.] *m., -n, -n,* Besessener Imitator, Liebhaber oder Bewunderer alles Griechischen
Grä/ko/ma/nie *f., -, nur Sg.,* übersteigerte Vorliebe für (das alte) Griechenland
Gral *m. -s, nur Sg.,* wundersamer Stein, Kelch (mittelalterliche Mythologie)
Grals/burg *f., -, -en*
Grals/hü/ter *m., -s, -,* Gralsritter
Grals/rit/ter *m., -s, -,* Ritter, die es sich zur Aufgabe gemacht hatten, den Gral zu finden
gram
Gram *m., -[e]s, nur Sg.,* Kummer, Traurigkeit
grä/men *refl.,* sich sorgen
gram/er/füllt
Gra/mi/ne/en *nur Pl.* Sammelbezeichnung der Gräser
gräm/lich
gram/voll
Gramm *n., -[e]s, -e,* Gewichtseinheit
Gram/ma/tik *f., -, -en,* Sprachlehre
Gram/ma/ti/ka/li/sa/ti/on *f., -, en,* Absinken eines bedeutungstragenden Wortes zu einem sprachlichen Hilfsmittel
gram/ma/ti/ka/lisch
Gram/ma/tik/ü/bung *f., -, -en*
gram/ma/tisch
Gram/mo/phon auch: **Gram/mo/fon** [griech.] *n. -s, -e,* altertümlicher Plattenspieler
Gram/my *m., -s, -s,* amerikanischer Schallplattenpreis
gram/ne/ga/tiv [griech.-lat.] sich rot färbende Bakterien
Gra/mo/la/ta [italien.] *f., -, -s,* halb gefrorene Limonade
Gran [lat.] *n., -s, -e,* altes Apothekergewicht, rund 65 Milligramm
Grän [lat.-französ.] altes Gewicht für Edelmetalle, zwölftel Karat
Gra/na/da *nur Sg.,* spanische Provinz
Gra/nat *m., -s, -e,* 1. [niederl.] Krabbe, 2. Halbedelstein
Gra/na/te [italien.] *f., -, -n,* 1. Sprengladung, 2. Geschoss
Gra/nat/feu/er *n., -s, -,* Granatbeschuss
Gra/nat/split/ter *m., -s, -,* 1. Splitter einer Granate, 2. Süßspeise
Gra/nat/wer/fer *m., -s, -,* Vorrichtung zum Abfeuern von Granaten
Gra/nat/schmuck *m., -[e]s, nur Sg.*
Grand *m., -s, nur Sg.,* 1. [norddt.] Kies, 2. [französ.] höchstes Spiel im Skat
Gran/de *m., -n, -n,* Angehöriger des spanischen Hochadels
Gran/dez/za [Italien.] *f., -, nur Sg.,* 1. Würde, 2. Liebenswürdigkeit
Grand/ho/tel [französ.] *n., -s, -s,* Luxushotel
gran/di/os [italien.] großartig
Gran/di/o/si/tät *f., -, -en,* überwältigende Großartigkeit, unvorstellbare Pracht, Erhabenheit
Grand Mal [französ.] *m., -s, nur Sg.,* großer epileptischer Anfall
Grand Prix [französ.] *m., -, -,* Großer Preis, Wettbewerb
Grand/seig/neur oder auch: **Grand/sei/gneur** [französ.] *m., -s, -s,* vornehmer gewandter Mann
gra/nie/ren [lat.] *tr.,* aufrauen der Metallplatte für den Kupferstich
Gra/nit [italien.] *n., -s, -e,* Gesteinsart
gra/ni/ten [lat.-ital.] 1. hart wie Granit, 2. aus Granit
gra/ni/tisch [lat.-ital.] den Granit betreffend
Gran/ny Smith [engl.] *m., -,-,* Apfelsorte
gran/tig schlecht gelaunt
Gran/tig/keit *f., -, -en*
Gra/nu/lat [lat.] *n., -s, -e,* körnige Substanz
gra/nu/lie/ren *tr.*
Gra/nu/lom [lat.] *n., -[e]s, -e,* Geschwulst aus feinkörnigem Bindegewebe
gra/nu/lös granulatartig
Grape/fruit [engl.] *f., -, -s,* Zitrusfrucht, Pampelmuse
Graph 1. *m., -e, -en,* grafische Darstellung, 2. Schriftzeichen, Grafologie
Gra/pho/lo/gie *(Nf.)* auch: **Gra/fo/lo/gie** *(Hf.) f., -, nur Sg.,* Schriftkunde
Gra/phe/ma/tik oder auch: **Gra/phe/mik** [griech.] *f., -, nur Sg.,* Wissenschaft von den Graphemen
gra/phe/ma/tisch oder

auch: **gra/phe/misch** die Graphematik betreffend
Gra/phe/o/lo/gie [griech.] *f., nur Sg.,* Wissenschaft von der Verschaffung von Sprache und von den Systemen der Schreibung
Gra/phie *(Nf.)* auch: **Gra/fie** *(Hf.)* [griech.] *f., -, -n,* Schreibung, Schreibweise
Gra/phik *(Nf.)* auch: **Gra/fik** *(Hf.), f., -, -en*
Gra/phit *(Nf.)* auch: **Gra/fit** *(Hf.) m., -s, -e,* Mineral
gra/phit/grau *(Nf.)* auch: **gra/fit/grau** *(Hf.)*
gra/phi/tie/ren *(Nf.)* auch: **gra/fi/tie/ren** *(Hf.) tr.,* etw. mit Grafit überziehen
gra/phi/tisch *(Nf.)* auch: **gra/fi/tisch** *(Hf.)* aus Grafit bestehend
Gra/phit/stab *(Nf.)* auch: **Gra/fit/stab** *(Hf.) m., -s, -stäbe*
Grap/pa *m., -s, -,* ital. Tresterbrand
grap/schen *intr.,* ugs. für: greifen, raffen
Gras *n., -es,* Gräser, 1.Wiesenpflanze, 2. Rasen
gras/ar/tig wie Gras
Gras/bahn/ren/nen *n., -s, nur Sg.,* Pferderennen auf Grasboden
gras/be/wach/sen
Gräs/chen *n., -s, -,* kleines Gras
Gras/de/cke *f., -, -n*
gra/sen *intr.,* weiden
gras/grün
Gras/hüp/fer *m., -s, -,* Insekt
gras/sie/ren [lat.] *intr.,* um sich greifen
gräß/lich > gräss/lich fürchterlich, scheußlich
Gräß/lich/keit >Gräss/lich/keit *f., -, -en,* Scheußlichkeit

Grat *m., -[e]s, -e,* 1. Kante, 2. Bergkamm
Grä/te *f., -, -n,* Fischknochen
Grä/ten/fisch *m., -s, -e,* bildet zusammen mit den Weich- und Knorpelfischen die Gattung Fisch
grä/ten/los ohne Gräten
Gra/ti/fi/ka/tion [lat.] *f., -, -en,* Sonderzulage
gra/ti/fi/zie/ren *intr.,* vergüten
grä/tig voller Gräten
Gra/tin [französ.] *n., -s, -s,* Überbackenes
gra/ti/nie/ren *tr.,* überbacken
gra/tis [lat.] 1. kostenlos, 2.frei
Gra/tis/bei/lage *f., -, -n*
Gra/tis/pro/be *f., -, -n*
Grätsch *f., -, -n,* Haltung mit gespreizten Beinen
grätsch/bei/nig gegrätscht
grät/schen *tr.,* Beine spreizen
Grätsch/stel/lung *f., -, -en*
gra/tu/lie/ren *intr.,* beglückwünschen
Gra/tu/lant *m., -en,* jmd., der gratuliert
Gra/tu/la/ti/on *f., -, -en*
grau Farbe, der Tag war grau in grau, lass dir darüber keine grauen Haare wachsen, grauer Star, die Farbe Grau, die Graue Eminenz, die Grauen Panther
Grau/bart *m., -[e]s, -bärte,* ugs. scherzhafte Bezeichnung für alte Männer
grau/bär/tig 1. mit grauem Bart, 2. alt
Grau/brot *n., -s, -e*
Gräu/el *f., -, -,* Abscheu, Grässlichkeit
Gräu/el/mär/chen *n., -s, -*
Gräu/el/tat *f., -, -en*

grau/en *refl.,* Furcht haben
Grau/en *n., -s, nur Sg.,* das Schreckliche
grau/en/er/re/gend oder auch: **Grau/en er/re/gend** erschreckend
grau/en/voll grässlich
Grau/gans *f., -, -gänse,* Tierart
gräu/lich grässlich
Grau/pe *f., -, -n,* Korn
Grau/pel *f., -, -n,* Hagelkorn
grau/peln *intr.,* hageln
Grau/pel/schau/er *m., -s, -,* Hagelwetter
Grau/pen/sup/pe *f., -, -n*
grau/sam 1. brutal, 2. unmenschlich
Grau/sam/keit *f., -, -en*
grau/sen *refl.,* sich fürchten
Grau/sen *n., -s, nur Sg.,* Gruseln
grau/sig gruselig
Grau/specht *m., -[e]s, -e,* Vogel
Grau/schlei/er *m., -s, -,* 1. Nebel, 2. Schmutz
Gra/ven/stei/ner *m., -s, -,* Apfelsorte
Gra/veur [französ.] *m., -s, -e,* Berufsgravierer, Stempelschneider
Gra/veur/ar/beit *f., -, -en,* Gravur
Gra/veu/rin *f., -, -nen,* Berufsgravierin, Stempelschneiderin
gra/vid schwanger
Gra/vi/di/tät *f., -, -en,* Schwangerschaft
Gra/vier/ar/beit *f., -, en,* Gravur
gra/vie/ren [französ.] *tr.,* einritzen
gra/vie/rend [lat.] schlimm, belastend, erschwerend
Gra/vie/rung *f., -, -en,* Gravurarbeit
Gra/vi/met/rie oder auch:

Gra/vi/me/trie *f.*, -, *nur Sg.*, 1. Schwerkraftmessung, 2. chemische Gewichtanalyse
Gra/vis [lat.] *m.*, -, -, Betonungszeichen
Gra/vi/ta/ti/on *f.*, -, -en, Schwerkraft
Gra/vi/ta/ti/ons/feld *n.*, -[e]s, -er
Gra/vi/ta/ti/ons/ge/setz *n.*, -es, -e
gra/vi/tä/tisch würdevoll
gra/vi/tie/ren *intr.*
Gra/vur *f.*, -, -en, Gravierung
Gra/zie [lat.] *f.*, -, -n, Anmut, die drei Grazien: Allegorie
gra/zil schlank, feingliedrig
Gra/zi/li/tät *f.*, -, -en, Zierlichkeit
gra/zi/ös anmutig
gra/zi/o/so liebliche, anmutige Musik
grä/zi/sie/ren *tr.*, griechisch machen, auf Griechisch übersetzen
Grä/zis/mus [nlat.] *m.*, -, -men, altgriechische Spracheigentümlichkeit in einer anderen Sprache
Grä/zist *m.*, -en, -en, Kenner altgriechischer Sprache und Literatur
Grä/zis/tik [griech.-lat.] Wissenschaft von der altgriechischen Sprache und Kultur
Grä/zis/tin *f.*, -, -nen, Kennerin altgriechischer Sprache und Literatur
grä/zis/tisch 1. die Gräzistik betreffend, 2. nach altgriechischem Vorbild
Grä/zi/tät [griech.-lat.] *f.*, -, *nur Sg.*, Wesen der altgriechischen Sprache und Gepflogenheiten
Green/horn [engl.] *n.*, -s, -s, unerfahrener Neuling
Green/peace [engl.] internationale Umweltschutzorganisation
Green/wich Londoner Stadtteil
Green/wicher Zeit westeuropäische Zeit
Gre/ga/ri/nen [lat.] *nur Pl.*, Parasiten in wirbellosen Tieren
Gre/go/ri/a/nik [griech.] *f.*, -, *nur Sg.*, einstimmiger lateinischer Kirchenchorgesang ohne instrumentale Begleitung
gre/go/ri/a/nisch
gre/go/ri/a/ni/sie/ren *tr.*
Greif *m.*, -s, -e, mythischer Vogel
grei/fen *tr.*, fassen, packen
Greif/zan/ge *f.*, -, -n
Greis *m.*, -es, -e, alter Mann
Grei/sen/haupt *n.*, -es, -häupter, Kopf alter Menschen
grell 1. sehr hell, 2. schrill, ihr Kleid war grellgrün
Gre/mi/um [lat.] *n.*, -s, -mien, Ausschuss
Gre/na/da span. Insel
Gre/na/dier [französ.] *m.*, -s, -e, Soldat
Gre/na/dil/le *f.*, -, -n, Frucht
Gre/na/din [italien.] *m.* oder *n.*, -s, -s, Fleischzubereitung
Gre/na/di/ne [französ.] *f.*, -, *nur Sg.*, Getränk
Grenz/baum *m.*, -s, -bäume, Schlagbaum
Gren/ze *f.*, -, -n
gren/zen *tr.*, 1. benachbart sein, 2. nahe kommen
gren/zend
gren/zen/los
Grenz/gän/ger *m.*, -s, -
Grenz/ver/kehr *m.*, -s, *nur Sg.*
Greu/el > **Gräu/el** *m.*, -s, -
Grey/hound *m.*, -s, -e, amerikanischer Überlandbus
Grib/let/te oder auch:
Gri/blet/te [französ.] *f.*, -, -n, Fleischschnitte
Grie/be *f.*, -s, -n, Speckwürfel
Grie/che *m.*, -s, -s, Bewohner Griechenlands
Grie/chin *f.*, -, -nen
grie/chisch
grie/chisch-rö/misch
Gries/gram *m.*, -s, -e, mürrischer Mensch
Gries/grä/mig/keit *f.*, -, -en
Grieß *m.*, -es, -e, geschrotetes Getreide
Grieß/brei *m.*, -s, -e
Grieß/kloß *m.*, -es, -klöße
Grieß/sup/pe *f.*, -, -n
Griff *m.*, -[e]s, -e, 1. Henkel, 2. Zugriff
griff/be/reit
Griff/brett *n.*, -[e]s, -er
grif/fig gut in der Hand liegend
griff/los 1. ohne Griff, 2. kraftlos
Grif/fon [französ.] *m.*, -s, -s, Hunderasse
Griff/tech/nik *f.*, -, -en
Grill *m.*, -s-, -e, Bratrost
Gril/la/de *m.*, -, -n, Rostbratstück
Gril/le *f.*, -, -n, Insekt
gril/len *tr.*, auf einem Grill zubereiten
gril/len/haft ugs. für: versponnen
Grill/fest *n.*, -[e]s, -e, Gartenparty
Grill/platz *m.*, -es, -plätze
Gri/mas/se [französ.] *f.*, -, -en, Fratze, verzerrtes Gesicht

gri/mas/sie/ren *intr.*, Fratze schneiden
Grim/bart *m.*, -[e]s, *nur Sg.*, Dachs
Grimm *m.*, -[e]s, *nur Sg.*, Zorn, Wut
Grim/men *n.*, -s, *nur Sg.*, Bauchweh
grim/mig verstimmt
Grim/mig/keit *f.*, -, -en, Verstimmung
Grind *m.*, -[e]s, -e, Schorf
Grin/go *n.*, -s, -s, verächtliche Bezeichnung für Weiße in Lateinamerika
grin/sen *intr.*, lächeln
grip/pal grippeähnlich
Grip/pe *f.*, -, -n, Erkältungskrankheit
Grip/pe/e/pi/de/mie *f.*, -, -n, seuchenartige Verbreitung der Grippeerkrankung
Grip/pe/vi/rus *m.*, -es, -viren, Überträger von Grippen
Grip/pe/wel/le *f.*, -, -n, Epidemie
Grips *m.*, -s, *nur Sg.*, ugs. für: Verstand
Gri/sail/le [französ.] *f.*, -, -n, Malerei in Grautönen
Gri/set/te [französ.] *f.*, -, -n, leichtlebiges Mädchen
Gris/li/bär oder auch:
Grizz/ly/bär *m.*, -s, -en, großer Bär
Gris/si/ni [italien.] *f.*, -s, -s, Knabbergebäck
gr.-kath. Abk. für griechisch-katholisch
grob 1. derb, 2. schlimm, 3. nicht fein
Grob/heit *f.*, -, -en, Unverschämtheit
grob/kno/chig
grob/ma/schig Gegenteil von feinmaschig
grob/schläch/tig ungegliedertes Erscheinungsbild von Menschen
Grob/schnitt *m.*, -[e]s, *nur Sg.*, grober Aufschnitt
Grog [engl.] *m.*, -s, -s, heißes Rumgetränk
grog/gy [engl.] erschöpft, kaputt
grö/len *intr.*, ugs. für: schreien, lärmen
Grö/ler/ei *f.*, -s, -en
Groll *m.*, -[e]s, *nur Sg.*, Ärger, versteckter Zorn
grol/len *intr.*, zürnen
Grön/land Insel, zu Dänemark gehörend
Grön/län/der *m.*, -s, -
grön/län/disch von Grönland stammend
Gromm [engl.] *m.*, -s, -s, Reitknecht, Diener, Page
groo/ven [engl.] *tr.*, Stimmung machen
Gros [französ.] 1. *n.*, -, -, Großteil, 2. *n.*, -ses, -se, altes Zählmaß, entspricht zwei Schock
Gro/schen *m.*, -s, -, Münze
Gro/schen/heft *n.*, -s, -, 1. billiges Romanheft, 2. ugs. für: Schundliteratur
gro/schen/wei/se
groß 1. umfangreich, 2. erwachsen, 3. beträchtlich, 4. bedeutend, auf großer Fahrt sein, die großen Ferien, das große Einmaleins, auf großem Fuß lebend, Groß und Klein traf sich hier, im Großen und Ganzen zufrieden sein, die Großen und die Kleinen hatten hier ihren Spaß, Ali ist der Größte, Alexander der Große, der Große Bär, der große Teich, das große Los
Groß/a/larm *m.*, -s, *nur Sg.*
Groß/ar/tig/keit *f.*, -, -en, Grandiosität
Groß/auf/nah/me *f.*, -, -n, Nahaufnahme
Groß/brand *m.*, -s, -brände
Groß/bri/tan/nien europäischer Inselstaat
Groß/buch/sta/be *m.*, -n, -n
Groß/el/tern *f.*, *nur Pl.*
Grö/ßen/wahn *m.*, -s, *nur Sg.*, Selbstüberschätzung
grö/ßen/wahn/sin/nig
Groß/fahn/dung *f.*, -, -en
Groß/for/mat *n.*, -[e]s, -e
Groß/ge/mein/de *f.*, -, -n
Groß/grund/be/sit/zer *m.*, -s, -
Groß/händ/ler *m.*, -s, -, Grossist
Groß/hirn *n.*, -s, *nur Sg.*
Groß/in/qui/si/tor [dt.-lat.] *m.*, -s, *nur Sg.*, oberster Ankläger und Richter der Inquisition
groß/kot/zig ugs. für: großspurig, angeberisch, großmäulisch
Groß/mut/ter *f.*, -, -mütter, Oma
Groß/spu/rig/keit *f.*, -, -en, Angebertum
Groß/teil *m.*, -s, -e, das Meiste
größ/ten/teils
groß/tun *intr.*, angeben, prahlen, protzen
groß/zie/hen *tr.*, aufziehen
gro/tesk [französ.] lächerlich, wunderlich
Grot/te *f.*, -, -n, Höhle
Grot/ten/olm *m.*, -[e]s, -e, Lurchart
Grou/pie [engl.] *n.*, -s, -s, weiblicher Fan von Rockmusikern
Grüb/chen *n.*, -s, -, Kinn- oder Wangenvertiefung
Gru/be *f.*, -, -n, 1. Loch, 2. Aushöhlung, 3. ugs. für: Grab, 4. Bergwerk

grü/beln *intr.*, nachdenken
Grü/be/lei *f.*, -, -en
Gru/ben/ar/bei/ter *m.*, -s, -, Bergarbeiter
Gru/ben/bau *m.*, -s, *nur Sg.*
Gru/ben/gas *n.*, -es, -e, explosives Gas in Bergwerksstollen
Gru/ben/lam/pe *f.*, -, n
Grüb/ler *m.*, -s, -
Gruft *f.*, -, -en, Grabgewölbe
Grum/met *n.*, -s, *nur Sg.*, zweite Heumahd
grün Farbe, ach du grüne Neune, sie saßen zwei Tage am grünen Tisch, die grüne Welle haben, der Englische Garten ist die grüne Lunge Münchens, die grünen Listen, er ist doch noch ein grüner Junge, grünblau, grüngelb, grünbeige, grünlila, die Ampel zeigt grün, die grüne Insel, und jetzt noch das ganze in Grün, es war dasselbe in Grün
Grün/an/lage *f.*, -, -n, Park
Grün/don/ners/tag *m.*, -[e]s, -e, Tag vor Karfreitag
Grün/düng/ung *f.*, -, -en
Grün/fut/ter *n.*, -s, *nur Sg.*, Kraut
Grün/schna/bel *m.*, -s, -Schnäbel, unreifer Mensch
Grün/span *m.*, -s, -
Grün/strei/fen *m.*, -s, -
Grün/zeug *n.*, -[e]s, -s
Grund *m.*, -s, Gründe, 1. Ursache, 2. Boden, 3. Grundstück, aufgrund, im Grunde hätten wir uns das sparen können, das muss von Grund auf geändert werden, das Schiff lief auf Grund, im Grunde genommen war das alles ganz gut, zu Grunde gehen, zu Grunde liegen, zu Grunde richten

grund/an/stän/dig sehr anständig
Grund/aus/bil/dung *f.*, -, -en
Grund/be/deu/tung *f.*, -, -en
Grund/be/griff *m.*, [e]s, -e
Grund/buch *n.*, -[e]s, -bücher, verzeichnet die Eigentümer von Grundstücken und Häusern
grund/ehr/lich höchst ehrlich
grün/deln *intr.*, unter Wasser nach Nahrung suchen
grün/den *tr.*, 1. Grundlagen schaffen, 2. bilden, 3. sich stützen auf Gründe
Grün/der *m.*, -s, -
Grund/er/werb *m.*, -s, *nur Sg.*, Grundstückskauf
grund/falsch völlig verkehrt
Grund/form *f.*, -, -en
Grund/ge/setz *n.*, -es, -e
grun/die/ren *tr.*
Grun/die/rung *f.*, -, -en, Grundfarbe
Grund/la/gen/for/schung *f.*, -, -en, wissenschaftliche Basisarbeit
gründ/lich 1. sorgfältig, 2. umfassend
Gründ/ling *m.*, -s, -e, Karpfen
Grund/li/nie *f.*, -, -n
Grund/mau/er *f.*, -, -n
Grund/schu/le *f.*, -, -n
Grund/stein *m.*, -[e]s, -e
Grund/steu/er *f.*, -, -n, Steuern auf Grund und Boden
Grund/ton *m.*, -[e]s, -töne
Grün/dung *f.*, -, -en
Grün/dungs/fei/er *f.*, -, -n
Grün/dungs/mit/glied *n.*, -[e]s, -er
grund/ver/schie/den völlig verschieden

Grund/was/ser *n.*, -s, *nur Sg.*, unterirdische Wasserreservoirs
Grund/zins *m.*, -es, -en
grun/zen *intr.*, 1. Grunzton ausstoßen, 2. *ugs.* für: knurren
Grüpp/chen *n.*, -s, -, kleine Gruppe
Grup/pe *f.*, -, -n, 1. Ansammlung, 2. Einheit, 3. Abteilung, eine Gruppe von Menschen vergnügte sich sorglos am Flussufer
Grup/pen/bild *n.*, -[e]s, -er
Grup/pen/dy/na/mik [dt.-griech.] *f.*, -, -en, 1. Wissenschaft von der Gruppendynamik, 2. gegenseitige abgestimmte Steuerung des Verhaltens der Individuen in einer Gruppe zum Zwecke therapeutischer Lernprozesse
Grup/pen/füh/rung *f.*, -, -en
grup/pen/psy/cho/lo/gisch
Grup/pen/sex *m.*, -es, *nur Sg.*
Grup/pen/sieg *m.*, -[e]s, -e
grup/pen/wei/se
grup/pie/ren
Grup/pie/rung *f.*, -, -en, Zuordnung
Gru/se/lei *f.*, -, -en, das Gruseln
gru/selig oder auch: **gruslig** zum Gruseln
Gru/sel/mär/chen *n.*, -s, -
gru/seln *refl.* oder *tr.*, schaudern: mir gruselt, mich gruselt, ich grus[e]le mich
Gruß *m.*, -es, Grüße, 1. Begrüßungsformel, 2. Gedenken
Gruß/for/mel *f.*, -, -n
Gruß/wort *n.*, -[e]s, -worte
Grüt/ze *f.*, -, -n, 1. Haferbrei, 2. Süßspeise, 3. *ugs.* für: Verstand
Grütz/kopf *m.*, -[e]s, -köpfe,

ugs. für: Trottel
Grütz/müh/le *f., -, -n,* Mahlvorrichtung
Gruy/ère [französ.] *m., -s, -s,* Käsesorte
Gschaftl/hu/ber oder auch: **Ge/schaftl/hu/ber** [süddt.] *m., -s, -,* Wichtigtuer
gscha/mig oder auch: **ge/scha/mig** [süddt.] verschämt
gschert oder auch: **ge/schert** [süddt.] derb, unfreundlich
G-Schlüs/sel *m., -s, -,* Violinschlüssel
Gu/a/ja/kol [indian.-nlat.] *n., -s, nur Sg.,* Sorte aromatischen Alkohols
Gu/a/ja/ve [indian.-span.] *f., -, -n,* Frucht
Gu/a/na/ko [Ketschuan] *n., -s, -s,* Wildform der Lamas und Alpakas
Gu/a/nin [Ketschuan-lat.] *n., -s, nur Sg.,* Nucleobase
Gu/a/no [Ketschua] *m., -s, nur Sg.,* südamerikanischer und -afrikanischer Vogelkot als Dünger
Gu/a/ra/ni 1. *n., -, nur Sg.,* Sprache der Indianer Paraguays, 2. *m., -oder -s, -oder -s,* Währungseinheit in Paraguay
Gu/ar/dia ci/vil [span.] *f., -s, nur Sg.,* spanische Polizei
Gu/ar/ne/rie *f., -, -s,* wertvolle Geige aus dem Hause der Geigenbauerfamilien Guarneri
Gu/a/te/ma/la mittelamerikanischer Staat
Gu/a/te/mal/te/ke *m., -n, -n,* Einwohner Guatemalas
gu/a/te/mal/te/kisch
gu/cken *tr.,* schauen
Gu/cker *m., -s, -,* Gaffer, Zuschauer

Guck/fens/ter *f., -s, -,* kleineres Fenster oder größerer Türspion
Gu/cki *m., -s, -s,* Gerät zum Betrachten von Diapositiven
Guck/in/die/luft > **Guck-in-die-Luft** *m., -s, nur Sg.,* Luftikus
Guck/kas/ten *m., -s, -kästen,* Vorläufer des Fernsehers
Guck/loch *n., -s, -löcher*
Gu/el/fe [italien.] *m., -n, -n,* italienischer Anhänger der gegen den Hohenstaufenkaiser gerichteten Politik des Papstes und Gegner der Gibellinen
Gu/e/ril/la [span.] 1. *f., -, -s,* Kleinkrieg, Partisanenkrieg, 2. *m., -s, -s,* Partisan, Guerillakämpfer
Gu/e/ril/le/ro *m., -s, -s,* Guerillakämpfer
Gu/gel/hupf *m., -s, -e,* Napfkuchen
Guide [engl.] *m., -s, -s,* 1. Fremdenführer; 2. Reisehandbuch
Guig/nol oder auch: **Guignol** [französ.] *m., -s, -s,* französischer Kasper
Guil/loche [französ.] *f., -, -n,* 1. verschlungene Linienmuster auf Banknoten, Wertpapieren u.Ä., 2. Gerät, um verschlungene Linienmuster auf Banknoten, Wertpapieren anzubringen
Guil/lo/cheur *m., -s, -e,* jmd., der beruflich guillochiert
guil/lo/chie/ren *tr.,* mit einer Guilloche mustern
Guil/lo/ti/ne [französ.] *f., -, -n,* Fallbeil
guil/lo/ti/nie/ren *tr.,* köpfen
Gui/nea afrikanischer Staat
Gui/nea *f., -s, -s,* alte eng-

lische Goldmünze, davon abgeleitete Rechnungseinheit
Gu/lag *m., -oder -s, -s,* russisches Kurzwort für die Hauptverwaltung des Straflagersystems in der ehem. Sowjetunion unter der Herrschaft Stalins
Gu/lasch *n., -[e]s, -e* oder *-s, -s,* ungar. Fleischeintopf
Gul/den *m., -s, -,* niederländische Währungseinheit
Gül/le *f., -, nur Sg.,* Jauche
Gül/le/faß > **Gül/le-fass** *n., -es, -fässer*
gül/len *tr.,* Gülle ausbringen
Gul/ly [engl.] „ *-s, -s,* Abfluss
Gum/ma [nlat.] *n., -s, -mata* oder *-men,* Geschwulst bei Syphillis
Gum/mi *m.* oder *n., -s, -s,* 1. elastisches Material, Kautschuk, 2. ugs. für: Präservativ
Gum/mi/a/ra/bi/kum [lat.] *n., -s, nur Sg.,* Binde- und Klebemittel aus Akazienhonig
Gum/mi/ball *m., -[e]s, -bälle*
Gum/mi/band *n., -[e]s, -bänder*
Gum/mi/bär/chen *n., -s, -,* Süßigkeit
gum/mie/ren *tr.,* mit Gummi versehen
Gum/mi/gutt [lat.-malays.] *n., -s, nur Sg.,* asiatisches Gummiharz
Gum/mi/hand/schuh *m., -s,-e*
Gum/mi/pa/ra/graph *m., -s, -en,* sehr schwammig formulierter, daher sehr dehnbar interpretierbarer Paragraph
Gum/mi/stie/fel *m., -, -s*

Gum/mi/zel/le *f.*, -, -n, weich gepolsterter Raum in psychiatrischer Einrichtung
gum/mi/weich
Gum/pe *f.*, -, -n, natürliches, durch Auswaschung entstandenes Wasserbecken
Gun/del/re/be *f.*, -, -n, Unkrautart
Gunst *f.*, -, *nur Sg.*, Wohlwollen, Bevorzugung
Gunst/be/weis *m.*, -es, -e
Gunst/be/zei/gung *f.*, -, -en
güns/tig 1. richtig, 2. billig
güns/tig/en/falls
güns/tigs/ten/falls
Günst/ling *m.*, -s, -e, Schmeichler
Gup/py *m.*, -s, -s, Zierfisch
Gu/ra/mi [mal.] *m.*, -s, -s, Fisch
Gur/gel *f.*, -, -n, Kehle
gur/geln *tr.*, Flüssigkeit im Rachen sprudeln lassen
Gur/gel/was/ser *n.*, -s, -wässer
Gur/ke *f.*, -, -n, Gemüsesorte
gur/ken *intr.*, 1 ugs. für: fahren, 2. wie eine Gurke tun
Gur/ken/kraut *n.*, -s, -kräuter
Gur/ken/sa/lat *m.*, -[e]s, -e
Gur/ken/topf *m.*, -[e]s, -töpfe
Gur/kha *m.*, -oder -s, -oder -s, 1. Angehöriger des Hauptvolkes in Nepal, 2. Elitesoldat aus diesem Volk
gur/ren *intr.*, rufen, locken
Gurt *m.*, -[e]s, -e, Riemen, Band, Sicherheitsgurt
Gür/tel *m.*, -s, -, Riemen
Gür/tel/li/ni/e *f.*, -, -n, Hosenbund
Gür/tel/rei/fen *m.*, -s, -, Reifensorte
Gür/tel/ro/se *f.*, -, -n, Krankheit

gur/ten *tr.*
Gurt/muf/fel *m.*, -s, -
Gurt/pflicht *f.*, -, -en, Anschnallpflicht in Pkws
Gu/ru [sanskr.] *m.*, -s, -s, Lehrer, spiritueller Meister
GUS Abk. für: Gemeinschaft unabhängiger Staaten (der ehemaligen Sowjetunion)
Gus/la oder auch: **Gus/le** [serbokroat.] *f.*, -, -s oder -len, Streichinstrument
Gus/lar *m.*, -en, -en, Guslaspieler
Gus/li [russ.] *f.*, -, -s, harfenähnliches Klavichord
Guß > Guss *m.*, -es, Güsse, 1. Gießen von Metall, 2. Ergebnis davon
Guß/ei/sen > Gussei/sen *n.* 1. -s, *nur Sg.*, Eisen, das zum Gießen verwendet wird, 2. -s, -, Gussform
guß/ei/sern > gussei/sern aus Gusseisen
gus/tie/ren [lat.-ital.] *tr.*, goutieren
gus/ti/ös [österr.] Appetit anregend, lecker
Gus/to *m.*, -s, -s, Geschmack, Appetit
gut 1. qualitätsvoll, 2. wertvoll, 3. anständig, 4. angenehm, 5. reichlich, er ist so gut wie tot, ich nehme ein gut Teil davon , das waren gut und gern tausend Menschen, so weit - so gut, so lass es doch gut sein, Gute Nacht sagen, Guten Morgen sagen, ich sage es dir im Guten, im Guten wie im Bösen, ich nehme nur vom Guten, Hab und Gut, jenseits von Gut und Böse, der Gute Hirte, Kap der Guten Hoffnung, gutgehen, gutheißen

Gut *n.*, -[e]s, Güter, 1. Besitz, 2. Wert, 3. landwirtschaftlicher Betrieb
Gut/ach/ten *n.*, -s, -, Beurteilung
gut/ar/tig
Gut/ar/tig/keit *f.*, -, -en
gut/bür/ger/lich
Gü/te *f.*, -, *nur Sg.*, 1. Großherzigkeit, Milde, 2. Qualität
Gü/te/klas/se *f.*, -, -n, Qualitätsbezeichnung
Gu/te/nacht/küß >
Gu/te/nacht/kuss *m.*, -es, küsse
Gü/ter/ab/fer/ti/gung *f.*, -, -en
Gü/ter/bahn/hof *m.*, -s, -höfe
Gü/ter/tren/nung *f.*, -, -en, steuerrechtliche Finanzregelung in Partnerschaften
Gü/ter/zug *m.*, -[e]s, -züge
Gü/te/zei/chen *n.*, -s, -, Qualitätsmerkmal
Gut/gläu/big/keit *f.*, -, -en, Leichtgläubigkeit
Gut/ha/ben *n.*, -s, -
gut/ha/bend ausstehend bleiben
gut/her/zig
güt/lich im Guten
Gut/mü/tig/keit *f.*, -, -en, Großmütigkeit
Guts/be/sit/zer *m.*, -s, -, Farmer
Guts/hof *m.*, -[e]s, -höfe, landwirtschaftlicher Betrieb
Guts/ver/wal/ter *m.*, -s, -
Gut/ta/per/cha [mal.] *m.* oder *f.*, -oder -s, *nur Sg.*, kautschukähnlicher Stoff aus dem Milchsaft südostasiatischer Bäume, der als Isoliermaterial dient
Gut/ta/ti/on [lat.] *f.*, -, -en, selbsttätige Wasserausscheidung von Pflanzen

gut/tie/ren *intr.*
Gut/ti/o/le [lat.] *f.*, -, -n, Tropfflasche
gut/tu/ral [lat.] 1. zur Kehle gehörend, 2. kehlig: gutturale Töne
gut/wil/lig 1. wollend, 2. nichts Böses im Sinn habend
Gym/na/si/al/leh/rer *m.*, -s, -
Gym/na/si/al/leh/re/rin *f.*, -, -nen
Gym/na/si/arch [griech.] *m.*, -en, -en, Bezeichnung für den Leiter eines antiken Gymnasiums
Gym/na/si/ast *m.*, -en, -en, Oberschüler
Gym/na/si/um [griech.-lat.] *n.*, -s, -ien, Oberschule
Gym/nast [griech.] *m.*, -en, -en, Trainer der Athleten in der altgriechischen Gymnastik
Gym/nas/tik [griech.] *f.*, -, *nur Sg.*, Bewegungsübung
Gym/nas/tik/stun/de *f.*, -, -n
gym/nas/tisch
gym/nas/ti/zie/ren *tr.*, die Muskeln von Reiter und Pferd systematisch durchbilden, um höchsten Anforderungen zu genügen
Gym/no/lo/gie [griech.] *f.*, -, *nur Sg.*, Wissenschaft von der Leibeserziehung, der Rekreation und der Therapie der Bewegungen
Gym/no/so/phist *m.*, -en, -en, Asket der indischen Priesterkaste der Brahmanen
Gym/no/sper/me [griech.] *f.*, -, -n, Nacktsamer
Gy/nä/ko/kra/tie [griech.] *f.*, -, -n, 1. Gesellschaftordnung, in der die Frau die beherrschende Position in Staat und Familie einnimmt und in der die soziale Position und der Erbgang der weiblichen Linie folgt, 2. Frauenherrschaft, 3. Matriarchat aus patriarchaler Perspektive
Gy/nä/ko/lo/gie [griech.] *f.*, -, *nur Sg.*, Frauenheilkunde
gy/nä/ko/lo/gisch
Gy/nä/ko/mas/tie [griech.-lat.] *f.*, -, -n, weibliche Brustbildung bei Männern
Gy/nä/ko/pho/bie [griech.-lat.] *f.*, -, *nur Sg.*, Angst vor allem Weiblichen
Gym/nä/ko/sper/mi/um [griech.-lat.] *n.*, -s, -mien, legt das Geschlecht des Menschen bei der Zeugung auf weiblich fest
Gyn/an/drie oder auch:
Gy/nan/drie oder auch:
Gy/nan/dro/mor/phis-mus oder auch: **Gyn/an/dro-mor/phis/mus** [griech.] *f.*, -, -n, Nebeneinander bzw. Nacheinander männlicher oder weiblicher Geschlechtsmerkmale an einem Wesen
gy/nan/drisch oder auch:
gyn/an/drisch zur Gynandrie gehörig
Gy/ri [lat.] *nur Pl.* Hirnregion
Gy/ro/i/de [griech.] *f.*, -, -en, Drehspiegelachse
Gy/ros *n.*, -s, -, griechisches Fleischgericht
Gy/ros/kop oder auch:
Gy/ro/skop [griech.] d, -s, -e, Messgerät, das die Achsdrehung der Erde nachweist
Gytt/ja [schwed.] *f.*, -, jen, faulender Organschlamm am Seegrund

H

h Abk. für Hekto
h Abk. für Stunde
H Abk. für Wasserstoff
ha Abk. für Hektar
Haar *n.,* -[e]s, -e, 1. Frisur, 2. Faser, 3. Fell
haa/ren *intr.* Haare verlieren
haar/fein 1. genau, 2. klein, kaum sichtbar
Haar/gel *n.,* -s, -e, Frisiermittel
haar/ge/nau 1. exakt, 2. richtig
haa/rig 1. schwierig, 2. unangenehme Situation
haar/klein 1. ganz genau, 2. klein wie ein Haar
Haar/kranz *m.,* -es, -kränze, Tonsur
haar/scharf 1. klein wie ein Haar, 2. ugs. für: dicht am Ziel vorbei
Haar/spal/ter/ei *f.,* -, -en, Kleinlichkeit
haar/sträu/bend 1. abstrus, 2. schauderlich, schrecklich
Haar/was/ser *n.,* -s, -wässer, Mittel zur Haupthaarpflege
Hab/da/la [hebr.] *f.,* -, -s jüdisches Gebet
Ha/ba/ne/ra [span.] *f.,* -, -s, spanischer Tanz
Ha/be/as-cor/pus-Ak/te [lat.] oder auch: **Ha/be/askor/pus/ak/te** *f.,* -, *nur Sg.,* Gesetz zum Schutz der persönlichen Immunität Verhafteter
Ha/be/mus Pa/pam [lat.] vorgeschriebener Ausruf nach vollzogener Papstwahl: „Wir haben einen Papst"
Ha/be *f.,* -, *nur Sg.,* Besitz
ha/ben *tr.,* besitzen
Ha/be/nichts *m.,* -es, -e, besitzloser Mensch

Ha/ben/sei/te *f.,* -, -n, Teil einer Bilanz
Ha/ber/feld/trei/ben *n.,* -s, *nur Sg.,* Selbstjustiz
Hab/gier *f.,* -, *nur Sg.,* 1. übertriebenes Besitzstreben, 2. Geiz
hab/gie/rig
Ha/bicht *m.,* -s, -e, Raubvogel
Ha/bichts/na/se *f.,* -, -n, krumme Nase
ha/bil [lat.] fähig, gewandt
ha/bi/la/tus mit Lehrberechtigung an einer Hochschule
Ha/bi/li/tant *m.,* -en, -en, ein Habilitierter
Ha/bi/li/tan/tin *f.,* -, -nen, eine Habilitierte
Ha/bi/li/ta/tion *f.,* -s, -en, Vollzug des Habilitierens
ha/bi/li/tie/ren *refl.* Lehrberechtigung an einer Hochschule erhalten oder erteilen
Ha/bit 1. [französ.] *m.* oder *n.,* -s, -e, Kleidung, 2. [engl.] *m.* oder *n.,* -s, -s, Gewohnheit
Ha/bi/tat [lat.] *n.,* -s, -e, Lebensraum, Wohnung
ha/bi/tu/a/li/sie/ren [lat.] zur Gewohnheit werden
Ha/bi/tu/a/ti/on [lat.] *.f,* -, -en, Gewöhnung
Ha/bi/tus [lat.] *m.,* -ses, *nur Sg.,* Aussehen, Charakteristikum
Ha/ché oder auch: **Haschee** [französ.] *n.,* -s, -s, Hackfleischgericht
Hach/se oder auch: **Ha/xe** *f.,* -, -n, Unterschenkel von Schwein oder Kalb
Ha/ci/en/da oder auch: **Ha/zi/en/da** [span.] *f.,* -, -s, Ranch, großer Gutshof
Hack/bra/ten *m.,* -s, -

Hack/brett *n.,* -[e]s, -er
Ha/cke *f.,* -, -n, 1. Beil, 2. Ferse
ha/cken *tr.* schlagen, zerhauen
Ha/cker [engl.] *m.,* -s, -, Computerpirat oder Computerpiratin
Ha/cking [engl.] *n.,* -s, -s, Computerpiraterie
Hack/ord/nung *f.,* -, -en, 1. Rangordnung bei Hühnern, 2. soziale Rangordnung
Häck/sel *m.* oder *n.,* -s, *nur Sg.,* zerkleinertes Stroh
Ha/der *m.,* -s, *nur Sg.,* Streit
Ha/der/lump *m.,* -s, -en, Gauner
Ha/des [griech.] *m.,* -, *nur Sg.* 1. griechischer Totengott, 2. Hölle
Had/schar [arab.] *m.,* -s, *nur Sg.,* in der Kaaba in Mekka aufbewahrter Meteorit
Ha/dschi auch: **Hadschi** [arab.] *m.,* -s, -s, Mekkapilger
Ha/fen *m.,* -s, -Häfen, 1. Schiffsanlegeplatz 2. ugs.: Topf
Ha/fer *m.,* -s, *nur Sg.,* Getreidepflanze
Ha/fersch [südd.] *m.,* -, -e, fester Halbschuh
Haff [nordd.] *n.,* -s, -e, Küstenbucht
Haffi/scher > **Haff/fischer** *m.,* -s, -,
Ha/fis [arab.] *m.,* -s, *nur Sg.,* Ehrentitel eines Mannes, der den Koran auswendig kennt
Ha/flin/ger *m.,* -s, -, Pferderasse
Haf/ner oder auch: **Häf/ner** *m.,* -s, -, 1. Töpfer, 2. Ofensetzer

Haf/ner/in oder auch: **Häf/ner/in** *m., -, -nen*, 1. Töpferin, 2. Ofensetzerin
Haft *f., nur Sg.*, 1. Gefängnis, 2. Verantwortung, 3. Zeitdauer des Gefangenseins
Haf/ta/ra [hebr.] *f.* -, -roth, Lesung des Prophetentextes im jüdischen Gottesdienst
haft/bar verantwortlich sein
haf/ten *intr.*, 1. verantwortlich sein, 2. kleben
haf/ten/blei/ben *intr.* im Gedächnis bleiben
Haft/rich/ter *m., -s, -*, Richter, der kurzfristig auf begründeten Verdacht Haft anordnen kann
Haft/rich/ter/in *f., -, -nen*, Richterin, die kurzfristig auf begründeten Verdacht Haft anordnen kann
Hag *m., -s, -e*, Hecke, Gebüsch
Ha/ga/na [hebr.] *f., -, nur Sg.* Vorläufer der israelischen Armee
Ha/ge/but/te *f., -s, -n*, Frucht des Rosenstrauchs
Ha/gel *m., -s, nur Sg.*, Eisregen
Ha/gel/scha/den *m., -s, -*schäden, durch Hagelschlag verursachter Schaden
Ha/gel/zu/cker *m., -s, nur Sg.*, grobe Zuckersorte
ha/ger mager, dürr
Ha/ger/keit *f., -s, -en*
Ha/ge/stolz *m., -es, -e*, Junggeselle
Hag/ga/da [hebr.] *f., -, nur Sg.*, Legenden der jüdischen religiösen Überlieferung
Ha/gi/o/gra/fen *(Hf.)* oder auch: **Ha/gi/o/graphen** *(Nf.)* [griech.] *f., -, nur Pl.*, Aufzeichner der Lebensgeschichte von christlichen Heiligen
Ha/gi/o/gra/fie *(Hf.)* oder auch: **Ha/gi/o/graphie** *(Nf.)* *f., -, -n*, Heiligenvita
Hag/land/schaft *f., -, -en*, Gebüschlandschaft
Hä/her *m., -s, -*, Vogel
Hahn *m., -[e]s, Hähne*, 1. männliches Huhn, 2. regulierbarer Leitungsverschluss
Hähn/chen *n., -s, -*, 1. junger oder kleiner Hahn, 2. Gericht
Hah/nen/fuß *m., -es, -füße*, 1. Fuß eines Hahns, 2. Pflanze
Hai [niederl.] *m., -[e]s, -e*, Fisch
Hai/fisch *m., -[e]s, -e*
Hain *m., -s, -e*, 1. kleiner Wald, 2. Dichterbündnis im 18. Jahrhundert: Göttinger Hain
Ha/i/ti mittelamerikanische Insel
Ha/i/ti/a/ner *m., -s, -*, Mann von Haiti
Ha/i/ti/a/ner/in *f., -, -nen*, Frau von Haiti
ha/i/ti/a/nisch von Haiti stammend
hä/keln *tr.* handarbeiten
Hä/kel/na/del *f., -, -n*, Werkzeug zum Häkeln
Ha/ken *m., -s, -*, 1. Befestigung, 2. Schwierigkeit, 3. Faustschlag
ha/ken/för/mig
Ha/ken/kreuz *n., -es, -e*, 1. Sonnensymbol alter Kulturen, 2. Symbol der NSDAP, Swastika
Ha/kim [arab.] *m., -s, -s*, Arzt
Ha/la/li [französ.] *n., -s, -s*, Jagdruf
halb 1. zur Hälfte, 2. abgeschwächt
halb/bit/ter Geschmacksrichtung von Schokolade
Halb/blut *n., [e]s, -e*, Kind aus Mischehe von Weißem und Indianer
hal/ber wegen
halb/fett
Halb/gott *m., -[e]s, -götter*, halb Gott, halb Mensch
Halb/göt/tin *f., -, -nen*, Frau, halb Mensch, halb Göttin
halb/her/zig 1. teilweise, 2. notgedrungen, 3. ohne wirklichen Anteil zu nehmen
hal/bie/ren in zwei gleich große Hälften teilen
halb/kreis/för/mig in der Form eines Halbkreises
halb/lang machen *intr.* ugs. für: nicht übertreiben
halb/laut 1. halb so laut, 2. ugs.: halblaut sein: weniger dominant sein
Halb/lei/nen *n., -s, nur Sg.*, Textilart
halb/links Position im Fußballspiel
Halb/mond *m., -[e]s, nur Sg.*, Mond im Alter von 7 bzw. 21 Tagen
Halb/pen/si/on *f., -, nur Sg.*, Übernachtung im Hotel mit Mittag - oder Abendessen
Halb/schat/ten *m., -s, -*, Gegenteil von Kernschatten
Halb/schlaf *m., -[e]s, nur Sg.*, oberflächlicher Schlaf
halb/sei/den undurchsichtig, zweifelhaft
halb/stark jugendlich
halb/stün/dig eine halbe Stunde dauern
halb/stünd/lich regelmäßig alle halbe Stunde wiederkehrend
Halb/tags/arbeit *f., -, -en*
Halb/wahr/heit *f., -, -en*, 1. Lüge, 2. nicht die ganze Wahrheit

Halb/werts/zeit *f.*, -, -en, Zeitraum, nach dessen Ende die Hälfte aller radioaktiven Atomkerne eines Materials zerfallen sein werden
halb/wüch/sig pubertierend
Hal/de *f.*, -, -n, 1. Abhang, 2. Aufschüttung, 3. Aufhäufung
Hälf/te *f.*, -, -n, 1. halber Teil, 2. Teil
hälf/ten *tr.* 1. teilen, 2. aufteilen
Half/ter *m.* oder *n.*, -s, -, 1. Teil des Zaumzeugs, 2. Pistolenhalter
half/tern *tr.* aufzäumen
Hall *m.*, -s, *nur Sg.*
Hal/le *f.*, -, -n, großer Raum
Hal/le/lu/ja [hebr.] *n.*, -s, *nur Sg.*, Lobpreisung Gottes
hal/len *tr.* 1. widertönen, 2. schallen
Hal/len/bad *n.*, -[e]s, -bäder, überdachtes Schwimmbad
Hal/len/sport *m.*, -s, -arten, in Hallen auszuübender Sport
Hal/len/ten/nis *n.*, -ses, -spiele
Hal/lig *f.*, -, -en, Marschinsel
Hal/li/masch *m.*, -es, -e, Pilz
Hal/lo *n.*, -s, -s, 1. Ruf, 2. Begrüßung
Hal/lo/dri oder auch:
Hal/lod/ri [südd.] *m.*, -s, -s, Luftikus
Hal/lo/ween [engl.] *n.*, -s, -s, Tag vor Allerheiligen
Hal/lu/zi/nant [lat.] *m.*, -en, -en, jmd., der unter Halluzinationen leidet
Hal/lu/zi/na/ti/on *f.*, -,-en, Sinnestäuschung
hal/lu/zi/no/gen [lat.-griech.] Sinnestäuschungen hervorrufend

Halm *m.*, -s, -e, Stängel, Stiel
Hal/ma *n.*, -s, *nur Sg.*, Brettspiel
Ha/lo [griech.] *n.*, -s, -s, ringförmige Lichterscheinung
ha/lo/gen 1. Salz bildend, 2. Halogen zugehörig, 3. Halogen bildend
Hal/lo/gen [griech.] *n.*, -s, -e, 1. chemisches Element, 2. Salzbildner
Ha/lo/gen/lam/pe *f.*, -, -n, mit Edelgas gefüllte helle Lampe
ha/lo/phil [griech.] Salz liebend
Ha/lo/phyt [griech.] *m.*, -en, -en, Salz liebende Pflanze
Hals *m.*, -es, -Hälse, 1. Körperteil zwischen Rumpf und Kopf, 2. oberer Teil einer Flasche, 3. Säule
Hals/ab/schnei/der *m.*, -s, -, Betrüger
hals/bre/che/risch sehr gefährlich
Hals/star/rig/keit *f.*, -, -en, Uneinsichtigkeit
Halt *m.*, -[e]s, -e, 1. Anhalten, 2. Stütze, 3. Standhaftigkeit
halt/bar
Halt/bar/keit *f.*, -, -en, Genießbarkeit bis zum Verfallsdatum
hal/ten 1. *tr.* stützen, 2. nicht kaputtgehen, 3. besitzen
Hal/te/rung *f.*, -, -en, Befestigung
...hal/tig etwas enthaltend
halt/los 1. ohne Halt, 2. zügellos, ausschweifend
Ha/lun/ke *m.*, -n, -n, Gauner, Betrüger
Hal/wa *f.*, -, -s, orientalisches Naschwerk

Häm [griech.] *n,*, -s, *nur Sg.*, roter Farbstoff im Blut
Ha/ma/dan *m.*, -s, -s, Kamelhaarteppich
Ha/ma/me/lis [griech.] *f.*, -, *nur Sg.* Heilpflanze
Ham and Eggs [engl.] *nur Pl.*, englisches Frühstück: Spiegelei mit Schinken
Hä/man/gi/om oder auch:
Häm/an/gi/om [griech.] *n.* -s, -e, Blutgefäßgeschwulst
Ha/mar/tie [griech.] *f.*, -,-n, Defekt
Ha/ma/sa [arab.] *m.*, -, -s, arabische Textsammlung
Hä/ma/tit [griech.-nlat.] *m.*, -s, -e, eisenhaltiges Mineral
hä/ma/to/gen [griech] blutbildend
Hä/ma/to/lo/gie *f.*,-, *nur Sg.*, Blutlehre
Hä/ma/tom *n.*, -s, -e, Bluterguss
Hä/ma/tor/rhö oder auch:
Hä/ma/tor/rhöe *f.*, -, -n, Blutsturz
Hä/mat/u/rie oder auch:
Hä/ma/tu/rie *f.*, -, -n, Blutharnen
Ham/burg Stadt in Deutschland
Ham/bur/ger *m.*, -s, -, 1. Einwohner Hamburgs, 2. Hackfleischbrötchen
Hä/me Schadenfreude
Hä/min *n.*, -s, *nur Sg.*, Blutbestandteil
hä/misch schadenfroh
Ha/mit oder auch: **Hami/te** [arab.-lat.] *m.*, -[e]n, -[e]r, Angehöriger einer Bevölkerungsgruppe Nordafrikas
Ham/ma/da [arab.] *f.*, -, -s, nordafrikanische Steinwüste
Ham/mal [arab.] *m.*, -s, -s, Bezeichnung für einen vorderorientalischen Lastenträger

Ham/mam [arab.] *m.*, -s, -s, orientalisches Badehaus
Ham/mel *m.*, -s, -,
1. kastrierter Schafbock,
2. ugs.: Dummkopf
Ham/mel/bei/ne *nur Pl.*
1. Beine des Hammels,
2. ugs.: Hammelbeine langziehen: bestrafen
Ham/mel/sprung *m.*, -s, -sprünge, bestimmtes parlamentarisches Abstimmungsverfahren
Ham/mer *m.*, -s, -Hämmer,
1. Schlagwerkzeug, 2. Gehörknöchelchen, 3. Wurfgerät im Sport
Ham/mer/schlag *m.*, -[e]s, -schläge, 1. Schlag mit dem Hammer, 2. übertr.: wie ein Hammerschlag treffen: überraschen
Ham/mond/or/gel *f.*, -,-n, elektronische Orgel
Hä/mo/blast [griech.] *m.*, -en, -en, Blut bildende Knochenmarkzelle
Hä/mo/glo/bin oder auch: **Hä/mog/lo/bin** [griech.] *n.*, -s, *nur Sg.*, roter Blutfarbstoff
Hä/mo/ly/se *f.*, -, -n, krankhafte Auflösung der roten Blutkörperchen
Hä/mo/phi/lie *f.*, -, *nur Sg.*, Bluterkrankheit
Hä/mor/rha/gie *f.*, -, -n, Blutung im Körperinneren
hä/mor/rho/i/dal auch: **hä/mor/ri/dal** [griech.] zu den Hämorrhiden gehörig
Hä/mor/rho/i/de auch: **Hä/mor/ri/de** *f.*, -,-n, Mastdarmkrampfader
Hä/mor/rho/i/den/vorfall *m.*, -s, -fälle
Hä/mor/rho/i/dal/leiden *n.*, -s, -,
Hä/mo/zyt [griech.] *n.*, -en, -en, Blutkörperchen
ham/peln *intr.* zappeln
Ham/pel/mann *m.*, -[e]s, -männer, 1. Kinderspielzeug, 2. ugs. für: Trottel
Hams/ter *m.*, -s, -, Nagetier
Hams/ter/ba/cke *f.*, -, -n
Hams/ter/ba/cken *nur Pl.*
1. Backen des Hamsters,
2. ugs.: Pausbacken
Hams/ter/kauf *m.*, -s, -käufe, 1. Hamstererwerb, 2. gieriges oder zwanghaftes Einkaufen, 3. Einkaufen großer Mengen als Vorsorge für schlechte Zeiten
hams/tern *tr.* 1. wie ein Hamster tun, 2. Verhaltensweise des Hamsters 3. über *tr.* für: aufhäufen, sparen
Hand *f.*,-, Hände, Körperteil, anhand der Unterlagen, etwas an der Hand haben, Hand in Hand gehen, rechter Hand das Museum sehen, einen Einbruch von langer Hand vorbereiten, jmdm. zur Hand gehen, Flugblätter von Hand zu Hand gehen lassen, etw. von der Hand weisen, zu Händen von jmdm., unter der Hand verkaufen, das ist allerhand, jmdn. kurzerhand verlassen, der Schlüssel ist ihm abhanden gekommen, die Arbeitslosigkeit wird immer mehr überhandnehmen
Hand an/le/gen *tr.*
1. zupacken, 2. sich an etw. vergreifen
Hand/ar/beit *f.*, -, -en,
1. mit Einsatz der Hände herstellen, 2. Nadelarbeit, textiles Gestalten
hand/breit
Hand/breit *m.*, -s, *nur Sg.*

Hand/brem/se *f.*, -, -n, mechanische Bremse im Auto
Händ/chen/hal/ten *n.*, -s, *nur Sg.*, 1. Hand in Hand gehen, 2. ugs.: in zärtlichem Bande verknüpft sein
Hand/cre/me *f.*, -, -s
Hän/de/druck *m.*, -s, *nur Sg.*
Han/del *m.* 1. -s, *nur Sg.*, Warengeschäft, 2. -s, Händel, Streit
han/deln *tr.* 1. tätig sein, 2. Handel treiben
Han/dels/ab/kom/men *m.*, -s, -en, Vertrag über Handelsbeziehungen
Han/dels/bi/lanz *f.*,-, -en
han/dels/ei/nig Zustimmung aller Beteiligten
Han/dels/em/bar/go *m.*, -s, -s, Boykott
Han/dels/ge/setz/buch *n.*, -bücher, Gesetzbuch über die Regeln des Handelsverkehrs
Han/dels/klas/se *f.*, -, -n, Güteklasse
Han/dels/po/li/tik *f.*,-, -en
Han/dels/rei/sen/der *m.*, -den, -den, Vertreter
Han/dels/rei/sen/de *f.*, -de, -den, Vertreterin
Hän/del/sucht *f.*, -, *nur Sg*, Streitsucht
hän/del/süch/tig streitsüchtig
Han/dels/ver/tre/ter *m.*, -s, -, besucht im Auftrag von Unternehmen dessen Kunden
han/dels/üb/lich
Hän/de/rin/gen *n.*, -s, *nur Sg.*, verzweifelt sein
hän/de/rin/gend
Hand/fer/tig/keit *f.*, -, -en, Fingerfertigkeit
Hand/feu/er/waf/fe *f.*, -, -n

hand/ge/ar/bei/tet von Hand hergestellt
Hand/ge/brauch *m.*, -s, *nur Sg.*, 1. Benutzen der Hand, 2. Benutzung durch die Hände
Hand/ge/men/ge *n.*, -s, -, Streiterei, Prügelei
Hand/ge/päck *n.*, -s, -stücke
hand/ge/schrie/ben
hand/ge/strickt
Hand/gra/na/te *f.*, -, -n, Explosionskörper
hand/greif/lich gewalttätig
Hand/greif/lich/keit *f.*, -, -n, Tätlichkeit
Hand/griff *m.*, -s, -e, 1. Griff für die Bedienung per Hand, 2. das ist nur ein Handgriff; etw. ohne großes Aufhebens erledigen können
hand/groß
hand/hab/bar 1. benutzbar, 2. brauchbar
Hand/ha/be *f.*, -, -n, Handlungsmöglichkeit
hand/ha/ben *tr.*, anwenden, gebrauchen, benutzen
Hand/ha/bung *f.*, -, -en, Benutzung
Han/di/cap auch:
Han/di/kap [engl.] *n.*, -s, -s, 1. Behinderung, 2. Nachteil, 3. Ausgleichsvorgabe beim Sport
han/di/ca/pen auch
han/di/ka/pen *tr.*
Hand/kä/se *m.*, -s, -, Käse intensiven Geschmacks
Hand/kuß > **Handkuss** *m.*, -es, -küsse, Zeichen tiefer Ergebenheit Frauen gegenüber
Hand/lan/ger *m.*, -s, -, Helfer
Händ/ler *m.*, -s, -, im Handel Beschäftigter
Händ/le/rin *f.*, -, -nen, im Handel Beschäftigte

hand/lich
Hand/lich/keit *f.*, , -en, von kompaktem Format
Hand/ling [engl.] *n.*, -s, -s, Handhabung, Benutzung
Hand/lungs/be/voll/mäch/tig/ter *m.*, -ten, -ten, jmd., der die Erlaubnis zum Handeln hat
Hand/lungs/frei/heit *f.*, -, -en,
Hand/lungs/rei/sen/der *m.*, -s, -, Vertreter
Hand/lungs/rei/sen/de *f.*, -, -, Vertreterin
Hand/lungs/wei/se *f.*, -, -n, Verfahrensweise
Hand-out auch: **Hand/out** [engl.] *m.*, -s, -s, Begleitpapier
hand/sam hübsch
Hand/schar [arab.] *m.*, -s, -e, orientalisches Messer
Hand/schel/len *f.*, -, *nur Pl.*
Hand/schrift *f.*, -, -en
hand/schrift/lich
Hand/schuh *m.*, -s, -e
hand/sig/niert persönlich unterschrieben
Hand/spiel *n.*, -[e]s, *nur Sg.*
Hand/stand *m.*, -[e]s, -stände
Hand/streich *m.*, -[e]s, -e, 1. einzelne gezielte Bewegung mit einer Hand, 2. etw. mit nur einem Handstreich tun: schnell und ohne Probleme erledigen
hand/warm nicht zu heiß
Hand/werk *n.*, -[e]s, *nur Sg.*
Hand/werks/kam/mer *f.*, -, -n, Dachorganisation der Unternehmen im Handwerk
Hand/werks/zeug *n.*, -s, -e
Han/dy [engl.] *n.*, -s, -s, schnurloses Telefon
Hand/dy/man [engl.] *m.*, -s, -men, Bastler, Tüftler, Heimwerker

Hand/zei/chen *n.*, -s, -
Hand/zet/tel *m.*, -s, -, Prospekt, Flugblatt
ha/ne/bü/chen unglaublich
Hanf *m.*, -[e]s, *nur Sg.*, Pflanze
Hanf/garn *n.*, -s, -e
Hanf/öl *n.*, -s, -e
Hang *m.*, -[e]s, Hänge, 1. Abhang, 2. Neigung 3. Vorliebe: Hang zu fettigem Essen
hang/ab/wärts einen Abhang hinunter
Han/gar [französ.] *m.*, -s, -s, Flugzeuggarage
hang/auf/wärts einen Abhang hinauf
Hän/ge/bauch *m.*, -s, -bäuche, einen Hängebauch haben: Fettleibigkeit
Hän/ge/brü/cke *f.*, -, -n, ohne Pfeiler nur an Seilen befestigte Brücke
Hän/ge/mat/te *f.*, -, -n,
hän/gen 1. *intr.* festsitzen, baumeln, 2. aufhängen, befestigen
Hängen *n.*, -s, *nur Sg.*, 1. Lynchen, 2. Festsitzen, 3. ugs.: mit Hängen und Würgen: etw. in letzter Sekunde fertigstellen
hän/gen/blei/ben im Gedächtnis, an einen Nagel
hän/gen blei/ben *intr.*
Hän/ger *m.*, -s, -, 1. Anhänger, 2. ugs.: einen Hänger haben: auf der Stelle treten, nicht vorwärtskommen
Hän/ge/schrank *m.*, -s, -schränke, an der Wand befestigter Schrank
Hang/la/ge *f.*, -, -n, am Hang befindlich
Hang-o-ver [engl.] *m.*, -s, *nur Sg.*, Katerstimmung, Durchhänger
Hans/dampf *m.*, -s, -e,

überagiler Mensch: er war ein Hansdampf in allen Gassen

Han/se *f., -, nur Sg.*, Bund norddeutscher Handelsstädte in Spätmittelalter und früher Neuzeit

Han/se/at *m., -s, -en*, Angehöriger der Hanse, Bürger einer Hansestadt übertr.: Hamburger, Bremer, Lübecker Bürger

Han/se/a/ten/geist *m., -[e]s, nur Sg.*, allgemeiner Gemütszustand eines Hanseaten

han/se/a/tisch der Hanse oder einer Hansestadt zugehörig

Han/se/bund *m., -s, nur Sg.* Hanse

Hän/se/lei *f., -, -en*

hän/seln *tr.* necken

Han/se/stadt *f., -, -städte*, Mitglieder im Hansebund

Hans/wurst *m., -[e]s, -e*, 1. Tollpatsch, Narr, 2. Figur im derben Volkstheater

Han/tel *f., -, -n*, Trimmgerät

han/teln *tr.* Hantel benutzen

han/tie/ren [niederl.] *tr.*, umgehen, handhaben

Han/tie/rung *f., -, -en*, 1. Benutzung, 2. Art der Benutzung

ha/pa/xanth [griech.-lat.] nur einmal blühend

ha/pa/xan/tisch hapaxanth

ha/pern *tr.*, mangeln, fehlen: es hapert an Vielem

Ha/phal/ge/sie [griech.-lat.] *f., -, -e*, außergewöhnliche Schmerzempfindlichkeit der Haut

hap/lo/id oder auch:
haplo/id [griech.] mit einfachem Chromosomensatz

Häpp/chen *m., -s, -*

Hap/pen *m., -s, -*, kleiner Imbiss

Hap/pe/ning [engl.] *n., -s, -s*, Kunstaktion

hap/pig [nordd.] 1. gierig, 2. übertrieben

hap/py [engl.] glücklich

Hap/py/end *(Hf.)* auch:
Hap/py End *(Nf.)* [engl.] *n., -s, nur Sg.*, glücklicher Ausgang

Hap/py/few *(Hf.)* auch:
Hap/py Few *(Nf.)* [engl.] *nur Pl.*, die glückliche Minderheit

Hap/tik [giech.] *f., -, nur Sg.*, Wissenschaft vom Tastsinn

hap/tisch zum Tastsinn gehörig

Hap/to/nas/tie [griech.-lat.] *f., -, -n*, durch Berührungsreiz ausgelöste Pflanzenbewegung

Ha/ra/ki/ri [japan.] *n., -s, -s*, Selbstmordtechnik der Samurai

Ha/ram [arab.] *m., -s, -s*, heiliger islamischer Bezirk

Ha/raß > **Ha/rass** [französ.] *m., -es, -e*, Lattenkiste

Hard/co/ver *(Hf.)* [engl.] *n., -s, -*, Buch mit festem Einband

Hard/li/ner [engl.] *m., -s, -*, jmd., der einen unnachgiebigen Kurs verfolgt

Hard/rock *(Hf.)* auch:
Hard Rock *(Nf.)* [engl.] *m., -s, nur Sg.*, Musikstil

Hard/top [engl.] *m., -s, -s*, abnehmbares Dach des Sportwagens

Hard/ware [engl.] *-, -s*, technische Teile eines Computers im Gegensatz zur Software

Ha/rem [arab.] *m., -s, -s*, 1. Frauengemächer, 2. Ehefrau eines islamischen Mannes

Ha/rems/wäch/ter *m., -s, -*, Haremsaufseher

Hä/re/si/arch [griech.] *m., -en, -en*, Oberhaupt einer Sekte mit häretischer Ansicht

Hä/re/sie *f., -, -n*, Ketzerei, Abweichen von der offiziellen Lehrmeinung

hä/re/tisch abweichlerisch

Har/fe *f., -, -n*, Musikinstrument

har/fen *tr.* Harfe spielen

Har/fe/nist *m., -en, -en*, Harfenspieler

Har/fe/nis/tin *f., -en, -en*, Harfenspielerin

Har/fen/spiel *n., -s, -e*, 1. Spielen einer Harfe, 2. Harfenmusik

Ha/ri/cots *nur Pl.*, grüne Bohnen

Har/ke [nordd.] *f., -, -n*, Forke, Rechen

har/ken *tr.* mit einer Harke den Boden bearbeiten

Har/le/kin [italien.] *m., -s, -e*, Narr

Har/le/ki/na/de *f., -, -n*, Verrücktheiten, Narreteien

har/le/ki/nisch 1. wie ein Harlekin., 2. einem Harlekin zugehörig

Harm *m., -s, nur Sg.*

Har/mag/ge/don [hebr.] *n., -s, nur Sg.*, mythischer Ort des christlichen Weltuntergangs

här/men *refl*, sich grämen

harm/los arglos, ungefährlich

Harm/lo/sig/keit *f., -, -en*

Har/mo/nie [griech.] *f., -, -en*, 1. Wohlgeordnetheit, 2. Gleichklang, 3. Eintracht

Har/mo/nie/leh/re *f., -, -n*, Teilgebiet der Musikwissenschaft

har/mo/nie/ren *intr.*, zu-

Har/mo/ni/ka *f.*, -, -s oder -en, Musikinstrument
har/mo/ni/kal den Gesetzen der Harmonik entsprechen
har/mo/nisch einträchtig
har/mo/ni/sie/ren *intr.*, in Harmonie versetzen
Har/mo/ni/sie/rung *f.*, -, -en
Harn *m.*, -[e]s, *nur Sg.*, Urin
Harn/bla/se *f.*, -, -n
har/nen *intr.*, urinieren
Har/nisch *m.*, -[e]s, -e, Brustpanzer
Harn/lei/ter *m.*, -s, -
Harn/säu/re *f.*, -, -n, Gift der Ameisen
harn/trei/bend die Harnbildung fördernd
Har/pu/ne [niederl.] *f.*, -, -n, Pfeilgeschoss
Har/pu/nier *m.*, -s, -e, jmd., der aus Berufsgründen Harpunen wirft
har/pu/nie/ren *tr.* mit Harpunen bewerfen
Har/pyie [griech.] *f.*, -, -n, 1. griechischer Sturmdämon in Gestalt eines hässlichen Mädchens mit Vogelflügeln, 2. große Greifvogelart Mittel- und Südamerikas
har/ren *intr.*, warten, hoffen
harsch hart, krustig
Harsch *m.*, -s, *nur Sg.*, überfrorener Schnee
har/schen *intr.*
har/schig
hart 1. fest, streng: hart gebrannter Ton, hart gefroren, hart gekocht, 2. anstrengend, 3. dicht, knapp: hart am Wind segeln
Här/te *f.*, -, -n, Hartheit
Här/te/fall *m.*, -[e]s, -fälle, besonders komplizierter Fall

Här/te/grad *m.*, -[e]s, -e, das Maß der Härte
här/ten *tr.*, hart machen
Hart/fa/ser/plat/te *f.*, -, -n, Pressholzplatte
Hart/geld *n.*, -[e]s, *nur Sg.*, Münzgeld
hart/ge/sot/ten oder auch: **hart ge/sot/ten** 1. ausdauernd, 2. abgebrüht
Hart/gum/mi *m.*, -s, *nur Sg.*
hart/her/zig mitleidslos
Hart/her/zig/keit *f.*, -, -en
Hart/platz *m.*, -[e]s, -plätze, Bolzplatz
hart/scha/lig von harter Schale umschlossen, umgeben
Hart/schier [italien.] *m.*, -s, -e, königlich-bayerischer Leibgardist
Har/tung *f.*, -s, -e, Januar
Här/tung *f.*, -, -en, Vorgang des Hartwerdens
Hart/wei/zen *m.*, -s, *nur Sg.*, Getreidesorte
Ha/rus/pex oder auch:
Ha/ru/spex [dat.] *m.*, -, -e oder -spizes, Eingeweideschauer, Wahrsager
Ha/rus/pi/zi/um oder auch:
Ha/ru/spi/zi/um *n.*, -s, -ien, Wahrsagen aus den Eingeweiden
Harz 1. *n.*, -es, -e, Baumabsonderung, 2. *m.*, -es, *nur Sg.*, deutsches Mittelgebirge
Har/zer *m.*, -s, -, Käsesorte aus dem Harz
Ha/sard [französ.] *n.*, -, *nur Sg.*, Glücksspiel
Ha/sar/deur *m.*, -s, -e, 1. Glücksspieler, 2. Draufgänger
ha/sar/die/ren *intr.*, wagemutig, kühn sein
Hasch *n.*, -s, *nur Sg.*, ugs. für: Cannabis

Ha/schee oder auch:
Hasché [französ.] *n.* -s, -s, Hackfleischgericht
ha/schen *intr.*, Rauschgift nehmen
Ha/scherl [südd.] *n.*, -s, -s, bedauernswerter Mensch: armes Hascherl
ha/schie/ren *tr.*, Haschee zubereiten
Ha/schisch [arab.] *n.*, -, *nur Sg.*
Ha/se *m.*, -n, -n, Nagetier
Ha/sen/bra/ten *m.*, -s, -n
Ha/sen/fuß *m.*, -es, -füße, ugs.: ängstlicher Mensch
ha/sen/fü/ßig ängstlich
ha/sen/her/zig ängstlich
ha/sen/rein sauber, keusch: ganz hasenrein war die Sache aber nicht
Ha/sen/schar/te *f.*, -, -n, angeborene Spaltung der Oberlippe
Hä/sin *f.*, -, -nen, weibliches Hasentier
Has/pe *f.*, -, -n, Türangel, Fensterhaken
has/peln *tr.*, 1. hastig sprechen, 2. aufwickeln
Haß > **Hass** *m.*, -es, *nur Sg.*, Abneigung, Feindschaft
has/sen *tr.*, jmdm. Hass entgegenbringen
has/sens/wert
Has/ser *m.*, -s
haß/er/füllt > **hass/er/füllt** voller Hass
häß/lich > **häss/lich** unschön
Häß/lich/keit > **Häss/lich/keit** *f.*, -, -en
Haß/lie/be > **Hass/lie/be** *f.*, -, -n, Zwiespalt der Gefühle zwischen Ab- und Zuneigung
Hast *f.*, -, *nur Sg.*, Eile
has/ten *intr.* eilen
has/tig eilend

hat/schen *intr.*, ugs.: schlurfend gehen
Hat/trick [engl.] *m.*, -s, -s, dreimaliger Erfolg desselben Sportlers in unmittelbarer Folge
Hatz *f.*, -, -en, Hetzjagd
Hatz/hund *m.*, -s, -e,
Hau/be *f.*, -, -n, 1. Kopfbedeckung, 2. Schutzbedeckung, 3. ugs.: Trockenhaube
Hau/ben/ler/che *f.*, -, -n, Vogel
Hau/ben/tau/be *f.*, -, -n, Taubenart
Häub/chen *n.*, -s, -, 1. kleine Kopfbeckung, 2. kleine Menge von etw. auf etw. anderem, Sahnehäubchen
Hau/bit/ze [tschech.] *f.*, -, -n, Geschütz
Hauch *m.*, -es, -e, 1. Atem, 2. Luftzug, 3. Atmosphäre, Stimmung
hauch/dünn sehr dünn
hau/chen *intr.*, atmen, pusten
hauch/zart sehr zart
Hau/de/gen *m.*, -s, -, Abenteurer, kühner Mensch
Hau/e *f.*, -, -n, Prügel
hau/en *tr.* 1. abschlagen, mittels eines Gegenstandes schlagen, 2. schlagen, prügeln
häu/feln *tr.*, 1. in Form eines Haufens aufschütten, 2. nach und nach
häu/fen *refl.* vermehrt auftreten, die Missgeschicke häufen sich
Hau/fen *m.*, -s, -, Anhäufung, Menge: ein Haufen Bücher lag in der Ecke
hau/fen/wei/se 1. in der Form von Haufen, 2. sehr zahlreich
Hau/fen/wol/ke *f.*, -, -n., Wolkenart

häu/fig 1. oft, 2. in Form von Haufen
Häu/fig/keit *f.*, -, -en, Anzahl des Auftretens von etw.
Häuf/lein *n.*, -s, -, kleiner Haufen
Häu/fung *f.*, -, -en, 1. vermehrtes Auftreten, 2. Aufhäufen
Hau/klotz *m.*, -es, -klötze, Hackklotz
Haupt *m.*, -[e]s, , Häupter, 1. Kopf, 2. Leiter, Anführer
haupt/amt/lich berufsmäßig
Haupt/au/gen/merk *n.*, -s, *nur Sg.*, vordringliche Aufmerksamkeit
Haupt/bahn/hof *m.*, -[e]s, -höfe
haupt/be/ruf/lich jene ausgeübte berufliche Tätigkeit, die die meiste Zeit in Anspruch nimmt
Haupt/dar/stel/ler *m.*, -s, -, Schauspieler, der am höchsten entlohnt wird
Haupt/fach *n.*, -[e]s, -fächer 1. Leistungskurse in der Gymnasialen Oberstufe, 2. Schulfächer, die an wöchentlichen Unterrichtsstunden andere Fächer übertreffen, 3. Studienfach an einer Hochschule, in dem die Abschlussarbeit geschrieben wird
Haupt/ge/bäu/de *n.*, -s, -
Haupt/haar *n.*, -[e]s, -e, Frisur
Häupt/ling *m.*, -s, -e, Stammesoberhaupt
Haupt/mann *m.*, -[e]s, -leute, militärischer Dienstgrad
Haupt/per/son *f.*, -, -en, Person im Mittelpunkt des Geschehens

Haupt/pro/be *f.*, -, -en, letzte Theaterprobe vor der ersten Aufführung
Haupt/sa/che *f.*, -, -en, das Wichtigste
haupt/säch/lich das Wichtigste betreffend
Haupt/sai/son *f.*, -, *nur Sg.*, jener Zeitraum, an dem die Preise in einer Urlaubsregion am höchsten sind
Haupt/satz *m.*, -es, -sätze, Satzteil, der das den Satz regierende Prädikat enthält
Haupt/schu/le *f.*, -, -n
Haupt/stadt *f.*, -, -städte
Haupt/stra/ße *f.*, -, -n, den Fließverkehr führende Straße
Haupt/tref/fer *m.*, -s, -, Hauptgewinn erzielen: es gelang ihm der Haupttreffer
Haupt/ver/kehrs/zeit *f.*, -, -en, Verkehrsspitzenpunkt
Haupt/wort *n.*, -[e]s, -wörter, Substantiv
Haupt/ziel *n.*, -[e]s, -e, wichtigstes Anliegen
Haus *n.*, -s, Häuser, 1. Gebäude, 2. Familie, zu Hause, im Hause, wir kommen von zu Hause, das wird von Hause aus so gemacht, mein Zuhause liegt weit entfernt
Haus/an/ge/stell/te 1. *f.*, -n, -n, zum Personal gehörende Frau, 2. *nur Pl.* das gesamte Hauspersonal
Haus/arzt *m.*, -s, -ärzte, Allgemeinmediziner
Haus/auf/ga/ben *nur Pl.* Schulaufgaben
haus/ba/cken bieder, spießig
Haus/be/set/zer 1. -, -s, -, jmd., der unrechtmäßig ein Haus bewohnt, 2. *nur Pl.* alle, die unrechtmäßig ein

Haus bewohnen
Haus/be/sit/zer *m., -s,-*, Eigentümer
Häus/chen *n., -s, -*, kleines Haus, ein Häuschen im Grünen
Haus/dame *f., -, -n*, 1. Anstandsdame, 2. Frau des Hausbesitzers, 3. führt die Aufsicht über das Hauspersonal
Haus/durch/su/chung *f., -, -en*
haus/ei/gen
hau/sen *intr.*, wohnen
Häu/ser/block *m., -s, -*blöcke, 1. Wohnviertel, 2. Wohnblock, 3. Konglomerat von Mehrfamilienhäusern oder Hochhäusern
Häu/ser/meer *n., -s, -e*, übertr.: sehr viele Häuser
Haus/frau *f., -, -en*, 1. Frau, die im Haus arbeitet, 2. Ehefrau des Hausbesitzers
haus/frau/lich
Haus/freund *m., -[e]s, -e*, Liebhaber eines Ehepartners
Haus/ge/brauch *m., -s, nur Sg.*, 1. für die Verwendung im Haus bestimmt, 2. in der Anwendung auf den privaten Bereich beschränkt sein: das dient nur dem Hausgebrauch
haus/ge/macht
Haus/halt *m., -[e]s, -e*, 1. abgeschlossene private Wirtschaftseinheit, 2. sämtliche in einem Haus anfallenden hauswirtschaftlichen Vorgänge: den Haushalt führen, 3. gesamtes Wirtschaftsvolumen des Staates
Haus/halt/plan oder auch: **Haus/halts/plan** *m., -s, -*pläne, Vorrausplanung der Haushaltsführung in privaten oder öffentlichen Haushalten
Haus/halt/de/bat/te oder auch: **Haus/halts/de/bat/te** *f., -, -n*, parlamentarische Diskussionsveranstaltung, die über den zu beschließenden Haushalt für das nächste Jahr o.Ä. berät
Haus/häl/te/rin *f.,-s, -nen*, Hausangestellte, die den Haushalt versieht
Haus/halt/wa/ren oder auch: **Haus/halts/wa/ren** *nur Pl.*,
Haus/herr *m., -n, -en*, 1. Hausbesitzer, 2. Familienvorstand männlichen Geschlechts
haus/hoch
hau/sie/ren als Handelsreisender tätig sein
haus/in/tern vertraulich
Haus/leu/te *nur Pl.*, 1. Hausbewohner, 2. Mieter
häus/lich
Häus/lich/keit *f., -, -en*, 1. Innerlichkeit, 2. in seinem Handeln auf das Haus als Ausdruck des aktiven Privatlebens konzentriert sein
Haus/ma/cher/art *f., -, -en*, 1. nach Art des Hauses, 2. Methode der Wurstherstellung, 3. einer süddeutschen Wurstsorte gemäß
Haus/mann *m.,-s, -männer*, auch oder ausschließlich die Hausarbeit verrichtender Mann
Haus/manns/kost *f., -s, nur Sg.*, Bezeichnung für einfaches Essen
Haus/meis/ter *m., -s, -*, Hauswart
Haus/mu/sik *f., -, -en*, gemeinsames privates Musizieren
Haus/rats/ver/si/che/rung *f., -, -en*
Haus/schlüs/sel *m., -s, -*
Haus/schuh *m., -s, -e*
Haus/se [französ.] *f., -, -n*, kräftiges Ansteigen der Börsenkurse
Haus/sier *m., -s, -s*, jmd., der auf eine Hausse spekuliert
Haus/tier *n., -s, -e*, in der Wohnung gehaltenes zahmes Tier
Haus/tre [lat.] *f.,-, -n*, durch Muskelzusammenziehung entstehender Dickdarmabschnitt
Haus/ver/bot *m., -s, -e*, Verbot des Betretens eines Hauses, meist eines Lokales
Haus/wirt *m., -s, -e*, Vermieter
Haut *f., -, -Häute*, 1. Körperoberfläche, 2. Hülle, 3. Schicht
Haut/arzt *m., -[e]s, -ärzte*
Haut/aus/schlag *m., -[e]s -*schläge
Häut/chen *n., -s, -*, kleine Haut
Haut/cre/me *f., -, -s*
Haute/coif/fure *(Hf.)* auch: **Haute Coif/fure** *(Nf.)* [französ.] *f., -, nur Sg.*, die Mode bestimmende Frisierkunst
Haute/cou/ture *(Hf.)* auch: **Haute Cou/ture** *(Nf.)* [französ.] *f.*, die Mode bestimmende Schneiderkunst
Haute/cou/ture-Mo/dell *n., -, -e*, 1. jmd., der Mode vorführt, 2. Modellkleid
Haute/cou/tu/ri/er *m., -s, -*tuieres, Schneider
Haute/fi/nance [französ.] *f., -, nur Sg.*, Geldaristokratie
häu/ten *refl.*, Haut abstreifen

haut/eng sehr eng
Haute/vo/lee [französ.] *f.*, -, *nur Sg.*, die oberen Zehntausend
Haut/far/be *f.*, -, -n
haut/freund/lich nicht hautschadend
Haut/gout [französ.] *m.*, -s, *nur Sg.*, 1. besonders guter Geruch, 2. Geruch abgehangenen Wildbrets, 3. Anrüchigkeit
Haut/ju/cken *n.*, -s, *nur Sg.*,
Haut/kli/nik *f.*, -, -en
Haut/krebs *m.*, -es, *nur Sg.*, bösartige Geschwulst auf oder in der Haut
haut/nah sehr nah
Haut/pfle/ge *f.*, -, -n
Haut/re/li/ef [französ.] *n.* -s, -s oder -e, Hochrelief
Haut/säu/re/man/tel *m.*, -s, -*nur Sg.*, die Haut umhüllende Schutzschicht
haut/scho/nend
haut/sym/pa/thisch hautliebend
Haut/trans/plan/ta/ti/on *f.*, -, -en, Hautverpflanzung
Häu/tung *f.*, -, -en, Abstreifen der Haut
Ha/van/na 1. Hauptstadt Kubas, 2. Zigarrenmarke
Ha/va/rie [arab.] *f.*, -, -n, Unfall von Transportfahrzeugen aller Art
ha/va/rie/ren *intr.*, beschädigt werden
ha/va/riert beschädigt und liegen geblieben
Ha/va/rist *m.*, -en, -en, Eigner eines havarierten Schiffes
Ha/ve/lock [engl.] *m.*, -s, -s, Herrenmantel
Ha/waii Inselgruppe, 51. US-amerikanischer Bundesstaat

Ha/wai/ia/ner *m.*, -s, -, Bewohner Hawaiis
Ha/waii/gi/tar/re *f.*, -, -n, Ukulele
ha/wai/isch von Hawaii
Ha/xe oder auch: **Hach/se** [südd.] Unterschenkel von Schwein oder Kalb
Ha/zi/en/da [span.] *f.*, -, -s, Farm
Hb Abk. für: Hämoglobin
Hbf. Abk. für: Hauptbahnhof
H-Bom/be *f.*, -, -n, Wasserstoffbombe
h.c. Abk. für honoris causa
HDTV [engl.] *n.*, -s, *nur Sg.*, Fernsehbildqualität
H-Dur *n.*, -, *nur Sg.*, Tonart
H-Dur-Ton/lei/ter
He Abk. für: Helium
Head/line [engl.] *f.*, -, -s, Schlagzeile
Hea/ring [engl.] *n.*, s-, -s, öffentliche Anhörung
Hea/vy Me/tal [engl.] *n.*, -s, *nur Sg.*, Musikrichtung
Heb/am/me *f.*, -, -n, Geburtshelferin
He/bel *m.*, -sm -, 1. Kraftübertrager, 2. Werkzeug
He/bel/arm *m.*, -[e]s, -e
He/bel/kraft *f.*, -, -kräfte
he/beln *tr.*
he/ben *tr.*, 1. hochheben, 2. hochbefördern, 3. ugs.: einen heben: Alkohol trinken
He/be/baum *m.*, [e]s, -bäume, Arm des Lastkrans
He/be/büh/ne *f.*, -, -n, in der Höhe verstellbare Arbeitsfläche
He/be/werk *n.*, -s, -e, Schiffschleuse
He/be/phre/nie *f.*, -, -n, Jugendirresein
He/brä/er *m.*, -s, -, Jude
He/bra/i/kum *n.*, -s, *nur Sg.*, Nachweis der hebräi-

schen Sprachkenntnis
He/bra/ist *m.*, -en, -en, Hebraistikwissenschaftler
Heb/ra/is/tik oder auch:
He/bra/is/tik *f.*, -, -en, Wissenschaft von der hebräischen Sprache und Kultur
He/bung *f.*, -, -en, das Heben
he/cheln *intr.*, 1. schnell ein- und ausatmen, 2. ugs.: spotten: gegen jmdn. hecheln
Hecht *m.*, -s, -e, Fisch
hech/ten *refl.* oder *intr.*, einen Hechtsprung vollführen
hecht/grau wie ein Hecht gefärbt
Hecht/sprung *m.*,-s, -, sprünge, Turnübung
Hecht/sup/pe *f.*, -, -n
Heck *n.*, -s, -s, hinterer Teil von Fahrzeugen
He/cke *f.*, -, -n, 1. Strauch, 2. Umzäunung, 3. Brutplatz
He/cken/ro/se *f.*, -, -n, Strauchgewächs
He/cken/sche/re *f.*, -, -n, Gartenschere
He/cken/schüt/ze *m.*, -n, -n, jmd., der aus dem Hinterhalt auf andere schießt
Heck/flos/se *f.*, -, -n
Heck/klap/pe *f.*, -, -n
heck/las/tig hinten zu schwer
Heck/meck *m.*, -s, *nur Sg.*, ugs.: 1. Umstände, 2. Geschwätz
Heck/mo/tor *m.*, -s, -en
Heck/schei/be *f.*, -, -n, hintere Scheibe
He/do/nis/mus *m.*, -ses, -men, 1. philosophische Weltanschauung, 2. Lustprinzip
He/do/nist [griech.] *m.*, -en, -en, Anhänger des Hedonismus

he/do/nis/tisch
Hed/schra oder auch:
He/dschra oder auch:
Hedsch/ra [arab.], *nur Sg.*, Beginn der islamischen Zeitrechnung
Heer *n.*, -[e]s, -e, 1. Streitkräfte, 2. große Menge
Hee/res/grup/pe *f.*, -, -n, Teil des Heeres
Heer/füh/rer *m.*, -s, -, Anführer des Heeres
Heer/schar *f.*, -, -en, große Personenanzahl
Heer/zug *m.*, -[e]s, -züge, Kriegszug
He/fe *f.*, -, -n, Gärmittel
He/fe/brot *n.*, -s, -e, Brot aus Hefe und Weizenmehl
He/fe/kranz *m.*, -es, -kränze, Kuchen
He/fe/pilz *m.*, -es, -e, Bierhefelieferant
He/fe/teig *m.*, -[e]s, -e
he/fig wie Hefe
Heft *n.*, -[e]s, -e, 1. Schulterblatt, 2. gebundenes Papier, 3. dünnes Buch
hef/ten *tr.*, 1. ankleben, 2. zusammenheften
Hef/ter *m.*, -s, -, Gerät zum Heften
Heft/fa/den *m.*, -s, -fäden, hält das gebundene Heft zusammen, wird auch zur Anprobe von Textilien verwendet
hef/tig stark, umgestüm
Heft/klam/mer *f.*, -, -n
Heft/pflas/ter *n.*, -s, -, Wundschnellverband
He/ge *f.*, -, -n, Schutz
He/ge/li/a/ner [nlat.] *m.* -s, -, Anhänger Hegels
he/ge/mo/ni/al
He/ge/mo/ni/al/stre/ben *n.*, -s, -bestrebungen, Streben nach Hegemonie
He/ge/mo/nie [griech.] *f.*, -,

-n, Vormachtstellung
he/gen *tr.*, pflegen, schützen, aufziehen
He/ger *m.*, -s, -
He/ge/zeit *f.*, -, -en, Zeit der Hege
He/gu/me/nos [griech.] *m.*, -, -noi, griechisch-orthodoxer Klosterabt
Hehl *m.*, -s, *nur Sg.*, 1. das Verbergen, 2. keinen Hehl aus etw. machen: es nicht verbergen, es deutlich sagen
heh/len *tr.*, 1. verbergen, 2. mit Diebesgut handeln
Heh/ler *m.*, -s, -, 1. Helfershelfer, 2. Verkäufer von Diebesgut
Heh/ler/wa/re *f.*, -, -n, die vom Hehler verkaufte oder zu verkaufende Ware
hehr erhaben
Heia *f.*, -, -s, ugs. für: Bett
Hei/de 1. *m.*, -n, -n, Bezeichnung für einen Nichtangehörigen des christlichen Glaubens durch Angehörige des christlichen Glaubens, 2. *f.*, -, -n, flache, karge Landschaft
Hei/de/kraut *n.*, -s, -kräuter, Heideblume
Hei/de/land/schaft *f.*, -, en, Heide
Hei/de/ler/che *f.*, -, -n, Vogel
Hei/de/rös/lein *n.*, -s, -
Hei/del/bee/re *f.*, -, -n, Frucht
Hei/den... Vorsilbe
Hei/den/angst *f.*, -, -ängste, große Angst
Hei/den/ar/beit *f.*, -, -en, mühevolle umfangreiche Arbeit
Hei/den/geld *n.*, -[e]s, *nur Sg.*, ugs. hohe Geldsumme
Hei/den/lärm *m.*, -s, *nur Sg.*, lauter Krach

Hei/den/schreck *m.*, -s, -e, tüchtiger Schreck
Hei/den/spaß *m.*, -es, -späße, großer Spaß
Heid/schnu/cke *f.*, -, -n, Schafart
Hei/duck *m.*, -en, -en, ungarischer Söldner
hei/kel 1. wählerisch, 2. schwierig
heil 1. gesund, 2. übertr.: unversehrt
Hei/land *m.*, -s, -e, Messias
Heil/an/stalt *f.*, -, -en, Sanatorium
heil/bar noch reparable Gesundheitsstörung
Heil/butt *m.*, -s, -e, Fisch
hei/len *tr.*, gesund machen
Heil/er/de *f.*, -, -n, Therapeutikum
Heil/gym/nas/tik *f.*, -, -en, Form der ganzheitlichen Krankengymnastik
hei/lig göttlich, unantastbar, heiligsprechen
Hei/lig/a/bend *m.*, -s, *nur Sg.*, Weihnachtsvorabend
Hei/li/gen/bild *n.*, [e]s, -er, Bild eines oder mehrerer Heiligen
Hei/li/gen/schein *m.*, -s, -e, Aura der Heiligkeit
Hei/lig/keit *f.*, -, -en, 1. Unversehrtheit, 2. Göttlichkeit
Heil/kraft *f.*, -, -kräfte
Heil/kraut *n.*, -s, -kräuter, Biomedizin
Heil/kun/de *f.*, -, *nur Sg.*, Medizin
Heil/mit/tel *n.*, -s, -
Heil/sal/be *f.*, -, -n
Heils/ar/mee *f.*, -, *nur Sg.*, Wohltätigkeitsverein
Heil/schlaf *m.*, -[e]s, *nur Sg*, Gesundheitsschlaf
Heils/ge/schich/te *f.*, -, *nur Sg.*, Leben Jesu in seiner

eschatologischen Bedeutung
Heils/leh/re *f.*, -, -n, Religion
Hei/lung *f.*, -, -en, Gesundung
Heim *n.*, -s, -e, 1. Zuhause, 2. Anstalt
Heim/ar/beit *f.*, -, -en, Arbeit zuhause oder von zuhause aus
Hei/mat *f.*, -, -en, Zuhause
Hei/mat/fest *f.*, -s, -e
Hei/mat/film *m.*, -s, -e, Film volkstümlichen Inhalts
Hei/mat/kun/de *f.*, -, *nur Sg.*, Schulfach
hei/mat/kund/lich
Hei/mat/land *n.*, -s, *nur Sg.*, Vaterland
hei/mat/lich
hei/mat/los ohne Heimat
Hei/mat/mu/se/um *n.*, -s, -en, regionalgeschichtliches Museum
Hei/mat/ver/trie/be/ner *m.*, -s, -en
heim/be/ge/ben *refl.*, nach Hause gehen
heim/brin/gen *tr.*, nach Hause bringen
Heim/chen *n.*, -s, -, Grille
Heim/com/pu/ter *m.*, -s, -
heim/fah/ren *intr.*, nach Hause fahren
Heim/fahrt *f.*, -, -en
Heim/gang übertr.: *m.*, -s, *nur Sg.*, Tod
heim/ge/hen *intr.*, nach Hause gehen
hei/misch alt eingesessen
Heim/kehr *f.*, -, -en, Zurückkunft
Heim/lei/ter *m.*, -s, -, Direktor eines Heims
heim/lich im Verborgenen
Heim/lich/tu/er *m.*, -s, -, Geheimniskrämer
Heim/mann/schaft *f.*, -,-en, Mannschaft des Gastgebers
Heim/rei/se *f.*, -, -n,

Heim/sieg *m.*, -s, -e, Sieg zuhause
heim/su/chen *tr.*, 1. aufsuchen, 2. quälen
Heim/trai/ner *m.*, -s, -, Sportgerät für zuhause
Heim/tü/cke *f.*, -, -, Hinterhalt
heim/tü/ckisch hinterhältig
Heim/vor/teil *m.*, -s, -e
Heim/weg *m.*, -[e]s, -e, Nachhauseweg
Heim/weh *f.*, -, *nur Sg.*, Sehnsucht nach Zuhause
heim/zah/len *tr.*, vergelten
heim/zu Richtung nach Hause
Hei/rat *f.*, -, -en, Eheschließung
hei/ra/ten *tr.*, sich vermählen
Hei/rats/an/trag *m.*, -s, -träge
Hei/rats/an/zei/ger *m.*, -s, -, Ort öffentlicher Bekanntmachung von Aufgeboten
Hei/rats/bü/ro *n.*, -s, -s, Ort der Partnervermittlung
hei/rats/fä/hig zur Heirat fähig: im heiratsfähigen Alter sein
Hei/rats/gut *n.*, -[e]s, -güter, Mitgift
hei/rats/lus/tig begierig zu heiraten
Hei/rats/markt *m.*, -[e]s, -märkte, alle heiratsfähigen Personen umfassend
Hei/rats/schwind/ler *m.*, -s, -
Hei/rats/ur/kun/de *f.*, -, -n, amtliche Bescheinigung über die vollzogene Eheschließung
hei/schen *tr.*, fordern
hei/ser mit rauher Stimme
Hei/ser/keit *f.*, -, -en, Ausdruck des Heiserseins
heiß 1. sehr warm, 2. hitzig, rollig, 3. leidenschaft-

lich, heiß geliebt
heiß/blü/tig hitzig, rollig, leidenschaftlich
hei/ßen *tr.*, 1. sich nennen, einen Namen tragen, 2. nennen, bezeichnen: ich heiße dich einen Lottokönig
Heiß/hun/ger *m.*, -s, *nur Sg.*, Gier
heiß/hung/rig
heiß/lau/fen > **heiß lau/fen** heiß werden
Heiß/luft *f.*, -, *-nur Sg.*, künstlich erwärmte Luft
Heiß/luft/bal/lon *m.*, -s, -e, Fluggerät
Heiß/sporn *m.*, -[e]s, -e, Draufgänger
Heiß/was/ser/be/häl/ter *m.*, -s, -
hei/ter 1. fröhlich, 2. sonnig
Hei/ter/keit *f.*, -, -en
Hei/ter/keits/aus/bruch, *m.*, -es, -brüche
hei/zen *tr.*, erwärmen
Heiz/an/la/ge *f.*, -, -n
heiz/bar
Heiz/de/cke *f.*, -, -n, moderne Form der Wärmflasche
Hei/zer *m.*, -s, -, jmd., der Maschinen beheizt
Heiz/kis/sen *n.*, -s, -
Heiz/öl *n.*, -s, -e, Brennstoff
Heiz/plat/te *f.*, -, -n, Warmhaltegerät
Heiz/son/ne *f.*, -, -n, Wärmelampe
Hei/zung *f.*, -, -en, 1. Heizanlage, 2. Heizkörper
Hei/zungs/mon/teur *m.*, -s, -e
He/ka/tom/be [griech.] *f.*, -, -n, 1. Getreide-, Wein oder Fleischopfer für die griechischen Götter, 2. übertr.: große Verlustmenge, 3. große Menge
Hek/tar oder auch **Hektar** *m.*, -s, -e, Flächenmaß

Hek/tik *f.*, -, *nur Sg.*, große Eile
Hek/ti/ker, *m.*, -s, -, eiliger Mensch
hek/tisch
hek/to [griech.]
Hek/to/gramm *n.*, -s, -e, 100 Gramm
Hek/to/graph *(Nf.)* auch:
Hek/to/graf *(Hf.)* [griech.] *m.*, -s, -en, Kopiergerät
Hek/to/li/ter *m.*, -s, -, Hohlmaß, 100 Liter
He/lan/ca *n.*, -s, *nur Sg.*, Nylonfaser
He/lau! Karnevalsausruf
Held *m.*, -s, -en, 1. Hauptperson, 2. Sieger, 3. Draufgänger
Hel/den/e/pos *n.*, -, -pen, Erzählung aus archaischer Zeit
hel/den/haft wie ein Held
Hel/den/mut *m.*, -s, *nur Sg.*, enormes Maß an Mut
hel/den/mü/tig
Hel/den/sa/ge *f.*, -, -n, Heldenepos
Hel/den/tat *f.*, -, -en
Hel/den/tod *m.*, -[e]s, -e, 1. Tod des Helden, 2. Tod als Held, 3. durch den Tod zum Helden werden
Hel/den/tum *n.*, -s, -tümer
hel/fen *tr.*, unterstützen, behilflich sein, nützen
Hel/fer *m.*, -s, -
Hel/fe/rin *f.*, -, -nen
He/li/an/thus *m.*, -, -then, Sonnenblume
He/li/kon *n.*, -s, -s, Gebirge in Griechenland
He/li/kop/ter (griech.) *m.*, -s, -, Hubschrauber
He/li/o/dor [griech.] *m.*, -s, -e, gelber Edelstein
He/li/o/graph *(Nf.)* auch:
He/li/o/graf *(Hf.)* *m.*, -en, -en, Signalgerät

he/li/o/phil Sonnenlicht bevorzugend
He/li/o/skop oder auch:
He/li/os/kop [griech.] *n.*, -s, -e, Sonnenfernrohr
He/li/o/the/ra/pie *f.*, -, -n, Sonnentherapie
He/li/o/trop *n.*, -s, -e, 1. Zierpflanze, 2. Edelstein, 3. Sonnenspiegel
he/li/o/tro/pisch
He/li/um [griech.] *n.*, -s, *nur Sg.*, Edelgas
He/lix [griech.] *f.*, -, -lices, Molekülstruktur der DNA
hell 1. licht, 2. klar, 3. ugs.: klug
Hel/la/di/kum [griech.-lat.] *n.*, -s, *nur Sg.*, Bronzezeitkultur in Griechenland
hel/la/disch
Hel/las [griech.] Griechenland
hell/auf fröhlich
hell/äu/gig
hell/blond
hell/dunkel
Hel/le/ne *m.*, -n, -n, Einwohner Griechenlands
Hel/le/nis/mus *m.*, -ses, *nur Sg.*, Epoche zwischen 300 vor Chr. und 200 nach Chr.
Hel/le/nis/tik *f.*, -, *nur Sg.*, Wissenschaft von der Sprache und Kultur Griechenlands
Hel/le/no/phi/lie *f.*, -, -n, Griechenfreundlichkeit
Hel/ler *m.*, -s, -, alte Währungseinheit
Hel/les *n.*, -len, -len, Biersorte
hell/gelb
hell/haa/rig
hell/häu/tig
helli/la > **hell/li/la** ein helllila Tuch
hell/se/hen über außersinnliche Wahrnehmung verfügen
Hell/se/he/rei *f.*, -, -en
Hell/se/he/rin *f.*, -, -nen, Wahrsagerin
hell/se/he/risch die Gabe des Zweiten Gesichts besitzen
hell/sich/tig vorausschauend
hell/wach sehr wach
Helm *m.*, -[e]s, -e, 1. Kopfschutz, Werkzeugstiel, 3. Kuppel
Helm/busch *m.*, -[e]s, -büsche, Schmuck oben am Helm
Helm/dach *n.*, -s, -dächer, Dachform
He/lo/kre/ne [griech.] *f.*, -, -n, Quellsumpf
He/lot *m.*, -en, -en, Unterdrücker
He/lo/tis/mus [griech.-lat.] 1. *m.*, -, -men, Unterdrückung, 2. *m.*, -, *nur Sg.*, Ernährungsgemeinschaft von Tier und Pflanze, aus der einer der beiden den größeren Vorteil zieht
Hel/ve/tia Schweiz
hel/ve/tisch 1. keltische Ureinwohner der Alpen, 2. die Schweiz betreffend
Hel/ve/tis/mus [nlat.] *m.*, -, -men, Eigenartigkeit der Schweizer Dialekte und Sprachen
Hemd *n.*, -[e]s, -en, Kleidungsstück
Hemd/blu/se *f.*, -, -n
Hemd/chen *n.*, -, -
Hemd/kra/gen *m.*, -, - oder -krägen, Teil des Hemdes, der den Hals umschließt
hemds/är/me/lig zupackend, unverzüglich
He/mi/ple/gie [griech.] *f.*, -, -n, halbseitige Lähmung
He/mi/sphä/re oder auch:

He/mis/phä/re [griech.] *f.*, -, -n 1. Halbkugel, 2. Erdhälfte

he/mi/sphä/risch oder auch: **he/mis/phä/risch**

he/mi/zy/klisch oder auch: **he/mi/zyk/lisch** halbkreisförmig

Hem/lock/tan/ne *f.*, -, -n, Tannenart

hem/men *tr.* und *refl.*, bremsen, behindern, gehemmt sein: Hemmungen haben

Hemm/klotz *m.*, -es, -klötze, Unterlegkeil

Hemm/nis *n.*, -ses, -se, Hindernis

Hemm/schuh *m.*, -s, -e, Hindernis

Hemm/schwel/le *f.*, -, -n, Schamgrenze

Hemm/ung *f.*, -, -en, Hindernis

hemm/ungs/los ohne Hemmungen

Hemm/ungs/lo/sig/keit *f.*, -, -en, frei von Hemmungen

Hen/de/ka/gon [griech.] *n.*, -s, -e, Elfeck

Hen/del [südd.] *n.*, -s, -, Brathuhn

Hen/di/a/dy/oin oder auch: **Hen/di/a/dys** [griech.] *n.*, -s, -e, Stilfigur, ein Begriff wird durch zwei gleichbedeutende Worte erläutert

Hengst *m.*, -es, -e, männliches Pferd

Hengst/foh/len *n.*, -s, -, männliches Fohlen

Hen/kel *m.*, -s, -Griff

Hen/kel/glas *n.*, -es, -gläser

hen/ke/lig mit Henkeln

Hen/kel/krug *m.*, -[e]s, -krüge

hen/ken *tr.*, hinrichten

Hen/ker *m.*, -s, -, Scharfrichter

Hen/kers/knecht *m.*, -[e]s, -e, 1. Gehilfe des Scharfrichters, 2. gedungener Mordbruder

Hen/kers/mahl/zeit *f.*, -, -en, letzte Mahlzeit des Verurteilten vor seiner Hinrichtung

Hen/na *f.* oder *n.*, -s, *nur Sg.* Farbstoff

Hen/na/strauch *m.*, -[e]s, -sträucher

Hen/ne *f.*, -, -n, 1. Huhn, Vogelweibchen

Hen/nin [französ.] *m.* oder *n.*, -s, -s, hohe Frauenhaube, an deren Spitze ein Schleier angebracht ist

He/no/the/is/mus [griech.] *m.*, -es, -men, Verehrung eines höchsten Gottes über anderen Göttern

Hen/ry [engl.] *n.*, -, -, Maßeinheit der Induktivität

He/par [griech.] *n.*, -s, pata, Leber

he/pa/tisch Leber betreffend

He/pa/ti/tis *f.*, -, -tiden, Leberentzündung

Hep/ta/gon *n.*, -s, -e, Kohlenwasserstoffverbindung

Hep/ta/me/ter *m.*, -s, -, griechisches Versmaß

Hep/tan *n.*, -s, *nur Sg.*, Kohlenwasserstoffverbindung

her 1. eine Richtungsangabe: hierher, hin und her laufen, von weit her, 2. eine Zeitangabe: bis heute

he/rab oder auch: **her/ab** herunter

he/rab/las/sen oder auch: **her/ab/las/sen** 1. *tr.*, etw. absetzen, 2. *refl.*, sich bequemen

he/rab/las/send oder auch: **her/ab/las/send** von oben herab

He/rab/las/sung oder auch: **Her/ab/las/sung** *f.*, -, -en

he/rab/set/zen oder auch: **her/ab/set/zen** *tr.*, 1. etw. ermäßigen, vermindern, 2. jmdn. beleidigen

He/rab/set/zung oder auch: **Her/ab/set/zung** *f.*, -, -en

he/rab/wür/di/gen oder auch: **her/ab/wür/di/gen** *tr.*, kränken, herabsetzen

He/ral/dik [französ.] *f.*, -, *nur Sg.*, Wappenkunde

He/ral/di/ker *m.*, -s, -

he/ral/disch

he/ran oder auch: **her/an** hierher, näher

he/ran/ar/bei/ten oder auch: **her/an/ar/bei/ten** *tr.*, sich mühsam nähern

he/ran/bil/den oder auch: **her/an/bil/den** *tr.*, aufziehen

he/ran/brin/gen oder auch: **her/an/brin/gen** *tr.*

he/ran/drü/cken oder auch: **her/an/drü/cken** *tr.*

he/ran/fah/ren oder auch: **her/an/fah/ren** *tr.*

he/ran/kom/men oder auch: **her/an/kom/men** *intr.*

he/ran/ma/chen oder auch: **her/an/ma/chen** *refl.*, sich nähern, beginnen

he/ran sein oder auch: **her/an sein** da sein

he/ran/tra/gen oder auch: **her/an/tra/gen** *tr.*, 1. vorbringen, 2. herschleppen

he/ran/tre/ten oder auch: **her/an/tre/ten** *intr.*

he/ran/wach/sen oder auch: **her/an/wach/sen** *intr.*, groß werden

He/ran/wach/sen/de oder auch: **Her/an/wachsen/de** *nur Pl.*

he/rauf oder auch: **herauf** von unten nach oben

he/rauf/be/schwö/ren oder auch: her/auf/be/schwö/ren *tr.*
he/rauf/brin/gen oder auch: her/auf/brin/gen *tr.*
he/rauf/bit/ten oder auch: her/auf/bit/ten *tr.*
he/rauf/dür/fen oder auch: her/auf/dür/fen *intr.*
he/rauf/füh/ren oder auch: her/auf/füh/ren *tr.*
he/rauf/hel/fen oder auch: her/auf/hel/fen *intr.*
he/rauf/kom/men oder auch: her/auf/kom/men *intr.*
he/rauf/ru/fen oder auch: her/auf/ru/fen *tr.*
he/rauf/schau/en oder her/auf/schau/en *intr.*
he/rauf/set/zen oder auch: her/auf/set/zen *tr.*, erhöhen
he/rauf/zie/hen oder auch: her/auf/zie/hen *tr.*
he/raus oder auch: her/aus von innen nach außen
he/raus/ar/bei/ten oder auch: her/aus/ar/bei/ten *tr.*, 1. formen, 2. deutlich machen, 3. *refl.* befreien
He/raus/ar/bei/tung oder auch: Her/aus/arbei/tung *f.*, -, -en
he/raus/be/kom/men oder auch: her/aus/bekom/men *tr.*
he/raus/bil/den oder auch: her/aus/bil/den 1. *refl.*, sich entwickeln, 2. *tr.*, entwickeln, 3. *tr.*, formen
he/raus/bit/ten oder auch: her/aus/bit/ten *tr.*
he/raus/fal/len oder auch: her/aus/fal/len *intr.*
he/raus/for/dern oder auch: her/aus/for/dern *tr.*, zum Kampf herausfordern
He/raus/for/der/er oder auch: Her/aus/for/der/er *m.*, -s, -

He/raus/for/de/rung oder auch: Her/aus/forde/rung *f.*, -, -en
he/raus/ge/ben oder auch: her/aus/ge/ben *tr.*, 1. ausliefern, 2. veröffentlichen, 3. schlagfertig sein
he/raus/ge/hen oder auch: her/aus/ge/hen *intr.*
he/raus/ha/ben oder auch: her/aus/ha/ben *tr.*, Bescheid wissen, geschickt sein
he/raus/hau/en oder auch: her/aus/hau/en *tr.*, ugs. für: befreien
he/raus/kom/men oder auch: her/aus/kom/men *tr.*
he/raus/kris/tal/li/sieren oder auch: her/auskris/tal/li/sie/ren *refl.*, deutlich werden, sich ergeben
he/raus/neh/men oder auch: her/aus/neh/men 1. *refl.*, sich erlauben, 2. *tr.*, etw. aus etw. herausnehmen
he/raus/plat/zen oder auch: her/aus/plat/zen *intr.*, ausplaudern, verraten
he/raus/ra/gen oder auch: her/aus/ra/gen *tr.*
he/raus/rück/en oder auch: her/aus/rück/en *tr.*, 1. herausgeben, 2. verraten: er rückte dann doch endlich langsam mit der Wahrheit heraus
he/raus/stel/len oder auch: her/aus/stel/len 1. *tr.*, etw. hervorheben, 2. *tr.*, etw. aus etw. hinausstellen, 3. *refl.*, sich selbst hervorheben: er stellte sich, wo er konnte, heraus
he/raus/zie/hen oder auch: her/aus/zie/hen *tr.*
herb 1. bitteren Geschmacks, 2. übertr.: unerfreulich
Her/ba/ri/um [lat.] *n.*, -s, -rien, Trockenpflanzensammlung
Her/be *f.*, -, -n
her/bei hierher
her/bei/be/kom/men *tr.*
her/bei/ei/len *intr.*
her/bei/füh/ren *tr.*, 1. heranführen, 2. bewirken
her/bei/ho/len *tr.*
her/bei/lau/fen *intr.*
her/bei/ru/fen *tr.*
her/bei/schaf/fen *tr.*, etw. heranbringen: schaffen Sie mir mal die Akte Müller herbei
her/bei/strö/men *tr.*
her/bei/wün/schen *tr.*
her/be/mü/hen 1. *tr.*, jmdn. herbeirufen, 2. *refl.*, sich anstrengen
Her/ber/ge *f.*, -, -n, Unterkunft
Her/bergs/lei/ter *m.*, -s,-
Her/bergs/va/ter *m.*, -s, -väter
Herb/heit *f.*, -, -en, das Herbsein
her/bit/ten *tr.*
Her/bi/vo/re [lat.] *m.*, -n, -n, Pflanzenfresser
Her/bi/zid [lat.] *n.*, -s, -e, Pflanzengift
her/brin/gen *tr.* herantragen
Herbst *m.*, -es, -e, Jahreszeit
Herbst/an/fang *m.*, -s, -fänge
Herbst/blu/me *f.*, -, -n
herbs/ten *intr.*, Herbst werden
Herbst/mo/de *f.*, -, -n
Herbst/ne/bel *m.*, -s, -
Herbst/son/ne *f.*, -, -n
Herbst/sturm *m.*, -s, -stürme
Herbst/zeit/lo/se *f.*, -, -n, Blumensorte
herb/süß bittersüß

Herd *m.*, -[e]s, -e, Ofen
Her/de *f.*, -s, -n, 1. Gruppe von Tieren, 2. übertr.: Menschenmenge
Her/den/mensch *m.*, -s, -n
Her/den/tier *n.*, -s, -e
Her/den/trieb *m.*, -s, -e
her/den/wei/se in großen Mengen
Herd/feu/er *n.*, -s, -
Herd/plat/te *f.*, -, -n
he/re/die/ren [lat.] *tr.*, erben
he/re/di/tär [französ.] erblich
He/re/di/tät [lat.] *f.*, -, -en, 1. Erbschaft, 2. Erbfolge
he/rein oder auch: **her/ein** von außen nach innen
he/rein/be/kom/men oder auch: **her/ein/bekom/men** *tr.*, erhalten
he/rein/bre/chen oder auch: **her/ein/bre/chen** *tr.*
he/rein/brin/gen oder auch: **her/ein/brin/gen** *tr.*
he/rein/fa/hren oder auch: **her/ein/fah/ren** *tr.*
he/rein/fal/len oder auch: **her/ein/fal/len** *tr.*, betrogen werden, enttäuscht werden
he/rein/las/sen oder auch: **her/ein/las/sen** *tr.*
he/rein/le/gen oder auch: **her/ein/le/gen** *tr.*, täuschen
he/rein/plat/zen oder auch: **her/ein/plat/zen** *intr.*
he/rein/ras/seln oder auch: **her/ein/ras/seln** *intr.*, betrogen werden
he/rein/schnei/en oder auch: **her/ein/schnei/en** *intr.*, plötzlich auftauchen
he/rein/spa/zie/ren oder auch: **her/ein/spazie/ren** *tr.*
he/rein/tre/ten oder auch: **her/ein/tre/ten** *intr.*
her/fah/ren *tr.*
her/füh/ren *tr.*
Her/gabe *f.*, -, -n

Her/gang *m.*, -s, -gänge, Ablauf von etw.
her/ge/ben *tr.*, 1. etwas weg- oder herausgeben, 2. sich etw. verschreiben
her/ge/hen *tr.*, sich ereignen
her/ge/hö/ren *intr.* passend sein
Her/ge/lau/fe/ne *m.*, -n, -n, Landstreicher
her/hal/ten *tr.*, 1. hinhalten, 2. für oder als etwas dienen: er musste als Sündenbock herhalten
her/ho/len *tr.*
her/hö/ren *intr.*
He/ring *m.*, -s, -e, Fisch
He/rings/filet *n.*, -s, -s, Muskelfleisch des Fisches
He/rings/sa/lat *m.*, -s, -e, Salat mit oder aus Hering(en)
He/ri/ta/bi/li/tät [lat.] *f.*, -, -en, Erblichkeitsgrad: 1. in der Genetik, 2. in der Erbfolge
her/kom/men *intr.*, 1. herannahen, 2. entstehen durch, 3. abstammen von
her/kömm/lich 1. herstammend, 2. in überlieferter Weise
Her/ku/les *m.*, -, -se, 1. antiker griechischer Sagenheld, 2. *nur Sg.*, Sternbild, 3. (abwertend) Kraftmensch, 4. starker Mensch
Her/kunft *f.*, -, *nur Sg.*, Abstammung
her/lau/fen *intr.*
her/lei/ten *tr.*
her/ma/chen *refl.* herfallen: sich über etw. oder jmdn. hermachen
Her/ma/ph/ro/dit oder auch: **Herm/aph/ro/dit** [griech.] *m.*, -en, -en, 1. antike Sagengestalt, 2. Zwitter
her/ma/ph/ro/di/tisch oder auch: **herm/aphro/di/tisch**

Her/me [griech.] *f.*, -, -n, 1. Büstensäule, 2. Kultbild
Her/me/lin 1. *m.*, -s, -e, Pelz des Hermelins, 2. *n.*, -s, -e, Pelztier
Her/me/neu/tik [griech.] *f.*, -, *en*, Auslegekunst, Interpretationskunst
her/me/neu/tisch
Her/mes *m.*, -s, -en, griechischer Götterbote
Her/me/tik [griech.-lat.-egl.] *f.*, -, -en, 1. Alchemie, Magie, 2. luftdichte Apparatur
her/me/tisch 1. der Hermetik zugehörig, 2. luft- und wasserdicht abgeschlossen, 3. übertr.: ohne Durchgangsmöglichkeit
her/me/ti/sie/ren *tr.*, luftdicht abschließen
Her/me/tis/mus *m.*, -, -men, 1. Kunstrichtung, 2. chiffrenhaft
her/nach später, nachher, danach
her/neh/men benutzen, beanspruchen
Her/nie [lat.] *f.*, -, -n, Eingeweide- oder Leistenbruch
her/nie/der von oben herab (kommen)
He/ro/en/kult *m.*, -s, -e, Heldenverehrung
He/ro/i/de Brief eines Heroen
He/ro/ik *f.*, -, -en, Heldenhaftigkeit
He/ro/in 1. *f.*, -, -nen, Heldin, 2. *n.*, -s, *nur Sg.* Rauschgift
he/ro/isch heldenhaft
he/ro/i/sie/ren *tr.*, verklären
He/ro/is/mus *m.*, -s, -men, Heldenhaftigkeit
He/ro/on [griech] *n.*, -, -a, Heldengedenkstätte
He/ros *m.*, -, -roen, 1. grie-

herostratisch

chischer Halbgott, 2. Held
he/ros/tra/tisch oder auch:
he/ro/stra/tisch [griech.]
wie ein Herostrat, Held
Her/pes [griech.] *m., -, nur Sg.,* Bläschenausschlag
Her/pe/to/lo/gie [griech.] *f., -, nur Sg.,* Wissenschaft von den Amphibien und Reptilien
Herr *m., -en, -en,* 1. Anrede für Männer, 2. Anrede für den christlichen Gott
her/rei/sen *intr.,* anreisen
Her/ren/a/bend *m., -es, -e,* Abendgesellschaft ohne Damen
Her/ren/be/klei/dung *f., -, -en*
Her/ren/dop/pel *m., -s, -,* zwei Mannschaften mit je zwei männlichen Spielern spielen gegeneinander
Her/ren/ma/ga/zin *n., -s, -e,* Magazin, das meist männerorientierte Themen enthält
Her/ren/rei/ter *m., -s, -,* eleganter Reiter
Her/ren/zim/mer *n., -s, -,* Kaffeekränzchen für Herren
Herr/gott 1. Anrede für Gott, 2. Ausruf
her/rich/ten *tr.,* reparieren, zurechtmachen
Her/rich/tung *f., -, -en*
Her/rin *f., -, -nen,* Frau des Herren
Herr/schaft *f., -, -en,* 1. Gewalt über etw. oder jmdn. haben, 2. Anrede des Gesindes an Herr und Herrin
herr/schaft/lich großartig, üppig
Herr/schafts/form *f., -, -en*
Herrsch/be/gier/de *f., -, -en,*
herr/schen *tr.* 1. regieren: der Minister herrschte über das Land, 2. vorhanden sein: im Lande herrschte das Chaos
herr/schend
Herr/scher *m., -s, -*
Herr/sche/rin *f., -, -nen*
Herr/scher/haus *f., -es, -häuser,* adeliger Familie, die den König eines Landes u.Ä. stellt
her/rüh/ren *tr.,* gründen, herstammen
her/sa/gen *tr.,* 1. aufsagen, 2. auswendig sprechen
her/schau/en *intr.,* hinblicken
her/schie/ben *tr.*
her/sein > **her sein** *intr.,* 1. stammen: draus vom Walde bin ich her, 2. zurückliegen: Ostern ist lang her
her/ste/len *tr.,* erzeugen, produzieren
Her/stel/ler *m., -s, -,* Erzeuger
Her/stel/lung *f., -, -en,* Erzeugung
Her/stel/lungs/kos/ten *nur Pl.,* Produktionskosten
Hertz *n., -, -,* Maßeinheit in der Physik
he/rü/ber oder auch:
her/ü/ber von einer auf die andere Seite kommen
he/rü/ber/bitten oder auch:
her/ü/ber/bit/ten *tr.*
he/rü/ber/wol/len oder auch: **her/ü/ber/wol/len** *intr.*
he/rü/ber/ziehen oder auch: **her/ü/ber/zie/hen** *tr.*
he/rum oder auch: **her/um** umher, ringsum
he/rum/dok/tern oder auch: **her/um/dok/tern** *intr.,* ugs.: Ausprobieren ohne große Sachkenntnis
he/um/drü/cken oder auch: **her/um/drü/cken** *intr.,* 1. auf etwas drücken, 2. zu vermeiden suchen: drück dich doch nicht um die ganze Arbeit
he/rum/füh/ren oder auch: **her/um/füh/ren** *tr.*
he/rum/fuhr/wer/ken oder auch: **her/um/fuhr/wer/ken** *intr.* ugs.: wild hantieren ohne allzu große Sachkenntnis
he/rum/kom/men oder auch: **her/um/kom/men** *intr.,* 1. viel reisen, 2. etw. vermeiden: Versuchst du schon wieder, um die Schularbeiten herumzukommen?
he/rum/krie/gen oder auch: **her/um/krie/gen** *tr.,* umstimmen, überreden
he/rum/rei/sen oder auch: **her/um/rei/sen** *intr.*
he/rum/schla/gen oder auch: **her/um/schla/gen** *refl.,* abmühen: Jetzt schlägt er sich schon wieder mit seinem Chef herum
he/rum/spre/chen oder auch: **her/um/spre/chen** *refl.,* bekannt werden: Hat es sich schon herumgesprochen
he/rum/trei/ben oder auch: **her/um/trei/ben** 1. *tr.,* intensiv beschäftigen: die Sorge trieb mich herum, 2. *refl.,* vagabundieren: Wo hast du dich schon wieder herumgetrieben
He/rum/trei/ber oder auch: **Her/um/trei/ber** *m., -s, -*
he/rum/wer/fen oder auch: **her/um/wer/fen** *tr.*
he/run/ter oder auch: **her/un/ter** von unten nach oben
he/run/ter/bit/ten oder auch: **he/run/ter/bitten** *tr.*
he/run/ter/bren/nen oder auch: **her/un/terbren/nen** *tr.*

he/run/ter/fal/len oder auch: **her/un/ter/fal/len** *intr.*

he/run/ter/ge/hen oder auch: **her/un/ter/ge/hen** *intr.*, absteigen, sinken, fallen

he/run/ter/ge/kom/men oder auch: **her/un/ter/ge/kom/men** verwahrlost, verkommen

he/run/ter/kom/men oder auch: **her/un/ter/kom/men** *intr.*, 1. nach unten kommen, 2. verwahrlosen

he/run/ter/spie/len oder auch: **her/un/ter/spie/len** *tr.*, abschwächen, verniedlichen

he/run/ter/zie/hen oder auch: **her/un/ter/zie/hen** *tr.*

her/vor 1. nach vorn, 2. von innen heraus

her/vor/bre/chen *intr.*, stürmen

her/vor/ge/hen *tr.*, abstammen von, folgen

her/vor/ra/gend perfekt, Klasse!, ausgezeichnet

her/vor/ru/fen *tr.*, 1. herausrufen, 2. verursachen

her/vor/tun 1. *tr.*, herausräumen, 2. *tr.*, als wichtig hervorheben, 3. *refl.*, sich wichtig machen, 4. *refl.*, sich auszeichnen

Herz *n.*, -ens, -en, 1. Organ, 2. übertr.: Gefühlszentrum, 3. Innerstes: das zu Herzen, Hand aufs Herz, es liegt mir am Herzen, es kommt von Herzen

herz/al/ler/liebst am liebsten

Herz/an/fall *m.*, -s, -fälle, Herzinfarkt

Herz/at/ta/cke *f.*, -, -n, kleiner Herzinfarkt

Herz/as > **Herz/ass** *n.*, -es, -e, französische Spielkarte

Herz/blut *n.*, -[e]s, *nur Sg.*, 1. kardiales Blut, 2. übertr.: etw. oder jmd., dem man sich stark verbunden fühlt: der Enkel war ihr ganzes Herzblut

herz/bre/chend herzzerreißend

Herz/bu/be *m.*, -n, -n, französische Spielkarte

Herz/da/me *f.*, -, -n, 1. französische Spielkarte, 2. Auserwählte: sie war die Dame seines Herzens

Her/zens/be/dürf/nis *n.*, -ses, -se, inniges Anliegen

Her/zens/bre/cher *m.*, -s, -, Verführer, Charmeur, Frauenheld

her/zens/gut Eigenschaft des edlen Menschen

Her/zens/lust *f.*, -, *nur Sg.*, Freude, innere Anteilnahme: er tat es mit Herzenslust

Her/zens/wunsch *m.*, -[e]s, -wünsche, inniger Wunsch, wichtigstes Anliegen

herz/er/freu/end höchst erfreulich: eine herzerfreuende Angelegenheit

herz/er/grei/fend sehr nahe gehend

herz/er/qui/ckend sehr erholsam, regenerativ

Herz/feh/ler *m.*, -s, -, degenerative Erkrankung des Herzens

herz/för/mig

herz/haft

Herz/haf/tig/keit *f.*, -, -en, Beherztheit

her/zen *tr.*, liebkosen

her/zie/hen 1. *intr.*, ugs.: tratschen: immer ziehen sie über ihn her, 2. nachziehen, herbeiziehen

her/zig niedlich, lieb, süß

Herz/in/farkt *m.*, -s, -farkte, Unterbrechung der Blutzufuhr zum Herzen

Herz/klap/pe *f.*, -, -n, Teil des Herzens, der das Ein- und Ausströmen des Blutes in den bzw. vom Herzmuskel reguliert

Herz/kir/sche *f.*, -, -n, Kirschensorte

Herz/klo/pfen *n.*, -s, *nur Sg.*, 1. Herzschlag, 2. Aufregung, innere Erregung

herz/krank

Herz-Kreis/lauf-Er/krank/ung *f.*, -, -en

herz/lich freundlich

Herz/lich/keit *f.*, -, -en, große Freundlichkeit

Herz/lo/sig/keit *f.*, -, -en, fehlende Anteilnahme

Herz-Lun/gen-Ma/schine *f.*, -, -n

Herz/mas/sa/ge *f.*, -, -n, Reanimation

Her/zog *m.*, -s, Herzöge, Adelsrang

Herz/rhyth/mus/stö/rung *f.*, -, -en

Herz/schritt/ma/cher *m.*, -s, -

Herz/still/stand *m.*, -[e]s, -stände

Herz/trans/plan/ta/ti/on *f.*, -, -en, Herzverpflanzung

Herz/ver/sa/gen *n.*, -s, *nur Sg.*, Herzinfarkt

herz/zer/reißend markerschütternd

Hes/pe/ri/de oder auch: **He/spe/ri/de** 1. *m.*, -n, -n, aus der griechischen Unterwelt stammendes Wesen, 2. *f.*, -, -n, griechische Paradiesnymphe

Hes/se *m.*, -n, -n

Hes/sen Bundesland

hess/isch zu Hessen oder Hessen gehörig

He/tä/re [griech.] *f.*, -n, -n, 1. Geliebte, 2. Prostituierte

he/te/ro [griech.] andersartig, fremd
He/te/ro/au/xin *n.*, -s, *nur Sg.*, Wachsstumsstoff der Pflanzen
he/te/ro/dox andersgläubig
He/te/ro/ga/mie *f.*, -, -n, Ungleichartigkeit der Geschlechter bei der Partnerwahl
he/te/ro/gen verschiedenartig
He/te/ro/ge/ne/se *f.*, -, -n, anomale Gewebebildung
He/te/ro/ge/ni/tät *f.*, -, -en, das Heterogensein
He/te/ro/go/nie *f.*, -, -n, 1. Entstehung aus Andersartigem, 2. von der erwarteten Ursache abweichen, 3. Form des Generationswechsels bei Insekten
he/te/ro/morph verschiedengestaltig
he/te/ro/nom unselbständig
He/te/ro/no/mie 1. aufoktroyierte Gesetzgebung, 2. Abhängigkeit von einer anderen aus der eigenen sittlichen Gesetzlichkeit, 3. Ungleichartigkeit
He/te/ro/phyl/lie *f.*, -, *nur Sg.*, verschiedene Blätterbildung bei Pflanzen
He/te/ro/plas/tik *f.*, -, -, -en, Verpflanzung von Tiergewebe auf Menschen
he/te/ro/se/xu/ell verschiedengeschlechtlich
He/te/ro/se/xu/a/li/tät *f.*, -, *nur Sg.*
he/te/ro/zy/got mischerbig
He/te/ro/zy/go/tie *f.*, *nur Sg.*, Mischerbigkeit
he/te/ro/zyk/lisch oder auch: **he/te/ro/zy/klisch** Art der chemischen Verbindung
Het/man [dt.-poln.] *m.*, -s, -e, oberster Kosakenführer

Het/sche/petsch *f.*, -, -, Hagebutte
Het/ze *f.*, -,-
het/zen *tr.*, 1. jagen, 2. sich beeilen, 3. aufstacheln
Het/zer *m.*, -s, -
Het/ze/rei *f.*, -, -en
het/ze/risch
Hetz/jagd *f.*, -, -en
Hetz/hund *m.*, -[e]s, -e
Hetz/kam/pag/ne *f.*, -, -n
Heu *n.*, -s, *nur Sg.*, getrocknetes Gras
Heu/bo/den *m.*, -s, -böden, Scheune, Scheuer
Heu/che/lei *f.*, -, n
heu/cheln *intr.*, Interesse vortäuschen, sich verstellen
Heuch/ler *m.*, -s, -
heuch/le/risch
Heu/er *f.*, -, -n, Entgelt der Seeleute
Heu/fie/ber *n.*, -s, *nur Sg.*, Heuschnupfen
Heu/ga/bel *f.*, -, -n, Forke
Heul/bo/je *f.*, -, -n, 1. Bojenart, 2. ugs. für: weinerlicher Mensch
heu/len *intr.*, 1. weinen, 2. laut tönen
Heul/krampf *m.*, -s, -krämpfe, Weinkrampf
Heul/su/se *f.*, -, -n, ugs. für: weinerlicher Mensch
Heu/mahd *f.*, -, -en, das Heumachen
Heu/pferd *n.*, -s, -e, Heuschrecke
Heu/re/ka [griech.] 1. ich habe es gefunden, ich habe es gelöst, 2. Ausruf des Archimedes, als er das archimedische Prinzip entdeckt hatte
Heu/schnup/fen *m.*, -s, -, allergische Reaktion auf Gräserpollen
Heu/scho/ber *m.*, -s, -, Scheune

Heu/schre/cke *f.*, -, -n, Insekt
Heu/sta/del *m.*, -s, -, Scheune
heu/te 1. an diesem Tag: heute Morgen, heute Früh, heute Abend, von heute bis morgen, 2. gegenwärtig
Heu/te *n.*, -, *nur Sg.*, Gegenwart
heu/ti/gen/tags gegenwärtig, in unserer Zeit
He/vea [Ketschua-nlat.] *f.*, -s, -veen, Kautschukbaum
He/xa/e/der [griech.] *m.*, -s, -, Würfel
he/xa/e/drisch oder auch: **he/xa/ed/risch**
He/xa/gon [griech.] *n.*, -s, -e, Sechseck
he/xa/go/nal sechseckig
He/xa/gramm [griech.] *n.* -s, -e, 1. sechseckiger Stern aus zwei ineinander geschobenen Dreiecken, 2. Davidsstern, 3. wichtiges Symbol der Alchemie und der Vier-Elemente-Lehre
He/xa/me/ter [griech.] *m.*, -s, -, Versmaß
He/xan [griech.] *n.*, -s, *nur Sg.*, Kohlenwasserstoff aus sechs Kohlenwasserstoffatomen
He/xa/po/de [griech.] *m.*, -n, -n, 1. Insekt, 2. Sechsfüßler
He/xe *f.*, -e, -n, 1. eine Erscheinungsform der matriarchalen Göttin in ihrem Winter- bzw. Spätsommeraspekt, 2. Zauberin, 3. übertr.: böse Frau
he/xen *intr.*, zaubern
He/xen/jagd *f.*, -, -en, 1. Jagd auf Hexen, 2. übertr.: Menschenjagd, 3. übertr.: übertrieben harte

Mittel verwenden
He/xen/kes/sel *m.,* -s, -,
1. Symbol von Erneuerung und Wiedergeburt in matriarchalen Mythen 2. von Hexen benutztes Kochgeschirr, 3. übertr.: das Fußballstadion verwandelte sich in einen Hexenkessel
He/xen/kü/che *f.,* -, -n,
1. Ort, an dem eine Hexe kocht, 2. übertr.: alchemistisches Labor, 3. übertr. Ort, an dem gezaubert wird
He/xen/meis/ter *m.,* -s, -,
1. männliche Hexe, 2. übertr.: Teufel, 3. Hexenchef
He/xen/ver/bren/nung *f.,* -, -en, öffentliche Einäscherung einer als Hexe identifizierten Person bei lebendigem Leibe mit dem Ziel, ihre Seele vor den Qualen der Hölle zu retten
hfl Abk. für: holländischer Gulden
hg Abk. für: Hektogramm
Hg Abk. für: Quecksilber als chemisches Element
HGB Abk. für Handelsgesetzbuch
Hi/a/tus [griech.] *m.,* -s, -, Spalt, Lücke
Hi/ber/na/ti/on [lat.] *m.,* -en, Winterschlaf
Hi/bis/kus [griech.] *m.,* -, -ken, Pflanze
hic et nunc [lat.] hier und jetzt
Hick/hack *n.,* -s, -s, ugs.: Streiterei
Hi/cko/ry 1. *m*, -s, -s, Walnussbaum, 2. *n.,* -s, *nur Sg.,* Hickoryholz
hick/sen *intr.,* ugs.: Schluckauf haben
Hi/dal/go [span.] *m.,* -s, -s,
1. spanischer Adeliger,
2. mexikanische Goldmünze

Hid/ro/se oder auch:
Hi/dro/se [griech.] *f.,* -, *nur Sg.,* Schweißabsonderung
Hid/ro/ti/kum oder auch:
Hi/dro/ti/kum [griech.-nlat.] *n.,* -s, -ka, schweißtreibendes Mittel
hie manchmal: hie und da
Hieb *m.,* -[e]s, -e, Schlag
hieb/fest
hier an dieser Stelle: von hier aus, von hier oben, hierauf, hierhin, hieraus, hierher, hierherum, hierdurch, hierherein, hierüber, hier behalten, von hier nach da
Hie/rar/chie oder auch:
Hier/ar/chie [griech.] *f.,* -, -n, 1. heilige Herrschaft,
2. Rangfolge, Ordnung
hie/rar/chisch oder auch:
hier/ar/chisch der Ordnung nach
hie/ra/tisch [griech.] priesterlich
Hie/ro/du/le 1. *f.,* -, -n, Heilige Hure, Vestalin,
2. *m.* oder *f.,* - oder -n, -n, Tempelsklave oder -sklavin im alten Griechenland
Hie/ro/gly/phe [griech.] *f.,* -, -n, 1. wörtlich: Heilige Schrift, 2. altägyptisches Schriftzeichen. 3. übertr.: unleserliche Schrift
hie/ro/gly/phisch
Hie/ro/kra/tie [griech.] *f.,* -, -n, 1. Herrschaft eines oder mehrerer Heiliger (Menschen), 2. übertr.: Priesterherrschaft
Hie/ro/mant [griech.-lat.] *m.,* -en, -en, wörtlich: der das Heilige erkennende und verkündende, Seher, Weissager
Hie/ro/man/tie *f.,* -, -n,
1. Kunst der Weissagung

Hie/ro/nym [griech.lat.] *m.,* -s, -e, Name, der dem Initianten verliehen wird
Hie/ro/ny/mie *f.,* -, -n, Verleihen des Initiationsnamens
Hie/ro/phant *m.,* -en, -en, altgriechischer Oberpriester
hie/sig von hier, einheimisch
Hie/si/ge *nur Pl.* Leute aus unserer Gegend
hie/ven *tr.,* hochziehen, heben
Hi-Fi Abk. für Highfidelity oder auch: High Fidelity, bezeichnet die hohe Wiedergabetreue von Musikaufzeichnungs- und/oder abspielgeräten
Hi-Fi-Anlage [engl.] *f.,* -, -n, Stereoanlage
Hi-Fi-Turm *m.,* -s, -türme
1. Stereoanlage, 2. Art der Bauweise von Stereoanlagen
High/life *(Hf.)* auch: **High Life** *(Nf.)* [engl.] *n.,* -s, *nur Sg.,* 1. exklusives Leben,
2. ugs.: gute Stimmung, die sich häufig in einem hohen Geräuschpegel äußert: das war aber gestern Abend wieder ein Highlife bei euch
High/light [engl.] *n.,* -s, -s, glanzvoller Höhepunkt
High/noon auch: **High Noon** [engl.] *m.,* -, *nur Sg.,*
1. wörtlich: exakt 12 Uhr,
2. entscheidender Höhepunkt, Spannungspunkt, 3. Titel eines berühmten Western mit Gary Cooper und Grace Kelly
High So/cie/ty [engl.] *f.,* -, -, 1. wörtlich: die gehobene, feine Gesellschaft, 2. „Die oberen Zehntausend", „The happy few"

High/tech [engl.] *m.*, -, *nur Sg.*, Spitzentechnologie
High/way *m.*, -s, -s, US-amerikanische Fernstraße
Hi/ja/cker [engl.] *m.*, -s, -, Luftpirat
Hil/fe *n.*, -, -n, Unterstützung: zu Hilfe kommen, das Hilfe bringende Schiff, Hilfe suchende Menschen
hil/fe/fle/hend
Hil/fe/leis/tung *f.*, -, -en
Hil/fe/ruf *m.*, -[e]s, -e
Hil/fe/ru/fend
Hil/fe/stel/lung *f.*, -, -en
hilf/los 1. ohne Hilfe, 2. unbeholfen, 3. ungeholfen
hilf/reich äußerst behilflich
Hilfs/ar/bei/ter *m.*, -s, -, ungelernte Kraft
Hilfs/be/reit/schaft *f.*, -, -en
Hilfs/gel/der *nur Sg.*, Unterstützungszahlungen von staatlicher Seite
Hilfs/mo/tor *m.*, -s, -en
Hilfs/she/riff *m.*, -s, -s, Deputy
Hilfs/verb *n.*, -s, -en
Hill/bil/ly/mu/sic oder auch: **Hill/bil/li/mu/sik** [engl.] *f.*, -, *nur Sg*, US-amerikanische Volksmusikart
Hi/ma/la/ja *m.*, -s, *nur Sg.*, Gebirge, das als Aufwurf durch den Zusammenstoß des heutigen indischen Subkontinents mit der asiatischen Festlandplatte entstand
Him/bee/re *f.*, -s, -n, Frucht
Him/beer/geist *m.*, -s, *nur Sg.*, alkoholisches Getränk, Himbeerschnaps
Him/beer/eis *n.*, -es, *nur Sg.*, Fruchteiszubereitung
him/beer/far/ben
him/beer/far/big

Him/mel *m.*, -, -, 1. Firmament, 2. Baldachin, 3. in vielen Religionen der Sitz der Götter oder des Gottes
him/mel/angst ängstlich
Him/mel/bett *n.*, -s, -en, Bett mit Baldachin
him/mel/blau
Him/mel/don/ner/wet/ter *n.*, -, s, -e, 1. [südd.]1. Fluch, 2. Geschimpfe und Gezerre
Him/mel/fahrt *f.*, -, -en, Auffahrt Jesu in den Himmel nach seiner Verklärung
Him/mel/fahrts/kom/man/do *n.*, -s, -s, übertr.: Unternehmung, die ein enormes Risiko für Leib und Leben der Ausführenden birgt
him/mel/hoch
Him/mel/reich *n.*, -s, *nur Sg.*, christliche Paradiesvorstellung
Him/mels/kör/per *m.*, -s, -, Planet, Stern oder Komet
Him/mels/lei/ter *f.*, -, -n, mystisches Symbol für den Aufstieg der menschlichen Seele in den Himmel, Jakobsleiter
Him/mels/rich/tung *f.*, -, -en, Windrichtungen, in alle Himmelsrichtungen: in alle Richtungen
Him/mels/schlüs/sel oder auch: **Him/mel/schlüs/sel** *m.*, -s, *nur Sg.*, 1. Schlüsselblume, 2. christliches Symbol für die Himmelstürgewalt
Him/mels/stür/mer oder auch: **Him/mel/stür/mer** *m.*, -s, -, tollkühner Pilot oder Astronaut
Him/mels/zelt *n.*, -s, -e, Firmament
himm/mel/wärts gen Himmel
him/mel/weit weit und breit

himm/lisch wie im Himmel
hin nach, entlang: in Hinsicht, hin und wieder, bis hier hin, bis hierhin und nicht weiter, über die ganze Strecke hin, gegen Mittag hin, nach langem Hin und Her, ziellos hin und her laufen, vor sich hin gehen
hi/nab oder auch: **hin/ab** hinunter
hi/nab/bli/cken oder auch: **hin/ab/bli/cken** *intr.*
hi/nab/stei/gen oder auch: **hin/ab/stei/gen** *intr.*
hi/nab/stür/zen oder auch: **hin/ab/stür/zen** 1. *intr.*, abstürzen, 2. *tr.*, jmdn. einen Abgrund hinabwerfen
hi/nab/trei/ben oder auch: **hin/ab/trei/ben** *tr.*
hin/ar/bei/ten auf etw. zuarbeiten, anstreben
hi/nauf oder auch: **hin/auf** von unten nach oben
hi/nauf/bli/cken oder auch: **hin/auf/bli/cken** *intr.*
hi/nauf/ge/hen oder auch: **hin/auf/ge/hen** *intr.*
hi/nauf/hel/fen oder auch: **hin/auf/hel/fen** *intr.*
hi/nauf/klet/tern oder auch: **hin/auf/klet/tern** *intr.*
hi/nauf/rei/chen oder auch: **hin/auf/rei/chen** *tr.*
hi/nauf/zie/hen oder auch: **hin/auf/zie/hen** 1. *tr.*, etwas nach oben ziehen, 2. *refl.*, sich selbst nach oben ziehen
hi/naus oder auch: **hin/aus** von innen nach außen
hi/naus/brin/gen oder auch: **hin/aus/brin/gen** *tr.*
hi/naus/e/keln oder auch: **hin/aus/e/keln** *tr.*, vergraulen
hi/naus/fah/ren oder auch: **hin/aus/fah/ren** *tr.*
hi/naus/ge/hen oder auch: **hin/aus/ge/hen** *intr.*, nach

hinsichtlich

draußen gehen, überschreiten,
hi/naus/ka/ta/pul/tieren oder auch: **hin/auska/tapul/tie/ren** *tr.*, 1. ugs.: hinauswerfen, 2. schleudern
hi/naus/lau/fen oder auch: **hin/aus/lau/fen** *intr.*
hi/naus/las/sen oder: **hin/aus/las/sen** *tr.*
hi/naus/schie/ben oder auch: **hin/aus/schie/ben** *tr.*
Hi/naus/stel/lung oder auch: **Hin/aus/stel/lung** *n.*, -, -en, Platzverweis
hi/naus/wol/len oder auch: **hin/aus/wollen** *intr.*
hin/be/ge/ben *refl.*, hingehen, hinbewegen, hinfahren, hinreisen
Hin/blick *m.*, -s, -e, Gesichtspunkt
hin/brin/gen *tr.*
hin/der/lich
hin/dern *tr.*, abhalten, hemmen
Hin/der/nis *n.*, -ses, -se
Hin/der/nis/lauf *m.*, -[e]s, -läufe
Hin/de/rung *f.*, -, -en
Hin/de/rungs/grund *m.*, -[e]s, -gründe
hin/deu/ten *intr.*, 1. zeigen, 2. ankündigen
Hin/di *n.*, - oder -s, *nur Sg.*, Neuindisch
Hin/du *m.*, -s, -s
Hin/du/is/mus *m.*, -, *nur Sg.*, eine der indischen Religionen
hin/du/is/tisch
hin/durch 1. durch, 2. während
hin/durch/ar/bei/ten *refl.*
hin/durch/ge/hen 1.*intr.*, durch etw. durchgehen, 2. *tr.*, etw. durchsehen: lassen Sie uns noch schnell die Akte Schneider durchsehen
hin/durch/se/hen *intr.*
hin/durch/zwän/gen *tr.* oder *refl.*
hin/dür/fen *intr.*
Hin/dus/ta/ni *n.*, -, *nur Sg.* Hindi als Verkehrssprache
hi/nein oder auch: **hin/ein** von draußen nach drinnen
hi/nein/bit/ten oder auch: **hin/ein/bit/ten** *tr.*
hi/nein/ge/hen oder auch: **hin/ein/ge/hen** *intr.*
hi/nein/ren/nen oder auch: **hin/ein/ren/nen**
hi/nein/ver/set/zen oder auch: **hin/ein/ver/set/zen** 1. *refl.* in etw. einfühlen, eindenken, 2. *tr.* jmdn. in etw. hineinstellen
hin/fah/ren
Hin/fahrt *f.*, -, -en
hin/fal/len
hin/fäl/lig kraftlos, ungültig
Hin/fäl/lig/keit *f.*, -, -en
hin/fin/den
Hin/ga/be *f.*, -, -en, Widmung
hin/ge/ben 1. *tr.*, etw. verschenken: er gab das Lexikon hin, um seine Steuern bezahlen zu können, 2. *refl.* sich etw. widmen: er gab sich dem Studium hin, 3. *refl.* sich an jmdn. im sexuellen Akt verschenken
Hin/ge/bung *f.*, -, -en, Widmung
hin/ge/bungs/voll voller Konzentration bei der Sache sein
hin/ge/gen ganz im Gegenteil
hin/ge/hen
hin/ge/ris/sen entzückt, begeistert
hin/gu/cken
hin/hal/ten *tr.* 1. hinstrecken, 2. einstehen für
Hin/hal/te/tak/tik *f.*, -, -en, Verzögerungstaktik
hin/hän/gen *tr.* aufhängen, verraten
hin/hau/en *tr.*, 1. glücken, 2. schlagen, 3. hinschlagen
hin/ho/cken 1. in die Hocke setzen, 2. sich setzen, 3. ugs.: in Aufforderungen: nun hock dich doch endlich mal hin
hin/hor/chen *intr.*, aufmerksames Lauschen
Hin/ke/bein *n.*, -s, -e
hin/ken *intr.* 1. Fuß nachziehen, 2. nicht zutreffen: der Vergleich hinkt aber
Hin/kel [*süddt*] *f.*, -s, -, Huhn
Hin/kel/stein *m.*, -[e]s, -e, 1. großer Fels, 2. Menhir
hin/knien
hin/krie/gen *tr.* 1. zustande bringen, 2. ugs.: reparieren, gesund machen: das/den kriegen wir schon wieder hin!
hin/läng/lich ausreichend
hin/le/gen *tr.*
Hin/nah/me *f.*, -, -en
hin/neh/men *tr.*, ertragen, dul/den
hin/rei/sen *tr.*
hin/rei/ßen *tr.*, 1. begeistern, 2. verleiten (lassen)
hin/rei/ßend
hin/rich/ten *tr.*, 1. zurechtlegen, 2. töten
Hin/rich/tung *f.*, -, -en
Hin/run/de *f.*, -, -n, im Sport: Vorrunde
hin/schau/en *tr.*
hin/schi/cken *tr.*: **hinschlep/pen** 1. etw. irgendwo hintragen, 2. mühsam vorankommen
hin sein *intr.*, 1. erschöpft sein, 2. tot sein, 3. kaputt sein, 4. begeistert sein
hin/sicht/lich betreffs

Hin/spiel *f.,* -s, -e, im Sport: erstes Spiel
hin/stel/len *tr.* 1. absetzen, 2. sich bezeichnen als: er stellte sich als Bürgermeister hin
hint/an rückseits, rückwärtig
Hint/an/set/zung *f.,* -, -en
Hint/an/stel/lung *f.,* -, -en
hin/ten 1. auf der Rückseite, 2. an letzter Stelle
hin/ten/drauf
hin/ten/ü/ber/kip/pen
hin/ten/ü/ber/stür/zen
hin/ter auf der Rückseite: der Baum steht hinter dem Haus, sie gingen hinter das Haus, die Rechnung lag hinter dem Buch
Hin/ter/ach/se *f.,* -, -n
Hin/ter/aus/gang *m.,* -[e]s, -gänge
Hin/ter/blie/be/ne *nur Pl.*, Nachfahren, Erben
hin/ter/brin/gen *tr.,* verraten
hin/ter/drein hinterher
hin/ter/drein/lau/fen *intr.,* hinterherlaufen
hin/ter/ein/an/der oder auch: **hin/ter/ei/nan/der** nach und nach
Hin/ter/ein/gang *m.,* -s, -gänge
Hin/ter/fot/zig/keit *f.,* -, -en, ugs. derb: Hinterhältigkeit
hin/ter/fra/gen *tr.* nach den Hintergründen forschen
Hin/ter/fra/gung *f.,* -, -en
Hin/ter/ge/dan/ke *m.,* -ns, -n, Unehrlichkeit
hin/ter/ge/hen *tr.,* betrügen
Hin/ter/glas/ma/le/rei *f.,* -, -en, Malkunst
hin/ter/grün/dig tiefgründig
Hin/ter/grün/dig/keit *f.,* -, -en

Hin/ter/hand *f.,* -, -hände, Technik beim Tennis
Hin/ter/haus *n.,* -es, -häuser, Wohn- und Schlafplatz des Gesindes
hin/ter/her
Hin/ter/hof *m.,* -[e]s, -höfe, Innenhof zwischen Wohnblöcken
Hin/ter/kopf *m.,* -[e]s, -köpfe
Hin/ter/land *n.,* -s, -länder, Gebiet hinter der Marsch
hin/ter/las/sen *tr.,* vererben
Hin/ter/las/sen/schaft *f.,* -, -en
hin/ter/le/gen *tr.,* aufbewahren
Hin/ter/le/gung *f.,* -, -en
hin/ter/lis/tig betrügerisch
Hin/ter/list *f.,* -, -en
hin/term kurz für: dahinter, hinter dem
Hin/ter/mann *m.,* -[e]s, -männer, Dunkelmann
Hin/tern *m.,* -, -, ugs.: Po, Gesäß
Hin/ter/rad *n.,* -s, -räder
hin/ter/rücks von hinten
hin/ters ugs.: hinter das
hin/ter/sin/nig schwermütig
Hin/ter/sin/nig/keit *f.,* -, -en
Hin/ter/teil *m.,* -[e]s, -e, Po, Gesäß
hin/ter/trei/ben *tr.,* vereiteln (versuchen)
Hin/ter/trep/pe *f.,* -, -n
Hin/ter/tür *f.,* -, -en
Hin/ter/wäld/ler *nur Pl.* ugs.: Bewohner einer kulturell oder geistig unterentwickelten Region
hin/ter/zie/hen *tr.,* unterschlagen
Hin/ter/zie/hung *f.,* -, -en
hin/tre/ten *intr.,* 1. in Richtung von etw. den Fuß oder das ganze Bein bewegen, 2. sich hinzustellen
hi/nüber oder auch: **hin/über** von dieser Seite auf die andere
hi/nü/ber/brin/gen oder auch: **hin/ü/ber/brin/gen** *tr.*
hi/nü/ber/ge/hen oder auch: **hin/ü/ber/ge/hen** *intr.*
hi/nü/ber/lau/fen oder auch: **hin/ü/ber/lau/fen** *intr.*
hi/nü/ber/ret/ten oder auch: **hin/über/ret/ten** *tr.,* sich in letzter Sekunde auf die andere Seite begeben
hi/nü/ber sein oder auch: **hin/ü/ber sein** *intr.,* ugs.: 1. verbraucht sein, 2. tot sein
hi/nun/ter oder auch: **hin/un/ter** von oben nach unten
hi/nun/ter/be/glei/ten oder auch: **hin/unter/beglei/ten** *tr.*
hi/nun/ter/fal/len oder auch: **hin/un/ter/fal/len** *intr.*
hi/nun/ter/rei/chen oder auch: **hin/un/ter/rei/chen** *tr.*
hin/wärts auf dem Hinweg
hin/weg weg, fort
hin/weg 1. von dannen, 2. Ausruf: hinweg mit diesem Haderlump
Hin/weg *m.,* -s, -e, der Weg hin zu etw.
hin/weg/fe/gen *tr.*
hin/weg/ge/hen 1. *intr.,* von dannen gehen, 2. *tr.,* über etwas hinweggehen: auslassen, überspringen
hin/weg/kom/men *tr.,* überwinden
hin/weg/raf/fen *tr.*
hin/weg/se/hen *intr.,* nicht beachten
hin/weg sein überwunden haben, er war über das

Gröbste hinweg
hin/weg/set/zen 1. *tr.*, woanders hinsetzen, 2. *refl.*, über etw. sich hinwegsetzen: außer Acht lassen
Hin/weis *m.*, -es, -e, 1. Vermerk, 2. Tipp
Hin/weis/schild *f.*, -s, -er
hin/wei/sen *intr.*, auf etw. zeigen
hin/wen/den *refl.*, zuwenden
hin/wer/fen *tr.*
hin/zie/hen *refl.*, lange dauern
hin/zie/len *tr.*
hin/zu dazu
hin/zu/fü/gen *tr.*, addieren, ergänzen
hin/zu/ge/sel/len *refl.*, sich dazu setzen, sich anschließen
hin/zu/kom/men *intr*
hin/zu/tre/ten *intr.*
hin/zu/tun *tr.*, hinzufügen
hin/zu/zäh/len *tr.*
hin/zu/zie/hen *tr.*
Hi/obs/bot/schaft *f.*, -, -en, Unglücksnachricht
Hip-Hop *n.*, -s, *nur Sg.*, Musikrichtung
Hip/pi/at/rik oder auch:
Hipp/i/a/trik [griech.] *f.*, -, *nur Sg.*, Pferdeheilkunde
Hip/pie [engl.] *m.*, -s, -s, Anhänger einer antibürgerlichen friedlichen Bewegung, Blumenkinder
Hip/po/drom [griech.] *n.*, -s, -e, Reitbahn
hip/po/kra/tisch [griech.] Hippokrates zugehörig
Hip/po/kre/ne [griech.] *f.*, -, *nur Sg.*, sagenhafte griechische Quelle
Hip/po/lo/gie [griech.] *f.*, -, -n, Pferdeheilkunde
hip/po/lo/gisch
Hip/po/po/ta/mus [griech.] *m.*, -, -, Flusspferd

Hi/ra/ga/na *f.* -, *nur Sg.*, eine der beiden japanischen Silbenschriften
Hirn *n.*, -s,-e, 1. Gehirn, 2. übertr.: Verstand, 3. übertr. und ugs.: Anführer, Leiter
Hirn/blu/tung *f.*, -, -en
Hirn/ge/spinst *f.*, -es, -e, Einbildung, Fantasie
Hirn/haut/ent/zün/dung *f.*, -, -en Enzephalitis
hirn/los dumm, töricht
Hirn/rin/de *f.*, -, -, Teil des Gehirns
hirn/ris/sig ugs.: schwachsinnig
hirn/ver/brannt ugs.: hirnrissig
hirn/ver/letzt eine Verletzung am Hirn habend
Hirsch *m.*, -es, -e, Rotwild
Hirsch/fän/ger *m.*, -s, -
Hirsch/gar/ten *m.*, -s, -gärten, Tierpark
Hirsch/horn/salz *n.*, -es, -e, Backtriebmittel
Hirsch/kä/fer *m.*, -s, -, Insekt
Hirsch/kuh *f.*, -, -kühe, weiblicher Hirsch
hirsch/le/dern aus der gegerbten Haut des Hirschen gemacht
Hirsch/sprung *m.*, -[e]s, -sprünge
Hir/se *f.*, -, -n, Getreidesorte
Hir/se/brei *m.*, -s, -e
Hir/se/korn *n.*, -s, -körner
Hir/su/tis/mus *m.*, -, *nur Sg.*, übermäßige Behaarung bei Frauen
Hir/te *m.*, -n, -n, 1. Tierhüter, 2. übertr.: Geistlicher
Hir/ten/amt *n.*, -[e]s, -ämter
Hir/ten/brief *m.*, -[e]s, -e, Bischofsschreiben

Hir/ten/flö/te *f.*, -, -n, Panflöte
Hir/ten/stab *m.*, -[e]s, -stäbe, Bischofsstab
Hir/ten/volk *n.*, -[e]s, -völker, von Tierhaltung lebende Völker
Hi/ru/din [lat.] *n.*, -, *nur Sg.*, blutgerinnungshemmender Wirkstoff
His/bol/lah *f.*, -, *nur Sg.* schiitische Parteiung
His/pa/ni/dad oder auch:
Hi/spa/ni/dad *f.*, -, *nur Sg.*, Spaniertum
His/pa/nis/mus oder auch:
Hi/spa/nis/mus *m.*, -s, *nur Sg.*, die Eigenart der spanischen Sprache betreffend
His/pa/nist oder auch:
Hi/spa/nist *m.*, -en, -en, jmd., der sich mit Hispanistik befasst
His/pa/nis/tik oder auch:
Hi/spa/nis/tik *f.*, -, *nur Sg.*, Wissenschaft von spanischer Kultur und Sprache
His/pa/ni/tät oder auch:
Hi/spa/ni/tät *f.*, -, *nur Sg.*, Hispanidad
his/sen *tr.*, hochziehen
His/ta/min oder auch:
Hist/a/min [griech.-nlat.] *n.*, -s, -e, Gewebshormon
His/to/ge/ne/se oder auch:
Hi/sto/ge/ne/se [griech.] *f.*, -, -n, Gewebsentstehung
His/to/lo/gie oder auch:
Hi/sto/lo/gie [griech.] *f.*, -, *nur Sg.* Gewebslehre
his/to/lo/gisch oder auch:
hi/sto/lo/gisch
His/to/ly/se oder auch:
Hi/sto/ly/se [griech.] *f.*, -e, -n, Gewebsauflösung
His/to/rie oder auch: **Histo/rie** [griech.] *f.*, -, -n, 1. Erzählung, Bericht, 2. Geschichte

His/to/ri/en/ma/le/rei oder auch: **Hi/sto/ri/enma/le/rei** *f., -, -n*, das Malen von historischen Ereignissen
His/to/ri/o/graf, **Histo/ri/o/graf** *(Hf.)* auch:
His/to/ri/o/graph, **Histo/ri/o/graph** *(Nf.)* [griech.] *m., -en, -en*, Geschichtsschreiber
His/to/ri/o/gra/fie, auch: **Hi/sto/ri/o/gra/fie** *(Nf.)* auch: **His/to/ri/o/gra/phie**, **Hi/sto/ri/o/gra/phie** *(Nf.)* [griech.] *f., -, -n*, Geschichtsschreibung
His/to/ris/mus oder auch: **Hi/sto/ris/mus** *m., -, nur Sg.*, 1. Form der Geschichtsbetrachtung, 2. Baustil
His/to/ro/lo/gie oder auch: **Hi/sto/ro/lo/gie** *f., -, -n,* Studium und Kenntnis der Geschichte
His/to/rist oder auch: **Histo/rist** *m., -en , -en*, Vertreter des Historismus
his/to/ris/tisch oder auch: **hi/sto/ris/tisch**
His/to/ri/zi/tät oder auch: **Hi/sto/ri/zi/tät** *f., -, -en*, Überbetonung der Geschichtlichkeit
His/tri/o/ne oder auch: **Hi/stri/o/ne** *m., -n, -n*, altrömischer Schauspieler
Hit [engl.] *m., -s, -s*, 1. Verkaufsschlager, 2. erfolgreicher Schlager
Hit/lis/te *f., -, -n*
Hit/pa/ra/de *f., -, -n*
hitch/hi/ken [engl.] *intr.* per Anhalter fahren
Hitch/hi/ker *m., -s, -*, Anhalter
Hit/ze *f., -, nur Sg.,* 1. große Wärme, 2. Erregung, 3. Leidenschaft
hit/ze/be/stän/dig feuerfest
hit/ze/em/pfind/lich
Hit/ze/fe/ri/en *f., -, -*
hit/ze/frei schulfrei
Hit/ze/wel/le *f., -, -n*
Hitz/kopf *m., -[e]s, -köpfe*, Choleriker
Hitz/schlag *m., -[e]s, -schläge*
HIV Abk. für: human immunodeficiency virus, Aids-Virus
Hi/wi *m., -s, -s*, Hilfswilliger, Hilfskraft
hl Abk. für: Hektoliter
hl. Abk. für: heilig
H-Milch *f., -, -*, hoch erhitzte Milch, haltbar gemachte Milch
h-Moll *n., -s, nur Sg.* Tonart
h-Moll-Ton/lei/ter *f., -, -n*
HNO-Arzt Abk. für: Hals-Nasen-Ohrenarzt
Hob/bock [engl.] *m., -s, -s*, verschließbares Versandgefäß aus Blech
Hob/by [engl.] *n., -s, -s*, Steckenpferd
Hob/by/kel/ler *m., -s, -*, Bastelraum
Hob/by/schrift/stel/ler *m., -s, -*, Schreiberling
Ho/bel *m., -s, -*, Werkzeug
Ho/bel/bank *f., -, -bänke*
ho/beln *tr.*, Holz durch Abschaben glätten
Ho/bel/ma/schi/ne *f., -, -n*
Ho/bel/span *m., -s, -späne*
Ho/bo [engl.] *m., -s, -s*, auf der Suche nach Jobs herumwandernder Arbeiter in den Vereinigten Staaten zu Beginn des 20. Jahrhunderts
hoch 1. oben, 2. groß
Hoch *f., -s, -s*, 1. Ausruf, Lob, 2. Luftdruckgebiet
hoch/ach/ten Respekt zollen

Hoch/ach/tungs/voll Schlussfloskel in Briefen
hoch/ach/tungs/voll voll Hochachtung
Hoch/a/del *m., -s, nur Sg.*
hoch/ak/tu/ell
hoch an/stän/dig
hoch/ar/bei/ten
hoch/auf/lö/send beschreibt die Qualität optischer Geräte oder Filmmaterials
Hoch/bahn *f., -, -en*, 1. Schwebebahn, 2. Zahnradbahn
hoch/be/gabt
hoch/bei/nig mit langen Beinen
hoch/be/kom/men
hoch/be/tagt sehr alt
Hoch/be/trieb *m., -[e]s, -e*, Stoßzeit
Hoch/blü/te *f., -, -n*, Blütezeit
Hoch/burg *f., -, -en*, Hauptstadt
hoch/deutsch
hoch/dre/hen
Hoch/druck/ge/biet *n., -[e]s, -e*, Luftdruckgebiet
Hoch/e/be/ne *f., -, -n*, Plateau
hoch/er/freut
hoch/ex/plo/siv
hoch/fah/ren aufschrecken
hoch/fein
Hoch/fi/nanz *m., -, nur Sg.*
hoch/flie/gen 1. auffliegen, entdecken, 2. ambitioniert sein: hochfliegende Pläne haben
Hoch/form *f., -, nur Sg.,* in der Stimmung für beste Leistung sein
hoch/ge/bil/det
Hoch/ge/bir/ge *n., -s, -*,
hoch/ge/bo/ren von adeligem Blute
Hoch/ge/fühl *n., [e]s, -e*,
hoch/ge/hen *tr.*, 1. steigen,

2. aufbrausen, 3. explodieren, 4. entdeckt werden
hoch/ge/lehrt sehr gelehrt
Hoch/ge/nuß > **Hochge/nuss** *m.*, -es, -nüsse
Hoch/glanz *m.*, -es, *nur Sg.*, Druckpapierart
Hoch/glanz/pros/pekt *m.*, -s, -e
hoch/hal/ten *tr.*, verehren
Hoch/haus *n.*, -es, -häuser
hoch/herr/schaft/lich
Hoch/her/zig/keit *f.*, -, -en, Großmut
hoch/ho/len *tr.*
hoch/in/te/res/sant oder auch: **hoch/in/ter/es/sant**
hoch/ja/gen *tr.* 1. aufscheuchen, 2. Drehzahl des Motors erhöhen, 3. sprengen
hoch/ju/beln *tr.*, 1. übermäßig loben, 2. feiern
Hoch/kon/junk/tur *f.*, -, -en, Wirtschaftsblüte
Hoch/kul/tur *f.*, -, -en, weitentwickelte Zivilisation
Hoch/land *f.*, -s, -länder, Hochebene
hoch/le/ben las/sen *tr.*, feiern
Hoch/leis/tungs/sport *m.*, -s, *nur Sg.*
hoch/mo/dern up-to-date
Hoch/moor *n.*, -[e]s, -e, dickes Moor
Hoch/mü/tig/keit *f.*, -, -en, Arroganz
Hoch/nä/sig/keit *f.*, -, -en, Arroganz
Hoch/ne/bel *m.*, -s, -, Wetterlage
hoch/neh/men *tr.*, 1. necken, 2. auffliegen lassen, 3. in die Höhe halten, heben
Hoch/o/fen *m.*, -s, -öfen, Schmelzofen
hoch/päp/peln *tr.*, 1. aufziehen, 2. gesund machen

hoch/prei/sen *tr.*, loben
hoch/rap/peln *refl.*, sich aufraffen
hoch/rech/nen *tr.*, statistisch abschätzen
Hoch/rech/nung *f.*, -, -en, Schätzung mit hoher Trefferwahrscheinlichkeit
Hoch/rech/nungs/er/geb/nis *n.*, -ses, -se
Hoch/sai/son *f.*, -, s
hoch/schät/zen *tr.*, verehren
hoch/schre/cken *intr.*
Hoch/schu/le *f.*, -, n, Universität
Hoch/si/cher/heits/trakt *m.*, -s,-e, besonders sicheres Gefängnis oder Abteilung desselben
Hoch/span/nung *f.*, -, -en, hochfrequenter Strom
Hoch/spra/che *f.*, -, -n, 1. Gegenteil von Dialekt, 2. hochentwickelte Sprache
Hoch/sprung *m.*, -s, -sprünge, Leichtathletik-Disziplin
höchst 1. sehr, 2. überaus, 3. äußerst
hoch/sta/peln *tr.*, 1. auftürmen, 2. übertreiben, betrögen
Hoch/sta/pe/lei *f.*, -, -en
Hoch/stap/ler *m.*, -s, -
hoch/ste/chend
Höchst/form *f.*, -, -en, Bestform
Höchst/leis/tung *f.*, -, -en, Bestleistung
höchst/mög/lich
höchst/per/sön/lich
Höchst/prei/se *nur Pl.*
Höchst/stand *m.*, -s, -stände
hoch/sti/li/sie/ren *tr.*, hochjubeln
höchst/stei/gend
Höchst/stra/fe *f.*, -, -n
Höchst/stu/fe *f.*, -, -n,
Höchst/wert *m.*, -[e]s, -e

höchst/zu/läs/sig
Hoch/tal *n.*, -s, -täler, Tal im Hochgebirge
Hoch/ver/rat *m.*, -s, *nur Sg.*, Verrat am Vaterland
Hoch/was/ser *n.*, -s, -, Überflutung, Flutkatastrophe
hoch/wirk/sam
hoch/wür/den *m.*, -, -, Anrede bzw. Bezeichnung für Pfarrer, Richter u.Ä.
Hoch/zeit *f.*, -, -en, 1. Heirat, 2. Blütezeit
Hoch/zeits/fei/er/lichkeit *f.*, -, -en
Hoch/zeits/kleid *n.*, -[e]s, -er
Hoch/zeits/nacht *f.*, -, -nächte
Hoch/zeits/rei/se *f.*, -, -n
Hoch/zeits/tag *m.*, -[e]s, -e
Ho/cke *f.*, -, -n, 1. geduckte Stellung, 2. Turnübung
ho/cken *intr.*
Ho/cker *m.*, -s, -er, Schemel
Hö/cker *m.*, -s, -, 1. Schwan, 2. Buckel, 3. Fettreservoir des Kamels
Ho/ckey [engl.] *n.*, -, *nur Sg.*, Sportart
Ho/den *m.*, -s, -, männliche Keimdrüse
Ho/den/bruch *m.*, -s, -brüche
Ho/den/ent/zün/dung *f.*, -, -en
Hod/scha oder auch:
Ho/dscha [pers.-türk.] *m.*, -s, -s, 1. geistlicher Lehrer, 2. Zweig der Ismaeliten
Hof *m.*, -[e]s, Höfe, 1. Innenplatz, 2. landwirtschaftlicher Betrieb, 3. Hofstaat
Hof/da/me *f.*, -, -n
hof/fä/hig 1. adelig, 2. zu einem bestimmten Personenkreis passend
Hof/fä/hig/keit *f.*, -, -en
Hof/fart *f.*, -, *nur Sg.*,

Hochmut
Hof/fär/tig/keit *f.*, -, -en
hof/fen *tr.*, wünschen, erwarten
Hof/fens/ter *n.*, -s, -, Fenster zum Hof
Hoff/nung *f.*, -, -en
Hof hal/ten *intr.*, residieren und repräsentieren
Hof/hal/tung *f.*, -, -en
ho/fie/ren *tr.*, umschwänzeln
hö/fisch dem Adelshof zugehörig
höf/lich 1. taktvoll sein, 2. fein
Höf/lich/keit *f.*, -, -en
Höf/lich/keits/flos/kel *f.*, -, -en
höf/lich/keits/hal/ber
Höf/ling *m.*, -s, -e, Adeliger am Hofe des Fürsten
Hof/meis/ter *m.*, -s, -, Lehrer der Kinder Adeliger
Hof/narr *m.*, -s, -en, 1. Karte im Tarot, 2. Alleinunterhaltungskünstler an Adelshöfen
Hof/schran/ze *f.*, -, -n, Adelstross am Fürstenhof
Hof/tor *n.*, -s, -e
hohe hoch, auf hoher See, es ist hohe Zeit, das hohe C, auf den hohen Ross sitzen, das hohe Haus, die hohe Schule, das Hohe Lied, der Hohe Priester, die Hohe Tatra, etwas/nichts Hohes
Hö/he *f.*, -, -n, 1. Gebirgskamm, 2. Plateau, 3. das Hochsein, 4. ugs.: Unverschämtheit: das ist doch wohl die Höhe
Hö/hen/angst *f.*, -, -ängste
Hö/hen/flug *m.*, -s, -flüge
Hö/hen/luft *f.*, -s, *nur Sg.*
Hö/hen/mes/ser *m.*, -s, -
Hö/hen/son/ne *f.*, -, -n,
1. Bräunungsgerät, Sonnenbank, 2. intensive Sonneneinstrahlung im Gebirge
Hö/hen/strah/lung *f.*, -, -en, kosmische Hintergrundstrahlung, die sich in verdünnter Atmosphäre deutlicher zeigt als weiter unten am Erdboden
Hö/hen/zug *m.*, -[e]s, -züge, Gebirgszug
Hö/he/punkt *m.*, -[e]s, -e, 1. Klimax, 2. Gipfelpunkt
Ho/heit *f.*, -, -en, Anrede für Adelige
ho/heit/lich
Ho/heits/ge/biet *n.*, -s, -e, Staatsgebiet
Ho/heits/ge/wäs/ser *nur Sg.*
ho/heits/voll
Ho/heits/zei/chen *n.*, -s, -
Ho/he/lied *n.* -[e]s, *nur Sg.*, Lied Salomons
Ho/he/pries/ter *m.*, -s, -, oberster Priester
hö/her Komparativ bzw. Elativ zu: hoch, höhere Mathematik, höhere Macht, höher gestellt, höher gruppieren, höher schrauben, etw. höher achten, das lässt die Herzen höher schlagen, die Höhere Handelsschule
Hö/her/ent/wick/lung *f.*, -, -en, Weiterentwicklung
hö/her/rang/ig höher stehend
Hö/her/stu/fung *f.*, -, -en
hohl 1. leer, 2. ausgehöhlt, 3. dumpf
hohl/äu/gig ausgemergelt
Höh/le *f.*, -, -n
Hohl/ei/sen *n.*, -s, -, Werkzeug
höh/len *tr.*, aushöhlen, leer machen
Höh/len/be/woh/ner *m.*, -s, -
Höh/len/ma/ler/ei *f.*, -, -en
Höh/len/mensch *m.*, -en, -en, prähistorischer Mensch
Hohl/heit *f.*, -, -en, Leerheit, Dumpfheit
Hohl/ku/gel *f.*, -, -n
Höh/lung *f.*, -, -en, Aushöhlung, Loch, Einbuchtung
Hohl/spie/gel *m.*, -s, -, Parabolspiegel
hohl/wan/gig ausgemergelt
Hohl/weg *m.*, -[e]s, -e, enger von Ästen überhangener und tief eingegrabener Waldweg
Hohn *m.*, -[e]s, *nur Sg.*, Spott
höh/nen *intr.*, verspotten, spotten
Hohn/ge/läch/ter *n.*, -s, -
höh/nisch spöttisch
hohn/la/chen oder auch: **Hohn la/chen** *intr.*
Hohn/la/chen *n.*, -s, -cher
Ho/jal/dre oder auch **Ho/jald/re** [span.] *m.*, -s, -, spanischer Kuchenteig
Ho/ke/tus [lat.] *m.*, -, *nur Sg.*, hoch- und spätmittelalterliche Kompositions- und Aufführungstechnik
Hok/ko *m.*, -s, -s, südamerikanischer Vogel
Ho/kus/po/kus *m.*, -s, *nur Sg.*, 1. mittelalterlicher volkssprachlicher Hörfehler beim Sprechen der Konsekrationsworte des christlichen Priesters, 2. übertr.: Beschwörungsformel, 3. ugs.: fauler Zauber, Unfug
hold 1. günstig gesinnt sein: das Glück war dem Ritter hold, 2. anmutig: er traf ein holdes Fräulein
Hol/der *m.*, -s, -, Holunderbaum
Hol/ding [engl.] *f.*, -, -s, Beteiligungsgesellschaft
ho/len *tr.*, 1. herbeibringen, beschaffen, 2. sich zuzie-

hen: hol dir bloß keine Erkältung
Hol/län/der *m.,* -s, -, 1. Einwohner Hollands, 2. oder auch: Fliegender Holländer: mythische Sagenfigur eines ewig segelnden holländischen Schiffskapitäns, vergleichbar dem jüdischen Ahasverus
hol/ländisch zu Holland gehörig
Höl/le *f.* -, -n, 1. Unterwelt, 2. in der christlichen Mythologie der Ort, an dem die Sünder bestraft werden, als Eingang zu ihr wurden häufig Vulkane, vor allem der Ätna, angesehen, 3. ugs.: Tätigkeit, die mit enormen Anstrengungen verbunden ist, Quälerei: Das Ehedrama wurde für alle Beteiligten zur Hölle.
Höl/len/angst *f.,* -, -ängste, 1. reale Angst vor der Hölle, 2. übertr.: große Angst
Höl/len/fahrt *f.,* -, -en, 1. Jenseitsreise, Initiationsreise, 2. Descendus ad infernum, 3. übertr.: anstrengende Ortsveränderung
Höl/len/hund *m.,* -s, -e, 1. Torwächter der Hölle, 2. Cerberos, 3. übertr.: bissiger Hund, 4. übertr.: Schurke, Gauner
Höl/len/lärm *m.,* -s, -merei, Krach
Höl/len/ma/schi/ne *f.,* -, -n
Höl/len/qual *f.,* -, -en
Höl/len/spek/ta/kel *n.,* -s, -, Großereignis
höl/lisch 1. der Hölle zugehörig, 2. teuflisch, 3. extrem
Hol/ly/wood/schau/kel *f.,* -, -n, Gartenmöbel
Holm *m.,* -[e]s, -e, 1. Längsträger, 2. Griffstange, 3. [schwed.] Flussinsel
Hol/mi/um [schwed.-nlat.] *n.,* -s, *nur Sg.,* Seltenerdmetall
Ho/lo/caust [griech.] *m.,* -[e]s, -e, 1. Völkermord, 2. massenhafte Vernichtung von Menschen im Dritten Reich
Ho/lo/gra/fie *(Hf.)* auch: **Ho/lo/gra/phie** *(Nf.)* [griech.] *f.,* -,-n, durch Laser erzeugtes dreidimensionales Bild
Ho/lo/zän *n.,* -s, *nur Sg.,* jüngster Abschnitt der Erdgeschichte
hol/pe/rig
Hol/pe/rig/keit *n.,* -, -en
hol/pern *intr.*
hol/prig
Hol/prig/keit *f.,* -, -en
Hols/te *m.,* -n, -n, veraltet für: Holsteiner
Hol/stein Teil von Schleswig-Holstein
Hol/stei/ner *m.,* -s, -
Hol/stei/ne/rin *n.,* -, -nen
hol/stei/nisch
hol/ter/die/pol/ter
hol ü/ber! Ruf an den Fährmann
Ho/lun/der *m.,* -s, -, auch: **Hol/ler** *m.* -s, -, **Hol/der** *m.* -s, -, ein Strauch
Ho/lun/der/baum *m.,* -s, -bäume
Ho/lun/der/bee/re *f.,* -, -n
Ho/lun/der/strauch *m.,* -[e]s, -sträucher
Holz *n.,* -es, Hölzer, im Orchester: Holzblasinstrumente, Gut Holz! (Ruf der Kegler)
Holz/ap/fel *m.,* -s, -äpfel
Holz/bau *m.,* 1. -[e]s, *nur Sg.,* Bauen mit Holz 2. -[e]s, -bau/ten, Gebäude aus Holz
Holz/bild/hau/er *m.,* -s, -
Holz/bild/hau/e/rei *f.,* -, *nur Sg.*
Holz/blä/ser *m.,* -s, -
Holz/blas/ins/tru/ment *n.,* -[e]s, -e
Holz/bock *m.,* -s, -böcke, Zeckenart
Hölz/chen *n.,* -s, -
hol/zen *intr.* 1. Bäume fällen 2. Fußball: unnötig hart spielen 3. Musik: falsch spielen
Hol/zer *m.,* -s, -, 1. Waldarbeiter 2. Fußball: roher Spieler
Hol/ze/rei *f.,* -, -en
höl/zern *adj.* 1. aus Holz 2. steif (Benehmen) 3. trocken (Schreibstil)
Holz/fäl/ler *m.,* -s, -
holz/frei
Holz/fre/vel *m.,* -s, -, Holzdiebstahl im Wald
Holz/gas *n.,* -es, -e, aus Holz durch Destillation gewonnenes Gas
Holz/geist *m.,* -es, *nur Sg.,* Methylalkohol
Holz/ge/rech/tig/keit *f.,* -, *nur Sg.,* das Recht, Bäume zu fällen
Holz/ha/cker *m.,* -s, -, Holzfäller
Holz/ham/mer/me/tho/de *f.,* -, -n, ugs. für: grob vereinfachte Vorgehensweise
hol/zig
Holz/koh/le *f.,* -, -n, aus Holz durch Verkohlung gewonnene Kohle
Holz/kopf *m.,* -[e]s, -köpfe, Dummkopf
Hölz/lein *n.,* -s, -
Holz/pan/tof/fel *m.,* -s, -
Holz/plas/tik *f.,* -, -en
Holz/scheit *m.,* -s, -e
Holz/schliff *m.,* [e]s, -e,

durch Schleifen zu Fasern zerkleinertes Holz
Holz/schnei/der *m., -s, -*
Holz/schnitt *m., -[e]s, -e,*
1. *nur Sg.,* Kunstform, bei der aus einer Holzplatte mit einem Messer eine erhabene bildliche Darstellung herausgeschnitten wird 2. Abdruck dieser Darstellung auf Papier
Holz/schnit/zer *m., -s, -*
Holz/schnit/ze/rei *f., -, -en*
Holz/schuh *m., -[e]s, -e*
Holz/span *m., -[e]s, -späne*
Holz/stich *m., -[e]s, -e,*
1. *nur Sg.,* Kunstform, bei der aus einer Holzplatte mit einem Stichel eine erhabene bildliche Darstellung herausgearbeitet wird 2. Abdruck dieser Darstellung auf Papier
Hol/zung *f., -, -en,* das Fällen von Bäumen
Hol/zungs/recht *n., -[e]s, -e,* das Recht, Bäume zu fällen
holz/ver/ar/bei/tend auch: **Holz ver/ar/bei/tend** die Holz verarbeitende Industrie
Holz/weg *m., -[e]s, -e,* auf dem Holzweg sein = ugs. für: im Irrtum sein
Holz/wol/le *f., -, nur Sg.*
Holz/wurm *m., -[e]s, -würmer*
Holz/zu/cker *m., -s, nur Sg.,* durch Aufspaltung der Zellulose des Holzes gewonnener Zucker
Hom/burg *m., -s, -s,*
1. steifer Herrenhut, 2. Stadt im Saarland
Home/land [engl.] *n., -(s), -s,* in der Republik Südafrika: bestimmten Teilen der schwarzen Bevölkerung zugewiesenes Gebiet mit innerer Autonomie
Ho/mer altgriech. Dichter
Ho/me/ri/de *m., -n, -n,* Nachfolger Homers
ho/me/risch homerisches Gelächter = lautes, anhaltendes Gelächter
Home/rule [engl.] *f., -, nur Sg.,* Schlagwort der irischen Unabhängigkeitsbewegung für die Forderung nach Selbstregierung
Home/spun [engl.] *n., -s,* grober Wollstoff
Ho/mi/let [griech.] *m., -en, -en,* 1. Kenner der Homiletik 2. Prediger
Ho/mi/le/tik *f., -, nur Sg.,* Geschichte und Theorie der Predigt
ho/mi/le/tisch
Ho/mi/li/ar *n., -s, -rien*
Ho/mi/li/a/rum *n., -s, -rien,* im Mittelalter: Sammlung von Predigten
Ho/mi/lie *f., -, -ien,* erbauliche Bibelauslegung
Ho/mi/ni/de [lat.-griech.] *m., -n, -n, meist Pl.,* Biologie: Familie der Menschenartigen
Ho/mi/ni/sa/ti/on *f., -, nur Sg.,* stammesgeschichtliche Entwicklung zum Menschen
Ho/mi/nis/mus *m., -, nur Sg.,* Lehre, dass alle Erkenntnis nur bezogen auf den Menschen gültig ist
ho/mi/nis/tisch
Hom/ma/ge [französ.] *f., -, n,* Huldigung
Ho/mo [lat.] 1. *m., -s* oder *-inis, Pl.:* homines, wissenschaftl. Bezeichnung für den heutigen Menschen 2. *m., -s, -s,* ugs. für: Homosexueller
Ho/mo/ero/tik [griech.] *f., -,* *nur Sg.,* Homosexualität
ho/mo/ero/tisch homosexuell
ho/mo/fon = **homophon**
ho/mo/gen gleichartig
ho/mo/ge/ni/sie/ren *tr.,* homogen machen, vermischen
Ho/mo/ge/ni/tät *f., -, -en,* Gleichartigkeit
Ho/mo/go/nie *f., -, nur Sg.,* Entstehung aus Gleichartigem
Ho/mo/gramm *n., -s, -e*
Ho/mo/graph *(Nf.)*
Ho/mo/graf *(Hf.) n., -s, -e,* Wort von gleicher Schreibung, aber unterschiedlicher Aussprache und Bedeutung
ho/moi/o-, **Ho/moi/o-** [griech.] = homöo-, Homöo-
ho/mo/log [griech.] gleich liegend, gleich lautend, übereinstimmend, entsprechend
Ho/mo/log *n., -s, -e,* Chemie: Stoffe, die sich bei gleicher Struktur und ähnlichen Eigenschaften nur durch Gruppen CH2 unterscheiden
Ho/mo/lo/gie *f., -, -en,* Übereinstimmung, Gleichartigkeit
Ho/mo/lo/gu/me/non *n., -na,* Schrift, die als zum Neuen Testament gehörend anerkannt ist
hom/o/nym oder auch:
ho/mo/nym gleich lautend, aber Unterschiedliches bedeutend
Hom/o/nym oder auch:
Ho/mo/nym *n., -s, -e,* Wort von gleicher Lautung, aber unterschiedlicher Herkunft und Bedeutung
Hom/o/ny/mie oder auch:

Ho/mo/ny/mie *f.*, -, -en, Gleichlautung bei unterschiedlicher Bedeutung und Herkunft
Ho/mö/o/nym [griech.] *n.*, -s, -e, ähnlich lautendes Wort
Ho/mö/o/path *m.*, -en, -en, Anhänger der Homöopathie
Ho/mö/o/pa/thie *f.*, -, *nur Sg.*, ein Heilverfahren
ho/mö/o/pa/thisch
Ho/mö/o/plas/tik *f.*, -, -en, Ersatz verlorengegangenen Gewebes durch artgleiches
ho/mö/o/therm warmblütig
Ho/mö/o/ther/me *nur Pl.*, Warmblüter
ho/mo/phil [griech.] homosexuell
Ho/mo/phi/lie *f.*, -, *nur Sg.*, Homosexualität
ho/mo/phon *(Nf.)*
ho/mo/fon *(Hf.)* gleichstimmig
Ho/mo/phon *(Nf.)*
Ho/mo/fon *(Hf.)* *n*, -s, -e, Wort, das wie ein anderes Wort gesprochen, aber anders geschrieben wird und eine andere Bedeutung hat
Ho/mo/pho/nie *(Nf.)*
Ho/mo/fo/nie *(Nf.)* *f.*, -, *nur Sg.*, Kompositionsstil mit nur einer führenden Melodiestimme
Ho/mo/plas/tik *f.*, -, -en, = Homöoplastik
Ho/mo/seis/te *f.*, -, -n, in der Kartografie eine Linie, die Orte mit gleicher Erschütterung bei Erdbeben verbindet
Ho/mo/se/xu/a/li/tät *f.*, -, *nur Sg.*, gleichgeschlechtliche Liebe
ho/mo/se/xu/ell
Ho/mo/se/xu/el/le *m.*, -n, -n
ho/mo/zen/trisch oder auch: **ho/mo/zent/risch** den gleichen Mittelpunkt besitzend
ho/mo/zy/got reinerbig
Ho/mo/zy/go/tie *f.*, -, *nur Sg.*, Reinerbigkeit
Ho/mun/ku/lus *m.*, -, -lusse oder -li, künstlich erzeugter Mensch (nach alchimistischer Vorstellung)
Hon/du/ra/ner *m.*, -s, -, Einwohner von Honduras
hon/du/ra/nisch
Hon/du/ras mittelamerikanischer Staat
ho/nen [engl.] *tr.*, Metallflächen sehr fein schleifen
ho/nett [französ.] anständig, ehrenhaft
Ho/nig *m.*, -s, -e
Ho/nig/bie/ne *f.*, -, -n
ho/nig/far/ben
ho/nig/gelb
Ho/nig/ku/chen *m.*, -s, -
Ho/nig/ku/chen/pferd *n.*, -[e]s, -e, ugs.: strahlen, grinsen wie ein Honigkuchenpferd
Ho/nig/mond *m.*, -s, -e, Flitterwochen
Ho/nig/pilz *m.*, -[e]s, -e, Hallimasch
Ho/nig/sau/ger *nur Pl.*, = Nektariniiden
Ho/nig/seim *m.*, -[e]s, -e, poetisch für: Honig
ho/nig/süß
Ho/nig/tau *m.*, -s, *nur Sg.*, zuckerhaltige Ausscheidung von Blattläusen
Ho/nig/wa/be *f.*, -, -n
Ho/nig/wein *m.*, -s, -e, Met
Ho/ni soit qui mal y pense [französ.] (Inschrift des Hosenbandordens:) Ein Schuft sei, wer etwas Schlechtes davon denkt

Hon/neurs [französ.] *nur Pl.*, Ehrenerweisungen
Hon/ni soit... = Honi soit
Ho/no/lu/lu Hauptstadt von Hawaii
ho/no/ra/bel veralt. für: ehrbar, ehrenvoll
Ho/no/rant [lat.] *m.*, -en, -en, Person, die anstelle des Bezogenen einen Wechsel annimmt oder honoriert
Ho/no/rar *n.*, -s, -e, Vergütung (für Arbeitsleistung in freien Berufen)
Ho/no/rar/pro/fes/sor *m.*, -s, -en, aufgrund besonderer Verdienste ernannter Hochschulprofessor, der nicht im Beamtenverhältnis steht
Ho/no/rat *m.*, -en, -en, Person, für die ein anderer einen Wechsel honoriert
Ho/no/ra/ti/o/ren *nur Pl.*, die angesehensten Bürger, besonders in kleinen Orten
ho/no/rie/ren *tr.* 1. (Arbeit) bezahlen, vergüten 2. übertr.: (Bemühung) anerkennen
Ho/no/rie/rung *f.*, -, -en
ho/no/rig ehrenhaft, freigebig
ho/no/ris cau/sa ehrenhalber (Abk.: h. c.)
Hon/ved 1. *m.*, -s, -s, ungarischer freiwilliger Landwehrsoldat 2. *f.*, -, *nur Sg.* die ungarische Landwehr 3. *f.*, -, *nur Sg.* das ungarische Heer
Hook [engl.] m, -s, -s, Boxen: der Haken
Hoo/li/gan m, -s, -s, gewalttätiger Fußball- oder Eishockeyfan
Hoo/li/ga/nis/mus m, -; *nur Sg.*, gewalttätiges Verhalten
hop/fen *tr.* Bier mit Hopfen versehen

Hop/fen *m., -s, -*, eine Kletterpflanze, Bierzusatz
Hop/fen/stan/ge *f., -, -n*, scherzhaft für: groß gewachsene weibliche Person
Ho/plit oder auch: **Hop/lit** [griech.] *m, -en, -en*, altgriech. Schwerbewaffneter
Ho/pli/tes oder auch: **Hop/li/tes** *m., -, -ten*, Geologie: Leitfossil der Kreidezeit
hop/peln *intr.*
Hop/pel/pop/pel *m, -s, -*, 1. Bauernfrühstück 2. heißer Punsch
hopp/hopp ugs. für: zu schnell, Bsp.: das geht mir alles ein bisschen hopphopp
hopp/la
hops ugs. für: verloren
Hops *m, -es, -e*
hop/sa!
hop/sa/sa!
hop/sen *intr.*
Hop/ser *m., -s, -*
hops/ge/hen *intr.* ugs. für: kaputtgehen
hops/neh/men *tr.*, ugs. für: verhaften
ho/ra [lat.] im Deutschen nur als Zeichen (h) in Maßeinheiten: kWh = Kilowattstunde
Ho/ra, **Ho/re** *f., -, -ren*, Stundengebet der katholischen Geistlichen
Hör/ap/pa/rat *m, -s, -e*
hör/bar
Hör/bar/keit *f., -, nur Sg.*
Hör/be/reich *m, -[e]s, -e*
Hör/bild *n., -s, -er*, Rundfunk: Bericht mit dramatischen Elementen
horch!
hor/chen *intr.*
Hor/cher *m., -s, -*
Horch/ge/rät *n., -s, -e*

Horch/pos/ten *m, -s, -*
Hor/de *f., -, -n*, 1. ungezügelte, wilde Kriegsschar 2. Lattengestell zum Lagern von Obst, Gemüse usw.
Ho/re *f., -, -n*, = Hora
Ho/ren 1. Pl. von Hora 2. *nur Pl.*, griechische Mythologie: Göttinnen der Jahreszeiten
hö/ren 1. *tr.* er hat von meinem Unfall schon gehört, ich habe ihn kommen hören, etwas von sich hören lassen 2. *intr.* ugs. für: gehorchen
Hö/ren/sa/gen *n.*, nur in der Wendung: etwas vom Hörensagen wissen
Hö/rer *m, -s, -*
Hö/rer/brief *m., -[e]s, -e*
Hö/re/rin *f., -, -nen*
Hö/rer/schaft *f., -, nur Sg.*
Hör/fä/hig/keit *f., -, nur Sg.*
Hör/feh/ler *m., -s, -*
Hör/fol/ge *f., -, -n*, Reihe von Musik- oder Wortsendungen, die zusammengehören
Hör/funk *m., -s, nur Sg.*, Rundfunk im Gegensatz zum Fernsehen
Hör/ge/rät *n., -[e]s, -e*
hö/rig 1. früher: von einem Grundherrn abhängig 2. heute v. a. übertr.: von einem Menschen (psychisch) abhängig
Hö/ri/ge *m/f, -n, -n*
Hö/rig/keit *f., -, nur Sg.*
Ho/ri/zont [griech.] *m., -[e]s, -e*, 1. scheinbare Begrenzungslinie zwischen Himmel und Erde 2. übertr.: Interessen und Bildung eines Menschen, er hat einen engen/weiten Horizont
ho/ri/zon/tal waagerecht
Ho/ri/zon/ta/le *f., -, -n* oder

*-, waagerechte Gerade
ho/ri/zon/tie/ren *tr.* Geologie: Gesteinsschichten in eine zeitliche Beziehung bringen
Hor/mon [griech.] *n., -s, -e*, Drüsenstoff, körpereigener Wirkstoff
hor/mo/nal, **hor/mo/nell** auf Hormonen beruhend
Hor/mon/prä/pa/rat *n., -[e]s, -e*
Horn *n., -[e]s, Hörner*, seinem Ehemann Hörner aufsetzen (ihn betrügen)
Horn/ber/ger Schie/ßen *n., -s, nur Sg.*, das geht aus wie das Hornberger Schießen: das führt zu keinem Ergebnis
Horn/blen/de *f., -, -n*, ein Mineral
Horn/bril/le *f., -, -n*
Hörn/chen *n., -s, -*, 1. Gebäcksorte 2. Gruppe von Nagetieren
Hörndl/bau/er *m, -s, -*, österr.: Bauer, der vorwiegend Viehzucht betreibt
hor/nen veralt., poetisch für: hörnern
hör/nen 1. *refl.* das Gehörn abwerfen 2. *tr.* mit Hörnern ausstatten
hör/nern aus Horn, mit Horn überzogen
Hör/ner/schall *m., -[e]s, nur Sg.*
Hör/ner/schlit/ten *m, -s, -*
Hör/nerv *m, -s, -en*
Horn/haut *f., -, -häute*
Horn/haut/ent/zün/dung *f., -, -en*
hor/nig aus/wie Hornhaut
Hor/nis/se *f., -, -n*, Wespenart
Hor/nist *m, -en, -en*, Hornbläser
Horn/klee *m., -s, nur Sg.*, = Lotus

Hörn/lein *n.,* -s, -
Horn/och/se: *m.,* -n, -n, vulg. für: Dummkopf
Horn/pipe [engl.] *f.,* -, -s, engl. Volkstanz
Horn/si/gnal oder auch:
Horn/sig/nal *n.,* -s, -e
Hor/nung *m.,* -s, -e, alte dt. Bezeichnung für: Februar
Hor/nuss *m.,* -es, -e, schweizerisch für: Schlagscheibe
Hor/nus/sen *n.,* -s, *nur Sg.,* eine Art Schlagballspiel (in der Schweiz)
Horn/vieh 1. *n.,* -s, *nur Sg.,* Hörner tragende Haustiere 2. *n.,* -s, -vie/cher, derb: Trottel, Dummkopf
Horn/wa/ren *f.,* -, *Pl.*
Ho/ro/log [griech.] *n.,* - [e]s, -e,
Ho/ro/lo/gi/um *n.,* -s, -gien, veralt. für: Uhr
Ho/ro/skop oder auch:
Ho/ros/kop [griech.] *n.,* -[e]s, -e, Zukunftsvorhersage aufgrund der Stellung der Gestirne
hor/rend schauderhaft, schrecklich, übermäßig
hor/ri/bel veralt. für: furchtbar
Hor/ri/bi/li/tät *f.,* -, *nur Sg.,* veralt. für: Furchtbarkeit
hor/ri/do!, Hor/ri/do *n.,* -s, -s, Jagdruf
Hör/rohr *n.,* -[e]s, -e, Stethoskop
Hor/ror *m.,* -s, *nur Sg.,* Abscheu, Grauen
Hor/ror/film *m.,* -s, -e
Hor/ror-Trip >
Horror/trip [lat., engl.] *m.,* -s, -s, Rauschzustand mit Angst- und Panikgefühlen
Hör/saal *m.,* -ee]s, -säle
hör/sam akustisch

Hör/sam/keit *f.,* -, *nur Sg.,* Akustik
hors con/cours [französ.] außer Konkurrenz (bei einem Wettbewerb)
Hors/d'oeuv/re [französ.] *n.,* -s, -s, Vorspeise
Hör/spiel *n.,* -s, -e
Hör/spiel/au/tor *m.,* -s, -en
Horst *m.,* -[e]s, -e, 1. Greifvogelnest 2. männlicher Vorname
hors/ten *intr.* nisten (von Greifvögeln)
Hör/sturz *m.,* -es, *nur Sg.,* plötzlich auftretende Schwerhörigkeit oder Taubheit
Hort *m.,* -[e]s, -e
hor/ten *tr.* speichern, anhäufen
Hor/ten/sie *f.,* -, -en, ein Zierstrauch
hört, hört!,
Hört/hört-Ruf *m.,* - [e]s, -e
Hort/ne/rin *f.,* -, -nen, Kindergärtnerin
Hor/tung *f.,* -, *nur Sg.,* zu: horten
Hör/ver/mö/gen *n.,* -s, *nur Sg.*
Hör/wei/te *f.,* -, *nur Sg.,* in Hörweite bleiben
ho/san/na = hosianna
Hös/chen *n.,* -s, -
Ho/se *f.,* -, -n, häufig wird statt des Sg. der Pl. verwendet
Ho/sen/band/or/den *m.,* -s, -, höchster englischer Orden
Ho/sen/bo/den *m.,* -s, -
Ho/sen/bund *m.,* -[e]s, -bünde
Ho/sen/knopf *m.,* -[e]s, -knöpfe
Ho/sen/latz *m.,* -es, -lätze
Ho/sen/lupf *m.,* -[e]s, -e, schweizerisch für: Ringkampf
Ho/sen/matz *m.,* -[e]s, -e,

drolliges kleines Kind
Ho/sen/naht *f.,* -, -nähte
Ho/sen/rock *m.,* -[e]s, -röcke
Ho/sen/rol/le *f.,* -, -n, von einer Frau gespielte Männerrolle
Ho/sen/schlitz *m.,* -es, -e
Ho/sen/span/ner *m.,* -s, -
Ho/sen/stall *m.,* -[e]s, -ställe
Ho/sen/ta/sche *f.,* -, -n
Ho/sen/trä/ger *m.,* -s, -, *meist Pl.*
Ho/sen/tür/chen *n.,* -s, -
Ho/sen/türl *n.,* -s, -, bayerisch für: Hosenschlitz
ho/si/an/na, ho/san/na!, ho/si/an/nah! [hebr.] Gebets- und Freudenruf
Ho/si/an/na *n.,* -s, -s
Hös/lein *n.,* -s, -
Hos/pi/tal *n.,* -s, -e oder -täler, veralt. für: Krankenhaus, Altenheim
Hos/pi/ta/lis/mus *m.,* -n*ur Sg.,* Medizin: seelische und körperliche Schäden durch längeren Krankenhaus- oder Heimaufenthalt
Hos/pi/ta/li/tät *f.,* -, *nur Sg.,* veralt. für: Gastfreundschaft
Hos/pi/tant *m.,* -en, -en, 1. Gasthörer an Hochschulen 2. Teilnehmer an Fraktionssitzungen einer Partei, ohne Mitglied dieser Partei zu sein 3. Zuhörer bei einer Unterrichtsstunde
hos/pi/tie/ren *intr.* als Gast zuhören
Hos/piz *n.,* -es, -e, in christlichem Geist geleiteter Beherbergungsbetrieb
Hos/po/dar *m.,* -s oder -en, -e(n), früher: slawischer Fürstentitel in der Moldau und Walachei
Ho/steß > **Hos/tess**

[engl.] *f.*, -, -en, 1. Fremdenführerin 2. Auskunftsdame 3. gelegentlich auch für: Prostituierte

Hos/tie [lat.] *f.*, -, -en, Abendmahlbrot

Hos/tien/kelch *m.*, -[e]s, -e

Hos/tien/schrein *m.*, - [e]s, -e, = Tabernakel

hos/til feindselig

Hos/ti/li/tät *f.*, -, *nur Sg.*, Feindseligkeit

Hot [amerik.] *m.*, -s, -s, Kurzform für: Hot Jazz

Hot Dog oder auch: **Hotdog** [engl.] *n./m.*, -s, -s, heißes Würstchen in einem Brötchen

Ho/tel *n.*, -s, -s

Ho/tel gar/ni *n.*, -, -s, Hotel, das nur Übernachtung und Frühstück anbietet

Ho/te/lier *m.*, -s, -s, Hotelbesitzer, -leiter

Ho/tel/le/rie *f.*, -, *nur Sg.*, Gaststätten-, Hotelgewerbe

Hot Jazz *m.*, -, *nur Sg.*, scharf akzentuierter Jazzstil

Hot Pants oder auch: **Hot/pants** [engl.] *Pl.*, kurze und enge Damenhose

hott! Zuruf an Zugtiere

hot/ten *intr.* Hot Jazz spielen / tanzen

Hot/ten/tot/te *m.*, -n, -n, Angehöriger eines Mischvolkes in Südwestafrika

hot/ten/tot/tisch

Hot/ten/tot/tisch *n.*, -(s), Sprache der Hottentotten

House of Com/mons *n.*, -, *nur Sg.*, Unterhaus im englischen Parlament

House of Lords *n.*, -, *nur Sg.*, Oberhaus im englischen Parlament

Ho/ver/craft [engl.] *n.*, - (s), -s, Luftkissenfahrzeug

h. p. Abk. für: horse power = Pferdestärke (PS)

Hr. Abk. für: Herr

HR Abk. für: Hessischer Rundfunk

Hra/dschin oder auch: **Hrad/schin** *m.*, -s, Stadtteil von Prag mit Burg

hrsg. Abk. für: herausgegeben

Hrsg., Hg. Abk. für: Herausgeber

hs Abk. für: Hektoster

HTL Schweiz, Österreich: Abk. für: Höhere technische Lehranstalt

hü! = hüh!

Hub *m.*, -[e]s, Hübe, Weglänge eines Kolbens

hü/ben auf dieser Seite

Hu/ber *m.*, -s, -, süddeutsch, österr. für: Hüfner, Hufner

Hu/ber/tus/man/tel *m.*, -s, -mäntel, österr. für: Lodenmantel

Hu/ber/tus/tag *m.*, -[e]s, -e, der 3. November

Hub/hö/he *f.*, -, -n

Hub/kraft *f.*, -, -kräfte

Hub/län/ge *f.*, -, -n

Hüb/ner, Hub/ner *m.*, -s, -, süddeutsch, österr. für: Hufner

Hub/raum *m.*, [e]s, -räume

hübsch

Hübsch/heit *f.*, -, *nur Sg.*

Hub/schrau/ber *m.*, -s, -, ein Drehflügelflugzeug, das senkrecht starten und landen kann

Hub/vo/lu/men *n.*, -s, -, Hubraum

Hu/chen *m.*, -s, -, ein Raubfisch

Hu/cke *f.*, -, -n, 1. auf dem Rücken getragene Last 2. ugs. auch: jemandem die Hucke volllügen

hu/cke/pack jemanden huckepack tragen = jemanden auf dem Rücken tragen

Hu/cke/pack/ver/kehr *m.*, -s, *nur Sg.*, Transport von Straßenfahrzeugen auf Eisenbahnwagen

Hu/de *f.*, -, -n, niederdt. für: Viehweide

Hu/del *m.*, -s, -(n), veralt für: Lumpen, Lappen

Hu/de/lei *f.*, -, -en, 1. Hast 2. unsorgfältige Arbeit

Hu/de/ler, Hud/ler *m.*, -s, - **hu/de/lig, hud/lig**

hu/deln *intr.* unsorgfältig arbeiten

hu/dern bei Vögeln 1. *tr.* die Jungen unter die Flügel nehmen 2. *refl.* sich hudern = im Sand baden

Hud/ler *m.*, -s, -, = Hudeler

hud/lig = hudelig

Hu/er/ta *f.*, -, -s, in Süd- und Ostspanien: Ackerland, das künstlich bewässert wird

Huf *m.*, -[e]s, -e

Huf/be/schlag *m.*, -[e]s, -schläge

Hu/fe *f.*, -, -n, früher: Durchschnittsmaß für bäuerlichen Grundbesitz

Huf/ei/sen *n.*, -s, -

Hu/fen/dorf *n.*, [e]s, -dörfer, Dorf, in dem hinter jedem Hof das dazugehörige Nutzland liegt

Huf/lat/tich *m.*, -s, -e, eine Heilpflanze

Huf/na/gel *m.*, -s, -nägel

Huf/ner, Hüf/ner *m.*, -s, -, Besitzer einer Hufe

Huf/schlag *m.*, -[e]s, -schläge

Huf/schmied *m.*, -[e]s, -e

Huf/schmie/de *f.*, -, -n

Hüft/bein *n.*, -[e]s, -e

Hüf/te *f.*, -, -n

Hüft/ge/lenk *n.*, -[e]s, -e

Hüft/ge/lenk/ent/zündung *f.*, -, -en

Hüft/gür/tel *m.*, -s, -
Hüft/hal/ter *m.*, -s, -
Huf/tier *n.*, -[e]s, -e
Hüft/kno/chen *m.*, -s, -
hüft/lahm
Hüft/weh *n.*, -[e]s, *nur Sg.*, volkstüml. für: Ischias
Hü/gel *m.*, -s, -
hü/gel/ab
hü/gel/an
hü/gel/auf
hü/ge/lig, hüg/lig
Hü/gel/land *n.*, -[e]s, -länder
Hu/ge/not/te [französ.] *m.*, -n, -n, französischer Reformierter
Hu/ge/not/ten/krie/ge *m.*, *nur Pl.*
hu/ge/not/tisch
hüg/lig, hü/ge/lig
hüh!, hü! Zuruf an Zugtiere
Huhn *n.*, -[e]s, Hühner
Hühn/chen *n.*, -s, -
Hüh/ner/au/ge *n.*, -s, -n
Hüh/ner/au/gen/pflas/ter *n.*, -s, -
Hüh/ner/brü/he *f.*, -, -n
Hüh/ner/brust *f.*, -, -brüste, ugs. für: Brustkorb mit stark vorgewölbtem Brustbein
Hüh/ner/ei *n.*, -[e]s, -er
Hüh/ner/farm *f.*, -, -en
Hüh/ner/fri/kas/see *n.*, -s, -s
Hüh/ner/ha/bicht *m.*, -[e]s, -e
Hüh/ner/hof *m.*, [e]s, -höfe
Hüh/ner/hund *m.*, -[e]s, -e, Vorstehhund
Hüh/ner/pest *f.*, -, *nur Sg.*, Viruskrankheit bei Hühnern
Hüh/ner/vo/gel *m.*, -s, -vögel
Hühn/lein *n.*, -s, -
hui! blitzschnell, im Hui, in einem Hui
hu/i/us an/ni dieses Jahres (Abk.: h. a.)
hu/i/us men/sis dieses Monats (Abk.: h. m.)
Hu/ka [arab.] *f.*, -, -s, indische Wasserpfeife
Huk/boot *n.*, -[e]s, -e, auch: **Hu/ker** *m.*, -s, -, größeres Fischerboot
Hu/la [hawaiisch] *f.*, -, -s oder *m.*, -s, -s, Eingeborenentanz auf Hawaii
Huld *f.*, -, *nur Sg.*
Hul/de *f.*, -, -n = Holde
hul/di/gen *intr.*
Hul/di/gung *f.*, -, -en
Hul/din *f.*, -, -nen, veralt. für: anmutige Frau
huld/reich
huld/voll
Hulk *f.*, -, -e(n) oder *m.*, - [e]s, -e(n), = Holk
Hüll/blatt *n.*, -[e]s, -blätter
Hül/le *f.*, -, -n
hül/len *tr.*
hül/len/los
Hüls/chen *n.*, -s, -
Hül/se *f.*, -, -n
Hül/sen/frucht *f.*, -, -früchte
hül/sig
hu/man [lat.] menschlich, menschenwürdig
Hu/ma/ni/o/ra *Pl.*, veralt.: 1. klassische Bildung 2. Schrifttum des klassischen Altertums 3. die klassischen Unterrichtsfächer
hu/ma/ni/sie/ren *tr.* menschlich machen
Hu/ma/nis/mus *m.*, -, *nur Sg.*, 1. Bildungsideal der griech. und röm. Antike 2. Geistesströmung zur Zeit der Renaissance 3. Menschlichkeit
Hu/ma/nist *m.*, -en, -en, 1. Vertreter des Humanismus 2. Kenner der griech. und röm. Antike
hu/ma/nis/tisch auf dem Humanismus beruhend
hu/ma/ni/tär menschenfreundlich, wohltätig
Hu/ma/ni/tät *f.*, -, *nur Sg.*, Menschlichkeit, humane Gesinnung
Hu/man/me/di/zin *f.*, -, *nur Sg.*, der Teil der Medizin, der sich mit dem Menschen befasst, im Ggs. zur Tiermedizin
hu/man/me/di/zi/nisch
Hu/man Re/la/tions *(Nf.)*
Hu/man/re/la/tions *(Hf.)* [engl.] *Pl.* die zwischenmenschlichen Beziehungen
Hum/bug [engl.] *m.*, -s, *nur Sg.*, Unsinn, Angeberei
Hu/me/ra/le [lat.] *n.*, -s, -lia oder -lien, Schultertuch des katholischen Priesters
hu/mid, hu/mi/de [lat] feucht (Klima)
Hu/mi/di/tät *f.*, -, *nur Sg.*
Hu/mi/fi/ka/ti/on *f.*, -, *nur Sg.*, Vermoderung, Humusbildung
hu/mi/fi/zie/ren *tr.* vermodern lassen, zu Humus werden lassen
Hu/mi/fi/zie/rung *f.*, -, *nur Sg.*
hu/mil [lat.] veralt.: 1. niedrig 2. demütig
hu/mi/li/ant veralt.: demütigend
Hu/mi/li/a/ti/on *f.*, -, *nur Sg.*, veralt.: Demütigung
hu/mi/li/tät *f.*, -, *nur Sg.*, veralt.: Demut
Hu/min/säu/re [lat.] *f.*, -, -n, Säure, die sich im Boden aus Resten abgestorbener Lebewesen bildet
Hu/mit *m.*, -s, -e,
Humo/lith *n.*, -s, -e oder *m.*, -en, -en, Humusgestein, Humuskohle

Hum/mel *f.,* -, -n, Bienenart

Hum/mer *m.,* -s, -, Krebsart

Hu/mo/lith *m.,* -s, -e oder *m.,* -en, -en, = Humit

Hu/mor [lat.] *m.,* -s *nur Sg.,* gute Laune, Heiterkeit, Gelassenheit

Hu/mor [lat.] *m.,* -s, -mores, Medizin: Körperflüssigkeit

hu/mo/ral die Körperflüssigkeiten betreffend

Hu/mo/ral/pa/tho/lo/gie *f.,* -, *nur Sg.,* antike Lehre von den Körpersäften als Ausgangspunkt der Krankheiten

Hu/mo/res/ke *f.,* -, -n, kleine humoristische Erzählung, heiteres Musikstück

hu/mo/rig launig, mit Humor

Hu/mo/rist *m.,* -en, -en, jemand, der mit Humor schreibt oder vorträgt

Hu/mo/ris/ti/kum *n.,* -s *nur Sg.,* etwas Humorvolles

hu/mo/ris/tisch voll Humor

hu/mor/voll

hu/mos reich an Humus

Hum/pe/lei *f.,* -, *nur Sg.*

hum/peln *intr.*

Hum/pen *m.,* -s, -, großes Trinkgefäß, meist zylindrisch

Hu/mus [lat.] *m.,* -, *nur Sg.,* fruchtbarer Bestandteil des Bodens

hu/mus/reich

Hund *m.,* -[e]s, -e, im Bergbau auch: Hunt = Förderwagen

Hünd/chen *n.,* -s, -

Hun/de/ar/beit *f.,* -, -en, ugs. für: mühselige Arbeit

hun/de/e/lend

Hun/de/hüt/te *f.,* -, -n

hun/de/kalt

Hun/de/käl/te *f.,* -, *nur Sg.*

Hun/de/ku/chen *m.,* -s, -

Hun/de/le/ben *n.,* -s, -, elendes, mühseliges Leben

hun/de/mü/de

hun/dert Zahlwort: vier von hundert, einige, mehrere, viele hundert/Hundert Menschen, (Zusammenschreibung in Verbindung mit anderen Zahlen:) zweihundert, dreihundert, hundertfünfzig

Hun/dert *n.,* -s, -e, Maßeinheit: ein halbes Hundert, mehrere, einige, viele Hundert: mehrere, einige, viele Gruppen zu je 100 Stück, der Schaden geht in die Hunderte, er kommt vom Hundertsten ins Tausendste: er hört nicht auf zu erzählen

hun/dert/eins, hun/dert/und/eins

Hun/der/tel *n.,* -s, -, österr. auch für: Hundertstel

Hun/der/ter *m.,* -s, -, 1. bei mehrstelligen Zahlen die dritte Ziffer von rechts 2. ugs. für: Hundertmarkschein

hun/der/ter/lei auf hunderterlei Arten

hun/dert/fach aber: das Hundertfache

hun/dert/fäl/tig

Hun/dert/jahr/fei/er *f.,* -, -n, Feier der 100. Wiederkehr eines Ereignisses, in Ziffern: 100-Jahr-Feier

hun/dert/jäh/rig 100 Jahre alt, aber: der Hundertjährige Kalender

hun/dert/jähr/lich alle 100 Jahre

hun/dert/mal

hun/dert/ma/lig

hun/dert/pro/zen/tig

Hun/dert/satz *m.,* -es, -sätze, = Prozentsatz

Hun/dert/schaft *f.,* -,' -en, Militär: Einheit aus 100 Mann

hun/derts/tel, eine hundertstel Sekunde, auch: Hundertstelsekunde

Hun/derts/tel *n.,* -s, -, ein Hundertstel vom Ganzen

hun/dert/tau/send, in Ziffern: 100000

hun/dert/tau/sends/tel eine hunderttausendstel Sekunde, auch: Hunderttausendstelsekunde

Hun/dert/tau/sends/tel *n.,* -s, -

hun/dert/und/eins, hun/dert/eins

Hun/de/schlit/ten *m.,* -s, -

Hun/de/schnau/ze *f.,* -, -n, kalt wie eine Hundeschnauze = ugs. für: gleichgültig, gefühllos

Hun/de/steu/er *f.,* -, -n

Hun/de/wet/ter *n.,* -s, *nur Sg.*

Hün/din *f.,* -, -nen

hün/disch

Hünd/lein *n.,* -s, -

Hun/dred/weight oder auch: **Hund/red/weight** *n.,* -, -s, engl. Handelsgewicht

Hunds/fisch *m.,* -[e]s, -e, kleiner, hechtartiger Fisch

Hunds/fott *m.,* -[e]s, -fötter, Schuft

Hunds/föt/te/rei *f.,* -, -en, Schurkerei

hunds/föt/tisch

hunds/ge/mein

Hunds/ge/mein/heit *f.,* -, -en

hunds/mi/se/ra/bel

hunds/mü/de, hun/demü/de

Hunds/ro/se *f.,* -, -n, Heckenrosen

Hunds/stern *f.,* -s, *nur Sg.,*

ein Fixstern
Hunds/ta/ge *m., Pl.,* vom 24. Juli bis zum 23. August
Hunds/wut *f., -, nur Sg.,* veralt. für: Tollwut
hunds/wü/tig
Hunds/zun/ge *f., -, -n,* 1. Raublattgewächs 2. ein Plattfisch
Hü/ne *m., -n, -n,* sehr großer, breitschultriger Mann
Hü/nen/ge/stalt *f., -, -en*
Hü/nen/grab *n., -[e]s, -gräber,* = Großsteingrab
hü/nen/haft
Hun/ga/ri/ka *Pl.,* Dokumente, Bücher, Bilder über Ungarn
Hun/ger *m., -s, nur Sg.*
Hun/ger/ge/fühl *n., -s, -e*
Hun/ger/künst/ler *m., -s, -*
Hun/ger/kur *f., -, -en*
Hun/ger/lei/der *m., -s, -,* ugs. für: armer Schlucker
Hun/ger/lohn *m., -[e]s, -löhne,* äußerst geringer Lohn
hun/gern *intr.*
Hun/ger/ö/dem *n., -s, -e*
Hun/gers/not *f., -, -nöte*
Hun/ger/streik *m., -[e]s, -s*
Hun/ger/tod *m., -[e]s, nur Sg.*
Hun/ger/tuch *n., -[e]s, -tücher,* am Altar: Fastentuch, am Hungertuch nagen = ugs. für: Hunger leiden
hung/rig
Hun/ne *m., -n, -n,* Angehöriger eines mongol. Nomadenvolkes
hun/nisch
Huns/rück *m., -(s),* Teil des Rheinischen Schiefergebirges
Hunt, Hund *m., -[e]s, -e,* im Bergbau: Förderwagen
Hun/ter [engl.] *m., -s, -,* Jagdpferd, Jagdhund
hun/zen *tr.* veralt. für: beschimpfen, schlecht behandeln
Hu/pe *f., -, -n*
hu/pen *intr.*
Hupf *m., [e]s, -e,*
Hup/fer *m., -s, -,* süddt., österr. für: Hüpfer
hup/fen *intr.* süddt., österr. für: hüpfen, das ist gehupft wie gesprungen = ugs. für: das ist dasselbe
hüp/fen *intr.*
Hupf/er *m., -s, -,* süddt., österr. für: Hüpfer
Hüp/fer *m., -s, -,* kleiner Sprung
Hüp/fer/ling *m., -[e]s, -e,* eine Krebsart
Hür/chen *n., -s, -,* junge Hure
Hur/de *f., -, -n,* 1. Flechtwerk aus Pfählen und Zweigen 2. Schweiz, für: Horde = Lattengestell zum Lagern von Obst, Gemüse usw.
Hür/de *f., -, -n,* 1. Einzäunung für Schafe 2. Hindernis beim Wettlauf
Hür/den/lauf *m., -[e]s, -läufe*
Hür/den/ren/nen *n., -s, -*
Hu/re *f., -, -n,* Prostituierte
hu/ren *intr.*
Hu/ren/kind *n., -[e]s, -er,* Druckersprache: letzte Zeile eines Absatzes auf der neuen Seite
Hu/ren/wei/bel *m., -s, -,* hist.: Aufseher über den Tross im Landsknechtsheer
Hu/re/rei *f., -, -en*
Hu/ri [arab.] *f., -, -s,* in der Paradiesvorstellung des Islam: schönes Mädchen
hür/nen veralt. für: hörnern, mit Hornhaut überzogen
Hu/ro/ne *m., -n, -n,* Angehöriger eines nordamerik. Indianerstammes
hu/ro/nisch
hur/ra! hurra rufen
Hur/ra *n., -s, -s*
Hur/ra/pa/tri/o/tis/mus *m., -, nur Sg.*
Hur/ra/ruf *m., -[e]s, -e*
Hur/ri/kan [engl.] *m., -[e]s, -e,* Wirbelsturm in Mittelamerika
hur/tig
Hur/tig/keit *f., -, nur Sg.*
Hu/sar [ungar.] *m., -en, -en,* 1. urspr.: berittener ungarischer Soldat 2. dann allg.: Angehöriger der leichten Kavallerie
Hu/sa/ren/streich *m., -[e]s, -e*
Hu/sa/ren/stück *n., -[e]s, -e,* tollkühne Tat
Hu/sa/ren/stück/chen *n., -s, -*
husch!
Husch *m., -[e]s, nur Sg.,* auf dem Husch, im Husch (rasch)
Hu/sche *f., -, -n,* ostmitteldt. für: Regenschauer
hu/sche/lig, husch/lig
1. oberflächlich 2. gemütlich
hu/scheln 1. *intr.* ungenau arbeiten 2. *refl.* sich in eine Decke huscheln = sich in eine Decke einhüllen
hu/schen *intr.*
Hus/ky [engl.] *m., -s, -s,* Polarhund
huß! > **huss!** Befehl an das Pferd, einen Fuß zu heben
hus/sa!, hus/sas/sa!
hus/sen *tr.* österr. für: hetzen
Hus/sit *m., -en, -en,* Anhänger von J. Hus
Hus/si/ten/krie/ge *m., Pl.*
Hus/si/tis/mus *m., -, nur Sg.,* Lehre des böhm. Reformators J. Hus

hüsteln

hüs/teln *intr.*
hus/ten 1. *intr.* 2. *tr.* ugs.: ich werde dir was husten! = das könnte dir so passen!
Hus/ten *m.*, -s, -
Hus/ten/an/fall *m.*, -[e]s, -fälle
Hut 1. *m.*, -[e]s, Hüte 2. *f.*, -, *nur Sg.*, Schutz, Obhut
Hüt/chen *n.*, -s, -
Hü/te/jun/ge *m.*, -n, -n
hü/ten 1. *tr.* 2. *refl.* sich vor jemandem/etwas hüten
Hü/ter *m.*, -s, -
Hüt/lein *n.*, -s, -
Hut/ma/che/rin *f.*, -, -nen
Hut/na/del *f.*, -, -n
Hut/schach/tel *f.*, -, -n
Hut/sche *f.*, -, -n, 1. = Hitsch 2. bayr., österr. für: Schaukel
hut/schen *intr.* bayr., österr. für: schaukeln
Hut/schnur *f.*, -, -schnüre, das geht mir über die Hutschnur = ugs. für: das geht mir zu weit
Hut/stum/pen *m.*, -s, -
Hütt/chen *n.*, -s, -
Hut/te *f.*, -, -n, Schweiz, für: Rückentragkorb
Hüt/te *f.*, -, -n, Anlage zur Metallgewinnung
Hüt/ten/in/dus/trie *f.*, -, -en, die Industrie der Metallgewinnung
Hüt/ten/kun/de *f.*, -, *nur Sg.*, Wissenschaft von der Metallgewinnung
Hüt/ten/werk *n.*, -[e]s, -e, = Hütte
Hüt/ten/we/sen *n.*, -s, *nur Sg.*
Hütt/ner *m.*, -s, -, veralt. für: Häusler
Hu/tung *f.*, -, -en, dürftige Weide
Hut/wei/de *f.*, -, -n, = Hutung

Hut/zel *f.*, -, -n, Dörrobst, auch: alte Frau
Hut/zel/brot, Hut/zen/brot *n.*, -[e]s, -e, mit Hutzeln (Dörrobststücken) gebackenes Brot
hutz/lig, hut/ze/lig
Hut/zu/cker *m.*, -s, *nur Sg.*, in Kegelform gepresster Zucker
Huy/gens/sches Prin/zip *n.*, des -schen -s, *nur Sg.*, Lehrsatz aus der Optik
Hu/zu/le *m.*, -n, -n, Angehöriger eines ukrain. Volksstammes
HV Abk. für Vickershärte
hw Abk. für Hektowatt
Hwang/ho *m.*, -(s), chin. Fluss
Hy/a/den *Pl.*, 1. griech. Mythologie: Töchter des Atlas 2. ein Sternbild
hy/a/lin [griech.] glasartig
Hy/a/lin *n.*, -[e]s, -e, glasige Eiweißmasse, glasiges Vulkangestein
Hy/a/lit *m.*, -[e]s, -e, ein Mineral
Hy/a/li/tis *f.*, -, -ti/den, Entzündung des Glaskörpers im Auge
Hy/a/lo/gra/phie *(Nf.)* auch: **Hy/a/lo/gra/fie** *(Hf.)* *f.*, -, -en, Glasradierung
hy/a/lo/id glasartig
Hy/a/lo/phan *n.*, -[e]s, -e, ein Mineral
Hy/ä/ne *f.*, -, -n, ein Raubtier
Hy/a/zinth [griech.] *m.*, -[e]s, -e, ein Edelstein
Hy/a/zin/the *f.*, -, -n, eine Zwiebelpflanze
hy/brid oder auch: **hyb/rid** 1. von zweierlei Abkunft, zwitterhaft 2. übertr.: überheblich
Hy/bri/de oder auch:

Hyb/ri/de *m.*, -n, -n oder *f.*, -, -n, Bastard (Pflanze oder Tier) als Ergebnis von Kreuzungen
Hy/bri/di/sa/ti/on *f.*, -, -en, Kreuzung
hy/bri/di/sie/ren *tr.* kreuzen
hy/bri/di/sie/rung *f.*, , -en, = Hybridisation
Hy/bris [griech.] *f.*, -, *nur Sg.*, frevelhafte Selbstüberschätzung
Hyd/ar/thro/se oder auch: **Hy/darth/ro/se** *f.*, -, -n, = Hydrarthrose
Hy/da/ti/de *f.*, -, -n, Finne des Blasenwurms
hy/da/to/gen unter Mitwirkung von Wasser entstanden (Mineral)
hydr..., Hydr... siehe hydro..., Hydro...
Hy/dra oder auch: **Hyd/ra** [griech.] *f.*, -, *nur Sg.*, 1. sagenhafte Seeschlange 2. ein Sternbild 3. *f.*, -, -dren, ein Süßwasserpolyp
hy/dra/go/gisch Medizin: die Wasserausscheidung anregend
Hy/dra/go/gum *n.*, -s, -ga, Medizin: die Wasserausscheidung anregendes Mittel
Hy/drä/mie *f.*, -, -en, erhöhter Wassergehalt des Blutes
Hy/drant *m.*, -en, -en, Wasserzapfstelle auf der Straße
Hy/drar/gy/ro/se *f.*, -, -n, Quecksilbervergiftung
Hy/drar/gy/rum *n.*, -s, *nur Sg.*, Quecksilber (chem. Zeichen: Hg)
Hy/drar/thro/se oder auch: **Hyd/rarth/ro/se,**
Hyd/ar/thro/se *f.*, -, -n, Gelenkwassersucht
Hy/drat *n.*, -[e]s, -e, Was-

ser enthaltende chem. Verbindung
Hy/dra/ta/ti/on, Hy/drati/on *f.,* -, -en, Bildung von Hydraten
hy/dra/ti/sie/ren *tr.* in Hydrat verwandeln
Hy/drau/lik *f.,* -, *nur Sg.,* Lehre von der Bewegung der Flüssigkeiten
hy/drau/lisch mit Flüssigkeitsdruck arbeitend
Hy/dra/zin *n.,* -[e]s, -e, chem. Verbindung aus Stickstoff und Wasserstoff
Hy/dria *f.,* -, -drien, altgriech. Wasserkrug mit zwei waagerechten und einem senkrechten Henkel
hy/drie/ren *tr.* Chemie: Wasserstoff anlagern
Hy/drie/rung *f.,* -, -en
hy/dro..., Hy/dro... oder auch: **hyd/ro..., Hyd/ro...** [griech.] in Zusammensetzungen: wasser..., Wasser...
Hy/dro/bi/o/lo/gie *f.,* -, *nur Sg.,* Lehre von den im Wasser lebenden Lebewesen
Hy/dro/chi/non *n.,* -[e]s, *nur Sg.,* eine chem. Verbindung
Hy/dro/dy/na/mik *f.,* -, *nur Sg.,* Lehre von den strömenden Flüssigkeiten
hy/dro/dy/na/misch
hy/dro/e/lek/trisch Elektrizität durch Wasserkraft erzeugend
hy/dro/en/er/ge/tisch oder auch: **hy/dro/ener/ge/tisch** durch Wasserdruck Energie erzeugend
hy/dro/gam im Wasser befruchtend
hy/dro/gen aus Wasser abgeschieden
Hy/dro/gen *n.,* -[e]s, *nur Sg.* Kurzform von: Hydrogenium
Hy/dro/ge/ni/um *n.,* -s, *nur Sg.,* Wasserstoff (chem. Zeichen: H)
Hy/dro/ge/o/lo/gie *f.,* -, *nur Sg.,* Teilbereich der Geologie, der sich mit dem Wasserhaushalt des Bodens beschäftigt
Hy/dro/gra/phie *(Nf.)* auch: **Hy/dro/gra/fie** *(Hf.) f.,* -, -en, Gewässerkunde
hy/dro/gra/phisch *(Nf.)* auch: **hy/dro/gra/fisch** *(Nf.)*
Hy/dro/kar/bo/nat *n.,* -[e]s, -e, doppelt kohlensaures Salz
Hy/dro/ke/pha/le *m.,* -n, -n, = Hydrozephale
Hy/dro/kul/tur *f.,* -, -en, = Hydroponik
Hy/dro/la/se *f.,* -, -n, *meist Pl.* Enzym, das unter Wasseraufnahme chem. Verbindungen spaltet
Hy/dro/lo/ge *m.,* -n, -n
Hy/dro/lo/gie *f.,* -, *nur Sg.,* Lehre vom Wasser
hy/dro/lo/gisch
Hy/dro/lo/gi/um *n.,* -s, -gien, Wasseruhr
Hy/dro/ly/se *f.,* -, -n, Spaltung ehem. Verbindungen unter Einwirkung von Wasser
hy/dro/ly/tisch durch Hydrolyse bewirkt
Hy/dro/me/cha/nik *f.,* -, *nur Sg.,* Mechanik der Flüssigkeiten
hy/dro/me/cha/nisch
Hy/dro/me/te/o/re *m., Pl.,* Niederschlag aus der Atmosphäre (Regen usw.)
Hy/dro/me/ter *n.,* -s, -, Wassermesser
Hy/dro/me/trie oder auch: **-met/rie** *f.,* -, *nur Sg.,* alle Messarbeiten an Wasser
hy/dro/me/trisch oder auch: **-met/risch**
Hy/dro/na/li/um *n.,* -s, *nur Sg.,* Aluminium-Magnesium-Legierung
Hy/dro/ne/phro/se oder auch: **Hy/dro/neph/ro/se** *f.,* -, -n, Sackniere
Hy/dro/path *m.,* -en, -en
Hy/dro/pa/thie *f.,* -, *nur Sg.,* Wasserheilkunde
hy/dro/pa/thisch
hy/dro/phil 1. Wasser anziehend 2. im oder am Wasser lebend
Hy/dro/phi/lie *f.,* -, *nur Sg.,* 1. die Eigenschaft, Wasser anzuziehen 2. Vorliebe für Wasser
hy/dro/phob 1. Wasser abstoßend 2. Wasser meidend (Menschen, Tiere, Pflanzen)
Hy/dro/pho/bie *f.,* -, *nur Sg.,* Wasserscheu
hy/dro/pho/bie/ren *tr.* (Textilien) Wasser abstoßend machen
Hy/dro/phor *m.,* -[e]s, -e, Saugfeuerspritze
Hy/dro/pho/re *f.,* -, -n, in der altgriech. Kunst: Wasserträgerin
Hy/droph/thal/mus *m.,* -, *nur Sg.,* Augapfelvergrößerung
Hy/dro/phyt *m.,* -en, -en, Wasserpflanze
hy/dro/pisch wassersüchtig
Hy/dro/plan *m.,* -[e]s, -e, Wasserflugzeug, Gleitboot
hy/dro/pneu/ma/tisch durch Wasser und Luft angetrieben
Hy/dro/po/nik *f.,* -, *nur Sg.,* Pflanzenaufzucht ohne Wasser in Nährlösung
Hy/drop/sie *f.,* -, -en, = Wassersucht

Hy/dro/sphä/re oder auch: **Hy/dros/phä/re** *f.*, -, *nur Sg.*, Wasserhülle der Erde

Hy/dro/sta/tik oder auch: **Hy/dros/ta/tik** *f.*, -, *nur Sg.*, Lehre von den Gleichgewichtszuständen bei Flüssigkeiten

hy/dro/sta/tisch oder auch: **hy/dros/ta/tisch** hydrostatischer Druck: Druck einer unbewegten Flüssigkeit auf eine Oberfläche

Hy/dro/tech/nik *f.*, -, *nur Sg.*, Wasserbautechnik

hy/dro/tech/nisch

Hy/dro/the/ra/peut *m.*, -en, -en, jemand, der Patienten nach den Methoden der Hydrotherapie behandelt

hy/dro/the/ra/peu/tisch

Hy/dro/the/ra/pie *f.*, -, -en, Medizin: Wasserheilkunde

Hy/dro/tho/rax *m.*, -, *nur Sg.* Wasseransammlung im Brustraum

Hy/dro/xid *n.*, -[e]s, -e, chem. Verbindung, die eine oder mehrere Hydroxylgruppen enthält

Hy/dro/xyl/grup/pe *f.*, -, -n, Chemie: Wasserstoff-Sauerstoff-Gruppe

Hy/dro/ze/le *f.*, -, -n, entzündliche Flüssigkeitsansammlung

Hy/dro/ze/pha/le *m.*, -n, -n,
Hy/dro/ke/pha/le *m.*, -n, -n
Hy/dro/ze/pha/lus *m.*, -, -phalen, = Wasserkopf

Hy/dro/zo/on *n.*, -s, -zoen, Hohltier

Hy/dru/rie oder auch:
Hyd/ru/rie *f.*, -, -en, erhöhter Wassergehalt des Harns

Hy/gi/e/ne [griech.] *f.*, - *nur Sg.*, Lehre von der Gesundheit und der Pflege der Gesundheit

Hy/gi/e/ni/ker *m.*, -s, -, Wissenschaftler der Hygiene

hy/gi/e/nisch auf Hygiene beruhend, Hygiene fördernd

Hy/gro/gramm oder auch:
Hyg/ro/gramm [griech.] *n.*, -[e]s, -, Aufzeichnung eines Hygrometers

Hy/grom *n.*, -[e]s, -e, Wasser- oder Schleimgeschwulst bei Schleimbeutelentzündung

Hy/gro/me/ter *n.*, -s -, Luftfeuchtigkeitsmesser

Hy/gro/me/trie oder auch: -**met/rie** *f.*, -, *nur Sg.*

hy/gro/phil bei Pflanzen: Feuchtigkeit liebend

Hy/gro/phi/lie *f.*, -, *nur Sg.* Vorliebe für Feuchtigkeit

Hy/gro/phyt *m.*, -en, -en, Pflanze mit hohem Wasserbedarf

Hy/gro/skop oder auch:
Hyg/ros/kop *n.*, -[e]s, -e, Luftfeuchtigkeitsmesser

hy/gro/sko/pisch oder auch:
hy/gros/ko/pisch Wasser anziehend

Hy/gro/sko/pi/zi/tät oder auch: **Hy/gros/ko/pi/zi/tät** *f.*, -, *nur Sg.*, die Fähigkeit, Wasser anzuziehen und aufzunehmen

Hy/le [griech.] *f.*, -, *nur Sg.*, altgriech. Naturphilosophie: Stoff, Materie

hy/lisch stofflich, materiell

Hy/lis/mus *m.*, -, *nur Sg.* Lehre, dass die Materie die alleinige Grundlage der Wirklichkeit sei

hy/lo/trop bei gleicher chem. Zusammensetzung in eine andere Form umwandelbar

Hy/lo/tro/pie *f.*, -, *nur Sg.*, Fähigkeit eines Stoffes, bei gleicher chem. Zusammensetzung in eine andere Form überzugehen

Hy/lo/zo/is/mus *m.*, -, *nur Sg.* Lehre von der urspr. Beseeltheit der Materie

hy/lo/zo/is/tisch

Hy/men [griech.] 1. *n.*, -s, -, Jungfernhäutchen 2. *m.*, -s, -, antiker Hochzeitsgesang

hy/me/nal zum Hymen (1.) gehörig

Hy/me/no/pte/re oder auch:
Hy/me/nop/te/re *m.*, -n, -n, *meist Pl.* Hautflügler

Hym/nar [griech.] *n.*, -[e]s, -e oder -rien

Hym/na/ri/um *n.*, -s, -rien, liturgische Hymnensammlung

Hym/ne *f.*, -, -n, Festgesang, christl. Lobgesang

Hym/nik *f.*, -, *nur Sg.*, Kunstform der Hymne

Hym/ni/ker *m.*, -s, -, Hymnendichter

hym/nisch

Hym/no/de *m.*, -n, -n, altgriech. Hymnendichter

Hym/no/lo/ge *m.*, -n, -n

Hym/no/lo/gie *f.*, -, *nur Sg.*, Wissenschaft von den Hymnen

hym/no/lo/gisch

Hym/nos *m.*, -, Hymnen, griech. Form von: Hymnus, Hymne

Hym/nus *m.*, -, Hymnen, lat. Form von: Hymne

Hy/os/cy/a/min [griech.],
Hy/os/zy/a/min *n.*, -[e]s, -e, Alkaloid, ein Heilmittel

hyp..., Hyp..., siehe hypo..., Hypo...

Hyp/al/ge/sie oder auch:
Hy/pal- [griech.] *f.*, -, -en, herabgesetzte Schmerzempfindlichkeit

hyp/al/ge/tisch

Hyp/al/la/ge *f.*, -, -en, Ver-

tauschung von Satzteilen und Veränderung ihrer Beziehungen zueinander, Bsp.: „staatliche Finanzierung" statt „Finanzierung durch den Staat"
Hyp/äs/the/sie oder auch: **Hy/päs-** *f., -, nur Sg.,* herabgesetzte Berührungsempfindlichkeit
hyp/äs/the/tisch oder auch: **hy/päs-**
hy/per..., **Hy/per...** [griech.] = über..., Über...
Hy/per/al/ge/sie [griech.] *f., -, -en,* gesteigerte Schmerzempfindlichkeit
hy/per/al/ge/tisch
Hy/per/ä/mie *f., -, -en,* gesteigerte Durchblutung eines Körperbereiches
hy/per/ä/misch
Hy/per/äs/the/sie *f., -, -en,* gesteigerte Berührungsempfindlichkeit
hy/per/äs/the/tisch
Hy/per/bel [griech.] *f., -, nur Sg.,* 1. Rhetorik: Übertreibung 2. Mathematik: Kegelschnitt
hy/per/bo/lisch übertreibend
Hy/per/bo/lo/id, *m., -* [e]s, -e, Mathematik: Körper, der durch Drehung einer Hyperbel um ihre Achse entsteht
Hy/per/bo/re/er *m., -s, -,* in der Vorstellung des alten Griechenland: sagenhaftes Volk im hohen Norden
by/per/bo/re/isch
Hy/per/bu/lie [griech.] *f., -, nur Sg.,* krankhaft gesteigerter Tatendrang
hy/per/chrom zu viel Blutfarbstoff aufweisend
Hy/per/chro/ma/to/se *f., -, -n,* gesteigerte Pigmentbildung

Hy/per/chro/mie *f., -, nur Sg.,* erhöhter Farbstoffgehalt der roten Blutzellen
Hy/per/dak/ty/lie *f., -, -en,* Medizin: Bildung von mehr als je fünf Fingern oder Zehen
Hy/per/gly/kä/mie oder auch: **-glyk/ä/mie** *f., -, nur Sg.,* erhöhter Blutzuckergehalt
Hy/per/hi/dro/se, Hy/per/hi/dro/sis, Hy/per/hi/dro/se oder auch: **hidro/se** *f., -, nur Sg.,* krankhaft gesteigerte Schweißabsonderung
hy/per/ka/ta/lek/tisch hyperkatalektischer Vers = Vers mit überzähliger Schlusssilbe
hy/per/kor/rekt überkorrekt
hy/per/kri/tisch übertrieben kritisch
Hy/per/kul/tur *f., -, nur Sg.,* übermäßige Verfeinerung
Hy/per/me/tro/pie oder auch: **-met/ro/pie** *f., -, nur Sg.,* Weitsichtigkeit
Hy/per/me/tro/pisch oder auch: **-met/ro/pisch**
hy/per/mo/dern übertrieben modern
Hy/per/odon/tie oder auch: **Hy/per/o/don/tie** *f., -, -en,* Bildung von überzähligen Zähnen
Hy/per/on oder auch: **Hy/pe/ron** *n., -s, -onen,* Atomphysik: überschweres Elementarteilchen
Hy/per/pla/sie *f., -, nur Sg.,* Medizin: abnorme Vermehrung von Zellen
hy/per/py/re/tisch übermäßig hoch fiebernd
Hy/per/py/re/xie *f., -, -en,*

übermäßig hohes Fieber
Hy/per/so/mie *f., -, -en,* übermäßiges Wachstum
Hy/per/sthen oder auch: **Hy/pers/then** *m., -[e]s, -e,* ein Mineral
Hy/per/te/lie *f., -, nur Sg.,* gesteigertes Wachstum eines Körperteils
Hy/per/ten/si/on *f., -, nur Sg.,* = Hypertonie
Hy/per/to/nie *f., -, nur Sg.,* Medizin: gesteigerter Blutdruck, gesteigerte Muskelspannung
Hy/per/to/ni/ker *m., -s, -,* jemand, der an Bluthochdruck (Hypertonie) leidet
hy/per/to/nisch
hy/per/troph 1. Medizin: übermäßig vergrößert 2. übertr.: überheblich, überspannt
Hy/per/tro/phie *f., -, -en,* übermäßige Vergrößerung von Geweben und Organen
Hy/per/vit/ami/no/se oder auch: **-vi/ta/mi/no/se** *f., -, -n,* Erkrankung durch übermäßige Vitaminzufuhr
Hy/phe [griech.] *f., -, -n,* Botanik: Pilzfaden
Hy/phen *n., -(s), -,* Bindestrich
Hyp/no/pä/die [griech.] *f., -, nur Sg.,* Methode des Lernens nach im Halbschlaf abgehörten Bandaufnahmen
Hyp/nos [griech.] *m., -, nur Sg.,* Schlaf
Hyp/no/se [griech.] *f., -, -n,* durch Suggestion bewirkter schlafähnlicher Bewusstseinszustand
Hyp/no/sie *f., -, -en,* Schlafkrankheit
Hyp/no/ti/kum *n., -s, -ka,* Schlafmittel
hyp/no/tisch auf Hypnose

beruhend, durch Hypnose bewirkt

Hyp/no/ti/seur *m.,* -[e]s, -e, jemand, der einen anderen hypnotisiert

hyp/no/ti/sie/ren *tr.* in Hypnose versetzen

Hyp/no/tis/mus *m.,* -s, *nur Sg.,* Lehre von der Hypnose, Beeinflussung

hy/po..., Hy/po... [griech.] in Zusammensetzungen: unter..., Unter...

Hy/po/bu/lie *f.,* -, *nur Sg.,* verminderte Willenskraft

Hy/po/chon/der *m.,* -s, -, schwermütiger Mensch, eingebildeter Kranker

Hy/po/chon/drie oder auch: **-chond/rie** *f.,* -, -en, Schwermütigkeit, die Einbildung, krank zu sein

hy/po/chon/drisch oder auch: **-chond/risch**

hy/po/chrom zu wenig Blutfarbstoff aufweisend

Hy/po/chro/mie *f.,* -, *nur Sg.,* verminderter Farbstoffgehalt des Blutes

Hy/po/dak/ty/lie *f.,* -, -en, angeborenes Fehlen von Fingern oder Zehen

Hy/po/derm *n.,* -[e]s, -e, Unterhaut

hy/po/der/ma/tisch unter der Haut liegend

Hy/po/don/tie *f.,* -, -en, angeborenes Fehlen von Zähnen

Hy/po/gas/tri/um *n.,* -s, -strien, Unterleib

Hy/po/gä/um *n.,* -s, -gäen, unterirdischer Kultraum

Hy/po/glyk/ä/mie oder auch: **-gly/kä/mie** *f.,* -, *nur Sg.,* verminderter Blutzuckergehalt

hy/po/gyn Botanik: unterständig

hy/po/kaus/tisch durch Hypokaustum (beheizt)

Hy/po/kaus/tum *n.,* -s, -sten, Fußbodenheizung der Antike

Hy/po/ko/ris/ti/kum *n.,* -s, -ka, Kurzform eines Namens

hy/po/ko/ris/tisch

Hy/po/ko/tyl *n.,* -en, -en, Keimstängel

Hy/po/kri/sie *f.,* -, *nur Sg.,* Scheinheiligkeit, Heuchelei

Hy/po/krit *m.,* -en, -en, Heuchler

hy/po/kri/tisch

Hy/po/phy/se *f.,* -, -n, 1. Botanik: Keimanschluss 2. Medizin: Hirnanhangdrüse

Hy/po/pla/sie *f.,* -, *nur Sg.,* vermindertes Wachstum von Gewebe oder Organen

hy/po/som von zu kleinem Wuchs

Hy/po/so/mie *f.,* -, -en, Kleinwuchs

Hy/po/sta/se oder auch: **Hy/pos/ta/se** *f.,* -, -n, 1. Verdinglichung von Begriffen 2. Medizin: Blutansammlung in tiefer liegenden Körperteilen 3. Grundlage, Substanz

hy/po/sta/sie/ren oder auch: **hy/pos/ta/sie/ren** *tr.* vergegenständlichen, personifizieren

Hy/po/sta/sie/rung oder auch: **Hy/pos/ta/sie/rung** *f.,* -, -en

hy/po/sta/tisch oder auch: **hy/pos/ta/tisch**

Hy/po/sty/lon oder auch: **Hy/pos/ty/lon** *n.,* -s, -la, siehe Hypostylos

Hy/po/sty/los oder auch: **Hy/pos/ty/los** *m.,* -, -loi, gedeckter Säulengang, Säulenhalle

hy/po/tak/tisch Sprachwiss.: unterordnend

Hy/po/ta/xe *f.,* -, -n, Unterordnung eines Satzes oder Satzteiles unter einen anderen

Hy/po/ta/xis *f.,* -, -xen, veralt für: Hypotaxe

Hy/po/ten/si/on *f.,* -, -en, = Hypotonie

Hy/po/te/nu/se *f.,* -, -n, Mathematik: im rechtwinkligen Dreieck die dem rechten Winkel gegenüberliegende Seite

Hy/po/thek *f.,* -, -en, im Grundbuch eingetragenes Pfandrecht an einem Grundstück

Hy/po/the/kar *m.,* -[e]s, -e, Hypothekengläubiger

hy/po/the/ka/risch auf einer Hypothek beruhend

Hy/po/the/ken/brief *m.,* -[e]s, -e, Urkunde über eine Hypothek

Hy/po/the/ken/gläu/biger *m.,* -s, -

Hy/po/the/ken/schuld/ner *m.,* -s, -

Hy/po/the/ken/zin/sen *m., Pl.*

Hy/po/the/se *f.,* -, -n, unbewiesene wissenschaftliche Annahme

hy/po/the/tisch nur auf einer Annahme beruhend

Hy/po/to/nie *f.,* -, *nur Sg.* = Hypotension *f.,* -, -en, 1. verminderte Muskelspannung 2. niedriger Blutdruck

hy/po/to/nisch

Hy/po/tra/che/li/on *n.,* -s, -lien, Säulenhals unter dem Kapitell

Hy/po/tro/phie *f.,* -, -en, Unterernährung, Unterentwicklung

Hy/po/vit/a/mi/no/se oder

auch: -**vi/ta/mi/no/se** f., -, -n, Vitaminmangelkrankheit
Hy/po/zent/rum *n.*, -s, -tren, Erdbebenherd
Hyp/si/pho/bie *f.*, -, -en, Höhenangst
Hyp/so/me/ter *n.*, -s, -, Höhenmesser
Hyp/so/me/trie oder auch: -**met/rie** *f.*, -, *nur Sg.*, Höhenmessung mit dem Hypsometer
hyp/so/me/trisch oder auch: -**met/risch**
Hys/te/ral/gie *f.*, -, -en, Gebärmutterschmerz
Hys/te/rek/to/mie *f.*, -, -en, operative Entfernung der Gebärmutter
Hy/ste/re/se oder auch: **Hys/te/re/se** [griech.] *f.*, -, -n, Physik: Fortdauer einer Wirkung nach Aufhören der Ursache
Hy/ste/rie oder auch: **Hys/te/rie** [griech.] *f.*, -, -en, abnorme seelische Verhaltensweise
Hy/ste/ri/ker *m.*, -s, -, jemand, der an Hysterie leidet
Hy/ste/ri/ke/rin *f.*, -, -nen
hy/ste/risch 1. auf Hysterie beruhend 2. übertrieben leicht erregbar
hy/ste/ro/id hysterieähnlich
Hy/ste/ron-Pro/te/ron oder auch: **Hys/te/ron-** [griech.] *n.*, -s, Hystera-Protera, 1. Scheinbeweis 2. rhetorische Figur, bei der ein späterer Gedanke an erster Stelle steht
Hy/ste/ro/ptose oder auch: **Hys/te/rop/to/se** [griech.] *f.*, -, -n, Gebärmuttervorfall
Hy/ste/ro/sko/pie oder auch: **Hys/te/ros/ko/pie** *f.*, -, -en, Medizin: Untersuchung der Gebärmutterhöhle
Hy/ste/ro/to/mie *f.*, -, -en, Gebärmutterschnitt
Hz Abk. für: Hertz

I

I Buchstabe, das Tüpfelchen auf dem i, I-Punkt
i Mathematik: Zeichen für die Einheit der imaginären Zahlen
I röm. Zahlzeichen für: eins
i. bei Ortsnamen Abk. für: in, im, z.B. Immenstadt i. Allgäu
Ia = eins a: ugs. für: prima, ausgezeichnet
i. A., I. A. Abk. für: im Auftrag
IA Abk. für: Iowa
IAAF Abk. für: International Amateur Athletic Federation
IAF Abk. für: Internationale Astronautische Föderation
iah! lautmalendes Wort für den Schrei des Esels
ia/hen *intr.* der Esel iaht
i. Allg. Abk. für: im Allgemeinen
Iam/bus *m.*, -, -ben, lat. Schreibung von: Jambus
IATA Abk. für: International Air Transport Association
Ia/trik oder auch: **Iat/rik** [griech.] *f.*, -, *nur Sg.*, Heilkunde
ia/trisch oder auch: **iatrisch**
Iat/ro/che/mie oder auch: **Ia/trochemie** *f.*, -, *nur Sg.*, mittelalterl. heilkundliche Richtung (Paracelsus)
ia/tro/gen oder auch: **iat/ro/gen** durch ärztl. Behandlung bewirkt
Ia/tro/mu/sik oder auch: **Iat/romusik** *f.*, -, *nur Sg.*, im 17. und 18. Jahrhundert: Heilmusik
IAU Abk. für: Internationale Astronomische Union
ib., ibd. Abk. für: ibidem

Ibe/rer *m.*, -s, -, Angehöriger der vorindogermanischen Bevölkerung der Iberischen Halbinsel
Ibe/ris [griech.] *f.*, -, -ren, Schleifenblume
ibe/risch zu den Iberern gehörig, aber: die Iberische Halbinsel
Ibe/ro/a/me/ri/ka Lateinamerika
Ibe/ro/a/me/ri/ka/ner *m.*, -s, -
ibe/ro/a/me/ri/ka/nisch lateinamerikanisch
ibe/ro/a/me/ri/ka/nisch > **ibe/ro/a/me/ri/kanisch**
ibid. Abk. für: ibidem
ibi/dem [lat.] am angegebenen Ort (Abk.: ib., ibd., ibid.)
Ibis [ägypt.] *m.*, Ibisses, Ibisse, ein Storchvogel
IBM Abk. für: International Business Machines Corp., New York. In Deutschland: Internationale Büromaschinen-GmbH, Tochtergesellschaft der amerik. IBM
ibn [arab.] in arab. Eigennamen: Sohn des...
Ibo 1. *m.*, -s, -s, Angehöriger eines Negervolkes in Nigeria 2. *n.*, -(s), *nur Sg.*, Sprache der Ibos
IBRD Abk. für: International Bank for Reconstruction and Development
IC Abk. für: Intercity-Zug
ICBM Abk. für: intercontinental ballistic missile: interkontinentales ballist. Geschoss
ICE Abk. für: Intercity Express
ich, Ich *n.*, -s, -s oder *n.*, -, -, mein anderes, zweites Ich = mein Gewissen
ich/be/zo/gen

Ich/er/zäh/lung auch: **Ich-Er/zäh/lung** *f.*, -, -en, Erzählung in Ich-Form
Ich/form auch: **Ich-Form** *f.*, -, *nur Sg.*
Ich/laut auch: **Ich-Laut** *m.*, -[e]s, -e, der am vorderen Gaumen gesprochene Laut ch nach i, e, wie z.B. in ich, weich, schlecht
Ich/neu/mon [griech.] *n.*, -s-, -s oder *n.*, -[e]s, -e oder *m.*, -[e]s, -e, eine Schleichkatze
Ich/neu/mo/ni/den *Pl.* Schlupfwespen
Ichor [griech.] *n.*, -s, *nur Sg.*, 1. in den Epen Homers: Lebenssaft der Götter 2. Medizin: aus Geschwüren sich absondernde Flüssigkeit 3. grobkörnige magmatische Schmelze
Ich-Ro/man auch: **Ich/ro/man** *m.*, -[e]s, -e, Roman in Ichform
Ich/sucht auch: **Ich-Sucht** *f.*, -, *nur Sg.*, Egoismus
Ich/thy/o/dont [griech.] *m.*, -en, -en, versteinerter Fischzahn
Ich/thy/ol *n.*, -[e]s, *nur Sg.*, ein Mittel zur Behandlung von Hautkrankheiten
Ich/thy/o/lith *m.*, -s/-en, -e(n), versteinerter Fischrest
Ich/thy/o/lo/ge *m.*, -n, -n, Fischkundler
Ich/thy/o/lo/gie *f.*, -, *nur Sg.*, Fischkunde
ich/thy/o/lo/gisch
Ich/thy/o/pha/ge *m.*, -n, -n, Angehöriger eines Volkes, das sich überwiegend von Fisch ernährt
Ich/thy/o/sau/ri/er *m.*, -s, -, siehe Ichthyosaurus
Ich/thy/o/sau/rus *m.*, -, -ri/er, ausgestorbenes

Idiosom

Kriechtier
Ich/thy/o/se *f.*, -, -n, siehe Ichthyosis
Ich/thy/o/sis *f.*, -, -sen, eine Hautkrankheit
Id [griech.] *n.*, -[e]s, -e, Erbeinheit, das lebendige Ganze des Idioplasmas
ID Abk. für: Idaho
Ida 1. *n.*, -(s) Gebirge auf Kreta 2. *m.*, -(s), Gebirge in Kleinasien
Ida/ho Staat der USA (Abk.: ID)
idä/isch zum Gebirge Ida gehörig
ide/al [griech.] 1. nur in der Vorstellung existierend 2. vollkommen, mustergültig
Ide/al *n.*, -s, -e, Vorbild, Wunschbild
ide/a/lisch veralt. für: ideal
ide/a/li/sie/ren *tr.* verklären
Ide/a/li/sie/rung *f.*, -, -en
Ide/a/lis/mus *m.*, -, *nur Sg.* 1. Überordnung der Gedanken- und Vorstellungswelt über die materielle Welt (philos. Richtung) 2. Streben nach der Verwirklichung von Idealen
Ide/a/list *m.*, -en, -en, 1. jemand, der nach der Verwirklichung von Idealen strebt 2. Anhänger des philosoph. Idealismus
ide/a/lis/tisch
Ide/a/li/tät *f.*, -, *nur Sg.*, Philosophie: das Sein als Idee oder Vorstellung
Ide/al/kon/kur/renz *f.*, -, en, = Tateinheit
Ide/a/ti/on *f.*, -, -en, Bildung einer Idee, eines Begriffs
Idee [griech.] *f.*, -, -en 1. Urbild, Leitgedanke, Einfall, Plan 2. ugs.: kleine Menge

ide/ell nur gedacht, geistig
Ide/en/as/so/zi/a/ti/on *f.*, -, -en, Verknüpfung von Vorstellungen
Ide/en/flucht *f.*, -, *nur Sg.*, sprunghaftes und zusammenhangloses Denken
Ide/en/reich
Ide/en/reich/tum *m.*, -s, *nur Sg.*
idem [lat.] derselbe, dasselbe (Abk.: id.)
Iden [lat.] *m.*, *Pl.*, 13. oder 15. Tag des altröm. Kalenders, die Iden des März (= 15. März)
Iden/ti/fi/ka/ti/on *f.*, -, -en, Feststellung der Identität, Gleichsetzung
iden/ti/fi/zie/ren *tr.* 1. die Identität feststellen 2. jemanden oder etwas wiedererkennen
Iden/ti/fi/zie/rung *f.*, -, -en
iden/tisch ein und dieselbe/dasselbe, völlig gleich
Iden/ti/tät *f.*, -, *nur Sg.*, völlige Übereinstimmung
Iden/ti/täts/aus/weis *m.*, -es, -e
Iden/ti/täts/kar/te *f.*, -, -n, österr. für: Personalausweis
Ide/o/gramm [griech.] *n.*, -[e]s, -e, Begriffszeichen (z.B. chines. Schrift oder Hieroglyphen)
Ide/o/gra/phie *(Nf.)* auch: **Ide/o/gra/fie** *(Hf.)* *f.*, -, -en
ide/o/gra/phisch *(Nf.)* auch: **ide/o/gra/fisch** *(Hf.)*
Ide/o/lo/ge *m.*, -n, -n, Vertreter einer Ideologie
Ide/o/lo/gie *f.*, -, -en, Weltanschauung, polit. Grundvorstellung
ide/o/lo/gisch
Ide/o/mo/to/rik *f.*, -, *nur Sg.*, Bewegungen, die unbewusst ausgeführt werden
ide/o/mo/to/risch
id est [lat.] das ist, das heißt (Abk.: i. e.)
Idi/o/blast [griech.] *m.*, -en, -en, Botanik: Pflanzenzelle, die in einen andersartigen Gewebeverband eingelagert ist
idi/o/chro/ma/tisch eigenfarbig, nicht gefärbt
Idi/o/gramm *n.*, -[e]s, -e, 1. Biologie: Schema eines Chromosomensatzes 2. eigenhändige Unterschrift
idi/o/gra/phisch *(Nf.)* auch: **idi/o/grafisch** *(Hf.)* 1. Wissenschaft: das Besondere beschreibend 2. eigenhändig
Idi/o/kra/sie *f.*, -, -en, = Idiosynkrasie
Idi/o/la/trie *f.*, -, *nur Sg.* Selbstanbetung
Idi/o/lekt *m.*, -[e]s, -e, Sprachwissenschaft: individueller Sprachgebrauch
Idi/om *n.*, -[e]s, -e, Mundart, idiomatische Wendung
Idi/o/ma/tik *f.*, -, -en, Lehre von den Idiomen
idi/o/ma/tisch nur in einer bestimmten Sprache oder Mundart vorkommend
idi/o/morph Mineralien: von eigenen echten Kristallflächen begrenzt
idi/o/pa/thisch von selbst entstanden (Krankheiten)
Idi/o/phon *n.*, -[e]s, -e, Musikinstrument, das nach Schlagen, Streichen oder Zupfen selbst weiterklingt, z.B. der Gong
Idi/o/plas/ma *n.*, -s, *nur Sg.*, Keimplasma
Idi/o/som *n.*, -[e]s, -en, = Chromosom

Idi/o/syn/kra/sie *f.,* -, -en, Medizin: Überempfindlichkeit gegen bestimmte Stoffe oder Abneigung gegen bestimmte Nahrungsmittel
idi/o/syn/kra/tisch überempfindlich, von Abneigung erfüllt
Idi/ot [griech.] *m.,* -en, -en, 1. schwachsinniger Mensch 2. ugs. für: Dummkopf, Trottel
Idi/o/ten/hang *m.,* -[e]s, -hänge, **Idi/o/ten/hü/gel** *m.,* -s, -, ugs., scherzh. für: Übungshang für Anfänger im Skisport
idi/o/ten/si/cher ugs.: so, dass auch ein Anfänger nichts falsch machen kann
Idi/o/tie *f.,* -, *nur Sg.* 1. Schwachsinn 2. ugs. für: Unsinn
Idi/o/ti/kon *n.,* -s, -ka oder -ken, Mundartwörterbuch
idi/o/tisch
Idi/o/tis/mus 1. *m.,* -, *nur Sg.,* = Idiotie 2. *m.,* -, -men, Äußerung der Idiotie 3. *m.,* -, -men, = Idiom
Idi/o/typ *m.,* -[e]s, -en, Gesamtheit der Erbanlagen
idi/o/ty/pisch durch die Erbanlagen bedingt
Ido *n.,* -(s), *nur Sg.,* aus dem Esperanto entwickelte Kunstsprache
Ido/kras [griech.] *m.,* -, -e, Mineral
Idol [griech.] *n.,* -[e]s, -e, 1. Götzenbild, Abgott 2. übertr.: verehrter Mensch
Ido/lat/rie *f.,* -, *nur Sg.,* Verehrung von Götterbildern
ido/li/sie/ren *tr.* zum Idol erheben
Ido/lo/lat/rie *f.,* -, *nur Sg.* = Idolatrie

Idyll [griech.] *n.,* -[e]s, -e, Bereich oder Zustand eines friedlichen und einfachen Lebens, meist in ländlicher Umgebung
Idyl/le *f.,* -, -n, Darstellung eines Idylls in Literatur oder bildender Kunst
idyl/lisch
i. e. Abk. für: id est
i. E. Abk. für: Internationale Einheit
i. f. Abk. für: ipse fecit
IG Abk. für: Industriegewerkschaft oder Interessengemeinschaft
Igel *m.,* -s, -
Igel/kak/tus *m.,* -, -teen
Igel/kopf *m.,* -[e]s, -köpfe, eine Wiesenpflanze
I Ging *n.,* -, *nur Sg.,* chin. Orakelspiel
Ig/lu, Ig/lo *m.,* -s, -s oder *n.,* -s, -s, runde Schneehütte der Eskimos
Ig/no/ra/mus et ig/nora/bi/mus [lat.] „Wir wissen es nicht und wir werden es auch nicht wissen" (Ausspruch des dt. Naturwissenschaftlers Du Bois-Reymond), Ausdruck für die Unlösbarkeit der Welträtsel
Ig/no/rant [lat.] *m.,* -en, -en, Unwissender
Ig/no/ranz *f.,* -, *nur Sg.,* Unwissenheit
ig/no/rie/ren *tr.* nicht wissen wollen
Igu/an/o/don [span. u. griech.] *n.,* -s, -s, Biologie: Pflanzen fressender Dinosaurier
i. H. Abk. für: im Hause (Briefanschrift)
IHK Abk. für: Industrie- und Handelskammer
Ih/le *f.,* -, -n, Hering, der abgelaicht hat
ihm, ihn, ih/nen Anrede und *Pl.:* Ihnen
ihr, ih/re Anrede: Ihr, Ihre
ih/rer/seits Anrede: Ihrerseits
ih/res/glei/chen Anrede: Ihresgleichen
ih/ret/hal/ben Anrede: Ihrethalben
ih/ret/we/gen Anrede: Ihretwegen
ih/ret/wil/len Anrede: Ihretwillen
ih/ri/ge Anrede: Ihrige
Ih/ro nur in der veralt. Anredeformel: Ihro Gnaden
ihr/zen *tr.* ugs. für: mit „ihr" anreden
IHS latinisierte Abk. der griech. Form des Namens „Jesus" (in Handschriften und auf frühchristl. Bildern), auch gedeutet als: „in hoc salus" (I. H. S.)
I. H. S. Abk. für: in hoc salus o. in hoc signo
i. J. Abk. für: im Jahre
Ijs/sel, Ys/sel, Is/sel *f.,* -, Name eines niederländ. Flusses, Flussarm im Rheindelta
Ika/ros griech. Form von Ikarus
Ika/rus griech. Sagengestalt
Ike/ba/na [Japan.] *n.,* -, *nur Sg.,* Kunst des Blumensteckens
Iko/ne [griech.] *f.,* -, -n, Heiligenbild der Ostkirche
Iko/nen- *f.,* -, -en
Iko/no/du/le *m.,* -n, -n, Bilderanbeter
Iko/no/du/lie *f.,* -, *nur Sg.* = Idolatrie
Iko/no/graph *(Nf.)* auch:
Iko/no/graf *(Hf.) m.,* -en, -en, 1. Vertreter der Ikono-

grafie 2. Lithografie: Instrument zum Übertragen von Zeichnungen auf Stein
Iko/no/gra/phie *(Nf.)* auch: **Iko/no/gra/fie** *(Hf.) f., -, nur Sg.,* wiss. Bestimmung, Beschreibung und Deutung von Ikonen
Iko/no/klas/mus *m., -, nur Sg.,* Bildersturm (Zerstörung von Heiligenbildern)
Iko/no/klast *m., -en, -en,* Bilderstürmer, Anhänger des Ikonoklasmus
iko/no/klas/tisch
Iko/no/lat/rie *f., -, -en,* = Idolatrie
Iko/no/lo/ge *m., -en, -en*
Iko/no/lo/gie *f., -, nur Sg.* = Ikonografie
iko/no/lo/gisch
Iko/no/me/ter *n., -s, -,* Rahmensucher an der Kamera
Iko/no/skop oder auch: **Iko/nos/kop** *n., -s, -e,* Fernsehaufnahmeröhre
Iko/nos/tas *m., -, -e*
Iko/nos/ta/se *f., -, -n*
Iko/nos/ta/sis *f., -, -sen,* dreitürige Bilderwand zwischen Gemeinde- und Altarraum in orthodoxen Kirchen
Iko/sa/e/der [griech.] *m., -s, -,* Mathematik: von 20 gleichseitigen Dreiecken begrenzter Körper
ikr Abk. für: isländische Krone
ik/te/risch [griech.] an Ikterus erkrankt
Ik/te/rus *m., -, nur Sg.,* Gelbsucht
Ik/tus [lat.] *m., -, -o. -ten,* 1. starke Betonung einer Hebung im Vers 2. Medizin: plötzlich auftretendes Krankheitsbild

Il chem. Zeichen für: Illinium
il..., Il... [lat.] in Zusammensetzungen: un..., Un..., nicht..., Nicht..., z.B. illegal = ungesetzlich
IL Abk. für: Illinois
Ile/itis [lat.] *f., -, -tiden,* Entzündung des Ileums
Ile/um *n., -s, nur Sg.,* unterer Teil des Dünndarms
Ile/us *m., -, Ileen,* Darmverschluss
Ilex [lat.] *f., -, nur Sg.,* Stechpalme
Ili/as, Ilia/de *f., -, nur Sg.,* Homers Heldengedicht über den Kampf der Griechen gegen Troja
Ili/on griech. Name für: Troja
ill. Abk. für: illustriert
Il/la/tum [lat.] *n., -s, -ta/-ten,* veralt. für: von der Frau in die Ehe eingebrachtes Vermögen
il/le/gal [lat.] ungesetzlich
Il/le/ga/li/tät *f., -, nur Sg.,* Ungesetzlichkeit
il/le/gi/tim 1. ungesetzlich 2. unehelich
Il/le/gi/ti/mi/tät *f., -, nur Sg.*
Il/li/be/ral [lat.] kleinlich
Il/li/be/ra/li/tät *f., -, nur Sg.*
il/li/mi/tiert Börse: unbegrenzt
Il/li/ni/um *n., -s, nur Sg.,* alte Bez. für: Promethium (chem. Zeichen: Il)
Il/li/nois Staat der USA (Abk.: IL)
il/li/quid [lat.] zahlungsunfähig
Il/li/qui/di/tät *f., -, nur Sg.*
Il/li/te/rat *m., -en, -en,* Ungebildeter, Ungelehrter
il/loy/al [lat.] treulos, hinterhältig

illuster

Il/loy/a/li/tät *f., -, nur Sg.*
Il/lu/mi/nat [lat.] *m., -en, -en,* Angehöriger eines Geheimbundes (Illuminatenorden)
Il/lu/mi/na/ten/or/den *m., -s, nur Sg.* aufklärerisch-freimaurerische Geheimgesellschaft im 18. Jahrhundert
Il/lu/mi/na/ti/on *f., -, -en,* 1. Festbeleuchtung 2. Religion: Erleuchtung 3. Buchmalerei: Ausmalung
Il/lu/mi/na/tor *m., -s, -en,* 1. Buchmaler 2. Beleuchtungsvorrichtung an optischen Geräten
il/lu/mi/nie/ren *tr.* 1. festlich erleuchten 2. bunt ausmalen 3. einsichtig, deutlich machen
Il/lu/mi/nie/rung *f., -, -en,* = Illumination
Il/lu/mi/nist *m., -en, -en,* = Illuminator
Il/lu/si/on [lat.] *f., -, -en,* Wunschvorstellung, Sinnestäuschung
il/lu/si/o/när,
il/lu/si/o/nis/tisch auf einer Illusion beruhend
il/lu/si/o/nie/ren *tr.* jemandem etwas vortäuschen
Il/lu/si/o/nis/mus *m., -, nur Sg.,* Lehre, dass die Außenwelt nur Illusion sei
Il/lu/si/o/nist *m., -en, -en,* 1. jemand, der Illusionen hat 2. Anhänger des Illusionismus 3. Zauberkünstler
il/lu/si/o/nis/tisch 1. = illusionär 2. auf dem Illusionismus beruhend
il/lu/so/risch 1. nur in der Illusion bestehend 2. überflüssig
il/lus/ter [lat.] glänzend, vornehm

Il/lus/tra/ti/on *f.*, -, -en, Erläuterung, Bebilderung
il/lus/tra/tiv anschaulich, erläuternd (mit Bildern)
Il/lus/tra/tor *m.*, -s, -en, Künstler, der ein Buch illustriert hat
il/lus/trie/ren *tr.* mit Bildern erläutern, (ein Buch) mit Bildern schmücken
Il/lus/trier/te *f.*, -n, -(n), illustrierte Zeitschrift
I/lus/trie/rung *f.*, -, -en, Abbildung, Bebilderung, Zeichnung
il/lu/vi/al [lat.] im Boden angereichert
Il/lu/vi/al/ho/ri/zont *m.*, -[e]s, -e, Bodenschicht, in der sich Stoffe angereichert haben, die aus einer anderen Schicht eingeschwemmt wurden
Il/ly/rer *m.*, -s, -, Angehöriger indogerm. Stämme auf dem nordwestl. Balkan
Il/ly/ri/en hist. für: das heutige Dalmatien und Albanien
il/ly/risch
Il/me/nit *m.*, -s, -e, ein Mineral (nach dem russ. Ilmengebirge)
Il/tis *m.*, Iltisses, Iltisse, 1. ein Marder 2. dessen Pelz
im = in dem, Abk.: i., z. B.: Freiburg i. Br. = Freiburg im Breisgau, i. J. = im Jahre, i. A. (I. A.) = im Auftrag, i. Allg. = im Allgemeinen, i. H. = im Hause
im..., Im... siehe in..., In...
i.m. Abk. für: intramuskulär
I. M. Abk. für: Innere Mission
Image [engl.] *n.*, -(s), -s, Vorstellung, Bild von einem Menschen oder einer Firma in der Öffentlichkeit

ima/gi/na/bel [lat.] vorstellbar, denkbar
ima/gi/nal [lat.] voll ausgebildet (Insekten)
Ima/gi/nal/sta/di/um *n.*, -s, -dien, Stadium der vollendeten Entwicklung (bei Insekten)
ima/gi/när nur in der Vorstellung bestehend, Mathematik: imaginäre Zahl (Zeichen: i)
Ima/gi/na/ti/on *f.*, -, -en, Einbildung, Einbildungskraft
ima/gi/na/tiv nur in der Einbildung vorhanden
ima/gi/nie/ren *tr.* sich einbilden, sich vorstellen
Ima/go *f.*, -, -gines, 1. Biologie: fertig ausgebildetes Insekt 2. Psychologie: aus dem (idealisierten) Bild einer in der Kindheit besonders geliebten Person (Mutter, Vater) entstandenes Leitbild
Imam [arab.] *m.*, -s, -s/-e, 1. Vorbeter in der Moschee 2. Titel für Gelehrte des Islam 3. Prophet und religiöses Oberhaupt der Schiiten
im/be/zil, im/be/zill [lat.] leicht schwachsinnig
Im/be/zil/li/tät *f.*, -, *nur Sg.*, leichter Schwachsinn
Im/biß > **Im/biss** *m.*, -es, -e, kleine Mahlzeit
Im/biß/raum > **Imbiss** *m.*, -[e]s, -räume
Im/biß/stu/be > **Imbiss/stu/be** *f.*, -, -n
Im/bro/glio oder auch: -**brog/lio** *n.*, -s, -s/-gli, Musik: rhythmische Verwirrung durch Vermischung oder Überlagerung verschiedener Taktarten

Imi/ta/tio Chris/ti [lat.: „Nachahmung Christi"] *f.*, -, *nur Sg.*, urspr.: Titel eines vermutl. von Thomas von Kempen verfassten Erbauungsbuches, Bezeichnung für die Nachfolge Christi, d. h. wahrhaft christl. Leben
Imi/ta/ti/on *f.*, -, -en, 1. (minderwertige) Nachahmung 2. Musik: Wiederholung eines Themas
imi/ta/tiv nachahmend
Imi/ta/tor *m.*, -s, -en, Nachahmer, z.B. Stimmenimitator
imi/ta/to/risch in der Art einer Imitation
imi/tie/ren *tr.* nachahmen, nachbilden
Im/ker *m.*, -s, -, Bienenzüchter
Im/ke/rei *f.*, -, -en, Bienenzucht
im/kern *intr.* Bienenzucht betreiben
Im/ma/cu/la/ta [lat.] *f.*, -, *nur Sg.*, „die Unbefleckte": Beiname Marias in der kath. Kirche = die unbefleckt von ihrer Mutter Anna Empfangene
im/ma/nent innewohnend, in etwas enthalten
Im/ma/nenz *f.*, -, *nur Sg.*, das Innewohnen, Enthaltensein
im/ma/nie/ren *intr.* innewohnen, enthalten sein
Im/ma/te/ri/a/lis/mus [lat.] *m.*, -, *nur Sg.*, Philosophie: Lehre, dass nur das Geistige wirklich und die Materie keine selbständige Substanz sei
Im/ma/te/ri/a/li/tät *f.*, -, *nur Sg.*, unkörperliche, rein geistige Beschaffenheit

Imperativ

im/ma/te/ri/ell unstofflich, geistig
Im/ma/tri/ku/la/ti/on *f.,* -, -en, Einschreibung an einer Hochschule
im/ma/tri/ku/lie/ren *tr.* jemanden an einer Hochschule einschreiben
Im/me *f.,* -, -n, Biene
im/me/di/at [lat.] unmittelbar, dem Staatsoberhaupt unterstehend
Im/me/di/at/ge/such *n.,* -[e]s, -e, unmittelbar an die höchste Behörde gerichtete Eingabe
im/me/di/a/ti/sie/ren *tr.* hist.: dem König unmittelbar unterstellen, z.B. Städte
im/mens [lat.] unermesslich (groß)
Im/men/si/tät *f.,* -, *nur Sg.,* Unermesslichkeit
im/men/su/ra/bel unmessbar
Im/men/su/ra/bi/li/tät *f.,* -, *nur Sg.,* Unmessbarkeit
im/mer immer wieder, immer mehr, noch immer, für immer
im/mer/fort
im/mer/grün immergrüne Pflanze
Im/mer/grün *n.,* -s, -e, eine Zierpflanze
im/mer/hin
Im/mer/si/on [lat.] *f.,* -, -en, 1. Eintauchen, Untertauchen 2. Überflutung des Festlandes durch das Meer 3. Astronomie: Eintritt eines Himmelskörpers in den Schatten eines anderen 4. Medizin: Dauerbad
im/mer/wäh/rend immerwährender Kalender
im/mer/zu ständig, fortwährend
Im/mi/grant [lat.] *m.,* -en, -en, Einwanderer
Im/mi/gra/ti/on *f.,* -, -en, Einwanderung
im/mi/grie/ren *intr.* einwandern
im/mi/nent [lat.] Medizin: bevorstehend, drohend
Im/mis/si/on [lat.] *f.,* -, -en, 1. Amtseinweisung 2. Einwirkung von Verunreinigungen
im/mo/bil [lat.] unbeweglich
Im/mo/bi/li/ar/ver/mö/gen *n.,* -s, *nur Sg.,* Grundbesitz
Im/mo/bi/li/ar/ver/si/che/rung *f.,* -, -en, Feuerversicherung
Im/mo/bi/li/en *nur Pl.* Häuser, Grundstücke
Im/mo/bi/li/en/han/del *m.,* -s, *nur Sg.*
Im/mo/bi/li/en/händ/ler *m.,* -s, -
Im/mo/bi/li/sa/ti/on *f.,* -, -en, das Immobilisieren
im/mo/bi/li/sie/ren *tr.* 1. Medizin: ein Körperglied unbeweglich machen (durch Verband) 2. bewegliche Güter juristisch wie Immobilien behandeln
Im/mo/bi/li/sie/rung *f.,* -, -en
Im/mo/bi/li/tät *f.,* -, *nur Sg.,* Unbeweglichkeit
im/mo/ra/lisch [lat.] unmoralisch, unsittlich
Im/mo/ra/lis/mus *m.,* -, *nur Sg.,* Ablehnung moralischer Grundsätze
Im/mo/ra/list *m.,* -en, -en, jemand, der die herrschenden Moralgrundsätze ablehnt
Im/mo/ra/li/tät *f.,* -, *nur Sg.,* Unsittlichkeit
Im/mor/ta/li/tät [lat.] *f.,* -, *nur Sg.,* Unsterblichkeit
Im/mor/tel/le *f.,* -, -n, = Strohblume
im/mun [lat.] 1. unempfindlich gegen bestimmte Krankheitserreger 2. rechtlich unantastbar (z.B. Parlamentsmitglieder)
im/mu/ni/sie/ren *tr.* durch Impfung unempfindlich gegen bestimmte Krankheitserreger machen
Im/mu/ni/tät *f.,* -, *nur Sg.,* 1. Unempfindlichkeit gegen bestimmte Krankheitserreger 2. Schutz vor strafrechtlicher Verfolgung (z.B. Parlamentsmitglieder)
Im/mun/kör/per *m.,* -s, -, = Antikörper
Im/mu/no/lo/gie *f.,* -, *nur Sg.,* Medizin: Lehre von der Immunität
im/mu/no/lo/gisch
imp., impr. Abk. für: imprimatur
Imp. Abk. für: Imperator
Im/pact [engl.] *m.,* -s, -s, Werbung: Stärke des Eindrucks
Im/pa/ri/tät [lat.] *f.,* -, *nur Sg.,* Ungleichheit
Im/pas/to [italien.] *n.,* -s, -sti, Malerei: dickes Auftragen von Farben
Im/pe/danz [lat.] *f.,* -, -en, elektrischer Scheinwiderstand
Im/pe/di/ment [lat.] *n.,* -[e]s, -e, veralt. für: (rechtliches) Hindernis
im/pe/ne/tra/bel [lat.] veralt. für: undurchdringlich
im/pe/ra/tiv [lat.] befehlend, bindend, zwingend
Im/pe/ra/tiv *m.,* -[e]s, -e, 1. Sprachwiss.: Befehlsform 2. Philosophie: Pflichtgebot

imperativisch

im/pe/ra/ti/visch
Im/pe/ra/tiv/satz *m.,* -es, -sätze, Befehlssatz
Im/pe/ra/tor *m.,* -s, -en, im alten Rom urspr.: Oberbefehlshaber, dann: Kaiser
im/pe/ra/to/risch wie ein Imperator
Im/pe/ra/tor Rex Kaiser (und) König (Abk.: I. R.)
Im/per/fekt [lat.] *n.,* -[e]s, -e, Sprachwiss.: erste Vergangenheit
im/per/fek/tiv im Imperfekt stehend
im/per/fo/ra/bel [lat.] nicht durchbohrbar
Im/per/fo/ra/ti/on *f.,* -, -en, angeborene Verwachsung einer Körperöffnung
im/pe/ri/al [lat.] das Imperium betreffend, kaiserlich
Im/pe/ri/al *n.,* -s, -e 1. altes Papierformat (57 x 78 cm) 2. alter Schriftgrad, 9 Cicero 3. alte russ. Münze
Im/pe/ri/a/lis/mus *m.,* -, *nur Sg.,* Streben eines Staates nach Vergrößerung seiner Macht
Im/pe/ri/a/list *m.,* -en, -en, Vertreter des Imperialismus
im/pe/ri/a/lis/tisch
Im/pe/ri/um *n.,* -s, rien, Weltreich
im/per/me/a/bel undurchlässig
Im/per/me/a/bi/li/tät *f.,* -, *nur Sg.*
Im/per/so/na/le [lat.] *n.,* -s, -lien/-lia, ein Verb, das mit unpersönlichem „es" konstruiert wird, z. B.: „es schneit"
im/per/ti/nent [lat.] unverschämt, frech
Im/per/ti/nenz *f.,* -, *nur Sg.*
im/per/zep/ti/bel [lat.] Philosophie: nicht wahrnehmbar

im/pe/ti/gi/nös [lat.] eitrig
Im/pe/ti/go *f.,* -, *nur Sg.,* Eiterflechte (eine Hautkrankheit)
im/pe/tu/o/so [italien.] Musik: stürmisch
Im/pe/tus [lat.] *m.,* -, *nur Sg.,* Ungestüm, Antrieb, Drang
imp/fen *tr.*
Impf/ling *m.,* -s, -e
Impf/po/cken *f.,* -, -
Impf/schein *m.,* -[e]s, -e
Impf/stoff *m.,* -[e]s, -e
Imp/fung *f.,* -, -en
Impf/zwang *m.,* -[e]s, *nur Sg.*
Im/pi/e/tät [lat.], *f.,* -, *nur Sg.,* veralt. für: Pietätlosigkeit
Im/plan/tat oder auch: **Imp/lan/tat** [lat.] *n.,* -[e]s, -e, dem Körper eingepflanztes Gewebestück
Im/plan/ta/ti/on oder auch: **Imp/lan/ta/ti/on** *f.,* -, -en, Einpflanzung von Gewebe o.Ä. in den Körper
im/plan/tie/ren oder auch: **imp/lan/tie/ren** *tr.*
Im/pli/ka/ti/on oder auch: **Imp/li/ka/ti/on** *f.,* -, -en, Einbeziehung einer Sache in eine andere
im/pli/zie/ren oder auch: **imp/li/zie/ren** *tr.* einbeziehen
im/pli/zit oder auch: **imp/li-** einbegriffen
im/pli/zi/te oder **imp/li/zi/te** einschließlich
Im/plo/si/on oder auch: **Imp/lo/si/on** [lat.] *f.,* -, -en, Zertrümmerung durch äußeren Überdruck (bei Gefäßen)
Im/plu/vi/um oder auch: **Imp/lu/vi/um** [lat.] *n.,* -s, -vien/-via, im altröm. Haus:

Becken zum Auffangen des Regenwassers
im/pon/de/ra/bel [lat.] unberechenbar
Im/pon/de/ra/bi/li/en *nur Pl.* Unwägbarkeiten
Im/pon/de/ra/bi/li/tät *f.,* -, -en, Unberechenbarkeit
im/po/nie/ren [lat.] *intr.* großen Eindruck auf jemanden machen
Im/po/nier/ge/ha/be *n.,* -s, *nur Sg.,* Zoologie: bei männlichen Tieren das Bestreben, die Aufmerksamkeit des Weibchens zu erregen oder einen Gegner abzuschrecken
Im/port [lat.] *m.,* -[e]s, -e, Einfuhr aus dem Ausland
Im/por/te *f.,* -, -n, *meist Pl.* aus dem Ausland eingeführte Ware
Im/por/teur *m.,* -s, -e, Händler, der Waren einführt
Im/port/ge/schäft *n.,* -[e]s, -e
Im/port/han/del *m.,* -s, *nur Sg.*
im/por/tie/ren *tr.* Waren aus dem Ausland einführen
im/por/tun [lat.] veralt. für: inopportun
im/po/sant [lat.] eindrucksvoll, großartig
im/pos/si/bel [lat.] veralt. für: unmöglich
Im/pos/si/bi/li/tät *f.,* -, *nur Sg.,* veralt. für: Unmöglichkeit
im/po/tent [lat.] unfähig zum Geschlechtsverkehr, zeugungsunfähig
Im/po/tenz *f.,* -, *nur Sg.*
impr., imp. Abk. für: imprimatur
Im/prä/gna/ti/on oder auch: **-präg/na/ti/on** [lat.] *f.,* -, -en, 1. Geologie: feine

Verteilung von Erdöl oder Erz in Spalten oder Poren eines Gesteins 2. Biologie: Befruchtung

im/prä/gnie/ren oder auch **im/präg/nie/ren** *tr.* mit einem Schutzmittel gegen Feuchtigkeit durchtränken

Im/prä/gnie/rung oder auch **Im/präg/nie/rung** *f.,* -, -en

im/prak/ti/ka/bel undurchführbar

Im/pre/sa/rio [italien.] *m.,* -s, -s/-rii, Theater-, Konzertagent

Im/pres/si/on [lat.] *f.,* -, -en, Eindruck, Sinneswahrnehmung

Im/pres/si/o/nis/mus *m.,* -s, *nur Sg.,* Kunstrichtung am Ende des 19. Jahrhunderts

Im/pres/si/o/nist *m.,* -en, -en, Vertreter des Impressionismus

im/pres/si/o/nis/tisch

Im/pres/sum [lat.] *n.,* -s, -sen, Erscheinungsvermerk in Zeitungen, Zeitschriften und Büchern mit Angabe von Verleger, Drucker usw.

im/pri/ma/tur Vermerk auf dem letzten Korrekturabzug: „für den Druck freigegeben" (Abk.: imp., impr.)

Im/pri/ma/tur *n.,* -s, *nur Sg.,* Druckerlaubnis

Im/pri/mé *m.,* -s, -s, bedruckter Seidenstoff

im/pri/mie/ren *tr.* für einen Text die Druckerlaubnis (das Imprimatur) erteilen

Im/promp/tu [französ.] *n.,* -s, -s, 1. Stegreifgedicht 2. Fantasiekomposition aus dem Stegreif

Im/pro/vi/sa/ti/on [lat.] *f.,* -, -en, Stegreifrede, -dichtung, allg.: unvorbereitetes Handeln

Im/pro/vi/sa/tor *m.,* -s, -en, jemand, der improvisiert, improvisieren kann

im/pro/vi/sa/to/risch in der Art einer Improvisation

im/pro/vi/sie/ren *tr.* etwas unvorbereitet, aus dem Augenblick heraus tun

Im/puls [lat.] *m.,* -es, -e, Antrieb, Anregung, Anstoß

im/pul/siv durch einen Impuls bewirkt, von plötzlichen Einfällen abhängig

Im/pul/si/vi/tät *f.,* -, *nur Sg.,* impulsives Handeln, impulsives Wesen

Im/puls/kauf *m.,* -[e]s, -käufe, der Kauf ohne vorherige Überlegung

Im/pu/ta/ti/on [lat.] *f.,* -, -en, veralt. für: ungerechtfertigte Beschuldigung

im/pu/ta/tiv veralt. für: ungerechtfertigt beschuldigend

im/pu/tie/ren *tr.* veralt. für: ungerecht beschuldigen

im/stan/de, im Stan/de imstande sein, auch: im Stande sein

in 1. in geograf. Namen, z.B. Weißenburg in (Abk.: i.) Bayern 2. in sein = ugs. für: modern sein

In chem. Zeichen für: Indium

IN Abk. für: Indiana

in. Abk. für: Inch

in..., In... [lat.] in Zusammensetzungen: 1. ein..., Ein..., hinein... 2. nicht..., Nicht...

in ab/sen/tia [lat.] vor Gericht: in Abwesenheit des Angeklagten

in abs/trac/to [lat.] im Allgemeinen

in/ad/äquat [lat.] nicht passend, unangemessen

in ae/ter/num [lat.] auf ewig, für ewig

in/ak/ku/rat [lat.] ungenau

in/ak/tiv [lat.] 1. untätig 2. außer Dienst, beurlaubt 3. von Mitgliedern in Vereinen: nicht zur Teilnahme an Versammlungen verpflichtet

in/ak/ti/vie/ren *tr.* 1. unwirksam machen 2. in den Ruhestand versetzen

In/ak/ti/vie/rung *f.,* -, -en

In/ak/ti/vi/tät *f.,* -, *nur Sg.* 1. Unwirksamkeit 2. Ruhestand

in/ak/tu/ell [lat.] nicht aktuell

in/ak/zep/ta/bel [lat.] unannehmbar

in/ali/e/na/bel [lat.] unveräußerlich

inan [lat.] nichtig, leer

In/an/griff/nah/me *f.,* -, *nur Sg.*

Inani/tät *f.,* -, *nur Sg.,* Nichtigkeit, Leere

In/an/spruch/nah/me *f.,* -, *nur Sg.*

in/ap/pel/la/bel [lat.] von Urteilen vor Gericht: nicht durch Berufung anfechtbar

in/ar/ti/ku/liert [lat.] nicht ausgesprochen, undeutlich

In/au/gen/schein/nahme *f.,* -, *nur Sg.*

In/au/gu/ral/dis/ser/ta/ti/on [lat.] *f.,* -, -en, wissenschaftliche Arbeit zur Erlangung der Doktorwürde

In/au/gu/ra/ti/on *f.,* -, -en, feierliche Einsetzung in ein Amt

in/au/gu/rie/ren *tr.* 1. feierlich einsetzen 2. beginnen, einleiten

In/be/griff *m.,* -[e]s, -e, das Höchste, Musterbeispiel

in/be/grif/fen
In/be/trieb/nah/me *f., -, nur Sg.*
in bre/vi [lat.] veralt. für: in Kurzem, bald
In/brunst *f., -, nur Sg.*
in/brüns/tig
In/bus/schlüs/sel, Inbus/schrau/ben/schlüssel *m., -s, -,* ein Werkzeug
In/bus/schrau/be *f., -, -n,* Schraube mit eingestanztem Kantloch
inc. Abk. für: incidit
Inc. Abk. für: incorporated = eingetragen (von Vereinen, Firmen)
I. N. C. Abk. für: in nomine Christi
Inch [engl.] *m., -, -es oder n., -, -,* engl. Längenmaß, Zoll (= 2,54 cm)
In/cho/a/tiv oder auch:
In/cho/a/ti/vum [lat.] *n., -s, -va,* Sprachwiss.: Verb, das den Beginn eines Geschehens ausdrückt, z. B.: erwachen
in/chro/mie/ren [lat.] *tr.* mit Chrom behandeln
in/ci/dit [lat.] Vermerk auf Kupferstichen vor dem Namen des Künstlers („er hat es geschnitten", Abk.: inc.)
in/ci/pit [lat.] Vermerk am Anfang alter Handschriften und Drucke („es beginnt")
In/ci/pit *n., -s, -s,* die Anfangswörter einer alten Handschrift oder eines frühen Druckes
incl. Abk. für: inclusive
in con/cre/to [lat.] konkret gesprochen
in con/tu/ma/ci/am [lat.] nur in der Wendung: in contumaciam verurteilen = in Abwesenheit verurteilen
in cor/po/re [lat.] insgesamt, alle
In/cu/bus *m., -, -cu/ben,* alte Schreibung von: Inkubus
I. N. D. Abk. für: in nomine Dei oder in nomine Domini
Ind/an/thren oder auch:
In/danth/ren *n., -s, -e,* licht- und waschechter Farbstoff
in/de/fi/ni/bel [lat.] nicht definierbar
in/de/fi/nit unbestimmt
In/de/fi/nit/pro/no/men *n., -s, -*
In/de/fi/ni/tum *n., -s, -ta,* unbestimmtes Fürwort, z. B.: jemand, viele
in/de/kli/na/bel oder auch: **indek/li/na/bel** [lat.] nicht deklinierbar
In/de/kli/na/bi/le oder auch: **Inde/kli/na/bi/le-** *n., -, -bilia,* undeklinierbares Wort, z.B. lila
in/de/li/kat [lat.] unfein, unzart
in/dem 1. dadurch, dass: Sie können mir das erklären, indem Sie... 2. während: indem er das sagte, war es auch schon zu spät
In/dem/ni/sa/ti/on [lat.] *f., -en,* Entschädigung, Vergütung
in/dem/ni/sie/ren *tr.*
In/dem/ni/tät *f., -, nur Sg.,* nachträgliche Billigung eines zuvor vom Parlament abgelehnten Regierungsaktes, Straflosigkeit der Abgeordneten
in/de/mons/tra/bel [lat.] nicht beweisbar
In/de/pen/dence Day [engl.] *m., -, nur Sg.,* amerik. Nationalfeiertag: 4. Juli
In/de/pen/den/ten [lat.] *nur Pl.,* Anhänger einer engl. puritan. Richtung des 17. Jahrhunderts
In/de/pen/denz *f., -, nur Sg.,* Unabhängigkeit
In/der *m., -s, -,* Einwohner Indiens
in/des, in/des/sen
in/de/ter/mi/na/bel [lat.] unbestimmbar
In/de/ter/mi/na/ti/on *f., -, nur Sg.*
in/de/ter/mi/niert unbestimmt
In/de/ter/mi/nis/mus *m., -, nur Sg.,* Lehre von der Willensfreiheit
In/dex [lat.] *m., -es, -e oder m., -, -di/zes o. -di/ces,* 1. alphabet. Namen oder Stichwortverzeichnis in Büchern 2. Mathematik: Unterscheidungsziffer, tiefgestellt nach dem Buchstaben 3. statistische Messziffer
In/dex/wäh/rung *f., -, -en,* Wirtschaft: Währung, der bestimmte Indexziffern (z.B. der Lebenshaltungskosten) zugrunde liegen
In/dex/zif/fer *f., -, -n,* Verhältniszahl
in/de/zent [lat.] unanständig, unschicklich
In/de/zenz *f., -, nur Sg.*
In/di/an *m., -[e]s, -e,* österr. für: Truthahn
In/di/a/na Staat in den USA (Abk.: IN)
In/di/a/ner *m., -s, -,* Ureinwohner Amerikas
In/di/a/ner/krap/fen *m., -s, -,* österr. für: Mohrenkopf
In/di/a/ner/som/mer *m., -s, -,* in Nordamerika: Indian Summer: Altweibersommer
in/di/a/nisch
In/di/a/nist *m., -en, -en,* Indianerforscher

In/di/a/nis/tik *f.*, -, *nur Sg.*, Lehre von den Indianersprachen und -kulturen
In/di/ces [lat.] = Indizes
In/di/en Staat in Südasien
In/dienst/nah/me *f.*, -, *nur Sg.*
In/dienst/stel/lung *f.*, -, *nur Sg.*
In/di/er *m.*, -s, -, veralt. für: Inder
in/dif/fe/rent [lat.] 1. unbestimmt 2. gleichgültig
In/dif/fe/ren/tis/mus *m.*, -, *nur Sg.*, Gleichgültigkeit gegenüber bestimmten Dingen, Meinungen, Lehren
In/dif/fe/renz *f.*, -, *nur Sg.*, 1. Unbestimmtheit 2.Gleichgültigkeit
in/di/gen [lat.] veralt für: eingeboren, einheimisch
In/di/ge/nat *n.*, -[e]s, -e, veralt. für: Staatsangehörigkeit
In/di/ges/ti/on *f.*, -, -en, Verdauungsstörung
In/di/gna/ti/on oder auch: -**dig/na/ti/on-** *f.*, -, *nur Sg.*, Unwille, Entrüstung
in/di/gniert oder auch: **in/dig/niert** unwillig, peinlich berührt
In/di/gni/tät oder auch: **-dig/ni/tät** *f.*, -, *nur Sg.*, 1.Rechtswiss.: Erbunwürdigkeit 2. veralt. für: Unwürdigkeit
In/di/go [griech.-span.] *m./n.*, -s, -s, ein blauer Farbstoff
In/di/go/blau *n.*, -s, *nur Sg.*
In/di/go/lith *m.*, -[e]s, -e(n), Mineral
In/di/go/tin *n.*, -s, *nur Sg.*, aus Indigo gewonnener blauer Farbstoff
In/dik *m.*, -s, *nur Sg.*, kurz für: Indischer Ozean

In/di/ka/ti/on [lat.] *f.*, -, -en, 1. Merkmal 2. Medizin: Veranlassung, ein bestimmtes Heilverfahren anzuwenden
In/di/ka/tiv *m.*, -s, -e, Sprachwiss.: Wirklichkeitsform
in/di/ka/ti/visch
In/di/ka/tor *m.*, -s, -en, Chemie: Stoff, der durch Farbwechsel das Ende einer chem. Reaktion anzeigt 2. Technik: Gerät zur Aufzeichnung der Arbeitsleistung einer Maschine
In/di/ka/trix oder auch: **-kat/rix** *f.*, -, *nur Sg.*, math. Hilfsmittel zur Feststellung einer Flächenkrümmung
In/dik/ti/on [lat.] *f.*, -, -en, 1. Ankündigung 2. kirchliches Aufgebot 3. im alten Rom: Zeitraum von 15 Jahren (bei der Berechnung der Steuern)
In/dio *m.*, -s, -s, span. Name für: Indianer Süd-und Mittelamerikas
in/di/rekt [lat.] mittelbar, nicht direkt, Sprachwiss.: indirekte Rede = abhängige Rede, indirekter Fragesatz = abhängiger Fragesatz, indirekte Wahl = Wahl durch Wahlmänner
in/disch aber: der Indische Ozean
In/disch/rot *n.*, -(s), *nur Sg.*
in/dis/kret [lat.] nicht verschwiegen, taktlos
In/dis/kre/ti/on *f.*, -, -en, Mangel an Verschwiegenheit
in/dis/ku/ta/bel [lat.] nicht der Erörterung wert: eine indiskutable Forderung
in/dis/pen/sa/bel [lat.] unerlässlich, unumgänglich

in/dis/po/ni/bel [lat] nicht verfügbar, festgelegt (Geld)
in/dis/po/niert in schlechter Verfassung, unpässlich
In/dis/po/si/ti/on *f.*, -, *nur Sg.*, Unpässlichkeit
in/dis/pu/ta/bel [lat.] veralt. für: unbestreitbar, unstreitig
In/dis/zi/plin [lat.] *f.*, -, *nur Sg.*, Mangel an Disziplin
in/dis/zi/pli/niert
In/di/um *n.*, -, *nur Sg.*, chem. Element (Zeichen: In)
In/di/vi/du/a/li/sa/ti/on *f.*, -, -en, Betrachtung, Hervorhebung des Einzelnen, Besonderen
In/di/vi/du/a/li/sie/ren *tr.* das Einzelne, Besondere hervorheben
In/di/vi/du/a/li/sie/rung *f.*, -, -en
In/di/vi/du/a/lis/mus *m.*, -, *nur Sg.*, 1. Zurückhaltung des Einzelnen gegenüber der Gemeinschaft 2. Überordnung des Einzelmenschen über die Gemeinschaft
In/di/vi/du/a/list *m.*, -en, -en
in/di/vi/du/a/lis/tisch
In/di/vi/du/a/li/tät *f.*, -, -en, 1. Einzigartikeit (der Persönlichkeit) 2. Gesamtheit der Eigenarten eines Einzelwesens
In/di/vi/du/al/recht *n.*, -[e]s, -e, Recht des Einzelmenschen, Menschenrecht
In/di/vi/du/a/ti/on *f.*, -, -en, Entwicklung der Einzelpersönlichkeit
in/di/vi/du/ell den Einzelmenschen betreffend
In/di/vi/du/um *n.*, -s, -duen, 1. Einzelwesen 2. ugs. für: Kerl, unbekannte Person

in/di/vi/si/bel [lat.] unteilbar
In/diz [lat.] *n.,* -es, -dizien, Anzeichen, (Tat-)Verdacht erregender Umstand
In/di/zes oder auch:
In/di/ces *Pl.* von Index
In/di/zi/en/be/weis *m.,* -es, -e, Beweis auf Grund von Tatverdacht erregenden Umständen
in/di/zie/ren *tr.* hinweisen auf, anzeigen
in/di/ziert ratsam
In/di/zi/um *n.,* -s, -zien, veralt. für: Indiz
In/do/a/ri/er Angehöriger eines der um 1500 v. Chr. in Indien eingewanderten arischen Völker
in/do/a/risch indoarische Sprachen
In/do/chi/na das ehemalige franz. Gebiet in Hinterindien
In/do/eu/ro/pä/er *m.,*-s, -, = Indogermane
In/do/eu/ro/pä/isch
In/do/ger/ma/ne *m.,* -n, -n, *meist Pl.* Angehöriger eines der zur indogermanischen Sprachfamilie gehörenden Völker
in/do/ger/ma/nisch die indogermanischen Sprachen = die von Indien bis Europa gesprochenen Sprachen
In/do/ger/ma/nist *m.,* -en, -en
In/do/ger/ma/nis/tik *f.,* -, *nur Sg.* die vergleichende Wissenschaft von den indogermanischen Sprachen
In/do/ger/ma/nis/tisch
in/do/lent [lat.] 1. unempfänglich für Eindrücke 2. unempfindlich gegenüber Schmerzen
In/do/lenz *f.,* -, *nur Sg.*

In/do/lo/ge [lat. u. griech.] *m.,* -n, -n
In/do/lo/gie *f.,* -, *nur Sg.* Wissenschaft von den indischen Sprachen und Kulturen
in/do/lo/gisch
In/do/ne/si/en Inselstaat in Südostasien
In/do/ne/si/er *m.,* -s, -
in/do/pa/zi/fisch zum Indischen und Pazifischen Ozean gehörend
in/dos/sa/bel [lat.] durch Indossament übertragbar
In/dos/sa/ment *n.,* -[e]s, -e, Bank: Wechselübertragung
In/dos/sant, In/dos/sent *m.,* -en, -en, = Girant
In/dos/sat *m.,* -en, -en
In/dos/sa/tar *m.,* -[e]s, -e, jemand, auf den durch Indossament ein Wechsel übertragen wird
In/dos/sent, In/dos/sant *m.,* -en, -en, = Girant
in/dos/sier/bar = indossabel
in/dos/sie/ren *tr.* durch Indossament übertragen
In/dos/sie/rung *f.,* -, -en
In/dos/so *n.,* -s, -s/-si, = Indossament
in du/bio [lat.] im Zweifelsfall, in dubio pro reo: „im Zweifel für den Angeklagten" (Rechtsgrundsatz)
In/duk/tanz [lat.] *f.,* -, *nur Sg.,* Technik: induktiver Widerstand
In/duk/ti/on *f.,* -, -en 1. Philosophie: Folgerung vom Besonderen auf das Allgemeine 2. Physik: Erzeugung einer elektr. Spannung durch bewegte Magnetfelder 3. Mathematik: eine Beweisform
In/duk/ti/ons/ap/pa/rat *m.,*

-[e]s, -e, Hochspannungstransformator
In/duk/ti/ons/krankheit *f.,* -, -en, seelisch übertragene, krankhafte Störung
In/duk/ti/ons/o/fen *m.,* -s, -öfen, induktiv beheizter Schmelzofen
In/duk/ti/ons/strom *m.,* -[e]s, -ströme, durch Induktion erzeugter Strom
in/duk/tiv auf Induktion beruhend
In/duk/ti/vi/tät *f.,* -, -en, Physik: Maß für die Größe einer Induktion
In/duk/tor *m.,* -s, -en, = Induktionsapparat
in dul/ci ju/bi/lo [lat.] = „in süßem Jubel" (Anfang eines alten Weihnachtsliedes)
in/dul/gent [lat.] nachsichtig, milde
In/dul/genz *f.,* -, -en, 1. Nachsicht, Milde 2. Straferlass 3. kath. Kirche: Ablass
In/dult [lat.] *m./n.,* -[e]s, -e, 1. Frist 2. vorübergehende Befreiung von einer kirchengesetzlichen Verpflichtung
in du/plo [lat.] veralt. für: in zweifacher Ausfertigung
In/du/ra/ti/on [lat.] *f.,* -, -en, Medizin: Gewebe- oder Organverhärtung
in/du/rie/ren *intr.* verhärten
In/dus *m.,* -, *nur Sg.* Strom in Vorderindien
In/du/si *f.,* -, *nur Sg.,* Kurzwort aus „induktive Zugsicherung", Zugsicherungseinrichtung
In/du/si/um [lat.] *n.,* -s, -sien, Botanik: häutiger Auswuchs der Blattunterseite von Farnen
in/du/stri/a/li/sie/ren [lat.]

oder auch: **in/dus/tri/a/li-sie/ren** *tr.* in einem Land eine Industrie aufbauen
In/du/stri/a/li/sie/rung oder auch: **In/dus/tri/a/li-sie/rung** *f.,* -, *nur Sg.*
In/du/stri/a/lis/mus oder auch: **In/dus/tri/a/lis/mus** *m.,* -, *nur Sg.,* Prägung einer Volkswirtschaft durch die Industrie
In/du/strie oder auch: **In/dus/trie** *f.,* -, -ien, Massenherstellung von Waren auf mechanischem Wege
In/du/strie/ar/bei/ter oder auch: **In/dus/triear/bei-ter** *m.,* -s, -
In/du/strie/be/trieb oder auch: **In/dus/trie/betrieb** *m.,* -[e]s, -e
In/du/strie/ge/werk/schaft oder auch: **In/dus/trie/ge-werk/schaft** *f.,* -, -en, Abk.: IG
In/du/strie/ka/pi/tän oder auch: **In/dus/trie/ka/pi/tän** *m.,* [e]s, -e, führende Persönlichkeit in der Industrie
In/du/strie/la/den oder auch: **In/dus/trie/la/den** *m.,* -s, -läden, in der ehem. DDR: Verkaufsstelle eines volkseigenen Betriebes für seine Erzeugnisse
in/du/stri/ell oder auch: **in/dus/tri/ell** auf der Industrie beruhend, zur Industrie gehörig
In/du/stri/el/ler oder auch: **In/dus/tri/el/ler** *m.,* -n, -n, Unternehmer
In/du/strie/ma/gnat oder auch: **In/dus/triemag/nat** *m.,* -en, -en, Inhaber von in der Industrie investiertem Kapital
In/du/strie/pflan/ze oder auch: **In/dus/triepflan/ze** *f.,* -, -n, in großen Mengen angebaute, industriell verwendete Pflanze
In/du/strie/pro/dukt oder auch: **In/dus/trie/pro/dukt** *n.,* -[e]s, -e
In/du/strie/staat oder auch: **In/dus/trie/staat** *m.,* -es, -en
In/du/strie/stadt oder auch: **In/dus/trie/stadt** *f.,* -, -städte
In/du/strie- und Handels/kam/mer oder auch: **In/dus/trie-** *f.,* -, -n, Abk.: IHK
in/du/zie/ren [lat.] *tr.*
1. vom Einzelnen auf das Allgemeine schließen
2. Strom durch Induktion erzeugen 3. induziertes Irresein = Induktionskrankheit
in/e/di/tum [lat.] *n.,* -s, -ta, veralt. für: noch nicht herausgegebene Schrift
in/ef/fek/tiv [lat.] unwirksam
in ef/fi/gie [lat.] „im Abbild", bildlich
in/e/gal [lat.] ungleich
in/ein/an/der ineinander passen, fließen, greifen
in/ein/an/der/flie/ßen *intr.*
in/ein/an/der/fü/gen *tr.*
in/ein/an/der/grei/fen *intr.*
in/ert [lat.] untätig, träge
in/es/sen/ti/ell *(Nf.)* auch:
in/es/sen/zi/ell *(Hf.)* unwesentlich
in/ex/akt [lat.] ungenau
in/ex/is/tent [lat.] nicht existierend, nicht vorhanden
In/ex/is/tenz *f.,* -, *nur Sg.*
1. Nichtvorhandensein
2. Philosophie: Vorhandensein in etwas Anderem
in/ex/plo/si/bel [lat.] nicht explodieren könnend
in ex/ten/so [lat.] ausführlich, vollständig
in ex/tre/mis [lat.] Medizin: in den letzten Zügen (liegend)
Inf. Abkl. für: Infanterie
in fac/to [lat.] in Wirklichkeit
in/fal/li/bel [lat.] unfehlbar, unwiderruflich (Entscheidung)
In/fal/li/bi/li/tät *f.,* -, *nur Sg.,* Unfehlbarkeit (des Papstes)
in/fam [lat.] 1. niederträchtig 2. ugs. für: abscheulich (schlimm)
In/fa/mie *f.,* -, -ien, Niederträchtigkeit
In/fant [lat.] *m.,* -en, -en, „Kind", ehemaliger Titel span. und portug. Prinzen
In/fan/te/rie [lat.] *f.,* -, -ien, Militär: Fußtruppe
In/fan/te/rist *m.,* -en, -en, Soldat der Infanterie
in/fan/te/ris/tisch
in/fan/til kindisch, zurückgeblieben
In/fan/ti/lis/mus *m.,* -, *nur Sg.,* Zurückgebliebensein auf einer kindlichen Entwicklungsstufe
In/fan/ti/li/tät *f.,* -, -en, kindisches Wesen, Verhalten, Unreife
In/fan/tin *f.,* -, -nen, ehemaliger Titel span. und portug. Prinzessinnen
In/farkt [lat.] *m.,* -[e]s, -e, Medizin: Absterben eines Gewebeteils infolge eines Gefäßverschlusses
in/far/zie/ren *tr.* ein Organteil (durch Infarkt) zum Absterben bringen
In/fekt [lat.] *m.,* -[e]s, -e, ansteckende Krankheit (z.B. grippaler Infekt)
In/fek/ti/on *f.,* -, -en, Übertragung von Krankheitserregern, Ansteckung

In/fek/ti/ons/krank/heit *f.,* -, -en

in/fek/ti/ös ansteckend

In/fek/ti/o/si/tät *f.,* -, *nur Sg.,* Ansteckungsfähigkeit (eines Krankheitserregers)

In/fel *f.,* -, -en, = Inful

in/fe/ri/or [lat.] untergeordnet, minderwertig

In/fe/ri/o/ri/tät *f.,* -, *nur Sg.,* Minderwertigkeit

in/fer/na/lisch [lat.] 1. höllisch, teuflisch 2. übertr.: unerträglich

In/fer/no *n.,* -s, *nur Sg.,* Hölle, Unterwelt

in/fer/til [lat.] unfruchtbar

In/fer/ti/li/tät *f.,* -, *nur Sg.,* Unfruchtbarkeit

in/fight [engl.] *m.,* -(s), -s, = Infighting

In/figh/ting *n.,* -(s), -s, Boxsport: Nahkampf

In/fil/trat oder auch: **In/filt/rat** [lat.] *n.,* -[e]s, -e, 1. von fremden Zellen oder fremder Flüssigkeit durchsetztes Gewebe 2. in ein Gewebe eingedrungene Substanz

In/fil/tra/ti/on oder auch: **Infiltration** *f.,* -, -en 1. Eindringen von Flüssigkeiten 2. übertr.: ideologische Unterwanderung

in/fil/trie/ren oder auch: -**filt/rie/ren** *tr.* u. *intr.* eindringen, durchtränken

in/fi/nit [lat.] Sprachwiss.: unbestimmt, unbegrenzt, Verbform, die nicht durch Person und Zahl bestimmt ist, z.B. „gehen"

in/fi/ni/te/si/mal ins unendlich Kleine gehend

In/fi/ni/te/si/mal/rechnung *f.,* -, *nur Sg.,* Mathematik: Differential- und Integralrechnung

In/fi/ni/tiv *m.,* -s, -e, Grundform des Verbs („schwimmen", „gehen")

In/fi/ni/tiv/satz *m.,* -es, -sätze, Nebensatz mit einem Infinitiv mit „zu"

In/fir/mi/tät [lat.] *f.,* -, *nur Sg.,* Medizin: Gebrechlichkeit

In/fix [lat.] *n.,* -es, -e, in den Wortstamm oder zwischen die beiden Bestandteile eines zusammengesetzten Wortes eingefügtes Sprachelement, z.B. das s in Vermögensberater

in/fi/zie/ren *tr.* anstecken, mit Krankheitserregern verseuchen

in fla/gran/ti oder auch: - **flag/ran/ti** [lat.] „brennend", jemanden in flagranti ertappen = jemanden auf frischer Tat ertappen

in/flam/ma/bel [lat.] entzündlich

In/flam/ma/bi/li/tät *f.,* -, *nur Sg.*

in/flam/mie/ren *tr.* entflammen

in/fla/tie/ren, in/fla/ti/o/nie/ren [lat.] *tr.* zur Inflation treiben

In/fla/ti/on *f.,* -, -en, Geldentwertung

in/fla/ti/o/nie/ren *tr.* = inflatieren

In/fla/ti/o/nis/mus *m.,* -, *nur Sg.,* Beeinflussung der Wirtschaft durch Erhöhung des Geldumlaufs

in/fla/ti/o/nis/tisch, infla/to/risch, in/fla/ti/o/när auf Inflation beruhend, durch Inflation bewirkt oder Inflation bewirkend

in/fle/xi/bel [lat.] 1. nicht biegsam, starr 2. Grammatik: nicht beugbar, inflexibles Wort

In/fle/xi/bi/li/tät *f.,* -, *nur Sg.,* Starrheit

In/flo/res/zenz [lat.] *f.,* -, -en, Blütenstand

in flo/ri/bus [lat.] in Blüte, übertr.: im Wohlstand

In/flu/enz [lat.] *f.,* -, -en, 1. Einfluss, Wirkung 2. Physik: Beeinflussung eines elektrischen ungeladenen Körpers durch die Annäherung eines geladenen

In/flu/en/za *f.,* -, *nur Sg.,* veralt. für: Grippe

In/flu/enz/ma/schi/ne *f.,* -, -n, Maschine zum Erzeugen hoher Spannungen

in/fol/ge infolge des schlechten Wetters

in/fol/ge/des/sen

In/for/mand [lat.] *m.,* -en, -en, jemand, der informiert wird oder sich informiert

In/for/mant *m.,* -en, -en, jemand, der jemanden informiert

In/for/ma/tik *f.,* -, *nur Sg.,* Wissenschaft von der elektronischen Datenverarbeitung und den Anlagen der elektronischen Datenverarbeitung

In/for/ma/ti/on *f.,* -, -en, Nachricht, Mitteilung

in/for/ma/tiv Auskunft gebend, aufschlussreich

In/for/ma/tor *m.,* -s, -en, = Informant

in/for/ma/to/risch der (vorläufigen) Unterrichtung dienend

in/for/mell 1. nicht formell 2. informatorisch 3. Kunstrichtung der modernen Malerei

in/for/mie/ren 1. *tr.* jemanden informieren = jeman-

den in Kenntnis setzen
2. *refl.* sich unterrichten, Auskünfte einholen
in/fra/ge, in Fra/ge infrage kommen, infrage stellen oder auch: in Frage kommen, stellen
In/fra/grill *m.,* -[e]s, -s
in/fra/krus/tal unterhalb der Erdkruste (gelegen, gebildet)
In/frak/ti/on [lat.] *f.,* -, -en, Bruch, bei dem der Knochen nur angebrochen ist
in/fra/rot zum Bereich des Infrarots gehörend
In/fra/rot *n.,* -(s), *nur Sg.,* unsichtbare Wärmestrahlen
In/fra/rot/film *m.,* -[e]s, -e, für infrarote Strahlen empfänglicher Film
In/fra/rot/strah/ler *m.,* -s, -
In/fra/schall *m.,* -[e]s, *nur Sg.,* die nicht hörbaren Schallwellen unterhalb von 20 Hz
In/fra/struk/tur *f.,* -, -en, die institutionellen und materiellen Einrichtungen einer hochentwickelten Wirtschaft, z.B. Verkehrswege, Krankenhäuser, Telekommunikationseinrichtungen usw.
In/ful [lat.] *f.,* -, -n, 1. im alten Rom: weiße Stirnbinde 2. Kath. Kirche: Bezeichnung der Mitra und der herabhängenden Bänder
in/fu/lie/ren *tr.* zum Tragen der Inful (Mitra) berechtigen
in/fun/die/ren [lat.] *tr.* Medizin: durch Hohlnadeln in den Körper einfließen lassen
In/fus *n.,* -es, -e,
In/fusum *n.,* -s, -sa, Aufguss

In/fu/si/on *f.,* -, -en, Einfließenlassen größerer Flüssigkeitsmengen in den Körper
In/fu/si/ons/tier/chen *n.,* -s, -
In/fu/so/ri/um *n.,* -s, -rien, Aufgusstierchen
In/fu/sum *n.,* -s, -sa, = Infus
Ing. Abk. für: Ingenieur
In/gang/hal/tung, In/gang/set/zung *f.,* -, *nur Sg.*
in ge/ne/re [lat.] im Allgemeinen
in/ge/ne/riert [lat.] angeboren
In/ge/ni/eur [französ.] *m.,* -s, -e, an einer Hochschule oder Fachhochschule ausgebildeter Techniker (Abk.: Ing.)
In/ge/ni/eu/rin *f.,* -, -nen
In/ge/ni/eur/schu/le *f.,* -, -n
in/ge/ni/ös [lat.-frz.] *adj.*
1. sinnreich, kunstvoll
2. erfinderisch, scharfsinnig
In/ge/ni/o/si/tät *f.,* -, *nur Sg.,* Erfindergabe, Scharfsinn
In/ge/ni/um *n.,* -s, -nien, Erfindungsgabe, schöpferische Begabung
In/ge/nu/i/tät *f.,* -, *nur Sg.,* Freimut, Offenheit
In/ge/sin/de *n.,* -s, *nur Sg.,* alte Bezeichnung für: das zum Haus gehörende Gesinde
In/ges/ta [lat.] *Pl,* die aufgenommene Nahrung
In/ges/ti/on *f.,* -, *nur Sg.,* Nahrungsaufnahme
In/ges/ti/ons/all/er/gie *f.,* -, -ien, Allergie gegen mit der Nahrung aufgenommene Stoffe
in/ge/züch/tet durch Inzucht entstanden
Ing. (grad.) Abk. für: gra-

duierter Ingenieur (mit staatlicher Prüfung an einer Ingenieurschule)
In/got [engl.] *m.,* -s, -s, Metallblock, Barren
In/grain/fär/bung [engl.] *f.,* -, -en, Färbung in der Wollflocke
In/grain/pa/pier *n.,* -s, -e, rauhes Zeichenpapier mit farbigen oder schwarzen Wollfasern
In/gre/di/ens [lat] *n.,* -, -dienzien,
In/gre/di/enz *f.,* -, -en, *meist Pl.,* Bestandteil, Zutat
In/greß > In/gress [lat.] *m.,* -es, -e, veralt für: Eingang, Zutritt
In/gres/si/on *f.,* -, -en, Geografie: das Eindringen von Wasser in Erdsenken
In/gres/si/ons/meer *n.,* -es, -e, Nebenmeer
In/grimm *m.,* -s, *nur Sg.*
in/grim/mig
in/gui/nal [lat.] zur Leistengegend gehörig
Ing/wer [sanskr.] *m.,* -s, *nur Sg.,* eine Gewürzpflanze
Inh. Abk. für: Inhaber
In/ha/ber *m.,* -s, -
in/haf/tie/ren *tr.* verhaften
In/haf/tie/rung *f.,* -, -en
In/ha/la/ti/on [lat.] *f.,* -, -en, Einatmen von heilenden Dämpfen
In/ha/la/ti/ons/ap/parat *m.,* -[e]s, -e
In/ha/la/to/ri/um *n.,* -s, -rien, Raum zum Inhalieren
in/ha/lie/ren *tr.* u. *intr.*
1. Heilmittel einatmen 2. in Lungenzügen rauchen
In/halt *m.,* -[e]s, -e
in/halt/lich
in/halts *mit Gen.,* Amtsdeutsch: gemäß des Inhalts
In/halts/an/ga/be *f.,* -, -n

379

in/halts/arm
In/halts/ar/mut *f., -, nur Sg.*
in/halts/los, in/halt/los
in/halts/reich, in/haltreich
In/halts/reich/tum *m., -s, nur Sg.*
in/halts/schwer, in/haltschwer
In/halts/schwe/re *f., -, nur Sg.*
In/halts/über/sicht *f., -, -en*
In/halts/ver/zeich/nis *n., -ses, -se*
in/halts/voll, in/halt/voll
in/hä/rent [lat.] (einer Sache) anhaftend, innewohnend
In/hä/renz *f., -, nur Sg.,* 1. das Innewohnen 2. Philosophie: Verknüpfung von Eigenschaften mit ihrem Träger
in/hä/rie/ren *intr.* anhaften, innewohnen
in/hi/bie/ren [lat.] *tr.* veralt. für: verbieten, verhindern
In/hi/bi/ti/on *f., -, -en,* Verbot
In/hi/bi/tor *m., -s, -en,* Chemie: Hemmstoff
in/hi/bi/to/risch hemmend, hindernd
in hoc sa/lus [lat.] „in diesem (ist) Heil": eine Deutung des Monogramms Jesu (Abk.: I.H.S)
in hoc si/gno (vin/ces) „in diesem Zeichen (wirst du siegen)": Inschrift eines Kreuzes, das Kaiser Konstantin im Traum am Himmel erschienen sein soll (Abk.: I. H. S.)
in/ho/mo/gen [griech.] nicht homogen, heterogen
In/ho/mo/ge/ni/tät *f., -, nur Sg.,* Ungleichartigkeit, Heterogenität

in ho/no/rem [lat.] zu Ehren (des..., der...)
in/hu/man [lat.] unmenschlich
In/hu/ma/ni/tät *f., -, nur Sg.*
in in/fi/ni/tum [lat.] = ad infinitum
in in/te/grum oder auch: **in/teg/rum** [lat.] in der Wendung: in integrum restituieren = in den früheren Rechtsstand wiedereinsetzen
in/i/ti/al [lat.] beginnend, erst..., Erst..., Anfangs...
In/i/ti/al *n., -s, -e,*
In/i/ti/a/le *f., -, -n,* großer, verzierter Anfangsbuchstabe in Büchern
In/i/ti/al/buch/stabe *m., -n, -n,* = Initial[e]
In/i/ti/al/spreng/stoff *m., -[e]s, -e,* Zündstoff für Initialzündungen
In/i/ti/al/wort *n., -[e]s, -e,* = Akronym
In/i/ti/al/zün/dung *f., -, -en,* 1. Zündung eines schwer entzündlichen Sprengstoffs durch einen leicht entzündlichen 2. übertr.: erster Anstoß zu einer neuen Entwicklung
In/i/ti/and *m., -en, -en,* jemand, der aufgenommen werden soll
In/i/ti/ant *m., -en, -en,* jemand, der die Initiative ergreift
In/i/ti/a/ti/on *f., -, -en,* Aufnahme, Einweihung, Einführung
In/i/ti/a/ti/ons/ri/ten *m., Pl.*
in/i/ti/a/tiv 1. den Anstoß gebend 2. Initiative besitzend
In/i/ti/a/ti/ve *f., -, -n,* 1. *nur Sg.* Entschlusskraft 2. der erste Anstoß zu einer Handlung 3. in der Schweiz: Volksbegehren 4. Gruppe von Personen, die sich zusammenschließen, um Forderungen geltend zu machen
In/i/ti/a/tor *m., -s, -oren,* jemand, der den ersten Anstoß gibt, etwas zu tun
In/i/ti/en *nur Pl.,* Anfänge
in/i/ti/ie/ren *tr.* etwas initiieren = zu etwas den Anstoß geben
In/jek/ti/on [lat.] *f., -, -en,* 1. Medizin: Einspritzung 2. Geologie: Eindringen von Magma in Gesteinsspalten
In/jek/ti/ons/sprit/ze *f., -, -n*
In/jek/tor *m., -s, -en,* Pumpe, die Wasser in einen Dampfkessel einspritzt
in/ji/zie/ren *tr.* einspritzen
In/ju/ri/ant [lat.] *m., -en, -en,* veralt. für: Beleidiger
In/ju/ri/at *m., -en, -en,* veralt. für: Beleidigter
In/ju/rie *f., -, -n,* Beleidigung
In/ju/ri/en/kla/ge *f., -, -n*
in/ju/ri/ös beleidigend
In/ka [indian.] *m., -(s), -(s),* Angehöriger der ehem. indian. Herrscher- und Adelsschicht in Peru
in/kal/ku/la/bel [lat] unberechenbar, unmessbar
In/kar/di/na/ti/on [lat.] *f., -, -en,* kath. Kirche: Zuteilung eines Geistlichen an eine Diözese
in/kar/nat [lat.] fleischfarben
In/kar/nat *n., -[e]s, nur Sg.,* Fleischfarbe, Fleischton
In/kar/na/ti/on *f., -, -en,* Fleischwerdung, Menschwerdung (Christi), Verkörperung

In/kar/nat/rot *n.,* -, *nur Sg.,* = Inkarnat
in/kar/niert fleisch-, menschgeworden
In/kar/ze/ra/ti/on [lat.] *f.,* -, -en, Medizin: Einklemmung (z.B. von Eingeweidebrüchen)
in/kar/ze/rie/ren *tr.* einklemmen
In/kas/sant [lat.] *m.,* -en, -en, österr. für: jemand, der Geld kassiert
In/kas/so *n.,* -s, -s/-si, Einkassieren, Einziehen von Geldforderungen
inkl. Abk. für: inklusive
In/kli/na/ti/on [lat.] *f.,* -, -en 1. allg.: Neigung, Vorliebe 2. Physik: Neigung einer frei aufgehängten Magnetnadel zur Waagerechten
in/kli/nie/ren *intr.* neigen zu etwas, eine Vorliebe für etwas haben
in/klu/si/ve einschließlich, inbegriffen (Abk.: inkl, auch: incl.)
in/ko/gni/to oder auch **in/kog/ni/to** [lat.] inkognito leben = unter anderem Namen leben, unerkannt leben
In/ko/gni/to oder **In/kog/ni/to** -*n.,* -s, -s, Geheimhaltung des wahren Namens
in/ko/hä/rent [lat.] unzusammenhängend, zusammenhanglos
In/ko/hä/renz *f.,* -, *nur Sg.*
In/koh/lung *f.,* -, *nur Sg.,* Prozess der Kohlebildung
in/kom/men/su/ra/bel [lat.] nicht vergleichbar
In/kom/men/su/ra/bili/tät *f.,* -, *nur Sg.* Unvergleichbarkeit
in/kom/mo/die/ren [lat] *tr.* veralt. für: belästigen, Unbequemlichkeiten bereiten
In/kom/mo/di/tät *f.,* -, -en, Unbequemlichkeit
in/kom/pa/ra/bel [lat.] unvergleichbar, Grammatik: nicht steigerungsfähig
In/kom/pa/ra/bi/le *n.,* -s, -bilien/-bilia, nicht steigerungsfähiges Adjektiv, z.B. leer
in/kom/pa/ti/bel [lat.] unvereinbar, unverträglich
In/kom/pa/ti/bi/li/tät *f.,* -, *nur Sg.,* Unvereinbarkeit
in/kom/pe/tent [lat.] nicht zuständig, nicht befugt
In/kom/pe/tenz *f.,* -, -en
in/kom/plett [lat.] unvollständig
in/kom/pres/si/bel [lat.] Physik: nicht zusammenpressbar
In/kom/pres/si/bi/li/tät *f.,* -, *nur Sg.*
in/kon/gru/ent [lat.] nicht übereinstimmend, sich nicht deckend
In/kon/gru/enz *f.,* -, *nur Sg.*
in/kon/se/quent [lat.] nicht folgerichtig, unbeständig, wankelmütig
In/kon/se/quenz *f.,* -, -en
in/kon/sis/tent [lat.] unbeständig, unhaltbar
In/kon/sis/tenz *f.,* -, *nur Sg.*
in/kon/stant [lat.] nicht feststehend, unbeständig
In/kons/tanz *f.,* -, *nur Sg.*
In/kon/ti/nenz [lat.] *f.,* -, *nur Sg.,* Unfähigkeit, Harn oder Stuhl zurückzuhalten
in/kon/ve/ni/ent [lat.] veralt. für: unpassend, unschicklich
in/kon/ver/ti/bel [lat] Wirtschaft: nicht austauschbar (von Währungen)
in/kon/zi/li/ant [lat.] nicht entgegenkommend
In/kon/zi/li/anz *f.,* -, *nur Sg.*
In/ko/or/di/na/ti/on [lat.] *f.,* -, -en, Fehlen des harmonischen Zusammenspieles der Muskeln bei Bewegungen
in/ko/or/di/niert nicht zusammenspielend
in/kor/po/ral [lat.] im Körper befindlich
In/kor/po/ra/ti/on *f.,* -, -en, Einverleibung, Aufnahme
in/kor/po/rie/ren *tr.* aufnehmen, angliedern
in/kor/rekt [lat.] ungenau, nicht richtig
In/kor/rekt/heit *f.,* -, -en
In/kraft/set/zung *f.,* -, *nur Sg.*
In/kraft/tre/ten *n.,* -s, *nur Sg.*
In/kreis *m.,* -es, -e, einer Figur einbeschriebener Kreis
In/kre/ment [lat.] *n.,* -[e]s, -e, Mathematik: Betrag, um den eine Größe zunimmt
In/kret [lat.] *n.,* -[e]s, -e, von Drüsen ins Blut abgegebener Stoff, Hormon
In/kre/ti/on *f.,* -, -en, Absonderung ins Innere des Körpers
in/kre/to/risch ins Körperinnere absondernd
in/kri/mi/nie/ren [lat.] *tr.* beschuldigen
in/kro/mie/ren *tr.* eingedeutschte Schreibweise von: inchromieren
In/krus/ta/ti/on *f.,* -, -en, 1. farbige Verzierung von Flächen durch Einlagen 2. Geologie: Krustenbildung
in/krus/tie/ren *tr.* 1. verzieren 2. mit einer Kruste überziehen

In/ku/bant [lat.] *m.,* -en, -en, jemand, der Inkubation ausübt

In/ku/ba/ti/on *f.,* -, -en, 1. Antike: Schlaf an heiligen Stätten 2. Medizin: das Sichfestsetzen von Krankheitserregern im Körper 3. Biologie: Bebrütung von Vogeleiern

In/ku/ba/ti/ons/zeit *f.,* -, -en, Zeitraum von der Ansteckung bis zum Ausbruch der Krankheit

In/ku/ba/tor *m.,* -s, -en, Brutkasten

In/ku/bus *m.,* -, -kuben, Alpdruck, Buhlteufel des mittelalterl. Hexenglaubens

in/ku/lant [lat.] ungefällig (im geschäftlichen Bereich)

In/ku/lanz *f.,* -, *nur Sg.*

In/kul/pant [lat.] *m.,* -en, -en, veralt. für: Ankläger

In/kul/pat [lat.] *m.,* -en, -en, veralt für: Beschuldigter

In/ku/na/bel [lat.] *f.,* -, -n, Buch aus der Frühzeit des Buchdrucks (vor 1500)

In/ku/na/blist oder auch **In/ku/nab/list** *m.,* -en, -en, Wissenschaftler auf dem Gebiet der Inkunabeln

in/ku/ra/bel [lat.] unheilbar

In/kur/va/ti/on [lat.] *f.,* -, -en, Krümmung, Biegung

In/laid [engl.] *m.,* -s, -e, schweiz. für: farbig gemustertes Linoleum

In/land *n.,* -[e]s, *nur Sg.*

In/land/eis *n.,* -es, *nur Sg.*

In/län/der *m.,* -s, -

in/län/disch

In/lands/markt *m.,* -[e]s, -märkte

In/lands/paß >

Inlands/pass *m.,* -es, -pässe

In/lands/por/to *n.,* -s, -ti

In/laut *m.,* -[e]s, -e

in/lau/tend

In/lett *n.,* -[e]s, -e, Baumwollstoff für Federbetten und -kissen

in/lie/gend

in mai/o/rem Dei glori/am = ad maiorem Dei gloriam

in me/di/as res [lat.] „mitten in die Dinge hinein", unmittelbar zur Sache

in me/mo/ri/am [lat] zum Andenken

in/mit/ten *mit Gen.:* inmitten der Stadt

in na/tu/ra [lat.] „in natürlicher Gestalt", leibhaftig

in/ne mundartl.: darin, mittendrin

in/ne/ha/ben *intr.* ein Amt innehaben = ein Amt ausüben

in/ne/hal/ten *intr.* aufhören mit etwas, stocken

in/nen von innen, nach innen, innen und außen

In/nen/ar/chi/tekt *m.,* -en, -en

In/nen/ar/chi/tek/tur *f.,* -, -en

In/nen/auf/nah/me *f.,* -, -n

In/nen/de/ko/ra/ti/on *f.,* -, -en

In/nen/dienst *m.,* -[e]s , *nur Sg.*

In/nen/ein/rich/tung *f.,* -, -en

In/nen/le/ben *n.,* -s, *nur Sg.*

In/nen/mi/nis/ter *m.,* s, -

In/nen/po/li/tik *f.,* -, *nur Sg.*

in/nen/po/li/tisch

In/nen/raum *m.,* -[e]s, -räume

In/nen/sei/te *f.,* -, -n

In/nen/stadt *f.,* -; -städte

In/nen/welt *f.,* -, *nur Sg.*

In/ner/asi/en

in/ner/be/trieb/lich

in/ner/deutsch

in/ne/re(r, -s) innere Angelegenheiten (eines Staates), innere Medizin

In/ne/re(s) *n.,* -ren, -, mein Inneres, Ministerium des Inneren

In/ne/rei *f.,* -, -en, *meist Pl.,* Herz, Magen, Lunge, Leber (von Tieren)

in/ner/halb 1. *mit Gen.:* innerhalb einer Woche 2. *mit Dativ:* innerhalb (von) drei Tagen

in/ner/lich

In/ner/lich/keit *f.,* -, *nur Sg.*

in/ner/po/li/tisch innenpolitisch

In/ners/te(s) *n.,* -ten, -, bis ins Innerste

in/nert schweiz. für: innerhalb

In/ner/va/ti/on [lat.] *f.,* -, *nur Sg.,* 1. Medizin: Versorgung der Körperteile mit Nerven 2. Leitung von Reizen über die Nerven zu einem Organ

in/ner/vie/ren *tr.* 1. mit Nerven oder Nervenreizen versehen

in/ne/sein > **in/ne sein** *intr.* mit Gen., er ist dessen inne

in/ne/wer/den *intr.* mit Gen.

in/ne/woh/nen *intr.* auch diesen alten Methoden hat Positives innegewohnt

in/nig

In/nig/keit *f.,* -, *nur Sg.*

in/nig/lich

in no/mi/ne Dei [lat.] im Namen Gottes (Abk.: I. N. D.)

in no/mi/ne Do/mi/ni [lat.] im Namen des Herrn (Abk.: I. N. D.)

In/no/va/ti/on [lat.] *f.,* -, -en, Erneuerung, Verbesserung eines technischen Verfahrens oder Produktes

in/no/va/tiv
Inns/bruck Hauptstadt von Tirol
Inns/bru/cker *m., -s, -*
in nu/ce [lat.] „in der Nuss" 1. im Kern 2. kurz gesagt
In/nung *f., -, -en*
In/nungs/meis/ter *m., -s, -*
in/of/fen/siv zurückhaltend, nicht angriffslustig
in/of/fi/zi/ell [lat.] nicht öffentlich, vertraulich
In/o/ku/la/ti/on [lat.] *f., -, -en,* 1. Impfung 2. Botanik: Aufpfropfung
in/o/ku/lie/ren *tr.*
in/o/pe/ra/bel nicht zu operieren, durch Operation nicht heilbar
in/op/por/tun [lat.] (im Augenblick) nicht günstig, nicht angebracht
In/op/por/tu/ni/tät *f., -, nur Sg.*
Ino/sit [griech.] *m., -[e]s, nur Sg.,* Medizin: zuckerartige Verbindung in Muskeln
Ino/sit/u/rie oder auch
Ino/si/tu/rie *f., -, -ien,* Vorkommen von Inosit im Urin
in/o/xi/die/ren [griech.], *tr.* mit einer Rostschutzschicht aus Eisenoxid überziehen
in par/ti/bus in/fi/de/lium [lat.] „in den Gebieten der Ungläubigen", früher: Zusatz zum Titel von kath. Bischöfen, die für nicht mehr bestehende Diözesen geweiht wurden
in per/so/na [lat.] persönlich
in pet/to [italien.] „in der Brust", bereit, etwas in petto haben = etwas im Sinn haben
in ple/no [lat.] „in voller Zahl", vollzählig
in pon/ti/fi/ca/li/bus [lat.]

„in priesterlichen Gewändern", im Ornat
in pra/xi [griech.-lat.] in der Praxis, in Wirklichkeit
in punc/to [lat.] „im Punkt", hinsichtlich, was ... betrifft
In/put [engl.] *m., -s, -s,* 1. Wirtschaft: Produktionsmittel, die von außen bezogen und im Betrieb eingesetzt werden 2. Informatik: die in einen Computer eingegebenen Daten
In/qui/lin [lat.] *m., -s, -e,* Insekt, das seine Eier in Nester oder Gallen anderer Insekten legt
in/qui/rie/ren [lat.] *tr.* untersuchen, verhören
In/qui/sit *m., -en, -en,* veralt. für: Angeklagter
In/qui/si/ti/on *f., -, -en* 1. allg.: strenges Verhör 2. vom 12. bis 18. Jahrhundert: Gericht der kath. Kirche gegen Ketzer
In/qui/si/ti/ons/ge/richt *n., -[e]s, -e,* Inquisition
In/qui/si/tor *m., -s, -oren,* 1. strenger Untersuchungsrichter 2. Ketzerrichter
in/qui/si/to/risch
I. N. R. I. Abk. für: Jesus Nazarenus Rex Judaeorum = Jesus von Nazareth, König der Juden (Kreuzesinschrift)
ins = in das
in sal/do [italien.] veralt. für: im Rückstand, in saldo sein, bleiben
in/san [lat.] geistig krank
In/sa/nia *f., -, nur Sg.,* Wahnsinn
In/sas/se *m., -n, -n*
In/sas/sin *f., -, -nen*
ins/be/son/de/re, insbesond/re insbesondere, wenn

In/schrift *f., -, -en*
In/schrif/ten/kun/de *f., -, nur Sg.*
in/schrift/lich
In/sekt [lat.] *n., -[e]s, -en,* Kerbtier
In/sek/ta/ri/um *n., -s, -rien,* Anlage zur Aufzucht von Insekten
in/sek/ten/fres/send >
In/sek/ten fres/send Insekten fressende Pflanze
In/sek/ten/kun/de *f., -, nur Sg.* = Entomologie
In/sek/ten/staat *m., -[e]s, -en*
In/sek/ten/stich *m., -[e]s, -e*
in/sek/ti/vor Insekten fressend
In/sek/ti/vo/re *m., -n, -n, meist Pl.* Insekten fressendes Tier, Insekten fangende Pflanze
in/sek/ti/zid Insekten vernichtend
In/sek/ti/zid *n., -[e]s, -e,* Insekten vernichtendes Mittel
In/sek/to/lo/ge *m., -n, -n*
In/sek/to/lo/gie *f., -, nur Sg.,* Wissenschaft von den Insekten
In/sel [lat.] *f., -, -n*
In/sel/grup/pe *f., -, -n*
In/sel/land *n., -[e]s, -länder*
In/sel/volk *n., -[e]s, -völker*
In/sel/welt *f., -, -en*
In/se/mi/na/ti/on [lat.] *f., -, -en,* 1. Eindringen des Samens in das Ei 2. künstliche Befruchtung
in/sen/si/bel [lat.] nicht empfindlich, unempfindlich
In/sen/si/bi/li/tät *f., -, nur Sg.*
In/se/pa/ra/bles oder auch **Im/se/pa/rab/les** [französ.] *Pl.,* eine Papageienart
In/se/rat [lat.] *n., -[e]s, -e,* Zeitungsanzeige

In/se/ra/ten/teil *m., -[e]s, -e*
In/se/rent *m., -en, -en,* jemand, der ein Inserat aufgegeben hat
in/se/rie/ren *intr.* ein Inserat aufgeben
In/sert [engl.] *n., -s, -s,* im Fernsehen: eingeblendete Schautafel, in eine laufende Sendung eingeschaltete Werbung
In/ser/ti/on *f., -, -en,* 1. Aufgeben einer Anzeige 2. Medizin: Befestigung, z.B. Befestigung von Muskeln an Knochen
ins/ge/heim
ins/ge/mein zusammen
ins/ge/samt
In/side [engl.] *m., -(s) -s,* schweiz. für: Innenstürmer
In/si/der *m., -s, -,* jemand, der Einblick in etwas hat
In/side/sto/ry *f., -, -s,* Geschichte, die auf Grund interner Kenntnisse von etwas geschrieben wurde
In/si/di/en [lat.] *nur Pl.,* veralt. für: Nachstellungen
in/si/di/ös schleichend, heimtückisch (Krankheit)
In/si/gni/en oder auch **In/sig/ni/en** [lat.] *Pl.,* Kennzeichen v. a. staatlicher Macht und Würde
In/si/mu/la/ti/on [lat.] *f., -, -en,* veralt. für: grundlose Beschuldigung
in/si/mu/lie/ren *tr.* (veralt.)
In/si/nu/ant [lat.] *m., -en, -en,* veralt. für: Zuträger
In/si/nu/a/ti/on (veralt.) 1. Zuträgerei 2. Eingabe an ein Gericht
in/si/nu/ie/ren (veralt.) 1. *tr.* jemandem etwas zutragen 2. *refl.* sich einschmeicheln
in/si/pid, in/si/pi/de [lat.] veralt. für: albern, töricht

in/sis/tent [lat.] hartnäckig, beharrlich
In/sis/tenz *f., -, nur Sg.*
in/sis/tie/ren *intr.* auf etwas beharren
in si/tu [lat.] Medizin: in der natürlichen, richtigen Lage
in/skri/bie/ren oder auch: **ins/kri/bie/ren** [lat.] *intr.* sich einschreiben (in die Hörerliste einer Hochschule)
In/skrip/ti/on oder auch **Ins/krip/tion** *f., -, -en,* Eintragung, Einschreibung
in/so/fern 1, in dieser Hinsicht, bis zu diesem Punkt: insofern hast du Recht 2. wenn, sofern: insofern du nichts dagegen hast, gehen wir spazieren
In/so/la/ti/on [lat.] *f., -, nur Sg.,* Sonneneinstrahlung, Sonnenstich
in/so/lent [lat.] anmaßend, unverschämt
In/so/lenz *f., -, nur Sg.*
in/so/lu/bel [lat.] Chemie: unlöslich
in/sol/vent zahlungsunfähig
In/sol/venz *f., -, nur Sg.*
In/son/der/heit veralt. für: im Besonderen
in/so/weit siehe: insofern
in spe [lat.] „in der Hoffnung", zukünftig: meine Schwiegertochter in spe
In/spek/teur [französ.] *m., -s, -e,* 1. Leiter einer Inspektion 2. Dienststellung der ranghöchsten Offiziere der Bundeswehr
In/spek/ti/on [lat.] *f., -, -en,* 1. Prüfung, Kontrolle 2. Aufsicht führende Behörde
In/spek/ti/ons/rei/se *f., -, -n*
In/spek/tor *m., -s, -en,* Aufsicht führender Beamter
In/spek/to/rin *f., -, -nen*

In/spi/ra/ti/on [lat.] *f., -, -en,* 1. Eingebung, schöpferischer Einfall 2. Medizin: Einatmung
In/spi/ra/tor *m., -s, -en,* Anreger
in/spi/ra/to/risch anregend, erleuchtend
in/spi/rie/ren *tr.* anregen
In/spi/zi/ent [lat.] *m., -en, -en,* 1. Theater, Fernsehen: jemand, der für den reibungslosen Ablauf der Aufführung oder Sendung verantwortlich ist 2. Aufsichtsbeamter bei Behörden
in/spi/zie/ren *tr.* prüfen, beaufsichtigen
in/sta/bil [lat.] unsicher, schwankend, nicht fest
In/sta/bi/li/tät *f., -, nur Sg.*
In/stal/la/teur *m., -s, -e,* Handwerker, der Installationen durchführt
In/stal/la/ti/on [französ.] *f., -, -en,* 1. Einbau von technischen Anlagen (für Gas, Wasser, Heizung usw.) 2. Einweisung in ein geistliches Amt
in/stal/lie/ren *tr.* 1. einbauen 2. einweisen (in ein geistliches Amt) 3. *refl.* sich bequem einrichten
In/stal/ment [engl.] *n., -s, -s*
in/stand oder auch: **in Stand** instand halten, instand setzen
In/stand/hal/tung *f., -, nur Sg.*
In/stand/hal/tungs/kosten *nur Pl.*
in/stän/dig jemanden inständig bitten
In/stän/dig/keit *f., -, nur Sg.*
In/stand/set/zung *f., -, nur Sg.*
In/stand/stel/lung *f., -, nur*

Sg., Schweiz. für: Instandsetzung

In/stant/ge/tränk [engl.] *n.*, -[e]s, -e, Getränk aus Pulver, das schnell zubereitet werden kann

In/stanz [lat.] *f.*, -, -en, zuständige Behörde, zuständiges Gericht

In/stan/zen/weg *m.*, -[e]s, -e

...in/stanz/lich zu einer bestimmten Instanz gehörend, z.B. das erstinstanzliche Urteil

in sta/tu nas/cen/di [lat.] im Zustand des Entstehens

in sta/tu quo [lat.] „im Zustand, in dem (sich eine Sache befindet)", im gegenwärtigen Zustand

in sta/tu quo an/te [lat.] „im Zustand, in dem vorher...", im früheren Zustand

Ins/te *m.*, -n, -n, früher für: Landarbeiter, der ständig auf einem Hof arbeitete

In/stil/la/ti/on [lat.] *f.*, -, -en, Medizin: Einträufelung

in/stil/lie/ren *tr.* Medizin: einträufeln

In/stinkt [lat.] *m.*, -[e]s, -e, 1. angeborene Verhaltensweise 2. übertr.: sicheres Gefühl für etwas

in/stink/tiv auf einem Instinkt beruhend, gefühlsmäßig

in/sti/tu/ie/ren [lat.] *tr.* einrichten, errichten

In/sti/tut *n.*, -[e]s, -e, Unternehmen, Bildungs- oder Forschungsanstalt

In/sti/tu/ti/on *f.*, -, -en, 1. *nur Sg.*, Einrichtung, Einsetzung 2. Einrichtung, Anstalt (meist staatl.)

in/sti/tu/ti/o/na/li/sieren *tr.* zu einer Institution machen

In/sti/tu/ti/o/na/lis/mus *m.*, -, *nur Sg.*, Richtung der Wirtschaftswissenschaft, die sich zur Erklärung wirtschaftl. Phänomene auch auf Analysen der wirtschaft. Einrichtungen und Organisationsformen stützt

in/sti/tu/ti/o/nell auf einer Institution beruhend

Inst/mann *m.*, -[e]s, -leute, = Inste

in/stru/ie/ren [lat.] *tr.* unterrichten, in Kenntnis setzen

In/struk/teur [französ.] *m.*, -s, -e, jemand, der anleitet, schult, unterrichtet

In/struk/ti/on [lat.] *f.*, -, -en, Anleitung, Anweisung

in/struk/tiv einprägsam, aufschlussreich

In/struk/tor *m.*, -s, -en, veralt. für: Lehrer, Prinzenerzieher

In/stru/ment [lat.] *n.*, -[e]s, -e, Gerät, Werkzeug, Musikgerät

in/stru/men/tal 1. mit Hilfe eines Instruments 2. Grammatik: das Mittel, Werkzeug bezeichnend

In/stru/men/tal *m.*, -s, -e, Grammatik: das Mittel, Werkzeug bezeichnender Kasus (z.B. in slawischen Sprachen)

In/stru/men/tal/be/gleitung *f.*, -, -en, Begleitung des Gesangs durch Musikinstrumente

In/stru/men/ta/lis *m.*, -, -les, = Instrumental

In/stru/men/ta/lis/mus *m.*, -, *nur Sg.*, Philosophie: Lehre, nach der Denken und Begriffsbildung als Werkzeuge zur Beherrschung von Natur und Menschen dienen

In/stru/men/ta/list *m.*, -en, -en, Spieler eines Musikinstruments

In/stru/men/tal/mu/sik *f.*, -, -en, Musik für Instrumente

In/stru/men/tal/satz *m.*, -es, -sätze, Nebensatz des Mittels, Werkzeugs

In/stru/men/tar *n.*, -[e]s, -e, siehe Instrumentarium

In/stru/men/ta/ri/um *n.*, -s, -rien, 1. Gesamtheit der für eine bestimmte Tätigkeit erforderlichen Instrumente 2. Gesamtheit der in einer bestimmten Epoche oder einem Gebiet verwendeten Musikinstrumente

In/stru/men/ta/ti/on *f.*, -, *nur Sg.*, das Einrichten eines Musikstückes für Instrumente

In/stru/men/ta/tor *m.*, -s, -en, Musiker, der etwas instrumentiert hat

in/stru/men/tie/ren *tr.* ein Musikstück instrumentieren = ein Musikstück für Orchestermusik einrichten

In/stru/men/tie/rung *f.*, -, *nur Sg.*

In/sub/or/di/na/ti/on [lat.] *f.*, -, -en, Militär: Gehorsamsverweigerung

in/suf/fi/zi/ent [lat.] ungenügend, mangelhaft

In/suf/fi/zi/enz *f.*, -, -en, 1. Medizin: mangelhafte Leistungsfähigkeit eines Organs 2. Rechtswiss.: Unfähigkeit, eine Geldforderung voll zu erfüllen

In/su/la/ner *m.*, -s, -, Inselbewohner

in/su/lar wie eine Insel

In/su/la/ri/tät *f.*, -, *nur Sg.*, Abgeschlossenheit einer Insel oder wie auf einer Insel

In/su/lin *n.,* -s, *nur Sg.,* in der Bauchspeicheldrüse gebildetes Hormon
In/su/lin/de früher für: Malaiischer Archipel
In/sult [lat.] *m.,* -[e]s, -e, 1. Beleidigung 2. Medizin: Anfall
In/sul/ta/ti/on *f.,* -, -en, = Insult (Beleidigung)
in/sul/tie/ren *tr.* beleidigen
in sum/ma [lat.] insgesamt, im Ganzen
In/sur/gent [lat.] *m.,* -en, -en, Aufrührer
in/sur/gie/ren *tr.* zum Aufstand treiben, auf-wiegeln
In/sur/rek/ti/on *f.,* -, -en, Aufstand, Aufruhr
in sus/pen/so [lat.] veralt. für: unentschieden, in der Schwebe
in/sze/na/to/risch oder auch: **ins/ze/na/to/risch** [lat.] die Inszenierung betreffend
in/sze/nie/ren oder auch: **ins/ze/nie/ren** *tr.* 1. Theater: zur Aufführung vorbereiten 2. übertr.: absichtlich entstehen lassen, hervorrufen
In/sze/nie/rung oder auch: **Ins/ze/nie/rung-** *f.,* -, -en, technische und künstlerische Gestaltung einer Theateraufführung
In/ta/bu/la/ti/on [lat.] *f.,* -, -en, veralt. für: Einschreibung in eine Tabelle, in das Grundbuch
in/ta/bu/lie/ren *tr.* (veralt.)
In/ta/glio oder auch: -**tag/lio** [italien.] *n.,* -s, -gli/en, = Gemme
in/takt [lat.] unbeschädigt, heil
In/takt/heit *f.,* -, *nur Sg.*
In/tar/seur [französ.] *m.,* -s, -e, Kunsttischler, der Intarsien herstellt
In/tar/sia [arab.-ital.] siehe Intarsie
In/tar/sie *f.,* -, -sien, Einlegearbeit
In/tar/si/a/tor *m.,* -s, -en, = Intarseur
In/tar/si/a/tur *f.,* -, -en, andere Form für: Intarsia
In/tar/si/en/ar/beit *f.,* -, -en
in/tar/sie/ren *tr.* mit Intarsien versehen
in/te/ger [lat.] ohne Makel, rechtschaffen
in/te/gral [lat.] ein Ganzes ausmachend, vollständig
In/te/gral *n.,* -s, -e, Lösung einer Integralgleichung
In/te/gral/rech/nung *f.,* *nur Sg.*
In/te/gra/ti/on *f.,* -, -en, 1. Zusammenschluss, Vereinigung, Eingliederung 2. Berechnung eines Integrals
In/te/gra/tor *m.,* -s, -en, eine Rechenmaschine
In/te/grier/an/la/ge *f.,* -, -n, elektronische Addiermaschine
in/te/grier/bar so beschaffen, dass man es integrieren kann
in/te/grie/ren *tr.* 1. das Integral berechnen 2. zusammenschließen, eingliedern
in/te/grie/rend zum Ganzen notwendig, unverzichtbar
In/te/gri/tät *f.,* -, *nur Sg.,* Makellosigkeit, Rechtschaffenheit
In/te/gu/ment [lat.] 1. die äußere Körperbedeckung (Haut, Haare) 2. bei Blütenpflanzen: Hülle der Samenanlage
In/tel/lekt [lat.] *m.,* -[e]s, -e, Verstand, Denkfähigkeit
In/tel/lek/tu/a/lis/mus *m.,* -, *nur Sg.,* 1. rein verstandesmäßiges Denken 2. Philosophie: Anschauung, die den Intellekt gegenüber Willens- und Gefühlskräften betont
In/tel/lek/tu/a/list *m.,* -en, -en, Anhänger des Intellektualismus
in/tel/lek/tu/a/lis/tisch siehe intellektuell
in/tel/lek/tu/ell 1. auf dem Intellekt beruhend 2. betont verstandesmäßig
In/tel/lek/tu/el/le *m./n.,* -n, -n, Verstandesmensch, Wissenschaftler
In/tel/li/gence Ser/vice [engl.] *m.,* - -, *nur Sg.,* der britische Geheimdienst
In/tel/li/gent [lat.] klug, geistig begabt
In/tel/li/gen/tsia oder auch: **In/tel/lgent/sia** *f.,* -, *nur Sg.,* russ. Bezeichnung für: Gesamtheit der Geistesschaffenden
In/tel/li/genz *f.,* -, *nur Sg.,* 1. Klugheit, geistige Begabung 2. Gesamtheit der Geistesschaffenden
In/tel/li/genz/ler *m.,* -s, -, abfällig für: Angehöriger der Geistesschaffenden
In/tel/li/genz/quo/ti/ent *m.,* -en, -en, Maß für die intellektuelle Leistungsfähigkeit (Abk.: IQ)
In/tel/li/genz/test *m.,* -[e]s, -s
in/tel/li/gi/bel nur gedanklich erfassbar, nicht sinnlich wahrnehmbar
In/ten/dant [lat.] *m.,* -en, -en, Leiter eines Theaters, eines Rundfunk- oder Fernsehsenders
In/ten/dan/tur *f.,* -, -en, 1. Amt eines Intendanten

2. Verwaltungsbehörde eines Heeres

In/ten/danz *f.,* -, -en, Amt, Büro eines Intendanten

in/ten/die/ren [lat.], **in/ten/ti/o/nie/ren** *tr.* beabsichtigen, planen

In/ten/si/me/ter *n.,* -s, -, Gerät zum Messen der Stärke von Strahlen

In/ten/si/on *f.,* -, -en, Anspannung der inneren Kräfte

In/ten/si/tät *f.,* -, -en, Stärke, Kraft, Wirksamkeit

in/ten/siv eindringlich, kräftig, gründlich

in/ten/si/vie/ren *tr.* steigern, verstärken, erhöhen

In/ten/si/vie/rung *f.,* -, -en

In/ten/si/vi/tät *f.,* -, *nur Sg.,* = Intensität

In/ten/si/vum *n.,* -s, -va, Verb, das die Verstärkung einer Tätigkeit ausdrückt, z.B. schnitzen = kräftig schneiden

In/ten/ti/on *f.,* -, -en, Absicht, Plan

in/ten/ti/o/nal, in/ten/ti/o/nell zweckbestimmt, zielorientiert

In/ten/ti/o/na/lis/mus *m.,* -, *nur Sg.,* Philosophie: Auffassung, dass jede Handlung ausschließlich nach ihrer Absicht, nicht nach ihrer Wirkung beurteilt werden darf

In/ten/ti/o/na/li/tät *f.,* -, *nur Sg.,* Zielstrebigkeit

in/ten/ti/o/nal = intentional

in/ten/ti/o/nie/ren *tr.* = intendieren

In/ter/ak/ti/on [lat.] *f.,* -, -en, Wechselbeziehung zwischen Personen und Gruppen

in/ter/ak/tiv auf Interaktion beruhend, wechselweise

in/ter/al/li/iert [lat.] mehrere Verbündete betreffend, aus mehreren Verbündeten bestehend

In/ter/ci/ty-Zug [engl.] *m.,* -[e]s, -züge, schneller, zwischen Großstädten eingesetzter Eisenbahnzug

in/ter/den/tal [lat.] zwischen den Schneidezähnen gebildet

In/ter/den/tal *m.,* -[e]s, -e, zwischen den Schneidezähnen gebildeter Laut

in/ter/de/pen/dent [lat.] voneinander abhängig

In/ter/de/pen/denz *f.,* -, *nur Sg.,* wechselseitige Abhängigkeit

In/ter/dikt [lat.] *n.,* -[e]s, -e, Kirchenstrafe, Verbot gottesdienstlicher Handlungen

In/ter/dik/ti/on *f.,* -, -en, Verbot, Entmündigung

in/ter/dis/zi/pli/när [lat.] mehrere (wissenschaftliche) Disziplinen betreffend

in/ter/di/zie/ren *tr.* verbieten, untersagen

in/ter/es/sant oder auch: **in/te/res/sant** [lat.] 1. Aufmerksamkeit erregend 2. lehrreich 3. ungewöhnlich 4. Gewinn bringend

In/ter/es/se oder auch: **In/te/res/se** *n.,* -s, -n, 1. Aufmerksamkeit, Beachtung 2. Vorliebe, Neigung 3. Vorteil, Nutzen 4. Wichtigkeit, Bedeutung

in/ter/es/se/los oder auch: **in/te/res/se/los**

In/ter/es/se/lo/sig/keit oder auch: **In/te/res/se/lo/sig/keit** *f.,* -, *nur Sg.*

In/ter/es/sen/ge/meinschaft oder auch

interfoliieren

Inte/res/sen/ge/mein/schaft *f.,* -, -en, Zusammenschluss zur Wahrung gemeinsamer Interessen (Abk.: IG)

In/ter/es/sen/sphä/re oder auch: **In/te/res/sen/sphä/re** *f.,* -, -n

In/ter/es/sent oder auch: **In/te/res/sent** *m.,* -en, -en, jemand, der sich für etwas interessiert

in/ter/es/sie/ren oder auch: **in/te/res/sie/ren** 1. *tr.* jemandes Interesse für etwas wecken 2. *refl.* sich (für etwas) interessieren = Interesse an etwas haben

in/ter/es/siert oder auch: **in/te/res/siert** aufmerksam, wissbegierig

In/ter/face [engl.] *n.,* -, -s, Schnittstelle, Verbindungsstelle des Computers mit einem Zusatzgerät

In/ter/fe/renz [lat.] *f.,* -, -en, 1. Physik: Überlagerung von Wellen 2. Sprachwiss.: Abweichung von der Norm durch den Einfluss anderer sprachlicher Elemente

in/ter/fe/rie/ren *intr.* einander überlagern, aufeinander einwirken

In/ter/fe/ro/me/ter *n.,* -s, -, physikalisches Messgerät

In/ter/fe/ro/me/trie oder auch **In/ter/fe/ro/met/rie** *f.,* -, *nur Sg.,* Messung mit Hilfe der Interferenz

in/ter/fe/ro/me/trisch oder auch: **in/ter/fe/ro/met/risch**

In/ter/fe/ron *n.,* -s, *nur Sg.,* zur Abwehr des Virenbefalls gebildetes Zelleiweiß

In/ter/flug *f.,* -, *nur Sg.,* in der ehem. DDR: staatl. Fluggesellschaft

in/ter/fo/li/ie/ren [lat.] *tr.*

interfraktionell

ein Buch interfoliieren = ein Buch mit unbedruckten Blättern „durchschießen" (zu Korrekturzwecken)
in/ter/frak/ti/o/nell mehrere Fraktionen betreffend
in/ter/ga/lak/tisch [lat. u. griech.] zwischen mehreren Galaxien befindlich
in/ter/gla/zi/al [lat.] Geologie: zwischeneiszeitlich
In/ter/gla/zi/al *n.*, -[e]s, -e, = Warmzeit
In/ter/gla/zi/al/zeit *f.*, -, -en, = Warmzeit
In/ter/ho/tel *n.*, -s, -s, in der ehem. DDR: hauptsächlich für ausländische Gäste bestimmtes Hotel
In/te/ri/eur [französ.] *n.*, -s, -s/-e, Ausstattung eines Innenraumes, Malerei: Darstellung eines Innenraumes
In/te/rim [lat.] *n.*, -s, -s, Zwischenlösung, vorläufiger Zustand
in/te/ri/mis/tisch vorläufig
In/te/rims/lö/sung *f.*, -, -en
In/te/rims/re/gie/rung *f.*, -, -en
In/te/rims/schein *m.*, -[e]s, -e, Anteilschein am Grundkapital einer AG, der bis zur Ausgabe der eigentl. Aktienurkunden gilt
In/ter/jek/ti/on [lat.] *f.*, -, -en, = Empfindungswort, z.B. „aua"
in/ter/ka/lar [lat.] eingeschoben (von Schaltjahren)
In/ter/ka/la/ri/en *nur Pl.* Ertrag eines unbesetzten kath. Kirchenpfründe
in/ter/kan/to/nal mehrere Kantone betreffend
In/ter/ko/lum/nie [lat.] *f.*, -, -ien, siehe Interkolumnium
In/ter/ko/lum/ni/um *n.*, -s, -nien, Abstand zwischen zwei Säulen
in/ter/kom/mu/nal [lat.] mehrere Städte betreffend
In/ter/kon/fes/si/o/nalis/mus [lat.] *m.*, -, *nur Sg.*, Bestreben, die Gegensätze zwischen den Konfessionen zu überwinden
in/ter/kon/fes/si/o/nell mehrere Konfessionen betreffend
in/ter/kon/ti/nen/tal [lat.] mehrere Kontinente betreffend
In/ter/kon/ti/nen/tal/ra/ke/te *f.*, -, -n
in/ter/kos/tal [lat.] zwischen den Rippen liegend
In/ter/kos/tal/mus/kel *m.*, -s, -n, Zwischenrippenmuskel
In/ter/kos/tal/neur/al/gie *f.*, -, -ien
in/ter/krus/tal [lat.] in der Erdkruste liegend oder gebildet
in/ter/kur/rent [lat.] Medizin: hinzukommend
in/ter/li/ne/ar [lat.] zwischen die Zeilen eines fremdsprachigen Textes geschrieben
In/ter/li/ne/ar/glos/se *f.*, -, -n, in alten Handschriften: zwischen die Zeilen geschriebene Erläuterung
In/ter/li/ne/ar/ver/si/on *f.*, -, -en, wörtliche Übersetzung eines fremdsprachigen Textes
In/ter/lin/gua [lat.] *f.*, -, *nur Sg.*, eine Welthilfssprache
In/ter/lin/gue *f.*, -, *nur Sg.*, = Occidental
In/ter/lin/gu/ist *m.*, -en, -en
In/ter/lin/guis/tik *f.*, -, *nur Sg.*, Wissenschaft von den Welthilfssprachen
in/ter/lin/guis/tisch

In/ter/lock/wa/re [engl. u. dt.] *f.*, -, -n, feine Wirkware für Trikotagen
In/ter/lu/di/um [lat.] *n.*, -s, -dien, Musik: Zwischenspiel
In/ter/lu/ni/um [lat.] *n.*, -, -nien, Zeit des Neumondes
In/ter/ma/xil/lar/kno/chen [lat.] *m.*, -s, -, Zwischenkieferknochen
in/ter/me/di/är [lat.] zwischen zwei Dingen befindlich
In/ter/me/din *n.*, -[e]s, *nur Sg.*, Hormon, das bei Fischen und Fröschen den Farbwechsel bewirkt
In/ter/me/dio,
In/ter/me/di/um *n.*, -s, -dien, im Italien des 16. Jahrhunderts: kleines musikal.-dramat. Zwischenspiel bei Hoffesten
In/ter/mez/zo *n.*, -s, -zi, 1. im 17. und 18. Jahrhundert: heiteres Zwischenspiel im Drama, in der Oper 2. kurzes, heiteres Musikstück 3. übertr.: kleiner, erheiternder Zwischenfall
In/ter/mis/si/on [lat.] *f.*, -, -en, zeitweiliges Verschwinden von Krankheitssymptomen
in/ter/mit/tie/rend zeitweilig aussetzend und wiederkehrend
in/ter/mo/le/ku/lar [lat.] zwischen den Molekülen liegend oder stattfindend
In/ter/mun/di/en [lat.] *Pl.*, bei Epikur: die Zwischenräume zwischen den unendlich vielen Welten
in/tern [lat.] 1. Medizin: innerlich 2. innerhalb einer Gruppe stattfindend, nicht für Außenstehende

bestimmt 3. von Schülern: im Internat wohnend
In/ter/na *Pl.* von Internum
in/ter/na/li/sie/ren *tr.* Psychologie: verinnerlichen
In/ter/nat *n.,* -[e]s, -e, Schule mit Wohnung und Verpflegung für die Schüler
in/ter/na/ti/o/nal nicht national begrenzt, zwischenstaatlich, mehrere Staaten betreffend, Internationales Olympisches Komitee (Abk.: IOK)
In/ter/na/ti/o/na/le *f.,* -, -n, 1. internationale Vereinigung von Arbeiterbewegungen 2. *nur Sg.:* Kampflied der Arbeiterbewegung
in/ter/na/ti/o/na/li/sie/ren *tr.* international gestalten
In/ter/na/ti/o/na/li/sie/rung *f.,* -, -en
In/ter/na/ti/o/na/lismus 1. *m.,* -, *nur Sg.,* Streben nach überstaatlicher Gemeinschaft 2. *m.,* -, -men, Grammatik: in allen Sprachen gebräuchliches Wort, z.B. stop
In/ter/na/ti/o/na/list *m.,* -en, -en, Anhänger des Internationalismus
in/ter/na/ti/o/na/listisch
In/ter/na/ti/o/na/li/tät *f.,* -, *nur Sg.,* Überstaatlichkeit
In/ter/ne *m./f.,* -n, -n, in einem Internat wohnende(r) Schüler(in)
in/ter/nie/ren *tr.* in staatl. Gewahrsam nehmen, in Haft nehmen
In/ter/nie/rung *f.,* -, -en
In/ter/nie/rungs/la/ger *n.,* -s, -
In/ter/nist *m.,* -en, -en, Facharzt für innere Krankheiten

in/ter/nis/tisch
In/ter/no/di/um [lat.] *n.,* -s, -dien, Botanik: Absatz des Stängels zwischen zwei Blattansatzstellen
In/ter/num [lat.] *n.,* -s, -na, Angelegenheiten, die nur eine Gemeinschaft betreffen und nicht für Außenstehende bestimmt sind
In/ter/nun/ti/us [lat.] *m.,* -, -tien, päpstlicher Nuntius im Rang eines Gesandten
in/ter/oze/a/nisch mehrere Ozeane betreffend
in/ter/par/la/men/tarisch die Parlamente mehrerer Staaten betreffend
In/ter/pel/lant [lat.] *m.,* -en, -en, jemand, der eine Interpellation einbringt
In/ter/pel/la/ti/on *f.,* -, -en, parlamentarische Anfrage
in/ter/pel/lie/ren *intr.* eine Interpellation einbringen
In/ter/pla/ne/tar, in/terpla/ne/ta/risch zwischen den Planeten befindlich
In/ter/pol *f.,* -, *nur Sg.,* Kurzwort für: Internationale kriminalpolizeiliche Kommission, Zentralstelle zur internationalen Koordination der Ermittlungsarbeit in der Verbrechensbekämpfung
In/ter/po/la/ti/on [lat.] *f.,* -, -en, Mathematik: Schluss von zwei bekannten Funktionswerten auf Zwischenwerte
in/ter/po/lie/ren *tr.* nachträgliche Einschaltung, Mathematik: einen Zwischenwert feststellen
In/ter/pret [lat.] *m.,* -en, -en, Ausleger, Erklärer von Texten, Künstler, der ein

Musikwerk darbringt
In/ter/pre/ta/ti/on *f.,* -, -en, Auslegung, Deutung
in/ter/pre/ta/tiv, in/ter/pre/ta/to/risch erklärend, deutend
in/ter/pre/tie/ren *tr.*
in/ter/pun/gie/ren [lat.], **in/ter/punk/tie/ren** *tr.* mit Satzzeichen versehen
In/ter/punk/ti/on *f.,* -, -en, Zeichensetzung
In/ter/punk/ti/ons/zei/chen *n.,* -s, -, Satzzeichen
In/ter/re/gio *m.,* -s, -s, Eisenbahnzug zur Erschließung der Mittelzentren (Abk.: IR)
In/ter/re/gnum oder auch **In/ter/reg/num** *n.,* -s, -gnen/-gna, Zwischenregierung, kaiserlose Zeit
in/ter/ro/ga/tiv [lat.] fragend
In/ter/ro/ga/tiv *n.,* -s, -e, = Interrogativpronomen
In/ter/ro/ga/tiv/ad/verb *n.,* -s, -bien, fragendes Umstandswort, z. B.: wie lange, wohin
In/ter/ro/ga/tiv/pro/nomen *n.,* -s, -, Fragewort, z.B. wer, wann, wo
In/ter/ro/ga/tiv/satz *m.,* -es, -sätze, Fragesatz
In/ter/ro/ga/ti/vum *n.,* -s, -va, = Interrogativpronomen
In/ter/rup/tio [lat.] *f.,* -, -tiones, Schwangerschaftsabbruch
In/ter/rup/ti/on *f.,* -, -en, Unterbrechung
in/ter/sek/to/ral [lat.] zwischen den Sektoren befindlich, die Sektoren verbindend
In/ter/sex [lat.] *n.,* -es, -e, Biologie: geschlechtliche Zwischenform mit männli-

Intersexualität

chen und weiblichen Merkmalen

In/ter/se/xu/a/li/tät *f., -,* *nur Sg.,* Vorhandensein von Geschlechtsmerkmalen an einem Lebewesen, die eigentlich dem anderen Geschlecht zugehören

In/ter/se/xu/ell zwischengeschlechtlich

In/ter/shop [engl.] *m., -s, -s,* in der ehem. DDR: Geschäft, in dem ausländische Waren nur gegen freie Währungen angeboten wurden

in/ter/sta/di/al [lat.] zwischen zwei Stadien stehend

In/ter/sta/di/al *n., -s, -e,* = Interstadialzeit

In/ter/sta/di/al/zeit *f., -, -en,* Stadium zwischen zwei Eiszeiten

in/ter/stel/lar [lat.] zwischen den Fixsternen befindlich

in/ter/sti/ti/ell [lat.] in Zwischenräumen befindlich

In/ter/sti/ti/um *n., -s, -tien,* 1. Biologie: Zwischenraum zwischen Organen 2. kath. Kirche: Zwischenzeit zwischen dem Empfang zweier geistlicher Weihen

in/ter/sub/jek/tiv [lat.] zwei oder mehreren Einzelwesen gemeinsam

In/ter/ter/ri/to/ri/al [lat.] zwischen zwei oder mehreren Einzelstaaten bestehend

In/ter/tri/go [lat.] *f., -, -gines,* Medizin: Wundsein, Hautwolf

In/ter/type [lat. u. engl.] *f., -, -s,* Zeilenguss-Setzmaschine

In/ter/type-Fo/to/set/ter *m., -s, -,* Lichtsetzmaschine

in/ter/ur/ban [lat.] veralt. für: zwischen mehreren Städten befindlich, mehreren Städten gemeinsam

In/ter/vall [lat.] *n., -s, -e,* Zeitabstand, Zeitspanne, Zwischenraum, Musik: Abstand zwischen zwei Tönen, Frist

In/ter/vall/trai/ning *m., -s,*

in/ter/va/lu/ta/risch [lat.] den Austausch von Währungen angehend

In/ter/ve/ni/ent [lat.] *m., -es, -en,* Mittelsmann bei Rechtsstreitigkeiten

in/ter/ve/nie/ren *intr.,* in einer Auseinandersetzung, in einen Streit vermittelnd eingreifen

In/ter/ven/tion [lat.] *f., -, -en,* Dazwischentreten, Einmischen, Eingreifen, z.B. der Regierung, um den Wechselkurs zu regulieren

In/ter/ven/ti/o/nis/mus *m., -, nur Sg.,* wirtschaftspolitisches System, das Eingriffe in das marktwirtschaftliche Geschehen seitens des Staates zur Produktivitätssteigerung vorsieht

In/ter/ven/ti/o/nist *m., -es, -en,* Befürworter des Interventionismus

in/ter/ven/ti/o/nis/tisch

In/ter/ven/ti/ons/kla/ge *f., -, -en,* Widerspruchsklage

in/ter/ven/tiv vermittelnd eingreifend, sich einmischend

In/ter/ver/si/on [lat.] *f., -, -en,* s. Interlinearversion

In/ter/view [engl.] *n., -s, -s,* Befragung von Personen zu einem bestimmten Thema, Meinungsäußerung

in/ter/view/en *tr.,* eine Person zu einem bestimmten Thema befragen

In/ter/view/er *m., -s, -,* Person, die das Interview durchführt

in/ter/ze/die/ren [lat.] *intr.* 1. dazwischentreten, vermitteln, 2. bürgen

In/ter/zel/lu/lar [lat.], **In/ter/zel/lu/lär** [lat.], zwischenzellig, zwischen den Zellen befindlich

In/ter/zel/lu/lar/raum *m., [e]s, -räume,* Raum zwischen den Zellen

In/ter/zes/si/on [lat.], *f., -, -en* Schuldübernahme (Rechtsgeschäfte)

in/ter/zo/nal [lat.-griech.] zwischen zwei oder mehreren Zonen

In/ter/zo/nen/han/del *m., -s, nur Sg.,* Handel zwischen zwei oder mehreren Zonen

In/ter/zo/nen/ver/kehr *m., -s, nur Sg.*

In/ter/zo/nen/zug *m., -[e]s, -züge*

in/tes/ta/bel [lat.] bei Gerichtsdingen: nicht fähig, als Zeuge aufzutreten oder ein Testament zu machen

In/tes/tat/er/be *m., -n, -n,* natürlicher (und gesetzlicher) Erbe

in/tes/ti/nal [lat.] zum Darm gehörend

In/te/s/ti/num *n., -s, -nen* oder -na Darm

In/thro/ni/sa/ti/on [lat.-griech.] *f., -, -en,* feierliche Amtseinsetzung eines geistlichen oder weltlichen Würdenträgers

in/thro/ni/sie/ren *tr.,* einen geistlichen Würdenträger feierlich in sein Amt einsetzen, Erhebung auf den Thron

In/thro/ni/sie/rung *f., -, -en*

in/tim [lat.] 1. vertraut, familiär, freundschaftlich, 2. gemütlich, heimisch, 3. den sexuellen Bereich betreffend, intime Beziehungen, Geschlechtsverkehr, 4. Dinge, die nicht jeden angehen
In/ti/ma *f.,* 1. innerste Haut der Gefäße, 2. enge Freundin
In/ti/ma/ti/on *f.,* -, -en, veralt. für: gerichtliche Ankündigung, Vorladung
In/ti/mi/tät *f.,* -, *nur Sg.,* Vertrautheit, enge Freundschaft, Familiarität
In/tims/phäre *f.,* Bereich des persönlichen Lebens, besonders des Geschlechtslebens
In/ti/mus *m.,* -s, -mi, enger Freund
in/to/le/ra/bel [lat.] unduldbar
in/to/le/rant unduldsam gegenüber anders Denkenden und anders Handelnden, anderen Religionen, anderen Völkern u. Ä.
In/to/le/ranz *f.,* -, *nur Sg.*
In/to/na/ti/on *f.,* -, -en, 1. Verändern der Tonhöhe und Tonstärke beim Sprechen, Betonung, 2. Tongebung, Tonansatz beim Singen oder Musizieren
in/to/na/to/risch die Intonation betreffend
in/to/nie/ren *tr.*
in to/to [lat.] im Ganzen, insgesamt
In/tou/rist früher: Bezeichnung für das staatliche Reisebüro der UdSSR
In/to/xi/ka/ti/on [lat.] *f.,* -, -en Vergiftung
in/tra..., In/tra... [lat.] in Wortzusammenhang: innerhalb
In/tra/da oder **In/tra/de** [lat.] *f.,* -e -en feierliches Eröffnungsstück einer Suite (Musik)
in/tra/kar/di/al [lat.] innerhalb des Herzens
in/tra/ku/tan [lat.] im Hautinnern
in/tra/lum/bal [lat.] Injektion in den Lendenwirbelkanal
in/tra/mo/le/ku/lar [lat.] im Molekülinneren
in/tra/mon/tan [lat.] zwischen den Gebirgen
in/tra/mun/dan [lat.] innerhalb dieser Welt
in/tra mu/ros [lat.] nicht öffentlich
in/tra/mus/ku/lär [lat.] 1. Injektion in einen Muskel, 2. innerhalb eines Muskels
in/tran/si/gent [lat.] unnachgiebig auf etwas beharrend, kompromisslos, stur, zu keinen Konzessionen bereit
In/tran/si/gent *m.,* -[e]s, -en, intransigente, uneinsichtige Person
In/tran/si/genz *f.,* -e, *nur Sg.,* Uneinsichtigkeit
in/tran/si/tiv [lat.] Verb, das kein Akkusativobjekt bei sich haben kann und von dem sich kein persönliches Passiv bilden lässt, wie z.B. ich gehe
In/tran/si/ti/vum *n.,* -s, -va, intransitives Verb
in/tra/o/ku/lar [lat.] im Augeninnern
in/tra/o/ral [lat.] im Mundinnern
in/tra/u/te/rin [lat.] im Gebärmutterinnern
in/tra/va/gi/nal [lat.] im Scheideninnern
in/tra/ve/nös [lat.] 1. im Veneninnern 2. in eine Vene hinein
in/tri/gant [französ.] arglistig, hinterlistig, eine intrigante Person
In/tri/gant *m.,* -[e]s, -en, Person, die Intrigen spinnt
In/tri/ganz *f.,* -, *nur Sg.* Hinterlist, Arglist
In/tri/ge *f.,* -e -, -en, hinterlistige Handlung, Arglist, Verwicklung
In/tri/gen/spiel *n.,* -[e]s, -e
in/tri/gie/ren *intr.,* sich arglistig verhalten, Intrigen spinnen
in/tro..., In/tro... [lat.] in Wortzus.: in ... hinein
In/tro/duk/ti/on [lat.] 1. Einleitung, 2. Einleitungssatz eines Musikstückes, Vorspiel
in/tro/du/zie/ren *tr.,* einleiten
In/tro/i/tus *m.,* -, -, 1. Eingangsgesang (kathol.), 2. Eingangsworte (evangel.) 3. (Scheiden-) Eingang
in/trors [lat.] nach innen gewendet (Staubbeutel)
In/tro/spek/ti/on [lat.] *f.,* -, -en, Selbstbeobachtung
in/tro/spek/tiv selbstbeobachtend
In/tro/ver/si/on [lat.] *f.,* -, *nur Sg.,* Innenschau, Konzentration auf seelische Vorgänge
in/tro/ver/tiert Gefühle nicht zeigend, nach innen gekehrtes Verhalten, kontaktscheu
In/tru/si/on [lat.] *f.,* -, Eindringen von Magma in Gesteine der Erdkruste und

deren Abkühlung
in/tru/siv durch Intrusion entstanden
In/tru/siv/ge/stein *n.,* -[e]s, *nur Sg.,* Gestein, das durch Intrusion entstanden ist
In/tu/ba/ti/on [lat.] *f.,* -, -en, 1. Einführen einer Röhre (z.B. in die Luftröhre), 2. Einblasen von Medikamenten
in/tu/bie/ren *tr.*
In/tu/i/ti/on [lat.] *f.,* -, -en, plötzliche Eingebung, Ahnung, das richtige Gefühl, instinktives Wissen, Einfall
in/tu/i/tiv gefühlsmäßig oder ahnend erfassen
in/tu/mes/zenz [lat.],
In/tur/ges/zenz [lat.] *f.,* -, -en, Anschwellen der Geschlechtsorgane bei Erregung
in/tus [lat.] inwendig, innen, etwas intus haben, 1. ugs. für: etwas getrunken haben, auch: etwas gegessen haben, 2. ugs. für: etwas begriffen haben
in ty/ran/nos! [lat.] gegen die Tyrannen!
Inu/la oder auch **In/au/la** [griech.] -, *nur Sg.,* Gewürz- und Heilkräuter aus der Gattung der Korbblütler
Inu/lin *n.,* -, *nur Sg.* Fruchtzucker
In/un/da/ti/on [lat.] *f.,* -, -en, Überschwemmung,
In/unk/ti/on [lat,] *f.,*-,-en, Einreibung
In/va/gi/na/ti/on [lat.] *f.,* -, -en Einstülpung des Darms
in/va/lid [lat.], **in/va/li/de** [lat.] durch Krankheit oder Unfall dauernd arbeitsunfähig
In/va/li/de *m., f.,* -n, -en,
In/va/li/den/ren/te *f.,* -, -en Rente, die jemand aufgrund von Invalidität erhält
In/va/li/den/ver/si/cherung *f.,* -, -en
in/va/li/di/sie/ren *tr.* jemanden für invalid erklären
In/va/li/di/sie/rung *f.,* -, *nur Sg.,*
In/va/li/di/tät *f.,* -, *nur Sg.* dauernde Arbeitsunfähigkeit
in/va/ri/a/bel [lat.] unveränderlich
in/va/ri/ant unverändert
In/va/ri/an/te *f.,* -, -en, unveränderbare Größe
In/va/ri/an/ten/the/o/rie *f.,* -, *nur Sg.*
In/va/ri/anz *f.,* -, *nur Sg.,* Unveränderbarkeit
In/va/si/on [lat.] *f.,* -, -en, 1. militärischer Einmarsch in ein anderes Land, 2. plötzliches Auftreten von Krankheitserregern in der Blutbahn eines Organismus
In/va/sor *m.,* -s, -en, Person, die militärisch in ein Land eindringt
In/vek/ti/ve [lat.] *f.,* -, -n, Beleidigung, Beschimpfung, beleidigendes Verhalten
In/ven/tar [lat.] *n.,* -s, -e, 1. Bestandsliste, 2.Liste aller Vermögensgegenstände eines Unternehmens, 3. komplette Einrichtung, die zu einer Wohnung oder einem Haus gehört, lebendes Inventar: Tiere, totes Inventar: Gegenstände
In/ven/ta/ri/sa/ti/on *f.,* -, -en Bestandsaufnahme
in/ven/ta/ri/sie/ren *tr.,* Bestand aufnehmen
in/ven/tie/ren [lat.] *tr.* erfinden
In/ven/ti/on *f.,* -, -en,
1. veralt. für: erfinden,
2. kleines Musikstück (ohne festgesetzte Form)
In/ven/tur [lat.] *f.,* -, -en, Bestandsaufnahme, Auflistung aller in einem Unternehmen vorhandenen Waren zu einem bestimmten Stichtag
In/ven/tur/aus/ver/kauf *m.,* -s, Räumungsverkauf
in/vers [lat.] umgekehrt
In/ver/si/on *f.,* -, -en, 1. Umkehrung, Umdrehung, Gegenbewegung, 2. Wettersturz, 3. Umkehrung der üblichen Wortfolge in einem Satz
In/ver/te/brat *m.,* -[e]s, -en siehe Evertebrat
in/ver/tie/ren [lat.] *tr.,* umkehren
in/ver/tiert umgekehrt
In/vert/zu/cker *m.,* -s, *nur Sg.,* Mischung aus Trauben- und Fruchtzucker
in/ves/tie/ren [lat.] *tr.,* 1. Geld langfristig anlegen, 2. Kapital in Sachgütern anlegen, 3. Betriebsmittel anschaffen
In/ves/tie/rung siehe Investition
In/ves/ti/ti/on Kapitalanlage (langfristig)
In/ves/ti/ti/ons/gü/ter *n., Pl.,* Wirtschaftsgüter, die in der Produktion eingesetzt werden und die Produktivität erhöhen
In/ves/ti/ti/ons/mit/tel
In/ves/ti/tur *f.,* -, -en, Einsetzung in ein kirchliches Amt
In/ves/tiv/lohn *m.,* -es, -löhne, Teil des Arbeitnehmerlohns, der in Form von Spareinlagen zwangsgebunden ist

In/vest/ment *n.,* -s, -s, s. Investition
In/vest/ment/fonds *m.,* -, -, Sondervermögen einer Kapitalanlagegesellschaft
In/vest/ment-Trust >
In/vest/ment/trust *m.,* -s, -s, Kapitalanlagegesellschaft
In/ves/tor *m.,* -s, -en, Kapitalanleger
in vi/no ve/ri/tas [lat.] im Wein ist Wahrheit
in/vi/si/bel [lat.] unsichtbar
in vit/ro oder auch **in vi/tro** [lat.] Versuch, der im Reagenzglas durchgeführt wird
in vi/vo Versuch, der am lebenden Organismus durchgeführt wird
In/vo/ka/ti/on [lat.] *f.,* -, -en, in der Religion: Anrufung
In/vo/ka/vit erster Fastensonntag
In/vo/lu/ti/on [lat.] *f.,* -, -en, 1. Rückbildung (med.), 2. Begriff der Geometrie
in/vol/vie/ren *tr.,* einschließen, enthalten, nach sich ziehen
in/wen/dig, ugs.: etwas in- und auswendig können
in/wie/fern, in/wie/weit
In/woh/ner *m.,* -s, -, veralt. für: Bewohner, 2. österr.: Mieter
In/zens [lat.] *m.,* -es, -e, s. Inzensation
In/zen/sa/ri/um *n.,* -s, -en, s. Inzensorium
In/zen/sa/ti/on *f.,* -, -en, Verbrennen von Weihrauch
in/zen/sie/ren *tr.,* Weihrauch abbrennen
In/zen/so/ri/um *n.,* -s, -en Gefäß für Weihrauch
In/zest [lat.] *m.,* -[e]s, -e, Geschlechtsverkehr zwischen Eltern und Kindern oder zwischen Geschwistern, Blutschande
in/zes/tu/ös blutschänderisch
In/zi/si/on *f.,* -, -en, operativer Einschnitt in ein Gewebe
in/zi/siv *m.,* -es, -e, siehe Inzisivzahn
In/zi/siv/zahn *m.,* -[e]s, -zahne, Schneidezahn
In/zi/sur *f.,* -, -en, künstliche Einkerbung
In/zucht *f.,* -, *nur Sg.*
in/zwi/schen
Io Abk. für: Ionium
Io Abk. für: Iowa
IOC Abk. für: International Olympic Committee
IOK Abk. für: Internationales Olympisches Komitee
ion [griech.] *n.,* -[e]s, -e, elektr. geladenes Atom- oder Molekülteilchen
Io/ni/en Landschaft in Kleinasien
Io/ni/er Einwohner Ioniens
Io/ni/sa/ti/on *f.,* -, *nur Sg.,* Übergang von neutralen Teilchen in elektr. geladene Teilchen
Io/ni/sa/tor *m.,* -s, -en Gerät, mit dessen Hilfe die elektrostatischen Ladungen beseitigt werden
io/nisch aus Ionien
io/ni/sie/ren [griech.] elektr. aufladen
Io/ni/sie/rung *f.,* -, *nur Sg.*
Io/ni/um *n.,* -s, *nur Sg.,* radioaktives Zerfallsprodukt von Uran
Io/nos/phä/re *f.,* -, *nur Sg.,* ionisierte äußerste Schicht der Erdatmosphäre, 80 - 800 Kilometer hoch
Io/ta siehe Jota

Io/wa nordamerikanischer Staat
Ipe/ca/cu/an/ha [por-tug.] *f.,* -, *nur Sg.,* Brechwurz
Iphi/ge/nie Agamemnons Tochter
i.p.i. in partibus infidelium
Ip/sa/ti/on [lat.] *f.,* -, *nur Sg.,* veralt. für Masturbation
ip/se fe/cit „er hat (es) selbst gemacht" (Abk.: i. f.)
Ip/sis/mus *m.,* -, *nur Sg.,* siehe Ipsation
ip/sis/si/ma ver/ba die eigenen Worte
ip/se fac/to „durch die Tat selbst", Rechtsformel, die besagt, dass die Folgen einer Tat von selbst eintreten
ip/so ju/re „durch das Recht selbst", Rechtsformel in der Bedeutung, dass die Rechtsfolgen einer Tat von selbst eintreten
IPU Abk. für: Interparlamentarische Union
i-Punkt *m.,* -[e]s, -e
IQ Abk. für: Intelligenzquotient
Ir Iridium
IR Abk. für: 1. Interregio, 2. Infanterieregiment
i. R. Abk. für: im Ruhestand
I. R. Imperator Rex
IRA Abk. für: Irish Republican Army (Irisch-Republikanische Armee), irische Terrororganisation
ir..., Ir... [lat.] in Wortzus.: nicht, un..., Nicht, Un...
Ira/de [arab.] *m.,* -, -n, oder *n.,* -, -n Sultanserlass
Irak *m.,* -s, vorderasiatischer Staat
Ira/ker *m.,* -s, -, Einwohner Iraks

Ira/ki *m.,* -, -, Einwohner Iraks
ira/kisch
Iran *m.,* -s, asiatischer Staat
Ira/ner Einwohner des Iran
ira/nisch
Ira/nist *m.,* -[e]s, -en, Wissenschaftler der Iranistik
Ira/nis/tik *f.,* -, *nur Sg.,* Wissenschaft der iranischen Kultur, Sprache und Geschichte
ira/nis/tisch
Ir/bis [mongol.-russ.] *m.,* -, -e Schneeleopard
ir/den aus gebrannter Erde oder Ton
ir/disch von der Erde stammend, zu ihr gehörend
Ire *m.,* -n, -n, Einwohner Irlands
Ire/nik [griech.] *f.,* -, *nur Sg.,* Friedenslehre
ire/nisch friedlich
Ire/nis/mus *f.,* -, *nur Sg.,* siehe Irenik
ir/gend irgendein, irgendetwas, irgendjemand, irgendwo, irgendwann
Irid/ek/to/mie [griech.] *f.,* -, -n, operative Entfernung der Regenbogenhaut des Auges, bei Staroperation
Iri/di/um *n.,* -s, *nur Sg.,* ehem. Element
Iri/do/lo/ge *m.,* -n, -n, Augendiagnostiker
Iri/do/lo/gie *f.,* -, -n, Augendiagnose
iri/do/lo/gisch
Iri/do/to/mie *f.,* -, -n, s. Iridektomie
Irin *f.,* -, -nen Einwohnerin Irlands
Iris *f.,* -, -, 1. Regenbogenhaut des Auges, 2. Schwertlilie
Iris/blen/de *f.,*-,-n, stufenlos verstellbare Blende in fotografischen Objektiven
irisch aus Irland
Irisch Stew oder auch **Irish Stew** *n., nur Sg.,* Nationalgericht Irlands: Eintopf aus Hammel- oder Lammfleisch mit Weißkraut, Möhren, Wirsing und Kartoffeln
iri/sie/ren in Regenbogenfarben schimmern
Iri/tis *f.,* -, -tiden, Entzündung der Regenbogenhaut
IRK Abk. für: Internationales Rotes Kreuz
Ir/land Insel im Nordwesten Europas
Ir/min/säu/le *f.,* -, -n,
Ir/min/sul *f.,* -, *nur Sg.,* germanisches Heiligtum
IRO Abk. für: International Refugee Organization (Internationale Flüchtlingsorganisation)
Iro/ke/se *m.,* -n, -n, Mitglied eines Indianerstammes Nordamerikas
iro/ke/sisch
Iro/nie [griech.] *f.,* -, *nur Sg.,* Spott, bei dem das Gegenteil von dem gesagt wird, was man denkt, verhüllter Spott
Iro/ni/ker *m.,* -s, -, ironische Person
iro/nisch spottend
iro/ni/sie/ren einen Sachverhalt ironisch darstellen
irr siehe irre
Ir/ra/di/a/ti/on [lat.] *f.,* -, -en 1. Ausstrahlen des Schmerzes, 2. Überbelichtung eines Fotos
ir/ra/di/ie/ren *intr.* ausstrahlen
ir/ra/ti/o/nal [lat.] vom Verstand nicht fassbar, nicht logisch erklärbar, gegen die Vernunft sprechend
Ir/ra/ti/o/na/lis/mus *m.,* -s, *nur Sg.,* 1. phil. Lehre 2. Ausschalten der Vernunft
Ir/ra/ti/o/na/li/tät *f.,* -, *nur Sg.*
Ir/re, irr, irre sein, irregehen, irrewerden
Ir/re *f.,* -, *nur Sg.,* in die Irre gehen, jmdn. in die Irre führen
ir/re/al [lat.] nicht wirklich
Ir/re/al *m.,* -es, -e,
Ir/re/a/lis *m.,* -, -les grammat. Modus der Unwirklichkeit
Ir/re/a/li/tät *f.,* -, *nur Sg.,* Unwirklichkeit
Ir/re/den/ta *f.,* -, *nur Sg.,* 1. „unerlöstes" Italien, 2. pol. Bewegungen, die den Anschluss der vom Mutterland abgetrennten Gebiete an dasselbige anstreben
Ir/re/den/tis/mus *m.,* -, *nur Sg.,* pol. Bewegung im Sinne der Irredenta
Ir/re/den/tist *m.,* -[e]s, -en
ir/re/den/tis/tisch
ir/re/du/zi/bel [lat.] nicht wiederherzustellen
Ir/re/du/zi/bi/li/tät *f.,* -, *nur Sg.*
ir/re/füh/ren *tr.* Klaus hat Peter irregeführt, Birgit führt Stefan irre
Ir/re/füh/rung *f.,* -, -en
ir/re/ge/hen *intr.* Horst geht irre, Ulrike ging irre
ir/re/gu/lär [lat.] unregelmäßig, ungesetzmäßig
Ir/re/gu/la/ri/tät *f.,* -, *nur Sg.,* Unregelmäßigkeit, Ungesetzmäßigkeit
ir/re/lei/ten *tr.,* du wurdest irregeleitet
ir/re/le/vant [lat.] unerheblich, unbedeutend, belanglos
Ir/re/le/vanz *f.,* -, *nur Sg.*
ir/re/li/gi/ös [lat.] nicht religiös

Ir/re/li/gi/o/si/tät *f.,* -, *nur Sg.*
ir/ren 1. *intr.* Irren ist menschlich, 2. *refl.* sich irren, Bernd hat sich geirrt
Ir/ren/haus *n.,* -es, -häuser, ugs. für Nervenheilanstalt
Ir/ren/arzt *m.,* -es, -ärzte, ugs. für Nervenarzt
ir/re/pa/ra/bel [lat.] 1. nicht mehr zu reparieren, 2. unwiederbringlich, 3. nicht mehr heilbar
ir/re/po/ni/bel [lat.] nicht wiederherzustellen
Ir/re *m.* -n, -n *und f.,* -n, -n
Ir/re/sein *n.,* -s, *nur Sg.*
ir/re/so/lut [lat.] nicht resolut
ir/res/pi/ra/bel oder auch **ir/re/spi/ra/bel** nicht zum Einatmen geeignet
ir/re/spon/sa/bel oder auch: **ir/res/pon/sa/bel** unverantwortbar
ir/re/ver/si/bel [lat.] nicht umkehrbar
Ir/re/ver/si/bi/li/tät *f.,* -, *nur Sg.*
ir/re/vi/si/bel [lat.] nicht anfechtbar
ir/re/wer/den *tr.* Bernd wird irre, Paula ist irregeworden
Ir/re/wer/den *n.,* -s, *nur Sg.*
Irr/fahrt *f.,* -, -en, die Irrfahrt des Odysseus
Irr/gar/ten *m.,* -s, -gärten
Irr/glau/be *m.,* -s
irr/gläu/big
ir/rig irrige Annahme
Ir/ri/ga/ti/on [lat.] *f.,* -, -en, Darmspülung bei Verstopfung, Einlauf
Ir/ri/ga/tor *m.,* -s, -en, Gerät für Darmspülung
ir/ri/ger/wei/se
ir/ri/ta/bel [lat.] reizbar, erregbar, irritable Person

Ir/ri/ta/bi/li/tät *f.,* -, *nur Sg.,* Reizbarkeit, Erregbarkeit
Ir/ri/ta/ti/on *f.,* -, -en, 1. Verwirrung, Verunsicherung, 2. Reizung, Verärgerung, 3. Erregung, Aufregung
ir/ri/tie/ren *tr.* 1. verwirren, verunsichern, 2. verärgern, 3. erregen, aufregen
Irr/läu/fer *m.,* -s, -, falsch beförderter Brief
Irr/leh/re *f.,* -, -n, falsche Lehre
Irr/licht *n.,* -[e]s, -lichter
irr/lich/tern *intr.* Bewegungen eines Irrlichts machen
Irr/nis *f.,* -, -se
Irr/sal *n.,* -s, -e, viele Irrtümer
Irr/sein siehe Irresein
Irr/sinn *m.,* -[e]s, *nur Sg.*
irr/sin/nig
Irr/tum *m.,* -s, -tümer
irr/tüm/lich, irr/tüm/li/cher/wei/se
Ir/rung *f.,* -, -en Irrungen und Wirrungen
Irr/weg *m.,* -[e]s, -e
Irr/wer/den siehe Irrewerden
Irr/wisch *m.,* -es, -e, ugs. äußerst lebhafte Person
Ir/vin/gi/a/ner Anhänger einer schottischen, religösen Sekte
is..., Is... siehe auch: Iso, Iso
ISA Abk. für: International Federation of the National Standardizing Associations (Internationale Vereinigung für Einheitsmaße)
isa/bell/far/ben ocker
Isa/go/ge [griech.] *f.,* -, -n, Einführung (in eine Wissenschaft)

Ischias

Isa/go/gik *f.,* -, *nur Sg.,* Einleitungswissenschaft
Isai/as Prophet im AT
Isa/kus/te [griech.] *f.,-,* -n, Linie, die zwischen den Orten gezogen werden kann, bei denen ein Erdbeben gleiche Schallstärke erreicht
Isal/lo/ba/re [griech.] *f.,* -, -n, Linie, die zwischen den Orten gezogen werden kann, in denen sich der Luftdruck in gleichem Maße ändert
Isal/lo/ther/me *f.,* -, -n, Linie, die zwischen den Orten gezogen werden kann, in denen sich die Temperatur in gleichem Maße ändert
Is/a/ne/mo/ne [griech.] *f.,* -, -n, Linie, die zwischen den Orten mit gleichen Windverhältnissen gezogen werden kann
Isa/tin [griech.] *n.,* -s, *nur Sg.,* Basis indigoartiger Farbstoffe
Isa/tis *f.,* -, *nur Sg.,* Pflanze
ISBN Internationale Standardbuchnummer
Is/chä/mie [griech.] *f.,* -, -n, Blutleere (Körperteile, Organe)
is/chä/misch blutleer
Is/cha/ri/ot siehe Judas Ischariot
Is/chia zu Italien gehörende Insel
Is/chi/a/di/kus [griech.] Ischiasnerv
is/chi/a/disch
Is/chi/al/gie siehe Ischias
Is/chi/as *f.,* -, *nur Sg.,* (ugs. auch *m.* oder *n.*) durch Bandscheibenvorfall verursachte neuralgische Hüftschmerzen

Is/chi/as/nerv *m.,* -[e]s, -en
Is/chi/um *n.,* -s, -chia, Gesäß
Ise/grim 1. Wolf (in Fabeln), 2. mürrische Person
Is/lam [arab.] *m.,* -s, *nur Sg.,* Religion, von Mohammed ins Leben gerufen
is/la/misch den Islam betreffend
Is/la/mis/mus *m.,* -, *nur Sg.,* s. Islam
Is/la/mit *m.,* -en, -en, s. Muslime
is/la/mi/tisch siehe islamisch
Is/land Inselstaat im Atlantik
Is/län/der ., -s, -, Einwohner Islands
is/län/disch
Is/ma/e/lit [arab.] *m.,* -en, -en Angehöriger einer schiitischen Sekte, die nur sieben Imame, als letzten Ismail, anerkennt
Is/me/ne in der griechischen Mythologie: Ödipus' Tochter
Is/mus bloße Theorie (pejorativ)
ISO Abk. für: International Organization for Standardization (Internationaler Normenausschuss), siehe auch ISA
iso..., Iso...[griech.] in Wortzusammhang: gleich..., Gleich...
Iso/ba/re [griech.] *f.,* -, -n, Verbindungslinie zwischen Orten mit gleichem Luftdruck auf einer Wetterkarte
Iso/ba/the [griech.] *f.,*-, -, Linie in Karten, die Orte gleicher Wassertiefe verbindet
Iso/bron/the [griech.] 1. Linie, die zwischen den Orten gezogen werden kann, in denen bei einem Gewitter gleichzeitig der Donner wahrgenommen wird, 2. Linie, die zwischen den Orten gezogen werden kann, in denen Gewitter mit der gleichen Häufigkeit auftreten
Iso/bu/tan *n.,* -s, -e, gesättigter Kohlenwasserstoff
Iso/chi/me/ne [griech.] *f.,* -e, -n, Linie, die zwischen den Orten gezogen werden kann, die die gleiche mittlere Wintertemperatur aufweisen
Iso/ch/i/o/ne [griech.] *f.,* -, -n, Linie, die zwischen Orten gezogen werden kann, in denen die gleiche Schneemenge fällt
iso/chor [griech.] keine Änderung des Volumens aufweisend
iso/chrom [griech.] siehe isochromatisch
Iso/chro/ma/tie *f.,* -, *nur Sg.,* in der Fotografie: gleiche Farbempfindlichkeit
iso/chro/ma/tisch in der Fotografie: gleich farbempfindlich
iso/chron [griech.] die gleiche Zeit dauernd
Iso/chro/ne *f.,* -, -n, Linien, die zwischen den Orten gezogen werden können, an denen ein Erdbeben zur gleichen Zeit auftritt
Iso/dy/na/me [griech.] *f.,* -, -n, Linie, die zwischen Orten mit gleicher magnetischer Stärke gezogen werden kann
Iso/dy/na/mie *f.,* -, -n, gleicher Kaloriengehalt (aber verschiedene Nährstoffmengen)
Iso/ga/me/ten [griech.] gleichgestaltige Geschlechtszellen
Iso/ga/mie *f.,* -, -n, Vereinigung gleichgestaltiger Geschlechtszellen
iso/gen [griech.] von gleicher Herkunft, mit gleichen Erbgut
Iso/ge/o/ther/me [griech.] *f.,* -, -n, Linie, die zwischen Orten, deren Erdbodentemperatur gleich ist, gezogen werden kann
Iso/glos/se [griech.] Eingrenzungslinie (sprachliche Phänomene)
Iso/gon [griech.] *n.,* -s, -en, regelmäßiges Vieleck
iso/go/nal gleichwinklig
Iso/go/na/li/tät *f.,* -, *nur Sg.,* Gleichwinkligkeit
Iso/go/ne *f.,* -e, -n, Linie, die zwischen Orten mit gleicher Windrichtung gezogen werden kann
Iso/he/lie [griech.] *f.,* -, -n, Linie, die zwischen Orten mit gleichen Mittelwerten der Sonnenbestrahlung gezogen werden kann
Iso/hy/e/te [griech.] *f.,* - -n, Linie, die zwischen Orten mit gleichen Mengen an Niederschlägen gezogen werden kann
Iso/hyp/se [griech.] *f.,* -, -n, Linie, die zwischen Orten gezogen werden kann, die auf gleicher Höhe über dem Meeresspiegel liegen
Iso/kli/nal [griech.] gleichen Neigungswinkel habend
Iso/kli/na/le *f.,* -, -n, gleichschenklige Gesteinsfalte
Iso/kli/ne *f.,* -, -n, Linie, die zwischen Orten gezogen werden kann, an denen die Magnetnadel die gleiche Neigung aufweist

Iso/kry/me [griech.] *f.,* -, -n, Linie, die zwischen Orten gezogen werden kann, an denen gleich niedrige Temperaturen herrschen

Iso/lar/plat/te *f.,* -, -n, in der Fotografie: Platte, die die Bildung von Lichthöfen verhindert

Iso/la/ti/on [lat.] *f.,* -, -en, 1. Absonderung von Personen, z.B. Häftlingen, 2. Vereinsamung, Absonderung, 3. Abgeschnittensein von der Außenwelt, 4. Abschirmung gegen elektrische Ströme und Störungen, 5. Abspaltung von Stoffen aus Gemischen und chemischen Verbindungen

Iso/la/ti/o/nis/mus *m., nur Sg.,* politisches Bestreben, sich von anderen Staaten abzuschotten

Iso/la/ti/o/nist *m.,* -en, -en
iso/la/ti/o/nis/tisch

Iso/la/tor *m.,* -en, -en, 1. elektrisch nicht leitendes Material oder nicht leitendes Bauelement, 2. Befestigungselement für frei liegende Stromleitungen

Iso/lier/band *n.,* -[e]s, -bänder Band, mit dem Kabel isoliert werden

iso/lie/ren *tr.* 1. abdichten, 2. trennen, getrennt halten

Iso/lie/rung *f.,* -, -en

Iso/li/ni/en *f.,* Oberbegriff für die Linien, mit denen Orte auf Karten verbunden werden können, an denen gleichzeitig die gleichen Phänomene stattfinden

iso/ma/gne/tisch oder auch: **iso/mag/ne/tisch** [griech.] (in Wortverbindungen)

Iso/mer [griech.] *n.,* -s, -e, Verbindung, die sich aus den gleichen Elementen zusammensetzt wie eine andere, die aber eine unterschiedliche Struktur besitzt und damit andere chemische und physikalische Eigenschaften

iso/mer aus gleichen Elementen zusammengesetzt, aber von unterschiedlicher Struktur und Eigenschaften

Iso/me/rie *f.,* -, *nur Sg.* nicht gleiches Verhalten trotz Zusammensetzung aus gleichen Elementen

iso/me/risch in der gleichen Umgebung entstandenes Gestein

Iso/me/trie oder auch **Iso/met/rie** *f.,* -, *nur Sg.,* 1. gleichmäßiges Längenwachstum von Organen und Organsystemen, 2. Längengleichheit, 3. Deckungsgleichheit, 4. Gleichheit der Streckenverhältnisse bei Landkarten, Abbildungen

iso/me/trisch oder auch **iso/met/risch** längentreu, isometrisches Training, Muskeltraining durch Anspannung ohne Bewegung

iso/morph [griech.] gleichgestaltet

Iso/mor/phie *f.,* -, *nur Sg.,* 1. Gleichheit der Form von Kristallen unterschiedlicher Zusammensetzung, 2. Gleichheit der Struktur der Wortbildungselemente

Iso/mor/phis/mus *m.,* -, *nur Sg.*

Iso/ne/phe [griech.] *f.,* -, -n, Linie, die zwischen Orten mit gleicher Wolkenbildung gezogen werden kann

Iso/pa/ge [griech.] *f.,* -, -n, Linie, die zwischen Orten gezogen werden kann, deren Gewässer gleich lang zugefroren sind

iso/pe/ri/me/trisch oder auch: **iso/pe/ri/met/risch** mit gleichem Flächenumfang

Iso/phan [griech.] *n.,* -s, -e, ein Kunststoff

Iso/pha/ne *f.,* -, -n, Linie, die zwischen Orten gezogen werden kann, in denen die Vegetationsperiode zur gleichen Zeit beginnt

Iso/pho/te [griech.] *f.,* -, -n, Linie, die zwischen Orten mit gleicher Energieausstrahlung gezogen werden kann

Iso/po/de [griech.] *m.,* -n, -n, Assel

Iso/pren [griech.] *n.,* -s, *nur Sg.,* ungesättigter Kohlenwasserstoff

Iso/pte/ra oder auch **Isop/te/ra** Termiten

Isor/rha/chie [griech.] *f.,* -, -n, Linie, die zwischen Orten gezogen werden kann, an denen die Flut zur gleichen Zeit einsetzt

Iso/seis/te [griech.] *f.,* -, -n, Linie, die zwischen Orten gezogen werden kann, an denen ein Erdbeben die gleiche Stärke erreicht

Iso/skop oder auch: **Isos/kop** *n.,* -[e]s, -en, Bildabtaströhre

isos/mo/tisch [griech.] siehe isotonisch

Iso/spin [griech.] *m.,* -s, -e, Drehimpuls der Elementarteilchen

Iso/sta/sie [griech.] *f.,* -, *nur Sg.,* die sich im Gleichgewicht befindlichen Massen (Erdkruste)

iso/sta/tisch oder auch: **isos/ta/tisch**

Iso/ta/che [griech.] *f., -, -n*, Linie, die zwischen den Punkten gezogen werden kann, an der die Geschwindigkeit der Flüsse gleich ist

Iso/the/re [griech.] *f., -, -n*, Linie, die zwischen den Orten gezogen werden kann, die gleiche Temperaturen im Sommer aufweisen

Iso/therm [griech.] die gleiche Temperatur aufweisend

Iso/ther/me *f., -, -n*, Linie, die zwischen den Orten gezogen werden kann, an denen zur gleichen Zeit gleiche Temperaturverhältnisse herrschen

Iso/ther/mie *f., -, -n*, 1. keine Änderung der Temperaturverhältnisse, 2. unveränderte Körpertemperatur

Iso/to/mie [griech.] *f., -, nur Sg.*, in der Biologie: gleichmäßige Verästelung

Iso/ton [griech.] Atomkern, der verglichen mit anderen die gleiche Neutronenzahl, aber eine abweichende Protonenzahl aufweist

iso/to/nisch

Iso/top [griech.] *n., -s, -en*, Atomkern, der verglichen mit anderen die gleiche Ladung, aber unterschiedliche Masse besitzt

Iso/to/pie *f., -, nur Sg.*, isotoper Charakter

iso/to/pisch in der gleichen Gesteinsumgebung entstanden

Iso/tron [griech.] *n., -s, -en* Isotopen-Trenngerät

iso/trop [griech.] die gleichen physikalischen Eigenschaften habend (in einem Raum)

Iso/tro/pie *f., -, nur Sg.*, isotroper Charakter

iso/zy/klisch oder auch: **iso/zyk/lisch**

Is/pa/han *m., -s, -e*, handgeknüpfter Teppich

Is/ra/el 1. Juden (AT), 2. vorderasiatischer Staat

Is/ra/e/li israelischer Staatsangehöriger

is/ra/e/lisch

Is/ra/e/lit *m., -en, -en* Jude

is/ra/e/li/tisch

Is/tan/bul Stadt in der Türkei

Ist-Auf/kom/men > **Ist/auf/kom/men** *n., -s, -*, effektiver Steuerertrag

Ist-Be/stand > **Ist/bestand** *m., -[e]s, -bestände*, effektiver Bestand

isth/misch [griech.] zum Isthmus gehörend

Isth/mos, Isth/mus *m., -, -men*, Landenge, schmale Landverbindung zwischen zwei Festlandteilen

Is/tri/en adriatische Halbinsel

is/trisch

Ist-Stärke > **Ist/stär/ke** *f., -, -n*, tatsächliche Truppenstärke

it. item

i.T. in (der) Trockenmasse

Ita/la älteste, in Italien angefertigte Bibelübersetzung

Ita/ler frühere Bezeichnung für die Bewohner des jetzigen Italien

Ita/lia Ir/re/den/ta siehe Irredenta

ita/li/a/ni/sie/ren „italienisch machen"

Ita/li/en Staat in Südeuropa

Ita/lie/ner Einwohner Italiens

ita/li/e/nisch

ita/li/e/ni/sie/ren siehe italianisieren

item [lat.] 1. desgleichen (veralt.), 2. außerdem, 3. kurzum

Item *n.*, 1. ein weiterer Fragepunkt, ein noch zu erörternder Punkt, das Weitere, 2. Testaufgabe

Ite/ra/ti/on [lat.] *f., -, -en*, Silben- oder Wortverdoppelung

ite/ra/tiv wiederholend, verdoppelnd

Ite/ra/ti/vum *n., -s, -va*, das eine Wiederholung ausdrückende Verb

Itha/ka zu Griechenland gehörende Insel

Iti/ne/rar [lat.] *n., -s, -rien* 1. Karte mit den zurückgelegten Strecken bei Reisen, Routenplan, 2. Wegnaufnahme in unerforschtem Gebiet

i-Tüp/fel/chen, das ist das i-Tüpfelchen, das ist das, was gefehlt hat

i. v. intravenös

i. V., I. V. in Vertretung, Vollmacht

i wo! überhaupt nicht!

Iw/rith *n., -(s), nur Sg.*, Neuhebräisch, Amtssprache in Israel

Iz/mir Stadt in der Türkei

J

J 1. Jod, 2. Joule
ja, jaja oder ja, ja, ach ja, ja sagen oder Ja sagen, ja und amen sagen
Ja *n.,* -s, -s, das Ja und das Nein, Ulrike antwortete mit einem klaren Ja
Jab [engl.] *m.,* -s, -s, hakenartiger Boxschlag aus kurzer Distanz
Ja/bot [französ.] *n.,* -s, -s, Spitzenrüsche
Jacht *f.,* -, -en, 1. Segelschiff, 2. Luxusdampfer
Jäck/chen *n.,* -s, -
Ja/cke *f.,* -, -n, Bekleidungsstück
Ja/cket/kro/ne [engl.] *f.,* -, -n, Porzellankrone
Ja/ckett [engl.] *m.,* -s, -s, Herrenjacke als Teil eines Anzugs
Jäck/lein *n.,* -s, -
Jack/pot [engl.] *m.,* -s, -s, 1. Grundeinsatz beim Kauf von Pokerkarten, 2. bei Toto und Lotto erhöhte Gewinnquote, wenn sich aus mehreren nicht ausgespielten ersten Rängen der Jackpot entsprechend gefüllt hat
Jack/stag [engl.] *n.,* -s, -s, Gleitschiene, um daran ein Segel zu befestigen
Ja/co/net, Ja/co/nett, Ja/con/net [engl.] *m.,* -s, -s, Futterstoff
Jac/quard [französ.] *m.,* -s, -s, 1. Webmuster, 2. Stoff (mit diesem Muster)
ja/de siehe jadegrün
Ja/de *m.,* -, *nur Sg.,* blassgrüner Edelstein
ja/de/grün blassgrün
Ja/de/it *m.,* -s, *nur Sg.,* Mineral
Jaf/fa israelische Stadt
Jaf/fa/ap/fel/si/ne *f.,* -,-n
Jagd *f.,* -, -en
jagd/bar jagdbares Wild
Jagd/bar/keit *f.,*-, *nur Sg.*
jagd/be/rech/tigt
Jagd/be/rech/ti/gung *f.,* -, -en
Jagd/bom/ber *m.,* -s, -, Jagdflugzeug
Jagd/flie/ger *m.,* -s, -
Jagd/fre/vel *m.,* -s, -, Verstoß gegen Jagdauflagen, Jagdrecht
Jagd/ge/wehr *n.,* -s, -e
Jagd/horn *n.,* -[e]s, -hörner
Jagd/hund *m.,* -es, -e
Jagd/prü/fung *f.,* -, -en
Jagd/ren/nen *n.,* -s, -pferderennen mit Hindernissen, die überwunden werden müssen
Jagd/re/vier *n.,* -s, -e, bestimmtes Jagdgebiet
Jagd/scha/den *m.,* -s, -schäden
Jagd/schein *m.,* -s, -e, Jagdausweis
Jagd/sprin/gen *n.,* -s, -, siehe Jagdrennen
Jagd/ver/ge/hen *n.,* -s, -, siehe Jagdfrevel
Jagd/wurst *f.,* -, -würste bestimmte Wurstsorte
ja/gen *tr.* u. *intr.*
Jä/ger *m.,* -s, -
Jä/ge/rei *f.,* -, *nur Sg.*
Jä/ger/horn *m.,* -[e]s, -hörner
Jä/ger/la/tein *n.,* -s, *nur Sg.,* Fantastereien über Vorkommnisse bei der Jagd
Jä/ger/meis/ter *m.,* -s, -, (Warenz.) alkoholisches Getränk
Jä/gers/mann *m.,* -es, -leute s. Jäger
Jä/ger/spra/che *f.,* -, -n
Ja/gu/ar [indian.] Raubkatze
jäh
Jä/he *f.,* -, *nur Sg.*
Jä/heit > **Jäh/heit** *f.,* -, *nur Sg.*
jäh/lings
Jahr *n.,* -es, -e, dieses Jahr, im Jahre, vorigen Jahres, seit Jahr und Tag, Jugendliche unter 16 Jahren
jahr/aus, jahr/ein
Jahr/buch *n.,* -[e]s, -bücher
jah/re/lang
jäh/ren, refl. sich jähren, ein Ereignis jährte sich zum dritten Mal
Jah/res/a/bon/ne/ment *n.,* -s, -s
Jah/res/be/richt *m.,* -[e]s, -e, der Jahresbericht einer AG
Jah/res/ein/kom/men *n.,* -s, -, die Jahreseinkommen der Kleinunternehmer
Jah/res/en/de *n.,* -s *nur Sg.*
Jah/res/frist *f.,* -, -en, binnen Jahresfrist muss bezahlt werden
Jah/res/plan *m.,* -[e]s, -pläne
Jah/res/ring *m.,* -[e]s, -e, die Eiche hat zehn Jahresringe
Jah/res/tag *m.,* -es, -e
Jah/res/wech/sel *m.,* -s, -
Jah/res/wen/de *f.,* -, -n
Jah/res/zahl *f.,* -, -en
Jah/res/zeit *f.,* -, -en
jah/res/zeit/lich
Jahr/gang *m.,* -[e]s, -gänge, Rita ist Jahrgang 68
Jahr/hun/dert *n.,* -s, -e
jahr/hun/der/te/alt
jäh/rig ein Jahr her, ein Jahr dauernd
...jäh/rig in Wortzusammenhang: einjährig, mehrjährig, ein dreijähriges Pferd, ein zehnjähriger Junge, ein mehrjähriger Auslandsaufenthalt
jähr/lich alljährlich, alle

...jährlich

Jahre wiederkehrend, jährliche Abgaben, jährliche Zahlungen
...jähr/lich, (in Wortzusammenhang), siehe jährlich
Jähr/ling *m., -s, -e,* einjähriges Tier
Jahr/markt *m., -es, -märkte*
Jahr/markts/bu/de *f.,-,-*n
Jahr/tau/send *n., -s, -e* (Abk.: Jt.)
jahr/tau/sen/de/alt,
jahr/tau/sen/de/lang
Jahr/zehnt *n., -[e]s, -e*
jahr/zehn/te/alt, jahrzehn/te/lang
Jah/ve, Jah/we Bezeichnung für Gott im AT
Jah/vist, Jah/wist unbekannter Verfasser einer Schrift im Pentateuch
Jak, Yak [tibet.] *m., -s, -s,* Rind Zentralasiens
Ja/ka/ran/da/holz [indian.] *n., -es, -hölzer,* Palisander
Ja/ko/bi verkürzt für: Jakobstag (25. 7.)
Ja/ko/bi/ner *m., -s, -,* Mitglied des Jakobinerklubs
Ja/ko/bi/ner/klub *m., -s, -s,* politische Vereinigung während der Französischen Revolution
Ja/ko/bi/ner/müt/ze *f., -, -*n, rote, kegelförmige Wollmütze der Jakobiner
Ja/ko/bi/ten, -, 1. Anhänger des englischen Königs Jakob II., 2. Sektenmitglieder
Ja/kobs/lei/ter *f., -, -*n, Strickleiter mit Holzsprossen
Ja/kobs/stab *m., -[e]s, -stäbe,* Messinstrument (Nautik, Astronomie)
Ja/kobs/tag *m., -[e]s, -e,* siehe Jakobi
Ja/ko/nett *m., -s, -s,* siehe Jaconet

Jak/ta/ti/on [lat.] *f., -, nur Sg.,* ruheloses Umherwälzen Kranker
Ja/ku/te *m., -n, -n,* Angehöriger eines Turkvolkes
ja/ku/tisch
Ja/la/pe [span.] *f., -,-*n, als Abführmittel verarbeitete Pflanze aus den Tropen
Ja/lon [französ.] *m., -s, -s,* Richtfähnchen (beim Vermessen)
Ja/lou/set/te [französ.] *f., -, -*n, Jalousie aus Leichtmetall- oder Kunststofflamellen
Ja/lou/sie *f., -, -*n, Rolladen, der sich beim Hochziehen um eine verdeckte Walze rollt
Jal/ta Stadt auf der Krim
Jal/ta-Ab/kom/men *n., -s, nur Sg.*
Ja/mai/ka Insel der Großen Antillen
Ja/mai/ka/ner *m., -s, -,* Bewohner Jamaikas
ja/mai/ka/nisch
Ja/mai/ka/pfef/fer *m., -s, nur Sg.,* Piment
Ja/mai/ka-Rum *m., -s, nur Sg.*
Jam/be *f., -, -*n, siehe Jambus
jam/bisch in Jamben abgefasst
Jam/bo/ree [engl.] *n., -s, -s,* 1. internationales Pfadfindertreffen, 2. Zusammenkunft
Jam/bus [griech.] *m., -, -*en, antiker Versfuß aus kurzer und langer Silbe, entspricht im Deutschen der Hebung und Senkung
Jam/mer *m., -s, nur Sg.*
Jam/mer/bild *n., -[e]s, -bilder*
Jam/mer/ge/schrei *n., -s,* nur Sg.
Jam/mer/ge/stalt *f., -, -en*
Jam/mer/lap/pen *m., -s, -* abwertend für: feiger Mensch
jäm/mer/lich
Jäm/mer/lich/keit *f., -, nur Sg.*
jam/mern 1. *intr.* du jammerst, 2. *tr.* etwas jammert mich, etwas tut mir leid
jam/mer/scha/de sehr schade
Jam/mer/tal *n., -[e]s, nur Sg.* die Welt, das Leben ist ein Jammertal
jam/mer/voll
Jams [portugies.] *n., -s, nur Sg.,* Pflanze (Wurzel ist essbar)
Jam Ses/sion >
Jamses/sion [engl.] *f., -, -s,* Zusammentreffen von Jazzmusikern, um miteinander improvisierend zu musizieren
Jan niederdt. für Johannes
Jang/tse, Jang/tse/ki/ang *m., (s)* chinesischer Fluss
Ja/ni/cu/lus *m., -, nur Sg.,* einer der Hügel Roms
Jan/ker *m., -s, -,* Trachtenjacke (Bayern)
Jan/maat *m., -s, nur Sg.,* Matrose
Jän/ner *m., -s, nur Sg.,* Januar (Bayern, Schweiz, Österreich)
Jan/se/nis/mus *m., -, nur Sg.,* religiöse Abspaltung der Jesuiten
Jan/se/nist *m., -[e]s, -en*
jan/se/nis/tisch
Ja/nu/ar *m., -s, nur Sg.*
Ja/nus römischer Gott
Ja/nus/kopf *m., -es, -köpfe,* 1. doppelgesichtiger Männerkopf der antiken Mythologie, 2. Gott des Ein- und

Ausgangs, daher über der Eingangstür angebracht
Ja/pan Kaiserreich im Osten Asiens (Nippon)
Ja/pa/ner *m., -s, -,* Bewohner Japans
ja/pa/nisch
Ja/pa/nisch *n., -en, nur Sg.,* die japanische Sprache
Ja/pa/no/lo/ge *m., -n, -n,* Wissenschaftler der Japanologie
Ja/pa/no/lo/gie *f., -, nur Sg.,* Wissenschaft von der japanischen Kultur, Sprache und Geschichte
ja/pa/no/lo/gisch
Ja/pan/pa/pier *n., -s, -e,* weiches, seidig glänzendes Papier aus Maulbeerbaumrinde
Ja/pon [französ.] *m., -s, -s,* Rohseide
jap/sen *intr.* ugs. für heftig atmen, nach Luft schnappen
Jar/di/nie/re [französ.] *f., -, -n,* 1. Blumenkorb, Blumenschale, 2. frisches Gemüse (als Suppeneinlage)
Jar/gon [französ.] *m., -s, -s,* Sprachgebrauch bestimmter Schichten, Altersgruppen, Berufsgruppen, der von verschiedenem Milieu geprägt ist, zeichnet sich durch eine lässige Ausdrucksweise aus
Ja/ro/wi/sa/ti/on [russ.] *f., -, -en,* Vernalisation
ja/ro/wi/sie/ren *tr.* Samengut mit Kälte behandeln, um dessen Wachstum zu beschleunigen
Ja/sa/ger *m., -s, -,* jemand ist ein Jasager
Jas/min [pers. - span.] *m., -s, -e,* Zierstrauch
Jas/per/wa/re *f., -, -n,* Steinzeug

jas/pie/ren *tr.* marmorieren
Jas/pis [griech.] *m., -, -,* undurchsichtiger Halbedelstein aus Quarz
Jas/tik [türk.] *m., -s, -e,* kleinster (orientalischer) Teppich
Ja/ta/gan [türk.] *m., -s, -e,* orientalischer Krummsäbel
jä/ten *tr.* Unkraut jäten, zupfen
Jau/che *f., -, -n*
jau/chen *tr.* der Bauer jaucht das Feld, düngt das Feld mit Jauche
Jau/che/fass, Jau/chen-/fass *n., -es, -fässer* Behälter, in dem die Jauche gesammelt und transportiert wird
Jau/che/gru/be *f., -, -n,* Platz, an dem Jauche gesammelt wird
Jau/che/wa/gen, Jauchen/wa/gen *m., -s, -,* Transportmittel für die Jauche
jauch/zen *intr.* jubeln, er jauchzte vor Freude
Jauch/zer *m., -s, -,*
jau/len *intr.* der Hund jaulte auf, als ihm jemand auf den Schwanz trat
Jau/se *f., -, -n,* Zwischenmahlzeit, Vesper
jau/sen *intr.* nachmittags eine Kleinigkeit zu sich nehmen
Ja/va eine der Großen Sundainseln
Ja/va/ner *m., -s, -,* Bewohner Javas
ja/va/nisch
ja/wohl
Ja/wort *n., -[e]s, -e*
Jazz [engl.] *m., -, nur Sg.,* anspruchsvolle instrumentale Musik, die durch Improvisation und Synkopie-

rung gekennzeichnet ist und sich aus der Musik der nordamerikanischen Schwarzen entwickelt hat
Jazz/band *f., -, -s,* (feste) Gruppe von Jazzmusikern
Jaz/zer *m., -s, -,* Jazzmusiker
Jazz/fan *m., -s, -s,* begeisterter Anhänger der Jazzmusik
je 1. (Adv.:) jemals, hat man so etwas je erlebt?, seit eh und je, 2. (Präp.) auf, pro, ein Stück Kuchen je Person, 3. (Konj.) je früher, desto besser, je nachdem, 4. (Zahlwort) jeweils, je fünf
Jeans [engl.] *f., nur Pl.,* Hose aus festem Baumwollstoff mit Steppnähten, ursprünglich Arbeitskleid, inzwischen modisches Attribut
Jeck *m., -en, -en,* Narr (Karneval)
je/den/falls
je/de (-r, -s), ein jeder, jeder einzelne, jeder von ihnen, jedes einzelne Mal, jeden Sonntag gehe ich ins Kino
je/der/lei
je/der/mann
je/der/zeit Paul ist jederzeit bereit zu helfen
je/des/mal er sagt jedesmal nein
je/doch ich wollte am Sonntag zu dir kommen, es fuhr jedoch kein Zug
jed/we/de (-r, -s) siehe: jede, Angebote jedweder Art
Jeep [engl.] *m., -s, -s,* (meist offener) Geländewagen
jeg/li/che (-r, -s) siehe: jede, die junge Frau lehnte

jegliche Art von Bevormundung ab
je/her, von jeher, seit jeher, diesen Brauch gibt es seit jeher
Je/ho/va siehe Jahve oder Jahwe, Zeugen Jehovas (Sekte)
jein ja und nein
Je/län/ger/je/lie/ber *n.,* -s, -, siehe Geißblatt
je/mals Warst du schon jemals in Afrika?
je/mand -es, Hat jemand einen Stift dabei?, irgendjemand, Irgendjemand hat dieses Buch ausgeliehen, jemand anders, ein gewisser Jemand
Je/men, Yem/en *m.,* -s, arab. Staat
Je/me/nit *m.,* -en, -en
je/me/ni/tisch
je/mi/ne! o jemine!, herrjemine!
Jen *m.,* -(s), -, s. Yen
Je/na thüringische Stadt
Je/na/er *m.,* -s, -
je/na/isch
Je/nen/ser siehe Jenaer
je/nen/sisch
je/ne (-r, -s) dieser und jener, jenes Kind dort
je/nisch [zig.] zu den Zigeunern, dem fahrenden Volk gehörend
Je/ni/sei, Je/ni/sej *m.,* - (s) sibirischer Fluss
jen/sei/tig
Jen/sei/tig/keit *f.,* -, *nur Sg.*
jen/seits jenseits der Berge, jenseits der Grenze
Jen/seits *n.,* -, *nur Sg.*
Je/re/mi/a/de *f.,* -, -n, Klagelied
Je/re/mia, Je/re/mi/as Prophet des AT
Je/rez *m.,* -, *nur Sg.,* siehe Sherry, spanischer Dessertwein aus Jerez de la Frontera
Je/ri/cho jordanische Stadt
Je/ri/cho/ro/se *f.,* -, -n, Wüstenpflanze
Jer/sey *m.,* -s, -s, 1. weicher Wollstoff, 2. Hemd aus Jerseystoff
Je/ru/sa/lem Hauptstadt Israels
Je/ru/sa/le/mer *m.,* -s, -
Je/ru/sa/lem/blu/me Nelkenart
Je/sa/ja Prophet im AT
Je/su/it *m.,* -en, -en, Angehöriger der Jesuiten (Orden)
Je/su/i/ten/or/den *m.,* -s, *nur Sg.,* von Ignacio de Loyola gegründeter Orden
je/su/i/tisch
Je/sus! [hebr.-griech.] Ausruf: „Gott hilft"
Je/sus Chris/tus, Je/sus Na/za/re/nus Rex Ju/dae/o/rum Jesus von Nazareth, König der Juden (I. N. R. I.), Sohn Gottes
Jet [engl.] *m.,* -s, -s, Düsenflugzeug
Jet-Lag > Jetlag Abgespanntheit durch Zeitverschiebung nach Flugreisen
Je/ton [französ.] *m.,* -s, -s, 1. Spielmarke beim Glücksspiel, 2. Automatenmarke, Telefonmarke
Jet-Set [engl.] **> Jet/set** *m.,* -s, -s, reiche internationale Gesellschaftsschicht, die zu den Mittelpunkten des gesellschaftlichen Lebens jettet
Jetstream *m.,* -s, eng begrenzte Windgeschwindigkeit in den Tropen, Strahlstrom, der Geschwindigkeiten von 200 bis 600 Stundenkilometer erreicht
Jett [engl.] *m.,* -s, *nur Sg.,* Gagat
jet/ten *intr.* mit dem Flugzeug reisen
jetzt, augenblicklich, gegenwärtig, heutzutage, bis jetzt, Peter hat bis jetzt noch nie davon gehört, Du bist jetzt erst aufgestanden?, das Jetzt: die Gegenwart
Jetzt/zeit *f.,* -, *nur Sg.*
Jeu [französ.] *n.,* -s, -s, Glücksspiel
Jeu/nesse do/rée [französ.] *f.,* -, *nur Sg.,* begüterte, lebensfrohe Jugend (Großstädte)
je/wei/lig, je/weils siehe je
Jg. Abk. für: Jahrgang,
Jgg. Jahrgänge
Jh. Abk. für: Jahrhundert
jid/disch jüdisch
Jid/disch *n., nur Sg.,* jüdische Sprache
Jid/dist *m.,* -en, -en, Wissenschaftler der Jiddistik
Jid/dis/tik *f.,* -, *nur Sg.,* Wissenschaft von der jiddischen Kultur, Sprache und Geschichte
jid/dis/tisch
Ji/mé/nez [span.] *m.,* -, *nur Sg.,* spanischer Wein (sehr lieblich)
Jingle [engl.] *m.,* -s, -s, kurze Melodie als Erkennungszeichen für einen Werbefilm, für einen Werbespot u. Ä.
Jin/go [engl.] *m.,* -s, -s, Chauvinist (spöttisch)
Jin/go/is/mus *m.,* -, *nur Sg.,* Chauvinismus
Jin und Jang, Yin und Yang, *n.,* -, *nur Sg.,* männliches und weibliches Prinzip (chin. Philosophie)
Jit/ter/bug [engl.] *m.,* -(s), *nur Sg.,* Jazztanz
Jiu-Jit/su [japan.] *n.,* -, *nur Sg.,* japanische Technik der

waffenlosen Selbstverteidigung

Jive [engl.] *m., -(s), nur Sg.,* 1. Jazz-Termin, 2. Tanz

Job [engl.] *m., -s, -s,* 1. (Gelegenheits-)Arbeit, Beruf, 2. Stelle, berufliche Tätigkeit, die nicht als lebenslange Dauerstellung angesehen wird, 3. in der EDV Abarbeiten einer Datenmenge in einem Arbeitsgang

job/ben *intr.* gelegentlich oder nebenbei arbeiten

Job/ber *m., -s, -,* 1. Dealer (Börse), 2. Händler, 3. Gelegenheitsarbeiter

Job-sha/ring >

Job/sha/ring *n., -s, nur Sg.,* Aufteilung eines Vollzeit-Arbeitsplatzes auf zwei Teilzeitarbeitskräfte

Joch *n., -[e]s,* 1. Teil des Anspanngeschirrs (Ochsen), 2. Brückenabschnitt zwischen Pfeilern, 3. Tragehilfe (für Eimer, wird in den Nacken gelegt) 4. harte Arbeit

Joch/bein *n., -[e]s, -e,* Wangenbein

Joch/bo/gen *m., -s,-,* Gewölbeart

Jo/ckei, Jo/ckey [engl.] *m., -s, -s,* berufsmäßiger Rennreiter

Jod [griech.] *n., -s, nur Sg.,* chemisches Element

Jo/dat *n., -s, -e,* Salz der Jodsäure

Jo/del/lied *n., -[e]s, -er*

jo/deln *intr.*

Jo/dis/mus *m., -, nur Sg.,* Jodvergiftung

Jo/dit *n., -s, -e* Mineral

Jod/ler *m., -s, -,* 1. Person, die jodelt, 2. kurzes Jodeln

Jo/do/form *n., -s, nur Sg.,* Desinfektionsmittel

Jo/do/met/rie oder auch **Jo/do/me/trie** *f., -, nur Sg.,* chemische Stoffanalyse mit Hilfe von Jod

Jod/sil/ber *n., -, nur Sg.,* Mineral

Jod/tink/tur *f., -, -en,* Desinfektionsmittel

Jodh/pur/ho/se *f., -, -n,* Reiterhose, die oben weit geschnitten ist und unterhalb des Knies eng anliegt

Jo/ga, Yo/ga [sanskrit.] *m., -(s), nur Sg.* 1. altindische Philosophie, 2. ruhige, meditative Gymnastik (Dehnungen)

Jog/ger [engl.] *m., -s, -,* Person, die joggt

Jog/ging *n., -s, nur Sg.,* leichter Dauerlauf in mäßiger Geschwindigkeit, Freizeitsport, Waldlauf, Konditionstraining

Jo/ghurt [türk.] auch: **Jo/gurt** *m., -s, -e,* Milchprodukt

Jo/gi [sanskrit.], **Yogi** *m., -s, -s,* Asket

jo/han/ne/isch vom Evangelisten Johannes

Jo/han/nes/e/van/ge/lium *n., -s, nur Sg.*

Jo/han/nes/pas/si/on *f., -, nur Sg.* Oratorium von J. S. Bach

Jo/han/ni Johannistag, zu Johanni, an Johanni

Jo/han/nis/brot *n., -[e]s, nur Sg.,* Frucht des Johannisbrotbaums

Jo/han/nis/fest *n., -[e]s, -e*

Jo/han/nis/feu/er *n., -s, -,* Sonnwendfeuer

Jo/han/nis/kä/fer *m., -s, -,* Glühwurm

Jo/han/nis/nacht *f., -, -nächte,* Nacht vom 23. 6. auf den 24. 6.

Jo/han/nis/tag *m., -[e]s, -e,* der 24. Juni

Jo/han/ni/ter *m., -s, -,* Mitglied des Johanniterordens

Jo/han/ni/ter/kreuz *n., -es, -e,* Kreuz des Malteserordens

Jo/han/ni/ter/or/den *m., -s, nur Sg.,* Ritterorden

joh/len *intr.* die Fans johlten vor Begeisterung

Joint [engl.] *m., -s, -s,* Zigarette, deren Tabak mit Haschisch, Marihuana usw. vermischt ist

Joint-ven/ture [engl.] > **Joint Ven/ture** *n., -s, -,* zeitweise oder ständige Zusammenarbeit von Firmen an einem Projekt, bei dem jeder zur Ausführung und Finanzierung beiträgt

Jo-Jo, Yo-Yo Geschicklichkeitsspiel

Jo/ker [engl.] *m., -s, -,* Spielkarte mit Narrenbild, die für jede andere Karte eingesetzt werden kann

Jo/ku/la/tor *m., -s, -en,* umherziehender Entertainer (Mittelalter)

Jol/le *f., -, -n,* 1. kleines Segelboot mit einem Mast, 2. Ruderboot

Jol/len/tau *n., -s, -e,* Seil

Joll/tau *n., -s, -e,* siehe Jollentau

Jom Kip/pur [hebr.] *m., -, nur Sg.,* jüdischer Feiertag

Jo/mud *m., -(s), -s,* Teppich aus Turkmenistan

Jo/na, Jo/nas Prophet des AT

Jong/leur [französ.] *m., -s, -e,* Person, die mit Bällen, Keulen oder anderen Gegenständen jongliert

jong/lie/ren *intr.* 1. Bälle, Keulen oder andere Gegenstände so geschickt in die Luft werfen und wieder auffangen, dass eine kreisförmige Bewegung entsteht, 2. etwas geschickt handhaben

Jop/pe *f.,* -, -n, Jacke

Jor/dan *m.,* -(s), *nur Sg.,* Fluss in Syrien, Israel, Jordanien und Libanon

Jor/da/ni/en vorderasiatisches Königreich

Jor/da/ner *m.,* -s, -, Einwohner Jordaniens

jor/da/nisch

Jo/sef, Jo/seph männl. Vorname

jo/se/phi/nisch, josephinisches Zeitalter, Zeitalter Josephs II. (Österreich)

Jo/se/phi/nis/mus *m.,* -, *nur Sg.,* österreichische Staatskirchenpolitik (18. u. 19. Jahrhundert)

Jo/ta, Io/ta *n.,* 1. griech. Buchstabe, 2. Kleinigkeit, er wich kein Jota von seiner Meinung ab, die Situation ist um kein Jota besser als vorher

Joule *n.,* -(s), -. nach dem englischen Physiker J. P. Joule, 1. Maßeinheit für Energie oder Arbeit, 2. Maßeinheit für den Nährwert von Lebensmitteln

Jour [französ.] *m.,* -s, -s,

Jour fixe *m.,* -s, -s, feststehender Tag, an dem man sich trifft, an dem Gäste empfangen werden

Jour/nail/le *f.,* -, *nur Sg.,* Sensationszeitungen und ihre Schreiber

Jour/nal *n.,* -s, -e, 1. Spezialzeitschrift, Modezeitschrift, tägliche Nachrichtensendung, 2. Schiffstagebuch, 3. Buchführungsjournal

Jour/na/lis/mus *m.,* -, *nur Sg.,* Zeitungswesen

Jour/na/list *m.,* -en, -en, jemand, der beruflich im Bereich der Massenmedien tätig ist, der für Presse, Rundfunk oder Fernsehen Berichte und Beiträge verfasst und Ereignisse kommentiert

Jour/na/lis/tik *f.,* -, *nur Sg.,* 1. Zeitungswesen, 2. Zeitungswissenschaft

jo/vi/al [lat.] sich leutselig verhalten, gesellig, freundlich

Jo/vi/a/li/tät *f.,* -, *nur Sg.,* joviales Verhalten

Joy/stick [engl.] *m.,* -s, -s, Steuergriff (Computerspiele)

jr. Abk. für: junior

Jü/an *m.,* -, -, siehe Yüan

Ju/bel *m.,* -s, *nur Sg.*

Ju/bel/braut *f.,* -, -bräute, Protagonistin einer silbernen, goldenen usw. Hochzeit

Ju/bel/fest *n.,* -es, -e, Jubiläum

Ju/bel/hoch/zeit *f.,* -, -en, silberne, goldene usw. Hochzeit

Ju/bel/jahr *n.,* -[e]s, -e, Jubiläumsjahr, etwas findet alle Jubeljahre statt: findet äußerst selten statt

ju/beln *intr.* die Fans jubelten

Ju/bel/paar *n.,* -[e]s, -e, Jubelhochzeitspaar

Ju/belruf *m.,* -[e]s, -e, unter Jubelrufen verließen die Spieler das Stadion

Ju/bi/lar *m.,* -s, -en

Ju/bi/la/rin *f.,* -, -nen

Ju/bi/lä/um *n.,* -s, -läen, Gedenktag

Ju/bi/lä/ums/aus/ga/be *f.,* -, -n, Ausgabe eines Buches anlässlich eines Jubiläums

ju/bi/lie/ren *intr.* 1. jubeln, 2. singen, zwitschern (Vögel)

juch/he!, Juch/he *n.,* -s, -, *nur Sg.,* auf dem Fest ging es hoch her, war das ein Juchhe

juch/hei!, juch/hei/sa!, juch/hei/ßa!

juch/ten aus Juchten

Juch/ten [russ.] *m.,* -s, -, feines Kalbsleder mit einem charakteristischen Duft

juch/zen *intr.* das Kind juchzte begeistert

Juch/zer *m.,* -s, -

ju/cken *intr. u. tr.* 1. mir oder mich juckt das Bein 2. (übertr.) es juckt mich in den Fingern, etwas zu tun, ich möchte etwas gerne tun, 3. (unpers.) es juckt mich im Ohr

Juck/flech/te *f.,* -, -n Krankheit

Juck/pul/ver *n.,* -s, Pulver, das Juckreiz verursacht, beliebter Kinderscherz

Juck/reiz *m.,* -es, -e

Ju/da/i/ka *Pl.,* Dokumente (über Judentum)

Ju/da/is/mus *m.,* -, *nur Sg.,* 1. Religion, 2. bestimmte Richtung innerhalb des Urchristentums

Ju/das *m.,* -, -se, heimtückische Person, Verräter

Ju/das Is/cha/ri/ot einer der Apostel

Ju/das/kuß > **Ju/daskuss** *m.,* -es, -küsse, geheucheltes, freundliches Verhalten

Ju/das/lohn *m.,* -[e]s, -löhne, Entlohnung für Verrat

Ju/de *m.,* -n, -n

Ju/den/bart *m.,* -[e]s, *nur*

Sg., Pflanze
Ju/den/christ *m.*, -[e]s, -en,
1. zum Christentum konvertierter Jude, 2. jüdischer Christ
Ju/den/chris/ten/tum *n.*, -s, *nur Sg.*
Ju/den/deutsch *n.*, -[e]s, *nur Sg.*, siehe Jiddisch
Ju/den/kir/sche *f.*, -, -n, Pflanze
Ju/den/stern *m.*, -[e]s,-e, Davidsstern
Ju/den/tum *n.*, -s, *nur Sg.*
Ju/den/ver/fol/gung *f.*, -, -en
Ju/di/ka, Ju/di/ca an Judika, zu Judika (zweiter Sonntag vor Ostern)
Ju/di/ka/ti/ve *f.*, -, -n, rechtsprechende Gewalt im Staat, im Unterschied zur gesetzgebenden und ausführenden Gewalt
ju/di/ka/to/risch richterlich
Ju/di/ka/tur *f.*, -, *nur Sg.*, Rechtsprechung
Jü/din *f.*, -, -nen
jü/disch
Ju/di/zi/um *n.*, -s, -ien
1. Rechtsfindungsvermögen, 2. Urteil
Ju/do [japan.] aus Jiu-Jitsu hervorgegangene ostasiatische Variante der Selbstverteidigung ohne Waffen als Sport („der sanfte Weg")
Ju/do/ka *m.*, -s, -, Judosportler
Ju/gend *f.*, -, *nur Sg.*
Ju/gend/al/ter *n.*, -s, *nur Sg.*
Ju/gend/amt *n.*, -[e]s, -ämter
Ju/gend/ar/rest *m.*, -[e]s, *nur Sg.*
Ju/gend/be/we/gung *f.*, -, -en
ju/gend/frei jugendfreie Filme, Filme, die auch

Jugendliche sehen dürfen
Ju/gend/freund *m.*, -es, -e
Ju/gend/freund/schaft *f.*, -, -en
Ju/gend/funk *m.*, -s, *nur Sg.*
Ju/gend/für/sor/ge *f.*, -, *nur Sg.*
Ju/gend/her/ber/ge *f.*, -, -n
Ju/gend/hil/fe *f.*, -, *nur Sg.*
Ju/gend/kri/mi/na/li/tät *f.*, -, *nur Sg.*
ju/gend/lich
Ju/gend/li/che *m.*, -n, -
Ju/gend/lich/keit *f.*, -, *nur Sg.*
Ju/gend/lie/be *f.*, -, -n
Ju/gend/pfle/ge *f.*, -, *nur Sg.*
Ju/gend/schutz *m.*, -es, *nur Sg.*
Ju/gend/stil *m.*, -s, *nur Sg.* Kunstrichtung
Ju/gend/stra/fe *f.*, -, -n
Ju/gend/sün/de *f.*, -, -n
Ju/gend/wei/he *f.*, -, -n Zeremoniell in der ehemaligen DDR
Ju/gend/wohl/fahrts/pfle/ge *f.*, -, *nur Sg.*
Ju/gend/wohn/heim *n.*, -es, -e
Ju/gos/la/we oder auch **Ju/go/sla/we** *m.*, -n, -n, Einwohner des ehem. Jugoslawiens
Ju/gos/la/wi/en oder auch **Ju/go/sla/wi/en**, ehem. europäischer Staat
ju/gos/la/wisch oder auch **ju/go/sla/wisch**
ju/gu/lar [lat.] zur Kehle gehörend
Ju/gu/lar/ader *f.*, -, -n, Kehlader
Ju/gu/lum *n.*, -s, -la, Grube, die sich am Hals zwischen den Schlüsselbeinen befindet
Juice [engl.] Saft aus fri-

schem Obst oder Gemüse
Juist eine der Ostfriesischen Inseln
Ju/ju/be *f.*, -, -n, 1. Strauch, 2. Beere
Juke/box [engl.] *f.*, -, -en Musikautomat in Gaststätten, der nach Geldeinwurf Schallplatten oder CDs abspielt
Jul/fest *n.*, -[e]s, -e, skandinavisches Sonnwendfest
Ju/li *m.*, -s, *nur Sg.*, Monat
ju/li/a/nisch julianischer Kalender, von Cäsar eingeführter Kalender
Ju/li/enne [französ.] *f.*, -, *nur Sg.*, 1. weiblicher Vorname, 2. in Streifen geschnittenes Gemüse als Suppeneinlage
Ju/li/er *m.*, -s, -, Abkömmling eines röm. Adelsgeschlechtes
Ju/li/er/paß > **Ju/lier/pass** *m.*, -es, *nur Sg.*, Pass in den Alpen
Ju/li/kä/fer *m.*, -s, -, Rosenlaubkäfer
Ju/li/re/vo/lu/ti/on *f.*, -, *nur Sg.*, Revolution in Paris (19. Jahrhundert)
ju/lisch dem julischen Adelsgeschlecht entstammend, zu ihm gehörend
Jul/klapp *m.*, -s, *nur Sg.*, 1. skandinavischer Brauch, sich gegenseitig zu beschenken, dabei aber unerkannt zu bleiben, 2. Geschenk (skand.)
Jul/nacht *f.*, -, -nächte, Nacht vom 24. auf den 25. Dezember
Jum/bo *m.*, -s, -s, siehe Jumbojet
Jum/bo-Jet > **Jumbo/jet** *m.*, -s, -s, Großraumflugzeug

Ju/me/la/ge [französ.] *f.*, -, -n, Städtepartnerschaft verschiedener Länder
Jum/per [engl.] *m.*, -s, -, Pullover oder Strickbluse
jung, von jung auf, Jung[e] und Alt[e], sie ist die Jüngste von allen Töchtern, das Junge Deutschland, das Jüngste Gericht, der Jüngste Tag
Jung/ak/ti/vist *m.*, -en, -en
Jung/brun/nen *m.*, -s, -
Jung/deut/sche *Pl.*, Mitglieder des Jungen Deutschland
Jun/ge *m.*, -en, -en, der Junge ist zwölf Jahre alt
jun/gen/haft wie ein Junge
Jun/gen/haf/tig/keit *f.*, -, *nur Sg.*
Jun/gen/streich *m.*, -s, -e, das ist ein dummer Jungenstreich
Jün/ger *m.*, -s, -, Anhänger
Jün/ge/rin *f.*, -, -nen
Jün/ger/schaft *f.*, -, *nur Sg.*
Jung/fer *f.*, -, -n
jüng/fer/lich
Jüng/fer/lich/keit *f.*, -, *nur Sg.*
Jung/fern/fahrt *f.*, -, -en, erste offizielle Fahrt eines Schiffes
Jung/fern/häut/chen *n.*, -s, -, Hymen
Jung/fern/re/de *f.*, -, -n, erste Rede
Jung/fern/schaft *f.*, -, *nur Sg.*
Jung/fern/zeu/gung *f.*, -, -en, Parthenogenese
Jung/frau *f.*, -, -en
jung/fräu/lich
Jung/fräu/lich/keit *f.*, -, *nur Sg.*
Jung/ge/sel/le *m.*, -n, -n
Jung/ge/sel/len/bu/de *f.*, -, -n
Jung/ge/sel/lin *f.*, -, -nen

Jung/gram/ma/ti/ker *m.*, -s, -, Anhänger einer sprachwissenschaftlichen Richtung (Leipziger Schule)
Jüng/ling *m.*, -s, -e
Jüng/lings/al/ter *n.*, -s, *nur Sg.*
Jung/pa/lä/o/li/thi/kum *n.*, -s, *nur Sg.*, Altsteinzeit (jüngerer Zeitabschnitt)
Jung/pi/o/nier *m.*, -s, -e, Mitglied einer Jugendorganisation in der ehemaligen DDR
Jung/so/zi/a/lis/ten *Pl.*, SPD-Verband jüngerer Mitglieder
jüngst kürzlich
Jung/stein/zeit *f.*, -, *nur Sg.*, Neolithikum
jüngs/tens siehe jüngst
Jung/tier *n.*, -es, -e
Jung/tür/ken *Pl.*, politische Bewegung in der Türkei (19./20. Jh.)
jung/ver/hei/ra/tet
Jung/vieh *n.*, -s, *nur Sg.*
Jung/wild *n.*, -[e]s, *nur Sg.*
Ju/ni *m.*, -(s), *nur Sg.*, Monat
Ju/ni/kä/fer *m.*, -s, -, Käferart
ju/ni/or [lat.] als Namens-, Firmenzusatz, Hoffmann junior
Ju/ni/or *m.*, -s, -en, Sohn, im besonderen Sohn des Inhabers einer Firma, der im Betrieb mitarbeitet
Ju/ni/o/rat *n.*, -[e]s, -e, Minderheit
Ju/ni/or/chef *m.*, -[e]s, -s, Sohn des Firmeninhabers, der im Betrieb mitarbeitet
Ju/ni/o/ren/mann/schaft *f.*, -, -en
Ju/ni/per/sus [lat.] *m.*, -, -, Wacholder
Junk [engl.] *m.*, -s, -s, Heroin, auch: ungesundes Essen
Jun/ker *m.*, -s, -
jun/ker/lich
Jun/ker/tum *n.*, -s, *nur Sg.*
Jun/kie [engl.] *m.*, -s, -s, Person, die Drogen nimmt
Junk/tim [lat.] *n.*, -s, -e, Verbindung von Gesetzesvorlagen, die zusammen behandelt werden
Junk/tims/vor/la/ge *f.*, -, -n
Junk/tur *f.*, -, -en Gelenk
Ju/no 1. römische Göttin, 2. Planetoid
ju/no/nisch der röm. Göttin Juno ähnlich, stattlich
Jun/ta [span.] *f.*, -, -ten, Regierung, die sich meist aus hohen Militärs zusammensetzt und durch einen Putsch an die Macht gekommen ist
Ju/pi/ter 1. römischer Gott, 2. Planet
Ju/pi/ter/lam/pe *f.*, -, -n, äußerst helle Lampe
Ju/ra 1. *Pl.*, Rechtswissenschaft, 2. Gesteinsformation
Ju/ra/for/ma/ti/on *f.*, -, -en, siehe Jura
Ju/ras/si/er *m.*, -s, -e, Jura-Bewohner
ju/ras/sisch
ju/rie/ren *tr.* beurteilen
Ju/ris/dik/ti/on *f.*, -, -en, Rechtsprechung
Ju/ris/pru/denz *f.*, -, *nur Sg.*, Rechtswissenschaft
Ju/rist *m.*, -en, -en, Rechtskundiger, Rechtswissenschaftler, Rechtsanwalt
Ju/ris/te/rei *f.*, -e, *nur Sg.*, Rechtswissenschaft (ugs.)
ju/ris/tisch zur Rechtswissenschaft gehörend, juristische Person, im Gegensatz zur natürlichen Person (Mensch) der Zusammen-

schluss mehrerer Personen oder eines Kapitals, dem die Rechtsordnung Rechtsfähigkeit verleiht (z. B. eine Aktiengesellschaft)

Ju/ror *m.,* -en, -en, Jury - Mitglied

Jur/te [russ. - türk.] *f.,* -, -n, rundes Zelt zentralasiatischer Nomaden

Ju/ry [engl.] *f.,* -, -s, 1. Gruppe von Fachleuten oder des Publikums, die über die Preisverleihung bei künstlerischen oder sportlichen Wettbewerben entscheidet, 2. Gremium aus Laien, das beim Schwurgericht in Großbritannien und in den USA zur Urteilsfindung verpflichtet ist

ju/ry/frei nicht von Experten konfiguriert

Jus [lat.] *n.,* -, *Pl.:* Jura, Recht, Jus ad rem: „Recht an der Sache", Jus divinum: göttliches Recht, Jus gentium: Völkerrecht, Jus naturale: Naturrecht, Jus privatum: Privatrecht, Jus publicum: öffentliches Recht, österr. Abk. für: Jurastudium

Jus [französ.] *f.,* -, *nur Sg.,* beim Braten von Fleisch entstehender Saft, der beim Erkalten erstarrt, Bratensaft, Fleischbrühe

Ju/sos siehe Jungsozialisten

just [lat.] genau, gerade, just in diesem Moment

jus/tie/ren [lat.] *tr.* 1. Münzen auf ihr gesetzlich festgelegtes Gewicht prüfen, 2. Geräte oder Maschinen genau einstellen, eichen, ausmessen

Jus/tie/rer *m.,* -, -, die Person, die etwas justiert

Jus/tie/rung *f.,* -, -en

Jus/tier/waa/ge *f.,* -, -n, Münzwaage

Jus/ti/fi/ka/ti/on *f.,* -, -en, Anerkennung von (ausländischen) Akten der Verwaltung

Jus/ti/fi/ka/tur *f.,* -, -en, Prüfung und anschließende Genehmigung von Rechnungen

jus/ti/fi/zie/ren

Jus/ti/tia [lat.] Göttin der Gerechtigkeit

jus/ti/tia/bel eine Angelegenheit betreffend, die vor Gericht entschieden werden muss

Jus/ti/ti/ar oder auch **Jus/ti/zi/ar** *m.,* -s, -e, Jurist, der bei einem Unternehmen, einem Verband oder einer Behörde die Rechtsgeschäfte wahrnimmt und als Berater in Rechtsfragen fungiert

Jus/tiz *f.,* -, *nur Sg.,* Rechtspflege, Rechtswesen und Rechtsprechung

Jus/tiz/irr/tum *m.,* -s, -tümer Fehlurteil des Gerichtes

Jus/tiz/mi/nis/ter *m.,* -s, -

Jus/tiz/rat *m.,* [e]s, -räte, Juristentitel

Jus/tiz/voll/zugs/an/stalt *f.,* -, -en, Gefängnis

Ju/te [bengal.] *f.,* -, -n, pflanzliche Faser, aus der Seile, Säcke u. Ä. hergestellt werden

Jü/te *m.,* -n, -n, Einwohner Jütlands

Jü/tin *f.,* -, -nen, Einwohnerin Jütlands

jü/tisch jütländisch

Jüt/land dänisches Gebiet

Jüt/län/der *m.,* -s, -, siehe Jüte

jüt/län/disch

ju/ve/nil [lat.] 1. jugendlich, 2. aus tiefen Schichten kommend, 3. direkt aus dem Erdinnern

Ju/ve/ni/lis/mus *m.,* -, *nur Sg.,* siehe Infantilismus, abgeschwächter Infantilismus

Ju/wel [niederländ.] *n.,* -s, -en, Schmuckstück, geschliffener Edelstein

Ju/we/lier *m.,* -s, -e, Schmuckhändler

Ju/we/lier/wa/ren *f, Pl,* Schmuckstücke

Jux [lat.] *m.,* -es, -e, Spaß

ju/xen scherzen

Jux/ta [lat.] *f.,* -, *Pl.* Kupons

Jux/ta/po/si/ti/on *f.,* -, -en, Wortbildung durch einfaches Aneinanderreihen von Wörtern im Unterschied zur Zusammensetzung

Jux/te *f.,* -, -n, s. Juxta

K

k 1. Kilo..., 2. Karat
K 1. Kalium, 2. Kelvin
Ka/a/ba [arab.] *f.*, -, *nur Sg.*, schwarzer Steinbau in der großen Moschee von Mekka, Haupttheiligtum des Islam
Ka/ba/le [arab.] *f.*, -, -n, verschwörerische Machenschaften, Ränkespiel, Intrige
Ka/ba/rett [französ.] *n.*, -s, -s, 1. satirische, zeitkritische Darbietung auf einer kleinen Bühne, 2. Szenen, Monologe, Lieder, 3. drehbare Platte in der Mitte des Tisches, auf der Speisen abgestellt werden
Ka/ba/ret/tier *m.*, -s, -s, Leiter eines Kabaretts
Ka/ba/ret/tist *m.*, -en, -en, Kabarettkünstler
ka/ba/ret/tis/tisch
Ka/bäus/chen *n.*, -s, -, Häuschen
Kab/ba/la [hebr.] *f.*, -, *nur Sg.*, jüdische Geheimlehre, mit Buchstaben- und Zahlensymbolik verbunden, ebenso mit allegorischer Bibelauslegung
Kab/ba/list *m.*, -en, -en, Person, die in der Kabbala unterrichtet ist
Kab/ba/lis/tik *f.*, -, *nur Sg.* Geheimlehre
kab/ba/lis/tisch 1. der Kabbalistik entstammend oder zu ihr gehörend, 2. geheimwissenschaftlich
Kab/be/lei *f.*, -, -en, Streiterei, Zankerei
kab/be/lig unruhig (Gewässer)
kab/beln *refl.*, sich streiten (freundschaftlich), Wortgefechte führen
Kab/be/lung *f.*, -, *nur Sg.*, Stelle, an der Gewässer Kräuselbewegungen aufweisen
Ka/bel [französ.] *n.*, -s, -, 1. dickes Seil, Tau, 2. isolierte elektrische Leitung, 3. Telegramm
Ka/bel/fern/se/hen *n.*, -s, *nur Sg.*, Fernsehprogramme, die per Kabel ausgestrahlt werden
Ka/bel/jau *m.*, -s, Dorschfisch der nördlichen Meere
ka/beln *tr.* ein Telegramm, eine Nachricht (per Kabel) schicken
Ka/bel/schuh *m.*, -s, -e, Klemme (an Kabeln)
Ka/bi/ne [französ.] Wohn- und Schlafraum für die Passagiere auf Schiffen
Ka/bi/nen/kof/fer *m.*, -s, -, Schrankkoffer
Ka/bi/nett [französ.] *n.*, -s, -e, 1. der Regierungschef und alle Minister, 2. Raum zur Aufbewahrung von Sammlungen, 3. kleines Zimmer, Nebenraum
Ka/bi/nett/for/mat *n.*, -[e]s, -e, Größe eines Fotos (10 auf 14 cm)
Ka/bi/netts/fra/ge *f.*, -, -n, Vertrauensfrage (seitens des Kabinetts an das Parlament)
Ka/bi/netts/jus/tiz *f.*, -, *nur Sg.*, Eingreifen seitens der Regierung in Fragen der Rechtsprechung (verfassungswidrig)
Ka/bi/netts/kri/se *f.*, -, -n
Ka/bi/netts/or/der *f.*, -, -n, Anordnung des Herrschers
Ka/bi/nett/stück *n.*, -[e]s, -e, 1. äußerst wertvoller Kunstgegenstand, 2. Meisterstück, auch bildlich
Ka/bi/nett/wein *m.*, -[e]s, -e, Qualitätswein der ersten Kategorie

Ka/bo/ta/ge [französ.] *f.*, -n, Küstenschifffahrt zwischen Häfen eines Staates
ka/bo/tie/ren *intr.*, Küstenschifffahrt betreiben (zwischen Häfen eines Staates)
Ka/bri/o/lett oder auch **Kab/ri/o/lett** *n.*, -s, -s, Personenkraftwagen mit aufklappbarem Verdeck
Ka/buff *n.*, -s, -s, enger, ungemütlicher Raum (ugs.)
Ka/bu/ki [japan.] *n.*, -(s), -(s), Schauspiel
Ka/bul Hauptstadt von Afghanistan
Ka/bu/se, Ka/bü/se *f.*, -, -n, 1. dunkler Raum, 2. schlechte Wohnung, 3. Kombüse
Ka/by/le *m.*, -n, -n, Berber
ka/by/lisch
Ka/chek/ti/ker *m.*, -s, -, Person, die unter Kräfteschwund leidet
ka/chek/tisch
Ka/chel *f.*, -, -n
ka/cheln *tr.*, Doris kachelte das Bad neu
Ka/chel/o/fen *m.*, -s, -öfen
Kach/e/xie oder auch:
Ka/che/xie [griech.] *f.*, -, -n, Kräfteschwund
Ka/cke *f.*, -, *nur Sg.*, vulgär für: Kot
ka/cken *intr.*, vulgär für: Kot ausscheiden
Ka/da/ver [lat.] *m.*, -s, -, Tierleiche, Aas
Ka/da/ver/ge/hor/sam *m.*, -s, *nur Sg.*, Hörigkeit, blinder Gehorsam
Ka/der [französ.] *m.*, -s, -, Gruppe von leitenden Personen, Stammtruppe
Ka/der/ab/tei/lung *f.*, -, -en, Personalabteilung (ehemalige DDR)

Ka/der/ak/te *f.,* -, -n, Personalakte (ehemalige DDR)
Ka/der/lei/ter *m.,* -s, -, Personalchef (ehemalige DDR)
Ka/der/par/tie *f.,* -, -n, Billardspielart
Ka/dett [französ.] *m.,* -en, -en, früher der Zögling einer Kadettenanstalt, wo er zum Offiziersanwärter avancierte
Ka/det/ten/an/stalt *f.,* -, -en
Ka/det/ten/korps *n.,* -, -
Ka/det/ten/schu/le *f.,* -, -n
Ka/di [arab.] *m.,* -s, -s, islamischer Richter, übertr. auch: vor den Kadi gehen: vor Gericht gehen
kad/mie/ren [griech.] *tr.* etwas mit einer Schicht aus Kadmium umgeben
Kad/mie/rung *f.,* -, -en
Kad/mi/um *n.,* -s, *nur Sg.,* Metall, Element
Kad/mi/um/rot *n.,* -, *nur Sg.,* Farbe
ka/duk [lat.] 1. hinfällig, 2. ungültig, abgelaufen
ka/du/zie/ren *tr.* etwas für ungültig erklären
Ka/du/zie/rung *f.,* -, -en
Kä/fer *m.,* -s, -
Kaff *n.,* -[e]s, Käffer, ugs. für: kleines, langweiliges Dorf
Kaf/fee [arab. - französ.] *m.,* -s, *nur Sg.,* 1. Pflanze, 2. Kaffeebohnen, 3. Getränk
Kaf/fee/boh/ne *f.,* -, -n
Kaf/fee-Er/satz auch:
Kaf/fee/er/satz *m.,* -es, *nur Sg.*
Kaf/fee/haus *n.,* -es, -häuser
Kaf/fee/klatsch *m.,* -es
Kaf/fee/ma/schi/ne *f.,* -, -n
Kaf/fee/sie/der *m.,* -s, -
Kaf/fee/tan/te *f.,* -, -n, Person, die sich gerne und ausführlich unterhält

Kaf/fee/tisch *m.,* -es, -e
Kaf/fer *m.,* -s, -n, Angehöriger eines Bantustammes
Kaf/fern/büf/fel *m.,* -s, -, afrikanisches Rind
Kä/fig *m.,* -s, -e
Ka/fir [arab.] *m.,* -s, -e, Nicht-Moslem, Ungläubiger
Kaf/tan [pers.] *m.,* -s,-e, 1. im Nahen Osten getragener, vorne offener, weitärmliger langer Mantel, 2. langes, enganliegendes Obergewand der orthodoxen Juden
kahl
Kahl/fraß *m.,* -es, *nur Sg*
kahl/fres/sen oder auch: **kahl fres/sen** *tr.*
Kahl/heit *f.,* -, *nur Sg.*
Kahl/hieb *m.,* -[e]s, -e, Fällen sämtlicher Bäume innerhalb eines bestimmten Gebietes
Kahl/kopf *m.,* -[e]s, -köpfe, glatzköpfige Person
kahl/köp/fig haarlos
Kahl/köp/fig/keit *f.,* -, *nur Sg.*
kahl/sche/ren oder auch: **kahl sche/ren** *tr.*
Kahl/schlag *m.,* [e]s, -schläge
Kahl/wild *n.,* -[e]s, *nur Sg.* geweihloses Wild
Kahm *m.,* -es, -e, Schicht auf Flüssigkeiten (von Bakterien gebildet)
kah/men *intr.,* mit einer Schicht überzogen werden (Flüssigkeiten)
kah/mig
Kahn *m.,* -[e]s, Kähne
Kahn/bein *n.,* -[e]s, -e, Knochen (Hand-, Fußwurzel)
Kahn/fahrt *f.,* -, -en
Kai [niederländ.] *m.,* -s, -s, parallel zum Ufer verlaufender Hafendamm
Kai/man [indian.] *m.,* -s, -e, Krokodil Südamerikas
Kai/man/fisch *m.,* -[e]s, -e, Raubfisch
Kai/nit [griech.] *m.,* -s, -e, Mineral
Kains/mal *n.,* -[e]s,
Kains/zei/chen *n.,* -s, -, Schandmal
Kai/ro Hauptstadt von Ägypten
Kai/ro/er *m.,* -s, -
kai/ro/isch
kai/ro/phob [griech.] Situationsangst habend
Kai/ro/pho/bie *f.,* -, n, Situationsangst
Kai/ser *m.,* -s, -
Kai/ser/haus *n.,* -es, -häuser
Kai/se/rin *f.,* -, -nen
Kai/se/rin/mut/ter *f.,* -, -mütter
kai/ser/lich
Kai/ser/ling *m.,* -[e]s, -e, Pilzart
kai/ser/los
Kai/ser/man/tel *m.,* -s, -mäntel, Schmetterlingsart
Kai/ser/reich *n.,* -[e]s, -e
Kai/ser/schmar/ren *m.,* -s, -, österreichische Spezialität
Kai/ser/schnitt *m.,* -[e]s, -e, operativer Eingriff bei der Geburt
Kai/ser/schwamm *m.,* -[e]s, -schwämme
Kai/ser/stuhl *m.,* -[e]s, *nur Sg.,* deutscher Gebirgszug
Kai/ser/tum *n.,* -[e]s, *nur Sg.*
Ka/jak [eskimoisch] *m.,* -s, -s, 1. einsitziges Kanu der Eskimo, 2. Sportpaddelboot
ka/jo/lie/ren [französ.] *tr.,* schmeicheln, liebkosen
Ka/jü/te *f.,* -, -n, Schiffs-

bereich, der zugleich als Schlaf- und Wohnraum dient
Ka/ka/du *m.,* -s, -s, Papagei
Ka/kao [aztek. - span.] 1. Samen, 2. Getränk
Ka/ka/o/baum *m.,* -[e]s, -bäume
Ka/ka/o/boh/ne *f.,* -, -n
Ka/ka/o/but/ter *f.,* -, *nur Sg.,* Pflegemittel, kosmetischer Bestandteil
Ka/ke/mo/no [japan.] *n.,* -s, -s, seidenes oder papiernes Rollbild
Ka/ker/la/ke [niederländ.] Küchenschabe
Ka/ki, Kha/ki [pers.-engl.] 1. *n.,* -, *nur Sg.,* Farbe, 2. *m.,* -s,-s, Stoff, 3. *f.,*-, s, Frucht
ka/ki/braun, kha/ki/braun
ka/ki/far/ben, kha/ki/far/ben
Ka/ki/pflau/me
Kha/ki/pflau/me *f.,* -, -n, Edelholzgewächs,
Ka/ki/dro/se [griech.] *f.,* -, -n, übel riechende Schweißabsonderung
ka/ko..., Ka/ko... [griech.] in Wortzusammenhang: schlecht
Ka/ko/dyl/ver/bin/dung [griech.] *f.,* -, -en, schlecht riechende Arsenverbindung
Ka/ko/pho/nie (N *f.*) auch:
Ka/ko/fo/nie *(H f.)* *f.,* -, -n, Missklang, aneinandergereihte Dissonanzen
ka/ko/pho/nisch (N *f.*) auch: **ka/ko/fo/nisch** *(H f.)*
Ka/kos/to/mie *f.,* -, -n, Mundgeruch
Kak/ta/ze/en [griech. - lat.] *Pl.,* Kaktusgewächse
Kak/tee *f.,* -, -n, **Kak/tus** *m.,* -, -teen, Wüstenpflanze

Kak/tus/fei/ge *f.,* -, -n, Kaktusfrucht
Ka/ku/mi/nal siehe Zerebral
Ka/la-A/zar [ind.] *f.,* -, - *nur Sg.,* Infektionskrankheit
Ka/la/bas/se *f.,* -, -n, Trinkgefäß (aus einem Kürbis hergestellt)
Ka/la/bre/se [italien.] *m.,* -n, -n, Einwohner Kalabriens (Italien)
Ka/la/bre/ser *m.,* -s, -, Filzhut mit spitzem Kopf und breiter Krempe
ka/la/bre/sisch aus Kalabrien
Ka/la/bri/en Region in Italien
Ka/la/bri/er *m.,* -s, -, siehe Kalabrese
ka/la/brisch siehe kalabresisch
Ka/la/ha/ri *f.,* -, *nur Sg.,* Wüstensteppe in Südafrika
Ka/la/mai/ka *f.,* -, -ken, temperamentvoller, ukrainischer Tanz
Ka/la/ma/ri/en siehe Kalamiten
Ka/la/mi/tät [lat.] *f.,* -, -en, 1. Notlage, große Verlegenheit, 2. Massenerkrankung von Waldbäumen, Tabakpflanzungen
Ka/la/mi/ten [griech.] *Pl.,* Schachtelhalme (im Karbon)
Ka/lan/der [französ.] Maschine zum Pressen und Prägen von Papier, Kunststoff oder Textilien
ka/lan/dern *tr.*
Ka/lasch/ni/kow [russ.] Maschinengewehr
Ka/la/thos [griech.] *m.,* -s, -thoi, kelchförmiges Tongefäß
Ka/lau/er *m.,* -s, -, Witzelei

ka/lau/ern *intr.*
Kalb *n.,* -[e]s, Kälber
Kälb/chen *n.,* -s, -
Kal/be *f.,* -n, -n, siehe Färse
kal/ben *intr.* die Kuh kalbt (bringt ein Junges zur Welt)
Kal/be/rei *f.,* -, -en, ugs.: Alberei
kal/bern *intr.,* herumalbern
Kalb/fleisch *n.,* -[e]s, *nur Sg.*
Kal/bin *f.,* -, -nen, siehe Färse
Kalb/le/der *n.,* -s, *nur Sg.*
Kälb/lein *n.,* -s, -
Kalbs/bra/ten *m.,* -s, -
Kalbs/bries *n.,* -s, -e, Gericht
Kalbs/fell *n.,* -[e]s, -e
Kalbs/ha/xe *f.,* -, *n,* Gericht
Kalbs/le/der *n.,* -s, *nur Sg.*
Kalbs/milch *f.,* -, *nur Sg.,* siehe Kalbsbries
Kalbs/nie/ren/bra/ten *m.,* -, -
Kalbs/nuß > **Kalbsnuss**
Kalbs/schnit/zel *n.,* -s, -
Kal/da/ri/um [lat.] *n.,* -s, -rien, heißes Bad im alten Rom, Teil der Thermen
Kal/dau/nen [lat.] *f.,* *Pl.,* Kutteln
Ka/le/bas/se [span.-französ.] Gefäß aus einem ausgehöhlten Flaschenkürbis
Ka/le/do/ni/den *Pl.,* sehr alte Gebirge
Ka/le/do/ni/en [lat.] Schottland (alter Name)
ka/le/do/nisch
Ka/lei/do/skop oder auch:
Ka/lei/dos/kop *n.,* -s, -e, Rohr, in dem Spiegel und bunte Glasstücke beim Hindurchblicken und gleichzeitigem Drehen immer wieder andere, symmetrische farbige Bilder liefern
ka/lei/do/sko/pisch oder

Kalobiotik

auch: **ka/lei/dos/kopisch**
Ka/len/da/ri/um [lat.] *n.,* -s, -rien, 1. Kalender mit kirchlichen Gedenk- und Festtagen, 2. Verzeichnis der am Monatsersten fälligen Zinsen (im alten Rom)
Ka/len/den *f., Pl,* der erste Monatstag (im alten Rom)
Ka/len/der *m.,* -s, -
Ka/len/der/jahr *n.,* -[e]s, -e, das Jahr, das den Zeitraum vom 1. Januar bis zum 31. Dezember umfasst
Ka/len/der/mo/nat *m.,* -s, -e
Ka/le/sche [poln.] *f.,* -, -n, leichte Kutsche
Ka/le/wa/le *n.,* -, *nur Sg.,* finnisches Nationalepos
Kal/fak/tor [lat.] *m.,* -s, -en, Hilfskraft, Diener für untergeordnete Arbeiten
kal/fa/tern [niederländ.] die Fugen eines Schiffs mit Weg und Teer oder Kitt abdichten
Kal/fa/te/rung *f.,* -, -en
Kal/fat/ham/mer *m.,* -s, -
Ka/li [arab.] Oberbegriff für Kaluimsalze
Ka/li/an [pers.] *m.* oder *n.,* -s, Wasserpfeife
Ka/li/ber [französ.] *n.,* -s, -, 1. Innendurchmesser von Röhren, z. B. von Gewehrläufen, 2. Normgröße von Geschossen, 3. Spalt zwischen zwei Walzen eines Walzwerks, 4. Gerät zum Messen von Innen- und Außendurchmessern
Ka/li/ber/maß *n.,* -es, -e, Kalibermessgerät
ka/li/brie/ren *tr.* Werkstücke auf das richtige Maß bringen
...ka/li/brig in Wortzusammenhang: klein-, großkalibriges Gewehr

Ka/lif [arab.], *m.,* -en, -en, Titel islamischer Herrscher als Nachfolger des Propheten Mohammed
Ka/li/fat *n.,* -[e]s, -e, Reich eines Kalifen
Ka/li/fen/tum *n.,* -s, *nur Sg.*
Ka/li/for/ni/en nordamerikanischer Bundesstaat
Ka/li/for/ni/er *m.,* -s, -, Einwohner Kaliforniens
ka/li/for/nisch
Ka/li/ko *m.,* -s, -s, sehr dichtes Baumwollgewebe für Bucheinbände
Ka/li/salz *n.,* -es, -e, Kaliumverbindungen
Ka/li/um [arab. -lat.] *n.,* -s, *nur Sg.,* chemisches Element
Ka/li/um/bro/mid *n.,* -s, -e, siehe Bromkali
Ka/li/um/per/man/ga/nat *n.,* -[e]s, *nur Sg.,* Oxidationsmittel
Kalk *m.,* -[e]s, -e
Kalk/al/pen *f., nur Pl*
Kalk/bren/ner *m.,* -s, -
Kalk/ei *n.,* -s, -er
kal/ken *tr.*
Kalk/er/de *f.,* -, -n
kal/kig
Kalk/lun/ge *f.,* -, -n, Lungenkrankheit
Kalk/salz *n.,* -es, -e Salz des Kalkiums
Kalk/sin/ter *m.,* -s, -, Sediment, Kalkstein
Kalk/spat *m.,* -[e]s, -e, Mineral
Kalk/stein *m.,* -[e]s, -e
Kal/kül [französ.] *n.,* -s, -e, Überlegung, Berücksichtigung, Berechnung
Kal/ku/la/ti/on [lat.] *f.,* -, -en, Kostenvoranschlag, Kostenrechnung, Ermitteln der zu erwartenden Kosten

Kal/ku/la/tor *m.,* -s, -en, Rechnungsprüfer
kal/ku/la/to/risch, kalkulatorische Kosten, kalkulatorischer Aufwand
kal/ku/lie/ren *tr.,* die Kosten veranschlagen, berechnen, schätzen, abschätzen
Kal/kut/ta Stadt in Indien
kal/kut/tisch
Kal/la [lat.], *f.,* -, -s, Pflanze, s. Calla
Kal/li/graph *(N f.)* auch **Kal/li/graf** *(H f.) m.,* -en, -en, Schönschreiber
Kal/li/gra/phie *(N f.)* auch **Kal/li/gra/fie** *(H f.) f.,* -, *nur Sg.,* Schönschreibkunst
kal/li/gra/phisch *(N f.)* auch **kal/li/gra/fisch**
Kal/li/o/pe [griech.] *f.,* -, *nur Sg.,* Muse des Epos und der Elegie
kal/lös [lat.] schwielig, voller Schwielen
Kal/lo/si/tät *f.,* -, *nur Sg.*
Kal/lus *m.,* -, -lusse, neu gebildetes Gewebe nach Knochenbrüchen
Kal/mar Hafenstadt in Schweden
Kal/me [französ.] *f.,* -, -n, Windstille
Kal/men/gür/tel *m.,* -s, -
Kal/men/zo/ne *f.,* -, -n
kal/mie/ren *tr.,* beruhigen
Kal/muck *m.,* -[e]s, -e, Wollstoff
Kal/mück *m.,* -en, -en, Westmongole
Kal/mus [lat.] *m.,* -, -musse, Heilpflanze
Kal/mus/öl *n.,* -s, -e
Ka/lo [italien.] *m.,* -s, -s, Schwund
Ka/lo/bi/o/tik [griech.] *f.,* -, *nur Sg.,* (bei den Griechen) die Kunst, ein ausge-

glichenes, erfülltes Leben zu führen

Ka/lo/ka/ga/thie *f., -, nur Sg.*, altgriechisches Ideal bei der Erziehung, Anstreben von körperlicher und seelischer Einheit und Vollkommenheit

Ka/lo/mel [griech.] *n., -, nur Sg.*, Abführmittel

Ka/lo/rie [lat.] *f., -, -n*, 1. alte Maßeinheit für die Energie, mit der ein Gramm Wasser von 14, 5 auf 15, 5 Grad Celsius erwärmt werden kann, 2. frühere Maßeinheit für den Energiewert von Lebensmitteln und den Energieumsatz des Körpers

Ka/lo/ri/fer *m., -s, -*, Heißluftofen

Ka/lo/rik [lat.], *f., -, nur Sg.*, Wärmelehre

Ka/lo/ri/me/ter Kalorien-Messgerät

Ka/lo/ri/me/trie oder auch: **Ka/lo/ri/met/rie** *f., -, nur Sg.* Kalorienmessung

ka/lo/ri/me/trisch oder auch: **ka/lo/ri/met/risch**

ka/lo/risch

ka/lo/ri/sie/ren *tr.*

Ka/lot/te [französ.] *f., -, -n*, 1. Fläche eines Kugelabschnitts, 2. Kugelhaube, flache Kuppel, 3. Scheitelkäppchen, 4. Schädeldecke

Ka/lot/ten/hoch/tö/ner *m., -s, -*, Lautsprecher

Kal/pak [türk.] Mütze

kalt kaltes Blut bewahren, ruhig bleiben, kaltes Fieber, Malaria, kalte Küche, nicht warm zubereitete Speisen

kalt/blei/ben > **kalt bleiben** *intr.*, ruhig bleiben

Kalt/blut *n., -[e]s -blüter*, Arbeitspferd

Kalt/blü/ter *m., -s, -*, wechselwarmes Lebewesen

kalt/blü/tig

Kalt/blü/tig/keit *f., -, nur Sg.*

Käl/te *f., -, nur Sg.*

käl/te/be/stän/dig

Käl/te/be/stän/dig/keit *f., -, nur Sg.*

Käl/te/grad *m., -[e]s, -e*

Käl/te/ma/schi/ne *f., -, -n*

käl/ten *tr.*

Käl/te/pol *m., -[e]s, -e*

Käl/te/star/re *f., -, nur Sg.*

Käl/te/tech/nik *f., -, nur Sg.*

Käl/te/tod *m., -[e]s, nur Sg.*

Käl/te/wel/le *f., -, -n*

Kalt/front *f., -, -en*

Kalt/här/tung *f., -, -en*

Kalt/haus *n., -es, -häuser*, Gewächshaus mit niedriger Temperatur

kalt/her/zig

Kalt/her/zig/keit *f., -, nur Sg.*

kalt/lä/chelnd > **kalt lä/chelnd**

kalt/las/sen das hat mich kaltgelassen, das hat mich nicht berührt

Kalt/leim *m., -[e]s, -e*

Kalt/luft *f., -, nur Sg.*

kalt/ma/chen ugs. für: ermorden, töten

Kalt/na/del *f., -, -n*, Instrument für Radierungen

Kalt/na/del/ra/die/rung *f., -, -en*, Art der Radierung

Kalt/scha/le *f., -, -n*

kalt/schnäu/zig

Kalt/schnäu/zig/keit *f., -, nur Sg.*

Kalt/sinn *m., -[e]s, nur Sg.*

kalt/sin/nig

kalt/stel/len *f.*, eine Person ihres Einflusses berauben, aber: kalt stellen, etw. kühlen

Kalt/was/ser/be/handlung *f., -, -en*

Kalt/was/ser/kur *f., -, -en*

Kalt/wel/le *f., -, -n*

Ka/lum/bin [Bantu] Bitterstoff

Ka/lu/met [französ.] *n., -s, -s*, zeremonielle Pfeife der Indianer, die reihum wanderte, Friedenspfeife

Kal/va/ri/en/berg *m., -[e]s, -e*, der Kreuzigungsstätte Christi nachgebildeter Wallfahrtsort

Kal/vill [französ.] *m., -s, -en*, **Kal/vil/le** *f., -, -n*, Apfelsorte

Kal/vi/nis/mus *m., -, nur Sg.*, siehe Calvinismus

Kal/vi/nist *m., -en, -en*, siehe Calvinist

kal/vi/nis/tisch siehe calvinistisch

Ka/ly/kan/thus [griech.] *m., -, nur Sg.*, Gewürzstrauch

Ka/lyp/so Nymphe

Ka/lyp/tra oder auch:

Ka/lypt/ra [griech.] *f., -, -tren* Pflanzenhülle

Kal/ze/o/la/rie *f., -, -rien*, Pantoffelblume

kal/zi/fug [lat.] Pflanzen bezeichnend, die auf kalkhaltigem Boden nicht gedeihen, die kalkhaltigen Boden meiden

Kal/zi/na/ti/on [lat.] *f., -, -en*, Auflösung einer chemischen Verbindung mittels Erhitzen

kal/zi/nie/ren *tr.*

Kal/zi/nie/rung *f., -, -en*

Kal/zi/no/se *f., -, n*

kal/zi/phil „kalkliebend"

Kal/zit *m., -s, -e*, Mineral

Kal/zi/um *n., -s, nur Sg.*, Metall

Kal/zi/um/hy/dro/xid oder auch: **-hyd/ro/xid** *n., -, nur Sg.*, gelöschter Kalk

Kal/zi/um/kar/bo/nat *n.,* -s, *nur Sg.,* kohlensaurer Kalk
Kal/zi/um/o/xid *n.,* -[e]s *nur Sg.,* Ätzkalk
Kal/zi/um/sul/fat *n.,* -[e]s, *nur Sg.,* schwefelsaurer Kalk
Ka/ma/res/va/se *f.,* -, -n, bestimmte Vase aus Kreta
Ka/ma/ril/la [span.] *f.,* -, *nur Sg.,* Günstlingspartei in der Umgebung eines Herrschers mit negativem Einfluss
Ka/ma/su/tra [sanskrit.] *n.,* -s,-tren, Lehrbuch der Liebeskunst aus dem 4. Jahrhundert
Kam/bi/um [lat.] *n.,* -s, -bien, den Pflanzenumfang determinierendes Gewebe
Kam/bod/scha oder auch **Kam/bo/dscha** südostasiatischer Staat
kam/bod/scha/nisch oder auch: **kam/bodscha/nisch**
Kam/brik [engl.] *m.,* -s, *nur Sg.*
Kam/brik/ba/tist, *m.,* -s, *nur Sg.*
kam/brisch dem Kambrium entstammen
Kam/bri/um *n.,* -s, *nur Sg.,* Abschnitt des Paläozoikums
Ka/mee [französ.] *f.,* -, -n, Edelstein mit erhaben geschnittenem Relief
Ka/mel [semit.l *n.,* -s, -e
Ka/mel/dorn *m.,* -s, -e, Pflanze, siehe Akazie
Ka/mel/trei/ber *m.,* -s, -
Kä/mel/garn *n.,* -[e]s, -e, Garn, das aus dem Fell der Kamelziegen gewonnen wird
Ka/mel/haar, *n.,* -[e]s -e
Ka/me/lie *f.,* -, -n, Zierpflanze

Ka/mel/le *f.,* -, -n, Geschichte, Angelegenheit, längst bekannte Sache, olle Kamellen, überholte Geschichte, längst bekannte Geschichte
Ka/me/lott [französ.] *m.,* -s, -e, Wollgewebe
Ka/me/ra [lat.] *f.,* -, -s, 1. Fotoapparat, 2. Aufnahmegerät für Film und Fernsehen, man unterscheidet fotografische Kameras für unbewegte Bilder, Filmkameras für bewegte Szenen und Videokameras für Aufnahmen auf Magnetband
Ka/me/rad [lat. - französ.] *m.,* -en, -en, Freund, Kollege
Ka/me/ra/de/rie *f.,* -, *nur Sg.*
Ka/me/ra/din *f.,* -, -nen
Ka/me/rad/schaft *tr.,* -, *nur Sg.*
ka/me/rad/schaft/lich
Ka/me/rad/schaft/lich/keit *f.,* -, *nur Sg.*
Ka/me/ra/lia [lat.], **Ka-me/ra/li/en** *Pl.* Kameralwissenschaft
Ka/me/ra/list *m.,* -en, -en
Ka/me/ra/lis/tik *f.,* -, *nur Sg.* Rechnungswesen
Ka/me/ral/wis/sen/schaft *f.,* -, -en
Ka/me/ra/mann *m.,* -[e]s, -männer oder -leute
Ka/me/run westafrikanischer Staat
Ka/me/ru/ner *m.,* -s, -, Einwohner Kameruns
ka/me/ru/nisch
ka/mie/ren oder auch: **ka/mi/nie/ren** [italien.], beim Fechten die Klinge des Gegners umgehen
Ka/mi/ka/ze [japan.] *m.,* -, -, japan. Flugzeugpilot im Zweiten Weltkrieg, der sich mit seinem Flugzeug auf feindliche Ziele stürzte und dabei sein Leben opferte
Ka/mil/le [griech.] *f.,* -, -n, eine Heilpflanze
Ka/mil/len/tee *m.,* -s, -s
Ka/min [griech.] *m.,* -s, -e, 1. offene Feuerstelle in Räumen, 2. steile, schmale Felsspalte, 3. Schornstein
Ka/min/fe/ger *m.,* -s, -
ka/mi/nie/ren 1. siehe kamieren, 2. im Bergsport: im Kamin klettern
Ka/min/keh/rer *m.,* -s, -
Ka/mi/sol [französ.] *n.,* -s, -e, veralt. für Unterziehjakke
Kamm *m.,* -[e]s, Kämme
Kämma/schi/ne >
Kämm/ma/schi/ne *f.,* -, -n
Kämm/chen *n.,* -s, -
Kamm/ei/dech/se *f.,* -, -n
Käm/mel/garn oder auch **Kä/mel/garn** *n.,* -[e]s, -e
käm/meln *tr.,* Wolle fein kämmen
käm/men *tr.*
Kam/mer *f.,* -, -n
Käm/mer/chen *n.,* -s, -
Kam/mer/die/ner *m.,* -s, -
Käm/me/rei *f.,* -, -en, 1. früher: Finanzverwaltung von Städten, 2. Fabrik, in der Wolle gekämmt wird
Käm/me/rer *m.,* -s, -, 1. früher: Vorsteher der Kämmerei, 2. Aufseher einer Schatzkammer, 3. österr. für Kammerherr
Kam/mer/frau *f.,* -, -en
Kam/mer/ge/richt *n.,* -[e]s, -e, 1. früher: königliches Gericht, 2. Berliner Oberlandesgericht
Kam/mer/herr *m.,* -n, -en, Bediensteter am fürstlichen Hof

Kam/mer/jä/ger *m.*, -s, -,
1. früher: Leibjäger des Fürsten, 2. Desinfektor, beseitigt Ungeziefer aus Wohn- und Wirtschaftsräumen

Kam/mer/jung/fer *f.*, -, -n

Kam/mer/jun/ker *m.*, -s, -

Kam/mer/kätz/chen *n.*, -s, -, übertr. für junge Kammerzofe

Kam/mer/kon/zert *n.*, -[e]s, -e, Konzert mit kleinem Orchester

Käm/mer/lein *n.*, -s, -

Kam/mer/ling *m.*, -[e]s, -e, einzelliges Lebewesen

Käm/mer/ling *m.*, -[e]s, -e, veralt. für Kammerherr

Kam/mer/mu/sik *f.*, -, -en, nur für einen kleinen Kreis von Soloinstrumenten bestimmte Musik

Kam/mer/sän/ger *m.*, -s, -, Titel für hervorragenden Sänger

Kam/mer/schau/spie/ler *m.*, -s, -, Titel für hervorragenden Schauspieler

Kam/mer/spiel *n.*, -[e]s, -e, 1. kleines, auf intime Wirkung berechnetes Theater, 2. *Pl.* Bühnenwerke für solche Theater

Kam/mer/ton *m.*, -[e]s, -töne, eingestrichenes A (440 Hz), für alle Musikinstrumente gültiger Stimmton

Kam/mer/zo/fe *f.*, -, -n

Kamm/fett *n.*, -[e]s, -e, aus dem Pferdekamm gewonnenes Fett

Kamm/garn *n.*, -[e]s, -e, glattes, langfaseriges Garn mit paralleler Faserlage aus Wolle

Kamm/gras *n.*, -es, -gräser, Gräsergattung

Kamm/griff *m.*, -[e]s, -e, Turnergriff mit nach außen gedrehten Unterarmen

Kamm/grind *m.*, -[e]s, -e, Krankheit bei Geflügel

Kämm/ling *m.*, -[e]s, -e, beim Kämmen der Fasern abfallende Wollfasern

Kämm/ma/schi/ne *f.*, -, -n

Kamm/molch *m.*, -[e]s, -e, Molchart

Kamm/mu/schel *f.*, -, -n, Muschelgattung mit fächerförmiger, gerippter Schale

Kammolch >
Kamm/molch

Kammu/schel >
Kamm/mu/schel

Kamm/wol/le *f.*, -, *nur Sg.*, bei der Herstellung von Kammgarn verwendete Wolle

Kamp *m.*, -[e]s, Kämpe, 1. niederdt. für eingezäuntes Land oder Feldstück, 2. Fläche, auf der Waldpflanzen herangezogen werden

Kam/pa/gne oder auch:
Kam/pag/ne oder auch:
Cam/pa/gne, [französ.] *f.*, -, -n, 1. veralt. für Feldzug, 2. politische Aktion, z.B. Wahlkampagne, 3. jährliche Hauptbetriebszeit in einem Wirtschaftsbereich

Kam/pa/ni/en Landschaft in Italien

Kam/pa/ni/le oder auch:
Cam/pa/ni/le [italien.] *m.*, -[s], -, in Italien: frei stehender Glockenturm einer Kirche

Kam/pa/nu/la [lat.] *f.*, -, -s, Glockenblume

Käm/pe *m.*, -n, -n, veralt. für Kämpfer, Krieger

kam/peln *refl.*, mitteldt. für sich streiten, sich zanken

Kam/pe/sche/holz oder auch **Cam/pe/che/holz** *n.*, -es, *nur Sg.*, Blauholz, benannt nach dem mexikan. Staat Campeche

Käm/pe/vi/se [dän.] *f.*, -, -r, skandinav. Ballade

Kampf *m.*, -es, Kämpfe

Kampf/ab/stim/mung *f.*, -, -en

Kampf/bahn *f.*, -, -en

kampf/be/reit

Kampf/be/reit/schaft *f.*, -, *nur Sg.*

käm/pfen *intr.*

Kam/pfer *m.*, -s, -, harzartige Verbindung, die als Heilmittel verwendet wird

Käm/pfer *m.*, -s, -, 1. Krieger, 2. Bauglied zwischen Säule und Bogenansatz, 3. zur waagerechten Unterteilung in ein Fenster eingelassenes Querstück

käm/pfe/risch

Käm/pfer/na/tur *f.*, -, -en

Kamp/fes/lust *f.*, -, *nur Sg.*

Kamp/fes/mut *m*, -es, *nur Sg.*

kamp/fes/mu/tig

kampf/fä/hig

Kampf/fä/hig/keit *f.*, -, *nur Sg.*

Kampf/fisch *m.*, -es, -e

Kampf/flie/ger *m.*, -s, -

Kampf/flug/zeug *n.*, -es, -e

Kampf/grup/pe *f.*, -, -n, in der ehemaligen DDR militärähnliche Einheit in staatlichen Institutionen

Kampf/hahn *m.*, -es, -hähne

Kampf/hand/lung *f.*, -, -en

Kampf/kraft *f.*, -, -kräfte

Kampf/läu/fer *m.*, -s, -, eine Vogelart

Kampf/li/nie *f.*, -, -n

kampf/los

Kampf/lust *f.*, -, *nur Sg.*

kampf/lus/tig
Kampf/platz *m.,* -es, -plätze
Kampf/rich/ter *m.,* -s, -
Kampf/stoff *m.,* -es, -e
kampf/un/fä/hig
Kampf/un/fä/hig/keit *f.,* -, *nur Sg.*
Kampf/wa/gen *m.,* -s, -
kam/pie/ren *intr.,* 1. im Freien übernachten, 2. ugs. für wohnen
Kam/pong [mal.] *n.,* -s, -s, malaiisches Stadtviertel, Dorf
Kam/po/san/to oder auch **Cam/po/san/to** [italien.] *m.,* -[s], Kamposanti
Kam/tscha/da/le oder auch: **Kamt/scha/da/le** *m.,* -n, -n, Einwohner von Kamtschatka
Kam/tschat/ka oder auch **Kamt/schat/ka** nordasiat. Halbinsel
Ka/muf/fel *n.,* -s, -, ugs. für Trottel
Ka/na/an biblische Bezeichnung für Palästina
Ka/na/a/nä/er *m.,* -s, -
ka/na/a/nä/isch
Ka/na/a/ni/ter *m.,* -s, -, Einwohner von Kanaan
ka/na/a/ni/tisch
Ka/na/da nordamerikan. Staat
Ka/na/da/bal/sam *m.* -s, *nur Sg.,* Nadelbaumharz
Ka/na/da/tee *m.,* -s, *nur Sg.,* Tee aus den Blättern der nordamerikan. Teeheide
Ka/na/di/er *m.,* -s, -, 1. Einwohner Kanadas, 2. Sportboot
ka/na/disch, aber: Kanadische Seen
Ka/nail/le oder auch **Ca/nail/le** [französ.] *f.,* -,-n, ugs. für Schuft, Schurke
Ka/na/ke [polynes.] *m.,* -n,

-n, 1. Bewohner der Südseeinseln, 2. ugs. abwertend für ausländische, insbesondere türkische Mitmenschen in Deutschland
Ka/nal [italien.] *m.,* -[e]s, Kanäle, 1. für Schiffe angelegte künstliche Wasserstraße, 2. Wasserlauf zur Abführung der Abwässer, 3. Frequenzbereich eines Senders
Ka/nal/bau *m.,* -[e]s, -bauten
Ka/näl/chen *n.,* -s, -
Ka/nal/gas *n.,* -[e]s, -e
Ka/nal/ge/bühr *f.,* -, -en
Ka/na/li/sa/ti/on *f.,* -, *nur Sg.,* 1. der Bau von Kanälen, 2. unterirdisches Kanalsystem zur Abführung der Abwässer
ka/na/li/sie/ren *tr.,* 1. Orte oder Betriebe mit Kanalisation versehen, 2. übertr.: etwas in eine bestimmte Richtung lenken
Ka/na/li/sie/rung *f.,* -, -en, 1. s. Kanalisation (2.), 2. Ausbau von Flüssen zu Kanälen
Ka/nal/schwim/men *n.,*-s, *nur Sg.,* Sport: Schwimmen durch den Ärmelkanal
Ka/na/nä/er siehe Kanaanäer
ka/na/nä/isch siehe kanaanäisch
Ka/na/ni/ter siehe Kanaaniter
ka/na/ni/tisch siehe kanaanitisch
Ka/na/pee [französ.] *n.,* -s, -s, 1. veralt. für Sofa, 2. belegte, geröstete Weißbrotscheibe
Ka/na/ren *nur Pl.,* Kurzw. für die Kanarischen Inseln
Ka/na/ri/en/vo/gel *m.,* -s, -vögel

Ka/na/ri/er *m.,* -s, -, Bewohner der Kanaren
Ka/na/ri/sche In/seln *nur Pl.,* an der Nordwestküste Afrikas gelegene Inselgruppe
Kan/da/har-Ren/nen *n.,* -s, -, nach dem Earl of Kandahar benanntes Skirennen
Kan/da/re [ungar.] *f.,* -, -en, Gebissstange im Maul des Pferdes
Kan/del *m.,* -s, -n oder *f.,* -, -n, Dachrinne, Rinne
Kan/de/la/ber [französ.] *m.,* -s, -, mehrarmiger Kerzenleuchter
kan/deln *tr.,* rinnenförmig aushöhlen
Kan/del/zu/cker *m.,* -s, *nur Sg.,* siehe Kandiszucker
Kan/di/dat [lat.] *m.,* -en, -en, 1. Bewerber um ein Amt, Anwärter, 2. Bewerber bei einer Wahl, 3. Prüfling, Abk.: cand., cand. med. = K. der Medizin, cand. phil. = K. der Philosophie
Kan/di/da/ten/lis/te *f.,* -, -n
Kan/di/da/tur *f.,* -, -en, Bewerbung um ein Amt
kan/di/die/ren *intr.,* sich um ein Amt bewerben
kan/die/ren [italien.] *tr.,* Früchte mit Zucker überziehen
Kan/din/sky Wassily, russ. Maler (1866-1944)
Kan/dis [italien.] *m.,* -, *nur Sg.*
Kan/dis/zu/cker *m.,* -s, *nur Sg.,* auskristallisierter Zucker
Kan/di/ten *nur Pl.,* österr. für Früchte mit Zuckerüberzug
Ka/neel oder auch: **Kanell** [französ.] *m.,* -s, -e, hochwertige Zimtsorte
Ka/nell *m.,* -s, -e

Ka/ne/pho/re [griech.] *f.,* -, -n, Korbträgerin im Altertum

Ka/ne/vas [französ.] *m.,* -, - oder -[e]s, -e, Gittergewebe für Handarbeiten

ka/ne/vas/sen

Kän/gu/ruh > **Kän-gu/ru**

[austral.] *n.,* -s, -s, australisches Springbeuteltier

Ka/ni/den [lat.] *nur Pl.,* Sammelbezeichnung für Hunde und hundeartige Tiere, wie z.B. Wolf und Fuchs

Ka/nin [lat.] *n.,* -s, *nur Sg.,* Fell des Kaninchens

Ka/nin/chen *n.,* -s, -

Ka/nis/ter [griech.] *m.,* -s, -, tragbarer Flüssigkeitsbehälter

Kan/ker *m.,* -s, -, eine Spinnenart

Kan/na [lat.] *f.,* -, -s, eine Zierpflanze

Kann/be/stim/mung auch: **Kann-Be/stim/mung** *f.,* -, -en

Känn/chen *n.,* -s, -**Kan/ne** *f.,* -, -n

Kan/ne/gie/ßer *m.,* -s, -, Stammtischparolen schwingender politischer Schwätzer

kan/ne/gie/ßern *intr.*

Kän/nel *m.,* -s, -, schweizer. für Dachrinne

kan/ne/lie/ren *tr.,* rinnenförmig aushöhlen

Kan/ne/lie/rung *f.,* -, -en

Kän/nel/koh/le *f.,* eine Steinkohlenart

Kan/ne/lü/re [französ.] *f.,* -, -n, senkrechte Hohlkehle an Säulen

Kan/nen/pflan/ze *f.,*-, -en, Fleisch fressende Pflanze

kan/nen/sisch kannensische Niederlage, gleichbedeutend mit völliger Niederlage

kan/nen/wei/se

Kan/ni/ba/le [span.] *m.,* -n, -n, 1. Person, die Kannibalismus betreibt, 2. übertr. für einen ungesitteten, rohen Menschen

kan/ni/ba/lisch

Kan/ni/ba/lis/mus *m.,* -, *nur Sg.,* 1. bei einigen Naturvölkern vorkommende Sitte, Teile menschlicher Körper zu verzehren, 2. übertr. für unmenschliche Grausamkeit

Känn/lein *n.,* -s, -

Ka/non [griech.] *m.,* -s, -s, 1. Regel, Richtschnur, 2. mehrstimmiges Musikstück, bei dem zwei oder mehr Stimmen nacheinander in bestimmtem Abstand einsetzen und die gleiche Melodie singen oder spielen, 3. in der bildenden Kunst die Gesetzmäßigkeit der in den Maßverhältnissen all ihrer Teile harmonisch ausgewogenen Gestalt, 4. die Gesamtheit der als echt anerkannten Schriften der Bibel, 5. feststehender Teil der kathol. Messe, still gesprochenes Gebet bei der Wandlung von Brot und Wein, 6. Verzeichnis aller Heiliggesprochenen, 7. *nur Pl.:* einzelne Bestimmung des kathol. Kirchenrechts

Ka/no/na/de [französ.] *f.,* -, -n, über längere Zeit anhaltendes Geschützfeuer

Ka/no/ne *f.,* -, -n, 1. Geschützart, 2. übertr. für jmdn., der auf einem bestimmten Gebiet hervorragende Leistungen erbringt (Sportskanone)

Ka/no/nen/boot *n.,* [e]s, -e

Ka/no/nen/fut/ter *n.,* -s, *nur Sg.,* übertr. für Soldaten, deren Leben im Krieg sinnlos geopfert wird

Ka/no/nen/ku/gel *f.,* -, -n

Ka/no/nen/o/fen *m.,* -s, -öfen

Ka/no/nier *m.,* -s, -e, 1. Soldat, der an den Geschützen eingesetzt ist, 2. unterster Artilleriedienstgrad

ka/no/nie/ren *tr.,* 1. mit Kanonen schießen, 2. im Fußball: einen kraftvollen Schuss auf das Tor abgeben

Ka/no/nik [griech.] *f.,* -, *nur Sg.,* 1. bei Epikur: Name der Logik, 2. in der Musik: die Lehre von den Tonverhältnissen

Ka/no/ni/kat *n.,* -[e]s, -e, Amt eines Kanonikers

Ka/no/ni/ker *m.,* -s, -, im frühen Mittelalter entstandene Bezeichnung für ein Kapitel- oder Ordensmitglied

Ka/no/ni/kus *m.,* -, -ker, siehe Kanoniker

Ka/no/ni/sa/ti/on *f.,* -, -en, Heiligsprechung der kathol. Kirche

ka/no/nisch, 1. einem Kanon zugehörig, 2. kanonisches Alter: von der kathol. Kirche vorgeschriebenes Alter für die Übernahme eines kirchlichen Amtes, 3. kanonisches Recht: festgelegtes Recht der kathol. Kirche

ka/no/ni/sie/ren *tr.,* jmdn. heilig sprechen

Ka/no/nis/se *f.,* -, -n, Mitglied eines weltlichen Frauenstiftes

Ka/no/nis/sin *f.,* -, -nen, siehe Kanonisse

Ka/no/nist *m.,* -en, -en, Lehrer des kanonischen Rechts

Ka/no/pe *f.,* -, -n, altägyptisches Eingeweidegefäß mit Deckel in Tier- oder Menschenkopfform

Ka/nos/sa *n.,* -s, *nur Sg.,* benannt nach der norditalien. Felsenburg Canossa, durch die Reise Heinrichs IV. zu Papst Gregor VII. nach Canossa entstand der übertr. Sinn Demütigung

Ka/nos/sa/gang *m.,* -[e]s, -gänge, übertr. für einen erniedrigenden Bittgang

Kä/no/zo/i/kum [griech.] *n.,* -s. *nur Sg.,* gleichbedeutend mit Neozoikum, erdgeschichtliche Neuzeit, umfasst Tertiär und Quartär

kä/no/zo/isch

Kan/sas Staat der USA

Kant Immanuel, dt. Philosoph (1724-1804)

kan/ta/bel [italien.] gut singbar

Kan/ta/bi/le [italien.] *n.,* -, -, getragenes Musikstück

Kan/ta/bi/li/tät *f.,* -, *nur Sg.,* gute Singbarkeit eines Musikstückes

Kan/ta/brer oder auch:
Kan/tab/rer *m.,* -s, -, Angehöriger einer iberischen Volksgruppe an der Nordküste Spaniens

Kan/ta/bri/en oder auch:
Kan/tab/ri/en span. Landschaft

kan/ta/brisch oder auch:
kan/tab/risch aber: Kantabrisches Gebirge

Kan/tar dat.] *m.* oder *n.,* -s, -[s], alte Gewichtseinheit im Mittelmeerraum

Kan/ta/te [lat.] *f.,* -, -n, 1. größeres Gesangswerk aus Chorsätzen und Solosängen mit instrumentaler Begleitung, 2. vierter Sonntag nach Ostern

Kan/te *f.,* -, -n

Kan/tel 1. *m.* oder *n.,* -s, -, vierkantiges, auch als Maßstab benutztes, Lineal, 2. *f.,* -, -n, beispielsweise für Stuhlbeine zurechtgeschnittenes Holzstück mit quadratischem oder rechteckigem Querschnitt

kan/teln *tr.,* mit dem Kantel Linien ziehen

kan/ten *tr.,* etwas mit Kanten versehen, auf die Kante stellen

Kan/ten *m.,* -s, -, norddt. Bezeichnung für die erste oder letzte Scheibe eines Brotlaibs

Kan/ter 1. [engl.] *m.,* -s, -, leichter Galopp, 2. [französ.] *m.,* -s, -, Kellerverschlag, Gestell zur Lagerung von Fässern

kan/tern *intr.,* in leichtem Galopp reiten

Kant/ha/ken *m.,* -s, -, ein Werkzeug

Kan/tha/ri/den [griech.] *f.,* *nur Pl.,* eine Käferart

Kan/tha/ri/din *n.,* -s, *nur Sg.,* früher als Arzneimitttel verwendete Drüsenabsonderung von Kanthariden

Kan/tha/ros [griech.] *m.,* -, -roi, altgriech. Becher mit zwei Henkeln

Kant/holz *n.,* -[e]s, -hölzer

Kan/ti/a/ner *m.,* -s, -, Anhänger, Schüler Kants

kan/tig

Kan/ti/le/ne [italien.] *f.,* -, -n, gesangsmäßig gebundene, getragene Melodie

Kan/til/le [französ.] *f.,* -, -n, vergoldeter oder versilberter, schraubenförmig zusammengedrehter Metalldraht für Stickereien

Kan/ti/ne [französ.] *f.,* -, -n, Speiseraum in Fabriken, Kasernen usw.

Kan/ti/nen/es/sen *n.,* -s, -

Kan/ti/nen/wirt *m.,* -[e]s, -e

Kan/ton [französ,] *m.,* -s, -e, 1. Bezeichnung für Bundesländer der Schweiz, 2. Bezeichnung für Verwaltungsbezirke in Frankreich und Belgien

kan/to/nal einen Kanton betreffend

Kan/to/nie/re *f.,* -, -n, Haus der Straßenwärter in den italienischen Alpen

kan/to/nie/ren *tr.,* Truppen in Standorten unterbringen

Kan/to/nist *m.,* -en, -en, übertr. für eine unzuverlässige Person

Kan/ton/ne/ment *n.,* -s, -s, veralt. für Truppenquartier

Kan/tons/ge/richt *n.,* -[e]s, -e

Kan/tons/schu/le *f.,* -, -n,

Kan/tor [lat.] *m.,* -s, -en, 1. früher: Vorsänger im Gregorianischen Choral, 2. Kirchenchorleiter, Organist

Kan/to/rat *n.,* -[e]s, -e, Amt des Kantors

Kan/to/rei *f.,* -, -en, ev. Kirchenchor

Kan/tschu oder auch:
Kant/schu [türk.] *m.,* -s, -s, aus Lederriemen geflochtene Peitsche

Kant/stein *m.,* -[e]s, -e

Kan/tus [lat.] *m.,* -, -se, veralt. in der Studentensprache: Gesang

Ka/nu [engl.] *n.,* -s, -s,

Kanüle

1. urspr.: als Boot genutzter ausgehöhlter Baumstamm, 2. Sportpaddelboot mit einem oder mehr Sitzen
Ka/nü/le [lat.] *f., -, -n*, 1. Hohlnadel der Injektionsspritze für das Einspritzen oder die Entnahme von Flüssigkeit, 2. Röhrchen
Ka/nu/te *m., -n, -n*, Kanufahrer
Kan/zel Hat.] *f., -, -n*, 1. erhöhter Predigtstandort in der Kirche, 2. vorstehender, verglaster Rumpfbug bei Flugzeugen
Kan/zel/re/de *f., -, -n*
Kan/zel/red/ner *m., -s, -*,
kan/ze/ro/gen [lac] krebserzeugend
Kanz/lei [lat.] *f., -, -en*, Büro von Rechtsanwälten oder Behörden
Kanz/lei/for/mat *n., -[e]s, -e*, früher gebräuchliches Papierformat
Kanz/lei/spra/che *f., -, nur Sg.*, früher: durch Verwaltungsstil geprägte Sprache
Kanz/lei/stil *m., -[e]s, nur Sg.*, schwerfälliger Amtsstil
Kanz/ler [lat.] *m., -s, -*, 1. in der BRD: Regierungschef, 2. in Großbritannien: Justizminister, 3. Kurator einer Universität
Kanz/ler/kan/di/dat *m., -en, -en*
Kanz/ler/schaft *f., -, nur Sg.*
Kanz/list [lat.] *m., -en, -en*, früher: Kanzleiangestellter
Kan/zo/ne [italien.] *f., -, -n*, 1. seit dem 18. Jh. einstimmiges, volkstümliches Lied mit instrumentaler Begleitung, 2. lyrische Gedichtform
Kan/zo/net/te *f., -, -ten*, kleine Kanzone
Ka/o/lin *n., -[e]s, -e oder m., -[e]s, nur Sg.*, nach dem Fundort, dem Berg Gao Ling in China, benannter weicher Ton, Hauptrohstoff für die Herstellung von Porzellan
ka/o/li/ni/sie/ren *intr.*
Ka/o/li/nit *m., -[e]s, nur Sg.*, Hauptbestandteil des Kaolins
Kap [niederländ.] *n., -s, -s*, aus der Küstenlinie vorspringende Landspitze, Kap der Guten Hoffnung (steiles Kliff südlich von Kapstadt), Kap Hoorn (Kliff an der Südspitze Südamerikas)
Kap. Abk. für Kapitel
ka/pa/bel [französ.], veralt. für fähig, brauchbar
Ka/paun [lat.] *m., -s, -e*, kastrierter Masthahn
ka/pau/nen *tr.*, siehe kapaunisieren
ka/pau/ni/sie/ren *tr.*, einen Hahn kastrieren
Ka/pa/zi/tät [lat.] *f., -, -en*, 1. Fassungsvermögen, Aufnahmefähigkeit, 2. Produktionsvolumen eines Betriebes oder Landes, 3. übertr. für einen bedeutenden Fachmann auf einem bestimmten Gebiet
ka/pa/zi/ta/tiv die Kapazität betreffend
Ka/pee [französ.] ugs. schwer von Kapee sein, in der Bedeutung von: begriffsstutzig sein
Ka/pe/lan [französ.] *m., -s, -e*, kleiner Lachsfisch
Ka/pel/le [lat.] *f., -, -n*, 1. kleines kirchliches Gebäude, kleiner, für gottesdienstliche Zwecke bestimmter, Raum, 2. Instrumentalorchester, 3. (siehe Kupelle) Schmelztiegel
Ka/pell/meis/ter *m., -s, -*
Ka/per 1. [griech.] *f., -, -n*, pfeffrige Blütenknospe des Kapernstrauchs, 2. [niederländ.] *m., -s, -*, früher: bewaffnete Privatschiffe, die aufgrund staatlicher Ermächtigung feindliche Handelsschiffe angreifen durften
Ka/per/brief *m., -[e]s, -e*, staatliche Ermächtigung zur Kaperei
Ka/pe/rei *f., -, nur Sg.*, Erbeuten feindlicher Handelsschiffe
ka/pern *tr.*, übertr. für Beute machen, etwas in seinen Besitz bringen
Ka/pern/strauch *m., -[e]s, -sträucher*, in den Mittelmeerländern wachsender dorniger Strauch, dessen Blütenknospen zum Verfeinern von Soßen dienen
Ka/per/schiff *n., -[e]s, -e*, s. Kaper (2.)
Ka/pe/tin/ger *m., -s, -*, Angehöriger eines französ. Herrschergeschlechts
Kap/hol/län/der *m., -s, -*, siehe Bure
kap/hol/län/disch
Kap/hol/län/disch *n., -s, nur Sg.*, Sprache der Buren, Afrikaans
ka/pie/ren [lat.] *tr.*, ugs. für verstehen, folgen können
ka/pil/lar [lat.] 1. haarfein, 2. die Blutgefäße betreffend
Ka/pil/lare *f., -, -n*, 1. sehr feine Ader, 2. sehr enges Glasröhrchen, in dem Oberflächenkräfte wirksam werden, so dass eine Flüssigkeit aufsteigt
Ka/pil/la/ri/tät *f., -, nur*

Sg., Verhalten von Flüssigkeiten in einer Kapillare

ka/pi/tal [lat.] 1. groß, schwerwiegend, z.B. ein kapitaler Fehler, 2. stark, mit schönem Geweih, z.B. ein kapitaler Hirsch

Ka/pi/tal *n.*, -s, -e, 1. Bargeld und Wertpapierbesitz, 2. für eine Investition zur Verfügung stehende Geldmenge

Ka/pi/täl *n.*, -s, -e, siehe Kapitell

Ka/pi/tal/band *n.*, -[e]s, -bänder, siehe Kaptalband, gewebtes Band, das an die Ober- und Unterkante des Buchblockrückens geklebt wird

Ka/pi/tal/buch/sta/be *m.*, -n, -n, Großbuchstabe

Ka/pi/täl/chen *n.*, -s, -, Großbuchstabe in Kleinbuchstabengröße

Ka/pi/ta/le [französ.] *f.*, -, -n, Hauptstadt eines Landes

Ka/pi/tal/er/trags/steu/er *f.*, -, -n, Steuer auf Einkünfte aus Kapitalvermögen

Ka/pi/tal/ex/port *m.*, -[e]s, -e, Anlage von inländischem Kapital im Ausland

Ka/pi/tal/feh/ler *m.*, -s, -, großer, schwerwiegender Fehler

Ka/pi/tal/ge/sell/schaft *f.*, -, -en, Gesellschaft, bei der die Beteiligten nur mit ihrem Kapital, nicht aber persönlich haften

ka/pi/tal/in/ten/siv mehr Kapital- als Arbeitseinsatz erforderlich

Ka/pi/ta/lis *f.*, -, *nur Sg.*, altrömische Schriftart

Ka/pi/ta/li/sa/ti/on *f.*, -, -en, Umwandlung einer Rente oder anderer regelmäßiger Geldleistungen in einen einmaligen Betrag

ka/pi/ta/li/sie/ren *tr.*, einen Ertrag oder eine regelmäßige Geldleistung auf ihren gegenwärtigen Kapitalwert umrechnen

Ka/pi/ta/li/sie/rung *f.*, -, -en, s. Kapitalisation

Ka/pi/ta/lis/mus *m.*, -, *nur Sg.*, 1. Wirtschaftsordnung, deren Grundlage die liberale Wirtschaftspolitik und die Anerkennung des Privateigentums ist, treibende Kraft ist das Gewinnstreben jedes Einzelnen, 2. Wirtschaftsepoche (19. Jh.), in der es unter dem Einsatz der Technik zu einer gewaltigen Entwicklung der Wirtschaft kam

Ka/pi/ta/list *m.*, -en, -en, 1. Anhänger des Kapitalismus, 2. jede Person, die Kapital besitzt

ka/pi/ta/lis/tisch

Ka/pi/tal/kraft *f.*, -, -kräfte

Ka/pi/tal/kräf/tig

Ka/pi/tal/le/bens/versi/che/rung *f.*, -, -en, Versicherung, die beim Tod des Versicherten oder zu einem festgelegten Zeitpunkt fällig wird

Ka/pi/tal/markt *m.*, -[e]s, -märkte, Markt für langfristige Kredite und Geldanlagen

Ka/pi/tal/ver/bre/chen *n.*, -s, -, schweres, gewalttätiges Verbrechen

Ka/pi/tal/zins *m.*, -es, -en,

Ka/pi/tän [lat.] *m.*, -[e]s, -e, 1. Führer eines Schiffes, 2. Dienstgrad bei der Marine, 3. Leiter einer Sportmannschaft

Ka/pi/tän/leut/nant *m.*, -s, -s

Ka/pi/täns/ka/jü/te *f.*, -, -n

Ka/pi/täns/pa/tent *n.*, -[e]s, -e, Befähigung zum Kapitän

Ka/pi/tel [lat.] *n.*, -s, -, 1. (Abk.: Kap.) Buchabschnitt, 2. die Geistlichen eines Doms, 3. Versammlung der stimmberechtigten Klostermitglieder

ka/pi/tel/fest übertr. für kenntnisreich, wissend

Ka/pi/tell [lat.] *n.*, -s, -e, oberer Säulenabschluss

Ka/pi/tel/saal *m.*, -s, -säle, Sitzungsraum im Kloster

Ka/pi/tol [lat.] *n.*, -s, *nur Sg.*, 1. Parlamentsgebäude der USA in Washington, Sitz des Senats, 2. einer der sieben Hügel Roms, Mittelpunkt der Stadt im Altertum

ka/pi/to/li/nisch, aber: der Kapitolinische Hügel

Ka/pi/tu/lant [lat.] *m.*, -en, -en, Soldat, der sich durch Vertrag zu einem längeren als gesetzlich vorgeschriebenen Heeresdienst verpflichtet

Ka/pi/tu/lar *m.*, -s, -e, Domgeistlicher

Ka/pi/tu/la/ri/en *f.*, *nur Pl.*, Gesetze der fränkischen Könige

Ka/pi/tu/la/ti/on *f.*, -, -en, 1. Eingeständnis der Niederlage im Krieg, 2. Vertrag, durch den sich ein Soldat zu einem längeren Heeresdienst verpflichtet, vgl. Kapitulant

ka/pi/tu/lie/ren *intr.*, die (militärische) Niederlage eingestehen, den Kampf beenden

Kap/la/ken [niederländ.] *n.*, -s, -, Sondervergütung, die der Kapitän als Fracht-

zuschlag oder Gewinnanteil erhält
Ka/plan oder auch:
Kap/lan [lat.] *m., -s*, Kapläne, 1. kathol. Priester mit besonderen seelsorgerischen Aufgaben, 2. kathol. Geistlicher als Assistent eines Pfarrers
Kap/land siehe Kapprovinz
kap/län/disch
Ka/po [italien.] *m., -s, -s*, 1. Unteroffizier, 2. Häftling, der im Konzentrationslager ein Arbeitskommando leitete
Ka/po/das/ter [italien.] *m., -s, -*, 1. oberes Griffbrettende bei Saiteninstrumenten, 2. bei der Gitarre: Klammer zum Verkürzen der Saiten und damit Verändern der Tonlage
Ka/pok [mal.] *m., -s, nur Sg.,* Faser, auch Fruchtkapseln eines tropischen Baums, die als Polsterfüllung, zur Schalldämpfung usw. verwendet wird
Ka/pok/baum *m., -[e]s, -bäume,* tropischer Baum
ka/po/res [jiddisch] ugs. für kaputt, entzwei
Ka/pot/te [französ.] *f., -, -n,* kleiner Damenhut im 19. Jh.
Ka/pott/hut *m., -[e]s, -hüte*
Kap/pa *n., -[s], -s,* griech. Buchstabe
Kap/pa/do/zi/en im Altertum: Gebirgslandschaft im östlichen Kleinasien
Käpp/chen *n., -s,* -**Kap/pe** *f., -, -n,*
kap/pen *tr.,* 1. verkürzen, abschneiden, 2. schnell abhauen, z.B. ein Seil kappen
Kap/pes *m., -, nur Sg.,* 1. westdt. für Weißkohl
2. ugs. südwestdt. für dummes Gerede, Unsinn
Kapp/hahn *m., -[e]s, -hähne,* kastrierter Hahn
Käp/pi *n., -s, -s,* militärische Kopfbedeckung
Käpp/lein *n., -s, -*
Kapp/naht *f., -, -nähte,* doppelte Naht
Kap/pro/vinz *f., -, nur Sg.,* Provinz in der Republik Südafrika
Kap/pung *f., -, -en*
Kap/pus *m., -, nur Sg.,* 1. siehe Kappes (1.), 2. Franz Xaver, Schriftsteller (1883-1966)
Kapp/zaum *m., -[e]s, -zäume,* Zaum ohne Mundstück
Kapp/zie/gel *m., -s, -,* luftdurchlässiger Ziegel
Ka/pric/cio oder auch:
Kap/ric/cio *n., -s, -s,* scherzhaftes Musikstück
Ka/pri/ce oder auch:
Kap/ri/ce [französ.] *f., -, -n,* Laune, Grille, Schrulle
Ka/pri/o/le [italien.] *f., -, -n,* 1. launenhafter Streich, 2. Sprung beim Dressurreiten, 3. Luftsprung des Balletttänzers
Ka/pri/o/len *intr.,* Kapriolen machen
Ka/pri/ze oder auch:
Kap/ri/ze *f., -, -n,* österr. für Kaprice
ka/pri/zie/ren *refl.,* in der Wendung sich auf etwas kaprizieren: übertr. für: auf etwas beharren, bestehen
ka/pri/zi/ös eigensinnig, launig
Ka/pro/lak/tam *n., -s, nur Sg.,* aus der Aminokapronsäure gewonnener Ausgangsstoff für die Herstellung von Polyamiden (z.B. Perlon)
Ka/pron/säu/re *f., -, -n*
Kap/ru/bin *m., -s, -e,* tiefroter Schmuckstein, eine Granatart
Kap/sel [lat.] *f., -, -n*
Käp/sel/chen *n., -s, -*
kap/sel/för/mig
Kap/sel/frucht *f., -, -früchte*
Kap/si/kum *n., -s, nur Sg.,* aus Mittelamerika stammendes Gewürz
Kap/stadt Hauptstadt der Kapprovinz
Kap/tal *n., -s, -e*
Kap/tal/band *n., -s, -bänder,* siehe **Ka/pi/tal/band**
Ka/put *m., -s, -e,* schweizer. für Soldatenmantel
ka/putt [französ.] 1. zerbrochen, auseinandergefallen, 2. ugs. für erledigt, kraftlos, müde
ka/putt/ge/hen *intr.*
ka/putt/la/chen *refl.*
ka/putt/ma/chen *tr.*
ka/putt/schla/gen *tr.*
ka/putt/tre/ten *tr.*
Ka/pu/ze [lat.] *f., -, -n,* am Mantel befestigte, den Kopf umhüllende Haube
Ka/pu/zen/man/tel *m., -s, -mäntel*
Ka/pu/zi/ner *m., -s, -,* dem Kapuzinerorden Angehörender
Ka/pu/zi/ner/af/fe *m., -n, -n,* Unterfamilie der Greifschwanzaffen
Ka/pu/zi/ner/kres/se *f., -, -n,* aus Südamerika stammende Pflanze
Ka/pu/zi/ner/or/den *m., -s, -,* zu den Franziskanern gehörender Orden
Kap Ver/de *n., -, nur Sg.,* Westspitze Afrikas
Kap/ver/di/sche In/seln *nur Pl.,* Inselgruppe vor der Westküste Afrikas
Kap/wein *m., -s, -e,* Wein-

sorte aus Kapland
Kar *n.,* -[e]s, -e, in eine Gebirgsflanke durch den Firn eingegrabene steilwandige Hohlform
Ka/ra/bi/ner [französ.] *m.,* -s, -, Gewehr mit verkürztem Lauf und daher geringerer Schussleistung
Ka/ra/bi/ner/ha/ken *m.,* -s, -, Haken mit federndem Verschluss
Ka/ra/bi/nie/re [italien.] *m.,* -[s], Karabinieri, italienischer Polizist (untersteht dem Heer)
Ka/ra/cho [span.] *n.,* -s, *nur Sg.,* in der Wendung: mit Karacho, ugs. für: mit hoher Geschwindigkeit
Ka/raf/fe [französ.] *f.,* -, -n, Flasche, oft aus geschliffenem Glas, mit Glasstöpsel
Ka/ra/kal [türk.] *m.,* -s, -s, Wüstenluchs
Ka/ra/kal/pa/ke *m.,* -n, -n, Angehöriger eines den Kasachen nahestehenden türkischen Mischvolkes
ka/ra/kal/pa/kisch
Ka/ra/kul/schaf *n.,* -[e]s, -e, Schaf, von dessen Lämmern die Persianerfelle stammen
Ka/ram/bo/la/ge [französ.] *f.,* -, -n, 1. Zusammenstoß, 2. Berührung des Spielballs mit den beiden anderen Bällen beim Billard
Ka/ram/bo/le *f.,* -, -n, roter Ball beim Billardspiel
ka/ram/bo/lie/ren *intr.*
Ka/ra/mel > **Ka/ra/mell**
ka/ra/me/lie/ren > **ka/ra/mel/lie/ren**
ka/ra/me/li/sie/ren > **ka/ra/mel/li/sie/ren**
Ka/ra/mell [französ.] *m.,* -s, *nur Sg.,* braune, nicht kristallisierende Masse, die durch Erhitzen von Rohr- oder Traubenzucker entsteht
Ka/ra/mel/le *f.,* -, -n, Bonbon mit Milchzusatz und Karamellzucker
ka/ra/mel/lie/ren *intr.*
ka/ra/mel/li/sie/ren *tr.*
Ka/ra/mell/zu/cker *m.,* -s, *nur Sg.,* erhitzter, brauner Zucker
Ka/ra/mel/zu/cker > **Ka/ra/mell/zu/cker**
Ka/ra/o/ke [japan.] *n.,* -[s], *nur Sg.,* von Amateuren dargebrachter Live-Gesang nach vorgegebenem Text zu Play-back-Musik
Ka/rat [griech.] *n.,* -[e]s, -e, 1. Juwelengewicht, entspricht 205 mg, 2. Angabe des Goldgehalts einer Legierung, der in Vierundzwanzigsteln reinen Golds ausgedrückt wird
Ka/ra/te [japan.] *n.,* -[s], *nur Sg.,* ostasiatische Form der Selbstverteidigung ohne Waffen
Ka/rau/sche *f.,* -s, -n, karpfenartiger Süßwasserfisch
Ka/ra/vel/le [portugies.] *f.,* -, -n, Segelschiff des 14. bis 16. Jahrhunderts
Ka/ra/wa/ne [pers.] *f.,* -, -n, Reisegesellschaft durch Wüstengebiete
Ka/ra/wa/nen/stra/ße *f.,* -, -n
Ka/ra/wan/ken *nur Pl.,* Gruppe der südlichen Kalkalpen
Ka/ra/wan/se/rei *f.,* -, -en, Lagerstatt für Karawanen
Kar/bat/sche [tschech.] *f.,* -, -n, aus ledernen Riemen geflochtene Peitsche
kar/bat/schen *tr.*
Kar/bid [lat.] *n.,* -[e]s, *nur Sg.,* 1. Verbindung des Kohlenstoffs mit einem Metall, 2. Kalziumkarbid
Kar/bid/lam/pe *f.,* -, -n
Kar/bol [lat.] *n.,* -s, *nur Sg.,* Kurzw. für Karbolsäure
Kar/bo/li/ne/um *n.,* -s, *nur Sg.,* Steinkohlenteeröl zur Holzimprägnierung und Schädlingsbekämpfung
Kar/bol/mäus/chen *n.,* -s, -, ugs. abwertend für: Krankenschwester
Kar/bol/säu/re *f.,* -, -n, in Desinfektionsmitteln verwendete Säure, die aus Erdöl oder Kohle gewonnen wird
Kar/bon [lat.] *n.,* -s, *nur Sg.,* Abschnitt des Paläozoikums, Erdzeitalter
Kar/bo/na/de [französ.] *f.,* -, -n, gebratenes Rippenstück vom Rind, Hammel oder Schwein
Kar/bo/na/do *m.,* -s, -s, 1. Karbonat, 2. schwarzer Diamant
Kar/bo/na/ri [italien.] *nur Pl.,* geheime politische Gesellschaft in Süditalien, später auch in Frankreich, kämpfte für die nationalen und liberalen Bestrebungen
Kar/bo/nat 1. *m.,* -s, -s, Karbonado, 2. *n.,* -s, -e, kohlensaures Salz
Kar/bon/druck *m.,* -[e]s, -e, Durchschreibeverfahren ohne Kohlenpapier
Kar/bo/ni/sa/ti/on *f.,* -, *nur Sg.,* Verkohlung
kar/bo/nisch das Karbon betreffend
kar/bo/ni/sie/ren *tr.,* 1. Getränke mit Kohlendioxyd versetzen, 2. pflanzliche Zugaben mit starken Säuren aus Wolle und Wollwaren

Karbonpapier

entfernen, 3. Kohlendioxyd in Laugen einleiten
Kar/bon/pa/pier *n.,* -s, -e, Kohlepapier
Kar/bo/run/dum (Warenz.) *n.,* Schleifmittel
Kar/bun/kel *m.,* -s, -, Furunkelansammlung, Eitergeschwür
kar/bu/rie/ren *tr.,* 1. Heizwert oder Leuchtkraft eines Gases durch Zusatz von Kohlenstaub, Teer oder Öl steigern, 2. Kohlendioxyd zu Kohlenoxyd regenerieren
Kar/da/mom [griech.] *m.* oder *n.,* -s, -e, Frucht eines indischen Ingwergewächses, deren Samen ein scharfes Gewürz ergibt
Kar/dan/an/trieb *m.,* -[e]s, -e, Antrieb über ein Kardangelenk
Kar/dan/ge/lenk *n.,* -[e]s, -e, knickfähiges Gelenk zwischen zwei Wellen, mit dem die Übertragung von Drehmomenten auch bei wechselnden Winkeln möglich ist
kar/da/nisch 1. kardanische Formel, 2. kardanische Aufhängung: Vorrichtung, die den Kompass auf See in der Waagerechten hält
Kar/dan/wel/le *f.,* -, -n, Gelenkwelle mit Kardanwelle
Kar/dät/sche [italien.] *f.,* -, -n, ovale Pferdebürste
kar/dät/schen *tr.*
Kar/de [lat.] *f.,* -, -n, distelähnliche Pflanzengattung
Kar/deel [niederländ.] *n.,* -s, -e, Einzeltau einer Trosse
kar/den *tr.,* Wolle kämmen
Kar/den/dis/tel *f.,* -, -n
Kar/dia [griech.] *f.,* -, *nur Sg.,* in der Medizin: 1. Herz, 2. Magenmund
Kar/di/a/kum [lat.] *n.,* -s, Kardiaka, herzstärkendes Medikament
kar/di/al das Herz betreffend
Kar/di/al/gie *f.* -, -n, 1. Magenkrampf, 2. Herzschmerzen
kar/die/ren *tr.,* karden
Kar/di/nal [lat.] veralt. für: hauptsächlich, grundlegend
Kar/di/nal *m.,* -s, -e, 1. nach dem Papst ranghöchster katholischer Geistlicher, 2. amerikan. Finkenart, 3. kaltes Weißweingetränk
Kar/di/nal/feh/ler *m.,* -s, -, großer Fehler, Irrtum
Kar/di/nal/punkt *m.,* -[e]s, -e
Kar/di/nals/hut *m.,* -[e]s, -hüte
Kar/di/nals/vo/gel *m.,* -s, -vögel
Kar/di/nal/tu/gend *f.,* -, -en, 1. in der Antike: Weisheit, Gerechtigkeit, Tapferkeit, Besonnenheit, 2. in der christlichen Ethik: Glaube, Hoffnung, Liebe
Kar/di/nal/zahl *f.,* -, -en, Grundzahl, ganze Zahl
Kar/di/o/graf *m.,* -en, -en, siehe auch Kardiograph
Kar/di/o/gramm [griech] *n.,* -s, -e, Aufzeichnung der Herzbewegungen
Kar/di/o/graph *(Nf.)* auch:
Kar/di/o/graf *(Hf.) m.,* -en, -en, Gerät zum Aufzeichnen der Herzbewegungen
Kar/di/o/i/de *f.,* -, -n, Herzlinie
Kar/di/o/lo/ge *m.,* -n, -n, Facharzt für Herzkrankheiten
Kar/di/o/lo/gie *f.,* -, 1 *nur Sg.,* Lehre vom Herzen und seinen Krankheiten, 2. ugs.: -n, Abteilung im Krankenhaus
kar/di/o/lo/gisch
Kar/di/o/me/ga/lie *f.,* -, -n, übermäßige Herzvergrößerung
Kar/di/o/my/o/pa/thie *f.,* -, -n, Disfunktion des Herzmuskels
Kar/di/o/pa/thie *f.,* -, -n, Herzfehler
Kar/di/o/pho/bie *f.,* -, -n, krankhafte Furcht, herzkrank zu sein
kar/di/o/vas/ku/lär Herz und Gefäße betreffend
Kar/di/tis *f.,* -, Karditiden, Entzündung des Herzens
Ka/re/li/en 1. Landenge zwischen Ladogasee und Finnischem Meerbusen, 2. früher: Karelische Autonome Sozialistische Sowjetrepublik
Ka/re/li/er *m.,* -s, -, Stamm der Finnen in Finnland und Karelien
ka/re/lisch
Ka/renz [lat.] *f.,* -, -en, Wartezeit, Sperrfrist
Ka/renz/frist *f.,* -, -en
Ka/renz/zeit *f.,* -, -en
ka/res/sie/ren [französ.] *tr.,* veralt. für: schmeicheln, herzen
Ka/ret/te [französ.] *f.,* -, -n, Seeschildkröte
Ka/rett/schild/krö/te *f.,* -, -n
Kar/fi/ol [italien.] *m.,* -s, *nur Sg.,* österreichische Bez. für Blumenkohl
Kar/frei/tag *m.,* -s, -e, der Freitag vor Ostern in der Karwoche, Tag der Kreuzigung Christi
Kar/fun/kel [lat.] *m.,* -s, -, 1. s. Karbunkel, 2. Edelstein

Karneval

karg
Kar/ga/deur [französ.] *m.*, -s, -e,
Kar/ga/dor [span.] *m.*, -s, -e, jmd., der den Transport einer Schiffsladung bis zu ihrer Übergabe überwacht
kar/gen *intr.*
Karg/heit *f.*, -, *nur Sg.*, Knappheit, Not, Entbehrung
kärg/lich
Kärg/lich/keit *f.*, -, *nur Sg.*
Kar/go [span.] *m.*, -s, -s, Gepäck, Ladung auf Schiffen und in Frachtflugzeugen
Ka/ri/be *m.*, -s, -n, Angehöriger eines Indianerstammes in Mittel- und Südamerika
Ka/ri/ben/fisch *m.*, -[e]s, -e, Raubfisch
Ka/ri/bik *f.*, -, *nur Sg.*, südlicher Teil des amerikanischen Mittelmeeres, Sammelbezeichnung für die Inseln
ka/ri/bisch aber: Karibische Inseln, Karibisches Meer
Ka/ri/en antiker Name einer Küstenlandschaft im südwestlichen Kleinasien
ka/rie/ren [französ.] *tr.*, mit Karos oder Quadraten mustern
ka/riert 1. mit Karos gemustert, 2. kleinkariert: übertr. für: spießig, verständnislos
Ka/ri/es [lat.] *f.*, -, *nur Sg.*, Zahnfäule
Ka/ri/ka/tur [italien.] *f.*, -, -en, Zeichnung mit übertrieben dargestellten Merkmalen eines Menschen oder einer Situation
Ka/ri/ka/tu/ren/zeich/ner *m.*, -s, -
Ka/ri/ka/tu/rist *m.*, -en, -en

ka/ri/ka/tu/ris/tisch
ka/ri/kie/ren *tr.*, verzerren, als Karikatur darstellen
ka/ri/ös von Karies befallen
Ka/ri/tas [lat.] *f.*, -, *nur Sg.*, siehe auch Caritas, 1. Kurzw. für: Dt. Caritasverband, 2. Nächstenliebe, Barmherzigkeit, Wohltätigkeit
ka/ri/ta/tiv wohltätig
Kar/kas/se [französ.] *f.*, -, -n, Unterbau eines luftgefüllten Gummireifens
Kar/list *m.*, -en, -en, in Spanien Anhänger des Thronanwärters Don Carlos, seines Sohnes und seines Enkels, die ihre Thronansprüche in blutigen Bürgerkriegen verfochten
Kar/lis/ten/krie/ge *nur Pl.*
Karl-Marx-Stadt veralt. Bez. für Chemnitz
Karls/bad Kurort in der Tschechischen Republik
Karls/ru/he dt. Stadt in Baden-Württemberg
Karls/sa/ge *f.*, -, -n, geschichtliche Erinnerungen an Karl d. Großen und die Karolinger in epischer Form
Karl/stadt dt. Stadt
Kar/ma(n) [sanskrit.] *n.*, -s, *nur Sg.*, Hauptglaubenssatz des Buddhismus, besagt, dass das Schicksal des Menschen nach dem Tod von seinem abgelaufenen Dasein abhängt
Kar/mel *m.*, -s, *nur Sg.*, etwa 20 km langer Gebirgszug in Israel
Kar/me/lit *m.*, -en, -en,
Kar/me/li/ter *m.*, -s, -, Angehöriger des Karmeliterordens
Kar/me/li/ter/geist *m.*,

-[e]s, *nur Sg.*, Lösung zum Einreiben aus Nelken-, Muskat-, Zimt- und Zitronellöl
Kar/me/li/te/rin *f.*, -, -nen, Angehörige des weiblichen Ordens der Karmeliterinnen
Kar/me/li/ter/or/den *m.*, -s, -, 1155 als Einsiedlerkolonie auf dem Berg Karmel gegründeter Bettelorden
Kar/me/li/tin *f.*, -, -nen,
Kar/men [lat.] *n.*, -s, Karmina, Gelegenheitsgedicht
Kar/me/sin [arab.] *n.*, -s, *nur Sg.*, roter Farbstoff
kar/me/sin/rot
Kar/min *n.*, -s, *nur Sg.*, siehe auch Karmesin
Kar/min/lack *m.*, -[e]s, *nur Sg.*
kar/min/rot
Kar/min/säu/re *f.*, -, *nur Sg.*, Hauptbestandteil des Karmins
kar/mo/sie/ren *tr.*, einen Edelstein so einfassen, dass er von einer Anzahl kleiner Steine umgeben ist
Kar/nak ägypt. Dorf bei Luxor am rechten Nilufer
Kar/nal/lit *m.*, -s, *nur Sg.*, ein Kalisalz
Kar/nau/ba/wachs [indian.] *n.*, -[e]s, *nur Sg.*, hartes Pflanzenwachs
Kar/ne/ol [italien.] *m.*, -s, -e, ein Mineral
Kar/ner [lat.] *m.*, -s, -, 1. Friedhofskapelle zur Aufnahme der bei Anlage neuer Gräber gefundenen Gebeine, 2. Räucherkammer, 3. Angehöriger eines keltischen Volksstammes des Altertums
Kar/ne/val [italien.] *m.*, -s, -e oder -s, Fastnachtszeit

423

Kar/ne/va/list *m.*, -en, -en, Teilnehmer am Karneval
kar/ne/va/lis/tisch
Kar/ne/vals/zug *m.*, -[e]s, -züge,
Kar/ni/ckel *n.*, -s, -, Kaninchen
Kar/nies [roman.] *n.*, -es, -e, Wandvorsprung mit S-förmigem Querschnitt
Kar/nie/se *f.*, -, -n, österr. für: Gardinenstange
Kar/ni/sche *f.*, -, -n, siehe auch Karniese
kar/ni/vor [lat.] Fleisch fressend
Kar/ni/vo/re 1. *m.*, -n, -n, Fleischfresser, 2. *f.*, -, -n, Insekten fressende Pflanze
Kärn/ten österr. Bundesland
Kärn/te/ner *m.*, -s, -,
Kärnt/ner *m.*, -s, -
kärnt/ne/risch
Ka/ro [französ.] *n.*, -s, -s, 1. Viereck, 2. Farbe im Kartenspiel, 3. Georg Heinrich, Archäologe (1872-1963)
Ka/ro-As > **Ka/ro-Ass** *n.*, -es, -e
Ka/ro/li/nen *nur Pl.*, Inselgruppe im Pazifischen Ozean mit über 500 Inseln
Ka/ro/lin/ger *m.*, -s, -, Angehöriger eines fränkischen Herrschergeschlechts
ka/ro/lin/gisch **Ka/ros/se** [französ.] *f.*, -, -n, Prachtwagen
Ka/ros/se/rie *f.*, -, -n, Wagenaufbau
Ka/ros/se/rie/bau/er *m.*, -s, -
Ka/ros/sier *m.*, -s, -s, veralt. für Kutschpferd
ka/ros/sie/ren *tr.*, mit einer Karosserie versehen
Ka/ro/ti/de [griech.] *f.*, -, -n, siehe auch Karotis
Ka/ro/tin [griech.] *n.*, -s,

nur Sg., gelbroter, ungesättigter Kohlenwasserstoff z.B. in der Mohrrübenwurzel
Ka/ro/tis [griech.] *f.*, -, Karotiden, große Arterie, die für die Blutzufuhr zum Kopf sorgt
Ka/rot/te [französ.] *f.*, -, -n, Mohrrübenart
Kar/pa/ten *nur Pl.*, Gebirgszug Mitteleuropas
kar/pa/tisch
Kar/pell [lat.] *n.*, -s, Karpelle und Karpella, Teil der Blüte
Kar/pen/ter/brem/se *f.*, -, -n, Druckluftbremse
Karp/fen *m.*, -s, -, ein Süßwasserfisch
Kar/po/lith [griech.] *m.*, -s oder -en, -en, fossile Frucht oder fossiler Samen
Kar/po/lo/gie *f.*, -, *nur Sg.*, Lehre von den Pflanzenfrüchten
kar/po/lo/gisch
Kar/ra/geen oder auch: **Kar/ra/gheen** *n.*, -[s] *nur Sg.*, Heilmittel aus getrockneten Algen der nordatlantischen Küsten
Kar/re *f.*, -, -n
Kar/ree [französ.] *n.*, -s, -s, 1. Viereck, 2. österr. Rippenstück, 3. früher: Gefechtsaufstellung der Fußtruppen
kar/ren *tr.*, etwas mit einer Karre transportieren
Kar/ren *m.*, -s, -, 1. Karre, 2. ausgelaugte Rillen an der Oberfläche von Kalksteinen
Kar/ren/feld, *n.*, -[e]s, -er
Kar/rer *m.*, -s, -, schweizer. für Fuhrmann
Kar/re/te [italien.] *f.*, -, -n, schlechtes Gefährt, Vehikel
Kar/ret/te *f.*, -, -n, 1. Schubkarren, 2. Transport-

wagen der Gebirgstruppen
Kar/ri/e/re [französ.] *f.*, -, -n, 1. schnelle, erfolgreiche berufliche Laufbahn, 2. schneller Galopp
Kar/ri/e/rist *m.*, -en, -en, jmd., der rücksichtslos danach strebt, Karriere zu machen
kar/ri/e/ris/tisch
Kar/ri/ol [französ.] *n.*, -s, -s, oder auch: **Kar/ri/o/le** *f.*, -, -n, zweirädriger Wagen mit Kasten
kar/ri/o/len *intr.*, ugs. für sinnlos herumfahren
Kärr/ner *m.*, -s, -, veralt. für Fuhrmann
Kar/sams/tag *m.*, -s, -e, Samstag in der Karwoche vor Ostern
Karst *m.*, -[e]s, -e, 1. kurzstielige Hacke, 2. Kalkhochfläche in Slowenien und Kroatien
kart. Abk. für kartoniert
Kar/tät/sche [italien.] *f.*, -, -n, ein von Kanonen abgefeuertes Geschoss, das aus einer mit Bleikugeln gefüllten Hülse besteht
kar/tät/schen *intr.*
Kar/tau/ne [italien.] *f.*, -, -n, im 16. bzw. 17. Jh.: schweres Geschütz
Kar/tau/se [lat.] *f.*, -, -n, Kloster der Kartäuser
Kar/täu/ser *m.*, -s, -, 1. Angehöriger des Kartäuserordens, 2. ein Kräuterlikör
Kar/täu/ser/or/den *m.*, -s, -, kathol. Einsiedlerorden
Kärt/chen *n.*, -s, -
Kar/te *f.*, -, -n
Kar/tei *f.*, -, -en
Kar/tei/kar/te *f.*, -, -en
Kar/tei/kas/ten *m.*, -s, -kästen,
Kar/tell [französ.] *n.*, -s, -e,

1. Zusammenschluss juristisch und wirtschaftlich weitgehend selbständig bleibender Unternehmen eines Wirtschaftszweigs zur Marktbeeinflussung durch Wettbewerbsbeschränkungen, 2. Freundschaftsvertrag

Kar/tell/amt *n., [e]s, -ämter*

kar/tel/lie/ren *tr.*

Kar/tell/ver/band *m., -[e]s, -verbände*

Kar/ten/brief *m., -[e]s, -e*

Kar/ten/haus *n., -es, -häuser*

Kar/ten/le/ge/rin *f., -, -nen*

Kar/ten/le/se/rin *f., -, -nen*

Kar/ten/spiel *m., -[e]s, -e*

Kar/ten/spie/ler *m., -s, -*

Kar/ten/vor/ver/kauf *m., -s, nur Sg.*

kar/te/si/a/nisch, siehe auch cartesianisch

Kar/te/si/a/nis/mus *m., -, nur Sg.*, die Lehren der Anhänger Descartes im 17. Jh.

Kar/tha/ger *m., -s, -*, Bewohner der Stadt Karthago

kar/tha/gisch

Kar/tha/go alte Hauptstadt des Karthagerreichs an der Nordküste Afrikas

Kar/tha/min *[arab.] n., -s, nur Sg.*, roter Farbstoff

kar/tie/ren *tr.*, eine Landschaft vermessen und auf einer Landkarte darstellen

Kar/ting *[engl.] n., -s, nur Sg.*, Go-Kart-Sport ausüben

Kar/tof/fel *f., -, -n*

Kar/tof/fel/a/cker *m., -s, -*

Kar/tof/fel/brei *m., -[e]s, -e*

Kar/töf/fel/chen *n., -s, -*

Kar/tof/fel/chip *m., -s, -s*

Kar/tof/fel/kä/fer *m., -s, -*

Kar/tof/fel/puf/fer *m., -s, -*

Kar/tof/fel/pü/ree *n., -s, -s*

Kar/tof/fel/sa/lat *m., -[e]s, -e*

Kar/to/graf *(H f.)* auch: **Kar/to/graph** *(N f.) m., -en, -en*

Kar/to/gra/fie *(H f.)* auch: **Kar/to/gra/phie** *(N f.) f., -, nur Sg.*

kar/to/gra/fisch *(H f.)* auch: **kar/to/gra/phisch** *(N f.)*

Kar/to/gramm *[lat.-griech.] n., -s, -e*, Karte, in die ein Diagramm eingezeichnet ist

Kar/to/graph *(N f.)* oder auch: **Kar/to/graf** *(H f.) m., -en, -en*, Kartenhersteller

Kar/to/gra/phie *(N f.)* oder auch: **Kar/to/gra/fie** *(H f.) f., -, nur Sg.*, Wissenschaft und Technik der Herstellung von Landkarten und verwandten Darstellungen

kar/to/gra/phisch *(N f.)* oder auch: **kar/to/grafisch** *(H f.)*

Kar/to/man/tie *f., -, nur Sg.*, Wahrsagen, Zukunftsvoraussagen aus Spielkarten

Kar/to/me/ter *n., -s, -*, Gerät zum Messen der Kurvenlänge

Kar/to/me/trie oder auch: **Kar/to/met/rie** *f., -, nur Sg.*, Kartenmessung

kar/to/me/trisch oder auch **kar/to/met/risch**

Kar/ton *[französ.] m., -s, -s*, 1. Pappschachtel, 2. dickes, steifes Papier, 3. sorgfältig ausgeführter Entwurf für großformatige Darstellungen, besonders für Wand- und Deckenmalereien

Kar/to/na/ge *f., -, -n*, feste Umhüllung aus Karton

kar/to/nie/ren *tr.*

kar/to/niert in leichtem Pappband

Kar/to/thek *[lat.-griech.] f., -, -en*, Kartei

Kar/tu/sche *[französ.] f., -, -n*, 1. Zierrahmen für Wappen und Inschriften, 2. Metallhülse mit Pulverladung für Geschütze

Ka/ru/be *[arab.] f., -, -n*, Johannisbrot

Ka/run/kel *[lat.] f., -, -n*, kleine Warze

Ka/rus/sell *[französ.] n., -s, -s oder -e*, 1. sich drehende Rundbahn mit Fahrsitzen auf Jahrmärkten, 2. bis ins 18. Jh. beliebtes ritterliches Turnier

Kar/wen/del/ge/bir/ge *n., -s, nur Sg.*, Gebirgsgruppe der Nordtiroler Kalkalpen, in vier Hauptketten gegliedert

Kar/wo/che *f., -, -n*, Woche vor Ostern

Ka/ry/a/ti/de *[griech.] f., -, -n*, Statue einer Frau, die anstelle einer Säule das Gebälk eines altgriech. Gebäudes trägt

Ka/ry/o/plas/ma *[griech.] n., -s, nur Sg.*, Kernplasma

Ka/ry/op/se *f., -, -n*, Frucht der Gräser

Kar/zer *[lat.] m., -s, -*, früher: gefängnisartiger Raum einer Schule oder Universität

kar/zi/no/gen *[griech.]* Karzinom erzeugend

Kar/zi/no/id *n., -s, -e*, Schleimhautgeschwulst

Kar/zi/nom *n., -s, -e*, (Abk.: Ca.) bösartige Geschwulst, Krebs

kar/zi/no/ma/tös krebsartig, von Krebs befallen

Kar/zi/no/pho/bie *f.*, -, *nur Sg.*, krankhafte Furcht, an Krebs zu erkranken

Kar/zi/no/se *f.*, -, n, ausgedehnte Besiedlung des gesamten Körpers mit Krebs

Ka/sach *m.*, -[s], -s, handgeknüpfter Teppich

Ka/sa/che *m.*, -n, -n, Angehöriger eines Turkvolkes

ka/sa/chisch

Ka/sack 1. *m.*, -s, -s, lange Bluse, 2. Hermann, dt. Schriftsteller (1896-1966)

Ka/sa/tschok oder auch:
Ka/sat/schok [russ.] *m.*, -s, -s, russ. Volkstanz

Käsch *n.*, -[s], -[s], 1. chines. Münzgewicht, 2. chines. Münze

Ka/scha [russ.] *f.*, -, *nur Sg.*, Buchweizengrütze

Ka/schem/me *f.*, -, -n, in der Zigeunersprache: schlechte Kneipe

ka/schen *tr.*, ugs. für: jmdn. fangen, erwischen

Käs/chen *n.*, -s, -, kleiner Käse

ka/schie/ren. *tr.*, verheimlichen, verbergen

Kasch/mir 1. ehemaliges Fürstentum im Himalaya, 2. *m.*, -s, -e, feines Gewebe

Kasch/mir/wol/le *f.*, -, *nur Sg.*,

Ka/scho/long [mongol.] *m.*, -s, -s, Abart des Opals

Ka/schu/be *m.*, -n, -n, Angehöriger eines westslawischen Stammes

ka/schu/bisch aber: Kaschubische Schweiz

Kä/se [lat.] *m.*, -s, -

Kä/se/blatt *n.*, -[e]s, -blätter, ugs. abwertend für: niveaulose Provinzzeitung

Kä/se/glo/cke *f.*, -, -n

Ka/se/in *n.*, -s, *nur Sg.*, phosphorsäurehaltiger Eiweißkörper, in der Milch enthalten

Kä/se/ku/chen *m.*, -s, -

Ka/sel [lat.] *f.*, -, -n, Messgewand

Ka/se/mat/te [französ.] *f.*, -, -n, 1. schusssicherer Raum in Befestigungswerken, 2. gepanzerter Geschützraum auf Kriegsschiffen

kä/sen *intr.* Käse herstellen

Kä/ser *m.*, -, -, Käsehersteller

Kä/se/rei *f.*, -, -en, Betrieb, in dem Käse hergestellt wird

Ka/ser/ne [französ.] *f.*, -, -n, Gebäudeanlage zur Dauerunterbringung von Truppen

Ka/ser/nen/hof *m.*, -[e]s, -höfe

Ka/ser/nen/hof/ton *m.*, -[e]s, *nur Sg.*, ugs. für: strenger Befehlston

ka/ser/nie/ren *tr.*

Ka/ser/nie/rung *f.*, -, *nur Sg.*, Unterbringung in Kasernen

Kä/se/stoff *m.*, -[e]s, *nur Sg.*, Kasein

Kä/se/tor/te *f.*, -, -n

kä/se/weiß ugs. für sehr blass

kä/sig

Ka/si/no [italien.] *n.*, -s, -s, 1. Unterhaltungsstätte, 2. Spielkasino, 3. Speise- und Aufenthaltsraum für Offiziere

Kas/ka/de [französ.] *f.*, -n, 1. stufenförmiger Wasserfall, 2. im Zirkus: verwegener Sprung

kas/ka/den/för/mig

Kas/ka/den/schal/tung *f.*, -, -en, in der Elektrotechnik: Hintereinanderschaltung gleichgearteter Teile

Kas/ka/deur *m.*, -s, -e, Artist, der schwierige Sprünge ausführt

Kas/ko [span.] *m.*, -s, -s, 1. Schiffsrumpf, 2. Fahrzeug (im Gegensatz zur Ladung)

Kas/ko/ver/si/che/rung *f.*, -, -en, Versicherung gegen Schäden an Beförderungsmitteln

Kas/per *m.*, -s, -s, 1. lustige Figur im Puppenspiel, 2. ugs. für: flapsiger, alberner Mensch

Kas/perl *m.*, -s, -, österr. für Kasper

Kas/per/le/the/a/ter *n.*, -s, -, Puppenspiel

kas/pern *intr.*, ugs. für: sich albern benehmen, Unsinn machen

Kas/pi/sches Meer *n.*, -en, -[e]s, See im südlichen Grenzgebiet zwischen Asien und Europa

Kas/sa [italien.] *f.*, Kassen, österr. für Kasse

Kas/sa/buch *n.*, -[e]s, -bücher, Kassenbuch

Kas/sa/ge/schäft *n.*, -[e]s, -e, Börsengeschäft mit sofortiger Lieferung und Zahlung

Kas/san/dra in der griech. Mythologie: Tochter des Priamos, die von Apollo die Gabe der Weissagung erhalten hat

Kas/san/dra/ruf *m.*, -[e]s, -rufe, nicht gehörte Warnung vor Unheil

Kas/sa/ti/on [lat.] *f.*, -, -en, 1. Kraftloserklärung einer Urkunde, 2. früher: Aufhebung eines gerichtlichen Urteils durch ein höheres

kastrieren

Gericht, 3. mehrsätziges Instrumentalstück
Kas/sa/ti/ons/hof *m.,* -[e]s, -höfe, oberster Gerichtshof
kas/sa/to/risch
Kas/sa/zah/lung *f.,* -, -en, Barzahlung
Kas/se *f.,* -, -n, 1. Behälter zur Geldaufbewahrung, 2. Geschäftsabteilung für den Zahlungsverkehr, 3. Zahlraum, Zahlschalter
Kas/sel dt. Stadt
Kas/sen/arzt *m.,* -es, -äfzte
Kas/sen/be/stand *m.,* -[e]s, -bestände
Kas/sen/bon *m.,* -s, -s, Kassenbeleg
Kas/sen/er/folg *m.,* -[e]s, -e
Kas/sen/pa/ti/ent *m.,* -en, -en, ugs. für Mitglied einer gesetzlichen Krankenkasse, im Gs. zu Privatpatient
Kas/sen/sturz *m.,* -es, -stürze, Feststellung der Barbestände in einer Kasse
Kas/sen/zet/tel *m.,* -s, -, Kassenbon
Kas/se/rol/le [französ.] *f.,* -, -n, flaches Bratgefäß
Kas/set/te [französ.] *f.,* -, -n, 1. Kästchen, 2. kastenförmig vertieftes Feld einer Decke, 3. lichtdichter Behälter für Filme, 4. Magnettonband, Musikkassette
Kas/set/ten/deck *n.,* -[e]s, -e, Teil einer Musikanlage
Kas/set/ten/re/kor/der oder auch: **Kas/set/ten/re/cor/der** *m.,* -s, -, Gerät zum Abspielen von Musikkassetten
kas/set/tie/ren *tr.,* eine Decke in Kassetten unterteilen
Kas/sia [semit.] *f.,* -, Kassien, Heilpflanze
Kas/si/a/öl *n.,* -[e]s, *nur Sg.*
Kas/si/a/rin/de *f.,* -, -n, Gewürz
Kas/si/ber [jiddisch] *m.,* -s, -, aus dem Gefängnis geschmuggelte Mitteilung eines Häftlings oder schriftliche Nachricht an einen Mithäftling
Kas/si/de [arab.] *f.,* -, -n, arab. Gedichtform
Kas/sier [italien.] *m.,* -s, -e, österr. für : Kassierer
kas/sie/ren *tr.,* Geld einnehmen
Kas/sie/rer *m.,* -s, -,
Kas/sie/re/rin *f.,* -, -nen
Kas/si/o/peia 1. in der griech. Mythologie: Mutter der Andromeda, 2. Sternbild im nördlichsten Teil der Milchstraße
Kas/si/te *m.,* -n, -n, Angehöriger eines iran. Gebirgsvolkes
Kas/si/te/rit [griech.] *m.,* -s, -e, Mineral
Kaß/ler > **Kass/ler** *n.,* -s, -, gepökelte Schweinsrippe
Kas/su/be *m.,* -n, -n, siehe auch Kaschube
Kas/ta/gnet/te oder auch: **Kas/tag/net/te** [span.] *f.,* -, -n, Rhythmusinstrument: zwei ausgehöhlte, mit einer Schnur verbundene Holztellerchen, die aneinandergeschlagen werden
Kas/ta/nie [griech.] *f.,* -, -n, 1. Laubbaum, 2. dessen Frucht
Kas/ta/ni/en/baum *m.,* -[e]s, -bäume
kas/ta/ni/en/braun
Kas/ta/ni/en/wald *m.,* -es, -wälder
Käst/chen *n.,* -s, -
Kas/te [portugies.] *f.,* -, -n, 1. streng abgeschlossene Gruppe in der Gesellschaftsordnung der Hindu, 2. allg. streng nach außen abgegrenzte Gruppe von Menschen, die in einer hierarchisch gegliederten Gesellschaft einen bestimmten Rang einnehmen
kas/tei/en [lat.] *refl.,* sich selbst Entbehrungen auferlegen, sich quälen
Kas/tei/ung *f.,* -, -en
Kas/tell [lat.] *n.,* -s, -e, altrömische und mittelalterliche Befestigungsanlage, Burg
Kas/tel/lan *m.,* -s, -e, Aufsichtsperson in Schlössern und öffentlichen Gebäuden
Kas/tel/la/nei *f.,* -, -en, Verwaltung eines Schlosses
käs/teln *tr.,* karieren
Kas/ten *m.,* -s, Kästen
Kas/ten/geist *m.,* -es, -er, engstirnige Denkweise, auf die eigene Kaste beschränkt
Kas/ten/we/sen *n.,* -s, *nur Sg.*
Kas/ti/li/en zentrales Hochland Spaniens
kas/ti/lisch
Käst/lein *n.,* -s, -
Kas/tor 1. in der griech. Mythologie: einer der Dioskuren, 2. legendarischer Heiliger des 4. Jhs., 3. ein Stern
Kas/tor/öl *n.,* -[e]s, *nur Sg.,* Rizinusöl
Kas/trat oder auch: **Kastrat** [lat.] *m.,* -en, -en, 1. kastrierter Mann, 2. in der Jugend entmannter Sänger mit Knabenstimme
Kas/tra/ti/on oder auch: **Kast/ra/ti/on** *f.,* -, -en, Ausschalten der Keimdrüsen durch operatives Entfernen oder Bestrahlung
kas/trie/ren oder auch: **kast/rie/ren** *tr.,* unfruchtbar

machen durch Entfernen der Keimdrüsen
Kas/trie/rung oder auch: **Kast/rie/rung** *f.,* -, -en
Ka/su/a/li/en *nur Pl.,* 1. Zufälligkeiten, 2. geistliche Amtshandlungen, 3. Vergütung für geistliche Amtshandlungen
Ka/su/a/lis/mus *m.,* -, *nur Sg.,* von Epikur vertretene Ansicht, dass die Welt der Herrschaft des Zufalls unterworfen ist
Ka/su/ar [indones.] *m.,* -s, -e, straußenähnlicher, flugunfähiger Riesenvogel
Ka/su/a/ri/ne *f.,* -, -n, austral. und indones. Baum mit grünen Rutenästen
ka/su/ell [lat.], den Kasus betreffend
Ka/su/ist *m.,* -en, -en, Vertreter der Kasuistik
Ka/su/is/tik *f.,* -, *nur Sg.,* 1. Morallehre, 2. Rechtsfindung, die den einzelnen Fall in seiner Besonderheit beurteilt
ka/su/is/tisch
Ka/sus *m.,* -, -, in der Grammatik: Fall der Deklination
Kat *m.,* -s, -s, Kurzw. für Katalysator (bei Fahrzeugen)
Ka/ta/bo/lis/mus *m.,* -, *nur Sg.,* durch den Stoffwechsel im Körper verursachter Abbau von Stoffen
Ka/ta/chre/se oder auch: **Ka/tach/re/se** [griech.] *f.,* -, Katachresen, falscher Wortgebrauch bei einem bildhaften Ausdruck
Ka/ta/chre/sis oder auch: **Ka/tach/re/sis** *f.,* -, Katachresen
ka/ta/chres/tisch oder auch: **ka/tach/est/tisch**
Ka/ta/falk [griech.] *m.,* -s, -e, schwarz verhülltes Gestell für den Sarg
Ka/ta/ka/na [japan.] *n.* oder *f.,* -[s], *nur Sg.,* japan. Silbenschrift
Ka/ta/kaus/tik [griech.] *f.,* -, *nur Sg.,* Brennlinie gespiegelter Strahlen
ka/ta/kaus/tisch
Ka/ta/kla/se oder auch: **Ka/tak/la/se** [griech.] *f.,* -, -n, Zerbrechen oder Zermalmen von Gestein durch Gebirgsdruck
ka/ta/klas/tisch oder auch: **ka/tak/las/tisch**
Ka/ta/kom/be [griech.] *f.,* -, -n, unterirdische Begräbnisanlage
Ka/ta/la/ne *m.,* -n, -n, Angehöriger eines Volksstammes in Katalonien
ka/ta/la/nisch
Ka/ta/la/nisch *n.,* -[s], *nur Sg.,* Sprache der Katalanen
Ka/ta/la/se [griech.] *f.,* -, -n, Enzym
ka/ta/lek/tisch unvollständig, katalektischer Vers: Vers, der mit einem unvollständigen Versfuß endet
Ka/ta/lep/sie [griech.] *f.,* -, *nur Sg.,* Spannungszustand der Muskeln (krankhaft)
ka/ta/lep/tisch
Ka/ta/le/xe [griech.] *f.,* -, -n, Unvollständigkeit des Versfußes
Ka/ta/le/xis *f.,* -, Katalexen
Ka/ta/log [griech.] *m.,* -[e]s, -e, Verzeichnis von Waren, Büchern usw.
ka/ta/lo/gi/sie/ren *tr.,* in den Katalog aufnehmen
Ka/ta/lo/gi/sie/rung *f.,* -, -en
Ka/ta/lo/ni/en geschichtliche Landschaft im Nordosten Spaniens
Ka/ta/lo/ni/er *m.,* -s, -, Katalane
Ka/tal/pa oder auch: **Ka/tal/pe** [indian.] *f.,* -, Katalpen, Zierstrauch
Ka/ta/ly/sa/tor [griech.] *m.,* -s, -en, 1. Stoff, der eine chemische Reaktion beschleunigt, ohne selbst eine Veränderung zu erfahren, 2. Vorrichtung am Fahrzeug, in der die Abgase gefiltert werden
Ka/ta/ly/se *f.,* -, -n, chemisches Verfahren, in dem Katalysatoren wirken
ka/ta/ly/sie/ren *tr.*
ka/ta/ly/tisch
Ka/ta/ma/ran [tamulisch] *m.,* -s, -e, Sportboot mit zwei Rümpfen
Ka/ta/mne/se oder auch: **Ka/tam/ne/se** [griech.] *f.,* -, -n, Bericht über das Befinden des Kranken nach Abschluss der ärztlichen Behandlung
Ka/ta/pha/sie [griech.] *f.,* -, *nur Sg.,* krankhaftes Wiederholen ganzer Sätze
Ka/ta/pho/re/se [griech.] *f.,* -, -n, elektrokinetische Erscheinungen
Ka/ta/pla/sie [griech.] *f.,* -, -, in der Medizin: Rückbildung
Ka/ta/plas/ma [griech.] *n.,* -s, Kataplasmen, heißer Umschlag mit Brei zur Linderung von Schmerzen
ka/ta/plek/tisch [griech.]
Ka/ta/ple/xie *f.,* -, -n, Schrecklähmung
Ka/ta/pult [griech.] *n.* oder *m.,* -[e]s, -e, 1. armbrustartige Wurfmaschine, 2. Startvorrichtung für Flugzeuge,

3. kleine Schleuder
ka/ta/pul/tie/ren *tr.*
Ka/ta/rakt [griech.]
1. *m.,* -[e]s, , -e, Wasserfall,
2. *f.,* -, -e, in der Medizin: grauer Star
Ka/tarrh oder auch: **Katarr** [griech.] *m.,* -s, -e, in der Medizin: Schleimhautentzündung
ka/tar/rha/lisch oder auch: **ka/tar/ra/lisch**
Ka/tas/ter [griech.] *m.* oder *n.,* -s, -, 1. ein von Behörden geführtes Verzeichnis von Personen eines Bezirks, 2. Verzeichnis der Grundstücke eines Bezirks mit Angaben über Lage, Größe und Eigentümer
Ka/tas/ter/amt *n.,* -[e]s, -ämter
Ka/tas/tral/ge/mein/de *f.,* -, -n, österr. für Steuergemeinde
Ka/tas/tral/joch *n.,* -[e]s, -e, Feldmaß in Österreich
ka/tas/trie/ren *tr.*
ka/ta/stro/phal oder auch: **ka/tast/ro/phal** oder auch: **ka/tas/trophal** [griech.], fürchterlich, erschreckend
Ka/ta/stro/phe oder auch: **Ka/tast/ro/phe** oder auch: **Ka/tas/tro/phe** *f.,* -, -n,
1. unglückliche Wendung, Verhängnis, 2. in der Dichtung: das den Konflikt entscheidende Geschehen
ka/ta/stro/phisch oder auch: **ka/tast/ro/phisch** oder auch: **ka/tas/trophisch**
Ka/ta/to/nie [griech.] *f.,* -, -n, eine Form der Schizophrenie
Ka/ta/to/ni/ker *m.,* -s, -, an Katatonie Erkrankter
ka/ta/to/nisch

Ka/te *f.,* -, -n, kleines Bauernhaus
Ka/te/che/se [griech.] *f.,* -, -n, Religionsunterricht
Ka/te/chet *m.,* -en, -en, Religionslehrer
Ka/te/che/tik *f.,* -, *nur Sg.,* Lehre von der Katechese
Ka/te/che/tin *f.,* -, -nen
ka/te/che/tisch
ka/te/chi/sie/ren *tr.,* Katechese erteilen
Ka/te/chis/mus *m.,* -, Katechismen, in Frage und Antwort gestaltetes Lehrbuch
Ka/te/chist *m.,* -en, -en, Einheimischer, der bei der katholischen Mission hilft
Ka/te/chu [portugies.] *n.,* -s, -s, brauner Auszug aus dem Holz ostindischer Akazienarten
Ka/te/chu/me/nat [griech.] *n.,* -[e]s, -e, vorbereitender Unterricht bei der Erwachsenentaufe
Ka/te/chu/me/ne *m.,* -n, -n, erwachsener Taufbewerber im vorbereitenden Unterricht
ka/te/go/ri/al [griech.]
Ka/te/go/rie *f.,* -, -n,
1. Klasse, Sorte, Art, 2. in der Philosophie: Grundbegriff, allgemeinste Bestimmungsweise
ka/te/go/risch 1. behauptend, 2. zwingend gültig, 3. nachdrücklich, keinen Widerspruch duldend
ka/te/go/ri/sie/ren *tr.*
Ka/ten *m.,* -s, -, Kate
Ka/te/ne [lat.] *f.,* -, -n, Aneinanderreihung älterer Erklärungen zu biblischen Texten
Ka/ter *m.,* -s, -, 1. männliche Katze, 2. Unwohlsein nach übermäßigem Alkoholkonsum
Ka/ter/früh/stück *n.,* -[e]s, *nur Sg.*
kat/e/xo/chen oder auch: **ka/te/xo/chen** [griech.] im wahrsten Sinne, schlechthin
Kat/fisch *m.,* -[e]s, -e, Meeresfisch
Kat/gut [engl.] *n.,* -[e]s, *nur Sg.,* chirurgisches Nahtmaterial
kath. Abk. für katholisch
Ka/tha/rer [griech.] *m.,* -s, -, Angehöriger einer streng asketischen Sekte
Ka/thar/sis [griech.] *f.,* -, *nur Sg.,* seelische Reinigung, die der Zuschauer einer antiken Tragödie erfahren soll, indem er Furcht und Mitleid empfindet
ka/thar/tisch mit reinigender Wirkung, läuternd
Ka/the/der [griech.] *n.,* -s, -, Lehrstuhl, Lehrpult
Ka/the/der/blü/te *f.,* -, -n, unfreiwillig komischer Ausspruch eines Lehrenden oder Vortragenden
Ka/the/der/so/zia/lis/mus *m.,* -, *nur Sg.,* Ende des 19. Jhs. herrschende Richtung innerhalb der dt. Volkswirtschaftlehre, die für eine staatliche Sozialpolitik eintrat, um die Klassengegensätze zu mildern und den sozialen Aufstieg der Arbeiter zu fördern
Ka/the/dra/le [griech.] *f.,* -, -n, Bischofskirche
Ka/the/dral/ent/schei/dung *f.,* -, -en, unfehlbare Entscheidung des Oberhauptes der kathol. Kirche (ex cathedra)
Ka/the/dral/glas *n.,* -es, -gläser, ornamentiertes

Gussglas für Kirchenfenster
Ka/the/te [griech.] *f.*, -, -n, Seite am rechten Winkel eines rechtwinkligen Dreiecks
Ka/the/ter [griech.] *m.*, -s, -, Röhrchen, vor allem zum Entleeren der Harnblase
ka/the/te/ri/sie/ren *tr.*
ka/the/tern *tr.*
Ka/tho/de oder auch:
Ka/to/de [griech.] *f.*, -, n, negativ geladene Elektrode
ka/tho/disch oder auch:
ka/to/disch
Ka/tho/lik [griech.] *m.*, -en, -en, Angehöriger der kath. Kirche
Ka/tho/li/ken/tag *m.*, -[e]s, -e, Deutscher Katholikentag: alle zwei Jahre abgehaltene Generalversammlung aller Katholiken Deutschlands
ka/tho/li/sie/ren (Abk.: kath.)
ka/tho/li/sie/ren *tr.*
Ka/tho/li/zis/mus [griech.] *m.*, -, *nur Sg.*, Gesamtheit der glaubensmäßig bedingten Anschauungen der kath. Kirche
Ka/tho/li/zi/tät *f.*, -, *nur Sg.*, Glaube im Sinne der kathol. Kirche
Kat/i/on [griech.] *n.*, -s, -e, positives Ion einer dissoziierbaren chemischen Verbindung
Kat/man/du Hpst. von Nepal
Ka/to/de *f.*, -, -n, siehe auch Kathode
ka/to/disch siehe auch kathodisch
ka/to/nisch siehe auch catonisch
Kat/op/trik [griech.] *f.*, -, *nur Sg.*, Lehre von der Spiegelung der Lichtstrahlen

kat/op/trisch
Katt/an/ker *m.*, -s, -, Ersatzanker
Kat/te *m.*, -n, -n
Kat/te/gat [griech.] *n.*, -s, *nur Sg.*, Meerenge zwischen der Ostküste Jütlands und der Westküste Schwedens
kat/ten *tr.*, in der Seemannssprache: den Anker heraufziehen
Kat/tun [arab.] *m.*, -s, -e, feinfädiges Baumwollgewebe
kat/tu/nen aus Kattun bestehend
katz/bal/gen *refl.*, ugs. für: sich balgen, raufen
Katz/bal/ge/rei *f.*, -, -en
Katz/bu/cke/lei *f.*, -, *nur Sg.*, Unterwürfigkeit
katz/bu/ckeln *intr.*
Kätz/chen *n.*, -s, -, 1. kleine Katze, 2. Form des Blütenstands
Kat/ze *f.*, -, -n
Kat/zen/au/ge *n.*, -s, -n, 1. ein Mineral, 2. Auge einer Katze, 3. Rückstrahler beim Fahrrad
Kat/zen/bu/ckel *m.*, -s, -
Kat/zen/hai *m.*, -[e]s, -e, eine Haifischart
Kat/zen/jam/mer *m.*, -s, *nur Sg.*
Kat/zen/mu/sik *f.*, -, *nur Sg.*
Kat/zen/sprung *m.*, -[e]s, -sprünge, übertr. für: kurze Distanz
Kat/zen/wä/sche *f.*, -, -, übertr. für: flüchtiges Waschen des Körpers
Kat/zen/zun/ge *f.*, -, -n, 1. Zunge der Katze, 2. Schokoladenart
Kätz/lein *n.*, -s, -
kau/dal [lat.] 1. in Richtung der Füße liegend, 2. den Schwanz betreffend

kau/dern *intr.*, veralt. für: unverständlich sprechen
Kau/der/welsch *n.*, -s, *nur Sg.*, unverständliche, fremde oder verworrene Sprache
kau/der/wel/schen *intr.*
kau/di/nisch aber: Kaudinisches Joch: Zwangslage, aus der es ohne Demütigung kein Entkommen gibt
Kaue [lat.] *f.*, -, n, in der Bergmannssprache: Waschraum
kau/en *tr.*
kau/ern *intr.*, hocken
Kauf *m.*, -[e]s, Käufe, etwas in Kauf nehmen: übertr. für: sich mit etwas abfinden, das In-Kauf-Nehmen
kau/fen *tr.*
Käu/fer *m.*, -s, -
Kauf/fah/rer *m.*, -s, -, veralt. für: Handelsschiff
Kauf/frau *f.*, -, -
Kauf/haus *n.*, -es, -häuser
Kauf/kraft *f.*, -, *nur Sg.*, Ausmaß der Güter, die für einen bestimmten Geldbetrag gekauft werden können
kauf/kräf/tig
käuf/lich
Käuf/lich/keit *f.*, -, *nur Sg.*
Kauf/lust *f.*, -, *nur Sg.*
kauf/lus/tig
Kauf/mann *m.*, -[e]s, -leute
kauf/män/nisch
Kauf/manns/spra/che *f.*, -, *nur Sg.*
Kauf/preis *m.*, -es, -e
Kauf/ver/trag *m.*, -[e]s, -verträge
Kauf/wert *m.*, -[e]s, -e
Kauf/zwang *m.*, -[e]s, *nur Sg.*
Kau/gum/mi *m.*, -s, -[s]
Kau/kamm *m.*, -[e]s, -kämme, in der Bergmanns-

sprache: kleines Beil
Kau/ka/si/en die Länder zwischen dem Schwarzen und dem Kaspischen Meer
Kau/ka/si/er *m.*, -s, -
kau/ka/sisch
Kau/ka/sus *m.*, -, *nur Sg.*, Hochgebirge zwischen dem Schwarzen und dem Kaspischen Meer
Kaul/barsch *m.*, -[e]s, -e, Fischart
Käul/chen *n.*, -s, -
Kau/le *f.*, -, -n, Kuhle, Grube
kau/li/flor oder auch: **kau/lif/lor** [lat.], in der Botanik: am Stamm ansetzend
Kaul/quap/pe *f.*, -, -n, Larve der Frösche
kaum das ist kaum zu glauben, kaum hatte er den Raum verlassen, als ..., ich glaube kaum, dass ...
Kau/ma/zit [griech.] *m.*, -s, -e, Braunkohlenkoks
Kau/mus/kel *m.*, -s, -n
Kau/pe/lei *f.*, -, -en, heimlicher Handel
kau/peln *intr.*
Kau/ri [Hindu] *f.*, -, -s, Kurzw. für Kaurischnecke
Kau/ri/fich/te *f.*, -, -n, Nadelbaum aus Neuseeland
Kau/ri/mu/schel *f.*, -, -n, Schale der Kaurischnecke
Kau/ri/schne/cke *f.*, -, -n, Porzellanschnecke des Indischen Ozeans
kau/sal [lat.] den Zusammenhang zwischen Anlass und Folgen betreffend
Kau/sal/ge/setz *n.*, -[e]s, -e
Kaus/al/gie oder auch: **Kau/sal/gie** [lat.] *f.*, -, *nur Sg.*, ungeklärter Schmerz nach verheilten Verletzungen
Kau/sa/li/tät *f.*, -, -en, Ursächlichkeit

Kau/sa/li/täts/prin/zip *n.*, -s, *nur Sg.*
Kau/sal/satz *m.*, -es, -sätze
Kau/sal/zu/sam/men/hang *m.*, -[e]s, -hänge
Kau/sa/tiv *n.*, -s, -e, Zeitwort
Kau/sa/ti/vum *n.*, -s, Kausativa
Kausch[e] *f.*, -, Kauschen, verzinkter Eisenring zur Bildung einer Öse bei Tauen
kau/sie/ren [lat.] *tr.*, bewirken
Kaus/tik [griech.] *f.*, -, *nur Sg.*, in der Optik: Brennfläche
Kaus/ti/kum *n.*, -s, Kaustika, ein ätzendes Mittel
kaus/tisch ätzend
Kaus/to/bio/lith *m.*, -s, -e[n], brennbare Gesteine
Kau/ta/bak *m.*, -s, -e
Kau/tel [lat.] *f.*, -, -en, Vorsichtsmaßregel, Vorbehalt
Kau/ter [griech.] *m.*, -, -, in der Chirurgie verwendetes Brenneisen
Kau/te/ri/sa/ti/on *f.*, -, -en, Gewebezerstörung durch Hitze, elektrischen Strom oder ätzende Mittel
kau/te/ri/sie/ren *tr.*
Kau/te/ri/um *n.*, -s, Kauterien, 1. siehe Kauter, 2. ätzendes Mittel
Kau/ti/on [lat.] *f.* -, -en, als Sicherheit hinterlegte Geldsumme
kau/ti/ons/fä/hig
Kau/ti/ons/fä/hig/keit *f.*, -, *nur Sg.*
Kau/tions/sum/me *f.*, -, -n
Kau/tschuk oder auch: **Kaut/schuk** [indian.] *m.*, -s, -e, eingedickter Milchsaft tropischer Gewächse, Rohgummi

Kau/tschuk/pa/ra/graph oder auch: **Kaut/schuk-pa/ra/graph** *m.*, -en, -en, dehnbare Rechtsvorschrift
kau/tschu/tie/ren oder auch: **kaut/schu/tie/ren** *tr.*, 1. aus Kautschuk herstellen, 2. mit Kautschuk überziehen
Kauz *m.*, -es, Käuze, 1. Vogelart, 2. übertr. für: wunderlicher Mensch
Käuz/chen *n.*, -s, -
Kauz/lein *n.*, -s, -
kau/zig, schrullig, eigensinnig
Ka/va/lier [französ.] *m.*, -s, -e, 1. Mann mit höflichem Benehmen, 2. Begleiter einer Dame
Ka/va/liers/de/likt *m.*, -[e]s, -e, kleineres Vergehen
Ka/va/lier/start *m.*, -[e]s, *nur Sg.*, scharfes Anfahren mit dem Auto
Ka/val/ka/de *f.*, -, -n, Reiterzug
Ka/val/le/rie *f.*, -, -n, Reiterei, berittene Truppe
Ka/val/le/rist *m.*, -en, -en, Angehöriger der Kavallerie
Ka/va/ti/ne [italien.] *f.*, -, -n, 1. solistisches Gesangsstück in Oper und Oratorium, 2. kurzes, einfaches Instrumentalstück
Ka/ve/ling [niederländ.] *f.*, -, -en, bei Versteigerungen: Mindestmenge, die der Käufer erwerben kann
Ka/ver/ne [lat.] *f.*, -, -n, 1. Körperhohlraum durch zerstörtes Gewebe, 2. ausgebaute Höhlenkammer oder unterirdischer Raum
Ka/ver/nom *n.*, -s, -e, in der Medizin: Blutgefäßgeschwulst
ka/ver/nös

Ka/vi/ar [türk.], -s, -e, zur Speise hergerichteter Rogen (Eier) des Störs
Ka/vi/ta/ti/on [lat.] *f.*, -, -en, Hohlsogbildung, Hohlraumbildung
Ka/wa [polynes.] *f.*, -, *nur Sg.*, Harzstoff, zu einem Rauschtrank verarbeitet
Ka/waß > Ka/wass [arab.] *m.*, -en, -en, früher: orientalischer Polizist
Ka/wi [sanskrit.] *n.*, -[s], *nur Sg.*, altjavanische Sprache
Ka/zi/ke [indian.] *m.*, -n, -n, Stammeshäuptling in Süd- und Mittelamerika
kcal Abk. für: Kilokalorie
Ke/bab [türk.] *m.*, -[s], -s, am Spieß gebratenes Hammelfleisch in Fladenbrot
Keb/se *f.*, -, -n, früher: Nebenfrau
keck
ke/ckern *intr.*, bei Fuchs, Marder u.Ä.: Zorneslaute ausstoßen
Keck/heit *f.*, -, -en
Kee/per [engl.] *m.*, -s, -, Torwart (Fußball, Eishockey...)
Keep-smi/ling >
Keep/smi/ling [engl.] *n.*, -[s], *nur Sg.*, in schwierigen Situationen das Lächeln bewahren
Kees *n.*, -es, -e, österr. für: Gletscher
Kees/was/ser *n.*, -s, -, österr. für: Gletscherbach
Ke/fe *f.*, -, -n, schweizer. für Zuckererbse
Ke/fir [türk.] *m.*, -s, *nur Sg.*, rahmartiges Sauermilchgetränk
Ke/gel *m.*, -s, -, 1. Holzfigur des Kegelspiels, 2. in der Wendung: mit Kind und Kegel, 3. Kegel schieben
Ke/gel/bahn *f.*, -, -en
Ke/gel/bru/der *m.*, -s, -brüder
ke/gel/för/mig
ke/ge/lig
Ke/gel/klub *m.*, -s, -s
Ke/gel/ku/gel *f.*, -, -n
Ke/gel/man/tel *m.*, -s, *nur Sg.*, geometrische Bez.
ke/geln *intr.*
Ke/gel/statt *f.*, -, -stätten, österr. für Kegelbahn
Ke/gel/stumpf *m.*, -es, -stümpfe
Keg/ler *m.*, -s, -
keg/lig
Kehl/chen *n.*, -s, -
Keh/le *f.*, -, -n
keh/len *tr.*, auskehlen
keh/lig
Kehl/kopf *m.*, -[e]s, -köpfe
Kehl/kopf/spie/gel *m.*, -s, -, kleiner Spiegel für die Untersuchung des Kehlkopfinnern und der Luftröhre
Kehl/laut *m.*, -es, -e
Keh/lung *f.*, -, -en, Hohlkehle
Kehr/aus *m.*, -, *nur Sg.*, Schlusstanz bei einem Fest
Kehr/be/sen *m.*, -s, -
Keh/re *f.*, -, -n, 1. im Sport: Sprung oder Abschwung mit dem Rücken zum Gerät, 2. Kurve
keh/ren 1. *intr.* in der Bedeutung von umkehren, 2. *tr.* fegen
Keh/richt *m.*, -s, *nur Sg.*
Keh/richt/hau/fen *m.*, -s, -
Keh/richt/schau/fel *f.*, -, -n
Kehr/reim *m.*, -, -e, Refrain
Kehr/sei/te *f.*, -, -n
kehrt! militär. Befehl
kehrt/ma/chen *intr.*
Kehr/wert *m.*, -[e]s, -e, in der Mathematik: reziproker Wert
Kehr/wisch *m.*, -[e]s, -e, Handfeger
kei/fen *intr.*
Kei/fe/rei *f.*, -, -en
Keil *m.*, -[e]s, -e
Keil/bein *n.*, -[e]s, -e, 1. Knochen des Schädelbodens, 2. drei Fußwurzelknochen
Kei/le *nur Pl.* ugs. für: Schläge
kei/len *refl.*, sich prügeln, schlagen
Kei/ler *m.*, -s, -, männliches Wildschwein
Keil/haue *f.*, -, -n, im Bergbau: Hacke
Keil/kis/sen *n.*, -s, -
Keil/rie/men *m.*, -s, -, Verbindung zwischen Motor und Lichtmaschine beim Auto
Keil/schrift *f.*, -, -en, im antiken Vorderasien verwendete Schrift
Keim *m.*, -[e]s, -e
Keim/bla/se *f.*, -, -n, Blastula
Keim/drü/se *f.*, -, -n, Geschlechtsdrüse
kei/men *intr.*
keim/fä/hig
Keim/fä/hig/keit *f.*, -, *nur Sg.*
keim/frei aseptisch, steril
Keim/ling *m.*, -s, -e
keim/tö/tend
Kei/mung *f.*, -, -en, erste Fortentwicklung eines pflanzlichen Keims
Keim/zel/le *f.*, -, -n, Geschlechtszelle
kein keine Ursache!, keiner von uns, kein anderer, auf keinen Fall
kei/ner/lei
kei/ner/seits
kei/nes/falls aber: auf keinen Fall

kei/nes/wegs
kein/mal aber: kein einziges Mal
Keks [engl.] *m.* oder *n.*, -es, -e, kleines trockenes Feingebäck
Kelch *m.*, -[e]s, -e
Kelch/glas *n.*, -es, -gläser
Kelch/tier *n.*, -[e]s, -e
Ke/lim [türk.] *m.*, -s, -s, Wandbehang oder Teppich mit beidseitig gleichem Aussehen
Kel/le *f.*, -, -n
Kel/ler *m.*, -s, -
Kel/le/rei *f.*, -, -en, Betriebsräume eines Weinguts
Kel/ler/hals *m.*, -es, -hälse, 1. Teil des Kellers, 2. Pflanze
Kel/ler/meis/ter *m.*, -s, -, Verwalter eines Weinkellers
Kel/ler/tür *f.*, -, -en
Kell/ner *m.*, -s,
Kell/ne/rin *f.*, -, -nen
kell/nern *intr.*
Kelt [lat.] *m.*, -[e]s, -e, vorgeschichtliches Beil
Kel/te *m.*, -n, -n, Angehöriger einer indogermanischen Völkergruppe
Kel/ter *f.*, -, -n, Fruchtpresse
Kel/te/rei *f.*, -, -en
Kel/te/rer *m.*, -s, -
kel/tern *tr.*
Kelt/i/be/rer *m.*, -s, -, im Altertum: Angehöriger kriegerischer Stämme im nördlichen Spanien, die aus der Vermischung von Kelten und Iberern entstanden waren
kelt/i/be/risch
kel/tisch keltische Sprachen
Kel/tist *m.*, -en, -en
Kel/tis/tik *f.*, -, *nur Sg.*, Lehre von der keltischen Sprache und Literatur
kel/tis/tisch
Kel/to/lo/ge *m.*, -n, -n
Kel/to/lo/gie *f.*, -, *nur Sg.*, Keltistik
kel/to/lo/gisch
Kel/vin *n.*, -s, -, Einheit der Kelvinskala (Zeichen: K)
Kel/vin/ska/la *f.*, -, *nur Sg.*, nach Lord Kelvin benannte Temperaturskala, deren Nullpunkt mit dem absoluten Nullpunkt zusammenfällt (0° C = 273,16 ° K)
Ke/me/na/te *f.*, -, -n, im MA: Zimmer mit Feuerstätte, Wohn- und Schlafraum einer Burg, später: Frauengemach
Ken [japan.] *n.*, -, -, Verwaltungsbezirk in Japan
Ken. Abk. für Kentucky
Ke/naf [pers.] *n.*, -s, *nur Sg.*, Faserart
Ken/do [japan.] *n.*, -[s], *nur Sg.*, 1. urspr.: Fechtkunst der Samurai, 2. seit 1876: sportliches Fechten mit fünffach gespaltenen Bambusstöcken
Ke/nia ostafrikanischer Staat
Ke/ni/a/ner *m.*, -s, -
ke/ni/a/nisch
Ken/ne/dy, John Fitzgerald, 35. Präsident der USA (1917-1963)
Ken/nel [engl.] *m.*, -s, -, Hundezwinger
ken/nen *tr.*
ken/nen/ler/nen oder auch: **ken/nen ler/nen** *tr.* er lernte sie kennen, er hat sie kennengelernt, man geht dorthin, um jmdn. kennenzulernen
Ken/ner *m.*, -s, -
Ken/ner/blick *m.*, -[e]s, *nur Sg.*
ken/ne/risch
Kenn/num/mer *f.*, -, -n
kennt/lich
Kennt/lich/ma/chung *f.*, -, *nur Sg.*
Kennt/nis *f.*, -, -se, sie nahm es zur Kenntnis
Kennt/nis/nah/me *f.*, -, *nur Sg.*
kennt/nis/reich
Kennum/mer >
Kenn/num/mer
Ken/nung *f.*, -, -en, 1. Merkmal, 2. in der Schifffahrt und Luftfahrt: optisches, elektromagnetisches oder akustisches Signal
Kenn/wort *n.*, -[e]s, -wörter
Kenn/zahl *f.*, -, -en
Kenn/zei/chen *n.*, -s, -
kenn/zeich/nen *tr.*
Kenn/zeich/nung *f.*,-,-en
Kenn/zif/fer *f.*, -, -n
Ke/no/taph [griech.] *n.*, -s, -e, leeres Grabmal zum Gedenken an einen Toten, der in der Fremde begraben ist
Kent engl. Grafschaft
Ken/taur *m.*, -en, -en, siehe Zentaur
ken/tern *intr.*, umkippen (von Booten oder Schiffen)
Ken/tu/cky (Abk.: Ken. oder KY) Staat der USA
Ken/tum/spra/chen *nur Pl.*, Bez. für einige indogermanische Sprachen
Ke/pha/lo/gramm *n.*, -s, -e, siehe auch Cephalogramm, Aufstellung der Schädelmesswerte
Ke/pha/lo/po/de [griech.] *m.*, -n, -n, siehe auch Cephalopode, Kopffüßer
Ke/pheus 1. in der griech. Sage: Vater der Andromeda, 2. *m.*, -, Sternbild in der Nähe des nördlichen Himmelspols

Ke/ra/mik [griech.] *f.*, -, -en, Gegenstände aus tonmineralhaltigem Grundstoff (Porzellan, Terrakotta, Steingut...)
Ke/ra/mi/ker *m.*, -s, -,
Ke/ra/mi/ke/rin *f.*, -, -nen
ke/ra/misch
Ke/ra/tin [griech.] *n.*, -s, -e, Eiweißkörper der Haare, Nägel, Hufe u.Ä.
Ke/ra/ti/tis *f.*, -, Keratitiden, Hornhautentzündung
Ke/ra/tom *n.*, -s, -e, geschwulstartige Verdickung der Hornschicht der Haut
Kerb *f.*, -, -en, südwestdt. ugs. für Kirchweih
Ker/be *f.*, -, -n, Einschnitt
Ker/bel *m.*, -s, -, Gewürzpflanze
ker/ben *tr.*, Einschnitte machen
Kerb/holz *n.*, -[e]s, *nur Sg.*, in der Wendung: etwas auf dem Kerbholz haben, ugs. für: etwas angestellt haben, etwas Unrechtes getan haben
Kerb/tier *n.*, -[e]s, -e
Ker/bung *f.*, -, -en,
Ke/ren *nur Pl.*, in der griech. Mythologie: dämonische Wesen, die Tod, Alter und Unheil bringen
Kerf *m.*, -[e]s, -e, Kerbtier
Ker/ker *m.*, -s, -, veralt. für Gefängnis
Ker/ker/meis/ter *m.*, -s, -
Ker/ky/ra griech. Name für Korfu
Kerl *m.*, -[e]s, -e
Kerl/chen *n.*, -s, -
Ker/man *m.*, -s, -s, nach der iran. Stadt Kerman benannter Teppich
Ker/mes [pers.] *m.*, -, -, mit rotem Saft gefüllte Eier der Kermesschildlaus, früher zum Färben von Wolle verwendet
Ker/mes/bee/re *f.*, -, -n, Frucht der Kermeseiche
Ker/mes/ei/che *f.*, -, -n
Ker/mes/schild/laus *f.*, -, -läuse, Schildlaus in Südeuropa und im Orient
Kern *m.*, -[e]s, -e
Kern/bei/ßer *m.*, -s, -, dickschnäblige Finkenart
Kern/en/er/gie oder auch: **Ker/ne/ner/gie** *f.*, -, *nur Sg.*, Atomenergie
Ker/ner *m.*, -s, -, siehe auch Karner
Kern/ex/plo/si/on *f.*, -, -en, Zertrümmerungsvorgang eines Atomkerns
Kern/for/schung *f.*, -, -en, Nuklearforschung
Kern/fra/ge *f.*, -, -n, entscheidende Frage
Kern/frucht *f.*, -, -früchte
kern/ge/sund
Kern/haus *n.*, -es, -häuser
Kern/ling *m.*, -[e]s, -e
kern/los
Kern/obst *n.*, -[e]s, *nur Sg.*
Kern/phy/sik *f.*, -, *nur Sg.*, Physik der Atomkerne
kern/phy/si/ka/lisch
Kern/punkt *m.*, -[e]s, -e
Kern/re/ak/ti/on *f.*, -, -en, Umwandlung eines Atomkerns duch Einbau oder Abbau von Elementarteilchen oder Kernbruchstücken
Kern/re/ak/tor *m.*, -s, -en
Kern/schlei/fe *f.*, -, -n
Kern/spal/tung *f.*, -, -en, Zerfall schwerster Atomkerne in zwei Bruchstücke
Kern/stück *n.*, -[e]s, -e
Kern/tei/lung *f.*, -, -en
Kern/waf/fen *nur Pl.*, Nuklearwaffen

Ke/ro/plas/tik *f.*, -, -en, siehe Zeroplastik
Ke/ro/sin [griech.] *n.*, -s, *nur Sg.*, im Erdöl enthaltene Leuchtölanteile
Kerr/ef/fekt *m.*, -[e]s, -e, von dem engl. Physiker John Kerr beobachtete Erscheinung, dass isotrope Stoffe im elektrischen Feld doppelbrechend wirken
Ke/rou/ac, Jack, amerikan. Schriftsteller (1922-1969)
Ke/rub *m.*, -s, -s, Kerubim oder Kerubinen, siehe Cherub
ke/ru/bi/nisch siehe cherubinisch
Ke/ryg/ma [griech.] *n.*, -s, *nur Sg.*, Verkündigung der Propheten im NT
ke/ryg/ma/tisch verkündigend
Ker/ze *f.*, -, -n
ker/zen/ge/ra/de
Ker/zen/hal/ter *m.*, -s, -
Ker/zen/leuch/ter *m.*, -s, -
Ker/zen/licht *n.*, -[e]s, *nur Sg.*
Ker/zen/schein *m.*, -[e]s, *nur Sg.*
Ke/schan *m.*, -s, -s, nach der iran. Stadt Keschan benannter Teppich
Ke/scher *m.*, -s, -, Fangnetz
keß > kess, 1. modisch, flott, 2. frech, etwas vorlaut, z.B. eine kesse Lippe riskieren, ugs. für: vorlaut sein
Kes/sel *m.*, -s, -
Kes/sel/pau/ke *f.*, -, -n
Kes/sel/schmied *m.*, -[e]s, -e
Kes/sel/stein *m.*, -[e]s, *nur Sg.*, steinartige Kruste, die sich in Kochgefäßen beim Verdampfen harten Wassers absetzt
Kes/sel/trei/ben *n.*, -s, *nur Sg.*

Keß/ler > **Kess/ler** *m.*, -s, -, Kessselschmied
Ketch/up *(Nf.)* auch: **Ket/schup** *(Hf.)*
Ke/to/n *n.*, -s, -e, organische Verbindung
Ketsch [engl.] *f.*, -, -en, zweimastige Jacht
Ke/tschua *m.*, -s, -s, Angehöriger eines indian. Volkes in den Anden von Ecuador, Peru und Bolivien
Ketsch/up od. **Ketch/up** od. **Catch/up** oder auch: **Ket/schup** od. **Ket/chup** od. **Cat/chup** *m.* oder *n.*, - [s], s, Gewürzsauce aus Tomaten
Kett/baum *m.*, -[eis, -bäume, Walze des Webstuhls
Kett/chen *n.*, -s, -,
Ket/te *f.*, -, -n
Ket/tel *m.*, -s, - oder *f.*, -, -n
Ket/tel/ma/schi/ne *f.*, -, -n
ket/teln *tr.*, mit einer elastischen Naht verbinden
ket/ten *tr.*, mit einer Kette fesseln
Ket/ten/baum *m.*, -[e]s, -bäume
Ket/ten/brief *m.*, -[e]s, -e, Brief der vom Empfänger vervielfältigt und weitergeleitet wird, um so möglichst viele Personen zu erreichen (zu kommerziellen Zwecken)
Ket/ten/brü/cke *f.*, -, -n
Ket/ten/glied *n.*, -[e]s, -er
Ket/ten/hemd *n.*, -[e]s, -en
Ket/ten/hund *m.*, -[e]s, -e
Ket/ten/pan/zer *m.*, -s, -
Ket/ten/rau/chen *n.*, -s, *nur Sg.*
Ket/ten/rau/cher *m.*, -s, -
Ket/ten/re/ak/ti/on *f.*, -, -en
Kett/fa/den *m.*, -s, -fäden
Kett/garn *n.*, -[e]s, -e

Ket/zer *m.*, -s, -, 1. in der kathol. Kirche jeder, der ein kirchliches Dogma bewusst leugnet, 2. allgemein: jmd., der von geltenden Meinungen abweicht
Ket/ze/rei *f.*, -, *nur Sg.*
ket/ze/risch
keu/chen *intr.*
Keuch/hus/ten *m.*, -s, -, ansteckender Katarrh der Luftwege
Keul/chen *n.*, -s, -, kleine Keule
Keu/le *f.*, -, -n
Keu/len/schlag *m.*, -[e]s, -schläge
Keu/len/schwin/gen *n.*, -s, *nur Sg.*
Keu/per *m.*, -s, *nur Sg.*, 1. Buntmergelsandstein, 2. obere Stufe der Triasformation
keusch asketisch
Keusch/baum *m.*, -[e]s, -bäume, gehört zur Gattung der Eisenkrautgewächse
Keusche *f.*, -, -n, österr. für: kleines Bauernhaus
Keusch/heit *f.*, -, *nur Sg.*, geschlechtliche Enthaltsamkeit und Selbstbeherrschung, auch im Reden und Denken
Keusch/heits/ge/lüb/de *n.*, -s, -
Keusch/heits/gür/tel *m.*, -s, -, früher: bei verheirateten Frauen gelegter um den Unterleib gelegter, nur mit einem Schlüssel zu öffnender Stahlgürtel
Keusch/ler *m.*, -s, -, österr. für den Bewohner einer Keusche
Key/board [engl.] *n.*, -s, -s, elektronisches Tasteninstrument
KFZ Abk. für Kraftfahrzeug

kg Abk. für Kilogramm
KG Abk. für Kommanditgesellschaft
KGaA Abk. für Kommanditgesellschaft auf Aktien
Kha/ki *(Nf.)* auch: **Ka/ki** *(Hf.)*
kha/ki/braun *(Nf.)* auch: **ka/ki/braun** *(Hf.)*
kha/ki/far/ben *(Nf.)* auch: **ka/ki/far/ben** *(Hf.)*
Kha/ki/u/ni/form *(Nf.)* auch: **Ka/ki/u/ni/form** *(Hf.)*
Khan [mongol.] *m.*, -[e]s, -e, türkischer Herrscher-, Fürstentitel
Khan/at *n.*, -[e]s, -e, Herrschaftsbereich eines Khans
Khar/tum Hpst. des Sudan
Khart/we/li *m.*, -s, -s, Georgier
khart/we/lisch
Khart/we/lisch *n.*, -[s], *nur Sg.*, Georgisch
Kha/si *m.*, -s, -s, Angehöriger eines Volkes in Assam
Khe/di/ve [pers.] *m.*, -n, -n, von 1867 bis 1914 Titel des Vizekönigs von Ägypten
Khmer *m.*, -s, -s, Volk in Kambodscha
kHz Abk. für Kilohertz
Kib/buz [hebr.] *m.*, -, -zim oder -zim, freiwilliges landwirtschaftliches Kollektiv in Israel
Kib/buz/nik *m.*, -s, -s, Mitglied eines Kibbuz
Ki/bit/ka [russ.] *f.*, -, -s, russ. Bretterwagen,
Ki/cher/erb/se *f.*, -, -n, Hülsenfrucht
Ki/cher/ling *m.*, -[e]s, -e
ki/chern *intr.*
Kick [engl.] *m.*, -s, -s, 1. im Fußball: Stoß, Tritt, 2. Hochstimmung nach Rauschgiftkonsum
Kick/bo/xen *n.*, -s, *nur Sg.*,

thailändische Boxvariante
Kick/down *(Nf.)* auch:
Kick-down *(Hf.)* [engl.] *m.* oder *n.*, -s, -s, schnelles Durchtreten des Gaspedals beim Auto
ki/cken *tr.*, im Fußball: den Ball spielen
Kick-off auch: **Kickoff** *m.*, -s, -s, Anstoß beim Fußball
Kicks *m.*, -[e]s, -e, Fehlstoß beim Fußball oder Billard
kick/sen *intr.*, siehe gicksen
Kick/star/ter *m.*, -s, -, Fußhebel am Motorrad zum Anwerfen des Motors
Kick/xia *f.*, -, Kickxien, nach dem belgischen Botaniker Kickx benannte, Kautschuk liefernde Pflanze
Kid [engl.] *n.*, s-, -s, 1. Lederart, 2. im *Pl .*: Kinder, Jugendliche
kid/nap/pen [engl.] *tr.*, eine Person entführen, rauben
Kid/nap/per *m.*, -s, -, Entführer einer Person
Kid/nap/ping *n.*, -s, *nur Sg.*, Entführung einer Person, um Lösegeld zu erpressen oder anderen Forderungen Nachdruck zu verleihen
Kids Pl., siehe Kid (2.)
Kie/bitz *m.*, -[e]s, -e, 1. eine Vogelart, 2. Zuschauer beim Kartenspiel, der unerwünschte Tipps erteilt
kie/bit/zen *intr.*, beim Kartenspiel zuschauen
Kie/fer 1. *m.*, -s, -, ein Schädelknochen (Ober- und Unterkiefer), 2. *f.*, -, -n, ein Nadelbaum
kie/fern aus Kiefernholz bestehend
Kie/fern/eu/le *f.*, -, -n, Schmetterlingsart

Kie/fern/holz *n.*, -[e]s, -hölzer
Kie/fern/schwär/mer *m.*, -s, -, grauer Schwärmerschmetterling
Kie/fern/span/ner *m.*, -s, -, Spannerschmetterling, dessen grüne Raupe ein Kiefernschädling ist
Kie/fern/wald *m.*, -[e]s, -wälder
Kie/fern/zap/fen *m.*, -s, -
Kie/fer/sper/re *f.*, -, -n, in der Medizin: Unfähigkeit, den Mund zu schließen
kie/ken *intr.*, norddeutsch für: sehen
Kie/ker *m.*, -s, -, in der Wendung: jmdn. auf dem Kieker haben, ugs. für: jmdn. nicht leiden können
Kiek/in/die/welt > **Kiek-in-die-Welt** *m.*, -s, -s, norddeutsch für: unerfahrenes, kleines Kind, Guck-in-die-Welt
kiek/sen *tr.* und *intr.*, siehe gieksen
Kiel 1. dt. Stadt, 2. *m.*, -[e]s, -e, harter Teil der Vogelfeder, 3. *m.*, -[e]s, -e, unterster Längsbalken eines Schiffes
Kiel/bo/gen *m.*, -s, -bögen, kielförmig geschweifter Spitzbogen
Kiel/boot *n.*, -[e]s, -e, Sportboot
Kiel/flü/gel *m.*, -s, -, Cembalo
kiel/ho/len *tr.*, ein Boot auf die Seite legen
Kiel/kropf *m.*, -[e]s, -kröpfe, früher: Missgeburt
kiel/o/ben im Seewesen: mit dem Kiel nach oben
Kiel/schwein *n.*, -[e]s, -e, hölzerner Längsbalken zur Verstärkung von Kiel und

Bodenkonstruktion
Kiel/schwert *n.*, -[e]s, -er, Platte aus Holz oder Metall unter dem Kiel
Kiel/was/ser *n.*, -s, -, 1. Wasserspur hinter einem fahrenden Schiff, 2. im Kielwasser von jmdm. segeln, übertr. für: den Ideen eines anderen ohne geistige Eigenleistung folgen
Kie/me *f.*, -, -n, Atmungsorgan der meisten Wassertiere
Kie/men/at/mer *m.*, -s, -
Kien *m.*, -[e]s, -e, Kiefer (Nadelbaum)
Kien/ap/fel *m.*, -s, -äpfel, Kiefernzapfen
Kie/ne *f.*, -, -n, siehe Kien
Kien/fa/ckel *f.*, -, -n
Kien/holz *n.*, -[e]s, -hölzer, harzdurchtränktes Kiefernholz
kie/nig harzdurchtränkt
Kien/span *m.*, -[e]s, -späne
Kie/pe *f.*, -, -n, Korb, der auf dem Rücken getragen wird
Kie/pen/hut *m.*, -[e]s, -hüte, Frauenhut in Haubenform mit das Gesicht einrahmender Krempe
Kies *m.*, -es, *nur Sg.*, 1. kleine, vom Wasser abgeschliffene Gesteinstrümmer, 2. ugs. für Geld
Kie/sel *m.*, -s, -, kleiner, durch Wasser abgerundeter Stein
Kie/sel/al/ge *f.*, -, -n, Algenart
Kie/sel/er/de *f.*, -, -n, ein Mineral
Kie/sel/gur *f.*, -, *nur Sg.*, weiße, mehlige Masse aus den kieselsäurereichen Panzern abgestorbener Kieselalgen

Kie/sel/säu/re *f.*, -, -n
kie/sen *tr.*, veralt. für wählen
Kie/se/rit *m.*, -s, -e, ein Mineral
kie/sig
Kies/weg *m.*, -[e]s, -e
Ki/ew Hpst. der Ukraine
Ki/e/wer *m.*, -s, -
Kiff *m.*, -s, *nur Sg.*, ugs. für Haschisch
kif/fen *intr.*, ugs. für Haschisch rauchen
Kif/fer *m.*, -s, -, ugs. für jmdn., der Haschisch raucht
ki/ke/ri/ki, Ki/ke/ri/ki *n.*, -s, -s, Schrei des Hahns
Kil/bi *f.*, -, Kilbenen, schweizer. für Kirchweih
Ki/li/ki/en heute: Çukurova, Landschaft im südlichen Kleinasien
Ki/li/ki/er *m.*, -s, -
ki/li/kisch
Kil/im *m.*, -s, -s, siehe Kelim
Ki/li/man/dscha/ro oder auch: **Ki/li/mand/scha/ro** *m.*, -[s], *nur Sg.*, höchster Berg Afrikas
kil/len [engl.] 1. *tr.* ugs. für: jmdn. töten, 2. *intr.* im Seewesen: das leichte Flattern der Segel
Kil/ler [engl.] *m.*, -s, -, ugs. für Mörder
Kiln [engl.] *m.*, -[e]s, -e, schachtförmiger Ofen zur Verkohlung von Holz oder Gewinnung von Metall
Ki/lo *n.*, -[s], -, Kurzw. für Kilogramm
Ki/lo/byte *n.*, -s, -, (Abk.: KB, Kbyte) 1 KB = 1024 Byte
Ki/lo/gramm *n.*, -s, -, (Abk.: kg) 1 kg = 1000 g
Ki/lo/hertz *n.*, -, -, (Abk.: kHz) 1 kHz = 1000 Hz
Ki/lo/ka/lo/rie *f.*, -, -n, (Abk.: kcal) 1 kcal = 1000 cal
Ki/lo/li/ter *n.*, -s, -, (Abk.: kl) 1 kl = 1000 l
Ki/lo/me/ter *n.*, -s, -, (Abk.: km) 1 km = 1000 m
Ki/lo/me/ter/fres/ser *m.*, -s, -, ugs. für jmdn., der mit seinem Auto lange Strecken zurücklegt
Ki/lo/me/ter/leis/tung *f.*, -, -en
Ki/lo/me/ter/stein *m.*, -[e]s, -e
ki/lo/me/ter/weit
Ki/lo/me/ter/zäh/ler *m.*, -s. -
ki/lo/me/trie/ren oder auch: **ki/lo/met/rie/ren** *tr.*
ki/lo/me/trisch oder auch: **ki/lo/met/risch**
Ki/lo/pond *n.*, -[s], -, (Abk.: kp) 1 kp = 1000 p, Maßeinheit der Kraft
Ki/lo/pond/me/ter *n.*, -s, -, (Abk.: kpm) 1 kpm = die Arbeit, die nötig ist, um 1kp 1m hoch zu heben
Ki/lo/ton/ne *f.*, -, -n, (Abk.: kt), Maßeinheit für die Sprengkraft von Kernwaffen
Ki/lo/volt *n.*, -[s], - (Abk.: kV) 1 kV = 1000V
Ki/lo/volt/am/pere *n.*, - [s], -, (Abk.: kVA) 1 kVA = 1000 VA
Ki/lo/watt *n.*, -[s], -, (Abk.: kW) 1 kW = 1000 W
Ki/lo/watt/stun/de *f.*, -, -n, (Abk.: kWh) 1 kWh = 1000 Wh
Kilt 1. [engl.] *m.*, -s, -s, kurzer, karierter offener Rock der schottischen männlichen Nationaltracht, 2. *m.*, -[e]s, -e, nächtlicher Besuch der Burschen bei den Mädchen
Kilt/gang *m.*, -[e]s, -gänge
Kim/ber *m.*, -s, -, Angehöriger eines germanischen Volkes
kim/be/risch auch: **kimbrisch**
Kim/ber/lit *m.*, -[e]s, -e, diamanthaltiges Eruptivgestein in Südafrika
Kimm 1. *f.*, -, *nur Sg.*, runder Übergang vom flachen Schiffsboden zur senkrechten Schiffswand, 2. *m.*, -s, *nur Sg.*, Horizont
Kim/me *f.*, -, -n, 1. Kerbe, 2. kerbartiger Einschnitt im Visier einer Handfeuerwaffe
Kim/me/rer oder auch: **Kim/me/ri/er** *m.*, -s, -, 1. Angehöriger des Stammes der Thraker, 2. bei Homer: Anwohner des Okeanos, wo immer Dunkelheit herrscht
kim/me/risch
Kim/mung *f.*, -, *nur Sg.*, 1. Sehgrenze, 2. Luftspiegelung
Ki/mo/no [japan.] *m.*, -s, -s, kaftanartiger langer Rock mit weiten Ärmeln, der von einem breiten Gürtel zusammengehalten wird
Ki/mo/no/är/mel *m.*, -s, -
Ki/nä/de [griech.] *m.*, -n, -n, Päderast
Kin/äs/the/sie oder auch: **Ki/näs/the/sie** [griech.] *f.*, -, *nur Sg.*, Bewegungsgefühl, Muskelgefühl
Kin/äs/the/tik oder auch: **Ki/näs/the/tik** *f.*, -, *nur Sg.*, in der Medizin: die Lehre von den Bewegungsempfindungen
kin/äs/the/tisch oder auch: **ki/näs/the/tisch**, Bewegungen wahrnehmend
Kind *n.*, -[e]s, -er, an Kin-

des statt annehmen, sich lieb Kind machen
Kind/bett *n.,* -[e]s, *nur Sg.,* Wochenbett
Kind/bet/te/rin *f.,* -, -nen, veralt. für Wöchnerin
Kind/bett/fie/ber *n.,* -s, *nur Sg.*
Kind/chen *n.,* -s, Kinderchen
Kin/der/ar/beit *f.,* -. *nur Sg.*
Kin/der/arzt *m.,* -[e]s, -ärzte
Kin/der/buch *n.,* -[e]s, -bücher
Kin/der/chen *Pl.* von Kindchen
Kin/der/dorf *n.,* -[e]s, -dörfer, Schul- und Erziehungssiedlungen für elternlose Kinder und Jugendliche
Kin/de/rei *f.,* -, -en
Kin/der/freund *m.,* -[e]s, -e
Kin/der/freund/schaft *f.,* -, -en
Kin/der/funk *m.,* -[e]s, *nur Sg.*
Kin/der/gar/ten *m.,* -s, -gärten, Einrichtung zur Betreuung von Kleinkindern
Kin/der/gärt/ne/rin *f.,* -, -nen
Kin/der/got/tes/dienst *m.,* -[e]s, -e
Kin/der/heil/kun/de *f.,* -, *nur Sg.,* siehe Pädiatrie
Kin/der/heim *n.,* -[e]s, -e
Kin/der/hort *m.,* -[e]s, -e
Kin/der/jah/re *nur Pl.*
Kin/der/krank/heit *f.,* -, -en
Kin/der/läh/mung *f.,* -, -en, Infektionskrankheit, die zu Lähmungen führt
kin/der/leicht
Kin/der/lein *Pl.* von Kindlein

kin/der/lieb
Kin/der/lied *n.,* -[e]s, -er
kin/der/los
Kin/der/lo/sig/keit *f.,* -, *nur Sg.*
Kin/der/mord *m.,* -[e]s, -e
Kin/der/mör/der *m.,* -s, -
Kin/der/mund *m.,* -s, *nur Sg.,* in der Wendung: Kindermund tut Wahrheit kund
Kin/der/psy/cho/lo/gie *f.,* -, *nur Sg.*
kin/der/reich
Kin/der/reich/tum *m.,* -[e]s, *nur Sg.*
Kin/der/schutz *m.,* -es, *nur Sg.*
Kin/der/spiel *n.,* -[e]s, -e, in der Wendung: das ist ein Kinderspiel, ugs. für: das ist eine leichte Aufgabe
Kin/der/spra/che *f.,* -, *nur Sg.*
Kin/der/ta/ges/stät/te *f.,* -, -n
Kin/der/the/a/ter *n.,* -s, -
Kin/der/wa/gen *m.,* -s, -
Kin/der/zim/mer *n.,* -s, -
Kin/des/al/ter *n.,* -s, *nur Sg.*
Kin/des/aus/set/zung *f.,* -, -en
Kin/des/bei/ne *n., nur Pl.,* nur in der Wendung: Kindesbeinen an, ugs. für: von frühester Jugend an
Kin/des/ent/füh/rung *f.,* -, -en
Kin/des/kind *n.,* -[e]s, -er, veralt. für Enkel
Kin/des/lie/be *f.,* -, *nur Sg.,* Liebe des Kindes zu den Eltern
Kin/des/raub *m.,* -[e]s, *nur Sg.*
Kin/des/un/ter/schie/bung *f.,* -, -en
kind/haft
Kind/haf/tig/keit *f.,* -, *nur Sg.*

Kind/heit *f.,* -, *nur Sg.*
kin/disch
Kind/lein *n.,* -s, Kinderlein
kind/lich
Kind/lich/keit *f.,* -, *nur Sg.*
Kinds/kopf *m.,* -[e]s, -köpfe, ugs. für kindische, alberne Person
Kinds/pech *n.,* -[e]s, *nur Sg.,* vom Neugeborenen vor der Nahrungsaufnahme als erster Stuhlgang entleerte schwarzgrüne Masse
Kind/tau/fe *f.,* -, -n
Ki/ne/ma/thek [griech.] *f.,* -, -en, Sammlung von Filmen, Filmarchiv
Ki/ne/ma/tik *f.,* -, *nur Sg.,* Lehre von den Bewegungen ohne Berücksichtigung der Kräfte, die diese verursachen
Ki/ne/ma/ti/ker *m.,* -s, -,
ki/ne/ma/tisch
Ki/ne/ma/to/graf *m.,* -en, -en, siehe Kinetmatograph
Ki/ne/ma/to/gra/fie *f.,* -, *nur Sg.,* siehe Kinematographie
ki/ne/ma/to/gra/fisch, siehe kinematographisch
Ki/ne/ma/to/graph auch: **Ki/ne/ma/to/graf** *m.,* -en, -en, erster Apparat zur Aufnahme und Wiedergabe bewegter Bilder
Ki/ne/ma/to/gra/phie auch: **Ki/ne/ma/to/gra/fie** *f.,* -, *nur Sg.,* Technik der Aufnahme und Wiedergabe von Bewegungsvorgängen mit Mitteln der Fotografie
ki/ne/ma/to/gra/phisch auch: **ki/ne/ma/to/gra/fisch**
Ki/ne/tik *f.,* -, *nur Sg.,* Teil der Bewegungslehre
ki/ne/tisch
Ki/ne/to/se *f.,* -, -n, Bewegungskrankheit, z.B. See-

krankheit
King-size > Kingsize [engl.] *f.* oder *n.*, -, *nur Sg.*, Großformat, Überlänge
Kink *f.*, -, -en, im Seewesen: Knick in einer Stahldrahtleine
Kin/ker/litz/chen *nur Pl.*, nutzloses Zeug, unnötiger Kram
Kinn *n.*, -[e]s, -e
Kinn/ba/cke *f.*, -, -n
Kinn/ba/cken *m.*, -s, -
Kinn/bart *m.*, -[e]s, -bärte
Kinn/ha/ken *m.*, -s, -
Kinn/la/de *f.*, -,-n
Ki/no *n.*, -s, -s, Filmtheater, Lichtspielhaus
Ki/no/be/sit/zer *m.*, -s, -
Ki/no/be/su/cher *m.*, -s, -
Ki/no/film *m.*, -[e]s, -e
Ki/non/glas (Warenz.) *n.*, -es, -gläser, Sicherheitsglas
Ki/no/pro/gramm *n.*, -[e]s, -e
Ki/no/re/kla/me *f.*, -, -n
Ki/no/stück *n.*, -[e]s, -e, ugs. für Kinofilm
Kin/sha/sa Hpst. von Zaire
Kin/topp *m.* oder *n.*, -s, -s oder -töppe, ugs. für Kino
Kin/zig *f.*, -, *nur Sg.*, 1. rechter Nebenfluss des Mains, 2. rechter Nebenfluss des Rheins
Ki/osk [türk.] *m.*, -[e]s, -e, 1. Verkaufshäuschen, Zeitungsstand, 2. im Orient: Gartenhäuschen
Kip/fel *n.*, -s, -, **Kip/ferl** *n.*, -s, -n, österr. für: Hörnchen, Gebäck
Kip/pe *f.*, -, -n, 1. Turnübung, 2. in der Wendung: auf der Kippe stehen, ugs. für: unsicher, ungewisser Ausgang, 3. Zigarettenstummel, 4. Lagerungsstelle für Müll

kip/pe/lig
kip/peln *intr.*
kip/pen *intr.* und *tr.*
Kip/per *m.*, -s, -, 1. LKW, der sich selbst entlädt, 2. Vorrichtung zum Entladen von offenen Eisenbahnwagen
Kipp/fens/ter *n.*, -s, -
Kipp/kar/re *f.*, -, -n
kipp/lig
Kipp/lore *f.*, -, -n
Kipp/pflug *m.*, -[e]s, -pflüge
Kipp/wa/gen *m.*, -s, -
Kips [engl.] *n.*, -es, -e, Haut des ostindischen Zebu
Kir/be *f.*, -, -n, süddeutsch für Kirchweih
Kir/che *f.*, -, -n, 1. christliches Gotteshaus, 2. christliche Gemeinschaft der Gläubigen
Kir/chen/buch *n.*, -[e]s, -bücher, vom Pfarrer geführtes Register, in dem Taufen, Konfirmationen, Firmungen, Trauungen und Todesfälle verzeichnet sind
Kir/chen/chor *m.*, [e]s, -chöre
Kir/chen/die/ner *m.*, -s, -
Kir/chen/fürst *m.*, -en, -en, Bischof, Erzbischof, Kardinal
Kir/chen/ge/mein/de *f.*, -, -n, unterste Stufe der kirchlichen Territorialgliederung
Kir/chen/ge/schich/te *f.*, -, *nur Sg.*
Kir/chen/gut *n.*, -[e]s, -güter
Kir/chen/jahr *n.*, -[e]s, -e, am 1. Advent beginnende Abfolge der christlichen Feiern eines Jahres
Kir/chen/kon/zert *n.*, - [e]s, -e
Kir/chen/lied *n.*, -[e]s, -er

Kir/chen/maus *f.*, -, -mäuse, in der Wendung: arm wie eine Kirchenmaus
Kir/chen/mu/sik *f.*, -, -en
Kir/chen/po/li/tik *f.*, -, *nur Sg.*
kir/chen/po/li/tisch
Kir/chen/pro/vinz *f.*, -, -en, Zusammenfassung mehrerer Diözesen unter einem Erzbischof
Kir/chen/rat *m.*, -[e]s, -räte
Kir/chen/raub *m.*, -[e]s, -e, Diebstahl von Gegenständen aus einer Kirche
Kir/chen/räu/ber *m.*, -s, -
Kir/chen/recht *n.*, -[e]s, -e
Kir/chen/recht/ler *m.*, -s, -
kir/chen/recht/lich
Kir/chen/re/gis/ter *n.*, -s, -
Kir/chen/schatz *m.*, -[e]s, -schätze
Kir/chen/schrift/stel/ler *m.*, -s, -
Kir/chen/sla/wisch *n.*, - [s], *nur Sg.*, mazedonischbulgarische Mundart
Kir/chen/spal/tung *f.*, -, -en, Schisma
Kir/chen/spren/gel *m.*, -s, -
Kir/chen/staat *m.*, -[e]s, *nur Sg.*, ehemaliges Staatsgebiet unter päpstlicher Hoheit in Mittelitalien, heute: Vatikanstadt
Kir/chen/steu/er *f.*, -, -n, Steuer, die von den öffentlich-rechtlichen Religionsgemeinschaften erhoben wird
Kir/chen/stra/fe *f.*, -, -n
Kir/chen/tag *m.*, -[e]s, -e, Deutscher Evangelischer Kirchentag: alle zwei Jahre stattfindende Großversammlung der evangelischen Christen
Kir/chen/ton/art *f.*, -, -en, Tonordnung, die der alt-

griech. Musik entstammt und der mittelalterlichen kirchlichen Musik zu Grunde lag
Kir/chen/va/ter *m.*, -s, -väter, altchristlicher Kirchenschriftsteller
Kir/chen/vor/stand *m.*, -[e]s, -vorstände
Kirch/gang *m.*, -[e]s, -gänge
Kirch/gän/ger *m.*, -s, -
Kirch/geld *n.*, -[e]s, -er
Kirch/hof *m.*, -[e]s, -höfe, Friedhof
Kirch/hofs/mau/er *f.*, -, -n
Kirch/lein *n.*, -s, -
kirch/lich
Kirch/lich/keit *f.*, -, *nur Sg.*
Kirch/spiel *n.*, -[e]s, -e, Bezirk einer Kirchengemeinde
Kirch/turm *m.*, -[e]s, -türme
Kirch/turm/po/li/tik *f.*, -, *nur Sg.*, auf eigenen Kreis beschränktes menschliches Handeln und Denken
Kirch/weih *f.*, -, -en, jährlicher Festtag zur Einweihung der Kirche
Kir/gi/se *m.*, -n, -n, Angehöriger eines muslimischen Turkvolkes in Mittelasien
kir/gi/sisch
Kir/ke siehe. Circe
Kir/mes *f.*, -, -sen, ugs. für Kirchweih
Kir/ne *f.*, -, -n, ugs. für Butterfass
kir/nen *intr.*, ugs. für buttern
kir/re in der Wendung: jmdn. kirre machen, jmdn. gefügig machen, zähmen
kir/ren *tr.*
Kir/rung *f.*, -, -en, in der Jägersprache: Lockfutter
Kirsch *m.*, -s, -, Kurzw. für Kirschwasser
Kirsch/baum *m.*, -[e]s, -bäume
Kirsch/blüte *f.*, -, -n
Kir/sche *f.*, -, -n
Kirsch/li/kör *m.*, -[e]s, -e
kirsch/rot
Kirsch/was/ser *n.*, -s, -wässer, heller Branntwein aus Süßkirschen
Kis/met [arab.] *n.*, -s, *nur Sg.*, im Islam das von Allah bestimmte, unveränderbare Schicksal
Kiß/chen > Kiss/chen *n.*, -s, -, kleines Kissen
Kis/sen *n.*, -s, -
Kis/te *f.*, -, -n
Ki/su/a/he/li *n.*, -s, *nur Sg.*, Sprache der Suaheli
Ki/tha/ra [griech.] *f.*, -, -s oder Kitharen, Saiteninstrument der altgriech. Musik
Ki/thar/ö/de oder auch: **Ki/tha/rö/de** *m.*, -n, -n, Kitharaspieler
Kitsch [engl.] *m.*, -[e]s, *nur Sg.*, Sammelbegriff für geschmacklose und sich als Kunst ausgebende Erzeugnisse der Malerei, Literatur, Musik, des Films usw.
kit/schig
Kitt *m.*, -[e]s, -e, Klebemasse zum Ausfüllen von Fugen oder Hohlräumen
Kitt/chen *n.*, -s, -, ugs. für Gefängnis
Kit/tel *m.*, -s, -, Arbeits- oder Berufsmantel
kit/ten *tr.*, 1. mit Kitt verkleben, 2. übertr.: zusammenfügen
Kitz *n.*, -[e]s, -e, Junges von Ziege, Reh oder Gämse
Kitz/chen *n.*, -s, -
Kit/ze *f.*, -, -n, Kitz
Kit/zel *m.*, -s, -, durch leichte Hautberührung ausgelöster Reiz, oft mit krampfartigem Lachen verbunden
kit/ze/lig
kit/zeln *tr.* und *intr.*
Kitz/lein *n.*, -s, -, Kitzchen
Kitz/ler *m.*, -s, -, weibl. Geschlechtsorgan, Klitoris
kitz/lig
Ki/wi [maorisch] 1. *m.*, -s, -s Vogelgattung Neuseelands, 2. *f.*, -, -s, exotische Frucht
kJ Abk. für Kilojoule
k.k. Abk. für kaiserlich-königlich (im ehemaligen Österreich-Ungarn)
K.K. Abk. für Kaiserlich-Königlich (in Titeln)
kl Abk. für Kiloliter
Kl. Abk. für Klasse
Kl.-4° Abk. für Kleinquart
Kl.-8° Abk. für Kleinoktav
kla/bas/tern *intr.*, schwerfällig gehen, trampeln
Kla/bau/ter/mann *m.*, -[e]s, *nur Sg.*, Schiffskobold, der das Schiff verlässt, wenn Unheil droht
kla/cken *intr.*
kla/ckern, klecksen
Klacks *m.*, -[e]s, -s, kleine Menge
Klad/de *f.*, -, -n, 1. veralt. für Schreibheft, 2. erste Niederschrift
klad/de/ra/datsch!,
Klad/de/ra/datsch bis 1944 in Berlin erschienene politisch-satirische Zeitschrift
Kla/do/ze/re *f.*, -, -n, Wasserfloh
klaf/fen *intr.*
kläf/fen *intr.*
Kläf/fer *m.*, -, -, ugs. abwertend für Hund
Klaff/mu/schel *f.*, -, -n, Muschelgattung
Klaf/ter *n.*, -s, -, 1. altes

deutsches Längenmaß, 2. deutsches Raummaß für Holz
Klaf/ter/holz *n.*, -[e]s, *nur Sg.*
klaf/tern *tr.*
klaf/ter/tief
klag/bar
Klag/bar/keit *f.*, -, *nur Sg.*
Kla/ge *f.*, -, -n, im Rechtswesen: Geltendmachung eines Anspruchs vor Gericht
Kla/ge/er/he/bung *f.*, -, -en
Kla/ge/ge/schrei *n.*, -[e]s,, *nur Sg.*
Kla/ge/laut *m.*, -[e]s, -e
Kla/ge/lied *n.*, -[e]s, -er
Kla/ge/mau/er *f.*, -, -n, freiliegender Teil der Westwand des Jerusalemer Tempelplatzes
kla/gen *tr.* und *intr.*
Klä/ger *m.*, -s, -, **Klä/gerin** *f.*, -, -nen
klä/ge/risch
Kla/ge/ruf *m.*, -[e]s, -e
Kla/ge/schrift *f.*, -, -en
Kla/ge/weib *n.*, -[e]s, -er, früher: Frau, die angestellt wurde, um einen Toten zu beweinen
kläg/lich
Kläg/lich/keit *f.*, -, *nur Sg.*
klag/los
Klag/lo/sig/keit *f.*, -, *nur Sg.*
Kla/mauk *m.*, -[e]s, *nur Sg.*, ugs. für Unsinn, Lärm
klamm feuchtkalt
Klamm *f.*, -, -en, schmale, von einem Gebirgsbach eingeschnittene Felsschlucht
Klam/mer *f.*, -, -n
Klam/mer/af/fe *m.*, -n, -n, Greifschwanzaffe, EDV: Zeichen @
klam/mern *tr.* und *refl.*
klamm/heim/lich
Kla/mot/te *f.*, -, -n, 1. ugs.

für Kleidungsstücke, 2. zerbrochener Mauerstein, 3. Theaterstück mit primitiver Situationskomik
Kla/mot/ten/kis/te *f.*, -, -n
Kla/mpe *f.*, -, -n, Vorrichtung zum Festlegen oder Führen von Trossen an Bord eines Schiffes
Klamp/fe *f.*, -, -n, ugs. für Gitarre
Klan *m.*, -s, -s, siehe Clan
klan/des/tin [lat.], klandestine Ehe: nicht kirchlich geschlossene Ehe
Klang *m.*, -[e]s, Klänge
Klang/blen/de *f.*, -, -n
Klang/far/be *f.*, -, -n
Klang/fül/le *f.*, -, *nur Sg.*
klang/lich
klang/los
Klang/ma/le/rei *f.*, -, *nur Sg.*, Lautmalerei
klang/rein
Klang/rein/heit *f.*, -, *nur Sg.*
klang/schön
Klang/schön/heit *f.*, -, *nur Sg.*
klang/voll
Klapf *m.*, -[e]s, Kläpfe, schweizer. für Knall, Ohrfeige
kläp/fen *intr.*, schweizer. für knallen
Klapp/be/cher *m.*, -s, -
Klapp/brü/cke *f.*, -, -n
Klap/pe *f.*, -, -n
klap/pen *intr.* und *tr.*
Klap/pen/horn *n.*, -[e]s, -hörner, trompetenähnliches Signalhorn
Klap/pen/text *m.*, -[e]s, -e, Informationen zu einem Buch auf dessen Schutzumschlag
Klap/per *f.*, -, -n
klap/per/dürr klap/per/pe/rig
Klap/pe/rig/keit *f.*, -, *nur Sg.*

Klap/per/kas/ten *m.* -s, -kästen, ugs. für altes Fahrzeug
klap/pern *intr.*
Klap/per/schlan/ge *f.*, -, -n, sehr giftige Gattung der Grubenottern
Klap/per/storch *m.*, -[e]s, -störche
Klapp/horn *n.*, -[e]s, -hörner, Klappenhorn
klapp/rig
Klapp/sitz *m.*, -[e]s, -e
Klapp/stuhl *m.*, -[e]s, -Stühle
Klapp/tisch *m.*, -[e]s, -e
Klapp/zy/lin/der *m.*, -s, -
Klaps *m.*, -[e]s, -e, leichter Schlag
Kläps/chen *n.*, -s, -
klap/sen *tr.*, jmdm. einen Klaps geben
klar ein klarer Himmel aber: sich über eine Sache im Klaren sein
Klar *n.*, -s, -, österr. für Eiklar, Eiweiß
Klär/an/la/ge *f.*, -, -n
klar/bli/ckend oder auch:
klar bli/ckend
klar/den/kend oder auch:
klar den/kend
klä/ren *tr.*
Klarer *m.*, -n, -n, ugs. für klarer Schnaps
Kla/rett [engl.] *m.*, -s, -s oder -[e]s, -e, Rotwein
klar/ge/hen *intr.*, in der Wendung: das geht klar, ugs. für: das geht in Ordnung
Klar/heit *f.*, -, *nur Sg.*
kla/rie/ren [lat.] *tr.*, z.B. ein Schiff klarieren, ein Schiff abfertigen
Kla/ri/net/te *f.*, -, -n, Holzblasinstrument
Kla/ri/net/tist *m.*, -en, -en
Kla/ris/se *f.*, -, -n, Klarissin

Kla/ris/sen/or/den *m.,* -s, *nur Sg.,* Franziskanerorden
Kla/ris/sin *f.,* -, -nen, Angehörige des Klarissenordens
klar/kom/men *intr.*
klar/le/gen *tr.*
Klar/le/gung *f.,* -, *nur Sg.*
klär/lich veralt. für klar
klar/ma/chen *tr.*
Klär/mit/tel *n.,* -s, -
Klar/schiff *n.,* -[e]s, *nur Sg.,* 1. im Seewesen: Gefechtsbereitschaft, 2. in der Wendung: Klarschiff machen, übertr. für: Unklarheiten ausräumen
klar/se/hen *intr.*
Klar/sicht/pa/ckung *f.,* -, -en, durchsichtige Packung
klar/stel/len *tr.,* erklären, einen Irrtum beseitigen
Klar/text *m.,* -[e]s, -e, 1. nicht chiffrierter Text, 2. in der Wendung: Klartext reden, übertr. für: ohne Umschweife auf den Punkt kommen
Klä/rung *f.,* -, -en
klar/wer/den oder auch: **klar wer/den** *intr*
Klas/se [lat.] *f.,* -,-n, (Abk.: Kl.)
Klas/se/ment [französ.] *n.,* -s, -s, Reihenfolge, Einteilung
Klas/sen/ar/beit *f.,* -, -n
klas/sen/be/wußt > **klas/sen/be/wusst**
klas/sen/be/wußt/sein > **Klas/sen/be/wusst/sein** *n.,* -s, *nur Sg.*
Klass/en/ge/sell/schaft *f.,* -, -en
Klas/sen/kampf *m.,* -[e]s, -kämpfe
Klas/sen/leh/rer *m.,* -s, -
klas/sen/los
Klas/sen/spre/cher *m.,* -s, -
Klas/sen/tref/fen *n.,* -s, -
Klas/sen/ver/tre/ter *m.,* -s,
Klas/sen/zim/mer *n.,* -s, -
klas/sie/ren *tr.,* einteilen
Klas/si/fi/ka/ti/on *f.,* -, -en, Einteilung in Klassen
klas/si/fi/zie/ren *tr.,* in Klassen einteilen
Klas/si/fi/zie/rung *f.,* -, -en
Klas/sik [lat.] *f.,* -, *nur Sg.,* 1. die Antike und ihre vorbildliche Kultur und Kunst, 2.in der Musik: von Haydn, Mozart und Beethoven geschaffene Stileinheit, Blütezeit: 1770-1825
Klas/si/ker *m.,* -s, -, 1. Vertreter der Klassik, 2. übertr. für: Kultfilm, Bestseller
klas/sisch 1. zur Klassik gehörend, 2. vorbildlich, 3. in der Mode: schlichte Eleganz
Klas/si/zis/mus *m.,* -, *nur Sg.,* die griech.-röm. Klassik nachahmender Stil zwischen 1770 und 1830
Klas/si/zist *m.,* -en, -en, Vertreter des Klassizismus
klas/si/zis/tisch
Klas/si/zi/tät *f.,* -, *nur Sg.,* klassisches Ansehen, Mustergültigkeit
klas/tisch [griech.], durch Zertrümmerung entstanden
Klatsch *m.,* 1. -[e]s, -e, 2. -[e]s, *nur Sg.,* Geschwätz, Gerede
Klatsch/ba/se *f.,* -, -n, geschwätzige Frau
klat/schen *intr.*
Klat/scher *m.,* -s, -
Klat/sche/rei *f.,* -, -en
Klatsch/ge/schich/te *f.,* -, -n
Klatsch/maul *n.,* -[e]s, -mäuler, ugs. für einen geschwätzigen Menschen, jmd., der Gerüchte verbreitet
Klatsch/mohn *m.,* -s, *nur Sg.,* Pflanzenart
klatsch/naß > **klatschnass**
Klatsch/nest *n.,* -[e]s, -er, ugs. für: Kleinstadt, in der viele Gerüchte kursieren
Klatsch/sucht *f.,* -, *nur Sg.*
klatsch/süch/tig
Klatsch/weib *n.,* -[e]s, -er, ugs. für: geschwätzige Frau
klau/ben *tr.,* sammeln
Klau/be/rei *f.,* -, *nur Sg.*
Klaue *f.,* -, -n
klau/en *tr.,* ugs. für stehlen
Klau/en/seu/che *f.,* -, -n, Maul- und Klauenseuche
Klau/e/rei *f.,* -, -en
Klau/se [lat.] *f.,* -, -n, 1. Zelle, 2. Engpass, Talenge, 3. Fruchtteil bei Lippenblütlern
Klau/sel [lat.] *f.,* -, -n, Nebenbestimmung bei Verträgen
Klau/si/lie [lat.] *f.,* -, -n, eine Schneckenart
Klaus/ner *m.,* -s, -, Einsiedler
Klaus/tro/phi/lie [griech.] *f.,* -, *nur Sg.,* krankhaftes Bedürfnis, sich einzusperren und abzusondern
Klaus/tro/pho/bie [griech.] *f.,* -, *nur Sg.,* krankhafte Angst, sich in geschlossenen Räumen aufzuhalten
klau/su/lie/ren [lat.] *tr.,* in einer Klausel formulieren
Klau/sur *f.,* -, -en, 1. Kurzw. für Klausurarbeit, 2. Klosterbereich, zu dem Fremde keinen Zutritt haben, 3. Einsamkeit, Abgeschlossenheit
Klau/sur/ar/beit *f.,* -, -en, unter Aufsicht angefertigte Prüfungsarbeit
Kla/vi/a/tur [lat.] *f.,* -, -en, Tastenreihe bei Tastenmusikinstrumenten wie Or-

gel, Klavier usw.
Kla/vi/chord *n.,* -[e]s, -e, im 12. Jh. entstandenes Klavierinstrument
Kla/vier *n.,* -[e]s, -e, Musikinstrument mit Stahlsaiten, die von den durch Tastendruck bewegten Hämmerchen zum Erklingen gebracht werden
Kla/vier/aus/zug *m.,* -[e]s, -auszüge, für Klavier umgesetzte Partitur eines zunächst nicht für Klavier bestimmten Musikstücks
kla/vi/ris/tisch pianistisch
Kla/vier/kon/zert *n.,* -[e]s, -e
Kla/vier/quar/tett *n.,* -[e]s, -e, Musikstück für Klavier und drei Streichinstrumente
Kla/vier/quin/tett *n.,* -[e]s, -e
Kla/vier/trio *n.,* -s, -s
Kla/vi/ku/la *f.,* -, Klavikulae
Kla/vi/zim/bel *n.,* -s, -, Cembalo
kle/ben *tr.* und *intr.*
kle/ben/blei/ben oder auch: **kle/ben blei/ben** *intr.,* ugs. für: in der Schule eine Klassenstufe wegen schlechter Zensuren wiederholen
Kle/ber *m.,* -s, -, 1. ugs. für Klebstoff, 2. Eiweißstoff, der nach Entfernung der Stärke im Mehl zurückbleibt
Kle/be/strei/fen *m.,* -s, - **kle/brig**
Kleb/rig/keit *f.,* -, *nur Sg.*
Kleb/stoff *m.,* -[e]s, -e
Kleb/strei/fen *m.,* -s, -
kle/cken *intr.,* 1. s. kleckern, 2. ausreichen
kle/ckern *intr.,* 1. beim Essen oder Trinken Flecke machen, 2. langsam vonstatten gehen

kle/cker/wei/se ugs. für: langsam, mit Unterbrechungen
Klecks *m.,* -[e]s, -s
kleck/sen *intr.*
Kleck/ser *m.,* -s,
Kleck/se/rei *f.,* -, -en
kleck/sig
Kleck/so/gra/phie auch: **Kleck/so/gra/fie** *f.,* -, -n *f.,* -, -n, in psychologischen Tests: Klecksbilder, aus denen Gegenstände zu erkennen sind
Klee 1. *m.,* -s, *nur Sg.,* eine Pflanze, 2. Paul, Maler und Grafiker (1879-1940)
Klee/blatt *n.,* -[e]s, -blätter
Klee/salz *n.,* -[e]s, *nur Sg.,* saures Kaliumsalz der Oxalsäure
Klee/säu/re *f.,* -, *nur Sg.* Oxalsäure
Klei *m.,* -[e]s, *nur Sg.,* fette, tonreiche Bodenart
klei/ben *tr.* und *intr.,* süddt. für kleben, kleben bleiben
Klei/ber *m.,* -s, -, Singvogel
Klei/bo/den *m.,* -s, -böden
Kleid *n.,* -[e]s, -er
Kleid/chen *n.,* -s, -
klei/den *tr.*
Klei/der/bad *n.,* -[e]s, -bäder
Klei/der/bü/gel *m.,* -s, -
Klei/der/bürs/te *f.,* -, -n
Klei/der/ha/ken *m.,* -s, -
Klei/der/schrank *m.,* -[e]s, -schränke
Klei/der/stän/der *m.,* -s, -
Klei/der/stoff *m.,* -[e]s, -e
kleid/sam
Kleid/sam/keit *f.,* -, *nur Sg.*
Klei/dung *f.,* -, *nur Sg.*
Klei/dungs/stück *n.,* -[e]s, -e
Kleie *f.,* -, *nur Sg.,* beim Mahlen von Getreide abgesonderte Schalen und Keime

Klei/er/de *f.,* -, *nur Sg.,* Tonerde
klei/ig kleieartig
klein 1. Kleinschreibung: ein klein wenig, von klein auf, 2. Großschreibung: Groß und Klein, die Großen und die Kleinen, im Kleinen wie im Großen, bis ins Kleinste, die Kleine, Pippin der Kleine, der Kleine Bär, der Kleine Wagen, die Kleinen Antillen, 3. in Verbindung mit Verben: klein sein, klein beigeben, klein schreiben aber: ein Wort kleinschreiben, klein stellen
Klein *n.,* -s, *nur Sg.,* Kurzw. für Hühnerklein, Gänseklein usw.
Klein/ar/beit *f.,* -, -en
klein/a/si/a/tisch
Klein/a/si/en
Klein/bahn *f.,* -, -en
Klein/bau/er *m.,* -n., -n
Klein/be/trieb *m.,* -[e]s, -e
Klein/bild *n.,* -[e]s, -er
Klein/bild/ka/me/ra *f.,* -, -s
Klein/bür/ger *m.,* -s, -
klein/bür/ger/lich
Klein/bür/ger/tum *n.,* -s, *nur Sg.*
Klein/bus *m.,* -ses, -se
Klein/chen *n.,* -s, *nur Sg.,* Koseform für kleines Kind
klein/den/kend oder auch: **klein den/kend**
klein/deutsch
Klei/ne *m.* oder *f.,* -n, -n
Klein/emp/fän/ger *m.,* -s, -
klei/ne/ren/teils oder auch: **klei/nern/teils**
Klein/for/mat *n.,* -[e]s, -e
Klein/gärt/ner *m.,* -s, -
Klein/geld *n.,* -[e]s, *nur Sg.*
klein/ge/mustert oder auch: **klein ge/mus/tert**
klein/gläu/big

Kleingläubigkeit

Klein/gläu/big/keit f., -, nur Sg.
klein/ha/cken oder auch: **klein ha/cken** tr.
Klein/han/del m., -s, nur Sg.
Klein/händ/ler m., -s, -
Klein/heit f., -, nur Sg.
Klein/hirn n., -[e]s, -e
Klein/holz n., -es, nur Sg.
Klei/nig/keit f., -, en
Klei/nig/keits/krä/mer m., -s, -
Klei/nig/keits/krä/me/rei f., -, nur Sg.
Klein/in/dus/trie f., -, -n
Klein/ka/li/ber n., -s, -
Klein/ka/li/ber/schie/ßen n., -s, nur Sg.
klein/ka/li/brig
klein/ka/riert oder auch: **klein ka/riert**
Klein/kind n., -[e]s, -er
Klein/kli/ma n., -s, nur Sg., für Nutzpflanzen wichtiges Klima der bodennächsten Luftschichten
Klein/kram m., -s, nur Sg.
Klein/krieg m., -[e]s, -e
klein/krie/gen tr., jmdn. kleinkriegen, ugs. für: jmdn. gefügig machen
Klein/kunst f., -, -künste
Klein/kunst/büh/ne f., -, -n
klein/laut
klein/lich
Klein/lich/keit f., -, nur Sg.
klein/ma/chen oder auch: **klein ma/chen** tr.
Klein/ma/le/rei f., -, nur Sg., in der Malerei: Darstellung von Details, kleinen Dingen
Klein/mut m., -[e]s, nur Sg.
klein/mü/tig
Klein/mü/tig/keit f., -, nur Sg.
Klein/od oder auch **Klein-od** n., -s, -e oder Kleinodien, Schmuckstück, Kostbarkeit
Klein/ok/tav n., -[e]s, nur Sg., (Abk.: Kl.-8⁰) kleines Oktavformat
Klein/quart n., -[e]s, nur Sg., (Abk.: Kl.-4⁰) kleines Quartformat
Klein/rent/ner m., -s, -
klein/schnei/den oder auch: **klein schnei/den** tr.
klein/schrei/ben tr., ein Wort mit einem kleinen Anfangsbuchstaben beginnen
Klein/schrei/bung f., -, -en
Klein/staat m., -[e]s, -en
Klein/staa/te/rei f., -, nur Sg.
Klein/stadt f., -, -städte
Klein/städ/ter m., -s, -
klein/städ/tisch
Kleinst/kind n., -[e]s, -er
Kleinst/le/be/we/sen n., -s, -
Kleinst/woh/nung f., -, -en
Klein/tier/zucht f., -, nur Sg.
Klein/vieh n., -[e]s, nur Sg.
Klein/wa/gen m., -s, -
klein/win/zig
Klein/woh/nung f., -, -en
Kleist, Heinrich von, dt. Dichter (1777-1811)
Kleis/ter m., -s, -
kleis/te/rig siehe kleistrig
kleis/tern tr.
Kleis/ter/pa/pier n., -[e]s, -e
kleis/to/gam [griech.] sich selbst befruchtend
Kleis/to/ga/mie [griech.] f., -, nur Sg., Selbstbestäubung in nicht geöffneter Blüte (z.B. bei Veilchen)
kleis/trig siehe kleisterig)
Kle/ma/tis [griech.] f., -, -, Kletterpflanze
Kle/men/tine 1. f., -, -n, kernlose Mandarinensorte, 2. weiblicher Vorname
Klem/me f., -, -n
klem/men tr. und intr.
Klem/mer m., -s, -, Kneifer
Klemm/fut/ter n., -s, -
klem/mig im Bergb.: fest
Klemm/schrau/be f., -, -n
Klemp/ner m., -s, -, Handwerker, der v. a. Gas- und Wasserinstallationen macht
Klemp/ne/rei f., -, -en
klemp/nern intr.
Klemp/ner/wa/ren nur Pl., Blechprodukte
Klen/ge f., -, -n, Vorrichtung zum Entsamen von Nadelholzzapfen
klen/gen tr., Samen herauslösen (aus Nadelholzzapfen)
Kle/o/pa/tra, ägyptische Königin (51-30 v. Chr.)
Kleph/te [griech.] m., -n, -n, Angehöriger der griech. Freischaren (Klephten), die nach der Unterjochung Griechenlands gegen die Türken einen steten Kleinkrieg gegen die Fremdherrschaft führten
Kleph/ten/lie/der nur Pl.
Klep/per m., -s, -, 1. altes Pferd, 2. Kurzw. für: Klepperboot
Klep/per/boot (Warenz.) n., -[e]s, -e, Faltboot
Klep/per/man/tel m., -s, -mäntel, wasserabweisender, windundurchlässiger Mantel
Klep/to/ma/ne [griech.] m., -n, -n, Person, die an Kleptomanie leidet
Klep/to/ma/nie f., -, nur Sg., krankhafter Zwang zu stehlen
klep/to/ma/nisch
kle/ri/kal [lat.] die kathol. Geistlichkeit betreffend
Kle/ri/ka/lis/mus m., -, nur

Sg., Bestreben, den Einfluss der kathol. Kirche im öffentlichen Leben zu stärken
kle/ri/ka/lis/tisch
Kle/ri/ker *m.*, -s, -, kath. Geistlicher
Kle/ri/sei *f.*, -, *nur Sg.*, veralt. für Klerus
Kle/rus *m.*, -, *nur Sg.*, 1. früher: der geistliche Stand, 2. die Gesamtheit der kath. Priester
Klet/te *f.*, -, -n
Klet/ten/wur/zel/öl *n.*, -[e]s, *nur Sg.*, Haarwuchsmittel
Klet/te/rei *f.*, -, -en
Klet/te/rer *m.*, -s, -
Klet/ter/gar/ten *m.*, -s, -gärten
klet/tern *intr.*
Klet/ter/pflan/ze *f.*, -, -n
Klet/ter/stan/ge *f.*, -, -n
kli/cken *intr.*
Kli/cker *m.*, -s, -, Murmel
kli/ckern *intr.*, mit Murmeln spielen
Klicks *m.*, -[e]s, -e, kurzes, helles Geräusch
Kli/ent [lat.] *m.*, -en, -en, Kunde, besonders eines Rechtsanwalts
Kli/en/tel *f.*, -, -en, Gesamtheit der Klienten (eines Rechtsanwalts)
Kliff [engl.] *n.*, -[e]s, -e, von der Brandung beständig unterspülter Steilabfall einer Küste
Kli/ma [griech.] *n.*, -s, Klimata oder Klimate, für ein bestimmtes Gebiet charakteristischer Wetterablauf
Kli/ma/an/la/ge *f.*, -, -n, Anlage, die die Luft in einem Raum erneuert und auf einer bestimmten Temperatur und Feuchtigkeit hält

kli/mak/te/risch [griech.]
Kli/mak/te/ri/um *n.*, -s, - Klimakterien, Wechseljahre der Frau, Aussetzen der Menstruation
kli/ma/tisch [griech.], das Klima betreffend
kli/ma/ti/sie/ren *tr.*, die Frischluftzufuhr eines Raumes durch eine Klimaanlage regeln
Kli/ma/to/gra/phie *(Nf.)* auch: **Kli/ma/to/gra/fie** *(Hf.) f.*, -, *nur Sg.*, Beschreibung der verschiedenen Klimata der Erde
kli/ma/to/gra/phisch *(Nf.)* auch: **kli/ma/togra/fisch** *(Hf.)*
Kli/ma/to/lo/gie *f.*, -, *nur Sg.*, Wissenschaft vom Klima
kli/ma/to/lo/gisch
Kli/max [griech.] *f.*, -, -e, Höhepunkt, Steigerung
Klim/bim *m.*, -s, *nur Sg.*, unwesentliches, überflüssiges Beiwerk
klim/men *intr.*, klettern, steigen
Klimm/zug *m.*, -[e]s, -züge, Turnübung
Klim/pe/rei *f.*, -, -en
Klim/per/kas/ten *m.*, -s, -kästen, ugs. für: Klavier
klim/pern *intr.*, 1. schlecht Klavier spielen, 2. Münzen hörbar bewegen (mit Geld klimpern)
Klin/ge *f.*, -, -n
Klin/gel *f.*, -, -n, akustische Signalanlage
Klin/gel/beu/tel *m.*, -s, -
Klin/ge/lei *f.*, -, *nur Sg.*
Klin/gel/knopf *m.*, -[e]s, -knöpfe
klin/geln *intr.*
Klin/gel/schnur *f.*, -, -schnüre

klin/gen *intr.*
Kling/klang *m.*, -s, *nur Sg.*
Kling/sohr in mehreren Sagen auftretender Name eines Zauberers
Kling/stein *m.*, -[e]s, -e, Phonolith
Kli/nik [griech.] *f.*, -, -en, 1. Krankenhaus, 2. Unterricht am Krankenbett
Kli/ni/ker *m.*, -s, -, 1. in der Klinik tätiger Arzt, 2. Medizinstudent, der nach dem Physikum klinisch ausgebildet wird
Kli/ni/kum *n.*, -s, Klinika oder Kliniken, 1. großer Krankenhauskomplex, 2. Hauptbestandteil der ärztlichen Ausbildung
kli/nisch
Klin/ke *f.*, -, -n
klin/ken *intr.*
Klin/ken/put/zer *m.*, -s, -, ugs. abwertend für Hausierer, Vertreter
Klin/ker [niederländ.] *m.*, -s, -, gebrannter Ziegel mit sehr großer Festigkeit
Klin/ker/bau *m.*, -[e]s, -ten
Klin/ker/boot *n.*, -[e]s, -e, Boot, bei dem die Außenhautplanken dachziegelartig übereinander greifen
Klin/ker/stein *m.*, -[e]s, -e
Kli/no/chlor [griech.] *n.*, -[e]s, -e, Chloritmineral
Kli/no/graph *(Nf.)* auch: **Kli/no/graf** *(Hf.) m.*, -en, -en, Instrument zur Messung zeitlicher Neigungsvorgänge des Erdbodens
Kli/no/me/ter *n.*, -s, -, Neigungsmesser
Kli/no/mo/bil *n.*, -[e]s, -e, Notarztwagen mit chirurgischer Ausrüstung
Kli/no/stat oder auch:
Kli/nos/tat *m.*, -[e]s oder

-en, -en, Apparatur zum Untersuchen von Pflanzen
Klin/se oder auch: **Klin/ze** *f., -, -n*, schmale Spalte
Klio in der griech. Mythologie: Muse der Geschichtsschreibung
klipp! in der Wendung: klipp und klar, ugs. für: deutlich, eindeutig
Klipp [engl.] *m., -s, -s*, auch: Clip, 1. Klemme, 2. Ohrschmuck (Ohrklipp)
Klip/pe *f., -, -n*
Klip/pen/fisch *m., -[e]s, -e*, Seefisch des Klippenbereichs
klip/pen/reich
Klip/per [engl.] *m., -s, -*, 1. schnelles Segelschiff, 2. schnelles Verkehrsflugzeug
Klipp/fisch *m., -[e]s, -e*
klip/pig
Klipp/schlie/fer *m., -s, -*, kaninchengroßes Säugetier mit Hufen
Klips [engl.] *m., -es, -e*,
klir/ren *intr.*
Klirr/fak/tor *m., -s, -en*, Maß für die Verzerrungen eines Tons durch elektrische oder akustische Übertragung
Kli/schee [franzōs.] *n., -s, -s*, 1. Druckstock für den Buchdruck, 2. Redensart, die durch zu häufigen Gebrauch ihren Sinn verloren hat, 3. eine von Vorurteilen geprägte Vorstellung
kli/schee/haft einem Klischee (3.) entsprechend
Kli/schee/vor/stel/lung *f., -, -en*, siehe Klischee (3.)
kli/schie/ren *tr.*, ein Klischee (1.) anfertigen
Klis/tier [griech.] *n., -[e]s, -e*, Darmeinlauf

klis/tie/ren *tr.*
Klis/tier/sprit/ze *f., -, -n*
Kli/to/ris [griech.] *f., -, -riden*, Teil der weiblichen Geschlechtsorgane, Kitzler
Klitsch *m., -[e]s, -e*, breiige Masse
Klit/sche [poln.] *f., -, -n*, kleines, armseliges Landgut
klitsch/naß > **klitschnass**
klit/tern *tr.*, 1. aufspalten, 2. zusammenschmieren, aneinanderreihen
Klit/te/rung *f., -, -en*
klit/ze/klein ugs. für: sehr klein, winzig
Kli/vie *f., -, -n*, Zimmerpflanze
Klo *n., -s, -s*, ugs. Kurzw. für Klosett, Toilette
Klo/a/ke [lat.] *f., -, -n*, 1. Abwasserschleuse, 2. gemeinsamer Ausgang für Darm, Harnblase und Geschlechtsorgane, z.B. bei Reptilien, Vögeln und Fischen
Klo/a/ken/tier *n., -[e]s, -e*, Säugetier mit Kloake (2.) und schnabelförmigem Maul
Klo/bas/se [slaw.] *f., -, -n*, österr.: eine Wurstsorte
Klo/ben *m., -s, -*, 1. Eisenhaken, 2. gespaltenes Holzstück, 3. ugs. für: unhöflicher, ungehobelter Mensch
Klö/ben *m., -s, -*, niederdt. für ein Hefegebäck
klo/big unförmig, plump
Klo/frau *f., -, -en*, ugs. für Toilettenfrau
Klon [griech.] *m., -[e]s, -e*, durch ungeschlechtliche Fortpflanzung entstandenes Lebewesen, das in allen Erbanlagen mit der Elterngeneration identisch ist
klo/nen *intr.*, durch künstlich herbeigeführte ungeschlechtliche Vermehrung genetisch identische Kopien von Pflanzen oder Tieren produzieren
klö/nen *intr.*, norddt. für: plaudern
klo/nisch [griech.] krampfartig
Klo/nus *m., -, -se*, krampfhafte Zuckungen
Kloot *m., -[e]s, -en*, norddt. für: Kugel, Kloß
Kloot/schie/ßen *n., -s, nur Sg.*, friesische Abart des Eisschießens
Klöp/fel *m., -s, -*, veralt. für Klöppel
klop/fen *tr.* und *intr.*
klopf/fest
Klopf/fes/tig/keit *f., -, nur Sg.*, Widerstandsfähigkeit des Kraftstoff-Luft-Gemischs gegen Selbstzündung in Verbrennungsmotoren
Klopf/geist *m., -[e]s, -er*, im Volksglauben ein sich durch Klopfen bemerkbar machender Geist eines Toten
Klopf/zei/chen *n., -s, -*
Klöp/pel *m., -s, -*, Holzspule
Klöp/pel/ar/beit *f., -, -en*, Herstellung von Geflecht durch paarweises Kreuzen und Verzwirnen von Fäden, wertvolle Handarbeit
Klöp/pe/lei *f., -, -en*
klöp/peln *tr.*
Klöp/pel/spit/ze *f., -, -n*
Klöpp/le/rin *f., -, -nen*
Klops *m., -[e]s, -e*, gebratener oder gekochter Fleischkloß
Klop/stock, Friedrich Gottlieb, dt. Dichter (1724-1803)

Klo/sett [engl.] *n., -s, -s,* veralt. für Toilette
Klo/sett/frau *f., -, -en,* veralt. für Toilettenfrau
Klo/sett/pa/pier *n., -[e]s, -e,* veralt. für Toilettenpapier
Kloß *m., -es,* Klöße
Klöß/chen *n., -s, -*
Klos/ter *n., -s,* Klöster, v. d. Außenwelt abgesonderte Gemeinschaft v. Mönchen od. Nonnen und die ihnen als Kirche, Wohn- u. Wirtschaftsgebäude dienenden Bauten
Klos/ter/bru/der *m., -s, -*brüder, ein nicht dem Priesterstand angehörendes Klostermitglied
Klos/ter/frau *f., -, -en*
Klos/ter/kir/che *f., -, -n*
klös/ter/lich
Klos/ter/schu/le *f., -, -n,* im MA: an Mönchsklöstern bestehende Schulen
Klö/ten *nur Pl.,* niederdt. für Hoden
Klotz *m., -[e]s,* Klötze
Klotz/beu/te *f., -, -en,* Bienenkorb
Klötz/chen *n., -s, -*
klot/zen *intr.,* 1. färben, 2. ordentlich zupacken, mit großem Einsatz arbeiten
klot/zig
Klub [engl.] *m., -s, -s,* auch Club, geschlossene gesellschaftliche Vereinigung zur Geselligkeit, zu sportlichen, wissenschaftlichen oder politischen Zwecken
Klub/gar/ni/tur *f., -, -en,* Gruppe von gepolsterten Sitzmöbeln
Klub/haus *n., -[e]s, -*häuser
Klub/ses/sel *m., -s, -*
klu/cken *intr.,* siehe auch glucken.

Kluft 1. *f., -,* Klüfte, Spalte, Abgrund, 2. *f., -, nur Sg.,* übertr. für: unüberbrückbarer Gegensatz, 3. *f., -, -en,* Kleidung, Uniform
klüf/tig veralt. für: zerklüftet
klug klug sein, am klügsten, es ist das Klügste, der Klügere
Klü/ge/lei *f., -, -en,* Spitzfindigkeit
klü/geln *intr.*
klu/ger/wei/se aber: in kluger Weise
Klug/heit *f., -, nur Sg.,* Fähigkeit, Zusammenhänge zu durchschauen und das Wesentliche in ihnen zu erkennen
Klüg/ler *m., -s, -*
klug/re/den *intr.,* alles besser wissen, sich aufspielen
Klug/red/ner *m., -s, -*
Klug/schei/ßer *m., -s, -,* vul. für: Besserwisser, Klugredner
Klump *m., -[e]s, -e* oder Klümpe, niederdt. für Klumpen
Klum/patsch *m., -[e]s, -e,* ugs. für: wertloser Haufen
Klümp/chen *n., -s, -*
klum/pen *intr.,* Klumpen bilden
Klum/pen *m., -s, -*
Klump/fuß *m., -[e]s, -füße,* Missbildung des Fußes
klump/fü/ßig
klum/pig
klümp/rig
Klün/gel *m., -s, -,* eine Gruppe von Personen, die Vetternwirtschaft betreibt
Klün/ge/lei *f., -, -en,* Vetternwirtschaft
Klun/ker 1. *f., -, -n,* Klümpchen, kleine Kugel, 2. *nur Pl.,* ugs. abwertend für auffällige Schmuckstücke
klun/ke/rig oder auch: **klunk/rig**
Klup/pe *f., -, -n,* 1. zangenähnliches Messwerkzeug, 2. österr. für Wäscheklammer
klup/pie/ren *tr.*
Klus [lat.] *f., -, -en,* Gebirgseinschnitt
Klu/se *f., -, -n,* siehe Klus
Klü/se *f., -, -n,* im Seewesen: Loch in der Schiffswand zum Durchführen von Tauen oder Ketten
Klu/sil [lat.] *m., -s, -e,* Verschlusslaut, bei dem die Luft kurz am Ausströmen gehindert wird (z.B. k, p, t)
Klü/ver [niederländ.] *m., -s, -,* dreieckiges Vorsegel am Klüverbaum
Klü/ver/baum *m., -[e]s, -*bäume, Verlängerung des Bugspriets
Klys/ma [griech.] *n., -,* Klysmen, Klistier
Klys/tron [griech.] *n., -s, -e,* Elektronenröhre zum Erzeugen und Verstärken von Wellen
km Abk. für Kilometer
km² Abk. für Quadratkilometer
km/h Abk. für Kilometer pro Stunde, Stundenkilometer
kn Abk. für Knoten (Seewesen)
knab/bern *tr.* und *intr.*
Kna/be *m., -n, -n*
kna/ben/haft
Kna/ben/haf/tig/keit *f., -, nur Sg.*
Kna/ben/kraut *n., -[e]s, nur Sg.,* eine Orchideenart
Knäb/lein *n., -s, -*
knack!, Knack *m., -[e]s, -e*

Knä/cke/brot [schwed.] *n.*, -[e]s, -e, fladenförmiges Vollkornbrot
kna/cken *tr.* und *intr.*
Knäck/en/te *f.*, -, -n, Wildente
Kna/cker *m.*, -s, -, 1. Knackwurst, 2. ugs. abwertend: alter Mann
Knack/man/del *f.*, -, -n
Knack/punkt *m.*, -[e]s, -e, ugs. für: entscheidender Aspekt
Knacks *m.*, -es, -e, 1. Geräusch, 2. gesundheitlicher Schaden
knack/sen *intr.*
Knack/wurst *f.*, -, -würste
Knag/ge *f.*, -, -n, 1. Holzknorren, 2. Verbindungs- und Stützstück im Holzbau, 3. Spannbacken an der Planscheibe der Drehbank, 4. Vorsprung oder Anschlag an einer Welle
Knäk/en/te *f.*, -, -n, siehe Knäckente
Knall *m.*, -[e]s, -e, 1. lautes Geräusch, 2. in der Wendung: auf Knall und Fall, ugs. für plötzlich, sofort
knall/blau
Knall/bon/bon *n.*, -s, -s
Knall/ef/fekt *m.*, -[e]s, -e
knal/len *intr.*
Knall/erb/se *f.*, -, -n, mit Zündsatz gefülltes Papierbeutelchen
Knal/le/rei *f.*, -, *nur Sg.*
Knall/gas *n.*, -[e]s, -s, Gemisch aus Wasserstoff und Luft (bzw. Sauerstoff), das beim Anzünden explodiert
knall/gelb
knal/lig ugs. für grell
Knall/kopf *m.*, [e]s, -köpfe, ugs. für Dummkopf
knall/rot

knapp
Knap/pe *m.*, -n, -n, im MA: junger Mann, der im persönlichen Dienst eines Ritters stand
knapp/hal/ten *tr.*
Knapp/heit *f.*, -, *nur Sg.*
Knapp/sack *m.*, -[e]s, -säcke, veralt. für Reisetasche
Knapp/schaft *f.*, -, -en, seit dem 13. Jh. zunftmäßiger Zusammenschluss der Bergleute
Knapp/schafts/kas/se *f.*, -, -n
knap/sen *intr.*, sparen, knausern
Knar/re *f.*, -, -n, ugs. für: Pistole
knar/ren *intr.*
Knast *m.*, -[e]s, -e, 1. niederdt. für Brotkruste, 2. *Pl.* auch: Knäste, ugs. für Gefängnis
Knas/ter [griech.] *m.*, -s, -, schlechter Tabak
Knas/ter/bart *m.*, -[e]s, -bärte, ugs.
Knas/te/rer *m.*, -s, -, ugs.: alter, brummiger Mann
knas/tern *intr.*
Knatsch *m.*, -[e]s, *nur Sg.*, ugs. für Gezänk, Streit
knat/schen *intr.*, ugs. für quengeln, nörgeln
knat/schig schlecht gelaunt, weinerlich, quengelig
knat/tern intr
Knäu/el *f.* oder *n.*, -s, -
Käu/el/gras *n.*, -[e]s, -gräser, eine Gräserart
knäu/eln *tr.*
Knauf *m.*, -[e]s, Knäufe, 1. kugel- oder knopfförmiger Griff bei Schirmen u.Ä., 2. Säulenkopf
Knaul *m.*, -[e]s, -e oder Knäule, Knäuel
knäu/len *intr.*
Knaul/gras *n.*, -[e]s, -gräser, Knäuelgras
Knau/pe/lei *f.*, -, *nur Sg.*
knau/pe/lig, schwierig, mühsam
knau/peln *intr.*
knaup/lig siehe knaupelig
Knau/ser *m.*, -s, -, geiziger Mensch
Knau/se/rei *f.*, -, *nur Sg.*
knau/se/rig, siehe knausrig, geizig, übertrieben sparsam
Knau/se/rig/keit *f.*, -, *nur Sg.*, siehe Knausrigkeit, Geiz, übertriebene Sparsamkeit
knau/sern *intr.*
Knaus-Ogino-Methode *f.*, -, -, nach dem österr. Gynäkologen Knaus und dem japan. Gynäkologen Ogino benannte natürliche Verhütungsmethode durch Beachtung der fruchtbaren und unfruchtbaren Tage der Frau
knaus/rig, siehe knauserig
Knaus/rig/keit *f.*, -, *-nur Sg.*, siehe Knauserigkeit
Knau/tie *f.*, -, -n, Wiesenblume
knaut/schen *tr.* und *intr.*, zerknittern, zusammendrücken
knaut/schig
Knautsch/lack *m.*, -[e]s, *nur Sg.*
Knautsch/zone *f.*, -, -n
Kne/bel *m.*, -, -, 1. Stoffballen, der einer Person in den Mund gesteckt wird, um sie am Schreien zu hindern, 2. Hölzchen zum Spannen des Sägeblatts
Kne/bel/bart *m.*, -[e]s, -bärte

Kne/bel/holz *n.*, -[e]s, -hölzer
kne/beln *tr.*
Kne/be/lung *f.*, -, *nur Sg.*
Kne/be/lungs/vert/rag *m.*, -[e]s, -verträge, Vertrag, durch den eine Vertragspartei von der anderen in ihrer Freiheit in einer den guten Sitten widersprechenden Weise beschränkt wird
Kneb/lung *f.*, -, *nur Sg.*
Knecht *m.*, -[e]s, -e
knech/ten *tr.*
knech/tisch
Knecht/schaft *f.*, -, *nur Sg.*
Knechts/ge/stalt *f.*, -, *nur Sg.*
Knech/tung *f.*, -, *nur Sg.*
Kneif *m.*, -[e]s, -e, 1. starkes Messer der Gärtner und Winzer, 2. Ledermesser der Schuster
knei/fen 1. *tr.*, zwicken, 2. *intr.*, zu eng sein, 3. *intr.*, sich vor etwas drücken, bei etwas nicht mitmachen
Knei/fer *m.*, -s, -, Brille ohne Bügel, die auf die Nase geklemmt wird
Kneif/zan/ge *f.*, -, -n
Kneip *m.*, -[e]s, -e, siehe Kneif
Knei/pe *f.*, -, -n, einfaches Lokal, Gaststätte
knei/pen *intr.*, trinken
Kneipp, Sebastian, Pfarrer und Naturheilkundler (1821-1897)
kneip/pen *intr.*, eine Kneippkur machen
Kneipp/kur *f.*, -, -en, von Pfarrer Kneipp entwickelte Heilmethode mit Bädern und Güssen

Kneip/wirt *m.*, -[e]s, -e
Knes/set(h) [hebr.] *f.*, -, *nur Sg.*, israelisches Parlament
knet/bar
Knet/bar/keit *f.*, -, *nur Sg.*
kne/ten *tr.*
Knet/gum/mi *m.*, -s, -s
Knet/ma/schi/ne *f.*, -, -n
Knet/wen/del *m.*, -s, -n, spiralförmiger Teil der Knetmaschine
Knick *m.*, -[e]s, -e, 1. scharfe Biegung, gefaltete Stelle, 2. mit Gebüsch bepflanzter Erdwall als Begrenzung von Wiesen und Äckern oder als Hindernis bei Geländeritten
Kni/cke/bein *n.*, -[e]s, *nur Sg.*, Mischgetränk aus Likör, Eigelb und Edelbranntwein
Knick/ei *n.*, -[e]s, -er, angeschlagenes Ei
kni/cken *tr.* und *intr.*
Kni/cker *m.*, -s, -, 1. kleines Messer, 2. ugs.: geiziger Mensch
Kni/cker/bo/cker 1. Pseudonym, unter dem Washington Irving seine „History of New York" veröffentlichte, 2. Spitzname der holländischen Siedler in New York, 3. *nur Pl.*, unter dem Knie abschließende Hose
Kni/cke/rei *f.*, -, *nur Sg.*, ugs.: Geiz
kni/cke/rig ugs.: geizig
Kni/cke/rig/keit *f.*, -, *nur Sg.*, ugs.: Geiz
kni/ckern *intr.*
knick/rig
Knick/rig/keit *f.*, -, *-nur Sg.*
Knicks *m.*, -[e]s, -e
Knicks/chen *n.*, -s, -
knick/sen *intr.*
Kni/ckung *f.*, -, -en
Knie *n.*, -s, -

Knie/beu/ge *f.*, -, -n
Knie/fall *m.*, -[e]s, -fälle
knie/fäl/lig in der Wendung: vor jmdm. kniefällig werden
knie/frei
Knie/gei/ge *f.*, -, -n, Gambe
Knie/hang *m.*, -[e]s, -hänge
knie/hoch
Knie/holz *n.*, -[e]s, -hölzer, niedrige Holzpflanzen oberhalb der Baumgrenze
Knie/hose *f.*, -, -n
Knie/keh/le *f.*, -, -n
knien *intr.*
Knie/rie/men *m.*, -s, -, Spannriemen der Schuster
Knie/rohr *n.*, -[e]s, -e, rechtwinklig gebogenes Rohr
Knies 1. *m.*, -es, *nur Sg.*, ugs. für Streit, Zank, 2. Karl, Volkswirtschaftler (1821-1898)
Knie/schei/be *f.*, -, -n
Knie/seh/nen/re/flex oder auch: **Knie/seh/nen/ref/lex** *m.*, -[e]s, -e, Patellarreflex, unwillkürliche Zuckung der Streckmuskel des Oberschenkels, wobei der Unterschenkel nach oben wippt
Knie/strumpf *m.*, -[e]s, -strümpfe
knie/tief
kniet/schen *tr.*, mitteldt. für: quetschen, drücken
Knie/wär/mer *m.*, -s, -
knie/weich
Kniff *m.*, -[e]s, -e, Trick, Kunstgriff
Knif/fe/lei *f.*, -, -en, knifflige Arbeit
knif/fe/lig, schwierig, Sorgfältigkeit erfordernd
Knif/fe/lig/keit *f.*, -, *nur Sg.*
kniff/lig
Kniff/lig/keit *f.*, -, *nur Sg.*
Knig/ge 1. Adolf, Freiherr

Knilch

von, dt. Schriftsteller (1752-1796), 2. *m.*, -s, -, nach dem Verfasser, Adolf, Freiherr von Knigge, benanntes Buch über gute Umgangsformen
Knilch *m.*, -[e]s, -e
Knil/ler *m.*, -s, -
knip/sen *tr.*
Knip/ser *m.*, -s, -
Knips/zan/ge *f.*, -, -n
Knirps *m.*, -[e]s, -e, 1. kleiner Junge, 2. (Warenz.) zusammenschiebbarer Regenschirm
knir/schen *intr.*
knis/tern *intr.*
Knit/tel *m.*, -s, -
Knit/tel/vers *m.*, -[e]s, -s, paarweise reimender, vierhebiger Vers
Knit/ter *m.*, *nur Pl.*, Falten
knit/ter/arm
knit/ter/frei
knit/te/rig
knit/tern *intr.* und *tr.*
knitt/rig
Kno/bel *m.*, -s, -, mitteldt. für Würfel
Kno/bel/be/cher *m.*, -s, -, Würfelbecher
kno/beln *intr.*, würfeln
Kno/beln *n.*, -s, *nur Sg.*, ugs.: Ratespiel mit Münzen, Streichhölzern o.Ä.
Knob/lauch *m.*, -[e]s, *nur Sg.*, Gewürzpflanze
Knö/chel *m.*, -s, -
Knö/chel/chen *n.*, -s, -
Kno/chen *m.*, -s, -
Kno/chen/bau *m.*, -[e]s, *nur Sg.*
Kno/chen/bruch *m.*, -[e]s, -[e]s, -brüche
kno/chen/dürr
Kno/chen/fisch *m.*, -[e]s, -e, Fisch mit knöchernem Skelett
Kno/chen/fraß *m.*, -es, *nur Sg.*, Knochenabszess
Kno/chen/ge/rüst *n.*, -[e]s, -e
Kno/chen/haut *f.*, -, -häute
Kno/chen/haut/ent/zün/dung *f.*, -, -en
Kno/chen/mann *m.*, [e]s, *nur Sg.*, der im Voksglauben als Skelett dargestellte Tod
Kno/chen/mark *n.*, -s, *nur Sg.*
kno/chen/tro/cken ugs.: zu trocken
knö/che/rig
knö/chern
kno/chig
Knöch/lein *n.*, -s, -, dicht.
knöch/rig
knock/out *(Nf.)* auch:
Knock-out *(Hf.)* [engl.] (Abk.: k.o.) beim Boxen: kampfunfähig
Knock/out *(Nf.)* auch:
Knock-out *(Hf.)* (Abk.: K.O.) *n.*, -[s], -, Kampfunfähigkeit beim Boxen
Knock/out/schlag *(Nf.)* auch: **Knock-out-Schlag** *(Hf.)* (Abk.: K.-o.-Schlag) *m.*, -[e]s, -schläge
Knö/del *m.*, -s, -, süddt. für Kloß
Knöll/chen *n.*, -s, -, 1. kleine Knolle, 2. ugs. für Bußgeldbescheid der Polizei
Knol/le *f.*, -, -n
Knol/len *m.*, -s, -
Knol/len/blät/ter/pilz *m.*, -[e]s, -e, giftiger Pilz
Knol/len/frucht *f.*, -, -früchte
knol/lig
Knopf *m.*, -[e]s, Knöpfe
Knöpf/chen *n.*, -s, -
knöp/fen *tr.*
Knopf/loch *n.*, -[e]s, -löcher
Knop/per *f.*, -, -n, Gerbmittel

Knor/pel *m.*, -s, -
Knor/pel/fisch *m.*, -[e]s, -e, knochenloser Fisch (Haifisch, Rochen, Stör)
knor/pe/lig
Knor/pel/kir/sche *f.*, -, -n, Kirsche mit festem Fruchtfleisch
knorp/lig
Knor/ren *m.*, -s, -, 1. Baumstumpf, 2. astreicher Teil des Baumstammes
knor/rig
Knorz *m.*, -[e]s, -e, Knorren
knor/zen *intr.*
knor/zig
Knösp/chen *n.*, -s, -
Knos/pe *f.*, -, -n
knos/pen *intr.*
Knos/pen/ka/pi/tell *n.*, -[e]s, -e
knos/pig
Knos/pung *f.*, -, -en, ungeschlechtliche Fortpflanzung
Knöt/chen *n.*, -s, -
Kno/te *m.*, -n, -n, norddt. für grober Kerl
knö/teln *tr.*, verknoten
kno/ten *tr.*
Kno/ten *m.*, -s, -, (Abk.: kn) Seemeile pro Stunde
Kno/ten/punkt *m.*, [e]s, -e
Kno/ten/stock *m.*, -[e]s, -stocke
Knö/te/rich *m.*, -[e]s, -e, Wiesenpflanze
kno/tig
Knot/ten/erz *n.*, -[e]s, -e, im Sandstein eingesprengter Bleiglanz
Know-how [engl.] *n.*, -[s], *nur Sg.*, das Wissen, wie man eine Sache praktisch angeht, das „Gewusst-wie"
Knub/be *f.*, -, -n, norddt. für Knubben
Knub/bel *m.*, -s, -, Erhöhung, kleiner Hügel, Geschwulst

Knub/ben *m.*, -s, -, Knubbel
Knuff *m.*, -[e]s, Knüffe, leichter Stoß
knuf/fen *tr.*
Knülch *m.*, -[e]s, -e, Kerl
knül/le ugs. für betrunken
knül/len *tr.* und *intr.*, knittern, zusammendrücken
Knül/ler [jiddisch] *m.*, -s, -, erfolgreiche Ware oder Sache
Knüpf/ar/beit *f.*, -, -en
knüp/fen *tr.*
Knüp/fung *f.*, -, -en
Knüpf/werk *n.*, -[e]s, -e
Knü/pel *m.*, -s, -
Knü/pel/brü/cke *f.*, -, -n
Knü/pel/damm *m.*, -[e]s, -dämme, Brücke
knü/pel/dick in der Wendung: es kommt knüppeldick, ugs. für: es kommt alles auf einmal
knü/pel/hart
Knü/pel/schal/tung *f.*, -, -en
knur/ren *intr.*
Knurr/hahn *m.*, -[e]s, -hähne, zu den Stachelflossern gehörender Fisch
knur/rig
Knur/rig/keit *f.*, -, *nur Sg.*
knü/se/lig norddt. für unsauber
knü/seln *tr.*, norddt. für beschmutzen
Knus/per/häus/chen *n.*, -s, -
knus/pe/rig
knus/pern *tr.*
knus/prig
Knust *m.*, -[e]s, -e, norddt. für Anschnitt und Ende eines Brotes
Knu/te [russ.] Lederpeitsche
knu/ten *tr.* knechten, unterdrücken
knut/schen *tr.*, ugs. für küssen

Knut/sche/rei *f.*, -, -en
Knüt/tel *m.*, -s, -, Stock
Knüt/tel/vers *m.*, -[e]s, -e
k.o. Abk. für knock-out
K.o. Abk. für Knock-out
Ko/ad/ju/tor [lat.] *m.*, -s, -en, Pfarrgehilfe mit den Rechten und Pflichten eines Pfarrers
Ko/a/gu/lans [lat.] *n.*, -, Koagulantia, Mittel, das die Blutgerinnung fördert
Ko/a/gu/lat *n.*, -[e]s, -e, Stoff, der bei einer kolloidalen Lösung ausflockt
Ko/a/gu/la/ti/on *f.*, -, -en, Ausflocken kolloidaler Stoffe aus ihrer Lösung
ko/a/gu/lie/ren *intr.*, ausflocken, gerinnen
Ko/a/la [austral.] *m.*, -s, -s, kleiner australischer Beutelbär
ko/a/lie/ren oder auch: **ko/a/li/sie/ren** *intr.*, sich verbünden, eine Koalition bilden
Ko/a/li/ti/on *f.*, -, -en, 1. allg.: Verbindung, Vereinigung, 2. Bündnis von Staaten (v.a. zu gemeinsamer Kriegsführung), 3. Zusammenschluss von Parteien zu einer Regierungsmehrheit
Ko/a/li/ti/ons/krieg *m.*, -[e]s, -e
Ko/a/li/ti/ons/par/tei *f.*, -, -en
Ko/a/li/ti/ons/re/gie/rung *f.*, -,-en
ko/a/xi/al [lat.], mit gemeinsamer Achse
Ko/a/xi/al/ka/bel *n.*, -s, -, Kabel, das gegen Störfelder unempfindlich ist
Ko/balt *n.*, -[e]s, *nur Sg.*, nickelähnliches Element (Zeichen: Co)

ko/balt/blau
Ko/balt/blü/te *f.*, -, -n, pfirsichrotes Mineral, Erythrin
Ko/balt/glanz *m.*, -es, *nur Sg.*, rötlich-silberweißes Mineral
Ko/bal/tin *n.*, -[e]s, *nur Sg.*, ein Kobalterz
Ko/bel *m.*, -s, -, österr. für Verschlag
Ko/ben *m.*, -s, -, kleiner Stall, Verschlag
Ko/ber *m.*, -s, -, mitteldt. für Korb
Ko/bold *m.*, -[e]s, -e, im Volksglauben ein zwergenhafter, meist hässlicher Erd- oder Hausgeist
Ko/bold/ma/ki *m.*, -s, -s, Halbaffe der malaiischen Inseln
Ko/bolz *m.*, -[e]s, -e, Purzelbaum
ko/bol/zen *intr.*
Ko/bra oder auch: **Kob/ra** [portugies.] *f.*, -, -s, giftige Schlangenart
Koch 1. *m.*, -[e]s, Köche, Hersteller von Speisen in Restaurants, 2. *n.*, -s, *nur Sg.*, österr. für Brei
Koch/buch *n.*, -[e]s, -bücher
Kö/chel Ludwig, Ritter von, Jurist und Musikwissenschaftler (1800-1877)
Kö/chel/ver/zeich/nis, *n.*, -ses, -se, von Köchel verfasstes Verzeichnis aller Werke Mozarts
ko/chen *tr.* und *intr.*
ko/chend/heiß > **ko/chend heiß**
Ko/cher *m.*, -s, -
Kö/cher *m.*, -s, -, Behälter zum Aufbewahren von Pfeilen
Kö/cher/flie/ge *f.*, -, -n, mottenähnliches Insekt

koch/fest
Koch/fes/tig/keit *f.*, *nur Sg.*
Koch/frau *f.*, -, -en
Kö/chin, *f.*, -, -nen
Koch/kä/se *m.*, -s, -
Koch/kis/te *f.*, -, -en
Koch/kunst *f.*, -, -künste
Koch/ni/sche *f.*, -, -n
Koch/plat/te *f.*, -, -n
Koch/salz *n.*, -[e]s, *nur Sg.*
Ko/da [lat.] *f.*, -, -s, in der Musik: Schlussteil eines Satzes
kod/de/rig ugs.: 1. schäbig, schmutzig, 2. übel, unwohl
kod/dern *intr.*, ugs.: sich erbrechen
kodd/rig
Kode [engl.] *m.*, -s, -s, siehe Code, System zum Verschlüsseln und Entschlüsseln von Texten, geheime Zahlenfolge
Ko/de/in [griech.] *n.*, -[e]s, *nur Sg.*, Beruhigungsmittel
Kö/der *m.*, -s, -
kö/dern *tr.*
Ko/dex [lat.] *m.*, -[e]s, -e oder Kodizes, (Abk.: Cod.) 1. zwischen Holzdeckel gebundene Pergamentblätter, 2. Regeln und Verhaltensweisen, deren Beachtung von den Angehörigen einer bestimmten Gesellschaftsgruppe erwartet wird
ko/die/ren *tr.*, verschlüsseln
Ko/di/fi/ka/ti/on *f.*, -, -en, Zusammenfassung mehrerer Rechtsgebiete in einheitlichen Gesetzesbüchern
Ko/di/fi/ka/tor *m.*, -s, -en
ko/di/fi/zie/ren *tr.*
Ko/di/fi/zie/rung *f.*, -, -en
Ko/di/zill *n.*, -[e]s, -e, im römischen Recht: letztwillige Verfügung, in der Vermächtnisse angeordnet werden

Ko/e/du/ka/ti/on [lat.] *f.*, -, *nur Sg.*, gemeinsame Erziehung von Jungen und Mädchen
Ko/ef/fi/zi/ent [lat.] *m.*, -en, -en, in der Mathematik: Faktor, besonders die Zahl, mit der eine veränderliche Größe in Gleichungen vervielfacht wird
Ko/en/zym [lat.] *n.*, -[e]s, -e, Teil eines Enzyms, das zusammen mit anderen die Enzymwirkung ermöglicht
ko/er/zi/bel [lat.]
Ko/er/zi/tiv/kraft *f.*, -, -kräfte, Hysteresis
Ko/e/xis/tenz [lat.] *f.*, -, *nur Sg.*, 1. gleichzeitiges Vorhandensein von Dingen, 2. Nebeneinander von Staaten
ko/e/xis/tie/ren *intr.*
Ko/fel *m.*, -s, -, süddt. für Kogel
Ko/fen *m.*, -s, -, Koben
Ko/fer/ment [lat.] *n.*, -[e]s, -e, Koenzym
Kof/fe/in [engl.], *n.*, -[e]s, *nur Sg.*, in Kaffeebohnen und in den Blättern des Teestrauchs enthaltener anregender Stoff
kof/fe/in/frei
Kof/fe/i/nis/mus *m.*, -, *nur Sg.*, Koffeinvergiftung
Kof/fer *m.*, -s, -
Köf/fer/chen *n.*, -s, -
Kof/fer/ku/li *m.*, -s, -s, kleines Wägelchen zum Selbstbefördern der Koffer auf dem Bahnhof
Kof/fer/ra/di/o *n.*, -s, -s
Kof/fer/raum *m.*, -[e]s, -räume
Kof/fer/schreib/ma/schine *f.*, -, -n
Ko/gel *m.*, -s, -, 1. kegelförmige Bergspitze, 2. Gugel

Kog/ge *f.*,-, -n, Segelschiff des 13. Jh.
Ko/gnak oder auch:
Kog/nak [französ.] *m.*, -s, -s, Weinbrand
Ko/gnat oder auch:
Kog/nat [lat.] *m.*, -, -en, Blutsverwandter im alten Rom
Ko/gna/ti/on oder auch:
Kog/na/ti/on *f.*, -, -en, Erkenntnis, Untersuchung
ko/gni/tiv oder auch:
kog/ni/tiv die Erkenntnis betreffend
Ko/gno/men oder auch:
Kog/no/men [lat.] *m.*, -s, - oder Kognomina, Beiname im alten Rom
Ko/ha/bi/ta/ti/on [lat.] *f.*, -, -en, Beischlaf
ko/ha/bi/tie/ren *intr.*
ko/hä/rent [lat.] zusammenhängend
Ko/hä/renz *f.*, -, *nur Sg.*, Zusammenhang
ko/hä/rie/ren *intr*
Ko/hä/si/on *f.*, -, *nur Sg.*, Zusammenhang der Moleküle
ko/hä/siv
ko/hi/bie/ren [lat.] *tr.*, mäßigen
Ko/hi/bi/ti/on *f.*, -, *nur Sg.*
Ko/hi/nur *m.*, -s, *nur Sg.*, Diamant im engl. Kronschatz
Kohl *m.*, -[e]s, *nur Sg.*, Gemüsepflanze
Kohl/dampf *m.*, -s, *nur Sg.*, ugs. für Hunger
Koh/le *f.*, -, -n
Koh/le/fa/den *m.*, -s, -fäden
koh/le/füh/rend oder auch:
Koh/le füh/rend
Koh/le/hy/drat oder auch:
Koh/le/hyd/rat *n.*, -[e]s, -e
koh/len *intr.*, zu Kohle verbrennen

Koh/len/ba/ron *m.*, -[e]s, -e, Bergwerksbesitzer
Koh/len/bren/ner *m.*, -s, -, Köhler
Koh/len/di/o/xid *n.*, -[e]s, *nur Sg.*, brennbares Gas
Koh/len/gas, *n.*, -es, -e
Koh/len/hy/drat oder auch: **Koh/len/hyd/rat** *n.*, -[e]s, -e, chemische Verbindung
Koh/len/in/dus/trie *f.*, -, -n
Koh/len/kel/ler *m.*, -s, -
Koh/len/mei/ler *m.*, -s, -
Koh/len/mon/o/xid oder auch: **Koh/len/mo/no/xid** *n.*, -[e]s, , *nur Sg.*, ein Gas
koh/len/sau/er
Koh/len/säu/re *f.*, -, *nur Sg.*
Koh/len/staub *m.*, -[e]s, *nur Sg.*
Koh/len/stoff *m.*, -[e]s, *nur Sg.*, chemisches Element (Zeichen: C)
Koh/len/was/ser/stoff *m.*, -[e]s, *nur Sg.*, chem. Verbindung
Koh/le/pa/pier *n.*, -[e]s, -e, einseitig gefärbtes Durchschreibepapier
Köh/ler *m.*, -s, -
Köh/le/rei *f.*, -, -en
Koh/le/stift *m.*, -es, -e
Koh/le/zeich/nung *f.*, -,-en
Kohl/fisch *m.*, -[e]s, -e, Seelachs
Kohl/kopf *m.*, -[e]s, -köpfe
Kohl/mei/se *f.*, -, -n, Singvogel
Kohl/rabe *m.*, -n, -n
kohl/ra/ben/schwarz
Kohl/ra/bi *m.*, -s, -s, Gemüsepflanze
Kohl/rü/be *f.*, -, -n
kohl/schwarz
Kohl/weiß/ling *m.*, [e]s, -e, Schmetterlingsart
Ko/hor/te [lat.] *f.*, -, -n, Truppeneinheit im alten Rom

Koi/ne [griech.] *f.*, -, -*nur Sg.*, griech. Umgangssprache
ko/in/zi/dent [lat.] zusammentreffend
Ko/in/zi/denz *f.*, -, *nur Sg.*, Zusammentreffen
ko/in/zi/die/ren *intr.*
ko/i/tie/ren [lat.] *intr.*, Geschlechtsverkehr ausüben
Ko/i/tus *m.*, -, -, Geschlechtsverkehr
Ko/je [lat.] *f.*, -, -n, Bett auf Schiffen
Ko/jo/te [span.] Präriewolf
Ko/ka [span.] *f.*, -, -, Kokastrauch
Ko/ka/in *n.*, -[e]s, *nur Sg.*, Rauschmittel
Ko/ka/in/sucht *f.*, -, *nur Sg.*
ko/ka/in/süch/tig
Ko/kar/de [französ.] *f.*, -, -n, Abzeichen an Uniformmützen
Ko/kar/den/blu/me *f.*, -, -n, Zierpflanze
Ko/ka/strauch *m.*, -[e]s, -sträucher
ko/keln *intr.*, mit Feuer spielen
ko/ken [engl.] *intr.* Koks herstellen
Ko/ker *m.*, -s, -
Ko/ke/rei *f.*, -, -en
ko/kett [französ.]
Ko/ket/te *f.*, -, -n, gefallsüchtige Frau
Ko/ket/te/rie *f.*, -, *nur Sg.*
ko/ket/tie/ren *intr.*
Ko/kil/le [französ.] *f.*, -, -n, Gießform
Ko/kil/len/guß >
Ko/kil/len/guss *m.*, -es, -güsse
Kok/kels/kör/ner *n.*, *nur Pl.*, beim Fischfang verwendetes Betäubungsmittel
Kok/ko/lith [griech.] *m.*, -

en, -en, Tiefseegestein
Kok/kus [griech.] *m.*, -, Kokken, Bakterium
Ko/kon [französ.] *m.*, -s, -s, Hülle von Insektenlarven
Ko/kos [span.] *f.*, -, -, Kokospalme
Ko/kos/fa/ser *f.*, -, -n
Ko/kos/fett *n.*, -[e]s, -e, Fett aus der Kokosnuss
Ko/kos/mat/te *f.*, -, -n
Ko/kos/milch *f.*, -, *nur Sg.*, Flüssigkeit in der Kokosnuss
Ko/kos/nuß >
Ko/kos/nuss *f.*, -, -nüsse
Ko/kos/pal/me *f.*, -, -n
Ko/kot/te [französ.] *f.*, -, -n, leichtes Mädchen
Koks [engl.] *m.*, -es, -e, 1. Brennstoff, 2. ugs. für Kokain
kok/sen *intr.*, 1. ugs. für schlafen, 2. ugs. für Kokain nehmen
Kok/ser *m.*, -s, -, ugs. für jmdn., der Kokain nimmt
Kok/zi/die [griech.] *f.*, -, -n, Sporentierchen
Kok/zi/di/o/se *f.*, -, -n, durch Kokzidien hervorgerufene Krankheit
Ko/la [afrikan.] *f.*, -, *nur Sg.*, Kolanuss
Ko/la/nuß > **Ko/la/nuss** *f.*, -, nüsse, Samen des Kolabaumes
Ko/lat/sche *f.*, -, n, österr. für Hefekuchen
Ko/la/tur [lat.] *f.*, -, -en, durch ein Tuch gesiebte Flüssigkeit
Kölb/chen *n.*, -s, -
Kol/ben *m.*, -s, -
Kol/ben/hir/se *f.*, -*nur Sg.*, Hirsenart
kol/big
Kol/chis Landschaft am Schwarzen Meer

Kol/chos [russ.] *m.*, -, -en, landwirtschaftliche Produktionsgenossenschaften in der ehemaligen UdSSR
Kol/chos/bau/er *m.*, -n, -n
Kol/cho/se *f.*, -, n, Kolchos
Ko/li/bak/te/ri/en [griech.] *nur Pl.*, Bakterien im Dickdarm
Ko/li/bri oder auch:
Ko/lib/ri *m.*, -s, -s, Vogelart
ko/lie/ren [lat.] *tr.*, eine Flüssigkeit durch ein Tuch sieben
Ko/lier/tuch *n.*, -[e]s, -tücher
Ko/lik [griech.] *f.*, -, -en, krampfartiger Schmerz
Ko/li/tis *f.*, -, Kolitiden, Entzündung des Dickdarms
Kolk *m.*, -[e]s, -e, Wasserloch
kol/ken *intr.*, ugs. für rülpsen
Kol/ko/thar [griech.] *m.*, -[e]s, -e, Eisenoxid
Kolk/ra/be *m.*, -n, -n, Rabenvogel
kol/la/bes/zie/ren [lat] *intr.*, hinfällig werden
kol/la/bie/ren *intr.*, einen Kollaps erleiden
Kol/la/bo/ra/teur [französ.] *m.*, -[e]s, -e, Person, die mit einer feindlichen Besatzungsmacht zusammenarbeitet
Kol/la/bo/ra/ti/on *f.*, -, -en
Kol/la/bo/ra/tor *m.*, -s, -en, Hilfsgeistlicher
Kol/la/bo/ra/tur *f.*, -, -en
kol/la/bo/rie/ren *intr.*
Kol/la/gen [griech.] *n.*, -[e]s, -e, Eiweißstoff in Knochen und Knorpel
Kol/laps *m.*, -[e]s, -e, Schwächeanfall
kol/la/te/ral [lat.] die gleiche Körperseite betreffend

Kol/la/ti/on [lat.] *f.*, -, -en, 1. Vergleich zwischen Original und Abschrift, 2. Ausgleich zwischen Erben
kol/la/ti/o/nie/ren *tr.*, ausgleichen, zusammentragen
Kol/la/ti/ons/pflicht *f.*, -, -en, Ausgleichspflicht bei Erbschaft
Kol/la/tur *f.*, -, -en, Recht auf ein geistliches Amt
kol/lau/die/ren *tr.*, österr. für. endgültig genehmigen
Kol/lau/die/rung *f.*, -, -en, österr. für abschließende Prüfung und Genehmigung einer Sache
Kol/leg [lat.] *n.*, -s, -s, Vorlesung an Hochschule
Kol/le/ge *m.*, -n, -n
Kol/le/gen/schaft *f.*, -, *nur Sg.*
Kol/leg/geld *n.*, -[e]s, -er
Kol/leg/heft *n.*, -[e]s, -e
ko/le/gi/al
Kol/le/gi/al/ge/richt *n.*, -[e]s, -e, Gericht, bei dem mehrere Richter das Urteil fällen
Kol/le/gi/a/li/tät *f.*, -, *nur Sg.*
Kol/le/gin *f.*, -, -nen
Kol/le/gi/um *n.*, -s, Kollegien
Kol/leg/map/pe *f.*, -, -n, Aktenmappe
Kol/lek/te *f.*, -, -n, kirchliche Spendensammlung
Kol/lek/teur [französ.] *m.*, -[e]s, -e, 1. Spendensammler, 2. Lotterieteilnehmer
Kol/lek/ti/on *f.*, -, -en, 1. in der Mode: Kleiderauswahl, Sammlung von Kleidungsstücken, 2. Geldsammlung
kol/lek/tiv gemeinsam
Kol/lek/tiv *n.*, -[e]s, -e, Arbeitsgemeinschaft
Kol/lek/tiv/ar/beit *f.*, -, -en
Kol/lek/tiv/ei/gen/tum, -s, *nur Sg.*

kol/lek/ti/vie/ren *tr.*, zusammenfassen
Kol/lek/ti/vie/rung *f.*, -, *nur Sg.*
Kol/lek/ti/vis/mus *m.*, -, *nur Sg.*, Theorie, die besagt, dass die Gemeinschaft Vorrang vor dem Einzelnen hat
Kol/lek/ti/vist *m.*, -en, -en
kol/lek/ti/vis/tisch
Kol/lek/ti/vum *n.*, -s, Kollektiva, Sammelbegriff
Kol/lek/tiv/ver/trag *m.*, -[e]s, -verträge, 1. Vertrag zwischen Gewerkschaft und Arbeitgeberverband, 2. Vertrag zwischen mehreren Staaten
Kol/lek/tiv/wirt/schaft *f.*, -, -en
Kol/lek/tor *m.*, -en, -en, 1. Sammellinse, 2. Kommutator
Kol/en/chym oder auch:
Kol/len/chym [griech.] *n.*, -[e]s, -e, Festigungsgewebe bei Pflanzen
Kol/ler *m.*, -s, -, 1. Lederwams des 17. Jhs., 2. Wutanfall, 3. Krankheit bei Pferden
Kol/ler/gang *m.*, -[e]s, -gänge, Zerkleinerungsmaschine
kol/le/rig
Kol/ler/müh/le *f.*, -, -n, Mahlwerk
kol/lern *intr.*
Kol/lett [lat.] *n.*, -[e]s, -e, veralt. für Reitjacke
kol/li/die/ren [lat.] *intr.*, 1. zusammenstoßen, 2. in Streit geraten, 3. zeitlich überschneiden
Kol/lier oder auch: **Col/lier** [französ.] *n.*, -s, -s, Schmuckstück
Kol/li/ma/ti/on [lat.] *f.*, -, -en, Parallelität zweier Rich-

tungen an einem Messgerät
Kol/li/ma/tor *m.,* -s, -en,
optisches Gerät
kol/li/ne/ar [lat.] aus einer
Kollineation hervorgehend
Kol/li/ne/a/ti/on *f.,* -, -en,
projektive Transformation
Kol/li/si/on [lat.] *f.,* -, -en,
1. Zusammenstoß, 2. Widerstreit zwischen verschiedenen Rechtsvorschriften
Kol/lo [italien.] *n.,* -s, -s
oder Kolli, Frachtstück
kol/lo/din [griech.] *n.,* -[e]s,
-e, Pflanzenleim
Kol/lo/di/um *n.,* -s, *nur Sg.,*
Lösung von Kollodiumwolle in Alkohol und Äther
Kol/lo/di/um/wol/le *f.,* -,
nur Sg., Dinitrozellulose
kol/lo/id [griech.] fein verteilt
Kol/lo/id *n.,* -[e]s, -e, verteilter Stoff
kol/lo/i/dal
Kol/lo/ka/ti/on [lat.] *f.,* -, -en, veralt. für eine Ordnung nach einer bestimmten Reihenfolge
Kol/lo/qui/um [lat.] *n.,* -s,
Kolloquien, wissenschaftliche Unterredung
kol/lu/die/ren [lat.] *intr.*
Kol/lu/si/on *f.,* -, -en, geheimes Einverständnis mehrerer zum Nachteil eines Dritten
köl/nisch
Köl/nisch/was/ser *n.,* -s,
nur Sg.
Ko/lo/fo/ni/um *n.,* -s, *nur Sg.*
Ko/lom/bi/ne [italien.] *f.,* -,
-n, Hauptfigur der Commedia dell'Arte
Ko/lom/bo/wur/zel *f.,* -, -n,
Wurzel eines ostasiatischen Schlingstrauches
Ko/lon [griech.] *n.,* -s, -s
oder Kola, 1. Doppelpunkt,
2. Dickdarm
Ko/lo/nat [lat.] *n.,* -[e]s, -e,
1. Erbpachtgut, 2. Ansiedlung germanischer Kriegsgefangener
Ko/lo/ne *m.,* -n, -n, in der römischen Kaiserzeit persönlich freier, aber an seinen Landbesitz gebundener Bauer, der dem Grundherrn zu Abgaben verpflichtet war
Ko/lo/nel [französ.] *f.,* -,
nur Sg., Schriftgrad
ko/lo/ni/al [lat.]
Ko/lo/ni/a/lis/mus *m.,* -,
nur Sg., auf Erwerb und Ausbau von Kolonien gerichtete Politik
Ko/lo/ni/a/list *m.,* -en, -en,
Anhänger des Kolonialismus
ko/loni/a/lis/tisch
Ko/lo/ni/al/po/li/tik *f.,* -, *nur Sg.*
Ko/lo/ni/al/wa/ren *f.,* *nur Pl.,* überseeische Erzeugnisse
Ko/lo/nie *f.,* -, -n, 1. Siedlung von Angehörigen eines Volkes im Bereich eines anderen Volkes, 2. auswärtiger, meist überseeischer Besitz eines Staates, 3. Verband einzelliger Lebewesen, z.B. Bakterien 4. Vereinigung gesellig lebender Tiere
Ko/lo/ni/sa/ti/on *f.,* -, *nur Sg.,* 1. Erwerb von Kolonien, 2. wirtschaftliche Erschließung ungenutzter Gebiete
Ko/lo/ni/sa/tor *m.,* -en, -en
ko/lo/ni/sa/to/risch
Ko/lo/ni/sie/ren *tr.*
Ko/lo/ni/sie/rung *f.,* -,
nur Sg.
Ko/lo/nist *m.,* -en, -en,
Siedler einer Kolonie
Ko/lon/na/de [französ.] *f.,* -,
-n, Säulengang mit geradem Gebälk
Ko/lon/ne *f.,* -, n, 1. geschlossene militärische Ordnung auf dem Marsch,
2. Arbeitsgruppe, 3. Spalte einer Liste, 4. Trennungssäule bei der Destillation
Ko/lon/nen/ap/pa/rat *m.,* -[e]s, -e, Apparat für die Destillation
Ko/lo/phon [griech.] *m.,* -[e]s, , -e, Schlussvermerk am Ende des Textes alter Handschriften
Ko/lo/pho/ni/um *n.,* -s, *nur Sg.,* Harzprodukt, siehe Kolofonium
Ko/lo/quin/te [griech.] *f.,* -, -n, Abführmittel
Ko/lo/ra/do/kä/fer *m.,* -s, -,
eine Käferart
Ko/lo/ra/tur [lat.] *f.,* -, -en,
reiche Ausziserung der hohen Gesangsstimme, vor allem bei Arien
Ko/lo/ra/tur/a/rie *f.,* -, -n
Ko/lo/ra/tur/sän/ge/rin *f.,* -, nen
Ko/lo/ra/tur/so/pran oder auch: **Ko/lo/ra/tursop/ran** *m.,* -[e]s, -e
ko/lo/rie/ren *tr.,* färben
Ko/lo/ri/me/ter *n.,* -s, -,
Gerät für die Kolorimetrie
Ko/lo/ri/me/trie oder auch:
Ko/lo/ri/met/rie *f.,* -, *nur Sg.,* Bestimmen des Farbstoffgehalts von Lösungen
ko/lo/ri/me/trisch oder auch: **ko/lo/ri/met/risch**
Ko/lo/ris/mus *m.,* -, *nur Sg.,* in der Malerei: Farbhervorhebung
Ko/lo/rist *m.,* -en, -en,
Anhänger des Kolorismus
ko/lo/ris/tisch

Ko/lo/rit *n.*, -[e]s, -e, 1. in der Malerei: Farbgebung, 2. in der Musik: Klangwahl
Ko/loß > **Ko/loss** [griech.] *m.*, -es, -e, 1. Riesenstandbild, 2. Ungetüm
ko/los/sal
Ko/los/sal/sta/tue *f.*, -, -n
Kol/los/ser *m.*, -s, -, Einwohner der Stadt Kolossa
Ko/los/ser/brief *m.*, -[e]s, -e, im NT: Brief des Paulus an die Kolosser
Ko/los/se/um [lat.] *n.*, -s, *nur Sg.*, größtes Amphitheater Roms
Ko/los/trum [lat.] *n.*, -s, *nur Sg.*, milchähnliche Flüssigkeit, die nach der Geburt von der Brustdrüse gebildet wird
Ko/lo/to/mie [griech.] *f.*, -, -n, Öffnung des Dickdarms durch Operation
Kol/ping/werk *n.*, -[e]s, -e, von dem katholischen Priester Adolph Kolping gegründete Vereinigung
Kol/pi/tis [griech.] *f.*, -s, Kolpitiden, Scheidenentzündung
Kol/por/ta/ge [französ.] *f.*, -, -n, Hausierhandel mit Büchern
Kol/por/ta/ge/ro/man *m.*, -[e]s, , -e, billiger Roman ohne künstlerischen Anspruch
Kol/por/teur *m.*, -[e]s, -e, Bücher verkaufender Hausierer
kol/por/tie/ren *tr.*, hausieren
Kol/po/skop oder auch:
Kol/pos/kop [griech.] *n.*, -[e]s, -e, Gerät zur Kolposkopie
Kol/po/sko/pie oder auch:
Kol/pos/ko/pie *f.*, -, -n,
Untersuchung der Scheide
Kölsch *n.*, -[e]s, *nur Sg.*, Bier aus Köln
Kol/ter [französ.] *m.*, -s, -, Pflugmesser
Ko/lum/ba/ri/um [lat.] *n.*, -s, Kolumbarien, 1. Grabkammer im alten Rom, 2. Urnenhalle eines Krematoriums
Ko/lum/bi/a/ner *m.*, -s, -, Einwohner von Kolumbien
ko/lum/bi/a/nisch
Ko/lum/bi/en südamerikanischer Staat
Ko/lum/bi/ne *f.*, -, -n
Ko/lum/bit *n.*, -[e]s, *nur Sg.*, Mineral
Ko/lum/ne [lat.] *f.*, -, -n, 1. senkrechte Reihe, 2. Spalte einer Zeitungsseite, 3. Druckseite
Ko/lum/nen/ti/tel *m.*, -s, -
Ko/lum/nist *m.*, -en, -en, Journalist, der regelmäßig für einen bestimmten Zeitungsartikel schreibt
Ko/ma [griech.] 1. *n.*, -s, -s, tiefe Bewusstlosigkeit, 2. *f.*, -, -s, leuchtende Nebenhülle eines Kometen, 3. *f.*, -, -s, in der Optik: Linsenfehler
ko/ma/tös in tiefer Bewusstlosigkeit befindlich
Kom/bat/tant [französ.] *m.*, -en, -en, Kämpfer, Mitstreiter
Kom/bi *m.*, -s, -s, Kombination aus Personen- und Lieferwagen
Kom/bi/nat [lat.] *n.*, -[e]s, -e, in kommunistischen Staaten die Vereinigung verschiedener Industriebetriebe
Kom/bi/na/ti/on *f.*, -, -en, 1. allg.: Verbindung, Verknüpfung, 2. zusammengehörige Kleidungsstücke,
3. Verbindung mehrerer Sportarten
Kom/bi/na/ti/ons/ga/be *f.*, -, *nur Sg.*
Kom/bi/na/ti/ons/schloß > **Kom/bi/na/ti/ons/schloss** *n.*, -es, -Schlösser
Kom/bi/na/ti/ons/spiel *n.*, -[e]s, -e
Kom/bi/na/to/rik *f.*, -, *nur Sg.*, Lehre von den verschiedenen Möglichkeiten, gegebene Dinge oder Elemente anzuordnen
kom/bi/na/to/risch
Kom/bi/ne *f.*, -, -n, in der ehemaligen DDR: Maschine mit mehreren Arbeitsgängen für die Ernte
kom/bi/nie/ren *tr.*, zusammenstellen
Kom/bü/se *f.*, -, -n, Küche eines Schiffes
kom/bus/ti/bel [französ.] brennbar
Kom/bus/ti/bi/li/en *nur Pl.*, Brennstoffe
Kom/edo oder auch:
Ko/me/do [lat.] *m.*, -s, -nen, Pickel, Mitesser
kom/es/ti/bel oder auch:
ko/mes/tib/el [französ.] essbar
Ko/met [griech.] *m.*, -en, -en, Himmelskörper mit Schweif
Ko/me/ten/bahn *f.*, -, -nen
ko/me/ten/haft
Ko/me/ten/schweif *m.*, -[e]s, -e
Kom/fort [engl.] *m.*, -s, *nur Sg.*, Bequemlichkeit, Annehmlichkeit, gehobene Ausstattung
kom/for/ta/bel
Ko/mik [griech.] *f.*, -, *nur Sg.*, erheiternde, Lachen erregende Wirkung
Ko/mi/ker *m.*, -s, -, Person,

die komische Darstellungen aufführt
Kom/in/form oder auch: **Ko/min/form** *n.,* -s, *nur Sg.,* Kurzw. für: Kommunistisches Informationsbüro
Kom/in/tern oder auch: **Ko/min/tern** *f.,* -, *nur Sg.,* Kurzw. für: Kommunistische Internationale
ko/misch 1. Lachen erregend, 2. ugs.: seltsam, merkwürdig
Ko/mi/ta/dschi oder auch: **Ko/mi/tad/schi** [türk.] *m.,* -s, -, bulgarischer Freiheitskämpfer in Makedonien
Ko/mi/tat [lat.] *n.* oder *m.,* -[e]s, -e, 1. feierliches Geleit, 2. früher: Verwaltungsbezirk in Ungarn
Ko/mi/tee [französ.] *n.,* -s, -s, Ausschuss
Ko/mi/ti/en [lat.] *nur Pl.,* Volksversammlungen im alten Rom
Kom/ma [griech.] *n.,* -s, -s oder Kommata, ein Satzzeichen, Beistrich
Kom/ma/ba/zil/lus *m.,* -s, -bazillen, Choleraerreger
Kom/man/dant [lat.] *m.,* -en, -en, Befehlshaber
Kom/man/dan/tur *f.,* -, -en, Dienstgebäude des Kommandanten
Kom/man/deur *m.,* -[e]s, -e, Kommandant
kom/man/die/ren *tr.,* befehlen
Kom/man/die/rung *f.,* -, -en, Versetzung zu einer anderen Truppeneinheit
Kom/man/di/tär [französ.] *m.,* -[e]s, , -e, Kommanditist
Kom/man/di/te *f.,* -, -n, Zweigniederlassung
Kom/man/dit/ge/sell/schaft *f.,* -, -en, (Abk.: KG) Handelsgesellschaft, bei der mindestens ein Teilhaber persönlich mit seinem gesamten Vermögen haftet
Kom/man/di/tist *m.,* -en, -en, Teilhaber einer Handelsgesellschaft, der nur mit seiner Einlage haftet
Kom/man/do [italien.] *n.,* -s, -s, 1. Befehlsgewalt, 2. Truppeneinheit mit bestimmter Funktion
Kom/man/do/brü/cke *f.,* -, -n, auf Schiffen der Aufenthaltsort für den Kommandanten, Lotsen und Wachoffizier
Kom/man/do/stim/me *f.,* -, -n
Kom/man/do/turm *m.,* -[e]s, -türme, gepanzerter Turm auf Kriegsschiffen
Kom/mas/sa/tion [lat.] *f.,* -, -en, Flurbereinigung
kom/mas/sie/ren *tr.,* zusammenlegen
Kom/mas/sie/rung *f.,* -, -en
Kom/me/mo/ra/tion [lat.] *f.,* -, -en, Erinnerung, Andenken
kom/me/mo/rie/ren *tr.*
kom/men *intr.*
Kom/men/de [lat.] *f.,* -, -n, kirchl. Pfründe mit Verpflichtung zur Erfüllung kirchlicher Amtspflichten
kom/men/sal [lat.]
Kom/men/sa/lis/mus *m.,* -s, *nur Sg.,* Beteiligung eines Lebewesens am Nahrungsgewinn eines anderen Lebewesens
kom/men/su/ra/bel [lat.] vergleichbar
Kom/men/su/ra/bi/li/tät *f.,* -, *nur Sg.,* Vergleichbarkeit
Kom/ment [französ.] *m.,* -s, -s, Regel, Brauch
Kom/men/tar [lat.] *m.,* -[e]s, -e, Erklärung, Bemerkung
Kom/men/ta/ti/on *f.,* -, -en
Kom/men/ta/tor *m.,* -s, -en, Person, die Kommentare gibt
kom/men/tie/ren *tr.,* erläutern
Kom/mers [französ.] *m.,* -es, -e, veralt.: feierliches studentisches Trinkfest
Kom/mers/buch *n.,* -[e]s, -bücher, studentisches Liederbuch
Kom/merz [französ.] *m.,* -es, *nur Sg.,* Handel, Verkehr
kom/mer/zi/a/li/sie/ren *tr.,* dem Handel preisgeben
Kom/mer/zi/a/li/sie/rung *f.,* -, *-nur Sg.*
Kom/mer/zi/al/rat *m.,* -[e]s, -räte, Kommerzienrat
kom/mer/zi/ell den Handel betreffend
Kom/mer/zi/en/rat *m.,* -[e]s, -räte, bis 1919 verliehener Titel für Industrielle
Kom/mi/li/to/ne [lat.] *m.,* -n, -n, Mitstudent
Kom/mi/li/to/nin *f.,* -, -nen
Kom/mis [französ.] *m.,* -, -, veralt. für Handelsgehilfe
Kom/miß > **Kom/miss** *m.,* -es, *nur Sg.,* ugs. für Militärdienst
Kom/mis/sar *m.,* -[e]s, -e, 1. Dienstbezeichnung für Polizeibeamte, 2. Person, die im staatlichen Auftrag arbeitet und mit Vollmachten ausgestattet ist
Kom/mis/sa/ri/at *n.,* -[e]s, -e, Amt des Kommissars
kom/mis/sa/risch vorübergehend beauftragt
Kom/miß/brot > **Kom/miss/brot** *n.,* -[e]s, -e, eine Brotsorte

Kom/mis/si/on *f.*, -, -en, 1. Ausschuss, 2. in der Wendung: in Kommission geben, zum Verkauf beauftragen

Kom/mis/si/o/när *m.*, -[e]s, -e, Person, die Kommissionsgeschäfte vornimmt

kom/mis/si/o/nell

Kom/mis/si/ons/buch/handel *m.*, -s, *nur Sg.*, Zweig des Buchhandels

Kom/mis/si/ons/ge/schäft *n.*, -[e]s, -e, An- und Verkauf von Waren unter eigenem Namen, aber auf fremde Rechnung

Kom/mis/si/ons/sen/dung *f.*, -, -en, Warensendung unter bestimmten Konditionen

Kom/mis/si/ons/wa/re *f.*, -, -n, in Kommission gegebene Ware

kom/mis/so/risch

Kom/mis/so/ri/um *n.*, -s, -Kommissorien, Sonderauftrag

Kom/miß/stie/fel >

Kom/miss/stie/fel *m.*, -s, -, Soldatenstiefel

Kom/mit/tent *m.*, -en, -en, Auftraggeber des Kommissionärs

kom/mit/tie/ren *tr.*, beauftragen

Kom/mit/tiv *n.*, -[e]s, -e, veralt. für: schriftliche Vollmacht

Kom/mo/de *f.*, -, -n, niedriger Schrank mit Schubladen

Kom/mo/do/re [engl.] *m.*, -s, -s, oder -s, -n, 1. Kapitän in Admiralsstellung, 2. Kommandeur eines Geschwaders, 3. Ehrentitel für Kapitäne

kom/mun [lat.] gemeinschaftlich

kom/mu/nal eine Gemeinde betreffend

Kom/mu/nal/be/hör/de *f.*, -, -n

kom/mu/na/li/sie/ren *tr.*

Kom/mu/na/li/sie/rung *f.*, -, *nur Sg.*

Kom/mu/nal/po/li/tik *f.*, -, -*nur Sg.*

Kom/mu/nal/ver/wal/tung *f.*, -, -en

Kom/mu/nal/wahl *f.*, -, -en

Kom/mu/nar/de *m.*, -n, -n, Anhänger der Pariser Kommune

Kom/mu/ne *f.*, -, -n, 1. Gemeinde, 2. mittelalterlicher Stadtstaat in Italien, 3. Pariser Kommune: revolutionäre Sonderregierung in Paris von März bis Mai 1871, 4. Zusammenschluss von Personen zu einer Wohngemeinschaft

Kom/mu/ni/kant *m.*, -en, -en, Teilnehmer am Abendmahl

Kom/mu/ni/ka/ti/on *f.*, -, -en, Austausch von Informationen und Nachrichten, Verständigung

Kom/mu/ni/ka/ti/ons/mit/tel *n.*, -s,

Kom/mu/ni/on *f.*, -, -en, Abendmahl der kathol. Kirche

Kom/mu/ni/qué *(Hf.)* auch: **Kom/mu/ni/kee** *(Nf.)* [französ.] *n.*, -s, -s, amtliche Bekanntmachung

Kom/mu/nis/mus *m.*, -, *nur Sg.*, Wirtschafts- und Gesellschaftsordnung, in der es nur Gemeinbesitz gibt und Klassengegensätze aufgehoben sind

Kom/mu/nist *m.*, -en, -en

kom/mu/nis/tisch aber: Kommunistisches Manifest

Kom/mu/ni/tät *f.*, -, -en, Gemeinschaft

kom/mu/ni/zie/ren *intr.*, 1. in Verbindung stehen, 2. die Eucharistie empfangen

kom/mu/ta/bel [lat.] austauschbar

Kom/mu/ta/ti/on *f.*,-,-en, Vertauschung

kom/mu/ta/tiv vertauschbar

Kom/mu/ta/tor *m.*, -s, -en, Kollektor

Ko/mö/di/ant [griech.] *m.*, -en, -en, 1. Schauspieler, 2. Heuchler

ko/mö/di/an/ten/haft

Ko/mö/di/an/ten/tum *n.*, -s, *nur Sg.*

ko/mö/di/an/tisch

Ko/mö/die *f.*, -, -n, dramatische Gestaltung komischer Situationen mit glücklichem Ausgang, Lustspiel

Komp. Abk. für Kompanie

Kom/pa/gnie oder auch: **Kom/pag/nie** [französ.] *f.*, -, -n, veralt. für: Kompanie

Kom/pa/gnon oder auch: **Kom/pag/non** *m.*, -s, -s, Teilhaber, Gesellschafter

kom/pakt [französ.] massiv, fest

Kom/pakt/heit *f.*, -, *nur Sg.*

Kom/pa/nie [lat.] *f.*, -, -n, 1. (Abk.: Komp.) Truppeneinheit der Infanterie, 2. (Abk.: Komp., Co., Cie.) Handelsgesellschaft

Kom/pa/nie/chef *m.*, -s, -s

Kom/pa/nie/füh/rer *m.*, -s, -

Kom/pa/nie/ge/schäft *n.*, -[e]s, -e

kom/pa/ra/bel [lat.] 1. in der Grammatik: steigerungsfähig, 2. vergleichbar

Kom/pa/ra/ti/on *f.*, -, -en, Steigerung in der Grammatik

kom/pa/ra/tiv 1. in der

Grammatik: steigernd, 2. vergleichend
Kom/pa/ra/tiv *m.,* -[e]s, -e, in der Grammatik: erste Steigerungsstufe
Kom/pa/ra/tiv/satz *m.,* -[e]s, -sätze, Nebensatz, der einen Vergleich enthält
Kom/pa/ra/tor *m.,* -s, -en, 1. Gerät zur genauen Längenmessung, 2. Kompensator **Kom/pa/rent** *m.,* -en, -en, veralt. für: Person, die vor Gericht erscheint
Kom/par/se [italien.] *m.,* -n, -n, Darsteller einer stummen Rolle
Kom/par/se/rie *f.,* -, *nur Sg.,* stumme Masse bei Aufführungen
Kom/paß > **Kom/pass** [italien.] *m.,* -es, -e, Instrument zur Bestimmung der Himmelsrichtung
Kom/paß/na/del > **Kom/pass/na/del** *f.,* -, -n, Magnetnadel im Kompass
kom/pa/ti/bel [französ.] vereinbar
Kom/pa/ti/bi/li/tät *f,* -, *nur Sg.,* Vereinbarkeit
kom/pen/di/ös kurz gefasst
Kom/pen/di/um *n.,* -s, Kompendien, 1. Handbuch, 2. Vorrichtung an der Kamera
Kom/pen/sa/ti/on [lat.] *f.,* -, -en, Ausgleich
Kom/pen/sa/ti/ons/ge/schäft *n.,* -[e]s, -e
Kom/pen/sa/tor *m.,* -s, -en, Gerät, das eine Messgröße mit einer Standardgröße vergleicht
kom/pen/sa/to/risch
kom/pen/sie/ren *tr.,* ausgleichen, verrechnen
kom/pe/tent [lat.] befugt, maßgebend, zuständig

Kom/pe/tenz *f.,* -, -en
Kom/pe/tenz/kon/flikt *m.,* -[e]s, -e
Kom/pe/tenz/strei/tig/keit *f.,* -, -en
Kom/pi/la/ti/on [lat.] *f.,* -,-en, aus anderen Büchern zusammengestelltes Werk
Kom/pi/la/tor *m.,* -s, -en, jmd., der etwas kompiliert
kom/pi/lie/ren *tr.,* sammeln, zusammenstellen
Kom/ple/ment [lat.] *n.,* -[e]s, -e, Ergänzung
kom/ple/men/tär
Kom/ple/men/tär/far/ben *nur Pl.,* Farben, die zusammen Weiß ergeben
kom/ple/men/tie/ren *tr.,* ergänzen
Kom/ple/ment/win/kel *m.,* -s, -, Winkel, der einen anderen Winkel zu 90° ergänzt
Kom/plet 1. [französ.] *n.,* -s, -s, Kleid und Mantel aus dem gleichen Stoff, 2. [lat.] *f.,* -, -e, Schlussgebet in der katholischen Kirche
kom/ple/tiv ergänzend
Kom/ple/to/ri/um oder auch: **Komp/le/to/ri/um** *n.,* -s, Kompletorien, Komplet
kom/plett unvollständig
kom/plet/tie/ren *tr.*
Kom/plet/tie/rung *f.,* -, -en
kom/plex [lat.] zusammengesetzt, verwickelt
Kom/plex *m.,* -[e]s, -e, 1. Gesamtumfang, 2. Gebäudeblock, 3. in der Psychologie: Erlebnisse oder Vorstellungen, die ins Unterbewusstsein verdrängt wurden und Fehlleistungen oder Ängste bewirken
Kom/ple/xi/on *f.,* -, -en, Zusammenfassung verschiedener Dinge
Kom/ple/xi/tät *f.,* -, *nur*

Sg., komplexer Zustand
Kom/pli/ce *m.,* -n, -n, veralt. für Komplize
Kom/pli/ka/ti/on [lat.] *f.,* -, -en, Schwierigkeit, erschwerender Umstand
Kom/pli/ment [französ.] *n.,* -[e]s, -e, schmeichelhafte Bemerkung
kom/pli/men/tie/ren *tr.,* veralt. für: jmdm. Komplimente machen
Kom/pli/ze *m.,* -n, -n, Mittäter
kom/pli/zie/ren [lat.] *tr.,* erschweren
kom/pli/ziert schwierig
Kom/pli/ziert/heit *f.,* -, *nur Sg.*
Kom/plott [französ.] *n.,* -[e]s, -e, Verschwörung
kom/plot/tie/ren *intr.,* sich verschwören
Kom/po/nen/te [lat.] *f.,* -, -n, Teil eines Ganzen
kom/po/nie/ren *tr.,* 1. zusammensetzen, kunstvoll anordnen, 2. ein Musikstück schaffen
Kom/po/nist *m.,* -en, -en, Schaffer eines Musikstücks
Kom/po/si/te *f.,* -, -n, ein Korbblütler
Kom/po/si/ti/on *f.,* -, -en, 1. Anordnung, 2. Musikstück
kom/po/si/ti/o/nell kompositorisch
Kom/po/sit/ka/pi/tell *n.,* -[e]s, -e, Sonderform des korinthischen Kapitells
kom/po/si/to/risch eine Komposition betreffend
Kom/po/si/tum *n.,* -s, Komposita, zusammengesetztes Wort
kom/pos/si/bel vereinbar
Kom/pos/si/bi/li/tät *f.,* -, *nur Sg.*

Kom/post Dat.] *m.*, -[e]s, -e, natürlicher Dünger aus Erde und verwesten Stoffen
Kom/post/hau/fen *m.*,-s, -
kom/pos/tie/ren *tr.*
Kom/pott [französ.] *n.*, -[e]s, -e, gekochtes, mit Zucker gesüßtes Obst
kom/pre/hen/si/bel [lat.] begreifbar
Kom/pre/hen/si/on *f.*, -, -e
kom/preß > **kom/press** [lat.] eng, dicht gedrängt
Kom/pres/se *f.*, -, -n, Verband aus mehrfach zusammengelegtem Mull
kom/pres/si/bel zusammendrückbar
Kom/pres/si/bi/li/tät *f.*, -, *nur Sg.*
Kom/pres/si/on *f.*, -, *nur Sg.*, Anwendung eines anhaltenden Drucks
Kom/pres/si/ons/pum/pe *f.*, -, -n, Druckpumpe
Kom/pres/si/ons/ver/band *m.*, -[e]s, -verbände, Druckverband bei stark blutenden Wunden
Kom/pres/sor *m.*, -s, -en, Gasverdichter
Kom/pres/so/ri/um *n.*, -s, Kompressorium, Gerät zum Zusammenpressen der Blutgefäße
kom/pri/mie/ren [lat.] *tr.*, pressen, zusammendrücken, verdichten
Kom/pro/miß >
Kom/pro/miss [lat.] *m.*, -es, -e, Übereinkunft, Vergleich, Zwischenlösung
Kom/pro/miß/ler >
Kom/pro/miss/ler *m.*, -s,
kom/pro/miß/los >
kom/pro/miss/los
Kom/pro/miß/lö/sung
> **Kom/pro/miss/lö/sung** *f.*, -, -en

kom/pro/mit/tie/ren [lat.] *tr.*, bloßstellen
Komp/ta/bi/li/tät [lat.] *f.*, -, *nur Sg.*, Verantwortlichkeit
Kom/pul/si/on [lat.] *f.*, -, -en, Zwang, Nötigung
kom/pul/siv nötigend
Kom/so/mol [russ.] *m.*, -, *nur Sg.*, Kurzw. für den Kommunistischen Jugendverband der ehemaligen UdSSR
Kom/so/mol/ze *m.*, -n, -n, Angehöriger des Komsomol
Kom/teß > **Kom/tess** [französ.] *f.*, -, -en, Gräfin
Kom/tur [lat.] *m.*, -[e]s, -e, Verwalter oder Amtsträger eines Ritterordens
Kom/tu/rei *f.*, -, -en, Verwaltungsgebiet eines Komturs
Ko/nak [türk.] *m.*, -[e]s, -e, Amtsgebäude in der Türkei
Kon/cha [lat.] *f.*, -s, Konchen
Kon/che *f.*, -, -n, 1. Halbkugel der Apsis, 2. Maschine zur Wärmebehandlung von Schokolade
Kon/chi/fe/re [lat.] *f.*, -, -n, Weichtier mit Schale
kon/chi/form muschelförmig
Kon/cho/i/de *f.*, -, -n, Muschellinie
Kon/cho/skop oder auch:
Kon/chos/kop [lat.] *n.*, -[e]s, -e, Gerät zur Untersuchung des Naseninnern
Kon/chy/lie [griech.] *f.*, -, -n, Schale der Weichtiere
Kon/chy/li/o/lo/gie *f.*, -, *nur Sg.*, Lehre von den Weichtieren
Kon/dem/na/ti/on [lat.] *f.*, -, -en, Verurteilung
kon/dem/nie/ren *tr.*
Kon/den/sat [lat.] *n.*, -[e]s, -e

Kon/den/sa/ti/on *f.*, -, -en, 1. in der Physik: Übergang von Gasen und Dämpfen in den flüssigen oder festen Zustand durch Abkühlung oder Druck, 2. in der Chemie: Vereinigung zweier Moleküle zu einem größeren Molekül unter Abspaltung von Wasser
Kon/den/sa/ti/ons/dampfma/schi/ne *f.*, -, -n
Kon/den/sa/ti/ons/kern *m.*, -[e]s, -e, Fremdkörper, der bei der Kondensation zugeführt werden kann
Kon/den/sa/ti/ons/punkt *m.*, -[e]s, -e, charakteristische Temperatur, bei der Kondensation eintritt
Kon/den/sa/tor *m.*, -s, -en, 1. in der Elektrotechnik: zwei gegeneinander isolierte elektrische Leiter, die zusammen eine Kapazität haben, 2. Vorrichtung zum Niederschlagen des aus der Dampfmaschine austretenden Abdampfes
kon/den/sie/ren *tr.*, verflüssigen, verdichten
Kon/dens/milch *f.*, -, *nur Sg.*, kondensierte Milch
Kon/den/sor *m.*, -s, -en, Beleuchtungssystem in optischen Geräten
Kon/dens/strei/fen *m.*, -s, -, weißer Streifen aus kondensiertem Wasserdampf, der in großer Höhe durch die Abgase eines Flugzeugs entsteht
Kon/dens/was/ser *n.*, -s, *nur Sg.*, durch Kondensation entstehendes Wasser
kon/di/tern [lat.] *intr.*, als Konditor arbeitern
Kon/di/ti/on [lat.] *f.*, -, -en, 1. Bedingung, 2. körperli-

che Verfassung
kon/di/ti/o/nal bedingend
Kon/di/ti/o/nal *m.*, -[e]s, -e
Kon/di/ti/o/na/lis *m.*, -, Konditionales, in der Grammatik: Bedingungsform
Kon/di/ti/o/na/lis/mus *m.*, -, *nur Sg.*, philosophische Lehre
Kon/di/ti/o/na/list *m.*, -en, -en
kon/di/ti/o/na/lis/tisch
Kon/di/ti/o/nal/satz *m.*, -[e]s, -Sätze, in der Grammatik: Bedingungssatz
kon/di/ti/o/nie/ren *tr.*, den Feuchtigkeitsgehalt ermitteln bzw. verringern
Kon/di/ti/o/nis/mus *m.*, -, *nur Sg.*, Konditionalismus
Kon/di/ti/ons/trai/ning *n.*, -s, -s, sportliches Training zur Erhaltung oder Steigerung der körperlichen Leistungsfähigkeit
Kon/di/tor [lat.] *m.*, -s, -en, Bäcker, der Feingebäck herstellt
Kon/di/to/rei *f.*, -, -en, Café, Feinbäckerei
Kon/di/tor/wa/ren *nur Pl.*
Kon/do/lenz [lat.] *f.*, -, *nur Sg.*, Beileidsbezeugung
Kon/do/lenz/be/such *m.*, -[e]s, -e
Kon/do/lenz/brief *m.*, -[e]s, -e
kon/do/lie/ren *intr.*, Teilnahme ausdrücken
Kon/dom [französ.] *n.*, -[e]s, -e, Präservativ
Kon/do/mi/nat [lat.] *n.*, -[e]s, -e,
Kon/do/mi/ni/um *n.*, -s, Kondominien, gemeinsame Herrschaft mehrerer über ein Land
Kon/dor [peruan.] *m.*, -[e]s, -e, größter Geiervogel

Südamerikas
Kon/dot/tie/re [italien.] *m.*, -s, *nur Sg.*, italien. Söldnerführer im 14. Jh.
Kon/duite [französ.] *f.*, -, *nur Sg.*, Führung, Betragen
Kon/dukt [lat.] *n.*, -[e]s, -e, feierliches Geleit, Leichenzug
Kon/duk/tanz *f.*, -, *nur Sg.*, Wirkleitwert eines Wechselstromkreises
Kon/duk/teur [französ.] *m.*, -[e]s, -e, veralt. für Schaffner
Kon/duk/to/me/trie oder auch:
Kon/duk/to/met/rie *f.*, -, *nur Sg.*, Untersuchung von Reaktionsabläufen in Lösungen
Kon/duk/tor *m.*, -s, -en, 1. Überträger einer Erbkrankheit, 2. isoliert aufgestellte Metallkugel
Kon/du/ran/go [indian.] *f.*, -, -s, südamerikan. Kletterstrauch
Kon/dy/lom [griech.] *n.*, -[e]s, -e, Feigwarze
Kon/fekt [lat.] *n.*, -[e]s, *nur Sg.*, Pralinen, Zuckerwerk
Kon/fek/ti/on *f.*, -, -en, Fertigkleidung im Gs. zu maßgeschneiderter Kleidung
Kon/fek/ti/o/när *m.*, -[e]s, -e, leitender Angestellter eines Unternehmens der Bekleidungsindustrie
Kon/fek/ti/o/neu/se *f.*, -, -n
kon/fek/ti/o/nie/ren *tr.*
Kon/fek/ti/ons/ge/schäft *n.*, -[e]s, -e
Kon/fek/ti/ons/klei/dung *f.*, -, *nur Sg.*
Kon/fe/renz [lat.] *f.*, -, -en, Tagung, Sitzung, Beratung
kon/fe/rie/ren *intr.*, eine Konferenz abhalten

Kon/fes/si/on [lat.] *f.*, -, -en, 1. Bekenntnis, 2. Glaubensgemeinschaft mit eigenem Bekenntnis
Kon/fes/si/o/na/li/sie/rung *f.*, -, *nur Sg.*, Durchsetzung einer Konfession
Kon/fes/si/o/na/lis/mus *m.*, -, *nur Sg.*, strenge Bekenntnistreue
Kon/fes/si/o/na/list *m.*, -en, -en
kon/fes/si/o/na/lis/tisch
kon/fes/si/o/nell das christliche Glaubensbekenntnis betreffend
kon/fes/si/ons/los keinem christlichen Glaubensbekenntnis angehörend
Kon/fes/si/ons/lo/sig/keit *f.*, -, *nur Sg.*
Kon/fes/si/ons/schu/le *f.*, -, -n, Bekenntnisschule
Kon/fet/ti [italien.] *n.*, -s, *nur Sg.*, Papierblättchen zum Werfen beim Karneval und an Silvester
Kon/fi/dent [lat.] *m.*, -en, -en, veralt. für enger Freund
kon/fi/den/ti/ell [französ.] vertraulich
Kon/fi/denz *f.*, -, *nur Sg.*, veralt. für Vertrautheit
Kon/fi/gu/ra/ti/on [lat.] *f.*, -, -en, 1. allg. Gestaltung, Anordnung, 2. räumliche Anordnung der Atome im Molekül, 3. Stellung der Sterne
kon/fi/gu/rie/ren *tr.*, gestalten, anordnen
Kon/fi/na/ti/on [lat.] *f.*, -, -en, Aufenthaltsbeschränkung
kon/fi/nie/ren *tr.*, beschränken, begrenzen
Kon/fi/ni/tät *f.*, -, *nur Sg.*, veralt. für Grenznachbarschaft

Kon/fi/ni/um *n., -s,* Konfinien, veralt. für Grenzland
Kon/fir/mand [lat.] *m., -en, -en,* evangelischer Jugendlicher, der an der Konfirmation teilnimmt
Kon/fir/man/den/stun/de *f., -, -n*
Kon/fir/man/den/un/ter/richt *m., -[e]s, -e*
Kon/fir/man/din *f., -, -nen*
Kon/fir/ma/ti/on *f., -, -en,* in der evangelischen Kirche: feierliche Aufnahme junger Christen in die Gemeinde
kon/fir/mie/ren *tr.*
Kon/fi/se/rie [französ.] *f., -, -n,* französ. für Konditorei
Kon/fi/seur *m., -[e]s, -e,* französ. für Konditor
Kon/fis/ka/ti/on [lat.] *f., -, -en,* Beschlagnahme, Enteignung
kon/fis/zie/ren *tr.,* beschlagnahmen
Kon/fi/tent [lat.] *m., -en, -en,* veralt. für jmdn., der die Beichte ablegt
Kon/fi/te/or *n., -s, nur Sg.,* Teil des katholischen Messgebets, Sündenbekenntnis
Kon/fi/tü/re [französ.] *f., -, -n,* Marmelade, Eingemachtes
kon/fli/gie/ren *intr.,* veralt. für: in Streit geraten
Kon/flikt *m., -[e]s, -e,* Streit, Zusammenprall
Kon/flikt/si/tu/a/ti/on *f., -, -en*
Kon/flikt/stoff *m., [e]s, -e*
Kon/flu/enz [lat.] *f., -,-en,* Zulauf
kon/flu/ie/ren *intr.,* zusammenfließen
Kon/flux *m., -es, -e,* Konfluenz
Kon/fö/de/ra/ti/on [lat.] *f.,* -, -en, Staatenbund
kon/fö/de/rie/ren *intr.,* sich verbünden
kon/fo/kal [lat.] mit gleichem Brennpunkt
kon/form [lat.] übereinstimmend, gleichförmig
kon/for/mie/ren *tr.,* übereinstimmend machen
Kon/for/mis/mus *m., nur Sg.,* Streben nach Übereinstimmung
Kon/for/mist *m., -en, -en*
kon/for/mis/tisch
Kon/for/mi/tät *f., -, nur Sg.,* Übereinstimmung
Kon/fra/ter [lat.] *m., -,* Konfratres, Mitbruder
Kon/fra/ter/ni/tät *f., -, nur Sg.,* Mitbruderschaft
Kon/fron/ta/ti/on [lat.] *f., -, -en,* Gegenüberstellung
kon/fron/tie/ren *tr.,* gegenüberstellen
Kon/fron/tie/rung *f., -, - en*
Kon/fun/die/ren [lat.] *tr.,* verwechseln, verwirren
kon/fus verwirrt, unklar
Kon/fu/si/on *f., -, -en,* Verwirrung
Kon/fu/zi/a/ner *m., -s, -,* Anhänger des Konfuzianismus
kon/fu/zi/a/nisch
Kon/fu/zi/a/nis/mus *m., -, nur Sg.,* Lehre des chinesischen Philosophen Konfuzius
kon/ge/ni/al [lat.] geistig ebenbürtig, geistesverwandt
Kon/ge/ni/a/li/tät *f., -, nur Sg.*
Kon/ges/ti/on [lat.] *f., -, -en,* Blutandrang
kon/ges/tiv
Kon/glo/me/rat oder auch: **Kong/lo/me/rat** [lat.] *n., - [e]s, -e,* 1. ungeordnete, zusammengeworfene Masse, 2. aus Geröllen bestehendes, verkittetes Gestein
kon/glo/me/ra/tisch oder auch: **kong/lo/me/ra/tisch**
Kon/glu/ti/na/ti/on oder auch: **Kong/lu/ti/na/ti/on** *f., -, -en,* Zusammenballung
Kon/go 1. afrikanischer Staat, 2. *m., -[s], nur Sg.,* wasserreichster Strom Afrikas
Kon/go/le/se *m., -n, -n,* Einwohner des afrikanischen Staates Kongo
kon/go/le/sisch
Kon/gre/ga/ti/on oder auch: **Kong/re/ga/ti/on** [lat.] *f., -, -en,* 1. allg.: Vereinigung, 2. in der katholischen Kirche: Verbindung mehrerer Klöster derselben Regel
Kon/gre/ga/ti/o/na/list oder auch: **Kong/re/ga/tio/na/list** *m., -en, -en,* Angehöriger der kirchlichen Partei in England
Kon/gre/ga/ti/o/nist oder auch: **Kong/re/ga/ti/o/nist** *m., -en, -en,* Angehöriger einer Kongregation
Kon/greß > **Kon/gress** [lat.] *m., -es, -e,* 1. Tagung, Zusammenkunft, 2. die aus Senat und Repräsentantenhaus bestehende Volksvertretung der USA
Kon/greß/hal/le > **Kon/gress/hal/le** *f., -, -n*
Kon/greß/saal > **Kon/gress/saal** *m., -[e]s, -säle*
Kon/greß/zent/rum > **Kon/gress/zent/rum**, *n., -s,* zentren
Kon/gru/ent oder auch: **kong/ru/ent** [lat.], genau

gleich, sich deckend
Kon/gru/enz oder auch:
Kong/ru/enz *f.*, -, *nur Sg.*,
1. in der Mathematik: völlige Übereinstimmung zweier geometrischer Figuren in Größe und Gestalt, 2. in der Grammatik: Übereinstimmung zusammengehöriger Satzteile in Numerus, Genus, Kasus
Kon/gru/enz/satz oder auch: **Kong/ru/enz/satz** *m.*, -[e]s, -sätze, Satz in der Mathematik, der besagt, wann zwei Dreiecke kongruent sind
kon/gru/ie/ren oder auch: **kong/ru/ie/ren** *intr.*, übereinstimmen
Ko/ni/die [griech.] *f.*, -, -n, Pilzspore
Ko/ni/fe/re [lat.] *f.*, -, -n, Nadelholzpflanze
Kö/nig *m.*, -[e]s, -e, Monarch
Kö/ni/gin *f.*, -,-nen
Kö/ni/gin/mut/ter *f.*, -, -mütter
Kö/ni/gin/wit/we *f.*, -, -n
kö/nig/lich aber: Königliche Hoheit
Kö/nig/reich *n.*, -[e]s, -e
Kö/nigs/ad/ler *m.*, -s, -
kö/nigs/blau
Kö/nigs/hof *m.*, -[e]s, -höfe
Kö/nigs/ker/ze *f.*, -, -n, Pflanzenart
Kö/nigs/kind *n.*, -[e]s, -er
Kö/nigs/ko/bra oder auch: **Kö/nigs/kob/ra** *f.*, -, -s, Giftschlangenart
Kö/nigs/kro/ne *f.*, -, -n
Kö/nigs/ku/chen m, -s, -
Kö/nigs/schlan/ge *f.*, -, -n, siehe Königskobra
Kö/nigs/schloß > **Kö/nigs/schloss** *n.*, -es, -Schlösser

Kö/nigs/sohn *m.*, -[e]s, -söhne
Kö/nigs/thron *m.*, -[e]s, -e
Kö/nigs/ti/ger *m.*, -s, -
Kö/nigs/toch/ter *f.*, -, -töchter
kö/nigs/treu
Kö/nigs/was/ser *n.*, -s, *nur Sg.*, Mischung aus Salzsäure und Salpetersäure
Kö/nigs/wür/de *f.*, -, -n
Kö/nig/tum *n.*, -s, *nur Sg.*
Ko/ni/in [griech.] *n.*, -[e]s, *nur Sg.*, giftiges Alkaloid
ko/nisch [lat.] kegelförmig
Ko/ni/zi/tät *f.*, -, *nur Sg.*
Kon/jek/tur *f.*, -, -en, richtige Lesart oder Berichtigung eines unvollständig überlieferten Textes
kon/jek/tu/ral
kon/ji/zie/ren *tr.*, mit Konjekturen versehen
kon/ju/gal [lat.] ehelich
Kon/ju/ga/ten *nur Pl.*, Grünalgen
Kon/ju/ga/ti/on *f.*, -, -en, 1. in der Grammatik: Beugung von Verben, 2. in der Biologie: vorübergehende Vereinigung zweier Einzeller zum Kernaustausch
kon/ju/gie/ren *tr.*
kon/jun/gie/ren *tr.*, veralt. für: verbinden
Kon/junk/ti/on *f.*, -, -en, 1. in der Grammatik: Bindewort, 2. in der Astronomie: Stellung zweier Planeten im gleichen Längengrad
kon/junk/ti/o/nal
Kon/junk/ti/o/nal/satz *m.*, -[e]s, -sätze, in der Grammatik: ein durch eine Konjunktion eingeleiteter Satz
kon/junk/tiv verbindend
Kon/junk/tiv *m.*, -[e]s, -e, in der Grammatik: Möglichkeitsform

Kon/junk/ti/va *f.*, -, *nur Sg.*, Bindehaut des Auges
kon/junk/ti/visch
Kon/junk/ti/vi/tis *f.*, -, Konjunktivitiden, Bindehautentzündung
Kon/junk/tur *f.*, -, -en, jeweilige Gesamtlage der Wirtschaft
kon/junk/tu/rell
Kon/junk/tur/po/li/tik *f.*, -, *nur Sg.*,
Kon/ju/ra/ti/on *f.*, -, -en, veralt. für Verschwörung
kon/kav [lat.] nach innen gewölbt
Kon/ka/vi/tät *f.*, -, *nur Sg.*, konkave Beschaffenheit
Kon/kav/lin/se *f.*, -, -n, Zerstreuungslinse
Kon/kav/spie/gel *m.*, -s, -, Hohlspiegel
Kon/kla/ve [lat.] *f.*, -,-n, Raum, in dem die Kardinäle zur Papstwahl zusammentreffen bzw. die Versammlung der Kardinäle selbst
kon/klu/dent [lat.] schlüssig, eine Schlussfolgerung zulassend
kon/klu/die/ren *tr.*, schließen, folgern
Kon/klu/si/on *f.*, -, -en, Schlussfolgerung
kon/klu/siv
kon/kor/dant [lat.] übereinstimmend
Kon/kor/danz *f.*, -, -en, 1. Zusammenstellung aller in einem Schriftstück vorkommenden Wörter, 2. in der Erdgeschichte: ungestörte Lagerung von jüngeren Schichten auf älteren, 3. typografisches Längenmaß beim Buchdruck
Kon/kor/dat *n.*, -[e]s, -e, Vertrag zwischen dem Staat und dem Papst

Kon/kor/dia *f.*, -, *nur Sg.*, Eintracht

Kon/kor/di/en/buch *n.*, -[e]s, -bücher, Sammlung der lutherischen Bekenntnisschriften

Kon/kor/di/en/for/mel *f.*, -, -n, Bekenntnisschrift von 1577, die den Lehrbegriff der lutherischen Kirche endgültig festlegte

Kon/kre/ment [lat.] *n.*, -[e]s, -e, körnige, sich aus Körperflüssigkeit absetzende Substanz, z.B. Nierensteine

Kon/kres/zenz [lat.] *f.*, -, *nur Sg.*, veralt. für Zusammenwachsen

kon/kret [lat.] anschaulich, wirklich

Kon/kre/ti/on *f.*, -, -en, Mineralmasse

kon/kre/ti/sie/ren *tr.*, anschaulich machen

Kon/kre/ti/sie/rung *f.*, -, *nur Sg.*, Veranschaulichung

Kon/kre/tum *n.*, -s, Konkreta, Substantiv, das etwas Gegenständliches, etwas sinnlich Wahrnehmbares bezeichnet

Kon/ku/bi/nat [lat.] *n.*, -[e]s, -e, dauernde außereheliche Lebensgemeinschaft, wilde Ehe

Kon/ku/bi/ne *f.*, -, -n, Nebenfrau, Geliebte

Kon/ku/pis/zenz [lat.] *f.*, -, -en, in der katholischen Kirche: sinnliche Begierlichkeit als Schwäche des menschlichen Willens

Kon/kur/rent [lat.] *m.*, -en, -en, Mitbewerber, Rivale

Kon/kur/renz *f.*, -, -en, Wettbewerb

kon/kur/renz/fä/hig

Kon/kur/renz/fä/hig/keit *f.*, -, *nur Sg.*

kon/kur/ren/zie/ren *intr.*, konkurrieren

Kon/kur/renz/kampf *m.*, -[e]s, -kämpfe

Kon/kur/renz/los

Kon/kur/renz/un/ter/neh/men *n.*, -s, -

kon/kur/rie/ren *intr.*

Kon/kurs [lat.] *m.*, -[e]s, -e, Zahlungsunfähigkeit

Kon/kurs/er/öff/nung *f.*, -, -en

Kon/kurs/gläu/bi/ger *m.*, -s, -

Kon/kur/sit *m.*, -en, -en, schweizer. für jmdn., der Konkurs angemeldet hat

Kon/kurs/mas/se *f.*, -, -n, Restvermögen der in Konkurs gegangenen Firma

Kon/kurs/ver/fah/ren *n.*, -s, -

Kon/kurs/ver/wal/ter *m.*, -s, -

kön/nen *tr.*, vermögen, in der Lage sein.

Kön/ner *m.*, -s, -, Experte, Fachmann in einem bestimmten Bereich

Kon/nex [lat.] *m.*, -[e]s, -e, Zusammenhang

Kon/ne/xi/on *f.*, -, -en, einflussreiche Verbindung

kon/ni/vent [lat.] duldsam, nachsichtig

Kon/ni/venz *f.*, -, *nur Sg.*, Duldung, Nachsicht

kon/ni/vie/ren *tr.*

Kon/nos/se/ment [französ.] *n.*, -[e]s, -e, Seefrachtbrief

Kon/no/ta/ti/on [lat.] *f.*, -, -en, assoziative Begleitvorstellung eines Wortes

kon/no/ta/tiv

kon/nu/bi/al [lat.], veralt. für ehelich

Kon/nu/bi/um *n.*, -s, Konnubien, veralt. für Ehe

Ko/no/id [lat.] kegelförmiger Körper

Kon/quis/ta/dor [span.] *m.*, -[e]s, -en, span. Eroberer in Süd- und Mittelamerika

Kon/rek/tor [lat.] *m.*, -s, -en, Vertreter des Rektors einer Schule

Kon/san/gu/i/ni/tät [lat.] *f.*, -, -en, Blutsverwandtschaft

Kon/seil [französ.] *m.*, -s, -s, Ratsversammlung, Beratung

Kon/se/kra/ti/on [lat.] *f.*, -, -en, in der katholischen Kirche: 1. dem Bischof vorbehaltene Weihe von Personen oder Sachen, 2. in der Messe die Wandlung von Brot und Wein

kon/se/krie/ren *tr.*, weihen

kon/se/ku/tiv [lat.] abgeleitet, folgernd

Kon/se/ku/tiv/satz *m.*, -[e]s, -sätze, in der Grammatik: Folgesatz

Kon/sens [lat.] *m.*, -es, -e, Zustimmung, Genehmigung

kon/sen/su/ell übereinstimmend

kon/sen/tie/ren *tr.*

kon/se/quent [lat.] beharrlich, folgerichtig

Kon/se/quenz *f.*, -, -en, Folge, Folgerung, Folgerichtigkeit

Kon/ser/va/ti/on *f.*, -, -en, Instandhaltung von Kunstwerken

Kon/ser/va/tis/mus *m.*, -, *nur Sg.*, geistige Haltung, die die bestehende Ordnung zu erhalten strebt

kon/ser/va/tiv erhaltend, bewahrend

Kon/ser/va/ti/ve(r) *m.*, -n, -n, Anhänger einer konservativen Partei

Kon/ser/va/tor *m.*, -s, -en,

Beamter, dem die Erhaltung und Pflege der Kunstwerke eines Museums oder generell die Denkmalpflege untersteht

kon/ser/va/to/risch

Kon/ser/va/to/rist *m.*, -en, -en, Schüler eines Konservatoriums

kon/ser/va/to/ris/tisch

Kon/ser/va/to/ri/um *n.*, -s, Konservatorien, hochschulartige Ausbildungsstätte für alle Zweige der Musik

Kon/ser/ve *f.*, -, -n, durch Konservierung vor dem Verderben bewahrte Nahrungsmittel, die in Dosen oder Gläsern abgepackt sind

Kon/ser/ven/büch/se *f.*, -, -n

Kon/ser/ven/do/se *f.*, -, -n

Kon/ser/ven/ver/gif/tung *f.*, -, -en

kon/ser/vie/ren *tr.*, haltbar machen

Kon/ser/vie/rung *f.*, -, -en

Kon/si/gnant oder auch: **Kon/sig/nant** [lat.] *m.*, -en, -en, Auftraggeber bei einem Kommissionsgeschäft

Kon/si/gna/ti/on oder auch: **Kon/sig/na/ti/on** *f.*, -, -en, Übergabe von Waren zum Verkauf im Kommissionsgeschäft

Kon/si/gna/ti/ons/gut oder auch: **Kon/sig/na/tions/gut** *n.*, -[e]s, -güter

Kon/si/gna/ti/ons/wa/re oder auch: **Kon/sig/na/ti/ons/wa/re** *f.*, -, -n

kon/si/gnie/ren oder auch: **kon/sig/nie/ren** *tr.*, schriftlich beglaubigen

Kon/si/li/ar/arzt *m.*, -[e]s, -ärzte

Kon/si/li/um *n.*, -s, Konsilien, Beratung mehrerer Ärzte über einen Krankheitsfall

kon/sis/tent [lat.], dicht, fest, haltbar

Kon/sis/tenz *f.*, -, *nur Sg.*, äußere Beschaffenheit eines Stoffes und sein Verhalten gegen Formänderungen

Kon/sis/to/ri/al/rat [lat.] *m.*, -[e]s, -räte, Mitglied eines Konsistoriums

Kon/sis/to/ri/um *n.*, -s, -Konsistorien, 1. in der katholischen Kirche: Vollversammlung der Kardinäle unter dem Vorsitz des Papstes, 2. in der evangelischen Kirche: nach der Reformation geschaffene landesherrliche Behörde für die Verwaltung kirchlicher Angelegenheiten

kon/skri/bie/ren oder auch: **kons/kri/bie/ren** [lat.] *tr.*, veralt.: zum Wehrdienst einschreiben

Kon/skrip/ti/on oder auch: **Kons/krip/ti/on** *f.*, -, -en, früher: bedingte Wehrpflicht, bei der noch Loskauf oder Stellvertretung möglich war

Kon/sol [engl.] *m.*, -s, -s, Anteilschein bei einer Staatsanleihe

Kon/so/la/ti/on [lat.] *f.*, -, -en, veralt. für Trost

Kon/so/le [lat.] *f.*, -, -n, 1. aus der Wand hervorragendes Bauglied für Bogen, Statuen usw., 2. Wandbrett

Kon/so/li/da/ti/on *f.*, -, -en, 1. allg. Festigung, Sicherung, 2. Umwandlung kurzfristiger Staatsanleihen in langfristige Staatsanleihen, 3. Zusammenlegung von Staatsanleihen

kon/so/li/die/ren *tr.*, 1. festigen, sichern, 2. zusammenlegen

Kon/so/li/die/rung *f.*, -, -en

Kon/som/mee [französ.] *f.* oder *n.*, - oder -s, -s, Fleischbrühe

kon/so/nant [lat.] gut zusammenklingend, harmonierend

Kon/so/nant *m.*, -en, -en, Mitlaut

kon/so/nan/tisch

Kon/so/nan/tis/mus *m.*, -, *nur Sg.*, Bestand und Entwicklung der Konsonanten einer Sprache

Kon/so/nanz *f.*, -, -en, Wohlklang, spannunglose, ausgeglichene Klangeinheit

Kon/sor/te [lat.] *m.*, -n, -n, 1. *nur Pl.*, Mittäter, 2. Mitglied eines Konsortiums

Kon/sor/ti/um *n.*, -s, Konsortien, vorläufiger Zusammenschluss von Kaufleuten oder Banken zur gemeinsamen Durchführung eines größeren Geschäftes unter Verteilung des Risikos

Kon/spekt oder auch: **Kons/pekt** [lat.] *m.*, -[e]s, -e, veralt. für Aufzeichnung, Übersicht

Kon/spi/ku/i/tät oder auch: **Kons/pi/ku/i/tät** [lat.] *f.*, -, *nur Sg.*, veralt. für Anschaulichkeit

Kon/spi/rant oder auch: **Kons/pi/rant** [lat.] *m.*, -en, -en, Verschwörer

Kon/spi/ra/ti/on oder auch: **Kons/pi/ra/ti/on** *f.*, -, -en, Verschwörung

kon/spi/rie/ren oder auch: **kons/pi/rie/ren** *intr.*

Kon/sta/bler oder auch: **Kons/tab/ler** [engl.] *m.*, -s,

konstant

-, 1. früher: Geschützmeister, 2. Bezeichnung für Polizisten in England und den USA
kon/stant oder auch:
kons/tant [lat.] beständig, fest, unveränderlich
Kon/stan/te oder auch:
Kons/tan/te *f.*, -, -n, in der Mathematik: unveränderliche Größe
kon/stan/ti/nisch oder auch: **kons/tan/ti/nisch** aber: Konstantinische Schenkung
Kon/stan/ti/no/pel oder auch: **Kons/tan/ti/no/pel** früherer Name der türkischen Stadt Istanbul
Kon/stan/ti/no/po/li/ta/ner oder auch: **Kons/ta-** *m.*, -s, -, Bewohner von Konstantinopel
kon/stan/ti/no/po/li/ta/nisch oder auch: **kons/ta-**
Kon/stanz oder auch:
Kons/tanz 1. Stadt in Baden-Württemberg, 2. [lat.] *f.*, -, -nur Sg., Unveränderlichkeit
kon/sta/tie/ren oder auch: **kons/ta-** [lat.] *tr.*, feststellen
Kon/stel/la/ti/on oder auch: **Kons/te-** [lat.] *f.*, -, -en, 1. Stellung der Himmelskörper zueinander, 2. allg.: Lage, Umstände
Kon/ster/na/ti/on oder auch: **Kons/ter-** [lat.] *f.*, -, nur Sg., Bestürztheit, Sprachlosigkeit
kon/ster/nie/ren oder auch: **kons/ter-** *tr.*
kon/ster/niert oder auch: **kons/ter-** bestürzt, verblüfft, sprachlos
Kon/sti/pa/ti/on oder auch: **Kons/ti-** [lat.] *f.*, -, -en, Verstopfung
kon/sti/tu/ie/ren oder auch: **kons/ti-** [lat.] *tr.*, gründen
Kon/sti/tut oder auch:
Kons/ti- *n.*, -[e]s, -e, fortgesetzter Vertrag
Kon/sti/tu/ti/on oder auch: **Kons/ti-** *f.*, -, -en, 1. Zusammensetzung, Anordnung, Begründung, 2. körperliche, seelische und geistige Verfassung eines Menschen, 3. Verfassung eines Staates, 4. Anordnung der Atome im Molekül, 5. päpstlicher Erlass, 6. Verordnung, Rechtsbestimmung
Kon/sti/tu/ti/o/na/lis/mus oder auch: **Kons/ti-** *m.*, -, nur Sg., Staats- und Regierungsform, bei der die Macht des Staatsoberhauptes durch eine Verfassung (Konstitution) beschränkt ist
kon/sti/tu/ti/o/nell oder auch: **kons/ti-**
Kon/sti/tu/ti/ons/typ oder auch: **Kons/ti-** *m.*, -[e]s, -en
kon/sti/tu/tiv oder auch: **kons/ti-** wesentlich, grundlegend, aufbauend
Kon/strik/ti/on [lat.] *f.*, -, -en, Abschnürung der Blutgefäße
Kon/strik/tor *m.*, -s, -en, Schließmuskel
kon/strin/gie/ren *tr.* und *intr.*
kon/stru/ie/ren [lat.] *tr.*, 1. entwerfen, bauen, 2. in der Mathematik: nach vorgegebenen Größen zeichnen
Kon/struk/teur *m.*, -[e]s, -e, Erbauer
Kon/struk/ti/on *f.*, -, -en, 1. Entwurf, Gestaltung, Aufbau, 2. zeichnerische Darstellung nach vorgegebenen Größen
Kon/struk/ti/ons/bü/ro *n.*, -s, -s
kon/struk/tiv
Kon/struk/ti/vis/mus *m.*, -, nur Sg., 1. in der Musik: Stilrichtung, die den formalen Aufbau der Komposition betont, 2. in der Malerei und Plastik: Richtung, die die Konstruktionselemte betont
Kon/struk/ti/vist *m.*, -en, -en, Anhänger des Konstruktivismus
kon/struk/ti/vis/tisch
Kon/sul [lat.] *m.*, -s, -n, 1. in der römischen Republik Amtsbezeichnung der beiden obersten Beamten, 2. der ständige Vertreter eines Staates in einem anderen Staat zur Wahrnehmung der Interessen seines Staates
Kon/su/lar/a/gent *m.*, -en, -en, Beauftrager des Konsuls
kon/su/la/risch
Kon/su/lat *n.*, -[e]s, -e, Amt und Amtsgebäude eines Konsuls
Kon/su/lent *m.*, -en, -en, veralt. für Berater
Kon/sult *n.*, -[e]s, -e, veralt. für Beschluss
Kon/sul/ta/ti/on *f.*, -, -en, Beratung, Befragung z.B. eines Arztes oder Rechtsanwaltes
kon/sul/ta/tiv
kon/sul/tie/ren *tr.*
Kon/sul/tor *m.*, -s, -en, geistlicher Berater eines Bischofs
Kon/sum [lat.] *m.*, -[e]s, nur Sg., Verbrauch
Kon/su/ment *m.*, -en, -en, Verbraucher
Kon/sum/ge/nos/senschaft

kontern

f., -, -en, genossenschaftlicher Zusammenschluss von Verbrauchern zur Versorgung mit Gütern des täglichen Bedarfs
Kon/sum/gü/ter *nur Pl.*, Verbrauchsgüter
kon/su/mie/ren *tr.*, verbrauchen
Kon/su/mie/rung *f., -, nur Sg.*
Kon/sum/ti/pi/li/en *nur Pl.*, Konsumgüter
Kons/um/ti/on *f., -, -en*, 1. Verbrauch, 2. im Strafrecht: Aussetzung einer engeren Strafnorm durch eine weitere, wenn der Tatbestand der weiteren Strafnorm den der engeren einschließt
kon/sum/tiv für den Konsum bestimmt
Kon/sum/ver/ein *m., -[e]s, -e*, Konsumgenossenschaft
Kon/szi/en/ti/a/lis/mus oder auch: **Kons/zi/en/tia/lis/mus** [lat.] *m., -, nur Sg.*, Lehre, die besagt, dass die Wirklichkeit nur im Bewusstsein vorhanden ist
kon/szi/en/ti/a/lis/tisch oder auch: **kons/zi/enti/alis/tisch**
Kon/ta/gi/on [lat.] *f., -, -en*, Ansteckung
kon/ta/gi/ös ansteckend
Kon/ta/gi/o/si/tät *f., -, nur Sg.*, Ansteckungsmöglichkeit
Kon/takt [lat.] *m., -[e]s, -e*, Verbindung, Berührung
kon/takt/arm
Kon/takt/ar/mut *f., -, nur Sg.*
kon/tak/ten *intr.*
Kon/tak/ter *m., -s, -*, Werbefachmann in einem Betrieb

kon/takt/freu/dig
Kon/takt/freu/dig/keit *f., -, nur Sg.*
kon/takt/ge/stört
Kon/takt/gift *n., -[e]s, -e*, Gift, das seine Wirksamkeit bei Berührung entfaltet
Kon/takt/glä/ser *nur Pl.*, Haftschalen, Kontaktlinsen
kon/tak/tie/ren *intr.*
Kon/tak/tin/fek/ti/on *f., -, -en*
Kon/takt/lin/sen *nur Pl.*, Haftschalen
Kon/takt/mann *m., -[e]s, -männer*, Verbindungsmann (bei der Polizei)
Kon/takt/me/ta/mor/phose *f., -, -n*, Umwandlung, die ein älteres Gestein durch Berührung mit einem jüngeren Ergussgestein erfährt
Kon/takt/mi/ne/ral *n., -s, -e* oder *-ien*, durch Kontaktmetamorphose hervorgegangenes Mineral
Kon/takt/per/son *f., -, -en*
Kon/takt/scha/len *nur Pl.*, Haftschalen, Kontaktlinsen
kon/takt/schwach
Kon/takt/schwä/che *f., -, nur Sg.*
Kon/ta/mi/na/ti/on [lat.] *f., -, -en*, 1. in der Sprachlehre: Vermischung von Wörtern oder Wortteilen zu einem neuen Wort, 2. in der Kernenergie: Verunreinigung durch radioaktive Stoffe
kon/ta/mi/nie/ren *intr.*
kon/tant [italien.] bar
Kon/tan/ten *nur Pl.*, Bargeld
Kon/tant/ge/schäft *n., -[e]s, -e*, Kassengeschäft
Kon/tem/pla/ti/on oder auch: **Kon/temp/la/ti/on** [lat.] *f., -, -en*, Betrachtung,

Beschauung
kon/tem/pla/tiv oder auch: **kon/temp/la/tiv**
kon/tem/po/rär [lat.] zeitgenössisch, gleichzeitig
Kon/ten *Pl.* von Konto
Kon/te/nance [französ.] *f., -, nur Sg.*, Fassung, Haltung
Kon/ten/plan *m., -[e]s, -pläne*, Ordnung der Konten eines Betriebes
Kon/ten/rah/men *m., -s, -*, gemeinsames Schema für die Konten der Betriebe eines Wirtschaftszweiges
Kon/ten/ten [lat.] *nur Pl.*, Ladeverzeichnisse eines Schiffes
kon/ten/tie/ren [lat.] *tr.*, zufrieden stellen
Kon/ten/tiv/ver/band *m., -[e]s, -verbände*, Verband zur Ruhigstellung, z.B. bei Knochenbrüchen
Kon/ter [engl.] *m., -s, -*, 1. beim Boxen: Gegenschlag aus der Defensive heraus, 2. Widerspruch
Kon/ter/ad/mi/ral [französ.] *m., -s, -e* oder *- admiräle*, Dienstgrad der Admirale
Kon/ter/ban/de *f., -, nur Sg.*, geschmuggelte Ware
Kon/ter/fei *n., -s, -s*, veralt. für Abbild, Porträt, Fotografie
Kon/ter/ge/wicht *n., -[e]s, -e*, Gegengewicht
kon/ter/ka/rie/ren *tr.*, behindern, abblocken
Kon/ter/mar/ke *f., -, -n*, Gegenstempel
Kon/ter/mi/ne *f., -, -n*, Gegenmine
kon/ter/mi/nie/ren *tr.*
kon/tern *tr.*, 1. beim Boxen: mit einem Gegenschlag abwehren, 2. beim Druck:

einen seitenverkehrten Andruck herstellen
Kon/ter/re/vo/lu/ti/on *f.*, -, -en, Gegenrevolution
Kon/ter/re/vo/lu/ti/o/när *m.*, -[e]s, -e
Kon/ter/tanz [französ.] *m.*, -es, -tänze, französischer Tanz aus dem 18. Jh.
kon/tes/ta/bel [lat.] veralt. für anfechtbar
kon/tes/tie/ren *tr.*, veralt. für anfechten
Kon/text [lat.] *m.*, -[e]s, -e, Zusammenhang
kon/tex/tu/ell
kon/tie/ren *tr.*, ein Konto führen
Kon/tie/rung *f.*, -, -en
Kon/ti/gu/i/tät [lat.] *f.*, -, -en, Angrenzung, Berührung
Kon/ti/nent [lat.] *m.*, -[e]s, -e, Erdteil, geschlossene Landmasse
kon/ti/nen/tal
Kon/ti/nen/ta/li/tät *f.*, -, *nur Sg.*, Beeinflussung des Klimas durch das Festland
Kon/ti/nen/tal/kli/ma *n.*, -s, *nur Sg.*
Kon/ti/nen/tal/so/ckel *m.*, -s, -, den Kontinent umgebender Flachseegürtel von bis zu 200 m Tiefe
Kon/ti/nen/tal/sper/re *f.*, -, *nur Sg.*, wirtschaftliche Abschließung des europäischen Kontinents gegen England durch Napoleon I.
Kon/ti/nenz [lat.] *f.*, -, *nur Sg.*, im Gs. zu Inkontinenz die Fähigkeit, Stuhlgang und Harn zu kontrollieren und zurückzuhalten
Kon/tin/gent [lat.] *n.*, -[e]s, -e, Beitrag, Anteil
kon/tin/gen/tie/ren *tr.*
Kon/tin/gen/tie/rung *f.*, -, -en

Kon/ti/nu/a/ti/on [lat.] *f.*, -, -en, veralt. für Fortsetzung
kon/ti/nu/ie/ren *tr.*, veralt. für fortsetzen
kon/ti/nu/ier/lich ununterbrochen, stetig, zusammenhängend
Kon/ti/nu/i/tät *f.*, -, *nur Sg.*, Stetigkeit, Zusammenhang
Kon/ti/nuo, Kon/ti/nu/um *n.*, -s, Kontinua oder Kontinuen, das lückenlos Zusammenhängende
Kon/to [italien.] *n.*, -s, -s oder Konten oder Konti, Verrechnungsform in der Buchführung, Gegenüberstellung von Einnahmen und Ausgaben
Kon/to/aus/zug *m.*, -[e]s, -auszüge, Mitteilung des Geldinstituts über den jeweiligen Kontostand an den Kontoinhaber
Kon/to/buch *n.*, -[e]s, -bücher
Kon/to/in/ha/ber *m.*, -s, -
Kon/to/kor/rent *n.*, -[e]s, -e, regelmäßige Gegenüberstellung und Abrechnung von Guthaben und Schulden zwischen zwei Geschäftspartnern
Kon/to/kor/rent/buch/halter *m.*, -s, -
Kon/to/num/mer *f.*, -; -n
Kon/tor [französ.] *n.*, -[e]s, -e, 1. veralt. für: Büro, Geschäftsräume, 2. Niederlassung eines Handelsunternehmens im Ausland
Kon/to/rist *m.*, -en, -en, Angestellter, der Büroarbeiten erledigt
Kon/to/ris/tin *f.*, -, -nen
Kon/tor/si/on [lat.] *f.*, -, -en, Verdrehung, Verzerrung
Kon/tor/si/o/nist *m.*, -en, -en, Schlangenmensch

Kon/to/stand *m.*, -[e]s, -stände
kon/tra [lat.], siehe auch: contra, gegen, Trennnung auch möglich: **kont/ra**
Kon/tra *n.*, -s, -s, das Gegenteil zu Pro, das Pro und Kontra, das Für und Wider
Kon/tra/baß >
Kontra/bass *m.*, -es, -bässe, Streichinstrument
Kon/tra/bas/sist *m.*, -en, -en
Kon/tra/dik/ti/on [lat.] *f.*, -, -en, Widerspruch, Gegensatz
kon/tra/dik/to/risch widersprechend, einander ausschließend
Kon/tra/ha/ge [französ.] *f.*, -, -n, Aufforderung zum Duell
Kon/tra/hent [lat.] *m.*, -en, -en, Gegner
kon/tra/hie/ren *tr.*, 1. zusammenziehen, 2. vereinbaren
Kon/tra/hie/rungs/zwang *m.*, -[e]s, *nur Sg.*, gesetzliche Verpflichtung zu Abschluss eines Vertrages
Kon/tra/in/di/ka/ti/on [lat.] *f.*, -, -en, in der Medizin: Gegenanzeige
kon/tra/in/di/ziert nicht anwendbar, nicht zweckmäßig, nicht angezeigt
kon/trakt [lat.] verkrümmt, versteift, zusammengezogen
Kon/trakt *m.*, -[e]s, -e, Vertrag, Vertragsurkunde
kon/trakt/brü/chig
kon/trak/til
Kon/trak/ti/li/tät *f.*, -, *nur Sg.*, Fähigkeit eines Muskels, sich zusammenzuziehen
Kon/trak/ti/on *f.*, -, -en,

Konvektor

Zusammenziehung
kon/trakt/lich vertraglich
Kon/trak/tur *f.*, -, -en,
1. Verkürzung von Muskeln, Sehnen oder Bändern,
2. krankhafte Versteifung eines Gelenks
Kon/tra/post [lat.] *m.*, -[e]s, -e, in der Bildenden Kunst: gegensätzliche Gestaltung der beiden Körperhälften
Kon/tra/punkt [lat.] *m.*, -[e]s, -e, in der Musik: die Kunst, die Stimmen eines mehrstimmigen Stückes selbständig zu führen
kon/tra/punk/tie/rend
Kon/tra/punk/tik *f.*, -, *nur Sg.*
Kon/tra/punk/ti/ker *m.*, -s, -
kon/tra/punk/tisch
kon/trär [lat.] gegensätzlich
Kon/tra/ri/e/tät *f.*, -, *nur Sg.*, veralt. für Gegensätzlichkeit
Kon/tra/se/lek/ti/on [lat.] *f.*, -, -en
Kon/tra/si/gna/tur oder auch: **Kon/tra/sig/na/tur** [lat.] *f.*, -, -en, Mitunterschrift, Gegenzeichnung
kon/tra/si/gnie/ren oder auch: **kon/tra/sig/nie/ren** *tr.*
Kon/trast [lat.] *m.*, -[e]s, -e, Gegensatz
kon/trast/arm
Kon/trast/brei *m.*, -[e]s, -e, Kontrastmittel in dickflüssiger Form
Kon/trast/fil/ter *m.*, -s, -, in der Fotografie: Filter zum Verstärken der Farbkontraste
kon/tras/tie/ren *intr.*
Kon/trast/mit/tel *n.*, -s, -, in der Medizin: für Röntgenstrahlen undurchlässige Stoffe, die auf dem Röntgenbild als Schatten zu erkennen sind und Hohlräume kenntlich machen
kon/trast/reich
Kon/trast/reich/tum *m.*, -s, *nur Sg.*
Kon/tra/ve/ni/ent [lat.] *m.*, -en, -en, veralt. für jmdn., der einer Vorschrift zuwiderhandelt
kon/tra/ve/nie/ren *intr.*
Kon/tra/ven/ti/on *f.*, -, -en, Gesetzesübertretung, Verstoß gegen eine Vereinbarung
Kon/tra/zep/ti/on [lat.] *f.*, -, -en, Empfängnisverhütung
Kon/trek/ta/ti/ons/trieb [lat.] *m.*, -[e]s, *nur Sg.*, in der Medizin: Trieb zur körperlichen Berührung
Kon/tre/tanz *m.*, -es, -tänze, siehe Kontertanz
Kon/tri/bu/ent [lat.] *m.*, -en, -en, veralt. für Steuerpflichtiger
kon/tri/bu/ie/ren *tr.*
Kon/tri/bu/ti/on *f.*, -, -en, gemeinschaftlicher Beitrag
kon/trie/ren [lat.] *intr.*, beim Kartenspiel Kontra ansagen
Kon/tri/ti/on [lat.] *f.*, -, -en, in der katholischen Kirche: die vollkommene Reue
Kon/troll/ab/schnitt *m.*, -[e]s, -e
Kon/trollam/pe >
Kon/troll/lam/pe *f.*, -, -n
Kon/trol/le *f.*, -, -n, Aufsicht, Überwachung, Prüfung
Kon/trol/ler *m.*, -s, -, Schaltwalze am Fahrerstand eines elektrischen Fahrzeugs
Kon/trol/leur [französ.] *m.*, -[e]s, -e, Person, die Kontrollen durchführt
kon/trol/lie/ren *tr.*
Kon/trol/lis/te >
Kon/troll/lis/te *f.*, -, -n
Kon/troll/kom/mis/si/on *f.*, -, -en
Kon/troll/or/gan *n.*, -[e]s, -e
Kon/troll/rat *m.*, -[e]s, *nur Sg.*, Alliierter Kontrollrat: gemeinsames Organ der Alliierten, das von 1945 bis 1948 in Deutschland die Regierungsgewalt ausübte
kon/tro/vers [lat.], strittig, gegeneinandergerichtet
Kon/tro/ver/se *f.*, -, -n, Meinungsverschiedenheit, wissenschaftliche Auseinandersetzung, Streit
Kon/tu/maz [lat.] *f.*, -, *nur Sg.*, 1. veralt.: Fernbleiben von der Gerichtsverhandlung, 2. In Österreich: Beschränkung der Freizügigkeit, um die Ausbreitung von Seuchen zu verhindern
kon/tun/die/ren [lat.], in der Medizin: quetschen
Kon/tur [französ.] *f.*, -, -en, Umriss, Umrisslinie
kon/tu/rie/ren *tr.*
Kon/tu/si/on *f.*, -, -en, in der Medizin: Quetschung
Ko/nus [lat.] *m.*, -s, -se, Kegel
Kon/va/les/zenz [lat.] *f.*, -, *nur Sg.*, 1. Genesung, 2. Gültigwerden eines Rechtsgeschäftes durch Wegfall eines Hindernisses
Kon/vek/ti/on [lat.] *f.*, -, -en, Übertragung von Energie oder elektrischer Ladung durch die kleinsten Teilchen einer Strömung
kon/vek/tiv
Kon/vek/tor *m.*, -s, -en, Heizkörper, bei dem die Heizluft an einer unteren

K

469

konvenabel

Öffnung der Verkleidung eintritt, sich erwärmt und oben abströmt
kon/ve/na/bel [lat.] veralt. für: passend, schicklich
Kon/ve/ni/enz *f., -, nur Sg.,* 1. Schicklichkeit, 2. Bequemlichkeit
kon/ve/nie/ren *tr.*
Kon/vent *m., -[e]s, -e,* 1. Mönchsversammlung, 2. Kloster
Kon/ven/ti/kel *n., -s, -,* außerkirchliche Versammlung zur religiösen Erbauung
Kon/ven/ti/on *f., -, -en,* 1. Brauch, Überlieferung, 2. Übereinkunft, Vereinbarung
kon/ven/ti/o/nal
Kon/ven/ti/o/nal/stra/fe *f., -, -n,* Strafe wegen Vertragsbruches
kon/ven/ti/o/nell herkömmlich, gebräuchlich
Kon/ven/tu/a/le *m., -, -n,* stimmberechtigtes Mitglied der Klostergemeinschaft
kon/ver/gent [lat.] aufeinander zulaufend
Kon/ver/genz *f., -, -en,* Annäherung, Übereinstimmung
kon/ver/gie/ren *intr.,* sich annähern, aufeinander zulaufen
Kon/ver/sa/ti/on [lat.] *f., -, -en,* Unterhaltung, etwas förmliches Gespräch
Kon/ver/sa/ti/ons/le/xi/kon *n., -s, -lexika,* umfangreiches, allgemein verständliches, alphabetisch geordnetes Sachwörterbuch
Kon/ver/sa/ti/ons/stück *n., -[e]s, -e,* Gesellschaftsstück
kon/ver/sie/ren *intr.,* Konversation betreiben

Kon/ver/si/on *f., -, -en,* Übertritt von einer Konfession zu einer anderen
Kon/ver/ter *m., -s, -,* Apparatur bei der Stahl- und Kupfererzeugung
kon/ver/ti/bel umtauschbar, umwandelbar
Kon/ver/ti/bi/li/tät *f., -, nur Sg.,* Möglichkeit, inländisches Geld ohne Beschränkung in ausländische Zahlungsmittel umzuwechseln
kon/ver/tier/bar
Kon/ver/tier/bar/keit *f., -, nur Sg.*
kon/ver/tie/ren 1. *intr.,* zu einer anderen Konfession übertreten, 2. umwandeln, umtauschen
Kon/ver/tit *m., -en, -en,* Person, die konvertiert ist
kon/vex nach außen gekrümmt
Kon/ve/xi/tät *f., -, nur Sg.,* konvexe Beschaffenheit
Kon/vex/lin/se *f., -, -n*
Kon/vikt [lat.] *n., -[e]s, -e,* Wohnheim für Theologiestudenten
Kon/vi/vi/um [lat.] *n., -s,* Konvivien, Schmaus, Festmahl, Gelage
Kon/voi [französ.] *m., -s, -s,* Geleitzug
Kon/vo/ka/ti/on [lat.] *f., -, -en,* Einberufung, Zusammenrufung
Kon/vo/lut [lat.] *n., -[e]s, -e,* Bündel, Sammelband
Kon/vo/lu/te *f., -, -n,* Volute
Kon/voy *m., -s, -s,* siehe Konvoi
Kon/vul/si/on [lat.] *f., -, -en,* Schüttelkrampf
kon/vul/si/visch krampfartig
kon/ze/die/ren [lat.] *tr.,*

zugestehen
Kon/zen/trat [lat.] *n., -[e]s, -e,* hochprozentige Lösung
Kon/zen/tra/ti/on *f., -, -en,* 1. gespannte Aufmerksamkeit, 2. Zusammendrängung um einen Mittelpunkt, 3. Gehalt einer Lösung an gelöstem Stoff
Kon/zen/tra/ti/ons/fä/hig/keit *f., -, nur Sg.*
Kon/zen/tra/ti/ons/la/ger *n., -s, -,* (Abk.: KZ) Arbeits- und Vernichtungslager der Nationalsozialisten in Deutschland im Zweiten-Weltkrieg
kon/zen/trie/ren *tr.*
kon/zen/trisch mit gemeinsamem Mittelpunkt
Kon/zen/tri/zi/tät *f., -, nur Sg.,* konzentrische Beschaffenheit
Kon/zept [lat.] *n., -[e]s, -e,* Entwurf
Kon/zep/ti/on *f., -, -en,* 1. Begreifen, Auffassung, 2. Empfängnis, 3. Entwurf eines Schriftstücks
kon/zep/ti/o/nell
Kon/zern [lat.] *m., -[e]s, -e,* Zusammenschluss mehrerer Unternehmen
kon/zer/nie/ren *intr.,* einen Konzern bilden
Kon/zer/nie/rung *f., -, -en,* Konzernbildung
Kon/zert [lat.] *n., -[e]s, -e,* 1. Musikaufführung, 2. Musikstück
kon/zer/tant in der Art eines Konzerts
Kon/zert/di/rek/ti/on *f., -, -nen,* Konzertveranstalter
kon/zer/tie/ren *intr.*
Kon/zer/ti/na *f., -, -s,* Handharmonika
Kon/zert/meis/ter *m., -s, -,* führender Orchestermusi-

ker in der Streichergruppe
Kon/zert/rei/se *f.,* -, -n
Kon/zert/saal *m.,* -[e]s, -säle
Kon/zert/sän/ger *m.,* -s, -
Kon/zes/si/on [lat.] *f.,* -, -en, 1. Zugeständnis, 2. Erlaubnis zum Betrieb eines nicht jedem zugänglichen Gewerbes, 3. im Völkerrecht: die Ausbeutungs- oder Niederlassungserlaubnis für ein bestimmtes Gebiet
Kon/zes/si/o/när *m.,* -[e]s, -e
kon/zes/si/o/nie/ren tr
kon/zes/siv einräumend
Kon/zes/siv/satz *m.,* -[e]s, -sätze, in der Grammatik: Einräumungssatz
Kon/zil [lat.] *n.,* -s, -e oder -ien, in der katholischen Kirche: kollegiales, nicht ständiges Organ der Kirchenleitung, Bischofsversammlung
kon/zi/li/ant versöhnlich, umgänglich
Kon/zi/li/anz *f.,* -, *nur Sg.*
kon/zi/li/ar
Kon/zi/li/a/ris/mus *m.,* -, *nur Sg.,* Theorie, dass das Konzil dem Papst übergeordnet sein sollte
kon/zinn [lat.], veralt. für wohlgefügt, ebenmäßig
Kon/zin/ni/tät *f.,* -, *nur Sg.*
Kon/zi/pi/ent [lat.] *m.,* -en, -en, 1. Verfasser eines Konzepts, 2. in Österreich: Jurist vor Ablegung der Rechtsanwaltsprüfung
kon/zi/pie/ren *tr.,* entwerfen
Kon/zi/pist *m.,* -en, -en, Konzipient
kon/zis [lat.], kurz, bündig
Ko/o/pe/ra/ti/on [lat.] *f.,* -, -en, Zusammenarbeit
ko/ope/ra/tiv
Ko/ope/ra/ti/ve *f.,* -, -n, landwirtschaftliche Genossenschaft in der ehemaligen DDR
Ko/ope/ra/tor *m.,* -s, -en, Hilfsgeistlicher der katholischen Kirche
ko/ope/rie/ren intr.
Ko/op/ta/ti/on [lat.] *f.,* -, -en, Ergänzungswahl
ko/op/tie/ren *tr.,* durch Zuwahl verstärken
Ko/or/di/na/te [lat.] *f.,* -, -n, zahlenmäßige Größe, durch die die Lage eines Punktes oder eines geometrischen Gebildes in einem Koordinatensystem festgelegt wird
Ko/or/di/na/ten/sys/tem *n.,* -[e]s, -e
Ko/or/di/na/ti/on *f.,* -, *nur Sg.,* Zuordnung, Zusammenspiel, Abstimmen von Vorgängen
Ko/or/di/na/tor *m.,* -s, -en
ko/or/di/nie/ren tr.
Ko/or/di/nie/rung *f.,* -, *nur Sg.*
Ko/pai//va/bal/sam *m.,* -s, *nur Sg.,* Harz des südamerikan. Kopaivabaumes
Ko/pal *m.,* -[e]s, -e, Harz verschiedener tropischer Bäume, das durch Einritzen der Bäume oder durch Ausgraben aus dem Boden gewonnen wird
Ko/pal/harz *n.,* -[e]s, -e
Ko/pal/lack *m.,* -[e]s, -e
Ko/pe/ke [russ.] *f.,* -, -n, russ. Münze
Ko/pen/ha/gen Hpst. von Dänemark
Ko/pen/ha/ge/ner *m.,* -s, -
Kö/pe/ni/cki/a/de *f.,* -, -n, nach dem Hauptmann von Köpenick benannter Gaunerstreich
Ko/pe/po/de [griech.] *m.,* -n, -n, Krebstier
Kö/per [niederländ.] *m.,* -s, -, Grundbindung in der Weberei
Kö/per/bin/dung *f.,* -, -en
kö/pern tr.
ko/per/ni/ka/nisch auf der Lehre des Astronomen Kopernikus beruhend
Kopf *m.,* -[e]s, Köpfe
Kopf/ar/beit *f.,* -, -en, Denkarbeit
Kopf/ar/bei/ter *m.,* -s, -
Kopf/bahn/hof *m.,* -[e]s, -bahnhöfe, Sackbahnhof
Kopf/ball *m.,* -[e]s, -bälle
Köpf/chen *n.,* -s, -
Kopf/dre/her *m.,* -s, -
köp/fen *tr.,* 1. enthaupten, 2. beim Fußball: Spiel des Balls mit dem Kopf
Kopf/en/de *n.,* -s, -n
Kopf/fü/ßer *m.,* -s, -, Klasse im Meer lebender Weichtiere
Kopf/geld *n.,* -[e]s, -er, für die Ergreifung eines Verbrechers ausgesetzte Belohnung
Kopf/grip/pe *f.,* -, -n
Kopf/haar *n.,* -[e]s, -e
Kopf/hän/ger *m.,* -s, -
kopf/hän/ge/risch
Kopf/haut *f.,* -, -häute
Kopf/hö/rer *m.,* -s, -
Kopf/jagd *f.,* -, -en
Kopf/jä/ger *m.,* -s, -
Kopf/kis/sen *n.,* -s, -
kopf/las/tig
Köpf/lein *n.,* -s, -
kopf/los verwirrt
Kopf/ni/cken *n.,* -s, *nur Sg.*
Kopf/ni/cker *m.,* -s, -, Halsmuskel
Kopf/nuß > **Kopf/nuss** *f.,* -, -nüsse, leichter Schlag an

Kopfputz

den Kopf
Kopf/putz *m., -[e]s, -e*
kopf/rech/nen nur im Infinitiv
Kopf/rech/nen *n., -s, nur Sg.*
Kopf/sa/lat *m., -[e]s, -e*
kopf/scheu
Kopf/schmerz *m., -[e]s, -en*
Kopf/schuß > **Kopfschuss** *m., -[e]s, -schüsse*
Kopf/schüt/teln *n., -s, nur Sg.*
kopf/schüt/telnd
Kopf/sprung *m., -[e]s, -sprünge*
Kopf/stand *m., -[e]s, , nur Sg.*
kopf/ste/hen *intr.*
Kopf/stein/pflas/ter *m., -s, -*
Kopf/steu/er *f., -, -*
Kopf/stim/me *f., -, -n*
Kopf/tuch *n., -[e]s, -tücher*
kopf/ü/ber
Kopf/zahl *f., -, -en*, Anzahl der Personen
Kopf/zer/bre/chen *n., -s, nur Sg.*
Koph/ta *m., -s, -s*, geheimnisvoller, ägyptischer Magier
koph/tisch
Ko/pi/al/buch *n., [e]s, -bücher*, Sammlung von Urkundenabschriften
Ko/pi/a/li/en *nur Pl.*, veralt.: Abschreibegebühren
Ko/pi/a/tur *f., -, -en*, veralt.: Abschreiben
Ko/pie *f., -, -n*, Abschrift, Abzug, Nachbildung
ko/pie/ren *tr.*
Ko/pier/stift *m., -[e]s, -e*
Ko/pi/lot *m., -en, -en,*
1. zweiter Flugzeugführer,
2. Beifahrer bei Autorennen
ko/pi/ös [französ.], in der Medizin: reichlich
Ko/pist [lat.] *f., -, -en,*
Abschreiber, Nachbilder
Kop/pe *f., -, -n*, Kuppe
Kop/pel *f., -, -n*, eingezäuntes Weideland
kop/pel/gän/gig
kop/peln *tr.*, aneinanderbinden
Kop/pe/lung *f., -, -en*
kop/pen *intr.*, bei Pferden: Luft schlucken
kopp/heis/ter ugs.: kopfüber
Kopp/lung *f., -, -en*
Ko/pra oder auch: **Kop/ra** [hind.] *f., -, nur Sg.*, getrocknetes Fleisch der Kokosnuss
Ko/pro/duk/ti/on *f., -, -en*, Gemeinschaftsproduktion
ko/pro/gen oder auch: **kop/ro/gen** [griech.], vom Kot stammend
Ko/pro/lith oder auch: **Kop/ro/lith** *m., -en oder -[e]s, -en*, versteinerter Kotballen urweltlicher Tiere
Ko/prom oder auch: **Kop/rom** *n., -[e]s, -e*, Kotgeschwulst
ko/pro/phag oder auch: **kop/ro/phag** Kot, Mist fressend
Ko/pro/pha/ge oder auch: **Kop/ro/pha/ge** *m., -n, -n*, Tier, das sich von fremdem Kot ernährt
Ko/pro/pha/gie oder auch: **Kop/ro/pha/gie** *f., -, nur Sg.*
Kops [engl] *m., -[e]s, -e*, aufgewickeltes Garn
Kop/te [arab.] *m., -n, -n*, christlicher Nachkomme der alten Ägypter
kop/tisch
Ko/pu/la [lat.] *f., -s oder -e*, in der Grammatik: Teil des zusammengesetzten Prädikats
Ko/pu/la/ti/on *f., -, -en,*
1. Begattung, Befruchtung,
2. Veredelung von Pflanzen
ko/pu/la/tiv verbindend
ko/pu/lie/ren 1. *tr.*, verbinden, 2. *intr.*, Geschlechtsverkehr ausüben
Ko/ral/le *f., -, -n*, im Meer lebendes Hohltier
Ko/ral/len/bank *f., -, -bänke*, Ansammlung von Korallen
Ko/ral/len/fi/scher *m., -s, -*
Ko/ral/len/in/sel *f., -, -n*
Ko/ral/len/riff *n., -[e]s, -e*
ko/ral/len/rot
Ko/ral/lin *n., -[e]s, nur Sg.*, roter Farbstoff
ko/ram [lat.] zur Rede stellen
Ko/ran [arab.] *m., -s, nur Sg.*, heiliges Buch des Islam
Korb *m., -[e]s, Körbe*
Korb/ball *m., -[e]s, , nur Sg.*, Ballspiel
Korb/blüt/ler *m., nur Pl.*, große Pflanzenfamilie
Körb/chen *n., -s, -*
Korb/fla/sche *f., -, -n*
Körb/lein *n., -s, -*
Korb/ma/cher *m., -s, -*
Korb/ses/sel *m., -s, -*
Korb/stuhl *m., -[e]s, -stühle*
Korb/wa/gen *m., -s, -*
Korb/wa/ren *f., nur Pl.*
Korb/wei/de *f., -, -n*
Kord *(Nf.)* auch: **Cord** *(Hf.)* [engl.] *m., -[e]s, -e*, gerippter Baumwollstoff
Kor/de *f., -, -n*
Kor/del [französ.] *f., -, -n*, zusammengedrehte Schnur
kor/di/al [lat.] umgänglich, herzlich
Kor/di/a/li/tät *f., -, nur Sg.*, Umgänglichkeit, Herzlichkeit
kor/die/ren [französ.] *tr.,*

Ränder von Schrauben und Handgriffe von Werkzeugen aufrauen
Kor/di/e/rit *m.*, -[e]s, *nur Sg.*, Mineral
Kor/dier/ma/schi/ne *f.*, -, -n
Kor/dil/le/ren *nur Pl.*, Hochgebirgsketten im Westen von Nord- und Südamerika
Kor/dit [französ.] *m.*, -[e]s, *nur Sg.*, Schießpulver
Kor/don [französ.] *m.*, -s, -s, Schnur, Band
Kor/don/nett/sei/de *f.*, -, -n, Schnurseide
Kor/do/nett/stich *m.*, -[e]s, -e
Kord/samt *m.*, -[e]s, -e, Rippensamt
Kor/du/an *n.*, -s, *nur Sg.*
Kor/du/an/le/der *n.*, -s, *nur Sg.*, weiches Ziegenleder
Ko/re [griech.] *f.*, -, -n, weibl. Statue
Ko/rea Halbinsel in Ostasien
Ko/re/aner *m.*, -s, -
ko/re/anisch
kö/ren *tr.*, zur Zucht auswählen
Kor/fi/ot *m.*, -en, -en, Einwohner von Korfu
kor/fi/o/tisch
Kor/fu griech. Insel
Kör/hengst *m.*, -[e]s, -e, Zuchthengst
Ko/ri/an/der [lat.] *m.*, -s, -, Gewürzpflanze
Ko/rinth griech. Stadt
Ko/rin/the *f.*, -, -n, getrocknete Weinbeere
Ko/rin/ther *m.*, -s, -
Ko/rin/ther/brief *m.*, -[e]s, -e
ko/rin/thisch aber: Korinthischer Golf
Kork *m.*, -[e]s, -e, Rinde der Korkeiche

Kork/ei/che *f.*, -, -n, Sammelbezeichnung für Eichen aus Algerien und Spanien, aus deren Rinde Kork gewonnen wird
kor/ken aus Kork hergestellt
Kor/ken *m.*, -s, -, Flaschenverschluss aus Kork
Kor/ken/zie/her *m.*, -s, -
Kork/zie/her/ho/se *f.*, -, -n, ugs. für ungebügelte Hose
Kork/zie/her/lo/cke *f.*, -, -n
Kor/mo/phyt [griech.] *m.*, -en, -en, Sprosspflanze
Kor/mo/ran [französ.] *m.*, -[e]s, -e, pelikanähnlicher Vogel
Kor/mus [griech.] *m.*, -, *nur Sg.*, Pflanzenkörper
Korn *n.*, -[e]s, Körner 1. Samenkorn, 2. kleines Stückchen, z.B. Sandkorn
Korn/äh/re *f.*, -, -n
Kor/nak [sankrit.] *m.*, -s, -s, Elefantenführer
Korn/blu/me *f.*, -, -n
korn/blu/men/blau
Korn/brannt/wein *m.*, -[e]s, -e
Körn/chen *n.*, -s, -
Kor/nea [lat.] *f.*, -, *nur Sg.*, Hornhaut des Auges
Kor/nel/kir/sche [lat.] *f.*, -, -n, Zierstrauch
kör/nen *tr.*, zerkleinern, aufrauen
Kor/ner [engl.] *m.*, -s, -, siehe auch Corner, im Börsengeschäft: Vereinigung von Kaufleuten, um durch Ankäufe den Preis zu steigern
Kör/ner *m.*, -s, -, Stahlstift mit gehärteter Spitze
Kör/ner/früch/te *nur Pl.*, Sammelbezeichnung für Getreide- und Hülsenfrüchte
Kör/ner/fut/ter *n.*, -s, *nur Sg.*

Kör/ner/krank/heit *f.*, -, *nur Sg.*, ansteckende Entzündung der Bindehaut des Auges, Trachom
Kor/nett [französ.] 1. *m.*, -s, -s, Reiterfähnrich, 2. *n.*, -[e]s, -e, kleinstes Blechblasinstrument
Korn/fäu/le *f.*, -, *nur Sg.*, Getreidekrankheit
Korn/feld *n.*, -[e]s, -er
kör/nig
kor/nisch aus Cornwall stammend, siehe auch cornisch
Kor/nisch *n.*, -[s], *nur Sg.*, keltische Sprache
Korn/kä/fer *m.*, -s, -
Körn/lein *n.*, -s, -
Korn/mot/te *f.*, -, -n, Getreideschädling
Korn/ra/de *f.*, -, -n, Ackerpflanze
Korn/ro/se *f.*, -, -n
Korn/rüß/ler >
Korn/rüss/ler *m.*, -s, -, Kornkäfer
Kör/nung *f.*, -, -en
Kor/nu/tin *n.*, -[e]s, *nur Sg.*, Gift des Mutterkorns
Ko/rol/la [lat.] *f.*, -, Korollen, Blumenkrone
Ko/rol/lar *n.*, -[e]s, -e
Ko/rol/la/ri/um *n.*, -s, Korollarien, Zusatz, Ergänzung
Ko/ro/man/del/holz *n.*, -[e]s, -hölzer, Holz der Dattelpflaume
Ko/ro/na [lat.] *f.*, -, Koronen, 1. Strahlenkranz der Sonne, 2. ugs.: fröhliche, gesellige Runde, 3. Heiligenschein
Ko/ro/nar/ge/fä/ße *nur Pl.*, Blutgefäße des Herzens
Ko/ro/nar/in/suf/fi/zienz *f.*, -, -en, mangelhafte Blutversorgung des Herzmuskels

Ko/ro/nar/skle/ro/se f., -, -n, Verkalkung der Koronargefäße
Ko/ro/nis f., -, Koronides, Häkchen (Zeichen: ')
Kör/ord/nung f., -, -en, Vorschriften über das Kören von Zuchttieren
Kör/per m., -s, -
Kör/per/bau m., -[e]s, nur Sg.
kör/per/be/hin/dert
Kör/per/be/hin/der/te m. oder f., -n, -n
Kör/per/chen n., -s, -
Kör/per/er/zie/hung f., -, nur Sg.
Kör/per/far/be f., -, -n
Kör/per/ge/wicht n., -[e]s, -e
Kör/per/grö/ße f., -, -n
Kör/per/hal/tung f., -, -en
Kör/per/kraft f., -, -kräfte
Kör/per/kul/tur f., -, nur Sg.
kör/per/lich
Kör/per/lich/keit f., -, nur Sg.
Kör/per/pfle/ge f., -, nur Sg.
Kör/per/schaft f., -, -en, mit den Rechten einer juristischen Person ausgestattete Vereinigung mehrerer Personen zu gemeinsamem Zweck
kör/per/schaft/lich
Kör/per/schafts/steu/er f., -, -n
Kör/per/schlag/a/der f., -, -n
Kör/per/schwä/che f., -, nur Sg.
Kör/per/stra/fe f., -, -n
Kör/per/teil m., -[e]s, -e
Kör/per/ver/let/zung f., -, -en
Kör/per/wär/me f., -, nur Sg.
Kor/po/ra Pl. von Korpus
Kor/po/ral [italien.] m., -[e]s, -e, Korporäle, Unteroffizier
Kor/po/ra/le n., -s, -, Kelch- und Hostientuch
Kor/po/ral/schaft f., -, -en, kleinste Abteilung der Kompanie
Kor/po/ra/ti/on f., -, -en, Studentenverbindung, Körperschaft
kor/po/ra/tiv
kor/po/riert
Korps [französ.] n., -, -, siehe auch Corps, 1. Offiziere eines Heeres, 2. Armeekorps, Großverband aus mehreren Waffengattungen, 3. Studentenverbindung
Korps/bru/der m., -s, -brüder
Korps/stu/dent m., -en, -en
kor/pu/lent [lat.] beleibt, dick
Kor/pu/lenz f., -, nur Sg., Beleibtheit, Körperfülle
Kor/pus m., 1. -, -se, Körper, 2. -, nur Sg., Schallkörper
Kor/pus/kel n., -s, -n, Elementarteilchen
kor/pus/ku/lar
Kor/pus/ku/lar/strah/len nur Pl., Strahlen aus elektrischen Teilchen
Kor/ral [span.] m., -[e]s, -e, Gehege
Kor/ra/si/on [lat.] f., -, -en, Abschleifung von Gesteinsoberflächen durch Flugsand
kor/rekt [lat.] fehlerfrei, richtig
Kor/rekt/heit f., -, nur Sg.
Kor/rek/ti/on f., -, -en, veralt. für Verbesserung
Kor/rek/ti/ons/an/stalt f., -, -en, schweizer. für Besserungsanstalt
kor/rek/tiv verbessernd
Kor/rek/tiv n., -[e]s, -e
Kor/rek/tor m., -s, -n, im Verlagswesen: Angestellter, der Schriftsätze auf ihre formale Richtigkeit hin überprüft
Kor/rek/to/rat n., -[e]s, -e, im Verlagswesen: Abteilung der Korrektoren
Ko/rek/tur f., -, -en, Verbesserung, Berichtigung
Kor/rek/tur/ab/zug m., -[e]s, -abzüge, Probeabzug, auf dem Korrekturen vorgenommen werden können
Kor/rek/tur/bo/gen m., -s, -
Kor/rek/tur/fah/ne f., -, -n
Kor/rek/tur/le/sen n., -s, nur Sg.
Kor/rek/tur/vor/schrif/ten nur Pl., Regeln für das Korrekturlesen
Kor/rek/tur/zei/chen n., -s, -
kor/re/lat [lat.] einander wechselseitig bedingend
Kor/re/lat n., -[e]s, -e, ergänzender Begriff
Kor/re/la/ti/on f., -, -en, Wechselbeziehung
kor/re/la/tiv
kor/re/pe/tie/ren [lat.] tr., einüben mit jmdm.
Kor/re/pe/ti/ti/on f., -, -en
Kor/re/pe/ti/tor m., -s, -en
kor/re/spek/tiv oder auch: **kor/res/pek/tiv** [lat.], gemeinschaftlich
Kor/re/spek/ti/vi/tät oder auch: **Kor/res/pek/ti/vität** f., -, nur Sg.
Kor/re/spon/dent oder auch: **Kor/res/pon/dent** [lat.] m., -en, -en, auswärtiger Berichterstatter
Kor/re/spon/denz oder auch: **Kor/res/pon/denz** f., -, -en, Briefwechsel
kor/re/spon/die/ren oder auch: **kor/res/pon/dieren** intr.

Kor/ri/dor [französ.] *m.*, -[e]s, -e, 1. Flur, Gang, 2. durch fremdes Hoheitsgebiet führender Landstreifen

Kor/ri/gen/da [lat.] *nur Pl.*, Druckfehler

Kor/ri/gens *n.*, -, Korrigentia oder Korrigenzien, wohl schmeckender Arzneizusatz

kor/ri/gie/ren *tr.*, berichtigen, verbessern

kor/ro/die/ren [lat.] *tr.*, angreifen, zerstören

Kor/ro/si/on *f.*, -, -en, Zerstörung durch Wasser oder chemische Mittel

kor/ro/si/ons/be/stän/dig

Kor/ro/si/ons/be/ständig/keit *f.*, -, *nur Sg.*

kor/ro/siv

kor/rum/pie/ren [lat.] *tr.*, bestechen

kor/rupt bestechlich

Kor/rup/ti/on *f.*, -, *nur Sg.*, Bestechlichkeit

Kor/sa/ge [französ.] *f.*, -, -n, trägerloses, versteiftes Oberteil eines Kleides

Kor/sak [russ.] *m.*, -s, -s, Steppenfuchs

Kor/sar [italien.] *m.*, -en, -en, Seeräuber, Pirat

Kor/se *m.*, -n, -n, Einwohner von Korsika

Kor/se/lett [französ.] *n.*, -s, -s, kleines Korsett

Kor/sett *n.*, -s, -s, Hüftgürtel mit Stäbchen und Gummizug

Kor/si/ka französ. Mittelmeerinsel

kor/sisch

Kor/so [italien.] *m.*, -s, -s, festlich geschmückter Wagen, Aufzug

Kor/tex [lat.] *m.*, -es, -e, Rinde

kor/ti/kal

Kor/ti/ne *nur Pl.*, in der Nebennierenrinde gebildete Hormone

Kor/ti/son *n.*, -s, *nur Sg.*, siehe auch Cortison, von der Nebennierenrinde gebildetes Hormon

Ko/rund [sanskrit.] *m.*, -[e]s, -e, Mineral

Kö/rung *f.*, -, -en, Zuchtauswahl männlicher Tiere

Kor/vet/te [französ.] *f.*, -, -n, kleines Kriegsschiff

Kor/vet/ten/ka/pi/tän *m.*, -[e]s, -e

Ko/ry/bant [griech.] *m.*, -en, -en, Priester der Göttin Kybele

ko/ry/ban/tisch lärmend, ausgelassen

Ko/ry/phäe [griech.] *f.*, -, -n, herausragender Fachmann, Spezialist

Ko/sak [russ.] *m.*, -en, -en,

Ko/sche/nil/le [französ.] *f.*, -, *nur Sg.*, roter Farbstoff

ko/sche/nil/le/rot

Ko/sche/nil/le/schild/laus *f.*, -, -läuse, Schildlausart, aus der roter Farbstoff gewonnen wird

ko/scher [hebr.] rein, sauber

K.-o.-Schlag *m.*, -[e]s, -schläge, Knock-out-Schlag beim Boxen

Ko/se/kans [lat.] *m.*, -, -, (Abk.: cosec) Winkelfunktion

ko/sen *intr.*

Ko/se/na/me *m.*, -ns, -n

Ko/se/wort *n.*, -[e]s, -wörter

Ko/si/nus [lat.] *m.*, -, -, (Abk.: cos) Winkelfunktion

Kos/me/tik [französ.] *f.*, -, -en, Schönheitspflege

Kos/me/ti/ke/rin *f.*, -, -nen

Kos/me/ti/kum *n.*, -s, Kosmetika

kos/me/tisch

kos/misch [griech.] den Kosmos betreffend

Kos/mo/bi/o/lo/gie *f.*, -, *nur Sg.*

Kos/mo/go/nie *f.*, -, *nur Sg.*, Lehre von der Entstehung des Kosmos

Kos/mo/graph *(Nf.)* auch: **Kos/mo/graf** *(Hf.)* *m.*, -en, -en

Kos/mo/gra/phie *(Nf.)* auch: **Kos/mo/gra/fie** *(Hf.)* *f.*, -, *nur Sg.*

kos/mo/gra/fisch *(Nf.)* auch: **kos/mo/gra/fisch** *(Hf.)*

Kos/mo/lo/ge *m.*, -n, -n

Kos/mo/lo/gie *f.*, -, -n

kos/mo/to/lo/gisch

Kos/mo/naut *m.*, -en, -en, russ. für Astronaut

Kos/mo/po/lit *m.*, -en, -en, Weltbürger

Kos/mo/po/li/tisch

Kos/mo/po/li/tis/mus *m.*, -, *nur Sg.*, Weltbürgertum

Kos/mos *m.*, -, *nur Sg.*, Weltall

Kos/mo/the/is/mus *m.*, -, *nur Sg.*, Lehre von der Einheit von Gott und Welt

kos/mo/the/is/tisch

Kost *f.*, -, *nur Sg.*

kos/tal [lat.] von den Rippen ausgehend

Kos/ta/ri/ka eindeutschende Schreibweise für Costa Rica

kost/bar

Kost/bar/keit *f.*, -, -en

kos/ten

Kos/ten *nur Pl.*, z.B.: sich auf Kosten anderer amüsieren

Kos/ten/an/schlag *m.*, -[e]s, -anschläge

Kos/ten/auf/wand *m.*, -[e]s, *nur Sg.*

Kos/ten/fra/ge *f.*, -, -n

kos/ten/frei
kos/ten/los
Kos/ten/punkt *m.*, -[e]s, -e
Kos/ten/vor/an/schlag *m.*, -[e]s, -anschläge
Kost/gän/ger *m.*, -s, -
Kost/geld *n.*, -[e]s, -er
köst/lich
Köst/lich/keit *f.*, -, -en
Kost/pro/be *f.*, -, -n
kost/spie/lig
Kost/spie/lig/keit *f.*, -, *nur Sg.*
Kos/tüm [französ.] *n.*, -[e]s, -e
Kos/tüm/ball *m.*, -[e]s, -bälle
Kos/tüm/fest *n.*, -[e]s, -e
kos/tü/mie/ren *tr*
Kos/tüm/pro/be *f.*, -, -n
Kost/ver/äch/ter *m.*, -s
K.-o.-System *n.*, -[e]s, *nur Sg.*, Austragungsmodus bei Wettkämpfen
Kot *m.*, -[e]s, *nur Sg.*
Ko/tau [chin.] *m.*, -s, -s, tiefe Verbeugung in China
Ko/te *f.*, -, -n, 1. Zelt der Lappen, 2. auf der Karte festgelegter Geländepunkt
Ko/te/lett [französ.] *n.*, -s, -s, gebratenes Rippenstück mit Knochen
Ko/te/let/ten *nur Pl.*, schmaler Backenbart
Kö/ter *m.*, -s, -, ugs. abwertend für Hund
Ko/te/rie [französ.] *f.*, -, -n, Klüngel, Sippschaft
Kot/flü/gel *m.*, -s, -
Kot/fres/ser *m.*, -s, -
ko/thurn [griech.] *m.*, -[e]s, -e, Schuh mit dicker Sohle, gehört zu den Kostümen der altgriech. Tragödie
ko/tie/ren [französ.] *tr.*, ein Wertpapier zum Handel an der Börse zulassen
Ko/tie/rung *f.*, -, -en, Zulassung

ko/tig mit Kot beschmutzt
Ko/til/lon [französ.] *m.*, -s, -s, Tanzspiel
Kot/kä/fer *m.*, -s, -, Käferart
Ko/to [japan.] *n. oder f.*, -s oder -, -s, Saiteninstrument aus Japan
Ko/ton [französ.] *m.*, -s, -s, Baumwolle
ko/to/ni/sie/ren *tr.*
Kot/stein *m.*, -[e]s, -e, harter Kot im Dickdarm
Kot/ter *m.*, -s, -, elende Hütte
Ko/ty/le/do/ne [griech.] *f.*, -, -n, Keimblatt bei Samenpflanzen
Kot/ze *f.*, -, -n, 1. Wolldecke, 2. *nur Sg., ugs.*: Erbrochenes
Köt/ze *f.*, -, -n, Tragekorb für den Rücken
kot/zen *intr.*, ugs. für sich erbrechen
kot/zen/grob österr. für sehr grob
kot/ze/rig unwohl, dem Erbrechen nahe
Kox/al/gie oder auch:
Ko/xal/gie [lat.] *f.*, -, -n, Schmerz in der Hüfte
Kox/itis oder auch:
Ko/xi/tis *f.*, -, Koxitiden, Entzündung im Hüftgelenk
kp Abk. für Kilopond
KPD Abk. für Kommunistische Partei Deutschlands
kpm Abk. für Kilopondmeter
Kr chem. Zeichen für Krypton
Kr. Abk. für Kreis
Krab/be *f.*, -, -n, Krebstier
Krab/be/lei *f.*, -, *nur Sg.*
krab/be/lig (siehe krabblig)
krab/beln *tr. und intr.*
krab/ben *tr.*, Gewebe glatt machen

krabb/lig (siehe krabbelig)
Krach *m.*, -[e]s, Kräche
kra/chen *intr. und refl.*
Kra/chen *n.*, -s, *nur Sg.*
Kra/cherl *n.*, -s, -n, österr. für Selterswasser
kräch/zen *intr.*
Kräch/zer *m.*, -s, -, krächzender Laut
Kra/cke *f.*, -, -n, niederdt. für altes Pferd
kra/cken [engl.] *tr.*, Umwandlung höher siedender Kohlenwasserstoffe in niedriger siedende
Krack/ver/fah/ren *n.*, -s, -
Krad *n.*, -s, -s, Kurzw. für Kraftrad
Krad/schüt/ze *m.*, -n, -n
kraft in der Wendung: kraft seines Amtes, aufgrund seines Amtes
Kraft *f.*, -, Kräfte
Kraft/akt *m.*, -[e]s, -e
Kraft/an/stren/gung *f.*, -, -en
Kraft/arm *m.*, -[e]s, -e, Teil des Hebels, auf den Kraft einwirkt
Kraft/auf/wand *m.*, -[e]s, *nur Sg.*
Kraft/aus/druck *m.*, -[e]s, -ausdrücke, vulgärer Ausdruck
Kraft/brü/he *f.*, -, -n
Kräf/te/par/al/le/lo/gramm *n.*, -[e]s, -e, Parallelogramm zur zeichnerischen Ermittlung der Gesamtkraft zweier Einzelkräfte
Kräf/te/spiel *n.*, -[e]s, -e
Kräf/te/ver/fall *m.*, -[e]s, *nur Sg.*
Kraft/fah/rer *m.*, -s, -
Kraft/fahr/ver/si/che/rung *f.*, -, -en
Kraft/fahr/zeug *n.*, -[e]s, -e
Kraft/fahr/zeug/ver/si/che/rung *f.*, -, -en

Kraft/feld *n.*, -[e]s, -er
Kraft/fut/ter *n.*, -s, *nur Sg.*
kräf/tig
kräf/ti/gen *tr.*
Kräf/tig/keit *f.*, -, *nur Sg.*
Kräf/ti/gung *f.*, -, *nur Sg.*
Kräf/ti/gungs/mit/tel *n.*, -s, -
Kraft/li/ni/en *nur Pl.*, Feldlinien
kraft/los
Kraft/los/er/klä/rung *f.*, -, -en, Ungültigkeitserklärung
Kraft/lo/sig/keit *f.*, -, *nur Sg.*
Kraft/ma/schi/ne *f.*, -, -n
Kraft/mei/er *m.*, -s, -, ugs. für Person, die mit ihrer Körperkraft angibt
Kraft/mensch *m.*, -en, -en
Kraft/post *f.*, -, *nur Sg.*, Postbeförderung durch Kraftwagen
Kraft/pro/be *f.*, -, -n
Kraft/protz *m.*, -[e]s, -e, ugs., Kraftmeier
Kraft/rad *n.*, -[e]s, -räder, Motorrad
Kraft/stoff *m.*, -[e]s, -e
kraft/strot/zend
Kraft/ver/kehr *m.*, -s, *nur Sg.*
kraft/voll
Kraft/wa/gen *m.*, -s, -
Kraft/werk *n.*, -[e]s, -e
Kraft/wort *n.*, -[e]s, -e
Kra/ge *f.*, -, -n, Konsole
Krä/gel/chen *n.*, -s, -
Kra/gen *m.*, -s, -
Kra/gen/bär *m.*, -en, -en
Kra/gen/wei/te *f.*, -, -n
Krag/stein *m.*, -[e]s, -e, Konsole
Krä/he *f.*, -, -n
krä/hen *intr.*
Krä/hen/fü/ße *Pl.*, kleine Falten an den äußeren Augenwinkeln
Krä/hen/nest *n.*, -[e]s, -er
Krähl *m.*, -[e]s, -e, Hacke

kräh/len *tr.*, hacken
Kräh/win/kel ugs. abwertend für Kleinstadt
Kräh/win/ke/lei *f.*, -, *nur Sg.*, spießbürgerliches Verhalten
Kräh/win/ke/ler oder auch:
Kräh/wink/ler *m.*, -s, -
Kra/ke [norweg.] *m.*, -n, -n, Kopffüßer mit acht saugnapfbesetzten Armen
Kra/keel *m.*, -[e]s, -e, Lärm, Streit
kra/kee/len *intr.*
Kra/kee/ler *m.*, -s, -
Kra/kel *m.*, -s, -, unleserlich Geschriebenes
Kra/ke/lee *m.* oder *n.*, -s, -s
Kra/ke/lei *f.*, -, -en
Kra/kel/fuß *m.*, -[e]s, -füße, Krakel
kra/ke/lig (s. kraklig)
kra/keln *intr.*, unleserlich schreiben
Kra/ko/wi/ak *m.*, -s, -s, polnischer Tanz
krak/lig (s. krakelig)
Kral *m.*, -[e]s, -e, afrikanisches Runddorf
Kral/le *f.*, -, -n
kral/len
kral/lig
Kram *m.*, -s, *nur Sg.*
Kram/bam/bu/li *m.*, -, -[s], alkoholisches Getränk, Kirschbranntwein
Kräm/chen *n.*, -s, *nur Sg.*
kra/men *intr.*
Krä/mer *m.*, -s, -, veralt. für Inhaber eines kleinen Geschäftes, Kleinhändler
Krä/mer/geist *m.*, -[e]s, *nur Sg.*
Krä/mer/see/le *f.*, -, -n
Kram/la/den *m.*, -s, -läden
Kram/mets/bee/re *f.*, -, -n, Wacholder
Kram/mets/vo/gel *m.*, -s, -vögel, Wacholderdrossel

Kram/pe *f.*, -, -n, Haken
kram/pen *tr.*, mit Haken befestigen
Krampf *m.*, -[e]s, Krämpfe
Krampf/a/der *f.*, -, -n
kramp/fen *tr.*
krampf/haft
kramp/fig
krämp/fig
krampf/lö/send
Kram/pus *m.*, 1., Krampi, Muskelkrampf, 2., -, -se, österr. für Knecht Ruprecht
Kran *m.*, -[e]s, Kräne
Kran/bee/re *f.*, -, -n, Preiselbeere
Kran/füh/rer *m.*, -s, -
krän/gen (s. krengen) *intr.*
Krän/gung *f.*, -, *nur Sg.*, Seitenneigung eines Schiffes
kra/ni/al [lat.] kopfwärts, zum Schädel zu
Kra/nich *m.*, -[e]s, -e, Vogelart
Kra/ni/o/klast oder auch:
Kra/ni/ok/last [lat.] *m.*, -en, -en, zangenartiges Instrument zum Umfassen des Säuglingskopfes bei Geburtskomplikationen
Kra/ni/o/lo/gie *f.*, -, *nur Sg.*, Lehre vom menschlichen Schädel
kra/ni/o/lo/gisch
Kra/ni/o/me/ter *n.*, -s, -
Kra/ni/o/me/trie oder auch: **Kra/ni/o/met/rie** *f.*, -, *nur Sg.*, Schädelmessung
kra/ni/o/me/trisch oder auch: **kra/ni/o/met/risch**
Kra/ni/o/te *m.*, -n, -n
Kra/ni/o/to/mie *f.*, -, -n, Schädelöffnung
krank krank sein, sich krank fühlen, aber: krankschreiben, krankmelden
Krä/ke/lei *f.*, -, *nur Sg.*
krän/keln *intr.*

kran/ken *intr.*
krän/ken *tr.*, jmdn. kränken, jmdn. beleidigen, verletzen
Kran/ken/be/richt *m.*, -[e]s, -e
Kran/ken/be/such *m.*, -[e]s, -e
Kran/ken/bett *n.*, -[e]s, -en
Kran/ken/geld *n.*, -[e]s, -er
Kran/ken/ge/schich/te *f.*, -, -n
Kran/ken/gym/nas/tik *f.*, -, *nur Sg.*
Kran/ken/haus *n.*, -[e]s, -häuser
Kran/ken/kas/se *f.*, -, -n
Kran/ken/la/ger *n.*, -s, -
Kran/ken/pfle/ge *f.*, -, *nur Sg.*
Kran/ken/schein *m.*, -[e]s, -e
Kran/ken/schwes/ter *f.*, -, -n
Kran/ken/ver/si/che/rung *f.*, -, -en
Kran/ken/wa/gen *m.*, -s, -
Kran/ken/zim/mer *n.*, -s, -
Kran/ke(r) *m.* oder *f.*, -n, -n
krank/fei/ern *intr.*, der Arbeit fernbleiben unter dem Vorwand, krank zu sein
krank/haft
Krank/haf/tig/keit *f.*, -, *nur Sg.*
Krank/heit *f.*, -, -en
Krank/heits/bild *n.*, [e]s, -er
Krank/heits/er/re/ger *m.*, -s, -
krank/heits/hal/ber
Krank/heits/zei/chen *n.*, -s, -
krank/la/chen *refl.*
kränk/lich
Kränk/lich/keit *f.*, -, *nur Sg.*
krank/ma/chen *intr.*
krank/mel/den *tr.*
Krank/mel/dung *f.*, -, -en
krank/schie/ßen *tr.*
krank/schrei/ben *tr.*

Krank/schrei/bung *f.*, -, -en
Krän/kung *f.*, -, -en, Beleidigung
Kranz *m.*, -[e]s, Kränze
Kranz/a/der *f.*, -, -n
Kränz/chen *n.*, -s, -
Kränz/chen/schwes/ter *f.*, -, -n
krän/zen *tr.*
Kranz/ge/fäß *n.*, -es, -e
Kranz/jung/fer *f.*, -, -n, Brautjungfer
Kranz/ku/chen *m.*, -s, -
Kränz/lein *n.*, -s, -
Kranz/nie/der/le/gung *f.*, -, -en
Kräp/fel *m.*, -s, -, Krapfen
Krap/fen *m.*, -s, -, mit Marmelade gefülltes Schmalzgebäck
Krapp *m.*, -s, *nur Sg.*, Farbstoff aus der Wurzel der Färberröte
Kräp/pel/chen *n.*, -s, -, kleiner Krapfen
krap/pen *tr.*, Gewebe mit Wasserdampf behandeln
Krapp/lack *m.*, -[e]s, *nur Sg.*, roter Lack
Kra/sis [griech.] *f.*, -, Krasen, Zusammenziehung des Auslautvokals eines Wortes mit dem Anlautvokal des folgenden Wortes
kraß > krass [lat.], ungewöhnlich, stark, groß
Kraß/heit > Krass/heit *f.*, -, *nur Sg.*
Kras/su/la/zee [lat.] *f.*, -, -n, Pflanzenart
Kra/ter [griech.] *m.*, -s, -, Vulkanöffnung
kra/ti/ku/lie/ren [lat.] *tr.*, maßstabsgetreu verkleinernd oder vergrößernd zeichnen
kra/to/gen [griech.] starr, verfestigt

Kra/to/gen oder auch:
Kra/ton *n.*, -s, *nur Sg.*, starrer Teil der Erdkruste
Kratt *n.*, -[e]s, -e, Eichengestrüpp
Kratz/bürs/te *f.*, -, -n
kratz/bürs/tig
Kratz/bürs/tig/keit *f.*, -, *nur Sg.*
Krat/ze *f.*, -, -n, Werkzeug zum Scharren und Kratzen
Krät/ze *f.*, -, -n, 1. *nur Sg.*, Hautkrankheit, 2. süddt.: Korb, der auf dem Rücken getragen wird
Kratz/ei/sen *n.*, -s, -
krat/zen *tr.* und *intr.*
Krat/zer *m.*, -s, -, 1. kleine Schnittverletzung, 2. Schlauchwurm
Krät/zer *m.*, -s, -, saurer Wein
Kratz/fuß *m.*, -[e]s, -füße, Verbeugung
krat/zig
krät/zig
Krätz/mil/be *f.*, -, -n, Milbe, die Krätze (1.) hervorruft
Kratz/putz *m.*, -es, *nur Sg.*, Putz aus mehreren Schichten, in den Muster gekratzt werden
Kratz/wun/de *f.*, -, -n
Kratz/wurm *m.*, -[e]s, -würmer, Kratzer (2.)
krau/chen *intr.*, mitteldt. für kriechen
krau/en (s. kraulen) *tr.*, sanft streicheln
kraul im Seewesen: glatt
Kraul (s. Crawl) [engl.] *n.*, -s, *nur Sg.*, Schwimmstil
krau/len (s. crawlen) 1. *intr.*, Kraulstil schwimmen, 2. *tr.*, sanft streicheln
Krau/ler *m.*, -s, -, Person, die Kraulstil schwimmt
Kraul/stil *m.*, -[e]s, *nur Sg.*,

Schwimmstil
Krau/rit [griech.] *m.*, -[e]s, *nur Sg.*, ein Mineral
kraus
Krau/se *f.*, -, -n
kräu/seln *tr.*
Kräu/se/lung *f.*, -, *nur Sg.*
Kräu/se/min/ze *f.*, -, -n, Pfefferminzart
krau/sen *tr.*
Kraus/haar *n.*, -s, *nur Sg.*
kraus/haa/rig
Kraus/kohl *m.*, -s, *nur Sg.*, Kohlart
Kraus/kopf *m.*, -[e]s, -köpfe
kraus/köp/fig
Kraut 1., *n.*, -[e]s, Kräuter, Pflanze mit nie verholzendem Stängel, 2. *m.*, -[e]s, *nur Sg.*, Kohlkopf, Weißkraut, Rotkraut
Kräut/chen *n.*, -s, -
krau/ten *intr.*, ugs. für Unkraut jäten
Krau/ter *m.*, -s, -, süddt. für sonderbarer Mensch
Kräu/ter/buch *n.*, -[e]s, -bücher
Kräu/ter/frau *f.*, -, -en
Kräu/ter/gar/ten *m.*, -s, -gärten
Kräu/ter/kä/se *m.*, -s, -
Kräu/ter/li/kör *m.*, -[e]s, -e
Kräu/ter/tee *m.*, -s, -s
Kraut/fäu/le *f.*, -, *nur Sg.*, Krankheit, die Kartoffeln und Tomaten befällt
Kraut/fi/scher *m.*, -s, -, ugs. für Krabbenfischer
Kraut/ho/bel *m.*, -s, -
krau/tig
Kraut/jun/ker *m.*, -s, -, ugs. abwertend für adligen Landbesitzer
Kraut/kopf *m.*, -[e]s, -köpfe
Kräut/lein *n.*, -s, -
Kräut/ler *m.*, -s, -, österr. für Gemüsehändler
Kraut/wurm *m.*, -[e]s, -würmer
Kra/wall *m.*, -[e]s, -e, Streit, Lärm
Kra/wat/te [französ.] *f.*, -, -n, Schlips
Kra/wat/ten/na/del *f.*, -, -n
Kra/weel *f.*, -, -en, veralt. für großes Lastschiff
Kra/weel/bau *m.*, -[e]s, *nur Sg.*, Art des Schiffsbaus, bei der die Planken glatt aufeinander gesetzt sind
Kra/weel/boot *n.*, -[e]s, -e
Kra/xe *f.*, -, -n, österr. für Korb, der auf dem Rücken getragen wird
Kra/xe/lei *f.*, -, -n
kra/xeln *intr.*, süddt. für klettern
Krax/ler *m.*, -s, -
Kray/on (s. Crayon) [französ.] *m.*, -s, -s, veralt. für Bleistift
Kray/on/ma/nier *f.*, -, *nur Sg.*, Radierung
Kre/as [span.] *n.*, -, *nur Sg.*, ungebleichtes Leinengewebe
Kre/a/ti/a/nis/mus [lat.] *m.*, -, *nur Sg.*, religiöse Lehre, nach der die Seele unmittelbar von Gott geschaffen wird
Kre/a/tin [griech.] *n.*, -[e]s, *nur Sg.*, Stoffwechselprodukt des Eiweißes
Kre/a/ti/on [lat.] *f.*, -, -en, Schöpfung, Gestaltung
kre/a/tiv
Kre/a/ti/vi/tät *f.*, -, *nur Sg.*
Kre/a/tor *m.*, -s, -en, veralt. für Schöpfer
Kre/a/tur *f.*, -, -en, Lebewesen, Geschöpf
kre/a/tür/lich
Krebs *m.*, -[e]s, -e, 1. Krustentier, 2. *nur Sg.*, Sternbild des Tierkreises, 3. *nur Sg.*, Karzinom, bösartiges Geschwulst
kreb/sen *intr.*
Krebs/gang *m.*, -[e]s, *nur Sg.*, Rückwärtsgang
Krebs/ge/schwulst *f.*, -[e]s, -geschwülste
krebs/rot
Krebs/tier *n.*, -[e]s, -e
Kre/denz [italien.] *f.*, -, -en, Anrichte
kre/den/zen *tr.*, anbieten, darreichen
Kre/dit [lat.] *m.*, -[e]s, -e, 1. zeitlich befristetes Überlassen von Geld gegen Zins, Darlehen, 2. Habenseite des Kontos, 3. Vertrauenswürdigkeit eines Schuldners
Kre/dit/an/stalt *f.*, -, -en
Kre/dit/bank *f.*, -, -en
kre/di/tie/ren *tr.*
Kre/dit/in/sti/tut oder auch: **Kre/dit/ins/ti/tut** *n.*, -[e]s, -e
Kre/dit/kar/te *f.*, -, -n
Kre/di/tor *m.*, -s, -en, Gläubiger
kre/dit/un/wür/dig
Kre/dit/un/wür/dig/keit *f.*, -, *nur Sg.*
kre/dit/wür/dig
Kre/dit/wür/dig/keit *f.*, -, *nur Sg.*
Kre/do [lat.] *n.*, -s, -s, Glaubensbekenntnis
Kre/du/li/tät *f.*, -, *nur Sg.*, veralt. für Leichtgläubigkeit
kre/gel munter
Krei/de *f.*, -, -n, erdiger, weißer Kalkstein
krei/de/bleich
krei/den *tr.*
krei/de/weiß
Krei/de/zeich/nung *f.*, -, -en
Krei/de/zeit *f.*, -, *nur Sg.*
krei/dig

kre/ie/ren [französ.] *tr.,* gestalten, schaffen
Kreis *m., -es, -e,* (Abk.: Kr., Krs.)
Kreis/amt *n., -[e]s, -ämter*
Kreis/arzt *m., -[e]s, -ärzte*
Kreis/bahn *f., -, -en*
Kreis/bo/gen *m., -s,-* oder *-bögen*
krei/schen *intr.*
Krei/sel *m., -s, -*
Krei/sel/kom/paß >
Krei/sel/kom/pass *m., -es, -e*
krei/seln *intr.*
krei/sen *intr.*
kreis/frei
Kreis/lauf *m., -[e]s, -läufe*
kreis/rund
Kreis/sä/ge *f., -, -n*
krei/ßen *intr.,* in den Wehen liegen
Kreiß/saal *m., -[e]s, -säle,* Geburtssaal im Krankenhaus
Kreis/stadt *f., -, -städte*
Kreis/tag *m., -[e]s, -e*
Kreis/ver/kehr *m., -s, nur Sg.*
Krem (s. Creme) [französ.] *f., -, -s*
Kre/ma/ti/on [lat.] *f., -, -en,* Verbrennung, Einäscherung
Kre/ma/to/ri/um *n., -s,* Krematorien, Anlage für die Verbrennung von Leichen, Anstalt für Feuerbestattungen
Kre/me (s. Creme) *f., -, -n*
kre/mie/ren *tr.,* einäschern
Kreml [russ.] *m., -s, -* oder *-s,* Sitz des russischen Präsidenten
Krem/pe *f., -, -n,* Hutrand
Krem/pel *m., -s, nur Sg.,* wertloses Gerümpel
Krem/ser *m., -s, -,* von zwei Pferden gezogener Mietwagen mit Verdeck

Krem/ser Weiß *n., -, nur Sg.,* Malerfarbe
Kren [tschech.] *m., -, nur Sg.,* österr. für Meerrettich
kre/ne/lie/ren [französ.] *tr.,* veralt.: mit Schießscharten versehen
Kren/gel (s. Kringel) *m., -s, -*
kren/geln *intr.,* ugs. für sich winden
kren/gen (s. krängen) *intr.*
Kre/o/le [portugies.] *m., -n, -n,* in Lateinamerika die Nachkommen der in der Kolonisationszeit eingewanderten Europäer
Kre/o/lin *f., -, -nen*
kre/o/lisch
Kre/o/pha/ge [griech.] *m., -n, -n,* Fleischfresser
Kre/o/sot [griech.] *n., -[e]s, nur Sg.,* keimtötender Teerbestandteil
Kre/pe/li/ne [französ.] *f., -s,* Kreppgewebe
kre/pie/ren [lat.] *intr.,* verenden, abwertend für: sterben
Kre/pi/ta/ti/on [lat.] *f., -, -en,* knirschendes Geräusch
Kre/pon (s. Crepon) [französ.] *m., -s, -s,* Kreppgewebe
Krepp (s. Crepe) 1. *m., -s, -s,* Gewebe mit gekräuseltem Aussehen, 2. *f., -, -s,* Pfannkuchen
Krep/pa/pier > **Kreppa/pier** *n., -[e]s, -e,*
krep/pen *tr.*
krep/pig
Krepp/pa/pier *n., -[e]s, -e,* Papier mit gefalteter Oberfläche
Krepp/soh/le *f., -, -n*
kre/scen/do (s. crescendo)
Kre/sol [griech.] *n., -[e]s, nur Sg.,* Kohlenwasserstoff
kreß > **kress** orange

Kreß > **Kress** *n., -, nur Sg.*
Kres/se *f., -, -n,* Sammelbezeichnung für Pflanzen mit pfefferigem Geschmack
Kreß/ling > **Kress/ling** *m., -[e]s, -e,* Fischart
Kres/zenz [lat.] *f., -, nur Sg.,* Herkunft (von Weinen)
Kre/ta griech. Insel
kre/ta/ze/isch oder auch:
kre/ta/zisch [lat.] aus der Kreidezeit stammend
Kre/ter *m., -s, -,* Einwohner von Kreta
Kre/thi und Ple/thi ugs für gemischte Gesellschaft, Hinz und Kunz
Kre/ti/kus [griech.] *m., -,* Kretizi, antiker Versfuß
Kre/tin [französ.] *m., -s, -s,* schwachsinnige Person
Kre/ti/nis/mus *m., -, nur Sg.,* körperlich-geistige Behinderung, die auf einer Unterfunktion der Schilddrüse beruht
kre/tisch von Kreta stammend
Kre/ton [französ.] *m., -[e]s, -e,* österr. für Cretonne
kreucht dicht. für kriecht
Kreuz *n., -[e]s, -e,* mit jmdm. über Kreuz sein, übertr. für: sich mit jmdm. verstritten haben, kreuz und quer
Kreuz/ab/nah/me (s. Kreuzesabnahme) *f., -, -n*
Kreuz-As > **Kreuz-Ass** *n., -es, -e*
Kreuz/bein *n., -[e]s, -e*
Kreuz/blu/me *f., -, -n*
Kreuz/blüt/ler *m., -, -*
kreuz/brav ugs. für sehr brav
Kreuz/don/ner/wet/ter!
Kreuz/dorn *m., -[e]s, -e,* holzige Pflanzengattung
kreu/zen *tr.* und *intr.*

Kriegsgräberfürsorge

Kreu/zer *m.*, -s, -, 1. Kriegsschiff, 2. früher: kleine deutsche Münze
Kreuz/er/hö/hung (s. Kreuzeserhöhung) *f.*, -, *nur Sg.*, eines der Hauptfeste des östl.-orthodoxen Kirchenjahres (14. September)
Kreu/zes/ab/nah/me (s. Kreuzabnahme) *f.*, -, -n
Kreu/zes/er/hö/hung (s. Kreuzerhöhung) *f.*, -, *nur Sg.*
Kreu/zes/tod *m.*, -[e]s, *nur Sg.*
Kreu/zes/weg *m.*, -[e]s, *nur Sg.*
Kreu/zes/zei/chen (s. Kreuzzeichen) *n.*, -s, -
Kreuz/fah/ne *f.*, -, -n
Kreuz/fah/rer *m.*, -s, -
Kreuz/fahrt *f.*, -, -en
Kreuz/feu/er *n.*, -s, *nur Sg.*
kreuz/fi/del
Kreuz/gang *m.*, -[e]s, -gänge
Kreuz/ge/wöl/be *n.*, -s, -
Kreuz/her/ren *Pl.*, Name mehrerer kath. Orden, die nach den Regeln des hl. Augustinus leben
kreu/zi/gen *tr.*
Kreu/zi/gung *f.*, -, -en
Kreu/zi/gungs/stät/te *f.*, -, -n
Kreuz-Kö/nig *m.*, -[e]s, -e
Kreuz/kup/pel/kir/che *f.*, -, -n, byzantinischer Kirchentyp
kreuz/lahm
Kreuz/ot/ter *f.*, -, -n, giftige Schlangenart
Kreuz/rip/pen/ge/wöl/be *n.*, -s, -
Kreuz/rit/ter *m.*, -s, -, 1. Teilnehmer an Kreuzzügen, 2. Mitglied des Deutschen Ordens
Kreuz/schna/bel *m.*, -s, - Schnäbel, Finkengattung
Kreuz/spin/ne *f.*, -, -n
kreuz/stän/dig in Form eines Kreuzes
Kreu/zung *f.*, -, -en
kreuz/un/glück/lich
Kreu/zungs/punkt *m.*, -[e]s, -e
Kreuz/ver/hör *n.*, -[e]s, -e
Kreuz/weg *m.*, -[e]s, -e
kreuz/wei/se
Kreuz/wort/rät/sel *n.*, -s, -
Kreuz/zei/chen (s. Kreuzeszeichen) *n.*, -s, -
Kreuz/zug *m.*, -[e]s, , -züge
Kre/vet/te (s. Crevette) [französ.] *f.*, -, -n, Garnele
krib/be/lig (s. kribblig)
Krib/be/lig/keit (s. Kribbligkeit) *f.*, -, *nur Sg.*
Krib/bel/krank/heit *f.*, -, *nur Sg.*, Mutterkornvergiftung
krib/beln *intr.*
krib/blig (s. kribbelig)
Kribb/lig/keit (s. Kribbeligkeit) *f.*, -, *nur Sg.*
Krick (s. Kriek) *m.*, -[e]s, -e
Kri/ckel *Pl.*, Gehörn der Gämse
Kri/ckel/kra/kel *n.*, -s, -, unsauber Geschriebenes
kri/ckeln *tr.*
Kri/ckel/wild *n.*, -[e]s, *nur Sg.*, Gämse
Krick/en/te (s. Kriekente) *f.*, -, -n, Wildente
Kri/cket [engl.] *n.*, -s, *nur Sg.*, engl. Schlagballspiel
Kri/da [lat.] *f.*, -, *nur Sg.*, österr. für betrügerischer Konkurs
Kri/dar oder auch:
Kri/da/tar *m.*, -[e]s, -e, Konkursschuldner
Kriech/blu/me *f.*, -, -n, gotisches Bauornament
Krie/che *f.*, -, -n, Pflaumensorte
krie/chen *intr.*
Krie/cher *m.*, -s, -
Krie/che/rei *f.*, -, *nur Sg.*

krie/che/risch
Kriech/pflan/ze *f.*, -, -n
Kriech/spur *f.*, -, -en, Fahrbahn für langsam fahrende Fahrzeuge
Kriech/tier *n.*, -[e]s, -e
Krieg *m.*, -[e]s, -e
krie/gen *tr.*
Krie/ger *m.*, -s, -
krie/ge/risch
Krie/ger/wit/we *f.*, -, -n
krieg/füh/rend > **Krieg führend**
Krieg/füh/rung (s. Kriegsführung) *f.*, -, *nur Sg.*
Kriegs/an/lei/he *f.*, -, -n
Kriegs/be/richt *m.*, -[e]s, -e
Kriegs/be/rich/ter *m.*, -s, -
Kriegs/be/richt/er/stat/ter *m.*, -s, -
kriegs/be/schä/digt
Kriegs/be/schä/dig/ten/für/sor/ge *f.*, -, *nur Sg.*
Kriegs/be/schä/di/gung *f.*, -, -en
kriegs/blind
Kriegs/dienst *m.*, -[e]s, -e
Kriegs/dienst/ver/weige/rer *m.*, -s, -
Kriegs/dienst/ver/wei/ge/rung *f.*, -, -en
Kriegs/er/klä/rung *f.*, -, -en
Kriegs/füh/rung (s. Kriegführung) *f.*, -, *nur Sg.*
Kriegs/fuß *m.*, nur in der Wendung: mit jmdm. auf Kriegsfuß stehen, übertr. für: jmdn. nicht mögen, sich mit jmdm. nicht verstehen
kriegs/ge/fan/gen
Kriegs/ge/fan/ge/ne(r) *m.*, -n, -n
Kriegs/ge/fan/gen/schaft *f.*, -, *nur Sg.*
Kriegs/geg/ner *m.*, -s, -
Kriegs/ge/richt *n.*, [e]s, -e
Kriegs/ge/winn/ler *m.*, -s, -
Kriegs/grä/ber/für/sor/ge *f.*, -, *nur Sg.*

Kriegs/het/ze *f., -, nur Sg.*
Kriegs/ka/me/rad *m., -en, -en*
Kriegs/list *f., -, -en*
kriegs/lus/tig
Kriegs/ma/ri/ne *f., -, nur Sg.*
Kriegs/pfad *m., -[e]s, -e*
Kriegs/rat *m., -[e]s, nur Sg.*
Kriegs/recht *n., -[e]s, nur Sg.*
Kriegs/scha/den *m., -s, -schäden*
Kriegs/schau/platz *m., -[e]s, -plätze*
Kriegs/schuld *f., -, nur Sg.*
Kriegs/schu/le *f., -, -n*
Kriegs/spiel *n., -[e]s, -e*
kriegs/taug/lich
Kriegs/teil/neh/mer *m., -s, -*
Kriegs/ver/bre/chen *n., -s, -*
Kriegs/ver/bre/cher *m., -s, -*
Kriegs/ver/let/zung *f., -, -en*
kriegs/ver/sehrt
kriegs/ver/wen/dungs/fä-hig (Abk.: k.v.)
Kriegs/zug *m., -[e]s, -züge*
Kriek (s. Krick) [engl.] *m., -[e]s, -e*, kleiner Wasserlauf, kleiner Hafen
Kriek/en/te (s. Krickente) *f., -, -n*
Kriem/hild Hauptgestalt der Nibelungendichtung
Kries *n., -[e]s, nur Sg.*, schweizer. für Reisig
Krie/sel/wind *m., -[e]s, -e*, Wasserhose auf der Ostsee
Kri/ko/to/mie [griech.] *f., -, -n*, Luftröhrenschnitt
Krim *f., -, nur Sg.*, Halbinsel an der Nordküste des Schwarzen Meeres
Kri/mi *m., -s, -s*, Kurzw. für Kriminalroman oder Kriminalfilm
kri/mi/nal [lat.]
Kri/mi/nal/be/am/te(r) *m., -n, -n*

Kri/mi/nal/film *m., -[e]s, -e*
kri/mi/na/li/sie/ren *tr.*
Kri/mi/na/li/sie/rung *f., -, nur Sg.*
Kri/mi/na/list *m., -en, -en*
Kri/mi/na/lis/tik *f., -, nur Sg.*, Kriminalwissenschaft
kri/mi/na/lis/tisch
Kri/mi/na/li/tät *f., -, nur Sg.*, Straffälligkeit
Kri/mi/nal/kom/mis/sar *m., -[e]s, -e*
Kri/mi/nal/mu/se/um *n., -s, -museen*
Kri/mi/nal/po/li/zei *f., -, nur Sg.*, Kurzw.: Kripo
Kri/mi/nal/po/li/zist *m., -en, -en*
Kri/mi/nal/psy/cho/lo/gie *f., -, nur Sg.*
Kri/mi/nal/ro/man *m., -[e]s, -e*
Kri/mi/nal/wis/sen/schaft *f., -, nur Sg.*
kri/mi/nell
Kri/mi/no/lo/gie *f., -, nur Sg.*
kri/mi/no/lo/gisch
Krim/mer *m., -s, -*, Lammfell
krim/pen *intr.*, ugs. für einschrumpfen
Krims/krams *m., - nur Sg.*, Kram, Zeug
Krin/gel *m., -s, -*, Schnörkel, kleiner Kreis
krin/ge/lig (s. kringlig)
krin/geln *tr.* und *refl.*, sich vor Lachen kringeln
kring/lig (s. kringelig) oder auch: **krin/glig**
Kri/no/i/den [lat.] *Pl.*, Haarsterne
Kri/no/li/ne [französ.] *f., -, -n*, Reifrock
Kri/po *f., -, nur Sg.*, Kurzw. für Kriminalpolizei
Krip/pe *f., -, -n*

krip/pen *tr.*
Krip/pen/bei/ßer *m., -s, -*, Pferd, das aus schlechter Angewohnheit in den Rand des Futterbehälters beißt
Krip/pen/spiel *n., [e]s, -e*
Kris [mal.] *m., -[e]s, -e*, dolchartige Waffe der Malaien
Kri/se [griech.] *f., -, -n*, kritische, schwierige Zeit
kri/seln *intr.*
kri/sen/fest
Kri/sen/ma/nage/ment *n., -, nur Sg.*, politische Maßnahmen, um Spannungen zu verhindern
kri/sen/si/cher
Kri/sen/zeit *f., -, -en*
Kri/sis *f., -, Krisen*, in der Medizin: bei fieberhaften Krankheiten das rasche Sinken des Fiebers in kurzer Zeit
kris/peln *tr.*, Leder geschmeidig machen
Kris/tall [griech.] *m., -[e]s, -e*, von ebenen Flächen begrenzter fester Körper
Kris/tall/eis *n., -[e]s, nur Sg.*
kris/tal/len
Kris/talleuch/ter >
Kris/tall/leuch/ter *m., -s, -*
Kris/tall/glas *n., -[e]s, -gläser*
kris/tall/hell
kris/tal/lin
kris/tal/li/nisch
Kris/tal/li/sa/ti/on *f., -, nur Sg.*, Vorgang der Kristallbildung
kris/tal/lisch
kris/tal/li/sie/ren *intr.* und *refl.*
Kris/tal/li/sie/rung *f., -, nur Sg.*
Kris/tal/lit *m., -en, -en*, einzelnes Kristallkorn
kris/tall/klar

Kris/tall/leuch/ter *m.*, -s, -
Kris/tall/lüs/ter *m.*, -s, -
Kris/tal/lo/gra/phie *(Nf.)* auch: **Kris/tal/lo/gra/fie** *(Hf.) f.*, *nur Sg.*, Lehre von den Kristallen
kris/tal/lo/gra/phisch *(Nf.)* auch: **kris/tal/lo/gra/fisch** *(Hf.)*
Kris/tal/lo/id *n.*, -[e]s, -e
Kris/tallü/ster > **Kristall/lüs/ter** *m.*, -s, -
Kris/tall/wa/ren *Pl.*
Kris/tall/zu/cker *m.*, -s, -
Kris/ti/a/nia früherer Name von Oslo
Kri/te/ri/um [griech.] *n.*, -s, Kriterien, Beurteilungsmittel, Unterscheidungsgrund, Kennzeichen
Kri/tik [griech.] *f.*, -, -en, 1. *nur Sg.*,Unterscheidungsvermögen, 2. Besprechung, Beurteilung eines Buches, Filmes oder Theaterstücks, 3. Tadel
Kri/ti/kas/ter *m.*, -s, -, Nörgler
Kri/ti/ker *m.*, -s, -
kri/tik/fä/hig
Kri/tik/fä/hig/keit *f.*, -, *nur Sg.*
kri/tik/los
Kri/tik/lo/sig/keit *f.*, -, *nur Sg.*
kri/tisch 1. prüfend, wählend, 2. bedrohlich, gefährlich
kri/ti/sie/ren *tr.*, 1. beurteilen, besprechen, 2. beanstanden
Kri/ti/zis/mus *m.*, -, *nur Sg.*, Erkenntnistheorie von Kant
Krit/te/lei *f.*, -, -en, kleinliche Nörgelei
krit/te/lig (s. krittlig)
krit/teln *intr.*, nörgeln
Kritt/ler *m.*, -s, -, Nörgler

kritt/lig (s. krittelig)
Krit/ze/lei *f.*, -, -en
krit/ze/lig
krit/zeln *tr.*
Kro/a/te *m.*, -n, -n, Angehöriger eines südslawischen Volkes
Kro/a/ti/en Staat in Südosteuropa
kro/a/tisch
Kro/atz/bee/re *f.*, -, -n, süddt. für Brombeere
Kro/cket [engl.] *n.*, -s, *nur Sg.*, Rasenspiel mit Holzkugeln
kro/ckie/ren *tr.* und *intr.*
Kro/kant [französ.] *m.*, -[e]s, *nur Sg.*, gebackene Mandelkruste
Kro/ket/te (s. Croquette) [französ.] *f.*, -, -n, gebackene Kartoffelklößchen
Kro/ki (s. Croquis) [französ.] *n.*, -s, -s, einfache Geländeskizze
kro/kie/ren *tr.*, skizzieren
Kro/ko *n.*, -s, -s, Kurzw. für Krokodil
Kro/ko/dil [griech.] *n.*, -[e]s, -e, Panzerechse
Kro/ko/dils/trä/nen *Pl.*, vorgetäuschte Tränen
Kro/ko/dil/wäch/ter *m.*, -s, -, Vogelart
Kro/kus [griech.] *m.*, - oder -se, Schwertliliengewächs
Krom/lech (s. Cromlech) [kelt.] *m.*, -[e]s, -e oder -s, Grabstätte der Jungsteinzeit
Krön/chen *n.*, -s, -
Kro/ne *f.*, -, -n, 1. Goldreif mit Verzierungen, 2. Geäst des Baumes, 3. Münze und Währungseinheit
krö/nen *tr.*
Kron/er/be *m.*, -n, -n
Kron/glas *n.*, -[e]s, -gläser, mit Pottasche erschmolzenes optisches Glas
Kron/gut *n.*, -[e]s, -güter, Krondomäne
Kro/ni/de in der griech. Mythologie: Beiname des Zeus
Kron/ko/lo/nie *f.*, -, -n
Krön/lein *n.*, -s, -
Kron/leuch/ter *m.*, -s, -
Kro/nos in der griech. Mythologie: Vater des Zeus
Kron/prinz *m.*, -en, -en, zukünftiger Thronerbe
Kron/prin/zes/sin *f.*, -, -nen
Kron/rat *m.*, -[e]s, -räte, Sitzung des Kabinetts unter Vorsitz des Monarchen
Krons/bee/re *f.*, -, -n, ugs. für Preiselbeere
Kron/schatz *m.*, -[e]s, -schätze
Krö/nung *f.*, -, -en
Kron/zeu/ge *m.*, -n, -n, Hauptzeuge
Kropf *m.*, -[e]s, Kröpfe
Kröpf/chen *n.*, -s, -
kröp/fen *tr.* und *intr.*
krop/fig
kröp/fig
Kropf/tau/be *f.*, -, -n
Kröp/fung *f.*, -, -en
Krö/se *f.*, -, -n
Krö/sel/ei/sen *n.*, -s, -
krö/sen *tr.*
kroß > **kross** ugs. für knusprig
Krö/sus *m.*, -, -se, sehr reicher Mann
Kro/ta/lin [griech.] *n.*, -[e]s, *nur Sg.*, Gift der Klapperschlange
Krö/te *f.*, -, -n
Krö/ten/frosch *m.*, -[e]s, -frösche
Krö/ten/test *m.*, -[e]s, -e oder -s, Schwangerschaftsreaktion
Kro/ton [griech.] *m.*, -[e]s, -e, Heilpflanze

Kro/ton/öl *n.*, -[e]s, *nur Sg.*
Kro/ze/tin [griech.] *n.*, -[e]s, *nur Sg.*, roter Farbstoff
Kro/zin *n.*, -[e]s, *nur Sg.*, gelber Farbstoff
Krs. Abk. für Kreis
Kru/cke *f.*, -, -n
Krü/cke *f.*, -, -n
Krü/cken/kreuz *n.*, -[e]s, -e
Krück/stock *m.*, -[e]s, -stöcke
krud [lat.] 1. bei Nahrungsmitteln: roh, unverdaulich, 2. grausam
Kru/de/li/tät *f.*, -, *nur Sg.*, veralt. für Grausamkeit
Kru/di/tät *f.*, -, *nur Sg.*
Krug *m.*, -[e]s, Krüge
Krü/gel *n.*, -s, -, österr. für Bierglas mit Henkel
Krü/gel/chen *n.*, -s, -
Krü/ger *m.*, -s, -, norddt. für Wirt
Krüg/lein *n.*, -s, -
Krul/le *f.*, -, -n, norddt. für Halskrause
Krull/farn *m.*, -[e]s, -e, Haarfarn
Krüll/haar *n.*, -s, *nur Sg.*
Krüll/schnitt *m.*, -[e]s, -e
Krüll/ta/bak *m.*, -[e]s, -e
Krüm/chen *n.*, -s, -
Kru/me *f.*, -, -n
Krü/mel *m.*, -s, -
Krü/mel/chen *n.*, -s, -
krü/me/lig (s. krümlig)
krü/meln *tr.* und *intr.*
Krü/mel/struk/tur *f.*, -, *nur Sg.*
Krüm/lein *n.*, -s, -
krüm/lig (s. krümelig)
krumm krummer, am krummsten
krumm/bei/nig
Krumm/bei/nig/keit *f.*, -, *nur Sg.*
krüm/men *tr.*
Krüm/mer *m.*, -s, -, gebogenes Rohrstück
Krummes/ser >
Krumm/mes/ser *n.*, -s, -
Krumm/holz *n.*, -[e]s, -hölzer
Krumm/holz/kie/fer *f.*, -, -n
Krumm/horn *n.*, -[e]s, -hörner, altes Holzblasinstrument
krumm/la/chen *refl.*
Krumm/mes/ser *n.*, -s, -
krumm/neh/men *tr.*, ugs. für übelnehmen
Krumm/sä/bel *m.*, -s, -
Krumm/sche/re *f.*, -, -n
krumm/schie/ßen oder auch: **krumm schie/ßen** *tr.*
Krumm/stab *m.*, -[e]s, -stäbe, Bischofsstab
Krüm/mung *f.*, -, -en
Krum/pel oder auch:
Krüm/pel *f.*, -, -n, *meist Pl.*, ugs. für Knitterfalte
krum/pe/lig (s. krumplig)
krum/peln oder auch: **krüm/peln** *intr.* und *tr.*, ugs. für knittern
Krümper *m.*, -s, -, Name für die von 1802 -12 in die preußische Armee eingestellten, kurzfristig ausgebildeten Rekruten
Krüm/per/pferd *n.*, -[e]s, -e, früher im dt. Heer: überflüssiges Pferd
Krüm/per/sys/tem *n.*, -[e]s, *nur Sg.*
Krüm/per/wa/gen *m.*, -s, -
krumpf/echt nicht einlaufend (Gewebe)
krumpf/en *intr.*, einlaufen von Gewebe beim Waschen
Krumpf/maß *n.*, -es, -e, Schwundverlust von Getreide beim Speichern
krump/lig (s. krumpelig)
Krupp [engl.] *m.*, -s, *nur Sg.*, gefährliche Kinderkrankheit
Krup/pa/de (s. Croupade) [französ.] *f.*, -, -n, beim Reiten: Sprung der Hohen Schule
Krup/pe *f.*, -, -n, Kreuz des Pferdes
Krüp/pel *m.*, -s, -
krüp/pe/lig (s. krüpplig) verkrüppelt
krüp/peln *intr.*, schweizer. ugs. für hart arbeiten
krüpp/lig (s. krüppelig)
krup/pös kruppartig
kru/ral [lat.] zum Schenkel gehörend
Krus/pel *m.*, -s, -n, österr. für Knorpel
Krus/ta/zee [lat.] *f.*, -, -n, Krebstier
Krus/te *f.*, -, -n
Krus/ten/ech/se *f.*, -, -n, giftige Echsengattung Nordamerikas
Krus/ten/tier *n.*, -[e]s, -e
krus/tig
Krux (s. Crux) [lat.] *f.*, -, *nur Sg.*, Kreuz, Last, Kummer
Kru/zi/a/ner [lat.] *m.*, -s, -, Mitglied des Knabenchors der Dresdener Kreuzkirche
Kru/zi/fe/re *f.*, -, -n, Kreuzblütler
Kru/zi/fix *n.*, -es, -e, Darstellung Christi am Kreuz
Kru/zi/fi/xus *m.*, -, *nur Sg.*, der gekreuzigte Christus
Kry/o/lith [griech.] *m.*, -[e]s, -e, ein Mineral
Kry/o/me/ter *n.*, -s, -, Messgerät für tiefe Temperaturen
Kry/o/sko/pie oder auch:
Kry/os/ko/pie *f.*, -, *nur Sg.*, Molekulargewichtsbestimmung
Kryp/ta *f.*, -, Krypten, 1. in frühchristlicher Zeit: unteriridische Grabkammer eines

Märtyrers, 2. später: Grabstätte geistlicher oder weltlicher Würdenträger
Kryp/to/ga/me [griech.] *f.,* -, -n, Sporenpflanze
kryp/to/ge/gen oder auch: **kryp/to/ge/ne/tisch**, in der Biologie: aus unbekannter Erstehung
Kryp/to/gramm *n.,* -[e]s, -e, Text in Geheimschrift
Kryp/to/graph *(Nf.)* auch: **Kryp/to/graf** *(Hf.) m.,* -en, -en, veralt.: Geheimschriftmaschine
Kryp/to/gra/phie *(Nf.)* auch: **Kryp/to/gra/fie** *(Hf.) f.,* -, -n, 1. veralt. für Geheimschrift, 2. in der Psychologie: unbewußt entstandene Kritzeleien, z.B. beim Telefonieren
kryp/to/kris/tal/lin oder auch: **kryp/to/kris/ta/l/li/nisch**
kryp/to/mer
Kryp/to/me/rie *f.,* -, -n, *f.,* -, -n, japanisch-chinesischer Nadelbaum
Kryp/ton *n.,* -s, *nur Sg.,* chem. Element (Zeichen: Kr)
Kryp/ton/lam/pe *f.,* -, -n
Krypt/or/chis/mus oder auch: **Kryp/tor/chis/mus** *m.,* -, *nur Sg.,* Zurückbleiben beider Hoden im Leistenkanal oder in der Bauchhöhle
Kryp/to/skop oder auch: **Kryp/tos/kop** *n.,* -[e]s, -e, Gerät zum Nachweis von Röntgenstrahlen
KS Abk. für Kansas
KSZE Abk. für Konferenz über Sicherheit und Zusammenarbeit in Europa
kt Abk. für Kilotonne
Kt. Abk. für Kanton

Kte/ni/di/um [griech.] *n.,* -s, Ktenidien, Kammkieme
Kte/no/pho/re *f.,* -, -n, Rippenqualle
Ku/ba (s. Cuba) mittelamerikan. Inselstaat
Ku/ba/ner *m.,* -s, -
ku/ba/nisch
Ku/ba/tur (s. Kubierung) [lat.] *f.,* -, -en, Bestimmung des Rauminhalts
Kub/ba [arab.] *m.,* -, Kubben, Kuppel
Ku/be/be [arab.-span.] *f.,* -, -n, Frucht eines indones. Pfeffergewächses
Ku/be/be/pfef/fer *m.,* -s, *nur Sg.*
Kü/bel *m.,* -s, -, Eimer
Kü/bel/wa/gen *m.,* -s, -
Ku/ben *Pl.* von Kubus
ku/bie/ren [lat.] *tr.,* in die dritte Potenz erheben
Ku/bie/rung *f.,* -, -en
Ku/bik/de/zi/me/ter *n.,* -s, -, (Abk.: dm³)
Ku/bik/hek/to/me/ter *n.,* -s, -, (Abk.: hm³)
Ku/bik/in/halt *m.,* -[e]s, -e
Ku/bik/ki/lo/me/ter *n.,* -s, -, (Abk.: km³)
Ku/bik/maß *n.,* -es, -e
Ku/bik/me/ter *n.,* -s, -, (Abk.: m³)
Ku/bik/mil/li/me/ter *n.,* -s, -, (Abk.: mm³)
Ku/bik/wur/zel *f.,* -, -n, dritte Wurzel einer Zahl
Ku/bik/zahl *f.,* -, -en, dritte Potenz einer Zahl
Ku/bik/zen/ti/me/ter *n.,* s, -, (Abk.: cm³)
ku/bisch
Ku/bis/mus *m.,* -, *nur Sg.,* Richtung in der Malerei
Ku/bist *m.,* -en, -en
ku/bis/tisch
ku/bi/tal zum Ellbogen gehörend

Ku/bus *m.,* -, Kuben, Würfel
Kü/che *f.,* -, -n
Kü/chel *m.,* -s, -n, Schmalzgebäck
kü/cheln *intr.*
Ku/chen *m.,* -s, -
Kü/chen/bul/le *m.,* -n, -n, in der Soldatensprache: Koch
Kü/chen/chef *m.,* -s, -n
Kü/chen/gar/ten *m.,* -s, -gärten
Kü/chen/la/tein *n.,* -s, *nur Sg.,* schlechtes Latein des MA
Kü/chen/lied *n.,* -[e]s, -er
Kü/chen/ma/schi/ne *f.,* -, -n
Kü/chen/scha/be *f.,* -, -n, Kakerlake
Kü/chen/schel/le *f.,* -, -n, Anemone
Kü/chen/schwal/be *f.,* -, -n
Kü/chen/waa/ge *f.,* -, -n
Kü/chen/wa/gen *m.,* -s, -
Kü/chen/zet/tel *m.,* -s, -
Küch/lein *n.,* -s, -, kleines Schmalzgebäck
ku/cken *intr.,* ugs. für gucken
Kü/cken *n.,* -s, -, ugs. für Küken
ku/ckuck!
Ku/ckuck *m.,* -[e]s, -e, Singvogel
Ku/ckucks/blu/me *f.,* -, -n
Ku/ckucks/ei *n.,* -[e]s, -er
Ku/ckucks/uhr *f.,* -, -en
Kud/del/mud/del *m.* oder *n.,* -s, *nur Sg.,* ugs. für Durcheinander
Ku/der *m.,* -s, - männliche Wildkatze
Ku/du [afrikan.] *m.,* -s, -s, Antilope
Ku/fe *f.,* -, -n
Kü/fer *m.,* -s, -, Kellermeister
Kuff *f.,* -, -e, Küstensegelschiff

ku/fisch aus der Stadt Kufa stammend
Ku/gel *f.*, -, -n
Ku/gel/blitz *m.*, -[e]s, -e
Ku/gel/blu/me *f.*, -, -n
Kü/gel/chen *n.*, -s, -
Ku/gel/fang *m.*, -[e]s, -fänge
ku/gel/fest
Ku/gel/fes/tig/keit *f.*, -, *nur Sg.*
ku/ge/lig (s. kuglig)
Ku/gel/la/ger *n.*, -s, -
ku/geln *tr.*
Ku/gel/re/gen *m.*, -s, -
ku/gel/rund
Ku/gel/schrei/ber *m.*, -s, -
ku/gel/si/cher
Ku/gel/spiel *n.*, -[e]s, -e
Ku/gel/sto/ßen *n.*, -s, *nur Sg.*
Küg/lein *n.*, -s, -
kug/lig (s. kugelig)
Ku/gu/lar *m.*, -[e]s, -e, Puma
Kuh *f.*, -, Kühe
Kuh/an/ti/lo/pe *f.*, -, -n
Kuh/dorf *n.*, -[e]s, -dörfer, ugs. für kleines langweiliges Dorf
Kü/her *m.*, -s, -, schweizer. für Kuhhirt
Kuh/han/del *m.*, -s, *nur Sg.*, ugs. für fragwürdiges Tauschgeschäft
Kuh/haut *f.*, -, -häute, ugs. in der Wendung: das geht auf keine Kuhhaut, das ist nicht zu fassen
Kuh/kaff *n.*, -s, -s, ugs. für kleines Dorf
kühl
Kühl/an/la/ge *f.*, -, -n
Kuh/le *f.*, -, -n, norddt. für Mulde
Küh/le *f.*, -, *nur Sg.*
küh/len *tr.*
Küh/ler *m.*, -s, -
Küh/ler/hau/be *f.*, -, -n

Kühl/haus *n.*, -es, -häuser
Kühl/ket/te *f.*, -, -n
Kühl/schiff *n.*, -[e]s, -e
Kühl/schrank *m.*, -[e]s, -schränke
Kühl/te *f.*, -, -n, im Seewesen: leichter Wind
Kühl/tru/he *f.*, -, -n
Küh/lung *f.*, -, -en
Kühl/wa/gen *m.*, -s, -
Kühl/was/ser *n.*, -s, *nur Sg.*
Kuh/magd *f.*, -, -mägde
Kuh/milch *f.*, -, *nur Sg.*
kühn
Kühn/heit *f.*, -, *nur Sg.*
kühn/lich veralt. für kühn
Kuh/pilz *m.*, -[e]s, -e
Kuh/po/cken *Pl.*, Viruserkrankung bei Kühen
Kuh/rei/gen oder auch:
Kuh/rei/hen *m.*, -s, -, strophisches Lied der Kuhhirten
Kuh/rei/her *m.*, -s, -, eine Vogelart
Kuh/schel/le *f.*, -, -n
Ku/jon [französ.] *m.*, -[e]s, -e, veralt. für Quäler
ku/jo/nie/ren *tr.*, veralt.
k.u.k. Abk. für kaiserlich und königlich
Kü/ken *n.*, -s, -
Ku-Klux-Klan *m.*, -[s], *nur Sg.*, rassistischer Geheimbund in den USA
Ku/kum/ber oder auch:
Ku/ku/mer *f.*, -, -n, Gurke
Ku/ku/ruz [rumän.] *m.*, -es, *nur Sg.*, österr. für Mais
Ku/lak [russ.] *m.*, -en, -en, im russ. Zarenreich: Großbauer
ku/lant [französ.] großzügig
Ku/lanz *f.*, -, *nur Sg.*
Ku/li *m.*, -s, -s, ostasiat. Tagelöhner
Ku/lier/wa/re *f.*, -, -n, Maschenware
ku/li/na/risch [lat.]

Ku/lis/se [französ.] *f.*, -, -n
Ku/lis/sen/büh/ne *f.*, -, -n
Ku/lis/sen/schie/ber *m.*, -s, -, abwertend für Bühnenarbeiter
Kul/ler/au/gen *Pl.*, ugs. für: staunende große Augen
kul/lern *tr.* und *intr.*
Kulm [lat.] *m.*, -[e]s, -e, runder Berggipfel
Kul/mi/na/ti/on [lat.] *f.*, -, -en, Erreichen des Höhepunktes
Kul/mi/na/ti/ons/punkt *m.*, -[e]s, -e, Höhepunkt
kul/mi/nie/ren *intr.*
Kult [lat.] *m.*, -[e]s, -e
kul/tisch
Kul/ti/va/tor [lat.] *m.*, -s, -en, Grubber
kul/ti/vie/ren *tr.*, 1. Boden anbaufähig machen, 2. veredeln
kul/ti/viert gebildet, gepflegt
Kultur *f.*, -, -en
kul/tu/rell
Kul/tur/film *m.*, -[e]s, -e
Kul/tur/flüch/ter *Pl.*, Pflanzen oder Tiere, die durch menschliche Eingriffe in die Natur aus ihrer ursprünglichen Umgebung verdrängt wurden
Kult/ur/fol/ger *Pl.*, Pflanzen oder Tiere, die sich in der Nähe menschlicher Siedlungen aufhalten
Kul/tur/ge/schich/te *f.*, -, *nur Sg.*
kul/tur/ge/schicht/lich
kul/tur/his/to/risch
Kul/tur/land/schaft *f.*, -, -en
kul/tur/los
Kul/tur/po/li/tik *f.*, -, *nur Sg.*
Kul/tur/volk *n.*, -[e]s, -völker

Kul/tus *m.,* -, Kulte
Kul/tus/mi/nis/te/ri/um *n.,* -s, Kultusministerien
Ku/ma/rin [französ.] *m.,* -[e]s, *nur Sg.,* Duftstoff
Ku/ma/ron *n.,* -[e]s, *nur Sg.,* Schweröl
Kumm *m.,* -[e]s, -e
Kum/me *f.,* -, -n, norddt. für Schüssel
Küm/mel *m.,* -s, -, Gewürz
Küm/mel/blätt/chen *n.,* -s, *nur Sg.,* Kartenspiel
Küm/mel/brannt/wein *m.,* -[e]s, -e
küm/meln *tr.,* ugs. für Alkohol trinken
Kum/mer *m.,* -s, *nur Sg.*
Küm/me/rer *m.,* -s, -
küm/mer/lich
Küm/mer/ling *m.,* -[e]s, -e
küm/mern *intr., tr.* und *refl.*
Küm/mer/nis *f.,* -, -se
Kum/mer/speck *m.,* -s, *nur Sg.,* ugs. für: aus Kummer angegessenes Übergewicht
kum/mer/voll
Kum/met *n.,* -[e]s, -e, Teil des Zuggeschirrs
Kump *m.,* -[e]s, -e, tiefe Schüssel
Kum/pan [lat.] *m.,* -[e]s, -e, Kamerad
Kum/pa/nei *f.,* -, -en
Kum/pel *m.,* -s, -, 1. Bergmann, 2. Kamerad
Ku/mu/la/ti/on [lat.] *f.,* -, -en, Anhäufung
ku/mula/tiv
Ku/mu/lie/ren *intr.*
Ku/mu/lie/rung *f.,* -, *nur Sg.*
Ku/mu/lo/nim/bus *m.,* -, -se, (Abk.: Cb) dunkle Gewitterwolke
Ku/mu/lus *m.,* -, Kumuli, (Abk.: Cu)
Ku/mu/lus/wol/ke *f.,* -, -n
Ku/mys (s. Kumyss) [russ.] *m.,* -, *nur Sg.,* alkohol. Getränk aus Stutenmilch
Ku/myß > **Ku/myss** (s. Kumys) *m.,* -, *nur Sg.*
kund in der Wendung: etwas kundtun, etwas mitteilen
künd/bar
Künd/bar/keit *f.,* -, *nur Sg.*
Kun/de 1. *m.,* -n, -n, Käufer, 2. *f.,* -, -n, Nachricht
kün/den *tr.*
Kund/en/dienst *m.,* -[e]s, -e
Kun/den/fang *m.,* -s, *nur Sg.*
Kun/den/kre/dit *m.,* -[e]s, -e
Kun/den/spra/che *f.,* -, -n
Kün/der *m.,* -s, -
Kund/ga/be *f.,* -, *nur Sg.*
kund/ge/ben *tr.*
Kund/ge/bung *f.,* -, -en
kun/dig
kün/di/gen *tr.* und *intr.*
Kün/di/gung *f.,* -, -en
Kün/di/gungs/frist *f.,* -, -en
Kün/di/gungs/schutz *m.,* -[e]s, *nur Sg.*
kund/ma/chen *tr.*
Kund/schaft *f.,* -, -en
kund/schaf/ten *intr.*
Kund/schaf/ter *m.,* -s, -
kund/tun *tr.*
kund/wer/den *intr.*
ku/ne/i/form [lat.] keilförmig
Kü/net/te [lat.] *f.,* -, -n
künf/tig
künf/tig/hin
kun/geln *intr.,* ugs. für Vetternwirtschaft betreiben
Kun/kel *f.,* -, -n, Spindel
Kun/kel/stu/be *f.,* -, -n
Kunk/ta/tor [lat.] *m.,* -s, -en, Zweifler, Zauderer
Kunst *f.,* -, Künste
Kunst/aka/de/mie *f.,* -, -n
kunst/be/geis/tert
Kunst/denk/mal *n.,* -[e]s, -denkmäler
Kunst/druck *m.,* -[e]s, -e
Kunst/dün/ger *m.,* -s, -
Kunst/eis *n.,* -es, *nur Sg.*
Küns/te/lei *f.,* -, -en
Kunst/er/zie/hung *f.,* -, *nur Sg.*
Kunst/fa/ser *f.,* -, -n
Kunst/feh/ler *m.,* -s, -
kunst/fer/tig
Kunst/fer/tig/keit *f.,* -, -en
Kunst/flie/ger *m.,* -s, -
Kunst/flug *m.,* -[e]s, -flüge
kunst/ge/recht
Kunst/ge/schich/te *f.,* -, *nur Sg.*
kunst/ge/schicht/lich
Kunst/ge/wer/be *n.,* -s, *nur Sg.*
Kunst/ge/werb/ler *m.,* -s, -
kunst/ge/werb/lich
Kunst/griff *m.,* -[e]s, -e
Kunst/han/del *m.,* -s, *nur Sg.*
Kunst/händ/ler *m.,* -s, -
Kunst/hand/werk *n.,* -[e]s, *nur Sg.*
Kunst/hand/wer/ker *m.,* -s, -
kunst/hand/werk/lich
Kunst/his/to/rie *f.,* -, *nur Sg.*
kunst/his/to/risch
Kunst/kri/tik *f.,* -, -en
Kunst/kri/ti/ker *m.,* -s, -
Künst/ler *m.,* -s, -
künst/le/risch
Künst/ler/na/me *m.,* -ns, -n
Künst/ler/tum *n.,* -s, *nur Sg.*
künst/lich
Künst/lich/keit *f.,* -, *nur Sg.*
Kunst/lied *n.,* -[e]s, -er
kunst/los
Kunst/lo/sig/keit *f.,* -, *nur Sg.*
Kunst/ma/ler *m.,* -s, -
Kunst/mär/chen *n.,* -s, -
Kunst/pau/se *f.,* -, -n
kunst/reich
Kunst/rei/ter *m.,* -s, -
Kunst/rich/ter *m.,* -s, -
Kunst/samm/lung *f.,* -, -en
Kunst/sei/de *f.,* -, -n

Kunstsinn

Kunst/sinn *m.*, -[e]s, *nur Sg.*
kunst/sin/nig
Kunst/spra/che *f.*, -, -n
Kunst/sprin/gen *n.*, -s, *nur Sg.*
Kunst/sprin/ger *m.*, -s, -
Kunst/stoff *m.*, -[e]s, -e
kunst/stop/fen *tr.*
Kunst/stop/fe/rei *f.*, -, -en
Kunst/stück *n.*, -[e]s, -e
Kunst/tisch/ler *m.*, -s, -
Kunst/töp/fer *m.*, -s, -
Kunst/tur/nen *n.*, -s, *nur Sg.*
Kunst/ver/stand *m.*, -[e]s, *nur Sg.*
kunst/ver/stän/dig
kunst/voll
Kunst/werk *n.*, -[e]s, -e
Kunst/wis/sen/schaft *f.*, -, *nur Sg.*
Kunst/wort *n.*, -[e]s, -wörter
kun/ter/bunt
Ku/o/min/tang *f.*, -, *nur Sg.*, Regierungspartei Taiwans
Kü/pe *f.*, -, -n, Farbstofflösung
Ku/pee (s. Coupé) *n.*, -s, -s
Ku/pel/le *f.*, -, -n
ku/pel/lie/ren *tr.*
Kü/pen/farb/stoff *m.*, -[e]s, -e, Farbstoff, der erst auf dem Stoff durch Aufnahme von Sauerstoff aus der Luft seine wahre Farbe erhält
Kup/fer *n.*, -s, *nur Sg.*, chem. Element (Zeichen: Cu)
Kup/fer/erz *n.*, -[e]s, -e
kup/fer/far/ben
kup/fer/far/big
Kup/fer/glanz *m.*, -es, *nur Sg.*
kup/fe/rig (s. kupfrig)
Kup/fer/kies *m.*, -[e]s, *nur Sg.*
kup/fern aus Kupfer hergestellt

kup/fer/rot
Kup/fer/ste/cher *m.*, -s, -
Kup/fer/stich *m.*, -[e]s, -e
Kup/fer/tief/druck *m.*, -[e]s, -e
Kup/fer/vi/tri/ol oder auch: Kup/fer/vit/ri/ol *n.*, -[e]s, *nur Sg.*, Kupfersulfat
kupf/rig (s. kupferig)
ku/pie/ren [französ.] *tr.*, bei Hunden: Ohren oder Schwanz abschneiden oder stutzen
Ku/pol/o/fen (s. Kuppelofen) [lat.] *m.*, -s, -öfen, Ofen zum Schmelzen von Roheisen
Ku/pon (s. Coupon) [französ.] *m.*, -s, -s, Abschnitt
Kup/pe *f.*, -, -n
Kup/pel *f.*, -, -n
Kup/pe/lei *f.*, -, -en
kup/peln *tr.* und *intr.*
Kup/pel/o/fen (s. Kupolofen) *m.*, -s, -öfen
Kup/pel/pelz *m.*, -[e]s, -e, ugs. veralt.
kup/pen *tr.*, die Spitze eines Baumes abschneiden
Kupp/ler *m.*, -s, -
kupp/le/risch
Kupp/lung *f.*, -, -en
Ku/pris/mus oder auch: Kup/ris/mus [lat.] *m.*, -, *nur Sg.*, Kupfervergiftung
Kur *f.*, -, -en
Kür *f.*, -, -en, bei Wettkämpfen: vom Sportler selbst zusammengestellte Übung
ku/ra/bel [lat.] heilbar
ku/rant [französ.] veralt. gängig (Abk.: crt.)
Ku/rant [lat.] *n.*, -[e]s, -e, veralt. für eine Münze, deren Wert dem Materialwert entspricht
ku/ran/zen [lat.] *tr.*, veralt., kujonieren

Ku/ra/re (s. Curare) *n.*, -s, *nur Sg.*, indianisches Pfeilgift
Kü/raß > Kü/rass [französ.] *m.*, -es, -e, Brustharnisch
Kü/ras/sier *m.*, -[e]s, -e, schwerer Reiter
Ku/rat [lat.] *m.*, -en, -en, Hilfsgeistlicher mit eigenem Seelsorgebezirk
Ku/ra/tel *f.*, -, -en, Pflegschaft, Vormundschaft
Ku/ra/tie *f.*, -, -n, Amt des Kuraten
ku/ra/tiv heilend
Ku/ra/tor *m.*, -s, -en, 1. Pfleger, Vormund, 2. Verwalter einer Stiftung
Ku/ra/to/ri/um *n.*, -s, Kuratorien, kollegiale Aufsichtsbehörde
Kur/bei *f.*, -, -n
kur/beln *intr.*
Kur/bel/wel/le *f.*, -, -n
Kur/bet/te (s. Courbette) *f.*, -, -n
Kür/bis *m.*, -ses, -se
Kür/bis/fla/sche *f.*, -, -n
Kur/de *m.*, -n, -n, Angehöriger eines iran. Volkes
kur/disch
Kur/dis/tan Gebirgslandschaft in Vorderasien
ku/ren *intr.*
kü/ren *tr.*, veralt. für wählen
Kü/ret/ta/ge [französ.] *f.*, -, -n, in der Medizin: Ausschabung der Gebärmutter
Kü/ret/te *f.*, -, -n, Gerät zur Ausschabung
kü/ret/tie/ren *tr.*
Kur/fürst *m.*, -en, -en
kur/fürst/lich
Kur/gast *m.*, -[e]s, -gäste
Kur/haus *n.*, -[e]s, -häuser
ku/ri/al [lat.] die Kurie betreffend

Ku/ri/a/len *Pl.*, Beamte der päpstlichen Kurie
Ku/ri/a/li/en *Pl.*, früher: in den Kanzleien übliche Förmlichkeiten
Ku/ri/al/stil m, -[e]s, -e
Ku/ri/at/stim/me *f.*, -, -n
Ku/rie *f.*, -, -n, päpstliche Behörden
Ku/rier [französ.] *m.*, -[e]s, -e, Bote
ku/rie/ren [lat.] *tr.*, heilen
Ku/ri/len *Pl.*, Inselgruppe im Pazifik
ku/ri/os [lat.] sonderbar, merkwürdig
Ku/ri/o/si/ät *f.*, -, -en
Ku/ri/o/si/tä/ten/ka/bi/nett *n.*, -[e]s, -e
Ku/ri/o/sum *n.*, -s, Kuriosa
ku/risch aber: Kurisches Haff
Kur/ka/pel/le *f.*, -, -n
Kur/kon/zert *n.*, -[e]s, -e
Kur/ku/ma (s. Curcuma) [arab.] *f.*, -, Kurkumen, südasiatisches Ingwergewächs
Kur/ku/min *n.*, -[e]s, *nur Sg.*, gelber Farbstoff
Kur/land Landschaft in Lettland
Kur/lan/de *Pl.*
kur/län/disch
Kür/lauf *m.*, -[e]s, -läufe
Kur/ort *m.*, -[e]s, -e
Kur/park *m.*, -s, -s
Kur/pfalz früher: Kurfürstentum Pfalz
Kur/pfäl/zer *m.*, -s, -
kur/pfäl/zisch
kur/pfu/schen *intr.*
Kur/pfu/scher *m.*, -s, -, Scharlatan
Kur/pfu/sche/rei *f.*, -, *nur Sg.*
Kur/prinz *m.*, -en, -en
kur/prinz/lich
Kur/pro/me/na/de *f.*, -, -n
Kur/re *f.*, -, -n, Fischer-Schleppnetz
Kur/ren/da/ner [lat.] *m.*, -s, -
Kur/ren/de *f.*, -, -n, evangel. Jugendchor
Kur/rent/schrift *f.*, -, -en, Schreibschrift
Kur/ri/ku/lum (s. Curriculum) *n.*, -s, Kurrikula
Kurs [lat.] *m.*, -[e]s, -e
Kur/saal *m.*, -[e]s, -säle
Kurs/buch *n.*, -[e]s, -bücher
Kürsch/ner *m.*, -s, -, jmd., der Pelze verarbeitet
Kürsch/ne/rei *f.*, -, -en
kur/sie/ren [lat.] *intr.*
kur/siv
Kur/siv/schrift *f.*, -, -en
kur/so/risch
Kur/sus *m.*, -, Kurse
Kurs/wa/gen *m.*, -s, -
Kurs/wert *m.*, -[e]s, -e
Kurs/zet/tel *m.*, -s, -
Kur/ta/ge (s. Courtage) *f.*, -, -n
Kur/ta/xe *f.*, -, -n
Kur/ti/san [lat.] *m.*, -[e]s, -e, veralt. für Günstling bei Hofe
Kur/ti/sa/ne *f.*, -, -n, veralt. für Prostituierte
Kür/tur/nen *n.*, -s, *nur Sg.*
Kür/ü/bung *f.*, -, -en
ku/ru/lisch [lat.] im alten Rom: dem höchsten Beamten gehörend
Kur/va/tur [lat.] *f.*, -, -en, Krümmung
Kur/ve *f.*, -, -n
kur/ven *intr.*
Kur/ven/li/ne/al *n.*, -[e]s, -e
Kur/ven/mes/ser *m.*, -s, -
kur/vig
Kur/vi/me/ter *n.*, -s, -, Kurvenmesser
Kur/vi/me/trie oder auch:
Kur/vi/met/rie *f.*, -, *nur Sg.*
kur/vi/me/trisch oder auch:
kur/vi/met/risch
Kur/wür/de *f.*,-, *nur Sg.*
kurz vor kurzem, sich kurz fassen, aber: den Kürzeren ziehen
Kurz/ar/beit *f.*, -, *nur Sg.*
kurz/ar/bei/ten *intr.*
Kurz/ar/bei/ter *m.*, -s, -
kurz/är/me/lig oder auch:
kurz/ärm/lig
kurz/at/mig
Kurz/at/mig/keit *f.*, -, *nur Sg.*
Kür/ze *f.*, -, -n
Kür/zel *n.*, -s, -
kür/zen *tr.*
kurzer/hand
Kurz/film *m.*, -[e]s, -e
kurz/flü/ge/lig (s. kurzflüglig)
Kurz/flüg/ler *m.*, -s, -
kurz/flüg/lig (s. kurzflügelig)
kurz/fris/tig
Kurz/ge/schich/te *f.*, -, -n
kurz/hal/ten *tr.*
kurz/köp/fig
kurz/le/big
Kurz/le/big/keit *f.*, -, *nur Sg.*
kürz/lich
kurz/schlie/ßen *tr.*
Kurz/schluß > **Kurz-schluss** *m.*, -es, -schlüsse
Kurz/schluß/hand/lung > **Kurz/schluss/hand/lung** *f.*, -, -en
Kurz/schnäb/ler *m.*, -s, -
Kurz/schrift *f.*, -, -en, Stenografie
kurz/schrift/lich
kurz/sich/tig
Kurz/sich/tig/keit *f.*, -, *nur Sg.*
kurz/stäm/mig
Kurz/stre/cken/lauf *m.*, -[e]s, -läufe
Kurz/stre/cken/läu/fer *m.*, -s, -
Kurz/stun/de *f.*, -, -n

kurz/tre/ten *intr.*
kurz/um
Kür/zung *f.*, -, -en
Kurz/wa/ren *Pl.*
kurz/weg
Kurz/weil *f.*, -, *nur Sg.*
kurz/wei/lig
Kurz/wel/le *f.*, -, -n, Rundfunkwelle
Kurz/wel/len/sen/der *m.*, -s, -
Kurz/wo/che *f.*, -, -n
Kurz/wort *n.*, -[e]s, -wörter
Kurz/zeit/we/cker *m.*, -s, -
kusch!
ku/scheln *tr.*
ku/schen *intr.*
Ku/sel (s. Kussel) *f.*, -, -n, süddt. für Kiefernzapfen, Stadt in der Pfalz
Ku/sin/chen *n.*, -s, -
Ku/si/ne (s. Cousine) *f.*, -, -n
Kus/kus [arab.] *m.*, -, *nur Sg.*, nordafrikanische Grießspeise
Kuß > **Kuss** *m.*, -es, Küsse
Küß/chen > **Küss/chen** *n.*, -s, -
kuß/echt > **kuss/echt**
Kus/sel (s. Kusel) *f.*, -, -n
küs/sen *tr.*
küs/se/rig
kuß/fest > **kuss/fest**
Kuß/hand > **Kuss/hand**
Kuß/händ/chen >
Kuss/händ/chen *n.*, -s, -
Küß/lein > **Küss/lein** *n.*, -s, -
kuß/lich > **kuss/lich**
Küs/te *f.*, -, -n
Küs/ten/be/feu/e/rung *f.*, -, -en
Küs/ten/fi/sche/rei *f.*, -, *nur Sg.*
Küs/ten/ge/wäs/ser *n.*, -s, -
Küs/ten/schiffahrt >
Küs/ten/schiff/fahrt *f.*, -, -en
Küs/ter *m.*, -s, -

Küs/te/rei *f.*, -, -en, veralt. für Wohnung des Küsters
Kus/to/de [lat.] *f.*, -, -n, veralt.
Kus/tos *m.*, -, Kustoden, wissenschaftlicher Betreuer in einem Museum
ku/tan [lat.] die Haut betreffend
Ku/tan/re/ak/ti/on *f.*, -, -en, Hautreaktion
Ku/ti/ku/la *f.*, -, -s oder -e, zellfreie Hautschicht aus Wachs oder Chitin
Ku/tis *f.*, -, *nur Sg.*, Lederhaut
Kutsch/bock *m.*, -[e]s, -böcke
Kut/sche *f.*, -, -n
kut/schen *intr.*
Kut/scher *m.*, -s, -
kut/schie/ren *intr.*
Kutsch/pferd *n.*, -[e]s, -e
Kutsch/wa/gen *m.*, -s, -
Kut/te *f.*, -, -n, langer Mantel
Kut/ter *m.*, -s, -
Kü/ve/la/ge [französ.] *f.*, -, -n
kü/ve/lie/ren *tr.*
Kü/ve/lie/rung *f.*, -, -en
Ku/vert [französ.] *n.*, -s, -s, Briefumschlag
ku/ver/tie/ren *tr.*
Ku/ver/tü/re *f.*, -, -n, Kakaoüberzug für Kuchen und Gebäck
Kü/vet/te [französ.] *f.*, -, -n, Glasschale
ku/vrie/ren oder auch:
kuv/rie/ren [französ.] *tr.*, veralt. für verbergen
Ku/wait arab. Fürstentum am Persischen Golf
Ku/wai/ter *m.*, -s, -
ku/wai/tisch
Kux [tschech.] *m.*, -es, -e, Gesellschaftsanteil an einer bergrechtlichen Gewerkschaft
kV Abk. für Kilovolt
KV Abk. für Köchelverzeichnis
k.v. Abk. für kriegsverwendungsfähig
kVA Abk. für Kilovoltampere
kW Abk. für Kilowatt
Kwan/non [japan.] *f.*, -, *nur Sg.*, buddhistische Gottheit
Kwaß > **Kwass** [russ.] *m.*, -, *nur Sg.*, bierähnliches russisches Getränk
kWh Abk. für Kilowattstunde
KY Abk. für Kentucky
Ky/a/ni/sa/ti/on *f.*, -, *nur Sg.*, Art der Holzimprägnierung
ky/a/ni/sie/ren *tr.*
Ky/be/le kleinasiatische Göttin der Fruchtbarkeit der Erde
Ky/ber/ne/tik [griech.] *f.*, *nur Sg.*, Zusammenfassung mehrerer Wissenschaftsgebiete, die Steuerungs- und Regelvorgänge behandeln
ky/ber/ne/tisch
Kyff/häu/ser *m.*, -s, *nur Sg.*, Berg in Thüringen
Ky/kla/den oder auch:
Kyk/la/den *Pl.*, Inselgruppe in der Ägäis
Ky/klo/ide oder auch:
Kyk/lo/i/de *f.*, -, -n, selten für: Zykloide
Ky/klon oder auch: **Kyklon** *m.*, -[e]s, -e, selten für: Zyklon
Ky/klop oder auch: **Kyklop** *m.*, -en, -en, selten für: Zyklop
Ky/ma [griech.] *n.*, -s, -s
Ky/ma/ti/on *n.*, -s, Kymatien, Zierleiste
Ky/mo/gramm *n.*, [e]s, -e, Röntgenbild

Ky/mo/skop oder auch:
Ky/mos/kop *n.,* -[e]s, -e
Kym/re [walis.] *m.,* -n, -n, Waliser
kym/risch
Kym/risch *n.,* -[s], *nur Sg.,* Sprache der Kymren
Ky/ne/ge/tik (s. Zynegetik) *f.,* -, *nur Sg.,* Kunst der Hundedressur
Ky/ni/ker [griech.] *m.,* -s, -, Angehöriger einer altgriech. Philosophenschule
ky/nisch
Ky/nis/mus *m.,* -, *nur Sg.,* Lehre der Kyniker
Ky/no/lo/ge [griech.] *m.,* -n, -n
Ky/no/lo/gie *f.,* -, *nur Sg.,* Lehre vom Hund
ky/no/lo/gisch
Ky/pho/se *f.,* -, -n, Wirbelsäulenverkrümmung
Ky/rie [griech.] *n.,* -, *nur Sg.,* Kurzw. für Kyrieeleison
Ky/rie e/lei/son Herr, erbarme dich
Ky/rie/e/lei/son *n.,* -s, -s
ky/ril/lisch
Ky/ril/li/za *f.,* -, *nur Sg.,* kyrillische Schrift
KZ Abk. für Konzentrationslager

L

l Abk. für Liter
L 1. Abk. für Leu, Lira, 2. KFZ-Kennzeichen für Luxemburg, 3. röm. Zeichen für die Zahl 50
£ Zeichen für Britisches od. Irisches Pfund
La chem. Zeichen für Lanthan
LA 1. Abk. für Lastenausgleich, 2. Abk. für Louisiana, Los Angeles
Lab *n.*, -[e]s, -e, Magenferment bei Kälbern und Schafen
La/ba/rum [lat.] *n.*, -s, *nur Sg.*, kaiserliche Heeresfahne mit Christusmonogramm
lab/be/rig weichlich
lab/bern *intr.*, schlaff herunterhängen
La/be *f.*, -, *nur Sg.*, dicht. für Labsal
la/ben *tr.*, veralt. für erfrischen, beleben
La/ber/dan [französ.] *m.*, -[e]s, -e, gepökelter Kabeljau
la/bern *intr.*, Unsinn reden
La/be/trank *m.*, -[e]s, -tränke
La/be/trunk *m.*, -[e]s, -trünke
la/bi/al [lat.] mit den Lippen gebildet
La/bi/al *m.*, -[e]s, -e
La/bi/al/laut *m.*, -[e]s, -e, mit den Lippen gebildeter Laut
La/bi/al/pfei/fe *f.*, -, -n
La/bi/a/te *f.*, -, -n, Lippenblütler
la/bil [lat.] anfällig, schwach
La/bi/li/tät *f.*, -, *nur Sg.*
la/bi/o/den/tal [lat.]
La/bi/o/den/tal *m.*, -[e]s, -e
La/bi/o/den/tal/laut *m.*, -[e]s, -e, mit Unterlippe und Oberzähnen gebildeter Laut
la/bi/o/ve/lar
La/bi/o/ve/lar *m.*, -[e]s, -e
La/bi/o/ve/lar/laut *m.*, -[e]s, -e, mit Lippen und Gaumen gebildeter Laut
La/bi/um *n.*, -s, Labia oder Labien, Lippe
Lab/kraut *n.*, -[e]s, *nur Sg.*
Lab/ma/gen *m.*, -s, -, Teil des Magens bei Wiederkäuern
La/bor [lat.] *n.*, -s, -s oder -e, Kurzw. für Laboratorium
La/bo/rant *m.*, -en, -en
La/bo/ra/to/ri/um *n.*, -s, Laboratorien, Forschungsstätte
la/bo/rie/ren *intr.*
La/bour Par/ty [engl.] *f.*, -, *nur Sg.*, Arbeiterpartei Englands
La/bra/dor oder auch: **Lab/ra/dor** nordamerikanische Halbinsel, Hunderasse
La/bra/do/rit oder auch: **Lab/ra/do/rit** *m.*, -[e]s, -e, Art des Feldspats
La/brum oder auch: **Labrum** [lat.] *n.*, -s, Labren, Oberlippe der Insekten
Lab/sal *n.*, -[e]s, -e
lab/sal/ben *tr.*
Labs/kaus [norweg.] *n.*, -[e]s, *nur Sg.*, seemännisches Gericht
La/bung *f.*, -, -en
La/by/rinth [griech.] *n.*, -[e]s, -e, Irrgarten
la/by/rin/thisch
La/by/rin/tho/don *n.*, -s, -ten, ausgestorbenes Kriechtier
La/che *f.*, -, -n
lä/cheln *intr.*
la/chen *intr.*
La/cher *m.*, -s, -
lä/cher/lich
Lä/cher/lich/keit *f.*, -, *nur Sg.*

Lach/gas *n.*, -[e]s, -e
lach/haft
Lach/krampf *m.*, -[e]s, -krämpfe
Lach/lust *f.*, -, *nur Sg.*
lach/lus/tig
Lachs *m.*, -[e]s, -e, Salm
Lach/sal/ve *f.*, -, -n
lachs/far/ben
Lachs/schin/ken *m.*, -s, -
Lach/tau/be *f.*, -, -n
Lach/ter *n.*, -s, - oder *f.*, -, -n, altes Längenmaß im Bergbau
la/cie/ren [französ.] *tr.*
Lack [italien.] *m.*, -[e]s, -e
Lack/af/fe *m.*, -n, -n, ugs. für geschniegelter, arroganter Kerl
Lack/ar/beit *f.*, -, -en
la/cken *tr.*
la/ckie/ren *tr.*
La/ckie/rer *m.*, -s, -
La/ckie/re/rei *f.*, -, -en
Lack/kunst *f.*, -, *nur Sg.*
Lackl *m.*, -s, -n, südd. für ungeschliffener Kerl
Lack/mus [niederländ.] *n.*, -s, *nur Sg.*, blauer Farbstoff, der als chem. Reagens verwendet wird
Lack/mus/pa/pier *n.*, [e]s, -e
La/cri/mae Chris/ti oder auch: **Lac/ri/mae Chris/ti** *Pl.* Wein aus der Umgebung des Vesuv
la/cri/mo/so oder auch: **lac/ri/mo/so** (s. lagrimoso)
La/crosse [französ.] *n.*, -, *nur Sg.*, kanadisches Ballspiel
Lact/al/bu/min oder auch: **Lac/tal/bu/min** *n.*, -[e]s, -e, Milcheiweiß
Lac/tam [lat.] *n.*, -s, -e
Lac/ta/se *f.*, -, -n
Lac/to/se *f.*, -, *nur Sg.*, Milchzucker

La/da/num [griech.] *n.*, -s, *nur Sg.*, Harz für Räucherpulver
Läd/chen *n.*, -s, -
La/de *f.*, -, -n
La/de/baum *m.*, -[e]s, -bäume, Vorrichtung zum Heben von Lasten
La/de/büh/ne *f.*, -, -n
La/de/hem/mung *f.*, -, -en
la/den *tr.*
La/den *m.*, -s, Läden
La/den/hü/ter *m.*, -s, -
La/den/preis *m.*, -[e]s, -e
La/denschluß > **Laden/-schluss** *m.*, -es, -schlüsse
La/den/tisch *m.*, -[e]s, -e
La/der *m.*, -s, -
La/de/ram/pe *f.*, -, -n
La/de/schein *m.*, -[e]s, -e
La/de/stock *m.*, -[e]s, -stöcke, früher: Stock, mit dem die Munition in den Gewehrlauf geschoben wurde
lä/die/ren [lat.] *tr.*, beschädigen
Lä/die/rung *f.*, -, -en
La/di/ner *m.*, -s, -, rätoromanische Bewohner einiger Dolomitentäler
la/di/nisch
La/dung *f.*, -, -en
La/dy [engl.] *f.*, -, -s, Dame, Frau
la/dy/like damenhaft
La/fet/te [französ.] *f.*, -, -n, Schießgerüst
la/fet/tie/ren *tr.*
Laf/fe *m.*, -n, -n, ugs. für unreifer Mann
LAG Abk. für Lastenausgleichsgesetz
La/ge *f.*, -, -n
La/ge/be/richt *m.*, -[e]s, -e
Lä/gel *n.*, -s, -, Fass, das auf dem Rücken getragen wird
la/gen/wei/se
La/ge/plan *m.*, -[e]s, -pläne

La/ger *n.*, -s, -
Lä/ger *n.*, -s, -, schweizer. für Strohlager
La/ger/bier *n.*, -[e]s, -e
la/ger/fä/hig
La/ger/fä/hig/keit *f.*, -, *nur Sg.*
La/ger/hal/ter *m.*, -s, -
La/ge/rist *m.*, -en, -en, Anbieter in einem Warenlager
la/gern *tr., intr.* und *refl.*
La/ger/obst *n.*, -[e]s, *nur Sg.*
La/ger/pflan/ze *f.*, -, -n
La/ger/platz *m.*, -[e]s, -plätze
La/ger/raum *m.*, -[e]s, -räume
La/ger/statt *f.*, -, -stätten
La/ger/stät/te *f.*, -, -n
La/ge/rung *f.*, -, *nur Sg.*
La/ger/ver/walt/er *m.*, -s, -
La/ger/wa/che *f.*, -, -n
La/ger/zaun *m.*, -[e]s, -zäune
La/ger/zeit *f.*, -, -en
La/go Mag/gio/re See in Oberitalien
La/gos Hpst. von Nigeria
la/gri/mo/so oder auch: **lag/ri/mo/so** traurig
Lag/ting *n.*, -s, *nur Sg.*, norwegisches Oberhaus
La/gu/ne [italien.] *f.*, -, -n, Strandsee
La/gu/nen/stadt *f.*, -, -städte
lahm
Läh/me *f.*, -, *nur Sg.*, in der Tiermedizin: Lähmung
lah/men *intr.*
läh/men *tr.*
Lahm/heit *f.*, -, *nur Sg.*
lahm/le/gen *tr.*
Lahm/le/gung *f.*, -, *nur Sg.*
Läh/mung *f.*, -, -en
Läh/mungs/er/schei/nung *f.*, -, -en
Lahn 1. *f.*, -, -en, Lawine, 2. *m.*, -[e]s, -e, ausgewalzter Metalldraht
Lai [französ.] *n.*, -[s], -s, Verserzählung
Laib *m.*, -[e]s, -e, runde Form von Brot oder Käse
Lai/bung (s. Leibung) *f.*, -, -en, Wölbung
Laich *m.*, -[e]s, -e, im Wasser abgelegte Fischeier
lai/chen *intr.*
Laich/kraut *n.*, -[e]s, *nur Sg.*
Laich/platz *m.*, -[e]s, -plätze
Laich/zeit *f.*, -, -en
Laie [griech.] *m.*, -n, -n, 1. Nichtfachmann, 2. Nichtgeistlicher
Lai/en/bru/der *m.*, -s, -brüder
Lai/en/büh/ne *f.*, -, -n
lai/en/haft
Lai/en/kelch *m.*, -[e]s, -e
Lai/en/pries/ter *m.*, -s, -
Lai/en/rich/ter *m.*, -s, -
Lai/en/schwes/ter *f.*, -, -n
Lai/en/spiel *n.*, -[e]s, -e
la/i/sie/ren *tr.*, Priester in den Laienstand zurückversetzen
La/i/sie/rung *f.*, -, -en
Lais/sez-faire [französ.] *n.*, -, *nur Sg.*, Gewährenlassen
La/i/zis/mus *m.*, *nur Sg.*, politische Richtung, die die Trennung von Staat und Kirche fordert
La/i/zist *m.*, -en, -en
la/i/zis/tisch
La/kai [französ.] *m.*, -en, -en, Diener, unterwürfiger Mensch
la/kai/en/haft
La/ke *f.*, -, -n, Salzlösung zum Einsalzen
La/ken *n.*, -s, -, Betttuch
Lak/ko/lith [griech.] *m.*, -en, -en, Magmamasse, die sich zwischen Schiefergesteine einzwängt

la/ko/nisch
La/ko/nis/mus *m., -, nur Sg.*
La/krit/ze oder auch:
Lak/rit/ze [griech.]
La/krit/zen/saft oder auch:
Lak/rit/zen/saft *m., -[e], -säfte*
La/krit/zen/stan/ge oder auch: **Lak/rit/zen/stan/ge** *f., -, -n*
Lak/tam (s. Lactam) *n., -[e]s, -e*
Lak/ta/se (s. Lactase) *f., -, -n*
Lak/ta/ti/on [lat.] *f., -, -en*, das Stillen
Lak/ta/ti/ons/pe/ri/o/de *f., -, -n*
lak/tie/ren *intr.* und *tr.*
Lak/to/den/si/me/ter oder auch: **Lak/to/me/ter** [lat.] *n., -s, -*
Lak/to/se (s. Lactose) [lat.] *f., -, nur Sg.*
Lak/to/skop oder auch: **Lak/tos/kop** [lat.] *n., -[e]s, -e*
Lak/tos/u/rie oder auch: **Lak/to/su/rie** *f., -, nur Sg.*, Vorkommen von Milchzucker im Harn
lak/to/trop
la/ku/när [lat.] aushöhlend
La/ku/ne *f., -, -n*, Hohlraum
la/kus/trisch oder auch: **la/kust/risch** [lat.] in Seen vorkommend
La/lem [griech.] *n., -[e]s, -e*, bezüglich der Artikulation betrachteter Laut
La/len/buch *n., -[e]s, nur Sg.*, Schwanksammlung des Mittelalters
La/le/tik *f., -, nur Sg.*, Sprechkunde
lal/len *intr.*, undeutlich sprechen
L.A.M. Abk. für Liberalium Artium Magister
La/ma 1. [peruan.] *n., -s, -s*, Kamelart, 2. *m., -s, -s*, buddhistischer Priester
La/ma/is/mus *m., -, nur Sg.*, Form des Buddhismus
La/ma/ist *m., -en, -en*
la/ma/is/tisch
La/man/tin *m., -[e]s, -e*, Seekuh
Lamb/da *n., -[s], -s*, griech. Buchstabe (Zeichen: l)
Lamb/da/naht *f., -, nähte*
Lamb/da/zis/mus *m., -, nur Sg.*, Unfähigkeit, den Buchstaben L zu sprechen
Lam/bre/quin oder auch: **Lamb/re/quin** [französ.] *m., -s, -s*, Querbehang mit Fransen
Lam/bris oder auch: **Lamb/ris** [französ.] *m., -, -*, Wandtäfelung
Lam/brus/co oder auch: **Lamb/rus/co** [italien.] *m., - [s], -*, italien. Rotwein
Lamb/skin [engl.] *n., -s, -s*, Lammfellimitation
Lambs/wool [engl.] *n., -s, nur Sg.*, Lammwolle
la/mé oder auch: **la/mee** [französ.] aus Lame hergestellt
La/mé oder auch: **La/mee** *n., -s, nur Sg.*, von Metallfäden durchzogenes Seidengewebe
la/mel/lar [lat.] geschichtet
La/mel/le *f., -, -n*
la/mel/lös
la/men/ta/bel [lat.] veralt.
La/men/ta/ti/on *f., -, -en*, Klagelied
la/men/tie/ren *intr.*
La/men/to *n., -s, -s*, Klage
La/met/ta [italien.] *n., -s, nur Sg.*, Christbaumschmuck aus Aluminiumfäden
La/mia [griech.] *f., -, Lamien*, in der griech. Mythologie: Spukgeist
La/mi/na [lat.] *f., -, -e*
la/mi/nar parallel fließend
La/mi/na/ria *f., -, Laminarien*, Algenart
la/mi/nie/ren *tr.*
Lamm *n., -[e]s, Lämmer*
Lämm/chen *n., -s, -*
Läm/mer/gei/er *m., -s, -*, veralt.
Läm/mer/wol/ke *f., -, -n*, Wolkenform
Lamm/fell *n., -[e]s, -e*
lamm/fromm
Lämm/lein *n., -s, -*
Lamms/ge/duld *f., -, nur Sg.*
Lam/pa/da/ri/us [lat.] *m., -, Lampadarien*, Fackelhalter
Lam/pas [französ.] *m., -, -*, schweres Gewebe
Lam/pas/sen *Pl.*, Streifen an Uniformhosen
Lämp/chen *n., -s, -*
Lam/pe *f., -, -n*
Lam/pen/fie/ber *n., -s, nur Sg.*, Aufregung, Angst vor einem Auftritt
Lam/pi/on [französ.] *m.* oder *n., -s, -s*
Lämp/lein *n., -s, -*
Lam/pre/te oder auch: **Lamp/re/te** *f., -, -n*, Neunauge
Lan/ca/de [französ.] *f., -, -n*, Bogensprung der Hohen Schule
Lan/cier [französ.] *m., -s, -s*, 1. mit einer Lanze bewaffneter Reiter, 2. Tanz
lan/cie/ren *tr.*
Lan/cier/rohr *n., -[e]s, -e*
Land *n., -[e]s, Länder*
land/ab
Land/ar/beit *f., -, -en*
Land/ar/bei/ter *m., -s, -*
Lan/dau/er *m., -s, -*, Pferdewagen mit Verdeck

land/auf
land/aus
Land/be/völ/ke/rung *f.*, -, -en
Länd/chen *n.*, -s, -
Län/de *f.*, -, -n, ugs. für Landungsplatz
Lan/de/bahn *f.*, -, -en
Lan/de/er/laub/nis *f.*, -, -se
land/ein
land/ein/wärts
lan/den *intr.*
Land/en/ge *f.*, -, -n
Län/de/rei/en *Pl.*
Län/der/kampf *m.*, -[e]s, -kämpfe
Län/der/kun/de *f.*, -, *nur Sg.*
län/der/kund/lich
Län/der/na/me *m.*, -ns, -n
Län/der/re/gie/rung *f.*, -, -en
Län/der/spiel *n.*, [e]s, -e
Land/er/zie/hungs/heim *n.*, -[e]s, -e
Lan/des/auf/nah/me *f.*, -, -n
Lan/des/bi/schof *m.*, -[e]s, -bischöfe
Lan/des/e/be/ne *f.*, -, *nur Sg.*
Lan/des/far/ben *Pl.*
Lan/des/ge/schich/te *f.*, -, *nur Sg.*
Lan/des/haupt/stadt *f.*, -, -städte
Lan/des/herr *m.*, -n, -en
lan/des/herr/lich
Lan/des/ho/heit *f.*, -, *nur Sg.*
Lan/des/in/ne/re *n.*, -n, -n
Lan/des/kir/che *f.*, -, -n
Lan/des/kun/de *f.*, -, *nur Sg.*
lan/des/kund/lich
Lan/des/mut/ter *f.*, -, -mütter
Lan/des/re/gie/rung *f.*, -, -en
Lan/des/spra/che *f.*, -, -n
Lan/des/trau/er *f.*, -, *nur Sg.*

lan/des/üb/lich
Lan/des/va/ter *m.*, -s, -väter
Lan/des/ver/rat *m.*, -[e]s, *nur Sg.*
Lan/des/ver/rä/ter *m.*, -s, -
Lan/des/ver/wei/sung *f.*, -, -en
lan/des/ver/wie/sen
Land/fah/rer *m.*, -s, -, Landstreicher
Land/flucht *f.*, -, *nur Sg.*, Abwanderung der ländlichen Bevölkerung in die Städte
land/fremd
Land/frie/de *m.*, -ns, -n
Land/frie/den *m.*, -s, -
Land/frie/dens/bruch *m.*, -[e]s, -brüche
Land/funk *m.*, -[e]s, -e
Land/ge/mein/de *f.*, -, -n
Land/ge/richt *n.*, -[e]s, -e, (Abk.: LG)
Land/ge/richts/rat *m.*, -[e]s, -räte
Land/graf *m.*, -en, -en
Land/graf/schaft *f.*, -, -en
Land/gut *n.*, -[e]s, -güter
Land/haus *n.*, -es, -häuser
Land/jä/ger *m.*, -s, -, früher: Dorfpolizist
Land/kärt/chen *n.*, -s, -, Schmetterlingsart
Land/kar/te *f.*, -, -n
Land/kli/ma *n.*, -s, *nur Sg.*
Land/kreis *m.*, -[e]s, -e
land/läu/fig
Länd/ler *m.*, -s, -, süddt. und österr. Volkstanz
länd/lich
Länd/lich/keit *f.*, -, *nur Sg.*
Land/lord [engl.] *m.*, -s, -s, Großgrundbesitzer in England
Land/macht *f.*, -, -mächte
Land/mar/ke *f.*, -, -n
Land/nah/me *f.*, -, -n
Land/par/tie *f.*, -, -n

Land/pla/ge *f.*, -, -n
Land/po/me/ran/ze *f.*, -, -n, früher: einfaches Mädchen vom Land
Land/rat *m.*, -[e]s, -räte
Land/rats/amt *n.*, -[e]s, -ämter
Land/rat/te *f.*, -, -n, ugs. für Nichtseemann
Land/re/gen *m.*, -s, -, anhaltender Regen
Land/ro/ver [engl.] *m.*, -s, -, (Warenz.) Geländewagen
Land/sas/se *m.*, -n, -n, früher: Untertan eines Landesherrn
land/säs/sig
Land/schaft *f.*, -, -en
land/schaft/lich
Land/schafts/ma/ler *m.*, -s, -
Land/schafts/schutz *m.*, -es, *nur Sg.*
Land/schul/heim *n.*, -[e]s, -e
Land/ser *m.*, -s, -, ugs. für Soldat
Lands/ge/mein/de *f.*, -, -n, schweizer, für Versammlung der Wahlberechtigten
Land/sitz *m.*, -es, -e
Lands/knecht *m.*, -[e]s, -e
Lands/knechts/lied *n.*, -[e]s, -er
Lands/mål [norweg.] *n.*, -, *nur Sg.*, norwegische Landessprache
Lands/mann *m.*, -[e]s, -leute
Lands/män/nin *f.*, -, -nen
lands/män/nisch
Lands/mann/schaft *f.*, -, -en, Zusammenschluss von Heimatvertriebenen nach dem Zweiten Weltkrieg
Land/stadt *f.*, -, -städte, früher: einem Landesherrn unterstellte Stadt
Land/stän/de *Pl.*, früher: Vertretungen der privile-

gierten Stände
land/stän/disch
Land/strei/cher *m.*, -s, -
Land/strich *m.*, -[e]s, -e
Land/sturm *m.*, -[e]s, -stürme, Aufgebot aller Waffenfähigen, später v.a. der älteren Jahrgänge
Land/sturm/mann *m.*, -[e]s, -männer
Land/tag *m.*, -[e]s, -e, Volksvertretung der Länder
Land/tags/ab/ge/ordne/te(r) *m. oder f.*, -n, -n
Land/tier *n.*, -[e]s, -e
Lan/dung *f.*, -, -en
Lan/dungs/brü/cke *f.*, -, -n
Lan/dungs/steg *m.*, -[e]s, -e
Land/ver/mes/sung *f.*, -, -en
Land/vogt *m.*, -[e]s, -vögte, vom König eingesetzter Verwalter
Land/vog/tei *f.*, -, -en
land/wärts
Land/weg *m.*, -[e]s, -e
Land/wehr *f.*, -, -en, 1. im MA: Graben, Wall als Grenzbefestigung, 2. s. Landsturm
Land/wehr/mann *m.*, -[e]s, -männer
Land/wein *m.*, -[e]s, -e
Land/wind *m.*, -[e]s, -e
Land/wirt *m.*, -[e]s, -e
Land/wirt/schaft *f.*, -, -en
land/wirt/schaft/lich
Land/wirt/schafts/minis/te/ri/um *n.*, -s, -ministerien
Land/wirt/schafts/wissen/schaft *f.*, -, -en
Land/zun/ge *f.*, -, -n
lang über kurz oder lang, lang und breit, seit langem, sich des Längeren mit etwas beschäftigen
lang/at/mig
Lang/at/mig/keit *f.*, -, *nur Sg.*
Lang/bein *n.*, -[e]s, -e, Meister Langbein, ugs. für Storch
lang/bei/nig
lan/ge lange schlafen, es ist schon lange her
Län/ge *f.*, -, -n
lan/gen 1. *intr.*, ausreichen, 2. *tr.* jmdm. eine langen, ugs. für jmdm. eine Ohrfeige geben
län/gen *tr.*
Län/gen/grad *m.*, -[e]s, -e
Län/gen/kreis *m.*, -es, -e
Län/gen/maß *n.*, -es, -e
Lan/ger/hans-In/seln *Pl.*, Drüsen des menschlichen Körpers, die das Insulin erzeugen
Lan/get/te [französ.] *f.*, -, -n
Lan/get/ten/stich *m.*, -[e]s, -e, Schlingenstich
lan/get/tie/ren *tr.*
Lan/get/tie/rung *f.*, -, *nur Sg.*
Lan/ge/wei/le (s. Langweile) *f.*, -, *nur Sg.*
Lan/ge/zeit *f.*, -, *nur Sg.*, schweizer. für Sehnsucht
Lang/fin/ger *m.*, -s, -, ugs. für Dieb
lang/fin/ge/rig oder auch:
lang/fing/rig
lang/fris/tig
lang/ge/streckt oder auch:
lang ge/streckt
lang/haa/rig
lang/hin
Lang/holz *n.*, -[e]s, -hölzer
lang/jäh/rig
lang/köp/fig
Lang/lauf *m.*, -[e]s, -läufe
lang/le/big
Lang/le/big/keit *f.*, -, *nur Sg.*
lang/le/gen *tr.*, ugs. für hinlegen
läng/lich
läng/lich/rund oder auch:
läng/lich rund
Lang/mut *f.*, -, *nur Sg.*
lang/mü/tig
Lang/mü/tig/keit *f.*, -, *nur Sg.*
Lan/go/bar/de *m.*, -n, -n, Angehöriger eines german. Volkes
lan/go/bar/disch
Lang/ohr *n.*, -[e]s, -en, ugs. für Hase oder Esel
lang/oh/rig
längs Präp. mit Gen. oder Dat., längs des Flusses
Längs/ach/se *f.*, -, -n
lang/sam
Lang/sam/keit *f.*, -, *nur Sg.*
lang/schä/de/lig oder auch:
lang/schäd/lig
Lang/schlä/fer *m.*, -s, -
Lang/schnäb/ler *m.*, -s, -
Lang/schrift *f.*, -, -en, im Gs. zu Stenografie
Lang/spiel/plat/te *f.*, -, -n, (Abk.: LP)
Längs/rich/tung *f.*, -, -en
längs/schiffs
Längs/schnitt *m.*, -[e]s, -e
längs/seit
längs/seits
längst
Längs/tal *n.*, -[e]s, -täler
längs/tens ugs. für spätestens
lang/stie/lig
Lang/stie/lig/keit *f.*, -, *nur Sg.*
Lang/stre/cken/flug *m.*, -[e]s, -flüge
Lang/stre/cken/lauf *m.*, -[e]s, -läufe
Lang/stre/cken/läu/fer *m.*, -s, -
Langue/doc *n. oder f.*, -, *nur Sg.*, französ. Landschaft mit umfangreichem Weinbau
Langue/doc/wein *m.*, -[e]s, -e
Lan/gus/te [französ.] *f.*, -, -n, scherenloser Panzerkrebs

Lang/wei/le (s. Langeweile) *f.*, -, *nur Sg.*
lang/wei/len *tr.*
Lang/wei/ler *m.*, -s, -
lang/wei/lig
Lang/wei/lig/keit *f.*, -, *nur Sg.*
Lang/wel/le *f.*, -, -n, Rundfunkwelle
lang/wie/rig
La/ni/tal/fa/ser [italien.] *f.*, -, -n, wollähnlicher Faserstoff
La/no/lin *n.*, -[e]s, *nur Sg.*, Ausgangsstoff für Salben
Lan/than [griech.] *n.*, -[e]s, *nur Sg.*, chem. Element (Zeichen: La)
Lan/tha/nit *n.*, -[e]s, -e, ein Mineral
La/nu/go [lat.] *f.*, -, Lanugines, Flaum des Embryos
Lan/ze *f.*, -, -n
Lan/zett/bo/gen *m.*, -s, -, in der Gotik: Spitzbogen
Lan/zet/te *f.*, -, -n, kleines Operationsmesser
Lan/zett/fens/ter *n.*, -s, -, in der Gotik: schmales Fenster
Lan/zett/fisch/chen *n.*, -s, -, urtümliches Wirbeltier ohne Schädel
lan/zi/nie/ren *intr.*
La/o/ko/on sagenhafter trojan. Priester
La/os Staat in Hinterindien
La/o/te *m.*, -n, -n, Einwohner von Laos
la/o/tisch
La/pa/ro/skop oder auch: **La/pa/ros/kop** [griech.] *n.*, -[e]s, -e, für die Betrachtung des Bauchinneren eingerichtetes Endoskop
La/pa/ro/sko/pie oder auch: **La/pa/ros/ko/pie** *f.*, -, -n
La/pa/ro/to/mie *f.*, -, -n, operatives Öffnen der Bauchhöhle
La Paz Hpst. von Bolivien
la/pi/dar [lat.] kurz, einfach
La/pi/där *m.*, -[e]s, -e, Edelsteinschleifer
La/pi/da/ri/tät *f.*, -, *nur Sg.*
La/pi/da/ri/um *n.*, -s, Lapidarien, Steinsammlung
La/pi/dar/schrift *f.*, -, -en, Schriftart für Steininschriften
La/pi/des *Pl.* von Lapis
La/pil/li [italien.] *Pl.*, kleine, schlackige Auswurfgesteine von Vulkanen
La/pis *m.*, -s, Lapides, Stein
La/pis/la/zu/li *m.*, -, -, Halbedelstein
Lap/pa/lie *f.*, -, -n, unbedeutende Kleinigkeit
Läpp/chen *n.*, -s, -
Lap/pe *m.*, -n, -n, Einwohner von Lappland
Lap/pen *m.*, -s, -
läp/pen *tr.*, glatt schleifen
Lap/pen/tau/cher *m.*, -s, -, ein Vogel
Läp/pe/rei *f.*, -, -n, Nichtigkeit
läp/pern *tr.*, ugs.: es läppert sich zusammen = es sammelt sich an
lap/pig 1. weich, schlaff, 2. gering, lächerlich, 3. in Lappenform
lap/pisch (s. lappländisch)
läp/pisch töricht, kindisch
Lapp/län/der *m.*, -s, -, Lappe
lapp/län/disch (s. lappisch)
Lap/sus [lat.] *m.*, -, -, kleiner Fehler
Lap/top [engl.] *m.*, -s, -s, tragbarer Computer mit integriertem Monitor
Lär/che *f.*, -, -n, Nadelbaum
La/ren [lat.] *Pl.*, Schutzgeister der röm. Mythologie
lar/ghet/to [italien.] in der Musik: getragen, breit
Lar/ghet/to *n.*, -s, -s oder Larghetti, Musikstück, das larghetto gespielt wird
lar/go in der Musik: getragen, langsam
Lar/go *n.*, -s, -s oder Larghi, getragenes Musikstück
la/ri/fa/ri
La/ri/fa/ri *n.*, -[s], *nur Sg.*, Unsinn
Lärm *m.*, -[e]s, *nur Sg.*
lärm/emp/find/lich
lär/men *intr.*
lär/mig
lar/moy/ant oder auch: **lar/mo/yant** [französ.] rührselig
Lar/moy/anz oder auch: **Lar/mo/yanz** *f.*, -, *nur Sg.*
Lärm/schutz *m.*, -es, *nur Sg.*
lar/val [lat.] zur Larve gehörend
Lärv/chen *n.*, -s, -
Lar/ve *f.*, -, -n,
lar/vie/ren *tr.*, verbergen
lar/viert in der Medizin: ohne typische Merkmale
La/ryn/gal [griech.] *m.*, -[e]s, -e
La/ryn/ga/lis *f.*, -, Laryngales, Kehlkopflaut
la/ryn/ge/al
La/ryn/gi/tis *f.*, -, Laryngitiden, Entzündung des Kehlkopfs
La/ryn/go/fis/sur *f.*, -, -en
La/ryn/go/lo/ge *m.*, -n, -n
La/ryn/go/lo/gie *f.*, -, *nur Sg.*
la/ryn/go/lo/gisch
La/ryn/go/skop oder auch: **La/ryn/gos/kop** *n.*, -[e]s, -e, Kehlkopfspiegel
La/ryn/go/sko/pie oder auch: **La/ryn/gos/ko/pie** *f.*, -, -n

La/ryn/go/to/mie *f., -, -n*, operative Öffnung des Kehlkopfs
La/rynx *m., -,* Laryngen, Kehlkopf
La/sa/gne [italien.] *nur Pl.*, italienisches Nudelgericht
lasch träge
La/sche *f., -, -n*
La/ser [engl. Kurzw.] *m., -s, -,* Gerät, das gebündelte Lichtstrahlen erzeugt
La/ser/dru/cker [engl.] *m., -s, -*
La/ser/strah/len *Pl.*
la/sie/ren *tr.,* mit Lasurfarbe bestreichen
Lä/si/on *f., -, -en,* Verletzung
laß > lass müde, kraftlos, nachlässig
las/sen *tr.*
läs/sig
Läs/sig/keit *f., -, nur Sg.*
läß/lich > läss/lich geringfügig
Las/so [span.] *n., -s, -s,* Wurfschlinge
Last *f., -, -en*
Las/ta/die [niederländ.] *f., -, -n,* früher: Schiffsladeplatz
Last/arm *m., -[e]s, -e,* Gs. zu Kraftarm
Last/au/to *n., -s, -s*
las/ten *intr.*
Las/ten/auf/zug *m., -[e]s, -aufzüge*
Las/ten/aus/gleich *m., -[e]s, -e,* (Abk.: LA)
Las/ten/aus/gleichs/gesetz *n., -[e]s, nur Sg.,* (Abk.: LAG)
las/ten/frei
Las/ten/seg/ler *m., -s, -*
Las/ter 1. *m., -s, -,* ugs. für Lastkraftwagen, 2. *n., -s, -,* schlechte Gewohnheit
Läs/te/rer *m., -s, -*
las/ter/haft
Läs/te/rin *f., -, -nen*
Las/ter/le/ben *n., -s, nur Sg.*
läs/ter/lich
Läs/ter/maul *n., -[e]s, -mäuler*
läs/tern *tr.* und *intr.*
Läs/te/rung *f., -, -en*
Läs/ter/zun/ge *f., -, -n*
Las/tex *n., -, nur Sg.,* Gewebe aus Gummifäden
läs/tig
Las/tig/keit *f., -, nur Sg.,* höchste Belastbarkeit eines Schiffes
Läs/tig/keit *f., -, nur Sg.*
Las/ting [engl.] *m., -s, -s,* Gewebeart
Last/kahn *m., -[e]s, -kähne*
Last/kraft/wa/gen *m., -s, -,* (Abk.: Lkw, LKW)
Last/schiff *n., -[e]s, -e*
Last/schrift *f., -, -en*
Last/tier *n., -[e]s, -e*
Last/trä/ger *m., -s, -*
Last/wa/gen *m., -s, -*
Last/zug *m., -[e]s, -züge*
La/sur [pers.] *f., -, -en,* durchsichtige Lackschicht
La/sur/far/be *f., -, -n*
La/sur/stein *m., -[e]s, -e,* Lapislazuli
las/ziv [lat.] zweideutig, schlüpfrig
Las/zi/vi/tät *f., -, nur Sg.*
Lä/ta/re dritter Sonntag vor Ostern
La/tein *n., -s, nur Sg.*
La/tein/a/me/ri/ka
La/tein/a/me/ri/ka/ner *m., -s, -*
la/tein/a/me/ri/ka/nisch
La/tei/ner *m., -s, -,* jmd., der Latein gelernt hat
la/tei/nisch
La/tei/nisch *n., -[s], nur Sg.,* Sprache der alten Römer
La/tein/schrift *f., -, nur Sg.*
La/tein/schu/le *f., -, -n*
La/tein/se/gel *n., -s, -*
La-Tène-Kul/tur *f., -, nur Sg.*
La-Tène-Zeit *f., -, nur Sg.,* zweite Stufe der mitteleuropäischen Eisenzeit
la/tène/zeit/lich
la/tent [lat.] verborgen
La/tenz *f., -, nur Sg.*
La/tenz/pe/ri/o/de *f., -, -n*
La/tenz/zeit *f., -, -en,* Inkubationszeit
la/te/ral [lat.] seitlich
La/te/ran *m., -s, nur Sg.,* päpstlicher Palast außerhalb der Vatikanstadt
la/te/rie/ren [lat.] *tr.,* veralt.
La/te/rit [lat.] *m., -[e]s, -e,* roter Boden in den Tropen
La/te/rit/bo/den *m., -s, -böden*
La/ter/ne *f., -, -n*
La/ter/nen/fisch *m., -[e]s, -e*
La/tex [lat.] *m., -,* Latizes, Milchsaft einiger tropischer Pflanzen
La/ti/fun/di/en/wirtschaft *f., -, nur Sg.*
La/ti/fun/di/um [lat.] *n., -s,* Latifundien
La/ti/ner *m., -s, -,* Angehöriger eines indogermanischen Volksstammes
la/ti/nisch
la/ti/ni/sie/ren *tr.*
La/ti/ni/sie/rung *f., -, -en*
La/ti/nis/mus *m., -,* Latinismen
La/ti/nist *m., -en, -en,* Kenner der lat. Sprache
La/ti/ni/tät *f., -, nur Sg.*
La/tin-Lo/ver [engl.] *m., -s, -s,* ugs. für südländischer Liebhaber
La/ti/num *n., -s, nur Sg.,* Zertifikat über Kenntnisse in der lat. Sprache
La/ti/tü/de [lat.] *f., -, -n,* geografische Breite

la/ti/tu/di/nal
La/ti/um *n.*, -s, *nur Sg.*, italien. Landschaft
La/trie oder auch: **Lat/rie** [griech.] *f.*, -, -n, Verehrung
La/tri/ne oder auch: **Lat/ri/ne** [lat.] *f.*, -, -n abwertend für Toilette
Latsch *m.*, -[e]s, -en, ugs. für alter Schuh
Lat/sche *f.*, -, -n, Kiefernart
lat/schen *intr.*, ugs. schlurfend gehen
Lat/schen/kie/fer *f.*, -, -n, Latsche
lat/schig ugs. für: schlurfend
Lat/te *f.*, -, -n
Lat/ten/kis/te *f.*, -, -n
Lat/ten/rost *m.*, -[e]s, -e
Lat/ten/zaun *m.*, -[e]s, -zäune
Lat/tich *m.*, -[e]s, -e, Pflanze
Lat/wer/ge [griech.] *f.*, -, -n, in Breiform einzunehmende Arznei
Latz *m.*, -[e]s, -e, an Trachtenhosen: herunterklappbares Vorderteil
Lätz/chen *n.*, -s, -
Latz/ho/se *f.*, -, -n
lau mäßig
Laub *n.*, -[e]s, *nur Sg.*
Laub/baum *m.*, -[e]s, -bäume
Lau/be *f.*, -, -n
Lau/ben/gang *m.*, -[e]s, -gänge
Laub/fall m, -[e]s, -fälle
Laub/frosch *m.*, -[e]s, -frösche
Laub/heu/schre/cke *f.*, -, -n
Laub/höl/zer *Pl.*
Laub/hüt/ten/fest *n.*, -[e]s, -e, jüdisches Erntedankfest
Lau/big
Laub/sä/ge *f.*, -, -n
Laub/sä/ge/ar/beit *f.*, -, -en

Laub/sän/ger *m.*, -s, -, Vogelart
Laub/wald *m.*, -[e]s, -wälder
Laub/wech/sel *m.*, -s, -
Laub/werk *n.*, -[e]s, -e
Lauch *m.*, -[e]s, -e
Lau/da/num [griech.] *n.*, -s, *nur Sg.*, schmerzstillendes Medikament
Lau/da/tio [lat.] *f.*, -, -nes, Lobrede auf jmdn.
Lau/da/tor *m.*, -s, -en, jmd., der eine Laudatio vorträgt
Lau/des *Pl.*, Lobpreisung bei den katholischen Stundengebeten
lau/die/ren *tr.*, veralt. für loben
Lau/dist *m.*, -en, -en, früher: Verfasser von Laudes
Laue oder auch: **Lau/e/ne** *f.*, -, Lauenen, schweizer. für Lawine
Lau/er 1. *m.*, -s, -, Wein, 2. *f.*, -, *nur Sg.*, Hinterhalt
lau/ern *intr.*
Lauf *m.*, -[e]s, Läufe
Lauf/bahn *f.*, -, -en
Lauf/bur/sche *m.*, -n, -n
Läuf/chen *n.*, -s, -
lau/fen *intr.* und *refl.*
lau/fend ständig, dauernd
lau/fen/las/sen *tr.* entkommen
Läu/fer *m.*, -s, -
Lau/fe/rei *f.*, -, -en
Lauf/feu/er *n.*, -s, -
Lauf/ge/wicht *n.*, -[e]s, -e
Lauf/ge/wichts/waa/ge *f.*, -, -n
Lauf/git/ter *n.*, -s, -
Lauf/gra/ben *m.*, -s, -gräben
läu/fig brünstig (Hündin)
Läu/fig/keit *f.*, -, *nur Sg.*
Lauf/kä/fer *m.*, -s, -
Lauf/kar/te *f.*, -, -n
Lauf/kat/ze *f.*, -, -n, auf einem Drahtseil fahrender Wagen mit Aufzugswinde
Lauf/kund/schaft *f.*, -, *nur Sg.*, Gs. zu Stammkundschaft
Lauf/ma/sche *f.*, -, -n
Lauf/me/ter *n.*, -s, -, schweizer. für laufender Meter
Lauf/paß > **Lauf/pass** *m.*, -es, -pässe, jmdm. den Laufpass geben, jmdn. wegschicken
Lauf/rad *n.*, -[e]s, -räder
Lauf/rich/tung *f.*, -, -en
Lauf/schritt *m.*, -[e]s, *nur Sg.*
Lauf/stall *m.*, -[e]s, -ställe
Lauf/ställ/chen *n.*, -s, -
Lauf/steg *m.*, -[e]s, -e
Lauf/vo/gel *m.*, -s, -vögel, flugunfähiger Vogel (Strauß)
Lauf/werk *n.*, -[e]s, -e
Lauf/zeit *f.*, -, -en
Lauf/zet/tel *m.*, -s, -
Lau/ge *f.*, -, -n, Lösung verschiedener Stoffe
lau/gen *tr.*
Lau/gen/bad *n.*, -[e]s, -bäder
Lau/heit *f.*, -, *nur Sg.*
lau/lich lau
Lau/ne *f.*, -, -n
Lau/nen/haft
Lau/nen/haf/tig/keit *f.*, -, *nur Sg.*
lau/nig witzig
lau/nisch launenhaft
Lau/rat *n.*, -[e]s, -e, Salz der Laurinsäure
Lau/re/at [lat.] *m.*, -en, -en, früher: mit Lorbeer bekränzter Dichter
Lau/rin Zwergenkönig
Lau/rin/säu/re *f.*, -, -n
Lau/rus [lat.] *m.*, -, -, Lorbeerbaum
Laus *f.*, -, Läuse

Laus/bub *m.*, -en, -en
Laus/bu/be *m.*, -n, -n
Laus/bü/be/rei *f.*, -, -en
Lausch/an/griff *m.*, -[e]s, -e, unerlaubtes Abhören von Gesprächen
lau/schen *intr.*
Läus/chen *n.*, -s, -
Lau/scher *m.*, -s, -
lau/schig gemütlich, still
Lau/se/ben/gel *m.*, -s, -
Lau/se/jun/ge *m.*, -n, -n
Lau/se/kerl *m.*, -[e]s, -e oder -s
Läu/se/kraut *n.*, -[e]s, -kräuter, Pflanze
lau/sen *tr.*, nach Läusen suchen
Lau/ser *m.*, -s, -, Lausbube
Lau/se/rei *f.*, -, -en
lau/sig schlecht
Lau/sitz *f.*, -, *nur Sg.*, Landschaft in Sachsen und Brandenburg
Lau/sit/zer *m.*, -s, -
lau/sit/zisch
Läus/lein *n.*, -s, -
laut 1. laut sein, 2. Präp. mit Gen., laut Vertrag
Laut *m.*, -[e]s, -e
laut/bar bekannt
Lau/te *f.*, -, -n, Zupfinstrument
lau/ten *intr.*
läu/ten *tr.* und *intr.*
Lau/te/nist *m.*, -en, -en, jmd., der Laute spielt
Lau/ten/schlä/ger *m.*, -s, -, Lautenist
lau/ter
Lau/ter/keit *f.*, -, *nur Sg.*, Aufrichtigkeit
läu/tern *tr.*
Läu/te/rung *f.*, -, *nur Sg.*
Läu/te/werk (s. Läutewerk) *n.*, -[e]s, -e
laut/ge/treu
laut/hals
lau/tie/ren *tr.*

Laut/leh/re *f.*, -, -n, Phonetik
laut/lich
laut/los
Laut/lo/sig/keit *f.*, -, *nur Sg.*
laut/ma/lend
Laut/ma/le/rei *f.*, -, -en, Onomatopöie
Laut/schrift *f.*, -, -en
Laut/spre/cher *m.*, -s, -
laut/stark
Laut/stär/ke *f.*, -, -n
Lau/tung *f.*, -, -en
Laut/ver/schie/bung *f.*, -, -en
Laut/wan/del *m.*, -s, -
Läut/werk (s. Läutewerk) *n.*, -[e]s, -e
lau/warm
La/va [italien.] *f.*, -, Laven, aus Vulkanen ausfließendes Magma und das daraus entstandene Gestein
La/va/bel [französ.] *m.*, -s, -, Seidengewebe
La/va/bo [lat.] *n.*, -s, -s, Handwaschung des Priesters in der Messe
La/ven *Pl.* von Lava
La/ven/del [italien.] *m.*, -s, -, Pflanze
la/vie/ren *intr.*, 1. übertr. für geschickt vorgehen, 2. Farben verwischen
lä/vo/gyr [griech.] (Abk.:) in der Physik: Gs. zu dextrogyr
Lä/vu/lo/se [lat.] *f.*, -, *nur Sg.*, Fruchtzucker
La/wi/ne *f.*, -, -n
La/wi/nen/ga/le/rie *f.*, -, -n
La/wi/nen/ge/fahr *f.*, -, -en
Lawn-Ten/nis *(Nf.)* auch:
Lawn/ten/nis *(Hf.)* [engl.] *n.*, -, *nur Sg.*, Rasentennis
Law/ren/ci/um *n.*, -s, *nur Sg.*, künstlich erzeugtes chem. Element (Zeichen: Lw)
lax [lat.] schlaff

La/xa/ti/vum *n.*, -s, Laxativa, Abführmittel
Lax/heit *f.*, -, *nur Sg.*
la/xie/ren *intr.* und *tr.*, abführen
Lay/out *(Nf.)* auch:
Lay-out *(Hf.)* [engl.] *n.*, -s, -s, Text- und Bildgestaltung
Lay/ou/ter *m.*, -s, -
La/za/rett [italien.] *n.*, -[e]s, -e, Militärkrankenhaus
La/za/rett/schiff *n.*, -[e]s, -e
La/za/rett/zug *m.*, -[e]s, -züge
La/za/rus *m.*, -, -se, ugs. für leidender, kranker Mensch
La/ze/ra/ti/on [lat.] *f.*, -, -en, in der Medizin: Einriss
la/ze/rie/ren *intr.*, einreißen
La/zu/lith *m.*, -[e]s, -e, ein Mineral
lb., lbs. Abk. für Pound
l.c. Abk. für loco citato
ld Abk. für dyadischer Logarithmus
ld., Ld. Abk. für limited
Lead [engl.] *n.*, -s, *nur Sg.*, im Jazz: Führungsstimme
Lea/der *m.*, -s, -, 1. Tabellenführer beim Sport, 2. Kurzw. für Bandleader
lea/sen [engl.] *tr.*, mieten
Lea/sing [engl.] *n.*, -s, *nur Sg.*, Mieten von Gütern, v.a. von Kraftfahrzeugen
Le/be/hoch *n.*, -s, -s, ein Ausruf
lebe/lang
Le/be/mann *m.*, -[e]s, -männer
le/be/män/nisch
le/ben *intr.*
Le/ben *n.*, -s, -
le/bend/ge/bä/rend oder auch: **le/bend ge/bä/rend**
Le/bend/ge/wicht *n.*, -[e]s, -e

le/ben/dig
Le/ben/dig/keit *f.*, -, *nur Sg.*
Le/bens/a/bend *m.*, -[e]s, -e
Le/bens/al/ter *n*, -s, -
Le/bens/angst *f.*, -, *nur Sg.*
Le/bens/art *f.*, -, *nur Sg.*
Le/bens/auf/fas/sung *f.*, -, -en
Le/bens/auf/ga/be *f.*, -, -n
Le/bens/baum *m.*, -[e]s, -bäume, Thuja
Le/bens/be/din/gung *f.*, -, -en
le/bens/be/dro/hend
le/bens/be/ja/hend
Le/bens/be/ja/hung *f.*, -, *nur Sg.*
Le/bens/be/schrei/bung *f.*, -, -en
Le/bens/bild *n.*, -[e]s, -er
Le/bens/dau/er *f.*, -, *nur Sg.*
le/bens/echt
Le/bens/echt/heit *f.*, -, *nur Sg.*
Le/bens/e/li/xier *n.*, -[e]s, -e
Le/bens/en/de *n.*, -s, *nur Sg.*
Le/bens/er/fah/rung *f.*, -, -en
Le/bens/er/in/ne/rungen *Pl.*
Le/bens/er/war/tung *f.*, -, *nur Sg.*
Le/bens/fa/den *m.*, -s, -fäden
le/bens/fä/hig
Le/bens/fä/hig/keit *f.*, -, *nur Sg.*
Le/bens/form *f.*, -, -en
Le/bens/freu/de *f.*, -, *nur Sg.*
le/bens/froh
Le/bens/ge/fahr *f.*, -, -en
le/bens/ge/fähr/lich
Le/bens/ge/fähr/te *m.*, -n, -n
Le/bens/ge/fühl *n.*, -[e]s, *nur Sg.*
Le/bens/geis/ter *Pl.*

Le/bens/ge/mein/schaft *f.*, -, -en
Le/bens/ge/schich/te *f.*, -, -n
le/bens/groß
Le/bens/grö/ße *f.*, -, *nur Sg.*
Le/bens/hal/tung *f.*, -, *nur Sg.*
Le/bens/hal/tungs/kosten *nur Pl.*
Le/bens/jahr *n.*, -[e]s, -e
Le/bens/kampf *m.*, -[e]s, *nur Sg.*
le/bens/klug
Le/bens/klug/heit *f.*, -, *nur Sg.*
Le/bens/kraft *f.*, -, -kräfte
le/benskräf/tig
Le/bens/künst/ler *m.*, -s, -
le/bens/lang
le/bens/läng/lich
Le/bens/lauf *m.*, -[e]s, -läufe
Le/bens/licht *n.*, -[e]s, *nur Sg.*
Le/bens/lust *f.*, -, *nur Sg.*
le/bens/lus/tig
Le/bens/mit/tel *n.*, -s, -, meist *Pl.*
le/bens/mü/de
Le/bens/mut *m.*, -[e]s, *nur Sg*
le/bens/nah
Le/bens/not/wen/dig
Le/bens/not/wen/dig/keit *f.*, -, -en
Le/bens/qua/li/tät *f.*, -, *nur Sg.*
le/ben/spen/dend oder auch: **Le/ben spen/dend**
Le/bens/rad *n.*, -[e]s, -räder, optisches Gerät
Le/bens/raum *m.*, -[e]s, -räume
Le/bens/ret/ter *m.*, -s, -
Le/bens/ret/tungs/medail/le *f.*, -, -n
Le/bens/stan/dard *m.*, -s, *nur Sg.*
Le/bens/stel/lung *f.*, -, -en

Le/bens/stil *m.*, -[e]s, -e
le/bens/tüch/tig
Le/bens/tüch/tig/keit *f.*, -, *nur Sg.*
Le/bens/ü/ber/druß >
Le/bens/ü/ber/druss *m.*, -es, *nur Sg.*
le/bens/ü/ber/drüs/sig
Le/bens/un/ter/halt *m.*, - [e]s, *nur Sg.*
le/bens/ver/nei/nend
Le/bens/ver/si/che/rungs-ge/sell/schaft *f.*, -, -en
le/bens/voll
le/bens/wahr
Le/bens/wahr/heit *f.*, -, -en
Le/bens/wan/del *m.*, -s, *nur Sg.*
Le/bens/was/ser *n.*, -s, -wässer
Le/bens/e/li/xier *n.*, -[e]s, -e
Le/bens/weg *m.*, -[e]s, -e
Le/bens/wei/se *f.*, -, -n
Le/bens/werk *n.*, -[e]s, -e
le/bens/wich/tig
Le/bens/wil/le *m.*, -ns, *nur Sg.*
Le/bens/zei/chen *n.*, -s, -
Le/bens/zeit *f.*, -, *nur Sg.*
Le/bens/zweck *m.*, -[e]s, -e
le/ben/zer/stö/rend oder auch: **Le/ben zer/stö/rend**
Le/ber *f.*, -, -n
Le/ber/blüm/chen *n.*, -s, -
Le/ber/egel *m.*, -s, -, parasitärer Saugwurm
Le/ber/fleck *m.*, -[e]s, -e
Le/ber/kä/se *m.*, -[e]s, *nur Sg.*, süddt. und österr. Fleischgericht
Le/ber/knö/del *m.*, -s, -
Le/ber/pas/te/te *f.*, -, -n
Le/ber/tran *m.*, -[e]s, *nur Sg.*
Le/ber/wurst *f.*, -, -würste
Le/ber/zir/rho/se *f.*, -, -n, in der Medizin: Schrumpfen der Leber

501

Leberzirrhose

Lebewelt

Le/be/welt *f., -, nur Sg.*
Le/be/we/sen *n., -s, -*
Le/be/wohl *n., -[e]s, nur Sg.*
leb/haft
Leb/haf/tig/keit *f., -, nur Sg.*
Leb/ku/chen *m., -s, -*
Leb/küch/ler *m., -s, -,* Lebkuchenhersteller
leb/los
Leb/lo/sig/keit *f., -, nur Sg.*
Leb/tag *m., -[e]s, -e*
Leb/zei/ten *Pl.*
Leb/zel/ten *m., -s, -,* österr. für Lebkuchen
Leb/zel/ter *m., -s, -,* österr. für Lebkuchenhersteller
lech/zen *intr.*
Le/ci/thin (s. Lezithin) *n., -[e]s, -e*
leck im Seewesen: undicht
Leck *n., -[e]s, -e,* undichte Stelle
Le/cka/ge *f., -, -n,* 1. Leck, 2. Gewichtsverlust bei flüssigen Gütern
Le/cke *f., -, -n*
le/cken *intr. und tr.*
le/cker wohl schmeckend, appetitlich
Le/cker *m., -s, -,* in der Jägersprache: Zunge des Schalenwildes
Le/cker/bis/sen *m., -s, -*
Le/cke/rei *f., -, -en*
le/cke/rig (s. leckrig) naschhaft
Le/cker/li *n., -s, -*
Le/cker/maul *n., -[e]s, -mäuler,* ugs. für jmdn., der gerne Süßes isst
Le/cker/mäul/chen *n., -s, -*
leck/rig (s. leckerig)
Le/da in der griech. Mythologie: Geliebte des Zeus
Le/der *n., -s, -*
Le/der/band *m., -[e]s, -bände*
Le/de/rer *m., -s, -,* veralt.

Le/der/haut *f., -, -häute*
Le/der/ho/se *f., -, -n*
le/de/rig (s. ledrig)
le/dern
Le/de/rol *n., -s, nur Sg.,* gummiertes Baumwollgewebe
Le/der/rie/men *m., -s, -*
Le/der/schnitt *m., -[e]s, -e*
Le/der/strumpf Romanfigur von James F. Cooper
le/dig
Le/di/gen/heim *n., [e]s, -e*
le/dig/lich nur
led/rig (s. lederig)
Lee *f., -, nur Sg.,* Gs. zu Luv, dem Wind abgekehrte Seite
leeg niederdt. für niedrig (den Wasserstand betreffend)
leer
Lee/re *f., -, nur Sg.*
lee/ren *tr.*
Leer/gut *n., -[e]s, -güter*
Leer/ki/lo/me/ter *m., -s, -,* Gs. zu Nutzkilometer
Leer/lauf *m., -[e]s, -läufe*
leer/lau/fen > *intr.*
leer/ste/hend oder auch: **leer ste/hend**
Leer/tas/te *f., -, -n,* Taste ohne Zeichen
Lee/rung *f., -, -en*
Leer/zim/mer *n., -s, -*
Lee/sei/te *f., -, -n,* dem Wind abgekehrte Seite
Lef/ze *f., -, -n,* Lippe (bei Hunden)
leg. Abk. für legato
le/gal [lat.] geetzlich
Le/ga/li/sa/ti/on *f., -, -en*
le/ga/li/sie/ren *tr.*
Le/ga/li/sie/rung *f., -, -en*
Le/ga/lis/mus *m., -, nur Sg.*
Le/ga/li/tät *f., -, nur Sg.*
leg/as/then oder auch: **leg/asthe**
Leg/asthe/nie oder auch:

Le/gas/the/nie [griech.] *f., -, nur Sg.,* in der Medizin: krankhafte Lese- und Schreibschwäche
Leg/asthe/ni/ker oder auch: **Le/gas/the/ni/ker** *m., -s, -*
Le/gat [lat.] 1. *n., -[e]s, -e,* Vermächtnis, 2. *m., -en, -en,* Nuntius
Le/ga/tar *m., -[e]s, -e*
Le/ga/ti/on *f., -, -en*
Le/ga/ti/ons/rat *m., -[e]s, -räte*
le/ga/tis/si/mo [lat.] in der Musik: sehr legato
le/ga/to (Abk.: leg.) in der Musik: gebunden
Le/ga/to *n., -s, -s,* legato gespieltes Musikstück
Le/ge/hen/ne (s. Leghenne) *f., -, -n*
Le/gel *m., -s, -,* Ring zum Festmachen eines Segels
le/gen *tr.*
Le/gen/dar (s. Legendarium) *n., -[e]s, -e,* Sammlung von Heiligenlegenden
le/gen/där legendenhaft
le/gen/da/risch
Le/gen/da/ri/um (s. Legendar) *n., -s,* Legendarien
Le/gen/de *f., -, -n,* 1. erläuternder Beitext einer Karte, 2. Heiligenerzählung
le/gen/den/haft
le/ger [französ.] lässig, ungezwungen
Le/ger *m., -s, -,* kurz für Fliesen- oder Parkettleger
Le/ges *Pl.* von Lex
Leg/gings [engl.] *nur Pl.,* eng anliegende Hose für Frauen
Leg/hen/ne (s. Legehenne) *f., -, -n*
Leg/horn *n., -s, -s,* Hühnerrasse
le/gie/ren [lat.] *tr.,* 1. beim

Kochen: binden, dick machen, 2. Metalle schmelzen und mischen
Le/gie/rung *f.*, -, -en
Le/gi/on [lat.] *f.*, -, -en
Le/gi/o/nar *m.*, -[e]s, -e
Le/gi/o/när *m.*, -[e]s, -e
Le/gis/la/ti/on [lat.] *f.*, -, -en, Gesetzgebung
le/gis/la/tiv
Le/gis/la/ti/ve *f.*, -, -n, Gesetz gebende Gewalt
le/gis/la/to/risch
Le/gis/la/tur *f.*, -, -en
Le/gis/la/tur/pe/ri/o/de *f.*, -, -n
Le/gis/mus *m.*, -, *nur Sg.*, Festhalten am genauen Wortlaut des Gesetzes
le/gi/tim
Le/gi/ti/ma/ti/on *f.*, -, -en
Le/gi/ti/ma/ti/ons/pa/pier *n.*, -[e]s, -e
le/gi/ti/mie/ren *tr.*
Le/gi/ti/mie/rung *f.*, -, -en
Le/gi/ti/mis/mus *m.*, -, *nur Sg.*
Le/gi/ti/mist *m.*, -en, -en
le/gi/ti/mis/tisch
Le/gi/ti/mi/tät *f.*, -, *nur Sg.*, Rechtmäßigkeit
Le/gu/an *m.*, -[e]s, -e, Echsenart
Le/gu/men [lat.] *n.*, -s, -, Hülsenfrucht
Le/gu/min *n.*, -[e]s, -e
Le/gu/mi/no/se *f.*, -, -n, meist *Pl.*
Le/hen *n.*, -s, -, früher: Leihgut, dessen Empfang zu ritterlichem Kriegsdienst und Treue verpflichtete
Lehm *m.*, -[e]s, -e
Lehm/bod/en *m.*, -s, -böden
lehm/far/ben
lehm/far/big
lehm/gelb
Lehm/hüt/te *f.*, -, -n

leh/mig
Lehm/zie/gel *m.*, -s, -
Leh/ne *f.*, -, -n
leh/nen *tr.* und *intr.*
Lehns/brief *m.*, -[e]s, -e
Lehns/dienst *m.*, -[e]s, -e
Lehns/eid *m.*, -[e]s, -e
Lehns/herr *m.*, -n oder -en, -en
lehns/herr/lich
Lehns/herr/schaft *f.*, -, *nur Sg.*
Lehns/mann *m.*, -[e]s, -männer oder -leute
Lehns/pflicht *f.*, -, -en
Lehns/recht *n.*, -[e]s, -e
lehns/recht/lich
Lehns/staat *m.*, -[e]s, -en
Lehns/we/sen *n.*, -s, *nur Sg.*
Lehn/ü/ber/set/zung *f.*, -, -en, wörtliche Übersetzung eines Wortes einer anderen Sprache nach seinen einzelnen Bestandteilen
Lehn/wort *n.*, -[e]s, -wörter, aus einer anderen Sprache übernommenes Wort, das sich lautlich der neuen Sprache angepasst hat
Lehr/amt *n.*, -[e]s, -ämter
Lehr/amts/an/wär/ter *m.*, -s, -
Lehr/amts/kan/di/dat *m.*, -en, -en
Lehr/an/stalt *f.*, -, -en
Lehr/auf/trag *m.*, -[e]s, -aufträge
Lehr/be/ruf *m.*, -[e]s, -e
Lehr/brief *m.*, -[e]s, -e
Lehr/buch *n.*, -[e]s, -bücher
Leh/re *f.*, -, -n
leh/ren *tr.*
Leh/rer *m.*, -s, -
Leh/rer/bil/dungs/an/stalt *f.*, -, -en
Leh/re/rin *f.*, -, -nen
Leh/rer/kol/le/gi/um *n.*, -s, -kollegien
Leh/rer/schaft *f.*, -, *nur Sg.*

Lehr/fach *n.*, -[e]s, -fächer
Lehr/film *m.*, -[e]s, -e
Lehr/frei/heit *f.*, -, *nur Sg.*
Lehr/gang *m.*, -[e]s, -gänge
Lehr/gangs/teil/neh/mer *m.*, -s, -
Lehr/ge/dicht *n.*, -[e]s, -e
Lehr/geld *n.*, -[e]s, *nur Sg.*, übertr. für bittere Erfahrung
Lehr/ge/rüst *n*, -[e]s, -e
lehr/haft
Lehr/haf/tig/keit *f.*, -, *nur Sg.*
Lehr/herr *m.*, -n oder -en, -en
Lehr/jahr *n.*, -[e]s, -e
Lehr/jun/ge m, -n, -n
Lehr/kör/per *m.*, -s, -
Lehr/kraft *f.*, -, -kräfte
Lehr/ling *m.* -[e]s, -e, veralt. für Auszubildender
Lehr/mäd/chen *n.*, -s, -
Lehr/meis/ter *m.*, -s, -
Lehr/mit/tel *n.*, -s, -
Lehr/plan *m.*, -[e]s, -pläne
Lehr/pro/be *f.*, -, -n
lehr/reich
Lehr/satz *m.*, -[e]s, -sätze
Lehr/stoff *m.*, -[e]s, -e
Lehr/stuhl *m.*, -[e]s, -stühle
Lehr/ver/trag *m.*, -[e]s, -verträge
Lehr/werk/statt *f.*, -, -stätten
Lehr/zeit *f.*, -, -en
Lei *Pl.* von Leu
Leib *m.*, -[e]s, -er
Leib/arzt *m.*, -[e]s, -ärzte
Leib/bin/de *f.*, -, -n
Leib/bur/sche *m.*, -n, -n
Leib/chen *n.*, -s, -
leib/ei/gen
Leib/ei/ge/ne(r) *m.* oder *f.*, -n, -n
Leib/ei/gen/schaft *f.*, -, *nur Sg.*, früher: persönliche Abhängigkeit eines Bauern vom Grundherrn
lei/ben *tr.* und *intr.*

Lei/bes/er/be *m.*, -n, -n
Lei/bes/frucht *f.*, -, -früchte
Lei/bes/kraft *f.*, -, -kräfte
Lei/bes/ü/bung *f.*, -, -en, *meist Pl.*, sportliche Tätigkeit
Lei/bes/vi/si/ta/ti/on *f.*, -, -en
Leib/gar/de *f.*, -, -n
Leib/gar/dist *m.*, -en, -en
Leib/ge/richt *n.*, -[e]s, -e, bevorzugte Speise
leib/haf/tig
Leib/haf/ti/ge(r) *m.*, -n, *nur Sg.*, ugs. für Teufel
Leib/jä/ger *m.*, -s, -
leib/lich
Leib/lich/keit *f.*, -, *nur Sg.*
Leib/ren/te *f.*, -, -n
Leib/spei/se *f.*, -, -n, Leibgericht
Lei/bung (s. Laibung) *f.*, -, -en
Leib/wa/che *f.*, -, -n
Leib/wäch/ter *m.*, -s, -
Leib/wä/sche *f.*, -, *nur Sg.*
Leib/weh *n.*, -s, *nur Sg.*
Leich *m.*, -[e]s, -e, Lied
Leich/dorn *m.*, -[e]s, -e, Hühnerauge
Lei/che *f.*, -, -n
Lei/chen/be/gäng/nis *n.*, -ses, -se
Lei/chen/be/schau/er *m.*, -s, -, die Leichenschau vornehmender Arzt
Lei/chen/bit/ter/mie/ne *f.*, -, -n, übertr. für sorgenvoller Gesichtsausdruck
lei/chen/blaß > **leichen/blass**
Lei/chen/fle/cke *Pl.*, Totenflecke
Lei/chen/fled/de/rer *m.*, -s, -, jmd., der Tote bestiehlt
Lei/chen/hal/le *f.*, -, -n, Halle, in der Tote bis zum Begräbnis aufgebahrt werden
Lei/chen/öff/nung *f.*, -, -en, Obduktion
Lei/chen/schän/der *m.*, -s, -
Lei/chen/schän/dung *f.*, -, -en
Lei/chen/schau *f.*, -, -en, Untersuchung eines Verstorbenen vor der Bestattung
Lei/chen/schmaus *m.*, -[e]s, *nur Sg.*
Lei/chen/star/re *f.*, -, *nur Sg.*
Leich/nam *m.*, -[e]s, -e
leicht es fällt mir leicht, aber: das ist mir ein Leichtes
Leicht/ath/let *m.*, -en, -en
Leicht/ath/le/tik *f.*, -, *nur Sg.*, Sammelbezeichnung im Sport
leicht/ath/le/tisch
Leicht/bau *m.*, -[e]s, *nur Sg.*
Leicht/bau/wei/se *f.*, -, *nur Sg.*
leicht/be/waff/net oder auch: **leicht be/waff/net**
leicht/blü/tig
Leicht/blü/tig/keit *f.*, -, *nur Sg.*
Leich/te *f.*, -, -n, Tragegurt am Schubkarren
leicht/ent/zünd/lich oder auch: **leicht ent/zünd/lich**
Leich/ter (s. Lichter) *m.*, -s, -, kleines Schiff zur Übernahme der Ladung aus größeren Schiffen
leich/tern (s. lichtern) *tr.*
leicht/fal/len *intr.*
leicht/fer/tig sorglos
Leicht/fer/tig/keit *f.*, -, *nur Sg.*
Leicht/fuß *m.*, -[e]s, *nur Sg.*, in der Wendung: Bruder Leichtfuß, ugs. für leichtsinniger Mensch
leicht/fü/ßig
Leicht/fü/ßig/keit *f.*, -, *nur Sg.*
Leicht/ge/wicht *n.*, -[e]s, -e
leicht/gläu/big
Leicht/gläu/big/keit *f.*, -, *nur Sg.*
Leicht/heit *f.*, -, *nur Sg.*
leicht/her/zig
Leicht/her/zig/keit *f.*, -, *nur Sg.*
leicht/hin
Leich/tig/keit *f.*, -, *nur Sg.*
Leicht/le/big
Leicht/le/big/keit *f.*, -, *nur Sg.*
leicht/lich leicht
leicht/ma/chen *tr.*
Leicht/ma/tro/se oder auch: **Leicht/mat/ro/se** *m.*, -n, -n, Matrose im Rang zwischen Jungmann und Vollmatrose
Leicht/me/tall *n.*, -[e]s, -e
leicht neh/men *tr.*
Leicht/öl *n.*, -[e]s, -e, flüssiger Anteil des Steinkohlenteers
Leicht/sinn *m.*, -[e]s, *nur Sg.*
leicht/sin/nig
leicht/ver/dau/lich oder auch: **leicht ver/dau/lich**
leicht/ver/letzt oder auch: **leicht ver/letzt**
leicht/ver/ständ/lich oder auch: **leicht ver/ständ/lich**
leicht/ver/wun/det oder auch: **leicht ver/wun/det**
leid ich bin es leid
Leid *n.*, -[e]s, *nur Sg.*
Lei/de/form *f.*, -, -en, Passiv
lei/den *intr.* und *tr.*
Lei/den *n.*, -s, -
Lei/de/ner Fla/sche *f.*, -, -n, ältere Form eines Kondensators
Lei/den/schaft *f.*, -, -en
lei/den/schaft/lich
Lei/den/schaft/lich/keit *f.*, -, *nur Sg.*
lei/den/schafts/los
Lei/dens/ge/fähr/te *m.*, -n, -n

Lek

Lei/dens/ge/nos/se *m.*, -n, -n
Lei/dens/ge/schich/te *f.*, -, -n
Lei/dens/weg *m.*, -[e]s, -e
lei/der
lei/dig
leid/lich
Leid/tra/gen/de(r) *m.* oder *f.*, -n, -n
leid/voll
Leid/we/sen nur noch in der Wendung: zu meinem Leidwesen, zu meinem Bedauern
Lei/er *f.*, -, -n
Lei/er/kas/ten *m.*, -s, -kästen
lei/ern *tr.*
Lei/er/schwanz *m.*, -[e]s, -schwänze, austral. Sperlingsvogelgattung
Leih/amt *n.*, -[e]s, -ämter
Leih/bi/bli/o/thek oder auch: **Leih/bib/li/o/thek** *f.*, -, -en
Leih/bü/che/rei *f.*, -, -en
Lei/he *f.*, -, -n
lei/hen *tr.*
Leih/ga/be *f.*, -, -n
Leih/ge/bühr *f.*, -, -en
Leih/haus *n.*, -[e]s, -häuser
Leih/schein *m.*, -[e]s, -e
leih/wei/se
Leik *n.*, -[e]s, -en, Liek
Leim *m.*, -[e]s, -e
lei/men *tr.*
Leim/far/be *f.*, -, -n
lei/mig
Leim/kraut *n.*, -[e]s, -kräuter
Leim/ru/te *f.*, -, -n
Lein *m.*, -[e]s, -e
Lei/ne *f.*, -, -n
lei/nen aus Leinen hergestellt
Lei/nen *n.*, -s, -, Gewebeart
Lei/nen/band *m.*, -[e]s, -bände
Lei/nen/bin/dung *f.*, -, -en
Lei/nen/zeug (s. Leinzeug) *n.*, -[e]s, -e
Lei/ne/we/ber (s. Leinweber) *m.*, -s, -
Lein/kraut *n.*, -[e]s, -kräuter
Lein/ku/chen *m.*, -s, -, Rückstand bei der Leinölgewinnung
Lein/öl *n.*, -[e]s, -e
Lein/pfad *m.*, -[e]s, -e
Lein/sa/men *m.*, -s, -, Flachssamen
Lein/tuch *n.*, -[e]s, -tücher, Betttuch aus Leinen
Lein/wand *f.*, -, *nur Sg.*, 1. Gewebe, 2. Fläche zum Vorführen von Filmen
Lein/wand/bin/dung *f.*, -, -en, Bindungsart beim Weben
Lein/we/ber (s. Leineweber) *m.*, -s, -
Lein/zeug (s. Leinenzeug) *n.*, -[e]s, -e
Leip/zig dt. Stadt
leis leise
lei/se
Lei/se/tre/ter *m.*, -s, -, sich bedeckt haltender Mensch
Lei/se/tre/te/rei *f.*, -, *nur Sg.*
Leist *m.*, -[e]s, *nur Sg.*, Fußgelenkerkrankung bei Pferden
Leis/te *f.*, -, -n
leis/ten *tr.*
Leis/ten *m.*, -s, -, Fußnachbildung aus Holz oder Metall
Leis/ten/beu/ge *f.*, -, -n
Leis/ten/bruch *m.* [e]s, -brüche
Leis/ten/ge/gend *f.*, -, -en
Leis/tung *f.*, - , -en
leis/tungs/fä/hig
Leis/tungs/fä/hig/keit *f.*, -, *nur Sg.*
Leis/tungs/lohn *m.*, -[e]s, *nur Sg.*
Leis/tungs/prü/fung *f.*, -, -en
Leis/tungs/sport *m.*, -[e]s, -e
leis/tungs/stark
Leis/tungs/stei/ge/rung *f.*, -, -en
Leis/tungs/ver/mö/gen *n.*, -s, *nur Sg.*
Leit/ar/ti/kel *m.*, -s, -, Hauptartikel
Leit/bild *n.*, -[e]s, -er, Vorbild
Leit/bün/del *n.*, -s, -, Pflanzenteil
Lei/te *f.*, -, -n, süddt. für Berghang
lei/ten *tr.*
Lei/ter 1. *f.*, -, -n, Steiggerät, 2. *m.*, -s, -, metallischer oder nichtmetallischer Stoff, der Strom leitet
Leit/fa/den *m.*, -s, -fäden
leit/fä/hig
Leit/fä/hig/keit *f.*, -, *nur Sg.*
Leit/fos/sil *n.*, -s, -fossilien, in der Erdgeschichte: Fossil, das nur in einer bestimmten Schicht vorkommt und diese somit kennzeichnet
Leit/ge/dan/ke *m.*, -ns, -n
Leit/ge/we/be *n.*, -s, -
Leit/ham/mel *m.*, -s, -
Leit/hund *m.*, -[e]s, -e
Leit/li/nie *f.*, -, -n
Leit/mo/tiv *n.*, -[e]s, -e
Leit/satz *m.*, -[e]s, -sätze
Leit/tier *n.*, -[e]s, -e
Leit/ton *m.*, -[e]s, -töne
Lei/tung *f.*, -, -en
Lei/tungs/rohr *n.*, -[e]s, -e
Lei/tungs/was/ser *n.*, -s, *nur Sg.*
Leit/werk *n.*, -[e]s, -e
Leit/zahl *f.*, -, -en
Lek *m.*, -, -, alban. Währungseinheit

Lek/ti/on [lat.] *f.*, -, -en, Abschnitt
Lek/ti/o/nar *n.*, -[e]s, -e
Lek/ti/o/na/ri/um *n.*, -s, Lektionarien, Buch, das die in der katholischen Messe vorzutragenden Lesungen enthält
Lek/tor *m.*, -s, -en
Lek/to/rat *n.*, -[e]s, -e
lek/to/rie/ren *tr.*
Lek/to/rin *f.*, -, -nen
Lek/tü/re *f.*, -, -n
Le/ky/thos [griech.] *m.*, -, Lekythen, altgriech. Ölgefäß
Lem/ma [griech.] *n.*, -s, -ta, 1. Stichwort in einem Wörterbuch, 2. Hilfssatz, Annahme
Lem/ming [dän.] *m.*, -[e]s, -e, Wühlmausart
Lem/nis/ka/te [griech.] *f.*, -, -n, mathematische Kurve
Le/mur [lat.] *m.*, -en, -en
Le/mu/re *m.*, -n, -n, Halbaffe
le/mu/ren/haft gespenstisch
Len/de *f.*, -, -n
len/den/lahm
Len/den/schurz *m.*, -[e]s, -e
Leng *m.*, -[e]s, -e
Leng/fisch *m.*, -[e]s, -e
Le/nin/grad bis 1991 Name von St. Petersburg
Le/nin/gra/der *m.*, -s, -
Le/ni/nis/mus *m.*, -, *nur Sg.*, von Lenin entwickelte Lehre
Le/ni/nist *m.*, -en, -en
le/ni/nis/tisch
lenk/bar
Lenk/bar/keit *f.*, -, *nur Sg.*
len/ken *tr.*
Len/ker *m.*, -s, -
Lenk/ku/fe *f.*, -, -n, bewegliche Kufe an Schlitten

Lenk/rad *n.*, -[e]s, -räder
lenk/sam
Lenk/sam/keit *f.*, -, -en
Len/kung *f.*, -, *nur Sg.*
len/ta/men/te [italien.] in der Musik: langsam
len/tan/do in der Musik: langsamer werdend
len/ti/ku/lar [lat.] linsenförmig
Len/ti/zel/le *f.*, -, -n, Rindenöffnung bei Pflanzen
len/to [italien.] in der Musik: langsam
Len/to *n.*, -[s], Lenti, langsames Musikstück
lenz im Seewesen: trocken, leer
Lenz 1. *m.*, -[e]s, -e, dicht. für Frühling, 2. *Pl.* dicht. oder ugs. für Lebensjahre, 3. Jakob Michael Reinhold, Dichter (1751-1792)
len/zen *tr.*, im Seewesen: leer pumpen
Len/zing *m.*, -[e]s, -e, veralt. für März
lenz/lich
Lenz/mond *m.*, -[e]s, -e, veralt. für März
Leo/nar/do da Vin/ci italien. Maler, Bildhauer, Baumeister, Naturforscher und Techniker (1452-1519)
Leo/ni/den [lat.] *nur Pl.*, im November auftretender Sternschnuppenschwarm
leo/ni/nisch
leo/nisch
Leo/pard [lat.] *m.*, -en, -en, Panther
Leo/par/den/fell *n.*, -[e]s, -e
Le/pi/do/pte/re oder auch:
Le/pi/dop/te/re [griech.] *f.*, -, -n, Schmetterlinge
Le/pi/do/pte/ro/lo/gie oder auch: **Le/pi/dopte/ro/lo/gie** *f.*, -, *nur Sg.*, Lehre von den Schmetterlingen
Le/po/rel/lo/buch *n.*, - [e]s, -bücher, in Buchform harmonikaartig zusammenfaltbare Reihe von Bildern
Le/pra oder auch: **Lep/ra** [griech.] *f.*, -, *nur Sg.*, Infektionskrankheit
Le/prom oder auch:
Lep/rom *n.*, -[e]s, -e
le/pros oder auch: **lep/ros**
le/prös oder auch: **lep/rös**
lep/to/ke/phal (s. leptozephal)
Lep/ton *n.*, -s, Lepta, griech. Währungseinheit
Lep/ton *n.*, -s, -en, Elementarteilchen
lep/to/som [griech.] schlank
Lep/to/spi/ren *nur Pl.*, Bakterienart
Lep/to/spi/ro/se *f.*, -, -n, Infektionskrankheit
lep/to/ze/phal (s. leptokephal) schmalköpfig
Lep/to/ze/pha/lie *f.*, -, *nur Sg.*
Ler/che *f.*, -, -n, Singvogel
lern/bar
Lern/bar/keit *f.*, -, *nur Sg.*
Lern/be/gier oder auch:
Lern/be/gier/de *f.*, -, *nur Sg.*
lern/be/gie/rig
lern/be/hin/dert
Lern/ei/fer *m.*, -s, *nur Sg.*
lern/ei/frig
ler/nen *tr.*
Lern/ma/schi/ne *f.*, -, -n
Lern/mit/tel *n.*, -s, -
Lern/mit/tel/frei/heit *f.*, -, *nur Sg.*
Lern/pro/zeß > **Lernpro/zess** *m.*, -es, -e
Les/art *f.*, -, -en, Auslegung, abweichende Fassung eines Textes
les/bar
Les/bar/keit *f.*, -, *nur Sg.*

Les/be *f.*, -, -oder ugs. auch: **Les/bie/rin** *f.*, -, -nen, homosexuelle Frau
les/bisch
Le/se *f.*, -, -n, Ernte der Weintrauben
Le/se/blind/heit *f.*, -, *nur Sg.*, Alexie
Le/se/buch *n.*, -[e]s, -bücher
Le/se/ge/rät *n.*, -[e]s, -e, Projektionsgerät zum Lesen von Texten auf Mikrofilmen
le/sen *tr.*
le/sens/wert
Le/se/pro/be *f.*, -, -n
Le/ser *m.*, -s, -
Le/se/rat/te *f.*, -, -n
Le/ser/brief *m.*, -[e]s, -e
Le/se/ring *m.*, -[e]s, -e
le/ser/lich
Le/ser/lich/keit *f.*, -, *nur Sg.*
Le/ser/schaft *f.*, -, *nur Sg.*
Le/se/saal *m.*, -[e]s, -säle
Le/se/stoff *m.*, -[e]s, -e
Le/se/stück *n.*, -[e]s, -e
Le/se/wut *f.*, -, *nur Sg.*
Le/se/zei/chen *n.*, -s, -
Le/se/zir/kel *m.*, -s, -
Le/sung *f.*, -, -en
le/tal [lat.] tödlich
Le/ta/li/tät *f.*, -, *nur Sg.*, Sterberate im Verhältnis zur Zahl der erkrankten Personen
L'é/tat c'est moi [französ.] Schlagwort des Absolutismus in Frankreich nach einem angeblichen Ausspruch von Ludwig dem XIV.
Le/thar/gie [griech.] *f.*, -, *nur Sg.*, 1. eine Art Schlafsucht, 2. Teilnahmslosigkeit
le/thar/gisch
Le/the *f.*, -, *nur Sg.*, 1. in der griech. Mythologie: Quelle in der Unterwelt, aus der die Verstorbenen Vergessenheit trinken

Let/scho *m.*, -s, *nur Sg.*, Paprikagemüse
Let/te *m.*, -n, -n, Einwohner Lettlands
Let/ten *m.*, -s, -, Lehm
Let/ter [französ.] *f.*, -, -n, Druckbuchstabe
Let/tern/me/tall *n.*, -[e]s, -e
let/tig lehmhaltig
Let/tin *f.*, -, -nen, Einwohnerin Lettlands
Let/tisch *n.*, -[s], *nur Sg.*, baltische Sprache
let/tisch
Lett/land Staat im Baltikum
Lett/ner *m.*, -s, -, in mittelalterlichen Kirchen die Schranke zwischen Chor und Mittelschiff
let/zen *tr.*, veralt. für erquicken, laben
letz/te(-r, -s) 1. Kleinschreibung: seine letzte Stunde hat geschlagen, letzten Endes, das letzte Wort haben, sein letzter Wunsch, 2. Großschreibung: der, die, das Letzte, er ist der Letzte, den ich fragen würde, die Ersten werden die Letzten sein, das ist das Letzte, die Letzte Ölung
letz/tens 1. zum Schluss, 2. kürzlich
letz/te/re (-r, -s) der Letztgenannte
letzt/ge/nannt
letzt/hin kürzlich
letzt/jäh/rig
letzt/lich schließlich
letzt/ma/lig
letzt/mals
Letzt/ver/brau/cher *m.*, -s, -
letzt/wil/lig
Leu *m.*, 1. -en, -en, dicht. für Löwe, 2. -, Lei, rumän. Währungseinheit
Leucht/bo/je *f.*, -, -n

Leucht/bom/be *f.*, -, -n
Leuch/te *f.*, -, -n
leuch/ten *intr.*
leuch/tend/rot oder auch: **leuchtend rot**
Leuch/ter *m.*, -s, -
Leucht/far/be *f.*, -, -n
Leucht/feu/er *n.*, -s, -
Leucht/gas *n.*, -[e]s, -e
Leucht/kä/fer *m.*, -s, -
Leucht/kraft *f.*, -, *nur Sg.*
Leucht/ku/gel *f.*, -, -n
Leucht/pis/to/le *f.*, -, -n
Leucht/ra/ke/te *f.*, -, -n
Leucht/schirm *m.*, [e]s, -s
Leucht/si/gnal oder auch: **Leucht/sig/nal** *n.*, -[e]s, -e
Leucht/spur/mu/ni/ti/on *f.*, -, -en
Leucht/stoff *m.*, -[e]s, -e
Leucht/turm *m.*, [e]s, -türme
Leucht/turm/wäch/ter *m.*, -s, -
Leucht/uhr *f.*, -, -en
Leucht/zei/ger *m.*, -s, -
Leucht/zif/fer *f.*, -, -n
leug/nen *tr.*
Leug/ner *m.*, -s, -
Leuk/ä/mie oder auch: **Leu/kä/mie** [griech.] *f.*, -, -n, schwere Erkrankung mit vermehrter Bildung von weißen Blutkörperchen
leuk/ä/misch oder auch: **leu/kä/misch**
Leu/ko/blas/ten [griech.] *Pl.*
leu/ko/derm weißhäutig
Leu/ko/der/ma *n.*, -s, -dermen, Farbstoffmangel der Haut
Leu/ko/der/mie *f.*, -, -n, Albinismus
Leu/ko/ly/se *f.*, -, -n, Zerfall weißer Blutzellen
Leu/kom *n.*, -[e]s, -e, weiße Narbe der Hornhaut beim Auge

Leu/ko/pa/thie *f.*, -, -n, Albinismus
Leu/ko/pe/nie *f.*, -, -n, Verminderung der Gesamtleukozytenzahl
Leu/ko/plast 1. *m.*, -en, -en, farbloser Bestandteil der Pflanzenzelle, 2. *n.*, -[e]s, -e (Warenz.) Heftpflaster
Leu/ko/zy/ten *Pl.*, weiße Blutzellen
Leu/ko/zy/to/se *f.*, -, -n, Vermehrung der weißen Blutzellen als Abwehrreaktion des Körpers
Leu/mund *m.*, -[e]s, *nur Sg.*, Ruf, z.B.: einen schlechten Leumund haben
Leu/munds/zeug/nis *n.*, -ses, -se
Leut/chen *nur Pl.*
Leu/te *nur Pl.*
Leut/nant [französ.] *m.*, -s, -s oder -e, (Abk.: Lt.) Offiziersrang
Leut/pries/ter *m.*, -s, -
leut/se/lig
Leut/se/lig/keit *f.*, -. *nur Sg.*
Leu/zit *m.*, -[e]s, -e, Mineral
Le/va/de [französ.] *f.*, -, -n, Figur der Hohen Schule
Le/van/te [italien.] *f.*, -, *nur Sg.*, Länder, die am östlichen Mittelmeer liegen
Le/van/ti/ne *f.*, -, *nur Sg.*, Gewebe
Le/van/ti/ner *m.*, -[e]s, -e, Einwohner eines Landes, das zur Levante gehört
le/van/ti/nisch
Le/vée [französ.] *f.*, -, -s
Le/vel [engl.] *n.*, -s, *nur Sg.*, Stand, Stufe, z.B. den gleichen Level haben
Le/vel/lers *Pl.*, um 1647 entstandene radikal demokratische Gruppe in England

Le/ver *n.*, -s, -s, Morgenaudienz beim König
Le/vi/a/than [hebr.] *m.*, -s, *nur Sg.*, Ungeheuer, Drache
Le/vi/rat [lat.] *n.*, -[e]s, -e
Le/vi/rats/e/he *f.*, -, -n, gesetzlich vorgeschriebene Ehe eines Israeliten mit der Witwe seines kinderlos verstorbenen Bruders
Le/vit [hebr.] *m.*, -en, -en
Le/vi/te *m.*, -n, -n, 1. jüdischer Tempeldiener, 2. Diakon
Le/vi/ten *Pl.*, in der Wendung: jmdm. die Leviten lesen, übertr. für: jmdn. zurechtweisen
Le/vi/ti/kus *m.*, -, *nur Sg.*, drittes Buch des Moses
Lev/ko/je [griech.] *f.*, -, -n, Zierpflanze
Lew *m.*, -s, Lewa, (Abk.: Lw) Währungseinheit in Bulgarien
Lex [lat.] *f.*, -, Leges, Gesetz
Lex.-8° Abk. für Lexikonoktav
Le/xem [griech.] *n.*, -[e]s, -e, lexikalische Einheit
Le/xe/ma/tik *f.*, -, *nur Sg.*, Lehre von den Lexemen
Le/xik *f.*, -, -en, Wortschatz
Le/xi/ka *Pl.* von Lexikon
le/xi/ka/lisch
Le/xi/ko/graf (s. Lexikograph) *m.*, -en, -en
Le/xi/ko/graph *(Nf.)* auch:
Le/xi/ko/graf *(Hf.) m.*, -en, -en, Bearbeiter eines Lexikons
Le/xi/ko/gra/phie *(Nf.)* auch: **Le/xi/ko/grafie** *(Hf.) f.*, -, -n
le/xi/ko/gra/phisch *(Nf.)* auch: **le/xi/ko/grafisch** *(Hf.)*
Le/xi/ko/lo/ge *m.*, -n, -n
Le/xi/ko/lo/gie *f.*, -, *nur Sg.*

le/xi/ko/lo/gisch
Le/xi/kon *n.*, -s, Lexika, alphabetisch geordnetes Nachschlagewerk
Le/xi/kon/ok/tav *n.*, -[e]s, *nur Sg.*, (Abk.: Lex.-8°) Buchformat
le/xisch
Le/zi/thin (s. Lecithin) [griech.] *n.*, -[e]s, -e, Nervenstärkungsmittel
lfd. Abk. für laufend
lfd. J. Abk. für laufenden Jahres
lfd. m Abk. für laufendes Meter
lfd. M. Abk. für laufenden Monats
lfd. Nr. Abk. für laufende Nummer
lfm. (s. lfd. m)
lfr Abk. für luxemburgischer Franc
lg (s. log) Abk. für Logarithmus
LG Abk. für Landgericht
Lha/sa Hpst. von Tibet
L'hom/bre *n.*, -s, *nur Sg.*, französ. Schreibweise von Lomber
Li 1. chem. Zeichen für Lithium, 2. *n.*, -, -, chinesisches Längenmaß
Li/ai/son [französ.] *f.*, -, -s, Bindung, Beziehung
Li/a/ne [französ.] *f.*, -, -n, Schlingpflanze
Li/as [französ.] *m.* oder *f.*, -, *nur Sg.*, Abteilung des Jura
li/as/sisch
Li/ba/ne/se *m.*, -n, -n, Einwohner des Libanons
li/ba/ne/sisch
Li/ba/non *m.*, -s, *nur Sg.*, Staat im Vorderen Orient
Li/ba/ti/on [lat.] *f.*, -, -en
Li/bell [lat.] *n*, -[e]s, -e, Klageschrift im alten Rom
Li/bel/le [lat.] *f.*, -, -n,

1. Insekt, 2. Glasröhrchen bei der Wasserwaage
Li/bel/list [lat.] *m., -en, -en,* Verfasser eines Libells
li/be/ral [lat.]
Li/be/ra/le(r) *m., -n, -n*
li/be/ra/li/sie/ren *tr.*
Li/be/ra/li/sie/rung *f., -, nur Sg.*
Li/be/ra/lis/mus *m., -, nur Sg.*
li/be/ra/lis/tisch
li/be/ra/li/tät *f., -, nur Sg.,* Freiheitlichkeit
Li/be/ra/li/um Ar/ti/um Ma/gis/ter *m., -, nur Sg.,* (Abk.: L.A.M.) akadem. Titel
Li/be/ra/ti/on *f., -, -en,* veralt. für Befreiung
Li/be/ria westafrikanischer Staat
Li/be/ri/a/ner oder auch: **Li/be/ri/er** *m., -s, -*
li/be/ri/a/nisch oder auch: **li/be/risch**
Li/be/ro [italien.] *m., -s, -s,* Verteidiger beim Fußball
Li/ber/tät [lat.] *f., -, nur Sg.,* Freiheit
Li/ber/té, E/ga/li/té, Fra/ter/ni/té Schlagwort der Französischen Revolution
Li/ber/tin [französ.] *m., -s, -s,* veralt. für Freigeist
Li/ber/ti/na/ge *f., -, nur Sg.,* Leichtfertigkeit
Li/ber/ti/ner *m., -s, -*
Li/ber/ti/nis/mus *m., -, nur Sg.*
Li/bi/di/nist [lat.] *m., -en, -en,* sexuell triebhafte Person
li/bi/di/nös
Li/bid/o *f., -, nur Sg.,* Geschlechtstrieb
Li/bra oder auch: **Lib/ra** [lat.] röm. Gewichtseinheit
Li/bra/ti/on oder auch: **Lib/ra/ti/on** [lat.] *f., -, -en*

Li/bret/tist oder auch: **Lib/ret/tist** *m., -en, -en,* Verfasser eines Librettos
Li/bret/to oder auch: **Lib/ret/to** *n., -s, -s,* Textbuch einer Oper
Li/by/en nordafrikanischer Staat
Li/by/er *m., -s, -*
li/bysch
Lic. Abk. für Licentiat (s. Lizentiat)
li/cet [lat.] es ist erlaubt
Li/chen [griech.] *m., -s, -,* Knötchenflechte, Hautkrankheit
Li/che/no/id
Li/che/no/lo/ge *m., -n, -n*
Li/che/no/lo/gie *f., -, nur Sg.*
licht
Licht *n., -[e]s, -e und -er*
licht/be/stän/dig
Licht/be/stän/dig/keit *f., -, nur Sg.*
Licht/bild *n., -[e]s, -er*
Licht/bil/der/vor/trag *m., -[e]s, -vorträge*
Licht/bild/ner *m., -s, -*
licht/blau
Licht/blick *m., -[e]s, -e*
Licht/bo/gen *m., -s, -*
licht/bre/chend
Licht/bre/chung *f., -, -en*
Licht/bün/del *n., -s, -*
Licht/chen *n., -s, -oder* Lichterchen
licht/dicht
Licht/druck *m., -[e]s, -e*
licht/durch/läs/sig
Licht/durch/läs/sig/keit *f., -, nur Sg.*
Lich/te *f., -, -n*
licht/echt
Licht/ef/fekt *m., -[e]s, -e*
licht/e/lek/trisch oder auch: **licht/e/lekt/risch**
licht/emp/find/lich
Licht/emp/find/lich/keit *f., -, nur Sg.*

Licht/emp/fin/dung *f., -, -en*
lich/ten *tr. und refl.*
Lich/ter *m., -s, -,* (s. Leichter)
Lich/ter/baum *m., -[e]s, -bäume*
Lich/ter/fest *n., -[e]s, -e*
Lich/ter/glanz *m., -es, nur Sg.*
lich/ter/loh z.B. in der Wendung: es brannte lichterloh
Lich/ter/meer *n., -[e]s, -e*
lich/tern *tr.,* (s. leichtern)
Licht/ga/den *m., -s, -*
Licht/gar/be *f., -, -n*
Licht/ge/schwin/dig/keit *f., -, -en*
licht/grün
Licht/hof *m., -[e]s, -höfe*
Licht/hu/pe *f., -, -n*
Licht/jahr *n., -[e]s, -e,* (Abk.: Lj)
Licht/leh/re *f., -, nur Sg.,* Optik
Licht/lein *n., -s, -oder* Lichterlein
Licht/meß > **Licht/mess** Mariä Lichtmess, katholisches Fest
Licht/mes/ser *m., -s, -*
Licht/pau/se *f., -, -n,* Kopie
Licht/quant *n., -[e]s, -en*
Licht/re/kla/me oder auch: **Licht/rek/la/me** *f., -, -n*
Licht/satz *m., -[e]s, nur Sg.*
licht/scheu
Licht/si/gnal oder auch: **Licht/sig/nal** *n., -[e]s, -e*
Licht/spiel *n., -[e]s, -e,* veralt. für Kinofilm
Licht/spiel/haus *n., [e]s, -häuser*
Licht/spiel/the/a/ter *n., -s, -*
licht/stark
Licht/stär/ke *f., -, -n*
Licht/stock *m., -[e]s, -stöcke*
Licht/strahl *m., -[e]s, -en*

Licht/tech/nik *f.,* -, -en
licht/tech/nisch
Licht/the/ra/pie *f.,* -, -n
Licht/ton/ver/fah/ren *n.,* -s, -
licht/un/durch/läs/sig
Licht/un/durch/läs/sigkeit *f.,* -, *nur Sg.*
Lich/tung *f.,* -, -en
licht/voll
licht/wen/dig
Licht/wen/dig/keit *f.,* -, *nur Sg.*, Fototropismus
Lic. theol. Abk. für Licentiatus theologiae
Lid *n.,* -[e]s, -er
Li/do *m.,* -s, -s
Lid/schat/ten *m.,* -s, -
lieb Kleinschreibung: lieb sein, sich bei jemandem lieb Kind machen, Großschreibung: der, die, das Liebste, mein Liebster
Lieb *n.,* -s, *nur Sg.*, dicht. für Geliebte, Geliebter
lieb/äu/geln *intr.*
lieb/be/hal/ten oder auch: **lieb be/hal/ten** *tr.*
Lieb/chen *n.,* -s, -
Lie/be *f.,* -, -n oder auch Liebschaften
lie/be/be/dürf/tig
Lie/be/be/dürf/tig/keit *f.,* -, *nur Sg.*
Lie/be/die/ner *m.,* -s, -
Lie/be/die/ne/rei *f.,* -, -en
lie/be/die/ne/risch
lie/be/die/nern *intr.*
lie/be/leer
Lie/be/lei *f.,* -, -en
lie/beln *intr.*
lie/ben *tr.*
lie/bens/wert
lie/bens/wür/dig
lie/bens/wür/di/ger/weise
Lie/bens/wür/dig/keit *f.,* -, -en
lie/ber 1. Komparativ von lieb, 2. in der Bedeutung von besser
Lie/bes/a/ben/teu/er *n.,* -s, -
Lie/bes/be/zei/gung *f.,* -, -en
Lie/bes/be/zie/hung *f.,* -, -en
Lie/bes/dienst *m.,* -[e]s, -e
Lie/bes/ga/be *f.,* -, -n
Lie/bes/ge/dicht *n.,* -[e]s, -e
Lie/bes/ge/schich/te *f.,* -, -n
Lie/bes/hei/rat *f.,* -, -en
Lie/bes/kno/chen *m.,* -s, -, Gebäck
Lie/bes/kum/mer *m.,* -s, *nur Sg.*
Lie/bes/le/ben *n.,* -s, *nur Sg.*
Lie/bes/lied *n.,* -[e]s, -er
Lie/bes/mahl *n.,* -[e]s, -mähler
Lie/bes/mü/he *f.,* -, *nur Sg.*
Lie/bes/sze/ne *f.,* -, -n
lie/bes/toll
Lie/bes/trank *m.,* -[e]s, -tränke
lie/bes/trun/ken
Lie/bes/ver/hält/nis *n.,* -ses, -se
Lie/bes/werk *n.,* -[e]s, -e
lie/be/voll
Lieb/frau/en/kir/che *f.,* -, -n
Lieb/frau/en/milch *f.,* -, *nur Sg.*, Weinsorte
lieb/ge/win/nen oder auch: **lieb ge/win/nen** *tr.*
lieb/ge/wor/den oder auch: **lieb ge/wor/den**
lieb/ha/ben oder auch: **lieb ha/ben** *tr.*
Lieb/ha/ber *m.,* -s, -
Lieb/ha/ber/büh/ne *f.,* -, -n
Lieb/ha/be/rei *f.,* -, -en
Lieb/ha/ber/the/a/ter *n.,* -s, -
Lieb/ha/ber/wert *m.,* -[e]s, -e
lieb/kos/en *tr.*
Lieb/ko/sung *f.,* -, -en

lieb/lich
Lieb/lich/keit *f.,* -, *nur Sg.*
Lieb/ling *m.,* -[e]s, -e
Lieb/lings/spei/se *f.,* -, -n
lieb/los
Lieb/lo/sig/keit *f.,* -, -en
lieb/reich
Lieb/reiz *m.,* -[e]s, *nur Sg.*
lieb/rei/zend
Lieb/schaft *f.,* -, -en
Liebs/te *f.,* -n, -n
Liebs/te(r) *m.,* -n, -n
Lieb/stö/ckel *m.* oder *n.,* -s, -, Gewürzpflanze
Liech/ten/stein europäischer Staat
Liech/ten/stei/ner *m.,* -s, -
liech/ten/stei/nisch
Lied *n.,* -le]s, -er
Lied/chen *n.,* -s, -oder Liederchen
Lie/der/a/bend *m.,* -[e]s, -e
Lie/der/buch *n.,* -[e]s, -bücher
Lie/der/jan (s. Liedrian) *m.,* -[e]s, -e, ugs. für liederliche Person
lie/der/lich
Lie/der/lich/keit *f.,* -, *nur Sg.*
Lie/der/ma/cher *m.,* -s, -
Lie/der/ta/fel *f.,* -, -n
lied/haft
Lied/lohn *m.,* -[e]s, -löhne, veralt. für Arbeitslohn
Lied/löh/ner *m.,* -s, -, veralt. für Dienstbote
Lied/ri/an (s. Liederjan) *m.,* -[e]s, -e
Lie/fe/rant *m.,* -en, -en
lie/fer/bar
Lie/fer/frist *f.,* -, -en
lie/fern *tr.*
Lie/fe/rung *f.,* -, -en
lie/fe/rungs/wei/se
Lie/fer/zeit *f.,* -, -en
Lie/ge *f.,* -, -n
Lie/ge/kur *f.,* -, -en
lie/gen *intr.*
lie/gen/blei/ben oder auch:

lie/gen blei/ben *intr.*
Lie/gen/de(s) *n.*, -n, -n, Gesteinsschicht unterhalb einer Lagerstätte
lie/gen/las/sen oder auch: **lie/gen las/sen** *tr.*
Lie/gen/schaft *f.*, -, -en
Lie/ger *m.*, -s, -, stillgelegtes Schiff
Lie/ge/statt *f.*, -, -stätten
Lie/ge/stät/te *f.*, -, -n
Lie/ge/zeit *f.*, -, -en, Zeit, in der sich ein Schiff im Hafen befindet
Liek (s. Leik) *n.*, -[e]s, -en, Tauwerk
Li/en [lat.] *m.*, -s, Lienes, Milz
li/e/nal
Li/e/ni/tis *f.*, -, Lienitiden, Entzündung der Milz
Liesch *n.*, -[e]s, *nur Sg.*
Lie/sche *f.*, -, *nur Sg.*, Riedgras
Lie/se *f.*, -, -n, im Bergb.: enge Kleidung
Lie/sen *Pl.*, norddt. für Bauchfett von Schafen oder Schweinen
Li/eue [französ.] *f.*, -, -s, altes französ. Längenmaß
Life/style [engl.] *m.*, -s, *nur Sg.*, luxuriöser Lebensstil
Lift [engl.] *m.*, -[e]s, -e oder -s
Lift/boy *m.*, -s, -s
lif/ten *tr.*, in der Kosmetik: Haut straffen
Lif/ting *n.*, -s, -, kosmetische Hautstraffung
Li/ga [span.] *f.*, -, Ligen, 1. Bündnis, 2. Wettkampfklasse
Li/ga/de *f.*, -, -n, beim Fechten: Zurseitedrücken der gegnerischen Klinge
Li/ga/ment *n.*, -[e]s, -e
Li/ga/men/tum *n.*, -s, Ligamenta

Li/ga/tur *f.*, -, -en, 1. in der Musik: Verbindung zweier Noten zu einem langen Ton, 2. im Buchwesen: Verbindung zweier Buchstaben zu einer Letter, 3. in der Medizin: Unterbindung eines Blutgefäßes
light [engl.]
Light/pro/dukt *n.*, -[e]s, -e, Produkt, bei dem bestimmte Zusatzstoffe reduziert sind (z.B. Koffein, Nikotin, Zucker)
Light/show [engl.] *f.*, -, -s, Lichteffekte
li/gie/ren *intr.*, vgl. Ligade
Li/gist *m.*, -en, -en, zu einer Liga Gehörende
li/gis/tisch
Li/gnin oder auch: **Lig/nin** *n.*, -[e]s, -e, Holzstoff
Li/gnit oder auch: **Lig/nit** *m.*, -[e]s, -e
Li/gno/se oder auch: **Lig/no/se** *f.*, -, -n
Li/gno/stone oder auch: **Lig/no/stone** [engl.] (Warenz.) *n.*, -s, *nur Sg.*, hartes, mit Phenolharz getränktes Pressholz
Li/gro/in oder auch: **Lig/ro/in** *n.*, -[e]s, *nur Sg.*, Leichtöl
Ligue *f.*, -, -s, französ. und engl. Schreibweise von Liga
Li/gu/la [lat.] *f.*, -, Ligulae, 1. Blatthäutchen bei Gräsern, 2. ein Wurm
Li/gu/rer *m.*, -s, -, Angehöriger eines vorindogermanischen Volkes in Südfrankreich
Li/gu/ri/en Region in Norditalien
li/gu/risch aber: Ligurische Alpen, Ligurisches Meer
Li/gus/ter *m.*, -s, -, Ölbaumgewächs

Li/gus/ter/schwär/mer *m.*, -s, -, Schmetterlingsart
li/ie/ren [französ.] *tr.*, verbinden
Li/ie/rung *f.*, -, -en
Li/kör [französ.] *m.*, -[e]s, -e
Lik/tor [lat.] *m.*, -s, -en, Amtsdiener der höheren Beamten im alten Rom
Lik/to/ren/bün/del *n.*, -s, -, Faszes
li/la [sanskrit.]
Li/la *n.*, -, -, Farbe
Li/lak *m.*, -s, -s, Fliederart
Li/li/a/ze/en *Pl.*, Liliengewächse
Li/lie *f.*, -, -n, Zierpflanze
li/li/en/weiß
Li/li/put Märchenland in „Gullivers Reisen" von Jonathan Swift
Li/li/pu/ta/ner *m.*, -s, -, zwergengroßer Mensch
lim Abk. für Limes (Mathematik)
lim. Abk. für limited
Li/ma Hpst. von Peru
Li/ma/er *m.*, -s, -
li/ma/isch
Li/ma/ko/lo/ge [griech.] *m.*, -n, -n
Li/ma/ko/lo/gie *f.*, -, *nur Sg.*, Lehre von den Schnecken
li/ma/ko/lo/gisch
Lim/ba *n.*, -s, *nur Sg.*, trop. Holz
Lim/bi *Pl.* von Limbus (2.)
Lim/bus [lat.] 1. *m.*, -, *nur Sg.*, in der katholischen Glaubenslehre: Vorhölle, 2. *m.*, -, Limbi, Messkreis, auf dem die Größe eines Winkels abgelesen wird
Li/me/rick *m.*, -s, -s, fünfzeiliges lustiges Gedicht
Li/mes [lat.] *m.*, -, *nur Sg.*, 1. altrömischer Grenzwall,

Limetta

2. (Abk.: lim) Grenzwert in der Mathematik
Li/met/ta oder auch: **Li/met/te** *f.*, -, -[e]n, Zitronenart
Li/met/ten/baum *m.*, [e]s, -bäume
Li/mit [engl.]*n.*, -s, -s, Grenze
li/mi/ta/ti/on [lat.] *f.*, -, -en, Begrenzung
li/mi/ta/tiv
li/mi/ted (Abk.: lim., ld., Ld., ltd., Ltd.) mit beschränkter Haftung
li/mi/tie/ren *tr.*
Lim/ni/graph *(Nf.)* auch: **Lim/ni/graf** *(Hf.)* [griech.] *m.*, -en, -en
Lim/ni/me/ter *n.*, -s, -, Pegel zum Messen des Wasserstandes
lim/nisch im Süßwasser lebend
Lim/no/graph *(Nf.)* auch: **Lim/no/graf** *(Hf.)* *m.*, -en, -en
Lim/no/lo/ge *m.*, -n, -n
Lim/no/lo/gie *f.*, -, *nur Sg.*
lim/no/lo/gisch
Lim/no/plank/ton *n.*, -s, *nur Sg.*
Li/mo *f.*, -, -s, ugs. für Limonade
Li/mo/na/de [italien.] *f.*, -, -n
Li/mo/ne *f.*, -, -n, Zitronenart
Li/mo/nen *n.*, -[e]s, -e, Kohlenwasserstoff
Li/mo/nit [französ.] *m.*, -[e]s, -e, Mineral
li/mos oder auch: **li/mös** schlammig
Li/mou/si/ne [französ.] *f.*, -, -n, geschlossener Personenkraftwagen
lind sanft
Lin/de *f.*, -, -n
lin/den aus Lindenholz hergestellt
Lin/den/baum *m.*, -[e]s, -bäume
Lin/den/blü/ten/tee *m.*, -s, -s
lin/dern *tr.*
Lin/de/rung *f.*, -, -en
Lind/heit *f.*, -, *nur Sg.*
Lind/wurm *m.*, -[e]s, -würmer, Drache, Ungeheuer
Li/ne/al [lat.] *n.*, -[e]s, -e
Li/ne/a/ment *n.*, -[e]s, -e, Linie
li/ne/ar
Li/ne/a/ri/tät *f.*, -, *nur Sg.*
Li/ne/ar/zeich/nung *f.*, -, -en
Li/ne/a/tur (s. Liniatur) *f.*, -, -en
Li/net/te [französ.] *f.*, -, *nur Sg.*, Gewebeart
Lin/ga oder auch: **Lin/gam** [sanskrit.] *n.*, -s, -s, Phallus
lin/gu/al [lat.] die Zunge betreffend, mit der Zunge gebildet
Lin/gu/ist *m.*, -en, -en
Lin/gu/is/tik *f.*, -, *nur Sg.*
lin/gu/is/tisch
Li/ni/a/tur (s. Lineatur) [lat.] *f.*, -, -en, Linierung
Li/nie *f.*, -, -n
Li/ni/en/blatt *n.*, -[e]s, -blätter
Li/ni/en/füh/rung *f.*, -, *nur Sg.*
Li/ni/en/rich/ter *m.*, -s, -, Schiedsrichterassistent
Li/ni/en/schiff *n.*, -[e]s, -e
Li/ni/en/schiffahrt > **Li/ni/en/schiff/fahrt** *f.*, -, *nur Sg.*, Schifffahrt mit regelmäßigen Verbindungen
Li/ni/en/spek/trum oder auch: **Li/ni/en/spekt/rum** *n.*, -s, -spektren
li/ni/en/treu
li/nie/ren *tr.*
Li/nier/ma/schi/ne *f.*, -, -n
Li/nie/rung *f.*, -, -en
li/ni/ie/ren *tr.*, veralt. für linieren
Li/ni/ment [lat.] *n.*, -[e]s, -e
lin/ke(-r, -s) links, linker Hand
Lin/ke *f.*, -n, -n, zu meiner Linken
lin/ker/seits
lin/kisch ungeschickt
links links von mir, nach links, mit links erledigen
Links/au/ßen *m.*, -, -, Position bei Fußball, Hockey usw.
links/dre/hend
Link/ser *m.*, -s, -, ugs. für Linkshänder
links/ge/rich/tet
Links/hän/der *m.*, -s, -
links/hän/dig
Links/hän/dig/keit *f.*, -, *nur Sg.*
links/her
links/her/um oder auch: **links/he/rum**
Links/kur/ve *f.*, -, -n
links/läu/fig
links/ra/di/kal politische Orientierung
links/sei/tig
links/ste/hend
links/um!
Links/ver/kehr *m.*, -s, - *nur Sg.*
Links/wen/dung *f.*, -, -en
lin/nen poetisch für leinen
Lin/nen *n.*, -s, -, poetisch für Leinen
Li/no/le/um [lat.] *n.*, -s, *nur Sg.*, strapazierfähiger Fußbodenbelag
Li/nol/schnitt *m.*, -[e]s, -e
Li/non [französ.] *m.*, -s, -s, leinwandbindiges Baumwollgewebe
Li/no/type [engl.] (Warenz.) *f.*, -, -s
Lin/se *f.*, -, -n

lin/sen *intr.*, ugs. für heimlich schauen
Lin/sen/ge/richt *n.*, -[e]s, -e
Linz Stadt in Österreich
Lin/zer *m.*, -s, -, Bewohner von Linz
Lip/ä/mie oder auch:
Li/pä/mie [griech.] *f.*, -, -n, erhöhter Fettgehalt im Blut
lip/ä/misch oder auch:
li/pä/misch
Li/pa/ri/sche In/seln Inselgruppe im Mittelmeer
Li/pa/rit *m.*, -[e]s, -e
Li/pa/sen *Pl.*, Fett spaltende Enzyme
Lip/gloss [engl.] *n.*, -es, *nur Sg.*, Lippenstiftart
Li/pi/de *Pl.*, Fette
Li/pi/do/se *f.*, -, -n, Störung im Fettstoffwechsel
Li/piz/za/ner *m.*, -s, -, Pferderasse
li/po/id [griech.] fettartig
Li/po/id *n.*, -[e]s, -e
Li/po/ly/se *f.*, -, -n, Fettspaltung
Li/pom *n.*, -[e]s, -e
Li/po/ma *n.*, -s, -ta, Fettgeschwulst
Li/po/ma/to/se *f.*, -, -n
li/po/phil
Li/po/phi/lie *f.*, -, -n
Lip/pe *f.*, -, -n
Lip/pen/be/kennt/nis *n.*, -ses, -se
Lip/pen/blüt/ler *Pl.*, Pflanzenfamilie
Lip/pen/laut *m.*, [e]s, -e
Lip/pen/stift *m.*, -[e]s, -e
Lipp/fisch *m.*, -[e]s, -e, Fischart
Lip/u/rie oder auch:
Li/pu/rie [griech.] *f.*, -, -n, Vorhandensein von Fett im Urin
Liq. Abk. für Liquor
Li/que/fak/ti/on [lat.] *f.*, -, -en, Verflüssigung

li/ques/zie/ren *intr.*
li/quid 1. flüssig, 2. übertr. für zahlungsfähig
Li/qui/da *f.*, -, Liquidä oder Liquiden
Li/qui/da/ti/on *f.*, -, -en
Li/qui/da/tor *m.*, -s, -en
li/qui/de
Li/qui/den *Pl.* von Liquida
li/qui/die/ren *tr.*, auflösen, abwickeln, in Rechnung stellen, übertr.: töten, beseitigen
Li/qui/die/rung *f.*, -, -en
Li/qi/di/tät *f.*, -, -en, Zahlungsfähigkeit
Li/quor *m.*, -s, *nur Sg.*, (Abk.: Liq.) Flüssigkeit
Li/ra 1. [griech.] *f.*, -s, Liren, mittelalterliche Geige, 2. [italien.] (Abk.: L) *f.*, -, Lire, italien. Währungseinheit
Lis/boa portugies. Name für Lissabon
Lis/bo/nen/ser oder auch:
Lis/sa/bon/ner *m.*, -s, -
Li/se/ne [französ.] *f.*, -, -n
lis/peln *intr.*
Lis/sa/bon Hpst. von Portugal
Lis/sa/bon/ner *m.*, -s, -
Lis/seu/se [französ.] *f.*, -, -n, Maschine zum Waschen und Trocknen von gekämmter Wolle
List *f.*, -, -en
Lis/te *f.*, -, -n
Lis/ten/füh/rer *m.*, -s, -
lis/ten/reich
Lis/ten/wahl *f.*, -, -en
lis/tig
lis/ti/ger/wei/se
Lis/tig/keit *f.*, -, *nur Sg.*
Liszt, Franz, österr.-ungar. Komponist (1811-1886)
Lit Abk. für italien. Lire
Lit. Abk. für Litera (Buchstabe)

Li/ta/nei [griech.] *f.*, -, -en, 1. Wechselgebet, 2. übertr. für langatmige Rede
Li/tau/en baltischer Staat
Li/tau/er *m.*, -s, -
li/tau/isch
Li/tau/isch *n.*, -[s], *nur Sg.*, baltische Sprache
Li/ter [griech.] *n.* oder *m.*, -s, -, Hohlmaß
Li/te/rar/his/to/ri/ker *m.*, -s, -
li/te/rar/his/to/risch
li/te/ra/risch
Li/te/rat *m.*, -en, -en, Schriftsteller
Li/te/ra/tur *f.*, -, -en
Li/te/ra/tur/ge/schich/te *f.*, -, -n
Li/te/ra/tur/his/to/ri/ker *m.*, -s, -
li/te/ra/tur/his/to/risch
Li/te/ra/tur/kri/tik *f.*, -, -en
Li/te/ra/tur/kri/tisch
Li/te/ra/tur/preis *m.*, -[e]s, -e
Li/te/ra/tur/spra/che *f.*, -, -n
Li/te/ra/tur/wis/senschaft *f.*, -, -en
Li/te/ra/tur/zeit/schrift *f.*, -, -en
li/ter/wei/se
Li/tew/ka [poln.] *f.*, -, Litewken, früher: Uniformrock
Lit/faß/säu/le *f.*, -, -n
Lith/a/go/gum [griech.] *n.*, -s, Lithagoga, in der Medizin: steinabführendes Mittel
Li/thi/a/sis *f.*, -, Lithiasen
Li/thi/kum *n.*, -s, Lithika
Li/thi/um *n.*, -s, *nur Sg.*, chem. Element (Zeichen: Li)
Li/tho *n.*, -s, -s, Kurzwort für Lithographie
li/tho/gen
Li/tho/graph *(Nf.)* auch:
Li/tho/graf *(Hf.)* *m.*, -en, -en

Li/tho/gra/phie *(Nf.)* auch: **Li/tho/gra/fie** *(Hf.) f., -, -n*, Steindruck, Steinzeichnung
li/tho/gra/phie/ren *(Nf.)* auch: **li/tho/gra/fie/ren** *(Hf.) tr.*
li/tho/gra/phisch *(Nf)* auch: **li/tho/gra/fisch** *(Hf.)*
Li/tho/klast *m., -en, -en*, Instrument zum Zertrümmern von Blasensteinen
Li/tho/lo/ge *m., -n, -n*
Li/tho/lo/gie *f., - nur Sg.*, Gesteinskunde
li/tho/lo/gisch
Li/tho/ly/se *f., -, -n*, medikamentöse Auflösung von Steinen in Körperorganen
li/tho/phag Gestein auflösend
li/tho/phil Steine als Untergrund benötigend
Li/tho/pon *n., -[e]s, -e*
Li/tho/po/ne *f., -, -n*, weiße Deckfarbe
Li/tho/sphä/re oder auch: **Li/thos/phä/re** *f., -, nur Sg.*, Erdkruste
Li/tho/to/mie *f., -, -n*, operative Entfernung von Steinen aus Körperorganen
Li/tho/trip/sie *f., -, -n*, Zertrümmerung von Blasensteinen mittels Sonde
Li/tho/trip/ter *m., -s, -*, Lithoklast
Lith/ur/gik oder auch: **Li/thur/gik** *f., -, -en*, Lehre von der Verwendung der Gesteine
Li/ti/gant [lat.] *m., -en, -en*
Li/ti/ga/ti/on *f., -, -en*, veralt. für Rechtsstreit
li/ti/gie/ren *intr.*
li/to/ral [lat.] zur Küste oder zum Ufer gehörend
Li/to/ra/le *n., -s, -s*, Küstengebiet
Li/to/ral/fau/na *f., -, nur Sg.*, Fauna der Küstengewässer
Li/to/ral/flo/ra *f., -, nur Sg.*
Li/to/ri/na *f., -*, Litorinen, Schneckenart
Li/to/ri/nel/len/kalk *m., -[e]s, nur Sg.*, Kalkgestein mit fossilen Wasserschnecken
Li/to/tes [griech.] *f., -, nur Sg.*, rhetorische Figur
Li/tschi oder auch: **Lit/schi** [chines.] *f., -, -*, Kurzwort für Litschipflaume (eigtl. eine Kirschenart)
Li/tschi/pflau/me oder auch: **Lit/schi/pflau/me** *f., -, -n*, weiße Tropenfrucht
Li/turg [griech.] *m., -en, -en*, Geistlicher, der den Altargottesdienst ausführt
Li/tur/gie *f., -, -n*, 1. Altargottesdienst, 2. in der ev. Kirche: Wechselgesang
Li/tur/gik *f., -, nur Sg.*
li/tur/gisch
Lit/ze *f., -, -n*
Li/u/dol/fin/ger (s. Ludolfinger) *m., -s, -*
live [engl.] bei Radio und TV: live übertragen, direkt übertragen
Live *m., -n, -n*, Angehöriger eines finnischen Volksstammes
Live/sen/dung [engl.] *f., -, -en*, Direktübertragung
Live/show *f., -, -s*
li/visch
Liv/land historische Landschaft
Liv/län/der *m., -s, -*
liv/län/disch
Li/vre oder auch: **Liv/re** [französ.] *m.* oder *n., -s, -*, 1. alte französ. Münze, 2. alte französ. Gewichtseinheit
Li/vree oder auch: **Liv/ree** [französ.] *f., -, -n*, Dienstbotenuniform
li/vriert oder auch: **livriert**
Li/zenz *f., -, -en*
Li/zenz/aus/ga/be *f., -, -n*
Li/zenz/ge/ber *m., -s, -*
Li/zenz/ge/bühr *f., -, -en*
Li/zen/zi/at [lat.] *m., -en, -en*
li/zen/zie/ren *tr.*
Li/zenz/in/ha/ber *m., -s, -*
Li/zi/tant [lat.] *m., -en, -en*, Person, die bei Versteigerungen bietet
Li/zi/ta/ti/on *f., -, -en*
li/zi/tie/ren *tr.*
Lj. Abk. für Lichtjahr
l. J. Abk. für laufenden Jahres
Lkw, LKW *m., -[s], -s*, Abk. für Lastkraftwagen
Lla/no [span.] *m., -s, -s*
Lloyd [engl.] *m., -[s], -s*, Schifffahrtsunternehmen
lm Abk. für Lumen
lmh Abk. für Lumenstunde
ln Abk. für natürlicher Logarithmus
Lob *n., -[e]s, nur Sg.*
Lob *m., -s, -s*, Schlag beim Tennis
Lob/ball *m., -[e]s, -balle*
lob/ben *intr.*
Lob/by [engl.] *f., -, -s*
Lob/by/is/mus *m., -, nur Sg.*
Lob/by/ist *m., -en, -en*
Lo/be/lie *f., -, -n*, Zierpflanze
Lo/be/lin *n., -[e]s, nur Sg.*
lo/ben *tr.*
lo/bens/wert
lo/be/sam dicht. für tüchtig
Lo/bes/er/he/bung *f., -, -en*
Lob/ge/sang *m., -[e]s, -gesänge*
Lob/hu/de/lei *f., -, -en*
Lob/hu/de/ler *m., s, -*
lob/hu/deln *intr.*
löb/lich

Lob/lied *n.,* -[e]s, -er
Lo/bo/to/mie [griech.] *f.,* -, -en
Lob/preis *m.,* -[e]s, -e
lob/prei/sen *tr.*
Lob/prei/sung *f.,* -, -en
Lob/re/de *f.,* -, -n
Lob/red/ner *m.,* -s, -
lob/red/ne/risch
lob/sin/gen *intr.*
Lo/bus *m.,* -, Lobi
Loch 1. [schott.] *m.,* -[s], -s, See, 2. *n.,* -[e]s, Löcher
Lö/chel/chen *n.,* -s, -
lo/chen *tr.*
Lo/cher *m.,* -s, -
lö/che/rig (s. löchrig)
lö/chern *tr.*
Lo/chi/en [griech.] *Pl.*
Loch/kar/te *f.,* -, -n
Loch/kar/ten/ma/schi/ne *f.,* -, -n
Löch/lein *n.,* -s, -
löch/rig (s. löcherig)
Loch/sti/cke/rei *f.,* -, -en
Loch/strei/fen *m.,* -s, -
Lo/chung *f.,* -,-en
Loch/zan/ge *f.,* -, -en
Löck/chen *n.,* -s, -
Lo/cke *f.,* -, -n
lo/cken *tr.*
lö/cken *intr.,* nur noch in der Wendung: gegen den Stachel löcken, ugs. für: sich widersetzen
Lo/cken/haar *n.,* -s, nur *Sg.*
Lo/cken/kopf *m.,* -[e]s, -köpfe
Lo/cken/wi/ckel *m.,* -s, -
Lo/cken/wick/ler *m.,* -s, -
lo/cker
Lo/cker/heit *f.,* -, nur *Sg.*
lo/cker/las/sen *intr.*
lo/cker/ma/chen *tr.*
lo/ckern *tr.*
Lo/cke/rung *f.,* -, -en
Lo/cke/rungs/ü/bung *f.,* -, -en

lo/ckig
Lock/mit/tel n , -s, -
Lock/out [engl.] *n.,* -[s], -s, Aussperrung (bei Streik)
Lock/pfei/fe *f.,* -, -n
Lock/ruf *m.,* -[e]s, -e
Lock/spei/se *f.,* -, -n
Lock/spit/zel *m.,* -s, -
Lo/ckung *f.,* -, -en
Lock/vo/gel *m.,* -s, -vögel
lo/co [lat.] am Ort, vorrätig
lo/co ci/ta/to (Abk.: l.c.) am angeführten Ort (bei Zitaten)
lod/de/rig
Lo/de (s. Lohde) *f.,* -, -n
Lo/den *m.,* -s, -, Wollgewebe
Lo/den/jop/pe *f.,* -, -n
Lo/den/man/tel *m.,* -s, -mäntel
lo/dern *intr.*
Löf/fel *m.,* -s, -, 1. Besteckteil, 2. Ohr von Hase oder Kaninchen
Löf/fel/bag/ger *m.,* -s, -
Löf/fel/en/te *f.,* -, -n
löf/feln *tr.*
löf/fel/wei/se
Löff/ler *m.,* -s, -, Vogelart
Lo/fo/ten oder auch
Lo/fot/in/seln *Pl.,* Inselgruppe bei Norwegen
Loft *m.,* -s, -s, Schlagart beim Golf
log Abk. für Logarithmus
Log (s. Logge) [engl.] *n.,* - [e]s, -e, Instrument zum Messen der Schiffsgeschwindigkeit
Log/a/rith/men/ta/fel oder auch: **Lo/ga/rithmen/ta/fel** *f.,* -, -n
log/a/rith/mie/ren oder auch: **lo//ga/rith/mie/ren** *tr.*
log/a/rith/misch oder auch: **lo/ga/rith/misch**
Log/a/rith/mus oder auch: **Lo/ga/rith/mus** *m.,* -, Logarithmen

Log/buch *n.,* -[e]s, -bücher, Schiffstagebuch
Lo/ge (s. Loki)
Lo/ge [französ.] *f.,* -, -n
Lo/genb/ru/der *m.,* -s, -brüder
Lo/gen/schlie/ßer *m.,* -s, -
Log/gast *m.,* -[e]s, -en, Matrose, der das Log bedient
Log/ge (s. Log) *f.,* -, -n
log/gen *tr.*
Log/ger *m.,* -s, -
Log/gia [italien.] *f.,* -, Loggien
Log/glas *n.,* -[e]s, -gläser
Lo/gier/be/such *m.,* -[e]s, -e, Übernachtungsgäste
lo/gie/ren *tr.* und *intr.*
Lo/gier/gast *m.,* -[e]s, -gäste
Log/ier/zim/mer *n.,* -s, -
Lo/gik [griech.] *f.,* -, -en
Lo/gi/ker *m.,* -s, -
Lo/gis [französ.] *n.,* -, -, Unterkunft, z.B. Kost und Logis frei, Verpflegung und Unterkunft gratis
lo/gisch
lo/gi/scher/wei/se
Lo/gis/mus *m.,* 1. nur *Sg.,* Weltauffassung, 2. -, Logismen, Vernunftschluss
Lo/gis/tik *f.,* -, nur *Sg.*
Lo/gis/ti/ker *m.,* -s, -
lo/gis/tisch
Logi/zis/mus *m.,* -, nur *Sg.*
lo/gi/zis/tisch
Lo/gi/zi/tät *f.,* -, nur *Sg.*
Log/lei/ne *f.,* -, -n, Messleine des Logs
lo/go ugs. für logisch
Lo/go *n.,* -s, -s, Firmenzeichen
Lo/go/griph [griech.] *m.,* -en oder -[e]s, -en, Buchstabenrätsel
Lo/goi *Pl.* von Logos
Lo/go/pä/de *m.,* -n, -n

Logopädie

Lo/go/pä/die *f.*, -, *nur Sg.*, Sprachheilkunde
Lo/go/pa/thie *f.*, -, -n
Lo/gos *m.*, -, Logoi
Loh/blü/te *f.*, -, -n, Pilzart
Loh/brü/he *f.*, -, -n
Loh/de (s. Lode) *f.*, -, -n
Lo/he *f.*, -, -n
lo/hen 1. *intr.* brennen, 2. *tr.* gerben
Lo/hen/grin dt. Sagenfigur
Loh/ger/ber *m.*, s, -
Loh/ger/be/rei oder auch:
Loh/ger/bung *f.*, -, *nur Sg.*
Loh/mül/ler *m.*, -s, -
Lohn *m.*, -[e]s, Löhne
Lohn/ar/beit *f.*, -, -en
Lohn/ar/bei/ter *m.*, -s, -
Lohn/buch/hal/ter *m.*, -s, -
Lohn/buch/hal/tung *f.*, -, -en
Lohn/bü/ro *n.*, -s, -s
Lohn/die/ner *m.*, -s, -
Lohn/emp/fän/ger *m.*, -s, -
loh/nen *tr.*
löh/nen *tr.*
Lohn/fort/zah/lung *f.*, -, -en
Lohn-Preis-Spi/ra/le *f.*, -, -n
Lohn/steu/er/jah/resaus/gleich oder auch:
Lohn/steu/er-Jah/resaus/gleich *m.*, -[e]s, -e
Lohn/stopp *m.*, -s, -s
Löh/nung *f.*, -, -en
Loi/pe [skandinav.] *f.*, -, -n, Langlaufpiste
Loire *f.*, -, *nur Sg.*, französ. Fluss
Lok *f.*, -, -s, Kurzw. für Lokomotive
lo/kal [lät.] örtlich
Lo/kal *n.*, -[e]s, -e
Lo/kal/an/äs/the/sie *f.*, -, -n, örtliche Betäubung
Lo/kal/bahn *f.*, -, -en
Lo/kal/be/richt *m.*, -[e]s, -e
Lo/ka/li/sa/ti/on *f.*, -, -en

lo/ka/li/sie/ren *tr.*
Lo/ka/li/sie/rung *f.*, -, -en
Lo/ka/li/tät *f.*, -, -en
Lo/kal/ko/lo/rit *n.*, -[e]s, *nur Sg.*
Lo/kal/nach/rich/ten Pl., regionale Nachrichten
Lo/kal/pa/tri/o/tis/mus oder auch:
Lo/kal/patri/o/tis/mus *m.*, -, *nur Sg.*
Lo/kal/pos/se *f.*, -, -n
Lo/kal/satz *m.*, -[e]s, -sätze, grammatischer Begriff
Lo/kal/stück *n.*, -[e]s, -e
Lo/kal/teil *m.*, -[e]s, -e
Lo/kal/ter/min *m.*, -[e]s, -e
Lo/kal/ver/kehr *m.*, -s, *nur Sg.*
Lo/ka/tar [lat.] *m.*, -[e]s, -e
Lo/ka/ti/on *f.*, -, -en
Lo/ka/tiv *m.*, -[e]s, -e
Lo/ka/tor *m.*, -s, -en
Lok/füh/rer *m.*, -s, -, Kurzw. für Lokomotivführer
Lo/ki (s. Loge) in der germanischen Mythologie: Unheil bringender Feuergott
Lo/ko/ge/schäft *n.*, -[e]s, -e, Gs. zu Termingeschäft
Lo/ko/mo/bi/le *f.*, -, -n, fahrbare Dampfmaschine
Lo/ko/mo/ti/on *f.*, -, -en
Lo/ko/mo/ti/ve *f.*, -, -n, Zugmaschine
Lo/ko/mo/tiv/füh/rer *m.*, -s, -
lo/ko/mo/to/risch
Lo/ko/wa/re *f.*, -, -n
Lo/kus *m.*, -, -se, ugs. für Toilette
Lo/ku/ti/on [lat.] *f.*, -, -en, veralt. für Ausdrucksweise
Lolch *m.*, -[e]s, -e
Lol/lar/de [niederländ.] *m.*, -n, -n
Lol/lo ros/so [italien.] *m.*,

-s, *nur Sg.*, Salatsorte
Lom/bard *m.* oder *n.*, -[e]s, -e, Kredit gegen Sicherheitspfand
Lom/bar/de *m.*, -n,-n
Lom/bar/dei *f.*, -, *nur Sg.*, Landschaft in Norditalien
lom/bar/die/ren *tr.*, verpfänden
lom/bar/disch
Lom/ber [französ.] oder auch: **Lom/bre** oder auch: **Lomb/re** *n.*, -[s], *nur Sg.*, Kartenspiel
Lon/don Hpst. von Großbritannien
Lon/do/ner *m.*, -s, -
Long/drink [engl.] *m.*, -s, -s, Getränk
Longe [französ.] *f.*, -, -n
lon/gie/ren *tr.*
Lon/gie/me/trie oder auch: **Lon/gie/met/rie** [lat.] *f.*, -, *nur Sg.*
lon/gi/tu/di/nal
Lon/gi/tu/di/nal/wel/le *f.*, -, -n
Long/sel/ler [engl.] *m.*, -s, -
Look [engl.] *m.*, -s, -s, äußere Erscheinung
Loo/ping [engl.] *n.* oder *m.*, -s, -s, Rolle, Überschlag mit dem Flugzeug
Lor/beer *m.*, -[e]s, -en
Lor/beer/baum *m.*, -[e]s, -bäume
Lor/beer/blatt *n.*, -[e]s, -blätter
Lor/bee/re *f.*, -, -n
Lor/beer/kranz *m.*, -[e]s, -kränze
Lorch *m.*, -[e]s, -e
Lor/che *f.*, -, -n
Lor/chei *f.*, -, -n, Pilzart
Lord [engl.] *m.*, -s, -s, engl. Adelstitel
Lord/kanz/ler *m.*, -s, -
Lord Ma/yor *m.*, -s, -s, Bürgermeister in engl.

Großstädten
Lor/do/se [griech.] *f.*, -, -n
Lor/do/sis *f.*, -, Lordosen, Wirbelsäulenverkrümmung
Lord-Pro/tek/tor *(Nf.)* auch: **Lord/pro/tek/tor** *(Hf.) m.*, -s, -en, engl. Regententitel
Lo/re *f.*, -, -n, auf Schienen laufender Lastwagen
Lo/re/lei oder auch: **Lo/re/ley** *f.*, -, *nur Sg.*, 1. Felsen am Rheinufer, 2. in der dt. Mythologie: Nixe
Lor/gnet/te oder auch: **Lorg/net/te** [französ.] *f.*, -, -n
Lor/gnon oder auch: **Lorg/non** *n.*, -s, -s, Stielbrille
Lo/ri *m.*, -s, -s, 1. Halbaffe, 2. Papagei
Lork *m.*, -[e]s, -e
Lo/ro/kon/to [italien.] *n.*, -s, -konten
los[e]
Los *n.*, -[e]s, -e
LOS Abk. für Loss of Signal
Los An/ge/les Stadt in Kalifornien
lös/bar
Lös/bar/keit *f.*, -, *nur Sg.*
los/bin/den *tr.*
Lösch/blatt *n.*, -[e]s, -blätter
lö/schen *tr.*
Lö/scher *m.*, -s, -
Lösch/kalk *m.*, -[e]s, -e
Lösch/pa/pier *n.*, -[e]s, -e
Lö/schung *f.*, -, -en
los/don/nern *intr.*
los/drü/cken *intr.*
lo/se nicht fest
Lo/se *n.*, -s, -
Lo/se/blatt/aus/ga/be *f.*, -, -n, in losen Blättern erscheinendes Werk
Lo/se/blatt/buch/hal/tung *f.*, -, -en
Lö/se/geld *n.*, -[e]s, -er
los/ei/sen *tr.*
lo/sen *intr*
lö/sen *tr.*
Lo/ser (s. Luser) *m.*, -s, -, in der Jägersprache: Lauscher
los/fah/ren *intr.*
los/ge/ben *tr.*
los/ge/hen *intr.*
Los/kauf *m.*, -[e]s, -kaufe
los/kau/fen *tr.*
los/kom/men *intr.*
los/kop/peln *tr.*
los/las/sen *tr.*
los/lau/fen *intr.*
los/le/gen *intr.*
lös/lich
Lös/lich/keit *f.*, -, *nur Sg.*
los/lö/sen *tr.*
Los/lö/sung *f.*, -, -en
los/ma/chen *tr.*
los/mar/schie/ren *intr.*
los/plat/zen *intr.*
los/rei/ßen *tr.*
los/ren/nen *intr.*
Löß > **Löss** *m.*, -es, -e, Ablagerung von Flugstaub
los/sa/gen *refx.*
Los/sa/gung *f.*, -, *nur Sg.*
los/schie/ßen *intr.*
los/schla/gen *intr.* und *tr.*
lös/sig
Löss/männ/chen *n.*, -s, -
los/spre/chen *tr.*
los/sprin/gen *intr.*
los/steu/ern *intr.*
los/stür/men *intr.*
Lost *m.*, - [e]s, *nur Sg.*, Senfgas
Los/ta/ge *Pl.*, die zwölf Nächte zwischen dem Weihnachts- und dem Dreikönigsfest
Lost ge/ne/ra/tion *(Nf.)* auch: **Lost Ge/ne/ra/tion** *(Hf.)* [engl.] *f.*, -, *nur Sg.*, Generation der US-Schriftsteller, die durch den Ersten Weltkrieg desillusioniert war
Lo/sung *f.*, -, -en
Lö/sung *f.*, -, -en
Lö/sungs/mit/tel *n.*, -s, -
Lo/sungs/wort *n.*, -[e]s, -e
Los/ver/käu/fer *m.*, -s, -
los/wer/den *tr.*
los/zie/hen *intr.*
Lot *n.*, -[e]s, -e
lo/ten *tr.*
lö/ten *tr.*, durch geschmolzenes Metall verbinden
Löt/fu/ge *f.*, -, -n
Loth/rin/gen französ. Landschaft
Loth/rin/ger *m.*, -s, -
loth/rin/gisch
Lo/ti/on [engl.] *f.*, -, -s, kosmetisches Mittel
Löt/kol/ben *m.*, -s, -
Löt/lam/pe *f.*, -, -n
Löt/me/tall *n.*, -[e]s, -e
Löt/naht *f.*, -, -nähte
Lo/tos *m.*, -, -, Lotosblume
lot/recht senkrecht
Lot/rech/te *f.*, -, -n
Löt/rohr *n.*, -[e]s, -e
Lot/se *m.*, -n, -n
lot/sen *tr.*
Lot/sen/boot *n.*, -[e]s, -e
Lot/sen/fisch *m.*, -[e]s, -e, Fischart
Lot/sen/sta/ti/on *f.*, -, -en
Lot/ter/bett *n.*, -[e]s, -en, veralt. für Couch
Lot/ter/bu/be *m.*, -n, -n
Lot/te/rie [niederländ.] *f.*, -, -n
Lot/te/rie/los *n.*, -es, -e
lot/te/rig (s. lottrig) unordentlich
Lot/te/rig/keit (s. Lottrigkeit) *f.*, -, *nur Sg.*
Lot/ter/le/ben *n.*, -s, *nur Sg.*
lot/tern *inlr.*
Lot/ter/wirt/schaft *f.*, -, -en
Lot/to [italien.] *n.*, -s, -s

lott/rig (s. lotterig)
Lott/rig/keit (s. Lotterigkeit) *f.*, -, *nur Sg.*
Lo/tung *f.*, -, -en
Lö/tung *f.*, -, -en
Lo/tus [griech.] *m.*, -, -, Hornklee
Loui/si/a/na [amerikan.] (Abk.: LA) Staat der USA
Lounge [engl.] *f.*, -, -en
Lourdes [französ.] Wallfahrtsort in Frankreich
Lou/vre oder auch:
Louv/re *m.*, -[s], *nur Sg.*, Museum in Paris
Love/sto/ry *(Hf.) f.*, -, -s
Lö/we *m.*, -n, -n
Lö/wen/an/teil *m.*, -[e]s, -e
Lö/wen/maul *n.*, -[e]s, -mäuler
lö/wen/stark
Lö/wen/zahn *m.*, -[e]s, *nur Sg.*
Lö/win *f.*, -, -nen
lo/xo/drom [griech.]
Lo/xo/dro/me *f.*, -, -n
lo/xo/go/nal
loy/al oder auch: **lo/yal** [französ.]
Loy/a/li/tät oder auch:
Lo/ya/li/tät *f.*, -, *nur Sg.*
LPG Abk. für Landwirtschaftliche Produktionsgenossenschaft
LSD Abk. für Lysergsäurediäthylamid
lt. Abk. für laut, z.B. lt. Gebrauchsanweisung
Lt. Abk. für Leutnant
ltd., Ltd. Abk. für limited
Lu chem. Zeichen für Lutetium
Luch *n.* oder *f.*, -[e]s oder -, -e oder Lüche, Sumpf
Luchs *m.*, -es, -e
Luchs/au/gen *Pl.*
luchs/äu/gig
luch/sen *intr.*, ugs. für genau hinsehen

Lucht *f.*, -, -en
Lü/cke *f.*, -, -n
Lü/cken/bü/ßer *m.*, -s, -
lü/cken/haft
Lü/cken/haf/tig/keit *f.*, -, *nur Sg.*
lü/cken/los
Lu/de *m.*, -n, -n, Zuhälter
Lu/der *n.*, -s, -
Lu/de/rer *m.*, -s, -
Lu/der/jan (s. Liederjan) *m.*, -[e]s, -e
Lu/der/le/ben *n.*, -s, *nur Sg.*
lu/dern *intr.*
Lu/dol/fin/ger (s. Liudolfinger) *m.*, -s, -, Angehöriger eines Herrschergeschlechts
Lu/dus dat.] *m.*, -, Ludi
Lu/es [lat.] *f.*, -, *nur Sg.*, Syphilis
lu/e/tisch (s. luisch)
Luf/fa [engl.] *f.*, -, -s, Kürbisgewächs
Luf/fa/schwamm *m.*, -[e]s, -schwämme
Luft *f.*, -, Lüfte
Luft/auf/nah/me *f.*, -, -n
Luft/bad *n.*, -[e]s, -bäder
Luft/bal/lon *m.*, -s, -s
Luft/be/rei/fung *f.*, -, *nur Sg.*
Luft/büd *n.*, -[e]s, -er
Luft/brü/cke *f.*, -, -n
Luft/büch/se *f.*, -, -n
Lüft/chen *n.*, -s, -
luft/dicht
Luft/dich/te *f.*, -, *nur Sg.*
Luft/druck *m.*, -[e]s, *nur Sg.*
lüf/ten *tr.* und *intr.*
Lüf/ter *m.*, -s, -
Luft/fahrt *f.*, -, *nur Sg.*
Luft/fahr/zeug *n.*, -[e]s, -e
Luft/fracht *f.*, -, -en
Luft/geist *m.*, -[e]s, -er
luft/ge/kühlt
Luft/ge/wehr *n.*, -[e]s, -e
Luft/han/sa (Warenz.) *f.*, -,

nur Sg., dt. Fluggesellschaft
Luft/hun/ger *m.*, -s, *nur Sg.*
luft/hung/rig
luf/tig
Luf/tig/keit *f.*, -, *nur Sg.*
Luf/ti/kus *m.*, -, -se
Luft/kis/sen *n.*, -s, -
Luft/kis/sen/fahr/zeug *n.*, -[e]s, -e
Luft/kor/ri/dor *m.*, -[e]s, -e
Luft/krank/heit *f.*, -, -en
Luft/kur/ort *m.*, -[e]s, -e
Luft/lan/de/trup/pe *f.*, -, -n
luft/leer
Luft/lee/re *f.*, -, *nur Sg.*
Luft/li/nie *f.*, -, -n
Luft/mi/ne *f.*, -, -n
Luft/post *f.*, -, *nur Sg.*
Luft/raum *m.*, -[e]s, -räume
Luft/röh/re *f.*, -, -n
Luft/röh/ren/schnitt *m.*, -[e]s, -e
Luft/schiff *n.*, -[e]s, -e
Luft/schloß > **Luftschloss** *n.*, -es, -schlösser
Luft/schutz *m.*, -es, *nur Sg.*
Luft/ste/war/deß >
Luft/ste/war/dess *f.*, -, -en
Luft/streit/kräf/te *Pl.*
Lüf/tung *f.*, -, -en
Luft/ver/kehr *m.*, -s, *nur Sg.*
Luft/ver/schmut/zung *f.*, -, *nur Sg.*
Luft/waf/fe *f.*, -, -n
Luft/weg *m.*, -[e]s, -e
Luft/wi/der/stand *m.*, -[e]s, *nur Sg.*
Luft/wur/zel *f.*, -, -n
Luft/zug *m.*, -[e]s, -züge
Lug *m.*, -s, *nur Sg.*, in der Wendung: Lug und Trug
Lu/ga/ner *m.*, -s, -, Einwohner von Lugano
Lu/ga/ner See *m.*, -s
lu/ga/ne/sisch
Lu/ga/no Stadt in der Schweiz
Lug/aus *m.*, -, -, Wachtturm

Lü/ge f., -, -n
lu/gen intr.
lü/gen intr.
Lü/gen/de/tek/tor m., -s, -en
Lü/gen/dich/tung f., -, -en
Lü/gen/ge/spinst n., -[e]s, -e
Lü/gen/ge/we/be n., -s, -
lü/gen/haft
Lü/gen/haf/tig/keit f., -, nur Sg.
Lü/gen/maul n., -[e]s, -mäuler
Lü/gen/pro/pa/gan/da f., -, nur Sg.
Lug/ins/land m., -[s], -, Aussichtsturm
Lüg/ner m., -s, -
lüg/ne/risch
Lu/i/ker m., -s, -, Person, die an Syphilis erkrankt ist
lu/isch
Lu/kas/e/van/ge/li/um n., -s, nur Sg.
Lu/ke f., -, -n
lu/kra/tiv oder auch: **luk/ra/tiv** [lat.] einträglich
lu/kul/lisch üppig, schlemmerhaft, z.B. lukullische Genüsse
Lu/latsch m., -[e]s, -e, große, schlanke Person
lul/len tr.
Lul/ler m., -s , -, österr. für Schnuller
Lum/ba/go [lat.] f., nur Sg.
lum/bal
Lum/bal/an/äs/the/sie f., -, -n
Lum/bal/punk/ti/on f., -, -en
Lum/beck/ver/fah/ren n., -s, nur Sg., Klebeverfahren für Taschenbücher
Lum/ber/jack [engl.] n., -s, -s, Jacke mit gestrickten Bündchen

Lu/men [lat.] n., -s, -oder Lumina
Lu/men/stun/de f., -, -n, (Abk.: lmh) Maßeinheit für Lichtmenge
Lu/mie [italien.] f., -, -n, Zitronenart
Lu/mi/nes/zenz [lat.] f., -, -en, Lichterscheinung
lu/mi/nes/zie/ren intr.
Lu/mi/no/gra/phie (Nf.) oder auch: **Lu/mi/nogra/fie** (Hf.) [lat.] f., -, nur Sg.
Lu/mi/no/phor m., [e]s, -e, Leuchtstoff
lu/mi/nös oder auch: **lu/mi/nos** [lat.]
Lum/me f., -, -n, Seevogel
Lüm/mel m., -s, -
Lüm/me/lei f., -, -en
lüm/meln intr. und refl.
Lump m., -en, -en
Lum/pa/zi/us m., -, -se, ugs. für Lump
lum/pen intr.
Lum/pen m., -s, -
Lum/pen/ge/sin/del n., -s, nur Sg.
Lum/pen/pack n., -s, nur Sg.
Lum/pen/pro/le/ta/ri/at n., -[e]s, nur Sg.
Lum/pen/samm/ler m., -s, -
Lum/pe/rei f., -, -en
Lump/fisch m., -[e]s, -e, Meeresfisch
lum/pig
Lump/sum [engl.] f., -, -s, Pauschalbetrag
Lu/na [lat.] in der römischen Mythologie: Mondgöttin
lu/nar
Lu/na/ri/um n., -s, Lunarien
Lu/na/ti/ker m., -s, -, Mondsüchtiger
Lu/na/ti/on f., -, -en
lu/na/tisch

Lu/na/tis/mus m., -, nur Sg.
Lunch [engl.] m., -s, -s, Mittagessen
lun/chen intr.
Lun/cheon n., -s, -s
Lü/net/te [französ.] f., -, -n
Lun/ge f., -, -n
Lun/gen/ent/zün/dung f., -, -en
Lun/gen/fisch m., -[e]s, -e
Lun/gen/flü/gel m., -s, -
Lun/gen/heil/stät/te f., -, -n
lun/gen/krank
Lun/gen/krank/heit f., -, -en
Lun/gen/schwind/sucht f., -, nur Sg.
Lun/gen/spit/zen/katarrh oder auch: **Lun/genspit/zen/ka/tarr** m., -[e]s, -e
Lungen-Tbc f., -, nur Sg.
Lun/gen/tu/ber/ku/lo/se f., -, nur Sg.
Lun/gen/zug m., -[e]s, -züge
lun/gern intr., ugs. für faulenzen
Lu/nik [lat.] m., -s, -s, Name der ersten Mondsonden der Sowjetunion
Lü/ning m., -[e]s, -e
Lünk m., -[e]s, -e
Lun/ker m., -s, -
Lun/te f., -, -n
Lu/nu/la [lat.] f., -, Lunulä oder Lunullen, 1. halbmondförmiger Fleck an Fingernägeln, 2. halbmondförmiger Halter für die Hostie in der Monstranz
lu/nu/lar
Lu/pe [französ.] f., -, -n
lu/pen/rein
Lu/per/ka/li/en [lat.] Pl., altröm. Fest zu Ehren des Gottes Faunus
lup/fen tr.
lüp/fen tr.

Lu/pi/ne [lat.] *f.*, -, -n, Pflanzenart
Lu/pi/no/se *f.*, -, -n, Vergiftung bei Wiederkäuern
lu/pös [lat.] an Lupus (1.) erkrankt
Lup/pe *f.*, -, -n
Lu/pu/lin [lat.] *n.*, -[e]s, *nur Sg.*, Bierwürze
Lu/pus [lat.] *m.*, -, - oder -se, 1. Hautkrankheit, 2. lat. Name für Wolf
Lurch *m.*, -[e]s, -e
Lurch/fisch *m.*, -[e]s, -e
Lu/re *f.*, -, -n, Blasinstrument
Lu/sche *f.*, -, -n, ugs. für Spielkarte ohne Wert
lu/schig
lu/sin/gan/do [italien.] in der Musik: spielerisch, gefällig
Lust *f.*, -, Lüste
Lust/bar/keit *f.*, -, -en
Lust/bar/keits/steu/er *f.*, -, -n
Lüst/chen *n.*, -s, *nur Sg.*
Lüs/ter *m.*, -s, -, Kronleuchter
lüs/tern begierig
Lüs/tern/heit *f.*, -, *nur Sg.*
Lust/fahrt *f.*, -, -en
Lust/gar/ten *m.*, -s, -gärten
Lust/ge/fühl *n.*, -[e]s, -e
Lust/ge/winn *m.*, -[e]s, *nur Sg.*
Lust/häus/chen *n.*, -s, -
lus/tig
Lus/tig/keit *f.*, -, *nur Sg.*
Lüst/ling *m.*, -[e]s, -e
lust/los
Lust/lo/sig/keit *f.*, -, *nur Sg.*
Lust/molch *m.*, -[e]s, -e
Lust/mord *m.*, -[e]s, -e
Lust/mör/der *m.*, -s, -
Lus/tra/ti/on [lat.] *f.*, -, -en, kultische Reinigung
lus/tra/tiv
Lus/tren *Pl.* von Lustrum

lus/trie/ren *tr.*
lüs/trie/ren *tr.*, Gewebe glänzend machen
Lus/trum [lat.] *n.*, -s, Lustra oder Lustren, 1. Zeitraum von 5 Jahren, 2. altröm., alle 5 Jahre stattfindendes Sühneopfer
Lust/schloß > **Lustschloss** *n.*, -es, -Schlösser
Lust/seu/che *f.*, -, *nur Sg.*, Syphilis
Lust/spiel *n.*, -[e]s, -e
Lust/wäld/chen *n.*, -s, -
lust/wan/deln *intr.*
Lu/te/in [lat.] *n.*, -[e]s, *nur Sg.*, gelber Farbstoff, z.B. im Eidotter
Lu/te/o/lin *n.*, -[e]s, *nur Sg.*, gelber Farbstoff, z.B. im Fingerhut
Lu/te/ti/um *n.*, -s, *nur Sg.*, chem. Element (Zeichen: Lu)
Lu/the/ra/ner *m.*, -s, -, Anhänger Martin Luthers
lu/the/risch
Lu/ther/rock *m.*, -[e]s, -röcke
Lu/ther/tum *n.*, -s, *nur Sg.*
lut/schen *intr.* und *tr.*
Lut/scher *m.*, -s, -
Lut/te *f.*, -, -n, im Bergb.: Röhre zur Wasserableitung
Luv *f.*, -, *nur Sg.*, dem Wind zugekehrte Seite
lu/ven *intr.*
Luv/sei/te *f.*, -, *nur Sg.*
Lux [lat.] *n.*, -, -, (Abk.: lx) Maß für Beleuchtungsstärke
Lu/xa/ti/on [lat.] *f.*, -, -en, Verrenkung
Lu/xem/burg 1. europäischer Staat, 2. dessen Hauptstadt, 3. Provinz in Belgien
Lu/xem/bur/ger *m.*, -s, -
lu/xem/bur/gisch
lu/xie/ren *tr.*, verrenken
lu/xu/rie/ren [lat.] *intr.*

lu/xu/ri/ös
Lu/xus *m.*, -, *nur Sg.*
Lu/xus/ar/ti/kel *m.*, -s, -
Lu/xus/ho/tel *n.*, -s, -s
Lu/zern 1. Kanton in der Schweiz, 2. dessen Hauptstadt
Lu/zer/ne [lat.] *f.*, -, -n, Pflanzenart
lu/zid [lat.] hell
Lu/zi/di/tät *f.*, -, *nur Sg.*
Lu/zi/fer [lat.] Teufel, Satan
lu/zi/fe/risch
Lu/zi/me/ter [lat.] *n.*, -s, -
LVA Abk. für Landesversicherungsanstalt
Lw 1. Abk. für Lew, 2. Abk. für Lawrencium
lx Abk. für Lux
ly Abk. für Lichtjahr
Ly/co/po/di/um [griech.] *n.*, -s, Lycopodien, Bärlapp
Lyd/dit *m.*, -[e]s, *nur Sg.*, Sprengstoff
Ly/der (s. Lydier) *m.*, -s, -
Ly/di/en antikes Königreich
Ly/di/er (s. Lyder) *m.*, -s, -, Einwohner von Lydien
ly/disch
Ly/ki/en antike Landschaft Kleinasiens
Ly/ki/er *m.*, -s, -
ly/kisch
Lymph/a/de/ni/tis [lat.] *f.*, -, Lymphadenitiden, Entzündung der Lymphknoten
Lymph/a/de/nom *n.*, -[e]s, -e
Lymph/an/gi/om *n.*, -[e]s, -e
Lymph/an/gi/tis *f.*, -, Lymphangiome, Entzündung der Lymphgefäße
lym/pha/tisch
Lymph/drü/se *f.*, -, -n, alte Bezeichnung für Lymphknoten
Lym/phe *f.*, -, -n, Gewebsflüssigkeit

Lymph/ge/fäß *n.*, -es, -e
Lymph/kno/ten *m.*, -s, -
Lym/phom *n.*, -[e]s, -e
Lym/pho/zyt *m.*, -en, -en
Lym/pho/zy/to/se *f.*, -, -n
lyn/chen *tr.*
Lynch/jus/tiz *f.*, -, *nur Sg.*
Ly/on Stadt in Frankreich
Ly/o/ner *m.*, -s, -
Ly/o/ne/ser *m.*, -s, -
ly/o/ne/sisch
Ly/ra [griech.] *f.*, -, Lyren, altgriech. Musikinstrument
Ly/ri/den *Pl.*, Sternschnuppenschwarm im April
Ly/rik [griech.] *f.*, -, *nur Sg.*
Ly/ri/ker *m.*, -s, -
ly/risch
Ly/ris/mus *m.*, -, *nur Sg.*
Ly/ri/zi/tät *f.*, -, *nur Sg.*
Ly/sen *Pl.* von Lysis
ly/si/gen
Ly/sin *n.*, -[e]s, -e
Ly/sis *f.*, -, Lysen, 1. Rückgang des Fiebers, 2. Persönlichkeitszerfall, 3. Zerfall der Zellwand von Bakterien
Ly/sol *n.*, -[e]s, *nur Sg.*, (Warenz.) Desinfektionsmittel
Lys/sa [griech.] *f.*, -, *nur Sg.*, Tollwut
ly/tisch zurückgehend
Ly/ze/um [griech.] *n.*, -s, Lyzeen, 1. höhere Mädchenschule, 2. theolog. Hochschule
LZB Abk. für Landeszentralbank

M

m Abk. für 1. Meter, 2. Minute, 3. Milli...
µ Zeichen für Mikron, Mikro
M 1. Abk. für Mega..., 2. röm. Zahlzeichen für 1000
M. Abk. für Monsieur
M' Abk. für Mac
m² Abk. für Quadratmeter
m³ Abk. für Kubikmeter
Ma chem. Zeichen für Masurium
Ma kleinasiatische Kriegsgöttin
mA Abk. für Milliampere
MA Abk. für 1. Mittelalter, 2. Massachusetts
M.A. Abk. für 1. Magister Artium, 2. Master of Arts
Mä/an/der *m.,* -s, -
mä/an/dern *tr.* und *intr.*
mä/an/drie/ren *intr.* und *tr.*
mä/an/drisch
Maar (s. Mar) *n.,* -[e]s, -e
Maas *f.,* -, *nur Sg.,* Fluss in Europa
Maat *m.,* -[e]s, -e, im Seewesen: Unteroffizier
Mac (Abk.: M', Mc) steht vor schottischen und irischen Familiennamen
Ma/cau oder auch: **Ma/cao** portugies. Territorium an der Küste von Südchina
Mac/chia (s. Macchie) [italien.] *f.,* -, Macchien, immergrüner Strauch
Mac/chie (s. Macchia)
Mach *n.,* -, -, Geschwindigkeit entsprechend der Schallgeschwindigkeit
Ma/chan/del *m.,* -s, -, Wacholder
Ma/chan/del/baum *m.,* -[e]s, -bäume
Mach/art *f.,* -, -en
Ma/che *f.,* -, *nur Sg.,* 1. ugs. für Vortäuschung, 2. ugs. für Arbeit

Ma/che-Ein/heit *f.,* -, -en, (Abk.: ME) veralt. Maß für den Radiumgehalt von Luft und Wasser
ma/chen *tr.* und *refl.*
Ma/chen/schaf/ten *Pl.,* Intrigen
Ma/cher *m.,* -s, -, ugs. für Antreiber
Ma/cher/lohn *m.,* -[e]s, -löhne
Ma/chi/a/vel/lis/mus *m.,* -, *nur Sg.,* nach dem Italiener Niccolò Machiavelli benannte polit. Einstellung
ma/chi/a/vel/lis/tisch
Ma/chi/na/ti/on [lat.] *f.,* -, -en, Machenschaft
ma/chi/nie/ren *intr.,* veralt. für intrigieren
Ma/chor/ka [russ.] *m.* oder *f.,* -s oder -, -s , Tabak
Macht *f.,* -, Mächte
Macht/ha/ber *m.,* -s, -
Macht/hun/ger *m.,* -s, *nur Sg.*
mäch/tig
Mäch/tig/keit *f.,* -, *nur Sg.*
macht/los
Macht/lo/sig/keit *f.,* -, *nur Sg.*
Macht/po/li/tik *f.,* -, *nur Sg.*
Macht/stel/lung *f.,* -, -en
macht/voll
Macht/voll/kom/men/heit *f.,* -, *nur Sg.*
Macht/wort *n.,* -[e]s, -e
Mach/werk *n.,* -[e]s, -e
Mach/zahl oder auch: **Mach-Zahl** *f.,* -, -en, s. Mach
Ma/cke *f.,* -, -n, ugs. in der Wendung: eine Macke haben, etwas verrückt sein
MAD Abk. für Militärischer Abschirmdienst
Ma/da/gas/kar Insel vor der Ostküste Afrikas

Ma/da/gas/se *m.,* -n, -n
ma/da/gas/sisch
Ma/dam 1. [französ.] *f.,* -, -s oder -en, französische Anrede für Frauen, 2. [engl.] *f.,* -, -s, englische Anrede für Frauen
Ma/da/po/lam *m.,* -[s], -s, weicher Baumwollstoff
Mäd/chen *n.,* -s, -
mäd/chen/haft
Mäd/chen/haf/tig/keit *f.,* -, *nur Sg.*
Mäd/chen/han/del *m.,* -s, *nur Sg.*
Mäd/chen/na/me *m.,* -ns, -n
Ma/de *f.,* -, -n
made in... [engl.] hergestellt in
Ma/dei/ra Insel im Atlantischen Ozean
Mä/del *n.,* -s, -oder -s, ugs. für Mädchen
Mä/del/chen *n.,* -s, -
Ma/de/moi/selle [französ.] *f.,* -, Mesdemoiselles, (Abk.: Mlle.) französische Anrede für unverheiratete Frauen
Ma/den/wurm *m.,* -[e]s, -würmer
Mä/de/süß *n.,* -, -, Rosengewächs
ma/des/zent [lat.] in der Medizin: nässend
ma/dig
Ma/di/son [engl.] *m.,* -s, -s, Tanz
Ma/djar oder auch:
Mad/jar (s. Magyar) *m.,* -en, -en, Ungar
ma/dja/risch oder auch: **mad/ja/risch**
ma/dja/ri/sie/ren oder auch: **mad/ja/ri/sie/ren** *tr.*
Ma/dja/ri/sie/rung oder auch: **Mad/ja/ri/sie/rung** *f.,* -, *nur Sg.*
Ma/don/na [lat.-italien.] *f.,*

-, *nur Sg.*
Ma/don/nen/bild *n.,* -[e]s, -er
ma/don/nen/haft
Ma/don/nen/schei/tel *m.,* -s, -
Ma/dras oder auch:
Mad/ras *n.,* -, -, Gardinenstoff
Ma/dre/po/re oder auch:
Mad/re/po/re [lat. und griech.] *f.,* -, -n, Korallenart
Ma/drid Hpst. von Spanien
Ma/dri/gal oder auch:
Mad/ri/gal [italien.] *n.,* -[e]s, -e, 1. Kunstlied, 2. Gedichtform
Ma/dri/ga/list oder auch:
Mad/ri/ga/list *m.,* -en, -en
ma/dri/ga/lis/tisch oder auch: **mad/ri/ga/lis/tisch**
Ma/dri/le/ne oder auch:
Mad/ri/le/ne *m.,* -n, -n, Einwohner von Madrid
Ma/es/tà [italien.] *f.,* -, *nur Sg.*, thronende Madonna, bildlich dargestellt
ma/es/to/so in der Musik: würdevoll
Ma/es/tra/le *m.,* -[s], *nur Sg.*, italien. Name für Mistral
Ma/es/tro [italien.] *m.,* -[s], Maestri, 1. Meister, 2. italien. Bezeichnung für Dirigent
Mä/eu/tik (s. Maieutik) [griech.] *f.,* -, *nur Sg.*
mä/eu/tisch
Maf/fia oder auch: **Ma/fia** *f.,* -, *nur Sg.*, italien. Geheimbund
Ma/fi/o/so *m.,* -, Mafiosi
Ma/fl/o/te *m.,* -n, -n
Ma/ga/zin [italien.] *n.,* -[e]s, -e
ma/ga/zi/nie/ren *tr.*
Magd *f.,* -, Mägde
Mag/da/le/ni/en *n.,* -[s], *nur Sg.*, Stufe der Altsteinzeit
Mag/de/burg Stadt in Deutschland
Mäg/de/lein oder auch:
Mägd/lein *n.,* -s, -, veralt. für Mädchen
Ma/gen *m.,* -s, Mägen
Ma/gen/bit/ter *m.,* -s, -
Ma/gen-Darm-Ka/nal oder auch: **Ma/gen/darmka/nal** *m.,* -[e]s, -kanäle
Ma/gen-Darm-Ka/tarrh oder auch: **Ma/gen-Darm-Ka/tarr** *m.,* -[e]s, -e
Ma/gen/drü/cken *n.,* -s, *nur Sg.*
Ma/gen/ge/schwür *n.,* -[e]s, -e
Ma/gen/gru/be *f.,* -, -n
Ma/gen/knur/ren *n.,* -s, *nur Sg.*
Ma/gen/pfört/ner *m.,* -s, -
Ma/gen/saft *m.,* -[e]s, -safte
Ma/gen/säu/re *f.,* -, -n
Ma/gen/schleim/haut *f.,* -, -häute
Ma/gen/sen/kung *f.,* -, -en
ma/gen/stär/kend
ma/ger
Ma/ger/keit *f.,* -, *nur Sg.*
Ma/ger/milch *f.,* -, *nur Sg.*
mag/gio/re [italien.] italien. Bezeichnung für die Tonart Dur
Ma/gie [griech.] *f.,* -, -n
Ma/gi/er *m.,* -s, -
Ma/gi/not/li/nie *f.,* -, *nur Sg.*, ehemaliger Befestigungsstreifen an der französ. Ostgrenze
ma/gisch
Ma/gis/ter [lat.] *m.,* -s, -
Ma/gis/trat oder auch:
Ma/gist/rat *m.,* -[e]s, -e
Ma/gis/tra/tur oder auch:
Ma/gist/ra/tur *f.,* -, -en
Mag/ma [griech.] *n.,* -s, Magmen
mag/ma/tisch
Mag/ma/tit *m.,* -[e]s, -e
Ma/gna Char/ta oder auch:
Mag/na Char/ta [engl.] *f.,* -, *nur Sg.*, engl. Grundgesetz von 1215
ma/gna cum lau/de oder auch: **mag/na** .. [lat.] mit großem Lob
Ma/gnat oder auch: **Magnat** [lat.] *m.,* -en, -en, Großgrundbesitzer, Großindustrieller
Ma/gne/sia oder auch:
Mag/ne/sia *f.,* -, *nur Sg.*, Magnesiumoxid
Ma/gne/sit oder auch:
Mag/- *m.,* -[e]s, -e, Mineral
Ma/gne/si/um oder auch:
Mag/- *n.,* -s, *nur Sg.*, ehem. Element (Zeichen: Mg)
Ma/gne/si/um/sul/fat oder auch: **Mag/-** *n.,* -[e]s, -e
Ma/gnet oder auch:
Mag/net [griech.] *m.,* -[e]s, -e **ma/gne/tisch** oder auch: **mag/netisch**
Ma/gne/ti/seur oder auch:
Mag/- *m.,* -[e]s, -e
ma/gne/ti/sie/ren oder auch: **mag/-** *tr.*
Ma/gne/tis/mus oder auch:
Mag/- *m.,* -, *nur Sg.*
Ma/gne/tit oder auch:
Mag/- *m.,* -[e]s, *nur Sg.*, Mineral
Ma/gnet/na/del oder auch:
Mag/- *f.,* -, -n
Ma/gne/to/graph *(Nf.)* auch: **Ma/gne/to/graf** *(Hf.)* oder auch: **Mag/-** *m.,* -en, -en
ma/gne/to/gra/phisch *(Nf.)* auch: **ma/gne/togra/fisch** *(Hf.)* oder auch: **mag/-**
Ma/gne/to/hy/dro/dy/na/mik oder auch: **Mag/-** *f.,* -, *nur Sg.,* (Abk.: MHD)
Ma/gne/to/me/ter oder

Magneton

auch: **Mag/-** *n.*, -s, -, Instrument zum Messen des Erdmagnetismus
Ma/gne/ton oder auch: **Mag/-** *n.*, -s, -
Ma/gnet/pol oder auch: **Mag/-** *m.*, -[e]s, *nur Sg.*
Ma/gnet/ton/ge/rät oder auch: **Mag/-** *n.*, -[e]s, -e
Ma/gnet/ton/ver/fah/ren oder auch: **Mag/-** *n.*, -s, -
mag/ni/fik [lat.-französ.] veralt. für großartig
Ma/gni/fi/kat oder auch: **Mag/-** *n.*, -[e]s, -e, Teil der kathol. Vesper
Ma/gno/lie oder auch: **Mag/-** *f.*, -, -n, Zierbaum
Ma/gyar (s. Madjar) *m.*, -en, -en
Ma/ha/go/ni *n.*, -s, *nur Sg.*
Ma/ha/go/ni/baum *m.*, -[e]s, -bäume
Ma/ha/ra/dscha oder auch: **Ma/ha/rad/scha** [sanskrit.] *m.*, -s, -s, indischer Großfürst
Ma/hat/ma *m.*, -s, -s, indischer Ehrentitel
Mäh/bind/er *m.*, -s, -
Mah/di [arab.] *m.*, -s, -s, von Muslimen erwarteter Welterneuerer
Mah/dis/mus *m.*, -, *nur Sg.*
Mah/dist *m.*, -en, -en
Mäh/dre/scher *m.*, -s, -
mä/hen *tr.* und *intr.*
Mä/her *m.*, -s, -
Mahl *n.*, -[e]s, -e oder Mähler
mah/len *tr.*
Mahl/zahn *m.*, -[e]s, -zähne
Mahl/zeit *f.*, -, -en
Mahn/brief *m.*, -[e]s, -e
Mäh/ne *f.*, -, -n
mah/nen *tr.*
Mah/ner *m.*, -s, -
Mahn/mal *n.*, -[e]s, -e
Mah/nung *f.*, -, -en

Mahn/ver/fah/ren *n.*, -s, -
Ma/ho/nie *f.*, -, -n, Zierstrauch
Mahr *m.*, -[e]s, -e, Schreckgespenst
Mäh/re *f.*, -, -n, altes Pferd
Mai *m.*, -[s], *nur Sg.*
Mai/baum *m.*, -[e]s, -bäume
Mai/blu/me *f.*, -, -n
Mai/bow/le *f.*, -, -n
Mai/den [engl.] *n.*, -s, -, junges Pferd
Maie *f.*, -, -n, birke
Mai/eu/tik (s. Mäeutik) *f.*, *nur Sg.*
Mai/fei/er *f.*, -, -n
Mai/fei/er/tag *m.*, -[e]s, -e
Mai/glöck/chen *n.*, -s, -
Mai/kä/fer *m.*, -s, -
Mai/kö/nig *m.*, -[e]s, -e
Mai/kö/ni/gin *f.*, -, -nen
Mai/land (s. Milano) Stadt in Italien
Mai/län/der *m.*, -s, -
mai/län/disch
Mail-Or/der [engl.] *f.*, -, *nur Sg.*, Warenverkauf über Postversand
Main/au oder auch: **Mainau** Insel im Bodensee
Maine (Abk.: ME) Staat in den USA
Mais *m.*, -[e]s, -e, Getreidepflanze
Mai/sche *f.*, -, -n, gekelterte Weintrauben
mai/schen *intr.* und *tr.*
Mais/kol/ben *m.*, -s, -
Mai/so/net/te *f.*, -, -n oder -s, Wohnung über zwei Stockwerke
Ma/jes/tät *f.*, -, -en, Titel für Kaiser und Könige
ma/jes/tä/tisch
Ma/jes/täts/be/lei/di/gung *f.*, -, -en
Ma/jes/täts/ver/bre/chen *n.*, -s, -, Hochverrat
ma/jeur [französ.] französ.

Bezeichnung für die Tonart Dur
Ma/jo/nä/se (s. Mayonnaise) *f.*, -, -n
ma/jor [engl.] engl. Bezeichnung für die Tonart Dur
Ma/jor [lat.] *m.*, -[e]s, -e, Offiziersgrad
Ma/jo/ran [griech.] *m.*, -[e]s, *nur Sg.*, Gewürzpflanze
Ma/jo/rat [lat.] *n.*, -[e]s, -e
ma/jo/ri/sie/ren *tr.*, überstimmen
Ma/jo/ri/tät *f.*, -, *nur Sg.*, Stimmenmehrheit
Ma/jo/ri/täts/be/schluß > **Ma/jo/ri/täts/beschluss** *m.*, -es, -beschlüsse
Ma/jo/ri/täts/prin/zip *n.*, -s, *nur Sg.*
Ma/jus/kel [lat.] *f.*, -, -n, Großbuchstabe
ma/ka/ber
Ma/ka/dam *m.* oder *n.*, -[e]s, -e, Straßenbelag
ma/ka/da/mi/sie/ren *tr.*
Ma/kak *m.*, -[e]s oder -en, -en, Affenart
Ma/ka/ris/mus [griech.] *m.*, -, Makarismen, Seligpreisung
Ma/ke/do/ni/en (s. Mazedonien)
Ma/kel *m.*, -s, -
Mä/ke/lei *f.*, -, -en
mä/ke/lig (s. mäklig)
ma/kel/los
Ma/kel/lo/sig/keit *f.*, -, *nur Sg.*
mä/keln *intr.*
Make-up [engl.] *n.*, -s, -s
Ma/ki [portugies.] *m.*, -s, -s, Halbaffe
Mak/ka/bä/er [hebr.] *m.*, -s, -
ma/ka/bä/isch
Mak/ka/ro/ni [italien.] *f.*, -,

maltesisch

-, röhrenförmige Nudeln
mak/ka/ro/nisch in schlechtem Latein verfasst
Mak/ler *m.*, -s, -
Mäk/ler *m.*, -s, -, ständig nörgelnde Person
mäk/lig (s. mäkelig)
Ma/ko/baum/wol/le *f.*, -, *nur Sg.*, Baumwolle aus Ägypten
Ma/ko/ré [französ.] *n.*, -s, *nur Sg.*, Holzart
Ma/kra/mee [arab.-türk.] *n.*, -s, -s, Knüpfarbeit
Ma/kre/le oder auch:
Mak/re/le [lat.] *f.*, -, -n, Meeresfisch
Ma/kro/bi/o/se oder auch: **Mak/ro-** [griech.] *f.*, -, *nur Sg.*, Langlebigkeit
Ma/kro/bi/o/tik oder auch: **Mak/ro-** *f.*, -, *nur Sg.*
ma/kro/ke/phal oder auch: **mak/ro-** (s. makrozephal)
Ma/kro/kli/ma oder auch: **Mak/ro-** *n.*, -s, *nur Sg.*
ma/kro/kos/misch oder auch: **mak/ro-**
Ma/kro/kos/mos oder auch: **Mak/ro-** *m.*, -, *nur Sg.*
Ma/kro/mo/le/kül oder auch: **Mak/ro-** *n.*, -[e]s, -e
ma/kro/mo/le/ku/lar oder auch: **mak/ro-**
Ma/kro/ne oder auch: **Mak/ro-** [französ.] *f.*, -, -n, Mandelgebäck
Ma/kro/ö/ko/no/mie oder auch: **Mak/ro-** *f.*, -, -n, Wirtschaftsanalyse
Ma/kro/po/de oder auch: **Mak/ro-** [griech.] *m.*, -n, -n, Fischart
ma/kro/sko/pisch oder auch: **mak/ros/ko/pisch**
Ma/kro/the/o/rie oder auch: **Mak/ro-** *f.*, -, *nur Sg.*, Teil der Wirtschaftswissenschaft

ma/kro/ze/phal oder auch: **mak/ro-** (s. makrokephal) großköpfig
Ma/kro/ze/pha/lie oder auch: **Mak/ro-** *f.*, -, *nur Sg.*,
Ma/ku/la/tur [lat.] *f.*, -, *nur Sg.*, Altpapier
ma/ku/lie/ren *tr.*
mal 1. vier mal vier ist..., aber: viermal, 2. ugs. für einmal
Mal 1. *n.*, -[e]s, -e, das erste Mal, dieses Mal, 2. *n.*, -[e]s, -e, Fleck, Zeichen
Ma/la/chit [griech.] *m.*, -[e]s, -e, Mineral
ma/la/chit/grün
ma/la/de [französ.] ugs. für krank
Ma/la/ga Stadt in Spanien
Ma/laie *m.*, -n, -n, Angehöriger eines westindonesischen Volkes
Ma/lai/in *f.*, -, -nen
ma/lai/isch
Ma/lai/isch *n.*, -[s], *nur Sg.*, indonesische Sprache
Ma/lak/ka (s. Mallacca) südostasiatische Halbinsel
Ma/la/ko/lo/ge [griech.] *m.*, -n, -n
Ma/la/ko/lo/gie *f.*, -, *nur Sg.*, Weichtierkunde
ma/la/ko/lo/gisch
Ma/la/ria [italien.] *f.*, -, *nur Sg.*, Infektionskrankheit
Ma/lay/sia Staat in Südostasien
Ma/lay/si/er *m.*, -s, -
ma/lay/sisch
Ma/le/di/ven *Pl.*, Inselstaat im Indischen Ozean
Ma/le/di/ver *m.*, -s, -
ma/le/di/visch
Ma/le/fiz/kerl *m.*, -[e]s, -e, ugs. für Draufgänger
ma/len *tr.*
Ma/ler *m.*, -s, -
Ma/le/rei *f.*, -, -en

ma/le/risch
Ma/le/sche [französ.] *f.*, -, -n, Unannehmlichkeit
Mal/heur [französ.] *n.*, -s, -s, Missgeschick
Ma/li westafrikanischer Staat
Ma/li/ce [französ.] *f.*, -, -n
Ma/li/er *m.*, -s, -, Einwohner von Mali
ma/li/gne oder auch: **ma/lig/ne** [lat.] in der Medizin: bösartig
Ma/li/gni/tät oder auch: **Ma/lig/ni/tät** *f.*, -, *nur Sg.*
ma/li/zi/ös [französ.] boshaft
mall im Seewesen: gedreht
Mall *n.*, -[e]s, -e, Schablone für Schiffsteile
mal/len *tr.* und *intr.*
Mal/lor/ca Mittelmeerinsel
Mal/lung *f.*, -, *nur Sg.*
Malm [engl.] *m.*, -[e]s, *nur Sg.*, Abteilung des Jura
mal/neh/men *tr.*, multiplizieren
ma/lo/chen [jidd.] ugs. für hart arbeiten
Ma/lo/ja *m.*, -[s], *nur Sg.*
Ma/lo/ja/paß > **Ma/lo/ja/pass** *m.*, -es, *nur Sg.*, Alpenpass
Mal/ta Inselstaat bei Sizilien
Mal/ta/fie/ber *n.*, -s, *nur Sg.*, Infektionskrankheit
Mal/ta/se *f.*, -, *nur Sg.*, Ferment
Mal/ter *m.* oder *n.*, -s, -, altes Getreidemaß
Mal/te/ser *m.*, -s, -, Einwohner von Malta
Mal/te/ser/kreuz *n.*, -[e]s, -e
Mal/te/ser/or/den *m.*, -s, -
Mal/te/ser/rit/ter *m.*, -s, -
mal/te/sisch aber: die Maltesischen Inseln

Mal/to/se *f.*, -, *nur Sg.*
mal/trä/tie/ren oder auch:
malt/rä/tie/ren [französ.] *tr.*, quälen, misshandeln
Ma/lus [lat.] *m.*, -, -, 1. Gs. zu Bonus, 2. Prämienzuschlag bei Versicherungen
Mal/va/sier *m.*, -[e]s, *nur Sg.*, griech. Wein
Mal/ve *f.*, -, -n, Zierpflanze
mal/ven/far/ben
mal/ven/far/big
Mal/ven/tee *m.*, -s, -s
Malz *n.*, -es, *nur Sg.*
Malz/bier *n.*, -[e]s, *nur Sg.*
mal/zen oder auch: **mälzen** *tr.*
Mäl/zer *m.*, -s, -, jmd., der Malz herstellt
Mäl/ze/rei *f.*, -, -en
Malz/kaf/fee *m.*, -s, -s
Malz/zu/cker *m.*, -s, *nur Sg.*
Ma/ma *f.*, -, -s, ugs. für Mutter
Ma/ma/chen *n.*, -s, -
Mam/ba *f.*, -, -s, Giftschlange
Mam/bo *m.*, -s, -s, lateinamerikanischer Tanz
Ma/mi (s. Mammi) *f.*, -, -s, Koseform von Mama
Ma/mil/la [lat.] *m.*, -, Mamillen, Brustwarze
Ma/mil/la/ria (s. Mamillaria) *f.*, -, Mamillarien, Kaktus
Mam/ma [lat.] *f.*, -, -e, Brustdrüse
Mam/mi (s. Mami) *f.*, -, -s
Mam/mil/la/ria (s. Mamillaria) *f.*, -, Mamillarien
Mam/mo/gra/phie *(Nf.)* auch: **Mam/mo/gra/fie** *(Hf.)* [lat. und griech.] *f.*, -, -n
Mam/mon *m.*, -s, *nur Sg.*, abwertend für Reichtum
Mam/mut *n.*, -[e]s, -e oder -s, ausgestorbene Elefantenart

Mam/mut/baum *m.*, -[e]s, -bäume
mamp/fen *tr.*, ugs. für essen
Mam/sell [französ.] *f.*, -, -s oder -en
Mam/sell/chen *n.*, -s, -
man
Ma/na [polynes.] *n.*, -[s], *nur Sg.*, übernatürliche Kraft in Lebewesen und Dingen
Mä/na/de [griech.] *f.*, -, -n, Begleiterin des griech. Gottes Dionysos
Ma/nage/ment [engl.] *n.*, -s, -s
ma/na/gen *tr.*
Ma/na/ger *m.*, -s, -
Ma/na/ger/krank/heit *f.*, -, *nur Sg.*
manch (-er, -e, -es)
Man/cha *f.*, -, *nur Sg.*, spanische Landschaft
man/chen/orts
man/cher/lei
man/cher/orts
Man/ches/ter engl. Stadt
manch/mal aber: manches Mal
Man/da/la [sanskrit.] *n.*, -[s], -s, zur Meditation dienende Vieleckfigur
Man/dant [lat.] *m.*, -en, -en
Man/dan/tin *f.*, -, -nen
Man/da/rin [sanskrit.] *m.*, -[e]s, -e, hoher Beamter in China
Man/da/ri/ne *f.*, -, -n, apfelsinenartige Frucht
Man/da/ri/nen/baum *m.*, -[e]s, -bäume
Man/da/rin/en/te *f.*, -, -n
Man/dat [lat.] *n.*, -[e]s, -e, Auftrag
Man/da/tar *m.*, -[e]s, -e
Man/da/tar/staat *m.*, -[e]s, -en
Man/del *f.*, -, -n, 1. Frucht,

2. Organ des menschlichen Körpers
Man/del/baum *m.*, -[e]s, -bäume
Man/del/kleie *f.*, -, *nur Sg.*
Man/del/milch *f.*, -, *nur Sg.*
Man/di/bel [lat.] *f.*, -, -n, Unterkieferknochen bei Menschen und Wirbeltieren
man/di/bu/lar
Man/do/la [griech.] *f.*, -, Mandolen, Zupfinstrument
Man/do/li/ne *f.*, -, -n, Zupfinstrument
Man/dor/la [italien.] *f.*, -, Mandorlen, Heiligenschein
Man/dra/go/ra [pers.] *f.*, -, Mandragoren, Nachtschattengewächs
Man/drill [afrikan.] *m.*, -[e]s, -e, Pavianart
Man/dschu oder auch:
Mand/schu *m.*, -s oder -, -s oder -, Mandschure
Man/dschu/re oder auch:
Mand/schu/re *m.*, -n, -n
Man/dschu/rei oder auch:
Mand/schu/rei *f.*, -, *nur Sg.*, nordostchinesische Region
man/dschu/risch oder auch: **mand/schu/risch**
Ma/ne/ge [französ.] *f.*, -, -n
Ma/nen [lat.] *Pl.*, in der röm. Mythologie: die guten Geister der Toten
Man/ga/be [afrikan.] *f.*, -, -n, Affenart
Man/gan [griech.] *n.*, -[e]s, *nur Sg.*, chem. Element (Zeichen: Mn)
Man/ga/nat *n.*, -[e]s, -e
Man/ga/nin *n.*, -[e]s, *nur Sg.*
Man/ga/nit *m.*, -[e]s, *nur Sg.*, Mineral
man/gan/sau/er
Man/gan/säu/re *f.*, -, *nur Sg.*
Man/gel 1. *m.*, -s, Mängel, das Fehlen von etwas,

Manöver

2. *f.,* -, -n, Bügelmaschine
Man/gel/er/schei/nung *f.,* -, -en
man/gel/haft
Män/gel/haf/tung *f.,* -, *nur Sg.*
Man/gel/krank/heit *f.,* -, -en
man/geln 1. *tr.,* fehlen, 2. *intr.,* bügeln
Män/gel/rü/ge *f.,* -, -n
man/gels
Man/gel/wa/re *f.,* -, -n
Man/go *f.,* -, -nen, Frucht
Man/go/baum *m.,* -[e]s, -bäume
Man/gold *m.,* -[e]s, -e, Gemüsepflanze
Man/go/pflau/me *f.,* -, -n
Man/gro/ve oder auch: **Mang/ro/ve** *f.,* -, -n, Laubbaum
Man/hat/tan 1. Stadtteil von New York, 2. Stadt in Kansas
Ma/ni/chi/no [italien.] *m.,* -s, -s, Gliederpuppe
Ma/nie [griech.] *f.,* -, -n, 1. krankhafte Wesensveränderung mit Steigerung des Selbstgefühls, 2. Sucht
Ma/nier [französ.] *f.,* 1. -, *nur Sg.,* Eigenart, Stil, 2. *nur Pl.,* gute Umgangsformen
ma/nie/riert
Ma/nie/riert/heit *f.,* -, *nur Sg.*
Ma/nie/ris/mus *m.,* -, *nur Sg.,* Stilrichtung in der Malerei
Ma/nie/rist *m.,* -en,-en, Vertreter des Manierismus
ma/nie/ris/tisch
ma/nier/lich mit gutem Benehmen
ma/ni/fest [lat.] offenkundig
Ma/ni/fest *n.,* -[e]s, -e, Programm
Ma/ni/fes/ta/ti/on *f.,* -, -en
ma/ni/fes/tie/ren *tr.* und *refl.*
Ma/ni/kü/re [französ.] *f.,* -, -n
ma/ni/kü/ren *tr.*
Ma/ni/la Stadt auf den Philippinen
Ma/ni/la/hanf *m.,* -s, *nur Sg.*
Ma/ni/la/ta/bak *m.,* -[e]s, -e
Ma/nil/le [span.] *f.,* -, -n, 1. Armring, 2. Trumpf bei dem Kartenspiel Lomber
Ma/ni/ok [indian.] *m.,* -s, -s, trop. Pflanze
Ma/ni/pu/lant [lat.] *m.,* -en, -en, Sortierer von Fellen
Ma/ni/pu/la/ti/on *f.,* -, -en
Ma/ni/pu/la/tor *m.,* -s, -en
ma/ni/pu/lier/bar
Ma/ni/pu/lier/bar/keit *f.,* -, *nur Sg.*
ma/ni/pu/lie/ren *tr.* und *intr.*
ma/nisch
ma/nisch-de/pres/siv
Ma/nis/mus [lat.] *m.,* -, *nur Sg.,* Totenverehrung
Ma/ni/tu [indian.] übersinnliche Macht in der Vorstellung der Indianer
man/kie/ren [lat.] *intr.*
Man/ko *n.,* -s, -s, 1. Fehlbetrag, 2. Mangel
Mann *m.,*1. -[e]s, Männer, 2. -es, -, hundert Mann stark, alle Mann an Bord
Man/na [hebr.] *n.,* -s, *nur Sg.,* im AT vorkommende Speise
Man/na/flech/te *f.,* -, -n, essbare Flechte
Man/na/schild/laus *f.,* -, -läuse
Man/na/zu/cker *m.,* -s, *nur Sg.*
mann/bar

Mann/bar/keit *f.,* -, *nur Sg.*
Männ/chen *n.,* -s, -
Män/ne/ken *n.,* -s, -, norddt. für Männchen
Man/ne/quin [französ.] *n.,* -s, -s,
Män/ner/treu *f.* oder *n.,* -, *nur Sg.,* Pflanze
Man/nes/al/ter *n.,* -s, *nur Sg.*
Man/nes/kraft *f.,* -, *nur Sg.*
Man/nes/schwä/che *f.,* -, *nur Sg.*
Man/nes/stamm *m.,* -, *nur Sg.*
Man/nes/wort *n.,* -[e]s, -e
Mann/geld *n.,* -[e]s, -er
mann/haft
Mann/haf/tig/keit *f.,* -, *nur Sg.*
Mann/heit *f.,* -, *nur Sg.*
man/nig/fach
man/nig/fal/tig
Man/nig/fal/tig/keit *f.,* -, *nur Sg.*
Män/nin *f.,* -, -nen, Mannweib
Man/nit *m.,* -[e]s, -e
Männ/lein *n.,* -s, -
männ/lich
Männ/lich/keit *f.,* -, *nur Sg.*
Mann/loch *n.,* -[e]s, -löcher
Manns/bild *n.,* -[e]s, -er, ugs. für Mann
Mann/schaft *f.,* -, -en
Mann/schafts/sport *m.,* - [e]s, -e
manns/dick
manns/hoch
Manns/hö/he *f.,* -, *nur Sg.*
Manns/leu/te *nur Pl.,* ugs. für Männer
manns/toll
Manns/toll/heit *f.,* -, *nur Sg.*
Manns/volk *n.,* -[e]s, *nur Sg.,* ugs. für Männer
Mann/weib *n.,* -[e]s, -er
Ma/nö/ver [französ.] *n.,* -s,

manövrieren

-, 1.Truppenübung, 2. Drehung eines Schiffes
ma/nö/vrie/ren oder auch:
ma/növ/rie/ren *intr.*
ma/nö/vrier/fä/hig oder auch: **ma/növ/rier/fä/hig**
Ma/nö/vrier/fä/hig/keit oder auch: **Ma/növ/rierfä/hig/keit** *f., -, nur Sg.*
ma/nö/vrier/un/fä/hig oder auch: **ma/növ/rierun/fä/hig**
Ma/nö/vrier/un/fä/higkeit oder auch: **Ma/növ/rier/un/fä/hig/keit** *f., -, nur Sg.*
Man/sar/de *f., -, -n*, Dachzimmer
Man/sar/den/woh/nung *f., -, -en*
man/schen *intr.*, mit Schlamm oder Wasser spielen
Man/sche/rei *f., -, nur Sg.*
Man/schet/te [französ.] *f., -, -n*, 1. Zierhülle für Blumentöpfe, 2. Ärmelaufschlag
Man/schet/ten/knopf *m., -[e]s, -knöpfe*
Man/tel *m., -s*, Mäntel
Män/tel/chen *n., -s, -*
Man/tel/ge/setz *n., -[e]s, -e*
Man/tik [griech.] *f., -, nur Sg.*, Wahrsagekunst
Ma/nu/al [lat.] *n., -[e]s, -e*, Tastenreihe bei Instrumenten
ma/nu/ell mit der Hand
Ma/nu/fak/tur *f., -, -en*, manuelle Herstellung einer Ware
ma/nu/fak/tu/rie/ren *tr.*
Ma/nu/fak/tu/rist *m., -en, -en*
Ma/nu/skript oder auch:
Ma/nus/kript *n., -[e]s, -e*, (Abk.: Ms., Mskr.) Entwurf eines Schriftstückes als Druckvorlage
Man/za/nil/la *m., -[s], nur Sg.*, Weinsorte

Man/zi/nel/la/baum *m., -[e]s, -bäume*, Wolfsmilchgewächs aus Mittelamerika
Ma/o/is/mus *m., -, nur Sg.*, nach Mao benannte Form in China praktizierte Form des Kommunismus
Ma/o/ist *m., -en, -en*
ma/o/is/tisch
Mäpp/chen *n., -s, -*
Map/pe *f., -, -n*
Ma/quet/te [französ.] *f., -, -n*, Entwurf
Mär (s. Märe) *f., -, -en*, veralt. für Märchen
Ma/ra/bu [arab.] *m., -s, -s*, afrikan. Storchenvogel
Ma/rä/ne [slaw.] *f., -, -n*, Lachsfisch
Ma/ras/chi/no [lat.] *m., -s, -s*, Kirschlikör
Ma/ra/thon/lauf *m., -[e]s, -läufe*, Langstreckenlauf
Ma/ra/thon/läu/fer *m., -s, -*
Mär/chen *n., -s, -*
Mär/chen/buch *n., [e]s, -bücher*
mär/chen/haft
Mar/che/sa [italien.] *f., -,* Marchesen, weibl. italien. Adelstitel
Mar/che/se [italien.] *m., -n, -n*, italien. Adelstitel
Mar/der *m., -s, -*
Mä/re (s. Mär) *f., -, -n*
Ma/ren/go *m., -s, -s*, Kammgarnstoff
Ma/re/o/graph *(Nf.)* auch:
Ma/re/o/graf *(Hf.) m., -en, -en*, Flutmesser
Mar/ga/ri/ne [griech.] *f., -, -n*, pflanzliches Speisefett
Mar/ge [französ.] *f., -, -n* Abstand
Mar/ge/ri/te *f., -, -n*, Wiesenpflanze
mar/gi/nal [lat.] am Rand stehend

Mar/gi/na/lie *f., -, -n*, Randbemerkung, Kurzkommentar
Ma/riä-Him/mels/fahrts-Fest *n., -[e]s, -e*
Ma/ri/a/nen *Pl.*, Inselgruppe im Pazifik
Ma/ri/en/bild *n., -[e]s, -er*
Ma/ri/en/dich/tung *f., -, -en*
Ma/ri/en/kä/fer *m., -s, -*
Ma/ri/en/kir/che *f., -, -n*
Ma/ri/en/le/ben *n., -s, -*
Ma/ri/hu/a/na [span.] *n., -[s], nur Sg.*, Rauschgift
Ma/ril/le [italien.] *f., -, -n*, österr. für Aprikose
ma/rin das Meer betreffend
Ma/ri/na/de [französ.] *f., -, -n*, Gewürztunke zum Einlegen von Fleisch oder Fisch
Ma/ri/ne [lat.] *f., -, nur Sg.*
Ma/ri/ne/blau
Ma/ri/ne/of/fi/zier *m., -[e]s, -e*
ma/ri/nie/ren *tr.*, in Marinade einlegen
Ma/ri/o/net/te [italien.] *f., -, -n*
Ma/ri/o/net/ten/spie/ler *m., -s, -*
Ma/ri/o/net/ten/the/a/ter *n., -s, -*
ma/ri/tim [lat.] zum Meer gehörend
Mark 1. *f., -, -*, dt. Währungseinheit (Abk.: DM), 2. *n., -s, nur Sg.*, innerste Gewebeteile, 3. *f., -, -en*, Grenzland
mar/kant [französ.] ausgeprägt, deutlich
Mar/ke *f., -, -n*
Mar/ken/ar/ti/kel *m., -s, -*
Mar/ken/schutz *m., -es, nur Sg.*
Mar/ken/wa/re *f., -, -n*
mark/er/schüt/ternd

Mar/ke/ting [engl.] *n.*, -s, *nur Sg.*, Maßnahmen zur Absatzsteigerung
Mark/graf *m.*, -en, -en
Mark/grä/fin *f.*, -, -nen
Mark/graf/schaft *f.*, -, -en
mar/kie/ren [französ.] *tr.*
Mar/kie/rung *f.*, -, -en
mar/kig
Mar/ki/se [französ.] *f.*, -, -n, Sonnendach aus Stoff
Mark/kno/chen *m.*, -s, -
Mark/schei/de *f.*, -, -n, Grenzlinie
Mark/schei/der *m.*, -s, -, im Bergbau: Vermesser
Mark/stück *n.*, -[e]s, -e
mark/stück/groß
Markt *m.*, -[e]s, Märkte
Markt/a/na/ly/se *f.*, -, -n
Markt/durch/drin/gung *f.*, -, -en
markt/fä/hig
Markt/fä/hig/keit *f.*, -, *nur Sg.*
Markt/fle/cken *m.*, -s, -
Markt/for/schung *f.*, -, -en
Markt/frau *f.*, -, -en
Markt/hal/le *f.*, -, -n
Markt/ni/sche *f.*, -, -n
Markt/po/ten/ti/al *(Nf.)* auch: **Markt/po/tenzi/al** *(Hf.)* *n.*, -[e]s, -e
Markt/preis *f.*, -, -e
Markt/schrei/er *m.*, -s, -
Markt/tag *m.*, -[e]s, -e
Markt/wert *m.*, -[e]s, -e
Mar/kus/e/van/ge/li/um *n.*, -s, *nur Sg.*
Mar/me/la/de *f.*, -, -n
Mar/mor *m.*, -[e]s, -e, Kalkstein
mar/mo/rie/ren *tr.*
Mar/mo/rie/rung *f.*, -, -en
Ma/ro/cain [französ.] *m.*, -s, -s, Gewebeart
Ma/rok/ka/ner *m.*, -s, -
ma/rok/ka/nisch
Ma/rok/ko nordwestafrikan. Staat

Ma/ro/ne [griech.] *f.*, -, -n, Kastanienfrucht
Ma/ro/quin [französ.] *n.*, -s, *nur Sg.*, Schafs- oder Ziegenleder
Ma/rot/te [französ.] *f.*, -, -n, Angewohnheit, Schrulle
Mar/quis [französ.] *m.*, -, -, französ. Adelstitel
Mar/qui/se *f.*, -, -n
Mars 1. *m.*, -s, *nur Sg.*, Planet, 2. in der röm. Mythologie: Kriegsgott
Mar/sa/la *m.*, -s, -s, Weinsorte
marsch!
Marsch 1. *m.*, -[e]s, Märsche, 2. *f.*, -, -en, angeschwemmtes Land an der Küste
Marsch/be/fehl *m.*, -[e]s, -e
marsch/be/reit
Marsch/be/reit/schaft *f.*, -, *nur Sg.*
Marsch/bod/en *m.*, -s, -böden
Marsch/ge/päck *n.*, -[e]s, -böden
mar/schie/ren *intr.*
Marsch/ko/lon/ne *f.*, -, -n
Marsch/land *n.*, -[e]s, -länder
Marsch/mu/sik *f.*, -, -en
Marsch/rou/te *f.*, -, -n
Marsch/ver/pfle/gung *f.*, -, *nur Sg.*
Mar/seil/lai/se [französ.] *f.*, -, *nur Sg.*, französ. Nationalhymne
Mar/seille südfranzös. Stadt
Mar/seil/ler *m.*, -s, -
Mar/shall/in/seln *Pl.*, Inselgruppe im Pazifik
Mar/shall/plan *m.*, -[e]s, *nur Sg.*, nach George C. Marshall benanntes Hilfsprogramm für Europa nach dem Zweiten Weltkrieg
Mar/ter *f.*, -, -n

Maschinengewehr

Mar/ter/bank *f.*, -, -bänke
mar/tern *tr.*, foltern
Mar/ter/pfahl *m.*, -[e]s, -pfähle
Mar/ter/tod *m.*, -[e]s, *nur Sg.*
mar/ti/a/lisch kriegerisch
Mar/tins/gans *f.*, -, -gänse
Mar/tins/tag *m.*, -[e]s, -e, 11. November
Mär/ty/rer [griech.] *m.*, -s, -
Mär/ty/re/rin *f.*, -, -nen
Mär/ty/rer/tod *m.*, -[e]s, *nur Sg.*
Mär/ty/rer/tum *n.*, -s, *nur Sg.*
Mar/ty/ri/um *n.*, -s, Martyrien
Mar/xis/mus *m.*, -, *nur Sg.*, sozialistische Staats-, Gesellschafts- und Wirtschaftstheorie
Mar/xis/mus-Le/ni/nis/mus *m.*, -, *nur Sg.*
Mar/xist *m.*, -en, -en
mar/xis/tisch
mar/xis/tisch-le/ni/nis/tisch
Ma/ry/land (Abk.: MD) Staat in den USA
März *m.*, -, *nur Sg.*
Mar/zi/pan [arab.] *n.*, -[e]s, -e
Ma/sche *f.*, -, -n
Ma/schen/draht *m.*, -[e]s, -drähte
Ma/schi/ne [griech.-französ.] *f.*, -, -n
ma/schi/ne/ge/schrie/ben oder auch: **Ma/schi/ne geschrie/ben**
ma/schi/nell
Ma/schi/nen/bau *m.*, -[e]s, *nur Sg.*
Ma/schi/nen/bau/er *m.*, -s, -
ma/schi/nen/ge/schrieben oder auch: **Ma/schi/nen geschrie/ben**
Ma/schi/nen/ge/wehr *n.*,

maschinenlesbar

-[e]s, -e, (Abk.: MG, Mg.)
ma/schi/nen/les/bar
Ma/schi/nen/pis/to/le *f.,* -, -n, (Abk.: MP, Mp.)
Ma/schi/nen/satz *m.,* -[e]s, *nur Sg.*
Ma/schi/nen/scha/den *m.,* -s, -schäden
ma/schi/nen/schrei/ben oder auch: **Ma/schi/nen schreiben** *tr.*
Ma/schi/ne/rie *f.,* -, -n
ma/schi/ne/schrei/ben oder auch: **Ma/schi/ne schreiben** *tr.*
Ma/sern *nur Pl.,* Infektionskrankheit
Ma/se/rung *f.,* -, -en
Mas/ke *f.,* -, -n
Mas/ken/ball *m.,* -[e]s, -bälle
Mas/ken/bild/ner *m.,* -s, -
Mas/ke/ra/de *f.,* -, -n, Verkleidung
mas/kie/ren *tr.*
Mas/kie/rung *f.,* -, -en
Mas/kott/chen *n.,* -s, -
mas/ku/lin [lat.] männlich
Mas/ku/li/num *n.,* -s, Maskulina, in der Grammatik: männliches Substantiv, Genus
Ma/so/chis/mus *m.,* -, *nur Sg.,* Steigerung der sexuellen Erregung durch Erdulden von Schmerzen
Ma/so/chist *m.,* -en, -en
ma/so/chis/tisch
Maß 1. *n.,* -es, -e, z.B. ein Anzug nach Maß, 2. *n.,* -es, -, bayr., z.B. ein halbes Maß Bier
Mas/sa/chu/setts (Abk.: MA) Staat in den USA
Mas/sa/ge [französ.] *f.,* -, -n
Mas/sa/ker [französ.] *n.,* -s, -
mas/sa/krie/ren oder auch: **mas/sak/rie/ren** *tr.*

Maß/an/zug *m.,* -[e]s, -züge
Maß/ar/beit *f.,* -, -en
Ma/ße *f.,* -, -n, z. B. in der Wendung: über alle Maßen
Mas/se *f.,* -, -n
Maß/ein/heit *f.,* -, -en
Mas/sen/ar/ti/kel *m.,* -s, -
mas/sen/haft
Mas/sen/hyp/no/se *f.,* -, *nur Sg.*
Mas/sen/hys/te/rie *f.,* -, *nur Sg.*
Mas/sen/me/di/um *n.,*-s, -medien
Mas/sen/mord *m.,* -[e]s, -e
Mas/sen/mör/der *m.,* -s, -
Mas/sen/or/ga/ni/sa/ti/on *f.,* -, -en
Mas/sen/pro/duk/ti/on *f.,* -, *nur Sg.*
Mas/sen/psy/cho/lo/gie *f.,* -, *nur Sg.*
Mas/sen/sport *m.,* -[e]s, -e
Mas/sen/ster/ben *n.,* -s, *nur Sg.*
Mas/sen/sze/ne *f.,* -, -n
Mas/sen/ver/kehrs/mittel *n.,* -s, -
mas/sen/wei/se
Mas/seur [französ.] *m.,* -[e]s, -e
Mas/seu/rin *f.,* -, -nen
Maß/ga/be *f.,* -, -n
maß/ge/bend
maß/geb/lich
maß/hal/ten oder auch: **Maß hal/ten** *intr.*
maß/hal/tig
mas/sie/ren *tr.*
mas/sig
mä/ßig
mä/ßi/gen *tr.*
Mä/ßig/keit *f.,* -, *nur Sg.*
Mas/sig/keit *f.,* -, *nur Sg.*
Mä/ßi/gung *f.,* -, *nur Sg.*
mas/siv
Mas/siv *n.,* -[e]s, -e
Mas/siv/bau/wei/se *f.,* -, -n
Mas/si/vi/tät *f.,* -, *nur Sg.*

Maß/krug *m.,* -[e]s, -krüge
Maß/lieb/chen *n.,* -s, -, Wiesenpflanze
maß/los
Maß/lo/sig/keit *f.,* -, *nur Sg.*
Maß/nah/me *f.,* -, -n
Maß/re/gel *f.,* -, -n
maß/re/geln *tr.*
Maß/re/ge/lung *f.,* -, -en
Maß/stab *m.,* -[e]s, -stäbe
maß/stab/ge/recht
maß/stab/ge/treu
maß/voll
Maß/zahl *f.,* -, -en
Mast 1. *m.,* -[e]s, -en, Mastbaum, 2. *f.,* -, -en, das Mästen
Mast/darm *m.,* -[e]s, -därme
mäs/ten *tr.*
Mast/en/te *f.,* -, -n
Mast/hähn/chen *n.,* -s, -
Mast/huhn *n.,* -[e]s, -hühner
Mast/korb *m.,* -[e]s, -körbe
Mas/tur/ba/ti/on [lat.] *f.,* -, *nur Sg.,* sexuelle Selbstbefriedigung
mas/tur/bie/ren *intr.*
Mast/vieh *n.,* -[e]s, *nur Sg.*
Ma/su/re *m.,* -n, -n, Einwohner Masurens
Ma/su/ren ostpreußische Landschaft
ma/su/risch
Ma/ta/dor [span.] *m.,* -[e]s, -e, Stierkämpfer
Match [engl.] *n.,* -s, -s, Wettkampf
Match/ball *m.,* -[e]s, -bälle
ma/te/ri/al [lat.] stofflich
Ma/te/ri/al *n.,* -s, Materialien
Ma/te/ri/a/li/sa/ti/on *f.,* -, -en
ma/te/ri/a/li/sie/ren *tr.*
Ma/te/ri/a/lis/mus *m.,* -, *nur Sg.*
Ma/te/ri/a/list *m.,* -en, -en
ma/te/ri/a/lis/tisch

Ma/te/rie *f., -, nur Sg.*
ma/te/ri/ell
Ma/te/strauch *m., -[e]s, -sträucher*
Ma/te/tee *m., -s, nur Sg.*
Ma/the/ma/tik [griech.] *f., -, nur Sg.*
Ma/the/ma/ti/ker *m., -s, -*
ma/the/ma/tisch
Ma/ti/nee [französ.] *f., -, -n*, Kunstveranstaltung am Vormittag
Mat/jes/he/ring [niederländ.] *m., -[e]s, -e*
Ma/trat/ze oder auch:
Mat/rat/ze *f., -, -n*
Mä/tres/se oder auch:
Mät/res/se [französ.] *f., -, -n*, Geliebte
ma/tri/ar/cha/lisch oder auch: **mat/ri/ar/cha/lisch**
Ma/tri/ar/chat oder auch:
Mat/ri/ar/chat *n., -[e]s, -e*, Gs. zu Patriarchat
Ma/tri/kel oder auch:
Mat/ri/kel [lat.] *f., -, -n*, Verzeichnis
Ma/trix oder auch: **Mat/rix** [lat.] *f., -*, Matrizen
Ma/tri/ze oder auch:
Mat/ri/ze *f., -, -n*
Ma/tro/ne oder auch:
Mat/ro/ne [lat.] *f., -, -n*
ma/tro/nen/haft
Ma/tro/se oder auch:
Mat/ro/se *m., -n, -n*, Seemann
Matsch *m., -[e]s, nur Sg.*, Schmutz
mat/schen *intr.*
mat/schig
matt besiegt (beim Schach)
Matt *n., -s, nur Sg.*, Sieg beim Schach
Mat/te *f., -, -n*
Matt/gold *n., -[e]s, nur Sg.*
Mat/thä/us/e/van/ge/lium *n., -s, nur Sg.*
Mat/thä/us/pas/si/on *f., -, nur Sg.*, Oratorium von Bach
Matt/heit *f., -, nur Sg.*
mat/tie/ren *tr.*
Matt/schei/be *f., -, -n*
Ma/tu/ra *f., -, nur Sg.*, veralt. für Abitur
Mätz/chen *Pl.*, Unfug
Mau/er *f., -, -n*
Mau/er/blüm/chen *n., -s, -*
Mau/er/fraß *m., -es, nur Sg.*
mau/ern *tr.* und *intr.*
Mau/er/schwal/be *f., -, -n*
Mau/er/seg/ler *m., -s, -*
Mau/er/specht *m., -[e]s, -e*
Mau/er/werk *n., -[e]s, nur Sg.*
Maul *n., -[e]s, Mäuler*
Maul/beer/baum *m., -[e]s, -bäume*
Maul/bee/re *f., -, -n*
Mäul/chen *n., -s, -*
mau/len *intr.*
Maul/e/sel *m., -s, -*
maul/faul ugs. für zu faul zum Reden
Maul/held *m.,-en, -en*, ugs. für Angeber
Maul/korb *m., -[e]s, -körbe*
Maul/schel/le *f., -, -n*, ugs. für Ohrfeige
Maul/tier *n., -[e]s, -e*
Maul/trom/mel *f., -, -n*, Musikinstrument
Maul- und Klau/en/seuche *f., -, -n*, Infektionskrankheit bei Tieren
Maul/wurf *m., -[e]s, -würfe*
Maul/wurfs/hü/gel *m., -s, -*
Mau-Mau *nur Sg.*, Kartenspiel
maun/zen *intr.*, miauen
Mau/rer *m., -s, -*
Mau/rer/meis/ter *m., -s, -*
Mau/re/ta/ni/en westafrikanischer Staat
Mau/re/ta/ni/er *m., -s, -*
mau/re/ta/nisch
Mau/ri/ti/us Insel im Indischen Ozean
Maus *f., -, Mäuse*
Mäus/chen *n., -s, -*
mäus/chen/still
Mäu/se/bus/sard *m., -[e]s, -e*
Mau/se/fal/le oder auch:
Mäu/se/fal/le *f., -, -n*
Mau/se/loch (s. Mausloch) *n., -[e]s, -löcher*
Mäu/se/pla/ge *f., -, -n*
Mau/ser *f., -, nur Sg.*, Federwechsel bei Vögeln
Mäu/se/rich *m., -[e]s, -e*
mau/sern *refl.*, Federn verlieren
mau/se/tot ugs. für: tot
maus/far/ben
maus/grau
Mäus/lein *n., -s, -*
Maus/loch (s. Mauseloch) *n., -[e]s, -löcher*
Mau/so/le/um *n., -s*, Mausoleen, Grabmal
Maut *f., -, -en*, Straßengebühr
m.a.W. Abk. für mit anderen Worten
ma/xi/mal [lat.]
Ma/xi/me *f., -, -n*, Grundsatz
ma/xi/mie/ren *tr.*
Ma/xi/mum *n., -s*, Maxima, das Höchste
Ma/ya *m., -s, -s*, Angehöriger eines ehemaligen Indianervolkes in Mittelamerika
Ma/yon/nai/se *(Nf.)* auch.
Ma/jo/nä/se *(Hf.) f., -, -n*
MAZ *f., -*, Abk. für: magnetische Bildaufzeichnung
Mä/zen *m., -[e]s, -e*, Gönner, Förderer
Ma/ze/ra/ti/on [lat.] *f., -, -en*, Auflösung von organ. Gewebe
ma/ze/rie/ren *tr.*
mb Abk. für Millibar

MB

MB Abk. für Megabyte
mbar Abk. für Millibar
mbH Abk. für mit beschränkter Haftung
Mc, M' Abk. für Mac
MD Abk. für Maryland
Md. Abk. für Milliarde
MdB Abk. für Mitglied des Bundestages
MdL Abk. für Mitglied des Landtages
ME Abk. für Maine
m.E. Abk. für meines Erachtens
Me/cha/nik [lat.] *f.*, -, -en
Me/cha/ni/ker *m.*, -s, -
me/cha/nisch
me/cha/ni/sie/ren *tr.*
Me/cha/ni/sie/rung *f.*, -, *nur Sg.*
Me/cha/nis/mus *m.*, -, Mechanismen
me/cha/nis/tisch
Me/cke/rer *m.*, -s, -
me/ckern *intr.*
Meck/len/burg-Vor/pom/mern dt. Bundesland
Me/dail/le [französ.] *f.*, -, -n
Me/dail/lon *n.*, -s, -s
me/di/al zur Mitte hin
me/di/an
Me/di/ä/vist *m.*, -en, -en, Kenner des Mittelalters
Me/di/ä/vis/tik *f.*, -, *nur Sg.*, Erforschung des Mittelalters
Me/di/en *Pl.* von Medium
Me/di/ka/ment [lat.] *n.*, -[e]s, -e
me/di/ka/men/tös
Me/di/ka/ti/on *f.*, -, -en
Me/di/ta/ti/on [lat.] *f.*, -, -en
me/di/ta/tiv
me/di/ter/ran [lat.] zum Mittelmeer gehörend
me/di/tie/ren [lat.] *intr.*
Me/di/um [lat.] *n.*, -s, Medien

Me/di/zin *f.*, -, -en
Me/di/zin/ball *m.*, -[e]s, -bälle
Me/di/zi/ner *m.*, -s, -
me/di/zi/nisch
Me/di/zin/mann *m.*, -[e]s, -männer, Heilkundiger bei Naturvölkern
Med/ley [engl.] *n.*, -s, -s, Zusammenschnitt verschiedener Lieder
Me/doc [französ.] *m.*, -s, -s, Rotwein
Me/du/sa [griech.] *f.*, -, *nur Sg.*, in der griech. Mythologie: weibl. Wesen mit versteinerndem Blick
Meer *n.*, -[e]s, -e
Meer/bu/sen *m.*, -s, -
Meer/en/ge *f.*, -, -n
Mee/res/arm *m.*, -[e]s, -e
Mee/res/bo/den *m.*, -s, *nur Sg.*
Mee/res/grund *m.*, -[e]s, *nur Sg.*
Mee/res/kun/de *f.*, -, *nur Sg.*
Mee/res/spie/gel *m.*, -s, *nur Sg.*
Mee/res/stil/le *f.*, -, *nur Sg.*
Mee/res/strand *m.*, -[e]s, -stränder
Mee/res/strö/mung *f.*, -, -en
Mee/res/u/fer *n.*, -s, -
Meer/jung/frau *f.*, -, -en
Meer/kat/ze *f.*, -, -n, Affenart
Meer/ret/tich *m.*, -[e]s, -e, Gewürzpflanze
Meer/salz *n.*, -[e]s, *nur Sg.*
Meer/schwein *n.*, -[e]s, -e, ein Wal
Meer/schwein/chen *n.*, -s, -
Meer/was/ser *n.*, -s, *nur Sg.*
Mee/ting [engl.] *n.*, -s, -s, Treffen
Me/ga/byte *n.*, -s, -, (Abk.: MB, Mbyte) 1 Million Byte

Me/ga/fon (s. Megaphon) *n.*, -[e]s, -e
Me/ga/hertz *n.*, -, -, (Abk.: Mhz) 1 Million Hertz
Me/ga/phon *(Nf.)* auch:
Me/ga/fon *(Hf.)* [griech.] *n.*, -[e]s, -e, Sprachrohr
Mehl *n.*, -[e]s, -e
meh/lig
Mehl/schwit/ze *f.*, -, -n
Mehl/spei/se *f.*, -, -n
Mehl/tau (s. Meltau) *m.*, -[e]s, *nur Sg.*, Schimmelbefall bei Pflanzen
mehr
Mehr *n.*, -, *nur Sg.*, Überschuss
Mehr/ar/beit *f.*, -, -en
mehr/ar/mig
Mehr/auf/wand *m.*, -[e]s, *nur Sg.*
Mehr/be/las/tung *f.*, -, -en
mehr/deu/tig
Mehr/deu/tig/keit *f.*, -, -en
mehr/di/men/si/o/nal
Mehr/di/men/si/o/na/li/tät *f.*, -, *nur Sg.*
meh/ren *tr.*
meh/re/re
meh/re/res
meh/rer/lei
Mehr/er/trag *m.*, -[e]s, -erträge
mehr/fach
Mehr/fache(s) *n.*, -n, -n
Mehr/fa/mi/li/en/haus *n.*, -[e]s, -häuser
mehr/far/big
mehr/glie/de/rig oder auch: **mehr/glied/rig**
Mehr/glied/rig/keit *f.*, -, *nur Sg.*
Mehr/heit *f.*, -, -en
mehr/heit/lich
Mehr/heits/be/schluß >
Mehr/heits/beschluss *m.*, -es, -beschlüsse
Mehr/heits/prin/zip *n.*, -s, *nur Sg.*

532

Mehr/heits/wahl/recht *n.*, -[e]s, *nur Sg.*
mehr/jäh/rig
Mehr/kos/ten *nur Pl.*
mehr/ma/lig
mehr/mals
Mehr/preis *m.*, -[e]s, -e
mehr/sil/big
mehr/spra/chig
mehr/stim/mig
Mehr/stim/mig/keit *f.*, -, -en
mehr/tä/gig
mehr/tei/lig
Mehr/wert *m.*, -[e]s, -e
Mehr/wert/steu/er *f.*, -, *nur Sg.*
Mehr/zahl *f.*, -, *nur Sg.*
mehr/zei/lig
mei/den *tr.*
Mei/le *f.*, -, -n, Längenmaß
Mei/len/stein *m.*, -[e]s, -e
mei/len/weit
mein
Mein/eid *m.*, -[e]s, -e, unter Eid gemachte Falschaussage
mein/ei/dig
mei/nen *tr.*
mei/ner
mei/ner/seits
mei/nes/glei/chen
mei/net/hal/ben
mei/net/we/gen
mei/net/wil/len
mei/ni/ge 1. Kleinschreibung: es ist das meinige: es gehört mir, 2. Großschreibung: die Meinigen: meine Angehörigen
Mei/nung *f.*, -, -en
Mei/nungs/aus/tausch *m.*, -[e]s, -e
Mei/nungs/äu/ße/rung *f.*, -, -en
Mei/nungs/for/schung *f.*, -, -en
Mei/nungs/frei/heit *f.*, -, *nur Sg.*
Mei/nungs/um/fra/ge *f.*, -, -n
Mei/nungs/ver/schie/den/heit *f.*, -, -en
Mei/o/se [griech.] *f.*, -, -n, Teilung des Zellkerns mit Halbierung der Chromosomenzahl
Mei/se *f.*, -, -n
Mei/ßel *m.*, -s, -
mei/ßeln *tr.*
meist
meist/be/güns/tigt
Meist/be/güns/ti/gungs/klau/sel *f.*, -, -n
meist/be/tei/ligt
meist/bie/tend
meis/tens
Meis/ter *m.*, -s, -
Meis/ter/brief *m.*, -[e]s, -e
Meis/ter/ge/sang *m.*, -[e]s, *nur Sg.*
meis/ter/haft
Meis/ter/hand *f.*, -, *nur Sg.*
Meis/te/rin *f.*, -, -nen
Meis/ter/leis/tung *f.*, -, -en
meis/ter/lich
meis/tern *tr.*
Meis/ter/prü/fung *f.*, -, -en
Meis/ter/schaft *f.*, -, -en
Meis/ter/schafts/spiel *n.*, -[e]s, -e
Meis/ter/schafts/ti/tel *m.*, -s, -
Meis/ter/stück *n.*, -[e]s, -e
Meis/ter/werk *n.*, -[e]s, -e
Meist/ge/bot *n.*, -[e]s, -e
meist/ge/bräuch/lich
meist/ge/kauft
meist/ge/le/sen
meist/ge/nannt
Mek/ka Stadt in Saudi-Arabien
Me/la/min *n.*, -[e]s, *nur Sg.*
Me/lan/cho/lie [griech.] *f.*, -, *nur Sg.*, Schwermut
Me/lan/cho/li/ker *m.*, -s, -
me/lan/cho/lisch
Me/lan/ge [französ.] *f.*, -, -n, 1. Gemisch, 2. aus verschiedenfarbigen Fasern hergestelltes Garn, 3. österr. für Milchkaffee
Me/la/nin [griech.] *n.*, -[e]s, -e, Farbstoff, der die braune Färbung der Haut bewirkt
Me/la/nit *n.*, -[e]s, -e, Mineral
Me/la/nom *n.*, -[e]s, -e, bösartige Geschwulst
Me/lan/urie oder auch:
Me/la/nu/rie *f.*, -, -n, Schwarzwasserfieber
Me/las/se [griech.] *f.*, -, -n, Futtermittel
Mel/de/amt *n.*, -[e]s, -ämter
mel/den *tr.*
Mel/de/pflicht *f.*, -, -en
mel/de/pflich/tig
Mel/der *m.*, -s, -
Mel/de/stel/le *f.*, -, -n
Mel/dung *f.*, -, -en
me/lie/ren [französ.] *tr.*, mischen
Me/lis/se [griech.] *f.*, -, -n, Pflanze
Melk/ei/mer *m.*, -s, -
mel/ken *tr.*
Mel/ker *m.*, -s, -
Mel/ke/rei *f.*, -, -en, Molkerei
Melk/ma/schi/ne *f.*, -, -n
Me/lo/die [griech.] *f.*, -, -n, Tonfolge
Me/lo/dik *f.*, -, *nur Sg.*
me/lo/di/ös
me/lo/disch
Me/lo/dram *n.*, -s, -en, von Musik begleitetes Schauspiel
me/lo/dra/ma/tisch
Me/lo/ne [griech.] *f.*, -, -n, Kürbisgewächs
Mel/tau (s. Mehltau) *m.*, -s, *nur Sg.*
Mem/bran [lat.] *f.*, -, -en, 1. dünnes Metallblech, 2. in

der Biologie: Grenzschicht mit bestimmter Durchlässigkeit
Mem/me *f.*, -, -n, Feigling
mem/men/haft
Me/moi/ren *nur Pl.*, Erinnerungen
Me/mo/ran/dum *n.*, -s, Memoranden oder Memoranda, Denkschrift
me/mo/rie/ren *tr.*, auswendig lernen
Me/na/ge [französ.] *f.*, -, -n, kleines Gestell für Salz und Pfeffer
Me/na/ge/rie *f.*, -, -n, Tiergarten
Me/ne/te/kel [aram.] *n.*, -s, -, mysteriöses Warnzeichen
Men/ge *f.*, -, -n
men/gen *tr.*
Men/gen/leh/re *f.*, -, *nur Sg.*
men/gen/mä/ßig
Men/gen/ra/batt *m.*, -[e]s, -e
Me/nin/gi/tis [griech.] *f.*, -, Meningitiden, Hirnhautentzündung
Me/nis/kus [griech.] *m.*, -, Menisken, Knorpel im Kniegelenk
Me/nis/kus/riß > **Menis/kus/riss** *m.*, -es, -e
Men/no/nit *m.*, -en, -en, Angehöriger einer im 16. Jahrhundert entstandenen Sekte
men/no/ni/tisch
Me/no/pau/se [griech.] *f.*, -, -n, durch die Wechseljahre bedingtes Aufhören der Menstruation
Men/sa [lat.] *f.*, -, -s oder Mensen, 1. Kurzwort für Mensa academica, 2. Deckplatte des Altares
Men/sa aca/de/mi/ca *f.*, -e, Haus, in dem Studenten verbilligt essen können

Mensch *m.*, -en, -en
Men/schen/af/fe *m.*, -n, -n
men/schen/ähn/lich
Men/schen/al/ter *n.*, -s, -
Men/schen/feind *m.*, -[e]s, -e
men/schen/feind/lich
Men/schen/fres/ser *m.*, -s, -, ugs. für Kannibale
Men/schen/freund *m.*, -[e]s, -e
men/schen/freund/lich
Men/schen/ge/stalt *f.*, -, -en
Men/schen/hand *f.*, -, -hände
Men/schen/han/del *m.*, -s, *nur Sg.*
Men/schen/haß > **Men/schen/hass** *m.*, -es, *nur Sg.*
Men/schen/has/ser *m.*, -s, -
Men/schen/kennt/nis *f.*, -, *nur Sg.*
Men/schen/kind *n.*, -[e]s, -er
Men/schen/kun/de *f.*, -, *nur Sg.*, Anthropologie
Men/schen/le/ben *n.*, -s, -
men/schen/leer
Men/schen/lie/be *f.*, -, *nur Sg.*
men/schen/mög/lich
Men/schen/raub *m.*, -[e]s, -e
Men/schen/recht *n.*, -[e]s, -e
men/schen/scheu
Men/schen/scheu *f.*, -, *nur Sg.*
Men/schen/schlag *m.*, -[e]s, -schläge
Men/schen/see/le *f.*, -, -n
Men/schens/kind!
men/schen/un/wür/dig
Men/schen/ver/stand *m.*, -[e]s, *nur Sg.*
Men/schen/werk *n.*, -[e]s, -e
Men/schen/wür/de *f.*, -, *nur Sg.*

men/schen/wür/dig
Men/sche/wik [russ.] *m.*, -en, -en oder Menschewiki, Anhänger des Menschewismus
Men/sche/wis/mus *m.*, -, *nur Sg.*
Men/sche/wist *m.*, -en, -en
Mensch/heit *f.*, -, *nur Sg.*
mensch/heit/lich
mensch/lich
Mensch/lich/keit *f.*, -, *nur Sg.*
Mensch/wer/dung *f.*, -, *nur Sg.*
Mens/tru/a/ti/on *f.*, -, -en, Monatsblutung
Men/sur [lat.] *f.*, -, -en, Maß
men/tal [lat.] den Geist betreffend
Men/ta/li/tät *f.*, -, -en, Geistesart, Denkweise
Men/thol [lat.] *n.*, -[e]s, *nur Sg.*
Men/tor [griech.] *m.*, -s, -en, Erzieher, Berater
Me/nü *n.*, -s, -s, mehrgängige Mahlzeit
Me/nu/ett [französ.] *n.*, -[e]s, -e, altfranzös. Tanz
Me/phis/to ein Name des Teufels, Figur in Goethes „Faust"
me/phis/to/phe/lisch teuflisch
Me/ri/di/an [lat.] *m.*, -[e]s, -e, Längenkreis der Erdkugel
Me/ri/no [span.] *m.*, -s, -s, Schafsrasse
Me/ri/no/wol/le *f.*, -, -n
mer/kan/til
Mer/kan/ti/lis/mus *m.*, -, *nur Sg.*, Wirtschaftssystem des Absolutismus
Mer/kan/ti/list *m.*, -en, -en
mer/kan/ti/lis/tisch
merk/bar

Merk/blatt *n.,* -[e]s, -blätter
Merk/buch *n.,* -[e]s, -bücher
mer/ken *tr.*
merk/lich
Merk/mal *n.,* -[e]s, -e
Merk/spruch *m.,* -[e]s, -sprüche
Mer/kur 1. *m.,* -s, *nur Sg.,* Planet, 2. in der röm. Mythologie: Götterbote
Merk/wort *n.,* -[e]s, -wörter
merk/wür/dig
merk/wür/di/ger/wei/se
Merk/wür/dig/keit *f.,* -, -en
Merk/zei/chen *n.,* -s, -
Me/ro/win/ger *m.,* -s, -, Angehöriger eines fränkischen Herrschergeschlechts
me/ro/win/gisch
Mer/ze/ri/sa/ti/on *f.,* -, *nur Sg.,* Baumwollveredelung
mer/ze/ri/sie/ren *tr.*
Me/so/po/ta/mi/en Landschaft zwischen den Flüssen Euphrat und Tigris
Me/so/po/ta/mi/er *m.,* -s,
me/so/po/ta/misch
Me/so/zo/i/kum [griech.] *n.,* -s, *nur Sg.,* Erdmittelalter
me/so/zo/isch
Meß/band > **Messband** *n.,* -[e]s, -bänder
meß/bar > **mess/bar**
Meß/bar/keit > **Messbar/keit** *f.,* -, *nur Sg.*
Meß/be/cher > **Messbe/cher** *m.,* -s, -
Meß/buch > **Mess/buch** *n.,* -[e]s, -bücher
Meß/die/ner > **Messdie/ner** *m.,* -s, -
Mes/se *f.,* -, -n, 1. Hauptgottesdienst in der kath. Kirche, 2. Offiziersspeiseraum auf Kriegsschiffen, 3. Industrieausstellungen, 4. Musikwerk

Mes/se/ge/län/de *n.,* -s, -
Mes/se/hal/le *f.,* -, -n
mes/sen *tr.*
Mes/ser 1. *n.,* -s, -, Schneidwerkzeug, 2. *m.,* -s, -, Person, die etwas misst
mes/ser/rü/cken/dick
mes/ser/scharf
Mes/ser/schnei/de *f.,* -,-n
Mes/ser/spit/ze *f.,* -, -n
Mes/ser/ste/che/rei *f.,* -, -en
Meß/ge/fäß > **Mess/gefäß** *n.,* -es, -e
Meß/ge/rät > **Mess/gerät** *n.,* -[e]s, -e
Meß/ge/wand > **Messge/wand** *n.,* -[e]s, -gewänder
Meß/glas > **Mess/glas** *n.,* -[e]s, -gläser
Mes/si/as [hebr.] *m.,* -, *nur Sg.,* Erlöser
Mes/sing *n.,* -s, *nur Sg.,* Kupfer-Zink-Legierung
mes/sin/gen aus Messing hergestellt
Meß/in/stru/ment > **Mess/in/stru/ment** oder auch: -/ins/tru/- *n.,* -[e]s, -e
Meß/kelch > **Messkelch** *m.,* -[e]s, -e
Meß/lat/te > **Mess/lat/te** *f.,* -, -n
Meß/op/fer > **Mess/opfer** *n.,* -s, -
Meß/schnur > **Messschnur** *f.,* -, -schnüre
Meß/tech/nik > **Messtech/nik** *f.,* -, -en
Meß/uhr > **Mess/uhr** *f.,* -, -en
Meß/ver/fah/ren > **Mess/ver/fah/ren** *n.,* -s, -
Meß/wein > **Mess/wein** *m.,* -[e]s, -e
Meß/zy/lin/der > **Mess/zy/lin/der** *m.,* -s, -
Met *m.,* -[e]s, *nur Sg.,* alkoholisches Getränk

Me/tall [griech.] *n.,* -[e]s, -e
Me/talle/gie/rung > **Me/tall/le/gie/rung** *f.,* -, -en
me/tal/len
Me/tal/li/sa/ti/on *f.,* -, -en, Überziehen mit einer Metallschicht
me/tal/lisch
me/tal/li/sie/ren *tr.,* mit Metallschicht überziehen
Me/tall/le/gie/rung *f.,* -, -en
Me/tall/ver/ar/bei/tend oder auch: **Me/tall ver/ar/beitend**
me/ta/morph die Gestalt verändernd
Me/ta/mor/pho/se *f.,* -, -n, Gestaltsveränderung
Me/ta/pher *f.,* -, -n, bildlicher Ausdruck
Me/ta/pho/rik *f.,* -, *nur Sg.*
me/ta/pho/risch bildlich
Me/ta/phy/sik *f.,* -, *nur Sg.,* Lehre vom Übersinnlichen
Me/ta/phy/si/ker *m.,* -s, -
me/ta/phy/sisch
Me/ta/sta/se oder auch: **Me/tas/ta/se** *f.,* -, -n, Tochtergeschwulst
Me/te/or [griech.] *m.,* -[e]s, -e, Gestein aus dem Weltraum, das verglüht und als Sternschnuppe sichtbar wird
Me/te/o/rit *m.,* -en, -en, nicht verglühtes Bruchstück eines Meteors
Me/te/o/ro/lo/ge *m.,* -n, -n
Me/te/o/ro/lo/gie *f.,* -, *nur Sg.,* Wetterkunde
me/te/o/ro/lo/gisch
Me/ter [griech.] *n.,* -s, -, ugs. auch: *m.,* -s, -, Längenmaß
Me/ter/band *n.,* -[e]s, -bänder
me/ter/hoch
me/ter/lang

Me/ter/maß *n.,* -es, -e
Me/ter/wa/re *f.,* -, -n
Me/than [griech.] *n.,* -[e]s, *nur Sg.*
Me/than/gas *n.,* -[e]s, *nur Sg.,* Sumpfgas
Me/tha/nol *n.,* -[e]s, *nur Sg.,* Methylalkohol
Me/tho/de [griech.] *f.,* -, -n
Me/tho/dik *f.,* -, *nur Sg.*
me/tho/disch
Me/tho/do/lo/gie *f.,* -, *nur Sg.*
me/tho/do/lo/gisch
Me/thyl [griech.] *n.,* -[e]s, *nur Sg.*
Me/thyl/al/ko/hol *m.,* -[e]s, *nur Sg.*
Me/tier [französ.] *n.,* -s, -s, Beruf, Bereich, in dem sich jemand gut auskennt
Met/o/ny/mie oder auch: **Me/to/ny/mie** *f.,* -, -n, Vertauschung sinnverwandter Begriffe
met/o/ny/misch oder auch: **me/to/ny/misch**
Me/trik oder auch: **Met/rik** [griech.] *f.,* -, -en, Verslehre
Me/tri/ker oder auch: **Met/ri/ker** *m.,* -s, -
me/trisch oder auch: **met/risch**
Me/tro oder auch: **Met/ro** *f.,* -, -s, Pariser Untergrundbahn
Me/tro/nom oder auch: **Met/ro/nom** *n.,* -[e]s, -e, Taktmesser
Me/tro/po/le oder auch: **Met/ro/po/le** [griech.] *f.,* -, -n, Großstadt
Me/trum oder auch: **Met/rum** [griech.-lat.] *n.,* -s, Metren, Versmaß
Met/te [lat.] *f.,* -, -n, Nachtgottesdienst
Met/ze/lei *f.,* -, -en
met/zeln *tr.*
Metz/ger *m.,* -s, -, Fleischer

Metz/ge/rei *f.,* -, -en
Meu/chel/mord *m.,* -[e]s, -e
Meu/chel/mör/der *m.,* -s, -
meu/cheln *tr.,*
meuch/le/risch
Meu/te *f.,* -, -n, 1. Bande, Horde, 2. Jagdhunde auf Hetzjagd
Meu/te/rei *f.,* -, -en, Aufstand, bes. auf Schiffen
Meu/te/rer *m.,* -s, -
meu/tern *intr.*
Me/xi/ka/ner *m.,* -s, -
me/xi/ka/nisch
Me/xi/ko 1. mittelamerikanischer Staat, 2. Mexiko City: dessen Hpst.
MEZ Abk. für mitteleuropäische Zeit
mez/zo/for/te (Abk.: mf) in der Musik: mittelstarke Spielweise
mez/zo/pi/a/no (Abk.: mp) in der Musik: halbleise
Mez/zo/so/pran oder auch: **Mez/zo/so/pran** *m.,* -[e]s, -e, dunkler Sopran
Mez/zo/so/pra/nis/tin oder auch: **Mez/zo/sop/ranis/tin** *f.,* -, -nen
mf Abk. für mezzoforte
MfS Abk. für Ministerium für Staatssicherheit (der ehemaligen DDR)
mg Abk. für Milligramm
Mg Abk. für Magnesium
MG, Mg. Abk. für Maschinengewehr
MHz Abk. für Megahertz
Mi Abk. für Mittwoch
MI Abk. für Michigan
mi/au!
mi/au/en *intr.*
mich
Mi/chi/gan (Abk.: MI) Staat in den USA
mi/cke/rig oder auch: **mick/rig**

Mi/cky/maus *f.,* -, -mäuse, Trickfilmfigur von Walt Disney
Mid/life-Cri/sis *(Nf.)* auch: **Mid/life/cri/sis** *(Hf.)* [engl.] *f.,* -, *nur Sg.,* menschliche Sinnkrise, ungefähr zwischen dem 40. und 50. Lebensjahr
Mie/der *n.,* -s, -
Mie/der/wa/ren *Pl.*
Mief *m.,* -s, *nur Sg.,* ugs. für schlechte Luft
mie/fen *intr.,* ugs. für übel riechen
Mie/ne *f.,* -, -n
Mie/nen/spiel *n.,* -[e]s, -e
mies
Mie/se/pe/ter *m.,* -s, -, ugs. für mürrische Person
mies/ma/chen *tr.*
Mies/ma/cher *m.,* -s, -
Mies/ma/che/rei *f.,* -, *nur Sg.*
Mies/mu/schel *f.,* -, -n, essbare Muschel
Miet/au/to *n.,* -s, -s
Mie/te *f.,* -, -n
mie/ten *tr.*
Mie/ter *m.,* -s, -,
Miet/er/hö/hung *f.,* -, -en
Mie/ter/schutz *m.,* -es, *nur Sg.*
Miet/er/trag *m.,* -[e]s, -erträge
Mie/ter/ver/ein *m.,* -[e]s, -e
Miet/ge/setz *n.,* -[e]s, -e
Miet/preis *m.,* -[e]s, -e
Miet/recht *n.,* -[e]s, *nur Sg.*
Miets/haus *n.,* -[e]s, -häuser
Miet/stei/ge/rung *f.,* -, -en
Miet/strei/tig/keit *f.,* -, -en
Miet/ver/hält/nis *n.,* -ses, -se
Miet/ver/trag *m.,* -[e]s, -verträge
Miet/wa/gen *m.,* -s, -
miet/wei/se

Miet/woh/nung *f.,* -, -en
Miet/wu/cher *m.,* -s, *nur Sg.*
Miet/zins *m.,* -es, -en
Mie/zekat/ze *f.,* -, -n, ugs. für Katze
Mi/grä/ne oder auch:
Mig/rä/ne [griech.] *f.,* -, -n, starke Kopfschmerzen
Mi/gra/ti/on oder auch:
Mig/ra/ti/on [lat.] *f.,* -, -en, Wanderung
mi/grie/ren oder auch:
mig/rie/ren *intr.*
Mi/ka/do [japan.] *n.,* -s, -s, Geschicklichkeitsspiel mit Holzstäbchen
Mi/kro/a/na/ly/se *f.,* -, -n
Mi/kro/be oder auch:
Mik/ro- *f.,* -, -n, kleinstes Lebewesen
Mi/kro/bi/o/lo/gie oder auch: **Mik/ro-** *f.,* -, *nur Sg.*, Lehre von den Kleinlebewesen
Mi/kro/chip oder auch:
Mik/ro- *n.,* -s, -s, elektronischer Chip
Mi/kro/fiche oder auch:
Mik/ro- [französ.] *m.,* -s, -s, Mikrofilm in Kleinformat
Mi/kro/film oder auch:
Mik/ro- *m.,* -[e]s, -e
Mi/kro/fon oder auch:
Mik/ro- (s. Mikrophon) *n.,* -[e]s, -e
Mi/kro/kos/mos oder auch:
Mik/ro- *m.,* -, *nur Sg.,* Welt der Kleinlebewesen
Mi/kro/or/ga/nis/mus oder auch: **Mik/ro-** [griech.] *m.,* -, -Organismen, Mikrobe
Mi/kro/pro/zes/sor oder auch: **Mik/ro-** *m.,* -s, -en
Mi/kro/phon *(Nf.)* auch:
Mi/kro/fon *(Hf.)* oder auch:
Mik/ro- *n.,* -[e]s, -e
Mi/kro/skop oder auch:
Mi/kros/kop oder auch:

Mik/ro- *n.,* -[e]s, -e, Vergrößerungsgerät
Mi/kro/sko/pie oder auch:
Mi/kros/ko/pie oder auch:
Mik/ro- *f.,* -, *nur Sg.*
mi/kro/sko/pie/ren oder auch: **mi/kros/ko/pie/ren** oder auch: **mik/ro-** *tr.*
mi/kro/sko/pisch oder auch: **mi/kros/ko/pisch** oder auch: **mik/ro-**
Mi/kro/wel/le oder auch:
Mik/ro- *f.,* -, -n, 1. elektromagnetische Welle, 2. Kurzw. für Mikrowellengerät
Mi/lan [französ.] *m.,* -[e]s, -e, Greifvogel
Mi/la/no italien. Bezeichnung für Mailand
Mil/be *f.,* -, -n, Parasit
mil/big
Milch *f.,* -, -en
Milch/bar *f.,* -, -s
Milch/bröt/chen *n.,* -s, -
Milch/ei/weiß *n.,* -es, *nur Sg.*
Milch/ge/biß > **Milchge/biss** *n.,* -es, -e
Milch/glas *n.,* -es, -e, trübes Glas
Milch/hof *m.,* -[e]s, -höfe
mil/chig
Milch/kaf/fee *m.,* -s, -s
Milch/mann *m.,* -[e]s, -männer
Milch/mix/ge/tränk *n.,* -[e]s, -e
Milch/pul/ver *n.,* -s, -
Milch/säu/re *f.,* -, *nur Sg.,* organische Säure
Milch/schorf *m.,* -[e]s, *nur Sg.,* Hautausschlag am Kopf eines Säuglings
Milch/stra/ße *f.,* -, -n, Sternensystem
Milch/wirt/schaft *f.,* -, -en
Milch/zäh/ne *Pl.,* die ersten Zähne eines Menschen
Milch/zu/cker *m.,* -s, *nur Sg.,* Lactose

mild
mil/de
Mil/de *f.,* -, *nur Sg.*
mil/dern *tr.*
Mil/de/rung *f.,* -, *nur Sg.*
mild/her/zig
Mild/her/zig/keit *f.,* -, *nur Sg.*
mild/tä/tig
Mild/tä/tig/keit *f.,* -, *nur Sg.*
Mi/li/en *Pl.,* Hautgrieß
Mi/lieu [französ.] *n.,* -s, -s, Umgebung, Umwelt
mi/lieu/ge/schä/digt
mi/li/tant [lat.] angriffslustig, gewaltbereit
Mi/li/tär *n.,* -s, *nur Sg.,* Wehrmacht
Mi/li/tär/arzt *m.,* -[e]s, -ärzte
Mi/li/tär/at/ta/ché *m.,* -s, -s, Militärexperte in einer diplomatischen Vertretung
Mi/li/tär/dik/ta/tur *f.,* , -en
mi/li/tä/risch
mi/li/ta/ri/sie/ren *tr.,* mit militärischen Einrichtungen versehen
Mi/li/ta/ri/sie/rung *f.,* -, *nur Sg.*
Mi/li/ta/ris/mus *m.,* -, *nur Sg.,* Vorherrschaft des Militärs
Mi/li/ta/rist *m.,* -en, -en
mi/li/ta/ris/tisch
Mi/li/tär/marsch *m.,* -[e]s, -märsche
Mi/li/tär/pflicht *f.,* -, *nur Sg.*
Mi/li/tär/po/li/zei *f.,* -, *nur Sg.*
Mi/li/tär/re/gie/rung *f.,* -, -en
Mi/li/ta/ry [engl.] *f.,* -, -s, Vielseitigkeitsprüfung im Reitsport
Mi/liz [lat.] *f.,* -, -en, militärähnliche Truppe
Mi/liz/sol/dat *m.,* -en, -en
Mill. oder auch: **Mio.** Abk. für Million

Mil/li/am/pere *n.*, -, -, (Abk.: mA) Maß für Stromstärke
Mil/li/ar/där *m.*, -[e]s, -e
Mil/li/ar/de *f.*, -, -n, (Abk.: Md., Mrd.) 1000 Millionen
Mil/li/ar/den/hö/he *f.*, -, -n
Mil/li/bar *n.*, -s, -, (Abk.: mbar, mb) Maß für Luftdruck
Mil/li/gramm *n.*, -s, -, (Abk.: mg)
Mil/li/li/ter *n.* oder *m.*, -s, -, (Abk.: ml)
Mil/li/me/ter *n.*, -s, -, oder ugs.: *m.*, -s, -, (Abk.: mm)
Mil/li/me/ter/pa/pier *n.*, -[e]s, -e
Mil/li/on [italien.] *f.*, -, -en, (Abk.: Mill., Mio.)
Mil/li/o/när *m.*, -[e]s, -e
Mil/li/o/nen/erb/schaft *f.*, -, -en
mil/li/o/nen/fach
mil/li/o/nen/mal
mil/li/o/nen/schwer
Mil/li/o/nen/ver/mö/gen *n.*, -s, *nur Sg.*
Milz *f.*, -, -en, Organ des menschlichen Körpers
Milz/brand *m.*, -[e]s, *nur Sg.*, Infektionskrankheit bei Haustieren
Mi/me [griech.] *m.*, -n, -n, Schauspieler
mi/men *tr.*, darstellen
Mi/mik *f.*, -, *nur Sg.*, Mienenspiel
Mi/mi/kry *f.*, -, *nur Sg.*, natürlicher Schutzmechanismus wehrloser Tiere durch Ähnlichkeit mit ihrer Umgebung
mi/misch
Mi/mo/se [lat.] *f.*, -, -n, Pflanzengattung
mi/mo/sen/haft übertr.: übertrieben empfindlich (bei Menschen)

min, Min. Abk. für Minute
Mi/na/rett [arab.] *n.*, -[e]s, -e, Turm einer Moschee, von dem die Gebetsstunde ausgerufen wird
min/der
min/der/be/gabt
min/der/be/las/tet
min/der/be/mit/telt
Min/der/heit *f.*, -, -en
Min/der/heits/re/gie/rung *f.*, -, -en
min/der/jäh/rig
Min/der/jäh/rig/keit *f.*, -, *nur Sg.*
min/dern *tr.*
Min/de/rung *f.*, -, -en
Min/der/wert *m.*, -[e]s, -e
min/der/wer/tig
Min/der/wer/tig/keit *f.*, -, *nur Sg.*
Min/der/wer/tig/keits/ge/fühl *n.*, -[e]s, -e
Min/der/wer/tig/keits/kom/plex *m.*, -[e]s, -e, mangelndes Selbstbewusstsein
Min/der/zahl *f.*, -, -en
Min/dest/ab/stand *m.*, -[e]s, -abstände
min/des/te zum mindesten, zumindest, es ist das Mindeste
min/des/tens
Min/dest/for/de/rung *f.*, -, -en
Min/dest/ge/bot *n.*, -[e]s, -e
Min/dest/ge/schwin/dig/keit *f.*, -, -en
Min/dest/lohn *m.*, [e]s, -löhne
Min/dest/maß *n.*, -es, -e
Min/dest/zahl *f.*, -, -en
Min/dest/zeit *f.*, -, -en
Mi/ne [französ.] *f.*, -, -n, 1. unterirdischer Gang, 2. Sprengkörper, 3. Bergwerk, 4. Füllung von Bleistiften, Kugelschreibern usw.
Mi/nen/feld *n.*, -[e]s, -er

Mi/nen/le/ger *m.*, -s, -
Mi/nen/räum/boot *n.*, -[e]s, -e
Mi/nen/sper/re *f.*, -, -n
Mi/nen/such/boot *n.*, -[e]s, -e
Mi/nen/wer/fel *m.*, -s, -
Mi/ne/ral [lat.-französ.] *n.*, -s, -e oder Mineralien, anorganischer Stoff
Mi/ne/ral/bad *n.*, -[e]s, -bäder
Mi/ne/ra/li/sa/ti/on *f.*, -, -en, Bildung von Mineralien
mi/ne/ra/lisch
mi/ne/ra/li/sie/ren *intr.*
Mi/ne/ra/lo/gie *f.*, -, *nur Sg.*, Lehre von den Mineralien
mi/ne/ra/lo/gisch
Mi/ne/ral/öl *n.*, -[e]s, -e
Mi/ne/ral/quel/le *f.*, -, -n, Heilwasserquelle
Mi/ne/ral/salz *n.*, -[e]s, -e
Mi/ne/ral/säu/re *f.*, -, -n
Mi/ne/ral/was/ser *n.*, -s, -wässer
Mi/ner/va in der röm. Mythologie: Göttin des Handwerks
Mi/nes/tro/ne [italien,] *f.*, -, Minestroni, Gemüsesuppe
mi/neur [französ.] französ. Bezeichnung für die Tonart Moll
Mi/ni/a/tur *f.*, -, -en
Mi/ni/a/tur/aus/ga/be *f.*, -, -n, sehr kleine Ausgabe, z.B. eines Buches
Mi/ni/a/tur/ma/ler *m.*, -s, -
Mi/ni/a/tur/ma/le/rei *f.*, -, -en
Mi/ni/golf *n.*, -s, *nur Sg.*, golfähnliches Spiel
mi/ni/mal sehr gering
Mi/ni/max *m.*, -[e]s, -e, (Warenz.) Feuerlöschgerät
Mi/ni/mum *n.*, -s, Minima, z.B. die Kosten auf ein

Minimum senken
Mi/nis/ter [lat.] *m.,*-s, -
Mi/nis/te/ri/al/di/rek/tor *m.,* -s, -en
Mi/nis/te/ri/al/di/ri/gent *m.,* -en, -en
Mi/nis/te/ri/al/rat *m.,* -[e]s, -räte
mi/nis/te/ri/ell
Mi/nis/te/ri/um *n.,* -s, Ministerien, Verwaltungsbehörde in einem Staat
Mi/nis/ter/prä/si/dent *m.,* -en, -en, in der BRD: Chef der Landesregierung
Mi/nis/ter/rat *m.,* -[e]s, -räte
Mi/nis/trant *m.,* -en, -en, Messdiener
mi/nis/trie/ren *intr.*
Min/ne *f.,* -, *nur Sg.,* mittelalterlicher Begriff für das Werben um die Liebe einer Frau
Min/ne/dienst *m.,* -[e]s, -e
Min/ne/lied *n.,* -[e]s, -er
Min/ne/sang *m.,* -s, *nur Sg.*
Min/ne/sän/ger *m.,* -s, -
Min/ne/so/ta (Abk.: MN) Staat in den USA
mi/nor [engl.] engl. Bezeichnung für die Tonart Moll
Mi/no/ri/tät *f.,* -, -en, Minderheit
Mi/no/taur [griech.] *m.,* -s. *nur Sg.,* in der griech. Mythologie: Ungeheuer in Knossos
Mi/nu/end [lat.] *m.,* -en, -en, Zahl, von der man eine andere Zahl abzieht
mi/nus abzüglich, Gs.: plus
Mi/nus *n.,* -, *nur Sg.,* Verlust, Fehlbetrag
Mi/nus/kel *f.,* -, -n, Kleinbuchstabe
Mi/nus/pol *m.,* -[e]s, -e, negativer Pol

Mi/nus/punkt *m.,* -[e]s, -e, Fehler
Mi/nus/zei/chen *n.,* -s, -, Subtraktionszeichen oder Vorzeichen einer negativen Zahl
Mi/nu/te [lat.] *f.,* -, -n, (Abk.: min, Min.) 60 Sekunden
mi/nu/ten/lang
Mi/nu/ten/zei/ger *m.,* -s, -
mi/nu/ti/ös (s. minuziös) bis ins Detail genau
mi/nüt/lich
mi/nuzi/ös (s. minutiös)
Min/ze *f.,* -, -n, Pflanze
mir
Mir [pers.] *m.,* -s, -s, Teppich
Mi/ra/bel/le [lat.] *f.,* -, -n, Pflaumenart
Mi/ra/kel [lat.] *n.,* -s, -, Wunder
Mi/san/drie oder auch:
Mi/sand/rie [griech.] *f.,* -, *nur Sg.,* Männerhass
misch/bar
Misch/bat/te/rie *f.,* -, -n, Vorrichtung zum Mischen von Kalt- und Warmwasser
Misch/e/he *f.,* -, -n
mi/schen *tr.*
Misch/far/be *f.,* -, -n
Misch/kul/tur *f.,* -, -en, gemeinsamer Anbau mehrerer Kulturpflanzen
Misch/ling *m.,* -[e]s, -e
Misch/masch *m.,* -[e]s, -e
Misch/na [hebr.] *f.,* -, *nur Sg.,* erster Teil des Talmuds
Misch/pult *n.,* -[e]s, -e
Mi/schung *f.,* -, -en
Mi/schungs/ver/hält/nis *n.,* -ses, -se
Misch/wald *m.,* -[e]s, -wälder
mi/se/ra/bel [französ.] sehr schlecht
Mi/se/re *f.,* -, -n, Notlage
Mi/se/re/or [lat.] *n.,* -s, *nur*

Sg., kath. Hilfswerk zur Unterstützung der Entwicklungsländer
Mi/se/re/re *n.,* -s, *nur Sg.,*
1. in der Medizin: Kotbrechen bei Darmverschluss,
2. in der kath. Kirche: Bußpsalm
Mi/so/gam [griech.] *m.,* -[e]s oder -en, -en, Eheverächter
Mi/so/ga/mie *f.,* -, *nur Sg.,* Ehescheu
Mi/so/gy/nie *f.,* -, *nur Sg.,* Frauenhass
Mis/pel [lat.] *f.,* -, -n, Obstbaum
Miss [engl.] *f.,* -, Misses, engl. Anrede für unverheiratete Frauen, Fräulein
miß/ach/ten > **missach/ten** *tr.*
Miß/ach/tung > **Missach/tung** *f.,* -, *nur Sg.*
Mis/sal [lat.] *n.,* -[e]s, -e, Messbuch
miß/be/ha/gen > **missbe/ha/gen** *intr.*
Miß/be/ha/gen > **Missbe/ha/gen** *n.,* -s, *nur Sg.*
Miß/bil/dung > **Missbil/dung** *f.,* -, -en
miß/bil/li/gen > **missbil/li/gen** *tr.*
Miß/bil/li/gung > **Missbil/li/gung** *f.,* -, -en
Miß/brauch > **Missbrauch** *m.,* -[e]s, -bräuche
miß/brau/chen > **missbrau/chen**
miß/bräuch/lich > **miss/bräuch/lich**
miß/deu/ten > **missdeu/ten** *tr.*
Miß/deu/tung > **Missdeu/tung** *f.,* -, -en
mis/sen *tr.*
Miß/er/folg > **Misser/folg** *m.,* -[e]s, -e

Miß/ern/te > **Missern/te** *f.,* -, -n
Mis/se/tat *f.,* -, -en
Mis/se/tä/ter *m.,* -s, -
miß/fal/len > **missfal/len** *intr.*
Miß/fal/len > **Missfal/len** *n.,* -s, *nur Sg.*
Miß/fal/lens/äu/ße/rung > **Miss/fal/lens/äuße/rung** *f.,* -, -en
miß/fäl/lig > **missfäl/lig**
Miß/far/be > **Missfar/be** *f.,* -, -n
miß/far/ben > **missfar/ben**
miß/far/big > **missfar/big**
Miß/form > **Miss/form** *f.,* -, -en
miß/för/mig > **missför/mig**
miß/ge/bil/det > **missge/bil/det**
Miß/ge/burt > **Missge/burt** *f.,* -, -en
miß/ge/launt > **missge/launt**
Miß/ge/schick > **Missge/schick** *n.,* -[e]s, -e
Miß/ge/stalt > **Missge/stalt** *f.,* -, -en
miß/ge/stal/tet > **missge/stal/tet**
miß/ge/stimmt > **missge/stimmt**
miß/glü/cken > **missglü/cken** *intr.*
miß/gön/nen > **missgön/nen** *tr.*
Miß/griff > **Miss/griff** *m.,* -[e]s, -e
Miß/gunst > **Miss/gunst** *f.,* -, *nur Sg.*
miß/güns/tig > **missgüns/tig**
miß/han/deln > **misshan/deln** *tr.*
Miß/hand/lung > **Misshand/lung** *f.,* -, -en
miß/hel/lig > **misshel/lig** uneinig
Mis/si/on *f.,* -, -en, 1. Auftrag, Sendung, 2. Verbreitung des christl. Glaubens
Mis/si/o/nar *m.,* -[e]s, -e, Geistlicher, der in der Mission tätig ist
mis/si/o/nie/ren *tr.* und *intr.*
Mis/si/ons/schu/le *f.,* -, -n
Mis/sis/sip/pi 1. (Abk.: MS) Staat in den USA, 2. *m.,* -[s], *nur Sg.,* Fluss in den USA
Miß/jahr > **Miss/jahr** *n.,* -[e]s, -e
Miß/klang > **Miss/klang** *m.,* -[e]s, -klänge
Miß/kre/dit > **Misskre/dit** *m.,* -[e]s, *nur Sg.,* z.B. jmdn. in Misskredit bringen, jmdn. in Verruf bringen
miß/lau/nig > **misslau/nig**
miß/lei/ten > **misslei/ten** *tr.*
miß/lich > **miss/lich**
Miß/lich/keit > **Misslich/keit** *f.,* -, -en
miß/lie/big > **miss/liebig**
Miß/lie/big/keit > **Misslie/big/keit** *f.,* -, *nur Sg.*
miß/lin/gen > **misslin/gen** *intr.*
Miß/mut > **Miss/mut** *m.,* -[e]s, *nur Sg.*
miß/mu/tig > **missmu/tig**
Mis/sou/ri 1. (Abk.: MO) Staat in den USA, 2. *m.,* -[s], *nur Sg.,* Fluss in den USA
miß/ra/ten > **miss/raten** *intr.*
Miß/stand > **Miss/stand** *m.,* -[e]s, -stände
Miß/stim/mung > **Missstim/mung** *f.,* -, -en
Miß/ton > **Miss/ton** *m.,* -[e]s, -töne
miß/tö/nend > **misstö/nend**
miß/tö/nig > **misstö/nig**
miß/trau/en > **misstrau/en** *intr.*
Miß/trau/en > **Misstrau/en** *n.,* -s, *nur Sg.*
Miß/trau/ens/an/trag > **Miss/trau/ens/an/trag** *m.,* -[e]s, -anträge
Miß/trau/ens/vo/tum > **Miss/trau/ens/vo/tum** *n.,* -s, -voten oder -vota
miß/trau/isch > **misstrau/isch**
miß/ver/gnügt > **missver/gnügt**
Miß/ver/hält/nis > **Miss/ver/hält/nis** *n.,* -ses, -se
miß/ver/ständ/lich > **miss/ver/ständ/lich**
Miß/ver/ständ/lich/keit > **Miss/ver/ständ/lich/keit** *f.,* -, *nur Sg.*
Miß/ver/ständ/nis > **Miss/ver/ständ/nis** *n.,* -ses, -se
miß/ver/ste/hen > **miss/ver/ste/hen** *tr.*
Miß/wirt/schaft > **Miss/wirt/schaft** *f.,* -, -en
Mist *m.,* -[e]s, *nur Sg.*
Mist/beet *n.,* -[e]s, -e
Mis/tel *f.,* -, -n, parasitischer, auf Bäumen lebender Strauch
mis/ten *tr.,* Mist entfernen
Mis/ter [engl.] *m.,* -s, -, (Abk.: Mr.) engl. Anrede für Männer
Mist/ga/bel *f.,* -, -n
Mist/hau/fen *m.,* -s, -
Mist/kä/fer *m.,* -s, -
Mist/kerl *m.,* -[e]s, -e
Mis/tral [französ.] *m.,* -[e]s, -e, kalter Nordwind in Südfrankreich
Mis/tress [engl.] *f.,* -, -es, (Abk.: Mrs.) veralt.: engl. Anrede für verheiratete Frauen, heute: Misses
Mist/stück *n.,* -[e]s; -e, ugs. derb für boshafte Person

Mist/wa/gen *m.,* -s, -
mit Präposition mit Dativ
Mit/ar/beit *f.,* -, -en
mit/ar/bei/ten *intr.*
Mit/ar/bei/ter *m.,* -s, -
mit/be/kom/men *tr.*
mit/be/nut/zen *tr.*
Mit/be/nut/zung *f.,* -, *nur Sg.*
mit/be/stim/men *tr.*
Mit/be/stim/mung *f.,* -, *nur Sg.*
Mit/be/stim/mungs/recht *n.,* -[e]s, -e
mit/be/tei/ligt
Mit/be/wer/ber *m.,* -s, -
mit/be/woh/nen *tr.*
Mit/be/woh/ner *m.,* -s, -
mit/brin/gen *tr.*
Mit/bring/sel *n.,* -s, -
Mit/bru/der *m.,* -s, -brüder
Mit/bür/ger *m.,* -s, -
mit/dür/fen *intr.,* ugs. z.B. sie hat nicht mitgedurft
Mit/ei/gen/tum *n.,* -s, *nur Sg.*
Mit/ei/gen/tü/mer *m.,* -s, -
mit/ein/an/der
mit/emp/fin/den *tr.*
Mit/er/be *m.,* -n, -n
mit/er/le/ben *tr.*
mit/es/sen *tr.*
Mit/es/ser *m.,* -s, -, Hautunreinheit
mit/fah/ren *intr.*
Mit/fah/rer *m.,* -s, -
Mit/fah/rer/zen/tra/le *f.,* -, -n, Vermittlungsstelle für Fahrgemeinschaften
Mit/fahr/ge/le/gen/heit *f.,* -, -en
Mit/fahrt *f.,* -, -en
Mit/freu/de *f.,* -, *nur Sg.*
mit/freu/en *refl.*
mit/füh/len *tr.*
mit/füh/ren *tr.*
Mit/ge/fühl *n.,* -[e]s, *nur Sg.*
mit/ge/hen *intr.,* etwas mitgehen lassen, ugs. für etwas stehlen
Mit/gift *f.,* -, -en, veralt., Aussteuer
Mit/gift/jä/ger *m.,* -s, -
Mit/glied *n.,* -[e]s, -er
Mit/glie/der/ver/samm/lung *f.,* -, -en
Mit/glieds/bei/trag *m.,* -[e]s, -beiträge
Mit/glied/schaft *f.,* -, *nur Sg.*
Mit/glieds/kar/te *f.,* -, -n
Mit/glied(s)staat *m.,* -[e]s, -en
mit/hel/fen *intr.*
Mit/her/aus/ge/ber oder auch: **Mit/he/raus/ge/ber** *m.,* -s, -
Mit/herr/schaft *f.,* -, *nur Sg.*
Mit/hil/fe *f.,* -, *nur Sg.,* z.B. deine Mithilfe war sehr wichtig für uns
mit/hil/fe oder auch: **mit Hil/fe,** z.B. er unterstützte uns mithilfe / mit Hilfe seines Geldes
mit/hin
mit/hö/ren *tr.*
Mit/hö/rer *m.,* -s, -
Mit/in/ha/ber *m.,* -s, -, Miteigentümer
mit/kämp/fen *intr.*
Mit/kämp/fer *m.,* -s, -
Mit/klä/ger *m.,* -s, -
mit/kom/men *intr.*
mit/kön/nen *intr.*
mit/las/sen *tr.*
mit/lau/fen *intr.*
Mit/läu/fer *m.,* -s, -
Mit/laut *m.,* -[e]s, -e, Konsonant
Mit/leid *n.,* -[e]s, *nur Sg.*
mit/lei/den *tr.*
Mit/lei/den/schaft *f.,* nur noch in der Wendung: in Mitleidenschaft ziehen, schädigen
mit/lei/dig
mit/leid(s)/los
Mit/leid(s)/lo/sig/keit *f.,* -, *nur Sg.*
mit/leid(s)/voll
mit/ma/chen *tr.*
Mit/mensch *m.,* -en,-en
mit/mensch/lich
mit/mi/schen *intr.,* ugs. für sich beteiligen
Mit/nah/me *f.,* -, *nur Sg.*
mit/neh/men *tr.*
mit/nich/ten keineswegs
Mi/to/se [griech.] *f.,* -, -n, Teilung des Zellkerns unter Beibehaltung der Chromosomenzahl
mi/to/tisch
Mi/tra oder auch: **Mit/ra** [lat.] *f.,* -, Mitren, in der kath. Kirche: Bischofsmütze
mit/re/den *intr.*
mit/rei/sen *intr.*
Mit/rei/sen/de(r) *m.* oder *f.,* -n, -n
mit/rei/ßen *tr.*
mit/samt mit Dativ, z.B. mitsamt Zubehör
mit/schi/cken *tr.*
mit/schlep/pen *tr.*
mit/schnei/den *tr.,* auf Band aufnehmen
Mit/schnitt *m.,* -[e]s, -e
mit/schrei/ben *tr.*
Mit/schuld *f.,* -, *nur Sg.*
mit/schul/dig
Mit/schü/ler *m.,* -s, -
mit/spie/len *tr.*
Mit/spie/ler *m.,* -s, -
Mit/spra/che *f.,* -, *nur Sg.*
Mit/spra/che/recht *n.,* -[e]s, *nur Sg.*
mit/spre/chen *intr.*
mit/ste/no/gra/phie/ren *(Nf.)* auch: **mit/steno/gra/fie/ren** *(Hf.)* *tr.*
Mit/strei/ter *m.,* -s, -
Mit/tag *m.,* -[e]s, -e, heute

Mittag, Mittagessen, gegen Mittag
Mit/tag/brot *n.,* -[e]s, *nur Sg.*
Mit/tag/es/sen *n.,* -s, -
mit/täg/lich z.B. die mittägliche Pause
mit/tags
Mit/tags/blu/me *f.,* -, -n, Pflanze
Mit/tags/hit/ze *f.,* -, *nur Sg.*
Mit/tags/kreis *m.,* -[e]s, -e
Mit/tags/mahl/zeit *f.,* -, -en
Mit/tags/pau/se *f.,* -, -n
Mit/tags/ru/he *f.,* -, -n
Mit/tags/schlaf *m.,* -[e]s, *nur Sg.*
Mit/tags/son/ne *f.,* -, *nur Sg.*
Mit/tags/stun/de *f.,* -, -n
Mit/tags/tisch *m.,* -[e]s, -e
Mit/tags/zeit *f.,* -, *nur Sg.*
Mit/tä/ter *m.,* -s, -
Mit/tä/ter/schaft *f.,* -, *nur Sg.*
Mit/te *f.,* -, *nur Sg.*, Mitte der 90er Jahre, sie ist Mitte vierzig
mit/tei/len *tr.*
mit/teil/sam
Mit/teil/sam/keit *f.,* -, *nur Sg.*
Mit/tei/lung *f.,* -, -en
Mit/tei/lungs/be/dürf/nis *n.,* -ses, *nur Sg.*
Mit/tel *n.,* -s, -
Mit/tel/al/ter *n.,* -s, *nur Sg.*, (Abk.: MA)
mit/tel/al/ter/lich
Mit/tel/a/me/ri/ka
mit/tel/a/me/ri/ka/nisch
mit/tel/bar
Mit/tel/eu/ro/pa
Mit/tel/eu/ro/pä/er *m.,* -s, -
mit/tel/eu/ro/pä/isch
Mit/tel/fin/ger *m.,* -s, -
mit/tel/fris/tig
Mit/tel/fuß *m.,* -[e]s, -füße
Mit/tel/ge/bir/ge *n.,* -s, -

Mit/tel/ge/wicht *n.,* -[e]s, -e, Gewichtsklasse
mit/tel/groß
Mit/tel/hand *f.,* -, -hände
mit/tel/hoch/deutsch
Mit/tel/klas/se *f.,* -, -n
Mit/tel/li/nie *f.,* -, -n
mit/tel/los arm
Mit/tel/lo/sig/keit *f.,* -, *nur Sg.*, Armut, Not
Mit/tel/maß *n.,* -es, -e
mit/tel/mä/ßig
Mit/tel/mä/ßig/keit *f.,* -, *nur Sg.*, Durchschnittlichkeit
Mit/tel/meer *n.,* -[e]s, *nur Sg*
mit/tel/mee/risch
Mit/tel/meer/län/der *Pl.*
Mit/tel/meer/raum *m.,* -[e]s, *nur Sg.*
Mit/tel/ohr *n.,* -[e]s, -en
mit/tel/präch/tig ugs. für mehr oder weniger gut
Mit/tel/punkt *m.,* -[e]s, -e
mit/tels Präposition mit Genitiv, in Ausnahmen auch mit Dativ
Mit/tel/schicht *f.,* -, -en
Mit/tel/schiff *n.,* -[e]s, -e, Teil einer Kirche
Mit/tels/mann *m.,* -[e]s, -männer oder -leute
Mit/tels/per/son *f.,* -, -en
Mit/tel/stadt *f.,* -, -städte
Mit/tel/stand *m.,* -[e]s, -stände
mit/tel/stän/disch zum Mittelstand gehörend
Mit/tel/stre/cken/lauf *m.,* -[e]s, -läufe
Mit/tel/stück *n.,* -[e]s, -e
Mit/tel/stür/mer *m.,* -s, -, Spielposition beim Fußball
Mit/tel/wel/le *f.,* -, -n
Mit/tel/wert *m.,* -[e]s, -e
mit/ten
mit/ten/drin
mit/ten/drun/ter

mit/ten/durch
Mit/ter/nacht *f.,* -, *nur Sg.*, zwölf Uhr nachts
mit/ter/näch/tig
mit/ter/näch/tlich
mit/ter/nachts
Mit/ter/nachts/son/ne *f.,* -, -n
Mit/ter/nachts/stun/de *f.,* -, -n
mit/tig
Mitt/ler *m.,* -s, -, Vermittler
mitt/le/re (-r, -s) z.B. mittlere Reife
Mitt/ler/rol/le *f.,* -, -n
mitt/ler/wei/le
mit/tö/nen *intr.*
mit/tra/gen *tr.*
mit/trin/ken *tr.*
Mitt/som/mer *m.,* -s, -
Mitt/som/mer/nacht *f.,* -, -nächte
mit/tun *intr.*
Mitt/woch *m.,* -[e]s, -e, (Abk.: Mi), Wochentag
mit/un/ter
mit/un/ter/schrei/ben *tr.*
mit/un/ter/zeich/nen *tr.*
mit/ver/ant/wort/lich
Mit/ver/ant/wort/lich/keit *f.,* -, *nur Sg.*
Mit/ver/ant/wor/tung *f.,* -, *nur Sg.*
Mit/ver/fas/ser *m.,* -s, -
Mit/ver/wal/tung *f.,* -, *nur Sg.*
Mit/weil *f.,* -, *nur Sg.*
mit/wir/ken *intr.*
Mit/wir/ken/de(r) *f.* oder *m.,* -n, -n
Mit/wir/kung *f.,* -, *nur Sg.*, aktive Teilnahme
Mit/wis/sen *n.,* -s, *nur Sg.*
Mit/wis/ser *m.,* -s, -
Mit/wis/ser/schaft *f.,* -, *nur Sg.*
mit/wol/len *intr.*, z.B. sie hat nicht mitgewollt
mit/zäh/len *tr.* und *intr.*

mit/zie/hen *tr.* und *intr.*
Mix/be/cher *m.,* -s, -
mi/xen *tr.*
Mi/xer *m.,* -s, -, 1. elektrisches Küchengerät, Quirl, 2. jmd, der Getränke mixt
Mix/ge/tränk *n.,* -[e]s, -e
Mix/tur *f.,* -, -en, Mischung, bes. Arzneimischung
ml Abk. für Milliliter
Mlle. Abk. für Mademoiselle
mm Abk. für Millimeter
mm² Abk. für Quadratmillimeter
mm³ Abk. für Kubikmillimeter
Mme. Abk. für Madame
Mn Abk. für Mangan
MN Abk. für Minnesota
Mo Abk. für Montag
MO Abk. für Missouri
Mob [engl.] *m.,* -s, *nur Sg.,* Pöbel, aufgebrachte Menge
Mö/bel [lat.-französ.] *n.,* -s, -
Mö/bel/stück *n.,* -[e]s, -e
Mö/bel/wa/gen *m.,* -s, -
mo/bil [lat.] beweglich
Mo/bi/le [französ.] *n.,* -s, -s, an Fäden befestigte Gegenstände, die sich bei Luftzug bewegen
Mo/bi/li/ar [lat.] *n.,* -[e]s, *nur Sg.,* Möbel
Mo/bi/li/sa/ti/on *f.,* -, *nur Sg.,* Beweglichmachen
mo/bi/li/sie/ren *tr.,* beweglich machen
Mo/bi/li/sie/rung *f.,* -, *nur Sg.*
Mo/bi/li/tät *f.,* -, *nur Sg.,* Beweglichkeit
mo/bil/ma/chen *tr.,* einsatzbereit machen
Mo/bil/ma/chung *f.,* -, -en
Mo/bil/ma/chungs/befehl *m.,* -[e]s, -e

mö/blie/ren oder auch: **möb/lie/ren** [französ.] *tr.,* mit Möbeln einrichten
Mö/blie/rung oder auch: **Möb/lie/rung** *f.,* -, -*nur Sg.*
Mo/cam/bique (s. Mosambik) südostafrikan. Staat
Möch/te/gern *m.,* -[e]s, -e, Angeber
mod. Abk. für moderato
mo/dal [lat.] in der Grammatik: die Art und Weise bezeichnend
Mo/da/li/tät *f.,* -, *nur Sg.,* Art und Weise
Mo/dal/satz *m.,* -[e]s, -sätze, Nebensatz der Art und Weise
Mo/dal/verb *n.,* -[e]s, -en, z.B. können, dürfen, wollen, sollen, müssen, mögen
Mo/de [französ.] *f.,* -, -n, 1. Sitte, Brauch, 2. Kleiderstil
Mo/de/far/be *f.,* -, -n
Mo/de/ge/schäft *n.,* -[e]s, -e, Kleidergeschäft
Mo/de/haus *n.,* -[e]s, -häuser
Mo/de/jour/nal *n.,* -[e]s, -e, Modezeitschrift
Mo/dell [italien.] *n.,* -[e]s, -e, 1. Muster, 2. Mannequin, 3. verkleinerte Nachbildung eines Bauwerks usw.
Mo/dell/bau/er *m.,* -s, -
Mo/dell/ei/sen/bahn *f.,* -, -en
Mo/dell/flug/zeug *n.,* [e]s, -e
mo/del/lie/ren *tr.*
Mo/dell/lie/rer *m.,* -s, -
Mo/dell/lie/rung *f.,* -, -en
Mo/dell/kleid *n.,* [e]s, -er, *nur* einmal angefertigtes Kleid, Unikat
Mo/dem *n.,* -s, -s, Gerät zur Datenübertragung
Mo/den/schau *f.,* -, -en

Mo/de/pup/pe *f.,* -, -n
Mo/der *m.,* -s, *nur Sg.,* Fäulnis
mo/de/rat [lat.] gemäßigt
Mo/de/ra/ti/on *f.,* -, -en, Tätigkeit eines Moderators
mo/de/ra/to [italien.] (Abk.: mod.) in der Musik: mäßig bewegte Spielweise
Mo/de/ra/tor [lat.] *m.,* -s, -en, Diskussionsleiter, Fernsehansager
mo/de/rie/ren *tr.* und *intr.*
mo/de/rig (s. modrig)
mo/dern *intr.,* faulen
mo/dern der Mode entsprechend
Mo/der/ne *f.,* -, *nur Sg.,* heutige Zeit
mo/der/ni/sie/ren *tr.*
Mo/der/ni/tät *f.,* -, *nur Sg.*
Mo/de/sa/lon *m.,* -s, -s
Mo/de/schmuck *m.,* [e]s, *nur Sg.*
Mo/de/schöp/fer *m.,* -s, -
Mo/de/wort *n.,* -[e]s, -wörter
Mo/de/zeich/ner *m.,* -s, -
Mo/de/zeit/schrift *f.,* -, -en
Mo/di/fi/ka/ti/on [lat.] *f.,* -, -en, Veränderung
mo/di/fi/zie/ren *tr.,* verändern
Mo/di/fi/zie/rung *f.,* -, -en
mo/disch
mod/rig (s. moderig)
Mo/dul [lat.] *m.,* -s, -n
Mo/du/la/ti/on *f.,* -, -en
Mo/du/la/ti/ons/fä/higkeit *f.,* -, *nur Sg.*
mo/du/lie/ren *intr.* und *tr.*
Mo/dus [lat.] *m.,* -, Modi, Art und Weise
Mo/fa Kurzw. für Motorfahrrad
Mo/ge/lei *f.,* -, -en
mo/geln *intr.,* beim Spiel betrügen
mö/gen *tr.*

mög/lich
mög/li/cher/wei/se
Mög/lich/keit *f.,* -, -en
Mög/lich/keits/form *f.,* -, -en, Konjunktiv
Mo/hair *(Nf.)* auch:
Mo/här *(Hf.), n.,* -s, *nur Sg.,* Stoff aus Mohärwolle
Mo/ham/me/da/ner *m.,* -s, -
mo/ham/me/da/nisch
Mo/här (s. Mohair) *n.,* -s, Wollstoff aus dem Haar der Angoraziege
Mo/hi/ka/ner *m.,* -s, -s, Angehöriger eines ausgestorbenen Indianerstammes
Mohn *m.,* -[e]s, -e, Pflanze
Mohn/blu/me *f.,* -, -n
Mohn/ku/chen *m.,* -s, -
Mohr *m.,* -en, -en
Möh/re *f.,* -, -n, Gemüsepflanze
Moh/ren/kopf *m.,* -[e]s, -köpfe, mit Schokolade überzogene Süßigkeit, auch: Negerkuss
Mohr/rü/be *f.,* -, -n, Möhre
Mo/kas/sin [indian.] *m.,* -s, -s, weicher Lederschuh
mo/kie/ren [französ.] *refl.,* sich über etwas mokieren, sich über etwas lustig machen
Mok/ka *m.,* -s, -s, starker Kaffee
Molch *m.,* -[e]s, -e, Lurchart
Mo/le *f.,* -, -n
Mo/le/kül [französ.] *n.,* -[e]s, -e, kleinste, aus Atomen bestehende Einheit einer chem. Verbindung
mo/le/ku/lar
Mo/le/ku/lar/ge/wicht *n.,* -[e]s, -e
Mol/ke *f.,* -, *nur Sg.*
Mol/ke/rei *f.,* -, -en, Milch verarbeitender Betrieb

mol/kig
Moll [lat.] *n.,* -s, *nur Sg.*, in der Musik: Tonart
Moll/ak/kord *m.,* -[e]s, -e
mol/lig 1. rundlich, 2. angenehm warm
Moll-Ton/art *f.,* -, -en
Moll-Ton/lei/ter *f.,* -, -n
Mo/loch *m.,* -[e]s, -e, 1. australische Echsenart, 2. unersättliche Macht
Mo/lo/tow-Cock/tail *m.,* -s, -s, selbst gebastelter Sprengkörper
mol/to [italien.] in der Musik: sehr
Mol/ton [französ.] *m.,* -s, -s, Baumwollgewebe
Mo/luk/ken *Pl.,* indones. Inselgruppe
Mo/ment [lat.] 1. *m.,* -[e]s, -e, Augenblick, 2. *n.,* -[e]s, -e, Merkmal, Gesichtspunkt
mo/men/tan im Augenblick, zur Zeit
Mo/ment/auf/nah/me *f.,* -, -n
Mo/na/co 1. Fürstentum an der französ. Mittelmeerküste, 2. dessen Hpst.
Mon/arch oder auch: **Mo/narch** [griech.] *m.,* -en, -en, Herrscher
Mon/ar/chie oder auch: **Mo/nar/chie** *f.,* -, -n
mon/ar/chisch oder auch: **mo/nar/chisch**
Mon/ar/chis/mus oder auch: **Mo/nar/chis/mus** *m.,* -, *nur Sg.*
Mon/ar/chist oder auch: **Mo/nar/chist** *m.,* -en, -en
mon/ar/chis/tisch oder auch: **mo/nar/chis/tisch**
Mo/nat *m.,* -[e]s, -e
mo/na/te/lang
mo/nat/lich
Mo/nats/blu/tung *f.,* -, -en, Menstruation

Mo/nats/ers/te(r) *m.,* -n, -n
Mo/nats/frist *f.,* -, -en
Mo/nats/ge/halt *n.,* -[e]s, -gehälter
Mo/nats/heft *n.,* -[e]s, -e
Mo/nats/lohn *m.,* [e]s, -löhne
Mo/nats/ra/te *f.,* -, -n
Mo/nats/schrift *f.,* -, -en
Mönch *m.,* -[e]s, -e, Angehöriger eines Mönchsordens
Mön/chen/glad/bach dt. Stadt
mön/chisch
Mönch/lein *n.,* -s, -
Mönchs/klos/ter *n.,* -s, -klöster
Mönchs/kut/te *f.,* -, -n
Mönchs/or/den *m.,* -s, -
Mond *m.,* -[e]s, -e
mon/dän [französ.] elegant, auffällig
Mond/au/to *n.,* -s, -s
Mond/bein *n.,* -[e]s, -e, Handwurzelknochen
Mönd/chen *n.,* -s, -
Mon/den/schein *m.,* -[e]s, *nur Sg.*
Mond/fäh/re *f.,* -, -n
Mond/fins/ter/nis *f.,* -, -se
mond/hell
Mond/jahr *n.,* -[e]s, -e, Jahr mit 355 Tagen vor der Einführung des Julian. Kalenders
Mond/land/schaft *f.,* -, -en
Mond/lan/dung *f.,* -, -en
Mond/licht *n.,* -[e]s, *nur Sg.*
Mond/nacht *f.,* -, -nächte
Mond/pha/se *f.,* -, -n
Mond/ra/ke/te *f.,* -, -n
Mond/schein *m.,* -[e]s, *nur Sg.*
Mond/si/chel *f.,* -, -n
Mond/son/de *f.,* -, -n
Mond/stein *m.,* -[e]s, -e, Mineral
Mond/sucht *f.,* -, *nur Sg.*
mond/süch/tig

Mond/süch/tig/keit *f.,* -, *nur Sg.,* Schlafwandeln
Mond/wech/sel *m.,* -s, -
Mo/ne/gas/se *m.,* -n, -n, Einwohner von Monaco
mo/ne/gas/sisch
Mo/ne/ten *nur Pl.,* ugs. für Geld
Mon/go/le *m.,* -n, -n, Einwohner der Mongolei
Mon/go/lei *f.,* -, *nur Sg.,* Staat in Zentralasien
mon/go/lid
Mon/go/li/de(r) *m.,* -n, -n, Angehöriger der mongolischen Rasse
mon/go/lisch
Mon/go/lis/mus *m.,* -, *nur Sg.,* ugs. Bezeichnung für Down-Syndrom
mon/go/lis/tisch
mon/go/lo/id
Mon/go/lo/i/de(r) *m.,* -n, -n, am Down-Syndrom Erkrankter, auch: Angehöriger einer nicht rein mongolischen Rasse
mo/nie/ren [lat.] *tr.,* beanstanden
Mo/ni/tor [lat.] *m.,* -s, -en, Bildschirm
mo/no/chrom [griech.] einfarbig
Mo/no/chro/ma/sie *f.,* -, -n, Farbenblindheit
Mon/odie oder auch: **Mo/no/die** [griech.] *f.,* -, -n, einstimmiger Gesang
mon/odisch oder auch: **mo/no/disch**
mo/no/gam [griech.]
Mo/no/ga/mie *f.,* -, -n, Einehe, Gs.: Polygamie
Mo/no/ge/ne/se oder auch: **Mo/no/ge/ne/sis** [griech.] *f.,* -, *nur Sg.,* ungeschlechtliche Fortpflanzung
mo/no/ge/ne/tisch
Mo/no/gramm [griech.] Namenszeichen
Mo/no/gra/phie *(Nf.)* auch: **Mo/no/gra/fie** *(Hf.) f.,* -, -n, Einzeldarstellung
mo/no/gra/phisch *(Nf.)* auch: **mo/no/gra/fisch** *(Hf.)*
Mon/o/kel oder auch: **Mo/no/kel** [griech. und lat.] *n.,* -s, -, Brille für ein Auge
Mo/no/kul/tur [griech. und lat.] *f.,* -, -en, Anbau einer einzigen Pflanzenart
mo/no/la/te/ral einseitig
Mo/no/lith [griech.] *m.,* -en, -en, 1. Steinblock, 2. aus einem Stein gehauenes Bildwerk
mo/no/li/thisch
Mo/no/log [griech.] *m.,* -[e]s, -e, Gespräch mit sich selbst
mo/no/lo/gisch
mo/no/lo/gi/sie/ren *intr.,* ein Selbstgespräch führen
mo/no/phag [griech.] auf ein bestimmtes Nahrungsmittel eingestellt
Mo/no/pha/ge *m.,* -n, -n, monophages Tier
Mo/no/pha/gie *f.,* -, *nur Sg.*
Mo/no/pho/bie [griech.] *f.,* -, -n, in der Medizin: krankhafte Angst vor dem Alleinsein
mo/no/phon [griech.] Gs. zu stereophon
Mo/no/phthong oder auch: **Mo/noph/thong** [griech.] *m.,* -[e]s, -e, Gs. zu Diphthong
mo/no/phthon/gie/ren oder auch: **mo/nophthon/gie/ren** *tr.* und *intr.,* verwandeln eines Diphthongs zu einem Monophthong
Mo/no/pol [griech.] *n.,* -[e]s, -e, Alleinanspruch (z.B. beim Verkauf einer Ware)
mo/no/po/li/sie/ren *tr.*
Mo/no/po/lis/mus *m.,* -, *nur Sg.*
Mo/no/po/list *m.,* -en, -en, 1. Inhaber eines Monopols, 2. Vertreter des Monopolismus
mo/no/po/lis/tisch
Mo/no/sac/cha/rid [griech.] *n.,* -[e]s, -e, einfacher Zucker
mo/no/syl/la/bisch [griech.] einsilbig
Mo/no/the/is/mus [griech.] *m.,* -, *nur Sg.,* Glaube an einen einzigen Gott
Mo/no/the/ist *m.,* -en, -en
Mo/no/the/is/tisch
mo/no/ton [griech.] eintönig
Mo/no/to/nie *f.,* -, -n, Eintönigkeit
Mo/no/zy/ten [griech.] *Pl.,* weiße Blutkörperchen
Mon/sieur *m.,* -s, Messieurs, (Abk.: M.) französ. Anrede für Männer
Mons/te/ra *f.,* -, -e, Pflanze
Mons/ter/film *m.,* -[e]s, -e
Mons/tranz [lat.] *f.,* -, -en, Behälter zum Tragen und Zeigen der geweihten Hostie bei Prozessionen
mons/trös 1. unförmig, 2. ungeheuerlich
Mons/trum *n.,* -s, Monstren oder Monstra, Ungeheuer
Mon/sun [arab.] *m.,* -[e]s, -e, Wind in Asien
Mon/tag *m.,* -[e]s, -e, (Abk.: Mo) Wochentag
Mon/ta/ge [französ.] *f.,* -, -n, Aufstellen und Zusammenbauen von Geräten, Möbeln usw.
Mon/ta/ge/hal/le *f.,* -, -n
mon/tan [lat.] zum Bergbau gehörend

Mon/ta/na (Abk.: MT) Staat in den USA
Mon/tan/ge/sell/schaft *f.*, -, -en, Bergbau betreibende Gesellschaft
Mon/tan/in/dus/trie *f.*, -, *nur Sg.*
Mon/tan/u/ni/on *f.*, -, *nur Sg.*, Europäische Gemeinschaft für Kohle und Stahl
Mont/blanc [französ.] *m.*, -s, *nur Sg.*, Name des höchsten europ. Berges
Mon/te/ne/gri/ner oder auch: **Mon/te/neg/ri/ner** *m.*, -s, -, Einwohner von Montenegro
mon/te/ne/gri/nisch oder auch: **mon/te/neg/ri/nisch**
Mon/te/ne/gro oder auch: **Mon/te/neg/ro** südosteurop. Land
Mon/teur [französ.] *m.*, -[e]s, -e
Mon/te/vi/deo Hpst. von Uruguay
mon/tie/ren [französ.] *tr.*, aufbauen, zusammenbauen
Mont/martre oder auch: **Mont/mart/re** [französ.] *m.*, -[s], *nur Sg.*, Stadtteil von Paris
Mont/par/nasse [französ.] *m.*, -, *nur Sg.*, Stadtteil von Paris
Mon/tre/al Hpst. von Kanada
Mo/nu/ment [lat.] *n.*, -[e]s, -e, großes Denkmal
mo/nu/men/tal
Mo/nu/men/ta/li/tät *f.*, -, *nur Sg.*, gewaltige Größe
Moor *n.*, -[e]s, -e
Moor/bad *n.*, -[e]s, -bäder
moo/rig
Moor/kul/tur *f.*, -, -en, Nutzlandgewinnung aus Moorgebieten

Moor/lei/che *f.*, -, -n, im Moor gelegene, mumienhaft konservierte Leiche
Moos *n.*, -es, -e, Sporenpflanze
moos/grün
moo/sig
Moos/pflan/zen *Pl.*, Sammelbezeichnung für niedere blütenlose Pflanzen
Mop > **Mopp** *m.*, -s, -s
Mo/ped *n.*, -s, -s, (ugs. auch: Mopped) Motorrad
Mopp [engl.] *m.*, -s, -s, Staubfänger mit Fransen
mop/pen *tr.* und *intr.*, mit einem Mopp Staub wischen
Mops *m.*, -[e]s, Möpse, Hunderasse
Möps/chen *n.*, -s, **-mop/sen** *tr.*, ugs. für stehlen
Mo/ral [lat.] *f.*, -, *nur Sg.*, Sittlichkeit
mo/ra/lisch
mo/ra/li/sie/ren *intr.*
Mo/ra/lis/mus *m.*, -, *nur Sg.*
Mo/ra/list *m.*, -en, -en
Mo/ral/leh/re *f.*, -, -n
Mo/ral/phi/lo/so/phie *f.*, -, -n
Mo/ral/pre/di/ger *m.*, -s, -
Mo/ral/pre/digt *f.*, -, -en
Mo/ral/the/o/lo/gie *f.*, -, -n
Mo/rä/ne [französ.] *f.*, -, -n, von Gletschern abgelagerter Gesteinsschutt
Mo/rä/nen/land/schaft *f.*, -, -en
Mo/rast *m.*, -[e]s, -e, Schlamm, Sumpf
mo/ras/tig
mor/bid [lat.] kränklich
Mor/bi/di/tät *f.*, -, *nur Sg.*
Mor/bus *m.*, -, Morbi, Krankheit
Mor/chel *f.*, -,-n, Pilzsorte
Mord *m.*, -[e]s, -e
Mord/an/schlag *m.*, -[e]s, -anschläge

Mord/be/gier/de *f.*, -, *nur Sg.*
mord/be/gie/rig
mor/den *tr.*
Mör/der *m.*, -s, -
Mör/der/gru/be *f.*, -, -n, *nur* noch in der Wendung: aus seinem Herzen keine Mördergrube machen, seine Meinung offen sagen
mör/de/risch
Mord/ge/schich/te *f.*, -, -n
Mord/gier *f.*, -, *nur Sg.*
mord/gie/rig
Mord/in/stru/ment oder auch: **Mord/ins/tru/ment** *n.*, -[e]s, -e
Mord/kom/mis/si/on *f.*, -, -en
Mord/lust *f.*, -, *nur Sg.*
mord/lus/tig
mords/mä/ßig
Mord/tat *f.*, -, -en
Mord/ver/such *m.*, -[e]s, -e
Mord/waf/fe *f.*, -, -n
Mo/rel/le [italien.] *f.*, -, -, eine Art Sauerkirsche
mor/gen morgen früh, die Stars von morgen, bis morgen!
Mor/gen *m.*, -s, -, 1. Tageszeit, am Morgen, guten Morgen, 2. Feldmaß
mor/gend/lich
Mor/gen/frü/he *f.*, -, *nur Sg.*
Mor/gen/grau/en *n.*, -s, *nur Sg.*
Mor/gen/land *n.*, [e]s, *nur Sg.*, der Orient
mor/gen/län/disch
Mor/gen/luft *f.*, -, -lüfte
Mor/gen/rock *m.*, -[e]s, -röcke
Mor/gen/rot *n.*, -s, *nur Sg.*
Mor/gen/rö/te *f.*, -, *nur Sg.*
mor/gens aber: des Morgens
Mor/gen/son/ne *f.*, -, *nur Sg.*
Mor/gen/stun/de *f.*, -, -n

mor/gig
Mo/ri/tat *f., -, -en,* Schauerballade
Mor/mo/ne *m., -n, -n,* Angehöriger einer von Joseph Smith gegründeten nordamerikanischen Sekte
Mor/phem *n., -[e]s, -e,* kleinster, bedeutungstragender Teil eines Wortes
Mor/phe/ma/tik *f., -, nur Sg.*
Mor/phin (s. Morphium) *n., -s, nur Sg.*
Mor/phi/nis/mus *m., -, nur Sg.,* Morphiumsucht
Mor/phi/um (s. Morphin) *n., -s, nur Sg.,* süchtig machendes Schmerzmittel
mor/phi/um/süch/tig
Mor/pho/ge/ne/se [griech.] *f., -, -n*
mor/pho/ge/ne/tisch
Mor/pho/lo/gie *f., -, nur Sg.,* Lehre von der Formbildung (von Lebewesen und Wörtern)
mor/pho/lo/gisch
morsch
Morsch/heit *f., -, nur Sg.*
Mor/se/al/pha/bet *n., -[e]s, nur Sg.,* Alphabet für die Nachrichtenübermittlung durch Ton- und Lichtsignale
Mor/se/ap/pa/rat *m., -[e]s, -e*
mor/sen *tr.*
Mör/ser *m., -s, -,* 1. Granatwerfer, 2. Gefäß zum Zerkleinern von Stoffen mit einem Stößel
Mor/se/zei/chen *n., -s, -*
Mor/ta/del/la [italien.] *f., -, nur Sg.,* Wurstsorte
Mor/ta/li/tät [lat.] *f., -, nur Sg.,* Sterblichkeit
Mör/tel *m., -s, -,* Bindemittel beim Mauern
Mör/tel/kalk *m., -[e]s, -e*

mör/teln *tr.*
Mo/sa/ik [lat.] *n., -[e]s, -en,* aus vielen kleinen farbigen Steinchen oder Glasstückchen zusammengesetztes Bild
Mo/sa/ik/stein *m., -[e]s, -e*
Mo/sam/bik (s. Mocambique)
Mo/schee [arab.-französ.] *f., -, -n,* Kirche der Mohammedaner
Mo/schus [sanskrit.] *m., -, nur Sg.,* Duftstoff
Mo/schus/och/se *m., -n, -n,* Bisamochse
Mö/se *f., -, -n,* ugs. vulgär für Vagina
Mo/sel *f., -, nur Sg.,* Nebenfluss des Rheins
Mo/sel/land *n., -[e]s, nur Sg.*
Mo/sel/wein *m., -[e]s, -e*
Mo/ses 1. biblischer Prophet, 2. *m., -,* Mosesse, Schiffsjunge
Mos/kau Hpst. von Russland
Mos/kau/er *m., -s, -*
mos/kau/isch
Mos/ki/to [span.] *m., -s, -s,* Stechmücke
Mos/ki/to/netz *n., -[e]s, -e,* feinmaschiges Netz vor Fenstern oder über Betten zum Schutz vor Moskitos
Mos/ko/wi/ter *m., -s, -*
mos/ko/wi/tisch
Mos/lem (s. Muslim)
mos/le/misch (s. muslimisch)
Mos/li/me (s. Muslime)
Most *m., -[e]s, -e,* unvergorener Fruchtsaft
mos/ten *intr.*
Mos/te/rei *f., -, -en*
Mo/tel *n., -s, -,* Hotel an Autostraßen
Mo/tet/te [italien.] *f., -, -n,*

mehrstimmiges Gesangsstück
Mo/ti/on *f., -, -en,* Bewegung
Mo/tiv [französ.] *n., -[e]s, -e,* Beweggrund, Leitgedanke
Mo/ti/va/ti/on *f., -, -en,* Ursache für ein Motiv
Mo/tiv/for/schung *f., -, -en*
mo/ti/vie/ren *tr.*
Mo/ti/vie/rung *f., -, nur Sg.*
mo/ti/visch
Mo/to-Cross *(Nf.)* auch:
Mo/to/cross *(Hf.)* [engl.] *n., -, nur Sg.,* Geschicklichkeitsprüfung im Gelände für Motorradfahrer
Mo/tor [lat.] *m., -s, -en*
Mo/tor/boot *n., -[e]s, -e*
Mo/to/rik *f., -, nur Sg.,* Bewegungslehre, Gesamtheit der Bewegungsabläufe des Körpers
mo/to/risch
mo/to/ri/sie/ren *tr.*
Mo/to/ri/sie/rung *f., -, nur Sg.*
Mo/tor/rad *n., -[e]s, -räder*
Mo/tor/rol/ler *m., -s, -*
Mo/tor/sä/ge *f., -, -n*
Mo/tor/schlit/ten *m., -s, -*
Mo/tor/seg/ler *m., -s, -*
Mo/tor/sport *m., -[e]s, nur Sg.*
Mot/te *f., -, -n*
Mot/ten/fraß *m., -es, nur Sg.*
Mot/ten/kis/te *f., -, -n*
mot/ten/si/cher
Mot/to [italien.] *n., -s, -s,* Leitgedanke, Wahlspruch
mot/zen *intr.,* ugs. für schimpfen
Moun/tain/bike [engl.] *n., -s, -s,* geländetaugliches Fahrrad
Mount Eve/rest *m., -, nur Sg.,* höchster Berg der Erde

Mö/we *f.*, -, -n
Mo/zart/zopf *m.*, -[e]s, -zöpfe, Haarzopf
MP, Mp. Abk. für Maschinenpistole
Mr. Abk. für Mister
Mrd., Md Abk. für Milliarde
Mrs. Abk. für Misses
MS Abk. für Mississippi
m/s, m/sec Abk. für Meter pro Sekunde
MT Abk. für Montana
MTA Abk. für medizinisch-technische Assistentin
Mu/cke *f.*, -, -n, ugs. für Laune
Mü/cke *f.*, -, -n
Mu/cke/fuck *m.*, -s, *nur Sg.*, ugs. für Malzkaffee
Mü/cken/schwarm *m.*, -[e]s, -schwärme
Mü/cken/stich *m.*, -[e]s, -e
muck/sen *intr.*, meist *refl.*, in der Wendung: sich nicht mucksen, ugs. für keinen Laut von sich geben
Muck/ser *m.*, -s, -, ugs. für Laut, z.B. keinen Muckser von sich geben
mucks/mäus/chen/still ugs. für ganz still
mü/de
Mü/dig/keit *f.*, -, *nur Sg.*
Mu/ez/zin [arab.-türk.] *m.*, -s, -s, islamischer Gebetsrufer
Muff [französ.] *m.*, -[e]s, -e, Handwärmer aus Pelz
Muf/fe *f.*, -, -n, Verbindungsstück für Rohre
Muf/fel 1. *f.*, -, -n, Gefäß zum Brennen empfindlicher Töpferwaren, 2. *m.*, -s, -, ugs. für mürrische Person
muf/fe/lig (s. mufflig) ugs. für mürrisch
Muf/fe/lig/keit (s. Muffligkeit) *f.*, -, *nur Sg.*, Verdrießlichkeit
muff/lig (s. muffelig)
Muff/lig/keit (s. Muffeligkeit) *f.*, -, *nur Sg.*
Muff/lon [französ.] *n.*, -s, -s, Wildschaf
Muf/ti [arab.] *m.*, -s, -s, muslim. Rechtsgelehrter
Mü/he *f.*, -, -n
mü/he/los
Mü/he/lo/sig/keit *f.*, -, *nur Sg.*
mu/hen *intr.*, brüllen (Kühe)
mü/hen *refl.*
mü/he/voll
Mühl/bach *m.*, -[e]s, -bäche
Müh/le *f.*, -, -n
Müh/le/spiel *n.*, -[e]s, -e, Brettspiel
Mühl/gra/ben *m.*, -s, -gräben
Mühl/rad *n.*, -[e]s, -räder
Mühl/stein *m.*, -[e]s, -e
Müh/sal *f.*, -, -e
müh/sam
müh/se/lig
Müh/se/lig/keit *f.*, -, *nur Sg.*
Mu/lat/te [span.] *m.*, -n, -n
Mu/lat/tin *f.*, -, -nen
Mulch *m.*, -[e]s, -e, Deckschicht aus Torf oder Gras
mul/chen *tr.*
Mul/de *f.*, -, -n
Mull *m.*, -[e]s, *nur Sg.*, feines Baumwollgewebe
Müll *m.*, -[e]s, *nur Sg.*, Abfall
Müll/ab/fuhr *f.*, -, -en
Müll/au/to *n.*, -s, -s
Mull/bin/de *f.*, -, -n
Müll/ei/mer *m.*, -s, -
Mül/ler *m.*, -s, -
Mül/le/rin *f.*, -, -nen
Müll/kip/pe *f.*, -, -n
Müll/mann *m.*, -[e]s, -männer
Müll/schlu/cker *m.*, -s, -
Müll/ton/ne *f.*, -, -n
Mulm *m.*, -[e]s, *nur Sg.*, lockere Erde
mul/men *tr.* und *intr.*
mul/mig 1. aus Mulm, 2. übertr.: unwohl, 3. übertr.: bedenklich
mul/ti/di/men/si/o/nal vielschichtig
Mul/ti/di/men/si/o/na/lität *f.*, -, *nur Sg.*
mul/ti/la/te/ral vielseitig
Mul/ti-Me/dia *(Nf.)* auch:
Mul/ti/me/dia *(Hf.) nur Pl.*
Mul/ti/mil/li/o/när *m.*, -[e]s, -e, vielfacher Millionär
Mul/tiple-Choice-Ver/fah/ren [lat. und engl.] *n.*, -s, -, Testverfahren
Mul/ti/pli/kand [lat.] *m.*, -en, -en, Zahl, die multipliziert wird
Mul/ti/pli/ka/ti/on *f.*, -, -en, Vervielfachung
mul/ti/pli/ka/tiv
Mul/ti/pli/ka/tor *m.*, -s, -en
mul/ti/pli/zie/ren *tr.*, vervielfachen
Mu/mie [pers.-arab.] *f.*, -, -n, einbalsamierte Leiche
mu/mi/en/haft
Mu/mi/fi/ka/ti/on *f.*, -, -en
mu/mi/fi/zie/ren *tr.*, einbalsamieren
Mu/mi/fi/zie/rung *f.*, -, -en
Mum/me *f.*, -, -n, Maske
mum/meln *tr.*, ugs. für sich einhüllen
Mum/men/schanz *m.*, -[e]s, *nur Sg.*, Maskenfest
Mum/pitz *m.*, -[e]s, *nur Sg.*, Unsinn
Mumps [engl.] *m.*, -[e]s, *nur Sg.*, Infektionskrankheit
Mün/chen dt. Stadt
Mün/che/ner (s. Münchner) *m.*, -s, -
Münch/ner (s. Münchener) *m.*, -s, -
münch/ne/risch
Mund *m.*, -[e]s, Münder

Mund/art *f.*, -, -en, Dialekt
Mund/art/dich/tung *f.*, -, -en
Mund/art/for/schung *f.*, -, *nur Sg.*, Dialektforschung
mund/art/lich
Münd/chen *n.*, -s, -
Mün/del *n.*, -s, -, von einem Vormund betreute Person
mün/del/si/cher
mun/den *intr.*, schmecken
mün/den *intr.*
mund/faul zu faul zum Reden
Mund/fäu/le *f.*, -, *nur Sg.*, Infektionskrankheit
Mund/faul/heit *f.*, -, *nur Sg.*
mund/ge/recht
Mund/ge/ruch *m.*, -[e]s, -gerüche
Mund/har/mo/ni/ka *f.*, -, -s
Mund/höh/le *f.*, -, -n
mün/dig
Mün/dig/keit *f.*, -, *nur Sg.*
mün/dig/spre/chen *tr.*
Münd/lein *n.*, -s, -
münd/lich
Mund/pfle/ge *f.*, -, *nur Sg.*
Mund/raub *m.*, -[e]s, *nur Sg.*, Diebstahl von Lebensmitteln zum sofortigen Verzehr
Mund/stück *n.*, -[e]s, -e
mund/tot
Mün/dung *f.*, -, -en
Mün/dungs/feu/er *n.*, -s, *nur Sg.*
Mund/was/ser *n.*, -s, -wässer
Mund/werk *n.*, -[e]s, *nur Sg.*, z.B. ein loses Mundwerk haben
Mund/win/kel *m.*, -s, -
Mund-zu-Mund-Be/at/mung *f.*, -, *nur Sg.*, Wiederbelebungsmaßnahme
Mun/go [ind.] *m.*, -s, -s, indische Schleichkatze

Mu/ni/ti/on [lat.] *f.*, -, *nur Sg.*, Geschosse für Feuerwaffen
Mu/ni/ti/ons/de/pot *n.*, -s, -s
mun/keln *intr.*, heimlich erzählen
Müns/ter 1. *n.*, -s, -, große Kirche, 2. dt. Stadt, 3. *m.*, -s, *nur Sg.*, kurz für: Münsterkäse
mun/ter
Mun/ter/keit *f.*, -, *nur Sg.*
Münz/an/stalt *f.*, -, -en
Mün/ze *f.*, -, -n
mün/zen *intr.* und *tr.*
Mün/zen/samm/lung (s. Münzsammlung) *f.*, -, -en
Mün/zer *m.*, -s, -
Münz/fäl/scher *m.*, -s, -
Münz/fäl/schung *f.*, -, -en
Münz/fern/spre/cher *m.*, -s, -
Münz/fuß *m.*, -[e]s, -füße, Verhältnis zwischen dem Edelmetallgehalt einer Münze und ihrem Geldwert
Münz/ho/heit *f.*, -, *nur Sg.*
Münz/kun/de *f.*, -, *nur Sg.*, Numismatik
Münz/pro/be *f.*, -, -n
Münz/recht *n.*, -[e]s, -e
Münz/samm/lung (s. Münzensammlung) *f.*, -, -en
Münz/stät/te *f.*, -, -n, Prägestätte für Münzen
Mu/rä/ne [lat.] *f.*, -, -n, Speisefisch
mür/be
Mür/be/teig *m.*, -[e]s, -e
Mu/re *f.*, -, -n, Gesteinsstrom im Gebirge
Mur/mel *f.*, -, -n, kleine Kugel
mur/meln *intr.*
Mur/mel/tier *n.*, -[e]s, -e
mur/ren *intr.*
mür/risch
Mu/schel *f.*, -, -n

Mu/schel/geld *n.*, -[e]s, *nur Sg.*
Mu/schel/kalk *m.*, -[e]s, -e, Stufe der Trias
Mu/se [griech.] *f.*, -, -n, in der griech. Mythologie: Göttin der Kunst und Wissenschaft
mu/se/al zum Museum gehörend
Mu/se/um [griech.] *n.*, -s, Museen
Mu/se/ums/die/ner *m.*, -s, -
mu/se/ums/reif
Mu/se/ums/stück *n.*, -[e]s, -e
Mu/si/cal [engl.] *n.*, -s, -s, moderne Form der Operette
Mu/sik [griech.-lat.] *f.*, -, -en
Mu/sik/a/ka/de/mie *f.*, -, -n
Mu/si/ka/li/en *Pl.*, Notenbücher
mu/si/ka/lisch
Mu/si/ka/li/tät *f.*, -, *nur Sg.*
Mu/si/kant *m.*, -en, -en, Spielmann
Mu/sik/au/to/mat *m.*, -en, -en
Mu/sik/box *f.*, -, -en, Musikautomat
Mu/sik/di/rek/tor *m.*, -s, -en, Chor- oder Orchesterleiter
Mu/sik/dra/ma *n.*, -s, -dramen, Oper
Mu/si/ker *m.*, -s, -
Mu/sik/er/zie/hung *f.*, -, *nur Sg.*
Mu/sik/ge/schich/te *f.*, -, *nur Sg.*
Mu/sik/hoch/schu/le *f.*, -, -n
Mu/sik/in/stru/ment oder auch: **Mu/sik/ins/trument** *n.*, -[e]s, -e
Mu/sik/ka/pel/le *f.*, -, -n
Mu/sik/kas/set/te *f.*, -, -n
Mu/sik/korps *n.*, -, -,

Musikkritik

Musikkapelle des Militärs
Mu/sik/kri/tik *f.,* -, -en
Mu/sik/kri/ti/ker *m.,* -s, -
Mu/sik/leh/rer *m.,* -s, -
Mu/sik/stück *n.,* -[e]s, -e
Mu/sik/the/ra/peut *m.,* -en, -en
Mu/sik/ver/lag *m.,* -[e]s, -e
mu/sik/ver/stän/dig
Mu/sik/werk *n.,* -[e]s, -e
Mu/sik/wis/sen/schaft *f.,* -, *nur Sg.*
Mu/sik/wis/sen/schaft/ler *m.,* -s, -
mu/sisch 1. Kunst liebend, 2. zu den Musen gehörend
mu/si/zie/ren *intr.*
mu/si/zier/freu/dig
Mus/ka/rin [lat.] *n.,* -[e]s, *nur Sg.,* Gift des Fliegenpilzes
Mus/kat *m.,* -[e]s, -e, Gewürz
Mus/kat/blü/te *f.,* -, -n
Mus/ka/tel/ler *m.,* -s, -, Rebensorte
Mus/kat/nuß > **Muskat/nuss** *f.,* -, -nüsse
Mus/kel *m.,* -s, -n
mus/ke/lig
Mus/kel/ka/ter *m.,* -s, *nur Sg.,* Muskelschmerz nach körperlicher Betätigung
Mus/kel/kraft *f.,* -, -kräfte
Mus/kel/protz *m.,* -[e]s, -e
Mus/kel/riß > **Mus/kelriss** *m.,* -es, -e
Mus/kel/to/nus *m.,* -, *nur Sg.,* Muskelspannung
Mus/kel/zer/rung *f.,* -,-en
Mus/ke/te [französ.] *f.,* -, -n, früher: Gewehr
Mus/ke/tier *m.,* -[e]s, -e, früher: Soldat mit Muskete
mus/ku/lär
Mus/ku/la/tur *f.,* -, *nur Sg.,* Gesamtheit der Muskeln des Körpers
mus/ku/lös

Müs/li *n.,* -s, -s, Frühstücksmahlzeit aus Haferflocken, Obst, Milch, Zucker usw.
Mus/lim *m.,* -s, -s, Anhänger des Islam
Mus/li/me *f.,* -, -n
mus/li/misch
Muß > **Muss** *n.,* -, *nur Sg.,* z.B. es ist ein absolutes Muss, es ist eine Notwendigkeit
Muß/be/stim/mung > **Muss/be/stim/mung** *f.,* -, -en
Mu/ße *f.,* -, *nur Sg.,* Ruhe, Zeit
müs/sen *tr.,* gemusst
mü/ßig 1. untätig, 2. unnötig, überflüssig
Mü/ßig/gang *m.,* -[e]s, *nur Sg.,* Nichtstun
Mü/ßig/gän/ger *m.,* -s, -
Mus/tang [span.] *m.,* -s, -s, Wildpferd
Mus/ter *n.,* -s, -
Mus/ter/bei/spiel *n.,* -[e]s, -e
Mus/ter/ex/em/plar oder auch: **Mus/ter/e/xem/plar** *n.,* -[e]s, -e
mus/ter/gül/tig vorbildlich
Mus/ter/gül/tig/keit *f.,* -, *nur Sg.*
mus/ter/haft
Mus/ter/kna/be *m.,* -n, -n,
mus/tern *tr.*
Mus/ter/schü/ler *m.,* -s, -
Mus/ter/schutz *m.,* -es, *nur Sg.*
Mus/ter/stück *n.,* -[e]s -e
Mus/te/rung *f.,* -, -en
Mus/ter/zeich/nung *f.,* -, -en
Mut *m.,* -[e]s, *nur Sg.,* er ist guten Mutes, mir ist nicht nach Lachen zu Mute, auch: zumute
mu/ta/bel [lat.] veränderlich

Mu/ta/bi/li/tät *f.,* -, *nur Sg.*
Mu/tant *m.,* -en, -en, Lebewesen mit veränderten Erbeigenschaften
Mu/ta/ti/on *f.,* -, -en, Veränderung des Erbgutes
mu/ta/tiv
mu/tie/ren [lat.] *intr.,* erblich verändern
mu/tig
mut/los
Mut/lo/sig/keit *f.,* -, *nur Sg.*
mut/ma/ßen *tr.,* er hat es gemutmaßt
mut/maß/lich vermutlich, wahrscheinlich
Mut/ma/ßung *f.,* -, -en
Mut/pro/be *f.,* -, -n
Mut/ter 1. *f.,* -, Mütter, 2. *f.,* -, -n, Schraubenmutter
Müt/ter/be/ra/tungs/stelle *f.,* -, -n
Mut/ter/bo/den *m.,* -s, -böden
Müt/ter/chen *n.,* -s, -
Mut/ter/freu/den *Pl.*
Müt/ter/ge/ne/sungs/werk *n.,* -[e]s, -e
Mut/ter/got/tes *f.,* -, *nur Sg.,* Jungfrau Maria
Mut/ter/got/tes/bild *n.,* -[e]s, -er
Mut/ter/haus *n.,* -[e]s, -häuser, Stammhaus eines Ordens
Mut/ter/korn *n.,* -[e]s, -e, Schmarotzerpilz an Getreide
Mut/ter/ku/chen *m.,* -s, -, sich während der Schwangerschaft bildendes Organ, das der Ernährung des Embryos dient
Mut/ter/land *n.,* -[e]s, -länder
Mut/ter/leib *m.,* -[e]s, -er
Müt/ter/lein *n.,* -s, -
müt/ter/lich
müt/ter/li/cher/seits

Myzetologie

Müt/ter/lich/keit *f.*, -, *nur Sg.*
Mut/ter/lie/be *f.*, -, *nur Sg.*
mut/ter/los
Mut/ter/mal *n.*, -[e]s, -e
Mut/ter/milch *f.*, -, *nur Sg.*
Mut/ter/mund *m.*, -[e]s, -münder, Öffnung des Gebärmutterhalses
Mut/ter/schaft *f.*, -, *nur Sg.*
Mut/ter/schiff *n.*, -[e]s, -e
Mut/ter/schutz *m.*, -es, *nur Sg.*
mut/ter/see/len/al/lein
Mut/ter/söhn/chen *n.*, -s, -, verwöhnter Junge
Mut/ter/spra/che *f.*, -, -n
Mut/ter/tag *m.*, -[e]s, -e
Mut/ter/tier *n.*, -[e]s, -e
Mut/wil/le *m.*, -ns, *nur Sg.*
mut/wil/lig vorsätzlich
Mut/willig/keit *f.*, -, *nur Sg.*

Mütz/chen *n.*, -s, -, kleine Mütze
Müt/ze *f.*, -, -n
Mütz/lein *n.*, -s, -
m. W. Abk. für meines Wissens
MwSt, MWST Abk. für Mehrwertsteuer
My/ke/ne antike Stadt in Griechenland
My/ko/lo/gie *f.*, -, *nur Sg.*, Lehre von den Pilzen
my/ko/lo/gisch
My/ko/se *f.*, -, -n, Pilzerkrankung
My/o/sin *n.*, -[e]s, *nur Sg.*, Muskeleiweiß
Myr/rhe oder auch: **Myr/re** [griech.] *f.*, -, -n, Räucher- und Arzneimittel
Myr/rhen/öl oder auch:
Myr/ren/öl *n.*, -[e]s, -e

Myr/te *f.*, -, -n, immergrüner Strauch
mys/te/ri/ös geheimnisvoll
Mys/te/ri/um *n.*, -s, Mysterien, Geheimnis
Mys/ti/fi/ka/ti/on *f.*, -, -en
mys/ti/fi/zie/ren *tr.*
Mys/tik *f.*, -, *nur Sg.*
Mys/ti/ker *m.*, -s, -
mys/tisch
My/the [griech.] *f.*, -, -n, eindeutschend für Mythos
my/thisch
My/tho/lo/gie *f.*, -, -n
my/tho/lo/gisch
my/tho/lo/gi/sie/ren *tr.*, in mythischer Form darstellen
My/thos *m.*, -, Mythen, Sage, Legende aus früherer Zeit
My/ze/to/lo/gie *f.*, -, *nur Sg.*, veralt. für Mykologie

M

N

n Abk. für Neutron
N Abk. für 1. Norden, 2. Newton, 3. Stickstoff, 4. Norwegen
Na Abk. für Natrium
na!
Na/be *f.*, -, -n, Teil des Rades
Na/bel *m.*, -s, -
Na/bel/bruch *m.*, -[e]s, -brüche
Na/bel/schnur *f.*, -, -schnüre
nach
nach/äf/fen *tr.*, nachahmen
Nach/äf/fe/rei *f.*, -, -en
nach/ah/men *tr.*
nach/ah/mens/wert
Nach/ah/mer *m.*, -s, -
Nach/ah/mung *f.*, -, -en
nach/ah/mungs/wür/dig
nach/ar/bei/ten *tr.*
Nach/bar *m.*, -n, -n
Nach/bar/dorf *n.*, -[e]s, -dörfer
Nach/bar/haus *n.*, -[e]s, -häuser
nach/bar/lich
Nach/bar/schaft *f.*, -, -en
Nach/bars/kind *n.*, -[e]s, -er
Nach/bars/leu/te *nur Pl.*
nach/be/han/deln *tr.*
Nach/be/hand/lung *f.*, -, -en
nach/be/rech/nen *tr.*
Nach/be/rech/nung *f.*, -, -en
nach/be/rei/ten *tr.*
Nach/be/rei/tung *f.*, -, -en
nach/be/stel/len *tr.*
Nach/be/stel/lung *f.*, -, -en
nach/be/ten *tr.*
nach/be/zah/len *tr.*
nach/bil/den *tr.*
Nach/bil/dung *f.*, -, -en
nach/blei/ben *intr.*
Nach/blü/te *f.*, -, -n
nach/blu/ten *intr.*
Nach/blu/tung *f.*, -, -en
nach Chris/ti Ge/burt (Abk.: n. Chr.)
nach/christ/lich

nach/da/tie/ren *tr.*, ein bereits zurückliegendes Datum angeben
Nach/da/tie/rung *f.*, -, -en
nach/dem
nach/den/ken *intr.*
nach/denk/lich
Nach/denk/lich/keit *f.*, -, *nur Sg.*
nach/dich/ten *tr.*
Nach/dich/tung *f.*, -, -en
Nach/druck *m.*, -[e]s, -e
nach/dru/cken *tr.*
nach/drück/lich
Nach/drück/lich/keit *f.*, -, *nur Sg.*
nach/dun/keln *intr.*
nach/ei/fern *intr.*, er eifert ihm nach, ich eifere ihm nach
Nach/ei/fe/rung *f.*, -, *nur Sg.*
nach/ein/an/der oder auch: **nach/ei/nan/der**
nach/emp/fin/den *tr.*
Nach/emp/fin/dung *f.*, -, *nur Sg.*
Na/chen *m.*, -s, -, dicht. für Boot
Nach/er/be *m.*, -n,-n, Erbe eines Erben, nach dessen Tod
nach/er/zäh/len *tr.*
Nach/er/zäh/lung *f.*, -, -en
nach/ex/er/zie/ren oder auch: **nach/e/xer/zie/ren** *intr.*
Nachf. Abk. für Nachfolger
Nach/fahr *m.*, -en, -en
Nach/fah/re *m.*,-n, -n, veralt. für Nachkomme
Nach/fei/er *f.*, -, -n
nach/fei/ern *tr.*
Nach/fol/ge *f.*, -, -n
nach/fol/gen *intr.*
nach/fol/gend aber: das Nachfolgende
Nach/fol/ger *m.*, -s, -, (Abk.: Nachf.)
nach/for/dern *tr.*

Nach/for/de/rung *f.*, -, -en
nach/for/schen *intr.*
Nach/for/schung *f.*, -, -en
Nach/fra/ge *f.*, -, -n
nach/fra/gen *intr.*
nach/füh/len *tr.*
nach/fül/len *tr.*
Nach/fül/lung *f.*, -, -en
nach/gä/ren *intr.*
Nach/gä/rung *f.*, -, -en
nach/ge/ben *intr.* und *tr.*
Nach/ge/bühr *f.*, -, -en, im Nachhinein vom Empfänger zu zahlende Gebühr für eine nicht ausreichend frankierte Postsendung
Nach/ge/burt *f.*, -, -en, Ausstoßung des Mutterkuchens nach der Geburt
nach/ge/hen *intr.*, einer Sache nachgehen, die Uhr geht nach
nach/ge/ord/net
nach/ge/ra/ten *intr.*
Nach/ge/schmack *m.*, -[e]s, -e
nach/ge/wie/se/ner/maßen
nach/gie/big
Nach/gie/big/keit *f.*, -, *nur Sg.*
nach/grü/beln *intr.*
nach/gu/cken *intr.*
Nach/hall *m.*, -[e]s, -e
nach/hal/len *intr.*
nach/hal/tig
Nach/hal/tig/keit *f.*, -, *nur Sg.*
nach/hän/gen *intr.*
Nach/hau/se/weg *m.*, -[e]s, -e
nach/hel/fen *intr.*
nach/her
Nach/hil/fe *f.*, -, -n
Nach/hil/fe/stun/de *f.*, -, -n
nach/hin/ein oder auch: **nach/hi/nein** aber: im Nachhinein
nach/hin/ken *intr.*
Nach/hol/be/darf *m.*, -s, *nur Sg.*

nach/ho/len *tr.*
Nach/hut *f., -, -en*
nach/imp/fen *tr.*
Nach/imp/fung *f., -, -en*
nach/ja/gen *intr.*
Nach/klang *m., -[e]s, -klänge*
nach/klin/gen *intr.*
Nach/kom/me *m., -n, -n*
nach/kom/men *intr.*
Nach/kom/men/schaft *f., -, -en*
Nach/kömm/ling *m., [e]s, -e*
Nach/kriegs/zeit *f., -, -en*
Nach/laß > Nach/lass *m., -es, -e oder Nachlässe*
nach/las/sen *tr.* und *intr.*
Nach/las/sen/schaft *f., -, -en*
Nach/las/ser *m., -s, -,* Erblasser
Nach/laß/ge/richt > Nach/lass/ge/richt *n., -[e]s, -e*
Nach/laß/gläu/bi/ger > Nach/lass/gläu/bi/ger *m., -s, -*
nach/läs/sig
nach/läs/si/ger/wei/se
Nach/läs/sig/keit *f., -, -en*
Nach/laß/pfle/ger > Nach/lass/pfle/ger *m., -s, -*
Nach/laß/ver/wal/tung > Nach/lass/ver/waltung *f., -, nur Sg.*
nach/lau/fen *intr.*
nach/le/gen *tr.*
Nach/le/se *f., -, -n*
nach/le/sen 1. *tr.,* etwas in einem Buch nachlesen, 2. *intr.,* Nachlese halten
nach/lie/fern *tr.*
Nach/lie/fe/rung *f., -, -en*
nach/lö/sen *tr.*
nachm. Abk. für nachmittag(s)
Nachm. Abk. für Nachmittag
nach/mes/sen *tr.*
Nach/mes/sung *f., -, -en*

Nach/mit/tag *m., -[e]s, -e,* (Abk.: Nachm.) Tageszeit
nach/mit/tä/gig
nach/mit/täg/lich
nach/mit/tags (Abk.: nachm.) aber: des Nachmittags
Nach/mit/tags/schlaf *m., -s, nur Sg.*
Nach/mit/tags/vor/stellung *f., -, -en*
Nach/nah/me *f., -, -n*
Nach/nah/me/ge/bühr *f., -, -en*
Nach/nah/me/sen/dung *f., -, -en*
Nach/na/me *m., -ns, -n,* Familienname
nach/plap/pern *tr.*
Nach/por/to *n., -s,* Nachporti, Nachgebühr
nach/prü/fen *tr.*
Nach/prü/fung *f., -, -en*
nach/rech/nen *tr.*
Nach/rech/nung *f., -, -en*
Nach/re/de *f., -, -n*
nach/re/den *tr.*
nach/rei/fen *intr.*
nach/ren/nen *intr.*
Nach/richt *f., -, -en*
Nach/rich/ten/a/gen/tur *f., -, -en*
Nach/rich/ten/bü/ro *n., -s, -s*
Nach/rich/ten/dienst *m., -[e]s, -e*
Nach/rich/ten/sa/tel/lit *m., -en, -en*
Nach/rich/ten/tech/nik *f., -, nur Sg.*
nach/richt/lich
nach/rü/cken *intr.* und *tr.*
Nach/ruf *m., -[e]s, -e*
nach/ru/fen *tr.*
nach/sa/gen *tr.*
Nach/sai/son *f., -, -s*
Nach/satz *m., -[e]s, -sätze*
nach/schau/en *intr.* und *tr.*
nach/schi/cken *tr.*

Nach/schlag *m., -[e]s, -schläge,* 1. ugs. für eine weitere Portion Essen, 2. in der Musik: Abschluss eines Trillers
nach/schla/gen *tr.* und *intr.*
Nach/schla/ge/werk *n., -[e]s, -e*
nach/schlei/chen *tr.*
Nach/schlüs/sel *m., -s, -*
nach/schmei/ßen *tr.*
nach/schrei/ben *tr.*
Nach/schrift *f., -, -en*
Nach/schub *m., -[e]s, -schübe*
nach/se/hen *tr.*
Nach/sen/de/auf/trag *m., -[e]s, -aufträge,* Auftrag, Briefe und Pakete an die neue Adresse nachzusenden
nach/sen/den *tr.*
Nach/sen/dung *f., -, -en*
nach/set/zen *tr.* und *intr.*
Nach/sicht *f., -, nur Sg.,* z.B. Nachsicht haben mit jmdm.
nach/sich/tig
Nach/sil/be *f., -, -n,* in der Grammatik: Suffix, Gs. zu Vorsilbe
nach/sin/gen *tr.*
nach/sin/nen *intr.,* nachdenken
nach/sit/zen *intr.*
Nach/som/mer *m., -s, -*
nach/som/mer/lich
Nach/sor/ge *f., -, nur Sg.*
Nach/spann *m., -[e]s, -e,* Informationen am Ende eines Filmes
Nach/spei/se *f., -, -n,* Dessert
Nach/spiel *n., -[e]s, -e,* z.B. das wird noch ein Nachspiel haben, das wird Konsequenzen haben
nach/spie/len *tr.*
nach/spi/o/nie/ren *intr.*
nach/spre/chen *tr.*

nachspringen

nach/sprin/gen *intr.*
nächst (Superlativ von nahe) 1. Kleinschreibung: nächste Woche, das nächste Mal, 2. Großschreibung: als Nächstes, das Nächste
Nächst/bes/te *m.* oder *f.* oder *n., -n, -n*
Nächs/te(r) *m., -n, -n*
nach/ste/hen *intr.*, er steht ihm in nichts nach
nach/stel/len *tr.* und *intr.*
Nach/stel/lung *f., -, -en*
Nächs/ten/lie/be *f., -, nur Sg.*
nächs/tens bald
nächst/fol/gend
nächst/ge/le/gen
nächst/hö/her
nächst/lie/gend
nach/su/chen *intr.*, bitten
Nacht *f., -, Nächte*
Nacht/an/griff *m., -[e]s, -e*
Nacht/ar/beit *f., -, -en*
nacht/blau
nacht/blind
Nacht/blind/heit *f., -, nur Sg.*
Nacht/dienst *m., -[e]s, -e*
Nach/teil *m., -[e]s, -e*
nach/tei/lig
näch/te/lang aber: viele Nächte lang unterwegs
Nacht/es/sen *n., -s, -*, Abendbrot
Nacht/eu/le *f., -, -n*
Nacht/fal/ter *m., -s, -*
Nacht/flug *m., -[e]s, -flüge*
Nacht/frost *m., -[e]s, -fröste*
Nacht/hemd *n., -[e]s, -en*
Nacht/him/mel *m., -s, -*
näch/tig
Nach/ti/gall *f., -, -en*
näch/ti/gen *intr.*
Nach/tisch *m., -[e]s, -e*, Dessert
Nacht/la/ger *n., -s, -*
Nacht/le/ben *n., -s, nur Sg.*
nächt/lich
Nacht/lo/kal *n., -[e]s, -e*
Nacht/mahl *n., -[e]s, -e* oder -mähler, Abendbrot
Nacht/mahr *m., -[e]s, -e*, Alptraum
Nacht/marsch *m., -[e]s, -märsche*
Nacht/quar/tier *n., -[e]s, -e*
Nacht/trag *m., -[e]s, -träge*
nach/tra/gen *tr.*
nach/tra/gend
nach/träg/lich
nach/trau/ern *intr.*
Nacht/ru/he *f., -, nur Sg.*
nachts aber: eines Nachts, des Nachts
Nacht/schat/ten *m., -s, -*
Nacht/schat/ten/ge/wächs *n., -[e]s, -e*, Pflanzengattung
Nacht/schicht *f., -, -en*
Nacht/schränk/chen *n., -s, -*
Nacht/schwär/mer *m., -s, -*
nacht/sich/tig tagblind
Nacht/sich/tig/keit *f., -, nur Sg.*, Tagblindheit
Nacht/strom *m., -[e]s, nur Sg.*, verbilligter Strom
nachts/ü/ber aber: die ganze Nacht über
Nacht/ta/rif *m., -[e]s, -e*
Nacht/tier *n., -[e]s, -e*
Nacht/tisch *m., -[e]s, -e*, Nachtschränkchen
Nacht/ü/bung *f., -, -en*
nach/tun *intr.*, nacheifern
Nacht/vo/gel *m., -s, -vögel*
Nacht/wa/che *f., -, -n*
Nacht/wäch/ter *m., -s, -*
nacht/wan/deln *intr.*
Nacht/wan/deln *n., -s, nur Sg.*, Schlafwandeln
Nacht/wand/ler *m., -s, -*
nacht/wand/le/risch
Nacht/zeit *f., -, nur Sg.*, z.B. zu jeder Tages- und Nachtzeit
Nacht/zug *m., -[e]s, -züge*
nach/ver/lan/gen *tr.*
nach/voll/zie/hen *tr.*
nach/wach/sen *intr.*
Nach/wahl *f., -, -en*
Nach/we/hen *Pl.*
nach/wei/nen *intr.*
Nach/weis *m., -[e]s, -e*
nach/weis/bar
nach/wei/sen *tr.*
nach/weis/lich
Nach/weit *f., -, nur Sg.*
nach/wer/fen *tr.*
Nach/win/ter *m., -s, -*
nach/win/ter/lich
nach/wir/ken *intr.*
Nach/wir/kung *f., -, -en*
Nach/wort *n., -[e]s, -e*
Nach/wuchs *m., -[e]s, nur Sg.*
Nach/wuchs/kraft *f., -, -kräfte*
Nach/wuchs/schau/spieler *m., -s, -*
nach/zah/len *tr.*
nach/zäh/len *tr.*
Nach/zah/lung *f., -, -en*
Nach/zäh/lung *f., -, -en*
nach/zeich/nen *tr.*
Nach/zei/tig/keit *f., -, nur Sg.*, Gs. zu Vorzeitigkeit
nach/zie/hen *tr.* und *intr.*
Nach/züg/ler *m., -s, -*
Na/cke/dei *m., -s, -s*
Na/cken *m., -s, -*
na/ckend
na/ckig ugs. für nackt
nackt
Nackt/frosch *m., -[e]s, -frösche*
Nackt/heit *f., -, nur Sg.*
Nackt/kul/tur *f., -, nur Sg.*
Nackt/sa/mer *m., -s, -*, Pflanzentyp, Gs. zu Bedecktsamer
Na/del *f., -, -n*
Na/del/ar/beit *f., -, -en*
Na/del/baum *m., -[e]s, -bäume*
Nä/del/chen *n., -s, -*
Na/del/höl/zer *Pl.*, Gs. zu Laubhölzer
na/deln *intr.*, Nadeln abwerfen

Na/del/öhr *n.*, -[e]s, -e
Na/del/wald *m.*, -[e]s, -wälder
Na/gel *m.*, -s, Nägel
Na/gel/bett *n.*, -[e]s, -en
Na/gel/bürs/te *f.*, -, -n
Nä/gel/chen *n.*, -s, -
Na/gel/fei/le *f.*, -, -n
Na/gel/lack *m.*, -[e]s, -e
na/geln *tr.*
na/gel/neu ugs. für ganz neu
Na/gel/rei/ni/ger *m.*, -s, -
Na/gel/sche/re *f.*, -, -n
Na/ge/lung *f.*, -, *nur Sg.*
na/gen *intr.*
Na/ger *m.*, -s, -
Na/ge/tier *n.*, -[e]s, -e
nah
Nah/auf/nah/me *f.*, -, -n
na/he nah, nahe daran, jmdm. zu nahe treten
Nä/he *f.*, -, *nur Sg.*
na/he/bei
na/he/brin/gen *tr.*
na/he/ge/hen *intr.*
na/he/kom/men *intr.*
na/he/le/gen *tr.*
na/he/lie/gen *intr.*
na/hen *intr.*
nä/hen *tr.*
nä/her (Komparativ von nah) aber: alles Nähere folgt, des Näheren
nä/her/brin/gen *tr.*
Nä/he/rei *f.*, -, -en
Nä/he/rin *f.*, -, -nen
Nah/er/ho/lungs/ge/biet *n.*, -[e]s, -e
nä/her/kom/men *intr.*
nä/her/lie/gen *intr.*
nä/hern *refl.*
nä/her/ste/hen *intr.*
nä/her/tre/ten *intr.*
Nä/he/rung *f.*, -, -en
Nä/he/rungs/wert *m.*, -[e]s, -e
na/he/ste/hen *intr.*
na/he/tre/ten *intr.*

na/he/zu
Näh/garn *n.*, -[e]s, -e
Nah/kampf *m.*, -[e]s, -kämpfe
Näh/kas/ten *m.*, -s, -kästen
Näh/korb *m.*, -[e]s, -körbe
Näh/ma/schi/ne *f.*, -, -n
Näh/ma/schi/nen/na/del *f.*, -, -n
Näh/na/del *f.*, -, -n
Nah/ost Naher Osten
Nähr/bod/en *m.*, -s, -böden
näh/ren *tr.*
Nähr/ge/halt *m.*, -[e]s, *nur Sg.*
nahr/haft
Nahr/haf/tig/keit *f.*, -, *nur Sg.*
Nähr/mit/tel *n.*, -s, -
Nähr/stoff *m.*, -[e]s, -e
Nah/rung *f.*, -, *nur Sg.*
Nah/rungs/auf/nah/me *f.*, -, -n
Nah/rungs/mit/tel *n.*, -s, -
Nah/rungs/mit/tel/chemie *f.*, -, *nur Sg.*
Nah/rungs/mit/tel/vergif/tung *f.*, -, -en
Nah/rungs/ver/wei/gerung *f.*, -, *nur Sg.*
Nah/rungs/zu/fuhr *f.*, -, *nur Sg.*
Nähr/wert *m.*, -[e]s, *nur Sg.*
Nah/schnell/ver/kehr *m.*, -s, *nur Sg.*
Nah/schnell/ver/kehrszug *m.*, -[e]s, -züge
Näh/sei/de *f.*, -, -n
Naht *f.*, -, Nähte
Näh/tisch *m.*, -[e]s, -e
naht/los
Naht/stel/le *f.*, -, -n
Nah/ver/kehr *m.*, -s, *nur Sg.*
Nah/ver/kehrs/zug *m.*, -[e]s, -züge
Näh/zeug *n.*, -[e]s, *nur Sg.*
Nai/robi Hpst. von Kenia

na/iv [französ.] einfältig
Na/i/vi/tät *f.*, -, *nur Sg.*
na ja!
Na/me *m.*, -ns, -n
na/men/los
na/mens
Na/mens/än/de/rung *f.*, -, -en
Na/mens/ge/bung *f.*, -, -en
Na/mens/ge/dächt/nis *n.*, -ses, *nur Sg.*
Na/mens/nen/nung *f.*, -, -en
Na/mens/schild *n.*, -[e]s, -er
Na/mens/schwes/ter *f.*, -, -n, Frau mit gleichem Vornamen
Na/mens/stem/pel *m.*, -s, -
Na/mens/tag *m.*, -[e]s, -e
Na/mens/ver/zeich/nis *n.*, -ses, -se
Na/mens/vet/ter *m.*, -s, -n, Person mit gleichem Vornamen
Na/mens/wech/sel *m.*, -s, -
Na/mens/zei/chen *n.*, -s, -, Monogramm
Na/mens/zug *m.*, -[e]s, -züge
na/ment/lich
nam/haft
näm/lich
Na/no/me/ter *n.*, -s, -, (Abk.: nm) ein Milliardstel Meter
Na/no/se/kun/de *f.*, -, -n, (Abk: ns)
na/nu!, **na/nu?**
Napf *m.*, -[e]s, Näpfe
Näpf/chen *n.*, -s, -
Napf/ku/chen *m.*, -s, -
na/po/le/o/nisch aber: die Napoleonischen Kriege
Nap/pa/le/der *n.*, -s, *nur Sg.* abwaschbare Lederart
Nar/be *f.*, -, -n
nar/ben *tr.*
nar/big

Nar/bung *f.*, -, -en
Nar/ko/se *f.*, -, -n, künstlicher Schlafzustand, Betäubung
Nar/ko/ti/kum *n.*, -s, Narkotika, Betäubungsmittel
nar/ko/tisch
nar/ko/ti/sie/ren *tr.*, in Narkose versetzen
Narr *m.*, -en, -en
Närr/chen *n.*, -s, -
nar/ren *tr.*
Nar/ren/fest *n.*, -[e]s, -e
Nar/ren/frei/heit *f.*, -, *nur Sg.*
Nar/ren/haus *n.*, -[e]s, -häuser
Nar/ren/kap/pe *f.*, -, -n
nar/ren/si/cher
Nar/ren/zep/ter *n.*, -s, -
Nar/re/tei *f.*, -, -en, Unsinn
Narr/heit *f.*, -, -en
När/rin *f.*, -, -nen
när/risch
Närr/lein *n.*, -s, -
Nar/ziß > **Nar/ziss** *m.*, -, oder -es, -e, in sich selbst verliebter Mensch
Nar/zis/se *f.*, -, -n, Pflanze
Nar/ziß/mus > **Narzissmus** *m.*, -, *nur Sg.*, krankhaftes Verliebtsein in sich selbst
Nar/zißt > **Nar/zisst** *m.*, -en, -en, narzisstischer Mensch
nar/ziß/tisch > **narzisstisch**
NASA Kurzw. für National Aeronautics and Space Administration (Weltraumbehörde der USA)
na/sal die Nase betreffend
Na/sal *m.*, -[e]s, -e, durch die Nase gesprochener Laut
Na/sa/lie/ren *tr.*
Na/sa/lie/rung *f.*, -,-en
Na/sal/laut *m.*, -[e]s, -e, Nasal
na/schen *tr.* und *intr.*

Näs/chen *n.*, -s, -
Na/scher *m.*, -s, -
Na/sche/rei *f.*, -, -en, Süßigkeit
nasch/haft
Nasch/haf/tig/keit *f.*, -, *nur Sg.*
Nasch/kat/ze *f.*, -, -n
Nasch/sucht *f.*, -, *nur Sg.*
nasch/süch/tig
Nasch/werk *n.*, -[e]s, *nur Sg.*, Süßigkeiten
Na/se *f.*, -, -n
nä/seln *intr.*
Na/sen/bär *m.*, -en, -en
Na/sen/bein *n.*, -[e]s, -e
Na/sen/blu/ten *n.*, -s, *nur Sg.*
Na/sen/flü/gel *m.*, -s, -
Na/sen/höh/le *f.*, -, -n
Na/sen/kor/rek/tur *f.*, -, -en
Na/sen/län/ge *f.*, -, -n, ugs. z.B. in der Wendung: jmdn. um Nasenlänge schlagen, knapp gewinnen
Na/sen/laut *m.*, -[e]s, -e, Nasallaut
Na/sen/loch *n.*, -[e]s, -löcher
Na/sen-Ra/chen-Raum *m.*, -[e]s, -Räume
Na/sen/ring *m.*, -[e]s, -e
Na/sen/rü/cken *m.*, -s, -
Na/sen/schleim/haut *f.*, -, -häute
Na/sen/stü/ber *m.*, -s, -
na/se/weis
Na/se/weis *m.*, -es, -e
nas/füh/ren *tr.*, jmdn. an der Nase herumführen
Nas/horn *n.*, -[e]s, -hörner
Näs/lein *n.*, -s, -
naß > **nass**, nässer, am nässesten
Naß > **Nass** *n.*, -, *nur Sg.*
Nas/sau/er *m.*, -s, -, ugs. für Schnorrer
nas/sau/ern *intr.*
Näs/se *f.*, -, *nur Sg.*
näs/sen *tr.* und *intr.*

naß/fest > **nass/fest**
Naß/fes/tig/keit > **Nass/fes/tig/keit** *f.*, -, *nur Sg.*
naß/kalt > **nass/kalt**
näß/lich > **näss/lich**
Na/ta/li/tät [lat.] *f.*, -, *nur Sg.*, Geburtenhäufigkeit, Gs. zu Mortalität
Na/tan oder auch: **Na/than** Prophet des AT
Na/ti/on [lat.] *f.*, -, -en, Staatsvolk
na/ti/o/nal
na/ti/o/nal/be/wußt >
na/ti/o/nal/be/wusst
Na/ti/o/nal/be/wußt/sein >
Na/ti/o/nal/bewusst/sein *n.*, -s, *nur Sg.*
Na/ti/o/nal/bi/bli/o/thek *f.*, -, -en
na/ti/o/nal/de/mo/kratisch
Na/ti/o/nal/denk/mal *n.*, -[e]s, -denkmäler
Na/ti/o/nal/elf *f.*, -, -en, Fußballmannschaft eines Landes
Na/ti/o/nal/e/pos *n.*, -, -epen
Na/ti/o/nal/far/ben *Pl.*, Landesfarben
Na/ti/o/nal/fei/er/tag *m.*, -[e]s, -e, gesetzlicher Feiertag
Na/ti/o/nal/flag/ge *f.*, -, -n, Staatsflagge
Na/ti/o/nal/ge/fühl *n.*, -[e]s, *nur Sg.*
Na/ti/o/nal/ge/richt *n.*, -[e]s, -e, typische Speise eines Landes
Na/ti/o/nal/hym/ne *f.*, -, -n
Na/ti/o/na/li/sie/ren *tr.*
Na/ti/o/na/li/sie/rung *f.*, -, -en
Na/ti/o/na/lis/mus *m.*, -, *nur Sg.*
Na/ti/o/na/list *m.*, -en, -en
na/ti/o/na/lis/tisch
Na/ti/o/na/li/tät *f.*, -, -en,

Staatsangehörigkeit **Na/ti/o/na/li/tä/ten/staat** *m.,* -[e]s, -en, Vielvölkerstaat
Na/ti/o/na/li/täts/prin/zip *n.,* -s, *nur Sg.*
Na/ti/o/nal/kon/vent *m.,* -[e]s, -e, 1. in den USA: Delegiertenversammlung, die den Präsidentschaftskandidaten nominiert, 2. früher: französ. Nationalversammlung
na/ti/o/nal/li/be/ral
Na/ti/o/nal/li/te/ra/tur *f.,* -, -en
Na/ti/o/nal/mann/schaft *f.,* -, -en, Auswahl von Sportlern für internationale Wettkämpfe
Na/ti/o/nal/ö/ko/no/mie *f.,* -, *nur Sg.,* Volkswirtschaftslehre
na/ti/o/nal/ö/ko/nomisch
Na/ti/o/nal/park *m.,* -s, -s, staatlich bestimmtes Naturschutzgebiet
Na/ti/o/nal/so/zi/a/lismus *m.,* -, *nur Sg.*
Na/ti/o/nal/so/zi/a/list *m.,* -en, -en
na/ti/o/nal/so/zi/a/listisch
Na/ti/o/nal/staat *m.,* -[e]s, -en, Gs. zu Nationalitätenstaat
Na/ti/o/nal/tracht *f.,* -, -en
Na/ti/o/nal/ver/sammlung *f.,* -, -en
na/tiv [lat.] angeboren
NATO *f.,* -, *nur Sg.,* Kurzw. für North Atlantic Treaty Organization
Na/tri/um oder auch: **Nat/ri/um** *n.,* -s, *nur Sg.,* ehem. Element (Zeichen: Na)
Na/tri/um/car/bo/nat oder auch: **Nat/ri/um/carbo/nat** (s. Natriumkarbonat) *n.,* -[e]s, *nur Sg.*

Na/tri/um/chlo/rid oder auch: **Nat/ri/um/chlo/rid** *n.,* -[e]s, *nur Sg.,* Kochsalz
Na/tri/um/kar/bo/nat oder auch: **Nat/ri/umkarbo/nat** (s. Natriumcarbonat) *n.,* -[e]s, *nur Sg.,* Soda
Nat/ter *f.,* -, -n, Schlangenart
Na/tur Dat.] *f.,* -, -en
Na/tu/ral/be/zü/ge *Pl,* Bezahlung in Naturalien
Na/tu/ra/li/en *Pl.,* Lebensmittel, selten auch: lebensnotwenige Dinge
Na/tu/ra/li/sa/ti/on *f.,* -, -en, Einbürgerung
na/tu/ra/li/sie/ren *tr.*
Na/tu/ra/li/sie/rung *f.,* -, -en
Na/tu/ra/lis/mus *m.,* -, *nur Sg.,* Kunstrichtung
Na/tu/ra/list *m.,* -en, -en, Vertreter des Naturalimus
Na/tu/ra/lis/tisch
Na/tu/ral/wirt/schaft *f.,* -, -en, Tauschwirtschaft
Na/tur/apo/pos/tel *m.,* -s, -, oder auch: **Na/tur/a/pos/tel** *m.,* -s, -, Person, die eine alternative, natürliche Lebensweise vertritt
Na/tur/bur/sche *m.,* -n, -n
Na/tur/denk/mal *n.,* -[e]s, -denkmäler
na/ture [französ.] natürlich, ohne Zusatz
Na/tur/eis *n.,* -es, *nur Sg.,* im Gs. zu Speiseeis
na/tu/rell [französ.] natürlich, ohne Zusatz
Na/tu/rell *n.,* -[e]s, -e, Wesen, Gemüt, z.B. sie hat ein fröhliches Naturell
Na/tur/er/eig/nis *n.,* -ses, -se
Na/tur/er/schei/nung *f.,* -, -en
Na/tur/er/zeug/nis *n.,* -ses, -se
na/tur/far/ben

Na/tur/for/scher *m.,* -s, -
Na/tur/for/schung *f.,* -, -en
Na/tur/freund *m.,* -[e]s, -e
Na/tur/ge/fühl *n.,* -[e]s, *nur Sg.*
na/tur/ge/ge/ben
na/tur/ge/mäß
Na/tur/ge/schich/te *f.,* -, -n
na/tur/ge/schicht/lich
Na/tur/ge/setz *n.,* -[e]s, -e
na/tur/ge/treu
na/tur/haft
Na/tur/heil/kun/de *f.,* -, *nur Sg.*
Na/tur/heil/kun/di/ge(r) *m.,* -n, -n
Na/tur/heil/ver/fah/ren *n.,* -s, -, alternative Heilmethode
na/tur/his/to/risch
Na/tu/ris/mus *m.,* -, *nur Sg.*
Na/tu/rist *m.,* -en, -en, Anhänger der Freikörperkultur
Na/tur/kind *n.,* -[e]s, -er
Na/tur/kraft *f.,* -, -kräfte
Na/tur/kun/de *f.,* -, *nur Sg.*
na/tur/kund/lich
Na/tur/leh/re *f.,* -, *nur Sg.*
Na/tur/lehr/pfad *m.,* -[e]s, -e
na/tür/lich
na/tür/li/cher/wei/se
Na/tür/lich/keit *f.,* -, *nur Sg.*
Na/tur/mensch *m.,* -en, -en
na/tur/not/wen/dig
Na/tur/phi/lo/so/phie *f.,* -, -n
Na/tur/pro/dukt *n.,* -[e]s, -e
Na/tur/recht *n.,* -[e]s, -e, im Wesen jedes Menschen begründetes Recht
Na/tur/reich *n.,* -[e]s, -e
na/tur/rein
Na/tur/re/li/gi/on *f.,* -, -en
Na/tur/schät/ze *Pl.*
Na/tur/schau/spiel *n.,* -[e]s, -e

Na/tur/schön/heit *f.*, -,- en
Na/tur/schutz *m.*, -es, *nur Sg.*
Na/tur/schutz/ge/biet *n.*, -[e]s, -e
Na/tur/spiel *n.*, -[e]s, -e
Na/tur/the/a/ter *n.*, -s, -, Theater unter freiem Himmel
Na/tur/treue *f.*, -, *nur Sg.*
Na/tur/trieb *m.*, -[e]s, -e
Na/tur/volk *n.*, -[e]s, -völker
Na/tur/wein *m.*, -[e]s, -e
na/tur/wid/rig
Na/tur/wis/sen/schaft *f.*, -, -en
Na/tur/wis/sen/schaft/ler *m.*, -s, -
na/tur/wis/sen/schaftlich
na/tur/wüch/sig
Na/tur/wun/der *n.*, -s, -
Na/tur/zu/stand *m.*, -[e]s, *nur Sg.*
Nau/si/kaa [griech.] griech. Sagenfigur
Nau/tik [griech.] *f.*, -, *nur Sg.*, Schifffahrtskunde
Nau/ti/ker *m.*, -s, -
nau/tisch
Na/vi/ga/ti/on [lat.] *f.*, -, *nur Sg.*, Kursbestimmung (bei Schiffen, Flugzeugen usw.)
Na/vi/ga/ti/ons/raum *m.*, -[e]s, -räume
Na/vi/ga/ti/ons/schu/le *f.*, -, -*n*
na/vi/ga/to/risch
na/vi/gie/ren *intr.*
Na/za/ret oder auch:
Na/za/reth Stadt in Israel
Na/zi *m.*, -s, -s, Kurzw. für Nationalsozialist
Na/zis/mus *m.*, -, *nur Sg.*, Kurzw. für Nationalsozialismus
na/zis/tisch
Na/zi/zeit *f.*, -, *nur Sg.*, Zeit des Nationalsozialismus
n. Br. Abk. für nördliche Breite
NC Abk. für North Carolina
n. Chr. Abk. für nach Christi Geburt
ND Abk. für North Dakota
NDR Abk. für Norddeutscher Rundfunk
Ne ehem. Zeichen für Neon
NE Abk. für Nebraska
Ne/an/der/ta/ler *m.*, -s, -,
Ne/a/pel italien. Stadt
Ne/a/po/li/ta/ner *m.*, -s, -, Einwohner von Neapel
ne/a/po/li/ta/nisch
Ne/bel *m.*, -s, -
ne/bel/grau
Ne/bel/horn *n.*, -[e]s, -hörner, Signalhorn (auf Schiffen)
ne/be/lig (s. neblig)
ne/beln *intr.*
Ne/bel/schein/wer/fer *m.*, -s, -
Ne/bel/schlei/er *m.*, -s, -
Ne/bel/schwa/den *m.*, -s, -
Ne/bel/wand *f.*, -, -wände
ne/ben
Ne/ben/ab/sicht *f.*, -, -en
Ne/ben/amt *n.*, -[e]s, -ämter
ne/ben/an
Ne/ben/be/deu/tung *f.*, -, -en
ne/ben/bei
Ne/ben/be/ruf *m.*, -[e]s, -e
ne/ben/be/ruf/lich
Ne/ben/be/schäf/ti/gung *f.*, -, -en
Ne/ben/buh/ler *m.*, -s, -
ne/ben/ei/nan/der oder auch: **ne/ben/ei/nan/der**
ne/ben/ei/nan/der/her oder auch: **ne/ben/ei/nander/her**
ne/ben/ei/nan/der/le/gen *tr.*
ne/ben/ei/nan/der/setzen oder auch: **ne/ben/ei/-nan/derset/zen** *tr.*
ne/ben/ei/nan/der/sitzen *intr.*
ne/ben/ei/nan/der/stellen *tr.*
Ne/ben/ein/gang *m.*, -[e]s, -gänge
Ne/ben/ein/nah/me *f.*, -, -n
Ne/ben/er/schei/nung *f.*, -, -en
Ne/ben/er/werb *m.*, -[e]s, -e
Ne/ben/er/zeug/nis *n.*, -ses, -se
Ne/ben/fach *n.*, -[e]s, -fächer, zweites Fach (z.B. im Studium)
Ne/ben/fi/gur *f.*, -, -en
Ne/ben/fluß > **Ne/benfluss** *m.*, -es, -flüsse
Ne/ben/frau *f.*, -,-en, Geliebte
Ne/ben/ge/räusch *n.*, -[e]s, -e
ne/ben/her
ne/ben/her/ge/hen *intr.*
ne/ben/hin
Ne/ben/ho/den *m.*, -s, -, Teil des Hodens
Ne/ben/höh/le *f.*, -, -n
Ne/ben/kla/ge *f.*, -, -n
Ne/ben/klä/ger *m.*, -s, -
Ne/ben/kos/ten *nur Pl.*
Ne/ben/mann *m.*, -[e]s, -männer
Ne/ben/nie/re *f.*, -, -n
ne/ben/ord/nen *tr.*
Ne/ben/pro/dukt *n.*, -[e]s, -e
Ne/ben/raum *m.*, -[e]s, -räume
Ne/ben/rol/le *f.*, -, -n
Ne/ben/sa/che *f.*, -, -n
ne/ben/säch/lich
Ne/ben/säch/lich/keit *f.*, -, -en
Ne/ben/satz *m.*, -[e]s, -sätze, Gs. zu Hauptsatz
Ne/ben/sinn *m.*, -[e]s, -e
ne/ben/ste/hend
Ne/ben/stel/le *f.*, -, -n
Ne/ben/stra/ße *f.*, -, -n
Ne/ben/tisch *m.*, -[e]s, -e
Ne/ben/tür *f.*, -, -en
Ne/ben/ver/dienst *m.*, -[e]s, -e

Nervenheilkunde

Ne/ben/wir/kung *f.*, -,-en
Ne/ben/zim/mer *n.*, -s, -
Ne/ben/zweck *m.*, -[e]s, -e
neb/lig (s. nebelig)
Ne/bras/ka oder auch:
Neb/ras/ka (Abk.: NE) Staat in den USA
nebst (mit Dativ)
Ne/ces/saire *(Nf.)* auch:
Nes/se/sär *(Hf.)* [französ.] *n.*, -s, -s, Behältnis für Toilettenartikel, z.B. auf Reisen
ne/cken *tr.*
Ne/cke/rei *f.*, -, -en
ne/ckisch
Neer *f.*, -, -en, ugs. für Wasserstrudel
Nef/fe *m.*, -n, -n
Ne/ga/ti/on [lat.] *f.*, -, -en, Verneinung
ne/ga/tiv
Ne/ga/tiv *n.*, -[e]s, -e, Foto nach dem Entwickeln mit vertauschten Farben
Ne/ga/ti/vis/mus *m.*, -, *nur Sg.*
ne/ga/ti/vis/tisch
Ne/ga/ti/vi/tät *f.*, -, *nur Sg.*
Ne/ger *m.*, -s, -
ne/gie/ren [lat.] *tr.*, verneinen
Ne/gie/rung *f.*, -, *nur Sg.*, Verneinung
Ne/gli/ge oder auch:
Neg/li/ge *(Nf.)* auch:
Ne/gli/gee oder auch:
Neg/li/gee *(Hf.)* [französ.] *n.*, -s, -s
ne/grid oder auch: **neg/rid**
Ne/gri/de oder auch:
Neg/ri/de *Pl.*, Sammelbezeichnung für dunkelhäutige Menschen mit Kraushaar
Ne/gro/spi/ri/tu/al oder auch: **Neg/ro/spi/ri/tu/al** *m.* oder *n.*, -s, -s
neh/men *tr*
Neh/mer *m.*, -s, -

Neh/rung *f.*, -, -en, Landstreifen vor einem Haff
Neid *m.*, -[e]s, *nur Sg.*, Missgunst
nei/den *tr.*, nicht gönnen
Nei/der *m.*, -s, -
Neid/ham/mel *m.*, -s, -, ugs. für Neider
nei/dig veralt.
nei/disch
neid/los
Neid/lo/sig/keit *f.*, -, *nur Sg.*
Nei/ge *f.*, -, -n, z.B. der Abend geht zur Neige, der Abend endet
nei/gen *tr.*
Nei/gung *f.*, -, -en
Nei/gungs/win/kel *m.*, -s, -
nein nein sagen oder auch: Nein sagen, ach nein!
Nein *n.*, -s, *nur Sg.*, ein bestimmtes Nein, mit Nein antworten
Nein/sa/ger *m.*, -s, -
Nein/stim/me *f.*, -, -n
Nek/tar [griech.] *m.*, -s, *nur Sg.*, 1. Fruchtgetränk, 2. zuckerhaltige Blütenabsonderung
Nek/ta/ri/ne *f.*, -, -n, Frucht
Nel/ke *f.*, -, -n
nen/nen *tr.*
nen/nens/wert
Nen/ner *m.*, -s, -s, in der Mathematik: die unter dem Bruchstrich stehende Zahl
Nenn/form *f.*, -, -en, in der Grammatik: Infinitiv
Nenn/on/kel *m.*, -s, -
Nenn/tan/te *f.*, -, -n
Nen/nung *f.*, -, -en
Nenn/wert *m.*, -[e]s, -e
Ne/o/fa/schis/mus *m.*, -, *nur Sg.*, faschistische Tendenzen und Strömungen nach dem Zweiten Weltkrieg
Ne/o/fa/schist *m.*, -en, -en
ne/o/fa/schis/tisch

Ne/o/klas/si/zis/mus *m.*, -, *nur Sg.*, Kunstform
Ne/o/klas/si/zist *m.*, -en, -en
ne/o/klas/si/zis/tisch
Ne/on *n.*, -s, *nur Sg.*, chem. Element (Zeichen: Ne)
Ne/on/licht *n.*, -[e]s, -e
Ne/on/röh/re *f.*, -, -n
Ne/pal Staat im Himalaja
Ne/pa/ler *m.*, -s, -
Ne/pa/le/se *m.*, -n, -n
ne/pa/le/sisch
ne/pa/lisch
Ne/phrit oder auch:
Neph/rit *m.*, -[e]s, -e, Mineral
Ne/po/tis/mus Hat.] *m.*, -, *nur Sg.*, Vetternwirtschaft
Nepp *m.*, -s, *nur Sg.*, Wucher
nep/pen *tr.*
Nep/per *m.*, -s, -
Nepp/lo/kal *n.*, -[e]s, -e, sündhaft teures Lokal
Nep/tun 1. *m.*, -[s], *nur Sg.*, Planet, 2. in der röm. Mythologie: Meeresgott
Ne/re/i/de *f.*, -, -n, in der griech. Mythologie: Meerjungfrau
Nerf/ling *m.*, -[e]s, -e, Süßwasserfisch
ne/ri/tisch [griech.] zum Küstenmeer gehörend
Nerv [lat.] *m.*, -s, -en
ner/ven *tr.*, ugs. für nervös machen
Ner/ven/arzt *m.*, -[e]s, -ärzte, ugs. für Neurologe
ner/ven/auf/rei/bend
Ner/ven/bahn *f.*, -, -en
Ner/ven/bün/del *n.*, -s, -
Ner/ven/ent/zün/dung *f.*, -, -en
Ner/ven/gift *n.*, -[e]s, -e
Ner/ven/heil/an/stalt *f.*, -, -en
Ner/ven/heil/kun/de *f.*, -, *nur Sg.*

559

Ner/ven/kit/zel *m.*, -s, -
Ner/ven/kli/nik *f.*, -, -en
Ner/ven/kraft *f.*, -, -kräfte
ner/ven/krank
Ner/ven/krank/heit *f.*, -, -en
Ner/ven/probe *f.*, -, -n
Ner/ven/sä/ge *f.*, -, -n, ugs. für Person, die andere nervös macht
ner/ven/schwach
Ner/ven/schwä/che *f.*, -, *nur Sg.*
Ner/ven/sys/tem *n.*, -[e]s, -e
ner/vig
nerv/lich
ner/vös
Ner/vo/si/tät *f.*, -, *nur Sg.*
nerv/tö/ten nervös machend
Nerz *m.*, -[e]s, -e
Nes/sel *f.*, -, -n, Brennnessel
Nes/sel/aus/schlag *m.*, -[e]s, *nur Sg.*
Nes/sel/fie/ber *n.*, -s, -
Nes/sel/sucht *f.*, -, *nur Sg.*, juckender Hautausschlag
Nes/sel/tier *n.*, -[e]s, -e
Nes/ses/sär (s. Necessaire) *n.*, -s, -s
Nest *n.*, -[e]s, -er
Nest/bau *m.*, -[e]s, *nur Sg.*
Nest/chen *n.*, -s, - oder Nesterchen
Nes/tel *f.*, -, -n, veralt. für Schnürsenkel
nes/teln *intr.*
Nes/ter/chen Pl. von Nestchen
Nest/flüch/ter *m.*, -s, -
Nest/häk/chen *m.*, -s, -, jüngstes Kind in einer Familie
Nest/ho/cker *m.*, -s, -
Nest/ling *m.*, -[e]s, -e, Vogel, der noch nicht flügge ist
nest/warm
Nest/wär/me *f.*, -, -n, übertr.: Geborgenheit im Elternhaus

nett
net/ter/wei/se
Net/tig/keit *f.*, -, -en
net/to [italien.] rein, Rest nach Abzügen
Net/to/ein/kom/men *n.*, -s, -
Net/to/er/trag *m.*, -[e]s, -erträge
Net/to/ge/wicht *n.*, -[e]s, -e, Gewicht abzüglich Verpackung
Net/to/ge/winn *m.*, -[e]s, -e
Net/to/lohn *m.*, -[e]s, -löhne
Net/to/preis *m.*, -es, -e
Net/to/ver/dienst *m.*, -[e]s, -e
Netz *n.*, -es, -e
Netz/an/schluß >
Netzan/schluss *m.*, -es, anschlüsse
net/zen *tr.*, nass machen
Netz/ge/rät *n.*, -[e]s, -e
Netz/haut *f.*, -, -häute, innerste Schicht des Augapfels
Netz/hemd *n.*, -[e]s, -en
Netz/kar/te *f.*, -, -n
Netz/werk *n.*, -[e]s, -e
neu 1. Kleinschreibung: von neuem, das neue Jahr, seit neuestem, 2. Großschreibung: aufs Neue, alles Neue, das Neueste, auf ein Neues, die Neue Welt, das Neue Testament, 3. in Verbindung mit Verben: neu eröffnen
Neu/an/kömm/ling *m.*, -[e]s, -e
Neu/an/schaf/fung *f.*, -, -en
neu/a/pos/to/lisch aber: die Neuapostolische Kirche
neu/ar/tig
Neu/ar/tig/keit *f.*, -, *nur Sg.*
Neu/auf/la/ge *f.*, -, -n
Neu/bau *m.*, -[e]s, -bauten
Neu/bau/woh/nung *f.*, -, -en
neu/be/ar/bei/tet oder auch: **neu be/ar/bei/tet**

Neu/bil/dung *f.*, -, -en
Neu/druck *m.*, -[e]s, -e
neu/ein/stu/diert oder auch: **neu ein/stu/diert**
neu/er/dings
Neu/e/rer *m.*, -s, -
neu/er/lich
Neu/er/schei/nung *f.*, -, -en
Neu/e/rung *f.*, -, -en
neu/es/tens
Neu/fund/land kanadische Provinz
Neu/fund/län/der *m.*, -s, -, 1. Einwohner von Neufundland, 2. Hunderasse
neu/fund/län/disch
neu/ge/bo/ren
Neu/ge/bo/re/ne(s) *n.*, -n, -n, Säugling
neu/ge/schaf/fen oder auch: **neu ge/schaf/fen**
Neu/ge/stal/tung *f.*, -, -en
Neu/gier, Neu/gier/de *f.*, -, *nur Sg.*
neu/gie/rig
Neu/go/tik *f.*, -, *nur Sg.*, Baustil
neu/go/tisch
neu/grie/chisch
Neu/grie/chisch *n.*, -[s], *nur Sg.*, das heutige Griechisch
Neu/gui/nea Insel bei Australien
Neu/heit *f.*, -, -en
neu/hoch/deutsch
Neu/hoch/deutsch *n.*, -[s], *nur Sg.*, die dt. Sprache seit dem 15. Jahrhundert
Neu/hu/ma/nis/mus *m.*, -, *nur Sg.*
Neu/ig/keit *f.*, -, -en
Neu/jahr *n.*, -s, *nur Sg.*
Neu/jahrs/fest *n.*, -[e]s, -e
Neu/jahrs/gruß *m.*, -[e]s, -grüße
Neu/land *n.*, -[e]s, *nur Sg.*
neu/lich
Neu/ling *m.*, -[e]s, -e

neu/mo/disch
Neu/mond *m.,* -[e]s, *nur Sg.*
neun
Neun *f.,* -, -en
Neun/au/ge *n.,* -[e]s, -e, Wirbeltier
Neu/ner *m.,* -s, -
neun/mal/klug ugs. für altklug
neun/schwän/zig z.B. neunschwänzige Katze: Lederpeitsche
Neun/tel *n.,* -s, -
Neu/ord/nung *f.,* -, -en
Neu/o/ri/en/tie/rung *f.,* -, -en
Neur/al/gie oder auch: **Neu/ral/gie** [griech.] *f.,* -, -n, Nervenschmerz
Neur/al/gi/ker oder auch: **Neu/ral/gi/ker** *m.,* -s, -
neur/al/gisch oder auch: **neu/ral/gisch**
Neu/re/ge/lung,
Neu/reg/lung *f.,* -, -en
neu/reich
Neu/ro/chir/urg oder auch: **Neu/ro/chi/rurg** *m.,* -en, -en
Neu/ro/chir/ur/gie oder auch: **Neu/ro/chi/rur/gie** *f.,* -, *nur Sg.,* Nervenchirurgie
neu/ro/chir/ur/gisch oder auch: **neu/ro/chirur/gisch**
Neu/ro/der/mi/tis *f.,* -, Neurodermitiden, Hautkrankheit
Neu/ro/lo/ge *m.,* -n, -n
Neu/ro/lo/gie *f.,* -, *nur Sg.,* Lehre von den Nerven
neu/ro/lo/gisch
Neu/ro/se *f.,* -, -n, psychische Störung
Neu/ro/ti/ker *m.,* -s, -
neu/ro/tisch
Neu/schnee *m.,* -s, *nur Sg.*
Neu/see/land Inselgruppe im Pazifik

Neu/see/län/der *m.,* -s, -
neu/see/län/disch
neu/tes/ta/ment/lich zum Neuen Testament gehörend
Neu/tra oder auch: **Neut/ra** *Pl.* von Neutrum
neu/tral oder auch:
neut/ral [lal.] unparteiisch, unbeteiligt
Neu/tra/li/sa/ti/on oder auch: **Neut/ra-** *f.,* -, -en
neu/tra/li/sie/ren oder auch: **neut/ra-** *tr.,* unwirksam machen
Neu/tra/li/sie/rung oder auch: **Neut/ra-** *f.,* -, -en
Neu/tra/lis/mus oder auch: **Neut/ra-** *m.,* -, *nur Sg.,* Prinzip der Nichteinmischung
Neu/tra/list oder auch: **Neut/ra-** *m.,* -en, -en
neu/tra/lis/tisch oder auch: **neut/ra-**
Neu/tra/li/tät oder auch: **Neut/ra-** *f.,* -, *nur Sg.,* neutrales Verhalten
Neu/tra/li/täts/prin/zip oder auch: **Neut/ra-** *n.,* -s, *nur Sg.*
Neu/tren oder auch: **Neut/ren** *Pl.* von Neutrum
Neu/tron oder auch: **Neut/ron** (Abk.: n) Elementarteilchen
Neu/trum oder auch: **Neut/rum** *n.,* -s, Neutra oder Neutren, in der Grammatik: sächliches Geschlecht
neu/ver/mählt oder auch: **neu ver/mählt**
Neu/wahl *f.,* -, -en
Neu/wert *m.,* -[e]s, *nur Sg.*
Neu/zeit *f.,* -, *nur Sg.*
neu/zeit/lich
Ne/va/da (Abk.: NV) Staat in den USA
New Age [engl.] *n.,* -, *nur*

Sg., Bezeichnung für eine gesellschaftliche Bewegung
New/co/mer [engl.] *m.,* -s, -, Aufsteiger
New Hamp/shire (Abk.: NH) Staat in den USA
New Jer/sey (Abk.: NJ) Staat in den USA
New Me/xi/co (Abk.: NM) Staat in den USA
New/ton *n.,* -, -, (Abk.: N) Maßeinheit für die Kraft
New York 1. (Abk.: NY) Staat in den USA, 2. Stadt im gleichnamigen Staat
New Yor/ker *m.,* -s, -
Ne/xus [lat.] *m.,* -, -, Zusammenhang
NH Abk. für New Hampshire
nhd. neuhochdeutsch
Ni chem. Zeichen für Nickel
Ni/be/lun/gen *Pl.* dt. Sagengeschlecht
Ni/be/lun/gen/lied *n.,* -[e]s, *nur Sg.,* mhd. Epos
Ni/be/lun/gen/sa/ge *f.,* -, -n
Ni/ca/ra/gua mittelamerikanischer Staat
Ni/ca/ra/gu/a/ner *m.,* -s, -
ni/ca/ra/gu/a/nisch
nicht
Nicht/ach/tung *f.,* -, *nur Sg.*
nicht/amt/lich *(Nf.)* auch: **nicht amt/lich** *(Hf.)* z.B. nicht amtliche Mitteilungen
Nicht/an/griffs/pakt *m.,* -[e]s, -e
Nicht/be/ach/tung *f.,* -, *nur Sg.*
Nicht/be/fol/gung *f.,* -, *nur Sg.*
nicht/christ/lich *(Nf)* auch: **nicht christ/lich** *(Hf.)*
Nicht/deut/sche(r) *m.* oder *f.,* -n, -n
Nich/te *f.,* -, -n

Nichteinhaltung

Nicht/ein/hal/tung f., -, nur Sg.
Nicht/ein/mi/schung f., -, nur Sg.
Nicht/er/schei/nen n., -s, nur Sg.
Nicht/fach/mann m., [e]s, Nichtfachleute
Nicht/ge/fal/len n., -s, nur Sg.
nich/tig
Nich/tig/keit f., -, -en
Nich/tig/keits/kla/ge f., -, -n
Nicht/ka/tho/lik m., -en, -en
nicht/krieg/füh/rend oder auch: **nicht Krieg füh/rend**
nicht/lei/tend (Nf.) auch: **nicht lei/tend** (Hf.)
Nicht/lei/ter m., -s, -, Stoff, der elektrischen Strom nicht weiterleitet
Nicht/me/tall n., -[e]s, -e
Nicht/mit/glied n., -[e]s, -er
nicht/öf/fent/lich (Nf.) auch: **nicht öf/fent/lich** (Hf.)
Nicht/rau/cher m., -s, -
Nicht/rau/cher/ab/teil n., -[e]s, -e
nicht/ros/tend (Nf.) auch: **nicht ros/tend** (Hf.)
nichts gar nichts, nichts als Ärger
Nichts n., -[e]s, nur Sg.
Nicht/schwim/mer m., -s, -
nichts/des/to/min/der
nichts/des/to/trotz
nichts/des/to/we/ni/ger
Nicht/sein n., -s, nur Sg.
Nichts/kön/nen m., -s, -
Nichts/nutz m., -[e]s, -e
nichts/nut/zig
Nichts/nut/zig/keit f., -, nur Sg.
nichts/sa/gend oder auch: **nichts sa/gend**
Nichts/tu/er m., -s, -
Nichts/tun n., -s, nur Sg.
nichts/wür/dig
Nicht/ü/ber/ein/stimmung f., -, nur Sg.
Nicht/wis/sen n., -s, nur Sg
Nicht/zu/tref/fen/de(s) n., -n, -n
Ni/ckel n., -s, nur Sg., ehem. Element (Zeichen: Ni)
Ni/ckel/blü/te f., -, -n, Mineral
ni/cken intr.
Ni/cker/chen n., -s, -, ugs. für kurzer Schlaf
Ni/co/tin (s. Nikotin) n., -[e]s, nur Sg.
nie
nie/der
nie/der/beu/gen tr.
nie/der/bren/nen tr. und intr.
nie/der/deutsch
Nie/der/deutsch n., -[s], nur Sg., Mundart
Nie/der/druck m., -[e]s, -drücke
nie/der/drü/ckend
nie/der/fallen intr.
Nie/der/gang m., -[e]s, nur Sg.
nie/der/ge/drückt
Nie/der/ge/drückt/heit f., -, nur Sg.
nie/der/ge/hen intr.
nie/der/ge/schla/gen betrübt
Nie/der/ge/schla/gen/heit f., -, nur Sg.
nie/der/hal/ten tr.
nie/der/kämp/fen tr.
nie/der/kni/en intr.
nie/der/knüp/peln tr.
Nie/der/kunft f., -, -künfte, veralt. für Entbindung
Nie/der/la/ge f., -, -n
Nie/der/lan/de nur Pl, europäischer Staat, einer der Beneluxstaaten
Nie/der/län/der m., -s, -

nie/der/län/disch
Nie/der/län/disch n., -[s], nur Sg., Sprache der Niederländer
nie/der/las/sen refl. und tr.
Nie/der/las/sung f., -, -en
Nie/der/las/sungs/recht n., -[e]s, -e
nie/der/le/gen tr.
Nie/der/le/gung f., -, -en
nie/der/ma/chen tr.
nie/der/met/zeln tr., ugs. für brutal töten
nie/der/rei/ßen tr.
nie/der/schie/ßen tr.
Nie/der/schlag m., -[e]s, -schläge
nie/der/schla/gen tr.
nie/der/schlags/arm
Nie/der/schlags/men/ge f., -, -n
nie/der/schlags/reich
nie/der/schla/gung f., -, -en
nie/der/schmet/tern tr.
nie/der/schrei/ben tr.
Nie/der/schrift f., -, -en
nie/der/set/zen tr.
nie/der/sin/ken intr.
Nie/der/span/nung f., -, -en, Gs. zu Hochspannung
nie/der/ste/chen tr.
nie/der/sto/ßen tr.
nie/der/stre/cken tr.
nie/der/tou/rig mit geringer Umdrehungszahl, Gs. zu hochtourig
Nie/der/tracht f., -, nur Sg.
nie/der/träch/tig
Nie/der/träch/tig/keit f., -, -en, Boshaftigkeit
nie/der/tre/ten tr.
Nie/de/rung f., -, -en
nie/der/wer/fen tr.
Nie/der/wer/fung f., -, -en
nie/der/zwin/gen tr.
nied/lich
nied/rig
nied/rig/ste/hend oder

auch: **nied/rig ste/hend**
nie/mals
nie/mand
Nie/mand *m.*, -[e]s, *nur Sg.*, z.B. er ist ein Niemand, er ist keine bekannte Persönlichkeit
Nie/mands/land *n.*, -[e]s, *nur Sg.*
Nie/re *f.*, -, -n
Nie/ren/be/cken *n.*, -s, -
nie/ren/krank
nie/ren/lei/dend
Nie/ren/stein *m.*, -[e]s, -e
nie/seln *intr.*, leicht regnen
Nie/sel/re/gen *m.*, -s, -, leichter Regen
nie/sen *intr.* **Nies/pul/ver** *n.*, -s, -
Nies/reiz *m.*, -es, -e
Nieß/brauch *m.*, -[e]s, *nur Sg.*, Nutzungsrecht
Nieß/brau/cher *m.*, s, -
Nieß/nutz *m.*, -[e]s, *nur Sg.*
nieß/nut/zen *tr.*
Nieß/nut/zer *m.*, -s, -
Nies/wurz *f.*, -, -en, Pflanze
Niet *m.*, -[e]s, -e
Niet/bol/zen *m.*, -s, -
Nie/te *f.*, -, -n, 1. ugs. für ungeschickter, untalentierter Mensch, 2. Los ohne Gewinn bei einer Verlosung
nie/ten *tr.*
Nie/tung *f.*, -, -en
ni/gel/na/gel/neu ugs. für ganz neu
Ni/ger *m.*, -[s], *nur Sg.*, 1. Staat in Westafrika, 2. afrikanischer Fluss
Ni/ge/ria Staat in Westafrika
Ni/ge/ri/a/ner *m.*, -s, -, Einwohner von Nigeria
ni/ge/ri/a/nisch
Nig/ger [engl.] *m.*, -s, -, ugs. stark abwertend für Negride
Night/club engl, *m.*, -s, -s

Ni/hi/lis/mus [lat.] *m.*, -, *nur Sg.*,
Ni/hi/list *m.*, -en, -en, jmd., der alle gesellschaftlichen Werte verneint
ni/hi/lis/tisch
Ni/ko/laus/tag *m.*, -[e]s, -e, 6. Dezember
Ni/ko/tin (s. Nicotin) *n.*, -[e]s, *nur Sg.*, in Tabak enthaltenes giftiges Alkaloid
ni/ko/tin/arm
ni/ko/tin/frei
Ni/ko/ti/nis/mus *m.*, -, *nur Sg.*, Nikotinvergiftung
Nil *in.*, -s, *nur Sg.*, afrikan. Strom
Nil/pferd *n.*, -[e]s, -e
Nim/bus *m.*, -, -se, 1. Ansehen einer Person, 2. Heiligenschein
nim/mer niemals, nie mehr
nim/mer/mehr z.B. in der Wendung: nun und nimmermehr
nim/mer/mü/de
Nim/mer/satt *m.*, -[e]s, -e
Nim/mer/wie/der/se/hen *n.*, nur in der Wendung: auf Nimmerwiedersehen
Nip/pel *m.*, -s, -, Rohrstück mit Gewinde
nip/pen *intr.*, z.B. an einem Wein nippen, einen kleinen Schluck von dem Wein probieren
Nip/pes [französ.] *nur Pl*, Ziergegenstände aus Glas oder Porzellan
Nip/pon japanischer Name für Japan
Nipp/sa/chen *nur Pl*, Nippes
nir/gend
nir/gends
nir/gends/her
nir/gends/wo
nir/gend/wo
Nir/wa/na (s. Nirvana)

[sanskrit.] *n.*, -[s], *nur Sg.*, im Buddhismus: seliger Ruhezustand nach dem Tod
Ni/sche *f.*, -, -n
Niß > **Niss** *f.*, -, -e
Nis/se *f.*, -, -n, Ei einer Laus
nis/sig
nis/ten *intr.*
Nist/kas/ten *m.*, -s, -kästen
Nist/platz *m.*, -[e]s, -plätze
Ni/trat oder auch: **Nit/rat** [griech.] *n.*, -[e]s, -e, Salz der Salpetersäure
Ni/tro/gly/ze/rin oder auch: **Nit/ro-** *n.*, -[e]s, *nur Sg.*, Sprengstoff
Ni/tro/phos/phat oder auch: **Nit/ro-** *n.*, -[e]s, -e, Düngemittel
ni/val [lat.] schneeig
Ni/veau [französ.] *n.*, -s, -s, Rang, Stufe
ni/veau/los
ni/vel/lie/ren *tr.*, gleichmachen
Ni/vel/lier/lat/te *f.*, -, -n
Ni/vel/lie/rung *f.*, -, -en
Ni/vel/lier/waa/ge *f.*, -, -n
nix ugs. für nichts
Nix *m.*, -[e]s, -e, Wassergeist
Nix/chen *n.*, -s, -, kleine Nixe
Ni/xe *f.*, -, -n, Meerjungfrau
ni/xen/haft
n.J. Abk. für nächsten Jahres
NJ Abk. für New Jersey
n.M. Abk. für nächsten Monats
NM Abk. für New Mexico
NN, N. N. Abk. für Normalnull
N. N. Abk. für Name unbekannt
NNO Abk. für Nordnordost
NNW Abk. für Nordnordwest
NO Abk. für Nordost

No/ah Figur des AT
nobel [französ.] vornehm, edel
Nobel/preis *m.,* -[e]s, -e, nach dem Industriellen Alfred Nobel benannter Preis
Nobel/preis/trä/ger *m.,* -s, -
Nobi/li/tät [lat.] *f.,* -, *nur Sg.,* Adel, Berühmtheit
Nobles/se oder auch:
Nob/les/se 1. Vornehmheit, 2. *f.,* -, -n, Adel
noch
noch/mal
noch/ma/lig
noch/mals
Nock *n.,* -[e]s, -e oder *f.,* -, -en, Ende eines Rundholzes, das über das Segel hinausragt
No/cken *m.,* -s, -, Vorsprung auf einer Welle
No/cken/wel/le *f.,* -, -n
NOK Abk. für Nationales Olympisches Komitee
Nokt/am/bu/lis/mus oder auch: **Nok/tam/bu/lis/mus** [lat.] *m.,* -, *nur Sg.,* Mondsüchtigkeit
no/lens vo/lens wohl oder übel
No/ma/de [griech.] *m.,* -n, -n, Angehöriger eines Wandervolkes
No/ma/den/le/ben *n.,* -s, *nur Sg.*
no/ma/disch
no/ma/di/sie/ren *intr.,* wandern, wie Nomaden leben
No/men [lat.] *n.,* -s, Nomina, 1. Name, 2. in der Grammatik: deklinierbares Wort, Substantiv
No/men/kla/tur *f.,* -, -en, Verzeichnis der Fachbegriffe eines Wissensgebietes
No/mi/na *Pl.* von Nomen
no/mi/nal

No/mi/nal/be/trag *m.,* -[e]s, -beträge, Nennbetrag
No/mi/nal/ein/kom/men *n.,* -s, -, Gs. zu Realeinkommen
No/mi/nal/lohn *m.,* -[e]s, -löhne
No/mi/nal/stil *m.,* -[e]s, *nur Sg.,* Substantive bevorzugender Stil
No/mi/nal/wert *m.,* -[e]s, -e, Nennwert
No/mi/na/ti/on *f.,* -, -en, Ernennung
No/mi/na/tiv *m.,* *-[e]s,* -e, in der Grammatik: erster Fall der Deklination
no/mi/nell
no/mi/nie/ren *tr.,* benennen, ernennen
No/mi/nie/rung *f.,* -, -en, Ernennung
Non/cha/lance [französ.] *f.,* -, *nur Sg.,* liebenswürdige Ungezwungenheit
non/cha/lant
No/ne [lat.] *f.,* -, -n, 1. in der Musik: Intervall von neun Tonstufen, 2. Teil des kath. Stundengebets
No/nett *n.,* -[e]s, -e, Musikstück für neun Instrumente
non/fi/gu/ra/tiv [lat.] in der Malerei: ungegenständlich
Non/food [engl.] *n.,* -s, -s, Waren, die nicht zu den Lebensmitteln zählen
Non/kon/for/mis/mus [lat.] *m.,* -, *nur Sg.,* Nichtübereinstimmung mit herrschenden Meinungen, Ansichten
Non/kon/for/mist *m.,* -en, -en
non/kon/for/mis/tisch
Non/kon/for/mi/tät *f.,* -, *nur Sg.,* Nichtübereinstimmung
Nönn/chen *n.,* -s, -

Non/ne *f.,* -, -n, 1. Angehörige eines Ordens, 2. Schmetterling
Non/nen/klos/ter *n.,* -s, -klöster
Non/plus/ul/tra oder auch:
Non/plus/ult/ra [lat.] *n.,* -[s], *nur Sg.,* das Höchste
Non/sens [lat.] *m.,* -, *nur Sg.,* Unsinn
Non/sens/Dich/tung *f.,* -, -en
Non/stop [engl.] ununterbrochen
Non/stop/flug auch: **Non-Stop-Flug** [engl.] *m.,* -[e]s, -flüge
Non/va/leur [französ.] *m.,* -s, -s, wertloses Wertpapier
Nop/pe *f.,* -, -n, Knoten in Garnen oder Geweben
Nopp/ei/sen *n.,* -s, -, Gerät zum Entfernen von Noppen
nop/pen *tr.*
Nop/pen/stoff *m.,* -[e]s, -e
Nopp/zan/ge *f.,* -, -n, Noppeisen
Nord (Abk.: N)
Nord/a/me/ri/ka
Nord/a/me/ri/ka/ner *m.,* -s, -
nord/a/me/ri/ka/nisch
Nord/at/lan/tik/pakt *m.,* -[e]s, *nur Sg.,* (Kurzw.: NATO)
Nord/da/ko/ta (Abk.: ND) Staat in den USA
nord/deutsch aber: Norddeutscher Rundfunk
nor/den *tr.*
Nor/den *m.,* -s, *nur Sg.,* (Abk.: N) Himmelsrichtung
Nord/ir/land von England besetztes Gebiet auf der Irischen Insel
nor/disch
Nord/kap *n.,* -s, *nur Sg.,* nördlichster Punkt von Europa
Nord/ka/ro/li/na

(Abk.:NC) Staat in den USA
Nord/land *n.*, -[e]s, -länder
Nord/län/der *m.*, -s, -
nord/län/disch
nörd/lich aber: das Nördliche Eismeer
Nord/licht *n.*, -[e]s, -er
Nord/nord/ost (Abk.: NNO) Himmelsrichtung
Nord/nord/os/ten *m.*, -s, *nur Sg.*, (Abk.: NNO) Himmelsrichtung
Nord/nord/west (Abk.: NNW) Himmelsrichtung
Nord/nord/wes/ten *m.*, -s, *nur Sg.*, (Abk.: NNW) Himmelsrichtung
Nord/ost (Abk.: NO) Himmelsrichtung
Nord/os/ten *m.*, -s, *nur Sg.*, (Abk.: NO) Himmelsrichtung
nord/öst/lich
Nord-Ost/see-Ka/nal *m.*, -[e]s, *nur Sg.*
Nord/ost/wind *m.*, -[e]s, -e
Nord/pol *m.*, -[e]s, *nur Sg.*
Nord/po/lar/ge/biet *n.*, -[e]s, -e
Nord/po/lar/län/der *Pl.*
Nord/rhein-West/fa/len deutsches Bundesland
nord/rhein-west/fä/lisch
Nord/see *f.*, -, *nur Sg.*
Nord/stern *m.*, -[e]s, *nur Sg.*, Polarstern
nord/wärts
Nord/west (Abk.: NW) Himmelsrichtung
Nord/wes/ten *m.*, -s, *nur Sg.*, (Abk.: NW) Himmelsrichtung
nord/west/lich
Nord/west/wind *m.*, -[e]s, -e
Nord/wind *m.*, -[e]s, -e
Nör/ge/lei *f.*, -, -en
nör/ge/lig (s. nörglig)
nör/geln *intr.*

Nörg/ler *m.*, -s, -
nörg/lig (s. nörgelig)
Norm [lat.] *f.*, -, -en, Richtschnur, Regel
nor/mal der Norm entsprechend
nor/ma/ler/wei/se
Nor/mal/ge/wicht *n.*, -[e]s, -e
Nor/mal/grö/ße *f.*, -, -n
Nor/mal/hö/he *f.*, -, -n
Nor/ma/li/en *Pl.*, Regeln, Vorschriften
nor/ma/li/sie/ren *tr.*, auf ein normales Maß bringen
Nor/ma/li/sie/rung *f.*, -, *nur Sg.*
Nor/ma/li/tät *f.*, -, *nur Sg.*
Nor/mal/maß *n.*, -es, -e
Nor/mal/null (Abk.: NN, N.N.) vom mittleren Meeresniveau abgeleitete Ausgangsfläche bei Höhenmessungen
nor/mal/sich/tig
Nor/mal/sich/tig/keit *f.*, -, *nur Sg.*
Nor/mal/spur *f.*, -, -en, Spurweite bei Eisenbahnschienen
nor/mal/spu/rig
Nor/mal/ton *m.*, -[e]s, *nur Sg.*, Kammerton
Nor/mal/uhr *f.*, -, -en
Nor/mal/ver/brau/cher *m.*, -s, -, Person mit durchschnittlichem Konsum von Lebensmitteln und anderen Waren
Nor/mal/zeit *f.*, -, -en, Gs. zu Ortszeit
Nor/mal/zu/stand *m.*, -[e]s, -zustände
Nor/man/die *f.*, -, *nur Sg.*, nordwestfranzösische Landschaft
Nor/man/ne *m.*, -n, -n, Wikinger
nor/man/nisch

nor/ma/tiv [lat.] maßgebend, als Norm dienend
Nor/ma/ti/ve *f.*, -, -n
Norm/blatt *n.*, -[e]s, -blätter
nor/men *tr.*
Nor/men/aus/schuß >
Nor/men/aus/schuss *m.*, -es, -ausschüsse
Nor/men/kol/li/si/on *f.*, -, -en
Nor/men/kon/trol/le oder auch: **Nor/men/kontrol/le** *f.*, -, -n,
nor/mie/ren *tr.*
Nor/mie/rung (s. Normung) *f.*, -, -en
Nor/mung (s. Normierung) *f.*, -, -en, Festlegung von Maßen
norm/wid/rig
Norm/wid/rig/keit *f.*, -, *nur Sg.*
Nor/ne *f.*, -, -n, in der german. Mythologie: Schicksalsgöttin
Nor/we/gen europäischer Staat
Nor/we/ger *m.*, -s, -
nor/we/gisch
Nor/we/gisch *n.*, -[s], *nur Sg.*, Sprache der Norweger
No/so/lo/gie *f.*, -, -n, Krankheitslehre
no/so/lo/gisch
Nost/al/gie oder auch:
Nos/tal/gie [griech.] *f.*, -, *nur Sg.*, Sehnsucht nach Vergangenem
nost/al/gisch oder auch:
nos/tal/gisch
Not *f.*, -, Nöte
No/ta [lat.] *f.*, -, -s, Anmerkung
No/ta/be/ne *n.*, -s, -s, Merkzettel
Not/an/ker *m.*, -s, -
No/tar [lat.] *m.*, -[e]s, -e, vom Staat bestellter Jurist

No/ta/ri/at *n.*, -[e]s, -e
no/ta/ri/ell
Not/arzt *m.*, -[e]s, -ärzte
No/ta/ti/on [lat.] *f.*, -, -en, Festhalten eines Musikstücks in Noten
Not/auf/nah/me *f.*, -, -n
Not/aus/gang *m.*, -[e]s, -gänge
Not/be/helf *m.*, -[e]s, -e
Not/be/leuch/tung *f.*, -, -en
Not/brem/se *f.*, -, -en
Not/durft *f.*, -, *nur Sg.*, Entleerung von Blase und Darm
not/dürf/tig gerade noch ausreichend
No/te [lat.] *f.*, -, -n, 1. Zensur, 2. Anmerkung, 3. musikalisches Zeichen, 5. Banknote
No/ten/aus/tausch *m.*, -[e]s, -e
No/ten/bank *f.*, -, -en
No/ten/blatt *n.*, -[e]s, -blätter
No/ten/buch *n.*, -[e]s, -bücher
No/ten/heft *n.*, -[e]s, -e
No/ten/li/nie *f.*, -, -n
No/ten/pa/pier *n.*, -[e]s, *nur Sg.*, Papier mit Notenlinien
No/ten/pult *n.*, -[e]s, -e
No/ten/schlüs/sel *m.*, -s, -, musikalisches Zeichen
No/ten/schrift *f.*, -, -en
No/ten/stän/der *m.*, -s, -
No/ten/wech/sel *m.*, -s, -
Not/fall *m.*, -[e]s, -fälle
not/falls
not/ge/drun/gen
Not/geld *n.*, -[e]s, -er
Not/ge/mein/schaft *f.*, -, -en
Not/gro/schen *m.*, -s, -
Not/hel/fer *m.*, -s, -, kath. Heiliger
Not/hil/fe *f.*, -, *nur Sg.*
no/tie/ren [lat.] *tr.*
No/tie/rung *f.*, -, -en

nö/tig aber: nur das Nötigste, es fehlt am Nötigsten
nö/ti/gen *tr.*
nö/ti/gen/falls
Nö/ti/gung *f.*, -, -en
No/ti/on [lat.] *f.*, -, -en, Begriff
No/tiz [lat.] *f.*, -, -en, sich eine Notiz machen, von jemandem Notiz nehmen
No/tiz/block *m.*, -s, -s
No/tiz/buch *n.*, -[e]s, -bücher
Not/jahr *n.*, -[e]s, -e
Not/la/ge *f.*, -, -n
not/lan/den *intr.*, nur im Infinitiv und Partizip II gebräuchlich, das Flugzeug musste notlanden, er ist notgelandet
Not/lan/dung *f.*, -, -en
not/lei/dend oder auch: **Not lei/dend**
Not/lü/ge *f.*, -, -n, Ausrede
no/to/risch [lat.] gewohnheitsmäßig, z.B. ein notorischer Falschparker
No/tre-Dame oder auch: **Not/re-Dame** *f.*, -, *nur Sg.*, Bezeichnung französ. Kirchen
Not/ruf *m.*, -[e]s, -e
not/schlach/ten *tr.*, nur im Infinitiv und Partizip II gebräuchlich, wir müssen das Rind notschlachten, wir haben es notgeschlachtet
Not/schlach/tung *f.*, -, -en
Not/schrei *m.*, -[e]s, -e
Not/sitz *m.*, -[e]s, -e
Not/stand *m.*, -[e]s, -stände
Not/stands/ge/biet *n.*, -[e]s, -e
Not/stands/ge/setz *n.*, -[e]s, -e
Not/taufe *f.*, -, -n, in der kath. Kirche: von jedem Christ in Notfällen vornehmbare Taufe

not/tau/fen *tr.*, nur im Infinitiv und Partizip II gebräuchlich, sie musste das Kind nottaufen, er hat das Kind notgetauft
Not/tur/no [italien.] *n.*, -s, -s oder Notturni, in der Musik: schwermütiges Werk
Not/ver/band *m.*, -[e]s, -verbände
Not/ver/ord/nung *f.*, -, -en
not/was/sern *intr.*, nur im Infinitiv und Partizip II gebräuchlich, das Flugzeug musste notwassern, es ist notgewassert
Not/was/se/rung *f.*, -, -en
Not/wehr *f.*, -, *nur Sg.*
not/wen/dig aber: es fehlt ihnen am Notwendigsten, wir beschränken uns auf das Notwendigste
not/wen/di/gen/falls
not/wen/di/ger/wei/se
Not/wen/dig/keit *f.*, -, -en
Not/woh/nung *f.*, -, -en
Not/zei/chen *n.*, -s, -
Not/zeit *f.*, -, -en
Nou/gat *(Nf.)* auch: **Nugat** *(Hf.)* [französ.] *n.* oder *m.*, -s, -s
No/va [lat.] *f.*, -, Novä, neuer Stern
No/va/ti/on *f.*, -, -en, Erneuerung
No/vel/le [lat.-italien.] *f.*, -, -n, Prosaerzählung
No/vel/len/dich/ter *m.*, -s, -
no/vel/lie/ren *tr.*, neu formulieren
No/vel/list *m.*, -en, -en
No/vel/lis/tik *f.*, -, *nur Sg.*
no/vel/lis/tisch
No/vem/ber [lat.] *m.*, -[s], *nur Sg.*, (Abk.: Nv.)
No/vi/ze *m.*, -n, -n, junger Mönch im Noviziat
No/vi/zi/at *n.*, -[e]s, -e, Pro-

bezeit in einem Orden
No/vi/zin *f.,* -, -nen, Nonne im Noviziat
No/vum *n.,* -s, Nova, Neuerung, Neuheit
NPD Abk. für Nationaldemokratische Partei Deutschlands
Nr. Abk. für Nummer
NSDAP Abk. für Nationalsozialistische Deutsche Arbeiterpartei
Nu nur in der Wendung: im Nu, schnell, sofort
Nu/an/ce [französ.] *f.,* -, -n, feine Abstufung
nu/an/cen/reich
nu/an/cie/ren *tr.*
Nu/an/cie/rung *f.,* -, -en
Nu/buk [engl.] *n.,* -s, *nur Sg.,* Lederart
nüch/tern
Nüch/tern/heit *f.,* -, *nur Sg.*
nu/ckeln *intr.,* saugen
Nu/del *f.,* -, -n
nu/del/dick
nu/del/holz *n.,* -[e]s, -hölzer
Nu/dis/mus [lat.] *m.,* -, *nur Sg.,* Freikörperkultur
Nu/dist *m.,* -en, -en
nu/dis/tisch
Nu/di/tät *f.,* -, *nur Sg.,* Nacktheit
Nu/gat (s. Nougat) [französ.] *n.* oder *m.,* -s, -s
Nug/get [engl.] *n.,* -s, -s, Goldklümpchen
nu/kle/ar oder auch: **nuk/le/ar** [lat.] zum Atomkern gehörend
Nu/kle/ar/me/di/zin oder auch: **Nuk/le/ar/medi/zin** *f.,* -, *nur Sg.,* Gebiet der Strahlenmedizin
null [lat.] nichts, kein, null Grad, null Fehler
Null *f.,* -, -en, 1. eine Zahl, 2. übertr. für eine unbedeutende Person

null-acht-fünf/zehn ugs. für durchschnittlich, nach bekanntem Muster
Nulla/ge > **Null/la/ge**
Nullei/ter > **Null/lei/ter**
nul/len *tr.*
Nul/li/fi/ka/ti/on *f.,* -, -en, Nichtigmachung
nul/li/fi/zie/ren *tr.*
Nulli/nie Null/li/nie
Null/la/ge *f.,* -, -n, Nullstellung des Zeigers bei Messinstrumenten
Null/lei/ter *m.,* -s, -, spannungsloser, geerdeter Leiter in elektrischen Stromkreisen
Null/li/nie *f.,* -, -n, Anfangsstrich auf einer Skala
Null/me/ri/di/an *m.,* -[e]s, -e
Null/spiel *n.,* -[e]s, -e, Spiel beim Skat, bei dem der Alleinspieler keinen Stich machen darf
Null/stel/lung *f.,* -, -en
Null/ta/rif *m.,* -[e]s, -e,
Nu/me/ra/le [lat.] *n.,* -s, Numeralia oder Numeralien, Zahlwort
Nu/me/ri *Pl.* von Numerus
nu/me/rie/ren > **num/me/rie/ren**
Nu/me/rie/rung > **Num/me/rie/rung**
nu/me/risch
Nu/me/rus *m.,* -, Numeri, 1. Zahl, 2. in der Grammatik: Bezeichnung für Singular und Plural
Nu/me/rus clau/sus *m.,* -, *nur Sg.,* Studienfachbegrenzung
Nu/mis/ma/tik [lat.] *f.,* -, *nur Sg.,* Münzkunde
Nu/mis/ma/ti/ker *m.,* -s, -, Münzkenner
nu/mis/ma/tisch
Num/mer [lat.] *f.,* -, -n

num/me/rie/ren *tr.*
Num/me/rie/rung *f.,* -, -en
Num/mern/kon/to *n.,* -s, -s
Num/mern/schei/be *f.,* -, -n, z.B. Wählscheibe an Telefonen
Num/mern/schild *n.,* -[e]s, -er
Num/mern/stem/pel *m.,* -s, -
nun nun ja, nun gut, von nun an
nun/mehr
nun/meh/rig
Nun/ti/a/tur [lat.] *f.,* -, -en, Büro eines Nuntius
Nun/ti/us *m.,* -, Nuntien, päpstlicher Botschafter
nur nicht nur, sondern auch, nur das nicht
Nurse [engl.] *f.,* -, -s, engl. Bezeichnung für Kindermädchen
nu/scheln *intr.,* ugs. für undeutlich reden
Nuß > **Nuss** *f.,* -, Nüsse
Nuß/baum > **Nussbaum** *m.,* -[e]s, -bäume
nuß/braun > **nussbraun**
Nüß/chen > **Nüss/chen** *n.,* -s, -
Nuß/kern > **Nuss/kern** *m.,* -[e]s, -e
Nuß/kna/cker > **Nusskna/cker** *m.,* -s, -
Nuß/scha/le > **Nussscha/le** *f.,* -, -n
Nüs/ter *f.,* -, -n, Nasenloch eines Pferdes
Nut *f.,* -, -en, längliche Vertiefung
nu/ten *tr.*
nu/tri/tiv oder auch: **nutri/tiv** nahrhaft
Nut/te *f.,* -, -n, ugs. abwertend für Prostituierte
nut/ten/haft
nutz das ist zu nichts nutz, das ist zu nichts zu gebrachen

Nutz *m.,* -es, *nur Sg.,* nur noch in der Wendung: zu Nutze machen, auch: zunutze machen
Nutz/an/wen/dung *f.,* -, -en
nutz/bar
nutz/brin/gend
nüt/ze das ist zu nichts nütze, das ist zu nichts zu gebrauchen
Nutz/ef/fekt *m.,* -[e]s, -e
nut/zen, nüt/zen *tr.* und *intr.*
Nut/zen *m.,* -s, *nur Sg.*
Nutz/fisch *m.,* -[e]s, -e
Nutz/flä/che *f.,* -, -n
Nutz/gar/ten *m.,* -s, -gärten
Nutz/holz *n.,* -[e]s, -hölzer
Nutz/ki/lo/me/ter *n.,* -s, -, Gs. zu Leerkilometer
Nutz/last *f.,* -, -en
Nutz/leis/tung *f.,* -, -en

nütz/lich
Nütz/lich/keits/prin/zip *n.,* -s, *nur Sg.*
Nütz/ling *m.,* -[e]s, -e, Gs. zu Schädling
nutz/los
Nutz/lo/sig/keit *f.,* -, *nur Sg.*
nutz/nie/ßen *intr.,* nur im Präsens gebräuchlich
Nutz/nie/ßer *m.,* -s, -, jmd., der einen Nutzen aus einer Sache hat
Nutz/pflan/ze *f.,* -, -n
Nutz/tier *n.,* -[e]s, -e
Nut/zung *f.,* -, -en
nut/zungs/fä/hig
Nut/zungs/recht *n.,* -[e]s, -e
Nutz/was/ser *n.,* -s, -
n. u. Z. Abk. für nach unserer Zeitrechnung
NV Abk. für Nevada

NW Abk. für Nordwest(en)
Ny *n.,* -[s], -s, griech. Buchstabe (Zeichen: v, N)
NY Abk. für New York
Ny/lon *n.,* -s, *nur Sg.,* Kunstfaser
Ny/lon/hemd *n.,* -[e]s, -en
Nym/phe *f.,* -, -n, in der griech. Mythologie: Naturgöttin
nym/phen/haft
nym/pho/man an Nymphomanie leidend
Nym/pho/ma/nie *f.,* -, *nur Sg.,* krankhaft gesteigerter Sexualtrieb bei Frauen
Nym/pho/ma/nin *f.,* -, -nen
nym/pho/ma/nisch nymphoman
Nys/tag/mus [griech.] *m.,* -, *nur Sg.,* krankhaftes Zittern der Augäpfel

O

o o ja!, o nein!
O 1. Buchstabe, 2. Abk. für Ost(en), 3. chem. Zeichen für Sauerstoff
Ω Zeichen für Ohm
o. ä. > o. Ä. Abk. für oder Ähnliche(s)
Oa/se [ägypt.] *f.*, -, -n, fruchtbares Gebiet in Trockenzonen
o. B. Abk. für ohne Befund
ob 1. Konjunktion: z.B. es ist fraglich, ob er noch kommt, 2. Präposition mit Dativ: veralt. für oberhalb, z.B. Rothenburg ob der Tauber, 3. Präposition mit Genitiv: wegen, z.B. er war ob dieser Tatsache entsetzt
Ob/acht oder auch:
Obacht *f.*, -, *nur Sg.*
Ob/dach *n.*, -[e]s, *nur Sg.*, Unterkunft
ob/dach/los
Ob/dach/lo/sen/für/sorge *f.*, -, *nur Sg.*
Ob/dach/lo/sig/keit *f.*, -, *nur Sg.*
Ob/duk/ti/on [lat.] *f.*, -, -en, gerichtlich angeordnete Öffnung einer Leiche
ob/du/zie/ren *tr.*
O-Bei/ne Pl.
O-bei/nig
obe/lisk [griech.] *m.*, -en, -en, vierkantiger Pfeiler mit pyramidenförmiger Spitze
oben
oben/an
oben/auf
oben/aus
oben/drauf
oben/drein
oben/ge/nannt oder auch:
oben ge/nannt aber: das oben Genannte oder auch: das Obengenannte
oben/hin aber: nach oben hin
oben/ste/hend >
oben ste/hend aber: das oben Stehende oder auch: das Obenstehende
Ober *m.*, -s, -, Kellner
Ober/bau *m.*, -[e]s, -bauten
Ober/bauch *m.*, [e]s, -bäuche
Ober/be/fehl *m.*, -[e]s, -e
Ober/be/fehls/ha/ber *m.*, -s, -
Ober/be/griff *m.*, -[e]s, -e
Ober/be/klei/dung *f.*, -, -en
Ober/bür/ger/meis/ter *m.*, -s, -
Ober/deck *n.*, -[e]s, -e, Deck eines Schiffes
ober/deutsch
obe/re (-r,-s)
Obe/re(r) *m.*, -n, -n, Vorgesetzter
Ober/flä/che *f.*, -, -n
Ober/flä/chen/spannung *f.*, -, -en
ober/fläch/lich
Ober/fläch/lich/keit *f.*, -, *nur Sg.*
ober/gä/rig
Ober/gä/rung *f.*, -, -en
ober/halb (mit Genitiv)
Ober/hand *f.*, -, *nur Sg.*, nur in den Wendungen: die Oberhand haben bzw. behalten
Ober/haupt *n.*, [e]s, -häupter
Ober/haus *n.*, -[e]s, -häuser, in Großbritannien: erste Parlamentskammer
Ober/ho/heit *f.*, -, *nur Sg.*
Obe/rin *f.*, -, -nen, Leiterin (einer Schwesternschaft)
ober/ir/disch
Ober/land *n.*, -[e]s, *nur Sg.*
Ober/län/der *m.*, -s, -
ober/län/disch
ober/las/tig
Ober/lauf *m.*, -[e]s, -läufe
Ober/lei/tung *f.*, -, -en
Ober/licht *n.*, -[e]s, -er
Ober/li/ga *f.*, -, -ligen, Spielklasse im Sport
Ober/pri/ma *f.*, -, Oberprimen, veralt. für 9. Klasse des Gymnasiums
Ober/pri/ma/ner *m.*, -s, -
Ober/schicht *f.*, -, -en
Ober/se/kun/da *f.*, -, Obersekunden, veralt. für 7. Klasse des Gymnasiums
Oberst *m.*, -en oder -[e]s, -en
obers/te (-r,-s) aber: der Oberste
Oberst/leut/nant *m.*, -[e]s, -e
Ober/ter/tia *f.*, -, Obertertien, veralt. für 5. Klasse des Gymnasiums
Ober/was/ser *n.*, -s, -, Gs. zu Unterwasser
ob/gleich
Ob/hut *f.*, -, *nur Sg.*
obig der, die Obige
Ob/jekt [lat.] *n.*, -[e]s, -e, 1. Sache, Gegenstand, 2. in der Grammatik: Satzergänzung
Ob/jekt/glas *n.*, -[e]s, -gläser
ob/jek/tiv 1. gegenständlich, 2. unparteiisch
Ob/jek/tiv *n.*, -[e]s, -e, Linse bei optischen Geräten, Gs. zu Okular
Ob/jek/ti/va/ti/on *f.*, -, -en
ob/jek/ti/vie/ren *tr.*, vergegenständlichen
Ob/jek/ti/vie/rung *f.*, -, -en
Ob/jek/ti/vis/mus *m.*, -, *nur Sg.*, Gs. zu Subjektivismus
Ob/jek/ti/vist *m.*, -en, -en
ob/jek/ti/vis/tisch
Ob/jek/ti/vi/tät *f.*, -, *nur Sg.*, Vorurteilslosigkeit, Gs. zu Subjektivität
Ob/jekt/satz *m.*, -[e]s, -sätze, Nebensatz

Ob/jekt/trä/ger *m.*, -s, -, Glasplättchen als Zubehör eines Mikroskopes

Ob/la/te [lat.] *f.*, -, -n, 1. Unterlage für Kleingebäck, 2. noch nicht geweihte Hostie

ob/lie/gen *intr.*

Ob/lie/gen/heit *f.*, -, -en, Aufgabe

ob/li/gat [lat.] erforderlich

Ob/li/ga/ti/on *f.*, -, -en, 1. Verpflichtung, 2. fest verzinsliches Wertpapier

ob/li/ga/to/risch verbindlich, Gs. zu fakultativ

Ob/li/go [italien.] *n.*, -s, -s, Verpflichtung, Gewähr

Ob/mann *m.*, -[e]s, -männer, Vertrauensmann

Ob/män/nin *f.*, -, -nen

Oboe *f.*, -, -n, Holzblasinstrument

Obo/ist *m.*, -en, -en

Obo/lus [griech.] *m.*, -, -se, kleiner Beitrag

Ob/rig/keit oder auch: **Obrig/keit** *f.*, -, -en

ob/rig/keit/lich oder auch: **obrig/keit/lich**

ob/schon

Ob/ser/va/ti/on *f.*, -, -en, Beobachtung

Ob/ser/va/tor *m.*, -s, -en, Beobachter

Ob/ser/va/to/ri/um *n.*, -s, Observatorien, Stern- oder Wetterwarte

ob/skur oder auch: **obs/kur** [lat.] verdächtig, unklar

Ob/sku/ran/tis/mus oder auch: **Obs/ku/ran/tis/mus** *m.*, -, *nur Sg.*, Feindseligkeit gegenüber Fortschritt und Modernisierung

Ob/sku/ri/tät oder auch: **Obs/ku/ri/tät** *f.*, -, *nur Sg.* Unklarheit, Dunkelheit

ob/so/let [lat.] ungebräuchlich

Ob/sor/ge *f.*, -, *nur Sg.*, sorgende Aufsicht

Obst *n.*, -[e]s, *nur Sg.*

Obst/baum *m.*, -[e]s, -bäume

obs/ten *intr.*

Obst/ern/te *f.*, -, -n

ob/sti/nat oder auch: **obs/ti/nat** [lat.] eigensinnig

Ob/sti/na/ti/on oder auch: **Obs/ti/na/ti/on** *f.*, -, -en, Eigensinn

Obst/ler *m.*, -s, -, Schnaps

obst/reich

Obst/reich/tum *m.*, -s, *nur Sg.*

ob/stru/ie/ren oder auch: **obs/tru/ie/ren** [lat.] *tr.*, hindern

Ob/struk/ti/on oder auch: **Obs/truk/ti/on** *f.*, -, -en, Verzögerung

ob/struk/tiv oder auch: **obs/truk/tiv** hindernd

ob/szön oder auch: **obs/zön** [lat.] unanständig

Ob/szö/ni/tät oder auch: **Obs/zö/ni/tät** *f.*, -, -en, 1. obszöne Bemerkung, 2. *nur Sg.*, Unanständigkeit

ob/wohl

ob/zwar

Och/lo/kra/tie [griech.] *f.*, -, -n, entartete Demokratie

och/lo/kra/tisch

Öchs/chen *n.*, -s, -

Och/se *m.*, -n, -n

och/sen *intr.*, ugs. für hart arbeiten, lernen

Och/sen/au/ge *n.*, -s, -n, Schmetterling

Öchs/le/grad *m.*, -[e]s, -, Maß für das Gewicht des Mostes

Öchs/lein *n.*, -s, -

Ocker *m.* oder *n.*, -s, -, 1. Tonerde, 2. Farbe

ocker/gelb

öd (s. öde)

Ode [griech.] *f.*, -, -n, feierliches Gedicht

öde (s. öd)

Öde *f.*, -, *nur Sg.*

Odem *m.*, -s, *nur Sg.*, dicht. für Atem

Ödem [griech.] *n.*, -[e]s, -e, Wasseransammlung im Unterhautzellgewebe

öde/ma/tös

oder oder Ähnliche(s) (Abk.: o.Ä.)

Oder-Nei/ße-Gren/ze *f.*, -, *nur Sg.*

Oder-Nei/ße-Li/nie *f.*, -, *nur Sg.*

Odeur [französ.] *n.*, -s, -s oder -e, Duft

Ödig/keit *f.*, -, *nur Sg.*, Langweiligkeit

odi/ös, o/di/os [lat.] unausstehlich, verhasst

Ödi/pus altgriech. König, der unwissentlich seine Mutter heiratete

Ödi/pus/kom/plex oder auch: **Ö/di/pus/komp/lex** *m.*, -[e]s, *nur Sg.*, übersteigerte Bindung an den andersgeschlechtlichen Elternteil

Odi/um [lat.] *n.*, -s, *nur Sg.*, Hass, Feindschaft

Öd/land *n.*, -[e]s, -länder oder -ländereien

Odon/to/lo/gie *f.*, -, *nur Sg.*, Zahnkunde

odon/to/lo/gisch

Odys/see 1. Heldenepos von Homer, 2. übertr. für Irrfahrt

odys/se/isch

Odys/seus in der griech. Mythologie: König von Ithaka

OECD Abk. für Organization for Economic Cooperation and Development (Organisation für wirt-

schaftliche Zusammenarbeit und Entwicklung)
Œu/vre oder auch: **Œuv/re** [französ.] *n.*, -s, -s, französ. Bezeichnung für Werk, Opus
OEZ Abk. für Osteuropäische Zeit
Öf/chen *n.*, -s, -
Ofen *m.*, -s, Öfen
Off [engl.] *n.*, -s, -s, Aus, Gs. zu On
of/fen
of/fen/bar
of/fen/ba/ren *tr.*
Of/fen/ba/rung *f.*, -, -en
Of/fen/ba/rungs/eid *m.*, -[e]s, -e
of/fen/blei/ben *intr.*
of/fen/hal/ten *tr.*
Of/fen/heit *f.*, -, *nur Sg.*
of/fen/her/zig
Of/fen/her/zig/keit *f.*, -, *nur Sg.*
of/fen/kun/dig
of/fen/las/sen *tr.*
of/fen/le/gen *tr.*
Of/fen/markt/po/li/tik *f.*, -, *nur Sg.*
of/fen/sicht/lich
of/fen/siv [lat.] angreifend, Gs. zu defensiv
Of/fen/si/ve *f.*, -, -n, Angriff, Gs. zu Defensive
Of/fen/siv/krieg *m.*, -[e]s, -e
of/fen/ste/hen *intr.*
öf/fent/lich
Öf/fent/lich/keit *f.*, -. *nur Sg.*
Öf/fent/lich/keits/ar/beit *f.*, -, *nur Sg.*
Öf/fent/lich/keits/be/tei/li/gung *f.*, -, *nur Sg.*
Of/fe/rent [lat.] *m.*, -en, -en, Anbieter
of/fe/rie/ren *tr.*, anbieten
Of/fer/te *f.*, -, -n, Angebot in schriftlicher Form
Of/fi/zi/al/de/likt *n.*, -[e]s, -e, Delikt, das von Amts wegen verfolgt wird
Of/fi/zi/al/ver/ge/hen *n.*, -s, -
Of/fi/zi/al/ver/tei/di/ger *m.*, -s, -, amtlich bestellter Verteidiger
of/fi/zi/ell öffentlich
Of/fi/zier [französ.] *m.*, -[e]s, -e
Of/fi/ziers/an/wär/ter *m.*, -s, -
Of/fi/ziers/ka/si/no *n.*, -s, -s, Speiseraum der Offiziere
Of/fi/ziers/korps *n.*, -, -
Of/fi/ziers/schu/le *f.*, -, -n
of/fi/zi/nal, of/fi/zi/nell als Arzneimittel anerkannt
of/fi/zi/ös [französ.) halbamtlich
öff/nen *tr.*
Öff/ner *m.*, -s, -
Öff/nung *f.*, -, -en
Öff/nungs/zei/ten *Pl.*
Off/set/druck *m.*, -[e]s, -e, 1. *nur Sg.*, Flachdruckverfahren, 2. dessen Erzeugnis
O-för/mig
oft
öf/ters ugs. für manchmal
oft/ma/lig
oft/mals
OH Abk. für Ohio
oh!
o/ha!
O/heim *m.*, -[e]s, -e, veralt. für Onkel
OHG, oHG Abk. für Offene Handelsgesellschaft
O/hio 1. (Abk.: OH) Staat in den USA, 2. *m.*, -[s], *nur Sg.*, Fluss in den USA
Ohm *n.*, -s, -, Maß für den elektrischen Widerstand (Zeichen: Ω)
Ohm/me/ter *n.*, -s, -
oh/ne ohne Befund (Abk.: o.B.), ohne Jahr (Abk.: o.J.), ohne Ort (Abk.:o.O.)
oh/ne/dies
oh/ne/ein/an/der oder auch: **oh/ne/ei/nan/der**
oh/ne/glei/chen
oh/ne/hin
Ohn/macht *f.*, -, -en, Bewusstlosigkeit
ohn/mäch/tig
Ohn/machts/an/fall *m.*, -[e]s, -anfälle
oho!
Ohr *n.*, -[e]s, -en
Öhr *n.*, -[e]s, -e, kleines Loch
Öhr/chen *n.*, -s, -
Oh/ren/arzt *m.*, -[e]s, -ärzte, ugs. für Otologe
Oh/ren/beich/te *f.*, -, -n
oh/ren/be/täu/bend
Oh/ren/heil/kun/de *f.*, -, *nur Sg.*, Otologie
Oh/ren/sau/sen *n.*, -s, *nur Sg.*
Oh/ren/schmalz *n.*, -es, *nur Sg.*
Oh/ren/schmaus *m.*, -es, -schmäuse
Oh/ren/schüt/zer *m.*, -s, -
Oh/ren/spie/gel *m.*, -s, -
Oh/ren/zeu/ge *m.*, -, -n
Ohr/fei/ge *f.*, -, -n
ohr/fei/gen *tr.*
Ohr/ge/hän/ge *n.*, -s, -
Ohr/klipp *m.*, -s, -s
Ohr/läpp/chen *n.*, -s, -
Öhr/lein *n.*, -s, -
Ohr/mu/schel *f.*, -, -n
Ohr/ring *m.*, -[e]s, -e
Ohr/wurm *m.*, -[e]s, -würmer, 1. Insekt, 2. ugs. für gefälliges Lied
o. J. Abk. für ohne Jahr
oje!
oje/mi/ne!
OK Abk. für Oklahoma
o. k., O. K. Abk. für okay
Oka/pi [afrikan.] *n.*, -s, -s, Giraffe
okay (Abk.: o.k., O.K.) in Ordnung

ok/klu/die/ren [lat.] *tr.*, schließen, hemmen
Ok/klu/si/on *f.*, -, -en, Verschluss, Sperre
ok/klu/siv
ok/kult [lat.] geheim, verborgen
Ok/kul/tis/mus *m.*, -, *nur Sg.*, Lehre von übersinnlichen Kräften
Ok/kul/tist *m.*, -en, -en
Ok/ku/pant [lat.] *m.*, -en, -en, Besetzer
Ok/ku/pa/ti/on *f.*, -, -en, Besetzung
ok/ku/pie/ren *tr.*
Okla/ho/ma oder auch:
Ok/la/ho/ma (Abk.: OK) Staat in den USA
Öko/lo/gie [griech.] *f.*, -, *nur Sg.*
öko/lo/gisch
Öko/nom [griech.] *m.*, -en, -en, veralt. für Landwirt
Öko/no/mie *f.*, -, *nur Sg.*, Wirtschaft, Wirtschaftlichkeit
Öko/no/mik *f.*, -, *nur Sg.*, Wirtschaftswissenschaft
öko/no/misch
Öko/no/mis/mus *m.*, -, *nur Sg.*
ö/ko/no/mis/tisch
Ok/ta/e/der *m.* oder *n.*, -s, -, Körper aus acht ebenen Flächen
ok/ta/ed/risch oder auch:
ok/ta/e/drisch
Ok/tan [lat.] *n.*, -[e]s, -e, Kohlenwasserstoff
Ok/tant *m.*, -en, -en, 1. im Seewesen: Winkelmessgerät, 2. Achtelkreis
Ok/tan/zahl *f.*, -, -en, (Abk.: OZ) Maß für die Klopffestigkeit von Treibstoffen
Ok/tav *n.*, -[e]s, -e, Oktavformat (Zeichen: 8°)

Ok/ta/ve *f.*, -, -n, 1. Intervall von 8 Tönen, 2. achter Ton der diatonischen Tonleiter
Ok/tav/for/mat *n.*, -[e]s, -e, Buchformat
ok/ta/vie/ren *intr.*, eine Oktave höher spielen
Ok/tett *n.*, -[e]s, -e, Musikstück für 8 Instrumente
Ok/to/ber *m.*, -s, *nur Sg.*, (Abk.: Okt.) Monat
Ok/to/ber/re/vo/lu/ti/on *f.*, -, *nur Sg.*, Revolution in Russland 1917
Ok/to/po/de *m.*, -n, -n, Achtfüßer
Ok/to/pus [lat.] *m.*, -, *nur Sg.* achtarmiger Kopffüßer
ok/troy/ie/ren oder auch:
okt/roy/ie/ren *tr.*, auferlegen
oku/lar [lat.]
Oku/lar *n.*, -[e]s, -e, dem Auge zugewendete Linse bei optischen Geräten, Gs. zu Objektiv
oku/lie/ren *tr.*, Pflanzen durch Einsetzen von Knospen veredeln
Öku/me/ne [griech.] *f.*, -, *nur Sg.*, 1. ökumenische Bewegung, 2. die bewohnte Erde
öku/me/nisch z.B. ökumenische Trauung: Trauung eines Brautpaares verschiedener Konfessionen durch Geistliche der beiden Konfessionen
Ok/zi/dent [lat.] *m.*, -[e]s, *nur Sg.*, Abendland, Gs. zu Orient
ok/zi/den/tal,
ok/zi/den/ta/lisch
Öl *n.*, -[e]s, -e
ö. L. Abk. für östlicher Länge
Öl/baum *m.*, -[e]s, -bäume
Öl/berg *m.*, -[e]s, *nur Sg.*,

biblischer Berg
Öl/bild *n.*, -[e]s, -er
Old/ti/mer [engl.] *m.*, -s, -, sehr altes Automobil
Ole/an/der *m.*, -s, -, Zierstrauch
ö/len *tr.*
ol/fak/to/risch [lat.] zum Riechnerv gehörend
Ol/fak/to/ri/us *m.*, -, *nur Sg.*, Riechnerv
Öl/ge/mäl/de *n.*, -s, -
Öl/göt/ze *m.*, -n, -n, nur in der Wendung: wie ein Ölgötze dastehen
Öl/haut *f.*, -, -häute, wasserdichter Mantel
ölig
Olig/arch oder auch:
O/li/garch *m.*, -en, -en
Olig/ar/chie oder auch:
Oli/gar/chie *f.*, -, -n, Herrschaft einer kleinen aristokratischen Gruppe
oli/go/phag sich nur von bestimmten Pflanzen oder Beutetieren ernähren
Oli/go/pha/gie *f.*, -, *nur Sg.*
oliv [lat.]
O/li/ve *f.*, -, -n, Frucht
Oli/ven/baum *m.*, -[e]s, -bäume
oliv/far/ben
oliv/far/big
oliv/grün
Olm *m.*, -[e]s, -e, Lurchart
Öl/ma/le/rei *f.*, -, -en
Öl/mo/tor *m.*, -s, -en
Öl/pal/me *f.*, -, -n
Öl/pest *f.*, -, *nur Sg.*, Verschmutzung von Stränden und Wasser durch Öl
Öl/sar/di/ne *f.*, -, -n
Öl/säu/re *f.*, -, *nur Sg.*, ungesättigte Fettsäure
Ölung *f.*, -, -en,
O/lymp *m.*, -s, *nur Sg.*, 1. in der griech. Mythologie: Sitz der Götter,

2. griech. Berg **Olym/pia** im alten Griechenland: Schauplatz der Olympischen Spiele
Olym/pi/a/de *f.*, -, -n, 1. früher: das Intervall von vier Jahren zwischen zwei Olympischen Spielen, 2. die Olympischen Spiele
Olym/pi/a/sie/ger *m.*, -s, - **olym/pisch** aber: die Olympischen Spiele
Öl/zeug *n.*, -s, *nur Sg.*, wasserdichte Kleidung für Seeleute
Öl/zweig *m.*, -[e]s, -e
Om/buds/frau [schwed.] *f.*, -, -en
Om/buds/mann [schwed.] *m.*, -[e]s, -männer, Beschwerdeinstanz gegen Behördenwillkür
Ome/ga *n.*, -[s], -s, griech. Buchstabe (Zeichen: Ω)
Ome/lett [französ.] *n.*, -s, -s, Eierkuchen
Omen [lat.] *n.*, -s, Omina, Vorzeichen, Zeichen
Omi/kron oder auch: **Omik/ron** *n.*, -[s], -s, griech. Buchstabe (Zeichen: o, O)
omi/nös verdächtig
Omis/siv/de/likt *n.*, -[e]s, -e, strafbare Unterlassung einer notwendigen Handlung
Om/ni/bus [lat.] *m.*, -ses, -se, Autobus
om/ni/po/tent allmächtig
Om/ni/po/tenz *f.*, -, *nur Sg.*
Om/ni/prä/senz *f.*, -, *nur Sg.*, Allgegenwart
On [engl.] *n.*, -s, *nur Sg.*, An (bei elektronischen Geräten), Gs. zu Off
Ona/nie *f.*, -, *nur Sg.*, Masturbation, Selbstbefriedigung

ona/nie/ren *intr.*
Ona/nist *m.*, -en, -en
On/du/la/ti/on [lat.] *f.*, -, -en
on/du/lie/ren *tr.*, wellen (Haare)
One/step [engl.] *m.*, -s, -s, Tanz
On/kel *m.*, -s, - oder -s, Bruder eines Elternteils
on/kel/haft
ONO Abk. für Ostnordost(en)
Öno/lo/ge [griech.] *m.*, -n, -n
Öno/lo/gie *f.*, -, *nur Sg.*, Weinbaukunde
öno/lo/gisch
Ono/ma/to/po/e/se *f.*, -, -n, Lautmalerei
ono/ma/to/po/e/tisch
Ono/ma/to/pö/ie *f.*, -, *nur Sg.*, Lautmalerei
Onyx [griech.] *m.*, -[e]s, -e, Mineral
o. O. Abk. für ohne Ort
OP Abk. für Operationssaal
op. Abk. für Opus
Opa *m.*, -s, -s, ugs. für Großvater
opak [lat.] undurchsichtig
Opak/glas *n.*, -es, -gläser
Opal [sanskrit.] *m.*, -[e]s, -e, Mineral
Opal/glas *n.*, -es, -gläser, Milchglas
OPEC *f.*, -, *nur Sg.*, Abk. für Organization of Petroleum Exporting Countries (Organisation der Erdöl exportierenden Länder)
Open Air [engl.] kurz für Openairfestival
Open-Air-Fes/ti/val *n.*, -s, -s, im Freien stattfindendes Konzert
Oper [italien.] *f.*, -, -n, Musikwerk
ope/ra/bel [lat.] operierbar
Ope/ra/bi/li/tät *f.*, -, *nur Sg.*

Ope/ra/teur *m.*, -[e]s, -e
Ope/ra/ti/on *f.*, -, -en, 1. in der Medizin: chirurgischer Eingriff, 2. militärisches Vorhaben
Ope/ra/ti/ons/saal *m.*, -[e]s, -säle, (Abk.: OP)
Ope/ra/ti/ons/schwester *f.*, -, -n
Ope/ra/ti/ons/tisch *m.*, -[e]s, -e
ope/ra/tiv
Ope/ret/te [italien.] *f.*, -, -n
Ope/ret/ten/sän/ger *m.*, -s, -
ope/rie/ren [lat.] *tr.* und *intr.*
Opern/ball *m.*, -[e]s, -bälle
Opern/glas *n.*, -es, -gläser
Opern/kom/po/nist *m.*, -en, -en
Opern/sän/ger *m.*, -s, -
Op/fer *n.*, -s, -
op/fer/be/reit
Op/fer/be/reit/schaft *f.*, -, *nur Sg.*
op/fer/freu/dig
Op/fer/freu/dig/keit *f.*, -, *nur Sg.*
Op/fer/mut *m.*, -[e]s, *nur Sg.*
op/fern *tr.*
Op/fer/stock *m.*, -[e]s, -stöcke, Behälter für Spenden in Kirchen
Op/fer/tier *n.*, -[e]s, -e
Op/fer/tod *m.*, -[e]s, *nur Sg.*
Op/fe/rung *f.*, -, -en
Op/fer/wil/le *m.*, -ns, -n
op/fer/wil/lig
Op/fer/wil/lig/keit *f.*, -, *nur Sg.*
Opi/at [lat.] *n.*, -[e]s, -e, opiumhaltiges Medikament
Opi/um *n.*, -s, *nur Sg.*, Rauschgift
Opi/um/sucht *f.*, -, *nur Sg.*
Opos/sum *n.*, -s, -s, Beutelratte Nordamerikas
Op/po/nent [lat.] *m.*, -en, -en, Gegner

op/po/nie/ren *intr.,* widersprechen
op/por/tun [lat.] angebracht, günstig
Op/por/tu/nis/mus *m., -, nur Sg.,* das im jeweiligen Moment günstigste Handeln
Op/por/tu/nist *m.,* -en, -en
op/por/tu/nis/tisch
Op/por/tu/ni/tät *f., -,* -en, günstige Gelegenheit
Op/po/si/ti/on [lat.] *f., -,* -en, 1. Gegensatz, 2. nicht an der Regierung beteiligte Parteien
op/po/si/ti/o/nell
Op/po/si/ti/ons/füh/rer *m.,* -s, -
Op/po/si/ti/ons/par/tei *f., -,* -en
op/ta/tiv in der Grammatik: einen Wunsch ausdrückend
Op/ta/tiv *m.,* -[e]s, -e, in der Grammatik: durch den Konjunktiv wiedergegebene Wunschform eines Verbs
op/tie/ren *intr.,* sich für jmdn. oder etwas entscheiden
Op/tik [griech.] *f., -,* -en, 1. *nur Sg.,* Lehre vom Licht, 2. optische Wirkung
Op/ti/ker *m.,* -s, -
Op/ti/ma *Pl.* von Optimum
op/ti/mal bestmöglich
op/ti/mie/ren *tr.*
Op/ti/mis/mus *m., -, nur Sg.,* positive Lebenseinstellung
Op/ti/mist *m.,* -en, -en, Mensch mit positiver Lebenseinstellung
op/ti/mis/tisch
Op/ti/mum *n.,* -s, Optima, das Beste
Op/ti/on [lat.] *f., -,* -en, Wahl
Op/ti/ons/recht *n.,* -[e]s, -e
op/tisch [lat.]

opu/lent [lat.] reichlich, üppig
Opu/lenz *f., -, nur Sg.*
Opus [lat.] *n., -,* Opera, (Abk.: op.) Werk, einzelnes Werk aus dem gesamten Schaffen eines Künstlers
OR Abk. für Oregon
Ör (s. Öre) *m.,* -[e]s, -e
Ora/kel [lat.] *n.,* -s, -, 1. Weissagung, 2. im alten Griechenland: Weissagungsstätte, 3. mysteriöser Ausspruch
ora/kel/haft
ora/keln *intr.,* rätselhafte Andeutungen machen
oral [lat.] den Mund betreffend
orange [französ.]
Oran/ge 1. *f., -,* -n, Apfelsine, 2. *n.,* -[s], *nur Sg.,* Farbe der Apfelsinen
Oran/geat *n.,* -[e]s, -e, Orangenschale
orange/far/ben,
oran/gen/far/ben
Oran/ge/rie *f., -,* -n, 1. Gewächshaus mit Orangen, 2. Orangengarten in Parks
Orang-U/tan [mal.] *m.,* -s, -s, Menschenaffe
ora/to/risch rednerisch
Ora/to/ri/um *n.,* -s, Oratorien, 1. geistliches Musikwerk, 2. kleine Kapelle
Or/bit *m.,* -[e]s, -e, Satellitenbahn
Or/bi/ta *f., -,* -e, Augenhöhle
or/bi/tal 1. im Orbit befindlich, 2. die Orbita betreffend
Or/ches/ter [griech.] *n.,* -s, -, 1. größere Gruppe von Musikern mit verschiedenen Instrumenten, 2. vertiefter Raum im Theater für das Orchester

or/ches/tral oder auch:
or/chest/ral
Or/ches/tra/ti/on oder auch: **Or/chest/ra/ti/on** *f., -,* -en, Orchesterbearbeitung
or/ches/trie/ren oder auch: **or/chest/rie/ren** *tr.,* für Orchester bearbeiten
Or/ches/trie/rung oder auch: **Or/chest/rie/rung** *f., -,* -en
Or/chi/de/en [griech.-französ.] *Pl.,* Pflanzenfamilie
Or/den [lat.] *m.,* -s, -, 1. Klostergemeinschaft, 2. Auszeichnung
or/den/ge/schmückt
Or/dens/band *n.,* -[e]s, -bänder
Or/dens/bru/der *m.,* -s, -brüder
Or/dens/frau *f., -,* -en
Or/dens/geist/li/cher *m.,* -s, -
Or/dens/kleid *n.,* -[e]s, -er
Or/dens/re/gel *f., -,* -n
Or/dens/rit/ter *m.,* -s, -
Or/dens/schwes/ter *f., -,* -n
Or/dens/tracht *f., -,* -en
or/dent/lich
Or/dent/lich/keit *f., -, nur Sg.*
Or/der [lat.] *f., -,* -n, 1. früher: Befehl, 2. Bestellung, Auftrag
or/dern *tr.,* bestellen
Or/di/na/le *f., -,* -n
Or/di/nal/zahl *f., -,* -en, Ordnungszahl
or/di/när [lat.] 1. unanständig, gewöhnlich, 2. alltäglich
Or/di/na/ri/at [lat.] *n.,* -[e]s, -e, 1. Lehrstuhl, bischöfliche Verwaltungsbehörde
Or/di/na/ri/um *n.,* -s, Ordinarien, 1. kath. Gottesdienstordnung, 2. ordent-

licher Staatshaushalt
Or/di/na/ri/us *m., -,* Ordinarien, 1. Professor mit Lehrstuhl, 2. Amt in der kath. Kirche
Or/di/na/te *f., -, -n,* in der Mathematik: Gs. zu Abszisse
Or/di/na/ten/ach/se *f., -, -n,* in der Mathematik: senkrechte Achse des Koordinatensystems
Or/di/na/ti/on *f., -, -en,* 1. in der ev. Kirche: Einsetzung eines Pfarrers in sein Amt, 2. in der kath. Kirche: Priesterweihe
or/di/nie/ren *tr.*
ord/nen *tr.*
Ord/ner *m., -s, -*
Ord/nung *f., -, -en*
ord/nungs/ge/mäß
ord/nungs/hal/ber
Ord/nungs/lie/be *f., -, nur Sg.*
ord/nungs/lie/bend
ord/nungs/mä/ßig
Ord/nungs/ruf *m., -[e]s, -e*
Ord/nungs/sinn *m., -[e]s, nur Sg.*
Ord/nungs/stra/fe *f., -, -n*
ord/nungs/wid/rig
Ord/nungs/wid/rig/keit *f., -, nur Sg.*
Ord/nungs/zahl *f., -, -en,* 1. Ordinalzahl, 2. Stelle eines Elementes im System der chem. Elemente
Or/don/nanz oder auch:
Or/do/nanz [lat.-französ.] *f., -, -en,* einem Offizier zugeteilter Soldat
Ö/re (s. Ör) *f., -, -,* schwed., dän. und norweg. Währung
O/re/ga/no (s. Origano) *m., -[s], nur Sg.,* Gewürz
O/re/gon (Abk.: OR) Staat in den USA
ORF Abk. für Österreichischer Rundfunk

Or/fe *f., -, -n,* Fischart
Or/gan [griech.] *n., -[e]s, -e,* 1. Körperteil, 2. Zeitschrift einer Partei oder eines Vereins, 3. Person oder Personengruppe mit bestimmten Aufgaben im Staat
Or/gan/dy [französ.] *m., -s, -s,* Baumwollgewebe
Or/ga/nik *f., -, nur Sg.,* Lehre von den Organen (1.)
Or/ga/ni/ker *m., -s, -*
Or/ga/ni/sa/ti/on [französ.] *f., -, -en*
Or/ga/ni/sa/ti/ons/ta/lent *n., -[e]s, -e*
Or/ga/ni/sa/tor *m., -s, -en*
or/ga/ni/sa/to/risch
or/ga/nisch 1. die Organe (1.) betreffend, 2. zur belebten Natur zählend
or/ga/ni/sie/ren *tr.*
or/ga/ni/siert
Or/ga/ni/sie/rung *f., -, -en*
Or/ga/nis/misch
Or/ga/nis/mus *m., -,* Organismen, 1. einheitliches Gefüge, 2. Lebewesen
Or/ga/nist [lat.] *m., -en, -en,* Orgelspieler
Or/ga/no/lo/gie *f., -, nur Sg.,* Lehre von den Organen
or/ga/no/lo/gisch
Or/gan/ver/pflan/zung *f., -, -en*
Or/gan/za [italien.] *f., -s, nur Sg.,* Seidengewebe
Or/gas/mus [griech.] *m., -,* Orgasmen, sexueller Höhepunkt
or/gas/tisch
Or/gel [griech.-lat.] *f., -, -n,* Tasteninstrument
Or/gel/bau/er *m., -n, -n*
or/geln *intr.*
Or/gel/pfei/fe *f., -, -n*
Or/gel/punkt *m., -[e]s, -e,* langer Basston, über dem

sich die übrigen Stimmen bewegen
Or/gi/ast *m., -en, -en,* zügelloser Schwärmer
or/gi/as/tisch
Or/gie *f., -, -n,* wilde Ausschweifung
Ori/ent [lat.] *m., -[e]s, nur Sg.,* Morgenland
Ori/en/ta/le *m., -n, -n,* Bewohner des Orients
ori/en/ta/lisch
Ori/en/ta/list *m., -en, -en*
Ori/en/ta/lis/tik *f., -, nur Sg.,* Wissenschaft von der orientalischen Kultur und Sprache
ori/en/ta/lis/tisch
Ori/ent/ex/preß >
Ori/ent/ex/press *m., -es, -e*
ori/en/tie/ren *tr.* und *refl.*
Ori/en/tie/rung *f., -, nur Sg.*
Ori/en/tie/rungs/sinn *m., -[e]s, nur Sg.*
Ori/ga/mi [japan.] *n., -[s], nur Sg.,* Papierfaltkunst
Ori/ga/no (s. Oregano) [italien.] *m., -[s], nur Sg.,* Gewürzpflanze
ori/gi/nal [lat.] ursprünglich, echt
Ori/gi/nal *n., -[e]s, -e*
Ori/gi/nal/aus/ga/be *f., -, -n,* erste Ausgabe
Ori/gi/na/li/tät *f., -, nur Sg.,* 1. Echtheit, 2. Besonderheit
Ori/gi/nal/text *m., -[e]s, -e*
ori/gi/när ursprünglich
ori/gi/nell
Ori/on 1. *m., -s, nur Sg.,* Sternbild, 2. griech. Sagenheld
Or/kan *m., -[e]s, -e,* Sturm
Or/na/ment [lat.] *n., -[e]s, -e,* Verzierung
or/na/men/tal
or/na/men/tie/ren *tr.,* verzieren

Or/na/men/tik *f., -, nur Sg.,* Kunst der Verzierung
Or/nat [lat.] *n., -[e]s, -e,* feierliche Amtskleidung
Or/ni/tho/lo/ge *m., -n, -n,* Vogelkundler
Or/ni/tho/lo/gie *f., -, nur Sg.,* Vogelkunde
or/ni/tho/lo/gisch
Oro/ge/ne/se *f., -, -n,* Gebirgsbildung
oro/ge/ne/tisch
Or/pheus in der griech. Mythologie: Sohn des Apoll
Or/phik *f., -, nur Sg.,* religiöse Bewegung in Griechenland seit dem 6. Jahrhundert v. Chr.
Or/phi/ker *m., -s, -*
or/phisch
Ort *m., -[e]s, -e*
Ört/chen *n., -s, -,* ugs. auch: Toilette
or/ten *tr.,* Standort eines Schiffs oder eines Flugzeugs feststellen
Or/tho/dox streng gläubig
Or/tho/do/xie *f., -, nur Sg.,* Strenggläubigkeit
Or/tho/ge/ne/se *f., -, nur Sg.,* nicht umkehrbare Entwicklung der Lebewesen
or/tho/go/nal rechtwinklig
Or/tho/gra/phie *(Nf.)* auch: **Or/tho/gra/fie** *(Hf.) f., -, -n,* Rechtschreibung
or/tho/gra/phisch *(Nf.)* auch: **or/tho/gra/fisch** *(Hf.)*
orth/o/nym oder auch: **or/tho/nym** unter richtigem Namen, Gs. zu pseudonym, anonym
Or/tho/pä/de *m., -n, -n*
Or/tho/pä/die *f., -, -n,* Lehre von den Bewegungsorganen
or/tho/pä/disch
Or/tho/skop oder auch: **Or/thos/kop** *n., -[e]s, -e,* Gerät zur Untersuchung von Kristallen
Or/tho/sko/pie oder auch: **Or/thos/ko/pie** *f., -, -n,* richtige Wiedergabe durch Linsen
or/tho/sko/pisch oder auch: **or/thos/ko/pisch**
ört/lich
Ört/lich/keit *f., -, -en*
orts/an/säs/sig
Orts/be/stim/mung *f., -, -en*
orts/be/weg/lich
Ort/schaft *f., -, -en*
orts/fest
orts/fremd
Orts/ge/spräch *n., -[e]s, -e*
Orts/kennt/nis *f., -, -se*
Orts/klas/se *f., -, -n*
Orts/kran/ken/kas/se *f., -, -n*
orts/kun/dig
Orts/na/me *m., -ns, -n*
Orts/netz *n., -es, -e,* Telefonnetz
Orts/sen/der *m., -s, -*
Orts/sinn *m., -[e]s, nur Pl.*
orts/üb/lich
Orts/ver/kehr *m., -[e]s, nur Sg.*
Orts/ver/zeich/nis *n., -ses, -se*
Orts/zeit *f., -, -en,* Gs. zu Normalzeit
Orts/zu/la/ge *f., -, -n*
Or/tung *f., -, -en,* Standortbestimmung
öS Abk. für österr. Schilling
Os/car *m., -s, -s,* ugs. für den amerikan. Filmpreis Academy Award
Ö/se *f., -, -n*
Osi/ris in der ägyptischen Mythologie: Gott des Totenreichs
Os/lo Hpst. von Norwegen
Os/lo/er *m., -s, -*
os/lo/isch
Os/ma/ne *m., -n, -n,* Bewohner des Osmanischen Reiches
os/ma/nisch
Os/mo/se [griech.] *f., -, -n,* Ausgleich von Lösungskonzentrationen an einer semipermeablen Membran
os/mo/tisch
OSO Abk. für Ostsüdost(en)
Os/sa/ri/um (s. Ossuarium) [lat.] *n., -s,* Ossarien, Beinhaus
Os/si *m., -s, -s,* ugs. abwertend für Einwohner der neuen Bundesländer
Os/si/fi/ka/ti/on [lat.] *f., -, -n,* Verknöcherung
os/si/fi/zie/ren *intr.*
Os/su/a/ri/um (s. Ossarium) *n., -s,* Ossuarien
Ost (Abk.: O) Himmelsrichtung
ost/a/si/a/tisch
Ost/a/si/en
Ost/block *m., -s, nur Sg.*
Ost/block/län/der *Pl.*
Os/te/al/gie [griech.] *f., -, -n,* Knochenschmerz
ost/el/bisch
os/ten *tr.,* nach Osten richten
Os/ten *m., -s, nur Sg.,* (Abk.: O) Himmelsrichtung
os/ten/ta/tiv [lat.] betont, herausfordernd
Os/te/o/ge/ne/se *f., -, -n,* Knochenbildung
Os/te/o/lo/gie *f., -, nur Sg.,* Lehre von den Knochen
os/te/o/lo/gisch
Os/ter/fest *n., -[e]s, -e*
Os/ter/in/sel *f., -, nur Sg.,* Insel im Pazifik
Os/ter/lamm *n., -[e]s, -lämmer*
ös/ter/lich
Os/ter/mon/tag *m., -[e]s, -e*
Os/tern *n., -, -*
Ös/ter/reich

Ös/ter/rei/cher *m.*, -s, -
ös/ter/rei/chisch aber:
Österreichische Bundesbahn
ös/ter/rei/chisch-un/ga/risch
Ös/ter/reich-Un/garn
Os/ter/sams/tag *m.*, -[e]s, -e
Os/ter/sonn/tag *m.*, -[e]s, -e
Os/ter/spiel *n.*, -[e]s, -e, geistliches Drama
Os/ter/wo/che *f.*, -, -n
Ost/eu/ro/pa
ost/eu/ro/pä/isch osteuropäische Zeit (Abk.: OEZ)
ost/frie/sisch aber: Ostfriesische Inseln
Ost/fries/land
Ost/ger/ma/ne *m.*, -n, -n
ost/ger/ma/nisch
Ost/go/te *m.*, -n, -n
ost/go/tisch
os/ti/nat [lat.] ständig wiederkehrend
Ost/in/di/en Indien, im Gs. zu Westindien (Mittelamerika)
ost/in/disch aber: Ostindische Kompanie
Os/ti/tis [griech.] *f.*, -, Ostitiden, Knochenentzündung
Ost/kir/che *f.*, -, -n, orthodoxe Kirche
öst/lich (mit Genitiv)
Ost/mark *f.*, -, -en, 1. früher: Länder an der Ostgrenze des Dt. Reichs, 2. *f.*, -, -, ugs. Bez. für die Währungseinheit der ehemaligen DDR
Ost/nord/ost (Abk.: ONO) Himmelsrichtung
Ost/nord/os/ten *m.*, -s, *nur Sg.*, (Abk.: ONO) Himmelsrichtung
Ost/po/li/tik *f.*, -, *nur Sg.*
Ös/tro/gen oder auch:
Öst/ro/gen *n.*, -[e]s, *nur Sg.*, weibliches Hormon

Ost/rom
ost/rö/misch aber: das Oströmische Reich
Ost/see *f.*, -, *nur Sg.*
Ost/see/ins/el *f.*, -, -n
Ost/süd/ost (Abk.: OSO) Himmelsrichtung
Ost/süd/os/ten *m.*, -s, *nur Sg.*, (Abk.: OSO) Himmelsrichtung
ost/wärts
Ost/wind *m.*, -[e]s, -e
Os/zil/la/ti/on [lat.] *f.*, -, -en, Schwingung
Os/zil/la/tor *m.*, -s, -en, Gerät, mit dem man Schwingungen erzeugen kann
os/zil/la/to/risch
os/zil/lie/ren *intr.*
Os/zil/lo/gramm *n.*, -[e]s, -e, Schwingungsbild
Os/zil/lo/graph *(Nf.)* auch:
Os/zil/lo/graf *(Hf.)* *m.*, -en, -en, Gerät zum Aufzeichnen von Schwingungen
Oti/tis [griech.] *f.*, -, Otitiden, Ohrenentzündung
Oto/lo/ge *m.*, -n, -n, Arzt für Ohrenerkrankungen
Oto/skop oder auch:
Otos/kop *n.*, -[e]s, -e, Ohrenspiegel
Oto/sko/pie oder auch:
Otos/ko/pie *f.*, -, -n, Innenohruntersuchung mittels eines Otoskops
Ot/ta/wa [engl.] Hpst. von Kanada
Ot/ter 1. *f.*, -,-n, Giftschlange, 2. *m.*, -s, -, eine Marderart
Ot/tern/brut *f.*, -, *nur Sg.*
Ot/ter/zun/ge *f.*, -, -n, versteinerter Fischzahn
Ot/to/man [türk.] *m.*, -[e]s, -e, Mischgewebe
Ot/to/ma/ne *f.*, -, -n, breite Liegefläche ohne Rückenlehne

ot/to/ma/nisch (s. osmanisch)
Ot/to/mo/tor *m.*, -s, -en
Ounce [lat.-engl.] *f.*, -, -s, (Abk. oz.) engl. Gewichtseinheit
ou/ten [engl.] *tr.* und *refl.*, sich öffentlich zu etwas bekennen, jmdn. öffentlich bloßstellen
Out/fit *n.*, -s, -s, äußere Erscheinung, Kleiderstil
Out/si/der [engl.] *m.*, -s, -, Außenseiter
Ou/ver/tü/re [französ.] *f.*, -, -n, Vorspiel oder Einleitungssatz eines Musikwerks
Ou/zo [griech.] *m.*, -s, -s, Anisschnaps
oval [französ.] länglichrund
Oval *n.*, -[e]s, -e, ovale Form
Ova/ri/um *n.*, -s, Ovarien, Eierstock
Ova/ti/on [lat.] *f.*, -, -en, Beifall
Over/all [engl.] *m.*, -s, -s, Anzug aus einem Stück
Over/head/pro/jek/tor *(Hf.)* *m.*, -s, -en, Tageslichtprojektor
Ovi/dukt [lat.] *m.*, -[e]s, -e, Eileiter
Ovu/la/ti/on *f.*, -, -en, Eisprung
Oxa/lat [französ.] *n.*, -[e]s, -e, Salz der Oxalsäure
Oxa/lit *m.*, -[e]s, -e, Mineral
Oxal/säu/re *f.*, -, *nur Sg.*
Oxer [engl.] *m.*, -s, -,
1. Hindernis beim Springreiten, 2. Zaun zwischen zwei Viehweiden
Ox/ford 1. *n.*, -s, -s, Baumwollhemdenstoff, 2. engl. Universitätsstadt
O/xid (s. Oxyd) [griech.] *n.*, -[e]s, -e,

Oxidation

Sauerstoffverbindung
Oxi/da/ti/on (s. Oxydation) *f.*, -, -en, Aufnahme von Sauerstoff
oxi/die/ren (s. oxydieren) *intr.*, Sauerstoff aufnehmen
Oxi/die/rung (s. Oxydierung) *f.*, -, -en
Oxyd (s. Oxid) *n.*, -[e]s, -e
Oxy/da/ti/on (s. Oxidation) *f.*, -, -en
oxy/die/ren (s. oxidieren) *intr.*
Oxy/die/rung (s. Oxidierung) *f.*, -, -en
Oxy/ge/ni/um *n.*, -s, *nur Sg.*, Sauerstoff (Zeichen: O)
oz. Abk. für Ounce
Oz Abk. für Oktanzahl

Oze/an [griech.] *m.*, -[e]s, -e, Weltmeer, z.B. Pazifischer Ozean
Oze/a/na/ri/um *n.*, -s, Ozeanarien, großes Meerwasseraquarium
Oze/an/damp/fer *m.*, -s, -
Oze/a/ni/en die Gesamtheit der Südseeinseln
oze/a/nisch
Oze/a/nist *m.*, -en, -en
Oze/a/nis/tik *f.*, -, *nur Sg.*
Oze/a/no/graph *(Nf.)* auch: **Oze/a/no/graf** *(Hf.)* *m.*, -en, -en, Meereskundler
Oze/a/no/gra/phie *(Nf.)* auch: **Oze/a/no/gra/fie** *(Hf.) f.*, -, *nur Sg.*, Meereskunde

Oze/an/rie/se *m.*, -n, -n, großer Ozeandampfer
Oze/lot [aztek.] *m.*, -s, -s oder e, Raubkatze
Ozon [griech.] *n.*, -s, *nur Sg.*, eine Form des Sauerstoffs
ozo/ni/sie/ren *tr.*, mit Ozon behandeln
Ozon/loch *n.*, -[e]s, -löcher, Stelle, an der die Ozonosphäre bereits sehr dünn ist
Ozo/no/sphä/re oder auch: **Ozo/nos/phä/re** *f.*, -, *nur Sg.*, Schicht der Erdatmosphäre mit hohem Ozongehalt

P

p Abk. für piano
P 1. Abk. für Papier, 2.chem. Zeichen für Phosphor, 3. KFZ-Kennz. von Portugal
p. Abk. für Pagina
P. Abk. für 1. Pastor, 2. Pater
PA Abk. für Pennsylvania
p. a. Abk. für pro anno, per annum
p. A. Abk. für per Adresse
paar ein paar, ein paarmal aber: ein paar Male
Paar *n.*, -[e]s, -e, zwei zusammengehörige Dinge oder Personen
paa/ren *tr.* und *refl.*
paa/rig paarweise
Paa/rig/keit *f.*, -, *nur Sg.*
Paar/lauf *m.*, -[e]s, -läufe
paar/mal ein paarmal, aber: ein paar Male
Paar/reim *m.*, -[e]s, -e
Paa/rung *f.*, -, -en
paar/wei/se
Pace [engl.] *f.*, -, *nur Sg.*, Pferdegangart
Pacht *f.*, -, -en
pach/ten *tr.*
Päch/ter *m.*, -s, -
Pacht/ver/trag *m.*, -[e]s, -verträge
pacht/wei/se
Pack 1. *m.*, -[e]s, -e oder Packe, 2. *n.*, -s, *nur Sg.*, Gesindel
Päck/chen *n.*, -s, -
Pack/eis *n.*, -es, *nur Sg.*, Eisschollen, die sich übereinanderschieben
pa/cken *tr.*
Pa/cken *m.*, -s, -, Bündel
Pa/cker *m.*, -s, -
Pa/cke/rei *f.*, -, *nur Sg.*
Pack/e/sel *m.*, -s, -
Pack/lei/nen *n.*, -s, -
Pack/lein/wand *f.*, -, *nur Sg.*
Pack/pa/pier *n.*, -[e]s, -e
Pack/pferd *n.*, -[e]s, -e

Pa/ckung *f.*, -, -en
Päd/a/go/ge oder auch: **Pä/da/go/ge** [griech.] *m.*, -n, -n, Lehrer, Erzieher
Päd/a/go/gik oder auch: **Pä/da/go/gik** *f.*, -, *nur Sg.*, Erziehungswissenschaft
päd/a/go/gisch oder auch: **pä/da/go/gisch** aber: Pädagogische Hochschule (Abk.: PH)
Pad/del [engl.] *n.*, -s, -, Ruder
Pad/del/boot *n.*, -[e]s, -e
pad/deln *intr.*
Padd/ler *m.*, -s, -
Pad/dock [engl.] *m.*, -s, -s, Laufgehege für Pferde
Päd/e/rast oder auch: **Pä/de/rast** [griech.] *m.*, -en, -en, Mann mit auf kleine Kinder gerichtetem Sexualempfinden
Päd/e/ra/stie oder auch: **Pä/de/ras/tie** *f.*, -, *nur Sg.*
Päd/i/a/trie oder auch: **Pä/di/a/trie** *f.*, -, *nur Sg.*, Kinderheilkunde
päd/i/a/trisch oder auch: **pä/di/a/trisch**
Pä/do/phi/lie *f.*, -, *nur Sg.*, kriminelle Handlung: Geschlechtsverkehr mit Kindern
Pa/du/a/ne (s. Pavane) *f.*, -, -n
Pa/el/la [span.] *f.*, -, -s, Nationalgericht Spaniens
paff!
paf/fen *intr.*
pag., p. Abk. für Pagina
Pa/gaie [span.] *f.*, -, -n, Paddel für den Kanadier
Pa/ga/nis/mus [lat.] *m.*, -, *nur Sg.*, Heidentum
Pa/ge [französ.] *m.*, -n, -n, 1. früher: junger Adliger im Dienst eines Fürsten, 2. heute: livrierter Hotelbediensteter
Pa/gen/fri/sur *f.*, -, *nur Sg.*
Pa/gen/kopf *m.*, -[e]s, *nur Sg.*, ein Haarschnitt
Pa/gi/na [lat.] *f.*, -, -e, (Abk.: pag., p.) veralt. für Seitenzahl
pa/gi/nie/ren *tr.*, Seiten fortlaufend nummerieren
Pa/go/de [sanskrit.] *f.*, -, -n, Tempel in Indien und Ostasien
pah!
Pail/let/te *f.*, -, -n, aufnähbares Metallplättchen für Kleidungsstücke
Pak Kurzw. für Panzerabwehrkanone
Pa/ket *n.*, -[e]s, -e
Pa/ket/a/dres/se oder auch: **-ad/res/se** *f.*, -, -n
pa/ke/tie/ren *tr.*
Pa/ket/kar/te *f.*, -, -n
Pa/kis/tan Staat in Vorderindien
Pa/kis/ta/ner *m.*, -s, -, Einwohner von Pakistan
Pa/kis/ta/ni *m.*, -s oder -s oder -, Einwohner von Pakistan
pa/kis/ta/nisch
Pakt *m.*, -[e]s, -e, Bündnis
pak/tie/ren *intr.*
Pa/la/din [lat.] *m.*, -[e]s, -e, treuer Gefolgsmann
Pa/lais [französ.] *n.*, -, -, Palast
Pa/lan/kin [Hindi] *m*, -[e]s, -s oder -e, indische Sänfte
Pa/lä/o/li/thi/kum *n.*, -s, *nur Sg.*, Altsteinzeit
pa/lä/o/li/thisch
Pa/lä/on/to/lo/ge *m.*, -n, -n
Pa/lä/on/to/lo/gie *f.*, -, *nur Sg.*, Lehre von Fauna und Flora früherer Erdzeitalter
pa/lä/on/to/lo/gisch
pa/lä/o/zän
Pa/lä/o/zän *n.*, -[e]s, *nur*

Paläozoikum

Sg., Abteilung des Tertiärs
Pa/lä/o/zo/i/kum *n., -s, nur Sg.*, erdgeschichtliches Altertum
pa/lä/o/zo/isch
Pa/lä/o/zo/o/lo/gie *f., -, nur Sg.*, Lehre von den bereits ausgestorbenen Tieren
Pa/last *m., -[e]s, Paläste*, Schloss
Pa/läs/ti/na Landschaft an der Ostküste des Mittelmeeres
Pa/läs/ti/nen/ser *m., -s, -*
pa/läs/ti/nen/sisch
pa/läs/ti/nisch
pa/la/tal [lat.] zum Gaumen gehörend
Pa/la/tal *m., -[e]s, -e*, am vorderen Gaumen gebildeter Laut
Pa/la/tin 1. *m., -[s], nur Sg.*, Hügel in Rom, 2. *m., -[e]s, -e*, Pfalzgraf
Pa/la/ti/nat *n., -[e]s, -e*, Pfalzgrafschaft
pa/la/ti/nisch pfalzgräflich, aber: der Palatinische Hügel (in Rom)
Pa/la/tum [lat.] *n., -s*, Palata, Gaumen
Pa/la/ver [portugies.] *n., -s, -*, ugs. für endloses Gerede, überflüssige laute Diskussion
pa/la/vern *intr.*
Pa/laz/zo [italien.] *m., -s*, Palazzi, italien. Bezeichnung für Palast
Pa/ler/mi/ta/ner *m., -s, -*, Einwohner von Palermo
pa/ler/mi/ta/nisch
Pa/ler/mo sizilianische Stadt
Pa/let/te *f., -, -n*, 1. Untersatz zum Stapeln von Waren, 2. Platte zum Mischen von Farben
pa/let/ti nur in der Wendung: alles paletti, alles in Ordnung
pa/let/tie/ren *tr.*, auf einer Palette stapeln (1.)
Pa/lin/drom oder auch:
Pa/lind/rom [griech.] *n., -[e]s, -e*, vorwärts und rückwärts sinnvoll zu lesendes Wort
Pa/li/sa/de [lat.-französ.] *f., -, -n*, Befestigungs- oder Begrenzungspfahl
Pa/li/san/der *m., -s, -*, Edelholz
Pa/li/san/der/holz *n., -[e]s, -hölzer*
Pal/las [griech.] in der griech. Mythologie: Beiname der Göttin Athene
Pal/lasch *m., -[e]s, -e*, Degen
Pal/lot/ti/ner *m., -s, -*, Angehöriger des Pallottinerordens
Pal/lot/ti/ner/or/den *m., -s, -*
Pal/ma/rum [lat.] Palmsonntag
Pal/me *f., -, -n*
Pal/men/zweig (s. Palmzweig) *m., -[e]s, -e*
Palm/farn *m., -[e]s, -e*, dickstämmiger Farn
Palm/fett *n., -[e]s, nur Sg.*, aus den Früchten der Ölpalme gewonnenes Fett
Pal/mi/tin *n., -[e]s, nur Sg.*, Fett der Palmitinsäure
Pal/mi/tin/säu/re *f., - nur Sg.*
Palm/kätz/chen *Pl.*, Weidenkätzchen
Palm/sonn/tag *m., -[e]s, -e*
Palm/we/del *m., -s, -*
Palm/wein *m., -[e]s, -e*
Palm/zweig (s. Palmenzweig) *m., -[e]s, -e*
Pal/pa/ti/on *f., -, -en*, in der Medizin: Untersuchung durch Fühlen, Tasten
pal/pie/ren *tr.*, tasten, fühlen

Pa/mir innerasiatisches Hochland
Pam/pa *f., -, -s*, Grassteppe
Pam/pa(s)/gras *n., -es, -gräser*, Silbergras
Pam/pe *f., -, nur Sg.*, ugs. für dicker Schmutz
Pam/pel/mu/se [niederländ.] *f., -, -n*, Zitrusfrucht
Pam/phlet oder auch:
Pamph/let [lat.-engl.] *n., -[e]s, -e*, Schmähschrift
Pam/phle/tist oder auch:
Pamph/le/tist *m., -en, -en*
pam/pig dickflüssig
Pan in der griech. Mythologie: Hirtengott
Pa/na/ché (s. Panaschee) *n., -s, -s*, Bier mit Limonade
Pa/na/de [italien.] *f., -, -n*, Mischung aus Weißbrot und Ei
Pa/na/ma 1. mittelamerikanischer Staat, 2. dessen Hpst., 3. Strohhut
Pa/na/ma/ka/nal *m., -[e]s, nur Sg.*
Pa/na/me/ne *m., -n, -n*, Einwohner von Panama
pa/na/me/nisch
pari/ame/ri/ka/nisch
Pan/ame/ri/ka/nis/mus *m., -, nur Sg.*, Streben nach der Zusammenarbeit aller amerikanischen Staaten
Pa/nasch [französ.] *m., -[e]s, -e*, Federbusch
Pa/na/schee (s. Panaché) *n., -s, -s*, Panaschierung
pa/na/schie/ren 1. *tr.*, mustern, 2. *intr.*, bei politischen Wahlen mehrere Kandidaten zugleich wählen
Pa/na/schier/sys/tem *n., -[e]s, -e*
Pa/na/schie/rung *f., -, -en*, Weißfleckigkeit bei Pflanzenblättern

Pan/da *m.,* -s, -s, schwarz-weißer Kleinbär
Pan/da/ne *f.,* -, -n, Zimmerpflanze
Pan/de/mie [griech.] *f.,* -, -n, große Epidemie
pan/de/misch
Pan/do/ra in der griech. Mythologie: Frau, die in einer Büchse das Übel auf die Erde brachte
Pa/neel [französ.] *n.,* -[e]s, -e, Holztäfelung
pa/nee/lie/ren *tr.*
Pan/flö/te *f.,* -, -n, Flöte aus bis zu sieben nebeneinanderliegenden Pfeifen
Pan/hel/le/nis/mus *m.,* -, *nur Sg.,* früher: das Streben, alle Griechen in einem Staat zu vereinigen
pan/hel/le/nis/tisch
pa/nie/ren *tr.,* z.B. Schnitzel panieren
Pa/nier/mehl *n.,* -[e]s, -e
Pa/nik *f.,* -, -en, plötzliche, die Vernunft ausschaltende Angst
Pa/nik/ma/che *f.,* -, *nur Sg.*
Pa/nik/re/ak/ti/on *f.,* -, -en
Pa/nik/stim/mung *f.,* -, *nur Sg.*
pa/nisch
Pan/kow Stadtteil von Berlin
Pan/kra/ti/on oder auch:
Pank/ra/ti/on [griech.] *n.,* -s, *nur Sg.,* Kampf mit allen Mitteln
Pan/kre/as oder auch:
Pank/re/as [griech.] *f.,* -, Pankreaten, in der Medizin: Bauchspeicheldrüse
Pan/ne [französ.] *f.,* -, -n
Pan/nen/dienst *m.,* [e]s, -e
Pan/op/ti/kum oder auch:
Pa/nop/ti/kum [griech.] *n.,* -s, Panoptiken, Kuriositätenkabinett

Pan/o/ra/ma oder auch:
Pa/no/ra/ma [griech.] *n.,* -s, Panoramen, Rundblick, Aussicht
Pan/o/ra/ma/auf/nah/me oder auch:
Pa/no/ramaauf/nah/me *f.,* -, -n
Pa/no/ra/mie/ren oder auch: **pa/no/ra/mie/ren** *intr.*
pan/schen *tr.,* mit Wasser verfälschen (Wein)
Pan/scher *m.,* -s, -
Pan/sen *m.,* -s, -, erster Magen bei Wiederkäuern
Pan/sla/wis/mus *m.,* -, *nur Sg.,* Streben nach der Vereinigung aller slawischen Völker
Pan/sla/wist *m.,* -en, -en
pan/sla/wis/tisch
Pan/ta/lons [französ.] *Pl.,* lange Hosen, die während der Frz. Revolution in Mode kamen
pan/ta rhei [griech.] alles fließt (Ausspruch Heraklits)
Pan/ter (s. Panther) *m.,* -s, -
Pan/ter/kat/ze (s. Pantherkatze) *f.,* -, -n
Pan/the/is/mus *m.,* -, *nur Sg.,* Lehre, die besagt, dass Gott überall in der Natur sei
Pan/the/ist *m.,* -en, -en
pan/the/is/tisch
Pan/the/on *n.,* -s, -s, 1. Gesamtheit aller Götter eines Volkes, 2. Ehrentempel
Pan/ther *(Nf.)* auch:
Pan/ter *(Hf.)* [griech.] *m.,* -s, -, Leopard
Pan/ther/kat/ze *(Nf.)* auch:
Pan/ter/kat/ze *(Hf.)* *f.,* -, -n, Ozelot
Pan/ti/ne [französ.] *f.,* -, -n, Holzschuh
Pan/tof/fel *m.,* -s, -n, Hausschuh
Pan/tof/fel/blu/me *f.,* -, -n

Pan/töf/fel/chen *n.,* -s, -
Pan/tof/fel/held *m.,* -en, -en, ugs. für: schwachen Mann
Pan/tof/fel/schne/cke *f.,* -, -n
Pan/tof/fel/tier/chen *n.,* -s, -, einzelliges Lebewesen
Pan/to/let/te *f.,* -, -n, Sommerschuh
Pan/to/me/ter [griech.] *n.,* -s, -, Instrument zum Messen von Längen und Winkeln
Pan/to/mi/me [griech.]
1. *f.,* -, -n, Darstellung von Szenen ohne Worte,
2. Künstler, der ohne Worte Szenen darstellt
Pan/to/mi/mik *f.,* -, *nur Sg.,* Kunst der Pantomime
pan/to/mi/misch
Pan/try oder auch: **Pant/ry** [engl.] *f.,* -, -s, Speisekammer auf Schiffen und in Flugzeugen
pant/schen *tr.,* panschen
Pan/zer *m.,* -s, -, 1. Schutzhülle bei Tieren (Schildkröten), 2. Stahlschutzhülle, 3. kurz für Panzerkampfwagen
Pan/zer/ab/wehr/ka/none *f.,* -, -n, (Kurzw. Pak)
Pan/zer/di/vi/si/on *f.,* -, -en
Pan/zer/ech/se *f.,* -, -n
Pan/zer/faust *f.,* -, -fäuste
Pan/zer/glas *n.,* -es, -gläser
pan/zern *tr.*
Pan/zer/späh/wa/gen *m.,* -s, -
Pan/ze/rung *f.,* -, -en
Pa/pa *m.,* -s, -s, ugs. für Vater
Pa/pa/gei *m.,* -[e]s, -en, trop. Vogel
Pa/pa/gei/en/krank/heit *f.,* -, *nur Sg.,* auf Menschen übertragbare Infektionskrankheit bei Papageien und Sittichen

Pa/pa/ge/no *m., -s, nur Sg.,* Figur aus Mozarts „Zauberflöte"

pa/pal [lat.] päpstlich

Pa/pa/lis/mus *m., -, nur Sg.,* Kirchensystem, in dem der Papst die oberste Gewalt ausübt

Pa/pat *m. oder n., -[e]s, nur Sg.,* Amt des Papstes

Pa/pa/ya [karib.] *f., -, -s,* Melonenbaumfrucht

Pa/pi *m., -s, -s,* ugs. für Vater

Pa/pier *n., -[e]s, -e,* an der Börse: Wertpapier (Abk.: P)

pa/pie/ren

Pa/pier/geld *n., -[e]s, nur Sg.*

Pa/pier/krieg *m., -[e]s, nur Sg.,* ugs.

Pa/pier/ma/ché *(Nf.)* auch:
Pa/pier/ma/schee *(Hf.) n., -s, -s,* Masse aus feuchtem Papier, Leim u. a.

pa/pil/lar [lat.] warzenartig

Pa/pil/le *f., -, -n,* Warze

Pa/pil/lo/te [französ.] *f., -, -n,* dünner Lockenwickel

Papp/band *m., -[e]s, -bände*

Papp/de/ckel *m., -s, -*

Pap/pe *f., -, -n*

Pap/pel *f., -, -n* Laubbaum

päp/peln *tr.,* ugs. z.B. jmdn. aufpäppeln

Pap/pen/hei/mer *m., -s, -,* nur in der Wendung: ich kenne meine Pappenheimer, ich kenne sie gut

Pap/pen/stiel *m., -[e]s, -e,* übertr. für Geringfügigkeit

pap/per/la/papp!

pap/pig

Papp/kas/ten *m., -s, -kästen*

Papp/ma/ché *(Nf.)* auch:
Papp/ma/schee *(Hf.) n., -s, -s,* Papiermaschee

Papp/schach/tel *f., -, -n*

Pa/pri/ka oder auch:
Pap/ri/ka [serb.-ungar.] *m., -s, -s,* Gewürz- und Gemüsepflanze

Paps *m., -, nur Sg.,* ugs. für Vater

Papst *m., -[e]s, Päpste,* Oberhaupt der kath. Kirche

päpst/lich

Papst/tum *n., nur Sg.*

Pa/pua *m., -s oder -, -s oder -*

Pa/pua-Neu/gu/i/nea Staat auf Neuguinea

pa/pua/nisch

Pa/py/ri *Pl.* von Papyrus

Pa/py/rin [griech.] *n., -[e]s, -e,* Pergamentpapier

Pa/py/rus *m., -,* Papyri, antikes Schreibblatt

Pa/py/rus/rol/le *f., -, -n*

Pa/py/rus/stau/de *f., -, -n,* Schilfgewächs

Par *n., -, -s,* beim Golf: festgesetzte Schlagzahl für ein Loch

Pa/ra/bel [griech.] *f., -, -n,* 1. lehrhafte Erzählung, 2. in der Mathematik: ins Unendliche laufende Kurve

Pa/ra/bi/o/se [griech.] *f., -, -n,* Zusammenleben von zwei miteinander verwachsenen Lebewesen

Pa/ra/bi/ont *m., -en, -en,* z.B. siamesische Zwillinge

Pa/ra/bol/an/ten/ne *f., -, -n*

pa/ra/bo/lisch gleichnishaft

pa/ra/bo/li/sie/ren *tr.*

Pa/ra/bol/spie/gel *m., -s, -,* Hohlspiegel

Pa/ra/de [französ.] *f., -, -n*

Pa/ra/de/marsch *m., -[e]s, -märsche*

Pa/ra/de/schritt *m., -[e]s, -e*

pa/ra/die/ren *intr.,* vorbeimarschieren

Pa/ra/dies [griech.] *n., -[e]s, -e*

Pa/ra/dies/ap/fel *m., -s, -äpfel,* auch: Tomate

pa/ra/die/sisch

Pa/ra/dies/vo/gel *m., -s, -vögel*

Pa/ra/dig/ma [griech.] *n., -s,* Paradigmen, 1. Muster, 2. in der Grammatik: Flexionsmuster

pa/ra/dig/ma/tisch beispielhaft

pa/ra/dox [griech.] widersprüchlich

Pa/ra/dox *n., -[e]s, -e,* Paradoxon

Pa/ra/do/xie *f., -, -n,* Widersprüchlichkeiten

Pa/ra/do/xon *n., -s,* Paradoxa, widersprüchliche, unsinnige Folgerung

Par/af/fin oder auch:
Pa/raf/fin [lat.] *n., -[e]s, -e,* Mischung aus gesättigten Kohlenwasserstoffen

Pa/ra/gli/der [engl.] *m., -s, -*

Pa/ra/gli/ding *n., -s, nur Sg.,* Gleitschirmfliegen

Pa/ra/graph *(Nf.)* auch:
Pa/ra/graf *(Hf.)* [griech.] *m., -en, -en,* Zeichen §

Pa/ra/gra/phen/rei/ter *(Nf.)* auch: **Pa/ra/gra/fen/rei/ter** *(Hf.) m., -s, -*

Pa/ra/gra/phen/rei/te/rei *(Nf.)* auch:
Pa/ra/gra/fen/rei/te/rei *(Hf.) f., -, nur Sg.*

Pa/ra/gra/phie *(Nf.)* auch:
Pa/ra/gra/fie *(Hf.) f., -, nur Sg.*

pa/ra/gra/phie/ren *(Nf.)* auch: **pa/ra/gra/fie/ren** *(Hf.) tr.*

Pa/ra/graph/zei/chen *(Nf.)* auch: **Pa/ra/graf/zei/chen** *(Hf.) n., -s, -,* Zeichen §

Pa/ra/gu/ay 1. südamerikanischer Staat, 2. *m., -s, nur Sg.,* Nebenfluss des Paraná

Pa/ra/gu/a/ya/ner oder auch: **Pa/ra/gu/a/yer** *m.*, -s, -
pa/ra/gu/a/ya/nisch oder auch: **pa/ra/gu/a/yisch**
par/al/lel oder auch: **pa/ral/lel**
Par/al/le/le *f.*, -, -n
Par/al/lel/fall *m.*, -[e]s, -fälle
par/al/le/li/sie/ren *tr.*
Par/al/le/li/sie/rung *f.*, -, *nur Sg.*
Par/al/le/lis/mus *m.*, -, Parallelismen
Par/al/le/li/tät *f.*, -, *nur Sg.*
Par/al/le/lo/gramm *n.*, -[e]s, -e
par/al/lel/schal/ten > **par/al/lel schal/ten** *tr.*
Par/al/lel/schal/tung *f.*, -, -en
Par/al/lel/ton/art *f.*, -, -en, Tonart mit gleichen Vorzeichen
par/al/lel/ver/wandt oder auch: **par/al/lel ver/wandt**
Pa/ra/lo/gie [griech.] *f.*, -, -n, Vernunftwidrigkeit
Pa/ra/lo/gis/mus *m.*, -, Paralogismen, unlogische Folgerung
Pa/ra/lo/gis/tik *f.*, -, *nur Sg.*
Pa/ra/ly/se [griech.] *f.*, -, -n, Lähmung
pa/ra/ly/sie/ren *tr.*, lähmen
Pa/ra/ly/ti/ker *m.*, -s, -
pa/ra/ly/tisch
Pa/ra/me/ter [griech.] *m.*, -s, -, in der Mathematik: veränderbare Größe
pa/ra/mi/li/tä/risch [griech.] militärähnlich
Pa/ra/ná 1. *m.*, -s, *nur Sg.*, südamerikanischer Fluss, 2. argentinische Stadt
Par/ä/ne/se oder auch: **Parä/ne/se** [griech.] *f.*, -, -n, 1. Ermahnung, 2. Nutzanwendung zum Schluss einer Rede

par/ä/ne/tisch oder auch: **pa/rän/te/tisch**
Pa/ra/noia [griech.] *f.*, -, *nur Sg.*, seelische Störung, die mit Wahnvorstellungen verbunden ist
pa/ra/no/id
Pa/ra/no/i/ker *m.*, -s, -
pa/ra/no/isch
Pa/ra/pha/sie [griech.] *f.*, -, -n, Sprachstörung
Pa/ra/phe [griech.] *f.*, -, -n, Stempel mit Namenszug
pa/ra/phe/ren *tr.*, unterzeichnen
Pa/ra/phra/sie [griech.] *f.*, -, -n, Umschreibung
pa/ra/phra/sie/ren *tr.*, umschreiben
pa/ra/phras/tisch
Pa/ra/pluie [französ.] *m.*, oder *n.*, -s, -s, veralt. für Regenschirm
Pa/ra/psy/cho/lo/gie *f.*, -, *nur Sg.*, Wissenschaft, die sich mit außersinnlichen Erscheinungen befasst
pa/ra/psy/cho/lo/gisch
Pa/ra/sit [griech.] *m.*, -en, -en, Schmarotzer
pa/ra/si/tär
pa/ra/si/tisch
Pa/ra/si/tis/mus *m.*, -, *nur Sg.*
Pa/ra/si/to/lo/gie *f.*, -, *nur Sg.*, Lehre von den Parasiten
pa/ra/si/to/lo/gisch
Pa/ra/sol [französ.] *m.*, -s, -s, veralt. für Sonnenschirm
Pa/ra/sol/pilz *m.*, -es, -e, essbarer Pilz
Pa/ra/sym/pa/thi/kus *m.*, -, *nur Sg.*, Teil des Nervensystems, Gs. zu Sympathikus
pa/ra/sym/pa/thisch
pa/rat [lat.] bereit
Pa/ra/vent [französ.] *m.*, -s,

-s, Wandschirm
par a/vi/on [französ.] durch Luftpost
Pär/chen *n.*, -s, -
Par/cours [französ.] *m.*, -, -, Reitbahn bei Hindernisrennen
Pard *m.*, -[e]s, -e, Leopard
par/dauz!
Par/der *m.*, -s, -, Leopard
par/don! [französ.] Entschuldigung!
Par/en/chym oder auch: **Pa/ren/chym** [griech.] *n.*, -[e]s, -e, 1. Pflanzengewebe, 2. Funktionsgewebe der Organe
par/en/chy/ma/tös oder auch: **pa/ren/chy/ma/tös**
pa/ren/tal [lat.] zur Elterngeneration gehörend
Pa/ren/tal/ge/ne/ra/ti/on *f.*, -, -en
Par/en/the/se oder auch: **Pa/ren/the/se** [griech.] *f.*, -, -n, 1. eingeschobener Satz, 2. Klammer
par/en/the/tisch oder auch: **pa/ren/the/tisch** eingeschoben
Pa/re/se [griech.] *f.*, -, -n, unvollständige Lähmung
pa/re/tisch
par ex/cel/lence [französ.] beispielhaft
Par/force/jagd *f.*, -, -n, Hetzjagd
Par/force/ritt *m.*, -[e]s, -e, Gewalttritt
Par/fum (s. Parfüm) [französ.] *n.*, -s, -s
Par/füm *n.*, -s, -s oder -e
Par/fü/me/rie *f.*, -, -n
par/fü/mie/ren *tr.*
pa/rie/ren [französ.] 1. *tr.*, abwehren (Angriff), 2. *intr.*, gehorchen
Pa/ris Hpst. von Frankreich
Pa/ris in der griech. Mytho-

logie: Sohn des Priamos
Pa/ri/ser *m.*, -s, -
pa/ri/se/risch
Pa/ri/si/enne [französ.] *f.*, -, *nur Sg.*, Seidengewebe mit Metallfäden
Pa/ri/tät [lat.] *f.*, -, -en, Gleichstellung
pa/ri/tä/tisch
Park *m.*, -s, -s
Park/an/la/ge *f.*, -, -n
Park/bank *f.*, -, -bänke
par/ken *intr.* und *tr.*
Par/kett [französ.] *n.*, -[e]s, -e, 1. Holzfußboden, 2. die vorderen Sitzreihen im Theater
Par/kett/bo/den *m.*, -s, -böden
par/ket/tie/ren *tr.*
Park/haus *n.*, -[e]s, -häuser
Par/kin/son-Krank/heit *f.*, -, *nur Sg.*, nach dem engl. Arzt Parkinson benannte Schüttellähmung
Park/kral/le *f.*, -, -n, Vorrichtung zum Blockieren der Räder eines Autos
Par/ko/me/ter *n.*, -s, -
Park/platz *m.*, -[e]s, -plätze
Park/schei/be *f.*, -, -n
Park/sün/der *m.*, -s, -
Park/uhr *f.*, -, -en
Park/ver/bot *n.*, -[e]s, -e
Par/la/ment [engl.] *n.*, -[e]s, -e, gewählte Volksvertretung
Par/la/men/tär *m.*, -[e]s, -e, Unterhändler
Par/la/men/ta/ri/er *m.*, -s, -
par/la/men/ta/risch
Par/la/men/ta/ris/mus *m.*, -, *nur Sg.*, Demokratieform
Par/la/ments/mit/glied *n.*, -[e]s, -er
par/lan/do [italien.]
Par/lan/do *n.*, -s, -s oder Parlandi
par/lie/ren *intr.*, sprechen

Par/ma/er (s. Parmesaner) *m.*, -s, -
Par/me/san *m.*, -s, *nur Sg.*, kurz für Parmesankäse
Par/me/sa/ner (s. Parmaer) *m.*, -s, -, Einwohner von Parma
par/me/sa/nisch
Par/me/san/kä/se *m.*, -s, *nur Sg.*, italien. Hartkäse
Par/o/die oder auch:
Pa/ro/die [griech.-französ.] komische Nachahmung
par/o/die/ren oder auch:
pa/ro/die/ren *tr.*
Par/o/dist oder auch:
Pa/ro/dist *m.*, -en, -en
par/o/dis/tisch oder auch:
pa/ro/dis/tisch
Par/o/don/ti/tis oder auch:
Pa/ro/don/ti/tis [griech.] *f.*, -, Parodontitiden, Zahnfleischentzündung
Par/o/don/to/se oder auch:
Pa/ro/don/to/se *f.*, -, -n, Zurückweichen des Zahnfleisches
Pa/ro/le [französ.] *f.*, -, -n, 1. Kennwort, 2. Leitspruch
Pa/ro/li [italien.] *n.*, -s, -s, in der Wendung: jmdm. Paroli bieten, jmdm. energisch widersprechen
Par/o/ti/tis oder auch:
Pa/ro/ti/tis *f.*, -, Parotitiden, Mumps
Par/si/fal (s. Parzival)
Pars pro to/to [lat.] *n.*, -, -, Teilbegriff steht für einen Gesamtbegriff
Part [lat.] *m.*, -[e]s, -e, 1. Teil, 2. Stimme in einem Gesangsstück, 3. Rolle in einem Theaterstück
Part. Abk. für Parterre
Par/tei [französ.] *f.*, -, -en
Par/tei/en/staat *m.*, -[e]s, -en
Par/tei/gän/ger *m.*, -s, -
par/tei/isch

par/tei/lich
Par/tei/lich/keit *f.*, -, *nur Sg.*
par/tei/los
Par/tei/nah/me *f.*, -, *nur Sg.*
Par/tei/se/kre/tär oder auch: **Par/tei/sek/re/tär** *m.*, -[e]s, -e
Par/tei/ung *f.*, -, -en
par/terre [französ.] im Erdgeschoss
Par/terre *n.*, -s, -s, (Abk.: Part.) Erdgeschoss
Par/terre/woh/nung *f.*, -, -en
Par/the/non [griech.] *m.*, -s, *nur Sg.*, Tempel auf der Akropolis
par/ti/al [lat.] veralt. für partiell
Par/ti/al/ob/li/ga/ti/on *f.*, -, -en, Teilschuldverschreibung
Par/tie [französ.] *f.*, -, -en, 1. Stück, Teil, 2. Heiratsmöglichkeit, z.B. sie ist eine gute Partie, 3. Einzelspiel (Schach)
par/ti/ell teilweise
Par/ti/kel *f.*, -, -n, 1. Teilchen, 2. in der Grammatik: unflektierbares Wort
par/ti/ku/lar
par/ti/ku/lär einzeln
Par/ti/ku/la/ris/mus *m.*, -, *nur Sg.*, 1. Bestrebung staatlicher Teilgebiete nach mehr Selbständigkeit
Par/ti/ku/la/rist *m.*, -en, -en
Par/ti/ku/la/ris/tisch
Par/ti/ku/lar/recht *n.*, -[e]s, -e
Par/ti/san [französ.] *m.*, -[e]s oder -en, -en, Widerstandskämpfer im Hinterland
Par/ti/sa/ne *f.*, -, -n, Stoßwaffe des 15.-18. Jahrhunderts
Par/ti/sa/nen/krieg *m.*, -[e]s, -e

Par/ti/ta [italien.] *f.,* -, Partiten, Suite
Par/ti/ti/on *f.,* -, -en, Teilung
par/ti/tiv teilend
Par/ti/tiv/zahl *f.,* -, -en, Bruchzahl
Par/ti/tur *f.,* -, -en, Aufzeichnung sämtlicher Stimmgruppen eines musikalischen Werkes
Par/ti/zip [lat.] *n.,* -[e]s, -e, Mittelwort
Par/ti/zi/pa/ti/on *f.,* -, -en, Teilnahme
Par/ti/zi/pa/ti/ons/geschäft *n.,* -[e]s, -e
par/ti/zi/pi/al mit Hilfe eines Partizips
Par/ti/zi/pi/ent *m.,* -en, -en
par/ti/zi/pie/ren *intr.,* teilhaben
Part/ner [engl.] *m.,* -s, -
Part/ner/schaft *f.,* -, *nur Sg.*
Part/ner/stadt *f.,* -, -städte
Part/ner/wahl *f.,* -, -en
par/tout [französ.] unbedingt
Par/tus [lat.] *m.,* -, -, Geburt
Par/ty [engl.] *f.,* -, -s, Fest
Par/ty/lö/we *m.,* -n, -n
Par/ve/nü [französ.] *m.,* -s, -s, Emporkömmling
Par/zel/le [französ.] *f.,* -, -n, Grundstück
par/zel/lie/ren *tr.*
Par/zel/lie/rung *f.,* -, -en
Par/zi/val (s. Parsifal) Figur der Artussage, Ritter der Tafelrunde
Pas [französ.] *m.,* -, -, Tanzschritt
PASCAL Programmiersprache
Pasch [französ.] *m.,* -[e]s, -e oder Päsche
Pa/scha [türk.] *m.,* -s, -s, 1. früher: Titel für hohe Beamte in der Türkei, 2. übertr.: Mann, der sich gern bedienen lässt
Pa/so do/ble oder auch:
Pa/so dob/le [span.] *m.,* -s, -s, Tanz
Pas/pel [französ.] *f.,* -, -n, Zierstreifen an Nähten
pas/pe/lie/ren *tr.*
pas/peln *tr.*
Paß > **Pass** [lat.-französ.] *m.,* -es, Passe
pas/sa/bel [französ.] annehmbar
Pas/sa/ca/glia oder auch:
Pas/sa/cag/lia [italien.] *f.,* -, Passacaglien, Tanz
Pas/sa/ge [französ.] *f.,* -, -n, Figur der Hohen Schule
Pas/sa/ge [französ.] *f.,* -, -n
Pas/sa/gier *m.,* -[e]s, -e
Pas/sa/gier/flug/zeug *n.,* -[e]s, -e
Pas/sa/gier/gut *n.,* -[e]s, -güter
Pas/sant [französ.] *m.,* -en, -en, Fußgänger
Pas/sat [niederländ.] *m.,* -[e]s, -e, trop. Wind
Paß/bild > **Pass/bild** *n.,* -[e]s, -er
Pas/se [französ.] *f.,* -, -n, eingesetzter Stoffstreifen bei Kleidungsstücken
pas/sé *(N.f.)* auch: **pas/see** *(Hf.)* [französ.] vorbei, vergangen
pas/sen *intr.*
Passe/par/tout [französ.] 1. *n.,* -s, -s, Bilderrahmen aus Karton, 2. auch *m.,* -s, s, Hauptschlüssel
pas/sier/bar
pas/sie/ren *tr.* und *intr.*
Pas/sier/schein *m.,* -[e]s -e
Pas/si/flo/ra [lat.] *f.,* -, Passifloren, Passionsblume
Pas/si/on [lat.] *f.,* -, -en, 1. Leidenschaft, 2. Leidensgeschichte Christi
Pas/si/o/nal *n.,* -[e]s, -e
Pas/si/o/na/le *n.,* -s, -
pas/si/o/niert begeistert
Pas/si/ons/blu/me *f.,* -, -n, Pflanze
Pas/si/ons/sonn/tag *m.,* -[e]s, -e, zweiter Sonntag vor Ostern
Pas/si/ons/spiel *n.,* -[e]s -e
Pas/si/ons/zeit *f.,* -, -en, Zeitraum zwischen Aschermittwoch und Ostern
pas/siv untätig, duldend, *Gs.* zu aktiv
Pas/siv *n.,* -[e]s, -e, in der Grammatik: Aktionsform des Verbs, *Gs.* zu Aktiv
Pas/si/va *Pl.,* Schulden
Pas/siv/bür/ger *m.,* -s, -
Pas/siv/ge/schäft *n.,* -[e]s -e
pas/si/vie/ren *tr.*
Pas/si/vie/rung *f.,* -, -en
Pas/si/vi/tät *f.,* -, *nur Sg.*
Paß/kon/trol/le >
Pass/kon/trol/le oder auch:
Pass/kont/rol/le *f.,* -, -n
Paß/stra/ße > **Pass/stra/ße** *f.,* -, n
Pas/sung *f.,* -, -en
Pas/sus [lat.] *m.,* -, -, Abschnitt aus einem Schriftstück
Pas/ta [italien.] 1. *f.,* -, Pasten, z.B. Zahnpasta, 2. *f.,* -, Paste, [italien.] Nudel
Pas/te *f.,* -, -n, Pasta (1.)
Pas/tell [italien.] *n.,* -[e]s, -e, Pastellzeichnung
Pas/tell/far/be *f.,* -, -n
Pas/tell/zeich/nung *f.,* -, -en
Pas/tet/chen *n.,* -s, -
Pas/te/te *f.,* -, -n
Pas/teu/ri/sa/ti/on *f.,* -, -en, Erhitzen von Milch, Fruchtsäften u.a. zur Haltbarmachung
pas/teu/ri/sie/ren *tr.*
Pas/teu/ri/sie/rung *f.,* -, -en

Pastille

Pas/til/le [lat.] *f.,* -, -n, Pille
Pas/tor [lat.] *m.,* -s, -en, (Abk.: P.) Geistlicher
pas/to/ral ländlich
Pas/to/ra/le 1. *f.,* -, -n, Hirtenmusik, 2. *n.,* -s, -, Bischofsstab
Pas/to/ral/theo/lo/gie *f.,* -, -n, Seelsorge
Pas/to/rat *n.,* -[e]s, -e, Amt eines Pfarrers
Pas/to/rin *f.,* -, -nen
Pat/chen *n.,* -s, -, Patenkind
Patch/work [engl.] aus Flicken zusammengesetzter Stoff
Pa/te *m.,* -n, -n
Pa/tel/la [lat.] *f.,* -, Patellen, in der Medizin: Kniescheibe
pa/tel/lar
Pa/tel/lar/re/flex oder auch: **Pa/tel/lar/ref/lex** *m.,* -es, -e, Kniesehnenreflex
Pa/te/ne [lat.] *f.,* -, -n, Untersatz zur Darreichung der Hostie
Pa/ten/kind *n.,* -[e]s, -er
Pa/ten/on/kel *m.,* -s, -
Pa/ten/schaft *f.,* -, -en
pa/tent [lat.]
Pa/tent *n.,* -[e]s, -e, 1. Urkunde eines Berufsgrades, 2. Recht zur alleinigen Nutzung und Vermarktung einer Erfindung
Pa/tent/amt *n.,* -[e]s, -ämter
Pa/tent/amt/lich
Pa/ten/tan/te *f.,* -, -n
Pa/tent/an/walt *m.,* -[e]s, -anwälte
pa/tent/fä/hig
Pa/tent/fä/hig/keit *f.,* -, *nur Sg.*
pa/ten/tie/ren *tr.*
Pa/tent/schutz *m.,* -es, *nur Sg.*
Pa/ter [lat.] *m.,* -s, - oder Patres, (Abk.: P.) Ordenspriester

Pa/ter/nos/ter 1. *m.,* -s, -, offener Aufzug, 2. *n.,* -s, -, Vaterunser
pa/the/tisch [griech.] feierlich, erhaben
Pa/tho/ge/ne/se *f.,* -, -n, Entstehung und Entwicklung einer Krankheit
pa/tho/ge/ne/tisch
Pa/tho/lo/ge *m.,* -n, -n
Pa/tho/lo/gie *f.,* -, *nur Sg.,* Lehre von den Krankheiten
pa/tho/lo/gisch 1. zur Pathologie gehörend, 2. krankhaft
Pa/thos [griech.] *n.,* -, *nur Sg.,* Feierlichkeit
Pa/tience [französ.] *f.,* -, -n, Kartenspiel
Pa/ti/ent [lat.] *m.,* -en, -en, Kranker in ärztlicher Behandlung
Pa/tin *f.,* -, -nen, Patentante
Pa/ti/na [italien.] *f.,* -, *nur Sg.,* grüner Überzug auf Kupfer
pa/ti/nie/ren *tr.*
Pa/tio [span.] *m.,* -s, -s, Innenhof eines Hauses
Pa/tres oder auch: **Pat/res** *Pl.* von Pater
Pa/tri/arch oder auch: **Pat/ri/arch** [griech.] *m.,* -en, -en, 1. im AT: Stammvater, 2. übertr.: strenger Vater, Ehemann
pa/tri/ar/cha/lisch oder auch: **pat/ri/ar/cha/lisch**
Pa/tri/ar/chat oder auch: **Pat/ri/ar/chat** *n.,* -[e]s, -e, Vaterrecht, Gs. zu Matriarchat
pa/tri/ar/chisch oder auch: **pat/ri/ar/chisch**
Pa/tri/ot oder auch: **Pat/ri/ot** *m.,* -en, -en
pa/tri/o/tisch oder auch: **pat/ri/o/tisch** vaterlandsliebend

Pa/tri/o/tis/mus oder auch: **Pat/ri/o/tis/mus** *m.,* -, *nur Sg.,* Vaterlandsliebe
Pa/tri/zi/er oder auch: **Pat/ri/zi/er** *m.,* -s, -, 1. im alten Rom: Adliger, 2. im MA: wohlhabender Bürger
pa/tri/zisch oder auch: **pat/ri/zisch**
Pa/tron oder auch: **Pat/ron** [lat.] *m.,* -s, -en, 1. Herr, 2. Schutzheiliger der kath. Kirche, 3. Schirmherr
Pa/tro/na oder auch: **Pat/ro/na** *f.,* -, -e, Schutzheilige
Pa/tro/na/ge oder auch: **Pat/ro/na/ge** *f.,* -, -n, Günstlingswirtschaft
Pa/tro/nat oder auch: **Patro/nat** *n.,* -[e]s, -e, Schirmherrschaft
Pa/tro/nats/fest oder auch: **Pat/ro/nats/fest** *n.,* -[e]s, -e
Pa/tro/ne oder auch: **Pat/ro/ne** [französ.] *f.,* -, -n, 1. Munition, 2. Behälter für einen Kleinbildfilm, 3. Behältnis für Tinte
Pa/tro/nin oder auch: **Pat/ro/nin** [lat] *f.,* -, -nen, Schutzheilige
Pa/trouil/le oder auch: **Pat/rouil/le** [französ.] *f.,* -, -n, Streife, Wache
pa/trouil/lie/ren oder auch: **pat/rouil/lie/ren** *intr.*
patsch!
Patsch *m.,* -[e]s, -e, klatschender Schlag
Pat/sche *f.,* -, -n, 1. kleine Hand, 2. Notlage
pat/schen *intr.*
pat/sch[e]/naß > **patsch[e]/nass**
patt [französ.] zugunfähig bei Schach und Dame
Patt *n.,* -s, -s, bei Schach und Dame: Unentschieden

pat/zen *intr.*
Pat/zer *m.*, -s, -, Fehler
Pau/ke *f.*, -, -n, Schlaginstrument
pau/ken *intr.*, ugs. für lernen
Pau/ker *m.*, -s, -, 1. Musiker, 2. ugs. für Lehrer
Pau/ke/rei *f.*, -, *nur Sg.*
pau/pe/rie/ren [lat.] *intr.*
Pau/pe/ris/mus *m.*, -, *nur Sg.*, Massenarmut
Paus/ba/cken *Pl.*, dicke Backen
paus/ba/ckig,
paus/bä/ckig
pau/schal alles zusammen
Pau/scha/le *f.*, -, -n, einmalige Sammelbezahlung statt Einzelzahlungen
Pau/schal/be/steu/e/rung *f.*, -, *nur Sg.*
pau/scha/lie/ren *tr.*
Pau/schal/preis *m.*, -es, -e
Pau/schal/rei/se *f.*, -, -n
Pau/schal/ur/teil *n.*, -[e]s, -e
Pau/schal/ver/si/che/rung *f.*, -, -en
Pausch/be/trag *m.*, -[e]s, -beträge
Pau/se 1. [griech.] *f.*, -, -n, Unterbrechung, 2. [französ.] *f.*, -, -n, Durchzeichnung
pau/sen *tr.*, durchzeichnen
pau/sie/ren *intr.*, unterbrechen
Paus/pa/pier *n.*, -[e]s, -e
Pa/va/ne (s. Paduane) [italien.] *f.*, -, -n, Tanz der Suite
Pa/vi/an [französ.] Affenart
Pa/vil/lon [französ.] *m.*, -s, -s, kleines Gartenhaus, Festzelt
Pax [lat.] *f.*, -, *nur Sg.*, Friede
Pa/zi/fik [lat.-engl.] *m.*, -s, *nur Sg.*, Pazifischer Ozean
pa/zi/fisch aber: der Pazifische Ozean

Pa/zi/fis/mus *m.*, -, *nur Sg.*, Ablehnung jeder Art von Gewalt und bedingungsloses Streben nach Frieden
Pa/zi/fist *m.*, -en, -en
pa/zi/fis/tisch
Pb chem. Zeichen für Blei
p. c. Abk. für per centum (Prozent)
PC *m.*, -s, -s, Abk. für Personalcomputer
p. e. Abk. für per exemplum
Pech 1. *n.*, -[e]s, *nur Sg.*, unglücklicher Zufall, 2. *n.*, -[e]s, -e, schwarzer Rückstand bei der Destillation von Teer und Erdöl
Pech/nel/ke *f.*, -, -n, Nelkenart
pech/ra/ben/schwarz
pech/schwarz
Pech/sträh/ne *f.*, -, -n, eine Kette unglücklicher Zufälle
Pech/vo/gel *m.*, -s, -vögel, jmd., der oft Pech hat
Pe/dal [lat.] *n.*, -[e]s, -e
Pe/dant *m.*, -en, -en, übertrieben korrekter Mensch
Pe/dan/te/rie *f.*, -, *nur Sg.*, übertriebene Korrektheit
pe/dan/tisch
Ped/dig/rohr *n.*, -[e]s, -e, spanisches Rohr zum Flechten von Körben
Pe/di/kü/re [lat.] *f.*, -, *nur Sg.*, Fußpflege
pe/di/kü/ren *tr.*
Pee/ling [engl.] *n.*, -s, -s, kosmetische Gesichtsbehandlung
Peep/show *f.*, -, -s, Striptease-Darstellung
Pe/ga/sus [griech.] *m.*, -, *nur Sg.*, Sternbild
Pe/gel *m.*, -s, -, 1. Instrument zum Messen des Wasserstandes, 2. Wasserstand
Pe/gel/hö/he *f.*, -, -n
Pe/gel/stand *m.*, -[e]s, -stände

pei/len *intr.* und *tr.*
Pei/ler *m.*, -s, -, Peilgerät
Peil/li/nie *f.*, -, -n
Peil/rah/men *m.*, -s, -
Pei/lung *f.*, -, -en
Pein *f.*, -, *nur Sg.*
pei/ni/gen *tr.*
Pei/ni/ger *m.*, -s, -
Pei/ni/gung *f.*, -, -en
pein/lich
Pein/lich/keit *f.*, -, *nur Sg.*
pein/sam ugs. für peinlich
Peit/sche *f.*, -, -n
peit/schen *tr.*
Peit/schen/hieb *m.*, -[e]s, -e
Pe/jo/ra/ti/on [lat.] *f.*, -, -en, Bedeutungsverschlechterung eines Wortes
pe/jo/ra/tiv
Pe/ki/ne/se *m.*, -n, -n, 1. Einwohner von Peking, 2. Hunderasse
pe/ki/ne/sisch
Pe/king Hpst. von China
Pek/tin [griech.] *n.*, -[e]s, -e,
pe/ku/ni/är [lat.] geldlich
Pe/lar/go/nie *f.*, -, -n, Zierpflanze
Pe/le/ri/ne [französ.] *f.*, -, -n, ärmelloser Regenumhang
Pe/li/kan *m.*, -[e]s, -e, Vogelart
Pel/le *f.*, -, -n, dünne Schale
pel/len *tr.*
Pell/kar/tof/fel *f.*, -, -n
Pe/lo/pon/nes *f.*, -, *nur Sg.*, südgriech. Halbinsel
pe/lo/pon/ne/sisch aber: Peloponnesischer Krieg
Pelz *m.*, -[e]s, -e
pel/zig
Pelz/tier *n.*, -[e]s, -e
Pelz/werk *n.*, -[e]s, *nur Sg.*
Pe/na/ten [ital.] *Pl.*, in der röm. Mythologie: Götter von Haus und Herd
Pence [engl.] *Pl.* von Penny (Abk.: d)

Pen/dant [französ.] *n.*, -s, -s, Gegenstück
Pen/del [lat.] *n.*, -s, -
pen/deln *intr.*
Pen/del/tür *f.*, -, -en
Pen/del/uhr *f.*, -, -en
Pen/del/ver/kehr *m.*, -s, *nur Sg.*
Pend/ler *m.*, -s, -
Pe/ne/lo/pe in der griech. Mythologie: Gemahlin des Odysseus
pe/ne/trant oder auch:
pe/net/rant 1. durchdringend, 2. übertr.: aufdringlich, lästig
Pe/ne/tranz oder auch:
Pe/net/ranz *f.*, -, *nur Sg.*
Pe/ne/tra/ti/on oder auch:
Pe/net/ra/ti/on *f.*, -, -en, 1. Durchdringung, 2. das Eindringen
pe/ne/trie/ren oder auch:
pe/net/rie/ren *tr.*, durchdringen
pe/ni/bel [französ.] sehr genau
Pe/ni/bi/li/tät *f.*, -, *nur Sg.*, Genauigkeit
Pe/ni/cil/lin (s. Penizillin) [lat.] *n.*, -[e]s, *nur Sg.*
Pen/in/su/la [lat.] *f.*, -, -e, Halbinsel
pen/in/su/lar
pen/in/su/lar/isch
Pe/nis [lat.] *m.*, -, -se oder Penes, männliches Glied
Pe/ni/zil/lin (s. Penicillin) [lat.] *n.*, -[e]s, *nur Sg.*, Antibiotikum
Penn/bru/der *m.*, -s, -brüder, ugs. für Obdachloser
Pen/ne [lat.] *f.*, -, -n, ugs. für Schule
pen/nen *infl.*, ugs. für schlafen
Pen/ner *m.*, -s, -, ugs. für Obdachloser
Penn/syl/va/nia (Abk: PA) Staat in den USA
penn/syl/va/nisch
Pen/ny *m.*, -s, Pence, (Abk.: d) engl. Währungseinheit
Pen/sa *Pl.* von Pensum
Pen/si/on [französ.] *f.*, -, -en, 1. Unterkunft, 2. Ruhestand, 3. Ruhegehalt
Pen/si/o/när *m.*, -[e]s, -e, 1. Gast in einer Pension, 2. jmd., der Ruhegehalt bezieht
Pen/si/o/nat *n.*, -[e]s, -e, Internat
pen/si/o/nie/ren *tr.*, in den Ruhestand versetzen
Pen/si/o/nie/rung *f.*, -, -en
pen/si/ons/be/rech/tigt
Pen/sum [lat.] *n.*, -s, Pensa oder Pensen, Arbeit, die in einer bestimmten Zeit zu erledigen ist
Pen/ta/chord *n.*, -[e]s, -e, Zupfinstrument
Pen/ta/gon *n.*, -[e]s, -e, 1. Fünfeck, 2. *nur Sg.*, Verteidigungsministerium der USA
pen/ta/go/nal
Pen/ta/gramm *n.*, -[e]s, -e, fünfzackiger Stern
Pen/ta/me/ter *m.*, -s, -, fünffüßiger daktylischer Vers
Pen/tan *n.*, -[e]s, -e, gesättigter Kohlenwasserstoff
Pen/ta/to/nik *f.*, -, *nur Sg.*, System, das auf einer Tonleiter von fünf Tönen beruht
pen/ta/to/nisch
Pent/haus oder auch:
Pent/house [engl.] *n.*, -, -s, Wohnanlage auf einem Flachdach
Pep [engl.] *m.*, -s, *nur Sg.*, ugs. für Schwung
Pe/pe/ro/ne [italien.] *f.*, -, Peperoni, eingelegte Paprikaschote
Pe/pi/ta *m.*, -s, -s, Stoff mit Hahnentrittmuster
Pep/sin [griech.] *n.*, -[e]s, -e, Enzym
pep/tisch
per [lat.] durch, mit, per Adresse (Abk.: p. A.), per annum (Abk.: p. a.), per centum (Abk.: p. c.)
Perch/ta Sagengestalt
Perch/ten *Pl*, umherziehende Geister der Verstorbenen
Per/cus/sion [engl.] *f.*, -, *nur Sg.*, alle Schlaginstrumente
Pe/res/troi/ka [russ.] *f.*, -, *nur Sg.*, Bez. für die Reformpolitik des ehemaligen sowjetischen Staatspräsidenten Gorbatschow
per ex/em/plum oder auch:
per exemp/lum [lat.] (Abk.: p. e.) veralt. für zum Beispiel
per/fekt [lat.] vollkommen
Per/fekt *n.*, -[e]s, -e, in der Grammatik: Vergangenheitsform
Per/fek/ti/on *f.*, -, -en
per/fek/ti/o/nie/ren *tr.*
Per/fek/ti/o/nie/rung *f.*, -, *nur Sg.*
Per/fek/ti/o/nis/mus *m.*, -, *nur Sg.*
Per/fek/ti/o/nist *m.*, -en, -en
Per/fek/ti/o/nis/tisch
per/fek/tisch im Perfekt
per/fek/tiv
per/fid[e] [französ.] treulos
Per/fi/die *f.*, -, -n, Treulosigkeit
Per/fi/di/tät *f.*, -, *nur Sg.*
Per/fo/ra/ti/on [lat.] *f.*, -, -en, Abreißlinie
per/fo/rie/ren *tr.*
Per/for/mance [engl.] *f.*, -, *nur Sg.*, künstlerische Aktion
Per/for/manz *f.*, -, *nur Sg.*,

Sprachverwendung
per/for/ma/tiv
per/for/ma/to/risch
Per/ga/ment *n.,* -[e]s, -e, Schreibpapier aus Tierhaut
Per/ga/ment/band *m.,* -[e]s, -bände
Per/ga/ment/pa/pier *n.,* -[e]s, -e, Butterbrotpapier
Per/go/la [italien.] *f.,* -, Pergolen, Laube
Pe/ri/anth [griech.] *n.,* -[e]s, -e, Blütenhülle
Pe/ri/karp [griech.] *n.,* -[e]s, -e, Fruchtschale
Pe/ri/o/de [griech.] *f.,* -, -n
Pe/ri/o/den/sys/tem *n.,* -[e]s, -e
pe/ri/o/disch
pe/ri/o/di/sie/ren *tr.*
Pe/ri/o/di/sie/rung *f.,* -, -en
Pe/ri/o/di/zi/tät *f.,* -, *nur Sg.*
Pe/ri/pe/tie [griech.] *f.,* -, -n, Wendung im Drama
pe/ri/pher [griech.] am Rande liegend
Pe/ri/phe/rie *f.,* -, -n, Rand
Pe/ri/phra/se [griech.] *f.,* -, -n, Umschreibung
pe/ri/phra/sie/ren *tr.*
pe/ri/phras/tisch umschreibend
Pe/ri/skop oder auch:
Pe/ris/kop [griech.] *n.,* -[e]s, -e, eine Art Fernrohr
Pe/ri/stal/tik oder auch:
Pe/ris/tal/tik [griech.] *f.,* -, *nur Sg.,* wellenförmige Bewegung von Organen wie z.B. der Speiseröhre
pe/ri/stal/tisch oder auch:
pe/ris/tal/tisch
Per/kal [pers.-türk.] *m.,* -[e]s, -e, Baumwollgewebe
Per/kus/si/on [lat.] *f.,* -, -en, 1. Erschütterung, 2. Percussion, 3. Untersuchung innerer Organe durch Beklopfen der Körperoberfläche
Per/kus/si/ons/ham/mer *m.,* -s, -
Per/kus/si/ons/in/stru/ment oder auch:
Per/kus/si/ons/ins/tru/ment *n.,* -[e]s, -e, Schlaginstrument
per/kus/so/risch
Per/le *f.,* -, -n
per/len *intr.*
Per/len/fi/scher *m.,* -s, -
Per/len/tau/cher *m.,* -s, -
Perl/garn *n.,* -[e]s, -e, Baumwollgarn
perl/grau
Perl/huhn *n.,* -[e]s, -hühner, Fasanenvogel
per/lig
Perl/mu/schel *f.,* -, -n
Perl/mutt *n.,* -s, *nur Sg.*
Perl/mut/ter *f.,* -, *nur Sg.*
Per/lon *n.,* -s, *nur Sg.* (Warenz.) Kunstfaser
Per/lon/strumpf *m.,* -[e]s, -strümpfe
Perl/wein *m.,* -[e]s, -e
Perm *n.,* -s, *nur Sg.,* Formation des Paläozoikums
per/ma/nent [lat.] dauernd
Per/ma/nenz *f.* -, *nur Sg.*
Per/man/ga/nat [lat.] *n.,* -[e]s, -e
per/me/a/bel [lat.] durchlässig
Per/me/a/bi/li/tät *f.,* -, *nur Sg.*
per/misch zum Perm gehörend
per/mu/ta/bel [lat.] vertauschbar
Per/mu/ta/ti/on *f.,* -, -en, Vertauschung
per/mu/tie/ren *tr.,* vertauschen
Per/o/xid *n.,* -[e]s, -e, sauerstoffreiche chem. Verbindung
Per/pe/tu/um mo/bi/le *n.,* -, -, etwas, das sich ständig in Bewegung befindet
per/plex oder auch:
perp/lex [lat.] ugs. für verblüfft
Per/ple/xi/tät oder auch:
Perp/le/xi/tät *f.,* -, *nur Sg.*
Per/ser *m.,* -s, -, 1. Einwohner von Persien, 2. Perserteppich
Per/ser/tep/pich *m.,* -[e]s, -e
Per/seus *m.,* -, *nur Sg.,* Sternbild
Per/si/a/ner *m.,* -s, -, Fell des Karakulschafes
Persien früherer Name für Iran
Per/si/fla/ge oder auch:
Per/sif/la/ge [französ.] *f.,* -, -n, Verspottung
per/si/flie/ren oder auch:
per/sif/lie/ren *tr.*
per/sis/tent [lat.] anhaltend
Per/sis/tenz *f.,* -, *nur Sg.*
Per/son [lat.] *f.,* -, -en
per/so/nal
Per/so/nal *n.,* -s, *nur Sg.,* Gesamtheit der Angestellten, Belegschaft
Per/so/nal/com/pu/ter [engl.] *m.,* -s, -
Per/so/nal/form *f.,* -, -en
Per/so/na/li/en *Pl.,* persönliche Daten
Per/so/na/li/tät *f.,* -, -en
Per/so/nal/pro/no/men *n.,* -s, -, persönliches Fürwort
Per/so/nal/re/fe/rat *n.,* -[e]s, -e
Per/so/nal/re/fe/rent *m.,* -en, -en
Per/so/nal/u/ni/on *f.,* -, -en
Per/sön/chen *n.,* -s, -
per/so/nell
Per/so/nen/kult *m.,* -[e]s, -e
Per/so/nen/stand *m.,* -[e]s, -stände, Familienstand
Per/so/nen/stands/re/gis/ter *n.,* -s, -

Per/so/ni/fi/ka/ti/on *f.*, -, -en, Vermenschlichung
per/so/ni/fi/zie/ren *tr.*
Per/so/ni/fi/zie/rung *f.*, -, -en
per/sön/lich
Per/sön/lich/keit *f.*, -, -en
Per/sön/lich/keits/spal/tung *f.*, -, -en
Per/spek/tiv oder auch:
Pers/pek/tiv [lat.] *n.*, -[e]s, -e, kleines Fernrohr
Per/spek/ti/ve oder auch:
Pers/pek/ti/ve *f.*, -, -n
per/spek/ti/visch oder auch: **pers/pek/ti/visch**
Pe/ru südamerikanischer Staat
Pe/ru/a/ner *m.*, -s, -
pe/ru/a/nisch
Pe/rü/cke [französ.] *f.*, -, -n
per/vers [lat.] widernatürlich
Per/ver/si/on *f.*, -, -en
Per/ver/si/tät *f.*, -, -en
per/ver/tie/ren *intr.* und *tr.*
Pe/se/ta [span.] *f.*, -, Peseten, (Abk.: Ptas) span. Währungseinheit
Pes/sar [lat.] *n.*, -[e]s, -e, Mittel der Empfängnisverhütung
Pes/si/mis/mus [lat.] *m.*, -, *nur Sg.*, Gs. zu Optimismus
Pes/si/mist *m.*, -en, -en
pes/si/mis/tisch
Pest [lat.] *f.*, -, *nur Sg.*, epidemisch auftretende Infektionskrankheit
Pest/beu/le *f.*, -, -n
Pest/hauch *m.*, -[e]s, *nur Sg.*
Pes/ti/zid *n.*, -[e]s, -e, Schädlingsbekämpfungsmittel
Pe/ter/si/lie *f.*, -, *nur Sg.*, Gewürzpflanze
Pe/ti/ti/on [lat.] *f.*, -, -en, Bittschrift
pe/ti/ti/o/nie/ren *intr.*

Pe/ti/ti/ons/recht *n.*, -[e]s, -e
Pe/tro/le/um oder auch: **Pet/ro/le/um** *n.*, -s, *nur Sg.*, Erdöl
Pe/trus oder auch: **Pet/rus** Apostel
Pet/ti/coat [engl.] *m.*, -s, -s, versteifter Unterrock
Pet/ting [engl.] *n.*, -s, -s, sexuelles Spiel ohne Geschlechtsverkehr
pet/to [italien.] nur in der Wendung: etwas in petto haben, etwas bereit haben
Pe/tu/nie *f.*, -, -n, Zierpflanze
Pf. Abk. für Pfennig
Pfad *m.*, -[e]s, -e
Pfad/fin/der *m.*, -s, -
Pfaf/fe *m.*, -n, -n, ugs. abwertend für: Geistlicher
Pfahl *m.*, -[e]s, Pfähle
Pfahl/bau *m.*, -[e]s, -bauten
Pfahl/bau/er *m.*, -n, -n
Pfahl/dorf *n.*, -[e]s, -dörfer
pfäh/len *tr.*
Pfahl/wur/zel *f.*, -, -n
Pfalz *f.*, -, -en
Pfäl/zer *m.*, -s, -, Einwohner der Pfalz
pfäl/zisch
Pfand *n.*, -[e]s, Pfänder
pfänd/bar
Pfänd/bar/keit *f.*, -, *nur Sg.*
Pfand/brief *m.*, -[e]s, -e
pfän/den *tr.*
Pfän/der *m.*, -s, -, Gerichtsvollzieher
Pfand/gläu/bi/ger *m.*, -s, -
Pfand/haus *n.*, -[c]s, -häuser
Pfand/lei/he *f.*, -, -n
Pfand/schuld/ner *m.*, -s, -
Pfän/dung *f.*, -, -en
Pfänn/chen *n.*, -s, -
Pfan/ne *f.*, -, -n
Pfann/ku/chen *m.*, -s, -
Pfarr/amt *n.*, -[e]s, -ämter

Pfarr/be/zirk *m.*, -[e]s, -e
Pfar/rei *f.*, -, -en
Pfar/rer *m.*, -s, -, Geistlicher
Pfar/re/rin *f.*, -, -nen
Pfarr/haus *n.*, -[e]s, -häuser
Pfarr/hel/fer *m.*, -s, -
Pfarr/kir/che *f.*, -, -n, Hauptkirche einer Pfarrei
Pfau *m.*, -[e]s, -en, Fasanenvogel
Pfau/en/au/ge *n.*, -s, -n, Schmetterlingsart
Pfd. Abk. für Pfund
Pfef/fer *m.*, -s, -, Gewürzpflanze
Pfef/fer/fres/ser *m.*, -s, -, Vogelart
Pfef/fer/gur/ke *f.*, -, -n
pfef/fe/rig (s. pfeffrig)
Pfef/fer/korn *n.*, -[e]s, -körner
Pfef/fer/ku/chen *m.*, -s, -
Pfef/fer/min/ze *f.*, -, -n, Heilpflanze
Pfef/fer/müh/le *f.*, -, -n
pfef/fern *tr.*
Pfef/fer/nuß >
Pfef/fer/nuss *f.*, -, -nüsse
Pfef/fer/strauch *m.*, -[e]s, -sträucher
pfeff/rig (s. pfefferig)
Pfei/fe *f.*, -, -n
pfei/fen *tr.* und *intr.*
Pfei/fer *m.*, -s, -
Pfeil *m.*, -[e]s, -e
Pfei/ler *m.*, -s, -, frei stehende Stütze für Gewölbe
Pfeil/gift *n.*, -[e]s, -e
pfeil/ge/ra/de
pfeil/schnell
Pfen/nig *m.*, -s, - oder -e, (Abk.: Pf) deutsche Währungseinheit
Pfen/nig/fuch/ser *m.*, -s, -, geiziger Mensch
Pfen/nig/fuch/se/rei *f.*, -, *nur Sg.*

pfen/nig/groß
Pfen/nig/stück *n.*, -[e]s, -e
Pferch *m.*, -[e]s, -e, eingezäuntes Landstück für Tiere
pfer/chen *tr.*, drängen, zwängen
Pferd *n.*, -[e]s, -e
Pfer/de/ap/fel *m.*, -s, -äpfel
Pfer/de/de/cke *f.*, -, -n
Pfer/de/drosch/ke *f.*, -, -n, Kutsche
Pfer/de/fuß *m.*, -[e]s, -füße, übertr.: Nachteil
Pfer/de/ge/biß > Pfer/de/ge/biss *n.*, -es, -e
Pfer/de/län/ge *f.*, -, -n
Pfer/de/ren/nen *n.*, -s, -
Pfer/de/schwanz *m.*, -[e]s, -schwänze, ugs. auch für Haarzopf
Pfer/de/stär/ke *f.*, -, -n, (Abk.: PS) Maß für die Leistung
Pfer/de/wirt *m.*, -[e]s, -e
Pfer/de/zucht *f.*, -, *nur Sg.*
Pfif/fer/ling *m.*, -[e]s, -e, essbarer Pilz
pfif/fig gewitzt
Pfif/fig/keit *f.*, -, *nur Sg.*
Pfif/fi/kus *m.*, - oder -ses, -se, pfiffige Person
Pfings/ten [griech.] *n.*, -, -
Pfingst/fest *n.*, -[e]s, -e
pfingst/lich
Pfingst/ro/se *f.*, -, -n
Pfir/sich *m.*, -[e]s, -e
Pfir/sich/baum *m.*, -[e]s, -bäume
Pflänz/chen *n.*, -s,-
Pflan/ze *f.*, -, -n
pflan/zen *tr.*
Pflan/zen/ge/o/gra/phie *(Nf.)* auch:
Pflan/zen/ge/o/gra/fie *(Hf.)* *f.*, -, *nur Sg.*
Pflan/zen/kun/de *f.*, -, *nur Sg.*
Pflan/zer *m.*, -s, -
Pflanz/gar/ten *m.*, -s, -, Baumschule

Pflänz/lein *n.*, -s, -
pflanz/lich
Pflanz/ling *m.*, -[e]s, -e, zum Auspflanzen geeignete Jungpflanze
Pflan/zung *f.*, -, -en
Pflas/ter *n.*, -s, -
Pfläs/ter/chen *n.*, -s, -
Pflas/te/rer *m.*, -s, -
pflas/tern *tr.*
Pflas/ter/stein *m.*, -[e]s, -e
Pflas/te/rung *f.*, -, *nur Sg.*
Pfläum/chen *n.*, -s, -
Pflau/me *f.*, -, -n
pflau/men *intr.*, ugs. für necken
pflau/men/weich
pflaum/weich
Pfle/ge *f.*, -, *nur Sg.*
pfle/ge/be/dürf/tig
Pfle/ge/be/dürf/tig/keit *f.*, -, *nur Sg.*
Pfle/ge/el/tern *Pl.*
Pfle/ge/kind *n.*, -[e]s, -er
pfle/ge/leicht
Pfle/ge/mut/ter *f.*, -, -mütter
pfle/gen *tr.*
Pfle/ge/per/so/nal *n.*, -s, *nur Sg.*
Pfle/ger *m.*, -s, -
pfle/ge/risch
Pfle/ge/va/ter *m.*, -s,-väter
Pfle/ge/ver/si/che/rung *f.*, -, -en
pfleg/lich
Pfleg/schaft *f.*, -, -en
Pflicht *f.*, -, -en
pflicht/be/wußt >
pflicht/be/wusst
Pflicht/be/wußt/sein >
Pflicht/be/wusst/sein *n.*, -s, *nur Sg.*
Pflicht/ei/fer *m.*, -s, *nur Sg.*
pflicht/eif/rig
Pflicht/exem/plar oder auch: Pflicht/exem/plar *n.*, -[e]s, -e
pflicht/ge/mäß

pflicht/schul/dig
Pflicht/teil *m.* oder *n.*, -[e]s, -e, Erbteil, das dem Erbberechtigten auf jeden Fall zusteht
pflicht/treu
Pflicht/treue *f.*, -, *nur Sg.*
pflicht/ver/ges/sen
Pflicht/ver/let/zung *f.*, -, -en
pflicht/ver/si/chert
Pflicht/ver/si/che/rung *f.*, -, -en
Pflock *m.*, -[e]s, Pflöcke
Pflöck/chen *n.*, -s, -
pflö/cken *tr.*
pflü/cken *tr.*
Pflü/cker *m.*, -s, -
Pflug *m.*, -[e]s, Pflüge
pflü/gen *tr.*
Pflü/ger *m.*, -s, -
Pflug/schar *f.*, -, -en
Pfört/chen *n.*, -s, -
Pfor/te *f.*, -, -n
Pfört/ner *m.*, -s, -
Pfos/ten *m.*, -s, -
Pföt/chen *n.*, -s, -
Pfo/te *f.*, -, -n
Pfr. Abk. für Pfarrer
Pfriem *m.*, -[e]s, -e, Werkzeug zum Löcherstechen
Pfriem/kraut *n.*, -[e]s, -kräuter, Ginsterart
Pfropf *m.*, -[e]s, -e
Pfröpf/chen *n.*, -s, -
pfrop/fen *tr.*
Pfrop/fen *m.*, -s, -, Korken
Pfröpf/ling *m.*, -[e]s, -e
Pfrop/fung *f.*, -, -en
Pfrün/de *f.*, -, -n, in der kath. Kirche: Einnahmen aus einem Kirchenamt
Pfuhl *m.*, -[e]s, -e, Schlammteich
pfui!
Pfund *n.*, -[e]s, -, 1. alte Gewichtseinheit, 2. brit. Währungseinheit (Zeichen: £)
Pfünd/chen *n.*, -s, -

pfun/dig ugs. für großartig
Pfund/no/te *f.*, -, -n
Pfusch *m.*, -s, *nur Sg.*, ugs. für schlechte Arbeit
pfu/schen *intr*, ugs. 1. schlecht arbeiten, 2. abschreiben beim Nachbarn während schriftlichen Prüfungen
Pfu/scher *m.*, -s, -
Pfu/sche/rei *f.*, -, -n
pfu/scher/haft
Pfütz/chen *n.*, -s, -
Pfüt/ze *f.*, -, -n
PH Abk. für Pädagogische Hochschule
Pha/go/zyt [griech.] *m.*, -en, -en, Fresszelle
phal/lisch in der Art eines Phallus
Phal/lus *m.*, -, Phalli oder Phallen, Penis
Phal/lus/kult *m.*, [e]s, -e
Phä/no/men *n.*, -[e]s, -e, Erscheinung, Ereignis
phä/no/me/nal erstaunlich
Phä/no/me/na/lis/mus *m.*, -, *nur Sg.*
Phä/no/me/no/lo/gie *f.*, -, *nur Sg.*
phä/no/me/no/lo/gisch
Phan/ta/sie *(Nf.)* auch:
Fan/ta/sie *(Hf.)* [griech.] *f.*, -, *nur Sg.*
phan/ta/sie/los *(Nf.)* auch:
fan/ta/sie/los *(Hf.)*
Phan/ta/sie/lo/sig/keit *(Nf.)* auch: **Fan/ta/sielo/sig/keit** *(Hf.)* *f.*, -, *nur Sg.*
phan/ta/sie/ren *(Nf.)* auch:
fan/ta/sie/ren *(Hf.)* *intr.*
phan/ta/sie/voll *(Nf.)* auch:
fan/ta/sie/voll *(Hf.)*
Phan/tast *(Nf.)* auch:
Fan/tast *(Hf.)* *m.*, -en, -en
Phan/tas/te/rei *(Nf.)* auch:
Fan/tas/te/rei *(Hf.)* *f.*, -, -en
phan/tas/tisch *(Nf.)* auch:
fan/tas/tisch *(Hf)*

Phan/tom *n.*, -[e]s, -e, Trugbild, mysteriöse Erscheinung
Pha/rao [altägypt.-griech.] *m.*, -s, -nen, altägyptischer König
pha/ra/o/nisch
Pha/ri/sä/er [lat.] *m.*, -s, -, Angehöriger einer altjüdischen Partei
pha/ri/sä/er/haft
Pha/ri/sä/er/tum *n.*, -s, *nur Sg.*
pha/ri/sä/isch
Phar/ma/ko/lo/gie *f.*, -, *nur Sg.*, Arzneimittellehre
phar/ma/ko/lo/gisch
Phar/ma/zeut *m.*, -en, -en, Apotheker
Phar/ma/zeu/tik *f.*, -, *nur Sg.*, Pharmazie
phar/ma/zeu/tisch
Phar/ma/zie *f.*, -, *nur Sg.*, Lehre von der Zubereitung und Anwendung von Arzneimitteln
Pha/se [griech.] *f.*, -, -n
pha/sisch
Phe/nol [griech.] *n.*, -[e]s, -e
Phe/nol/harz *n.*, -[e]s, -e, Kunststoff
Phe/nol/phtha/le/in *n.*, -[e]s, *nur Sg.*, organischer Farbstoff
Phe/nyl *n.*, -[e]s, *nur Sg.*
Phi *n.*, -[s], -s, griech. Buchstabe (Zeichen: φ)
Phi/a/le [griech.] *f.*, -, -n, altgriech. Trinkschale
Phil/a/del/phia oder auch:
Phi/la/del/phia Stadt in Pennsylvania
phil/a/del/phisch oder auch: **phi/la/del/phisch**
Phil/an/throp oder auch:
Phi/lanth/rop *m.*, -en, -en, Menschenfreund
phil/an/thro/pisch oder auch: **phi/lanth/ro/pisch**

Phil/a/te/lie oder auch:
Phi/la/te/lie *f.*, -, *nur Sg.*, Briefmarkenkunde
Phil/a/te/list oder auch:
Phi/la/te/list *m.*, -en, -en, Briefmarkensammler
Phil/har/mo/nie [griech.] *f.*, -, -n, Spitzenorchester
Phil/har/mo/ni/ker *m.*, -s, -
phil/har/mo/nisch
Phil/ip/pi/nen *Pl.* Inselgruppe im Pazifischen Ozean
phi/l/ip/pi/nisch
Phi/lis/ter *m.*, -s, -, 1. im Altertum: Angehöriger eines Volkes in Palästina
Phi/lo/den/dron oder auch:
Phi/lo/dend/ron [griech.] *m.*, -s, Philodendren, Zimmerpflanze
Phi/lo/lo/ge [griech.] *m.*, -n, -n
Phi/lo/lo/gie *f.*, -, *nur Sg.*, Sprach- und Literaturwissenschaft
phi/lo/lo/gisch
Phi/lo/soph *m.*, -en, -en
Phi/lo/so/phie *f.*, -, -n
phi/lo/so/phie/ren *intr.*
phi/lo/so/phisch
Phi/o/le [griech.] *f.*, -, -n, bauchige Glasflasche
Phleg/ma [griech.] *n.*, -s, *nur Sg.*, unerschütterliche Ruhe
Phleg/ma/ti/ker *m.*, -s, -
phleg/ma/tisch
Pho/bie [griech.] *f.*, -, -n, krankhafte Angst
Phon [griech.] *n.*, -s, -, Maß für die Lautstärke
Pho/nem auch: **Fo/nem** *n.*, -[e]s, -e, kleinste bedeutungstragende sprachliche Einheit
Pho/ne/tik auch: **Fone/tik** *f.*, -, *nur Sg.*, Lautlehre

Pho/ne/ti/ker auch:
Fo/ne/ti/ker *m.*, -s, -
pho/ne/tisch auch:
fo/ne/tisch
pho/nisch auch: **fo/nisch**
[griech.] zur Stimme gehörend
Phö/nix [griech.] *m.*, -es, -e, in der griech. Mythologie: Vogel als Sinnbild der Unsterblichkeit
Pho/no/gra/phie *(Nf.)* auch: **Fo/no/gra/fie** *(Hf.) f.*, -, *nur Sg.*, Aufzeichnung des Schalls
pho/no/gra/phisch *(Nf.)* auch: **fo/no/gra/fisch** *(Hf.)*
Pho/no/lo/gie auch: **Fo/no/lo/gie** *f.*, -, -n, Lehre von den Lauten und ihrer Funktion für die Bedeutung eines Wortes
pho/no/lo/gisch auch: **fo/no/lo/gisch**
Pho/no/tech/nik auch: **Fo/no/tech/nik** *f.*, -, -en
Pho/no/ty/pis/tin auch: **Fo/no/ty/pis/tin** *f.*, -, -nen
Phon/zahl auch: **Fon/zahl** *f.*, -, -en
Phos/phat *n.*, -[e]s, -e, Salz der Phosphorsäure
Phos/phor *m.*, -s, *nur Sg.*, chem. Element (Zeichen: P)
Phos/pho/res/zenz *f.*, -, *nur Sg.*, Leuchten von Stoffen nach vorherigem Bestrahlen mit Licht
phos/pho/res/zie/ren *intr.*
phos/pho/rig
Phos/phor/säu/re *f.*, -, *nur Sg.*
Pho/to *(Nf.)* auch: **Fo/to** *(Hf) n.*, -s, -s, kurz für Fotografie
Pho/to/che/mie *(Nf.)* auch: **Fo/to/che/mie** *(Hf.) f.*, -, *nur Sg.*
pho/to/che/misch *(Nf.)* auch: **fo/to/che/misch** *(Hf)*
Pho/to/ef/fekt *(Nf)* auch: **Fo/to/ef/fekt** *(Hf.) m.*, -[e]s, -e
pho/to/gen *(Nf.)* auch: **fo/to/gen** *(Hf.)*
Pho/to/ge/ni/tät *(Nf.)* auch: **Fo/to/ge/ni/tät** *(Hf.) f.*, -, *nur Sg.*
Pho/to/gra/phie *(Nf.)* auch: **Fo/to/gra/fie** *(Hf.), f.*, -, -n
Pho/to/ko/pie *(Nf.)* auch: **Fo/to/ko/pie** *(Hf.) f.*, -, -n
pho/to/ko/pie/ren *(Nf.)* auch: **fo/to/ko/pie/ren** *(Hf) tr.*
pho/to/me/cha/nisch *(Nf.)* auch: **fo/to/mecha/nisch** *(Hf.)*
Pho/to/me/ter *(Nf.)* auch: **Fo/to/me/ter** *(Hf.) n.*, -s, -
pho/to/me/trisch *(Nf.)* auch: **fo/to/me/trisch** *(Hf.)* oder auch: **-met/risch**
Pho/to/mon/ta/ge *(Nf.)* auch: **Fo/to/mon/ta/ge** *(Hf) f.*, -, -n
Pho/to/syn/the/se *(Nf.)* auch: **Fo/to/syn/the/se** *(Hf) f.*, -, -n
pho/to/trop *(Nf.)* auch: **fo/to/trop** *(Hf.)*
pho/to/tro/pisch *(Nf.)* auch: **fo/to/tro/pisch** *(Hf.)*
Pho/to/tro/pis/mus *(Nf.)* auch: **Fo/to/tropis/mus** *(Hf.) m.*, -, *nur Sg.*
Pho/to/zel/le *(Nf.)* auch: **Fo/to/zel/le** *(Hf.) f.*, -, -n
Phra/se [griech.] *f.*, -, -n, 1. in der Grammatik: Satz, 2. übertr.: für leere Redensart, 3. kleinster Abschnitt eines Musikwerks
Phra/sen/dre/scher *m.*, -s, -
phra/sen/haft
Phre/ne/sie [griech.] *f.*, -, -n, Wahnsinn
phre/ne/tisch wahnsinnig

Phry/gi/en antike kleinasiatische Landschaft
phry/gisch
Phy/lo/ge/ne/se [griech.] *f.*, -, -n, Stammesgeschichte der Lebewesen
phy/lo/ge/ne/tisch
Phy/lo/ge/nie *f.*, -, -n
Phy/sik *f.*, -, *nur Sg.*
phy/si/ka/lisch
Phy/si/ker *m.*, -s, -
Phy/si/kum *n.*, -s, Physika, Medizinprüfung nach dem 4. Semester
Phy/si/o/gno/mie oder auch: **Phy/si/og/no/mie** [griech.] *f.*, -, -n, äußere Erscheinung
Phy/si/o/gno/mik oder auch: **Phy/si/og/no/mik** *f.*, -, *nur Sg.*
Phy/si/o/gno/mi/ker oder auch: **Phy/si/og/nomi/ker** *m.*, -s, -
phy/si/o/gno/misch oder auch: **phy/si/og/no/misch**
Phy/si/o/lo/ge *m.*, -n, -n
Phy/si/o/lo/gie *f.*, -, *nur Sg.*
phy/si/o/lo/gisch
phy/sisch
Phy/to/lo/gie *f.*, -, *nur Sg.*, Pflanzenkunde
phy/to/lo/gisch
Phy/to/plank/ton *n.*, -s, *nur Sg;* im Wasser befindliche pflanzliche Organismen
Phy/to/the/ra/pie *f.*, -, *nur Sg.*, Pflanzenheilkunde
Pi *n.*, -[s], -s, 1. griech. Buchstabe (Zeichen: π), 2. Ludolfsche Zahl
pi/a/nis/si/mo in der Musik: sehr leise (Abk.: pp)
Pi/a/nist *m.*, -en, -en
pi/a/no in der Musik: leise (Abk.: p)
Pi/a/no *n.*, -s, -s, Klavier
Pias/ter [italien.] 1. Währungseinheit in Ägypten,

Piccolo

Syrien, im Libanon und im Sudan, 2. Währungseinheit in Indochina
Pic/co/lo (s. Pikkolo) [italien.] *m.*, -s, -s, 1. kleine Flasche Schaumwein, 2. Kellnerlehrling
Pi/cke *f.*, -, -n, Spitzhacke
Pi/ckel *m.*, -s, -, 1. Picke, 2. Hautunreinheit
pi/cke/lig (s. picklig)
pick/lig (s. pickelig)
Pick/nick *n.*, -s, -s oder -e
piek/fein ugs. für sehr fein
piek/sau/ber ugs. für sehr sauber
piep!
Piep *m.*, -[e]s, -e, hoher Ton
piep/egal ugs. für völlig egal
pie/pen *intr.*
Pieps *m.*, -es, -e
piep/sen *intr.*
piep/sig
Pier *m.*, -s, -s oder -e, Landungsbrücke
pie/sa/cken *tr.*, ugs. für quälen
Pi/e/tät *f.*, -, nur Sg., Ehrfurcht vor Toten und dem religiösen Empfinden anderer
pi/e/tät/los
Pi/e/tät/lo/sig/keit *f.*, -, nur Sg.
pi/e/tät/voll
Pig/ment [lat.] *n.*, -[e]s, -e, Farbstoff
Pig/men/ta/ti/on *f.*, -, nur Sg.
Pig/ment/druck *m.*, [e]s, -e
pig/men/tie/ren *tr.* und *intr.*
Pig/men/tie/rung *f.*, -, nur Sg.
Pik [französ.] *n.*, -s, -s, Farbe im französ. Kartenspiel
pi/kant [französ.] 1. gut gewürzt, 2. anzüglich
Pi/kan/te/rie *f.*, -, nur Sg., Anzüglichkeit

Pik-As > **Pik-Ass** *n.*, -es, -e
Pik-Da/me *f.*, -, -n
Pi/kee [französ.] auch **Piqueé** *m.*, -s, -s, Baumwollgewebe
pi/kie/ren [französ.] *tr.*, junge Pflanzen weiter auseinander setzen
pi/kiert ugs. für beleidigt
Pik/ko/lo (s. Piccolo) [italien.] *m.*, -s, -s
pik/sen *tr.*, ugs. für stechen
Pik/to/gramm [lat] *n.*, -[e]s, -e, bildliches Zeichen mit international verständlicher Bedeutung
Pil/ger *m.*, -s, -
Pil/ger/fahrt *f.*, -, -en
Pil/ger/mu/schel *f.*, -, -n
pil/gern *intr.*
Pil/ger/schaft *f.*, -, nur Sg.
Pil/ger/stab *m.*, -[e]s, -stäbe
Pil/le *f.*, -, -n
Pi/lot *m.*, -en, -en
Pi/lot/ver/such *m.*, -[e]s, -e
Pils *n.*, -, -, Kurzw. für Pilsener
Pil/se/ner *n.*, -s, -, Bier
Pilz *m.*, -[e]s, -e
Pilz/kun/de *f.*, -, nur Sg.
Pilz/ver/gif/tung *f.*, -, -en
Pi/ment [lat.-span.] *m.* oder *n.*, -[e]s, -e, Gewürz
Pim/mel *m.*, -s, -, ugs. für Penis
Pimpf *m.*, -[e]s, -e, ugs. für kleiner Junge
pin/ge/lig ugs. für pedantisch
Ping/pong [engl.] *n.*, -s, nur Sg., Tischtennis
Pin/gu/in [französ.] *m.*, -[e]s, -e, Schwimmvogel der Antarktis
Pi/nie [lat.] *f.*, -, -n, Kiefernart
Pi/ni/en/zap/fen *m.*, -s, -
pink [engl.] rosa
pin/keln *intr.*, ugs., für urinieren

Pin/ne *f.*, -, -n, 1. kleiner Nagel, 2. Ruderpinne, 3. flache Seite eines Hammers
pin/nen *tr.*, befestigen
Pinn/wand *f.*, -, -wände
Pi/noc/chio [italien.] Märchenfigur
Pin/scher [engl.] *m.*, -s, -, Hunderasse
Pin/sel *m.*, -s, -
Pin/se/lei *f.*, -, -en
pin/seln *tr.*
Pin/te *f.*, -, -n, altes Flüssigkeitsmaß
Pin/zet/te [französ.] *f.*, -, -n
Pi/o/nier [französ.] *m.*, -[e]s, -e, 1. für technische Aufgaben ausgebildeter Soldat, 2. übertr.: Wegbereiter, fortschrittlicher Mensch
Pipe/line [engl.] *f.*, -, -s, Rohrleitung
Pi/pet/te [französ.] *f.*, -, -n, Saugröhrchen
Pi/ran/ha *m.*, -s, -s, Raubfisch
Pi/rat [griech.-lat.] *m.*, -en, -en, Seeräuber
Pi/ra/ten/schiff *n.*, -[e]s, -e
Pi/ra/ten/sen/der *m.*, -s, -
Pi/ra/te/rie *f.*, -, nur Sg.
Pi/rog/ge [russ.] *f.*, -, -n, Pastete
Pi/rol *m.*, -[e]s, -e, Singvogel
Pi/rou/et/te [französ.] *f.*, -, -n, Drehung
pi/rou/et/tie/ren *intr.*
Pirsch *f.*, -, nur Sg., Anschleichen bei der Jagd
pir/schen *intr.*
Pirsch/gang *m* -[e]s, -gänge
Pis/ta/zie [pers.-lat.] *f.*, -, -n, Frucht
Pis/ta/zi/en/nuß > **Pis/ta/zi/en/nuss** *f.*, -, -nüsse
Pis/te [französ.] *f.*, -, -n

Pis/to/le [tschech.] *f.,* -, -n, 1. Handfeuerwaffe, 2. alte Goldmünze
Pis/to/len/ku/gel *f.,* -, -n
pit/sch[e]/naß > **pit/sch[e]/nass**
pit/sche/pat/sche/naß > **pit/sche/pat/sche/nass**
pit/to/resk [italien.] malerisch
Piz/za [italien.] *f.,* -, -s oder Pizzen, italien. Hefeteiggericht
Piz/ze/ria *f.,* -, Pizzerien
Pkw, PKW *m.,* -s, -s, kurz für Personenkraftwagen
Pla/ce/bo [lat.] *n.,* -s, -s, in der Medizin: Medikament ohne Wirkstoff
pla/cie/ren > **plat/zie/ren**
Pla/cie/rung > **Plat/zie/rung** *f.,* -, -n
pla/cken *refl.,* schwer arbeiten
Pla/cke/rei *f.,* -, *nur Sg.*
plä/die/ren [französ.] *intr.*
Plä/doy/er *n.,* -s, -s, Schlussrede eines Staatsanwalts oder eines Verteidigers
Pla/ge *f.,* -, -n
Pla/ge/geist *m.,* -[e]s, -er
pla/gen *tr.*
Pla/gi/at [lat.] *n.,* -[e]s, -e, Übernahme des geistigen Werks eines anderen
Pla/gi/a/tor *m.,* -s, -en
pla/gi/a/to/risch
pla/gi/ie/ren *intr.*
Pla/kat [niederländ.] *n.,* -[e]s, -e
pla/ka/tie/ren *tr.*
pla/ka/tiv
Pla/ket/te *f.,* -,-n
plan [lat.] flach
Plan *m.,* -[e]s, Pläne
Pla/ne *f.,* -, -n, Schutzdecke aus wasserdichtem Material
pla/nen *tr.*

Pla/ner *m.,* -s, -
Pla/net [griech.] *m.,* -en, -en
pla/ne/ta/risch
Pla/ne/ta/ri/um *n.,* -s, Planetarien, Halle, an deren Decke eine Art Sternenhimmel projiziert wird
Pla/ne/ten/bahn *f.,* -, -en
plan/ge/mäß
pla/nie/ren *tr.,* einebnen
Pla/nier/rau/pe *f.,* -, -n
Plan/ke *f.,* -, -n, breites Brett
Plän/ke/lei *f.,* -, -n
plän/keln *intr.*
Plank/ton *n.,* -s, *nur Sg.,* frei im Wasser schwebende Pflanzen und Tiere ohne Eigenbewegung
plank/to/nisch
plan/los
Plan/lo/sig/keit *f.,* -, *nur Sg.*
plan/mä/ßig
Plan/qua/drat oder auch: **Plan/quad/rat** *n.,* -[e]s,-e
Plansch/be/cken *n.,* -s, -
plan/schen *intr.*
Plan/sche/rei *f.,* -, *nur Sg.*
Plan/skiz/ze *f.,* -, -n
Plan/spiel *n.,* -[e]s, -e
Plan/stel/le *f.,* -, -n
Plan/ta/ge [französ.] *f.,* -, -n, große Anpflanzung
Pla/nung *f.,* -, -en
Plan/wa/gen *m.,* -s, -
Plan/wirt/schaft *f.,* -, -en
plan/zeich/nen *intr.*
Plan/zeich/ner *m.,* -s, -
Plap/per/maul *n.,* [e]s, -mäuler
plap/pern *intr.*
plär/ren *intr.*
Plas/ma [griech.] *n.,* -s, Plasmen, 1. flüssiger Bestandteil des Blutes, 2. kurz für Protoplasma
Plas/ti/den [griech.] *Pl.,* Körperchen in Tier- und Pflanzenzellen

Plas/tik *f.,* -, -en, Skulptur
Plas/tik *n.,* -s, -s, Kunststoff
plas/tisch
Plas/ti/zi/tät *f.,* -, *nur Sg.*
Pla/ta/ne [griech.] *f.,* -, -n, Laubbaum
Pla/teau [französ.] *n.,* -s, -s, Hochebene
Pla/tin *n.,* -s, *nur Sg.,* chem. Element, Edelmetall (Zeichen: Pt)
pla/tin/blond
pla/ti/nie/ren *tr.*
Pla/ti/tu/de *(Nf.)* auch: **Plat/ti/tü/de** *(Hf.)* [französ.] *f.,* -, -n
pla/to/nisch platonische Liebe, nichtgeschlechtliche Liebe
plat/schen *intr.*
plät/schern *intr.*
platt
Platt *n.,* -s, *nur Sg.,* Sammelbezeichnung für niederdeutsche Dialekte
Plätt/brett *n.,* -[e]s, -er
Plätt/chen *n.,* -s, -
platt/deutsch niederdeutsch
Platt/deutsch *n.,* -[s], *nur Sg.,* niederdeutscher Dialekt
Plat/te *f.,* -, -n
Plätt/ei/sen *n.,* -s, -, veralt. für Bügeleisen
plät/ten *tr.*
Plat/ten/spie/ler *m.,* -s, -
Platt/fisch *m.,* -[e]s, -e
Platt/form *f.,* -, -en
Platt/fuß *m.,* -es, -füße
platt/fü/ßig
Platt/heit *f.,* -, -en
Plat/ti/tü/de (s. Platitude) [französ.] *f.,* -, -n, nichtssagende Redensart
Platt/ler *m.,* -s, -, Volkstanz in Oberbayern
Platt/stich *m.,* -[e]s, -e, Zierstich
Platz *m.,* -[e]s, Plätze

Platz/angst *f.*, -, *nur Sg.*
Plätz/chen *n.*, -s, -
plat/zen *intr.*
Platz/hahn *m.*, -[e]s, -hähne
Platz/hirsch *m.*, -[e]s, -e, stärkster Hirsch auf dem Brunftplatz
plat/zie/ren *tr.*
Plat/zie/rung *f.*, -, -en
Platz/mie/te *f.*, -, -n
Platz/pa/tro/ne oder auch:
Platz/pat/ro/ne *f.*, -, -n, Übungspatrone mit Geschoss aus Papier oder Holz
Platz/re/gen *m.*, -s, -
Platz/ver/weis *m.*, -es, -e
Platz/wet/te *f.*, -, -n, Wettart (bei Pferderennen)
Platz/zif/fer *f.*, -, -n
Plau/de/rei *f.*, -, -en, Unterhaltung
Plau/de/rer *m.*, -s, -
plau/dern *intr.*, unterhalten, erzählen
Plausch *m.*, -[e]s, -e
plau/schen *intr.*, plaudern
plau/si/bel [lat.-französ.] einleuchtend
plau/si/bi/lie/ren *tr.*
plau/si/bi/li/sie/ren *tr.*, plausibel machen
Play/back *(Nf.)* auch:
Play-back *(Hf.)* [engl.] *n.*, -s, -s
Play/boy [engl.] *m.*, -s, -s, Lebemann
Pla/zen/ta [lat.] *f.*, -, -s oder Plazenten, Mutterkuchen
pla/zen/tal oder auch:
pla/zen/tar
pla/zie/ren > **plat/zie/ren**
Ple/be/jer [lat.] *m.*, -s, -, im alten Rom: Angehöriger der niederen Volksschichten
ple/be/jisch
Ple/bis/zit *n.*, -[e]s, -e, Volksabstimmung
ple/bis/zi/tär

Pleis/to/zän *n.*, -[e]s, *nur Sg.*, Eiszeitalter
plei/te [jidd.] ugs. für zahlungsunfähig
Pleite *f.*, -, -n, 1. Misserfolg, 2. Zahlungsunfähigkeit
Plei/te/gei/er *m.*, -s, -
Plek/trum oder auch:
Plek/rum *n.*, -s, Plektren, Hilfsmittel beim Spielen von Saiteninstrumenten
Ple/na/ri/um [lat.] *n.*, -s, Plenarien, Buch, das den vollständigen Text der Evangelien enthält
Ple/nar/saal *m.*, -[e]s, -säle
Ple/nar/sit/zung *f.*, -, -en, Sitzung mit allen Mitgliedern
Ple/nar/ver/samm/lung *f.*, -, -en, Vollversammlung
Ple/num *n.*, -s, *nur Sg.*, Vollversammlung
Pleus/ton [griech.] *n.*, -s, *nur Sg.*, Gesamtheit aller an der Wasseroberfläche lebenden Tiere und Pflanzen
Plicht *f.*, -, -en, Cockpit
Pli/o/zän [griech.] *n.*, -s, *nur Sg.*, Abteilung des Tertiärs
Plis/see [französ.] *n.*, -s, -s, gepresste Falten im Stoff
plis/sie/ren *tr.*
PLO Abk. für Palestine Liberation Organization (palästinensische Befreiungsorganisation)
Plom/be [französ.] *f.*, -, -n, 1. Metallsiegel, 2. Zahnfüllung
plom/bie/ren *tr.*
Plot [engl.] *n.*, -s, -s, Handlung
Plot/ter *m.*, -s, -, Gerät, das automatisch Zeichnungen erstellt
plötz/lich

Plu/der/ho/se *f.*, -, -n, weite, unter dem Knie endende Hose
plu/dern *intr.*, sich bauschen
Plum/bum *n.*, -s, *nur Sg.*, chem. Element, Blei (Zeichen: Pb)
Plu/meau [französ.] *n.*, -s, -s, Federbett
plump
Plumps *m.*, -es, -e, ugs. 1. Sturz, 2. dumpfes Geräusch
plump/sen *tr.*
Plun/der *m.*, -s, *nur Sg.*, wertloses Zeug
Plün/de/rei *f.*, -, *nur Sg.*
Plün/de/rer *m.*, -s, -
plün/dern *tr.*
Plu/ral [lat.] *m.*, -[e]s, -e, Mehrzahl
plu/ra/lisch
Plu/ra/lis/mus *m.*, -, *nur Sg.*
Plu/ra/list *m.*, -en, -en
plu/ra/lis/tisch
Plu/ra/li/tät *f.*, -, *nur Sg.*, Mehrheit
plus [lat.] Gs. zu minus
Plus *n.*, -, -, Überschuss, Gewinn
Plüsch [französ.] *m.*, -[e]s, -e, Baumwollgewebe
Plus/pol *m.*, -[e]s, -e, positiver Pol
Plus/punkt *m.*, -[e]s, -e
Plus/quam/per/fekt *n.*, -[e]s, -e, Vergangenheitsform des Verbs
plus/tern *tr.*
Plus/zei/chen *n.*, -s, -
Plu/to 1. in der griech. Mythologie: Gott der Unterwelt, 2. *m.*, -, *nur Sg.*, Planet
plu/to/nisch
Plu/to/ni/um *n.*, -s, *nur Sg.*, chem. Element (Zeichen: Pu)

Plu/to/ni/um/bom/be *f.*, -, -n

PLZ Abk. für Postleitzahl

Pneu/ma/tik *f.*, -, *nur Sg.*, Lehre von der Luft und ihren Bewegungen

pneu/ma/tisch

Pneu/mo/nie *f.*, -, -n, Lungenentzündung

Po 1. *m.*, -[s], *nur Sg.*, italien. Fluss, 2. *m.*, -s, -s, kurz, für Popo

Pö/bel *m.*, -s, *nur Sg.*, Gesindel

pö/bel/haft

po/chen *intr.*, auf sein Recht pochen, auf sein Recht bestehen

po/chie/ren [französ.] *tr.*

Po/cken *Pl.*, ansteckende Infektionskrankheit

Po/cken/schutz/imp/fung *f.*, -, -en

Po/dest [lat.] *n.*, -[e]s, -e, 1. kleines Podium, 2. Treppenabsatz

Po/di/um [lat.] *n.*, -s, Podien, kleine Bühne

Po/di/um(s)/ge/spräch *n.*, -[e]s, -e

Po/e/sie [griech.] *f.*, -, -n, Dichtkunst

po/e/sie/los

Po/et *m.*, -en, -en, Dichter

Po/e/tik *f.*, -, *nur Sg.*, Lehre von der Poesie

po/e/tisch

po/e/ti/sie/ren *tr.*

Po/e/to/lo/gie *f.*, -, *nur Sg.*, Poetik

po/e/to/lo/gisch

Po/grom oder auch:

Pog/rom [russ.] *m.*, -[e]s, -e, gewalttätige Ausschreitungen gegen religiöse oder ethnische Gruppen

Poin/te *f.*, -, -n

poin/tie/ren [französ.] *tr.*, betonen

Poin/til/lis/mus *m.*, -, *nur Sg.*, Richtung in der Malerei

Poin/til/list *m.*, -en, -en

poin/til/lis/tisch

Po/kal [griech.-italien.] *m.*, -[e]s, -e

Pö/kel *m.*, -s, -, Salzbrühe

Pö/kel/fleisch *n.*, -[e]s, *nur Sg.*

pö/keln *tr.*

Po/ker [engl.] *n.*, -s, *nur Sg.*, Kartenspiel

po/kern *intr.*

Pol [griech.] *m.*, -[e]s, -e

po/lar

Po/lar/for/scher *m.*, -s, -

Po/lar/fuchs *m.*, -es, -füchse, Eisfuchs

Po/lar/ge/biet *n.*, -[e]s, -e

Po/la/ri/sa/ti/on *f.*, -, -en

po/la/ri/sie/ren *tr.*

Po/la/ri/tät *f.*, -, *nur Sg.*

Po/lar/kreis *m.*, -es, -e

Po/lar/meer *n.*, -[e]s, -e

Po/lar/nacht *f.*, -, -nächte

Po/lar/stern *m.*, -[e]s, -e

Pol/der *m.*, -s, -, eingedeichtes Marschland

Po/le *m.*, -n, -n, Einwohner von Polen

Po/le/mik [griech.-französ.] *f.*, -, -en, öffentlich ausgetragener Streit zwischen Wissenschaftlern

po/le/misch

po/le/mi/sie/ren *intr.*

Po/len europäischer Staat

Po/li/ce [französ.] *f.*, -, -n, Versicherungsschein

Po/lier [französ.] *m.*, -[e]s, -e

po/lie/ren [lat.] *tr.*, glänzend machen

Po/li/kli/nik [griech.] *f.*, -, -en, ambulante Behandlungsklinik

Po/li/tes/se *f.*, -, -n, Hilfspolizistin

Po/li/tik [griech.] *f.*, -, *nur Sg.*

Po/li/ti/ker *m.*, -s, -

Po/li/ti/kum *n.*, -s, Politika

po/li/tisch

po/li/ti/sie/ren *intr.* und *tr.*

Po/li/to/lo/ge *m.*, -n, -n

Po/li/to/lo/gie *f.*, -, *nur Sg.*, Politikwissenschaft

Po/li/tur [lat.] *f.*, -, -en, Poliermittel

Po/li/zei [griech.] *f.*, -, *nur Sg.*

po/li/zei/lich

Po/li/zei/prä/si/di/um *n.*, -s, -präsidien

Po/li/zei/re/vier *n.*, -[e]s, -e

Po/li/zei/staat *m.*, -[e]s, -en

Po/li/zei/stun/de *f.*, -, -n, Sperrstunde

Po/li/zist *m.*, -en, -en

Pol/ka [tschech.] *f.*, -, -s, Rundtanz

Pol/lack *m.*, -en, -en, Meeresfisch, stark abwertend für: polnischen Staatsbürger

Pol/len *m.*, -s, -, Blütenstaub

Pol/ler *m.*, -s, -, Haltevorrichtung auf Schiffen zum Festmachen der Schiffstaue

Pol/lu/ti/on [lat.] *f.*, -, -en, unwillkürlicher Samenerguss

Pol/lux 1. griech. Sagenheld, 2. Stern

pol/nisch aber: der Polnische Erbfolgekrieg

Pol/nisch *n.*, -[s], *nur Sg.*, Sprache der Polen

Po/lo [engl.] *n.*, -s, *nur Sg.*, Ballspiel zu Pferd

Po/lo/hemd *n.*, -[e]s, -en, kurzärmeliges Hemd

Po/lo/nai/se *(Nf.)* auch:

Po/lo/nä/se *(Hf.)* [französ.] *f.*, -, -n, poln. Tanz

Pols/ter *n.*, -s, -

Pols/te/rer *m.*, -s, -

Polstermöbel

Pols/ter/mö/bel *n.*, -s, -
pols/tern *tr.*
Pols/ter/tür *f.*, -, -en
Pols/te/rung *f.*, -, -en
Pol/ter/a/bend *m.*, -[e]s, -e
Pol/te/rer *m.*, -s, -
Pol/ter/geist *m.*, -[e]s, -er
pol/te/rig (s. poltrig)
pol/tern *intr.*
pol/trig (s. polterig)
Po/ly/a/mid [griech.] *n.*, -[e]s, -e, (Warenz.), Kunststoff
Po/lyes/ter *m.*, -s, -, Kunststoff
po/ly/fon (s. polyphon)
Po/ly/fo/nie (s. Polyphonie)
po/ly/gam Gs. zu monogam
Po/ly/ga/mie *f.*, -, *nur Sg.*, Gs. zu Monogamie
Po/ly/ga/mist *m.*, -en, -en
Po/ly/ne/si/en Inselgruppen
Po/ly/ne/si/er *m.*, -s, -
po/ly/ne/sisch
Po/lyp *m.*, -[e]s, -en, 1. gutartige Geschwulst der Schleimhaut, 2. ugs. für Kraken
po/ly/phon *(Nf.)* auch:
po/ly/fon *(Hf.)* vielstimmig
Po/ly/pho/nie *(Nf.)* auch:
Po/ly/fo/nie *(Hf.)*
Po/ma/de [lat.-italien.] *f.*, -, -n
po/ma/dig
po/ma/di/sie/ren *tr.*
Po/me/ran/ze [lat.-italien.] *f.*, -, -n, Zitrusfrucht
Pom/mern ehemalige ostpreuß. Provinz
Pom/mes fri/tes *Pl.*
Pomp [griech.-französ.] *m.*, -s, *nur Sg.*, Prunk
Pom/pe/ji Stadt in Unteritalien
pomp/haft
Pomp/haf/tig/keit *f.*, -, *nur Sg.*
Pom/pon [französ.] *m.*, -s, -s, Quaste
pom/pös
Pon/cho [span.] *m.*, -s, -s, ärmelloser Umhang
Pond [lat.] *n.*, s-, - (Abk.: p), Maß für die Kraft
Pon/ti/fi/kat *n.*, -[e]s, -e, Amt eines Bischofs oder Papstes
Po/ny [engl.] *n.*, -s, -s, kleine Pferderasse
Pop/corn [engl.] *n.*, -s, -s, gerösteter Mais
Po/pe [griech.-russ.] *m.*, -n, -n, niederer Geistlicher der russischen Kirche
Po/pel *m.*, -s, -, ugs. für verhärteter Nasenschleim
po/pe/lig (s. poplig) ugs. für billig, einfach
Po/pe/lin [französ.] *m.*, -[e]s, -e, fester Baumwollstoff
po/peln *intr.*, ugs. für in der Nase bohren
pop/lig (s. popelig)
Pop-Mu/sik >
Pop/mu/sik *f.*, -, *nur Sg.*, Unterhaltungsmusik
Po/po *m.*, -s, -s, ugs. für Gesäß
Po/po/ca/te/petl *m.*, -[s], *nur Sg.*, Vulkanberg in Mexiko
pop/pig
po/pu/lär [lat.] volksfreundlich
po/pu/la/ri/sie/ren *tr.*
Po/pu/la/ri/tät *f.*, -, *nur Sg.*, Beliebtheit beim Volk
po/pu/lär/wis/sen/schaft/lich
Po/pu/la/ti/on *f.*, -, -en, Bevölkerung
Po/re [griech.] *f.*, -, -n, feine Öffnung
po/rig
Por/no *m.*, -s, -s, Kurzw. für pornografischer Film

Por/no/graph *(Nf.)* auch:
Por/no/graf *(Hf.)* *m.*, -en, -en
Por/no/gra/phie *(Nf.)* auch: **Por/no/gra/fie** *(Hf.)* *f.*, -, *nur Sg.*, visuelle Darstellung sexueller Handlungen
por/no/gra/phisch *(Nf.)* auch: **por/no/gra/fisch** *(Hf.)*
po/rös [griech.-französ.] durchlässig
Po/ro/si/tät *f.*, -, *nur Sg.*
Por/ree [lat.-französ.] *m.*, -s, -s, Gemüsepflanze
Port [lat.] *m.*, -[e]s, -e, Hafen
Por/tal [lat.] *n.*, -[e]s, -e, Tor
Porte/mon/naie *(Nf.)* auch:
Port/mo/nee *(Hf.)*, *n.*, -s, -s, Geldtasche
Por/tier [französ.] *m.*, -s, -s, Pförtner
Por/ti/on [lat.] *f.*, -, -en, abgemessene Menge
por/ti/o/nen/wei/se
por/ti/ons/wei/se
Port/mo/nee (s. Portemonnaie) *n.*, -s, -s, Geldtasche
Por/to [italien.] *n.*, -s, -s oder Porti, Gebühr für Postsendungen
por/to/frei
Por/to/kas/se *f.*, -, -n
por/to/pflich/tig
Por/trait oder auch:
Port/rait [französ.] *n.*, -s, -s, französ. Schreibung von Porträt
Por/trät oder auch:
Port/rät *n.*, -s, -s, Bildnis
por/trä/tie/ren oder auch:
port/rä/tie/ren *tr.*
Por/trä/tist oder auch:
Port/rä/tist *m.*, -en, -en
Por/tu/gal europäischer Staat

Por/tu/gie/se *m.*, -n, -n, Einwohner von Portugal
por/tu/gie/sisch
Por/tu/gie/sisch *n.*, -[s], *nur Sg.*, in Portugal und Brasilien gesprochene Sprache
Port/wein *m.*, -[e]s, -e, süßer Wein
Por/zel/lan [italien.] *n.*, -[e]s, -e, weiße Tonware
Por/zel/lan/la/den *m.*,-s, -läden
Por/zel/lan/schne/cke *f.*, -, -n, Kaurischnecke
Pos. Abk. für Position
Po/sau/ne [lat.-französ.] *f.*, -, -n, Blechblasinstrument
po/sau/nen 1. *intr.*, Posaune spielen, 2. *tr.*, ugs. laut verkünden
Po/sau/nen/en/gel *m.*,-s, -
Po/sau/nist *m.*, -en, -en
Po/se [französ.] *f.*, -, -n, Haltung, Stellung
Po/sei/don in der griech. Mythologie: Meeresgott
po/sie/ren *intr.*
Po/si/ti/on [lat.-französ.] *f.*, -, -en, 1. Stellung, Lage, 2. Standort eines Schiffes oder eines Flugzeugs, 3. Einzelposten (Abk.: Pos.), 4. in der Mathematik: Lage, Stelle
po/si/ti/o/nie/ren *tr.*
Po/si/ti/ons/lam/pe *f.*, -, -n
Po/si/ti/ons/län/ge *f.*, -, *nur Sg.*
Po/si/ti/ons/licht *n.*, -[e]s, -er
po/si/tiv Gs. zu negativ
Po/si/tiv 1. *m.*, -[e]s, -e, in der Grammatik: nicht gesteigerte Form eines Adjektivs, 2. *n.*, -[e]s, -e, Lichtbild
Po/si/ti/vis/mus *m.*, -, *nur Sg.*
Po/si/ti/vist *m.*, -en, -en
po/si/ti/vis/tisch

Po/si/tur [lat.] *f.*, -, -en, Haltung
Pos/se *f.*, -, -n, Bühnenstück
Pos/sen *m.*, -s, -, Streich
pos/ses/siv [lat.] in der Grammatik: Besitz anzeigend
Pos/ses/siv/pro/no/men *n.*, -s, -, Besitz anzeigendes Fürwort
pos/sier/lich drollig
Pos/sier/lich/keit *f.*, -, *nur Sg.*
Post *f.*, -, *nur Sg.*
pos/ta/lisch
Pos/ta/ment *n.*, -[e]s, -e, Unterbau
Post/amt *n.*, -[e]s, -ämter
post/amt/lich
Post/an/wei/sung *f.*, -, -en
Post/auf/trag *m.*, -[e]s, -aufträge
Post/bo/te *m.*, -n, -n
Pos/ten [lat.-italien.] *m.*, -s, -, 1. Wache, 2. Stelle, Ort, 3. Amt, 4. eine Menge gleichartiger Waren, 5. Einzelbetrag in einer Rechnung
Post/fach *n.*, -[e]s, -fächer
post/fer/tig
post/frisch
Post/ge/bühr *f.*, -, -en
Post/ge/heim/nis *n.*, -ses, -se
Post/gut *n.*, -[e]s, -güter
Post/horn *n.*, -[e]s, -hörner
post/hum (s. postum) [lat.] nach dem Tode veröffentlicht
pos/tie/ren *tr.*
Pos/til/li/on [französ.] *m.*, -[e]s, -e, früher: Postkutscher
Post/kar/te *f.*, -, -n
Post/kas/ten *m.*, -s, -kästen, Briefkasten
Post/kut/sche *f.*, -, -n
post/la/gernd
Post/leit/zahl *f.*, -, -en, (Abk.: PLZ)

post/mo/dern
Post/mo/der/ne *f.*, -, *nur Sg.*, Richtung der Architektur
post/na/tal nach der Geburt eintretend
Post/scheck *m.*, -s, -s
Post/scheck/amt *n.*, -[e]s, -ämter
Post/schließ/fach *n.*, -[e]s, -fächer
Post/skrip/tum *n.*, -s, Postskripta oder Postskripten, (Abk.: PS) Nachschrift
Post/spar/buch *n.*, -[e]s, -bücher
Post/spar/kas/se *f.*, -, -n
Post/stel/le *f.*, -, -n
Post/stem/pel *m.*, -s, -
Pos/tu/lat *n.*, -[e]s, -e, nicht beweisbare, aber einleuchtende Annahme
pos/tu/lie/ren *tr.*
pos/tum (s. posthum)
Post/ver/ein *m.*, -[e]s, -e
post/wen/dend
Post/wert/zei/chen *n.*, -s, -
Post/wurf/sen/dung *f.*, -, -en
po/tent [lat.] 1. mächtig, 2. zeugungsfähig
po/ten/ti/al *(Nf.)* auch:
po/ten/zi/al *(Hf.)*
Po/ten/ti/al *(Nf.)* auch:
Po/ten/zi/al *(Hf.)*
po/ten/ti/ell *(Nf.)* auch:
po/ten/zi/ell *(Hf.)*
Po/tenz *f.*, -, -en, 1. Macht, 2. Zeugungsfähigkeit, 3. in der Mathematik: Produkt mehrerer gleicher Faktoren
po/ten/zi/al (s. potential)
Po/ten/zi/al (s. Potential) *n.*, -[e]s, -e
po/ten/zi/ell (s. potentiell)
po/ten/zie/ren *tr.*, 1. steigern, 2. in der Mathematik: in die Potenz erheben
Pot/pour/ri [französ.] *n,*, -s, -s, Zusammenstellung meh-

rerer Musikstücke zu einem Werk
Pott *m.,* -[e]s, Pötte, altes Schiff
Pott/asche *f.,* -, *nur Sg.,* Kaliumkarbonat
pott/häß/lich > **potthäss/lich**
Pott/wal *m.,* -[e]s, -e, Walart
Pou/lar/de [französ.] *f.,* -, -n, Masthuhn
Pound [engl.] *n.,* -s, - oder -s, (Abk.: lb., lbs.) engl. und nordamerikan. Gewichtseinheit
pous/sie/ren *tr.* und *intr.*
pp Abk. für pianissimo
Prä/am/bel [lat.] *f.,* -, -n, Einleitung zu Verträgen
Pracht *f.,* -, *nur Sg.*
Pracht/ex/em/plar oder auch: **Pracht/ex/emp/lar** *n.,* -[e]s, -e
präch/tig
Pracht/stück *n.,* -[e]s, -e
pracht/voll
Prä/des/ti/na/ti/on [lat.] *f.,* -, *nur Sg.,* Vorbestimmung
prä/des/ti/nie/ren *tr.,* vorbestimmen
Prä/di/kat [lat.] *n.,* -[e]s, -e, 1. Titel, 2. Bewertung, 3. in der Grammatik: Satzaussage
prä/di/ka/tiv
Prä/di/ka/tiv *n.,* -[e]s, -e, Sinn tragender Teil des zusammengesetzten Prädikats
Prä/di/ka/tiv/satz *m.,* -[e]s, -sätze
Prä/di/kat/satz *m.,* -[e]s, -sätze
Prä/di/kats/no/men *n.,* -s, -
Prä/fa/ti/on [lat.] *f.,* -, -en, Teil der kath. Messe
Prä/fekt [lat.] *m.,* -en, -en, 1. hoher Verwaltungsbeamter im alten Rom, 2. in der kath. Kirche: leitender Geistlicher
Prä/fek/tur *f.,* -, -en
prä/fe/ren/ti/ell *(Nf.)* auch:
prä/fe/ren/zi/ell *(Hf.)*
Prä/fe/renz [lat.] *f.,* -, -en, Vorliebe
Prä/fix [lat.] *f.,* -[e]s, -e, Vorsilbe
Prag Hpst. Tschechiens
Prä/ge/druck *m.,* -[e]s, -e
prä/gen *tr.*
Prag/ma/ti/ker [griech.] *m.,* -s, -
prag/ma/tisch
Prag/ma/tis/mus *m.,* -, *nur Sg.*
Prag/ma/tist *m.,* -en, -en
prä/gnant oder auch:
präg/nant [lat.] kurz und genau
Prä/gnanz oder auch:
Präg/nanz *f.,* -, *nur Sg.*
Prä/his/to/rie [lat.] *f.,* -, *nur Sg.,* Vorgeschichte
prä/his/to/risch vorgeschichtlich
prah/len *intr.*
Prah/le/rei *f.,* -, -en
prah/le/risch
prak/ti/fi/zie/ren *tr.,* in die Praxis umsetzen
Prak/tik [lat.] *f.,* -, -en
Prak/ti/ka *Pl.* von Praktikum
prak/ti/ka/bel
Prak/ti/kant *m.,* -en, -en
Prak/ti/ker *m.,* -s, -
Prak/ti/kum *n.,* -s, Praktika oder Praktiken, praktische Ausbildung als Teil eines Studiums
prak/tisch
prak/ti/zie/ren *tr.* und *intr.*
Prä/lat [lat.] *m.,* -en, -en, Geistlicher
Prä/la/tur *f.,* -, -en
Pra/li/ne [französ.] *f.,* -, -n, Süßigkeit

prall
Prall *m.,* -[e]s, -e, kräftiger Stoß
pral/len *intr.*
prall/voll
Prä/lu/di/um *n.,* -s, Präludien, in der Musik: Vorspiel
Prä/mie [lat.] *f.,* -, -n
prä/mi/en/be/güns/tigt
Prä/mi/en/ge/schäft *n.,*-[e]s, -e
Prä/mi/en/spa/ren *n.,* -s, *nur Sg.*
Prä/mi/en/spar/ver/trag *m.,* -[e]s, -verträge
prä/mie/ren (s. prämiieren) *tr.,* auszeichnen
Prä/mie/rung (s. Prämiierung) *f.,* -, -en
prä/mi/ie/ren (s. prämieren) *tr.*
Prä/mi/ie/rung (s. Prämierung) *f.,* -, -en
Prä/mis/se [lat.] *f.,* -, -n, Voraussetzung
prä/na/tal [lat.] vor der Geburt eintretend
Pran/ger *m.,* -s, -
Pran/ke *f.,* -, -n, Tatze von Raubtieren
Prä/pa/rat [lat.] *n.,* -[e]s, -e
Prä/pa/ra/ti/on *f.,* -, -en
Prä/pa/ra/tor *m.,* -s, -en
prä/pa/rie/ren *tr.* und *refl.*
Prä/po/si/ti/on [lat.] *f.,* -, -en, Verhältniswort
prä/po/si/ti/o/nal
Prä/rie [französ.] *f.,* -, -n
Prä/rie/wolf *m.,* -[e]s, -wölfe, Kojote
Prä/sens [lat.] *n.,* -, Präsentia oder Präsenzien, Gegenwartsform
prä/sent anwesend
Prä/sent *n.,* -[e]s, -e, Geschenk
Prä/sen/tant *m.,* -en, -en
Prä/sen/ta/ti/on *f.,* -, -en
prä/sen/tie/ren *tr.*

Prä/sen/tier/tel/ler *m.*, -s, -
prä/sen/tisch im Präsens
Prä/senz *f.*, -, *nur Sg.*, Anwesenheit
Prä/senz/bi/bli/o/thek oder auch: **Prä/senz/bib/li/o/thek** *f.*, -, -en, Bibliothek, deren Bücher nicht ausgeliehen werden
Prä/senz/lis/te *f.*, -, -n, Liste der Anwesenden
prä/ser/va/tiv [lat.] vorbeugend, verhütend
Prä/ser/va/tiv *n.*, -[e]s, -e, Verhütungsmittel
Prä/si/dent *m.*, -en, -en, Vorsitzender
Prä/si/dent/schaft *f.*, -, -en
prä/si/di/al
Prä/si/di/al/ge/walt *f.*, -, -en
Prä/si/di/al/sys/tem *n.*, -[e]s, -e
prä/si/die/ren *intr.*
Prä/si/di/um *n.*, -s, Präsidien
prä/skrip/tiv oder auch: **präs/krip/tiv** [lat.] auf Vorschriften beruhend
pras/seln *intr.*
pras/sen *intr.*, verschwenderisch leben
Pras/se/rei *f.*, -, -en
Pra/ter *m.*, -s, *nur Sg.*, Vergnügungspark in Wien
prä/te/ri/tal [lat.] zum Präteritum gehörend
Prä/te/ri/tum *n.*, -s, Präterita, Vergangenheitsform des Verbs
prä/va/lent [lat.] vorherrschend
Prä/va/lenz *f.*, -, *nur Sg.*
prä/va/lie/ren *intr.*, vorherrschen
Prä/ven/ti/on [lat.] *f.*, -, -en, Vorbeugung
prä/ven/tiv
Prä/ven/tiv/be/hand/lung *f.*, -, -en

Prä/ven/tiv/krieg *m.*, -[e]s, -e
Prä/ven/tiv/maß/nah/me *f.*, -, -n
Prä/ven/tiv/mit/tel *n.*, -s, -
Pra/xis [griech.] 1. *f.*, -, *nur Sg.*, praktische Ausübung, 2. *f.*, -, Praxen, Tätigkeitsbereich von Ärzten und Rechtsanwälten
Prä/ze/dens [lat.] *n.*, -, Präzedenzien, Musterfall
Prä/ze/denz/fall *m.*, -[e]s, -fälle, Präzedens
prä/zis[e] [lat.] genau
prä/zi/sie/ren *tr.*
Prä/zi/si/on *f.*, -, *nur Sg.*, Genauigkeit
Prä/zi/si/ons/ar/beit *f.*, -, -en
Prä/zi/si/ons/in/stru/ment oder auch: **Prä/zi/sions-ins/tru/ment** *n.*, -[e]s, -e
pre/di/gen *tr.*
Pre/di/ger *m.*, -s, -
Pre/digt *f.*, -, -en
Preis *m.*, -es, -e
Preis/aus/schrei/ben *n.*, -s, -
Preis/bin/dung *f.*, -, -en
Prei/sel/bee/re *f.*, -, -n
prei/sen *tr.*
Preis/fra/ge *f.*, -, -n
Preis/ga/be *f.*, -, -n
preis/ge/ben *tr.*, 1. ausliefern, 2. verraten
preis/ge/krönt
Preis/ge/richt *n.*, -[e]s, -e
preis/güns/tig
Preis/la/ge *f.*, -, -n
preis/lich
Preis/lis/te *f.*, -, -n
Preis/trä/ger *m.*, -s, -
preis/wert
pre/kär [lat.-französ.] schwierig
Prell/ball *m.*, -[e]s, -bälle, Ballspiel
Prell/bock *m.*, -[e]s, -böcke, Klotz am Gleisende

prel/len *tr.*, ugs. auch: betrügen
Prel/lung *f.*, -, -en
Pre/mie/re *f.*, -, -n, Erstaufführung
Pre/mier/mi/nis/ter *m.*, -s, -
Pres/by/te/ri/um *n.*, -s, Presbyterien, in der ev. Kirche: Kirchenvorstand
pre/schen *intr.*, rennen
pres/sant [französ.] dringlich
Pres/se *f.*, -, -n, 1. Maschine, die Druck ausübt, 2. Obstpresse, 3. *nur Sg.*, Gesamtheit aller Zeitungen
Pres/se/agen/tur *f.*, -, -en
Pres/se/amt *n.*, -[e]s, -ämter
Pres/se/frei/heit *f.*, -, *nur Sg.*
Pres/se/kon/fe/renz *f.*, -, -en
pres/sen *tr.*
Preß/glas > **Press/glas** *n.*, -es, *nur Sg.*
pres/sie/ren [französ.] *intr.*, dringend sein
Pres/si/on *f.*, -, -en, Druck, Zwang
Preß/koh/le > **Press/koh/le** *f.*, -, -n
Preß/luft > **Press/luft** *f.*, -, *nur Sg.*
Preß/luft/ham/mer > **Press/luft/ham/mer** *m.*, -s, -hämmer
Pres/sung *f.*, -, -en
Pres/sure-Group *(Nf.)* auch: **Pres/sure/group** *(Hf.)* [engl.] *f.*, -, -s, Interessengruppe
Preß/we/he > **Press/we/he** *f.*, -, *nur Sg.*
Pres/tige [französ.] *n.*, -s, *nur Sg.*, Ansehen
pres/to in der Musik: schnell
Pre/ti/o/sen *(Nf.)* auch: **Pre/zi/o/sen** *(Hf.)*

Preu/ße *m.*, -n, -n
Preu/ßen
preu/ßisch
pre/zi/ös [französ.] veralt. für kostbar
Pre/zi/o/sen (s. Pretiosen) *Pl.*, veralt. für kostbarer Schmuck
Pri/a/mos oder auch:
Pri/a/mus in der griech. Mythologie: trojanischer König
Pri/ckel *m.*, -s, -
pri/cke/lig (s. pricklig)
pri/ckeln *intr.*
prick/lig (s. prickelig)
Priel *m.*, -[e]s, -e, Wassserlauf im Watt
Priem *m.*, -[e]s, -e, Kautabak
prie/men *intr.*
Priem/ta/bak *m.*, -[e]s, -e
Pries/ter *m.*, -s, -
pries/ter/lich
Pries/ter/schaft *f.*, -, *nur Sg.*
Pries/ter/se/mi/nar *n.*, -[e]s, -e
Pries/ter/tum *n.*, -s, *nur Sg.*
pri/ma [lat.] erstklassig
Pri/ma/bal/le/ri/na *f.*, -, Primaballerinen, erste Tänzerin
pri/mär die Voraussetzung bildend, erst
Pri/mär/li/te/ra/tur *f.*, -, *nur Sg.*, die Werke selbst, Gs. zu Sekundärliteratur
Pri/me *f.*, -, -n, 1. erster Ton der diatonischen Tonleiter, 2. Tonintervall
Pri/mel [lat.] *f.*, -, -n, Schlüsselblume
pri/mi/tiv [lat.-französ.] dürftig, behelfsmäßig
Pri/mi/ti/vis/mus *m.*, -, *nur Sg.*, Kunstrichtung
pri/mi/ti/vis/tisch
Pri/mi/ti/vi/tät *f.*, -, *nur Sg.*
Pri/miz [lat.] *f.*, -, -en, in der kath. Kirche: erste Messe des neu geweihten Priesters
Pri/mi/zi/ant *m.*, -en, -en, neu geweihter Priester
Pri/mus *m.*, -, -se oder Primi, Klassenbester
Prim/zahl *f.*, -, -en, Zahl, die nur durch sich selbst und 1 geteilt werden kann
Prin/te [niederländ.] *f.*, -, -n, Pfefferkuchen
Prinz [lat.-französ.] *m.*, -en, -en
Prin/zes/sin *f.*, -, -nen
Prinz/ge/mahl *m.*, [e]s, -e
Prin/zip [lat.] *n.*, -s, -ien oder -e
prin/zi/pi/ell grundsätzlich
Prin/zi/pi/en/rei/ter *m.*, -s, -
prin/zi/pi/en/treu
Prin/zi/pi/en/treu/e *f.*, -, *nur Sg.*
Prinz/re/gent *m.*, -en, -en
Pri/or [lat.] *m.*, -s, -en, Klostervorsteher
Pri/o/rat *n.*, -[e]s, -e
Pri/o/ri/tät *f.*, -, -en, Vorrang
Pri/o/ri/täts/prin/zip *n.*, -s, *nur Sg.*
Pri/se *f.*, -, -n
Pris/ma [griech.] *n.*, -s, Prismen, Körper, der das Licht spektral zerlegt
pris/ma/tisch
Prit/sche *f.*, -, -n
pri/vat [lat.] persönlich
Pri/vat/au/di/enz *f.*, -, -en
Pri/vat/be/sitz *m.*, -es, *nur Sg.*
Pri/vat/de/tek/tiv *m.*, -[e]s, -e
Pri/vat/do/zent *m.*, -en, -en
Pri/vat/i/ni/ti/a/ti/ve *f.*, -, -n
pri/va/ti/sie/ren *intr.*
Pri/vat/kli/nik *f.*, -, -en
Pri/vat/le/ben *n.*, -s, *nur Sg.*
Pri/vat/leh/rer *m.*, -s, -
Pri/vat/mann *m.*, -[e]s, -männer oder -leute
Pri/vat/pa/ti/ent *m.*, -en, -en
Pri/vat/per/son *f.*, -, -en
Pri/vat/recht *n.*, -[e]s, -e, Gs. zu Öffentliches Recht
Pri/vat/se/kre/tär oder auch: **Pri/vat/sek/re/tär** *m.*, -[e]s, -e
Pri/vat/sta/ti/on *f.*, -, -en
Pri/vat/stun/de *f.*, -, -n
Pri/vat/wirt/schaft *f.*, -, *nur Sg.*
Pri/vi/leg [lat.] *n.*, -s, -ien oder -e, Sonderrecht
pri/vi/le/gie/ren *tr.*
pro [lat.] für, je, pro Kopf, pro Person
Pro *n.*, -, *nur Sg.*, Gs. zu Kontra
pro an/no (Abk.: p. a.) jährlich
pro/ba/bel [lat.] glaubhaft
Pro/ba/bi/lis/mus *m.*, -, *nur Sg.*, Lehre, die besagt, dass wahre Erkenntnis nicht möglich sei
Pro/ba/bi/li/tät *f.*, -, *nur Sg.*, Glaubwürdigkeit, Wahrscheinlichkeit
Pro/band [lat.] *m.*, -en, -en, Testperson
pro/bat erprobt
Pröb/chen *n.*, -s, -
Pro/be *f.*, -, -n
Pro/be/ar/beit *f.*, -, -en
Pro/be/fahrt *f.*, -, -en
Pro/be/jahr *n.*, -[e]s, -e
pro/ben *tr.*
Pro/ben/ar/beit *f.*, -, -en
pro/be/wei/se
Pro/be/zeit *f.*, -, -en
pro/bie/ren *tr.*
Pro/blem oder auch:
Prob/lem [griech.] *n.*, -[e]s, -e, schwierige Aufgabe
Pro/ble/ma/tik oder auch:
Prob/le/ma/tik *f.*, -, *nur Sg.*

pro/ble/ma/tisch oder auch: **prob/le/ma/tisch**
pro/ble/ma/ti/sie/ren oder auch: **prob/le/ma/tisie/ren** *tr.*
Pro/ce/de/re (s. Prozedere) [lat.] *n.*, -[s], *nur Sg.*, Vorgehensweise
pro cen/tum [lat.] (Abk.: p. c.) pro Hundert
Pro/de/kan [lat.] *m.*, -[e]s, -e, Vertreter des Dekans
Pro/dukt [lat.] *n.*, -[e]s, -e, Erzeugnis
Pro/duk/ten/han/del *m.*, -s, *nur Sg.*
Pro/duk/ti/on *f.*, -, -en, Herstellung
Pro/duk/ti/ons/ge/nossen/schaft *f.*, -, -en
Pro/duk/ti/ons/ka/pa/zität *f.*, -, -en
Pro/duk/ti/ons/mit/tel *Pl.*, für die Produktion notwendige Maschinen
pro/duk/tiv
Pro/duk/ti/vi/tät *f.*, -, *nur Sg.*
Pro/du/zent *m.*, -en, -en, Hersteller
pro/du/zie/ren *tr.*
Prof. Abk. für Professor
pro/fan [lat.] weltlich, ungeweiht
pro/fa/nie/ren *tr.*
Pro/fa/nie/rung *f.*, -, -en
Pro/fa/ni/tät *f.*, -, *nur Sg.*
Pro/feß > **Pro/fess** [lat.] *f.*, -, -e, Ablegung eines Ordensgelübdes
Pro/fes/si/on *f.*, -, -en, veralt. für Beruf
pro/fes/si/o/na/li/sie/ren *tr.*, zum Beruf machen
Pro/fes/si/o/na/lis/mus *m.*, -, *nur Sg.*
pro/fes/si/o/nell
pro/fes/si/o/niert
Pro/fes/sor *m.*, -, -en, (Abk.: Prof.)
Pro/fes/so/ren/schaft *f.*, -, *nur Sg.*
Pro/fes/so/ren/ti/tel (s. Professortitel) *m.*, -s, -
Pro/fes/so/rin *f.*, -, -nen
Pro/fes/sor/ti/tel *m.*, -s, -
Pro/fes/sur *f.*, -, -en
Pro/fil [französ.] *n.*, -[e]s, -e, 1. Seitenansicht, 2. Kerbung (bei Schuhsohlen, Gummireifen), 3. Längsschnitt
pro/fi/lie/ren *tr.*
Pro/fi/lie/rung *f.*, -, -en
Pro/fil/neu/ro/se *f.*, -, -n, Störung des Selbstgefühls
Pro/fit [französ.] *m.*, -[e]s, -e, Gewinn
pro/fi/ta/bel
pro/fi/tie/ren *intr.*
pro for/ma [lat.] zum Schein
pro/fund [lat.] tiefgründig, gründlich
Pro/gno/se oder auch: **Prog/no/se** [griech.] *f.*, -n, Voraussage
pro/gnos/tisch oder auch: **prog/nos/tisch**
pro/gnos/ti/zie/ren oder auch: **prog/nos/ti/zie/ren** *tr.*, voraussagen
Pro/gramm [griech.] *n.*, -[e]s, -e
Pro/gram/ma/ti/ker m, -s, -
pro/gram/ma/tisch
Pro/gramm/heft *n.*, -[e]s, -e
pro/gram/mie/ren *tr.*
Pro/gram/mie/rer *m.*, -s, -
Pro/grammu/sik >
Pro/gramm/mu/sik *f.*, -, *nur Sg.*, Gs. zu absolute Musik
Pro/gre/di/enz [lat.] *f.*, -, *nur Sg.*, Fortschreiten einer Krankheit
Pro/greß > **Pro/gress** [lat.] *m.*, -es, -e, Fortschritt
Pro/gres/si/on *f.*, -, -en, Steigerung
Pro/gres/sist *m.*, -en, -en, Anhänger einer Fortschrittspartei
pro/gres/siv
pro/hi/bie/ren [lal.] *tr.*, veralt. für verbieten, verhindern
Pro/hi/bi/ti/on *f.*, -, -en, Verbot
Pro/hi/bi/ti/o/nist *m.*, -en, -en
pro/hi/bi/to/risch
Pro/jekt [lat.] *n.*, -[e]s, -e
pro/jek/tie/ren *tr.*
Pro/jek/til *n.*, -[e]s, -e, Geschoss
Pro/jek/ti/on *f.*, -, -en
pro/jek/tiv
Pro/jek/tor *m.*, -s, -en, Gerät zur Projektion von Bildern
pro/ji/zie/ren *tr.*
Pro/kla/ma/ti/on oder auch: **Prok/la/ma/ti/on** [lat.] *f.*, -, -en, öffentliche Bekanntmachung
pro/kla/mie/ren oder auch: **prok/la/mie/ren** *tr.*
Pro/kla/mie/rung oder auch: **Prok/la/mie/rung**
pro Kopf
Pro-Kopf-An/teil *m.*, -[e]s, -e
Pro-Kopf-Verbrauch *m.*, -[e]s, *nur Sg.*
Pro/ku/ra [lat.] *f.*, -, Prokuren, Vollmacht zur Vertretung eines Unternehmens, die im Handelsregister eingetragen ist
Pro/ku/ra/ti/on *f.*, -, -en
Pro/ku/ra/tor *m.*, -s, -en
Pro/ku/rist *m.*, -en, -en
Pro/let *m.*, -en, -en, 1. abwertend für Proletarier, 2. übertr. für ungebildeter, ungehobelter Mensch
Pro/le/ta/ri/at *n.*, -[e]s, -e,

Arbeiterklasse
Pro/le/ta/ri/er *m., -s, -,*
Angehöriger der Arbeiterklasse
pro/le/ta/risch
pro/le/ta/ri/sie/ren *tr.*
pro/le/ten/haft
Pro/log [griech.] *m., -[e]s, -e,* Einleitung
Pro/me/na/de [französ.] *f., -, -n,* 1. Spaziergang, 2. Spazierweg
Pro/me/na/den/deck *n., -s, -s,* Schiffsdeck
pro/me/nie/ren *intr.*
Pro/mes/se [lat.] *f., -, -n,* schriftliche Zusage
Pro/mil/le *n., -s, -,* Tausendstel
Pro/mil/le/gren/ze *f., -, -n*
pro/mi/nent [lat.] berühmt, bedeutend
Pro/mi/nenz *f., -, -en*
Pro/mis/ku/i/tät *f., -, nur Sg.,* Geschlechtsverkehr mit mehreren Partnern
Pro/mo/ter [lat.] *m., -s, -,* Veranstalter von Sportwettkämpfen
Pro/mo/ti/on *f., -, -en,* Verleihung der Doktorwürde
Pro/mo/vent *m., -en, -en*
pro/mo/vie/ren *intr.*
prompt [lat.] sofort
Prompt/heit *f., -, nur Sg.*
Pro/no/men [lat.] *n., -s, -* oder Pronomina, Fürwort
pro/no/mi/nal
pro/non/ciert [französ.] deutlich, betont
Pro/pä/deu/tik [griech.] *f., -, nur Sg.,* die Einführung in eine Wissenschaft
pro/pä/deu/tisch
Pro/pa/gan/da [lat.] *f., -, nur Sg.,* Werbung
Pro/pa/gan/dist *m., -en, -en*
pro/pa/gan/dis/tisch
pro/pa/gie/ren *tr.*

Pro/pan [griech.] *n., -[e]s, nur Sg.,* Brennstoff
Pro/pan/gas *n., -es, nur Sg.*
Pro/pel/ler [lat.] *m., -s, -,* Antriebsschraube
Pro/pel/ler/flug/zeug *n., -[e]s, -e*
Pro/pen [griech.] *n., -[e]s, nur Sg.,* ungesättigter Kohlenwasserstoff
pro/per [französ.] sauber
Pro/phet [griech.] *m., -en, -en,* Weissager
Pro/phe/tie *f., -, -n,* Weissagung
pro/phe/tisch
Pro/phe/zei/en *tr.*
Pro/phe/zei/ung *f., -, -en*
Pro/phy/lak/ti/kum [griech.] *n., -s,* Prophylaktika, vorbeugendes Mittel
pro/phy/lak/tisch vorbeugend
Pro/phy/la/xe *f., -, -n,* Vorbeugung
Pro/por/ti/on [lat.] *f., -, -en,* Größenverhältnis
pro/por/ti/o/nal
Pro/por/ti/o/na/li/tät *f., -, nur Sg.,* Verhältnismäßigkeit
Pro/por/ti/o/nal/wahl *f., -, -en,* Verhältniswahl
pro/por/ti/o/niert
Propst [lat.] *m., -[e]s,* Pröpste, 1. in der kath. Kirche: Vorsteher eines Stifts, 2. in der ev. Kirche: Vorsteher mehrerer Superintendenturen
Props/tei *f., -, -en*
Pro/py/lä/en [griech.] *Pl.,* Säulenvorhalle
Pro/ro/ga/ti/on [lat.] *f., -, -en,* Verlängerung
pro/ro/ga/tiv
pro/ro/gie/ren *tr.*
Prosa [lat.] *f., -, nur Sg.*
Pro/sa/i/ker *m., -s, -*

pro/sa/isch
Pro/sa/ist *m., -en, -en*
Pro/se/mi/nar [lat.] *n., -[e]s, -e,* Vorseminar
pro/sit! wohl bekomm's!
Pro/sit *n., -s, -s,* Zutrunk
Pro/spekt oder auch:
Pros/pekt [lat.] *m., -[e]s, -e*
pro/spe/rie/ren oder auch:
pros/pe/rie/ren [lat.] *intr.,* gedeihen
Pro/spe/ri/tät oder auch:
Pros/pe/ri/tät *f., -, nur Sg.,* wirtschaftlicher Aufschwung
prost!
Pro/sta/ta oder auch:
Pros/ta/ta [griech.] *f., -, -e,* Vorsteherdrüse
Pro/sta/ti/tis oder auch:
Pros/ta/ti/tis *f., -,* Prostatitiden, Prostataentzündung
pro/sti/tu/ie/ren oder auch:
pros/ti/tu/ie/ren [lat.] *tr.*
Pro/sti/tu/ier/te oder auch:
Pros/ti/tu/ier/te *f., -n, -n,* Frau, die Männern gegen Bezahlung ihren Körper für sexuelle Handlungen zur Verfügung stellt
Prot/a/go/nist oder auch:
Pro/ta/go/nist [griech.] *m., -en, -en,* übertr.: Vorkämpfer
Pro/te/gé [französ.] *m., -s, -s,* Schützling
pro/te/gie/ren *tr.*
Pro/te/in *n., -[e]s, -e,* chem. Verbindung
Pro/tek/ti/on [lat.] *f., -, -en,* 1. Schutz, 2. Förderung
Pro/tek/ti/o/nis/mus *m., -, nur Sg.*
pro/tek/ti/o/nis/tisch
Pro/tek/tor *m., -s, -en*
Pro/tek/to/rat *n., -[e]s, -e,* 1. Schutzgebiet, 2. Schutzherrschaft
Pro/test [lat.] *m., -[e]s, -e,*

Widerspruch, Einspruch
Pro/tes/tant *m.*, -en, -en, Angehöriger der protestantischen Kirche
pro/tes/tan/tisch (Abk.: prot.)
Pro/tes/tan/tis/mus *m.*, -, *nur Sg.*, protestantische Konfession
pro/tes/tie/ren *intr.*, Einspruch erheben
Pro/test/kund/ge/bung *f.*, -, -en
Pro/the/se [griech.] *f.*, -, -n, 1. künstliches Glied, 2. Zahnersatz
Pro/the/tik *f.*, -, *nur Sg.*, Herstellung von Prothesen
pro/the/tisch
Pro/to/koll [griech.] *n.*, -[e]s, -e, Niederschrift einer Versammlung
Pro/to/kol/lant *m.*, -en, -en
pro/to/kol/la/risch
pro/to/kol/lie/ren *tr.* und *intr.*
Pro/to/plas/ma [griech.] *n.*, -s, *nur Sg.*, Lebenssubstanz der Zelle
pro/to/plas/ma/tisch
Pro/to/typ *m.*, -[e]s, -en, Vorbild, Muster
pro/to/ty/pisch
Protz *m.*, -es, -e, ugs. für Angeber
prot/zen *intr.*, ugs. für angeben, prahlen
Prot/ze/rei *f.*, -, -en
prot/zig
Prov. Abk. für Provinz
Pro/vence *f.*, -, *nur Sg.*, französische Landschaft
Pro/verb *n.*, -s, Proverbien, Sprichwort
pro/ver/bi/al
pro/ver/bi/ell
Pro/vi/ant [lat.-niederländ.] *m.*, -[e]s, *nur Sg.*, Verpflegung

Pro/vinz [lat.] *f.*, -, -en, 1. (Abk.: Prov.) Landesteil, 2. ländliches Gebiet
Pro/vinz/büh/ne *f.*, -, -n
pro/vin/zi/al
Pro/vin/zi/al *m.*, -[e]s, -e, Vorsteher einer Ordensprovinz
Pro/vin/zi/a/lis/mus *m.*, -, Provinzialismen, 1. mundartlicher Ausdruck, 2. *nur Sg.*, Kleinbürgerlichkeit
pro/vin/zi/ell kleinbürgerlich
Pro/vinz/ler *m.*, -s, -, ugs. abwertend für Provinzbewohner
Pro/vi/si/on [lat.] *f.*, -, -en, Vermittlungsgebühr, Umsatzbeteiligung
pro/vi/so/risch behelfsmäßig, vorläufig
Pro/vi/so/ri/um *n.*, -s, Provisorien, vorläufiger Zustand
Pro/vit/a/min oder auch:
Pro/vi/ta/min [lat.] *n.*, -[e]s, -e, Vorstufe eines Vitamins
pro/vo/kant [lat.] herausfordernd
Pro/vo/ka/teur *m.*, -[e]s, -e
Pro/vo/ka/ti/on *f.*, -, -en, Herausforderung
pro/vo/ka/to/risch
pro/vo/zie/ren *tr.*, herausfordern
Pro/ze/de/re *(Nf.)* auch:
Pro/ce/de/re *(Hf.)*, *n.*, -s, -s Verfahren
Pro/ze/dur [lat.] *f.*, -, -en, Verfahren
Pro/zent [lat.] *n.*, -[e]s, -e, (Abk.: p. c., Zeichen: %) vom Hundert
Pro/zent/rech/nung *f.*, -, -en
Pro/zent/satz *m.*, -[e]s, -sätze
pro/zen/tu/al
Pro/zeß > **Pro/zess** [lat.]

m., -es, -e, 1. Gerichtsverfahren, 2. Ablauf, Vorgang
pro/zeß/be/voll/mäch/tigt > **pro/zess/be/voll/mächtigt**
Pro/zeß/be/voll/mäch/tig/te(r) > **Pro/zess/be/voll/mäch/tig/te(r)** *m.*, -n, -n
pro/zeß/fä/hig > **pro/zess/fä/hig**
pro/zes/sie/ren *intr.*
Pro/zes/si/on *f.*, -, -en
pro/zeß/un/fä/hig > **pro/zess/un/fä/hig**
Pro/zeß/un/fä/hig/keit > **Pro/zess/un/fä/hig/keit** *f.*, -, *nur Sg.*
pro/zy/klisch oder auch:
pro/zyk/lisch, Gs. zu antizyklisch
prü/de [französ.] übertrieben empfindlich bezüglich Sexualität
Prü/de/rie [französ.] *f.*, -, *nur Sg.*
prü/fen *tr.*
Prü/fer *m.*, -s, -
Prüf/ling *m.*, -[e]s, -e
Prüf/stand *m.*, -[e]s, -stände
Prü/fung *f.*, -, -en
Prü/fungs/angst *f.*, -, -ängste
Prü/fungs/ar/beit *f.*, -, -en
Prü/fungs/auf/ga/be *f.*, -, -n
Prü/fungs/kan/di/dat *m.*, -en, -en
Prü/gel *m.*, -s, -
Prü/ge/lei *f.*, -, -en, Schlägerei
Prü/gel/kna/be *m.*, -n, -n
prü/geln *tr.*
Prü/gel/stra/fe *f.*, -, -n
Prunk *m.*, -[e]s, *nur Sg.*
prun/ken *intr.*
Prunk/sucht *f.*, -, *nur Sg.*
prunk/süch/tig
prunk/voll
prus/ten *intr.*
PS Abk. für 1. Pferdestärke,

2. Postskriptum
Psalm [griech.] *m.,* -[e]s, -en, geistliches Lied aus dem AT
Psal/mist *m.,* -en, -en
Psalm/o/die oder auch:
Psal/mo/die *f.,* -, -n, Psalmengesang im Wechsel zwischen Chor und Vorsänger
psalm/o/die/ren oder auch: **psal/mo/die/ren** *intr.*
psalm/o/disch oder auch: **psal/mo/disch**
Psal/ter *m.,* -s, *nur Sg.,* Buch der Psalmen im AT
Pseu/do/lo/gie *f.,* -, *nur Sg.,* krankhaftes Lügen
pseud/onym oder auch: **pseu/do/nym**
Pseud/o/nym oder auch: **Pseu/do/nym** *n.,* -[e]s, -e, Deckname
Psi *n.,* -[s], -s, griech. Buchstabe (Zeichen: Ψ)
Pso/ri/a/sis [griech.] *f.,* -, Psoriasen, Schuppenflechte
Psy/che *f.,* -, -n, Seele
Psych/ia/ter oder auch:
Psy/chi/a/ter *m.,* -s, -, Facharzt für Geistes- und Gemütskrankheiten
Psych/ia/trie oder auch:
Psy/chi/at/rie *f.,* -, *nur Sg.*
psych/ia/trie/ren oder auch: **psy/chi/at/rie/ren** *tr.*
psych/ia/trisch oder auch: **psy/chi/at/risch**
psy/chisch seelisch
Psy/cho/ana/ly/se *f.,* -, -n, Methode zur Erkennung seelischer Störungen
Psy/cho/ana/ly/ti/ker *m.,* -s, -
psy/cho/ana/ly/tisch
Psy/cho/lo/ge *m.,* -n, -n
Psy/cho/lo/gie *f.,* -, *nur Sg.,* Wissenschaft von der Seele
psy/cho/lo/gisch

Psy/cho/path *m.,* -en, -en, seelisch gestörter Mensch
Psy/cho/pa/thie *f.,* -, *nur Sg.*
psy/cho/pa/thisch
Psy/cho/phar/ma/kon *n.,* -s, Psychopharmaka, auf den seelischen Zustand einwirkendes Medikament
Psy/cho/se *f.,* -, -n, Geistes- oder Gemütskrankheit
Psy/cho/so/ma/tik *f.,* -, *nur Sg.,* Lehre von der Einwirkung seelischer Einflüsse auf das körperliche Wohlbefinden
psy/cho/so/ma/tisch
Psy/cho/the/ra/peut *m.,* -en, -en
psy/cho/the/ra/peu/tisch
Psy/cho/the/ra/pie *f.,* -, *nur Sg.*
Psy/cho/thril/ler [engl.] *m.,* -s, -
Psy/cho/ti/ker *m.,* -s, -
psy/cho/tisch
Pt chem. Zeichen für Platin
Pta Zeichen für Peseta
PTA Abk. für pharmazeutisch-technische Assistentin
Pu chem. Zeichen für Plutonium
pu/ber/tär [lat.]
Pu/ber/tät *f.,* -, *nur Sg.,* Zeit der beginnenden Geschlechtsreife
pu/ber/tie/ren *intr.*
pu/blik oder auch: **pub/lik** [lat.] öffentlich
Pu/bli/ka/ti/on oder auch:
Pub/li/ka/ti/on *f.,* -, -en, Veröffentlichung
Pu/bli/kum oder auch:
Pub/li/kum *n.,* -s, *nur Sg.,* 1. Öffentlichkeit, 2. Zuschauer, Zuhörer, Leser oder Besucher
Pu/blik/ums/er/folg oder auch: **Pub/li/kums/er/folg** *m.,* -[e]s, -e

pu/bli/kums/wirk/sam oder auch: **pub/li/kums/wirk/sam**
pu/bli/zie/ren oder auch: **pub/li/zie/ren** *tr.*
Pu/bli/zie/rung oder auch:
Pub/li/zie/rung *f.,* -, -en
Pu/bli/zist oder auch:
Pub/li/zist *m.,* -en, -en
Pu/bli/zi/tät oder auch:
Pub/li/zi/tät *f.,* -, *nur Sg.*
Puck 1. *m.,* -s, -s, Hartgummischeibe beim Eishockey, 2. Figur aus Shakespeares „Sommernachtstraum"
pu/ckern *intr.*, schlagen, pulsieren
Pud/del/ei/sen *n.,* -s, -
Pud/deln *n.,* -s, *nur Sg.,* Verfahren zur Herstellung von Stahl
Pud/del/ofen *m.,* -s, -öfen
Pud/del/stahl *m.,* -[e]s, -stähle
Pud/ding [engl.] *m.,* -s, -s, Süßspeise
Pu/del *m.,* -s, -, 1. Hunderasse, 2. Fehlwurf beim Kegeln
pu/del/naß > **pu/del/nass** ugs. für: sehr nass
pu/del/wohl ugs. für: sehr wohl
Pu/der [lat.-französ.] *m.,* -s, -, feines Pulver
pu/de/rig (s. pudrig)
pu/dern *tr.*
Pu/der/zu/cker *m.,* -s, *nur Sg.*
Puff 1. *m.,* -[e]s, Püffe, Stoß, 2. *n.,* -s, -s, ugs. für Bordell
puf/fen *tr.* und *intr.*
Puf/fer *m.,* -s, -, 1. Stoßdämpfer, 2. Kartoffelpuffer
Puf/fer/staat *m.,* -[e]s, -en
Puf/fer/zo/ne *f.,* -, -n
Puff/mais *m.,* -es, *nur Sg.,* Popcorn

Puff/mut/ter *f.*, -, -mütter, Bordellwirtin
Puff/reis *m.*, -es, *nur Sg.*
puh/len (s. pulen) *tr.* und *intr.*
pu/len (s. puhlen) *tr.* und *intr.*, ugs. für mit dem Finger bohren
Pulk [russ.] *m.*, -[e]s, -e, Verband von Flugzeugen oder Fahrzeugen
pul/len *intr.*, rudern
Pul/li *m.*, -s, -s, Kurzw. für Pullover
Pull/over [engl.] *m.*, -s, -
Pull/un/der [engl.] *m.*, -s, -, ärmelloser Pullover
Puls [lat.] *m.*, -es, -e, Pulsschlag
Puls/a/der *f.*, -, -n, Arterie
pul/sie/ren *intr.*
Puls/schlag *m.*, -[e]s, -schläge
Puls/wär/mer *m.*, -s, -
Pult [lat.] *n.*, -[e]s, -e, Tisch mit schräger Fläche
Pul/ver [lat.] *n.*, -s, -
Pül/ver/chen *n.*, -s, -
Pul/ver/faß > **Pul/ver/fass** *n.*, -es, -fässer
pul/ve/rig (s. pulvrig)
Pul/ve/ri/sa/tor *m.*, -s, -en
pul/ve/ri/sie/ren *tr.*
Pul/ver/kam/mer *f.*, -, -n
pul/vern *tr.*, schießen
pulv/rig (s. pulverig)
Pu/ma *m.*, -s, -s, Raubkatze
Pum/mel *m.*, -s, -, ugs. für rundliche Person
pum/me/lig, pumm/lig
Pum/pe *f.*, -, -n
pum/pen *tr.*
Pum/per/ni/ckel *m.*, -s, -s, Roggenbrot
Pump/ho/se *f.*, -, -n, weite, unter dem Knie geschlossene Hose
Pumps [engl.] *Pl.*, hochhackige Damenschuhe
Punk [engl.] *m.*, -s, *nur Sg.*, Musikrichtung
Punkt [lat.] *m.*, -[e]s, -e
Pünkt/chen *n.*, -s, -
punk/ten *tr.* und *intr.*
punkt/gleich
punk/tie/ren *tr.*
Punk/tier/na/del *f.*, -, -n, Hohlnadel für die Punktion
Punk/ti/on *f.*, -, -n, Entnahme von Körperflüssigkeit mit einer Hohlnadel
pünkt/lich
Pünkt/lich/keit *f.*, -, *nur Sg.*
Punkt/nie/der/la/ge *f.*, -, -n
Punkt/rich/ter *m.*, -s, -
Punkt/schrift *f.*, -, *nur Sg.*, Blindenschrift
Punkt/sieg *m.*, -[e]s, -e
Punkt/sys/tem *n.*, -[e]s, -e
punk/tu/ell
Punkt/um! Schluss!
Punk/tur *f.*, -, -en, Punktion
Punkt/wer/tung *f.*, -, -en
Punsch *m.*, -[e]s, -e, Heißgetränk
Pup (s. Pups) *m.*, -[e]s, -e, ugs. für Blähung
pu/pen (s. pupsen) *intr.*, Darmwind entweichen lassen
Pu/pil/le *f.*, -, -n
pu/pil/len/er/wei/ternd
pu/pil/len/ver/en/gend
Püpp/chen *n.*, -s, -
Pup/pe *f.*, -, -n
pup/pen/haft
Pup/pen/spiel *n.*, -[e]s, -e
Pup/pen/spie/ler *m.*, -s, -
Pup/pen/the/a/ter *n.*, -s, -
Pup/pen/wa/gen *m.*, -s, -
pup/pern *intr.*, ugs. klopfen
pup/pig
Pups (s. Pup) *m.*, -es, -e
pup/sen (s. pupen) *intr.*, ugs.
pur [lat.] rein
Pü/ree [französ.] *n.*, -s, -s, Brei, Mus
Pu/ri/fi/ka/ti/on [lat.] *f.*, -, -en, liturgische Reinigung
pu/ri/fi/zie/ren *tr.*, veralt. für reinigen
Pu/ris/mus [lat.] *m.*, -, *nur Sg.*, Streben, die Sprache von Fremdwörtern zu reinigen
Pu/rist *m.*, -en, -en
pu/ris/tisch
Pu/ri/ta/ner *m.*, -s, -, übertrieben sittenstrenger Mensch
pu/ri/ta/nisch
Pu/ri/ta/nis/mus *m.*, -, *nur Sg.*, calvinistische Richtung der engl. protestantischen Kirche
Pur/pur [griech.] *m.*, -s, *nur Sg.*, bläulichroter Farbstoff
pur/purn purpurrot
pur/pur/rot
Pur/pur/schne/cke *f.*, -, -n, Meeresschnecke
pur/ren *intr.*, stochern
Pur/zel/baum *m.*, -[e]s, -bäume
pur/zeln *intr.*
pus/se/lig (s. pusslig) übertrieben genau
pus/seln *intr.*, herumbasteln
puß/lig > **puss/lig** (s. pusselig)
Puß/ta > **Pusz/ta**
Pus/te *f.*, -, *nur Sg.*, ugs. für Atem
Pus/te/blu/me *f.*, -, -n, Löwenzahn
Pus/tel [lat.] *f.*, -, -n, Bläschen
pus/ten *intr.*, ugs. für blasen
Pusz/ta [ungar.] *f.*, -, Puszten, ungar. Grassteppe
Pu/te *f.*, -, -n, Truthenne
Pu/ter *m.*, -s, -, Truthahn
pu/ter/rot
Putsch *m.*, -[e]s, -e, politischer Umsturz

put/schen *intr.*
Put/schist *m.,* -en, -en
Put/te [italien.] *f.,* -, -n, kleine Engelsfigur
put/ten [engl.] *intr.,* beim Golf den Ball so schlagen, dass er ins Loch rollt
Put/ter *m.,* -s, -, Golfschläger
Putz *m.,* -[e]s, *nur Sg.,* 1. hübsche Kleidung, 2. Mauerbewurf
put/zen *tr.* und *intr.*
Put/ze/rei *f.,* -, -en
Putz/frau *f.,* -, -en
put/zig
Putz/ma/che/rin *f.,* -, -nen, Herstellerin von Damenhüten
Putz/sucht *f.,* -, *nur Sg.*
putz/süch/tig

Putz/wol/le *f.,* -, *nur Sg.*
Puz/zle [engl.] *n.,* -s, -s, Geduldsspiel, bei dem aus Einzelteilen ein Bild zusammengesetzt werden muss
Puz/zle/spiel *n.,* -[e]s, -e
puz/zeln ein Puzzle zusammensetzen
PVC Abk. für Polyvinylchlorid
Pyg/mäe [griech.] *m.,* -n, -n, Angehöriger eines afrikan. Zwergvolkes
pyg/mä/isch
Py/ja/ma [Hindi] *m.,* -s, -s, Schlafanzug
py/ra/mi/dal [griech.]
Py/ra/mi/de *f.,* -, -n
Py/re/nä/en *Pl.,* Gebirge zwischen Frankreich und Spanien

Py/re/nä/en/halb/in/sel *f.,* -, *nur Sg.,* Iberische Halbinsel
py/re/nä/isch
Py/rit [griech.] *m.,* -[e]s, -e, Mineral
Py/ro/ma/ne *m.,* -n, -n, krankhafter Brandstifter
Py/ro/ma/nie *f.,* -, -n
Py/ro/pho/bie *f.,* -, -n, krankhafte Furcht vor Feuer
Py/ro/tech/nik *f.,* -, *nur Sg.,* Herstellung und Gebrauch von Feuerwerkskörpern und Sprengkörpern
Py/ro/tech/ni/ker *m.,* -s, -
py/ro/tech/nisch
Py/thon [griech.] *m.,* -s, -s oder Pythonen
Py/thon/schlan/ge *f.,* -, -n, Riesenschlange

Q

qcm Abk. für Quadratzentimeter
qdm Abk. für Quadratdezimeter
q. e. d. Abk. für quod erat demonstrandum, „was zu beweisen war"
qkm Abk. für Quadratkilometer
qm Abk. für Quadratmeter
quab/be/lig ugs. weich, gallertartig
qua/ckeln *intr.,* schwatzen, nörgeln
Quack/sal/ber *m.,* -s, -, angebl. Arzt, Kurpfuscher, Scharlatan
quack/sal/bern *intr.*
Quad/del *f.,* -, -n, juckende Hautschwellung
Qua/der [lat.] *m.,* rechteckiger Block
Qua/drant oder auch:
Quad/rant *m.,* -en, -en, 1. Viertelkreis, 2. Messgerät für Höhenwinkel
Qua/drat oder auch:
Quad/rat *n.,* -[e]s, -e, 1. Viereck mit vier gleichen Seiten und vier rechten Winkeln, 2. die zweite Potenz einer Zahl
qua/dra/tisch oder auch:
quad/ra/tisch quadratförmig
Qua/drat/lat/schen oder auch: **Quad/rat-** *m., nur Pl.,* ugs. große, derbe Schuhe
Qua/drat/schä/del oder auch: **Quad/rat-** *m.,* -s, -, ugs. großer, eckiger Kopf
Qua/dril/le oder auch:
Quad/ril/le [französ.] *f.,* -, -n, Tanz mit vier Tänzern oder vier Paaren
Qua/dro/pho/nie auch:
Qua/dro/fo/nie oder auch:
Quad/ro- [lat. + griech.] *f.,* -, *nur Sg.,* Tonwiedergabe über vier Kanäle und vier Lautsprecher
qua/ken *intr.,* 1. Laut geben, rufen (Frosch), 2. ugs. unnütz reden, labern
quä/ken ugs. *intr.,* kläglich jammern
Quä/ker *m.,* -s, -, Anhänger einer engl.-amerik. Glaubensgemeinschaft
Qual *f.,* -, -en, großer körperlicher oder seelischer Schmerz
quä/len *tr.,* jmd. Schmerzen zufügen
Qua/li/fi/ka/ti/on [lat.] *f.,* -, -en, 1. Eignung, Fähigkeit, 2. Befähigungsnachweis
qua/li/fi/zie/ren *tr.,* 1. befähigen, ausbilden, 2. kennzeichnen, beurteilen
Qua/li/tät *f.,* -, -en, 1. Güte, 2. Eigenschaft, Fähigkeit
Qual/le *f.,* -, -n, Meerestier
Qualm *m.,* -[e]s, *nur Sg.,* Rauch, Dunst
qual/men *intr.,* 1. stark rauchen, 2. ugs. viel (Tabak) rauchen (Pers.)
qual/voll
Quänt/chen [lat.] *n.,* -s, *nur Sg.,* ein bisschen, kleine Menge
Quan/ti/tät *f.,* -, -en, Menge, Masse, Anzahl, Größe
Qua/ran/tä/ne [französ.] *f.,* -, *nur Sg.,* Isolierung (von Pers.) zum Schutz vor Epidemien
Quark *m.,* -[e]s, *nur Sg.,* 1. Milchprodukt, 2. ugs. Unsinn, dummes Zeug
Quar/ta [lat.] *f.,* -, -ten, dritte Klasse des Gymnasiums
Quart/al *n.,* -s, -e, Vierteljahr
Quar/te *f.,* -, -n, Intervall von vier Tönen
Quar/tett *n.,* -s, -e, 1. vierstimmiges Musikstück, 2. Kartenspiel
Quar/tier [französ.] *n.,* -[e]s, -e, 1. Unterkunft, 2. [schweiz., österr.] Wohnviertel
Quarz *m.,* -es, -e, Mineral
Quarz/uhr *f.,* -, -en, von Quarzkristallen gesteuerte Uhr
qua/si [lat.] gleichsam, gewissermaßen
quas/seln *intr.,* ugs. lange und viel reden
Quast *m.,* -[e]s, -e, buschiger Pinsel
Quas/te *f.,* -, -n, Büschel, Troddel
Quatsch *m.,* -[e]s, *nur Sg.,* 1. Unsinn, Albernheit, 2. Fehler
quat/schen *intr.,* viel reden
Quatsch/kopf *m.,* -[e]s, -köpfe, ugs.
Queck/sil/ber *n.,* -s, *nur Sg.,* chem. Element (Zeichen: Hg)
queck/silb/rig lebhaft, unruhig (Pers.)
Quel/le *f.,* -, -n, 1. Ursprung eines fließenden Gewässers, 2. Urkunde, Vorlage, Zeugnis, 3. Informant
quel/len 1. *intr.* herausfließen, sich voll Wasser saugen, 2. *tr.* in Wasser einweichen
Quell/wol/ken *f., nur Pl.,* Wolken in Haufenform
Quen/ge/lei *f.,* -, -en, ugs. Nörgelei, Gejammer
quen/ge/lig ugs.
quen/geln ugs. *intr.*
Quent/chen > **Quänt/chen** *n.,* -s, -, ein bisschen
quer schräg

Quer/den/ker *m.,* -s, -, Kritiker
Que/re/le *f., meist Pl.,* Streit, Aufruhr
quer/feld/ein mitten durchs Gelände
Quer/flö/te *f.,* -, -n, Musikinstrument
Quer/kopf *m.,* -[e]s, -köpfe, trotziger Mensch
quer/köpf/ig
quer/schie/ßen *intr.,* jmds. Pläne durchkreuzen
Quer/schnitt *m.,* -[e]s, -e, 1. Schnitt quer durch einen Körper, 2. Durchschnitt
Quer/schnitts/läh/mung *f.,* -, -en, Lähmung durch Rückenmarksverletzung
Quer/sum/me *f.,* -, -n, Summe der Ziffern einer mehrstelligen Zahl
Que/ru/lant *m.,* -[e]s, -en, Nörgler, Miesmacher, Meckerer
quet/schen *tr.* 1. fest drücken, pressen, 2. verletzen

Quet/schung *f.,* -, -en, Verletzung
Quiche [französ.] *f.,* -, -s, Mürbe- oder Blätterteigtorte
quick/le/ben/dig ugs. äußerst lebhaft
quie/ken *intr.* quietschen, einen schrillen Laut geben
quiet/schen *intr.* einen hohen, schrillen Ton von sich geben
quietsch/ver/gnügt ugs. sehr fröhlich, lebhaft
Quin/ta [lat.] *f.,* -, -en, zweite Klasse des Gymnasiums
Quin/te *f.,* -, -n, Intervall von fünf Tönen
Quin/ten/zir/kel *m.,* -s, -, Aufzeichnungssystem für die Tonarten
Quint/es/senz *f.,* -, -en, Kern, Hauptsache
Quin/tett *n.,* -s, -e, fünfstimmiges Musikstück
Quirl *m.,* -[e]s, -e, 1. Küchengerät zum Mischen,

2. lebhafter Mensch
quir/len *tr.,* mischen, rühren, vermengen
quir/lig lebhaft
quitt [lat.] gleich, ausgeglichen
Quit/te [griech.] *f.,* -, -n, gelbes Kernobst
quit/tie/ren [französ.] *tr.* 1. Empfang bestätigen, 2. beantworten
Quit/tung *f.,* -, -en, Empfangsbescheinigung
Quiz *n.,* -, -, Frage- und Antwortspiel
Quiz/mas/ter *m.,* -s, -, Leiter eines Quiz
Quo/te *f.,* -, -n, Anteil im Verhältnis
Quo/ten/re/ge/lung *f.,* -, -en, Verteilung nach Anteilen (z. B. Frauen in der Politik)
Quo/ti/ent [lat.] *m.,* -en, -en, (math.) 1. Bruch, 2. Ergebnis einer Division

R

r Abk. für 1. Radius, 2. Röntgen
R Abk. für 1. Radius, 2. [lat.] rarus = selten, 3. [lat.] Rex (Münzen), 4. internat. KFZ-Kennzeichen für Rumänien
Ra 1. chem. Zeichen für Radium, 2. ägypt. Gottheit
Ra/batt [italien.] *m.,* -[e]s, -e, Preisnachlass
Ra/bat/te [französ.] *f.,* -, -n, 1. Pflanzenbeet, 2. Ärmel- oder Kragenaufschlag
Ra/batz *m.,* -es, *nur Sg.,* ugs. Krach, lautes Durcheinander, Tumult
Ra/bau/ke *m.,* -n, -n, ugs. Rüpel, lauter Mensch
Rab/bi [hebr.] *m.,* -[s], -s, jüd. Schriftgelehrter
Rab/bi/ner *m.,* -s, -, siehe Rabbi
Ra/be *m.,* -n, -n, großer schwarzer Vogel
Ra/ben/el/tern *nur Pl.,* ugs. schlechte Eltern
ra/bi/at [lat.] zornig, wütend, brutal
Ra/che *f.,* -, *nur Sg.,* Vergeltung
Ra/chen *m.,* -s, -, 1. oberer Teil des Halses, 2. Schlund, Maul, Tiermaul
rä/chen *tr.* vergelten, Rache üben
Rä/cher *m.,* -s, -, jmd., der Rache übt
Ra/chi/tis [griech.] *f.,* -, -tiden, Knochenerweichung durch Vitaminmangel
Ra/cker *m.,* -s, -, freches Kind, Schlingel
ra/ckern *intr.,* schwer arbeiten, sich abschinden
Ra/cket [engl.] *n.,* -s, -s, Schläger für Ballspiele
Rac/let/te oder auch: **Raclette** [französ.] *n.,* -s, -s, Schweiz. Käsegericht
Rad *n.,* -[e]s, Räder, Rad fahren, ein Rad schlagen
Ra/dar *m.* od. *n.,* -s, *nur Sg.,* Funkmessgerät
Ra/dau *m.,* -s, *nur Sg.,* ugs. Lärm, Krach, Getöse
ra/de/bre/chen *tr.,* eine Sprache fehlerhaft sprechen
Rä/dels/füh/rer *m.,* -s, -, Kopf einer Verschwörung, Drahtzieher
rä/dern *tr.,* jmd. foltern, auf ein Rad binden
Ra/di/a/ti/on [lat.] *f.,* -, -en, Strahlung
Ra/di/a/tor *m.,* -s, -en, Heizkörper
Ra/dic/chio [italien.] *m.,* -[s], -chi, Salatart
ra/die/ren [lat.] *tr.,* 1. Kupferplatte ritzen, 2. Fehler entfernen
Ra/die/rer *m.,* -s, -, 1. Person, die Radierungen herstellt, 2. Radiergummi
Ra/dies/chen *n.,* -s, -, Rettichsorte
ra/di/kal [lat.] 1. extrem, fanatisch, rücksichtslos, 2. gründlich
Ra/di/ka/lis/mus *m.,* -, *nur Sg.,* Extremismus, Fanatismus, Rücksichtslosigkeit
Ra/dio *n.* od. [schweiz.] *m.,* 1. Rundfunk, 2. Rundfunkgerät
ra/di/o/ak/tiv strahlend, Strahlen aussendend
Ra/di/o/ak/ti/vi/tät *f.,* -, *nur Sg.,* nukleare Strahlung
Ra/di/o/lo/gie *f.,* -, *nur Sg.,* Strahlenlehre, bes. Röntgenstrahlen
Ra/di/o/lo/ge *m.,* -n, -n, Röntgenarzt
Ra/di/um [lat.] *n.,* -s, *nur Sg.,* chem. Element (Zeichen: Ra)
Ra/di/us [lat.] *m.,* -, -dien od. -dii, halber Durchmesser
Rad/ler 1. *m.,* -s, -, Radfahrer, 2. [bayr.] *n.,* -s, -, Bier mit Limonade
Ra/don [lat.] *n.,* -s, *nur Sg.,* chem. Element, Edelgas (Zeichen: Rn)
RAF Abk. für Rote-Armee-Fraktion
Raf/fel *f.,* -, -n, 1. Reibe, 2. ugs. große Klappe
raf/feln *tr.,* reiben, schaben
raf/fen *tr.,* fassen, gierig anhäufen, horten
Raff/gier *f.,* -, *nur Sg.*
Raf/fi/na/de [französ.] *f.,* -, -n, reiner Zucker
Raf/fi/ne/rie [französ.] *f.,* -, -n, Fabrik zur Reinigung von Zucker oder Öl
raf/fi/nie/ren *tr.,* reinigen
raf/fi/niert 1. gereinigt, verfeinert, 2. übertr.: gerissen, gewieft, schlau
Raf/ting [engl.] *n.,* -s, *nur Sg.,* Wildwasserfloßfahren
Ra/ge [französ.] *f.,* -, *nur Sg.,* Wut
Ra/gout [französ.] *n.,* -s, -s, Fleischgericht
Rag/time [amerik.] *m.,* -[s], *nur Sg.,* Vorläufer des Jazz
Rahm *m.,* -s, *nur Sg.,* Sahne
rah/men *tr.,* einfassen
Rah/men *m.,* -s, -, 1. Einfassung, 2. Fahrgestell, 3. Umfeld
Rain *m.,* -s, -e, Ackergrenze
rä/keln *refl.,* sich dehnen, sich strecken
Ra/ke/te *f.,* -, -n, Feuerwerks- oder Flugkörper
Ra/ki [türk.] *m.,* -[s], *nur Sg.,* Branntwein aus Rosinen und Anis
Ral/lye [engl.] *f.,* -, -s,

Wettfahrt im Motorsport
ramm/dö/sig ugs. benebelt, schwindlig
Ram/me *f.*, -, -n, Gerät zum Einschlagen von Pfählen oder Planieren des Bodens
ram/meln *tr.*, 1. stoßen, drängen, 2. Jägerspr.: decken (Hasen), 3. vulg.: begatten, sich paaren
ram/men *tr.*, 1. in den Boden stoßen, 2. zusammenprallen
Ram/pe *f.*, -, -n, schiefe Ebene
Ram/pen/licht *n.*, -[e]s, -er, Mittelpunkt
ram/po/nie/ren [italien.] *tr.*, ugs. beschädigen
Ramsch *m.*, -[e]s, *nur Sg.*, 1. Tand, Trödel, Schund, Ausschussware, 2. Skatausdruck
Ranch [amerik.] *f.*, -, -es, Viehfarm
Rand *m.*, -[e]s, Ränder, 1. Ecke, Kante, 2. Grenze
Ran/da/le *f.*, -, *nur Sg.*, Lärm, Krach
ran/da/lie/ren *intr.*, toben, Lärm machen, Unfug treiben
Rand/be/mer/kung *f.*, -, -en, Nebenbemerkung, Anmerkung
rand/voll sehr voll
Rang [französ.] *m.*, -es, Ränge, Stellung, Stufe
ran/geln *intr.*, ringen, sich balgen, raufen
ran/gie/ren [französ.] 1. *tr.*, verschieben, 2. *intr.* eine Position haben
Rang/ord/nung *f.*, -, -en, Hierarchie
rank schlank, biegsam, geschmeidig
Ran/ke *f.*, -, -n, Zweig einer Kletterpflanze

Rän/ke *m.*, *nur Pl.*, Intrigen, böse Pläne
ran/ken *intr.*, meist *refl.*, sich an etw. emporwinden
Ran/zen *m.*, -s, -, 1. Schultasche, Tornister, 2. ugs. Bauch
ran/zig alt, schlecht (Öl, Fett)
Rap [engl.] *m.*, -[s], -s, Sprechgesang
ra/pi/de [lat.] schnell, reißend
Rap/pe *m.*, -n, -n, schwarzes Pferd
Rap/pel *m.*, -s, -, ugs. verrückte Laune, Wutanfall
rap/peln *intr.*, klappern
Rap/pen *m.*, -s, -, schweiz. Währungseinheit (100 Rp. = 1 Franken)
Rap/port [französ.] *m.*, -[e]s, -e, Meldung, Bericht
rap/por/tie/ren *tr.*, melden, berichten
Raps *m.*, -es, *nur Sg.*, Ölpflanze
Ra/pun/zel *f.*, *nur Pl.*, Feldsalat
rar [lat.] selten, knapp
Ra/ri/tät *f.*, -, -en, Seltenheit, Kostbarkeit
ra/sant äußerst schnell, schwungvoll
rasch schnell
ra/scheln *tr.*, knisterndes Geräusch verursachen
ra/sen *intr.*, 1. wütend, zornig sein, 2. schnell fahren, laufen
Ra/sen *m.*, -s, -, gepflegte Grasfläche
ra/send 1. außer sich, schnell, stürmisch 2. sehr
Ra/ser *m.*, -s, -, jmd., der zu schnell und ohne Rücksicht fährt
Ra/sier/ap/pa/rat *m.*, -[e]s, -e, Gerät zum Rasieren

ra/sie/ren [französ.] *tr.*, Haare nahe der Haut abschneiden
Ra/sier/klin/ge *f.*, -, -n,
Ra/sier/was/ser *n.*, -s, -, Toilettenwasser, Aftershave
rä/so/nie/ren [französ.] *intr.*, nörgeln, schimpfen
Ras/pel *f.*, -, -n, 1. Reibe, Feile, 2. kleine Stückchen vom Reiben, Schokoraspel
ras/peln *tr.*, 1. reiben, feilen, 2. ugs. Süßholz raspeln = schönreden
raß > **rass** scharf, herb im Geschmack
Ras/se *f.*, -, -n, Art
Ras/sel *f.*, -, -n, Instrument, das klapperndes Geräusch verursacht
Ras/sel/ban/de *f.*, -, -n, ugs. Gruppe von lärmenden Kindern
ras/seln *intr.*, 1. klappern, Lärm machen, 2. durch... ugs. bei einer Prüfung durchfallen
Ras/sen/haß > **Rassen/hass** *m.*, -es, *nur Sg.*, Rassismus
ras/se/rein reinrassig
ras/sig 1. edel, 2. feurig, schwungvoll
Ras/sis/mus *m.*, -, *nur Sg.*, Diskriminierung von Menschen anderer Rasse
ras/sis/tisch
Rast *f.*, -, -en, Ruhepause, Marschunterbrechung
ras/ten *intr.*, eine Pause machen
Ras/ter *m.*, -s, -, Netz aus Linien und Punkten
rast/los 1. unruhig, 2. unablässig, unermüdlich
Rast/stät/te *f.*, -, -en, 1. Gaststätte, 2. Rasthaus an Autobahnen
Ra/sur [lat.] *f.*, -, -en, Rasieren

Rat *m.*, -[e]s, 1. *nur Sg.*, Vorschlag, Tipp, 2. Räte, Versammlung, Ausschuss, 3. Räte, Mitglied eines Rates
Ra/ta/touille [französ.] *f.*, -, -s, Gemüsegericht
Ra/te *f.*, -, -en, Anzahlung, Teilzahlung
ra/ten *tr.*, 1. einen Rat erteilen, 2. vermuten, rätseln, herausfinden
Ra/ten/kauf *m.*, -[e]s, -käufe, Kauf auf Teilzahlung
Rat/ge/ber *m.*, -s, -, 1. Berater, 2. Leitfaden, Lehrbuch
ra/ti/fi/zie/ren [lat.] *tr.*, bestätigen, annehmen (Vertrag)
Ra/ti/fi/zie/rung *f.*, -, -en, Bestätigung, Annahme (Vertrag)
Ra/tio [lat.] *f.*, -, *nur Sg.*, Vernunft
Ra/ti/on *f.*, -, -en, zugeteilte bestimmte Menge
ra/ti/o/nal vernünftig, sachlich
ra/ti/o/na/li/sie/ren *tr.*, wirtschaftlich machen, automatisieren
Ra/ti/o/na/lis/mus *m.*, -, *nur Sg.*, Lehre von der Vernunft, Aufklärung
ra/ti/o/na/lis/tisch verstandesmäßig
ra/ti/o/nell wirtschaftlich, sparsam, zweckmäßig
ra/ti/o/nie/ren *tr.*, einteilen, zuteilen
rat/los unschlüssig, hilflos
Rat/lo/sig/keit *f.*, -, -en
rat/sam empfehlenswert, nützlich
rat/schen *intr.*, ugs. tratschen, oberflächlich reden
Rat/schlag *m.*, -[e]s, -schläge, Rat, Empfehlung

Rät/sel *n.*, -s, -, 1. Denksportaufgabe, 2. Geheimnis
rät/sel/haft ungeklärt, geheimnisvoll, undurchschaubar
rät/seln *intr.*, raten, mutmaßen, grübeln
Rats/herr *m.*, -[e]n, -[e]n, Mitglied eines Rates
Rat/te *f.*, -, -n, 1. Nagetier, 2. ugs. Liebhaber einer Sache, Leseratte
Rat/ten/schwanz *m.*, -es, -schwänze, ugs. endlose Folge
rat/tern *intr.*, knattern, rumpeln, poltern
rat/zen *intr.*, ugs. schlafen
rau 1. nicht glatt, kratzig, 2. grob, barsch
Raub *m.*, -[e]s, *nur Sg.*, Diebstahl, gewaltsames Entwenden
Raub/bau *m.*, -s, *nur Sg.*, Ausbeutung
Rau/bein *n.*, -[e]s, -e, gutmütiger Mensch mit derben Umgangsformen
rau/ben *tr.*, mit Gewalt entwenden
Räu/ber *m.*, -s, -, jmd., der raubt, Dieb
räu/be/risch raubgierig
Raub/ko/pie *f.*, -, -n, illegale Kopie
Raub/mord *m.*, [e]s, -e,
Raub/tier *n.*, -[e]s, -e, Tier, das andere Tiere jagt
Raub/über/fall *m.*, -[e]s, -fälle
Rauch *m.*, -[e]s, *nur Sg.*, Qualm, Dampf
rau/chen 1. *tr.*, Raucher sein, 2. *intr.* qualmen, Rauch abgeben
Rau/cher *m.*, -s, -, jmd., der gewohnheitsmäßig Tabakwaren genießt
Räu/cher/kam/mer *f.*, -, -n, Raum zum Räuchern von Lebensmitteln
räu/chern *tr.*, durch Rauch Haltbarmachen von Speisen
Räu/cher/wa/re *f.*, -, -n, geräuchertes Fleisch, geräucherter Fisch
Rauch/glas *n.*, -es, *nur Sg.*, getrübtes Glas
rau/chig 1. voller Rauch, 2. wie Rauch
Rauch/wa/ren *f.*, *nur Pl.*, 1. Pelzwaren, 2. Tabakwaren
Räu/de *f.*, -, *nur Sg.*, Hautkrankheit bei Tieren, Krätze
räu/dig widerwärtig, unrein, struppig
Rauf/bold *m.*, -[e]s, -e, streitlustiger Mensch, Schläger
Rau/fe *f.*, -, -n, Futterkrippe
rau/fen *intr.* od. *refl.*, sich prügeln, schlagen, ringen
Rau/fe/rei *f.*, -, -en
rauh > **rau**
Rauheit *f.*, -, *nur Sg.*
Raum *m.*, -[e]s, 1. *nur Sg.*, Weite, Ausdehnung, 2. Weltall, 3. Räume, Zimmer
räu/men *tr.*, 1. leer machen, verlassen, 2. säubern
Raum/fah/rer *m.*, -s, -, Astronaut
Raum/in/halt *m.*, -[e]s, -e, Volumen
räum/lich körperlich, dreidimensional
Räum/lich/keit *f.*, -, 1. *nur Sg.*, Körperlichkeit, 2. -en, Zimmer, Örtlichkeit
Raum/pfle/ge/rin *f.*, -, -nen, Putzfrau
Raum/schiff *n.*, -[e]s, -e, Weltraumrakete, Shuttle
Räu/mung *f.*, -, -en, 1. Freimachen, Leeren, Entfernen, 2. Säuberung
Räu/mungs/ver/kauf *m.*,

-[e]s, -käufe, Ausverkauf, Schlussverkauf
rau/nen *intr.,* murmeln, flüstern
Rau/pe *f.,* -, -n, 1. Larve des Schmetterlings, 2. Kette, 3. Kettenfahrzeug
Rau/putz *m.,* -es, *nur Sg.,* grober Verputz
Rau/reif *m.,* -[e]s, *nur Sg.,* vereister Tau bei Frost
Rausch *m.,* -[e]s, Räusche, 1. Trunkenheit, Schwips, Delirium, 2. starkes Glücksgefühl, Ekstase
rau/schen *intr.,* tosen, brausen, säuseln
Rausch/gift *n.,* -[e]s, -e, Droge, Suchtmittel
rausch/gift/süch/tig drogenabhängig
räus/pern *refl.,* hüsteln
raus/schmei/ßen *tr.,* hinausweisen, entlassen
Raus/schmei/ßer *m.,* -s, -, 1. Türsteher, 2. letzter Tanz
raus/wer/fen *tr.*
Rau/te *f.,* -, -n, 1. Rhombus, geometr. Figur, 2. Farbe beim Kartenspiel (Karo)
Rave [engl.] *m.,* -, *nur Sg.,* 1. extreme Form der Technomusik, 2. Technoparty
Ra/vi/o/li [italien.] *nur Pl.,* Nudelgericht, Teigtaschen mit Füllung
Raz/zia [arab.-französ.] *f.,* -, -zien od. -s, Polizeidurchsuchung
Rb chem. Zeichen für Rubidium
rd. Abk. für rund
Re 1. chem. Zeichen für Rhenium, 2. ägyptische Gottheit, 3. Kontra beim Kartenspiel
Re/a/genz/glas *n.,* -es, -gläser, Röhrchen für chem. Untersuchungen

re/a/gie/ren [lat.] *intr.,* 1. Gegenwirkung zeigen, antworten, 2. sich verhalten
Re/ak/ti/on *f.,* -, -en, 1. Gegenwirkung, Rückwirkung, 2. Verhalten
re/ak/ti/o/när rückschrittlich
re/ak/ti/vie/ren *tr.,* wieder in Tätigkeit setzen
Re/ak/tor *m.,* -s, -en, Kernenergieanlage
re/al [lat.] wirklich, echt
Re/a/li/en *nur Pl.,* Tatsachen
re/a/li/sie/ren *tr.,* 1. in die Tat umsetzen, verwirklichen, 2. verstehen, begreifen, einsehen
Re/a/lis/mus *m.,* -, *nur Sg.,* 1. Wirklichkeitssinn, Sachlichkeit 2. Wirklichkeitsnähe (auch Kunst)
Re/a/list m, -en, -en, 1. nüchterner Mensch 2. künstler. Vertreter des Realismus
re/a/lis/tisch 1. nüchtern, sachlich, 2. wirklichkeitsgetreu, natürlich
Re/a/li/tät *f.,* -, -en, Wirklichkeit
Re/al/schu/le *f.,* -, -n, Schule vom 5. - 10. Schuljahr
Re/a/ni/ma/ti/on [lat.] *f.,* -, -en, Wiederbelebung
Re/be *f.,* -, -n, Zweig des Weinstocks
Re/bell [französ.] *m.,* -en, -en, Aufrührer
re/bel/lie/ren *intr.,* sich auflehnen, Widerstand leisten
Re/bel/li/on *f.,* -, -en, Aufstand, Aufruhr
re/bel/lisch aufrührerisch, aufständisch
Reb/huhn *n.,* -[e]s, -hühner, Fasanenvogel
Reb/laus *f.,* -, -läuse, Ungeziefer, Schädling an Weinstöcken

Re/bus *m.* od. *n.,* -, -se, Bilderrätsel
Re/cei/ver [engl.] *m.,* -s, -, Rundfunkempfänger
Re/chaud [französ.] *m.* od. *n.,* -s, -s, Wärmeplatte
re/chen *tr.,* harken
Re/chen *m.,* -s, -, Harke
Re/chen/schaft *f.,* -, *nur Sg.,* Rechtfertigung
Re/chen/zen/trum *n.,* -s, -tren, zentrale Datenverarbeitungsstelle
Re/cher/che [französ.] *f.,* -, -n, Nachforschung, Untersuchung, Ermittlung
re/cher/chie/ren *tr.* und *intr.,* nachforschen, untersuchen, ermitteln
rech/nen *tr.* und *intr.,* 1. Zahlenaufgabe lösen, zählen, 2. mit etw. rechnen = erwarten
Rech/ner *m.,* -s, -, Computer
Rech/nung *f.,* -, -en, 1. Berechnung, 2. Zahlungsforderung
recht 1. richtig, 2. geeignet, 3. sehr, ganz, ziemlich
Recht *n.,* -[e]s, 1. *nur Sg.,* Gesetzessammlung, 2. Jura, 3. -e, Anspruch, Privileg
Rech/te *f.,* -n, -n, 1. rechte Hand, rechte Seite, 2. konservative Partei
Recht/eck *n.,* -s, -e, Parallelogramm mit vier rechten Winkeln
recht/eckig
Rech/tens > **rech/tens** rechtmäßig
recht/fer/ti/gen *tr.,* erklären, nachweisen, begründen
Recht/fer/ti/gung *f.,*-,-en, Erklärung, Nachweis, Begründung
recht/mä/ßig legal, dem

Gesetz entsprechend
rechts auf der rechten Seite
recht/schaf/fen ehrlich, redlich
Recht/schaf/fen/heit *f.*, -, *nur Sg.*, Ehrlichkeit, Redlichkeit
Recht/schrei/bung *f.*, richtige Schreibweise, Orthografie
rechts/ex/trem politisch äußerst rechts
Rechts/ex/tre/mis/mus *m.*, -, *nur Sg.*
rechts/kräf/tig gesetzlich anerkannt, verbindlich, rechtsgültig
Recht/spre/chung *f.*, -, *nur Sg.*, gerichtl. Entscheidung, Gerichtsbarkeit
rechts/ra/di/kal rechtsextrem
Rechts/ra/di/ka/ler Rechtsextremist
Rechts/staat *m.*, -[e]s, -en, Staat mit freiheitl. Rechtsordnung
Rechts/ver/dre/her *m.*, -s, -, ugs. Jurist, Anwalt
Rechts/ver/tre/ter *m.*, -s, -, Rechtsanwalt
rechts/wid/rig illegal, ungesetzlich
Rechts/wis/sen/schaft *f.*, -, -en, Jura, Jurisprudenz
recht/wink/lig mit einem 90°-Winkel
recht/zei/tig pünktlich, zur richtigen Zeit
Re/cy/cling [engl.] *n.*, -[s], *nur Sg.*, Wiederverwertung von Abfällen
Re/dak/teur [lat.-französ.] *m.*, -s, -e, Bearbeiter von Beiträgen bei Verlagen, Zeitungen und Rundfunk
Re/dak/ti/on *f.*, -, -en, 1. Bearbeitung von Beiträgen, 2. alle Redakteure, 3. Arbeitsräume der Redakteure
Re/de *f.*, -, -n 1. Sprechweise, 2. das Gesprochene, 3. Vortrag
Re/de/frei/heit *f.*, -, *nur Sg.*, Recht auf freie Meinungsäußerung
re/den *tr.* od. *intr.*, 1. sprechen, sagen, 2. vortragen
red/se/lig viel und gern redend
Re/duk/ti/on [lat.] *f.*, -, -en, Verringerung, Herabsetzung
re/du/zie/ren *tr.*, verringern, herabsetzen
Ree/de *f.*, -, -n, Schiffsanlegeplatz
Ree/der *m.*, -s, -, Schiffseigner
Ree/de/rei *f.*, -, -en, Schiffsunternehmen
re/ell [französ.] 1. wirklich, 2. redlich, ehrlich
Ree/per/bahn *f.*, -, -en, 1. Ort, wo Seile hergestellt werden, 2. *nur Sg.*, Vergnügungsstraße in Hamburg
Reet/dach *n.*, -[e]s, -dächer, Schilfdach
ref. Abk. für reformiert
Re/fe/rat [lat.] *n.*, -[e]s, -e, 1. Vortrag, 2. Sachgebiet
Re/fe/ren/dar *m.*, -[e]s, -e, Beamtenanwärter
Re/fe/rent *m.*, -en, -en, 1. Redner, Vortragender, 2. Sachbearbeiter
Re/fe/renz *f.*, -, -en, Empfehlung
re/fe/rie/ren [französ.] *tr.*, vortragen, berichten
re/flek/tie/ren [lat.] 1. *tr.*, zurückwerfen, widerspiegeln, 2. *intr.*, überlegen
Re/flek/tor *m.*, -s, -en, Rückstrahler
Re/flex *m.*, -es, -e, 1. Rückstrahlung, 2. Reaktion auf einen Reiz

re/fle/xiv gramm.: auf das Subjekt bezogen
Re/form [lat.-französ.] *f.*, -, -en, Verbesserung, Umgestaltung
Re/for/ma/ti/on [lat.] *f.*, -, 1. -en, Erneuerung, 2. *nur Sg.*, Protestant. Glaubenslehre
Re/for/mer *m.*, -s, -, Durchführer einer Reform
Re/form/haus *n.*, -es, -häuser, Geschäft für Naturkost
re/for/mie/ren *tr.*, verbessern, umgestalten
Re/frain [französ.] *m.*, -s, -s, Kehrreim, Couplet
Re/fri/ge/ra/tor *m.*, -s, -en, Gefriergerät
Re/fu/gi/um *n.*, -s, -ien, Zufluchtsort
reg. [engl.] Abk. für registered = eingetragen
Re/gal *n.*, -s, -e, 1. Gestell, 2. französ. Zungenpfeifenorgel
Re/gat/ta [italien.] *f.*, -, -en, Bootswettfahrt
re/ge fit, flink, aufgeweckt
Re/gel *f.*, -, -n, 1. Richtlinie, Norm, 2. Gleichförmigkeit, 3. Menstruation
re/gel/mä/ßig gleichmäßig, in gleichen Abständen
re/geln *tr.*, 1. ordnen, einrichten, 2. steuern, 3. erledigen
re/gel/recht 1. der Regel nach, 2. geradezu, ziemlich
Re/ge/lung *f.*, -, -en, 1. das Regeln, 2. Vorschrift
re/gel/wid/rig gegen die Regel
re/gen *tr.* od. *refl.*, (sich) bewegen
Re/gen *m.*, -s, *nur Sg.*, Niederschlag
Re/gen/bo/gen *m.*, -s, -, im Regen gebrochenes Sonnenlicht

R

Re/gen/bo/gen/far/ben *f., nur Pl.,* die 7 Farben des Regenbogens
Re/gen/bo/gen/pres/se *f., nur Sg.* Klatschpresse
Re/ge/ne/ra/ti/on [lat.] *f.,* -en, Wiederherstellung, Heilung
re/ge/ne/rie/ren *tr.* od. *refl.*
Re/gen/man/tel *m.,* -s, -mäntel
Re/gen/schau/er *m.,* -s, -, kurzer Regen
Re/gen/schirm *m.,* -[e]s, -e
Re/gent *m.,* -en, -en, Herrscher, Fürst
Re/gen/wald *m.,* -[e]s, -wälder, Dschungel, Tropenwald
Reg/gae [engl.] *m.,* -[s], *nur Sg.,* Musikrichtung aus Jamaika
Re/gie *f.,* -, -n, Spiel-, Aufnahmeleitung
re/gie/ren [lat.] 1. *tr.,* lenken, führen, 2. *intr.,* herrschen
Re/gie/rung *f.,* -, -en, 1. Staatsleitung, 2. Tätigkeit und Dauer des Regierens
Re/gie/rungs/chef *m.,* -s, -s, Vorsitzender der Regierung
Re/gie/rungs/sitz *m.,* -es, -e
Re/gime [französ.] *n.,* -[s], -[s], 1. Regierung, 2. Herrschaftsform
Re/gi/ment [lat.] *n.,* -[e]s, -er, 1. Leitung, 2. Truppenteil
Re/gime/kri/ti/ker *m.,* -s, -, Gegner der gegebenen Herrschaftsform
Re/gi/on [lat.] *f.,* -, -en, Gebiet, Gegend, Landstrich
re/gi/o/nal zu einem Gebiet gehörig
Re/gi/o/na/lis/mus *m.,* -, *nur Sg.,* Streben nach regionaler Selbstständigkeit
Re/gis/seur *m.,* -s, -e, Spiel-, Aufnahmeleiter
Re/gis/ter [mlat.] *n.,* -s, -, 1. Verzeichnis, Liste, 2. Tonbereich bei Sänger und Orgel
re/gis/trie/ren *tr.,* 1. verzeichnen, auflisten, 2. wahrnehmen, merken, 3. Orgelregister ziehen
Re/gis/trier/kas/se *f.,* -, -n, Ladenkasse
Re/gis/trie/rung *f.,* -, -en, Erfassung
reg/le/men/tie/ren oder auch: **re/gle/men/tie/ren** [französ.] *tr.,* regeln, behördl. verordnen
Reg/ler *m.,* -s, -, Reguliervorrichtung
reg/los bewegungslos
reg/nen *intr.,* in Tropfenform fallen
reg/ne/risch verregnet
Re/greß/an/spruch >
Reg/ress/an/spruch oder auch: **Re/gress-** [französ.] *m.* -[e]s, -sprüche, Recht auf Entschädigung
reg/sam fleißig, lebhaft
re/gu/lär gemäß der Regel
Re/gu/la/ti/on *f.,* -, -en, Regelung, Anpassung
re/gu/lie/ren *tr.,* 1. regeln, ordnen, 2. begradigen (Fluss)
re/gungs/los bewegungslos
Reh *n.,* -[e]s, -e, Rotwildart
re/ha/bi/li/tie/ren [lat.] *tr.,* 1. rechtfertigen, 2. jmd. guten Ruf wiederherstellen
Re/ha/bi/li/tie/rung *f.,* -, -en
reh/braun
Reh/kitz *n.,* -es, -e, junges Reh
Rei/bach [jidd.] *m.,* -s, *nur Sg.,* Gewinn, Vorteil (aus Betrug)
Rei/be *f.,* -, -n, Raffel, Raspel
Rei/be/ku/chen *m.,* -s, -, Kartoffelpuffer
rei/ben *tr.,* kratzen, scheuern, raffeln
Rei/be/rei *f.,* -, -en, Streitigkeit
Rei/bung *f.,* -, -en, 1. das Reiben, 2. (phys.) Widerstand
rei/bungs/los ohne Probleme
reich 1. wohlhabend, begütert, 2. üppig, gehaltvoll
Reich *n.,* -[e]s, -e, Staat, Imperium
rei/chen 1. *tr.,* geben, anbieten, 2. *intr.,* sich erstrecken, 3. *intr.,* genügen
reich/lich mehr als genug, viel
Reichs/ap/fel *m.,* -s, *nur Sg.,* Herrschaftssymbol
Reichs/tag *m.,* -[e]s, -e, 1. früher Volksvertretung, 2. Gebäude in Berlin
Reich/tum *m.,* -[e]s, -tümer, 1. Vermögen, großer Besitz, 2. Fülle
Reich/wei/te *f.,* -, -n, Entfernung
reif 1. voll entwickelt, ausgewachsen, 2. fällig
Reif *m.,* -[e]s, 1. *nur Sg.,* gefrorener Tau, 2. -e, Ring
Rei/fe *f.,* -, *nur Sg.,* 1. volle Entwicklung, 2. Realschulabschluss
rei/fen *intr.,* reif werden, heranwachsen
Rei/fen *m.,* -s, -, Rad, Pneu
Rei/fen/pan/ne *f.,* -, -n, Reifenschaden
Rei/fe/prü/fung *f.,* -, -en, Abitur
Rei/fe/zeug/nis *n.,* -ses, -se, Abiturzeugnis
reif/lich gründlich, eingehend

Rei/fungs/pro/zeß > **Rei/fungs/pro/zess** *m.*, -es, -e, Vorgang des Reifens
Rei/gen *m.*, -s, -, 1. Tanz, 2. Menge
Rei/he *f.*, -, -n, geordnete Folge
rei/hen *tr.*, in einer Reihe ordnen
Rei/hen/fol/ge *f.*, -, -n, Abfolge
Rei/hen/haus *n.*, -es, -häuser, Haus in einer Reihe gleicher Häuser
Rei/her *m.*, -s, -, Stelzvogel
rei/hern *intr.*, ugs.: sich übergeben
reih/um der Reihe nach
Reim *m.*, -[e]s, -e, Vers
rei/men 1. *tr.*, dichten, 2. *refl.*, gleich lauten
Re/im/port [neulat.] *m.*, -[e]s, -e, Wiedereinfuhr
rein 1. sauber, klar, 2. pur, 3. keusch
Rei/ne/ma/che/frau *f.*, -, -en, Putzfrau
Rein/fall *m.*, -[e]s, -fälle, Misserfolg, Enttäuschung
Rein/ge/winn *m.*, -[e]s, -e, Nettogewinn
Rein/heit *f.*, -, *nur Sg.*, 1. Sauberkeit, Klarheit, 2. Echtheit, 3. Keuschheit
rei/ni/gen *tr.*, sauber machen
Rei/ni/gung *f.*, -, -en, 1. Säuberung, 2. Wäscherei
Re/in/kar/na/ti/on [lat.] *f.*, -, -en, Wiedergeburt
rein/lich sauberkeitsliebend, ordentlich
rein/ras/sig nicht gekreuzt
rein/weg völlig, ganz
Reis [altind.-lat.] *m.*, -es, *nur Sg.*, Getreideart
Rei/se *f.*, -, -n, Ausflug, Fahrt
Rei/se/bü/ro *n.*, -s, -s, Reisevermittlung

Rei/se/fie/ber *n.*, -s, *nur Sg.*, Vorfreude auf eine Reise
Rei/se/füh/rer *m.*, -s, -, 1. Reiseleiter, 2. Handbuch
rei/sen *intr.*, eine Reise machen
Rei/se/paß > **Rei/sepass** *m.*, -es, -pässe, Ausweis
Rei/se/scheck *m.*, -s, -s, bargeldloses Zahlungsmittel
Rei/se/ta/sche *f.*, -, -n
Rei/sig *n.*, -s, *nur Sg.*, dürre Zweige
Reiß/aus Reißaus nehmen = fliehen
Reiß/brett *n.*, -[e]s, -er, Zeichenbrett
rei/ßen 1. *tr.*, zerren, 2. *intr.*, Risse bekommen, 3. *tr.*, totbeißen
rei/ßend ungestüm, heftig
rei/ße/risch sensationslüstern, aufdringlich
reiß/fest
Reiß/lei/ne *f.*, -, -n, Schnur zum Öffnen des Fallschirms
Reiß/na/gel *m.*,-s, -nägel, Pinnstift
Reiß/ver/schluß > **Reiß/ver/schluss** *m.*, -es, -schlüsse
Reiß/wolf *m.*, -[e]s, -wölfe, Papiervernichter
Reiß/zwe/cke *f.*, -, -n, Reißnagel
rei/ten *intr.*, auf einem Tier (Pferd) sitzen
Rei/ter *m.*, -s, -, jmd., der reitet
Reit/pferd *n.*, -[e]s, -e
Reit/sport *m.*, [e]s, *nur Sg.*, Pferdesport
Reiz *m.*, -es, -e, 1. Anregung (Sinne), Stimulus, 2. Anmut
reiz/bar nervös, erregbar
rei/zen *tr.*, 1. erregen, 2. locken, 3. Skatausdruck

rei/zend anmutig, charmant
reiz/los uninteressant, langweilig
Rei/zung *f.*, -, -en, 1. das Reizen, 2. Entzündung
reiz/voll kurzweilig, interessant, anziehend
re/ka/pi/tu/lie/ren [lat.] *tr.*, wiederholen, zusammenfassen
re/keln *refl.*, siehe unter räkeln
Re/kla/ma/ti/on oder auch: **Rek/la/ma/ti/on** [lat.] *f.*, -, -en, Beschwerde
Re/kla/me oder auch: **Rek/la/me** *f.*, -, -n, Werbung
re/kla/mie/ren oder auch: **rek/la/mie/ren** *tr.*, beanstanden
re/kon/stru/ieren oder auch: **re/kons/tru/ie/ren** [lat.] *tr.*, 1. wiederherstellen, 2. nachbauen
Re/kon/struk/ti/on oder auch: **Re/kons/truk/ti/on** *f.*, -, -en
Re/kon/va/les/zenz [lat.] *f.*, -, *nur Sg.*, Genesung
Re/kord [lat.-engl.] Höchstleistung
Re/kor/der *m.*, -s, -, Aufnahmegerät
Re/krut [französ.] *m.*, -en, -en, Soldat in der Grundausbildung
re/kru/tie/ren [französ.] *tr.*, ausheben, einziehen
Rek/tor [lat.] *m.*, -s, -en, Schulleiter
Rek/to/rat *n.*, -[e]s, -e, Zimmer des Rektors
Re/kurs [lat..] *m.*, -es, -e, Einspruch, Berufung
Re/lais [französ.] *n.*, -, -, 1. früher Postenkette, Station, 2. elektr. Schaltgerät
Re/la/ti/on [lat.] *f.*, -, -en,

Beziehung, Zusammenhang
re/la/tiv bezüglich, verhältnismäßig
re/la/ti/vie/ren *tr.*, einschränken
Re/la/ti/vi/tät *f.*, -, -en, Bedingtheit, eingeschränkte Gültigkeit
Re/la/ti/vi/täts/the/o/rie *f.*, -, -n, Theorie Albert Einsteins
re/la/xen [engl.] *intr.*, sich ausruhen, entspannen
re/le/vant [lat.-französ.] von Bedeutung
Re/le/vanz *f.*, -, -en, Bedeutung, Wichtigkeit
Re/li/ef [französ.] 1. Erdoberfläche, 2. Nachbildung der Erdoberfläche, 3. Plastik (Kunst)
Re/li/gi/on [lat.] *f.*, -, -en, Glaube, Überzeugung
Re/li/gi/ons/frei/heit *f.*, -, *nur Sg.*, Recht auf Freiheit des Glaubens
Re/li/gi/ons/krieg *m.*, -[e]s, -e, Glaubenskrieg
re/li/gi/ös gläubig, fromm
Re/li/gi/o/si/tät *f.*, -, *nur Sg.*, Frömmigkeit
Re/likt [lat.] *n.*, -[e]s, -e, Rest, Überbleibsel
Re/ling *f.*, -, -e od. -s, Schiffsgeländer
Re/li/quie [lat.] *f.*, -, -n, in Verbindung mit einem Heiligen verehrter Gegenstand
Re/make [engl.] *n.*, -s, -s, neue Fassung, Wiederverfilmung
re/mis [französ.] unentschieden
Re/mou/la/de [französ.] *f.*, -, -n, pikante Soße
rem/peln ugs. *tr.*, mit dem Körper stoßen
Re/mus *m.*, -, *nur Sg.*, röm. Sagengestalt

Ren 1. *n.*, -s, -e, Hirschart, 2. [lat.] *m.* -s, -es, Niere
Re/nais/sance [französ.] *f.*, -, -n, 1. Wiedergeburt, 2. Epoche
Ren/dez/vous [französ.] *n.*, -, -, Treffen, Stelldichein
Ren/di/te [italien.] *f.*, -, -n, Gewinn, Zinsertrag
re/ni/tent [lat.] widerspenstig, aufsässig
ren/nen *intr.*, schnell laufen, sich stoßen
Ren/nen *n.*, -s, -, Wettkampf
Ren/ner *m.*, -s, -, 1. Rennpferd, -auto, 2. begehrte Ware
Renn/fah/rer *m.*, -s, -
Re/nom/mee [französ.] *n.*, -s, -s, hohes Ansehen, Ruf
re/nom/miert
re/no/vie/ren [lat.] *tr.*, erneuern
Re/no/vie/rung *f.*, -, -en,
ren/ta/bel [französ.] lukrativ, vorteilhaft
Ren/ta/bi/li/tät *f.*, -, *nur Sg.*, Wirtschaftlichkeit
Ren/te [französ.] 1. regelmäßiges Einkommen (aus Vermögen, vom Staat), 2. Ruhestand
Ren/tier *n.*, -[e]s, -e, Hirschart
ren/tie/ren *refl.*, sich lohnen, Gewinn bringen
Ren/tner *m.*, -s, -, Bezieher einer staatl. Rente
Re/or/ga/ni/sa/ti/on [lat.-französ.] *f.*, -, -en, Reform, Umgestaltung
re/or/ga/ni/sie/ren *tr.*, neu ordnen, umgestalten
re/pa/ra/bel reparierbar, wiederherstellbar
Re/pa/ra/ti/on [lat.] *f.*, -, -en, Kriegsentschädigung
Re/pa/ra/tur *f.*, -, -en, Ausbesserung, Wiederherstellung
Re/pa/ra/tur/werk/statt *f.*, -, -stätten
re/pa/rie/ren *tr.*, ausbessern, wiederherstellen
Re/per/toire [lat.-französ.] *n.*, -s, -s, Bestand an Stücken und Liedern
re/pe/tie/ren [lat.] *tr.*, wiederholen
Re/pe/ti/ti/on *f.*, -, -en
Re/pe/ti/to/ri/um *n.*, -s, -rien, 1. Wiederholungsunterricht, 2. Wiederholungslehrbuch
Re/plik oder auch: **Rep/lik** [lat.] *f.*, -, -en, 1. Antwort, Erwiderung, 2. Kopie
Re/port [lat.-französ.] *m.*, -[e]s, -e, Bericht
Re/por/ta/ge [französ.] *f.*, -, -n, Berichterstattung
Re/por/ter *m.*, -s, -, Berichterstatter, Journalist
Re/prä/sen/tant oder auch: **Rep/rä/sen/tant** [lat.] *m.*, -en, -en, 1. Vertreter, 2. Abgeordneter
re/prä/sen/ta/tiv oder auch: **rep/rä/sen/ta/tiv** 1. charakteristisch, 2. wirkungsvoll
re/prä/sen/tie/ren oder auch: **rep/rä/sen/tie/ren** *tr.*, vertreten, darstellen
Re/pres/sa/lie oder auch: **Rep/res/sa/lie** [lat.] *f.*, -, -n, Druckmittel
Re/pri/se oder auch: **Rep/ri/se** [französ.] *f.*, -, -n, Wiederaufnahme, Wiederholung
Re/pro/duk/ti/on oder auch: **Rep/ro/duk/ti/on** [lat.] *f.*, -, -en, 1. Nachbildung, 2. Vervielfältigung 3. Fortpflanzung
re/pro/du/zie/ren oder auch: **rep/ro/du/zie/ren** *tr.*,

1. nachbilden, 2. vervielfältigen
Rep/til [lat] *n.*, -s, -lien, Kriechtier
Re/pu/blik oder auch: **Re/pub/lik** [lat.] *f.*, -, -en, Staatsform
Re/pu/ta/ti/on [lat.-franzős.] *f.*, -, *nur Sg.*, Ruf, Ansehen
re/pu/tier/lich ehrenhaft
Re/qui/em [lat.] *n.*, -s, -quien, Totenmesse
re/qui/rie/ren [lat.] *tr.*, beschlagnahmen
Re/qui/sit *n.*, -[e]s, -en, Zubehör
Re/ser/vat [lat.] *n.*, -[e]s, -e, Schutzgebiet
Re/ser/ve *f.*, -, -n, 1. Vorrat, 2. (milit.) Ersatztruppe, 3. Zurückhaltung
re/ser/vie/ren *tr.*, im Voraus buchen, freihalten
re/ser/viert 1. vorgemerkt, 2. kühl, zurückhaltend
Re/ser/vie/rung *f.*, -, -en
Re/ser/voir [französ.] *n.*, -s, -e, Speicher, Vorrat
Re/si/denz [lat.] *f.*, -, -en, Amts-, Wohnsitz
re/si/die/ren *intr.*, seinen Amts-, Wohnsitz haben
Re/si/gna/ti/on oder auch: **Re/sig/na/ti/on** [lat.] *f.*, -, *nur Sg.*, Aufgabe, Verzicht
re/si/gnie/ren oder auch: **re/sig/nie/ren** *intr.*
re/sis/tent [lat.] widerstandsfähig
Re/sis/tenz *f.*, -, -en, Widerstandskraft
re/so/lut [lat.-französ.] entschlossen, energisch
Re/so/lu/ti/on [lat.] *f.*, -, -en, Beschluss
Re/so/nanz [lat.] *f.*, -, -en, 1. Echo, Mitschwingen 2. Gefallen

Re/so/nanz/kör/per *m.*, -s, -, schwingungsverstärkender Körper
re/sor/bie/ren [lat.] *tr.*, aufnehmen, einsaugen
re/so/zi/a/li/sie/ren [lat.] *tr.*, wieder in die Gesellschaft eingliedern
Re/so/zi/a/li/sie/rung [lat.] *f.*, -, *nur Sg.*
Re/spekt oder auch: **Res/pekt** [lat.-französ.] *m.*, [e]s, *nur Sg.*, Achtung, Ehrfurcht
re/spek/ta/bel oder auch: **res/pek/ta/bel** achtbar, bemerkenswert
re/spek/tie/ren oder auch: **res/pek/tie/ren** *tr.*, achten
re/spek/ti/ve oder auch: **res/pek/ti/ve** beziehungsweise
re/spekt/los oder auch: **res/pekt/los** ohne Respekt
Re/spekts/per/son oder auch: **Res/pekts/per/son** *f.*, -, -en
re/spekt/voll oder auch: **res/pekt/voll** achtungsvoll, unaufdringlich
Re/spi/ra/ti/on oder auch: **Res/pi/ra/ti/on** [lat.] *f.*, -, *nur Sg.*, Atmung
Res/sen/ti/ment [französ.] *n.*, -s, -s, Abneigung, Groll
Res/sort [französ.] *n.*, -s, -s, Aufgabenbereich
Res/sort/lei/ter *m.*, -s, -
Res/source [französ.] *f.*, -, -n, Quelle (Geld, Bodenschätze)
Rest *m.*, -[e]s, -e, Rückstand, Überbleibsel
Re/stau/rant oder auch: **Res/tau/rant** [französ.] *n.*, -s, -s, Gaststätte, Speiselokal
Re/stau/ra/tor oder auch: **Res/tau/ra/tor** [lat.-französ.] *m.*, -s, -en, Wieder-

hersteller von Kunst
re/stau/rie/ren oder auch: **res/tau/rie/ren** *tr.*, ausbessern, wiederherstellen
Re/stau/rie/rung oder auch: **Res/tau/rie/rung** *f.*, -, -en
rest/lich übrig
rest/los völlig
Rest/pos/ten *m.*, -s, -, übrig gebliebener Bestand
Re/strik/ti/on oder auch: **Res/trik/ti/on** [lat.] *f.*, -, -en, Einschränkung
re/strik/tiv oder auch: **res/trik/tiv** einschränkend, autoritär
Re/sul/tat [lat.] *n.*, -[e]s, -e, Ergebnis
re/sul/tie/ren *intr.*, sich ergeben aus, herrühren
Re/sü/mee [französ.] *n.*, -s, -s, Zusammenfassung
re/sü/mie/ren *tr.*, zusammenfassen, folgern
Re/tor/te [lat.] *f.*, -, -n, Reagenzglas
Re/tor/ten/ba/by *n.*, -s, -s, ugs. durch künstl. Befruchtung gezeugtes Kind
re/tour [französ.] zurück
Re/tour/kut/sche *f.*, -, -n, ugs. Heimzahlung
re/tro/spek/tiv oder auch: **ret/ro/spek/tiv** [lat.] rückblickend
Re/tro/spek/ti/ve oder auch: **Ret/ro/spek/ti/ve** *f.*, -, -n, Rückblick, -schau
Ret/si/na [griech.] *m.*, -, *nur Sg.*, griechischer Wein
ret/ten *tr.*, 1. befreien, 2. schützen, bewahren
Ret/ter *m.*, -s, -, 1. Befreier, Erlöser, 2. Schützer
Ret/tich [lat.] *m.*, -s, -e, Wurzelgemüse
Ret/tung *f.*, -, -en
Ret/tungs/boot *n.*, [e]s, -e

ret/tungs/los hoffnungslos
Ret/tungs/schwim/mer *m.*, -s, -
Ret/tungs/wa/gen *m.*, -s, -, Krankenwagen, Ambulanz
re/tu/schie/ren [französ.] *tr.*, 1. nachbessern, 2. ugs. schönfärben
Reue *f.*, -, *nur Sg.*, Bedauern, Buße
reue/voll schuldbewusst, beschämt
reu/ig bußfertig, einsichtig
reu/mü/tig reuig
Reu/ter engl. Nachrichtenagentur
Re/van/che [französ.] *f.*, -, -n, 1. Rache, Vergeltung, 2. Rückspiel (Sport)
re/van/chie/ren *refl.*, 1. sich rächen, 2. sich erkenntlich zeigen
Re/ve/renz [lat.] *f.*, -, -en, Aufwartung
Re/vers [französ.] *n.*, -, -, Aufschlag (Mantel, Jacke)
re/ver/si/bel [lat.] umkehrbar
re/vi/die/ren [lat.] *tr.*, überprüfen, berichtigen
Re/vier [lat.] *n.*, -[e]s, -e, 1. Bezirk, Gebiet, 2. Polizeistation
Re/vi/si/on [lat.] *f.*, -, -en, Überprüfung, Berichtigung
Re/vi/sor *m.*, -s, -en, 1. Korrektor, 2. Buchprüfer
Re/vi/val [engl.] *n.*, -s, -s, Wiederaufleben lassen
Re/vol/te [französ.] *f.*, -, -n, Aufstand, Aufruhr
re/vol/tie/ren *intr.*, sich auflehnen
Re/vo/lu/ti/on [lat.] *f.*, -, -en, Umbruch, Umsturz
re/vo/lu/ti/o/när 1. umstürzlerisch, 2. bahnbrechend, fortschrittlich
Re/vo/lu/ti/o/när *m.*, -[e]s, -e

re/vo/lu/ti/o/nie/ren *tr.*
Re/vo/luz/zer *m.*, -s, -, ugs. (abwert.) für Revolutionär
Re/vol/ver [lat.-engl.] *m.*, -s, -, Handfeuerwaffe
Re/vol/ver/held *m.*, -en, -en, ugs. jmd., der mit der Waffe den Helden spielt
Re/vue [französ.] *f.*, -, -n, 1. Zeitschrift, 2. Bühnenstück
Re/vue/girl [französ.-engl.] *n.*, -s, -s, Tänzerin
Reyk/ja/vik Hauptstadt von Island
Re/zen/sent [lat.] *m.*, -en, -en, Kritiker (Buch, Film, Theater)
re/zen/sie/ren *tr.*, eine Kritik schreiben, (Buch, Film, Theater) besprechen
Re/zen/si/on *f.*, -, -en, Kritik, Besprechung
Re/zept [lat.] *n.*, -[e]s, -e, 1. Kochanleitung, 2. Arzneiverordnung, 3. Vorgabe zum Handeln
Re/zep/ti/on *f.*, -, -n, Empfang, Anmeldung im Hotel
re/zept/pflich/tig verschreibungspflichtig
Re/zes/si/on [lat.] *f.*, -, -en, wirtschaftl. Rückgang
re/zes/siv rückläufig
re/zi/prok [lat.] wechselseitig, umgekehrt
re/zi/tie/ren [lat.] *tr.*, vortragen
rh Abk. für Rhesusfaktor negativ
Rh 1. Abk. für Rhesusfaktor positiv, 2. chem. Zeichen für Rhodium
Rha/bar/ber [griech.-ital.] *m.*, -s, -, Nutzpflanze
Rhap/so/die [griech.] *f.*, -, -n, Musikstück
Rhein *m.*, -[e]s, *nur Sg.*, Fluss in Europa

Rhein/land-Pfalz Bundesland
Rhe/ni/um *n.* -s, *nur Sg.*, chem. Element (Zeichen: Re)
Rhe/sus/af/fe [neulat.] *m.*, -n, -n, kleiner Affe, oft mediz. Versuchstier
Rhe/sus/fak/tor *m.*, -s, -en, Blutfaktor (Abk. rh bzw. Rh)
Rhe/to/rik [griech.] *f.*, -, *nur Sg.*, Redekunst
Rhe/to/ri/ker *m.*, -s, -, Redekünstler
rhe/to/risch schönrednerisch
Rheu/ma *n.*, -s, *nur Sg.*, kurz für Rheumatismus
Rheu/ma/tis/mus [griech.] *m.*, -, -men, Gelenk-, Muskelentzündung
Rhi/no/lo/gie [griech.] *f.*, -, *nur Sg.*, Nasenheilkunde
Rhi/no/ze/ros *n.*, -[ses], -se, Nashorn
Rho/di/um *n.*, -s, *nur Sg.*, chem. Element (Zeichen: Rh)
Rho/do/den/dron [griech.] *m.* od. *n.*, -s, -dren, Zierpflanze
Rho/dos griech. Insel
Rhom/bus [griech.] *m.*, -, -ben, Raute, geometr. Figur
Rhön/rad *n.*, -[e]s, -räder, Gymnastikgerät
rhyth/misch [griech.] im Takt, regelmäßig
Rhyth/mus *m.*, -, -men, Takt, Folge von gleichen Gliedern
rich/ten *tr.*, 1. in eine bestimmte Richtung setzen, 2. ordnen, bereiten, 3. ein Urteil fällen
Rich/ter *m.*, -s, -, Jurist, jmd., der über andere richtet
Rich/ter/spruch *m.*, -[e]s, - Sprüche, Urteil

Richt/fest *n.,* -[e]s, -e, Fest zur Errichtung eines Dachstuhls
rich/tig 1. fehlerfrei, in Ordnung, wahr, 2. zutreffend, geeignet, passend
Richt/li/nie *f.,* -, -n, Regel, Vorschrift
Rich/tung *f.,* -, -en, 1. Kurs, 2. Strömung, Trend
rich/tungs/los ziellos
rich/tung/wei/send fortschrittlich, bestimmend
rie/chen 1. *tr.,* einen Geruch wahrnehmen, 2. einen Geruch abgeben
Rie/cher *m.,* -s, -, 1. ugs. Nase, 2. Spürsinn, Ahnung
Ried *n.,* -[e]s, -e, 1. Schilf, 2. Moor, Sumpf
Rie/ge *f.,* -, -n, Turngruppe
Rie/gel *m.,* -s, -, 1. Sperre, Schloss, 2. Balken, balkenförmiger Gegenstand
Rie/men *m.,* -s, -, 1. Lederstreifen, Gurt, 2. Ruder
Rie/se *m.,* -n, -n, großer Mensch, Märchengestalt
rie/seln *intr.,* leicht fließen, rinnen
Rie/sen/rad *n.,* -[e]s, -räder, Attraktion auf dem Rummel
Rie/sen/sla/lom d., -s, -s, Skisportart
rie/sig sehr groß, immens
Ries/ling *m.,* -s, -e, Trauben-, Weinsorte
Riff n,-[e]s, -e, Klippe, Fels im Meer
Ri/ga Hauptstadt von Lettland
Ri/ga/er *m.,* -s, -, Einwohner Rigas
Ri/ga/to/ni [italien.] *nur Pl.,* Nudelgericht
Rigg [engl.] Masten und Takelage am Schiff
ri/gi/de starr, steif
ri/go/ros streng, rücksichtslos
Rik/scha [japan.] vom Mensch bewegter Wagen, Personentaxi
Ril/le *f.,* -, -n, Fuge, Kerbe
Rind *n.,* -[e]s, -er, Nutztier, Wiederkäuer, Kuh
Rin/de *f.,* -, -n, äußere Schicht an Baum, Brot, Käse
Rin/der/bra/ten *m.,* -s, -n
Rin/der/wahn/sinn *m.,* -s, *nur Sg.,* übertragbare Rinderkrankheit (BSE)
Rind/fleisch *n.,* -[e]s, *nur Sg.*
Rinds/le/der *n.,* -s, *nur Sg.*
Rind/vieh *n.,* -s, 1. *nur Sg.,* Rind, 2. ugs. -viecher, Dummkopf
Ring *m.,* -[e]s, -e, 1. kreisförmiger Gegenstand, 2. Schmuck, 3. Straße
Ring/buch *n.,* -[e]s, -bücher, (Akten-)ordner
rin/geln *tr.* od. *refl.,* wickeln, winden
Rin/gel/nat/ter *f.,* -, -n, Schlangenart
Rin/gel/rei/hen *m.,* -s, -, Kindertanz im Kreis
rin/gen *intr.,* kämpfen, sich anstrengen
Ring/fin/ger *m.,* -s, -, vierter Finger der Hand
Ring/kampf *m.,* -[e]s, -kämpfe
Ring/kämp/fer *m.,* -s, -
Ring/rich/ter *m.,* -s, -, Schiedsrichter (Boxen)
rings/um überall, auf allen Seiten
Rin/ne *f.,* -, -n, Graben
rin/nen *tr.,* fließen, auslaufen
Rinn/sal *n.,* -s, -e, spärlicher, kleiner Wasserlauf
Rinn/stein *m.,* -[e]s, -e, Abflussrinne, Gosse
Ri/o/ja [span.] *m.,* -s, -s, span. Wein
Rip/pe *f.,* -, -n, 1. Knochen des Brustkorbs, 2. hervorstehende Unterteilung
Ri/si/bi/si [italien.] *n.,* -[s], *nur Sg.,* Reisgericht mit Erbsen
Ri/si/ko [italien.] *n.,* -s, -s od. -ken, Gefahr, Wagnis
ris/kant [französ.] gefährlich, bedenklich
ris/kie/ren *tr.,* wagen, ein Risiko eingehen
Ri/sot/to [italien.] *m.* od. n, -[s], -[s], Gericht mit dickem Reis
Ris/pe *f.,* -, -n, Blütenstand
Riß > **Riss** *m.,* -es, -e, durch Reißen entstandener Spalt
ris/sig voller Risse
Rist *m.,* [e]s, -e, 1. Fuß-, Handrücken, 2. (Pferd) Übergang vom Hals zum Rücken
Ritt *m.,* -[e]s, -e, das Reiten, Ausflug zu Pferde
Rit/ter *m.,* -s, -s, 1. berittener Adeliger, Angehöriger eines Ordens, 2. Kavalier
rit/ter/lich edel, höflich
ritt/lings im Reitersitz
Ri/tu/al [lat.] *n.,* -s, -e od. -ien, Brauch, Zeremonie
Ri/tus *m.,* -, -ten, Brauch, rel. Handlung
Rit/ze *f.,* -, -n, kleiner Spalt, Riss
rit/zen *tr.,* kratzen
Ri/va/le [lat.-französ.] *m.,* -n, -n, Konkurrent, Nebenbuhler
ri/va/li/sie/ren *intr.,* konkurrieren, wetteifern
Ri/va/li/tät *f.,* -, -en
Ri/vi/era [italien.] *f.,* -, -ren, Mittelmeerküste
Ri/zi/nus/öl [lat.] *n.,* -[e]s,

nur Sg., Abführmittel
R. K. Abk. für Rotes Kreuz
Rn chem. Zeichen für Radon
Roads/ter [engl.] *m.*, -s, -, offener, meist zweisitziger Sportwagen
Roast/beef [engl.] *n.*, -s, -s, Rinderbraten
Rob/be *f.*, -, -n, Meeressäugetier
rob/ben *intr.*, kriechen
Ro/be [französ.] *f.*, -, -n, 1. Abendkleid, 2. Amtstracht
Ro/bo/ter [tschech.] *m.*, -s, -, Automat
ro/bust [italien.] kräftig, widerstandsfähig
rö/cheln *intr.*, mit Mühe atmen
Ro/chen *m.*, -s, -, flacher Meeresfisch
Rock *m.*, -[e]s, 1. Röcke, Kleidungsstück, 2. *nur Sg.*, Musikrichtung
Ro/cker *m.*, -s, -, Mitglied einer Motorradgang
Rock/sän/ger *m.*, -s, -
ro/deln *intr.*, Schlitten fahren
ro/den *tr.*, urbar machen, abholzen
Ro/deo [engl.] *m.*, -s, -s, (amerik.) Reiterwettkampf
Ro/dung *f.*, -, -en, Abholzung
Ro/gen *m.*, -s, -, Fischlaich
Rog/gen *m.*, -s, *nur Sg.*, Getreideart
Rog/gen/brot *n.*, -[e]s, -e, Brot aus Roggenmehl
roh 1. ungekocht, 2. unbearbeitet, 3. gefühllos, brutal
Roh/kost *f.*, -, *nur Sg.*, rohe Speisen (Obst, Gemüse, Salat)
Roh/ling *m.*, -s, -e, Grobian
Roh/öl *n.*, -s, -e, Erdöl

Rohr *n.*, -[e]s, -e, runder Hohlkörper
Röh/re *f.*, -, -n, 1. Rohr, 2. ugs. Fernseher
röh/ren *intr.*, schreien (Hirsch)
Röh/richt *n.*, -[e]s, -e, Schilf, Riet
Rohr/zu/cker *m.*, -s, *nur Sg.*, Zuckerart
Roh/sei/de *f.*, -, -n, unbearbeitete Seide
Roh/stoff *m.*, -[e]s, -e, unbearbeitetes Material
Ro/ko/ko [französ.] *n.*, -[s], *nur Sg.*, Stilrichtung Anfang des 18. Jhs.
Roll/la/den *m.*, -s, -läden, Jalousie
Rol/le *f.*, -, -n, 1. Walze, Trommel, 2. Theater-, Filmpart, 3. Überschlag
rol/len 1. *tr.*, drehen, 2. *intr.*, sich auf Rädern bewegen
Rol/ler *m.*, -s, -, Tretfahrzeug für Kinder, Moped
Rol/ler-Skates [engl.] *nur Pl.*, moderne Rollschuhe
Roll/feld *n.*, -[e]s, -er, Lande-, Startbahn
Roll/mops *m.*, -es, -möpse, eingelegter Hering
Roll/schuh *m.*, -[e]s, -e, Schuh mit Rollen
Roll/stuhl *m.*, -[e]s, -Stühle, Krankenstuhl
Roll/trep/pe *f.*, -, -n, automat. Treppe
Rom Hauptstadt Italiens
ROM [engl.] Computerspeicher (read only memory)
Ro/ma *Pl.* von Rom = Zigeunerspr. für Mensch, Zigeuner
Ro/man [lat.-französ.] *m.*, -[e]s, -e, Erzählwerk, Prosa
Ro/man/cier *m.*, -s, -s, Romanschriftsteller
ro/ma/nisch zu den Romanen gehörig
Ro/ma/nis/tik *f.*, -, *nur Sg.*, Lehre der roman. Sprachen und Literatur
Ro/man/tik *f.*, -, *nur Sg.*, 1. Epoche, 2. Träumerei, Schwärmerei
ro/man/tisch
Ro/man/ze [span.] *f.*, -, -n, Affäre, Liaison
Rö/mer *m.*, -s, -, 1. Einwohner Roms, 2. Weinglas, 3. Frankfurter Rathaus
rö/misch zu Rom gehörig
Rom/mee [französ.] auch: **Rommé, Rummy** *n.*, -s, *nur Sg.*, Kartenspiel
Ro/mu/lus *m.*, -, *nur Sg.*, röm. Sagengestalt
Ron/dell [französ.] *n.*, -s, -e, runder Platz
Ron/do [italien.] *n.*, -s, -s, Musikstück
rönt/gen *tr.*, mit Röntgenstrahlen durchleuchten
Rönt/gen/strah/len *m.*, *nur Pl.*, elektromagnet. Strahlen (nach C. W. Röntgen)
Roque/fort [französ.] *m.*, -s, -s, Edelpilzkäse
ro/sa [lat.] blassrot
Ro/se [lat.] *f.*, -, -n, Blume
Ro/sé [französ.] *m.*, -s, -s, Wein, Weißherbst
Ro/sen/kohl *m.*, -s, *nur Sg.*, Gemüseart
Ro/sen/kranz *m.*, -es, -kränze, Gebetskette
Ro/sen/mon/tag *m.*, -[e]s, -e, Fastnachtsmontag
Ro/set/te *f.*, -e, -n, rosenförmiger Gegenstand, Ornament
ro/sig 1. rosa, 2. günstig
Ro/si/ne [lat.-französ.] *f.*, -, -n, getrocknete Traube
Ros/ma/rin *m.*, -s, *nur Sg.*,

Gewürzpflanze
Roß > Ross *n.,* -es, Rösser, Pferd
Roß/haar/ma/trat/ze > Ross/haar/ma/trat/ze *f.,* -, -n, mit Rosshaar gefüllte Matratze
Roß/kas/ta/nie > Rosskas/ta/nie *f.,* -, -n, 1. Laubbaum, 2. Frucht der Rosskastanie
Roß/kur > Ross/kur *f.,* -, -en, ugs. anstrengendes Heilverfahren
Rost *m.,* -[e]s, -e, 1. Eisenoxidation, 2. Gitter
Rost/brat/wurst *f.,* -, -würste, gegrillte Wurst
ros/ten *intr.,* oxidieren, Rost ansetzen
rös/ten *tr.,* braten
rost/frei nicht rostend
röst/frisch knusprig, frisch
ros/tig verrostet
Rös/ti *f., nur Pl.,* (schweiz.) Bratkartoffeln
Rost/schutz/mit/tel *n.,* -s, -, Antioxidationsmittel
rot 1. von roter Farbe, 2. (ugs.) kommunistisch, 3. entzündet
Ro/ta/ry Club [engl.] *m.,* -s, -s, gemeinnütziger internationaler Club
Ro/ta/ti/on [lat.] *f.,* -, -en, Drehung, Umdrehung
Rot/barsch *m.,* -es, -e, Meeresfisch
Rö/teln *nur Pl.,* masernähnliche Infektionskrankheit
rö/ten *tr.,* rot färben
Rot/fuchs *m.,* -es, -füchse, Pferd mit rotbraunem Fell
Rot/grün/blind/heit *f.,* -, *nur Sg.,* Blindheit für rote und grüne Farben
rot/haa/rig mit rotem Haar
Rot/haut *f.,* -, -häute, ugs. nordamerik. Indianer

Rot/hirsch *m.,* -[e]s, -e, Hirschart
ro/tie/ren *intr.,* sich drehen
Rot/kehl/chen *n.,* -s, -, kleiner Singvogel
Rot/kohl *m.,* -[e]s, *nur Sg.,* Rotkraut, Blaukraut
röt/lich etwas rot
Ro/tor *m.,* -s, -en, Drehflügel (Hubschrauber)
Rot/tan/ne *f.,* -, -n, Fichte
Rot/te *f.,* -, -n, Schar, Gruppe, Bande
Rö/tung *f.,* -, -en, Rotfärbung, rote Stelle
Rot/wein *m.,* -[e]s, -e, Wein aus blauen Trauben
Rot/welsch *n.,* -[s], *nur Sg.,* Gaunersprache
Rot/wild *n.,* -[e]s, *nur Sg.,* Edelhirsche
Rotz *m.,* -es, *nur Sg.,* ugs. Nasenschleim
Rotz/ben/gel *m.,* -s, -, Lausbub, Flegel
rot/zen *intr.,* ugs. sich schneuzen, spucken
Rouge [französ.] *n.,* -[s], *nur Sg.,* 1. Wangenrot, Schminke, 2. Farbe beim Roulette
Rou/la/de [französ.] *f.,,* -, -n, Fleischrolle
Rou/lette [französ.] *n.,* -s, -s, Glücksspiel
Rou/te [französ.] *f.,* -, -n, Reiseweg
Rou/ti/ne [französ.] *f.,* -, *nur Sg.,* Übung, Gewandtheit, Erfahrung
rou/ti/niert geübt, gewandt, erfahren
Row/dy [engl.] *m.,* -s, -s, Raufbold, Schläger
Roy/a/list [französ.] *m.,* -en, -en, Monarchist, Königstreuer
RT Abk. für Registertonne
Ru chem. Zeichen für

Ruthenium
rub/beln *tr.,* reiben, abtrocknen
Rü/be *f.,* -, -n, 1. Pflanze, 2. ugs. Kopf
Ru/bel *m.,* -s, -, russ. Währung
Rü/be/zahl Sagengestalt
Ru/bin [lat.] *m.,* -[e]s, -e, roter Edelstein
Ru/brik oder auch:
Rub/rik [lat.] *f.,* -, -en, 1. Titel, Überschrift, 2. Abschnitt,, Spalte
Rüb/sa/me *m.,* -n, -n Ölpflanze
ruch/los niederträchtig, gemein
Rück/an/sicht *f.,* -, -en, Ansicht von hinten
ruck/ar/tig heftig, stoßartig
Rück/bil/dung *f.,* -, -en, Rückentwicklung
Rück/blick *m.,* -[e]s, -e, Erinnerung
rü/cken 1. *tr.,* verschieben, umplatzieren, 2. *intr.,* rutschen, Platz machen
Rü/cken *m.,* -s, -, 1. Kreuz, Buckel, 2. Rück-, Oberseite
Rü/cken/mark *n.,* -[e]s, *nur Sg.,* Teil des Zentralnervensystems
rü/cken/schwim/men *intr.,* nur Inf. üblich
rück/er/stat/ten *tr.,* entschädigen, zurückzahlen
Rück/er/stat/tung *f.,* -, -en
Rück/fahr/kar/te *f.,* -, -n, Fahrkarte für Hin- und Rückfahrt
Rück/fall *m.,* -[e]s, -fälle, Wiederholung, Wiederkehr, Verschlechterung
rück/fäl/lig 1. unverbesserlich, 2. an Besitzer zurückfallend
Rück/fra/ge *f.,* -, -n, Nach-, Anfrage

Rück/gang *m.,* -[e]s, -gänge, Verminderung, Verkleinerung
rück/gän/gig rückläufig, sich verringernd
Rück/grat *n.,* -[e]s, -e, 1. Wirbelsäule, 2. Charakterfestigkeit
Rück/halt *m.,* -[e]s, -e, Stütze, Unterstützung
rück/halt/los vorbehaltlos, bedenkenlos
Rück/kauf *m.,* -[e]s, -käufe, Wiederkauf
Rück/kehr *f.,* -, *nur Sg.,* Heimkehr, Heimreise
Rück/kop/pe/lung *f.,* -, -en, Rückmeldung, Feedback, Rückwirkung
Rück/la/ge *f.,* -, -n, 1. Ersparnisse, 2. Neigung nach hinten
rück/läu/fig rückwärtsgewandt, zurücklaufend, abnehmend
rück/lings mit dem Rücken zuerst, von hinten
Rück/por/to *n.,* -s, -s od. -ti, Gebühr für das Zurücksenden
Ruck/sack *m.,* -[e]s, -säcke, Tornister, Wandertasche
Rück/schau *f.,* -, *nur Sg.,* Erinnerung
Rück/schlag *m.,* -[e]s, -schläge, 1. Rückschlag, Rückprall, 2. Misserfolg
Rück/schluß > **Rückschluss** *m.,* -es, -schlüsse, logischer Schluss
Rück/schritt *m.,* -[e]s, -e, 1. Verschlechterung, 2. Verringerung
rück/schritt/lich reaktionär, fortschrittsfeindlich, rückständig
Rück/sei/te *f.,* -, -n, Kehrseite
rück/sei/tig

Rück/sen/dung ., -, -en, Sendung zurück an Absender
Rück/sicht *f.,* -, -en, Schonung, Vorsicht, Achtsamkeit
Rück/sicht/nah/me *f.,* -, *nur Sg.*
rück/sichts/los selbstsüchtig, grob, schonungslos
Rück/sichts/lo/sig/keit *f.,* -, *nur Sg.*
Rück/sitz *m.,* -es, -e, Wagenfond
Rück/spra/che *f.,* -, *nur Sg.,* Gespräch, Besprechung
Rück/stand *m.,* [e]s, -stände, 1. Rest, Ablagerung, 2. Abstand, Verzögerung
rück/stän/dig unmodern, unzeitgemäß
Rück/stän/dig/keit *f.,* -, *nur Sg.*
Rück/tritt *m.,* -[e]s, -e, Verzicht, Abdankung
rück/wärts zurück, nach hinten
rück/wir/kend nachträglich
Rück/zug *m.,* -[e]s, -züge, Räumung, Abmarsch
rü/de grob, derb, ungesittet
Rü/de *m.,* -n, -n, männl. Hund
Ru/del *n.,* -s, -, Herde, Schar
Ru/der *m.,* -s, -, Riemen, Steuer
Ru/der/boot *n.,* -[e]s, -e
Ru/de/rer *m.,* -s, -
ru/dern *intr.,* paddeln, pullen
Ru/di/ment *n.,* -[e]s, -e, Rest, Überbleibsel
Ruf *m.,* -[e]s, -e, 1. Schrei, 2. Ansehen, Leumund
ru/fen 1. *tr.,* anreden, nennen, herbeiholen, 2. *intr.,* laut aussprechen, schreien
Rüf/fel *m.,* -s, -, Tadel, Ermahnung
rüf/feln *tr.,* tadeln, ermahnen

Ruf/num/mer *f.,* -, -n, Telefonnummer
Rug/by [engl.] -s, *nur Sg.,* Kampfspiel
Rü/ge *f.,* -, -n, Tadel, Verweis
rü/gen *tr.*
Ru/he *f.,* -, *nur Sg.,* 1. Stille, 2. Besonnenheit, Gelassenheit
ru/he/los unruhig, unstet, hektisch
Ru/he/lo/sig/keit *f.,* -, *nur Sg.*
ru/hen *intr.,* stillliegen, sich nicht bewegen
Ru/he/stand *m.,* -[e]s, *nur Sg.,* Rente, Pension, Lebensabend
Ru/he/ständ/ler *m.,* -s, -, Rentner, Pensionär
Ru/he/stö/rung *f.,* -, -en, Lärmbelästigung
Ru/he/tag *m.,* -[e]s, -e, arbeitsfreier Tag
ru/hig 1. still, 2. besonnen, gelassen
Ruhm *m.,* -[e]s, *nur Sg.,* Ehre, Ansehen, Glorie
rüh/men 1. *tr.,* preisen, loben, 2. *refl.,* stolz sein
rühm/lich löblich
ruhm/reich ehrenvoll, verdienstvoll
Ruhr *f.,* -, *nur Sg.,* 1. Darminfektion, 2. Fluss
rüh/ren *tr.,* 1. quirlen, drehen, 2. gefühlsmäßig bewegen
rüh/rig flink, emsig
rühr/se/lig gefühlvoll, tränenreich
Rüh/rung *f.,* -, *nur Sg.,* Ergriffenheit, Bewegtheit
Ru/in [lat.-französ.] *m.,* -s, *nur Sg.,* Verfall, Zusammenbruch
ru/i/nie/ren *tr.,* zugrunde richten, zerstören

rülp/sen *intr.,* ugs. aufstoßen
Rum [engl.] *m.,* -s, -s, Branntwein
Ru/mä/ni/en europ. Staat
Rum/ba [kuban.] *f.,* -, -s, lateinamerik. Tanz
Rum/mel *m.,* -s, *nur Sg.,* ugs. lautes Treiben
Rum/mel/platz *m.,* -es, -plätze, Jahrmarkt
Rum/pel/kam/mer *f.,* -, -n, Abstellkammer
rum/peln *intr.,* poltern, rattern, krachen
Rum/pel/stilz/chen *n.,* -s, *nur Sg.,* Märchengestalt
Rumpf *m.,* -[e]s, Rümpfe, Körper ohne Gliedmaßen
Rump/steak [engl.] *n.,* -s, -s, Rindersteak
Run [engl.] *m.,* -s, -s, Ansturm (auf Waren)
rund 1. kugel-, kreisförmig, 2. ungefähr, 3. gelungen
Run/de *f.,* -, -n, Kreis, Umgebung
run/den *tr.,* rund machen
Rund/funk *m.,* -[e]s, *nur Sg.,* Hörfunk, Radio
Rund/funk/ge/rät *n.,* -[e]s, -e, Radio, Transistor, Receiver
Rund/funk/pro/gramm *n.,* -[e]s, -e, Abfolge der Sendungen

Rund/funk/re/por/ta/ge *f.,* -, -n, Hörfunkbericht
Rund/funk/spre/cher *m.,* -s, -, Moderator, Ansager
rund/her/aus oder auch: **rund/he/raus** offen, direkt
rund/lich dick
Rund/rei/se *f.,* -, -n, Reise zu verschiedenen Orten
Rund/schrei/ben *n.,* -s, -, Rundbrief
rund/um ringsum, im Umkreis
rund/weg ohne Umschweife, direkt
Run/kel/rü/be *f.,* -, -n, Futterrübe
Run/zel *f.,* -, -n, Hautfalte
run/ze/lig faltenreich
run/zeln *tr.,* rümpfen, zusammenziehen
Rü/pel *m.,* -s, -, Grobian, Flegel
rü/pel/haft wie ein Rüpel
rup/fen *tr.,* 1. reißen, zerren, 2. jäten, pflücken
Ru/pie *f.,* -, -n, Währungseinheit in Indien, Pakistan, Sri Lanka
rup/pig roh, grob, barsch
Rü/sche *f.,* -, -n, krauser Besatz
Rush-hour > **Rush/hour** [engl.] *f.,* -, -s, Stoßzeit
Ruß *m.,* -es, *nur Sg.,* Verbrennungsrückstand

Rus/se *m.,* -n, -n, Einwohner Russlands
Rüs/sel *m.,* -s, -, Geruchsorgan und Saugwerkzeug bei Tieren
Rus/sin *f.,* -, -en, weibl. Russe
rus/sisch zu Russland gehörig
Rus/sisch *n.,* -en, *nur Sg.,* Sprache der Russen
Russ/land *n.,* -s, *nur Sg.,* Staat in Europa und Asien
rüs/ten *tr.,* 1. bewaffnen, 2. vorbereiten
rüs/tig kräftig, tatkräftig, frisch
rus/ti/kal [lat.] ländlich, bäuerlich
Rüs/tung *f.,* -, -en, 1. das Rüsten, 2. Schutzpanzer
Rüst/zeug *n.,* -[e]s, *nur Sg.,* erforderliche Kentnisse
Ru/te *f.,* -, -n, Zweig, Gerte
Rut/sche *f.,* -, -n, Rutschbahn
rut/schen *intr.,* gleiten, schlittern
rut/schig glitschig, glatt
rüt/teln 1. *tr.,* schütteln, 2. *intr.,* wackeln, vibrieren
Rüt/tel/sieb *m.,* -[e]s, -e
RWE Abk. für Rheinisch-Westfälische Elektrizitätswerke

S

s Abk. für Sekunde
S Abk. für 1. Süden, 2. Schilling, 3. chem. Zeichen für Schwefel
$ Abk. für Dollar
s. Abk. für siehe
S. Abk. für 1. San, Santa, Santo, Sáo, 2. Seite
Sa Abk. für Samstag
s. a. Abk. für siehe auch
Saal *m.,* -[e]s, Säle, Halle, Raum
Saar *f.,* -, *nur Sg.,* Nebenfluss der Mosel
Saar/brü/cken Hauptstadt des Saarlandes
Saar/land *n.,* -[e]s, Bundesland
Saar/län/der *m.,* -s, -, Bewohner des Saarlandes
saar/län/disch
Saat *f.,* -, -en, 1. das Säen, 2. die Samen
Saat/gut *n.,* -[e]s, *nur Sg.,* Saat
Sab/bat [hebr.] *m.,* -s, -batte, Samstag, jüd. Ruhetag
sab/bern *intr.,* 1. Speichel ausspucken, 2. ugs. Unsinn reden
Sä/bel *m.,* -s, -, Hiebwaffe
Sa/bo/ta/ge [französ.] *f.,* -, -n, Vereitelung, Beschädigung
Sa/bo/teur *m.,* -s, -e
sa/bo/tie/ren *tr.,* be-, verhindern
Sac/cha/rin [griech.] *m.,* -[e]s, *nur Sg.,* Süßstoff
Sach/an/la/gen *f., nur Pl.,* Maschinen, Fabrikgebäude, Werkzeuge, Grundstücke
Sach/be/ar/bei/ter *m.,* -s, -, Referent
sach/dien/lich nützlich
Sa/che *f.,* -, -n, 1. Ding, Gegenstand, 2. Angelegenheit, Fall

Sa/cher/tor/te *f.,* -, -n, Wiener Schokoladentorte
Sach/ge/biet *n.,* -[e]s, -e, Aufgabengebiet
sach/ge/mäß angemessen, passend, fachkundig
Sach/kennt/nis *f.,* -, -e, Wissen, Erfahrung
sach/kun/dig wissend, fachkundig
Sach/la/ge *f.,* -, *nur Sg.,* Stand der Dinge
sach/lich 1. zu einer Sache gehörig, 2. nüchtern, emotionslos
Sach/lich/keit *f.,* -, *nur Sg.*
Sach/se *m.,* -n, -n, Bewohner Sachsens
Sach/sen *n.,* -, Bundesland
Sach/sen-An/halt *n.,* -, Bundesland
säch/sisch zu Sachsen gehörig
sach/te langsam, vorsichtig
Sach/ver/stän/di/ger *m.,* -n, -n, Experte, Fachmann
Sach/ver/stän/di/gen/gut/ach/ten *n.,* -s, -, Bericht eines Sachverständigen
Sack *m.,* -[e]s, Säcke, Beutel, Tasche
Sack/gas/se *f.,* -, -n, 1. Straße mit nur einem Zugang, 2. ausweglose Situation
Sa/dis/mus *m.,* -, *nur Sg.,* Erregung durch Zufügen von Schmerzen
Sa/dist *m.,* -en, -en
sa/dis/tisch
sä/en *tr.,* ausbringen, pflanzen
Sa/fa/ri [arab.] *f.,* -, -s, Jagd -, Fotoausflug in Afrika
Safe [engl.] *m.,* -s, -s, Geld -, Panzerschrank
Safer Sex [engl.] *m.,* -[es], *nur Sg.,* Sex mit Kondomen
Sa/fran oder auch: **Saf/ran** [arab.] *m.,* -[e]s, -e, 1. Farb-

stoff, 2. Gewürz aus Krokussen
sa/fran/gelb oder auch:
saf/ran/gelb
Saft *m.,* -[e]s, Säfte, Flüssigkeit (aus Früchten, Gemüsen)
saf/tig viel Saft enthaltend
Sa/ge *f.,* -, -n, Legende, Erzählung
Sä/ge *f.,* -, -n, Schneidewerkzeug
Sä/ge/müh/le *f.,* -, -n, Holzverarbeitungsbetrieb
sa/gen *tr.,* äußern, reden, sprechen, meinen, vorbringen
sä/gen 1. *tr.,* zerschneiden, 2. ugs. *intr.,* schnarchen
sa/gen/haft 1. legendär, 2. großartig, unglaublich
Sä/ge/werk *n.,* -[e]s, -e, Sägemühle
Sa/ha/ra [arab.] *f.,* -, *nur Sg.,* Wüste in Nordafrika
Sah/ne *f.,* -, *nur Sg.,* Rahm
sah/nig mit viel Sahne
Sai/son [französ.] *f.,* -, -s, Hauptreise-, Geschäfts- und Spielzeit
Sai/te *f.,* -, -n, Faden, Draht, Metallband
Sai/ten/in/stru/ment oder auch: **Sai/ten/ins/tru/ment** *n.,* -[e]s, -e
Sa/ke [japan.] *m.,* -[e]s, *nur Sg.,* Reiswein
Sak/ko *n.,* -s, -s, Herrenjackett
Sa/kral/bau oder auch:
Sak/ral/bau [lat.] *m.,* -[e]s, -bauten, Kirche, Gotteshaus
Sa/kra/ment oder auch:
Sak/ra/ment *n.,* -[e]s, -e, hl. Handlung während eines Gottesdienstes
Sa/kri/leg oder auch:
Sak/ri/leg *n.,* -[e]s, -e, Gotteslästerung

Sä/ku/la/ri/sa/ti/on [lat.] *f.,* -, -en, Verweltlichung
sä/ku/la/ri/sie/ren *tr.*
Sa/la/man/der [griech.] *m.,* -s, -, Schwanzlurch
Sa/la/mi [italien.] *f.,* -, -[s], Wurstsorte
Sa/lat *m.,* -[e]s, -e, angerichtete, kalte Speise
Sal/be *f.,* -, -n, Heilkreme
Sal/bei *m.,* -s, *od. f.,* -, *nur Sg.,* Heil- und Würzpflanze
sal/ben *tr.,* bestreichen, einschmieren
Sal/bung *f.,* -, -en, Einreihen mit Salbe
Sal/do [italien.] *m.,* -s, *Pl.* -s, -den, -di, Differenz zwischen Soll- und Habenseite
Sa/li/ne [lat.] *f.,* -, -n, Anlage zur Kochsalzgewinnung
Sal/mi/ak [lat.] *m.,* -s, *nur Sg.,* Ammoniumchlorid
Sal/mo/nel/len *f., nur Pl.,* krankheitserregende Bakterien
sa/lo/mo/nisch übertr.: weise, klug
Sa/lon [französ.] *m.,* -s, -s, 1. Empfangs-, Besuchsraum, 2. Frisörgeschäft
Sa/lon/wa/gen *m.,* -s, -, luxuriöser Eisenbahnwagen
sa/lopp [französ.] zwanglos, bequem
Sal/pe/ter/säu/re [lat.] *f.,* -, *nur Sg.,* starke Mineralsäure
Sal/sa [span.] *f.,* -, *nur Sg.,* 1. lateinamerik. Tanz, 2. würzige Soße
Sal/to [italien.] *m.,* -s, -s *od.* -ti, Sprung mit Überschlag
Sa/lut [lat.] *m.,* -[e]s, -e, Ehrensalve
sa/lu/tie/ren *intr.,* militär. grüßen
Sal/ve [lat.] *f.,* -, -n, Reihe von Schüssen
Salz *n.,* -es, -e, chem. Verbindung, Gewürz
Salz/burg Stadt in Österreich
Salz/bur/ger Einwohner Salzburgs
sal/zen *tr.,* würzen, mit Salz versehen
sal/zig nach Salz schmeckend
Sa/ma/ri/ter *m.,* -s, -, 1. Bibelgestalt, 2. freiwilliger Helfer
Sam/ba [afrik.-port.] *f.,* -, *nur Sg.,* lateinamerik. Tanz
Sam/bia südafrik. Staat
Sam/bi/er *m.,* -s, -, Einwohner Sambias
sam/bisch
Sa/men *m.,* -s, -, 1. Saatgut, 2. Keimzelle, Sperma
Sa/men/bank *f.,* -, -en, Einrichtung, in der Sperma konserviert wird
sä/mig dickflüssig
Säm/ling *m.,* -s, -e, junge, aus Samen gezogene Pflanze
Sam/mel/band *m.,* [e]s, -bände, Buch mit verschiedenen Texten eines oder mehrerer Autoren
Sam/mel/be/häl/ter *m.,* -s, -, Speicher
sam/meln 1. *tr.,* zusammentragen, anhäufen, ordnen, 2. *refl.,* sich konzentrieren
Sam/mel/su/ri/um *n.,* -s, -rien, Durcheinander verschiedener Dinge
Samm/ler *m.,* -s, -, jmd., der etw. sammelt
Samm/lung *f.,* -, -en, 1. das Sammeln, 2. das Gesammelte, 3. Museum, 4. Konzentration
Sa/mos griech. Insel
Sa/mo/war [russ.] *m.,* -s, -e, russ. Teemaschine
Sams/tag *m.,* -[e]s, -e, Wochentag, Sonnabend
Sams/tag/a/bend *m.,* -s, -e
sams/tags am Samstag
samt mit, einschließlich
Samt *m.,* -[e]s, -e, dichter, weicher Stoff
sam/ten aus Samt
sam/tig wie Samt
sämt/lich alle, ganz
Sa/mu/rai [japan.] *m.,* -[s], -[s], jap. Krieger
San [ital.-span.] Vorsilbe für heilig
Sa/na/to/ri/um [lat.] *n.,* -s, -rien, Heilstätte
Sand *m.,* -[e]s, -e, feine Gesteinskörner
San/da/le [pers.-lat.] *f.,* -, -n, leichter Schuh aus Lederriemen
Sand/bank *f.,* -, -bänke, Anhäufung von Sand in Gewässern
San/del/holz *n.,* -es, *nur Sg.,* wohlriechendes Holz des Sandelbaums
Sand/ho/se *f.,* -, -n, trichterförmige Sandsäule im Windsturm
san/dig
Sand/kas/ten *m.,* -s, -kästen, mit Sand gefüllter Kasten für Kinder
Sand/männ/chen *n.,* -s, -, Märchengestalt
Sand/pa/pier *n.,* -[e]s, -e, Schleifpapier
Sand/uhr Zeitmesser mit rieselndem Sand, Eieruhr
Sand/wich [engl.] *n.,* -es, -es, belegtes Brot
San Fran/cis/co Stadt in USA
sanft zart, behutsam, friedfertig
Sänf/te *f.,* -, -n, Tragstuhl
Sän/ger *m.,* -s, -, jmd., der singt
Sän/ge/rin *f.,* -, -nen, weibl. Sänger

sa/nie/ren *tr.*, wiederherstellen, ausbessern
Sa/nie/rung *f.*, -, -en
sa/ni/tär [lat.] für die Hygiene
Sa/ni/tä/ter *m.*, -s, -, Krankenpfleger
Sankt [lat.] Vorsilbe für heilig, Abk.: St.
Sankt Gal/len Stadt in der Schweiz
Sankt Gott/hard Alpenpass
sank/ti/fi/zie/ren [lat.] *tr.*, heiligsprechen
Sank/ti/on *f.*, -, -en, 1. Bestätigung, 2. Strafmaßnahme
sank/ti/o/nie/ren *tr.*, gesetzeskräftig machen
Sank/ti/o/nie/rung *f.*, -, -en
Sankt Pau/li Stadtteil von Hamburg
Sankt Pe/ters/burg Stadt in Russland
San Ma/ri/no Republik in Südeuropa
San/ma/ri/ne/se Einwohner San Marinos
San Sal/va/dor Hauptstadt von El Salvador
Sans/krit [altind.] *n.*, -s, *nur Sg.*, altind. Literatursprache
Sans/sou/ci [französ.] Schloss in Potsdam
San/ta [ital.-span.-port.] Vorsilbe für heilig
San/ti/a/go de Chi/le Haupstadt von Chile
Sa/phir [hebr.-lat.] *m.*, -[e]s, -e, Edelstein
Sa/ra/ze/ne [arab.] *m.*, -n, -n, 1. Araber, 2. Muslim
Sar/de *m.*, -n, -n, Einwohner Sardiniens
Sar/del/le *f.*, -, -n, Heringsfisch
Sar/di/ne *f.*, -, -n, Heringsfisch

Sar/di/ni/en ital. Mittelmeerinsel
Sar/di/ni/er *m.*, -s, -, s. Sarde
Sarg *m.*, -[e]s, Särge, Totenschrein
Sar/kas/mus [griech.] *m.*, -, *nur Sg.*, bitterer Spott
sar/kas/tisch
Sar/ko/phag *m.*, -[e]s, -e, prunkvoller Sarg
Sa/tan [griech.] *m.*, -s, -e, 1. Teufel, 2. böser Mensch
sa/ta/nisch teuflisch
Sa/tans/bra/ten *m.*, -s, -, ugs. jmd., der Streiche spielt, Schlingel
Sa/tel/lit *m.*, -en, -en, um einen Planeten kreisender Körper
Sa/tel/li/ten/staat *m.*, -[e]s, -en, abhängiger Staat
Sa/tin [arab.-französ.] *m.*, -s, -s, glänzender Stoff
Sa/ti/re [lat.] *f.*, -, -n, scharfer Spott, Ironie
Sa/ti/ri/ker *m.*, -s, -
sa/ti/risch
Sa/tis/fak/ti/on [lat.] *f.*, -, -en, Genugtuung, Duell
Sat/su/ma [japan.] *f.*, -, -s, Mandarine ohne Kerne
satt 1. voll, zufrieden, 2. kräftig
Sat/tel *m.*, -s, Sättel, 1. Sitzvorrichtung auf Reittieren, 2. Gebirgspass
sat/tel/fest sicher, erfahren
sat/teln *tr.*, einen Sattel auflegen
Sat/tel/schlep/per *m.*, -s, -, Lastwagen
sät/ti/gen *tr.*, 1. satt machen, 2. (chem.) maximal lösen
Sät/ti/gung *f.*, -, *nur Sg.*
Satt/le/rei *f.*, -, -en, Lederwerkstatt
Sa/turn [lat.] *m.*, -s, *nur Sg.*, 1. röm. Gott, 2. Planet
Sa/tyr [griech.] *m.*, -s oder -n, -n, 1. griech. Sagengestalt, halb Bock, halb Mensch, 2. Lüstling
Satz *m.*, -es, Sätze, 1. (gramm.) Ausspruch, 2. Garnitur, Set, 3. Ablagerung, 4. Sprung
Satz/glied *n.*, -[e]s, -er, Satzteil
Sat/zung *f.*, -, -en, Vorschrift, Regel
Sau *f.*, -, Säue, weibl. Schwein
sau/ber rein, schmutzfrei
Sau/ber/keit *f.*, -, *nur Sg.*
säu/ber/lich sorgfältig
säu/bern *tr.*, sauber machen
Säu/be/rung *f.*, -, -en
Sau/boh/ne *f.*, -, -n, große Bohnenart
Sau/ce [französ.] *f.*, -, -n, Soße
Sau/cie/re *f.*, -, -n, Soßenschüssel
Sau/di/a/ra/ber *m.*, -s, -, Einwohner Saudi Arabiens
Sau/di-A/ra/bi/en vorderasiat. Staat
sau/di/a/ra/bisch
sau/er 1. herb, mit Säure, 2. beleidigt
Sau/er/amp/fer *m.*, -s, -, wildes Gemüse
Sau/er/bra/ten *m.*, -s, -, in Essig eingelegter Rinderschmorbraten
Sau/e/rei *f.*, -, -en, ugs. für Gemeinheit, Unanständigkeit
Sau/er/kir/sche *f.*, -, -n, Steinobst
Sau/er/kraut *n.*, [e]s, *nur Sg.*, gewürztes, gegorenes Weißkraut
Sau/er/land *n.*, -[es], *nur Sg.*, westfälische Landschaft
säu/er/lich leicht sauer

Sau/er/milch *f.,* -, *nur Sg.,* saure Milch, Dickmilch
säu/ern 1. *tr.,* sauer machen, 2. *intr.,* sauer werden
Sau/er/stoff *m.,* -[e]s, *nur Sg.,* chem. Element (Oxygen, Zeichen: O)
Sau/er/stoff/fla/sche *f.,* -, -n, Flasche zum Speichern von Sauerstoff, Taucherzubehör
Sau/er/teig *m.,* -[e]s, -e, gegorener Hefeteig
sau/er/töp/fisch verdrießlich, griesgrämig
Sauf/bold *m.,* -[e]s, -e, ugs. jmd., der viel trinkt, Alkoholiker
sau/fen *tr.* od. *intr.,* 1. trinken (Tiere) 2. ugs. viel trinken, Alkohol trinken
Säu/fer *m.,* -s, -, ugs. Alkoholiker
sau/gen *tr.,* 1. einziehen (mit dem Mund), 2. Staub saugen
säu/gen *tr.,* stillen, Muttermilch geben
Sau/ger *m.,* -s, -, Schnuller
Säu/ge/tier *n.,* -[e]s, -e, Wirbeltierklasse, bei der die Jungen gesäugt werden
saug/fä/hig Flüssigkeit aufnehmend
Saug/fla/sche *f.,* -, -n, Trinkflasche für Säuglinge
Säug/ling *m.,* -s, -e, Kind, das gesäugt wird, bis ca. 1 Jahr
Sau/glück *n.,* -s, *nur Sg.,* ugs. Riesenglück
Saug/napf *m.,* -[e]s, -näpfe, Haftkörper
Sau/kerl *m.,* -[e]s, -e, ugs. gemeiner Mensch
Sau/klaue *f.,* -, *nur Sg.,* ugs. unleserliche Handschrift

Säu/le *f.,* -, -n, 1. Stütze, Pfeiler, 2. etw., das gerade hochsteigt
Saum *m.,* -[e]s, Säume, 1. (veralt.) Traglast, 2. Rand, Einfassung
sau/mä/ßig ugs. sehr
säu/men 1. *tr.,* einen Saum anbringen, 2. *intr.,* zögern
Säum/nis *n.,* -ses, -se, Zögern, Verspätung
Saum/pfad *m.,* -[e]s, -e, schmaler Gebirgsweg
Saum/tier *n.,* -[e]s, -, Trag-, Lasttier
Sau/na [finn.] *f.,* -, -nen, Schwitz-, Heißluftbad
Säu/re *f.,* -, -n, 1. chem. Verbindung, 2. saurer Geschmack
Sau/re/gur/ken/zeit *f.,* -, -en, ugs. Flaute, Sommerloch
Sau/ri/er [griech.] *m.,* -s, -, 1. ausgestorbenes Riesenreptil, 3. Echse
Sau/se *f.,* -, -n, Fest
säu/seln *intr.,* 1. leicht, leise wehen, rascheln, 2. süßlich reden
sau/sen *intr.,* 1. brausen, rauschen, 2. sich schnell fortbewegen, 3. gären
Sau/ser *m.,* -s, -, 1. gärender Most, 2. Rausch
Sa/van/ne *f.,* -, -n, Grassteppe
Sa/voy/en französ. Landschaft
Sa/xo/phon *(Hf.)*
Sa/xo/fon *(Nf.)* *n.,* -[e]s, -e, Metallblasinstrument (nach A. Sax)
Sa/xo/pho/nist *(Hf.)*
Sa/xo/fo/nist *(Nf.), m.,* -en , -en
Sb chem. Zeichen für Antimon (lat. Stibium)
S-Bahn *f.,* -, -en, kurz für

Stadt-, Schnellbahn
SBB Abk. für Schweizerische Bundesbahnen
Sbrinz *m.,* -, *nur Sg.,* schweiz. Hartkäse
Sc chem. Zeichen für Scandium
Sca/la [italien.] *f.,* -, *nur Sg.,* Mailänder Opernhaus
Scam/pi [italien.] *nur Pl.,* Krebsart
Scan/di/um [lat.] *n.,* -s, *nur Sg.,* chem. Element (Zeichen: Sc)
Scan/ner [engl.] *m.,* -s, -, Einlesegerät (Computer)
Scat [engl.] *m.,* -s, *nur Sg.,* lautmalerischer Jazzgesang
Schab/bes [jidd.] *m.,* -, - Sabbat
Scha/be *f.,* -, -n, 1. Insekt, Ungeziefer, 2. Schabemesser
Scha/be/mes/ser *n.,* -s, -, Werkzeug zum Schaben
scha/ben *tr.,* kratzen, reiben, rasieren
Scha/ber *m.,* -s, -, Schabemesser
Scha/ber/nack *m.,* -s, -e, Streich, Scherz
schä/big abgenutzt, armselig, kleinlich
Scha/blo/ne oder auch:
Schab/lo/ne *f.,* -, -n, Muster, Vorlage
scha/blo/nen/haft oder auch: **schab/lo/nen/haft** wie nach Schablone, fantasielos
Scha/bra/cke oder auch:
Schab/ra/cke [türk.-ungar.] *f.,* -, -n, 1. verzierte Satteldecke, 2. ugs. altes Pferd, 3. ugs. alter Gegenstand
Schach [pers.] *n.,* -s, *nur Sg.* 1. Brettspiel, 2. Warnruf an den König im Spiel
Schach/brett/mus/ter *n.,*

schachern

-s, -, Muster wie auf dem Schachbrett, Karomuster
scha/chern [jidd.] *intr.,* feilschen
schach/matt 1. besiegt (im Spiel), 2. gescheitert, handlungsunfähig
Schacht *m.,* -[e]s, Schächte, hoher, geschlossener Raum
Schach/tel *f.,* -, -n, 1. Behälter aus Pappe, dünnem Holz, 2. ugs. alte Frau
schach/teln *tr.,* ineinanderfügen
Schach/zug *m.,* -[e]s, -Züge, 1. Spielzug beim Schach, 2. geschickte Handlung
scha/de 1. bedauerlich, leider, 2. wertvoll
Schä/del *m.,* -s, -, 1. Knochenkomplex des Kopfes, 2. ugs. Kopf
scha/den *intr.,* (jmdm.) Schaden zufügen, von Schaden sein
Scha/den *m.,* -s, Schäden, Verlust, Zerstörung, Verletzung
Scha/den/freu/de *f.,* -, *nur Sg.,* Spott, Hohn
scha/den/froh
Scha/dens/er/satz *m.,* -es, *nur Sg.,* Wiedergutmachung, finanzieller Ausgleich
schad/haft defekt, mangelhaft
schä/di/gen *tr.,* Schaden zufügen
Schä/di/gung *f.,* -, -en
schäd/lich schädigend, unzuträglich
Schäd/ling *m.,* -s, -e, schädliches Tier od. Pflanze
Schäd/lings/be/kämpfungs/mit/tel *n.,* -s, -, Gift gegen Schädlinge
schad/los ohne Schaden
Schad/stoff *m.,* -[e]s, -e, schädl. Stoff

Schaf *n.,* -[e]s, -e, 1. Nutztier, 2. ugs. dummer Mensch
Schäf/chen/wol/ke *f.,* -, -n, kleine Haufenwolke
Schä/fer *m.,* -s, -, Schafhirte
Schä/fer/hund *m.,* -es, -e, Hunderasse
Schä/fer/stünd/chen *n.,* -s, -, kurzes Liebestreffen
schaf/fen *tr.,* 1. hervorbringen, gestalten, gründen, 2. bewältigen, 3. wegbringen, 4. ugs. Arbeiten
Schaf/fen *n.,* -s, Wirken, Werk
Schaf/fens/kraft *f.,* -, *nur Sg.,* Schöpferkraft
Schaff/ner *m.,* -s, -, Kontrolleur in öffentl. Verkehrsmitteln
Schaf/gar/be *f.,* -, -n, Heilpflanze
Schaf/her/de *f.,* -, -n, Schar von Schafen
Schaf/kopf *m.,* -[e]s, *nur Sg.,* Kartenspiel
Scha/fott [niederl.] *n.,* -[e]s, -e, Hinrichtungsstätte
Schaf/schur *f.,* -, -en, Scheren der Schafwolle
Schafs/kä/se *m.,* -s, -, Käse aus Schafsmilch
Schafs/na/se *f.,* -, -n, ugs. Dummkopf
Schaft *m.,* -fe]s, Schäfte, lange, hohe, glatte Stange
Schaft/stie/fel *m.,* -s, -, hohe Stiefel
Schaf/wol/le *f.,* -s, -n, Wolle vom Schaf
Schah [pers.] pers. König, iran. Herrscher
Scha/kal [sanskr.-türk.] *m.,* -s, -e, wolfartiges Raubtier
schä/kern *intr.,* flirten, scherzen
schal fad, abgestanden, witzlos

Schal *m.,* -s, -e, Halstuch
Scha/le *f.,* -, -n, 1. flache Schüssel, 2. Haut, Hülle, Kleidung, 3. Huf von Wild (Jägerspr.)
schä/len *tr.,* die Haut, Schale entfernen, abziehen
Scha/len/frucht *f.,* -, -früchte, Obst mit harter Schale, z.B. Nuss
Scha/len/tier *n.,* -[e]s, -e, Tier mit harter Haut, z.B. Garnele, Muschel
Schalk *m.,* -[e]s, -e, spaßiger Mensch, Schelm
schalk/haft wie ein Schalk, neckisch
Schall *m.,* -[e]s, -e, Klang, Ton, Geräusch
Schall/dämp/fer *m.,* -s, -, Gerät, um Lärm zu verringern
schall/dicht schallundurchlässig
schal/len *intr.,* Schall von sich geben, klingen
Schall/ge/schwin/dig/keit *f.,* -, *nur Sg.,* Geschwindigkeit der Schallwellen
Schall/mau/er *f.,* -, *nur Sg.,* Stauung von Luft, wenn ein Flugkörper die Schallgeschwindigkeit erreicht
Schall/plat/te *f.,* -, -n, flacher, runder Tonträger aus Kunststoff
Schall/wel/le *f.,* -, -n, für den Menschen hörbare Schwingung
Schal/mei *f.,* -, -en, altes Holzblasinstrument
Scha/lot/te [französ.] *f.,* -, -n, kleine Zwiebel
schal/ten *intr.,* 1. einen Schalter betätigen, 2. etw. begreifen, reagieren
Schal/ter *m.,* -s, -, 1. Gerät zum Schließen eines Stromkreises, 2. Abfertigungsstelle

Schal/ter/stun/den *f., nur Pl.*, Öffnungszeiten eines Schalters
Schalt/jahr n, -[e]s, -e, 366 Tage, alle vier Jahre (zusätzl. 29. Feb.)
Schalt/ta/fel *f.*, -, -n, Tafel mit elektr. Schaltern
Scham *f.*, -, *nur Sg.*, 1. große Verlegenheit, 2. Gegend der menschl. Geschlechtsteile
Scha/ma/ne [sanskr.-tungus.] *m.*, -n, -n, Priester, Zauberer
Scha/ma/nis/mus *m.*, -, *nur Sg.*, Glaube an Geisterbeschwörung
schä/men *refl.*, Scham empfinden
Scham/ge/fühl *n.*, -[e]s, -e, Wahrnehmung von Scham
Scham/haar *n.*, -[e]s, -e, Behaarung der Schamgegend
scham/haft zurückhaltend, keusch, schüchtern
Scham/lip/pen *f., nur Pl.*, Hautfalten des weibl. Geschlechtsteils
scham/los keine Scham empfindend, frech
Scham/lo/sig/keit *f.*, -, -en
Scha/mot/te [italien.] *f.*, -, *nur Sg.*, feuerfester Ton
Scham/pun *n.*, -[e]s, *nur Sg.*, Haarwaschmittel, dt. Schreibweise
scham/pu/nie/ren *tr.*, mit Schampun einreiben, dt. Schreibweise
Scham/pus *m.*, -, *nur Sg.*, ugs. Champagner
scham/rot rot vor Scham
Scham/spal/te *f.*, -, -n, Öffnung des weibl. Geschlechtsteils
Schan/de *f., nur Sg.*, Schmach, Entehrung
schän/den *tr.*, 1. entehren, entweihen, 2. eine Frau zum Beischlaf zwingen, missbrauchen
Schand/fleck *m.*, -[e]s, -e[n], 1. entehrende Tat, 2. unwürdiger Mensch
schänd/lich beschämend, entwürdigend
Schand/maul *n.*, -, -mäuler, ugs. Lästermaul, unverschämter Mensch
Schand/tat *f.*, -, -en, verabscheuungswürdige Tat
Schän/ke *f.*, -, -n, Ausschank, Kneipe, Schenke
Schank/stu/be *f.*, -, -n, Gasthaus
Schank/tisch *m.*, -[e]s, -e, Verkaufstisch mit Zapfhähnen
Schan/ze *f.*, -, -n, 1. Befestigung, Wall, 2. Absprungrampe beim Skispringen
Schar *f.*, -, -en, Gruppen, Menge
Scha/ra/de *f.*, -, -n, Rätselspiel
Schä/re *f.*, -, -n, kleine Insel vor der skand. Küste
scha/ren 1. *tr.*, versammeln, zusammentreiben, 2. *refl.*, sich versammeln
scha/ren/wei/se zuhauf
scharf 1. geschliffen, spitz, 2. brennend, stark gewürzt, ätzend, 3. barsch, bissig, 4. deutlich, klar, 5. lüstern
Scharf/blick *m.*, -[e]s, *nur Sg.*, Klugheit, Cleverness
Schär/fe *f.*, -, *nur Sg.*, 1. Schneidefähigkeit, 2. Würze, 3. Strenge, 4. Klarheit
schär/fen *tr.*, scharf machen
Scharf/rich/ter *m.*, -s, -, Vollstrecker der Todesstrafe, Henker
Scharf/schüt/ze *m.*, -n, -n, sehr guter Schütze mit bestimmtem Auftrag
Scharf/sinn *m.*, -[e]s, *nur Sg.*, Klugheit
scharf/sin/nig klug, spitzfindig
Schär/fung *f.*, -, -en, das Scharfmachen
Schar/lach *m.*, -[e]s, -e, 1. leuchtendes Rot, 2. ansteckende Krankheit
Schar/la/tan [italien.] *m.*, -[e]s, -e, Betrüger, hauptsächl. Arzt
Schar/la/ta/ne/rie *f.*, -, -n, Betrug
Scharm *m.*, -s, *nur Sg.*, dt. Schreibweise von Charme
schar/mant dt. Schreibweise von charmant
Schar/müt/zel [italien.] *n.*, -s, -, kleines Gefecht
Schar/nier [französ.] Türangel, Drehgelenk
Schär/pe [französ.] *f.*, -, -n, breites Schultertuch
schar/ren *intr.*, kratzen
Schar/te *f.*, -, -n, Kerbe, Kratzer, Spalt
schar/wen/zeln *intr.*, schmeicheln, sehr eifrig bedienen
Schasch/lik [ungar.] *n.*, -s, -s, Fleischspieß
schas/sen [französ.] *tr.*, ugs. unwürdig entlassen
Schat/ten *m.*, -s, -, 1. Halbdunkel, vom Licht verdeckte Stelle, 2. Silhouette, 3. Totengeist
Schat/ten/da/sein *n.*, -s, *nur Sg.*, unbeachtete Existenz
schat/ten/haft wie ein Schatten, unklar
Schat/ten/mo/rel/le *f.*, -, -n, Sauerkirsche
Schat/ten/reich *n.*, -[e]s, -e, Reich der Toten
Schat/ten/riß > **Schatten/riss** *m.*, -es, -e, nach-

gezeichneter Schatten
Schat/ten/spiel *n.,* -[e]s, -e, auf eine weiße Fläche geworfene Schatten, ostasiat. Puppenspiel
schat/tie/ren *tr.,* abstufen, tönen
Schat/tie/rung *f.,* -, -en, Abstufung, Farbe
schat/tig im Schatten, kühl, dunkel
Scha/tul/le [nlat.] *f.,* -, -n, Kästchen
Schatz *m.,* -es, Schätze, 1. Kostbarkeit, Vermögen, 2. geliebter Mensch
Schatz/amt *n.,* -[e]s, -ämter, Finanzamt
schätz/bar kann geschätzt werden
schät/zen *tr.,* 1. ungefähr berechnen, vermuten, 2. achten
schät/zens/wert achtenswert
Schatz/meis/ter *m.,* -s, -, Rechnungsführer, Kassenwart
Schät/zung 1. ungefähre Berechnung, Bewertung, 2. Achtung
schät/zungs/wei/se ungefähr
Schau *f.,* -, -en, 1. Sichtweise, Blickwinkel, 2. Überblick, 3. Ausstellung, Darbietung
Schau/bild *n.,* -[e]s, -er, bildliche Erklärung
Schau/bu/de *f.,* -, -n, Jahrmarktsbude
Schau/der *m.,* -s, -, Entsetzen, Grauen, Zittern
schau/der/haft sehr schlecht, abscheulich
schau/dern *intr.,* Schauder empfinden, zittern, sich gruseln
schau/en *intr.,* ansehen, anblicken
Schau/er *m.,* -s, -, 1. kurzer Regen, 2. Angst, Zittern
schau/er/lich gruselig
Schau/er/ro/man *m.,* -s, -e, Gruselroman
Schau/fel *f.,* -, -n, Werkzeug zum Graben, Spaten
schau/feln *tr.,* graben
Schau/fel/rad/damp/fer *m.,* -s, -, Dampfschiff, das durch ein mit Schaufeln besetztes Rad angetrieben wird
Schau/fens/ter *n.,* -s, -, Auslage eines Geschäfts
Schau/fens/ter/bum/mel *m.,* -s, -, Spaziergang, um sich Auslagen anzusehen
Schau/kas/ten *m.,* -s, -kästen, Vitrine zur Ausstellung
Schau/kel *f.,* -, -n, Schwinge, Wippe
schau/keln 1. *intr.,* hin- und herwippen, schunkeln, 2. ugs. *tr.,* bewerkstelligen, schaffen
Schau/kel/pferd *n.,* -[e]s, -e, Kinderwippe in Form eines Pferdes
Schau/kel/stuhl *m.,* -[e]s, -stühle, Wippstuhl
schau/lus/tig neugierig
Schau/lus/ti/ge *m.,* -n, -n, Zuschauer
Schaum *m.,* -[e]s, Schäume, 1. zusammenhängende Luftbläschen, Gischt, 2. Nichts, Schein
Schaum/bad *n.,* [e]s, -bäder, schäumender Badezusatz
schäu/men *intr.,* 1. Schaum bilden, 2. wütend sein
Schaum/gum/mi *m.,* -s, -s, schwammartiger Latexstoff
schau/mig Schaum bildend
Schaum/löf/fel *m.,* -s, -, Löffel zum Abheben von Schaum
Schaum/lö/scher *m.,* -s, -, Feuerlöschgerät mit Schaum
Schaum/schlä/ger *m.,* -s, -, 1. Schneebesen, 2. Prahler, Aufschneider
Schaum/stoff *m.,* -[e]s, -e, leichter Kunststoff
Schaum/wein *m.,* -[e]s, -e, schäumender Wein, Sekt
Schau/pa/ckung *f.,* -, -en, Attrappe
Schau/platz *m.,* -es, -plätze, Handlungsort, Tatort
Schau/pro/zeß > **Schau/pro/zess** *m.,* -es, -e, massenwirksamer Prozess
Schau/spiel *n.,* -s, -e, 1. Bühnenwerk, 2. Anblick eines Geschehens
Schau/spie/ler *m.,* -s, -, Darsteller in einem Bühnenwerk
Schau/spiel/haus *n.,* -es, -häuser, Theater
Schau/stel/ler *m.,* -s, -, jmd., der etw. ausstellt (Jahrmarkt)
Scheck *m.,* -s, -s, bargeldloses Zahlungsmittel
Scheck/buch *n.,* [e]s, -bücher, Heft mit vorgedruckten Schecks
Sche/cke *m.,* -n, -n od. *f.,* -, -n, geflecktes Tier (Pferd, Kuh)
sche/ckig gefleckt
scheel 1. schielend, 2. neidisch
Schef/fel *m.,* -s, -, altes Hohlmaß
schef/feln *tr.,* viel einnehmen
schef/fel/wei/se in großen Mengen, sehr viel
scheib/chen/wei/se in kleinen Scheiben, Mengen
Schei/be *f.,* -, -n, 1. dünne Platte, Fläche, abgeschnittenes Stück, 2. ugs. Schall-

platte, 3. Fensterglas
Schei/ben/kleis/ter *m.*, -s, *nur Sg.*, 1. Fensterkitt, 2. ugs. Mist
Schei/ben/wi/scher *m.*, -s, -, Anlage, um die Scheiben zu reinigen
Scheich [arab.] *m.*, -[e]s, -e od. -s, Stammesführer, Fürst
Scheich/tum *n.*, -s, -tümer, Herrschaftsgebiet eines Scheichs
Schei/de *f.*, -, -n, 1. weibl. Geschlechtsteil, 2. Hülle, 3. Grenze
schei/den 1. *tr.*, trennen, zerteilen, 2. *intr.*, sich trennen, auseinandergehen
Schei/de/weg *m.*, -[e]s, -e, 1. Kreuzung, 2. wichtige Entscheidung
Schei/dung *f.*, -, -en, Ehetrennung
Schei/dungs/grund *m.*, -[e]s, -gründe
Schei/dungs/kla/ge *f.*, -, -n
Schein *m.*, -[e]s, -e, 1. Licht, Glanz, Schimmer, 2. Einbildung, Trugbild, 3. Bescheinigung, 4. Papiergeld
schein/bar dem Schein nach, so wie es aussieht
Schein/ehe *f.*, -, -n, vorgetäuschte Ehe
schei/nen *intr.*, 1. leuchten, glänzen, 2. aussehen wie, wirken
schein/hei/lig heuchlerisch, unaufrichtig
Schein/hei/li/ge *m.*, -n, -n, Heuchler
Schein/tod *m.*, -[e]s, -e, scheinbarer Tod
schein/tot
Schein/wer/fer *m.*, -s, -, Strahler, Lampe
Schei/ße *f.*, -, *nur Sg.*, 1. Kot,
2. ugs. für: Unsinn, missglückte Sache
scheiß/e/gal ugs. vollkommen gleichgültig
schei/ßen *intr.*, ugs. Kot ausscheiden
Schei/ßer *m.*, -s, -, ugs. erbärmlicher Kerl
Scheit *n.*, -[e]s, -e, Holzstück
Schei/tel *m.*, -s, -, 1. Spitze, höchster Punkt, 2. oberer Teil des Kopfes, Frisur
schei/teln *tr.*, teilen
Schei/ter/hau/fen *m.*, -s, Hinrichtungsstelle mit Feuer
schei/tern *intr.*, misslingen
Schel/lack *m.*, -s, -e, Harz von Schildläusen, Lack
Schel/le *f.*, -, -n, 1. Klingel, Glocke, 2. Fessel, 3. ugs. Ohrfeige, 4. Farbe im Kartenspiel
schel/len *intr.*, klingeln, läuten
Schell/fisch *m.*, -[e]s, -e, Speisefisch
Schelm *m.*, -[e]s, -e, Schlingel
schel/misch verschmitzt, spitzbübisch
Schel/te *f.*, -, *nur Sg.*, Tadel, Rüge
schel/ten *tr.*, schimpfen, tadeln
Sche/ma [griech.], -s, -s od. -ta, Muster, Vorlage
sche/ma/tisch vereinfacht
sche/ma/ti/sie/ren *tr.*, vereinheitlichen
Sche/mel *m.*, -s, -, Hocker
sche/men/haft unklar, flüchtig
Schen/ke *f.*, -, -n, neu für: Schänke
Schen/kel *m.*, -s, -, 1. Teil des Beins 2. Teil eines Winkels
schen/ken *tr.*, als Geschenk geben
schep/pern *intr.*, ugs. klappern, rappeln, rattern
Scher/be *f.*, -, -n, Bruchstück (Glas, Porzellan)
Sche/re *f.*, -, -n, Schneidewerkzeug
sche/ren 1. *tr.*, abschneiden (Fell, Haare), 2. *refl.*, sich kümmern
Sche/ren/schnitt *m.*, [e]s, -e, Papiersilhouette
Sche/re/rei *f.*, -, -en, Schwierigkeit, Problem
Scherf/lein *n.*, -s, -, kleiner Beitrag
Scher/ge *m.*, -n, -n, Häscher, käufl. Verräter
Scherz *m.*, -es, -e, Witz, Jux, Spaß
scher/zen *intr.*, spaßen, Witze reißen
Scherzfra/ge *f.*, -, -n, nicht ernst gemeinte Frage
scherz/haft witzig, spöttisch, mit Humor
scheu schüchtern, ängstlich
Scheu *f.*, -, *nur Sg.*, Ängstlichkeit, Zurückhaltung
scheu/chen *tr.*, hetzen, treiben, jagen
scheu/en 1. *tr.*, vor etw. Angst haben, 2. *intr.*, sich aufbäumen (Pferd)
scheu/ern *tr.*, reiben, schrubben
Scheu/er/mit/tel *n.*, -s, -, Putzmittel
Scheu/klap/pen *f.*, *nur Pl.* seitliche Augenklappen (Pferd), auch übertr.
Scheu/ne *f.*, -, -n, Heuschober
Scheu/sal *n.*, -s, -e, Ekel, Ungeheuer
scheuß/lich eklig, schrecklich
Schi *(Nf.)* auch: **Ski** *(Hf.)*

Schicht

m., -s, -er, Wintersportgerät
Schicht *f.*, -, -en, 1. Lage, Film, Stapel 2. bestimmte Arbeitszeit
schich/ten *tr.*, aufeinanderstapeln, in Schichten legen
schicht/wei/se in Schichten
schick [französ.] elegant, modisch
Schick *m.*, -s, *nur Sg.*, Eleganz
schi/cken 1. *tr.*, senden, bringen lassen, 2. *refl.*, sich gehören, sich gut benehmen, sich abfinden
Schi/cke/ria *f.*, -, *nur Sg.*, versnobte Gesellschaft
Schick/sal *n.*, -s, -e, Los, Fügung, Bestimmung, Zufall
schick/sal/haft unabwendbar, verhängnisvoll
Schick/sals/schlag *m.*, -[e]s, -schläge, Unglück
schie/ben 1. *tr.*, drängen, drücken, schubsen, 2. *intr.*, schmuggeln, schwarz handeln
Schie/ber *m.*, -s, -, 1. Regler, Riegel, 2. Schwarzhändler
Schie/bung *f.*, -, -en, Betrug
Schieds/ge/richt *n.*, -[e]s, -e, Gericht mit mehreren Mitgliedern
Schieds/mann *m.*, -[e]s, -männer, Vermittler, Friedensrichter
Schieds/rich/ter *m.*, -s, -, Unparteiischer (Spiele, Sport)
Schieds/spruch *m.*, -[e]s, -sprüche, Urteil
schief nicht gerade, schräg, geneigt
Schie/fer *m.*, -s, -, blättriges Gestein
schie/fer/grau dunkelgrau
Schie/fer/ta/fel *f.*, -, -n, Schreibtafel
schief/ge/hen *intr.*, misslingen
schief/ge/wi/ckelt auf dem Holzweg, im Irrtum sein
schie/len *intr.* nicht parallel sehen
Schien/bein *n.*, [e]s, -e
Schie/ne *f.*, -, -n
schie/nen *tr.*
schier als Adv.: beinahe, fast, das ist schierer Wucher!, als Adj.: rein, klar, das hier ist schieres Fett
Schieß/be/fehl *m.*, -[e]s, -e
schie/ßen einen Schuss abfeuern, auch: Rauschgift intravenös spritzen
Schie/ße/rei *f.*, -, -en
Schieß/ge/wehr *n.*, -es, -e
Schieß/pul/ver *n.*, -s, -
Schieß/sport *m.*, -s, *nur Sg.*
Schieß/stand *m.*, -es, -stände
Schiff *n.*, -es, -e
Schiffahrt > **Schifffahrt** *f.*, -, *nur Sg.*
Schiffahrts/stra/ße > **Schiff/fahrts/stra/ße** *f.*, -,-n
schiff/bar
Schiff/bruch *m.*, -es, -brüche, übertr.: versagen
schiff/brü/chig
schif/fen *intr.*, 1. mit dem Schiff fahren 2. ugs.: regnen
Schif/fer *m.*, -s, -
Schiffs/bau *m.*, -[e]s, *nur Sg.*, Bau von Schiffen
Schiff/schau/kel *f.*, -, -n
Schiffs/koch *m.*, -es, -köche
Schiffs/schrau/be *f.*, -, -n
Schi/is/mus [arab.] *m.*, -, *nur Sg.*, islamische Lehre
Schi/it *m.*, -, -en, Anhänger des Schiismus
Schi/ka/ne [französ.] *f.*, -, -n, böswilliges Behindern
schi/ka/nie/ren *tr.*, eine Person böswillig behindern
Schi/ko/ree *m.*, -s, *nur Sg.*, siehe Chicorée
Schil/cher *m.*, -s, -, österr. Wein
Schild 1.*n.*, -es, -er, Platte mit Inschrift, Tafel, 2. *m.*, -es, -er, plattenförmige Waffe, die zum Schutz am Arm getragen wurde
Schild/drü/se *f.*, -, -n
schil/dern *tr.*, beschreiben, erklären
Schild/krö/te *f.*, -, -n, amphibisches Tier
Schild/patt *n.*, -s, *nur Sg.*, Hornplatten aus dem Rückenpanzer von Schildkröten
Schilf *n.*, -es, -e, hohe Grassorte, Schilfrohr
Schilf/dach *n.*, -es, -dächer, siehe Reetdach
schilf/ge/deckt
Schilf/rohr *n.*, -es, -e, siehe Schilf
Schil/ler *m.*, -es, *nur Sg.*, Glanz, der durch Farbenspiel entsteht
Schil/ler/lo/cke *f.*, -, -n, geräuchertes gedrehtes Fischstück
schil/lern *intr.*, glänzen
Schi/mä/re [griech.] *f.*, -, -n, Trugbild, Illusion
schi/mä/risch trügerisch
Schim/mel *m.*, -s, 1. *nur Sg.*, durch Pilze verursachtes Verderben von Lebensmitteln 2. -, weißes Pferd
schim/me/lig, schimm/lig
schim/meln *intr.*, verderben und dabei eine weiße Schicht aus Pilzen bilden
Schim/mel/pilz *m.*, -es, -e, Pilze, die Nahrung verderben
Schim/mer *m.*, -s, -, Glanz
schim/mern *intr.*

Schim/pan/se [afrikan.] *m.,* -, -n, Menschenaffe
schimp/fen *intr.* und *tr.,* zanken, zetern
schimpf/lich schändlich
Schimpf/wort *n.,* -es, -Wörter
Schin/del *f.,* -, -n, Material, mit dem Dächer gedeckt werden
schin/den *tr.* und *refl.,* hart arbeiten, quälen
Schin/der *m.,* -s, -, Person, die andere hart arbeiten lässt
Schin/de/rei *f.,* -, -en, harte Arbeit
Schin/ken *m.,* -s, -
Schipp/chen *n.,* -s, -
Schip/pe *f.,* -, -n, Schaufel, auch: eine Person auf die Schippe nehmen: eine Person veräppeln
schip/pen *tr.*
Schirm *m.,* -es, -e
schir/men *tr.*
Schirm/herr *m.,* -en, -en
Schi/rok/ko [italien.] *m.,* -s, -s, warmer Wind
Schi *(Nf.)* oder : **Ski** *(Hf.) m.,* -s, -er, Wintersportgerät
Schi/sport *(Nf.)* auch: **Ski/sport** *(Hf.) m.,* -s, *nur Sg.*
Schi/sprin/gen *(Nf.)* auch: **Ski/sprin/gen** *(Hf.) n.,* -s, *nur Sg.*
Schiß > **Schiss** *m.,* -es, *nur Sg.,* ugs.: Angst
Schis/ser *m.,* -s, -, ugs.: Feigling
schi/zo/id seelisch gespalten
schi/zo/phren geisteskrank
Schi/zo/phre/nie *f.,* -, *nur Sg.* Geisteskrankheit, verbunden mit gespaltener Persönlichkeit
schlab/be/rig,

schlabb/rig geleeartig, wässrig
schlab/bern *intr.* und *tr.,* geräuschvoll trinken
Schlacht *f.,* -, -en
Schlacht/bank *f.,* -, -en
schlach/ten *tr.,* Tiere zum Verzehr töten
Schlach/ter *m.,* -s, -, auch **Schläch/ter** *m.,* -s, -, Fleischer, übertr. auch: Massenmörder
Schlacht/feld *n.,* -es, -er
Schlacht/hof *m.,* -es, -höfe
Schlacht/vieh *n.,* -s, *nur Sg.*
Schla/cke *f.,* -, -n, bei Produktion von z.B. Stahl nach dem Schmelzen übrig bleibende Masse, im menschlichen Körper: nicht verwertbare Abfallprodukte
schla/ckern *intr.,* wackeln, zittern, vor Angst beben
Schlaf *m.,* -[e]s, *nur Sg.,* nächtliche Erholungsphase des Körpers und des Geistes
Schläf/chen *n.,* -s, -, kurzer Schlaf
Schlä/fe f, -., -n, Teil der Stirn
schla/fen *intr.*
schlaff ausgelaugt, müde
Schlaff/heit *f.,* -, *nur Sg.*
Schlaf/krank/heit *f.,* -, *nur Sg.,* Infektionskrankheit
schlaf/los
Schlaf/lo/sig/keit *f.,* -, *nur Sg.,* Insomnia
schläf/rig
Schläf/rig/keit *f.,* -, *nur Sg.*
Schlaf/sack *m.,* -es, -säcke
schlaf/wan/deln *intr.,* mondsüchtig sein
Schlaf/wan/deln *n.,* -s, *nur Sg.,* Mondsüchtigkeit
schlaf/wand/le/risch übertr.: mit schlafwandlerischer Sicherheit

Schlag *m.,* -es, -Schläge, Schlag zwölf Uhr = Punkt zwölf Uhr
Schlag/ader *f.,* -, -n
Schlag/an/fall *m.,* -es, -fälle
schlag/ar/tig
schla/gen *tr.,* ich schlug ihn auf den Kopf
Schla/ger *m.,* -s, -, sehr populäres Lied, übertr.: alles, was besonders beliebt ist
Schlä/ger *m.,* -s, -
schlag/fer/tig schnell und kreativ in Reaktionen
schlag/kräf/tig
Schlag/sah/ne *f.,* -, *nur Sg.*
Schlag/sei/te *f.,* -, -n, Schräglage eines Schiffes, übertr: sehr betrunkenes Herumtorkeln
Schlag/zei/le *f.,* -, -n, große Überschriften und Titel in einer Zeitung
Schlag/zeug *n.,* -es, -e, Schlaginstrument, Drum
Schla/mas/sel [jidd.] *m.,* -s, -, chaotische, nur schwer entwirrbare Situation
Schlamm *m.,* -es, -e
Schlammas/se >
Schlamm/mas/se *f.,* -, -n
schlam/men *intr.,* Schlamm produzieren
schlam/mig
Schlämm/krei/de *f.,* -, -n, gereinigte Kreide
Schlam/pe *f.,* -, -n, ugs. abwertend für: promiske Frau
schlam/pen *intr.* chaotisch sein
Schlam/pe/rei *f.,* -, -en, Versäumnis, Unordentlichkeit
schlam/pig
Schlam/pig/keit *f.,* -, *nur Sg.*
Schlan/ge *f.,* -, -n
schlän/geln *refl.* sich in Windungen bewegen

Schlan/gen/biß >
Schlan/gen/biss *m.*, -es, -e
Schlan/gen/gift *n.*, -es, -e
schlank
Schlank/heit *f.*, -, *nur Sg.*
schlapp
Schlap/pe *f.*, -, -n, Niederlage, Verlust
Schlap/pen *m.*, -s, -, Hausschuh
schlapp/ma/chen *intr.*, vor Erschöpfung aufgeben
Schla/raf/fen/land *n.*, -[e]s, *nur Sg.*, paradiesisches Land des Überflusses
schlau
Schlauch *m.*, -es, Schläuche
schlau/chen *tr.*
Schläu/e *f.*, -, *nur Sg.*, Schlauheit
Schlau/fe *f.*, -, -n
Schlau/heit *f.*, -, *nur Sg.*, Cleverness, Intelligenz
Schla/wi/ner *m.*, -s, -, Schlingel, clevere Person
schlecht mehr schlecht als recht, ich fühle mich heute schlecht
schlecht/ge/hen oder auch: **schlecht ge/hen** *intr.*
schlecht/ge/launt oder auch: **schlecht ge/launt**
schlecht/hin veralt. für: vollkommen, perfekt, das ist das Kleid schlechthin
Schlech/tig/keit *f.*, -, -en
schlecht/ma/chen *tr.*
schle/cken *tr.* und *intr.*, naschen, schleckern, lecken
Schle/cke/rei *f.*, -, -en
schle/ckern *intr.* und *tr.*, naschen, schlecken
Schle/gel *m.*, -s, -, Keule (Fleisch), Rehschlegel
schlei/chen *intr.* und *refl.*, sehr leise gehen
Schleich/weg *m.*, -es, -e
Schleich/wer/bung *f.*, -, *nur Sg.*, verdeckte Werbung

Schlei/e *f.*, -, -n, Karpfenfischart
Schlei/er *m.*, -s, -
Schlei/er/eu/le *f.*, -, -n
schlei/er/haft, ugs.: rätselhaft, mysteriös
Schlei/fe *f.*, -, -n, Schlinge, Schlaufe
schlei/fen *tr.*
Schleif/pa/pier *n.*, -es, -e, Bohreraufsatz
Schleif/stein *m.*, -es, -e
Schleim *m.*, -es, -e
schlei/men *intr.*, übertr. auch: scheinheilig sein, heucheln
Schleim/haut *f.*, -, -häute
schlei/mig übertr. auch: heuchlerisch, scheinheilig
schlem/men *intr.*, genussvoll große Mengen essen und trinken
Schlem/mer *m.*, -s, -, Genießer
Schlem/me/rei *f.*, -, -en
schlem/me/risch
schlen/dern *intr.*, gemütlich gehen
schlen/kern *tr.* und *intr.*, schwingen, schaukeln
Schlep/pe *f.*, -, -n
schlep/pen *tr.*, tragen
Schlep/per *m.*, -s, -
Schlep/pe/rei *f.*, -, -en
Schlepp/tau *n.*, -s, -e, jmdn. ins Schlepptau nehmen: jmdn. abschleppen (Auto), übertr. auch: jmdn. mitnehmen
Schles/wig-Hol/stein Bundesland im Norden Deutschlands
Schleu/der *f.*, -, -n
schleu/dern *tr.*
Schleu/der/sitz *m.*, -es, -e, Katapultsitz
schleu/nigst sofort, schnellstens
Schleu/se *f.*, -, -n

schleu/sen *tr.*, übertr. auch: führen, jmdn. geleiten
schlicht einfach
schlich/ten *tr.* glatt machen, übertr. auch: beruhigen
Schlicht/heit *f.*, -, *nur Sg.*, Einfachheit
Schlich/tung *f.*, -, -en, Beilegung von Auseinandersetzungen
Schlick *m.*, -s, -e, Ablagerungen von Schlamm
schli/ckig aus Schlick
Schlie/re *f.*, -, -n, streifige Stelle (z.B. auf Fenstern), Putzrückstände
schlie/rig streifig
schlie/ßen *tr.*, zumachen, abschließen
schließ/lich endlich, in der Konsequenz
Schlie/ßung *f.*, -, -en
Schliff *m.*, -es, -e, übertr. auch: gute Manieren
schlimm aber: das Schlimmste an der Sache
schlimms/ten/falls
Schlin/ge *f.*, -, -n, Schlaufe, Schleife
Schlin/gel *m.*, -s, -, cleverer Kerl
schlin/gen *tr.* und *intr.*, ugs.: hastig essen
schlin/gern *intr.*, schwanken
Schlips *m.*, -es, -e, ugs. für: Krawatte
Schlit/ten *m.*, -s, -
schlit/tern *intr.*, ausrutschen
Schlitt/schuh *m.*, -s, -e, Schlittschuhe laufen
Schlitz *m.*, -es, -e, Spalt
schlit/zen *tr.*
Schlitz/ohr *n.*, -es, -en, ugs.: durchtriebene Person
schlitz/oh/rig
schloh/weiß vollkommen weiß
Schloß > **Schloss** *n.*, -es, Schlösser

Schlöß/chen >
Schlöss/chen *n.*, -s, -
Schlos/ser *m.*, -s, -
Schlos/se/rei *f.*, -, -en
Schloß/hund >
Schloss/hund *m.*, -es, -e, Kettenhund
Schlot *m.*, -es, -e, Schornstein
schlot/tern *intr.*, zittern, auch: lose hängen
Schlucht *f.*, -, -en, enges Gebirgstal
schluch/zen *intr.*, laut weinen
Schluch/zer *m.*, -s, -
Schluck *m.*, -es, -e
Schluck/auf *m.*, -s, *nur Sg.*
schlu/cken *tr.*
Schluck/imp/fung *f.*, -, -en
schluck/wei/se
schlu/de/rig,
schlud/rig, unordentlich, schlampig
schlu/dern *intr.*, unordentlich sein, schlampig sein
Schlum/mer *m.*, -s, *nur Sg.*, Schlaf
schlum/mern *intr.*, schlafen
Schlund *m.*, -es, Schlünde, Anat.: Raum zwischen Mundhöhle und Speiseröhre, fälschl. auch: Hals, übertr. tiefer Abgrund
schlup/fen *intr.*, siehe schlüpfen
schlüp/fen *intr.*
Schlüp/fer *m.*, -s, -, Damenslip
Schlupf/loch *n.*, -es, -löcher, Hintertürchen, Ausweg
schlüpf/rig übertr.: zweideutig
Schlupf/win/kel *m.*, -s, -
schlur/fen *intr.*, langsam und geräuschvoll gehen
schlür/fen *tr.* und *intr.*, geräuschvoll trinken, auch: genießerisch trinken
Schluß > **Schluss** *m.*, -es, Schlüsse
Schluß/ak/kord >
Schluss/ak/kord *m.*, -es, -e
Schluß/akt > **Schlussakt** *m.*, -es, -e
Schlüs/sel *m.*, -s, -
Schlüs/sel/bein *n.*, -es, -e, Knochen
Schlüs/sel/blu/me *f.*, -, -n, Wiesenblume
Schlüs/sel/bund *m.*, -es, -bünde
Schlüs/sel/fi/gur *f.*, -, -en, Hauptfigur
Schlüs/sel/loch *n.*, -es, -löcher
schluß/end/lich >
schluss/end/lich schließlich, letztlich
schluß/fol/gern >
schluss/fol/gern *tr.*, logisch aus etw. schließen
Schluß/fol/ge/rung >
Schluss/fol/ge/rung *f.*, -, -en, logischer Schluss
schlüs/sig logisch gefolgert
Schluß/mann >
Schluss/mann *m.*, -es, -männer
Schluß/strich >
Schluss/strich *m.*, -es, -e, einen Schlussstrich ziehen
Schmach *f.*, -, *nur Sg.*, Schande, Demütigung
schmach/ten *intr.*, Sehnsucht haben
schmäch/tig sehr mager und klein
Schmäch/tig/keit *f.*, -, *nur Sg.*
schmach/voll schändlich
schmack/haft lecker
Schmack/haf/tig/keit *f.*, -, *nur Sg.*
schmä/hen *tr.*, beleidigen
schmäh/lich schändlich
Schmä/hung *f.*, -, -en

schmal
schmä/lern *tr.*, minimieren, verkleinern
Schmä/le/rung *f.*, -, -en
Schmal/heit *f.*, -, *nur Sg.*
Schmal/spur *f.*, -, -en, Eisenbahnspurbreite
schmal/spu/rig
Schmalz *n.*, -es, *nur Sg.*, Tierfett, auch: *m.*, -es, *nur Sg.*, Sentimentalität, übertriebene Emotionalität
schmal/zen *tr.* mit Schmalz einfetten
schmal/zig übertr.: rührselig, sentimental
schma/rot/zen *intr.* parasitär leben
Schma/rot/zer *m.*, -s, -, Parasit, auch übertr.: Person, die andere ausnutzt
Schmatz *m.*, -es, -e, ugs.für: kleiner Kuss
schmat/zen *intr.* geräuschvoll essen
Schmauch *m.*, -es, *nur Sg.*, Rauch, Qualm
schmau/chen *tr.* und *intr.* Pfeife rauchen
Schmaus *m.*, -es, -Schmäuse, große Mahlzeit
schmau/sen *tr.*, genussvoll essen
sche/cken *intr.* und *tr.*
Schmei/che/lei *f.*, -, -en
schmei/chel/haft
schmei/cheln *intr.*, einer Person Komplimente machen
Schmeich/ler *m.*, -s, -
schmeich/le/risch
schmei/ßen *tr.*, werfen
Schmelz *m.*, -es, -e
Schmel/ze *f.*, -, -n, Schneeschmelze
schmel/zen *intr.* und *tr.* flüssig werden od. machen, verflüssigen
Schmel/ze/rei *f.*, -, -en

Schmelz/kä/se *m.*, -s, -
Schmelz/punkt *m.*, -es, -e
Schmerz *m.*, -es, -en
schmerz/emp/find/lich
Schmerz/emp/find/lichkeit *f.*, -, *nur Sg.*
schmer/zen *tr.*
schmer/zens/reich
schmerz/frei
schmerz/haft
Schmerz/haf/tig/keit *f.*, -, *nur Sg.*
schmerz/lich ein schmerzlicher Verlust
schmerz/los
Schmerz/lo/sig/keit *f.*, -, *nur Sg.*
schmerz/stil/lend ein schmerzstillendes Mittel, aber: ein den Schmerz stillendes Mittel
schmerz/voll schmerzvolle Erinnerungen
Schmet/ter/ball *m.*, -es, -bälle
Schmet/ter/ling *m.*, -es, -e
schmet/tern *tr.*
Schmied *m.*, -es, -e, Handwerksberuf
Schmie/de *f.*, -, -n, Werkstatt eines Schmiedes
schmie/den *tr.*
schmie/gen *tr.*, sich in ein Kissen schmiegen
schmieg/sam kuschelig
Schmieg/sam/keit *f.*, -, *nur Sg.*
Schmie/re *f.*, -, -n, Schmierfett, auch: Schmiere stehen: aufpassen, ob die Polizei kommt
schmie/ren 1. *intr.*, mit unlesbarer Handschrift schreiben, 2. *tr.*, einfetten, bestreichen, übertr. auch: jmdn. mit Geld bestechen
Schmie/re/rei *f.*, -, -en
Schmier/geld *n.*, -es, -er, Bestechungsgeld

schmie/rig
Schmie/rig/keit *f.*, -, *nur Sg.*
Schmier/öl *n.*, -es, -e
Schmier/sei/fe *f.*, -, n
Schmin/ke *f.*, -, -n, Make-Up
schmin/ken *tr.* und *refl.*
schmir/geln *tr.*, schleifen, glätten
Schmir/gel/pa/pier *n.*, -es, -e, Sandpapier
Schmiß > **Schmiss** *m.*, -es, *nur Sg.*, ugs.: Temperament, Elan
schmis/sig
schmö/ken *tr.*, norddt. rauchen
Schmö/ker *m.*, -s, -, ugs.: sehr umfangreiches Buch
schmö/kern *intr.*, entspannt lesen
schmol/len *intr.*, beleidigt sein, dumpf brüten
schmo/ren *tr.* und *intr.*, garen
schmuck adrett, sauber
Schmuck *m.*, -[e]s, *Pl.* Schmucksachen od. Schmuckstücke
schmü/cken *tr.*, verzieren
schmuck/los
Schmuck/lo/sig/keit *f.*, -, *nur Sg.*
Schmuck/stück *n.*, -es, -e
Schmud/del *m.*,-s, *nur Sg.*, ugs.: Schmutz, Dreck
schmud/de/lig,
schmudd/lig schmutzig, dreckig
Schmug/gel *m.*, -s, *nur Sg.*, illegaler Im- und Export von Waren
schmug/geln *tr.*
Schmugg/ler *m.*, -s, -
schmun/zeln *intr.*, lächeln, leicht grinsen, amüsiert lächeln
schmur/geln *tr.* und *intr.*, langsam braten
schmu/sen *intr.*, ugs.: Zärt-

lichkeiten austauschen
Schmu/ser *m.*, -s, -
Schmu/se/rei *f.*, -, *nur Sg.*
Schmutz *m.*, -es, *nur Sg.*, Dreck, Mist
schmut/zen *intr.*, schmutzig werden
schmut/zig dreckig, unsauber, übertr.: unanständig, gemein, illegal
Schna/bel *m.*, -s, Schnäbel
schnä/beln *intr.*, ugs. auch: herumschmusen
Schna/bel/tier *n.*, -es, -e, Kloakentier
Schnäb/lein *n.*, -s, -
...schnä/blig = ...schnäbelig
schna/bu/lie/ren *tr.*, mit Genuss essen
Schnack *m.*, -s *nur Sg.*, norddt., Gerede, Geschwätz, Unterhaltung
schna/ckeln *intr.*, bayr.: (mit den Fingern) schnippen, es hat geschnackelt übertr.: es hat funktioniert, auch: ich habe verstanden
schna/cken *intr.*, norddt., reden, schwätzen
Schna/ke *f.*, -, -n, Stechmücke
Schnal/le *f.*, -, -n, Schließmechanismus
schnal/len *tr.*, ugs. auch: verstehen
Schnal/len/schuh *m.*, -s, -e
schnal/zen *intr.*
Schnal/zer *m.*, -s, -
Schnalz/laut *m.*, -es, -e
schnap/pen *intr.* u. *tr.*
Schnap/per *m.*, -s, -, Springfeder
Schnäp/per *m.*, -s, -, 1.chirurg. Instrument, 2. Singvogel
schnäp/pern *tr.*, Billard: seitlich stoßen
Schnapp/hahn *m.*, [e]s, -hähne, früher: Wegelagerer

Schnapp/mes/ser *n.,* -s, -, Klappmesser
Schnapp/sack *m.,* -[e]s, -säcke, veraltet: Ranzen
Schnapp/schloß >
Schnapp/schloss *n.,*-[e]s, -schlösser
Schnapp/schuß >
Schnapp/schuss *m.,* [e]s, -schüsse
Schnaps *m.,* -es, Schnäpse
Schnaps/bren/ne/rei *f.,* -, -en
Schnäps/chen *n.,* -s, -
Schnaps/glas *n.,* -es, -gläser
Schnaps/idee *f.,* -, -n, verrückte, abwegige Idee
Schnaps/na/se *f.,* -, -n, rote, dicke Nase verursacht durch zu hohen Alkoholkonsum
schnar/chen *intr.*
Schnar/cher *m.,* -s, -
Schnar/re *f.,* -, -n, ein Lärminstrument
schnar/ren *intr.*
Schnat *f.,,*-, -en, **Schna/te** *f.,,*-, -n
Schnä/tel *n.,* -s, -, Pfeifchen
schnat/te/rig, schnatt/rig *ugs.:* redselig
schnat/tern *intr., auch ugs.:* 1. unaufhörlich reden, 2. vor Kälte zittern
schnau/ben *refl.,* sich die Nase putzen
schnau/fen *intr.,* keuchen
Schnau/fer *m.,* -s, -, Atemzug
Schnau/pe *f.,* -, -n, Ausguss
Schnauz/bart *m.,* -es, -bärte, großer Schnurrbart
schnauz/bär/tig
Schnau/ze *f.,* -, -n, Tiermaul, ugs. Mund, frei nach Schnauze
schnau/zen *intr., ugs.:* schimpfen
schnäu/zen *refl.,* sich die Nase putzen
Schnau/zer *m.,* -s, -, 1. Hunderasse, 2. Schnauzbart
schnau/zig barsch
Schne/cke *f.,* -, -n, 1. Weichtier, jmdn. zur Schnecke machen, 2. spiralförmiges Gebilde
Schne/cken/gang *m.,* [e]s, -gänge
Schne/cken/ge/häu/se *n.,* -s, -
Schne/cken/ge/trie/be *n.,* -s, -
Schne/cken/haus *n.,* -[e]s, -häuser
Schne/cken/post *f.,* -, *nur Sg.*
Schne/cken/rad *n.,* -[e]s, -räder, in der Technik: in ein Schneckengewinde greifendes Zahnrad
Schne/cken/tem/po *n.,* -s, *nur Sg.,* sehr langsame Geschwindigkeit
Schnee *m.,* -s, *nur Sg.,* gefrorener Niederschlag, auch übertr. ugs.: Kokain
Schnee/ball *m.,* -[e]s, -bälle
Schnee/ball/sys/tem *n.,* -[e]s, -e, Verkaufssystem, bei dem der Käufer Vorteile erhält, wenn er neue Kunden wirbt
Schnee/bee/re *f.,* -, -n, Zierstrauch
Schnee/be/sen *m.,* -s, -, Küchengerät zum Schlagen von Eiweiß
schnee/blind
Schnee/blind/heit *f.,* -, *nur Sg.*
Schnee/bril/le *f.,* -, -n
Schnee/bruch *m.,* -[e]s, -brüche, Abbrechen von Ästen auf Grund zu großer Schneelast
Schnee/brü/cke *f.,* -, -n
Schnee/eu/le *(Nf.)* auch:
Schnee-Eule *(Hf.) f.,* -, -n, Eulenart
Schnee/fall *m.,* -[e]s, -fälle
Schnee/flo/cke *f.,* -, -n
Schnee/floh *m.,* -[e]s, -flöhe, Insekt
schnee/frei
Schnee/gans *f.,* -, -gänse
Schnee/ge/bir/ge *n.,* -s, -, Gebirge, auf denen immer Schnee liegt
Schnee/ge/stö/ber *n.,* -s, -
Schnee/glöck/chen *n.,* -s, -, Frühjahrsblume
Schnee/gren/ze *f.,* -, -n,
Schnee/ha/se *m.,* -n, -n, Hase, der im Winter ein weißes Fell bekommt
Schnee/huhn *n.,* -[e]s, -hühner, Hühnervogel, der im Winter ein weißes Fell bekommt
schnee/ig voller Schnee
Schnee/ket/te *f.,* -, -n, Kette, die man bei schneebedeckter Straße über den Autoreifen zieht
Schnee/glät/te *f.,* -, *nur Sg.*
Schnee/kö/nig *m.,* -s, -e, ugs: sich freuen wie ein Schneekönig
Schnee/le/o/pard *m.,* -en, -en, Leopardenart
Schnee/mann *m.,* -[e]s, -männer
Schnee/mensch *m.,* -en, -en, Yeti
Schnee/pflug *m.,* -[e]s, -pflüge
Schnee/räu/mer *m.,* -s, -
Schnee/ro/se *f.,* -, -n, Christrose
Schnee/schmel/ze *f.,* -, -n
Schnee/schuh *m.,* -[e]s, -e, Apparatur, die die Fortbewegung auf Schnee erleichtert

Schnee/sturm *m.*, -[e]s, -stürme
Schnee/trei/ben *n.*, -s, -
Schnee/we/he *f.*, -, -n, vom Wind angehäufte Schneemenge
schnee/weiß
Schne/gel *m.*, -s, -, Schnecke ohne Gehäuse
Schneid *m.*, -es, *nur Sg.*, Mut
Schneid/boh/rer *m.*, -s, -
Schneid/bren/ner *m.*, -s, -, Brenner zum Schneiden von Eisen und Stahl
Schnei/de *f.*, -, -n, die Sache steht auf Messers Schneide
Schnei/de/müh/le *f.*, -, -n, Sägemühle
schnei/den *tr.* und *intr.*
Schnei/der *m.*, -s, -
Schnei/de/rei *f.*, -, -en
Schnei/der/krei/de *f.*, -, -n, Kreide zum Zeichnen auf Stoff
Schnei/der/lein *n.*, -s, -
Schnei/der/lei/nen *n.*, -s, -, steifer Leinenstoff
schnei/dern *tr.* und *intr.*
Schnei/der/pup/pe *f.*, -, -n
Schnei/de/zahn *m.*, -[e]s, -zähne
schnei/dig forsch, mutig
Schnei/dig/keit *f.*, -, *nur Sg.*
schnei/en *intr.*, unpersönlich: es schneit
Schnei/se *f.*, -, -n, schmales, baumfreies Band im Wald
schnell
Schnellas/ter >
Schnell/las/ter *m.*, -s, -
Schnellast/wa/gen >
Schnell/last/wa/gen *m.*, -s, -
Schnelläu/fer >
Schnell/läu/fer *m.*, -s, -
Schnell/bahn *f.*, -, -en, öffentliches Transportmittel, Kurzform: S-Bahn

Schnell/dienst *m.*, -[e]s, -e, besonderer Service, der Aufträge sofort bearbeitet
Schnel/le *f.*, -, 1. *nur Sg.* Geschwindigkeit, 2. -n, Stromschnelle
schnelle/big >**schnell-le/big**
schnel/len *tr.* und *intr.*
Schnell/feu/er/ge/schütz *n.*, -[e]s, -e
schnell/fü/ßig
Schnell/gast/stät/te *f.*, -, -n
Schnell/ge/richt *n.*, -[e]s, -e, 1. schnell zubereitbare Mahlzeit, 2. Gericht für Schnellverfahren
Schnell/hef/ter *m.*, -s, -
Schnel/lig/keit *f.*, -, -en, meist Sg.
Schnell/las/ter *m.*, -s, -
Schnell/last/wa/gen *m.*, -s, -
Schnell/läu/fer *m.*, -s, -
schnell/le/big sich schnell verändernd, eine schnelllebige Zeit
Schnell/pa/ket *n.*, -[e]s, -e
Schnell/rich/ter *m.*, -s, -, Richter in einem Schnellgericht
Schnell/schuß >
Schnell/schuss *m.*, -es, -schüsse
schnells/tens
schnellst/mög/lich
Schnell/ver/fah/ren *m.*, -s, -
Schnell/waa/ge *f.*, -, -n
Schnell/zug *m.*, -[e]s, -züge
Schnep/fe *f.*, -, -n, 1. Vogelart, 2. ugs. abwertend: Frau
Schnep/fen/vo/gel *m.*, -s, -vögel
Schnep/per *m.*, -s, -, siehe Schnäpper
schnet/zeln *tr.*, in Streifen schneiden
Schneuß *m.*, -es, -, got. Baukunst: Ornament
schneu/zen > **schnäuzen** *refl.*

Schnick/schnack *m.*, -[e]s, *nur Sg.*, ugs. 1. Geschwätz, 2. Kleinigkeit
schnie/ben *intr.*, schnauben
schnie/fen *intr.*, die Nase hochziehen
schnie/geln *tr.*, sich sehr fein anziehen
schnie/ke in Berlin: fein, schick
Schnipp/chen *n.*, -s, -, ugs. jmdm. ein Schnippchen schlagen
Schnip/pel *m.* oder *n.*, -s, -, Schnipsel
schnip/peln *intr.*, schnipseln
schnip/pen *intr.*, mit den Fingern schnippen
schnip/pisch hochnäsig
Schnip/sel *m.* oder *n.*, -s, -, kleines Stück Papier
schnip/seln *tr.*, klein schneiden
schnip/sen
Schnitt *m*,, -[e]s, -e
Schnitt/chen *n.*, -s, -, kleines Stück belegtes Brot
Schnit/te *f.*, -, -n
Schnit/ter *m.*, -s, -
Schnitt/holz *n.*, -es, -hölzer, verarbeitetes Holz
schnit/tig 1. erntereif(es Getreide), 2. elegant
Schnitt/lauch *m.*, -[e]s, *nur Sg.*
Schnitt/mus/ter *n.*, -s, -
Schnitt/punkt *m.*, -[e]s, -e
Schnitt/wa/re *f.*, -, -n, Stoff, der nach Maß verkauft wird
Schnitz *m.*, -[e]s, -e, bayr.: Stückchen
Schnitz/arbeit *f.*, -, -en
Schnitz/bank *f.*, -, -bänke, Bank mit Klemmvorrichtung
Schnit/zel *n.*, -s, -, 1. Stückchen, 2. Scheibe

gebratenes Fleisch
Schnit/zel/jagd *f.,* -, -en Geländespiel, bei dem eine Spur aus Papierschnitzeln gelegt wird
schnit/zeln *tr.,* in Stückchen schneiden
schnit/zen *tr.*
Schnit/zer *m.,* -s, -
Schnit/ze/rei *f.,* -, -en
schnod/de/rig,
schnodd/rig unhöflich, derb
Schnod/de/rig/keit,
Schnodd/rig/keit *f.,* -, *nur Sg.*
schnö/de verächtlich, geringschätzig, der schnöde Mammon
Schnöd/heit,
Schnö/dig/keit *f.,* -, *nur Sg.*
Schnor/chel *m.,* -s, -, Luftrohr, das beim Tauchen verwendet wird
schnor/cheln *intr.,* mit einem Schnorchel tauchen
Schnör/kel *m.,* -s, -
schnör/ke/lig,
schnörk/lig
schnör/keln *intr.*
schnor/ren *tr.,* jmdm. etwas abbetteln
Schnor/rer *m.,* -s, -, jmd., der viel schnorrt
Schnö/sel *m.,* -s, -, aufgeblasener Mensch
schnö/se/lig, schnös/lig
Schnu/cke *f.,* -, -n, Schafart, Kurzform von Heidschnucke
Schnüf/fe/lei *f.,* -, -en
schnüf/feln *intr.,* 1. etwas riechen, durch die Nase einatmen, 2. jmdm. hinterherspionieren
Schnüf/fler *m.,* -s, -
Schnul/ler *m.,* -s, -, Sauger für Babys
Schnul/ze *f.,* -, -n, anrührende Aufführung
schnup/fen *tr.* und *intr.*
Schnupftabak benutzen
Schnup/fen *m.,* -s, -, Erkältung
Schnup/fer *m.,* -s, -, jmd., der Tabak schnupft
Schnupf/ta/bak *m.,* -s, -e
Schnupf/tuch *n.,* -[e]s, -tücher, süddt., österr.: Taschentuch
schnup/pe ugs., egal, das ist mir schnuppe
schnup/pern *intr.,* prüfend riechen
Schnur *f.,* -, Schnüre
Schnür/bo/den *m.,* -s, -böden, Theater: Raum über der Bühne
Schnür/chen *n.,* -s, -, das läuft wie am Schnürchen
schnü/ren etwas zusammenbinden
schnur/ge/ra/de
Schnur/ke/ra/mik *f.,* -, -en, Keramiken der Jungsteinzeit (nach der schnurförmigen Verzierung)
Schnür/leib *m.,* -[e]s, -er, veraltet: Schnürkorsett
Schnurr/bart *m.,* -[e]s, -bärte
schnurr/bär/tig
Schnur/re *f.,* -, -n, komische Erzählung
schnur/ren *intr.*
Schnurr/haa/re *n.,* -, *nur Pl.,* Spürhaare an der Oberlippe von Säugetieren
Schnür/rie/men *m.,* -s, -
schnur/rig komisch
Schnür/schuh *m.,* [e]s, -e
Schnür/sen/kel *m.,* -s, -
Schnür/stie/fel *m.,* -s, -
schnur/stracks sofort, auf direktem Wege
Schnü/rung *f.,* -, -en
schnurz ugs.: egal, gleichgültig
schnurz/e/gal
Schnüt/chen *n.,* -s, -,
Schnu/te *f.,* -, -n,
Scho/ber *m.,* -s, -, bayr., österr., schwäb.: (Überdachung für) Heuhaufen
scho/bern *tr.,* zu Haufen schichten
Schock *m.,* -s, -s, Nervenerschütterung
Schock/be/hand/lung *f.,* -, -en, Therapie mit Hilfe von künstlich herbeigeführten Schocks
scho/cken *tr.,* jmdm. einen Schock versetzen
Scho/cker *m.,* -s, -, Horrorfilm
scho/ckie/ren *tr.*
scho/cking eingedeutschte Schreibweise von shocking
Schock/schwe/re/not! Ausruf der Entrüstung, des Entsetzens
Schock/the/ra/pie *f.,* -, -n
scho/fe/lig
Schöf/fe *m.,* -n, -n, ehrenamtl. Laienrichter eines Schöffengerichtes
Schöf/fen/bank *f.,* -, -bänke
Schöf/fen/ge/richt *n.,* -[e]s, -e, Gericht, das sich aus einem Berufsrichter und mehreren Schöffen zusammensetzt
Scho/gun *m.,* -[e]s, -e, deutsche Schreibweise von Shogun
Scho/ko/la/de *f.,* -, -n
scho/ko/la/den aus Schokolade bestehend
scho/ko/la/den/braun
Scho/ko/la/den/ta/fel *f.,* -, -n
Scho/ko/la/den/tor/te *f.,* -, -n
Scho/lar *m.,* -, -en, im Mittelalter: fahrender Student
Scho/larch auch:
Schol/arch [lat. + griech.] *m.,* -, -en, im Mittelalter:

Scholastik

Vorsteher in einer Klosterschule
Scho/las/tik *f.*, -, *nur Sg.*, 1. Philosophie des Mittelalters, 2. heute engstirnige Schulweisheit
Scho/las/ti/ker *m.*, -s, -, Anhänger der Scholastik
scho/las/tisch
Scho/las/ti/zis/mus *m.*, -, *nur Sg.*, Haarspalterei
Scho/lie *f.*, -, -n, erklärende Randbemerkung
Schol/le *f.*, -, -n, 1. Erdklumpen auf einem Acker, 2. ein Stück Acker, 3. ein großes Stück Treibeis, 4. Fischart
Schol/len/bre/cher *m.*, -s, -, Ackergerät
schol/lig
Schöll/kraut *n.*, [e]s, -kräuter, Heilpflanze
schon ich komme schon
schön das schöne Geschlecht
Schön/druck *m.*, -[e]s, -e, Druckvorgang
Schö/ne *f.*, -n, -n
scho/nen *tr.*
schö/nen *tr.*, schöner, intensiver machen, als es ist
Scho/ner *m.*, -s, -, 1. Schutzüberzug, 2. Segelschiff
schön/fär/ben *tr.*, schöner machen, als es ist
Schön/fär/ber *m.*, -s, -
Schön/fär/be/rei *f*, -, *nur Sg.*
Schön/geist *m.*, -[e]s, -er, Freund der schönen Künste
schön/geis/tig keine Fachliteratur, sondern z.B. Romane
Schön/heit *f.*, -, -en
Schön/heits/chir/ur/gie oder auch: **-chi/rur/gie** *f.*, -, *nur Sg.* kosmetische Chirurgie
Schön/heits/feh/ler *m.*, -s, -
Schön/heits/fleck *m.*, -[e]s, -e
Schön/heits/kon/kur/renz *f.*, -, -en
Schön/heits/pfläs/terchen *n.*, -s, -, kosmetisches dunkles Pflästerchen auf der Wange
Schön/heits/sa/lon *m.*, -s, -s
Schon/kost *f.*, -, *nur Sg.*
schön/ma/chen *intr.*, Hund: Männchen machen
schön/re/den *intr.*, schmeicheln
Schön/re/de/rei,
Schön/red/ne/rei *f.*, -, *nur Sg.*
Schön/red/ner *m.*, -s, -
schön/red/ne/risch
schon/sam schonend
schön/schrei/ben *intr.*, in Schönschrift schreiben
Schön/schrift *f.*, -, *nur Sg.*
Schön/tu/er *m.*, -s, -
Schön/tu/e/rei *f.*, -, *nur Sg.*
schön/tu/e/risch
schön/tun *intr.* schmeicheln
Scho/nung *f.*, -, -en, 1. in der Forstwirtschaft: Aufzuchtgelände junger Bäume, 2. *nur Sg.*, Nicht-Belästigung
scho/nungs/be/dürf/tig
Scho/nungs/be/dürf/tigkeit *f.*, -, *nur Sg.*
Schön/wet/ter/la/ge *f.*, -, -n
Schön/wet/ter/wol/ke *f.*, -, -n
Schon/zeit *f.*, -, -en
Schopf *m.*, -[e]s, Schöpfe, Haarbüschel, übertr.: eine Gelegenheit beim Schopfe packen
Schöpf/ei/mer *m.*, -s, -
schöp/fen *tr.*
Schöp/fer *m.*, -s -
Schöp/fer/hand *f.*, -, -hände
schöp/fe/risch

Schöp/fer/kraft *f.*, -, -kräfte
Schöpf/kel/le *f.*, -, -n
Schöpf/löf/fel *m.*, -s, -
Schöp/fung *f.*, -, -en
Schöp/fungs/be/richt *m.*, -[e]s, -e
Schöp/fungs/ge/schichte *f.*, -, -n
Schöp/fungs/tag *m.*, [e]s, -e, der erste Schöpfungstag
Schöp/fungs/werk *n.*, -[e]s, -e
Schöpf/werk *n.*,-[e]s, -e, Gerät zum Wasserschöpfen
Schop/pen *m.*, -s, -, Flüssigkeitsmaß
Schop/pen/wein *m.*, -[e]s, -e, ein Schoppen Wein
Schöp/sen/bra/ten *m.*, -s, -, Hammelbraten
Schorf *m.*, -[e]s, -e, Kruste auf einer Wunde
schor/fig
Schor/le *f.*, -, -n, Mischgetränk aus Weißwein bzw. Apfelsaft mit Sprudel
Schorn/stein *m.*, -[e]s, -e
Schorn/stein/fe/ger *m.*, -s, -
Scho/se [französ.] *f.*, -, -n, eine Sache, Ding
Schoß *m.*, -es, Schöße, 1. bei einem sitzenden Menschen: der Winkel zwischen Oberschenkeln und Unterleib, 2. Mutterleib, 3. Frackschoß
Schoß > **Schoss** *m.*, -es, -e
Schöß/chen *n.*, -s, -, Streifen in der Taille von Frauenkleidern
Schö/ßel *m.*, -s, -, österr.: Schößchen, Frackschoß
Schoß/hund *m.*, -[e]s, -e
Schoß/hünd/chen *n.*, -s, -
Schoßkind *n.*, -[e]s, -er
Schöß/ling > **Schössling** *m.*, -[e]s, -e, Pflanzentrieb
Scho/te *f.*, -, -n, 1. Fruchtform, auch Hülse genannt,

642

Schrecknis

2. Segeltau
Schott *n.,* -[e]s, -en, wasserdichte Trennwand in Schiffen
Schot/te *m.,* -n, -n, Einwohner Schottlands
Schot/ten/stoff *m.,* -[e]s, -e, Stoff mit Schottenmuster
Schot/ter *m.,* -s, -, beim Straßenbau verwendete Steinchen
schot/tern *tr.,* Schotter verwenden
Schot/te/rung *f.,* -, *nur Sg.*
Schot/tin *f.,* -, -en, Einwohnerin Schottlands
schot/tisch
Schott/land nördlichster Teil der britischen Insel
Schott/län/der *m.,* -s, -, Schotte
schott/län/disch schottisch
Schraf/fe *f.,* -, -n
schraf/fen *tr.* schraffieren
schraf/fie/ren [italien.] *tr.* eine Fläche mit parallelen Strichen füllen
Schraf/fie/rung,
Schraf/fung, Schraf/fur *f.,* -, -en schraffierte Fläche
schräg nicht gerade
Schrä/ge *f.,* -, -n
Schra/gen *m.,* -s, -, Sägebock
schrä/gen *tr.*
Schräg/heit *f.,* -, *nur Sg.*
Schräg/la/ge *f.,* -, -n
schräg/lau/fend oder auch: **schräg laufend**
Schräg/schrift *f.,* -, -en
Schräg/strei/fen *m.,* -s, -
Schräg/strich *m.,* -[e]s, -e
Schrä/gung *f.,* -, -en schräge Fläche
schral in der Seefahrt: ungünstiger, schwacher Wind
schra/len *intr.,* die Richtung wechseln (Wind)
Schram *m.,* -[e]s, Schräme, im Bergbau: ein schräger Einschnitt
Schräm/ma/schi/ne *f.,* -, -n
Schram/me *f.,* -, -n
Schram/mel/mu/sik *f.,* -, *nur Sg.,* von einem Quartett gespielte Wiener Musik
schram/men *tr.*
schram/mig
Schrank *m.,* -[e]s, Schränke
Schränk/chen *n.,* -s, -
Schran/ke *f.,* -, -n
Schränk/ei/sen *n.,* -s, -, Werkzeug
schrän/ken
schran/ken/los 1. unbeschrankt, 2. unbeherrscht
Schran/ken/lo/sig/keit *f.,* -, *nur Sg.*
Schran/ken/wär/ter *m.,* -s, -
Schrank/kof/fer *m.,* -s, -
Schrank/wand *f.,* -, -wände
Schran/ze *f.,* -, -n
Schrap/nell *n.,* -[e]s, -e, nach dem englischen Offizier Shrapnel benanntes Geschoss
Schrapp/ei/sen *n.,* -s, -
schrap/pen *tr.,* abkratzen
Schrap/sel *m.,* -s, -, Abfall beim Schrappen
Schrat *m.,* -[e]s, -e, in der Mythologie: Waldgeist, Waldschrat
Schrat/ten *m.,* -, *nur Pl.*
Schrat/ten/kalk *m.,* -[e]s, *nur Sg.,* Kalkgestein
Schräub/chen *n.,* -s, -
Schraube *f.,* -, -n, ugs. auch: bei dir ist wohl eine Schraube locker? Schreckschraube
Schrau/bel *f.,* -, -n, Blütenstand
schrau/ben *tr.*
Schrau/ben/bak/te/ri/en *m.,* -, *nur Pl.,* Leptospiren
Schrau/ben/damp/fer *m.,* -s, -
Schrau/ben/dre/her *m.,* -s, -, Schraubenzieher
Schrau/ben/gang *m.,* -[e]s, -gänge, eine Windung im Gewinde einer Schraube
Schrau/ben/kopf *m.,* -[e]s, -köpfe
Schrau/ben/schlüs/sel *m.,* -s, -
Schrau/ben/schne/cke *f.,* -, -n, Meeresschnecke
Schrau/ben/zie/her *m.,* -s, -
Schrau/ben/zwin/ge *f.,* -, -n, Werkzeug zum Zusammenpressen, wird mit Hilfe einer Schraube eingestellt
Schraub/glas *n.,* -[e]s, -gläser
Schraub/stock *m.,* -[e]s, -stöcke, Werkzeug zum Halten des Arbeitsmaterials, während es bearbeitet wird
Schre/ber/gar/ten *m.,* -s, -gärten, kleiner Garten in einer Gartenkolonie
Schre/ber/gärt/ner *m.,* -s, -
Schreck *m.,* -[e]s, -e
Schreck/bild *n.,* -[e]s, -er
schre/cken *tr.,* jmdn. in Schrecken versetzen
Schre/cken *m.,* -s, -
schre/cken/er/re/gend
schre/ckens/blaß >
schre/ckens/blass
schre/ckens/bleich
Schre/ckens/bot/schaft *f.,* -, -en
Schre/ckens/herr/schaft *f.,* -, -en
Schre/ckens/tat *f.,* -, -en
Schre/ckens/zeit *f.,* -, -en
Schreck/ge/spenst *n.,* -[e]s, -er
schreck/haft
Schreck/haf/tig/keit *f.,* -, *nur Sg.*
schreck/lich
Schreck/lich/keit *f.,* -, -en
Schreck/nis *n.,* -ses, -se

Schreckschraube

Schreck/schrau/be *f.,* -, -n, ugs.: unangenehme Frau
Schreck/schuß >
Schreck/schuss *m.,* -es, -schüsse, Warnschuss
Schreck/se/kun/de *f.,* -, -n
Schred/der, Shred/der *m.,* -s, -, Häckselmaschine
Schrei *m.,* -[e]s, -e
Schreib/block *m.,* -s, -blöcke
Schrei/be *f.,* -, -n, ugs., 1. ein geschriebenes Werk, 2. Schreibstil
schrei/ben *tr.,* ich habe fünfzig Seiten geschrieben, ich muss noch zwei Seiten schreiben
Schrei/ben *n.,* -s, -
Schrei/ber *m.,* -s, -
Schrei/be/rei *f.,* -, -en
Schrei/ber/ling *m.,* -s, -e, verächtl. oder iron.: kleiner Angestellter
Schrei/ber/see/le *f.,* -, -n, kleingeistiger Mensch
schreib/faul
schreib/ge/wandt
Schreib/kraft *f.,* -, -kräfte, Büroangestellte
Schreib/krampf *m.,* [e]s, -krämpfe
Schreib/map/pe *f.,* -, -n
Schreib/ma/schi/ne *f.,* -, -n
Schreib/schrift *f.,* -, -en
Schreib/stu/be *f.,* -, -n, beim Militär: Büro
Schreib/tisch *m.,* -[e]s, -e
Schreib/tisch/tä/ter *m.,* -s, -, jmd., der ein Verbrechen von seinem Schreibtisch aus befiehlt, aber nicht selbst Hand anlegt
Schrei/bung *f.,* -, -en
Schreib/wa/ren *f.,* -, *nur Pl.*
Schreib/wei/se *f.,* -, -n
schrei/en *intr.*
Schrei/er *m.,* -s, -
Schrei/e/rei *f.,* -, *nur Sg.*

Schrei/hals *m.,* -[e]s, -hälse
Schrei/krampf *m.,* -[e]s, -krämpfe
Schrein *m.,* -[e]s, -e, Sarg, Reliquienbehälter
Schrei/ner *m.,* -s, -, südwestdt., österr., Schweiz., Tischler
Schrei/ne/rei *f.,* -, -en
schrei/nern *intr.* und *tr.*
Schreit/bag/ger *m.,* -s, -
schrei/ten *intr.*
Schreit/tanz *m.,* -es, -tänze
Schrieb *m.,* -[e]s, -e, ugs. scherzh.: Brief
Schrift *f.,* -, -en, 1. Art und Weise zu schreiben, 2. die Heilige Schrift
Schrift/bild *n.,* -[e]s, -er
schrift/deutsch Schriftdeutsch schreiben oder sprechen
Schrift/deutsch *n.,* -es, *nur Sg.*
Schrift/fäl/schung *f.,* -, -en
Schrift/füh/rer *m.,* -s, -, derjenige, der während einer Sitzung Protokoll führt
Schrift/ge/lehr/ter *m.,* -ten, -ten, in der Bibel: ein jüd. Rechtsgelehrter
Schrift/gie/ßer *m.,* -s, -
Schrift/gie/ße/rei *f.,* -, -en
Schrift/grad *m.,* -[e]s, -e
Schrift/lei/tung *f.,* -, -en Redaktion
schrift/lich
Schrift/lich/keit *f.,* -, *nur Sg.,* Schriftform
Schrift/psy/cho/lo/gie *f.,* *nur Sg.,* neue Bez. für Grafologie
Schrift/sach/ver/stän/dige *m.,* -gen, -gen
Schrift/satz *m.,* -es, -sätze, 1. ein schriftlicher Antrag, 2. für den Druck vorbereitete Vorlage
Schrift/set/zer *m.,* -s, -

Schrift/spra/che *f.,* -, -n, mundartfreie geschriebene Sprache
schrift/sprach/lich
Schrift/stel/ler *m.,* -s, -
Schrift/stel/le/rei *f.,* -, *nur Sg.*
schrift/stel/le/risch
schrift/stel/lern *intr.,* sich als Schriftsteller betätigen
Schrift/stück *n.,* -[e]s, -e
Schrift/tum *n.,* -s, *nur Sg.*
Schrift/ver/kehr *m.,* -s, *nur Sg.*
Schrift/wech/sel *m.,* -s, -
Schrift/zei/chen *n.,* -s, -
Schrift/zug *m.,* -[e]s, -züge
schrill
schril/len *intr.*
Schrimp, Shrimp *m.,* -s, -s, Garnelenart
schrin/ken *tr.,* einen Stoff anfeuchten, um zu verhindern, dass er einläuft
Schrip/pe *f.,* -, -n, in Berlin: Brötchen
Schritt *m.,* -[e]s, -e, Schritt fahren, mit jmdm. Schritt halten
Schritt/ma/cher *m.,* -s, -, 1. in der Medizin: Gerät zur Unterstützung des Herzens, 2. im Sport: ein Sportler, der das Tempo vorgibt
Schritt/mes/ser *m.,* -s, -
schritt/wei/se
schroff
Schroff/heit *f.,* -, *nur Sg.*
schröp/fen *tr.,* jmdm. Blut, Geld abnehmen
Schröpf/kopf *m.,* -es, -köpfe, in der Medizin: Gerät zum Absaugen von Blut
Schrot *m.,* -[e]s, -e, 1. nicht vollständig gemahlene Getreidekörner, 2. Gewehrmunition
Schrot/brot *n.,* -[e]s, -e
Schrot/büch/se *f.,* -, -n

schro/ten *tr.*, grob mahlen
Schrö/ter *m.*, -s, -, Käferart
Schrot/flinte *f.*, -,-n
Schroth/kur *f.*, -,-en, nach dem Naturheilkundigen Johann Schroth benannte Diät
Schrot/ku/gel *f.*, -,-n
Schrot/mehl *n.*, -[e]s, -e
Schrot/müh/le *f.*, -,-n,
Schrott *m.*, -[e]s, *nur Sg.*, Abfälle, unbrauchbare Gegenstände
Schrot/waa/ge *f.*, -, -n, Gerät zur Überprüfung waagerechter Flächen
schrub/ben *tr.* kräftig bürsten
Schrub/ber *m.*, -s, -
Schrul/le *f.*, -,-n, 1. seltsame Angewohnheit, 2. ugs.: sonderbare Frau
schrul/len/haft wunderlich
schrul/lig
Schrul/lig/keit *f.*, -, *nur Sg.*
Schrum/pel *f.*, -,-n, Runzel
schrum/pe/lig,
schrump/lig,
schrum/peln *intr.*
schrump/fen *intr.*
schrump/fig
Schrumpf/kopf *m.*, -[e]s, -köpfe, bei einigen Naturvölkern: getrocknete Trophäe
Schrump/fung *f.*, -,-en
schrump/lig,
schrum/pelig
Schrun/de *f.*, -,-n, Hautriss
Schrun/den/sal/be *f.*, -,-n
schrun/dig
schrup/pen *tr.*, grob hobeln
Schub *m.*, -[e]s, Schübe
Schu/ber *m.*, -s, -, Schutzkarton für Bücher
Schub/fach *n.*, -[e]s, -fächer
Schu/bi/ack *m.*, -[e]s, -e, norddt.: Gauner, Bettler

Schub/kar/re *f.*, -,-n, Hilfsmittel bei Bau- oder Gartenarbeiten
Schub/kas/ten *m.*, -s, -kästen
Schub/kraft *f.*, -,-kräfte
Schub/la/de *f.*, -,-n
Schub/leh/re *f.*, -,-n
Schubs *m.*, -es, -e
schub/sen *tr.*
Schub/stan/ge *f.*, -,-n
schub/wei/se
schüch/tern
Schüch/tern/heit *f.*, -, *nur Sg.*
schu/ckeln *intr.*, rattern, wackeln
Schuft *m.*, -[e]s, -e
schuf/ten *intr.*, schwer arbeiten
Schuf/te/rei *f.*, -,*nur Sg.*
schuf/tig
Schuf/tig/keit *f.*, -,*nur Sg.*
Schuh *m.*, -[e]s, -e
Schuh/an/zie/her *m.*, -s, -
Schuh/band *n.*, -[e]s, -bänder
Schuh/löf/fel *m.*, -s, -, Anziehhilfe für Schuhe
Schuh/ma/cher *m.*, -s, -
Schuh/ma/che/rei *f.*, -,-en
Schuh/platt/ler *m.*, -s, -, bayr. Volkstanz
Schuh/put/zer *m.*, -s, -
Schuh/soh/le *f.*, -,-n
Schu/ko in Zus.: Schutzkontakt
Schu/ko/steck/do/se *f.*, -,-n
Schu/ko/ste/cker *m.*, -s, -
Schul/amt *n.*, -[e]s, -ämter
Schul/an/fän/ger *m.*, -s, -
Schul/ar/beit *f.*, -,-en
Schul/arzt *m.*, -[e]s, -ärzte
schul/ärzt/lich
Schul/auf/ga/be *f.*, -,-n
Schul/bank *f.*, -,-bänke, die Schulbank drücken
Schul/bei/spiel *n.*, -[e]s, -e
Schul/bil/dung *f.*, -, *nur Sg.*

Schul/buch *n.*, [e]s, -bücher
schuld sie ist schuld
Schuld *f.* -, *nur Sg.*
Schul/den *nur Pl.*, Schulden haben
Schuld/be/kennt/nis *n.*, -ses, -se
schuld/be/la/den
schuld/be/wußt >
schuld/be/wusst aber: sich keiner Schuld bewusst sein
Schuld/be/wußt/sein >
Schuld/be/wusst/sein *n.*, -s, *nur Sg.*
schul/den *tr.*
schul/den/frei
Schul/den/last *f.*, -,-en
Schuld/fra/ge *f.*, -,-n
schuld/haft
Schuld/haft *f.*, -, *nur Sg.*
Schul/dienst *m.*, -[e]s, *nur Sg.*
schul/dig
Schul/di/ger *m.*, -s, -, veralt.: Schuldner
Schul/dig/keit *f.*, -, *nur Sg.*
Schuld/knecht/schaft *f.*, -, *nur Sg.*, im Mittelalter: durch Schulden verursachte Leibeigenschaft
schuld/los
Schuld/lo/sig/keit *f.*, -, *nur Sg.*
Schuld/ner *m.*, -s, -
Schuld/schein *m.*, -[e]s, -e
Schuld/spruch *m.*, -[e]s, -sprüche
Schuld/turm *m.*, [e]s, -türme, früher: Schuldner-Gefängnis
Schuld/ver/schrei/bung *f.*, -,-en, Wertpapier
Schu/le [griech.] *f.*, -,-n, Bildungsstätte
schu/len *tr.*
schul/ent/las/sen
Schü/ler *m.*, -s, -
Schü/ler/ar/beit *f.*, -,-en
schü/ler/haft

Schü/ler/heim *n.*, -[e]s, -e
Schü/ler/kar/te *f.*, -,-n
Schü/ler/lot/se *m.*, -, -n, Schüler, der für eine sichere Straßenüberquerung seiner Mitschüler sorgt
Schü/ler/mit/ver/antwor/tung *f.*, -, *nur Sg.*
Schü/ler/mit/ver/wal/tung *f.*, -, *nur Sg.*
Schü/ler/schaft *f.*, -, *nur Sg.*
Schü/ler/zei/tung *f.*, -,-en
Schul/fe/ri/en *nur Pl.*
schul/frei
Schul/funk *m.*, -s, *nur Sg.*
Schul/geld *n.*, -[e]s, -er
Schul/ge/lehr/sam/keit *f.*, -, *nur Sg.*, rein theoretische Bildung
Schul/hof *m.*, -[e]s, -höfe
schu/lisch
Schul/kennt/nis/se *f.*, -, *nur Pl.*
Schul/kind *n.*, -[e]s, -er
Schul/klas/se *f.*, -, -n
schul/klug nur theoretisch gut gebildet
Schul/land/heim *n.*, -[e]s, -e
Schul/lei/ter *m.*, -s, -
Schul/mann *m.*, -[e]s, -männer, im Schuldienst Tätige
Schul/map/pe *f.*, -, -n
Schul/me/di/zin *f.*, -, *nur Sg.*, an den Universitäten gelehrte Medizin
Schul/meis/ter *m.*, -s, -
schul/meis/ter/lich
schul/meis/tern *tr.*, jmdn. kleinlich belehren
Schul/mu/sik *f.*, -, *nur Sg.*
Schul/ord/nung *f.*, -, -en
Schulp *m.*, -[e]s, -e, rückgebildete Schale bei Kopffüßlern
Schul/pflicht *f.*, -, *nur Sg.*
schul/pflich/tig
Schul/po/li/tik *f.*, -, *nur Sg.*
Schul/ran/zen *m.*, -s, -

Schul/rat *m.*, -[e]s, -räte
Schul/schiff *n.*, -[e]s, -e
Schul/schwän/zer *m.*, -s, -
Schul/spei/sung *f.*, -,-en
Schul/ter *f.*, -,-n
Schul/ter/blatt *n.*, [e]s, -blätter
Schul/ter/ge/lenk *n.*, -[e]s, -e
Schul/ter/gür/tel *m.*, -s, -, Verbindung aus Schulterblatt und Schlüsselbein
Schul/ter/klap/pe *f.*, -, -n
schul/tern *tr.*, 1. etwas auf die Schultern nehmen, 2. im Sport: jmdn. auf die Schultern zwingen
Schult/heiß *m.*, -en, -en, veralt.: Gemeindevorsteher
Schult/hei/ßen/amt *n.*, -es, -ämter
Schu/lung *f.*, -,-en
Schul/un/ter/richt *m.*,-[e]s, -
Schul/weg *m.*, -[e]s, -e
Schul/weis/heit *f.*, -, -en, einseitiges Wissen ohne prakt. Erfahrung
Schul/ze *m.*, -, -n, veraltet: Gemeindevorsteher
Schul/zeit *f.*, -, *nur Sg.*
Schul/zeug/nis *n.*, -ses, -se
Schum/me/lei *f.*, -,-en
schum/meln *intr.*, ein wenig betrügen
Schum/mer *m.*, -s, *nur Sg.*, norddt.: Dämmerung
schum/me/rig,
schumm/rig dämmerig
schum/mern *intr.*, dämmern, dunkel werden
schumm/rig = schummerig
Schund *m.*, -[e]s, *nur Sg.*, Gegenstände, die minderwertig oder wertlos sind
Schund/li/te/ra/tur *f.*, -, *nur Sg.*
Schund/wa/re *f.*, -, -n
schun/keln *intr.*, sich beim Nachbarn eingehängt hin und her wiegen

Schun/kel/wa/lzer *m.*, -s, -
Schupf *m.*, -[e]s, -e, süddt., österr.: Schubs, Wurf
schup/fen *tr.*, süddt., österr.
Schup/fen *m.*, -s, -, süddt., österr. Schuppen
Schu/po *m.*, -s, -s, Kurzf. für Schutzpolizei
Schup/pe *f.*, -,-n, Haut- oder Hornplättchen
schup/pen 1. *refl.*, es lösen sich Schuppen von der Haut, 2. einem Fisch die Schuppen abkratzen
Schup/pen *m.*, -s, -, Abstellraum
Schup/pen/flech/te *f.*, -, *nur Sg.*, Hautkrankheit, Psoriasis
Schup/pen/pan/zer *m.*, -s, -
Schup/pen/tier *n.*, [e]s, -e, ein mit Schuppen bedecktes Säugetier
Schup/pung *f.*, -, *nur Sg.*
Schups, Schubs *m.*, -[e]s, -e
schup/sen, schubsen *tr.*
Schur *f.*, -, -en, der Vorgang des Scherens von Schafen
Schür/ei/sen *n.*, -s, -
schü/ren *tr.*, ein Feuer oder Gefühle schüren
Schü/rer *m.*, -s, -, Schüreisen
schür/fen 1. im Bergbau: Bodenschätze abbauen, 2. sich oberflächlich nur die Haut verletzen
Schür/fer *m.*, -s, -
Schür/ha/ken *m.*, -s, -, Eisenhaken zum Schüren eines Feuers
schu/ri/geln *tr.*, plagen, schikanieren
Schur/ke *m.*, -n, -n, Schuft, gemeiner Mensch
Schur/ken/streich *m.*, -[e]s, -e
Schur/ke/rei *f.*, -, -en
schur/kisch

schur/ren *intr.*, nordostdt.: rutschen
Schurr/murr *n.*, -s, *nur Sg.*, norddt. Durcheinander
Schur/wol/le *f.*, -, -n
Schurz *m.*, -[e]s, -e, Tuch, das um die Hüfte gebunden wird
Schür/ze *f.*, -,-n
schür/zen *tr.*
Schür/zen/jä/ger *m.*, -s, -, jmd., der ständig Frauen nachläuft
Schurz/fell *n.*, -[e]s, -e, Schurz aus Fell
Schuß > Schuss *m.*, -es, Schüsse, selten auch: mehrere Schuss, 1. einen Schuss abgeben, 2. etwas in Schuss halten
schuß/be/reit > schuss/be/reit
Schus/sel *m.*, -s, -, ugs. unkonzentrierter Mensch
Schüs/sel *f.*, -, -n
schus/se/lig, schuss/lig unkonzentriert
schus/seln *intr.*, 1. etwas unkonzentriert tun, 2. mitteldt.: rutschen
Schus/ser *m.*, -s, -, Murmel
Schuß/fa/den >
Schuss/fa/den *m.*, -s, -fäden, in der Weberei: Querfaden
Schuß/fahrt > Schussfahrt *f.*, -,-en
schuß/fer/tig > schuss-fer/tig
schuß/fest > schussfest
Schuß/fes/tig/keit > Schuss/fes/tig/keit *f.*, -, *nur Sg.*
schuß/ge/recht > schuss/ge/recht in der Jägerspr.: wenn das Wild ein gutes Ziel bildet
Schuß/ka/nal > Schuss-ka/nal *m.*, -[e]s, -kanäle,

Weg des Geschosses durch den Körper bei Schussverletzungen
schuß/lig > schuss/lig = schusselig
Schuß/li/nie > Schussli/nie *f.*, -, -n
schuß/si/cher > schuss-si/cher
Schuß/waf/fe > Schuss-waf/fe *f.*, -, -n
Schuß/wei/te > Schuss-wei/te *f.*, -, -n
Schus/ter *m.*, -s, -
Schus/te/rei *f.*, -, -en Schuhmachergeschäft
Schus/ter/jun/ge *m.*, -n, -n, auch im Buchdruck: die erste Zeile eines neuen Absatzes am Seitenende
Schus/ter/ku/gel *f.*, -, -n, Glaskugel, die mit Wasser gefüllt ist und dadurch Licht sammelt und reflektiert
schus/tern *intr.*, 1. als Schuster arbeiten, 2. ugs.: nicht sorgfältig arbeiten
Schu/te *f.*, -, -n, 1. Schleppkahn, 2. Frauenhut
Schutt *m.*, -s, *nur Sg.*
Schutt/ab/la/de/platz *m.*, -es, -plätze
Schutt/berg *m.*, -[e]s, -e
Schütt/bo/den *m.*, -s, -böden, Lagerboden für Stroh und Getreide
Schüt/te *f.*, -, -n, ein Bund Stroh
Schüt/tel/frost *m.*, -[e]s, *nur Sg.*
Schüt/tel/läh/mung *f.*, -, -en, Parkinsonsche Krankheit, andauerndes Zittern
schüt/teln *tr.*
Schüt/tel/reim *m.*, -[e]s, -e, Reim, bei dem Konsonanten vertauscht werden
Schüt/tel/rut/sche *f.*, -, -n

schüt/ten 1. *tr.*, 2. *intr.*, unpersönlich, es schüttet wie aus Eimern
schüt/ter schütteres Haar haben
schüt/tern *intr.*, rumpeln, holpern, stoßen
Schütt/gut *n.*, -[e]s, -güter, lose Güter wie z.B. Geröll
Schutt/hal/de *f.*, -, -n
Schütt/ofen *m.*, -s, -öfen, von oben nachzufüllender Ofen
Schutz *m.*, -es, *nur Sg.*
Schutz/an/zug *m.*, -[e]s, -züge
Schutz/auf/sicht *f.*, -, *nur Sg.*
Schutz/be/foh/le/ne *m.* -n, -n
Schutz/blech *n.*, -[e]s, -e
Schutz/brille *f.*, -, -n
Schutz/dach *n.*, -[e]s, -dächer
Schüt/ze *m.*, -n, -n, 1. jmnd., der schießt oder dazu in der Lage ist, 2. in der Astronomie: Sternbild
schüt/zen *tr.*
Schüt/zen/fest *n.*, -[e]s, -e
Schutz/en/gel *m.*, -s, -
Schüt/zen/gra/ben *m*, -s, -gräben
Schüt/zen/hil/fe *f.*, -, -n, jmdm. Schützenhilfe leisten
Schüt/zen/kö/nig *m.*, -[e]s, -e, der Sieger eines Schützenfestes
Schüt/zen/steu/e/rung, Schütz/steu/e/rung *f.*, -,-en
Schüt/zer *m.*, -s, -
Schutz/far/be *f.*, -, -n,
Schutz/fär/bung *f.*, -, -en
Schutz/frist *f.*, -, -en
Schutz/ge/biet *n.*, -[e]s, -e
Schutz/ge/bühr *f.*, -, -en
Schutz/geist *tn.*, -[e]s, -er
Schutz/haft *f.*, -, *nur Sg.*, er wurde in Schutzhaft genommen

Schutz/hei/li/ge *m. od. f.*, -n, -n
Schutz/hüt/te *f.*, -, -n
schutz/imp/fen *tr.*
Schutz/imp/fung *f.*, -, -en
Schütz/ling *m.*, -[e]s, -e
schutz/los
Schutz/lo/sig/keit *f.*, -, *nur Sg.*
Schutz/macht *f.*, -, -mächte
Schutz/mann *m.*, -[e]s, -männer
Schutz/mar/ke *f.*, -, -n
Schutz/mas/ke *f.*, -, -n
Schutz/maß/nah/me *f.*, -, -n
Schutz/mit/tel *n.*, -s, -
Schutz/pa/tron *m.*, -[e]s, -e
Schutz/pla/ne *f.*, -, -n
Schutz/po/li/zei *f.*, -, *nur Sg.*
Schutz/po/li/zist *m.*, -en, -en, Kurzf.: Schupo
Schütz/steu/e/rung *f.*, -, -en
Schutz/trup/pe *f.*, -, -n
Schutz/um/schlag *m.*, -[e]s, -schläge
Schutz/wall *m.*, -[e]s, -wälle
Schutz/wehr *f.*, -, -en
Schutz/zoll *m.*, -[e]s, -zölle
schwab/be/lig
schwabb/lig
schwab/beln *intr.*, ugs., 1. wackeln, 2. schwappen
schwab/blig schwabbelig
Schwa/be *m.*, -n, -n, Einwohner von Schwaben
schwä/beln *intr.*, in schwäbischer Mundart sprechen
Schwa/ben Region in Süddeutschland
Schwa/ben/streich *m.*, -[e]s, -e, lächerliche Handlungsweise
Schwä/bin *f.*, -, -en
schwä/bisch
schwach
schwach/be/gabt oder auch: **schwach be/gabt** nicht besonders begabt
schwach/be/tont oder auch: **schwach be/tont**
schwach/be/wegt oder auch: **schwach be/wegt** das Meer ist schwach bewegt
Schwä/che *f.*, -, -n, eine Schwäche für etwas haben
schwä/chen *tr.*
Schwä/che/zu/stand *m.*, -[e]s, -stände
Schwach/heit *f.*, -, *nur Sg.*, *Pl.* nur ugs.: Bilde dir nur keine Schwachheiten ein.
Schwach/kopf *m.*, -[e]s, -köpfe, Dummkopf
schwach/köp/fig
schwäch/lich
Schwäch/lich/keit *f.*, -, *nur Sg.*
Schwäch/ling *m.*, -[e]s, -e
schwach/sich/tig
Schwach/sich/tig/keit *f.*, -, *nur Sg.*
Schwach/sinn *m.*, -[e]s, *nur Sg.*
schwach/sin/nig
Schwach/strom *m.*, -[e]s, -ströme, Strom mit geringer Spannung
Schwä/chung *f.*, -, -en
Schwa/den *m.*, -s, -, Dampf, Dunst
Schwa/dron oder auch: **Schwad/ron** [italien.] *f.*, -, -en, früher: kleinste Kavallerieeinheit
Schwa/dro/na/de oder auch: **Schwad/ro/na/de** *f.*, -, -n, Wortschwall, Geprahle
Schwa/drons/chef oder auch: **Schwad/rons/chef** *m.*, -s, -s
Schwa/fe/lei *f.*, -, *nur Sg.*, ugs. sinnloses Gerede
schwa/feln *intr.* töricht daherreden
Schwa/ger *m.*, -s, -, 1. Bruder des Ehepartners, Gatte der Schwester, 2. veraltet: Postkutscher
Schwä/ge/rin *f.*, -, -en Gattin des Bruders, Schwester des Ehepartners
schwä/ger/lich
Schwä/ger/schaft *f.*, -, *nur Sg.*
Schwai/ge *f.*, -, -n, bayr., österr.: Sennhütte
schwai/gen *intr.*, bayr., österr.: Käse produzieren
Schwälb/chen *n.*, -s, -
Schwal/be *f.*, -, -n
Schwal/ben/nest *n.*, -[e]s, -er
Schwal/ben/schwanz *m.*, -[e]s, -schwänze, Schmetterlingsart
Schwalk *m.*, -[e]s, -e, nddt.: Rauch, Qualm
schwal/ken *intr.*, nddt.: herumstrolchen
Schwall *m.*, -[e]s, -e, Flut, Guss
Schwamm *m.*, -[e]s, Schwämme, 1. fest sitzende Wassertierart, 2. saugfähiges Reinigungstuch
Schwämm/chen *n.*, -s, -
Schwam/merl *n.*, -s, -n, bayr., österr.: Pilz
schwam/mig aufgedunsen, ungenau
Schwan *m.*, -[e]s, -Schwäne
Schwän/chen *n.*, -s, -
schwa/nen *intr.*, ugs. Übles ahnen
Schwa/nen/ge/sang *m.*, -[e]s, -gesänge, übertr.: das letzte Werk eines Dichters oder Komponisten
Schwa/nen/hals *m.*, -[e]s, -hälse
Schwa/n/en/teich *m.*, -[e]s, -e
schwa/nen/weiß
schwan/ger ein Kind erwarten

Schwan/ge/ren/für/sor/ge *f.*, -, *nur Sg.*
Schwan/ge/ren/ge/lüst *n.*, -[e]s, -e, Heißhunger schwangerer Frauen auf bestimmte Speisen
schwän/gern *tr.*, 1. schwanger machen, 2. erfüllen, die Luft ist von Düften geschwängert
Schwan/ger/schaft *f.*, -, -en
Schwan/ger/schafts/abbruch *m.*, -[e]s, -brüche
Schwän/ge/rung *f.*, -, -en
Schwank *m.*, -[e]s, Schwänke, Bühnenstück
schwan/ken *intr.*
Schwank/punkt *m.*, [e]s, -e, Metazentrum
Schwan/kung *f.*, -, -en
Schwanz *m.*, -[e]s, Schwänze
Schwänz/chen *n.*, -s, -
schwän/zeln *intr.*, 1. mit dem Schwanz wedeln, 2. jmdn. umgarnen
schwän/zen *tr.*, 1. absichtlich von einer Verpflichtung fernbleiben, 2. einen Schwanz anfügen
Schwän/zer *m.*, -s, -, jmd., der schwänzt, z.B. Schulschwänzer
schwanz/las/tig ein im hinteren Teil zu schwer beladenes Fahrzeug
Schwanz/lurch *m.*, -[e]s, -e Amphibienart
schwapp!
Schwapp *m.*, -[e]s, -e, eine kleine Menge Flüssigkeit
schwap/pen *intr.*, in einem Schwall über den Rand hinauslaufen
Schwapps!, schwaps!
Schwär *m.*, -en, -en, veraltet: Geschwür
schwä/ren *intr.*, ein Geschwür bilden
schwä/rig

Schwarm *m.*, -[e]s, Schwärme
schwär/men *intr.*, 1. begeistert von etwas erzählen, 2. ausfliegen (Bienen)
Schwär/mer *m.*, -s, -, 1. begeisterungsfähiger Mensch, 2. Nachtfalterart
Schwär/me/rei *f.*, -,-en
schwär/me/risch
Schwärm/zeit *f.*, -, -en, Zeitpunkt, zu dem die Bienen zur Bildung eines neuen Staates ausfliegen
Schwar/te *f.*, -,-n, 1. altes Buch, 2. dicke Hautschicht
schwar/ten *tr.*, 1. die Schwarte entfernen, 2. ugs. jmdn. verprügeln
Schwar/ten/ma/gen *m.*, -s, -mägen, Wurstgericht
schwarz 1. Farbton, 2. Kleinschreibung: schwarze Blattern, schwarzes Gold: Öl, schwarzer Humor: düsterer Humor, 3. Großschreibung: ins Schwarze treffen, 4. mit Verben: sich schwarzärgern
Schwarz *n.*, -, *nur Sg.*, schwarze Farbe, Schwarz tragen
Schwarz/ar/beit *f.*, -, -en, nicht gemeldete bezahlte Arbeit
schwarz/ar/bei/ten *intr.*
Schwarz/bee/re *f.*, -, -n, süddt., österr.: Heidelbeere
schwarz/blau
schwarz/braun
Schwarz/bren/ne/rei *f.*, -, -en, nicht genehmigte Brennerei
Schwarz/brot *n.*, -[e]s, -e, Roggenvollkornbrot
Schwarz/dorn *m.*, -[e]s, -e, Strauch
Schwarz/dros/sel *f.*, -, -n, ein Singvogel

Schwä/rze *f.*, -, *nur Sg.*
Schwar/ze *m.*, -en, -en, Mensch schwarzer Hautfarbe
schwär/zen *tr.*
Schwarz/er/de *f.*, -, *nur Sg.*
schwarz/fah/ren *intr.*, fahren ohne Genehmigung
Schwarz/fah/rer *m.*, -s, -
Schwarz/fahrt *f.*, -,-en
Schwarz/fäu/le *f.*, -, *nur Sg.*, Pflanzenkrankheit
Schwarz/fleisch *n.*, [e]s, *nur Sg.*, geräuchertes Fleisch
schwarz/ge/hen *intr.*, verbotenerweise Wild jagen
schwarz/ge/rän/dert oder auch: **schwarz ge/rän/dert**
Schwarz/ge/räu/cher/te *n.*, -n, -n
schwarz/ge/streift oder auch: **schwarz ge/streift**
schwarz/grau
schwarz/haa/rig
Schwarz/han/del *m.*, -s, *nur Sg.*, meist in Krisenzeiten: ungesetzlicher Handel mit freien Preisen
Schwarz/holz *n.*, -es, *nur Sg.*, Ebenholz
schwarz/hö/ren *intr.*, Radio hören, ohne die Gebühren zu bezahlen
Schwarz/kehl/chen *n.*, -s, -, Singvogel
Schwarz/kie/fer *f.*, -,-n, Kiefernart
Schwarz/künst/ler *m.*, -s, -, Zauberer
schwärz/lich
Schwarz/markt *m.*, -[e]s, -märkte, ungesetzlicher Handel
Schwarz/markt/preis *m.*, -es, -e
Schwarz/meer/ge/biet *n.*, -es, *nur Sg.*
Schwarz/rock *m.*, -[e]s, -röcke, ugs. Geistlicher

schwarz/rot
schwarz/rot/gold die schwarzrotgoldene Fahne
Schwarz/sau/er *n.*, -s, *nur Sg.* Fleischragout mit Soße aus dem Blut des entsprechenden Tieres
Schwarz/schim/mel *m.*, -s, -, weißes Pferd mit einigen schwarzen Haaren
schwarz/schlach/ten *tr.*, schlachten ohne eine Genehmigung zu haben
schwarz/se/hen *intr.*, 1. fernsehen, ohne Gebühren zu bezahlen, 2. die Zukunft pessimistisch einschätzen
Schwarz/se/her *m.*, -s, -
Schwarz/se/he/rei *f.*, -, *nur Sg.*
schwarz/se/he/risch
Schwarz/sen/der *m.*, -s, -, Rundfunksender ohne Genehmigung
Schwarz/specht *m.*, -[e]s, -e, Spechtart
Schwär/zung *f.*, -, -en
Schwarz/wald *m.*, [e]s, *nur Sg.*, Mittelgebirge in Südwestdeutschland
Schwarz/wäl/der *m.*, -s, -
schwarz/wäl/de/risch
Schwarz/was/ser/fie/ber *n.*, -s, *nur Sg.* schwere Malariaart
schwarz-weiß schwarz und weiß
Schwarz/weiß/film *m.*, -[e]s, -e
Schwarz/weiß/ma/le/rei *f.*, -, *nur Sg.*, Darstellung, die nur Extreme beinhaltet
Schwarz/wild *n.*, -[e]s, *nur Sg.*, Wildschweine
Schwarz/wur/zel *f.*, -, -n, Gemüsepflanze
Schwatz *m.*, -[e]s, -e, oberflächliche Unterhaltung

Schwatz/ba/se *f.*, -, -n
Schwätz/chen *n.*, -s, -
schwat/zen süddt., österr.: reden
Schwät/zer *m.*, -s, -
Schwat/ze/rei,
Schwät/ze/rei *f.*, -, -en
schwatz/haft
Schwe/be *f.*, -, *nur Sg.*, in der Schwebe sein, noch nicht entschieden sein
schwe/ben
Schwe/be/bahn *f.*, -, -en
schwe/ben *intr.*
Schwe/be/reck *n.*, -[e]s, -e, Trapez
Schwe/be/zu/stand *m.*, -[e]s, -stände
Schwe/bung *f.*, -, -en, Schwingungsüberlagerung
Schwe/de *m.*, -n, -n, Einwohner Schwedens, ugs. „Alter Schwede!": alter Freund
Schwe/den nordeuropäischer Staat
Schwe/den/punsch *m.*, -es, *nur Sg.*, alkoholisches, heißes Getränk
Schwe/den/trunk *m.*, -s, *nur Sg.*, Foltermethode während des 30-jährigen Krieges: gewaltsames Einflößen von Jauche o.Ä.
Schwe/din *f.*, -, -en
schwe/disch schwedische Gardinen: Gefängnisgitter
Schwe/disch *n.*, -, *nur Sg.*, Landessprache in Schweden, zu den nordgermanischen Sprachen gehörend
Schwe/fel *m.*, -s, *nur Sg.*, chem. Element (Zeichen: S)
Schwe/fel/di/o/xid *n.*, -[e]s, *nur Sg.*
schwe/fel/gelb
schwe/fe/lig = schweflig
Schwe/fel/koh/len/stoff *m.*, -[e]s, *nur Sg.*, organ.

Lösungsmittel
schwe/feln *tr.*, mit Schwefel bearbeiten
schwe/fel/sau/er
Schwe/fel/säu/re *f.*, -, *nur Sg.*, starke anorgan. Säure
Schwe/fe/lung *f.*, -, -en
Schwe/fel/was/ser/stoff *m.*, -[e]s, *nur Sg.*, farbloses Gas, das nach faulen Eiern riecht
schwe/flig, schwe/fe/lig
Schweif *m.*, -[e]s, -e
schwei/fen
Schweif/stern *m.*, -[e]s, -e, Komet
schweif/we/delnd aber: mit dem Schweif wedelnd
Schwei/ge/geld *n.*, [e]s, -er
schwei/gen *intr.*
Schwei/ge/pflicht *f.*, -, -en, Verpflichtung, keine vertraulichen Informationen weiterzugeben
Schwei/ger *m.*, -s, -
schweig/sam
Schweig/sam/keit *f.*, -, *nur Sg.*
Schwein *n,*, -[e]s, -e, 1. Nutztier, 2. Schwein haben: Glück haben
Schwei/ne/bra/ten *m.*, -s, -
Schwei/ne/fleisch *n.*, -[e]s, *nur Sg.*
Schwei/ne/hirt *m.*, -en, -en
Schwei/ne/hund *m.*, -[e]s, -e, 1. vulgär. Beleidigung, 2. der innere Schweinehund: persönliche Hemmschwelle
Schwei/ne/rei *f.*, -, -en
schwei/nern vom Schwein sein
Schwei/ner/ne *n.*, -en, -en, süddt., österr.: Schweinefleisch
Schwei/ne/schnit/zel *n.*, -s, -
Schwei/ne/stall *m.*, -[e]s, -ställe

Schwein/igel *m.*, -s, -, schmutzige Witze erzählender Mensch
Schwein/ige/lei *f.*, -, -en
schwein/igeln *intr.*, schmutzige Witze erzählen
schwei/nisch
Schweins/bra/ten *m.*, -s, -, süddt., österr. für Schweinebraten
Schweins/ga/lopp *m.*, -s, *nur Sg.*, sehr unelegant rennen
Schweins/ha/xe *f.*, -, -n, gebratener Schweineschenkel
Schweins/kopf *m.*, -[e]s, -köpfe
Schweins/le/der *n.*, -s, *nur Sg.*
schweins/le/dern
Schweins/ohr *n.*, -[e]s, -en, auch: Kaffeestückchen aus Blätterteig
Schweins/schnit/zel, Schwei/ne/schnit/zel *n.*, -s, -
Schweins/wal *m.*, -[e]s, -e, ein Zahnwal
Schweins/wurst *f.*, -, -würste
Schweiß *m.*, -es, *nur Sg.* 1. Absonderung der Schweißdrüsen der Haut, 2. übertr.: Mühe, mühevolle Arbeit, 3. Jägersprache: Blut (vom Wild)
Schweiß/aus/bruch *m.*, -[e]s, -brüche
schweiß/be/deckt
Schweiß/bren/ner *m.*, -s, -
Schweiß/bril/le *f.*, -, -n, Schutzbrille beim Schweißen
Schweiß/drü/se *f.*, -, -n
schwei/ßen 1. *tr.*, Metallstücke bei großer Hitze miteinander verbinden, 2. *intr.*, Jägersprache: bluten (Wild)
Schwei/ßer *m.*, -s, -
Schweiß/fähr/te *f.*, -, -n, Jägersprache: Blutspur vom Wild

Schweiß/fuß *m.*, -[e]s, -füße
Schweiß/hund *m.*, -[e]s, -e, Jagdhund, Spürhund
schwei/ßig
Schweiß/le/der *n.*, -s, -, Lederband im Hut
Schweiß/naht *f.*, -, -nähte, Stelle, an der Metallstücke geschweißt worden sind
Schweiß/stahl *m.*, -[e]s, -stähle, schweißbarer Stahl
schweiß/trei/bend
schweiß/trie/fend
Schweiß/trop/fen *m.*, -s, -
Schweiß/tuch *n.*, -[e]s, -tücher, Taschentuch
Schwei/ßung *f.*, -, -en
Schweiz *f.*, -, *nur Sg.*, Staat in Europa
Schwei/zer *m.*, -s, -, 1. Einwohner der Schweiz, 2. Angehöriger der Schweizergarde
schwei/zer/deutsch
Schwei/zer/deutsch *n.*, -[es], *nur Sg.*
Schwei/zer/gar/de *f.*, -, -n, Leibwache des Papstes
schwei/ze/risch
schwe/len *intr.*, 1. langsam und ohne Flamme mit starker Rauchentwicklung brennen, 2. übertr.: im Geheimen weiter bestehen
schwel/gen *intr.*, üppig leben, genießen
Schwel/ge/rei *f.*, -,-en
schwel/ge/risch
Schwel/le *f.*, -, -n
schwel/len 1. *intr.*, dicker, größer werden, sich weiten, 2. *tr.*, größer, weiter machen, aufblasen
Schwel/ler *m.*, -s, -, an Orgel und Harmonium: Vorrichtung zum An- und Abschwellenlassen des Tons, Schwellwerk
Schwell/kör/per *m.*, -s, -

Schwel/lung *f.*, -, -en
Schwell/werk *n.*, -[e]s, -e, siehe Schweller
Schwem/me *f.*, -, -n, 1. Badeplatz für Wild oder Pferde, 2. billige Gastwirtschaft, 3. Anhäufung
schwem/men *tr.*, 1. spülen, 2. treiben, ablagern
Schwemm/land *n.*, -[e]s, *nur Sg.*, angeschwemmtes Land
Schwemm/sand *m.*, [e]s, *nur Sg.*
Schwen/gel *m.*, -s, -, 1. schwenkbarer Griff, 2. Klöppel der Glocke
schwen/ken *intr.* und *tr.*
Schwen/ker *m.*, -s, -, bauchiges Glas
Schwenk/kran *m.*, -[e]s, -kräne
Schwen/kung *f.*, -, -en
schwer
Schwer/ar/bei/ter *m.*, -s, -
Schwer/ath/let *m.*, -en, -en
Schwer/ath/le/tik *f.*, -, *nur Sg.*, Sammelbez. für Boxen, Ringen, Judo, Gewichtheben
schwer/be/la/den oder auch: **schwer be/la/den**
schwer/be/schä/digt oder auch: **schwer be/schä/digt**
Schwerbeschädigte *m.*, -n, -n
Schwer/be/schä/dig/ten-aus/weis *m.*, -es, -e
schwer/be/waf/fnet oder auch: **schwer be/waf/fnet**
schwer/blü/tig nicht leicht erregbar, bedächtig, zur Melancholie neigend
Schwer/blü/tig/keit *f.*, -, *nur Sg.*
Schwe/re *f.*, -, *nur Sg.*
schwe/re/los
Schwe/re/lo/sig/keit *f.*, -, *nur Sg.*
Schwe/re/not *f.*, -, *nur Sg.*,

veraltet, als Ausruf
Schwe/re/nö/ter *m., -s, -*, liebenswürdiger Draufgänger
schwer/er/zieh/bar oder auch: **schwer er/zieh/bar**
Schwer/er/zieh/bar/keit *f., -, nur Sg.*
schwer/fal/len *intr.*
schwer/fäl/lig
Schwer/fäl/lig/keit *f., -, nur Sg.*
Schwer/ge/wicht *n., -[e]s, nur Sg.*, Gewichtsklasse in der Schwerathletik
Schwer/ge/wicht/ler *m., -s, -*
schwer/hö/rig
Schwer/hö/rig/keit *f., -, nur Sg.*
Schwe/rin Hpst. von Mecklenburg-Vorpommern
Schwer/in/dus/trie *f., -, -n*, Sammelbez. für Stahlindustrie und Bergbau
Schwer/kraft *f., -, nur Sg.*
schwer/krank oder auch: **schwer krank**
schwer/lich kaum
schwer/ma/chen oder auch: **schwer ma/chen** *tr.*, Schwierigkeiten bereiten
Schwer/me/tall *n., -[e]s, -e*, Metall mit spezifischem Gewicht über 5 cm³ Dichte
Schwer/mut *f., -, nur Sg.*
schwer/mü/tig
Schwer/mü/tig/keit *f., -, nur Sg.*, Schwermut
schwer/neh/men *tr.*
Schwer/punkt *m., -[e]s, -e*
schwer/reich
Schwerst/ar/bei/ter *m., -s, -*
schwerst/be/hin/dert
schwerst/be/schä/digt
Schwerst/be/schä/dig/te *m., -n, -n*
Schwert *n., -[e]s, -er*
Schwert/brü/der/or/den *m., -s, -*, ein Ritterorden, Schwertritterorden
Schwer/tel *n., -s, -*, österr.: Schwertlilie
Schwer/ter/tanz *m., -es, -tänze*
Schwert/fe/ger *m., -s, -*, früher: Waffenschmied
Schwert/fisch *m., -es, -e*, Fisch mit schwertförmig verlängertem Oberkiefer
Schwert/le/hen *n., -s, -*, nur in der männl. Linie vererbbares Lehen
Schwert/li/lie *f., -, -n*, eine Zierpflanze
Schwert/rit/ter/or/den *m., -s, -*, s. Schwertbrüderorden
Schwert/schlu/cker *m., -s, -*, Artist, der ein Schwert in die Speiseröhre einführt
schwer/tun *refl.*, sich abmühen, plagen
Schwer/ver/bre/cher *m., -s, -*
schwer/ver/dau/lich oder auch: **schwer ver/dau/lich**
Schwer/ver/dau/lich/keit *f., -, nur Sg.*
schwer/ver/letzt oder auch: **schwer ver/letzt**
schwer/ver/ständ/lich oder auch: **schwer ver/ständ/lich**
schwer/ver/träg/lich oder auch: **schwer ver/träg/lich**
schwer/ver/wun/det oder auch: **schwer ver/wun/det**
schwer/wie/gend
Schwes/ter *f., -, -n* (Abk.: Schw.)
Schwes/ter/fir/ma *f., -, -men*
Schwes/ter/kind *n., -[e]s, -er*, veraltet: Kind der Schwester, Nichte, Neffe
schwes/ter/lich
Schwes/tern/paar *n., -[e]s, -e*
Schwes/tern/schaft *f., -, nur Sg.*, Gesamtheit der Schwestern (eines Ordens usw.)
Schwes/tern/wohn/heim *n., -[e]s, -e*
Schwes/ter/schiff *n., -[e]s, -e*
Schwie/ger *f., -, -n*, veraltet: Schwiegermutter
Schwie/ger/el/tern *nur Pl.*
Schwie/ger/mut/ter *f., -, -mütter*
Schwie/ger/sohn *m., -[e]s, -söhne*
Schwie/ger/toch/ter *f., -, -töchter*
Schwie/ger/va/ter *m., -s, -väter*
Schwie/le *f., -, -n*
schwie/lig
Schwie/mel *m., -s, -*, nddt., mitteldt.: 1. Rausch, 2. Zechbruder, Trinker
schwie/rig
Schwie/rig/keit *f., -, -en*
Schwimm/an/zug *m., -[e]s, -züge*
Schwimm/bad *n., -[e]s, -bäder*
Schwimm/be/cken *n., -s, -*
Schwimm/dock *n., -s, -s*
Schwimmeis/ter >
Schwimm/meis/ter *m., -s, -*
schwim/men *intr.*
Schwim/mer *m., -s, -*
schwimm/fä/hig
Schwimm/fä/hig/keit *f., -, nur Sg.*
Schwimm/flos/se *f., -, -n*
Schwimm/fuß *m., -es, -füße*, Fuß mit Schwimmhäuten
Schwimm/gür/tel *m., -s, -*
Schwimm/hal/le *f., -, -n*
Schwimm/haut *f., -, -häute*, Haut zwischen den Zehen
Schwimm/kis/sen *n., -s, -*
Schwimm/leh/rer *m., -s, -*
Schwimm/meis/ter *m., -s, -*, Bademeister
Schwimm/sand *m., -[e]s, nur Sg.*, feiner, von Wasser

durchtränkter Sand in bestimmten Erdschichten
Schwimm/sport *m., -s, nur Sg.*
Schwimm/vö/gel *m., -s, -vögel*
Schwimm/wes/te *f., -, -n*
Schwin/del *m., -s, nur Sg.*, 1. Störung des Gleichgewichtssinns, 2. Lüge, Betrug
Schwin/del/an/fall *m., -[e]s -fälle*
Schwin/de/lei *f., -, -en*
schwin/del/er/re/gend oder auch: **Schwin/del er/regend**
schwin/del/frei
Schwin/del/frei/heit *f., -, nur Sg.*
Schwin/del/ge/fühl *n., -[e]s, -e*
schwin/del/haft
schwin/de/lig,
schwind/lig
schwin/deln *intr.*, 1. lügen, flunkern, 2. schwindlig sein
schwin/den *intr.*
Schwind/ler *m., -s, -*
schwind/lig,
schwin/de/lig
Schwind/maß *n., -es, -e*, Faktor, um den sich Werkstoffe beim Trocknen oder Erstarren zusammenziehen
Schwind/sucht *f., -, nur Sg.*, veraltet: Lungentuberkulose
schwind/süch/tig
Schwin/dung *f., -,-en*, Veränderung der Größe eines Gussstückes beim Erkalten
Schwing/ach/se *f., -, -n*
Schwin/ge *f., -, -n*, Vogelflügel
schwin/gen *tr.* und *intr.*
Schwin/ger *m., -s, -*, Boxschlag
Schwing/kreis *m., -es, -e*, elektrische Schaltung, die zu elektrischen Schwingungen bewegt werden kann
Schwing/tür *f., -, -en*
Schwin/gung *f., -, -en*, periodische Hin- und Herbewegung
schwipp! schwipp, schwapp!
Schwip/pe *f., -, -n*, biegsames Ende einer Gerte oder Peitsche
schwip/pen *tr.* und *intr.*, 1. verspritzen, verschütten, 2. schnellen lassen
Schwipp/schwa/ger *m., -s, -*, 1. Ehemann der Schwägerin, 2. Bruder des Schwagers oder der Schwägerin
Schwipp/schwä/ge/rin *f., -, -nen*, 1. Ehefrau des Schwagers, 2. Schwester des Schwagers oder der Schwägerin
Schwips *m., -es, -e*, leichter Rausch, leichte Betrunkenheit
schwir/ren *intr.*
Schwirr/flug *m., -[e]s, nur Sg.*, Flug mit extrem hoher Schlagfolge der Flügel
Schwirr/vo/gel *m., -s, -vögel*, Kolibri
Schwitz/bad *n., -[e]s, -bäder*
Schwitz/bläs/chen *n., -s, -*
Schwit/ze *f., -, -n*, Mehlschwitze
schwit/zen *intr.*
schwit/zig schwitzend, schweißig
Schwitz/kas/ten *m., -s, -kästen*
Schwitz/kur *f., -, -en*
Schwitz/pa/ckung *f., -, -en*
Schwof *m., -[e]s, -e, ugs.:* öffentliche, billige Tanzveranstaltung
schwo/fen *intr., ugs.:* tanzen
schwö/ren *tr.* und *intr.*, einen Eid leisten
schwul *ugs.:* homosexuell
schwül
Schwü/le *f., -,nur Sg.*
Schwu/li/tät *f., -, -en*, Schwierigkeit, Bedrängnis, Verlegenheit
Schwulst *m., -[e]s, nur Sg.*, überladene, hochtrabende Ausdrucksweise
schwüls/tig
Schwuls/tig/keit *f., -, nur Sg.*
schwum/me/rig,
schwumm/rig *ugs.:* 1. schwindelig, 2. etwas ängstlich
Schwund *m., -[e]s, nur Sg.*
Schwung *m., -[e]s, Schwünge*
Schwung/fe/der *f., -, -n*
schwung/haft nur in der Wendung: einen schwunghaften Handel betreiben
Schwung/kraft *f., -, -kräfte*
schwung/los
Schwung/lo/sig/keit *f., -, nur Sg.*
Schwung/rad *n., -[e]s, -räder*
schwung/voll
schwupp!
Schwupp *m., -[e]s, -e*, etwas in einem Schwupp erledigen *ugs.:* sehr schnell
schwupp/di/wupp!
schwupps!
Schwupps *m., -es, -e*
Schwur *m., -[e]s, Schwüre*
Schwur/fin/ger *m., nur Pl.*, Finger, die man beim Schwören hebt
Schwur/ge/richt *n., -[e]s, -e*, Geschworenengericht
Schwyz Kanton und Stadt in der Schweiz
Schwy/zer *m., -s, -*, Einwohner von Schwyz

Schwyzerdütsch

Schwy/zer/dütsch *n.,* -[es], *nur Sg.,* Schweizerdeutsch
Sci/ence-fic/tion >
Science/fic/tion [engl.] *f.,* -, -s, fantasievolle, utopische Schilderungen
Sci/ence-fic/tion-Film >
Sci/ence-fic/tion/film oder auch: **Sci/ence-Fic-tion-Film** *m.,* -[e]s, -e
Scil/la *f.,* -, -len, Szilla
Scor/da/tu/ra *f.,* -,-ren, italien. Form von Skordatur
Score, Skore [engl.] *m.,* -s, -s, im Sport: Punktzahl, Spielstand
Scotch/ter/ri/er *m.,* -s, -, Hunderasse
Scot/land Yard *ohne Artikel,* 1. Hauptgebäude der Londoner Polizei, 2. übertr.: die Londoner Kriminalpolizei
Scrabble [engl.] *n.,* -s, *nur Sg.,* Gesellschaftsspiel
Script/girl, Skript/girl [engl.] *n.,* -s, -s, Sekretärin des Regisseurs bei Filmaufnahmen
Scu/do, Sku/do [italien.] *m.,* -s, -di, alte italienische Münze
Scyl/la, Skyl/la *f.,* -, *nur Sg.,* 1. antiker Name einer gefährlichen Felsklippe in der Straße von Messina 2. in der griech. Mythologie: Seeungeheuer, das die Vorüberfahrenden verschlingt
s. d. Abk. für siehe dieses
SD Abk. für South Dakota, vgl. Süddakota
SDR Abk. für Süddeutscher Rundfunk
Se chem. Zeichen für Selen
Seal [engl.] *m.,* -s, -s, Fell des Seebären
Seal/skin *m.,* -s, -s, 1. Fell der Bärenrobbe, 2. Plüschgewebe, Nachahmung des Seals
Sé/ance [französ.] *f.,* -, -n, spiritistische Sitzung
SEATO Kurzf. für South-East Asia Treaty Organization: Südostasien-Verteidigungspakt
Se/bor/rhö [lat. u. griech.] *f.,* -, -en, übermäßige Absonderung der Talgdrüsen der Haut
sec 1. Abk. für Sekans, 2. Abk. für Sekunde, 3. französ. Bez. für herb, trocken (Wein, Sekt)
sec/co italien. Bez. für herb, trocken (Wein, Sekt)
Sec/co/ma/le/rei *f.,* -, -en, Malerei auf trockenen Putz
sechs
Sechs *f.,* -, -en, die Zahl 6
Sechs/ach/ser *m.,* -s, -, Wagen mit sechs Achsen
sechs/ach/sig
Sechs/ach/tel/takt *m.,* -[e]s, -e
Sech/ser *m.,* -s, -, 1. süddt.: die Zahl 6, 2. ugs.: Hauptgewinn im Lotto
Sechs/flach *n.,* -[e]s, -e
Sechs/fläch/ner *m.,* -s, -, Hexaeder
Sechs/fü/ßer *m.,* -s, -, Insekt
sechs/fü/ßig
Sechs/mei/len/zo/ne *f.,* -,-n
sechs/spän/nig mit sechs Pferden bespannt
Sechs/ta/ge/ren/nen *n.,* -s, -
Sechs/ta/ge/werk *n.,* -[e]s, *nur Sg.,* die biblische Erschaffung der Welt in sechs Tagen
sechs/te
Sechs/und/sech/zig *n.,* -, *nur Sg.,* ein Kartenspiel
Sechs/zy/lin/der *m.,* -s, -
sech/zehn
sech/zig
Se/cond-hand-Ge/schäft >
Se/cond/hand/ge/schäft [engl.] *n.,* -[e]s, -e, Geschäft mit Waren aus zweiter Hand
Se/cond/hand/shop [engl.] *m.,* -s, -s
SED Abk. für Sozialistische Einheitspartei Deutschlands
se/da/tiv [lat.] beruhigend, einschläfernd
Se/da/tiv *n.,* -[e]s, -e,
Se/da/ti/vum *n.,* -s, -va, Beruhigungsmittel
Se/di/ment [lat.] *n.,* -[e]s, -e, 1. Ablagerung, Schichtgestein, 2. in der Chemie: Bodensatz
se/di/men/tär durch Ablagerung entstanden
Se/di/men/ta/ti/on *f.,* -, -en, Sedimentbildung, Vorgang des Ablagerns
Se/di/ment/ge/stein *n.,* -[e]s, -e
Se/dis/va/kanz [lat.] *f.,* -, -en, Zeitraum, in dem der päpstliche Stuhl nicht besetzt ist
See 1. *m.,* -s, -n, Binnensee 2. *f.,* -, *nur Sg.,* Meer, 3. *f.,* -, -n, Sturzwelle
See/amt *n.,* -[e]s, -ämter, Behörde zur Untersuchung von Seeunfällen
See/bad *n.,* -[e]s, -bäder
See/bär *m.,* -en, -en, 1. eine Ohrenrobbe, 2. übertr. scherzh.: erfahrener Seemann
See/be/ben *n.,* -s, -, Erdbeben, dessen Herd unter dem Meer liegt
see/be/schä/digt auf See beschädigt, havariert
See/ele/fant auch: **See-Ele/fant** *m.,* -en, -en, Elefantenrobbe

Seetier

see/fah/rend Seefahrt treibend
See/fah/rer *m., -s, -*
See/fah/rer/volk *n., -es, -* Völker
See/fahrt *f., -, -en*
See/fahrts/buch *n., -[e]s, -*bücher, Arbeitsbuch für Seeleute
See/fahrts/schu/le *f., -, -n*
see/fest 1. seetüchtig (Schiff), 2. nicht seekrank werdend
See/fisch *m., -es, -e*
See/fi/sche/rei *f., -, nur Sg.*
See/gang *m., -[e]s, nur Sg.,* Wellenbewegung (des Meeres)
See/gras *n., -es, -gräser,* in Küstennähe vorkommende Meeresspflanze
See/gur/ke *f., -, -n,* Seewalze
See/ha/fen *m., -s, -häfen*
See/ha/se *m., -n, -n,* ein nordeurop. Meeresfisch
See/hund *m., -[e]s, -e,* eine Robbe
See/hunds/fell *n., -[e]s, -e*
See/ig/el *m., -s, -,* ein Meerestier, Stachelhäuter
See/jung/fer *f., -, -n,* Wasserjungfer, eine Libelle
See/jung/frau *f., -, -en,* in der Mythologie: weiblicher Wassergeist mit Fischschwanz
See/ka/dett *m., -en, -en*
See/kar/te *f., -, -n*
see/klar fertig zum Auslaufen (Schiff)
See/kli/ma *n., -s, nur Sg.,* Klima mit geringen Temperaturunterschieden, Gs.: Kontinentalklima
see/krank
See/krank/heit *f., -, nur Sg.*
See/krieg *m., -[e]s, -e*
See/kuh *f., -, -kühe,* ein Meeressäugetier, Sirene

See/lachs *m., -es, -e,* eine Schellfischart
Seel/chen *n., -s, -,* ugs. für vertrauensselige Person
See/le *f., -, -n,* veraltet auch: Einwohner, ein Dorf mit 300 Seelen
See/len/amt *n., -[e]s, -*ämter, Totenmesse
See/len/frie/den *m., -s, nur Sg.*
See/len/grö/ße *f., -, nur Sg.*
see/len/gut, see/lens/gut
See/len/gü/te *f., -, nur Sg.*
See/len/heil *n., -[e]s, nur Sg.*
See/len/le/ben *n., -s, nur Sg.*
see/len/los
See/len/mes/se *f., -, -n,* Totenmesse
See/len/qual *f., -, -en*
See/len/ru/he *f., -, nur Sg.*
see/lens/gut
see/len/ver/gnügt stillvergnügt
See/len/ver/käu/fer *m., -s, -,* 1. früher: Anwerber von Soldaten, 2. übertr.: jemand, der Menschen an andere ausliefert, 3. nicht voll seetüchtiges Schiff
see/len/ver/wandt
See/len/ver/wandt/schaft *f., -, nur Sg.*
see/len/voll
See/len/wan/de/rung *f., -, -*en, in manchen Religionen: Wanderung der Seele nach dem Tode in ein anderes Lebewesen
See/len/zu/stand *m., -[e]s, -*stände
See/leu/te *Pl.* von Seemann
See/li/lie *f., -, -n,* ein Meerestier, Haarstern
see/lisch
Seel/sor/ge *f., -, nur Sg.*
Seel/sor/ger *m., -s, -*
seel/sor/ge/risch,

seel/sor/ger/lich, seel/sorg/lich
See/luft *f., -, nur Sg.*
See/macht *f., -, -mächte*
See/mann *m., -[e]s, -leute*
see/män/nisch
See/manns/amt *n., -[e]s, -*ämter, Behörde zur Betreuung der Seeleute
See/manns/garn *n., -[e]s, -e,* übertr.: abenteuerliche, übertriebene, erfundene Erzählung eines Seemanns
See/manns/spra/che *f., -, nur Sg.*
See/mei/le *f., -, -n,* (Abk.: sm) internationales Längenmaß, 1,852 km
See/nel/ke *f., -, -n,* ein Meerestier
Se/en/kun/de *f., -, nur Sg.*
See/not *f., -, nur Sg.*
See/not/zei/chen *n., -s, -*
Se/en/plat/te *f., -, -n*
s.e.e.o. Abk. für salvo errore et omissione
See/pferd/chen *n., -s, -*
See/ra/be *m., -n, -n,* Kormoran
See/räu/ber *m., -s, -*
See/räu/be/rei *f., -, nur Sg.*
See/recht *n., -[e]s, nur Sg.*
See/ro/se *f., -, -n*
See/sand *m., -[e]s, nur Sg.*
See/schiff *n., -[e]s, -e*
See/schiffahrt > **See/schiff/fahrt** *f., -, nur Sg.*
See/schlacht *f., -, -en*
See/stern *m., -[e]s, -e,* ein Stachelhäuter
See/stra/ße *f., -, -n,* Schiffahrtsweg
See/stra/ßen/ord/nung *f., -, -en*
See/streit/kräf/te *f., nur Pl.*
See/tang *m., -[e]s, -e,* Seegras, Seealge
See/tier *n., -[e]s, -e,* Meerestier

s.e. et o. siehe s.e.e.o.
See/ton/ne *f.*, -, -n, Schwimmboje zur Markierung von Seestraßen
see/tüch/tig
See/tüch/tig/keit *f.*, -, *nur Sg.*
See/ufer *n.*, -s, -
see/un/tüch/tig
See/un/tüch/tig/keit *f.*, -, *nur Sg.*
See/ver/kehr *m.*, -s, *nur Sg.*
See/volk *n.*, -[e]s, -völker, Seefahrt betreibendes Volk
See/wal/ze *f.*, -, -n, ein Meerestier, ein Stachelhäuter, Seegurke
See/was/ser *n.*, -s, *nur Sg.*, Meereswasser
See/weg *m.*, -[e]s, -e, Weg übers Meer
See/we/sen *n.*, -s, *nur Sg.*
See/wind *m.*, -[e]s, -e, vom Meer her wehender Wind
See/wolf *m.*, -[e]s, -wölfe, ein Meeresfisch
See/zei/chen *n.*, -s, -, Zeichen zur Orientierung für Schiffe, z.B. Boje, Leuchtturm
See/zun/ge *f.*, -, -n, ein Plattfisch
Se/gel *n.*, -s, -, die Segel streichen: einziehen, nachgeben, aufgeben
Se/gel/boot *n.*, -[e]s, -e
se/gel/flie/gen *intr.*, nur im Infinitiv
Se/gel/flie/ger *m.*, -s, -
Se/gel/flug *m.*, -[e]s, -flüge
Se/gel/flug/zeug *n.*, -[e]s, -e
Se/gel/jacht *f.*, -, -en
se/gel/klar bereit zum Absegeln
Se/gel/klub *m.*, -s, -s
se/gel/los ohne Segel
se/geln *intr.*, auch übertr. ugs.: stürzen, fallen
Se/gel/re/gat/ta *f.*, -, -ten
Se/gel/schiff *n.*, -[e]s, -e

Se/gel/schlit/ten *m.*,-s, -, Schlitten zum Eissegeln
Se/gel/sport *m.*, -s, *nur Sg.*
Se/gel/tuch *n.*, -[e]s, *nur Sg.*, festes, wasserdichtes Gewebe
Se/gen *m.*, -s, *nur Sg.*
se/gen/brin/gend > **Se/gen brin/gend**
se/gen/spen/dend > **Se/gen spen/dend**
Se/gen/spen/dung *f.*, -, -en
se/gens/reich
Se/gens/wunsch *m.*, -es, -wünsche
Se/ger/ke/gel *m.*, -s, -, (Abk.: SK) Temperaturmesser in keramischen Brennöfen
Seg/ge *f.*, -, -n, ein Riedgras
Seg/ler *m.*, -s, -
Seg/ment [*lat.*] *n.*, -s, -e, Abschnitt, Glied
seg/men/tal in der Form eines Segments
seg/men/tär aus Segmenten bestehend
Seg/men/ta/ti/on *f.*, -, -en, Aufgliederung
Seg/ment/bo/gen *m.*, -s, -bögen, in der Architektur: Flachbogen
Se/gre/gat auch:**Seg/re-** [*lat.*] *n.*, -[e]s, -e, veraltet: Ausgeschiedenes
Se/gre/ga/ti/on auch: **Seg/re-** *f.*, -, -en, 1. veraltet: Ausscheidung, 2. amerik. Bez. für Absonderung von Minderheiten
Seh/ach/se *f.*, -, -n, die zum betrachteten Gegenstand verlängerte Augenachse
se/hen *tr.* u. *intr.*,
siehe (Abk.: s.),
siehe Seite 17 (Abk.: s. S.17),
siehe auch (Abk.: s.a.),
siehe oben (Abk.: s.o.),
siehe unten (Abk.: s.u.)

se/hens/wert
se/hens/wür/dig sehenswert
Se/hens/wür/dig/keit *f.*, -, -en
Se/her *m.*, -s, -, jemand, der in die Zukunft blickt, Prophet
se/he/risch
Seh/feh/ler *m.*, -s, -
Seh/feld *n.*, -[e]s, -er, Gesichtsfeld
Seh/kraft *f.*, -, *nur Sg.*
Seh/kreis *m.*, -es, -e, Horizont
Seh/ne *f.*, -, -n
seh/nen *ref.*, sich nach etwas sehnen
Seh/nen/re/flex oder auch: **-ref/lex** *m.*, -es, -e
Seh/nen/schei/de *f.*, -, -n, Hülle der Sehne
Seh/nen/schei/den/ent-zün/dung *f.*, -, -en
Seh/nen/zer/rung *f.*, -, -en
Seh/nerv *m.*, -[e]s, -en
seh/nig
sehn/lich
Sehn/sucht *f.*, -, -süchte
sehn/süch/tig
sehn/suchts/voll
Seh/or/gan *n.*, -[e]s, -e, Auge
sehr
Seh/rohr *n.*, -[e]s, -e, Periskop
Seh/schär/fe *f.*, -, *nur Sg.*
Seh/schwä/che *f.*, -, -n
Seh/stö/rung *f.*, -, -en
Seh/ver/mö/gen *n.*, -s, *nur Sg.*
Seh/wei/te *f.*, -, *nur Sg.*
Seh/win/kel *m.*, s, -, Gesichtswinkel
Sei/ber, Sei/fer *m.*, -s, *nur Sg.*, ausfließender Speichel
sei/bern, sei/fern *intr.*, sabbern
Seiches [*französ.*] *f.*, *nur Pl.*, Schwankungen des Wasserspiegels in Binnenseen

seicht 1. flach, 2. übertr. ugs.: oberflächlich
Seicht/heit *f.*, -, *nur Sg.*
Seich/tig/keit *f.*, -, *nur Sg.*
Sei/de *f.*, -, -n
Sei/del *n.*, -s, -, 1. altes Flüssigkeitsmaß, 2. süddt., österr.: Bierglas, Bierkrug
Sei/del/bast *m.*, -[e]s, -e, ein giftiger Strauch, Heideröschen
sei/den aus Seide
Sei/den/pa/pier *n.*, -[e]s, -e
Sei/den/rau/pe *f.*, -, -n
Sei/den/schwanz *m.*, -es, -schwänze, ein Singvogel
Sei/den/spin/ner *m.*, -s, -, ein Schmetterling
Sei/den/stra/ße *f.*, -, -n, alte Karawanenstraße von China nach Westasien
sei/den/weich
sei/dig wie Seide
Sei/fe *f.*, -, -n, 1. ein Waschmittel, 2. in der Geologie: Ablagerung (von Erzen, Edelsteinen)
sei/fen *tr.*, auswaschen (Erz, Edelsteine)
Sei/fen/bla/se *f.*, -, -n
Sei/fen/ge/bir/ge *n.*, -s, -, in der Geologie: Gebirge mit Ablagerungen von Erzen oder Edelsteinen
Sei/fen/lau/ge *f.*, -, -n
Sei/fen/oper *f.*, -, -n, seichte Fernsehserie
Sei/fen/schaum *m.*, -[e]s, *nur Sg.*
Sei/fen/sie/der *m.*, -s, -, früher: Arbeiter in der Seifenindustrie
Sei/fer *m.*, -s, -, siehe Seiber
sei/fern *intr.*, siehe seibern
sei/fig
Sei/ge *f.*, -, -n, im Bergbau: Rinne als Ablauf für Grubenwasser

sei/ger im Bergbau: senkrecht
Sei/ger/riß > **Sei/gerriss** *m.*, -es, -s, Längsschnitt eines Bergwerkes
Sei/ger/schacht *m.*, -[e]s, -schächte, senkrechter Schacht
Sei/gneur oder auch:
Seig/neur [französ.] *m.*, -s, -s, 1. früher: Lehnsherr, 2. heute: vornehmer Herr
Sei/he *f.*, -, -n, 1. Seiher, 2. geseihte Flüssigkeit
sei/hen *tr.*, durchlaufen, durchsickern lassen
Sei/her *m.*, -s, - Sieb
Seih/tuch *n.*, -[e]s, -tücher
Seil *n.*, -[e]s, -e
Seil/bahn *f.*, -, -en
Sei/ler *m.*, -s, -
Sei/le/rei *f.*, -, -en
seil/hüp/fen *intr.*, nur im Infinitiv und Partizip II
Seil/schaft *f.*, -, -en, Gruppe von Bergsteigern, übertr.: Gruppe, die zum eigenen Vorteil eng zusammenarbeitet
seil/sprin/gen *intr.*, nur im Infinitiv und Partizip II
seil/tan/zen *intr.*, nur im Infinitiv und Partizip II
Seil/tän/zer *m.*, -s, -
Seil/trom/mel *f.*, -, -n, Trommel zum Seilab- und -aufwickeln
Seil/win/de *f.*, -, -n, Gerät zum Heben schwerer Lasten
Seil/zug *m.*, -[e]s, -züge
Seim *m.*, -[e]s, -e, veraltet für dicker Saft
seimig veraltet für dickflüssig
sein 1. *intr.*, ich will der Sieger sein, 2. Possessivpronomen: sein Auto, seine Frau, seine Kinder, das Auto ist sein[e]s, der Mast hat seine acht Meter, alles zu seiner Zeit, sie ist die Seine, jedem das Seine, die Seinen: seine Angehörigen, Seine Majestät, 3. Personalpronomen im Genitiv: er ist seiner nicht mehr mächtig: er hat die Nerven verloren
Sein *n.*, -s, *nur Sg.*, Dasein, Vorhandensein, Existenz
Sei/ne *f.*, -, Fluss in Frankreich (durch Paris)
sei/ner
sei/ner/seits
sei/ner/zeit (Abk.: s.Z.) damals
sei/nes/glei/chen
sei/net/hal/ben,
sei/net/we/gen
sei/net/wil/len
sei/ni/ge
sein/las/sen oder auch: **sein las/sen** *tr.*
Seis/mik [griech.] *f.*, -, *nur Sg.*, Lehre von den Erdbeben, Seismologie
seis/misch Erdbeben betreffend, seismologisch
Seis/mo/gramm *n.*, -[e]s, -e, Aufzeichnung eines Erdbebens
Seis/mo/graph *(Nf.)* auch:
Seis/mo/graf *(Hf.)* *m.*, -en, -en, Gerät zum Aufzeichnen von Erdbeben
seis/mo/gra/phisch *(Nf.)* auch: **seis/mo/gra/fisch** *(Hf.)*
Seis/mo/lo/ge *m.*, -n, -n
Seis/mo/lo/gie *f.*, -, *nur Sg.*, siehe Seismik
seis/mo/lo/gisch
Seis/mo/me/ter *n.*, -s, -, Gerät zum Messen der Erdbebenstärke
seit mit Dativ
seit/ab abseits
seit/dem
Sei/te *f.*, -, -n

Sei/ten/an/sicht *f.*, -, -en
Sei/ten/aus/gang *m.*, -[e]s, -gänge
Sei/ten/blick *m.*, -[e]s, -e
Sei/ten/ein/gang *m.*, -[e]s, -gänge
Sei/ten/hieb *m.*, -[e]s, -e
sei/ten/lang sei/ten/rich/tig
sei/tens mit Genitiv
Sei/ten/schei/tel *m.*, -s, -
Sei/ten/sprung *m.*, -[e]s, -sprünge
Sei/ten/ste/chen *n.*, -s, *nur Sg.*
Sei/ten/stra/ße *f.*, -, -n
sei/ten/ver/kehrt
Sei/ten/wind *m.*, -[e]s, -e
Sei/ten/zahl *f.*, -, -en
seit/her
sei/tig in Zusammenhang, z.B.: einseitig, beidseitig
seit/lich mit Genitiv
seit/lings mit der Seite voran
seits in Zusammenhang, z.B.: meinerseits, mütterlicherseits
Sejm [poln.] *m.*, -s, *nur Sg.*, polnische Volksvertretung
sek., Sek. Abk. für Sekunde
Se/kans [lat.] *m.*, -, -kanten, (Abk.: sec) eine Winkelfunktion
Se/kan/te *f.*, -, -en, Gerade, die eine Kurve schneidet
Se/kel, Sche/kel *m.*, -s, -, alte hebr. u. babylon. Gewichts- u. Währungseinheit
Se/kond *f.*, -, -en, Fechthieb
se/kret oder auch: **sek/ret** [lat.] veraltet: geheim, abgesondert
Se/kret oder auch: **Sek/ret** *n.*, -[e]s, -e, Ausscheidung, abgesonderte Flüssigkeit
Se/kre/tar oder auch:
Sek/re/tar *m.*, -[e]s, -e, veraltet für Geschäftsführer

Se/kre/tär oder auch:
Sek/re/tär *m.*, -[e]s, -e,
1. Angestellter, der die Korrespondenz führt,
2. Dienstbezeichnung für bestimmte Beamte, 3. hoher Funktionär einer Partei
4. Schreibschrank, 5. ein Raubvogel
Se/kre/ta/ri/at oder auch:
Sek/re- *n.*, -[e]s, -e, Dienststelle eines Sekretärs, Geschäftsstelle
Se/kre/ta/ri/us oder auch:
Sek/re- *m.*, -, -rii, veraltet für Sekretär
se/kre/tie/ren oder auch:
sek/re- *tr.*, 1. absondern, 2. geheim halten, verschließen
Se/kre/ti/on oder auch:
Sek/re- *f.*, -, -en, Absonderung von Sekret
Sekt [italien.] *m.*, -[e]s, -e, Schaumwein
Sekt/früh/stück *n.*, [e]s, -e
Sekt/kelch *m.*, -[e]s, -e
Sekt/kel/le/rei *f.*, -, -en
Sekt/lau/ne *f.*, -, -n, beschwingte Stimmung
Sek/te [lat.] *f.*, -, -n, religiöse oder pseudo-religiöse Gemeinschaft
Sek/ten/we/sen *n.*, -s, *nur Sg.*
Sekt/glas *n.*, -es, -gläser
Sek/tie/rer [lat.] *m.*, -s, -, jemand, der von einer polit. oder relig. Richtung abweicht
sek/tie/re/risch
Sek/ti/on [lat.] *f.*, -, -en,
1. Abteilung, Gruppe,
2. medizin. Zerlegung von Leichen zu Lehrzwecken
Sek/ti/ons/chef *m.*, -s, -s, Abteilungsleiter
Sek/tor [lat.] *m.*, -s, -en,
1. Sachgebiet, 2. Abschnitt,

Gebietsteil, Ausschnitt
Se/kun/da [lat.] *f.*, -, -den, 6. und 7. Klasse des Gymnasiums
Se/kund/ak/kord *m.*, -[e]s, -e, in der Musik: dritte Umkehrung des Dominantseptimenakkords
Se/kun/da/ner *m.*, -s, -, Schüler der Sekunda
Se/kun/dant *m.*, -en, -en, Betreuer, Beistand (z.B. beim Duell, Boxkampf)
se/kun/där 1. zweitrangig, 2. nachträglich hinzugekommen
Se/kun/där/in/fek/ti/on *f.*, -, -en, Infektion mit anderen Erregern eines bereits befallenen Organismus
Se/kun/dar/leh/rer *m.*, -s, -, Lehrer an einer Sekundarschule
Se/kun/där/li/te/ra/tur *f.*, -, *nur Sg.*, Literatur über Werke der Dichtkunst
Se/kun/dar/schu/le *f.*, -, -n, Schweiz.: höhere Volksschule
Se/kun/där/strom *m.*, -[e]s, -ströme, elektrischer Strom in der Sekundärwicklung
Se/kun/där/wick/lung *f.*, -, -en, Wicklung, an der die transformierte Spannung abgenommen wird
Se/kun/da/wech/sel *m.*, -s, -, zweite Ausfertigung eines Wechsels
Se/kun/de *f.*, -, -n, 1. (Abk.: s, sec, sek., Sek.) 60. Teil einer Minute, 2. in der Musik: zweite Stufe der diatonischen Tonleiter, Intervall von zwei Stufen, 3. im Buchwesen: Signatur auf der dritten Seite eines Druckbogens
se/kun/den/lang

Se/kun/den/me/ter *n.*, -s, -, siehe Metersekunde
Se/kun/den/schnel/le *f.*, -, *nur Sg.*
Se/kun/den/uhr *f.*, -, -en, kleines Zifferblatt auf einer Uhr mit Sekundenzeiger
Se/kun/den/zei/ger *m.*, -s, -
se/kun/die/ren *intr.*, 1. jemandem beistehen, jemanden betreuen (Duell, Boxkampf), 2. jemandem helfen, jemanden schützen
se/kund/lich, se/künd/lich in jeder Sekunde
Se/ku/ri/tät [lat.] *f.*, -, *nur Sg.*, veraltet: Sicherheit
sel. Abk. für selig (verstorben)
Se/la *n.*, -s, -s, in den Psalmen des AT: Musikzeichen
se/la/don unflektierbar, zartgrün
Se/la/don 1. *m.*, -s, -s, veraltet: schmachtender Liebhaber, 2. *n.*, -s, -s, altes chinesisches Porzellan mit grüner Glasur
Se/lam! siehe Salam!
Se/lam/lik *m.*, -s, -s, im Wohnhaus der Muslime: Empfangsraum
selb im selben Augenblick, zur selben Zeit, am selben Tisch
sel/ber ugs. für selbst
sel/big veraltet für selb, zur selbigen Stunde
selbst 1. persönlich, in eigener Person, ich selbst, der Autor selbst, 2. sogar, selbst er kann es nicht, selbst bei Sturm
Selbst *n.*, -, *nur Sg.*, die eigene Person, Ich
Selbst/ach/tung *f.*, -, *nur Sg.*
Selbst/ana/ly/se *f.*, -, -n

selb/stän/dig auch: **selbst/stän/dig**
Selb/stän/dig/keit auch: **Selbst/stän/dig/keit** *f.*, -, *nur Sg.*
Selbst/an/kla/ge *f.*, -, -n
Selbst/aus/lö/ser *m.*, -s, -
Selbst/be/die/nung *f.*, -, *nur Sg.*
Selbst/be/ein/flus/sung *f.*, -, *nur Sg.*, Autosuggestion
Selbst/be/frie/di/gung *f.*, -, *nur Sg.*, Masturbation, Onanie
Selbst/be/fruch/tung *f.*, -, -en
Selbst/be/herr/schung *f.*, -, *nur Sg.*
Selbst/be/stim/mung *f.*, -, *nur Sg.*
Selbst/be/weih/räu/che/rung *f.*, -, *nur Sg.*
selbst/be/wußt > **selbst/be/wusst**
Selbst/be/wußt/sein > **Selbst/be/wusst/sein** *n.*, -s, *nur Sg.*
Selbst/bild/nis *n.*, -ses, -se
Selbst/bi/o/gra/phie (Nf.) auch: **Selbst/bi/o/grafie** (Hf.), -, -n
Selbst/dis/zi/plin auch: **Selbst/dis/zip/lin** *f.*, -, *nur Sg.*
Selbst/ent/la/der *m.*, -s, -, Lastwagen mit Kippvorrichtung
Selbst/ent/lei/bung *f.*, -, -en, Selbstmord
selbst/ent/zünd/lich
Selbst/er/hal/tungs/trieb *m.*, -[e]s, *nur Sg.*
Selbst/fi/nan/zie/rung *f.*, -, -en
selbst/ge/fäl/lig
Selbst/ge/fäl/lig/keit *f.*, -, *nur Sg.*
selbst/ge/macht oder auch: **selbst gemacht**

selbst/ge/recht
Selbst/ge/rech/tig/keit *f.*, -, *nur Sg.*
selbst/ge/schrie/ben oder auch: **selbst geschrieben**
selbst/ge/strickt oder auch: **selbst gestrickt**
Selbst/herr/lich
Selbst/herr/lich/keit *f.*, -, *nur Sg.*
Selbst/hil/fe *f.*, -, *nur Sg.*
Selbst/kos/ten/preis *m.*, -es, -e
Selbst/kri/tik *f.*, -, *nur Sg.*
selbst/kri/tisch
Selbst/la/de/ge/wehr *n.*, -[e]s, -e, **Selbst/la/der** *m.*, -s, -, Gewehr, das selbsttätig Patronen aus dem Magazin nachlädt
Selbst/laut *m.*, -[e]s, -e, Vokal
selbst/los
Selbst/lo/sig/keit *f.*, -, *nur Sg.*
Selbst/mord *m.*, -[e]s, -e
Selbst/mör/der *m.*, -s, -
selbst/mör/de/risch
selbst/quä/le/risch
selbst/re/dend
Selbst/schrei/ber *m.*, -s, -
Selbst/schuß > **Selbst/schuss** *m.*, -es, -schüsse
selbst/si/cher
Selbst/si/cher/heit *f.*, -, *nur Sg.*
Selbst/steu/e/rung *f.*, -, -en
Selbst/sucht *f.*, -, *nur Sg.*, Egoismus
selbst/süch/tig
selbst/tä/tig
Selbst/tä/tig/keit *f.*, -, *nur Sg.*
Selbst/täu/schung *f.*, -, -en
Selbst/tor *n.*, -[e]s, -e, Eigentor
Selbst/ver/bren/nung *f.*, -, -en
selbst/ver/ges/sen
Selbst/ver/ges/sen/heit *f.*, -, *nur Sg.*

Selbst/ver/leug/nung *f., -,*
nur Sg.
selbst/ver/ständ/lich
Selbst/ver/ständ/lich/keit
f., -, -en
Selbst/ver/ständ/nis *n., -*
ses, nur Sg.
Selbst/ver/stüm/me/lung *f.,*
-, -en
Selbst/ver/such *m., -[e]s,*
-e, am eigenen Körper vor-
genommenes Experiment
Selbst/ver/trau/en *n., -s,*
nur Sg.
Selbst/ver/wal/tung *f., -,*
-en
Selbst/zucht *f., -, nur Sg.*
selbst/zu/frie/den
Selbst/zu/frie/den/heit *f., -,*
nur Sg.
Selbst/zün/dung *f., -, -en*
Selbst/zweck *m., -[e]s, -e,*
meist Sg.
Sel/dschu/ke auch: **Seld-**
schu/ke *m., -n, -n,* Angehöriger eines türkischen
Herrschergeschlechts
se/lek/tie/ren [lat.] *tr.,* auswählen, auslesen
Se/lek/ti/on *f., -, -en,* Auswahl, Auslese, Zuchtwahl
se/lek/tiv 1. auswählend,
2. trennscharf
Se/lek/ti/vi/tät *f., -, nur Sg.,*
Trennschärfe (Rund-
funkempfänger)
Se/len [griech.] *n., -s, nur*
Sg., (Zeichen: Se) chem.
Element
Se/le/no/gra/phie *(Nf.)*
auch: **Se/le/no/gra/fie** *(Hf.)*
f., -, nur Sg., Beschreibung
der Mondbeschaffenheit
se/le/no/gra/phisch *(Nf.)*
auch: **se/le/no/grafisch**
(Hf.)
Se/le/no/lo/gie *f., -, nur Sg.,*
Wissenschaft vom Mond
se/le/no/lo/gisch

Se/len/zel/le *f., -, -n,* ein
Fotoelement mit Selen-
sperrschicht
Self [engl.] in Zusammenhang: Selbst
Self/made/man *m., -s, -*
men, jemand, der es aus
eigener Kraft zu etwas gebracht hat
Self/pa/cing *n., -s, nur Sg.,*
Regelung des Arbeitstem-
pos durch den Schüler
selbst
se/lig selig sein, machen,
seligpreisen, seligsprechen
Se/lig/keit *f., -, nur Sg.*
se/lig/prei/sen oder auch:
se/lig prei/sen *tr.*
Se/lig/prei/sung *f., -, -en*
se/lig/spre/chen oder auch:
se/lig spre/chen *tr.*
Se/lig/spre/chung *f., -, -en*
Sel/le/rie [griech.] *m., -s, -s,*
eine Gemüsepflanze
sel/ten
Sel/ten/heit *f., -, -en*
Sel/ten/heits/wert *m., -*
[e]s, *nur Sg.*
Sel/ters *n., -, -,* kurz für
Selterswasser
Sel/ters/was/ser *n., -s, -*
wässer, 1. Mineralwasser
aus dem Emsland, 2. allg.:
mit Kohlensäure versetztes
Wasser
selt/sam
selt/sa/mer/wei/se
Selt/sam/keit *f., -, -en*
Se/man/tik [griech.] *f., -,*
nur Sg. 1. Lehre von der
Bedeutung der Wörter und
ihrer Wandlungen, 2. Lehre
von den in einer Wissen-
schaft verwendeten Zeichen
se/man/tisch
Se/ma/phor [griech.] *n.*
oder *m., -[e]s, -e,* Signal-
mast mit schwenkbaren
Armen

se/ma/pho/risch mit Hilfe
des Semaphors
Se/ma/si/o/lo/gie [griech.]
f., -, nur Sg., siehe Semantik (1)
se/ma/si/o/lo/gisch
Se/mei/o/gra/phie *(Nf.)*
auch: **Se/mei/o/grafie**
(Hf.) f., -, -n, 1. Lehre von
den musikalischen Zeichen,
2. Zeichen-, Notenschrift
Se/mes/ter [lat.] *n., -s, -,*
1. Studienhalbjahr, 2. ugs.
übertr.: Student eines
bestimmten Semesters
Se/mes/ter/fe/ri/en *nur Pl.*
se/mes/trig auch:
semest/rig in Zusammenhang, z.B. sechssemestriges,
6-semestriges Studium,
zweisemestriges, 2-semes-
triges Seminar
se/mi, Se/mi [lat.] in
Zusammenhang: halb, Halb
Se/mi/fi/na/le *n., -s, -,* im
Sport: Vorschlussrunde,
Halbfinale
Se/mi/ko/lon *n., -s, -s* oder
-la, Strichpunkt
se/mi/lu/nar halbmond-
förmig
Se/mi/lu/nar/klap/pe *f., -,*
-n, eine Herzklappe
Se/mi/nar [lat.] *n., -[e]s, -*
es, 1. Übungskurs an Hochschulen, 2. Hochschulinsti-
tut, 3. Ausbildungsanstalt
(für Geistliche, Lehrer usw.)
Se/mi/nar/ar/beit *f., -, -en*
Se/mi/o/lo/gie [griech.] *f., -,*
nur Sg., s. Semiotik (1)
se/mi/o/lo/gisch semiotisch
Se/mi/o/tik *f., -, nur Sg.,*
1. in der Medizin: Lehre
von Krankheitserscheinun-
gen, Symptomatologie 2. in
der Sprachwiss.: Lehre von
den Zeichen
se/mi/o/tisch

se/mi/per/me/a/bel [lat] halbdurchlässig

Se/mit *m.*, -en, -en, Angehöriger einer vorderasiatischen und nordafrikanischen Völkergruppe

se/mi/tisch

Se/mi/tis/tik *f.*, -, *nur Sg.*, Wissenschaft von den semitischen Sprachen und Literaturen

se/mi/tis/tisch

Sem/mel *f.*, -, -n, Weißbrötchen

sem/mel/blond

Sem/mel/brö/sel *n.*, *nur Pl.*

Sem/mel/kloß *m.*, -es, -klöße

Sem/mel/knö/del *m.*, -s, -

sem/per idem immer dasselbe

Sen [japan., chin.] *m.* oder *n.*, -, -, 1. japanische Währungseinheit, 1/100 Yen, 2. indonesische Währungseinheit, 1/100 Rupiah

sen. Abk. für senior

Se/nat [lat.] *m.*, -[e]s, -e, 1. im alten Rom: Rat der Ältesten, oberste Regierungsbehörde, 2. in verschiedenen Staaten: erste Kammer des Parlaments, 3. in Hamburg, Bremen und Berlin: Regierung, 4. an Hochschulen: Selbstverwaltungsbehörde, 5. an dt. höheren Gerichten: Richterkollegium, z.B. Strafsenat

Se/na/tor *m.*, -s, -en, Mitglied des Senats

se/na/to/risch

Se/nats/be/schluß >

Se/nats/be/schluss *m.*, -es, -schlüsse

Se/nats/sit/zung *f.*, -, -en

Se/na/tus Po/pu/lus/que Ro/ma/nus (Abk.: SPQR, S.P.Q.R.) Senat und Volk von Rom

Send/bo/te *m.*, -n, -n

Sen/de/an/la/ge *f.*, -, -n

Sen/de/fol/ge *f.*, -, -n

Sen/de/lei/ter *m.*, -s, -

sen/den 1. *tr.*, schicken, 2. *tr.*, Rundfunk, Fernsehen: ausstrahlen

Sen/de/pau/se *f.*, -, -n

Sen/de/pro/gramm *n.*, -[e]s, -e

Sen/der *m.*, -s, -

Sen/de/raum *m.*, [e]s, -räume

Sen/de/ge/rät *n.*, -[e]s, -e

Sen/de/zei/chen *n.*, -s, -

Sen/de/zeit *f.*, -, -en

Send/ge/richt *n.*, -[e]s, -e, kirchliches Gericht für kirchliche Vergehen von Laien

Send/schrei/ben *n.*, -s, -, offener Brief

Sen/dung *f.*, -, -en

Se/ne/gal 1. Staat in Westafrika, 2. *m.*, -s, Fluss in Afrika

Se/ne/ga/le/se *m.*, -n, -n, Einwohner von Senegal (1)

se/ne/ga/le/sisch,

se/ne/ga/lisch

Se/ne/schall *m.*, -s, -e, im merowingischen Reich: oberster Hofbeamter

Se/nes/zenz [lat.] *f.*, -, *nur Sg.*, das Altern, Altwerden

Senf *m.*, -[e]s, -e, ein Gewürz

senf/far/ben gelbbraun

Senf/gas *n.*, -es, *nur Sg.*, ein chemischer Kampfstoff, Gelbkreuz, Lost

Senf/korn *n.*, -[e]s, -körner

Sen/ge *nur Pl.*, mittel-, norddt.: Prügel, Schläge

sen/gen 1. *intr.*, brennen, heiß sein, 2. *tr.*, oberflächlich verbrennen, leicht anbrennen

sen/ge/rig, seng/rig leicht angebrannt, brenzlig

Sen/hor [portugies.] *m.*, -s, -res, portugiesische Anrede: Herr

Sen/ho/ra *f*, -, -s, portugiesische Anrede: Frau, meine Dame

Sen/ho/ri/ta *f.*, -, -s, portugiesische Anrede: Fräulein

se/nil [lat.] greisenhaft, altersschwach

Se/ni/li/tät *f.*, -, *nur Sg.*

se/ni/or (Abk.: sen.) älter, der Ältere (hinter Namen)

Se/ni/or *m.*, -s, -en, 1. der Ältere, 2. Vorsitzender, Alterspräsident, 3. im Sport: Angehöriger einer bestimmten Altersklasse

Se/ni/or/chef *m.*, -s, -s, der ältere von mehreren Chefs eines Betriebes

Se/ni/o/r/en/mann/schaft *f.*, -, -en

Senk/blei *n.*, -s, -e, an einem Faden aufgehängtes Gewicht zur Bestimmung der Senkrechten, Senklot

Sen/ke *f.*, -, -n, Bodenvertiefung, Mulde

Sen/kel *m.*, -s, -, Schnürband, Schnürsenkel

sen/ken *tr.* und *refl.*

Senk/fuß *m.*, -es, -füße

Senk/gru/be *f.*, -, -n, Grube, in der Abwasser versickert, Sickergrube

Senk/lot *n.*, -[e]s, -e, siehe Senkblei

senk/recht

Senk/recht/star/ter *m.*, -s, -, 1. Flugzeug, das senkrecht starten und landen kann, 2. ugs.: jemand, der rasch Karriere macht

Sen/kung *f.*, -, -en, auch Metrik: unbetonte Silbe

Sen/kungs/ge/schwindig/keit *f.*, -, -en, (bei der Blut-

senkung)
Senkwaage *f., -, -n*
Senn *m., -[e]s, -e,* **Sen/ne** *m., -n, -n,* **Sen/ner** *m., -s, -,* Almhirt, Almwirt
sen/nen *intr.,* bayr., österr.: Käse bereiten
Sen/ne/rei *f., -, -en,* Almwirtschaft, Sennwirtschaft
Sen/ne/rin, Sen/nin *f., -, -nen*
Sen/nes/blät/ter *n., nur Pl.,* als Abführmittel verwendete Blätter
Senn/hüt/te *f., -, -n*
Sen/nin, Sen/ne/rin *f., -, -nen*
Se/non *n., -s, nur Sg.,* Stufe der oberen Kreideformation
Se/no/ne *m., -n, -n,* Angehöriger eines keltischen Volksstammes an der oberen Seine
se/no/nisch
Se/ñor [span.] *m., -s, -res,* spanische Anrede: Herr
Se/ño/ra *f., -, -s,* spanische Anrede: Frau, meine Dame
Se/ño/ri/ta *f., -, -s,* spanische Anrede: Fräulein
Sen/sa/ti/on [lat.-französ.] *f., -, -en,* 1. urspr.: Sinnesempfindung, 2. heute: Aufsehen, große Überraschung
sen/sa/ti/o/nell
Sen/sa/ti/ons/be/dürf/nis *n., -ses, nur Sg.*
Sen/sa/ti/ons/lust *f., -, nur Sg.*
sen/sa/ti/ons/lüs/tern
Sen/sa/ti/ons/pres/se *f., -, nur Sg.*
Sen/se *f., -, -n ,* auch ugs.: Sense!: aus!, Schluss!, und jetzt ist Sense damit
sen/sen *tr.,* mit der Sense mähen
Sen/sen/mann *m., -[e]s, nur Sg.,* der mit Sense dargestellte Tod

sen/si/bel [lat.) empfindlich, empfindsam, feinfühlig
sen/si/bi/li/sie/ren *tr.,* empfindlicher machen, für etwas empfänglich machen
Sen/si/bi/li/tät *f., -, nur Sg.,* Reizempfindlichkeit, Empfindsamkeit
sen/si/tiv leicht reizbar, überempfindlich, empfänglich
sen/si/ti/vie/ren *tr.,* stark empfindlich machen
Sen/si/ti/vi/tät *f., -, nur Sg.*
Sen/si/to/me/ter *n., -s, -,* Gerät zum Messen der Lichtempfindlichkeit
Sen/si/to/me/trie auch: **-met/rie** *f., -, nur Sg.,* Messung der Lichtempfindlichkeit
sen/si/to/me/trisch auch: -**met/risch**
Sen/sor *m., -s, -en,* hochempfindliches Test- und Kontrollgerät
sen/so/ri/ell, sen/so/risch die Sinnesorgane betreffend
Sen/so/ri/um *n., -s, nur Sg.,* Gesamtheit der Sinnesorgane
Sen/su/a/lis/mus *m., -, nur Sg.,* Lehre, dass alle Erkenntnis auf den Sinneswahrnehmungen beruht
Sen/su/a/list *m., -en, -en*
sen/su/a/lis/tisch
Sen/su/a/li/tät *f., -, nur Sg.,* Empfindungsvermögen
sen/su/ell auf den Sinnen beruhend, sinnlich wahrnehmbar
Sen/tenz [lat.] *f., -, -en,* 1. Sinnspruch, 2. juristischer Urteilsspruch
sen/ten/zi/ös knapp formuliert, einprägsam

Sen/ti/ment [französ.] *n., -s, -s,* Empfindung, Gefühl, Gefühlsäußerung
sen/ti/men/tal gefühls-, rührselig
Sen/ti/men/ta/li/tät *f., -,-en,* Gefühls-, Rührseligkeit, übertriebene Gefühlsäußerung
sen/za [italien.] in der Musik: ohne
Se/oul Hauptstadt von Südkorea
se/pa/rat [lat.] abgesondert, einzeln
Se/pa/ra/ti/on *f., -, -en,* Abtrennung, Absonderung
Se/pa/ra/tis/mus *m., -, nur Sg.,* Streben nach Abtrennung, Loslösung, Verselbständigung
Se/pa/ra/tist *m., -en, -en*
se/pa/ra/tis/tisch
Se/pa/ra/tor *m., -s, -en,* Schleuder zum Trennen von Stoffgemischen
Sé/pa/rée [französ.] auch: **Se/pa/ree** *n., -s, -s,* abgetrennter Gästeraum, Nische
se/pa/rie/ren *tr.,* absondern, trennen, loslösen
se/pia [griech.] dunkelbraun, schwarzbraun
Se/pia 1. *f., -, -pien,* Tintenfisch, 2. *f., -, nur Sg.,* aus dem Sekret des Tintenfisches gewonnener dunkelbrauner Farbstoff
Se/pia/scha/le *f., -, -n*
Se/pie *f., -, -n,* Sepia
Sep/sis [griech.] *f., -, -sen,* Blutvergiftung, Septhämie
Sep/ta *Pl.* von Septum
Sept/ak/kord *m., -[e]s, -e,* kurz für Septimenakkord
Sep/tem/ber [lat.] *m., -[s], nur Sg.,* (Abk.: Sept.)
Sep/tett *n., -s, -s,* Musikstück für sieben Instrumen-

Serviette

te oder Singstimmen
Sept/hä/mie, Sep/ti/kä/mie, Sep/tik/hä/mie [griech.] *f.,* -, -n, s. Sepsis
Sep/ti/me *f.,* -, -n, 1. siebenter Ton der diatonischen Tonleiter, 2. Intervall von sieben Tönen
Sep/ti/men/ak/kord *m.,* - [e]s, -e, Akkord aus Grundton, Terz, Quinte und Septime
Sep/ti/mole *f.,* -, -n, s. Septole
sep/tisch [griech.] Krankheitserreger enthaltend, Sepsis hervorrufend
Sep/tole, Sep/ti/mole [lat] *f.,* -, -n, in der Musik: Gruppe von sieben Noten mit dem Taktwert von sechs oder acht Noten
Sep/tu/a/ge/si/ma ohne Artikel, 70. Tag (neunter Sonntag) vor Ostern
Sep/tu/a/gin/ta *f.,* -, *nur Sg.,* griech. Übersetzung des AT
Sep/tum [lat.] *n.,* -s, -ta, Scheidewand in einem Organ
seq. Abk. für sequens
seqq. Abk. für sequentes
se/quens [lat.] (Abk.: seq.) veraltet: folgend
se/quen/tes (Abk.: seqq.) veraltet: 1. die folgenden (Seiten) 2. die Folgenden, die Nachkommen
se/quen/ti/ell *(Nf.)* auch: **se/quen/zi/ell** *(Hf.)*
Se/quenz *f.,* -, -en, 1. Folge, Reihe, 2. im MA: hymnusähnlicher Gesang, 3. in der Musik: wiederholte Tonfolge, 4. Film: aufeinanderfolgende Reihe von Einstellungen, 5. im program-

mierten Unterricht: Lerneinheit
se/quen/zi/ell, se/quen/ti/ell
Se/quo/ia, Se/quo/ie [Indianerspr.] *f.,* -, -n, ein nordamerikanischer Nadelbaum
Se/ra *Pl.* von Serum
Se/rail [französ.] *n.,* -s, -s, Palast des türkischen Sultans
Se/raph oder auch:
Sera/fim [hebr.] *m.,* -s, -e oder -phim, AT: sechsflügeliger Engel
se/ra/phisch oder auch:
se/ra/fisch engelgleich, erhaben
Se/ra/pis, Sa/ra/pis, in der ägyptischen Mythologie: Gott der Unterwelt
Ser/be *m.,* -n, -n, Einwohner von Serbien
Ser/bin *f.,* -, -nen
ser/bisch
Ser/bo/kro/a/ten *Pl.,* Sammelbez. für Serben und Kroaten
ser/bo/kro/a/tisch zu Serbien und Kroatien gehörend
Se/ren *Pl.* von Serum
Se/re/na/de [italien.] *f.,* -, -n, 1. abendliches Ständchen, Abendmusik, 2. mehrsätziges Musikstück
Se/ren/ge/ti *f.,* -, Wildreservat in Tansania
Ser/geant [französ.] *m.,* -en, -en, Unteroffizier
Se/rie [lat.] *f.,* -, -n, Reihe, Folge
se/ri/ell
Se/ri/en/pro/duk/ti/on *f.,* -, -en
Se/ri/en/schal/tung *f.,* -, -en
se/ri/en/wei/se
Se/ri/fe [lat.-französ.] *f.,* -, -n, kleiner Querstrich am Kopf und Fuß bei bestimm-

ten Schrifttypen
se/ri/fen/los
Se/ri/gra/phie *(Nf.)* auch:
Se/ri/gra/fie *(Hf.)* [lat. u. griech.] *f.,* -, -n, Siebdruck
se/ri/ös [lat.-französ.] ernst, ernst gemeint, gediegen
Se/ri/o/si/tät *f.,* -, *nur Sg.*
Ser/mon [lat.] *m.,* -s, -e, 1. veraltet für Rede, 2. heute: langweiliger Vortrag, Strafpredigt
Se/ro/di/a/gnos/tik auch: **Se/ro/di/ag/nos/tik** [lat. u. griech.] *f.,* -, -en, Erkennung von Krankheiten aus dem Blutserum
se/ro/di/a/gnos/tisch auch: **se/ro/di/ag/nos/tisch**
Se/ro/lo/ge *m.,* -n, -n
Se/ro/lo/gie *f.,* -, *nur Sg.,* Lehre vom Blutserum
se/ro/lo/gisch
se/rös serumhaltig, serumähnlich
Se/ro/the/ra/pie *f.,* -, *nur Sg.,* Heilbehandlung mit Serum
Ser/pen/tin [lat.] *m.,* -[e]s, -e, Mineral
Ser/pen/ti/ne *f.,* -, -n, 1. Windung, Schlangenlinie, Kehre, 2. in Kehren ansteigende Straßen im Gebirge
Se/rum [lat.] *n.,* -s, -ra oder -ren, nicht gerinnender Bestandteil des Blutes
Ser/ve/lat/wurst *f.,* -, -würste, siehe Zervelatwurst
Ser/vice 1. [französ.] *n.,* - oder -s, -, zusammengehöriges Essgeschirr 2. [engl.] *m.,* -, -s, Kundendienst, Bedienung
ser/vie/ren *tr.* u. *intr.,* Speisen auftragen, bedienen
Ser/vie/re/rin *f.,* -, -nen
Ser/vier/tisch *m.,* -[e]s, -e
Ser/vi/et/te *f.,* -, -n

Ser/vi/et/ten/ring *m.*, -[e]s, -e
ser/vil [lat.] unterwürfig
Ser/vi/li/tät *f.*, -, *nur Sg.*
Ser/vit *m.*, -en, -en, Angehöriger des Bettelordens der Diener Mariä
Ser/vi/tut *n.*, -[e]s, -e, Nutzungsrecht
Ser/vo/ge/rät *n.*, -[e]s, -e, Hilfsgerät für schwer zu bedienende Steuerungen
Ser/vo/mo/tor *m.*, -s, -en, Hilfsmotor
Ser/vus! bayr., österr.: Guten Tag!, Auf Wiedersehen!
Se/sam [semit.-lat.] *m*, -s, -s, eine Ölpflanze
Se/schel/len *Pl.*, siehe Seychellen
Ses/sel *m.*, -s, -
Ses/sel/lift *m.*, -[e]s, -e
seß/haft > **sess/haft**
Seß/haf/tig/keit > **Sesshaf/tig/keit** *f.*, -, *nur Sg.*
Ses/si/on *f.*, -, -en, Sitzung, Sitzungsperiode
Ses/terz *m.*, -es, -e, altröm. Silbermünze
Set [engl.] *n.*, -s, -s, 1. mehrere zusammengehörige Gegenstände, Satz, 2. Platzdeckchen
Set/ter [engl.] *m.*, -s, -, englischer Vorsteh- und Jagdhund
Settle/ment [engl.] *n.*, -s, -s, engl. Bez. für Ansiedlung
Setz/ei *n.*, -[e]s, -er, Spiegelei
set/zen *tr.* und *refl.*
Set/zer *m.*, -s, -, Schriftsetzer
Set/zer/ei *f.*, -, -en
Setz/ha/se *m.*, -n, -n, in der Jägersprache: Häsin
Setz/lat/te *f.*, -, -n, im Bauwesen: Richtscheit

Setz/ling *m.*, -[e]s, -e, 1. junge Pflanze, die in die Erde gesetzt wird, 2. junger Fisch, der in einen Teich gesetzt wird
Setz/ma/schi/ne *f.*, -, -n
Set/zung *f.*, -, -en
Setz/waa/ge *f.*, -, -n, Wasserwaage
Seu/che *f.*, -, -n
Seu/chen/ge/fahr *f.*, -, -en
Seu/chen/herd *m.*, -[e]s, -e
seuf/zen *intr.*
Seuf/zer *m.*, -s, -
Seuf/zer/brü/cke *f.*, -, *nur Sg.*, Brücke in Venedig
Se/vil/la Stadt in Spanien
Sèv/res/por/zel/lan ra., -[e]s, -e, Porzellan aus der französischen Stadt Sèvres
Sex [lat.] *m.*, -es, *nur Sg.*, Kurzf. für Sexus, Geschlecht, Geschlechtlichkeit
Se/xa/ge/si/ma [lat.oder auch: ohne Artikel 60. Tag (achter Sonntag) vor Ostern
se/xa/ge/si/mal sechzigteilig
Se/xa/ge/si/mal/sys/tem *n.*, -[e]s, -e
Sex-Ap/peal oder auch:
Sex/ap/peal [engl.] *m.*, -s, *nur Sg.*, Anziehungskraft auf das andere Geschlecht
Sex/bom/be *f.*, -, -n, ugs. für: Frau mit starkem sexuellen Reiz
se/xis/tisch geschlechtsspezifisch herabsetzend
Sex/muf/fel *m.*, -s, -, ugs. scherzh.: jmd., der an Sexuellem und Erotik keinen Spaß hat
Se/xo/loge *m.*, -n, -n
Se/xo/lo/gie *f.*, -, *nur Sg.*, Sexualforschung
Sex/shop *m.*, -s, -s, Geschäft, das Bücher und Gegenstände mit sexuellen

Themen verkauft
Sex/ta [lat.] *f.*, -, -ten, unterste Klasse des Gymnasiums
Sext/ak/kord *m.*, -[e]s, -e, Akkord aus Grundton, Terz und Sexte
Sex/ta/ner *m.*, -s, -, Schüler der Sexta
Sex/tant *m.*, -en, -en, astronomisches Winkelmessinstrument
Sex/te *f.*, -, -n, 1. sechster Ton der diatonischen Tonleiter, 2. Intervall von sechs Tönen
Sex/tett *n.*, -[e]s, -s, Musikstück für sechs Instrumente oder Singstimmen
Sex/to/le *f.*, -, -n, Gruppe von sechs Noten im Taktwert von vier Noten
se/xu/al-, Se/xu/al- [lat.] in Zusammenhang: geschlechts-, Geschlechts-
Se/xu/al/er/zie/hung *f.*, -, *nur Sg.*
Se/xu/al/ethik *f.*, -, *nur Sg.*
Se/xu/al/hor/mon *n.*, - [e]s, -e
Se/xu/a/li/tät *f.*, -, *nur Sg.*, Geschlechtlichkeit
Se/xu/al/or/gan *n.*, -[e]s, -e, Geschlechtsorgan
Se/xu/al/päd/a/go/gik auch: **-pä/da/go/gik** *f.*, -, *nur Sg.*
Se/xu/al/psy/cho/lo/gie *f.*, -, *nur Sg.*
Se/xu/al/trieb *m.*, -[e]s, *nur Sg.*
Se/xu/al/ver/bre/chen *n.*, -, -, Sittlichkeitsverbrechen
se/xu/ell das Geschlechtliche betreffend, geschlechtlich
Se/xus *m.*, -, *nur Sg.* Geschlecht
se/xy [engl.] ugs.: geschlechtlich anziehend,

geschlechtlich reizvoll
Sey/chel/len, Sei/schel/len
Pl., Inselgruppe und Staat im Indischen Ozean
se/zer/nie/ren [lat.] *tr.,* absondern (Körperflüssigkeit)
Se/zes/si/on [lat.] *f.,* , -en,
1. Trennung, Loslösung,
2. Streben der Südstaaten der USA, sich von den Nordstaaten zu trennen (1861 -1865)
se/zes/si/o/nis/tisch
Se/zes/si/ons/krieg *m.,* -[e]s, *nur Sg.,* Krieg zwischen den Süd- und Nordstaaten der USA (1861-1865)
Se/zes/si/ons/stil *m.,* [e]s, *nur Sg.,* österr. Richtung des Jugendstils
se/zie/ren [lat.] *tr.,* 1. anatomisch untersuchen, zerlegen, 2. übertr. ugs.: genau untersuchen
Se/zier/mes/ser *n.,* -s, -
sf Abk. für sforzando, sforzato
SFB Abk. für Sender Freies Berlin
s-för/mig
sfor/za/to, sfor/zan/do (Abk.: sf) in der Musik: betont, akzentuiert
Sfor/za/to, Sfor/zan/do *n.,* -[s], -ti bzw. -di, in der Musik: starke Betonung
sfr., Schweiz.: **sFr.,** Abk. für Schweizer Franken
sh, auch: **s,** Abk. für Shilling
Shag [engl.] *m.,* -s, *nur Sg.,* fein geschnittener Pfeifentabak
Shag/pfei/fe *f.,* -, -n, Tabakpfeife mit kleinem Kopf
Shake [engl.] 1. *m.,* -s, -s, ein Mischgetränk, das zum Mischen geschüttelt wird,
2. *n.,* -s, -s, Jazz: Trompeten- oder Posaunenvibrato über einer Note
Shake/hands *n.,* -, *nur Sg.,* Händeschütteln, Händedruck
Sha/ker *m.,* -s, -, Mixbecher
Shakes/peare William, engl. Dichter (1564-1616)
shakes/pea/risch
Sham/poo, Sham/poon, Scham/pun *n.,* -s, -s, Haarwaschmittel
sham/poo/nie/ren, scham/pu/nie/ren *tr.,* mit Shampoo waschen
Shang/hai engl. Schreibung von Schanghai
Shan/ty [engl.] *n.,* -s, -s oder -ts, Seemannslied
Share [engl.] *m.,* -, -s, Kapitalanteil, Aktie
Share/hol/der *m.,* -s, -s, Aktionär
Shed/bau [engl.] *m.,* -[e]s, -ten
Shed/dach *n.,* -[e]s, -dächer
She/riff [engl.] *m.,* -s, -s, in Großbritannien und den USA: höchster Vollzugsbeamter einer Grafschaft oder eines Landkreises
Sher/lock Holmes Name eines Detektivs in Romanen von A. C. Doyle
Sher/pa [tibet.] *m.,* -[s], -[s], Angehöriger eines Volksstammes im Himalaya
Sher/ry [engl.] *m.,* -s, -s, ein Süßwein aus der spanischen Stadt Jerez de la Frontera
Shet/land *[engl.]* *m.,* -s, -s, nach den Shetland-Inseln benannter graumelierter Wollstoff
Shet/land/po/ny *n.,* -s, -s
Shil/ling *[engl.]* *m.,* -s, -s, nach Zahlen *Pl.* auch: -,
(Abk.: s, sh) bis 1971 Währungseinheit in Großbritannien
Shin/to/is/mus *m.,* -, *nur Sg.*
Shirt [engl.] *n.,* -s, -s, kurzes Hemd
Shit [engl.] *n.,* -, *nur Sg.,* ugs. für: Haschisch
Shi/va siehe Schiwa
sho/cking [engl.] *unflektierbar:* anstößig
Sho/gun [japan.] *m.,* -[e]s, -e, früher japanischer Titel für Feldherr
Shoo/ting/star [engl.] *m.,* -s, -s, Aufsteiger mit Blitzkarriere
Shop [engl.] *m.,* -s, -s, Laden, Geschäft
Shop/ping-Cen/ter > **Shop/ping/cen/ter** *n.,* -s, -s, Einkaufszentrum
Shore/här/te *f.,* -, -n, Maß für die Härte von Metallen, nach dem englischen Physiker Shore benannt
Short/drink [engl.] *m.,* -s, -s, unverdünntes, stark alkoholisches Getränk
Shorts *Pl.,* kurze Sommerhosen
Short-Sto/ry > **Short-sto/ry** auch: **Short Story** [engl.] *f.,* -, -s, Kurzgeschichte
Shor/ty *m.,* -s, -s, Damenschlafanzug mit kurzer Hose
Show [engl.] *f.,* -, -s, Schau, Darbietung, Vorführung
Show/busi/neß > **Show/busi/ness** [engl.] *n.,* -, *nur Sg.*
Show/down *(Nf.)* auch:
Show-down *(Hf.)* *n.,* -s, -s, 1. in Wildwestfilmen: entscheidender Kampf, 2. allg.: Macht-, Kraftprobe

Show/ge/schäft *n.*, -[e]s, *nur Sg.*
Show/mas/ter *m.*, -s, -, Moderator einer Show
Shred/der [engl.] *m.*, -s, -, Maschine zum Verschrotten von Autowracks, Schredder
Shrimp *(Nf.)* auch:
Schrimp *(Hf.)* *m.*, -s, -s
Shunt [engl.] *m.*, -s, -s, Vorschaltwiderstand
Si chem. Zeichen für Silicium
Si/al *n.*, -s, *nur Sg.*, oberster Teil der Erdkruste
Si/am früherer Name von Thailand
Si/a/me/se *m.*, -n, -n, Einwohner von Siam
Si/a/me/sin *f.*, -, -nen
si/a/me/sisch siamesische Zwillinge: zusammengewachsene Zwillinge
Si/am/kat/ze *f.*, -, -n
Si/bi/lant [lat.] *m.*, -en, -en, Zischlaut
Si/bi/ri/en russischer Teil von Nordasien
Si/bi/ri/er *m.*, -s, -
si/bi/risch
Si/byl/le *f.*, -, -n, im alten Griechenland: Wahrsagerin
si/byl/li/nisch weissagend, geheimnisvoll
sich sich sputen, hinter, vor, neben sich
Si/chel *f.*, -, n
si/cheln *tr.*, mit der Sichel mähen
si/cher
si/cher/ge/hen *intr.*, sich einer Sache vergewissern
Si/cher/heit *f.*, -, -en, 1. *nur Sg.*, Gewissheit, sichere Beschaffenheit, 2. Bürgschaft, Pfand
Si/cher/heits/glas *n.*, -es, -gläser, splitterfreies Glas
Si/cher/heits/gurt *m.*, -[e]s, -e

si/cher/heits/hal/ber
Si/cher/heits/na/del *f.*, -, -n
Si/cher/heits/rat *m.*, -[e]s, *nur Sg.*, ein Organ der UN
Si/cher/heits/schloß >
Si/cher/heits/schloss *n.*, -es, -schlösser
Si/cher/heits/ven/til *n.*, -[e]s, -e
si/cher/lich
si/chern 1. *tr.*, 2. *intr.*, Jägersprache: den Wind prüfen, das Wild sichert
si/cher/stel/len *tr.*, beschlagnahmen, in Sicherheit bringen
Si/cher/stel/lung *f.*, -, -en
Si/che/rung *f.*, -, -en
Si/che/rungs/kas/ten *m.*, -s, -kästen
Sich/ler *m.*, -s, -, Vogel mit sichelförmigem Schnabel
Sicht *f.*, -, *nur Sg.*, auf lange, kurze Sicht, in, außer Sicht sein
sicht/bar
Sicht/bar/keit *f.*, -, *nur Sg.*
sich/ten *tr.*, 1. erblicken, 2. prüfend durchsehen
sich/tig klar (Wetter)
Sich/tig/keit *f.*, -, *nur Sg.*
sicht/lich
Sich/tung *f.*, -, *nur Sg.*
Sicht/ver/merk *m.*, -[e]s, -e
Sicht/wei/se *f.*, -, -n
Sicht/wei/te *f.*, -, -n
Si/ci/li/a/na [italien.],
Si/zi/li/a/na *f.*, -, -nen, langsamer Satz eines Musikstücks in wiegendem Rhythmus
Si/ci/li/a/no *m.*, -s, -s oder -ni, langsamer sizilianischer Hirtentanz
Si/cker/gru/be *f.*, -, -n, siehe Senkgrube
si/ckern *intr.*
Sic tran/sit glo/ria mun/di [lat.] So vergeht der Ruhm der Welt
Side/board [engl.] *n.*, -s, -s, niedriger, breiter Schrank
si/de/risch 1. [lat.] auf die Fixsterne bezogen, siderisches Jahr: Sternenjahr, 2. [griech.] aus Eisen bestehend
Si/de/rit *m.*, -[e]s, -e, Mineral, Eisenspat
Si/de/ro/lo/gie *f.*, -, *nur Sg.*, Lehre vom Eisen
si/de/ro/phil sich gern mit Eisen verbindend
Sie (Großschreibung) in der Anrede an eine oder mehrere Personen
sie *f.*, -, *nur Sg.*, ugs.: weibliche Person oder weibliches Tier
Sieb *n.*, -[e]s, -e
Sieb/bein *n.*, -[e]s, -e, ein Schädelknochen
Sieb/druck *m.*, -[e]s, -e, Druckverfahren, bei dem Farbe durch ein feines Sieb gedrückt wird
sie/ben *tr.*, durch ein Sieb schütten, aussortieren
sie/ben Zahlwort, in Ziffer: 7
Sie/ben *f.*, -, -, die Zahl 7
Sie/ben/bür/gen historische Landschaft in Rumänien
Sie/ben/bür/ger *m.*, -s, -
sie/ben/bür/gisch
sie/ben/ge/scheit neunmalklug, oberschlau
Sie/ben/ge/stirn *n.*, -[e]s, *nur Sg.*, Sternbild der Plejaden
sie/ben/jäh/rig aber: der Siebenjährige Krieg
sie/ben/mal
Sie/ben/mei/len/stie/fel *m.*, *Pl.*
Sie/ben/punkt *m.*, -[e]s, -e, Marienkäfer
Sie/ben/sa/chen *Pl.*, ugs.:

Habseligkeiten
Sie/ben/schlä/fer *m.*, -s, -, 1. *nur Sg.* Fest am 27. Juni, 2. ein Nagetier, Bilch
Sie/ben/sprung *m.*, -[e]s, *nur Sg.*, ein Volkstanz
Sie/ben/stern *m.*, -[e]s, -e, ein Primelgewächs
sie/ben/te, sieb/te
Sie/ben/tel, Sieb/tel *n.*, -s, -
sie/ben/tens, sieb/tens
sieb/te, sie/bente
Sieb/tel *n.*, -s, -, der siebte Teil
sieb/tens siebentens
sieb/zehn
sieb/zig
siech krank, gebrechlich
sie/chen *intr.*, lange krank sein, meist: dahinsiechen
Siech/tum *n.*, -s, *nur Sg.*, Zustand des ständigen Krankseins
Sie/de *f.*, -, -n gesottenes Viehfutter
Sie/de/grad *m.*, -[e]s, -e
Sie/de/hit/ze *f.*, -, *nur Sg.*
Sie/del/land *n.*, -[e]s, -länder
sie/deln *intr.*
sie/den 1. *tr.*, kochen, 2. *intr.*, siedend heißes Wasser, es überlief mich siedend heiß
Sie/de/punkt *m.*, -[e]s, -e
Sied/fleisch *n.*, -es, *nur Sg.*, süddt.: gekochtes Fleisch
Sied/ler *m.*, -s, -
Sied/lung *f.*, -, -en
Sied/lungs/haus *n.*, -es, -häuser
Sieg *m.*, -es, -e
Sie/gel *n.*, -s, -
Sie/gel/baum *m.*, -[e]s, -bäume, ein Bärlappbaum des Devons, Karbons und Perms
Sie/gel/kun/de *f.*, *nur Sg.*, Sphragistik
Sie/gel/lack *m.*, -[e]s, -e

sie/geln *tr.*
Sie/gel/ring *m.*, -[e]s, -e
Sie/gel/zy/lin/der *m.*, -s, -, Rollsiegel
sie/gen *intr.*
Sie/ger *m.*, -s, -
Sie/ger/kranz, Sie/ges/kranz *m.*, -es, -kränze
sie/ges/be/wußt > **sieges/be/wusst**
Sie/ges/fei/er *f.*, -, -n
sie/ges/ge/wiß > **sieges/ge/wiss**
Sie/ges/ge/wiß/heit > **Sie/ges/ge/wiss/heit** *f.*, -, *nur Sg.*
Sie/ges/göt/tin *f.*, -, -nen
Sie/ges/kranz, Sie/ger/kranz *m.*, -es, -kränze
Sie/ges/preis *m.*, -es, -e
Sie/ges/säu/le *f.*, -, -n
sie/ges/si/cher
sie/ges/trun/ken
Sie/ges/zug *m.*, -[e]s, -züge
sieg/ge/wohnt
sieg/haft
sieg/los
sieg/reich
Sieg/wurz *f.*, -, -e, Gladiole
sie/he (abk. n.)
Siel *m.*, -[e]s, -e oder *f.*, -, -e, 1. Abwasserkanal, 2. kleine Deichschleuse
Sie/le *f.*, -, -n, Zugriemen am Geschirr der Zugtiere
sie/len *refl.*, sich in etwas wälzen
Sie/len/ge/schirr *n.*, -[e]s, -e
Sie/len/zeug, Siel/zeug *n.*, -[e]s, -e, Pferdegeschirr mit breitem Brustblatt
Sie/mens *n.*, -, -, (Abk.: S) Maßeinheit der elektrischen Leitfähigkeit
si/e/na unflektierbar: rotbraun
Si/e/na 1. Stadt in Italien,

2. *n.*, -s, *nur Sg.*, rotbraune Farbe
Si/e/ne/se *m.*, -n, -n,
Si/ene/ser *m.*, -s, -, Einwohner von Siena
si/e/ne/sisch
Si/er/ra [span.] *f.*, -, -s oder -ren, Gebirgszug, Gebirgskette
Si/er/ra Le/o/ne westafrikanischer Staat
Si/er/ra/le/o/ner *m.*, -s, -
si/er/ra/le/o/nisch
Si/es/ta [italien.] *f.*, -, -ten, Mittagsruhe
sie/zen *tr.*, ugs.: jemanden mit »Sie« anreden
Si/gel [lat.] *n.*, -s, -, **Si/gle** *f.*, -, -n, Wort-, Abkürzungszeichen, z.B. in der Kurzschrift
Sight/see/ing [engl.] *n.*, -s, *nur Sg.*, Besichtigung von Sehenswürdigkeiten
Si/gil/la/rie [lat.] *f.*, -, -n, s. Siegelbaum
Si/gle auch: **Sig/le** *f.*, -, -n, siehe Sigel
Sig/ma oder auch: **Si/gma** *n.*, -[s], -s, griechischer Buchstabe
sign. Abk. für signatum
Sig/na oder auch: **Si/gna** *Pl.* von Signum
Sig/nal oder auch: **Si/gnal** [lat.] *n.*, -[e]s, -e, 1. Zeichen mit festgelegter Bedeutung, 2. Warnzeichen
Sig/nal/buch oder auch: **Si/gnal/buch** *n.*, -[e]s ,-bücher
Sig/nal/flag/ge oder auch: **Si/gnal-** *f.*, -, -n, in der Seefahrt: Flagge zum Zeichengeben
Sig/nal/gast oder auch: **Si/gnal-** *m.*, -[e]s, -gäste, in der Seefahrt: Matrose, der die Signalflaggen bedient

Sig/nal/horn oder auch: **Si/gnal-** *n.,* -[e]s, -hörner, Horn zum Blasen von Signalen

sig/na/li/sie/ren oder auch: **si/gna/li/sie/ren** *tr.,* 1. durch Signale übermitteln, 2. ankündigen

sig/na/tum oder auch: **si/gna/tum** (Abk.: sign.) unterzeichnet

Sig/na/tur oder auch: **Si/gna/tur** *f.,* -, -en, 1. Zeichen, meist Buchstabe oder Zahl, 2. abgekürzter Namenszug bei Unterschriften, 3. auf Landkarten: bildliches Zeichen zur Darstellung bestimmter Gegenstände, 4. im Buchwesen.: laufende Nummer auf der ersten Seite eines Druckbogens links unten, 5. im Buchwesen: Kerbe, Einschnitt am Fuß einer Letter, 6. im Bibliothekswesen: Kennzeichen eines Buches, Buchnummer

Sig/net oder auch: **Si/gnet** *n.,* -s, -s, Schutzmarke, Druckerei-, Verlags-, Firmenzeichen

sig/nie/ren oder auch: **si/gnie/ren** *tr.,* mit einem Signum, einer Signatur versehen

sig/ni/fi/kant oder auch: **si/gni/fi/kant** bezeichnend, bedeutsam

Sig/nor [italien.] italien. Anrede vor Namen: Herr

Sig/no/ra *f.,* -, -re, italienische Anrede: Frau, meine Dame

Sig/no/re *m.,* -s, -ri, italienische Anrede ohne Namen: Herr

Sig/no/ri/na *f.,* -, -ne, italienische Anrede: Fräulein

Si/gnum auch: **Sig/num** [lat.] *n.,* -s, -gna, 1. Zeichen, Kennzeichen, 2. abgekürzter Name in Unterschriften

Si/grist auch: **Sig/rist** *m.,* -en, -en, veraltet: Küster, Messner

Sikh [sanskr.] *m.,* -s, -s, Anhänger des Sikhismus

Si/khis/mus *m.,* -, *nur Sg.,* indische, militärisch organisierte Religionsgemeinschaft

Sik/kim indischer Unionsstaat im Himalaya

Si/la/ge [französ.], **En/si/la/ge** *f.,* -, -n, 1. Einbringen von Grünfutter ins Silo, 2. im Silo aufbewahrtes Grünfutter

Sil/be *f.,* -, -n

Sil/ben/rät/sel *n.,* -s, -

Sil/ben/schrift *f.,* -, -en, Schrift, deren Zeichen für Silben stehen, z.B. die japanische Schrift

Sil/ben/tren/nung *f.,* -, -en

Sil/ber *n.,* -s, *nur Sg.,* 1. (Zeichen: Ag) chemisches Element, Edelmetall, Argentum, 2. ugs. für: silbernes Tafelbesteck oder Tafelgeschirr, 3. veraltet: Hartgeld, Münzen

Sil/ber/blick *m.,* -[e]s, -e, ugs. für leichtes Schielen

Sil/ber/braut *f.,* -, -bräute, Ehefrau am Tag ihrer silbernen Hochzeit

Sil/ber/bräu/ti/gam *m.,* -[e]s, -e, Ehemann am Tag seiner silbernen Hochzeit

Sil/ber/bro/kat *m.,* -[e]s, -e, Brokat mit eingewebten Silberfäden

Sil/ber/dis/tel *f.,* -, -n, Distelart

Sil/ber/draht *m.,* -[e]s, -drähte

Sil/ber/fisch/chen *n.,* -s, -, ein Insekt

Sil/ber/fuchs *m.,* -es, -füchse, Unterart des Rotfuchses

Sil/ber/gras *n.,* -es, -gräser, eine Zierstaude, Pampasgras

Sil/ber/haar *n.,* -[e]s, *nur Sg.,* poetisch für: silbergraues Haar

sil/ber/hell

Sil/ber/hoch/zeit *f.,* -, -en, 25. Jahrestag der Hochzeit

sil/be/rig, sil/brig

Sil/ber/ling *m.,* -[e]s , -e, biblisch: silberne Münze

Sil/ber/lö/we *m.,* -n, -n, Puma

Sil/ber/mün/ze *f.,* -, -n

sil/bern 1. aus Silber, 2. übertr.: wie Silber, hell und klar

Sil/ber/ni/trat auch: -**nit/rat** *n.,* -[e]s, -e, salpetriges Silbersalz

Sil/ber/pa/pier *n.,* -[e]s, -e, Aluminiumfolie

Sil/ber/pap/pel *f.,* -, -n

Sil/ber/schmied *m.,* -[e]s, -e

Sil/ber/strei/fen *m.,* -s, -, ugs. in der Wendung: Silberstreifen am Horizont: Anlass zur Hoffnung

Sil/ber/tan/ne *f.,* -, -n, Edeltanne

sil/ber/weiß

Sil/ber/zeug *n.,* -[e]s, *nur Sg.,* ugs.: silbernes Besteck und Geschirr

sil/big in Zusammenhang, z.B. drei-, vier-, vielsilbig

sil/bisch eine Silbe bildend

-silb/ler, -silb/ner *m.,* -s, -, in Zusammenhang: Vers mit einer bestimmten Anzahl von Silben, z.B. Viersilbler, Viersilbner

silb/rig, sil/be/rig
Si/len/ti/um [lat.] *n., -s, - ii,* Schweigen, Ruhe
Sil/hou/et/te [französ.] *f., -, -n,* Schattenriss, -bild, Scherenschnitt
sil/hou/et/tie/ren *tr.,* veraltet: als Silhouette zeichnen oder schneiden
Si/li/cat *n., -[e]s, -e,* s. Silikat
Si/li/ci/um *n., -s, nur Sg.,* (Zeichen: Si) chem. Element
Si/li/con *n., -[e]s, -e,* s. Silikon
si/lie/ren *tr.,* ins Silo einbringen
Si/li/fi/ka/ti/on [lat.] *f., -, nur Sg.,* Verkieselung
si/li/fi/zie/ren *tr.,* verkieseln
Si/li/kat fachsprachl.: **Si/li/cat** [lat.] *n., -[e]s, -e,* Salz der Kieselsäure
Si/li/kon fachsprachl.: **Si/li/con** *n., -[e]s, -e,* sehr beständiger Kunststoff
Si/li/ko/se *f., -, -n,* Erkrankung der Lunge durch Einatmen von kieselsäurehaltigem Staub, Steinstaublunge
Si/li/zi/um *n., -s, nur Sg.,* eindeutschende Schreibung von Silicium
Silk *m., -[e]s, -e,* 1. glänzender Kleiderstoff, 2. *nur Sg.,* Petersilie
Si/lo [span.] *n., -s, -s,* Speicher für Gärfutter oder Getreide
Si/lur *n., -s, nur Sg.,* eine Formation des Paläozoikums
Si/lu/rer *m., -s, -,* Angehöriger eines vorkeltischen Volksstammes in Wales
si/lu/risch
Sil/va/ner *m., -s, -,* Rebsorte
Sil/ves/ter *n., -s, nur Sg.,* letzter Tag des Jahres, 31. Dezember
Sim/bab/we Staat im südlichen Afrika
Sim/bab/wer *m., -s, -*
sim/bab/wisch
Si/mi/li [lat.] *n oder m., -s, -s,* Nachahmung (von Edelsteinen)
Si/mi/li/stein *m., -[e]s, -e,* unechter Edelstein
sim/pel [lat.] 1. einfach, 2. einfältig, anspruchslos
Sim/pel *m., -s, -,* süddt.: Einfaltspinsel, Dummkopf
Sim/pla auch: **Simp/la** [lat.] *Pl.* von Simplum
Sim/plex auch: **Simp/lex** *n., -[es], -e oder -plizia,* einfaches, nicht zusammengesetztes Wort
Sim/pli/cis/si/mus oder auch: **Simp/li/cis/si/mus** 1. Titelheld eines Romans von H. J. Chr. von Grimmelshausen, 2. *m., -, nur Sg.,* Name einer politisch-satirischen Wochenschrift
Sim/pli/fi/ka/ti/on oder auch: **Simp/li-** *f., -, -en,* Vereinfachung
sim/pli/fi/zie/ren oder auch: **simp/li-** *tr.,* vereinfachen
Sim/pli/zia oder auch: **Simp/li-** *Pl.* von Simplex
Sim/pli/zi/tät oder auch: **Simp/li-** *f., -, -en, nur Sg.,* Einfachheit, Einfalt
Sim/plum auch: **Simp/lum** [lat.] *n., -s, -pla,* in der Wirtschaft: einfacher Steuersatz
Sims *n., -es, -e,* 1. Gesims, 2. Mauervorsprung unter dem Fenster
Sim/se *f., -, -n,* Bezeichnung für verschiedene grasartige Pflanzen
Si/mu/lant [lat.] *m., -en, -en,* jemand, der eine Krankheit vortäuscht
Si/mu/la/ti/on *f., -, -en,* Vortäuschung
Si/mu/la/tor *m., -s, -en,* Apparat, in dem Bedingungen hergestellt werden können, wie sie in der Natur gegeben sind
si/mu/lie/ren 1. *tr.,* vortäuschen, 2. *intr.,* sich verstellen
si/mul/tan [nlat.] gemeinsam, gleichzeitig
Si/mul/tan/büh/ne *f., -, -n,* Bühne, auf der alle Schauplätze nebeneinander aufgebaut sind
Si/mul/tan/dol/met/scher *m., -s, -,* Dolmetscher, der einen Text übersetzt, während dieser noch gesprochen wird
Si/mul/ta/ne/i/tät,
Si/mul/ta/ni/tät *f., -, nur Sg.,* Gleichzeitigkeit, Gemeinsamkeit
Si/mul/tan/kir/che *f., -, -n,* von Angehörigen verschiedener Bekenntnisse benutzte Kirche
Si/mul/tan/spiel *n., -[e]s, -e,* Schachspiel gegen mehrere Partner gleichzeitig
sin Abk. für Sinus
Si/nai 1. Halbinsel im nördl. Roten Meer, 2. Gebirgsmassiv auf der Sinaihalbinsel
Sin/anth/ro/pus auch: **Si/nanth/ro/pus** [lat. u. griech.] *m., -, nur Sg.,* in China gefundene Frühmenschenform, Pekingmensch
si/ne an/no [lat.] (Abk.: s.a.) ohne Jahresangabe
Si/ne/ku/re *f., -, -n,* Pfründe ohne Amtspflichten, ein-

trägliches, müheloses Amt
si/ne lo/co (Abk.: s.l.) ohne Ortsangabe
si/ne lo/co et an/no (Abk.: s.l.e.a.) ohne Ort und Jahr
si/ne tem/po/re (Abk.: s.t.) ohne Zeit, d.h. ohne akademisches Viertel, pünktlich
Sin/fo/nie [griech.], **Sym/pho/nie** *f.,* -, -n, mehrsätziges Musikstück für Orchester
Sin/fo/nie/or/ches/ter *n.,* -s, -, Name großer Orchester
Sin/fo/nik, Sym/pho/nik *f.,* -, *nur Sg.* 1. Lehre von der sinfonischen Gestaltung, 2. sinfonisches Schaffen
Sin/fo/ni/ker, Sym/pho/ni/ker *m.,* -s, -, 1. Komponist von Sinfonien, 2. Mitglied eines Sinfonieorchesters
sin/fo/nisch, sym/pho/nisch in der Art einer Sinfonie
Sin/ga/le/se *m.,* -n, -n, siehe Singhalese
Sin/ga/pore engl. Schreibung von Singapur
Sin/ga/pur Stadt und Inselstaat in Südostasien
Sin/ga/pu/rer *m.,* -s, -
sin/ga/pu/risch
sing/bar
Sing/bar/keit *f.,* -, *nur Sg.*
Sing/dros/sel *f.,* -, -n
sin/gen *tr.* und *intr.*
Sin/ge/rei *f.,* -, *nur Sg.*
Sin/gha/le/se, Sin/ga/le/se *m.,* -n, -n, Angehöriger eines indischen Volkes auf Sri Lanka
sin/gha/le/sisch
Sing/sang *m.,* -[e]s, *nur Sg.*
Sing Sing Staatsgefängnis von New York
Sing/spiel *n.,* -[e]s, -e, Bühnenstück mit musikalischen Einlagen
Sing/stim/me *f.,* -, -n
Sing/stun/de *f.,* -, -n
Sin/gu/lar [lat.] *m.,* -[e]s, -e, Zahlform des Nomens und Verbs, Einzahl
sin/gu/lär einzeln, vereinzelt
Sin/gu/la/re/tan/tum *n.,* -s, -s, *Pl. auch:* Singulariatantum, Wort, das nur in der Einzahl vorkommt, z.B. Kälte, Hunger
sin/gu/la/risch im Singular stehend
Sin/gu/la/ris/mus *m.,* -, *nur Sg.,* Lehre, dass die Welt eine Einheit aus scheinbar selbständigen Teilen sei
sin/gu/la/ris/tisch
Sin/gu/la/ri/tät *f.,* -, *nur Sg.,* vereinzelte Erscheinung, Seltenheit
Sing/vo/gel *m.,* -s, -vögel
si/nis/ter [lat.] unheilvoll, unselig, unglücklich
sin/ken *intr.*
Sink/kas/ten *m.,* -s, -kästen, an Abwasseranlagen: kastenartige Vertiefung, in der sich Sinkstoffe absetzen können
Sinn *m.,* -[e]s, -e, von Sinnen sein, mir steht der Sinn nach etwas anderem, seine Sinne beieinander haben
Sinn/bild *n.,* -[e]s, -er
sinn/bild/lich
sin/nen *intr.*
Sin/nen/freu/de *f.,* -, -n
sin/nen/froh
Sin/nen/mensch *m.,* -en, -en
Sin/nen/rausch *m.,* -[e]s, *nur Sg.*
Sin/nen/reiz *m.,* -es, -e, *meist Pl.,* auf die Sinne einwirkender Reiz
sinn/ent/leert
sinn/ent/stel/lend
Sin/nes/än/de/rung *f.,* -, -en
Sin/nes/art *f.,* -, -en
Sin/nes/ein/druck *m.,* -[e]s, -drücke
Sin/nes/or/gan *n.,* -[e]s, -e
Sin/nes/reiz *m.,* -es, -e, auf ein Sinnesorgan einwirkender Reiz
Sin/nes/stö/rung *f.,* -, -en
Sin/nes/täu/schung *f.,* -, -en
Sin/nes/wahr/neh/mung *f.,* -, -en
Sin/nes/zel/le *f.,* -, -n
sinn/fäl/lig augenfällig, einleuchtend
Sinn/fäl/lig/keit *f.,* -, *nur Sg.*
Sinn Fein *f.,* -, *nur Sg.,* nationalistische Partei in Irland
Sinn/ge/bung *f.,* -, -en
Sinn/ge/halt *m.,* -[e]s, -e
sinn/ge/mäß
sinn/ge/treu
sin/nie/ren *intr.,* grübeln, sinnen
Sin/nie/rer *m.,* -s, -
sin/nig 1. gut durchdacht, gut ausgedacht, 2. ugs. iron.: überlegt, aber falsch
Sin/nig/keit *f.,* -, *nur Sg.*
sinn/lich 1. mit den Sinnen wahrnehmbar, körperlich, 2. dem Genuss, der Lust zugänglich
Sinn/lich/keit *f.,* -, *nur Sg.*
sinn/los
Sinn/lo/sig/keit *f.,* -, *nur Sg.*
sinn/reich gut ausgedacht
Sinn/spruch *m.,* -[e]s, -sprüche
sinn/ver/wandt in der Bedeutung ähnlich, synonym
Sinn/ver/wandt/schaft *f.,* -, *nur Sg.*
sinn/ver/wir/rend

sinn/voll
sinn/wid/rig
Sinn/wid/rig/keit *f., -, nur Sg.*
Si/no/lo/ge [griech.] *m.,* -n, -n
Si/no/lo/gie *f., -, nur Sg.,* Wissenschaft von der chinesischen Sprache und Kultur
si/no/lo/gisch
Sin/ter *m.,* -s, *nur Sg.,* mineralische Ablagerung aus fließendem oder tropfendem Wasser
sin/tern *intr.,* 1. sich absetzen, sich ablagern, 2. bei hoher Temperatur zusammenbacken, sich verfestigen
Sin/te/rung *f., -, nur Sg.*
Sint/flut *(Nf.)* auch:
Sünd/flut *(Hf.) f., -, nur Sg.*
Sin/to *m.,* -, -ti, meist *Pl.,* Selbstbenennung der Zigeuner
si/nu/ös [lat.] in der Medizin: ausgebuchtet, mit vielen Vertiefungen
Si/nus *m.,* -, -nusse, 1. in der Mathematik: eine Winkelfunktion, Verhältnis der Gegenkathete zur Hypotenuse, 2. in der Medizin: Hohlraum, Vertiefung, Ausbuchtung
Si/nus/kur/ve *f., -, -n,* zeichnerische Darstellung des Sinus
Si/nus/schwin/gung *f., -, -en,* Schwingung, deren Verlauf zeichnerisch eine Sinuskurve ist
Si/oux [engl.] *m., -, -,* Angehöriger eines nordamerikanischen Indianervolkes
Si/pho [griech.] *m.,* -s, -phonen, Atemröhre der Weichtiere
Si/phon [griech.-französ.] *m.,* -s, -s, 1. Geruchverschluss, 2. Gefäß mit Druckverschluss für kohlensäurehaltige Getränke
Sip/pe *f., -, -n*
Sip/pen/for/schung *f., -, -en*
Sip/pen/haf/tung *f., -, nur Sg.,* Haftung der ganzen Sippe für das Vergehen eines einzelnen Angehörigen
Sipp/schaft *f., -, -en,* abwertend: Verwandtschaft, Bande
Sir [engl.] *m.,* -s, -s, 1. engl. Anrede (ohne Namen): Herr, 2. engl. Adelsitel (in Verbindung mit dem Vornamen)
Sire [französ.] *m.,* -s, -s, französ. Anrede (ohne Namen): Majestät
Si/re/ne [griech.] *f., -, -n,* 1. meist *Pl.,* griech. Fabelwesen: Mädchen mit Vogelleib, das vorbeifahrende Schiffer mit seinem Gesang bezauberte und in den Untergang trieb, 2. Gerät zur Erzeugung eines Warntones, 3. Seekuh
Si/re/nen/ge/sang *m.,* - [e]s, -sänge
Si/re/nen/pro/be *f., -, -n*
Si/ri/us [griech.] *m., -,* Fixstern, Hundsstern
sir/ren *intr.,* hell brummen, zischen
Si/rup [arab.] *m.,* -[e]s, -e, 1. zähflüssiger Zuckersaft, 2. dickflüssige Lösung aus Obstsaft und Zucker
Si/sal *m.,* -[e]s, *nur Sg.,* 1. Blattfaser der Sisalagave, 2. daraus hergestelltes Garn
Si/sal/a/ga/ve *f., -, -n,* eine tropische Pflanze
Si/sal/hanf *m.,* -s, *nur Sg.,* siehe Sisal
Sis/trum auch: **Sist/rum** [griech.] *n.,* -s, -tren, altägyptisches Rasselinstrument
Si/sy/phus/ar/beit *f., -, -en,* mühevolle, vergebliche Arbeit
Si/tar [iran.] *m.,* -s, -s, ein iran. Saiteninstrument mit langem Hals
Sit-in [engl.] *n.,* -s, -s, Sitzstreik
Sit/te *f., -, -n*
Sit/ten/bild *n.,* -[e]s, -er
Sit/ten/ge/schich/te *f., -, -n*
sit/ten/ge/schicht/lich
Sit/ten/leh/re *f., -, -n,* Morallehre, Ethik
sit/ten/los
Sit/ten/po/li/zei *f., -, nur Sg.*
Sit/ten/pre/di/ger *m.,* -s, -
Sit/ten/rich/ter *m.,* -s, -
sit/ten/streng
Sit/ten/strolch *m.,* -[e]s, -e, Mann, der Frauen und Kinder unsittlich belästigt
sit/ten/wid/rig
Sit/ten/wid/rig/keit *f., -, nur Sg.*
Sit/tich [lat.] *m.,* -[e]s, -e, ein Papagei
sitt/lich
Si/ttlich/keit *f., -, nur Sg.*
Si/ttlich/keits/de/likt *n.,* -[e]s, -e
Si/ttlich/keits/ver/brechen *n.,* -s, -
sitt/sam
Sitt/sam/keit *f., -, nur Sg.*
Si/tu/a/ti/on [lat.] *f., -, -en,* Sachlage, Lage, Zustand
Si/tu/a/ti/ons/ko/mik *f., -, nur Sg.*
si/tu/a/tiv durch die Situation bedingt
si/tu/iert in einer bestimmten Lebensstellung befindend
Si/tus [lat.] *m., -, -,* die natürliche Lage der Organe

Sitz

im Körper, bes. des Embryos in der Gebärmutter
Sitz *m., -es, -e*
Sitz/bad *n., -[e]s, -bäder*
sit/zen *intr.*
sit/zen/blei/ben oder auch:
sit/zen blei/ben *intr.,* nicht versetzt werden, eine Ware nicht verkaufen können
Sit/zen/blei/ber *m., -s, -*
sit/zen/las/sen oder auch:
sit/zen las/sen *tr.,* im Stich lassen
sit/zer *m., -s, -,* in Zusammenhang, z.B. Zwei-, Viersitzer: Auto mit zwei bzw. vier Sitzplätzen
Sitz/fleisch *n.,* nur in der ugs. Wendung: Sitzfleisch haben: lange bleiben, lange nicht wieder weggehen
Sitz/ge/le/gen/heit *f., -, -en*
sit/zig in Zusammenhang, z.B. zwei-, viersitzig: mit zwei bzw. vier Sitzen ausgestattet
Sitz/platz *m., -es, -plätze*
Sitz/rie/se *m., -n, -n,* kleiner Mensch, der im Sitzen größer wirkt
Sitz/streik *m., -s, -s*
Sit/zung *f., -, -en*
Sit/zungs/saal *m., -[e]s, -säle*
Sit/zungs/zim/mer *n., -s, -*
Six/ti/na *f., -, nur Sg.,* eine Kapelle im Vatikan
six/ti/nisch aber: Sixtinische Kapelle, Sixtinische Madonna (von Raffael)
Si/zi/li/a/na *f., -, -nen,* siehe Siciliana
Si/zi/li/a/ner *m., -s, -,* Einwohner Siziliens
si/zi/li/a/nisch
SJ (hinter dem Namen) Abk. für Societas Jesu: Gesellschaft Jesu, Jesuit
skål! [skand.] skandinavischer Zuruf beim Zutrinken: prost!
Ska/la [lat.] *f., -, -len,* 1. an Geräten: Maßeinteilung, 2. Reihe, Folge zusammengehöriger Dinge, z.B. Farbskala
ska/lar eindimensional
Ska/lar *m., -[e]s,-e,* skalare Größe (z.B. Druck, Temperatur)
Skal/de [altnord.] *m., -n, -n,* altnordischer Dichter und Sänger
Skalp [engl.] *m., -[e]s, -e,* abgezogene Kopfhaut des Feindes als Siegestrophäe
Skal/pell [lat.] *n., -[e]s, -e,* kleines chirurgisches Messer
skal/pie/ren *tr.,* die Kopfhaut abziehen
Skan/dal [griech.] *m., -[e]s,-e,* 1. Aufsehen erregendes Ärgernis, 2. Unerhörtes, Empörendes
skan/da/lös unerhört
skan/die/ren [lat.] *intr.* und *tr.,* mit starker Betonung lesen oder sprechen
Skan/di/na/vi/en [lat.] Norwegen und Schweden
Skan/di/na/vi/er *m., -s, -*
skan/di/na/visch
Skan/di/um *n., -s, nur Sg.,* eindeutschende Schreibung von Scandium
Ska/ra/bä/us [griech.] *m., -, -bäen,* 1. ein Blatthornkäfer, 2. im alten Ägypten: Nachbildung des Käfers, als Siegel oder Amulett benutzt
Ska/ra/muz [italien.] *m., -es, -e,* in der Commedia dell'arte und im französ. Lustspiel: Figur des prahlerischen Soldaten
Skat [italien.] *m., -[e]s, nur Sg.,* ein Kartenspiel
Skate/board [engl.] *n., -s,* -s, auf vier Räder montiertes Brett, auf dem der Fahrer frei steht
Skeet/schie/ßen [engl.] *n., -s,* Tontaubenschießen
Ske/le/ton [engl.] *m., -s, -s,* niedriger Sportschlitten
Ske/lett [griech.] *n., -[e]s, -s,* Knochengerüst, Gerippe
ske/let/tie/ren *tr.,* das Skelett freilegen
Skep/sis [griech.] *f., -, nur Sg.,* Zweifel, Ungläubigkeit
Skep/ti/ker *m., -s, -,* 1. Anhänger des Skeptizismus, 2. Zweifler
skep/tisch zweifelnd, ungläubig
Skep/ti/zis/mus *m., -, nur Sg.,* 1. philosphische Richtung, die den Zweifel zum Denkprinzip erhebt, 2. skeptische Einstellung
Sketch [engl.] *(Nf.)* auch:
Sketsch *(Hf.) m., -[e]s, -e,* kurzes witziges Bühnenstück
Ski *m., -s, -er* oder -, Wintersportgerät
Ski/bob *m., -s, -s,* lenkbarer Schlitten mit einer Kufe
Skiff [engl.] *n., -s, -s,* Einmannruderboot
Ski/ha/serl *n., -s, -n,* süddt., österr.: Anfänger(in) im Skilaufen
Ski/lauf *m., -[e]s, -läufe*
Ski/läu/fer *m., -s, -*
Ski/lift *m., -[e]s, -e*
Skin/head *m., -s, -s,* Jugendlicher mit kahl geschorenem Kopf und meistens neonazistischer Einstellung
Ski/sport *m., -s, nur Sg.*
Ski/sprin/gen *n., -s, -*
Skiz/ze [italien.] *f., -, -n,* Entwurf, unfertige Zeichnung

skiz/zen/haft
skiz/zie/ren *tr.,* andeuten, umreißen
Skla/ve [griech.] *m.,* -n, -n, 1. Leibeigener, 2. übertr.: jemand, der von einer Sache oder einer Person abhängig ist
Skla/ven/hal/ter *m.,* -s, -
Skla/ven/han/del *m.,* -s, *nur Sg.*
Skla/ven/händ/ler *m.,* -s, -
Skla/ve/rei *f.,* -, *nur Sg.*
skla/visch
Skle/ra [griech.] *f.,* -, -ren, Lederhaut des Auges, das Weiße im Auge
Skle/ri/tis *f.,* -, -tiden, Entzündung der Sklera
Skle/ro/der/mie *f.,* -, -n, allmähliche Verlederung, Verhärtung der Haut
Skle/rom *n.,* -[e]s, -e, Sklerodermie
Skle/ro/me/ter *n.,* -s, -, Gerät zum Bestimmen der Härte von Kristallen
Skle/ro/se *f.,* -, -n, Verhärtung, Verkalkung eines Organs
Skle/ro/ti/ker *m.,* -s, -, an einer Sklerose Leidender
skle/ro/tisch
Sko/li/o/se, Sko/li/o/sis *f.,* -, -sen, Rückgratverkrümmung nach der Seite
skon/tie/ren [italien.] *tr.,* das Skonto abziehen
Skon/to *n.* oder *m.,* -s, -s, Abzug vom Rechnungsbetrag bei sofortiger Zahlung
skon/trie/ren *tr.* und *intr.,* den neuen Bestand durch Aufrechnung der Zu- und Abgänge ermitteln
Skon/tro *n.,* -s, -s, Buch mit den Eintragungen der täglichen Zu- und Abgänge
Skon/tro/buch *n.,* [e]s, - bücher
Skor/but [niederl.] *m.,* -s, *nur Sg.,* Krankheit infolge Vitamin C-Mangels
skor/bu/tisch
Skor/da/tur [lat.-italien.] *f.,* -, -en, bei Saiteninstrumenten: Umstimmung
Skore, Score [engl.] *n.,* -s, -s, Ergebnis (z.B. eines Spieles)
Skor/pi/on [griech.] *m.,* -[e]s, -e, 1. ein Spinnentier, 2. *nur Sg.,* ein Sternbild, Sternzeichen
Sko/te *m.,* -n, -n, Angehöriger eines alten Volksstammes in Schottland
skr, Schweiz.: **sKr,** Abk. für schwedische Krone
Skri/bent [lat.] *m.,* -en, -en, Vielschreiber, Schreiberling
Skript *n.,* -s, -e, 1. schriftl. Ausarbeitung, Schriftstück, 2. Drehbuch
Skript/girl *n.,* -s, -s, siehe Scriptgirl
Skrip/tum *n.,* -s, -ten, 1. veraltet für Skript (2.), 2. österr.: Vorlesungsmitschrift
Skro/fel [lat.] *f.,* -, -n, Halsdrüsengeschwulst, Skrofeln: Skrofulose
skro/fu/lös an Skrofulose erkrankt
Skro/fu/lo/se *f.,* -, -n, tuberkulöse Haut- und Lymphknotenerkrankung bei Kindern
Skro/ta [lat.] *Pl.* von Skrotum
skro/tal zum Skrotum gehörend, von ihm ausgehend
Skro/tal/bruch *m.,* -[e]s, -brüche, Hodenbruch
Skro/tum *n.,* -s, -ta, Hodensack
Skru/pel [lat.] *m., Pl.,* Bedenken, Gewissensbisse, Hemmungen
skru/pel/los
Skru/pel/lo/sig/keit *f.,* -, *nur Sg.*
skru/pu/lös bedenklich, ängstlich
Skull/boot [engl.] *n.,* -[e]s, -e, Sportruderboot mit zwei Rudern für einen Ruderer, Skuller
skul/len *intr.,* im Skullboot rudern
Skul/ler *m,* -s, -, 1. Skullboot, 2. Ruderer im Skullboot
skulp/tie/ren [lat.] *tr.,* Nebenform von skulpturieren
Skulp/tur *f.,* -, -en, 1. *nur Sg.,* Bildhauerkunst, 2. Werk der Bildhauerkunst, Plastik, Statue
skulp/tu/rie/ren *tr.,* als Skulptur, bildhauerisch darstellen
Skunk [indian.] *m.,* -s, -s, Stinktier
skur/ril [lat.] possenhaft, drollig
Skur/ri/li/tät *f.,* -, *nur Sg.*
S-Kur/ve *f.,* -, -n
Skye/ter/ri/er *m.,* -s, -, eine Terrierrasse
Sky/lab [engl.] *n.,* -s, *nur Sg.,* US-amerik. Weltraumstation, Himmelslaboratorium
Sky/light [engl.] *n.,* -s, -s, auf Schiffen: Oberlicht, Luke
Sky/line *f.,* -, -s, Horizontlinie
Skyl/la *f.,* -, *nur Sg.,* siehe Scylla
Sky/phos [griech.] *m.,* -, -phoi, altgriech. Trinkbecher
Sky/the, Szy/the *m.,* -n, -n, im Altertum Bezeichnung für Bewohner der südrussischen Steppe

sky/thisch
s.l. Abk. für sine loco
Sla/lom [norw.] *m.* oder *n.*, -s, -s, Lauf oder Fahrt durch abgesteckte Tore, Torlauf
Slang [engl.] *m.*, -s, -s, Umgangssprache
Slap/stick [engl.] *m.*, -s, -s, groteske, überdrehte Filmszene
Sla/we *m.*, -n, -n, Angehöriger einer osteuropäischen Völkergruppe
Sla/win *f.*, -, -nen
sla/wisch
Sla/wis/mus *m.*, -, -men, in eine andere Sprache übernommene slawische Spracheigenschaft
Sla/wist *m.*, -en, -en, Kenner der Slawistik
Sla/wis/tik *f.*, -, *nur Sg.*, Wissenschaft von der slawischen Sprache und Literatur
sla/wis/tisch
Sla/wo/ni/en kroatische Landschaft
Sla/wo/ni/er *m.*, -s, -
sla/wo/nisch
s.l.e.a. Abk. für sine loco et anno
Sli/bo/witz [serb.], oder auch: **Sli/wo/witz** *m.*, -es, -e, Pflaumenschnaps
Slip [engl.] *m.*, -s, -s, 1. auf Werften: Schlipp, 2. kurzes Unterhöschen
Slip/per *m.*, -s, -, 1. Schuh ohne Schnürung, 2. österr.: leichter Mantel
Sli/wo/witz *m.*, -es, -e, s. Slibowitz
Slo/gan [engl.] *m.*, -s, -s, Schlagwort
Sloop *f.*, -, -s oder -en, siehe Schlup
Slo/wa/ke *m.*, -n, -n, Angehöriger eines westslawischen Volkes
Slo/wa/kei *f.*, -, selbständige Republik seit 1992
slo/wa/kisch
Slo/wa/kisch *n.*, -[s], *nur Sg.*, zu den westslawischen Sprachen gehörende Sprache
Slo/we/ne *m.*, -n, -n, Angehöriger eines südslawischen Volkes
Slo/we/ni/en Staat in Südosteuropa
slo/we/nisch
Slo/we/nisch *n.*, -[s], *nur Sg.*, zu den südslawischen Sprachen gehörende Sprache
Slow/fox [engl.] *m.*, -es, -e, ein Gesellschaftstanz
Slum [engl.] *m.*, -s, -s, Elendsviertel
Slup, Sloop *f.*, -, -s oder -en, Schlup
sm Abk. für Seemeile
Sm chemisches Zeichen für Samarium
S.M. Abk. für Seine Majestät
Smal/te *f.*, -, -n, siehe Schmalte
Small talk > Small/talk auch: **Small Talk** [engl.] *m.*, -, -s, oberflächliche Konversation
Sma/ragd [griech.] *m.*, -[e]s, -e, ein Mineral, grüner Edelstein
sma/rag/den 1. aus Smaragd, 2. grün wie Smaragd
smart [engl.] 1. hübsch, elegant, schneidig, 2. leicht abwertend: gerissen, geschickt
Smog [engl.] *m.*, -s, -s, Abgaswolke über Industriestädten
Smoke-in [engl.] *n.*, -s, -s, ugs.: Beisammensein zum gemeinsamen Haschischrauchen
smo/ken *tr.*, mit Zierstich in Fältchen ziehen
Smo/king [engl.] *m.*, -s, -s, Herren-Gesellschaftsanzug
Smut/je *m.*, -s, -s, in der Seemannssprache: Spitzname für den Schiffskoch
Smyr/na *m.*, -s, -s, ein Teppich mit großer Musterung
Sn chemisches Zeichen für Stannum, Zinn
Snack/bar [engl.] *f.*, -, -s, Bezeichnung für Imbissstube
Snob [engl.] *m.*, -s, -s, eingebildeter Mensch
Sno/bis/mus *m.*, -, *nur Sg.*
sno/bis/tisch
Snow/board [engl.] *n.*, -s, -s, Wintersportgerät
so 1. so!, so bleiben, so wahr ich hier stehe, so gut wie nie, so etwas, sobald, solange, der Weg ist so weit, dass ich nicht zu Fuß gehen kann, aber: soweit ich weiß, kommt sie nicht, so wie ich sie kenne, aber: sowie die Tür aufging, begann es, umso besser, und so fort, 2. veraltet, noch poetisch: wenn, sofern, z.B. so Gott will
So Abk. für Sonntag
SO Abk. für Südost
s. o. Abk. für siehe oben
So/a/ve *m.*, -, *nur Sg.*, ein italienischer Weißwein
so/bald gleich wenn, sofort wenn
So/ci/e/tas Je/su [lat.] *f.*, -, *nur Sg.*, (Abk.: SJ) die Gesellschaft Jesu, der Jesuitenorden
So/cke *f.*, -, -n
So/ckel *m.*, -s, -, 1. vorspringender Unterbau, 2. unterer, abgesetzter Teil einer Wand, 3. Kontaktstück

von Lampen, Röhren usw.
Sod *m.,* -[e]s, -e, veraltet für Brühe
So/da [span.] 1. *f.,* -, oder *n., -s, nur Sg.,* Natriumcarbonat, 2. *n., -s, nur Sg.,* Sodawasser
So/da/le [lat.] *m.,* -n, -n, Mitglied einer Sodalität
So/da/li/tät *f.,* -, -en, katholische Bruderschaft
So/da/lith [span. + griech.] *m.,* -[e]s, -e, ein Mineral
so/dann
so/daß > **so/dass** auch: **so dass**
So/da/was/ser *n., -s, nur Sg.,* mit Kohlensäure versetztes Wasser
Sod/bren/nen *n., -s, nur Sg.,* brennendes Gefühl in der Speiseröhre, verursacht durch Magensäure
So/de *f.,* -, -n, 1. ausgestochenes Rasen-, Torfstück, 2. Salzsiederei, 3. ein Gänse-fußgewächs
So/dom bibl. Stadt, Sodom und Gomorrha: Symbol für Sündenpfuhl
So/do/mie *f., -, nur Sg.,* Unzucht mit Tieren
so/e/ben eben, vor sehr kurzer Zeit, gerade noch
So/fa [arab.-französ.] *n.,* -s, -s
so/fern wenn, falls
So/fia Hauptstadt von Bulgarien
so/fort gleich, im nächsten Augenblick
So/fort/hil/fe *f.,* -, -n
Soft-drink > **Soft/drink** auch: **Soft Drink** [engl.] *m.,* -s, -s
Soft/eis [engl.] *n.,* -es, *nur Sg.,* ein weiches Speiseeis
Soft/ware [engl.] *f., -, nur Sg.,* Programme zum Betreiben eines Computers
Sog *m.,* -[e]s, -e, 1. saugende Luft- oder Wasserströmung, 2. verführerische Anziehungskraft
sog. Abk. für sogenannt
so/gar obendrein, darüber hinaus
so/ge/nannt (Abk.: sog.)
so/gleich gleich, sofort
Soh/le *f.,* -, -n
Soh/len/gän/ger *m.,* -s, -, Säugetier, das beim Gehen mit der ganzen Sohle auftritt
Soh/len/le/der,
Sohl/le/der *n., -s, -*
söh/lig im Bergbau: waagerecht
Sohn *m.,* -[e]s, Söhne
Söhn/chen *n.,* -s, -
soi/gniert oder auch: **soigniert** [französ.] gepflegt
Soi/ree [französ.] *f.,* -, -n, Abendgesellschaft, Abendveranstaltung
So/ja/boh/ne [chin.] *f.,* -, -n, eine Nutzpflanze
So/ja/mehl *n.,* -[e]s, *nur Sg.*
So/ja/öl *n.,* -[e]s, *nur Sg.*
So/kra/ti/ker *m.,* -s, -, Anhänger des griechischen Philosophen Sokrates und seiner Lehre
so/kra/tisch
Sol 1. *m.,* -s, -s, nach Zahlen *Pl.* -, Währungseinheit in Peru, 2. *n.,* -[e]s, -e, kolloidale Lösung
so/lang, so/lan/ge die ganze Zeit, während
So/la/nin [lat.] *n.,* -[e]s, -e, giftiges Alkaloid mehrerer Nachtschattengewächse
So/la/num *n.,* -s, -nen, Nachtschatten
so/lar [lat.] mit der Sonne zusammenhängend
So/lar *n.,* -[e]s, -e, Sonnenjahr
So/la/ri/um *n.,* -s, -rien, Anlage zur Bestrahlung mit künstlichem Sonnenlicht
So/lar/ple/xus *m.,* -, *nur Sg.,* Nervengeflecht im Oberbauch, Sonnengeflecht
Sol/bad *n.,* -[e]s, -bäder, 1. Bad mit Solezusatz, 2. Badeort mit solehaltiger Quelle
solch derartig, von dieser Art
sol/cher/art
sol/cher/ge/stalt selten für solcherart
sol/cher/lei so ähnliche
sol/cher/ma/ßen auf solche Weise
sol/cher/wei/se
Sold [lat.] *m.,* -[e]s, *nur Sg.,* Lohn des Soldaten
Sol/dat [lat.-italien.] *m.,* -en, -en
Sol/da/ten/fried/hof *m.,* -[e]s, -höfe
Sol/da/ten/lied *n.,* [e]s, -er
Sol/da/ten/spra/che *f.,* -, -n
Sol/da/tes/ka *f.,* -, -ken, roher, zügelloser Soldatenhaufen
sol/da/tisch
Sold/buch *n.,* [e]s, -bücher
Söld/ner *m.,* -s, -, Soldat, der sich für Geld von einer Armee anwerben lässt
Söld/ner/heer *n.,* [e]s, -e
So/le *f.,* -, -n, kochsalzhaltiges Wasser
Sol/ei *n.,* -[e]s, -er, hart gekochtes, in Salzwasser eingelegtes Ei
Sol/fa/ta/ra [italien.],
Sol/fa/ta/re *f.,* -, -ren, vulkanisches Ausströmen schwefelhaltiger Wasserdämpfe
So/li *Pl.* von Solo
so/lid siehe solide
so/li/da/ri/sie/ren *refl.,* sich

solidarisch erklären, sich verbinden

So/li/da/ris/mus *m., -, nur Sg.,* Lehre vom Verbundensein aller Menschen

So/li/da/ri/tät *f., -, nur Sg.,* Zusammengehörigkeitsgefühl, Verbundenheit

so/li/de [lat.] 1. haltbar, fest, 2. zuverlässig, charakterfest, anständig, 3. häuslich, geregelt

So/li/di/tät *f., -, nur Sg.,* 1. Haltbarkeit, Festigkeit, 2. Anständigkeit, Zuverlässigkeit

So/list *m., -en, -en,* einzeln hervortretender Sänger oder Musiker, Einzelsänger, -musiker

so/lis/tisch

So/li/tär *m., [e]s, -e,* großer, einzeln gefasster Diamant

So/li/tü/de *f., -, -n,* Einsamkeit

Soll 1. *n., -[e]s,* Sölle, kleine, runde, wassergefüllte Mulde aus der Eiszeit, 2. *n., -s, -s,* Buchführung: Belastung, Schuld, 3. festgelegte Menge, Pensum

Soll-Be/stand > **Sollbe/stand** *m., -[e]s, -stände,* geplanter Bestand

sol/len *tr.*

Söl/ler *m., -s, -,* erhöhter, offener Saal, offener Dachumgang, Balkon

Soll-Stär/ke > **Soll/stär/ke** *f., -, nur Sg.,* geplante zahlenmäßige Stärke

so/lo [italien.] allein, für sich

So/lo *n., -s, -li,* Alleinauftritt

So/lo/ge/sang *m., -[e]s, -sänge*

So/lo/sän/ger *m., -s, -*

So/lo/sze/ne *f., -, -n*

So/lo/tanz *m., -es, -tänze*

So/lo/tän/zer *m., -s, -*

So/lo/thurn 1. Schweizerischer Kanton, 2. Hauptstadt des Kantons

Sol/quel/le *f., -, -n,* solehaltige Quelle

Sol/salz *n., -[e]s, -e,* Salz aus einer Solquelle

Sol/sti/ti/um auch:

Sols/ti/ti/um [lat.] *n., -s, -tien,* Sonnenwende

so/lu/bel [lat.] in der Chemie: löslich

So/lu/tio *f., -, -tiones,*

So/lu/ti/on *f., -, -en,* Arzneimittellösung

sol/va/bel [lat.] 1. auflösbar, 2. veraltet: zahlungsfähig, solvent

Sol/va/ta/ti/on *f., -, -en*

Sol/vens *n., -, -ventia* oder *-zien,* Schleim lösendes Mittel

sol/vent zahlungsfähig

Sol/venz *f., -, nur Sg.,* Zahlungsfähigkeit

sol/vie/ren *tr.,* 1. in der Chemie: auflösen, 2. zahlen, abzahlen

Sol/was/ser *n., -s, -,* kochsalzhaltiges Wasser

So/ma [griech.] *m., -s, -s,* Leib, Körper

So/ma/li *m., -[s],* Somal, Angehöriger eines Volksstammes in Ostafrika

So/ma/lia ostafrikanischer Staat

So/ma/li/land *n., -[e]s, nur Sg.,* ostafrikanische Landschaft

so/ma/lisch

so/ma/tisch leiblich, körperlich

so/ma/to/gen 1. durch den Körper verursacht, 2. von Körperzellen gebildet

So/ma/to/lo/gie *f., -, nur Sg.,* Lehre vom menschlichen Körper

so/ma/to/lo/gisch

Som/bre/ro [span.] *m., -s, -s,* breitrandiger Strohhut

so/mit also, folglich

Som/mer *m., -s, -*

Som/mer/fahr/plan *m., -[e]s, -pläne*

Som/mer/fe/ri/en *nur Pl.*

Som/mer/fri/sche *f., -, -n*

Som/mer/frisch/ler *m., -s, -*

som/mer/lich

Som/mer/mo/nat *m., -[e]s, -e*

Som/mer/nacht *f., -, -nächte*

Som/mer/nachts/traum *m., -[e]s, -träume,* Komödie von W. Shakespeare

Som/mer/rei/se *f., -, -n*

Som/mer/an/fang *m., -[e]s, -fänge*

Som/mer/schluß/ver/kauf > **Som/mer/schluss/ver/kauf** *m., -[e]s, -käufe*

Som/mer/se/mes/ter *n., -s, -*

Som/mer/son/nen/wen/de *f., -, -n*

Som/mer/spros/se *f., -, -n,* kleiner, brauner Hautfleck im Gesicht, besonders im Sommer hervortretend

som/mer/spros/sig

Som/mers/zeit *f., -, -en, nur Sg.,* Jahreszeit des Sommers

Som/mer/tag *m., -[e]s, -e*

Som/mer/zeit *f., -, -en,* in den Sommermonaten geltende Zeit

som/nam/bul [lat.] mondsüchtig, schlafwandelnd

Som/nam/bu/le *m.* oder *f., -n, -n,* Schlafwandler(in)

Som/nam/bu/lis/mus *m., -, nur Sg.,* Mondsüchtigkeit, Schlafwandeln

som/no/lent benommen, schläfrig

Som/no/lenz *f., -, nur Sg.*

so/nach demnach, folglich
So/nant [lat.] *m.*, -en, -en, selbsttönender Laut, Vokal
so/na/tisch
So/na/te [italien.] *f.*, -, -n, Musikstück mit drei oder vier Sätzen
So/na/ti/ne *f.*, -, -n, kleine Sonate
Son/de [französ.] *f.*, -, -n, 1. medizinisches Instrument zum Einführen in Körperhöhlen, 2. Instrument zum Messen von Druck und Temperatur von Flüssigkeiten, 3. in der Weltraumfahrt: unbemannter Flugkörper
Son/der/auf/trag *m.*, [e]s, -träge
Son/der/aus/gabe *f.*, -, -n
son/der/bar
son/der/ba/rer/wei/se
Son/der/be/auf/trag/te *m.*, -n, -n
Son/der/druck *m.*, -[e]s, -e
Son/der/fahrt *f.*, -, -en
Son/der/fall *m.*, -[e]s, -fälle
son/der/glei/chen ohnegleichen
son/der/lich 1. sonderbar, 2. in negierten Sätzen: besonders, nicht sonderlich gut
Son/der/ling *m.*, -[e]s, -e
son/dern 1. *Konj.:* vielmehr, 2. *tr.*, trennen, beiseite legen
son/ders nur in der Wendung samt und sonders: alles zusammen
Son/der/schu/le *f.*, -, -n
Son/der/spra/che *f.*, -, -n, Ausdrucksweise bestimmter Gruppen, z.B. Schüler-, Beamtensprache
Son/der/stel/lung *f.*, -, -en
Son/de/rung *f.*, -, -en
Son/der/zug *m.*, -[e]s, -züge

son/die/ren *tr.*, 1. mit einer Sonde untersuchen, 2. übertr.: erkunden, erforschen
Son/die/rung *f.*, -, -en
So/nett [italien.] *n.*, -[e]s, -e, Gedichtform
Song [engl.] *m.*, -s, -s, Schlager, Lied
Sonn/a/bend *m.*, -s, -e, Samstag
Son/ne *f.*, -, -n
son/nen *tr.*
Son/nen/an/be/ter *m.*, -s, -
Son/nen/auf/gang *m.*, [e]s, -gänge
Son/nen/bad *n.*, -[e]s, -bäder
son/nen/ba/den *intr.*
Son/nen/bahn *f.*, -, -en
Son/nen/blen/de *f.*, -, -n, Vorrichtung zum Schutz gegen Sonnenstrahlen (Auto, Kamera)
Son/nen/blu/me *f.*, -, -n
Son/nen/blu/men/öl *n.*, -[e]s, -e
Son/nen/brand *m.*, -[e]s, -brände
Son/nen/bril/le *f.*, -, -n
Son/nen/fins/ter/nis *f.*, -, -se, Verfinsterung der Sonne, wenn der Mond genau zwischen Erde und Sonne steht
Son/nen/fleck *m.*, -[e]s, -e, *meist Pl.* zeitweise erscheinender dunkler Fleck auf der Sonnenoberfläche
son/nen/ge/bräunt
Son/nen/ge/flecht *n.*, -[e]s, -e, siehe Solarplexus
Son/nen/glanz *m.*, -es, *nur Sg.*
Son/nen/glut *f.*, -, *nur Sg.*
Son/nen/gott *m.*, -[e]s, -götter
son/nen/hell
Son/nen/jahr *n.*, -[e]s, -e, Zeit eines ganzen Umlaufs der Erde um die Sonne
son/nen/klar
Son/nen/kö/nig *m.*, -s, -e, Beiname Ludwigs XIV. von Frankreich
Son/nen/kult *m.*, -[e]s, -e
Son/nen/licht *n.*, [e]s, *nur Sg.*
Son/nen/rös/chen *n.*, -s, -, ein Zierstrauch
Son/nen/schein *m.*, -s, *nur Sg.*
Son/nen/schutz *m.*, -es, *nur Sg.*
Son/nen/se/gel *n.*, -s, -
Son/nen/sei/te *f.*, -, -n
Son/nen/stand *m.*, -[e]s, -stände
Son/nen/stich *m.*, -[e]s, -e, durch zu starke Sonneneinwirkung auf den Kopf hervorgerufene Kreislaufstörung
Son/nen/sys/tem *n.*
1. - [e]s, -e, Bezeichnung für eine Sonne und alle Planeten, die sie umkreisen
Son/nen/tag *m.*, -[e]s, -e, 1. sonniger Tag, 2. Zeit einer Erdumdrehung
Son/nen/tau *m.*, -s, *nur Sg.*, eine Fleisch fressende Pflanze
Son/nen/tier/chen *n.*, -s, -, Wurzelfüßler mit strahlenförmigen Fortsätzen
Son/nen/uhr *f.*, -, -en
Son/nen/un/ter/gang *m.*, -[e]s, -gänge
son/nen/ver/brannt oder auch: **sonn/ver/brannt**
Son/nen/wen/de *f.*, -, -n
Son/nen/wend/fei/er,
Sonn/wend/fei/er *f.*, -, -n
Son/nen/wind *m.*, -[e], -e, von der Sonne ausgehende Korpuskularstrahlung
son/nig

Sonn/tag *m.,* -[e]s, -e, (Abk.: So)
sonn/täg/lich
sonn/tags
Sonn/tags/fah/rer *m.,* -s, -, ugs. für: ungeübte, unsichere Autofahrer
Sonn/tags/kind *n.,* [e]s, -er, an einem Sonntag geborenes Kind, Glückskind
Sonn/tags/schu/le *f.,* -, -n, veraltet für Kindergottesdienst
sonn/ver/brannt oder auch: **son/nen/ver/brannt**
Sonn/wend/fei/er oder auch: **Son/nen/wend/fei/er** *f.,* -, -n
Son/ny/boy [engl.] *m.,* -s, -s, jemand, der immer gute Laune hat, Strahlemann
so/nor [lat.] klangvoll, tönend, sonore Stimme, sonore Laute = Sonorlaute
So/nor/lau/te *m., Pl.,* Sammelbegriff für Nasal- und Liquidlaute
sonst sonst niemand, sonst wer, sonst wohin, sonst wird es zu laut
sons/tig nicht genau einzuordnend
sonst/je/mand > **sonst jemand** ugs.: irgendjemand, jeder
sonst/was > **sonst was** ugs.: irgendwas, alles
sonst/wem > **sonst wem** ugs.: irgendwem, jedem
sonst/wen > **sonst wen** ugs.: irgendwen, jeden
sonst/wer > **sonst wer** ugs.: irgendwer, jeder
sonst/wie > **sonst wie** ugs.: irgendwie
sonst/wo > **sonst wo** ugs.: irgendwo, überall
sonst/wo/her > **sonst wo/her** ugs.: irgendwoher

sonst/wo/hin > **sonst wo/hin** ugs.: irgendwohin, überallhin
so/oft sooft ich sie treffe, weicht sie mir aus
So/phis/ma [griech.] *n.,* -s, -men, **So/phis/mus** *m.,* -, -men, Scheinbeweis, Trugschluss
So/phist *m.,* -en, -en, 1. ursprünglich: Denker, Wissenschaftler, Lehrer, 2. seit Sokrates: spitzfindiger Gelehrter, Wortklauber
So/phis/tik *f.,* -, nur. Sg., 1. Lehre der Sophisten, 2. Scheinweisheit
so/phis/tisch spitzfindig
So/por [lat.] *m.,* -s, *nur Sg.,* starke Benommenheit, Schlaftrunkenheit
so/po/rös stark benommen
So/pran [lat.-italien.] *m.,* -[e]s, -e, 1. höchste Stimmlage bei Frauen und Kindern, Sopranstimme, 2. Sänger(in) mit dieser Stimmlage, 3. höchste Stimmlage bei Musikinstrumenten, 4. Gesamtheit der Sopranstimmen im Chor
So/pra/nist *m.,* -en, -en, Sänger mit Sopranstimme
So/pra/nis/tin *f.,* -, -nen, Sängerin mit Sopranstimme
So/pran/stim/me *f.,* -, -n, Sopran (1.)
Sor/be *m.,* -n, -n, Angehöriger eines slawischen Volksstammes
Sor/bet [türk.-italien.], **Sor/bett** *n.,* -s, -s, 1. Fruchtsaft mit Eis, 2. Halbgefrorenes
Sor/bin/säu/re *f.,* -, -n, organische Säure, Konservierungsmittel
sor/bisch mit den Sorben zusammenhängend
Sor/bit [lat.] *m.,* -s, *nur Sg.,* ein Fruchtalkohol
Sor/bonne Name einer Universität in Paris
Sor/ge *f.,* -, -n
sor/gen *intr.* und *refl.*
sor/gen/frei
Sor/gen/kind *n.,* -[e]s, -er
Sor/gen/last *f.,* -, -en
sor/gen/los ohne Sorgen
sor/gen/voll
Sor/ge/recht *n.,* -[e]s, *nur Sg.*
Sorg/falt *f.,* -, *nur Sg.*
sorg/fäl/tig
sorg/lich
sorg/los sich keine Sorgen machend, unbekümmert
Sorg/lo/sig/keit *f., nur Sg.*
sorg/sam
Sorg/sam/keit *f.,* -, *nur Sg.*
Sorp/ti/on [lat.] *f.,* -, -en, Aufnahme eines Stoffes, siehe Absorption, Adsorption
Sor/te [lat.-italien.] *f.,* -, -n, auch: *nur Pl.:* im Bankwesen Bezeichnung für ausländische Währungen
sor/tie/ren *tr.*
Sor/tie/rung *f.,* -, *nur Sg.*
Sor/ti/ment *n.,* -[e]s, -e, 1. Warenangebot, 2. kurz für Sortimentsbuchhandel
Sor/ti/men/ter *m.,* -s, -, Sortimentsbuchhändler
Sor/ti/ments/buch/handel *m.,* -s, *nur Sg.,* Handel mit Büchern der verschiedensten Verlage, Ladenbuchhandel
SOS *n.,* -, *nur Sg.,* internationales Morsezeichen als Hilferuf
so/sehr
SOS-Kin/der/dorf *n.,* [e]s, -dörfer
so/so 1. allein stehend: aha!, so ist das also!, 2. Adv. ugs.: mittelmäßig, leidlich
SOS-Ruf *m.,* -[e]s, -e

So/ße auch: **Sau/ce** [französ.] *f.,* -, -n
so/ßen *tr.,* eindeutschende Form von saucieren
so/Bie/ren *tr.,* eindeutschende Schreibung von saucieren
sos/te/nu/to [italien.] in der Musik: breit, getragen, gebunden
So/ter [griech.] *m.,* -, -e, 1. Retter, Erlöser, 2. im Neuen Testament: Beiname Christi
So/te/ri/o/lo/gie *f.,* -, *nur Sg.,* Lehre vom Erlösungswerk Christi, Heilslehre
Sot/ti/se [französ.] *f.,* -, -n, veraltet für: Dummheit, Grobheit, Stichelei, Frechheit
sot/to vo/ce [italien.] in der Musik: gedämpft, halblaut
Sou [französ.] *m.,* -s, -s, französ. Währungseinheit, 5 Centimes
Sou/bret/te auch: **Soubret/te** [französ.] *f.,* -, -n, Sopransängerin für heitere Rollen in Oper und Operette
Souf/flé [französ.] auch: **Souf/flee** *n.,* -s, -s, 1. Speise aus geschlagenen, in der Pfanne gebackenen Eiern, 2. lockerer Eierauflauf
Souf/fleur [französ.] *m.,* -s, -e, im Theater: jemand, der während des Stücks den Schauspielern leise ihren Text vorsagt
Souf/fleur/kas/ten *m.,* -s, -kästen
Souf/fleu/se *f.,* -, -n, weibl. Souffleur
souf/flie/ren *intr.,* 1. jemandem vorsagen, 2. als Souffleur arbeiten
Soul [engl.] *m.,* -s, *nur Sg.,* gefühlvoller Jazz oder Beat
Sound [engl.] *m.,* -s, -s, Art des Klingens
Sound/track *m.,* -s, -s, Musik zu einem Kino- oder Fernsehfilm
so/und/so unbestimmt
so/und/so/viel/te
Sou/per [französ.] *n.,* -s, -s, großes, festliches Abendessen
sou/pie/ren *intr.*
Sou/ta/ne [französ.] *f.,* -, -n, fußlanges Übergewand der katholischen Geistlichen
Sou/ter/rain [französ.] *n.,* -s, -s, Kellergeschoss
Sou/ve/nir [französ.] *n.,* -s, -s, Andenken
sou/ve/rän [französ.] 1. unumschränkt herrschend, 2. überlegen
Sou/ve/rän *m.,* -[e]s, -e, Herrscher
Sou/ve/rä/ni/tät *f.,* -, *nur Sg.,* 1. Herrschergewalt, Oberhoheit, 2. Unabhängigkeit, 3. Überlegenheit
So/ve/reign [engl.] *m.,* -s, -s, nach Zahlen *Pl.* -, frühere engl. Goldmünze
Sow/chos [russ.] *n.,* -, -chosen, früher **Sow/cho/se** *f.,* -, -n, in der ehem. UdSSR: Staatsgut
so/weit
so/we/nig sowenig ich auch davon halte
so/wie
so/wie/so
So/wjet auch: **Sow/jet** [russ.] *m.,* -s, -s, 1. in der ehem. UdSSR: Verwaltungsbehörde, 2. *Pl.* ugs.: die Sowjetrussen
So/wjet/ar/mee *f.,* -, *nur Sg.*
So/wjet/bür/ger *m.,* -s, -
so/wjet/isch
So/wjet/re/pu/blik auch:

- **re/pub/lik** *f.,* -, -en
So/wjet/rus/se *m.,* -n, -n
so/wjet/rus/sisch
So/wjet/ruß/land > **So/wjet/russ/land**
So/wjet/stern *m.,* -[e]s, -e
So/wjet/u/ni/on *f.,* -, *nur Sg.,* (Abk.: SU), siehe UdSSR
so/wohl nur in der Fügung: sowohl als auch
So/zi *m.,* -s, -s, abwertende Kurzform für Sozialdemokrat
so/zi/a/bel [lat.] 1. gesellschaftlich, 2. gesellig, umgänglich
So/zi/a/bi/li/tät *f.,* -, *nur Sg.*
so/zi/al die Gemeinschaft, Gesellschaft betreffend, gemeinnützig, wohltätig
So/zi/al/ar/beit *f.,* -, *nur Sg.*
So/zi/al/de/mo/krat *m.,* -en, -en
So/zi/al/de/mo/kra/tie *f.,* -, -n
so/zi/al/de/mo/kra/tisch aber: Sozialdemokratische Partei Deutschlands (Abk.: SPD)
So/zi/a/le/thik *f.,* -, -en
So/zi/a/li/sa/ti/on *f.,* -, -en, Eingliederung des Individuums in die Gemeinschaft
so/zi/a/li/sie/ren *tr.,* 1. verstaatlichen, 2. gesellschaftsfähig machen
So/zi/a/li/sie/rung *f.,* -, -en, Verstaatlichung
So/zi/a/lis/mus *m.,* -, *nur Sg.*
So/zi/a/list *m.,* -en, -en
so/zi/a/lis/tisch aber bis 1990: Sozialistische Einheitspartei Deutschlands (Abk.: SED)
So/zi/al/kri/tik *f.,* -, -en
So/zi/al/kri/ti/ker *m.,* -s, -

so/zi/al/kri/tisch
So/zi/al/leis/tun/gen *f., Pl.*
So/zi/al/ö/ko/no/mie *f., -, nur Sg.*, Volkswirtschaftslehre
So/zi/al/päd/a/go/gik auch: **-pä/da/go/gik** *f., -, nur Sg*
So/zi/al/part/ner *m., -s, -*, Arbeitgeber und Arbeitnehmer
So/zi/al/po/li/tik *f., -, nur Sg.*
so/zi/al/po/li/tisch
So/zi/al/pres/tige *n., -s, nur Sg.*, gesellschaftliches Ansehen, Geltung
So/zi/al/pro/dukt *n., -[e]s, -e*, der Geldwert aller in einem Jahr produzierten Güter und Dienstleistungen einer Volkswirtschaft
So/zi/al/psy/cho/lo/gie *f., -, nur Sg.*, Richtung in der Psychologie, die sich mit dem Verhalten des Individuums gegenüber der Gesellschaft sowie mit sozialen Gruppen befasst
So/zi/al/re/form *f., -, -en*
So/zi/al/rent/ner *m., -s, -*, jemand, der eine staatl. Rente bekommt
So/zi/al/staat *m., -[e]s, -en*
So/zi/al/ver/si/che/rung *f., -, -en*
So/zi/al/woh/nung *f., -, -en*
So/zi/e/tät *f., -, -en*, 1. veraltet für Genossenschaft, 2. in der Zoologie: Gesellschaft von Tieren
So/zi/o/gramm *n., -[e]s, -e*, grafische Darstellung der sozialen Beziehungen in einer Gruppe
So/zi/o/lekt *m., -[e]s, -e*, typische Sprache einer sozialen Schicht
So/zi/o/lin/gu/is/tik *f., -, nur Sg.*, Lehre vom Sprachverhalten sozialer Gruppen

So/zi/o/lo/ge [lat. + griech.] *m., -n, -n*
So/zi/o/lo/gie *f., -, nur Sg.*, Gesellschaftswissenschaft
so/zi/o/lo/gisch
So/zi/us [lat.] *m., -, -usse*, 1. Teilhaber, 2. Beifahrer auf einem Motorrad
So/zi/us/sitz *m., -es, -e*
so/zu/sa/gen gewissermaßen, gleichsam
Sp. Abk. für Spalte (im Buch)
Space/lab [engl.] *n., -s, -s*, Weltraumlabor
Space-shutt/le > **Space-shutt/le** [engl.] *n., -s, -s*, Raumgleiter, Raumtransporter
Spach/tel *m., -s, -* oder *f., -, -n*, Werkzeug zum Abkratzen, Aufbringen und Glätten von Stoffen
spach/teln 1. *tr.*, 2. *intr.*, ugs. für: tüchtig essen
Spa/gat [italien.] *m., -[e]s, -e*, völliges Spreizen der Beine
Spa/ghet/ti *(Hf.)* auch: **Spa/get/ti** *(Nf.), nur Pl.*, lange, dünne Nudeln
spä/hen *intr.*, ausschauen
Spä/her *m., -s, -*, Kundschafter
Späh/trupp *m., -s, -s*
Spa/lier [italien.] *n., -[e]s, -e*, 1. Holzgitter zum Befestigen von Kletterpflanzen, 2. eine Gasse bildende Doppelreihe von Menschen zum Empfang wichtiger Persönlichkeiten
Spa/lier/baum *m., [e]s, -bäume*
Spa/lier/obst *n., -es, nur Sg.*
Spalt *m., -[e]s, -e*
spalt/bar
Spalt/bar/keit *f., -, nur Sg.*

Spält/chen *n., -s, -*
Spal/te *f., -, -n*
spal/ten *tr.*
Spal/ten/brei/te *f., -, -n*
Spalt/frucht *f., -, -früchte*, eine Fruchtform
Spalt/fuß *m., -es, -füße*, die Grundgliedmaße der Gliederfüßer
Spalt/fü/ßer *m., Pl.*, eine Ordnung der Krebstiere
spal/tig in Zusammenhang, z.B. ein-, drei-, vielspaltig
Spalt/pflan/zen *f., Pl.*, Sammelbezeichnung für Blaualgen und Bakterien
Spalt/pilz *m., -es, -e*, meist *Pl.*, Bakterium
Spalt/pro/dukt *n., -[e]s, -e*, bei der Kernspaltung entstehendes, radioaktives Produkt
Spal/tung *f., -, -en*
Span *m., -[e]s, Späne*
Spän/chen *n., -s, -*
spa/nen *intr.*, Späne produzieren
spä/nen *tr.*, 1. mit Metallspänen polieren, 2. säugen (Ferkel)
Span/fer/kel *n., -s, -*, Ferkel, das noch gesäugt wird
Span/ge *f., -, -n*
Span/gen/schuh *m., -[e]s, -e*
Spa/ni/el [span.-engl.] *m., -s, -*, eine Hunderasse
Spa/ni/en Staat in Westeuropa
Spa/ni/er *m., -s, -*
spa/nisch
Spa/nisch *n., -[s], nur Sg.*, zu den romanischen Sprachen gehörende Sprache
Spann *m., -[e]s, -e*, oberer Teil des Fußes, Rist
Spann/be/ton *m., -s, nur Sg.*, mit Hilfe von Stahleinlagen vorgespannter Beton
Span/ne *f., -, -n*, 1. altes

Längenmaß, 2. Zwischenraum, Unterschied
span/nen *tr.*
Span/ner *m.,* -s, -, 1. ein Schmetterling, 2. Gerät zum Spannen, 3. ugs.: Voyeur
-spän/ner *m.,* -s, -, in Zusammenhang, z.B. Ein-, Vierspänner
Spann/fut/ter *n.,* -s, -, Vorrichtung zum Einspannen von Werkstücken
-spän/nig in Zusammenhang, z.B. ein-, vierspännig
Spann/kraft *f.,* -, *nur Sg.*
Spann/rah/men *m.,* -s, -, zwei ineinander passende Holzreifen zum Einspannen von Stoff
Span/nung *f.,* -, -en
Span/nungs/feld *n.,* -[e]s, -er
span/nungs/ge/la/den
span/nungs/los
Span/nungs/mes/ser *m.,* -s, -
Spann/wei/te *f.,* -, -n, Entfernung zwischen den Spitzen der ausgebreiteten Flügel (Vögel, Flugzeuge)
Spant *n.,* -[e]s, -en, *meist Pl.,* rippenähnliches Bauteil zum Verstärken der Außenwand
Spar/buch *n.,* -[e]s, -bücher
Spar/büch/se *f.,* -, -n
Spar/ein/la/ge *f.,* -, -n
spa/ren *tr.*
Spa/rer *m.,* -s, -
Spar/flam/me *f.,* -, -n
Spar/gel *m.,* -s, -, eine Gemüsepflanze
Spar/gut/ha/ben *n.,* -s, -
Spar/kas/se *f.,* -, -n
Spar/kas/sen/buch *n.,* -[e]s, -bücher
Spar/kon/to *n.,* -s, -ten
spär/lich
Spar/maß/nah/me *f.,* -, -n
Spar/prä/mie *f.,* -, -n
Spar/ra/te *f.,* -, -n

Spar/ren *m.,* -s, -, schräger Dachbalken
Spar/ring [engl.] 1. *n.,* -s, *nur Sg.,* Boxtraining, 2. *m.,* -s, -s, Übungsball beim Boxen
spar/sam
Spar/sam/keit *f.,* -, *nur Sg.*
Spar/schwein *n.,* -[e]s, -e
Spar/ta Stadt in Griechenland
Spar/ta/ki/a/de *f.,* -, -n, früher im Ostblock: internationale Sportwettkämpfe
Spar/ta/kist *m.,* -en, -en, Angehöriger des Spartakusbundes
spar/ta/kis/tisch
Spar/ta/kus/bund *m.,* -[e]s, *nur Sg.,* Vorläufer der kommunistischen Partei
Spar/ta/ner *m.,* -s, -, Einwohner von Sparta
spar/ta/nisch, auch übertr.: genügsam (Lebensweise), streng, hart (Erziehung)
Spar/te [italien.] *f.,* -, -n, Abteilung, Fach
spas/ma/tisch [griech.], **spas/misch, spas/tisch** krampfartig, krampfhaft
Spas/mo/ly/ti/kum *n.,-s,* -ka, krampflösendes Mittel
Spas/mus *m.,* -, -men, Krampf
Spaß *m.,* -es, Späße
Späß/chen *n.,* -s, -
spa/ßen *intr.*
spa/ßes/hal/ber
spaß/haft
spa/ßig
Späß/lein *n.,* -s, -
Spaß/ma/cher *m.,* -s, -
Spaß/vo/gel *m.,* -s, -
spas/tisch siehe spasmisch
Spat *m.,* -[e]s, -e, 1. ein Mineral, 2. *nur Sg.,* bei Pferden: Entzündung am Sprunggelenk

spät
spät/a/bends
Spa/tel *n.,* -s, -, Werkzeug zum Auftragen von Salben, Pasten usw.
Spa/ten *m.,* -s, -
Spa/ten/stich *m.,* -[e]s, -e
Spät/ent/wick/ler *m.,* -s, -
spä/ter
spä/tes/tens
Spät/heim/keh/rer *m.,* -s, -
Spät/herbst *m.,* -[e]s, -e
spät/herbst/lich
spa/ti/ös weiträumig gesetzt, mit Zwischenräumen (Schriftsatz)
Spa/ti/um *n.,* -s, -tien, Zwischenraum zwischen den Druckbuchstaben
Spät/le/se *f.,* -, -n
Spät/ling *m.,* -[e]s, -e, spät reifende Frucht, spät geborenes Kind
Spät/nach/mit/tag *m.,* -[e]s, -e
spät/nach/mit/tags
Spät/obst *n.,* -[e]s, *nur Sg.*
Spät/schicht *f.,* -, -en
Spät/som/mer *m.,* -s, -
Spatz *m.,* -en oder -es, -en
Spätz/chen *n.,* -s, -
Spät/zeit *f.,* -, -en, letzter Abschnitt eines Zeitraums
Spätz/le *Pl.* eine schwäbische Nudelart
spa/zie/ren *intr.,* gemächlich gehen, schlendern
spa/zie/ren/fah/ren >
spa/zie/ren fah/ren *intr.*
spa/zie/ren/füh/ren >
spa/zie/ren füh/ren *tr.*
spa/zie/ren/ge/hen >
spa/zie/ren ge/hen *intr.*
Spa/zier/gang *m.,* -[e]s, -gänge
Spa/zier/gän/ger *m.,* -s, -
SPD Abk. für Sozialdemokratische Partei Deutschlands

Specht *m.*, -[e]s, -e, ein Vogel
Specht/mei/se *f.*, -, -n, ein Singvogel, Kleiber
Speck *m.*, -[e]s, *nur Sg.*
spe/ckig
Speck/ku/chen *m.*, -s, -
Speck/schwar/te *f.*, -, -n
Speck/sei/te *f.*, -, -n
Speck/stein *m.*, -[e]s, -e, siehe Talk
spe/die/ren [lat.-italien.] *tr.*, versenden, befördern
Spe/di/teur *m.*, -[e]s, -e, Unternehmer, der Güter oder Möbel befördert
Spe/di/ti/on *f.*, -, -en, 1. Fuhrunternehmen, 2. Versandabteilung
Spe/di/ti/ons/fir/ma *f.*, -, -men
Speed [engl.] *m.*, -s, -s, im Sport: Geschwindigkeit, Geschwindigkeitssteigerung
Speer *m.*, -[e]s, -e
Speer/wer/fen *n.*, -s, *nur Sg.*
Speer/wer/fer *m.*, -s, -
Spei/che *f.*, -, -n
Spei/chel *m.*, -s, *nur Sg.*
Spei/chel/le/cker *m.*, -s, -, unterwürfiger Schmeichler
Spei/chel/le/cke/rei *f.*, -, *nur Sg.*
spei/cheln *intr.*, Speichel absondern
Spei/cher *m.*, -s, -
spei/chern *tr.*
Spei/che/rung *f.*, -, *nur Sg.*
spei/en *tr.* und *intr.*
Spei/gatt *n.*, -[e]s, -en oder -s, Öffnung in der Schiffswand als Wasserablauf
Speis 1. *m.*, -es, -e, süddt.: Mörtel, 2. *f.*, -, -en, veraltet für Speise, Speis und Trank
Spei/se *f.*, -, -n
Spei/se/eis *n.*, -es, *nur Sg.*
Spei/se/fett *n.*, -[e]s, -e
Spei/se/kam/mer *f.*, -, -n

Spei/se/kar/te *f.*, -, -n
spei/sen *tr.* und *intr.*
Spei/sen/auf/zug *m.*, -[e]s, -züge
Spei/sen/fol/ge *f.*, -, -n
Spei/se/öl *n.*, -[e]s, -e
Spei/se/pilz *m.*, -es, -e
Spei/se/raum *m.*, -[e]s, -räume
Spei/se/re/stau/rant auch: -res/tau/rant *n.*, -s, -s
Spei/se/röh/re *f.*, -, -n
Spei/se/saal *m.*, -[e]s, -säle
Spei/se/wa/gen *m.*, -s, -
Spei/se/zet/tel *m.*, -s, -, Küchenzettel
Spei/se/zim/mer *n.*, -s, -
Spei/sung *f.*, -, -en
Spei/täub/ling *m.*, -[e]s, -e, ein Pilz
spei/übel ugs. zum Erbrechen übel
Spek/ta/kel 1. *n.*, -s, -, veraltet: Schauspiel, 2. *n.* oder *m.*, Aufregung, Lärm
spek/ta/keln *intr.*, lärmen
spek/ta/ku/lär Aufsehen erregend
Spek/tra oder auch: **Spekt/ra** *Pl.* von Spektrum
spek/tral oder auch: **spekt/ral** [lat.] das Spektrum betreffend
Spek/tral/a/na/ly/se oder auch: **Spekt/ral/a/na/ly/se** *f.*, -, -n, Bestimmung der Zusammensetzung von Stoffen durch die Analyse des ausgesandten Spektrums
Spek/tral/far/be oder auch: **Spekt/ral-** *f.*, -, -n, durch Zerlegung eines Spektrums entstehende, reine, unvermischte Farbe, Licht einer Wellenlänge
Spek/tral/li/nie oder auch: **Spekt/ral-** *f.*, -, -n, für eine bestimmte Lichtwellenlänge

charakteristische Linie
Spek/tren oder auch: **Spekt/ren** *Pl.* von Spektrum
Spek/tro/gra/phie auch: **Spek/tro/gra/fie** oder auch: **Spekt/ro-** *f.*, -, *nur Sg.*, Zerlegung von Licht in die Spektralfarben
spek/tro/gra/phisch auch: **spek/tro/gra/fisch** oder auch: **spekt/ro-**
Spek/tro/skop oder auch: **Spekt/ro-** oder auch: **-tros** oder auch: **Spekt/ro** *n.*, -[e]s, -e, Gerät zur Spektroskopie
Spek/tro/sko/pie oder auch: **Spekt/ro-** oder auch: **-tros/ko-** *f.*, -, -n, Untersuchung von Spektren
spek/tro/sko/pisch oder auch: **spekt/ro-** oder auch: **-tros/ko-**
Spek/trum oder auch: **Spekt/rum** *n.*, -s, -tra oder -tren, 1. durch Zerlegung von Licht in seine einzelnen Farben entstehendes, farbiges Band, 2. übertr.: Vielfalt
Spe/ku/lant [lat.] *m.*, -en, -en, jemand, der spekuliert
Spe/ku/la/ti/on *f.*, -, -en, 1. Geschäft mit Aktien oder Immobilien auf Grund von Preisschwankungen, 2. Vermutung
Spe/ku/la/ti/ons/ge/schäft *n.*, -[e]s, -e
Spe/ku/la/ti/us [lat.] *m.*, -, -, Pfefferkuchen
spe/ku/la/tiv [lat.] 1. auf Spekulation beruhend, 2. nachdenklich
spe/ku/lie/ren *intr.*, 1. auf Grund von Spekulationen Geschäfte machen, 2. ugs.: mit etwas rechnen, auf

etwas warten
Spe/lä/o/lo/gie [griech.] *f.,* -, *nur Sg.,* Höhlenkunde
spe/lä/o/lo/gisch
Spelt, Spelz *m.,* -[e]s, -e, siehe Dinkel
Spe/lun/ke [griech.] *f.,* -, -n, 1. verrufene Kneipe, 2. verkommener Wohnraum
Spelz *m.,* -[e]s, -e, s. Dinkel
Spel/ze *f.,* -, -n, 1. Schale, Hülse des Getreidekorns, 2. trockenes Blatt der Grasblüte
spel/zig voller Hülsen
spen/da/bel ugs. für großzügig, freigiebig
Spen/de *f.,* -, -n
spen/den *tr.*
Spen/den/kon/to *n.,* -s, -ten
spen/die/ren *tr.*
Sper/ber *m.,* -s, -, ein Raubvogel
Spe/renz/chen [lat.], **Spe/ren/zi/en** *nur Pl.,* ugs.: Ausflüchte, Schwierigkeiten
Sper/ling *m.,* -[e]s, -e
Sper/lings/vo/gel *m.,* -s, -vögel
Sper/ma [griech.] *n.,* -s, -men oder -mata, Samenflüssigkeit
Sper/ma/ti/tis *f.,* -, -titiden, Entzündung des Samenstrangs
Sper/ma/to/ge/ne/se *f.,* -, -n, Samenbildung in den Hoden
Sper/mi/en *Pl.* von Spermium
Sper/mi/o/gramm *n.,* -[e]s, -e, Untersuchung der Samenflüssigkeit
Sper/mi/um *n.,* -s, -mien, männl. Samenzelle
Sperrad > **Sperr/rad** *n.,* -[e]s -räder
sperr/an/gel/weit
Sperr/bal/lon *m.,* -s, -s oder -e, Ballon mit herunterhängenden Stahlseilen für Luftsperren
Sperr/baum *m.,* -[e]s, -bäume, Schlagbaum, Schranke
Sperr/druck *m.,* -[e]s, *nur Sg.,* Druck mit Zwischenräumen zwischen den Buchstaben
Sper/re *f.,* -, -n
sper/ren *tr.*
Sperr/feu/er *n.,* -s, -
Sperr/ge/trie/be *n.,* -s, -, Getriebe, bei dem einzelne Glieder gesperrt werden können
Sperr/gut *n.,* -[e]s, -güter, sperriges Transportgut
Sperr/holz *n.,* -[e]s, *nur Sg.,* besonders hergestellte Holzbretter
Sperrie/gel > **Sperr/rie/gel** *m.,* -s, -
sper/rig unhandlich, unförmig, groß
Sperr/rad *n.,* -[e]s, -räder, Zahnrad in einem Sperrgetriebe
Sperr/rie/gel *m.,* -s, -
Sperr/sitz *m.,* -es, -e, bestimmte Plätze im Kino und Zirkus
Sperr/stun/de *f.,* -, -n, Polizeistunde
Sper/rung *f.,* -, -en
Sperr/werk *n.,* -[e]s, -e, Sperrgetriebe
Sperr/zoll *m.,* -[e]s, -zölle
Spe/sen [lat.] *nur Pl.* Auslagen, Unkosten
spes/en/frei
Spe/ze/rei [italien.] *f.,* -, -en, meist *Pl.,* Gewürz
Spe/zi *m.,* -s, -s, süddt.: enger Freund, Kumpel
spe/zi/al selten für speziell
spe/zi/al-, Spe/zi/al- in Zusammenhang: einzel-, Einzel-, sonder-, Sonder-, Fach-
Spe/zi/al/arzt *m.,* -es, -ärzte, Facharzt
Spe/zi/a/li/sa/ti/on *f.,* -, -en, 1. Unterscheidung, Gliederung, 2. Beschränkung auf ein bestimmtes Wissensgebiet
spe/zi/a/li/sie/ren *tr.,* 1. unterscheiden, gliedern, 2. sich eingehend befassen mit einem Fachgebiet
Spe/zi/a/li/sie/rung *f.,* -, -en
Spe/zi/a/list *m.,* -en, -en, Fachmann, Facharzt
Spe/zi/a/lis/ten/tum *n.,* -s, *nur Sg.*
Spe/zi/a/li/tät *f.,* -, -en, 1. Besonderheit, 2. Fach, Gebiet, Bereich, in dem man sich besonders gut auskennt
spe/zi/ell 1. Adj.: einzeln, besonders, 2. Adv.: besonders, eigens
Spe/zi/es *f.,* -, -, Art, Gattung
Spe/zi/fi/ka *Pl.* von Spezifikum
Spe/zi/fi/ka/ti/on *f.,* -, -en, Gliederung, Aufschlüsselung, Einordnung
Spe/zi/fi/kum *n.,* -s, -ka, 1. Besonderheit, Eigenart, 2. Mittel, das gegen bestimmte Krankheiten wirksam ist
spe/zi/fisch eigen, arteigen, kennzeichnend
spe/zi/fi/zie/ren *tr.,* unterscheiden, einordnen, aufgliedern
Spe/zi/fi/zie/rung *f.,* -, -en
Spe/zi/men *n.,* -s, -zimina, Muster, Probe, Versuch
Sphä/re [griech.] *f.,* -, -n, 1. Kugel, Himmelskugel, 2. Kreis, Wirkungskreis,

Sphärenklänge

Bereich, Machtbereich
Sphä/ren/klän/ge *f., Pl.,* wundervolle Klänge
Sphä/ren/mu/sik *f., -, nur Sg.*
Sphä/rik *f., - , nur Sg.,* Lehre von der Kugel
sphä/risch
Sphä/ro/id *n., -[e]s, -e,* Rotationsellipsoid
sphä/ro/i/disch
Sphä/ro/lo/gie *f., -, nur Sg.,* Lehre von der Kugel
Sphä/ro/me/ter *n., -s, -,* Kugelmesser
Sphen [griech.] *m., -[e]s, nur Sg.,* ein Mineral, Titanit
sphe/no/id, sphenoidal, keilförmig
Sphe/no/id *n., -[e]s, -e,* 1. keilförmige Kristallform, 2. in der Anatomie: Keilbein
sphe/no/i/dal siehe sphenoid
Sphinx [griech.] 1. *m. -,* Sphingen, ugs. auch: *f., -, -e,* Fabelwesen mit Löwenleib und Menschenkopf in der ägypt. Mythologie, Sinnbild des Herrschers, 2. *f., -, nur Sg.,* Fabelwesen der griechischen Mythologie mit Löwenleib und Frauenkopf, Sinnbild des Rätselhaften
Sphra/gis/tik [griech.] *f., -, nur Sg.,* Siegelkunde
sphra/gis/tisch
Spick/aal *m., -[e]s, -e,* Räucheraal
spi/cken 1. *tr.,* mit Speckstreifen durchziehen (Fleisch), 2. *intr.,* Schülersprache: abschreiben
Spi/cker *m., -s, -,* kurz für Spickzettel
Spick/na/del *f., -, -n,* Nadel zum Spicken von Fleisch

Spick/zet/tel *m., -s, -,* Schülersprache: Zettel zum Abschreiben
Spie/gel *m., -s, -,* auch Jägersprache: weißer Fleck um das Hinterteil von Rotwild
Spie/gel/bild *n., -[e]s, -er*
spie/gel/bild/lich
spie/gel/blank
Spie/gel/ei *n., -[e]s, -er*
Spie/gel/fech/ter *m., -s, -,* Angeber, Heuchler
Spie/gel/fech/te/rei *f., -, -en,* 1. urspr.: Scheinkampf vor einem Spiegel, 2. übertr.: Getue, Angeberei, Schwindel
Spie/gel/glas *n., -es, -gläser*
spie/gel/glatt
spie/gel/gleich symmetrisch
Spie/gel/gleich/heit *f., -, nur Sg.,* Symmetrie
spie/geln *tr.* und *intr.*
Spie/gel/saal *m., -[e]s, -säle*
Spie/gel/schrift *f., -, -en,* seitenverkehrte Schrift
Spie/gel/te/le/skop auch: **-les/kop** *n., -[e]s, -e,* Fernrohr mit eingebauten Spiegeln
Spie/ge/lung, Spieg/lung *f., -, -en*
Spiel *n., -[e]s, -e*
Spiel/art *f., -, -en,* Abweichung, Sonderform
Spiel/au/to/mat *m, -en, -en*
Spiel/ball *m., -[e]s, -bälle*
Spiel/bank *f., -, -en,* Unternehmen für Glücksspiele, Spielkasino
Spiel/bein *n., -[e]s, -e,* im Sport: im Stand nicht voll das Körpergewicht tragende Bein
Spiel/brett *n., -[e]s, -er*
Spiel/chen *n., -s, -*
spie/len 1. *tr.* und *intr.,* 2. *refl.*

Spie/ler *m., -s, -*
Spie/le/rei *f., -, -en*
spie/le/risch
Spiel/feld *n., -[e]s, -er*
Spiel/film *m., -[e]s, -e,* Film mit durchgehender Handlung
Spiel/ge/fähr/te *m., -en, -en*
Spiel/geld *n., -[e]s, nur Sg.*
Spiel/ka/me/rad *m., -en, -en*
Spiel/kar/te *f., -, -n*
Spiel/ka/si/no *n., -s, -s,* Spielbank
Spiel/kind *n., -[e]s, -er,* Kind im Spielalter, ugs. scherzh.: verspielte Person
Spiel/klas/se *f., -, -n,* im Sport: Leistungsklasse
Spiel/lei/den/schaft *f., -, nur Sg.*
Spiel/lei/ter *m., -s, -*
Spiel/leu/te *Pl.* von Spielmann
Spiel/mann *m., -[e]s, -leute,* 1. fahrender Musikant im Mittelalter, 2. Angehöriger eines Spielmannszuges
Spiel/manns/zug *m., -[e]s, -züge,* Musikkapelle eines bestimmten Zuges
Spiel/mar/ke *f., -, -n*
Spiel/mi/nu/te *f., -, -n*
Spiel/raum *m., -[e]s, -räume,* 1. freier Raum zwischen Gegenständen, 2. Bewegungsfreiheit
Spiel/re/gel *f., -, -n*
Spiel/sa/chen *f., nur Pl.*
Spiel/schuld *f., -, -en*
Spiel/ver/bot *n., -[e]s, -e*
Spiel/ver/der/ber *m., -s, -*
Spiel/wa/ren *f., nur Pl.*
Spiel/zeit *f., -, -en*
Spiel/zeug *n., -s, nur Sg.*
Spie/re *f., -, -n,* 1. in der Seefahrt: Rundholz, Segelstange, 2. Spiräa

Spier/strauch *m.,* -es, -sträucher = Spiräe
Spieß *m.,* -es, -e, 1. Stich- und Wurfwaffe, langer, spitzer Stab, 2. Militärsprache: Feldwebel
Spieß/bür/ger *m.,* -s, -, engstirniger Mensch, Spießer
spieß/bür/ger/lich
Spieß/bür/ger/lich/keit *f.,* -, *nur Sg.*
Spieß/bür/ger/tum *n.,* -s, *nur Sg.*
spie/ßen *tr.,* aufspießen
Spie/ßer *m.,* -s, Spießbürger
spie/ßer/haft
Spieß/ge/sel/le *m.,* -en, -en, 1. urspr.: Waffengefährte, 2. heute: Mittäter, Mitwisser
spie/ßig engstirnig, beschränkt
Spie/ßig/keit *f.,* -, *nur Sg.*
Spieß/ru/te *f.,* -, -n, lange, spitze Gerte
Spieß/ru/ten lau/fen 1. früher als Strafe: durch eine Gasse von Leuten laufen, die mit einer Spießrute schlagen, 2. übertr.: sich von allen Leuten anstarren lassen
Spieß/ru/ten/lau/fen *n.,* -s, *nur Sg.*
Spikes [engl.] *Pl.,* 1. Laufschuhe mit Stahldornen an der Sohle, 2. Stahlnägel in Autoreifen
Spill *n.,* -[e]s, -e, in der Seefahrt: eine Winde mit senkrechter Achse
Spil/le *f.,* -, -n, Spindel
spil/le/rig, spill/rig schmächtig, dünn, mager
Spin [engl.] *m.,* -s, *nur Sg.,* Eigenrotation eines Körpers
Spi/na [lat.] *f.,* -, -nen, Knochenfortsatz, Knochendorn, Rückgrat

spi/nal die Wirbelsäule betreffend
Spi/nat *m.,* -[e]s, -e, eine Gemüsepflanze
Spi/nat/wach/tel *f.,* -, -n, derb: unfreundliche Frau
Spind *n.* oder *m.,* -[e]s, -e, schmaler Schrank
Spin/del *f.,* -, -n, 1. an Spinnrädern: Garnspule tragender Teil, 2. an Werkzeugmaschinen: Gewindewelle, die das Werkstück dreht, 3. Mittelsäule der Wendeltreppe, 4. allgemein: Achse, Stange
spin/del/dürr sehr dünn
Spin/del/trep/pe *f.,* -, -n, siehe Wendeltreppe
Spi/nett *n.,* -[e]s, -e, ein Tasteninstrument
Spin/na/ker *m.,* -s, -, großes, dreieckiges Vorsegel
Spin/ne *f.,* -, -n
spin/ne/feind nur prädikativ
spin/nen *tr.* und *intr.,* 1. bei Raupen und Spinnen: einen Faden erzeugen, 2. Fasern zu Garn drehen, 3. erzählen, ersinnen, ausdenken, 4. ugs. für: verrückt sein
Spin/nen/netz *n.,* -es , -e
Spin/nen/tie/re *n., nur Pl.,* Arachnoiden
Spin/ner *m.,* -s, -, auch ugs. für: jemand, der Blödsinn redet, Verrückter
Spin/ne/rei *f.,* -, -en, 1. Betrieb, in dem Garn gesponnen wird, 2. ugs.: blödsinnige Rede oder Idee
Spinn/ma/schi/ne *f.,* -, -n
Spinn/rad *n.,* -[e]s, -räder
Spinn/stu/be *f.,* -, -n
Spinn/we/be *f.,* -, -n, *meist Pl.*
Spint *m.* oder *n.,* -[e]s, -e, altes Trockenhohlmaß

spin/ti/sie/ren [italien.] *intr.,* grübeln
Spin/ti/sie/re/rei *f.,* -, -en
Spi/on [französ.] *m.,* -[e]s, -e, 1. Kundschafter, Horcher, 2. Spiegel außen am Fenster, mit dem man die Straße überblicken kann, 3. Guckloch in Türen
Spi/o/na/ge *f.,* -, *nur Sg.,* Auskundschaften von politischen, wirtschaftlichen oder militärischen Geheimnissen
Spi/o/na/ge/ab/wehr *f.,* -, *nur Sg.*
spi/o/nie/ren *intr.*
Spi/o/nie/re/rei *f.,* -, *nur Sg., ugs.*
Spi/ra/le [lat.] *f.,* -, -n
spi/ra/lig wie eine Spirale geformt
Spi/ral/ne/bel *m.,* -s, -, Sternsystem in Spiralform
Spi/rans [lat.] *m.,* -, -ranten
Spi/rant *m.,* -en, -en, Reibelaut
spi/ran/tisch
Spi/ril/le [griech.] *f.,* -, -n, schraubenförmiges Bakterium
Spi/ril/lo/se *f.,* -, -n, durch Spirillen hervorgerufene Krankheit
Spi/rit [engl.] *m.,* -s, -s, Geist eines Toten
Spi/ri/tis/mus *m.,* -, *nur Sg.,* Glaube an Geistererscheinungen, Geisterlehre
Spi/ri/tist
spi/ri/tis/tisch
Spi/ri/tu/al [engl.] *n.,* -s, -s, religiöses Lied der Schwarzen in den Südstaaten der USA
spi/ri/tu/a/li/sie/ren *tr.,* vergeistigen
Spi/ri/tu/a/lis/mus *m.,* -, *nur Sg.,* Lehre, dass der

Geist das einzig Wirkliche ist
Spi/ri/tu/a/list *m.,* -en, -en
spi/ri/tu/a/lis/tisch
Spi/ri/tu/a/li/tät *f.,* -, *nur Sg.,* Geistigkeit
spi/ri/tu/ell, spi/ri/tu/al geistig
Spi/ri/tu/o/sen *nur Pl.,* geistige, d.h. alkoholische Getränke
spi/ri/tu/o/so [italien.] in der Musik: geistvoll, feurig
Spi/ri/tus *m.,* -, *nur Sg.,* 1. Hauch, Atem, Geist, 2. Alkohol, Weingeist, Sprit
Spi/ro/chä/te [griech.] *f.,* -, -n, schraubenförmiges Bakterium
Spi/ro/chä/to/se *f.,* -, -n, durch Spirochäten hervorgerufene Krankheit
Spi/ro/me/ter [lat., griech.] *n.,* -s, -, Atmungsmesser
Spi/ro/me/trie auch: **-met/rie** *f.,* -, -n, Atmungsmessung
Spi/tal [lat.] *n.,* -[e]s, Spitäler, Kurzform von Hospital
spitz
Spitz *m.,* -es, -e, eine Hunderasse
Spitz/a/horn *m.,* -[e]s, -e, eine Ahornart
Spitz/bart *m.,* -[e]s, -bärte
spitz/bär/tig
Spitz/bo/gen *m.,* -s, - oder -bögen
spitz/bo/gig
Spitz/bu/be *m.,* -n, -n, 1. Gauner, Betrüger, Dieb, 2. Schelm
spitz/bü/bisch
Spit/ze *f.,* -, -n
Spit/zel *m.,* -s, -, jemand, der andere aushorcht, ausspioniert
Spit/ze/lei *f.,* -, -en
spit/zeln *intr.*
spit/zen 1. *tr.,* 2. *intr.,* hervorschauen, 3. *intr.,* Ausschau halten
Spit/zen in Zusammenhang: der, die, das Beste, Höchste
Spit/zen/klas/se *f.,* -, -n
Spit/zen/leis/tung *f.,* -, -en
Spit/zen/po/si/ti/on *f.,* -, -en
Spit/zen/sport/ler *m.,* -s, -
spitz/fin/dig zu scharf unterscheidend
Spitz/fin/dig/keit *f.,* -, -en
Spitz/ha/cke *f.,* -, -n
spit/zig spitz
spit/zig in Zusammenhang, z.B. drei-, vielspitzig
Spitz/keh/re *f.,* -, -n, Kurve um mehr als 90°
Spitz/maus *f.,* -, -mäuse, mausähnliches Säugetier mit spitzer Schnauze
Spitz/na/me *m.,* -ns, -n
Spitz/we/ge/rich *m.,* -[e]s, -e, eine Futter- und Heilpflanze
spitz/win/ke/lig oder auch: **spitz/wink/lig**
spitz/zün/gig
Spleen [engl.] *m.,* -[e]s, -e, Schrulle, sonderbare Idee, kleiner Tick
splee/nig
Spleiß *m.,* -es , -e, **Splei/ße** *f.,* -, -n, Splitter
splei/ßen *tr.,* veraltet für: 1. spalten (Holz), 2. in der Seefahrt: miteinander verbinden (Taue)
splen/did [lat.] großzügig, freigebig
Splen/di/di/tät *f.,* -, *nur Sg.,* veraltet für: Freigebigkeit, Großzügigkeit
Splint *m.,* [e]s, -e, 1. gespaltener Stift mit aufgebogenen Enden, 2. Splintholz
Splint/holz *n.,* -es, *nur Sg.,* weiche Holzschicht unter der Rinde
Spliß > **Spliss** *m.,* -es, -e, Nebenform von Spleiß
splis/sen *tr.,* Nebenform von spleißen
Splitt *m.,* -[e]s, -e, 1. Span, Splitter, 2. grobkörniges Gestein zum Straßenbau
Split/ter *m.,* -s, -
split/ter/fa/ser/nackt völlig nackt
split/ter/frei nicht splitternd
Split/ter/grup/pe *f.,* -, -n
split/te/rig, splitt/rig
split/tern *intr.*
split/ter/nackt völlig nackt
Split/ter/par/tei *f.,* -, -en
split/ter/si/cher
splitt/rig, splitterig
SPÖ Abk. für Sozialistische Partei Österreichs
Spoi/ler [engl.] *m.,* -s, -, Windleitblech
spon/de/isch aus Spondeen bestehend
Spon/de/us [griech.] *m.,* -, -deen, Versfuß aus zwei langen Silben
Spon/dy/li/tis [griech.] *f.,* -, -tiden, Wirbelentzündung
Spon/dy/lo/se *f.,* -, -n, Erkrankung der Bandscheiben
spon/dy/lo/tisch
Spon/gie [griech.] *f.,* -, -gien, Schwamm
spon/gi/ös schwammig
spon/sern *tr.,* durch einen Sponsor finanziell fördern, der Sportler wird gesponsert
Spon/sor *m.,* -s, -en, 1. jemand der eine Sache zu Werbezwecken finanziell fördert, 2. Rundfunk, Fernsehen: Auftraggeber für eine Werbesendung, 3. Auf-

traggeber für eine Untersuchung
spon/tan [lat.] plötzlich, aus eigenem Antrieb
Spon/ta/ne/i/tät oder auch:
Spon/ta/ni/tät *f.*, -, *nur Sg.*, spontanes Geschehen, spontanes Handeln
spo/ra/disch vereinzelt, hin und wieder
Spo/re *f.*, -, -n, ungeschlechtliche Fortpflanzungszelle bei vielen Pflanzenarten
Spo/ren *Pl.*, Sg.: Sporn, zwei an den Stiefeln angebrachte Metallrädchen oder -stifte zum Antreiben des Pferdes
Spo/ren/pflan/ze *f.*, -, -n, blütenlose Pflanze
Spo/ren/tier/chen *n.*, -s, -, ein Einzeller
Sporn *m.*, -s, Sporen, Fortsatz, spitzer Vorsprung
spor/nen *tr.*, antreiben, die Sporen anschnallen
sporn/streichs sofort, direkt
Spo/ro/zo/on *n.*, -s, -zoen, *meist Pl.*, Sporentierchen
Sport [engl.] *m.*, -[e]s, -e
Sport/art *f.*, -, -en
Sport/arzt *m.*, -es, -ärzte
Sport/dreß > **Sport/dress** *m.*, -es, -e
Sport/flug/zeug *n.*, -[e]s, -e
Sport/herz, Sport/ler/herz *n.*, -ens, -en, durch dauernde hohe sportliche Belastung vergrößertes Herz
Sport/hoch/schu/le *f.*, -, -n
Sport/klub *m.*, -s, -s
Sport/leh/rer *m.*, -s, -
Sport/ler *m.*, -s, -
sport/lich
Sport/lich/keit *f.*, -, *nur Sg.*
Sport/me/di/zin *f.*, -, *nur Sg.*

Sport/platz *m.*, -es, -plätze
Sport/schuh *m.*, -[e]s, -e
Sports/mann *m.*, [e]s, -männer auch: -leute
Sport/ver/ein *m.*, -[e]s, -e (Abk.: SV)
Sport/wart *m.*, -[e]s, -e, Mitarbeiter, der den Ablauf des Sportbetriebes im Verein organisiert
Spot [engl.] *m.*, -s, -s, 1. Funk, Fernsehen: kurze Werbesendung, 2. kurz für Spotlight
Spot/light *n.*, -s, -s, gezielte Beleuchtung, Punktstrahler
Spott *m.*, -[e]s, *nur Sg.*
spott/bil/lig
Spott/dros/sel *f.*, -, -n, 1. ein Singvogel, 2. übertr.: jemand, der ständig spottet
Spöt/te/lei *f.*, -, -en
spöt/teln *intr.*
spot/ten *intr.*
Spöt/ter *m.*, -s, -
Spöt/te/rei *f.*, -, -en
Spott/ge/dicht *n.*, -[e]s, -e
Spott/geld *n.*, -[e]s, -er, *nur Sg.*, sehr wenig Geld
spöt/tisch
Spott/lust *f.*, -, *nur Sg.*
spott/lus/tig
Spott/na/me *m.*, -ns, -n
Spott/preis *m.*, -es, -e, sehr niedriger Preis
Spott/sucht *f.*, -, *nur Sg.*
spott/süch/tig
Spott/vo/gel *m.*, -s, -vögel, 1. Vogel, der verschiedene Laute nachahmen kann, 2. übertr.: jemand, der ständig spottet
SPQR, S.P.Q.R. Abk. für Senatus Populusque Romanus
sprach/be/gabt
Sprach/be/ga/bung *f.*, -, -en
Spra/che *f.*, -, -n

Spra/chen/schu/le *f.*, -, -n
Sprach/ent/wick/lung *f.*, -, -en
Sprach/er/zie/hung *f.*, -, *nur Sg.*
Sprach/fa/mi/lie *f.*, -, -n
Sprach/feh/ler *m.*, -s, -
Sprach/for/scher *m.*, -s, -
Sprach/for/schung *f.*, -, -en
Sprach/füh/rer *m.*, -s, -
Sprach/ge/biet *n.*, -[e]s, -e
Sprach/ge/brauch *m.*, -[e]s, -bräuche
Sprach/ge/fühl *n.*, [e]s, *nur Sg.*
Sprach/ge/schich/te *f.*, -, *nur Sg.*
sprach/ge/schicht/lich
Sprach/ge/setz *n.*, -[e]s, -e
sprach/ge/wandt
Sprach/ge/wandt/heit *f.*, -, -en
Sprach/gren/ze *f.*, -, -n
Sprach/gut *n.*, -[e]s, *nur Sg.*
spra/chig
Sprach/kennt/nis/se *f.*, *Pl.*
Sprach/la/bor *n.*, -s, -s
Sprach/leh/re *f.*, -, -n
sprach/lich
sprach/los
Sprach/lo/sig/keit *f.*, -, *nur Sg.*
Sprach/me/lo/die *f.*, -, *nur Sg.*
Sprach/phi/lo/so/phie *f.*, -, *nur Sg.*
Sprach/rohr *n.*, [e]s, -e
Sprach/sil/be *f.*, -, -n, der Wortbildung entsprechende Silbe
Sprach/stö/rung *f.*, -, -en
Sprach/ta/lent *n.*, [e]s, -e
Sprach/un/ter/richt *m.*, -[e]s, -e
Sprach/ver/ein *m.*, -[e]s, -e
Sprach/wis/sen/schaft *f.*, -, -en
Spray [engl.] *n.*, -s, -s,

1. Flüssigkeit zum Zerstäuben, 2. Gerät zum Zerstäuben von Flüssigkeit
spray/en *tr.,* besprühen mit einem Spray
Sprech/an/lage *f., -, -n*
Sprech/chor *m., -[e]s, -chöre*
spre/chen *intr.* und *tr.*
Sprech/er/zie/hung *f., -, nur Sg.*
Sprech/funk *m., -[e]s, -e*
Sprech/plat/te *f., -, -n,* Schallplatte mit gesprochenem Text
Sprech/rol/le *f., -, -n,* Bühnenrolle, die gesprochen wird
Sprech/sil/be *f., -, -n,* der natürlichen Aussprache des Wortes entsprechende Silbe
Sprech/stun/de *f., -, -n*
Sprech/stun/den/hil/fe *f., -, -n*
Sprech/vor/gang *m., -[e]s, -gänge*
Sprech/wei/se *f., -, -n*
Sprech/zeit *f., -, -en*
Sprech/zim/mer *n., -s, -*
Spree/wald *m., -es,* Landschaft in der Niederlausitz
Spree/wäl/der *m., -s, -*
spreiz/bei/nig
Sprei/ze *f., -, -n,* 1. waagerechte Stange zum seitlichen Abstützen von Gräben oder Gruben, 2. *nur Sg.,* Stellung mit gespreizten Beinen
sprei/zen 1. *tr.,* auseinanderstellen, 2. *refl.,* geziert tun, sich zieren
Spreiz/fuß *m., -es, -füße*
Sprei/zung *f., -, -en*
Spreng/bom/be *f., -, -n*
spren/gen 1. *tr.,* 2. *intr.,* galoppieren, rennen
Spreng/kör/per *m., -s, -*
Spreng/kraft *f., -, nur Sg.*
Spreng/la/dung *f., -, -en*
Spreng/stoff *m., -[e]s, -e*
Spren/gung *f., -, -en*
Spren/kel *m., -s, -,* kleiner Fleck, Tupfen
spren/keln *tr.*
Spreu *f., -, nur Sg.*
Sprich/wort *n., -[e]s, -wörter*
Sprich/wör/ter/samm/lung *f., -, -en*
sprich/wört/lich
Sprie/ße *f., -, -n,* Stütze, Stützbalken, Sprießholz
sprie/ßen 1. *tr.,* stützen, 2. *intr.,* keimen, wachsen
Sprieß/holz *n., -es, -hölzer,* siehe Sprieße
Spriet *n., -[e]s, -e,* Rundholz zum Spannen des Segels
Spring/bock *m., -[ie]s, -böcke,* eine Antilopenart
Spring/brun/nen *m., -s, -*
sprin/gen *intr.*
Sprin/ger *m., -s, -*
Spring/flut *f., -, -en,* hohe Flut zur Zeit des Voll- und Neumondes
Spring/form *f., -, -en,* Kuchenform mit abnehmbarem Rand
Spring/ins/feld *m., -s, nur Sg.,* 1. lebhaftes, fröhliches Kind, 2. unbekümmerter, leichtsinniger junger Mensch
Spring/kraut *n., -[e]s, nur Sg.,* eine Pflanze, deren Früchte bei Berührung die Samen wegschleudern
spring/le/ben/dig
Spring/maus *f., -, -mäuse*
Spring/pro/zes/si/on *f., -, -en*
Spring/quell *m., -[e]s, -e,* poetisch für Springbrunnen
Spring/seil *n., -[e]s, -e*
Spring/tanz *m., -[e]s, -tänze*
Spring/wurz *f., -, -en,* siehe Alraune
Sprink/ler [engl.] *m., -s, -,* Gerät zum Berieseln größerer Flächen mit Wasser
Sprint [engl.] *m., -[e]s, -e* oder *-s,* im Sport: Rennen über kurze Strecken
sprin/ten *intr.*
Sprin/ter *m., -s, -*
Sprint/stre/cke *f., -, -n*
Sprit *m., -[e]s, -e,* 1. Spiritus, 2. Treibstoff
Sprit/ze *f., -, -n*
sprit/zen *intr.* und *tr.*
Sprit/zer *m., -s, -*
sprit/zig 1. prickelnd (Getränk), 2. lebhaft, geistreich, sprühend
Spritz/ma/le/rei *f., -, -en*
Spritz/pis/to/le *f., -, -n*
Spritz/tour *f., -, -en, ugs.* für: kleiner Ausflug
spröd, prö/de
Spröd/heit, Prö/dig/keit *f., -, nur Sg.*
Sproß > Spross *m., -es, -e,* 1. junger Pflanzentrieb, 2. Nachkomme
Spröß/chen > Spröss/chen *n., -s, -*
Spros/se *f., -, -n, auch* Jägersprache: Geweihspitze
spros/sen *intr.,* sprießen, keimen
Spros/sen/wand *f., -, -wände*
Spros/ser *m., -s, -,* eine Nachtigallart
Spröß/ling > Spröss/ling *m., -[e]s, -e*
Sproß/pflan/ze > Spross/pflan/ze *f., -, -n*
Spros/sung *f., -, nur Sg.*
Sprot/te *f., -, -n,* eine Fischart, Breitling
Spruch *m., -[e]s,* Sprüche
Spruch/band *n., [e]s, -bänder*

Spruch/kam/mer *f.*, -, -n
spruch/reif
Spru/del *m.*, -s, -
spru/deln *intr.*
Spru/del/was/ser *n.*, -s, -
Sprüh/do/se *f.*, -, -n
sprü/hen *tr.* und *intr.*
Sprüh/re/gen *m.*, -s, -
Sprung *m.*, -[e]s, Sprünge
Sprung/bein *n.*, -[e]s, -e
sprung/be/reit
Sprung/brett *n.*, -[e]s, -er
Sprung/fe/der *f.*, -, -n
Sprung/ge/lenk *n.*, -[e]s, -e
Sprung/gru/be *f.*, -, -n
sprung/haft
Sprung/haf/tig/keit *f.*, -, *nur Sg.*
Sprung/lauf *m.*, -[e]s, -läufe, veraltet für Skispringen
Sprung/schan/ze *f.*, -, -n
Sprung/stab *m.*, -[e]s, -stäbe, Sportgerät für den Stabhochsprung
Sprung/tuch *n.*, [e]s, -tücher
Sprung/turm *m.*, -[e]s, -türme
Spu/cke *f.*, -, *nur Sg.*, ugs. für: Speichel
spu/cken *tr.* und *intr.*
Spuk *m.*, -[e]s, -e, Geistererscheinung, geisterhaftes Geschehen
spu/ken *intr.*, als Geist umgehen, als Gespenst erscheinen
Spuk/geist *m.*, -[e]s, -er
spuk/haft
Spu/le *f.*, -, -n
Spü/le *f.*, -, -n, Spülbecken
Spül/ei/mer *m.*, -s, -
spu/len *tr.*, eine Spule auf- oder abwickeln
spü/len *tr.*
Spü/lung *f.*, -, -en
Spul/wurm *m.*, -[e]s, -würmer, im Darm von Säugetieren schmarotzender Fadenwurm
Spund *m.*, -[e]s, -e, 1. Holzpfropfen, Zapfen, 2. übertr. ugs.: junger Kerl
spun/den/den *tr.*, mit einem Spund verschließen
Spund/loch *n.*, -[e]s, -löcher
Spur *f.*, -, -en
spür/bar
spu/ren *intr.*, 1. eine Spur ziehen, 2. in einer Spur fahren, 3. übertr. ugs.: gehorchen, sich fügen
spü/ren 1. *tr.*, merken, fühlen, 2. *intr.*, Jägersprache: einer Wildspur folgen
Spu/ren/e/le/men/te *n.*, *Pl.*, anorganische chemische Grundstoffe, die in kleinsten Mengen lebensnotwendig sind
Spür/hund *m.*, -[e]s, -e
spur/los
Spür/na/se *f.*, -, -n
Spür/sinn *m.*, -[e]s, *nur Sg.*
Spurt [engl.] *m.*, -s, -s oder -e, im Sport: Geschwindigkeitssteigerung auf kurzen Strecken bei Wettrennen
spur/ten *intr.*
Spur/wei/te *f.*, -, -n, Schienenabstand
spu/ten *refl.*, sich beeilen
Sput/nik [russ.] *m.*, -s, -s, erster sowjetischer Satellit
Spu/tum [lat.] *n.*, -s, -ta, Auswurf von Schleim beim Husten
sq. Abk. für sequens
sqq. Abk. für sequentes
Square/dance [engl.] *m.*, -, -s, Volkstanz aus den USA
Squash [engl.] *n.*, -, *nur Sg.*, Sportart mit Schläger und Ball in einem rechteckigen Raum
Squaw [indian.-engl.] *f.*, -, -s, Indianerfrau
Squire [engl.] *m.*, -s, -s, englischer Gutsbesitzer, Adelstitel
sr Abk. für Steradiant
Sr chemisches Zeichen für Strontium
SR Abk. für Saarländischer Rundfunk
Sri Lan/ka heutiger Name von Ceylon
SN. Abk. für Santi, Sante
SSO Abk. für Südsüdost(en)
ssp. Abk. für subspecies, siehe Subspezies
SSR früher, Abk. für Sozialistische Sowjetrepublik
SSW Abk. für Südsüdwest(en)
st!: still, Ruhe!, auch: Achtung!
St Abk. für Saint, Stratus
St. Abk. für Sankt, Saint, Stück, Stunde (Abk. für Stunde)
s. t. Abk. für sine tempore
Sta. Abk. für Santa
Staat *m.*, -[e]s, -en, auch: *nur Sg.*, ugs.; Prunk, Pracht, Aufwand
Staa/ten/bund *m.*, -[e]s, -bünde
staa/ten/los
Staa/ten/lo/se *m.*, -n, -n, Person ohne Staatsangehörigkeit
staat/lich
Staats/akt *m.*, -[e]s, -e
Staats/an/ge/hö/rig/keit *f.*, -, *nur Sg.*
Staats/an/lei/he *f.*, -, -n
Staats/an/walt *m.*, -[e]s, -wälte
Staats/an/walt/schaft *f.*, -, -en
Staats/be/am/te *m.*, -n, -n
Staats/be/gräb/nis *n.*, -ses, -se

Staats/be/such *m.,* -[e]s, -e
Staats/bi/bli/o/thek auch: -**bib/li-** *f.,* -, -en
Staats/bür/ger *m.,* -s, -
Staats/bür/ger/kun/de *f.,* -, *nur Sg.*
Staats/bür/ger/lich
staats/bür/ger/lich
Staats/dienst *m.,* -[e]s, -e
Staats/ei/gen
Staats/ei/gen/tum *n.,* -s, *nur Sg.*
Staats/ex/a/men auch: -**e/xa/men** *n.,* -s, - auch -examina
Staats/flag/ge *f.,* -, -n
Staats/ge/biet *n.,* -[e]s, -e
Staats/ge/heim/nis *n.,* -ses, -se
Staats/ge/walt *f.,* -, *nur Sg.*
Staats/haus/halt *m.,* [e]s, -e
Staats/kas/se *f.,* -, -n
Staats/kir/che *f.,* -, -n, vom Staat bevorrechtete Kirche
Staats/kos/ten *nur Pl.*
Staats/kunst *f.,* -, *nur Sg.*
Staats/mann *m.,* -[e]s, -männer
staats/män/nisch
Staats/mi/nis/ter *m.,* -s, -
Staats/o/ber/haupt *n.,* -[e]s, -häupter
Staats/or/gan *n.,* -[e]s, -e
Staats/prä/si/dent *m.,* -en, -en
Staats/prü/fung *f.,* -, -en
Staats/qual/le *f.,* -, -n, eine Quallenart
Staats/rä/son *f.,* -, *nur Sg.,* Staatsklugheit
Staats/rat *m.,* -[e]s, -räte
Staats/recht *n.,* -[e]s, -e
staats/recht/lich
Staats/re/gie/rung *f.,* -, -en
Staats/schutz *m.,* -es, *nur Sg.*
Staats/se/kre/tär oder auch: -**sek/re/tär** *m.,* -s, -e
Staats/si/cher/heit *f.,* -, *nur Sg.*

Staats/streich *m.,* -[e]s, -e, Regierungsumsturz
Staats/the/a/ter *n.,* -s, -, vom Staat finanziertes Theater
Staats/ver/bre/chen *n.,* -s, -, gegen den Staat gerichtetes Verbrechen
Staats/ver/fas/sung *f.,* -, -en
Staats/ver/trag *m.,* -[e]s, -träge
Staats/ver/wal/tung *f.,* -, -en
Staats/wirt/schaft *f.,* -, -en
staats/wirt/schaft/lich
Staats/wis/sen/schaft *f.,* -, *nur Sg.*
Stab *m.,* -[e]s, Stäbe
Stab/an/ten/ne *f.,* -, -n
Stäb/chen *n.,* -s, -
Stab/ei/sen *n.,* -s, -
Stab/füh/rung *f.,* -, *nur Sg.,* Leitung
Stab/heu/schre/cke *f.,* -, -n
Stab/hoch/sprung *m.,* -[e]s, -sprünge
sta/bil [lat.] fest, standfest, widerstandsfähig
Sta/bi/li/sa/tor *m.,* -s, -en, Gerät zur Wahrung eines Gleichgewichts
sta/bi/li/sie/ren *tr.,* stabil machen, festigen
Sta/bi/li/sie/rung *f.,* -, *nur Sg.*
Sta/bi/li/tät *f.,* -, *nur Sg.,* Festigkeit, Dauerhaftigkeit
Stab/reim *m.,* -[e]s, -e, siehe Alliteration
Stabs/arzt *m.,* -es, -ärzte, Militärarzt im Rang eines Hauptmanns
Stabs/feld/we/bel *m.,* -s, -, militärischer Dienstgrad
Stabs/of/fi/zier *m.,* -[e]s, -e
stac/ca/to [italien.], **stak/ka/to** in der Musik: kurz, abgesetzt
Stac/ca/to *n.,* -[s], -ti, Spiel

mit kurzen abgesetzten Tönen
Sta/chel *m.,* -s, -n
Sta/chel/bee/re *f.,* -, -n
Sta/chel/draht *m.,* [e]s, -drähte
Sta/chel/häu/ter *m.,* -s, -, wirbelloses Tier mit stachelbesetztem Hautskelett
sta/che/lig stachlig
sta/cheln *intr.*
Sta/chel/schwein *n.,* -[e]s, -e
stach/lig, stachelig
Sta/del *m.,* -s, -, süddt.: Scheune
sta/di/al [lat.] abschnitts-, stufenweise
Sta/di/on *n.,* -s, -dien, 1. altgriech. Wegemaß 2. Wettkampfplatz, Sportstätte
Sta/di/um *n.,* -s, -dien, Entwicklungsstufe, Abschnitt, Zustand
Stadt *f.,* -, Städte
stadt/be/kannt
Städt/chen *n.,* -s, -
Städ/te/bau *m.,* -[e]s, *nur Sg.*
städ/te/bau/lich
Städ/te/bund *m.,* [e]s, -bünde
Städ/ter *m.,* -s, -, Stadtbewohner
Stadt/ge/mein/de *f.,* -, -n
Stadt/ge/spräch *n.,* -[e]s, -e, 1. Ortsgespräch beim Telefonieren, 2. etwas, wovon die ganze Stadt spricht
Stadt/haus *n.,* -es, -häuser, Verwaltungsgebäude
städ/tisch
Stadt/kas/se *f.,* -, -n
Stadt/kreis *m.,* -es, -e
Stadt/mau/er *f.,* -, -n
Stadt/mu/si/kant *m.,* -en, -en
Stadt/plan *m.,* -[e]s, -pläne
Stadt/rat *m.,* -[e]s, -räte
Stadt/staat *m.,* -es, -en,

Stadt als selbständiger Staat
Stadt/teil *m.,* -[e]s, -e
Stadt/the/a/ter *n.,* -s, -
Stadt/tor *n.,* -[e]s, -e
Stadt/vä/ter *m., Pl.,* der Rat der Stadt
Stadt/ver/ord/ne/te *m.,* -n, -n, Mitglied der Gemeindevertretung
Stadt/vier/tel *n.,* -s, -
Stadt/wap/pen *n.,* -s, -
Sta/fet/te [italien.] *f.,* -, -n, 1. früher: berittener Eilbote, 2. Gruppe von Läufern beim Staffellauf
Sta/fet/ten/lauf *m.,* -[e]s, -läufe, Staffellauf
Staf/fa/ge *f.,* -, -n, schmückendes Beiwerk, Nebensächliches
Staf/fel *f.,* -, -n, 1. Stufe, Sprosse, 2. Verband von Fahrzeugen, Flugzeugen, 3. Mannschaft beim Staffellauf
Staf/fe/lei *f.,* -, -n, 1. Gestell für das Bild beim Malen, 2. süddt.: Leiter
Staf/fel/lauf *m.,* -[e]s, -läufe, im Sport: Mannschaftswettbewerb, bei dem jedes Mannschaftsmitglied eine Teilstrecke laufen muss
staf/feln *tr.,* abstufen, in Stufen einteilen
Staf/fe/lung, Staff/lung *f.,* -, -en
staf/fie/ren [französ.] *tr.,* ausstatten, verzieren
Stag *n.,* -[e]s, -e oder -en, Seil zum Sichern von Masten
Sta/gna/ti/on oder auch: **Stag/na/ti/on** [lat.] *f.,* -, -en, Stillstand, Stockung
sta/gnie/ren oder auch: **stag/nie/ren** *intr.,* stocken, stillstehen
Sta/gnie/rung oder auch:

Stag/nie/rung *f.,* -, -en
Stahl *m.,* -[e]s, -e oder Stähle, 1. schmiedbares Eisen, 2. poetisch für: Waffe, Schwert
Stahl/bau *m.,* -[e]s, -bauten
Stahl/be/ton *m.,* -s, *nur Sg.*
Stahl/blech *n.,* -[e]s, -e
stäh/len *tr.,* härten, abhärten, stärken
stäh/lern aus Stahl
stahl/grau
stahl/hart
Stahl/heim *m.,* -[e]s, -e
Stahl/kam/mer *f.,* -, -n, feuersicherer Raum
Stahl/ste/cher *m.,* -s, -, Künstler, der Stahlstiche herstellt
Stahl/stich *m.,* -[e]s, -e, grafisches Verfahren, ähnlich dem Kupferstich
Stahl/wol/le *f.,* -, *nur Sg.,* lange Stahlspäne
Sta/ke *f.,* -, -n, lange Holzstange
sta/ken *tr.,* 1. ein Boot mit einer Stake vorwärtsbewegen, 2. *intr.,* steifbeinig gehen
Sta/ken *m.,* -s, -, siehe Stake
sta/kig siehe staksig
stak/ka/to siehe staccato
stak/sen *intr.,* ugs.: steifbeinig gehen
stak/sig, sta/kig ugs. 1. steifbeinig, ungelenk, 2. dünn und lang
Sta/lag/mit [griech.] *m.,* -en oder -[e]s, -en oder -e, Tropfstein, der von unten nach oben wächst
sta/lag/mi/tisch
Sta/lak/tit *m.,* -en oder -[e]s, -en oder -e , Tropfstein, der von oben nach unten wächst
sta/lak/ti/tisch

Sta/li/nis/mus *m.,* -, *nur Sg.,* von Stalin geprägte Politikrichtung, Weiterentwicklung des Marxismus
Sta/li/nist *m.,* -en, -en
sta/li/nis/tisch
Sta/lin/or/gel *f.,* -, -n, Waffe die im Zweiten Weltkrieg entwickelt wurde, ermöglicht das gleichzeitige Abschießen mehrerer Geschosse
Stall *m.,* -[e]s, Ställe
Ställ/chen *n.,* -s, -
stal/len *tr.,* im Stall unterbringen
Stall/ha/se *m.,* -n, -n, Hauskaninchen
Stall/knecht *m.,* -[e]s, -e
Stall/meis/ter *m.,* -s, -, Aufseher über den Pferdestall
Stal/lung *f.,* -, -en, *meist Pl.,* Stall
Stamm *m.,* -[e]s, Stämme
Stamm/ak/tie *f.,* -, -n, einfache Aktie ohne Vorzüge
Stamm/baum *m.,* -[e]s, -bäume
Stamm/buch *n.,* [e]s, -bücher
Stämm/chen *n.,* -s, -
stam/meln *intr.,* gehemmt, stotternd, unzusammenhängend sprechen
Stamm/el/tern *nur Pl.,* die Gründer eines Stammbaums
stam/men *intr.,* seinen Ursprung haben
Stam/mes/ge/schich/te *f.,* -, -n
stam/mes/ge/schicht/lich
Stam/mes/zu/ge/hö/rig/keit *f.,* -, *nur Sg.*
Stamm/gast *m.,* -[e]s, -gäste
Stamm/hal/ter *m.,* -s, -, männlicher Nachkomme, Sohn

Stammie/te > **Stamm-mie/te** *f., -, -n*
stäm/mig
Stäm/mig/keit *f., -, nur Sg.*
Stamm/ka/pi/tal *n., -s, nur Sg.,* Gesamtheit der Einlagen aller Aktionäre
Stamm/kun/de *m., -en, -en*
Stamm/kund/schaft *f., -, nur Sg.,* Kunden, die immer im selben Geschäft einkaufen
Stamm/mie/te *f., -, -n,* im Theater: Platzmiete, Abonnement
Stamm/mut/ter *f., -, -mütter,* Begründerin eines Geschlechts
Stamm/sil/be *f., -, -n,* sinntragende Silbe eines Wortes
Stamm/sitz *m., -es, -e*
Stamm/tisch *m., -es, -e*
Stammut/ter > **Stamm-mut/ter** *f., -, -mütter*
Stamm/va/ter *m., -s, -väter,* Begründer eines Geschlechts
stamm/ver/wandt
Stamm/vo/kal *m., -[e]s, -e,* Vokal der Stammsilbe
Stamp/fe *f., -, -n,* Gerät zum Stampfen, Stößel
stamp/fen *intr.* und *tr.*
Stamp/fer *m., -s, -,* 1. Gerät zum Stampfen, 2. Gerät zum Reinigen verstopfter Abflüsse
Stand *m., -[e]s, Stände*
Stan/dard [engl.] *m., -s, -s,* Richtmaß, Norm
stan/dar/di/sie/ren *tr.,* auf einen Standard bringen, normen
Stan/dar/di/sie/rung *f., -, -en*
Stan/dard/werk *n., -[e]s, -e,* grundlegendes Werk der Fachliteratur
Stan/dar/te *f., -, -n,* 1. Fahne, 2. in der Jägersprache: Schwanz von Fuchs oder Wolf
Stand/bein *n., [e]s, -e,* im Sport: Bein, das im Stehen die Hauptlast des Körpers trägt
Stand/bild *n., -[e]s, -er*
Stand-by [engl.] *n., -[s], -s,* Bereitschaftsschaltung elektrischer Geräte, Flugreise ohne feste Platzbuchung
Ständ/chen *n., -s, -,* Musikstück, das jemandem zu Ehren vorgetragen wird
Stän/de/kam/mer *f., -, -n,* aus Vertretern der Stände gebildetes Organ des Parlaments
Stän/de/ord/nung *f., -, -en,* nach Ständen gegliederte Ordnung einer Gesellschaft
Stan/der *m., -s, -,* dreieckige Flagge
Stän/der *m., -s, -*
Stän/de/rat *m., -[e]s, -räte,* zweite Kammer der Bundesversammlung, Vertretung der Kantone der Schweiz
Stan/des/amt *n., -[e]s, -ämter*
Stan/des/be/am/te *m., -en, -en* oder *-e*
stan/des/be/wußt > **stan/des/be/wusst**
Stan/des/be/wußt/sein > **Stan/des/be/wusst/sein** *n., -s, nur Sg.*
Stan/des/dün/kel *m., -s, nur Sg.*
stan/des/ge/mäß
Stan/des/per/son *f., -, -en*
Stän/de/staat *m., -[e]s, -en,* nach gesellschaftlichen Ständen gegliederter Staat
Stan/des/un/ter/schied *m., -[e]s, -e*
Stan/des/vor/ur/teil *n., -[e]s, -e*
Stän/de/tag *m., -[e]s, -e*
Stän/de/ver/samm/lung *f., -, -en,* Landtag im Deutschen Reich
stand/fest
Stand/fes/tig/keit *f., -, nur Sg.*
Stand/geld *n., -[e]s, -er,* Gebühr für das Aufstellen eines Verkaufsstandes auf Märkten oder Festen
Stand/ge/richt *n., -[e]s, -e*
stand/haft
Stand/haf/tig/keit *f., -, nur Sg.*
stand/hal/ten *intr.*
stän/dig
stän/disch zu den Ständen gehörend, nach Ständen
Stand/licht *n., [e]s, -er*
Stand/ort *m., -[e]s, -e*
Stand/pau/ke *f., -, -n, ugs.:* Strafpredigt
Stand/platz *m., -es, -plätze*
Stand/punkt *m., -[e]s, -e*
Stand/recht *n., -[e]s, -e,* vereinfachtes, beschleunigtes Strafverfahren in Kriegszeiten
stand/recht/lich
stand/si/cher
Stand/si/cher/heit *f., -, nur Sg.*
Stand/uhr *f., -, -en*
Stand/vo/gel *m., -s, -vögel,* Vogel, der in seiner Heimat überwintert
Stand/wild *f., -[e]s, nur Sg.,* Jägersprache: Wild, das im Revier bleibt
Stan/ge *f., -, -n*
Stän/gel *m., -s, -,* Pflanzenteil
Stän/gel/chen *n., -s, -*
stän/gel/los
Stan/gen/spar/gel *m., -s, -,* ganzer Spargel
Stangs *m., -, -,* thailändische Währungseinheit, 1/100 Baht

Sta/ni/za [russ.] *f.*, -, -zen, Kosakendorf
Stank *m.*, -[e]s, *nur Sg.*, 1. veraltet für: Gestank, 2. übertr. ugs.: Zank, Streit, Uneinigkeit
Stän/ke/rei *f.*, -, -en
Stän/ke/rer *m.*, -s, -
stän/kern *intr.*, ugs. 1. Streit anzetteln, 2. in fremden Sachen herumschnüffeln
Stan/nin [lat.] *n.*, -[e]s, war *Sg.*, Zinnkies
Stan/ni/ol *n.*, -[e]s, -e, Zinnfolie, ugs. auch für Aluminiumfolie
Stan/ni/ol/pa/pier *n.*, -[e]s, -e, s. Stanniol
Stan/num *n.*, -s, *nur Sg.*, (chemisches Zeichen: Sn) chemisches Element, Zinn
Stan/ze *f.*, -, -n, 1. [italien.] Strophe mit acht jambischen Zeilen, 2. Prägestempel, Maschine zum Ausschneiden
stan/zen *tr.*, mit der Stanzmaschine ausschneiden oder prägen
Sta/pel *m.*, -s, -, 1. geschichteter Haufen, 2. Gerüst für ein Schiff während des Baues
Sta/pel/lauf *m.*, -[e]s, -läufe
sta/peln *tr.*
Sta/pel/platz *m.*, -es, -plätze
Sta/pel/wa/re *f.*, -, -n
Stap/fe *f.*, , -n, **Stap/fen** *m.*, -s, -, *meist Pl.*, Fußspur, Fußstapfe(n)
stap/fen *intr.*
Star 1. *m.*, -[e]s, -e, ein Singvogel, 2. *m.*, -[e]s, -e, Sammelbegriff für Augenkrankheiten, grauer, grüner, schwarzer Star 3. *m.*, -s, -s, bekannte Persönlichkeit aus Sport, Film, Musik

Star... in Zusammenhang ugs.: der, die fähigste, wichtigste, bedeutendste..., z.B. Staranwalt
Star/figh/ter [engl.] *m.*, -s, -, ein Kampfflugzeug
stark
Star/kas/ten oder auch: **Sta/ren/kas/ten** *m.*, -, -kästen
Stark/bier *n.*, -[e]s, -e
Stär/ke *f.*, -, -n
Stär/ke/mehl *n.*, -[e]s, *nur Sg.*
stär/ken *tr.*
stark/kno/chig
Stark/strom *m.*, -[e]s, -ströme, elektrischer Strom mit einer Spannung über 24 Volt
Stär/kung *f.*, -, -en
Stär/kungs/mit/tel *n.*, -s, -
Star/let, **Star/lett** [engl.] *n.*, -s, -s, Nachwuchsschauspielerin
starr
Star/re *f.*, -, *nur Sg.*
star/ren *intr.*, 1. starr schauen, 2. voll von etwas sein, vor Fett starren: sehr fettig sein
Starr/heit *f.*, -, *nur Sg.*
Starr/kopf *m.*, -[e]s, -köpfe, eigensinniger, sturer Mensch
Starr/köp/fig
Starr/köp/fig/keit *f.*, -, *nur Sg.*
Starr/krampf *m.*, -[e]s, *nur Sg.*, Kurzform für Wundstarrkrampf
Starr/sinn *m.*, -[e]s, *nur Sg.*
starr/sin/nig
Starr/sin/nig/keit *f.*, -, *nur Sg.*
Starr/sucht *f.*, -, *nur Sg.*, siehe Katalepsie
starr/süch/tig
Stars and Stripes [engl.] Sterne und Streifen, Natio-

nalflagge der USA
Start [engl.] *m.*, -[e]s, -s oder selten -e, 1. Beginn, Anfang, Abfahrt, Abflug, 2. Anfangs-, Abfahrts-, Abflugpunkt
Start/block *m.*, -[e]s, -blöcke
star/ten *intr.* und *tr.*
Star/ter *m.*, -s, -, 1. im Sport: jemand, der das Startzeichen gibt 2. früher: Anlasser von Fahrzeugen
Start/er/laub/nis *f.*, -, -se
Start/flag/ge *f.*, -, -n
Start/ma/schi/ne *f.*, -, -n, bei Pferde- und Hunderennen: Vorrichtung, die den gleichzeitigen Start aller Teilnehmer garantiert
Start/num/mer *f.*, -, -n
Start/schuß > **Start/schuss** *m.*, -es, -schüsse
Start/si/gnal auch: **Startsig/nal** *n.*, -[e]s, -e
Start/sprung *m.*, -[e]s, -sprünge
Start/ver/bot *n.*, -[e]s, -e
Sta/se [griech.] *f.*, -, -n, siehe Stasis
Sta/si *f.*, bzw. *m.*, -, *nur Sg.*, Kurzform für Staatssicherheitsdienst oder Ministerium für Staatssicherheit in der ehemaligen DDR
Sta/sis *f.*, -, -sen, in der Medizin: Stauung
State De/part/ment [engl.] *n.*, -s, *nur Sg.*, Außenministerium der USA
State/ment [engl.] *n.*, -s, -s, Feststellung, Verlautbarung, Kommentar
Sta/tik [lat.] *f.*, -, *nur Sg.*, Lehre von den Kräften in ruhenden Gegenständen
Sta/ti/ker *m.*, -s, -, Fachmann auf dem Gebiet der Statik

Sta/ti/on [lat.] *f.*, -, -en, 1. Bahnhof, Haltestelle, Haltepunkt, 2. Aufenthalt, 3. Funksendestelle, 4. wissenschaftliche Beobachtungsstelle, 5. Abteilung eines Krankenhauses

sta/ti/o/när 1. in Ruhe befindlich, 2. ortsfest

sta/ti/o/nie/ren *tr.*, an einen Standort stellen, an einem Platz aufstellen

Sta/ti/o/nie/rung *f.*, -, *nur Sg.*

Sta/ti/ons/arzt *m.*, -es, -ärzte

Sta/ti/ons/schwes/ter *f.*, -, -n

Sta/ti/ons/vor/ste/her *m.*, -s, -

sta/tisch 1. die Statik betreffend, auf Statik beruhend, 2. ruhend, still stehend

Sta/tist [lat.] *m.*, -en, -en, Theater, Film: Darsteller einer kleinen Rolle ohne Text

Sta/tis/tik *f.*, -, -en, 1. zahlenmäßige Erfassung, Einordnung und systematische Darstellung von Massenerscheinungen, 2. Darstellung statistischer Daten in Tabellenform

Sta/tis/ti/ker *m.*, -s, -

sta/tis/tisch

Sta/tiv *n.*, -[e]s, -e, Ständer für Geräte aller Art

Sta/tor *m.*, -s, -en, fest stehender Teil einer elektrischen Maschine, Ständer

statt 1. Präp. mit Gen.: an Stelle, 2. Konj., statt herumzustehen, solltest du dich nützlich machen

Statt *f.*, -, *nur Sg.*, veraltet, poetisch: Heimat, Wohnung, du hast hier eine bleibende Statt,

Stät/te *f.*, -, -n

statt/fin/den *intr.*

statt/ge/ben *intr.*, erfüllen, bewilligen, zulassen

statt/haft erlaubt, gestattet

Statt/hal/ter *m.*, -s, -

statt/lich

Statt/lich/keit *f.*, -, *nur Sg.*

Sta/tue *f.*, -, -n, bildhauerisch gestaltete Figur, Standbild

Sta/tu/en/haft

Sta/tu/et/te *f.*, -, -n, kleine Statue

sta/tu/ie/ren *tr.*, feststellen, festsetzen, ein Exempel statuieren: ein Beispiel geben

Sta/tur *f.*, -, -en, Wuchs, Gestalt, Körperbau

Sta/tus *m.*, -, -, Lage, Zustand, Stand

Sta/tut *n.*, -[e]s, -en, Satzung, Gesetz, Vorschrift

sta/tu/ta/risch den Statuten entsprechend, satzungsgemäß

Stau *m.*, -[e]s, -s oder -e

Staub *m.*, -[e]s, *nur Sg.*

staub/be/deckt

Stäub/chen *n.*, -s, -

stau/ben *intr.*

stäu/ben 1. *intr.*, in feinste Teilchen zerstieben, 2. *tr.*, fein verteilen

Staub/fän/ger *m.*, -s, -

staub/frei

Staub/ge/fäß *n.*, -es, -e

stau/big

Staub/kamm *m.*, -[e]s, -kämme

Staub/korn *n.*, -[e]s, -körner

Stäub/ling *m.*, -[e]s, -e, ein Pilz

Staub/lun/ge *f.*, -, -n, Erkrankung der Lunge durch ständiges Einatmen von Staubteilchen

staub/sau/gen *(Nf.)* auch:

Staub sau/gen *(Hf.)* *intr.*

Staub/sau/ger *m.*, -s, -

Staub/tuch *n.*, -[e]s, -tücher

Staub/wol/ke *f.*, -, -n

Staub/zu/cker *m.*, -s, *nur Sg.*, Puderzucker

stau/chen *tr.*, 1. stoßen und zusammendrücken, 2. ugs.: scharf zurechtweisen

Stau/damm *m.*, -[e]s, -dämme

Stau/de *f.*, -, -n, nicht verholzende Pflanze

stau/dig

stau/en 1. *tr.*, unterbringen, verladen (Möbel, Ladung), 2. *refl.*, der Verkehr, das Wasser staut sich

Stau/er *m.*, -s, -, Arbeiter, der Ladung oder Möbel staut

Stau/fer *m.*, -s, -, Angehöriger des Geschlechts von Hohenstaufen

stau/fisch

stau/nen *intr.*

Stau/nen *n.*, -s, *nur Sg.*

stau/nen/er/re/gend > **Stau/nen er/re/gend**

stau/nens/wert

Stau/pe *f.*, -, -n, 1. eine Hundekrankheit, 2. im Mittelalter: Schandpfahl, Züchtigung mit Ruten

stäu/pen *tr.*, im Mittelalter: zur Bestrafung mit Ruten schlagen

Stau/see *m.*, -s, -n

Stau/ung *f.*, -, -en

Stau/was/ser *n.*, -s, -, Umkehr des Gezeitenstroms

Stau/wehr *n.*, -[e]s, -e

Stau/werk *n.*, -[e]s, -e

Std. Abkürzung für Stunde

Ste Abkürzung für Sainte

Steak [engl.] *n.*, -s, -s, kurz gebratenes Fleischstück

Stea/mer [engl.] *m.*, -s, -s, Bez. für Dampfer

Ste/a/rin [griech.] *n.,* -[e]s, -e, wachsartige Masse, die bei der Fettspaltung gewonnen wird

Ste/a/rin/ker/ze *f.,* -, -n

Ste/a/to/se *f.,* -, -n, Verfettung

Stech/ap/fel *m.,* -s, -äpfel, eine Heilpflanze aus der Gattung der Nachtschattengewächse

Stech/bei/tel *m.,* -s, -, Werkzeug zur Holzbearbeitung

ste/chen *tr.* und *intr.*

Ste/chen *n.,* -s, *nur Sg.,* bes. im Reitsport: letzter Entscheidungskampf, Stichkampf

Ste/cher *m.,* -s, -, 1. Kupfer-, Stahlstecher, 2. Jägersprache: Schnabel der Schnepfenvögel

Stech/fla/sche *f.,* -, -n, Urinflasche für männliche Patienten

Stech/flie/ge *f.,* -, -n

Stech/kahn *m.,* -[e]s, -kähne, Kahn, der mit einer Stake bewegt wird

Stech/kar/te *f.,* -, -n, Kontrollkarte für die Stechuhr

Stech/pal/me *f.,* -, -n

Stech/uhr *f.,* -, -en, Uhr, die die Zeit auf eine Karte stempelt

Stech/zir/kel *m.,* -s, -, Zirkel mit Spitzen an beiden Schenkeln

Steck/brief *m.,* -[e]s, -e, öffentlich bekanntgegebene Personenbeschreibung

steck/brief/lich durch Steckbrief

Steck/do/se *f.,* -, -n, Vorrichtung zur Stromabgabe

ste/cken 1. *tr.,* 2. *intr.,* sich befinden, festsitzen

Ste/cken *m.,* -s, -, Stock

ste/cken/blei/ben oder auch: **ste/cken blei/ben** *intr.*
ste/cken/las/sen oder auch: **ste/cken las/sen** *tr.*

Ste/cken/pferd *n.,* -[e]s, -e, übertr.: Liebhaberei, Hobby

Ste/cker *m.,* -s, -, Vorrichtung am Gerät zur Anschluss an das Stromnetz durch die Steckdose

Steck/kon/takt *m.,* -[e]s, -e, Stecker oder/und Steckdose

Steck/ling *m.,* -[e]s, -e, abgeschnittener Pflanzenteil, der, in die Erde gesteckt, neue Wurzeln treibt

Steck/na/del *f.,* -, -n

Steck/rü/be *f.,* -, -n, Kohlrübe

Steck/schuß >
Steck/schuss *m.,* -es, -schüsse, Schussverletzung, bei der das Geschoss noch in der Wunde steckt

Steg *m.,* -[e]s, -e

Steg/o/don auch:
Ste/go/don [griech.] *m.,* -s, -donten, ausgestorbenes Rüsseltier, Vorfahr des Elefanten

Ste/go/sau/ri/er *m.,* -s, -, eine Dinosaurierart

Steg/reif *m.,* -[e]s, -e, ohne Vorbereitung, nur noch in der Wendung: aus dem Stegreif (reden, dichten, singen, spielen)

Steg/reif/ge/dicht *n.,* -es, -e

Steh/auf *m.,* -s, -e, 1. altes, halbkugelförmiges Trinkgefäß ohne Fuß und Henkel, 2. Stehaufmännchen

Steh/auf/chen,
Steh/auf/männ/chen *n.,* -s, -

Steh/aus/schank *m.,* -[e]s, -schänke

Steh/bier/hal/le *f.,* -, -n

ste/hen *intr.*

ste/hen/blei/ben oder auch:
ste/hen blei/ben *intr.*
ste/hen/las/sen oder auch:
ste/hen las/sen *tr.*

Ste/her *m.,* -s, -, im Sport: Radrennfahrer im Stehrennen

Ste/her/ren/nen *n.,* -s, -, Radrennen über längere Strecken mit Schrittmachern

Steh/gei/ger *m.,* -s, -, erster Geiger und Leiter einer Tanzkapelle

Steh/kon/vent *m.,* -[e]s, -e, Versammlung im Stehen

Steh/lei/ter *f.,* -, -n, frei stehende Leiter mit zwei Schenkelpaaren

steh/len *tr.*

Stehl/sucht *f.,* -, siehe Kleptomanie

Steh/par/ty *f.,* -, -s

Stei/e/rin *f.,* -, -nen, Steiermärkerin

stei/e/risch siehe steirisch

Stei/er/mark *f.,* -, Land in Österreich

Stei/er/mär/ker *m.,* -s, -

stei/er/mär/kisch

steif

Stei/fe *f.,* -, -n, 1. *nur Sg.,* Steifheit, 2. Stütze

stei/fen *tr.,* steif machen

Steif/heit *f.,* -, *nur Sg.*

Steif/lei/nen *n.,* -s, -, Schneiderleinen

Stei/fung *f.,* -, -en

Steig *m.,* -[e]s, -e, schmaler, steiler Weg

Steig/bü/gel *m.,* -s, -

Stei/ge *f.,* -, -n, 1. schwäbisch für Steig, 2. Lattenkiste (für Obst)

Steig/ei/sen *n.,* -s, -

stei/gen *intr.*

Stei/ger *m.,* -s, -, Aufsicht führender Bergmann

Stei/ge/rer *m.,* -s, -, Bieter bei einer Auktion

stei/gern 1. *tr.*, 2. *intr.*, auf Auktionen: bieten
Stei/ge/rung *f.*, -, -en
stei/ge/rungs/fä/hig
Stei/ge/rungs/stu/fe *f.*, -, -n, in der Grammatik: Komparativ, Superlativ
Steig/lei/tung *f.*, -, -en, senkrechte Rohrleitung
Steig/rohr *n.*, -[e]s, -e, senkrechtes Leitungsrohr
Stei/gung *f.*, -, -en
steil
Stei/le *f.*, -, *nur Sg.*, Steilheit
Steil/hang *m.*, -[e]s, -hänge
Steil/heit *f.*, -, -en
Steil/küs/te *f.*, -, -n
Stein *m.*, -[e]s, -e
Stein/ad/ler *m.*, -s, -, ein Greifvogel
stein/alt sehr alt
Stein/bock *m.*, -[e]s, -böcke, 1. eine Bergziegenart, 2. *nur Sg.*, ein Sternbild
Stein/brech *m.*, -[e]s, -e, eine Gebirgspflanze
Stein/bre/cher *m.*, -s, -, Arbeiter im Steinbruch
Stein/bruch *m.*, [e]s, -brüche
Stein/butt *m.*, -[e]s, -e, ein Plattfisch
Stein/druck *m.*, -[e]s, -e, Druckverfahren, Lithografie
Stein/ei/che *f.*, -, -n
stei/nern
Stein/frucht *f.*, -, -früchte, Frucht mit hartem Kern, z.B. Kirsche, Pfirsich
Stein/gar/ten *m.*, -s, -gärten, Garten mit Gebirgspflanzen und Steinen
Stein/gut *n.*, -[e]s, *nur Sg.*, Tonware aus porösen Scherben
stein/hart
Stein/hau/er *m.*, -s, -, Arbeiter im Steinbruch

stei/nig
stei/ni/gen *tr.*, durch Steinwürfe töten
Stei/ni/gung *f.*, -, -en
Stein/kauz *m.*, -es, -käuze, eine Eulenart
Stein/klee *m.*, -s, *nur Sg.*, eine Futterpflanze
Stein/koh/le *f.*, -, -n, schwarze Kohle mit 80-96 % Kohlenstoffanteil
Stein/koh/len/zeit *f.*, -, *nur Sg.*, siehe Karbon
Stein/mar/der *m.*, -s, -
Stein/metz *m.*, -es, -e, Handwerker, der Steine bearbeitet
Stein/obst *n.*, -[e]s, *nur Sg.*, Steinfrüchte
Stein/pilz *m.*, -es, -e, wohl schmeckender Speisepilz
stein/reich reich an Steinen
stein/reich sehr reich
Stein/salz *n.*, -es, -e, ein Mineral (chemisch: Natriumchlorid)
Stein/schlag *m.*, -[e]s, -schläge
Stein/schloß/ge/wehr >
Stein/schloss/ge/wehr *n.*, -e]s, -e, altertümliches Gewehr mit Feuerstein
Stein/schnei/de/kunst *f.*, -, -künste, Herstellung von Gemmen und Kameen, Glyptik
Stein/set/zer *m.*, -s, -, Straßenpflasterer
Stein/wurf *m.*, -[e]s, -würfe
Stein/wüs/te *f.*, -, -n
Stein/zeich/nung *f.*, -, -en, Lithografie
Stein/zeit *f.*, -, -en, erdgeschichtliche Periode, in der Stein für Werkzeuge benutzt wurde
Stei/rer *m.*, -s, -, Steiermärker
stei/risch, stei/e/risch, zur

Steiermark gehörend, aus ihr stammend
Steiß *m.*, -es, -e
Steiß/bein *n.*, -[e]s, -e
Steiß/la/ge *f.*, -, -n, nicht normale Lage des Kindes bei der Geburt
Ste/le [griech.] *f.*, -, -n, Pfeiler, Säule als Grab- oder Gedenkstein
Stel/la/ge *f.*, -, -n, Gestell
stel/lar [lat.] zu den Fixsternen gehörend, sie betreffend
Stel/lar/as/tro/no/mie auch: -a/stro- *f.*, -, *nur Sg.*, Erforschung der Fixsterne
Stell/dich/ein *n.*, -s, [s], Verabredung, Zusammentreffen, Rendezvous
Stel/le *f.*, -, -n
stel/len *tr.* und *refl.*
Stel/len/an/ge/bot *n.*, - [e]s, -e
Stel/len/ge/such *n.*, -[e]s, -e
stel/len/los, stel/lungs/los
Stel/len/plan *m.*, -[e]s, -pläne
stel/len/wei/se
Stel/len/wert *m.*, -[e]s,
...stel/lig in Zusammenhang, z.B.: ein-, vier-, mehrstellig, mit Ziffer: 4-stellig
Stell/ma/cher *m.*, -s, -, Wagenbauer
Stell/ma/che/rei *f.*, -, -en
Stell/schrau/be *f.*, -, -n
Stel/lung *f.*, -, -en
Stel/lung/nah/me *f.*, -, -n
Stel/lungs/krieg *m.*, -[e]s, -e
stel/lungs/los
stel/lung(s)/su/chend
Stel/lungs/wech/sel *m.*, -s, -
stell/ver/tre/tend
Stell/ver/tre/ter *m.*, -s, -
Stell/ver/tre/tung *f.*, -, -en
Stell/werk *n.*, -[e]s, -e
St.-Elms-Feu/er *n.*, -s, -,

siehe Elmsfeuer
Stelz/bein *n.,* -[e]s, -e, Holzbein, Stelzfuß
stelz/bei/nig
Stel/ze *f.,* -, -n, 1. Stange mit Trittbrett, 2. Angehöriger einer Vogelfamilie
stel/zen *intr.,* 1. auf Stelzen gehen, 2. meist übertr.: steifbeinig gehen
Stelz/fuß *m.,* -es, -füße, - 1. Holzbein, 2. ugs.: Mensch mit Stelzfuß, poetisch auch: Teufel
stel/zig
Stelz/wur/zeln *f., nur Pl.,* starke Luftwurzeln, auf denen der Baum wie auf Stelzen steht
Stemm/ei/sen *n.,* -s, -
Stemmei/ßel > **Stemmmei/ßel** *m.,* -s, -
stem/men *tr.* und *refl.*
Stem/pel *m.,* -s, -
Stem/pel/geld *n.,* -[e]s, -er, ugs. für Arbeitslosenunterstützung
Stem/pel/kis/sen *n.,* -s, -
stem/peln *tr.*
Stem/pe/lung *f., nur Sg.*
Sten/gel > **Stän/gel** *m.,* -s, -
sten/gel/los > **stän/gel/los**
Ste/no [griech.] *f., -, nur Sg.,* ugs. Kurzform für Stenografie
Ste/no/gramm *n.,* -[e]s, -e, Niederschrift in Stenografie
Ste/no/gramm/block *m.,* -[e]s, -blöcke
Ste/no/graph *(Nf.)* auch; **Ste/no/graf** *(Hf.) m.,* -en, -en
Ste/no/gra/phie *(Nf.)* auch: **Ste/no/gra/fie** *(Hf.) f., nur Sg.,* Kurzschrift
ste/no/gra/phie/ren *(Nf.)* auch: **ste/no/gra/fie/ren** *(Hf.) tr.* und *intr.,* in Kurzschrift schreiben

ste/no/gra/phisch *(Nf.)* auch: **ste/no/gra/fisch** *(Hf.)*
Ste/no/kar/die [griech.] *f., -, -n,* Herzbeklemmung
ste/no/ty/pie/ren *tr.,* in Stenografie niederschreiben und dann in Maschinenschrift übertragen
Ste/no/ty/pis/tin *f., -, -nen,* Angestellte für Stenografieren und Maschinenschreiben
Sten/tor/stim/me *f., -, -n,* laute, dröhnende Stimme
Stenz *m.,* -es, -s, Geck
Step [engl.] > **Stepp** *m.,* -s, -s
Step/ei/sen > **Stepp/ei/sen** *n.,* -s, -
Ste/phans/kro/ne *f., -, nur Sg.,* die ungarische Königskrone
Stepp [engl.] *m.,* -s, -s, Stepptanz
Step/pe [russ.] *f., -, -n,* baumlose Grasebene
Stepp/ei/sen *n.,* -s, -, an den Schuhen angebrachte Eisenplättchen für den Stepptanz
step/pen 1. *tr.,* mit Steppstichen nähen, 2. [engl.] *intr.,* Stepp tanzen
Step/pen/wolf *m.,* -[e]s, -wölfe
Step/per *m.,* -s, -, Stepptänzer
Step/pe/rei *f., -, -en,* Verzierung durch Steppnaht
Stepp/ke *m.,* -s, -s, berlinerisch: kleiner Junge
Stepp/naht *f., -, -nähte*
Stepp/stich *m.,* -[e]s, -e
Step/tanz > **Stepp/tanz** *m.,* -es, -tänze, Tanz in Schuhen mit Steppeisen
Ster [griech.] *m.,* -s, -, altes Raummaß für Holz
Ste/ra/di/ant [griech. + lat.] *m.,* -en, -en, (Abk.: sr) Einheit des Raumwinkels
Ster/be/bett *n.,* -es, -en
Ster/be/fall *m.,* -[e]s, -fälle
Ster/be/geld *n.,* -[e]s, -er
Ster/be/hemd *n.,* -[e]s, -en
Ster/be/hil/fe *f., -, nur Sg.*
ster/ben *intr.*
ster/bens/krank
ster/bens/lang/wei/lig
ster/bens/matt
Ster/bens/wort *n.,* -[e]s, -e, **Ster/bens/wört/chen** *n.,* -s, -, nur in bestimmten Wendungen, z.B.: er hat es mit keinem Sterbenswort erwähnt.
Ster/be/ort *m.,* -[e]s, -e
Ster/be/sa/kra/ment auch: **-sak/ra-** *n.,* -[e]s, -e
Ster/be/stun/de *f., -, -n*
Ster/be/ur/kun/de *f., -, -n*
sterb/lich
Sterb/lich/keit *f., -, nur Sg.*
Ste/reo [griech.] *n.,* -s, -s, Kurzform für Stereotypie
ste/reo/..., Ste/re/o/... in Zusammenhang 1. starr, fest, 2. räumlich, Raum...
Ste/re/o/a/kus/tik *f., -, nur Sg.,* räumliches Hören
Ste/re/o/an/la/ge *f., -, -n,* Anlage zum räumlichen Hören von Musik
Ste/re/o/fern/se/hen *n.,* -s
ste/re/o/gra/fisch räumlich
Ste/re/o/me/trie auch: **-met/rie** *f., -, nur Sg.,* Lehre von der Oberflächen- und Rauminhaltsberechnung von Körpern
ste/re/o/me/trisch auch: **-met/risch**
ste/re/o/phon auch: **ste/re/o/fon** mehrkanalig, räumlich hörbar
Ste/re/o/pho/nie auch: **Ste/re/o/fo/nie** *f., -, nur Sg.,* Raumtontechnik

Ste/re/o/sko/pie auch: **Ste/re/os/ko/pie** *f.*, -, -n, Raumbildtechnik
ste/re/o/sko/pisch auch: **ste/re/os/ko/pisch** räumlich wirkend
Ste/re/o/ton *m.*, -[e]s, *nur Sg.*, räumlich wirkender Ton, Raumton
ste/re/o/typ 1. feststehend, unveränderlich, 2. übertr.: immer wieder gleich, z.B. stereotype Antwort
Ste/re/o/ty/peur *m.*, -[e]s, -e, Facharbeiter für die Herstellung von Stereotypien
Ste/re/o/ty/pie *f.*, -, -n, 1. *nur Sg.*, Herstellung von Druckplatten aus Bleilegierung, 2. die Druckplatte selbst, 3. krankhafte dauernde Wiederholung von gleichen Bewegungen oder Äußerungen
ste/re/o/ty/pisch siehe stereotyp
ste/ril [lat.] 1. keimfrei, 2. unfruchtbar, zeugungsunfähig
Ste/ri/li/sa/ti/on *f.*, -, -en, das Keimfrei-, Unfruchtbarmachen
Ste/ri/li/sa/tor *m.*, -s, -en, Gerät zum Sterilisieren ärztlicher Instrumente
ste/ri/li/sie/ren *tr.*, 1. keimfrei machen, 2. unfruchtbar, zeugungsunfähig machen
Ste/ri/li/sie/rung *f.*, -, -en
Ste/ri/li/tät *f.*, -, *nur Sg.*, 1. Keimfreiheit, 2. Unfruchtbarkeit, Zeugungsunfähigkeit
Ster/ling [engl.] *m.*, -[e]s, -e, altengl. Währungseinheit, Pfund Sterling (Zeichen: £): britische Währungseinheit
Stern 1. *m.*, -[e]s, -e, Himmelskörper, 2. Stirnfleck bei Tieren, 3. [engl.] Heck des Schiffes
ster/nal zum Sternum gehörend
Stern/bild *n.*, -[e]s, -er
Stern/blu/me *f.*, -, -n, Aster
Stern/deu/ter *m.*, -s, -
Stern/deu/tung *f.*, -, -en
Ster/nen/ban/ner *n.*, -s, -, Nationalflagge der USA, siehe Stars and Stripes
ster/nen/hell, stern/hell
Ster/nen/him/mel oder auch: **Stern/him/mel** *m.*, -s, *nur Sg.*
ster/nen/klar, stern/klar
Ster/nen/licht, *n.*, -[e]s, *nur Sg.*
ster/nen/los
Ster/nen/zelt *n.*, -[e]s, *nur Sg.*
Stern/fahrt *f.*, -, -en, Fahrt von mehreren Startpunkten auf ein gemeinsames Ziel zu
Stern/gu/cker *m.*, -s, -, ugs. für Astronom
stern/ha/gel/voll ugs. für: völlig betrunken
Stern/hau/fen *m.*, -s, -
stern/hell, ster/nen/hell
Stern/him/mel, Stern/him/mel *m.*, -s, *nur Sg.*
stern/klar, ster/nen/klar
Stern/kun/de *f.*, -, *nur Sg.*, siehe Astronomie
Stern/schnup/pe *f.*, -, -n, in der Erdatmosphäre verglühende Weltraummaterie
Stern/sin/gen *n.*, -s, *nur Sg.*, Brauch am Dreikönigstag, Kinder gehen mit einem Stern auf einem Stab von Haus zu Haus und singen
Stern/sin/ger *m.*, -s, -
Stern/stun/de *f.*, -, -n, besonders günstige, glückliche Stunde
Stern/sys/tem *n.*, -[eis, -e
Ster/num [griech.-lat.] *n.*, -s, -na, Brustbein
Stern/war/te *f.*, -, -n
Stern/zeit *f.*, -, -en, in Sterntagen gemessene Zeit
Sterz *m.*, -es, -e, 1. Schwanz von Vögeln, 2. Haltegriff
stet stetig, dauernd
Ste/tho/skop auch: **Ste/thos/kop** [griech.] *n.*, -[e]s, -e, in der Medizin: Hörrohr, Gerät zum Abhorchen des Patienten
ste/tig
Ste/tig/keit *f.*, -, *nur Sg.*
stets
Steu/er 1. *n.*, -s, -, 2. *f.*, -, -n
steu/er/be/güns/tigt
Steu/er/be/ra/ter *m.*, -s, -
Steu/er/be/ra/tung *f.*, -, *nur Sg.*
Steu/er/be/scheid *m.*, - [e]s, -e
steu/er/bord(s) in der Seefahrt: rechts
Steu/er/bord *n.*, -[e]s, -e, rechte Schiffsseite
Steu/er/er/klä/rung *f.*, -, -en
steu/er/frei
steu/er/lich
steu/er/los
Steu/er/mann *m.*, -[e]s, -männer, *Pl.*, auch: -leute
steu/ern *intr.* u. *tr.*
steu/er/pflich/tig
Steu/er/po/li/tik *f.*, -, *nur Sg.*
Steu/er/rad *n.*, -[e]s, -räder
Steu/er/recht *n.*, -[e]s, -e
Steu/er/re/form *f.*, -, -en
Steu/er/ru/der *n.*, -s, -
Steu/er/schuld *f.*, -, -en
Steu/er/schuld/ner *m.*, -s, -
Steu/e/rung *f.*, -, -en
Steu/er/zah/ler *m.*, -s, -
Ste/ven *m.*, -s, -, Bauteil eines Schiffes, das den Kiel verlängert

Ste/ward [engl.] *m.*, -s, -s, Betreuer der Reisenden bei See- und Flugreisen
Ste/war/deß > **Ste/war/dess** *f.*, -, -dessen, weibl. Steward
StGB Abk. für Strafgesetzbuch
sti/bit/zen *tr.*, heimlich wegnehmen
Sti/bi/um [ägypt.-lat.] *n.*, -s, *nur Sg.*, (chem. Zeichen: Sb) siehe Antimon
Stich *m.*, -[e]s, -e
Stich/blatt *n.*, -[e]s, -blätter, Handschutz am Degen
Stich/bo/gen *m.*, -s, -bögen, flacher Bogen bei Bauten
Stich/boh/rer *m.*, -s, -, Ahle
Sti/chel *m.*, -s, -, Werkzeug beim Holz-, Kupfer- und Stahlstich
Sti/che/lei *f.*, -, -en, 1. *nur Sg.*: mühselige Näherei, 2. boshafte Anspielung, Neckerei
sti/cheln *intr.*, 1. fleißig nähen, 2. boshafte Anspielungen machen, necken
stich/fest
Stich/flam/me *f.*, -, -n, plötzlich auflodernde Flamme
stich/hal/ten *intr.*, Argumenten standhalten, sich als richtig erweisen
stich/hal/tig überzeugend, begründet, unwiderlegbar
Stich/hal/tig/keit *f.*, -, *nur Sg.*
sti/chig leicht säuerlich, nicht mehr einwandfrei (Milch)
...stichig 1. einen Schimmer einer anderen Farbe aufweisend, z.B. gelb-, rotstichig, 2. einen Stich habend, z.B. wurmstichig
Stich/ling *m.*, -[e]s, -e, eine Fischart
Stich/pro/be *f.*, -, -n, Probe eines einzelnen Stücks oder einer einzelnen Person, von der man auf das Ganze schließt
Stich/tag *m.*, -[e]s, -e, festgelegter Tag für ein bestimmtes Ereignis
Stich/waf/fe *f.*, -, -n
Stich/wahl *f.*, -, -en, Entscheidungswahl zwischen den letzten zwei Bewerbern
Stich/wort *n.*, -[e]s, -Wörter, 1. in Lexika: Wort, das am Anfang steht und erläutert wird, 2. Wort, das einem Schauspieler seinen Auftritt signalisiert
sti/cken *tr.*
Sti/cker [engl.] *m.*, -s, -s, Aufkleber
sti/ckig
Stick/luft *f.*, -, *nur Sg.*
Stick/stoff *m.*, -[e]s, *nur Sg.*, (Zeichen: N) chemisches Element, Nitrogenium
stick/stoff/frei
stie/ben *intr.*, sprühen
Stief/bru/der *m.*, -s, -brüder
Stie/fel *m.*, -s, -
Stie/fe/let/te *f.*, -, -n, Herrenstiefel ohne Schnürung, kleiner Damenstiefel
Stie/fel/knecht *m.*, -[e]s, -e, Hilfsmittel zum Ausziehen der Stiefel
stie/feln *intr.*, ugs. für: unbeholfen, plump oder eilig gehen
Stief/el/tern *nur Pl.*
Stief/ge/schwis/ter *nur Pl.*
Stief/kind *n.*, -[e]s, -er
Stief/mut/ter *f.*, -, -mütter
Stief/müt/ter/chen *n.*, -s, -, eine Veilchenart
stief/müt/ter/lich
Stief/schwes/ter *f.*, -, -n
Stief/sohn *m.*, -[e]s, -söhne
Stief/toch/ter *f.*, -, -töchter
Stief/va/ter *m.*, -s, -väter
Stie/ge *f.*, -, -n, schmale, steile Treppe
Stie/gen/haus *n.*, -es, -häuser, Treppenhaus
Stieg/litz *m.*, -es, -e, eine Vogelart, Distelfink
Stiel *m.*, -[e]s, -e
Stiel/au/ge *n.*, -s, -n, auf einem Stiel sitzendes Auge mancher Tiere, Stielaugen machen ugs. übertr. für: etwas gierig oder erstaunt anstarren
Stiel/bril/le *f.*, -, -n, Brille an einem Stiel, Lorgnon
Stiel/glas *n.*, -es, -gläser, Stielbrille
...stie/lig in Zusammenhang, z.B. langstielig
stier starr, ausdruckslos
Stier *m.*, -[e]s, -e, männliches Rind, Bulle
stie/ren *intr.*, 1. nach dem Stier brünstig sein (Kuh), 2. starr blicken, starren
stie/rig brünstig (Kuh)
Stier/kampf *m.*, -[e]s, -kämpfe
Stier/kämp/fer *m.*, -s, -
Stier/na/cken *m.*, -s, -, breiter, starker Nacken
stier/na/ckig
Stift 1. *m.*, - [e]s, -e, kleiner Nagel, kleiner Pflock, Schreibgerät, 2. *m.*, -[e]s, -e, Lehrling, 3. *n.*, -[e]s, -e, auf eine Stiftung zurückgehende Anstalt
stif/ten *tr.*, schenken, spenden, vermitteln
stif/ten/ge/hen > **stif/ten gehen** *intr.* ugs. für: weglaufen, ausreißen
Stif/ter *m.*, -s, -
Stifts/da/me *f.*, -, -n,
Stifts/fräu/lein *n.*, -s, -,

Angehörige eines Stifts
Stifts/herr *m.*, -[e]n, -en
Stifts/kir/che *f.*, -, -n
Stif/tung *f.*, -, -en
Stig/ma [griech.] *n.*, -s, -men oder -mata, 1. Kennzeichen, Mal, Brandmal, 2. Wundmal (Christi)
Stig/ma/ti/sa/ti/on *f.*, -, -en, Hautblutung, bes. das Erscheinen der Wundmale Christi bei manchen Menschen
stig/ma/ti/sie/ren *tr.*, mit Wundmalen zeichnen
Stig/ma/ti/sie/rung *f.*, -, -en
Stil *m.*, -[e]s, -e, 1. Ausdrucks-, Mal-, Schreib-, Kompositionsweise, 2. Technik, Verfahren, 3. Art, Form
Stil/blü/te *f.*, -, -n, erheiternder sprachlicher Fehler
Sti/lett [lat.] *n.*, -[e]s, -e, kleiner Dolch
Stil/feh/ler *m.*, -s, -
Stil/ge/fühl *m.*, -[e]s, *nur Sg.*
stil/ge/recht
sti/li/sie/ren *tr.*, vereinfacht darstellen
Sti/li/sie/rung *f.*, -, -en
Sti/list *m.*, -en, -en
Sti/lis/tik *f.*, -, *nur Sg.*, Lehre vom sprachlichen Stil, Stilkunde
sti/lis/tisch
Stil/kun/de *f.*, -, *nur Sg.*
stil/kund/lich
still
Stil/le *f.*, -, *nur Sg.*
Stille/ben > **Still/le/ben** *n.*, -s, -
stille/gen > **still/le/gen** *tr.*
Stille/gung > **Still/legung** *f.*, -, -en
Stil/leh/re *f.*, -, -n, Stilkunde, Stilistik
stil/len *tr.*
Still/geld *n.*, -[e]s, -er, finanzielle Unterstützung junger Mütter
still/ge/stan/den! militärisches Kommando
Still/hal/te/ab/kom/men *n.*, -s, -, Abkommen, dass von zwei gegnerischen Parteien keine Schritte unternommen werden
still/hal/ten *intr.*
stillie/gen > **still/lie/gen** *intr.*
Still/le/ben *n.*, -s, -, Darstellung lebloser oder unbewegter Gegenstände in der Kunst
still/le/gen *tr.*, außer Betrieb setzen, schließen, einstellen
Still/le/gung *f.*, -, -en
still/lie/gen *intr.*, außer Betrieb, geschlossen sein
stil/los ohne Stil, geschmacklos
Stil/lo/sig/keit *f.*, -, *nur Sg.*
still/schwei/gen *intr.*
Still/schwei/gen *n.*, -s, *nur Sg.*
Still/stand *m.*, -[e]s, *nur Sg.*
still/ste/hen *intr.*
still/ver/gnügt
Still/was/ser *n.*, -s, -, s. Stauwasser
Stil/mö/bel *n.*, s, -
stil/voll
stil/wid/rig
Stil/wid/rig/keit *f.*, -, -en
Stil/wör/ter/buch *n.*, -[e]s, -bücher
Stimm/auf/wand *f.*, -[e]s, *nur Sg.*
Stimm/band *n.*, -[e]s, -bänder, *meist Pl.*
stimm/be/rech/tigt
Stimm/be/rech/ti/gung *f.*, -, *nur Sg.*
Stimm/bruch *m.*, -[e]s, -brüche, siehe Stimmwechsel
Stimm/chen *n.*, -s, -
Stim/me *f.*, -, -n
stim/men 1. *intr.*, es stimmt, gegen etwas stimmen, 2. *tr.*, es stimmt ihn froh, ein Musikinstrument stimmen
Stim/men/gleich/heit *f.*, -, *nur Sg.*
Stim/men/mehr/heit *f.*, -, *nur Sg.*
Stimm/ent/hal/tung *f.*, -, -en
Stim/men/ver/hält/nis *n.*, -ses, -se
Stim/mer *m.*, -s, -, jemand, der Musikinstrumente stimmt
stimm/fä/hig
Stimm/fä/hig/keit *f.*, -, *nur Sg.*
Stimm/ga/bel *f.*, -, -n
stimm/ge/wal/tig
stimm/haft mit Hilfe der Stimmbänder gebildete Laute
stim/mig stimmend
...stim/mig in Zusammenhang, z.B. ein-, vier-, mehrstimmig
Stimm/la/ge *f.*, -, -n
stimm/lich
stimm/los ohne Hilfe der Stimmbänder gebildete Laute
Stimm/recht *n.*, -[e]s, -e
Stimm/rit/ze *f.*, -, -n, Ritze zwischen den Stimmbändern
Stim/mung *f.*, -, -en
Stim/mungs/bild *n.*, -[e]s, -er
Stim/mungs/ma/che *f.*, -, *nur Sg.*
stim/mungs/voll
Stimm/wech/sel *m.*, -s, -, Übergang von der Jungen- zur Männerstimme, Stimmbruch
Stimm/zet/tel *m.*, -s, -

Sti/mu/lans [lat.] *n.*, -, -lantia oder -lanzien, Anregungsmittel
Sti/mu/lanz *f.*, -, -en, Anreiz, Antrieb
Sti/mu/la/ti/on *f.*, -, -en, Anregung
Sti/mu/la/tor *m.*, -s, -en, einen Reiz auslösender Faktor
sti/mu/lie/ren *tr.*, anregen
Sti/mu/lie/rung *f.*, -, -en
Sti/mu/lus *m.*, -, -li, Antrieb, Reiz
stin/ken *intr.*
stink/faul
stin/kig
Stink/lau/ne *f.*, -, *nur Sg.*
Stink/mar/der *m.*, -s, -, s. Stinktier
Stink/mor/chel *f.*, -, -n, eine Pilzart
stink/reich ugs.: sehr reich
Stink/stie/fel *m.*, -s, -, ugs.: übellauniger, unhöflicher Mensch
Stink/tier *n.*, -[e]s, -e, Stinkmarder, Skunk, eine Marderart, die bei Gefahr eine übel riechende Flüssigkeit verspritzt
Stink/wut *f.*, -, *nur Sg.*
stink/wü/tend
Sti/pen/di/at [lat.] *m.*, -en, -en, jemand mit einem Stipendium
Sti/pen/di/um *n.*, -s, -dien, finanzielle Unterstützung von Studenten und jungen Wissenschaftlern
Stipp *m.*, -[e]s, -e, **Stip/pe** *f.*, -, -n, 1. Kleinigkeit, Stückchen, 2. Fleck, Pustel, 3. Soße
stip/pen *tr.*, eintunken
Stipp/vi/si/te *f.*, -, -n, kurzer Besuch
Stirn *f.*, -, -en, oberer Teil des Gesichts

Stir/ne *f.*, -, -n, siehe Stirn
Stirn/fal/te *f.*, -, -n
Stirn/höh/le *f.*, -, -n
...stir/nig in Zusammenhang, z.B. engstirnig
stirn/run/zelnd
Stirn/sei/te *f.*, -, -n, Vorderseite
Stirn/wand *f.*, -, -wände
Stoa [griech.] *f.*, -, *nur Sg.*, griech. Philosophenschule um 300 v. Chr.
stö/bern *intr.*, 1. umherfliegen (Flocken), 2. Wild aufspüren (Jagdhund), 3. nach etwas suchen, kramen
Sto/chas/tik [griech.] *f.*, -, *nur Sg.*, Lehre von den Zufällen
sto/chas/tisch zufällig
Sto/cher *m.*, -s, -, Werkzeug zum Stochern
sto/chern *intr.*
Stö/chi/o/me/trie auch: -met/rie [griech.] *f.*, -, *nur Sg.*, in der Chemie: Ermittlung von Formeln, Gewichtsverhältnissen bei Umsetzungen u.a.
stö/chi/o/me/trisch auch: -met/risch
Stock 1. *m.*, -es, Stöcke, 2. *m.*, -s, - oder Stockwerke, der Mann wohnt im dritten Stock, das Haus ist zehn Stock hoch, das Bürogebäude hat zwölf Stockwerke, 3. [engl.] *m.*, -s, -s, Warenvorrat, Grundkapital (einer Handelsgesellschaft), Aktie
stock... in Zusammenhang: völlig, z.B. stocknüchtern
stock/be/sof/fen
Stöck/chen *n.*, -s, -, kleiner Stock
stock/dun/kel
Stö/ckel *n.*, -s, -, österr.:
kleineres Wohngebäude, Nebengebäude (z.B. eines Schlosses)
stö/ckeln *intr.*, in Stöckelschuhen gehen, trippeln
Stö/ckel/schuh *m.*, -es, -e, Schuh mit hohem, dünnem Absatz
sto/cken *intr.*, bayr., österr. auch: gerinnen (Milch), gestockte Milch
Stock/en/te *f.*, -, -n, Hausente
Stock/fäu/le *f.*, -, -n, Fäulnis im Kern eines Baumstammes
stock/fins/ter
Stock/fisch *m.*, -es, -e, 1. auf einem Stock getrockneter Fisch, 2. ugs.: langweiliger Mensch
Stock/fleck *m.*, -[e]s, -e, durch Schimmel verursachter Fleck in Textilien
stock/fle/ckig
stock/hei/ser
Stock/hieb *m.*, -es, -e
Stock/holm Hauptstadt von Schweden
Stock/hol/mer *m.*, -s, -, Bewohner von Stockholm
sto/ckig 1. geronnen (Milch), 2. stockfleckig, 3. muffig
...stö/ckig in Zusammenhang, z.B. ein-, zwei-, mehrstöckig
Stöck/li [schweizer.] *n.*, -s -, Altenteil
Stock/pup/pe *f.*, -, -n, an einem Stock befestigte Puppe (im Puppentheater)
Stock/ro/se *f.*, -, -n, ein Malvengewächs
stock/sau/er ugs.: beleidigt, ärgerlich, eingeschnappt
Stock/schirm *m.*, -[e]s, -e, Schirm mit fester Hülle, der auch als Spazierstock

benutzt werden kann
Stock/schnup/fen *m.*, -s, -, hartnäckiger Schnupfen
Stock/schwämm/chen *n.*, -s, -, essbarer Pilz, der auf Stümpfen von Laubbäumen wächst
stock/steif
stock/taub
Sto/ckung *f.*, -, -en
Stock/werk *n.*, -[e]s, -e, siehe Stock (2.)
Stoff *m.*, -[e]s, -e, auch ugs.: Rauschgift
Stoffar/be > **Stoff/far/be** *f.*, -, -n
Stoff/bahn *f.*, -, -en
Stof/fel *m.*, -s, -, Spitzname für Christof, 2. ugs.: ungehobelter, unhöflicher Mensch
stof/fe/lig, stoff/lig unhöflich, ungehobelt
Stof/fe/lig/keit, Stoff/lig/keit *f.*, -, *nur Sg.*, Unhöflichkeit, Ungehobeltheit
Stoffet/zen > **Stoff/fet/zen** *m.*, -s, -
Stoff/far/be *f.*, -, -n
Stoff/fet/zen *m.*, -s, -
stoff/lich
Stoff/lich/keit *f.*, -, *nur Sg*
stoff/lig siehe stoffelig
Stoff/wech/sel *m.*, -s, *nur Sg.*
stöh/nen *intr.*
Sto/i/ker *m.*, -s, -, 1. Vertreter der Stoa (griech. Philosophierichtung), 2. übertr.: unerschütterlich ruhiger, gleichmütiger Mensch
sto/isch 1. zur Stoa gehörend, von ihr stammend, 2. übertr.: unerschütterlich, z.B. stoische Ruhe, stoische Gelassenheit
Sto/i/zis/mus *m.*, -, *nur Sg.* unerschütterliche Ruhe, Gelassenheit
Sto/la [griech.] *f.*, -, -len, 1. altrömisches, weißes, verziertes Frauengewand, 2. schmaler, über die Schultern hängender Teil des Messgewandes des katholischen Priesters, 3. langer, breiter Schal
Stol/le *f.*, -, n, langer, flacher Weihnachtskuchen
Stol/len *m.*, -s, -, 1. süddt., österr. für Stolle, 2. ins Hufeisen oder in Fußballschuhe geschraubter Zapfen zum besseren Halt, 3. Bergbau: waagerechter, unterirdischer Gang, 4. im Meistergesang: Strophe des Aufgesangs
Stol/per/draht *m.*, [e]s, -drähte
stol/pern *intr.*
stolz
Stolz *m.*, -es, *nur Sg.*
stol/zie/ren *intr.* prahlerisch umhergehen
Sto/ma [griech.] *n.*, -s, -mata, Mund, Spalt, Öffnung
Sto/ma/chi/kum *n.*, -s, -ka, magenstärkendes Mittel
Sto/ma/ti/tis *f.*, -, -tiden, Mundschleimhautentzündung
sto/ma/to/gen vom Mund und seinen Organen stammend
Sto/ma/to/lo/ge *m.*, -n, -n
Sto/ma/to/lo/gie *f.*, -, *nur Sg.*, Lehre von der Mundhöhle und ihren Krankheiten
sto/ma/to/lo/gisch
Stone/henge [engl.] vorgeschichtliche Kultstätte bei Salisbury (England)
stop [engl.] in Telegrammen Zeichen für Punkt
stop! halt!, auf Verkehrs- und Hinweisschildern
Stop-and-go-Ver/kehr [engl.], -s *nur Sg.*

stop/fen 1. *tr.*, etwas ausfüllen, 2. *intr.* den Stuhlgang verlangsamen, Schokolade stopft
Stop/fen *m.*, -s, -, nordwestdt.: Korken, Stöpsel
Stopf/na/del *f.*, -, -n, Nadel zum Flicken von Löchern in Kleidungsstücken
stopp! halt!
Stopp *m.*, -s, -s, das Anhalten von Autos, um sich mitnehmen zu lassen, Autostopp
Stop/pel *f.*, -, -n
Stop/pel/bart *m.*, -[e]s, -bärte
Stop/pel/feld *n.*, [e]s, -er
stop/pe/lig, stopp/lig
Stop/pe/lig/keit oder auch: **Stopp/lig/keit** *f.*, -, *nur Sg.*
stop/pen [engl.] 1. *tr.* die Zeit mit der Stoppuhr messen, 2. *intr.* halten, anhalten, stehen bleiben
Stop/per *m.*, -s, -, 1. jmd., der mit der Stoppuhr die Zeit misst, 2. Fußball: Mittelläufer, 3. jmd., der Autos anhält, um mitgenommen zu werden
Stopp/licht *n.*, -[e]s, -er
stopp/lig, stoppelig
Stopp/lig/keit *f.*, -, *nur Sg.*
Stopp/schild *n.*, -[e]s, -er
Stopp/stra/ße *f.*, -, -n, Straße mit Stoppschild, Fahrzeuge müssen vor der Einfahrt in die nächste Straße anhalten
Stopp/uhr *f.*, -, -en
Stöp/sel *m.*, -s, -, 1. Korken, Pfropfen, 2. ugs.: kleiner Junge, Knirps
stöp/seln *tr.*, mit Stöpsel verschließen
Stör *m.*, -[e]s, -e, eine Fischart
Storch *m.*, -[e]s, Störche,

eine große Vogelart
stor/chen *intr.,* ugs.: steifbeinig gehen
Storch/schna/bel *m.,* -s, - Schnäbel, 1. eine Pflanze mit schnabelartig verlängerten Früchten, Geranie 2. Gerät zum geometrischen Vergrößern oder Verkleinern von Zeichnungen
Store [engl.] *m.,* -s, -s, 1. *meist Pl.* weißer, durchsichtiger Fenstervorhang, 2. Vorrat, Lager
stö/ren *tr.*
Stö/ren/fried *m.,* -[e]s, -e
stör/frei
Stor/nel/lo [italien.] *n.,* -s, -s oder -li, dreizeiliges italien. Liedchen
stor/nie/ren [italien.] *tr.,* 1. ungültig machen, durch Gegenbuchung ausgleichen, 2. österr.: rückgängig machen, einen Auftrag stornieren
Stor/no *n.,* -s, -ni 1. Rückbuchung, Löschung, 2. österr.: das Rückgängigmachen
stör/rig Nebenform von störrisch
Stör/rig/keit *f.,* -, *nur Sg.*
stör/risch
Stör/risch/keit *f.,* -, *nur Sg.*
Stör/schutz *m.,* -es, *nur Sg.,* Schutz gegen Störungen beim Rundfunkempfang
Stör/sen/der *m.,* -s, -, Gerät zum Stören von Funkwellen
Stör/te/be/ker Klaus, deutscher Seeräuber, Führer der Vitalienbrüder (hingerichtet 1402)
Stö/rung *f.,* -, -en
Stö/rungs/feu/er *n.,* -s, -, Begriff aus der Militärsprache

stör/ungs/frei
Stö/rungs/stel/le *f.,* -, -n, bei Störungen im Telefonnetz zuständige Stelle bei der Telekom
Sto/ry [engl.] *f.,* -, -s, 1. Kurzgeschichte, 2. Literatur, Film, Theater: Handlungsaufbau, Fabel
Stoß *m.,* -es, Stöße, auch Bergbau: Seitenwände eines Grubenbaus
Stöß/chen *n.,* -s, -
Stoß/däm/pfer *m.,* -s, -
Stö/ßel *m.,* -s, -, Werkzeug zum Zerkleinern, Zerstampfen, Stößel und Mörser
sto/ßen *tr.*
Stö/ßer *m.,* -s, -, 1. Sperber 2. Stößel
stoß/fest
Stoß/fes/tig/keit *f.,* -, *nur Sg.*
Stoß/ge/bet *n.,* -[e]s, -e
stö/ßig leicht angreifend, mit den Hörnern stoßend (Kuh, Ziegenbock)
Stoß/kraft *f.,* -, -kräfte
Stoß/seuf/zer *m.,* -s, -
stoß/si/cher
Stoß/stan/ge *f.,* -, -n
Stoß/the/ra/pie *f.,* -, -n, in der Medizin: ein Medikament wird in großer Menge innerhalb kurzer Zeit verabreicht
Stoß/ver/kehr *m.,* -s, *nur Sg.,* starkes Verkehrsaufkommen zu einer bestimmten Zeit, z.B. Berufsverkehr
Stoß/waf/fe *f.,* -, -n, Waffe, die nur zum Stoßen eingesetzt wird, z.B. Florett
stoß/wei/se
Stoß/zahn *m.,* -es, -zähne
Stoß/zeit *f.,* -, en, Zeit des größten Verkehrsaufkommens
Sto/tin/ka *f.,* -, -ki, bulgarische Währungseinheit, 1/100 Lew
Stot/te/rei *f.,* -, *nur Sg.*
Stot/te/rer *m.,* -s, -
stot/te/rig, stottrig
stot/tern *intr.,* auch ugs.: etwas in Raten abbezahlen, abstottern
Stout [engl.] *m.,* -s, -s, dunkles, bitteres englisches Bier
Stöv/chen *n.,* -s, -, 1. nddt.: Kohlenbecken, 2. Untersatz mit Kerze zum Warmhalten von Tee, Soßen, usw.
StPO Abk. für Strafprozessordnung
Str. Abk. für Straße
Stra/bis/mus [griech.] *m.,* - *nur Sg.,* das Schielen
Stra/bo *m.,* -s, -s, in der Medizin: Person, die schielt
Stra/bo/me/ter *n.,* -s, -, Gerät zum Messen des Schielwinkels
Strac/ci/a/tel/la [italien.] *n.,* *nur Sg.,* Eis mit kleinen Schokoladestückchen
stracks geradewegs, sofort
Straddle [engl.] *m.,* -s, -s, Begriff beim Sport: Hochsprungtechnik
Stra/di/va/ri *f.,* -, -s, Geige, die von dem italien. Geigenbauer Antonio Stradivari (1644 od. 1649-1737) gebaut wurde
Straf/an/stalt *f.,* -, -en,
Straf/an/zei/ge *f.,* -, -en
Straf/ar/beit *f.,* -, -en
straf/bar
Straf/bar/keit *f.,* -, *nur Sg.*
Straf/be/scheid *m.,* -[e]s, -e
Stra/fe *f.,* -, -n
stra/fen *tr.*
Straf/ent/las/se/ne *m.* und *f.,* -n, -n
Straf/er/laß > **Straf/er/lass** *m.,* -es, -lässe

straf/er/schwe/rend
straff fest
straf/fäl/lig z.B. straffällig werden
straf/fen *tr.*
Straff/heit *f.*, -, *nur Sg.*
straf/frei
Straf/frei/heit *f.*, -, *nur Sg.*
Straf/ge/fan/ge/ne *m.* und *f.*, -n, -n
Straf/ge/richt *n.*, -[e]s, -e
Straf/ge/richts/bar/keit *f.*, -, *nur Sg.*
Straf/ge/setz *n.*, -es, -e
Straf/ge/setz/buch *n.*, -es, -bücher, abgekürzt StGB
Straf/kam/mer *f.*, -, -n
Straf/kom/pa/nie *f.*, -, -n
Straf/la/ger *n.*, -s, -
sträf/lich jmdn. sträflich vernachlässigen
Sträf/ling *m.*, -[e]s, -e
Sträf/lings/klei/dung *f.*, -, *nur Sg.*
straf/los
Straf/lo/sig/keit *f.*, -, *nur Sg.*
Straf/maß *n.*, -es, -e
Straf/maß/nah/me *f.*, -, -n
straf/mil/dernd
straf/mün/dig alt genug, von einem Gericht bestraft zu werden
Straf/mün/dig/keit *f.*, -, *nur Sg.*
Straf/por/to *n.*, -s, -ti, ugs. Nachgebühr
Straf/pre/digt *f.*, -, -en
Straf/pro/zeß > **Straf/pro/zess** *m.*, -es, -e
Straf/pro/zeß/ord/nung > **Straf/pro/zess/ord/nung** *f.*, -, -en
Straf/punkt *m.*, -es, -e, Begriff im Sport
Straf/raum *m.*, -[e]s, -räume, Fußballbegriff: Raum vor dem Tor, in dem verschärfte Strafbestimmungen gelten, auch: 16-Meter-Raum
Straf/recht *n.*, -[e]s, -e
Straf/recht/ler *m.*, -s, -, Universitätsdozent für Strafrecht
straf/recht/lich
Straf/rechts/leh/rer *m.*, -s, -
Straf/re/gis/ter *n.*, -s, -
Straf/stoß *m.*, -es, -stöße, Begriff im Sport
Straf/tat *f.*, -, -en
straf/ver/schär/fend
straf/ver/set/zen *tr.*
Straf/voll/zug *m.*, -[e]s, -züge
straf/wei/se
Strahl *m.*, -[e]s, -en
Strahl/an/trieb *m.*, -[e]s, -e, Antriebsart durch Raketen- oder Luftstrahlen
strah/len *intr.*
sträh/len *tr.*, kämmen
Strah/len/bi/o/lo/gie *f.*, -, *nur Sg.*, Gebiet der Biologie, befasst sich mit der Wirkung von radioaktiven Strahlen auf Lebewesen
Strah/len/che/mie *f.*, -, *nur Sg.*, Gebiet der Chemie, befasst sich mit chemischen Vorgängen, die unter Einfluss radioaktiver Strahlen zustande kommen
strah/lend
Strah/len/krank/heit *f.*, -, -en, Krankheit durch eine Überdosis radioaktiver Strahlen
Strah/len/kranz *m.*, -es, -kränze
Strah/len/pilz *m.*, -es, -e
Strah/len/pilz/krank/heit *f.*, -, -en, durch Strahlenpilze bewirkte Entzündung des Gewebes
Strah/len/schä/den *m.*, *nur Pl.*
Strah/len/schutz *m.*, -es, *nur Sg.*
Strah/len/the/ra/pie *f.*, -, -n, medizinische Behandlung mit Licht- und Wärmestrahlen
Strah/len/tier/chen *n.*, -s, -, Wurzelfüßer mit strahlenförmigem Skelett
strah/lig
...strah/lig in Zusammenhang: mit Strahltriebwerk ausgerüstet, z.B. zwei-, vierstrahliges Flugzeug
Strahl/trieb/werk *n.*, [e]s, -e
Strah/lung *f.*, -, -en
Strah/lungs/en/er/gie *f.*, -, -n
Strah/lungs/wär/me *f.*, -, *nur Sg.*
Sträh/ne *f.*, -, -n **sträh/nig**
Stral/zie/rung *f.*, -, -en, veralt. für Liquidierung
stramm ein strammer Bursche, aber: Strammer Max: Spiegelei mit Schinken auf Brot, stramm sitzen (Kleidung), aber: strammstehen, strammziehen
stram/men *tr.*, straffen
Stramm/heit *f.*, -, *nur Sg.*
stramm/ste/hen *intr.*
stramm/zie/hen *tr.*, jemandem die Hosen strammziehen ugs.: jemanden durch Schläge bestrafen
Stram/pel/an/zug *m.*, -[e]s, -anzüge, Kleidungsstück für Säuglinge
Stram/pel/hös/chen *n.*, -s, -
stram/peln *intr.*
Strand *m.*, -[e]s, Strände
Strand/bad *n.*, -[e]s, -bäder
Strand/dis/tel *f.*, -, -n
Strand/dorn *m.*, -[e]s, -en, siehe Sanddorn
stran/den *intr.*
Strand/gut *n.*, -[e]s, -güter, an den Strand geschwemmte Gegenstände von gestrandeten oder gesun-

kenen Schiffen
Strand/ha/fer *m., -s, nur Sg.*
Strand/korb *m., -[e]s, -körbe*
Strand/läu/fer *m., -s, -,* Vogelart
Strand/raub *m., -[e]s, nur Sg.,* Raub von Strandgut
Strand/räu/ber *m., -s, -*
Stran/dung *f., -, -en*
Strand/wa/che *f., -, -n*
Strand/wäch/ter *m., -s, -*
Strang *m., -[e]s,* Stränge, jmdn. durch den Strang hinrichten: ihn henken, wenn alle Stränge reißen ugs. übertr.: wenn alles schiefgeht, über die Stränge schlagen übertr.: übermütig sein
strän/gen *tr.,* veralt. für anspannen (Zugtier)
Stran/gu/la/ti/on *[lat.] f., -, -en,* 1. Erdrosselung, 2. in der Medizin: Abschnürung, Abklemmung
stran/gu/lie/ren *tr.,* 1. erdrosseln, erwürgen, 2. abschnüren
Stran/gu/lie/rung *f., -, -en*
Strang/u/rie auch:
Stran/gu/rie *[griech.] f., -, -n,* in der Medizin für Harnzwang
Stra/pa/ze *f., -, -n,* große Anstrengung
Stra/pa/zier... in Zusammenhang: etwas, das viel aushält, z.B. Strapazierschuh
stra/pa/zie/ren *tr.,* stark in Anspruch nehmen, häufig benutzen, ein Kleidungsstück, die Nerven strapazieren
stra/pa/zier/fä/hig
Stra/pa/zier/ho/se *f., -, -n*
Stra/pa/zier/schuh *m., -[e]s, -e*

stra/pa/zi/ös sehr anstrengend
Straps *m., -es, -e,* Strumpfhalter
Straß > **Strass** *m., -* oder *-es, -* oder *-e,* Edelsteinimitation aus Bleiglas
Straß/burg französ.: Strasbourg, Stadt im Elsass, Straßburger Münster
straß/bur/gisch
Sträß/chen *n., -s, -*
Stra/ße *f., -, -n*
Stra/ßen/ar/beit *f., -, -en*
Stra/ßen/bahn *f., -, -en*
Stra/ßen/bah/ner *m., -s, -,* ugs.: Straßenbahnangestellter
Stra/ßen/bau *m., -[e]s, -bauten*
Stra/ßen/be/leuch/tung *f., -, -en*
Stra/ßen/keh/rer *m., -s, -*
Stra/ßen/kreu/zer *m., -s, -,* ugs.: besonders großer Personenkraftwagen
Stra/ßen/netz *n., -es, -e*
Stra/ßen/raub *m., -[e]s, nur Sg.*
Stra/ßen/räu/ber *m., -s, -*
Stra/ßen/ren/nen *n., -s, -*
Stra/ßen/schild *n., -[e]s, -er*
Stra/ßen/ver/kehrs/ord/nung *f., -, -en* (Abk.: StVO)
Stra/te/ge *[griech.] m., -n, -n,* jemand, der sich auf Strategie versteht
Stra/te/gie *f., -, nur Sg.,* Kunst der Kriegsführung, Feldherrenkunst, Kunst der Planung
stra/te/gisch
Stra/ti/fi/ka/tion *[lat.] f., -, -en,* 1. Gesteinsschichtung, Ablagerung in Schichten, 2. Schichtung von Saatgut in feuchtem Sand oder Wasser zum Vorkeimen
stra/ti/fi/zie/ren *tr.*

Stra/ti/gra/phie *(Nf.)* auch:
Stra/ti/gra/fie *(Hf.) f., -, nur Sg.,* Lehre von der Gesteinsschichtung
stra/ti/gra/phisch *(Nf.)* auch: **stra/ti/gra/fisch** *(Hf.)*
Stra/to/sphä/re auch:
-tos/phä/re *f., -, -n,* Schicht der Erdatmosphäre zwischen etwa 10 und 80 km Höhe
stra/to/sphä/risch auch:
-tos/phä/risch
Stra/tus *m., -, -ti,*
Stra/tus/wol/ke *f., -, -en,* (Abk.: St) niedrig hängende Schichtwolke
sträu/ben *tr. und refl.,* sich gegen etwas sträuben, sich gegen etwas wehren
strau/big, struppig
Strauch *m., -[e]s,* Sträucher
Strauch/dieb *m., -[e]s, -e,* veralteter Ausdruck: Dieb, der hinter Sträuchern lauert
strau/cheln *intr.,* stolpern
strau/chig
Sträuch/lein *n., -s, -*
Strauch/werk *n., [e]s, nur Sg.*
Straus Oscar, österr. Komponist (1870-1954)
Strauß 1. Johann, Name zweier österr. Komponisten 1804-1849 (Vater) und 1825-1899 (Sohn)), 2. *m., -es,* Sträuße, zusammengebundene Blumen, 3. *m., -es, -e,* afrikanischer Laufvogel, 4. *m., -es,* Sträuße, veralt. poet.: Kampf, Streit, einen Strauß mit jemandem austragen
Strauss Richard, dt. Komponist (1864-1949)
Sträuß/chen *n., -s, -*
Strau/ßen/ei *n., -[e]s, -er*
Strau/ßen/fe/der *f., -, -n*
Sträuß/lein *n., -s, -,* poe-

tisch für Sträußchen
Straz/za [italien.] *f.*, -, -zen, Abfall bei der Seidenverarbeitung
Stre/be *f.*, -, -n, schräge Stütze
Stre/be/bal/ken *m.*, -s, -
Stre/be/bo/gen m, -s, - oder -bögen
stre/ben *intr.*
Stre/be/pfei/ler *m.*, -s, -
Stre/ber *m.*, -s, -
Stre/be/rei *f.*, -, *nur Sg.*
stre/ber/haft
Stre/be/werk *n.*, -[e]s, -e
streb/sam
Streb/sam/keit *f.*, -, *nur Sg.*
Streck/bank *f.*, -, -bänke, mittelalterliches Folterinstrument
streck/bar
Streck/bar/keit *f.*, -, *nur Sg.*
Streck/bett *n.*, -[e]s, -en, in der Medizin: Vorrichtung zum langsamen Strecken gebrochener oder verkrümmter Gliedmaßen
Stre/cke *f.*, -, -n, auch Bergbau: waagerechter Grubenbau, Jägersprache: Jagdbeute
stre/cken *tr.*
Stre/cken/ar/bei/ter *m.*, -s, -, Gleisarbeiter
Stre/cken/auf/se/her *m.*, -s, -
Stre/cken/wär/ter *m.*, -s, -, Gleisaufseher
stre/cken/wei/se
Stre/cker *m.*, -s, -, Streckmuskel
Streck/mus/kel *m.*, -s, -n
Stre/ckung *f.*, -, -en
Streck/ver/band *m.*, -[e]s, -verbände
Street/work [engl.] *n.*, -, *nur Sg.*, Beratung und Betreuung drogenabhängiger Jugendlicher in ihrem Wohnbereich durch das Sozialamt
Street/wor/ker [engl.] *m.*, -s, -, Sozialarbeiter in einem bestimmten Wohngebiet, der drogenabhängige Jugendliche betreut
Streh/ler *m.*, -s, -, Werkzeug zum Gewindeschneiden
Streich *m.*, -[e]s, -e
Strei/che *f.*, -, -n, veralt. für Flanke einer Festung
strei/cheln *tr.*
strei/chen *tr.* und *intr.*
Strei/cher *m.*, -s, -, in der Musik: Spieler eines Streichinstruments, ugs.: Landstreicher
streich/fä/hig
streich/fer/tig
Streich/flä/che *f.*, -, -n
Streich/garn *n.*, -[e]s, -e, Garn aus kurzen, ungekämmten Fasern
Streich/holz *n.*, -es, -hölzer
Streich/in/stru/ment oder auch: **-ins/tru/ment** *n.*, -[e]s, -e
Streich/kä/se *m.*, -s, -
Streich/mu/sik *f.*, -, -en
Streich/or/ches/ter *n.*, -s, -
Streich/quar/tett *n.*, -[e]s, -e, Musikstück für vier Streichinstrumente
Streich/quin/tett *n.*, -[e]s, -e, Musikstück für fünf Streichinstrumente
Streich/trio *n.*, -s, -s, Musikstück für drei Streichinstrumente
Strei/chung *f.*, -, -en
Streif *m.*, -[e]s, -e, Nebenform von Streifen
Streif/band *n.*, -[e]s, -bänder, zusammengeklebter Papierstreifen, der Aktenstapel, Zeitungen, Briefe, usw. zusammenhält
Streif/chen *n.*, -s, -
Strei/fe *f.*, -, -n, Soldaten oder Polizisten auf Kontrollgang
strei/fen *tr.* und *intr.*
Strei/fen *m.*, -s, -
Strei/fen/wa/gen *m.*, -s, -, Fahrzeug der Polizei auf Streife
Streif/licht *n.*, -[e]s, -er
Streif/schuß > **Streif/-schuss** *m.*, -es, -schüsse
Streif/zug *m.*, -[e]s, -züge
Streik [engl.] *m.*, -[e]s, -s, Arbeitsniederlegung aus Protestgründen
Streik/bre/cher *m.*, -s, -
strei/ken *intr.*, die Arbeit niederlegen
Streik/pos/ten *m.*, -s, -
Streik/recht *n.*, -[e]s, *nur Sg.*
Streit *m.*, -[e]s, -e
Streit/axt *f.*, -, -äxte
streitbar 1. zum Streiten neigend, 2. kampflustig, tapfer, mannhaft
Streit/bar/keit *f.*, -, *nur Sg.*
streiten *intr.*, für jemanden oder etwas streiten
Strei/ter *m.*, -s, -
Strei/te/rei *f.*, -, -en
Streit/fall *m.*, -[e]s, -fälle
Streit/fra/ge *f.*, -, -en
Streit/ge/gen/stand *m.*, -[e]s, -stände
Streit/ge/spräch *n.*, -[e]s, -e
Streit/hahn *m.*, [e]s, -hähne
Streit/ham/mel *m.*, -s, -, streitsüchtiger Mensch
strei/tig Nebenform von strittig, streitig machen
Strei/tig/keit *f.*, -, -en
Streit/kol/ben *m.*, -s-, -, schwere mittelalterliche Schlagwaffe
Streit/kräf/te *f.*, -, *nur Pl.*
Streit/sache *f.*, -, -n, Rechtsstreit

Streit/schrift *f.,* -, -en
Streit/sucht *f.,* -*nur Sg.*
streit/süch/tig
Streit/wert *m.,* -[e]s, -e, Wert eines Streitgegenstandes vor Gericht
streng streng sein, streng bestrafen
Stren/ge *f.,* -, *nur Sg.*
streng/ge/nom/men oder auch: **streng ge/nom/men** genau genommen, eigentlich
streng/gläu/big
Streng/gläu/big/keit *f.,* -, *nur Sg.*
streng/neh/men > **streng neh/men** *tr.,* genau nehmen
strengs/tens
Strep/to/kok/ken [griech.] *nur Pl.,* kugelförmige, kettenbildende Bakterien, Eitererreger
Strep/to/my/cin *n.,* -s, *nur Sg.* ein Antibiotikum
Stre/se/mann 1. Gustav, dt. Staatsmann, 2. *m.,* -s, *nur Sg.,* Herrenanzug zu gesellschaftlichen Anlässen
Streß > **Stress** [engl.] *m.,* -es, -e, ständige körperliche oder geistige Belastung durch Überbeanspruchung oder Umwelteinflüsse
stres/sen *tr.,* sehr anstrengen, erschöpfen, das stresst mich, ich bin total gestresst
stres/sig sehr anstrengend, ermüdend
Stretch [engl.] *m.,* -es, -es, elastisches Gewebe
Stret/ching [engl.] *n.,* -s, *nur Sg.,* Dehnungsübungen in der Aufwärmphase beim Sport
Streu *f.,* -, *nur Sg.,* Stroh oder Heu als Lager für Stalltiere
streu/en *tr.*

streu/nen *intr.,* sich herumtreiben (besonders Hunde und Katzen)
Streu/ner *m.,* -s, -
Streu/sand *m.,* -[e]s, *nur Sg.*
Streu/sel *n.,* -s, -, *meist Pl.*
Streu/sel/ku/chen *m.,* -s, -
Streu/sied/lung *f.,* -, -en
Streu/ung *f.,* -, -en, 1. Richtungs-, Bewegungsänderung (z.B. einer Strahlung), 2. planvolle Verteilung, 3. Statistik: Abweichung vom Mittelwert
Streu/zu/cker *m.,* -s, *nur Sg.*
Strich *m.,* -[e]s, -e, auf den Strich gehen ugs.: als Prostituierte arbeiten, das geht mir gegen den Strich: das ist mir unangenehm, die Note ist unterm Strich: die Note ist sehr schlecht
Strich/code *m.,* -s, -s, Verschlüsselung von Angaben in Form paralleler Striche mit unterschiedlicher Dicke
Stri/chel/chen *n.,* -s, -
stri/cheln *tr.*
Strich/jun/ge *m.,* -, -, männlicher Prostituierter
Strich/mäd/chen *n.,* -s, -
Strich/punkt *m.,* -[e]s, -e, Semikolon
strich/wei/se
Strich/zeich/nung *f.,* -, -en
Strick *m.,* -[e]s, -e, auch ugs. scherzhaft.: Schlingel, Schelm, wenn alle Stricke reißen ugs.: wenn alles falsch läuft
stri/cken *tr.* und *intr.*
Stri/cke/rei *f.,* -, -en
Strick/kleid *n.,* -[e]s, -er
Strick/lei/ter *f.,* -, -n
Strick/mus/ter *n.,* -s, -
Strick/na/del *f.,* -, -n
Strick/zeug *n.,* -[e]s, *nur Sg.*

Stri/du/la/ti/on *f.,* -, -en, Erzeugung zirpender Laute bei Insekten
Stri/du/la/ti/ons/or/gan *n.,* -[e]s, -e
stri/du/lie/ren *intr.,* zirpen
Strie/gel *m.,* -s, -, Gerät zur Reinigung des Fells von Tieren, ähnlich einer Bürste
strie/geln *tr.*
Strie/me *f.,* -, -n, oder
Strie/men *m.,* -s, -, blutunterlaufener Streifen, Kratzer auf der Haut
strie/zen *tr.* ugs.: ärgern, peinigen, quälen
strikt [lat.], auch: **strik/te** 1. streng (Befehl, Anweisung), 2. peinlich genau, sich strikt an das Gesetz halten
Strik/ti/on [lat.] *f.,* -, -en, Zusammenziehung, Verengung
Strik/tur *f.,* -, -en, in der Medizin: krankhafte Verengung
string. Abk. für stringendo
strin/gen/do [italien.] in der Musik: drängend
strin/gent zwingend, bündig
Strin/genz *f.,* -, *nur Sg.* zwingende Beweiskraft
strin/gie/ren 1. *tr.,* in der Medizin: zusammenziehen, abschnüren, 2. *intr.,* beim Fechten die Klinge des Gegners abdrängen
Strip *m.,* -s, -s, 1. gebrauchsfertiger Streifen Wundpflaster, 2. Kurzform für Striptease
Strip/pe *f.,* -, -n, ugs. Bindfaden, Schnur, übertr. für Telefonleitung, an der Strippe hängen: telefonieren
Strip/tease [engl.] *n.,* *nur Sg.,* im Varietee: Entklei-

dungsvorführung
strit/tig umstritten, fraglich
Stro/bel *m., -s, -,* wirrer Haarschopf
stro/be/lig, strob/lig strubbelig, wirr
Stro/bel/kopf *m., -[e]s, -*köpfe, Strubbelkopf
stro/beln *tr.,* strubbelig machen, verwirren
Stro/bo/skop auch:
Stro/bos/kop [griech.] *n., -[e]s, -e,* optisches Gerät zum Auflösen oder Zusammensetzen von Bewegungen
stro/bo/sko/pisch auch:
stro/bos/ko/pisch stroboskopischer Effekt: Verschmelzung einzelner, rasch wechselnder Bilder auf der Netzhaut zu einer durchgängigen Bewegung
Stroh *n., -s, nur Sg.*
stroh/blond
Stroh/blu/me *f., -, -n,* Blumen, die nach dem Trocknen ihre Farbe behalten
stro/hern aus Stroh
Stroh/feu/er *n., -s, -,* übertr. für schnell aufkommende, aber genauso schnell schwindende Begeisterung
Stroh/halm *m., -[e]s, -e*
Stroh/hut *m., -[e]s, -hüte*
stro/hig wie Stroh
Stroh/kopf *m., -[e]s, -*köpfe, ugs.: Dummkopf
Stroh/mann *m., -[e]s, -*männer, übertr. für 1. vorgeschobene Person für jemanden, der im Hintergrund bleiben will, 2. beim Kartenspiel: Ersatz für einen fehlenden Spieler
Stroh/pup/pe *f., -, -n*
Stroh/wit/we *f., -, -n,* ugs. für eine Frau, deren Ehemann verreist ist

Stroh/wit/wer *m., -s, -,* ugs. für einen Mann, dessen Ehefrau verreist ist
Strolch *m., -[e]s, -e*
strol/chen *intr.,* ziellos umherwandern
Strom *m., -[e]s,* Ströme
strom/ab Kurzform für stromabwärts
Strom/ab/neh/mer *m., -s, -*
strom/ab/wärts in Richtung Flussmündung
strom/an, strom/auf, strom/auf/wärts in Richtung Flussquelle
Strom/bett *n., -[e]s, -n*
Strom/bo/li 1. eine der Liparischen Inseln, 2. *m., -,* Vulkan auf dieser Insel
strö/men *intr.*
Stro/mer *m., -s, -,* ugs. für 1. Landstreicher, 2. Schlingel
stro/mern *intr.* umherstreifen
Strom/kreis *m., -es, -e*
Ström/ling *m., -[e]s, -e,* Heringsfisch
Strom/li/nie *f., -, -n*
Strom/li/ni/en/form *f., -, -en*
Strom/mes/ser *m., -s, -*
Strom/netz *n., -es, -e*
Strom/schnel/le *f., -, -n,* kurzes Flussstück mit besonders starker Strömung
Strom/stär/ke *f., -, -n*
Strom/stoß *m., -es, -stöße*
Strö/mung *f., -, -en*
Strö/mungs/leh/re *f., -, -n,* Bewegungslehre von Flüssigkeiten und Gasen
Strom/ver/sor/gung *f., -, nur Sg.*
Stron/ti/um *n., -s, nur Sg.,* chemisches Element, ein Metall (Zeichen: Sr)
Stro/phan/thin [griech.] *n., -[e]s, nur Sg.,* ein Heilmittel
Stro/phan/thus *m., -, nur*

Sg., eine Pflanze, aus der Strophanthin gewonnen wird
Stro/phe [griech.] *f., -, -n,* Abschnitt eines Gedichts oder Liedes
...stro/phig in Zusammenhang, z.B. zwei-, mehr-, vielstrophig
stro/phisch in Strophenform
Stros/se *f., -, -n,* im Bergbau: Stufe, Absatz
strot/zen *intr.* übervoll sein, er strotzt vor Gesundheit, Kraft, Selbstvertrauen
strub/be/lig, strubb/lig
Strub/bel/kopf *m., -[e]s, -*köpfe
stru/be/lig, strub/lig
Stru/bel/kopf *m., [e]s, -*köpfe
Stru/del *m., -s, -,* 1. Wasserwirbel, 2. eine Mehlspeise
stru/deln *intr.* wirbeln
Stru/del/wurm *m., -[e]s, -*würmer, ein Plattwurm
Struk/tur [lat.] *f., -, -en,* Bau, Gefüge, Gliederung
Struk/tu/ra/lis/mus *m., -nur Sg.,* sprachwissenschaftliche Richtung: Sprache wird als Zeichensystem verstanden und die Struktur dieses Systems soll erfasst werden
Struk/tu/ra/list *m., -en, -en*
struk/tu/ra/lis/tisch
Struk/tur/a/na/ly/se *f., -, -n,* Untersuchung des Aufbaus von Stoffen und Körpern
struk/tu/rell
Struk/tur/for/mel *f., -, -n,* Schreibweise für chemische Verbindungen (mit Elementsymbolen und Strichen)
struk/tu/rie/ren *tr.* mit

einer Struktur versehen
Struk/tu/rie/rung *f.*, -, -en
Struk/tur/wan/del *m.*, s, *nur Sg.*
Stru/ma [lat.] *f.,*. -, -men oder -mae, Kropf
stru/mös kropfartig
Strumpf *m.*, -[e]s, Strümpfe
Strümpf/chen *n.*, -s, -
Strumpf/hal/ter *m.*, -s, -
Strumpf/ho/se *f.*, -, -n
Strunk *m.*, -[e]s, Strünke, 1. Baumstumpf mit Wurzeln, 2. dicker Pflanzenstängel ohne Blätter
Strünk/chen *n.*, -s, -
strup/pig
Strup/pig/keit *f.*, -, *nur Sg.*
struw/we/lig Nebenform von strubbelig
Struw/wel/kopf *m.*, -[e]s, -köpfe, Nebenform von Strubbelkopf
Struw/wel/pe/ter *m.*, -s, -, 1. Gestalt eines dt. Kinderbuches, 2. nach dem Buch: Kind mit zerzaustem Haar
Strych/nin [griech.] *n.*, -[e]s, *nur Sg.*, ein giftiges Alkaloid, wird auch in geringen Mengen als Heilmittel eingesetzt
Stu/art [engl.] *m.*, -s, -s, Schottisches Adelsgeschlecht
Stu/art/kra/gen *m.*, -s, -, hoher Spitzenkragen an Frauenkleidern im 16. Jh.
Stub/be *f.*, -, -n, oder
Stub/ben *m.*, -s, -, Baumstumpf
Stüb/chen *n.*, -s, -
Stu/be *f.*, -, -n
Stu/ben/äl/tes/ter *m.*, -en, -en
Stu/ben/flie/ge *f.*, -, -n
Stu/ben/ge/lehr/ter *m.*, -ten, -en
Stu/ben/ho/cker *m.*, -s, -
Stu/ben/ho/cke/rei *f.*, -, *nur Sg.*

stu/ben/rein
Stü/ber *m.*, -s, -, 1. alte niederrhein. Münze, 2. veraltet für Stoß, Schlag, nur noch in: Nasenstüber
Stüb/lein *n.*, -s, -, poetisch für Stübchen
Stubs/na/se *f.*, -, -n, siehe Stupsnase
Stuck [italien.] *m.*, -[e]s, *nur Sg.*, 1. Gipsmischung zum Verzieren von Zimmerdecken und -wänden, 2. die Verzierungen an Wand und Decke selbst
Stück *n.*, [e]s, Stücke, nach Zahlenangaben *Pl.* auch: - (Abk.: St.), ugs. *Pl.* auch: Stücker, zwei Stück Torte, es waren Stücker acht ugs., ein freches Stück ugs.: ein frecher Kerl, ein starkes Stück ugs.: eine große Unverschämtheit
Stück/ar/beit *f.*, -, -en. Akkordarbeit
Stu/cka/teur *m.*, -s, -e, jemand, der Stuckarbeiten ausführt
Stu/cka/tur *f.*, -, -en, Stuckarbeit
stü/ckeln *tr.*, s. stücken
stü/cken *tr.* in Stücke teilen, in Stücken zusammensetzen
Stück/faß > **Stück/fass** *n.*, -es, -fässer, ein Weinmaß
Stück/gut *n.*, -[e]s, -güter, 1. Frachtverkehr: als Einzelstück abgefertigte Sendung, 2. in einzelnen Stücken verkaufte Ware
stu/ckie/ren *tr.* mit Stuck verzieren
Stück/kauf *m.*, -[e]s, -käufe
Stück/lohn *m.*, -[e]s, -löhne, Lohn, der nach hergestellten Stücken berechnet wird

stück/wei/se
Stück/werk *n.*, -[e]s, *nur Sg.*, unvollständige Arbeit
Stück/zin/sen *m.*, *nur Pl.*, bei Wertpapieren: seit der letzten Zinszahlung aufgelaufene Zinsen
stud. Abk. für Studiosus = Student, z.B. stud. med.: Studiosus medicinae, Student der Medizin
Stu/dent *m.*, -en, -en, Schüler an einer Hochschule, an einer Hochschule eingeschrieben
Stu/den/ten/fut/ter *n.*, -s *nur Sg.*, Mischung aus Nüssen, Mandeln und Rosinen
Stu/den/ten/ge/mein/de *f.*, -, -en
Stu/den/ten/lied *n.*, -[e]s, -er
Stu/den/ten/pfar/rer *m.*, -s, -
Stu/den/ten/schaft *f.*, -, *nur Sg.*, Gesamtheit der Studenten einer Hochschule
Stu/den/ten/ver/bin/dung *f.*, -, -en
stu/den/tisch
Stu/die *f.*, -, -n, 1. schriftliche wissenschaftliche Arbeit, Untersuchung, 2. Vorarbeit zu einer wissenschaftlichen Arbeit, 3. Entwurf, Skizze zu einem Kunstwerk
Stu/di/en/an/stalt *f.*, -, -en
Stu/di/en/as/ses/sor *m.*, -s, -en
Stu/di/en/di/rek/tor *m.*, -s, -en
Stu/di/en/freund *m.*, -[e]s, -e
stu/di/en/hal/ber
Stu/di/en/jahr *n.*, -[e]s, -e
Stu/di/en/pro/fes/sor *m.*, -s, -en

Stu/di/en/pro/gramm *n.,* -[e]s, -e
Stu/di/en/rat *m.,* -[e]s, -räte
Stu/di/en/rä/tin *f.,* -, -nen
Stu/di/en/rei/se *f.,* -, -en
Stu/di/en/zeit *f.,* -, *nur Sg.*
stu/die/ren 1. *intr.* eine Hochschule besuchen, 2. *tr.* gründlich untersuchen, erforschen
Stu/di/ker *m.,* -s, -, ugs.: für Student
Stu/dio *n.,* -s, -s, Arbeitsraum von Künstlern, Funk, Fernsehen: Sende-, Aufnahmeraum
Stu/di/o/sus *m.,* -, -si oder -sen, Student
Stu/di/um *n.,* -s, -dien, 1. Ausbildung an einer Hochschule, 2. wissenschaftliche Untersuchung
Stu/fe *f.,* -, -n
stu/fen *tr.*
Stu/fen/fol/ge *f.,* -, -n
stu/fen/wei/se
stu/fig
...stu/fig in Zusammenhang, z.B. ein-, dreistufig, mit Ziffer: 3-stufig
Stu/fung *f.,* -, -en
Stuhl *m.,* -[e]s, Stühle, auch kurz für Stuhlgang
Stühl/chen *n.,* -s, -
Stuhl/drang *m.,* [e]s, *nur Sg.*
Stuhl/gang *m.,* -[e]s, -gänge, Ausscheidung von Kot
Stuhl/ver/hal/tung *f.,* -, -en, krankhafte Unfähigkeit, Kot auszuscheiden
Stuhl/ver/stop/fung *f.,* -, -en
Stu/ka *m.,* -s, -s, Kurzform für Sturzkampfflugzeug
Stuk/ka/teur > **Stu/cka/teur** *m.,* -s, -e
Stuk/ka/tur > **Stu/cka/tur** *f.,* -, -en

Stul/le *f.,* -, -en, [norddt., berlin.] für belegtes Brot
Stulp/är/mel *m.,* -s, -
Stul/pe *f.,* -, -n, umgeschlagenes Stück der Kleidung
stül/pen *tr.*
Stul/pen/är/mel *m.,* -s, -
Stul/pen/hand/schuh *m.,* -[e]s, -e
Stul/pen/stie/fel *m.,* -s, -
Stulp/hand/schuh *m.,* -[e]s, -e
stumm
Stum/me *m.* und *f.,* -n, -n
Stum/mel *m.,* -s, -
Stum/mel/chen,
Stüm/mel/chen *n.,* -s, -
stüm/meln *tr.* stark beschneiden (Pflanzen)
Stumm/film *m.,* -[e]s, -e
Stumm/heit *f.,* -, *nur Sg.*
Stümp/chen *n.,* -s, -, kleiner Stumpf
Stum/pen *m.,* -s, -, 1. süddt.: Baumstumpf, Stumpf, 2. grob zugeschnittene Filzform für Hüte, 3. Zigarre ohne Spitzen
Stüm/per *m.,* -, -, Nichtskönner, Pfuscher
Stüm/pe/rei *f.,* -, -en
stüm/per/haft
stüm/pern *intr.* pfuschen
stumpf
Stumpf *m.,* -[e]s, Stümpfe
Stümpf/chen *n.,* -s, -
Stümpf/heit *f.,* -, *nur Sg.*
Stümpf/lein *n.,* -s, -
Stumpf/sinn *m.,* -[e]s, *nur Sg.*
stumpf/sin/nig
stumpf/win/ke/lig oder auch: **stumpf/wink/lig**
Stund veraltet für Stunde
Stünd/chen *n.,* -s, -
Stun/de *f.,* -, -n (Abk.: St., Std., *Pl.*: Std.), Zeiteinheit: 60 Minuten
stun/den *tr.,* jemandem etwas stunden: Zahlungsaufschub für etwas gewähren
Stun/den/frau *f.,* -, -en, Aufwartefrau
Stun/den/ge/bet *n.,* -[e]s, -e
Stun/den/ge/schwin/dig/keit *f.,* -, -en
Stun/den/glas *n.,* -es, -gläser, Sanduhr
Stun/den/ki/lo/me/ter ugs. für Kilometer pro Stunde
stun/den/lang
Stun/den/lohn *m.,* -[e]s, -löhne, Lohn, der nach Arbeitsstunden berechnet wird
Stun/den/plan *m.,* -[e]s, -pläne
stun/den/wei/se
stun/den/weit aber: viele Stunden weit
...stün/dig in Zusammenhang: eine bestimmte Zahl von Stunden dauernd, z.B. zwei-, vier-, mehrstündig
Stund/lein *n.,* -s, -
stünd/lich jede Stunde
Stun/dung *f.,* -, -en
Stunk *m.,* -s, *nur Sg.,* ugs. für Zank, Streit
Stunt/man [engl.] *m.,* -s, -men, Double für Schauspieler bei gefährlichen Filmszenen
stu/pend [lat.] erstaunlich, stupendes Wissen, Können
Stupf *m.,* -[e]s, -e, süddt. für leichter Stoß
stup/fen *tr.*
Stup/fer *m.,* -s, -, süddt., österr., 1. leichter Stoß, 2. Ableger
stu/pid [lat.], **stu/pi/de** 1. dumm, beschränkt, 2. langweilig, ermüdend, eintönig
Stu/pi/di/tät *f.,* -, *nur Sg.*
Stu/por *m.,* -s, *nur Sg.,* in

der Medizin: Unbeweglichkeit, Regungslosigkeit bei erhaltenem Bewusstsein
Stupp *f., -, nur Sg.,* österreich: Puder
stup/pen *tr.;* österr.: pudern
stu/prie/ren auch: **stup/rie/ren** [lat.] *tr.* vergewaltigen, schänden
Stu/prum auch: **Stup/rum** *n., -s, -pra,* Vergewaltigung
Stups *m., -es, -e,* leichter Stoß
stup/sen *tr.*
Stups/na/se, Stubs/na/se *f., -, -n,* kurze, leicht nach oben gebogene Nase
stur 1. verbissen, eigensinnig, 2. hartnäckig, beharrlich, 3. starr, stier (Blick)
Stur/heit *f., -, nur Sg.*
Sturm *m.,* [e]s, Stürme, österr. auch für gärender Most
Sturm/an/griff *m., -[e]s, -e*
sturm/be/wegt
Sturm/bock *m., -[e]s, -*böcke, Rammbock
Sturm/deich *m., -[e]s, -e*
stür/men *intr.* und *tr.*
Stür/mer *m., -s, -,* im Sport: Angriffsspieler
Stur/mes/brau/sen *n., -s, nur Sg.*
Sturm/flut *f., -, -en*
sturm/frei ugs. für: ohne Aufsicht (z.B. sturmfreie Bude)
Sturm/hut *m., -[e]s, -*hüte, anderer Name für Eisenhut (Heilkraut)
stür/misch
Sturm/lauf *m., -[e]s, nur Sg.*
Sturm/rie/men *m., -s, -,* Kinnriemen am Helm
Sturm/schritt *m., -[e]s, nur Sg.,* militärisch: beschleunigter Schritt beim Angriff

Sturm/se/gel *n., -s, -,* kleines Segel, das nur bei Sturm gesetzt wird
Sturm-und-Drang-Zeit *f., -, nur Sg.,* dt. Literaturrichtung (1767 bis 1785)
Sturm/vo/gel *m., -s, -*vögel, Hochseevogel
Sturm/war/nung *f., -, -en*
Sturm/wind *m., -[e]s, -e*
Sturz 1. *m., -es,* Stürze, 2. *m., -es, -e,* oberer Abschluss von Fenster und Tür
Sturz/a/cker *m., -s, -,* umgepflügter Acker
Sturz/bach *m., -[e]s, -*bäche
Sturz/bad *n., -[e]s, -*bäder
Stürze *f., -, -n,* 1. mittel-, norddt.: Topfdeckel 2. Schalltrichter von Blechblasinstrumenten
stür/zen 1. *intr.,* 2. *tr.* umdrehen, einen Kuchen stürzen
Sturz/flug *m., -[e]s, -*flüge
Sturz/ge/burt *f., -, -en,* sehr schnell verlaufende Geburt
Sturz/gut *n., -[e]s, -*güter, Ware, die unverpackt geschüttet werden kann, z.B. Schotter, Kies
Sturz/helm *m., -|e]s, -e*
Sturz/kampf/flug/zeug *n., -[e]s, -e*
Sturz/see, Sturz/wel/le *f., -, -n,* Brecher, brechende Welle
Stuß > **Stuss** *m., -es, nur Sg.,* ugs.: für Unsinn, Blödsinn
Stu/te *f., -, -n,* weibliches Pferd
Stu/te/rei *f., -, -en,* Gestüt
Stu/ten/foh/len *n., -s, -,* junges weibliches Pferd
Stutt/gart Hauptstadt von Baden-Württemberg
Stutt/gar/ter *m., -s, -,* Ein-

wohner von Stuttgart
Stutz *m., -es, -e,* 1. veraltet für Stoß, 2. Stumpf, 3. Federbusch, 4. schweizer. für steiler Hang
Stütz *m., -es, -e,* Sport (Turnen): Halten des Körpers auf den gestreckten Armen
Stütz/bal/ken *m., -s, -*
Stüt/ze *f., -, -en*
stut/zen 1. *tr.* kurz schneiden, beschneiden (Baum, Bart), 2. *intr.* innehalten, Verdacht schöpfen
Stut/zen *m., -s, -,* 1. kurzes Jagdgewehr, 2. Rohrstück
stüt/zen *tr.*
Stut/zer *m., -s, -,* 1. sehr kurzer Männermantel, 2. Geck, eitler Mensch
stut/zer/haft
Stutz/flü/gel *m., -s, -,* in der Musik: kleiner Flügel
Stütz/ge/we/be *n., -s, -*
stut/zig verwundert, argwöhnisch
Stütz/ma/uer *f., -, -n*
Stütz/pfei/ler *m., -s, -*
Stütz/punkt *m., -[e]s, -e*
Stüt/zung *f., -, -en*
Stütz/ver/band *m., -[e]s, -*bände
StVO Abk. für Straßenverkehrsordnung
StVZO Abk. für Straßenverkehrs-Zulassungsordnung
sty/gisch zum Styx gehörend, unheimlich
sty/len *tr.* gestalten, formen, gestylte Frisur, ugs. für herausputzen
Sty/ling [engl.] *n., -s, nur Sg.,* Gestaltung, Formgebung
Sty/list *m., -[e]s, -en,* Gestalter
Sty/ro/por *n., -[e]s, nur Sg.,*

(eingetr. Warenzeichen), extrem leichter Kunststoff, der für Verpackungen und zur Wärmedämmung eingesetzt wird

Styx *m., nur Sg.,* Fluss der Unterwelt in der griechischen Mythologie

SU *Abk.* für die ehemalige Sowjetunion

s. u. *Abk.* für siehe unten

Su/a/da [lat.], **Su/a/de** *f.,* -, -den, Rede-, Wortschwall

Su/a/he/li 1. *m.* -[s], -[s], Angehöriger eines afrikanischen Stammes, 2. *n.,* -[s], *nur Sg.,* Sprache des Stammes

sub..., **Sub...**, [lat.] in Zusammenhang: unter..., Unter...

sub/al/pin der unteren Vegetationsstufe der Alpen angehörend

sub/al/tern [lat.] untergeordnet, unselbständig

sub/ant/ark/tisch zwischen dem Südpol und gemäßigter Zone liegend

sub/ark/tisch zwischen dem Nordpol und gemäßigter Zone liegend

Sub/do/mi/nan/te *f.,* -, -n, in der Musik: vierte Stufe (Quarte) vom Grundton aus

sub/fos/sil in der Biologie: in geschichtlicher Zeit ausgestorben

sub/gla/zi/al unter dem Eis des Gletschers liegend

Sub/jekt [lat.] *n.,* -[e]s, -e, 1. philosophisch: das denkende Ich, 2. in der Sprachwissenschaft: Satzgegenstand, 3. abwertend für Person, verkommenes Subjekt

Sub/jek/ti/on *f.,* -, -en, in der Rhetorik: Aufwerfen einer Frage, die man selbst beantwortet

sub/jek/tiv 1. zum Subjekt gehörend, von ihm ausgehend, 2. persönlich, parteiisch, subjektive Meinung

Sub/jek/ti/vis/mus *m.,* -, *nur Sg.,* 1. Lehre, dass alle Erkenntnis nur für das Subjekt gültig sei, 2. Ichbezogenheit, Egoismus

Sub/jek/ti/vist *m.,* -en, -en

Sub/jek/ti/vis/tisch

Sub/jek/ti/vi/tät *f.,* -, *nur Sg.,* persönliche Auffassung, Einseitigkeit

Sub/jekt/satz *m.,* -es, -sätze, in der Sprachwissenschaft

Sub/kon/ti/nent *m.,* [e]s, -e, Teil eines Kontinents, der durch Größe und Lage eine gewisse Eigenständigkeit aufweist

Sub/kul/tur *f.,* -, -en, eigenständige und in sich geschlossene Kultur einer kleineren Gruppe innerhalb einer Gesellschaft

sub/ku/tan [lat.] in der Medizin: 1. unter der Haut, 2. unter die Haut, subkutane Injektion

sub/lim [lat.] verfeinert, erhaben

Sub/li/mat *n.,* -[e]s, -e, 1. durch Sublimation gewonnener Stoff, 2. Bezeichnung für das Chlorid des zweiwertigen Quecksilbers

Sub/li/ma/ti/on *f.,* -, -en, direkter Übergang eines Stoffes aus dem festen in den gasförmigen Aggregatzustand (oder umgekehrt)

sub/li/mie/ren *tr.* 1. verfeinern, 2. einer Sublimation unterziehen

Sub/li/mie/rung *f.,* -, -en, 1. Verfeinerung, Steigerung ins Erhabene, 2. in der Chemie für Sublimation

sub/lu/na/risch [lat.] irdisch, ursprünglich: unter dem Mond

sub/ma/rin [lat.] unterseeisch

sub/mi/kro/sko/pisch auch: **sub/mi/kros/ko/pisch** mit dem besten Mikroskop nicht mehr erkennbar

sub/miß > **sub/miss** [lat.] veraltet für ehrerbietig, ergeben, unterwürfig

Sub/mis/si/on *f.,* -, -en, 1. veraltet für Ehrerbietung, Ergebenheit, 2. Vergabe von Aufträgen an den Anbieter mit den geringsten Forderungen

Sub/mit/tent *m.,* -en, -en, Anbieter, der sich um einen ausgeschriebenen Auftrag bewirbt

sub/mit/tie/ren *intr.* sich um einen ausgeschriebenen Auftrag bewerben

Sub/or/di/na/ti/on [lat.] *f.,* -, -en, 1. veraltet für Unterordnung, Gehorsam, 2. in der Sprachwissenschaft: Unterordnung von Satzteilen

sub/or/di/nie/ren *tr.* unterordnen

sub/po/lar zwischen Polar- und gemäßigter Zone (liegend)

sub/si/di/är [lat.], **sub/si/di/a/risch** behelfsweise, aushilfsweise

Sub/si/di/a/ri/tät *f.,* -, *nur Sg.*

Sub/si/di/um *n.,* -s, -dien, 1. veraltet für Beistand, Rückhalt, 2. *im Pl.:* Hilfsgelder

Sub/sis/tenz [lat.] *f.,* -, -en, in der Philosophie: das Bestehen durch sich selbst veraltet für Lebensunterhalt
sub/sis/tie/ren *intr.,* 1. durch sich selbst bestehen, 2. veraltet für seinen Lebensunterhalt finden
Sub/skri/bent auch: **Subs/kri-** [lat.] *m.,* -en, -en, jemand, der etwas vorbestellt
sub/skri/bie/ren auch: **subs/kri-** *tr.* vorbestellen und sich damit zur Abnahme verpflichten
Sub/skri/pti/on auch: **Subs/kri-** *f.,* -, -en, Vorbestellung und Verpflichtung zur Abnahme
Sub/skri/pti/ons/preis auch: **Subs/kri-** *m.,* -es, -e, geringerer Preis bei Subskription
Sub/spe/zi/es *f.,* -, -, (Abk.: ssp.) in der Biologie: Unterart
Sub/stan/ti/a/li/tät *(Nf.)* auch: **Sub/stan/zi/ali/tät** *(Hf.)* oder auch: **Subs/tan-** [lat.] *f.,* -, *nur Sg.*
sub/stan/ti/ell *(Nf.)* auch: **sub/stan/zi/ell** *(Hf.)* oder auch: **subs/tan-**
sub/stan/ti/ie/ren oder auch: **subs/tan-** *tr.,* 1. durch Tatsachen belegen, begründen, 2. mit Vollmacht ausstatten
Sub/stan/tiv oder auch: **Subs/tan-** *n.,* -[e]s, -e, Hauptwort, Dingwort, Nomen
sub/stan/ti/vie/ren oder auch: **subs/tan-** *tr.* zum Substantiv machen, in substantivische Form bringen
Sub/stan/ti/vie/rung oder auch: **Subs/tan-** *f.,* -, -en

sub/stan/ti/visch oder auch: **subs/tan-** wie ein Substantiv, hauptwörtlich
Sub/stanz oder auch: **Subs/tanz** *f.,* -, -en, 1. in der Philosophie: Wesen (aller Dinge), Seinsgrundlage, 2. in der Chemie: Materie, Stoff, 3. übertr. ugs. für Vorrat, Kapital, Vermögen
sub/stan/zi/ell, **sub/stan/ti/ell** oder auch: **subs/tan-** 1. wesenhaft, substanzhaft, 2. stofflich, materiell
sub/sti/tu/ie/ren oder auch: **subs/ti-** [lat.] *tr.* austauschen, ersetzen
Sub/sti/tut oder auch: **Subs/ti-** 1. *n.,* -[e]s, -e, Ersatz, Ersatzmittel, 2. *m.,* -en, -en, Ersatzmann, Stellvertreter
Sub/sti/tu/ti/on oder auch: **Subs/ti-** *f.,* -, -en, Ersatz, Austausch
Sub/strat oder auch: **Subs/trat** [lat.] *n.,* -[e]s, -e, 1. Grund, Grundlage, Unterlage, 2. Nährboden
Sub/struk/ti/on oder auch: **Subs/truk/ti/on** [lat.] *f.,* -, -en, im Bauwesen: Unterbau, Grundbau, Fundament
sub/su/mie/ren [lat.] *tr.* 1. ein-, unterordnen, 2. zusammenfassen
sub/sump/tiv Nebenform von subsumtiv
Sub/sum/ti/on *f.,* -, -en, Unterordnung, Zusammenfassung
sub/sum/tiv unterordnend, einbegreifend
sub/til [lat.] 1. zart, fein, 2. spitzfindig, scharfsinnig, 3. schwierig
Sub/ti/li/tät *f.,* -, *nur Sg.*
Sub/tra/hend [lat.] *m.,* -en,

-en, Zahl, die von einer anderen Zahl abgezogen wird
sub/tra/hie/ren *tr.* abziehen
Sub/trak/ti/on *f.,* -, -en, Grundrechenarten, Abziehen
Sub/tro/pen *nur Pl.,* Gebiet zwischen Tropen und gemäßigter Zone
sub/tro/pisch
sub/ur/ban [lat.] vorstädtisch
sub/ve/nie/ren [lat.] *intr.,* veraltet für beistehen, zu Hilfe kommen
Sub/ven/ti/on *f.,* -, -en, öffentliche Mittel zur Unterstützung
sub/ven/ti/o/nie/ren *tr.* mit öffentlichen Mitteln unterstützen
Sub/ver/si/on [lat.] *f.,* -, -en, Staatsumsturz
sub/ver/siv umstürzlerisch, zerstörend, subversive Elemente
Suc/cu/bus *m.,* -, -ben, ältere Schreibweise für Sukkubus
Such/ak/ti/on *f.,* -, -en
Such/dienst *m.,* -es, -e
Su/che *f.,* -, *nur Sg.*
su/chen *tr.*
Su/cher *m.,* -s, -, 1. an Kameras: Fenster, in dem man den Bildausschnitt sieht, 2. an astronomischen Fernrohren: Hilfsfernrohr, 3. jemand, der etwas sucht
Su/che/rei *f.,* -, *nur Sg.*
Sucht *f.,* -, Süchte, krankhaft gesteigertes Bedürfnis (körperlich oder geistig)
süch/tig
Süch/tig/keit *f.,* -, *nur Sg.*
su/ckeln *intr.* ein Getränk in kleinen Zügen trinken, saugen

Sud *m.*, -[e]s, -e, ausgekochte Brühe einer Substanz
Süd 1. (Abk.: S) in geografischen Angaben: Süden, Berlin Süd, der Wind weht von Süd, 2. *m.*, [e]s, -e, poetisch für Südwind
Süd/af/ri/ka
Süd/af/ri/ka/ner *m.*, -s, -
süd/af/ri/ka/nisch
Süd/ame/ri/ka
Süd/ame/ri/ka/ner *m.*, -s, -
süd/ame/ri/ka/nisch
Su/dan *m.*, -s, Staat im nordöstlichen Afrika
Su/da/ner *m.*, -s, -, Einwohner von Sudan
Su/da/ne/se *m.*, -en, -en, s. Sudaner
su/da/ne/sisch
su/da/nisch
süd/asi/a/tisch
Süd/asi/en
Su/da/ti/on [lat.] *f.*, -, *nur Sg.*, in der Medizin: das Schwitzen
Su/da/to/ri/um *n.*, -s, -rien, Schwitzbad
Süd/da/ko/ta (Abk.: SD) Staat der USA
süd/deutsch
Su/de/lei *f.*, -, -en, Geschmier
Su/de/ler, Sud/ler *m.*, -s, -, jemand, der herumschmiert
su/de/lig, sud/lig gesudelt, unsorgfältig, unsauber, schmutzig
su/deln *intr.* 1. Schmutz machen, mit Schmutz spielen, 2. unsorgfältig, unsauber arbeiten, schmieren
Su/del/wet/ter *n.*, -s, *nur Sg.*, Schmutz-, Regenwetter
Sü/den *m.*, -s nur, Sg., 1. (Abk.: S) Himmelsrichtung, 2. die um das Mittelmeer liegenden Länder, 3. südlicher Teil, südliches Gebiet, im Süden des Landes, im Süden Europas
Su/de/ten *nur Pl.* Gebirge in Mitteleuropa
su/de/ten/deutsch
Su/de/ten/land *n.*, [e]s, *nur Sg.*
su/de/tisch
Süd/frucht *f.*, -, -früchte
Sud/haus *n.*, -es, -häuser, in Bierbrauereien
Süd/ka/ro/li/na (Abk.: SC) Staat der USA
Süd/län/der *m.*, -s, -
süd/län/disch
Sud/ler *m.*, -s, -, s. Sudeler
süd/lich mit Gen., südlich Kölns, oder: von Köln, 20 Grad nördlicher Breite (Abk.: n.Br.): auf dem 20. Breitengrad nördlich des Äquators liegend
sud/lig siehe sudelig
Süd/ost 1. (Abk.: SO) in geografischen Angaben: Südosten, 2. *m.*, -[e]s, -e, poetisch für Südwind
Süd/os/ten *m.*, -s, *nur Sg.*, (Abk.: SO) Himmelsrichtung zwischen Süden und Osten
süd/ös/tlich südöstlich Frankfurts, oder: von Frankfurt
Süd/ost/wind *m.*, -[e]s, -e
Süd/pol *m.*, -[e]s, *nur Sg.*
Süd/po/lar/ge/biet *n.*, -[e], -e
Süd/po/lar/meer *n.*, -[e]s, *nur Sg.*
Süd/see *f.*, -, *nur Sg.*, südlicher Teil des Stillen Ozeans
Süd/see-In/seln *f.*, *nur Pl.*
Süd/see-In/su/la/ner *m.*, -s, -
Süd/staa/ten *m.*, *nur Pl.*, die südlichen Staaten der USA
Süd/süd/ost 1. (Abk.: SSO) in geografischen Angaben: Südsüdosten, 2. Südsüdostwind
Süd/süd/os/ten *m.*, -s, *nur Sg.*, (Abk.: SSO) Himmelsrichtung zwischen Süden und Südosten
Süd/süd/ost/wind *m.*, -[e]s, -e
Süd/süd/west 1. (Abk.: SSW) in geografischen Angaben: Südsüdwesten, 2. Südsüdwestwind
Süd/süd/wes/ten *m.*, -s *nur Sg.* (Abk.: SSW) Himmelsrichtung zwischen Süden und Südwesten
Süd/süd/west/wind *m.*, -[e]s, -e
Süd/ti/rol Provinz im Norden Italiens
Süd/ti/ro/ler *m.*, -e, -
süd/ti/ro/lisch
süd/wärts
Süd/wein *m.*, -[e]s, -e, Wein aus Südeuropa
Süd/west 1. (Abk.: SW) in geografischen Angaben: Südwesten, 2. *m.*, -[e]s, -, poetisch für Südwestwind
Süd/wes/ten *m.*, -s nur, Sg., 1. (Abk.: SW) Himmelsrichtung zwischen Süden und Westen, 2. südwestlich gelegener Teil, im Südwesten Deutschlands
Süd/wes/ter *m.*, -s, -, wasserdichter Seemannshut
süd/west/lich
Süd/west/wind *m.*, -[e]s, -e
Süd/wind *m.*, -[e]s, -e
Su/es, Su/ez Stadt in Ägypten
Su/es/ka/nal *m.*, -[e]s, *nur Sg.*, Kanal zwischen Mittelmeer und Rotem Meer
Sue/ve *m.*, -en, -en, siehe Swebe
Su/ez französ. Schreibung

von Sues
Suff *m.*, -s, *nur Sg.*, ugs. für 1. übermäßiges Trinken, 2. Betrunkensein
Süf/fel *m.*, s, -, ugs. scherzh. für Säufer
süf/feln *tr.*, ugs. für trinken
süf/fig wohlschmeckend, gut trinkbar
Süf/fi/sance [französ.] siehe Süffisanz
süf/fi/sant selbstgefällig, spöttisch, überheblich
Süf/fi/sanz *f.*, *-nur Sg.*, Spott, Selbstgefälligkeit, Überheblichkeit
Suf/fix [lat.] *n.*, -es, -e, in der Sprachwissenschaft: Nachsilbe
suf/fi/zi/ent [lat.] in der Medizin: ausreichend, genügend
Suf/fi/zi/enz *f.*, -, -en, in der Medizin: ausreichende Fähigkeit
Süf/fler *m.*, -s, -, ugs. scherzh. für Säufer
Suf/fra/gan oder auch:
Suff/ra/gan [lat.] *m.*, -[e]s, -e, in der katholischen Kirche: einem Erzbischof unterstehender Diözesanbischof
Suf/fra/gi/um oder auch:
Suff/ra/gi/um *n.*, -s, -gien, 1. Stimmrecht, 2. Abstimmung
Suf/fu/si/on [lat.] *f.*, -, -en, größerer Blutaustritt unter der Haut
Su/fi [arab.] *m.*, -[s], -s, Anhänger des Sufismus
Su/fis/mus *m.*, *-nur Sg.*, asketisch-mystische Richtung des Islams
sug/ge/rie/ren [lat.] *tr.* einreden, beeinflussen
sug/ges/ti/bel leicht beeinflussbar
Sug/ges/ti/bi/li/tät *f.*, -, *nur Sg.*, Beeinflussbarkeit
Sug/ges/ti/on *f.*, -, -en, Beeinflussung, Willensübertragung
sug/ges/tiv beeinflussend
Sug/ges/tiv/fra/ge *f.*, -, -en, Frage, die eine gewünschte Antwort zur Folge hat
Sug/ges/ti/vi/tät *f.*, -, *nur Sg.*, Fähigkeit, andere zu beeinflussen
Suh/le *f.*, -, -n, sumpfige Bodenstelle, Schlammmulde
suh/len *refl.* 1. sich in der Suhle wälzen (z.B. Schweine), 2. übertr. ugs. für: sich wälzen, ich suhle mich im Lob der anderen
Süh/ne *f.*, -, -n
Süh/ne/geld *n.*, -[e]s, -er
süh/nen *tr.*
Süh/ne/op/fer *n.*, -s, -
Süh/ne/rich/ter *m.*, -s, -
Süh/ne/ter/min *m.*, -[e]s, -e
Süh/ne/ver/fah/ren *n.*, -s, -
Suit/case [engl.] *m.*, oder *n.*, -, -[s], kleiner Handkoffer
Suite [französ.] *f.*, -, -n, 1. militärisches oder fürstliches Gefolge, 2. Musikstück aus mehreren Sätzen in der gleichen Tonart, 3. veraltet für Zimmerflucht
Su/i/zid [lat.] *m.*, -[e]s, -e, Selbstmord
Su/jet [französ.] *n.*, -s, -s, in der Kunst: Gegenstand, Thema
Suk/ka/de [französ.] *f.*, -, -n, kandierte Schale von Zitrusfrüchten
Suk/ku/bus [lat.] *m.*, -, -ben, im Volksglauben des MA: mit einem Mann buhlender Teufel in Frauengestalt
suk/ku/lent [lat.] in der Biologie: saftig, fleischig
Suk/ku/len/te *f.*, -, -n, Wasser speichernde Pflanze in dürren Regionen
Suk/ku/lenz *f.*, -, *nur Sg.*, in der Biologie: Saftfülle
Suk/kurs [lat.] *m.*, -[e]s, *nur Sg.*, veraltet für Unterstützung, Hilfe
Suk/zes/si/on [lat.] *f.*, -, -en, 1. Rechtsnachfolge, Thronfolge, 2. in der Biologie: Entstehungsfolge
suk/zes/siv, suk/zes/si/ve allmählich, nach und nach
Sul/fat [lat.] *n.*, -[e]s, -e, Salz der Schwefelsäure
Sul/fid *n.*, -[e]s, -e, Salz der Schwefelwasserstoffsäure
sul/fi/disch Schwefel enthaltend
Sul/fit *n.*, -[e]s, -e, Salz der schwefligen Säure
Sul/fon/a/mid auch: **Sulfo/na/mid** [lat.] *n.*, -[e]s, -e, Medikament mit bakterienhemmender Wirkung
Sul/fur *n.*, -s, *nur Sg.* (Zeichen: S) chemisches Element, Schwefel
Sul/ky [engl.] *n.*, -s, -s, zweirädriger Wagen bei Trabrennen
Sul/tan [arab.] *m.*, -[e]s, -e, Titel für islamische Herrscher
Sul/ta/nat *n.*, -[e]s, -e, Herrschaftsgebiet eines Sultans
Sul/ta/ni/ne *f.*, -, -en, große Rosine
Sulz *f.*, -, -en, süddt., österr., für Sülze
Sul/ze *f.*, -, -n, schweiz. für Sülze
Sül/ze *f.*, -, -n, Fleisch oder Fisch in Gallert
sul/zen *tr.*, bayr., österr. für sülzen

sül/zen *tr.* 1. als Sülze zubereiten, 2. ugs. für: Blödsinn reden
Sülz/ko/te/lett *n.*, -s, -n, Schweinefleisch in Sülze
Sulz/schnee *m.*, -s, *nur Sg.*, nasser, schwerer, körniger Schnee
Su/mach [arab.] *m.*, -s, -e, Holzgewächs, das Gerbstoff liefert
Su/ma/tra auch: **Su/mat/ra** eine der Großen Sundainseln
Su/mer alter Name für Babylonien
Su/me/rer *m.*, -s, -, Einwohner von Sumer
su/me/risch
Sum/ma [lat.] *f.*, -, -men, 1. in der Scholastik: zusammenfassende Darstellung eines theolog.-philosoph. Lehrsystems, 2. (Abk.: Sa.) veraltet für Summe
sum/ma cum lau/de mit höchstem Lob (beste Note bei akademischen Prüfungen)
Sum/mand *m.*, -en, -en, Zahl, die zu einer anderen hinzugezählt werden soll
sum/ma/risch kurz zusammengefasst, bündig
sum/ma sum/ma/rum alles in allem, insgesamt
Sum/ma/ti/on *f.*, -, -en, Bildung einer Summe, Zusammenrechnung
Sümm/chen *n.*, -s, -
Sum/me *f.*, -, -en, Ergebnis einer Zusammenrechnung, Gesamtheit
sum/men *tr.* u. *intr.*
Sum/mer *m.*, -s, -, Gerät zum Erzeugen eines Summtones
Sum/mer/zei/chen *n.*, -s, -
Summ/zei/chen *n.*, -s, -

sum/mie/ren [lat.] 1.*tr.*, zusammenzählen, 2. *refl.*, anwachsen, sich anhäufen
Sum/mie/rung *f.*, -, -en
Sumpf *m.*, -[e]s, Sümpfe
Sümpf/chen *n.*, -s, -
sump/fen *intr.*, ugs. für unsolide leben, zechen
Sumpf/fie/ber *n.*, -, *nur Sg.*, Malaria
Sumpf/gas *n.*, -es, -e, Methangas
Sumpf/huhn *n.*, [e]s, -hühner, Vogelart: Ufer bewohnende Ralle
sump/fig
Sumpf/land *n.*, -[e]s, *nur Sg.*
Sumpf/ot/ter *m.*, -s, -, ein Pelztier, Nerz
Sund *m.*, -[e]s, -e, Meerenge
Sun/da/in/seln *f.*, *nur Pl.*, eine südostasiatische Inselgruppe
Sun/da/ne/se *m.*, -en, -en, Angehöriger eines indonesischen Volkes
Sün/de *f.*, -, -n
Sün/den/be/kennt/nis *n.*, -ses, -se
Sün/den/bock *m.*, -[e]s, -böcke, ugs.
Sün/den/fall *m.*, -[e]s, *nur Sg.*
Sün/den/lohn *m.*, -[e]s, *nur Sg.*, Folge einer Sünde
sün/den/los, sünd/los
Sün/den/pfuhl *m.*, -[e]s, -e, Stätte sündhaften Treibens
Sün/den/re/gis/ter *n.*, -s, -, ugs. Aufzählung aller Verfehlungen
Sün/den/ver/ge/bung *f.*, -, -en
Sün/der *m.*, -s, -
Sün/der/mie/ne *f.*, -, -n
Sünd/flut, Sint/flut *f.*, -, *nur Sg.*
sünd/haft

Sünd/haf/tig/keit *f.*, -, *nur Sg.*
sün/dig
sün/di/gen *intr.*
sünd/los
Sünd/lo/sig/keit *f.*, -, *nur Sg.*
Sun/na [arab.] *f.*, -, *nur Sg.*, Sammlung von Aussprüchen Mohammeds
Sun/nit *m.*, -en, -en, Anhänger der Sunna
Su/o/mi finnisch für Finnland
su/per [lat.] ugs.: vorzüglich, sehr gut, großartig
Su/per *n.*, -s, *nur Sg.*, eine Benzinsorte
su/per..., Su/per... in Zusammenhang: ober..., Ober..., über..., Über..., ugs. für sehr, z.B. superschlau, superdumm
su/perb, sü/perb [französ.] vorzüglich, ausgezeichnet
Su/per/e/go *n.*, -s, -s, in der Psychologie: »Über-Ich«, Gewissen (nach Siegmund Freud)
su/per/fein ugs.
su/per/fi/zi/ell in der Medizin: oberflächlich
su/per/ge/scheit ugs.
Su/per/het *m.*, -s, -s, Kurzwort für Superheterodynempfänger (Überlagerungsempfänger)
Su/per/in/ten/dent *m.*, -en, -en, in der evangelischen Kirche: Vorsteher eines Kirchenkreises
Su/per/in/ten/den/tur *f.*, -, -en, Amt und Wohnung des Superintendenten
Su/pe/ri/or [lat.] *m.*, -s, -en, in der katholischen Kirche: Vorsteher eines Klosters oder Ordens
Su/pe/ri/o/rin *f.*, -, -nen
Su/pe/ri/o/ri/tät *f.*, -, *nur*

Sg., Überlegenheit, Übergewicht
su/per/klug ugs.
Su/per/la/tiv *m., -[e]s, -e,* 1. in der Grammatik: zweite Steigerungsstufe, Höchst-, Meiststufe, 2. allgemein für übertreibender Ausdruck
su/per/la/ti/visch
Su/per/la/ti/vis/mus *m., -, nur Sg.,* übertriebene Verwendung von Superlativen
Su/per/markt *m., -[e]s, -*märkte, großes Lebensmittelgeschäft mit Selbstbedienung
Su/per/no/va *f., -, -vae,* in der Astronomie: Nova von besonderer Helligkeit
Su/per/oxid *n., -[e]s, -e,* Peroxid
Su/per/phos/phat *n., [e]s, --e,* Kunstdünger mit Phosphor
Süpp/chen *n., -s, -*
Sup/pe *f., -, -n*
Sup/pen/fleisch *n., -[e]s, nur Sg.*
Sup/pen/grün *n., -s, nur Sg.*
Sup/pen/huhn *n., -[e]s, -*hühner
Sup/pen/schild/krö/te *f., -, -n,* eine Schildkrötenart
Sup/pen/ter/ri/ne *f., -, -n*
sup/pig
Süpp/lein *n., -s, -,* poetisch
Sup/ple/ment [lat.] *n., -[e]s, -e,* Ergänzung, Nachtrag, Anhang
sup/ple/men/tär ergänzend
Sup/ple/ment/band *m., -[e]s, -bände,* Ergänzungsband
Sup/ple/ment/win/kel *m., -s, -,* Winkel, der einen anderen zu 180° ergänzt
Sup/plik [lat.] *f., -, -en,* veraltet für Bittgesuch
Sup/pli/kant *m., -en, -en,* veraltet für Bittsteller
sup/pli/zie/ren *intr.,* veraltet für ein Bittgesuch einreichen
sup/po/nie/ren [lat.] *tr.* voraussetzen, annehmen
Sup/port [lat.] *m., -[e]s, -e,* Vorrichtung zum Halten und Führen des Werkstücks an Drehbänken
Sup/po/si/ti/on [lat.] *f., -, -*en, Voraussetzung, Annahme
Sup/po/si/to/ri/um *n., -s, -*rien, in der Medizin: Zäpfchen
Sup/po/si/tum *n., -s, -ta,* veraltet für das Vorgesetzte, Angenommen
Sup/pres/si/on [lat.] *f., -, -*en, in der Medizin: Unterdrückung
sup/pres/siv in der Medizin: unterdrückend, zurückdrängend
sup/pri/mie/ren *tr.* unterdrücken, zurückdrängen
su/pra..., Su/pra... oder auch: **sup/ra...., Sup/ra...** [lat.] in Zusammenhang: ober..., Ober..., über..., Über...
Su/pra/lei/ter oder auch: **Sup/ra/leiter** *m., -s, -,* Stoff, der bei geringer Temperatur keinen messbaren elektr. Widerstand mehr aufweist
su/pra/na/ti/o/nal oder auch: **sup/ra-** übernational, überstaatlich
Su/pre/mat oder auch: **Sup/re/mat** [lat.] *m.* oder *n., -[e]s, -e,* **Su/pre/ma/tie** oder auch: **Sup/re/ma/tie** *f., -, -n,* 1. päpstliche Oberherrschaft, 2. Überordnung, Vorrang
Su/pre/mats/eid, Su/pre- **mat/eid** oder auch: **Sup/re/mat/eid** *m., -[e]s, -e,* in England 1534-1829: von den Beamten auf den König zu leistender Eid
Su/re [arab.] *f., -, -n,* Abschnitt, Kapitel des Korans
Sur/fen, Sur/fing *n., -s, nur Sg.,* Wellenreiten
Su/ri/name südamerikanischer Staat
Sur/plus [französ., engl.] *m., -, -,* Überschuss, Gewinn
Sur/re/a/lis/mus *m., -, nur Sg.,* in der Kunst: Richtung, die das Traumhafte, Unbewusste darzustellen versucht
Sur/re/a/list *m., -en, -en*
sur/re/a/lis/tisch
sur/ren *intr.*
Sur/ro/gat [lat.] *n., -[e]s, -e,* Ersatz, Behelf, Ersatzstoff
su/spekt auch: **sus/pekt** [lat.] verdächtig
sus/pen/die/ren [lat.] *tr.,* 1. bis auf weiteres des Amtes entheben, 2. zeitweilig aufheben, 3. in der Chemie: in einer Flüssigkeit fein verteilen, 4. in der Medizin: schwebend aufhängen
Sus/pen/si/on *f., -, -en,* 1. Entlassung, Aufhebung, 2. feine Verteilung, 3. schwebende Aufhängung
sus/pen/siv aufhebend, aufschiebend
Sus/pen/so/ri/um *n., -s, -en,* Tragverband, Armschlinge, im Sport: Tiefschutz
süß
Sü/ße *f., -, nur Sg.*
sü/ßen *tr.*
Süß/gras *n., -es, -gräser*
Süß/holz *n., -es, -hölzer,* Wurzel einer Pflanze, Hustenmittel

Süß/holz/ras/pler *m.,* -s, -, jemand, der eine Frau mit süßen Worten umgarnt
Sü/ßig/keit *f.,* -, -en
Süß/kar/tof/fel *f.,* -, -n
Süß/kir/sche *f.,* -, -n
süß/lich
Süß/most *m.,* -[e]s, -e
süß/sau/er
Süß/spei/se *f.,* -, -n
Süß/stoff *m.,* -[e]s, -e
Süß/wa/re *f.,* -, -n, *meist Pl.*
Süß/was/ser *n.,* -s, -, Fluss-, Seewasser, Trinkwasser
Süß/was/ser/fisch *m.,* -[e]s, -e
Süß/wein *m.,* -[e]s, -e
Su/ta/ne *f.,* -, -n, deutsche Schreibung von Soutane
Su/tur [lat.] *f.,* -, -en, Verbindungsstelle zwischen den Schädelknochen, Schädelnaht
SUVA Abk. für Schweizerische Unfallversicherungsanstalt
SV Abk. für Sportverein
SVP Abk. für Schweizerische Volkspartei
svw. Abk. für so viel wie
SW Abk. für Südwest(en)
SWAPO *f.,* -, *nur Sg.,* Kurzform für South West African People's Organization: südwestafrikanische Befreiungsbewegung
Swa/si *m.,* -, -
Swa/si/land Königreich im südöstlichen Afrika
Swea/ter [engl.] *m.,* -s, -, Pullover
Sweat/shirt [engl.] *n.,* -s, -s, weiter Pullover
Swe/be, Sue/be, Sue/ve *m.,* -en, -en, Angehöriger eines westgermanischen Stammes
swe/bisch
SWF Abk. für Südwestfunk
Swim/ming-pool > **Swimming/pool** [engl.] *m.,* -s, -s, Schwimmbecken
Swing [engl.] *m.,* -(s), *nur Sg.,* 1. Stilrichtung des Jazz, 2. Tanz, 3. höchste Kreditgrenze bei bilateralen Handelsverträgen
swin/gen *intr.,* Swing tanzen, Swing spielen
Swiss/air [engl.] *f.,* -, *nur Sg.,* schweizer. Luftfahrtgesellschaft
Sy/ko/mo/re [griech.] *f.,* -, -n, nordafrikanischer Feigenbaum, Maulbeerfeige
syl/la/bisch [griech.] silbenweise
Syl/lep/se [griech.] *f.,* -, -n,
Syl/lep/sis *f.,* -, -sen, in der Rhetorik: Zusammenfassung
syl/lep/tisch
Syl/lo/gis/mus [griech.] *m.,* -, -men, logischer Schluss vom Allgemeinen auf das Besondere
syl/lo/gis/tisch
Syl/phe [lat.] im Volksglauben des MA: 1. *m.,* -n, -n, männl. Luftgeist, *2. f.,* -, -n, weibl. Luftgeist
Syl/phi/de *f.,* -, -n, 1. weibl. Luftgeist, 2. zartes, anmutiges junges Mädchen
Syl/ves/ter *Nf.* von Silvester
sym..., Sym... siehe syn..., Syn...
Sym/bi/ont [griech.] *m.,* -en, -en, Lebewesen, das mit einem anderen in Symbiose lebt
Sym/bi/o/se *f.,* -, -n, Zusammenleben zweier Lebewesen zu gegenseitigem Nutzen
sym/bi/o/tisch
Sym/bol [griech.] *n.,* -[e]s, -e, 1. Sinnbild, Zeichen, mit einer bestimmten Bedeutung, 2. Zeichen für einen physikalischen Begriff oder ein chemisches Element
sym/bol/haft
Sym/bo/lik *f.,* -, *nur Sg.,* 1. sinnbildliche Bedeutung oder Darstellung, 2. Verwendung von Symbolen
sym/bo/lisch
sym/bo/li/sie/ren *tr.* mit Symbolen darstellen
Sym/bo/lis/mus *m.,* -, *nur Sg.,* in der Kunst und Literatur: Richtung, die eine symbolhafte Darstellung verwendet
Sym/bo/list *m.,* -en, -en
sym/bo/lis/tisch
Sym/me/trie auch: **Symmet/rie** [griech.] *f.,* -, -n, spiegelbildliche Übereinstimmung, Spiegelgleichheit
Sym/me/trie/ach/se auch: -**met/rie-** *f.,* -, -n, Gerade, die einen Körper in zwei gleiche Hälften zerlegt, Spiegelachse
Sym/me/trie/e/be/ne auch: -**met/rie-** *f.,* -, -n, Ebene, die einen Körper in zwei gleiche Hälften zerlegt
sym/me/trisch auch: -**met/risch** spiegelbildlich, spiegelgleich, übereinstimmend
Sym/pa/thie *f.,* -, -n, Zuneigung, Wohlgefallen
Sym/pa/thi/kus *m.,* -, *nur Sg.,* bei Säugetieren: Teil des vegetativen Nervensystems
sym/pa/thisch 1. anziehend, angenehm, 2. mit dem Sympathikus zusammenhängend
sym/pa/thi/sie/ren *intr.* übereinstimmen, jemandem zugeneigt sein

Sym/pho/nie *f.,* -, -n, s. Sinfonie
Sym/pho/ni/ker *m.,* -s, -, s. Sinfoniker
Sym/po/si/on [griech.], **Sym/po/si/um** *n.,* -s, -sien, 1. im alten Griechenland: Trinkgelage, 2. heute: wissenschaftliche Tagung, Zusammenkunft
Sym/ptom auch: **Symp/tom** [griech.] *n.,* -s, -e, Zeichen, Anzeichen, Merkmal (Krankheit)
sym/pto/ma/tisch oder auch: **symp/to/ma/tisch** kennzeichnend, typisch
Sym/pto/ma/to/lo/gie auch: **Symp/to/ma/to/logie** *f.,* -, *nur Sg.,* Lehre von den Krankheitsmerkmalen
syn..., Syn..., sym..., Sym... [griech.] in Zusammenhang: mit..., Mit...
Syn/a/go/ge oder auch: **Sy/na-** [griech.] *f.,* -, -n, jüdisches Gebetshaus
syn/al/lag/ma/tisch oder auch: **sy/nal/lag/ma/tisch** gegenseitig, synallagmatischer Vertrag
syn/an/drisch oder auch: **sy/nand/risch** [griech.] in der Botanik: mit verwachsenen Staubblättern
Syn/an/dri/um oder auch: **Syn/and/ri/um** oder auch: **Sy/nan/dri/um** *n.,* -s, -drien, verwachsene Staubblätter einer Blüte
Syn/ap/se oder auch: **Sy/nap/se** *f.,* -, -n, Verbindungspunkt zwischen Nervenzellen
Syn/ä/re/se oder auch: **Sy/nä/re/se** [griech.] *f.,* -, -n, **Syn/ä/re/sis** *f.,* -, -sen, in der Sprachwissenschaft: Zusammenziehung zweier Vokale, z.B. sehen, sehn
Syn/äs/the/sie oder auch: **Sy/näs/the/sie** [griech.] *f.,* -, -n, Miterregung eines Sinnes, wenn ein anderer gereizt wird, Verknüpfung mehrerer Sinnesempfindungen
syn/äs/the/tisch oder auch: **sy/näs/the/tisch**
syn/chron [griech.] gleichzeitig, gleichlaufend, übereinstimmend
Syn/chron/ge/trie/be *n.,* -s, -
Syn/chro/ni/sa/ti/on *f.,* -, -en, zeitliche Gleichschaltung
syn/chro/ni/sie/ren *tr.* 1. in zeitliche Übereinstimmung bringen, 2. beim Film: Bild und Ton in Übereinstimmung bringen, bei fremdsprachigen Filmen: die eigene Sprache mit den Mundbewegungen der Schauspieler in Übereinstimmung bringen
Syn/chro/ni/sie/rung *f.,* -, -en
Syn/chro/nis/mus *m.,* -, *nur Sg.,* zeitl. Übereinstimmung
syn/chro/nis/tisch Gleichzeitiges gleichsetzend
Syn/chron/ma/schi/ne *f.,* -, -n
Syn/chron/mo/tor *m.,* -s, -en
Syn/chro/tron *n.,* -[e]s, -e, Beschleuniger für geladene Elementarteilchen
Syn/dak/ty/lie [griech.] *f.,* -, -n, in der Medizin: Verwachsung von Fingern oder Zehen
syn/de/tisch [griech.] durch Bindewörter verbunden
Syn/di/ka/lis/mus [griech.] *m.,* -, *nur Sg.,* Lehre der revolutionären sozialistischen Arbeiterbewegung in Osteuropa, die die Übernahme der Produktionsmittel durch Gewerkschaften zum Ziel hatte
Syn/di/ka/list *m.,* -en, -en
syn/di/ka/lis/tisch
Syn/di/kat *n.,* -[e]s, -e, 1. Absatz-, Verkaufskartell, 2. Verbrecherorganistation in den USA
Syn/di/kus *m.,* -, -ken oder -zi, ständiger Rechtsbeistand einer Firma
Syn/drom [griech.] *n.,* -[e]s, -e, in der Medizin: Krankheitsbild
syn/er/ge/tisch oder auch: **sy/ner/ge/tisch** [griech.] zusammenwirkend
Syn/er/gie oder auch: **Sy/ner/gie** *f.,* -, -n, das Zusammenwirken
Syn/er/gis/mus oder auch: **Sy/ner/gis/mus** *m.,* -, *nur Sg.,* 1. Zusammenwirken in gleicher Richtung, 2. Lehre, dass der menschliche Wille und Gottes Gnade zusammenwirken
syn/er/gis/tisch auch: **syner/gis/tisch**
Syn/e/sis oder auch: **Sy/ne/sis** [griech.] *f.,* -, Synesen, sinngemäß richtige, aber nicht den grammatischen Regeln entsprechende Wortfügung
syn/karp [griech.] zu einem einzigen Fruchtknoten verwachsen
Syn/kar/pie *f.,* -, -n, Verwachsung der Fruchtblätter zu einem Fruchtknoten
syn/kli/nal [griech.] muldenförmig
Syn/kli/na/le, Syn/kli/ne *f.,* -, -n, Mulde, Vertiefung

Syn/ko/pe [griech.] *f.,* -, -n, 1. in der Grammatik: Ausfall eines unbetonten Vokals im Wortinnern, 2. in der Metrik: Ausfall einer Senkung im Vers, 3. in der Musik: Betonung eines unbetonten Taktteils
syn/ko/pie/ren *tr.* 1. durch Weglassen zusammenziehen, 2. an unbetonter Stelle betonen
syn/ko/pisch
Syn/kre/tis/mus [griech.] *m.,* -, *nur Sg.,* Vermischung von Religionen, Lehren, Auffassungen
Syn/kre/tist *m.,* -en, -en, Vertreter eines Synkretismus
syn/kre/tis/tisch
syn/kri/tisch vergleichend, verbindend
Sy/nod [griech.] *m.,* -[e]s, -e, in der orthodoxen Kirche: oberste Behörde
sy/no/dal zur Synode gehörend, die Synode betreffend
Sy/no/da/le *m.,* -en, -en, Mitglied einer Synode
Sy/no/dal/ver/fas/sung *f.,* -, -n, in der evangelischen Kirche: Verfassung, die die Verwaltung der Synode zuweist
Sy/no/de *f.,* -, -n, 1. in der evangelischen Kirche: Verwaltungsbehörde, Kirchenversammlung, 2. in der katholischen Kirche: Konzil
sy/no/nym [griech.] sinnverwandt
Sy/no/nym *n.,* -[e]s, -e, Wort von gleicher Bedeutung, sinnverwandtes Wort
Sy/no/ny/mik *f.,* -, *nur Sg.,* 1. Sinn-, Bedeutungsverwandtschaft, 2. Lehre von der Bedeutungsverwandtschaft der Wörter
Sy/nop/se [griech.] *f.,* -, -n,
Sy/nop/sis *f.,* -, -sen, vergleichende Übersicht, Nebeneinanderstellen von Texten, besonders des Matthäus-, Markus- und Lukasevangeliums
Syn/op/tik *f.,* -, *nur Sg.,* großräumige Wetterbeobachtung zur Vorhersage
Syn/op/ti/ker *m. nur Pl.,* die Evangelisten Matthäus, Markus und Lukas
Syn/tag/ma [griech.] *n.,* -s, -men, 1. veraltet für Sammlung von Schriften verwandten Inhalts, 2. in der Sprachwissenschaft: syntaktisch verbundene Gruppe von Wörtern
syn/tag/ma/tisch in der Art eines Syntagmas
syn/tak/tisch zur Syntax gehörend
Syn/tax *f.,* -, *nur Sg.,* Lehre vom Satzbau, Satzlehre
Syn/the/se [griech.] *f.,* -, -n, 1. Aufbau, Verbindung von Einzelteilen, 2. Verbindung zweier gegensätzlicher Begriffe oder Aussagen zu einer übergeordneten Einheit; die so gewonnene Einheit selbst, 3. Herstellung einer chemischen Verbindung aus mehreren Stoffen
Syn/the/se/pro/dukt *n.,* -[e]s, -e, synthetisch hergestelltes Produkt, Kunststoff
Syn/the/si/zer [engl.] *m.,* -s, -, elektronisches Gerät zur Tonerzeugung
Syn/the/tics *nur Pl.,* aus Kunstfasern erzeugte Produkte
syn/the/tisch 1. in der Chemie: künstlich hergestellt, nicht natürlich, 2. zusammensetzend
syn/the/ti/sie/ren *tr.,* in der Chemie: aus einfachen Stoffen herstellen
Syn/u/rie auch: **Sy/nu/rie** [griech.] *f.,* -, -n, Ausscheidung von Fremdstoffen durch den Urin
Sy/phi/lis [lat.] *f.,* -, *nur Sg.,* gefährliche Geschlechtskrankheit
Sy/phi/li/ti/ker *m.,* -s, -, jemand, der Syphilis hat
sy/phi/li/tisch an Syphilis erkrankt
Sy/ra/kus Stadt auf Sizilien
sy/ra/ku/sisch
Sy/rer, Sy/ri/er *m.,* -s, -, Einwohner von Syrien
Sy/ri/en Staat im Nahen Osten
Sy/rin/ge [griech.] *f.,* -, -n, Flieder
Sy/rinx *f.,* -, -ringen, 1. Stimmorgan der Vögel, 2. Hirtenflöte
sy/risch zu Syrien gehörend, aus Syrien
Sy/ro/lo/ge *m.,* -en, -en
Sy/ro/lo/gie *f.,* -, *nur Sg.*
sy/ro/lo/gisch
Sys/tem [griech.] *n.,* -[e]s, -e, 1. Aufbau, Gefüge, Gesamtheit, gegliedertes Ganzes, 2. Ordnungsprinzip
Sys/te/ma/tik *f.,* -, -en, 1. Aufbau eines Systems, 2. planmäßige Darstellung, 3. Lehre vom System einer Wissenschaft
Sys/te/ma/ti/ker *m.,* -s, -, jemand, der planvoll vorgeht
sys/te/ma/tisch planvoll, geordnet
sys/te/ma/ti/sie/ren *tr.* in ein System bringen
sys/tem/los

Sys/tem/lo/sig/keit *f.*, -, *nur Sg.*
Sy/sto/le auch: **Sys/to/le** [griech.] *f.*, -, -n, in der Medizin: Zusammenziehung des Herzmuskels
s. Z. Abk. für seinerzeit
Sze/na/rio [italien.] *n.*, -s, -rien, s. Szenarium
Sze/na/ri/um [lat.] *n.*, -s, -rien, 1. für eine Aufführung nötige Dekorationen, Requisiten und technische Vorgänge im Theater, 2. beim Film: Szenenfolge in einem Drehbuch
Sze/ne *f.*, -, -n, 1. Bühne, Schauplatz, 2. Teil eines Aktes, Auftritt, 3. Vorgang, Anblick, 4. Streit, Zank 5. gesellschaftlicher Bereich (z.B. Musikszene, Modeszene)
Sze/nen/wech/sel *m.*, -s, -
Sze/ne/rie *f.*, -, -n, 1. Bühnenbild, 2. Landschaft, Anblick
sze/nisch
Szep/ter > **Zep/ter** *n.*, -s, -
szi/en/ti/fisch [lat.] wissenschaftlich
Szi/en/tis/mus *m.*, -, *nur Sg.*, 1. auf Wissenschaft basierende Anschauungsweise, 2. Lehre der Szientisten
Szi/en/tist *m.*, -en, -en, Vertreter des Szientismus
szi/en/tis/tisch
Szil/la [griech.], **Scil/la** *f.*, -, -len, Heil- und Zierpflanze, Blaustern
Szin/til/la/ti/on [lat.] *f.*, -, -en, 1. das Funkeln der Sterne, 2. das Aufblitzen bestimmter Stoffe beim Auftreffen radioaktiver Strahlen
szin/til/lie/ren *intr.* aufleuchten, blitzen, funkeln
Szyl/la *f.*, -, *nur Sg.*, eingedeutschte Schreibung von Scylla, Seeungeheuer der griechischen Sage
Szy/the *m.*, -en, -en, siehe Skythe

T

t Abk. für Tonne
T chem. Zeichen für Tritium
Tab [engl.] *m.,* -[e]s, -e, vorspringender Teil einer Karteikarte
Ta/bak [karib.] *m.,* -[e]s, -e
Ta/baks/beu/tel *m.,* -s, -
Ta/baks/do/se *f.,* -, -n
Ta/baks/pfei/fe *f.,* -, -n
Ta/bak/wa/ren *f.,* -, *nur Pl.*
Ta/bas/co [span.] *m.,* -s, *nur Sg.,* scharfe Würzsoße
ta/bel/la/risch [lat.] in Form einer Tabelle
ta/bel/la/ri/sie/ren *tr.,* in Tabellen anordnen
Ta/bel/la/ri/sie/rung *f.,* -, *nur Sg.*
Ta/bel/le *f.,* -, -n, Übersicht in Spalten oder Listen
Ta/ber/na/kel [lat.] *n.* od. *m.,* -s, -, Hostienschrein
Ta/bleau oder auch:
Tab/leau [französ.] *n.,* -s, -s, wirkungsvoll gruppiertes Bild im Theater
Ta/blett *n.,* -[e]s, -s
Ta/blet/te *f.,* -, -n
Ta/blet/ten/miß/brauch >
Ta/blet/ten/miss/brauch *m.,* -[e]s, -bräuche
ta/bu [polynes.] unantastbar, heilig, verboten
Ta/bu *n.,* -s, -s, etwas, worüber man nicht spricht
Ta/bu/ie/ren oder auch:
ta/bu/i/sie/ren *tr.,* mit einem Tabu belegen
Ta/bu/la ra/sa [lat.] *f.,* -, *nur Sg.,* übertr.; unbeschriebenes Blatt, Tabula rasa machen: reinen Tisch machen
Ta/bu/la/tor *m.,* -s, -en, Tabellentaste auf Tastaturen
Ta/bu/la/tur *f.,* -, -en, 1. Meistergesang: Tafeln mit den Regeln 2. 14.-18. Jh.: Notenschriftsystem für Instrumentalmusik
Ta/cho/graph *(Nf.)* auch:
Ta/cho/graf *(Hf.)* [griech.] *m.,* -en, -en, Instrument zum Aufzeichnen von Geschwindigkeiten
Ta/cho/me/ter *n.,* -s, -, Geschwindigkeitsmesser
Ta/chy/gra/phie *(Nf.)* auch: **Ta/chy/gra/fie** *(Hf.)* *f.,* -, -n, antikes Kurzschriftsystem
Ta/chy/kar/die *f.,* -, -n, Herzjagen
Tack/ling [engl.] *n.,* -s, -s, Fußball: Hineingrätschen in den Gegner
Ta/del *m.,* -s, -
ta/del/los
ta/deln *tr.*
ta/delns/wert
Ta/dschi/ke oder auch:
Tad/schi/ke *m.,* -n, -n, Angehöriger eines iranischen Volksstammes
ta/dschi/kisch oder auch:
tad/schi/kisch
Tae/kwon/do oder auch:
Taek/won/do [korean.] *n.,* -, *nur Sg.,* Form der waffenlosen Selbstverteidigung
Ta/fel *f.,* -, -n
Ta/fel/bild *n.,* -[e]s, -er
Tä/fel/chen *n.,* -s, -
Ta/fel/freu/den *f.,* -, *nur Pl.,* Freude am guten Essen
Ta/fel/ge/schirr *n.,* -[e]s, -e
ta/feln *intr.,* gut essen
tä/feln *tr.,* mit Holztafeln verkleiden
Ta/fel/run/de *f.,* -, -n
Tä/fe/lung *f.,* -en, Holzverkleidung
Ta/fel/was/ser *n.,* -s, -wässer
Taft *m.,* -[e]s, -e, glänzendes Seiden- oder Halbseidengewebe
Tag *m.,* -[e]s, -e, 1. Großschreibung: eines Tages, dieser Tage, sieben Tage lang (aber: tagelang), am Tage, bei Tage, zu Tage fördern, guten Tag sagen 2. Kleinschreibung: tags, tagsüber, tags darauf/zuvor
tag/aus in der Wendung tagaus, tagein
tag/blind nachtsichtig
Tag/blind/heit *f.,* -, -en
Ta/ge/bau *m.,* -[e]s, -e, Bergbau an der Erdoberfläche
Ta/ge/blatt *n.,* -[e]s, -blätter, täglich erscheinende Zeitung (meist als Titel)
Ta/ge/buch *n.,* -[e]s, -bücher
Ta/ge/dieb *m.,* -[e]s, -e
Ta/ge/geld *n.,* -[e]s, -er
tag/ein in der Wendung tagein, tagaus
ta/ge/lang aber: drei, mehrere Tage lang
Ta/ge/lohn *m.,* -[e]s, -löhne
Ta/ge/löh/ner *m.,* -s, -
ta/ge/löh/nern *intr.*
ta/gen *intr.*
Ta/ges/an/bruch *m.,* -[e]s, -brüche
Ta/ges/ar/beit *f.,* -, -en
Ta/ges/ein/nah/me *f.,* -, -n
Ta/ges/er/eig/nis *n.,* -ses, -se
Ta/ges/ge/spräch *n.,* -es, -e
Ta/ges/licht *n.,* -[e]s, *nur Sg.*
Ta/ges/marsch *m.,* -[e]s, -märsche
Ta/ges/mut/ter *f.,* -, -mütter, Frau, die die Kinder berufstätiger Mütter betreut
Ta/ges/ord/nung *f.,* -, -en
Ta/ges/rei/se *f.,* -, -n
Ta/ges/schau *f.,* -, -en
Ta/ges/zeit *f.,* -, -en
Ta/ges/zei/tung *f.,* -, -en
ta/ge/wei/se
Ta/ge/werk *n.,* -[e]s, -e, Arbeit eines Tages

Tag/fal/ter *m.*, -s, -
tag/hell
Ta/gli/a/tel/le oder auch:
Tag/li/a/tel/le [italien.],
schmale Bandnudeln
täg/lich
tags am Tage, tagsüber
Tag/schicht *f.*, -, -en
tags/über
tag/täg/lich
Tag/und/nacht/glei/che
auch: **Tag-und-Nacht-Glei/che**
Ta/gung *f.*, -, -en
Tag/wa/che *f.*, -, n
Ta/hi/ti Insel in Polynesien
Tai Chi Chu/an [chin.] *n.*, -, *nur Sg.*, Schattenboxen
Tai/fun [chin.] *m.*, -s, -e, Wirbelsturm, v.a. in Südostasien
Tai/ga *f.*, -, *nur Sg.*, sibirisches Wald- und Sumpfgebiet
Tail/le [französ.] *f.*, -, -n,
1. schmalste Stelle des Rumpfes 2. Gürtelweite
Tail/leur *m.*, -s, -e, Schneider
tail/lie/ren *tr.*, auf Taille arbeiten
Tai/peh Hauptstadt Taiwans
Tai/wan Inselstaat in Ostasien
Take [engl.] *m.*, -s, -s, Film und Fernsehen: (kurzer) Szenenabschnitt
Ta/ke/la/ge *f.*, -, -n, gesamte Segelausrüstung eines Schiffes
Ta/ke/ler *m.*, -s, -, jemand, der an der Takelage arbeitet
ta/keln *tr.*, mit einer Takelage versehen
Ta/kel/werk *n.*, -[e]s, -e, Takelage
Take-off [engl.] *m.*, -s, -s,
1. Start (eines Flugzeugs, einer Rakete o.Ä.) 2. Beginn (etwa einer Show)
Takt *m.*, -[e]s, -e, 1. rhythmische Maßeinheit 2. kleinste Einheit eines Musikstücks 3. einzelner Arbeitsgang von Motoren und Maschinen 4. Feingefühl
Takt/ge/fühl *n.*, -[e]s, *nur Sg.*
tak/tie/ren *intr.*, 1. Musik: den Takt schlagen 2. allg.: klug und geschickt vorgehen
Tak/tik [griech.] *f.*, -, -en, übertr.: planmäßiges Vorgehen
Tak/ti/ker *m.*, -s, -, jemand, der eine Taktik anwendet
tak/tisch auf Taktik beruhend
takt/los
Takt/lo/sig/keit *f.*, -, -en, fehlendes oder mangelndes Feingefühl
Takt/stock *m.*, -[e]s, -stöcke
Takt/strich *m.*, -[e]s, -e
takt/voll
Tal *n.*, -[e]s, Täler
tal/ab/wärts
Ta/lar [lat.] *m.*, -[e]s, -e, knöchellanges, weites Amtsgewand v.a. von Geistlichen und Richtern
tal/auf/wärts
Ta/lent *n.*, -[e]s, -e, 1. antike Gewichts- und Münzeinheit 2. Begabung
ta/len/tiert begabt
ta/lent/los
Ta/lent/lo/sig/keit *f.*, -, *nur Sg.*
Ta/ler *m.*, -s, -, deutsche Münze (bis ins 19. Jh.)
Tal/fahrt *f.*, -, -en, 1. allg.: Fahrt abwärts (Fluss, Bergbahn), 2. übertr. auch für negative Entwicklungen: die Wirtschaft befindet sich auf Talfahrt
Talg *m.*, -[e]s, *nur Sg.*, starres Fett (u.a. vom Rind)
Talg/drü/se *f.*, -, -en
Talg/licht *n.*, -[e]s, -er
Ta/lis/man [arab.] *m.*, -s, -e, vermeintlich Glück bringender Gegenstand
Talk 1. [arab.] *n.*, -s, *nur Sg.*, ein Mineral 2. [engl.] *m.*, -s, -s, Gespräch
Talk/mas/ter *m.*, -s, -, Leiter einer Talkshow
Talk-Show > **Talk/show** *f.*, -, -s, Unterhaltungssendung, in der Menschen interviewt werden oder miteinander sprechen
Tal/kum = Talk (1)
Tal/mud [hebr.] *m.*, -s, *nur Sg.*, Sammlung der Gesetze, Lehren und Überlieferungen des nachbiblischen Judentums
tal/mu/disch zum Talmud gehörend, auf ihm beruhend
Tal/mu/dist *m.*, -en, -en, Kenner des Talmuds
Ta/lon [französ.] *m.*, -s, -s, 1. Gutschein 2. Börse: Erneuerungsschein bei Wertpapieren 3. Kartenspiel: nicht verteilter Kartenrest 4. Glücksspiel: Kartenstock 5. Domino: Kaufstein
Tal/sper/re *f.*, -, -n, Stauwerk über die Breite eines Flusstals
tal/wärts
Tam/bour [arab.] *m.*, -s, -e, 1. Militär: Trommler 2. Baukunst: mit Fenstern versehener Sockel einer Kuppel
Tam/bour/ma/jor *m.*, -[e]s, -e, Leiter eines Spielmannszuges
Tam/bur *m.*, -s, -e, Stickrahmen
tam/bu/rie/ren *tr.*, 1. mit Kettenstichen besticken

2. Haare in eine Perücke einknoten

Tam/bu/rin *n., -s, -e,* 1. kleine, flache Handtrommel mit Schellen 2. = Tambur

Ta/mil *n., -(s), nur Sg.,* Sprache der Tamilen

Ta/mi/le *m., -n, -n,* Angehöriger eines Volksstammes in Vorderindien und auf Sri Lanka

ta/mi/lisch

Tamp *m., -s, -e* und **Tam/pen** *m., -s, -,* Seemannsspr.: Tauende

Tam/pon [französ.] *m., -s, -s,* Watte- oder Zellstoffbausch

Tam/po/na/de *f., -, -n,* das Ausstopfen mit Tampons

tam/po/nie/ren *tr.,* mit Tampons ausstopfen

Tam/tam [Hindi] *n., -s, -s,* 1. chinesisches Becken oder Gong 2. *nur Sg.,* ugs.: Aufhebens, Aufwand, Getue

tan Abk. für Tangens

Tand *m., -s, nur Sg.,* hübsche, aber wertlose Sachen, Kinkerlitzchen

Tän/de/lei *f., -, -en*

Tän/del/markt *m., [e]s, -märkte,* Trödelmarkt

tän/deln *intr.,* 1. scherzen, flirten 2. seine Zeit nutzlos vertun

Tan/dem [lat.] *n., -s, -s,* Fahrrad für zwei Fahrer hintereinander

Tand/ler *m., -s, -,* bayr., österr.: Trödler

tang = tan

Tang *m., -[e]s, -e,* Sammelbezeichnung für mehrere größere Arten der Braunalgen

Tan/ga *m., -s, -s,* Bikini mit besonders knappem Höschenteil

Tan/gens [lat.] *m., -, -,* mathematische Winkelfunktion, Verhältnis der Gegenkathete zur Ankathete

Tan/gen/te *f., -, -n,* Gerade, die eine Kurve in genau einem Punkt berührt

tan/gen/ti/al (eine Kurve oder gekrümmte Fläche) in einem Punkt berührend

tan/gie/ren *tr.,* 1. berühren 2. übertr.: betreffen, berühren: das tangierte sie nicht im Geringsten

Tan/go [span.] *m., -s, -s,* ein lateinamerikanischer Gesellschaftstanz

Tank *m., -s, -s,* 1. Behälter für (feuergefährliche) Flüssigkeiten oder Gase 2. im Ersten Weltkrieg Bezeichnung für gepanzerte Kampfwagen

tan/ken *tr.,* (Treibstoff) einfüllen

Tan/ker *m., -s, -,* Schiff, das Flüssigkeit (meist Treibstoff) befördert

Tank/stel/le *f., -, -n*

Tank/wa/gen *m., -s, -n*

Tank/wart *m., -[e]s, -e,* Tankstellen-Angestellter

Tann *m., -s, nur Sg.,* poet.: Tannenwald

Tänn/chen *n., -s, -*

Tan/ne *f., -, -n,* ein Nadelbaum

Tan/nen/baum, *m. -[e]s, -bäume,* poet.: Tanne

Tan/nen/zap/fen *m., -s, -*

Tan/sa/nia Staat in Ostafrika

Tan/sa/ni/er *m., -s, -*

tan/sa/nisch

Tan/ta/lus/qua/len [griech.] *f., nur Pl.,* Qualen, die man erduldet, wenn man etwas Ersehntes (insbes. Ess- und Trinkbares), das in greifbarer Nähe ist, nicht bekommt.

Tant/chen *n., -s, -*

Tan/te *f., -, -n*

tan/ten/haft abwertend: zimperlich, schrullig

Tan/tie/me *f., -, -n, meist Pl.,* Gewinnanteil

Tan/tra oder auch: **Tant/ra** [sanskr.] *n., -s, -s,* religiöse Lehren und Schriften in Indien

tan/trisch oder auch: **tantrisch,** zu den Tantras gehörend, auf ihnen beruhend

Tan/tris/mus oder auch: **Tant/ris/mus** *m., -, nur Sg.,* indische Lehre, wonach alles im Weltall in mystischer Verbindung miteinander steht

Tanz, *m., -es,* Tänze

Tanz/bar *f., -, -s*

Tanz/bär *m., -en, -en*

Tanz/bein *n., nur in der Wendung: das Tanzbein schwingen*

Tanz/bo/den *m., -s, -böden*

Tänz/chen *n., -s, -*

tän/zeln *intr.*

tan/zen *intr.*

Tän/zer *m., -s, -*

tän/ze/risch

Tanz/kunst *f., -, -künste*

Tanz/leh/rer *m., -s, -*

Tanz/lied *n., -[e]s, -er*

Tanz/lo/kal *n., -[e]s, -e*

Tanz/mu/sik *f., -, -en*

Tanz/sport *m., -s, nur Sg.*

Tanz/stun/de *f., -, -n*

Tanz/tur/nier *n., -[e]s, -e*

Tao [chin.] *n., -, nur Sg.,* religiös-philosophische Richtung in China

Tao/is/mus *m., -, nur Sg.,* chin. Lehre vom Tao

Tape [engl.] *n., -s, -s,* Tonband

Tape-Re/cor/ding > **Tape/re/cor/ding** *n., -s, -s,* engl. für: Tonbandaufnahme

Ta/pet [lat.] *n., -[e]s, -e,* usrprüngl.: Tischdecke auf dem Sitzungstisch, heute nur noch in der Wendung: etwas aufs Tapet bringen = etwas zur Sprache bringen
Ta/pe/te *f., -, -n*
Ta/pe/ten/wech/sel *m., -s, -,* ugs.: Wechsel der Umgebung
ta/pe/zie/ren *tr.*
Ta/pe/zie/rer *m., -s, -*
Ta/pe/zier/na/gel *m., -s, -*nägel, Reißbrettstift
tap/fer
Tap/fer/keit *f., -, nur Sg.*
Tap/fer/keits/me/dail/le *f., -, -n*
Ta/pir [indian.] *m., -s, -e,* ein dem Schwein ähnliches Huftier
Ta/pis/se/rie [französ.] *f., -, -n,* 1. Teppichwirkerei 2. Wandteppich
tap/pen *intr.*
täp/pisch unbeholfen, plump
tap/sig ungeschickt, unbeholfen
Ta/ran/tel [italien.] *f., -, -n,* eine Wolfsspinne
Ta/ran/tel/la *f., -, -s und -len,* lebhafter italienischer Volkstanz
ta/rie/ren *tr.,* Gewicht feststellen oder ausgleichen
Ta/rier/waa/ge *f., -, -n*
Ta/rif [arab.-ital.] *m., -[e]s, -e,* festgelegte Höhe von Steuern, Gebühren, Preisen, Löhnen u.a.
ta/rif/lich
Ta/rif/lohn *m., -[e]s, -löhne*
Ta/rif/ver/trag *m., -[e]s, -*träge
tar/nen *tr.*
Tarn/far/be *f., -, -n*
Tarn/kap/pe *f., -, -n,* unsichtbar machende Kappe in der germanischen Mythologie
Tar/nung *f., -, -en*
Ta/rot [ital.-französ.] *n.* od. *m., -s, -s,* Kartenspiel, bei dem aus Karten die Zukunft gelesen wird
Tar/pan *m., -s, -e,* ausgestorbenes Wildpferd
Tar/ta/ros [griech.] *m., -, nur Sg.,* in der griechischen Mythologie tiefster Teil der Unterwelt
Tar/ta/rus lat. Form von Tartaros
Täsch/chen *n., -s, -*
Ta/sche *f., -, -n*
Ta/schen/buch *n., -[e]s, -*bücher
Ta/schen/dieb *m., -[e]s, -e*
Ta/schen/geld *n., -[e]s, -er*
Ta/schen/spie/ler *m., -s, -*
Tas/ma/ni/en australische Insel
Tas/ma/ni/er *m., -s, -*
tas/ma/nisch
TASS *f., -, nur Sg.,* amtl. Nachrichtenagentur der früheren Sowjetunion
Täß/chen > **Täss/chen** *n., -s, -*
Tas/se *f., -, -n*
Tas/ta/tur [italien.] *f., -, -en,* Gesamtheit aller Tasten, z.B. auf Schreibmaschine, Computer, Klavier o.Ä.
tast/bar
Tast/bar/keit *f., -, nur Sg.*
Tas/te *f., -, -n*
tas/ten *tr.* und *intr.*
Tast/sinn *m., -[e]s, nur Sg.*
Tat *f., -, -en*
Ta/tar *m., -en, -en,* Angehöriger eines mongol.-türk. Mischvolkes im Wolgagebiet, auf der Krim und in Sibirien
ta/ta/risch
Tat/be/stand *m., -[e]s, -*stände
Ta/ten/drang *m., -[e]s, nur Sg.*
Ta/ten/durst *m., -[e]s, nur Sg.*
ta/ten/durs/tig
ta/ten/los
Ta/ten/lo/sig/keit *f., -, nur Sg.*
Tä/ter *m., -s, -*
Tä/ter/schaft *f., -, nur Sg.*
tä/tig
tä/ti/gen *tr.*
Tä/tig/keit *f., -, -en*
Tä/tig/keits/wort *n., -[e]s, -*wörter, siehe Verb
Tat/kraft *f., -, nur Sg.*
tat/kräf/tig
tät/lich handgreiflich: ich wurde tätlich angegriffen: ich wurde aggressiv angefasst, geschlagen
Tät/lich/keit *f., -, -en,* Gewaltanwendung, aggressives Vorgehen
Tat/ort *m., -[e]s, -e*
tä/to/wie/ren [tahit.] *tr.,* mit Nadelstichen unentfernbare (farbige) Zeichnungen in der Haut anbringen
Tä/to/wie/rung *f., -, -en*
Tat/sa/che *f., -, -n*
Tat/sa/chen/be/richt *m., -[e]s, -e*
tat/säch/lich
tät/scheln *tr.,* ugs.: plump od. auch zudringlich berühren: er tätschelte ihr Knie
tat/schen *tr.* und *intr.,* tätscheln
Tat/ter/greis *m., -es, -e,* abwertend für: alter Mann
Tat/te/rich *m., -s, nur Sg.,* ugs. für: nervöses Zittern (der Hände)
tat/te/rig, tatt/rig ugs. für: zittrig
tat/ver/däch/tig im Verdacht stehen eine Tat begangen zu haben, aber: jmd. ist der Tat verdächtig

Tätz/chen *n.,* -s, -
Tat/ze *f.,* -, -n, 1. bei größeren Tieren: Pfote, Pranke 2. scherzh. auch für: große, breite Hand
Tau 1. *m.,* -s, *nur Sg.,* durch Kondensation entstehender Niederschlag 2. *n.,* -[e]s, -e, starkes Seil 3. griechischer Buchstabe
taub 1. gehörlos 2. ohne Empfindung: sein Bein fühlte sich taub an
taub/blind taub und blind zugleich
Taub/blind/heit *f.,* -, *nur Sg.*
Täub/chen *n.,* -s, -
Tau/be *f.,* -, -n
tau/be/netzt aber: von Tau benetzt
Tau/ben/schlag *m.,* -[e]s, -schläge
Taub/heit *f.,* -, *nur Sg.*
taub/stumm taub und stumm
Taub/stumm/heit *f.,* -, *nur Sg.*
Tauch/boot *n.,* -[e]s, -e, Unterseeboot
tau/chen *tr.* und *intr.*
Tau/cher *m.,* -s, -
Tau/cher/glo/cke *f.,* -, -n
Tauch/sie/der *m.,* -s, -
tau/en *intr.* 1. nur im Sinne von: es taut 2. schmelzen
Tau/en/de *n.,* -s, -n
Tauf/be/cken *n.,* -s, -
Tau/fe *f.,* -, -n
tau/fen *tr.*
Tauf/for/mel *f.,* -, -n
Tauf/na/me *m.,* -s, -n
Tauf/pa/te *m.,* -n, -n
Tauf/pa/tin *f.,* -, -nen
tau/frisch
Tauf/schein *m.,* -[e]s, -e
tau/gen *intr.,* zu etwas nützlich sein
Tau/ge/nichts *m.,* -, -e

taug/lich
Taug/lich/keit *f.,* *nur Sg.*
Tau/mel *m.,* -s, -
tau/meln *intr.*
Tau/punkt *m.,* -[e]s, -e, Temperatur, bei der die Luft mit Wasserdampf gesättigt ist
Tau/rus *m.,* -, *nur Sg.,* Gebirge in Kleinasien
Tausch *m.,* -es, -e
tau/schen *tr.*
täu/schen *tr.*
Täu/scher *m.,* -s, -, Betrüger
Tausch/han/del *m.,* -s, *nur Sg.*
Täu/schung *f.,* -, -en
tau/send er hatte tausend Fragen, achttausend Menschen, aber: Tausende von Menschen zogen durch die Straßen
Tau/send *n.,* -s, - od. -e, 1. die Zahl 1000, 2. eine Menge von 1000 Stück: einige Tausend Reißbrettstifte (= Kisten zu 1000 Stück), aber: einige tausend Reißbrettstifte (lose, unverpackt)
Tau/sen/der *m.,* -s, -, 1. bei mehrstelligen ganzen Zahlen die vierte Ziffer von rechts, bei Dezimalzahlen die vierte Zahl vor dem Komma 2. ugs.: Tausendmarkschein
tau/send/fach
Tau/send/füß/ler *m.,* -s, -
Tau/send/gül/den/kraut *n.,* -[e]s, -kräuter, Gattung der Enziangewächse
tau/send/jäh/rig
tau/send/mal ich habe es dir tausendmal gesagt, aber: sie hatte es ihm Tausende von Malen gesagt
Tau/send/sas/sa *m.,* -s, -s,

draufgängerischer Mensch, Teufelskerl
Tau/send/schön *n.,* -s, -e,
Tau/send/schön/chen *n.,* -s, -, eine Art des Gänseblümchens
tau/sends/te der tausendste Teil einer Sekunde, aber: nur etwa jeder Tausendste bekommt diese Krankheit
tau/sends/tel ein tausendstel Liter, eine tausendstel Sekunde
Tau/sends/tel *n.,* -s, -, ein Millimeter ist ein Tausendstel von einem Meter
Tau/to/lo/gie *f.,* -, -n, Bezeichnung desselben Begriffs oder Sachverhaltes durch mehrere Wörter gleicher Bedeutung: immer und ewig, weißer Schimmel
tau/to/lo/gisch
Tau/trop/fen *m.,* -s, -
Tau/wet/ter *n.,* -s, *nur Sg.*
Tau/zie/hen *n.,* -s, *nur Sg.*
Ta/ver/ne *f.,* -, -n, Schenke, Wirtshaus
Ta/xa/me/ter [lat.-griech.] *n.,* -s, -, Fahrpreisanzeiger im Taxi
Ta/xe *f.,* -, -n, 1. Gebühr 2. Taxi
Ta/xi *n.,* -s, -s, gemietetes Auto mit Fahrer
Ta/xi/chauf/feur *m.,* -s, -e, Fahrer eines Taxis
Ta/xi/der/mie [griech.] *f.,* -, *nur Sg.,* Ausstopfen, v.a. von Tieren
ta/xie/ren *tr.,* etwas abschätzen, z.B. Wert od. Größe
Ta/xi/fah/rer *m.,* -s, -
Tbc od. **Tb** Abk. für Tuberkulose
Teak/baum *m.,* -[e]s, -bäume, tropischer Baum
Teak/holz *n.,* -es, -hölzer,

Holz des Teakbaums
Team [engl.] *n.*, -s, -s,
1. Mannschaft 2. Arbeits-
gruppe
Team/work *n.*, -s, *nur Sg.*,
(gute) Zusammenarbeit in
einer Gruppe
Tea-Room > **Tea/room**
[engl.] *m.*, -s, -s, Teestube
(in Hotels)
Tech/nik [griech.] *f.*, -, -en,
1. *nur Sg.:* Gesamtheit aller
technischen Verfahren
2. Herstellungsverfahren,
Arbeitsweise 3. (Kunst-)Fer-
tigkeit: Maltechnik, Kampf-
technik
Tech/ni/ker *m.*, -s, -
Tech/ni/kum *n.*, -s, -ka,
technische Fachschule
tech/nisch auf Technik
beruhend, zu ihr gehörend:
eine technische Hochschule,
aber: die Technische Hochschule Berlin
Tech/ni/sie/rung *f.*, -, *nur Sg.*
Tech/no [engl.] *m.*, -, *nur Sg.*, Computermusik mit
schnellen, harten Bässen
Tech/no/krat *m.*, -en, -en,
Vertreter der Technokratie
Tech/no/kra/tie *f.*, -, *nur Sg.*, Lehre, wonach die
Technik bzw. die Techniker
die Gesellschaft beherr-
schen (sollten)
Tech/no/lo/gie *f.*, -, ien,
1. Gesamtheit der techni-
schen Prozesse eines
Fertigungsablaufs 2. Lehre
von der Gewinnung und
Verarbeitung von Roh- und
Werkstoffen zu technischen
Produkten
tech/no/lo/gisch
Tech/tel/mech/tel *n.*, -s, -,
Liebelei, Flirt
Ted/dy [engl.] *m.*, -s, -s,
Abk. für Teddybär
Ted/dy/bär *m.*, -en, -en.
Stoffbär
Tee [chin.-engl.] *m.*, -s, -s
Tee/ei auch: **Tee-Ei** *n.*, -s, -er
Tee/ern/te auch: **Tee-Ern/te** *f.*, -, -n
Tee/licht *n.*, -[e]s, -er
Tee/löf/fel *m.*, -s, -
Teen/ager oder auch:
Tee/na/ger [engl.] *m.*, -s, -,
Junge oder Mädchen zwi-
schen 13 und 19 Jahren
Tee/nie oder auch:
Tee/ny *m.*, -s, -s, Teenager
Teer *m.*, -[e]s, -e
tee/ren *tr.*, mit Teer bestrei-
chen
Tee/tas/se *f.*, -, -n
Tee/tisch *m.*, -[e]s, -e
Tee/wa/gen *m.*, -s, -
Tee/wurst *f.*, -, -würste
Tef/lon *n.*, -s, *nur Sg.*, hit-
zebeständige Kunststoffbe-
schichtung
Te/he/ran Hauptstadt des
Iran
Teich *m.*, -[e]s, -e
Teich/ro/se *f.*, -, -n, eine
Wasserpflanze
Teig *m.*, -[e]s, -e
tei/gig
Teig/wa/ren *f.*, *nur Pl.*
Teil *m.* od. *n.*, -[e]s, -e
teil/bar
Teil/bar/keit *f.*, -, *nur Sg.*
Teil/chen/be/schleu/niger *m.*, -s, -, Anlage zur Be-
schleunigung elektrisch ge-
ladener Teilchen auf extrem
hohe Geschwindigkeiten
tei/len *tr.*
Tei/ler *m.*, -s, -, Zahl, durch
welche man eine andere
Zahl ohne Rest teilen kann
Teil/ha/be *f.*, -, *nur Sg.*
teil/ha/ben *intr.*
Teil/ha/ber *m.*, -s, -

teil/haf/tig
Teil/kas/ko/ver/si/cherung *f.*, -, -en
Teil/nah/me *f.*, -, *nur Sg.*
teil/nah/me/be/rech/tigt
Teil/nah/me/be/rech/tigung *f.*, -, *nur Sg.*
teil/nahms/los
Teil/nahms/lo/sig/keit *f.*, -, *nur Sg.*
teil/nahms/voll
teil/neh/men *intr.*
Teil/neh/mer *m.*, -s, -
teils teils gingen sie zu Fuß,
teils fuhren sie mit dem
Auto
Teil/stre/cke *f.*, -, -n
Teil/strich *m.*, -[e]s, -e
Tei/lung *f.*, -, -en
teil/wei/se
Teil/zeit *f.*, -, -en, ich habe
einen Teilzeitjob
Teint [französ.] *m.*, -s, -s,
Farbe und Beschaffenheit
der Gesichtshaut
Tek/to/nik *f.*, -, *nur Sg.*,
Lehre vom Aufbau und den
Bewegungen der Erdkruste
tek/to/nisch
Tel Aviv Stadt in Israel
Te/le/fax *n.*, - od. -es, -e,
Fernkopierer
Te/le/fon *n.*, -s, -e
Te/le/fo/nat *n.*, -[e]s, -e,
Telefongespräch
Te/le/fon/buch *n.*, [e]s, -bücher
Te/le/fon/ge/spräch *n.*, -[e]s, -e
te/le/fo/nie/ren *intr.*
te/le/fo/nisch
Te/le/fo/nis/tin *f.*, -, -nen
Te/le/fo/ni/tis *f.*, -, *nur Sg.*,
scherzh. für die Ange-
wohnheit, andauernd und
lange zu telefonieren
Te/le/fon/num/mer *f.*, -, -n
Te/le/fon/zel/le *f.*, -, -n
Te/le/fon/zen/tra/le *f.*, -, -n

te/le/gen für Foto- und Fernsehaufnahmen geeignet
Te/le/graf *m.,* -en, -en, Gerät zur Nachrichtenübermittlung
te/le/gra/fie/ren *tr.*
Te/le/gramm *n.,* -[e]s, -e
Te/le/graph *(Nf.)* auch: **Te/le/graf** *(Hf.)*
te/le/gra/phie/ren *(Nf.)* auch: **te/le/gra/fie/ren** *(Hf.)*
Te/le/ki/ne/se *f.,* -, *nur Sg.,* Bewegen von Gegenständen durch geistige Kraft
Te/le/kol/leg *n.,* -s, -s, Unterrichtssendung im Fernsehen
Te/le/kom *f.,* -, *nur Sg.,* dt. Firma für Telefon- und andere Telekommunikationsdienste
Te/le/ob/jek/tiv *n.,* -s, -e, Aufsatz auf Kameras und Fotoapparaten für Fernaufnahmen
Te/le/path *m.,* -en, -en, jemand, der Begabung zur Telepathie hat
Te/le/pa/thie *f.,* -, *nur Sg.,* Gedankenübertragung oder Wahrnehmung von weit entfernten Vorgängen ohne technische Hilfe
Te/le/skop oder auch: **Te/les/kop** *n.,* -[e]s, -e, Fernrohr
te/le/sko/pisch oder auch: **te/les/ko/pisch** mittels eines Teleskops
Te/le/vi/si/on *f.,* -, *nur Sg.,* Fernsehen
Te/lex [engl.] *n.,* -, *nur Sg.,* Fernschreibernetz
Tel/ler *m.,* -s, -
Tel/ler/fleisch *n.,* -[e]s, *nur Sg.,* gekochtes Rindfleisch
Tel/lur [lat.] *n.,* -s, *nur Sg.,* chemisches Element
Tem/pel [lat.] *m.,* -s, -, 1. einer Gottheit geweihter Bau 2. heilige Stätte, die kultischen Zwecken dient
Tem/pel/tän/ze/rin *f.,* -, -nen
Tem/pe/ra/ment [lat.] *n.,* -[e]s, -e, 1. Gemütsart 2. nur Sg: lebhafte, erregbare Wesensart
tem/pe/ra/ment/los
Tem/pe/ra/ment/lo/sig/keit *f.,* -, *nur Sg.*
Tem/pe/ra/ments/aus/bruch *m.,* -[e]s, -brüche
tem/pe/ra/ment/voll
Tem/pe/ra/tur *f.,* -, -en, 1. Wärmegrad 2. in der Medizin: leichtes Fieber
Tem/pe/ra/tur/reg/ler *m.,* -s, -
Tem/pe/ra/tur/sturz, -[e]s, -stürze
tem/pe/rie/ren *tr.,* 1. die Temperatur regeln 2. übertr.: mäßigen, mildern
Temp/ler *m.,* -s, -, Angehöriger des Templerordens
Temp/ler/or/den *m.,* -s *nur Sg.,* geistlicher Ritterorden des Mittelalters
Tem/po [lat.-ital.] *n.,* -s, -s od. -i, Geschwindigkeit, Schnelligkeit
tem/po/ral das Tempo betreffend, zeitlich
Tem/po/ral/satz [lat.] *m.,* -es, -sätze, Umstandssatz der Zeit
tem/po/rär vorübergehend
Tem/pus *n.,* -, -pora, die Zeitform, in der ein Verb steht, z.B. Futur
Ten/denz [lat.] *f.,* -, -en, 1. Strömung, Richtung 2. Neigung, Hang
ten/den/zi/ell von der Tendenz her
ten/den/zi/ös parteilich, eine gewisse Tendenz erkennen lassend
Ten/der [engl.] *m.,* -s, -, Vorratswagen für die Lokomotive
ten/die/ren [lat.] *intr.,* zu etwas neigen
Ten/nes/see 1. *m.,* -, *nur Sg.,* Nebenfluss des Ohio 2. Staat der USA
Ten/nis [engl.-französ.] *n.,* -, *nur Sg.,* ein Ballspiel mit zwei oder vier Spielern
Ten/nis/schlä/ger *m.,* -s, -
Ten/no [japan.] *m.,* -s, -, Titel des japanischen Kaisers
Te/nor [italien.] *m.,* -s, -nöre, 1. höchste Stimmlage der Männer 2. Sänger mit dieser Stimme 3. Gesamtheit der Tenöre in einem Chor
Te/nor [lat.] *m.,* -s, *nur Sg.,* 1. Haltung, Einstellung 2. Inhalt, Sinn, Wortlaut
Ten/si/on [lat.] *f.,* -, -en, Spannung, Druck
Ten/sor [lat.] *m.,* -s, -en, Spannmuskel
Ten/ta/kel [lat.] *m.* od. *n.,* -s, -, Fühler oder Fangarm bei wirbellosen Wassertieren
Tep/pich *m.,* -s, -e
Te/qui/la [span.] *m.,* -s, *nur Sg.,* mexikanischer Schnaps
Term [lat.] *m.,* -s, -e, in der Mathematik: Glied einer Formel, eines Produktes oder einer Reihe
Ter/min [lat.] *m.,* -[e]s, -e, festgesetzter Zeitpunkt, z.B. für Zahlungen oder Besprechungen
Ter/mi/nal [engl.] *n.,* -s, -s, 1. im Verkehrswesen: Endstation 2. Abfertigungshalle für Fluggäste 3. in der EDV: Datenausgabegerät

Ter/min/ge/schäft *n.*, -[e]s, -e, in der Kaufmannssprache: Lieferungsgeschäft
ter/mi/nie/ren *tr.*, für etwas einen Termin festlegen
Ter/min/ka/len/der *m.*, -s, -
Ter/mi/no/lo/gie *f.*, -, -n, Gesamtheit der Fachausdrücke eines Wissensgebiets
ter/mi/no/lo/gisch
Ter/mi/nus *m.*, -, -ni, 1. Kurzform von Terminus technicus = Fachausdruck 2. Stichtag
Ter/mi/te [lat.] *f.*, -, -n, eine Ordnung Staaten bildender Insekten
Ter/mi/ten/bau *m.*, -[e]s, -e
Ter/pen/tin *n.*, -s, -e, ein Harz
Ter/rain [französ.] *n.*, -s, -s, Gelände
Ter/ra in/co/gni/ta oder auch: **Ter/ra in/cog/ni/ta** [lat.] *f.*, -, *nur Sg.*, unbekanntes, unerforschtes Land
Ter/ra/ri/um [lat.] *n.*, -s, -en, Behälter zum Halten von Lurchen und kleinen Kriechtieren
Ter/ras/se [französ.] *f.*, -, -n, befestigter Vorbau am Erdgeschoss eines Gebäudes
ter/res/trisch oder auch: **ter/rest/risch** [lat.] zur Erde gehörend
Ter/rier [engl.] *m.*, -s, -, eine Hunderasse
Ter/ri/ne [französ.] *f.*, -, -n, (Suppen-)Schüssel
ter/ri/to/ri/al [lat.] zu einem Territorium gehörend
Ter/ri/to/ri/al/ge/walt *f.*, -, -en
Ter/ri/to/ri/um *n.*, -s, -rien, Land, (Hoheits-)Gebiet
Ter/ror [lat.] *m.*, -s, *nur Sg.*, 1. Schrecken, Gewalt 2. Schreckens-, Gewaltherrschaft
Ter/ror/akt *m.*, -[e]s, -e, Gewaltakt
ter/ro/ri/sie/ren *tr.*, andere in Schrecken versetzen
Ter/ro/ris/mus *m.*, -, *nur Sg.*, 1. Terror 2. das Verüben von Gewaltakten aus politischen Motiven
Ter/ro/rist *m.*, -en, -en, jemand, der Terror ausübt
ter/ro/ris/tisch
Ter/tia [lat.] *f.*, -, -tien, veraltet: vierte (Untertertia) und fünfte (Obertertia) Klasse des Gymnasiums
Ter/ti/a/ner *m.*, -s, -, Schüler der Tertia
ter/ti/är 1. die dritte Stelle einnehmend 2. zum Tertiär gehörend, aus ihm stammend
Ter/ti/är *n.*, -s, *nur Sg.*, ein Erdzeitalter
Terz [lat.] *f.*, -, -en, 1. Musik: Intervall von drei Tonstufen 2. eine Fechtstellung
Ter/zett [italien.] *n.*, -[e]s, -e, 1. Musikstück für drei Stimmen oder Instrumente 2. Gruppe von drei Personen, die ein Terzett vorträgt
Ter/zi/ne [italien.] *f.*, -, -n, ital. Strophenform aus drei Zeilen
Tes/sin *m.*, -s, *nur Sg.*, 1. Fluss in der Schweiz 2. schweizer. Kanton
Test [engl.] *m.*, -s, -s, Prüfung, Versuch
Tes/ta/ment [lat.] *n.*, -[e]s, -e, 1. letzter Wille 2. Teil der Bibel: Altes, Neues Testament, Abk: AT, NT
tes/ta/men/ta/risch
Tes/ta/ments/er/öff/nung *f.*, -, -en
Tes/ta/ments/voll/stre/cker *m.*, -s, -
Tes/tat [lat.] *n.*, -[e]s, -e, schriftl. Bestätigung über den Besuch von Vorlesungen, Kursen oder Seminaren
tes/ten *tr.*, prüfen, durch einen Test untersuchen
Tes/to/ste/ron oder auch: **Tes/tos/te/ron** [lat.-griech.] *n.*, -[e]s, *nur Sg.*, männliches Geschlechtshormon
Test/pi/lot *m.*, -en, -en
Te/ta/nus *m.*, -, *nur Sg.*, Wundstarrkrampf
Tête-à-tête auch: **Tete-a-tete** [französ.] *n.*, -s, -s, trautes Zusammensein, Schäferstündchen
Te/tra/e/der oder auch: **Tet/ra-** *n.*, -s, -, Vierflächner, dreiseitige Pyramide
teu/er
Teu/e/rungs/ra/te *f.*, -, -n
Teu/fel *m.*, -s, -
Teu/fe/lei *f.*, -, -en, gemeine, niederträchtige Tat
Teu/fels/bra/ten *m.*, -s, -, ugs. für: tollkühner od. boshafter Mensch
Teu/fels/kerl *m.*, -[e]s, -e, wagemutiger, draufgängerischer Mann
teu/flisch
Teu/to/ne *m.*, -n, -n, 1. Angehöriger eines germanischen Volksstammes 2. ugs. auch für: Deutscher
teu/to/nisch
Te/xa/ner *m.*, -s, -, Einwohner von Texas
te/xa/nisch
Te/xas Staat der USA
Text [lat.] *m.*, -[e]s, -e, Wortlaut, Zeichenfolge
tex/ten *intr.*, einen Text verfassen
Tex/ter *m.*, -s, -, Verfasser von Texten
tex/til [lat.], die Textil-

technik oder -industrie betreffend

tex/til/frei scherzh. für: nackt

Tex/ti/li/en *nur Pl.,* Sammelbezeichnung für Kleidung, Wäsche, Gewebe

Tex/til/in/dus/trie *f., -, -n*

tg Abk. für Tangens

TH Abk. für Technische Hochschule

Thai/land Staat in Hinterindien

Thai/län/der *m., -s, -*
thai/län/disch

Tha/lia [griech.], in der griechischen Mythologie: die Muse des Theaters

Thal/li/um [griech.] *n., -s, nur Sg.,* ein Metall

The/a/ter [griech.] *n., -s, -,* 1. Sammelbegriff für Schauspiel, Oper, Ballett etc. 2. Haus, in dem Theater aufgeführt wird 3. ugs. für: (unnötiges) Aufheben, Getue

The/a/ter/stück *n., -[e]s, -stücke*

The/a/tra/lik *f., -, nur Sg.,* unnatürliches, gekünsteltes Benehmen

the/a/tra/lisch 1. zum Theater gehörend 2. unnatürlich, aufgesetzt

The/ba/ner *m., -s, -,* Einwohner von Theben
the/ba/nisch

The/ben, 1. griech. Stadt 2. antike Stadt in Ägypten

The/is/mus *m., -s, nur Sg.,* der Glaube an einen Gott

The/ist *m., -en, -en*
the/is/tisch

The/ke [lat.] *f., -, -n,* Schanktisch, Ladentisch

The/ma [griech.] *n., -s, -men,* 1. Gegenstand, Stoff (eines Aufsatzes, einer Sendung, einer Diskussion o.Ä.) 2. Hauptmelodie eines Musikstücks

The/ma/tik *f., -, -en,* Themenkreis

the/ma/tisch zum Thema gehörig, es betreffend

The/o/do/lit [arab.] *m., -en, -en,* Winkelmessgerät

The/o/kra/tie [griech.] *f., -, -n,* Gottesstaat, Staatsform, in der der Herrscher sich als von Gott eingesetzt betrachtet

The/o/lo/ge *m., -n, -n,* Wissenschaftler der Theologie

The/o/lo/gie *f., -, -gien,* Religionswissenschaft, systematische Auslegung und Erforschung einer Religion
the/o/lo/gisch

The/o/rem [griech.] *n., -s, -e,* Lehrsatz (insbes. in der Mathematik)

The/o/re/tiker *m., -s, -,* jemand, der eine Sache gedanklich-abstrakt betrachtet oder untersucht, im Gs. zum Praktiker

the/o/re/tisch von der Theorie her, die Theorie betreffend

The/o/rie *f., -, -en,* Lehre, Lehrmeinung, gedankliche Betrachtung im Gs. zur Praxis

The/ra/peut [griech.] *m., -en, -en,* jemand, der eine Therapie anwendet

the/ra/peu/tisch mit Hilfe einer Therapie

The/ra/pie *f., -, -n,* Behandlung von körperlichen oder seelischen Krankheiten

the/ra/pie/ren *tr.,* ärztlich behandeln

ther/mal [griech.] auf Wärme beruhend

Ther/mal/bad *n., -[e]s, -bäder,* Bad von einer warmen Quelle

Ther/me *nur Pl.,* im antiken Rom: öffentliche Bäder

ther/misch auf Wärme beruhend

Ther/mo/dy/na/mik *f., -, nur Sg.,* in der Physik: Wärmelehre

Ther/mo/elek/tri/zi/tät *f., -, nur Sg.,* durch Temperaturunterschied hervorgerufene elektrische Spannung

Ther/mo/me/ter *n., -s, -,* Temperaturmessgerät

Ther/mos/fla/sche *f., -, -n,* Gefäß zum Kühl- oder Warmhalten von Getränken oder Speisen

Ther/mo/stat oder auch: **Ther/mos/tat** *m., -en, -en,* Gerät, das die Raumtemperatur in etwa konstant hält

Ther/mo/the/ra/pie *f., -, -n,* Heilbehandlung durch Wärme

The/sau/rus [griech.] *m., -ri od. -ren,* Titel wissenschaftlicher Sammelwerke und besonders großer Wörterbücher

The/se [griech.] *f., -, -n,* Behauptung, Lehrsatz

The/seus griech. Sagenheld

Thes/sa/li/en [griech.] Landschaft in Griechenland

Thes/sa/li/er *m., -s, -*
thes/sa/lisch

Thes/sa/lo/ni/ki griechischer Name für Saloniki
thes/sa/lo/nisch

The/ta *n., -(s), -s,* griechischer Buchstabe

Tho/ma/ner *m., -s, -,* 1. Schüler der Thomasschule in Leipzig 2. Mitglied des Thomanerchores

Tho/ma/ner/chor *m., -[e]s, nur Sg.,* Knabenchor der Thomaskirche in Leipzig

Tho/mas/kan/tor *m.*, -s, -en, Leiter des Thomanerchores
Tho/mas/ver/fah/ren *n.*, -s, *nur Sg.*, ein Verfahren zur Stahlgewinnung
Thor in der germanischen Mythologie: Donnergott, Sohn Wotans
Tho/ra [hebr.] *f.*, -, *nur Sg.*, die fünf Bücher Mose
Tho/rax [griech.] *m.*, -es, -e, Brustkorb
Thra/ker oder auch:
Thra/zi/er *m.*, -s, -, Einwohner von Thrakien
Thra/ki/en oder auch:
Thra/zi/en Gebiet auf der östlichen Balkanhalbinsel
thra/kisch oder auch:
thra/zisch
Thril/ler [engl.] *m.*, -s, -, reißerischer, auf Spannung abzielender Roman oder Film
Throm/bo/se [griech.] *f.*, -, -n, Verstopfung von Blutgefäßen durch Blutgerinnsel
Throm/bus *m.*, -, -ben, Blutpfropf innerhalb eines Blutgefäßes
Thron [griech.] *m.*, -[e]s, -e
thro/nen *intr.*
Thron/fol/ge *f.*, -, -n
Thron/fol/ger *m.*, -s, -
Thron/saal *m.*, -[e]s, -säle
Thun/fisch *(Hf.)* auch:
Tun/fisch *(Nf.)* [griech.-lat.-dt.] *m.*, -[e]s, -e, eine große Makrele
Thur/gau schweizer. Kanton
Thü/rin/gen dt. Bundesland
Thü/rin/ger *m.*, -s, -
thü/rin/gisch
Thurn und Ta/xis deutsche, urspr. lombardische Fürstenfamilie
THW Abk. für Technisches Hilfswerk

Thy/mi/an [griech.] *m.*, -s, -e, eine Gewürz- und Heilpflanze
Thy/mus [griech.] *m.*, -, *nur Sg.* od. **Thy/mus/drüse** *f.*, -, -n, Wachstumsdrüse
Ti chem. Zeichen für Titan
Ti/a/ra [pers.-griech.] *f.*, -, -ren, 1. im alten Persien Kopfbedeckung der Könige 2. dreifache Krone des Papstes
Ti/bet 1. Hochland in Zentralasien 2. Wollgewebe
Ti/be/ta/ner oder auch:
Ti/be/ter *m.*, -s, -
ti/be/ta/nisch oder auch:
ti/be/tisch
Tick [ital.-franzōs.] *m.*, -s, -s, ugs.: sonderbare Eigenart, Schrulle, zwanghafte Angewohnheit
ti/cken *intr.*
Ti/cket [engl.] *n.*, -s, -s, Fahrkarte, Eintrittskarte
Ti/de *f.*, -, -n, Flut
Ti/den/hub *m.*, -s, *nur Sg.*, Höhenunterschied des Wasserstandes zwischen Ebbe und Flut
Tie-Break *(Nf.)* auch:
Tie/break *(Hf.)* [engl.] m. od. *n.*, -s, -s, Tennis: entscheidendes Spiel beim Satzstand 6:6
tief ich verabscheue das aufs tiefste
Tief *n.*, -s, -s, 1. Tiefdruckgebiet 2. Fahrrinne
Tief/bau *m.*, -[e]s, *nur Sg.*
Tief/bau/in/ge/ni/eur *m.*, -[e]s, -e
tief/be/trübt oder auch: **tief be/trübt**
Tief/druck *m.*, -[e]s, -e, ein Druckverfahren
Tief/druck/ge/biet *n.*, -[e]s, -e, Zone mit niedrigem Luftdruck

Tie/fe *f.*, -, -n
Tief/ebe/ne *f.*, -, -n
Tie/fen/psy/cho/lo/gie *f.*, -, *nur Sg.*
tie/fen/psy/cho/lo/gisch
Tie/fen/wir/kung *f.*, -, -en
tief/ernst
tief/er/schüt/tert oder auch: **tief er/schüt/tert**
Tief/flie/ger *m.*, -s, -
Tief/flug *m.*, -[e]s, -flüge
Tief/ga/ra/ge *f.*, -, -n
tief/ge/hend oder auch: **tief ge/hend**
tief/ge/kühlt
tief/grei/fend
tief/grün/dig
Tief/kühl/tru/he *f.*, -, -n
Tief/land *n.*, -[e]s, -lande od. -länder
Tief/punkt *m.*, -[e]s, -e
Tief/schlag *m.*, -[ie]s, -schläge, Boxen: Schlag unter die Gürtellinie
Tief/see *f.*, -, -n
tief/sin/nig
Tief/stand *m.*, -[e]s, -stände
tief/sta/peln *intr.*, ugs: sein Wissen und seine Fähigkeiten geringwertiger darstellen, als sie sind
Tief/stap/ler *m.*, -s, -
Tief/start *m.*, -[e]s, -s, Sport: Start aus gebeugter Stellung
tief/ste/hend oder auch: **tief ste/hend**
Tiefst/tem/pe/ra/tur *f.*, -, -en
tief/trau/rig
Tie/gel *m.*, -s, -
Tiek/holz *n.*, -es, -hölzer, eindeutschend für: Teakholz
Tier *n.*, -[e]s, -e
Tier/arzt *m.*, -es, -ärzte
Tier/asyl *n.*, -[e]s, -e, Heim für herrenlose Tiere
Tier/freund *m.*, -[e]s, -e
Tier/hal/ter *m.*, -s, -
tie/risch 1. vom Tier, zum

Tierkreis

Tier gehörig 2. ugs. auch für: sehr, stark: du gehst mir tierisch auf die Nerven
Tier/kreis *m., -es, nur Sg.*, die zwölf Sternbilder
Tier/kreis/zei/chen *n., -s, -*
tier/lieb oder auch:
tier/lie/bend
Tier/me/di/zin *f., -, nur Sg.*
Tier/park *m., -[e]s, -s*
Tier/pfle/ger *m., -s, -*
Tier/quä/le/rei *f., -, nur Sg.*
Tier/reich *n., -[e]s, nur Sg.*
Tier/schutz *m., -es, nur Sg.*
Tier/zucht *f., -, nur Sg.*
Ti/ger *m., -s, -*
Ti/ger/au/ge *n., -s, -n,* ein Mineral, oft als Schmuckstein verwendet
ti/gern 1. *tr.* mit Streifen versehen 2. *intr.* ugs.: umherstreifen
til/gen *tr.*, 1. eine Schuld begleichen 2. beseitigen, löschen
Til/gung *f., -, -en*
Til/sit Stadt an der Memel
Tim/bre oder auch:
Timb/re [französ.] *n., -s, -s,* Klangfarbe der Singstimme
ti/men [engl.] *tr.*, 1. Sport: mit der Stoppuhr die Zeit messen 2. den passenden Zeitpunkt wählen, Vorgänge zeitlich aufeinander abstimmen
Time-out [engl.] *n., -(s), -s,* Auszeit im Sport
Time-sha/ring >
Time/sha/ring *n., -s, nur Sg.*, Zeitzuteilung bei der Benutzung einer Datenverarbeitungsanlage durch mehrere Benutzer
Ti/ming *n., -s, nur Sg.*, das zeitliche Abstimmen mehrerer Abläufe
tin/geln *intr.*, mit Unterhaltungsprogrammen (in verschiedenen Städten) in Varietees, auf Jahrmärkten o.Ä. auftreten
Tin/gel/tan/gel *n., -s, -s,* ugs. für: niveaulose Unterhaltungsmusik, niveauloses Tanzlokal
Tink/tur [lat.] *f., -, -en,* (Arznei)auszug
Tin/nef [jidd.] *m., -s, nur Sg.,* 1. Schund, wertloses Zeug 2. dummes Gerede, Unsinn
Tin/te *f., -, -n*
Tin/ten/faß >
Tin/ten/fass *n., -es, -fässer*
Tin/ten/fisch *m., -es, -e*
Tin/ten/fleck *m., -[e]s, -e*
Tin/ten/stift *m., -[e]s, -e*
Tip > **Tipp** *m., -s, -s,* 1. nützlicher Hinweis 2. Ergebnisvorhersage bei Lotto, Fußball o.Ä.
Tip/pel/bru/der *m., -s, -brüder,* ugs. für: Landstreicher
tip/pen 1. *tr.* u. *intr.* leicht berühren 2. *tr.* auf einer Tastatur schreiben 3. *intr.* einen Tipp (2.) oder einen Wettschein abgeben
Tipp/feh/ler *m., -s, -*
tipp/topp ugs.: einwandfrei
Tipp/zet/tel *m., -s, -*
Ti/ra/de [französ.] *f., -, -n,* Redeschwall
Ti/ra/mi/su [italien.] *n., -, nur Sg.,* Süßspeise, u.a. aus getränkten Biskuits
Ti/ra/na Hauptstadt von Albanien
ti/ri/lie/ren *intr.*, pfeifen, singen (bei Vögeln, übertr. auch bei Menschen)
Ti/rol Bundesland Österreichs
Ti/ro/ler *m., -s, -*
ti/ro/le/risch veralt. für: tirolisch
ti/ro/lisch
Tisch *m., -[e]s, -e*
Tisch/lein/deck/dich *n., -, -*
Tisch/ler *m., -s, -*
tisch/lern *intr.*, (hobbymäßig) als Tischler arbeiten
Tisch/re/de *f., -, -n*
Tisch/rü/cken *n., -s, nur Sg.,* spiritistische Praktik
Tisch/sit/ten *f., nur Pl.*
Tisch/ten/nis *n., -, nur Sg.*
Tisch/zeit *f., -, -en*
Ti/tan [griech.] 1. *m., -en, -en,* allg.: Riese, in der griechischen Mythologie: Angehöriger eines Geschlechts von Riesen 2. *n., -s, nur Sg.,* ein Metall
ti/ta/nen/haft
Ti/ta/ni/de *m., -n, -n,* Nachkomme der Titanen
ti/ta/nisch riesenhaft
Ti/tel [griech.] *m., -s, -,* 1. Überschrift 2. Amts- oder Dienstbezeichnung
Ti/tel/bild *n., -[e]s, -er*
Ti/tel/blatt *n., -[e]s, -blätter*
Ti/tel/rol/le *f., -, -n,* Hauptrolle im Theater oder im Film
Ti/tel/ver/tei/di/ger *m., -s, -,* Sportler oder Sportmannschaft, der bzw. die einen Meistertitel erneut aufs Spiel setzt
Tit/te *f., -, -n,* vulg. für: weibliche Brust
ti/tu/lie/ren *tr.*, 1. jemanden mit dem Titel anreden 2. jemanden mit Schimpfwörtern belegen
Ti/vo/li 1. italienische Stadt 2. *n., -(s), -s,* Vergnügungsort 3. *n., -(s), -s,* italienisches Kugelspiel
ti/zi/an/rot golden purpurrot
Tjalk [niederl.] *f., -, -en,*

ein einmastiges Küstensegelboot
Tl chem. Zeichen für Thallium
Tme/sis [griech.] *f.*, -, -sen, Trennung eigentlich zusammengehörender Wortteile: ich rufe dich an, wir halten das fest
TNT Abk. für Trinitrotoluol
Toast [engl.] *m.*, -[e]s, -e od. -s, 1. geröstete Weißbrotscheibe 2. Trinkspruch
toas/ten 1. *tr.* rösten 2. *intr.* einen Trinkspruch ausbringen
Toas/ter *m.*, -s, -, Brotröster
To/bak *m.*, -[e]s, -e, 1. veralt. für: Tabak 2. Anno Tobak: scherzh. für: vor sehr langer Zeit 3. starker Tobak: Unverschämtheit, Zumutung
to/ben *intr.*
Tob/sucht *f.*, -, *nur Sg.*
tob/süch/tig
Tob/suchts/an/fall *m.*, -[e]s, -fälle
Toc/ca/ta oder auch:
Tok/ka/ta [italien.] *f.*, -, -ten, ein Musikstück, bes. für Tasteninstrumente
Toch/ter *f.*, -, Töchter
Toch/ter/ge/ne/ra/ti/on *f.*, -en, nachfolgende Generation
Toch/ter/ge/sell/schaft *f.*, -, -en
Tod *m.*, -es, -e
tod/brin/gend
tod/ernst
To/des/angst *f.*, -, -ängste
To/des/an/zei/ge *f.*, -, -n
To/des/fall *m.*, -[e]s, -fälle
To/des/ge/fahr *f.*, -, -en
To/des/kampf *m.*, -[e]s. *nur Sg.*
To/des/kan/di/dat *m.*, -en, -en
to/des/mu/tig

To/des/not *f.*, -, -nöte
To/des/op/fer *n.*, -s, -
To/des/stoß *m.*, -es, -stöße
To/des/stra/fe *f.*, -, -n
To/des/stun/de *f.*, -, -n
To/des/tag *m.*, -[e]s, -e
To/des/ur/sa/che *f.*, -, -n
To/des/ur/teil *n.*, -[e]s, -e
tod/feind er und ich, wir sind uns todfeind
Tod/feind *m.*, -es, -e
tod/ge/weiht
tod/krank
töd/lich
tod/mü/de
tod/schick ugs. für: sehr schick
tod/si/cher
Tod/sün/de *f.*, -, -n
tod/un/glück/lich
Tof/fee *n.*, [engl.] *n.*, -s, -s, ein weiches Karamellbonbon
Töff/töff *n.*, -s, -s, scherzh. für: kleines Auto
To/fu [japan.] *m.*, -(s), *nur Sg.*, aus Sojamilch gewonnener Quark
To/ga [lat.] *f.*, -, -gen, Obergewand für Männer im Alten Rom
To/go Staat in Westafrika
To/go/er *m.*, -s, - oder auch:
To/go/le/se *m.*, -n, -n, Einwohner Togos
to/go/isch oder auch:
to/go/le/sisch
To/hu/wa/bo/hu [hebr.] *n.*, -s, -s, großes Durcheinander
toi, toi, toi! ugs. für: viel Glück!
To/i/let/te [französ.] *f.*, -, -n, 1. Klosett 2. Frisiertisch 3. Toilette machen: sich (fein) anziehen und frisieren
To/i/let/ten/ar/ti/kel *m.*, -s, -
To/kai/er oder auch:
To/ka/jer [ungar.] *m.*, -s, -,

ein süßer ungarischer Wein
To/kio Hauptstadt von Japan
To/ki/o/er oder auch:
To/ki/o/ter *m.*, -s, -, Einwohner Tokios
to/ki/o/isch oder auch:
to/ki/o/tisch
Tok/ka/ta *f.*, -, -ten, Toccata
Tö/le *f.*, -, -n, abwertend für: Hund
To/le/da/ner *m.*, -s, -, Einwohner von Toledo
To/le/do Stadt in Spanien
to/le/rant [lat.] nachsichtig
To/le/ranz *f.*, -, -en, 1. Nachsicht 2. zulässige Abweichung
to/le/rie/ren *tr.*. dulden
toll
toll/dreist
Tol/le *f.*, -, -n, Haarbüschel
tol/len *intr.*
Toll/haus *n.*, -es, -häuser, veralt. für: psychiatrische Anstalt
Toll/heit *f.*, -, -en, Raserei, Wahn
Toll/kir/sche *f.*, -, -n, ein Nachtschattengewächs
toll/kühn draufgängerisch
Toll/kühn/heit *f.*, -, *nur Sg.*, draufgängerischer Wagemut
Toll/patsch [ungar.] *m.*, -[e]s, -e, ugs. für: ungeschickter Mensch
toll/pat/schig
Toll/wut *f.*, -, *nur Sg.*, eine gefährliche Tierkrankheit, auf Menschen übertragbar
toll/wü/tig
Tol/patsch > **Toll/patsch**
tol/pat/schig > **toll/pat/schig**
Töl/pel *m.*, -s, -, 1. naiver, dummer Mensch 2. ein Seevogel
töl/pel/haft
To/ma/hawk [indian.-engl.]

m., -s, -s, indianische Streitaxt

To/ma/te [mexikan.] *f.*, -, -n

To/ma/ten/mark *n.*, -[e]s, *nur Sg.*

to/ma/ten/rot

Tom/bo/la [italien.] *f.*, -, -s od. -len, Verlosung

Tom/my [engl.] *m.*, -s, -s, 1. Kosename für Thomas 2. scherzh. für: englischer Soldat, auch allg. für Engländer

To/mo/gra/phie *(Nf.)* auch: **To/mo/gra/fie** *(Hf.) f.*, -, -n, schichtweise Röntgenaufnahme

Ton 1. *m.*, -[e]s, -e, ein verfestigtes Gesteinsmehl, bestehend v.a. aus Mineralen 2. *m.*, -[e]s, Töne, Klang, Laut

Ton/ab/neh/mer *m.*, -s, -

to/nal Musik: auf einen Grundton bezogen

To/na/li/tät *f.*, -, *nur Sg.*, Grundtonbezogenheit von Tönen

ton/an/ge/bend

Ton/art *f.*, -, -en

Ton/band *n.*, -[e]s, -bänder

Ton/band/auf/zeich/nung *f.*, -, -en

Ton/band/ge/rät *n.*, -[e]s, -e

Ton/dich/tung *f.*, -, -en, Komposition

tö/nen 1. *intr.* klingen 2. *tr.* schattieren

Ton/er/de *f.*, -, -n

tö/nern aus Ton

Ton/fall *m.*, -[e]s, -fälle

Ton/film *m.*, -[e]s, -e

To/nic oder auch:

To/nic/wa/ter [engl.] *n.*, -s, -s, Erfrischungsgetränk

To/ni/ka [italien.] *f.*, -, -ken, Grundton

To/ni/kum [griech.] *n.*, -s, -ka, stärkendes (Arznei-)Mittel

to/nisch 1. Musik: auf der Tonika beruhend 2. stärkend

Ton/kopf *m.*, -[e]s, -köpfe, Bauelement im Tonbandgerät für Aufnahme und Wiedergabe

Ton/lei/ter *f.*, -, -n

ton/los

Ton/meis/ter *m.*, -s, -, ein Tontechniker

Ton/na/ge [französ.] *f.*, -, -en, Rauminhalt eines Schiffes

Ton/ne *f.*, -, -n, 1. (großer) zylindrischer Behälter 2. Gewichtsmaßeinheit: 1 Tonne = 1000 kg

ton/nen/wei/se

Ton/sil/le *f.*, -, -n, in der Medizin: Mandel

Ton/sil/li/tis *f.*, -, -tiden, Mandelentzündung

Ton/spur *f.*, -, -en, Streifen auf einem Film, welcher die Toninformationen enthält

Ton/sur [lat.] *f.*, -, -en, bei Mönchen: runde, kahl geschorene Stelle auf dem Kopf

Ton/tau/be *f.*, -, -n, Sportschießen: Tonscheibe, die in die Luft geworfen und beschossen wird

Ton/tau/ben/schie/ßen *n.*, -s, *nur Sg.*

Ton/trä/ger *m.*, -s, -, Sammelbegriff für CD, Schallplatte, Musikkassette etc.

Tö/nung *f.*, -, -en

To/nus [griech.] *m.*, -s, Toni, Spannungszustand bei Geweben, insbes. Muskeln

top [engl.], spitze, klasse

Top *n.*, -s, -s, 1. ärmelloses Oberteil 2. Vorsilbe mit der Bedeutung: spitze, z.B. Topstar = Spitzenstar

To/pas *m.*, -es, -e, ein Edelstein

Topf *m.*, -[e]s, Töpfe

top/fen *tr.*, meist mit Vorsilbe: eintopfen, umtopfen

Töp/fer *m.*, -s, -

töp/fern *intr.*, (hobbymäßig) als Töpfer arbeiten

top/fit [engl.] in optimaler körperlicher Verfassung, in Hochform

Topf/pflan/ze *f.*, -, -n

top/less [engl.] mit nacktem Busen

Top/ma/na/ger [engl.] *m.*, -s, -

To/po/graph *(Nf.)* auch: **To/po/graf** *(Hf.)* [griech.] *m.*, -en, -en, Vermessungsingenieur

To/po/gra/phie *(Nf.)* auch: **To/po/gra/fie** *(Hf.) f.*, -, -n, Lagebeschreibung

to/po/gra/phisch *(Nf.)* auch: **to/po/gra/fisch** *(Hf.)*

To/pos [griech.] *m.*, -, -poi, 1. Rhetorik: allgemein als richtig anerkannte Aussage 2. Sprachwiss.: feste Redewendungen oder Bilder

Topp *m.*, -s, -e(n), Seemannsspr.: oberstes Ende des Mastes

topp!, Ausruf mit der Bedeutung: abgemacht! Topp, die Wette gilt!

top/pen [engl.] *tr.*, 1. Benzin destillieren 2. (die Rahen) zur Mastspitze ziehen 3. (eine Leistung) überbieten

Topp/se/gel *n.*, -s, -

top-se/cret > **top/se/cret** oder auch: **top/sec/ret** [engl.] streng geheim

Top/spin [engl.] *m.*, -s, -s, Golf, (Tisch-)Tennis: starker Drall des Balles nach vorne

Top/star *m.*, -s, -s, besonders beliebter Künstler aus dem Showbusiness
Top Ten *nur Pl.*, die bestplatzierten zehn Titel einer (Verkaufs-)Hitparade
Tor 1. *n.*, -[e]s, -e, große (schwere) Tür 2. *n.*, -[e]s, -e, Sport: Angriffsziel bei Ballspielen 3. *m.*, -en, -en, Dummkopf, Narr
To/re/ro [span.] *m.*, -s, -s, Stierkämpfer
Torf *m.*, -[e]s, *nur Sg.*, zersetzte Pflanzenreste
Torf/er/de *f.*, -, -n
tor/fig wie Torf, aus Torf
Torf/mull *m.*, -[e]s, *nur Sg.*, getrockneter Torf
Torf/na/se *f.*, -, -n, scherzh. für: Dummkopf, Trottel
Tor/heit *f.*, -, -en, Dummheit
tö/richt einfältig, dumm
tor/keln *intr.*, taumeln, wanken
Törn *m.*, -s, -s, Ausflug mit dem Segelboot
Tor/na/do [span.-engl.] *m.*, -s, -s, Wirbelsturm in Nordamerika
Tor/nis/ter [slaw.] *m.*, -s, -, (Soldaten-, Schul-)Ranzen
tor/pe/die/ren [lat.] *tr.*, 1. mit einem Torpedo beschießen 2. etwas scharf angreifen: die Opposition torpedierte die Gesetzesvorlage
Tor/pe/do *m.*, -s, -s, Unterwassergeschoss
Tor/pe/do/boot *n.*, -[e]s, -e
Tor/schluß/pa/nik >
Tor/schluss/pa/nik *f.*, -, *nur Sg.*, Angst, ein anvisiertes Ziel (Beruf, passender Lebenspartner) nicht mehr rechtzeitig zu erreichen
Tor/si/on [lat.] *f.*, -, -en, Technik: Verdrehung, Verdrillung
Tor/so [griech.-ital.] *m.*, -s, -s, unvollständig erhaltene Statue
Tor/te *f.*, -, -n
Tor/te/lett oder auch:
Tor/te/let/te *n.*, -s, -s, Törtchen aus Mürbeteig
Tor/tel/li/ni [italien.] *nur Pl.*, gefüllte, ringförmige Nudeln
Tor/ten/bo/den *m.*, -s, -böden
Tor/ten/he/ber *m.*, -s, -
Tor/til/la [span.] *f.*, -s, -s, 1. Omelett 2. in Lateinamerika: Fladenbrot aus Maismehl
Tor/tur [lat.] *f.*, -, -en, Folter, Qual
Tor/wart *m.*, -[e]s, -e
To/ry [engl.] *m.*, -s, -s od. -ries, in Großbritannien Vertreter der konservativen Politik
to/sen *intr.*
Tos/ka/na [italien.] *f.*, -, *nur Sg.*, Landschaft in Mittelitalien
Tos/ka/ner *m.*, -s, -
tos/ka/nisch
tot Großschreibung bei Eigennamen: das Tote Meer, das Tote Gebirge (Oberösterreich)
to/tal [lat.] ganz, völlig
to/ta/li/tär diktatorisch
To/ta/li/ta/ris/mus *m.*, -, *nur Sg.*, die in einem diktatorisch regierten Staat vorhandene Tendenz, die Menschen völlig zu beanspruchen und zu kontrollieren
To/ta/li/tät *f.*, -, *nur Sg.*, Ganzheit
tot/är/gern *tr.*, sich totärgern: ugs. für: sich erheblich ärgern
To/tem [indian.] *n.*, -s, -s, heiliges Ahnentier bei Naturvölkern
To/te/mis/mus *m.*, -, *nur Sg.*, Verehrung eines Totems, Glaube an seine übernatürliche Kraft
to/te/mis/tisch
To/tem/pfahl *m.*, -[e]s, -pfähle, Pfahl mit dem eingeschnittenen Bild des Totems
tö/ten *tr.*
To/ten/acker *m.*, -s, -, poet. für: Friedhof
To/ten/bah/re *f.*, -, -n
To/ten/bett *n.*, -[e]s, -en
to/ten/bleich
To/ten/fei/er *f.*, -, -n
To/ten/grä/ber *m.*, -s, -
To/ten/hemd *n.*, -[e]s, -en
To/ten/kla/ge *f.*, -, -n
To/ten/kopf *m.*, -[e]s, -köpfe
To/ten/mes/se *f.*, -, -n
To/ten/schä/del *m.*, -s, -
To/ten/schein *m.*, -[e]s, -e
To/ten/sonn/tag *m.*, -[e]s, -e
To/ten/star/re *f.*, -, *nur Sg.*
to/ten/still
To/ten/stil/le *f.*, -, *nur Sg.*
To/ten/tanz *m.*, -es, -tänze
To/ten/wa/che *f.*, -, -n
tot/fah/ren *tr.*
tot/ge/bo/ren oder auch: **tot ge/bo/ren**
Tot/ge/burt *f.*, -, -en
tot/la/chen sich totlachen, er lachte sich tot
tot/lau/fen ugs. für: ohne Erfolg zu Ende gehen, versanden: die Aktion hat sich totgelaufen
To/to *m.*, -s, -s, ugs. für: Wette im Fußball
tot/sa/gen *tr.*
tot/schie/ßen *tr.*
Tot/schlag *m.*, -[e]s, *nur Sg.*

tot/schla/gen *tr.*
Tot/schlä/ger *m.*, -s, -, Stock mit Bleiknopf
tot/schwei/gen *tr.*
tot/stel/len sich totstellen, ich stellte mich tot
Tö/tung *f.*, -, -en
Tö/tungs/ab/sicht *f.*, -, -en
Touch [engl.] *m.*, -s, -s, Anflug, Hauch: Berlin hat einen internationalen Touch
tou/chie/ren [französ.] *tr.*, leicht berühren (z.B. beim Fechten)
Tou/pet [französ.] *n.*, -s, -s, Halbperücke, Haarersatz
tou/pie/ren *tr.*, das Haar (mit dem Kamm) auflockern, damit es fülliger wirkt
Tour [französ.] *f.*, -, -en, 1. Ausflug 2. Runde 3. Art und Weise: das ist eine miese Tour von dir 4. auf Touren kommen: übertr. für: in Schwung kommen
Tour de France *f.*, -, *nur Sg.*, berühmtes Radrennen in Frankreich
Tour de Suisse *f.*, -, *nur Sg.*, Radrennen in der Schweiz
tou/ren *intr.*, ugs. für: auf Tournee sein
Tou/ren/wa/gen *m.*, -s, -
Tou/ren/zahl *f.*, -, -en, Drehzahl
Tou/ris/mus *m.*, -, *nur Sg.*, Fremdenverkehrswesen
Tou/rist *m.*, -en, -en, Reisender, Besucher eines fremden Landes
Tou/ris/ten/klas/se *f.*, -, *nur Sg.*, Niedrigpreisklasse bei Flügen, Schifffahrten u.Ä.
tou/ris/tisch den Tourismus betreffend
Tour/nee *f.*, -, -n, Gastspielreise von Künstlern

tour/nie/ren *intr.*, die Spielkarten aufdecken
To/wa/risch/tsch [russ.] *m.*, -, -i, russisch für: Genosse
To/wer [engl.] *m.*, -s, -, 1. Flughafenkontrollturm 2. *nur Sg.*: ältestes erhaltenes Bauwerk Londons
to/xi/gen durch Vergiftung entstanden
To/xi/ko/lo/ge *m.*, -n, -n, Fachmann für Toxikologie
To/xi/ko/lo/gie *f.*, -, *nur Sg.*, Wissenschaft von den Giften und deren Einfluss auf den Körper
to/xi/ko/lo/gisch
To/xi/kum *n.*, -s, -ka, Gift
to/xisch giftig
To/xi/zi/tät *f.*, -, *nur Sg.*, Giftigkeit
Trab *m.*, -s, *nur Sg.*, mittelschnelle Gangart (des Pferdes): im Trab laufen
Tra/bant [slaw.] *m.*, -en, -en, 1. früher: Begleiter, Diener 2. in der Astronomie: Mond 3. Technik: Satellit
Tra/ban/ten/stadt *f.*, -, -städte, kleine Stadt am Rande einer Großstadt, meist zur Entlastung der Wohnraumsituation in dieser
tra/ben *intr.*
Tra/ber *m.*, -s, -, Pferd, das Trabrennen läuft
Trab/renn/bahn *f.*, -, -en
Trab/ren/nen *n.*, -s, -
Tracht *f.*, -, -en, 1. die für ein Volk oder eine Berufsgruppe typische Bekleidung und die dazugehörige Gestaltung von Haupt- und Barthaar 2. Anteil: eine Tracht Prügel
trach/ten *intr.*, nach etwas trachten: etwas zu erreichen versuchen

Trach/ten/an/zug *m.*, -[e]s, -züge
Trach/ten/kos/tüm *n.*, -[e]s, -e
träch/tig bei Tieren: schwanger
Tra/des/kan/tie *f.*, -, -n, eine Zierpflanze
tra/die/ren [lat.] *tr.*, überliefern
Tra/di/ti/on *f.*, -, -en, die Übernahme und Weitergabe von Bräuchen, Sitten, Konventionen u.Ä.
Tra/di/ti/o/na/lis/mus *m.*, -, *nur Sg.*, das Fixiertsein auf Althergebrachtes, Tradiertes
tra/di/ti/o/nell nach der Tradition
Tra/fo *m.*, -s, -s, Kurzform von: Transformator
Trag/bah/re *f.*, -, -n
trag/bar
Tra/ge *f.*, -, -n
trä/ge
tra/gen *tr.*
Trä/ger *m.*, -s, -
Tra/ge/zeit *f.*, -, -en, bei Tieren: Dauer der Trächtigkeit
Trag/fä/hig/keit *f.*, -, *nur Sg.*
Trag/flä/che *f.*, -, -n
Träg/heit *f.*, -, *nur Sg.*
Träg/heits/mo/ment *n.*, -[e]s, -e, Physik: Maß für die Trägheit eines sich drehenden Körpers
Tra/gik [griech.] *f.*, -, *nur Sg.*, schicksalhaftes, unabwendbares Leid
Tra/gi/ker *m.*, -s, -, Tragödienschreiber
Tra/gi/ko/mik *f.*, -, *nur Sg.*, Umstand, dass eine Sache zugleich komisch und tragisch ist
tra/gi/ko/misch
Tra/gi/ko/mö/die *f.*, -, -n,

zugleich komisches und tragisches Theaterstück
tra/gisch erschütternd
Tra/gö/die *f.*, -, -n, 1. Theaterstück mit tragischem Ende 2. großes Unglück
Trag/wei/te *f.*, -, *nur Sg.*, Ausmaß, Auswirkung (einer Entscheidung o.Ä.)
Trai/ler [engl.] *m.*, -s, -, 1. Kino, Fernsehen: eine Sequenz von kurzen, meist reißerischen Filmausschnitten, die für einen Spielfilm werben sollen 2. Autoanhänger
Trai/ner *m.*, -s, -, jemand, der andere auf einen Wettkampf vorbereitet
trai/nie/ren *tr.* und *intr.*, sich oder andere auf einen Wettkampf vorbereiten
Trai/ning *n.*, -s, -s
Trai/nings/an/zug *m.*, -[e]s, -züge
Trakt [lat.] *m.*, -[e]s, -e, größerer Teil eines Gebäudes
Trak/tat *n.*, -[e]s, -e, wissenschaftliche Abhandlung
trak/tie/ren *tr.*, jemanden ärgern, quälen
Trak/tor *m.*, -s, -en, Schleppfahrzeug
träl/lern *tr.*, ein Lied trällern
Tram *f.*, -, -s, Kurzform von: Trambahn
Tram/bahn *f.*, -, -en, Straßenbahn
Tra/mi/ner *m.*, -s, -, 1. eine spätreife Rebsorte 2. Wein aus Tramin (Südtirol)
Tramp [engl.] *m.*, -s, -s. umherziehender Gelegenheitsarbeiter
Tram/pel *m.* od. *n.*, -s, -, ugs. für: plumper, ungeschickter Mensch
tram/peln *intr.*, mit den Füßen aufstampfen
Tram/pel/pfad *m.*, [e]s, -e, Pfad in ansonsten schlecht begehbarem Gelände, welcher erst durch häufiges Durchmarschieren entstanden ist
Tram/pel/tier *n.*, -[e]s, -e, 1. zweihöckriges Kamel 2. ugs. für: plumper, schwerfälliger Mensch
tram/pen [engl.] *intr.*, durch die Gegend reisen und sich dabei von Autos mitnehmen lassen
Tram/per *m.*, -s, -
Tram/po/lin [italien.] *n.*, -[e]s, -e, ein Sprunggerät zum Turnen
Tran *m.*, -[e]s, -e, 1. aus dem Fett von Meerestieren (Wale und Robben) gewonnenes Öl 2. *nur Sg.*: ugs. für: Schläfrigkeit, Benommenheit
Tran/ce [lat.-französ.] *f.*, -, *nur Sg.*, schlafähnlicher Bewusstseinszustand
tran/chie/ren *(Nf.)* auch: **tran/schie/ren** *(HJ.)* [französ.] *tr.*, Geflügel o.Ä. zerschneiden
Tran/chier/mes/ser *(Nf.)* auch: **Tran/schier/mes/ser** *(Hf.)* *n.*, -s, -
Trä/ne *f.*, -, -n
trä/nen *intr.*
Trä/nen/drü/se *f.*, -, -n
Trä/nen/gas *n.*, -es, -e, die Augenschleimhäute reizendes Gas
trä/nen/reich
Trä/nen/sack *m.*, -[e]s, -säcke
Tran/fun/zel *f.*, -, -n,1. ugs. für: Tranlampe 2. ugs. für: langsamer, begriffsstutziger Mensch
tra/nig 1. aus Tran, wie Tran 2. ugs. für: schlapp, benommen
Trank *m.*, -[e]s, Tränke
Trän/ke *f.*, -, -n, Wasserstelle für Vieh
trän/ken *tr.*, 1. zu trinken geben 2. sich vollsaugen lassen (z.B. einen Wattebausch)
Tran/lam/pe *f.*, -, -n
Tran/qui/li/zer [lat.-engl.] *m.*, -s, -, Beruhigungsmittel
Trans/ak/ti/on *f.*, -, -en, Geldgeschäft
trans/al/pin oder auch: **trans/al/pi/nisch** [lat.], von Rom aus gesehen jenseits der Alpen
trans/at/lan/tisch jenseits des Atlantik
tran/schie/ren *tr.*, Bedeutung siehe tranchieren
Tran/schier/mes/ser *n.*, -s, -
Trans/fer [lat.] *m.*, -s, *nur Sg.*, 1. Geldanweisung ins Ausland in dessen Währung 2. Verlagerung von Geldmitteln auf Konten im Ausland 3. Sport: Vereinswechsel eines Spielers
trans/fe/rie/ren *tr.*, Geld ins Ausland verlagern und in dessen Währung übertragen
Trans/for/ma/ti/on [lat.] *f.*, -, -en, Umwandlung
Trans/for/ma/tor *m.*, -s, -en, (Kurzform: Trafo) Gerät, das elektrische Spannung herabsetzt oder erhöht
trans/for/mie/ren *tr.*, 1. umwandeln 2. elektrische Spannung herabsetzen oder erhöhen
trans/fun/die/ren [lat.] *tr.*, (Blut) übertragen
Trans/fu/si/on *f.*, -, -en, (Blut-)Übertragung
Tran/sis/tor [lat.] *m.*, -s, -en, elektronischer Schalter

Tran/sis/tor/ra/dio *n.*, -s, -s
Tran/sit [lat.] *m.*, -s, -e, Durchfahrt durch ein fremdes Land
Tran/sit/han/del *m.*, -s, *nur Sg.*
tran/si/tiv [lat.] Grammatik: zielend, transitive Verben: Verben, die ein Akkusativobjekt nach sich ziehen und ein persönliches Passiv bilden können, z.B. ziehen, schieben
tran/si/to/risch vorübergehend
Tran/sit/rei/sen/der *m.*, -den, -den
Tran/sit/ver/kehr *m.*, -s, *nur Sg.*
Trans/kau/ka/si/en Teil Kaukasiens südlich des Großen Kaukasus
tran/skri/bie/ren oder auch: **trans/kri/bie/ren** [lat.] *tr.*, umschreiben, z.B. ein Musikstück für ein anderes Instrument oder einen Text in eine andere Schrift
Tran/skrip/ti/on oder auch: **Trans/krip/ti/on** *f.*, -, -en, das Umschreiben, siehe transkribieren
Trans/la/ti/on [lat.] *f.*, -, -en, 1. Übersetzung 2. rotationsfreie, verschiebende Bewegung eines Körpers
Trans/li/te/ra/ti/on [lat.] *f.*, -, -en, buchstabengetreue Übertragung einer Schrift in eine andere
trans/li/te/rie/ren *tr.*
Trans/mis/si/on [lat.] *f.*, -, -en, 1. (Kraft-)Übertragung 2. Physik: Durchgang von Licht durch ein Medium
Trans/mit/ter *m.*, -s, -, allg. Überträger, Sender
trans/mit/tie/ren *tr.*, übertragen, senden
trans/pa/rent [lat.] 1. durchsichtig 2. durchschaubar, überblickbar
Trans/pa/rent *n.*, -[e]s, -e, Spruchband (v.a. bei Demonstrationen)
Trans/pa/rent/pa/pier *n.*, -[e]s, -e, nahezu durchsichtiges Papier
Trans/pa/renz *f.*, -, *nur Sg.*, 1. Durchsichtigkeit 2. Durchschaubarkeit, Offensichtlichkeit
Tran/spi/ra/ti/on oder auch: **Trans/pi/ra/ti/on** [lat.] *f.*, -, -en, Absonderung von Schweiß (Mensch, Tier) oder Wasserdampf (Pflanze)
tran/spi/rie/ren oder auch: **trans/pi/rie/ren** *intr.*, 1. schwitzen 2. Wasserdampf abgeben (Pflanze)
Trans/plan/tat [lat.] *n.*, -[e]s, -e, von einem Organismus in einen anderen verpflanztes Gewebestück, z.B. Niere
Trans/plan/ta/ti/on *f.*, -, -en, Verpflanzung, siehe Transplantat
trans/plan/tie/ren *tr.*, verpflanzen
trans/po/nie/ren *tr.*, Musik: ein Stück in eine andere Tonart setzen
Trans/port [lat.] *m.*, -[e]s, -e, Beförderung von Personen oder Dingen
trans/por/ta/bel zum Transport geeignet
Trans/por/ter *m.*, -s, -, Schiff, Fahr- oder Flugzeug, das Güter transportiert
Trans/por/teur *m.*, -s, -e, jemand, der etwas transportiert
trans/port/fä/hig in der Lage, einen Transport mitzumachen: der Verwundete war nicht transportfähig
trans/por/tie/ren *tr.*, befördern (Personen oder Dinge)
Trans/port/un/ter/neh/men *n.*, -s, -
Trans/po/si/ti/on *f.*, -, -en, die Versetzung eines Musikstücks in eine andere Tonart
Trans/si/bi/ri/sche Ei/sen/bahn *f.*, -n -, *nur Sg.*, Eisenbahnlinie zwischen Moskau und Wladiwostok
Trans/sil/va/ni/en [lat.] früherer Name für Siebenbürgen (Rumänien)
trans/sil/va/nisch aber: die Transsilvanischen Alpen
Trans/vaal Provinz in Südafrika
trans/ver/sal [lat.] quer zur Ausbreitungsrichtung
Trans/ver/sal/wel/le *f.*, -, -n, in der Physik: Wellen, bei denen die Schwingungen senkrecht zur Fortpflanzungsrichtung erfolgen
Trans/ves/tis/mus oder auch: **Trans/ves/ti/tis/mus** [lat.] *m.*, -, *nur Sg.*, Drang, sich wie das andere Geschlecht zu kleiden und zu benehmen
Trans/ves/tit *m.*, -en, -en, jemand, der sich gerne wie das andere Geschlecht kleidet
tran/szen/dent oder auch: **trans/zen/dent** [lat.] übersinnlich, jenseits der normalen Wahrnehmung
tran/szen/den/tal oder auch: **trans/zen/den/tal**
Tran/szen/denz oder auch: **Trans/zen/denz** *f.*, -, *nur Sg.*, das Überschreiten der Grenzen der Wahrnehmung, des Bewusstseins
tran/szen/die/ren oder

auch: **trans/zen/die/ren** *intr.,* über den Bereich der sinnlichen Wahrnehmung hinausgehen

Tra/pez [griech.] *n.,* -es, -e, 1. Viereck mit zwei parallelen Seiten 2. Turngerät für Schwungübungen

Tra/pez/künst/ler *m.,* -s, -

Trap/per [engl.] *m.,* -s, -, nordamerik. (Pelztier-)Jäger und Fallensteller

Trap/pist *m.,* -en, -en, Angehöriger eines Trappistenordens

Trap/pis/ten/or/den *m.,* -s, *nur Sg.,* ein Mönchsorden

Tras/se [französ.] *f.,* -, -n, abgesteckter Verlauf eines (geplanten) Verkehrsweges

Tratsch *m.,* -[e]s, *nur Sg.,* Geschwätz, Gelästere über abwesende Dritte

trat/schen *intr.,* über andere herziehen

Trat/to/ria [italien.] *f.,* -, -rien, italienische Bezeichnung für Gaststätte

Trau/al/tar *m.,* -[e]s, -täre

Trau/be *f.,* , -n

Trau/ben/saft *m.,* -[e]s, -säfte

Trau/ben/zu/cker *m.,* -s, *nur Sg.*

trau/en 1. *tr.,* zwei Menschen zu Ehepartnern erklären 2. *intr.,* jemandem vertrauen: ich traue dir nicht über den Weg 3. sich trauen: etwas wagen, riskieren

Trau/er *f.,* -, *nur Sg.*

Trau/er/fall *m.,* -[e]s, -fälle, Todesfall

Trau/er/fei/er *f.,* -, -n

Trau/er/flor *m.,* -[e]s, -e, schwarzes Trauerband, an Hut oder Mantelärmel angebracht

Trau/er/klei/dung *f.,* -, *nur Sg.*

Trau/er/kloß *m.,* -es, -klöße, ugs. für: fader, antriebsloser Mensch

Trau/er/man/tel *m.,* -s, -mäntel, ein Schmetterling

Trau/er/marsch *m.,* -[e]s, -märsche

trau/ern *intr.*

Trau/er/rand *m.,* -[e]s, -ränder

Trau/er/spiel *n.,* -[e]s, -e, 1. Tragödie 2. bedauerliche, ärgerliche Sache: mit meinem Chef ist es wirklich ein Trauerspiel

trau/er/voll

Trau/er/wei/de *f.,* -, -n, Weide mit herabhängenden Zweigen

Trau/er/zug *m.,* -[e]s, -züge

Trau/fe *f.,* -, -n, 1. untere Kante eines schrägen Daches 2. aus der Dachrinne abfließendes Regenwasser 3. vom Regen in die Traufe kommen: übertr. für: von einer ungünstigen Situation in eine noch ungünstigere geraten

träu/feln *tr.* ich träufele

Trauf/rin/ne *f.,* -, -n, Dachrinne

trau/lich gemütlich

Trau/lich/keit *f.,* -, *nur Sg.,* Gemütlichkeit

Traum *m.,* -[e]s, Träume

Trau/ma [griech.] *n.,* -s, -men od. -mata, 1. Verletzung 2. schockartiges Erlebnis

trau/ma/tisch durch ein Trauma ausgelöst, schockartig

Trau/ma/to/lo/gie *f.,* -, *nur Sg.,* Wissenschaft von der Wundbehandlung

Traum/deu/tung *f.,* -, -en

träu/men *tr.* und *intr.* ich träume einen schönen Traum, er träumte von ihr

Träu/mer *m.,* -s, -

träu/me/risch

traum/haft

traum/wan/deln *intr.,* schlafwandeln, im Schlaf umhergehen

Traum/wand/ler *m.,* -s, -

traum/wand/le/risch mit traumwandlerischer Sicherheit: absolut sicher und präzise

trau/rig

Trau/rig/keit *f.,* -, *nur Sg.*

Trau/ring *m.,* -[e]s, -e

Trau/schein *m.,* -[e]s, -e

traut vertraut, lieb: trautes Heim, Glück allein!

Trau/te *f.,* -, *nur Sg.,* (v.a. berlinerisch) Mut

Trau/ung *f.,* -, -en

Trau/zeu/ge *m.,* -n, -n

Tra/vel/ler/scheck *m.,* -s, -s, Reisescheck

tra/vers [französ.] (quer) gestreift

Tra/ver/se *f.,* -, -n, Querbalken, Querverbindung

Tra/ves/tie [lat.] *f.,* -, -n, satirische Umdichtung einer literarischen Vorlage unter Beibehaltung des Inhalts und Wechsel der Form, ähnlich der Parodie

tra/ves/tie/ren *tr.,* mittels einer Travestie verhohnepiveln

Trawl [engl.] *n.,* -s, -s, Fischerei: Grundschleppnetz

Traw/ler *m.,* -s, -, mit einem Trawl arbeitendes Fischereifahrzeug

Treck *m.,* -s, -s, Zug von (flüchtenden) Menschen

tre/cken *intr.,* mit einem Treck ziehen

Tre/cker *m.*, -s, -, Zugmaschine

Tre/cking *(Nf.)* auch:

Trek/king *(Hf.) n.*, -s, *nur Sg.*, siehe Trekking

Treff 1. *n.*, -s, -s, das Kreuz im französischen Kartenspiel 2. *m.*, -s, -s, ugs. für: Treffen, Zusammenkunft

tref/fen *tr.*

Tref/fen *n.*, -s, -

Tref/fer *m.*, -s, -

treff/lich

Treff/punkt *m.*, -[e]s, -e

treff/si/cher

trei/ben *tr.* und *intr.*

Trei/ben *n.*, -s, -, 1. Jägerspr.: Treibjagd 2. *nur Sg.*: das Treiben der Blätter, es herrschte geschäftiges Treiben

Trei/ber *m.*, -s, -

Treib/haus *n.*, -es, -häuser

Treib/haus/ef/fekt *m.*, -[e]s, *nur Sg.*, Aufheizung der Erdatmosphäre aufgrund zu hohen Kohlendioxidgehalts

Treib/holz *n.*, -es, *nur Sg.*

Treib/jagd *f.*, -, -en

Treib/sand *m.*, -[e]s, *nur Sg.*

Treib/stoff *m.*, -[e]s, -e

Trek/king [engl.] *n.*, -s, -s, (mehrtägige) Wanderung durch oft unwegsames Gebiet im Hochgebirge

tre/mo/lie/ren oder auch: **tre/mu/lie/ren** [lat.-ital.] *intr.*, mit Tremolo singen

Tre/mo/lo *n.*, -s, -s od. -li, (fehlerhaft) bebende Tonführung beim Singen

Tre/mor [lat.] *m.*, -s, -mores, in der Medizin: krankhaftes (starkes) Zittern

Tre/mu/lant *m.*, -en, -en, Vorrichtung an der Orgel, die einen Ton zum Vibrieren bringt

Trench/coat [engl.] *m.*, -s, -s, ein Regenmantel

Trend [engl.] *m.*, -s, -s, Richtung, in die sich etwas entwickelt (musikalische Trends etc.)

Trend/set/ter *m.*, -s, -, jemand, der den Trend vorgibt

trenn/bar

Trenn/bar/keit *f.*, -, *nur Sg.*

tren/nen *tr.*

Trenn/schär/fe *f.*, -, *nur Sg.*

Tren/nung *f.*, -, -en

Tren/nungs/grund *m.*, -[e]s, -gründe

Tren/nungs/strich *m.*, -[e]s, -e

Trenn/wand *f.*, -, -wände

trepp/auf in der Wendung treppauf, treppab

Trep/pe *f.*, -, -n

Trep/pen/ge/län/der *n.*, -s, -

Trep/pen/haus *n.*, -es, -häuser

Trep/pen/stu/fe *f.*, -, -n

Trep/pen/witz *m.*, -es, -e, schlagfertige Antwort, die einem leider zu spät (wenn man schon auf der Treppe ist) einfällt

Tre/sen *m.*, -s, -, Verkaufstisch, Theke (in der Kneipe)

Tre/sor [griech.] *m.*, -s, -e, Stahlschrank

Tres/se [französ.] *f.*, -, -n, ein Kleidungsbesatz

tre/ten *tr.* und *intr.*, den Ball treten, in Erscheinung treten

Tret/müh/le *f.*, -, -n, eintönige (anstrengende) Arbeit

treu

Treu/bruch *m.*, -[e]s, -brüche

Treue *f.*, -, *nur Sg.*

Treu/eid *m.*, -[e]s, -e

treu/er/ge/ben oder auch: **treu er/ge/ben**

Treue/schwur *m.*, -[e]s, -schwüre

Treu/hand *f.*, -, *nur Sg.*, Verwaltung fremden Eigentums, Ausübung fremder Rechte durch einen Treuhänder

Treu/hand/an/stalt *f.*, -, *nur Sg.*, Anfang 1990 gegründete und Ende 1994 aufgelöste Anstalt zur Privatisierung des staatlichen Eigentums der früheren DDR

Treu/hän/der *m.*, -s, -, jemand, der im eigenen Namen das Eigentum eines anderen verwaltet, aber in schuldrechtlicher Bindung gegenüber diesem

Treu/hand/ge/sell/schaft *f.*, -, -en

treu/her/zig

treu/los

treu/sor/gend

Tri/a/de [griech.] *f.*, -, -n, 1. allg. Dreiheit 2. Religion: Gruppe von drei Gottheiten

tri/a/disch

Tri/al and Er/ror > **Tri/al and Er/ror** [engl.] Versuch und Irrtum (Lernmethode)

Tri/an/gel *f.*, -, -n, Musikinstrument, bestehend aus einem geraden Metallstab, mit dem gegen einen zu einem gleichseitigen Dreieck gebogenen Stahlstab geschlagen wird

Tri/as [griech.] *f.*, -, *nur Sg.*, geologische Formation

Tri/ath/lon *n.*, -s, -s, sportlicher Wettbewerb, bestehend aus Laufen, Rad fahren und Schwimmen

Tri/bun [lat.] *m.*, -s od. -en, -e(n), hoher Offizier im Alten Rom

Tri/bu/nal *n.,* -[e]s, -e, (hoher) Gerichtshof
Tri/bü/ne [französ.] *f.,* -, -n, Tragkonstruktion für Zuschauer, zum größten Teil mit Sitzen
Tri/but: [lat.] *m.,* -[e]s, -e, 1. Beitrag 2. übertr.: Anerkennung: jemandem Tribut zollen
tri/but/pflich/tig
Tri/chi/ne [griech.] *f.,* -e, -n, schmarotzender Fadenwurm im Muskelgewebe von Mensch, Schwein und anderen Säugetieren
Trich/ter *m.,* -s, -
Trick [engl.] *m.,* -s, -s, Kniff, Kunstgriff
Trick/film *m.,* -[e]s, -e
trick/sen *tr.*
Trieb *m.,* -[e]s, -e
Trieb/fe/der *f.,* -, -n
trieb/haft
Trieb/kraft *f.,* -, -kräfte
Trieb/le/ben *n.,* -s, *nur Sg.*
Trieb/wa/gen *m.,* -s, -
Trief/au/ge *n.,* -s, -n
trief/äu/gig
trie/fen *intr.*
trie/zen *tr.,* ugs. für: ärgern, quälen
Trift *f.,* -, -en, 1. Weide(land) 2. Drift
trif/ten *tr.,* loses Holz flößen
Trift/holz *n.,* -es, *nur Sg.,* Treibholz
trif/tig begründet, nachvollziehbar: triftiger Einwand, Grund
Tri/gon [griech.] *n.,* -[e]s, -e, Dreieck
tri/go/nal dreieckig
Tri/go/no/me/trie oder auch: **Tri/go/no/met/rie** *f.,* -, *nur Sg.,* Dreiecksberechnung
tri/go/no/me/trisch oder auch: **tri/go/no/met/risch**
Tri/ko/lo/re [französ.] *f.,* -, -n, allg. dreifarbige Fahne, spez. die Fahne Frankreichs
Tri/kot [französ.] 1. *m.,* -s, -s, gewirkter Stoff 2. *n.,* -s, -s, (Sportbe-)Kleidungsstück aus Trikot (1)
Tril/ler *m.,* -s, -, Musik: rascher, mehrmaliger Wechsel zwischen einer Hauptnote und einer darüberliegenden Nebennote (Abstand: große oder kleine Sekunde)
tril/lern *intr.*
Tril/ler/pfei/fe *f.,* -, -n
Tril/li/ar/de [lat.] *f.,* -, -n, 1000 Trillionen
Tril/li/on *f.,* -, -en, eine Milliarde mal eine Milliarde, eine 1 mit 18 Nullen
Tri/lo/gie [griech.] *f.,* -, -n, Folge von drei in sich abgeschlossenen, aber zusammengehörigen Literatur- oder Musikwerken
Tri/mes/ter [lat.] *n.,* -s, -, ein Drittel eines Studienjahres
Trimm-dich-Pfad *m.,* -[e]s, -e
trim/men 1. sich trimmen: sich fit machen oder halten 2. *tr.* einem Menschen oder einem Tier etwas beibringen, einbläuen 3. *tr.* (Hunden) das Fell scheren 4. ein Fahrzeug, Schiff o.Ä. in einen ordentlichen Zustand bringen
Tri/ni/dad Insel im Karibischen Meer
Tri/ni/dad und To/ba/go Inselstaat vor der Nordküste Südamerikas
Tri/ni/tät *f.,* -, *nur Sg.,* Dreieinigkeit, Dreifaltigkeit
Tri/ni/ta/tis der Sonntag nach Pfingsten
Tri/ni/ta/tis/fest *n.,* -[e]s, -e
Tri/ni/tro/to/lu/ol *n.,* -s, *nur Sg.,* ein starker Sprengstoff (Abk.: TNT)
trink/bar
trin/ken *tr.*
Trin/ker *m.,* -s, -
trink/fest
Trink/fes/tig/keit *f.,* -, *nur Sg.*
Trink/ge/la/ge *n.,* -s, -
Trink/geld *f.,* -[e]s, -er
Trink/lied *n.,* -[e]s, -er
Trink/spruch *m.,* -[e]s, -sprüche
Trink/was/ser *n.,* -s, *nur Sg*
Trio [italien.] *n.,* -s, -s, 1. Musikstück für drei verschiedene Instrumente 2. Aufführende eines Trios (1) 3. ugs. für: drei Personen, die oft zusammen sind
Tri/o/de [griech.] *f.,* -, -n, dreipolige Elektronenröhre
Tri/o/le [italien.] *f.,* -, -n, Musik: Gruppe von drei Noten mit der Länge von zwei oder vier Noten
Tri/o/lett [französ.] *n.,* -[e]s, -e, achtzeiliges Gedicht mit nur zwei Reimen und dem Reimschema a-b-a-a-a-b-a-b
Trio/so/na/te *f.,* -, -n, Sonate für zwei Melodieinstrumente und Generalbass
Trip [engl.] *m.,* -s, -s, 1. Ausflug 2. berauschter Glücks- oder auch Angstzustand, insbes. nach der Einnahme von Rauschgift
Trip/ma/dam [französ.] *f.,* -en, zu den Fetthennen gehörende Pflanze
Tri/po/lis Hauptstadt von Libyen
trip/peln *intr.*
Trip/per *m.,* -s, -, eine Ge-

schlechtskrankheit
Tri/pty/chon oder auch:
Trip/ty/chon [griech.] *n.*, -s, -chen od. -cha, dreiteiliger Altaraufsatz
trist [lat.-französ.] öde, trostlos
Tris/tesse [französs.] *f.*, -, -n, trübe Stimmung, Schwermut
Tri/ti/um [griech.] *n.*, -s, *nur Sg.*, Wasserstoffisotop
Tri/to/nus [lat.] *m.*, -, *nur Sg.*, Musik: Intervall von drei Ganztönen, übermäßige Quarte
Tritt *m.*, -[e]s, -e
Tritt/brett *n.*, -[e]s, -er
Tritt/lei/ter *f.*, -, -n
Tri/umph [lat.] *m.*, -[e]s, -e, großer Sieg, Erfolg
tri/um/phal herrlich
Tri/um/pha/tor *m.*, -s, -en, feierlich in die Stadt einziehender siegreicher Feldherr im alten Rom
Tri/umph/bo/gen *m.*, -s, -bögen, prachtvolles, monumentales Tor, durch das der Triumphator in die Stadt einzieht
tri/um/phie/ren *intr.*, einen (großen) Sieg erringen
Tri/umph/zug *m.*, -[e]s, -züge
Tri/um/vi/rat [lat.] *n.*, -[e]s, -e, Dreimännerherrschaft (im Alten Rom)
tri/va/lent Chemie: dreiwertig
tri/vi/al platt, abgedroschen, nicht der Erörterung wert
Tri/vi/a/li/tät *f.*, -, -en
Tri/vi/al/li/te/ra/tur *f.*, -, *nur Sg.*, seichte Unterhaltungsliteratur
Tri/zeps [lat.] *m.*, -es, -e, Armstrecker(muskel)
Tro/chä/us [griech.] *m.*, -, -en, zweisilbiger Versfuß, die erste Silbe ist betont, die zweite unbetont
tro/cken aber: er sitzt auf dem Trockenen, ich habe meine Schäfchen im Trockenen
Tro/cken/bat/te/rie *f.*, -, -n, aus Trockenelementen bestehende Batterie
Tro/cken/dock *n.*, -s, -s, Reparaturdock für Schiffe, in dem diese trocken liegen
Tro/cken/eis *n.*, -es, *nur Sg.*, Kohlendioxid in festem Zustand
Tro/cken/ele/ment *n.*, -[e]s, -e, galvanisches Element, z.B. mit Zinkanode und Grafitkathode
Tro/cken/fut/ter *n.*, -s, *nur Sg.*
Tro/cken/ge/biet *n.*, -[e]s, -e
Tro/cken/hau/be *f.*, -, -n
tro/cken/le/gen *tr.* einen Sumpf trockenlegen (= ihn austrocknen)
Tro/cken/le/gung *f.*, *nur Sg.*, Entwässerung
Tro/cken/milch *f.*, -, *nur Sg.*, Milchpulver
Tro/cken/obst *n.*, -[e]s, *nur Sg.*
Tro/cken/ra/sie/rer *m.*, -s, -
tro/cken/rei/ben *tr.*, etwas mittels Reibung trocknen
Tro/cken/schleu/der *f.*, -, -n
Tro/cken/übung *f.*, -, -en, vorbereitende Übung (z.B. auf das Schwimmen), die im Trockenen, also nicht unter Realbedingungen, stattfindet
Tro/cken/zeit *f.*, -, -en
trock/nen *tr.* und *intr.*
Trod/del *f.*, -, -n, Quaste, Bommel
Trö/del *m.*, -s, *nur Sg.*, alter, billiger Kram
Trö/de/lei *f.*, -, *nur Sg.*
Trö/del/kram *m.*, -s, *nur Sg.*
Trö/del/la/den *m.*, -s, -läden
Trö/del/markt *m.*, -[e]s, -märkte
trö/deln *intr.*, langsam sein, nicht fertig werden: nun trödle doch nicht so!
Tröd/ler *m.*, -s, -, jemand, der Trödel verkauft
Tro/er Trojaner
Trog *m.*, -[e]s, Tröge
Troi/ka [russ.] *f.*, -, -s od. -ken, (Pferde-)Dreigespann
tro/isch trojanisch
Tro/ja antike kleinasische Stadt
Tro/ja/ner oder auch:
Tro/er *m.*, -s, -, Einwohner Trojas
tro/ja/nisch aber: der Trojanische Krieg, ein Trojanisches Pferd
Troll *m.*, -[e]s, -e, Dämon der nordischen Mythologie
Troll/blu/me *f.*, -, -n, ein Hahnenfußgewächs
trol/len sich trollen: *ugs.* für: verschwinden, sich entfernen
Trol/ley/bus [engl.] *m.*, -ses, -se, schweizer. für: Oberleitungsbus
Trom/mel *f.*, -, -n
Trom/mel/fell *n.*, [e]s, -e
Trom/mel/feu/er *n.*, -s, -
trom/meln *intr.*, trommle, so laut du kannst!
Trom/mel/re/vol/ver *m.*, -s, -
Trom/mel/schlag *m.*, [e]s, -schläge
Trom/mel/wir/bel *m.*, -s, -
Tromm/ler *m.*, -s, -
Trom/pe/te *f.*, -, -n
trom/pe/ten *intr.*
Trom/pe/ten/stoß *m.*, -es, -stöße

Trom/pe/ter *m.*, -s, -
Tro/pe [griech.] *f.*, -, -n, bildlicher (poetischer) Ausdruck
Tro/pen [griech.], *nur Pl.*, heiße Erdzone zwischen den Wendekreisen
Tro/pen/fie/ber *n.*, -s, *nur Sg.*
Tro/pen/helm *m.*, -[e]s, -e
Tro/pen/kli/ma *n.*, -s, *nur Sg.*
Tro/pen/kol/ler *m.*, -s, -
Tro/pen/krank/heit *f.*, -, -en
Tropf 1. *m.*, -[e]s, -e, ugs. für: Dauerinfusion 2. *m.*, -[e]s, Tröpfe, ugs. für: armer Kerl
Tröpf/chen *n.*, -s, -
tröpf/chen/wei/se
tröp/feln *intr.*
trop/fen *tr.* und *intr.*
Trop/fen *m.*, -s, -
tropf/naß > **tropf/nass**
Tropf/stein *m.*, -[e]s, -e, aus tropfendem, kalkhaltigem Wasser entstandene Gesteinsbildung
Tropf/stein/höh/le *f.*, -, -n
Tro/phäe [griech.] *f.*, -, -n, erbeutete Waffen oder Sonstiges als Zeichen des Sieges oder Erfolges (z.B. auch Hirschgeweih nach einer Jagd)
tro/pisch aus den Tropen stammend, wie in den Tropen
Tro/po/sphä/re oder auch: **Tro/pos/phä/re** [griech.] *f.*, -, *nur Sg.*, unterste Schicht der Erdatmosphäre
Troß > **Tross** *m.*, -es, -e, 1. eine Gruppe von Fahrzeugen, die eine Truppe mit Nachschub versorgt 2. übertr. für: Gefolge
Trost *m.*, -[e]s, *nur Sg.*
trost/be/dürf/tig
trös/ten *tr.*
Trös/ter *m.*, -s, -

tröst/lich
trost/los
Trost/pflas/ter *n.*, -s, -
Trost/preis *m.*, es, -e
Trös/tung *f.*, -, -en
Trott *m.*, -[e]s, 1. langsamer Trab beim Pferd 2. übertr.: ein immer gleicher, eintöniger Tagesablauf
Trot/tel *m.*, -s, -, Dummkopf, Idiot
trot/te/lig oder auch: **trott/lig** zerstreut
trot/teln *intr.*, ugs. für: langsam und unaufmerksam gehen: ich trottle so vor mich hin
trot/ten *intr.*, ugs. für: langsam und lustlos gehen: er trottete durch die Straßen
Trot/toir [französ.] *n.*, -s, -s, Bürgersteig
trotz trotz des schönen Wetters, trotz dieses Unglücks
Trotz *m.*, -es, *nur Sg.*
trotz/dem
trot/zen *intr.*
trot/zig
Trotz/kopf *m.*, -[e]s, -köpfe
Trou/ble oder auch: **Troub/le** [engl.] *m.*, -s, *nur Sg.*, ugs. für: Kummer, Sorgen, Ärger
trüb oder auch: **trü/be** aber: im Trüben fischen
Tru/bel *m.*, -s, *nur Sg.*
trü/ben *tr.*
Trüb/heit *f.*, -, *nur Sg.*
Trüb/sal *f.*, -, *nur Sg.*, seelischer Kummer, gedrückte Stimmung: Trübsal blasen = schlecht gelaunt, bekümmert sein
trüb/se/lig
Trüb/sinn *m.*, -[e]s, *nur Sg.*
trüb/sin/nig
Trü/bung *f.*, -, -en

Track [engl.] *m.*, -s, -s, Lastkraftwagen
Tru/cker *m.*, -s, -, Fahrer eines Trucks.
tru/deln *intr.*
Trüf/fel [französ.] *m.*, -s, -, eine Pralinensorte
Trug *m.*, -[e]s, *nur Sg.*, fast nur in der Wendung: Lug und Trug
Trug/bild *n.*, -[e]s, -er
trü/gen *intr.*
trü/ge/risch
Trug/schluß > **Trug/schluss** *m.*, -es, -schlüsse
Tru/he *f.*, -, -n
Trüm/mer *nur Pl.*, Bruchstücke, Reste (eines zerstörten Gegenstands)
Trüm/mer/feld *n.*, -[e]s, -er
Trüm/mer/hau/fen *m.*, -s, -
Trumpf *m.*, -[e]s, Trümpfe, 1. Kartenspiel: Farbe, die die anderen Farben sticht bzw. eine Karte dieser Farbe 2. übertr.: ein Vorteil: ich habe noch einen Trumpf im Ärmel
trump/fen *tr.*, mit einer Trumpfkarte stechen
Trunk *m.*, -[e]s, Trünke, 1. Getränk, Trank 2. *nur Sg.:*. ständiger, erheblicher Alkoholgenuss: er hatte sich dem Trunk ergeben
trun/ken 1. betrunken 2. glücksberauscht
Trun/ken/bold *m.*, -[e]s, -e, Säufer
Trun/ken/heit *f.*, -, *nur Sg.*
Trunk/sucht *f.*, -, *nur Sg.*
trunk/süch/tig
Trupp *m.*, -s, -s
Trup/pe *f.*, -, -n
Trup/pen/übungs/platz *m.*, -es, -plätze
Trut/hahn *m.*, -[e]s, -hähne
Trut/hen/ne *f.*, -, -n

Tsa/tsi/ki [griech.] *m.* od. *n.*, -s, -s, Zaziki
Tschad Staat in Zentralafrika
Tscha/der *m.*, -s, -, Einwohner von Tschad
tscha/disch
tschau! eindeutschende Schreibung für ital. ciao = auf Wiedersehen
Tsche/che *m.*, -n, -n, Angehöriger eines westslaw. Volkes in Böhmen und Mähren
tsche/chisch
Tsche/chisch *n.*, *nur Sg.*, die tschechische Sprache
Tsche/chi/sche Re/pu/blik *f.*, -n, -, *nur Sg.*
tschüs! *(Hf.)* **tschüss!** *(Nf.)* ugs. für: auf Wiedersehen!
Tsd. Abk. für Tausend
Tse/tse/flie/ge *f.*, -, -n, Stechfliege, die die Schlafkrankheit überträgt
T-Shirt [engl.] *n.*, -s, -s, kurzärmeliges Hemd
TU Abk. für Technische Universität
Tu/ba [lat.] *f.*, -, -ben, ein Blechblasinstrument
Tu/be [lat.] *f.*, -, -n
Tu/ber/kel/bak/te/ri/um [lat.] *n.*, -s, -rien, Tuberkulose-Erreger
Tu/ber/kel/ba/zil/lus *m.*, -, -len, Tuberkelbakterium
Tu/ber/ku/lo/se *f.*, -, -n, chronische Infektionskrankheit
Tu/bus [lat.] *m.*, -, -ben od. -se, Rohr, Röhre, Ring
Tuch *n.*, -[e]s, Tücher
Tuch/füh/lung *f.*, -, *nur Sg.*
tüch/tig
Tüch/tig/keit *f.*, -, *nur Sg.*
Tü/cke *f.*, -, -n
tu/ckern *intr.*, leise knattern
tü/ckisch
Tu/dor *m.*, -s, -s, britisches Königshaus
Tuff 1. *m.*, -[e]s, -e, ein vulkanisches Gestein 2. *m.*, -[e]s, -s, Büschel, Strauß (Blumen)
Tuff/stein *m.*, -[e]s, -e
Tüf/te/lei *f.*, -, -en
tüf/teln *intr.*, über etwas nachsinnen, etwas zusammenbasteln
Tüft/ler *m.*, -s, -
Tu/gend *f.*, -, -en
Tu/gend/bold *m.*, -[e]s, -e, spöttisch für: tugendhafter Mensch
tu/gend/haft
Tu/i/le/ri/en [französ.] *nur Pl.*, früheres Residenzschloss der französ. Könige
Tu/kan [indian.] eine Vogelart
Tüll [französ.] *m.*, -[e]s, -e, ein feines, netzartiges Gewebe
Tül/le *f.*, -, -n, 1. Ausguss an Gefäßen 2. kurzes Rohrstück
Tul/pe [pers.] *f.*, -, -n, eine Zierpflanze
tum/meln sich tummeln: vergnügt herumtoben, sich ausgelassen bewegen
Tum/mel/platz *m.*, -es, -plätze
Tümm/ler *m.*, -s, -, 1. eine Delfingattung 2. eine Haustaubenrasse
Tu/mor [lat.] *m.*, -s, -en, Geschwulst
Tüm/pel *m.*, -s, -
Tu/mult [lat.] *m.*, -[e]s, -e, Aufruhr, Durcheinander
tun 1. *tr.* etwas machen, handeln 2. *refl.* ich tue mich damit schwer, es tut sich nichts
Tun *n.*, -s, *nur Sg.*, die Gesamtheit dessen, was jemand tut

Tün/che *f.*, -, -n
tün/chen *tr.*
Tun/dra oder auch:
Tund/ra [finn.-russ.] *f.*, -, -ren, artenarme Vegetation jenseits der polaren Baumgrenze
tu/nen [engl.] *tr.*, bei einem Kraftfahrzeug nachträglich die Leistung erhöhen
Tu/ner *m.*, -s, -, 1. Vorrichtung zur Frequenzabstimmung in Rundfunkgeräten 2. ugs. auch für: Radiogerät ohne Verstärker
Tu/ne/si/en Staat in Nordafrika
Tu/ne/si/er *m.*, -s, -
tu/ne/sisch
Tu/nicht/gut *m.*, -[e]s, -e
Tu/ni/ka [lat.] *f.*, -, -ken, langes weißes Gewand im Alten Rom
Tu/nis Hauptstadt von Tunesien
Tu/ni/ser *m.*, -s, -, Einwohner von Tunis
tu/ni/sisch
Tun/ke *f.*, -, -n, Soße
tun/ken *tr.*, eintauchen
tun/lich oder auch:
tun/lichst möglichst, unbedingt
Tun/nel *m.*, -s, -
Tun/te *f.*, -, -n, abwertend für: Homosexueller mit betont weiblichem Auftreten
tun/tig wie eine Tunte
Tüp/fel/chen *n.*, -s, -
tup/fen *tr.*
Tup/fen *m.*, -s, -
Tup/fer *m.*, -s, -, Wattebausch
Tür *f.*, -, -en
Tur/ban [türk.-pers.] *m.*, -[e]s, -e, moslemische Kopfbedeckung
Tur/bi/ne *f.*, -, -n, Kraftmaschine

744

Typographie

Tur/bi/nen/trieb/werk *n.*, -[e]s, -e
tur/bo/elek/trisch
tur/bu/lent stürmisch, ungestüm
Tur/bu/lenz *f.*, -, -en, 1. Physik: das Auftreten von Wirbeln in Luft, Gas oder Flüssigkeit 2. übertr.: großes Durcheinander, schwere Unruhe
Tü/re *f.*, -, -n
Tür/flü/gel *m.*, -s, -
Tür/fül/lung *f.*, -, -en
Tür/ke *m.*, -n, -n, Angehöriger einer asiatischen Volksgruppe
Tür/kei *f.*, -, Staat in Kleinasien
tür/ken *tr.*, etwas vortäuschen, fälschen: getürkte Pässe
Tür/ken/krie/ge *nur Pl.*
Tur/ke/stan oder auch:
Tur/kes/tan Gebiet in Innerasien
Tür/kin *f.*, -, -nen
tür/kis eine Farbe
Tür/kis *m.*, -es, -e, ein Edelstein
tür/kisch
Tür/kisch *n.*, -(s), *nur Sg.*, die türkische Sprache, eine Turksprache
tür/kis/far/ben
tür/kis/grün
Tür/klin/ke *f.*, -, -n
Tur/ko/lo/ge *m.*, -n, -n, Wissenschaftler der Turkologie
Tur/ko/lo/gie *f.*, -, *nur Sg.*, Erforschung der Turksprachen und -kulturen
Turk/spra/chen *f.*, *Pl.*, die Sprachen der Turkvölker, z.B. Türkisch oder Aserbaidschanisch
Turk/völ/ker *n.*, *Pl.*, eine in Asien und Osteuropa weit verbreitete Völkergruppe
Turm *m.*, -[e]s, Türme
tür/men *intr.*, abhauen
Turm/fal/ke *m.*, -n, -n
turm/hoch
Turm/sprin/gen *n.*, -s, *nur Sg.*, eine Schwimmsportdisziplin
Turm/uhr *f.*, -, -en
Turn [engl.] *m.*, -s, -s, Rauschzustand nach der Einnahme von Drogen
Turn/an/zug *m.*, -[e]s, -züge
tur/nen *intr.*
Tur/ner *m.*, -s, -
Turn/fest *n.*, -[e]s, -e
Turn/hal/le *f.*, -, -n
Tur/nier *n.*, -[e]s, -e, 1. früher: Ritterkampfspiele 2. heute: großer sportlicher Wettkampf
Turn/leh/rer *m.*, -s, -
Turn/schuh *m.*, -[e]s, -e
Tur/nus [lat.] *m.*, -, -nusse, regelmäßiger Wechsel
Turn/ver/ein *m.*, -[e]s, -e
Tür/öff/ner *m.*, -s, -
Tür/schwel/le *f.*, -, -n
Tür/ste/her *m.*, -s, -, Bewacher eines Eingangs (z.B. vor der Diskothek)
Tür/sturz *m.*, -es, -e od. -stürze
tur/teln *intr.*, 1. gurren (Taube) 2. übertr.: verliebt miteinander sprechen, umgehen
Tur/tel/tau/be *f.*, -, -n
Tusch *m.*, -[e]s, -e
Tu/sche *f.*, -, -n
Tu/sche/lei *f.*, -, -en
tu/scheln *intr.*, für andere unverständlich miteinander flüstern
tu/schen *tr.*, mit Tusche zeichnen
Tusch/zeich/nung *f.*, -, -en
Tu/te *f.*, -, -n, Signalhorn, Hupe
Tü/te *f.*, -, -n
tu/ten *intr.*
Tu/tor *m.*, -s, -en, erfahrener Student, der jüngere Kommilitonen unterrichtet und dafür von der Universität bezahlt wird, allg. auch: Lehrer
Tut/ti [italien.] *n.*, -s, -s, Musik: Einsatz des vollen Orchesters
Tut/ti/frut/ti *n.*, -s, -s, eine Süßspeise
TÜV Abk. für Technischer Überwachungs-Verein
TV 1. Abk. für Television 2. Abk. für Turnverein
Tweed [engl.] *m.*, -s, -s, ein Stoff aus groben Garnen
Twen [engl.] *m.*, -s, -s, Frau oder Mann zwischen 20 und 29 Jahren
Twist [engl.] *m.*, -[e]s, -e, 1. ein Tanz 2. weich gedrehter Zwirn
Typ [griech.] *m.*, -s, -en, 1. Urbild, Muster 2. bestimmte psychische Ausprägung: ein schizoider Typ 3. Bauart: eine Trägerrakete vom Typ Ariane 5 4. ugs. für: Kerl, Bursche
Ty/pe *f.*, -, -n, 1. aus Blei gegossener Druckbuchstabe 2. ugs. für: eigenartiger, komischer Mensch
Ty/phus *m.*, -, *nur Sg.*, fiebriger Infekt
ty/pisch charakteristisch, genau zu etwas passend
ty/pi/sie/ren *tr.*, etwas nicht als eigentümlich oder als Individuum, sondern nur als Typ auffassen oder darstellen
Ty/po/graph *(Nf.)* auch:
Ty/po/graf *(Hf.)* *m.*, -en, -en, Schriftsetzer
Ty/po/gra/phie *(Nf.)* oder

typographisch

auch **Ty/po/gra/fie** *(Hf.) f.,* -, *nur Sg.,* Buchdruckerkunst
ty/po/gra/phisch *(Nf.)* auch: **ty/po/gra/fisch** *(Hf.)*
Ty/po/lo/gie *f.,* -, -n, Wissenschaft von den Typen
ty/po/lo/gisch

Ty/pus *m.,* -, -pen, Typ (1, 2)
Ty/rann [griech.] *m.,* -en, -en, Gewaltherrscher, übertr.: herrschsüchtiger Mensch
Ty/ran/nei *f.,* -, *nur Sg.,* Gewaltherrschaft
ty/ran/nisch

ty/ran/ni/sie/ren *tr.,* jemanden herumkommandieren, unterdrücken
Ty/rus [lat.] oder auch:
Ty/ros [griech.] phönizische Hafenstadt

U

U chem. Zeichen für Uran
u. a. Abk. für: unter anderem, unter anderen, und andere(s)
u. ä. > **u. Ä.** Abk. für: und Ähnliches
u. a. m. Abk. für: und andere(s) mehr
u. A. w. g., U. A. w. g. Abk. für: um bzw. Um Antwort wird gebeten
U-Bahn *f.*, -, -en Abk. für: Untergrundbahn,
U-Bahnhof *m.*, -[e]s, -höfe,
U-Bahn-Tunnel *m.* -s
übel übler Ruf, üble Nachrede, jmdm. etwas übel nehmen, übel riechen
Übel *n.*, -s, -
Übel/be/fin/den *n.*, -s, *nur Sg.*
übel/be/ra/ten oder auch:
übel be/ra/ten
übel/ge/launt oder auch:
übel ge/launt jmd. ist übel gelaunt
übel/ge/sinnt
Übel/keit *f.*, -, -en
übel/launig
Übel/launig/keit *f.*, -, *nur Sg.*
übel/neh/men oder auch:
übel neh/men *tr.*
übel/neh/me/risch
übel/rie/chend oder auch:
übel rie/chend
Übel/stand *m.*, -[e]s, -stände
Übel/tat *f.*, -, -en
Übel/tä/ter *m.*, -s, -
übel/wol/len *intr.*
übel/wol/lend
üben 1. *tr.*, Geige üben, 2. *refl.*, sich im Rechnen üben, 3. *Adv.* drüben
über 1. *Präp.*, die Teller stehen über den Tassen, aber: ich habe die Teller über die Tassen gestellt, 2. *Adv.*, während, ich fahre über Weihnachten nach Hause, 3. mehr als, Personen über 1,80 m, es dauerte über zwei Jahre, 4. noch mehr, Menschen über Menschen, übertr.: über und über, 5. ugs.: a) überlegen, besser sein, b) übrig
über/all
über/all/her
über/all/hin
über/al/tert
Über/al/te/rung *f.*, -, -, *nur Sg.*
Über/an/ge/bot *n.*, -[e]s, *nur Sg.*
über/an/stren/gen *tr.*, ich habe mich beim Sport überanstrengt
Über/an/stren/gung *f.*, -, -en
über/ant/wor/ten *tr.*, ich überantworte ihm die Führung der Firma
Über/ant/wor/tung *f.*, -, *nur Sg.*
über/ar/bei/ten *refl.*, ich habe den Aufsatz überarbeitet
Über/ar/bei/tung *f.*, -, *nur Sg.*
über/aus sehr
über/ba/cken *tr.*, etwas im Ofen überbacken
Über/bau *m.*, -[e]s, -e, die Kultur einer Epoche auf der Basis der wirtschaftlichen Grundlagen
über/be/an/spru/chen *tr.*, du bist überbeansprucht
Über/be/an/spru/chung *f.*, -, *nur Sg.*
über/be/hal/ten *tr.*, ugs.: übrig behalten
Über/bein *n.*, -[e]s, -e, verhärtete Geschwulst an Gelenken
über/be/kom/men *tr.*, ich habe den Ball überbekommen
über/be/las/ten *tr.*, ich bin überlastet

Über/be/las/tung *f.*, -, -en
über/be/le/gen *tr.* das Hotel ist überbelegt
Über/be/le/gung *f.*, -, -en
über/be/lich/ten *tr.*, das Foto ist überbelichtet
Über/be/lich/tung *f.*, -, -en
über/be/to/nen *tr.*
Über/be/to/nung *f.*, -, -en
über/be/wer/ten *tr.*, ich habe den Vorfall überbewertet
Über/be/wer/tung *f.*, -, -en
über/bie/ten *tr.*
Über/bie/tung *f.*, -, *nur Sg.*
über/bla/sen *intr.*, bei Blechblasinstrumenten durch stärkeres Blasen einen höheren Ton erzeugen
über/blat/ten *tr.*, Hölzer in bestimmter Weise verbinden
Über/blat/tung *f.*, -, -en
über/blei/ben *intr.*, vom Essen ist nichts übergeblieben
Über/bleib/sel *n.*, -s, -
über/blen/den *tr.*, ich habe das Bild überblendet
Über/blen/dung *f.*, -, -en
Über/blick *m.*, -[e]s, -e
über/bli/cken *tr.*
über/bor/den *intr.*, das normale Maß überschreiten
über/brin/gen *tr.*
Über/brin/ger *m.*, -s, -
über/brü/cken *tr.*
Über/brü/ckung *f.*, -, -en
Über/brü/ckungs/beihil/fe *f.*, -, -en
über/da/chen *tr.*, der Eingang wurde überdacht
Über/da/chung *f.*, -, -en
über/dau/ern *tr.*
über/de/cken *tr.*, bedecken
über/deh/nen *tr.*, das Band wurde überdehnt
Über/deh/nung *f.*, -, *nur Sg.*
über/den/ken *tr.*, ich muss die Sache überdenken

über/deut/lich
über/dies außerdem
über/di/men/si/o/nal übergroß
über/di/men/si/o/niert
über/do/sie/ren *tr.*, der Arzt hat das Medikament überdosiert
Über/do/sie/rung *f.*, -, -en,
Über/do/sis *f., Pl.* -sen
über/dre/hen *tr.*, ich habe die Feder überdreht, ugs.: jmd. ist übermütig
Über/druck *m.*, -[e]s, -e
über/dru/cken *tr.*
Über/druck/ven/til *n.*, -[e]s, -e
Über/druß > **Über-druss** *m.*, -drusses, *nur Sg.*
über/drüs/sig mit Gen. od. auch Akk., jmds. oder einer Sache überdrüssig sein
über/eck
Über/ei/fer *m.*, -s, *nur Sg.*
über/eif/rig
über/eig/nen *tr.*, die Firma wurde ihm übereignet
Über/eig/nung *f.*, -, -en
über/ei/len *tr.* und *refl.*, etwas übereilt (zu schnell) entscheiden
Über/ei/lung *f.*, -, *nur Sg.*
über/ein/an/der oder auch: **über/ei/nan/der** *tr.*, ich lege die Handtücher übereinander, wir sprechen übereinander, übereinanderliegende Schichten
über/ein/kom/men *intr.*, ich bin mit ihm übereingekommen
Über/ein/kom/men *n.*, -s, -
Über/ein/kunft *f.*, -, -künfte
über/ein/stim/men *intr.*
Über/ein/stim/mung *f.*, -, -en
über/emp/find/lich *tr.*
Über/emp/find/lich/keit *f.*, -, *nur Sg.*
über/er/reg/bar

Über/er/reg/bar/keit *f.*, -, *nur Sg.*
über/es/sen *tr.*, man hat sich an einer Speise übergegessen (man mag sie nicht mehr)
über/fah/ren *tr.*, 1. jmdn. mit dem Boot überfahren (z.B. über den See) 2. jmdn. mit einem Fahrzeug überfahren, er ist von einem Auto überfahren worden 3. auch ugs.: jmdn. überrumpeln, benachteiligen, 4. etwas nicht beachten, er hat das Stoppschild überfahren
Über/fahrt *f.*, -, -en
Über/fall *m.*, -[e]s, -fälle
über/fal/len 1. *intr.*, in der Jägerspr. ein Hindernis überspringen, 2. *tr.*, jmdn. überfallen, er hat eine Bank überfallen
Über/fall/ho/se *f.*, -, -n
über/fäl/lig etwas oder jmd. ist nicht zur erwarteten Zeit eingetroffen
Über/fall/kom/man/do *n.*, -s, -s
Über/fang *m.*, -[e]s, *nur Sg.*, andersfarbige Schicht auf Glasgefäßen
über/fan/gen *tr.*
Über/fang/glas *n.*, -es, -gläser
über/fein
über/fei/nert
Über/fei/ne/rung *f.*, -, *nur Sg.*
über/fi/schen *tr.*, den Fischbestand durch zu viel Fischerei bedrohen
über/flie/gen *tr.*, man hat mit dem Flugzeug den Ozean überflogen, man hat das Buch überflogen, nur flüchtig gelesen
über/flie/ßen *intr.*, das Wasser ist übergeflossen,

bildlich auch: vor Dankbarkeit, vor Mitleid überfließen
über/flü/geln *tr.*, jmdn. überflügeln (übertreffen)
Über/fluß > **Überfluss** *m.*, -es, *nur Sg.*
über/flüs/sig
über/flüs/si/ger/wei/se
über/fluten *tr.*, die Küste wurde überflutet, das Wasser ist übergeflutet
Über/flu/tung *f.*, -, -en
über/for/dern *tr.*, das Kind wird in der Schule überfordert, es wird mehr gefordert, als geleistet werden kann
Über/for/de/rung *f.*, -, *nur Sg.*
über/frach/ten *tr.*, ein Fahrzeug ist überladen
über/fra/gen *tr.*, er ist überfragt, er kann die Frage nicht beantworten
über/frem/den *tr.*, ein Land wird überfremdet
Über/frem/dung *f.*, -, *nur Sg.*
über/fres/sen *refl.*, ugs. für: ich habe zu viel gegessen
Über/führ *f.*, -, -en
über/füh/ren *tr.*, 1. die Leiche wurde übergeführt, etwas oder jmdn. an einen anderen Ort bringen 2. der Mörder wurde überführt, es wurde ihm eine Schuld nachgewiesen, 3. eine Verkehrslinie über eine andere bauen
Über/füh/rung *f.*, -, -en
Über/fül/le *f.*, -, *nur Sg.*
über/fül/len *tr.*, das Hotel war überfüllt
Über/fül/lung *f.*, -, *nur Sg.*
Über/funk/ti/on *f.*, -, -en, z.B. Überfunktion der Schilddrüse
über/füt/tern *tr.*, ein Tier

überfüttern
Über/füt/te/rung *f.*, -, *nur Sg.*
Über/ga/be *f.*, -, -n
Über/gang *m.*, -[e]s, -gänge
Über/gangs/er/scheinung *f.*, -, -en
Über/gangs/sta/di/um *n.*, -s, -en
Über/gangs/zeit *f.*, -, -en
über/ge/ben 1. *tr.*, ich habe ihm die Schlüssel übergeben, 2. *refl.*, ich habe mich erbrochen
über/ge/hen *intr.*, der Besitz geht an die Kinder über, man wird bei der Beförderung übergangen, man wird nicht beachtet
Über/ge/hung *f.*, -, *nur Sg.*
über/ge/nug
Über/ge/wicht *n.*, -[e]s, *nur Sg.*
über/gie/ßen *tr.*, über ein Gefäß hinausgießen, etwas verschütten
über/gie/ßen *tr.*, er hat sich mit heißem Fett übergossen
über/glück/lich
über/gol/den *tr.*, die Kette wurde übergoldet, etwas wird mit Gold überzogen
über/grei/fen *intr.*, das Feuer hat auf die Nachbarhäuser übergegriffen, die Seuche hat auf die umliegenden Orte übergegriffen
Über/griff *m.*, -[e]s, -e
über/groß
Über/grö/ße *f.*, -, -n
über/ha/ben *tr.*, 1. von etwas genug haben, etwas satt haben, 2. ugs.: ein Kleidungsstück anhaben, er hatte nur eine dünne Jacke über
über/hal/ten *tr.*, österr.: übervorteilen
über/hand/neh/men *intr.*, etwas nimmt überhand, etwas wird zu viel
Über/hang *m.*, -[e]s, -hänge, 1. Überhang des Daches, des Astes, 2. Überhang der Ware
über/hän/gen 1. *intr.*, die Äste hängen über, 2. *tr.*, umhängen, ich hänge mir den Schal über
Über/hangs/recht *n.*, -[e]s, -e
über/has/ten *tr.* u. *refl.*
über/häu/fen *tr.*, sie überhäufte ihn mit Geschenken
Über/häu/fung *f.*, -, *nur Sg.*
über/haupt
über/he/ben 1. *tr.*, jmdn. von etwas befreien, veraltet für enthoben, ich bin der Verantwortung überhoben, 2. *refl.*, er hat sich überhoben, er hat sich bei zu schwerem Heben verletzt, bildlich auch: eingebildet werden
über/heb/lich
Über/heb/lich/keit *f.*, -, *nur Sg.*
über/hei/zen *tr.*, das Zimmer ist überheizt
über/hit/zen *tr.*, das Zimmer ist überhitzt
Über/hit/zung *f.*, -, *nur Sg.*
über/hö/hen *tr.*, er fährt mit überhöhter Geschwindigkeit
Über/hö/hung *f.*, -, -en
über/ho/len 1. *tr.*, herüberholen, 2. *intr.*, Seew.: das Schiff hat übergeholt, es hat sich zur Seite gelegt
über/ho/len 1. jmdn. hinter sich lassen, er hat ihn überholt, 2. ausbessern, instand setzen, die Maschine wurde überholt
Über/hol/ma/nö/ver *n.*, -s, -
Über/hol/spur *f.*, -en, -
Über/ho/lung *f.*, -, *nur Sg.*
über/hö/ren *tr.*, ich habe sein Rufen überhört, diese Bemerkung möchte ich überhört haben!
über/ir/disch himmlisch, übersinnlich, wundersam
über/kan/di/delt ugs.: verdreht, überspannt
über/kip/pen *intr.*, der Wagen ist nach vorn übergekippt
über/kle/ben *tr.*, ich habe das Plakat überklebt
Über/kle/bung *f.*, -, -en
über/klei/den *tr.*, verkleiden, ich habe die Wand mit Holz verkleidet
Über/klei/dung *f.*, -, -en
über/ko/chen *intr.*, die Milch ist übergekocht
über/kom/men 1. *intr.*, überkommene Traditionen, 2. *intr.*, ihn überkam der Ekel
über/kom/pen/sie/ren *tr.*, übertrieben ausgleichen
über/krie/gen *tr.*, ugs.: etwas überbekommen
über/la/den *tr.*, das Schiff war überladen
Über/la/dung *f.*, -, *nur Sg.*
über/la/gern *tr.*
Über/la/ge/rung *f.*, -, *nur Sg.*
Über/la/gerungs/emp/fän/ger *m.*, -s, -
Über/land/fahrt *f.*, -, -en
Über/land/ver/kehr *m.*, [e]s, -e
Über/land/zen/tra/le *f.*, -, -n
über/lang
Über/län/ge *f.*, -, -n
über/lap/pen *tr.*
über/las/sen *tr.*, ugs.: etwas übriglassen, ich habe ihm das Vermögen überlassen
über/las/ten *tr.*, ich habe das Seil überlastet
über/las/tig
Über/las/tung *f.*, -, *nur Sg.*

Über/lauf *m.*, -[e]s, -läufe, Ablauf für überschüssiges Wasser
über/lau/fen *intr.*, 1. das Wasser läuft über, 2. die Badewanne ist übergelaufen, 3. er ist zum Feind übergelaufen
über/lau/fen 1. *tr.*, es hat mich kalt überlaufen, 2. *Adj.*, überbeansprucht, die Arztpraxis ist überlaufen
Über/läu/fer *m.*, -s, -
Über/lauf/ven/til *n.*, -[e]s, -e
über/laut
über/le/ben 1. *tr.*, länger leben, sie hat ihren Mann überlebt, sie hat den Unfall überlebt, 2. *refl.*, etwas ist veraltet, diese Vorstellungen haben sich überlebt
Über/le/ben/de *m.*, -n, -n
Über/le/bens/chan/ce *f.*, -, -n
über/le/bens/groß
Über/le/bens/grö/ße *f.*, -, *nur Sg.*
über/le/gen *tr.*, 1. ugs.: darüberlegen, sie legte ihm eine Decke über, übers Knie legen 2. etwas bedenken, über etwas nachdenken, sie wollte es sich überlegen, 3. *Adj.*, jmdm. überlegen sein, mit überlegener Miene
Über/le/gung *f.*, -, -en
über/lei/ten *intr.*, er leitete zum zweiten Teil über
Über/lei/tung *f.*, -, -en
über/le/sen *tr.*, 1. schnell durchlesen, flüchtig lesen, 2. beim Lesen nicht bemerken, er hat die Stelle überlesen
über/lie/fern *tr.*, etwas berichten, weitergeben
Über/lie/fe/rung *f.*, -, -en
über/lis/ten *tr.*, sie hat ihn überlistet

Über/lis/tung *f.*, -, *nur Sg.*
überm = über dem, bildlich: er ist überm Berg
Über/macht *f.*, -, *nur Sg.*
über/ma/len *tr.*, das Bild wurde übermalt
Über/ma/lung *f.*, -, -en
über/man/gan/sau/er übermangansaures Kalium, veraltet für Kaliumpermanganat
über/man/nen *tr.*, der Schlaf hat sie übermannt
Über/maß *n.*, -[e]s, -e
über/mä/ßig
Über/mensch *m.*, -en, -en
über/mensch/lich
Über/mi/kro/skop oder auch: **Über/mik/ros/kop** *n.*, [e]s, -e, Elektronenmikroskop
über/mit/teln *tr.*, zuteilen, die Nachricht wurde ihm übermittelt
Über/mit/te/lung, **Über/mitt/lung** *f.*, -, *nur Sg.*
über/mor/gen übermorgen Abend
über/mü/den *tr.*, ich bin völlig übermüdet
Über/mü/dung *f.*, -, -en
Über/mut *m.*, -[e]s, *nur Sg.*
über/mü/tig
übern ugs.: über den
über/nächst am übernächsten Tag
über/nach/ten *intr.*, du kannst hier übernachten, ich übernachte im Hotel
über/näch/tig,
über/näch/tigt von zu langem Aufbleiben müde
Über/nach/tung *f.*, -, -en
Über/nah/me *f.*, -, *nur Sg.*
über/na/tür/lich
über/neh/men *tr.*, ich nehme den Schal über
über/neh/men 1. *tr.*, ich übernehme die Firma, 2. *refl.*, ich habe mich übernommen

über/ord/nen *tr.*
Über/ord/nung *f.*, -, *nur Sg.*
Über/or/ga/ni/sa/ti/on *f.*, -, -en
über/or/ga/ni/sie/ren *tr.*, das Fest war überorganisiert
über/par/tei/lich
Über/par/tei/lich/keit *f.*, -, *nur Sg.*
über/pflan/zen *tr.*, verpflanzen, bepflanzen
über/pin/seln *tr.*, ich habe die Stelle überpinselt
Über/preis *m.*, -[e]s, -e, überhöhter Preis
Über/pro/duk/ti/on *f.*, -, *nur Sg.*
über/prü/fen *tr.*, seine Aussage wurde überprüft
Über/prü/fung *f.*, -, -en
über/quel/len *intr.*, der Teig quillt über, überquellende Freude
über/quer veralt. für: über Kreuz, das ging überquer
über/que/ren *tr.*, ich überquere die Straße, ich habe die Straße überquert
Über/que/rung *f.*, -, -en
über/ra/gen *tr.*, das Brett ragt über, das war eine überragende Leistung
über/ra/schen *tr.*, du hast mich überrascht
Über/ra/schung *f.*, -, -en
über/re/den *tr.*, du hast mich überredet
Über/re/dung *f.*, -, *nur Sg.*
Über/re/dungs/kunst *f.*, -, -künste
über/re/gi/o/nal über eine bestimmte Region hinausgehend
über/reich
über/rei/chen *tr.*, ich habe ihm das Geschenk überreicht

über/reich/lich im Übermaß vorhanden, Essen war überreichlich vorhanden
Über/rei/chung *f.*, -, *nur Sg.*
über/reif
Über/rei/fe *f.*, -, *nur Sg.*
über/rei/zen *tr.*, ich bin völlig überreizt
über/ren/nen *tr.*, er wurde überrannt
Über/rest *m.*, -[e]s, -e
über/rie/seln *tr.*, es hat mich überrieselt
über/rol/len *tr.*, er wurde vom Gegner überrollt
über/rum/peln *tr.*, ich wurde von ihm überrumpelt
Über/rum/pe/lung, Über/rump/lung *f.*, -, -en
über/run/den *tr.*, er wurde überrundet
übers = über das, wir fahren übers Wochenende weg
über/sät der Himmel war mit Sternen übersät
über/satt
über/sät/ti/gen *tr.*, er ist übersatt, er ist übersättigt
Über/sät/ti/gung *f.*, -, *nur Sg.*
über/säu/ern *tr.*
Über/säu/e/rung *f.*, -, *nur Sg.*
Über/schall *m.*, -[e]s, -e, das Flugzeug flog mit Überschall
über/schal/len *tr.*, übertönen
Über/schar *f.*, -, -en, im Bergbau: zwischen zwei Bergwerken liegendes Land, das wegen geringen Ausmaßes nicht bebaut werden kann
über/schat/ten *tr.*, der Vorfall überschattete die Feier
über/schät/zen *tr.*, ich habe dich überschätzt, ich überschätze ihn
Über/schät/zung *f.*, -, *nur Sg.*

Über/schau *f.*, -, -en, Übersicht
über/schau/bar
Über/schau/bar/keit *f.*, -, *nur Sg.*
über/schau/en *tr.*
über/schäu/men *intr.*, der Sekt schäumte über, übertr.: überschäumende Lebenslust
über/schla/fen *tr.*, das würde ich gerne überschlafen, eine Entscheidung bis zum nächsten Tag abwarten
Über/schlag *m.*, -[e]s, -schläge
über/schla/gen 1. *intr.*, die Stimme ist übergeschlagen, 2. *tr.*, er hat die Kosten überschlagen, ungefähr berechnet, ich überschlage eine Seite, ich lese die Seite nicht, 3. *refl.*, er hat sich mit dem Wagen überschlagen
über/schlä/gig ungefähr
Über/schlag/la/ken *n.*, -s, -
über/schläg/lich ungefähr
über/schnap/pen *intr.*, der Riegel ist übergeschnappt, auch: er ist übergeschnappt, er hat den Verstand verloren
über/schnei/den *tr.*, die Termine überschneiden sich, die Termine haben sich überschnitten
Über/schnei/dung *f.*, -, -en
über/schrei/ben *tr.*, 1. mit einer Überschrift versehen, 2. ich habe ihm das Haus überschrieben
Über/schrei/bung *f.*, -, -en
über/schrei/en *tr.*, er hat ihn überschrien: er war lauter als der andere
über/schrei/ten *tr.*, ich habe die Grenzen überschritten
Über/schrift *f.*, -, -en
Über/schuh *m.*, -[e]s, -e
über/schul/den *tr.*, er hat

die Firma überschuldet
Über/schul/dung *f.*, -, *nur Sg.*
Über/schuß > **Über/schuss** *m.*, -[e]s, -schüsse
über/schüs/sig
über/schüt/ten *tr.*, ich habe die Milch übergeschüttet, etwas verschütten, bildlich: er überschüttete sie mit Dankbarkeit
Über/schwang *m.*, -s, *nur Sg.*
über/schwäng/lich
Über/schwäng/lich/keit *f.*, -, *nur Sg.*
über/schwap/pen *intr.*, ugs.: überlaufen, verschütten, die Milch ist übergeschwappt
über/schwem/men *tr.*, die Küste wurde überschwemmt
Über/schwem/mung *f.*, -, *nur Sg.*
über/schweng/lich > **über/schwäng/lich**
Über/schweng/lich/keit > **Über/schwäng/lichkeit** *f.*, -, *nur Sg.*
Über/see *ohne Artikel*, Länder die jenseits des Ozeans liegen, Waren aus Übersee
Über/see/damp/fer *m.*, -s, -
Über/see/han/del *m.*, -s, *nur Sg.*
über/see/isch
über/seh/bar
Über/seh/bar/keit *f.*, -, *nur Sg.*
über/se/hen 1. *tr.*, ich habe mich an der Farbe übergesehen, so oft gesehen, dass man es nicht mehr mag 2. ich habe den Fehler übersehen, 3. vom Gipfel war das ganze Tal zu übersehen
über/sen/den *tr.*, ich habe ihm das Paket übersandt
Über/sen/dung *f.*, -, *nur Sg.*

über/setz/bar
Über/setz/bar/keit *f.*, -, *nur Sg.*
über/set/zen *tr.*, 1. er hat mit dem Boot übergesetzt, er ist übergesetzt worden, 2. in eine andere Sprache übertragen, ich übersetze den Text ins Englische, 3. schweizer.: überhöhte Preise
Über/set/zer *m.*, -s, -
Über/set/zung *f.*, -, -en, Kraft- und Bewegungsübertragung
Über/set/zungs/ma/schine *f.*, -, -n
Über/sicht *f.*, -, -en
über/sich/tig weitsichtig
Über/sich/tig/keit *f.*, -, *nur Sg.*
über/sicht/lich
Über/sicht/lich/keit *f.*, -, *nur Sg.*
Über/sichts/kar/te *f.*, -, -n
über/sie/deln *intr.*, den Wohnort wechseln, ich übersiedele nach Köln, ich bin nach Köln übergesiedelt
Über/sie/de/lung,
Über/sied/lung *f.*, -, *nur Sg.*
über/sinn/lich
Über/sinn/lich/keit *f.*, -, *nur Sg.*
über/span/nen *tr.*, die Brücke überspannt die Straße
über/spannt von der Norm abweichend, übertrieben
Über/spannt/heit *f.*, -, *nur Sg.*
Über/span/nung *f.*, -, -en
Über/span/nung *f.*, -, *nur Sg.*, zu hohe Stromspannung
über/spie/len *tr.*, sich etwas nicht anmerken lassen, eine Tonbandaufnahme überspielen
über/spielt im Sport: überanstrengen
Über/spie/lung *f.*, -, -en
über/spit/zen *tr.*, etwas übertreiben, er hat das sehr überspitzt formuliert
Über/spitzt/heit *f.*, -, *nur Sg.*
Über/spit/zung *f.*, -, *nur Sg.*
über/spre/chen *tr.*, 1. z.B. bei Simultanübersetzungen: ein fremdsprachiger Text wird gleichzeitig mit der Übersetzung übersprochen, 2. eine Tonbandaufnahme wird durch eine verbesserte Aufnahme übersprochen
über/sprin/gen 1. *intr.*, der Funke ist übergesprungen, 2. *tr.* ich überspringe die Hürde, 3. ich habe beim Lesen eine Seite übersprungen
über/spru/deln *intr.*, das kochende Wasser ist übergesprudelt, er sprudelte über von guter Neuigkeiten
über/spü/len *tr.*, der Strom hat die Ufer überspült
über/staat/lich
Über/staat/lich/keit *f.*, -, *nur Sg.*
Über/stän/der *m.*, -s, -, Forstw.: überalterter Baum
über/stän/dig überaltert
über/ste/hen *intr.*, der Balken steht über
über/ste/hen *intr.*, ich habe die Grippe überstanden, er hat die Operation gut überstanden
über/steig/bar
über/stei/gen *intr.*, er ist übergestiegen, bildlich auch: das übersteigt meinen Verstand
über/stei/gern *tr.*, die Preise sind übersteigert, du hast übersteigerte Vorstellungen
Über/stei/ge/rung *f.*, -, *nur Sg.*
über/stel/len *tr.*, Behördenspr.: einer anderen Stelle übergeben
Über/stel/lung *f.*, -, *nur Sg.*
über/stem/peln *tr.*
über/steu/ern *tr.*, Überlastung eines Verstärkers, wodurch Verzerrungen entstehen, die Aufnahme wurde übersteuert
Über/steu/e/rung *f.*, -, *nur Sg.*
über/stim/men *tr.*, jmdn. bei der Wahl durch Stimmenmehrheit besiegen, er wurde überstimmt
über/strah/len *tr.*, ihre Schönheit überstrahlte alles
über/strei/fen *tr.*, sich etwas anziehen, er streifte sich das Hemd über
über/strö/men *intr.*, die Flüsse strömten über, bildlich auch: sie strömte über vor Glück
Über/stun/de *f.*, -, -en, er musste in der Firma Überstunden machen
über/stür/zen 1. *tr.*, etwas übereilen, er hat seine Entscheidung überstürzt getroffen, 2. *refl.*, schnell aufeinanderfolgen, die Ereignisse überstürzen sich
über/täu/ben *tr.*, der Schmerz im Bein hat den Schmerz im Arm übertäubt
über/teu/ern *tr.*, die Preise sind überteuert
Über/teu/e/rung *f.*, -, *nur Sg.*
über/töl/peln *tr.*, sie wurden von ihm übertölpelt
Über/töl/pe/lung *f.*, -, *nur Sg.*
über/tö/nen *tr.*, der Lärm übertönt alle anderen Geräusche
Über/trag *m.*, -es, -träge, Summe, die bei der Über-

tragung einer Rechnung auf eine andere Seite stehen bleibt
über/trag/bar
Über/trag/bar/keit *f.*, -, *nur Sg.*
über/tra/gen *tr.*, ich übertrage ihm die Verantwortung
Über/tra/ger *m.*, -s, -,
Über/trä/ger *m.*, -s, -, er war der Überträger der Krankheit
über/trai/niert durch zu viel Training überanstrengt
über/tref/fen *tr.*, etwas besser machen, er hat ihn beim Sport übertroffen
über/trei/ben *tr.*
Über/trei/bung *f.*, -, -en
über/tre/ten *intr.*, er ist zur evangelischen Kirche übergetreten
über/tre/ten *tr.*, er hat das Gesetz übertreten
Über/tre/tung *f.*, -, -en
Über/tre/tungs/fall *m.*, -[e]s, -fälle
Über/tritt *m.*, -[e]s, -e
über/trump/fen *tr.*, jmdn. beim Spiel übertrumpfen
über/tün/chen *tr.*, ich habe die Wand mit einer anderen Farbe übertüncht
über/über/mor/gen ugs.: der Tag nach übermorgen
über/ver/si/chern *tr.*, eine Versicherung, die den Wert einer Sache übertrifft
Über/ver/si/che/rung *f.*, -, *nur Sg.*
über/völ/kern *tr.*, das Gebiet wird übervölkert
Über/völ/ke/rung *f.*, -, *nur Sg*
über/voll
über/vor/tei/len *tr.*, er wurde gegenüber den anderen übervorteilt, ich habe ihn übervorteilt

Über/vor/tei/lung *f.*, -, *nur Sg.*
über/wach
über/wa/chen *tr.*, er wurde rund um die Uhr überwacht
Über/wa/chung *f.*, -, *nur Sg.*
über/wal/len *intr.*, das kochende Wasser ist übergewallt
über/wäl/ti/gen *tr.*, der Kandidat erhielt eine überwältigende Mehrheit, der Verbrecher wurde von der Polizei überwältigt, er wurde vom Glück überwältigt
Über/wäl/ti/gung *f.*, -, *nur Sg.*
über/wäl/zen *tr.*, übertragen
Über/wäl/zung *f.*, -, *nur Sg.*
über/wei/sen *tr.*, ich habe Ihnen den Betrag auf Ihr Konto überwiesen
Über/wei/sung *f.*, -, -en
Über/wei/sungs/auf/trag *m.*, -[e]s, -träge
Über/welt *f.*, -, *nur Sg.*
über/welt/lich
über/wend/lich überwendlich nähen
über/wer/fen *refl.*, sich mit jmdm. verfeinden, ich habe mich mit ihm überworfen, *tr.*, er hat sich den Mantel übergeworfen
über/wie/gen *tr.*, ugs.: zu viel wiegen, das Paket wiegt über, *tr.*, etwas hat mehr Gewicht, seine Angst überwog
über/wie/gend im Wald standen überwiegend Nadelbäume
über/wind/bar
über/win/den *tr.*, ich habe meine Angst überwunden
Über/win/der *m.*, -s, -
Über/win/dung *f.*, -, *nur Sg.*
über/win/tern *intr.*, viele

Tiere überwintern hier
Über/win/te/rung *f.*, -, *nur Sg.*
über/wöl/ben *tr.*, der Saal wurde überwölbt
Über/wöl/bung *f.*, -, *nur Sg.*
über/wu/chern *tr.*, das Unkraut hat die Wege überwuchert
Über/wurf *m.*, -[e]s, -würfe, 1. Umhang, 2. Hebegriff beim Ringen
Über/zahl *f.*, -, *nur Sg.*, die Frauen sind in der Überzahl
über/zah/len *intr.*, zu viel bezahlen
über/zäh/len *tr.*, ugs.: jmdn. schlagen
über/zäh/lig
über/zeich/nen *tr.*, für eine Anleihe mehr bezahlen, als nötig
Über/zeich/nung *f.*, -, -en
Über/zeit/ar/beit *f.*, -, -en, schweizer.: Überstunden
über/zeu/gen *tr.*, ich habe ihn mit meinen Argumenten überzeugt
Über/zeu/gung *f.*, -, -en
Über/zeu/gungs/kraft *f.*, -, *nur Sg.*
Über/zeu/gungs/tä/ter *m.*, -s, -, jmd., der aufgrund einer bestimmten Überzeugung straffällig wird
über/zie/hen *tr.*, 1. ich habe mir einen Pullover übergezogen, ich ziehe mir einen Pullover über, 2. ugs.: jmdn. schlagen, ich ziehe dir mit dem Stock eins über, 3. *tr.*, ich habe mein Konto überzogen, ich habe den Kuchen mit Schokoladenguss überzogen
Über/zie/her *m.*, -s, -, Herrenmantel
über/züch/ten viele Tier-

Überzüchtung

arten sind überzüchtet
Über/züch/tung *f., -, nur Sg.*
Über/zug *m., -s, -züge,* ich mache auf den Kuchen einen Überzug aus Schokolade
über/zwerch österr.: quer, über Kreuz
Ubi be/ne, i/bi pa/tria oder auch: **pat/ria** [lat.] Zitat nach Cicero: Wo (es mir) gut (geht), da (ist mein) Vaterland.
Ubi/er *m., -s, -,* Angehöriger eines german. Volksstammes
Ubi/quist [lat.] *m., -en, -en,* Pflanzen- oder Tierarten, die auf der gesamten Erdkugel verbreitet sind
ubi/qui/tär überall verbreitet
Ubi/qui/tät *f., -, nur Sg.* 1. Allgegenwart, 2. Ware, die überall erhältlich ist
üb/lich das ist hier so üblich, gebräuchlich
üb/li/cher/wei/se
U-Boot *n., -[e]s, -e,* Abk. für Unterseeboot
U-Boot-Krieg *m., -es, -e*
üb/rig ich habe noch etwas übrig, im Übrigen, alles Übrige, es wird mir nichts anderes übrig bleiben, er tat ein Übriges
üb/rig/be/hal/ten > **übrig be/hal/ten** *tr.*
üb/rig/blei/ben > **übrig blei/ben** *intr.*
üb/ri/gens
üb/rig/las/sen > **üb/rig las/sen** *tr.*
Übung *f., -, -en*
Übungs/ar/beit *f., -, -en*
Übungs/buch *n., -[e]s, -bücher*
übungs/hal/ber
Übungs/platz *m., -[e]s, -plätze*

Übungs/stück *n., -[e]s, -e*
u. dgl. Abk. für: und dergleichen
u. d. M. Abk. für: unter dem Meeresspiegel
ü. d. M. Abk. für: über dem Meeresspiegel
Ud/mur/te *m., -n, -n,* Angehöriger eines ostfinnischen Volkes
ud/mur/tisch
UdSSR veraltete Abk. für Union der Sozialistischen Sowjetrepubliken
u. E. Abk. für: unseres Erachtens
Üecht/land, Ücht/land *n., -[e]s, nur Sg.,* Landschaft in der Schweiz
U-Ei/sen *n., -s, -,* Walzeisen mit U-förmigem Querschnitt
Ufer *n., -s, -*
ufer/los
Uf/fi/zi/en *Pl.,* Palast mit Gemäldesammlung in Florenz
Uffz. Abk. für: Unteroffizier
UFO, U/fo *n., -[s], -s,* Abk. für: unbekanntes Flugobjekt
U-för/mig *(Nf.)* auch: **u-för/mig** *(Hf.)*
Ugan/da Staat in Afrika
Ugan/der *m., -s, -*
ugan/disch
Ug/ri/er *m., -, Pl.,* Sammelbez. für Ungarn, Ostjaken und Wogulen
ug/risch Sprachen der Ugrier
Uhr *f., -, -en,* ein Uhr, es ist ein Uhr fünfzehn, in Ziffern: 1.15 Uhr, Ein-Uhr-Flug, in Ziffern: 1-Uhr-Flug
Uhr/arm/band *n., -[e]s, -bänder*
Uh/ren/in/dus/trie *f., -, nur Sg.*
Uhr/ket/te *f., -, -n*

Uhr/ma/cher *m., -s, -*
Uhr/ma/che/rei *f., -, -en*
Uhr/werk *n., -[e]s, -e*
Uhr/zei/ger *m., -s, -*
Uhr/zei/ger/sinn *m., -[e]s, nur Sg.,* in der Richtung des Uhrzeigers
Uhu *m., -s, -s*
uk Abk. für: unabkömmlich (im Zweiten Weltkrieg)
Ukas [russ.] *m., -ses, -se,* 1. Verordnung des Zaren, 2. allg.: Befehl
Uke/lei [poln.] *m., -s, -e* od. *-s,* ein Karpfenfisch
U/krai/ne *f., -, nur Sg.,* Staat in Osteuropa
U/krai/ner *m., -s, -*
u/krai/nisch
U/ku/le/le [polynes.-engl.] *f., -, -n,* kleine viersaitige Gitarre
UKW Abk. für Ultrakurzwelle
UKW-Emp/fän/ger *m., -s, -*
UKW-Sen/der *m., -s, -*
Ulan [türk.] *m., -en, en,* 1. polnischer leichter Lanzenreiter, 2. in Deutschland bis zum Ersten Weltkrieg Bezeichnung für ein Mitglied der schweren Kavallerie
Ulan/ka *f., -, -s,* Waffenrock der Ulanen
Ul/cus *n., -, -cera,* Schreibung von Ulkus in der Fachsprache
U/len/spie/gel Nebenform von Eulenspiegel
Ul/fi/las [lat.] Variante von Wulfila (Bischof der Westgoten)
Ulk *m., -[e]s, -e,* Unfug, Spaß
ul/ken *intr.,* Spaß machen
ul/kig komisch
Ul/kus *n., -, -zera,* Geschwür

Ul/me *f.*, -, -n, Laubbaum
Uls/ter *m.*, -s, -, 1. ursprünglicher Name Nordirlands, 2. schwerer Mantelstoff, 3. weiter, zweireihiger Mantel
ult. Abk. für ultimo
Ul/ti/ma [lat.] *f.*, -, -mä, Endsilbe (eines Wortes)
Ul/ti/ma ra/tio > **Ul-ti-ma Ra/tio** *f.*, -, *nur Sg.*, letztes Mittel
ul/ti/ma/tiv 1. in Form eines Ultimatums, 2. nachdrücklich
Ul/ti/ma/tum *n.*, -s, - ten, letzte Aufforderung
ul/ti/mo (Abk.: ult.) am Letzten des Monats
Ul/ti/mo *m.*, -s, -s, letzter Tag des Monats
Ul/tra [lat.] *m.*, -s, -s, politischer Fanatiker, Extremist
Ul/tra/kurz/wel/le *f.*, -, -n, (Abk.: UKW) elektromagnetische Welle unter -10 m Länge
Ul/tra/kurz/wel/len/empfän/ger *m.*, -s, -
Ul/tra/kurz/wel/len/sender *m.*, -s, -
ul/tra/ma/rin kornblumenblau
Ul/tra/ma/rin *n.*, -s, *nur Sg.*, blaue Farbe
Ul/tra/mi/kros/kop oder auch: **Ul/tra/mik/ros/kop** *n.*, -[e]s, -e, zur Beobachtung kleinster Teilchen
ul/tra/mon/tan streng päpstlich gesinnt
Ul/tra/mon/ta/nis/mus *m.*, -, *nur Sg.*, streng päpstliche Gesinnung
ul/tra/rot = infrarot
Ul/tra/rot *n.*, -[s], *nur Sg.*, = Infrarot
Ul/tra/schall *m.*, -s, *nur Sg.*, = Überschall, Schall, der mit dem menschlichen Gehör nicht mehr wahrnehmbar ist
Ul/tra/strah/lung *f.*, -, -en, kosmische Höhenstrahlung
ul/tra/vi/o/lett (Abk.: UV) im Spektrum über dem violetten Licht
Ul/tra/vi/o/lett *n.*, -s, *nur Sg.*
U/lys/ses lat. Form von Odysseus, auch: Roman von James Joyce
Ul/ze/ra *Pl.* von Ulkus
Ul/ze/ra/ti/on [lat.] *f.*, -, -en, Geschwürbildung
ul/ze/rie/ren *intr.*, geschwürig werden
ul/ze/rös
um 1. Präp., um einen Gefallen bitten, es verging Jahr um Jahr, um sich blicken, um alles in der Welt, 2. um Himmels willen, 3. Adv., er war um die 1.80 m groß, er wendete die Seite um, 4. er ging ins Büro, um zu arbeiten
u. M. Abk. für: unter dem Meeresspiegel
ü. M. Abk. für: über dem Meeresspiegel
um/a/ckern *intr.*
um/a/dres/sie/ren oder auch: **um/ad/res/sie/ren** *tr.*, ich habe das Paket umadressiert
um/än/dern *tr.*, ich habe meine Adresse umgeändert
Um/än/de/rung *f.*, -, -en
um/ar/bei/ten *tr.*, ich habe es umgearbeitet
Um/ar/bei/tung *f.*, -, -en
um/ar/men *tr.*, ich habe ihn zur Begrüßung umarmt
Um/ar/mung *f.*, -, -en
Um/bau *m.*, -[e]s, -bauten
um/bau/en *tr.*, das Haus wurde umgebaut
um/bau/en *tr.*, durch Bauten umschließen, er hat seinen Hof mit Mauern umbaut
um/be/hal/ten *tr.*, ugs., er hat den Schal umbehalten
um/be/nen/nen *tr.*, die Firma wurde umbenannt
Um/be/nen/nung *f.*, -, -en
Um/ber [lat.] 1. *m.*, -s, -, = Umbra, 2. *m.*, -s, -n
um/be/set/zen *tr.*, die Hauptrolle des Theaterstücks wurde umbesetzt
Um/be/set/zung *f.*, -, -en
um/bet/ten *tr.*, der Kranke wurde umgebettet
Um/bet/tung *f.*, -, -en
um/bie/gen *tr.*
um/bil/den *tr.*, die Regierung wurde umgebildet
Um/bil/dung *f.*, -, -en
um/bin/den *tr.*, ich binde mir einen Schal um, ich habe mir einen Schal umgebunden, *tr.*, ich habe den Finger mit Pflaster umbunden
um/bla/sen *tr.*, der Wind hat die Blumen umgeblasen
um/blät/tern *tr.*, ich habe die Seite umgeblättert
um/bli/cken *refl.*, ich blicke mich nach dir um, ich habe mich nach dir umgeblickt
Um/bra oder auch: **Umb/ra** [lat.] *f.*, -, *nur Sg.* 1. (Umber *m.*, -s, -,) dunkelbrauner Farbstoff, 2. dunkler Kern eines Sonnenfleckes
Um/bral/glas oder auch: **Umb/ral/glas** *n.*, -es, -gläser, dunkles Glas für Sonnenbrillen
um/brau/sen *tr.*, das Haus wurde vom Sturm umbraust
um/bre/chen 1. *tr.*, umbiegen, ich habe die Stange umgebrochen, 2. *intr.*, umstürzen, der Baum ist vom

Sturm umgebrochen
Um/brer oder auch:
Umb/rer *m.,* -s, -, Einwohner von Umbrien
Um/bri/en oder auch:
Umb/ri/en Region in Italien
um/brin/gen *tr.,* er bringt ihn um, er hat ihn umgebracht
um/brisch oder auch:
umb/risch aus Umbrien stammend
Um/bruch *m.,* -[e]s, -brüche 1. grundlegende Veränderung, 2. beim Drucken, der Umbruch der Seite
Um/bruch/kor/rek/tur *f.,* -, -en
um/bu/chen *tr.,* ich buche die Reise um, ich habe die Reise umgebucht
Um/bu/chung *f.,* -, -en, die Umbuchung der Reise
um/deu/ten *tr.*
Um/deu/tung *f.,* -, -en
um/dis/po/nie/ren *tr.,* die Pläne ändern, ich habe umdisponiert
Um/dis/po/nie/rung *f.,* -, -en
um/drän/gen *tr.,* er wurde von Leuten umdrängt
um/dre/hen *tr.,* ich drehe den Pfannkuchen um, ich habe den Pfannkuchen umgedreht
Um/dre/hung *f.,* -, -en
Um/dre/hungs/zahl *f.,* -, -en
Um/druck *m.,* -es, -drucke
Um/druck/ver/fah/ren *n.,* -s, -
um/düs/tern *refl.*
um/ein/an/der oder auch:
um/ei/nan/der sie tanzten umeinander herum, sie kümmerten sich umeinander
um/ein/an/der/schlingen > oder auch: **um/ei/nan/der/schlingen** *tr.*
um/er/zie/hen *tr.,* ich habe den Hund umerzogen
Um/er/zie/hung *f.,* -, *nur Sg.*
um/fah/ren 1. *intr.,* ugs. für einen Umweg fahren, wir sind eine Stunde umgefahren, 2. *tr.,* er hat das Schild umgefahren, er hat mich fast umgefahren, *tr.,* um etwas herumfahren, ich habe den Stau umfahren
Um/fall *m.,* -[e]s, -e, ugs. für einen plötzlichen Gesinnungswandel
um/fal/len *intr.*
Um/fang *m.,* -[e]s, -fänge
um/fan/gen *tr.,* umfassen, er hat sie umfangen, die Nacht umfing uns
um/fäng/lich
um/fang/reich
um/fas/sen 1. *tr.,* einen Edelstein (mit Gold) umfassen, er hat sie umgefasst, 2. *tr.,* den Arm um jmdn. legen, das Buch umfasst zehn Seiten
Um/fas/sung *f.,* -, -en
Um/fas/sungs/mau/er *f.,* -, -n
um/flech/ten *tr.,* eine umflochtene Vase
um/flie/gen 1. *intr.,* ugs. für umfallen 2. *tr.,* der Vogel hat den Turm umflogen
um/flie/ßen *tr.,* der Fluss umfließt den Berg
um/flort verschleiert, von Trauer umflorte Stimme
um/for/men *tr.,* ich forme das Tongefäß um, ich habe das Tongefäß umgeformt
Um/for/mer *m.,* -s, -
Um/for/mung *f.,* -, -en
Um/fra/ge *f.,* -, -n, ich mache eine Umfrage
um/fra/gen *intr.*
um/frie/den *tr.,* einfassen, das Grab wurde mit einer Mauer umfriedet
um/frie/di/gen *tr.,* = umfrieden
Um/frie/di/gung,
Um/frie/dung *f.,* -, -en
um/fül/len *tr.,* ich fülle die Marmelade in Gläser um, ich habe die Marmelade in Gläser umgefüllt
um/funk/ti/o/nie/ren *tr.,* eine Funktion ändern, der Gegenstand wurde umfunktioniert, ich habe den Gegenstand umfunktioniert
Um/gang *m.,* -[e]s, -gänge
um/gäng/lich
Um/gäng/lich/keit *f.,* -, *nur Sg.*
Um/gangs/for/men *f.,* -en, *nur Pl.,* Manieren, du hast gute Umgangsformen
Um/gangs/spra/che *f.,* -, -n
um/gangs/sprach/lich
um/gar/nen *tr.,* sie hat ihn umgarnt
um/gau/keln *tr.,* der Schmetterling hat die Blumen umgaukelt
um/ge/ben *tr.*
Um/ge/bung *f.,* -, *nur Sg.,* die Stadt hat eine schöne Umgebung
um/ge/hen *intr.,* ich kann mit seiner Art nicht umgehen, es geht ein Gerücht um
um/ge/hen *tr.,* ich konnte den Stau umgehen, ich konnte das Treffen umgehen (vermeiden)
um/ge/hend sofort, ich werde die Arbeit umgehend erledigen
Um/ge/hung *f.,* -, *nur Sg.*
Um/ge/hungs/stra/ße *f.,* -, -n
um/ge/stal/ten *tr.,* ich

gestalte das Bild um, ich habe das Bild umgestaltet
Um/ge/stal/tung *f.*, -, -en
um/gra/ben *tr.*, ich grabe den Garten um, ich habe den Garten umgegraben
um/gren/zen *tr.*, ich habe das Blumenbeet mit einem Zaun umgrenzt
Um/gren/zung *f.*, -, -en
um/grup/pie/ren *tr.*, andere Gruppen bilden, ich gruppiere um
Um/grup/pie/rung *f.*, -, -en
um/gür/ten *refl.*, er hat sich das Schwert umgegürtet
um/ha/ben *tr.*, ugs. für: tragen, etwas umhängen haben, ich habe einen Schal um
um/hal/sen *tr.*, umarmen, sie hat ihn zur Begrüßung umhalst
Um/hang *m.*, -[e]s, -hänge
um/hän/gen *tr.*, ich hänge mir einen Schal um
Um/hän/ge/ta/sche *f.*, -, -en
um/hau/en *tr.*, er hieb den Baum um, ugs.: die Nachricht hat mich umgehauen
um/her statt herum, ich bin zwei Stunden umhergeirrt
um/hin nur verneint: ich komme nicht umhin (ich kann es nicht vermeiden)
um/hö/ren *refl.*, ich werde mich umhören, ich habe mich umgehört
um/hül/len *tr.*, die Praline ist umhüllt mit Schokolade
Um/hül/lung *f.*, -, -en
um/ju/beln *tr.*, der Star wurde umjubelt
Um/kehr *f.*, -, *nur Sg.*
um/kehr/bar
um/keh/ren *intr.* u. *tr.*, ich muss umkehren, bevor es dunkel wird, die Sache ist genau umgekehrt

Um/kehr/film *m.*, [e]s, -e
Um/keh/rung *f.*, -, -en
um/kip/pen *tr.* und *intr.*, der Baum ist umgekippt, er kippte mit dem Stuhl um, er ist mit dem Stuhl umgekippt
um/klam/mern *tr.*, er hielt sie umklammert, er umklammerte sie
Um/klam/me/rung *f.*, -, *nur Sg.*
um/klapp/bar
um/klap/pen *tr.*
Um/klei/de/ka/bi/ne *f.*, -, -n
um/klei/den *refl.*, ich kleide mich für das Abendessen um, ich habe mich für das Abendessen umgekleidet, *tr.*, umgeben, umhüllen
Um/klei/de/raum *m.*, -[e]s, -räume
Um/klei/dung *f.*, -, -en
um/kni/cken *tr.* und *intr.*, ich knicke die Seite um, ich habe die Seite umgeknickt
um/kom/men *tr.*, ugs.: ich komme um vor Kälte
um/krän/zen *tr.*, die Blumen umkränzen den Stein
Um/kreis *m.*, -[e]s, -e
um/krei/sen *tr.*, der Vogel umkreist das Nest
Um/krei/sung *f.*, -, -en
um/krem/peln *tr.*, er krempelt die Ärmel hoch, ugs. für: etwas vollständig ändern
Um/la/de/bahn/hof *m.*, -[e]s, -höfe
um/la/den *tr.*, wir haben die Pakete umgeladen, wir laden die Pakete um
Um/la/dung *f.*, -, -en
Um/la/ge *f.*, -, -en, Anteil einer Summe
um/la/gern *tr.*, er wurde von Menschen umlagert
Um/lauf *m.*, -[e]s, -läufe

Um/lauf/bahn *f.*, -, -en
um/lau/fen *intr.*, das Geld läuft um, *tr.*, er hat die Insel einmal umlaufen
Um/lauf(s)/ge/schwin/dig/keit *f.*, -, -en
Um/lauf(s)/zeit *f.*, -, -en
Um/lauf/ver/mö/gen *n.*, -s, *nur Sg.*
Um/laut *m.*, -[e]s, -e, 1. Änderung eines Vokals in einen helleren Vokal (z.B. a zu ä, o zu ö usw.) 2. die Laute ä, ö, ü
um/lau/ten *tr.*, umgelautete Vokale
Um/le/ge/kra/gen *m.*, -s, -
um/le/gen *tr.*, ich lege mir eine Kette um, ugs.: töten, jmdn. umbringen
Um/le/gung *f.*, -, -en
um/lei/ten *tr.*
Um/lei/tung *f.*, -, -en
um/len/ken *tr.*, die Fahrzeuge wurden umgelenkt
um/ler/nen *intr.*, er lernt um, er hat umgelernt
um/lie/gend *adj.*, die umliegenden Ortschaften
um/mau/ern *tr.*, der Platz wurde ummauert
um/mo/deln *tr.*, ugs. für ändern, umgestalten, er modelt es um, er hat es umgemodelt
um/nach/tet geisteskrank, er starb geistig umnachtet
Um/nach/tung *f.*, -, *nur Sg.*, er starb im Zustand geistiger Umnachtung
um/nä/hen *tr.*, sie hat den Saum umgenäht, sie hat die Kanten umnäht
um/ne/beln *tr.*, sie war von den Medikamenten umnebelt
um/neh/men *tr.*, ugs. für sich umhängen, er hat einen Schal umgenommen

um/pflan/zen 1. *tr.*, verpflanzen, ich pflanze den Baum um, der Baum wurde umgepflanzt, 2. *tr.*, ich habe den Baum mit Blumen umpflanzt
um/pflü/gen *tr.*, er hat den Acker umgepflügt
um/po/len *tr.*, Vertauschen von Plus- und Minuspol
um/quar/tie/ren *tr.*, in eine andere Unterkunft verlegen, ich habe ihn umquartiert
Um/quar/tie/rung *f.*, -, -en
um/rah/men *tr.*, die Veranstaltung wurde von tänzerischen Darbietungen umrahmt, das Bild wurde umrahmt
Um/rah/mung *f.*, -, -en
um/ran/den *tr.*, er hat das Gedicht mit einer Verzierung umrandet
Um/ran/dung *f.*, -, -en
um/ran/ken *tr.*, Efeu umrankte den Baum
um/räu/men *tr.*, wir räumen die Wohnung um, wir haben die Wohnung umgeräumt
um/rech/nen *tr.*, sie rechnet den Betrag um, sie hat den Betrag umgerechnet
Um/rech/nung *f.*, -, -en
Um/rech/nungs/kurs *m.*, -es, -e
Um/rech/nungs/ta/bel/le *f.*, -, -n
um/rei/ßen 1. *tr.*, etwas oder jmdn. umwerfen, er hat mich umgerissen, die Mauer wurde umgerissen, 2. *tr.*, andeuten, mit wenigen Worten oder Strichen darstellen
um/rei/ten 1. *tr.*, er hat mich mit dem Pferd umgeritten, 2. *tr.*, er hat den See umritten
um/ren/nen *tr.*, er hat die Hürde umgerannt
um/rin/gen *tr.*, etwas oder jmdn. umgeben, die Menschen umringten ihn
Um/riß > **Um/riss** *m.*, -es, -e
Um/riß/li/nie > **Um/riss/li/nie** *f.*, -, -n
Um/riß/zeich/nung >
Um/riss/zeich/nung *f.*, -, -en
um/rüh/ren *tr.*, ich rühre die Suppe um, ich habe die Suppe umgerührt
ums um das, ein ums andere Mal
um/sat/teln *intr.*, er hat das Pferd umgesattelt, ugs. für wechseln, er hat auf ein anderes Fach umgesattelt
Um/satz *m.*, -[e]s, -sätze, die Einnahmen eines Unternehmens
Um/satz/steu/er *f.*, -, -n
um/säu/men 1. *tr.*, ich säume die Bluse um, ich habe die Bluse umgesäumt 2. *tr.*, umgeben, die Lichtung war von Bäumen umsäumt
um/schal/ten 1. *tr.*, ich habe den Apparat umgeschaltet, 2. *intr.*, ich habe den Fernseher umgeschaltet
Um/schal/ter *m.*, -s, -
Um/schal/tung *f.*, -, -en
um/schat/ten *tr.*, ihre Augen waren umschattet
Um/schau *f.*, -, -en, Überblick, Umschau halten
um/schau/en *refl.*, ich schaue mich um, ich habe mich umgeschaut
um/schich/ten *tr.*, das Vermögen wurde umgeschichtet, ich habe die Erde umgeschichtet
Um/schich/tung *f.*, -, -en
um/schif/fen *tr.*, auf ein anderes Schiff laden, die Fracht wurde umgeschifft, um etwas herumfahren, die Klippen wurden umschifft
Um/schif/fung *f.*, -, *nur Sg.*
Um/schlag *m.*, -[e]s, -schläge
Um/schlag/bahn/hof *m.*, -[e]s, -höfe
um/schla/gen *tr. u. intr.*, die Ware wurde umgeschlagen, das Wetter ist plötzlich umgeschlagen
Um/schlag/ha/fen *m.*, -s, -häfen
Um/schlag/tuch *n.*, -[e]s, -tücher
Um/schlag/zeich/nung *f.*, -en, Zeichnung für den Einband eines Buches
um/schlei/chen *tr.*, der Einbrecher hat das Haus umschlichen
um/schlie/ßen *tr.*, der Hof wurde von einer hohen Mauer umschlossen
Um/schlie/ßung *f.*, -, -en
um/schlin/gen *tr.*, er hielt sie fest umschlungen
Um/schlin/gung *f.*, -, -en
um/schmei/ßen *tr.*, ugs. für umwerfen, er hat den Stuhl umgeschmissen
um/schnal/len *tr.*, er hat dem Pferd den Sattel umgeschnallt, er schnallte sich den Gürtel um
um/schnü/ren *tr.*
Um/schnü/rung *f.*, -, *nur Sg.*
um/schrei/ben 1. *tr.*, umändern, ich habe den Text umgeschrieben, 2. *tr.*, mit anderen Worten beschreiben, er hat den Begriff umschrieben
Um/schrei/bung *f.*, -, *nur Sg.*, Neuschreibung
Um/schrift *f.*, -, -en, 1. Übersetzung, 2. umgeänderter Text, 3. rundum laufende Inschrift

um/schul/den *tr.*, kurzfristige Kredite verlängern, sie haben es umgeschuldet
Um/schul/dung *f.*, -, -en
um/schu/len *tr.*, einen neuen Beruf erlernen, er hat umgeschult, in eine andere Schule gehen, das Kind wurde umgeschult
Um/schü/ler *m.*, -s, -, jmd. der umgeschult wird
Um/schu/lung *f.*, -, -en
um/schüt/ten *tr.*, ich habe die Milch umgeschüttet
um/schwär/men *tr.*, er wurde von vielen Frauen umschwärmt, die Motten umschwärmten das Licht
Um/schwei/fe *Pl.*, er kam ohne Umschweife zur Sache
um/schwir/ren *tr.*, er wurde von Fliegen umschwirrt
Um/schwung 1. *m.*, -[e]s, -schwünge, 2. -[e]s, *nur Sg.*, schweizer. für Umgebung des Hauses
um/se/geln *tr.*, er hat die Klippen umsegelt
Um/se/ge/lung, **Um/seg/lung** *f.*, -, -en
um/se/hen *refl.*, ich sehe mich nach ihm um, ich habe mich nach einer neuen Wohnung umgesehen
um/sein > **um sein** *intr.*, ugs. für die Zeit ist abgelaufen, die Zeit ist um
um/sei/tig auf der Rückseite, umseitig ist zu lesen
um/seits auf der Rückseite
um/setz/bar der Plan ist umsetzbar
um/set/zen *tr.*, er hat sich umgesetzt, er hat den Baum umgesetzt
Um/set/zung *f.*, -, -en, die Umsetzung des Plans bereitet Schwierigkeiten

Um/sicht *f.*, -, *nur Sg.*
um/sich/tig
Um/sich/tig/keit *f.*, -, *nur Sg.*
um/sie/deln 1. *tr.*, an einen anderen Ort bringen, wir siedeln sie um, wir sind umgesiedelt worden, 2. *intr.*, umziehen, ich bin in eine andere Stadt umgesiedelt
Um/sied/ler *m.*, -s, -
Um/sied/lung, **Um/sie/de/lung** *f.*, -, -en
um/sin/ken *intr.*, sie ist vor Müdigkeit umgesunken
um/so umso weniger, umso mehr, umso größer
um/sonst
um/sor/gen *tr.*, sie hat ihn die ganze Zeit umsorgt
um/span/nen *tr.*, 1. er hat die Pferde umgespannt, die Pferde wurden vom Kutscher umgespannt, 2. transformieren, der Strom wurde auf 220 Volt umgespannt, 3. *tr.*, sein Wissen umspannt viele Gebiete
Um/span/ner *m.*, -s, -, Transformator
Um/spann/werk *n.*, -[e]s, -e
um/spie/len *tr.*, er hat die Abwehr der gegnerischen Mannschaft umspielt
um/sprin/gen *intr.*, behandeln, so kannst du mit mir nicht umspringen, der Wind ist umgesprungen
um/spu/len *tr.*, ein Band auf eine andere Spule wickeln, ich habe das Band umgespult, das Band wurde umgespult
um/spü/len *tr.*, der Strand wurde von Wellen umspült
Um/stand *m.*, -[e]s, -stände, vielleicht, unter Umständen, schwanger sein, ich bin in anderen Umständen, das macht keine Umstände
um/stän/de/hal/ber
um/ständ/lich
Um/ständ/lich/keit *f.*, -, *nur Sg.*
Um/stands/be/stim/mung *f.*, -, -en
Um/stands/kleid *n.*, -[e]s, -er
Um/stands/kräm/er *m.*, -s, -, umständlicher Mensch
Um/stands/satz *m.*, -[e]s, -sätze, = Adverbialsatz
Um/stands/wort *n.*, -[e]s, -wörter = Adverb
um/stands/wört/lich adverbial
um/ste/chen 1. *tr.*, umgraben, ich habe den Garten umgestochen, 2. *tr.*, ich habe das Knopfloch umstochen
um/ste/cken *tr.*, anders stecken, ich habe die Blumen umgesteckt
um/ste/hen *tr.*, die Leute umstanden den Unfallort, die Menschen umstanden den Redner
um/ste/hend auf der Rückseite
Um/ste/hen/de *Pl.*, die Umstehenden
um/stei/gen *intr.*, ich steige am Bahnhof um, ich bin am Bahnhof umgestiegen
um/stel/len *tr.*, ich stelle den Hebel um, ich habe den Hebel umgestellt
um/stel/len *tr.*, die Polizei hat das Haus umstellt, das Haus wurde von der Polizei umstellt
Um/stel/lung *f.*, -, -en, Veränderungen
um/stim/men *tr.*, ich stimme ihn um, ich habe ihn

umgestimmt, er wurde umgestimmt
Um/stim/mung *f.*, -, *nur Sg.*
um/sto/ßen *tr.*, er hat den Stuhl umgestoßen
um/strah/len *tr.*, die Kirche wurde von Licht umstrahlt
um/stri/cken 1. *tr.*, anders stricken, ich stricke den Schal um, ich habe den Schal umgestrickt, 2. *tr.*, er war von Intrigen umstrickt
um/strit/ten das Vorhaben war umstritten
um/struk/tu/rie/ren *tr.*, ich strukturiere um, ich habe umstrukturiert
Um/struk/tu/rie/rung *f.*, -, -en
um/stül/pen *tr.*, ich stülpe den Eimer um, ich habe den Eimer umgestülpt
Um/sturz *m.*, -[e]s, -stürze
um/stür/zen *tr.* und *intr.*
Um/stürz/ler *m.*, -s, -
um/stürz/le/risch
um/tau/fen *tr.*
Um/tausch *m.*, -[e]s, -e
um/tau/schen *tr.*, sie wollte das Geschenk umtauschen
Um/tausch/kas/se *f.*, -, -n
um/top/fen *tr.*, ich habe die Blumen umgetopft
um/trei/ben *tr.*, ruhelos sein, er wurde umgetrieben
Um/trieb *m.*, -[e]s, -e, 1. Forstw.: Zeit vom Pflanzen eines Baumes bis zum Fällen, 2. *Pl.*, geheime Machenschaften, umstürzlerische Aktivitäten
um/trie/big geschäftig
Um/trunk *m.*, -[e]s, -trünke, gemeinsames Trinken
um/tun 1. *tr.*, ugs. für umlegen, er hat sich einen Schal umgetan, 2. *refl.*, ugs. für sich nach etwas umsehen, erkundigen, ich habe mich nach einer neuen Wohnung umgetan
um/wach/sen *tr.*, das Efeu umwächst den Baum
um/wal/len *tr.*, umgeben, das alte Schloss war vom Nebel umwallt
Um/wal/lung *f.*, -, -en, von einem Wall umgeben
Um/wälz/an/la/ge *f.*, -, -n
um/wäl/zen *tr.*, er wälzt den Stein um, er hat den Stein umgewälzt
Um/wäl/zung *f.*, -, -en
um/wan/del/bar
um/wan/deln *tr.*, ändern, ich wandele es um, ich habe es umgewandelt
Um/wan/de/lung, **Um/wand/lung** *f.*, -, -en
um/we/ben *tr.*
um/wech/seln *tr.*, umtauschen, ich wechsle das Geld um, ich habe das Geld umgewechselt
Um/wech/se/lung, **Um/wechs/lung** *f.*, -, -en
Um/weg *m.*, -[e]s, -e, einen längeren Weg zurücklegen, ich habe einen Umweg gemacht
um/we/hen 1. *tr.*, der Sturm hat die Blumen umgeweht, 2. *tr.*, der Wind umweht das Haus
Um/welt *f.*, -, *nur Sg.*
um/welt/be/dingt
Um/welt/be/din/gung *f.*, -, -en
Um/welt/ein/fluß >
Um/welt/ein/fluss *m.*, -[e]s, -flüsse
um/welt/freund/lich
um/welt/schäd/lich
Um/welt/schutz *m.*, -es, *nur Sg.*
Um/welt/ver/schmut/zung *f.*, -, *nur Sg.*
um/welt/ver/träg/lich
um/wen/den *tr.*, umdrehen, ich wende das Blatt um, ich habe das Blatt umgewendet, ich wandte mich um, ich wendete mich um
um/wer/ben *tr.*, sie ist eine umworbene Frau
Um/wer/bung *f.*, -, *nur Sg.*
um/wer/fen *tr.*, er wirft den Stuhl um, er hat den Stuhl umgeworfen, bildlich auch: erschüttert, die Nachricht wirft ihn um, die Nachricht hat ihn umgeworfen
um/wer/ten *tr.*, alle Normen wurden umgewertet
Um/wer/tung *f.*, -, *nur Sg.*, die Umwertung aller Normen
um/wi/ckeln *tr.*, ich umwickele das Bein mit einer Binde, ich habe das Bein mit einer Binde umwickelt
um/win/den *tr.*, ich umwinde den Kranz mit Blumen, ich habe den Kranz mit Blumen umwunden
um/wit/tert von Geheimnissen umwittert
um/wo/gen *tr.*, die Klippen wurden von Felsen umwogt
Um/woh/nen/de *Pl.*
Um/woh/ner *m.*, -, *nur Pl.*
um/wöl/ken *refl.*, der Himmel hat sich umwölkt
um/zäu/nen *tr.*, ich umzäune das Blumenbeet, ich habe das Blumenbeet umzäunt
Um/zäu/nung *f.*, -, -en
um/zeich/nen *tr.*, zeichnerisch verändern, ich zeichne das Bild um, ich habe das Bild umgezeichnet
um/zie/hen 1. *tr.*, die Kleidung wechseln, ich ziehe mich um, ich habe mich

umgezogen, 2. die Wohnung wechseln, ich ziehe um, ich bin umgezogen, 3. *refl.,* der Himmel hat sich mit Wolken umzogen
um/zin/geln *tr.,* das Lager wurde umzingelt, wir haben das Lager umzingelt
Um/zin/ge/lung, Um/zing/lung *f., -, nur Sg.*
Um/zug *m.,* -[e]s, -züge
UN Abk. für United Nations = Vereinte Nationen, vgl. UNO
un/ab/än/der/lich
Un/ab/än/der/lich/keit *f., -, nur Sg.*
un/ab/ding/bar
Un/ab/ding/bar/keit *f., -, nur Sg.*
un/ab/hän/gig
Un/ab/hän/gig/keit *f., -, nur Sg.*
Un/ab/hän/gig/keits/er/klä/rung *f.,* -, -en
un/ab/kömm/lich Abk.: uk
Un/ab/kömm/lich/keit *f., -,* -en
un/ab/läs/sig
un/ab/seh/bar der Unfall hatte unabsehbare Folgen
Un/ab/seh/bar/keit *f.,* -, -en
un/ab/sicht/lich
un/ab/weis/bar
un/ab/weis/lich
un/ab/wend/bar die Folgen waren unabwendbar
Un/ab/wend/bar/keit *f., -, nur Sg.*
un/acht/sam
Un/acht/sam/keit *f., -, nur Sg.*
una cor/da [italien.] in der Musik: eine Saite
un/ähn/lich
Un/ähn/lich/keit *f., -, nur Sg.*
un/an/fecht/bar
Un/an/fecht/bar/keit *f., -, nur Sg.*

un/an/ge/bracht deine Frage war unangebracht
un/an/ge/foch/ten er war der unangefochtene Sieger
un/an/ge/mel/det der Besuch kam unangemeldet
un/an/ge/mes/sen dein Verhalten war unangemessen
Un/an/ge/mes/sen/heit *f., -, nur Sg.*
un/an/ge/nehm der Besuch beim Zahnarzt war unangenehm
un/an/ge/tas/tet er ließ das Essen unangetastet
un/an/greif/bar
Un/an/greif/bar/keit *f., -, nur Sg.*
un/an/nehm/bar
Un/an/nehm/bar/keit *f., -, nur Sg.*
Un/an/nehm/lich/keit *f., -,* -en
un/an/sehn/lich
Un/an/sehn/lich/keit *f., -, nur Sg.*
un/an/stän/dig
Un/an/stän/dig/keit *f., -,* -en
un/an/tast/bar die Menschenwürde ist unantastbar
Un/an/tast/bar/keit *f., -, nur Sg.,* die Unantastbarkeit der Menschenwürde
un/ap/pe/tit/lich
Un/ap/pe/tit/lich/keit *f., -, nur Sg.*
Un/art *f.,* -, -en
un/ar/tig
un/ar/ti/ku/liert unverständlich
Una Sanc/ta [lat.] *f., -, nur Sg.,* „die eine heilige [Kirche]"
un/äs/the/tisch unschön
un/auf/fäl/lig
Un/auf/fäl/lig/keit *f., -, nur Sg.*
un/auf/find/bar der Schlüssel war unauffindbar

un/auf/ge/for/dert er sprach unaufgefordert
un/auf/halt/bar
Un/auf/halt/bar/keit *f., -, nur Sg.*
un/auf/halt/sam
Un/auf/halt/sam/keit *f., -, nur Sg.*
un/auf/hör/lich dauernd, anhaltend, das Kind weinte unaufhörlich
un/auf/lös/bar
Un/auf/lös/bar/keit *f., -, nur Sg.*
un/auf/lös/lich
Un/auf/lös/lich/keit *f., -, nur Sg.*
un/auf/merk/sam
Un/auf/merk/sam/keit *f., -,* -en
un/auf/rich/tig
Un/auf/rich/tig/keit *f., -, nur Sg.*
un/auf/schieb/bar
un/auf/schieb/lich
un/aus/bleib/lich unumgänglich, unvermeidbar
un/aus/denk/bar
un/aus/führ/bar
Un/aus/führ/bar/keit *f., -, nur Sg.*
un/aus/ge/füllt das Rätsel war unausgefüllt
un/aus/ge/gli/chen
Un/aus/ge/gli/chen/heit *f., -, nur Sg.*
un/aus/ge/go/ren unausgereift
un/aus/ge/schla/fen
un/aus/ge/setzt fortwährend, unaufhörlich
un/aus/ge/spro/chen
un/aus/lösch/lich
un/aus/rott/bar
un/aus/sprech/bar sein Name ist unaussprechbar
un/aus/sprech/lich
un/aus/steh/lich unerträglich

un/aus/weich/lich unvermeidlich
Un/band *m.*, -[e]s, *nur Sg.*, Wildfang
un/bän/dig
un/bar bargeldlos
un/barm/her/zig
Un/barm/her/zig/keit *f.*, -, *nur Sg.*
un/be/ab/sich/tigt
un/be/an/stan/det
un/be/dacht unüberlegt
un/be/dach/ter/wei/se
un/be/dacht/sam
Un/be/dacht/sam/keit *f.*, -, *nur Sg.*
un/be/darft unerfahren, naiv
un/be/denk/lich
Un/be/denk/lich/keit *f.*, -, *nur Sg.*
Un/be/denk/lich/keitsbe/schei/ni/gung *f.*, -, -en, ugs. auch: Persilschein
un/be/dingt
Un/be/dingt/heit *f.*, -, *nur Sg.*
un/be/ein/flußt > **unbe/ein/flusst**
un/be/fahr/bar die Straße ist unbefahrbar
un/be/fan/gen
Un/be/fan/gen/heit *f.*, -, *nur Sg.*
un/be/fleckt aber: die Unbefleckte Empfängnis (Mariens)
un/be/frie/di/gend
un/be/frie/digt
Un/be/frie/digt/heit *f.*, -, *nur Sg.*
un/be/fugt widerrechtlich, unberechtigt
un/be/gabt
Un/be/gabt/heit *f.*, -, *nur Sg.*
un/be/greif/lich
un/be/grenzt
Un/be/grenzt/heit *f.*, -, *nur Sg.*

Un/be/ha/gen *n.*, -s, *nur Sg.*
un/be/hag/lich
Un/be/hag/lich/keit *f.*, -, *nur Sg.*
un/be/hau/en unbearbeitet, roh
un/be/haust veraltet: ohne ein Zuhause
un/be/hel/ligt
un/be/hin/dert
un/be/hol/fen
Un/be/hol/fen/heit *f.*, -, *nur Sg.*
un/be/irr/bar
Un/be/irr/bar/keit *f.*, -, *nur Sg.*
un/be/irrt
Un/be/irrt/heit *f.*, -, *nur Sg.*
un/be/kannt eine unbekannte Person, ich erstatte Anzeige gegen unbekannt, eine Gleichung mit mehreren Unbekannten (Math.)
un/be/kann/ter/wei/se ich grüße ihn unbekannterweise
un/be/küm/mert
Un/be/küm/mert/heit *f.*, -, *nur Sg.*
un/be/las/tet
un/be/lebt der Platz war unbelebt, die unbelebte Natur
un/be/leckt bildlich ugs. für: unberührt, von etwas nichts verstehen
un/be/lehr/bar
Un/be/lehr/bar/keit *f.*, -, *nur Sg.*
un/be/liebt
Un/be/liebt/heit *f.*, -, *nur Sg.*
un/be/mannt eine unbemannte Rakete
un/be/mit/telt bedürftig, mittellos
un/be/nom/men es bleibt dir überlassen, es bleibt dir unbenommen
un/be/nutz/bar

un/be/nutzt, un/be/nützt
un/be/quem
Un/be/quem/lich/keit *f.*, -, -en
un/be/re/chen/bar
Un/be/re/chen/bar/keit *f.*, -, *nur Sg.*
un/be/rech/tigt sein Zorn war unberechtigt
un/be/rück/sich/tigt seine Probleme blieben unberücksichtigt
un/be/ru/fen unaufgefordert, sich unberufen melden, in unberufene Hände gelangen
un/be/rühr/bar
un/be/rührt
Un/be/rührt/heit *f.*, -, *nur Sg.*
un/be/scha/det ohne Schaden, Präp. mit Gen.: seines Rechtes unbeschadet
un/be/schä/digt das Auto blieb unbeschädigt
un/be/schäf/tigt
un/be/schei/den
Un/be/schei/den/heit *f.*, -, *nur Sg.*
un/be/schol/ten
Un/be/schol/ten/heit *f.*, -, *nur Sg.*
un/be/schrankt ohne Schranken, ein unbeschrankter Bahnübergang
un/be/schränkt
un/be/schreib/lich
un/be/schrie/ben er ist ein unbeschriebenes Blatt, er ist unerfahren
un/be/schwert
Un/be/schwert/heit *f.*, -, *nur Sg.*
un/be/seelt
Un/be/seelt/heit *f.*, -, *nur Sg.*
un/be/se/hen das glaube ich unbesehen, ich kaufe etwas unbesehen
un/be/setzt frei
un/be/sieg/bar

Un/be/sieg/bar/keit *f., -, nur Sg.*
un/be/sieg/lich
un/be/son/nen
Un/be/son/nen/heit *f., -, -en*
un/be/stän/dig
Un/be/stän/dig/keit *f., -, nur Sg.*
un/be/stä/tigt unverbürgt, ungeklärt
un/be/stech/lich
Un/be/stech/lich/keit *f., -, nur Sg.*
un/be/stimm/bar
un/be/stimmt ein unbestimmtes Fürwort
Un/be/stimmt/heit *f., -, nur Sg.*
Un/be/stimmt/heits/re/la/ti/on *f., -, -en*, Begriff aus der Quantentheorie
un/be/streit/bar
Un/be/streit/bar/keit *f., -, nur Sg.*
un/be/strit/ten
un/be/tont
un/be/trächt/lich der Schaden war nicht unbeträchtlich
un/beug/bar
un/beug/sam
Un/beug/sam/keit *f., -, nur Sg.*
un/be/wacht das Tor war unbewacht
un/be/waff/net der Polizist war unbewaffnet
un/be/wäl/tigt er hatte eine unbewältigte Vergangenheit
un/be/wan/dert ohne Erfahrung, ohne Kenntnisse
un/be/weg/lich
Un/be/weg/lich/keit *f., -, nur Sg.*
un/be/wegt
un/be/weibt scherzh. für ohne Frau
un/be/weis/bar
un/be/wie/sen

un/be/wohn/bar das Haus ist unbewohnbar
Un/be/wohn/bar/keit *f., -, nur Sg.*
un/be/wohnt
un/be/wußt > **un/bewusst**
un/be/zahl/bar
un/be/zahlt eine unbezahlte Rechnung
un/be/zähm/bar das Tier war unbezähmbar
un/be/zwei/fel/bar
un/be/zwing/bar
un/be/zwing/lich
Un/bil/den *nur Pl.*, die Unbilden des Wetters
Un/bil/dung *f., -, nur Sg.*, Mangel an Wissen
Un/bill *f., -, nur Sg.*, Unrecht
Un/bil/lig ungerecht
Un/bil/lig/keit *f., -, nur Sg.*
un/blu/tig der Aufstand verlief unblutig
un/bot/mä/ßig
Un/bot/mä/ßig/keit *f., -, -en*
un/brauch/bar
Un/brauch/bar/keit *f., -, nur Sg.*
un/bü/ro/kra/tisch
Un/cle Sam [engl.] *ohne Artikel, -s, nur Sg.*, scherzh. für die USA
und Abk.: u., in Firmennamen: &, mathematisches Zeichen: +, und andere, und anderes (Abk.: u.a.), Sommer und Winter, und Ähnliches (Abk.: u.Ä.), und anderes mehr (Abk.: u.a.m.), und vieles andere mehr (Abk.: u.v.a.m.), und dergleichen (Abk.: u. dgl.), und so weiter (Abk.: usw.)
Un/dank *m., -[e]s, nur Sg.*, Undank ist der Welt Lohn
un/dank/bar eine undankbare Aufgabe
Un/dank/bar/keit *f., -, nur Sg.*

un/da/tiert ohne Datum
un/denk/bar
un/denk/lich vor undenklich langer Zeit
Un/der/ground [engl.] *m., -s, nur Sg.*, Protestbewegung
Un/der/state/ment [engl.] *n., -s, -s*, Untertreibung
un/deut/lich
Un/deut/lich/keit *f., -, nur Sg.*
un/deutsch
Un/de/zi/me [lat.] *f., -, -n*, musikal. Begriff, 1. elfter Ton der diatonischen Tonleiter, 2. Intervall von elf Stufen
Un/di/ne [lat.] *f., -, -n*, weiblicher Wassergeist
Un/ding *n., -s, nur Sg.*, etwas Unmögliches, Widersinniges, das ist ein Unding
un/dis/zi/pli/niert oder auch: **un/dis/zip/li/niert** ohne Disziplin
Un/dis/zi/pli/niert/heit oder auch: **Un/dis/zip/li/niert/heit** *f., -, nur Sg.*
un/dra/ma/tisch
Un/du/la/ti/on [lat.] *f., -, -en*, 1. Physik: Wellenbewegung, 2. Geologie: Sattel- und Muldenbildung durch Gebirgsbildung
un/du/la/to/risch wellenförmig
un/duld/sam
Un/duld/sam/keit *f., -, nur Sg.*
un/du/lie/ren *intr.*, wellenförmig verlaufen
un/durch/dring/lich
un/durch/führ/bar
Un/durch/führ/bar/keit *f., -, nur Sg.*
un/durch/läs/sig
Un/durch/läs/sig/keit *f., -, nur Sg.*
un/durch/schau/bar

Un/durch/schau/bar/keit *f., -, nur Sg.*
un/durch/sich/tig
Un/durch/sich/tig/keit *f., -, nur Sg.*
un/eben
Un/eben/heit *f., -, -en*
un/echt
Un/echt/heit *f., -, nur Sg.*
un/edel unedle Metalle
un/ehe/lich
Un/ehe/lich/keit *f., -, nur Sg.*
Un/eh/re *f., -, nur Sg.*
un/eh/ren/haft
un/ehr/er/bie/tig
Un/ehr/er/bie/tig/keit *f., -, nur Sg.*
un/ehr/lich
Un/ehr/lich/keit *f., -, nur Sg.*
un/ei/gen/nüt/zig
Un/ei/gen/nüt/zig/keit *f., -, nur Sg.*
un/ei/gent/lich
un/ein/ge/schränkt seine Befugnisse sind uneingeschränkt
un/ein/ge/weiht
un/ei/nig
Un/ei/nig/keit *f., -, nur Sg.*
un/ein/nehm/bar die Burg war uneinnehmbar
un/eins uneinig
un/emp/fäng/lich
Un/emp/fäng/lich/keit *f., -, nur Sg.*
un/emp/find/lich
Un/emp/find/lich/keit *f., -, nur Sg.*
un/end/lich in der Mathematik: von eins bis unendlich, die Geraden schneiden sich im Unendlichen, unendlich viel, der Weg ist unendlich lang
Un/end/lich/keit *f., -, nur Sg.*
un/ent/behr/lich
Un/ent/behr/lich/keit *f., -, nur Sg.*

un/ent/gelt/lich ohne Bezahlung, seine Dienste sind unentgeltlich
un/ent/rinn/bar
un/ent/schie/den
Un/ent/schie/den *n., -s, nur Sg.*, bei Mannschaftsspielen
Un/ent/schie/den/heit *f., -, nur Sg.*
un/ent/schlos/sen
Un/ent/schlos/sen/heit *f., -, nur Sg.*
un/ent/schuld/bar
un/ent/schul/digt
un/ent/wegt dauernd
un/ent/wirr/bar
un/er/bitt/lich
Un/er/bitt/lich/keit *f., -, nur Sg.*
un/er/fah/ren
Un/er/fah/ren/heit *f., -, nur Sg.*
un/er/find/lich unbegreiflich
un/er/forsch/lich
un/er/füll/bar
Un/er/füll/bar/keit *f., -, nur Sg.*
un/er/gie/big
un/er/gründ/bar
un/er/gründ/lich
Un/er/gründ/lich/keit *f., -, nur Sg.*
un/er/heb/lich
Un/er/heb/lich/keit *f., -, nur Sg.*
un/er/hört nicht erhört, seine Bitte blieb unerhört, unglaublich, sein Verhalten war unerhört
un/er/klär/bar
Un/er/klär/bar/keit *f., -, nur Sg.*
un/er/klär/lich
un/er/läß/lich > **un/er/läss/lich** unbedingt nötig
un/er/meß/lich > **un/er/mess/lich** er war unermesslich reich

Un/er/meß/lich/keit > **Un/er/mess/lich/keit** *f., -, nur Sg.*
un/er/müd/lich
Un/er/müd/lich/keit *f., -, nur Sg.*
un/ernst
un/er/quick/lich unerfreulich
Un/er/quick/lich/keit *f., -, nur Sg.*
un/er/reich/bar
un/er/reicht
un/er/sätt/lich
Un/er/sätt/lich/keit *f., -, nur Sg.*
un/er/schöpf/lich
Un/er/schöpf/lich/keit *f., -, nur Sg.*
un/er/schro/cken
Un/er/schro/cken/heit *f., -, nur Sg.*
un/er/schüt/ter/lich
Un/er/schüt/ter/lich/keit *f., -, nur Sg.*
un/er/schwing/lich das Auto ist für mich unerschwinglich
un/er/setz/bar
un/er/setz/lich
un/er/sprieß/lich unproduktiv, ergebnislos
un/er/war/tet
un/er/war/te/ter/wei/se
un/er/wi/dert
un/er/zo/gen
Un/er/zo/gen/heit *f., -, nur Sg.*
UNESCO *f., -, nur Sg.*, Abk. für United Nations Educational, Scientific and Cultural Organization: Organisation der Vereinten Nationen für Erziehung, Wissenschaft und Kultur
un/fä/hig
Un/fä/hig/keit *f., -, nur Sg.*
un/fair regelwidrig, nicht anständig, sein Verhalten

war unfair
Un/fall *m.,* -[e]s, -fälle
Un/fall/flucht *f.,* -, *nur Sg.*
un/fall/frei ich fahre seit Jahren unfallfrei
Un/fall/sta/ti/on *f.,* -, -en
Un/fall/ver/si/che/rung *f.,* -, -en
un/faß/bar > **un/fassbar**
Un/faß/bar/keit > **Unfass/bar/keit** *f.,* -, *nur Sg.*
un/faß/lich > **un/fasslich**
un/fehl/bar
Un/fehl/bar/keit *f.,* -, *nur Sg.*
un/fern unflektierbar, der Weg lag unfern des Hauses
Un/flat *m.,* -[e]s, *nur Sg.,* 1. Schmutz, 2. bildlich für Beschimpfung
un/flä/tig
Un/flä/tig/keit *f.,* -, *nur Sg.*
un/för/mig 1. ohne schöne Form, 2. missgestaltet
Un/för/mig/keit *f.,* -, *nur Sg.*
un/förm/lich ungezwungen
Un/förm/lich/keit *f.,* -, *nur Sg.*
un/fran/kiert
un/frei ich schicke das Paket unfrei zurück, nicht freigemacht
Un/frei/heit *f.,* -, *nur Sg.*
un/frei/wil/lig
Un/frie/de *m.,* -ns, -n, veraltete Form von Unfrieden
Un/frie/den *m.,* -s, *nur Sg.,* er lebte mit seinen Nachbarn in Unfrieden
un/froh
un/frucht/bar
Un/frucht/bar/keit *f.,* -, *nur Sg.*
Un/frucht/bar/ma/chung *f.,* -, *nur Sg.*
Un/fug *m.,* -s, *nur Sg.*
un/gang/bar ein ungangbarer Weg
Un/gar *m.,* -n, -n, Einwohner von Ungarn
un/ga/risch aber: die Ungarische Rhapsodie von Liszt
Un/ga/risch *n.,* -[e]s, *nur Sg.,* Sprache der Ungarn
Un/garn
Un/gar/wein *m.,* -[e]s, -e
un/gast/lich
Un/gast/lich/keit *f.,* -, *nur Sg.*
un/gat/tig
un/gatt/lich schweizer.: grob
un/ge/ach/tet Präp. mit Gen.: ungeachtet dessen, ungeachtet seiner Fehler, aber: dessenungeachtet
un/ge/ahnt nicht vorhergesehen, er hatte ungeahnte Möglichkeiten
un/ge/bär/dig
Un/ge/bär/dig/keit *f.,* -, *nur Sg.*
un/ge/be/ten ein ungebetener Gast
un/ge/bräuch/lich
Un/ge/bräuch/lich/keit *f.,* -, *nur Sg.*
un/ge/braucht
Un/ge/bühr *f.,* -, *nur Sg.,* 1. Unrecht, 2. Ungehörigkeit
un/ge/bühr/lich 1. ungehörig, 2. über das normale Maß hinaus
un/ge/bun/den
Un/ge/bun/den/heit *f.,* -, *nur Sg.*
un/ge/deckt ungedeckter Scheck, ungedeckte Kosten
un/ge/dient ohne militärische Ausbildung
Un/ge/duld *f.,* -, *nur Sg.*
un/ge/dul/dig
un/ge/eig/net
un/ge/fähr das kommt von ungefähr, zufällig
un/ge/fähr/det
un/ge/fähr/lich
un/ge/fäl/lig
Un/ge/fäl/lig/keit *f.,* -, *nur Sg.*
un/ge/fragt
un/ge/fü/ge unförmig, plump
un/ge/hal/ten ärgerlich
Un/ge/hal/ten/heit *f.,* -, *nur Sg.*
un/ge/hei/ßen unaufgefordert
un/ge/heu/er das ist eine ungeheure Verantwortung
Un/ge/heu/er *n.,* -s, -
un/ge/heu/er/lich unglaublich
Un/ge/heu/er/lich/keit *f.,* -, -en
un/ge/hin/dert er konnte die Straße ungehindert passieren
un/ge/ho/belt auch bildlich für: unmanierlich, grob
un/ge/hö/rig
Un/ge/hö/rig/keit *f.,* -, -en
un/ge/hor/sam
Un/ge/hor/sam *m.,* -s, *nur Sg.*
un/ge/hört
Un/geist *m.,* -[e]s, *nur Sg.*
un/geis/tig
un/ge/küns/telt
un/ge/le/gen unbequem, unpassend, sein Besuch kam ungelegen
Un/ge/le/gen/heit *f.,* -, -en
un/ge/leh/rig
un/ge/lehrt
un/ge/lenk
un/ge/len/kig
Un/ge/len/kig/keit *f.,* -, *nur Sg.*
un/ge/lernt ein ungelernter Arbeiter, ohne Ausbildung
Un/ge/mach *n.,* -s, *nur Sg.,* Unannehmlichkeit, Unglück
un/ge/mein sehr, das ärgert mich ungemein
un/ge/müt/lich
Un/ge/müt/lich/keit *f.,* -, *nur Sg.*

un/ge/nannt
un/ge/nau
Un/ge/nau/ig/keit *f., -, -en*
un/ge/niert
Un/ge/niert/heit *f., -, nur Sg.*
un/ge/nieß/bar
Un/ge/nieß/bar/keit *f., -, nur Sg.*
un/ge/nü/gend
un/ge/nutzt
un/ge/nützt
un/ge/pflegt
Un/ge/pflegt/heit *f., -, nur Sg.*
un/ge/rade
un/ge/ra/ten ein ungeratenes Kind, ungezogenes Kind
un/ge/recht
un/ge/recht/fer/tigt
Un/ge/rech/tig/keit *f., -, -en*
un/ge/reimt auch bildlich für: widersinniges Zeug reden
Un/ge/reimt/heit *f., -, -en*
un/ge/rupft auch bildlich für: ohne Schaden davonkommen
un/ge/sagt
un/ge/sät/tigt in der Chemie: eine ungesättigte Lösung
un/ge/säu/ert ungesäuertes Brot
un/ge/säumt poet. für unverzüglich, sofort, ohne Saum
un/ge/sche/hen ich würde das am liebsten ungeschehen machen
un/ge/scheut ohne Scheu
Un/ge/schick *n., -s, nur Sg.*
Un/ge/schick/lich/keit *f., -, -en*
un/ge/schickt
un/ge/schlacht plump, grober Körperbau
un/ge/schlecht/lich ungeschlechtliche Fortpflanzung
un/ge/schlif/fen auch bildlich für: ohne Manieren
Un/ge/schlif/fen/heit *f., -, nur Sg.*
un/ge/schminkt ohne Makeup, sie ging niemals ungeschminkt aus dem Haus, auch bildlich für: unverhüllt, der Wahrheit entsprechend, er sagt ihr ungeschminkt die Wahrheit
un/ge/scho/ren jmdn. ungeschoren davonkommen lassen, nicht zur Verantwortung ziehen
un/ge/schrie/ben ein ungeschriebenes Gesetz
un/ge/se/hen er kaufte es ungesehen, er kam ungesehen davon
un/ge/sel/lig
Un/ge/sel/lig/keit *f., -, nur Sg.*
un/ge/setz/lich
Un/ge/setz/lich/keit *f., -, nur Sg.*
un/ge/stalt veraltet für missgestaltet, ein ungestalter Mensch
un/ge/stal/tet
un/ge/straft ich lasse ihn nicht ungestraft davonkommen
un/ge/stüm
Un/ge/stüm *n., -s, nur Sg.*
un/ge/sund er ernährt sich ungesund, Rauchen ist ungesund
un/ge/tan etwas ungetan lassen
un/ge/treu
un/ge/trübt seine Freude war ungetrübt
Un/ge/tüm *n., -[e]s, -e,* Monster, wildes Tier, bildlich für: großer Gegenstand
un/ge/wandt
Un/ge/wandt/heit *f., -, nur Sg.*

un/ge/wiß > **un/gewiss** im Ungewissen lassen, ein ungewisses Schicksal
Un/ge/wiß/heit *f.,* > **Un/ge/wiss/heit** *f., -, nur Sg.*
Un/ge/wit/ter *n., -s, -,* veraltet für Unwetter, bildlich für: Zornausbruch
un/ge/wöhn/lich
Un/ge/wöhn/lich/keit *f., -, nur Sg.*
un/ge/wohnt
un/ge/wollt eine ungewollte Schwangerschaft
un/ge/zählt auch bildlich für: unzählig, sehr viele
Un/ge/zie/fer *n., -s, nur Sg.*
un/ge/zo/gen
Un/ge/zo/gen/heit *f., -, -en*
un/ge/zwun/gen
Un/ge/zwun/gen/heit *f., -, nur Sg.*
un/gif/tig
Un/glau/be *m., -ns, nur Sg.*
Un/glau/ben *m., -s, nur Sg.*
un/glaub/haft
un/gläu/big
Un/gläu/big/keit *f., -, nur Sg.*
un/glaub/lich
un/glaub/wür/dig
Un/glaub/wür/dig/keit *f., -, nur Sg.*
un/gleich
un/gleich/ar/tig
Un/gleich/ar/tig/keit *f., -, nur Sg.*
Un/gleich/heit *f., -, nur Sg.*
un/gleich/mä/ßig
Un/gleich/mä/ßig/keit *f., -, nur Sg.*
un/gleich/sei/tig
Un/glimpf *m., -[e]s, -e,* veraltet für Schaden
Un/glück *n., -[e]s, -e*
un/glück/lich
un/glück/li/cher/wei/se
Un/glücks/bot/schaft *f., -, -en*

un/glück/se/lig
un/glück/se/li/ger/wei/se
Un/glücks/fall *m.,* -[e]s, -fälle
Un/glücks/mensch *m.,* -en, -en
Un/glücks/ra/be *m.,* -n, -n
Un/glücks/vo/gel *m.,* -s, -vögel
Un/glücks/wurm *m.,* [e]s, -würmer, oder *n.,* -[e]s, -würmer, ugs. für Unglücksmensch
Un/gnade *f.,* -, *nur Sg.,* ich bin bei ihm in Ungnade gefallen
un/gnä/dig
Un/gnä/dig/keit *f.,* -, *nur Sg.*
un/grad
Un/gu/en/tum *n.,* -s, -ta, Salbe
Un/gu/lat [lat.] *m.,* -en, -en, Huftier
un/gül/tig
Un/gül/tig/keit *f.,* -, *nur Sg.*
Un/gül/tig/keits/er/klärung *f.,* -, -en
Un/gunst *f.,* -, -en, er hat zu meinen Ungunsten entschieden
un/güns/tig
un/gut nichts für ungut, nehmen Sie es mir nicht übel, ein ungutes Gefühl haben
un/halt/bar es herrschten unhaltbare Zustände
Un/halt/bar/keit *f.,* -, *nur Sg.*
un/hand/lich
Un/hand/lich/keit *f.,* -, *nur Sg.*
un/har/mo/nisch
Un/heil *n.,* -s, *nur Sg.,* ein Unheil verkündender Brief
un/heil/bar
Un/heil/bar/keit *f.,* -, *nur Sg.*
un/heil/dro/hend
un/hei/lig

un/heil/schwan/ger
un/heil/ver/kün/dend > **Un/heilver/kün/dend**
un/heil/voll
un/heim/lich es war eine unheimliche Stimmung, auch ugs. für: sehr, mir ist es unheimlich kalt
Un/heim/lich/keit *f.,* -, *nur Sg.*
un/hold veraltet für: abgeneigt, er ist mir unhold
un/hör/bar
Un/hör/bar/keit *f.,* -, *nur Sg.*
un/hy/gi/e/nisch
uni [französ.] einfarbig
Uni *f.,* -, -s, Kurzw. für Universität
UNICEF *f.,* -, *nur Sg.,* Kurzw. für United Nations International Children's Emergency Fund: Internationaler Kinderhilfsfonds der Vereinten Nationen
unie/ren [lat.] *tr.,* vereinigen (speziell bei Religionsgemeinschaften), unierte Kirchen
Uni/fi/ka/ti/on *f.,* -, -en, Vereinheitlichung, Vereinigung
uni/fi/zie/ren *tr.,* vereinheitlichen
Uni/fi/zie/rung *f.,* -, -en
uni/form einheitlich
Uni/form *f.,* -, -en, Dienstkleidung
uni/for/mie/ren *tr.,* einheitlich machen, einheitlich kleiden
Uni/for/mi/tät *f.,* -, -en, Einheitlichkeit, Gleichmäßigkeit
Uni/ka *Pl.* von Unikum
Uni/kat *n.,* -[e]s, -e, einzige Ausfertigung eines Schriftstücks
Uni/kum *n.,* -s, -ka, 1. Einziges seiner Art, 2. bildlich für: Sonderling, origineller Mensch
uni/la/te/ral einseitig
un/in/ter/es/sant oder auch: **un/in/te/res/sant**
un/in/ter/es/siert oder auch: **un/in/te/res/siert**
Unio mys/ti/ca [lat.] Mystik: „geheimnisvolle Vereinigung" der Seele mit Gott
Uni/on *f.,* -, -en, Bund, Vereinigung, Zusammenschluss (speziell von Staaten)
Uni/o/nist *m.,* -en, -en, Anhänger einer Union
Uni/on Jack [engl.] *m.,* -s, -s, Bez. für die brit. Nationalflagge
Uni/ons/par/tei/en *f., Pl.* Sammelbez. für CDU und CSU
uni/pe/tal [lat. u. griech.] einblättrig (Pflanze)
uni/po/lar einpolig
uni/son [italien.],
uni/so/no, in der Musik: einstimmig oder in Oktaven (zu spielen)
Uni/so/no *n.,* -s, -s oder -ni, in der Musik: einstimmiges Spiel oder Gesang, Spiel oder Gesang in Oktaven
uni/tär [lat.] = unitarisch
Uni/ta/ri/er *m.,* -s, -, Anhänger einer Richtung innerhalb der protestant. Kirche, die die Einheit Gottes betont und die Dreifaltigkeit ablehnt
uni/ta/risch Einigung verfolgend
Uni/ta/ris/mus *m.,* -, *nur Sg.,* Streben nach Einigung, nach der Stärkung der Zentralgewalt
Uni/ta/rist *m.,* -en, -en
uni/ta/ris/tisch

Uni/ted Na/tions [engl.] *Pl.* (Abk.: UN), Vereinte Nationen, vgl. UNO, UNESCO
uni/ver/sal,
uni/ver/sell [lat.] allgemein, gesamt
Uni/ver/sal/er/be *m.,-n,* -n
Uni/ver/sal/ge/nie *n.,* -s, -s, Könner auf vielen Gebieten
Uni/ver/sal/ge/schich/te *f., -, nur Sg.,* Weltgeschichte
Uni/ver/sa/li/en *Pl.,* Allgemeinbegriffe, Gattungsbegriffe
Uni/ver/sa/lis/mus *m., -, nur Sg.,* 1. Lehre vom Vorrang des Ganzen vor dem Einzelnen, 2. Vielseitigkeit
Uni/ver/sa/li/tät *f., -, nur Sg.,* 1. Allgemeinheit, Gesamtheit, 2. Vielseitigkeit
Uni/ver/sal/mit/tel *n.,* -s, -, das Allheilmittel, Allerweltsmittel
uni/ver/sell = universal
Uni/ver/si/tas lit/te/rarum *f., -, nur Sg.,* Bez. für Universität
Uni/ver/si/tät *f., -, -en,* Hochschule
Uni/ver/si/täts/bi/bli/othek oder auch: **Uni/ver/si/täts/bib/li/o/thek** *f., -, -en*
Uni/ver/si/täts/lauf/bahn *f., -, -en*
Uni/ver/si/täts/pro/fessor *m.,* -s, -en
Uni/ver/si/täts/stu/di/um *n.,* -s, -dien
Uni/ver/sum *n.,* -s, *nur Sg.,* Weltall
Un/ke *f., -, -n,* Froschlurch
un/ken *intr.,* ugs. für: Unglück prophezeien
un/kennt/lich
Un/kennt/lich/keit *f., -, nur Sg.*
Un/kennt/nis *f., -, nur Sg.*

Un/ken/ruf *m.,* -es, -e, pessimistische Prophezeiung
un/keusch
Un/keusch/heit *f., -, nur Sg.*
un/kirch/lich
Un/kla/ren, ich bin im Unklaren, ich lasse ihn im Unklaren
Un/klar/heit *f., -, -en*
un/kleid/sam
un/klug deine Entscheidung war unklug
un/kol/le/gi/al dein Verhalten war unkollegial
Un/kol/le/gi/a/li/tät *f., -, nur Sg.*
un/kon/trol/lier/bar
un/kon/ven/ti/o/nell außergewöhnlich
un/kon/zent/riert aufgrund der Müdigkeit arbeitete er unkonzentriert
un/kor/rekt
Un/kor/rekt/heit *f., -, -en*
Un/kos/ten *nur Pl.,* er stürzte sich in Unkosten
Un/kos/ten/bei/trag *m.,* -[e]s, -träge
Un/kraut *n.,* -[e]s, -kräuter
Unk/ti/on [lat.] *f., -, -en,* Einsalbung, Einreibung
un/kul/ti/viert
Un/kul/tur *f., -, nur Sg.,* Mangel an Kultur
Un/künd/bar
Un/künd/bar/keit *f., -, nur Sg.*
un/kun/dig des Lesens unkundig sein
Un/land *n.,* -[e]s, -länder, Bez. für Land, das nicht nutzbar ist
un/längst vor Kurzem, neulich
un/lau/ter unehrlich, ein unlauterer Wettbewerb
Un/leid/lich
Un/leid/lich/keit *f., -, nur Sg.*

un/leug/bar sicher, belegt
un/lieb meist in der Negation, es ist mir nicht unlieb
un/lieb/sam unangenehm
un/li/mi/tiert unbegrenzt, eine unlimitierte Auflage
un/lös/bar
Un/lös/bar/keit *f., -, nur Sg.*
un/lös/lich
Un/lust *f., -, nur Sg.*
Un/lust/ge/fühl *n.,* -[e]s, -e
un/lus/tig
Un/maß *n.,* -es, *nur Sg.,* Unzahl, große Menge
Un/mas/se *f., -, -n,* riesige Masse
un/maß/geb/lich
un/mä/ßig
Un/mä/ßig/keit *f., -, nur Sg.*
Un/men/ge *f., -, -n,* riesige Menge
Un/mensch *m.,* -en, -en, grausamer Mensch
un/mensch/lich
Un/mensch/lich/keit *f., -, nur Sg.*
un/merk/lich allmählich, schleichend
un/miß/ver/ständ/lich > **un/miss/ver/ständ/lich** eindeutig
un/mit/tel/bar
Un/mit/tel/bar/keit *f., -, nur Sg.*
un/mög/lich es ist mir unmöglich, nichts Unmögliches
Un/mög/lich/keit *f., -, nur Sg.*
Un/moral *f., -, nur Sg.*
un/mo/ra/lisch
un/mo/ti/viert unbegründet
un/mün/dig minderjährig
Un/mün/dig/keit *f., -, nur Sg.*
un/mu/si/ka/lisch
Un/mu/si/ka/li/tät *f., -, nur Sg.*

Un/mut *m.,* -[e]s, *nur Sg.*
un/mu/tig
un/nach/ahm/lich außergewöhnlich
un/nach/gie/big
Un/nach/gie/big/keit *f.,* -, *nur Sg.*
un/nach/sich/tig
Un/nach/sich/tig/keit *f.,* -, *nur Sg.*
un/nach/sicht/lich veraltet für unnachsichtig
un/nah/bar
Un/nah/bar/keit *f.,* -, *nur Sg.*
Un/na/tur *f.,* -, *nur Sg.*
un/na/tür/lich
Un/na/tür/lich/keit *f.,* -, *nur Sg.*
un/nö/tig
un/nö/ti/ger/wei/se
un/nütz
un/nüt/zer/wei/se
un/nütz/lich veraltet für unnütz
UNO *f.,* -, *nur Sg.,* Kurzw. für United Nations Organization: Organisation der Vereinten Nationen, vgl. UN
un/or/dent/lich
Un/or/dent/lich/keit *f.,* -, *nur Sg.*
Un/ord/nung *f.,* -, *nur Sg.*
UNO-Si/cher/heits/rat *m.,* -[e]s, *nur Sg.*
un/paar ungerade Zahl
Un/paar/hu/fer *m.,* -s,-
un/paa/rig
Un/paar/ze/her *m.,* -s, -, = Unpaarhufer
un/par/tei/isch nicht parteiisch, neutral
Un/par/tei/i/sche *m.,* -n, -n, Schiedsrichter
un/par/tei/lich keiner bestimmten Partei angehörend, auch unparteiisch
Un/par/tei/lich/keit *f.,* -, *nur Sg.*

un/paß > **un/pass** ungelegen, unpässlich, sie ist unpass
un/passend
un/pas/sier/bar
Un/pas/sier/bar/keit *f.,* -, *nur Sg.*
un/päß/lich > **unpässlich** nicht ganz wohl, krank, ich bin unpässlich
Un/päß/lich/keit > **Un/pässlich/keit** *f.,* -, *nur Sg.*
un/per/sön/lich
Un/per/sön/lich/keit *f.,* -, *nur Sg.*
un/pfänd/bar
Un/pfänd/bar/keit *f.,* -, *nur Sg.*
un po/co [italien.] in der Musik: ein wenig
un/po/li/tisch
un/po/pu/lär
Un/po/pu/la/ri/tät *f.,* -, *nur Sg.*
un/prä/zis, un/prä/zi/se ungenau
un/pro/duk/tiv
Un/pro/duk/ti/vi/tät *f.,* -, *nur Sg.*
un/pro/por/ti/o/niert übermäßig, unförmig
un/pünkt/lich
Un/pünkt/lich/keit *f.,* -, *nur Sg.*
Un/rast *m.,* -, *nur Sg.,* 1. Ruhelosigkeit, 2. schweizer.: polit. Unruhe
Un/rat *m.,* -[e]s, *nur Sg.,* Schmutz
un/ra/ti/o/nell der Betrieb arbeitet unrationell
un/re/al
un/re/a/lis/tisch
un/recht dein Handeln war unrecht, das war unrecht von dir
Un/recht *n.,* -[e]s, *nur Sg.,* ich tue jmdm. Unrecht, mir wird Unrecht getan, ich bin im Unrecht, es ist ihm Unrecht geschehen
un/recht/mä/ßig
un/recht/mä/ßi/ger/wei-se
Un/recht/mä/ßig/keit *f.,* -, *nur Sg.*
un/red/lich
Un/red/lich/keit *f.,* -, *nur Sg.*
un/re/ell
un/re/gel/mä/ßig
Un/re/gel/mä/ßig/keit *f.,* -, -en
un/reif
Un/rei/fe *f.,* -, *nur Sg.*
un/rein ins Unreine schreiben
Un/rein/heit *f.,* -, -en
un/rein/lich
Un/rein/lich/keit *f.,* -, *nur Sg.*
un/ren/ta/bel die Firma ist unrentabel
Un/ren/ta/bi/li/tät *f.,* -, *nur Sg.*
un/rett/bar verloren sein
un/rich/tig
Un/rich/tig/keit *f.,* -, *nur Sg.*
Un/ruh *f.,* -, -en, Teil einer Uhr
Un/ru/he *f.,* -, -n
Un/ru/he/herd *m.,* -es, -e
Un/ru/he/stif/ter *m.,* -s, -
un/ru/hig
un/rühm/lich
un/rund Technik: nicht mehr rund
uns unter uns
un/sach/ge/mäß
un/sach/lich
Un/sach/lich/keit *f.,* -, *nur Sg.*
un/sag/bar
un/säg/lich
un/schäd/lich
Un/schäd/lich/keit *f.,* -, *nur Sg.*
un/scharf

Un/schär/fe *f.,* -, -n
Un/schär/fe/re/la/ti/on *f.,* -, -en, = Unbestimmtheitsrelation
un/schätz/bar sein Vermögen war unschätzbar
un/schein/bar
Un/schein/bar/keit *f.,* -, *nur Sg.*
un/schick/lich
Un/schick/lich/keit *f.,* -, -en
Un/schlitt *n.,* -[e]s, -e, veraltet für Talg
un/schlüs/sig
Un/schlüs/sig/keit *f.,* -, -en
Un/schuld *m.,* -, *nur Sg.*
un/schul/dig
un/schulds/voll ein unschuldsvoller Blick
un/schwer das kannst du unschwer erkennen
Un/se/gen *m.,* -s, *nur Sg.*
un/selb/stän/dig auch: **un/selbst/stän/dig**
Un/selb/stän/dig/keit auch: **Un/selbst/stän/dig/keit** *f.,* -, *nur Sg.*
un/se/lig
un/se/li/ger/wei/se
un/ser 1. Personalpron., Gen. von wir, er erinnert sich unser, erbarme dich unser, wir sind unser drei, 2. Possessivpron.: unser Vater, unsere Mutter, unseres Wissens, unsere Verwandten, die Unseren, oder die Unsrigen
un/ser/ei/ner,
un/ser/eins
un/se/rer/seits von unserer Seite aus
un/se/res/glei/chen = un/sers/glei/chen, uns/res/glei/chen
un/se/res/teils was uns betrifft
un/se/ri/ge
un/ser/seits = unsererseits

un/sers/glei/chen = unseresgleichen
un/se/ret/hal/ber
un/se/ret/we/gen
un/se/ret/wil/len
Un/ser/va/ter *n.,* -, -, schweizer. für Vaterunser
un/si/cher ich bin unsicher, ob ich das Richtige getan habe, ich bin unsicher im Straßenverkehr
Un/si/cher/heit *f.,* -, -en
Un/si/cher/heits/fak/tor *m.,* -s, -en
un/sicht/bar der Geist ist unsichtbar
Un/sicht/bar/keit *f.,* -, *nur Sg.*
un/sich/tig trüb
Un/sinn *m.,* -[e]s, *nur Sg.*
un/sin/nig dein Verhalten war unsinnig
un/sin/ni/ger/wei/se
Un/sin/nig/keit *f.,* -, *nur Sg.*
un/sinn/lich
Un/sinn/lich/keit *f.,* -, *nur Sg.*
Un/sit/te *f.,* -, -n, es ist eine Unsitte, immer zu spät zu kommen
un/sitt/lich
Un/sitt/lich/keit *f.,* -, *nur Sg.*
un/so/lid, un/so/li/de
un/so/zi/al
un/sport/lich dein Verhalten war unsportlich, unfair
Un/sport/lich/keit *f.,* -, *nur Sg.*
uns/rer/seits = unsererseits
uns/res/glei/chen = unseresgleichen
uns/res/teils = unseresteils
uns/ret/we/gen = unseretwegen
uns/ret/wil/len = unseretwillen
uns/ri/ge vgl. unser
un/stän/dig selten, unständige Beschäftigung
un/statt/haft
un/sterb/lich
Un/sterb/lich/keit *f.,* -, *nur Sg.*
Un/stern *m.,* -[e]s, -e, Unglück, böses Schicksal, er ist unter einem Unstern geboren
un/stet rastlos, er führte ein unstetes Leben
un/ste/tig veraltet für unstet
Un/ste/tig/keit *f.,* -, *nur Sg.*
un/still/bar seine Neugier war unstillbar
un/stim/mig
Un/stim/mig/keit *f.,* -, -en, im Gespräch gab es Unstimmigkeiten
un/strei/tig sicher, bestimmt, das ist unstreitig
Un/sum/me *f.,* -, -n, *meist Pl.,* er hat Unsummen für sein neues Auto ausgegeben
un/ta/de/lig, un/tad/lig sein Benehmen war untadlig
Un/ta/de/lig/keit,
Un/tad/lig/keit *f.,* -, *nur Sg.*
un/ta/len/tiert
Un/tat *f.,* -, -en, Verbrechen, er beging eine Untat
un/tä/tig, Un/tä/tig/keit *f.,* -, *nur Sg.*
un/taug/lich
Un/taug/lich/keit *f.,* -, *nur Sg.*
un/teil/bar
Un/teil/bar/keit *f.,* -, *nur Sg.*
un/ten hier unten, links unten, unten bleiben, unten sein, weiter unten, er ging nach unten, die unten genannten Fakten, das unten Aufgeführte
un/ten/an ganz unten, ich stehe untenan
un/ten/aus veraltet für unten hin
un/ten/lie/gend oder auch:

unten lie/gend
un/ten/ste/hend oder auch:
unten ste/hend
un/ter 1. *Präp.*, unter das Dach stellen, unter der Bedingung, dass, unter anderen oder unter anderem (Abk.: u.a.), ich arbeite unter Tage, 2. *Adv.*, weniger als, Jugendliche unter achtzehn Jahren
Un/ter *m.*, -s, -, Spielkarte
Un/ter/ab/tei/lung *f.*, -, -en
Un/ter/an/ge/bot *n.*, -[e]s, *nur Sg.*
Un/ter/arm *m.*, -es, -e
Un/ter/art *f.*, -, -en
Un/ter/bau *m.*, -[e]s, -bauten
Un/ter/bauch *m.*, -[e]s, -bäuche
un/ter/bau/en *tr.*
Un/ter/be/griff *m.*, -[e]s, -e
un/ter/be/legt das Hotel war unterbelegt
un/ter/be/lich/ten *tr.*, der Film war unterbelichtet
Un/ter/be/lich/tung *f.*, -, *nur Sg.*
un/ter/be/schäf/tigt
Un/ter/be/schäf/ti/gung *f.*, -, *nur Sg.*
un/ter/be/wer/ten *tr.*, er hat meine Leistung unterbewertet
Un/ter/be/wer/tung *f.*, -, *nur Sg.*
un/ter/be/wußt >
unter/be/wusst
Un/ter/be/wußt/sein >
Un/ter/be/wusst/sein *n.*, -s, *nur Sg.*
un/ter/bie/ten *tr.*, er hat den Preis unterboten
Un/ter/bie/tung *f.*, -, -en
Un/ter/bi/lanz *f.*, -, *nur Sg.*, Verlustabschluss
un/ter/bin/den *tr.*, ich werde sein Verhalten unterbinden, ich habe sein Verhalten unterbunden
Un/ter/bin/dung *f.*, -, *nur Sg.*
un/ter/blei/ben *intr.*, die Fehler müssen in Zukunft unterbleiben
un/ter/bre/chen *tr.*, ich unterbreche die Diskussion, ich habe die Diskussion unterbrochen
Un/ter/bre/cher *m.*, -s, -, (Elektr.)
Un/ter/bre/chung *f.*, -, -en, ich bitte um eine kurze Unterbrechung
un/ter/brei/ten 1. *tr.*, ich unterbreite ihm meinen Vorschlag, ich habe ihm meinen Vorschlag unterbreitet, 2. *tr.*, ich breite ihr eine Decke unter
un/ter/brin/gen *tr.*, ich bringe es unter, ich habe es untergebracht
Un/ter/brin/gung *f.*, -, *nur Sg.*, er war mit der Unterbringung zufrieden
Un/ter/bruch *m.*, -[e]s, -brüche, schweizer. für Unterbrechung
un/ter/but/tern *tr.*, ugs. für unterdrücken, er wird von seinem Chef untergebuttert
un/ter/der/hand >
unter der Hand heimlich, er hat es unter der Hand weitergegeben
un/ter/des,
un/ter/des/sen
Un/ter/druck *m.*, -[e]s, -drücke
un/ter/drü/cken *tr.*
Un/ter/drü/ckung *f.*, -, *nur Sg.*
un/te/re (-r, -s), die unteren Klassen
un/ter/ein/an/der oder auch: **un/ter/ei/nan/der**, wir besprechen das untereinander, wir machen das untereinander aus
un/ter/ent/wi/ckelt die Pflanzen waren unterentwickelt
Un/ter/ent/wick/lung *f.*, -, *nur Sg.*
un/ter/er/nährt die Kinder in der Dritten Welt sind häufig unterernährt
Un/ter/er/näh/rung *f.*, -, *nur Sg.*
un/ter/fah/ren *tr.*
un/ter/fan/gen 1. *tr.*, = unterfahren, 2. *refl.*, wagen
Un/ter/fan/gen *n.*, -s, -, Vorhaben, es war ein hoffnungsloses Unterfangen
un/ter/fas/sen *tr.*, ich fasse sie unter, ich habe sie untergefasst
un/ter/fer/ti/gen *tr.*, Amtsdt.: unterzeichnen, ich habe den Brief unterfertigt
Un/ter/fer/tig/te *m. od. f.*, -n, -n
Un/ter/flur/mo/tor *m.*, -[e]s, -en, Motor, der unter dem Boden angebracht ist
un/ter/füh/ren *tr.*, die Straße wird unterführt
Un/ter/füh/rung *f.*, -, -en
Un/ter/funk/ti/on *f.*, -, -en, eine Unterfunktion der Schilddrüse
Un/ter/gang *m.*, -[e]s, -gänge
un/ter/gä/rig
Un/ter/gä/rung *f.*, -, -en, die Untergärung des Bieres
un/ter/ge/ben jmdm. zu Diensten sein
Un/ter/ge/be/ne *m.*, -n, -n, ich bin sein Untergebener
un/ter/ge/hen *intr.*
un/ter/ge/ord/net
Un/ter/ge/wicht *n.*, -[e]s, *nur Sg.*
un/ter/glie/dern *tr.*, ich habe den Text untergliedert

Un/ter/glie/de/rung *f.,* -, -en

un/ter/gra/ben 1. *tr.,* ich habe den Dünger unter die Erde gegraben, 2. *tr.,* ich untergrabe seine Autorität

Un/ter/gra/bung *f.,* -, *nur Sg.*

Un/ter/grund *m.,* -[e]s, -gründe

Un/ter/grund/bahn *f.,* -, -en

Un/ter/grund/be/we/gung *f.,* -, -en

un/ter/grün/dig

Un/ter/grup/pe *f.,* -, -n

un/ter/ha/ken *tr.,* ich hake ihn unter, sie hatten sich untergehakt

un/ter/halb unterhalb des Wasserspiegels

Un/ter/halt *m.,* -es, *nur Sg.,* er muss für das Kind Unterhalt zahlen

un/ter/hal/ten 1. *tr.,* ich halte den Eimer unter, ich habe den Eimer untergehalten, 2. für jmdn. sorgen, ich unterhalte meine Kinder, 3. mit jmdm. sprechen, sich mit jmdm. die Zeit vertreiben, 4. etwas in Gang halten, das Gebäude instand halten

un/ter/halt/sam der Abend war sehr unterhaltsam

Un/ter/halt/sam/keit *f.,* -, *nur Sg.*

Un/ter/halts/bei/trag *m.,* -[e]s, -träge

un/ter/halts/be/rech/tigt er war gegenüber dem Kind unterhaltsberechtigt

Un/ter/halts/kla/ge *f.,* -, -n

Un/ter/halts/kos/ten *f., nur Pl.*

Un/ter/halts/pflicht *f.,* -, -en

un/ter/halts/pflich/tig er war gegenüber dem Kind unterhaltspflichtig

Un/ter/halts/zah/lung *f.,* -, -en

Un/ter/hal/tung *f.,* -, -en

Un/ter/hal/tungs/li/te/ra/tur *f.,* -, *nur Sg.*

Un/ter/hal/tungs/mu/sik *f.,* -, -en

Un/ter/hal/tungs/ro/man *m.,* -[e]s, -e

Un/ter/hal/tungs/schrift/stel/ler *m.,* -s, -

un/ter/han/deln *intr.,* verhandeln

Un/ter/händ/ler *m.,* -s, -

Un/ter/hand/lung *f.,* -, -en

Un/ter/haus *n.,* -es, *nur Sg.,* in England die zweite Kammer des Parlaments

Un/ter/haut *f., nur Sg.*

Un/ter/haut/zell/ge/we/be *n.,* -s, *nur Sg.*

un/ter/höh/len *tr.*

Un/ter/höh/lung *f.,* -, *nur Sg.*

Un/ter/holz *n.,* -[e]s, *nur Sg.,* niedriges Gehölz im Wald

un/ter/ir/disch

un/ter/jo/chen *tr.,* unterdrücken, unterwerfen

Un/ter/jo/chung *f.,* -, *nur Sg.*

un/ter/ju/beln *tr.,* jmdm. etwas unterschieben, er hat ihr den Brief untergejubelt

un/ter/kei/len *tr.,* mit einem Keil stützen

un/ter/kel/lern *tr.,* mit einem Keller unterbauen, das Haus wurde unterkellert

Un/ter/kie/fer *m.,* -s, -

Un/ter/kinn *n.,* -[e]s, -e

Un/ter/klei/dung *f.,* -, *nur Sg.*

un/ter/kom/men *intr.,* 1. eine Bleibe finden, ich bin in einem Hotel untergekommen, 2. vorkommen, so etwas ist mir noch nicht untergekommen

Un/ter/kom/men *n.,* -s, *nur Sg.*

un/ter/krie/chen *intr.,* eine Bleibe suchen, Schutz suchen, ich konnte bei Freunden unterkriechen

un/ter/krie/gen *tr.,* bezwingen, entmutigen, ich habe ihn untergekriegt, ich habe mich nicht unterkriegen lassen

un/ter/küh/len *tr.,* die Körpertemperatur unter den Normalwert abkühlen, ich habe mich unterkühlt

Un/ter/küh/lung *f.,* -, *nur Sg.*

Un/ter/kunft *f.,* -, -künfte

Un/ter/land *n.,* -[e]s, *nur Sg.,* tiefer liegendes Land

Un/ter/län/der *m.,* -s, -, Bewohner des Unterlandes

un/ter/län/disch

Un/ter/laß > **Un/ter/lass** *m.,* nur in der Wendung ohne Unterlass, ich arbeite ohne Unterlass, unaufhörlich

un/ter/las/sen *tr.,* ich habe es unterlassen, ich habe es nicht getan

Un/ter/las/sung *f.,* -, -en

Un/ter/las/sungs/sün/de *f.,* -, -n

Un/ter/lauf *m.,* -[e]s, -läufe, letzter Abschnitt eines Flusses

un/ter/lau/fen 1. *intr.,* passieren, mir sind einige Fehler unterlaufen, 2. *tr.,* ich unterlaufe den Gegner, 3. *intr.,* mein Auge ist mit Blut unterlaufen

un/ter/le/gen 1. *tr.,* ich lege ihr ein Kissen unter, ich habe ihr ein Kissen untergelegt, 2. ich habe die Stelle mit Stoff unterlegt, ver-

stärkt, ich habe der Musik einen anderen Text untergelegt, 3. schlechter sein, der Gegner war mir unterlegen
Un/ter/le/gen/heit *f.*, -, *nur Sg.*
Un/ter/le/gung *f.*, -, *nur Sg.*
Un/ter/leib *m.*, -[e]s, -er, ich habe Schmerzen im Unterleib
Un/ter/leibs/o/pe/ra/ti/on *f.*, -, -en, der Arzt musste eine Unterleibsoperation durchführen
un/ter/lie/gen *intr.*, schwächer sein, ich war meinem Gegner unterlegen, vgl. unterlegen
un/term = unter dem, er wohnte unterm Dach, das Buch lag unterm Bett
un/ter/ma/len *tr.*, das Theaterstück wurde durch Musik untermalt
Un/ter/ma/lung *f.*, -, *nur Sg.*
un/ter/mau/ern *tr.*, auch bildlich für: Ansichten oder Argumente stützen, er hat seine Argumente untermauert
Un/ter/mau/e/rung *f.*, -, *nur Sg.*
un/ter/mee/risch
Un/ter/mensch *m.*, -en, -en, Bez. für einen als minderwertig angesehenen Menschen (vor allem im Nationalsozialismus)
Un/ter/mie/te *f.*, -, -n, ich wohne zur Untermiete
Un/ter/mie/ter *m.*, -s, -
un/ter/mi/nie/ren *tr.*, 1. untergraben, 2. langsam zerstören
Un/ter/mi/nie/rung *f.*, -, *nur Sg.*
un/ter/mi/schen *tr.*, ich mische das Mehl unter, ich habe das Mehl untergemischt
un/tern ugs. für unter den, das Buch ist untern Tisch gefallen
un/ter/neh/men 1. *tr.*, ugs. für: unterfassen, ich nehme ihn unter, 2. *tr.*, etwas unternehmen, etwas tun, ich unternehme etwas mit ihm, ich habe heute keine Lust, etwas zu unternehmen
Un/ter/neh/men *n.*, -s, -
un/ter/neh/mend jmd. ist unternehmend, er hat Lust, etwas zu unternehmen
Un/ter/neh/mer *m.*, -s, -
Un/ter/neh/mer/tum *n.*, -s, *nur Sg.*
Un/ter/neh/mung *f.*, -, -en
Un/ter/neh/mungs/geist *m.*, -[e]s, *nur Sg.*
Un/ter/neh/mungs/lust *f.*, -, *nur Sg.*
un/ter/neh/mungs/lus/tig
Un/ter/of/fi/zier *m.*, -es, -e, Abk.: Uffz.
Un/ter/of/fi/ziers/schu/le *f.* -, -n
un/ter/ord/nen *tr.*, ich bin ihm untergeordnet, ich habe mich ihm untergeordnet
Un/ter/ord/nung *f.*, -, *nur Sg.*
Un/ter/pfand *n.*, -[e]s, -pfänder
un/ter/pflü/gen *tr.*, er pflügt die Saat unter, er hat die Saat untergepflügt
Un/ter/pri/ma *f.*, -, -men, die 8. Klasse des Gymnasiums
Un/ter/pri/ma/ner *m.*, -s, -, Schüler, der die 8. Klasse des Gymnasiums besucht
un/ter/pri/vi/le/giert benachteiligt
un/ter/re/den *refl.*, sich mit jmdm. unterreden, ich habe mich mit ihm unterredet
Un/ter/re/dung *f.*, -, -en, ich hatte mit ihm eine Unterredung
Un/ter/richt *m.*, -[e]s, -e
un/ter/rich/ten *tr.*, lehren, ich unterrichte die Schüler in Mathematik, ich werde von ihr in der Schule unterrichtet, jmdn. informieren, ich wurde davon unterrichtet, dass...
un/ter/richt/lich
Un/ter/richts/ge/genstand *m.*, -[e]s, -stände
Un/ter/richts/stun/de *f.*, -, -n
Un/ter/rich/tung *f.*, -, *nur Sg.*
un/ters = unter das, der Ball rollte unters Auto
un/ter/sa/gen *tr.*, etwas verbieten, ich habe es ihm untersagt, etwas ist verboten, das Rauchen ist untersagt
Un/ter/sa/gung *f.*, -, -en
Un/ter/satz *m.*, -[e]s, -sätze, fahrbarer Untersatz, ugs. für Auto
un/ter/schät/zen *tr.*, ich habe sein Talent unterschätzt
un/ter/scheid/bar
un/ter/schei/den *tr.*, voneinander trennen
Un/ter/schei/dung *f.*, -, -en
Un/ter/schei/dungs/merk/mal *n.*, -[e]s, -e
Un/ter/schei/dungs/vermö/gen *n.*, -s, *nur Sg.*
Un/ter/schicht *f.*, -, -en
un/ter/schie/ben 1. *tr.*, ich schiebe ihm eine Decke unter, ich habe ihm eine Decke untergeschoben, 2. *tr.*, er wollte ihm die Schuld unterschieben, das Kind wurde ihr untergeschoben

Un/ter/schie/bung *f.,* -, -en
Un/ter/schied *m.,* -[e]s, -e, zum Unterschied von, im Unterschied zu
un/ter/schied/lich
un/ter/schieds/los
un/ter/schläch/tig durch Wasser von unten angetrieben
un/ter/schla/gen 1. *tr.,* die Beine unterschlagen, 2. veruntreuen, er hat ihm das Geld unterschlagen, das Geld wurde ihm unterschlagen
Un/ter/schla/gung *f.,* -, -en, die Unterschlagung des Geldes war strafbar
Un/ter/schleif *m.,* -[e]s, -e, veraltet für Unterschlagung
Un/ter/schlupf *m.,* -[e]s, -e, er fand bei seinen Freunden Unterschlupf
un/ter/schlup/fen *intr.,* süddt. für unterschlüpfen
un/ter/schlü/pfen *intr.,* er schlüpfte bei Freunden unter
un/ter/schnei/den *tr.,* etwas an der Unterseite abschrägen
Un/ter/schnei/dung *f.,* -, *nur Sg.*
un/ter/schrei/ben *tr.,* ich unterschreibe den Vertrag, ich habe den Vertrag unterschrieben
un/ter/schrei/ten *tr.,* er hat den Rekord unterschritten, er hat den Betrag unterschritten
Un/ter/schrei/tung *f.,* -, -en
Un/ter/schrift *f.,* -, -en
Un/ter/schrif/ten/samm/lung *f.,* -, -en
un/ter/schrift/lich er hat es unterschriftlich bestätigt
Un/ter/schrifts/map/pe *f.,* -, -n

Un/ter/schuß > **Un/ter/schuss** *m.,* -[e]s, -schüsse, veraltet für Defizit
un/ter/schwel/lig unterhalb der Bewusstseinsschwelle liegend, er meinte unterschwellig etwas anderes
Un/ter/see/boot *n.,* -[e]s, -e, Abk.: U-Boot
un/ter/see/isch
Un/ter/se/kun/da *f.,* -, -den, die 6. Klasse des Gymnasiums
Un/ter/se/kun/da/ner *m.,* -s, -, Schüler, der die 6. Klasse des Gymnasiums besucht
un/ter/set/zen *tr.,* er setzte den Eimer unter
Un/ter/set/zer *m.,* -s, -
un/ter/setzt gedrungene Gestalt, klein und kräftig
Un/ter/setzt/heit *f.,* -, *nur Sg.*
Un/ter/set/zung *f.,* -, -en, (Techn.)
un/ter/sin/ken *tr.,* das Boot sinkt unter, das Boot ist untergesunken
un/ter/spü/len *tr.,* durch das Hochwasser wurden die Dämme unterspült
Un/ter/stand *m.,* -[e]s, -stände, Unterkunft, auch Schutzraum
un/ter/stän/dig 1. unterständiger Fruchtknoten, unterhalb der Fruchthülle, 2. schräg stehende Füße (z.B. beim Pferd)
un/ters/te (-r, -s), die unterste Schublade, aber: das Unterste zuoberst
un/ter/ste/hen 1. *intr.,* sich unterstellen, Schutz suchen, 2. *intr.,* jmdm. untergeordnet sein, ich unterstehe seinem Kommando, 3. *refl.,* etwas wagen, er hat sich unterstanden, untersteh dich!, wage dich nicht, das zu tun!
un/ter/stel/len 1. *tr.,* ich habe mich während des Gewitters untergestellt, 2. *tr.,* er ist meinem Kommando unterstellt, 3. etwas Falsches behaupten, er hat mir das unterstellt, 4. etwas als richtig annehmen, wir wollen einmal unterstellen
Un/ter/stel/lung *f.,* -, -en, ich verbitte mir diese Unterstellung
un/ter/strei/chen *tr.,* ich habe den Satz unterstrichen, auch übertr. für etwas betonen, ich möchte das Argument unterstreichen
Un/ter/strei/chung *f.,* -, -en
Un/ter/strö/mung *f.,* -, -en
un/ter/stüt/zen *tr.,* ich unterstütze ihn bei seiner Arbeit, ich habe ihn bei seiner Arbeit unterstützt
Un/ter/stüt/zung *f.,* -, -en
un/ter/stüt/zungs/bedürf/tig
un/ter/stüt/zungs/emp/fän/ger *m.,* -s, -
Un/ter/such *m.,* -s, -e, schweizer. neben Untersuchung
un/ter/su/chen *tr.*
Un/ter/su/chung *f.,* -, -en
Un/ter/su/chungs/aus/schuß > **Un/ter/suchungs/aus/schuss** *m.,* -[e]s, -schüsse
Un/ter/su/chungs/ge/fan/ge/ne *m.* od. *f.,* -n, -n
Un/ter/su/chungs/ge/fäng/nis *n.,* -s[e]s, -se
Un/ter/su/chungs/haft *f.,* -, *nur Sg.*
Un/ter/su/chungs/rich/ter *m.,* -s, -
Un/ter/ta/ge/ar/bei/ter *m.,* -s, -

Un/ter/ta/ge/bau *m.,* -[e]s, *nur Sg.*
un/ter/tan jmdm. untergeben sein, ich bin ihm Untertan, ich mache ihn untertan
Un/ter/tas/se *f.,* -, -n, fliegende Untertasse
un/ter/tau/chen *intr.,* ich tauche unter, ich tauche den Eimer unter, ich bin untergetaucht
Un/ter/teil *n.,* -[e]s, -e, oder *m.,* -[e]s, -e
un/ter/tei/len *tr.,* ich unterteile das Stück in 3 Teile, ich habe das Stück in 3 Teile unterteilt
Un/ter/tei/lung *f.,* -, -en
Un/ter/tem/pe/ra/tur *f.,* -, -en
Un/ter/tia *f.,* -, -tien, die 4. Klasse des Gymnasiums
Un/ter/ter/ti/a/ner *m.,* -s, -, Schüler, der die 4. Klasse des Gymnasiums besucht
Un/ter/ti/tel *m.,* -s, -
Un/ter/ton *m.,* -[e]s, -töne
un/ter/trei/ben *tr.,* ich untertreibe, ich habe untertrieben
Un/ter/trei/bung *f.,* -, -en
un/ter/tre/ten *intr.*
un/ter/tun/neln *tr.,* mit einem Tunnel unterbauen, der Berg wurde untertunnelt
Un/ter/tun/ne/lung *f.,* -, *nur Sg.*
un/ter/ver/mie/ten *tr.,* ich habe mein Zimmer untervermietet
Un/ter/ver/mie/tung *f.,* -, -en
un/ter/ver/si/chern *tr.,* zu niedrig versichern, der Schmuck ist unterversichert
Un/ter/wal/den Kanton in der Schweiz
Un/ter/wald/ner *m.,* -s, -, Bewohner von Unterwalden
un/ter/wald/ne/risch
un/ter/wan/dern *tr.,* als Fremder in eine Gruppe eindringen und sie allmählich zerstören, die Gruppe wurde von ihm unterwandert
Un/ter/wan/de/rung *f.,* -, *nur Sg.*
un/ter/wärts ugs. für 1. unten, 2. unterhalb
Un/ter/wä/sche *f.,* -, *nur Sg.*
un/ter/wa/schen *tr.,* unterspülen, die Dünen sind unterwaschen
Un/ter/wa/schung *f.,* -, *nur Sg.*
Un/ter/was/ser *n.,* -s, *nur Sg.,* 1. (im Gs. zum Oberwasser) das unter einem Stauwerk abfließende Wasser, 2. Grundwasser
Un/ter/was/ser/ka/me/ra *f.,* -, -s
Un/ter/was/ser/mas/sa/ge *f.,* -, -n
un/ter/wegs auf dem Weg, ich bin zu ihm unterwegs
un/ter/wei/sen *tr.,* anleiten, unterrichten, ich unterweise ihn, ich habe ihn unterwiesen
Un/ter/wei/sung *f.,* -, -en
Un/ter/welt *f.,* -, *nur Sg.,* 1. Reich der Toten (Mythologie), 2. Aufenthaltsort von Verbrechern
Un/ter/welt/ler *m.,* -s, -, Angehöriger der Unterwelt
un/ter/welt/lich
un/ter/wer/fen *tr.,* besiegen, sich untertan machen, er hat das Volk unterworfen, das Volk wurde von ihm unterworfen
Un/ter/wer/fung *f.,* -, *nur Sg.*
Un/ter/werk *n.,* -[e]s, -e
Un/ter/werks/bau *m.,* -[e]s, *nur Sg.,* Begriff im Bergbau, Förderung unterhalb der Fördersohle
un/ter/wer/tig
Un/ter/wer/tig/keit *f.,* -, *nur Sg.*
un/ter/win/den *refl.,* veraltet für sich an eine Sache heranwagen, ich habe mich unterwunden
un/ter/wür/fig
Un/ter/wür/fig/keit *f.,* -, *nur Sg.*
un/ter/zeich/nen *tr.,* unterschreiben, ich habe den Vertrag unterzeichnet
Un/ter/zeich/ner *m.,* -s, -, er ist der Unterzeichner des Vertrages
Un/ter/zeich/ne/te *m.,* -n, -n, oder *f.,* -n, -n
Un/ter/zeich/nung *f.,* -, *nur Sg.*
Un/ter/zeug *n.,* -[e]s, *nur Sg.,* ugs. für Unterwäsche
un/ter/zie/hen *tr.,* ich ziehe mir einen Pullover unter (die Jacke)
un/ter/zie/hen *tr.,* ich unterziehe ihn einer Prüfung, er wurde einer Prüfung unterzogen
un/tief seicht, das Ufer war untief
Un/tie/fe *f.,* -, -n, seichte Stelle, ugs. auch für große Tiefe
Un/tier *n.,* -[e]s, -e, Ungeheuer
un/tilg/bar seine Schulden waren untilgbar
Un/tilg/bar/keit *f.,* -, *nur Sg.*
un/trag/bar sein Verhalten war untragbar
Un/trag/bar/keit *f.,* -, *nur Sg.*
un/trenn/bar

Untrennbarkeit

Un/trenn/bar/keit *f.*, -, *nur Sg.*
un/treu
Un/treue *f.*, -, *nur Sg.*
un/trink/bar
un/tröst/lich
un/trüg/lich ein sicheres (untrügliches) Zeichen
un/tüch/tig
Un/tüch/tig/keit *f.*, -, *nur Sg.*
Un/tu/gend *f.*, -, -en
un/über/brück/bar
Un/über/brück/bar/keit *f.*, -, *nur Sg.*
un/über/legt ohne zu überlegen, er handelte unüberlegt
Un/über/legt/heit *f.*, -, *nur Sg.*
un/über/schreit/bar
un/über/seh/bar
Un/über/seh/bar/keit *f.*, -, *nur Sg.*
un/über/setz/bar
Un/über/setz/bar/keit *f.*, -, *nur Sg.*
un/über/sicht/lich
Un/über/sicht/lich/keit *f.*, -, *nur Sg.*
un/über/treff/bar
un/über/treff/lich
un/über/trof/fen
un/über/wind/bar
un/über/wind/lich
Un/über/wind/lich/keit *f.*, -, *nur Sg.*
un/üb/lich ungewöhnlich, ungebräuchlich
un/um/gäng/lich
Un/um/gäng/lich/keit *f.*, -, *nur Sg.*
un/um/schränkt uneingeschränkt, absolut
un/um/stöß/lich endgültig
un/um/strit/ten
un/um/wun/den offen, er gab es unumwunden zu
un/un/ter/bro/chen ohne Unterbrechung
un/ver/än/der/bar
un/ver/än/der/lich
Un/ver/än/der/lich/keit *f.*, -, *nur Sg.*
un/ver/än/dert
un/ver/ant/wort/bar
un/ver/ant/wort/lich
un/ver/äu/ßer/lich unverkäuflich
Un/ver/äu/ßer/lich/keit *f.*, -, *nur Sg.*
un/ver/bes/ser/lich
un/ver/bil/det natürlich, echt
un/ver/bind/lich
Un/ver/bind/lich/keit *f.*, -, *nur Sg.*
un/ver/blümt ohne Umschweife, offen
un/ver/brüch/lich dauerhaft, treu
un/ver/bürgt unbestätigt, ungeklärt
un/ver/dau/lich
Un/ver/dau/lich/keit *f.*, -, *nur Sg.*
un/ver/daut
un/ver/dient
un/ver/dien/ter/ma/ßen
un/ver/dien/ter/wei/se
un/ver/dor/ben
Un/ver/dor/ben/heit *f.*, -, *nur Sg.*
un/ver/dros/sen unentwegt, unermüdlich, er arbeitete unverdrossen
Un/ver/dros/sen/heit *f.*, -, *nur Sg.*
un/ver/ein/bar
Un/ver/einbar/keit *f.*, -, *nur Sg.*
un/ver/fäng/lich nicht bedenklich, ohne Verdacht zu erregen, er stellte ihm eine unverfängliche Frage
un/ver/fro/ren dreist, unverschämt, keck
Un/ver/fro/ren/heit *f.*, -, *nur Sg.*
un/ver/gäng/lich
Un/ver/gäng/lich/keit *f.*, -, *nur Sg.*
un/ver/ges/sen
un/ver/geß/lich > unvergesslich
un/ver/gleich/bar
un/ver/gleich/lich einzigartig, einmalig
un/ver/go/ren
un/ver/hält/nis/mä/ßig übermäßig
un/ver/hoh/len aufrichtig, offen
un/ver/käuf/lich das Bild ist unverkäuflich
un/ver/kenn/bar
un/ver/langt
un/ver/letz/bar
Un/ver/letz/bar/keit *f.*, -, *nur Sg.*
un/ver/letz/lich
Un/ver/letz/lich/keit *f.*, -, *nur Sg.*
un/ver/letzt
un/ver/meid/bar
un/ver/meid/lich
un/ver/min/dert anhaltend, gleich bleibend
un/ver/mit/telt plötzlich, abrupt
Un/ver/mö/gen *n.*, -s, *nur Sg.*, Unfähigkeit
un/ver/mö/gend ohne Vermögen
un/ver/mu/tet unverhofft, unerwartet
Un/ver/nunft *f.*, -, *nur Sg.*
un/ver/nünf/tig
un/ver/rich/tet auch
un/ver/rich/te/ter Din/ge
un/ver/schämt
Un/ver/schämt/heit *f.*, -, *nur Sg.*
un/ver/schul/det
un/ver/se/hens unvermutet, plötzlich
un/ver/sehrt
un/ver/sieg/lich

Unzerbrechlichkeit

un/ver/söhn/lich
Un/ver/söhn/lich/keit *f.*, -, *nur Sg.*
Un/ver/stand *m.*, -[e]s, *nur Sg.*, Torheit, Unvernunft
un/ver/stan/den
un/ver/stän/dig
Un/ver/stän/dig/keit *f.*, -, *nur Sg.*
un/ver/ständ/lich
Un/ver/ständ/lich/keit *f.*, -, *nur Sg.*
Un/ver/ständ/nis *n.*, -ses, *nur Sg.*
un/ver/steu/ert
un/ver/sucht nichts unversucht lassen
un/ver/träg/lich
Un/ver/träg/lich/keit *f.*, -, *nur Sg.*
un/ver/wandt unablässig, ohne sich abzuwenden, sie blickte ihn unverwandt an
un/ver/wech/sel/bar
un/ver/wehrt gestattet, erlaubt
un/ver/weilt poetisch für: unverzüglich
un/ver/wes/lich unvergänglich
un/ver/wund/bar
Un/ver/wund/bar/keit *f.*, -, *nur Sg.*
un/ver/wüst/lich
Un/ver/wüst/lich/keit *f.*, -, *nur Sg.*
un/ver/zagt beherzt, unerschrocken
un/ver/zeih/lich
un/ver/zins/lich
un/ver/züg/lich sofort, auf der Stelle
un/voll/kom/men
Un/voll/kom/men/heit *f.*, -, -en
un/voll/stän/dig
Un/voll/stän/dig/keit *f.*, -, -en
un/vor/be/rei/tet

un/vor/denk/lich seit unvordenklichen Zeiten, schon sehr lange
un/vor/ein/ge/nom/men
Un/vor/ein/ge/nommen/heit *f.*, -, *nur Sg.*
un/vor/her/ge/se/hen
un/vor/sich/tig
Un/vor/sich/tig/keit *f.*, -, *nur Sg.*
un/wäg/bar unvorhersehbar
Un/wäg/bar/keit *f.*, -, *nur Sg.*
un/wahr
un/wahr/haf/tig
Un/wahr/haf/tig/keit *f.*, -, *nur Sg.*
Un/wahr/heit *f.*, -, *nur Sg.*
un/wahr/schein/lich
Un/wahr/schein/lich/keit *f.*, -, *nur Sg.*
un/wan/del/bar beständig, gleich bleibend
Un/wan/del/bar/keit *f.*, -, *nur Sg.*
un/weg/sam ein unwegsames Gelände
un/wei/ger/lich sicher, unabwendbar
un/weit nahe, unweit des Weges
un/wert
Un/wert *m.*, -[e]s, *nur Sg.*
un/wer/tig
Un/we/sen *n.*, -s, *nur Sg.*, er trieb sein Unwesen
un/we/sent/lich
un/wet/ter *n.*, -s, -
un/wi/der/leg/bar
un/wi/der/leg/lich
un/wi/der/ruf/lich
Un/wi/der/ruf/lich/keit *f.*, -, *nur Sg.*
un/wi/der/spro/chen
un/wi/der/steh/lich
Un/wi/der/steh/lich/keit *f.*, -, *nur Sg.*
un/wie/der/bring/lich für immer verloren
Un/wil/le *m.*, -ns, *nur Sg.*

Un/wil/len *m.*, -s, *nur Sg.*
un/wil/lig
un/will/kom/men
un/will/kür/lich
un/wirk/lich
Un/wirk/lich/keit *f.*, -, *nur Sg.*
un/wirk/sam
Un/wirk/sam/keit *f.*, -, *nur Sg.*
un/wirsch mürrisch, unfreundlich
un/wirt/lich
Un/wirt/lich/keit *f.*, -, *nur Sg.*
un/wirt/schaft/lich
Un/wirt/schaft/lich/keit *f.*, -, *nur Sg.*
un/wis/send
Un/wis/sen/heit
un/wis/sen/schaft/lich
Un/wis/sen/schaft/lich/keit *f.*, -, *nur Sg.*
un/wis/sent/lich ohne es zu wissen
un/wohl
Un/wohl/sein *n.*, -s, *nur Sg.*, Übelkeit
un/wohn/lich
Un/wohn/lich/keit *f.*, -, *nur Sg.*
un/wür/dig
Un/wür/dig/keit *f.*, -, *nur Sg.*
Un/zahl *f.*, -, *nur Sg.*, sehr große Zahl, eine Unzahl von Menschen
un/zähl/bar
un/zäh/lig
Un/ze [lat.] *f.*, -, -n, 1. alte Gewichtseinheit, 2. Schneeleopard
Un/zeit *f.*, -, *nur Sg.*, zu unpassender Zeit
un/zeit/ge/mäß
un/zei/tig unreif
un/zer/brech/lich
Un/zer/brech/lich/keit *f.*, -, *nur Sg.*

un/zer/reiß/bar
un/zer/stör/bar
Un/zer/stör/bar/keit *f., -, nur Sg.*
un/zer/trenn/bar
un/zer/trenn/lich
Un/zi/a/le [lat.] *f., -, -n*
Un/zi/al/schrift *f., -, -en*, Schrift mit abgerundeten Großbuchstaben
un/ziem/lich
Un/ziem/lich/keit *f., -, nur Sg.*
un/zi/vi/li/siert
Un/zucht *f., -, nur Sg.*
un/züch/tig
Un/züch/tig/keit *f., -, nur Sg.*
un/zu/gäng/lich
Un/zu/gäng/lich/keit *f., -, -en*
un/zu/kömm/lich
un/zu/läng/lich
Un/zu/läng/lich/keit *f., -, -en*
un/zu/läs/sig
Un/zu/läs/sig/keit *f., -, nur Sg.*
un/zu/rech/nungs/fä/hig
Un/zu/rech/nungs/fähig/keit *f., -, nur Sg.*
un/zu/rei/chend
un/zu/sam/men/hängend
un/zu/stän/dig
Un/zu/stän/dig/keit *f., -, nur Sg.*
un/zu/träg/lich
Un/zu/träg/lich/keit *f., -, nur Sg.*
un/zu/tref/fend
un/zu/ver/läs/sig
Un/zu/ver/läs/sig/keit *f., -, nur Sg.*
un/zweck/mä/ßig
Un/zweck/mä/ßig/keit *f., -, nur Sg.*
un/zwei/deu/tig
Un/zwei/deu/tig/keit *f., -, nur Sg.*
un/zwei/fel/haft
U/pa/ni/schad [sanskrit] *f.,* -, -en, philosophisch-theologische Schriften aus dem alten Indien
Up/date [engl.] *n.,* -[s], -s, Aktualisierung eines Computerprogramms
UPI Abk. für United Press International: Vereinigte Internationale Presse
Up/per/class [engl.] *f., -, nur Sg.*, die Oberschicht
Up/per/cut [engl.] *m.,* -s, -s, beim Boxen der Aufwärtshaken
Upper-Ten [engl.] *Pl.*, die oberen Zehntausend
üp/pig
Üp/pig/keit *f.,* -, -en
up to date [engl.] zeitgemäß, modisch sein
Ur *m.,* -[e]s, -e, Auerochse
ur..., Ur... 1. ursprünglich, 2. in sehr hohem Maße, 3. Bezeichnung für die vorangegangene oder nachfolgende Generation
u. R. Abk. für unter Rückerbittung
Ur/ab/stim/mung *f.,* -, -en, Abstimmung aller Mitglieder einer Organisation, einer Gewerkschaft
Ur/a/del *m., -s, nur Sg.*
Ur/ahn *m.,* -[e]s, -en = Urahne, 1. *m.,* -, -n, Urgroßvater, Vorfahr, 2. *f.,* -, -n, Urgroßmutter
U/ral *m., -, nur Sg.*, Gebirge in Russland und gleichzeitig Grenze zwischen Asien und Europa
u/ral/al/ta/isch Sprachgemeinschaft
u/ra/lisch aus der Gegend des Ural, zum Ural gehörend
ur/alt
Ur/al/ter *n., -s, nur Sg.*, Urzeit, von uralters her
Ur/ä/mie [griech.] *f.,* -, -n, Harnvergiftung
ur/ä/misch
U/ran *n., -s, nur Sg.*, nach dem Planeten Uranus, radioaktives, chemisches Element, Abk.: U
Ur/an/fang *m.,* -[e]s, -fänge
ur/an/fäng/lich
uran/hal/tig
Ura/nia in der griech. Mythologie Muse der Sternkunde
Ura/ni/den *m.,* -n, *Pl.*
Ura/nier *m.,* -s, - = Uranist
Ura/ni/nit *n.,* -[e]s, -e, Mineral
Ura/nis/mus *m., -, nur Sg.*, Bez. für Homosexualität, nach dem Beinamen der Göttin Aphrodite
Ura/nist *m.,* -en, -en, Bez. für Homosexueller
Ura/no/lo/gie [griech.] *f.,* -, -n, Himmelskunde
Ura/nos in der griech. Mythologie der Urvater der Titanen
Ura/nus *m.,* -, ein Planet
Urat [griech.] *n.,* -[e]s, -e, Harnsäuresalz
ur/auf/füh/ren *tr.*, das Theaterstück wurde uraufgeführt
Ur/auf/füh/rung *f.,* -, -en, die erste Aufführung
U/rä/us/schlan/ge *f.,* -, -n, afrikanische Giftschlange
ur/ban [lat.] 1. städtisch, 2. weltmännisch
ur/ba/ni/sie/ren *tr.*, 1. verstädtern, 2. verfeinern
ur/bar anbaufähig, nutzbar
ur/ba/ri/sie/ren *tr.*, schweizer. für urbar machen
Ur/bar/ma/chung *f., -, nur Sg.*
Ur/be/ginn *m., -s, nur Sg.*, von Urbeginn der Welt

Ur/be/völ/ke/rung *f.*, -, *nur Sg.*
ur/bi et or/bi [lat.] „der Stadt (Rom) und dem Erdkreis", Segensspruch des Papstes
Ur/bild *n.*, -[e]s, -er
ur/bild/lich
ur/chig schweizer. für urwüchsig
Ur/chris/ten/tum *n.*, -s, *nur Sg.*
ur/christ/lich
Ur/du *n.*, -[s], *nur Sg.*, Sprache in Neu-Indien
U/rea [griech.] *f.*, -, *nur Sg.*, Harnstoff
U/re/a/se *f.*, -, *nur Sg.*, Enzym
ur/ei/gen
ur/ei/gen/tüm/lich
Ur/ein/woh/ner *m.*, -s, -
Ur/el/tern *Pl.*
Ur/en/kel *m.*, -s, -
U/re/o/me/ter [griech.] *n.*, -s, -
U/re/ter *m.*, -s, -en, Harnleiter
U/re/thri/tis oder auch:
U/reth/ri/tis *f.*, -, -tiden
u/re/tisch harntreibend
ur/e/wig
Ur/fas/sung *f.*, -, -en
Ur/feh/de *f.*, -, -n, unter Eid abgelegtes Friedensversprechen mit Verzicht auf Rache
Ur/form *f.*, -, -en
ur/ge/müt/lich
ur/gent [lat.] dringend
Ur/genz *f.*, -, *nur Sg.*, Dringlichkeit
ur/ger/ma/nisch
Ur/ge/schich/te *f.*, -, *nur Sg.*, Vorgeschichte
ur/ge/schicht/lich
Ur/ge/sell/schaft *f.*, -, -en
Ur/ge/stalt *f.*, -, -en
Ur/ge/stein *n.*, -[e]s, -e

Ur/ge/walt *f.*, -, -en
ur/gie/ren [lat.] *tr.*, drängen
Ur/groß/el/tern *Pl.*
Ur/groß/mut/ter *f.*, -, -mütter
ur/groß/müt/ter/lich
Ur/groß/va/ter *m.*, -s, -väter
ur/groß/vä/ter/lich
Ur/grund *m.*, -[e]s, -gründe
Ur/he/ber *m.*, -s, -, 1. Initiator, Drahtzieher, 2. Verfasser
Ur/he/ber/recht *n.*, -[e]s, -e
ur/he/ber/recht/lich
Ur/he/ber/schaft *f.*, -, *nur Sg.*
Ur/he/ber/schutz *m.*, -es, *nur Sg.*
Ur/hei/mat *f.*, -, *nur Sg.*
Uri Kanton in der Schweiz
Uri/an 1. *m.*, -es, -e, unwillkommener Gast, 2. der Teufel
Uri/as/brief *m.*, -es, -e, Brief, der dem Überbringer Unheil bringt
urig urtümlich, urwüchsig
Urin [griech.] *m.*, -es, -e, Harn
Uri/nal *n.*, -s, -e, Harnflasche
uri/nie/ren *intr.*, harnen
uri/nös harnstoffhaltig
Ur/kan/ton *m.*, -es, -e, Kanton der Urschweiz (Uri, Schwyz, Unterwalden)
Ur/kir/che *f.*, -, *nur Sg.*
ur/ko/misch
Ur/kraft *f.*, -, -kräfte
Ur/kun/de *f.*, -, -n
Ur/kun/den/fäl/scher *m.*, -s, -
ur/kund/lich
Ur/laub *m.*, -es, -e, Ferien
Ur/lau/ber *m.*, -s, -
Ur/laubs/geld *n.*, -[e]s, -er
Ur/laubs/schein *m.*, -es, -e
Ur/laubs/tag *m.*, -es, -e
Ur/laubs/zeit *f.*, -, -en
Ur/maß *n.*, -es, -e

Ur/mensch *m.*, -en, -en
Ur/me/ter *n.*, -s, *nur Sg.*, Normalmaß des Meters
Ur/mut/ter *f.*, -, -mütter, Stammmutter
Ur/ne [lat.] *f.*, -, -n 1. Gefäß zur Aufbewahrung der Asche eines Toten, 2. Behälter für die Stimm- und Wahlzettel
Ur/nen/fried/hof *m.*, -[e]s, -höfe
Ur/nen/grab *n.*, -[e]s, -gräber
Ur/ner *m.*, -s, -, Einwohner von Uri
ur/ne/risch
Ur/ning *m.*, -[e]s, -e = Uranist
uro..., **Uro...** [griech.], harn..., Harn...
uro/ge/ni/tal [griech. u. lat.], zu den Harn- und Geschlechtsorganen gehörend
Uro/ge/ni/tal/sys/tem *n.*, -s, -e
Uro/lith *m.*, -s, -en, Harnstein
Uro/lo/ge *m.*, -n, -n, speziell ausgebildeter Arzt für Erkrankungen der Harnorgane
Uro/lo/gie *f.*, -, *nur Sg.*, Lehre von den Erkrankungen der Harnorgane
uro/lo/gisch
ur/plötz/lich
Ur/pro/dukt *n.*, -[e]s, -e
Ur/quell *m.*, -[e]s, -e
Ur/quel/le *f.*, -, -n
Ur/sa/che *f.*, -, -n
ur/säch/lich
Ur/schleim *m.*, -es, *nur Sg.*
Ur/schrift *f.*, -, -en
ur/schrift/lich ursprünglich
Ur/spra/che *f.*, -, -n
1. Sprache, aus der sich andere Sprachen entwickelt

Ursprung

haben, 2. Originalsprache
Ur/sprung *m., -*[e]s, -sprünge
ur/sprüng/lich
Ur/sprüng/lich/keit *f., -, nur Sg.*
Ur/sprungs/land *n., -*[e]s, -länder
Ur/ständ *f., -, nur Sg.,* veraltet für Auferstehung
Ur/stoff *m., -es, -e*
ur/stoff/lich
Ur/strom/tal *n., -*[e]s, -täler, Tal, das durch abfließendes Gletscherwasser entstanden ist
Ur/su/li/ne *f., -, -n,*
Ur/su/li/ne/rin *f., -, -nen,* Angehörige eines katholischen Ordens
Ur/teil *n., -s, -e,* der Richter sprach das Urteil
ur/tei/len *intr.*
ur/teils/fä/hig
Ur/teils/fä/hig/keit *f., -, nur Sg.*
Ur/teils/kraft *f., -, nur Sg.*
ur/teils/los
Ur/teils/spruch *m., -*[e]s, -sprüche
Ur/teils/ver/kün/dung *f., -, -en*
Ur/teils/ver/mö/gen *n., -s, nur Sg.,* Fähigkeit zur Bewertung eines Tatbestandes
Ur/teils/voll/stre/ckung *f., -, -en*
Ur/text *m., -*[e]s, -e
Ur/tie/fe *f., -, -n,* poetisch
Ur/tier *n., -*[e]s, -e,
Ur/tier/chen *n., -s, -,* einzelliges Lebewesen
Ur/ti/ka [lat.] *f., -, -kä* od. *-cae,*
Ur/ti/ka/ria *f., -, nur Sg.,* Nesselsucht
ur/ti/ka/ri/ell
Ur/trieb *m., -*[e]s, -e

ur/tüm/lich
Ur/tüm/lich/keit *f., -, nur Sg.*
Ur/typ *m., -*[e]s, -en
Ur/ty/pus *m., -, -pen*
U/ru/guay, 1. Staat in Südamerika, 2. *m., -*[s], Fluss in Südamerika
U/ru/gua/yer *m., -s, -*
u/ru/gua/yisch
Ur/ur/en/kel *m., -s, -*
Ur/ur/groß/el/tern *Pl.*
Ur/ur/groß/mut/ter *f., -, -mütter*
Ur/ur/groß/va/ter *m., -, -väter*
Ur/va/ter Stammvater
ur/ver/wandt
Ur/ver/wandt/schaft *f., -, nur Sg.*
Ur/viech, Ur/vieh *n., -s, -viecher,* urwüchsiger, komischer Mensch
Ur/vo/gel *m., -, -vögel*
Ur/wahl *f., -, -en*
Ur/wäh/ler *m., -s, -*
Ur/wald *m., -es, -wälder*
Ur/welt *f., -, nur Sg.*
ur/welt/lich
ur/wüch/sig
Ur/wüch/sig/keit *f., -, nur Sg.*
Ur/zeit *f., -, nur Sg.*
ur/zeit/lich
Ur/zeu/gung *f., -, -en*
Ur/zu/stand *m., -*[e]s, -stände
ur/zu/ständ/lich
US(A) *f., -, nur Sg.,* Abk. für United States (of America): Vereinigte Staaten (von Amerika)
Usam/ba/ra/veil/chen *n., -s, -,* blühende Zimmerpflanze
US-A/me/ri/ka/ner *m., -s, -*
US-a/me/ri/ka/nisch
Usance [französ.] *f., -, -n,* Brauch, Gepflogenheit, Bez. vor allem im Handel

Usan/cen/han/del *m., -s, nur Sg.,* Devisenhandel in fremder Währung
Usanz *f., -, -en,* schweizer. für Usance
Us/be/ke *m., -n, -n,* Angehöriger eines Turkvolkes
us/be/kisch
Use/dom Insel in der Ostsee
User [engl.] *m., -s, -,* jmd., der regelmäßig Drogen nimmt, EDV: Benutzer eines Programms oder Systems
usf. Abk. für und so fort
U/so *m., -s, -s,* 1. [italien.], Handelsbrauch, 2. [griech.] = Ouzo (griech. Schnaps)
U/so/wech/sel *m., -s, -*
USP *f., -, -s,* engl. Abk. für unique selling proposition: Unterschied zwischen ähnlichen Produkten
usu/ell [lat.] gebräuchlich, üblich
Usu/ka/pi/on *f., -, -en,* im röm. Recht der Erwerb von Eigentum durch langen Gebrauch od. Besitz
Usur *f., -, -en*
Usur/pa/ti/on *f., -, -en,* widerrechtliche Besitz- od. Machtergreifung
Usur/pa/tor *m., -s, -oren,* jmd., der eine Usurpation begeht
usur/pa/to/risch
usur/pie/ren *tr.*
Usus [lat.] *m., -, nur Sg.,* Brauch, Gepflogenheit, Sitte
usw. Abk. für und so weiter
UT Abk. für Utah
Utah 1. *m., -, -,* Bez. für Angehörige eines Indianervolkes, 2. *n., -*[s], *nur Sg.,* Sprache der Utah (s. 1.), 3. Staat in den USA
Uten/sil [lat.] *n., -s, -ien,* Gebrauchsgegenstand

ute/rin [lat.] zur Gebärmutter gehörend
Ute/ro/skop oder auch: **Ute/ros/kop** *n.,* -[e]s, -e, *med.* Gerät zur Untersuchung der Gebärmutter
Ute/rus *m.,* -, -ri, Gebärmutter
Uti/li/ta/ri/er [lat.] *m.,* -s, -, = Utilitarist
Uti/li/ta/ris/mus *m.,* -, *nur Sg.,* Lehre von der Nützlichkeit
Uti/li/ta/rist *m.,* -en, -en, Anhänger des Utilitarismus, Mensch, der nur an die Nützlichkeit der Dinge denkt
uti/li/ta/ris/tisch
Uto/pia *n.,* -s, *nur Sg., meist ohne Artikel,* erdachtes, erfundenes Traumland, auch: Titel eines Romans von Thomas Morus
Uto/pie *f.,* -, -n, 1. Zukunftsvorstellung, 2. Wunschtraum, Vorstellung, die nicht erfüllbar ist
Uto/pi/en *n.,* -[s], *nur Sg.* = Utopia
uto/pisch irreal, undurchführbar
Uto/pis/mus 1. *m.,* -, *nur Sg.,* Neigung zu Utopien, 2. *m.,* -, -men, utopische Vorstellung
Uto/pist *m.,* -en, -en, Schwärmer, Weltverbesserer
Utra/quis/mus oder auch: **Ut/ra/quis/mus** [lat.] *m.,* -, *nur Sg.,* Lehre der Utraquisten
Utra/quist oder auch: **Ut/ra/quist** *m.,* en, -en, = Kalixtiner
u. U., Abk. für: unter Umständen
UV Abk. für: ultraviolett
u. v. a., Abk. für: und viele(s) andere
u. v. a. m. Abk. für: und viele(s) andere mehr
U. V. D. Abk. für: Unteroffizier vom Dienst
Uvi/ol *n.,* -s, *nur Sg.,* = Ultraviolett
Uvi/ol/glas *n.,* -[e]s, -gläser, (Warenz.)
UV-Lam/pe *f.,* -, -n
UV-Strah/len *m., Pl.*
UV-Strah/lung *f.,* -, -en, Höhenstrahlung
Uvu/la *f.,* -, -lae, Gaumenzäpfchen
uvu/lar mit der Uvula gebildet
Uvu/lar *m.,* -[e]s, -e, Laut, der mit der Uvula gebildet wird
u. W. Abk. für: unseres Wissens
Uzo *m.,* -s, -s = Ouzo, griech. Schnaps
u. zw. Abk. für: und zwar

V

v. 1. Abk. für: verte!, vide, vidi, 2. Abk. für: von, vom
V 1. röm. Zeichen für die Zahl 5, 2. Abk. für: Volt, 3. Abk. für: Vers, 4. chem. Zeichen für: Vanadium, 5. Abk. für: Volumen
VA 1. Abk. für: Voltampere, 2. Abk. für: Virginia
Va/banque, va banque [französ.], „es gilt die Bank", alles aufs Spiel setzen, um den Einsatz der Bank spielen
Va/banque/spiel *n.,* [e]s, -e
va/cat [lat.] „es fehlt", etwas ist nicht vorhanden, vgl. Va/kat
Vac/ci/na/ti/on *f.,* -, -en, = Vakzination
Vache/le/der [französ.] *n.,* -s, -, Leder für Schuhsohlen
Va/de/me/kum [lat.] *n.,* -s, -s, Handbuch, Leitfaden, Ratgeber
Va/di/um [lat.] *n.,* -s, -en, im älteren dt. Recht ein symbolisches Pfand
va/dos [lat.], Bez. für Grundwasser, das aus Niederschlägen entstanden ist, vadoses Wasser
Vae Vic/tis! [lat.] „Wehe den Besiegten"
vag = **va/ge** undeutlich, ungenau
Va/ga/bund [französ.] *m.,* -en, -en, Landstreicher
Va/ga/bun/da/ge *f.,* -, *nur Sg.,* Landstreicherei
Va/ga/bun/den/le/ben *n.,* -s, *nur Sg.*
va/ga/bun/die/ren *intr.,* ein Vagabundenleben führen
Va/gant *m.,* -en, -en, Spielmann, im MA fahrender Student od. Geistlicher
Va/gan/ten/dich/tung *f.,* -, -en

va/ge [französ.], s. vag
Vag/heit *f.,* -, *nur Sg.,* Undeutlichkeit, Ungenauigkeit
va/gie/ren [lat.] *intr.,* umherziehen
va/gil, frei beweglich
Va/gi/li/tät *f.,* -, *nur Sg.*
Va/gi/na [lat.] *f.,* -, -nen, weibl. Scheide (Geschlechtsorgan)
va/gi/nal zur Vagina gehörend
Va/gi/nis/mus *m.,* -, *nur Sg.,* med. Ausdruck für Scheidenkrampf
Va/go/to/nie [lat.] *f.,* -, -n
Va/go/to/ni/ker *m.,* -s, -
Va/gus *m.,* -, *nur Sg.*
va/kant [lat.] unbesetzt, frei, offen
Va/kanz *f.,* -, -en, freie, offene Stelle
Va/kat *n.,* -[s], -s, leere Seite
Va/ku/blitz *m.,* -[e]s, -e
Va/ku/o/le *f.,* -, -n, mit Flüssigkeit oder Nahrung gefülltes Bläschen
Va/ku/um *n.,* -s, -kua, luftleerer Raum
va/ku/u/mie/ren *tr.*
Va/ku/um/me/ter *n.,* -s, -, Unterdruckmesser
Va/ku/um/pum/pe *f.,* -, -n, Saugpumpe zum Erzeugen eines Vakuums
Vak/zin [lat.] *n.,* -s, -e, = Vakzine
Vak/zi/na/ti/on *f.,* -, -en, Schutzimpfung mit Vakzinen
Vak/zi/ne *f.,* -, -n, Impfstoff, der aus abgeschwächten Krankheitserregern hergestellt wurde
vak/zi/nie/ren *tr.,* mit Vakzinen impfen
Vak/zi/nie/rung *f.,* -, -en, vgl. Vakzination

Val Abk. für Grammäquivalent
va/le! [lat.] „leb' wohl!"
Va/len/cia, Stadt in Spanien und span. Provinz
Va/len/ci/ennes/spit/ze *f.,* -, -n, nach der französ. Stadt Valenciennes, feine Klöppelspitze
Va/lenz [lat.] *f.,* -, -en, Wertigkeit, 1. Wertigkeit eines Atoms, 2. in der Liguistik Bez. für Verben, die im Satz Ergänzungen fordern, damit der Satz grammatisch vollständig wird
Va/le/ri/a/na [lat.] *n.,* -, -nen, Baldrian
Va/le/ri/an/säu/re *f.,* -, *nur Sg.,* Baldriansäure
Va/le/ri/a/nat *n.,* -[e]s, -e, Salz der Baldriansäure
Va/let [lat.] *n.,* -s, -s, veralteter Abschiedsgruß, jmdm. Valet sagen
Va/let [französ.] *m.,* -s, -s, die Spielkarte Bube im französ. Kartenspiel
Va/leur [französ.] *m.,* -s, -s, 1. veraltet für Wertpapiere, 2. in der Malerei Farbabstufungen
Va/li/di/tät *f.,* -, *nur Sg.,* Gültigkeit (eines Versuchs)
Va/lo/ren *m., nur Pl.,* Wertpapiere, -gegenstände
Va/lo/ren/ver/si/che/rung *f.,* -, -en
Va/lo/ri/sa/ti/on *f.,* -, -en, Preisbeeinflussung, Steigerung der Preise
va/lo/ri/sie/ren *tr.,* Preise anheben
Va/lo/ri/sie/rung *f.,* -, -en
Val/po/li/cel/la *m.,* -[s], *nur Sg.,* trockener, italien. Rotwein
Va/lu/ta [lat.] *f.,* -, -ten, 1. Wert (der ausländ. Wäh-

rung), 2. Währung, 3. Datum einer Last- oder Gutschrift
va/lu/tie/ren *tr.,* 1. bewerten, 2. ein Datum festlegen, 3. einen Betrag zu einem bestimmten Tag belasten oder gutschreiben
Val/va/ti/on *f., -, -en,* Abschätzung eines Wertes
Vamp [engl.] *m., -s, -s,* verführerische, kalt berechnende Frau
Vam/pir [slaw.] *m., -[e]s, -e,* 1. Fledermausart, 2. Blut saugendes Nachtgespenst
van [niederl.], vor Namen, z. B. van Dyck
Van-Allen-Gürtel *m., -s, nur Sg.,* Bez. nach dem amerik. Physiker van Allen, Strahlungsgürtel der Erde
Va/na/dat *n., -[e]s, -e,* Salz der Vanadinsäure
Va/na/din = Vanadium *n., -s, nur Sg.,* chem. Element, Abk.: V
Va/na/din/säu/re *f., -, nur Sg.*
Va/na/di/um *n., -s, nur Sg.* = Vanadin
Van/da/le *m., -n, -n* = Wandale
Van/da/lis/mus = Wandalismus *m., -, nur Sg.*
Va/nil/le [lat. / französ.] *f., -, nur Sg.* 1. trop. Orchidee, 2. Gewürz
Va/nil/le/eis *n., -es, nur Sg.*
Va/nil/le/stan/ge *f., -, -n*
Va/nil/le/zu/cker *m., -s, nur Sg.*
Va/nil/lin *n., -s, nur Sg.,* Aromastoff
Va/ni/tas va/ni/ta/tum [lat.] „Eitelkeit der Eitelkeiten"
Va/peur [französ.] 1. *m., -s, nur Sg.,* Gewebe aus Baumwolle, 2. *im Pl.* Blähungen
Va/po/ri/me/ter [lat. / griech.] *n., -s, -,* Gerät zum Messen von Alkohol
Va/po/ri/sa/ti/on *f., -, -en,* 1. Anwendung von Wasserdampf zur Stillung einer Blutung, 2. Verdampfung, 3. Bestimmung des Alkoholgehalts
va/po/ri/sie/ren *tr.,* 1. verdampfen, 2. Bestimmung des Alkoholgehalts
Va/po/ri/sie/rung *f.,-,-en*
var., Abk. für varietas = Varietät, bei naturwissenschaftl. Namen
Va/ria [lat.] *nur Pl.,* im Buchwesen Bez. für Verschiedenes, Allerlei
va/ri/a/bel veränderlich, wandelbar
Va/ri/a/bi/li/tät *f., -, nur Sg.,* Veränderlichkeit, Wandelbarkeit
Va/ri/a/ble oder auch:
Va/ri/ab/le *f., -, -n,* in der Math, veränderbare Größe
Va/ri/an/te *f., -, -n,* 1. Abwandlung, abweichende Form, 2. in der Linguistik Bez. für abweichende Lesart von Texten
Va/ri/a/ti/on *f., -, -en,* Veränderung, Abweichung
Va/ri/a/ti/ons/brei/te *f., -, -n*
va/ri/a/ti/ons/fä/hig
Va/ri/e/tät *f., -, -en,* 1. Spielart, Andersartigkeit, 2. in der Biol. Bez. für eine abweichende Form
Va/ri/e/té *(Nf.),* auch:
Va/ri/e/tee *(Hf.)* [französ.] *n., -s, -s,* Theater, Bühne mit wechselnden Darbietungen
va/ri/ie/ren 1. *intr.,* abweichen, 2. *tr.,* abändern
va/ri/kös [lat.] in der Med.: die Varizen (Krampfadern) betreffend
Va/ri/ko/si/tät *f., -, nur Sg.,* Krampfaderbildung
Va/ri/ko/ze/le *f., -, -n,* Krampfaderbruch
Va/ri/o/la [lat.] *f., -, -lae od. -len*
Va/ri/o/le *f., -, -n,* Pockenkrankheit
Va/ri/o/me/ter [lat.] *n., -s, -,* Gerät zum Messen von Luftdruck
Va/ris/tor [lat.] *m., -s, -en,* in der Elektr. Bez. für einen Widerstand, der von der Spannung abhängig ist
Va/ri/ty/per [engl.] *m., -s, -en,* Setzmaschine
Va/rix [lat.] *f., -, -rizen*
Va/ri/ze *f., -, -n,* Krampfader
Va/ri/zel/len *nur Pl.,* Windpocken
va/sal [lat.] den Blutgefäßen zugehörig
Va/sall *m., -en, -en,* 1. im MA Lehnsmann, 2. abhängiger Mensch
Va/sal/len/staat *m., -[e]s, -en,* Staat, der von einer Großmacht abhängig ist
va/sal/lisch
Väs/chen *n., -s, -*
Va/se *f., -, -n,* Gefäß
Vas/ek/to/mie oder auch:
Va/sek/to/mie [lat. und griech.] *f., -, -n,* operative Entfernung eines Teils des Samenleiters
Va/se/lin *n., -s, nur Sg.*
Va/se/li/ne *f., -, nur Sg.,* Salbe
Va/se/nol *n., -s, nur Sg.,* (Warenz.), Grundlage für eine Salbe
vas/ku/lar [lat.]
Vas/ku/la/ri/sa/ti/on *f., -, -en*

vas/ku/lös
Va/so/li/ga/tur *f.,* -, -en
Va/so/mo/to/ren *nur Pl.*
va/so/mo/to/risch
Va/so/to/mie *f.,* -, -n, = Vasektomie
Va/ter *m.,* -s, Väter
Vä/ter/chen *n.,* -s, -
Va/ter/haus *n.,* -[e]s, *nur Sg.*
Va/ter/land *n.,* -[e]s, -länder
va/ter/län/disch
Va/ter/lands/lie/be *f.,.* -, *nur Sg.*
va/ter/lands/lie/bend
va/ter/lands/los
Va/ter/lands/ver/tei/diger *m.,* -s, -
vä/ter/lich
vä/ter/li/cher/seits
Vä/ter/lich/keit *f.,* -, *nur Sg.*
Va/ter/mord *m.,* -[e]s, -e
Va/ter/mör/der *m.,* -s, -
Va/ter/recht *n.,* -[e]s, -e
Va/ter/schaft *f.,* -, *nur Sg.*
Va/ter/schafts/be/stimmung *f.,* -, -en
Va/ter/schafts/nach/weis *m.,* -es, -e
Va/ters/na/me *m.,* -ns, -n, Familienname
Va/ter/stadt *f.,* -, -städte
Va/ter/stel/le *f.,* -, *nur Sg.*
Va/ter/un/ser *n.,* -s, -, Gebet
Va/ti/ca/no *m.,* -s, *nur Sg.,* Hügel in Rom
Va/ti/kan [lat.] *m.,* -s, *nur Sg.,* 1. Residenz des Papstes in Rom, 2. oberste päpstliche Behörde
va/ti/ka/nisch aber: die Vatikanische Bibliothek
Va/ti/kan/staat *m.,* -[e]s, *nur Sg.*
Va/ti/kan/stadt *f.,* -, *nur Sg.,* römischer Stadtteil, in dem sich der Vatikan befindet

Vau/de/ville [französ.] *n.,* -s, -s, Singspiel
V-Aus/schnitt *m.,* -[e]s, -e
v. Chr., Abk. für: vor Christo, vor Christi Geburt
VDE Abk. für: Verband Deutscher Elektrotechniker
VDI Abk. für: Verein Deutscher Ingenieure
VdK Abk. für: Verband der Kriegsopfer, Kriegshinterbliebenen und Sozialrentner
VDK Abk. für: Volksbund Deutscher Kriegsgräberfürsorge
VDS Abk. für: Verband Deutscher Studentenschaften, heute AStA
VEB Abk. für: Volkseigener Betrieb (in der ehemaligen DDR)
Ve/da [sanskr.], „Wissen" = We/da *f.,* -, -den, Sammelbezeichnung für mehrere religiöse Schriften
ve/disch = we/disch
Ve/du/te [italien.] *f.,* -, -n, naturgetreue Darstellung einer Stadt oder Landschaft
Ve/du/ten/ma/le/rei *f.,* -, *nur Sg.*
ve/ge/ta/bil [lat.] = vegetabilisch
Ve/ge/ta/bi/li/en *nur Pl.,* pflanzliche Nahrungsmittel
ve/ge/ta/bi/lisch pflanzlich
Ve/ge/ta/ri/a/ner *m.,* -s, *nur Sg.,* = Vegetarier
Ve/ge/ta/ri/a/nis/mus *m.,* -, *nur Sg.,* = Vegetarismus
Ve/ge/ta/rier *m.,* -s, -, jmd., der sich von pflanzlicher Kost ernährt
ve/ge/ta/risch, pflanzlich, pflanzliche Kost
Ve/ge/ta/ris/mus *m.,* -, *nur Sg.,* Ernährung, die nur aus pflanzlicher Kost besteht

Ve/ge/ta/ti/on *f.,* -, *nur Sg.,* Pflanzenwuchs
Ve/ge/ta/ti/ons/pe/ri/o/de *f.,* -, -n, Periode des stärksten Pflanzenwuchses
Ve/ge/ta/ti/ons/punkt *m.,* -[e]s, -e
ve/ge/ta/tiv 1. pflanzlich, 2. vegetatives Nervensystem
ve/ge/tie/ren *intr.,* dahinleben
ve/he/ment [lat.] ungestüm, heftig
Ve/hi/kel [lat.] *n.,* -s, -, altmodisches Fahrzeug, auch Hilfsmittel
Vei/ge/lein *n.,* -s, -, veraltet für Veilchen
Vei/gerl *n.,* -s, -n, österreich. für Veilchen
Veil/chen *n.,* -s, -
veil/chen/blau
Veits/tanz *m.,* -es, *nur Sg.,* Erkrankung der Nerven, die mit Muskelzucken verbunden ist
Vek/tor [lat.] *m.,* -s, -en
Ve/la *Pl.* von Velum
ve/lar [lat.], Laut, der am hinteren Gaumen gebildet wird
Ve/lar *m.,* -[e]s, -e, Hintergaumenlaut
Ve/lar/laut *m.,* -[e]s, -e
Ve/lin [französ.] *n.,* -s, *nur Sg.,* Pergament
Ve/lin/pa/pier *n.,* -[e]s, -e, weiches Pergamentpapier
Ve/lo *n.,* -s, -s, Kurzwort für Veloziped, Fahrrad
Ve/lo/drom *n.,* -[e]s, -e, Radrennbahn in der Halle
Ve/lours [französ.] *m.,* -, Gewebe mit samtartiger Oberfläche
Ve/lours/le/der *n.,* -s, -, weiches Leder
Ve/lo/zi/ped [französ.] *n.,*

- [e]s, -e, veraltet für Fahrrad
Velt/lin [schweizer.] *n., -s, nur Sg.,* Gebiet oberhalb des Comer Sees
Velt/li/ner *m., -s, -,* 1. Bewohner des Veltlins, 2. Wein aus Veltlin
Ve/lum [lat.] *n., -s, -la,* 1. Schultertuch des kath. Priesters, Kelchtuch, 2. Gaumensegel
Vel/vet [engl.] *m., -s, -s,* Baumwollsamt
ven. Abk. für venerabilis
Ven/det/ta [italien.] *f., -, -ten,* Blutrache
Ve/ne [lat.] *f., -, -n,* Blutgefäß, das zum Herzen führt
ve/ne/ra/bel [lat.] veraltet für ehrbar, ehrwürdig
Ve/ne/ra/bi/le *n., -s, nur Sg.,* das Allerheiligste in der kath. Kirche
ve/ne/ra/bi/lis
ve/ne/risch Geschlechtskrankheiten, venerische Krankheit
Ve/ne/ro/lo/gie *f., -, nur Sg.,* Lehre von den Geschlechtskrankheiten
Ve/ne/ter *m., -s, -,* Bewohner von Venetien
Ve/ne/ti/en italien. Landschaft
Ve/ne/zia italien. Form von Venedig
Ve/ne/zi/a/ner *m., -s, -,* Bewohner von Venedig
ve/ne/zi/a/nisch
Ve/ne/zo/la/ner *m., -s, -,* Bewohner von Venezuela
ve/ne/zo/la/nisch
Ve/ne/zu/e/la, Staat in Südamerika
Ve/nia le/gen/di [lat.] *f., -, nur Sg.,* „Erlaubnis zu lesen", Erlaubnis, an Hochschulen zu lehren

Ve/ni, vi/di, vi/ci [lat.], „Ich kam, ich sah, ich siegte", Ausspruch Cäsars
ve/nös [lat.], die Venen betreffend, von den Venen ausgehend, venöses Blut
Ven/til [lat.] *n., -s, -e,* Absperrvorrichtung für Luft oder Gase
Ven/ti/la/ti/on *f., -, -en,* Belüftung, Luftwechsel
Ven/ti/la/tor *m., -s, -oren,* Gerät zur Belüftung von Räumen
ven/ti/lie/ren *tr.,* lüften, auch überlegen
ven/tral oder auch: **vent/ral** [lat.], den Bauch betreffend
Ven/tri/kel oder auch: **Vent/ri/kel** *m., -s, -,* Hohlkammer im Herz oder im Hirn
ven/tri/ku/lar oder auch: **vent/ri/ku/lar,** den Ventrikel betreffend
Ven/tri/lo/quist oder auch: **Vent/ri/lo/quist** Bauchredner
Ve/nus 1. röm. Liebesgöttin, 2. Planet
ver/aa/sen *tr.,* ugs. für vergeuden, verschleudern
ver/ab/fol/gen *tr.,* verabreichen, zuteilen, der Arzt hat ihm ein Medikament verabfolgt
ver/ab/re/den *tr.,* ich habe mich für 3 Uhr mit ihm verabredet
Ver/ab/re/dung *f., -, -en*
ver/ab/rei/chen *tr.,* die Krankenschwester hat mir die Arznei verabreicht
Ver/ab/rei/chung *f., -, nur Sg.*
ver/ab/säu/men *tr.,* unterlassen, versäumen
ver/ab/scheu/en *tr.,* zuwider sein, ablehnen

ver/ab/scheu/ens/wert
ver/ab/scheu/ungs/würdig
ver/ab/schie/den *tr.*
Ver/ab/schie/dung *f., -, -en*
ver/ab/so/lu/tie/ren *tr.,* verallgemeinern, absolut setzen
ver/ach/ten *tr.*
ver/ach/tens/wert
Ver/äch/ter *m., -s, -*
ver/ächt/lich
Ver/ächt/lich/keit *f., -, nur Sg.*
Ver/ach/tung *f., -, nur Sg.*
ver/al/bern *tr.,* verspotten, ich veralbere ihn
Ver/al/be/rung *f., -, nur Sg.*
ver/all/ge/mei/nern *tr.,* generalisieren, ich verallgemeinere
Ver/all/ge/mei/ne/rung *f., -, -en*
ver/al/ten *intr.,* unmodern werden
Ve/ran/da *f., -, -den,* überdachter Anbau am Haus
ver/än/der/bar
Ver/än/der/bar/keit *f., -, nur Sg.*
ver/än/der/lich
Ver/än/der/lich/keit *f., -, nur Sg.*
ver/än/dern *tr.,* ich habe meine Frisur verändert
Ver/än/de/rung *f., -, -en*
ver/ängs/ti/gen *tr.,* einschüchtern, er wirkte verängstigt
ver/an/kern *tr.,* sichern, festigen, ich habe mein Wissen verankert
Ver/an/ke/rung *f., -, nur Sg.*
ver/an/la/gen *tr.,* ansetzen, schätzen
Ver/an/la/gung *f., -, -en,* 1. Festsetzung der Steuern, 2. Begabung
verbeamten
ver/an/las/sen *tr.,* für etwas

sorgen, er veranlasste seine Beförderung
Ver/an/las/sung *f.,* -, -en, auf Veranlassung
ver/an/schau/li/chen *tr.,* anschaulich machen
Ver/an/schau/li/chung *f.,* -, *nur Sg.*
ver/an/schla/gen *tr.,* im Voraus berechnen, die Kosten wurden veranschlagt
Ver/an/schla/gung *f.,* -, *nur Sg.*
ver/an/stal/ten *tr.,* er veranstaltete ein Konzert
Ver/an/stal/ter *m.,* -s, -, er war der Veranstalter des Konzertes
Ver/an/stal/tung *f.,* -, -en
ver/ant/wor/ten *tr.,* er musste sich für seine Tat verantworten
ver/ant/wort/lich, er war für seine Tat verantwortlich
Ver/ant/wort/lich/keit *f.,* -, *nur Sg.*
Ver/ant/wor/tung *f.,* -, *nur Sg.,* er trug für seine Tat die Verantwortung
ver/ant/wor/tungs/bewußt > **ver/ant/wortungs/be/wusst**
Ver/ant/wor/tungs/bewußt/sein > **Ver/ant/wortungs/be/wusst/sein** *n.,* -s, *nur Sg.,* er hatte kein Verantwortungsbewusstsein
Ver/ant/wor/tungs/ge/fühl *n.,* -[e]s, *nur Sg.*
ver/ant/wor/tungs/los
Ver/ant/wor/tungs/lo/sig/keit *f.,* -, *nur Sg.*
ver/ant/wor/tungs/voll
ver/äp/peln *tr.,* verulken, ich habe ihn veräppelt
ver/ar/bei/ten *tr.,* er musste das Erlebnis verarbeiten
Ver/ar/bei/tung *f.,* -, *nur Sg.*
ver/ar/gen *tr.,* übelnehmen, anlasten
ver/är/gern *tr.,* er war verärgert
Ver/är/ge/rung *f.,* -, *nur Sg.,* seine Verärgerung war groß
ver/ar/men *intr.,* verelenden
Ver/ar/mung *f.,* -, *nur Sg.*
ver/arz/ten *tr.,* ich wurde verarztet
ver/äs/teln *refl.*
Ver/äs/te/lung,
Ver/äst/lung *f.,* -, -en
ver/ät/zen *tr.,* die Säure verätzte seine Haut
ver/aus/ga/ben *tr.,* alle Kräfte verbrauchen, ausgeben, er hat sich total verausgabt
ver/aus/la/gen *tr.,* Geld auslegen
Ver/aus/la/gung *f.,* -, *nur Sg.,* Verauslagung des Geldes
ver/äu/ßer/li/chen *tr.* und *intr.*
Ver/äu/ßer/li/chung *f.,* -, *nur Sg.*
ver/äu/ßern *tr.,* verkaufen, der Besitz wurde veräußert
Ver/äu/ße/rung *f.,* -, *nur Sg.*
Verb [lat.] *n.,* -[e]s, -en, Zeitwort, Tätigkeitswort, Wort, das einen Zustand, einen Vorgang oder eine Handlung beschreibt, z.B. essen, laufen, schreiben,...
ver/bal 1. als Verb gebraucht, 2. mündlich
Ver/bal/ad/jek/tiv *n.,* -[e]s, -e, Adjektiv, das aus einem Verb gebildet wurde
Ver/ba/le *n.,* -s, -lien, Wort, das von einem Verb abgeleitet wurde
Ver/bal/in/ju/rie *f.,* -, -n, Beleidigung mit Worten
ver/ba/li/sie/ren *tr.,* 1. zu einem Verb umbilden, 2. mündlich ausdrücken
Ver/ba/lis/mus *m.,* -, *nur Sg.,* Vorherrschaft des Wortes
Ver/ba/list *m.,* -en, -en, Mensch, für den die Vorherrschaft des Wortes gilt
ver/ba/lis/tisch
ver/ba/li/ter veraltet für wörtlich
ver/ball/hor/nen *tr.,* Bez. nach dem Buchdrucker Ballhorn, entstellen, etwas durch Verbessern verschlechtern
Ver/ball/hor/nung *f.,* -, -en
Ver/bal/no/te [lat.] *f.,* -, -n, nur zur mündlichen Mitteilung bestimmte, vertrauliche Note
Ver/bal/stil *m.,* -[e]s, *nur Sg.,* Stil, der das Verb bevorzugt, Gs.: Nominalstil
Ver/bal/sub/stan/tiv *n.,* -[e]s, -e, Substantiv, das zu einem Verb gebildet wurde
Ver/bal/suf/fix *n.,* -[e]s, -e, Silbe, die an den Stamm eines Verbs angefügt wurde
Ver/band *m.,* -[e]s, -bände
Ver/band/platz *m.,* -[e]s, -plätze
Ver/bands/kas/ten *m.,* -s, -käs/ten
Ver/bands/lei/ter *m.,* -s, -
Ver/bands/stoff *m.,* -[e]s, -e
Ver/bands/wat/te *f.,* -, *nur Sg.*
Ver/bands/zeug *n.,* -[e]s, *nur Sg.*
ver/ban/nen *tr.,* ausbürgern, verdrängen
Ver/ban/nung *f.,* -, *nur Sg.*
ver/bar/ri/ka/die/ren *tr.,* sich in einem Gebäude verbarrikadieren
ver/bau/en *tr.*

ver/be/am/ten *tr.*, er wurde verbeamtet
Ver/be/am/tung *f.*, -, -en
ver/bei/ßen *tr.* und *refl.*, die Hunde hatten sich ineinander verbissen, er arbeitete verbissen, er hat sich seinen Ärger verbissen
ver/bel/len *tr.*
Ver/be/ne [lat.] *f.*, -, -n, Eisenkraut
ver/ber/gen *tr.*, er konnte seine Enttäuschung nicht verbergen
ver/bes/sern *tr.*, er hat sich in der Schule verbessert, er konnte sich verbessern
Ver/bes/se/rung, auch Ver/bess/rung *f.*, -, -en
ver/bes/se/rungs/be/dür/ftig
ver/beu/gen *refl.*, sich vorm Publikum verbeugen
Ver/beu/gung *f.*, -, -en
ver/beu/len *tr.*, der alte Topf war verbeult
ver/bie/gen *tr.*, der Draht ließ sich verbiegen
Ver/bie/gung *f.*, -, -en
ver/bies/tert *tr.*, verärgert sein, ärgern
ver/bie/ten *tr.*, etwas verbieten
ver/bil/den *tr.*, verwöhnen, verderben
ver/bild/li/chen *tr.*, jmdm. etwas verbildlichen
Ver/bild/li/chung *f.*, -, *nur Sg.*
Ver/bil/dung *f.*, -, -en
ver/bil/li/gen *tr.*, ermäßigen, nachlassen
Ver/bil/li/gung *f.*, -, -en
ver/bim/sen *tr.*, verprügeln
ver/bin/den *tr.*, er konnte Arbeit mit Vergnügen verbinden
ver/bind/lich bindend, freundlich
Ver/bind/lich/keit *f.*, -, -en

Ver/bin/dung *f.*, -, -en
Ver/bin/dungs/mann *m.*, -[e]s, -män/ner od. -leu/te
Ver/bin/dungs/of/fi/zier *m.*, -[e]s, -e
Ver/bin/dungs/stück *n.*, -[e]s, -e
Ver/bin/dungs/stu/dent *m.*, -en, -en
Ver/bin/dungs/tür *f.*, -, -en
ver/bis/sen, er arbeitete verbissen
Ver/bis/sen/heit *f.*, -, *nur Sg.*
ver/bit/ten *tr.*, ich möchte mir Ihr Verhalten verbitten
ver/bit/tern *tr.* und *intr.*
Ver/bit/te/rung *f.*, -, *nur Sg.*
ver/bla/sen verschwommen
ver/blas/sen *intr.*, die Farben verblassten, die Erinnerung verblasste
ver/bläu/en *tr.*, verprügeln
Ver/bleib *m.*, -s, *nur Sg.*, über den Verbleib des Geldes gab es keinen Hinweis
ver/blei/ben *intr.*, 1. ausharren, 2. sich einigen, 3. übrig bleiben
ver/blei/chen *intr.*
ver/blei/en *tr.*, mit Blei versehen
Ver/blei/ung *f.*, -, *nur Sg.*
ver/blen/den *tr.*, 1. mit Material verkleiden, 2. uneinsichtig, beschränkt
Ver/blen/dung *f.*, -, *nur Sg.*
ver/bleu/en > **ver/bläu/en** *tr.*, verprügeln
ver/blö/den *intr.*
Ver/blö/dung *f.*, -, *nur Sg.*
ver/blüf/fen *tr.*, erstaunen, überraschen
Ver/blüfft/heit *f.*, -, *nur Sg.*
Ver/blüf/fung *f.*, -, *nur Sg.*
ver/blü/hen *intr.*, aufhören zu blühen, verschwinden, auch ugs.
ver/blümt, andeutend, indirekt

ver/blu/ten *intr.*, er wäre beinahe verblutet
Ver/blu/tung *f.*, -, *nur Sg.*
ver/bo/cken *tr.*, ugs., verderben, falsch machen, er hatte die Sache verbockt
ver/boh/ren *refl.*, sich in etwas vergraben, darauf beharren
Ver/bohrt/heit *f.*, -, *nur Sg.*
ver/bor/gen 1. *tr.*, verleihen, 2. von verbergen, verdeckt
Ver/bor/gen/heit *f.*, -, *nur Sg.*
Ver/bot *n.*, -[e]s, -e
ver/bo/te/ner/wei/se er betrat verbotenerweise das Gebäude
Ver/bots/schild *n.*, [e]s, -er
ver/brä/men *tr.*, beschönigen
Ver/brä/mung *f.*, -, -en
Ver/brauch *m.*, -[e]s, *nur Sg.*
ver/brau/chen *tr.*
Ver/brau/cher *m.*, -s, -
Ver/brau/cher/ge/nos/sen/schaft *f.*, -, -en, Konsumgesellschaft
Ver/brauchs/gü/ter *n.*, *nur Pl.*
Ver/brauchs/steu/er *f.*, -, -n
ver/bre/chen *tr.*, ein Verbrechen begehen, man hat etwas verbrochen
Ver/bre/chen *n.*, -s, -, er beging ein Verbrechen
Ver/bre/cher *m.*, -s, -
ver/bre/che/risch
ver/brei/ten *tr.*, sich ausführlich äußern
ver/brei/tern *tr.* und *refl.*, ausdehnen, breiter machen
Ver/brei/te/rung *f.*, -, -en
Ver/brei/tung *f.*, -, *nur Sg.*
ver/bren/nen *tr.* und *intr.*
Ver/bren/nung *f.*, -, -en
Ver/bren/nungs/mo/tor *m.*, -s, -en

ver/brie/fen, garantieren, urkundlich sichern
ver/brin/gen *tr.,* seinen Urlaub im Ausland verbringen
ver/brü/dern *refl.,* sich vereinigen, sich solidarisieren, sie verbrüderten sich
Ver/brü/de/rung *f., -, nur Sg.*
ver/brü/hen *tr.,* sich an etwas verbrühen, verbrennen
Ver/brü/hung *f., -, -en*
ver/bu/chen *tr.,* eintragen, aufzeichnen
Ver/bu/chung *f., -, -en*
Ver/bum [lat.] *n., -s, -ben,* = Verb
ver/bum/fi/deln oder auch: **ver/bum/fie/deln** *tr.,* ugs., falsch machen, versäumen, ich habe es verbumfiedelt
ver/bum/meln 1. *tr.,* die Zeit nutzlos verbringen, etwas vergessen, 2. *intr.,* faul werden
Ver/bund *m., -[e]s, -e* oder Verbünde, Verbindung
ver/bün/den *refl.*
Ver/bun/den/heit *f., -, nur Sg.,* sie empfand eine tiefe Verbundenheit zu ihm
Ver/bün/de/te *m., -n, -n*
Ver/bund/fens/ter *n., -s, -*
Ver/bund/glas *n., -es, nur Sg.*
Ver/bund/netz *n., -[e]s, -e,* verschiedene Hochspannungsleitungen, die miteinander verbunden sind
Ver/bund/ta/rif *m., -[e]s, -e*
ver/bür/gen *refl.,* Garantie leisten, ich verbürge mich für ihn
ver/bü/ßen *tr.,* er verbüßte eine lange Haftstrafe
Ver/bü/ßung *f., -, nur Sg.*
ver/char/tern [engl.] *tr.,* vermieten

ver/chro/men mit Chrom versehen
Ver/chro/mung *f., -, nur Sg.*
Ver/dacht *m., -[e]s, -e,* einen Verdacht haben
ver/däch/tig sein Verhalten war verdächtig
ver/däch/ti/gen *tr.,* jmdn. verdächtigen
Ver/däch/ti/gung *f., -, -en*
Ver/dachts/mo/ment *n., -[e]s, -e*
ver/dam/men *tr.,* verfluchen, wegschicken
ver/dam/mens/wert
Ver/damm/nis *f., -[e]s, nur Sg.,* er wurde in die Verdammnis geschickt
ver/dammt, er wurde verdammt, als ugs. Fluch: es ist deine verdammte Pflicht, verdammt nochmal!
Ver/dam/mung *f., -, nur Sg.*
Ver/dam/mungs/ur/teil *n., -[e]s, -e*
ver/damp/fen *tr.* und *intr.*
Ver/damp/fer *m., -s, -*
Ver/damp/fung *f., -, nur Sg.*
ver/dan/ken *tr.,* er hatte ihm viel zu vedanken
ver/dat/tert, ugs. für überrascht, verwirrt
ver/dau/en *tr.,* das Essen verdauen, eine Nachricht verdauen
ver/dau/lich
Ver/dau/lich/keit *f., -, nur Sg.*
Ver/dau/ung *f., -, nur Sg.*
Ver/dau/ungs/stö/rung *f., -, -en*
Ver/deck *n., -[e]s, -e*
ver/de/cken *tr.*
ver/den/ken *tr.,* übelnehmen, ich kann es ihm nicht verdenken
Ver/derb *m., -s, nur Sg.,* Unglück, Verderben

ver/der/ben *tr.* und *intr.*
ver/derb/lich die Speisen sind leicht verderblich
Ver/derb/lich/keit *f., -, nur Sg.*
Ver/derb/nis *f., -, nur Sg.*
ver/derbt verdorben
Ver/derbt/heit *f., -, nur Sg.*
ver/deut/li/chen *tr.,* veranschaulichen, erklären
Ver/deut/li/chung *f., -, nur Sg.*
ver/deut/schen *tr.*
Ver/deut/schung *f., -, nur Sg.*
ver/dich/ten *tr.*
Ver/dich/tung *f., -, nur Sg.*
ver/di/cken *tr.,* Soße verdicken
Ver/di/ckung *f., -, -en*
ver/die/nen *tr.,* Geld verdienen
Ver/die/ner *m., -s, -*
Ver/dienst 1. *m., -[e]s, -e,* Einkommen, Lohn, 2. *n., -[e]s, -e,* verdienstliche Leistung, etwas Gutes tun
Ver/dienst/a/del *m., -s, nur Sg.*
Ver/dienst/kreuz *n., -es, -e*
ver/dienst/lich
Ver/dienst/or/den *m., -s, -*
Ver/dienst/span/ne *f., -, -n*
ver/dienst/voll beachtenswert, dankenswert
ver/dien/ter/ma/ßen
ver/dien/ter/wei/se
Ver/dikt [lat.] *n., -[e]s, -e,* Entscheidung, Rechtsspruch
ver/din/gen 1. *tr.,* Arbeit vergeben, 2. *refl.,* einer Arbeit nachgehen
ver/ding/li/chen *tr.*
Ver/ding/li/chung *f., -, nur Sg.*
Ver/din/gung *f., -, nur Sg.*
ver/dol/met/schen *tr.,* etwas übersetzen, das Gespräch

wurde verdolmetscht
Ver/dol/met/schung *f.*, -, *nur Sg.*
ver/don/nern *tr.*, er wurde zu einer hohen Haftstrafe verdonnert
ver/dop/peln *tr.*, doppelt machen, er hat den Gewinn verdoppelt
Ver/dop/pe/lung oder auch: **Ver/dopp/lung** *f.*, -, *nur Sg.*
Ver/dor/ben/heit *f.*, -, *nur Sg.*
ver/dor/ren *intr.*, austrocknen
ver/dö/sen *tr.*, ugs. für 1. etwas vergessen, 2. die Zeit verdösen
ver/döst, verschlafen, ich habe verdöst
Ver/döst/heit *f.*, -, *nur Sg.*
ver/drän/gen *tr.*, beiseiteschieben, auch: eine Erinnerung, Gedanken verdrängen
Ver/drän/gung *f.*, -, -en
ver/dre/hen *tr.*
ver/dreht, verwirrt
Ver/dreht/heit *f.*, -, *nur Sg.*
Ver/dre/hung *f.*, -, *nur Sg.*
ver/drei/fa/chen *tr.*, um das Dreifache vermehren
ver/dre/schen *tr.*, ugs. für verprügeln
ver/drie/ßen *tr.*, verärgern, etwas verdrießt mich
ver/drieß/lich, mürrisch
Ver/drieß/lich/keit *f.*, -, *nur Sg.*
Ver/dril/lung *f.*, -, *nur Sg.*, Torsion
ver/dros/sen, missgestimmt
Ver/dros/sen/heit *f.*, -, *nur Sg.*
ver/drü/cken 1. *tr.*, zerknüllen, 2. *tr.*, ugs. für essen, 3. *refl.*, ugs. für sich heimlich entfernen
Ver/druß > **Ver/druss** *m.*, -[e]s, *nur Sg.*, Ärger, Missmut
ver/duf/ten *intr.*, ugs. für heimlich weggehen
ver/dum/men *tr.* und *intr.*, verblöden
Ver/dum/mung *f.*, -, *nur Sg.*
ver/dun/keln *tr.* und *refl.*, das Zimmer war verdunkelt
Ver/dun/ke/lung oder auch: **Ver/dunk/lung** *f.*, -, *nur Sg.*
Ver/dun/ke/lungs/ge/fahr *f.*, -, *nur Sg.*
ver/dün/nen *tr.*, er hat die Farbe mit Wasser verdünnt
ver/dün/ni/sie/ren *refl.*, ugs., sich entfernen
Ver/dün/nung *f.*, -, -en
ver/duns/ten *intr.*, das Wasser ist durch die Hitze verdunstet
Ver/duns/tung *f.*, -, *nur Sg.*
Ver/dü/re *f.*, -, -n, ein in grünen Farben gewirkter Wandteppich
ver/durs/ten *intr.*, durch den Mangel an Trinkwasser wäre er fast verdurstet
ver/dus/seln *tr.*, ugs. für etwas vergessen
ver/düs/tern *tr.* und *refl.*, dunkel machen, verfinstern
ver/dutzt, überrascht, verwundert
Ver/dutzt/heit *f.*, -, *nur Sg.*
ver/eb/ben *intr.*, abflauen, abnehmen
ver/e/deln *tr.*, etwas edler machen, verbessern
Ver/e/de/lung,
Ver/ed/lung *f.*, -, *nur Sg.*
ver/ehe/li/chen *refl.*, heiraten
Ver/ehe/li/chung *f.*, -, -en
ver/eh/ren *tr.*, ich verehre ihn
Ver/eh/rer *m.*, -s, -, sie hatte einen heimlichen Verehrer
Ver/eh/rung *f.*, -, *nur Sg.*
ver/eh/rungs/voll
ver/eh/rungs/wür/dig
ver/ei/di/gen *tr.*, durch Eid verpflichten, er wurde vor Gericht vereidigt
Ver/ei/di/gung *f.*, -, -en
Ver/ein *m.*, -[e]s, -e
ver/ein/bar, die Ziele waren nicht vereinbar
ver/ein/ba/ren *tr.*, einen Termin vereinbaren
Ver/ein/bar/keit *f.*, -, *nur Sg.*
Ver/ein/ba/rung *f.*, -, -en, ich habe mit ihm eine Vereinbarung getroffen
ver/ein/ba/rungs/ge/mäß
ver/ei/nen *tr.*, sich vereinen
ver/ein/fa/chen *tr.*, eine Sache vereinfachen
Ver/ein/fa/chung *f.*, -, -en
Ver/ein/heit/li/chen *tr.*
Ver/ein/heit/li/chung *f.*, -, *nur Sg.*
ver/ei/ni/gen *tr.*, verbinden
Ver/ei/ni/gung *f.*, -, -en
ver/ein/nah/men *tr.*, einnehmen, jmdn. vereinnahmen
Ver/ein/nah/mung *f.*, -, *nur Sg.*
ver/ein/sa/men *intr.*, einsam werden
Ver/ein/sa/mung *f.*, -, *nur Sg.*
Ver/eins/haus *n.*, -[e]s, -häuser
Ver/eins/lei/ter *m.*, -s, -
Ver/eins/mei/er *m.*, -s, -
Ver/eins/we/sen *n.*, -s, *nur Sg.*
Ver/ei/ni/gung *f.*, -, -en
ver/ein/zeln *tr.*
Ver/ein/ze/lung *f.*, -, *nur Sg.*
ver/ein/zelt, die Häuser standen nur vereinzelt.
ver/ei/sen 1. *intr.*, zu Eis werden, mit Eis bedeckt

Vereisung

sein, 2. *tr.*, durch Kälte gegen Schmerzen unempfindlich machen

Ver/ei/sung *f.*, -, *nur Sg.*

ver/ei/teln *tr.*, einen Plan vereiteln, zunichtemachen, verhindern

Ver/ei/te/lung, Ver/eit/lung *f.*, -, *nur Sg.*

ver/ei/tern *intr.*, die Wunde war vereitert

Ver/ei/te/rung *f.*, -, -en

ver/e/keln *tr.*, jmdm. etwas verekeln

ver/e/len/den *intr.*, in Armut geraten, verarmen

Ver/e/len/dung *f.*, -, *nur Sg.*

ver/en/den *intr.*, sterben, eingehen, das Tier war verendet

Ver/en/dung *f.*, -, *nur Sg.*

ver/en/gen *tr.*, enger machen, enger werden

ver/en/gern *tr.*

Ver/en/ge/rung oder auch: **Ver/en/gung** *f.*, -, -en

ver/er/ben *tr.* und *refl.*, jmdm. etwas vererben

Ver/er/bung *f.*, -, *nur Sg.*

Ver/er/bungs/leh/re *f.*, -, *nur Sg.*

ver/ewi/gen *refl.*, sich verewigen, den Namen einschreiben

Ver/ewi/gung *f.*, -, *nur Sg.*

ver/fah/ren 1. *tr.*, vorgehen, mit jmdm. auf eine bestimmte Art und Weise verfahren, 2. durch Fahren verbrauchen, er hat das ganze Benzin verfahren, 3. *refl.*, einen falschen Weg fahren

Ver/fah/ren *n.*, -s, -, Vorgehensweise

Ver/fah/rens/tech/nik *f.*, -, *nur Sg.*

Ver/fah/rens/wei/se *f.*, -, -n

Ver/fall *m.*, -[e]s, *nur Sg.*, das Gebäude war dem Verfall preisgegeben

ver/fal/len *intr.*, 1. zerfallen, baufällig werden, die Mauer war verfallen, 2. ungültig sein, der Gutschein war verfallen, 3. von etwas abhängig sein, er war dem Alkohol verfallen

Ver/falls/klau/sel *f.*, -, -n

Ver/falls/er/schei/nung *f.*, -, -en

Ver/fall(s)/tag *m.*, -[e]s, -e

ver/fäl/schen *tr.*, ein Bild verfälschen

Ver/fäl/schung *f.*, -, *nur Sg.*

ver/fan/gen 1. *intr.*, erzeugen, wirken, 2. *refl.*, verwickeln

ver/fäng/lich, eine verfängliche Situation

Ver/fäng/lich/keit *f.*, -, *nur Sg.*

ver/fär/ben *tr.* und *refl.*, die Kleidung hat sich beim Waschen verfärbt

Ver/fär/bung *f.*, -, -en

ver/fas/sen *tr.*, niederschreiben, anfertigen, einen Artikel verfassen

Ver/fas/ser *m.*, -s, -, der Verfasser des Artikels hatte Unrecht

Ver/fas/ser/ka/ta/log *m.*, -[e]s, -e

Ver/fas/ser/schaft *f.*, -, *nur Sg.*

Ver/fas/sung *f.*, -, -en

ver/fas/sungs/ge/bend

ver/fas/sungs/ge/mäß es ist verfassungsgemäß festgelegt, dass...

Ver/fas/sungs/recht *n.*, -[e]s, *nur Sg.*

Ver/fas/sungs/schutz *m.*, -es, *nur Sg.*

ver/fas/sungs/wid/rig etwas ist verfassungswidrig

ver/fau/len *intr.*, das Obst verfault, ist am Verfaulen

ver/fech/ten *tr.*, vertreten, verteidigen, unterstützen

Ver/fech/ter *m.*, -s, -, er war ein Verfechter der Demokratie

ver/feh/len *tr.*, vorbeitreffen, ein Ziel verfehlen

Ver/feh/lung *f.*, -, -en, Verstoß, Missetat, Vergehen

ver/fein/den *refl.*, sich mit jmdm. verfeinden

Ver/fein/dung *f.*, -, *nur Sg.*

ver/fei/nern *tr.*, er hat das Essen mit Wein verfeinert

Ver/fei/ne/rung *f.*, -, *nur Sg.*,

ver/fe/men, ächten

Ver/fe/mung *f.*, -, *nur Sg.*

ver/fer/keln *intr.*

ver/fer/ti/gen *tr.*, anfertigen, herstellen

Ver/fer/ti/gung *f.*, -, *nur Sg.*

ver/fes/ti/gen *tr.* und *refl.*, härten, kräftigen, stärken

Ver/fes/ti/gung *f.*, -, *nur Sg.*

ver/feu/ern *tr.*, er hat das ganze Holz verfeuert.

ver/fich/ten *tr.*

ver/fil/men *tr.*, die Geschichte wurde verfilmt

Ver/fil/mung *f.*, -, -en

ver/fins/tern *refl.*, sein Gesicht verfinsterte sich

Ver/fins/te/rung *f.*, -, *nur Sg.*

ver/fit/zen *tr.* und *refl.*, verwickeln

ver/fla/chen *tr.* und *intr.*, flach machen

Ver/fla/chung *f.*, -, *nur Sg.*

ver/flech/ten *tr.*, verbinden, zusammenflechten

Ver/flech/tung *f.*, -, *nur Sg.*

ver/flie/gen 1. *intr.*, verflüchtigen, verschwinden, 2. *refl.*, in die falsche Richtung fliegen

ver/flie/ßen *intr.*, vergehen, verstreichen, die schönen

Tage sind verflossen
ver/flixt ugs. für 1. verdammt, das verflixte siebte Jahr, 2. sehr, das war verflixt knapp
Ver/floch/ten/heit *f.*, -, *nur Sg.*
ver/flu/chen *tr.*, etwas verfluchen
ver/flucht der Tag war verflucht
ver/flüch/ti/gen. *refl.*, verdampfen, schnell weggehen
Ver/flüch/ti/gung *f.*, -, *nur Sg.*
Ver/flu/chung *f.*, -, *nur Sg.*
ver/flüs/si/gen *tr.*
Ver/flüs/si/gung *f.*, -, *nur Sg.*
Ver/folg *m.*, -s, *nur Sg.*, Verlauf, der Verfolg einer Sache
ver/fol/gen *tr.*, jmdn. od. eine Sache verfolgen
Ver/fol/ger *m.*, -s, -
Ver/fol/gung *f.*, -, -en
Ver/fol/gungs/wahn,
Ver/fol/gungs/wahn/sinn *m.*, -s, *nur Sg.*
ver/for/men *tr.* und *refl.*, deformieren
Ver/for/mung *f.*, -, -en
ver/frach/ten *tr.*, verladen, befördern
Ver/frach/tung *f.*, -, *nur Sg.*
ver/fran/sen *refl.*, sich verirren
ver/frem/den *tr.*
Ver/frem/dung *f.*, -, -en
ver/fres/sen 1. *tr.*, ugs. für fürs Essen verbrauchen, 2. Adj., gefräßig, verfressen sein
Ver/fres/sen/heit *f.*, -, *nur Sg.*
ver/fro/ren, viel frieren
ver/frü/hen *refl.*, zu früh kommen
ver/füg/bar verwendbar, bereit

Ver/füg/bar/keit *f.*, -, *nur Sg.*
ver/fü/gen 1. *tr.*, bestimmen, anordnen, 2. *intr.*, über jmdn. bestimmen, 3. *refl.*, in einen anderen Raum gehen
Ver/fü/gung *f.*, -, -en
Ver/fü/gungs/recht *n.*, -[e]s, *nur Sg.*
ver/füh/ren *tr.*, verlocken
Ver/füh/rer *m.*, -s, -
ver/füh/re/risch
Ver/füh/rung *f.*, -, -en
Ver/füh/rungs/kunst *f.*, -, -künste
ver/füt/tern *tr.*, die Essensreste wurden an die Schweine verfüttert
Ver/füt/te/rung *f.*, -, *nur Sg.*
Ver/gabe *f.*, -, *nur Sg.*, Übertragung, die Vergabe der Themen
ver/ga/ben *tr.*, schweizer. für verschenken
Ver/ga/bung *f.*, -, -en, schweizer. für Schenkung
ver/gack/ei/ern *tr.*, ugs. für veralbern
ver/gaf/fen *refl.*, sich in jmdn. verlieben
ver/gäl/len *tr.*, verbittern, ungenießbar machen
Ver/gäl/lung *f.*, -, *nur Sg.*
ver/ga/lop/pie/ren *refl.*, ugs. für etwas Falsches machen, sich irren
ver/gam/meln *intr.*, ugs. für 1. verfaulen, 2. verbummeln
Ver/gan/gen/heit *f.*, -, -en
Ver/gan/gen/heits/form *f.*, -, -en, Zeitform des Verbs
ver/gäng/lich sterblich, endlich
Ver/gäng/lich/keit *f.*, -, *nur Sg.*
ver/gä/ren *tr.*
Ver/gä/rung *f.*, -, *nur Sg.*
ver/ga/sen *tr.*, 1. in einen gasförmigen Zustand

umwandeln, 2. mit Giftgas töten
Ver/ga/ser *m.*, -s, -, Teil eines Motors
Ver/ga/sung *f.*, -, -en
ver/gat/tern *tr.*, umzäunen, jmdn. zu etwas verpflichten
Ver/gat/te/rung *f.*, -, *nur Sg.*
ver/ge/ben *tr.* und *refl.*, eine Arbeit vergeben, jmdm. die Schuld vergeben
ver/ge/bens, ver/geb/lich, umsonst, die Anstrengung war vergeblich
Ver/geb/lich/keit *f.*, -, *nur Sg.*
Ver/ge/bung *f.*, -, *nur Sg.*, die Vergebung der Sünden
ver/ge/gen/wär/ti/gen *tr.*, nachbilden, sich vor Augen führen
Ver/ge/gen/wär/ti/gung *f.*, -, *nur Sg.*
ver/ge/hen 1. *intr.*, verstreichen, die Zeit verging wie im Flug, erlöschen, verschwinden, 2. *refl.*, an jmdm. ein Verbrechen verüben, er hat sich an ihr vergangen
Ver/ge/hen *n.*, -s, -, Straftat, Überschreitung
ver/gei/len *intr.*, Pflanzen, die durch den Mangel an Licht emporschießen
Ver/gei/lung *f.*, -, *nur Sg.*
ver/geis/ti/gen *tr.*
Ver/geis/ti/gung *f.*, -, *nur Sg.*
ver/gel/ten *tr.*, einen Gegendienst erweisen
Ver/gel/tung *f.*, -, *nur Sg.*
Ver/gel/tungs/maß/nahme *f.*, -, -n
ver/ge/sell/schaf/ten *tr.*, verstaatlichen, in eine Gesellschaft umwandeln
Ver/ge/sell/schaf/tung *f.*, -, *nur Sg.*

ver/ges/sen *tr.*
Ver/ges/sen/heit *f.*, -, *nur Sg.*, die Sache geriet in Vergessenheit
ver/geß/lich > **vergess/lich**, vergesslich sein
Ver/geß/lich/keit >
Ver/gess/lich/keit *f.*, -, *nur Sg.*
ver/geu/den *tr.*, verschwenden, nicht nutzen
Ver/geu/dung *f.*, -, *nur Sg.*
ver/ge/wal/ti/gen *tr.*
Ver/ge/wal/ti/gung *f.*, -, -en
ver/ge/wis/sern *refl.*, ergründen, erfahren, ich habe mich vergewissert
Ver/ge/wis/se/rung *f.*, -, *nur Sg.*
ver/gie/ßen *tr.*, Tränen vergießen
ver/gif/ten *tr.*
Ver/gif/tung *f.*, -, -en
ver/gil/ben *intr.*, gelb werden, verblassen
ver/gip/sen *tr.*, etwas mit Gips versehen
Ver/giß/mein/nicht >
Ver/giss/mein/nicht *n.*, s, -e, eine Blume
ver/giß/mein/nicht/blau >
ver/giss/mein/nicht/blau
ver/git/tern *tr.*, mit einem Gitter versehen, ich habe das Fenster vergittert
ver/gla/sen *tr.*, mit Glas versehen, ich habe die Tür verglast
ver/glast, Form von verglasen, auch: starrer Blick bei Alkoholgenuss
Ver/gla/sung *f.*, -, -en
Ver/gleich *m.*, -[e]s, -e
ver/gleich/bar
Ver/gleich/bar/keit *f.*, -, *nur Sg.*
ver/glei/chen 1. *tr.*, vergleichen (Abk.: vgl.), 2. *refl.*, sich einigen

Ver/gleichs/mög/lich/keit *f.*, -, -en, mögliche Alternativen
Ver/gleichs/punkt *m.*, -[e]s, -e
Ver/gleichs/satz *m.*, -[e]s, -sätze
Ver/gleichs/stu/fe *f.*, -, -n
Ver/gleichs/ver/fah/ren *n.*, -s, -
ver/gleichs/wei/se
Ver/glei/chung *f.*, -, *nur Sg.*
ver/glet/schern *intr.*
Ver/glet/sche/rung *f.*, -, *nur Sg.*
ver/glim/men *intr.*
ver/glü/hen *intr.*
ver/gnü/gen *tr.*
Ver/gnü/gen *n.*, -s, -
ver/gnüg/lich
ver/gnügt
Ver/gnü/gung *f.*, -, -en
Ver/gnü/gungs/rei/se *f.*, -, -n
Ver/gnü/gungs/steu/er *f.*, -, -n
Ver/gnü/gungs/sucht *f.*, -, *nur Sg.*
ver/gnü/gungs/süch/tig
ver/gol/den *tr.*, mit einer Schicht Gold überziehen
Ver/gol/dung *f.*, -, *nur Sg.*
ver/gön/nen *tr.*
ver/got/ten *tr.*
ver/göt/tern *tr.*, anbeten, bewundern
Ver/göt/te/rung *f.*, -, *nur Sg.*
Ver/got/tung *f.*, -, *nur Sg.*
ver/gra/ben *tr.*
ver/grä/men *tr.*
ver/grät/zen *tr.*
ver/grau/len *tr.*
ver/grei/fen *refl.*
ver/grei/sen *intr.*, Deutschlands Bevölkerung vergreist langsam (überaltert)
Ver/grei/sung *f.*, -, *nur Sg.*
ver/grif/fen
ver/grö/bern *tr.* und *refl.*

Ver/grö/be/rung *f.*, -, *nur Sg.*
ver/grö/ßern *tr.*
Ver/grö/ße/rung *f.*, -, -en
Ver/größe/rungs/glas *n.*, -es, -glä/ser
ver/gu/cken *refl.*
Ver/gunst *f.*, nur mit Vergunst
ver/güns/ti/gen *tr.*
Ver/güns/ti/gung *f.*, -, -en
ver/gü/ten *tr.*
Ver/gü/tung *f.*, -, -en
Ver/hack *m.*, -[e]s, -e
ver/hack/stü/cken *tr.*
ver/haf/ten *tr.*
Ver/haf/tung *f.*, -, -en
ver/ha/geln *tr.*
ver/hal/ten *tr.*
Ver/hal/ten/heit *f.*, -, *nur Sg.*
Ver/hal/tens/for/schung *f.*, -, *nur Sg.*
Ver/hal/tens/maß/re/gel *f.*, -, -n
Ver/hal/tens/wei/se *f.*, -, -n
Ver/hält/nis *n.*, -ses, -se
Ver/hält/nis/glei/chung *f.*, -, -en
Ver/hält/nis/mä/ßig
Ver/hält/nis/mä/ßig/keit *f.*, -, *nur Sg.*
Ver/hält/nis/wahl *f.*, -, -en
Ver/hält/nis/wahl/recht *n.*, -[e]s, -e
Ver/hält/nis/wort *n.*, -[e]s, -wör/ter
Ver/hält/nis/zahl *f.*, -, -en
Ver/hal/tung *f.*, -, *nur Sg.*
Ver/hal/tungs/maß/re/gel *f.*, -, -n
ver/han/deln *tr.* und *intr.*
Ver/hand/lung *f.*, -, -en
Ver/hand/lungs/be/reit
Ver/hand/lungs/part/ner *m.*, -s, -
ver/han/gen
ver/hän/gen *tr.*
Ver/häng/nis *n.*, -ses, -se

Verkehrsdichte

ver/häng/nis/voll unselig
Ver/hän/gung *f.*, -, *nur Sg.*
ver/harm/lo/sen *tr.*, verniedlichen
Ver/harm/lo/sung *f.*, -, *nur Sg.*, gewollte Verniedlichung
ver/härmt
ver/har/ren *intr.*
ver/har/schen *intr.*
ver/här/ten *intr.*
Ver/här/tung *f.*, -, *nur Sg.*
ver/har/zen *intr.*
ver/has/peln *refl.*
ver/haßt > ver/hasst
ver/hät/scheln *tr.*
Ver/hät/sche/lung oder auch: Ver/hätsch/lung *f.*, -, *nur Sg.*
Ver/hau *m.*, -[e]s, -e
ver/hau/en *tr.*,
ver/he/ben *refl.*
ver/hed/dern *tr.* und *refl.*
ver/hee/ren *tr.*
ver/hee/rend
Ver/hee/rung *f.*, -, -en,
ver/heh/len *tr.*
ver/hei/len *intr.*
ver/heim/li/chen *tr.*
Ver/heim/li/chung *f.*, -, *nur Sg.*
ver/hei/ra/ten *tr.* und *refl.*
Ver/hei/ra/tung *f.*, -, -en
ver/hei/ßen *tr.*
Ver/hei/ßung *f.*, -, -en
ver/hei/ßungs/voll
ver/hei/zen *tr.*
ver/hel/fen *intr.*
ver/herr/li/chen *tr.*
Ver/herr/li/chung *f.*, -, *nur Sg.*
ver/het/zen *tr.*, verunglimpfen
Ver/het/zung *f.*, -, *nur Sg.*
ver/he/xen *tr.*
ver/him/meln *tr.*
Ver/him/me/lung *f.*, -, *nur Sg.*
ver/hin/dern *tr.*
Ver/hin/de/rung *f.*, -, *nur Sg.*

ver/hof/fen *intr.*
ver/hoh/len
ver/höh/nen *tr.*
Ver/höh/nung *f.*, -, -en
ver/hö/kern *tr.*
ver/ho/len *tr.*
ver/hol/zen *intr.*
Ver/hol/zung *f.*, -, *nur Sg.*
Ver/hör *n.*, -[e]s, -e, polizeiliche Vernehmung
ver/hö/ren vernehmen
ver/hor/nen *intr.*
Ver/hor/nung *f.*, -, *nur Sg.*
ver/hül/len *tr.*
Ver/hül/lung *f.*, -, *nur Sg.*
ver/hun/dert/fa/chen *tr.*
ver/hun/gern *intr.*
ver/hun/zen *tr.*
ver/hurt
ver/hü/ten *tr.*
ver/hüt/ten *tr.*
Ver/hüt/tung *f.*, -, *nur Sg.*
Ver/hü/tung *f.*, -, *nur Sg.*
Ver/hü/tungs/mit/tel *n.*, -s, -, Kontrazeptiva
ver/hut/zelt
Ve/ri/fi/ka/ti/on [lat.] *f.*, -, -en
ve/ri/fi/zier/bar, beweisbar
Ve/ri/fi/zier/bar/keit *f.*, -, *nur Sg.*
ve/ri/fi/zie/ren *tr.*, beweisen
Ve/ri/fi/zie/rung *f.*, -, *nur Sg.*
ver/in/ner/li/chen *tr.*
Ver/in/ner/li/chung *f.*, -, *nur Sg.*
ver/ir/ren *refl.*
Ver/ir/rung *f.*, -, -en
Ve/ris/mus [lat.] *m.*, -, *nur Sg.*
Ve/rist *m.*, -en, -en
ve/ris/tisch
ve/ri/ta/bel
ver/jäh/ren *intr.*
Ver/jäh/rung *f.*, -, *nur Sg.*
Ver/jäh/rungs/frist *f.*, -, -en
ver/ju/beln *tr.*
ver/jün/gen *tr.* und *refl.*

Ver/jün/gung *f.*, -, *nur Sg.*
Ver/jün/gungs/kur *f.*, -, -en
ver/ju/xen *tr.*
ver/ka/beln *tr.*
Ver/ka/be/lung *f.*, -, -en
ver/kad/men *tr.*
ver/kal/ben *intr.*
ver/kal/ken *intr.*, die Kaffeemaschine ist mal wieder verkalkt
ver/kal/ku/lie/ren *refl.*, sich verrechnen
Ver/kal/kung *f.*, -, *nur Sg.*
ver/kan/ten *tr.*
ver/kappt, getarnt
ver/kap/seln *refl.*
Ver/kap/se/lung oder auch: Ver/kaps/lung *f.*, -, *nur Sg.*
ver/kars/ten *intr.*
Ver/kars/tung *f.*, -, *nur Sg.*
ver/kä/sen
Ver/kä/sung *f.*, -, *nur Sg.*
ver/ka/tert
Ver/kauf *m.*, -[e]s, -käu/fe
ver/kau/fen *tr.*
Ver/käu/fer *m.*, -s, -
ver/käuf/lich
ver/kaufs/för/dernd
Ver/kaufs/för/de/rung *f.*, -, *nur Sg.*
Ver/kaufs/kul/tur *f.*, -, *nur Sg.*
Ver/kaufs/lei/ter *m.*, -s, -
ver/kaufs/of/fen
Ver/kaufs/schla/ger *m.*, -s, -
Ver/kaufs/trai/ner *m*, -s, -,
ver/kau/peln *tr.*
Ver/kehr *m.*, -[e]s, -e (*Pl.* nur fachsprachl.)
ver/keh/ren *intr.* und *tr.*
Ver/kehrs/a/der *f.*, -, -n
Ver/kehrs/am/pel *f.*, -, -n
Ver/kehrs/be/trie/be *m.*, *nur Pl.*
Ver/kehrs/bü/ro *n.*, -s, -s
Ver/kehrs/de/likt *n.*, -[e]s, -e
Ver/kehrs/dich/te *f.*, -, *nur Sg.*

Verkehrsdisziplin

Ver/kehrs/dis/zi/plin oder auch: **-dis/zip/lin** *f.*, -, *nur Sg.*
Ver/kehrs/er/zie/hung *f.*, -, *nur Sg.*
Ver/kehrs/flug/zeug *n.*, -[e]s, -e
Ver/kehrs/hin/der/nis *n.*, -ses, -se, ugs. für: übervorsichtige Autofahrer
Ver/kehrs/in/sel *f.*, -, -n
Ver/kehrs/kno/ten/punkt *m.*, -[e]s, -e
Ver/kehrs/mi/nis/ter *m.*, -s, -
Ver/kehrs/mit/tel *n.*, -s, -
Ver/kehrs/netz *n.*, -es, -e
Ver/kehrs/ord/nung *f.*, -, *nur Sg.*
Ver/kehrs/pla/nung *f.*, -, -en
Ver/kehrs/po/li/tik *f.*, -, *nur Sg.*
Ver/kehrs/po/li/zist *m.*, -en, -en
Ver/kehrs/recht *n.*, -[e]s, *nur Sg.*
Ver/kehrs/re/gel *f.*, -, -n
ver/kehrs/reich
Ver/kehrs/schild *n.*, -[e]s, -er
ver/kehrs/schwach
ver/kehrs/si/cher
Ver/kehrs/si/cher/heit *f.*, -, *nur Sg.*
Ver/kehrs/spra/che *f.*, -, -n
Ver/kehrs/sto/ckung *f.*, -, -en
Ver/kehrs/sün/der *m.*, -s, -
Ver/kehrs/teil/neh/mer *m.*, -s, -
Ver/kehrs/un/fall *m.*, -|e]s, -fäl/le
Ver/kehrs/un/ter/richt *m.*, -[e]s, *nur Sg.*
Ver/kehrs/ver/ein *m.*, -[e]s, -e
Ver/kehrs/vor/schrift *f.*, -, -en

ver/kehrs/wid/rig
Ver/kehrs/zei/chen *n.*, -s, -,
ver/kehrt
Ver/kehrt/heit *f.*, -, *nur Sg.*
Ver/keh/rung *f.*, -, *nur Sg.*
ver/kei/len
ver/ken/nen *tr.*
Ver/ken/nung *f.*, -, *nur Sg.*
ve/ket/ten *tr.*
Ver/ket/tung *f.*, -, *nur Sg.*
ver/ket/zern *tr.*
Ver/ket/ze/rung *f.*, -, *nur Sg.*
ver/kit/schen *tr.*
ver/kit/ten *tr.*
ver/klam/mern *tr.*
Ver/klam/me/rung *f.*, -, *nur Sg.*
ver/klap/pen *intr.* und *tr.*
ver/klap/sen *tr.*
ver/kla/ren *intr.*
ver/klä/ren *tr.* und *refl.*
Ver/kla/rung *f.*, -, -en
Ver/klä/rung *f.*, -, *nur Sg.*
ver/klat/schen *tr.*
ver/klau/seln *tr.*
ver/klau/su/lie/ren *tr.*, in Verträge fassen
Ver/klau/su/lie/rung *f.*, -, *nur Sg.*
ver/klei/den *tr.*
Ver/klei/dung *f.*, -, -en
ver/klei/nern *tr.* und *refl*
Ver/klei/ne/rung *f.*, -, -en
Ver/klei/ne/rungs/form *f.*, -, -en
Ver/klei/ne/rungs/sil/be *f.*, -, -n
ver/kleis/tern *tr.*
Ver/kleis/te/rung *f.*, -, *nur Sg.*
ver/klem/men *refl.*
ver/klemmt
Ver/klemmt/heit *f.*, -, *nur Sg.*
Ver/klem/mung *f.*, -, *nur Sg.*
ver/klop/pen *tr.*, ugs., verhauen, verprügeln
ver/klüf/ten *refl.*

ver/kna/cken *tr.*
ver/knack/sen *tr.*
ver/knal/len *refl.*
ver/knap/pen *tr.* und *refl.*
Ver/knap/pung *f.*, -, *nur Sg.*
ver/knei/fen *tr.*
ver/knif/fen
ver/knö/chern *intr.*
Ver/knö/che/rung *f.*, -, -en
ver/knor/peln *intr.*
Ver/knor/pe/lung *f.*, -, -en
ver/knüp/fen *tr.*
Ver/knüp/fung *f.*, -, -en
ver/knur/ren *tr.*
ver/knu/sen *tr.*
ver/ko/chen *tr.* und *intr.*
ver/koh/len
Ver/koh/lung *f.*, -, *nur Sg.*
ver/ko/ken *tr.*
Ver/ko/kung *f.*, -, *nur Sg.*
ver/kom/men
Ver/kom/men/heit *f.*, -, *nur Sg.*
ver/kom/pli/zie/ren oder auch: **ver/kompl/li/zie/ren**
ver/kon/su/mie/ren *tr.*
ver/kop/peln *tr.*
Ver/kop/pe/lung oder auch: **Ver/kopp/lung** *f.*, -, *nur Sg.*
ver/kor/ken *tr.*
ver/kork/sen *tr.*, ugs. für: verderben
ver/kör/pern *tr.*, darstellen
Ver/kör/pe/rung *f.*, -, *nur Sg.*
ver/kos/ten *tr.*
ver/kös/ti/gen *tr.*
Ver/kös/ti/gung *f.*, -, *nur Sg.*
ver/kra/chen
ver/kraf/ten *tr.*
ver/kral/len *refl.*
ver/kra/men *tr.*
ver/kramp/fen *refl.*
ver/krampft
Ver/krampft/heit *f.*, -, *nur Sg.*
Ver/kramp/fung *f.*, -, -en
ver/krie/chen *refl.*
ver/kröp/fen *tr.*

ver/krü/meln
ver/krüm/men *tr.* und *refl.*
Ver/krüm/mung *f.*, -, -en
ver/krüp/pelt
ver/küh/len *refl.*
Ver/küh/lung *f.*, -, *nur Sg.*
ver/küm/mern *intr.*
Ver/küm/me/rung *f.*, -, *nur Sg.*
ver/kün/den *tr.*
ver/kün/di/gen *tr.*
Ver/kün/di/ger *m.*, -s, -
Ver/kün/di/gung *f.*, -, *nur Sg.*
Ver/kün/di/gungs/en/gel *m.*, -s, -
Ver/kün/dung *f.*, -, *nur Sg.*, Bekanntmachung
ver/kup/peln *tr.*
Ver/kup/pe/lung oder auch: Ver/kupp/lung *f.*, -, -en
ver/kür/zen *tr.*
Ver/kür/zung *f.*, -, -en
ver/la/chen *tr.*
Ver/lad *m.*, -[e]s, -e
Ver/la/de/bahn/hof *m.*, -[e]s, -hö/fe
Ver/la/de/kran *m.*, -[e]s, -krä/ne
ver/la/den *tr.*
Ver/la/der *m.*, -s, -
Ver/la/de/ram/pe *f.*, -, -n
Ver/la/dung *f.*, -, *nur Sg.*
Ver/lag *m.*, -[e]s, -
ver/la/gern *tr.*
Ver/la/ge/rung *f.*, -, -en
Ver/lags/an/stalt *f.*, -, en
Ver/lags/buch/han/del *f.*, -, *nur Sg.*
Ver/lags/buch/händ/ler *m.*, -s, -
Ver/lags/buch/hand/lung *f.*, -, -en
Ver/lags/ka/ta/log *m.*, -[e]s, -e
Ver/lags/recht *n.*, -[e]s, -e
ver/lam/men *intr.*
ver/lan/den *intr.*
Ver/lan/dung *f.*, -, *nur Sg.*

ver/lan/gen *tr.*
Ver/lan/gen *n.*, -s, *nur Sg.*
ver/län/gern *tr.*
Ver/län/ge/rung *f.*, -, -en
Ver/län/ge/rungs/ka/bel *n.*, -s, -
Ver/län/ge/rungs/schnur *f.*, -, -schnü/re
ver/lang/sa/men *tr.*
Ver/lang/sa/mung *f.*, -, *nur Sg.*
ver/läp/pern *tr.*
Ver/laß > Ver/lass *m.*, auf ihn ist immer Verlass
ver/las/sen man kann sich immer auf ihn verlassen
Ver/las/sen/heit *f.*, -, *nur Sg.*
Ver/las/sen/schaft *f.*, -, -en
ver/läß/lich > ver/läss/lich siehe auch: zuverlässig
Ver/läß/lich/keit > Ver/läss/lich/keit *f.*, -, *nur Sg.*
ver/läs/tern *tr.*
Ver/laub *m.*, nur noch in: mit Verlaub
Ver/lauf *m.*, -[e]s, -läu/fe
ver/lau/fen
ver/laust
ver/laut/ba/ren *tr.*
Ver/laut/ba/rung *f.*, -, -en
ver/lau/ten *intr.*
ver/le/ben *tr.*
ver/le/ben/di/gen *tr.*
Ver/le/ben/di/gung *f.*, -, *nur Sg.*
ver/lebt
ver/le/gen
Ver/le/gen/heit *f.*, -, -en
Ver/le/gen/heits/lö/sung *f.*, -, -en
Ver/le/ger *m.*, -s, -
ver/le/ge/risch
Ver/le/gung *f.*, -, *nur Sg.*
ver/lei/den *tr.*
Ver/leih *m.*, -[e]s, -e
ver/lei/hen *tr.*
Ver/lei/her *m.*, -s, -
Ver/lei/hung *f.*, -, *nur Sg.*

ver/lei/men *tr.*
Ver/lei/mung *s.*, -, *nur Sg.*
ver/le/sen *tr.*
Ver/le/sung *f.*, -, *nur Sg.*
ver/letz/bar
Ver/letz/bar/keit *s.*, -, *nur Sg.*
ver/let/zen *tr.*
ver/letz/lich
Ver/letz/lich/keit *f.*, -, *nur Sg.*
Ver/let/zung *f.*, -, en
ver/leug/nen *tr.*, abstreiten
Ver/leug/nung *f.*, -, *nur Sg.*
ver/leum/den *tr.*
Ver/leum/der *m.*, -s, -
ver/leum/de/risch
Ver/leum/dung *f.*, -, -en
Ver/leum/dungs/kla/ge *f.*, -, -n
ver/lie/ben *refl.*
Ver/liebt/heit *f.*, -, *nur Sg.*
ver/lie/ren *tr.*
Ver/lie/rer *m.*, -s, -
Ver/lies *n.*, -es, -e
ver/lo/ben *refl.*
Ver/löb/nis *n.*, -ses, -se
Ver/lob/te *m. u. f.*, -n, -n
Ver/lo/bung *f.*, -, -en, Eheversprechen
Ver/lo/bungs/ring *m.*, -[e]s, -e
ver/lo/cken *tr.*
Ver/lo/ckung *f.*, -, -en
ver/lo/gen
Ver/lo/gen/heit *f.*, -, *nur Sg.*
ver/loh/nen *refl.*
ver/lo/ren
ver/lo/ren/ge/ben oder auch: ver/lo/ren ge/ben *tr.*
ver/lo/ren/ge/hen oder auch: ver/lo/ren ge/hen *intr.*
ver/lö/schen *intr.*
ver/lo/sen *tr.*
Ver/lo/sung *f.*, -, -en
ver/lö/ten *tr.*
ver/lot/tern *intr.*
ver/lu/dern *intr.*
ver/lum/pen *intr.*
Ver/lust *m.*, -[e]s, -e

verlustieren

ver/lus/tie/ren *refl.*
ver/lus/tig nur in: verlustig gehen
ver/ma/chen *tr.*
Ver/mächt/nis *n.*, -ses, -se
ver/mäh/len *tr.* und *refl.*
Ver/mäh/lung *f.*, -, -en
Ver/mäh/lungs/an/zei/ge *f.*, -, -n
ver/mah/nen *tr.*
Ver/mah/nung *f.*, -, -en
ver/ma/le/dei/en *tr.*
ver/männ/li/chen *tr.*
ver/mar/ken *tr.*
ver/mark/ten *tr.*
Ver/mar/kung *f.*, -, -en
ver/mas/seln *tr.*
ver/mas/sen *intr.*
Ver/mas/sung *f.*, -, *nur Sg.*
ver/mau/ern *tr.*
ver/meh/ren *tr.*
Ver/meh/rung *f.*, -, *nur Sg.*
ver/meid/bar
ver/mei/den *tr.*
ver/meid/lich
Ver/mei/dung *f.*, -, *nur Sg.*
Ver/meil [französ.] *n.*, -s, *nur Sg.*
ver/mei/nen *intr.*
ver/meint/lich
ver/mel/den *tr.*
ver/men/gen *tr.*
Ver/men/gung *f.*, -, *nur Sg.*
ver/mensch/li/chen *tr.*
Ver/mensch/li/chung *f.*, -, *nur Sg.*
Ver/merk *m.*, -[e]s, -e
ver/mer/ken *tr.*
ver/mes/sen 1. *tr.* etwas ausmessen, 2. *refl.* sich beim Ausmessen irren, 3. Adj. anmaßend
Ver/mes/sen/heit *f.*, -, *nur Sg.*
Ver/mes/ser *m.*, -s, -
Ver/mes/sung *f.*, -, -en
Ver/mes/sungs/in/ge/ni/eur *m.*, -[e]s, -e
ver/mi/ckert

ver/mie/sen *tr.*
ver/mie/ten *tr.*
Ver/mie/ter *m.*, -s, -
Ver/mie/tung *f.*, -, -en
Ver/mil/lon [französ.] *n.*, -s, *nur Sg.*
ver/min/dern *tr.*
Ver/min/de/rung *f.*, -, *nur Sg.*
ver/mi/nen *tr.*
Verm.-Ing., Abk. für: Vermessungsingenieur
Ver/mi/nung *f.*, -, *nur Sg.*
ver/mi/schen *tr.*
Ver/mi/schung *f.*, -, *nur Sg.*
ver/mis/sen *tr.*,
ver/mit/teln *tr.*
ver/mit/tels
Ver/mitt/ler *m.*, -s, -
Ver/mitt/ler/rol/le *f.*, -, -n
Ver/mitt/lung *f.*, -, *nur Sg.*
Ver/mitt/lungs/ge/bühr *f.*, -, -en
ver/mö/beln *tr.*
ver/mo/dern *intr.*
ver/mö/gen *tr.*
Ver/mö/gen *n.*, -s, *nur Sg.*
ver/mö/gend wohlhabend
Ver/mö/gens/bil/dung *f.*, -, *nur Sg.*
Ver/mö/gens/steu/er *f.*, -, -n
Ver/mont
ver/mor/schen *intr.*
ver/mum/men *tr.*
Ver/mum/mung *f.*, -, -en
ver/mu/ren *tr.*
ver/murk/sen *tr.*
ver/mu/ten *tr.*
ver/mut/lich
Ver/mu/tung *f.*, -, -en
ver/mu/tungs/wei/se
ver/nach/läs/si/gen *tr.*
Ver/nach/läs/si/gung *f.*, -, *nur Sg.*
ver/na/geln *tr.*
ver/na/gelt
ver/nä/hen *tr.*
Ver/na/li/sa/ti/on [lat./französ.] *f.*, -, -en

ver/nar/ben *intr.*
Ver/nar/bung *f.*, -, *nur Sg.*
ver/narrt
Ver/narrt/heit *f.*, -, *nur Sg.*
ver/na/schen *tr.*
ver/ne/beln *tr.*
Ver/ne/be/lung,
Ver/neb/lung *f.*, -, *nur Sg.*
ver/nehm/bar
ver/neh/men *tr.*
Ver/neh/men *n.*, -s, *nur Sg.*
ver/nehm/lich
Ver/neh/mung *f.*, -, en
Ver/neh/mungs/fä/hig
ver/nei/gen *refl.*
Ver/nei/gung *f.*, -, -en
ver/nei/nen *tr.*
Ver/nei/nung *f.*, -, -en
ver/nich/ten *tr.*
Ver/nich/tung *f.*, -, *nur Sg.*
ver/ni/ckeln *tr.*
Ver/ni/cke/lung oder auch:
Ver/nick/lung *f.*, -, *nur Sg.*
ver/nied/li/chen *tr.*
Ver/nied/li/chung *f.*, -, *nur Sg.*
ver/nie/ten *tr.*
Ver/nie/tung *f.*, -, *nur Sg.*
Ver/nis/sa/ge [französ.] *f.*, -, -n
Ver/nunft *f.*, -, *nur Sg.*, Verstand, Ratio
ver/nünf/tig
ver/nünf/ti/ger/wei/se
Ver/nunft/mensch *m.*, -en, -en, von rationalen Prinzipien geleitete Person
ver/nunft/wid/rig
ver/nu/ten *tr.*
ver/nü/ti/gen *tr.*
Ver/nu/tung *f.*, -, *nur Sg.*
ver/ö/den *intr.* und *tr.*
ver/öf/fent/li/chen *tr.*, publizieren
Ver/öf/fent/li/chung *f.*, -, -en, Publikation
Ve/ro/ne/ser *m.*, -s, -, Einwohner Veronas
ve/ro/ne/sisch

Ve/ro/ni/ka *f.*, -, -ken
ver/ord/nen *tr.*
Ver/ord/nung *f.*, -, -en
ver/pach/ten *tr.*
Ver/päch/ter *m.*, -s, -
Ver/pach/tung *f.*, -, *nur Sg.*
ver/pa/cken *tr.*
Ver/pa/ckung *f.*, -, -en
Ver/pa/ckungs/ma/te/rial *n.*, -s, -i/en
ver/pas/sen *tr.*
ver/pat/zen *tr.*
ver/pes/ten *tr.*
Ver/pes/tung *f.*, -, *nur Sg.*
ver/pet/zen *tr.*
ver/pfän/den *tr.*
Ver/pfän/dung *f.*, -, -en
ver/pfei/fen *tr.*
ver/pflan/zen *tr.*
Ver/pflan/zung *f.*, -, -en
ver/pfle/gen *tr.*
Ver/pfle/gung *f.*, -, *nur Sg.*
ver/pflich/ten *tr.*
Ver/pflich/tung *f.*, -, -en
ver/pfrün/den *tr.*
ver/pfu/schen *tr.*
ver/pi/chen *tr.*
ver/pim/peln *tr.*
ver/pla/nen *tr.*
Ver/pla/nung *f.*, -, -en
ver/plap/pern *refl.*
ver/plau/dern *tr.*
ver/plem/pern *tr.*
ver/pönt
ver/pras/sen *tr.*
ver/prellen *tr.*
ver/pro/le/ta/ri/sie/ren *intr.* und *tr.*
Ver/pro/le/ta/ri/sie/rung *f.*, -, *nur Sg.*
ver/pro/vi/an/tie/ren *tr.*
Ver/pro/vi/an/tie/rung *f.*, -, *nur Sg.*
ver/prü/geln *tr.*
ver/puf/fen *intr.*
Ver/puf/fung *f.*, -, *nur Sg.*
ver/pul/vern *tr.*
ver/pum/pen *tr.*
ver/pup/pen *refl.*

Ver/pup/pung *f.*, -, *nur Sg.*, Entwicklungsstadium bei Insekten
ver/pus/ten *refl.*
Ver/putz *m.*, -es, *nur Sg.*
ver/put/zen *tr.*,
ver/qual/men *tr.*
ver/quält
ver/qua/sen *tr.*
ver/quat/schen *refl.*, ugs.
1. etwas erzählen, was man für sich behalten sollte,
2. die Zeit beim Reden vergessen
ver/quer
ver/qui/cken *tr.*
Ver/qui/ckung *f.*, -, *nur Sg.*
ver/quir/len *tr.*
ver/quol/len
ver/ram/meln *tr.*
ver/ram/schen *tr.*
Ver/rat *m.*, -[e]s, *nur Sg.*
ver/ra/ten *tr.*
Ver/rä/ter *m.*, -s, -
Ver/rä/te/rei *f.*, -, -en
ver/rä/te/risch
ver/rau/chen *tr.* und *intr.*
ver/rau/schen *intr.*
ver/rech/nen *tr.* und *intr.*
Ver/rech/nung *f.*, -, -en
Ver/rech/nungs/scheck *m.*, -s, -s
ver/re/cken *intr.*
ver/reg/nen *tr.*
ver/rei/ben *tr.*
Ver/rei/bung *f.*, -, *nur Sg.*
ver/rei/sen *intr.*
ver/rei/ßen *tr.*
ver/ren/ken *tr.* und *refl.*
Ver/ren/kung *f.*, -, -en
ver/ren/nen *refl.*
ver/rich/ten *tr.*
Ver/rich/tung *f.*, -, -en
ver/rie/geln *tr.*
ver/rin/gern *tr.*
Ver/rin/ge/rung *f.*, -, *nur Sg.*
ver/rin/nen *intr.*
Ver/riß > **Ver/riss** *m.*, -es, -e, miserable Kritik
ver/ro/hen *intr.*
Ver/ro/hung *f.*, -, *nur Sg.*
ver/rol/len *tr.* u. *intr.* u. *refl.*
ver/ros/ten *intr.*
ver/rot/ten *intr.*
Ver/rot/tung *f.*, -, *nur Sg.*
ver/rucht
Ver/rucht/heit *f.*, -, *nur Sg.*
ver/rü/cken *tr.*
ver/rückt
Ver/rückt/heit *f.*, -, -en
Ver/ruf *m.*, -[e]s, *nur Sg.*
ver/ru/fen
ver/ru/ßen *tr.*
ver/rut/schen *intr.*
Vers *m.*, -es, e
ver/sach/li/chen *tr.*
Ver/sach/li/chung *f.*, -, *nur Sg.*
ver/sa/cken *intr.*
ver/sa/gen *intr.* und *tr.*
Ver/sa/ger *m.*, -s, -
Ver/sailles
Ver/sal [lat.] *m.*, -s, -i/en
Ver/sal/buch/sta/be *m.*, -ns, -n
ver/sam/meln *tr.* und *refl.*
Ver/samm/lung *f.*, -, -en
Ver/samm/lungs/frei/heit *f.*, -, *nur Sg.*
Ver/sand *m.*, -[e]s, *nur Sg.*
Ver/sand/ab/tei/lung *f.*, -, -en
Ver/sand/buch/han/del *m.*, -s, *nur Sg.*
ver/san/den *intr.*
ver/sand/fer/tig
Ver/sand/ge/schäft *n.*, -[e]s, -e
Ver/sand/haus *n.*, -es, -häu/ser
Ver/sand/kos/ten *nur Pl.*
Ver/san/dung *f.*, -, *nur Sg.*
ver/sa/til [lat.]
Ver/sa/ti/li/tät *f.*, -, *nur Sg.*
Ver/satz *m.*, -es, *nur Sg.*
Ver/satz/amt *n.*, -[e]s, -äm/ter

Versatzstück

Ver/satz/stück *n.*, -[e]s, -e
ver/sau/en *tr.*
ver/sau/ern *intr.*
ver/sau/fen *tr.* und *intr.*
ver/säu/men *tr.*, verpassen
Ver/säum/nis *n.*, -ses, -se
Ver/säum/nis/ur/teil n, -[e]s, -e
ver/scha/chern *tr.*, unter Preis verkaufen
ver/schach/telt
ver/schaf/fen *tr.*
ver/scha/len *tr.*
Ver/scha/lung *f.*, -, *nur Sg.*
ver/schämt
Ver/schämt/heit *f.*, -, *nur Sg.*
ver/schan/deln *tr.*
Ver/schan/de/lung oder auch: Ver/schand/lung *f.*, -, *nur Sg.*
ver/schan/zen *tr.* und *refl.*
Ver/schan/zung *f.*, -, -en
ver/schär/fen *tr.* und *refl.*
Ver/schär/fung *f.*, -, *nur Sg.*
ver/schar/ren *tr.*
ver/schät/zen *refl.*
ver/schau/keln *tr.*
ver/schei/den *intr.*
ver/scher/beln *tr.*
ver/scher/zen *tr.*
ver/scheu/chen *tr.*
ver/scheu/ern *tr.*
ver/schi/cken *tr.*
Ver/schi/ckung *f.*, -, -en
ver/schieb/bar
Ver/schie/be/bahn/hof *m.*, -[e]s, -hö/fe
ver/schie/ben *tr.*
ver/schieb/lich
Ver/schie/bung *f.*, -, -en
ver/schie/den
ver/schie/den/ar/tig
Ver/schie/den/ar/tig/keit *f.*, -, *nur Sg.*
ver/schie/de/ner/lei
ver/schie/den/far/big
Ver/schie/den/heit *f.*, -, -en
ver/schie/dent/lich
ver/schie/ßen *tr.* u. *intr.* u. *refl.*

ver/schif/fen *tr.*
Ver/schif/fung *f.*, -, *nur Sg.*
ver/schil/fen *intr.*
ver/schimp/fie/ren *tr.*
Ver/schiß > Ver/schiss *m.*, nur in: in Verschiss geraten
ver/schla/cken *intr.*
Ver/schla/ckung *f.*, -, *nur Sg.*
ver/schla/fen 1. *tr.* und *intr.*, nicht rechtzeitig aufgewacht sein, 2. Adj., müde
Ver/schla/fen/heit *f.*, -, *nur Sg.*
Ver/schlag *m.*, -[e]s, -schlä/ge
ver/schla/gen 1. *tr.*, 2. *intr.*, 3. Adj.
Ver/schla/gen/heit *f.*, -, *nur Sg.*
ver/schlam/men *intr.*
Ver/schlam/mung *f.*, -, *nur Sg.*
ver/schlam/pen *tr.* und *intr.*
ver/schlech/tern *tr.* und *refl.*
Ver/schlech/te/rung *f.*, -, *nur Sg.*
ver/schlei/ern *tr.*
Ver/schlei/e/rung *f.*, -, *nur Sg.*
ver/schlei/men *tr.*
Ver/schlei/mung *f.*, -, *nur Sg.*
Ver/schleiß *m.*, -es, *nur Sg.*
ver/schlei/ßen *tr.*
ver/schlep/pen *tr.*
Ver/schlep/pung *f.*, -, *nur Sg.*
Ver/schlep/pungs/tak/tik *f.*, -, -en
ver/schleu/dern *tr.*
ver/schließ/bar
ver/schlie/ßen *tr.*
ver/schlimm/bes/sern *tr.*
Ver/schlimm/bes/se/rung, Ver/schlimm/beß/rung > Ver/schlimm/bessrung *f.*, -, -en

ver/schlim/mern *tr.*
Ver/schlim/me/rung *f.*, -, *nur Sg.*
ver/schlin/gen *tr.* und *refl.*
Ver/schlin/gung *f.*, -, -en
ver/schlos/sen
Ver/schlos/sen/heit *f.*, -, *nur Sg.*
ver/schlu/cken *tr.* und *refl.*
Ver/schluß > Verschluss *m.*, -es, -schlüs/se
ver/schlüs/seln *tr.*, codieren
Ver/schlüs/se/lung *f.*, -, *nur Sg.*, Codierung
Ver/schluß/laut > Ver/schluss/laut *m.*, -[e]s, -e
Ver/schluß/sa/che > Ver/schluss/sa/che *f.*, -, -n
ver/schmach/ten *intr.*
ver/schmä/hen *tr.*
Ver/schmä/hung *f.*, -, *nur Sg.*
ver/schmei/ßen *tr.*
ver/schmel/zen *tr.* und *intr.*
Ver/schmel/zung *f.*, -, *nur Sg.*
ver/schmer/zen *tr.*
ver/schmie/ren *tr.*
ver/schmitzt
Ver/schmitzt/heit *f.*, -, *nur Sg.*
ver/schmut/zen *tr.* und *intr.*
Ver/schmut/zung *f.*, -, *nur Sg.*
ver/schnau/fen *intr.* und *refl.*
Ver/schnauf/pau/se *f.*, -, -n
ver/schnei/den *tr.*
Ver/schnei/dung *f.*, -, *nur Sg.*
ver/schneit
Ver/schnitt *m.*, -[e]s, -e
Ver/schnit/te/ne *m.*, -n, -n
ver/schnör/keln *tr.*
ver/schnup/fen *tr.*
ver/schnü/ren *tr.*
Ver/schnü/rung *f.*, -, -en
ver/schol/len
ver/scho/nen *tr.*

versoffen

ver/schö/nen *tr.*
ver/schö/nern *tr.*
Ver/schö/ne/rung *f.,* -, -en
ver/schor/fen *intr.*
Ver/schor/fung *f.,* -, *nur Sg.*
ver/schos/sen
ver/schram/men *tr.*
ver/schrän/ken *tr.*
Ver/schrän/kung *f.,* -, -en
ver/schrau/ben *tr.*
Ver/schrau/bung *f.,* -, *nur Sg.*
ver/schre/cken *tr.*
ver/schrei/ben *tr.* und *refl.*
Ver/schrei/bung *f.,* -, *nur Sg.*
ver/schrien
ver/schro/ben
Ver/schro/ben/heit *f.,* -, *nur Sg.*
ver/schro/ten *tr.*
ver/schrot/ten *tr.*
ver/schrum/peln *intr.*
ver/schüch/tert
ver/schul/den *intr.*
Ver/schul/dung *f.,* -, *nur Sg.*
ver/schu/len *tr.*
ver/schüt/ten *tr.*
ver/schütt/ge/hen *intr.*
Ver/schüt/tung *f.,* -, *nur Sg.*
ver/schwä/gert
ver/schwei/gen *tr.*
Ver/schwei/gung *f.,* -, *nur Sg.*
ver/schwei/ßen *tr.*
Ver/schwei/ßung *f.,* -, *nur Sg.*
ver/schwen/den *tr.*
Ver/schwen/der *m.,* -s, -
ver/schwen/de/risch
Ver/schwen/dung *f.,* -, *nur Sg.*
Ver/schwen/dungs/sucht *f.,* -, *nur Sg.*
ver/schwen/dungs/süch/tig
ver/schwie/gen
Ver/schwie/gen/heit *f.,* -, *nur Sg.*
ver/schwie/melt
ver/schwis/tert
ver/schwit/zen *tr.*
ver/schwom/men
Ver/schwom/men/heit *f.,* -, *nur Sg.*
ver/schwö/ren *refl.*
Ver/schwö/rer *m.,* -s, -
Ver/schwö/rung *f.,* -, -en
ver/se/hen *tr.* und *refl.*
Ver/se/hen *n.,* -s, -, Irrtum
ver/se/hent/lich irrtümlich
Ver/seh/gang *m.,* -[e]s, -gän/ge
ver/seh/ren *tr.*
Ver/sehr/te *m.,* -n, -n
Ver/sehrt/heit *f.,* -, *nur Sg.*
ver/selb/stän/di/gen *(Nf.),* auch: ver/selbst-stän/di/gen *(HF.) refl.*
Ver/selb/stän/di/gung *(Nf.),* auch **Ver/selbst/stän-di/gung** *(HF.) f.,* -, *nur Sg.*
ver/sen/den *tr.*
Ver/sen/dung *f.,* -, *nur Sg.*
ver/sen/gen *tr.*
ver/senk/bar
Ver/senk/büh/ne *f.,* -, -n
ver/sen/ken *tr.*
Ver/sen/kung *f.,* -, -en
Ver/se/schmied *m.,* -[e]s, -e
ver/ses/sen
Ver/ses/sen/heit *f.,* -, *nur Sg.*
ver/set/zen *tr.* und *intr.*
Ver/set/zung *f.,* -, -en
Ver/set/zungs/zei/chen *n.,* -s, -
ver/seu/chen *tr.*
Ver/seu/chung *f.,* -, *nur Sg.*
Vers/fuß *m.,* -es, -fü/ße
Ver/si/che/rer *m.,* -s, -
ver/si/chern *tr.*
Ver/si/che/rung *f.,* -, -en
Ver/si/che/rungs/an/stalt *f.,* -, -en
Ver/si/che/rungs/bei/trag *m.,* -[e]s, -trä/ge
Ver/si/che/rungs/be/trug *m.,* -[e]s, *nur Sg.*
Ver/si/che/rungs/ge/sell-schaft *f.,* -, -en
Ver/si/che/rungs/neh/mer *m.,* -s, -
Ver/si/che/rungs/pflicht *f.,* -, -en
ver/si/che/rungs/pflich/tig
Ver/si/che/rungs/po/li/ce *f.,* -, -n
Ver/si/che/rungs/ver/tre/ter *m.,* -s, -
Ver/si/che/rungs/we/sen *n.,* -s, *nur Sg.*
ver/si/ckern *tr.*
ver/sie/ben *tr.*
ver/sie/geln *tr.*
Ver/sie/ge/lung oder auch:
Ver/sieg/lung *f.,* -, *nur Sg.*
ver/sie/gen *intr.*
ver/siert [lat./französ.], gekonnt, erfahren
Ver/siert/heit *f.,* -, *nur Sg.,* Erfahrung
Ver/si/fi/ka/ti/on [lat.] *f.,* -, -en
ver/si/fi/zie/ren *tr.*
Ver/si/fi/zie/rung *f.,* -, -en
Ver/sil/be/rer *m.,* -s, -
ver/sil/bern *tr.,* mit einer Schicht Silber überziehen
Ver/sil/be/rung *f.,* -, *nur Sg.*
ver/sim/peln 1. *tr.,* vereinfachen, 2. *intr.*
ver/sinn/bild/li/chen *tr.*
Ver/sinn/bild/li/chung *f.,* -, *nur Sg.*
Ver/si/on [lat.] *f.,* -, -en
ver/sippt
ver/sit/zen *tr.*
Ver/sitz/gru/be *f.,* -, -n
ver/skla/ven *tr.*
Ver/skla/vung *f.,* -, *nur Sg.*
Vers/kunst *f.,* -, *nur Sg.*
Vers/leh/re *f.,* -, *nur Sg.*
Vers/maß *n.,* -es, -e
ver/snobt
Ver/so [lat.] *n.,* -s, -s
ver/sof/fen

ver/soh/len *tr.*, verhauen, verprügeln
ver/söh/nen *tr.* und *refl.*
ver/söhn/lich
Ver/söhn/lich/keit *f.*, -, *nur Sg.*
Ver/söh/nung *f.*, -, -en
Ver/söh/nungs/fest *n.*, -[e]s, -e
Ver/söh/nungs/tag *m.*, -[e]s, -e
ver/son/nen
Ver/son/nen/heit *f.*, -, *nur Sg.*
ver/sor/gen *tr.*
Ver/sor/ger *m.*, -s, -
Ver/sor/gung *f.*, -, *nur Sg.*
Ver/sor/gungs/an/spruch *m.*, -[e]s, -sprü/che
ver/sor/gungs/be/rech/tigt
ver/spach/teln *tr.*
ver/span/nen *tr.*
Ver/span/nung *f.*, -, -en
ver/spä/ten *refl.*
Ver/spä/tung *f.*, -, -en
ver/spe/ku/lie/ren *refl.*
ver/sper/ren *tr.*
ver/spie/len *tr.* und *intr.*
ver/spin/nen *tr.*
ver/spot/ten *tr.*
Ver/spot/tung *f.*, -, *nur Sg.*
ver/spre/chen *tr.* und *refl.*
Ver/spre/chen *n.*, -s, -
Ver/spre/chung *f.*, -, -en
ver/spren/gen *tr.*
ver/spro/che/ner/ma/ßen
ver/sprü/hen *tr.*
ver/spü/ren *tr.*
ver/staat/li/chen *tr.*
Ver/staat/li/chung *f.*, -, *nur Sg.*
ver/städ/tern *tr.* und *intr.*
Ver/städ/te/rung *f.*, -, *nur Sg.*
ver/stäh/len *tr.*
Ver/stäh/lung *f.*, -, *nur Sg.*
Ver/stand *m.*, -[e]s, *nur Sg.*
Ver/stan/des/mensch *m.*, -en, -en

ver/stän/dig
ver/stän/di/gen *tr.* und *refl.*
Ver/stän/di/gung *f.*, -, *nur Sg.*
ver/ständ/lich
Ver/ständ/lich/keit *f.*, -, *nur Sg.*
Ver/ständ/nis *f.*, -ses, *nur Sg.*
ver/ständ/nis/in/nig
ver/ständ/nis/los
Ver/ständ/nis/lo/sig/keit *f.*, -, *nur Sg.*
ver/ständ/nis/voll
Ver/stands/kas/ten *m.*, -s, -käs/ten
ver/stän/kern *tr.*
ver/stär/ken *tr.*
Ver/stär/ker *m.*, -s, -
Ver/stär/kung *f.*, -, *nur Sg.*
ver/stat/ten *tr.*
ver/stau/ben *intr.*
ver/stäu/ben *tr.*
ver/stau/chen *tr.*
Ver/stau/chung *f.*, -, -en
ver/stau/en *tr.*
Ver/steck *n.*, -[e]s, -e
ver/ste/cken *tr.*
Ver/steck/spiel *n.*, -[e]s, -e
ver/ste/hen *tr.* und *refl.*
ver/stei/fen *tr.* und *refl.*
Ver/stei/fung *f.*, -, -en
ver/stei/gen *refl.*
Ver/stei/ge/rer *m.*, -s, -
ver/stei/gern *tr.*, meistbietend verkaufen
Ver/stei/ge/rung *f.*, -, -en, Auktion
ver/stell/bar
ver/stel/len *tr.* und *refl.*
Ver/stel/lung *f.*, -, *nur Sg.*
Ver/stel/lungs/kunst *f.*, -, -küns/te
ver/step/pen *intr.*
Ver/step/pung *f.*, -, *nur Sg.*
ver/ster/ben *intr.*
ver/steu/ern *tr.*
Ver/steu/e/rung *f.*, -, *nur Sg.*
ver/stie/gen

Ver/stie/gen/heit *f.*, -, *nur Sg.*
ver/stim/men *tr.*
ver/stimmt
Ver/stimmt/heit *f.*, -, *nur Sg.*
Ver/stim/mung *f.*, -, -en
ver/stockt
Ver/stockt/heit *f.*, -, *nur Sg.*
ver/stoh/len
ver/stop/fen *tr.*
Ver/stop/fung *f.*, -, -en
ver/stö/ren *tr.*
Ver/stört/heit *f.*, -, *nur Sg.*
Ver/stoß *m.*, -es, -stö/ße
ver/sto/ßen *tr.* und *intr.*
ver/stre/ben *tr.*
Ver/stre/bung *f.*, -, -en
ver/strei/chen *tr.* und *intr.*
ver/streu/en *tr.*
ver/stri/cken *tr.* und *refl.*
Ver/stri/ckung *f.*, -, -en
ver/stüm/meln *tr.*
Ver/stüm/me/lung oder auch: **Ver/stümm/lung** *f.*, -, -en
ver/stum/men *intr.*
Ver/such *m.*, -[e]s, -e
ver/su/chen *tr.*
Ver/su/cher *m.*, -s,
Ver/suchs/an/stalt *f.*, -, -en
Ver/suchs/ka/nin/chen *n.*, -s, -
Ver/suchs/per/son *f.*, -, -en, Abk.: Vp
Ver/suchs/rei/he *f.*, -, -n
ver/suchs/wei/se
Ver/su/chung *f.*, -, -en
ver/sump/fen *intr.*
Ver/sump/fung *f.*, -, *nur Sg.*
ver/sün/di/gen *refl.*
Ver/sün/di/gung *f.*, -, -en
Ver/sun/ken/heit *f.*, -, *nur Sg.*
ver/sü/ßen *tr.*
vert. Abkürzung für: vertatur
ver/ta/gen *tr.*
Ver/ta/gung *f.*, -, -en
ver/tän/deln *tr.*
ver/ta/tur! [lat.] man wende!

Vervielfältigungsrecht

ver/tau/ben *intr.*
Ver/tau/bung *f.*, -, *nur Sg.*
ver/täu/en *tr.*
ver/tausch/bar
Ver/tausch/bar/keit *f.*, -, *nur Sg.*
ver/tau/schen *tr.*
Ver/tau/schung *f.*, -, -en
ver/tau/send/fa/chen *tr.*
Ver/täu/ung *f.*, -, -en
ver/te! [lat.]
ver/te/bral [lat.]
Ver/te/bra/ten *m.*, *nur Pl.*
ver/tei/di/gen *tr.*
Ver/tei/di/ger *m.*, -s, -
Ver/tei/di/gung *f.*, -, *nur Sg.*
Ver/tei/di/gungs/stel/lung *f.*, -, *nur Sg.*
ver/teu/ern *tr.*
Ver/teu/e/rung *f.*, -, -en
ver/teu/feln *tr.*
ver/teu/felt ugs. für: ziemlich
Ver/teu/fe/lung *f.*, -, *nur Sg.*
ver/tie/fen *tr.* und *refl.*
Ver/tie/fung *f.*, -, -en
ver/tie/ren *intr.*
ver/ti/kal [lat.]
Ver/ti/ka/le *f.*, -, -n
Ver/ti/kal/ebe/ne *f.*, -, -n
Ver/ti/ka/lis/mus *m.*, -, *nur Sg.*
Ver/ti/ko *n.*, -s, -s
ver/til/gen *tr.*
Ver/til/gung *f.*, -, *nur Sg.*
ver/tip/pen *tr.* und *refl.*
ver/to/ba/cken *tr.*
ver/to/nen *tr.*
Ver/to/nung *f.*, -, -en
ver/trackt
Ver/trag *m.*, -[e]s, -trä/ge
ver/tra/gen *tr.* und *refl.*
Ver/trä/ger *m.*, -s, -
ver/trag/lich
ver/träg/lich
Ver/trags/bruch *m.*, -[e]s, -brü/che
ver/trags/brü/chig
Ver/trags/stra/fe *f.*, -, -n

ver/trags/wid/rig
ver/trau/en *intr.*
ver/trau/en/er/we/ckend
oder auch: **Ver/trau/en er/we/ckend**
Ver/trau/ens/arzt *m.*, -[e]s, -ärz/te
Ver/trau/ens/be/weis *m.*, -es, -e
ver/trau/ens/bil/dend
Ver/trau/ens/bruch *m.*, -[e]s, -brü/che
Ver/trau/ens/fra/ge *f.*, -, -n
Ver/trau/ens/mann *m.*, -[e]s, -män/ner, auch: -leu/te
Ver/trau/ens/per/son *f.*, -, -en
Ver/trau/ens/sa/che *f.*, -, -n
ver/trau/ens/se/lig
Ver/trau/ens/se/lig/keit *f.*, -, *nur Sg.*
Ver/trau/ens/stel/lung *f.*, -, -en
ver/trau/ens/voll
Ver/trau/ens/vo/tum *n.*, -s, -ten od. -ta
ver/trau/ens/wür/dig
Ver/trau/ens/wür/dig/keit *f.*, -, *nur Sg.*
ver/trau/ern *tr.*
ver/trau/lich
Ver/trau/lich/keit *f.*, -, -en
ver/träu/men *tr.*
Ver/träumt/heit *f.*, -, *nur Sg.*
ver/traut
Ver/trau/te *m. u. f.*, -n, -n
Ver/traut/heit *f.*, -, *nur Sg.*
ver/trei/ben *tr. f.*, -, -en
Ver/trei/bung *f.*, -, -en
ver/tret/bar
ver/tre/ten *tr.*
Ver/tre/ter *m.*, -s, -
Ver/tre/tung *f.*, -, -en
Ver/tre/tungs/stun/de *f.*, -, -n
ver/tre/tungs/wei/se
Ver/trieb *m.*, -[e]s, -e
Ver/triebs/ge/sell/schaft *f.*, -, -en

ver/trim/men *tr.*
ver/trö/deln *tr.*
ver/trös/ten *tr.*
Ver/trös/tung *f.*, -, -en
ver/trot/teln *intr.*
ver/trus/ten [engl.] *tr.*
Ver/trus/tung *f.*, -, *nur Sg.*
ver/tüd/dern,
ver/tü/dern *tr.*
ver/tun *tr.*
ver/tu/schen *intr.*
ver/ü/beln *tr.*
ver/ü/ben *tr.*
ver/ul/ken *tr.*
ver/un/eh/ren *tr.*
ver/un/ei/ni/gen *tr.* und *refl.*
ver/un/fal/len *intr.*
ver/un/glimp/fen *tr.*
Ver/un/glimp/fung *f.*, -, -en
ver/un/glü/cken *intr.*
ver/un/mög/li/chen *tr.*
ver/un/rei/ni/gen *tr.*
Ver/un/rei/ni/gung *f.*, -, -en
ver/un/schi/cken *tr.*
ver/un/si/chern *tr.*
ver/un/stal/ten *tr.*
Ver/un/stal/tung *f.*, -, -en
ver/un/treu/en *tr.*
Ver/un/treu/ung *f.*, -, -en
ver/un/zie/ren *tr.*
Ver/un/zie/rung *f.*, -, -en
ver/ur/sa/chen *tr.*
Ver/ur/sa/chung *f.*, -, *nur Sg.*
ver/ur/tei/len *tr.*
Ver/ur/tei/lung *f.*, -, -en
ver/u/zen *tr.*
Ver/ve [französ.] *f.*, -, *nur Sg.*
ver/viel/fa/chen *tr.*
Ver/viel/fa/cher *m.*, -s, -
Ver/viel/fa/chung *f.*, -, *nur Sg.*
ver/viel/fäl/ti/gen *tr.*
Ver/viel/fäl/ti/gung *f.*, -, *nur Sg.*
Ver/viel/fäl/ti/gungs/ap-pa/rat *m.*, -[e]s, -e
Ver/viel/fäl/ti/gungs/recht *n.*, -[e]s, -e

V

Vervielfältigungszahl

Ver/viel/fäl/ti/gungs/zahl *f.*, -, -en
ver/voll/komm/nen *tr.*
Ver/voll/komm/nung *f.*, -, *nur Sg.*
ver/voll/stän/di/gen *tr.*
Ver/voll/stän/di/gung *f.*, -, *nur Sg.*
ver/wach/sen 1. *tr.* nicht gerade gewachsen, 2. *Adj.* nicht gerade gewachsen
Ver/wach/sung *f.*, -, -en
ver/wa/ckeln *tr.*
Ver/wahr *m.*, -s, *nur Sg.*
ver/wah/ren *tr.*
ver/wahr/lo/sen *intr.*
Ver/wahr/lo/sung *f.*, -, *nur Sg.*
Ver/wah/rung *f.*, -, *nur Sg.*,
ver/wai/sen *intr.*
ver/wal/ken *tr.*
ver/wal/ten *tr.*
Ver/wal/ter *m.*, -s, -
Ver/wal/tung *f.*, -, -en
Ver/wal/tungs/ap/pa/rat *m.*, -[e]s, -e
Ver/wal/tungs/be/zirk *m.*, -[e]s, -e
Ver/wal/tungs/ge/richt *n.*, -[e]s, -e
ver/wam/sen *tr.*
ver/wan/deln *tr.*
Ver/wand/lung *f.*, -, -en
ver/wandt
Ver/wand/ten/ehe *f.*, -, -n
Ver/wand/te *m.*, -n, -n
Ver/wandt/schaft *f.*, -, -en
ver/wandt/schaft/lich
Ver/wandt/schafts/grad *m.*, -[e]s, -e
ver/wanzt
ver/war/nen *tr.*
Ver/war/nung *f.*, -, -en
ver/wa/schen
ver/wäs/sern *tr.*
Ver/wäs/se/rung *f.*, -, -en
ver/we/ben *tr.*
ver/wech/seln *tr.*
Ver/wech/se/lung oder

auch: Ver/wechs/lung *f.*, -, -en
Ver/wechs/lungs/ko/mö/die *f.*, -, -n
ver/we/gen
Ver/we/gen/heit *f.*, -, *nur Sg.*
ver/we/hen *tr.* und *intr.*
ver/weh/ren *tr.*
Ver/we/hung *f.*, -, -en
ver/weich/li/chen *tr.*
Ver/weich/li/chung *f.*, -, *nur Sg.*
ver/wei/gern *tr.*
Ver/wei/ge/rung *f.*, -, -en
ver/wei/len *intr.* und *refl.*
Ver/weil/dau/er *f.*, -, *nur Sg.*
Ver/weis *m.*, -es, -e
ver/wei/sen *tr.*
Ver/wei/sung *f.*, -, -en
ver/welt/li/chen *tr.* und *intr.*
Ver/welt/li/chung *f.*, -, *nur Sg.*,
ver/wend/bar benutzbar
Ver/wend/bar/keit *f.*, -, *nur Sg.*, Benutzbarkeit
ver/wen/den *tr.*, benutzen
Ver/wen/dung *f.*, -, -en
Ver/wen/dungs/möglich/keit *f.*, -, -en
Ver/wen/dungs/zweck *m.*, -[e]s, -e
ver/wer/fen *tr.* und *intr.* und *refl.*
ver/werf/lich
Ver/wer/fung *f.*, -, -en
ver/wert/bar
Ver/wert/bar/keit *f.*, -, *nur Sg.*
ver/wer/ten *tr.*
Ver/wer/tung *f.*, -, -en
Ver/wer/tungs/ge/sellschaft *f.*, -, -en
ver/we/sen *intr.* und *tr.*
Ver/we/ser *m.*, -s, -
ver/wes/lich
Ver/we/sung *f.*, -, *nur Sg.*
Ver/we/sungs/ge/ruch *m.*, -[e]s, -rü/che

ver/wet/ten *tr.*
ver/wich/sen *tr.*
ver/wi/ckeln *tr.* und *refl.*
Ver/wi/cke/lung oder auch:
Ver/wick/lung *f.*, -, -en
ver/wil/dern *intr.*
Ver/wil/de/rung *f.*, -, *nur Sg.*
ver/win/den *tr.*
Ver/win/dung *f.*, -, -en
ver/wir/ken *tr.*
ver/wirk/li/chen *tr.*, in die Realität umsetzen
Ver/wirk/li/chung *f.*, -, *nur Sg.*
Ver/wir/kung *f.*, -, -en
ver/wir/ren *tr.* und *refl.*
Ver/wir/rung *f.*, -, -en, Konfusion
ver/wirt/schaf/ten *tr.*
ver/wit/tern *intr.*
Ver/wit/te/rung *f.*, -, *nur Sg.*
ver/wit/wet
ver/woh/nen *tr.*
ver/wöh/nen *tr.*
Ver/wöhnt/heit *f.*, -, *nur Sg.*
Ver/wöh/nung *f.*, -, *nur Sg.*
ver/wor/fen
Ver/wor/fen/heit *f.*, -, *nur Sg.*
ver/wor/ren
Ver/wor/ren/heit *f.*, -, *nur Sg.*
ver/wund/bar
Ver/wund/bar/keit *f.*, -, *nur Sg.*
ver/wun/den *tr.*
ver/wun/der/lich
ver/wun/dern *tr.*
Ver/wun/de/rung *f.*, -, *nur Sg.*
Ver/wun/de/ten/trans/port *m.*, -[e]s, -e
Ver/wun/de/te *m.* od. *f.*, -n -n
Ver/wun/dung *f.*, -, -en
ver/wun/schen
ver/wün/schen *tr.*
Ver/wün/schung *f.*, -, -en
ver/wurs/teln *tr.*

ver/wurs/ten *tr.*
ver/wur/zeln *intr.*
Ver/wur/ze/lung oder auch:
Ver/wurz/lung *f.*, -, *nur Sg.*
ver/würzt
ver/wüs/ten *tr.*, in Unordnung bringen, zerstören
Ver/wüs/tung *f.*, -, -en, Unordnung, Chaos, Zerstörung
ver/za/gen *intr.*
Ver/zagt/heit *f.*, -, *nur Sg.*
ver/zäh/len *refl.* und *tr.*
ver/zah/nen *tr.*
Ver/zah/nung *f.*, -, *nur Sg.*
ver/zan/ken *refl.*
ver/zap/fen *tr.*
Ver/zap/fung *f.*, -, -en
ver/zär/teln *tr.*
Ver/zär/te/lung *f.*, -, *nur Sg.*
ver/zau/bern *tr.*
Ver/zau/be/rung *f.*, -, -en
ver/zehn/fa/chen *tr.*
Ver/zehr *m.*, -s, *nur Sg.*
ver/zeh/ren *tr.*
ver/zeich/nen *tr.*
Ver/zeich/nung *f.*, -, -en
ver/zei/gen *tr.*
ver/zei/hen *intr.*
ver/zeih/lich
Ver/zei/hung *f.*, -, *nur Sg.*
ver/zer/ren *tr.*
Ver/zer/rung *f.*, -, -en
ver/zer/rungs/frei
ver/zet/teln *tr.* und *refl.*
Ver/zet/te/lung *f.*, -, *nur Sg.*
Ver/zicht *m.*, -[e]s, -e
ver/zich/ten *intr.*
Ver/zicht/er/klä/rung *f.*, -, -en
Ver/zicht/leis/tung *f.*, -, -en
ver/zie/hen *tr.* und *intr.*
ver/zie/ren *tr.*
Ver/zie/rung *f.*, -, -en
ver/zim/mern *tr.*
Ver/zim/me/rung *f.*, -, *nur Sg.*
ver/zin/ken *tr.*
Ver/zin/kung *f.*, -, *nur Sg.*

ver/zin/nen *tr.*
Ver/zin/nung *f.*, -, *nur Sg.*
ver/zins/bar
ver/zin/sen *tr.*
ver/zins/lich
Ver/zins/lich/keit *f.*, -, *nur Sg.*
Ver/zin/sung *f.*, -, *nur Sg.*
ver/zo/gen
ver/zö/gern *tr.*
Ver/zö/ge/rung *f.*, -, -en
ver/zol/len *intr.*
Ver/zol/lung *f.*, -, *nur Sg.*
ver/zu/ckern *tr.*
ver/zückt
Ver/zückt/heit *f.*, -, *nur Sg.*
Ver/zü/ckung *f.*, -, *nur Sg.*
Ver/zug *m.*, -[e]s, -zü/ge
Ver/zugs/zin/sen *m.*, *Pl.*
ver/zwackt
ver/zwei/feln *intr.*
Ver/zweif/lung *f.*, -, *nur Sg.*
Ver/zweif/lungs/tat *f.*, -, -en
ver/zwei/gen *refl.*
Ver/zwei/gung *f.*, -, -en
ver/zwickt
Ver/zwickt/heit *f.*, -, *nur Sg.*, Kompliziertheit
Ves/per [*lat.*], meist kaltes Abendessen
Ves/per/bild *n.*, -[e]s, -er
Ves/per/brot *n.*, -[e]s, -e
ves/pern *intr.*, zu Abend essen
Ves/ta/lin [*lat.*] *f.*, -, -nen, Tempeldienerin
Ves/te *f.*, -, -n
Ves/ti/bül [*lat.*] *n.*, -[e]s, -e
Ves/ti/bu/lum *n.*, -s, -la
Ves/ti/tur [*lat.*] *f.*, -, -en
Ves/ton [*französ.*] *n.*, -s, -s
Ve/suv *m.*, -s, *nur Sg.*, ital. Vulkan
Ve/su/vi/an *n.*, -[e]s, *nur Sg.*
ve/su/visch
Ve/te/ran [*lat.*] *m.*, -en -en
ve/te/ri/när [*lat.*], tierärztlich

Ve/te/ri/när *m.*, -[e]s, -e, Tierarzt
Ve/te/ri/när/me/di/zin *f.*, -, *nur Sg.*
Ve/to [*lat.*] *n.*, -s, -s, Einspruch, der eine Entscheidung ungültig macht
Ve/to/recht *n.*, -[e]s, *nur Sg.*
Vet/tel [*lat.*] *f.*, -, -n
Vet/ter *m.*, -s, -n
Vet/tern/wirt/schaft *f.*, -, *nur Sg.*
Ve/zier *m.*, -[e]s, -e
V-för/mig *(Nf.)*, auch:
v-för/mig *(Hf.)*
vgl. Abk. für: vergleiche
v. H. Abk. für: von Hand
VHS Abk. für: Volkshochschule
via [*lat.*] über
Vi/a/dukt *n.*, -[e]s, -e, römische Wasserleitung
Vi/a/ti/kum *n.*, -s, -ka od. -ken
Vi/bra/phon *(Nf.)*, auch:
Vi/bra/fon *(Hf.)*
[*lat./griech.*] *n.*, -[e]s, -e
Vi/bra/pho/nist *(Nf.)*, auch: Vi/bra/fo/nist *(Hf.)*
m., -en, -en
Vi/bra/ti/on [*lat.*] *f.*, -, -en, Schwingung
vi/bra/to in der Musik: schwingend
Vi/bra/tor *m.*, -s, -en, sexuelles Hilfsmittel
vi/brie/ren *intr.*, schwingen
Vi/bur/num [*lat.*] *n.*, -s, *nur Sg.*
vi/ce ver/sa [*lat.*]
Vi/ckers/här/te *f.*, -, *nur Sg.*
Vi/comte [*französ.*] *m.*, -s, -s, Adelstitel
Vi/com/tesse *f.*, -, -n
Vic/to/ria
Vi/de/o *n.*, -s, -s, Abk. für Videofilm
Vi/de/o/clip m, -s, -s

Videorekorder

Vi/de/o/re/kor/der *m.*, -s, -
Vi/de/o/text *m.*, -[e]s, *nur Sg.*
Vi/de/o/thek *f.*, -, -en
vi/die/ren *tr.*
Viech *n.*, -[e]s, -er
Vie/che/rei *f.*, -, -en
Vieh *n.*, -s, *nur Sg.*
Vieh/fut/ter *n.*, -s, *nur Sg.*
vie/hisch
Vieh/salz *n.*, -[e]s, *nur Sg.*
Vieh/wa/gen *m.*, -s, -
Vieh/zeug *n.*, -[e]s, *nur Sg.*
Vieh/zucht *f.*, -, *nur Sg.*
viel
viel/be/fah/ren oder auch: viel be/fah/ren
viel/be/schäf/tigt oder auch: viel be/schäf/tigt
viel/be/spro/chen oder auch: viel be/spro/chen
viel/deu/tig
Viel/deu/tig/keit *f.*, -, *nur Sg.*
Viel/eck *n.*, -[e]s, -e
viel/e/ckig
Viel/ehe *f.*, -, -n
vie/len/orts
vie/ler/lei
vie/ler/orts
viel/fach
Viel/fa/che(s) *n*, -n, -n
Viel/fach/ge/rät *n.*, -[e]s, -e
Viel/falt *f.*, -, *nur Sg.*
viel/fäl/tig
Viel/fäl/tig/keit *f.*, -, *nur Sg.*
viel/far/big
Viel/far/big/keit *f.*, -, *nur Sg.*
Viel/flach *n.*, -[e]s, -e
Viel/fläch/ner *m.*, -s, -
Viel/fraß *m.*, -es, -e
viel/ge/braucht oder auch: viel ge/braucht
viel/ge/le/sen oder auch: viel ge/le/sen
viel/ge/reist oder auch: viel ge/reist

viel/ge/stal/tig
Viel/ge/stal/tig/keit *f.*, -, *nur Sg.*
viel/glie/drig
Viel/göt/te/rei *f.*, -, *nur Sg.*
viel/hun/dert/mal
viel/köp/fig
viel/leicht
viel/lieb
viel/ma/lig
viel/mals
Viel/män/ne/rei *f.*, -, *nur Sg.*
viel/mehr
viel/sa/gend oder auch: viel sa/gend
viel/schich/tig
Viel/schich/tig/keit *f.*, -, *nur Sg.*
Viel/schrei/ber *m.*, -s, -
viel/sei/tig
Viel/sei/tig/keit *f.*, -, *nur Sg.*
viel/sil/big
viel/stim/mig
Viel/stim/mig/keit *f.*, -, *nur Sg.*
viel/tau/send/mal
viel/ver/spre/chend oder auch: viel ver/spre/chend
Viel/wei/be/rei *f.*, -, *nur Sg.*
Viel/zahl *f.*, -, *nur Sg.*
Viel/zel/ler *m.*, -s, -
vier
Vier *f.*, -, -en
Vier/ach/tel/takt *m.*, -[e]s, -e
Vier/bei/ner *m.*, -s, -
vier/bei/nig
vier/blät/te/rig oder auch: vier/blätt/rig
Vier/bund *m.*, -[e]s, -bün/de
vier/di/men/si/o/nal
Vier/eck *n.*, -[e]s, -e
vier/e/ckig
Vie/rer *m.*, -s, -
Vier/far/ben/druck *m.*, -[e]s, -e
Vier/fürst *m.*, -en, -en
Vier/fü/ßer *m.*, -s, -

vier/fü/ßig
vier/hän/dig
vier/hun/dert
Vier/jah/res/plan *m.*, -[e]s, -plä/ne
vier/kant
Vier/kant *m.*, -[e]s, -e
Vier/ling *m.*, -[e]s, -e
Vier/plät/zer *m.*, -s, -
vier/plät/zig
Vier/rad/brem/se *f.*, -, -n
vier/rä/de/rig oder auch: vier/räd/rig
vier/schrö/tig
Vier/sit/zer *m.*, -s, -
vier/sit/zig
Vier/spän/ner *m.*, -s, -
vier/spän/nig
vier/stim/mig
Vier/ta/ge/fie/ber *n.*, -s, *nur Sg.*
Vier/takt/mo/tor *m.*, -s, -en
vier/tei/len *tr.*
vier/tel
Vier/tel *n.*, -s, -
Vier/tel/bo/gen *m.*, -s, -
Vier/tel/dre/hung *f.*, -, -en
Vier/tel/jahr *n.*, -[e]s, -e
Vier/tel/jahr/hun/dert *n.*, -s, -e
vier/tel/jähr/lich
Vier/tel/jahrs/schrift *f.*, -, -en
vier/teln *tr.*
Vier/tel/pfund *n.*, -[e]s, *nur Sg.*
Vier/tel/stun/de *f.*, -, -n
vier/tel/stün/dig,
vier/tel/stünd/lich
Vier/tel/ton *m.*, -[e]s, -tö/ne
vier/tü/rig
Vier/und/sech/zigs/tel *n.*, -s, -
Vie/rung *f.*, -, -en
Vier/vier/tel/takt *m.*, -[e]s, -e
vier/zehn/tä/gig
Vier/zei/ler *m.*, -s, -
vier/zig
Vier/zi/ger *m.*, -s, -

Vier/zig/stun/den/wo/che *f.*, -, -n
vier/zy/lin/drig oder auch:
vier/zy/lind/rig
Vi/et/cong *m.*, -, *nur Sg.*
Vi/gnet/te oder auch:
Vig/net/te [französ.] *f.*, -, -n, Autobahnbenutzungsgebührenaufkleber, österr: Pickerl
Vi/go/gne oder auch
Vi/gog/ne [französ.] *f.*, -, -n
Vi/gor [lat.] *m.*, -s, *nur Sg.*
vi/go/ro/so
Vi/kar [lat.] *m.*, -[e]s, -e
Vi/ka/ri/at *n.*, -[e]s, -e
Vi/ka/rin *f.*, -, -nen
Vik/ti/mo/lo/gie [lat./griech.] *f.*, -, *nur Sg.*
Vik/to/ria [lat.] ohne Artikel
vik/to/ri/a/nisch
Vik/tu/a/li/en [lat.] *nur Pl.*
Vik/tu/a/li/en/brü/der *m.*, *Pl.*
Vi/kun/ja [span.] *f.*, -, -jen
Vil/la [lat.] *f.*, -, -len
Vil/la/nell [lat./italien.] *n.*, -[e]s, -e
Vil/la/nel/la,
Vil/la/nel/le *f.*, -, -len
Vi/nai/gret/te [französ.] *f.*, -, -n
Vin/di/ka/ti/on [lat.] *f.*, -, -en
vin/di/zie/ren *intr.*
Vin/di/zie/rung *f.*, -, -en
Vi/ne/ta
Vingt-et-un [französ.],
Vingt-un *n.*, -, *nur Sg.*
Vi/nyl [lat./griech.] *f.*, -, -n
Vi/o/la [lat./italien.] *f.*, -, -len
Vi/o/le *f.*, -, -n
vi/o/lent [lat.]
Vi/o/lenz *f.*, -, *nur Sg.*
vi/o/lett [lat.]
Vi/o/lett *n.*, -s, *nur Sg.*
Vi/o/li/ne [lat.] *f.*, -, -n
Vi/o/li/nist *m.*, -en, -en
Vi/o/lin/schlüs/sel *m.*, -s, -

Vi/o/lon/cel/list *m.*, -en, -en
Vi/o/lon/cel/lo *n.*, -s, -li
Vi/o/lo/ne *m.*, -s, -s od. ni
VIP *f.*, -, -s, Abk. für: Very Important Person
VIP-Lounge [engl.] *f.*, -, -s
Vi/per [lat.] *f.*, -, -n, Schlange
Vi/ra/gi/ni/tät [lat.] *f.*, -, *nur Sg.*
Vire/ment [französ.] *n.*, -s, -s
Vi/ren *Pl.* von Virus
Vir/gi/nia [engl.] Bundesstaat in den USA
Vir/gi/ni/a/ta/bak *m.*, -s, -e
Vir/gi/ni/tät *f.*, -, *nur Sg.*
vi/ril [lat.], männlich
Vi/ri/li/tät *f.*, -, nur Sg
Vi/ril/stim/me *f.*, -, -n
Vi/ro/lo/ge [lat./griech.] *m.*, -n, -n
Vi/ro/lo/gie *f.*, -, *nur Sg.*
vi/ro/lo/gisch
vi/rös [lat.]
Vi/ro/se *f.*, -, -n
Vir/tu/a/li/tät [lat.] *f.*, -, -en, anscheinende Realität
vir/tu/ell
vir/tu/os
Vir/tu/o/se *m.*, -n, -n, Könner
Vir/tu/o/sen/tum *n.*, -s, *nur Sg.*
Vir/tu/o/si/tät *f.*, -, *nur Sg.*
vi/ru/lent [lat.]
Vi/ru/lenz *f.*, -, *nur Sg.*
Vi/rus n. ugs. auch *m.*, -, -ren, Krankheitserreger
Vi/rus/grip/pe *f.*, -, -n
Vi/sa *Pl.* von Visum
Vi/sa/ge [französ.] *f.*, -, -n
vis-à-vis *(Nf.)*, auch: **vis-a-vis** *(Hf.)* [französ.], gegenüberliegend
Vis/a/vis *n.*, -, -
Vis/con/te [italien.] *m.*, -, -ti, ital. Adelstitel
Vis/con/tes/sa *f.*, -, -se od. -sen

Vis/count [engl.] *m.*, -s, -s, engl. Adelstitel
Vis/coun/tess *f.*, -, -ses
Vish/nu hinduistische Gottheit
vi/si/bel [lat.], sichtbar
Vi/sier *n.*, -[e]s, -e
vi/sie/ren *tr.*
Vi/sier/li/nie *f.*, -, -n
Vi/sie/rung *f.*, -, -en
Vi/si/on [lat.] *f.*, -, -en
vi/si/o/när
Vi/si/ta/ti/on [lat.] *f.*, -, -en
Vi/si/ta/tor *m.*, -s, -en
Vi/si/te *f.*, -, -n, Besuch des Arztes beim Patienten
Vi/si/ten/kar/te *f.*, -, -n
vi/si/tie/ren *tr.*
Vi/sit/kar/te *f.*, -, -n
vis/kos [lat.] oder auch:
vis/kös
Vis/ko/se *f.*, -, *nur Sg.*
Vis/ko/si/me/ter *n.*, -s, -
Vis/ko/si/tät *f.*, -, *nur Sg.*
Vis/ta [italien.] *f.*, -, *nur Sg.*
Vis/ta/wech/sel *m.*, -s, -
vi/su/a/li/sie/ren [lat.] *tr.*
Vi/su/a/li/zer [engl.] *m.*, -s, -
vi/su/ell [lat.]
Vi/sum *n.*, -s, -sa od. -sen, Einreiseerlaubnis
Vis/ze/ra [lat.] *Pl.*
vis/ze/ral
Vi/ta [lat.] *m.*, -, *nur Sg.*
vi/tal
Vi/ta/lis/mus [lat.] *m.*, -, *nur Sg.*
Vi/ta/list *m.*, -en, -en
vi/ta/lis/tisch
Vi/ta/li/tät *f.*, -, *nur Sg.*
Vit/a/min oder auch:
Vi/ta/min *n.*, -s, -e
vit/a/min/arm oder auch:
vi/ta/min/arm
Vit/a/min-B-hal/tig oder auch: **Vi/ta/min-B-hal/tig**
Vit/a/min/-B-Man/gel oder auch: **Vi/ta/min-B-Man/gel** *m.*, -s, *nur Sg.*

vit/a/mi/nie/ren
vit/a/mi/ni/sie/ren oder auch: **vi/ta/mi/ni/sie/ren** *tr.*
vit/a/min/reich oder auch: **vi/ta/min/reich**
Vit/a/min/stoß oder auch: **Vi/ta/min/stoß** *m.*, -[e]s, stö/ße
vi/ti/ös [lat.]
Vi/ti/um *n.*, -s, -tia
Vi/tra/ge oder auch: **Vit/ra/ge** [französ.] *f.*, -, -n
Vi/tri/ne oder auch: **Vit/ri/ne** [lat.] *f.*, -, -n
Vi/tri/ol oder auch: **Vit/ri/ol** *n.*, -s, -e
Vi/trit oder auch: **Vit/rit** *m.*, -[e]s, -e
vi/va/ce [italien.]
Vi/va/ce *n.*, -, -
Vi/ze [lat.]
Viz/tum *m.*, -s, -e
Vla/me *m.*, -n, -n
vlä/misch
Vlies [niederländ.] *n.*, -[e]s, -e
Vlie/se/li/ne *f.*, -, *nur Sg.*, (Warenz.)
v. l. n. r. Abk. für: von links nach rechts
V-Mann *m.*, -[e]s, -män/ner od. -leu/te, verdeckter Ermittler der Polizei
Vo/gel *m.*, -s, Vö/gel
Vo/gel/bau/er *n.*, -s, -
Vo/gel/beer/baum *m.*, -[e]s, -bäu/me
Vo/gel/bee/re *f.*, -, -n
Vö/gel/chen *n.*, -s, -
Vo/gel/flug/li/nie *f.*, -, *nur Sg.*
vo/gel/frei
Vo/gel/herd *m.*, -[e]s, -e
Vo/gel/kun/de *f.*, -, *nur Sg.*, Ornithologie
vö/geln *intr.* und *tr.*, vulg. für: Sex haben
Vo/gel/per/spek/ti/ve oder auch: **Vo/gel/pers/pek/ti/ve** *f.*, -, *nur Sg.*

Vo/gel/schau *f.*, -, *nur Sg.*
Vo/gel/scheu/che *f.*, -, -n
Vo/gel/schie/ßen *n.*, -s, *nur Sg.*
Vo/gel/schutz *m.*, -es, *nur Sg.*
Vo/gel/stel/ler *m.*, -s, -
Vo/gel-Strauß-Po/li/tik *f.*, -, *nur Sg.*
Vo/gel/war/te *f.*, -, -n
Vo/gel/zug *m.*, -[e]s, -zü/ge
Vo/ge/sen Berge in Ostfrankreich
Vog/ler *m.*, -s, -
Vogt *m.*, -[e]s, Vög/te
Vog/tei *f.*, -, -en
vog/ten *tr.*
Vogt/land *n.*, -[e]s, *nur Sg.*
Vogt/län/der *m.*, -s, -
vogt/län/disch
Vogue
voi/là [französ.] „siehe da"
Voile [französ.] *m.*, -s, -s
Vo/ka/bel [lat.] *f.*, -, -n
Vo/ka/bu/lar *n.*, -s, -e, Sprachschatz
Vo/ka/bu/la/ri/um *n.*, -s, -en
vo/kal [lat.]
Vo/kal *m.*, -s, -e, a, e, i, o, u sind deutsche Vokale
Vo/ka/li/sa/ti/on *f.*, -, *nur Sg.*
.**vo/ka/lisch**
Vo/ka/li/se *f.*, -, -n
vo/ka/li/sie/ren *intr.* und *tr.*
Vo/ka/li/sie/rung *f.*, -, *nur Sg.*
Vo/ka/lis/mus *m.*, -, *nur Sg.*
Vo/kal/mu/sik *f.*, -, *nur Sg.*
Vo/kal/quar/tett *n.*, -[e]s, -e
Vo/ka/ti/on [lat.] *f.*, -, -en
Vo/ka/tiv *m.*, -s, -e
vol. Abk. für: Volumenprozent
Vol.-% Abk. für: Volumenprozent
Vo/land *m.*, -s, *nur Sg.*
Vo/lant [französ.] *m.*, -s, -s

Vo/la/pük *n.*, -s, *nur Sg.*
Vo/li/e/re [französ.] *f.*, -, -n, sehr großer Vogelkäfig
Volk *n.*, -[e]s, Völ/ker
Völk/chen *n.*, -s, -
Völ/ker/ball *m.*, -[e]s, *nur Sg.*, Ballspiel
Völ/ker/bund *m.*, -[e]s, *nur Sg.*
Völ/ker/kun/de *f.*, -, *nur Sg.*
Völ/ker/kund/ler *m.*, -s, -
völ/ker/kund/lich
Völ/ker/recht *n.*, -[e]s, *nur Sg.*
völ/ker/recht/lich
Völ/ker/schaft *f.*, -, -en
Völ/ker/schlacht *f.*, -, *nur Sg.*, die Völkerschlacht von Leipzig
Völ/ker/wan/de/rung *f.*, -, -en
völ/kisch
volk/lich
Volks/ab/stim/mung *f.*, -, -en
Volks/ar/mee *f.*, -, *nur Sg.*, Armee der DDR
Volks/ar/mist *m.*, -en, -en
Völks/be/fra/gung *f.*, -, -en
Volks/be/geh/ren *n.*, -s, -
Volks/bi/bli/o/thek oder auch: **Volks/bib/li/o/thek** *f.*, -, -en
Volks/brauch *m.*, [e]s, -bräu/che
Volks/buch *n.*, -[e]s, -bücher
Volks/bü/che/rei *f.*, -, -en
Volks/de/mo/kra/tie *f.*, -, -n
volks/ei/gen
Volks/ein/kom/men *n.*, -s, *nur Sg.*
Volks/ent/scheid *m.*, -[e]s, -e
Volks/ety/mo/lo/gie *f.*, -, -n, Volkskunde
Volks/glau/be *m.*, -ns, *nur Sg.*
Volks/herr/schaft *f.*, -, -en

Volks/hoch/schu/le *f.*, -, -n, Abk: VHS
Volks/kam/mer *f.*, -, *nur Sg.*
Volks/kom/mis/sa/ri/at *n.*, -[e]s, -e
Volks/kun/de *f.*, -, *nur Sg.*, Etymologie
Volks/kund/ler *m.*, -s, -, Etymologe
volks/kund/lich
Volks/kunst *f.*, -, *nur Sg.*
Volks/lied *n.*, -[e]s, -er
Volks/mär/chen *n.*, -s, -
Volks/mund *m.*, -es, *nur Sg.*
Volks/mu/sik *f.*, -, *nur Sg.*
Volks/po/li/zei Polizei der DDR
Volks/po/li/zist *m.*, -en, -en
Volks/re/pu/blik *f.*, -, *nur Sg.*, China ist eine Volksrepublik
Volks/schu/le *f.*, -, -n, Grundschule
Volks/schü/ler *m.*, -s, -
Volks/schul/leh/rer *m.*, -s, -
Volks/sou/ve/rä/ni/tät *f.*, -, *nur Sg.*
Volks/spra/che *f.*, -, -n
Volks/stamm *m.*, -[e]s, -stäm/me
Volks/stück *n.*, -[e]s, -e
Volks/tanz *m.*, -[e]s, -tän/ze
Volks/tri/bun *m.*, -s, oder -en, -e[n]
Volks/tum *n.*, -s, *nur Sg.*
volks/tüm/lich
Volks/tüm/lich/keit *f.*, -, *nur Sg.*
volks/ver/bun/den
Volks/ver/bun/den/heit *f.*, -, *nur Sg.* **Volks/ver/mö/gen** *n.*, -s, -
Volks/ver/samm/lung *f.*, -, -en
Volks/ver/tre/ter *m.*, -s, -
Volks/ver/tre/tung *f.*, -, -en
Volks/wa/gen *m.*, -s, -, (Warenz.), VW
Volks/wei/se *f.*, -, -n
Volks/wirt *m.*, -[e]s, -e
Volks/wirt/schaft *f.*, -, *nur Sg.*
Volks/wirt/schafts/leh/re *f.*, -, -n, Abk.: VWL
Volks/zäh/lung *f.*, -, -en
voll angefüllt
volla/den oder auch: **voll la/den** *tr.*
voll/auf
vollau/fen oder auch: **voll laufen** *intr.*
voll/au/to/ma/tisch
voll/au/to/ma/ti/siert
Voll/bad *n.*, -[e]s, -bä/der
Voll/bart *m.*, -[e]s, -bär/te
Voll/be/schäf/ti/gung *f.*, -, *nur Sg.*
Voll/be/sitz *m.*, nur in: im Vollbesitz seiner geistigen Kräfte sein
Voll/blut *n.*, -[e]s, *nur Sg.*
Voll/blü/ter *m.*, -s, -
voll/blü/tig
Voll/blü/tig/keit *f.*, -, *nur Sg.*
voll/brin/gen *tr.*
Voll/dampf *m.*, -[e]s, *nur Sg.*
Völ/le *f.*, -, *nur Sg.*
voll/en/den *tr.*
voll/ends
Voll/en/dung *f.*, -, *nur Sg.*
vol/ler
Völ/le/rei *f.*, -, *nur Sg.*, Schlemmerei
voll/es/sen *refl.*
Vol/ley/ball [engl.] *m.*, -[e]s, -bälle
voll/füh/ren *tr.*
voll/fül/len oder auch: **voll fül/len** *tr.*
Voll/gas *n.*, -[e]s, *nur Sg.*
Voll/ge/fühl *n.*
voll/gie/ßen oder auch: **voll gie/ßen** *tr.*
voll/gül/tig
Voll/gül/tig/keit *f.*, -, *nur Sg.*
völ/lig ganz
voll/in/halt/lich
voll/jäh/rig ab seinem 18. Geburtstag ist man volljährig
Voll/jäh/rig/keit *f.*, -, *nur Sg.*
Voll/kas/ko *n.*, -s, *nur Sg.*, Art der Versicherung, die jeden Schaden abdeckt
voll/kas/ko/ver/si/chert
voll/kli/ma/ti/siert
voll/kom/men perfekt
Voll/kom/men/heit *f.*, -, *nur Sg.*, Perfektion
Voll/kos/ten/rech/nung *f.*, -, -en
voll/ma/chen oder auch: **voll ma/chen** *tr.*
Voll/macht *f.*, -, -en, Erlaubnis
Voll/macht/ge/ber *m.*, -s, -
voll/mast
Voll/ma/tro/se *m.*, -n, -n
Voll/mond *m.*, -[e]s, *nur Sg.*
Voll/mond/ge/sicht *n.*, -[e]s, -er
voll/mun/dig
voll/pa/cken oder auch: **voll pa/cken** *tr.*
Voll/pen/si/on *f.*, -, *nur Sg.*, Unterbringung mit 3 Mahlzeiten pro Tag
voll/schen/ken oder auch: **voll schen/ken** *tr.*, ein Glas voll schenken
Voll/schiff n, -[e]s, -e
voll/schla/gen *tr.*
Voll/spur *f.*, -, -en
voll/spu/rig
voll/stän/dig
Voll/stän/dig/keit *f.*, -, *nur Sg.*
voll/stop/fen oder auch: **voll stop/fen** *tr.*, sich schnell und hastig satt essen
voll/streck/bar

vollstrecken

voll/stre/cken *tr.*
Voll/stre/ckung *f.*, -, -en
Voll/stre/ckungs/be/amte *m.*, -n, -n
voll/tan/ken oder auch: **voll tan/ken** *tr.*
voll/tö/nend > **voll tö/nend**
voll/trun/ken sehr betrunken
Voll/ver/samm/lung *f.*, -, -en
Voll/wai/se *f.*, -n, -n, Person, deren beide Elternteile nicht mehr leben
voll/wer/tig
Voll/wer/tig/keit *f.*, -, *nur Sg.*
voll/zäh/lig
Voll/zäh/lig/keit *f.*, ., *nur Sg.*
voll/zieh/bar
voll/zie/hen *tr.*, vollstrecken
Voll/zie/hung *f.*, -, *nur Sg.*
Voll/zug *m.*, -[e]s, -zü/ge
Voll/zugs/ge/walt *f.*, -, *nur Sg.*
Vo/lon/tär [lat./französ.] *m.*, -s, -e
vo/lon/tie/ren *intr.*
Volt *n.*, -[s], -, physikalische Maßeinheit
vol/ta [italien.]
Vol/ta *f.*, -, -ten
Vol/ta/ele/ment *n.*, -[e]s, -e
Vol/ta/me/ter *n.*, -s, -
Volt/am/pere *n.*, -[s], -
Volt/a'/sche Säu/le oder auch: **vol/ta/sche Säu/le** *f.*, -n, *nur Sg.*
Volt/me/ter *n.*, -s, -
Vo/lu/men *n.*, -s, -, Rauminhalt
Vo/lu/men/ein/heit *f.*, -, -en
Vo/lu/men/pro/zent *n.*, -[e]s, -e
Vo/lu/me/ter *n.*, -s, -
Vo/lu/me/trie oder auch: **Vo/lu/met/rie** *f.*, -, *nur Sg.*
Vo/lum/ge/wicht *n.*, -[e]s, -e

Vo/lu/mi/na *Pl.* von Volumen
vo/lu/mi/nös
Vo/lum/pro/zent *n.*, [e]s, -e
Vo/lun/ta/ris/mus [lat.] *m.*, -, *nur Sg.*, Freiwilligkeit
Vo/lun/ta/rist *m.*, -en, -en, Freiwilliger
vo/lun/ta/ris/tisch
vom Abk. für: von dem, vom obersten Regal
Vom/hun/dert/satz *m.*, -[e]s, sät/ze
vo/mie/ren [lat.] *intr.*
Vo/mi/tiv *n.*, -[e]s, -e
Vom/tau/send/satz *m.*, -[e]s, -sät/ze
von ich komme gerade von meinen Eltern, ich lebe von meinem eigenen Geld
von/ein/an/der oder auch: von/ei/nan/der
von/ein/an/der/ge/hen *intr.*
von/nö/ten
von/stat/ten
Vo/po *f.*, -, *nur Sg.*, Abk. für Volkspolizei
vor Präp. mit Dativ und Akkusativ, vor der Einfahrt parken, vor den Schrank stellen, vor Kälte zittern, Gnade vor Recht ergehen lassen, vor Christi Geburt, vor allem, weil..., vor allem, wenn...
vor/ab auch: **vo/rab** zunächst, im Voraus
Vor/a/bend *m.*, -s, -e
vor/an
vor/an/ge/hen im Vorangehenden wurde gezeigt, dass..., der, die, das Vorangehende
vor/an/kom/men *intr.*
vor/an/mel/den *tr.*
Vor/an/mel/dung *f.*, -, -en
Vor/an/schlag *m.*, -[e]s, -schläge, Angebot nach der Kalkulation der Kosten im Voraus

vor/an/stel/len *tr.*
Vor/an/zei/ge *f.*, -, -n
Vor/ar/beit *f.*, -, -en
vor/ar/bei/ten
Vor/ar/bei/ter *m.*, -s, -
Vor/arl/berg Bundesland in Österreich
Vor/arl/ber/ger *m.*, -s, -
vor/arl/ber/gisch
vor/auf auch: **vo/rauf**
voran, voraus
vor/auf/ge/hen *intr.*
vor/aus auch: **vo/raus** im, zum Voraus
vor/aus/be/stim/men
Vor/aus/be/stim/mung *f.*, -, -en
vor/aus/be/zah/len *tr.*
vor/aus/da/tie/ren *tr.*
vor/aus/fah/ren *intr.*
vor/aus/geh/en *intr.* vorangehen
vor/aus/ha/ben *tr.* jmdm. etwas voraushaben
Vor/aus/kor/rek/tur *f.*, -, -en
vor/aus/lau/fen *intr.*
vor/aus/neh/men *tr.*
Vor/aus/sa/ge *f.*, -, -en
vor/aus/sa/gen *tr.* etwas voraussagen, aber: das kann niemand im Voraus sagen
vor/aus/schau/en
vor/aus/schi/cken *tr.*
vor/aus/se/hen *tr.*
vor/aus/set/zen *tr.* vorausgesetzt, dass...
Vor/aus/set/zung *f.*, -, -en
Vor/aus/sicht *f.*, -, *nur Sg*, aller Voraussicht nach
vor/aus/sicht/lich
vor/aus/wis/sen *tr.*
vor/aus/zah/len *tr.*
Vor/aus/zah/lung *f.*, -, -en
Vo/ra/zi/tät [lat.] *f.*, -, *nur Sg.*, Gefräßigkeit
Vor/bau *m.*, -[e]s, -ten
vor/bau/en *tr.* u. *intr.*, der kluge Mann baut vor, er

beugt vor
Vor/be/dacht *m.*, -[e]s, *nur Sg.*, mit, ohne Vorbedacht handeln
Vor/be/din/gung *f.*, -, -en
Vor/be/halt *m.*, -[e]s, -e, Bedingung, unter Vorbehalt, dass, ohne Vorbehalt
vor/be/hal/ten *tr.* sich etwas vorbehalten
vor/be/halt/lich vorbehaltlich der Tatsache
vor/be/halt/los
vor/bei vorüber, er kam, als alles schon vorbei war
vor/bei/neh/men *refl.* ugs. für: sich unhöflich benehmen
vor/bei/fah/ren *intr.*
vor/bei/flie/gen *intr.*
vor/bei/flie/ßen *intr.*
vor/bei/füh/ren *tr.* und *intr.*
vor/bei/kom/men *intr.*
vor/bei/kön/nen *intr.*
vor/bei/las/sen *tr.*
vor/bei/lau/fen *intr.*
Vor/bei/marsch *m.*, [e]s, -märsche
vor/bei/re/den an etwas vorbeireden, das Wesentliche nicht erwähnen
vor/be/las/tet
Vor/be/mer/kung *f.*, -, -en
vor/be/rei/ten *tr.*
Vor/be/rei/tung *f.*, -, -en
Vor/be/spre/chung *f.*, -, -en
vor/be/stel/len *tr.*
Vor/be/stel/lung *f.*, -, -en
vor/be/straft
vor/be/ten *tr.*
Vor/be/ter *m.*, -s, -
vor/beu/gen 1. *tr.*, sich vorbeugen, 2. *intr.*, einem Ereignis vorbeugen: es verhindern
Vor/beu/gung *f.*, -, -en
Vor/beu/gungs/maß-nah/me *f.*, -, -n
Vor/bild *n.*, -[e]s, -er, Ideal, nach dem man strebt

vor/bil/den *tr.*, vorformen
vor/bild/lich
Vor/bild/lich/keit *f.*, -, *nur Sg.*
Vor/bil/dung *f.*, -, *nur Sg.*
vor/bin/den *tr.*, eine Schürze vorbinden
Vor/bör/se *f.*, -, *nur Sg.*, Börsengeschäfte, die vor der eigentlichen Börsenzeit getätigt wurden
Vor/bo/te *m.*, -n, -n,
vor/brin/gen *tr.*
vor/christ/lich vor Christi Geburt
vor/da/tie/ren *tr.* vorausdatieren
Vor/da/tie/rung *f.*, -, -en
Vor/der/ach/se *f.*, -, -n
Vor/der/an/sicht *f.*, -, -en
vor/der/asi/a/tisch
Vor/der/asi/en
Vor/der/bein *n.*, -[e]s, -e
Vor/der/deck *n.*, -s, -e
vor/de/re (-r, -s)
Vor/der/fuß *m.*, -[e]s, -füße
Vor/der/gau/men *m.*, -s, -
Vor/der/gau/men/laut *m.*, -es, -e, Palantal, ein Laut, gebildet am vorderen Gaumen
Vor/der/ge/bäu/de *n.*, -s, -
Vor/der/grund *m.*, -[e]s, -gründe
vor/der/grün/dig
Vor/der/grün/dig/keit *f.*, -, *nur Sg.*
vor/der/hand einstweilen
Vor/der/hand *f.*, -, -hände
Vor/der/haus *n.*, -es, -häuser
Vor/der/in/di/en
Vor/der/la/der *m.*, -s, -, alte Feuerwaffe
vor/der/las/tig kopflastig
Vor/der/lauf *m.*, -[e]s, -läufe, Jagd: Vorderbein
Vor/der/mann *m.*, -[e]s, -männer
Vor/der/pfo/te *f.*, -, -n

Vor/der/rad *n.*, -[e]s, -räder
Vor/der/rad/an/trieb *m.*, -[e]s, -e
Vor/der/satz *m.*, -[e]s, -sätze, vorangestellter Satz im Satzgefüge
Vor/der/teil *n.*, -[e]s, -e
Vor/der/tür *f.*, -, -en
Vor/der/zim/mer *n.*, -s, -
vor/drin/gen *intr.*
vor/dring/lich
Vor/dring/lich/keit *f.*, -, *nur Sg.*
Vor/druck *m.*, -es, -drucke
vor/e/he/lich
vor/ei/lig
Vor/ei/lig/keit *f.*, -, *nur Sg.*
vor/ein/an/der oder auch: **vor/ei/nan/der**
vor/ein/ge/nom/men
Vor/ein/ge/nom/men/heit *f.*, -, *nur Sg.*
Vor/ein/sen/dung *f.*, -, *nur Sg.*
vor/eis/zeit/lich
Vor/el/tern *nur Pl.* Vorfahren
vor/ent/hal/ten *tr.*
Vor/ent/scheid *m.*, -es, -e
Vor/ent/schei/dung *f.*, -, -en
Vor/ent/schei/dungs-kampf *m.*, -[e]s, -kämpfe
Vor/er/be 1. *m.*, -n, -n, ein nur bis zu einem bestimmten Zeitpunkt eingesetzter Erbe , 2. *n.*, -s, *nur Sg.* das Erbe eines Vorerben
vor/erst vorläufig, bis auf weiteres
vor/er/wähnt Amtsd.: oben erwähnt
vor/er/zäh/len
Vor/fahr *m.*, -en, -en
vor/fah/ren *intr.*
Vor/fahrt *f.*, -, -en
Vor/fahrts/recht *n.*, -[e]s, *nur Sg.*
Vor/fahrts/schild *n.*, [e]s, -er

Vor/fahrts/straße *f.*, -, -en
Vor/fahrts/zei/chen *f.*, -s, -
Vor/fall *m.*, -[e]s, -fälle
vor/fal/len *intr.*
Vor/feld *n.*, -[e]s, -er
Vor/film *m.*, -[e]s, -e
vor/fi/nan/zie/ren *tr.*
Vor/fi/nan/zie/rung *f.*, -, -en
vor/fin/den *tr.*
Vor/freu/de *f.*, -, -n
vor/fris/tig
Vor/früh/ling *m.*, -s, -e
vor/füh/len *intr.*
Vor/füh/r/da/me *f.*, -, -en
vor/füh/ren *tr.*
Vor/füh/rungs/raum *f.*, -, -räume
Vor/führ/wa/gen *m.*, -s, -
Vor/ga/be *f.*, -, -n, 1. Sport: Vergünstigung für Schwächere, 2. Sprengwesen: das, was an Gestein durch eine Sprengung gelöst werden soll, 3. Richtlinie
Vor/gang *rn.*, -[e]s, -gänge
Vor/gän/ger *m.*, -s, -
Vor/gar/ten *m.*, -s, -gärten
vor/gau/keln *tr.*, vortäuschen
vor/ge/ben *tr.*
Vor/ge/bir/ge *n.*, -s, -
vor/geb/lich
vor/ge/faßt > **vor/gefasst** meist in: eine vorgefasste Meinung
Vor/ge/fühl *n.*, -[e]s, -gefühle
vor/ge/hen *intr.*
vor/ge/la/gert
vor/ge/nannt Amtsd.: oben genannt
Vor/ge/schich/te *f.*, -, -n
vor/ge/schicht/lich
Vor/ge/schmack *m.*, -[e]s, *nur Sg.*
Vor/ge/setz/te *m.*, -n, -n oder auch: *f.*, -n, -n
vor/ges/tern

vor/grei/fen *intr.*
Vor/griff *m.*, -[e]s, -e
vor/ha/ben *tr.*
Vor/ha/ben *n.*, -s, -, Plan
Vor/halt *m.*, -[e]s, -e, 1. Musik: ein harmoniefremder Ton, der sich in den folgenden Ton auflöst, 2. die Entfernung zwischen Schusswaffe und beweglichem Ziel
vor/hal/ten 1. *tr.* jmdm etwas vorwerfen, 2. *intr.* andauern, 3. *intr.* vor bewegendes Objekt zielen
Vor/hal/tung *f.*, -, -en, ernste Mahnung, Vorwurf
Vor/hand *f.*, -, -hände, 1. Sport: bestimmter Schlag z.B. Hockey, Tennis, 2. beim Pferd der Rumpfteil über den Vorderbeinen, 3. Kartenspieler, der die erste Karte erhält
vor/han/den
Vor/han/den/sein *n.*, -s, *nur Sg.*
Vor/hang *m.*, -[e]s, -hänge
vor/hän/gen *tr.*
Vor/hän/ge/schloß >
Vor/hän/ge/schloss *n.*, -es, -schlösser
Vor/haus *n.*, -es, -häuser, Hauseinfahrt, Hausflur
Vor/haut *f.*, -, -häute
vor/her vorher war alles besser, vorher (früher) gehen, aber: vorhergehen (vorausgehen)
vor/her/be/stim/men *tr.*
vor/he/rig
vor/herr/schen *intr.*
Vor/herr/schaft *f.*, -, -en
Vor/her/sa/ge *f.*, -, -n
vor/her/sa/gen *tr.*
vor/heu/len *tr.*
vor/hin
vor/hin/ein oder auch
vor/hi/nein
Vor/hut *f.*, -, -en, militär.:

vorausgehender Sicherungsverband
vo/rig voriges Treffen, im vorigen Jahrhundert
Vor/jahr *n.*, -[e]s, -e, das vergangene Jahr
vor/jäh/rig
vor/jam/mern *tr.*
Vor/kam/mer *f.*, -, -n
Vor/kämp/fer *m.*, -s, -
vor/kau/en *tr.*, 1. etwas vorher zerkauen, 2. in allen Details erklären
Vor/kaufs/recht *n.*, [e]s, -e
Vor/keh/rung *f.*, -, -en, vorbeugende Maßnahmen treffen
vor/kei/men *tr.*
Vor/kennt/nis *f.*, -, -se
vor/knöp/fen *tr.* und *refl.*, jmdm zurechtweisen
Vor/kom/men *n.*, -s, -
vor/kom/men *intr.*
Vor/komm/nis *n.*, -ses, -se
vor/kra/gen herausragen (Bauteile)
vor/la/den *tr.*
Vor/la/dung *f.*, -, -en
Vor/la/ge *f.*, -, -n
Vor/land *n.*, -[e]s, *nur Sg.* vorgelagertes Land
vor/las/sen *tr.*
Vor/lauf *m.*, -[e]s, -läufe
vor/lau/fen *intr.*,
Vor/läu/fer *m.*, -s, -
vor/läu/fig
vor/laut
vor/le/ben *tr.*
Vor/le/ben *n.*, -s, *nur Sg.*, früheres Leben
Vor/le/ge/be/steck n, -[e]s, -e
Vor/le/ge/ga/bel *f.*, -, -n
vor/le/gen *tr.*
Vor/le/ger *m.*, -s, -, kleiner Teppich
Vor/le/ge/schloß >
Vor/le/ge/schloss *n.*, -es, -schlösser

vor/le/sen *tr.*
Vor/le/se/wett/be/werb *m.*, -[e]s, -e
Vor/le/sung *f.*, -, -en, Univ: Vortrag des Dozenten
vor/letzt sie ist die Vorletzte
Vor/lie/be *f.*, -, -n
vor/lieb/neh/men sich mit etwas begnügen
vor/lie/gen *intr.*
vor/lü/gen *tr.*
vorm Abk. für: vor dem
vorm. 1. Abk. für vormals, 2. Abk. für vormittags
vor/ma/chen *tr.*
Vor/macht *f.*, -, -mächte
Vor/macht/stel/lung *f.*, -, -en
vor/ma/lig früher
vor/mals ehemals
Vor/marsch *m.*, -[e]s, -märsche
Vor/märz *m.*, -es, *nur Sg.*, Zeitraum von 1815 bis zur deutschen Märzrevolution 1848
vor/märz/lich
Vor/mensch *m.*, -en, -en, Frühmensch, der Mensch im frühesten Entwicklungsgang der Menschheit
Vor/merk/buch *n.*, -[e]s, -bücher
vor/mer/ken *tr.*
Vor/mer/kung *f.*, -, -en
Vor/mit/tag *m.*, -[e]s, -e, morgen Vormittag
vor/mit/täg/lich
vor/mit/tags
Vor/mund *m.*, -[e]s, -münder, gesetzlich bestimmer Vertreter
Vor/mund/schaft *f.*, -, -en
vor/mund/schaft/lich
Vor/mund/schafts/ge/richt *n.*, -[e]s, -e
vorn
Vor/nah/me *f.*, -, -n, (Tätigkeit)
Vor/name *m.*, -n, -n

vorn/an zuerst
vor/ne
vor/nehm
vor/neh/men *tr.* u. *refl.*
Vor/nehm/heit *f.*, -, *nur Sg.*
vor/nehm/lich besonders
vorn/her/ein oder auch
vorn/he/rein von vornherein
vorn/ü/ber
vorn/ü/ber/ge/beugt
vorn/weg vorneweg
Vor/ort *m.*, -[e]s, -e
Vor/ort(s)/zug *m.*, -[e]s, -züge
Vor/platz *m.*, -es, -plätze
Vor/pro/gramm *n.*, -[e]s, -e
vor/quel/len 1. *intr.* vorquellende Augen, 2. *tr.* vorher quellen lassen
Vor/rang *m.* -[e]s, *nur Sg.*
vor/ran/gig
Vor/rang/stel/lung *f.*, -, -en
Vor/rat *m.*, -[e]s, -räte
vor/rä/tig
Vor/rats/kam/mer *f.*, -, -n
Vor/raum *m.*, -[e]s, -räte
vor/rech/nen *tr.*
Vor/recht *n.*, -[e]s, -e
Vor/re/de *f.*, -, -n
vor/re/den *tr.*, wir lassen uns nichts vorreden, jmdm etwas vorreden
Vor/red/ner *m.*, -s, -
vor/rich/ten *tr.*
Vor/rich/tung *f.*, -, -en
vor/rü/cken *intr.*
Vor/run/de *f.*, -, -n
vors vor das
vor/sa/gen *tr.*
Vor/sa/ger *m.*, -s, -
Vor/sän/ger *m.*, -s, -
Vor/satz *m.*, -[e]s, -sätze
Vor/satz/blatt *n.*, -[e]s, -blätter
Vor/satz/pa/pier eine Häflte dieses Doppelblattes ist auf den Buchdeckel geklebt

vor/sätz/lich
Vor/sätz/lich/keit *f.*, -, -en
Vor/satz/linse *f.*, -, -en
vor/schal/ten *tr.*
Vor/schalt/wi/der/stand *m.*, -[e]s, -stände
Vor/schau *f.*, -, -en
Vor/schein *m.*, nur als: zum Vorschein bringen, kommen
vor/schie/ßen *tr.*, jmdm Geld leihen
Vor/schiff *n.*, -[e]s, -e
Vor/schlag *m.*, [e]s, -schläge
vor/schla/gen *tr.*
Vor/schlag/ham/mer *m.*, -s, -hämmer
Vor/schlags/recht *n.*, -[e]s, -e
Vor/schluß/run/de >
Vor/schluss/run/de *f.*, -, -n, Sportbegriff
vor/schnell vorschnell handeln
vor/schrei/ben *tr.*
Vor/schrift *f.*, -, -en
vor/schrifts/ge/mäß
vor/schrifts/mä/ßig
vor/schrifts/wid/rig
Vor/schub 1. *m.*, -[e]s, *nur Sg.*, einer Sache Vorschub leisten: eine Sache fördern, 2. *m.*, -[e]s, -schübe, in der Technik ein Maß für die Vorwärtsbewegung eines Werkzeuges
Vor/schu/le *f.*, -, -n
vor/schu/lisch
Vor/schuß > **Vor/schuss** *m.*, -es, -schüsse, früheres Auszahlen eines Betrages (Lohn, Gehalt)
Vor/schuß/lor/bee/ren >
Vor/schuss/lor/beeren *nur Pl*, im Voraus erteiltes Lob
vor/schüt/zen *tr.*, er schützt eine Verletzung vor, er gibt eine Verletzung als Vorwand an
vor/schwär/men *tr.*
vor/schwe/ben mir schwebt

etwas Bestimmtes vor
vor/schwin/deln *tr.*
vor/se/hen 1. *refl.*, aufpassen, sich in Acht nehmen, 2. *tr.*, (ein)planen, jmdn. für eine Stelle vorsehen, für morgen ist ein Meeting vorgesehen
Vor/se/hung *f.*, -, -en
Vor/sicht *f.*, -, *nur Sg.*
vor/sich/tig
Vor/sich/tig/keit *f.*, -, *nur Sg.*
vor/sichts/hal/ber
Vor/sichts/maß/re/gel *f.*, -, -n
Vor/sil/be *f.*, -, -n
vor/sin/gen *tr.*
vor/sint/flut/lich ugs. für: unmodern, seit langem veraltet
Vor/sitz *m.*, -[e]s, -e
vor/sit/zen *intr.*
Vor/sit/zen/de *m.*, -n, -n oder auch: *f.*, -n, -n
Vor/sor/ge *f.*, -, *nur Sg.*
vor/sor/gen *intr.*
vor/sorg/lich
Vor/spann *m.*, -[e]s, -e, 1. im Film, Fernsehen vor der Handlung ablaufender Teil (Titel), Einleitung bei Texten, 2. Zugtiere, die noch vor das Gespann gespannt werden
vor/span/nen auch: Federn vorspannen, Federn vorbiegen
Vor/spei/se *f.*, -, -n
vor/spie/geln *tr.*, ich spiegele ihm etwas vor
Vor/spie/ge/lung,
Vor/spieg/lung *f.*, -, *nur Sg.*
Vor/spiel *n.*, -[e]s, -e
vor/spie/len *tr.*
vor/spre/chen *tr.*
vor/sprin/gen *intr.*
Vor/sprung *m.*, -[e]s, -sprünge
Vor/stadt *f.*, -, -städte

vor/städ/tisch
Vor/stand *m.*, -[e]s, -stände
Vor/stands/mit/glied *n.*, -[e]s, -er
Vor/stands/sit/zung *f.*, -, -en
vor/ste/hen *intr.* 1. hervorragen, 2. anführen, leiten, 3. bei Jagdhunden: wittert das Wild, bleibt stehen
Vor/ste/her *m.*, -s, -
Vor/ste/her/drü/se *f.*, -, -n, Prostata
Vor/steh/hund *m.*, [e]s, -e, Jagdhund
vor/stell/bar
vor/stel/len *tr. u. refl.*
vor/stel/lig nur: bei Behörde vorstellig werden
Vor/stel/lung *f.*, -, -en
Vor/stel/lungs/kraft *f.*, -, *nur Sg.*
Vor/stel/lungs/ver/mö/gen *n.*, -s, *nur Sg.*
Vor/stoß *m.*, -es, -stöße
vor/sto/ßen *intr.*
Vor/stra/fe *f.*, -, -n
vor/stre/cken *tr.*, jmdm. Geld vorstrecken: leihen
Vor/stu/fe *f.*, -, -n
Vor/tag *m.*, -[e]s, -e
vor/tan/zen *tr.*
Vor/tän/zer *m.*, -s, -
vor/täu/schen *tr.*
Vor/täu/schung *f.*, -, *nur Sg.*
Vor/teil *m.*, -[e]s, -e, das ist für uns von Vorteil, wir bringen uns in Vorteil
vor/teil/haft
Vor/trag *m.*, -[e]s, -träge
vor/tra/gen *tr.*
Vor/trags/fol/ge *f.*, -, -n
Vor/trags/künst/ler *m.*, -s, -
Vor/trags/rei/he *f.*, -, -n,
vor/treff/lich
Vor/treff/lich/keit *f.*, -, *nur Sg.*
vor/tre/ten *intr.*
Vor/trieb *m.*, -[e]s, *nur Sg.*,

Fachbegriff: Vortreiben eines Stollens, Tunnels
Vor/tritt *m.*, -[e]s, *nur Sg.*
vor/tur/nen *tr.*
Vor/tur/ner *m.*, -s, -
vor/über auch: **vo/rüber** : es ist alles vorüber
vor/über/fah/ren oder auch: **vo/rü/ber/fah/ren** *intr.*
vor/über/ge/hend oder auch: **vo/rü/ber/ge/hend**
Vor/ur/teil *n.*, -[e]s, -e
vor/ur/teils/frei
vor/ur/teils/los
Vor/vä/ter *m.*, *nur Pl*, Ahnen
Vor/ver/gan/gen/heit *f.*, -, *nur Sg.*, Plusquamperfekt
Vor/ver/kauf *m.*, -[e]s, *nur Sg.*
Vor/ver/kaufs/kas/se *f.*, -, -n
vor/ver/le/gen *tr.*
Vor/ver/le/gung *f.*, -, *nur Sg.*
vor/vor/ges/tern
vor/vo/rig
Vor/wahl *f.*, -, -en
vor/wäh/len *tr.*, für Saarbrücken muss man 0681 vorwählen
Vor/wähl/num/mer *f.*, -, -n
Vor/wand *m.*, -[e]s, -wände
vor/wärts
vor/wärts/brin/gen *tr.*, fördern
vor/wärts/ge/hen > *intr.*, verbessern, sich weiterentwickeln
vor/wärts/kom/men *intr.*, erfolgreich sein, dazulernen
vor/weg
Vor/weg/nah/me *f.*, -, *nur Sg.*
vor/weg/neh/men *intr.*
vor/wei/sen *tr.*
Vor/wei/sung *f.*, -, -en
Vor/welt *f.*, -, *nur Sg.*, in der Erdgeschichte die Zeit vor dem Alluvium

vor/welt/lich
vor/wer/fen *tr.*
Vor/werk *n.,* -[e]s, -e
vor/wie/gend überwiegend
Vor/wis/sen *n.,* -s, *nur Sg.*
Vor/witz *m.,* -[e]s, *nur Sg.*
vor/wit/zig
Vor/wit/zig/keit *f.,* -, *nur Sg.*
Vor/wo/che *f.,* -, -n
vor/wö/chig
Vor/wort *n.,* -[e]s, -wörter, Einleitung
Vor/wurf *m.,* -[e]s, -würfe
vor/wurfs/voll
Vor/zei/chen *n.,* -s, -
vor/zeich/nen *tr.*
Vor/zeich/nung *f.,* -, -en
vor/zei/gen *tr.*
Vor/zeit *f.,* -, -en
vor/zei/ten
vor/zei/tig
Vor/zei/tig/keit *f.,* -, *nur Sg.*, Begriff der Sprachwissenschaft
vor/zeit/lich der Vorzeit angehörend
vor/zie/hen *tr.*
Vor/zim/mer *n.,* -s, -
Vor/zug *m.,* -[e]s, -züge, 1. vorgesetzter Entlastungszug der Bahn, 2. Auswahl
vor/züg/lich
Vor/zugs/ak/tie *f.,* -, -n
Vor/zugs/preis *m.,* -es, -e
vor/zugs/wei/se
Vo/ta *Pl.* von Votum
Vo/tant (lat.) *m.* -en, -en: jmd. der abgestimmt hat

Vo/ten *Pl.* von Votum
vo/tie/ren *intr.,* abstimmen
Vo/tiv/bild *n.,* -[e]s, -er, einem (od. einer) Heiligen geweihtes Bild
Vo/tiv/mes/se *f.,* -, -n
Vo/tum *n.,* -s, Vota oder Voten, Urteil, Gelübde, Wahl
Vou/cher [engl.] *n.,* -s, -[s], oder auch: *m.,* -s, -[s], Buchungsbestätigung im Tourismus, Gutschein für im voraus bezahlte Leistungen
Vou/te [französ.] *f.,* -, -n, im Bauwesen: Verstärkung zwischen Wand und Decke
Vox [lat.] *f.,* -, Vo/ces: Stimme, vox populi: Volkes Stimme
Voy/eur auch: **Vo/yeur** [französ.] *m.,* -[e]s, -e, Zuschauer bei sexuellen Handlungen
Vp Abk. für: Versuchsperson
VP Abk. für: Volkspolizei in der ehem. DDR
v. R. w. Abk. für: von Rechts wegen
V. S. O. R: Abk. für: very special old pale: ganz besonders alt und blass: Gütezeichen für Weinbrände
VT Abk. für: Vermont
v. T. Abk. für: vom Tausend
vul/gär [lat.] ordinär, gewöhnlich (im negativen Sinne)

Vul/ga/ri/tät *f.,* -, -en
Vul/gär/la/tein *f.,* -s, *nur Sg.,* Volkslatein
Vul/gär/spra/che *f.,* -, -n
Vul/ga/ta *f.,* -, *nur Sg.,* von der kath. Kirche für authentisch erklärte Bibelübersetzung
vul/go gewöhnlich
Vul/kan 1. römischer Gott des Feuers, 2. *m.,* -[e]s, -e, Feuer speiender Berg
Vul/kan/aus/bruch *m.,* -[e]s, -brüche
Vul/kan/fi/ber *f.,* -, *nur Sg.,* Kunststoffersatz für Leder und Kautschuk
Vul/ka/ni/sa/ti/on *f.,* -, *nur Sg.,* Einarbeiten von Schwefel in Kautschuk
vul/ka/ni/sie/ren *tr.*
Vul/ka/ni/sie/rung *f.,* -, *nur Sg.*
Vul/ka/nis/mus *m.,* -*nur Sg.* zusammenfassende Bezeichnung für vulkan. Tätgkeiten
vul/ne/ra/bel [lat.] in der Medizin: verletzbar
Vul/ne/ra/bi/li/tät *f.,* -, *nur Sg.*
Vul/va [lat.] *f.,* -, Vulven weibliche Scham
v. v. Abk. für vice versa
VW Abk. für Volkswagen
V-Waffe *f.,* -, -n: Vergeltungswaffe (dt. Rakete im Zweiten Weltkrieg)

W

W 1. Abk. für: West(en), 2. Abk. für Watt, 3. Abk. für: Werst, 4. chem. Zeichen für: Wolfram
WA Abk. für: Washington
Waadt schweizer. Kanton
Waadt/land
Waadt/län/der *m.*, -s, -
waadt/län/disch
Waa/ge *f.*, -, -n
waa/ge/recht, waag/recht
Waa/ge/rech/te oder auch:
Waag/rech/te *f.*, -n, -n
Waag/scha/le *f.*, -, -n
wab/be/lig, wabb/lig ugs. für: gallertartig, unangenehm weich
wab/beln *intr.* ugs für: hin und her wackeln
Wa/be *f.*, -, -n, Zellenbau des Bienenstockes
Wa/ben/ho/nig *m.*, -s, *nur Sg.*
Wa/ber/lo/he *f.*, -, *nur Sg.*: altnord. Dichtung: flackerndes Feuer
wa/bern *intr.*, flackern
wach wach werden, wach sein
Wach/ab/lö/sung *f.*, -, -en
Wach/dienst *m.*, -[e]s, -e
Wa/che *f.*, -, -n: Wache halten, stehen (schieben)
wa/chen *intr.* über jmdn. wachen
Wach/feu/er *n.*, -s, -
wach/ha/bend
wach/hal/ten *tr.*
Wach/hund *m.*, -[e]s, -e
Wach/lo/kal *n.*, -[e]s, -e
Wach/mann *m.*, -[e]s, -männer oder auch *m.*, -[e]s, -leute
Wach/mann/schaft *f.*, -, -en
Wa/chol/der *m.*, -s, -, 1. ein Baum, 2. Wacholderschnaps
Wa/chol/der/bee/re *f.*, -, -n
Wa/chol/der/brannt/wein *m.*, -[e]s, -e
Wa/chol/der/schnaps *m.*, -[e]s, -schnäpse
Wacht/pos/ten,
Wacht/pos/ten *m.*, -s, -
wach/ru/fen *tr.*: in Erinnerung bringen
wach/rüt/teln *tr.* auch als: in Erinnerung rufen, aufrütteln
Wachs *n.*, -es, -e
wach/sam
Wach/sam/keit *f.*, -, *nur Sg.*
Wachs/bild *n.*, -[e]s, -er
wachs/bleich
Wachs/blu/me *f.*, -, -n, 1. künstl. Blume aus Wachs, 2. südostasiat. Pflanze
Wach/schiff *n.*, -[e]s, -e
wach/sen 1. *intr.* größer werden, 2. *tr.* mit Wachs glätten
wäch/sern aus Wachs
Wachs/fi/gur *f.*, -, -en
Wachs/fi/gu/ren/ka/bi/nett *n.*, -[e]s, -e
Wachs/ma/le/rei *f.*, -, -en
Wachs/pa/pier *n.*, -s, -e
Wachs/stock *m.*, -[e]s, -stöcke
Wachs/ta/fel *f.*, -, -n
Wachs/tuch *n.*, -[e]s, -tücher
Wachs/tum *f.*, -s, *nur Sg.*
Wachs/tums/hor/mon *n.*, -[e]s, -e
Wachs/tums/stö/rung *f.*, -, -en
wachs/weich
Wachs/zie/her *m.*, -s, -
Wacht *f.*, -, -en, Wache
Wäch/te> **Wech/te** *f.*, -, -n
Wach/tel 1. *f.*, -, -n, Vogel, 2. *m.*, -s, -Hund
Wach/tel/kö/nig *m.*, -s, -e, Vogel
Wach/tel/schlag *m.*, -[e]s, -schläge, Ruf der Wachtel
Wäch/ter *m.*, -s, -
Wacht/meis/ter *m.*, -s, -
Wacht/pa/ra/de *f.*, -, -n
Wacht/pos/ten *m.*, -s, -
Wacht/turm, Wach/turm *m.*, -[e]s, -türme
Wach- und Schließ/ge/sell/schaft *f.*, -, -en
Wach/zu/stand *m.*, -[e]s, *nur Sg.*
Wa/cke/lei *f.*, -, *nur Sg.*
wa/cke/lig, wack/lig
Wa/ckel/kon/takt *m.*, [e]s, -e
wa/ckeln *intr.*
wa/cker
Wa/cker/stein *m.*, -[e]s, -e, Gesteinsbrocken
wack/lig, wa/cke/lig
Wad [engl.] *n.*, -[e]s, -e, Mineral
Wad/di/ke *f.*, -, *nur Sg.*, Käsewasser, Molke
Wa/de *f.*, -, -n
Wa/den/bein *n.*, -[e]s, -e
Wa/den/krampf *m.*, -[e]s, -krämpfe
Wa/di [arab.] *n.*, -s, -s, in Nordafrika: ein wasserloses Flusstal
Waf/fe *f.*, -, -n
Waf/fel f, -, -n, Gebäck, ugs: du hast ja einen an der Waffel: du spinnst.
Waf/fel/ei/sen *n.*, -s, -
Waf/fen/bru/der *m.*, -s, -brüder
Waf/fen/bru/der/schaft *f.*, -, *nur Sg.*
waf/fen/fä/hig
Waf/fen/gang *m.*, -[e]s, -gänge
Waf/fen/ge/walt *f.*, -, *nur Sg.*
waf/fen/los
Waf/fen/platz *m.*, -[e]s, -plätze: Schweiz, für Truppenausbildungsplatz
Waf/fen/ru/he *f.*, -, -n
Waf/fen/schein *m.*, -[e]s, -e
Waf/fen/schmied *m.*, -[e]s, -e
Waf/fen/still/stand *m.*, -[e]s, -stände

Währschaft

Waf/fen/tanz *m.*, -es, -tänze
wäg/bar, Wäg/bar/keit *f.*, -, *nur Sg.*
Wa/ge/hals, Wag/hals *m.*, -[e]s, -hälse
wa/ge/hal/sig, wag/hal/sig
Wä/gel/chen *n.*, -s, -, 1. kleiner Wagen, 2. kleine Waage
Wa/ge/mut *m.*, -tes, *nur Sg.*
wa/ge/mu/tig *tr.*
Wa/gen *m.*, -s, -
wä/gen *tr.* 1. wiegen 2. einschätzen, beurteilen
Wa/gen/bau/er *m.*, -s, -
Wa/gen/burg *f.*, -, -en
Wa/gen/füh/rer *m.*, -s, -
Wa/gen/he/ber *m.*, -s, -
Wa/gen/la/dung *f.*, -, -en
Wa/gen/park *m.*, -s, -s
Wa/gen/pferd *n.*, -[e]s, -e
Wa/gen/rad *n.*, -[e]s, -räder
Wa/gen/ren/nen *n.*, -s, -
Wa/gen/schlag *m.*, -[e]s, -schläge
Wa/gen/schmie/re *f.*, -, *nur Sg.*
Wa/ge/stück, Wag/stück *n.*, -[e]s, -e, wagemutige Tat
Wag/gon auch: **Wa/gon** [engl.] *m.*, -s, -s
wag/gon/wei/se auch: **wa/gon/wei/se**
Wag/hals, Wagehals *m.*, -[e]s, -hälse
Wag/ner 1. *m.*, -s, -, Wagenbauer, 2. dt. Komponist
Wag/ne/ri/a/ner *m.*, -s, -, Anhänger der Musik Wagners
wag/ne/risch
Wag/ner-O/per *f.*, -, -n
Wag/nis *n.*, -ses, -se
Wag/stück *n.*, -[e]s, -e, Wagestück
Wä/he *f.*, -, -n, flacher Kuchen mit salzigem oder süßem Belag

Wahl *f.*, -, -en
wähl/bar
Wähl/bar/keit *f.*, -, *nur Sg.*
wahl/be/rech/tigt
Wahl/be/rech/ti/gung *f.*, -, -en
Wahl/be/zirk *m.*, -[e]s, -e
wäh/len *tr.*
Wäh/ler *m.*, -s, -
wäh/le/risch
Wäh/ler/schaft *f.*, -, *nur Sg.*
Wahl/fach *n.*, -[e]s, -fächer
Wahl/feld/zug *m.*, [e]s, -züge
wähl/frei
Wahl/gang *m.*, -[e]s, -gänge
Wahl/ge/heim/nis *n.*, -ses, -se
Wahl/ge/setz *n.*, -es, -e
Wahl/hei/mat *f.*, -, *nur Sg.*
Wahl/kam/pa/gne oder auch: **Wahl/kam/pag/ne** *f.*, -, -n
Wahl/kampf *m.*, -[e]s, -kämpfe
Wahl/kreis *m.*, -es, -e
Wahl/lei/ter *m.*, s, -
Wahl/lis/te *f.*, -, -n
Wahl/lo/kal *n.*, -[e]s, -e
Wahl/lo/ko/mo/ti/ve *f.*, -, -n, zugkräftiger Kandidat
wahl/los
Wahl/mann *m.*, -[e]s, -männer
Wahl/nie/der/la/ge *f.*, -, -n
Wahl/pe/ri/o/de *f.*, -, -n
Wahl/pflicht *f.*, -, -en
Wahl/recht *f.*, -[e]s, *nur Sg.*
Wahl/re/de *f.*, -, -n
Wahl/sieg *m.*, -[e]s, -e
Wahl/spruch *m.*, -[e]s, -sprüche
Wahl/sys/tem *f.*, -[e]s, -e
Wahl/ur/ne *f.*, -, -n
wahl/ver/wandt
Wahl/ver/wandt/schaft *f.*, -, -en
Wahn *m.*, -[e]s, *nur Sg.*, Geistesgestörtheit
Wahn/bild *n.*, -[e]s, -bilder,
wäh/nen *tr.*
Wahn/sinn *m.*, -[e]s, *nur Sg.*
wahn/sin/nig
Wahn/vor/stel/lung *f.*, -, -en
Wahn/witz *m.*, -es, *nur Sg.*
wahn/wit/zig
wahr wirklich
wah/ren *tr.*, er hat den Anschein gewahrt
wäh/ren *intr.* andauern
wäh/rend
wäh/rend/dem
wäh/rend/des/sen
wahr/haft 1. als Adjektiv: wahrheitsliebend, 2. als Adverb: wirklich
wahr/haf/tig
Wahr/haf/tig/keit *f.*, -, *nur Sg.*
Wahr/heit *f.*, -, -en
wahr/heits/ge/mäß
wahr/heits/ge/treu
Wahr/heits/lie/be *f.*, -, *nur Sg.*
wahr/heits/lie/bend
Wahr/heits/su/cher *m.*, -s, -
wahr/lich
wahr/nehm/bar
Wahr/nehm/bar/keit *f.*, -, *nur Sg.*
wahr/neh/men *tr.*
Wahr/neh/mung *f.*, -, -en
Wahr/neh/mungs/ver/mö/gen *n.*, -s, *nur Sg.*
Wahr/sa/ge/kunst *f.*, -, *nur Sg.*
wahr/sa/gen *tr.* prophezeien
Wahr/sa/ger *m.*, -s, -
Wahr/sa/ge/rei *f.*, -, -en
Wahr/sa/ge/rin *f.*, -, -nen
Wahr/sa/gung *f.*, -, -en
währ/schaft [schweizer.] dauerhaft
Währ/schaft *f.*, -, -en

[schweizer.] Bürgschaft, Mängelhaftung
Wahr/schau *f., -, nur Sg.:* Seemannssprache: Achtung, Warnung
wahr/schau/en *intr.* warnen
Wahr/schau/er
wahr/schein/lich
Wahr/schein/lich/keit *f., -, -en*
Wahr/schein/lich/keitsrech/nung *f., -, -en*
Wah/rung *f., -, nur Sg.,* Aufrechterhaltung, Behauptung
Wäh/rung *f., -, -en,* 1. Geldordnung, 2. Geldeinheit
Wäh/rungs/ein/heit *f., -, -en*
Wäh/rungs/kri/se *f., -, -n*
Wäh/rungs/po/li/tik *f., -, nur Sg.*
Wäh/rungs/re/form *f., -, -en*
Wahr/zei/chen *n., -s, -*
waid.., Waid.. „ Jagd" vgl. weid..., Weid...
Waid *m., -[e]s, -e,* Pflanze (mit blauem Farbstoff)
Wai/se *f., -, -n,* 1. elternloses Kind, 2. bei den Meistersingern eine einzelne reimlose Zeile
Wai/sen/haus *n., -[e]s, -häuser*
Wai/sen/kind *n., -[e]s, -er*
Wai/sen/kna/be *m., -n, -n*
Wai/sen/ren/te *f., -, -n*
Wai/sen/va/ter *m., -s, -väter,* = Waisenpfleger
Wa/ke *f., -, -n* Öffnung(en) im Eis
Wal *m., -[e]s, -e,* Meeressäuger (kein Fisch)
Wa/la/che *m., -n, -n,* Bewohner der Walachei
Wa/la/chei *f.,* rum. Landschaft, ugs. für mitten im Nirgendwo
Wald *m., -[e]s,* Wälder
Wald/amei/se *f., -, -n*
Wald/ar/bei/ter *m., -s, -*
Wald/brand *m., [e]s, -brände*
Wäld/chen *n., -s, -*
Wald/erd/bee/re *f., -, -n*
Wal/des/rand *m., -[e]s, -ränder*
Wal/des/rau/schen *n., -s, nur Sg.*
Wald/fre/vel *m., -s, -*
Wald/horn *n., -[e]s, -hörner*
wal/dig
Wald/meis/ter *m., -s, nur Sg.,* Pflanze, Bowlengewürz
Wal/dorf/schu/le *f., -, -n,* Privatschule nach dem System von R. Steiner
Wald/rand *m., -[e]s, -ränder*
wald/reich
Wald/reich/tum *m., -s, nur Sg.*
Wales Halbinsel im Westen von Großbritannien
Wal/fän/ger *m., -s, -*
Wal/fang/flot/te *f., -, -n*
Wal/fisch *m., -es, -e,* sinnlich falsch vgl. Wal
Wäl/ger/holz *n., -[e]s, -hölzer,* Nudelholz
wäl/gern *tr.,* Teig ausrollen
Wal/hall, Wal/hal/la 1. *f., -s, nur Sg.* Halle Odins, 2. Ruhmeshalle bei Regensburg
Wa/li/ser *m., -s, -,* Bewohner von Wales (vgl. Walliser)
Wal/ke *f., -, -n,* Verfilzmaschine
wal/ken verfilzen, kneten,
Wal/kie-tal/kie > **Wal/kie-Tal/kie** [engl.] *n., -s, -s,* tragbares Funkgerät
Wal/kü/re *f., -, -n,* Kampfjungfrau, die Gefallene zum Walhall begleitet

Wall 1. *m., -[e]s, -e,* 80 Stück Fisch (altes Zählmaß), 2. *m., -[e]s,* Wälle, Erdaufschüttung
Wa/la/by [engl.] *f., -s, -s,* Känguruart
Wal/lach *m., -[e]s, -e,* kastrierter Hengst
wal/len *intr.* 1. sprudeln, fließen, 2. bewegt fallen, wallendes Haar
wäl/len wallen lassen
Wal/len/stein, Albrecht, Eusebius Wenzel von, Feldherr im Dreißigjährigen Krieg (1583-1634)
wall/fah/ren *intr.* pilgern
Wall/fah/rer *m., -s, -*
Wall/fahrt *f., -, -en*
wall/fahr/ten *intr.*
Wall/fahrts/kir/che *f., -, -n*
Wall/fahrts/ort *m., -[e]s, -e*
Wall/gra/ben *m., -s, -gräben*
Wall/holz [schweizer.] *n., -[e]s, -hölzer,* Nudelholz
Wal/lis *f., -, nur Sg.,* schweizer. Kanton
Wal/li/ser *m., -s, -,* Bewohner von Wallis (vgl. Waliser)
wal/li/se/risch
Wal/lo/ne *m., -n, -n,* Nachkomme romanisierter Kelten in Belgien und Nordfrankreich
wal/lo/nisch
Wall/street, Wall Street, *f., -, nur Sg.,* Geschäftsstraße in New York, heute übertragen für den Geld- und Kapitalmarkt der USA
Wal/lung *f., -, -en*
Walm *m., -[e]s, -e,* Dachflächenart
Walm/dach *n., -[e]s, -dächer*
Wal/nuß > **Wal/nuss** *f., -, -nüsse*

Wal/nuß/baum >
Wal/nuss/baum *m.*, -[e]s, -bäume
Wa/lo/ne [italien.] *f.*, -, -n, Gerbstoff enthaltender Fruchtbecher der Eichel
Wal/pur/gis/nacht *f.*, -, -nächte, Nacht auf den 1. Mai
Wal/rat *m.* oder *n.*, -[e]s, *nur Sg.*, fettartige Masse, aus dem Kopf des Pottwales gewonnen
Wal/rat/öl *n.*, -[e]s, *nur Sg.*
Wal/roß > **Wal/ross** *n.*, -es, -rösser
Wal/ser/tal *n.*, -[e]s, *nur Sg.* Tal in Vorarlberg, das Große W., das Kleine W.
Wal/statt *f.*, -, -stätten (veralt.) Schlachtfeld, Kampfplatz
wal/ten *intr.* wirken, herrschen, „wo rohe Kräfte sinnlos walten"
Wal/va/ter *m.*, -s, *nur Sg.*, Bez. für Odin
Walz/blech *n.*, -[e]s, -e
Wal/ze *f.*, -, -n
wal/zen *tr.*
wäl/zen *tr.*
Wal/zer *m.*, -s, -
Wäl/zer *m.*, -s, -, ugs. sehr dickes Buch
Walz/stahl *m.*, -[e]s, stähle
Walz/stra/ße,
Wal/zen/stra/ße *f.*, -, -n
Walz/werk *n.*, -[e]s, -e
Wam/me *f.*, -, -, bei Rindern vom Hals herabhängende Hautfalte
Wam/pe *f.*, -, -n, auch ugs. negativ für dicker Bauch
Wam/pum [indian.] *m.*, -s, -e, Schnur mit Muscheln, indian. Zahlungsmittel
Wams *n.*, -[e]s, Wämse, früher Männerrock, heute ugs. Jacke
Wand *f.*, -, Wände

Wan/da/le *m.*, -n, -n, Vandale, 1. Angehöriger eines ostgerman. Volksstammes, 2. heute ugs. für zerstörungswütiger Mensch, Randalierer
wan/da/lisch vandalisch
Wan/da/lis/mus *m.*, -, *nur Sg.*, Vandalismus, Zerstörungswut
Wan/del *m.*, -s, *nur Sg.*
wan/del/bar
Wan/del/bar/keit *f.*, -, -en
Wan/del/gang *m.*, -[e]s, -gänge
wan/deln *intr.*
Wan/del/stern *m.*, -[e]s, -e, veralt. für Planet
Wan/der/aus/stel/lung *f.*, -, -en
Wan/der/büh/ne *f.*, -, -n
Wan/de/rer, Wand/rer *m.*, -s, -
Wan/der/fahrt *f.*, -, -en
Wan/der/ge/wer/be *n.*, -s, -
Wan/de/rin *f.*, -, -nen
Wan/der/jahr *n.*, -[e]s, -e
Wan/der/kar/te *f.*, -, -n
Wan/der/le/ben *n.*, -s, *nur Sg.*
Wan/der/lied *n.*, -[e]s, -er
Wan/der/lust *f.*, -, *nur Sg.*
wan/der/lus/tig
wan/dern *intr.*
Wan/der/preis *m.*, -es, -e
Wan/der/schaft *f.*, -, *nur Sg.*
Wan/ders/mann *m.*, -[e]s, -leute
Wan/der/sport *m.*, -[e]s, *nur Sg.*
Wan/der/stab *m.*, -[e]s, -stäbe
Wan/de/rung *f.*, -, -en
Wan/der/zir/kus *m.*, -, -se
Wand/ge/mäl/de *n.*, -s, -
Wand/kar/te *f.*, -, -n
Wand/lung *f.*, -, -en
wand/lungs/fä/hig

Wand/lungs/fä/hig/keit *f.*, -, *nur Sg.*
Wand/ma/le/rei *f.*, -, -en
Wand/rer, Wan/de/rer *m.*, -s, -
Wands/be/ckerBo/te *m.*, -n, -n, ehem. Zeitung (1771-1775) von Matthias Claudius
Wands/bek Stadtteil von Hamburg
Wand/schirm *m.*, -[e]s, -e
Wand/schrank *m.*, -[e]s, -schränke
Wand/ta/fel *f.*, -, -n
Wand/tep/pich *m.*, -[e]s, -e
Wand/uhr *f.*, -, -en
Wan/dung *f.*, -, -en
Wand/zei/tung *f.*, -, -en
Wa/ne *m.*, -n, -n, Gott aus dem Wanengeschlecht
Wan/ge *f.*, -, -n
Wan/gen/kno/chen *m.*, -s, -
Wan/gen/bein *n.*, -[e]s, -e
wa/nisch zu den Wanen gehörend
Wan/kel/mo/tor *m.*, -s, -en, von Fritz Wankel erfundene Motorform, Drehkolbenmotor
Wan/kel/mut *m*, -[e]s, *nur Sg.*
wan/kel/mü/tig
Wan/kel/mü/tig/keit *f.*, -, *nur Sg.*
wan/ken *intr.*
wann
Wänn/chen *n.*, -s, -
Wan/ne *f.*, -, -n
Wan/nen/bad *n.*, -[e]s, -bäder
Wanst *m.*, -es, Wänste, negativ für dicker Bauch
Want *f.*, -, -en, Tau zum Abspannen eines Mastes (Seemannsspr.)
Wan/ze *f.*, -, -n, 1. Insekt (Schädling), 2. ein Parasit, der den Menschen befällt,

3. ugs. widerlicher Mensch, 4. ugs. kleines Abhörgerät
Wa/pi/ti [indian.] *m.*, -[s], - nordamerikan. Hirschart
Wap/pen *n.*, -s, -
Wap/pen/kun/de *f.*, -, *nur Sg.*, Heraldik
Wap/pen/spruch *m.*, -[e]s, -sprüche
Wap/pen/tier *n.*, -[e]s, -e
wap/pnen *tr.* sich auf etwas vorbereiten, bewaffnen
Wa/rä/ger [schwed.] *m.*, -s, -, Wikinger
Wa/ran [arab.] *m.*, -s, -e, trop. Echse
War/dein [niederländ.] *m.*, -[e]s, -e, (Münz)prüfer
war/die/ren *tr.* (Münzen) prüfen
Wa/re *f.*, -, n
Wa/ren/an/nah/me *f.*, -, -n
Wa/ren/be/gleit/schein *m.*, -[e]s, -e
Wa/ren/be/stand *m.*, -[e]s, -stände
Wa/ren/haus *n.*, -es, -häuser
Wa/ren/kun/de *f.*, -, *nur Sg.*
wa/ren/kund/lich
Wa/ren/la/ger *n.*, -s, -
Wa/ren/pro/be *f.*, -, -n
Wa/ren/test *m.*, -[e]s, -e
Wa/ren/zei/chen *n.*, -s, -
Warf *m.*, -[e]s, -e, Aufzug einer Weberei
Warft *f.*, -, -en, Hügel auf einer Hallig
warm das Essen warm stellen, warme Küche, warme Miete: inkl. Heizkosten, ugs. warmer Bruder: Homosexueller
Warm/bier *n.*, -[e]s, *nur Sg.*
Warm/blut *n*, -[e]s, *nur Sg.*, Pferderasse
Warm/blü/ter *m.*, -s, -, Tier mit gleichbleibender Körperwärme
warm/blü/tig
Wär/me *f.*, -, *nur Sg.*
Wär/me/ein/heit *f.*, -, -en
Wär/me/iso/lie/rung *f.*, -, -en
Wär/me/leh/re *f.*, -, *nur Sg.*
wär/men *tr.*
Wär/me/pum/pe *f.*, -, -n
Wär/me/spei/cher *m.*, -s, -
Wärm/fla/sche *f.*, -, -n
Warm/front *f.*, -, -en
warm/hal/ten *tr.*, ugs. sich jmds. Gunst erhalten
Warm/haus *n.*, -[e]s, -häuser, Gewächshaus mit hoher Temperatur und Luftfeuchte
warm/her/zig
Warm/her/zig/keit *f.*, -, *nur Sg.*
warm/lau/fen > **warm lau/fen** *intr.* u. *refl.*, einen Motor warm laufen lassen
Warm/luft *f.*, -, *nur Sg.*
Warm/was/ser *n.*, -s, *nur Sg.*
Warm/was/ser/be/rei/ter *m.*, -s, -
Warm/was/ser/hei/zung *f.*, -, -en
Warm/zeit *f.*, -, -en, Zwischeneiszeit
Warn/an/la/ge *f.*, -, -n
war/nen *tr.*
Warn/blink/an/la/ge *f.*, -, -n
Warn/schild *n.*, -[e]s, -er
Warn/schuß > **Warnschuss** *m.*, -es, -schüsse
Warn/streik *m.*, -s, -s
War/nung *f.*, -, -en
Warn/zei/chen *n.*, -s, -
Warp [engl.] *m.*, -s, -e, Kettgarn
Warp [niederländ.] *m.*, -[e]s, -e, Fachbegriff, Schleppanker, (im Film) Star Trek: Warp 1 = Lichtgeschwindigkeit
Warp/an/ker *m.*, -s, -
war/pen Fachbegriff, durch Schleppanker bewegen
War/schau (Warszawa) poln. Hauptstadt
War/schau/er *m.*, -s, -
War/schau/er Pakt *m.*, -s, *nur Sg.*
War/schau/er-Pakt-Staaten *m.*, *nur Pl.*
Wart *m.*, -[e]s, -e, veralt., heute nur noch als z.B. Platzwart, Tankwart
War/te *f.*, -, -n, veralt., heute nur noch als z.B. Wetterwarte, Sternwarte
War/te/geld *n.*, -[e]s, -er
War/te/hal/le *f.*, -, -n
war/ten *intr.* oder *tr.*
Wär/ter *m.*, -s, -
War/te/raum *m.*, -[e]s, -räume
War/te/zim/mer *n.*, -s, -
War/tung *f.*, -, -en, Pflege, Kontrolle
war/um oder auch: **wa/rum** Fragewort nach Grund oder Anlass
War/ze *f.*, -, -n
War/zen/schwein *n.*, -[e]s, -e,
was was?, das Beste, was ich je..., was für ein... [ugs. auch Ausdruck der Bewunderung]
Wasch/an/lage *f.*, -, -n
Wasch/an/stalt *f.*, -, -en
Wasch/au/to/mat *m.*, -en, -en
wasch/bar
Wasch/bär *m.*, -en, -en,
Wasch/ben/zin *n.*, -s, *nur Sg.*
Wasch/ber/ge *m.*, *nur Pl.*, Fachbegriff, Abfallgestein nach der Kohlenaufbereitung
Wasch/blau *n.*, -s, *nur Sg.*, Bleichstoff
Wasch/brett *f.*, -es, -er

Wä/sche *f.*, -, -n
wasch/echt ugs. auch für: original, ein waschechter Bayer
Wä/sche/klam/mer *f.*, -, -n
Wä/sche/knopf *m.*, -[e]s, -knöpfe
Wä/sche/lei/ne *f.*, -, -n
wa/schen *tr.*
Wä/sche/rei *f.*, -, -en
Wä/sche/stoff *m.*, -[e]s, -e
Wasch/haus *n.*, -[e]s, -häuser
Wasch/kü/che *f.*, -, -n
Wasch/lap/pen *m.*, -s, -, auch ugs. für Menschen ohne Tatkraft
Wasch/ma/schi/ne *f.*, -, -n,
Wa/schung *f.*, -, -en, meist religiöse Reinigung
Wasch/was/ser *n.*, -s, *nur Sg.*
Wasch/weib *n.*, -[e]s, -er, heute ugs. sehr geschwätzige Frau
Wasch/zet/tel *m.*, -s, -, im Buch liegende, kurze Buchbesprechung
Wasch/zeug, *n.*, -[e]s, *nur Sg.*
Wasch/zu/ber *m.*, -s, -
Wasch/zwang *m.*, -[e]s, -zwänge, psych. Krankheit
Wa/sen *Pl.* nordd. Reisigbündel
Wa/sen *m.*, -s, -, Rasen
wash and wear [engl.] waschen und tragen, Bezeichnung für bügelfreie Textilien
Wa/shing/ton George, 1. Präsident der USA (1732-99)
Wa/shing/ton 1. Staat der USA, 2. Hauptstadt der USA
Was/ser *n.*, -s, - (bei Mineral-, Spül-, Speisewasser: *Pl* -wässer)
was/ser/ab/sto/ßend oder auch: **Was/ser ab/sto/ßend**
was/ser/ab/wei/send oder auch: **Was/ser ab/wei/send**
Was/ser/a/der *f.*, -, -n
was/ser/arm
Was/ser/bad *n.*, -[e]s, -bäder
Was/ser/ball *m.*, -[e]s, -bälle
Was/ser/bett *n.*, -[e]s, -en
was/ser/blau
Was/ser/burg *f.*, -, -en
Wäs/ser/chen *n.*, -s, -
Was/ser/dampf *m.*, -[e]s, -dämpfe
was/ser/dicht
Was/ser/fall *m.*, -[e]s, -fälle
Was/ser/far/be *f.*, -, -n
Was/ser/flug/zeug *n.*, -[e]s, -e
Was/ser/glas 1. *n.*, -es, -gläser, 2. *nur Sg.* Kalium- oder Natriumsilikat
Was/ser/glät/te *f.*, -, *nur Sg.*, Aquaplaning
Was/ser/ho/se *f.*, -, -n, Wasser mitführender Wirbelsturm
wäs/se/rig, wäss/rig
Wäs/se/rig/keit oder auch: **Wäss/rig/keit** *f.*, -, *nur Sg.*
Was/ser/jung/fer *f.*, -, -n, Libelle
Was/ser/kopf *m.*, -[e]s, -köpfe
Was/ser/kraft *f.*, -, *nur Sg.*
Was/ser/kraft/werk *n.*, -[e]s, -e
Was/ser/kul/tur *f.*, -, -en, Hydrokultur
Was/ser/kunst *f.*, -, -künste
Was/ser/lauf *m.*, -[e]s, -läufe
Was/ser/lin/se *f.*, -, -n
was/ser/lös/lich
Was/ser/lös/lich/keit *f.*, -, *nur Sg.*
Was/ser/mann *m.*, -[e]s, *nur Sg.*, Sternbild
Was/ser/me/lo/ne *f.*, -, -n
was/sern *intr.*, auf das Wasser niedergehen (Flugzeug)
wäs/sern *tr.*, in Wasser legen
Was/ser/ni/xe *f.*, -, -n
Was/ser/pfei/fe *f.*, -, -n
Was/ser/po/li/zei *f.*, -, *nur Sg.*
Was/ser/rat/te *f.*, -, -n, Mausart, aber auch ugs. guter, begeisterter Schwimmer
was/ser/reich
Was/ser/reich/tum *m.*, -s, *nur Sg.*
was/ser/scheu
Was/ser/scheu *f.*, -, *nur Sg.*
Was/ser/schloß > **Was/ser/schloss** *n.*, -es, -schlösser
Was/ser/ski *m.*, -s, -ski/er
Was/ser/spei/er *m.*, -s, -
Was/ser/spie/gel *m.*, -s, -
Was/ser/sport *m.*, -[e]s, *nur Sg.*
Was/ser/stands/an/zei/ger *m.*, -s, -
Was/ser/stoff *m.*, -[e]s, *nur Sg.*, chem. Element (H)
Was/ser/stoff/bom/be *f.*, -, -n, Abk. H-Bombe
Was/ser/stoff/ex/po/nent *m.*, -en, -en, pH-Wert
Was/ser/stoff/su/per/oxid (fachlich: Wasserstoffperoxid) *n.*, -[e]s, *nur Sg.*, starkes Oxidationsmittel
Was/ser/stra/ße *f.*, -, -n
Was/ser/sucht *f.*, -, *nur Sg.* Hydropsie
Was/ser/uhr *f.*, -, -en
Wäs/se/rung *f.*, -, -en
Was/ser/waa/ge *f.*, -, -en, Richtwaage
Was/ser/weg *m.*, -[e]s, -e
Was/ser/werk *n.*, -[e]s, -e
Was/ser/zei/chen *n.*, -s, -, durchscheinendes Zeichen

wässrig

im Papier (Geld, Urkunden)
wäß/rig > **wäss/rig, wässe/rig**
Wäß/rig/keit > **Wässrig-/keit, Wäs/se/rig/keit** *f.*, -, -en
wa/ten *intr.*
Wa/ter/kant *f.*, -, *nur Sg.*, norddt. Küstengebiet
wa/ter/proof [engl.] wasserdicht
Wa/ter/proof *m.*, -s, -s, wasserdichter Stoff
Wat/sche *f.*, -, -n, ugs. in Bayern und Österreich für Ohrfeige
wat/scheln *intr.*
wat/schen *tr.*, ohrfeigen
Watt, James, Erfinder der Dampfmaschine (1736-1819)
Watt *n.*, -s, -, Einheit der physikal. Leistung (W)
Watt *n.*, -[e]s, -en Wattenmeer
Wat/te *f.*, -, *nur Sg.*
Wat/te/bausch *m.*, -[e]s, -bausche
Wat/ten/meer *n.*, -[e]s, -e, Küstengebiet, das bei Ebbe trocken wird
wat/tie/ren *tr.*, mit Watte füttern
Wat/tie/rung *f.*, -, -en
Watt/me/ter *n.*, -s, -, elektr. Meßgerät
Watt/se/kun/de *f.*, -, -n, physikal. Arbeitseinheit (Ws)
Wat/vo/gel *m.*, -s, -vögel, am Wasser lebender Vogel
Wau *m.*, -[e]s, -e, Färberpflanze
wau, wau!, Wau/wau *m.*, -s, -s, Kinderspr.: Hund
WC [engl.] *n.*, -s, -s, Abk. für Wasserklosett
WDR Westdeutscher Rundfunk
We/be [österr.] *f.*, -, -n, Gewebe
We/be/kan/te, Web/kan/te, *f.*, -, -n
we/ben *tr.*,
We/ber, Carl Maria von, dt. Komponist und Pianist (1786-1826)
We/ber *m.*, -s, -
We/ber/knecht *m.*, -[e]s, -e, Spinnentier
We/ber/kno/ten *m.*, -s, -
We/ber/schiff/chen, Web/schiff/chen *n.*, -s, -
Web/kan/te, We/be/kan/te *f.*, -, -n
Web/stuhl *m.*, -[e]s, -stühle
Web/ware *f.*, -, -n
Wech/sel *m.*, -s, -, auch eine Zahlungsurkunde
Wech/sel/bad *n.*, -[e]s, -bäder
Wech/sel/be/zie/hung *f.*, -, -en
Wech/sel/bür/ge *m.*, -n, -n, unterschreibt einen Wechsel mit und bürgt damit für die Summe
Wech/sel/bürg/schaft *f.*, -, -en
Wech/sel/fäl/schung *f.*, -, -en
Wech/sel/fie/ber *n.*, -s, *nur Sg.*, Malaria
Wech/sel/geld *n.*, -[e]s, *nur Sg.*
Wech/sel/ge/sang *m.*, -[e]s, -gesänge
Wech/sel/ge/spräch *n.*, -[e]s, -e
Wech/sel/gläu/bi/ger *m.*, -s, -
wech/sel/haft
Wech/sel/jah/re *n.*, *nur Pl.*
Wech/sel/kurs *m.*, -[e]s, -e
wech/seln *tr.*
Wech/sel/recht *n.*, -[e]s, *nur Sg.*
Wech/sel/re/de *f.*, -, -n, Diskussion od. Dialog
Wech/sel/schuld *f.*, -, -en
wech/sel/sei/tig
Wech/sel/strom *m.*, -[e]s, -ströme
Wech/sel/tier/chen *n.*, -s, -, Einzeller
wech/sel/voll
wech/sel/warm
Wech/sel/warm/blü/ter *m.*, -s, -, Tier, das seine Körpertemperatur der Umgebung angleicht
wech/sel/wei/se
Wech/sel/wirt/schaft *f.*, -, *nur Sg.*, Methode in der Landwirtschaft
Wechs/ler *m.*, -s, -
Weck *m.*, -[e]s, -, Wecken, südwestdt. für Brötchen
We/cke *f.*, -, -n
Weck/a/min *n.*, -[e]s, -e, stimulierendes Kreislaufmittel
Weck/ap/pa/rat *m.*, -[e]s, -e, Einkochapparat
we/cken 1. ugs. für jmdn. aufwecken, 2. einkochen
We/cken [österr.] länglich geformtes Brot
We/cker *m.*, -s, -
We/ckerl *n.*, -s, -n, Wecken
Weck/glas *n.*, -es, -gläser, Glas zum Einkochen
We/da *m.*, -s, -den, heilige Schriften der Inder
We/del *m.*, -s, -
we/deln *intr.*
we/der weder er noch sie haben davon gewusst, er kann weder lesen noch schreiben
Wedg/wood/ware *f.*, -, -n, feines, verziertes, englisches Steingut
Week/end [engl.] *n.*, -[s], -s, Wochenende
weg weg da!, weg damit!, er ist hin und weg (vor Begeisterung)
Weg *m.*, -[e]s, -e, wohin des

Weges ?, im Weg(e) stehen, krumme Wege gehen (ugs. für auf die schiefe Bahn geraten)
weg/be/kom/men *tr.,* wegkriegen, einen Schlag webekommen (erhalten)
Weg/be/rei/ter *m.,* -s, -
weg/bla/sen *tr.*
weg/blei/ben *intr.*
weg/brin/gen *tr.*
We/ge/bau *m.,* -[e]s, *nur Sg.*
We/ge/kar/te *f.,* -, -n
We/ge/la/ge/rer *m.,* -s, -e
we/gen Präp mit Gen., wegen der vielen Arbeit, wegen der hohen Preise, mit Dativ, von wegen!, wegen dem Kind
We/ge/ord/nung *f.,* -, -en
We/ge/recht *n.,* -[e]s, -e
We/ge/rich *m.,* -s, -e, Pflanze
weg/es/sen *tr.*
weg/fah/ren *intr.* u. *tr.*
Weg/fall *m.,* -[e]s, *nur Sg.*
weg/fal/len *intr.*
weg/fe/gen *tr.*
weg/flie/gen *intr.*
weg/fres/sen *tr.*
Weg/gang *m.,* -[e]s, *nur Sg.*
Weg/ge/fähr/te *m.,* -n, -n
weg/ge/hen *intr.*
Weg/gen [schweizer.] *m.,* -s, -, Wecken
Weggli *n.,* -s, -, eine Brötchenart
Weg/ge/nos/se *m.,* -n, -n
weg/ha/ben *tr.*
weg/hän/gen *tr.*
weg/ho/len *tr.*
weg/ja/gen *tr.*
weg/kom/men *intr.*
Weg/kreu/zung *f.,* -, -en
weg/krie/gen *tr.*
weg/las/sen *tr.*
weg/lau/fen *intr.*
weg/le/gen *tr.*
weg/los

weg/ma/chen *tr.,* ugs. für entfernen
weg/müs/sen *intr.*
Weg/nah/me *f.,* -, -n
weg/neh/men *tr.*
weg/ra/die/ren *tr.*
Weg/rand *m.,* -[e]s, -ränder
weg/räu/men *tr.*
weg/rei/ßen *tr.*
weg/ren/nen *tr.*
weg/ru/fen *tr.*
weg/schaf/fen
Weg/schei/de *f.,* -, -en, Straßengabelung
weg/schi/cken *tr.*
weg/schlei/chen *intr.* u. *refl.*
weg/schlie/ßen *tr.*
weg/schmei/ßen *tr.*
weg/schnap/pen *tr.*
weg/schnei/den *tr.*
weg/schüt/ten *tr.*
weg/se/hen *intr.*
weg/set/zen *tr.*
weg/ste/cken *tr.*
weg/steh/len *tr.*
weg/sto/ßen *tr.*
Weg/stre/cke *f.,* -, -n
weg/strei/chen *tr.*
weg/trei/ben *tr.*
weg/tre/ten *tr.*
weg/tun *tr.*
Weg/war/te *f.,* -, -n, Pflanze
weg/wa/schen *tr.*
weg/wei/send
Weg/wei/ser *m.,* -s, -
weg/wer/fen *tr.*
weg/wer/fend
Weg/werf/ge/sell/schaft *f.,* -, -en
weg/wi/schen *tr.*
weg/zau/bern
Weg/zeh/rung *f.,* -, -en
Weg/zei/chen *n.,* -s,
weg/zie/hen *intr.* u. *refl.*
Weg/zug *m.,* -[e]s, -züge
weh weh tun, ein weher Finger, es ist ihm weh ums Herz
Weh *n.,* -[e]s, -e

Weh/dag *n.,* -[e]s, -e, niederd. für Unglück, Schmerz
we/he, warnender Ausruf
We/he *f.,* -, -n, 1. *meist Pl.* Schmerzen bei der Geburt, durch das Zusammenziehen der Gebärmutter, 2. kleiner Schneeberg, Schneewehe
we/hen *intr.*
Weh/ge/fühl *n.,* -[e]s, *nur Sg.*
Weh/kla/ge *f.,* -, -n
weh/kla/gen *intr.*
Wehl *n.,* -[e]s, -e, **Weh/le** *f.,* -, -n, niederd. für Teich an der Binnenseite eines Deiches
weh/lei/dig
Weh/lei/dig/keit *f.,* -, -en
Weh/mut *f.,* -, *nur Sg.*
weh/mü/tig
weh/muts/voll,
Weh/ne *f.,* -, -n, niederd. für Beule
Wehr 1. *f.,* -, -en, Befestigung, Abwehr, sich zur Wehr setzen, ugs. Kurzform von Feuerwehr, 2. *n.,* -[e]s, -e, Stauwerk
Wehr/be/auf/trag/te *m.,* -n, -n
Wehr/be/reich *m.,* -[e]s, -e
Wehr/dienst *m.,* -[e]s, *nur Sg.*
wehr/dienst/pflich/tig
weh/ren
wehr/fä/hig
Wehr/fä/hig/keit *f.,* -, *nur Sg.*
Wehr/gang *m.,* -[e]s, -gänge
Wehr/ge/hen/ge *n.,* -s, -,
Wehr/ge/henk *n.,* [e]s, -e
wehr/haft
Wehr/haf/tig/keit *f.,* -, *nur Sg.*
Wehr/kir/che *f.,* -, -n, burgartig gebaute Kirche
wehr/los

Wehr/lo/sig/keit f., -, nur Sg.
Wehr/macht f., -, nur Sg., Gesamtheit der dt. Streitkräfte 1935-1945
Wehr/machts/an/ge/hö/ri/ge m., -n, -n
Wehr/paß > **Wehr/pass** m., -es, -pässe
Wehr/pflicht f., -, nur Sg.
wehr/pflich/tig
Weh/weh/chen n., -s, -, sehr kleine Wunde, Blessur
Weib n., -[e]s, -er, veralt. für Frau, heute ugs. für Ehefrau, Freundin
Weib/chen n., -s, -auch: **Wei/ber/chen**
Wei/ber/fast/nacht f., -, -en
Wei/ber/feind m., -[e]s, -e
Wei/ber/held m., -[e]s, -en
Wei/ber/volk n., -[e]s, nur Sg.
wei/bisch
Weib/lein n., -s, -
weib/lich
Weib/lich/keit f., -, nur Sg.
Weibs/bild n., -[e]s, -er, verächtlich für Frau,
Weibs/leu/te nur Pl. verächtlich für Frauen
Weibs/stück n., -[e]s, -e
Weibs/volk n., -[e]s, nur Sg., Weibervolk
weich weich klopfen, kochen, liegen, sein
Weich/bild n., -[e]s, -er, Bezirk, in dem das Ortsrecht gilt
Wei/che f., -, -n, 1. Umstellvorrichtung von Gleisen, 2. nur Sg. Weichheit, 3. Schaltelement in der Elektrotechnik
wei/chen intr., tr., aufgehen, einweichen, zurückweichen
Wei/chen/stel/ler m., -s, -
Wei/chen/wär/ter m., -s, -
weich/ge/kocht oder auch:
weich ge/kocht
weich/her/zig
Weich/her/zig/keit f., -, nur Sg.
Weich/holz n., -es, -hölzer
Weich/kä/se m., -s, -
weich/ko/chen oder auch:
weich ko/chen
weich/lich
Weich/ling m., -[e]s, -e
weich/ma/chen oder auch:
weich ma/chen tr., ugs. zermürben
Weich/ma/cher m., -s, -
Weich/sel 1. f., -, Fluss in Polen, 2. f., -, -n, Obstbaum (Kirschenart)
Weich/spü/ler m., -s, -
Weich/spül/mit/tel n., -s, -
Weich/tei/le n., nur Pl., knochenlose Teile des Körpers
Weich/tier n., -[e]s, -e, Molluske
Weich/zeich/ner m., -s, -, fotograf. Vorsatzlinse
Wei/de f., -, -n, 1. Laubbaum, 2. Grasland, auf dem Vieh weidet, Weideland
wei/den 1. refl. sich an etwas weiden (erfreuen), 2. tr. auf die Weide führen, 3. intr. auf der Weide Nahrung aufnehmen
Wei/den/baum m., -[e]s, -bäume, Weide
Wei/den/kätz/chen n., -s, -, Blüte der Weide
Wei/den/ru/te f., -, -n
Wei/de/platz m., -[e]s, -plätze
Wei/de/wirt/schaft f., -, nur Sg.
weid/ge/recht waidgerecht
weid/lich waidlich, tüchtig, kräftig
Weid/loch Waid/loch n., -[e]s, -löcher, After beim Wild
Weid/mann, Waid/mann m., -[e]s, -männer
weid/män/nisch oder auch: **waid/män/nisch**
Weid/mann/dank!, Waidmanns/dank! Antwort auf
Weid/manns/heil!, Waidmanns/heil! Jägergruß
Weid/mes/ser, Waid/messer n., -s, -, Jagdmesser
Weid/werk, Waid/werk n., -[e]s, nur Sg.
weid/wund, waid/wund verwundetes Wild
wei/gern tr. u. refl.
Wei/ge/rung f., -, -en
Weih m., -[e]s, -e, **Wei/he** f., -, -n, Raubvogel
Weih/bi/schof m., [e]s, -schöfe
Wei/he f., -, -n, 1. feierl. Einsetzung, Weihung, 2. Raubvogel
Wei/her m., -s, -, kleiner Teich
Wei/he/stun/de f., -, -n
wei/he/voll
Weih/ge/schenk n., -[e]s, -e
Weih/nacht f., -, nur Sg., Weihnachten
weih/nach/ten intr., es weihnachtet
Weih/nach/ten n., -s, -, höchstes christliches Fest im Jahr
weih/nacht/lich
Weih/nachts/abend m., -[e]s, -e
Weih/nachts/baum m., -[e]s, -bäume
Weih/nachts/fei/er/tag m., -[e]s, -e
Weih/nachts/fest n., -[e]s, -e
Wei/nachts/ge/bäck n., -[e]s, -e
Weih/nachts/geld n., [e]s, -er
Weih/nachts/lied n., -[e]s, -er

Weih/nachts/mann *m.*, -[e]s, -männer
Weih/nachts/markt *m.*, -[e]s, -märkte
Weih/nachts/py/ra/mi/de *f.*, -, -n
Weih/nachts/stol/len *m.*, -s, -
Weih/nachts/tag *m.*, -[e]s, -e
Weih/nachts/zeit *f.*, -, *nur Sg.*
Weih/rauch *m.*, -[e]s, *nur Sg.*
Wei/hung *f.*, -, -en, Weihe
Weih/was/ser *n.*, -s, *nur Sg.*
Weih/we/del *m.*, -s, -
weil
wei/land (veralt.), vormals
Weil/chen *n.*, -s, -
Wei/le *f.*, -, *nur Sg.*, Lang[e]weile, Kurzweil
wei/len *intr.* sich aufhalten, bleiben
Wei/ler [lat.] *m.*, -s, -, kleine Gemeinde
Wei/mar Stadt in Thüringen
Wei/ma/rer
wei/ma/ra/nisch
Wei/muts/kie/fer Weymouthskiefer
Wein *m.*, -[e]s, -e
Wein/bau *m.*, -[e]s, *nur Sg.*
Wein/bau/er *m.*, -n, -n
Wein/bee/re *f.*, -, -n
Wein/berg *m.*, -[e]s, -e
Wein/berg(s)/be/sit/zer *m.*, -s, -
Wein/berg/schne/cke *f.*, -, -n
Wein/brand *m.*, -[e]s, -brände, Branntwein
wei/nen *intr.*
wei/ner/lich
Wein/es/sig *m.*, -s, *nur Sg.*
Wein/gar/ten *m.*, -s, -gärten, Weinberg
Wein/gärt/ner *m.*, -s, -, Winzer
Wein/geist *m.*, -[e]s, -e
Wein/gut *n.*, -[e]s, -güter

Wein/hau/er [österr.] *m.*, -s, -, Winzer
Wein/jahr *n.*, -[e]s, -e
Wein/kar/te *f.*, -, -n
Wein/ken/ner *m.*, -s, -
Wein/krampf *m.*, [e]s, -krämpfe
Wein/kö/ni/gin *f.*, -, -nen
Wein/laub *n.*, -[e]s, *nur Sg.*
Wein/le/se *f.*, -, -n
Wein/lo/kal *f.*, -[e]s, -e
Wein/mo/nat *m.*, -[e]s, -e, Oktober
Wein/pan/scher *m.*, -s, -
Wein/pro/be *f.*, -, -n
Wein/re/be *f.*, -, -n
wein/rot
Wein/säu/re *f.*, -, -n
Wein/stein *m.*, -[e]s, *nur Sg.*, kaliumsaures Salz der Weinsäure
Wein/stein/säu/re *f.*, -, -n, Weinsäure
Wein/steu/er *f.*, -, -n
Wein/stock *m.*, -[e]s, -stöcke
Wein/trau/be *f.*, -, -n
Wein/zierl [österr.] *m.*, -s, -n, Winzer
Wein/zwang *m.*, -es, -zwänge, Verpflichtung, in einem Lokal Wein zu bestellen
wei/se weise Frau, kluge Frau
Weise *m.*, -n, -n, kluger Mensch
Wei/se *f.*, -, -n, Art, Singweise
...wei/se probeweise, kistenweise, zwangsweise
Wei/sel *f.*, -, -n, Bienenkönigin
wei/sen anordnen, zeigen
Weis/heit *f.*, -, -en
weis/heits/voll
Weis/heits/zahn *m.*, -[e]s, -zähne
weis/lich
weis/ma/chen vortäuschen, belügen

weiß Kleinschreibung: etwas schwarz auf weiß (schriftlich) haben, weiße Fahne (sich ergeben), weiße Rasse, Großschreibung: ein Weißer (weißer Mensch), eine Weiße (Berliner Bier), das Weiße Haus (Amtssitz des Präsidenten der USA), die Weiße Rose (Widerstandsbewegung im Nationalsozialismus)
Weiß *n.*, -[es], *nur Sg.*, weiße Farbe, in Weiß gekleidet, mit Weiß bemalt
weis/sa/gen *tr.*, voraussagen
Weis/sa/gung *f.*, -, -en
Weiß/bier *n.*, -[e]s, -e
Weiß/bin/der *m.*, -s, -
Weiß/blech *n.*, -[e]s, -e
weiß/blond
Weiß/blu/ten *n.*, -s, nur in der Wendung: bis zum Weißbluten
weiß/blü/tig an Leukämie erkrankt
Weiß/blü/tig/keit *f.*, -, *nur Sg.*, Leukämie
Weiß/brot *n.*, -[e]s, -e
Weiß/buch *n.*, [e]s, -bücher, Dokumentensammlung der dt. Regierung zu einer bestimmten Frage
Weiß/bu/che *f.*, -, -n, Hainbuche
Weiß/dorn *m.*, -[e]s, -e, Hagedorn
Wei/ße *m.* od. *f.*, -n, -n
1. Mensch mit heller Hautfarbe, 2. Weißbier: Berliner Weiße
wei/ßeln, wei/ßen *tr.*, weiß tünchen
Weiß/fisch *m.*, -[e]s, -e
Weiß/fluß > **Weiß/fluss** *m.*, -[e]s, *nur Sg.*, weißlicher Ausfluss aus der weiblichen Scheide
weiß/ge/klei/det oder auch:

weiß ge/klei/det
weiß/gelb
Weiß/ger/ber *m.*, -s, -
Weiß/ger/be/rei *f.*, -, -en, Alaungerberei
weiß/glü/hen *tr.*
Weiß/glut *f.*, *nur Sg.*, auch ugs. sehr großer Zorn, jmdn. zur Weißglut bringen
weiß/grau
Weiß/herbst *m.*, -[e]s, -e, hell gekelterter Wein
Weiß/kä/se *m.*, -s, -, Quark
Weiß/kohl *m.*, -[e]s, *nur Sg.*
Weiß/kraut *n.*, -[e]s, *nur Sg.*
weiß/lich
Weiß/ling *m.*, -s, -e, 1. Schmetterling, 2. Fisch
Weiß/nä/he/rin *f.*, -, -nen
Weiß/rus/se *m.*, -n, -n, Belorusse
Weiß/sti/cke/rei *f.*, -, en
Weiß/sucht *f.*, -, *nur Sg.*, Albinismus
Weiß/wa/ren *f.*, *nur Pl.*
weiß/wa/schen *tr.*, ugs. von einem Verdacht oder Vorwurf befreien
Weiß/wein *m.*, -[e]s, -e
Weiß/wurst *f.*, -, -würste
Weiß/zeug *n.*, -[e]s, -e, Weißwaren
Weis/tum *n.*, -[e]s, -tümer, Aufzeichnungen von Rechtsfragen des MA
Wei/sung *f.*, -, -en
wei/sungs/ge/bun/den
wei/sungs/ge/mäß
weit weit springen, weit gehen, das Weite suchen, der Mann ist weit gereist
weit/ab
weit/aus
Weit/blick *m.*, -[e]s, *nur Sg.*
weit/blickend oder auch: weit blickend
Wei/te *f.*, -, -n
wei/ten *tr.* und *refl.*
wei/ter er kann weiter werfen als ich, weiter helfen (weiterhin), weiterhelfen (vorankommen), weiterspielen
wei/ter/ar/bei/ten *intr.*
wei/ter/be/för/dern *tr.*
Wei/ter/be/för/de/rung *f.*, -, *nur Sg.*
wei/ter/be/ste/hen *intr.*, fortbestehen, weiter bestehen, weiterhin
wei/ter/bil/den *tr.*
Wei/ter/bil/dung *f.*, -, -en
wei/ter/brin/gen *tr.*
wei/ter/emp/feh/len *tr.*
wei/ter/ent/wi/ckeln *tr.*
Wei/ter/ent/wick/lung *f.*, -, -en
wei/ter/er/zäh/len *tr.*
wei/ter/fah/ren *intr.*
Wei/ter/fahrt *f.*, -, *nur Sg.*
wei/ter/flie/gen *intr.*
Wei/ter/flug *m.*, -[e]s, -flüge
wei/ter/füh/ren *tr.*
Wei/ter/ga/be *f.*, -, *nur Sg.*
wei/ter/geb/en *tr.*
wei/ter/ge/hen *intr.*
wei/ter/hel/fen *intr.*
wei/ter/hin
wei/ter/klin/gen *intr.*
wei/ter/kom/men
wei/ter/kön/nen *intr.*
wei/ter/lau/fen
wei/ter/lei/ten *tr.*
Wei/ter/lei/tung *f.*, -, -en
wei/ter/ma/chen etwas fortführen
Wei/ter/rei/se *f.*, -, *nur Sg.*
wei/ter/rei/sen *intr.*
wei/ters [österr.] weiterhin, ferner
wei/ter/sa/gen *tr.*
wei/ter/schi/cken *tr.*
wei/ter/spie/len *intr.*
wei/ter/tö/nen *intr.*
Wei/te/rung *f.*, -, en, meist *Pl*, Schwierigkeit, Verwicklung
wei/ter/ver/brei/ten *tr.*
Wei/ter/ver/kauf *m.*, -[e]s, -käufe
wei/ter/ver/kau/fen *tr.*
wei/ter/ver/mie/ten *tr.*
wei/ter/wol/len *intr.*
wei/ter/zah/len *tr.*
weit/ge/hend oder auch:
weit ge/hend
weit/ge/reist oder auch:
weit ge/reist ein weit gereister Mann
weit/her
weit/her/zig
weit/hin/aus > weit hin/aus oder auch: weit hi/naus
weit/läu/fig
Weit/läu/fig/keit *f.*, -, *nur Sg.*
weit/ma/schig
weit/rei/chend oder auch:
weit rei/chend
weit/schau/end oder auch:
weit schau/end
weit/schwei/fig
Weit/schwei/fig/keit, *f.*, -, *nur Sg.*
Weit/sicht *f.*, -, *nur Sg.*
weit/sich/tig
Weit/sich/tig/keit *f.*, -, -en
weit/sprin/gen *intr.*
Weit/sprung *m.*, -[e]s, -sprünge
weit/tra/gend oder auch:
weit tra/gend
Wei/tung *f.*, -, -en
weit/ver/brei/tet oder auch:
weit ver/brei/tet
weit/ver/zweigt oder auch:
weit ver/zweigt
Wei/zen *m.*, -s, -
Wei/zen/bier *f.*, -es, -e
Wei/zen/brot *n.*, -[e]s, -e
Wei/zen/keim/öl *n.*, -[e]s, -e
Wei/zen/mehl *n.*, -[e]s, -e
welch 1. was für, welch ein..., 2. einiges, einige
wel/cher/art
wel/cher/lei

Welf *m.*, -[e]n, -en, Welpe
Wel/fe *m.*, -n, -n, Angehöriger eines dt. Fürstengeschlechtes
wel/fisch
welk
wel/ken *intr.*
Welk/heit *f.*, -, *nur Sg.*
Well/blech *n.*, -[e]s, -e
Wel/le *f.*, -, -n
Wel/len *tr.* und *refl.*
Wel/len/bad *n.*, -[e]s, -bäder
Wel/len/be/reich *m.*, -[e]s, -e
Wel/len/berg *m.*, -[e]s, -e
Wel/len/bre/cher *m.*, -s, -
Wel/len/gang *m.*, -[e]s, *nur Sg.*
Wel/len/kamm *m.*, -[e]s, -kämme
Wel/len/län/ge *f.*, -, -n
Wel/len/li/nie *f.*, -, -n
Wel/len/rei/ten *n.*, -s, *nur Sg.*, Wassersport
Wel/len/schlag *m.*, [e]s, -schläge
Wel/len/sit/tich *m.*, -[e]s, -e, kleiner Papageienvogel
Wel/len/tal *n.*, -[e]s, -täler
Wel/ler *m.*, -s, -, Lehm, Ton mit Stroh vermischt zur Ausfüllung von Fachwerk
wel/len *tr.*, mit Weller ausfüllen
Well/fleisch *n.*, -[e]s, *nur Sg.*
wel/lig
Well/pap/pe *f.*, -, -n
Wel/lung *f.*, -, *nur Sg.*
Wel/pe *m.*, -n, -n, das Junge von Hund, Fuchs, Wolf
Wels *m.*, -es, -e, Fisch
Welsch/kohl *m.*, -[e]s, *nur Sg.*, Wirsing
Welsch/korn *n.*, -[e]s, *nur Sg.*, Mais
Welsch/schwei/zer *m.*, -s, -, Schweizer mit französ. Muttersprache
welsch/schwei/ze/risch zur französ. Schweiz gehörend
Welt *f.*, -, -en
Welt/all *n.*, -s, *nur Sg.*
Welt/al/ter *n.*, -s, *nur Sg.*
welt/an/schau/lich
Welt/an/schau/ung *f.*, -, -en
Welt/aus/stel/lung *f.*, -, -en
Welt/bank *f.*, -, *nur Sg.*
welt/be/kannt
welt/be/rühmt
Welt/best/leis/tung *f.*, -, -en
welt/be/we/gend
Welt/bild *n.*, -[e]s, -er
Welt/bür/ger *m.*, -s, -
Welt/bür/ger/tum *n.*, -s, *nur Sg.*
Wel/ten/bumm/ler *m.*, -s, -
Wel/ter/ge/wicht *n.*, -[e]s, -, Gewichtsklasse in der Schwerathletik
welt/er/schüt/ternd
welt/fern
Welt/flucht *f.*, -, *nur Sg.*
welt/fremd
Welt/fremd/heit *f.*, -, *nur Sg.*
Welt/frie/de *m.*, -ns, *nur Sg.*
Welt/frie/dens/be/wegung *f.*, -, -en
Welt/geist/li/che *m.*, -n, -n
Welt/gel/tung *f.*, -, *nur Sg.*
Welt/ge/richt *n.*, -[e]s, *nur Sg.*
Welt/ge/richts/hof *m.*, -[e]s, *nur Sg.*
Welt/ge/schich/te *f.*, -, *nur Sg.*
welt/ge/schicht/lich
welt/ge/wandt
Welt/ge/wandt/heit *f.*, -, *nur Sg.*
Welt/ge/werk/schafts/bund *m.*, -[e]s, *nur Sg.*
Welt/han/del *m.*, -s, *nur Sg.*
Welt/herr/schaft *f.*, -, *nur Sg.*
Welt/kar/te *f.*, -, -en
Welt/kennt/nis *f.*, -, *nur Sg.*
Welt/kind *n.*, -[e]s, -er
Welt/klas/se *f.*, -, *nur Sg.*
welt/klug
Welt/krieg *m.*, -es, -e
Welt/ku/gel *f.*, -, -n
Welt/lauf *m.*, -[e]s, *nur Sg.*
welt/läu/fig
welt/lich
Welt/li/te/ra/tur *f.*, -, *nur Sg.*
Welt/macht *f.*, -, -mächte
Welt/mann *m.*, -es, -männer
welt/män/nisch
Welt/markt *m.*, -[e]s, *nur Sg.*
Welt/meer *f.*, -es, -e
Welt/meis/ter *m.*, -s, -
Welt/meis/te/rin *f.*, -, -nen
Welt/meis/ter/schaft *f.*, -, -en
welt/of/fen
Welt/ord/nung *f.*, -, -en
welt/po/li/tisch
Welt/post/ver/ein *m.*, -s, *nur Sg.*
Welt/pres/se *f.*, -, *nur Sg.*
Welt/pries/ter *m.*, -s, -
Welt/rang/lis/te *f.*, -, -n
Welt/raum *m.*, -[e]s, *nur Sg.*
Welt/raum/fah/rer *m.*, -s, -
Welt/raum/fahrt *f.*, -, -en
Welt/raum/for/schung *f.*, -, -en
Welt/raum/sta/ti/on *f.*, -, -en
Welt/reich *n.*, -[e]s, -e
Welt/rei/se *f.*, -, -n
Welt/re/kord *m.*, -[e]s, -e
Welt/ruf *m.*, -[e]s, *nur Sg.*, Berühmtheit
Welt/ruhm *m.*, -[e]s, *nur Sg.*
Welt/schmerz *m.*, -es, *nur Sg.*
welt/schmerz/lich
Welt/sicher/heits/rat *m.*, -[e]s, *nur Sg.*

Weltsprache

Welt/spra/che *f.*, -, -n
Welt/stadt *f.*, -, -städte
welt/städ/tisch
Welt/teil *m.*, -[e]s, -e
Welt/um/se/ge/lung oder auch: **Welt/um/seg/lung** *f.*, -, -en
welt/um/span/nend
Welt/un/ter/gang *m.*, -[e]s, *nur Sg.*
Welt/ver/bes/se/rer *m.*, -s, -
welt/weit
Welt/wirt/schaft *f.*, -, *nur Sg.*
Welt/wirt/schafts/kri/se *f.*, -, -n
Welt/wun/der *n.*, -s, -
wem Dativ von wer
Wem/fall *m.*, -[e]s, -fälle, Dativ
wen Akkusativ von wer
Wen/de 1. *f.*, -, -n, Drehung, Wendung, 2. *m.*, -n, -n, Angehöriger eines westslaw. Volkes
Wen/de/hals *m.*, -es, -hälse, 1. Vogel, 2. ugs negativ für einen Menschen, der seine polit. Richtung mit den Mehrheiten ändert
Wen/de/kreis *m.*, -es, -e
Wen/del *m.*, -s, -n, schraubenförmige Linie
Wen/del/boh/rer *m.*, -s, -
Wen/del/trep/pe *f.*, -, -n
wen/den *tr.* die Richtung ändern, umdrehen, das Auto wenden
Wen/de/punkt *m.*, -[e]s, -e
wen/dig flink, beim Pferd: gut zugeritten
Wen/dig/keit *f.*, -, *nur Sg.*
wen/disch zu den Wenden gehörend
Wen/dung *f.*, -, -en
Wen/fall *m.*, -[e]s, -fälle, Akkusativ
we/nig ein klein wenig, das wenige, einige wenige, er hat wenig Zeit
we/nig/be/fah/ren oder auch: **we/nig be/fah/ren**
We/nig/keit *f.*, -, *nur Sg.*
we/nigs/tens
wenn wenn auch, wenngleich, ohne Wenn und Aber
Wen/zel *m.*, -s, -, der Bube beim Kartenspiel
wer wer ist da?, wer war das? Wer da?, ist wer (jemand) gekommen?
Wer/be/agen/tur *f.*, -, -en
Wer/be/brief *m.*, -[e]s, -e
Wer/be/fern/se/hen *f.*, -s, *nur Sg.*
Wer/be/film *m.*, -[e]s, -e
Wer/be/kam/pa/gne oder auch:
Wer/be/kam/pag/ne *f.*, -, -n
wer/be/kräf/tig
Wer/be/lei/ter *m.*, -s, -
wer/ben *intr.*
Wer/ber *m.*, -s, -
wer/be/risch
Wer/be/schrift *f.*, -, -en
Wer/be/slo/gan *m.*, -s, -s
Wer/be/spruch *m.*, -[e]s, -sprüche
Wer/be/text *m.*, -[e]s, -e
Wer/be/tex/ter *m.*, -s, -
Wer/be/trom/mel *f.*, -, -n
wer/be/wirk/sam
werb/lich
Wer/bung *f.*, -, -en
Wer/bungs/kos/ten *nur Pl.*
Wer/da/ruf *m.*, -[e]s, -e, Postenanruf
Wer/de/gang *m.*, -[e]s, -gänge
wer/den
Wer/der *m.*, -s, -, 1. Flussinsel, 2. Landstrich zwischen Fluss und stehenden Gewässern
Wer/fall *m.*, -[e]s, -fälle, Nominativ
wer/fen *tr.*, gebären bei Tieren
Wer/fer *m.*, s, -
Werft 1. [niederl.] *f.*, -, -en, Anlage zum Bauen und Ausbessern von Schiffen, 2. *m.*, -[e]s, -e, Kette eines Gewebes
Werg *n.*, -s, *nur Sg.*, Hanf- und Flachsabfall
Wer/geld *n.*, -[e]s, -gelder, Sühnegeld für Totschlag im german. Recht
Werk *n.*, -[e]s, -e, ans Werk gehen, zu Werke gehen (arbeiten), ugs. ins Werk gehen (in eine große Fabrik gehen)
Werk/bank *f.*, -, -bänke
Werk(s)/bü/che/rei *f.*, -, -en
werk/ei/gen oder auch: **werks/ei/gen**
Wer/kel [österr.] *n.*, -s, -[n], Leierkasten, Drehorgel
Wer/kel/mann [österr.] *m.*, -[e]s, -männer, Leierkastenmann, Drehorgelspieler
wer/keln, wer/ken *intr.*, arbeiten
Werk(s)/fah/rer *m.*, -s, -
werk/ge/recht
werk/ge/treu
Werk(s)/hal/le *f.*, -, -n
Werk(s)/meis/ter *m.*, -s, -
Werk(s)/spi/o/nage *f.*, -, *nur Sg.*
Werk/statt *f.*, -, -stätten
Werk/stoff *m.*, -[e]s, -e
Werk/stück *f.*, -[e]s, -e
Werks/woh/nung *f.*, -, -,-en
Werk/tag *m.*, -[e]s, -e, Wochentag
werk/täg/lich
werk/tags
werk/tä/tig
Werk/tä/ti/ge *m.*, -n, -n
Werk/tä/tig/keit *f.*, -, -en
Werk/treue *f.*, -, *nur Sg.*, bei Musikstücken
Werk/un/ter/richt *m.*, -[e]s, -e

Werk/ver/trag *m.*, -[e]s, -träge
Werk/zeug *n.*, -[e]s, -e
Werk/zeug/kas/ten *m.*, -s, -kästen
Wer/mut *m.*, -[e]s, *nur Sg.*, eine Heilpflanze
Wer/mut(s)/trop/fen *m.*, -s, -, ugs. leise Bitterkeit in einem ansonsten positiven Erlebnis
Wer/mut/wein *m.*, -[e]s, -e
Werst [russ.] *f.*, -, -en, russ. Längenmaß, 1,067 km
Wert *m.*, -[e]s, -e, Bedeutung, Geltung, wert, würdig, das ist keinen Schuss Pulver mehr wert
Wert/ar/beit *f.*, -, -en
Wert/be/stän/dig/keit *f.*, -, *nur Sg.*
Wert/brief *m.*, -[e]s, -e
wer/ten
Wert/fracht *f.*, -, -en
wert/hal/ten *tr.*
...wer/tig einwertig, hochwertig
Wer/tig/keit *f.*, -, -en, Valenz
Wert/leh/re *f.*, -, *nur Sg.*
wert/los
Wert/lo/sig/keit *f.*, -, *nur Sg.*
Wert/mar/ke *f.*, -, -n
Wert/mes/ser *m.*, -s, -
Wert/pa/ket *n.*, -[e]s, -e
Wert/pa/pier *n.*, -[e]s, -e
Wert/phi/lo/so/phie *f.*, -, *nur Sg.*
Wert/sa/che *f.*, -, -n, *meist Pl.*
wert/schät/zen *tr.*
Wert/schät/zung *f.*, -, *nur Sg.*
Wer/tung *f.*, -, -en
Wert/ur/teil *n.*, -[e]s, -e
wert/voll
Wert/zu/wachs *m.*, -es, *nur Sg.*
Wer/wolf *m.*, -[e]s, -wölfe, im Volksglauben, ein Mensch, der sich zeitweilig in einen Wolf verwandelt
wes (veralt.) Form von wessen
We/sen *n.*, -s, -, 1. Lebewesen, 2. Eigenart
we/sen/haft
We/sen/heit *f.*, -, -en
we/sen/los
We/sens/art *f.*, -, -en
we/sens/ei/gen
we/sens/fremd
we/sens/gleich
We/sens/gleich/heit *f.*, -, *nur Sg.*
We/sens/zug *m.*, -[e]s, -züge
we/sent/lich im Wesentlichen
Wes/fall *m.*, -[e]s, -fälle, Genitiv
wes/halb
We/sir [arab.] früher Minister des Sultans
We/si/rat *n.*, -[e]s, -e, Amt eines Wesirs
Wes/leya/ner oder auch:
Wes/le/ya/ner *m.*, -s, -, Methodist
Wes/pe *f.*, -, -n
Wes/pen/nest *n.*, -[e]s, -er, in ein Wespennest stechen, ugs für sehr heftige Reaktionen hervorrufen
Wes/pen/stich *m.*, -[e]s, -e
Wes/pen/tail/le *f.*, -, -n, ugs. scherzhaft für sehr schlanke Taille
wes/sen Genitiv von wer
Wes/si *m.*, -s, -s, ugs. Bewohner der alten Bundesländer, heute mehr negativ gebraucht
West 1. *ohne Artikel* (Abk: W) Westen in geografischen Angaben, der Wind kommt aus West,
2. *m.*, -en, *nur Sg.*, dichterisch für Westwind
West/ber/lin, West-Ber/lin
West/ber/li/ner *m.*, -s, -
west/deutsch
West/deutsch/land *f.*, -s, *nur Sg.*
Wes/te *f.*, -, -n
Wes/ten *m.*, -s, *nur Sg.*, 1. Himmelsrichtung, 2. die in Westeuropa liegenden Länder, 3. westlicher Teil, im Westen des Ruhrgebietes
Wes/tern *m.*, -s, -, Wildwestfilm
West/eu/ro/pa *n.*, -s, *nur Sg.*
west/eu/ro/pä/isch Westeuropäische Union (WEU), westeuropäische Zeit (WEZ)
West/fa/le *m.*, -n, -n
West/fa/len
West/fä/lin *f.*, -, -nen
west/fä/lisch westfälischer Schinken, aber die Westfälische Pforte (Porta Westfalica), der Westfälische Friede
West/ger/ma/ne *m.*, -n, -n
west/ger/ma/nisch
West/go/te *m.*, -n, -n
west/go/tisch
West/in/di/en Bez. für die Inseln Mittelamerikas
west/in/disch
wes/tisch westische Kunst, Rasse
west/lich
West/mäch/te *f.*, *nur Pl*, Großbritannien, Frankreich, USA
West/nord/west 1. (Abk: WNW) Westnordwesten (geografl.), 2. Wind aus Westnordwest
West/nord/wes/ten *m.*, -s, *nur Sg.*, Himmelsrichtung zwischen Westen und Nordwesten
west/öst/lich von Westen nach Osten

West/o/ver [engl.] *m.*, -s, -,
ärmelloser Pullover
West/punkt *m.*, -[e]s, -e,
westlicher Schnittpunkt des
Meridians mit dem Horizont
West/rom
west/rö/misch
West/sa/moa Inselstaat im
Pazifischen Ozean
West/süd/west 1. (Abk:
WSW) Westsüdwest (geograf.), 2. Wind aus Westsüdwest
West/süd/wes/ten *m.*, -s,
nur Sg., Himmelsrichtung
zwischen Westen und Südwesten
West Vir/gi/nia [engl.]
Staat in den USA
west/wärts
West/wind *m.*, -[e]s, -e
wett wett sein, ausgeglichen
sein, aber: Wettlaufen, Wettstreiten
Wett/be/werb *m.*, -[e]s, -e
Wett/be/wer/ber *m.*, -s, -
Wett/bü/ro *n.*, -s, -s
Wet/te *f.*, -, -n
Wett/ei/fer *m.*, -s, *nur Sg.*
wett/ei/fern *intr.*
wet/ten *intr.*
Wet/ter *n.*, -s, -, 1. *nur Sg.*,
Änderungen der Lufthülle
um die Erde, 2. Gewitter,
Unwetter, Sturm, 3. Bergwesen: Gase in der Grube:
schlagendes Wetter: explosives Gasgemisch im Stollen
Wet/ter/amt *n.*, -[e]s, -ämter
Wet/ter/be/richt *m.*, -[e]s, -e
wet/ter/be/stän/dig
wet/ter/be/stim/mend
Wet/ter/dach *n.*, -[e]s, -dächer
Wet/ter/fah/ne *f.*, -, -n
wet/ter/fest

wet/ter/füh/lig
Wet/ter/füh/lig/keit *f.*, -,
nur Sg.
Wet/ter/füh/rung *f.*, -, *nur
Sg.*, Fachsprache: Versorgung einer Grube mit
Frischluft
Wet/ter/glas *n.*, -es, -gläser,
ugs. für: Barometer
Wet/ter/hahn *m.*, -[e]s, -hähne
Wet/ter/häus/chen *n.*, -s, -
Wet/ter/kar/te *f.*, -, -n
Wet/ter/kun/de *f.*, -, *nur
Sg.*, Meteorologie
wet/ter/kun/dig,
wet/ter/kund/lich meteorologisch
Wet/ter/la/ge *f.*, -, n
Wet/ter/leuch/ten *n.*, -s,
nur Sg.
wet/ter/leuch/ten *intr.*
Wet/ter/man/tel *m.*, -s, -mäntel
wet/tern *intr.* 1. es wettert,
es ist schlechtes Wetter,
2. gegen etwas wettern, laut
schelten
Wet/ter/pro/phet *m.*, -en,
-en
Wet/ter/re/gel *f.*, -, -n
Wet/ter/schacht *m.*, -[e]s, -schächte, Fachsprache: Grubenschacht zur Wetterführung
Wet/ter/scha/den *m.*, -s, -schäden
Wet/ter/schei/de *f.*, -, n
Wet/ter/sei/te *f.*, -, -n
Wet/ter/sturz *m.*, -es, -stürze
Wet/ter/vor/her/sa/ge *f.*, -, -n
Wet/ter/war/te *f.*, -, -n
Wet/ter/wol/ke *f.*, -, -n
Wett/fah/rer *m.*, -s, -
Wett/fahrt *f.*, -, en
Wett/kampf *m.*, -[e]s, -kämpfe

Wett/kämp/fer *m.*, -s, -
Wett/lauf *m.*, -[e]s, -läufe
wett/lau/fen *intr. nur Inf.*
Wett/läu/fer *m.*, -s, -
wett/ma/chen *tr.*, ausgleichen
wett/ren/nen *intr. nur Inf.*
Wett/ren/nen *n.*, -s, -
Wett/rüs/ten *n.*, -s, *nur Sg.*
Wett/streit *m.*, -[e]s, -e
wett/strei/ten *intr. nur Inf.*
Wettau/chen > **Wett/tauchen** *n.*, -s, -
Wettur/nen > **Wett/-
tur/nen** *n.*, -s, -
wet/zen 1. *tr.* schleifen,
schärfen, 2. ugs. für: rennen
Wetz/stahl *m.*, -[e]s, -stähle
Wetz/stein *m.*, -[e]s, -e
WEU Abk.für: Westeuropäische Union
Wey/mouths/kie/fer
[engl.] Weimutskiefer, eine
nordamerikan. Kiefer
WEZ Abk. für: westeuropäische Zeit
WG Abk. für: Wohngemeinschaft
Wh Abk. für: Wattstunde
Whig [engl.] *m.*, -s, -s,
engl. Politiker, der in Opposition zu den Konservativen
ist
Whip [engl.] *m.*, -s, -s, Einpeitscher
Whip/cord *m.*, -s, -s, Stoff
mit Schrägrippen
Whirl/pool [engl.] *m.*, -s,
-s, Warmwasserbad mit
Luftdüsen
Whis/key [engl.] *m.*, -s,
-s, amerikanischer oder irischer Whiskey
Whis/ky *m.*, -s, -s, schottischer Whisky
Whis/ky/so/da *m.*, -s, -s,
Whisky mit Mineralwasser
Whist [engl.] *n.*, -s, *nur
Sg.*, Kartenspiel für 4 Spie-

ler, ähnl. Bridge
Whit/worth/ge/win/de *n.*, -s, -, von Sir John Whitworth erfundenes Schraubengewinde
WHO [engl.] Abk. für: World Health Organizaton, Weltgesundheitsorganisation
Who's who [engl.] *n.*, -s, -s, Wer ist wer ?, Prominentenlexikon
WI Abk. für: Wisconsin
wib/beln *intr.*, periodisches Verändern einer elektr. Schwingung während des Messens der Resonanzkurve
Wichs *m.*, -es, -e, Festkleidung (der Verbindungsstudenten)
Wich/se *f.*, -, -n, 1. Putzmittel für Schuhe, 2. ugs. *nur Sg.* für: Prügel
wich/sen *tr.* 1. zum Glänzen bringen, 2. ugs. für: onanieren, 3. prügeln, jmdn. verwichsen, jmdn. verprügeln
Wicht *m.*, -[e]s, -e, 1. Kobold, Zwerg, 2. kleiner Junge, 3. elender Kerl
Wich/te *f.*, -, -n, spezifisches Gewicht
Wich/tel *m.*, -s, -,
Wich/tel/männ/chen *n.*, -s, -, Heinzelmännchen
wich/tig alles Wichtige, etwas Wichtiges, sich wichtig nehmen
Wich/tig/keit *f.*, -, -en
Wich/tig/tu/er *m.*, -s, -
Wich/tig/tu/e/rei *f.*, -, *nur Sg.*
wich/tig/tu/e/risch
Wi/cke [lat.] *f.*, -, -n, eine Pflanze, in die Wicken gehen: ugs. für: verloren gehen
Wi/ckel *m.*, -s, -

wi/ckeln *tr.*
Wi/cke/lung, Wick/lung *f.*, -, -en
Wid/der *m.*, -s, -, 1. Schafbock, 2. *nur Sg.* ein Sternbild
Wid/der/punkt *m.*, -[e]s, -e, Frühlingspunkt
wi/der gegen
wi/der/bors/tig
Wi/der/bors/tig/keit *f.*, -, *nur Sg.*
Wi/der/christ *m.*, -en, -en, Antichrist
Wi/der/druck 1. *m.*, -[e]s, -drücke, Gegendruck, 2. *m.*, -[e]s, -drucke, Bedrucken der Rückseite des Druckbogens
wi/der/ein/an/der oder auch **wi/der/ei/nan/der** gegeneinander
wi/der/fah/ren *intr.* zustoßen, etwas passieren
Wi/der/ha/ken *m.*, -s, -
Wi/der/hall *m.*, -[e]s, -e, Echo
wi/der/hal/len *intr.*
Wi/der/halt *m.*, -[e]s, -e, Stütze
Wi/der/hand/lung [schweizer.] *f.*, -, -en, Zuwiderhandlung
Wi/der/kla/ge *f.*, -, -n, Gegenklage
Wi/der/klä/ger *m.*, -s, -
wi/der/klin/gen *intr.*
Wi/der/la/ger *n.*, -s, -, massiver Baukörper, der Druck anderer Bauteile aufnimmt
wi/der/leg/bar
wi/der/le/gen *tr.*
Wi/der/le/gung *f.*, -, -en
wi/der/lich
Wi/der/lich/keit *f.*, -, -en
wi/der/na/tür/lich
Wi/der/na/tür/lich/keit *f.*, -, *nur Sg.*
Wi/der/part *m.*, -s, -s,

1. Gegner, 2. Widerstand
wi/der/ra/ten *tr.*, ich habe [es] ihm widerraten, ich habe [es] ihm abgeraten
wi/der/recht/lich
Wi/der/re/de *f.*, -, -n
Wi/der/rist *m.*, -[e]s, -e, erhöhter Teil des Rückens bei Huf- und Horntieren
Wi/der/ruf *m.*, -[e]s, -e, bis auf Widerruf
wi/der/ru/fen *tr.*, zurücknehmen
wi/der/ruf/lich
Wi/der/ruf/lich/keit *f.*, -, *nur Sg.*
Wi/der/ru/fung *f.*, -, -en
Wi/der/sa/cher *m.*, -s, -, Gegner, Rivale
Wi/der/schein *m.*, -[e]s, -e
wi/der/schei/nen *intr.*
wi/der/set/zen *refl.*
wi/der/setz/lich
Wi/der/setz/lich/keit *f.*, -, *nur Sg.*
Wi/der/sinn *m.*, -[e]s, *nur Sg.*, Unsinn
wi/der/sin/nig
Wi/der/sin/nig/keit *f.*, -, *nur Sg.*
wi/der/spens/tig
Wi/der/spens/tig/keit *f.*, -, -en
wi/der/spie/geln *tr.*
Wi/der/spie/ge/lung, Wi/der/spieg/lung *f.*, -, -en
Wi/der/spiel *n.*, -[e]s, -e, Gegenstück
wi/der/spre/chen *intr.*, sich widersprechen, mir wird widersprochen
Wi/der/spruch *m.*, -[e]s, -sprüche
wi/der/sprüch/lich
Wi/der/sprüch/lich/keit *f.*, -, *nur Sg.*
Wi/der/spruchs/geist *m.*, -[e]s, *nur Sg.*, jmd., der widerspricht

wi/der/spruchs/los
wi/der/spruchs/voll
Wi/der/stand *m.*, -[e]s, -stände
Wi/der/stands/be/we/gung *f.*, -, -en
wi/der/stands/fä/hig
Wi/der/stands/fä/hig/keit *f.*, -, *nur Sg.*
Wi/der/stands/kämp/fer *m.*, -s, -
Wi/der/stands/kraft *f.*, -, -kräfte
wi/der/stands/los
wi/der/ste/hen *intr.*, das Fleisch widersteht mir, er widersteht dieser Versuchung
wi/der/strah/len *intr.*
wi/der/stre/ben *intr.*
wi/der/stre/bend ungern
Wi/der/streit *m.*, -[e]s, *nur Sg.*
wi/der/strei/ten *intr.*
Wi/der/ton *m.*, -[e]s, *nur Sg.*, Moosart
wi/der/wär/tig
Wi/der/wär/tig/keit *f.*, -, -en
Wi/der/wil/le *m.*, -ns, *nur Sg.*
wi/der/wil/lig
Wi/der/wil/lig/keit *f.*, -, *nur Sg.*
wid/men jmdm. etwas widmen
Wid/mung *f.*, -, -en
wid/rig, wid/ri/gen/falls andernfalls
Wid/rig/keit *f.*, -, -en
wie wie geht es Dir ?, wie oben, er ist so groß wie ...
Wie/bei *m.*, -s, -, Kornkäfer
wie/beln *tr.*, flicken, stopfen
Wie/de/hopf *m.*, -[e]s, -e, Vogel
wie/der nochmal, erneut, hin und wieder, für nichts und wieder nichts, wieder einmal, die Saison hat wieder begonnen
wie/der... zurück, nochmals, wiederbekommen, wiederholen
Wie/der/an/pfiff *m.*, -[e]s, -e, Sportsprache
Wie/der/auf/ar/bei/tung *f.*, -, -en
Wie/der/auf/bau *m.*, -s, *nur Sg.*
wie/der/auf/bau/en *tr.*
Wie/der/auf/be/rei/tungs/an/la/ge *f.*, -, -n
Wie/der/auf/füh/rung *f.*, -, -en
Wie/der/auf/nah/me *f.*, -, -n
Wie/der/auf/nah/me/ver/fah/ren *n.*, -s, -
Wie/der/auf/rich/tung *f.*, -, *nur Sg.*
Wie/der/auf/rüs/tung *f.*, -, *nur Sg.*
Wie/der/be/ginn *m.*, -s, *nur Sg.*
wie/der/be/kom/men zurückerhalten, er hat das Auto wiederbekommen, aber: diese Krankheit wird er nicht wieder (ein zweites Mal) bekommen
wie/der/be/le/ben *tr.*, er wurde wiederbelebt (reanimiert), aber: das hat die Wirtschaft wieder (erneut) belebt
Wie/der/be/le/bung *f.*, -, -en
Wie/der/be/le/bungs/ver/such *m.*, -[e]s, -e
wie/der/be/schaf/fen *tr.*
Wie/der/be/schaf/fung
Wie/der/brin/gen *tr.*, er hat das Geld wiedergebracht (zurückgebracht) oder auch: er hat das Geld wieder (noch einmal) gebracht
Wie/der/ein/set/zung *f.*, -, -en
wie/der/ent/de/cken *tr.*, er hat seine Freunde wiederentdeckt oder auch: er hat sie wieder entdeckt
wie/der/er/hal/ten *tr.*, sie erhält das Auto wieder, sie hat es wiedererhalten, zurückbekommen
wie/der/er/ken/nen *tr.*, er hat sie wiedererkannt
wie/der/er/lan/gen *tr.*, zurückbekommen
wie/der/er/o/bern *tr.* sie haben die Burg wiedererobert, oder auch: sie haben sie wieder erobert
Wie/der/er/o/be/rung *f.*, -, -en
wie/der/er/öff/nen *tr.*, er hat sein Bistro wiedereröffnet, oder auch: er hat es wieder eröffnet
Wie/der/er/öff/nung *f.*, -, -en
wie/der/er/stat/ten *tr.*, zurückgeben, erstatten
wie/der/er/ste/hen *intr.*
wie/der/er/zäh/len *tr.*, wiedergeben, er hat das Lösungswort wiedererzählt, aber: er hat die gleiche Geschichte wieder (nochmals) erzählt
wie/der/fin/den *tr.*, ich habe meinen Geldbeutel wiedergefunden, oder auch: ich habe ihn wieder gefunden
wie/der/for/dern *tr.*
Wie/der/ga/be *f.*, -, -n
wie/der/ge/ben
wie/der/ge/bo/ren
Wie/der/ge/burt *f.*, -, -en
Wie/der/ge/win/nen *tr.*, sie hat ihr verlorenes Geld wiedergewonnen, aber: sie hat wieder (nochmals) gewonnen
Wie/der/ge/win/nung *f.*, -, *nur Sg.*

wie/der/gut/ma/chen *tr.*
Wie/der/gut/ma/chung *f.,* -, -en
wie/der/ha/ben *tr.,* sie will ihr Geld wiederhaben, oder auch: sie will es wieder haben
wie/der/her/stel/len *tr.,* sie ist völlig wiederhergestellt, aber: dieses Buch wird wieder (nochmals produziert) hergestellt
Wie/der/her/stel/lung *f.,* -, *nur Sg.*
wie/der/hol/en *tr.,* 1. ich habe mein Auto wiedergeholt, oder auch: ich habe es wieder geholt (zurückgeholt), 2. diese Sendung wird wiederholt (nochmals gesendet)
Wie/der/ho/lung *f.,* -, -en
Wie/der/ho/lungs/fall *m.,* -[e]s, -fälle
Wie/der/ho/lungs/zei/chen *n.,* -s, -, Musikzeichen
Wie/der/hö/ren auf Wiederhören !, Gruß am Telefon und im Rundfunk
Wie/der/imp/fen *tr.*
Wie/der/imp/fung *f.,* -, -en
Wie/der/in/stand/set/zung *f.,* -, *nur Sg.*
wie/der/käu/en *tr.,* die Kühe käuen (ihr Futter) wieder, ugs. Lehrstoff wiederkäuen, langweilig wiederholen
Wie/der/käu/er *m.,* -s, -
Wie/der/kehr *f.,* -, *nur Sg.*
wie/der/keh/ren *intr.*
wie/der/kom/men *intr.,* ich komme wieder (zurückkommen), aber: sie ist wieder gekommen (nochmals gekommen)
Wie/der/kunft *f.,* -, *nur Sg.*
Wie/der/lie/ben *tr.*
Wie/der/schau/en nur als:

Auf Wiederschauen!
wie/der/se/hen *tr.,* sie sah ihn wieder (erneutes Treffen), aber: er kann wieder sehen
Wie/der/se/hen *n.,* -s, -
Wie/der/tau/fe *f.,* -, -n
Wie/der/täu/fer *m.,* -s, -
wie/der/ver/ei/ni/gen *tr.,* Deutschland wurde wiedervereinigt, oder auch: Deutschland wurde wieder vereinigt
Wie/der/ver/ei/ni/gung *f.,* -, -en
wie/der/ver/hei/ra/ten *refl.,* er hat sich wiederverheiratet, oder auch: er hat sich wieder verheiratet
Wie/der/ver/hei/ra/tung *f.,* -, -en
Wie/der/ver/kauf *m.,* -[e]s, -käufe
wie/der/ver/kau/fen *tr.,* er hat die Autos wiederverkauft (als Zwischenhändler), aber: er hat das Auto wieder (nochmals) verkauft
Wie/der/ver/käu/fer *m.,* -s, -
Wie/der/vor/la/ge *f.,* -, *nur Sg.,* Amtsdeutsch, Abk.: z. Wv.
Wie/der/wahl *f.,* -, -en
wie/der/wäh/len *tr.,* er wurde wiedergewählt, oder auch: wieder gewählt
wie/fern = inwiefern
Wie/ge *f.,* -, -n
Wie/ge/mes/ser *n.,* -s, -
wie/gen 1. *tr.* schaukeln, 2. *tr.* zerkleinern, 3. *tr.* etwas wiegen, das Gewicht feststellen, 4. *intr.* Gewicht haben, schwer sein
Wie/gen/druck *m.,* -[e]s, -e
Wie/gen/fest *n.,* -es, -e, Geburtstag
Wie/gen/lied *n.,* -[e]s, -er
wie/hern *intr.*

Wiek *f.,* -, -en, niederd., kleine Bucht an der Ostsee
Wie/men *m.,* -s, -, 1. Lattengestell zum Räuchern und Trocknen, 2. Schlafstange der Hühner
Wien Hauptstadt von Österreich
Wie/ner *m.,* -s, -, Einwohner Wiens
wie/ne/risch
wie/nern *tr.,* ugs. für: blank putzen, polieren
Wie/ner/wald *m.,* -[e]s, *nur Sg.,* nordöstl. Ausläufer der Alpen
Wies/ba/den Hauptstadt von Hessen
Wies/ba/de/ner *m.,* -s, -
wies/ba/disch
Wies/baum *m.,* -[e]s, -bäume, Stange über dem beladenen Heuwagen, Heubaum
Wies/chen *n.,* -s, -
Wie/se *f.,* -, -n
Wie/sel *n.,* -s, -, ein Marder
Wie/sen/blu/me *f.,* -, -n
Wie/sen/schaum/kraut *n.,* -[e]s, -kräuter
wie/so warum
wie/viel > wie viel wie viele Personen, wie viel ist drei mal fünf?
wie/vie/ler/lei
wie/viel/mal
wie/weit inwieweit
wie/wohl obwohl, allerdings
Wig/wam [indian.] *m.,* -s, -s, Zelt der nordamerikan. Indianer
Wi/king *m.,* -s, -er
Wi/kin/ger *m.,* -s, -, Normanne
wi/kin/gisch
Wi/la/jet [türk.] *n.,* -s, -s, türk. Verwaltungsbezirk
wild 1. wilde Ehe (ohne

Trauschein zusammenlebend), wildes Fleisch (an Wunden), wildes Gestein (taubes), wilder Wein, 2. Wilder Westen, die Wilde Jagd (Geisterheer), der Wilde Jäger (Geist)
Wild *n.,* -[e]s, *nur Sg.,* Sammelbezeichnung für jagdbare Tiere
Wild/bach *m.,* -[e]s, -bäche
Wild/bad *n.,* -[e]s, -bäder, Heilbad mit warmer Quelle
Wild/bahn *f.,* -, -en
Wild/beu/ter *m.,* -s, -
Wild/bret *n.,* -s, *nur Sg.,* Fleisch des geschossenen Wildes
Wild/dieb *m.,* -[e]s, -e
Wild/die/be/rei *f.,* -, *nur Sg.*
Wild/en/te *f.,* -, -n
Wil/de *m.* oder *f.,* -n, -n
Wil/de/rei *f.,* -, -en, Wildern
Wil/de/rer *m.,* -s, -, Wilddieb
wil/dern *intr.*
Wild/e/sel *m.,* -s, -
Wild/fang *m.,* -[e]s, -fänge, unerzogenes Kind
wild/fremd
Wild/gans *f.,* -, -gänse
Wild/heit *f.,* -, -en
Wild/kat/ze *f.,* -, -n
wild/le/bend oder auch: **wild le/bend**
Wild/le/der *n.,* -s, -
Wild/ling *m.,* -s, -e, 1. Unterlage für die Veredelung von Obst- oder Ziergehölz, 2. im Forst: wild gewachsenes Bäumchen, 3. ungestümer Mensch
Wild/nis *f.,* -, -se
Wild/park *m.,* -s, -s
Wild/pferd *n.,* -s, -e
wild/reich
Wild/reich/tum *m.,* -[e]s, *nur Sg.*

Wild/rind *n.,* -[e]s, -er
wild/ro/man/tisch
Wild/sau *f.,* -, säue
Wild/scha/den *m.,* -s, -schaden
Wild/schaf *n.,* -[e]s, -e
Wild/schütz *m.,* -en, -en
Wild/schüt/ze *m.,* -n, *n,* 1. Wilddieb, 2. veralt. Jäger
Wild/schwein *n.,* -[e]s, -e
wild/wach/send oder auch: **wild wach/send**
Wild/west ohne Artikel, der Wilde Westen
Wild/west/film *m.,* [e]s, -e, Western
Wild/wuchs *m.,* -es, *nur Sg.*
wil/hel/mi/nisch wilhelminischer Stil, aber: Wilhelminisches Zeitalter, Zeitalter Kaiser Wilhelms II
Wil/le *m.,* -ns, -n, der Letzte Wille, willens sein, voll guten Willens
wil/len um .. willen, wegen, um Gottes willen, um meinetwillen
wil/len/los
Wil/len/lo/sig/keit *f.,* -, *nur Sg.*
wil/lens
Wil/lens/akt *m.,* -[e]s, -e
Wil/lens/äu/ße/rung *f.,* -, -en
Wil/lens/er/klä/rung *f.,* -, en
Wil/lens/frei/heit *f.,* -, *nur Sg.*
Wil/lens/kraft *f.,* -, *nur Sg.*
wil/lens/schwach
Wil/lens/schwä/che *f.,* -, *nur Sg.*
wil/lens/stark
Wil/lens/stär/ke *f.,* -, *nur Sg.*
wil/lent/lich
will/fah/ren *intr.,* jmdm willfahren, jmdm seinen Willen erfüllen

will/fäh/rig gefügig
Will/fäh/rig/keit *f.,* -, *nur Sg.*
Will/komm *m.,* -s, -e, einen Willkomm zurufen
will/kom/men
Will/kom/men *n.,* -s, -
Will/kom/mens/gruß *m.,* -es, -grüße
Will/kom/mens/trunk *m.,* -[e]s, -e
Will/kür *f.,* -, *nur Sg.*
Will/kür/herr/schaft *f.,* -, -en
will/kür/lich
Will/kür/lich/keit *f.,* -, -en
wim/meln *intr.,* unpersönlich: es wimmelt von Ameisen, das Buch wimmelt nur so von Fehlern
wim/men [schweizer.] Trauben lesen
Wim/mer *m.,* -s, -, 1. Knorren, Maser, 2. Schwiele, Warze, 3. [schweizer.] Winzer
Wim/mer/holz *n.,* -es, -hölzer, ugs. scherzhaft für: Geige
Wim/merl *n.,* -s, -n, bayr. u. österr. ugs. für: Hitze- oder Eiterbläschen
wim/mern *intr.,* ugs. für: das ist zum Wimmern, ugs. für: das ist schrecklich, auch für: es ist zum Lachen
Wim/met [schweizer.] *m.,* -s, *nur Sg.,* Weinlese
Wim/pel *m.,* -s, -, kleine, dreieckige Flagge
Wim/per *f.,* -, -n
Wim/perg *m.,* -s, -e,
Wim/per/ge *f.,* -, -n, gotische Spitzgiebel über Fenster und Portalen
Wim/per/tier/chen *n.,* -s, -, Einzeller
wind [schweizer.] unbehaglich, ungemütlich

Winterfahrplan

Wind *m.*, -[e]s, -e, Wind und Wetter, im Hüttenwesen: warme Luft, die in den Hochofen geblasen wird, Wind machen, ugs für: übertreiben, prahlen, Wind von etwas bekommen, ugs. für: etwas zufällig erfahren
Wind/beu/tel *m.*, -s, -, 1. hohles Gebäck, mit Sahne gefüllt, 2. ugs. für: leichtfertiger Mensch
Wind/beu/te/lei *f.*, -, -en
Wind/bruch *m.*, -[e]s, -brüche, im Forst: Schäden durch den Wind
Wind/büch/se *f.*, -, -n, Luftgewehr
Win/de *f.*, -, -n, 1. Hebe- o. Zugvorrichtung, 2. Pflanze
Wind/ei *n.*, -s, -er, 1. Vogelei ohne Kalkschale, 2. abgestorbene Leibesfrucht, 3. ugs. für aufgeblasene Angelegenheit
Win/del *f.*, -, -n
win/del/weich nur als: jmdn. windelweich prügeln
win/den 1. *tr.* drehen, wenden, 2. *intr.* windig sein
Wind/er/hit/zer *m.*, -s, -, der Winderhitzer erhöht am Hochofen die Temperatur der Verbrennungsluft (des Windes)
Wind/des/ei/le *f.*, -, nur als: mit Windeseile, in Windeseile
Wind/fah/ne *f.*, -, -n
Wind/fang *m.*, -s, -fänge
Wind/fang/tür *f.*, -, -en
Wind/har/fe *f.*, -, -n
Wind/hauch *m.*, -[e]s, nur Sg.
Wind/ho/se *f.*, -, -n, Wirbelsturm
Wind/hund *m.*, -[e]s, -e, 1. Hunderasse, 2. ugs. für leichtfertiger Mensch

win/dig auch ugs. für leer, leichtfertig
Wind/ja/cke *f.*, -, -n
Wind/jam/mer *m.*, -s, -, großes Segelschiff
Wind/ka/nal *m.*, -[e]s, -kanäle, 1. Halle, in der Luftstrom erzeugt wird, um Konstruktionen auf ihr Windverhalten zu testen, 2. Teil der Orgel
Wind/licht *n.*, -[e]s, -er
Wind/ma/schi/ne *f.*, -, -n
Wind/mes/ser *m.*, -s, -
Wind/mo/tor *m.*, -s, -en
Wind/müh/le *f.*, -, -n
Wind/müh/len/flü/gel *m.*, -s, -
Wind/po/cken nur Pl., Kinderkrankheit
Wind/rad *n.*, -[e]s, -räder
Wind/rös/chen *n.*, -s, -, Anemone
Wind/ro/se *f.*, -, -n, Kompassscheibe mit den Himmelsrichtungen
Wind/sack *m.*, -[e]s, -säcke, ein an einem Mast aufgehängter Beutel, der die Windrichtung und -stärke anzeigt
Wind/scha/den *m.*, -s, -schäden
Wind/schat/ten *m.*, -s, nur Sg., dem Wind abgekehrte Seite, Lee-Seite, auch: windarmer Bereich hinter einem Fahrzeug: im Windschatten fahren
wind/schief
wind/schlüp/frig
Wind/schutz *m.*, -es, nur Sg.
Wind/schutz/schei/be *f.*, -, -n
Wind/sei/te *f.*, -, -n, dem Wind zugekehrte Seite, Luv-Seite
Wind/sor 1. engl. Stadt,

2. Name des engl. Königshauses
Wind/spiel *n.*, -[e]s, -e, kleiner Windhund
Wind/stär/ke *f.*, -, -n
wind/still
Wind/stil/le *f.*, -, nur Sg.
Wind/stoß *m.*, -es, -stöße
Wind/sur/fer [engl.] *m.*, -s, -, Surfbrett mit Segeln, Person, die surft
Wind/sur/fing *n.*, -s, nur Sg., Sport mit dem Windsurfer
Win/dung *f.*, -, -en
Wind/zug *m.*, -[e]s, -züge
Win/gert *m.*, -s, -e, Weinberg
Wink *m.*, -s, -e
Win/kel *m.*, -s, -
Win/kel/ad/vo/kat *m.*, -en, -en
Win/kel/ei/sen *n.*, -s, -
Win/kel/funk/ti/on *f.*, -, -en, mathemat. Funktionen
Win/kel/ha/ken *m.*, -s, -, Werkzeug des Schriftsetzers
Win/kel/hal/bie/ren/de *f.*, -n, -n
win/ke/lig, wink/lig
Win/kel/maß *n.*, -es, -e
Win/kel/mes/ser *m.*, -s, -
Win/kel/zug *m.*, -[e]s, -züge, nicht einwandfreie Mittel oder Methoden, ein Ziel zu erreichen
win/ken *intr.und tr.*
Win/ker/flag/ge *f.*, -, -n
wink/lig winkelig
Winsch [engl.] *f.*, -, -en, Seemannsspr.: Winde zum Heben von Lasten
win/schen Last heben
Win/se/lei *f.*, -, nur Sg.
win/seln *intr.*
Win/ter *m.*, -s, -
Win/ter/an/fang *m.*, -[e]s, -fänge
Win/ter/fahr/plan *m.*, -s, -pläne

Win/ter/frucht *f.*, -, -früchte
Win/ter/gar/ten *m.*, -s, -gärten
Win/ter/ge/trei/de *n.*, -s, -
Win/ter/kar/tof/fel *f.*, -, -n
Win/ter/kleid *n.*, -[e]s, -er
Win/ter/land/schaft *f.*, -, -en
win/ter/lich
Win/ter/ling *m.*, -s, -e, Pflanze
Win/ter/mo/nat *m.*, -s, -e
win/tern *intr.*, nur unpersönl.
Win/ter/rei/fen *m.*, -s, -
win/ters
Win/ter/saat *f.*, -, -en
Win/ter/schlaf *m.*, -[e]s, *nur Sg.*
Win/ter/schluß/ver/kauf > Win/ter/schluss/ver/kauf *m.*, -[e]s, -käufe
Win/ter/se/mes/ter *n.*, -s, -
Win/ter/son/nen/wen/de *f.*, -, -n
Win/ter/spie/le *n.*, Olympische Winterspiele
Win/ter/sport *m.*, -s, *Pl.* Wintersportarten
win/ters/ü/ber
Win/ters/zeit *f.*, -, *nur Sg.*
Win/ter/taug/lich/keit *f.*, -, *nur Sg.*
Win/zer *m.*, -s, -
win/zig
Win/zig/keit *f.*, -, -en
Wip/fel *m.*, -s, -
Wip/pe *f.*, -, -n
wip/pen *intr.*
wir wir alle, wir beide, wir Deutschen, auch: ich, früher von Herrschern gebraucht, heute nur noch in der Literatur
Wir/bel *m.*, -s, -
wir/be/lig wirblig
wir/bel/los
Wir/bel/lo/se *nur Pl.*, Sammelbegriff für alle Vielzeller außer den Wirbeltieren
wir/beln *intr.* und *tr.*
Wir/bel/säu/le *f.*, -, -n
Wir/bel/sturm *m.*, -[e]s, -stürme
Wir/bel/tie/re *n.*, *nur Pl.*
Wir/bel/wind *m.*, -s, -e
wirb/lig wirbelig
wir/ken 1. *intr.*, etwas tun, 2. Stoffe durch Verschlingen der Fäden herstellen
Wir/ker *m.*, -s, -
Wir/ke/rei *f.*, -, -en
wirk/lich
Wirk/lich/keit *f.*, -, -en
Wirk/lich/keits/fern
Wirk/lich/keits/form *f.*, -, -en, Indikativ
wirk/lich/keits/fremd
Wirk/lich/keits/mensch *m.*, -en, -en
wirk/lich/keits/nah
Wirk/lich/keits/nä/he *f.*, -, *nur Sg.*
Wirk/lich/keits/sinn *m.*, -[e]s, *nur Sg.*
wirk/sam
Wirk/sam/keit *f.*, -, *nur Sg.*
Wirk/stoff *m.*, -[e]s, -e
Wir/kung *f.*, -, -en
Wir/kungs/be/reich *m.*, -[e]s, -e
Wir/kungs/feld *n.*, -es, -er
Wir/kungs/grad *m.*, -[e]s, -e
Wir/kungs/kreis *m.*, -es, -e
wir/kungs/los
Wir/kungs/lo/sig/keit *f.*, -, *nur Sg.*
Wir/kungs/quan/tum *n.*, -s, *nur Sg.*, Plancksches W., von Max Planck entdeckte Naturkonstante
Wir/kungs/stät/te *f.*, -, -n
wir/kungs/voll
Wir/kungs/wei/se *f.*, -, -n
Wirk/wa/re *f.*, -, -n
wirr
Wir/ren *nur Pl.*, die Wirren des Krieges
Wirr/heit *f.*, -, *nur Sg.*
Wirr/kopf *m.*, -[e]s, -köpfe, zerstreute Person
Wirr/nis *f.*, -, -se
Wirr/sal *f.*, -, -e
Wirr/warr *m.*, -s, *nur Sg.*
wirsch barsch, zornig, ungehalten
Wir/sing *m.*, -s, -e
Wir/sing/kohl *m.*, -[e]s, *nur Sg.*
Wirt *m.*, -[e]s, -e
Wir/tel *m.*, -s, - 1. Pflanze: Blätterkreis an einem Stängelknoten, Quirl, 2. Spulenring des Spinnrades
wirt/lich gastlich
Wirt/lich/keit *f.*, -, *nur Sg.*
Wirt/schaft *f.*, -, -en
wirt/schaf/ten *intr.*
Wirt/schaf/ter *m.*, -s, -, Verwalter
Wirt/schaft/ler *m.*, -s, -, Wirtschaftswissenschaftler
wirt/schaft/lich
Wirt/schaft/lich/keit *f.*, -, *nur Sg.*
Wirt/schafts/ab/kom/men *n.*, -s, -
Wirt/schafts/ge/bäu/de *n.*, -s, -
Wirt/schafts/geld *n.*, -[e]s, -er
Wirt/schafts/ge/o/gra/phie *(Nf.)* auch: Wirt/schafts/ge/o/gra/fie *(Hf.) f.*, -, *nur Sg.*
Wirt/schafts/ge/schich/te *f.*, -, *nur Sg.*
Wirt/schafts/jahr *n.*, -[e]s, -e
Wirt/schafts/kri/se *f.*, -, -n
Wirt/schafts/la/ge *f.*, -, -n
Wirt/schafts/ord/nung *f.*, -, -en
Wirt/schafts/po/li/tik *f.*, -, *nur Sg.*
wirt/schafts/po/li/tisch
Wirt/schafts/prü/fer *m.*, -s, -

Wirt/schafts/teil *m.*, -[e]s, -e, Wirtschaftsteil einer Zeitung
Wirt/schafts/wis/senschaft/ler *m.*, -s, -
Wirt/schafts/wun/der *n.*, -s, -
Wirts/haus *n.*, -es, -häuser
Wirts/leu/te *nur Pl.*
Wirts/pflan/ze *f.*, -, -n, Nutzpflanze für einen Parasiten
Wirts/stu/be *f.*, -, -n
Wirts/tier *n.*, -[e]s, -e, Nutztier für einen Parasiten
Wirz [schweizer.] *m.*, -es, -e, Wirsing
Wisch *m.*, -[e]s, -e
wi/schen *tr.*
Wi/schi/wa/schi *n.*, -s, *nur Sg.*, ugs. für: Unsinn, dummes Gerede
Wisch/nu Vishnu, Hindugott
Wis/con/sin 1. Nebenfluss des Mississippi, 2. (WI) Staat der USA
Wi/sent *m.*, -s, -e, Wildrind
Wis/mut *n.*, -s, *nur Sg.*, (Bi) chemisches Element (in der Chemie auch: Bismut)
wis/peln *tr.*, wispern
wis/pern *tr.*, flüstern
Wiß/be/gier > **Wiss/be/gier**
Wiß/be/gier/de > **Wissbe/gier/de** *f.*, -, *nur Sg.*
wiß/be/gie/rig > **wiss/begie/rig**
wis/sen *tr.*
Wis/sen *n.*, -s, *nur Sg.*
Wis/sen/schaft *f.*, -, -en
Wis/sen/schaft/ler *m.*, -s, -
wis/sen/schaft/lich
Wis/sen/schaft/lich/keit *f.*, -, -en
Wis/sen/schafts/the/o/rie *f.*, -, -n
Wis/sens/drang *m.*, -[e]s, *nur Sg.*
Wis/sens/durst *m.*, -[e]s, *nur Sg.*
wis/sens/durs/tig
Wis/sens/ge/biet *n.*, -[e]s, -e
wis/sens/wert
Wis/sens/zweig *m.*, -[e]s, -e
wis/sent/lich
Wit/frau *f.*, -, -en, veralt. für Witwe
Wit/mann *m.*, -[e]s, -männer, veralt. für: Witwer
wit/tern *tr.*, 1. mit dem Geruch wahrnehmen, 2. ugs. für: etwas ahnen, spüren
Wit/te/rung *f.*, -, -en, 1. Wetter, 2. Geruch (Köder, Wild), 3. Geruchssinn (von Hund und Wild)
Wit/te/rungs/um/schlag *m.*, -[e]s, -schläge
Wit/te/rungs/ver/hält/nis *n.*, *nur Pl.*
Witt/ling *m.*, -s, -e, Weißling, ein Fisch
Wit/we *f.*, -, -n (Abk.: Wwe)
Wit/wen/geld *n.*, -[e]s, -er
Wit/wen/ren/te *f.*, -, -n
Wit/wen/schaft *f.*, -, *nur Sg.*
Wit/wen/schlei/er *m.*, -s, -
Wit/wen/stand *m.*, -[e]s, *nur Sg.*
Wit/wen/ver/bren/nung *f.*, -, -en
Wit/wer *m.*, -s, -
Wit/wer/schaft *f.*, -, *nur Sg.*
Witz *m.*, -[e]s, -e
Witz/blatt *n.*, -[e]s, -blätter
Witz/bold *m.*, -[e]s, -e
Wit/ze/lei *f.*, -, -en
wit/zeln *intr.*
Witz/fi/gur *f.*, -, -en
wit/zig
Wit/zig/keit *f.*, -, *nur Sg.*
Witz/ling *m.*, -[e]s, -e, Witzbold
witz/los ugs. auch: uninteressant, nutzlos
Witz/wort *n.*, -[e]s, -Wörter
w. L. Abk. für: westliche Länge
Wla/di/wos/tok Stadt in Sibirien
WM Abk. für: Weltmeisterschaft
WNW Abk. für: Westnordwest
wo wo ist er?, von wo kommt er? dort ... wo
w. o. Abk. für: wie oben
wo/an/ders irgendwo sonst
wo/an/ders/hin woandershin fahren, gehen
wob/beln in der Funktechnik Frequenzen verschieben
wo/bei
Wo/che *f.*, -, -n
Wo/chen/bett *n.*,. -[e]s, -en, Kindbett
Wo/chen/blatt *n.*, -[e]s, -blätter
Wo/chen/en/de *n.*, -s, -n
Wo/chen/end/haus *n.*, -es, -häuser
Wo/chen/kar/te *f.*, -, -n
wo/chen/lang
Wo/chen/lohn *m.*, -s, -löhne
Wo/chen/markt *m.*, -[e]s, -märkte
Wo/chen/schau *f.*, -, -en
Wo/chen/schrift *f.*, -, -en
Wo/chen/tag *m.*, -[e]s, -e
wo/chen/tags
wö/chent/lich
wo/chen/wei/se
Wo/chen/zei/tung *f.*, -, -en
Wöch/ne/rin *f.*, -, -nen, Frau im Kindbett
Wo/cken *m.*, -s, -, niederd. für: Rocken
Wo/dan Wotan
Wod/ka [russ.] *m.*, -s, -s, Wässerchen, russ. Branntwein

wo/durch
wo/fern
wo/für
Wo/ge *f.*, -, -n
wo/ge/gen
wo/gen *intr.*
wo/her woher er kommt, kann ich nicht sagen, er geht wieder dahin, woher er gekommen ist
wo/her/um oder auch:
wo/he/rum
wo/hin wohin geht er?, wohin wird das noch führen?
wo/hin/auf oder auch:
wo/hi/nauf
wo/hin/aus oder auch:
wo/hi/naus
wo/hin/ein oder auch:
wo/hi/nein
wo/hin/ge/gen
wo/hin/un/ter oder auch:
wo/hi/nun/ter
wohl 1. besser, angenehm, sich wohl fühlen, wohl oder übel, 2. wahrscheinlich, es ist wohl wahr
Wohl *n.*, -[e]s, *nur Sg.*
wohl/auf wieder gesund
wohl/be/dacht oder auch: wohl be/dacht gut überlegt
Wohl/be/ha/gen *n,*, -s, *nur Sg.*
wohl/be/hü/tet oder auch: wohl be/hütet
wohl/be/kannt
wohl/durch/dacht oder auch: wohl durch/dacht
wohl/er/ge/hen oder auch: wohl er/ge/hen
Wohl/er/ge/hen *n.*, -s, *nur Sg.*
wohl/er/zo/gen
Wohl/fahrt *f.*, -, *nur Sg.*
Wohl/fahrts/pfle/ge *f.*, -, *nur Sg.*
Wohl/fahrts/staat *m.*, -[e]s, -en
wohl/feil

Wohl/ge/fal/len *n.*, -s, *nur Sg.*
wohl/ge/fäl/lig
wohl/ge/formt
Wohl/ge/fühl *n.*, [e]s, -e
wohl/ge/fühlt oder auch:
wohl ge/fühlt
wohl/ge/meint
wohl/ge/merkt
wohl/ge/mut
wohl/ge/nährt
wohl/ge/ord/net oder auch: wohl ge/ord/net
Wohl/ge/ruch *m.*, -[e]s, -gerüche
Wohl/ge/schmack *m.*, -s, *nur Sg.*
wohl/ge/setzt
wohl/ge/sinnt
wohl/ge/tan > wohl ge/tan
wohl/ha/bend
Wohl/ha/ben/heit *f.*, -, *nur Sg.*
woh/lig
Wohl/klang *m.*, -[e]s, -klänge
wohl/klin/gend
Wohl/laut *m.*, -[e]s, -e
wohl/lau/tend
Wohl/le/ben *n.*, -s, *nur Sg.*
wohl/mei/nend
Wohl/sein *n.*, -s, *nur Sg.*, zum Wohlsein!: Gesundheit!
Wohl/stand *m.*, -[e]s, *nur Sg.*
Wohl/stands/ge/sell/schaft *f.*, -, -en
Wohl/tat *f.*, -, -en
Wohl/tä/ter *m.*, -s, -
wohl/tä/tig
Wohl/tä/tig/keit *f.*, -, *nur Sg.*
Wohl/tä/tig/keits/ver/ein *m.*, -[e]s, -e
wohl/tem/pe/riert
wohl/tu/end
wohl/tun > wohl tun *intr.*, gut tun
wohl/un/ter/rich/tet sehr gut informiert
Wohl/ver/leih *m.*, -s, -e, Arnika

wohl/ver/stan/den
wohl/ver/wahrt sehr gut verwahrt
wohl/weis/lich
wohl/wol/lend
Wohl/wol/len *n.*, -s, *nur Sg.*
Wohn/bau *m.*, -s, -bauten
wohn/be/rech/tigt
Wohn/be/rech/ti/gung *f.*, -, -en
Wohn/block *m.*, -[e]s, -blöcke
woh/nen *intr.*
Wohn/ge/mein/schaft *f.*, -, -en
wohn/haft (Amtsd.)
Wohn/haus *n.*, -es, -häuser
Wohn/heim *n.*, [e]s, -e
Wohn/kü/che *f.*, -, -n
Wohn/kul/tur *f.*, -, *nur Sg.*
wohn/lich
Wohn/ort *m.*, -[e]s, -e
Wohn/raum *m.*, -[e]s, -räume
Wohn/schlaf/zim/mer *n.*, -s, -
Wohn/sitz *m.*, -es, -e
Woh/nung *f.*, -, -en
Woh/nungs/bau *m.*, -s, *nur Sg.*
Woh/nungs/markt *m.*, -[e]s, -märkte
Woh/nungs/not *f.*, -, *nur Sg.*
Woh/nungs/su/che *f.*, -, -n
woh/nungs/su/chend
Woh/nungs/wech/sel *m.*, -s, -
Wohn/vier/tel *n.*, -s, -
Wohn/wa/gen *m.*, -s, -
Wöhr/de *f.*, -, -n, niederd. für: um das Wohnhaus gelegenes Ackerland
Woi/lach [russ.] *m.*, -s, -en, wollene Pferdedecke, Sattelunterlage
Woi/wod, Woi/wo/de [poln.] *m.*, -, -[e]n, früher: Fürst, heute: oberster Be-

amter einer poln. Provinz
Woi/wod/schaft *f.*, -, -en, Verwaltungsbezirk in Polen
Wok *m.*, -s, -s, chinesische Pfanne mit sehr hohem Rand (Schüsselform)
wöl/ben *tr.*
Wöl/bung *f.*, -, -en
Wolf *m.*, -[e]s, Wölfe
Wölf/chen *n.*, -s, -
wölfen *intr.*, Junge werfen (Wolf, Hund)
Wöl/fin *f.*, -, -nen
wöl/fisch
Wölf/lein *n.*, -s, -, (poetisch) Wölfchen
Wölf/ling *m.*, -s, -e, junger Pfadfinder
Wolf/ram *n.*, -s, *nur Sg.*, chem. Element (W)
Wolf/ra/mit *n.*, -s, *nur Sg.*, Wolframerz
Wolfs/hun/ger *m.*, -s, *nur Sg.*, ugs für: sehr großer Hunger
Wolfs/milch/ge/wächs *n.*, -es, -e, Pflanze
Wolfs/ra/chen *m.*, -s, -, angeborene Gaumenspalte
Wolfs/spitz *m.*, -es, -e, Hunderasse
Wo/lhy/ni/en Wolynien (ukrain. Landschaft)
Wölk/chen *n.*, -s, -
Wol/ke *f.*, -, -n
Wol/ken/bruch *m.*, [e]s, -brüche
Wol/ken/krat/zer *m.*, -s, -, Hochhaus
Wol/ken/ku/ckucks/heim *m.*, -s, *nur Sg.*, Traumland, Hirngespinst
wol/ken/los
wol/kig
Wollap/pen > **Woll/lap/pen** *m.*, -s, -
Wol/le *f.*, -, -n
wol/len aus Wolle
wol/len *tr.*, ich habe das nicht gewollt
Woll/gras *n.*, -es, -gräser, Grasart
Woll/haar *n.*, -[e]s, *nur Sg.*, krauses Haar
wol/lig
Woll/käm/me/rei *f.*, -, -en
Woll/lap/pen *m.*, -s, -
Wol/lust *f*, -, -lüste, triebhafte Freude
wol/lüs/tig
Wol/lüst/ling *m.*, -s, -e
Wol/per/tin/ger *m.*, -s, *nur Sg.*, bayr. Fabeltier
Wo/ly/ni/en Wolhynien (ukrain. Landschaft)
wo/ly/nisch
Wom/bat [austral.] *m.*, -s, -s, austral. Beuteltier
wo/mit womit soll ich fahren?, womit hat er das bezahlt?
wo/mög/lich
wo/nach
Won/ne *f.*, -, -n
Won/ne/mo/nat *m.*, -s, -e, Mai (auch: Wonnemond)
won/ne/trun/ken
won/ne/voll
won/nig
wor/an oder auch: **wo/ran**
wor/auf oder auch: **wo/rauf**
wor/auf/hin oder auch: **wo/rauf/hin**
wor/aus oder auch: **wo/raus**
Worces/ter/so/ße *f.*, -, -n, sehr pikante Soße
wor/ein oder auch: **wo/rein**
wor/feln *tr.*, beim Getreidereinigen die Getreidekörner von der Spreu trennen
Worf/schau/fel *f.*, -, -n
wor/in oder auch: **wo/rin**
Work/a/ho/lic [engl.] *m.*, -s, -s, Arbeitssüchtiger
Work/shop [engl.] *m.*, -s, -s, Seminar mit aktiver Beteiligung der Teilnehmer, Arbeitssitzung
World/cup [engl.] *m.*, -s, -s, Weltmeisterschaft in verschiedenen Sportarten
Wort *n.*, -[e]s, -e oder auch: Wörter, das Buch enthält über 20.000 Wörter, dies waren seine letzten Worte, ich gebe dir mein Wort (ich verspreche es dir), zu Wort[e] kommen (reden dürfen), mein Hund gehorcht aufs Wort
Wort/art *f.*, -, -en
Wort/bil/dung *f.*, -, en
Wort/bruch *m.*, -[e]s, -brüche, Bruch eines Versprechens
wort/brü/chig
Wört/chen *n.*, -s, -
Wor/te/ma/cher *m.*, -s, -, negativ für: Menschen, die anders handeln, als sie reden
Wör/ter/buch *n.*, -[e]s, -bücher
Wör/ter/ver/zeich/nis *n.*, -ses, -se
Wort/fa/mi/lie *f.*, -, -n
Wort/feld *n.*, -[e]s, -er
Wort/fol/ge *f.*, -, -n
Wort/füh/rer *m.*, -s, -, Sprecher, Anführer
Wort/ge/fecht *n.*, -[e]s, -e
Wort/ge/schich/te *f.*, -, *nur Sg.*
wort/ge/treu
wort/karg
Wort/karg/heit *f.*, -, *nur Sg.*
Wort/klau/ber *m.*, -s, -, negativ für: jemand, der starr an der wörtlichen Bedeutung eines Begriffes festhält
Wort/klau/be/rei *f.*, -, -en
Wort/laut *m.*, -[e]s, *nur Sg.*
wört/lich
wort/los

Wort/mel/dung *f.*, -, -en
wort/reich
Wort/schatz *m.*, -es, -schätze
Wort/schwall *m.*, -s, -schwälle
Wort/spiel *n.*, -[e]s, -e
Wort/streit *m.*, -[e]s, -e
Wort/ver/zeich/nis *n.*, -ses, -se
Wort/wech/sel *m.*, -s, -
Wort/witz *m.*, -es, -e, ein Witz entsteht aus einem Wortspiel
wort/wört/lich
wor/ü/ber oder auch:
wo/rü/ber
wor/um oder auch: **wo/rum**
wor/un/ter oder auch:
wo/run/ter
Wo/tan Wodan, Odin, höchster Gott der Germanen
wo/von
wo/vor
wo/zu
wo/zwi/schen
wrack unbrauchbar, nicht mehr reparabel
Wrack *n.*, -s, -s, unbrauchbares Schiff, heute auch: Autowrack, Flugzeugwrack, ugs. für: gesundheitlich heruntergekommener Mensch
Wra/sen *m.*, -s, -, Dunst, Dampf
Wra/sen/ab/zug *m.*, -[e]s, -züge, Dunstabzugshaube über dem Küchenherd
wri/cken, wrig/geln *tr.*, ein Boot wird durch einen am Heck bewegten Riemen fortbewegt
wrin/gen *tr.*, auswringen, nasse Wäsche auswinden
Ws Abk. für: Wattsekunde
WSW Abk. für: Westsüdwest
Wu/cher *m.*, -s, *nur Sg.*
Wu/cher/blu/me *f.*, -, -n,

Margerite
Wu/che/rer *m.*, -s, -
wu/che/risch
wu/chern *intr.*
Wu/cher/preis *m.*, -es, -e
Wu/che/rung *f.*, -, -en, Medizin: unübliche Gewebsbildung
Wu/cher/zin/sen *m.*, *nur Pl.*
Wuchs *m.*, -es, Wüchse
...wüchsig kleinwüchsig
Wuchs/stoff *m.*, -[e]s, -e
Wucht *f.*, -, *nur Sg.*
wuch/ten *tr.*, schwer heben (vorher Schwung nehmen)
wuch/tig
Wuch/tig/keit *f.*, -, -en
Wühl/ar/beit *f.*, -, -en, Hetze
wüh/len *intr.*
Wüh/ler *m.*, -s, -
Wüh/le/rei *f.*, -, -en, auch ugs. für: hetzen, aufstacheln
Wühl/maus *f.*, -, -mäuse
Wuh/ne *f.*, -, -n, Wune
Wuhr *n.*, -[e]s, -e, **Wuh/re** *f.*, -, -n, Wehr, Buhne
Wul/fe/nit *n.*, -s, *nur Sg.*, Mineral
Wulst *m.*, -[e]s, Wülste oder auch: *f.*, -, Wülste
wuls/tig
Wulst/ling *m.*, -s, -e, Pilz
wum/mern *intr.*, dumpf dröhnen
wund wund werden, wunder Punkt, unangenehme Sache
Wun/de *f.*, -, -n
Wun/der *n.*, -s, -, Wunder tun, er wird sein blaues Wunder erleben, er wird sehr (unangenehm) überrascht sein
wun/der/bar
wun/der/ba/rer/wei/se
Wun/der/ding *n.*, -[e]s, -e
Wun/der/dok/tor *m.*, -s, -en

Wun/de/rglau/be *m.*, -ns, *nur Sg.*
Wun/der/hei/ler *m.*, -s, -
Wun/der/horn *n.*, -[e]s, -hörner, in der Mythologie: ein nie leer werdendes Füllhorn
wun/der/hübsch
Wun/der/ker/ze *f.*, -, -n
Wun/der/land *n.*, -[e]s, -länder
wun/der/lich
Wun/der/lich/keit *f.*, -, *nur Sg.*
wun/dern *tr. und refl.*, mich wundert, sein Benehmen wundert mich
wun/der/neh/men *tr.*
wun/ders
wun/der/sam
wun/der/schön
Wun/der/tat *f.*, -, -en
Wun/der/tä/ter *m.*, -s, -
Wun/der/tier *n.*, -[e]s, -e
wun/der/voll
Wun/der/werk *n.*, -[e]s, -e
Wund/fie/ber *n.*, -s, -
Wund/klam/mer *f.*, -, -n
wund/lau/fen oder auch:
wund lau/fen *tr. und refl.*
wund/lie/gen oder auch:
wund lie/gen *refl.*
Wund/mal *n.*, -[e]s, -e
wund/rei/ben oder auch:
wund rei/ben *tr. und refl.*
wund/scheu/ern oder auch:
wund scheu/ern *tr. und refl.*
Wund/starr/krampf *m.*, -[e]s, *nur Sg.*, Tetanus
Wu/ne *f.*, -, -n, ins Eis geschlagenes Loch
Wunsch *m.*, -[e]s, Wünsche
Wunsch/den/ken *n.*, -s, *nur Sg.*
Wün/schel/ru/te *f.*, -, -n
wün/schen *tr.*
wün/schens/wert
wunsch/ge/mäß
wunsch/los

Wunsch/traum *m.,* -[e]s, -träume
Wunsch/zet/tel *m.,* -s, -
Wür/de *f.,* -, -n
wür/de/los
Wür/de/lo/sig/keit *f.,* -, *nur Sg.*
Wür/den/trä/ger *m.,* -s, -
wür/de/voll
wür/dig
wür/di/gen *tr.*
Wür/dig/keit *f.,* -, -en
Wür/di/gung *f.,* -, -en
Wurf *m.,* -[e]s, Würfe
Wür/fel *m.,* -s, -
Wür/fel/be/cher *m.,* s, -
wür/fe/lig, würf/lig
wür/feln *intr.*
Wür/fel/spiel *n.,* -[e]s, -e
Wür/fel/zu/cker *m.,* -s, *nur Sg.*
Wurf/ge/schoß > **Wurf-ge/schoss** *n.,* -es, -e
Wurf/holz *n.,* -es, -hölzer
würf/lig würfelig
Wurf/schei/be *f.,* -, -n, Diskus
Wurf/sen/dung *f.,* -, -en, Postwurfsendung
Wür/ge/griff *m.,* -[e]s, -e
wür/gen *tr.* und *intr.,* mit Hängen und Würgen, ugs. für: mit knapper Not
Wür/ge/en/gel *m.,* -s, -
Wür/ger *m.,* -s, -, Würgender, Vogel
Wurm *m.,* -[e]s, Würmer
Würm/chen
wur/men *tr.,* ärgern
Wurm/farn *m.,* -[e]s, -e
Wurm/fort/satz *m.,* -es, -sätze, am Blinddarm (ugs. auch: Blinddarm)
Wurm/fraß *m.,* -es, *nur Sg.*
wur/mig
Wurm/krank/heit *f.,* -, -en
Wurm/mit/tel *n.,* -s, -
wurm/sti/chig
wurscht ugs. für: wurst, wurstig, ugs für: wurstig, wurst, nur als: das ist mir wurst (egal)
Wurst *f.,* -, Würste, es geht um die Wurst (es ist entscheidend)
Wurst/brü/he *f.,* -, n
Würst/chen *n.,* -s, -, ugs für: unbedeutender, unscheinbarer Mensch
Würs/tel [österr.] *n.,* -s, -, Wurst
Wurs/te/lei *f.,* -, *nur Sg.*
wurs/teln *intr.,* langsam oder lustlos arbeiten
wurs/ten *intr.,* Wurst herstellen
wurs/tig wurschtig, gleichgültig
Wurst/kü/che *f.,* -, -n
Wurst/sup/pe *f.,* -, -n
Wurst/zip/fel *m.,* -s, -
Wurt *f.,* -, -en, oder auch:
Wur/te *f.,* -, -n, Warf, aufgeschütteter Erdhügel als Wohnplatz
Würt/tem/berg
Würt/tem/ber/ger *m.,* -s, -
würt/tem/ber/gisch
Wür/ze *f.,* -, -n
Wur/zel *f.,* -, -n, auch: in der Mathematik: Grundzahl einer Potenz
Wür/zel/chen *n.,* -s, -
Wur/zel/fü/ßer *m.,* -s, -, Urtierchen
wur/zel/los
Wur/zel/lo/sig/keit *f.,* -, *nur Sg.*
wur/zeln *intr.*
Wur/zel/stock *m.,* -[e]s, -stöcke
Wur/zel/werk *n.,* -[e]s, *nur Sg.*
wür/zen
Würz/fleisch *n.,* -[e]s, *nur Sg.*
wür/zig
Wür/zig/keit *f.,* -, *nur Sg.*
wurz/lig
Wu/schel/haar *n.,* -[e]s, *nur Sg.*
wu/sche/lig
wusch/lig
Wu/schel/kopf *m.,* -[e]s, -köpfe
wu/se/lig
wu/seln *intr.,* geschäftig hin und her bewegen
Wust *m.,* -[e]s, *nur Sg.*
WUSt [schweizer.] Abk. für: Warenumsatzsteuer
wüst auch ugs. für: sehr, sich wüst betrinken
Wüs/te *f.,* -, -n
wüs/ten *intr.*
Wüs/ten/schiff *f.,* -[e]s, -e, ugs. für: Kamel
Wüs/ten/tier *n.,* -[e]s, -e
Wüst/ling *m.,* -s, -e, negativ für: ausschweifend lebender Mensch
Wüs/tung *f.,* -, -en, verlassene Siedlung, verlassene Lagerstätte im Bergbau
Wut *f.,* -, *nur Sg.*
Wut/aus/bruch *m.,* -[e]s, -brüche
wü/ten *intr.*
wut/ent/brannt
Wü/te/rich *m.,* -[e]s, -e
...wü/tig blindwütig, sammelwütig
wut/schäu/mend
wut/schen *intr.,* sich schnell entfernen
wut/schnau/bend
WV Abk. für: West Virginia
Wy/an/dot *m.,* -, -s, Angehöriger eines nordamerikan. Indianerstammes
Wy/an/do/te *f.,* -, -n, amerikanische Haushuhnrasse
Wyk auf Föhr Stadt auf der Nordseeinsel Föhr
Wy/o/ming Staat in den USA (WY)

X

Xx in der Mathematik: unbekannte Größe, auch: sehr viele, ich habe x Diäten ausprobiert

X 1. röm. Zahlzeichen (10), 2. jmdn. ein X für ein U vormachen, jmdn. täuschen

x-Ach/se *f., -, -n*, Abszissenachse im rechtwinkligen Koordinatensystem

Xan/thin *s., -s, nur Sg.*, organische Verbindung

Xan/thip/pe 1. Gattin des Sokrates, 2. *f., -, -n*, ugs. sehr negativ für: zanksüchtige Frau

Xan/to/phyll [griech.] *n., -s, nur Sg.*, gelber pflanzlicher Farbstoff

X-Bei/ne *n., nur Pl.*

x-bei/nig auch: **X-beinig**

x-be/lie/big irgendein, jeder

X-Chro/mo/som [griech.] *n., -s, -e*, Chromosom, das das weibliche Geschlecht festlegt

Xe chem. Zeichen für: Xenon

X-Ein/heit (XE) *f., -, -en*, Maßeinheit für die Länge von Röntgenstrahlen

Xe/nie [griech.] *f., -, -n*,

Xe/ni/on *n., -s, -nien*, kurzes Sinngedicht

Xe/no/kra/tie [griech.] *f., -, -n*, Fremdherrschaft

Xe/non (Xe) *n., -s, nur Sg.*, chem. Element, Edelgas

Xe/ro/gra/phie *(Nf.)* auch: **Xe/ro/gra/fie** *(Hf.) f., -, -en*, Kopierverfahren

xe/ro/gra/phisch *(Nf.)* auch: **xe/ro/gra/fisch** *(Hf.)*

Xe/ro/ko/pie *f., -, -en*

xe/ro/phil trockenheitsliebend bei Pflanzen

Xe/ro/phi/lie *f., -, nur Sg.* Vorliebe von Pflanzen für Trockenheit

Xer/oph/thal/mie oder auch: **Xe/roph/thal/mie** *f., -, -n*

Xer/oph/thal/mus oder auch: **Xe/roph/thal/mus** *m., -s, -men*, Austrocknung der Hornhaut des Auges, Xerose

Xe/ro/phyt *m., -en, -en*, Trockenheitspflanze

Xe/ro/se *f., -, -n*, Xerophthalmie

xe/ro/therm trockenheiß(es Klima)

xe/ro/tisch medizinisch für: eingetrocknet

x-fach vielfach

X-Ha/ken *m., -s, -*, Aufhängehaken für Bilder

Xi *n., -[s], -s*, griech. Buchstabe

x-mal sehr oft

X-Strah/len *m., nur Pl.*, Röntgenstrahlen

x-te x-te Potenz, zum x-ten Mal

xy/lo..., Xy/lo... [griech.] holz..., Holz...

Xy/lo/graph *(Nf.)* auch: **Xy/lo/graf** *(Hf.)* [griech.] *m., -en, -en*, Holzschnittkünstler

Xy/lo/gra/phie *(Nf.)* auch: **Xy/lo/gra/fie** *(Hf.) f., -, nur Sg.*, Holzschneidekunst, Holzschnitt

xy/lo/gra/phisch *(Nf.)* auch: **xy/lo/gra/fisch** *(Hf.)*

Xy/lol *n., -s, -e*, ein Lösungsmittel

Xy/lo/lith *m., -[e]s, -e*, Kunststoff, Steinholz

Xy/lo/me/ter *n., -s, -*, Gerät zum Messen des Rauminhaltes von Holz mit unregelmäßigen Formen

Xy/lo/phon auch: **Xy/lo/fon** *n., -s, -e*, Musikinstrument

Xy/lo/se *f., -, nur Sg.*, Holzzucker

Y

y in der Mathematik: unbekannte Größe
Y chem. Zeichen für: Yttrium
y-Ach/se *f.*, -, -n, Ordinatenachse im rechtwinkligen Koordinatensystem
Yacht *f.*, -, -en, Jacht
Yak *m.*, -s, -s, Jak
Yams/wur/zel *f.*, -, -n, Jamswurzel
Yan/kee [amerikan.] *m.*, -s, -s, Spitzname für den US-Amerikaner
Yan/kee-doodle *m.*, -s, *nur Sg.*, früheres Nationallied der US-Amerikaner
Yard (Yd) [engl.] *n.*, -s, -s, angelsächs. Längenmaß: 91,44 cm
Yawl [engl.] *f.*, -, -e, oder auch: *f.*, -e, -s, zweimastiges Sportsegelboot
Yb chem. Zeichen für: Ytterbium
Y-Chro/mo/som [griech.] *n.*, -s, -e, Chromosom, das das männliche Geschlecht festlegt
Yd Yds Abk. für: Yard(s)
Yel/low/stone-Na/ti/o/nal-park *m.*, -s, *nur Sg.*, in den Rocky Mountains gelegenes Naturschutzgebiet der USA
Ye/men *m.*, -s, *nur Sg.*, Jemen
Yen [japan.] *m.*, -[s], -[s], japanische Währungseinheit, 1 Yen sind 100 Sen
Ye/ti [nepales.] *m.*, -s, -s, sagenhafter Schneemensch im Himalaya
Ygg/dra/sil *ohne Artikel*, Weltbaum (Weltesche) der nordischen Mythologie
Yin und Yang Jin und Jang (Prinzipien in der chinesischen Kosmologie)
Yip/pie [amerikan.] *m.*, -s, -s, radikaler Hippie
Ylang-Ylang [malai.] *n.*, -s, -s, tropischer Baum
YMCA [engl.] Abk. für: Young Men's Christian Association, Christlicher Verein Junger Männer
Yo/ga *m.*, -s, *nur Sg.*, Joga, Meditationssytem
Yo/him/bin [Bantuspr.] *n.*, -s, *nur Sg.*, gefäßerweiterndes Aphrodisiakon
Yo/mud *m.*, -[s], -s, Jomud
Yo-Yo Jo-Jo, Geschicklichkeitsspiel
Yo/se/mi/te Na/ti/o/nal/park *m.*, -s, *nur Sg.*, in Kalifornien gelegenes Naturschutzgebiet der USA
Young/ster oder auch: **Youngs/ter** [engl.] *m.*, -s, -, junger Sportler
Yp/si/lon (y,Y) [griech.] *f.*, -s, -s, Buchstabe
Y/sop [griech.] *m.*, -s, -e, südeuropäische Heilpflanze
Y/tong *m.*, -s, *nur Sg.*, (Warenz.) Gasbeton, Leichtbeton
Yt/ter/bi/um (Yb) *n.*, -s, *nur Sg.*, chem. Element
Yt/tri/um oder auch: **Ytt ri/um** (Y) *n.*, -s, *nur Sg.*, chem. Element
Yu/an [chines.] *m.*, -[s], -[s], frühere chinesische Währungseinheit
Yuc/ca [span.] *f.*, -, -s, Palmlilie
Yu/ka/tan Yucatan, Halbinsel und Staat in Mittelamerika
Yu/kon *m.*, -, *nur Sg.*, nordamerikan. Fluss
Yup/pie [engl.], *m.*, -s, -s, Abk. für: Young Urban Professional, junger Karrieremensch, der durch einen exclusiven Lebensstil auffällt

Z

z in der Mathematik: unbekannte Größe
Z Abk. für: Zeile
Za/ba/gli/o/ne,
Za/ba/li/o/ne [italien.] *f.*, -, -s, Weinschaumcreme
zack!
Zäck/chen *n.*, -s, -
Za/cke *f.*, -, -n
za/cken *tr.*
Za/cken *m.*, -s, -
za/ckig
Za/ckig/keit *f.*, -, *nur Sg.*
zag scheu, verlegen
za/gen *intr.*
zag/haft
Zag/haf/tig/keit *f.*, -, *nur Sg.*
Zag/heit *f.*, -, *nur Sg.*
Za/greb oder auch:
Zag/reb Hpst. von Kroatien
zäh
Zä/heit > **Zäh/heit** *f.*, -, *nur Sg.*
zäh/flüs/sig
Zäh/flüs/sig/keit *f.*, -, *nur Sg.*
Zä/hig/keit *f.*, -, *nur Sg.*
Zahl *f.*, -, -en
zahl/bar
zähl/bar
Zahl/bar/keit *f.*, -, *nur Sg.*
Zähl/bar/keit *f.*, -, *nur Sg.*
zäh/le/big
Zäh/le/big/keit *f.*, -, *nur Sg.*
zah/len *tr.*
zäh/len *tr.*
Zah/len/ge/dächt/nis *n.*, -ses, *nur Sg.*
Zah/len/lot/te/rie *f.*, -, -n
Zah/len/lot/to *n.*, -s, -s
Zah/len/rät/sel *n.*, -s, -
Zah/len/the/o/rie *f.*, -, -n
Zah/ler *m.*, -s, -
Zäh/ler *m.*, -s, -, in der Mathematik: die Zahl über dem Bruchstrich
Zahl/form *f.*, -, -en, Numerus

Zahl/gren/ze *f.*, -, -n
Zahl/kar/te *f.*, -, -n
Zahl/kell/ner *m.*, -s, -
zahl/los
Zahl/meis/ter *m.*, -s, -
zahl/reich
Zähl/rohr *n.*, -[e]s, -e, Gerät zum Nachweis radioaktiver Strahlen
Zahl/schein *m.*, -[e]s, -e
Zahl/stel/le *f.*, -, -n
Zahl/tag *m.*, -[e]s, -e
Zah/lung *f.*, -, -en
Zäh/lung *f.*, -, -en
Zah/lungs/an/wei/sung *f.*, -, -en
Zah/lungs/auf/for/derung *f.*, -, -en
Zah/lungs/be/din/gung *f.*, -, -en
Zah/lungs/be/fehl *m.*, -[e]s, -e
zah/lungs/fä/hig
Zah/lungs/fä/hig/keit *f.*, -, *nur Sg.*
Zah/lungs/mit/tel *n.*, -s, -
zah/lungs/un/fä/hig
Zah/lungs/un/fä/hig/keit *f.*, -, *nur Sg.*
Zah/lungs/ver/kehr *m.*, -s, *nur Sg.*
Zähl/werk *n.*, -[e]s, -e
Zahl/wort *n.*, -[e]s, -wörter
Zahl/zei/chen *n.*, -s, -
zahm
zähm/bar
Zähm/bar/keit *f.*, -, *nur Sg.*
zäh/men *tr.*
Zahm/heit *f.*, -, *nur Sg.*
Zäh/mung *f.*, -, *nur Sg.*
Zahn *m.*, -[e]s, Zähne
Zahn/arzt *m.*, -[e]s, -ärzte, Dentist
zahn/ärzt/lich
Zähn/chen *n.*, -s, -
zäh/ne/flet/schend
Zäh/ne/klap/pern *n.*, -, *nur Sg.*, es ist zum Heulen und Zähneklappern

zäh/ne/knir/schend
zäh/neln *tr.*, zahnen
zah/nen *intr.*, Zähne bekommen
zäh/nen, zäh/neln *tr.*, mit Zähnen versehen
Zahn/er/satz *m.*, -es, -sätze
Zahn/fäu/le *f.*, -, *nur Sg.*, Karies
Zahn/heil/kun/de *f.*, -, *nur Sg.*
Zahn/kli/nik *f.*, -, -en
Zahn/laut *m.*, -[e]s, -e
Zähn/lein *n.*, -s, -
zahn/los
Zahn/lo/sig/keit *f.*, -, *nur Sg.*
Zahn/lü/cke *f.*, -, -n
zahn/lü/ckig
Zahn/pfle/ge *f.*, -, *nur Sg.*
Zahn/rad *n.*, -[e]s, -räder
Zahn/stein *m.*, -[e]s, *nur Sg.*
Zahn/sto/cher *m.*, -s, -
Zahn/tech/ni/ker *m.*, -s, -
Zah/nung *f.*, -, *nur Sg.*
Zäh/nung *f.*, -, en
Zahn/wal *m.*, -[e]s, -e
Zäh/re *f.*, -, -n, Träne (nur noch in der Literatur)
Zain *m.*, -[e]s, -e 1. Weidengerte, 2. Metallbarren, 3. in der Jagd: Schwanz des Dachses
Zai/ne, Zei/ne [schweizer.] *f.*, -, -n, Flechtwerk
Za/ire Staat in Zentralafrika
Za/i/rer *m.*, -s, -, Einwohner von Zaire
za/i/risch
Zam/ba [span.] *f.*, -, -s, weibl. Form von Zambo
Zam/bo [span.] *m.*, -s, -s, männlicher Mischling aus Neger und Indianer
Zan/der *m.*, -s, -, ein Speisefisch
Zan/ge *f.*, -, -n
Zan/gen/ge/burt *f.*, -, -en
Zan/gen/griff *m.*, [e]s, -e,

auch: Griff beim Ringen
Zank *m.,* -[e]s, *nur Sg.*
Zank/ap/fel *m.,* -s, äpfel
zan/ken *tr.* u. *refl.*
Zän/ker *m.,* -s, -
Zan/ke/rei *f.,* -, -en
zän/kisch
Zank/sucht *f.,* -, *nur Sg.*
zank/süch/tig
Zäpf/chen *n.,* -s, -
Zäpf/chen-R oder auch:
Zäpf/chen-r *n.,* -s, -s,
Gaumenlaut „r", mit dem
Zäpfchen gebildet
zap/fen *tr.*
Zap/fen *m.,* -s, -
Zap/fen/streich *m.,* -[e]s, -e, militär.: Abendsignal zur
Rückkehr in die Kaserne
Zap/fer *m.,* -s, -
za/po/nie/ren *tr.,* mit
Zaponlack überziehen
Za/pon/lack *m.,* -[e]s, -e,
klarer Schutzlack für Metalle
zap/pe/lig, zapp/lig
zap/peln *intr.*
zap/pen [amerikan.] *intr.,*
beim Fernsehen rasch mit
der Fernbedienung die
Kanäle wechseln
zap/pen/dus/ter ugs. für:
völlig dunkel, auch: völlig
aussichtslos
zapp/lig zappelig
Zar [lat.] *m.,* -en, -en, ehemaliger Herrschertitel der
Russen, Serben und Bulgaren
Za/ren/reich *n.,* -[e]s, -e
Za/ren/tum *n.,* -s, *nur Sg.*
Za/re/witsch [russ.] *m.,* -[e]s, -e, Sohn eines russ.
Zaren, russ. Kronprinz
Za/rew/na [russ.] *f.,* -, -s,
Tochter eines russ. Zaren
Zar/ge *f.,* -, -n, Einfassung,
Seitenwand, auch: Verstrebung bei Möbeln
Za/rin *f.,* -, -en, weibl. Zar,
Gemahlin des Zaren
Za/ris/mus *m.,* -, *nur Sg.,*
Zarenherrschaft
za/ris/tisch
Za/ri/za *f.,* -, -s oder auch:
f., -, -zen, Gemahlin des Zaren
zart
zart/be/sai/tet oder auch:
zart be/sai/tet sehr empfindsam **Zär/te** *f.,* -, *nur Sg.,* veraltet: Zartheit
zär/teln *intr.,* zärtlich sein
zahrt/füh/lend oder auch:
zart füh/lend
Zart/ge/fühl *n.,* -[e]s, *nur Sg.*
Zart/heit *f.,* -, *nur Sg.*
zärt/lich
Zärt/lich/keit *f.,* -, -en
Zart/sinn *m.,* -[e]s, *nur Sg.*
zart/sin/nig
Zä/si/um [lat.] Caesium,
Cäsium (CS) *n.,* -s, *nur Sg.,*
chem. Element
Zas/ter *m.,* -s, *nur Sg.,* ugs.
für: Geld
Zä/sur [lat.] *f.,* -, -en, Einschnitt, Pause, Unterbrechung
Zau/ber *m.,* -s, -
Zau/be/rei *f.,* -, -en
Zau/be/rer *m.,* -s, -
Zau/ber/for/mel *f.,* -, -n
zau/ber/haft
Zau/be/rin *f.,* -, -nen
Zau/ber/kraft *f.,* -, -kräfte
zau/ber/kräf/tig
Zau/ber/kreis *m.,* -es, -e
Zau/ber/kunst *f.,* -, -künste
Zau/ber/künst/ler *m.,* -s, -
Zau/ber/kunst/stück *n.,* -[e]s, -e
Zau/ber/macht *f.,* -, -mächte
Zau/ber/mär/chen *n.,* -s, -
zau/bern *tr.* und *refl.*
Zau/ber/nuß >
Zauber/nuss *f.,* -, -nüsse
Zau/ber/pos/se *f.,* -, n
Zau/ber/reich *n.,* -[e]s, -e
Zau/ber/spruch *m.,* -[e]s, -sprüche
Zau/ber/stab *m.,* -[e]s, -stäbe
Zau/ber/trank *m.,* -[e]s, -tränke
Zau/ber/wort *n.,* -[e]s, -wörter
Zau/de/rer, Zaud/rer *m.,* -s, -
zau/dern *intr.*
Zaum *m.,* -[e]s, Zäume,
Kopfleder zum Lenken von
Zug- und Reittieren
zäu/men *tr.*
Zaum/zeug *n.,* -[e]s, -e,
Zaum
Zaun *m.,* -[e]s, Zäune
Zäun/chen *n.,* -s, -
zaun/dürr
Zaun/gast *m.,* -[e]s, -gäste
Zaun/könig *m.,* -[e]s, -e,
Vogel
Zaun/pfahl *m.,* -[e]s, -pfähle, ugs. auch für: mit dem
Zaunpfahl winken: indirekte, aber recht deutliche Hinweise geben
zau/sen *tr.*
zau/sig
Za/zi/ki [griech.] *m.,* -s, -s
(auch: *n.,* -s, -s), Joghurt
mit Knoblauch
z. B. Abk. für: zum Beispiel
z. b. V. Abk. für: zur besonderen Verwendung
z. D. Abk. für: zur Disposition
ZDF Abk. für: Zweites
Deutsches Fernsehen
Ze/ba/ot, Ze/ba/oth [hebr.]
der Herr (im AT), Gott
Ze/bra oder auch: **Zeb/ra**
[afrikan.] *n.,* -s, -s, schwarzweiß gestreiftes Wildpferd
Ze/bra/holz oder auch:
Zeb/ra/holz *n.,* -es, -hölzer

Ze/bra/no oder auch:
Zeb/ra/no *n.,* -s, *nur Sg.,* tropisches Holz
Ze/bra/strei/fen oder auch:
Zeb/ra/strei/fen *m.,* -s, -, Fußgängerüberweg
Ze/bro/id oder auch:
Zeb/roid *n.,* -[e]s, -e, Kreuzung aus Zebra und Pferd
Ze/bu [tibetan.] *n.,* -s, -s, asiat. Buckelrind
Zech/bru/der *m.,* -s, -brüder
Ze/che *w.,* -, -n, 1. Rechnung im Gasthaus, ugs auch: die Zeche bezahlen: für den Schaden aufkommen, 2. Bergwerk
ze/chen *intr.,* sich stark betrinken
Ze/cher *m.,* -s, -
Ze/che/rei *f.,* -, -en
Zech/ge/la/ge *n.,* -s, -
Ze/chi/ne [italien.] *f.,* -, -n, alte venezianische Goldmünze
Zech/kum/pan *m.,* -[e]s, -e
Zech/prel/ler *m.,* -s, -
Zech/prel/le/rei *f.,* -, *nur Sg.*
Zech/stein *m.,* -[e]s, *nur Sg.,* in der Geologie: obere Abteilung des Perms
Zeck 1. *n.,* -[e]s, *nur Sg.,* Kinderspiel: Haschen, 2. [österr.] *m.,* -[e]s, -e, Zecke
Ze/cke *f.,* -, -n, ein Spinnentier
ze/cken *tr.,* necken, reizen
Ze/dent [lat.] *m.,* -en, -en, Gläubiger, der seine Forderungen an einen Dritten abtritt
Ze/der [griech.] *f.,* -, -n, immergrüner Nadelbaum
ze/dern aus Zedernholz
Ze/dern/holz *n.,* -es, -hölzer
ze/die/ren [lat.] *tr.,* eine Forderung an einen Dritten abtreten

Ze/dre/la/holz oder auch:
Zed/re/la/holz [span.] *n.,* -es, -hölzer, Holz des Westindischen Zedrelabaumes
Ze/dre/le oder auch:
Zed/re/le *f.,* -, -n, Zedrelabaum
Zee/se *f.,* -, -n, Schleppnetz in der Ostseefischerei
Zeh *m.,* -[e]s, -en,
Ze/he *f.,* -, -n
Ze/hen/gän/ger *m.,* -s, -, Säugetier, das mit den Zehen auftritt
Ze/hen/spit/ze *f.,* -, -n
Ze/hen/stand *m.,* -[e]s, *nur Sg.*
Ze/hent *m.,* -en, -en
zehn 10, die Zehn Gebote
Zehn *f.,* -, -en, die Zahl 10
Zeh/ner *m.,* -s, -
Zehn/fin/ger-Blindschrei/be/me/tho/de *f.,* -, *nur Sg.*
Zehn/fin/ger/sys/tem *n.,* -s, -
Zehn/flach *n.,* -[e]s, -e
Zehn/fläch/ner *m.,* -s, -, Dekaeder
Zehn/jah/res/fei/er *f.,* -, -n
Zehn/kampf *m.,* -[e]s, -kämpfe, Wettkampf in der Leichathletik
Zehn/klas/sen/schu/le *f.,* -, -n
Zehn/mark/schein *m.,* -[e]s, -e
Zehn/me/ter/brett *n.,* -[e]s, -er, 10-Meter-Brett, 10-m-Brett
Zehn/pfen/nig/stück *n.,* -[e]s, -e
Zehnt *m.,* -en, -en,
Zehn/te *m.,* -n, -n, Zehent, frühere Steuerabgabe
zehn/tau/send 10000, die oberen Zehntausend: die Oberschicht
Zehn/tel *n.,* -s, -

Zehn/tel/se/kun/de *f.,* -, -n
zeh/ren *intr.*
Zehr/geld *n.,* -es, -er
Zehr/pfen/nig *m.,* -[e]s, -e, Reisegeld
Zei/chen *n.,* -s, -
Zei/chen/block *m.,* -[e]s, -blöcke
Zei/chen/brett *n.,* -[e]s, -er
Zei/chen/fe/der *f.,* -, -n
Zei/chen/kunst *f.,* -, -künste
Zei/chen/pa/pier *n.,* -[e]s, -e
Zei/chen/schutz *m.,* -es, *nur Sg.,* Schutz der Warenzeichen
Zei/chen/set/zung *f.,* -, -en, Interpunktion
Zei/chen/spra/che *f.,* -, -n
Zei/chen/trick/film *m.,* -[e]s, -e
zeich/nen *tr.,* auch: unterschreiben
Zeich/ner *m.,* -s, -
zeich/ne/risch
Zeich/nung *f.,* -, -n
Zei/del/bär *m.,* -en, -en, Honig naschender Bär
Zei/del/meis/ter *m.,* -s, -, Bienenzüchter
zei/deln *tr.,* Honigwaben ausschneiden
Zeid/ler *m.,* -s, -, Bienenzüchter
Zeid/le/rei *f.,* -, *nur Sg.,* Bienenzucht
Zei/ge/fin/ger *m.,* -s, -
zei/gen *tr.*
Zei/ger *m.,* -s, -
Zei/ge/stock *m.,* -[e]s, -stöcke
Zei/le (Z) *f.,* -, -n
Zei/len/ab/stand *m.,* -[e]s, -stände
Zei/len/sprung *m.,* -[e]s, -sprünge, Enjambement
zei/len/wei/se
...zei/ler *m.,* -s, -, Zweizeiler, Dreizeiler...

Zement

...**zei/lig** zweizeilig, mehrzellig,...
Zei/ne *f.*, -, -n, Zaine
Zei/sel/bär *m.*, -en, -en, Tanzbär
Zei/sig *m.*, -s, -e, Singvogel
Zei/sing *n.*, -s, -e, Seising, Tauende, Segeltuchstreifen
zeit während, nur als: zeit meines Lebens
Zeit *f.*, -, -en, zur Zeit, eine kurze Zeit, Zeit haben, Zeit opfern, zu der Zeit, als...
Zeit/ab/schnitt *m.*, -[e]s, -e
Zeit/al/ter *n.*, -s, -
Zeit/an/sa/ge *f.*, -, -n
Zeit/auf/wand *m.*, -[e]s, *nur Sg.*
Zeit/druck *m.*, -[e]s, *nur Sg.*
Zei/ten/fol/ge *f.*, -, -n
Zei/ten/wen/de, Zeit/wen/de *f.*, -, *nur Sg.*, das Jahr Null
Zeit/form *f.*, -, -en, Tempus
Zeit/fra/ge *f.*, -, *nur Sg.*
zeit/ge/bun/den
Zeit/ge/fühl *n.*, -[e]s, *nur Sg.*
Zeit/geist *m.*, -[e]s, *nur Sg.*
zeit/ge/mäß
Zeit/ge/nos/se *m.*, -n, -n
zeit/ge/nös/sisch
Zeit/ge/schich/te *f.*, -, *nur Sg.*
zeit/ge/schicht/lich
Zeit/ge/winn *m.*, -[e]s, *nur Sg.*
zeit/gleich synchron
Zeit/glei/chung *f.*, -, -en
zei/tig früh, rechtzeitig
Zeit/kar/te *f.*, -, -n
Zeit/kri/tik *f.*, -, *nur Sg.*
zeit/kri/tisch
Zeit/lang oder auch: **Zeit lang** *m.*, -, *nur Sg.*
Zeit/lauf *m.*, -[e]s, -läufe
zeit/le/bens
zeit/lich 1. die Zeit betreffend, 2. vergänglich

Zeit/lich/keit *f.*, -, *nur Sg.*
Zeit/lohn *m.*, -[e]s, -löhne
zeit/los
Zeit/lo/se *f.*, -, -n, Herbstzeitlose
Zeit/lo/sig/keit *f.*, -, -en
Zeit/lu/pe *f.*, -, *nur Sg.*
zeit/nah
Zeit/nä/he *f.*, -, *nur Sg.*
Zeit/raf/fer *m.*, -s, -
zeit/rau/bend oder auch: **Zeit rau/bend**
Zeit/raum *m.*, -[e]s, -räume
Zeit/rech/nung *f.*, -, -en
Zeit/schrift *f.*, -, -en
Zeit/sinn *m.*, -[e]s, *nur Sg.*
Zeit/span/ne *f.*, -, -n
zeit/spa/rend oder auch: **Zeit spa/rend**
Zei/tung *f.*, -, -en
Zei/tungs/an/zei/ge *f.*, -, -n
Zei/tungs/ar/ti/kel *m.*, -s, -
Zei/tungs/aus/schnitt *m.*, -[e]s, -e
Zei/tungs/aus/trä/ger *m.*, -s, -
Zei/tungs/en/te *f.*, -, -n, falsche Zeitungsnachricht
Zei/tungs/ki/osk *m.*, -[e]s, -e
Zei/tungs/le/ser *m.*, -s, -
Zei/tungs/pa/pier *n.*, -[e]s, *nur Sg.*
Zei/tungs/ro/man *m.*, -[e]s, -e
Zei/tungs/trä/ger *m.*, -s, -
Zei/tungs/wis/sen/schaft *f.*, -, *nur Sg.*
Zei/tungs/wis/sen/schaft/ler *m.*, -s, -
Zeit/ver/treib *m.*, -[e]s, -e
zeit/wei/lig
zeit/wei/se
Zeit/wen/de *f.*, -, *nur Sg.*, Zeitenwende
Zeit/wert *m.*, -[e]s, -e
Zeit/wort *n.*, -[e]s, -wörter, Verb
zeit/wört/lich

Zeit/zei/chen *n.*, -s, -
Zeit/zo/nen-Ta/rif *m.*, -[e]s, -e
Zeit/zün/der *m.*, -s, -
Ze/le/brant [lat.] *m.*, -en, -en, die Messe lesender Priester
Ze/le/bra/ti/on *f.*, -, -en, Feier des Messopfers
ze/le/brie/ren *tr.*, feierlich begehen, die Messe feiern
Ze/le/bri/tät *f.*, -, *nur Sg.*, selten für: Berühmtheit
Zel/le *f.*, -, -n
Zel/len/leh/re *f.*, -, *n*, Zytologie
Zel/len/schmelz *m.*, -es, -e
Zell/ge/we/be *n.*, -s, -
...**zel/lig** einzellig, mehrzellig
Zell/kern *m.*, -[e]s, -e
Zel/lo/phan *n.*, -s, *nur Sg.*, Cellophan
Zell/stoff *m.*, -[e]s, -e
zel/lu/lar, zel/lu/lär
Zel/lu/lar/the/ra/pie *f.*, -, *nur Sg.*
Zel/lu/loid, Cel/lu/loid *n.*, -[e]s, -e, Kunststoff
Zel/lu/lo/se, Cel/lu/lo/se *f.*, -, -n, Zellstoff
Zell/wol/le *f.*, -, *nur Sg.*
Ze/lot [griech.] *m.*, -en, -en, Glaubenseiferer
ze/lo/tisch
Ze/lo/tis/mus *m.*, -, *nur Sg.*
Zelt *n.*, -[e]s, -e
Zelt/bahn *f.*, -, en
Zelt/dach *n.*, -[e]s, -dächer
zel/ten *intr.*
Zel/ten *m.*, -s, -, kleiner, flacher Lebkuchen
Zel/ter *m.*, -s, -, auf Passgang abgerichtetes Damenreitpferd
Zelt/la/ger *n.*, -s, -
Zelt/pla/ne *f.*, -, -n
Zelt/platz *m.*, -[e]s, -plätze
Ze/ment [lat.] *m.*, -[e]s,

1. Baustoff, 2. Zahnbestandteil
Ze/men/ta/ti/on *f., -, -en*, 1. Ausgießen mit Zement, 2. Härtung von Stahloberflächen, 3. Metallabscheidung aus Lösungen
ze/men/tie/ren *tr.*
Ze/men/tie/rung *f., -, -en*
Zen *n., -s*, japan. Richtung des Buddhismus
Zen-Bud/dhis/mus *(Nf.)* auch: **Zen/bud/dhis/mus** *(Hf.) m., -, nur Sg.*
Ze/nit [arab.] *m., -[e]s, -e* 1. Scheitelpunkt des Himmels, 2. ugs. auch: Höhepunkt, er hat seinen Zenit überschritten
Ze/no/taph [griech.] *n., -[e]s, -en*, leeres Grabmal (als Gedenkstätte für einen Toten)
zen/sie/ren [lat.] *tr.*, 1. bewerten, beurteilen, 2. auf verbotene Inhalte prüfen, eine Zensur durchführen
Zen/sor *m., -, er*, 1. altröm. Beamter, 2. Prüfer
Zen/sur *f., -, -en*, 1. *nur Sg.*, altröm.: Amt des Zensors, 2. behördliche Prüfung, 3. Schulnote
Zen/sus *m., -, -*, 1. altröm. Vermögensschätzung, 2. statist. Erfassung
Zent [lat.] *f., -, -en*, 1. Hundertschaft, 2. german. Gerichtsbezirk
Zen/taur [griech.] *m., -en, -en*, Kentaur, Wesen der griech. Sage: Pferd mit Menschenkopf
Zen/te/nar *m., -s, -e*, Hundertjähriger
Zen/te/nar/fei/er *f., -, -n*
Zen/te/na/ri/um *n., -s, -rien*, Hundertjahrfeier
zen/ti/si/mal [lat.] hundertteilig
Zen/ti/si/mal/waa/ge *f., -, -n*
Zent/ge/richt *n., -[e]s, -e*
Zent/graf *m., -en, -en*, Vorsteher der Zent
zen/ti..., Zen/ti... [lat.] vor Maßeinheiten: ein Hundertstel
Zen/ti/fo/lie [lat.] *f., -, -n*, Rosenart
Zen/ti/grad *m., -[e]s, -e*
Zen/ti/gramm (cg) *n., -s, -*
Zen/ti/li/ter (cl) *m., -s, -*
Zen/ti/me/ter (cm) *m., -s, -*
Zen/ti/me/ter/maß *n., -es, -e*
Zent/ner [lat.] (Ztr.) *m., -s, -*, 100 Pfund, 50 kg
Zent/ner/ge/wicht *n., -[e]s, -e*
Zent/ner/last *f., -, -en*
zent/ner/schwer
zent/ner/wei/se
zen/tral oder auch: **zent/ral** [griech.] 1. im Mittelpunkt, 2. wichtig
Zen/tral/afri/ka oder auch: **Zent/ral/af/ri/ka**
zen/tral/afri/ka/nisch oder auch: **zent/ral/af/rika/nisch**
Zen/tral/ame/ri/ka oder auch: **Zent/ral-**
zen/tral/ame/ri/ka/nisch oder auch: **zent/ral-**
Zen/tral/asien oder auch: **Zent/ral-**
zen/tral/asi/a/tisch oder auch: **zent/ral-**
Zen/tra/le oder auch: **Zent/ra/le** *f., -, -n*
Zen/tral/ge/walt oder auch: **Zent/ral-** *f., -, -en*
Zen/tral/hei/zung oder auch: **Zent/ral-** *f., -, -en*
Zen/tra/li/sa/ti/on oder auch: **Zent/ra-** *f., -, nur Sg.*
Zen/tra/li/sie/rung oder auch: **Zent/ra-** *f., -, nur Sg.*
Zen/tra/lis/mus oder auch: **Zent/ra-** *m., -, nur Sg.*
zen/tra/lis/tisch oder auch: **zent/ra-**
Zen/tral/ko/mi/tee oder auch: **Zent/ral-** (ZK) *n., -s, -s*, oberstes Organ der kommunistischen Parteien
Zen/tral/kraft oder auch: **Zent/ral-** *f., -, -kräfte*
Zen/tral/ner/ven/sys/tem oder auch: **Zent/ral-** *n., -s, nur Sg.*
zen/trie/ren oder auch: **zent/rie-** *tr.*, auf die Mitte einstellen
zen/tri/fu/gal oder auch: **zent/ri-** vom Mittelpunkt wegstrebend
Zen/tri/fu/gal/kraft oder auch: **Zent/ri-** *f., -, -kräfte*, Fliehkraft
Zen/tri/fu/ge oder auch: **Zent/ri-** *f., -, -n*, Schleuder zur Trennung von Flüssigkeiten
zen/tri/fu/gie/ren oder auch: **zent/ri-** *tr.* mit Hilfe einer Zentrifuge zerlegen
zen/tri/pe/tal oder auch: **zent/ri-** zum Mittelpunkt hinstrebend
Zen/tri/pe/tal/kraft oder auch: **Zent/ri-** *f., -, -kräfte*
zen/trisch oder auch: **zent/risch**
Zen/tri/win/kel oder auch: **Zent/ri-** *m., -s, -*, Mittelpunktswinkel
Zen/trum *n., -s*, Zentren, 1. Mittelpunkt, 2. Zentrumspartei
Zen/trums/par/tei oder auch: **Zent/rums-** *f., -, nur Sg.*, kath. Partei 1870-1933 und 1945-1957
Zen/tu/rie [lat.] Centurie *f., -, -n*, altröm. Soldatenabtei-

zerreiben

lung von 100 Mann
Zen/tu/rio *m., -s,* Zenturionen, Befehlshaber einer Zenturie
Ze/o/lith [griech.] *m., -*[e]s, -e, ein Mineral
Ze/pha/lo/po/de *m., -n, -n,* Kopffüßer
Ze/phir oder auch: **Ze/phyr** [griech.] 1. veralt.: *m., -s, nur Sg.,* milder Wind, 2. *m., -*[e]s, -e, Baumwollgewebe
Ze/phir/wol/le oder auch: **Ze/phyr/wol/le** *f., -, -n*
Zep/pe/lin *m., -s, -e,* Luftschiff
Zep/ter [griech.] *n., -s, -,* Herrscherstab
Ze/rat [lat.] *n., -*[e]s, -e, Wachssalbe
zer/bei/ßen *tr.*
zer/bers/ten *intr.*
Zer/be/rus oder auch: **Cer/be/rus** [griech.] *m., -, -se,* griech. Sage: der Hund, der den Eingang der Unterwelt bewacht, heute auch ugs. für: grimmiger Wächter
zer/bom/ben *tr.*
zer/bre/chen *tr.* und *intr.*
zer/brech/lich
Zer/brech/lich/keit *f., -, nur Sg.*
zer/brö/ckeln *tr.* und *intr.*
zer/drü/cken *tr.*
Ze/re/a/lien oder auch: **Ce/re/a/lien** *nur Pl.,* Feldfrüchte
ze/re/bel/lar [lat.] zum Zerebellum gehörend
Ze/re/bel/lum oder auch: **Ce/re/bel/lum** *n., -s,* Zerebella, Kleinhirn
ze/re/bral
Ze/re/bral *m., -*[e]s, -e
Ze/re/bral/laut *m., -*[e]s, -e, mit der Zungenspitze am Gaumen gebildeter Laut

ze/re/bro/spi/nal Gehirn und Rückenmark betreffend
Ze/re/brum oder auch: **Ce/re/brum** *n., -s,* Zerebra, Großhirn
Ze/re/mo/nie [französ.] *f., -, -n,* feierlich, nach genauen Regeln ablaufende Handlung
ze/re/mo/ni/ell
Ze/re/mo/ni/ell *n., -s, -e,* Vorschriften für festliche Anlässe
Ze/re/mo/ni/en/meis/ter *m., -s, -*
ze/re/mo/ni/ös förmlich, steif
Ze/re/sin [lat.] *n., -*[e]s, *nur Sg.,* Erdwachs
Ze/re/vis [lat.] *n., -, -,* bestickte Mütze der Verbindungsstudenten
zer/fah/ren auch: gedankenlos, unaufmerksam
Zer/fah/ren/heit *f., -, nur Sg.*
Zer/fall *m., -s,* Zerfälle
zer/fal/len *intr.,* auch: niedergeschlagen sein
Zer/falls/pro/dukt *n., -*[e]s, -e
zer/fet/zen *tr.*
zer/fled/dern, **zer/fled/dert** abgenutzt, verschlissen
zer/flei/schen *tr.*
Zer/flei/schung *f., -, nur Sg.*
zer/flie/ßen *intr.*
zer/fres/sen *tr.*
zer/furcht
zer/ge/hen *intr.*
zer/gen *tr.,* nordostd., ärgern, necken
zer/glie/dern *tr.*
Zer/glie/de/rung *f., -, -en*
zer/ha/cken *tr.*
zer/hau/en *tr.*
zer/kau/en *tr.*
zer/klei/nern *tr.*

Zer/klei/ne/rung *f., -, nur Sg.*
zer/klüf/tet
zer/knal/len *intr.* und *tr.*
zer/knaut/schen *tr.*
zer/knirscht schuldbewusst
Zer/knirscht/heit *f., -, nur Sg.*
Zer/knir/schung *f., -, nur Sg.*
zer/knit/tern *tr.*
zer/knül/len *tr.*
zer/ko/chen *tr.* und *intr.*
zer/krat/zen *tr.*
zer/krü/meln *tr.*
zer/las/sen *tr.,* zergehen lassen (Butter, Fett)
zer/lau/fen *intr.*
zer/leg/bar
zer/le/gen *tr.*
Zer/le/gung *f., -nur Sg.*
zer/le/sen
zer/lumpt
zer/mah/len *tr.*
zer/mal/men *tr.*
zer/mar/tern *tr.,* ich habe mir den Kopf zermartert (angestrengt nachgedacht)
zer/mür/ben *tr.*
zer/na/gen *tr.*
zer/nich/ten (veralt.) *tr.,* vernichten
Ze/ro [arab.] *f., -, -s* oder auch: *n., -s, -s,* Null, Nichts, im Roulette: Gewinnfeld des Bankhalters
Ze/ro/graph *(Nf.)* auch: **Ze/ro/graf** *(Hf.)* [griech.] *m., -en, -en*
Ze/ro/gra/phie *(Nf.)* auch: **Ze/ro/gra/fie** *(Hf.)* *f., -, -n,* Wachsgravierung
Ze/ro/plas/tik *f., -, -en,* Wachsbildnerei
zer/pflü/cken *tr.*
zer/rau/fen *tr.*
Zerr/bild *n., -*[e]s, -er
zer/re/den
zer/rei/ben *tr.*

zerreißbar

zer/reiß/bar
zer/rei/ßen *tr.* und *intr.*
Zer/reiß/pro/be *f.*, -, -n
Zer/rei/ßung *f.*, -, *nur Sg.*
zer/ren *tr.*
Zer/re/rei *f.*, -, *nur Sg.*
zer/rin/nen *intr.*
Zer/ris/sen/heit *f.*, -, *nur Sg.*
Zer/rung *f.*, -, -en
zer/rup/fen *tr.*
zer/rüt/ten *tr.*, zerstören
Zer/rüt/tung *f.*, -, *nur Sg.*
zer/schel/len *intr.*, zerbrechen
zer/schla/gen *tr.*
Zer/schla/gen/heit *f.*, -, *nur Sg.*
Zer/schla/gung *f.*, -, *nur Sg.*
zer/schlis/sen
zer/schmel/zen *intr.*
zer/schmet/tern *tr.*
zer/schnei/den *tr.*
Zer/schnei/dung *f.*, -, *nur Sg.*
zer/schram/men *tr.*
zer/schrammt
zer/set/zen *tr.*
Zer/set/zung *f.*, -, *nur Sg.*
Zer/set/zungs/pro/dukt *n.*, -[e]s, -e
zer/sin/gen *tr.*, ein Volkslied wird allmählich zersungen (durch ungenaue Überlieferung verändert)
zer/spal/ten *tr.*
zer/spa/nen *tr.*
Zer/spa/nung *f.*, -, *nur Sg.*
zer/spel/len *tr.*
zer/split/tern *tr.* und *intr.*
Zer/split/te/rung *f.*, -, *nur Sg.*
zer/spren/gen *tr.*
zer/sprin/gen *intr.*
zer/stamp/fen *tr.*
zer/stäu/ben *tr.*
Zer/stäu/ber *m.*, -s, -
Zer/stäu/bung *f.*, -, *nur Sg.*
zer/ste/chen *tr.*
zer/stre/ben *intr.*

zer/stör/bar
zer/stö/ren *tr.*
Zer/stö/rer *m.*, -s, -
Zer/stö/rung *f.*, -, -en
Zer/stö/rungs/werk *n.*, -[e]s, -e
Zer/stö/rungs/wut *f.*, -, *nur Sg.*
zer/streu/en *tr.*, auch: sich ablenken, entspannen
zer/streut
Zer/streut/heit *f.*, -, en
Zer/streu/ung *f.*, -, -en
Zer/streu/ungs/lin/se *f.*, -, -n, Konkavlinse
zer/stü/ckeln *tr.*
Zer/stü/cke/lung *f.*, -, -en
zer/talt durch Täler stark gegliedert
zer/tei/len *tr.*
Zer/tei/lung *f.*, -, *nur Sg.*
zer/tep/pern *tr.*, zerbrechen
Zer/ti/fi/kat [lat.] *n.*, -[e]s, -e, amtl. Bescheinigung, Zeugnis
zer/ti/fi/zie/ren *intr.*
zer/tram/peln *tr.*
zer/tren/nen *tr.*
Zer/tren/nung *f.*, -, -en
zer/tre/ten *tr.*
zer/trüm/mern *tr.*
Zer/trüm/me/rung *f.*, -, *nur Sg.*
Zer/ve/lat/wurst [italien.] *f.*, -, -würste, Servelatwurst, Cervelatwurst
zer/vi/kal [lat.] den Hals, Nacken oder Gebärmutterhals betreffend
Zer/würf/nis *n.*, -ses, se
zer/zau/sen *tr.*
zes/si/bel [lat.] abtretbar
Zes/si/on *f.*, -, -en, Abtretung eines Anspruches an einen Dritten
Zes/si/o/nar *m.*, -s, -e, jmd. an den eine Forderung abgetreten wird
Zel/ta [griech.] *n.*, -[s], -s,

griech. Buchstabe
Ze/ter *n.*, -s, - (veralt.), nur noch: Zeter und Mord[io] schreien
Ze/tin [lat.] *n.*, -[e]s, *nur Sg.*, Bestandteil des Walrats
Zet/tel *m.*, -s, -, auch: Weberei: Reihenfolge der Kettfäden
Zet/tel/baum *m.*, -[e]s, -bäume, Kettelbaum
Zet/tel/kar/tei *f.*, -, -en
Zet/tel/ka/to/log *m.*, -[e]s, -e
Zeug *n.*, -[e]s, -e, Gewebe, Textilien, Utensilien, auch: Fähigkeit haben, er hat das Zeug zu einem guten Boxer
Zeug/druck *m.*, -[e]s, -e, Textildruck
Zeu/ge *m.*, -n, -n
zeu/gen *tr.*, hervorbringen, erzeugen
Zeu/gen/aus/sa/ge *f.*, -, -n
Zeu/gen/bank *f.*, -, -bänke
Zeu/gen/schaft *f.*, -, *nur Sg.*
Zeu/gin *f.*, -, -nen
Zeug/ma [griech.] *n.*, s, -s oder auch: *n.*, -s, -ta, Beziehung eines Satzgliedes auf andere Satzglieder
Zeug/nis *n.*, -se, -se
Zeugs *n.*, -, *nur Sg.*, ugs. negativ für: Kram, Sachen
Zeu/gung *f.*, -, -en
Zeu/gungs/akt *m.*, -[e]s, -e
zeu/gungs/fä/hig
Zeu/gungs/fä/hig/keit *f.*, -, *nur Sg.*
Zeu/gungs/kraft *f.*, -, *nur Sg.*
zeu/gungs/un/fä/hig
Zeu/gungs/un/fä/hig/keit *f.*, -, *nur Sg.*
Zeus höchster Gott der griech. Mythologie
ZGB [schweizer.] Abk. für: Zivilgesetzbuch
z. H. Abk. für: zu Händen

Zib/be *f.,* -, -n, Mutterschaf, Mutterkaninchen
Zi/be/be [arab.] *f.,* -, -n, Rosine
Zi/bet [arab.] *m.,* -, *nur Sg.,* als Duftstoff genutzte Drüsenabsonderung der Zibetkatze
Zi/bet/kat/ze *f.,* -, -n, Katzenart mit wertvollem Fell
Zi/bo/ri/um [griech.-latein.] *n.,* -s, Ziborien, 1. verzierter Kelch zum Aufbewahren der Hostie, 2. von Säulen getragener Baldachin
Zi/cho/rie [griech.] *f.,* -, -n, Rübenpflanze, deren geröstete Wurzeln zu Ersatzkaffee verarbeitet werden
Zi/cke *f.,* -, -n, Ziege, ugs. auch für: Fehler, Dummheit: Mach bloß keine Zicken!, auch: streitsüchtige Frau
Zi/ckel *n.,* -s, -, Junges der Ziege
zi/ckeln *intr.,* Junge werfen
zi/ckig ugs.: geziert, schwierig, patzig
Zick/lein *n,,* -s, -, Zickel
Zick zack *m.,* -[e]s, -e
Zick/zack/kurs *m.,* -[e]s, -e
Zick/zack/li/nie *f.,* -, -n
Zi/der [hebr.] *m.,* -s, -, Cidre, Obstwein (Apfelwein)
Zie/che [österr.] *f.* -, -n, Überzug
Zie/ge *f.,* -, -n
Zie/gel *m.,* -s, -
Zie/ge/lei *f.,* -, -en
zie/gel/rot
Zie/gel/stein *m.,* -[e]s, -e
Zie/gen/bart *m.,* -[e]s, -bärte, Pilzart
Zie/gen/kä/se *m.,* -s, -
Zie/gen/le/der *n.,* -s, -
Zie/gen/mel/ker *m.,* -s, -, Vogel
Zie/gen/milch *f.,* -, *nur Sg.*
Zie/gen/pe/ter *m.,* -s, -, Mumps
Zie/ger [österr.] *m.,* -s, -, Quark
Zieg/ler *m.,* -s, -, Ziegelbrenner
Zieh/brun/nen *m.,* -s, -
Zieh/el/tern *nur Pl.*
zie/hen *tr.* und *intr.*
Zieh/har/mo/ni/ka *f.,* -, -s
Zieh/kind *n.,* -[e]s, -er, Pflegekind
Zieh/mut/ter *f.,* -, -mütter, Pflegemutter
Zie/hung *f.,* -, -en
Zie/hungs/lis/te *f.,* -, -n
Zieh/va/ter *m.,* -s, -väter, Pflegevater
Ziel *n.,* -[e]s, -e
Ziel/band *n.,* -[e]s, -bänder
ziel/be/wußt > ziel/be/wusst
Ziel/be/wußt/sein > Ziel/be/wusst/sein *n.,* -s, *nur Sg.*
zie/len *intr.*
Ziel/fern/rohr *n.,* -[e]s, -e
Ziel/ge/ra/de *f.,* -n, -n
ziel/los
Ziel/lo/sig/keit *f.,* -, *nur Sg.*
Ziel/schei/be *f.,* -, -n
Ziel/set/zung *f.,* -, -en
ziel/si/cher
Ziel/si/cher/heit *f.,* -, *nur Sg.*
ziel/stre/big
Ziel/stre/big/keit *f.,* -, *nur Sg.*
Ziem *m.,* -[e]s, -e, oberes Keulenstück beim Rind
zie/men *intr.* und *refl.*
Zie/mer *m.,* -s, - 1. Rückenbraten vom Wild, 2. männl. Glied vom Ochsen, 3. Schlagstock
ziem/lich 1. Adj. eine ziemliche Strecke, eine lange Strecke, sehr lang, 2. Adv., ziemlich groß, recht groß
Ziep/chen, Zie/pel/chen *n.,* -s, -, Küken
zie/pen *intr.,* leise und hoch pfeifen, auch: leicht zupfen
Zier *f.,* -, *nur Sg.,* Zierde
Zie/rat > Zier/rat, *n.,* -es, *nur Sg.*
Zier/de *f.,* -, -n
zie/ren *tr.* und *refl.*
Zier/fisch *m.,* -[e]s, -e
Zier/gar/ten *m.,* -s, -gärten
zier/lich
Zier/lich/keit *f.,* -, *nur Sg.*
Zier/pflan/ze *f.,* -, -n
Zier/rat *m.,* -[e]s, *nur Sg.*
Zier/schrift *f.,* -, -en
Zier/stich *f.,* -[e]s, -e
Zier/strauch *m.,* -[e]s, -sträucher
Zie/sel *m.,* -s, -, auch *n.,* -s, -, Nagetier
Ziest [slaw.] *m.,* -[e]s, -e, Heilpflanze
Ziff. Abk. für: Ziffer
Zif/fer [arab.] *f.,* -, -n, Zahlzeichen
Zif/fer/blatt *n.,* -[e]s, -blätter
...zif/fe/rig,...zif/frig einziffrig, mehrziffrig
-zig, zig ugs. ziemlich viel, aber unbestimmt, es kamen zig Leute, ich habe das schon zigmal gesehen
Zi/ga/ret/te [französ.] *f.,* -, -n
Zi/ga/ret/ten/pa/pier *n.,* -[e]s, -e
Zi/ga/ret/ten/pau/se *f.,* -, -n
Zi/ga/ret/ten/spit/ze *f.,* -, -n
Zi/ga/ret/ten/stum/mel *m.,* -s, -
Zi/ga/ril/lo [span.] *n.,* -s, -s oder auch: *m.,* -s, -s, kleine Zigarre
Zi/gar/re *f.,* -, -n, ugs. auch für: schwere Rüge: jmdm eine Zigarre verpassen
Zi/gar/ren/kis/te *f.,* -, -n
Zi/ger [schweizer.] *m.,* -s, -, Quark

Zi/geu/ner *m., -s, -*
zi/geu/ner/haft
zi/geu/ne/risch
Zi/geu/ner/le/ben *n., -s, nur Sg.*
Zi/geu/ner/mu/sik *f., -, nur Sg.*
Zi/geu/ner/spra/chen *f., nur Pl.*
Zi/ka/de [lat.] *f., -, -n,* Insekt
Zik/ku/rat [babylon.] *f., -s, -s,* babylon. Baukunst: rechteckiger Turmtempel
zi/li/ar [lat.] mit Wimpern versehen, die Wimpern betreffend
Zi/li/ar/kör/per *m., -s, -,* Strahlenkörper
Zi/li/a/ten *Pl.,* Wimperntierchen
Zi/lie *f., -, -n,* Wimper
Zil/le [slaw.] *f., -, -n,* leichter, flacher Frachtkahn
Zim/bal *n., -[e]s, -e,*
Zim/bel *f., -, -n,* Instrument, ein Becken am Schlagzeug
Zim/ber *m., -s, -n,* Kimber, Angehöriger eines german. Volksstammes
Zim/mer *n., -s, -*
Zim/mer/ar/beit,
Zim/me/rer/ar/beit *f., -, -en*
Zim/me/rchen *n., -s, -*
Zim/me/rei *f., -, -en*
Zim/me/rer *m., -s, -,* Zimmermann
Zim/mer/flu/cht *f., -, -en,* zusammenhängende Reihe von Zimmern
Zim/mer/frau *f., -, -en,* Vermieterin
Zim/mer/herr *m., -en, -en,* (veralt.) Untermieter
...zim/me/rig, ...zimm/rig einzimmrig, mehrzimmrig
Zim/mer/kell/ner *m., -s, -*
Zim/mer/laut/stär/ke *f., -, nur Sg.*

Zim/mer/ling *m., -[e]s, -e,* im Bergwesen: Zimmermann
Zim/mer/mann *m., -[e]s,* Zimmerleute, Bautischler, Zimmerer
Zim/mer/meis/ter *m., -s, -*
zim/mern *tr.*
Zim/mer/pflan/ze *f., -, -n*
zi/mo/lisch zimolische Erde: hellgraue Tonerde
zim/per/lich sehr empfindlich
Zim/per/lich/keit *f., -, nur Sg.*
Zim/per/lie/se *f., -, -n,* ugs. negativ: zimperliches Mädchen
Zimt *m., -[e]s, nur Sg.,* Gewürz
Zimt/baum *m., -[e]s, -bäume*
zimt/far/ben
Zimt/stan/ge *f., -, -n*
Zin/der [engl.] *m., -s, -,* ausgeglühte Steinkohle
Zink (Zn) *n., -[e]s, nur Sg.,* chem. Element
Zin/ke *f., -, -n, oder auch: m., -s, -,* Zacke, Spitze, Zapfen, auch: Gaunerzeichen, dicke Nase (dann *m.*), (veralt.) Musikinstrument
zin/ken *tr.* mit Zinken versehen, auch: falsch spielen: gezinkte Spielkarten: gezeichnete Spielkarten
Zin/ke/nist *m., -en, -en,* Zinkenbläser, Stadtmusikant
Zin/ker *m., -s, -,* Verräter
...zin/kig dreizinkig, vierzinkig
Zin/ko/gra/phie *(Nf.)* auch: **Zin/ko/gra/fie** *(Hf.) f., -, -n,* Zinkdruck
Zink/sal/be *f., -, -n*
Zink/weiß *n., -, nur Sg.,* Malerfarbe
Zinn *n., -[e]s, nur Sg.,*

chem. Element, Stannum
Zin/ne *f., -, -n,* rechteckige Zacke als Mauerabschluss (Türme, Stadtmauern)
zin/nen, zin/nern aus Zinn
Zinn/guß > **Zinn/guss**
Zin/nie *f., -, -n,* Gartenblume
Zinn/kies *m., -es, nur Sg.,* Mineral
Zinn/kraut *n., -[e]s, nur Sg.,* Ackerschachtelhalm, Heilpflanze
Zin/no/ber [pers.] *m., -s, -,* 1. Mineral, 2. ugs. für: Blödsinn, Unfug 3. [österr.] *f., -s, -,* rote Farbe
zin/no/ber/rot
Zinn/sol/dat *m., -en, -en*
Zins [lat.] *m., -es, -en,* Ertrag, Abgabe, auch: Miete, Pacht
Zin/ses/zins *m., -es, -en*
zins/frei
Zins/frei/heit *f., -, -en*
Zins/fuß *m., -es, -füße,* Zinssatz
Zins/herr/schaft *f., -, nur Sg.*
zins/los
Zins/pflicht *f., -, -en*
zins/pflich/tig
Zins/rech/nung *f., -, -en*
zins/tra/gend
Zins/satz *m., -es, -sätze*
Zins/wu/cher *m., -s, nur Sg.*
Zi/on [hebr.] *m., -s, nur Sg.,* Tempelberg in Jerusalem, auch: Jerusalem (dann ohne Artikel)
Zi/o/nis/mus *m., -, nur Sg.,* Bewegung für einen nationalen jüdischen Staat
Zi/o/nist *m., -en, -en*
zi/o/nis/tisch
Zip/fel *m., -s, -*
zip/fe/lig, zipf/lig
Zip/fel/müt/ze *f., -, -n*

zip/feln *intr.*
zipf/lig
Zip/per/lein *n.*, -s, *nur Sg.*, Gicht, auch: ugs. für: Wehwehchen
Zir/be *f.*, -, -n
Zir/bel/drü/se *f.*, -, -n
Zir/bel/kie/fer *f.*, -, -n
Zir/bel/nuß > **Zir/belnuss** *f.*, -, -nüsse
zir/ka siehe auch: cirka (ca.), ungefähr
Zir/kel [lat.] *m.*, -s, -, 1. Gerät zum Kreiszeichnen und Streckenabtragen, 2. geselliger Personenkreis: Lesezirkel, Singzirkel
Zir/kel/kas/ten *m.*, -s, -kästen
zir/keln *tr.* und *intr.*, Kreis(e) ziehen, einteilen, messen
Zir/kel/schluß > **Zirkelschluss** *m.*, -es, -schlüsse
Zir/kon [lat.] *m.*, -[e]s, *nur Sg.*, Mineral
Zir/ko/ni/um (Zr) *n.*, -s, *nur Sg.*, chem. Element
zir/ku/lar [lat.]
zir/ku/lär kreisförmig
Zir/ku/lar/no/te *f.*, -, -n, eine diplom. Note, die mehreren Staaten gleichzeitig zugestellt wird
Zir/ku/la/ti/on *f.*, -, -en
zir/ku/lie/ren
zir/kum...., Zir/kum... [lat.] herum..., Herum...
Zir/kum/flex *m.*, -es, -e, Dehnungszeichen
Zir/kum/po/lar/stern *m.*, -[e]s, -e, Stern, der für seinen Beobachtungsort nie untergeht
zir/kum/skript in der Medizin: abgegrenzt, umschrieben
Zir/kum/skrip/ti/on *f.*, -, -en, Umschreibung, Abgrenzung

Zir/kum/zi/si/on *f.*, -, -en, Beschneidung
Zir/kus *m.*, -, -se, 1. altröm.: Rundbahn für Wagenrennen, 2. Unternehmen, das Artistik, Tierdressuren und Humor (meist in Zelten) präsentiert, 3. kurz für: Zirkuszelt, 4. ugs. negativ: Durcheinander, Chaos, Aufregung (um Kleinigkeiten)
Zir/pe *f.*, -, -n, Insekt: Grille, Zikade
zir/pen *intr.*
Zir/ren *Pl.* von Zirrus, Federwolken
Zir/rho/se [griech.] *f.*, -, -n, medizin.: Verhärtung, Schrumpfung (meist der Leber)
Zir/ro/ku/mu/lus [lat.] *m.*, -, -li, Schäfchenwolke
Zir/ro/stra/tus oder auch: **Zir/ros/tra/tus** *m.*, -, -, Schleierwolke
Zir/rus *m.*, -, Zirren, Federwolke
zir/zen/sisch [lat.] zirzensische Spiele: Wagen- und Pferderennen im Alten Rom
zis/al/pin [lat.] von Rom aus: diesseits der Alpen
Zi/sche/lei *f.*, -, -en
zi/scheln *intr.*
zi/schen *intr.*
Zi/sch/laut *m.*, -[e]s, -e
Zi/se/leur [französ.] *m.*, -s, -e, Metallstecher
zi/se/lie/ren *tr.*, Metall mit einem Stichel bearbeiten
Zis/sa/li/en [lat.] *nur Pl.*, fehlerhafte Münzen, die wieder eingeschmolzen werden
Zis/so/i/de [griech.] *f.*, -, -n, mathemat.: ebene Kurve dritter Ordnung, „Efeublattkurve"
Zis/ta [griech.], **Zis/te** *f.*, -,

-en, vorgeschichtl. Urne
Zis/ter/ne [lat.] *f.*, -, -n, Sammelbehälter für Regenwasser
Zis/ter/zi/en/ser *m.*, -s, -
Zis/ter/zi/en/ser/or/den *m.*, -s, *nur Sg.*, benediktin. Mönchsorden
Zist/ro/se [griech.] *f.*, -, -n, Pflanze
Zi/ta/del/le [französ.] *f.*, -, -n, Stadtfestung, Festungsinnenwerk
Zi/tat [lat.] *n.*, -[e]s, -e, wörtlich angeführte Buchstelle, auch: bekannter Ausspruch
Zi/ta/ten/le/xi/kon *n.*, -s, -lexika
Zi/ta/ti/on *f.*, -, -en, Vorladung
Zi/ther [griech.] *f.*, -, -, ein Saiteninstrument (wird gezupft)
zi/tie/ren [lat.] *tr.*, eine Textstelle wörtlich anführen, auch: vorladen
Zi/tie/rung *f.*, -, -en
Zi/trat [lat.] *n.*, -[e]s, -e, Salz der Zitronensäure
Zi/trin *m.*, -s, -e, Bergkristall
Zi/tro/nat *n.*, -[e]s, *nur Sg.*, kandierte Zitronenschale
Zi/tro/ne [italien.] *f.*, -, -n, Frucht des Zitronenbaumes
Zi/tro/nen/baum *m.*, -[e]s, -bäume
Zi/tro/nen/fal/ter *m.*, -s, -, Schmetterlingsart
zi/tro/nen/gelb
Zi/tro/nen/kraut *n.*, -[e]s, -kräuter
Zi/tro/nen/pres/se *f.*, -, -n
Zi/tro/nen/säu/re *f.*, -, -n
Zi/trus/frucht *f.*, -, -früchte
Zi/trus/ge/wächs *n.*, -es, -e
Zit/ter/aal *m.*, -[e]s, -e, ein Zitterfisch

Zit/ter/fisch *m.*, -[e]s, -e, Fisch, der zur Jagd und zur Verteidigung elektr. Schläge austeilen kann
Zit/ter/gras *n.*, -es, -gräser
zit/te/rig/keit, zit/trig
Zit/te/rig/keit oder auch: **Zittrigkeit** *f.*, -, *nur Sg.*
zit/tern *intr.*
Zit/ter/par/tie *f.*, -, -en
Zit/ter/ro/chen *m.*, -s, -, Zitterfisch
Zit/ter/wels *m.*, -es, -e, Zitterfisch
zitt/rig, zit/te/rig
Zitt/rig/keit oder auch: **Zit/te/rig/keit** *f.*, -, *nur Sg.*
Zit/ze *f.*, -, -n, Saugwarze bei weibl. Säugetieren
Zi/vet/te *f.*, -, -n, Zibetkatze
zi/vil [lat.] 1. nicht militärisch, bürgerlich, 2. ugs: angemessen, im Rahmen: zivile Preise
Zi/vil *n.*, -s, *nur Sg.*, bürgerliche Kleidung, keine Uniform
Zi/vil/be/völ/ke/rung *f.*, -, *nur Sg.*
Zi/vil/cou/ra/ge [französ.] *f.*, -, *nur Sg.*, Mut, seine Meinung zu äußern, Stehvermögen
Zi/vil/ehe *f.*, -, -n, standesamtlich geschlossene Ehe
Zi/vil/ge/setz/buch *n.*, -[e]s, -bücher
Zi/vi/li/sa/ti/on *f.*, -, -en, Gesamtheit der sozialen, kulturellen und technischen Entwicklungen eines Volkes
Zi/vi/li/sa/ti/ons/krank/heit *f.*, -, -en
zi/vi/li/sa/to/risch
zi/vi/li/sie/ren *tr.*
Zi/vi/li/sie/rung *f.*, -, *nur Sg.*
Zi/vi/list *m.*, -en, -en, Bürger, Nichtsoldat
Zi/vil/kla/ge *f.*, -, -n
Zi/vil/klei/dung *f.*, -, *nur Sg.*
Zi/vil/per/son *f.*, -, *nur Sg.*
Zi/vil/pro/zeß > **Zi/vil/pro/zess** *m.*, -es, -e
Zi/vil/pro/zeß/ord/nung > **Zi/vil/pro/zess/ord/nung** (ZPO) *f.*, -, -en
Zi/vil/recht *n.*, -[e]s, *nur Sg.*
zi/vil/recht/lich
Zi/vil/stand *m.*, -[e]s, *nur Sg.*, schweizer. für: Personenstand
ZK Abk. für: Zentralkomitee
Zl Abk. für: Zloty
Zlo/ty [poln.] *m.*, -[s], -, poln. Währungseinheit
Zn chem. Zeichen für: Zink
Zo/bel [russ.] *m.*, -s, -, Marder
zo/cken *intr.*, um Geld spielen
Zoff *m.*, -s, *nur Sg.*, ugs. für: Streit, großer Ärger
zö/gern *intr.*
Zög/ling *m.*, -s, -e
Zö/les/tin [lat.] *m.*, -s, -e, Mineral
Zö/les/ti/ner *m.*, -s, -, Angehöriger eines Benediktinerordens
Zö/li/bat [lat.] *n.*, -[e]s, *nur Sg.* (theolog.: *m.*, -[e]s, *nur Sg.*), pflichtmäßige Ehelosigkeit der kath. Priester
zö/li/ba/tär
Zoll 1. *n.*, -s, -, engl. Längenmaß, 2,54 cm, 2. *m.*, -[e]s, Zölle [griech.] Abgabe, früher z.B. Wege-, Brückenzoll, heute Abgabe für Waren, die importiert werden
Zoll/amt *n.*, -[e]s, -ämter
zoll/amt/lich
zoll/breit
Zoll/breit *m.*, -s, -e, *nur in der Wendung*: keinen Zollbreit zurückweichen
zoll/dick ein zolldicker Stahlblock, aber: der Block ist vier Zoll dick
Zoll/ein/neh/mer *m.*, -s, -
zol/len *tr.*, jmdm. Bewunderung zollen, erweisen
zoll/frei
Zoll/gren/ze *f.*, -, -n
Zoll/gut *n.*, -[e]s, -güter
zoll/hoch das Wasser steht zollhoch in der Straße, aber: es steht drei Zoll hoch
...zol/lig, ...zöl/lig dreizöllig, mehrzöllig, auch: 4-zöllig, 5-zöllig
Zoll/in/halts/er/klä/rung *f.*, -, -en
Zoll/kon/trol/le *f.*, -, -n
Zöll/ner *m.*, -s, -
zoll/pflich/tig
Zoll/schran/ke *f.*, -, -n
Zoll/stock *m.*, -[e]s, -stöcke
Zoll/ta/rif *m.*, -[e]s, -e
Zoll/u/ni/on *f.*, -, -en
Zoll/ver/ein *m.*, -s, -e
Zom/bie [kreol.] *m.*, -s, -s, Voodookult, Untoter, lebende Leiche, willenlos gemachter, gewalttätiger Mensch, ugs. auch: sehr alter und sonderbarer Mensch
Zö/me/te/ri/um [griech.] *n.*, -s, -rien, Friedhof, Ruhestätte, Katakombe
Zö/na/kel [lat.] *n.*, -s, -, Speisesaal in Klöstern
zo/nal [griech.] zu einer Zone gehörend
Zo/ne *f.*, -, -n, Gebietsstreifen
Zo/nen/gren/ze *f.*, -, -n
Zo/nen/ta/rif *m.*, -[e]s, -e
Zo/nen/zeit *f.*, -, -en
Zö/no/bit [lat.] *m.*, -en, -en, im Kloster lebender Mönch
Zö/no/bi/um *n.*, -s, -, 1. Kloster, 2. Zellkolonie

Zoo [griech.] *m.*, -s, -s, Kurzform für: zoologischer Garten

zoo..., **Zoo...** [griech], tier..., Tier...

zo/o/gen [griech.] aus tierischen Resten gebildet (Gestein)

Zo/o/ge/o/gra/phie *(Nf.)* auch: **Zo/o/ge/o/gra/fie** *(Hf.) f.*, -, *nur Sg.*, Tiergeografie

Zo/o/gra/phie *(Nf.)* auch: **Zo/o/gra/fie** *(Hf.) f.*, -, -n, Benennung und Einordnung der Tierarten

zo/o/gra/phisch *(Nf.)* auch: **zo/o/gra/fisch** *(Hf.)*

Zo/o/la/trie *f.*, -, -n, Tierkult

Zo/o/lith *m.*, -en, -en, Tierversteinerung

Zo/o/lo/ge *m.*, -n, -n

Zo/o/lo/gie *f.*, -, *nur Sg.*, Tierkunde

zo/o/lo/gisch

Zoom [engl.] *n.*, -s, -s, Kameraobjektiv mit stufenlos verstellbarem Linsensystem

zo/o/morph tiergestaltig

Zo/on [griech.] *n.*, -s, *nur Sg.*, Lebewesen, Zoon politikom: der Mensch als soziales, gesellschaftliches Wesen

Zo/o/no/se *f.*, -, -n, von Tieren auf Menschen übertragbare Krankheiten

Zoo-Or/ches/ter *(Nf.)* auch: **Zoo/or/ches/ter** *(Hf.)*, *n.*, -s, -

zo/o/phag Fleisch fressend (bei Pflanzen)

Zo/o/pha/ge *m.*, -n, -n, Fleisch fressende Pflanze

Zo/o/plank/ton *n.*, -s, *nur Sg.*, im Wasser frei schwebende Tiere

Zo/o/to/mie *f.*, -, *nur Sg.*, Tieranatomie

Zo/o/to/xin *n.*, -[e]s, -e, tierisches Gift

Zopf *m.*, -[e]s, -Zöpfe, auch: ein alter Zopf: ein veralteter Brauch

Zöpf/chen *n.*, -, -

zop/fig

Zopf/mus/ter *n.*, -s, -

Zo/res [hebr.] *m.*, -, *nur Sg.*, Ärger, Bedrängnis, auch: Durcheinander, Unordnung

Zo/ril/la [span.] *m.*, -s, -, afrikan. Marderart

Zorn *m.*, -[e]s, *nur Sg.*

Zorn/ader,

Zor/nes/ader *f.*, -, -n

Zorn/aus/bruch *m.*, -[e]s, -brüche

zor/nig

zorn/mü/tig

Zo/te [französ.] *f.*, -, -n, sehr unanständiger Witz oder Ausdruck

zo/ten *intr.*

zo/tig

Zot/te *f.*, -, -n 1. Gewebeausbuchtung, 2. auch für: Zottel, 3. südwestd. Ausgießer, Schnauze

Zot/tel *f.*, -, -n, Quaste, verfilzte Haarsträhne

Zot/tel/haar *n.*, -[e]s, -e

zot/te/lig, **zott/lig**

zot/teln *intr.*, sehr langsam gehen, herumtrödeln

ZPO Abk. für: Zivilprozessordnung

Zr chem. Zeichen für: Zirkonium

z. T. Abk. für: zum Teil

Ztr. Abk. für: Zentner

zu 1. mit Dativ: geh zum Garten, fahr zu dem Haus, zu zweit, 2. beim Infinitiv: ich weiß, du hast zu arbeiten, er kann nicht aufhören, den Roman zu lesen, beim Partizip: eine leicht zu lösende Schraube, ein oft zu hörender Musiktitel, beim Adjektiv: es ist zu schön, zu wenig

zu/al/ler/erst ugs.

zu/al/ler/letzt ugs.

zu/al/ler/meist ugs.

zu/äu/ßerst

Zu/a/ve [französ.] *m.*, -n, -n, Angehöriger einer ehemaligen französ. Kolonialtruppe (aus alger. Berberstämmen rekrutiert) in Algerien

Zu/bau *m.*, -[e]s, -ten, Anbau

zu/bau/en *tr.*

Zu/be/hör *n.*, -s, *nur Sg.*

zu/bei/ßen *intr.*

zu/be/kom/men *tr.*

Zu/ber *m.*, -s, -, Gefäß, auch: altes Hohlmaß

zu/be/rei/ten *tr.*

Zu/be/rei/tung *f.*, -, -en

Zu/bett/ge/hen *n.*, -s, *nur Sg.*

zu/bil/li/gen *tr.*

Zu/bil/li/gung *f.*, -, -en

zu/blei/ben *intr.*

zu/brin/gen *tr.*

Zu/brin/ger *m.*, -s, -

Zu/brin/ger/bus *m.*, -ses, -se

Zu/brin/ger/dienst *m.*, -[e]s, -e

Zu/brin/ger/stra/ße *f.*, -, -n

Zu/brin/ger/ver/kehr *m.*, -s, *nur Sg.*

Zu/brot *n.*, -[e]s, *nur Sg.*, Brotbeilage, auch ugs: Nebeneinkommen, Zusatzverdienst

zu/but/tern *tr.*, ugs. Geld zusetzen

Zucht 1. *f.*, -, -en, Ergebnis des Züchtens, 2. *f.*, -, *nur Sg.* strenge Disziplin und Ordnung

Zucht/buch *n.,* -[e]s, -bücher
Zucht/bul/le *m.,* -n, -n
Zucht/eber *m.,* -s, -
Züch/ten *tr.*
Züch/ter *m.,* -s, -
züch/te/risch
Zucht/haus *n.,* -[e]s, -häuser
Zucht/häus/ler *m.,* -s, -
Zucht/hengst *m.* -[e]s, -e
züch/tig
züch/ti/gen *tr.*
Züch/tig/keit *f.,* -, *nur Sg.*
Züch/ti/gung *f.,* -, -en
Züch/ti/gungs/recht *n.,* -[e]s, *nur Sg.*
zucht/los
Zucht/lo/sig/keit *f.,* -, *nur Sg.*
Zucht/per/le *f.,* -, -n
Zucht/ru/te *f.,* -, -n
Zucht/stier *m.,* -[e]s, -e
Zucht/tier *f.,* -es, -e
Züch/tung *f.,* -, -n
Zucht/vieh *n.,* -s, *nur Sg.*
Zucht/wahl *f.,* -, -en
zu/ckeln *intr.,* langsam dahintrotten
Zu/ckel/trab *m.,* -es, *nur Sg.*
zu/cken *intr.*
zü/cken *tr.,* rasch herausziehen, das Portemonnaie zücken, das Schwert zücken
Zu/cker *m.,* -s, -
Zu/cker/bä/cker *m.,* -s, -
Zu/cker/brot *n.,* -[e]s, -e
Zu/cker/guß >
Zucker/guss *m.,* -es, -güsse
Zu/cker/harn/ruhr *f.,* -, *nur Sg.,* Zuckerkrankheit
Zu/cker/hut *m.,* -[e]s, -hüte
Zu/cke/rig, zuck/rig
Zu/cker/kand *m.,* -[e]s, *nur Sg.,* Kandiszucker
zu/cker/krank
Zu/cker/krank/heit *f.,* -, *nur Sg.,* Diabetes
Zu/ckerl *n.,* -s, -n, Bonbon
zu/ckern

Zu/cker/rohr *n.,* -[e]s, *nur Sg.*
Zu/cker/rü/be *f.,* -, -n
zu/cker/süß
Zu/cker/werk *n.,* -[e]s, *nur Sg.*
zuck/rig, zu/cke/rig
Zu/ckung *f.,* -, -en
Zu/de/cke *f.,* -, -n
zu/de/cken *tr.*
zu/dem überdies, außerdem
zu/dik/tie/ren *tr.*
zu/dring/lich
Zu/dring/lich/keit *f.,* -, -en
zu/drü/cken *tr.*
zu/eig/nen *tr.*
Zu/eig/nung *f.,* -, -en
zu/ein/an/der zueinander passen, zueinander finden auch: zueinanderpassen, zueinanderfinden
zu/er/ken/nen *tr.*
Zu/er/ken/nung *f.,* -, -en
zu/erst
zu/er/tei/len *tr.*
zu/fah/ren *intr.*
Zu/fahrt *f.,* -, -en
Zu/fahrts/stra/ße *f.,* -, -n
Zu/fall *m.,* -[e]s, -fälle
zu/fal/len *intr.*
zu/fäl/lig
zu/fäl/li/ger/wei/se
Zu/fäl/lig/keit *f.,* -, -en
Zu/falls/er/geb/nis *n.,* -ses, -se
Zu/falls/tref/fer *m.,* -s, -
zu/fas/sen *intr.*
zu/flie/gen *intr.*
Zu/flucht *f.,* -, *nur Sg.*
Zu/fluchts/ort *m.,* -[e]s, -e
Zu/fluchts/stät/te *f.,* -, -n
Zu/fluß > Zu/fluss *m.,* -es, -flüsse
zu/flüs/tern *tr.*
zu/fol/ge demzufolge
zu/frie/den zufrieden sein, sie hat ihn zufrieden gelassen
Zu/frie/den/ge/ben
Zu/frie/den/heit *f.,* -, *nur Sg.*

zu/frie/den/las/sen
Zu/frie/den/stel/lung *f.,* -, -en
zu/frie/ren *intr.*
zu/fü/gen *tr.*
Zu/fü/gung *f.,* -, *nur Sg.*
Zu/fuhr *f.,* -, -en
zu/füh/ren *tr.*
Zu/füh/rung *f.,* -, -en
Zug *m.,* -[e]s, Züge, 1. Eisenbahn 2. im Zuge des Wiederaufbaus, Zug um Zug, 3. Hpst. des Kantons Zug 4. schweizer. Kanton
Zu/ga/be *f.,* -, -n
Zu/gang *m.,* -[e]s, -gänge
zu/gäng/lich
Zu/gäng/lich/keit *f.,* -, *nur Sg.*
Zug/be/gleit/per/so/nal *n.,* -s, *nur Sg.*
Zug/brü/cke *f.,* -, -n
zu/ge/ben *tr.*
zu/ge/den/ken *tr.*
zu/ge/ge/be/ner/ma/ßen
zu/ge/gen anwesend
zu/ge/hen *intr.*
Zu/geh/frau *f.,* -, -en, Aufwartefrau, Reinigungsfrau
zu/ge/hö/rig
Zu/ge/hö/rig/keit *f.,* -, *nur Sg.*
zu/ge/knöpft auch ugs. für: verschlossen sein, zurückhaltend
Zu/ge/knöpft/heit *f.,* -, *nur Sg.*
Zü/gel *m.,* -s, -
zü/gel/los ugs.: hemmungslos
Zü/gel/lo/sig/keit
zü/geln *tr.*
Zü/ge/lung, Züg/lung *f.,* -, *nur Sg.*
Zu/ger *m.,* -s, -, Einwohner von Zug
zu/ge/risch
Zu/ger See *m.,* -s, *nur Sg.*
zu/ge/sel/len *refl.*

zu/ge/stan/de/ner/ma/ßen
Zu/ge/ständ/nis *n.*, -ses, -se
zu/ge/ste/hen *tr.*
zu/ge/tan
Zu/ge/winn *m.*, -[e]s, -e
Zu/ge/winn/ge/mein/schaft *f.*, -, -en, Form des ehelichen Güterstandes
Zug/fe/der *f.*, -, -n
Zug/fes/tig/keit *f.*, -, -en
Zug/fol/ge *f.*, -, -n
Zug/füh/rer *m.*, -s, -
zu/gig windig
zü/gig 1. in einem Zug, schnell, 2. [schweizer.] zugkräftig
Zü/gig/keit *f.*, -, *nur Sg.*
Zug/kraft *f.*, -, -kräfte
zug/kräf/tig
zu/gleich
Zug/loch *n.*, -es, -löcher
Zug/luft *f.*, -, -lüfte
Zug/ma/schi/ne *f.*, -, -n
Zug/mit/tel *n.*, -s, -
Zug/num/mer *f.*, -, -n, sehr zugkräftige Darbietung im Zirkus
Zug/och/se *m.*, -n, -n
Zug/per/so/nal *n.*, -, *nur Sg.*
Zug/pferd *n.*, -[e]s, -e
Zug/pflas/ter *n.*, -s, -
zu/grei/fen *intr.*
Zu/griff *m.*, -[e]s, -e
zu/grun/de auch: **zu Grun/de**
Zug/sal/be *f.*, -, -n
Zug/seil *n.*, -[e]s, -e
Zug/spitz/bahn *f.*, -, *nur Sg.*
Zug/spit/ze *f.*, -, *nur Sg.*, höchster Berg Deutschlands (2964 m)
Zug/stück *n.*, -[e]s, -e, sehr zugkräftiges Theaterstück
Zug/tier *n.*, -[e]s, -e
zu/guns/ten auch: **zu Guns/ten**
zu/gu/te/hal/ten jmdm etwas zugutehalten
Zug/ver/band *m.*, -[e]s, -

bände, Medizin: Streckverband
Zug/ver/bin/dung *f.*, -, -en
Zug/ver/kehr *m.*, -s, *nur Sg.*
Zug/vo/gel *m.*, -s, -vögel
Zug/wind *m.*, -[e]s, -e
Zug/zwang *m.*, -[e]s, -zwänge, Zwang zum Handeln
zu/ha/ken *tr.*
zu/hal/ten *tr.*, das Tor zuhalten, die Nase zuhalten
Zu/häl/ter *m.*, -s, -
Zu/häl/te/rei *f.*, -, -en
zu/häl/te/risch
zu/hau/en *intr.* und *tr.*
Zu/hau/se *n.*, -s, *nur Sg.*, mein Zuhause, aber zu Hause sein
zu/hei/len *intr.*
Zu/hil/fe/nah/me *f.*, -, *nur Sg.*
zu/hin/terst
zu/höchst ganz oben
zu/hö/ren *intr.*
Zu/hö/rer *m.*, -s, -
Zu/hörer/schaft *f.*, -, -en
zu/in/nerst
zu/keh/ren *tr.*
zu/knöp/fen *tr.*
zu/kom/men *intr.*
Zu/kost *f.*, -, *nur Sg.*, Beilagen zum Hauptgericht
Zu/kunft *f.*, -, *nur Sg.*, in der Grammatik: Futur
zu/künf/tig mein Zukünftiger: mein Verlobter
Zu/kunfts/for/schung *f.*, -, -en
Zu/kunfts/mu/sik *f.*, -, *nur Sg.*, das ist noch Zukunftsmusik: es ist noch nicht möglich
Zu/kunfts/plä/ne *m.*, *nur Pl.*
zu/lä/cheln *intr.*
Zu/la/ge *f.*, -, -n
zu/lan/de > **zu Lan/de**

zu/lan/gen *intr.*
zu/läng/lich
Zu/läng/lich/keit *f.*, -, *nur Sg.*
zu/las/sen *tr.*
zu/läs/sig
Zu/las/sung *f.*, -, -en
Zu/las/sungs/pa/pie/re *n.*, *nur Pl.*
zu/las/ten auch: **zu Las/ten**
Zu/lauf *m.*, -[e]s, -läufe, 1. der Zulauf eines Gewässers, Sees, 2. die Veranstaltung hat wenig Zulauf: es sind nur wenige Gäste gekommen
zu/lau/fen *intr.*
zu/le/gen *tr.*
zu/lei/de auch: **zu Lei/de**
zu/lei/ten *tr.*
Zu/lei/tung *f.*, -, -en
Zu/lei/tungs/rohr *n.*, -[e]s, -e
zu/letzt
zu/lie/be mir, ihm zuliebe
zul/len saugen
Zul/ler *m.*, -s, -, Sauger, Schnuller
Zulp *m.*, -[e]s, -e, Lutschbeutel
zul/pen *intr.*, lutschen
Zu/lu 1. *m.*, -[s], -[s], Bantuvolk in Südafrika, 2. *n.*, -s, *nur Sg.*, dessen Sprache
zum Abk. für: zu dem, Hotel „Zum Löwen", wir gehen zum Haus, es steht nicht zum Besten, das ist zum Weinen
zu/ma/chen *tr.*, auf- und zumachen, aber: da ist nichts zu machen
zu/mal vor allem weil
zu/meist meistens
zu/mes/sen *tr.*
zu/min/dest
zu/mut/bar
zu/mu/te auch: **zu Mute**

zu/mu/ten *tr.*
Zu/mu/tung *f.*, -, -en
zu/nächst 1. zuerst, 2. mit Dativ: nahe bei
Zu/nächst/lie/gen/de *n.*, -n, *nur Sg.*
zu/na/geln *tr.*
Zu/nah/me *f.*, -, -n
Zu/na/me *m.*, -n, -n, Familienname, Beiname
Zünd/blätt/chen *n.*, -s, -
zün/deln *intr.*, mit dem Feuer spielen
zün/den *intr.* und *tr.*
Zun/der *m.*, -s, -, 1. Pilz, 2. Metall: Oxidschicht, 3. ugs.: Prügel
Zün/der *m.*, -s, -
Zünd/holz *n.*, -[e]s, -hölzer
Zünd/hüt/chen *n.*, -s, -
Zünd/ker/ze *f.*, -, -n
Zünd/schlüs/sel *m.*, -s, -
Zünd/schnur *f.*, -, -schnüre
Zünd/stoff *m.*, -[e]s, -e
Zün/dung *f.*, -, -en
zu/nei/gen *intr.* und *refl.*
Zu/nei/gung *f.*, -, *nur Sg.*
Zunft *f.*, -, Zünfte
zünf/tig fachgerecht, ugs. auch für: volkstümlich, lustig
Zun/ge *f.*, -, -n, eine spitze Zunge haben: ugs. für: boshaft sein
Zün/gel/chen *n.*, -s, -.
zün/geln *intr.*
zun/gen/fer/tig
Zun/gen/fer/tig/keit *f.*, -, *nur Sg.*
Zun/gen-R auch: Zun/gen-r *n.*, -s, -s, mit der Zunge gebildeter r-Laut
Zun/gen/schlag *m.*, -[e]s, -schläge
Zun/gen/wurst *f.*, -, -würste
Züng/lein *n.*, -s, -, das Zünglein an der Waage
zu/nich/te ma/chen etwas

zunichte machen
zu/nie/derst zuunterst
Züns/ler *m.*, -s, -, Schmetterling
zu/nut/ze auch: zu Nut/ze
zu/o/berst
zu/or/den/bar
zu/ord/nen *tr.*
Zu/ord/nung *f.*, -, -en
zu/paß > zu/pass,
zu/pas/se gelegen kommen
zup/fen *tr.*
Zupf/gei/ge *f.*, -, -n, Gitarre
Zupf/gei/gen/hansl *m.*, -, -s, Liedersammlung
Zupf/ins/tru/ment oder auch: Zupf/in/stru/ment *n.*, -[e]s, -e
Zup/pa Ro/ma/na *f.*, -, *nur Sg.*, italien. Kuchen
zu/pros/ten *intr.*
zur Abk. für: zu der, sich zur Ruhe setzen, zur Schule gehen, Hotel „Zur Linde"
zu/ran/de auch: zu Ran/de
zu/ra/te auch: zu Ra/te
zu/ra/ten *intr.*
zu/rau/nen *tr.*
Zür/cher [schweizer.] *m.*, -s, -, Züricher
zür/chne/risch züricherisch
zu/rech/nen *tr.*
Zu/rech/nung *f.*, -, *nur Sg.*
zu/rech/nungs/fä/hig
Zu/rech/nungs/fä/hig/keit *f.*, -, *nur Sg.*
zu/recht... richtig, zur richtigen Zeit
zu/recht/bie/gen *tr.*
zu/recht/brin/gen *tr.*
zu/recht/fin/den *refl.*
zu/recht/kom/men *intr.*
zu/recht/le/gen *tr.*
zu/recht/ma/chen *tr.*
zu/recht/rü/cken *tr.*, auch ugs: für: jmdm die Meinung sagen
zu/recht/stel/len
zu/recht/stut/zen *tr.*

zu/recht/wei/sen *tr.*
Zu/recht/wei/sung *f.*, -, -en
zu/recht/zim/mern *tr.*
zu/re/den *tr.*
zu/rei/chen *tr.* und *intr.*
zu/rei/ten *tr.* und *intr.*
Zü/rich [schweizer.] 1. Hpst. des Kantons Zürich, 2. schweizer. Kanton
Zü/ri/cher *m.*, -s, -
zü/ri/che/risch
Zü/rich/see *m.*, -s, *nur Sg.*, schweizer. See
zu/rich/ten *tr.*
Zu/rich/ter *m.*, -s, -
Zu/rich/tung *f.*, -, -en
zu/rie/geln *tr.*
zür/nen *intr.*
zur/ren [niederl.] *tr.*, verzurren, Fachbegriff: festbinden
Zur/schau/stel/lung *f.*, -, -en
zu/rück
zu/rück/be/hal/ten *tr.*
Zu/rück/be/hal/tungs-recht *n.*, -, *nur Sg.*
zu/rück/be/kom/men *tr.*
zu/rück/be/ru/fen *tr.*
Zu/rück/be/ru/fung *f.*, -, -en
zu/rück/bil/den *refl.*
Zu/rück/bil/dung *f.*, -, -en
zu/rück/blei/ben *intr.*
zu/rück/bli/cken *intr.*
zu/rück/brin/gen *tr.*
zu/rück/däm/men *tr.*
zu/rück/da/tie/ren *tr.*, mit einem früheren Datum versehen
zu/rück/den/ken *intr.*
zu/rück/drän/gen *tr.* und *intr.*
Zu/rück/drän/gung *f.*, -, *nur Sg.*
zu/rück/dre/hen *tr.*
zu/rück/er/bit/ten *tr.*
zu/rück/er/hal/ten *tr.*
zu/rück/er/o/bern *tr.*
zu/rück/er/stat/ten *tr.*
zu/rück/fah/ren *intr.* und *tr.*

zu/rück/fal/len *intr.*
zu/rück/fin/den *tr.* und *intr.*
zu/rück/flie/gen *intr.*
zu/rück/for/dern *tr.*
zu/rück/fra/gen *intr.*
zu/rück/füh/ren *intr.* und *tr.*
Zu/rück/füh/rung *f.*, -, -en
Zu/rück/ga/be *f.*, -, *nur Sg.*
zu/rück/ge/ben *tr.*
zu/rück/ge/hen *intr.*
zu/rück/ge/zo/gen
Zu/rück/ge/zo/gen/heit *f.*, -, *nur Sg.*
zu/rück/grei/fen *intr.*
zu/rück/ha/ben *tr.*
zu/rück/hal/ten *tr.*
zu/rück/hal/tend
Zu/rück/hal/tung *f.*, -, *nur Sg.*
zu/rück/keh/ren *intr.*
zu/rück/kom/men *intr.*
zu/rück/kön/nen *intr.*
zu/rück/las/sen *tr.*
Zu/rück/las/sung *f.*, -, *nur Sg.*
zu/rück/le/gen *intr.*
zu/rück/leh/nen *tr.*
zu/rück/lie/gen *intr.*
zu/rück/mel/den *refl.*
Zu/rück/mel/dung *f.*, -, -en
Zu/rück/müs/sen *intr.*
Zu/rück/nah/me *f.*, -, -n
zu/rück/neh/men *tr.*
zu/rück/pral/len *intr.*
zu/rück/ru/fen *tr.*
zu/rück/schal/len *intr.*
zu/rück/schau/dern *intr.*
zu/rück/schau/en *intr.*
zu/rück/scheu/en *intr.*
zu/rück/schi/cken *tr.*
zu/rück/schla/gen *tr.* und *intr.*
zu/rück/schre/cken *intr.*, er schreckte davor zurück, oder auch: er schrak davor zurück
zu/rück/schrei/ben *tr.*
zu/rück/seh/nen *refl.* und *tr.*
zu/rück/sen/den *refl.* und *tr.*
zu/rück/set/zen *tr.* und *intr.*
Zu/rück/set/zung *f.*, -, *nur Sg.*
zu/rück/ste/cken *tr.*, ugs. auch für: er sollte mal zurückstecken: er sollte mal nachgeben
zu/rück/ste/hen *intr.*
zu/rück/stel/len *tr.*
Zu/rück/stel/lung *f.*, -, -en
zu/rück/strah/len *tr.* und *intr.*
Zu/rück/strah/lung *f.*, -, *nur Sg.*
zu/rück/tre/ten *intr.*
zu/rück/ü/ber/set/zen *tr.*, auch: rückübersetzen
zu/rück/ver/fol/gen *tr.*
Zu/rück/ver/fol/gung *f.*, -, *nur Sg.*
zu/rück/ver/lan/gen *tr.*
zu/rück/ver/set/zen *tr.* und *refl.*
zu/rück/wei/chen *intr.*
zu/rück/wei/sen *tr.*
Zu/rück/wei/sung *f.*, -, -en
zu/rück/wer/fen *tr.*
zu/rück/wol/len *intr.*
zu/rück/wün/schen *tr.*
zu/rück/zah/len *tr.*
Zu/rück/zah/lung *f.*, -, -en
zu/rück/zie/hen *tr.* und *refl.*
Zu/ruf *m.*, -[e]s, -e
zu/ru/fen *tr.*
zu/rüs/ten *tr.*
Zu/rüs/tung *f.*, -, -en
Zur/ver/fü/gung/stel/lung *f.*, -, *nur Sg.*, Amtssprache
zur/zeit derzeit
Zu/sa/ge *f.*, -, -n
zu/sa/gen *tr.* und *intr.*
zu/sam/men gemeinsam, gleichzeitig
zu/sam/men..., zusammensitzen, auch: zusammen sitzen, beieinander, zusammenkleben, an- oder ineinanderfügen
Zu/sam/men/ar/beit *f.*, -, en
zu/sam/men/ar/bei/ten auch: **zusammen arbeiten**
1. *tr.*, vereinigen, Texte,
2. gemeinsam arbeiten
zu/sam/men/bal/len *tr.*
zu/sam/men/bal/lung *f.*, -, *nur Sg.*
Zu/sam/men/bau *m.*, -[e]s, -e, Montage
zu/sam/men/bau/en *tr.*
zu/sam/men/bei/ßen *tr.*
zu/sam/men/bet/teln *tr.*
zu/sam/men/bin/den *tr.*
zu/sam/men/blei/ben *intr.*
zu/sam/men/brau/en 1. *tr.*, 2. *refl.*, sich zusammenziehen (z.B. Gewitter, auch: Ärger, Streit)
zu/sam/men/bre/chen *intr.*
Zu/sam/men/bruch *m.*, -[e]s, -brüche
zu/sam/men/drän/gen *tr.*
zu/sam/men/drü/cken *tr.*
zu/sam/men/fah/ren *intr.*, zusammenzucken, erschrecken, aber: zusammen fahren: gemeinsam fahren
Zu/sam/men/fall *m.*, -[e]s, *nur Sg.*
zu/sam/men/fal/len *intr.*
zu/sam/men/fal/ten *tr.*
zu/sam/men/fas/sen *tr.*
Zu/sam/men/fas/sung *f.*, -, -en
zu/sam/men/flie/ßen *intr.*
Zu/sam/men/fluß >
Zu/sam/men/fluss *m.*, -es, -flüsse
zu/sam/men/fü/gen *tr.*
Zu/sam/men/fü/gung *f.*, -, *nur Sg.*
zu/sam/men/füh/ren *tr.*
Zu/sam/men/füh/rung *f.*, -, *nur Sg.*
zu/sam/men/ge/hen *intr.*,
1. vereinigen, 2. einlaufen (Wäsche), aber: zusammen

gehen: miteinander gehen
zu/sam/men/ge/hö/ren *intr.*
zu/sam/men/ge/hö/rig
Zu/sam/men/ge/hö/rig/keit *f., -, nur Sg.*
Zu/sam/men/ge/hö/rig-keits/ge/fühl *n., -[e]s, -e*
zu/sam/men/ha/ben *tr.*
Zu/sam/men/halt *m., -[e]s, nur Sg.*
zu/sam/men/hal/ten *intr.* und *tr.*, aber: sie halten zusammen den Schrank: sie halten miteinander den Schrank
Zu/sam/men/hang *m., -[e]s, -hänge*
zu/sam/men/hän/gen *intr.* und *tr.*
zu/sam/men/hang/los
Zu/sam/men/hang[s]/lo-sig/keit *f., -, nur Sg.*
zu/sam/men/hau/en *tr.*
zu/sam/men/keh/ren *tr.*
zu/sam/men/klam/mern *tr.*
Zu/sam/men/klang *m., -[e]s, -klänge*
zu/sam/men/klapp/bar
zu/sam/men/klap/pen *tr.* und *refl.*
zu/sam/men/klin/gen *intr.*
zu/sam/men/knei/fen *tr.*
zu/sam/men/kom/men *intr.*, ansammeln, aber: sie kamen zusammen: sie kamen gleichzeitig
zu/sam/men/kramp/fen *refl.*
zu/sam/men/läp/pern *refl.*, nach und nach ansammeln
zu/sam/men/lau/fen *intr.*, herbeilaufen, aber: sie sind zusammen gelaufen: sie sind miteinander gelaufen
zu/sam/men/le/ben *refl.* und *intr.*
Zu/sam/men/le/ben *n., -s, nur Sg.*
zu/sam/men/leg/bar

zu/sam/men/le/gen *tr.*
Zu/sam/men/le/gung *f., -, nur Sg.*
zu/sam/men/le/sen *tr.* sammeln, aber: wir sollen die Bedienungsanleitung zusammen lesen: wir lesen sie gemeinsam
zu/sam/men/lie/gen *intr.*
zu/sam/men/lü/gen *tr.*
zu/sam/men/nä/hen *tr.*
zu/sam/men/neh/men *tr.* und *refl.*, sich beherrschen
zu/sam/men/pa/cken *tr.*
zu/sam/men/pas/sen *intr.*
zu/sam/men/pfer/chen *tr.*
Zu/sam/men/prall *m., -[e]s, -e*
zu/sam/men/pral/len *intr.*
zu/sam/men/rau/fen *refl.*
zu/sam/men/rech/nen *tr.*, aber: die Prüfer rechnen zusammen die Posten nach: sie rechnen miteinander nach
zu/sam/men/rei/men *tr.*
zu/sam/men/rei/ßen *refl.*
zu/sam/men/rot/ten *refl.*
Zu/sam/men/rot/tung *f., -, -en*
zu/sam/men/rü/cken *tr.* und *intr.*
zu/sam/men/ru/fen *tr.*
zu/sam/men/schar/ren *tr.*
Zu/sam/men/schau *f., -, nur Sg.*, Überblick
zu/sam/men/schla/gen *tr.*, auch ugs. für: niederschlagen, verprügeln
zu/sam/men/schlie/ßen *tr.* und *refl.*
Zu/sam/men/schluß > **Zu/sam/men/schluss** *m., -es, -schlüsse*
zu/sam/men/schnü/ren *tr.*
zu/sam/men/schre/cken *intr.*
zu/sam/men/schrei/ben *tr.*, aber: sie wollen ihre

Urlaubskarten zusammen schreiben: sie wollen sie gemeinsam schreiben
zu/sam/men/schrum/pfen *intr.*
zu/sam/men/sein > **zu/sam/men sein**
Zu/sam/men/sein *n., -s, nur Sg.*
zu/sam/men/set/zen *tr.*
Zu/sam/men/set/zung *f., -, -en*
zu/sam/men/sin/ken *intr.*
zu/sam/men/sit/zen *intr.*
zu/sam/men/spa/ren *tr.*
Zu/sam/men/spiel *n., -[e]s, -nur Sg.*
zu/sam/men/spie/len *intr.*, sich gut ergänzen, aber: die Mannschaften können zusammen spielen: sie können gemeinsam spielen
zu/sam/men/stau/chen *tr.*, ugs. für: streng zurechtweisen
zu/sam/men/ste/hen *intr.*
zu/sam/men/stel/len *tr.*
Zu/sam/men/stel/lung *f., -, -en*
zu/sam/men/stim/men *intr.*
Zu/sam/men/stoß *m., -es, -stöße*
zu/sam/men/sto/ßen *tr.* und *intr.*
zu/sam/men/strö/men *intr.*
zu/sam/men/stü/ckeln,
zu/sam/men/stü/cken *tr.*
zu/sam/men/su/chen *tr.*, seine Papiere zusammensuchen, aber: die Kinder wollen die Katze zusammen suchen: sie suchen sie gemeinsam
zu/sam/men/tra/gen *tr.*, Unterlagen zusammentragen, aber: sie müssen die große Tasche zusammen tragen: sie tragen sie gemeinsam

Zuversichtlichkeit

Zu/sam/men/tra/gung *f.*, -, *nur Sg.*
zu/sam/men/tref/fen *intr.*
zu/sam/men/tre/ten *intr.*
Zu/sam/men/tritt *m.*, -[e]s, *nur Sg.*
zu/sam/men/trom/meln *tr.*, ugs. für: zusammenrufen
zu/sam/men/tun *tr.* und *refl.*
zu/sam/men/wach/sen *intr.*
zu/sam/men/wir/ken *intr.*
zu/sam/men/zäh/len *tr.*
zu/sam/men/zie/hen *tr.* und *intr.*
Zu/sam/men/zie/hung *f.*, -, *nur Sg.*
zu/sam/men/zu/cken *intr.*
Zu/satz *m.*, -es, -sätze
Zu/satz/ge/rät *n.*, -[e]s, -e
zu/sätz/lich
Zu/satz/zahl *f.*, -, -en
zu/schan/den auch: **zu Schan/den**: ein Auto zuschanden fahren, es kaputt fahren
zu/schan/zen *tr.*
zu/schau/en *intr.*
Zu/schau/er *m.*, -s, -
Zu/schau/er/raum *m.*, -[e]s, -räume
Zu/schau/er/tri/bü/ne *f.*, -, -n
zu/schi/cken *tr.*
zu/schie/ben *tr.*
zu/schie/ßen *tr.*
Zu/schlag *m.*, -[e]s, Zuschläge
zu/schla/gen *tr.* und *intr.*
zu/schlag[s]/frei
zu/schlag[s]/pflich/tig
zu/schlie/ßen *tr.*
zu/schnap/pen *intr.*
zu/schnei/den *tr.*
Zu/schnei/der *m.*, -s, -
zu/schnei/en *intr.*
Zu/schnitt *m.*, -[e]s, -e
zu/schrei/ben *tr.*
zu/schul/den oder auch: **zu Schul/den**

Zu/schuß > **Zu/schuss** *m.*, -es, -schüsse
Zu/schuß/be/trieb > **Zu/schuss/be/trieb** *m.* -[e]s, -e
zu/schus/tern *tr.*
zu/se/hen *intr.*
zu/se/hends merklich
zu/sein > **zu sein** *intr.*, geschlossen sein
zu/sei/ten auch: **zu Sei/ten**
zu/sen/den *tr.*
Zu/sen/dung *f.*, -, -en
zu/set/zen *tr.* und *intr.*
zu/si/chern *tr.*
Zu/si/che/rung *f.*, -, -en
Zu/spei/se *f.*, -, -n, Zukost
zu/sper/ren *tr.*
zu/spie/len *tr.*
zu/spit/zen *tr.* und *refl.*
Zu/spit/zung *f.*, -, *nur Sg.*
zu/spre/chen *tr.*
Zu/spre/chung *f.*, -, *nur Sg.*
Zu/spruch *m.*, -[e]s, *nur Sg.*
Zu/stand *m.*, -[e]s, -stände
zu/stan/de auch: **zu Stan/de**
zu/stän/dig
Zu/stän/dig/keit *f.*, -, -en
zu/stän/dig/keits/hal/ber
Zu/stands/än/de/rung *f.*, -, -en
Zu/stands/glei/chung *f.*, -, -en
zu/stat/ten zustatten kommen
zu/ste/cken *tr.*
zu/stel/len *tr.*
Zu/stel/ler *m.*, -s, -
Zu/stell/ge/bühr *f.*, -, -en
Zu/stel/lung *f.*, -, -en
Zu/stel/lungs/ge/bühr *f.*, -, -en
Zu/stel/lungs/ver/merk *m.*, -[e]s, -e
zu/steu/ern *intr.*
zu/stim/men *intr.*
Zu/stim/mung *f.*, -, -en
zu/sto/ßen *tr.*

zu/stre/ben *intr.*
Zu/strom *m.*, -[e]s, -ströme
zu/ta/ge auch: **zu Ta/ge** zutage bringen
Zu/tat *f.*, -, -en
zu/teil zuteil werden
zu/tei/len *tr.*
Zu/tei/lung *f.*, -, -en
zu/tiefst
zu/tra/gen 1. *refl.*, ereignen, 2. *tr.*, jmdm etwas übermitteln, erzählen
Zu/trä/ger *m.*, -s, -
Zu/trä/ge/rei *f.*, -, -en
zu/träg/lich
Zu/träg/lich/keit *f.*, -, *nur Sg.*
zu/trau/en *tr.*
Zu/trau/en *n.*, -s, *nur Sg.*
zu/trau/lich
Zu/trau/lich/keit *f.*, -, *nur Sg.*
zu/tref/fen *intr.*
zu/tref/fen/den/falls
zu/trin/ken *intr.*, jmdm zutrinken
Zu/tritt *m.*, -[e]s, *nur Sg.*
Zu/trunk *m.*, -[e]s, -trünke
zu/tschen *intr.*, saugen, lutschen
zu/tu/lich oder auch:
zu/tun/lich
zu/tun *tr.*, 1. hinzutun, 2. die ganze Nacht kein Auge zutun
Zu/tun *n.*, -s, *nur Sg.*
zu/tun/lich
Zu/tun/lich/keit
zut/zeln *tr.* und *intr.*, zuzeln
zu/un/guns/ten auch: **zu Un/guns/ten**
zu/un/terst
zu/ver/läs/sig
Zu/ver/läs/sig/keit *f.*, -, *nur Sg.*
Zu/ver/sicht *f.*, -, *nur Sg.*
zu/ver/sicht/lich
Zu/ver/sicht/lich/keit *f.*, -, *nur Sg.*

zuviel

zu/viel > zu viel das ist zu viel des Guten, zu viel reden
zu/vor zuvor meine herzlichsten Grüße
zu/vor/derst ganz vorn
zu/vör/derst zuerst
zu/vor/kom/men *intr.*
zu/vor/kom/mend höflich, aufmerksam
Zu/vor/kom/men/heit *f.*, -, *nur Sg.*
zu/vor/tun *tr.*
Zu/waa/ge [österr.] *f.*, -, -n, Knochenzugabe beim Fleisch
Zu/wachs *m.*, -es, -wächse
zu/wach/sen *intr.*
Zu/wachs/ra/te *f.*, -, -n
Zu/wan/de/rer oder auch: Zu/wand/rer *m.*, -s, -
zu/wan/dern *intr.*
Zu/wan/de/rung *f.*, -, *nur Sg.*
zu/war/ten *intr.*
zu/we/ge auch: zu We/ge
zu/wei/len
zu/wei/sen *tr.*
Zu/wei/sung *f.*, -, -en
zu/wen/den *tr.*
Zu/wen/dung *f.*, -, -en
zu/we/nig > zu we/nig
zu/wer/fen *tr.*
zu/wi/der das ist mir zuwider
zu/wi/der/han/deln *intr.*
Zu/wi/der/hand/lung *f.*, -, -en
zu/wi/der/lau/fen *intr.*
zu/win/ken *intr.*
zu/zah/len *tr.*
zu/zäh/len *f.*, hinzuzählen
Zu/zah/lung *f.*, -, -en
zu/zei/ten manchmal
zu/zeln [österr.] *tr.* und *intr.*, zutzeln, lutschen
zu/zie/hen 1. *tr.*, den Vorhang, sich einen Schnupfen zuziehen, 2. *intr.*, ugs: den Wohnsitz wechseln

Zu/zug *m.*, -[e]s, -züge, Zuziehen, Zustrom neuer Einwohner
Zu/züg/ler *m.*, -s, -
zu/züg/lich hinzu kommt
zwa/cken *tr.*
Zwang *m.*, -[e]s, Zwänge
zwän/gen *tr.*
zwang/haft
zwang/los
Zwang/lo/sig/keit *f.*, -, *nur Sg.*
Zwangs/ar/beit *f.*, -, -en
Zwangs/ein/wei/sung *f.*, -, -en
Zwangs/ent/eig/nung *f.*, -, -en
Zwangs/ja/cke *f.*, -, -n
Zwangs/la/ge *f.*, -, -n
zwangs/läu/fig
Zwangs/läu/fig/keit *f.*, -, *nur Sg.*
Zwangs/maß/nah/me *f.*, -, -n
zwangs/ver/stei/gern *tr.*
Zwangs/ver/stei/ge/rung *f.*, -, -en
Zwangs/voll/stre/ckung *f.*, -, -en
Zwangs/vor/stel/lung *f.*, -, -en
zwangs/wei/se
zwan/zig 20
Zwan/zig/mark/schein *m.*, -[e]s, -e, 20-Mark-Schein
Zwan/zig/pfen/nig/mar/ke *f.*, -, -n, 20-PfennigMarke
zwar
Zweck *m.*, -[e]s, -e
Zweck/bau *m.*, -[e]s, -bauten
zweck/dien/lich
Zweck/dien/lich/keit *f.*, -, *nur Sg.*
Zwe/cke *f.*, -, -n, Reißzwecke
zwe/cken ein Poster an die Wand zwecken
zweck/ent/frem/det

Zweck/ent/frem/dung *f.*, -, *nur Sg.*
zweck/ent/spre/chend
zweck/ge/bun/den
zweck/los
Zweck/lo/sig/keit *f.*, -, -en
zweck/mä/ßig
Zweck/mä/ßig/keit *f.*, -, -en
zwecks
Zweck/satz *m.*, -es, -sätze, Finalsatz
Zweck/spa/ren *n.*, -s, *nur Sg.*
Zweck/ver/band *m.*, -[e]s, -bände
zweck/wid/rig
Zweck/wid/rig/keit *f.*, -, *nur Sg.*
zwei wir zwei, ihr zwei, die Eltern zweier Kinder
Zwei *f.*, -, -en 1. die Zahl 2, 2. als Note: gut, 3. Abk. für z.B.: Buslinien: die Linie 2
zwei/ar/mig
Zwei/bei/ner *m.*, -s, -, scherzhaft für: Mensch
zwei/bei/nig
Zwei/bett/zim/mer *n.*, -s, -
Zwei/bund *m.*, -[e]s, -bünde
zwei/deu/tig
Zwei/deu/tig/keit *f.*, -, -en
zwei/di/men/si/o/nal
Zwei/drit/tel/mehr/heit *f.*, -, -en
zwei/ei/ig zweieiige Zwillinge
zwei/ein/halb
Zwei/er *m.*, -s, -, 1. Zweipfennigstück, 2. Abk. für z.B.: der Bus der Linie 2, 3. [südd.] die Note 2
zwei/fach 2fach
Zwei/fa/mi/li/en/haus *n.*, -es, -häuser
zwei/far/big
Zwei/fel *m.*, -s, -
Zwei/fel/der/wirt/schaft *f.*, -, *nur Sg.*

zwei/fel/haft
zwei/fel/los
zwei/feln *intr.*
Zwei/fels/fall *m.*, -[e]s, -fälle
Zwei/fels/fra/ge *f.*, -, -n
zwei/fels/frei
zwei/fehls/oh/ne
Zweif/ler *m.*, -s, -
zwei/flü/ge/lig zweiflüglig
Zwei/flüg/ler *m.*, -s, -
Zwei/fron/ten/krieg *m.*, -[e]s, -e
zwei/fü/ßig mit zwei Versfüßen
Zweig *m.*, -[e]s, -e
zwei/ge/schlech/tig biolog.: männliche und weibliche Geschlechtsmerkmale vorhanden
Zwei/ge/schlech/tig/keit *f.*, -, *nur Sg.*
Zwei/ge/spann *n.*, -[e]s, -e
zwei/ge/stri/chen musikal., vom eingestrichenen Ton aus eine Oktave höher liegend
Zweig/ge/schäft *n.*, -[e]s, -e
zwei/glei/sig
zwei/glie/de/rig, zwei/glie/drig
Zweig/nie/der/las/sung *f.*, -. -en
Zweig/stel/le *f.*, -, -n
Zwei/hän/der *m.*, -s, -, Beidhänder
zwei/häu/sig männliche und weibliche Blüten auf verschiedenen Individuen
Zwei/häu/sig/keit *f.*, -, -n
Zwei/heit *f.*, -, -en
zwei/hun/dert
zwei/jäh/rig
zwei/jähr/lich
Zwei/kam/mer/sys/tem *n.*, -s, -e
Zwei/kampf *m.*, -[e]s, -kämpfe
zwei/keim/blät/te/rig,

zwei/keim/blätt/rig
zwei/mal 2-mal
zwei/ma/lig
Zwei/mark/stück *n.*, -[e]s, -stücke, 2-Mark-Stück
Zwei/mas/ter *m.*, -s, -, Segelschiff mit zwei Masten
zwei/mo/na/tig
zwei/mo/nat/lich
Zwei/mo/nats/schrift *f.*, -, -n
Zwei/rad *f.*, -[e]s, -räder
zwei/rä/de/rig oder auch: zwei/räd/rig
Zwei/rei/her *m.*, -s, -, Anzug mit zwei Knopfreihen
zwei/rei/hig
Zwei/sam/keit *f.*, -, *nur Sg.*
zwei/schlä/fe/rig oder auch: zwei/schläf/ig, zwei/schläf/rig für zwei Schläfer (Bett)
zwei/schnei/dig auch ugs.: eine zweischneidige Sache: eine Sache, die nützen, aber auch leicht ungünstig verlaufen und schaden kann
zwei/schü/rig zweischürige Schafe: werden zweimal im Jahr geschoren
zwei/sei/tig
zwei/sil/big
Zwei/sit/zer *m.*, -s, -
zwei/sit/zig
zwei/spal/tig
Zwei/spän/ner *m.*, -s, -, Pferdewagen mit zwei Pferden
zwei/spän/nig
zwei/spra/chig bilingual
Zwei/spra/chig/keit *f.*, -, *nur Sg.*, Bilinguälität
zwei/spu/rig
zwei/stim/mig
zwei/stö/ckig
zwei/stün/dig
zwei/stünd/lich

zwei/tä/gig
Zwei/tak/ter *m.*, -s, -
Zwei/takt/mo/tor *m.*, -s, -en
zweit/äl/tes/te
Zweit/aus/fer/ti/gung *f.*, -, -en, Duplikat
zweit/bes/te
zwei/te
Zwei/te Zweites Deutsches Fernsehen (ZDF), der Zweite Weltkrieg
zwei/tei/lig
Zwei/tei/lung *f.*, -, *nur Sg.*
zwei/tens
Zweit/fri/sur *f.*, -, -en, Perücke
zweit/klas/sig
zweit/letz/te
zwei/tou/rig
zwei/ran/gig
Zweit/schrift *f.*, -, -en, Durchschlag, Abschrift
Zweit/stim/me *f.*, -, -n, die zweite Stimme eines Wählers
zwei/tü/rig
Zweit/wa/gen *m.*, -s, -
Zweit/woh/nung *f.*, -, -en
Zwei/vier/tel/takt *m.*, -[e]s, -e, 2/4-Takt
zwei/wer/tig
Zwei/zei/ler *m.*, -s, -, Gedicht mit zwei Zeilen
Zwei/zim/mer/woh/nung *f.*, -, -en, 2-Zimmer-Wohnung
Zwei/zy/lin/der *m.*, -s, -
Zwei/zy/lin/der/mo/tor *m.*, -s, -en
zwei/zy/lin/drig oder auch: zwei/zy/lind/rig 2-zylindrig
Zwerch/fell *n.*, -le]s, -e, Scheidewand zwischen Bauch- und Brusthöhle
zwerch/fell/er/schüt/ternd sehr lustig, zum Lachen führend
Zwerg *m.*, -[e]s, -e
Zwerg..., sehr klein, kleine Rasse

zwer/gen/haft
Zwerg/huhn *n.*, -[e]s, -hühner
zwer/gig
Zwer/gin *f.*, -, -nen
Zwerg/staat *m.*, -[e]s, -en
Zwerg/volk *n.*, -[e]s, -völker
Zwerg/wuchs *m.*, -es, *nur Sg.*
Zwet/sche [schwäb.],
Zwetsch/ge [schweizer.],
Zwetsch/ke [österr.], *f.*, -, -n, Hauspflaume
Zwi/cke *f.*, -, -n, Zange
Zwi/ckel *m.*, -s, -, 1. Einsatz in Kleidungsstücken, 2. am Bauwerk: dreieckige Fläche, 3. ugs. für: sonderbarer Kerl
zwi/cken *tr.*
Zwi/cker *m.*, -s, -, Kneifer
Zwick/müh/le *f.*, -, -n, 1. Stellung im Mühlespiel, 2. übertr.: eine Lage mit unangenehmen Auswegen
zwie..., Zwie..., zwei..., Zwei...
Zwie/back *m.*, -[e]s, -backe
Zwie/bel *f.*, -, -n
Zwie/bel/fisch *m.*, -[e]s, -e, Buchwesen: Buchstabe aus einer falschen Schrift
Zwie/bel/mus/ter *n.*, -s, *nur Sg.*, ein Muster des Meißner Porzellans
zwie/beln *tr.*, ugs. für: peinigen, ärgern
Zwie/bel/turm *m.*, -[e]s, -türme
zwie/fach zweifach
Zwie/fa/che *m.*, -n, -n, ein Tanz mit Taktwechsel
zwie/ge/näht
Zwie/ge/sang *m.*, -[e]s, -gesänge
Zwie/ge/spräch *n.*, -[e]s, -e, Dialog
Zwie/laut *m.*, -[e]s, -e, Diphthong

Zwie/licht *n.*, -[e]s, *nur Sg.*
zwie/lich/tig auch bildlich: anrüchig
Zwie/sel 1. *n.*, -s, -, Nagetier 2. *f.*, -, -, Gabelung des Baumstammes
zwie/se/lig, zwies/lig gegabelt
zwie/seln *refl.*
Zwie/spalt *m.*, -[e]s, -e
zwie/späl/tig
Zwie/späl/tig/keit *f.*, -, *nur Sg.*
Zwie/spra/che *f.*, -, *nur Sg.*
Zwie/tracht *f.*, -, *nur Sg.*
zwie/träch/tig
Zwilch *m.*, -[e]s, -e, Zwillich
zwil/chen aus Zwilch
Zwil/le *f.*, -, -n, kleine Steinschleuder
Zwil/lich *m.*, -s, -e, Zwilch, grobes Leinengewebe
Zwil/ling *m.*, -s, -e
Zwil/lings/bru/der *m.*, -s, -brüder
Zwil/lings/ge/burt *f.*, -, -en
Zwil/lings/ge/schwis/ter *nur Pl.*
Zwil/lings/paar *n.*, -[e]s, -e
Zwil/lings/pär/chen *n.*, -s, -
Zwil/lings/schwes/ter *f.*, -, -n
Zwing/burg *f.*, -, -n
Zwin/ge *f.*, -, -n
zwin/gen *tr.*
Zwin/ger *m.*, -s, -, 1. Käfig für Tiere (Hunde), 2. Gang zwischen den Burgmauern, 3. Platz für Kampfspiele (in einer Burg)
Zwing/herr *m.*, -en, -en, Tyrann
Zwing/herr/schaft *f.*, -, -en
zwin/kern *intr.*
zwir/be/lig [schweizer.] schwindelig
zwir/beln *tr.*, zwischen den Fingern drehen

Zwirn *m.*, -[e]s, -e
zwir/nen *tr.* oder auch: Adj.: aus Zwirn
Zwir/ne/rei *f.*, -, -en
Zwirns/fa/den *m.*, -s, -fäden
zwi/schen mit Dativ oder Akkusativ
Zwi/schen/akt *m.*, -[e]s, -e
Zwi/schen/be/scheid *m.*, -[e]s, -e
zwi/schen/drin
zwi/schen/durch
Zwi/schen/fall *m.*, -[e]s, -fälle
Zwi/schen/glied *n.*, -[e]s, -er
Zwi/schen/han/del *m.*, -s, *nur Sg.*
Zwi/schen/händ/ler *m.*, -s, -
zwi/schen/her zwischendurch
zwi/schen/hin/ein oder auch: zwi/schen/hi/nein
Zwi/schen/hirn *n.*, -[e]s, -e
Zwi/schen/lan/dung *f.*, -, -en
Zwi/schen/lö/sung *f.*, -, -en
Zwi/schen/mahl/zeit *f.*, -, -en
zwi/schen/mensch/lich
Zwi/schen/raum *m.*, -[e]s, -räume
Zwi/schen/ruf *m.*, -[e]s, -e
Zwi/schen/run/de *f.*, -, -n
Zwi/schen/spiel *n.*, -[e]s, -e
zwi/schen/staat/lich
Zwi/schen/text *m.*, -[e]s, -e
Zwi/schen/trä/ger *m.*, -s, -
Zwi/schen/wirt *m.*, -[e]s, -e, Organismus, der während der Entwicklung eines Schmarotzers dessen Wirt ist
Zwi/schen/zeit *f.*, -, -en
zwi/schen/zeit/lich
Zwist *m.*, -[e]s, -e
Zwis/tig/keit *f.*, -, -en
zwit/schern *intr.* und *tr.*, auch ugs. für: ein Schnäps-

chen trinken
Zwit/ter *m., -s, -*
Zwit/ter/bil/dung *f., -, -en*
Zwit/ter/ding *n., -[e]s, -e*
zwit/ter/haft
zwit/te/rig, zwitt/rig
Zwit/ter/we/sen *n., -n, -*
zwo zwei, zur besseren Unterscheidung der gesprochenen Zahlen, z.B. im Funkwesen, am Telefon
zwölf 12
Zwölf *f., -, -en,* die Zahl 12
Zwölf/en/der *m., -s, -,* 1. Hirsch mit zwölf Geweihenden, 2. Soldat mit zwölfjähriger Dienstzeit
Zwölf/fin/ger/darm *m., -[e]s, -därme*
Zwölf/flach *n., -[e]s, -e*
Zwölf/fläch/ner *m., -s, -,* Dodekaeder
Zwölf/tö/ner *m., -s, -*
Zwölf/ton/mu/sik *f., -, nur Sg.,* atonale Musik, Dodekafonie
zwo/te zweite
z.Wv. Abk. für: zur Wiedervorlage
Zy/an *n, -[e]s, -e,* Cyan
Zy/an/ka/li *n., -s, nur Sg.,* giftiges Salz
Zy/gä/ne [griech.] *f., -, -n,* Blutströpfchen
Zy/go/ma [griech.] *n., -s, -mata,* Teil des Gesichtsschädels
Zy/kla/me [griech.] oder auch: **Zyk/la/me** *f., -, -n,* Zyklamen
Zy/kla/men oder auch: **Zyk/la/men** *n., -s, -,* Cyclamen, Alpenveilchen
Zy/klen oder auch: **Zyk/len** Pl von Zyklus
Zy/kli/ker oder auch: **Zyk/li/ker** *m., -s, nur Pl.,* Gruppe von altgriech. Dichtern

zy/klisch oder auch: **zyklisch** regelmäßig
zy/klo/id oder auch: **zy/klo/id** kreisförmig
Zy/klo/i/de oder auch: **Zyk/lo/i/de** *f., -, -n,* algebraische Kurve
Zy/klon oder auch: **Zyklon** [griech.] *m., -[e]s, -e,* 1. tropischer Wirbelsturm, 2. sehr giftiges Schädlingsbekämpfungsmittel
Zy/klo/ne oder auch: **Zyk/lo/ne** *f., -, -n,* Tiefdruckgebiet
Zy/klop oder auch: **Zyk/lop** [griech.] *m., -en, -en,* einäugiger Riese in der griech. Mythologie
zy/klo/pisch oder auch: **zyk/lo/pisch** riesenhaft
zy/klo/thym oder auch: **zyk/lo/thym** [griech.] aufgeschlossen, gesellig
Zy/klo/tron oder auch: **Zyk/lo/tron** *n., -[e]s, -e,* Elementarteilchenbeschleuniger
Zy/klus oder auch: **Zyk/lus** [lat.] *m., -, Zy/klen* 1. Kreis, Kreislauf, 2. Folge
Zy/lin/der [griech.] *m., -s, -,* 1. röhrenförmiger Körper, 2. steifer, hoher Herrenhut, 3. Maßeinheit für die Krümmung des Brillenglases
Zy/lin/der/pro/jek/ti/on *f., -, -en,* eine Art der Kartenprojektion
.../zy/lin/drig oder auch: **.../zy/lind/rig**
zy/lin/drisch oder auch: **zy/lind/risch** zylinderförmig
Zy/ma [griech.] *n., -s, -mata* Gärstoff, Hefe
Zy/ma/se *f., -, -n,* Enzymgemisch (das Zucker vergärt)

Zym/bal [griech.] **Zim/bal, Zim/bel,** *n., -[e]s, -e,* Instrument, ein Becken am Schlagzeug
zy/misch [griech.] auf Gärung beruhend
Zy/mo/lo/gie *f., -, nur Sg.,* Lehre von der Gärung
zy/mo/tisch Gärung bewirkend
Zyn/e/ge/tik oder auch: **Zy/ne/ge/tik** [griech.] *f., -, nur Sg.,* Kynegetik
Zy/ni/ker [griech.] *m., -s, -,* Kyniker
zy/nisch spöttisch, frech
Zy/nis/mus *m., -, -men,* verletzender, böswilliger Spott
Zy/per/gras [griech.] *n., -es, -gräser,* eine Grasart
Zy/pern Cypern, Insel im Mittelmeer
Zy/pres/se oder auch: **Zyp/res/se** [griech.] *f., -, -n,* Nadelbaum
Zy/pri/ot oder auch: **Zyp/ri/ot** *m., -en, -en,* Einwohner von Zypern
zy/pri/o/tisch oder auch: **zyp/ri/o/tisch**
zy/ril/lisch kyrillisch
Zys/te [griech.] *f., -, -n,* geschwulstähnlicher, mit Sekret gefüllter Hohlraum
Zys/te/in *n., -[e]s, -e,* Cystein
Zys/tin *n., -[e]s, -e,* Cystin
Zys/tis *f., -, -ten,* [Harn-]Blase
zys/tisch blasenartig
Zys/ti/tis *f., -, -tiden,* Blasenentzündung
Zys/to/skop oder auch: **Zys/tos/kop** *n., -[e]s, -e,* Blasenspiegel
Zys/to/sko/pie oder auch: **Zys/tos/ko/pie** *f., -, -n,* Blasenspiegelung

Zys/tos/to/mie oder auch:
Zys/to/sto/mie *f.,* -, -n,
Anlegen einer Blasenfistel
Zys/to/to/mie *f.,* -, -n, Blasenschnitt
Zy/to/blast [griech.] *m.,* -en, -en, Zellkern
zy/to/gen von einer Zelle gebildet
Zy/to/lo/gie *f.,* -, *nur Sg.,* Lehre von Aufbau und Funktion der Zellen

zy/to/lo/gisch
Zy/to/ly/se *f.,* -, -n, Zellauflösung
Zy/to/plas/ma *n.,* -s, -plasmen, Zellplasma
Zy/to/som *n.,* -[e]s, -e,
Zy/to/so/ma *n.,* -s, -mata, Zellkörper
Zy/to/sta/ti/kum oder auch:
Zy/tos/ta/ti/kum *n.,* -s, -tika, Zellwachstum hemmende Arznei

zy/to/sta/tisch oder auch:
zy/tos/ta/tisch
Zy/to/stom oder auch:
Zy/tos/tom *n.,* -[e]s, -e
Zy/to/sto/ma oder auch:
Zy/to/sto/ma *n.,* -, -mata, Zellmund
Zy/to/xin *n.,* -[e]s, -e, Zellgift
z.Z., z.Zt. Abk. für: zur Zeit